中国株二季報

2020年夏秋号

ＤＺＨフィナンシャルリサーチ

中国株二季報 2020年 夏秋号　目次

医薬品の開発・製造受託
（中国本土・香港上場）

売上高や純利益などは 2019 年度の実績
各社の決算報告書や報道を参照

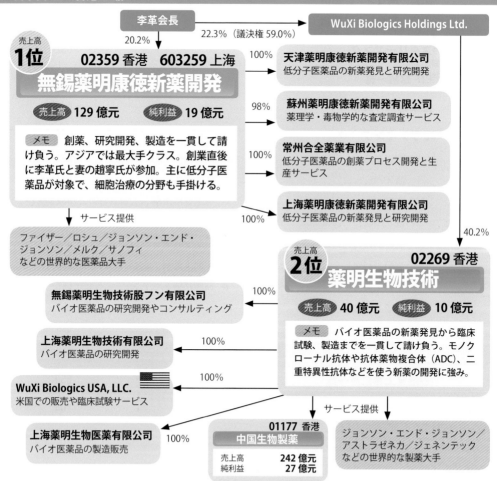

李革会長

20.2%　　22.3%（議決権 59.0%）　→　WuXi Biologics Holdings Ltd.

売上高 1位

02359 香港　603259 上海

無錫薬明康徳新薬開発

売上高 **129 億元**　　純利益 **19 億元**

メモ　創薬、研究開発、製造を一貫して請け負う。アジアでは最大手クラス。創業直後に李革氏と妻の趙寧氏が参加。主に低分子医薬品が対象で、細胞治療の分野も手掛ける。

100%　→　**天津薬明康徳新薬開発有限公司**
低分子医薬品の新薬発見と研究開発

98%　→　**蘇州薬明康徳新薬開発有限公司**
薬理学・毒物学的な査定調査サービス

100%　→　**常州合全薬業有限公司**
低分子医薬品の創薬プロセス開発と生産サービス

100%　→　**上海薬明康徳新薬開発有限公司**
低分子医薬品の新薬発見と研究開発

40.2%

サービス提供

ファイザー／ロシュ／ジョンソン・エンド・ジョンソン／メルク／サノフィ
などの世界的な医薬品大手

売上高 2位

02269 香港

薬明生物技術

売上高 **40 億元**　　純利益 **10 億元**

メモ　バイオ医薬品の新薬発見から臨床試験、製造までを一貫して請け負う。モノクローナル抗体や抗体薬物複合体（ADC）、二重特異性抗体などを使う新薬の開発に強み。

無錫薬明生物技術股フン有限公司
バイオ医薬品の研究開発やコンサルティング
←　100%

上海薬明生物技術有限公司
バイオ医薬品の研究開発
←　100%

WuXi Biologics USA, LLC.
米国での販売や臨床試験サービス
←　100%

上海薬明生物医薬有限公司
バイオ医薬品の製造販売
←　100%

サービス提供

01177 香港
中国生物製薬
売上高 **242 億元**
純利益 **27 億元**

ジョンソン・エンド・ジョンソン／アストラゼネカ／ジェネンテック
などの世界的な製薬大手

　新型コロナウイルスの感染拡大を受け、医薬品の中国依存度の高さが表面化している。中国では大手の医薬品メーカーが少なく、中小企業が林立する状態が続くが、研究開発能力の高さは折り紙付き。欧米の大手医薬品メーカーや創薬ベンチャーが中国に医薬品の製造だけでなく、開発も委託している点がその証左だ。
　研究開発能力に加え、巨大市場の中国での治験や承認の利便性の高さも医薬品開発業務受託機関（CRO）の急成長につながっている。特に香港・上海に重複上場する無錫薬明康徳新薬開発（02359/603259）はCRO としてアジア最大級で、世界的な大手。

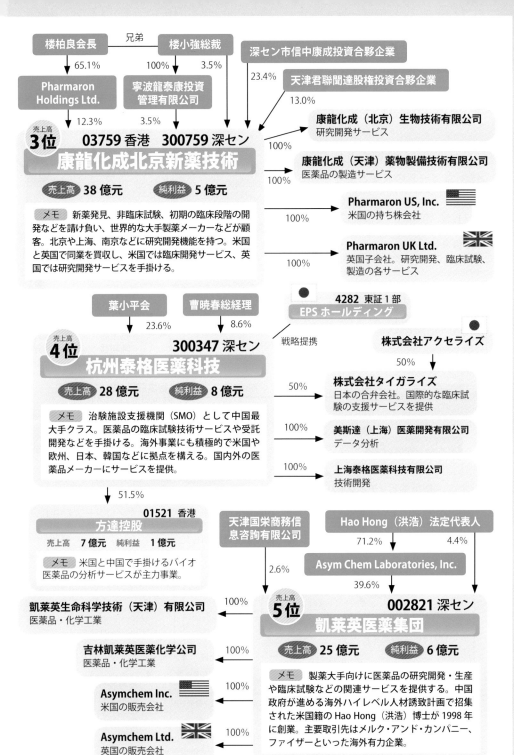

楼柏良会長 ──兄弟── 楼小強総裁

深セン市信中康成投資合夥企業

65.1% 100% 3.5%

天津君聯聞達股権投資合夥企業

23.4%

Pharmaron Holdings Ltd.

寧波龍泰康投資管理有限公司

13.0%

売上高 3位 12.3% 3.5%

03759 香港 300759 深セン

康龍化成北京新薬技術

売上高 38 億元 **純利益 5 億元**

メモ 新薬発見、非臨床試験、初期の臨床段階の開発などを請け負い、世界的な大手製薬メーカーなどが顧客。北京や上海、南京などに研究開発機能を持つ。米国と英国で同業を買収し、米国では臨床開発サービス、英国では研究開発サービスを手掛ける。

100% 康龍化成（北京）生物技術有限公司
研究開発サービス

100% 康龍化成（天津）薬物製備技術有限公司
医薬品の製造サービス

100% **Pharmaron US, Inc.** 🇺🇸
米国の持ち株会社

100% **Pharmaron UK Ltd.** 🇬🇧
英国子会社。研究開発、臨床試験、製造の各サービス

葉小平会 曹暁春総経理

23.6% 8.6%

売上高 4位 300347 深セン

4282 東証 1 部
EPS ホールディング

株式会社アクセライズ

戦略提携 50%

杭州泰格医薬科技

売上高 28 億元 **純利益 8 億元**

メモ 治験施設支援機関（SMO）として中国最大手クラス。医薬品の臨床試験技術サービスや受託開発などを手掛ける。海外事業にも積極的で米国や欧州、日本、韓国などに拠点を構える。国内外の医薬品メーカーにサービスを提供。

50% 株式会社タイガライズ
日本の合弁会社。国際的な臨床試験の支援サービスを提供

100% 美斯達（上海）医薬開発有限公司
データ分析

100% 上海泰格医薬科技有限公司
技術開発

51.5%

01521 香港
方達控股

売上高 7 億元 純利益 1 億元

メモ 米国と中国で手掛けるバイオ医薬品の分析サービスが主力事業。

天津国栄商務信息咨詢有限公司

Hao Hong（洪浩）法定代表人

71.2% 4.4%

Asym Chem Laboratories, Inc.

2.6% 39.6%

凱莱英生命科学技術（天津）有限公司
医薬品・化学工業

100% **売上高 5位** 002821 深セン

凱莱英医薬集団

売上高 25 億元 **純利益 6 億元**

吉林凱莱英医薬化学公司
医薬品・化学工業

100%

Asymchem Inc. 🇺🇸
米国の販売会社

100%

Asymchem Ltd. 🇬🇧
英国の販売会社

100%

メモ 製薬大手向けに医薬品の研究開発・生産や臨床試験などの関連サービスを提供する。中国政府が進める海外ハイレベル人材誘致計画で招集された米国籍の Hao Hong（洪浩）博士が 1998 年に創業。主要取引先はメルク・アンド・カンパニー、ファイザーといった海外有力企業。

売上高や純利益などは 2019 年度の実績
上場企業の一部は会社発表資料に基づく

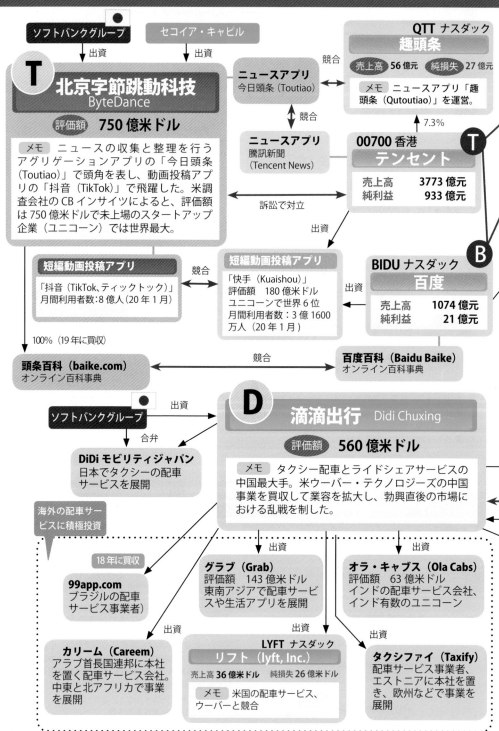

ソフトバンクグループ → 出資

セコイア・キャピル → 出資

T 北京字節跳動科技 ByteDance

評価額 **750 億米ドル**

メモ ニュースの収集と整理を行うアグリゲーションアプリの「今日頭条（Toutiao）」で頭角を表し、動画投稿アプリの「抖音（TikTok）」で飛躍した。米調査会社の CB インサイツによると、評価額は 750 億米ドルで未上場のスタートアップ企業（ユニコーン）では世界最大。

ニュースアプリ
今日頭条（Toutiao）

競合

↕ 競合

ニュースアプリ
騰訊新聞
（Tencent News）

QTT ナスダック
趣頭条

売上高 **56 億元** 純損失 **27 億元**

メモ ニュースアプリ「趣頭条（Qutoutiao）」を運営。

7.3%

T

00700 香港
テンセント

売上高 **3773 億元**
純利益 **933 億元**

B

訴訟で対立

短編動画投稿アプリ

「抖音（TikTok、ティックトック）」
月間利用者数：8 億人（20 年 1 月）

競合

短編動画投稿アプリ

「快手（Kuaishou）」
評価額 180 億米ドル
ユニコーンで世界 6 位
月間利用者数：3 億 1600 万人（20 年 1 月）

出資

出資

BIDU ナスダック
百度

売上高 **1074 億元**
純利益 **21 億元**

100%（19 年に買収）

頭条百科（baike.com）
オンライン百科事典

競合

百度百科（Baidu Baike）
オンライン百科事典

ソフトバンクグループ → 出資

D 滴滴出行 Didi Chuxing

評価額 **560 億米ドル**

メモ タクシー配車とライドシェアサービスの中国最大手。米ウーバー・テクノロジーズの中国事業を買収して業容を拡大し、勃興直後の市場における乱戦を制した。

合弁

DiDi モビリティジャパン
日本でタクシーの配車サービスを展開

海外の配車サービスに積極投資

18 年に買収

99app.com
ブラジルの配車サービス事業者）

出資

グラブ（Grab）
評価額 143 億米ドル
東南アジアで配車サービスや生活アプリを展開

出資

オラ・キャブス（Ola Cabs）
評価額 63 億米ドル
インドの配車サービス会社、インド有数のユニコーン

出資

カリーム（Careem）
アラブ首長国連邦に本社を置く配車サービス会社。中東と北アフリカで事業を展開

出資

LYFT ナスダック
リフト（lyft, Inc.）

売上高 **36 億米ドル** 純損失 **26 億米ドル**

メモ 米国の配車サービス、ウーバーと競合

出資

タクシファイ（Taxify）
配車サービス事業者、エストニアに本社を置き、欧州などで事業を展開

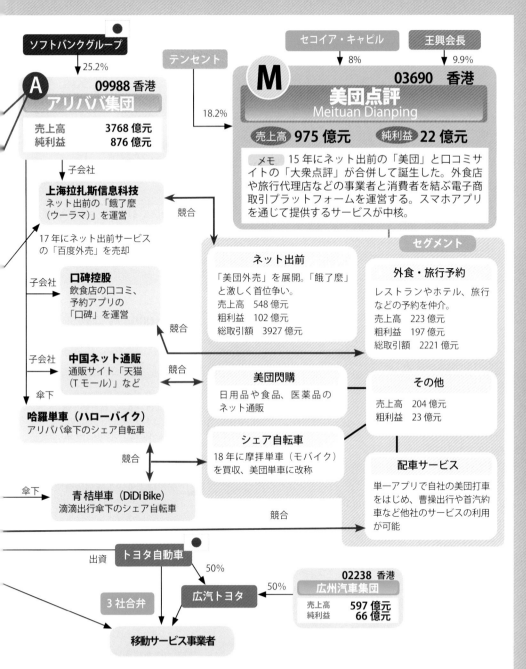

ソフトバンクグループ ●

↓ 25.2%

A　09988 香港
アリババ集団

| 売上高 | 3768 億元 |
| 純利益 | 876 億元 |

テンセント

18.2%

M　03690 香港
美団点評
Meituan Dianping

セコイア・キャピル
↓ 8%

王興会長
↓ 9.9%

売上高 **975 億元**　純利益 **22 億元**

メモ 15 年にネット出前の「美団」と口コミサイトの「大衆点評」が合併して誕生した。外食店や旅行代理店などの事業者と消費者を結ぶ電子商取引プラットフォームを運営する。スマホアプリを通じて提供するサービスが中核。

子会社
↓

上海拉扎斯信息科技
ネット出前の「餓了麼（ウーラマ）」を運営

競合

17 年にネット出前サービスの「百度外売」を売却

子会社
↓

口碑控股
飲食店の口コミ、予約アプリの「口碑」を運営

競合

子会社
↓

中国ネット通販
通販サイト「天猫（T モール）」など

競合

傘下
↓

哈羅単車（ハローバイク）
アリババ傘下のシェア自転車

競合

傘下
→

青桔単車（DiDi Bike）
滴滴出行傘下のシェア自転車

競合

セグメント

ネット出前
「美団外売」を展開。「餓了麼」と激しく首位争い。
売上高 548 億元
粗利益 102 億元
総取引額 3927 億元

外食・旅行予約
レストランやホテル、旅行などの予約を仲介。
売上高 223 億元
粗利益 197 億元
総取引額 2221 億元

美団閃購
日用品や食品、医薬品のネット通販

その他
売上高 204 億元
粗利益 23 億元

シェア自転車
18 年に摩拝単車（モバイク）を買収、美団単車に改称

配車サービス
単一アプリで自社の美団打車をはじめ、曹操出行や首汽約車など他社のサービスの利用が可能

出資
トヨタ自動車 ●

50%
↓

3 社合弁

広汽トヨタ

50%
←

02238 香港
広州汽車集団
売上高 **597 億元**
純利益 **66 億元**

移動サービス事業者

中国では新興の IT 企業がすさまじい勢いで進化している。米 IT 大手のサービスを中国に移植するパターンから脱し、独自サービスで世界に打って出る企業も現れ始めた。中国の IT 業界は三大巨頭 BAT（百度、アリババ、テンセント）が支配し、新興企業も BAT の生態系に組み込まれるケースが多かったが、ここに来て新三大巨頭 TMD への注目度が高まっている。T はニュースアプリ「頭条（Toutiao）」の運営会社である北京字節跳動科技（バイトダンス）で、今では世界中でヒットした短編動画アプリ「TikTok（ティックトック）」の T ともいわれる。M は 18 年 9 月に香港に上場した「美団点評（Meituan Dianping, 03690）」、D は配車サービスの「滴滴出行（Didi Chuxing）」だ。

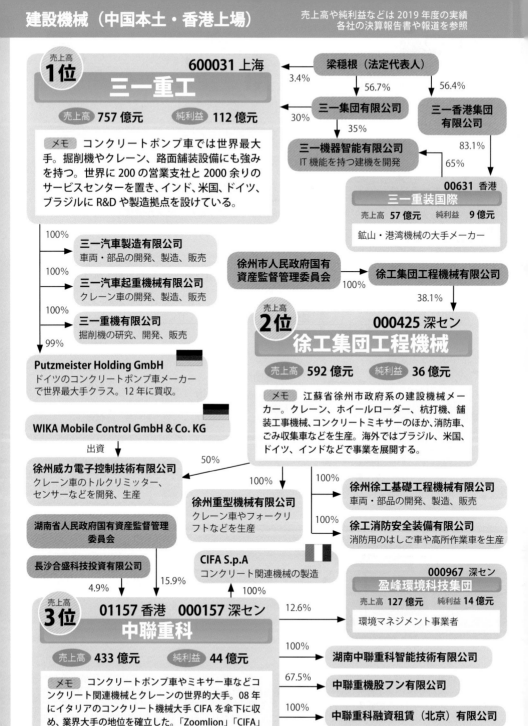

売上高 **1位**　600031 上海
三一重工
売上高 **757 億元**　純利益 **112 億元**

メモ　コンクリートポンプ車では世界最大手。掘削機やクレーン、路面舗装設備にも強みを持つ。世界に 200 の営業支社と 2000 余りのサービスセンターを置き、インド、米国、ドイツ、ブラジルに R&D や製造拠点を設けている。

梁穏根（法定代表人）
3.4%　56.7%　56.4%

三一集団有限公司　三一香港集団有限公司
30%　35%　83.1%

三一機器智能有限公司
IT 機能を持つ建機を開発
65%

00631 香港
三一重装国際
売上高 **57 億元**　純利益 **9 億元**
鉱山・港湾機械の大手メーカー

100%
三一汽車製造有限公司
車両・部品の開発、製造、販売

100%
三一汽車起重機械有限公司
クレーン車の開発、製造、販売

100%
三一重機有限公司
掘削機の研究、開発、販売

99%
Putzmeister Holding GmbH
ドイツのコンクリートポンプ車メーカーで世界最大手クラス。12 年に買収。

WIKA Mobile Control GmbH & Co. KG
出資
徐州威力電子控制技術有限公司
クレーン車のトルクリミッター、センサーなどを開発、生産

湖南省人民政府国有資産監督管理委員会
長沙合盛科技投資有限公司
4.9%　15.9%

徐州市人民政府国有資産監督管理委員会
100%　徐工集団工程機械有限公司
38.1%

売上高 **2位**　000425 深セン
徐工集団工程機械
売上高 **592 億元**　純利益 **36 億元**

メモ　江蘇省徐州市政府系の建設機械メーカー。クレーン、ホイールローダー、杭打機、舗装工事機械、コンクリートミキサーのほか、消防車、ごみ収集車などを生産。海外ではブラジル、米国、ドイツ、インドなどで事業を展開する。

50%
100%　100%
徐州重型機械有限公司
クレーン車やフォークリフトなどを生産

徐州徐工基礎工程機械有限公司
車両・部品の開発、製造、販売
100%
徐工消防安全装備有限公司
消防用のはしご車や高所作業車を生産

CIFA S.p.A
コンクリート関連機械の製造
100%

000967 深セン
盈峰環境科技集団
売上高 **127 億元**　純利益 **14 億元**
環境マネジメント事業者
12.6%

売上高 **3位**　01157 香港　000157 深セン
中聯重科
売上高 **433 億元**　純利益 **44 億元**

メモ　コンクリートポンプ車やミキサー車などコンクリート関連機械とクレーンの世界的大手。08 年にイタリアのコンクリート機械大手 CIFA を傘下に収め、業界大手の地位を確立した。「Zoomlion」「CIFA」のブランド名で製品を販売。ショベルカーなどの建設機械、コンバインなどの農業機械も製造する。

100%
湖南中聯重科智能技術有限公司
67.5%
中聯重機股フン有限公司
100%
中聯重科融資租賃（北京）有限公司
100%
湖南中聯重科建築起重機械有限責任公司

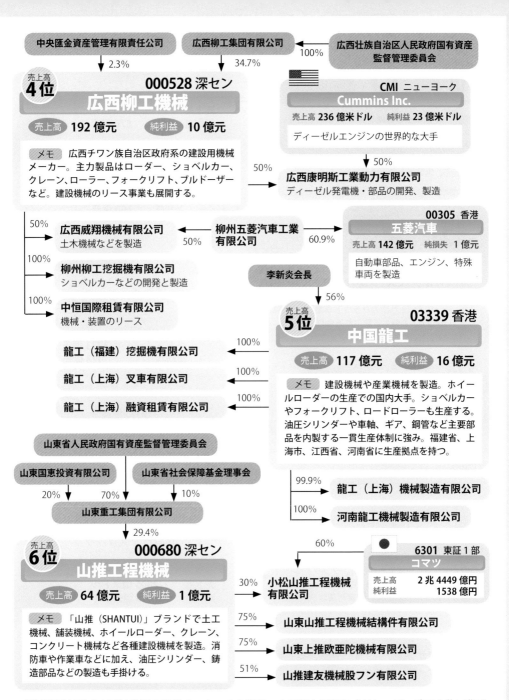

中央匯金資産管理有限責任公司 → 2.3%

広西柳工集団有限公司 → 34.7%

広西壮族自治区人民政府国有資産
監督管理委員会 → 100%

売上高 **4位**
000528 深セン
広西柳工機械
売上高 **192億元** 　純利益 **10億元**

メモ 　広西チワン族自治区政府系の建設用機械メーカー。主力製品はローダー、ショベルカー、クレーン、ローラー、フォークリフト、ブルドーザーなど。建設機械のリース事業も展開する。

CMI ニューヨーク
Cummins Inc.
売上高 **236億米ドル** 　純利益 **23億米ドル**
ディーゼルエンジンの世界的な大手

50% 　50%

広西康明斯工業動力有限公司
ディーゼル発電機・部品の開発、製造

50% → 広西威翔機械有限公司
土木機械などを製造

← 柳州五菱汽車工業有限公司
50%

60.9%
00305 香港
五菱汽車
売上高 **142億元** 　純損失 **1億元**
自動車部品、エンジン、特殊車両を製造

100% → 柳州柳工挖掘機有限公司
ショベルカーなどの開発と製造

100% → 中恒国際租賃有限公司
機械・装置のリース

李新炎会長

56%

売上高 **5位**
03339 香港
中国龍工
売上高 **117億元** 　純利益 **16億元**

100% ← 龍工（福建）挖掘機有限公司

100% ← 龍工（上海）叉車有限公司

100% ← 龍工（上海）融資租賃有限公司

メモ 　建設機械や産業機械を製造。ホイールローダーの生産での国内大手。ショベルカーやフォークリフト、ロードローラーも生産する。油圧シリンダーや車軸、ギア、鋼管など主要部品を内製する一貫生産体制に強み。福建省、上海市、江西省、河南省に生産拠点を持つ。

山東省人民政府国有資産監督管理委員会

山東国恵投資有限公司 　山東省社会保障基金理事会

20% 　70% 　10%

山東重工集団有限公司

29.4%

99.9% → 龍工（上海）機械製造有限公司

100% → 河南龍工機械製造有限公司

売上高 **6位**
000680 深セン
山推工程機械
売上高 **64億元** 　純利益 **1億元**

メモ 　「山推（SHANTUI）」ブランドで土工機械、舗装機械、ホイールローダー、クレーン、コンクリート機械など各種建設機械を製造。消防車や作業車などに加え、油圧シリンダー、鋳造部品などの製造も手掛ける。

30% → 小松山推工程機械有限公司

60%
6301 東証1部
コマツ
売上高 **2兆4449億円**
純利益 **1538億円**

75% → 山東山推工程機械結構件有限公司

75% → 山東上推欧亜陀機械有限公司

51% → 山推建友機械股フン有限公司

　経済発展が続く中国は世界の建機メーカーの主戦場。中国勢も順調に成長し、三一重工や徐工集団工程機械は売上高ベースで世界の上位10社に食い込んでいる。コマツとキャタピラーの日米2強は売上規模で別格としても第3位のポジションは射程に入ってきた。
　特に新型コロナウイルス後は政府がインフラ投資で景気の底上げを目指すだけに建機業界には好機。需要が増加する中、各社が得意分野の競争力を高め、成長に結びつけられるかが注目される。

市場シェア 1位　阿里雲

← 運営

09988 香港
アリババ・グループ
売上高	3768 億元
純利益	876 億元

メモ　中国本土の市場シェアで 40％以上を持つ「1 強」。アジア最大手で、世界でも 4 位にランクされる。20 年 3 月期のクラウド事業の売上高は前年比 62％増の 400 億元。営業損失は 70 億元で、営業赤字から脱却できていない。

13.8%

01810 香港
小米集団
売上高	2058 億元
純利益	100 億元

27.6%　　12.7%

雷軍

市場シェア 2位　騰訊雲

← 運営

メモ　中国本土の市場シェアは 1 割強。中国での IT サービスでは様々な分野でアリババ集団と競合するが、クラウドでは水をあけられている。19 年 12 月期のクラウド事業の売上高は約 170 億元、有料会員数 100 万件以上。

00700 香港
テンセント
売上高	3773 億元
純利益	933 億元

市場シェア 3位　天翼雲

← 運営

メモ　米アップルと提携し、クラウドサービス「i クラウド」の中国事業を請け負うなどストレージ分野に強みを持つ。19 年 12 月期のクラウド事業の売上高は約 71 億元。

00728 香港
チャイナ・テレコム
売上高	3757 億元
純利益	205 億元

市場シェア 4位　AWS（アマゾンウェブサービス）

世界シェア 1位

← 運営

メモ　クラウドコンピューティングで世界首位のアマゾンは中国でも存在感。クラウドベースのサービスを中心とする AWS の売上高（世界全体）は 350 億米ドル、営業利益は 92 億米ドル。

AMZN ナスダック
アマゾン
売上高	2805 億米ドル
純利益	116 億米ドル

世界で競合

市場シェア 5位　華為雲

← 運営

メモ　クラウドコンピューティング事業が急成長。公共部門に強く、600 を超える省庁や公共機関がサービスを利用。シンガポールやブラジル、メキシコなどにもデータセンターを持つ。

未上場
華為技術
売上高	8588 億元
純利益	627 億元

中国では特定の新ビジネスがもてはやされると参入が相次ぎ、過当競争になりがちで、やがて淘汰の波に洗われて一部が生き残るというパターンが目立つ。クラウドコンピューティングにも数多くの企業が参入したが、シェア上位にランクされるのは潤沢な資金を持つIT大手だ。

　特にクラウドの分野ではアリババ集団がシェア4割超を握る1強で、テンセントさえも寄せつけない。ただ、売上高が急激な勢いで伸びる中、営業赤字が続いており、収益化の時期が注目される。

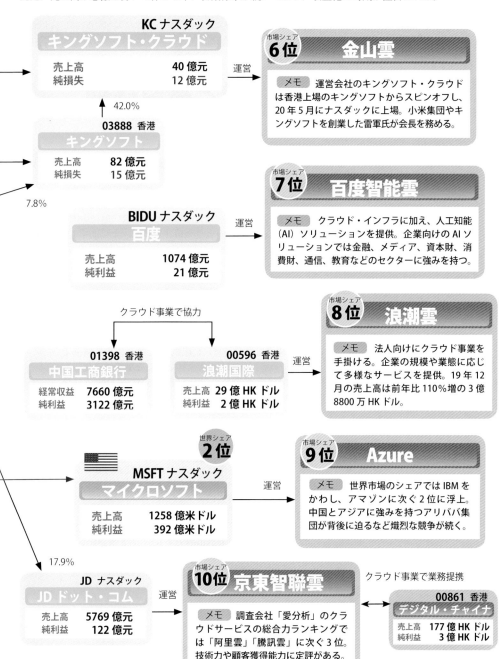

KC ナスダック
キングソフト・クラウド

売上高	40 億元
純損失	12 億元

運営 →

市場シェア 6位　金山雲

　メモ　運営会社のキングソフト・クラウドは香港上場のキングソフトからスピンオフし、20年5月にナスダックに上場。小米集団やキングソフトを創業した雷軍氏が会長を務める。

42.0%

03888 香港
キングソフト

売上高	82 億元
純損失	15 億元

7.8%

BIDU ナスダック
百度

売上高	1074 億元
純利益	21 億元

運営 →

市場シェア 7位　百度智能雲

　メモ　クラウド・インフラに加え、人工知能（AI）ソリューションを提供。企業向けのAIソリューションでは金融、メディア、資本財、消費財、通信、教育などのセクターに強みを持つ。

クラウド事業で協力

01398 香港
中国工商銀行

経常収益	7660 億元
純利益	3122 億元

00596 香港
浪潮国際

売上高	29 億HKドル
純利益	2 億HKドル

運営 →

市場シェア 8位　浪潮雲

　メモ　法人向けにクラウド事業を手掛ける。企業の規模や業態に応じて多様なサービスを提供。19年12月の売上高は前年比110％増の3億8800万HKドル。

世界シェア 2位

MSFT ナスダック
マイクロソフト

売上高	1258 億米ドル
純利益	392 億米ドル

運営 →

市場シェア 9位　Azure

　メモ　世界市場のシェアではIBMをかわし、アマゾンに次ぐ2位に浮上。中国とアジアに強みを持つアリババ集団が背後に迫るなど熾烈な競争が続く。

17.9%

JD ナスダック
JDドット・コム

売上高	5769 億元
純利益	122 億元

運営 →

市場シェア 10位　京東智聯雲

　メモ　調査会社「愛分析」のクラウドサービスの総合力ランキングでは「阿里雲」「騰訊雲」に次ぐ3位。技術力や顧客獲得能力に定評がある。

クラウド事業で業務提携

00861 香港
デジタル・チャイナ

売上高	177 億HKドル
純利益	3 億HKドル

新型コロナ後の中国と有望銘柄

田代尚機（たしろ・なおき）
TS・チャイナ・リサーチ株式会社 代表取締役

大和総研、内藤証券を経て独立。1994年から9年間、北京に駐在。08年6月より現職。日本アナリスト協会検定会員。マスメディア、証券会社から個人投資家まで幅広い層に中国株投資情報を提供。フーミーより有料メルマガ、まぐまぐより無料メルマガ配信中。

　中国武漢市から流行が始まった新型コロナウイルス肺炎だが、グローバルでみると中国の被害は相対的に小さかった。

　中国国内で社会問題化したのは今年の1月に入ってからで、世界保健機関（WHO）がパンデミック宣言を行ったのは3月11日であるが、その時点で中国の新たな感染者数は既に減少傾向となっていた。その後も、感染者は減り続け、5月22日には全人代を開催できるほど、ウイルスの封じ込めに成功している。一方、世界全体をみると感染はその後も広がり続け、5月30日現在、累積患者数は617万2448人、死亡者数は37万1186人に達している（WORLDOMETERS/COVID-19 Coronavirus Pandemicより、以下同様）。

　国別の状況を示しておくと、人口100万人あたりの死亡者数では、トップはベルギーで816人、以下スペイン、イギリス、イタリア、フランスと続き、アメリカは319人で第12位、中国は3人で第132位、日本は中国より多く7人で第95位であった（ただし、小国は除く）。

　このデータをみると、アジアは全般に少ない。アジアで流行したウイルスと欧米で流行したウイルスとでは違ったタイプなのかもしれない。また、人類学的に東洋系はこのタイプのウイルスに対する耐性が強いのかもしれない。中国の感染が欧米ほど拡大しなかった理由は何であるのか特定できないが、しかし、中国がスピーディーに、かつ、厳しい対策を打ち出したのは紛れもない事実である。

　武漢市の眼科医である李文亮氏は2019年12月30日、自分の卒業した大学の同級生で構成される朋友圏（武漢大学臨床04クラス）に、"華南海鮮市場で7人がSARSを発症した"と書き込み、"家族、親しい人たちにしっかりと感染予防させる"よう医者仲間に注意を促した。これがインターネット上で拡散し話題になったのが、実質的に中国社会が新型コロナウイルスの存在を意識した最初だとみられる。李文亮氏は1月3日、「インターネット上で事実ではない言論を流した」という理由で訓告処分を受け、無防備なまま医師として診療を続けざるを得ず、そのために診療中に感染、2月7日には命を落としている。

　初動段階での失敗は明らかだが、その後の対応は早かった。春節休暇一日前となる1月23日の早朝、武漢市政府は突如、同日10時から市内公共機関の運行をすべてストップし、

空港、駅、武漢から他地域に繋がる道路を閉鎖すると発表した。完全な都市封鎖を即日決めるといった荒業であった。

　しかし、地方ごとに濃淡はあったが、この時点で既に感染者は全国に拡散していた。そこで国務院は、当初、1月24日から1月30日までと決めていた春節休暇を2月2日まで延長。さらに、各地方政府を通じて企業に対して、生産活動の再開開始時期を2月10日まで引き延ばすよう指示し、その後の生産再開についても、疫病コントロールに関する産業、エネルギー、交通物流、都市サービス、医療関連、食品などの生活必需品、飼料、卸売・小売などを先に優先させ、それ以外の業種では再開を遅らせるなど、直接生産活動を制限してまでも人と人との接触を防いだのである。

　春節後も全国レベルで、学校、公共機関、食料品販売を除く小売店、レストラン、エンターテインメント関連は閉鎖され、地方によっては地下鉄、バスも運行が休止された。人民に対しては、マンション小区単位で出入りを厳重に管理する隔離政策が実施された。マンション小区の外に出る際はマスク着用が義務付けられ、1カ所に制限された検問所において、住民は証明書の提示を求められた。こうした措置は、感染拡大の収まった4月以降、順次解除されてはいるものの、封じ込めに成功した現在も、一部の地域では依然として続けられている。

■厳格な行動制限で新型コロナを封じ込め、代償は急激な景気悪化
　国務院は自由主義国では実施の難しい厳しい対策を迅速に打ち出し、それが大きな効果を発揮したわけだがその代償は大きく、景気は瞬時に、著しく落ち込んだ。
　1-3月期の実質GDP成長率はマイナス6.8％で、統計を遡ることができる1992年以降で最低となった。月次の経済統計を示しておくと、以下の通り。
鉱工業生産：12月＝6.9％増、1, 2月＝13.5％減、3月＝1.1％減、4月＝3.9％増
固定資産投資：12月（推計）＝11.8％増、1, 2月＝24.5％減、3月（推計）＝10.3％減、4月（推計）＝1.8％増
小売売上高：12月＝8％増、1, 2月＝20.5％減、3月＝15.8％減、4月＝7.5％減
輸出（ドルベース）：12月＝7.6％増、1, 2月＝17.2％減、3月＝6.6％減、4月＝3.5％増
輸入（ドルベース）：12月＝16.3％増、1, 2月＝4.0％減、3月＝0.9％減、4月＝14.2％減
　（注、推計値は累計値、その変化率などからTS・チャイナ・リサーチが算出した）

　直近となる4月の伸び率をみると、早期の生産再開、諸政策の効果から、鉱工業生産、輸出、固定資産投資などはかろうじてプラスに転じているが、消費は弱い。また、内需の弱さから輸入は大幅減となっている。
　政府は第二波、第三波の到来に備えるために、海外に加え、国内でも地域を跨いだ人の移動を制限していたり、人の移動の監視を続けていたりする。少なくとも、航空、運輸、ホテル・旅行、外食、エンターテインメントなどの産業では業績回復のメドが立たない状況だ。企業業績悪化による雇用不安、賃金の下落懸念などがある以上、消費マインドの回復はままならない。

中国の輸出入は1－3月に前年同期比で減少した

　政府による景気対策は必至である。投資家としては、その景気対策の中に投資チャンスがありそうだ。
　政府による景気対策はどうなっているのだろうか。その景気対策の発動は意外に早く、コロナ対策とほぼ同時期である。1月25日に実施された中央政治局常務委員会による緊急会議によって、新型コロナウイルス肺炎対策のための

指導組織が中央に作られたが、1月31日には
中国人民銀行、財政部、銀行保険業監督管理委
員会、証券監督管理委員会、外貨管理局が連名
で、"新型コロナウイルス感染肺炎による疾病
状況を金融面から予防しコントロールするため
のサポートをさらに一歩強化することに関する
通知"を発表した。

中国人民銀行は金融緩和で景気を下支え

　この決定により、中国人民銀行は機動的に金
融を緩和し、零細・中小企業に対する資金繰り
悪化にも責任を持って対応する仕組みが出来上
がった。それが機能したことで、金融市場は安
定し、大きな打撃を受けた一部の産業においても、資金面での手厚いサポートを受けられ
たことで倒産が回避され、雇用不安が抑えられた。

　経済に関する強力なセーフティーネットが出来上がったので、経済が崩壊するようなリス
クはほぼ無くなった。それは投資家にとっては大きな安心感につながるが、短期的に大きな
キャピタルゲインを得るには、景気が力強いV字回復を果たすとか、金融市場に過剰流動性
が発生し、それが株式市場に流れ込むことが望ましい。しかし、そうした可能性は小さい。

■全人代は例年より2カ月遅れで開幕、成長率目標の発表とりやめ

　今年の全人代は、新型コロナウイルス対策を優先し、2カ月半遅れとなる5月22日に開
幕したが、初日に行われた政府活動報告は投資家にとってネガティブサプライズとなった。

　何といっても、毎年発表される経済成長率目標が、今回は示されなかった（あるいは示
せなかった）ことがサプライズとなった。その理由として、政府活動報告では、「グロー
バルで新型コロナウイルス肺炎が流行しており、経済・貿易の見通しが立たないからだ」
と説明している。

　政府が目標を設定し、それに向けて足元で行われている積極財政政策、金融緩和政策、
長期成長戦略をさらに強化してこそ、力強い経済回復が達成できる。しかし、第二波、第
三波の到来に備えるための対策が重視されている。これは景気にブレーキをかける効果が
強い。政策に対する優先順位としては、まず新型コロナウイルスを封じ込めること、次に
経済を安定させることであり、最後が景気を回復させることである。

　ただ、需要刺激策が行われないわけではない。積極財政政策は今年も実施される。今年
の財政赤字率(財政赤字／名目GDP、％)は3.6％以上であり、財政赤字の規模は昨年と比べ、
1兆元（15兆円、1元＝15円で計算、以下同様）増えることになる。

　政府投資拡大策としては、新型インフラ建設、新型都市化建設、古いバラック地域の改
造、交通・水利建設などが挙げられている。消費促進に関してはオンライン・オフライン
を融合させるとか、農村消費を発展させるとか、従来からの政策が継続される。

　淡々と成長戦略を推し進めることで、中国は長期的に持続的な発展を目指している。リ
スク要因はトランプ政権による対中強硬策であるが、中国経済には強固な中央集権体制に
よる靭性（外的ストレスに対する粘り強さ）がある。中国は今後、対外開放を維持し、成
長戦略を加速させるだろう。

■投資対象は成長戦略に沿った銘柄、オンライン医療など有望

　投資対象はわかり易い。成長戦略に沿った銘柄である。

　中国が新型コロナウイルスを短期間で収束させることができた主な要因として、「患者
や、患者と濃厚接触した者を幅広く、迅速に把握するシステムが導入されたこと」が挙げ
られる。このシステムの導入は、今後の中国の成長を加速させる重要な要因になるのでは
ないかと考えている。

地方政府ごとに若干違いがあるようなので、ここでは長春市の例を紹介したい。まず、外出する際、必ずスマホを持って出なければならない。テンセントの微信でミニプログラム"吉事弁"をダウンロードし、自身の健康管理情報データとなる"吉祥碼"を身分証明書番号の利用を通じて登録、取得しなければならない。

地方政府はテンセントのアプリ経由で健康情報を管理

この吉祥碼は二次元バーコードとなっており、地下鉄でも、オフィスでも、スーパーでも、公共施設でも、あらゆる場所でスキャンすることが要求される。個人がいつ、どこで、誰と接触したかを克明に記録・チェックするシステムである。

吉祥碼は5分ごとに情報が更新される。もし、過去に患者と接触したことがこのシステムを通じてわかった場合、吉祥碼の色が変わる仕組みとなっている。

"緑色は異常なし"、"黄色はPCR検査では異常ないが、体温が37.3度以上"、"橙色は患者もしくは疑似患者と濃厚接触しており、隔離が必要"、"紅色は患者、疑似患者、陽性患者"、"白黒はデータなし"となっている。

地方政府は位置情報を含めこの個人情報を利用することで、患者、濃厚接触者を高い精度で把握し、隔離、観察することができる。

これは健康管理システムとして導入されてはいるが、身分証明書と同等に扱うことができるほどセキュリティーはしっかりしている。つまり、老人、乳幼児を除いたほぼすべての人民がモバイルの電子決済プラットフォームを手に入れたともいえる。このプラットフォームを使うことで、いろいろな新技術を使った多様なサービスを普及させることができよう。

中でも、需要が急速に伸びそうなのは、オンライン医療、クラウドオフィス、オンライン教育といった分野である。具体的には、平安健康医療科技（01833）、テンセント（00700）、ズーム・ビデオ・コミュニケーションズ（NASDAQ、ZM）、キングソフト（03888）、広州視源電子科技（002841）、中公教育科技（002607）焦点科技（002315）などの銘柄が注目される。そのほか、ブロックチェーン、デジタル通貨、クラウド、AI、AR/VR、IoTなども有望である。

政府が行う需要拡大策としては、典型的なのはインフラ投資であるが、従来型のインフラ投資は既に高水準に達しており、これ以上の積み増しは効率の悪い投資となってしまう。そこで今年の政府活動報告では、これから大きく成長する産業の基盤を拡充するという目的で新型インフラ投資を拡充するといった方針が示されている。

5Gネットワーク設備、インダストリアルインターネット、ビッグデータを保管・処理するデータセンター、AI、特別高圧電線、都市間を繋ぐ高速鉄道・市内を走る地下鉄・近郊都市を結ぶ都市型鉄道、新エネルギー自動車・充電設備などへの投資の充実である。

具体的な銘柄としては、中国鉄塔（00788）、長飛光繊（06869）、上海威派格智慧水務（603956）、啓明星辰信息技術集団（002439）、横店集団東磁（002056）、広聯達科技（002410）、深セン麦격米特電気（002851）、上海数据港（603881）、雲南恩捷新材料（002812）などが挙げられる。

成長株はどうしても、本土市場、特に深港通を通じて買うことのできる深センA株中小企業板銘柄が多くなってしまう。中長期成長銘柄を狙うのであれば、A株投資は外せない。

長飛光繊（06869）の光ファイバー生産施設

2021 年を見据えた銘柄選び

戸松信博 (とまつ・のぶひろ)
グローバルリンクアドバイザーズ株式会社
代表取締役

個人投資家向けに中国株の情報をインターネットで配信。
メルマガ中国株通信の読者数は約 3 万人に達する。鋭い
市場分析と自ら現地訪問を頻繁に繰り返す銘柄分析スタ
イルに定評がある。

　今回は 2021 年に向けて上昇が期待出来そうな銘柄をピックアップしてご紹介したいと
思います。
　2020 年の中国株は新型コロナウイルス感染拡大の影響で株価が大きく下落後、3 月中旬
を底に回復基調してきたところで、5 月 22 日に開幕した全国人民代表大会で香港の統制を
強める「国家安全法」を制定する方針が打ち出されたことから、再び米中対立への懸念が
高まり、株価は軟調に推移していくことも見込まれるところです。
　しかし、基本的には中国の優良銘柄が下がったところがチャンスであると見ています。
特に今回ご紹介するような、優良銘柄はコロナ後でも、中国経済の成長の恩恵を最も享受
出来る企業群であり、短期的に米中対立の影響は受けるとしても、長期で考えれば、中国
の成長の恩恵を享受して業績を拡大していけると考えられるためです。

■テンセント（00700）：引き続き、中国を代表する優良銘柄
　アリババ集団（09988）と双璧をなす中国の 2 大プラットフォーム企業であるテンセント
ですが、引き続き高い業績成長を続けており、長期視点で拾える優良銘柄であると思います。
　2020 年 1 － 3 月期の決算は売上が 26％増の 1080 億元、非 IFRS 純利益が 29％増の 271
億元で、一言で言えば非常に素晴らしい決算でした。コロナ禍での在宅需要が逆に同社事
業の一部に追い風となり、四半期売上高として 2019 年 10 － 12 月期に初めて 1000 億元を
超えたところから、さらに 2％増え、前年同期比では 26％増で過去最高額を更新しました。
そして 10 － 12 月より売上高が伸びたにも関わらず、各部門の原価率はすべて同四半期を
大きく下回りました。ゲームと SNS の原価率は 2％、広告は 3％減り、効率が良くなって
います。この結果、全体の粗利益率は直近 8 四半期で最高となる 48.9％となり、10 － 12
月期の 43.6％から急速改善し、前年同期の 46.6％をも大きく上回ります。間接経費率も
直近では 20％（対売上比率）を超えることが多かったのですが、19.6％に抑え、これら
の結果、営業利益率も 2 年ぶりの高水準となりました。
　特に大きく伸びたのはスマホゲームで、前年同期比で 64％、10 － 12 月期に比べても
34％の大幅増です。この規模になっても業績は堅調に伸びています。アップルやマイクロ
ソフトの決算も同様でしたが、コロナ危機においても揺るがない事業基盤であることを証
明してもいます。
　フィンランドのゲーム会社買収による連結効果もありますが、それ以外の継続事業か
らの人気タイトルが貢献し、巣ごもり需要を取り込んだ形です。減速が続く PC ゲームは
15％減と引き続き下がりましたが、スマホゲームの規模が 3 倍以上となり、そちらの伸
びの方が遥かに大きくなっています。SNS サービスも 23％増となり、ゲームと SNS を合わ
せた VAS（value-added-service、付加価値サービス）は売上全体の 35％、粗利益額では

70%を占める最大部門ですが、ここが27%も売上を伸ばしたことが効きました。

　背景には12億人に広がったチャットアプリ「微信」があり、これをベースに動画や音楽などを視聴するサブスクリプションユーザーは2019年末より1700万人増、前年同期比19%増の1億9700万人となっています。これらサービスの視聴や利用機会増によってソーシャル広告も伸びているところです。

　フィンテック＆ビジネスサービス部門は、クラウドと決済・ネット金融業務に分かれます。前年同期比では増えていますが、10－12月期よりも減収となり、こちらはあまり伸びていません。

　オンライン広告部門は、「微信」プラットフォームからの「ソーシャル広告」が巣ごもり需要で大きく伸びた一方、マクロ景気減速を受けて「メディア広告」が昨年夏から連続して減速しています。ただし圧倒的にソーシャル広告の割合が大きいため、広告全体としては32%の増収となりました。

　部門粗利益率はVASが59%、続いて広告が49%と高く、これら2部門の売上が大きく伸びたことが利益の伸びに繋がっています。ちなみにフィンテック部門の粗利益率は28%となります。

　正式な会計に基づくIFRS準拠の純利益額には株式報酬費用や、子会社の時価評価見直しに伴う損益、無形資産償却費用などの一時的項目が多く含まれ、本業を見るのに適切でありません。これらの非現金項目を排除した非IFRSの純利益が重要で、こちらは綺麗に増加を続けています。最終的な非IFRSによる一株利益は2.817元で、市場予想の2.54元を大きく上回って着地しました。

　バランスシートの負債の中に「繰延収益（前受収益）」という項目があり、これは顧客から前受で受け取っているゲーム収入で、将来ゲームを利用した時点で売上高に計上されていきます。この額は前年比64%増、昨年末比でも37%増となる837億元に増えており、昨年末より一段と伸びが加速しています。

　デジタル経済化した現代は、人の接触が無くても業績を伸ばせるプラットフォーム企業の存在が大きくなっています。このような事はかつてありませんでした。また数百兆規模のマネーを中央銀行が無制限に供給し、その一部が株式市場にも流れ込んでおり、これも膨大な株価上昇圧力になります。これもリーマンショック後の金融緩和（QE）とは比べ物にならない規模であり、前例のないことです。

　もしも今後、米中対立やコロナウイルスの感染再拡大などで株価が下がるようなことがあれば、長期視点であれば迷わず買って良い銘柄の1つだと思います。

■アリババ集団（09988）：将来性を考えると他の1兆ドルメンバーよりも魅力的

　「アリババ・デジタル・エコノミー」という巨大な経済圏を築き上げるアリババグループは、長期的に大変有望な銘柄です。このデジタルエコノミーを利用するユーザー数（年間アクティブユーザー数）は、中国国内に7億8000万人、海外に1億8000万人となりました。「タオバオ」「Tモール」という良く知られた同社の中国国内・小売（リテール）コマースのユーザー数だけで7億1100万人もいて、大都市部では殆どの人が日常的に利用します。そして新たに1－2カ月ごとに1000万人単位のユーザーが加わっており、この新規ユーザーの6割は地方からとなり、今後の伸び余地を残します。

　eコマース以外残りの国内ユーザーは、最近同社がニューリテールとして力を入れるデジタルと融合した生鮮スーパーなどの実店舗、フードデリバリーなどの「ローカルコン

シューマーサービス」部門、動画配信や映画
（アリババピクチャー）などのある「デジタル
メディア・エンターテインメント」部門、そ
のほかオンラインゲームなどを利用するユー
ザーで、これらはすべて赤字の新規事業です
が、急激にユーザー数と売上を伸ばしていま
す。将来の成長を担うニュービジネスです。

　さらに同社が力を入れる「クラウドコン
ピューティング」部門はアジア最大、国内シェ
ア42％で2位テンセントの12％を大きく引き
離します。中国版ZOOMと呼ばれる同社のビデ
オ海外システム「釘釘（ディントーク）」の利用者はコロナ禍で急激に伸び、3億人とな
りました。クラウド部門も赤字の新規事業の一つですが、間もなく黒字転換が迫っており、
損益ラインに乗るほど急激に売上規模を伸ばしています。

　本業のネット通販の総取扱高（サイト上での成約額で、コミッションベースの同社売上
にはなりません）は前期に初めて1兆米ドル（107兆円）の大台を突破し、世界最大、国
内シェア55％で2位のJDドット・コム（JD、京東）の24％を引き離します（ただし、売
上高ベースでは直販型の京東や米アマゾンが上回ります）。

　このネット通販事業の莫大な利益が、その他多くの新規事業の赤字を補って余りある状
況です。これが同社の強みです。とても他社がこのような大赤字を出し続けながら、未来
を見据えた新規デジタル事業を大々的に進めることはできないのです（すれば直ちに普通
の企業であれば倒産してしまうほどの赤字です）。そしてこの多数ある新規事業は着実に
伸びており、コロナ後の時代にマッチした将来性のある事業であることが感じられます。
今は先行投資で赤字でも、将来きっと損益ラインを超えて多くの人や企業のデジタルライ
フを支える一大事業となるでしょう。

　同社の将来を占う上で重要になると思うのが利益率推移です。赤字の3事業のほか、
コアコマース事業を黒字の「マーケットプレイス」と、赤字の「その他コアコマース（生
鮮スーパーやフードデリバリー、物流）」に分けてみました。利益はキャッシュフロー利
益に近い調整後EBITDAを使っています。

　これを見ると、従来からあるマーケットプレイスは70％程度の非常に高い利益率と
なっています。2020年1－3月期は前述のようにコロナの影響で67％に下がりましたが、
例外です。平時では70％を超え、多額の利益を稼いでいます。デジタル化が進み、マーケッ
トプレイス事業は今後も伸びしろを大きく残します。そして赤字部門ですが、「イノベー
ションその他」事業は売上高以上の赤字（100％超）となっていますが、この部門は規
模が小さく、実験的なものです。「デジタルメディアとエンターテインメント」も少し
趨勢が悪くなっています。

　しかし、規模の大きな「その他コアコマース」は徐々に改善傾向にあります。今後もオ
ンラインと融合した生鮮スーパーや、フードデリバリーは、コロナ後の世界にフィットし、
規模の拡大とともに採算ラインに乗ってくると予想します。なお、その他コアコマースの
中には買収した東南アジアの通販サイト「LAZADA」も入ります（コアのマーケットプレイ
ス事業はアリババが開始・運営してきたオリジナル通販サイトのみ）。

　そして最も大きく伸びている「クラウド」事業は、直近四半期で利益率が1％の赤字に
まで改善しており、黒字化目前です。前期マーケットプレイス事業のEBITDA利益は1927
億元で、利益率72％でした。しかしそれ以外の全ての事業の赤字合計が556億元もある
ため、全社合計のEBITDA利益率は27％にまで激減してしまいます。逆に言えば、将来赤
字事業が黒字化すれば利益率は劇的に上昇します。

元々莫大な利益のあるネット通販に加え、多数の新規事業がそれぞれ黒字化すれば、同社の利益はもの凄いものとなっていきます。アリババのデジタルエコノミーは通販から電子決済、物流、実店舗、ビデオ会議、エンタメなど多岐に渡り、消費者とマーチャント（出店者など）がこの巨大な経済圏に集まっています。長期的には米国のプラットフォーム企業以上の成長が期待出来ると思います。

■中国平安保険（02318）：引き続き順調、長期的には割安感も

　時価総額ベースで中国最大の保険会社となります。生保、損保、証券・銀行、資産運用、さらにフィンテックからヘルスケア事業まで行う金融コングロマリットとして特大のスケールを持ちながら、高い成長を続けてきました。支払余力を示すソルベンシー・マージン比率も各事業で余裕あるレベルで推移しており、銀行事業の自己資本も十分あります。2億人のリテール顧客を持っており、保険で取り込んだ顧客に別分野のネットサービスを提供する形でグループ全体の収益力を高めている企業でもあります。

　2020年1-3月期の業績は経常収益が12％減の3553億元、純利益が43％減の261億元と減収減益となっています。主力の保険料収入が減少に転じたほか、市況の悪化を受けて投資収入が93％の大幅減となりました。コストでは減損費用が増える一方、費用で最も大きなウェイトを占める保険料の支払が15％も減少しました。これは損害保険の自動車保険などで、外出制限や都市封鎖を受けて交通量が減り、事故も減ったことがあります。また次に大きな費用である一般管理費も減少し、保険の販売活動も制限されたことで保険外務員に支払うコミッションも減少し、収益減の一部を費用減で補いました。

　それでも売上に相当する経常収益の減少は大きく、マーケットの影響をフルに受ける正式会計ベースの最終純利益は43％の大幅減益となりました。ただし、最終的に重要なのは調整後純利益であり、これは臨時損益やディスカウントレートによる影響等を調整した本質的な儲けを表しますが、このベースだと5％の増益と変わります。

　業務別に調整後純利益を見ていくと、新契約価値（VNB）がコロナ禍で大幅減少した生保事業は24％の大幅増益でした。効率化を狙って保険外務員数は2019年末より3％減って5四半期連続で減少しています。対面販売を必要とする長期の保険契約が減少する一方で、コロナ対策として短期の保険契約が増加したものの、利益率は低下しました。市場の影響を受ける有価証券などの損益を含めた正式な会計ベースでは43％の大幅減益でしたが、投資損益を調整すると24％の増益となります。

　直近2四半期の調整後純利益の増益率は一桁台にスローダウンしており、このあたりは株価の調整に合致するところです。一方で、調整後純利益をベースにして年率換算ROEは、当第1四半期に21.8％と十分魅力的な水準に伸びています。昨年第3、第4四半期は20％を下回っていました。一株純資産額も3％増えて37.76元となっており、これら価値尺度からすれば割安になっていると思います。

　第2四半期についても失望決算が続くと思われ、市場予想による業績予想引き下げが相次いでいます。株価もそうしたことを織り込んで割安になっています。マーケット要因を取り除いた調整後純利益は、伸びが大きく鈍化しているものの何とか増益を確保しており、本質的な事業構造は強いと思います。あとは経済が正常化するのを待つだけと言えそうです。安値を何度かに分けて拾い、長期保有を目指したい銘柄です。

■美団点評（03690）：テンセント、アリババに次ぐプラットフォーム企業に成長へ

　美団点評はテンセント傘下でネット出前、口コミサイト、ローカル店舗情報サイト、シェア自転車などを運営する企業です。同社の事業セグメントは3つに分かれ、ネット出前の「フードデリバリー」、レストラン・美容など店舗検索、ホテル・チケット予約などサイト運営を行う「インストア・旅行・ホテル」、そしてシェア自転車、配車サービス、レストランマネジメント、生鮮食料品店など様々な新規事業を行う「ニュー・イニシアティブ」部門があります。これまで赤字が続いていたのですが、2019年第2四半期の決算では予想よりも早く黒字化を達成。ユーザー数及び総取引額（ユーザーの決済総額）、ユーザー一人あたり取引額、店舗など売り手であるマーチャントの数など、全ての運営指標が大幅向上しています。数多くのユーザーがネット出前や店舗の利用、旅行予約等において同社アプリから予約・購入を行っています。

　2020年1－3月期の業績は売上が前年同期比13％減の167億5400万元（前四半期（2019年10－12月期）比では41％減）、純損益は15億7800万元の赤字となります。同社サービスを利用するユーザー数は9％増えて4億5000万人弱となっています。また同社サイトを通じて販売する業者の数も5％増えて610万となっており、経済圏は大きくなっています。

　昨年末まで快調に売上成長を続けてきたのでしたが、当四半期は新型コロナによって急ブレーキがかかりました。ロックダウンによってレストランが閉鎖され、店舗紹介サービスや旅行・ホテルの予約も激減となりました。なお同社は部門別の粗利益の開示を今回から中止しています。

　収益構造は、まず運営するサイトや店舗で発生する取引金額である総取扱高（GTV）がベースとなり、そこから同社に入るコミッションや広告などの売上に繋がります。アリババなどのサードパーティ（3P＝第三者の出店業者が販売し、成約高に応じてコミッションを得る仕組み）形式のeコマースと同じ方式です。総取扱高に対する売上の率を「マネタイゼーション率」と言い、これが高まると儲け（取り分）が増え、効率上昇を意味します。

　主力のフードデリバリーの場合、総取扱高は前年同期比で5％減だったものの、10－12月期比では36％減となりました。これまで快調に前年同期比40％増ペースで伸びてきたところから急ブレーキです。ただし、注文数が大きく減ったものの平均単価が大きく上昇し、フードデリバリーのマネタイゼーション率は13.3％で、前年同期の14.2％や10－12月期の14.0％からそれほど大きく下がりませんでした。新型コロナによって客足が遠のく高級レストランが、従来行わなかった宅配サービスを始めたためです。利用層が広がるだけでなく単価アップでより多くの利益が出るようになります。

　フードデリバリーの収入は、コミッション収入が9割、残りを広告などのオンラインマーケティングサービス収入が占めますが、マーケティング収入はこの状況下でも大きく伸びています。売上が大きく減少したものの、営業赤字幅（10－12月期は黒字）が前年同期より縮小したこともサプライズでした。

　インストア・旅行・ホテルは、やはりこの状況で大幅減となっています。こちらはコミッション収入とマーケティング収入が半々くらいの割合になります。総取扱高が激減したためコミッション収入は見込めませんが、マーケティング収入の減少はごく僅かでした。部門営業利益は何とか黒字を保ちましたが大幅減です。

　多数の事業があるニュー・イニシアティブ部門は唯一前年同期比で売上が増えた部門です。フラッシュセールスという値引き販売やオンライン融資ビジネスが好調でした。また生鮮食品のデリバリーも好調です。こちらは元から赤字の続いていた部門でしたが、今回の赤字幅は10－12月期並みで、前年同期からは半分近くに減っています。

同社の決算は国際会計基準ですが、それを調整した非IFRSベースの純利益が重要で、これは現金費用の発生しない株式報酬費用や減損、さらに資産売却損益などを除外した本業部分を見る利益です。このベースの純損益は2.2億元の赤字と4四半期ぶりに赤字に戻りました。3四半期連続で黒字額を増やしていたのでしたが、今回の赤字は予想されていたものより遥かに小さいもので、ポジティブサプライズとなりました。

　米中の対立によって米国に上場する中国企業が香港へ回帰する動きもあるなか、香港市場もハンセン指数の見直しを進めています。同社やアリババ集団（09988）、小米集団（01810）などは、加重議決権（WVR）を持つ特殊な構造で、一部は米国に上場して香港はセカンダリー上場先となっていますが、従来こうした企業はハンセン指数に組み入れられませんでした。今回このルールが改められ、規模や出来高水準からこれら3社がハンセン指数や中国企業株指数に9月にも採用されると予想します。JDドット・コム（JD、京東）やネットイース（NTES）も香港へ上場してくれば同様です。指数採用によって指数に連動するファンドから3000億円もの資金流入が予想され、これも株価好調に繋がっています。バリュエーションが高いため、高値追いにはリスクも伴いますが、成長期待が同社株の値動きを決めており（そのため荒い値動きにもなります）、決算前に下がるところがあれば購入を検討してみたい銘柄であると思います。

■ネットイース（09999）：本業回帰で再び魅力的に

　中国2位のネットゲーム企業となります。1997年広東省広州市で設立された同社は、米ナスダック市場に2000年から上場し、オンラインゲームでテンセントに次ぐ第2位のポジションを長年キープしています。ゲーム部門は順調だったものの、その後、テンセントやアリババ集団と同様に、ゲーム以外の多種多様な事業を展開し、多角化を目指しました。具体的にはオンライン広告サービス、オンライン教育、クラウドミュージック、eコマースでは「Yanxuan（網易厳選）」の国内サービスと海外と中国を結ぶ越境通販サイト「Kaola.com（網易考拉）」などです。しかし、テンセント、アリババ集団もそうだったのですが、主力部門（テンセントはゲーム、アリババ集団はネット通販）の巨額利益で新規事業の赤字を穴埋めする形が当初続き、それが規模の違いからテンセント、アリババ集団以上にネットイースの利益を蝕みました。

　このために利益は落ち込み、株価は大きく下がりました。多角化失敗により、越境EC部門の「Kaola（網易考拉）」をアリババ集団に売却するなど再編を進め、現在は改めて本業であるゲームに集中しているところです。

　2020年1〜3月期の業績は売上が18％増の171億元、事業売却益や株式報酬費用（6.6億元）を差し引いて調整した調整後の純利益が26％増の42億元となっています。新型コロナによる巣ごもり需要もあり、力強い決算となりました。売上高は市場予想を9％、利益は同15％上回って着地し、株価も上場来高値更新で反応しました。

　主力のゲーム部門は売上全体の8割を占め、部門粗利益率は64.1％となる圧倒的な稼ぎ頭部門です。日本でも同社のゲームが流行っている模様で、部門売上の1割は海外となります。同社開発のオリジナルゲームが多数あり、開発力に強みを持つほか、複数の米国大手ゲームデベロッパーとライセンス契約し、中国で販売も行います。

　ゲーム売上の7割はモバイルゲームで、前年同期比11％増、第4四半期に比べても16％増と伸びました。複数の主力ゲームタイトルが大きく伸びました。PCゲームは残り3割を占め、こちらも21％増とサプライズ増となりました。

　オンライン教育部門は「有道」という子会社を通じて運営し、幼少から成人まで幅広い層をターゲットとします。売上は全体の3％とごく僅かなのですが、前年同期比140％増とコロナ禍で大きく伸び、粗利益額は346％増で粗利益率は43.5％にジャンプしました。直近2四半期の粗利益率は20％台でした。ただし、まだ十分な規模でなく、最終的な部門利益は赤字ですが、赤字幅大幅縮小となっています。

イノベーティブ・ビジネス及びその他部門は、オンライン広告、クラウドミュージックなどのコンテンツ配信によるサブスクリプション収入、ライブ配信、国内ECの「網易厳選」があります。こちらは粗利益率が15.8％と最も低く、先行投資段階の事業を集めた感じです。ただし、利益率が低いなかでも粗利益額は255％増と大きく増えており、これまで全体の足を引っ張っていた様子からは改善が見られます。8億人のユーザーを持つクラウドミュージックはアリババ集団からの出資比率が高まってきており、いずれ売却する可能性もあるのではと思います。

　事業多角化の迷走によってゲームによってもたらされていた高利益率は低下してきました。しかし、再び本業であるゲームに集中することで利益率は改善傾向にあります。直近四半期でそれは顕著になってきています。バランスシートはネット企業らしい形で健全なのですが、こちらも新規事業による先行投資でかなり規模が大きくなり過ぎてきました。もし、ゲームに集中していればここまで資産規模を大きくすることなく、より小さな規模で高い収益を上げることができていたでしょう。これはROEの低下という形に表れています。かつて35.4％あったROEは18年度に18.2％にまで低下しました。それとともに株価の下落も起こりましたが、19年度のROEは24.9％へと回復へ向かっています。株価はROEの上昇と低下に反応するものなので、ここで再びROEが最高値に戻るとの期待で過去最高値となっています。キャッシュフローも19年度に改善が見られ、かつてのような多くのフリーキャッシュフローが残るようになってきました。

　前述にもありますが、ネットイースはテンセントとアリババ集団の二大巨頭と同じように多角化を目指しました。しかし、ゲーム2位としてだけならそこそこ堅調にやっていけると思いますが、ネット通販や様々な競争の激しい分野でそれぞれ業界3－5位などとなって頑張ったとしても、とても全体として輝けるものではないと思います。全てが中途半端に終わり、1位のみしか成長出来ない中国の厳しい世界では低い評価に終わってしまうでしょう。それであれば1位は無理でも圧倒的なゲーム2位企業としてやっていった方が輝ける企業になる可能性は高いと思います。オンラインゲーム部門は64％の高い粗利益率があり、二桁成長が続いているのですから、それで十分強い企業と言えるのです。

　強みを持つ事業への回帰が鮮明となり、利益率の改善が見込まれます。株価は上に抜けていますが、過熱感までありません。なお、20年6月に香港市場に上場し、取引が始まりました。

■新東方（米ニューヨーク市場上場　EDU）：教育セクターのトップ企業として注目

　中国最大の教育サービス企業です。1993年設立の同社は当初英会話学校から始まり、その後受験対策、海外留学対策、ビジネススキルなど、学生や社会人のためのオンライン、及びオフラインでの教育コースを設けてきました。累計の受講者数は5280万人に達し、19年だけで840万の受講申し込みがありました。86都市で計1416ものスクール及びラーニングセンターを運営し、3万8400人の教師陣を抱え、営利目的の教育機関としては中国最大です。

　新型コロナウイルスの影響で2020年1月末より同社のオフライン講義は中国全土で停止されました（中国の公立学校も休校）。同社は1400を超えるスクール及びラーニングセンターを拠点に各種オフライン講義を行います。しかし次第にオフラインからオンライン授業へと移行して被害を最小限にとどめ、今後も両者を融合するような講義内容にしていくことで、この局面を機に打たれ強い体制に持っていこうとしています。

2019年12月－2020年2月期（第3四半期）の業績は売上が16％増の9億2300万ドル、純利益が41％増の1億3800万ドルとなっています。ちなみに同社の四半期業績ですが、各四半期によって大きく生徒の受講状況が大きく変わります。5月決算期の同社は、夏休みのプログラムのある第1四半期が稼ぎ時となり、その反動で第2四半期は売上が縮小し、利益が殆どでなくなります。冬休みのある第3四半期はまずまず稼げる期となります。

　同社は授業を行うラーニングセンター及びスクールを増やし続け、教室キャパを年率20％増というハイペースで増やしています。当四半期も110のラーニングセンターと2つのスクールを開設し、合計で1416となりました。1年前に比べて256、前四半期末（11月）に比べても112の増加となり、その分だけ売上高が各前年同期と比べて伸びているのが分かります。第3四半期の受講申し込み者数は160.6万人となり、前年同期比2.3％で概ね予想通りでした。1月末からコロナウイルスによってオフライン授業を休校し、返金が2月に発生して悪影響を受けたものの、売上高は市場予想平均を僅かに上回って16％増となりました。ただ、これでもコロナウイルスの影響で売上高は8％－10％程度下押しされた模様です。

　主力の（売上全体の7割を占める）幼稚園～高校生を対象とする「K12」学習塾プログラムが前年同期比24％増で、いつもより伸び率は低かったものの全体を牽引します。中高生を対象とする「U-Can」コースも23％増、4～12歳対象の「KPop Kids」プログラムも26％増と、伸び率は鈍化しているのですが、増収となっています。一方、前期売上の18％程度を占めた海外留学向けのプログラムはコロナウイルスと米中摩擦の影響で大きく落ち込んでおり、上記の増収の一部を相殺しました。

　最終的に重要なのは、現金支出の発生しない株式報酬や資産評価損益などを除外した調整後の非GAAP準拠営業利益や純利益となります。このベースの本業利益を示す営業利益でみると、18％の増益で着地し、営業利益率は14.6％で前年同期の14.3％から0.3ポイント上昇しました。会社は事前に売上高の下方修正した際に営業利益も0.5ポイントほど低下すると見ていたのですが、サプライズとなりました。非GAAP準拠の最終純利益は36％の増益で、市場予想平均を17.5％上回って着地しました。コロナウイルスの影響はあったものの、他業界ほど深刻ではなく、オンライン授業を強化することで影響を最小限にとどめて増収増益となりました。

　バランスシートは健全です。負債の多くは受講生から前金で預かる授業料で、これが左側の現金資産に加算されます。この負債は授業の進捗とともに売上に計上され、同時にその分の現金は負債から外れて会社のものとなります。フリーキャッシュフローも出続けており、財務面は非常に強固です。同業の中小ライバル企業と最大手の同社では財務力に大きな差があると思われ、同社はコロナ不況を耐える体力があるばかりか、窮地に陥る他社を買収する好機となる可能性すらあります。

　ただ、同社もコロナウイルスの影響を全く受けないことはなく、第4四半期（3－5月期）の売上ガイドは前年同期比4－8％程度の減収になるとしております。元々第4四半期は営業利益率が2％程度しか残らない低調な期となります。

　第3四半期の決算は下方修正された見通しからして十分良い内容だったと思います。ただ、コロナウイルスの影響をもろに受けたのは2月だけであり、恐らく次の第4四半期はより強い影響を受けて減収となる見込みです。しかし、その事も開示したことにより、不安材料は一つ消化されたと思います。そして、次の第4四半期が業績の底となって2020年6－8月期（第1四半期）より回復に向かうと考えることもできると思います。

第1四半期は各種サマープログラムによって業績が一番伸びる時です。今年の夏休みはコロナウイルスによる休校の影響で少なくなることがリスク（サマープログラムの縮小）ですが、長期的には成長余地を大きく残すと思います。教室容量を増やし続けており、需要が戻れば成長再加速する下地があります。PERは割安ではありませんが、財務的な余裕度が高く、コロナ不況で業界再編を主導し、より強い体制になる可能性もあります。

■小米集団 (01810)：中国プラットフォーム4強に入れるか！？

小米はスマートフォンを筆頭にスマートTV、ノートPC、通信ネットワーク機器、ウェアラブル製品、ロボ掃除機、電動スクーターなどのハードウェア製品を作る一方、それらデバイスを自社のIoTプラットフォームに繋げて各種ネットサービスを提供します。「スマートフォン ＋ AIoT」戦略と呼んでおり、ネットサービスとは広告、ゲーム、動画配信などのサブスクリプション、eコマース、フィンテックサービスを含みます。

売上で最大を占めるスマートフォンの世界シェアは11.1%で第4位、華為（ファーウェイ）が米国から技術的な締め出しを強いられる中でシェアを上昇させています。

2020年1－3月期は新型コロナの影響で供給網や販売に影響があったものの、それでも同社のスマホ出荷量は前年同期比4.7%増の2920万台とプラス成長でした。世界上位5社で売上をこの時期伸ばせたのは小米を含め2社だけであり、増加率は小米が最大です。

そして、インターネットサービスに関わる同社オペレーティングシステム「MIUI」の月間アクティブユーザー数は世界で3億3070万人に増え、27%の大幅増となっています。スマホとノートPCを除く電化製品から同社IoTプラットフォームに繋がるデバイス数は43%増の2億5200万となりました。また同社のAIアシスタント（音声対応）「小愛同学」の利用者数は55%増の7050万人ともなっています。

繋がったユーザー向けに広告、ゲームを中心にインターネットサービス収入が大きく増えています。上場時から同社の戦略としていた、薄利でデバイスを多売し、プリインストールされたアプリを通じて多くのユーザーを囲い込んでサービス収入で儲けるという構図が徐々に出来上がってきています。

アリババ集団や美団点評と同じく同社も加重議決権構造を持つ特殊な銘柄で、これまでハンセン指数などの採用基準を満たしていませんでしたが、こうした銘柄についても指数採用の方向となってきたため、需給的な思惑もあると思われます。指数に採用されれば、時価総額の大きい分、指数連動のファンドから多額の資金が流入することになります。

2020年1－3月決算の業績は売上が14%増の497億元、非IFRS純利益が11%増の23億元です。前述のようにスマートフォン販売がパンデミックの影響を受けながらも善戦し、12%の増収となって売上全体の61%を占めました。スマートフォンは2極化戦略を採っており、まずプレミアム機種として2月にMi10、Mi10 Proを発売し、2カ月で100万台を超えるヒットとなりました。欧州はスペインで小米集団が首位、ドイツ、フランス、イタリアで各トップ4位内に入るブランドとなっており、Mi10は799ユーロ、Mi10 Proは999ユーロで販売されています。平均単価は5G対応のプレミアム製品投入で7%上昇し、スマートフォン部門の粗利益率は3%から8%へと大きく改善しました。

そして格安スマホとしてRedmi（紅米）ブランドを出しており、Redmi Note 8シリーズは当四半期に世界で2番目に売れたスマホとなりました。同社は中国で5G対応のRedmi 10 Xを僅か1599元で発売しはじめたところです。国内の5Gスマホシェアは14%に達しています。

IoT＆ライフスタイルもパンデミックにも関わらず8%増と堅調でした。スマートTVが3%増の270万台となり、中国国内では5四半期連続でシェアトップ、グローバル市場でもトップ5に入ります。Redmiブランドからも格安TVを出しています。そのほかルーターやWiFiなどのネットワーク関連機器、ブルートゥーススピーカー、スマートディスプレイ、ワイヤレス充電器、ヘッドホンなども好調です。

そしてインターネットサービスは、多くのユーザーが同社製品をより多くの時間利用した結果、39％の大幅増収でした。これは売上全体では12％を占めるに過ぎませんが、粗利益率が57％と断トツで高いため、粗利益額で言えば全体の45％を占める稼ぎ頭部門となっています。

　サービス部門59億元の売上のうち、27億元が広告収入で、広告もサーチやニュースフィードなどがプレインストールされて収益機会が増えており、17％の増収でした。15億元はネットゲームのサービス収入となり、こちらは80％の大幅増で、巣ごもり需要を捉えた形です。

　ただ、サービス部門はインターネットファイナンス事業も行っており、こちらで多くの貸倒引当金を計上したために粗利益率は10ポイントも低下してしまいました。

　それでもサービス部門の粗利益率は群を抜いて高く、ここが大幅増収となり、またスマートフォン部門の粗利益率も大きく改善したことから、全社ベースの粗利益率が11.9％から15.2％へと上昇しました。

　第1四半期の海外売上高は48％の大幅増で248億元となり、初めて海外比率が50％に達しました。前述のように同社スマートフォンは欧州で良く受け入れられているほか、インドでは以前からシェア1位を続けています。さらに南米で急成長しており、中東やアフリカでも増えてきています。同社スマホの海外出荷数量は前年同期比58％増で、海外売上増を牽引します。さらにスマートTVも海外で良く売れており、同社の様々なIoTデバイスがグローバル市場でシェアを高めています。

　これらのデバイスが同社プラットフォームに繋がり、MIUIの月間アクティブユーザー数が3.3億人になったのですが、このうち中国国内は1.1億人しかおらず、3分の2は海外からとなっています。海外での広告やゲーム、eコマースなどのサービス収入拡大に繋がり、グローバル化を進めています。

　ただし、短期的には新型コロナの影響を受けることにもなりそうです。中国国内のサプライチェーンの混乱等はすでに収まって正常化しているのですが、海外は国によって制限措置が異なります。特にスマホシェア1位のインドでは厳しい状況になっており、現地生産のスマートフォンを順調に販売できる機会が一部失われる可能性もあります。グローバル化が進んでいる分、新型コロナの影響も4－6月期（中国ではほぼ正常化している時期）に受けそうです。

　IFRS準拠の純利益は32％減益となっていますが、株式報酬費用や投資損益などを調整したNon-IFRS（非国際会計基準）では11％の増益となっています。

　世界90カ国で販売する同社は、新型コロナによって生産面、需要面とも悪影響を受け、株価は年初の上昇分を消して仕切り直しとなりました。しかし1－3月期は、一時生産や販売が中断されたものの、思ったほど悪くなかった印象です。ただ、中国よりワンテンポ遅れて世界でパンデミックが拡大したため、4－6月期についてはまだ注意が必要です。特に同社は海外売上が過半に達し、グローバルな影響を受けやすくなってきています。

　しかし、将来的にはグローバル化の進展と、インターネットサービス収入の潜在的な成長は魅力的です。これまでスマートフォンを薄利で売っていた同社の利益率水準は非常に低かったのでしたが、各種デバイスが世界で売れてユーザー数が伸びており、サービス収入の潜在性は大きいと思います。ファーウェイ問題が同社シェアに有利に働いていること、さらにハンセン指数への採用期待もあります。

　長期的な期待のあるなかで株価は年初の高値ラインにカップ型ベースを経て戻ってきており、上抜けできるか注目の段階です。

ちょっと一服

コロナ離婚

ウイルスと共に世界に拡散し、パンデミック（世界的な大流行）になったものといえば「コロナ離婚」だろう。日本では早くも「流行語大賞」間違いなしとの声も聞かれる。発生源は世界に先駆けてロックダウン（都市封鎖）に踏み切った湖北省武漢市。感染力は極めて強く、湖北省を含む中国全土の主要都市に広がり、日本や欧米でもまん延したとされる。

ロックダウン直後には、武漢やほかの中国各地で約10カ月後に出生率が上昇するとの観測が浮上した。厳しい外出制限で家の中に閉じ込められ、仕事もなく暇を持て余したカップルが寝室で運動不足解消に励むとみられていたためだ。

中国では2016年に一人っ子政策が廃止された後も出生率は低迷したままで、少子高齢化に歯止めがかかっていない。人口問題を担当する国家衛生計画生育委員会の幹部など政府関係者は、ひそかに「ロックダウンは出生率反転のチャンス」と考えていたかもしれない。実際、「ステイホーム期間中に子作りに励むことは国家への貢献だ」といった無粋なスローガンを掲げた地方政府もあったが、当局の期待はあっさりと裏切られた。

武漢の都市封鎖が解除された4月上旬に明らかになったのは、離婚申請の急増だった。お役所の結婚登記窓口が長期にわたり閉鎖されていたという事情も重なり、離婚申請が殺到したと伝わる。こうした現象は武漢だけではなく、陝西省西安、四川省達州、福建省福州などでも起きたと報じられており、上海市で弁護士への離婚相談が急増するなど全国に広がったと推測される。

Gerd Altmann による Pixabay からの画像

新型コロナウイルスのような感染症がまたたく間に世界中に広がったのは前代未聞だが、それぞれの家庭にとって夫婦が家の中で四六時中、顔を突き合わせるのはまさに未曽有の事態。これまでは夫婦げんかが起きても仕事などの外出で気が紛れ、自然に鎮火していたが、外出という防火材がなくなれば怒りは燃え広がりやすい。報道によれば、けんかの原因は大半がささいなもので、料理や買い出しなどの家事に加え、子供の面倒を巡るちょっとした対立が離婚にまで発展するケースが多かったという。

外出制限が短期的なものであれば、「生存の危機に直面したときに子孫を残そうとする本能が働く」とか「危機に際して燃え上がる」ということは当てはまるのかもしれないが、ステイホームが長期化すれば、ムラムラはいずれイライラに変わる。いずれにしろ「3密」のうち過度の密閉、密接はコロナ離婚感染の危険を高めかねない。家庭内や夫婦間にもソーシャルディスタンス（社会的距離）が必要なのかもしれない。

業界天気予報
主要 14 セクターの天気図

中国発の新型コロナウイルスの感染拡大で世界は一変した。中国は都市封鎖などの厳格な対策でいち早く危機を封じ込め、経済の正常化に向けて歩みを進めるが、2020年1－3月期の経済成長率が前年同期比でマイナス6.8％に落ち込むなど深手を負った。中国政府主導の大規模な景気対策は不可避で、幅広いセクターに恩恵が及びそうだ。ここでは14セクターの現状と展望を簡単にまとめた。

業界天気予報

お天気マーク

晴れ　　　薄日　　　曇り　　　小雨　　　大雨

1 医薬品

・石薬集団（01093）
・中国生物製薬（01177）
・薬明生物技術（02269）

新型コロナウイルスを巡り、中国の医薬品セクターが脚光を浴びている。ウイルスの封じ込めに不可欠なワクチンの開発競争で中国は欧米の製薬会社などと共に先頭集団を形成。臨床試験で最終のフェーズ3に入る企業も出始め、効果や副作用を確認した上で早ければ20年中に量産に乗り出すとみられる。一方、新型コロナの治療薬では既存薬の転用という取り組みが主流で、インフルエンザ治療薬や抗感染症薬の分野が一段と注目されそうだ。

2 新エネルギー

・龍源電力（00916）
・中国広核電力（01816）
・保利協キン能源（03800）

香港に上場する再生可能エネルギー事業者の非公開化計画が相次いでいる。20年2月には華能新能源（上場時の証券コードは00958）が親会社の中国華能集団による株式公開買付を通じ上場を廃止。6月には中国華電集団の傘下にある華電福新能源（00816）が非公開化計画を発表した。再生可能エネルギー各社の20年1－3月期決算はばらつきが出ており、龍源電力（00916）が小幅増益を確保したが、中国広核電力（01816）は39％減益だった。

③ 都市ガス

- 中国ガス（00384）
- 華潤ガス（01193）
- 新奥能源（02688）

大気汚染対策に取り込む中国政府は石炭を天然ガス利用に切り替える「煤改気」政策を推進し、引き続き都市ガス需要を押し上げるとみられるが、効率的にガス管敷設とガス供給ができる地域が減るにつれ、各社の利益率にも影響しそうだ。新型コロナに伴う外出制限で一般家庭の都市ガス需要は高まったと推定される半面、工業向けが各社の収益源になっているだけに20年1－3月の生産活動停滞は痛手で、6月中間決算に響く可能性もある。

④ 通信

- チャイナ・テレコム（00728）
- チャイナ・ユニコム（00762）
- チャイナ・モバイル（00941）

中国では第5世代通信規格（5G）の商用サービスが始まった。「5G時代」の焦点に浮上してきたのが新たなメッセージング規格の「リッチコミュニケーションサービス（RCS）」。20年4月には3大通信キャリアが共同会見を開き、導入を推進する方針を明確に示した。4G規格まではアプリの独壇場だったコミュニケーションサービスをキャリア主導で進めるのが狙い。ネットアクセスの提供にとどまる「土管化」を防ぎ、キャリアの復権を目指す。

⑤ 通信機器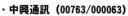

- 中興通訊（00763/000063）
- 小米集団（01810）
- 舜宇光学科技（02382）

「5G時代」を迎え、新たな通信インフラ設備や携帯端末の需要が高まる中、通信機器最大手の華為技術（ファーウェイ）が米中対立の影響を受けている点が波瀾要因。ファーウェイ包囲網は徐々に狭まり、スマホの世界販売の勢いも衰えつつある。香港上場銘柄を含めて部品サプライヤーも多く、情勢次第で供給網に大きな影響が及びそうだ。一方、欧州やインドでスマホ販売を伸ばす小米集団（01810）にとってファーウェイ失速は好機。

⑥ ネット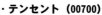

- テンセント（00700）
- 美団点評（03690）
- アリババ集団（09988）

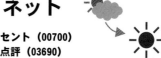

中国で新型コロナの感染が拡大し、経済活動が停滞する中で、「巣ごもり」需要を取り込むなど非常時に強みを発揮した。ネット通販やネット出前、オンラインゲームなどが代表例で、やはりテンセント（00700）とアリババ集団（09988）の存在感が際立つ。一方、米中対立を受けたリスク回避で米国市場にADRを上場する中国IT大手が香港に上場する動きが加速。ネットイース（09999）も上場し、IT銘柄の選択肢が増えた点は好材料。

7 カジノ

- 銀河娯楽 （00027）
- 澳門博彩控股 （00880）
- サンズ・チャイナ (01928)

「3密」を避けられないカジノは新型コロナの流行で大打撃を受けた。2月に営業停止となり、その後に一部を再開したが、マカオ当局が厳しい入境制限を敷く中、カジノの開店休業状態は続き、4月のマカオのカジノ収入は前年同月比で97％減で、5月は94％減。マカオでは4月上旬以降、新たに確認された感染者はゼロで、カジノ本格再開への期待は高いが、リスクも高まる。

20年5月に「マカオのカジノ王」スタンレー・ホー氏が死去。

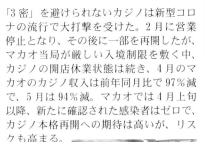

8 鉄道インフラ

- 中国中鉄（00390/601390）
- 中国鉄建（01186/601186）
- 中国中車（01766/601766）

新型コロナの感染拡大で中国経済の成長率がマイナス6.8％に落ち込む中、中国政府が実行する景気対策への期待が高まっている。政府は今後の成長が期待される産業の基盤となるインフラの整備に重点的に資金を投じる方針を示しているが、高速鉄道や都市鉄道の整備にも資金を振り向ける方向。幅広いすそ野を持つインフラの建設で需要と雇用の創出を目指す。建設大手の20年1－3月期決算は大手が軒並み減益になるなど苦戦した。

9 建材

- 安徽コンチセメント (00914/600585)
- 華潤セメント （01313）
- 中国建材 （03323）

春節（旧正月）と新型コロナ流行に伴う経済活動制限で止まっていた建設・土木作業が再開され、セメント需要も高まってきた。価格は上昇傾向で業績の好転が見込まれている。中国政府が経済対策としてのインフラ建設を重視することで需要増が続きそうだ。セメント大手の20年1－3月期決算は新型コロナの影響で売上高が落ち込み、そろって減益となった。供給側改革を受けたセメント業界の統廃合効果を追い風に巻き返しが期待される。

10 自動車

- 吉利汽車 （00175）
- 東風汽車集団 （00489）
- BYD （01211/002594）

中国の新車販売が20年4月に前年同月比4.4％増と増加に転じた。月次ベースの増加は18年6月以来、実に22カ月ぶりで、本格復調への期待も高まりつつある。一方で慎重論も根強く、新型コロナ流行に伴う外出制限などで1－3月に滞っていた需要が4月に顕在化したとの見方もあるようだ。今後の焦点は「コロナ後」の行動様式の変化。感染リスクのある公共交通機関の利用を避け、自家用車利用の需要がどこまで高まるかが注目される。

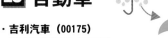

🔢 保険

- ・中国人寿保険 （02628/601628）
- ・中国平安保険 （02318/601318）
- ・中国人民財産保険 （02328）

中国国内での新型コロナの感染拡大を受け、保険銘柄が一時的に売られた。保険契約の書き入れ時に当たる1－3月の営業活動が不十分だったのに加え、保険契約者が新型肺炎に罹患することで支払保険金の負担が重くなるとの警戒感が強まった。1－3月の保険料収入はばらつきが大きく、中国人寿保険（02628）が13％増と伸びたが中国平安保険（02318）は6％減。
一方、長期的には医療保険などの需要が高まる利点もありそうだ。

🔢 銀行

- ・中国建設銀行 （00939/601939）
- ・中国農業銀行 （01288/601288）
- ・中国工商銀行 （01398/601398）

中国人民銀行（中央銀行）が新型コロナ流行で傷んだ経済を支えるために金融緩和に踏み切ったことが今後の業績に反映されそうだ。1年物の最優遇貸出金利（LPR）を4月に引き下げたことで利幅は縮まるが、新型コロナ流行に伴う企業活動の停滞で苦境に立たされた企業が破綻を免れ、資産の不良債権化を抑制できれば好感されそうだ。銀行大手の20年1－3月期決算は底堅く、中国建設銀行（00939）や中国工商銀行（01398）は小幅増益。

🔢 証券

- ・香港証券取引所 （00388）
- ・中国国際金融 （03908）
- ・中信証券 （06030）

種類株を発行する銘柄や香港に第2上場する銘柄の採用を認めるハンセン指数改革を推進中。20年8月の構成銘柄の見直しでアリババ集団（09988）の採用を決めるとみられる。種類株を発行する小米集団（01810）や美団点評（03690）も有力候補。中国のIT大手は米国市場でADRを発行するケースが多く、香港市場のITセクターはテンセント（00700）を除き空洞化していたが、ADR銘柄の香港回帰と合わせ、市場の魅力が高まりそうだ。

🔢 不動産

- ・中国海外発展 （00688）
- ・万科企業 （02202/000002）
- ・中国恒大集団 （03333）

住宅市況の底入れや景気浮揚策を背景に不動産セクターに対する強気見通しが目立ち始めている。投機抑制に主眼を置く中国政府の姿勢は変わらないが、新型コロナ流行による景気低迷に対処するため中国人民銀行は金融緩和に踏み切っており、不動産市場にも金融緩和の効果は波及しそうだ。住宅市況も上向き始めており、20年4月には主要70都市で新築住宅価格が前月に比べて上昇したのは50都市に上り、3月の38都市から大幅に増加した。

香港証券 米国上場の中国企業が続々“回帰”、ハイテク化で存在感拡大

最新動向と見通し

　香港株式市場の「ニューエコノミー化」が20年に入って加速しており、世界市場における香港の存在感が今後、劇的に高まる可能性が出てきた。米NY市場あるいはナスダック市場に上場している中国資本のハイテク企業が相次いで、香港へのセカンダリーリスティング（上場を維持したまま別の市場に重複上場すること）に目を向け始めたことが背景。新型コロナウイルスに起因して米中対立が激化し、米国政府がウォールストリートからの中国企業の“締め出し”に動く中、リスク回避を迫られた本土企業の受け皿となっているのが香港であり、中国の投資銀行、華興資本（01911）は「向こう3－5年以内に50－60社が香港への重複上場を果たす」との見方だ。

　米中対立を背景に、“本国回帰”を目指すハイテク企業を取り込みつつある香港の立場はいわば、漁夫の利だが、20年5月現在、重複上場計画、あるいはその可能性が報じられている企業はそうそうたる顔ぶれ。市場は早くもIT・ネット株ブームに沸いている。モルガン・スタンレーは米上場企業の“回帰”を理由に香港証券取引所（00388）に対して強気だが、さらに一歩踏み込み、本土企業が米国での上場を廃止し、全面的に香港に移籍する可能性を想定。その場合、香港市場の1日当り売買代金は400億HKドル膨らみ、香港証券取引所の収入が倍増するとの試算結果を明らかにした。

　この想定はあまりに極端だが、実際、本土ハイテク企業の誘致に成功している香港証取に対しては、規模の拡大や多様化、グローバル化という点で発展期待が大きい。香港はもともと、IPO調達額で世界トップクラス（2018－19年に2年連続首位）だが、投資家の熱視線を集めるニューエコノミー銘柄の選択肢が増えれば、株式市場としての魅力が増す。

　「国家安全法」の施行に伴う情勢不安や米中対立の激化は香港市場にとって明らかにマイナスだが、内外資金を問わず、本土系ハイテク銘柄への投資意欲は旺盛。この先期待される相場の活況は、海通国際証券（00665）など、香港の証券銘柄にとっても追い風となりそうだ。

株価指標

コード	社名	株価 (5/8)	目標株価	EPS	PER (倍)	PBR (倍)	配当利回り(%)
00388	香港証券取引所	242.80	285.34	7.796	31.1	6.6	3.0
00700	テンセント	418.20	447.09	12.170	34.4	6.6	0.3
01810	小米集団	11.20	12.36	0.481	23.3	2.7	0.0
03690	美団点評	111.60	115.09	0.398	280.3	6.3	0.0
09988	アリババ集団	193.40	250.85	6.917	28.0	5.2	0.0

＊株価と予想EPSの単位はHK$で統一。EPS、PER、PBR、配当利回りはすべて20年通期予想。目標株価と予想数字はファクトセットのコンセンサスに基づく。アリババ集団は20年3月期。

米国による中国企業締め出しで“漁夫の利”

　本土系のIT・ネット銘柄は従来、上場先として米NY市場あるいはナスダックを選ぶ傾向が強く、香港はほぼテンセント（00700）頼みだったが、18年4月に実施した規制緩和で潮目が変わった。この際、香港証取が狙ったのは、◇普通株より議決権の多い「種類株」を発行する加重議決権（WVR）構造企業、◇欧米上場の中国企業によるセカンダリー上場、◇バイオ分野のスタートアップ──の誘致。その後、有力スマートフォンベンダー小米集団（01810）がWVR企業の第1号として香港に上場し、生活関連サイト運営大手の美団点評（03690）が続いた。18年11月には米NY上場のネット通販最大手、アリババ集団（09988）が回帰し、本土系4大ハイテク銘柄、通称「AMTX」が出そろう形となった。

　20年6月にはさらに、米ナスダック上場の2社、中国ゲーム業界2位のネットイース

（NTES）、ネット通販業界2位のJDドット・コム（JD）が相次いで回帰を果たした。

米国サイドに目を向けると、中国企業排除の動きが鮮明となったのは20年5月。ナスダックが外国企業を対象としたIPO制限を提示したのに続き、米上院は自国市場に上場する外国企業に対し、「外国政府の管理下にないことの証明を求める」などの項目を含む「外国企業説明責任法」案を全会一致で可決した（法案成立には下院の可決と大統領の署名が必要）。こうした規制強化の動きが中国企業を念頭に置いたものであることに疑いの余地はなく、企業側は"回帰"によるリスク分散を迫られる形となった。

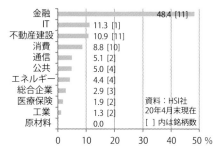

ハンセン指数のセクター別ウエート

金融	48.4	[11]
IT	11.3	[1]
不動産建設	10.9	[11]
消費	8.8	[10]
通信	5.1	[2]
公共	5.0	[4]
エネルギー	4.4	[4]
総合企業	2.9	[3]
医療保険	1.9	[2]
工業	1.3	[2]
原材料	0.0	

資料：HSI社
20年4月末現在
[ ] 内は銘柄数

◆ハンセン指数も種類株受け入れ、20年8月にアリババなど採用へ

本土ハイテク企業の存在感が高まる中、香港の株価指数を運営するハンセン・インデックシズ社（HSI社）もWVR構造企業、セカンダリー上場企業の受け入れを決定し、20年8月から主要指数への組み込みを開始する方針。これにより、香港上場銘柄で時価総額最大（約60兆円）のアリババ集団を筆頭とするWVR各社が、ハンセン指数に採用される見通しとなった。

初期段階においては、WVR銘柄の指数ウエート上限は5%と、非WVR銘柄の上限である10%の半分。セカンダリー上場銘柄に関してはさらに、香港上場株部分のみを対象とするなどの条件があり、指数ウエートは時価総額に比べてかなり抑えた数字となる。

それでも、3社の受け入れに伴い、市場全体の時価総額に占めるハンセン指数銘柄の比率は上昇し、ハイテクセクターのウエートが上向く。長く問題視されてきた金融セクター偏重の指数構成がかなり是正され、S&P中国指数やMSCI中国指数により近づくという。

また、WVR3銘柄のうち、小米集団と美団点評はすでに、本土・香港間の相互株式取引制度「滬港通」「深港通」の対象銘柄。中国当局は国内投資家によるWVR企業への投資を認めた形だが、今後はこれにアリババ集団が加わる可能性が高い。本土投資家にとっては自国ハイテク企業の選択肢が広がることになる。

なお、ネットイースとJDドット・コムに続いて"回帰"が見込まれるのは、検索最大手の百度（BIDU）。すでにセカンダリー上場に向けた検討に入ったという。また、重複上場だけでなく、本土系ハイテク企業の初のIPOにおいても、香港市場は有力な選択肢。この点では特に、世界「ユニコーン」ランキング（時価総額10億米ドル以上の未公開企業、CBインサイツ集計）で首位の座にあるバイトダンスの動向が注目される。

「香港セカンダリー上場の可能性がある中国企業」
＝中国国際金融

社名	コード	業種業態
百度（バイドゥ）	BIDU	ネットソフト・サービス
好未来（TALエデュケーション）＊	TAL	教育
中通快逓（ZTOエクスプレス）＊	ZTO	運輸・物流
新東方教育科技＊	EDU	教育
百勝中国（ヤム・チャイナ）＊	YUMC	外食
携程網（トリップ・ドット・コム）	CTRP	ネット小売り
唯品会（ビップショップ）＊	VIPS	ネット小売り
華住酒店	HTHT	ホテル管理
汽車之家（オートホーム）＊	ATHM	ネット情報サイト
万国数据（グローバルデータソリューションズ）	GDS	データセンター
微博（ウェイボー）	WB	ネットソフト・サービス
58同城（58.com）＊	WUBA	ネットソフト・サービス
陌陌科技（momo）	MOMO	マッチングアプリ
歓聚時代（YY）	YY	ライブ配信
前程無憂（51jobs）	JOBS	ネット人材プラットフォーム
泰邦生物（チャイナ・バイオロジック）	CBPO	医薬品
新浪（Sina）	SINA	ネットソフト・サービス

＊は米NY証取上場、その他銘柄は米ナスダック上場
資料：香港経済日報

新型コロナワクチン

☁️ ➡️ ☀️ **開発レースで中国先行か、年内実用化も視野に**

最新動向と見通し

新型コロナウイルスの世界的な流行が続く中、各国企業のワクチン開発競争が加速しており、中国勢が先手を取る可能性が浮上している。世界保健機関（WHO）によると、20年5月下旬時点で、世界で120種類を超えるワクチン候補の開発が進行中。うち臨床試験（治験）段階に入ったのは10種類で、中国がうち5種類、米英が5種類（このうちバイオNテックと米ファイザーの共同開発に上海復星医薬（02196）が参加）を数えた。米食品医薬品局（FDA）のスコット・ゴットリーブ元長官は「（ワクチン開発競争で）最初にゴールした国がいちはやく自国経済とグローバルな影響力を回復する」との見解を示したが、実際、特に米中にとってワクチン開発は総力戦。米FBIが中国のハッキング行為に関して調査を開始するなど、"場外"を含めた開発分野の覇権争いが鮮明となっている。

中国政府は国際連携や共有といった協調姿勢を前面に押し出しつつ、ワクチンの早期実用化に向けて国内機関・企業への支援を強化。李克強首相は5月22日の政府活動報告で、1兆元（約15兆円）の特別国債を発行し、ワクチン開発を含めた感染症対策費に充てる方針を明らかにした。米国も官民連携の「ワープスピード（超高速）作戦」に100億米ドル（約1兆700億円）の予算を振り向ける方針であり、米中ともにまずは「年内」の一部実用化を目指すとしている。

株価指標

コード	社名	株価 (5/8)	目標株価	EPS	PER（倍）	PBR（倍）	配当利回り（%）
01093	石薬集団	15.76	21.54	0.778	20.3	4.2	1.4
01099	国薬控股	20.85	24.79	2.467	8.5	1.1	3.5
01177	中国生物製薬	11.88	12.81	0.290	40.9	3.9	0.6
02196	上海復星医薬	27.50	29.05	1.478	18.6	1.9	1.4
06185	康希諾生物	159.70	102.00	-0.297	—	23.6	0.0

＊株価と予想EPSの単位はHK$で統一。EPS、PER、PBR、配当利回りはすべて20年通期予想。目標株価と予想数字はファクトセットのコンセンサスに基づく。

治験段階のワクチン候補は5月下旬に10種類、うち5種類が中国

ワクチン開発レースにおいて、中国勢はかなり有利な位置にあるとみられ、5月下旬には2つの開発プロジェクトの進捗状況をめぐって朗報が伝わった。うち一つは香港上場のバイオスタートアップ康希諾生物（06185）と中国軍事医学研究院との共同プロジェクト。4月中旬に世界に先駆けて臨床試験のフェーズ2に突入したが、5月22日には英医学誌『ランセット』上で論文を発表。アデノウイルスベクターを用いた遺伝子組み換えワクチン「Ad5-nCoV」の安全性と免疫反応の誘導が、フェーズ1で確認されたと報告した。最終段階のフェーズ3は、新型コロナの流行が続くカナダで行う予定であり、同国当局からすでに認可を獲得済みという。

康希諾生物は香港証券取引所（00388）が18年4月、バイオ分野のスタートアップ誘致に向けて上場要件を緩和したことを受け、翌19年にメインボードにデビューしたバイオ企業の1社。エボラウイルスや髄膜炎菌など各種ワクチン開発を手掛けるが、いずれもまだ量産段階には至っておらず、19年の売上高はゼロだった。

このチームの報告内容に関しては懐疑的な見方もあるが、モルガン・スタンレーは強気だ。ワクチン開発の成功率がこれで、推定20%から60%に上昇したとし、早ければ年内承認の可能性もあるとした。21年に8000万本の販売を想定し、同年のリスク調整後販売額が29億元に上るとのかなり具体的な予測値を示している。

中国医薬集団のプロジェクトで「早期実用化」か、年産2億本を想定

　また、これに続いて、国務院・国有資産監督管理委員会（SASAC）が5月末、中国最大の医薬品グループで、国薬控股（01099）の親会社である中国医薬集団が開発する不活化ワクチンについて、20年末－21年初めにも量産化に漕ぎつけるめどが立ったと報告した。フェーズ2までに良好な結果が得られたとし、今後フェーズ3が終了し次第、実用化し、北京と武漢で年産計2億本を見込むという。実際にこの2つのプロジェクトが順調に進めば、中国はかなり優位に立ちそうだ。

　中国以外を見ると、米国で先行しているのは新興バイオテクノロジー企業モデルナ。7月にもmRNAワクチンがフェーズ3入りするとの情報が伝わっている。米イノヴィオ・ファーマシュティカルズのDNAワクチン「INO-4800」もフェーズ2に入ったもよう。欧州系では英オックスフォード大学とアストラゼネカのチームが5月下旬、フェーズ2および3を開始すると発表した。

　ただ、臨床試験の進度で先行することが、必ずしも実用化への近道というわけではなく、ワクチン開発レースの勝敗の行方が依然流動的であることに留意する必要がありそうだ。また、スピード重視の開発が進行しえいるとはいえ、実用化までにはかなりの時間がかかるとの見方も依然強い。

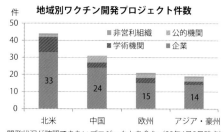

地域別ワクチン開発プロジェクト件数

凡例：非営利組織、公的機関、学術機関、企業

開発状況が確認できないプロジェクトを含む（20年4月8日時点）
資料：Nature

香港上場銘柄では薬明生物技術や中国生物製薬が有力

　一方、新型コロナの治療薬分野に目を向けると、既存薬の転用というアプローチが主流であり、世界的にはエボラ出血熱薬として開発中のレムデシビルやインフルエンザ薬ファビピラビル（アビガン）などが焦点。中国では1月以降、医療機関向けの治療ガイドラインにオセルタミビル、バンコマイシン塩酸塩、アジスロマイシン、インターンフェロンαなどが記載されており、関連銘柄としてファビピラビルの後発薬を手掛ける浙江海正薬業（600267）や、広東東陽光科技控股（600673）、石薬集団（01093）などが注目された。

　香港上場銘柄ではほかに、イソグリチルリチン酸マグネシウム注射剤（商品名：天晴甘美）が中国当局から有用との認定を得た中国生物製薬（01177）がテーマ株の一つ。同社の場合、抗感染症薬の売り上げも、新型コロナ効果などで1－3月に前年同期比47%伸びた。

　また、薬明生物技術（02269）は1月の段階で早々に海外パートナーと組み、新型コロナの試験用抗体の開発生産に取り掛かるなどの動きを見せた。同社は新薬開発、臨床・非臨床試験サービスとともに、ワクチンのCDMO（医薬品製品開発・製造受託）分野でも有力企業の1社。22年までに、中国、アイルランド、シンガポール、米国での年産能力を計28万リットル超に引き上げ、世界規模のサプライチェーン構築を目指す計画を明らかにしている。

中国が開発する新型コロナウイルスのワクチン候補　治験段階に入った5種類

中国の開発主体	ワクチンの種類	臨床試験フェーズ
康希諾生物（06185） 中国軍軍事医学科学院物工程研究所	ウイルスベクターワクチン （アデノウイルス5型ベクター）	2
中国医薬集団　武漢生物製品研究所	不活化ワクチン	1・2
中国医薬集団　北京生物製品研究所	不活化ワクチン	1・2
科興控股生物技術	不活化ワクチン/アラム	1・2
中国医学科学院医学生物学研究所	不活化ワクチン	1

※このほか中国勢では上海復星医薬（02196）がバイオNテックと米ファイザーの共同開発に参加している
資料：世界保健機関（WHO）5/27付リポート

新型コロナワクチン

米中対立でファーウェイに打撃、国産化加速に沸く企業も

最新動向と見通し　米中対立への警戒が高まるなか、中国の通信機器最大手、華為技術（ファーウェイ）に再び注目が集まっている。米商務省は5月15日、ファーウェイに対し、米国の技術を利用して国外で生産・開発された半導体の販売を規制すると発表。猶予期間の120日が過ぎると、米国の輸出許可が必要となり、特に、同社がハイエンド半導体の製造を委託する台湾TSMCからの調達が厳しくなるとされる。また、米商務省は19年5月にファーウェイを安全保障上の懸念があるとして輸出を規制する外国企業リスト（エンティティー・リスト）に加える一方、米国企業が一部取引できる例外措置を続けてきたが、20年8月13日までの延長分が最後になると通告した。

米国の制裁強化はファーウェイの主力事業であるスマートフォン製造やその核心部品である半導体調達に大きなダメージを与えるとの見方が大勢を占めている。ファーウェイ経営陣も環境の厳しさを吐露しているが、「生き残る」ために「計画B」は用意しているだろう。半導体調達は「八方ふさがり」ながらも、「米半導体先端部品の在庫2年分を確保」「韓台中の半導体メーカーに安定供給を要請」といった動きが伝わり、中長期的には国産化の動きを加速。株式市場の一部では地場メーカーの成長に対する期待が広がっている。

株価指標

コード	社名	株価（5/8）	目標株価	EPS	PER（倍）	PBR（倍）	配当利回り（%）
00285	BYDエレクトロニック	17.24	18.55	2.367	7.3	1.6	2.0
00981	SMIC	17.04	14.27	0.271	62.8	1.7	0.0
01478	Qテクノロジー	10.54	13.76	0.675	15.6	3.2	1.0
02018	瑞声科技	39.05	44.85	1.979	19.7	2.0	1.4
02382	舜宇光学科技	115.70	127.54	4.709	24.6	7.0	0.9

＊株価と予想EPSの単位はHK＄で統一。EPS、PER、PBR、配当利回りはすべて20年通期予想。目標株価と予想数字はファクトセットのコンセンサスに基づく。

ファーウェイのスマホ事業、海外の低迷を国内で穴埋め

ファーウェイの業績をみると、2019年12月期は売上高が前年比19%増の8588億元、純利益が同6%増の626億元と、ともに過去最高を更新した。事業別では、コンシューマー向け事業が34%増収となり、売上全体に占める割合が5年前の26%から54%に拡大。主力のスマホ事業は米グーグルのアプリ搭載が制限されるなかで海外が苦戦したものの、中国向け販売がカバーした。一方、4月に発表された20年1～3月期決算では、売上高が1%増の1822億元にとどまり、これまでの伸び率と比べ大きく鈍化。純利益は開示されていないが、純利益率を7.3%としていることから、前年同期比で7%程度減少したとみられる。

近年のファーウェイの業績のバロメーターとなっているのはスマホの出荷動向だ。米調査会社IDCの集計によると、2019年の世界スマホ出荷台数で、ファーウェイは韓国サムスン電子に次ぐ2位の2億4060万台。シェアは17.6%に上昇し、米アップルを追い抜いた。中国市場では1億4060万台とトップを独走し、シェアも18年の26.5%から39.3%に大きく拡大した。一方、20年1～3月期は世界出荷台数が4900万台と前年同期比で17%減少し、中国市場では2840万台と4%減少。シェアはともに上昇したものの、海外の減速ぶりが目立った。

直近におけるファーウェイの業績拡大のカギはやはり5G事業だろう。国内においては、今年前半に毎月のように5G対応を含むスマホの新機種を発表。特に4月は「24日間に13

機種を発表」したとして話題になった。ファーウェイの創業者が崇拝している毛沢東の「人海戦術」ならぬ、「機海戦術」で大量の新機種が投入され、ビジネス向けの「mate」シリーズ、高機能カメラ搭載の「p」シリーズ、自撮りに優れた「nova」シリーズ、ミドル・ローエンド製品など幅広い

世界のスマホ出荷台数（20年1－3月期）

ベンダー	出荷台数 （百万台）	前年同期比	市場シェア 20年1-3月	市場シェア 19年1-3月
サムスン	58.3	-18.9%	**21.1%**	23.0%
ファーウェイ	49.0	-17.1%	**17.8%**	18.9%
アップル	36.7	-0.4%	**13.3%**	11.8%
小米集団（01810）	29.5	6.1%	**10.7%**	8.9%
vivo	24.8	7.0%	**9.0%**	7.4%
その他	77.5	-17.2%	**28.1%**	29.9%
全体	275.8	-11.7%	100.0%	100.0%

資料：IDC

ユーザーをカバーしている。一方、海外においては英国や米国の 5G ネットワーク構築で提携の動きが伝わったが、「ファーウェイ制裁」が強化されるなかで頓挫。ただ、<u>ファーウェイの 5G 関連の特許数は世界トップを誇り</u>、5G インフラの早期構築には同社と協力せざるを得ない。厳しい制裁を受けるなかでも、ファーウェイはすでに世界の通信市場の事業連鎖から断ち切られることがないよう深く溶け込んでおり、「持久戦」で守勢から反攻の機会を探っているのではないだろうか。

ファーウェイの動向、関連のサプライヤー銘柄に影響へ

　ファーウェイは上場企業ではないが、通信最大手の動向は香港や中国本土市場に上場する関連銘柄の値動きに大きな影響を及ぼす。ファーウェイのコアサプライヤーに認定されている本土・香港上場銘柄では、スマホ部品事業を手掛ける BYD（01211）、カメラモジュールの舜宇光学科技（02382）、接続ケーブルの立訊精密工業（002475）、ディスプレーの京東方科技集団（000725/200725）などが挙げられる。中国金融情報サービスベンダーの万得信息技術（Wind 資訊）によると、今年 3 月時点で本土に上場する「ファーウェイ銘柄」は 139 銘柄。時価総額は 5 兆元と、本土市場全体の 10％弱を占めているという。本土の関連銘柄は上述したファーウェイの新型スマホが発表されるたびにストップ高が相次いだ。

　半導体の国産化加速で恩恵を受ける「ファーウェイ銘柄」にも注目が集まっている。中国ファウンドリー最大手の SMIC（00981）は昨年末以降、ファーウェイから半導体チップを大量受注。技術力では TSMC より 2 世代遅れているとの評価だが、中国当局による資金面での支援や、上海証券取引所のハイテク企業向け新市場「科創板」での資金調達を通じて能力拡大を急いでいる。本土市場ではパワー半導体デバイス設計を手掛ける上海韋爾半導体（603501）、集積回路設計の北京兆易創新科技（603986）、エッチング設備・洗浄設備の北方華創科技集団（002371）、パッケージ基板の深南電路（002916）といった銘柄が挙がる。堅調な業績だけでなく、香港市場から相互取引制度を通じて保有する外資の持ち株時価総額が大きい銘柄としても知られている。海外投資家も「長期戦」の構えで投資を続けることになるのだろう。

主なファーウェイ関連銘柄

企業名	上場先	主な事業
BYD（01211/002594）	香港/深セン	電池・組み立て関連
瑞声科技（02018）	香港	音響・振動部品製造
舜宇光学科技（02382）	香港	カメラモジュール製造
SMIC（00981）	香港	半導体製造
京東方科技集団（000725/200725）	深セン	液晶ディスプレー製造
立訊精密工業（002475）	深セン	接続ケーブル製造
上海韋爾半導体（603501）	上海	パワー半導体デバイス設計
北京兆易創新科技（603986）	上海	集積回路設計

資料：中国メディア報道からDZHフィナンシャルリサーチ作成

業界天気予報

スマホ部品

オンライン医療

政策支援が鮮明、新型コロナを機に本格発展期が到来

最新動向と見通し　中国では新型コロナウイルスの感染拡大をきっかけに、オンライン医療サービスが本格的な発展局面を迎えている。外出自粛などで需要が伸びたというだけではなく、政府当局が支援方針を明確にしたことが理由だ。これまでは政策・制度が追い付かず、需要の伸びも限定的だったが、感染症の拡大を機に供給側、需要側、制度という３方面の足並みが揃った。新型コロナがこのまま収束しても、オンラインサービスは定着するとの見方が強く、この先の市場規模の拡大は確実といえそうだ。あとは大手各社の黒字化が課題となる。

　また、平安健康医療科技（01833）や阿里健康（00241）など、この分野の有力企業は単に診察サービスや医薬品のネット通販を手掛けるだけでなく、医療分野の「エコシステム」の構築、あるいはデジタル化を通じた「新インフラ」の建設に目を向けているもよう。長期のビジネスモデルを今後どう構築していくかも注目ポイントとなりそうだ。

株価指標

コード	社名	株価（5/8）	目標株価	EPS	PER（倍）	PBR（倍）	配当利回り（％）
00241	阿里健康	18.24	16.58	0.004	4145.5	53.5	0.0
00700	テンセント	418.20	447.09	12.170	34.4	6.6	0.3
01833	平安健康医療科技	108.40	86.78	-0.660	—	11.6	0.0
02318	中国平安保険	78.60	102.03	8.910	8.8	1.7	3.2
09988	アリババ集団	193.40	250.85	6.917	28.0	5.2	0.0

＊株価と予想 EPS の単位は HK$ で統一。EPS、PER、PBR、配当利回りはすべて 20 年通期予想。目標株価と予想数字はファクトセットのコンセンサスに基づく。阿里健康とアリババ集団は 20 年 3 月期。

「力強い発展」支援にシフト、保険適用化が進行

　オンライン医療サービスに関する中国の政策方針はこれまでブレ感が強く、2013 − 16 年には追い風だった政策の方向性が 2017 − 18 年には引き締めに転じ、その後再び、支援に傾いた経緯があった。政策環境が好転したタイミングで発生したのが新型コロナ感染症。外出制限を強化する地方当局が在宅診療を奨励したことで、サービス利用者は急増し、登録医師数も増えたが、それだけではなく、北京市、上海市、天津市、浙江省などが率先して制度改革を実施。2 月以降、相次いでネット診療の公的医療保険の適用を認める方針を通達したことが大きな節目となった。

　中央当局もこれに呼応して動き、2 月上旬には国家衛生健康委員会が、オンライン医療の「規範的な発展」を目指すとしていた政策上の文言を「力強い発展」にアップグレード。それまでの慎重姿勢を一変させた。3 月に入ると、国家医療保障局などの相次ぐ発表により、一部条件付きながらも全国的な保険適用化への流れも固まった。同時に医

医療アプリの浸透率ランキング

順位	アプリ名	20年2月	19年2月	種類
1	平安好医生	2.5%	2.1%	診察
2	小豆苗	2.1%	2.0%	診察
3	優健康	1.9%	1.5%	健康管理
4	好大夫在線	1.8%	1.4%	診察
5	微医	1.2%	1.0%	診察
6	微脈	1.0%	1.0%	診察
7	叮当快薬	1.0%	1.0%	医薬品通販
8	健客網上薬店	1.0%	1.0%	医薬品通販
9	丁香園	0.8%	0.8%	医師サポート
10	健康雲	0.6%	0.5%	健康管理

資料：MobTech

薬品のオンライン処方に関する規制も緩和に向かい、ネット通販大手が相次ぎ、この分野に参入している。

　従来、消費者は医療分野のオンライン利用にやや消極的とされたが、アリババ集団（09988）傘下の医療ITサービス企業、阿里健康は「待ち時間なしの再診や医薬品のネット処方、即時購入といった行動にいったん慣れてしまえば、もはや後戻りはできない」との見方だ。

20年の市場規模、前年比64％増を予想＝易観

　IT調査会社の易観（Analysys）は中国のオンライン医療サービス市場が20年に1961億元規模に達すると予測しているが、これは前年実績を63.7％上回る数字。業界の初期段階に当たる13年以来の高い伸びとなる。オンライン診療の定着や医薬品のネット販売の大幅増、既存の医療システムのオンラインプラットフォーム化による"ボーナス"効果──などが楽観見通しの理由という。

　消費者を対象とするサービスでは特に、慢性疾患の診療や健康管理、予防などの分野が有望だが、ほかに企業向けの医療健康サービスのサポートや、政府機関が担う基本医療活動の受託業務、新たなリモート医療の創出といった分野にもビジネス機会があり、業務範囲はこの先さらに広がる見通しだ。また、健康意識、感染予防意識の高まりや規制緩和を受け、易観は医薬品・医療機器のネット販売も加速するとの見方。20年の医薬品売り上げについて、前年比61％増の1756億元を予想している。

中国オンライン医療市場の規模

億元／％
市場規模（左軸）
前年比（右軸）
＊20年の数字は易観の予測値　　　　資料：易観

平安健康医療科技と阿里健康、向こう1－2年に採算化か

　個別銘柄を見ると、オンライン医療の最有力企業は、AIを活用したワンストップ型プラットフォーム「平安好医生」を展開する平安健康医療科技。登録利用者数は19年末時点で3億1500万人に上り、感染症が拡大した旧正月期間中（1月24日－2月8日）には1日当たりアクティブユーザー数が543万人を記録。10万人台が並ぶ2位以下を圧倒した。20年5月には突然、会長を交代させ、投資家の動揺を招く一幕もあったが、シティグループは新たなトップの就任で、中国平安保険との連携がより深まり、シナジー効果が期待できるとみる。この分野の香港上場銘柄はほかに阿里健康。A株では衛寧健康科技集団（300253）、久遠銀海（002777）などが代表的な銘柄となる。

　香港上場の2社はそれぞれ中国平安保険（02318/601318）、アリババ集団という有力企業をバックに持つのが強み。阿里健康が医薬品のネット通販を主力とする半面、平安健康医療科技は総合サービス型。両社ともに急速に売り上げを伸ばしながらも採算化には至らず、20年以降に期待がかかる。これまでは業界全体が採算を度外視して顧客を獲得する段階にあったが、政策支援の下、今後は本格的に黒字化を目指す見込み。UBSはこの点を楽観し、阿里健康が21年3月期、平安健康医療が21年12月期に採算ラインに乗せるとの見方だ。うち、阿里健康は20年3月本決算で前年比88％の増収を達成し、純損失は83％減の660万元。今期の黒字化に王手をかけた。

　また、今後注目されるのは、テンセント（00700）が出資する未公開企業「微医（WeDoctor）」のIPO。政策が追い風となったこのタイミングで、香港でのIPOに向けて動き始めたとの情報が伝わっている。

新エネルギー車

短期的に苦戦も長期発展期待、勢力図に変化も

最新動向と見通し

　中国の新エネルギー車市場は 19 年 7 月から急減速局面を迎え、19 年通年の販売台数は前年比 4％減の 121 万台。購入補助金の大幅削減が痛手となり、初のマイナスに沈んだ。続く 20 年 1 － 4 月も前年同期比 44％減の 20 万台。ガソリン車などを含む新車全体では 4 月に 22 カ月ぶりにプラス成長を回復したが、新エネ車は浮上せず、「20 年に販売台数 200 万台」という数年来の目標を達成するチャンスはほぼ立ち消えた。政府は補助金依存体質からの脱却による新エネ車産業の"独り立ち"を目指したものの、現段階では安全性や技術レベル、コストパフォーマンスへの不満が根強く、補助金削減による打撃は予想以上だった。

　ただ、自動車産業全体を見れば、化石燃料車から新エネ車へのシフトという流れはもはや変えようがなく、中国政府の支援スタンスにも基本的に変化はない。同時に、補助金削減や競争激化を受け、中小メーカーが乱立する国内業界が統廃合、集約化に向かう流れもすでに不可避。当面は健全な発展軌道に乗せるための痛みが続くとみられるものの、政策支援を受けた業界全体の長期成長期待は依然大きい。

　外資系を含め、一定割合の新エネ車生産（全体の 10％）を義務付けられたメーカー各社は、中国で主流の電気自動車（EV）の生産体制を鋭意整備中。全体の販売動向やシェア争いだけでなく、今後は燃料電池自動車（FCV）の供給体制の構築や IoT、AI などと融合したスマートカーへの進化も、新エネ車セクターの注目ポイントとなりそうだ。

株価指標

コード	社名	株価 (5/8)	目標株価	EPS	PER（倍）	PBR（倍）	配当利回り（%）
00175	吉利汽車	12.96	14.13	0.981	13.2	1.8	1.9
00489	東風汽車集団	5.37	6.61	1.329	4.0	0.3	5.4
01211	BYD	46.80	50.55	1.029	45.5	2.0	0.2
01958	北京汽車	3.50	3.73	0.459	7.6	0.5	4.9
02238	広州汽車集団	7.35	8.08	0.762	9.6	0.5	3.2

＊株価と予想 EPS の単位は HK$ で統一。EPS、PER、PBR、配当利回りはすべて 20 年通期予想。目標株価と予想数字はファクトセットのコンセンサスに基づく。

補助金対象に価格上限設定、「テスラ vs 国内勢」の構図に

　中国当局はもともと、新エネ車補助金を 20 年で廃止する計画だったが、新型コロナウイルスによる影響や 19 年下期以来の販売不振を受け、22 年まで 2 年延長する方針を決めた。20 年、21 年、22 年に前年比 10％、20％、30％の割合で補助金を削減しつつ、段階的に"出口"を目指す。

　国内業界にとって補助金延長はひとまず朗報だが、ここで注目されるのは、補助金対象車の販売価格上限を 30 万元（約 450 万円）とする新たな規定が加わったこと。これを機に、異なる価格帯で棲み分けていた米テスラと国内勢が真っ向から競合する可能性が出てきた。テスラの「モデル 3」は 30 万元台前半からの価格設定である上に、中国事業の粗

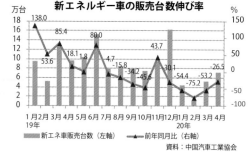

新エネルギー車の販売台数伸び率

新エネ車販売台数（左軸）　　前年同月比（右軸）

資料：中国汽車工業協会

利益率は約30％。価格引き下げで新規定に対応することは「完全に可能」（小鵬汽車の何小鵬会長）とみられ、国内勢は警戒を強めている。ただでさえ、中国市場でもテスラの台頭は鮮明。他の外資系ブランドも着実に国内ブランドを追い上げており、業界勢力図はこの先、大きく変わる見通しだ。国内勢は個別に明暗を分ける可能性が高い。

なお、補助金の延長に際しては技術要件もさらに厳しくなり、充電1回あたりの航続距離は前年までの250km以上から「300km以上」に変わった。これにより、有力メーカーの一部主要モデルが対象から外れることも、シェア争いに影響しそうだ。

20年は「前低後高」か、公共部門が主導

19年下期以来の低迷にもかかわらず、20年の新エネ車の販売動向に関しては、総じて楽観見通しが目立つ。中央政府だけでなく、地方政府が独自の購入支援に動いているためで、年間を通じて「前低後高」型になるとの予測が優勢。前年実績が極端に低い下期にはプラス成長を回復しそうだ。

ただ、行政機関に対して新エネ車を選択するよう指示している事情から、当面は政府・公共部門（バスや清掃車、タクシーなどを含む）による調達の度合いが市況全体を左右する見込み。個人による積極的な購入を後押しするには、発火事故やリコールによるイメージの悪化を今後、どの程度払拭できるか、コスパに優れた車種がどの程度登場するかがカギを握る見通しだ。

個別では、メーカー別販売台数トップのBYD（01211/002594）をはじめとする完成車メーカーに加え、電池製造の寧徳時代新能源科技（300750）、テスラのサプライチェーン銘柄である浙江三花智能控制（002050）などが代表的な新エネ車テーマ株となる。

電池交換式EVとFCVに発展期待

一方、新エネ車の技術的な発展の方向性としては、バッテリー交換EVと、FCVの注目度が高い。うち交換式EVは空のバッテリーを丸ごと交換するタイプで、充電時間を節約できるのが強み。この分野で先行する米NY上場の上海蔚来汽車（NIO）が電池の不具合による発火トラブルに直面するなど、技術面では課題も多いが、中国の主要都市部では電池交換ステーションの設置が進む。新エネ車補助金の2年延長に際しても、当局は交換式EVに限って車両価格に上限を設定せず、幅広い車種を対象に含めた。交換式の開発支援という当局の姿勢は依然鮮明だ。

もう一方のFCVはそもそも充電の必要がなく、水素を人気中の酸素と化学反応させてエネルギーを得る「究極のエコカー」。航続距離の長さが強みであり、世界の自動車大手や有力部品メーカー、さらにスタートアップが相次いでこの分野に参入している。中国では燃料電池産業がまだ立ち上がったばかりの段階にあり、政府の思惑とは裏腹に、「技術面で世界に後れを取っている」（国海証券）のが現状だ。そこで政府は購入支援ではなく、サプライチェーン構築支援に舵を切り、20年5月にはモデル都市を設定する方針を8省・直轄市に通達。これに伴い供給側の発展が加速するとの期待が高まった。まだまだ課題が多いとはいえ、FCVはこの先例外的に、長期の補助金対象となる見込み。光大証券はまずは大型貨物車など、商用車部門での導入を有力視し、常州騰龍汽車零部件（603158）や雄韜電源科技（002733）、ウェイチャイ・パワー（02338/000338）、上海汽車集団（600104）などのFCV関連銘柄に注目している。

中国の車種別新エネ車販売台数（19年）

車種	販売台数（万台）	前年比（％）
北汽新能源「EU」	11.11	+244.2
BYD「元」EV	6.16	+81.5
上汽GM五菱「宝駿」	4.81	+85.8
奇瑞「eQ」	3.94	-16.1
BYD「唐」DM	3.41	-3.4
BYD「e5」	3.29	-25.0
広汽新能源「AionS」	3.25	-
上汽「栄威Ei5」	3.05	+17.5
長城汽車「欧拉R1」	2.85	-
吉利汽車「帝豪EV」	2.84	-9.5

資料：乗用車市場信息聯席会

カジノ ☂ ☂ 新型コロナ流行で大打撃、夏以降に巻き返しなるか

最新動向と見通し　中国で5月下旬に開催された全国人民代表大会（全人代、国会に相当）では、マカオの政治的な「優等生」ぶりが目立った。マカオは2009年に「国家安全法」を制定するなど「一国二制度」の成功例と評価され、今回の全人代で同地の代表者は「香港国家安全法」の制定に「大賛成」との姿勢を強調していた。一方で、マカオ政府は毎年1回、「国家安全法」の見返りともいわれる全市民への現金配布を行っており、70万弱の市民の不満解消に苦心する様子もうかがえる（政府が説明する配布目的は「富の再配分」やインフレ対策）。ちなみに今年の「永住居民」への配布額は1人1万パタカ（約14万円）だった。

「優等生」のマカオも経済面では新型コロナウイルスによる大きなダメージを受けた。5月末に同地の統計局が発表した2020年1－3月期の実質域内総生産（GDP）は前年同期比48.7％減と過去最大の下落率。GDPの半分、政府歳入の8割超を占めるカジノ産業の活動が止まったことがそのまま反映され、数字的には「都市封鎖」された湖北省（同期GDPは39.2％減）よりも落ち込んだ。もっとも、カジノのおかげで歳出の5年相当の剰余金があるため、マカオ経済が大きく揺らぐことはなさそうだが、新型コロナを通じて「アキレスのかかと」があらわとなったカジノ依存の経済構造からの早期脱却が改めて意識された。

株価指標

コード	社名	株価 (5/8)	目標株価	EPS	PER (倍)	PBR (倍)	配当利回り (%)
00027	銀河娯楽	53.70	58.04	1.123	47.8	3.1	0.8
00880	澳門博彩控股	8.10	9.13	-0.130	—	1.7	1.7
01128	ウィン・マカオ	14.14	15.98	-0.230	—	202.0	1.5
01928	サンズ・チャイナ	31.10	38.63	0.302	102.9	9.1	5.1
02282	MGMチャイナ	9.55	11.83	-0.476	—	4.4	0.8

＊株価と予想EPSの単位はHK$で統一。EPS、PER、PBR、配当利回りはすべて20年通期予想。目標株価と予想数字はファクトセットのコンセンサスに基づく。

カジノ収入は入境措置緩和で回復へ、10－12月期にプラス成長との見方も

マカオ博彩監察協調局の発表によると、20年5月のカジノ収入は前年同月比93.2％減の17億6400万パタカだった。8カ月連続で前年同月を下回ったが、前月比では134％増加。新型コロナによる同地への入境制限が続き、カジノ施設でも厳格な対策が講じられていたものの、VIP向けが回復し始めたとのことで、最悪期を脱したとの見方が増えてきた。

今年のマカオカジノ株は新型コロナを背景に1月から3月まで株価が3－6割程度下落。ただ、4月になると上述のような惨憺たるカジノ収入や業績の悪化への悲観よりも、新型コロナ収束後をにらんだ市況回復への期待が膨らみ、戻り基調に転じた。JPモルガンが4月初旬に発表したリポートも先行きの安心感を与えた。同リポートではカジノ各社の潤沢なキャッシュフローに注目し、今後収入がない状況が続いたとしても、銀河娯楽（00027）が6.3年、澳門博彩控股（00880）が4.1年、サンズ・チャイナ（01928）が2.1年、ウィン・マカオ（01128）が1.7年、メルコ・インターナショナル（00200）が2年、MGMチャイナ（02282）が1.3年の間、生き残ることができるとの見方が示された。

マカオは5月末時点で新型コロナの累計感染者数が45人と、被害を最小限にとどめており、早くからインバウンドの再開を求める声が多かった。これを受けて、同地の観光当局は5月中旬、「コロナ後」の観光業回復に向けた計画を発表。計画は3段階で構成

され、◇第1段階でマカオの域内外におけるプロモーション計画を支援◇第2段階で一部地域からの入境制限緩和に合わせてプロモーションを展開し、マカオ宿泊客に対する無料ツアーなどを提供◇第3段階で海外からの訪問客の状況に合わせて復興計画を策定し、陸海空路の移動に対する優遇措置を実施──するとした。シティグループはリポートで、マカオの入境制限が緩和されるなか、カジノ収入が

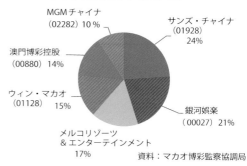

19年のマカオカジノ収入シェア

MGMチャイナ（02282）10％
サンズ・チャイナ（01928）24％
澳門博彩控股（00880）14％
ウィン・マカオ（01128）15％
銀河娯楽（00027）21％
メルコリゾーツ＆エンターテインメント 17％

資料：マカオ博彩監察協調局

7－9月期に下落率を縮め、10－12月期にはプラス成長に転換するとのシナリオを描いている。新型コロナへの警戒が続くなかで、例年以上にカジノ収入やマカオ訪問客の経過を確認していく必要がありそうだ。

「マカオのカジノ王」が死去、上場会社の資産再編期待で株価急騰

　2020年上期のマカオカジノ業界の重大ニュースとして、「コロナ禍」と並んで触れなければならないのが、「マカオのカジノ王」で知られた何鴻シェン（スタンレー・ホー）氏の死去だ。17年に信徳集団（00242）の会長、18年に澳門博彩控股の会長職を退任。5月26日に入院先の香港の病院で亡くなった。享年98歳。マカオを世界最大級のカジノ街に変貌させたけん引役で、同氏の功績や武勇伝などは本誌において何度も紹介させてもらった。

　スタンレー氏には4人の女性との間に17人の子供がおり、同氏の資産や事業継承を巡る一族内の争いがたびたびメディアで報じられた。上場会社では第2夫人との間にできた長女、何超瓊（パンジー・ホー）氏が信徳集団とMGMチャイナの会長、次女の何超鳳（デイジー・ホー）氏が澳門博彩控股の会長、長男の何猷龍（ローレンス・ホー）がメルコ・インターナショナルの会長を務める。働き盛りの「第2夫人」系がカジノ事業の経営を押さえているようにみえるが、澳門博彩控股を巡っては、第3夫人や第4夫人も親会社の株式を持ち、第4夫人は澳門博彩控股の取締役を務めるなど、一族のバランスを不安視する見方もある。

　5月26日の香港市場では同日午後にスタンレー氏が死去したことが伝わると、信徳集団が前日比で20％超、澳門博彩控股が同7％超の急騰をみせた。スタンレー氏の死去を機に、市場が各社の資産再編を期待したようだが、BofAセキュリティーズは「短期的にそのようなことは起こらない」と主張。特に澳門博彩控股は「コロナ禍」での運営に集中しなければならないほか、今後1年以内にコタイ地区に建設した統合型リゾート（IR）「グランド・リスボア・パレス」の開業、22年6月の事業免許更新を控えるなかで経営の大きな変化は起こりづらいとの見方を示している。

マカオカジノ収入　月次伸び率の推移 【前年同月比】

資料：マカオ博彩監察協調局

手始めの かんたんスクリーニング

銘柄選びの基本となるスクリーニング。本誌の掲載データを使い、簡単な条件で掲載銘柄をふるいにかけてみた。

コード	企業名	総合	合計	収益性	成長性	安定性	株価	配当
00799	IGG	A	20	5	1	5	4	5
00867	康哲薬業	A	20	4	3	5	4	4
01138	中遠海運能源運輸	A	20	2	5	3	5	5
01997	九龍倉置業地産	A	20	2	5	5	3	5
06178	光大証券	A	20	2	5	5	4	4
02799	中国華融資産管理	A	20	2	5	5	3	5
00004	ワーフ	A	19	2	5	4	4	4
00819	天能動力国際	A	19	4	2	3	5	5
00902	華能国際電力	A	19	2	5	3	4	5
00914	安徽コンチセメント	A	19	4	2	5	4	4
00934	シノペック冠徳	A	19	3	2	5	4	5
01234	中国利郎	A	19	4	1	5	4	5
01313	華潤セメント	A	19	4	2	4	4	5
03333	中国恒大集団	A	19	3	5	2	4	5
00285	BYD エレクトロニック	A	18	2	5	4	4	3

[対象銘柄] 企業データの採用銘柄のうち、香港上場365銘柄と本土A株40銘柄。業績予想のない銘柄や決算期の変更があった銘柄などは除外。中国株二季報の銘柄ページにある「評価」の点数の高い順に紹介。各項目の点数は75ページの評価基準を参照。スクリーニングは632ページに続く！

IGG (00799)

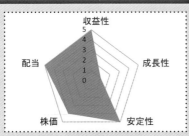

➤ シンガポールに本拠を置くゲーム開発会社で、約200カ国・地域に7億人超の登録ユーザーがいる。指標では予想配当利回りが6.0％、ROEが44.0％。

九龍倉置業地産 (01997)

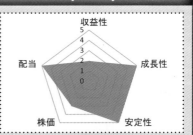

➤ 香港の不動産賃貸大手。主要物件は尖沙咀の複合商業施設「ハーバーシティー」など。指標では予想配当利回りが5.3％、自己資本比率が76.0％。

光大証券
(06178)

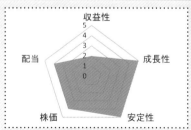

> 中国光大集団傘下の証券会社。上海に本店を置き、江蘇省、浙江省、広東省などで事業を展開する。指標では予想PERが7.8倍、予想増益率が358％。

華能国際電力
(00902)

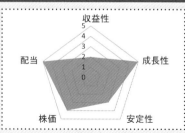

> 中国の発電最大手。山東省や江蘇省を中心に全国26の省・直轄市・自治区で発電事業を展開する。指標では予想PERが7.2倍、予想配当利回りが8.0％。

中国恒大集団
(03333)

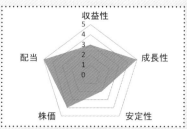

> 19年の中国不動産販売額番付で業界3位。旅行、医療、新エネ車など事業の多角化を推進中。指標では予想PERが5.5倍、予想配当利回りが8.4％。

BYDエレクトロニック
(00285)

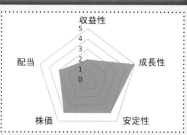

> スマホなどの部品製造や組み立てを請け負う。設計から完成品まで垂直統合型の一貫業務に強み。指標では予想PERが7.3倍、予想増益率が194％。

二季報 WEB プレミアムサービス

プレミアムサービスでは毎日 100 本前後にも上る記事やレポートの閲覧に加え、香港・本土上場銘柄の業績・財務情報、予想データなどの情報がすべてご利用可能です。

投資家のさまざまな情報ニーズに応えます

ニュースやレポート以外にも、銘柄探しに役立つツールなど多数ご用意しています！

記事がすごい！

毎日の記事本数は 100 本前後と圧倒的！読み応えのあるレポートも随時更新中！

充実の銘柄情報

香港上場全銘柄に加え、中国の A 株・B 株約 5000 銘柄を網羅（ETF や REIT 含む）。期末・中間 5 期分の業績・財務データ、配当情報などをカバーしています。また、各銘柄の関連写真をご覧頂けます。

二季報 WEB イメージ

A株銘柄にも対応

プレミアム会員はここが違う！

二季報 WEB には、無料でご覧いただけるものとプレミアム会員専用のものがあります。
プレミアム会員専用コンテンツをご覧いただくには、ユーザー登録が必要となります。

	一般会員	プレミアム		一般会員	プレミアム
マーケット速報	○	○	多機能チャート	×	○
ニュース	△	○	スクリーニング	×	○
レポート	△	○	ポートフォリオ	△	○
指標＆株価	○	○	簡単サーチ	○	○
ランキング	○	○	特集	○	○
コーポレートアクション	×	○	経済指標	×	○
決算	○	○	ヒストリカル	×	○
トレーダーズ・コンパス	×	○	ヒートマップ	○	○

■ご利用料金について

■契約タイプ	■会費		■お支払い方法
①月次契約会員	月額	3,000 円（税抜き）	クレジットカード
②6 ヶ月契約会員	半年額	18,000 円（税抜き）	銀行振込み
③12 ヶ月契約会員	年額	32,000 円（税抜き）	銀行振込み

【ご注意事項】
・入金時に決済した金額については返金いたしませんのでご了承ください。
・料金は毎月 20 日までにお客様から退会の申し出がない限り、毎月自動的に課金されます。（クレジットカード決済の場合）
・契約満了日前に退会される場合でも、当社は既にお支払いいただいた会員費の払い戻しは行いませんのでご了承ください。
・本サービスはクーリングオフの対象外となりますのでご注意ください。

充実の投資ツール！

便利なツールでお客様の投資をサポート。便利なスクリーニング機能、ポートフォリオなどがご利用できます。

業績・財務グラフのイメージ

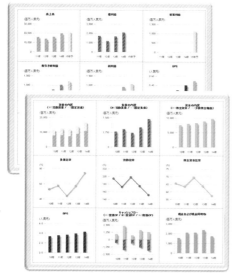

ヒストリカルのイメージ

最大直近90件のヒストリカル株価データで、デイリー、週間、月間を選ぶことができます。

トレーダーズコンパスのイメージ

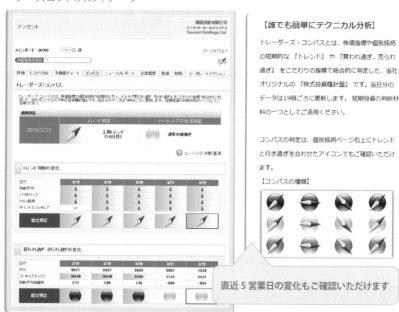

【誰でも簡単にテクニカル分析】

トレーダーズ・コンパスとは、株価指標や個別銘柄の短期的な『トレンド』や『買われ過ぎ、売られ過ぎ』をこだわりの指標で総合的に判定した、当社オリジナルの『株式投資羅針盤』です。当日分のデータは19時ごろに更新します。短期投資の判断材料の一つとしてご活用ください。

コンパスの判定は、個別銘柄ページ右上にトレンドと行き過ぎを合わせたアイコンでもご確認いただけます。

【コンパスの種類】

直近5営業日の変化もご確認いただけます

株式会社 DZH フィナンシャルリサーチ（DZH FINANCIAL RESEARCH, INC.）
〒105-0023 東京都中央区明石町 8-1 聖路加タワー 32 階
03-6853-5905　sales@nikihou.jp　　詳しくはこちら　二季報WEB　[検索]

市場・属性別

索引

【索引】業種別

【索引】50音順

中国語社名の漢字音読み、通称名を併記する場合もあります。例えば「長城汽車」は「チョウジョウキシャ」でも「グレートウォール・モーター」でも引くことができます。

索引

50音順

●D

●E

●F

索引

■アルファベット順

索
引

■ アルファベット順

本書の見方

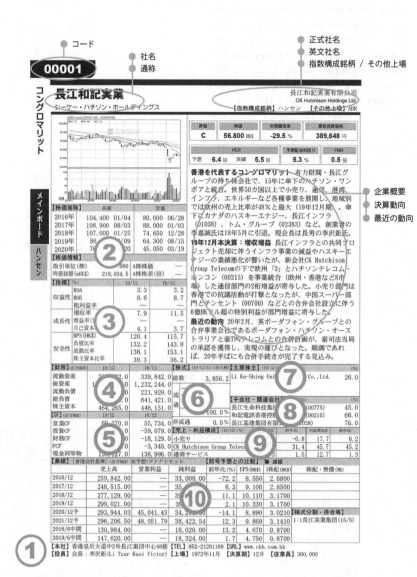

● コード
● 社名
● 通称
● 正式社名
● 英文社名
● 指数構成銘柄 / その他上場

00001

長江和記実業
シーケー・ハチソン・ホールディングス

長江和記実業有限公司
CK Hutchison Holdings Ltd
【指数構成銘柄】ハンセン 【その他上場】ADR

コングロマリット

評価	株価	年間騰落率	最低売買価格
C	56.800 HK$	-29.5 %	389,648 円

PER		予想配当利回り	PBR
予想 6.4 倍 実績 5.5 倍		5.3 %	0.5 倍

● 企業概要
● 決算動向
● 最近の動向

香港を代表するコングロマリット 有力財閥・長江グループの持ち株会社で、15年に傘下のハチソン・ワンポアと統合。世界50カ国以上で小売り、通信、港湾、インフラ、エネルギーなど各種事業を展開し、地域別では欧州の売上比率が48%と最大（19年12月期）。傘下にカナダのハスキーエナジー、長江インフラ（01038）、トム・グループ（02383）など。創業者の李嘉誠氏は18年5月に引退。現会長は長男の李沢鉅氏。

19年12月本決算：増収増益 長江インフラとの共同プロジェクト売却に伴うインフラ事業の減益やハスキーエナジーの業績悪化が響いたが、新会社CK Hutchison Group Telecomの下で欧州「3」とハチソンテレコム・ホンコン（00215）を事業統合（欧州・香港など8市場）した通信部門の2桁増益が寄与した。小売り部門は香港での抗議活動が打撃となったが、中国スーパー部門とテンセント（00700）などとの合弁会社設立に伴う6億HKドル超の特別利益が部門増益に寄与した。

最近の動向 20年2月、英ボーダフォン・グループとの合弁事業会社であるボーダフォン・ハチソン・オーストラリアと豪TPGテレコムとの合併計画が、豪司法当局の承認を獲得し、実現の運びとなった。順調であれば、20年半ばにも合併手続きが完了する見込み。

メインボード
ハンセン

【株価推移】
	高値		安値	
2016年	104.400	01/04	80.600	06/28
2017年	108.900	08/03	88.000	01/03
2018年	107.000	01/25	74.650	12/28
2019年	86.		64.300	08/15
2020年	76.	20	45.450	03/19

②

【株価情報】
取引単位(株)	500	A株株価 —
時価総額(mHK$)	219,034.5	A株格差(倍) —

【指標】(%)
		19/12	18/12
収益性	ROA	3.3	3.2
	ROE	8.6	8.7
	粗利益率		
成長性	増収率	7.9	11.5
	増益率(%)		
	自己資本	4.1	3.7
安全性	BPS (HK$)	120.4	115.7
	負債比率	132.2	143.8
	流動比率	136.1	153.1
	株主資本比率	38.3	36.2

③

【財務】(百万HK$)
	19/12	18/12
流動資産	2 2.0	339,842.0
総資産	1	1,232,244.0
流動負債		221,929.0
総負債		641,421.0
株主資本	464,285.0	446,151.0

④

【CF】(百万HK$)
	19/12	18/12
営業CF	60 70.0	55,734.0
投資CF		-59,079.0
財務CF	0	-18,129.0
FCF		-3,345.0
現金同等物	127.0	138,996.0

⑤

【株式】(19/12/31)(百万株)
総数	3,856.2

⑥
流通	100.0 %
非流通	0.0 %

【売上・利益構成】(19/12/31)
		前年比	利益額成長率	前年比
小売り		-0.8	17.7	6.2
		31.4	45.7	45.2
港湾サービス		1.5	12.7	1.3
CK Hutchison Group Telec

⑨

【主要株主】(19/12/31)(百万株)
Li Ka-Shing Uni Co.,Ltd.	26.0

⑦

【子会社・関連会社】(%)
長江生命科技集	(00775)	45.0
和記電訊香港控	(00215)	66.0
	038)	76.0
長江基建集団有限		

⑧

【業績】[香港会計基準](百万HK$) 楽予想＝ファクトセット　【前号予想との比較】▲減額

	売上高	営業利益	純利益	前年比(%)	EPS(HK$)	1株配(HK$)	株配・無償(株)
2016/12	259,842.00	—	33,008.00	-72.2	8.550	2.6800	
2017/12	248,515.00	—	35,	6.3	9.100	2.8500	
2018/12	277,129.00	—	39,	11.1	10.330	3.1700	
2019/12	299,021.00	—	39,	2.1	10.330	3.1700	
2020/12予	293,944.03	45,041.43	34,2 50	-14.1	8.890	3.0210	
2021/12予	296,206.50	48,051.79	38,422.54	12.3	9.869	3.1410	
2018/6中間	130,984.00	—	18,020.00	13.2	4.670	0.8700	【株式分割・併合等】
2019/6中間	147,620.00	—	18,324.00	1.7	4.850	0.8700	1:1長江実業集団(15/5)

⑩

①
【本社】香港皇后大道中2号長江集団中心48楼 【TEL】852-21281188 【URL】www.ckh.com.hk
【役員】会長：李沢鉅(Li Tzar Kuoi Victor) 【上場】1972年11月 【決算期】12月 【従業員】300,000

企業データ　各項目説明

[株価] 2020年5月8日の株価（一部例外を除く）

[年間騰落率] 2020年5月8日までの1年間の株価騰落率

[配当利回り] ＝1株当たり配当（年間）÷株価×100 →2020年の配当予想に基づく。株価に対する年間配当の割合を示す指標。

[PBR] （株価純資産倍率）＝株価÷BPS →市場が評価した企業価値（時価総額）が会計上の解散価値（株主資本）の何倍であるかを示し、企業の財務体質や資産内容を判断する指標。一般的にPBR1倍が株価の下限と考えられているため、「下値」の推定に有効。

[PER] （株価収益率）＝株価÷EPS →予想は2020年の予想EPSに、実績は直近本決算のEPSに基づく。会社の利益に対して株価がどの程度の水準にあるかを示しており、基本的には高ければ割高、低ければ割安。

[最低売買単位] 日本円表示
　＝株価×取引単位×対日本円為替レート
※注意：最低取引額は各証券会社で異なる

[週足チャート] 2020年5月8日までの約1年6カ月分を収録。ローソク足は週足、3本の折れ線グラフはそれぞれ13週、26週、52週の移動平均線。下段の棒グラフは週間出来高の推移。

[評価] 「収益性」「成長性」「安定性」「株価」「配当」の5項目で評価。各項目を代表する指標につき、本書掲載銘柄の平均値を基準に1-5点を付与。5項目の得点を合計し、得点に応じて「A」から「E」まで機械的に5段階評価（Aが最高）した。各社の業績やアナリスト予想を基にしたファンダメンタル面での評価であり、各銘柄の投資判断を表すものではない。業績・配当予想がないものについては「―」とした。

① 基本データ

[本社／登記] 中国A株企業は登記地を記載。香港上場企業は原則本社を記載。

[TEL] 連絡先の電話番号を記載。

[役員] 中国A株企業は法定代表人を記載。香港上場企業は基本的に会長を記載（中国語で会長は「主席」「董事長」）。

[従業員] 一時帰休者などを含む場合もある。

② 株価情報

[株価推移] 2016年1月1日から2020年5月8日までの、各年の最高値、最安値とその日付を記載。

[時価総額] 上場株式の規模を表す。2020年5月8日時点の株価をもとに算出。同日に取引停止中だった銘柄については、停止前の株価で算出。

[A株格差] A株の株価÷B株またはH株の株価→値が大きいほど、A株に対して割安であることを意味する。

③ 指標

最新の本決算または中間決算のデータをもとに算出。

[ROA] （総資産利益率）＝年間純利益÷総資産×100 →総資産に対してどの程度利益を上げているか、資本効率を見る。企業の総合的な収益性をはかる指標。最終赤字の場合は「―」。＊中間決算は純利益を2倍にして計算

[ROE] （株主資本利益率）＝年間純利益÷株主資本×100 →株主資本に対してどの程度利益を上げているか、つまり株主が投資した資金が有効に使われているかを見る。収益性をはかる指標。最終赤字または株主資本がマイナスの場合は「―」。＊中間決算は純利益を2倍にして計算

[粗利益率] ＝粗利益÷売上高×100 →売上高に占める粗利益の割合を示す。

[増収率] ＝（当期売上高−前期売上高）÷前期売上高×100 →企業の成長性をはかる指標。

[増益率（営利）] ＝（当期営業利益−前期営業利益）÷前期営業利益×100 →営業利益の伸び率を表す。

[自己資本増加率] ＝（当期自己資本−前期自己資本）÷前期自己資本×100 →返済不要である自己資本がどれだけ増えたかを見る指標。

[BPS] （1株当たり純資産）＝純資産（株主資本）÷発行済み株式数 →会社解散時の価値を表したもので、企業の安定性を見る指標。

[負債比率] ＝総負債÷株主資本×100 →株主資本（自己資本）に対する負債（他人資本）の割合を表し、企業の安定性をはかる指標。一般的には小さい方が理想的だが、負債に依存した方が効率的な企業もある。

評価基準		高 ←				低
項目	代表する指標	5	4	3	2	1
収益性	ROE	35％以上	20％以上 35％未満	10％以上 20％未満	10％未満	マイナス
成長性	予想増益率	75％以上	50％以上 75％未満	25％以上 50％未満 or 黒字転換	25％未満	マイナス or 赤字
安定性	自己資本比率	75％以上	50％以上 75％未満	25％以上 50％未満	25％未満	マイナス
株価	予想PER	5倍未満	5倍以上 10倍未満	10倍以上 20倍未満	20倍以上 35倍未満	35倍以上 or マイナス
配当	予想配当利回り	5％以上	3％以上 5％未満	1％以上 3％未満	1％未満	無配

[流動比率] ＝流動資産÷流動負債×100　→短期の負債に対する支払能力を示し、財務の安定性をはかる指標。一般に 200％以上が望ましいとされている。

[株主資本比率] ＝株主資本÷総資産×100　→財務の安定性をはかる指標。一般にこの比率が高いほど、財務が安定していることを意味する。

④ 財務

最新の本決算または中間決算の財務データを記載。連結決算ベース。

⑤ キャッシュフロー

一定期間内のキャッシュ（現金）の出入りを示す。

[営業 CF] 営業活動によるキャッシュフロー
企業が主たる営業活動から獲得した金額を示す。

[投資 CF] 投資活動によるキャッシュフロー
将来の利益獲得および資金運用のための資金の支出、回収を示す。

[財務 CF] 財務活動によるキャッシュフロー
営業・投資活動を維持するための、資金の調達、返済状況を示す。

[FCF] フリーキャッシュフロー
営業 CF と投資 CF を合算して算出。営業活動で得るキャッシュから投資に要するキャッシュフローを差し引き、手元に残る正味のキャッシュフローを示す。

[現金同等物] 現金および現金同等物
営業、投資、財務活動を通じて取得した資金の残高。

⑥ 株式

直近決算期末の発行済み株式数を記載。
中国本土企業（A 株、H 株）は株式構成比率を記載。
株式の種類については、巻末 Q&A を参照。

⑦ 主要株主

主要株主とその持ち株比率。基本的には名義上の株主を記載。一部、実質保有者を記述した方が実態をよく表すものについては、そちらを記載。

⑧ 会社・関連会社

子会社・関連会社とその出資比率。代表的な子会社、関連会社を記載。出資比率は間接出資分を含む。

⑨ 売上・利益構成

セグメントまたは売上品目ごとの売上構成比率と利益構成比率を記載。グループ内取引分は原則として除外しているが、一部含んでいるものもある。利益は主に営業利益を採用。

⑩ 業績

[売上高・営業利益・純利益]　「売上高」は企業によって、「経常収益」を採用しているものもある。また、過去の業績に対し修正が行われたものについては、修正後の数値を記載。営業利益は会社側未発表の場合「—」。

※　決算期変更があった年度については、業績の年期欄に「*」を表示。

[EPS]　1 株当たり純利益。基本 EPS（純利益を期中平均の発行済み株式総数で割ったもの）を記載。

[1 株配]　1 株当たりの配当金額。本決算の場合は中間配当、期末配当、特別配当を含む通期の値を記載。無配の場合「—」。

[株配・無償]　(無)は無償増資、(株)は株式配当、BW はボーナスワラントを表す。「BW5:1(18 年)」は、「既存 5 株につきボーナスワラント 1 枚（行使期限は 2018 年）」を意味する。有償増資の場合の@の後は引受価格を指す。また、株式配当で他社株を割り当てる場合は社名を記載。

[株式分割・併合等]　「分割」は株式分割、「併合」は株式併合を表す。「分割 1 → 5 (18/6)」は、「1 対 5 の株式分割（権利落ち日は 2018 年 6 月）」を意味する。(未)は権利落ち日未定。

[前号予想との比較]　いずれも前号に掲載した予想と比較し、「↑」は 30％以上の増額または赤字予想が黒字予想に転換、「↗」は 5％以上 30％未満の増額、「→」5％未満の増減または赤字継続、「↘」は 5％以上 30％未満の減額、「↓」30％以上の減額または黒字予想が赤字予想へ転換。

業績予想データ

　ファクトセット社が複数アナリストの予想データをもとに集計・算出したコンセンサス予想。アナリストが採用する会計方針の違いなどによって、実績値と予想値に大きな差が出る場合があるほか、アナリストの人数や各予測データの分散度合いによって、純利益やEPS などの個別数値で正負の誤差が生じるケースもある。

■単位
HK$	=	香港ドル
US$	=	米ドル
EUR	=	ユーロ
GBP	=	英ポンド
CA$	=	カナダドル

■為替レート（20/5/8 現在）
1 香港ドル	=	13.72 円
1 人民元	=	15.03 円
1 米ドル	=	106.33 円

企業データ

メインボード　　　（365 銘柄）........ 78
Ａ株　　　　　　　（40 銘柄）........ 443
ＡＤＲ　　　　　　（6 銘柄）........ 483

新規上場銘柄（3 銘柄）	コード		上場廃止（4 銘柄）	コード
JD ドット・コム	09618		ウィーロック	00020
アリババ集団	09988		中航国際控股	00161
ネットイース	09999		中国糧油控股	00606
			華能新能源	00958
新規掲載銘柄（7 銘柄）	**コード**		大昌行集団	01828
阿里健康	00241		**掲載中止（10 銘柄）**	**コード**
中国海螺創業	00586		信徳集団	00242
北京同仁堂	600085		南京パンダ	00553
万華化学集団	600309		浪潮国際	00596
中国長江電力	600900		天工国際	00826
富士康工業互聯網	601138		茂業国際	00848
仏山市海天調味食品	603288		洛陽ガラス	01108
			美聯集団	01200
			華油能源	01251
			中滔環保	01363
			アンドレ・ジュース	02218

文中で使用する略語の意味は以下の通りです。

- ・**ARPU**：契約者 1 人当たりの月間収入
- ・**ATM**：現金自動預払機
- ・**CEO**：最高経営責任者
- ・**COO**：最高執行責任者
- ・**EBIT**：利払い・税引き前利益
- ・**EBITDA**：利払い・税引き・償却前利益
- ・**EMS**：電子機器受託製造サービス
- ・**IoT**：モノのインターネット
- ・**IPO**：新規株式公開
- ・**LED**：発光ダイオード
- ・**LNG**：液化天然ガス
- ・**LPG**：液化石油ガス
- ・**ODM**：自社設計による相手先ブランド製造
- ・**OEM**：相手先ブランド製造
- ・**PPP**：官民パートナーシップ
- ・**SNS**：ソーシャル・ネットワーキング・サービス
- ・**TEU**：20 フィート標準コンテナ換算
- ・**Tier1**：中核的自己資本
- ・**3G/4G/5G**：第 3 世代 / 第 4 世代 / 第 5 世代

本書は信頼できると考える情報に基づいて作成されていますが、情報の完全性について保証するものではありません。また、予想データは作成後に変更される場合がありますので、銘柄の選択や投資の最終決定は、ご自身の判断でなさるようにお願いいたします。

コングロマリット

メインボード　ハンセン

長江和記実業

シーケー・ハチソン・ホールディングス

長江和記実業有限公司
CK Hutchison Holdings Ltd.
【指数構成銘柄】ハンセン　【その他上場】ADR

評価	株価	年間騰落率	最低売買価格
C	56.800 HK$	-29.5 %	389,648 円

PER		予想配当利回り	PBR
予想 6.4 倍　実績 5.5 倍		5.3 %	0.5 倍

香港を代表するコングロマリット 有力財閥・長江グループの持ち株会社で、15年に傘下のハチソン・ワンポアと統合。世界50カ国以上で小売り、通信、港湾、インフラ、エネルギーなど各種事業を展開し、地域別では欧州の売上比率が48％と最大（19年12月期）。傘下にカナダのハスキーエナジー、長江インフラ（01038）、トム・グループ（02383）など。創業者の李嘉誠氏は18年5月に引退。現会長は長男の李沢鉅氏。

19年12月本決算：増収増益 長江インフラとの共同プロジェクト売却に伴うインフラ事業の減益やハスキーエナジーの業績悪化が響いたが、新会社CK Hutchison Group Telecomの下で欧州「3」とハチソンテレコム・ホンコン（00215）を事業統合（欧州・香港など8市場）した通信部門の2桁増益が寄与した。小売り部門は香港での抗議活動が打撃となったが、中国スーパー部門とテンセント（00700）などとの合弁会社設立に伴う6億HKドル超の特別利益が部門増益に寄与した。

最近の動向 20年2月、英ボーダフォン・グループとの合弁事業会社であるボーダフォン・ハチソン・オーストラリアと豪TPGテレコムとの合併計画が、豪司法当局の承認を獲得し、実現の運びとなった。順調であれば、20年半ばにも合併手続きが完了する見込み。

【株価推移】

	高値		安値	
2016年	104.400	01/04	80.600	06/28
2017年	108.900	08/03	88.000	01/03
2018年	107.000	01/25	74.650	12/28
2019年	86.450	04/09	64.300	08/15
2020年	76.000	01/20	45.050	03/19

【株価情報】

取引単位（株）	500	A株株価	—
時価総額（mHK$）	219,034.5	A株格差（倍）	—

【指標】(%)

		19/12	18/12
収益性	ROA	3.3	3.2
	ROE	8.6	8.7
	粗利益率	—	—
成長性	増収率	7.9	11.5
	増益率（営利）	—	—
	自己資本増加率	4.1	3.7
安全性	BPS（HK$）	120.4	115.7
	負債比率	132.2	143.8
	流動比率	136.1	153.1
	株主資本比率	38.3	36.2

【財務】(百万HK$)

	19/12	18/12
流動資産	216,832.0	339,842.0
総資産	1,210,976.0	1,232,244.0
流動負債	159,301.0	221,929.0
総負債	614,013.0	641,421.0
株主資本	464,285.0	446,151.0

【CF】(百万HK$)

	19/12	18/12
営業CF	69,270.0	55,734.0
投資CF	-37,419.0	-59,079.0
財務CF	-33,720.0	-18,129.0
FCF	31,851.0	-3,345.0
現金同等物	137,127.0	138,996.0

【株式】(19/12/31)(百万株)

総数	3,856.2
流通	— / — / —
流通	100.0%
非流通	0.0%

【主要株主】(19/12/31)　(%)

Li Ka-Shing Unity Trustee Co.,Ltd.	26.0

【子会社・関連会社】(19/12/31)　(%)

長江生命科技集団有限公司（00775）	45.0
和記電訊香港控股有限公司（00215）	66.0
長江基建集団有限公司（01038）	76.0

【売上・利益構成】(19/12)(%)

	売上構成比	前年比	利益構成比	前年比
小売り	45.5	-0.8	17.7	6.2
CK Hutchison Group Telecom	32.0	31.4	45.7	45.2
港湾サービス	9.3	1.5	12.7	1.3

【業績】［香港会計基準］(百万HK$) ※予想：ファクトセット　　　　【前号予想との比較】↘減額

	売上高	営業利益	純利益	前年比(%)	EPS(HK$)	1株配(HK$)	株配・無償(株)
2016/12	259,842.00	—	33,008.00	-72.2	8.550	2.6800	
2017/12	248,515.00	—	35,100.00	6.3	9.100	2.8500	
2018/12	277,129.00	—	39,000.00	11.1	10.110	3.1700	
2019/12	299,021.00	—	39,830.00	2.1	10.330	3.1700	
2020/12予	293,944.03	45,041.43	34,209.80	-14.1	8.890	3.0210	【株式分割・併合等】
2021/12予	296,206.50	48,051.79	38,422.54	12.3	9.869	3.1410	1:1長江実業集団(15/5)
2018/6中間	130,984.00	—	18,020.00	13.2	4.670	0.8700	
2019/6中間	147,620.00	—	18,324.00	1.7	4.750	0.8700	

【本社】香港皇后大道中2号長江集団中心48楼　【TEL】852-21281188　【URL】www.ckh.com.hk

【役員】会長：李沢鉅(Li Tzar Kuoi Victor)　【上場】1972年11月　【決算期】12月　【従業員】300,000

中電控股

シーエルピー・ホールディングス

中電控股有限公司
CLP Holdings Ltd.

【指数構成銘柄】ハンセン　【その他上場】ADR

評価	株価	年間騰落率	最低売買価格
B	80.000 HK$	-9.2 %	548,800 円

	PER		予想配当回り	PBR
予想	17.4 倍　実績 43.5 倍		4.0 %	1.9 倍

香港の電力持ち株会社 香港内外でエネルギー事業を展開。傘下の中華電力（CLPパワー）は九龍・新界地区264万世帯に電力を供給する。中国、豪州、インド、東南アジアでも発電事業を行う。発電容量は持ち分換算で2万4000MW（19年末）。豪子会社エナジー・オーストラリアは発電と電力・ガス販売に従事。地域別売上比率は香港47％、豪州45％、インド5％（19年）。

19年12月本決算：減収減益 マイナスの特殊要因が響き7割弱の減益となった。傘下エナジー・オーストラリアの小売業務でのれん減損処理を実施。本業も振るわず、営業利益は21％減少した。設備投資を巡る香港政府との「管理スキーム（SoC）」契約で利益保証率が引き下げられたことも痛手となった。地域別の利益貢献は、香港事業が13％減、豪州事業が53％減と低迷。一方、中国本土事業は陽江原子力発電の貢献で5％増。東南アジア・台湾事業は107％増と好調だった。

最近の動向 香港政府の環境政策を積極的に対応していく。20年には同社の供給電力に占める天然ガス発電の比率が初めて5割を超える見込み。ただ、天然ガス発電は石炭火力や原子力発電に比べコストが高いため、値上げ圧力の緩和も進めていく。20年1－3月の香港売電量は前年同期比1.4％減の6758ギガワット時（GWh）。

【株価推移】

	高値		安値	
2016年	84.350	07/27	62.350	01/21
2017年	85.500	06/01	71.850	01/03
2018年	97.000	09/14	75.050	02/13
2019年	97.400	02/21	78.000	01/03
2020年	84.200	03/05	65.000	03/23

【株価情報】

取引単位(株)	500	A株株価 —
時価総額(mHK$)	202,116.1	A株格差(倍) —

【指標】(%)

		19/12	18/12
収益性	ROA	2.1	5.9
	ROE	4.4	12.4
	粗利益率	—	—
成長性	増収率	-6.3	-0.7
	増益率(営利)	-57.9	-2.9
	自己資本増加率	-3.3	0.3
安全性	BPS(HK$)	41.7	43.2
	負債比率	97.0	96.8
	流動比率	71.2	85.3
	株主資本比率	47.6	47.3

【財務】(百万HK$)

	19/12	18/12
流動資産	28,826.0	35,500.0
総資産	221,623.0	230,514.0
流動負債	40,462.0	41,634.0
総負債	102,294.0	105,582.0
株主資本	105,455.0	109,053.0

【CF】(百万HK$)

	19/12	18/12
営業CF	21,345.0	23,951.0
投資CF	-5,824.0	-11,259.0
財務CF	-14,944.0	-11,505.0
FCF	15,521.0	12,692.0
現金同等物	7,881.0	7,365.0

【株式】 (19/12/31)(百万株)

総数	2,526.5
流通	—
	100.0%
非流通	0.0%

【主要株主】 (19/12/31)

	(%)
Harneys Trustees Ltd.	16.3
Bermuda Trust Co.,Ltd.	12.3
Guardian Ltd.	8.7

【子会社・関連会社】 (19/12/31)

	(%)
中華電力有限公司	100.0
EnergyAustralia Pty Ltd.	100.0
CLP India Private Ltd.	60.0

【売上・利益構成】 (19/12)(%)

	売上構成比	前年比	利益構成比	前年比
香港電力販売	46.4	-2.2	—	—
香港以外電力販売	41.8	-8.5	—	—
豪州ガス販売	6.4	-11.4	—	—

【業績】 [香港会計基準](百万HK$)　※予想：ファクトセット

	売上高	営業利益	純利益	前年比(%)	EPS(HK$)	1株配(HK$)	株配・無償(株)
2016/12	79,434.00	17,146.00	12,711.00	-18.8	5.030	2.8000	
2017/12	92,073.00	18,698.00	14,249.00	12.1	5.640	2.9100	
2018/12	91,425.00	18,162.00	13,550.00	-4.9	5.360	3.0200	
2019/12	85,689.00	7,649.00	4,657.00	-65.6	1.840	3.0800	
2020/12予	85,861.93	15,748.60	11,649.84	150.2	4.605	3.1680	
2021/12予	90,045.56	16,636.00	12,220.86	4.9	4.831	3.2690	
2018/6中間	46,464.00	9,914.00	7,436.00	25.8	2.940	1.2200	
2019/6中間	43,838.00	483.00	-907.00	—	-0.360	1.2600	

【前号予想との比較】 → 前号並み

【株式分割・併合等】

【本社】香港九龍紅カン海逸道8号　【TEL】852-26788228　【URL】www.clpgroup.com
【役員】会長：Kadoorie Michael David　【上場】—　【決算期】12月　【従業員】7,960

電力・ガス・水道

メインボード

ハンセン

香港中華煤気
ホンコン・チャイナガス

香港中華煤気有限公司
The Hong Kong and China Gas Co.,Ltd.
【指数構成銘柄】ハンセン 【その他上場】ADR

[00003/week/(2018/11/30～2020/05/08)]

評価	株価	年間騰落率	最低売買価格
C	13.780 HK$	-18.9 %	189,062 円

PER		予想配当利回り	PBR
予想 32.5 倍　実績 33.4 倍		2.6 %	3.6 倍

香港の都市ガス独占事業者 恒基グループ傘下のガス会社。1862年に創業し、「タウンガス」ブランドで都市ガス事業を展開する。香港市場をほぼ独占し、19年末の契約数は193万3700件。成長エンジンとなる本土部門ではガス田開発、パイプライン敷設、新エネルギー開発などの川上・川下事業、汚水処理・水道を含め、26省・直轄市に265件のプロジェクトを抱える。うち都市ガス事業は132件で、契約件数が2978万件に上る。

19年12月本決算：増収減益 国際金融中心（IFC）に絡む評価損益を除いた税引後利益も7％減の67億6600万HKドルと振るわず。香港でのガス販売は3％減少。抗議活動の激化や米中貿易摩擦を受けた景気減速を背景に法人向けが不調だったほか、平均気温が前年より高かったことで個人向けも落ち込んだ。中国本土事業は中国政府が進める天然ガスへの燃料転換などを追い風に増収増益と安定成長を確保。子会社のタウンガス（01083）などを通じたガス販売量は11％増加。

今後の見通し 会社側は香港政府による土地・不動産の供給拡大政策を背景に契約数は安定成長が続くと予想。中国政府が進める広東省・香港・マカオの広域経済圏「粤港澳大湾区」に合わせ、環境保護プロジェクトなど投資機会を積極的に探っていく方針。

【株価推移】

	高値		安値	
2016年	14.200	06/07	11.836	06/24
2017年	15.273	06/01	12.418	01/04
2018年	15.800	06/06	13.273	06/19
2019年	18.036	05/24	14.540	12/03
2020年	16.000	01/20	11.740	03/23

【株価情報】

取引単位(株)	1,000	A株株価	―
時価総額(mHK$)	233,227.2	A株格差(倍)	―

【指標】(%)

		19/12	18/12
収益性	ROA	5.0	7.0
	ROE	10.8	14.9
	粗利益率	19.7	21.5
成長性	増収率	4.0	20.3
	増益率(営利)	―	―
	自己資本増加率	2.9	3.2
安全性	BPS(HK$)	3.8	4.1
	負債比率	101.3	100.2
	流動比率	76.9	78.8
	株主資本比率	45.7	47.0

【財務】(百万HK$)

	19/12	18/12
流動資産	20,129.4	20,612.2
総資産	140,470.1	132,693.1
流動負債	26,167.5	26,150.9
総負債	65,073.4	62,499.8
株主資本	64,209.4	62,400.7

【CF】(百万HK$)

	19/12	18/12
営業CF	9,912.4	9,438.9
投資CF	-5,300.8	-3,776.6
財務CF	-5,213.9	-7,788.5
FCF	4,611.6	5,662.3
現金同等物	7,848.9	8,500.8

【株式】(19/12/31)(百万株)

総数	16,925.1
流通	― / ―
	100.0%
非流通	0.0%

【主要株主】(19/12/31)

	(%)
恒基兆業地産有限公司（00012）	41.5

【子会社・関連会社】(19/12/31)

	(%)
港華燃気有限公司（01083）	67.8
港華投資有限公司	100.0
易高環保投資有限公司	100.0

【売上・利益構成】(19/12)(%)

	売上構成比	前年比	利益構成比	前年比
本土ガス・水道事業	66.7	8.5	51.5	4.3
香港ガス・水道事業	24.1	-2.8	41.5	-0.1
新エネルギー事業	6.7	-12.8	5.3	-35.0

【業績】[香港会計基準](百万HK$) ※予想：ファクトセット

【前号予想との比較】➘ 減額

	売上高	営業利益	純利益	前年比(%)	EPS(HK$)	1株配(HK$)	株配・無償(株)
2016/12	28,557.10	―	7,340.70	0.5	0.525	0.3500	10:1(無)
2017/12	32,476.50	―	8,225.30	12.1	0.535	0.3500	10:1(無)
2018/12	39,073.00	―	9,312.80	13.2	0.550	0.3500	10:1(無)
2019/12	40,628.10	―	6,965.70	-25.2	0.412	0.3500	20:1(無)
2020/12予	41,350.32	8,468.57	7,181.13	3.1	0.424	0.3640	【株式分割・併合等】
2021/12予	45,486.07	9,258.64	7,911.36	10.2	0.466	0.3830	
2018/6中間	19,241.60	―	4,789.40	7.1	0.283	0.1200	
2019/6中間	20,351.90	―	3,889.40	-18.8	0.230	0.1200	

【登記】香港北角渣華道363号23楼 【TEL】852-29633189 【URL】www.towngas.com
【役員】共同会長：李家傑(Lee Ka Kit)、李家誠(Lee Ka Shing) 【上場】― 【決算期】12月 【従業員】2,096

九龍倉集団

ワーフ・ホールディングス

九龍倉集団有限公司
The Wharf (Holdings) Ltd.
【指数構成銘柄】 ― 【その他上場】 ―

【00004/week(2018/11/30～2020/05/08)】
MPA. 13　MPA. 26　MPA. 52

評価	株価	年間騰落率	最低売買価格
A	14.480 HK$	-36.5 %	198,666 円

PER		予想配当回り	PBR
予想 7.5 倍　実績 13.0 倍		4.0 %	0.3 倍

不動産系コングロマリット 不動産開発・投資を中核に物流、ホテル運営を手掛ける。グループ資産全体の7割超は中国本土にあり、19年末時点で本土に350万平米の開発用地を保有。17年に香港の大型複合商業施設「タイムズスクエア」「ハーバーシティー」などを保有する九龍倉置業地産（01997）を香港市場に分離上場させた。物流部門は香港や華南地域でターミナルを運営。ホテルは「マルコポーロ」ブランドなどで展開。

19年12月本決算：大幅減益 完成物件の減少で不動産開発事業が45％減収となったことが響き、全体でも20％減収。さらに市況悪化を受けて中国の不動産事業で多額の減損損失を計上し、5割の減益となった。事業別では不動産投資事業は成都と長沙で開業した複合施設「国際金融中心」が寄与し、14％増収、22％増益。ホテル事業は14％増収だったが、長沙で新規開業したホテルが赤字のため41％減益。物流は米中貿易摩擦で逆風が吹く中、1％減収、14％減益と低迷した。

最近の動向 新型コロナの感染拡大を受けて、評価損や減損損失を計上する可能性があるため、20年6月中間決算で赤字に転落する見通しを示した。香港では香港島で高級住宅物件を建設しているほか、九龍塘や九龍東でのマンション建設計画を推進している。

【株価推移】

	高値		安値	
2016年	22.647	11/01	12.938	02/03
2017年	30.101	08/09	19.473	01/03
2018年	34.000	01/10	18.700	10/12
2019年	25.650	03/07	16.300	09/25
2020年	22.350	01/20	12.040	03/23

【株式情報】

取引単位(株)	1,000	A株株価	―
時価総額(mHK$)	44,152.8	A株格差(倍)	―

【指標】(%)

		19/12	18/12
収益性	ROA	1.4	2.9
	ROE	2.4	4.9
	粗利益率	―	―
成長性	増収率	-19.9	-51.3
	増収率(営利)	-10.1	-57.6
	自己資本増加率	5.5	-4.6
安全性	BPS(HK$)	46.9	44.4
	負債比率	67.1	65.4
	流動比率	155.5	146.2
	株主資本比率	59.0	59.6

【財務】(百万HK$)

	19/12	18/12
流動資産	73,424.0	65,283.0
総資産	242,218.0	227,349.0
流動負債	47,232.0	44,665.0
総負債	95,875.0	88,589.0
株主資本	142,874.0	135,424.0

【CF】(百万HK$)

	19/12	18/12
営業CF	9,320.0	-8,091.0
投資CF	-2,807.0	-22,564.0
財務CF	1,412.0	3,737.0
FCF	6,513.0	-30,655.0
現金同等物	25,091.0	17,448.0

【株式】(19/12/31)(百万株)

総数		3,049.2
流通	―	100.0%
非流通	―	0.0%

【主要株主】(19/12/31)

	(%)
会徳豊有限公司（00020）	70.0

【子会社・関連会社】(19/12/31)

	(%)
九龍倉中国置業有限公司	100.0
Wharf Hotels Ltd.	100.0
九龍倉発展有限公司	100.0

【売上・利益構成】(19/12)(%)

	売上構成比	前年比	利益構成比	前年比
不動産開発	41.8	-45.4	38.3	-42.9
不動産投資	24.2	14.1	29.0	22.1
投資・その他	15.4	76.4	25.9	113.3

【業績】[香港会計基準](百万HK$) ※予想：ファクトセット

	売上高	営業利益	純利益	前年比(%)	EPS(HK$)	1株配(HK$)	株配・無償(株)
2016/12	46,627.00	17,065.00	21,440.00	33.8	7.070	2.1500	
2017/12	43,273.00	20,622.00	21,876.00	2.0	7.210	1.5900	100:48.9 i-CABLE
2018/12	21,055.00	8,752.00	6,623.00	-69.7	2.180	0.6500	
2019/12	16,874.00	7,869.00	3,386.00	-48.9	1.110	0.3250	
2020/12予	21,940.84	8,851.74	5,942.70	75.5	1.938	0.5720	
2021/12予	22,757.34	7,963.63	6,326.42	6.5	2.038	0.5950	
2018/6中間	7,823.00	2,768.00	2,860.00	-66.1	0.940	0.2500	
2019/6中間	8,064.00	3,701.00	2,450.00	-14.3	0.800	0.2500	

【前号予想との比較】 ▼ 減額

【株式分割・併合等】

100：27.7 i-CABLE
(17/9) 1:1九龍倉置業
地産(17/11)

【本社】 香港九龍広東道海港城海洋中心16楼 **【TEL】** 852-21188118 **【URL】** www.wharfholdings.com
【役員】 会長：呉天海(Stephen Tin Hoi Ng) **【上場】** ― **【決算期】** 12月 **【従業員】** 8,400

金融・証券・保険

メインボード

ハンセン

匯豊控股

エイチエスビーシー・ホールディングス

匯豊控股有限公司
HSBC Holdings Plc

【指数構成銘柄】ハンセン 【その他上場】ADR、ロンドン

評価	株価	年間騰落率	最低売買価格
D	39.550 HK$	-41.4 %	217,050 円

PER		予想配当利回り	PBR
予想 16.5 倍 実績 17.0 倍		2.4 %	0.6 倍

世界有数の総合金融グループ 英ロンドンに本社を置く金融持ち株会社。個人・法人向け商業銀行業務、投資銀行業務、保険業務などをグローバルに展開する。欧州、アジア、米州などの64カ国・地域で事業を手掛け、顧客数は4000万超。ロンドン、香港、ニューヨーク、パリ、バミューダの各市場に上場する。香港では発券銀行の一つ。総資産の地域構成比は欧州が44%と最大で、アジアが39%、北米が13%（19年末）。

19年12月本決算：大幅減益 金融資産や保険業務の評価益の増加で経常収益は2桁増だったが、保険金等支払金などの経費が増加し、採算が悪化した。のれんの減損損失が73億4900万米ドルに膨らんだことも痛手。事業別ではリテール・資産管理部門が香港を含むアジア、英国、中南米で収入が拡大。商業銀行部門は調整後の純経常収益が増えたが、税引き前利益は縮小した。

今後の計画 新型コロナウイルスの感染拡大などを念頭に、22年までに従業員の約15%に当たる3万5000人を削減する計画。欧州と米国の投資銀行部門を中心に従業員を減らし、収益性を高める。22年には有形自己資本利益率（ROTE）を10－12%に引き上げるのが目標。20年1－3月期決算は経常収益が前年同期比29%減の140億1800万米ドル、純利益が57%減の17億8500万米ドル。

【株価推移】

	高値		安値	
2016年	67.250	12/08	44.500	06/24
2017年	80.400	12/14	61.800	04/20
2018年	86.000	01/18	60.350	10/26
2019年	70.500	05/03	55.300	08/26
2020年	61.200	01/03	37.600	04/03

【株価情報】

取引単位(株)	400	A株株価	—
時価総額(mHK$)	816,253.6	A株格差(倍)	—

【指標】(%)

		19/12	18/12
収益性	ROA	0.2	0.5
	ROE	3.3	6.8
	粗利益率	—	—
成長性	増収率	11.7	-0.3
	増益率(営利)	-36.7	17.3
	自己資本増加率	-1.2	-2.1
安全性	BPS(US$)	8.9	9.1
	負債比率	1,371.3	1,269.2
	流動比率	—	—
	株主資本比率	6.8	7.3

【財務】(百万US$)

	19/12	18/12
流動資産	—	—
総資産	2,715,152.0	2,558,124.0
流動負債	—	—
総負債	2,522,484.0	2,363,875.0
株主資本	183,955.0	186,253.0

【CF】(百万US$)

	19/12	18/12
営業CF	29,743.0	32,515.0
投資CF	-35,318.0	-16,646.0
財務CF	-14,842.0	-16,781.0
FCF	-5,575.0	15,869.0
現金同等物	293,742.0	312,911.0

【株式】(19/12/31)(百万株)

総数	20,638.5	
流通	—	
	—	
	—	
		100.0 %
非流通		0.0 %

【主要株主】(19/12/31) (%)

【子会社・関連会社】(19/12/31) (%)

恒生銀行有限公司 (00011)	62.1
HSBC Bank plc	100.0
HSBC Bank USA, N. A.	100.0

【売上・利益構成】(19/12) (%)

	売上構成比	前年比	利益構成比	前年比
リテール業務・資産管理	41.3	5.8	48.2	-6.6
商業銀行業務	27.2	2.3	32.0	-44.7
グローバル銀行業務	26.5	-5.1	7.8	-83.4

【業績】[国際会計基準](百万US$) ※予想：ファクトセット 【前号予想との比較】 ↓ 大幅減額

	経常収益	業務純益	純利益	前年比(%)	EPS(US$)	1株配(US$)	株配・無償(株)
2016/12	59,836.00	4,758.00	1,389.00	-89.0	0.070	0.5100	
2017/12	63,776.00	14,792.00	9,773.00	603.6	0.480	0.5100	
2018/12	63,587.00	17,354.00	12,698.00	29.9	0.630	0.5100	
2019/12	71,024.00	10,993.00	6,059.00	-52.3	0.300	0.3000	
2020/12予	50,939.60	17,210.49	5,793.91	-4.4	0.309	0.1210	【株式分割・併合等】
2021/12予	51,982.90	18,931.65	8,696.30	50.1	0.519	0.3790	
2018/6中間	33,047.00	9,331.00	7,218.00	2.5	0.350	0.2000	
2019/6中間	38,032.00	11,083.00	8,552.00	18.5	0.420	0.2000	

【本社】8 Canada Square London E14 5HQ UK 【TEL】44-20-79918888 【URL】www.hsbc.com

【役員】会長：Mark Tucker 【上場】— 【決算期】12月 【従業員】235,000

電能実業

パワー・アセッツ・ホールディングス

電能実業有限公司
Power Assets Holdings Ltd.

【指数構成銘柄】 ハンセン 【その他上場】 ADR

評価	株価	年間騰落率	最低売買価格
B	50.400 HK$	-8.4 %	345,744 円

PER		予想配当利回り	PBR
予想 15.7 倍	実績 15.1 倍	5.6 %	1.3 倍

電力事業の投資会社 長江グループ系の長江インフラ（01038）の傘下企業が筆頭株主。発電、送配電、再生可能エネルギー、ガスなどの事業に投資する。主力は海外インフラ事業で、英国で電力全般とガス供給、中国本土で石炭火力と風力の発電事業、豪州とニュージーランドで送配電、タイとカナダで発電事業、オランダでごみ処理発電を保有する。香港では14年1月に電力事業の港灯電力投資SS（02638）が分離上場した。

19年12月本決算：減収減益 為替や政策などの外部要因が影響し減益。利益の半分を稼ぐ英国事業はポンド安と会計上の収益認識の変更で利益が14%減の34億8900万HKドル。港灯電力投資SSの帰属利益も19年より適用の新管理スキームで政府の利益保証率が低下し、24%減の7億7700万HKドル。豪州事業も為替の影響により利益は前年並みの14億4500万HKドルにとどまった。

今後の見通し 英国事業は20年4月に予定されていた法人税率の引き下げが延期され、中間決算の利益見通しを下方修正した。香港事業は5カ年計画の最終年度にあたる23年までにガス発電比率約7割を目指す。同計画に基づくガス発電所が20年2月に稼働した。豪州では電力事業の規制見直しが20〜21年に合意予定。潤沢なキャッシュを元手に、引き続き優良案件に投資する方針。

【株価推移】

	高値		安値	
2016年	81.000	04/19	66.100	01/21
2017年	78.800	08/09	65.000	12/13
2018年	73.950	03/16	51.350	11/02
2019年	58.450	07/19	50.850	09/02
2020年	58.500	01/14	41.600	03/23

【株価情報】

取引単位(株)	500	A株株価	—
時価総額(mHK$)	107,566.8	A株格差(倍)	—

【指標】(%)

		19/12	18/12
収益性	ROA	7.6	8.4
	ROE	8.3	9.1
	粗利益率	100.0	99.9
成長性	増収率	-13.3	9.5
	増益率(営利)	15.2	-40.2
	自己資本増加率	2.3	-12.6
安全性	BPS(HK$)	40.1	39.2
	負債比率	9.5	9.4
	流動比率	116.0	134.5
	株主資本比率	91.4	91.4

【財務】(百万HK$)

	19/12	18/12
流動資産	5,015.0	5,475.0
総資産	93,571.0	91,437.0
流動負債	4,324.0	4,072.0
総負債	8,079.0	7,880.0
株主資本	85,492.0	83,557.0

【CF】(百万HK$)

	19/12	18/12
営業CF	1,849.0	2,555.0
投資CF	2,137.0	584.0
財務CF	-5,978.0	-22,485.0
FCF	3,986.0	3,139.0
現金同等物	3,239.0	5,229.0

【株式】(19/12/31)(百万株)

総数	2,134.3
流通	— —
	100.0 %
非流通	0.0 %

【主要株主】(19/12/31)(%)

Hyford Ltd.	36.0

【子会社・関連会社】(19/12/31)(%)

UK Power Networks Holdings Ltd.	40.0
Northern Gas Netowrks Holdings Ltd.	41.3
港灯電力投資／港灯電力投資有限公司(02638)	33.4

【売上・利益構成】(19/12)(%)

	売上構成比	前年比	利益構成比	前年比
海外インフラ投資	100.0	-13.2	83.1	-10.1
香港電力事業	—	—	10.9	-23.7
その他	—	—	6.0	1,379.3

【業績】 [香港会計基準] (百万HK$) ※予想：ファクトセット

	売上高	営業利益	純利益	前年比(%)	EPS(HK$)	1株配(HK$)	株配・無償(株)
2016/12	1,288.00	252.00	6,417.00	-17.0	3.010	7.7200	
2017/12	1,420.00	2,557.00	8,319.00	29.6	3.900	16.3000	
2018/12	1,555.00	1,528.00	7,636.00	-8.2	3.580	2.8000	
2019/12	1,348.00	1,760.00	7,131.00	-6.6	3.340	2.8000	
2020/12予	1,436.12	2,230.03	7,009.03	-1.7	3.220	2.8040	【株式分割・併合等】
2021/12予	1,446.77	2,255.23	7,082.07	1.0	3.283	2.8110	
2018/6中間	769.00	852.00	4,120.00	2.4	1.930	0.7700	
2019/6中間	665.00	1,033.00	3,791.00	-8.0	1.780	0.7700	

【前号予想との比較】 ➡ 前号並み

【登記】香港皇后大道中2號長江集団中心20楼2005室 【TEL】852-21229122 【URL】www.powerassets.com

【役員】会長：霍建寧(Fok Kin-ning Canning) 【上場】— 【決算期】12月 【従業員】13

通信

電訊盈科

ピーシーシーダブリュー

電訊盈科有限公司
PCCW Ltd.
【指数構成銘柄】— 【その他上場】ADR

評価	株価	年間騰落率	最低売買価格
C	4.760 HK$	1.1 %	65,307 円

PER		予想配当利回り	PBR
予想 43.7 倍 実績 53.9 倍		6.8 %	2.4 倍

メインボード

[00008/week/(2018/11/30 - 2020/05/08)]

【株価推移】

	高値		安値	
2016年	5.770	07/21	4.120	01/11
2017年	4.970	02/09	4.160	09/15
2018年	4.920	05/03	4.070	09/12
2019年	4.950	03/29	4.190	08/15
2020年	4.830	02/24	3.850	03/23

【株価情報】

取引単位(株)	1,000	A株株価	
時価総額(mHK$)	36,745.5	A株格差(倍)	

【指標】(%)

		19/12	18/12
収益性	ROA	0.7	1.0
	ROE	4.4	5.2
	粗利益率	—	—
成長性	増収率	-3.4	5.5
	増益率(営利)	—	—
	自己資本増加率	-9.1	-10.9
安全性	BPS(HK$)	2.0	2.2
	負債比率	520.8	436.5
	流動比率	128.1	147.2
	株主資本比率	15.7	18.1

【財務】(百万HK$)

	19/12	18/12
流動資産	20,868.0	21,473.0
総資産	98,895.0	94,227.0
流動負債	16,287.0	14,592.0
総負債	80,923.0	74,618.0
株主資本	15,538.0	17,095.0

【CF】(百万HK$)

	19/12	18/12
営業CF	11,133.0	6,545.0
投資CF	-9,090.0	-5,793.0
財務CF	-3,428.0	-5,600.0
FCF	2,043.0	752.0
現金同等物	5,336.0	6,757.0

香港の通信最大手 長江グループを創設した李嘉誠氏の二男である李沢楷氏が創業。通信、メディア、ITソリューションを中核事業とする。主力の通信部門では、子会社のHKTが香港で固定電話、ブロードバンド、携帯電話を提供。HKT権益は11年から香港電訊SS（06823）に組み込んだ。メディア部門はテレビ放送やOTT（ネット動画配信）事業を展開。子会社のPCPD（00432）を通じて不動産事業を手掛ける。

19年12月本決算：減収減益 PCPDを除く中核事業の純利益は前年比27％減の9億5500万HKドル、売上高は5％減の365億600万HKドルだった。うち、主力の通信部門の売上高は6％減。携帯端末の売り上げが5G対応機種待ちの買い控えで41％減少したが、通信サービスは競争が激化する中、1％の増収。部門EBITDAは2％増えた。メディア部門は下期にOTTと無料テレビの損失が縮小した効果で赤字額が減少。ソリューション事業は東南アジアでの事業拡大に伴う経費がかさみ減益だった。不動産部門は日本での事業が好調で黒字転換した。

今後の見通し 20年4月に香港初の5G商用サービスを開始。有料テレビ「Now TV」は効率改善を図る。19年末時点のOTT「Viu」の月間利用者数は前年同期比35％増の4140万人、年間の動画視聴件数は69％増の570万回。

【株式】(19/12/31)(百万株)

総数	7,719.6	
流通		100.0 %
非流通		0.0 %

【主要株主】(19/12/31) (%)

盈科亜洲拓展有限公司	22.7
中国聯絡網通信集団有限公司	18.5
BlackRock, Inc.	6.0

【子会社・関連会社】(19/12/31) (%)

香港電訊有限公司	52.0
HKT集団控股有限公司	52.0
盈科大衍地産発展有限公司 (00432)	70.9

【売上・利益構成】(19/12)(%)

	売上構成比	前年比	利益構成比	前年比
通信サービス	83.5	-6.9	92.4	2.1
メディア事業	7.1	7.4	—	—
ソリューション事業	6.7	4.3	7.3	-6.1

【業績】[香港会計基準] (百万HK$) ※予想：ファクトセット　**【前号予想との比較】** ↘減額

	売上高	営業利益	純利益	前年比(%)	EPS(HK$)	1株配(HK$)	株配・無償(株)
2016/12	38,384.00	—	2,051.00	-10.6	0.268	0.2833	
2017/12	36,832.00	—	2,038.00	-0.6	0.265	0.2975	
2018/12	38,850.00	—	897.00	-56.0	0.116	0.3124	
2019/12	37,521.00	—	681.00	-24.1	0.088	0.3218	
2020/12予	38,450.47	5,800.60	863.41	26.8	0.109	0.3250	**【株式分割・併合等】**
2021/12予	39,116.99	6,289.98	1,107.25	28.2	0.138	0.3290	併合5→1(03/1)
2018/6中間	18,974.00	—	185.00	-84.0	0.024	0.0891	
2019/6中間	18,650.00	—	163.00	-11.9	0.021	0.0918	

【本社】 香港ソク魚涌英皇道979号太古坊電訊盈科中心41楼 **【TEL】** 852-28882888 **【URL】** www.pccw.com

【役員】 会長：李沢楷(Li Tzar Kai Richard) **【上場】** 1994年10月 **【決算期】** 12月 **【従業員】** 24,700

恒生銀行

ハンセン・バンク

恒生銀行有限公司
Hang Seng Bank Ltd.
【指数構成銘柄】ハンセン 【その他上場】ADR

金融・証券・保険 メインボード ハンセン

評価	株価	年間騰落率	最低売買価格
B	135.200 HK$	-34.6 %	185,494 円

PER		予想配当利回り	PBR
予想 12.7 倍 実績 10.6 倍		5.6 %	1.4 倍

HSBCグループ傘下の香港地場系大手行 1965年からHSBC（00005）傘下。約290カ所の営業拠点を持つ香港が主要事業基盤。03年に興業銀行（601166）への資本参加で本土市場に参入したが、15年5月までに持ち株をほぼ売却。07年には本土現地法人の恒生銀行（中国）を設立した。本土では北京、広州、深セン、上海、南京などに営業拠点を展開。域外ではシンガポールとマカオに支店、台北に代表事務所を置く。ハンセン指数を運営するハンセン・インデックシズは完全子会社。

19年12月本決算：小幅増益 米中貿易戦争や反政府デモのあおりで香港経済は下期にマイナス成長に陥ったが、上期に利益を伸ばした効果で増収増益を確保した。貸出金の伸びを背景に資金利益は7%増。役務取引等利益は投資関連の手数料収入が伸びず9%減ったが、保険料収入やその他収入が増えた。コスト面では保険金等支払金が膨らみ、貸倒引当金が84%増。人件費高騰も響き、業務純益は伸び悩んだ。事業別では小口銀行・資産管理の経常収益が19%増、業務純益が6%増。

今後の見通し 新型コロナの影響で中国本土の経済成長率が鈍化し、香港経済は2年連続のマイナス成長に陥ると予想。事業環境が厳しさを増す中、顧客ニーズへの対応を強化し、長期的な事業成長に結びつける方針。

株価推移

	高値		安値	
2016年	150.000	12/09	121.100	01/21
2017年	195.300	10/06	144.300	01/03
2018年	216.800	08/10	173.500	12/28
2019年	212.600	05/03	156.000	12/04
2020年	173.800	01/17	124.400	03/23

株価情報

取引単位(株)	100	A株株価	—
時価総額(mHK$)	258,481.1	A株格差(倍)	—

指標 (%)

		19/12	18/12
収益性	ROA	1.5	1.5
	ROE	13.9	14.9
	粗利益率	—	—
成長性	増収率	14.3	10.7
	増益率(営利)	2.4	18.7
	自己資本増加率	10.3	6.6
安全性	BPS(HK$)	93.5	84.8
	負債比率	837.8	869.4
	流動比率	—	—
	株主資本比率	10.7	10.3

財務 (百万HK$)

	19/12	18/12
流動資産	—	—
総資産	1,676,991.0	1,571,297.0
流動負債	—	—
総負債	1,498,074.0	1,409,190.0
株主資本	178,810.0	162,082.0

CF (百万HK$)

	19/12	18/12
営業CF	27,040.0	34,258.0
投資CF	-40,005.0	-21,553.0
財務CF	8,007.0	-13,800.0
FCF	-12,965.0	12,705.0
現金同等物	92,702.0	98,061.0

株式 (19/12/31) (百万株)

総数	1,911.8
流通	100.0%
非流通	0.0%

主要株主 (19/12/31) (%)

HSBC Holdings Plc (00005)	62.1

子会社・関連会社 (19/12/31) (%)

恒生銀行（中国）有限公司	100.0
恒生人寿保険有限公司	100.0
恒生指数有限公司	100.0

売上・利益構成 (19/12) (%)

	売上構成比	前年比	利益構成比	前年比
小口銀行業務・資産管理	66.9	19.3	52.5	5.9
商業銀行業務	23.0	10.2	30.4	2.6
グローバル銀行・資本市場業務	9.9	-2.7	17.1	-6.8

業績 [香港会計基準] (百万HK$) ※予想：ファクトセット　【前号予想との比較】↘減額

	経常収益	業務純益	純利益	前年比(%)	EPS(HK$)	1株配(HK$)	株割・無償(株)
2016/12	44,133.00	19,034.00	16,212.00	-41.0	8.300	6.1000	
2017/12	50,076.00	23,547.00	20,018.00	23.5	10.300	6.7000	
2018/12	55,432.00	27,947.00	24,211.00	20.9	12.480	7.5000	
2019/12	63,341.00	28,610.00	24,840.00	2.6	12.770	8.2000	
2020/12予	41,004.66	27,475.69	20,790.22	-16.3	10.680	7.6040	【株式分割・併合等】
2021/12予	41,436.55	27,116.18	21,190.04	1.9	10.804	7.8560	
2018/6中間	29,595.00	14,662.00	12,647.00	28.6	6.620	2.6000	
2019/6中間	33,800.00	15,561.00	13,656.00	8.0	6.980	2.8000	

【本社】香港中環徳輔道中83号 【TEL】852-21981111 【URL】www.hangseng.com
【役員】会長：銭果豊(Ch'ien Kuo Fung Raymond) 【上場】1972年6月 【決算期】12月 【従業員】10,390

不動産

恒基兆業地産

ヘンダーソンランド・デベロプメント

メインボード　ハンセン

[00012/week/(2018/11/30〜2020/05/08)]
MPA:13　MFA:26　MFA:52

評価	株価	年間騰落率	最低売買価格
B	30.500 HK$	-28.8 %	418,460 円

PER		予想配当利回り	PBR
予想 9.1倍　実績 8.7倍		6.0 %	0.5倍

香港3大デベロッパーの一角　香港で不動産開発、オフィスビル・商業施設賃貸、ホテル経営を手掛ける。主な物件は「国際金融中心」「宏利金融中心」「屯門時代広場」。中国本土でも不動産開発を展開。傘下に恒基兆業発展（00097）、ホンコン・チャイナガス（00003）、ミラマー・ホテル（00071）、ホンコン・フェリー（00050）などを擁する。19年末時点で保有する香港の用地は延べ床面積ベースで2450万平方フィート。ほかに新界で4490万平方フィートを保有する。

19年12月本決算：5割減益　投資用不動産の再評価益、開発中不動産の評価額を除いたコア利益が26%減少。不動産販売部門の利益が12%減の58億8800万HKドルに落ち込んだ。前年に屯門区の宅地事業を譲渡した利益27億8000万HKドルを計上した反動が大きい。一方、不動産賃貸部門は利益が0.6%増の70億6500万HKドルと伸び悩んだ。19年6月以降に香港で発生した大規模デモの影響で観光客が大幅に減り、傘下商業施設の売り上げに影響が出た。同じ要因により、百貨店部門の利益も22%減の2億400万HKドルに落ち込んでいる。

今後の見通し　19年の香港デモと新型コロナウイルスの影響で、20年は香港景気の悪化が懸念される。会社側は投資用不動産の価値低下や賃料収入の減少を懸念。

【株価推移】

	高値		安値	
2016年	46.318	04/26	34.000	01/26
2017年	50.909	10/11	37.273	01/03
2018年	50.864	01/29	32.864	10/31
2019年	46.409	04/01	34.545	01/02
2020年	39.250	01/17	26.950	03/24

【株価情報】

取引単位（株）	1,000	A株株価	—
時価総額（mHK$）	147,662.3	A株格差（倍）	—

【指標】(%)

		19/12	18/12
収益性	ROA	3.7	7.1
	ROE	5.3	9.9
	粗利益率	53.0	54.6
成長性	増収率	10.0	-21.4
	増益率（営利）	-38.3	-11.6
	自己資本増加率	2.5	7.0
安全性	BPS(HK$)	66.3	71.2
	負債比率	40.5	39.3
	流動比率	217.6	215.3
	株主資本比率	70.5	71.0

【財務】(百万HK$)

	19/12	18/12
流動資産	128,750.0	134,179.0
総資産	455,245.0	441,106.0
流動負債	59,165.0	62,314.0
総負債	129,852.0	123,114.0
株主資本	320,851.0	313,153.0

【CF】(百万HK$)

	19/12	18/12
営業CF	6,744.0	3,824.0
投資CF	-3,823.0	-7,339.0
財務CF	-5,869.0	-3,732.0
FCF	2,921.0	-3,515.0
現金同等物	9,634.0	12,899.0

【株式】(19/12/31)(百万株)

総数	4,841.4
流通	—
	—
流通	100.0%
非流通	0.0%

【主要株主】(19/12/31)　(%)

李兆基	72.8

【子会社・関連会社】(19/12/31)　(%)

恒基兆業発展有限公司（00097）	69.3
香港中華煤気有限公司（00003）	41.5
香港小輪（集団）有限公司（00050）	33.4

【売上・利益構成】(19/12)

	売上構成比	前年比	利益構成比	前年比
不動産開発	62.4	13.1	49.2	2.2
不動産賃貸	25.5	2.5	41.5	0.4
百貨店運営	7.1	14.1	2.2	-19.9

【業績】[香港会計基準]（百万HK$）　※予想：ファクトセット　　**【前号予想との比較】**　→　前号並み

	売上高	営業利益	純利益	前年比(%)	EPS(HK$)	1株配(HK$)	株配・無償（株）
2016/12	25,568.00	17,216.00	21,916.00	2.8	5.480	1.5500	10:1(無)
2017/12	27,960.00	24,253.00	30,809.00	40.6	7.000	1.7100	10:1(無)
2018/12	21,982.00	21,433.00	31,157.00	1.1	6.440	1.8000	10:1(無)
2019/12	24,184.00	13,231.00	16,994.00	-45.5	3.510	1.8000	
2020/12予	24,782.99	11,507.04	15,566.27	-8.4	3.336	1.8230	**【株式分割・併合等】**
2021/12予	28,760.97	11,585.83	14,886.76	-4.4	3.105	1.8560	
2018/6中間	13,142.00	10,411.00	15,030.00	15.0	3.100	0.5000	
2019/6中間	8,129.00	4,872.00	7,515.00	-50.0	1.550	0.5000	

【本社】香港中環金融街8号国際金融中心二期72-76楼　**【TEL】**852-29088888　**【URL】**www.hld.com

　【役員】会長：李家傑（Lee Ka Kit）、李家誠（Lee Ka Shing）　**【上場】**1981年7月　**【決算期】**12月　**【従業員】**8,736

希慎興業

ハイサン・デベロップメント

希慎興業有限公司
Hysan Development Co.,Ltd.
【指数構成銘柄】— 【その他上場】—

不動産

メインボード

	評価	株価	年間騰落率	最低売買価格
	B	**24.600** HK$	**-43.3** %	**337,512** 円

	PER		予想配当利回り	PBR
	予想 **10.7**倍 実績 **5.3**倍		**5.8** %	**0.3**倍

【株価推移】

	高値	安値
2016年	38.700 08/26	28.800 01/21
2017年	42.950 12/07	32.150 01/03
2018年	46.900 06/06	36.000 10/30
2019年	44.950 05/03	28.350 10/10
2020年	32.100 01/20	21.250 03/19

【株価情報】

取引単位(株)	1,000	A株株価	—
時価総額(mHK$)	25,678.0	A株格差(倍)	—

【指標】(%)

		19/12	18/12
収益性	ROA	5.0	6.9
	ROE	6.2	8.1
	粗利益率	86.6	86.6
成長性	増収率	2.5	9.6
	増益率(営利)	—	—
	自己資本増加率	4.3	6.4
安全性	BPS(HK$)	74.4	71.1
	負債比率	20.7	12.6
	流動比率	393.6	176.9
	株主資本比率	80.0	85.5

【財務】(百万HK$)

	19/12	18/12
流動資産	9,646.0	3,247.0
総資産	97,043.0	87,043.0
流動負債	2,451.0	1,835.0
総負債	16,071.0	9,406.0
株主資本	77,650.0	74,431.0

【CF】(百万HK$)

	19/12	18/12
営業CF	3,202.0	2,751.0
投資CF	-5,935.0	-990.0
財務CF	4,261.0	-1,726.0
FCF	-2,733.0	1,761.0
現金同等物	3,597.0	2,069.0

【株式】(19/12/31)(百万株)

総数	1,043.8
流通	—
	100.0 %
非流通	0.0 %

【主要株主】(19/12/31) (%)

利希慎置業有限公司	41.5
Silchester International Investors LLP	8.0
First Eagle Investment Management, LLC	5.0

【子会社・関連会社】(19/12/31) (%)

雅溢投資有限公司	100.0
広運地産有限公司	100.0
Barrowgate Ltd.	65.4

【売上・利益構成】(19/12)(%)

	売上構成比	前年比	利益構成比	前年比
商業物件賃貸・管理	46.0	-4.5	44.6	-6.6
オフィス物件賃貸・管理	46.0	8.6	48.0	10.5
住宅物件賃貸・管理	8.0	14.3	7.4	16.3

不動産賃貸大手 利ファミリーの旗艦企業。香港島の繁華街、銅鑼湾が主な不動産保有地で、手持ち物件の総床面積は18年末正式開業の「リー・ガーデン3」を含め450万平方フィート。主要物件は「ハイサン・プレイス」「リー・ガーデン」「リー・シアター・プラザ」で、内訳(床面積換算)はオフィス55%、店舗30%、住宅15%。入居率はオフィス98%、店舗96%、住宅87%(19年末)。上海などでも不動産事業に出資。

19年12月本決算:増収減益 不動産評価益の8割縮小が響いた。特別項目を除いたコア利益は2%の小幅増。反政府デモを背景に商業物件で収益が低迷したが、オフィス・住宅物件の好調で補った。出資する上海の物件の評価益増加に伴い、持ち分法利益が大幅に増加したことも実質増益に寄与。一方、「リー・ガーデン3」の開業で運営コストの対売上高比率は20.2%に約1ポイント上昇。財務費用も新規借入の影響で4割増大した。

今後の見通し 新型コロナの蔓延で不確実性が高まる中、会社側はテナントとの連携や地域との関係を強化して危機を乗り切る考え。人工知能やデータ解析も活用し、業務効率の改善を目指す。本拠地とする銅鑼湾内外で、引き続き新たな事業機会を模索する方針。大埔区で開発中の高級住宅物件は21年に完工の予定。

【業績】［香港会計基準］(百万HK$) ※予想:ファクトセット　**【前号予想との比較】** ↘ 減額

	売上高	営業利益	純利益	前年比(%)	EPS(HK$)	1株配(HK$)	株配・無償(株)
2016/12	3,535.00	—	1,218.00	-58.0	1.164	1.3500	
2017/12	3,548.00	—	3,636.00	198.5	3.478	1.3700	
2018/12	3,890.00	—	6,033.00	65.9	5.770	1.4400	
2019/12	3,988.00	—	4,845.00	-19.7	4.630	1.4400	
2020/12予	3,673.19	2,984.73	2,390.83	-50.7	2.290	1.4320	**【株式分割・併合等】**
2021/12予	3,722.08	3,045.53	2,458.28	2.8	2.363	1.4520	
2018/6中間	1,912.00	—	3,013.00	303.9	2.881	0.2700	
2019/6中間	2,086.00	—	2,783.00	-7.6	2.660	0.2700	

【本社】香港銅鑼湾希慎道33号利園一期49楼 **【TEL】**852-28955777 **【URL】** www.hysan.com.hk
【役員】会長:利蘊蓮(Irene Yun Lien Lee) **【上場】**1981年9月 **【決算期】**12月 **【従業員】**514

不動産

新鴻基地産発展
サンフンカイ・プロパティーズ

新鴻基地産発展有限公司
Sun Hung Kai Properties Ltd.
【指数構成銘柄】ハンセン　【その他上場】ADR

メインボード　ハンセン

[00016/week/2018/11/30 - 2020/05/08]

評価	株価	年間騰落率	最低売買価格
C	102.400 HK$	-23.9 %	702,464 円

	PER		予想配当利回り	PBR
予想 9.5 倍	実績 6.6 倍		4.9 %	0.5 倍

不動産デベロッパー大手 主力事業は香港と中国本土の不動産開発・販売と不動産賃貸。不動産の建設・管理やホテル運営、保険、金融、通信も手掛け、運輸、物流、インフラなど各分野に投資する。携帯電話キャリアのスマートーン（00315）をはじめ、ITプロバイダーや公共バス運営会社など上場企業3社を傘下に置く。香港と本土での土地保有面積はそれぞれ5890万平方フィート、6970万平方フィート（19年12月末）。

19年12月中間決算：増収減益 投資不動産評価益が前年同期の61億6700万HKドルから25億HKドルに急減したことが2割強の減益要因。評価益を除くコア利益は2%減の134億2200万HKドル。部門別では不動産開発が堅調で、香港事業が21%増収、15%増益とけん引した。ただ、期中の成約額は香港・本土で計216億HKドルに半減。特に香港では反政府デモ激化で397億HKドルから179億HKドルに急減した。賃貸部門は香港、本土ともに新たな物件が加わり、小幅ながら増収増益を確保。

今後の計画 19年11月に「広深港高鉄」西九龍駅の地上部分の商業地を422億HKドルで落札。自社の高層オフィスビル環球貿易広場（ICC）と合わせ、西九龍をオフィス・商業ハブとして開発する。本土では20年中に南京国際金融中心（IFC）の第2オフィスタワーが完工へ。

【株価推移】

	高値		安値	
2016年	123.300	09/09	79.000	02/11
2017年	136.900	09/13	97.750	01/03
2018年	139.600	01/29	99.500	10/25
2019年	142.000	04/04	106.000	08/15
2020年	124.000	01/20	89.900	03/23

【株価情報】

取引単位(株)	500	A株株価	—
時価総額(mHK$)	296,732.7	A株格差(倍)	—

【指標】(%)

		19/12	18/12
収益性	ROA	3.8	5.6
	ROE	5.4	7.5
	粗利益率	50.6	50.8
成長性	増収率	4.3	-32.7
	増益率(営利)	-15.2	-33.0
	自己資本増加率	4.4	3.7
安全性	BPS(HK$)	196.6	188.4
	負債比率	40.1	31.3
	流動比率	302.3	351.2
	株主資本比率	70.6	75.2

【財務】(百万HK$)

	19/12	18/12
流動資産	245,888.0	231,067.0
総資産	807,567.0	725,888.0
流動負債	81,336.0	65,789.0
総負債	228,476.0	170,635.0
株主資本	569,757.0	545,856.0

【CF】(百万HK$)

	19/12	18/12
営業CF	24,617.0	13,736.0
投資CF	-50,529.0	-2,449.0
財務CF	26,535.0	-9,406.0
FCF	-25,912.0	11,287.0
現金同等物	21,882.0	24,502.0

【株式】(19/12/31)(百万株)

総数	2,897.8
流通	—
	—
	100.0 %
非流通	0.0 %

【主要株主】(19/12/31)

	(%)
コウ肖卿	26.6
郭炳聯	18.1

【子会社・関連会社】(19/06/30)

	(%)
数碼通電訊集団有限公司 (00315)	71.7
新意網集団有限公司 (01686)	73.9
載通国際控股有限公司 (00062)	38.3

【売上・利益構成】(19/12)(%)

	売上構成比	前年比	利益構成比	前年比
不動産開発	40.2	20.1	36.1	2.3
不動産賃貸	26.9	3.6	50.9	1.7
通信	11.0	-17.9	1.9	-18.2

【業績】[香港会計基準](百万HK$) ※予想:ファクトセット　【前号予想との比較】↘ 減額

	売上高	営業利益	純利益	前年比(%)	EPS(HK$)	1株配(HK$)	株配・無償(株)
2017/6	78,207.00	43,336.00	41,782.00	27.9	14.430	4.1000	
2018/6	85,644.00	51,225.00	49,951.00	19.6	17.240	4.6500	
2019/6	85,302.00	50,393.00	44,912.00	-10.1	15.500	4.9500	
2020/6予	99,060.41	39,070.93	31,471.64	-29.9	10.827	5.0180	
2021/6予	102,208.60	41,372.21	33,724.82	7.2	11.686	5.1990	【株式分割・併合等】
2017/12中間	55,166.00	32,828.00	33,031.00	59.9	11.400	1.2000	
2018/12中間	37,112.00	21,994.00	20,469.00	-38.0	7.070	1.2500	
2019/12中間	38,711.00	18,652.00	15,419.00	-24.7	5.320	1.2500	

【登記】香港湾仔港湾道30号新鴻基中心45楼　【TEL】852-28278111　【URL】www.shkp.com

【役員】会長：郭炳聯(Kwok Ping-luen Raymond)　【上場】1972年9月　【決算期】6月　【従業員】39,500

新世界発展

ニューワールド・デベロプメント

新世界発展有限公司
New World Development Co.,Ltd.

【指数構成銘柄】 ハンセン **【その他上場】** ADR

コングロマリット

メインボード

ハンセン

[00017/week/(2018/11/30 - 2020/05/08)]

評価	株価	年間騰落率	最低売買価格
C	9.110 HK$	-29.0 %	124,989 円

PER		予想配当利回り	PBR
予想 11.4倍 実績 5.1倍		5.7 %	0.4倍

香港の大手コングロマリット 不動産開発・投資のほか、運輸・サービス、インフラ、通信、ホテル、百貨店などを香港と本土で展開。インフラやサービス事業を手掛ける新創建集団（00659）や百貨店の新世界百貨（00825）などの香港企業を傘下に持つ。19年末時点で香港に開発用地910万平方フィート（総床面積）と地目変更前農地1660万平方フィートを保有。16年に新世界中国地産が完全子会社となり、香港上場を廃止。

19年12月中間決算：大幅減益 香港の政情悪化で投資不動産評価損23億HKドル（前年同期は評価益63億HKドル）を計上した影響が大きく、利幅が急激に縮んだ。事業別では不動産開発が6割減収。前年同期に大型物件が完成し、計上額が大幅に増加した反動が出た。香港での反政府デモが影を落とし、運輸やホテル事業も低調で、ホテルは赤字拡大。一方、不動産賃貸は尖沙咀のウオーターフロントで複合施設「ビクトリア・ドックサイド」が開業した効果で、2割前後の増収増益。

今後の計画 今後は生命保険事業を強化する方針。19年11月に買収した富通保険（FTライフ）の成長を促す。主力の不動産開発事業では沙田区のMTR大田駅に隣接する大型事業に重点を置く。3000戸超の集合住宅を開発する計画で、21年までに段階的に予約販売を始める。

【株価推移】

	高値		安値	
2016年	10.460	09/22	5.870	02/11
2017年	12.780	10/11	8.210	01/03
2018年	13.000	01/29	9.670	09/12
2019年	13.880	04/03	8.900	08/15
2020年	11.260	01/20	7.460	03/19

【株価情報】

取引単位(株)	1,000	A株株価	—
時価総額(mHK$)	93,162.5	A株格差(倍)	—

【指標】 (%)

		19/12	18/12
収益性	ROA	0.3	4.7
	ROE	0.9	10.3
	粗利益率	37.8	31.0
成長性	増収率	-34.1	76.4
	増益率(営利)	-60.6	14.6
	自己資本増加率	-1.4	7.1
安全性	BPS(HK$)	21.1	21.5
	負債比率	146.3	101.3
	流動比率	128.8	154.3
	株主資本比率	36.4	45.6

【財務】 (百万HK$)

	19/12	18/12
流動資産	182,708.2	142,926.7
総資産	593,520.8	481,271.3
流動負債	141,815.5	92,614.9
総負債	316,310.9	222,307.0
株主資本	216,273.9	219,444.4

【CF】 (百万HK$)

	19/12	18/12
営業CF	-8,953.1	-5,598.1
投資CF	-14,904.9	-8,206.9
財務CF	24,995.2	3,100.4
FCF	-23,858.0	-13,805.0
現金同等物	62,919.4	50,472.0

【株式】 (19/12/31) (百万株)

総数	10,226.4
流通	—
	—
	100.0 %
非流通	0.0 %

【主要株主】 (19/12/31) (%)

周大福企業有限公司	44.4

【子会社・関連会社】 (19/06/30) (%)

新世界百貨中国有限公司 (00825)	75.0
新創建集団有限公司 (00659)	61.0
新世界中国有限公司	100.0

【売上・利益構成】 (19/12) (%)

	売上構成比	前年比	利益構成比	前年比
不動産開発	36.9	-59.9	72.5	-25.7
建設	25.2	-8.5	5.5	37.2
不動産投資	6.7	22.5	13.0	16.9

【業績】 ［香港会計基準］(百万HK$) ※予想：ファクトセット

【前号予想との比較】 ↘ 減額

	売上高	営業利益	純利益	前年比(%)	EPS(HK$)	1株配(HK$)	株配・無償(株)
2017/6	56,628.80	11,751.30	7,675.70	-11.4	0.800	0.4600	
2018/6	60,688.70	30,975.30	23,338.10	204.1	2.340	0.4800	
2019/6	76,763.60	25,202.10	18,160.10	-22.2	1.780	0.5100	
2020/6予	69,772.14	13,778.21	8,154.54	-55.1	0.799	0.5160	
2021/6予	79,806.47	15,714.34	9,216.97	13.0	0.891	0.5310	**【株式分割・併合等】**
2017/12中間	27,935.40	14,153.80	11,269.90	159.9	1.150	0.1400	併合4→1 (20/6)
2018/12中間	49,267.10	16,220.20	11,284.40	0.1	1.110	0.1400	
2019/12中間	32,464.40	6,398.30	1,017.30	-91.0	0.100	0.1400	

【登記】 香港中環皇后大道中18号新世界大厦30楼 **【TEL】** 852-25231056 **【URL】** www.nwd.com.hk

【役員】 会長：鄭家純(Cheng Kar-Shun Henry) **【上場】** 1972年11月 **【決算期】** 6月 **【従業員】** 45,000

コングロマリット

メインボード　ハンセン

太古A

スワイヤ・パシフィックA

太古股份有限公司
Swire Pacific Ltd. 'A'

【指数構成銘柄】ハンセン　【その他上場】ADR

評価	株価	年間騰落率	最低売買価格
C	**49.850** HK$	**-48.7** %	**341,971** 円

PER		予想配当利回り	PBR
予想 **19.4** 倍　実績 **8.3** 倍		**5.7** %	**0.2** 倍

香港を代表するコングロマリット 150年以上の歴史を持つスワイヤ系香港有力コングロマリット。主力の不動産部門は優良賃貸物件を香港に数多く抱え、本土でも大型商業施設を開発する。このほか、キャセイ・パシフィック（00293）を中核とする航空部門、コカ・コーラの製造・ボトリング事業の飲料部門、海上油田開発支援の船舶サービス部門、靴や自動車の販売子会社などを持つ貿易・工業部門がある。香港不動産大手の太古地産（01972）は12年に分離上場。

19年12月本決算：増収減益 投資不動産評価益の影響を除くコア利益は109％増の178億HKドルだったが、一時項目を除く調整後コア利益は72億HKドルと4％減少。航空部門のキャセイ・パシフィックの低迷が響いた。最大の収益源である不動産投資部門のコア利益は1％増。香港デモの影響などが利益を圧迫したが、本土や米国の商業物件の需要拡大が支えた。一方、飲料部門は本土や台湾の売り上げが伸び、コア利益が17％増。

今後の見通し 会社側は新型コロナの感染拡大や香港デモの影響で20年上期の業績悪化を見込む。不動産投資部門では香港や本土におけるオフィス需要の低下や賃貸収入の減少を警戒。航空部門は大幅な赤字を予想。一方、飲料部門は本土や台湾での収益拡大を目指す。

【株価推移】

	高値		安値	
2016年	94.400	07/27	70.150	01/21
2017年	81.750	02/27	71.850	12/21
2018年	92.000	08/20	72.500	01/02
2019年	103.800	04/04	68.050	11/14
2020年	77.150	01/17	45.000	03/23

【株価情報】

取引単位（株）	500	A株株価	—
時価総額（mHK$）	45,124.5	A株格差（倍）	—

【指標】(%)

		19/12	18/12
収益性	ROA	2.0	5.4
	ROE	3.3	8.7
	粗利益率	37.2	36.5
成長性	増収率	1.2	5.4
	増益率（営利）	-55.3	-13.9
	自己資本増加率	1.1	6.8
安全性	BPS（HK$）	302.0	298.7
	負債比率	40.9	41.2
	流動比率	107.7	112.2
	株主資本比率	61.9	62.0

【財務】(百万HK$)

	19/12	18/12
流動資産	40,453.0	42,579.0
総資産	441,397.0	436,405.0
流動負債	37,562.0	37,939.0
総負債	111,903.0	111,290.0
株主資本	273,352.0	270,424.0

【CF】(百万HK$)

	19/12	18/12
営業CF	10,541.0	15,436.0
投資CF	12,369.0	2,483.0
財務CF	-10,552.0	-14,568.0
FCF	22,910.0	17,919.0
現金同等物	21,322.0	9,102.0

【株式】(19/12/31)(百万株)

総数	905.2
流通	—
流通	—
	100.0%
非流通	0.0%

【主要株主】(19/12/31)

	(%)
John Swire & Sons Ltd.	45.5

【子会社・関連会社】(19/12/31)

	(%)
国泰航空有限公司（00293）	45.0
太古地産有限公司（01972）	82.0
太古飲料控股有限公司	100.0

【売上・利益構成】(19/12)(%)

	売上構成比	前年比	利益構成比	前年比
飲料	50.6	5.2	11.8	3.4
航空	18.6	6.8	10.9	-13.0
不動産	16.5	-3.2	77.3	-53.0

【業績】［香港会計基準］(百万HK$) ※予想：ファクトセット　【前号予想との比較】↓ 大幅減額

	売上高	営業利益	純利益	前年比(%)	EPS(HK$)	1株配(HK$)	株配・無償（株）
2016/12	62,389.00	15,384.00	9,644.00	-28.2	6.410	2.1000	
2017/12	80,289.00	35,864.00	26,070.00	170.3	17.340	2.1000	
2018/12	84,606.00	30,888.00	23,629.00	-9.4	15.740	3.0000	
2019/12	85,652.00	13,792.00	9,007.00	-61.9	6.000	3.0000	
2020/12予	81,566.59	8,879.37	3,635.33	-59.6	2.565	2.8570	【株式分割・併合等】
2021/12予	87,912.48	11,675.37	8,055.45	121.6	5.381	3.1130	
2018/6中間	42,265.00	18,695.00	13,501.00	11.2	8.990	1.2000	
2019/6中間	42,870.00	10,866.00	7,939.00	-41.2	5.290	1.3500	

【本社】香港金鐘道88号太古広場1座33楼　【TEL】852-28408093　【URL】www.swirepacific.com
90　【役員】会長：Merlin Bingham Swire【上場】—　【決算期】12月　【従業員】94,000

東亜銀行

バンク・オブ・イーストアジア

東亜銀行有限公司
The Bank of East Asia,Ltd.

【指数構成銘柄】 — 【その他上場】ADR

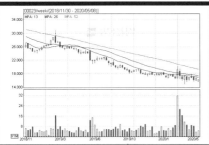
[00023/week(2018/11/30 - 2020/05/08)] MPA: 13 MPA: 26 MPA: 52

評価	株価	年間騰落率	最低売買価格
B	**16.160** HK$	**-33.9** %	**44,343** 円

PER		予想配当利回り	PBR
予想 **10.6** 倍　実績 **18.2** 倍		**4.5** %	**0.5** 倍

香港の独立系地場銀行最大手 創業100年の老舗で、金融業務を幅広く手掛ける。香港で70を超える支店・営業所を展開。中国本土の拠点数は98に上り、外銀では最大級（19年末）。英国、東南アジア、米国にも進出し、営業拠点は世界全体で200に上る。01年に中国聯合銀行、02年に第一太平銀行を統合した。本土では中国人寿グループと提携し、保険事業も展開。香港では証券売買の仲介も手掛ける。三井住友銀行が筆頭株主。

19年12月本決算：大幅減益 中国本土での貸倒引当金の計上が痛手。商業不動産市況の悪化を受け、全体の減損損失は前年の6.1倍の72億5300万HKドルに急増。本土事業の純損失は35億5000万HKドルに膨らんだ。ただ、経常収益は順調に増加。資金利益は純金利マージンが1.73％から1.85％に上昇した効果で12％増の145億HKドル。役務取引等利益はクレジットカード取引の拡大などで11％増の29億4100万HKドルに伸びた。事業別では香港の個人向け業務が1割超の増収増益と堅調。

最近の動向 20年3月、今後の事業や資産構成の方向性について全面的に検討を進めると発表。戦略的取引に重点を置き、現行の業務・資産だけでなく、潜在性のある非中核資産の価値を高める戦略を立案する。ゴールドマン・サックスから財務顧問を招請した。

【株価推移】

	高値		安値	
2016年	34.350	08/15	20.950	02/03
2017年	36.000	08/28	29.600	01/03
2018年	35.450	02/27	24.200	12/24
2019年	30.800	02/27	17.180	12/03
2020年	19.980	03/05	14.820	03/23

【株価情報】

取引単位(株)	200	A株株価	—
時価総額(mHK$)	46,968.6	A株格差(倍)	—

【指標】(%)

		19/12	18/12
収益性	ROA	0.4	0.8
	ROE	3.4	7.1
	粗利益率		
成長性	増収率	15.3	7.0
	増益率(営利)	-65.6	4.4
	自己資本増加率	3.8	2.6
安全性	BPS(HK$)	32.8	32.3
	負債比率	792.8	801.4
	流動比率		
	株主資本比率	11.0	10.9

【財務】(百万HK$)

	19/12	18/12
流動資産	—	—
総資産	865,198.0	839,451.0
流動負債	—	—
総負債	755,560.0	735,876.0
株主資本	95,307.0	91,826.0

【CF】(百万HK$)

	19/12	18/12
営業CF	7,571.0	2,635.0
投資CF	1,248.0	-633.0
財務CF	404.0	-2,556.0
FCF	8,819.0	2,002.0
現金同等物	94,638.0	86,020.0

【株式】(19/12/31)(百万株)

総数	2,906.5
流通	—
	100.0 %
非流通	0.0 %

【主要株主】(19/12/31)

	(%)
株式会社三井住友銀行	19.0
Criteria Caixa, S.A., Sociedad Unipersonal	17.3
国浩集団有限公司(00053)	14.2

【子会社・関連会社】(19/12/31)

	(%)
東亜銀行（中国）有限公司	100.0
東亜銀行（信託）有限公司	100.0
東亜証券有限公司	100.0

【売上・利益構成】(19/12)(%)

	売上構成比	前年比	利益構成比	前年比
中国本土業務	30.1	21.3	—	—
香港個人向け銀行業務	22.8	11.4	31.7	11.9
香港法人向け銀行業務	13.9	3.2	28.0	0.8

【業績】 [香港会計基準](百万HK$) ※予想：ファクトセット

【前号予想との比較】 ➘ 減額

	経常収益	業務純益	純利益	前年比(%)	EPS(HK$)	1株配(HK$)	株配・無償(株)
2016/12	14,714.00	4,161.00	3,723.00	-32.6	1.210	0.5600	
2017/12	15,953.00	7,177.00	9,347.00	151.1	3.210	1.2800	
2018/12	17,072.00	7,494.00	6,509.00	-30.4	2.070	1.1800	
2019/12	19,684.00	2,576.00	3,260.00	-49.9	0.890	0.4600	
2020/12予	19,057.67	9,993.58	4,809.22	47.5	1.527	0.7240	【株式分割・併合等】
2021/12予	19,891.85	10,195.31	5,004.45	4.1	1.673	0.7900	
2018/6中間	8,526.00	4,500.00	3,992.00	-35.8	1.300	0.5100	
2019/6中間	10,102.00	308.00	1,000.00	-74.9	0.220	0.1100	

【本社】 香港徳輔道中10号 **【TEL】** 852-36083608 **【URL】** www.hkbea.com
【役員】 会長：李国宝(Li Kwok Po David) **【上場】** — **【決算期】** 12月 **【従業員】** 9,846

銀河娯楽集団

ギャラクシー・エンターテイメント

銀河娯楽集団有限公司
Galaxy Entertainment Group Ltd.

【指数構成銘柄】ハンセン 【その他上場】ADR

評価	株価	年間騰落率	最低売買価格
D	53.700 HK$	-3.7 %	736,764 円

	PER		予想配当利回り	PBR
予想 **47.8** 倍		実績 **17.8** 倍	0.8 %	3.2 倍

マカオのカジノ大手 02年に正式に事業免許を受けて参入した。19年のカジノ市場シェアは19%で第2位。11年にコタイ地区にアジア最大級のカジノリゾート「ギャラクシー・マカオ」（55万平米）を開業し、一気に存在感を高めた。15年にはギャラクシー・マカオ第2期と「ブロードウェー・マカオ」を開業。VIP向けに強みを持つカジノ「スターワールド（星際酒店）」も運営。第三者と提携して「シティークラブ」も展開する。

19年12月本決算：小幅減益 米中貿易戦争やVIPルームの禁煙措置、香港の反政府デモなどを背景に総カジノ収入が572億HKドルと、前年比12%縮小したことが響いた。一般カジノ収入は6%増と善戦したが、VIPカジノが26%減。ギャラクシー・マカオはカジノ収入の12%減をホテルやモールの増収で補い、小幅の減益。スターワールドはカジノ収入が15%減、EBITDAが8%減。

最近の動向 15億HKドルを投じたギャラクシーとスターワールドの改装がほぼ完了。今後も施設の改装に取り組む。新型コロナの影響でマカオ全体のカジノ収入は1－5月に前年同期比74%減。20年中間期、通期決算への影響は必至で、どの程度巻き返せるかが焦点となる。20年1－3月の売上高は前年同期比61%減の50億7000万HKドル、調整済みEBITDAは93%減の2億8300万HKドル。

【株価推移】

	高値		安値	
2016年	39.200	12/01	19.920	01/21
2017年	63.550	12/20	32.550	01/03
2018年	73.850	04/11	40.300	10/30
2019年	62.100	04/04	43.850	08/15
2020年	63.400	01/14	37.000	03/19

【株価情報】

取引単位(株)	1,000	A株株価	―
時価総額(mHK$)	232,726.1	A株格差(倍)	―

【指標】(%)

		19/12	18/12
収益性	ROA	13.6	15.5
	ROE	17.7	21.7
	粗利益率	―	―
成長性	増収率	-6.0	13.5
	増益率(営利)	―	―
	自己資本増加率	18.2	12.3
安全性	BPS(HK$)	17.0	14.4
	負債比率	29.3	39.4
	流動比率	94.4	77.1
	株主資本比率	76.9	71.3

【財務】(百万HK$)

	19/12	18/12
流動資産	19,516.5	18,313.0
総資産	95,696.2	87,383.8
流動負債	20,667.6	23,738.5
総負債	21,541.3	24,552.6
株主資本	73,587.4	62,280.3

【CF】(百万HK$)

	19/12	18/12
営業CF	19,442.3	13,783.7
投資CF	-14,884.7	-11,238.4
財務CF	-12,085.0	-4,461.7
FCF	4,557.6	2,545.3
現金同等物	6,248.2	13,778.1

【株式】(19/12/31)(百万株)

総数	4,333.8
流通	―
	―
	100.0%
非流通	0.0%

【主要株主】(19/12/31) (%)

呂志和	40.8
The Capital Group Companies, Inc.	9.0

【子会社・関連会社】(19/12/31) (%)

銀河娯楽場股フン有限公司	90.0
星際酒店有限公司	90.0
上海嘉華混凝土有限公司	100.0

【売上・利益構成】(19/12)(%)

	売上構成比	前年比	利益構成比	前年比
カジノ	94.5	-6.2	93.0	-3.8
建材	5.5	-1.9	7.0	23.6
その他	―	―	―	―

【業績】[香港会計基準](百万HK$) ※予想：ファクトセット 【前号予想との比較】↓ 大幅減額

	売上高	営業利益	純利益	前年比(%)	EPS(HK$)	1株配(HK$)	株配・無償(株)
2016/12	52,826.12	―	6,283.40	51.0	1.473	0.4400	
2017/12	48,639.74	―	10,504.36	67.2	2.451	0.7400	
2018/12	55,210.90	―	13,507.39	28.6	3.128	0.9500	
2019/12	51,901.99	―	13,041.55	-3.4	3.011	0.9100	
2020/12予	37,774.97	4,088.85	4,988.72	-61.7	1.123	0.4460	【株式分割・併合等】
2021/12予	56,577.00	12,015.68	11,935.99	139.3	2.789	0.8050	
2018/6中間	28,058.41	―	7,206.37	55.6	1.670	0.5000	
2019/6中間	26,219.47	―	6,679.75	-7.3	1.543	0.4600	

【登記】香港干諾道中111号永安中心22楼 【TEL】852-31501111 【URL】www.galaxyentertainment.com
【役員】会長：呂志和(Lui Che Woo) 【上場】1991年10月 【決算期】12月 【従業員】22,000

第一托拉機

ファースト・トラクター

機械

第一拖拉機股份有限公司
First Tractor Co.,Ltd.

【指数構成銘柄】— 【その他上場】上海A(601038)

[00038/week/(2018/11/30 - 2020/05/08)]
MPA: 13　MFA: 26　MFA: 52

	評価	H株株価	年間騰落率	最低売買価格
	—	**1.970** HK$	**3.1** %	**54,057** 円

	PER		予想配当利回り	PBR
予想	—	実績 **28.7** 倍	—	**0.4** 倍

中国の農業用大型トラクター大手 農業用トラクターを主力とし、ほかにディーゼルエンジンなどの動力機械や関連部品の製造を手掛ける。ノンバンク子会社を通じてグループ会社や顧客向けの金融サービスにも従事。大型・中型トラクターでは国内トップクラスの規模。10年に親会社との資産交換を通じ洛陽トラクター研究所の権益51%を取得。「東方紅」などの商標権も買い取った。上海と香港に重複上場している。

19年12月本決算：黒字転換 政府補助金の増額や子会社売却益の計上、投資収益の大幅増、各種減損損失の縮小などが黒字化要因。本業も健闘し、非経常損益を除く純損失は前年の2割相当の2億5100万元に縮小した。販促強化で主力製品の売れ行きが伸び、「東方紅」トラクターの販売台数は11%増の4万1900台。国内シェアは0.8ポイント上昇した。販売増と固定費の抑制で、製造事業の粗利益率は16.2%へ8.2ポイント改善した。

最近の動向 19年12月には農業機械の開発販売・リースなどを手掛ける子会社の一拓（洛陽）神通工程機械が、債務超過で破産・清算を申請した。同社に対する未収金などは引当金を計上済みで、重大な影響はないとしている。20年1-3月期決算は売上高が前年同期比2%減の20億9700万元、純利益は4.4倍の1億9800万元。

【株価推移】
	高値		安値	
2016年	4.990	01/04	3.760	02/12
2017年	5.150	02/23	3.050	12/07
2018年	3.600	01/22	1.730	12/28
2019年	2.270	06/25	1.540	10/03
2020年	1.980	05/08	1.250	03/19

【株価情報】
取引単位(株)	2,000	A株株価(元) 8.450
H株時価総額(mHK$)	772.1	A株格差(倍) 4.7

【指標】(%)
		19/12	18/12
収益性	ROA	0.5	—
	ROE	1.5	—
	粗利益率	17.5	10.3
成長性	増収率	2.6	-22.8
	増益率(営利)	—	—
	自己資本増加率	1.6	-16.5
安全性	BPS(元)	4.1	4.1
	負債比率	168.2	211.7
	流動比率	101.7	104.9
	株主資本比率	35.0	30.5

【財務】(百万元)
	19/12	18/12
流動資産	6,415.2	7,532.4
総資産	11,629.0	13,140.7
流動負債	6,307.6	7,183.2
総負債	6,845.2	8,484.7
株主資本	4,070.0	4,007.1

【CF】(百万元)
	19/12	18/12
営業CF	330.7	-384.4
投資CF	1,193.1	-546.3
財務CF	-1,686.6	-734.8
FCF	1,523.8	-930.7
現金同等物	1,120.1	1,279.6

【株式】(19/12/31)(百万株)
総数	985.9	
流通	H株	39.8%
	A株	60.2%
	—	
	100.0%	
非流通	0.0%	

【主要株主】(19/12/31) (%)
中国一托集団有限公司	41.7

【子会社・関連会社】(19/12/31) (%)
中国一托集団財務有限責任公司	98.8
華晨中国器械控股有限公司	90.1
洛陽拖拉機研究所有限公司	51.0

【売上・利益構成】(19/12)(%)
	売上構成比	前年比	利益構成比	前年比
農業機械	84.3	2.8	—	—
動力機械	14.0	9.0	46.8	—
金融	1.6	-33.7	43.0	-33.2

【業績】 [中国会計基準] (百万元) ※予想:—
	売上高	営業利益	純利益	前年比(%)	EPS(元)	1株配(元)	株配・無償(株)
2016/12	8,871.15	233.56	223.37	65.1	0.225	0.0570	
2017/12	7,357.94	8.52	56.51	-74.7	0.057		
2018/12	5,681.55	-1,351.04	-1,300.11	—	-1.319		
2019/12	5,830.18	143.70	61.48	—	0.062		
2020/12予	—	—	—	—	—		【株式分割・併合等】
2021/12予	—	—	—	—	—		
2018/6中間	3,581.39	-121.21	-144.98	—	-0.147		
2019/6中間	3,425.97	21.31	19.61	—	0.020		

【登記】河南省洛陽市建設路154号 【TEL】86-379-64967038 【URL】www.first-tractor.com.cn

【役員】会長：黎暁煜(Li Xiaoyu) 【上場】1997年6月 【決算期】12月 【従業員】15,143

ホテル・観光

メインボード

鷹君集団
グレート・イーグル

鷹君集団有限公司
Great Eagle Holdings Ltd.
【指数構成銘柄】― 【その他上場】―

評価	株価	年間騰落率	最低売買価格
B	**21.950** HK$	**-38.5** %	**301,154** 円

PER			予想配当利回り	PBR
予想	**5.5** 倍	実績 ―	**4.6** %	**0.2** 倍

香港のホテル・不動産会社 ホテル運営、不動産賃貸が収益の柱。19年末時点で香港や米英豪・ニュージーランド・中国で高級ホテル「ザ・ランガム」など24軒のホテルを展開。不動産部門の主要賃貸物件は香港のオフィスビル「グレートイーグル・センター」やサービスアパート「イートンレジデンス」。子会社のチャンピオンREIT（02778）を通じて香港のオフィスビル「スリーガーデンロード（旧シティバンクプラザ）」、朗廷酒店SS（01270）を通じて香港のホテル3軒を保有。

19年12月本決算：赤字転落 投資不動産評価損益が前年の67億HKドルの黒字から21億HKドルの赤字に転落したことが響いた。ホテル事業は売り上げの半分を占める北米が3％減収。欧州、豪・ニュージーランド、中国でもそれぞれ売り上げが3％、6％、1％減少した。ホテル事業のEBITDAは9％減。一方、子会社のチャンピオンREITは好調で、配当は3％、管理費収入は7％増加。

最新動向 香港・新界の白石角に建設した分譲マンション（723戸）の販売が好調で、20年7月の引き渡しを予定しており、業績をけん引する見通し。19年12月、イタリアのベネチアでホテル建設用地を取得。東京・六本木のホテル（客室数280室）建設計画は、工事の見積金額が予算を超過し、調整のため着工が遅れている。

【株価推移】
	高値		安値	
2016年	38.050	12/30	20.250	02/04
2017年	45.000	07/20	34.650	03/10
2018年	42.800	03/13	31.500	11/27
2019年	40.400	03/04	25.500	10/25
2020年	27.000	01/03	19.240	04/02

【株価情報】
取引単位（株）	1,000	A株株価	―
時価総額（mHK$）	15,549.0	A株格差（倍）	―

【指標】(%)
		19/12	18/12
収益性	ROA	―	4.5
	ROE	―	8.4
	粗利益率	―	―
成長性	増収率	-9.1	13.5
	増益率（営利）	-5.2	2.3
	自己資本増加率	-0.6	7.6
安全性	BPS（HK$）	97.3	99.3
	負債比率	55.2	53.2
	流動比率	190.0	180.3
	株主資本比率	53.9	54.0

【財務】(百万HK$)
	19/12	18/12
流動資産	18,412.6	16,658.9
総資産	127,960.4	128,425.5
流動負債	9,688.5	9,239.9
総負債	38,050.7	36,915.2
株主資本	68,922.3	69,352.8

【CF】(百万HK$)
	19/12	18/12
営業CF	2,949.9	3,301.6
投資CF	1,282.5	278.8
財務CF	-2,103.8	-1,439.0
FCF	4,232.3	3,580.4
現金同等物	10,706.5	8,544.2

【株式】(19/12/31)(百万株)
総数	708.4
流通	―
	100.0%
非流通	0.0%

【主要株主】(19/12/31)
	(%)
羅嘉瑞	58.1

【子会社・関連会社】(19/12/31)
	(%)
冠君産業信託（02778）	66.2
朗廷酒店投資有限公司（01270）	63.5
Great Eagle Tokyo TMK	100.0

【売上・利益構成】(19/12)(%)
	売上構成比	前年比	利益構成比	前年比
ホテル事業	60.0	-6.8	18.7	-8.7
チャンピオンREIT	32.7	2.7	52.5	3.1
不動産投資	2.4	-5.3	4.0	-7.7

【業績】［香港会計基準］(百万HK$) ※予想：ファクトセット
【前号予想との比較】 ➡ 前号並み

	売上高	営業利益	純利益	前年比(%)	EPS(HK$)	1株配(HK$)	株配・無償(株)
2016/12	8,648.50	3,312.66	2,769.79	-16.4	4.100	1.2500	
2017/12	8,948.10	3,375.09	8,817.85	218.4	12.830	1.7800	
2018/12	10,156.18	3,451.41	5,810.71	-34.1	8.330	0.8300	
2019/12	9,236.83	3,273.35	-337.79	―	-0.480	1.3300	
2020/12予	11,226.00		2,815.00	―	3.970	1.0000	
2021/12予	11,556.00	―	2,854.00	1.4	4.030	1.0000	
2018/6中間	4,967.73	1,677.03	3,487.79	-5.4	5.010	0.3300	
2019/6中間	4,697.21	1,657.32	2,159.22	―	3.050	0.3300	

【株式分割・併合等】

【本社】香港湾仔港湾道23号鷹君中心33楼 【TEL】852-28273668 【URL】www.greateagle.com.hk
94 【役員】会長：羅嘉瑞(Lo Ka Shui) 【上場】1972年10月 【決算期】12月 【従業員】6,366

香港上海大酒店

ホンコン・シャンハイ・ホテルズ

香港上海大酒店有限公司
The Hongkong and Shanghai Hotels,Ltd.
【指数構成銘柄】— 【その他上場】—

評価	株価	年間騰落率	最低売買価格
D	6.910 HK$	-40.5 %	47,403 円

PER		予想配当利回り	PBR
予想	実績 23.0 倍	0.4 %	0.3 倍

ホテル経営の老舗 旗艦ホテルは18年に創業90周年を迎えた「ザ・ペニンシュラ香港」。香港、米国、中国本土、フィリピン、タイ、日本に高級ホテル10軒を展開し、総客室数は2769室（19年末）。14年8月には「ペニンシュラ・パリ」をオープンし、欧州にも足場を築いた。ほかに香港とベトナムでマンション、オフィスビルなどの賃貸事業を手掛けるほか、ゴルフクラブ経営や香港ピークトラム運営にも従事している。

19年12月本決算：大幅減益 香港でのデモ長期化や米中貿易摩擦の激化に伴う中国の景気減速が響いた。投資不動産の評価益の大幅減が痛手となったが、コア利益でも35％の減益。本業ではデモが激化した下半期に香港を訪れた本土観光客が急減し、「ザ・ペニンシュラ香港」の客室稼働率が低下した。平均客室料金が8％下がり、売上高は18％減の11億400万HKドルに縮小した。ほかの連結対象のホテルは売上高がほぼ横ばいだったが、ホテル部門の営業利益は40％減と低迷した。

最近の動向 20年1～3月期の客室稼働率は香港が14％（前年同期が70％）、その他アジアが36％（同72％）に急落。新型コロナの影響で旅行需要が激減した。欧米は52％（57％）。欧米では都市閉鎖に伴いパリやニューヨーク、シカゴのホテルを一時的に閉鎖した。

【株価推移】

	高値		安値	
2016年	9.490	11/23	7.150	02/11
2017年	17.120	07/12	8.270	01/03
2018年	13.480	06/12	10.000	08/16
2019年	12.180	04/24	7.260	10/09
2020年	8.970	01/20	5.990	03/24

【株価情報】

取引単位(株)	500	A株株価 —
時価総額(mHK$)	11,293.9	A株格差(倍) —

【指標】(%)

		19/12	18/12
収益性	ROA	0.9	2.4
	ROE	1.3	3.1
	粗利益率	—	—
成長性	増収率	-5.5	7.5
	増益率(営利)	-25.8	17.4
	自己資本増加率	1.0	1.3
安全性	BPS(HK$)	23.9	24.0
	負債比率	34.1	32.4
	流動比率	53.6	101.6
	株主資本比率	73.6	74.8

【財務】(百万HK$)

	19/12	18/12
流動資産	1,553.0	2,022.0
総資産	53,061.0	51,724.0
流動負債	2,897.0	1,991.0
総負債	13,332.0	12,524.0
株主資本	39,054.0	38,664.0

【CF】(百万HK$)

	19/12	18/12
営業CF	1,000.0	1,371.0
投資CF	-1,422.0	-1,460.0
財務CF	6.0	-465.0
FCF	-422.0	-89.0
現金同等物	680.0	1,098.0

【株式】(19/12/31)(百万株)

総数	1,634.4
流通	—
非流通	100.0%
	0.0%

【主要株主】(19/12/31) (%)

The Hon. Sir Michael Kadoorie	54.6
Satinu Resources Group Ltd.	11.3

【子会社・関連会社】(19/12/31) (%)

半島酒店有限公司	100.0
Peninsula New York Hotel LLC	100.0
Peninsula of Tokyo Ltd.	100.0

【売上・利益構成】(19/12)(%)

	売上構成比	前年比	利益構成比	前年比
ホテル	73.0	-5.4	30.7	-39.6
不動産賃貸	16.1	-2.6	62.8	-11.0
ゴルフクラブ・その他	10.9	-9.7	6.5	-51.4

【業績】 ［香港会計基準］(百万HK$) ※予想：ファクトセット 【前号予想との比較】↓ 大幅減額

	売上高	営業利益	純利益	前年比(%)	EPS(HK$)	1株配(HK$)	株配・無償(株)
2016/12	5,631.00	824.00	675.00	-32.5	0.430	0.1900	
2017/12	5,782.00	919.00	1,155.00	71.1	0.730	0.2000	
2018/12	6,214.00	1,079.00	1,216.00	5.3	0.760	0.2100	
2019/12	5,874.00	801.00	494.00	-59.4	0.300	0.1300	
2020/12予	3,372.44	-1,159.72	-1,040.60	—	-0.265	0.0250	【株式分割・併合等】
2021/12予	6,380.62	818.26	469.64	—	0.294	0.1300	
2018/6中間	2,850.00	427.00	630.00	21.4	0.400	0.0500	
2019/6中間	2,791.00	319.00	254.00	-59.7	0.150	0.0400	

【登記】 香港中環雪廠街2号聖佐治大厦8楼 **【TEL】** 852-28407788 **【URL】** www.hshgroup.com
【役員】 会長：Kadoorie Michael David **【上場】** — **【決算期】** 12月 **【従業員】** 7,451

運輸・倉庫

メインボード　ハンセン

香港鉄路
エムティーアールシー

香港鉄路有限公司
MTR Corp.,Ltd.

【指数構成銘柄】ハンセン　【その他上場】ADR

[00066/week(2018/11/30～2020/05/08)]
MPA.13　MPA.26　MPA.52

評価	株価	年間騰落率	最低売買価格
D	42.700 HK$	-9.0 %	292,922 円

PER		予想配当利回り	PBR
予想 **30.5** 倍　実績 **22.0** 倍		2.9 %	1.4 倍

香港の鉄道運営会社　香港で地下鉄や空港線、ライトレールなど11路線を運営する。北京、深セン、英国、北欧、豪州などでも地下鉄・鉄道事業に参画する。07年に九広鉄道を吸収合併。香港の公共旅客輸送シェアは47.4%（19年）。沿線の不動産開発や駅構内・周辺施設の店舗賃貸収入も利益の柱。香港での19年の総利用客数は延べ19億1400万人で1日平均561万人。香港と広州を結ぶ「広深港高速鉄道」の香港区間を運営。

19年12月本決算：増収減益　反政府デモの激化でMTR利用者数が前年比で15%減少し、香港鉄道運営部門が約6億HKドルの赤字に転落（前年は20億HKドルの黒字）。「広深港高速鉄道」の通期稼働（前年の稼働期間は約3カ月）で売上高は前年並みを確保したが、暴徒化した一部デモ隊によるMTR施設の破壊も響き、収支が悪化した。稼ぎ頭の香港駅構内業務は1桁台ながら増収増益を確保。デモ激化に伴う運行停止で広告収入などは減少したものの、広深港高速鉄道・西九龍駅の免税店テナント料収入の9%増（48億HKドル）が収益を支えた。

今後の計画　新界地区の沙田と香港島中心部を結ぶ「沙中線」では20年2月に大囲駅－啓徳駅区間が開業。21年の啓徳駅－紅カン駅、22年の紅カン駅－金鐘駅の完工で、新界と香港島中心部の接続は飛躍的に改善する。

【株価推移】

	高値		安値	
2016年	44.500	07/29	34.200	01/21
2017年	50.000	05/18	37.800	01/03
2018年	46.500	01/04	37.500	10/30
2019年	55.750	07/18	40.300	01/02
2020年	47.800	01/17	38.000	03/19

【株価情報】

取引単位(株)	500	A株株価	―
時価総額(mHK$)	262,944.4	A株格差(倍)	―

【指標】(%)

		19/12	18/12
収益性	ROA	4.1	5.8
	ROE	6.4	8.9
	粗利益率	―	―
成長性	増収率	1.1	-2.7
	増益率(営利)	-8.8	3.6
	自己資本増加率	3.4	8.5
安全性	BPS (HK$)	30.3	29.4
	負債比率	54.9	52.1
	流動比率	―	―
	株主資本比率	64.5	65.7

【財務】(百万HK$)

	19/12	18/12
流動資産	―	―
総資産	289,214.0	274,687.0
流動負債	―	―
総負債	102,416.0	94,068.0
株主資本	186,606.0	180,447.0

【CF】(百万HK$)

	19/12	18/12
営業CF	17,043.0	10,950.0
投資CF	-8,312.0	-11,665.0
財務CF	-9,128.0	-3,824.0
FCF	8,731.0	-715.0
現金同等物	8,346.0	8,865.0

【株式】(19/12/31)(百万株)

総数	6,157.9
流通	―
	―
	―
	100.0%
非流通	0.0%

【主要株主】(19/12/31)

	(%)
財政司司長法団	75.3

【子会社・関連会社】(19/12/31)

	(%)
MTR Telecommunication Co.,Ltd.	100.0
湊鉄軌道交通（深セン）有限公司	100.0
Metro Melbourne Ltd.	100.0

【売上・利益構成】(19/12)(%)

	売上構成比	前年比	利益構成比	前年比
本土・海外鉄道運営	38.7	1.0	10.4	50.8
香港鉄道運営	36.6	2.3	―	―
香港駅構内業務	12.5	5.3	48.9	1.9

【業績】[香港会計基準](百万HK$)　※予想：ファクトセット

【前号予想との比較】　↓　大幅減額

	売上高	営業利益	純利益	前年比(%)	EPS(HK$)	1株配(HK$)	株配・無償(株)
2016/12	45,189.00	11,710.00	10,254.00	-21.1	1.740	3.2700	
2017/12	55,440.00	14,300.00	16,829.00	64.1	2.830	3.3200	
2018/12	53,930.00	14,810.00	16,008.00	-4.9	2.640	1.2000	
2019/12	54,504.00	13,501.00	11,932.00	-25.5	1.940	1.2300	
2020/12予	52,750.66	9,477.33	8,349.78	-30.0	1.401	1.2530	
2021/12予	58,340.55	12,840.39	11,152.30	33.6	1.852	1.3100	
2018/6中間	26,353.00	6,002.00	7,083.00	-5.3	1.180	0.2500	
2019/6中間	28,272.00	5,201.00	5,506.00	-22.3	0.900	0.2500	

【株式分割・併合等】

【本社】香港九龍九龍湾徳福広場港鉄総部大楼　【TEL】852-29932111　【URL】www.mtr.com.hk

　【役員】会長：欧陽伯権(Rex Auyeung Pak-kuen)　【上場】2000年10月　【決算期】12月　【従業員】34,263

香格里拉（亜洲）

シャングリラ・アジア

香格里拉（亜洲）有限公司
Shangri-La Asia Ltd.

【指数構成銘柄】 ―　【その他上場】ADR、シンガポール

評価	株価	年間騰落率	最低売買価格
E	6.320 HK$	-39.7 %	173,421 円

PER		予想配当利回り	PBR
予想 ―	実績 19.1 倍	0.0 %	0.5 倍

高級ホテルチェーン アジアを中心に「シャングリラホテル」「ホテルジェン」「ケリーホテル」などを展開する。権益保有と契約を通じて運営するホテルは19年末時点で81軒（客室総数3万5000室）。運営サービスのみ提供するホテルは20軒。北京や上海を中心にオフィス、サービスアパートの賃貸も手掛ける。 ホテル経営部門の売上比率は、中国本土38％、香港14％、シンガポール11％、フィリピン9％（19年12月期）。

19年12月本決算：減収減益 香港デモの長期化や米中貿易摩擦の激化を受けてホテル運営部門が苦戦。特に香港と中国本土でのホテル収入減少が響いた。全体の売上高が縮小する中、コスト圧縮で営業増益を達成したが、投資不動産の評価益が大幅に減少し、最終利益を押し下げた。香港ホテル事業は反政府デモが激化した下期の低迷が顕著。上期に82％だった客室稼働率は通年で69％となり、前年の84％から急降下した。一方、不動産事業は販売と賃貸がそろって増収増益と堅調。

最近の動向 20年1月に浙江省舟山で「シャングリ・ラ」を開業。20年末までに福建省莆田でホテルを開業する計画を進めるなど新型コロナの逆風下でも着実に業容の拡大を目指す。このほか19年にはタイのバンコクと日本の京都でホテル開発用地を取得した。

【株価推移】

	高値		安値	
2016年	9.750	04/19	6.800	02/12
2017年	18.720	11/21	8.060	01/03
2018年	19.900	01/03	9.590	12/24
2019年	12.120	04/08	7.310	10/21
2020年	8.540	01/14	5.110	04/03

【株価情報】

取引単位（株）	2,000	A株株価	―
時価総額（mHK$）	22,660.5	A株格差（倍）	―

【指標】(%)

		19/12	18/12
収益性	ROA	1.1	1.5
	ROE	2.5	3.1
	粗利益率	54.4	55.8
成長性	増収率	-3.4	15.0
	増益率（営利）	63.3	1.5
	自己資本増加率	-1.6	-4.7
安全性	BPS（US$）	1.7	1.8
	負債比率	116.6	103.3
	流動比率	116.5	111.0
	株主資本比率	45.1	47.7

【財務】(百万US$)

	19/12	18/12
流動資産	1,566.0	1,613.0
総資産	13,722.1	13,170.6
流動負債	1,344.1	1,452.8
総負債	7,218.0	6,493.8
株主資本	6,189.6	6,289.0

【CF】(百万US$)

	19/12	18/12
営業CF	230.4	446.3
投資CF	-221.3	-128.3
財務CF	-72.5	-118.9
FCF	9.2	318.0
現金同等物	909.5	970.4

【株式】(19/12/31)(百万株)

総数	3,585.5
流通	100.0%
非流通	0.0%

【主要株主】(19/12/31) (%)

Kerry Group Ltd.	50.7
Kuok Brothers Sdn Berhad	8.7
Kuok (Singapore) Ltd.	6.2

【子会社・関連会社】(19/12/31) (%)

香格里拉中国有限公司	100.0
港島香格里拉大酒店有限公司	80.0
Shangri-La Hotels (Malaysia) Bhd.	52.8

【売上・利益構成】(19/12)(%)

	売上構成比	前年比	利益構成比	前年比
ホテル経営	80.8	-6.4	18.2	-33.1
ホテル運営サービス	9.1	0.8	―	―
不動産販売	6.3	25.9	31.3	22.7

【業績】 [香港会計基準] (百万US$) ※予想：ファクトセット

【前号予想との比較】 ↓ 大幅減額

	売上高	営業利益	純利益	前年比(%)	EPS(US$)	1株配(HK$)	株配・無償（株）
2016/12	2,055.42	-13.41	106.05	-24.3	0.030	0.1300	
2017/12	2,189.82	177.90	158.00	49.0	0.044	0.1700	
2018/12	2,517.86	180.51	192.91	22.1	0.054	0.2200	
2019/12	2,431.22	294.77	152.49	-21.0	0.043	0.0800	
2020/12予	1,484.30	-267.19	-153.45	―	-0.045	―	【株式分割・併合等】
2021/12予	2,335.06	161.22	103.47	―	0.029	0.0980	
2018/6中間	1,175.54	122.63	152.86	147.7	0.043	0.0800	
2019/6中間	1,194.99	176.56	115.06	-24.7	0.032	0.0800	

【本社】香港ソク魚涌英皇道683号嘉里中心28楼 【TEL】852-25993000 【URL】www.shangri-la.com

【役員】会長：郭恵光(Kuok Hui Kwong) 【上場】1993年6月 【決算期】12月 【従業員】29,400

不動産

中国海外宏洋集団

チャイナ・オーバーシーズ・グランドオーシャンズ

中国海外宏洋集団有限公司
China Overseas Grand Oceans Group Ltd.
【指数構成銘柄】― 【その他上場】―

メインボード

評価	株価	年間騰落率	最低売買価格
B	4.720 HK$	21.3 %	64,758 円

PER		予想配当利回り	PBR
予想 3.6 倍 実績 4.4 倍		6.5 %	0.8 倍

中国海外発展系の不動産会社 中国海外発展（00688）傘下の中核企業として中国本土で不動産開発・投資事業を手掛ける。地方都市での住宅物件開発に強みを持ち、19年末時点でスワトーや銀川など国内26都市でプロジェクトを展開する。保有開発用地は権益ベースの延床面積換算で2400万平米（19年末）。不動産賃貸部門は北京の「中海国際中心」や上海の張江ハイテクパーク内のオフィスビルなどを保有する。

19年12月本決算：大幅増益 好調な不動産販売が好業績につながった。平均販売価格の上昇で、粗利益率は33.3%と前年から4.2ポイント上昇した。事業規模の拡大で販売費や管理費は膨らんだが、販売や経営規模が拡大する中、厳格なコスト管理で売上高に対する割合を2%台の低水準に抑えた。オンラインでの販売活動を強化して販売効率を高めたことも奏功した。同期の不動産成約額は31%増、成約面積は26%増。

今後の見通し 経営陣は、地方都市の人口の増加、金利の自由化に伴う不動産購入コストの低下が需要の拡大につながり、不動産市場は安定的に発展するとみる。20年1〜3月期決算は売上高が前年同期比40%増の36億9800万元、営業利益が20%増の6億3900万元。不動産販売額は13%減の81億8900万元となった。

【株価推移】

	高値		安値	
2016年	3.194	01/04	2.152	06/24
2017年	5.998	09/19	2.415	01/04
2018年	5.400	01/26	2.290	10/19
2019年	5.450	12/31	2.450	01/04
2020年	6.120	01/17	3.450	03/19

【株価情報】

取引単位(株)	1,000	A株株価	―
時価総額(mHK$)	16,158.3	A株格差(倍)	―

【指標】(%)

		19/12	18/12
収益性	ROA	2.5	2.1
	ROE	17.0	12.5
	粗利益率	33.3	29.1
成長性	増収率	32.8	26.1
	増益率(営利)	54.7	94.4
	自己資本増加率	14.7	42.2
安全性	BPS(元)	5.7	5.0
	負債比率	576.0	503.9
	流動比率	141.7	159.3
	株主資本比率	14.6	16.4

レッドチップ

【財務】(百万元)

	19/12	18/12
流動資産	128,355.5	99,201.0
総資産	134,097.3	103,626.8
流動負債	90,557.0	62,288.9
総負債	112,584.0	85,858.8
株主資本	19,545.3	17,040.4

【CF】(百万元)

	19/12	18/12
営業CF	-9,398.4	3,022.9
投資CF	3,169.5	-2,469.8
財務CF	3,869.4	5,220.0
FCF	-6,228.8	553.1
現金同等物	16,755.4	19,059.0

【株式】(19/12/31)(百万株)

総数	3,423.4
流通	―
非流通	0.0%
	100.0%

【主要株主】(19/12/31) (%)

中国海外発展有限公司（00688）	38.3
翁国基	13.5

【子会社・関連会社】(19/12/31) (%)

中国宏洋地産（揚州）有限公司	100.0
中国宏洋置業（合肥）有限公司	100.0
中国宏洋置業（常州）有限公司	100.0

【売上・利益構成】(19/12)(%)

	売上構成比	前年比	利益構成比	前年比
不動産投資・開発	99.0	33.1	98.2	56.6
不動産賃貸	0.7	2.4	1.8	5.2
その他	0.3	30.4	―	―

【業績】 [香港会計基準](百万元)※予想：ファクトセット

【前号予想との比較】 → 前号並み

	売上高	営業利益	純利益	前年比(%)	EPS(元)	1株配(HK$)	株配・無償(株)
2016/12	17,093.49	2,133.05	900.24	5.8	0.394	0.0200	
2017/12	20,277.83	3,167.35	1,271.40	41.2	0.536	0.0400	
2018/12	21,524.67	5,182.20	2,043.20	90.9	0.615	0.1420	2:1@4.08HK$
2019/12	28,590.88	8,016.22	3,329.68	63.0	0.973	0.2555	
2020/12予	41,237.92	9,284.87	4,088.34	22.8	1.189	0.3070	【株式分割・併合等】
2021/12予	46,364.37	10,630.36	4,851.06	18.7	1.397	0.3720	
2018/6中間	11,188.53	2,275.88	1,014.21	42.4	0.315	0.0300	
2019/6中間	12,794.62	3,834.87	1,831.56	80.6	0.535	0.0600	

【登記】香港皇后大道東1号太古広場3座7楼701-702室 【TEL】852-29880600 【URL】www.cogogl.com.hk
【役員】会長：荘勇(Zhuang Yong) 【上場】1984年4月 【決算期】12月 【従業員】2,526
【備考】19年12月本決算より決算通貨を変更、16〜17年本決算と18〜19年中間決算は香港ドル

信和置業

シノ・ランド

信和置業有限公司
Sino Land Co.,Ltd.

【指数構成銘柄】ハンセン　【その他上場】ADR

評価	株価	年間騰落率	最低売買価格
B	10.900 HK$	-17.8 %	299,096 円

PER		予想配当利回り	PBR
予想 15.6 倍　実績 10.6 倍		5.1 %	0.5 倍

香港の不動産デベロッパー シンガポール華僑の黄廷氏が立ち上げたサイノ・グループの1社。不動産の販売・賃貸、駐車場、ホテル経営、証券投資などを手掛ける。中国本土でもアモイとショウ州、深センなどに住宅物件を保有する。土地ストックは19年末時点で2240万平方フィート（建築面積ベース）、うち37%が住宅向け。サイノ・グループは現在、長男の黄志祥氏が2代目オーナー。尖沙咀置業（00247）、信和酒店（01221）も傘下に擁する。

19年12月中間決算：減収減益 投資不動産の再評価益が減少し、業績が悪化。こうした一過性要因を除いた利益は前年同期比15%増の27億2290万HKドル。本業では不動産賃貸収入（関連会社・合弁会社を含む）が21億740万HKドルと、0.5%増にとどまった。反政府デモの長期化で香港の小売市場に逆風が吹いた。香港賃貸物件の入居率は商業ビルが97%、オフィスビルが96%と、前年同期並みの高水準を維持した。一方、不動産販売収入は12%減の18億8650万HKドルに落ち込んだ。

今後の計画 香港経済の悪化を見込み、事業構造の見直しや経営効率の向上により苦境を乗り切る構え。20年は当局から住宅物件5件の分譲承認を取得できる見込みで、市況を見つつ市場に投入していく方針を示した。

【株価推移】

	高値		安値	
2016年	14.480	09/09	9.390	01/26
2017年	14.560	09/08	11.580	01/03
2018年	15.060	02/01	11.920	10/30
2019年	15.480	04/01	10.600	09/02
2020年	11.800	01/17	8.030	03/19

【株価情報】

取引単位（株）	2,000	A株株価	—
時価総額（mHK$）	75,852.5	A株格差（倍）	—

【指標】(%)

		19/12	18/12
収益性	ROA	3.0	3.9
	ROE	3.8	4.4
	粗利益率	59.3	48.4
成長性	増収率	-31.1	17.1
	増益率（営利）	—	—
	自己資本増加率	3.7	2.7
安全性	BPS（HK$）	21.1	20.9
	負債比率	27.5	13.6
	流動比率	246.6	563.4
	株主資本比率	78.0	87.5

【財務】（百万HK$）

	19/12	18/12
流動資産	78,091.9	57,505.4
総資産	188,066.5	161,738.6
流動負債	31,665.7	10,207.3
総負債	40,429.3	19,269.9
株主資本	146,767.0	141,594.9

【CF】（百万HK$）

	19/12	18/12
営業CF	5,482.9	-36.7
投資CF	10,346.9	-2,775.3
財務CF	-1,814.5	1,750.1
FCF	15,829.8	-2,812.1
現金同等物	30,418.2	6,698.4

【株式】(19/12/31)（百万株）

総数	6,958.9
流通	100.0 %
非流通	0.0 %

【主要株主】(19/12/31)　(%)

尖沙咀置業集団有限公司（00247）　54.7

【子会社・関連会社】(19/12/31)　(%)

富景置業有限公司	100.0
信和物業管理有限公司	100.0
信和財務有限公司	100.0

【売上・利益構成】(19/12)（%）

	売上構成比	前年比	利益構成比	前年比
不動産賃貸	52.0	0.3	78.0	-0.3
不動産販売	13.0	-77.9	1.3	-93.9
不動産管理・サービス	17.9	3.4	6.9	9.5

【業績】［香港会計基準］（百万HK$）※予：ファクトセット　【前号予想との比較】↘ 減額

	売上高	営業利益	純利益	前年比(%)	EPS(HK$)	1株配(HK$)	株配・無償（株）
2017/6	18,333.87	—	7,414.67	4.6	1.190	0.5300	
2018/6	10,730.23	—	13,995.95	88.8	2.180	0.9800	
2019/6	8,009.91	—	6,914.90	-50.6	1.030	0.5500	
2020/6予	6,726.41	3,586.21	4,659.61	-32.6	0.700	0.5610	
2021/6予	27,778.75	10,528.37	9,642.39	106.9	1.434	0.6050	【株式分割・併合等】
2017/12中間	3,927.93	—	10,366.60	201.3	1.640	0.5800	
2018/12中間	4,597.77	—	3,130.68	-69.8	0.470	0.1400	
2019/12中間	3,168.55	—	2,780.79	-11.2	0.400	0.1400	

【登記】香港九龍尖沙咀梳士巴利道尖沙咀中心12字楼　【TEL】852-27218388　【URL】www.sino.com

【役員】会長：黄志祥（Ng Chee Siong Robert）【上場】1981年4月　【決算期】6月　【従業員】6,950

不動産

恒隆地産
ハンルン・プロパティーズ

恒隆地産有限公司
Hang Lung Properties Ltd.
【指数構成銘柄】ハンセン　【その他上場】ADR

メインボード

ハンセン

[00101/week/(2018/11/30 - 2020/05/06)] MPA:13 MPA:26 MPA:52

評価	株価	年間騰落率	最低売買価格
C	16.620 HK$	-4.2 %	228,026 円

PER		予想配当利回り	PBR
予想 16.6 倍　実績 12.1 倍		4.7 %	0.5 倍

【株価推移】

	高値		安値	
2016年	19.320	09/09	13.000	02/11
2017年	21.800	06/09	16.480	01/03
2018年	21.650	01/26	13.900	10/26
2019年	20.500	07/22	14.380	01/04
2020年	19.380	01/20	13.780	03/23

【株式情報】

取引単位(株)	1,000	A株株価	―
時価総額(mHK$)	74,752.1	A株格差(倍)	―

【指標】(%)

		19/12	18/12
収益性	ROA	3.1	4.3
	ROE	4.5	5.9
	粗利益率	―	72.5
成長性	増収率	-5.9	-16.0
	増益率(営利)	40.7	-0.3
	自己資本増加率	0.8	1.0
安全性	BPS(HK$)	30.8	30.6
	負債比率	37.6	31.2
	流動比率	90.3	168.8
	株主資本比率	69.3	73.8

【財務】(百万HK$)

	19/12	18/12
流動資産	11,227.0	15,099.0
総資産	199,980.0	186,453.0
流動負債	12,437.0	8,946.0
総負債	52,168.0	42,859.0
株主資本	138,669.0	137,561.0

【CF】(百万HK$)

	19/12	18/12
営業CF	5,319.0	5,738.0
投資CF	-9,965.0	-5,259.0
財務CF	-2,482.0	-1,926.0
FCF	-4,646.0	479.0
現金同等物	1,373.0	8,556.0

恒隆集団傘下の不動産会社 恒隆集団（00010）の中核企業で、グループの不動産事業を運営する。香港で賃貸不動産への投資、住宅物件開発、駐車場管理を展開するほか、中国本土ではAI商業施設とオフィスの複合開発を手掛ける。上海に「グランド・ゲートウェイ66」と「プラザ66」を保有するほか、瀋陽、済南、無錫、天津、大連などで商業施設を運営。武漢や昆明でも「66」ブランドを用いた複合施設を開発する。

19年12月本決算：減収減益 不動産販売部門の低迷で売上高や粗利益が縮小する中、不動産評価額が87億9700万HKドルに倍増したが、繰延税額の急増で法人税が約4倍の50億HKドルに膨らみ、利益を圧迫した。特別要因を除くコア純利益は9%増の44億7400万HKドル。事業別では賃貸が堅調で、特に本土では7%超の増収増益。19年7〜9月期に無錫と瀋陽で新たにオフィスタワーやホテルが開業した効果に加え、「昆明スプリングシティー66」が8月にオープンしたことが寄与した。不動産販売部門は売上高が76%減、営業利益が79%減。

今後の計画 20年以降も中国本土で商業物件の開発を進める計画。19年に開業した「昆明スプリングシティー66」の拡張に加え、「武漢ハートランド66」を新規開業する。新規物件の貢献などで売上高を伸ばす方針。

【株式】(19/12/31)(百万株)

総数	4,497.7

流通	―
	―
	―
	―
	100.0%
非流通	0.0%

【主要株主】(19/12/31) (%)

恒隆集団有限公司（00010）	57.9

【子会社・関連会社】(19/12/31) (%)

恒隆物業管理有限公司	100.0
恒隆地産（中国）有限公司	100.0
恒隆家楽坊有限公司	100.0

【売上・利益構成】(19/12)(%)

	売上構成比	前年比	利益構成比	前年比
不動産賃貸	96.7	4.6	97.5	4.4
不動産販売	3.3	-75.9	2.5	-78.7

【業績】[香港会計基準]（百万HK$）※予想：ファクトセット　　【前号予想との比較】→ 前号並み

	売上高	営業利益	純利益	前年比(%)	EPS(HK$)	1株配(HK$)	株配・無償(株)
2016/12	13,059.00	8,234.00	6,195.00	21.7	1.380	0.7500	
2017/12	11,199.00	10,478.00	8,124.00	31.1	1.810	0.7500	
2018/12	9,408.00	10,448.00	8,078.00	-0.6	1.800	0.7500	
2019/12	8,852.00	14,700.00	6,172.00	-23.6	1.370	0.7600	
2020/12予	9,620.62	6,538.07	4,502.16	-27.1	1.000	0.7730	**【株式分割・併合等】**
2021/12予	10,369.09	7,039.85	4,854.13	7.8	1.080	0.7890	
2018/6中間	5,150.00	5,916.00	4,689.00	22.4	1.040	0.1700	
2019/6中間	4,204.00	4,342.00	3,516.00	-25.0	0.780	0.1700	

【登記】香港中環徳輔道中4号渣打銀行大厦28楼　**【TEL】**852-28790111　**【URL】**www.hanglung.com

【役員】会長：陳啓宗(Chan Chichung Ronnie)　**【上場】**―　**【決算期】**12月　**【従業員】**4,626

四川成渝高速公路
スーチュアン・エクスプレスウェイ

四川成渝高速公路股份有限公司
Sichuan Expressway Co.,Ltd.
【指数構成銘柄】― 【その他上場】上海A(601107)

[00107/week/(2018/11/30 - 2020/05/08)]
MFA 13　MFA 26　MFA 52

評価	H株株価	年間騰落率	最低売買価格
E	**2.010** HK$	**-20.6** %	**55,154** 円

PER		予想配当利回り	PBR
予想 **45.7** 倍　実績 **5.1** 倍		**0.5** %	**0.4** 倍

四川省の高速道路運営会社 四川省で高速道路の建設・運営を手掛け、省内幹線道路の優先開発権を持つ。主力は成都と重慶を結ぶ成渝高速の四川区間（全長226km）。ほかに成雅高速（成都－雅安：144km）、成楽高速（成都－楽山：86km）、成都城北出口高速（10km）、成仁高速（成都－仁寿：107km）などを保有。傘下の高速総延長は19年末時点で約744km。

19年12月本決算：増収増益 主力の道路運営事業が堅調な伸びをみせ、好業績を達成した。政策変更を受けて貨物車両の料金体系を1月から重量課金制に戻したことが業績に寄与。幹線道路の成渝高速は、通行量が7%減少したが、通行料収入は14%増。成仁高速も18%増収となり、部門利益は20%増加した。不動産開発・建設工事は部門利益が2.1倍に拡大。全体の粗利益率は29.5%と前年から0.9ポイント低下した。

最近の動向 新型コロナウイルスの流行を受け、通行料の徴収を一定期間免除したため、20年6月中間決算は影響を受ける見通し。20年1～3月期決算（中国会計基準）は売上高が前年同期比31%減の6億2900万元、純損益は2億6900万元の赤字に転落した。19年12月、参加する企業連合が成都市政府と高速道路プロジェクト投資協議を締結した。22年の完成を予定している。

【株価推移】

	高値		安値	
2016年	3.230	11/29	2.130	02/12
2017年	3.630	04/13	2.750	12/07
2018年	3.130	01/29	2.250	10/19
2019年	2.710	03/25	2.170	08/15
2020年	2.470	01/03	1.710	03/19

【株価情報】

取引単位（株）	2,000	A株株価（元）　3.670
H株時価総額(mHK$)	1,799.6	A株格差（倍）　2.0

【指標】(%)

		19/12	18/12
収益性	ROA	2.9	2.4
	ROE	7.1	5.9
	粗利益率	29.5	30.4
成長性	増収率	14.5	-23.1
	増益率（営利）	―	―
	自己資本増加率	5.4	4.3
安全性	BPS（元）	5.0	4.7
	負債比率	142.1	146.0
	流動比率	120.5	147.4
	株主資本比率	40.4	40.2

【財務】(百万元)

	19/12	18/12
流動資産	8,910.2	7,777.7
総資産	37,860.6	36,035.1
流動負債	7,395.3	5,277.2
総負債	21,706.6	21,150.7
株主資本	15,277.9	14,491.6

【CF】(百万元)

	19/12	18/12
営業CF	607.2	1,939.5
投資CF	689.2	-537.0
財務CF	-2,002.1	-464.3
FCF	1,296.4	1,402.5
現金同等物	2,951.7	3,657.4

【株式】(19/12/31)(百万株)

総数		3,058.1
流通	H株	29.3%
	A株	70.7%
		100.0%
非流通		0.0%

【主要株主】(19/12/31) (%)

四川省交通投資集団有限責任公司	35.9
招商局公路網絡科技控股フン有限公司	24.9

【子会社・関連会社】(19/12/31) (%)

四川成楽高速公路有限責任公司	100.0
四川遂広遂西高速公路有限責任公司	100.0
成都城北出口高速公路有限責任公司	60.0

【売上・利益構成】(19/12)(%)

	売上構成比	前年比	利益構成比	前年比
道路運営	49.9	9.3	79.1	19.7
不動産開発・建設工事	25.5	58.0	9.1	107.6
ガソリンスタンド	22.7	-7.1	9.1	27.2

【業績】〔香港会計基準〕(百万元) ※予想：ファクトセット

【前号予想との比較】↓ 大幅減額

	売上高	営業利益	純利益	前年比(%)	EPS（元）	1株配（元）	株配・無償（株）
2016/12	10,211.13	―	1,056.58	5.0	0.346	0.1100	
2017/12	8,864.37	―	894.38	-15.4	0.292	0.1000	
2018/12	6,821.00	―	849.64	-5.0	0.278	0.1000	
2019/12	7,806.74	―	1,086.13	27.8	0.355	0.1100	
2020/12予	5,855.00	786.84	122.32	-88.7	0.040	0.0100	【株式分割・併合等】
2021/12予	7,094.00	1,978.07	1,107.76	805.6	0.362	0.1300	
2019/6中間	3,179.30	―	654.82	―	0.214		
2020/6中間	3,327.24	―	832.88	27.2	0.272		

【登記】四川省成都市武侯祠大街252号 【TEL】86-28-85527510 【URL】www.cygs.com
【役員】会長：甘勇義(Gan Yongyi) 【上場】1997年10月 【決算期】12月 【従業員】4,428

その他製造

メインボード

周生生集団国際

チョー・サン・サン・ホールディングス

周生生集団国際有限公司
Chow Sang Sang Holdings International Ltd.
【指数構成銘柄】—　【その他上場】—

評価	株価	年間騰落率	最低売買価格
C	7.840 HK$	-35.1 %	107,565 円

PER		予想配当利回り	PBR
予想 8.7 倍　実績 8.3 倍		4.2 %	0.5 倍

香港の宝飾品大手 1934年に広州で創業した老舗の宝飾品店に起源を持ち、宝石類、貴金属など宝飾品の製造・販売を手掛ける。中国、香港、マカオ、台湾で「周生生」「点晴品」ブランドの宝飾品店をチェーン展開し、19年末時点の店舗数は計606店。宝石の鑑別などを行う研究所を中国、香港に置く。近年は実店舗のほか、ネット販売にも力を入れる。貴金属の卸売りや証券・先物業務も手掛ける。

19年12月本決算：減収減益 証券・先物ブローキング部門で計上した3億7200万HKドルの貸倒引当金が3割減益の主因。売上高の9割を稼ぐ宝飾品部門が5％減と伸び悩んだ。「逃亡犯条例」改正案に反対する香港市民の抗議活動が発生した19年6月以降、主要顧客である香港への観光客が減少し、店舗も一時閉鎖。下半期の売り上げは25％低下した。人民元安や金の価格高騰も影響した。主力市場の香港・マカオの売上高が前年比16％減。一方、中国本土は売上高が4％増え、19年に新たに120店を出店し、店舗網を135都市に広げた。

今後の計画 新型コロナウイルスの影響で店舗を一時閉鎖し、20年1月と2月の売上高が前年同期比40％超減った。細分化した市場ごとにブランド構成を調整し、ネットショップと実店舗の一体化を強化する計画。

【株価推移】

	高値		安値	
2016年	16.200	07/18	10.900	02/29
2017年	20.850	04/13	14.000	01/04
2018年	18.980	02/01	11.200	12/21
2019年	13.880	04/10	8.280	10/16
2020年	11.220	01/20	7.060	03/19

【株価情報】

取引単位(株)	1,000	A株株価	—
時価総額(mHK$)	5,311.1	A株格差(倍)	—

【指標】(%)

		19/12	18/12
収益性	ROA	4.0	7.3
	ROE	6.1	9.7
	粗利益率	26.9	24.6
成長性	増収率	-5.7	13.1
	増益率(営利)	—	—
	自己資本増加率	2.0	2.9
安全性	BPS(HK$)	15.7	15.4
	負債比率	52.7	32.8
	流動比率	297.3	397.2
	株主資本比率	65.5	75.3

【財務】(百万HK$)

	19/12	18/12
流動資産	12,353.1	11,562.3
総資産	16,236.4	13,838.0
流動負債	4,155.2	2,911.2
総負債	5,604.1	3,419.1
株主資本	10,632.4	10,418.9

【CF】(百万HK$)

	19/12	18/12
営業CF	671.5	931.1
投資CF	-397.9	-251.4
財務CF	-537.2	-536.2
FCF	273.6	679.7
現金同等物	1,028.3	1,302.5

【株式】(19/12/31)(百万株)

総数	677.4
流通 —	
	100.0 %
非流通	0.0 %

【主要株主】(19/12/31)

	(%)
Everwin Co.,Ltd.	17.7
Speed Star Holdings,Ltd	9.2
Schroders Plc	8.0

【子会社・関連会社】(19/12/31)

	(%)
周生生(中国)商業有限公司	100.0
周生生珠宝(仏山)有限公司	100.0
周生生珠宝金行有限公司	100.0

【売上・利益構成】(19/12)(%)

	売上構成比	前年比	利益構成比	前年比
宝飾品製造・販売	91.7	-5.1	99.6	6.4
貴金属卸売り	8.1	-10.4	0.4	-59.3
証券・先物ブローキング	0.1	-30.1	—	—

【業績】[香港会計基準](百万HK$) ※予想：ファクトセット　【前号予想との比較】↓大幅減額

	売上高	営業利益	純利益	前年比(%)	EPS(HK$)	1株配(HK$)	株配・無償(株)
2016/12	16,092.54	—	742.18	-34.3	1.096	0.4300	
2017/12	16,633.38	—	876.42	18.1	1.295	0.5100	
2018/12	18,806.34	—	1,012.26	15.5	1.494	0.5900	
2019/12	17,736.23	—	643.53	-36.4	0.950	0.3900	
2020/12予	14,875.05	792.72	607.85	-5.5	0.897	0.3260	【株式分割・併合等】
2021/12予	17,966.42	1,189.38	935.73	53.9	1.381	0.5280	
2018/6中間	9,557.95	—	605.51	54.4	0.894	0.1500	
2019/6中間	9,540.47	—	614.98	1.6	0.908	0.1400	

【本社】香港九龍弥敦道229号周生生大厦4楼　【TEL】852-21923123　【URL】www.chowsangsang.com

【役員】会長：周永成(Chow Wing Shing Vincent)　【上場】1973年4月　【決算期】12月　【従業員】10,576

保利置業集団
ポリー・プロパティー・グループ

保利置業集団有限公司
Poly Property Group Co.,Ltd.
【指数構成銘柄】— 【その他上場】—

[00119/week/(2018/11/30 - 2020/05/08)]

評価	株価	年間騰落率	最低売買価格
—	2.710 HK$	-11.7 %	37,181 円

PER		予想配当利回り	PBR
予想 — 実績 2.6 倍		—	0.3 倍

人民解放軍系の不動産会社 買収や事業再編を経て不動産関連が中心の事業形態に転換。親会社は人民解放軍の装備貿易会社を前身とする中国保利集団で、08年に北京や上海などの計400万平米以上の不動産資産を同社に注入した。19年末時点で進行中の不動産開発は67件、総床面積は約2173万平米。不動産投資では北京の保利大厦や上海証券取引所ビルなどを保有(総床面積80万3000平米)。香港、マカオ、ロンドンにも進出。

19年12月本決算:大幅増益 下半期に貴州省の駐車場の平均販売価格が下落した影響で9億元の引当金を計上したが、香港の啓徳空港跡地で手掛けた住宅プロジェクト「龍誉(Vibe Cntro)」の利益貢献や中国本土での利益率上昇が奏功し、7割増益。売上高は72%増えたが、粗利益率は2.8ポイント悪化した。部門別では主力の不動産開発が2桁の増収増益を確保した。期中の不動産成約額は432億元と目標額の420億元を達成し、前年比6%増だった。半面、不動産投資・管理は部門利益が半減。ホテル経営は赤字額が2倍強に膨らみ苦戦した。

今後の見通し 会社側は不動産開発への資金供給規制が強化され、市場成長が鈍化するとみて、経営効率の改善を図る。20年1~3月期の不動産成約額は前年同期比26%減の53億元、販売面積は35%減の26万1000平米。

【株価推移】

	高値		安値	
2016年	2.710	10/03	1.870	02/12
2017年	4.660	09/18	2.560	01/03
2018年	4.700	01/26	2.270	10/12
2019年	3.680	04/03	2.380	01/02
2020年	3.530	01/09	2.130	03/19

【株価情報】

取引単位(株)	1,000	A株株価	—
時価総額(mHK$)	9,922.8	A株格差(倍)	—

【指標】(%)

		19/12	18/12
収益性	ROA	2.4	1.5
	ROE	11.8	7.5
	粗利益率	33.9	36.7
成長性	増収率	71.9	-26.7
	増益率(営利)	—	—
	自己資本増加率	8.9	5.6
安全性	BPS(HK$)	8.9	8.2
	負債比率	382.1	388.4
	流動比率	180.5	165.6
	株主資本比率	20.4	20.1

【財務】(百万HK$)

	19/12	18/12
流動資産	131,352.8	120,910.0
総資産	159,283.6	148,663.4
流動負債	72,778.3	73,020.8
総負債	124,366.5	116,104.0
株主資本	32,552.2	29,889.1

【CF】(百万HK$)

	19/12	18/12
営業CF	-4,690.3	375.3
投資CF	1,618.2	-6,845.3
財務CF	8,100.7	9,242.1
FCF	-3,072.0	-6,470.0
現金同等物	27,480.7	23,152.9

【株式】(19/12/31)(百万株)

総数	3,661.5

流通	—	
		100.0%
非流通	—	0.0%

【主要株主】(19/12/31) (%)

中国保利集団有限公司	47.3

【子会社・関連会社】(19/12/31) (%)

保利大厦有限公司	75.0
北京保利星敷拠光盤有限公司	66.0
保利(香港)房地産発展有限公司	100.0

【売上・利益構成】(19/12)(%)

	売上構成比	前年比	利益構成比	前年比
不動産開発	94.8	77.8	96.2	48.7
不動産投資・管理	4.1	0.4	3.0	-51.8
ホテル経営	0.9	50.2	—	—

【業績】[香港会計基準](百万HK$) ※予想:—

	売上高	営業利益	純利益	前年比(%)	EPS(HK$)	1株配(HK$)	株配・無償(株)
2016/12	30,580.33	—	80.75	—	0.022	—	
2017/12	31,703.04	—	2,462.06	2,949.2	0.672	0.1350	
2018/12	23,233.64	—	2,241.59	-9.0	0.612	0.1230	
2019/12	39,943.98	—	3,832.95	71.0	1.047	0.2090	
2020/12予	—	—	—	—	—		
2021/12予	—	—	—	—	—		
2018/6中間	6,992.15	—	620.80	-1.3	0.170	—	
2019/6中間	17,493.95	—	3,737.64	502.1	1.021	—	

【前号予想との比較】—

【株式分割・併合等】

【本社】香港金鐘夏愨道18号海富中心第1期2503室 **【TEL】**852-28106216 **【URL】** www.polyhongkong.com
【役員】会長:張炳南(Zhang Bingnan) **【上場】**1973年8月 **【決算期】**12月 **【従業員】**11,571

不動産

越秀地産
ユエシュウ・プロパティ

メインボード

レッドチップ

越秀地産股份有限公司
Yuexiu Property Co.,Ltd.
【指数構成銘柄】 — 【その他上場】ADR

評価	株価	年間騰落率	最低売買価格
B	1.450 HK$	-18.5 %	39,788 円

PER		予想配当利回り	PBR
予想 4.9 倍 実績 5.5 倍		7.9 %	0.5 倍

広州市政府系の不動産会社 珠江デルタ地域を中心に不動産事業を手掛ける。19年末時点で保有する開発用地は2387万平米に上り、地域別では広東省・香港・マカオの広域経済圏「粤港澳大湾区」が52%、華中が19%、華東が16%、北部が12%。05年に越秀REIT（00405）を分離上場。09年に越秀交通基建（01052）の株式を売却し有料道路事業から撤退。10年に広州の小売事業を売却して不動産事業に特化した。

19年12月本決算：増収増益 投資不動産の評価益などを除いたコア利益も前年比25%増の35億1000万元と好調。主力の不動産開発が大幅増益となり業績をけん引。売上計上面積は161万平米と6%減少したが、1平米当たりの平均販売価格が2万2500元と57%上昇したことで売上計上額は48%増加した。成約ベースの販売額は25%増の721億元と過去最高を記録。通期目標の680億元を6%超過達成した。販売面積は26%増の349万平米、1平米当たりの平均販売価格は2万700元だった。

最近の動向 19年末時点で売上高に未計上の不動産販売額は885億5000万元（販売面積は439万平米）。20年の通期販売目標は前年実績比11%増の802億元に設定。20年1-3月期の不動産成約額は前年同期比36%減の91億800万元、成約面積は42%減の34万7200平米だった。

【株価推移】

	高値		安値	
2016年	1.340	01/04	0.900	06/24
2017年	1.790	09/21	1.060	01/03
2018年	1.940	03/15	1.160	10/19
2019年	2.000	04/15	1.380	01/04
2020年	1.850	01/02	1.220	03/19

【株式情報】

取引単位(株)	2,000	A株株価	—
時価総額(mHK$)	22,449.3	A株格差(倍)	—

【指標】(%)

		19/12	18/12
収益性	ROA	1.5	1.6
	ROE	8.6	8.1
	粗利益率	34.2	31.8
成長性	増収率	45.0	11.1
	増益率(営利)	44.2	59.9
	自己資本増加率	20.4	4.4
安全性	BPS(元)	2.6	2.7
	負債比率	440.8	372.2
	流動比率	173.1	184.0
	株主資本比率	17.4	20.0

【財務】(百万元)

	19/12	18/12
流動資産	185,052.7	133,636.6
総資産	234,697.3	168,820.5
流動負債	106,917.6	72,629.1
総負債	179,505.4	125,908.8
株主資本	40,723.5	33,826.6

【CF】(百万元)

	19/12	18/12
営業CF	6,369.8	10,230.1
投資CF	-20,169.5	-3,538.0
財務CF	15,896.2	-1,397.9
FCF	-13,799.7	6,692.1
現金同等物	24,105.5	21,990.5

【株式】(19/12/31)(百万株)

総数	15,482.3
流通 —	
	100.0%
非流通	0.0%

【主要株主】(19/12/31)

	(%)
広州越秀集団股フン有限公司	39.8
広州地鉄集団有限公司	19.9

【子会社・関連会社】(19/12/31)

	(%)
広州市高展城市房産有限公司	100.0
広州市城市建設開発有限公司	95.0
越秀房地産投資信託基金(00405)	38.0

【売上・利益構成】(19/12)(%)

	売上構成比	前年比	利益構成比	前年比
不動産開発	89.9	41.8	87.0	56.3
不動産管理	2.3	4.9	1.2	96.0
不動産投資	1.8	0.7	4.2	-47.0

【業績】 [香港会計基準] (百万元) ※予想：ファクトセット 【前号予想との比較】 ↗ 増額

	売上高	営業利益	純利益	前年比(%)	EPS(元)	1株配(HK$)	株配・無償(株)
2016/12	20,871.02	3,623.49	1,540.15	52.1	0.124	0.0650	
2017/12	23,793.91	5,073.60	2,260.24	46.8	0.182	0.0920	
2018/12	26,433.44	8,110.64	2,727.89	20.7	0.220	0.0930	
2019/12	38,339.11	11,693.14	3,483.35	27.7	0.241	0.1020	
2020/12予	45,534.61	11,261.64	4,033.59	15.8	0.267	0.1150	【株式分割・併合等】
2021/12予	54,171.44	12,728.29	4,677.81	16.0	0.310	0.1340	
2018/6中間	10,162.84	2,987.24	1,313.74	19.2	0.106	0.0420	
2019/6中間	21,788.13	6,532.93	1,866.73	42.4	0.129	0.0530	

【登記】香港湾仔駱克道160号越秀大厦26楼 【TEL】852-25932326 【URL】www.yuexiuproperty.com
【役員】会長：林昭遠(Lin Zhaoyuan) 【上場】1992年12月 【決算期】12月 【従業員】10,100

粤海置地控股

グァンドン・ランド

粵海置地控股有限公司
Guangdong Land Holdings Ltd.
【指数構成銘柄】— 【その他上場】—

不動産

メインボード

レッドチップ

評価	株価	年間騰落率	最低売買価格
B	**0.950** HK$	**-37.1** %	**26,068** 円

PER		予想配当利回り	PBR
予想 **2.5** 倍 実績 **4.8** 倍		**0.0** %	**0.3** 倍

[00124/week/(2018/11/30 - 2020/05/08)]

広東省の不動産デベロッパー 広東省を拠点に「金威（Kingway）」ブランドのビール製造事業に従事していたが、コスト増や競争激化を受けて13年にビール事業を華潤ビール（00291）に売却して撤退。主力事業を不動産開発に転換した。深セン市の工場跡地に宝飾品産業の総合施設を建設する「布心」プロジェクトや、旧親会社から買収した広州市の住宅開発事業「如英居」プロジェクトなどの不動産開発業務を手掛けている。

19年12月本決算：大幅増益 物件販売面積の増加で売り上げが5.9倍に急拡大したが、18年に過年度の不動産売却に絡み過剰に見越し計上した土地増値税を税務当局との納税処理後に7700万HKドル繰り戻した反動や、事業拡大のための借り入れで財務コストが4000万HKドル超増加したことで52%増益となった。「粤海城」1期や「拾桂府」の販売開始に伴い販促やマーケティング費用が5700万HKドル増加したことも響いた。

今後の計画 会社側は不動産業界について慎重ながらも楽観的な見方を示しており、積極的かつ慎重に開発用地の取得などを進めるほか、「粤港澳大湾区」構想などを契機に事業拡大のチャンスを探っていく方針。20年1-3月期決算は売上高が前年同期比2.4倍の4億4100万HKドル、純利益は420万HKドルの赤字だった。

【株価推移】

	高値		安値	
2016年	2.480	06/06	1.520	10/17
2017年	2.190	01/20	1.540	12/01
2018年	2.210	06/07	1.560	10/30
2019年	1.980	01/29	1.170	09/03
2020年	1.380	01/02	0.720	03/23

【株式情報】

取引単位(株)	2,000	A株価格	—
時価総額(milHK$)	1,626.0	A株格差(倍)	—

【指標】(%)

		19/12	18/12
収益性	ROA	2.9	2.1
	ROE	7.2	4.9
	粗利益率	17.2	30.5
成長性	増収率	487.9	67.3
	増益率(営利)	134.3	123.0
	自己資本増加率	5.0	0.4
安全性	BPS(HK$)	2.8	2.7
	負債比率	146.6	132.0
	流動比率	272.5	364.9
	株主資本比率	40.2	42.6

【財務】(百万HK$)

	19/12	18/12
流動資産	8,654.9	8,193.4
総資産	11,852.7	10,647.8
流動負債	3,175.5	2,245.7
総負債	6,982.7	5,987.8
株主資本	4,763.8	4,537.1

【CF】(百万HK$)

	19/12	18/12
営業CF	-311.6	83.3
投資CF	-212.5	-1,907.7
財務CF	709.9	2,095.8
FCF	-524.1	-1,824.4
現金同等物	1,001.5	835.6

【株式】(19/12/31)(百万株)

総数	1,711.5
流通	100.0%
非流通	0.0%

【主要株主】(19/12/31) (%)

粤海投資有限公司 (00270)	73.8

【子会社・関連会社】(19/12/31) (%)

広州市番禺粤海房地産有限公司	80.0
粤海科技 (深セン) 有限公司	100.0
粤海置地 (深セン) 有限公司	100.0

【売上・利益構成】(19/12)(%)

	売上構成比	前年比	利益構成比	前年比
不動産開発・不動産投資	100.0	487.9	100.0	3,588.8
その他				

【業績】[香港会計基準](百万HK$) ※予想：ファクトセット

【前号予想との比較】↓ 大幅減額

	売上高	営業利益	純利益	前年比(%)	EPS(HK$)	1株配(HK$)	株配・無償(株)
2016/12	1,091.94	—	17.73	-89.9	0.010		
2017/12	186.69	133.99	49.29	177.9	0.029		
2018/12	312.42	298.75	224.26	355.0	0.131		
2019/12	1,836.68	699.94	341.06	52.1	0.199		
2020/12予	2,782.97	—	642.58	88.4	0.375		【株式分割・併合等】
2021/12予	2,719.49	—	852.50	32.7	0.498		
2018/6中間	10.42	-14.87	62.40	—	0.037		
2019/6中間	464.15	55.66	-33.39	—	—		

【本社】香港干諾道中148号粤海投資大厦18楼 【TEL】852-21656262 【URL】www.gdland.com.hk
【役員】会長：徐葉琴(Xu Yeqin) 【上場】1997年8月 【決算期】12月 【従業員】269

石油・石炭

メインボード

レッドチップ

昆侖能源
クンルン・エナジー

【指数構成銘柄】レッドチップ 【その他上場】―

昆侖能源有限公司
Kunlun Energy Co.,Ltd.

[00135/week/(2018/11/30 - 2020/05/08)]

評価	株価	年間騰落率	最低売買価格
B	5.030 HK$	-37.2 %	138,023 円

PER		予想配当利回り	PBR
予想 6.7 倍 実績 6.9 倍		5.4 %	0.8 倍

ペトロチャイナ系のガス会社 中国の石油最大手、ペトロチャイナ (00857) が親会社。従来は国内外で油ガス田の開発を主に手掛けていたが、近年は天然ガス事業への集約を進めている。16年に親会社から都市ガス会社の中石油昆侖燃気を買収。このほか天然ガスパイプライン、LNG加工・輸送などを手掛けている。運営するCNG・LNGスタンドは1174カ所、LNGプラントは14カ所、LNGターミナルは河北省などに計3カ所 (19年末)。

19年12月本決算：増収増益 大気汚染対策として天然ガスの利用促進政策が進められたことに加え、川下市場の開拓が奏功し、天然ガス販売と天然ガスパイプラインの主力2部門が増収増益を確保したことが2桁増益要因。天然ガス事業は、販売量が前年比27%増の280億立方米、パイプライン部門の輸送量が5%増の556億立方米。一方、LNG加工・輸送部門では輸入量が縮小。石油・天然ガス探査生産部門では販売量が増える半面、価格下落が響き、両部門ともに減収減益。

今後の計画 中国政府による大気汚染対策の強化を追い風に天然ガスの需要増が続くとみられる中、天然ガスパイプラインの支線敷設工事を急ぐ方針。LNGの加工効率の改善や、天然ガスと水素や太陽光などの新エネルギーを統合したクリーンエネルギー開発も進める。

【株価推移】
	高値		安値	
2016年	7.150	04/14	5.050	01/21
2017年	8.350	12/21	5.760	01/03
2018年	9.980	11/12	6.270	04/23
2019年	9.180	03/20	6.260	08/06
2020年	7.120	01/03	2.900	03/19

【株価情報】
取引単位(株)	2,000	A株株価	
時価総額(mHK$)	43,553.8	A株格差(倍)	

【指標】(%)
		19/12	18/12
収益性	ROA	3.8	3.3
	ROE	11.1	10.9
	粗利益率	―	―
成長性	増収率	7.4	18.9
	増益率(営利)	―	―
	自己資本増加率	17.1	6.7
安全性	BPS(元)	5.8	5.3
	負債比率	137.5	165.1
	流動比率	75.5	78.3
	株主資本比率	33.8	30.4

【財務】(百万元)
	19/12	18/12
流動資産	29,650.0	30,657.0
総資産	147,897.0	140,587.0
流動負債	39,297.0	39,141.0
総負債	68,712.0	70,493.0
株主資本	49,988.0	42,704.0

【CF】(百万元)
	19/12	18/12
営業CF	16,085.0	17,018.0
投資CF	-10,277.0	-7,000.0
財務CF	-7,805.0	-11,355.0
FCF	5,808.0	10,018.0
現金同等物	18,640.0	20,474.0

【株式】(19/12/31)(百万株)
総数	8,658.8	
流通	―	
	―	
	―	100.0 %
非流通		0.0 %

【主要株主】(19/12/31)
	(%)
中国石油天然気股フン有限公司 (00857)	54.4
中国石油天然気集団有限公司	3.2

【子会社・関連会社】(19/12/31)
	(%)
中石油北京天然気管道有限公司	60.0
新疆新捷股フン有限公司	98.5
中石油昆侖燃気有限公司	100.0

【売上・利益構成】(19/12)(%)
	売上構成比	前年比	利益構成比	前年比
天然ガス販売	82.5	8.6	30.6	57.9
天然ガスパイプライン	9.2	8.1	43.2	13.6
LNG加工・輸送	6.5	-3.3	24.3	-20.9

【業績】[香港会計基準](百万元) ※予想：ファクトセット 【前号予想との比較】↘減額
	売上高	営業利益	純利益	前年比(%)	EPS(元)	1株配(元)	株配・無償(株)
2016/12	70,400.00	―	666.00	-46.7	0.083	0.0740	
2017/12	88,706.00	―	4,760.00	614.7	0.590	0.2100	
2018/12	105,470.00	―	4,634.00	-2.6	0.574	0.2300	
2019/12	113,313.00	―	5,551.00	19.8	0.667	0.2630	
2020/12予	119,330.47	14,203.22	5,816.09	4.8	0.678	0.2470	【株式分割・併合等】
2021/12予	131,650.88	15,592.01	6,628.12	14.0	0.771	0.2800	
2018/6中間	49,593.00	―	3,092.00	21.4	0.383		
2019/6中間	53,543.00	―	3,143.00	1.6	0.389		

【本社】香港干諾道西118号39楼 【TEL】852-25222282 【URL】www.kunlun.com.hk
【役員】会長：凌霄(Ling Xiao) 【上場】1973年3月 【決算期】12月 【従業員】38,557
【備考】17年6月中間決算より決算通貨と配当通貨を変更、16年の配当は香港ドル。

第一太平
ファーストパシフィック

第一太平有限公司
First Pacific Co.,Ltd.

【指数構成銘柄】 ― 【その他上場】ADR

[00142/week/(2018/11/30 - 2020/05/08)]

評価	株価	年間騰落率	最低売買価格
B	1.550 HK$	-51.3 %	42,532 円

PER		予想配当利回り	PBR
予想 3.4 倍 実績 ―		7.2 %	0.3 倍

インドネシア系コングロマリット インドネシアの華人財閥サリム・グループの香港持ち株会社。東南アジアを中心に食品、通信、インフラなどの事業を展開する。主力企業は世界最大級の即席麺メーカーのインドネシアのインドフード（IF）とフィリピンの通信最大手PLDT。フィリピンではメトロ・パシフィック・インベストメント（MPIC）を通じて電力や水道、有料道路などに投資し、鉱業大手フィレックスにも出資する。

19年12月本決算：赤字転落 合弁解消に伴う損失や関連会社の減損引当金、人員削減コストなどの経常外費用が5億5000万米ドル（前年1億6000万米ドル）に膨らんだことが響いたが、経常利益はほぼ前年並み。主力事業は堅調で、IFは過去最高益。MPICは業務の堅調と事業売却益計上で、現地通貨建てで7割近い増益。PLDTは事業売却の影響を除くEBITDAベースで25％の増益。

今後の見通し 新型コロナの影響で短期的に業績が悪化する見込み。MPICでは有料道路や鉄道事業が低迷するほか、発電需要も減少する見通し。会社側は投資事業のスリム化が節目を迎えたこともあり、収束後は主力事業を中心に成長を見込む。債務圧縮と自社株買いにも引き続き注力する方針。20年1～3月期はIFが4％増益を確保する半面、PLDTは12％減益、MPICは47％減益。

【株価推移】

	高値		安値	
2016年	6.350	07/19	4.660	01/22
2017年	6.340	09/12	5.250	03/20
2018年	5.800	01/24	2.820	11/28
2019年	3.580	01/28	2.600	12/23
2020年	2.790	01/22	1.100	03/19

【株価情報】

取引単位(株)	2,000	A株株価	―
時価総額(mHK$)	6,734.6	A株格差(倍)	―

【指標】(%)

		19/12	18/12
収益性	ROA	―	0.6
	ROE	―	4.3
	粗利益率	30.4	28.1
成長性	増収率	4.0	6.1
	増益率(営利)	―	―
	自己資本増加率	-5.0	-4.4
安全性	BPS(US$)	0.7	0.7
	負債比率	448.1	395.4
	流動比率	111.7	102.9
	株主資本比率	13.4	14.8

【財務】(百万US$)

	19/12	18/12
流動資産	5,022.6	4,260.5
総資産	21,882.5	20,901.5
流動負債	4,497.3	4,140.3
総負債	13,124.5	12,191.1
株主資本	2,928.7	3,083.6

【CF】(百万US$)

	19/12	18/12
営業CF	1,455.5	734.1
投資CF	-333.7	-1,328.6
財務CF	-134.2	316.0
FCF	1,121.8	-594.5
現金同等物	2,650.8	1,613.4

【株式】(19/12/31)(百万株)

総数	4,344.9
流通 ―	
	―
	―
	100.0 %
非流通	0.0 %

【主要株主】(19/12/31) (%)

林逢生	44.3
Brandes Investment Partners L.P.	8.0

【子会社・関連会社】(19/12/31) (%)

Metro Pacific Investments Corp.	41.9
PT Indofood Sukses Makmur Tbk	50.1
PLDT Inc.	25.6

【売上・利益構成】(19/12)(%)

	売上構成比	前年比	利益構成比	前年比
食品	69.9	3.6	40.2	2.2
インフラ整備・不動産	30.1	5.1	29.4	1.4
通信	―	―	30.2	-1.2

【業績】［香港会計基準］(百万US$) ※予想：ファクトセット

【前号予想との比較】 ↘ 減額

	売上高	営業利益	純利益	前年比(%)	EPS(US$)	1株配(HK$)	株配・無償(株)
2016/12	6,779.00	―	103.20	28.0	0.024	0.1350	
2017/12	7,296.80	―	120.90	17.2	0.028	0.1350	
2018/12	7,742.40	―	131.80	9.0	0.030	0.1350	
2019/12	8,054.70	―	-253.90	―	-0.059	0.1350	
2020/12予	6,791.66	1,056.50	251.67	―	0.058	0.1110	
2021/12予	7,788.06	1,327.08	293.53	16.6	0.064	0.1190	【株式分割・併合等】
2018/6中間	3,844.90	―	133.80	0.5	0.031	0.0800	
2019/6中間	4,091.20	―	-148.30	―	-0.034	0.0650	

【本社】香港中環康楽広場8号交易広場第2座24楼 【TEL】852-28424388 【URL】www.firstpacific.com
【役員】会長：林逢生(Anthoni Salim) 【上場】1988年9月 【決算期】12月 【従業員】101,836

道路・港湾・空港

メインボード

レッドチップ

招商局港口控股

チャイナ・マーチャンツ・ポート・ホールディングス

招商局港口控股有限公司
China Merchants Port Holdings Co.,Ltd.

【指数構成銘柄】レッドチップ 【その他上場】—

評価	株価	年間騰落率	最低売買価格
B	**10.200** HK$	**-32.3** %	**279,888** 円

PER		予想配当利回り	PBR
予想 **9.2** 倍 実績 **4.1** 倍		**5.7** %	**0.4** 倍

中国最大の港湾運営事業者 国務院直属の招商局集団が親会社。深センや上海、寧波、青島など国内主要港でコンテナ・ばら積みふ頭を運営するほか、ブラジルやスリランカ、ナイジェリア、トルコなど18の国・地域にある34の港でふ頭事業を展開する。19年12月期の海外売上比率は41%に上る。17年に中国国際コンテナ（02039）株を売却して港湾設備製造業から撤退。18年9月、ハンセン指数構成銘柄から除外された。

19年12月本決算：減収増益 前年に計上していた深セン赤湾港航（現在の招商局港口集団（201872））の売却益が剥落したが、今期は深セン前海地区の土地収用に絡む補償金などを計上し増益につなげた。非経常損益を除いた利益は3%減の41億6300万HKドルとなる。関連会社の利益貢献が13%減少したことが響いた。本業では、コンテナ取扱量は1億1172万TEUと2%増えたが、ばら積み貨物取扱量は4億4900万トンと11%減少。地域別のコンテナ取扱量は中国が4%増の83673万TEU、香港・台湾が6%減の7214万TEU、海外が1%増の2084万TEU。

最近の動向 19年11月、海運世界大手の仏CMA CGMが東南アジアや欧州、カリブ海などに保有する10カ所のふ頭に投資することで合意したと発表。ネットワークの強化や競争力の向上につなげたい考え。

【株価推移】	高値		安値	
2016年	24.950	04/14	18.800	12/23
2017年	27.400	09/19	19.160	01/03
2018年	21.800	01/26	13.080	10/30
2019年	17.380	03/07	11.420	08/15
2020年	14.060	01/20	7.890	03/23

【株価情報】			
取引単位(株)	2,000	A株株価	—
時価総額(mHK$)	35,179.3	A株格差(倍)	—

【指標】(%)		19/12	18/12
収益性	ROA	5.6	5.2
	ROE	10.5	9.6
	粗利益率	41.8	43.2
成長性	増収率	-12.4	16.9
	増益率(営利)	—	—
	自己資本増加率	5.9	2.6
安全性	BPS(HK$)	23.1	22.6
	負債比率	68.9	68.9
	流動比率	80.6	118.0
	株主資本比率	53.5	53.8

【財務】(百万HK$)	19/12	18/12
流動資産	12,510.0	10,799.0
総資産	149,082.0	139,937.0
流動負債	15,522.0	9,151.0
総負債	54,948.0	51,933.0
株主資本	79,783.0	75,321.0

【CF】(百万HK$)	19/12	18/12
営業CF	6,310.0	6,222.0
投資CF	-2,410.0	-15,354.0
財務CF	-2,092.0	5,349.0
FCF	3,900.0	-9,132.0
現金同等物	6,939.0	5,238.0

【株式】(19/12/31)(百万株)		
総数	3,448.9	
流通	—	
	100.0%	
非流通	0.0%	

【主要株主】(19/12/31)	(%)
招商局集団有限公司	62.9

【子会社・関連会社】(19/12/31)	(%)
招商局国際（中国）投資有限公司	100.0
招商局保税物流有限公司	60.0
大連港股フン有限公司（02880）	21.1

【売上・利益構成】(19/12)(%)	売上構成比	前年比	利益構成比	前年比
港湾事業	92.6	-13.6	99.1	15.6
保税物流事業	5.2	1.7	0.9	33.3
その他	2.1	19.7	—	—

【業績】 [香港会計基準](百万HK$) ※予想：ファクトセット						【前号予想との比較】 ↘ 減額
	売上高	営業利益	純利益	前年比(%)	EPS(HK$)	1株配(HK$) 株配・無償(株)
2016/12	7,976.00	3,897.00	5,494.00	14.3	1.756	0.8700
2017/12	8,692.00	—	6,028.00	9.7	1.839	2.1600
2018/12	10,160.00	—	7,245.00	20.2	2.195	0.9500
2019/12	8,898.00	—	8,362.00	15.4	2.478	0.8000
2020/12予	8,554.41	2,811.10	3,946.25	-52.8	1.114	0.5850 【株式分割・併合等】
2021/12予	9,397.28	3,125.85	4,575.49	15.9	1.288	0.5810
2018/6中間	5,560.00	5,813.00	5,448.00	73.1	1.662	0.2200
2019/6中間	4,464.00	—	6,529.00	19.8	1.945	0.2200

【登記】香港干諾道中168-200号信徳中心招商局大厦38楼 【TEL】852-21028888 【URL】www.cmport.com.hk
【役員】会長：鄧仁傑(Deng Renjie) 【上場】1992年7月 【決算期】12月 【従業員】7,947

建滔集団

キングボード・ホールディングス

建滔集団
Kingboard Holdings Ltd.

【指数構成銘柄】— 【その他上場】—

電子・半導体

メインボード

評価	株価	年間騰落率	最低売買価格
—	**19.140** HK$	**-18.4** %	**131,300** 円

PER		予想配当回り	PBR
予想 **6.9** 倍	実績 **6.7** 倍	**5.4** %	**0.4** 倍

積層板・PCBの世界的大手 ラミネート（積層板）、プリント配線板（PCB）、ガラス繊維などが主力製品。積層板で世界最大、PCBで中国最大の規模を誇る。中海石油化学（03983）と共同で天然ガスからメタノールを生産する。住宅物件開発や商業ビル賃貸も手掛ける。傘下の積層板製造のキングボード・ラミネート（01888）とPCB製造の依利安達（01151）が香港に上場。依利安達はシンガポールにも重複上場している。

19年12月本決算：大幅減益 米中貿易摩擦を背景に電子産業の需要が減退し、銅張積層板業務が苦戦した。製品価格の下落が響いて同部門の売上高は5%減の163億5150万HKドル、EBITDAは21%減の27億9040万HKドルに縮小した。化学製品部門も製品価格が下落し、売上高が17%減の128億800万HKドル、EBITDAが36%減の13億6400万HKドルに落ち込んだ。不動産部門は政策が影響。売り上げ計上した物件が減り、部門EBITDAが10%減の19億4770万HKドルに下向いた。一方、PCB部門はEBITDAが4%増の10億9600万香港ドルに伸びた。中国で5G商用サービスが始動し、製品需要が拡大した。

今後の見通し 会社側は20年4月2日、上場子会社の依利安達を非公開化する計画を発表した。TOB（株式公開買い付け）を実施し、全額出資子会社とする。

【株価推移】

	高値		安値	
2016年	24.450	09/22	10.760	01/11
2017年	49.200	11/06	23.000	01/03
2018年	47.300	01/23	19.780	10/30
2019年	29.500	02/19	16.300	08/06
2020年	25.500	01/20	15.900	03/19

【株価情報】

取引単位(株)	500	A株株価	—
時価総額(mHK$)	21,164.2	A株格差(倍)	—

【指標】(%)

		19/12	18/12
収益性	ROA	3.2	6.4
	ROE	6.2	12.8
	粗利益率	21.9	22.4
成長性	増収率	-10.5	6.0
	増益率(営利)	—	—
	自己資本増加率	6.0	2.8
安全性	BPS(HK$)	45.4	43.7
	負債比率	77.8	84.1
	流動比率	204.3	235.6
	株主資本比率	51.7	50.1

【財務】(百万HK$)

	19/12	18/12
流動資産	44,567.8	44,309.0
総資産	97,035.1	94,130.3
流動負債	21,810.3	18,807.0
総負債	39,065.5	39,797.1
株主資本	50,188.6	47,333.0

【CF】(百万HK$)

	19/12	18/12
営業CF	7,290.8	3,448.4
投資CF	-3,554.4	-8,336.3
財務CF	-4,875.0	4,461.4
FCF	3,736.4	-4,887.8
現金同等物	6,257.0	7,473.3

【株式】(19/12/31)(百万株)

総数	1,105.8
流通 —	
流通 —	
	100.0%
非流通	0.0%

【主要株主】(19/12/31)

	(%)
Hallgain Management Ltd.	39.0
FMR LLC	9.8
Fidelity Puritan Trust	7.8

【子会社・関連会社】(19/12/31)

	(%)
建滔積層板控股有限公司 (01888)	69.5
依利安達集団有限公司 (01151)	73.6
Kingboard Copper Foil Holdings Ltd.	69.5

【売上・利益構成】(19/12)(%)

	売上構成比	前年比	利益構成比	前年比
ラミネート（積層板）	34.3	-6.1	34.6	-25.6
化学製品	31.1	-16.7	11.6	-46.7
プリント基板 (PCB)	23.4	-1.3	7.7	2.9

【業績】[香港会計基準](百万HK$) ※予想：ファクトセット　【前号予想との比較】—

	売上高	営業利益	純利益	前年比(%)	EPS(HK$)	1株配(HK$)	株配・無償(株)
2016/12	35,830.32	—	5,026.83	204.6	4.889	1.3000	
2017/12	43,371.27	—	5,593.43	11.3	5.363	1.6000	
2018/12	45,994.42	—	6,075.76	8.6	5.692	1.8000	
2019/12	41,160.85	—	3,094.42	-49.1	2.850	1.3800	
2020/12予	—	—	—		2.767	1.0300	【株式分割・併合等】
2021/12予	—	—	—		3.194	1.1890	
2018/6中間	22,236.28	—	4,169.01	91.2	3.909	1.0000	
2019/6中間	18,246.35	—	1,441.63	-65.4	1.331	0.2800	

【本社】香港沙田石門安耀街3号匯達大厦23楼　【TEL】852-26056493　【URL】www.kingboard.com
【役員】会長：張国栄(Cheung Kwok Wing)　【上場】1993年10月　【決算期】12月　【従業員】39,000

食品・飲料

メインボード　ハンセン

中国旺旺控股

ワンワン・チャイナ

中国旺旺控股有限公司
Want Want China Holdings Ltd.

【指数構成銘柄】ハンセン、中国企業　【その他上場】―

[00151/week/(2018/11/30 - 2020/05/08)]

評価	株価	年間騰落率	最低売買価格
B	**5.550** HK$	**-10.9** %	**76,146** 円

PER		予想配当利回り	PBR
予想 **16.9** 倍　実績 **18.1** 倍		**4.6** %	**4.5** 倍

台湾系の大手製菓・飲料メーカー せんべいなどの米菓、フレーバー牛乳やハーブ茶などの乳製品・飲料、ソフトキャンディーやナッツといったスナックを製造販売する。主力は「旺旺」ブランド。北京や瀋陽、南京などに工場、営業所を展開し、多数の販売代理業者を抱える。日本やシンガポールに現地法人を置き、日本の岩塚製菓と業務提携。売上高の9割以上を中国本土が占める。11年にハンセン指数に採用された。

19年9月中間決算：増収増益 軽食や米菓の販売減で売上高は伸び悩んだが、商品構成の適正化や原材料費の抑制で採算が改善した。流通費用の圧縮が奏功し、営業利益率は2.9ポイント上昇の22.1%。事業別では稼ぎ頭の乳製品・飲料部門が堅調。主力商品「旺仔牛乳」の販売が好調に推移する中、原材料費などの抑制で部門粗利益率が51.0%へ4.1ポイント上昇し、2桁増益を達成した。軽食部門は減収増益。天候不順でアイスキャンディーの販売が低迷したが、新商品投入効果や砂糖などの調達価格の下落が増益に寄与。米菓は10%増益。低利益率製品の生産量抑制で粗利益率が改善。

今後の見通し 需要動向を見極めつつ新商品を積極的に投入する方針。クリスマスシーズンや旧正月を見越し、利益率の高いギフト商品も新たに発売する計画。

【株価推移】

	高値		安値	
2016年	6.760	04/26	4.560	11/09
2017年	6.980	11/07	4.870	01/03
2018年	8.180	06/07	5.300	12/21
2019年	7.420	12/30	5.170	01/02
2020年	7.450	01/03	4.730	03/19

【株価情報】

取引単位(株)	1,000	A株株価	―
時価総額(mHK$)	68,945.6	A株格差(倍)	―

【指標】(%)

		19/9	18/9
収益性	ROA	11.0	9.9
	ROE	23.3	20.2
	粗利益率	48.9	44.5
成長性	増収率	0.6	3.2
	増益率(営利)	15.9	1.0
	自己資本増加率	2.8	3.5
安全性	BPS(元)	1.1	1.1
	負債比率	111.0	104.1
	流動比率	330.1	318.3
	株主資本比率	47.3	48.8

【財務】(百万元)

	19/9	18/9
流動資産	20,828.7	18,484.6
総資産	29,353.8	27,628.8
流動負債	6,310.4	5,807.8
総負債	15,396.3	14,039.3
株主資本	13,872.6	13,490.2

【CF】(百万元)

	19/9	18/9
営業CF	1,934.5	1,059.6
投資CF	-132.2	-178.1
財務CF	-2,410.9	-64.3
FCF	1,802.3	881.5
現金同等物	16,636.2	13,502.8

【株式】(19/09/30)(百万株)

総数	12,422.6
流通	―
	―
	100.0%
非流通	0.0%

【主要株主】(19/09/30)　(%)

蔡衍明	50.7
Mr Big Ltd.	2.4

【子会社・関連会社】(19/03/31)　(%)

旺旺控股有限公司	100.0
浪味食品有限公司	100.0
旺旺食品有限公司	100.0

【売上・利益構成】(19/9)(%)

	売上構成比	前年比	利益構成比	前年比
乳製品・飲料	53.2	5.5	65.3	14.9
軽食	27.0	-6.2	21.9	3.9
米菓	19.6	-2.1	12.3	10.0

【業績】[香港会計基準](百万元)　※予想：ファクトセット　【前号予想との比較】➡ 前号並み

	売上高	営業利益	純利益	前年比(%)	EPS(元)	1株配(US$)	株配・無償(株)
2016/12	19,710.13	4,811.23	3,519.17	4.0	0.277	0.0177	
2018/3*	24,705.51	5,192.82	3,862.60	9.8	0.309	0.0311	
2019/3	20,712.03	4,586.48	3,476.60	-10.0	0.279	0.0342	
2020/3予	20,842.51	4,854.07	3,720.27	7.0	0.299	0.0330	
2021/3予	21,804.54	5,134.97	3,941.99	6.0	0.318	0.0340	【株式分割・併合等】
2017/9中間	8,959.79	1,754.20	1,274.10	-27.5	0.102	0.0096	
2018/9中間	9,248.13	1,772.35	1,364.41	7.1	0.110	0.0053	
2019/9中間	9,304.07	2,053.77	1,614.91	18.4	0.130	0.0064	

【本社】香港九龍尖沙咀彌敦道132号美麗華広場A座9楼918室　【TEL】852-27307780　【URL】www.want-want.com
【役員】会長：蔡衍明(Tsai Eng-Meng)　【上場】2008年3月　【決算期】3月　【従業員】42,140
【備考】18年本決算は15カ月の変則決算

深セン国際控股

シェンジェン・インターナショナル・ホールディングス

深圳国際控股有限公司
Shenzhen International Holdings Ltd.

【指数構成銘柄】レッドチップ　【その他上場】―

[00152]/week/(2018/11/30 - 2020/05/08)

評価	株価	年間騰落率	最低売買価格
B	15.140 HK$	-8.2 %	103,860 円

PER		予想配当利回り	PBR
予想 8.7 倍　実績 6.5 倍		7.2 %	1.1 倍

深セン市政府系の投資持ち株会社 有料道路の運営と物流事業が収益の2本柱。有料道路事業は傘下の深セン高速道路（00548）と龍大高速を通じて展開し、20年3月時点で建設中を含め17本（総延長629km）を運営。物流事業は深センや武漢、昆山、寧波などの重要都市に物流パークを建設。19年末時点で運営管理を行う物流パークは計19（運営面積201万平米）。長江流域の南京で港湾事業も展開。このほか深セン航空に49％出資。

19年12月本決算：増収増益 コア業務の営業利益は42％増の55億8900万HKドルに上り過去最高を記録。深セン市の都市再開発に伴い進めていた複合開発プロジェクト「梅林関」（1期）の住宅物件の引き渡しが完了し、45億HKドル超を売り上げ計上したことが増益の主因。南京の埠頭施設収用に対する補償金も利益を押し上げた。主力の有料道路事業は南光高速など4本の権益を手放したことで通行料収入が減少したほか、水官高速に絡む減損損失の引当金計上が痛手となり大幅減益。

最新動向 新型コロナの流行を受け、物流パークに入居する約600社に対し、2カ月分の賃料（1億元相当）の徴収を免除した。前海地区に保有していた土地の収用については、等価値の土地の交換などで今後36億5200万元の補償を受け取る予定で、20年中の完了を目指す。

【株価推移】

	高値		安値	
2016年	14.340	01/04	10.740	07/08
2017年	16.200	10/09	11.000	01/24
2018年	17.960	05/07	13.100	08/16
2019年	18.140	04/15	13.160	08/06
2020年	18.600	01/17	11.600	03/19

【株価情報】

取引単位(株)	500	A株株価	―
時価総額(mHK$)	32,730.3	A株格差(倍)	―

【指標】(%)

		19/12	18/12
収益性	ROA	5.5	5.0
	ROE	16.6	15.0
	粗利益率	39.8	39.5
成長性	増収率	45.2	14.2
	増益率(営利)	-0.2	49.8
	自己資本増加率	8.2	17.0
安全性	BPS(HK$)	14.0	13.2
	負債比率	145.5	142.9
	流動比率	209.2	239.8
	株主資本比率	33.1	33.2

【財務】(百万HK$)

	19/12	18/12
流動資産	31,625.9	29,790.0
総資産	91,408.7	84,364.6
流動負債	15,119.6	12,423.2
総負債	44,067.5	40,004.7
株主資本	30,285.0	27,997.9

【CF】(百万HK$)

	19/12	18/12
営業CF	7,344.0	2,113.0
投資CF	-2,710.5	-2,519.7
財務CF	-6,357.5	8,331.2
FCF	4,633.5	-406.7
現金同等物	11,931.8	13,663.9

【株式】(19/12/31)(百万株)

総数		2,161.8
流通	―	
	―	
	―	
		100.0%
非流通		0.0%

【主要株主】(19/12/31)

	(%)
深セン市投資控股有限公司	44.0
好莱企業控股有限公司	5.9

【子会社・関連会社】(19/12/31)

	(%)
深セン高速公路股フン有限公司（00548）	51.6
深セン龍大高速公路有限公司	89.9
深セン市深国際華南物流有限公司	100.0

【売上・利益構成】(19/12)(%)

	売上構成比	前年比	利益構成比	前年比
有料道路	53.4	2.0	43.4	-70.8
物流パークの再開発	27.2	―	48.9	―
港湾・関連サービス	9.3	18.7	3.3	16.2

【業績】 [香港会計基準](百万HK$) ※予想：ファクトセット

【前号予想との比較】 ↘ 減額

	売上高	営業利益	純利益	前年比(%)	EPS(HK$)	1株配(HK$)	株配・無償(株)
2016/12	7,787.18	3,525.27	2,115.70	-3.8	1.100	0.4300	
2017/12	10,139.14	5,771.20	3,816.79	80.4	1.920	1.0000	
2018/12	11,581.04	8,644.39	4,212.65	10.4	2.030	1.0600	
2019/12	16,820.33	8,624.75	5,020.59	19.2	2.340	1.1700	
2020/12予	14,662.18	6,171.48	4,444.73	-11.5	1.748	1.0900	
2021/12予	17,821.60	6,971.55	4,391.75	-1.2	1.854	1.0230	
2018/6中間	5,346.08	1,973.41	890.76	-17.7	0.440	―	
2019/6中間	5,711.59	1,933.77	1,238.97	39.1	0.580	―	

【株式分割・併合等】

併合10→1(14/2)

【本社】香港九龍尖沙咀東部科学館道1号康宏広場南座22楼2206-2208室　**【TEL】**852-23660268　**【URL】**www.szihl.com

【役員】会長：李海濤(Li Hai Tao)　**【上場】**1972年9月　**【決算期】**12月　**【従業員】**6,918

金融・証券・保険

メインボード

レッドチップ

中国光大控股
チャイナ・エバーブライト

中国光大控股有限公司
China Everbright Ltd.

【指数構成銘柄】レッドチップ　【その他上場】―

評価	株価	年間騰落率	最低売買価格
B	11.860 HK$	-12.0 %	325,438 円

	PER		予想配当利回り	PBR
予想	8.6 倍	実績 8.9 倍	4.0 %	0.5 倍

中国政府系金融持ち株会社 中国財政部直属の中国光大集団の傘下。投資ファンドの運営と投資銀行業務、証券仲介が中核。発行市場投資では合計69のファンドを運用し、運用資産は計1570億HKドルに上る（19年末）。流通市場投資では債券投資やグローバルヘッジファンドの運用を手掛ける。傘下の中国光大銀行（06818）が13年12月、光大証券（06178）が16年8月に香港上場。証券業務は11年に光大証券に統合した。

19年12月本決算：増収減益 ファンド運用事業でのキャピタルゲインの減少や不動産業務の損失引当金計上が重荷となり、2年連続の減益。売上高は37%増えたが、減損損失が2億3900万HKドルと前年の10倍に膨らんだ上、営業費用もかさんで営業利益は17%減った。事業別ではファンド運用が34%減益と低迷した。自己勘定投資部門は航空機リースや高齢者ヘルスケアなどの産業プラットフォーム投資事業が19%増益だった効果で、前年並みの利益を確保。金融投資と光大証券、中国光大銀行の利益貢献の伸び悩みを穴埋めした。

今後の計画 商品の多角化を図り、資金調達を拡大する方針。ハイエンド製造業や重要技術、食品など強みとする分野への投資も強化する。海外進出を拡大して越境資産運用の世界大手を目指す。

【株価推移】

	高値		安値	
2016年	17.820	01/04	13.900	05/16
2017年	19.480	09/21	14.280	01/16
2018年	20.850	01/29	12.380	10/12
2019年	17.300	03/07	8.570	09/03
2020年	14.800	01/03	9.440	03/19

【株価情報】

取引単位(株)	2,000	A株株価	―
時価総額(mHK$)	19,987.1	A株格差(倍)	―

【指標】(%)

		19/12	18/12
収益性	ROA	2.6	4.0
	ROE	5.4	7.8
	粗利益率	―	―
成長性	増収率	37.0	421.3
	増益率(営利)	-16.9	-15.9
	自己資本増加率	4.3	-2.0
安全性	BPS(HK$)	24.7	23.7
	負債比率	102.7	90.0
	流動比率	111.4	116.7
	株主資本比率	48.1	51.6

【財務】(百万HK$)

	19/12	18/12
流動資産	19,623.9	12,768.6
総資産	86,496.5	77,260.8
流動負債	17,618.5	10,939.8
総負債	42,709.1	35,880.6
株主資本	41,591.3	39,858.7

【CF】(百万HK$)

	19/12	18/12
営業CF	-3,172.0	476.2
投資CF	3,654.9	323.6
財務CF	-402.3	903.9
FCF	482.8	799.8
現金同等物	6,842.8	6,863.9

【株式】(19/12/31)(百万株)

総数	1,685.3
流通	―
	100.0%
非流通	0.0%

【主要株主】(19/12/31) (%)

中国光大集団股フン公司	49.7

【子会社・関連会社】(19/12/31) (%)

光大証券股フン有限公司 (06178)	21.3
中国飛機租賃集団控股有限公司(01848)	35.7
光大嘉宝股フン有限公司 (600622)	29.2

【売上・利益構成】(19/12)(%)

	売上構成比	前年比	利益構成比	前年比
ファンド運用	67.4	0.9	28.9	-33.8
自己勘定投資	32.6	29.2	71.1	0.5

【業績】[香港会計基準](百万HK$)　※予想：ファクトセット

【前号予想との比較】↓ 大幅減額

	売上高	営業利益	純利益	前年比(%)	EPS(HK$)	1株配(HK$)	株配・無償(株)
2016/12	2,169.82	6,012.60	4,074.38	-20.8	2.418	0.7500	
2017/12	1,766.96	4,314.79	4,148.34	1.8	2.461	0.8500	
2018/12	9,211.01	3,630.04	3,103.92	-25.2	1.842	0.6600	
2019/12	12,617.14	3,015.56	2,237.17	-27.9	1.327	0.4800	
2020/12予	5,004.61	3,066.06	2,328.20		1.378	0.4800	【株式分割・併合等】
2021/12予	5,628.72	3,553.28	2,668.42	14.6	1.614	0.5810	
2018/6中間	1,138.79	2,230.99	1,939.50	30.2	1.151	0.2500	
2019/6中間	1,347.21	1,397.05	1,279.08	-34.1	0.759	0.2500	

【本社】香港夏愨道16号遠東金融中心46楼　【TEL】852-25289882　【URL】www.everbright.com

【役員】会長：蔡允革(Cai Yunge)　【上場】1973年2月　【決算期】12月　【従業員】361

青島ビール

チンタオ・ブリュワリー

【指数構成銘柄】— **【その他上場】**上海A(600600)、ADR

青島啤酒股份有限公司
Tsingtao Brewery Co.,Ltd.

評価	H株株価	年間騰落率	最低売買価格
C	50.800 HK$	1.9 %	1,393,952 円

PER		予想配当利回り	PBR
予想 **33.0** 倍 実績 **33.7** 倍		1.2 %	3.3 倍

中国のビール大手 H株上場第1号。ドイツの租借地だった青島で1903年に創業した「ゲルマンビール青島」が前身。買収と新工場建設で生産能力を拡大し、19年末で20省・直轄市に60工場を保有。約100カ国・地域で製品を販売する。生産量で華潤ビール（00291）に次ぐ国内2位。主力ブランドは「青島ビール」「ラオ山」「漢斯」「山水」で、プレミアムビールに力を入れる。

19年12月本決算：増収増益 消費性向の多様化を背景に「青島」ブランドのハイエンド商品の最適化や販促活動の強化、ネット販売網の整備を進めたことが30%の増益に寄与した。全体の販売量は前年比ほぼ横ばいの805万klだったが、主力ブランドの「青島」が4%増の405万klと堅調。中でもハイエンドのドラフトビールや「奥古特」「鴻運当頭」「経典1903」などが7%増の185万klと順調に伸びた。海外売り上げは13%増。

最近の動向 新型コロナによる打撃で、20年1~3月期の売上高は前年同期比21%減の62億9300万元、純利益は33%減の5億3700万元。販売回復に向け新たなプロモーション戦略「ウイルスフリーデリバリーサービス」を打ち出し、オンライン販売をさらに強化する。また青島市平度経済開発区内の3工場を拡張・新設する予定。完成後はアジア最大のビール製造拠点となる。

【株価推移】

	高値		安値	
2016年	35.100	01/04	25.350	06/24
2017年	41.250	12/27	28.200	01/04
2018年	51.750	05/29	29.050	10/30
2019年	55.000	08/16	30.000	01/03
2020年	52.550	01/03	29.290	03/19

【株価情報】

取引単位(株)	2,000	A株株価(元)	55.360
H株時価総額(mHK$)	33,277.5	A株格差(倍)	1.2

【指標】(%)

		19/12	18/12
収益性	ROA	5.0	4.2
	ROE	9.7	7.9
	粗利益率	39.0	37.7
成長性	増収率	5.3	1.1
	増益率(営利)	13.5	12.4
	自己資本増加率	6.7	4.8
安全性	BPS(元)	14.2	13.3
	負債比率	90.8	85.6
	流動比率	157.3	146.9
	株主資本比率	51.4	52.7

【財務】(百万元)

	19/12	18/12
流動資産	21,001.8	17,760.3
総資産	37,312.4	34,075.3
流動負債	13,353.8	12,086.9
総負債	17,399.0	15,385.3
株主資本	19,171.6	17,970.5

【CF】(百万元)

	19/12	18/12
営業CF	4,016.6	3,992.0
投資CF	-347.8	-816.7
財務CF	-768.7	-640.7
FCF	3,668.8	3,175.3
現金同等物	14,557.4	11,653.3

【株式】 (19/12/31) (百万株)

総数		1,351.0	
流通	H株	48.5%	
	A株	51.5%	
	—		
		100.0%	
非流通		0.0%	

【主要株主】 (19/12/31) (%)

青島ビール集団有限公司	32.8
Fosun International Holdings Ltd.	15.8
Baillie Gifford & Co	4.4

【子会社・関連会社】 (19/12/31) (%)

青島ビール西安漢斯集団有限公司	100.0
深セン市青島ビール華南営銷有限公司	100.0
青島ビール進出口有限責任公司	100.0

【売上・利益構成】 (19/12) (%)

	売上構成比	前年比	利益構成比	前年比
ビールの製造・販売	100.0	5.3	100.0	13.5

【業績】 [中国会計基準](百万元) ※予想：ファクトセット

【前号予想との比較】 ↘ 減額

	売上高	営業利益	純利益	前年比(%)	EPS(元)	1株配(元)	株配・無償(株)
2016/12	26,106.34	1,416.71	1,043.49	-39.1	0.772	0.3500	
2017/12	26,277.05	2,114.96	1,263.02	21.0	0.935	0.4200	
2018/12	26,575.26	2,377.57	1,422.20	12.6	1.053	0.4800	
2019/12	27,983.76	2,697.89	1,852.10	30.2	1.371	0.5500	
2020/12予	26,992.96	2,343.64	1,877.12	1.4	1.399	0.5550	**【株式分割・併合等】**
2021/12予	29,523.61	3,056.74	2,383.58	27.0	1.775	0.6320	
2018/6中間	15,153.69	1,890.76	1,302.23	13.4	0.964	—	
2019/6中間	16,550.67	2,308.66	1,630.52	25.2	1.207	—	

【登記】山東省青島市登州路56号 **【TEL】** 86-532-85713831 **【URL】** www.tsingtao.com.cn
【役員】会長：黄克興(Huang Ke Xing) **【上場】**1993年7月 **【決算期】**12月 **【従業員】**38,169

自動車・二輪

吉利汽車

ジーリー・オートモービル

吉利汽車控股有限公司
Geely Automobile Holdings Ltd.

【指数構成銘柄】ハンセン、中国企業　【その他上場】—

メインボード　ハンセン

評価	株価	年間騰落率	最低売買価格
C	12.960 HK$	-9.7 %	177,811 円

PER		予想配当利回り	PBR
予想 13.2 倍　実績 13.1 倍		1.9 %	2.0 倍

中国の民営自動車メーカー 主に「吉利」ブランドで乗用車の製造・販売を手掛け、寧波、済南、成都などに生産施設を持つ。自動車年産能力は19年末で210万台、19年の乗用車販売の国内シェアは6.5％。17年に支配株主の浙江吉利控股集団、スウェーデンのボルボ・カーズと共同出資の新ブランド「Lynk & Co」を設立。同年にはマレーシアのプロトンと英ロータスを傘下に収めた。17年3月にハンセン指数構成銘柄に採用された。

19年12月本決算：減収減益 国内市場の減速を背景に販売台数が減少し、本決算では14年以来の減益。販売台数は前年比9％減の136万1600台。1台当たりの平均価格は前年と同水準に維持したが、粗利益が21％減、粗利益率が17.4％と前年から2.8ポイント低下した。研究開発費が59％増えたことも利益を圧迫した。車種別ではSUVが6％減の79万9800台、セダンが18％減の53万100台と低迷した一方、新エネルギー車が69％増の11万3100台に拡大。輸出は109％増の5万8000台と好調。

今後の見通し 会社側は通期販売目標を前年比4％増の141万台に設定。新型コロナや市場競争の激化など厳しい1年になると警戒する。新エネ車の競争力向上や海外市場の開拓を進めるほか、ボルボとの合併も検討する。20年1—4月の販売台数は34％減の31万1500台。

【株価推移】

	高値		安値	
2016年	9.200	10/25	2.760	02/12
2017年	29.800	11/22	7.390	01/03
2018年	28.750	01/04	12.840	10/11
2019年	19.140	04/18	10.080	01/08
2020年	16.500	01/14	10.000	03/19

【株価情報】

取引単位(株)	1,000	A株株価	—
時価総額(mHK$)	118,804.3	A株格差(倍)	—

【指標】(%)

		19/12	18/12
収益性	ROA	7.6	13.7
	ROE	15.0	27.9
	粗利益率	17.4	20.2
成長性	増収率	-8.6	14.9
	増益率(営利)	—	—
	自己資本増加率	21.1	30.4
安全性	BPS(元)	5.9	5.0
	負債比率	97.4	102.5
	流動比率	103.1	97.8
	株主資本比率	50.4	49.1

【財務】(百万元)

	19/12	18/12
流動資産	50,014.0	42,785.5
総資産	107,927.6	91,461.0
流動負債	48,526.4	43,760.4
総負債	53,003.1	46,086.3
株主資本	54,435.6	44,944.0

【CF】(百万元)

	19/12	18/12
営業CF	12,537.7	13,925.1
投資CF	-10,791.1	-11,318.7
財務CF	1,763.4	-306.4
FCF	1,746.6	2,606.4
現金同等物	19,281.2	15,737.2

【株式】(19/12/31)(百万株)

総数	9,167.0
流通	—
	—
	100.0%
非流通	0.0%

【主要株主】(19/12/31) (%)

Proper Glory Holding Inc.	28.8
浙江吉利汽車有限公司	8.7

【子会社・関連会社】(19/12/31) (%)

浙江吉潤汽車有限公司	99.0
上海華普国潤汽車有限公司	99.0
済南吉利汽車有限公司	99.0

【売上・利益構成】(19/12)

	売上構成比	前年比	利益構成比	前年比
自動車・部品	100.0	-8.6	100.0	-34.8

【業績】 [香港会計基準](百万元)　※予想:ファクトセット

【前号予想との比較】 ↘ 減額

	売上高	営業利益	純利益	前年比(%)	EPS(元)	1株配(HK$)	株配・無償(株)
2016/12	53,721.58	—	5,112.40	126.2	0.580	0.1200	
2017/12	92,760.72	—	10,633.72	108.0	1.190	0.2900	
2018/12	106,595.13	—	12,553.21	18.1	1.400	0.3500	
2019/12	97,401.25	—	8,189.64	-34.8	0.900	0.2500	
2020/12予	94,696.33	8,161.56	8,034.07	-1.9	0.892	0.2440	【株式分割・併合等】
2021/12予	108,639.93	10,520.33	10,265.54	27.8	1.110	0.3020	
2018/6中間	53,708.61	—	6,670.02	53.6	0.743	—	
2019/6中間	47,558.62	—	4,009.48	-39.9	0.444	—	

【本社】香港湾仔港湾道23号鷹君中心23楼2301室　【TEL】852-25983333　【URL】www.geelyauto.com.hk

【役員】会長：李書福(Li Shufu)　【上場】1973年2月　【決算期】12月　【従業員】43,000

江蘇寧滬高速公路

ジャンスー・エクスプレスウェイ

江蘇寧滬高速公路股份有限公司
Jiangsu Expressway Co.,Ltd.

【指数構成銘柄】― 【その他上場】上海A(600377)、ADR

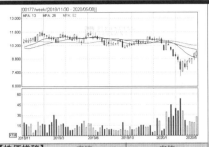

評価	H株株価	年間騰落率	最低売買価格
B	9.480 HK$	-12.1 %	260,131 円

PER		予想配当利回り	PBR
予想 16.4 倍 実績 10.3 倍		5.3 %	1.5 倍

江蘇省の高速道路運営会社 江蘇省内の有料道路の投資、建設、運営を手掛ける。上海と南京を結ぶ滬寧高速や蘇嘉杭高速の江蘇区間、寧連公路の南京区間、錫澄高速（江陰－無錫）、広靖高速（広陵－靖江）、寧常高速（南京－常州）、江陰長江公路大橋などの権益を持つ。19年末時点で17本の有料道路を運営し、総延長距離は840kmに及ぶ。このほかサービスエリアの運営、屋外広告、沿線の不動産開発なども行う。

19年12月本決算：増収減益 前年に連結対象の追加に伴う一過性の評価益4億3100万元を計上した反動が減益の主因。本業では、主力道路の滬寧高速は1日当たり車両通行量が6%、通行料収入が5%それぞれ増加した。その他の高速道路もおおむね堅調に車両通行量・収入を伸ばした。また、サービスエリア事業は施設の改修工事により減収となったものの、石油製品仕入れ価格の抑制が奏功して56%増益を達成した。

最近の動向 20年1～3月期決算は売上高が前年同期比59%減の9億6400万元、純損益が3300万元の赤字（前年同期は10億3400万元の黒字）。新型コロナ流行を受けた高速道路の無料化措置が痛手となった。中国政府は2月17日から国内すべての有料道路を無料化したが、5月6日に同措置を解除し、料金徴収が再開された。

【株価推移】

	高値		安値	
2016年	11.500	08/16	8.510	01/21
2017年	12.580	10/18	9.520	01/04
2018年	12.900	01/25	8.740	07/06
2019年	11.700	01/23	9.830	09/30
2020年	11.080	01/15	7.000	03/19

【株価情報】

取引単位(株)	2,000	A株株価(元)	10.550
H株時価総額(mHK$)	11,584.6	A株格差(倍)	1.2

【指標】(%)

		19/12	18/12
収益性	ROA	7.6	9.1
	ROE	14.7	16.7
	粗利益率	54.6	54.1
成長性	増収率	1.1	5.4
	増益率(営利)	-2.1	19.8
	自己資本増加率	9.2	11.1
安全性	BPS(元)	5.7	5.2
	負債比率	80.4	72.0
	流動比率	45.9	86.2
	株主資本比率	51.3	54.3

【財務】(百万元)

	19/12	18/12
流動資産	6,026.6	5,899.0
総資産	55,625.0	48,162.7
流動負債	13,121.3	6,845.2
総負債	22,942.2	18,808.9
株主資本	28,547.0	26,137.2

【CF】(百万元)

	19/12	18/12
営業CF	5,763.3	5,715.5
投資CF	-7,391.6	-4,773.6
財務CF	1,562.6	-689.5
FCF	-1,628.3	941.9
現金同等物	449.4	515.1

【株式】(19/12/31)(百万株)

総数			5,037.7
流通	H株	24.3%	
	A株	75.7%	
		100.0%	
非流通		0.0%	

【主要株主】(19/12/31) (%)

江蘇交通控股有限公司	54.4
招商局公路網絡科技控股股フン有限公司	11.7
BlackRock, Inc.	2.9

【子会社・関連会社】(19/12/31) (%)

江蘇広靖錫澄高速公路有限責任公司	85.0
江蘇寧滬投資発展有限責任公司	100.0
江蘇寧滬置業有限責任公司	100.0

【売上・利益構成】(19/12) (%)

	売上構成比	前年比	利益構成比	前年比
高速道路	77.7	5.0	92.1	0.9
サービスエリア	13.4	-6.5	1.4	56.2
不動産開発	8.2	-17.8	5.7	2.2

【業績】 [中国会計基準](百万元) ※予想：ファクトセット 【前号予想との比較】 ↓ 大幅減額

	売上高	営業利益	純利益	前年比(%)	EPS(元)	1株配(元)	株配・無償(株)
2016/12	9,201.30	4,399.51	3,346.06	33.5	0.664	0.4200	
2017/12	9,455.68	4,724.37	3,587.86	7.2	0.712	0.4400	
2018/12	9,969.01	5,660.94	4,376.60	22.0	0.869	0.4600	
2019/12	10,078.18	5,541.97	4,199.70	-4.0	0.834	0.4600	
2020/12予	8,043.81	3,434.09	2,643.34	-37.1	0.524	0.4600	【株式分割・併合等】
2021/12予	10,916.96	5,967.82	4,469.48	69.1	0.887	0.4800	
2018/6中間	5,141.78	3,156.46	2,488.14	31.0	0.494	―	
2019/6中間	4,835.46	2,995.18	2,281.61	-8.3	0.453	―	

【登記】江蘇省南京市栖霞区仙林大道6号 【TEL】86-25-84362700 【URL】www.jsexpressway.com
【役員】会長：孫悉斌(Sun Xibin) 【上場】1997年6月 【決算期】12月 【従業員】5,562

卸売・小売業

メインボード

莎莎国際控股
サ サ・インターナショナル

莎莎国際控股有限公司
Sa Sa International Holdings Ltd.
【指数構成銘柄】― 【その他上場】―

評価	株価	年間騰落率	最低売買価格
E	1.400 HK$	-44.4 %	38,416 円

PER		予想配当利回り	PBR
予想 ―	実績 9.1 倍	0.0 %	1.8 倍

アジア最大級の化粧品小売チェーン 有名ブランドからドラッグストアコスメまで多数の製品を取り扱うショップ「Sasa」を展開する。域内外の化粧品をディスカウント価格で販売するほか、オリジナルコスメや雑貨も揃える。19年9月末の店舗数は香港・マカオが118店、ほかに中国本土46店、シンガポール21店、マレーシア80店の計265店。売上比率は香港・マカオが83%、本土が4%、ネット販売が5%（19年9月期）。

19年9月中間決算：赤字転落 19年6月から続いた香港の抗議デモでインバウンドが大幅に減少し、主力の香港事業の悪化が赤字転落を招いた。売上原価が13%、販売費が6%、管理費が7%それぞれ減少したものの、減収分をカバーし切れず採算が悪化した。地域別では、香港・マカオが18%減収となり、損益は前年同期の2億4000万HKドルの黒字から300万HKドルの赤字に転落。本土とネット通販はともに1桁の減収で赤字が継続した。

最近の動向 新型コロナの感染拡大が経営に追い打ちをかけた。20年1～3月期の小売・卸売部門の売上高は前年同期比57%減の8億9200万HKドルに落ち込んだ。既存店売上高は60%減。事業撤退したシンガポールの22店舗を閉鎖したほか、厳しい経営環境を受け、同年3月までに9店舗を閉鎖しており、店舗数は235店となった。

【株価推移】

	高値		安値	
2016年	3.740	10/26	2.040	01/21
2017年	3.790	05/29	2.770	08/01
2018年	5.920	06/12	2.750	12/21
2019年	3.100	02/12	1.620	09/04
2020年	1.850	01/20	1.050	03/19

【株価情報】

取引単位（株）	2,000	A株株価	
時価総額（mHK$）	4,333.8	A株格差（倍）	

【指標】(%)

		19/9	18/9
収益性	ROA	―	10.9
	ROE	―	15.3
	粗利益率	38.0	40.2
成長性	増収率	-15.7	16.3
	増益率（営利）	―	60.8
	自己資本増加率	-9.0	13.3
安全性	BPS（HK$）	0.8	0.9
	負債比率	89.8	39.7
	流動比率	219.3	317.4
	株主資本比率	52.7	71.6

【財務】(百万HK$)

	19/9	18/9
流動資産	2,589.8	3,179.2
総資産	4,586.8	3,708.9
流動負債	1,180.9	1,001.5
総負債	2,169.9	1,054.0
株主資本	2,416.9	2,654.8

【CF】(百万HK$)

	19/9	18/9
営業CF	132.0	-122.2
投資CF	290.2	27.0
財務CF	-421.7	-3.9
FCF	422.3	-95.1
現金同等物	548.7	339.7

【株式】(19/09/30)(百万株)

総数	3,095.6
流通	―
	100.0%
非流通	―
	0.0%

【主要株主】(19/09/30) (%)

郭少明	64.2

【子会社・関連会社】(19/03/31) (%)

莎莎網有限公司	100.0
莎莎化粧品（中国）有限公司	100.0
莎莎国際控股フン有限公司	100.0

【売上・利益構成】(19/9)(%)

	売上構成比	前年比	利益構成比	前年比
香港・マカオ	82.7	-18.0	―	―
中国本土	3.8	-4.4	―	―
ネット通販	4.9	-8.2	―	―

【業績】[香港会計基準](百万HK$) ※予想：ファクトセット　【前号予想との比較】↓ 大幅減額

	売上高	営業利益	純利益	前年比(%)	EPS(HK$)	1株配(HK$)	株配・無償（株）
2017/3	7,551.07	411.22	326.71	-14.8	0.112	0.1700	
2018/3	8,017.61	548.83	440.12	34.7	0.146	0.1750	
2019/3	8,375.90	542.78	470.75	7.0	0.154	0.1600	
2020/3予	5,916.75	-179.92	-164.43	―	-0.059	―	
2021/3予	5,286.99	72.79	50.23	―	0.022	0.0170	【株式分割・併合等】
2017/9中間	3,566.98	145.99	109.94	14.5	0.037	0.0350	
2018/9中間	4,147.22	234.80	202.86	84.5	0.067	0.0700	
2019/9中間	3,494.13	-34.47	-36.53	―	-0.012	―	

【本社】香港柴湾嘉業街18号明報工業中心B座8楼　**【TEL】**852-28892331　**【URL】**corp.sasa.com

【役員】会長：郭少明（Kwok Siu Ming Simon）　**【上場】**1997年6月　**【決算期】**3月　**【従業員】**4,500

徳昌電機控股

ジョンソン・エレクトリック

徳昌電機控股有限公司
Johnson Electric Holdings Ltd.
【指数構成銘柄】 ― 【その他上場】 ―

[00179/week/(2018/11/30 - 2020/05/08)]

評価	株価	年間騰落率	最低売買価格
D	12.100 HK$	-29.7 %	83,006 円

PER		予想配当利回り	PBR
予想 **173.5** 倍　実績 **4.8** 倍		2.8 %	0.6 倍

小型モーターの世界的大手 自動車を中心に電動工具、家電、IT機器、医療機器など幅広い産業分野に向けてモーターや制御システムを提供する。日欧米の企業買収を通じて小型スイッチやエンジンポンプ部品の製造にも参入。フォードなどの大手自動車メーカーのほか、ダイソン、キヤノンなどが主要顧客で、18カ国・地域に生産機能を持つ。地域別売上比率は欧州32%、北米31%、中国24%、アジア11%（19年9月中間期）。

19年9月中間決算：減収増益 投資不動産の売却に伴う評価益計上でその他収益が前年同期の3倍に上ったことが2桁増益要因。特別要因を除くコア純利益は16%減の1億米ドル強。部門別では主力の自動車関連製品が4%減収。世界的に小型車生産が縮小する中、パワートレインの効率化や車体軽量化などの需要を捉えて新製品を投入し、大幅減収を回避した。地域別では中国を含むアジアと欧州が各8%、3%減収で、米州が9%増収。産業関連製品は米中摩擦の影響などで15%の減収。

今後の見通し 新型コロナの感染拡大に伴う自動車市場の低迷が痛手。世界的な景気減速が本格化すれば不振が長期化する恐れもある。20年3月本決算は売上高が前年比6%減の30億7000万米ドル、純損益は4億9400万ドルの赤字に転落（前年は2億8100万米ドルの黒字）。

【株価推移】

	高値		安値	
2016年	26.300	01/04	16.200	06/17
2017年	34.000	11/08	19.600	01/12
2018年	33.200	02/23	15.420	12/21
2019年	19.960	02/25	12.360	08/15
2020年	20.600	02/21	10.280	03/19

【株価情報】

取引単位(株)	500	A株株価
時価総額(mHK$)	10,880.6	A株格差(倍)

【指標】 (%)

		19/9	18/9
収益性	ROA	7.5	7.0
	ROE	12.7	12.4
	粗利益率	22.8	23.8
成長性	増収率	-6.7	9.5
	増益率(営利)	11.8	0.5
	自己資本増加率	12.5	6.5
安全性	BPS(US$)	2.8	2.6
	負債比率	66.3	74.3
	流動比率	181.2	121.8
	株主資本比率	59.2	56.4

【財務】(百万US$)

	19/9	18/9
流動資産	1,536.0	1,390.2
総資産	4,305.1	4,013.0
流動負債	847.8	1,141.4
総負債	1,687.4	1,682.8
株主資本	2,546.5	2,263.6

【CF】(百万US$)

	19/9	18/9
営業CF	249.7	196.3
投資CF	-147.9	-208.1
財務CF	-200.9	24.1
FCF	101.8	-11.8
現金同等物	232.1	169.9

【株式】(19/09/30)(百万株)

総数	899.2
流通	100.0%
非流通	0.0%

【主要株主】(19/09/30) (%)

汪顧亦珍	57.3
Schroders Plc	7.0

【子会社・関連会社】(19/03/31) (%)

徳昌電機工業製造廠有限公司	100.0
Johnson Electric Germany Gmbh & Co. KG	100.0
Halla Stackpole Corp.	80.0

【売上・利益構成】(19/9)(%)

	売上構成比	前年比	利益構成比	前年比
自動車関連製品	79.0	-4.4	―	―
産業関連製品	21.0	-14.6	―	―

【業績】[香港会計基準] (百万US$) ※予想：ファクトセット

【前号予想との比較】 ↓ 大幅減額

	売上高	営業利益	純利益	前年比(%)	EPS(US$)	1株配(HK$)	株配・無償(株)
2017/3	2,776.10	295.51	237.92	37.8	0.277	0.5000	
2018/3	3,236.56	335.20	264.05	11.0	0.306	0.5100	
2019/3	3,280.38	344.25	281.33	6.5	0.325	0.5100	
2020/3予	3,137.75	-119.30	-100.60	―	0.009	0.3400	
2021/3予	3,076.50	250.25	203.65	―	0.236	0.4270	【株式分割・併合等】
2017/9中間	1,532.45	170.47	140.46	16.3	0.163	0.1700	併合4→1(14/7)
2018/9中間	1,677.72	171.40	140.22	-0.2	0.162	0.1700	
2019/9中間	1,565.01	191.54	160.23	15.6	0.185	0.1700	

【本社】 香港新界沙田科学園科技大道東12号6楼 **【TEL】** 852-26636688 **【URL】** www. johnsonelectric.com
【役員】 会長兼CEO：汪穂中(Wang Shui Chung Patrick) **【上場】** 1984年7月 **【決算期】** 3月 **【従業員】** 38,000

化学

東岳集団

ドンユエ・グループ

東岳集団有限公司
Dongyue Group Ltd.

【指数構成銘柄】— 【その他上場】—

メインボード

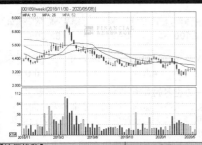

[00189/week/(2018/11/30 - 2020/05/08)]

評価	株価	年間騰落率	最低売買価格
A	**3.390** HK$	**-35.4** %	**46,511** 円

PER		予想配当利回り	PBR
予想 **4.7** 倍　実績 **4.4** 倍		**6.8** %	**0.8** 倍

中国の冷媒製造大手 エアコンや冷蔵庫に使用する冷媒のほか、フッ素系ポリマーや有機シリコーン、ジクロロメタン、ポリ塩化ビニル（PVC）、液体アルカリなどを生産。山東省シ博で不動産開発事業も手掛ける。冷媒は海爾智家（600690）や美的集団（000333）などの中国メーカーのほか、ダイキン、米デュポンといった世界的な大手企業に供給する。クリーン開発メカニズム（CDM）事業では新日鉄住金や三菱商事と提携。

19年12月本決算：減収減益 国内外の市況悪化で、主要製品の平均価格が低下。全体で9％減収となり、粗利益率も26.6％へ5ポイント超悪化した。研究開発費の9割増に加え、在庫評価損、資産使用権の償却、無形資産の減損を計上したことも痛手。部門別では、不動産開発が物件販売増で大幅増収増益となったが、その他事業は低迷。部門利益がいずれも4－6割減少した。

最新動向 20年4月、水素エネルギー素材事業の分離上場計画を発表。上海証取のハイテク企業向け新市場「科創板」に上場する計画。19年3月には有機ケイ素の製品子会社、東岳有機珪（300821）が深セン「創業板」に上場。新株3億株を発行し、正味19億8600万元を調達した。IPO後の持ち株比率は57.75％。不透明な事業環境が続く中、引き続き研究開発に注力する方針。

【株価推移】

	高値		安値	
2016年	1.980	01/04	1.060	02/25
2017年	6.010	10/23	1.370	01/03
2018年	8.830	03/15	3.660	10/29
2019年	7.540	04/08	3.580	10/02
2020年	4.610	01/03	2.780	04/06

【株価情報】

取引単位(株)	1,000	A株株価	—
時価総額(mHK$)	7,158.6	A株格差(倍)	—

【指標】 (%)

		19/12	18/12
収益性	ROA	9.8	12.9
	ROE	18.6	25.5
	粗利益率	26.6	31.9
成長性	増収率	-8.9	40.3
	増益率(営利)	—	—
	自己資本増加率	-5.5	24.2
安全性	BPS(元)	3.7	3.9
	負債比率	75.8	85.5
	流動比率	204.1	177.7
	株主資本比率	52.8	50.5

【財務】(百万元)

	19/12	18/12
流動資産	8,543.8	9,818.1
総資産	14,931.3	16,523.9
流動負債	4,186.0	5,525.5
総負債	5,975.7	7,131.7
株主資本	7,880.0	8,336.6

【CF】(百万元)

	19/12	18/12
営業CF	2,330.3	3,873.4
投資CF	-1,402.7	-2,023.7
財務CF	-1,315.0	10.4
FCF	927.6	1,849.7
現金同等物	2,943.8	3,331.1

【株式】(19/12/31)(百万株)

総数	2,111.7
流通	—
流通	100.0%
非流通	0.0%

【売上・利益構成】(19/12)(%)

	売上構成比	前年比	利益構成比	前年比
フッ素系ポリマー	26.5	-11.5	20.3	-49.7
有機シリコーン	20.7	-20.5	24.8	-48.4
冷媒	20.7	-17.9	15.7	-55.9

【主要株主】(19/12/31)

	(%)
新華聯国際投資有限公司	29.2
張建宏	8.8
崔同政	7.7

【子会社・関連会社】(19/12/31)

	(%)
山東東岳高分子材料有限公司	100.0
山東東岳化工有限公司	100.0
山東東岳有機硅材料有限公司	77.0

【業績】 [国際会計基準](百万元) ※予想：ファクトセット 　【前号予想との比較】↘ 減額

	売上高	営業利益	純利益	前年比(%)	EPS(元)	1株配(HK$)	株配・無償(株)
2016/12	7,969.77	—	588.15	—	0.280	0.1000	
2017/12	10,137.14	—	1,601.40	172.3	0.760	0.3000	
2018/12	14,218.94	—	2,129.10	33.0	1.000	0.3500	
2019/12	12,958.69	—	1,462.97	-31.3	0.700	0.2300	
2020/12予	12,408.16	—	1,367.46	-6.5	0.650	0.2300	【株式分割・併合等】
2021/12予	12,484.75	—	1,439.01	5.2	0.680	0.2400	
2018/6中間	7,373.16	—	1,207.27	69.9	0.570	—	
2019/6中間	6,046.97	—	837.25	-30.6	0.400	—	

【本社】山東省シ博市東岳気硅材料産業園【TEL】86-533-8510072【URL】www.dongyuechem.com

118 【役員】会長：張建宏(Zhang Jianhong)　【上場】2007年12月　【決算期】12月　【従業員】5,664

新濠国際発展

メルコ・インターナショナル

新濠国際発展有限公司
Melco International Development Ltd.
【指数構成銘柄】 ― 【その他上場】 ―

[00200/week/(2018/11/30 - 2020/05/08)]

評価	株価	年間騰落率	最低売買価格
E	**14.700** HK$	**-17.5** %	**201,684** 円

	PER		予想配当利回り	PBR
予想 ―	実績	**32.0** 倍	**0.4** %	**1.3** 倍

マカオのカジノ事業者 故スタンレー・ホー氏の息子、ローレンス氏の傘下。メルコリゾーツ＆エンターテインメントを通じてマカオでカジノ事業を展開する。主力は09年にコタイ地区に開業した「シティー・オブ・ドリームズ」。タイパ地区では「アルティラ・マカオ」を運営し、15年10月にコタイで「スタジオ・シティー」を開業。フィリピンのカジノ事業にも出資。

19年12月本決算：増収増益 一般カジノ部門が堅調。プレオープニングコストの低減や高級ホテル「モーフィアス」の好調、キプロスのサテライトカジノの開業なども好決算に寄与した。調整後EBITDAは15％増の125億HKドル。施設別では主力のシティー・オブ・ドリームズのEBITDAが22％増の9億2280万米ドル。一般、VIPがともに好調だった。スタジオ・シティーは11％増の4億1510万米ドル。アルティラは7％減の5150万米ドル。

今後の見通し 新型コロナの流行を受け、20年の非中核投資を見直す方針。当面は豪州への投資拡大を見送る一方、マカオ、フィリピン、キプロス、さらに統合リゾート事業免許の取得を目指す日本を中核市場と位置付ける。日本ではアンバサダーとしてテニスの大坂なおみ選手を起用すると発表した。マカオでは「スタジオシティー」2期への投資を継続する。

【株価推移】

	高値		安値	
2016年	12.900	11/29	6.880	07/08
2017年	24.450	12/20	10.120	01/03
2018年	30.500	05/02	12.540	10/30
2019年	22.000	12/30	14.700	06/04
2020年	22.800	01/03	10.020	03/19

【株価情報】

取引単位(株)	1,000	A株株価	
時価総額(mHK$)	22,259.7	A株格差(倍)	

【指標】(%)

		19/12	18/12
収益性	ROA	0.7	0.5
	ROE	4.1	3.2
	粗利益率	―	―
成長性	増収率	10.5	-1.1
	増益率(営利)	―	―
	自己資本増加率	4.4	-14.5
安全性	BPS(HK$)	11.2	10.7
	負債比率	346.3	353.1
	流動比率	121.7	93.0
	株主資本比率	16.9	16.6

【財務】(百万HK$)

	19/12	18/12
流動資産	15,150.3	16,206.0
総資産	100,361.6	98,026.2
流動負債	12,447.1	17,418.1
総負債	58,693.9	57,323.2
株主資本	16,950.3	16,232.2

【CF】(百万HK$)

	19/12	18/12
営業CF	8,677.5	10,222.3
投資CF	-7,889.7	-5,290.5
財務CF	-1,480.2	-4,749.3
FCF	787.8	4,931.9
現金同等物	11,213.1	11,892.8

【株式】(19/12/31)(百万株)

総数		1,514.3
流通	―	
	―	100.0%
非流通		0.0%

【売上・利益構成】(19/12)(%)

	売上構成比	前年比	利益構成比	前年比
カジノ	99.9	10.6	100.0	15.1
その他	0.1	-29.3		

【主要株主】(19/12/31)

	(%)
何猷龍	55.9
Southeastern Asset Management, Inc.	11.0

【子会社・関連会社】(19/12/31)

	(%)
Melco Resorts & Entertainment Ltd.	56.5
SCP Holdings Ltd.	29.9
Entertainment Gaming Asia Inc.	100.0

【業績】[香港会計基準](百万HK$) ※予想：ファクトセット 【前号予想との比較】↓ 大幅減額

	売上高	営業利益	純利益	前年比(%)	EPS(HK$)	1株配(HK$)	株配・無償(株)
2016/12	23,852.81	―	10,365.94	10,171.0	6.740	0.0350	
2017/12	41,180.09	―	474.14	-95.4	0.310	0.0620	
2018/12	40,724.67	―	522.57	10.2	0.340	0.0685	4000:1 Studio City ADS
2019/12	44,987.77	―	689.77	32.0	0.460	0.0912	
2020/12予	31,668.00	-628.80	-2,681.14	―	-1.907	0.0640	
2021/12予	44,577.46	6,016.80	1,260.40	―	0.822	0.1100	
2019/6中間	19,796.07	―	344.58	109.4	0.230	0.0450	
2019/12中間	22,352.33	―	462.30	34.3	0.310	0.0611	

【株式分割・併合等】

分割1→2(05/5)

【登記】香港中環雲咸威街60号中央広場38楼 【TEL】852-31513777 【URL】www.melco-group.com
【役員】会長：何猷龍(Ho Lawrence) 【上場】― 【決算期】12月 【従業員】23,261

通信

和記電訊香港控股

ハチソン・テレコミュニケーションズ・ホンコン

和記電訊香港控股有限公司
Hutchison Telecommunications Hong Kong Holdings Ltd.
【指数構成銘柄】 ― 【その他上場】ADR

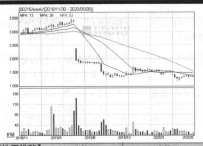

評価	株価	年間騰落率	最低売買価格
C	1.360 HK$	-47.8 %	37,318 円

PER		予想配当利回り	PBR
予想 22.3 倍 実績 15.3 倍		3.4 %	0.5 倍

香港・マカオの携帯電話キャリア大手 香港とマカオで「3（スリー）」ブランドの携帯電話事業を手掛ける。契約件数は19年末時点で370万件。固定電話部門（現社名はHGCグローバル・コミュニケーションズ）は17年10月に売却した上で、事業サービス供給者として契約した。香港ではWi-Fiサービス、マカオでは4G LTEサービスも提供。親会社は長江和記実業（00001）。

19年12月本決算：減収増益 サービス部門は香港での価格競争激化が響き、1%減収。ハードウエアの売り上げは新型スマホの需要後退で54%減。一方、旅行客や海外渡航の多い人向けの新製品とサービスの組み合わせが奏功し、ローミングサービスは8%増収と堅調に伸びた。EBITDAはコスト削減により前年を6%上回った。加入数は12%増加したものの、後払い方式の顧客流出でARPUは6%減の205HKドルにとどまった。

最近の動向 会社側は経済の後退と新型コロナの流行で不確実要素が多く、香港の需要が減退し、携帯通信市場は短期的な軟調が続くとみる。グループ内の企業や他のパートナーと引き続き協力を進め、新しいデジタルサービスやIoTによるソリューションを進展させ、競争力の維持を図る。20年4月、5Gサービスを正式に開始した。年内には香港全域をカバーする計画。

【株価推移】

	高値		安値	
2016年	3.090	07/26	2.310	01/21
2017年	3.260	12/27	2.220	03/15
2018年	3.500	02/23	2.720	03/14
2019年	3.470	05/03	1.280	09/03
2020年	1.590	01/02	1.140	03/19

【株価情報】

取引単位(株)	2,000	A株株価	―
時価総額(mHK$)	6,554.0	A株格差(倍)	―

【指標】(%)

		19/12	18/12
収益性	ROA	3.0	2.2
	ROE	3.6	2.5
	粗利益率	―	―
成長性	増収率	-29.4	17.2
	増収率(営利)	―	―
	自己資本増加率	-25.1	0.8
安全性	BPS (HK$)	2.5	3.3
	負債比率	21.0	13.7
	流動比率	317.7	550.9
	株主資本比率	82.6	87.1

【財務】(百万HK$)

	19/12	18/12
流動資産	6,275.0	10,484.0
総資産	14,476.0	18,338.0
流動負債	1,975.0	1,903.0
総負債	2,513.0	2,191.0
株主資本	11,963.0	15,976.0

【CF】(百万HK$)

	19/12	18/12
営業CF	1,485.0	517.0
投資CF	-555.0	-411.0
財務CF	-5,069.0	-4,268.0
FCF	930.0	106.0
現金同等物	5,416.0	9,555.0

【株式】(19/12/31)(百万株)

総数	4,819.1
流通 ―	
―	
	100.0%
非流通	0.0%

【主要株主】(19/12/31)

	(%)
長江和記実業有限公司（00001）	66.1
李嘉誠	8.4

【子会社・関連会社】(19/12/31)

	(%)
和記電訊服務有限公司	100.0
和記電話有限公司	100.0
和記電話（澳門）有限公司	100.0

【売上・利益構成】(19/12)(%)

	売上構成比	前年比	利益構成比	前年比
サービス	64.7	-1.3	―	―
携帯電話端末	35.3	-53.7	―	―

【業績】 [国際会計基準](百万HK$) ※予想：ファクトセット

【前号予想との比較】 ↘減額

	売上高	営業利益	純利益	前年比(%)	EPS(HK$)	1株配(HK$)	株配・無償(株)
2016/12	8,332.00	―	682.00	-25.5	0.142	0.1090	
2017/12	6,752.00	―	4,766.00	598.8	0.989	0.0845	
2018/12	7,912.00	―	404.00	-91.5	0.084	0.8630	
2019/12	5,582.00	―	429.00	6.2	0.089	0.0668	
2020/12予	5,343.81	264.65	282.09	-34.2	0.061	0.0460	
2021/12予	5,473.89	246.05	261.89	-7.2	0.061	0.0460	【株式分割・併合等】
2018/6中間	4,021.00	―	198.00	-38.9	0.041	0.0310	
2019/6中間	5,069.00	―	198.00	0.0	0.041	0.0293	

【本社】香港青衣長輝路99号和記電訊大廈19楼 【TEL】852-21282828 【URL】www.hthkh.com

120 【役員】会長：霍建寧(Fok Kin-ning Canning) 【上場】2009年5月 【決算期】12月 【従業員】986

統一企業中国控股

ユニ・プレジデント・チャイナ

統一企業中国控股有限公司
Uni-President China Holdings Ltd.
【指数構成銘柄】 ― 【その他上場】 ―

[00220/week/(2018/11/30～2020/05/08)] MPA 13 MPA 26 MPA 52

評価	株価	年間騰落率	最低売買価格
C	8.150 HK$	0.5 %	111,818 円

PER		予想配当利回り	PBR
予想 22.5 倍 実績 23.4 倍		4.3 %	2.3 倍

台湾系の飲料・即席麺大手 台湾の食品最大手、統一企業グループが中国本土の果汁飲料、即席麺事業などを注入する形で設立した。飲料では果汁飲料の「鮮橙多」、茶飲料の「統一緑茶」「冰紅茶」、ボトルウォーターの「ALKAQUA」などのブランド、即席麺では「統一100」「来一桶」「醤伴麺」などのブランドを展開する。瀋陽や武漢、昆山、広州、ウルムチなど中国各地に生産拠点を置く。アンドレ・ジュース（02218）と資本提携しており、19年末の出資比率は17.9%。

19年12月本決算：増収増益 原材料価格の下落で粗利益率が33.5%から36.0%に改善したほか、中国政府が実施した一連の減税・費用引き下げが前年比30%超の増益に寄与した。売上高は1%の小幅増だったが、うち即席麺では中高価格帯のライフスタイルヌードル「湯達人」が2桁増収と好調。売掛金回転日数は前年並みの9日、在庫回転日数は41日（前年は33日）。

最近の動向 既存ブランドの品質向上と新たなライフスタイルに合った新ブランドの開発に注力する。また、新型コロナに起因する生活スタイルの変化を見据え、消費者ニーズへの対応を強化する方針。地方当局とも連携し、社内的には全面的な操業再開と感染防止に向けたSOP（標準作業手順）の構築を進める方針。

【株価推移】

	高値		安値	
2016年	7.600	05/16	4.880	01/26
2017年	7.840	09/22	5.070	02/24
2018年	10.380	06/29	6.250	03/23
2019年	9.970	07/24	5.750	01/08
2020年	8.960	02/13	6.160	03/19

【株式情報】

取引単位(株)	1,000	A株株価	―
時価総額(mHK$)	35,202.6	A株格差(倍)	―

【指標】(%)

		19/12	18/12
収益性	ROA	6.3	4.7
	ROE	10.0	7.8
	粗利益率	36.0	33.5
成長性	増収率	1.1	4.6
	増益率(営利)	35.6	12.2
	自己資本増加率	3.2	3.2
安全性	BPS(元)	3.2	3.1
	負債比率	59.6	64.4
	流動比率	91.8	94.6
	株主資本比率	62.7	60.8

【財務】(百万元)

	19/12	18/12
流動資産	7,017.9	7,650.3
総資産	21,757.0	21,732.6
流動負債	7,641.1	8,089.5
総負債	8,124.1	8,510.3
株主資本	13,632.4	13,222.3

【CF】(百万元)

	19/12	18/12
営業CF	2,869.3	2,563.2
投資CF	-1,469.8	-3,389.5
財務CF	-1,905.4	33.1
FCF	1,399.5	-826.3
現金同等物	1,056.1	1,563.9

【株式】(19/12/31)(百万株)

総数	4,319.3	
流通	― ―	100.0%
非流通	0.0%	

【主要株主】(19/12/31) (%)

統一企業股フン有限公司	70.7

【子会社・関連会社】(19/12/31) (%)

煙台北方安徳利果汁（02218）	17.9
統一企業（中国）投資有限公司	100.0
広州統一企業有限公司	100.0

【売上・利益構成】(19/12)(%)

	売上構成比	前年比	利益構成比	前年比
飲料	57.8	0.9	75.0	25.6
即席麺	38.6	0.9	22.8	6.3
その他	3.6	8.4	2.3	87.8

【業績】 [香港会計基準](百万元) ※予想：ファクトセット

【前号予想との比較】 ↘減額

	売上高	営業利益	純利益	前年比(%)	EPS(元)	1株配(元)	株配・無償(株)
2016/12	20,985.53	962.51	607.33	-27.2	0.141	0.0281	
2017/12	20,821.95	1,186.61	878.22	44.6	0.203	0.1423	
2018/12	21,772.24	1,331.93	1,029.70	17.2	0.238	0.2384	
2019/12	22,019.74	1,806.32	1,366.21	32.7	0.316	0.3163	
2020/12予	22,587.56	1,827.06	1,419.01	3.9	0.329	0.3200	
2021/12予	23,638.54	1,997.67	1,560.99	10.0	0.360	0.3500	【株式分割・併合等】
2018/6中間	11,223.88	932.51	714.29	25.4	0.165	―	
2019/6中間	11,469.54	1,305.30	997.47	39.6	0.231	―	

【本社】上海市長寧区上海虹橋臨空経済園区臨虹路131号 【TEL】86-21-22158888 【URL】www.uni-president.com.cn
【役員】会長：羅智先(Lo Chih-Hsien) 【上場】2007年12月 【決算期】12月 【従業員】29,494

阿里健康信息技術

アリババ・ヘルス・インフォメーション・テクノロジー

IT・ソフトウエア

メインボード

阿里健康信息技術有限公司
Alibaba Health Information Technology Ltd.
【指数構成銘柄】― 【その他上場】―

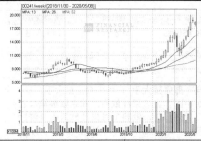

評価	株価	年間騰落率	最低売買価格
E	18.240 HK$	111.1 %	500,506 円

PER		予想配当利回り	PBR
予想 4145.5 倍 実績 ―		0.0 %	39.7 倍

アリババ傘下の医薬品通販事業者 IT大手のアリババ集団（09988）の傘下。医薬品や健康サプリのネット通販が主力で、オンラインストア「阿里健康大薬房」を展開する。広東省や江蘇省、河北省などに持つ倉庫を通じて中国全土に製品を出荷する。アリババの通販サイト「天猫」上の医薬品プラットフォームも運営。美容医療やワクチン接種、健康診断の予約などネットを通じて消費者と医療機関をつなぐサービスも提供する。

19年9月中間決算：赤字縮小 売上高が伸びる中、規模の効果で営業費用を抑制し、赤字削減につなげた。事業別の売上高は直営のネット通販事業が2.1倍、通販プラットフォームの運営事業が2.4倍に急増。売上原価が膨らみ、粗利益率は低下したもののフルフィルメント（受注から配送まで一連の業務）費や商品開発費を抑え、税引き前損益ベースで黒字に転換した。19年9月まで1年間の自社サイト購入者数は3700万人に倍増。「天猫」上の通販サイト利用者は60％増の1億6000万人。

今後の計画 中国で「新医薬品管理法」が施行され、医薬品のネット通販の規則が明確になったのを追い風に関連事業を強化する計画。オンライン診療の開発にも力点を置く。20年3月本決算は売上高が前年比88％増の95億9600万元、純損失が700万元（前年は8200万元）。

【株価推移】

	高値		安値	
2016年	5.990	06/03	3.300	01/28
2017年	4.890	05/23	2.720	03/13
2018年	8.670	07/25	3.480	02/09
2019年	10.380	04/10	5.840	01/04
2020年	19.980	04/23	8.720	01/06

【株価情報】

取引単位(株)	2,000	A株株価	―
時価総額(mHK$)	236,020.5	A株格差(倍)	―

【指標】(%)

		19/9	18/9
収益性	ROA	―	―
	ROE	―	―
	粗利益率	25.1	28.2
成長性	増収率	119.1	111.2
	増益率(営利)	―	―
	自己資本増加率	86.1	―
安全性	BPS(元)	0.4	0.2
	負債比率	60.9	105.4
	流動比率	173.5	104.2
	株主資本比率	62.7	49.2

【財務】(百万元)

	19/9	18/9
流動資産	5,191.2	2,954.7
総資産	8,013.2	5,479.1
流動負債	2,991.4	2,835.5
総負債	3,056.6	2,844.2
株主資本	5,020.6	2,698.0

【CF】(百万元)

	19/9	18/9
営業CF	475.6	302.3
投資CF	359.3	-806.1
財務CF	1,268.3	1,259.6
FCF	835.0	-503.8
現金同等物	2,447.4	1,319.1

【株式】(19/09/30) (百万株)

総数	12,021.8	
流通		100.0 %
非流通		0.0 %

【主要株主】(19/09/30)

	(%)
阿里巴巴集団控股有限公司 (09988)	56.6
Yunfeng Investment GP II, Ltd.	11.0
Pollen Internet Corp.	6.5

【子会社・関連会社】(19/03/31)

	(%)
阿里健康信息技術（北京）有限公司	100.0
阿里健康科技（中国）有限公司	100.0
阿里健康大薬房医薬連鎖有限公司	100.0

【売上・利益構成】(19/9)(%)

	売上構成比	前年比	利益構成比	前年比
医薬品のネット通販	83.4	114.6	―	―
医薬品プラットフォーム	13.1	139.8	―	―
消費者サービス	2.7	274.4	―	―

【業績】[香港会計基準](百万元) ※予想

【前号予想との比較】 ―

	売上高	営業利益	純利益	前年比(%)	EPS(元)	1株配(HK$)	株配・無償(株)
2017/3	475.08	―	-207.63	―	-0.025	―	
2018/3	2,442.62	―	-106.97	―	-0.012	―	
2019/3	5,095.87	―	-81.95	―	-0.007	―	
2020/3予	9,318.00	49.96	-75.88	―	0.004	―	
2021/3予	16,641.50	412.98	194.57	―	0.029	―	
2017/9中間	889.73	―	-90.91	―	-0.011	―	
2018/9中間	1,878.71	―	-84.10	―	-0.008	―	
2019/9中間	4,116.85	―	-1.10	―	-0.000	―	

【株式分割・併合等】

【本社】北京市朝陽区望京東街緑地中心B座17楼 【TEL】86-10-58259000 【URL】www.alihealth.cn
【役員】会長：朱順炎(Zhu Shunyan) 【上場】1972年 【決算期】3月 【従業員】884

中国光大国際
チャイナ・エバーブライト・インターナショナル

中国光大国際有限公司
China Everbright International Ltd.

【指数構成銘柄】レッドチップ　【その他上場】─

コングロマリット

メインボード

レッドチップ

[00257/week/(2018/11/30 - 2020/05/08)]
MPA:13　MPA:26　MPA:52

評価	株価	年間騰落率	最低売買価格
A	4.560 HK$	-39.0 %	62,563 円

	PER		予想配当利回り	PBR
予想 4.6 倍	実績 5.4 倍		6.4 %	0.8 倍

中国政府系の環境関連事業者 ごみ処理発電、汚水処理などを地方政府から請け負い、施設の建設運営を総合的に手掛ける。江蘇、山東、広東などを中心にポーランドやベトナムでも事業を展開。19年末時点で契約する事業はごみ処理発電125件、地方政府の水処理96件、再生可能エネルギー（バイオマス48件、ソーラー7件、風力2件）、有害・固形廃棄物処理51件。江蘇省南京に環境技術の研究所を持つ。バイオマス子会社の中国光大緑色環保（01257）が17年に香港上場。

19年12月本決算：増収増益 ごみ処理発電施設や汚水処理場の完成が相次ぎ、建設サービスの売上高が伸びる中、運営受託も増えた。事業別では主力3部門がそろって2桁の増収増益。ごみ処理発電部門は発電施設18カ所の運転開始や前年に稼働した設備の通年操業などが奏功し、発電量が28%増、電力販売量が22%増。環境技術部門は電力販売量が42%増、廃棄物の処理量が56%増と成長した。汚水処理部門は処理量が13%増。

最近の動向 環境保護関連の新規事業に積極的で、19年には省エネ照明分野に参入。北京晶朗光電科技との共同出資で新会社「光大晶朗節能照明（深セン）有限公司」を設立した。中国光大国際が60%を出資し、主に省エネタイプの街灯など屋外照明を製造する。

【株価推移】

	高値	安値
2016年	10.812 09/09	6.938 02/12
2017年	11.124 10/26	8.363 01/04
2018年	12.490 01/23	6.060 09/11
2019年	8.520 03/06	5.800 10/31
2020年	6.380 01/03	3.700 03/23

【株価情報】

取引単位(株)	1,000	A株株価	─
時価総額(mHK$)	28,012.0	A株格差(倍)	─

【指標】(%)

		19/12	18/12
収益性	ROA	4.4	4.5
	ROE	14.3	12.7
	粗利益率	30.5	34.6
成長性	増収率	37.9	35.8
	増益率(営利)	19.7	30.2
	自己資本増加率	7.1	50.4
安全性	BPS(HK$)	5.9	5.5
	負債比率	205.3	160.4
	流動比率	122.4	194.7
	株主資本比率	30.5	35.7

【財務】(百万HK$)

	19/12	18/12
流動資産	30,209.7	29,664.4
総資産	119,351.5	95,121.6
流動負債	24,671.5	15,234.4
総負債	74,624.9	54,426.3
株主資本	36,347.0	33,926.1

【CF】(百万HK$)

	19/12	18/12
営業CF	-7,487.3	-4,365.6
投資CF	-5,519.6	-7,497.9
財務CF	12,772.7	15,652.1
FCF	-13,007.0	-11,863.5
現金同等物	11,742.8	12,136.4

【株式】(19/12/31)(百万株)

総数	6,143.0
流通	─
	─
	100.0%
非流通	0.0%

【主要株主】(19/12/31) (%)

中国光大集団股フン公司	42.0
Citigroup Inc.	8.0
GIC Private Ltd.	5.0

【子会社・関連会社】(19/12/31) (%)

中国光大緑色環保有限公司 (01257)	69.7
中国光大水務有限公司 (01857)	72.9
光大環保能源（杭州）有限公司	70.0

【売上・利益構成】(19/12) (%)

	売上構成比	前年比	利益構成比	前年比
ごみ処理発電	60.5	71.1	56.8	20.2
環境保護技術	22.9	32.6	24.7	32.6
汚水処理	13.7	17.6	14.1	14.7

【業績】[香港会計基準](百万HK$) ※予想：ファクトセット

	売上高	営業利益	純利益	前年比(%)	EPS(HK$)	1株配(HK$)	株配・無償(株)
2016/12	13,971.20	4,675.41	2,784.86	33.6	0.621	0.2050	
2017/12	20,043.12	6,306.22	3,509.99	26.0	0.762	0.2400	
2018/12	27,228.00	8,212.92	4,319.24	23.1	0.858	0.2400	27:10@6HK$
2019/12	37,557.64	9,826.99	5,203.29	20.5	0.847	0.2600	
2020/12予	40,580.31	11,799.74	6,027.98	15.8	0.984	0.2920	
2021/12予	43,436.21	13,501.75	6,923.50	14.9	1.122	0.3270	
2018/6中間	11,784.39	4,070.11	2,200.90	22.6	0.478	0.1200	
2019/6中間	16,225.72	5,030.34	2,630.37	19.5	0.428	0.1300	

【前号予想との比較】 ➡ 前号並み

【株式分割・併合等】

【登記】香港夏愨道16号遠東金融中心27楼2703室　【TEL】852-28041886　【URL】www.ebchinaintl.com

【役員】会長：蔡允革(Cai Yunge)　【上場】─　【決算期】12月　【従業員】13,200

中国中信

シティック

中国中信股份有限公司
CITIC Ltd.

【指数構成銘柄】ハンセン、中国企業、レッドチップ　【その他上場】ADR

コングロマリット

メインボード　ハンセン　レッドチップ

[00267/week/(2018/11/30 - 2020/05/08)]

評価	株価	年間騰落率	最低売買価格
B	7.820 HK$	-29.8 %	107,290 円

PER		予想配当利回り	PBR
予想 4.4 倍　実績 4.2 倍		5.8 %	0.4 倍

中国政府系の投資持ち株会社 国務院直属の中国中信集団（CITIC）傘下。14年にCITICからの資産注入を受けて金融サービス、製造、資源・エネルギー、不動産などの部門を抱える中国最大級のコングロマリットとなった。中信銀行（00998）、中信資源控股（01205）、中信国際電訊（01883）、中信重工機械（601608）、中信泰富特殊集団（000708）などを傘下に持つ。主要株主の正大光明投資は伊藤忠商事とタイ財閥チャロン・ポカパン（CP）グループの合弁会社。

19年12月本決算：増収増益 主力の金融サービスは3%増益、為替の影響を除けば7%増益。中信銀行は純金利マージンの拡大と金利資産の増加で資金利益が13%増、役務取引等利益が15%増と好調な業績を維持。非金融事業は豪州鉄鋼事業の黒字化で資源・エネルギー部門が増収増益を達成。製造はダイカスト製造子会社中信戴カの株式売却益の計上と特殊鋼の生産量増加で26%増益。不振の不動産部門をカバーした。

最近の動向 20年3月に米マクドナルドの中国事業の一部権益を総額5億3300万米ドルで売却すると発表。これにより連結決算対象から外れるが、事業展開には参画する。中信銀行の20年1～3月期決算は経常収益が9%増の515億7000万元、純利益が9%増の144億5300万元。

【株価推移】

	高値		安値	
2016年	13.520	01/04	10.020	02/11
2017年	12.700	06/09	10.660	04/19
2018年	13.280	11/26	10.220	07/20
2019年	12.680	01/07	8.650	08/26
2020年	10.540	01/03	7.300	05/04

【株価情報】

取引単位(株)	1,000	A株株価	—
時価総額(mHK$)	227,485.9	A株格差(倍)	—

【指標】(%)

		19/12	18/12
収益性	ROA	0.7	0.7
	ROE	9.1	9.0
	粗利益率	—	—
成長性	増収率	6.2	18.4
	増益率(営利)	—	—
	自己資本増加率	5.9	1.4
安全性	BPS (HK$)	20.3	19.2
	負債比率	1,250.2	1,226.4
	流動比率	—	—
	株主資本比率	7.1	7.3

【財務】(百万HK$)

	19/12	18/12
流動資産	—	—
総資産	8,289,924.0	7,660,713.0
流動負債	—	—
総負債	7,395,433.0	6,850,053.0
株主資本	591,526.0	558,545.0

【CF】(百万HK$)

	19/12	18/12
営業CF	160,082.0	151,899.0
投資CF	-296,511.0	-177,691.0
財務CF	84,080.0	79,014.0
FCF	-136,429.0	-25,792.0
現金同等物	463,038.0	522,808.0

【株式】(19/12/31)(百万株)

総数		29,090.3
流通		—
		—
		100.0%
非流通		0.0%

【主要株主】(19/12/31)　(%)

中国中信集団有限公司	58.1
正大光明投資有限公司	20.0

【子会社・関連会社】(19/12/31)　(%)

中信銀行股フン有限公司 (00998)	66.0
中信泰富特殊鋼集団 (000708)	83.9
中信資源控股有限公司 (01205)	59.5

【売上・利益構成】(19/12)(%)

	売上構成比	前年比	利益構成比	前年比
金融サービス	39.2	9.5	68.9	2.7
製造	21.1	-2.1	12.1	25.7
資源エネルギー	16.8	20.6	4.8	43.4

【業績】 [香港会計基準](百万HK$) ※予想：ファクトセット　【前号予想との比較】▼減額

	売上高	営業利益	純利益	前年比(%)	EPS(HK$)	1株配(HK$)	株配・無償(株)
2016/12	381,662.00	—	43,146.00	3.2	1.480	0.3300	
2017/12	450,536.00	—	43,902.00	1.8	1.510	0.3600	
2018/12	533,285.00	—	50,239.00	14.4	1.730	0.4100	
2019/12	566,497.00	—	53,903.00	7.3	1.850	0.4650	
2020/12予	573,915.30	138,657.77	56,316.40	4.5	1.788	0.4530	【株式分割・併合等】
2021/12予	614,449.40	147,391.02	61,048.91	9.9	1.970	0.4910	
2018/6中間	258,323.00	—	30,668.00	-4.9	1.050	0.1500	
2019/6中間	277,176.00	—	33,518.00	9.3	1.150	0.1800	

【本社】香港中環添美道1号中信大厦32楼　【TEL】852-28202111　【URL】www.citic.com
【役員】会長：朱鶴新(Zhu Hexin)　【上場】1986年2月　【決算期】12月　【従業員】287,910

金蝶国際軟件集団

キンディー・インターナショナル・ソフト

金蝶国際軟件集団有限公司
Kingdee International Software Group Co.,Ltd.
【指数構成銘柄】 ― 【その他上場】 ―

評価	株価	年間騰落率	最低売買価格
D	11.680 HK$	31.1 %	160,250 円

PER		予想配当利回り	PBR
予想 116.7 倍 実績 92.2 倍		0.1 %	5.9 倍

ERPシステムの開発大手 深センを拠点にERP(統合基幹業務パッケージ)の開発・販売とクラウドサービスを手掛ける。クライアントは企業や政府機関など680万社超に上る。中国の中小企業向けソフトウエア市場で14年連続でシェアトップ(IDC調べ)。近年はクラウドサービス事業を強化しており、大企業向け「金蝶雲・蒼穹」、中小企業向け「金蝶雲・星空」、小規模企業向け「金蝶精斗雲」、Eコマース向け「管易雲」、モバイルグループウエア「雲之家」などを展開する。

19年12月本決算:増収減益 クラウドサービス事業の強化に伴い、研究開発費が膨らんだことが減益の主因。投資不動産の評価益が半減したことも利益を下押しした。部門別では主力のERPが増収増益と健闘。クラウドサービスは「金蝶雲・星空」の契約更新率が90%超に上り、顧客数は1万3800社に達した。「金蝶雲・蒼穹」は新たに130社と総額2億元超の契約を締結した。

今後の計画 会社側は引き続きクラウド事業を強化し、ビジネスモデルの転換を進めていく方針。転換の過程で利益の下押し圧力が強まると予想されるものの、長期的には収益力の向上と業界での地位確立につながるとみている。新型コロナウイルスの影響については、十分な資金を確保しており、限定的としている。

【株価推移】	高値		安値	
2016年	3.550	01/04	2.320	06/24
2017年	4.940	11/14	2.870	01/03
2018年	11.340	08/13	4.310	01/02
2019年	10.960	03/15	6.080	01/04
2020年	12.620	04/23	7.670	01/08

【株価情報】				
取引単位(株)		1,000	A株株価	―
時価総額(mHK$)		38,785.7	A株格差(倍)	―

【指標】(%)		19/12	18/12
収益性	ROA	4.4	5.4
	ROE	6.2	7.5
	粗利益率	80.4	81.7
成長性	増収率	18.4	21.9
	増益率(営利)	-6.5	7.7
	自己資本増加率	9.5	36.8
安全性	BPS(元)	1.8	1.7
	負債比率	38.0	37.4
	流動比率	212.3	169.3
	株主資本比率	71.1	72.1

【財務】(百万元)	19/12	18/12
流動資産	4,241.4	3,159.5
総資産	8,420.2	7,578.6
流動負債	1,998.1	1,866.6
総負債	2,274.5	2,045.9
株主資本	5,986.9	5,466.1

【CF】(百万元)	19/12	18/12
営業CF	962.9	905.5
投資CF	-552.7	-385.8
財務CF	32.7	-139.7
FCF	410.2	519.7
現金同等物	1,898.8	1,452.8

【株式】(19/12/31)(百万株)	
総数	3,320.7
流通	―
	100.0%
非流通	0.0%

【売上・利益構成】(19/12)(%)	売上構成比	前年比	利益構成比	前年比
ERP	60.5	2.7	81.7	16.2
クラウドサービス	39.5	54.7	―	―
投資不動産	―	―	18.3	-32.4

【主要株主】(19/12/31)	(%)
徐少春	22.2
The Capital Group Companies, Inc.	9.8
JD Oriental Investment Ltd.	8.7

【子会社・関連会社】(19/12/31)	(%)
金蝶軟件(中国)有限公司	100.0
金蝶蝶金雲計算有限公司	100.0
金蝶汽車網絡科技有限公司	56.0

【業績】 [国際会計基準](百万元)※予想:ファクトセット						【前号予想との比較】 ➘ 減額
	売上高	営業利益	純利益	前年比(%)	EPS(元)	1株配(元)	株配・無償(株)
2016/12	1,862.21	248.90	288.23	172.5	0.100	―	
2017/12	2,303.46	420.76	310.00	7.6	0.110	0.0130	
2018/12	2,808.66	453.31	412.11	32.9	0.132	0.0100	
2019/12	3,325.59	423.79	372.58	-9.6	0.115	0.0110	
2020/12予	3,783.59	361.18	289.90	-22.2	0.091	0.0080	【株式分割・併合等】
2021/12予	4,599.10	453.07	392.46	35.4	0.123	0.0110	
2018/6中間	1,279.10	167.45	169.78	59.5	0.055	―	
2019/6中間	1,485.16	123.92	109.64	-35.4	0.035	―	

【本社】深セン市南山区高新科技園南区科技南12路2号金蝶軟件園 【TEL】86-400-8836836 【URL】www.kingdee.com
【役員】会長:徐少春(Xu Shao Chun) 【上場】2005年7月 【決算期】12月 【従業員】8,903

粵海投資

グァンドン・インベストメント

コングロマリット

メインボード

レッドチップ

粤海投資有限公司
Guangdong Investment Ltd.

【指数構成銘柄】中国企業、レッドチップ　【その他上場】—

評価	株価	年間騰落率	最低売買価格
B	15.780 HK$	5.9 %	433,003 円

PER		予想配当利回り	PBR
予想 19.8 倍　実績 20.4 倍		3.9 %	2.5 倍

広東省政府系コングロマリット 広東省政府系の投資会社が親会社。主力は給水・水処理事業。ほかに不動産、小売り、ホテル、発電、有料道路なども手掛ける。主な賃貸物件は「天河城広場」「粤海投資大厦」など。子会社の広東天河城百貨がデパートを運営するほか、広東省の「イオン」を運営する広東永旺天河城商業にも27％出資する。19年末時点で傘下のデパートは7店、ホテルは35軒（中国31、香港3、マカオ1）。

19年12月本決算：増収増益 売上高が25％増と堅調だったものの、プラスの特殊要因がはく落するなかで最終利益は1％増と伸び悩んだ。前年は不動産デベロッパーの買収に絡む一時利益を計上していた。不動産投資の再評価益や為替差益が減少したことも響いた。部門別では売上全体の6割弱を占める給水・水処理部門が7％増益、同2割を占める不動産部門が40％増益。一方、小売りやホテル部門が減収減益と苦戦した。

最近の動向 会社側は新型コロナの流行による不動産、有料道路、ホテル、小売りの各部門へ影響を警戒。ただ、主力の給水・水処理部門への影響は相対的に小さくなると見込み、業績の下支えに期待する。20年1－3月期決算は売上高が前年同期比1％増の34億1500万HKドル、純利益が18％減の9億8600万HKドルだった。

【株価推移】

	高値		安値	
2016年	13.000	09/29	8.000	01/21
2017年	12.160	04/27	9.410	01/26
2018年	15.580	12/13	10.320	01/09
2019年	17.340	11/04	14.120	04/15
2020年	17.000	01/23	11.980	03/19

【株価情報】

取引単位(株)	2,000	A株株価	—
時価総額(mHK$)	103,166.8	A株格差(倍)	—

【指標】(%)

		19/12	18/12
収益性	ROA	6.6	6.9
	ROE	12.3	12.4
	粗利益率	52.5	57.4
成長性	増収率	24.9	9.8
	増益率(営利)	—	—
	自己資本増加率	1.9	0.4
安全性	BPS(HK$)	6.3	6.2
	負債比率	62.5	58.8
	流動比率	244.5	321.1
	株主資本比率	53.9	55.2

【財務】(百万HK$)

	19/12	18/12
流動資産	26,022.8	29,616.2
総資産	76,424.5	73,182.4
流動負債	10,642.2	9,222.7
総負債	25,731.5	23,722.0
株主資本	41,156.4	40,372.3

【CF】(百万HK$)

	19/12	18/12
営業CF	6,639.7	6,327.3
投資CF	1,411.3	-5,348.7
財務CF	-5,795.1	-389.1
FCF	8,051.1	978.6
現金同等物	8,948.2	6,887.0

【株式】(19/12/31)(百万株)

総数	6,537.8
流通	—
	100.0 %
非流通	0.0 %

【主要株主】(19/12/31) (%)

広東粤海控股集団有限公司	56.5

【子会社・関連会社】(19/12/31) (%)

粤港供水(控股)有限公司	96.0
広東天河城(集団)股フン有限公司	76.1
広東天河城百貨有限公司	85.2

【売上・利益構成】(19/12)(%)

	売上構成比	前年比	利益構成比	前年比
給水・水処理	56.7	15.0	61.7	6.8
不動産	23.6	138.3	22.2	39.8
発電	7.3	-6.7	4.9	61.4

【業績】[香港会計基準](百万HK$) ※予想：ファクトセット

【前号予想との比較】 ↘減額

	売上高	営業利益	純利益	前年比(%)	EPS(HK$)	1株配(HK$)	株配・無償(株)
2016/12	10,464.20	—	4,212.04	7.9	0.673	0.4200	
2017/12	12,168.84	—	5,685.37	35.0	0.880	0.4850	
2018/12	13,363.60	—	5,015.12	-11.8	0.767	0.5350	
2019/12	16,691.21	—	5,044.37	0.6	0.772	0.5780	
2020/12予	17,424.05	7,536.52	5,117.92	1.5	0.796	0.6100	【株式分割・併合等】
2021/12予	19,167.47	8,515.52	5,727.92	11.9	0.891	0.6480	
2018/6中間	6,581.18	—	2,671.85	-29.4	0.409	0.1600	
2019/6中間	7,164.76	—	2,700.96	1.0	0.413	0.1730	

【登記】香港干諾道中148号粤海投資大厦28-29楼 【TEL】852-28604368 【URL】www.gdi.com.hk

【役員】会長：侯外林(Hou Wailin) 【上場】1993年1月 【決算期】12月 【従業員】7,805

瑞安房地産

シュイ・オン・ランド

瑞安房地産有限公司
Shui On Land Ltd.
【指数構成銘柄】― 【その他上場】―

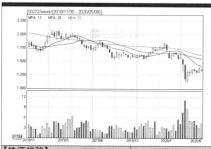

[00272/week(2018/11/30～2020/05/08)]

評価	株価	年間騰落率	最低売買価格
B	**1.350** HK$	**-26.6** %	**9,261** 円

PER		予想配当利回り	PBR
予想 **5.1** 倍　実績 **5.1** 倍		**8.9** %	**0.2** 倍

不動産デベロッパー大手 香港のコングロマリット瑞安集団の本土不動産部門で、同集団創業者の羅康瑞氏が会長。06年に瑞安建業（00983）から分離上場した。住宅、オフィス、商業施設からなる大規模複合施設の開発に強みを持つ。19年末時点で上海、武漢、重慶、仏山の4都市で11件の開発プロジェクトを抱え、持ち分ベースでの総床面積は430万平米に上る。近年は資産を極力持たない「アセットライト戦略」を推進。

19年12月本決算：減収増益 仏山の商業用地の引当金や関連会社の減損損失など前年に計上した一時損失の影響が剥落。売上高は上海のプロジェクトの権益売却で大きく落ち込んだが、その他損失額が9億7300万元減ったことで増益を確保した。主力の不動産開発部門は上海瑞虹新城の売却で売上高が67%減、部門利益も36%減と落ち込んだ。同期の成約額は44%減の125億100万元、成約面積は13%増の40万9600平米。

最近の動向 20年1～3月期の不動産販売額（成約ベース）は前年同期比138%増の20億4100万元。販売面積は41%減の2万6800平米、1平米当たり平均販売価格は7万6700元だった。このほか20年3月末時点の販売予約額は21億3200万元に上る。20年は持ち分換算で床面積23万5700平米の物件販売を予定している。

【株価推移】

	高値		安値	
2016年	2.290	09/07	1.620	12/23
2017年	2.250	09/21	1.570	02/03
2018年	2.800	01/31	1.530	10/25
2019年	2.070	02/26	1.530	08/15
2020年	1.840	01/17	1.120	03/19

【株価情報】

取引単位(株)	500	A株株価	―
時価総額(mHK$)	10,884.0	A株格差(倍)	―

【指標】(%)

		19/12	18/12
収益性	ROA	1.8	1.7
	ROE	4.8	4.9
	粗利益率	51.1	28.8
成長性	増収率	-58.2	34.6
	増益率(営利)	-25.3	-9.3
	自己資本増加率	2.6	2.0
安全性	BPS(元)	5.0	4.8
	負債比率	147.5	161.4
	流動比率	164.1	109.7
	株主資本比率	37.0	35.4

【財務】(百万元)

	19/12	18/12
流動資産	34,280.0	39,908.0
総資産	108,416.0	110,250.0
流動負債	20,896.0	36,393.0
総負債	59,109.0	63,031.0
株主資本	40,076.0	39,047.0

【CF】(百万元)

	19/12	18/12
営業CF	-1,717.0	11,360.0
投資CF	3,324.0	-6,446.0
財務CF	-4,147.0	-6,509.0
FCF	1,607.0	4,914.0
現金同等物	10,570.0	13,104.0

【株式】(19/12/31)(百万株)

総数	8,062.2
流通	―
	100.0%
非流通	0.0%

【主要株主】(19/12/31)

	(%)
羅康瑞	57.2

【子会社・関連会社】(19/12/31)

	(%)
仏山瑞東置業有限公司	100.0
仏山益康置業有限公司	100.0
上海駿興房地産開発有限公司	98.0

【売上・利益構成】(19/12)(%)

	売上構成比	前年比	利益構成比	前年比
不動産開発	69.9	-67.3	67.9	-36.4
不動産賃貸	22.6	11.0	30.9	-29.8
建築	5.2	81.8	0.1	-72.7

【業績】[国際会計基準](百万元) ※予想:ファクトセット

【前号予想との比較】↑ 大幅増額

	売上高	営業利益	純利益	前年比(%)	EPS(元)	1株配(HK$)	株配・無償(株)
2016/12	17,600.00	5,272.00	1,088.00	38.1	0.136	0.0500	
2017/12	18,451.00	7,190.00	1,669.00	53.4	0.208	0.1000	
2018/12	24,841.00	6,518.00	1,906.00	14.2	0.237	0.1200	
2019/12	10,392.00	4,872.00	1,932.00	1.4	0.240	0.1200	
2020/12予	10,059.00	3,279.00	2,088.38	8.1	0.240	0.1200	【株式分割・併合等】
2021/12予	7,886.43	2,153.00	2,147.28	2.8	0.250	0.1200	
2018/6中間	19,032.00	4,729.00	1,225.00	36.4	0.152	0.0360	
2019/6中間	7,902.00	3,259.00	1,326.00	8.2	0.164	0.0360	

【本社】上海市黄浦区淮海中路333号瑞安広場26楼【TEL】86-21-63861818【URL】www.shuionland.com
【役員】会長：羅康瑞(Lo Hong Sui Vincent)【上場】2006年10月　【決算期】12月　【従業員】3,237

通信用機器

メインボード

比亜迪電子（国際）

ピーワイディー・エレクトロニック

比亜迪電子（国際）有限公司
BYD Electronic (International) Co.,Ltd.
【指数構成銘柄】 ― 　【その他上場】 ―

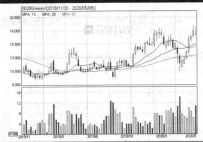

[00285/week/(2018/11/30 - 2020/05/08)]

評価	株価	年間騰落率	最低売買価格
A	**17.240** HK$	**30.2** %	**118,266** 円

PER		予想配当利回り	PBR
予想 **7.3** 倍　実績 **22.1** 倍		**2.0** %	**2.1** 倍

中国のスマホ部品・受託製造大手 BYD（01211）の子会社。電子機器受託製造（EMS）業者としてスマホなどの部品製造や組み立てを請け負う。部品の設計から完成品まで垂直統合型の一貫業務に強み。主力製品はケーシング、キーパッドなどの筐体部品。近年はセラミック、非接触充電やRF（高周波）技術に対応した3Dガラスなどの新型材料に注力。車載電子機器や小型ドローンも手掛ける。中国のほかインドなどに工場を持つ。

19年12月本決算：増収減益 米中貿易摩擦の影響と5Gスマホ待ちの買い控えで上期に49%減益だった上、新規事業関連の研究開発費の増加が重しとなったが、新製品の発売や経営効率の改善で下期の業績が回復。通期では27%減益に持ち直した。製品別の売上高はスマホ・ノートPCが454億元で全体の86%相当。地域別の顧客構成では中華圏が前年の79%から82%に上昇した。

最近の動向 新型コロナ感染拡大の影響で不足しているマスクと消毒液の生産を開始。20年3月時点での1日当たりの生産能力はマスクが500万枚、消毒液が30万本。20年1～3月期決算は売上高が前年同期比18%減の85億6400万元、純利益が69%増の6億5700万元。20年6月中間決算に関しては、事業規模の拡大を理由に純利益が前年同期の3.8倍に拡大する見通しを発表済み。

【株価推移】

	高値		安値	
2016年	7.370	11/10	2.930	02/15
2017年	26.450	10/11	5.560	01/13
2018年	20.700	02/27	7.740	08/20
2019年	16.700	12/16	8.800	01/04
2020年	18.840	04/29	10.400	03/18

【株式情報】

取引単位(株)	500	A株株価	―
時価総額(mHK$)	38,845.3	A株格差(倍)	―

【指標】(%)

		19/12	18/12
収益性	ROA	5.7	8.4
	ROE	9.4	13.8
	粗利益率	7.5	10.2
成長性	増収率	29.2	5.9
	増益率(営利)	―	―
	自己資本増加率	7.4	11.5
安全性	BPS(元)	7.5	7.0
	負債比率	65.0	64.6
	流動比率	164.3	169.8
	株主資本比率	60.6	60.7

【財務】(百万元)

	19/12	18/12
流動資産	17,082.1	17,089.5
総資産	28,027.0	26,051.2
流動負債	10,398.8	10,061.5
総負債	11,037.5	10,225.8
株主資本	16,989.5	15,825.3

【CF】(百万元)

	19/12	18/12
営業CF	378.6	4,780.9
投資CF	-2,852.2	-2,292.0
財務CF	-623.0	-561.0
FCF	-2,473.6	2,488.9
現金同等物	1,650.7	4,741.4

【株式】(19/12/31)(百万株)

総数	2,253.2
流通	―
	100.0%
非流通	0.0%

【主要株主】(19/12/31)　　　(%)

比亜迪股フン有限公司（01211）	65.8
Gold Dragonfly Ltd.	6.1

【子会社・関連会社】(19/12/31)　(%)

比亜迪精密製造有限公司	100.0
恵州比亜迪電子有限公司	100.0
BYD India Private Ltd.	100.0

【売上・利益構成】(19/12)(%)

	売上構成比	前年比	利益構成比	前年比
携帯端末部品・モジュール	100.0	29.2	100.0	-27.0

【業績】 [香港会計基準] (百万元) ※予想：ファクトセット

【前号予想との比較】 ↑ 大幅増額

	売上高	営業利益	純利益	前年比(%)	EPS(元)	1株配(元)	株配・無償(株)
2016/12	36,734.26	―	1,233.49	35.8	0.550	0.1360	
2017/12	38,774.42	―	2,584.87	109.6	1.150	0.2300	
2018/12	41,047.14	―	2,188.62	-15.3	0.970	0.1950	
2019/12	53,028.38	―	1,597.65	-27.0	0.710	0.0710	
2020/12予	79,026.51	5,002.20	4,704.24	194.4	2.152	0.3210	【株式分割・併合等】
2021/12予	86,526.98	3,145.00	3,078.53	-34.6	1.355	0.1920	
2018/6中間	19,511.16	―	1,134.65	-14.2	0.500		
2019/6中間	23,280.21	―	575.20	-49.3	0.260		

【本社】深セン市龍崗区宝龍工業城宝荷路3001号 【TEL】852-21366185 【URL】 www.byd-electronics.com

【役員】会長：王伝福(Wang Chuan-fu) 【上場】2007年12月 【決算期】12月 【従業員】99,000

万洲国際

ダブリューエイチ・グループ

万洲国際有限公司
WH Group Ltd.

【指数構成銘柄】ハンセン 【その他上場】—

評価	株価	年間騰落率	最低売買価格
B	7.130 HK$	-12.0 %	48,912 円

PER		予想配当利回り	PBR
予想 9.1 倍	実績 9.2 倍	4.4 %	1.6 倍

豚肉生産の世界最大手 中国と米国を中心に養豚、生鮮豚肉、肉製品の製造・販売を手掛ける。豚肉生産コストが安い米国から大消費地の中国に輸出する事業モデルに強み。中国事業は河南双匯投資発展（000895）、米国事業は13年に買収したスミスフィールド・フーズを通じて展開する。地域別売上比率は中国36％、米国55％（19年12月期）。上場前の旧社名は双匯国際控股。17年9月にハンセン指数構成銘柄に採用。

19年12月本決算：増収増益 生物資産評価額が前年の10億9400万米ドルから12億4400万米ドルに14％増加したことが利益を押し上げたが、同評価額を除いても純利益は32％増と好調だった。主力の肉製品は2％増益と安定成長。豚コレラの流行を受けた原材料価格の急騰で利幅が縮小し、中国事業は6％減益と振るわなかった半面、米国では製品の高付加価値化や管理費の削減が寄与して約8％の増益。豚生体価格の上昇が寄与して生鮮肉部門は6割増益、養豚部門は黒字転換を達成した。

今後の見通し 中国で豚コレラの影響が続き、業界の統合が進む中、加工肉部門のシェア拡大と垂直統合型事業モデルの強化を図る。米国では輸出拡大に注力。20年1～3月期決算は売上高が前年同期比19％増の62億8200万米ドル、純利益が19％減の2億8100万米ドル。

【株価推移】

	高値		安値	
2016年	7.210	10/25	4.080	01/18
2017年	9.310	12/21	5.660	01/24
2018年	9.900	02/27	5.110	09/12
2019年	9.950	04/23	5.580	01/04
2020年	8.900	01/14	5.920	03/19

【株価情報】

取引単位(株)	500	A株株価	—
時価総額(mHK$)	104,959.0	A株格差(倍)	—

【指標】(%)

		19/12	18/12
収益性	ROA	8.5	6.2
	ROE	16.9	12.2
	粗利益率	21.7	20.8
成長性	増収率	6.6	1.0
	増益率(営利)	—	—
	自己資本増加率	12.1	4.0
安全性	BPS(US$)	0.6	0.5
	負債比率	90.2	88.8
	流動比率	173.4	164.1
	株主資本比率	50.2	50.6

【財務】(百万US$)

	19/12	18/12
流動資産	6,707.0	5,460.0
総資産	17,282.0	15,298.0
流動負債	3,869.0	3,328.0
総負債	7,830.0	6,880.0
株主資本	8,684.0	7,746.0

【CF】(百万US$)

	19/12	18/12
営業CF	1,463.0	1,255.0
投資CF	-796.0	-1,217.0
財務CF	-593.0	-790.0
FCF	667.0	38.0
現金同等物	552.0	484.0

【株式】(19/12/31)(百万株)

総数	14,720.7
流通	—
100.0%	
非流通	—
0.0%	

【主要株主】(19/12/31)

	(%)
興泰集団有限公司	35.8
万隆	23.9

【子会社・関連会社】(19/12/31)

	(%)
河南双匯投資発展股フン有限公司 (000895)	73.4
Smithfield Foods, Inc.	100.0
羅特克斯有限公司	100.0

【売上・利益構成】(19/12)(%)

	売上構成比	前年比	利益構成比	前年比
肉製品	51.2	1.5	73.4	1.7
生鮮・冷凍豚肉	41.8	10.3	18.8	63.8
養豚	3.9	36.2	7.8	—

【業績】[国際会計基準](百万US$) ※予想：ファクトセット

	売上高	営業利益	純利益	前年比(%)	EPS(US$)	1株配(HK$)	株配・無償(株)
2016/12	21,534.00	—	1,036.00	31.8	0.076	0.2600	
2017/12	22,379.00	—	1,133.00	9.4	0.078	0.2700	
2018/12	22,605.00	—	943.00	-16.8	0.064	0.2000	
2019/12	24,103.00	—	1,465.00	55.4	0.100	0.3150	
2020/12予	25,777.22	2,254.62	1,480.06	1.0	0.101	0.3140	
2021/12予	26,657.53	2,384.59	1,576.22	6.5	0.108	0.3260	
2018/6中間	11,169.00	—	514.00	-7.7	0.035	0.0500	
2019/6中間	11,127.00	—	569.00	10.7	0.039	0.0500	

【前号予想との比較】 ↗ 増額

【株式分割・併合等】

【本社】香港九龍柯士甸道西1号環球貿易広場76楼7602B-7604A室 【TEL】852-28682828 【URL】www.wh-group.com
【役員】会長：万隆(Wan Long) 【上場】2014年8月 【決算期】12月 【従業員】101,000

食品・飲料

華潤ビール（控股）

チャイナリソーシズ・ビール

華潤ビール（控股）有限公司
China Resources Beer (Holdings) Co.,Ltd.

【指数構成銘柄】中国企業、レッドチップ　【その他上場】ADR

メインボード

評価	株価	年間騰落率	最低売買価格
D	40.200 HK$	12.1 %	1,103,088 円

	PER		予想配当利回り	PBR
予想 48.9 倍	実績 91.4 倍		0.8 %	6.0 倍

中国最大のビール会社 国務院直属の華潤集団傘下。中国と香港で小売り、ビール、飲料、食品の4事業を手掛けていたが、15年にビール以外の事業を親会社に売却して経営資源をビール事業に集約した。主力ブランド「雪花Snow」は08年以降、ブランド別の販売量で世界トップを誇る。19年末時点で国内25の省・直轄市・自治区に74の工場を操業し、年産能力は約2050万kl。SABミラーとの合弁事業は16年10月に解消した。

19年12月本決算：増収増益 経営資源をビール事業に集中させた15年以降で最高益を更新した。固定資産の減損損失が減少したほか、生産効率の向上で各種コストも減少。新たな企業年金制度の導入で前年に一過性引当金を計上していた反動もあった。19年のビール販売量は1％増の1143万kl。19年4月に買収を完了したハイネケンの中国事業の貢献もあり、中高級ビールの販売量が9％増加。全体の平均販売価格も3％上昇した。

今後の見通し 新型コロナの影響で20年1－2月の売上高とEBITはそれぞれ前年同期比で26％、42％減少した。会社側は、売り上げは徐々に上向くと予想。20年通期のビール販売量については楽観的な見方を示している。ハイネケンとの戦略提携を通じ、4つの中国ブランドと4つの国際ブランドを軸に競争力を高める方針。

【株価推移】

	高値		安値	
2016年	18.080	09/06	10.761	02/11
2017年	28.800	12/22	14.460	01/19
2018年	39.900	06/19	25.250	10/30
2019年	46.100	11/18	24.100	01/04
2020年	43.450	01/10	30.450	03/19

【株価情報】

取引単位(株)	2,000	A株価格	—
時価総額(mHK$)	130,415.9	A株格差(倍)	—

【指標】(%)

		19/12	18/12
収益性	ROA	3.2	2.5
	ROE	6.7	5.2
	粗利益率	36.8	35.1
成長性	増収率	4.2	7.2
	増益率(営利)	—	—
	自己資本増加率	4.4	2.3
安全性	BPS(元)	6.1	5.8
	負債比率	111.2	108.0
	流動比率	49.2	46.0
	株主資本比率	47.3	48.0

レッドチップ

【財務】(百万元)

	19/12	18/12
流動資産	9,775.0	8,450.0
総資産	41,591.0	39,271.0
流動負債	19,856.0	18,370.0
総負債	21,864.0	20,361.0
株主資本	19,670.0	18,848.0

【CF】(百万元)

	19/12	18/12
営業CF	4,098.0	3,934.0
投資CF	-2,768.0	-1,014.0
財務CF	-878.0	-3,454.0
FCF	1,330.0	2,920.0
現金同等物	2,340.0	1,858.0

【株式】(19/12/31)(百万株)

総数	3,244.2
流通	—
	100.0%
非流通	0.0%

【主要株主】(19/12/31) (%)

華潤（集団）有限公司	51.9
Gaoling Fund, L.P.	5.5
Morgan Stanley	5.3

【子会社・関連会社】(19/12/31) (%)

華潤雪花ビール（四川）有限責任公司	100.0
華潤雪花ビール（北京）有限公司	100.0
華潤雪花ビール（上海）有限公司	100.0

【売上・利益構成】(19/12)(%)

	売上構成比	前年比	利益構成比	前年比
ビール	100.0	4.2	100.0	45.1

【業績】［香港会計基準］(百万元)　※予想：ファクトセット

【前号予想との比較】 ↓ 大幅減額

	売上高	営業利益	純利益	前年比(%)	EPS(元)	1株配(元)	株配・無償(株)
2016/12	28,694.00	—	629.00	—	0.220	0.0800	3:1@11.73HK$
2017/12	29,732.00	—	1,175.00	86.8	0.360	0.1400	
2018/12	31,867.00	—	977.00	-16.9	0.300	0.1200	
2019/12	33,190.00	—	1,312.00	34.3	0.400	0.1650	
2020/12予	31,474.63	3,262.52	2,189.71	66.9	0.748	0.2750	【株式分割・併合等】
2021/12予	36,038.38	4,881.95	3,498.84	59.8	1.138	0.4650	
2018/6中間	17,565.00	—	1,508.00	28.9	0.460	0.0900	
2019/6中間	18,825.00	—	1,871.00	24.1	0.580	0.1200	

【本社】香港湾仔港仟湾道26号華潤大厦39楼 【TEL】852-28271028 【URL】www.crbeer.com.hk

【役員】会長：— 【上場】— 【決算期】12月 【従業員】30,000

国泰航空

キャセイ・パシフィック

国泰航空有限公司
Cathay Pacific Airways Ltd.
【指数構成銘柄】— 【その他上場】ADR

評価	株価	年間騰落率	最低売買価格
E	9.120 HK$	-28.0 %	125,126 円

PER		予想配当利回り	PBR
予想 — 実績 21.2 倍		0.2 %	0.6 倍

香港のフラッグキャリア 太古A（00019）の傘下。香港国際空港を拠点に、世界54カ国・地域244都市に就航する。全額出資する地域空運のキャセイドラゴン航空と貨物空運のエアドラゴンを合わせ、運用機材は19年末時点で236機。中国本土では、株式を持ち合う中国国際航空（00753）と香港－北京路線を共同運航する。19年7月、格安航空会社の香港エクスプレス航空を買収。

19年12月本決算：減収減益 香港デモの激化が響いて空運需要が急減し、下半期に業績が悪化。上半期は黒字転換したものの、7～12月期利益が前年同期比87％減の3億4400万HKドルに落ち込んだ。旅客部門の売上高は1％増の739億8500万HKドル、旅客数が1％減の3523万3000人。収益性の高いファースト・ビジネスクラスが大きく減った。貨物部門の売上高は16％減の238億1000万HKドル、輸送量は6％減の202万2000トンに縮小。

収益見通し 20年1～4月の損益は45億HKドルの赤字だった。新型コロナによる打撃が大きく、4月は定期運航便の目的地を14カ所に限定。旅客需要は低迷し続け、1日当たり旅客が500人を割り込んだ。会社側は20年5月「向こう数カ月は事業の先行きが暗い」と発表。香港政府が移動規制を緩和することを前提に、旅客輸送能力を5月に3％増、6月に5％増とする方針を示した。

【株価推移】

	高値		安値	
2016年	14.060	03/09	10.000	10/28
2017年	13.480	10/20	10.200	05/16
2018年	14.820	03/15	9.810	10/29
2019年	14.140	03/27	9.270	08/13
2020年	11.740	01/03	7.560	03/19

【株価情報】

取引単位（株）	1,000	A株株価	—
時価総額（mHK$）	35,876.7	A株格差（倍）	—

【指標】(%)

		19/12	18/12
収益性	ROA	0.8	1.2
	ROE	2.7	3.7
	粗利益率	—	—
成長性	増収率	-3.7	14.2
	増益率（営利）	-4.3	—
	自己資本増加率	-1.8	4.6
安全性	BPS (HK$)	16.0	16.3
	負債比率	241.7	197.6
	流動比率	48.0	61.3
	株主資本比率	29.3	33.6

【財務】(百万HK$)

	19/12	18/12
流動資産	27,284.0	29,618.0
総資産	214,516.0	190,294.0
流動負債	56,862.0	48,345.0
総負債	151,740.0	126,355.0
株主資本	62,773.0	63,936.0

【CF】(百万HK$)

	19/12	18/12
営業CF	15,342.0	14,525.0
投資CF	-11,604.0	-8,632.0
財務CF	-2,469.0	-5,122.0
FCF	3,738.0	5,893.0
現金同等物	8,881.0	7,653.0

【株式】(19/12/31)（百万株）

総数	3,933.8	
流通	—	
	100.0%	
非流通	0.0%	

【主要株主】(19/12/31)

	(%)
太古股フン有限公司（00019）	45.0
中国国際航空股フン有限公司（00753）	30.0
Qatar Airways Q.C.S.C.	10.0

【子会社・関連会社】(19/12/31)

	(%)
港龍航空有限公司	100.0
香港華民航空有限公司	100.0
中国国際航空股フン有限公司（00753）	18.1

【売上・利益構成】(19/12)(%)

	売上構成比	前年比	利益構成比	前年比
本体とドラゴン航空	94.8	-4.5	78.7	23.5
エア・ホンコン	2.5	-27.9	21.3	-38.2
香港エクスプレス	1.8			

【業績】[香港会計基準]（百万HK$）※予想：ファクトセット

【前号予想との比較】↓ 大幅減額

	売上高	営業利益	純利益	前年比(%)	EPS(HK$)	1配当(HK$)	株配・無償（株）
2016/12	92,751.00	-525.00	-575.00	—	-0.146	0.0500	
2017/12	97,284.00	-1,449.00	-1,259.00	—	-0.320	0.0500	
2018/12	111,060.00	3,595.00	2,345.00	—	0.596	0.3000	
2019/12	106,973.00	3,441.00	1,691.00	-27.9	0.430	0.1800	11:7@4.68HK$
2020/12予	75,761.97	-5,124.86	-7,066.17	—	-1.759	0.0150	【株式分割・併合等】
2021/12予	102,165.88	4,913.94	2,195.70	—	0.566	0.2160	
2018/6中間	53,078.00	697.00	-263.00	—	-0.067	0.1800	
2019/6中間	53,547.00	2,474.00	1,347.00	—	0.342	0.1800	

【登記】香港中環金鐘道88号太古広場1座33楼 **【TEL】**852-27475210 **【URL】**www.cathaypacific.com

【役員】会長：Patrick Healy **【上場】**1986年5月 **【決算期】**12月 **【従業員】**34,200

化学

中化化肥控股

シノフェルト・ホールディングス

中化化肥控股有限公司
Sinofert Holdings Ltd.

【指数構成銘柄】— 【その他上場】—

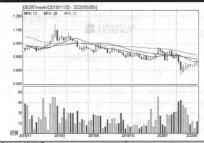

評価	株価	年間騰落率	最低売買価格
C	**0.740** HK$	**-21.3** %	**20,306** 円

PER		予想配当利回り	PBR
予想 **6.1** 倍　実績 **7.7** 倍		**2.2** %	**0.6** 倍

中国政府系の化学肥料大手 国務院直属の中国中化集団の子会社。化学肥料の輸入販売で中国最大手。カリ肥料、リン酸肥料、窒素肥料、複合肥料などを扱う。中国で肥料小売りチェーンの「肥美特」も展開。化学肥料原料のリン鉱石などの採掘も手掛ける。19年の化学肥料販売量は1151万トン。製造規模も国内最大を誇る。カナダの肥料大手ニュートリエンが2位株主。18年に青海塩湖工業（000792）の持ち株を売却した。

19年12月本決算：減収増益 販売量は小幅に減少したものの、3割増益を確保。製品の差別化で平均販売単価を引き上げ、粗利益率が0.8ポイント改善した。コスト面では管理費が2％増えたものの、販売費が10％減、金融費用が20％減。販売費については、輸送費などを自己負担する顧客の比率を拡大したことが奏功した。製品別では、カリ肥料が24％減の184万トン、窒素肥料が8％増の346万トン、リン酸肥料が7％増の232万トン。また高付加価値製品の販売量は32％増えた。

今後の見通し 会社側はオンライン販売プラットフォームの活用、輸送車両の効率的運用などによって新型コロナウイルスの影響を最小限に抑える構え。生産能力は引き続き長期的に拡大する方針。高付加価値製品の生産ラインが22年に複数稼働する計画となっている。

【株価推移】

	高値		安値	
2016年	1.380	01/04	0.900	06/16
2017年	1.810	10/23	0.950	06/01
2018年	1.510	01/18	0.830	08/16
2019年	1.160	03/01	0.750	12/09
2020年	0.900	01/07	0.590	03/19

【株価情報】

取引単位(株)	2,000	A株株価	—
時価総額(mHK$)	5,198.1	A株格差(倍)	—

【指標】(%)

		19/12	18/12
収益性	ROA	3.6	2.6
	ROE	7.9	6.3
	粗利益率	9.1	8.3
成長性	増収率	-0.2	30.3
	増益率（営利）	29.2	—
	自己資本増加率	5.6	7.4
安全性	BPS（元）	1.1	1.0
	負債比率	118.3	141.2
	流動比率	121.4	117.3
	株主資本比率	45.9	41.7

【財務】(百万元)

	19/12	18/12
流動資産	10,638.4	11,697.6
総資産	16,873.8	17,607.4
流動負債	8,765.3	9,974.1
総負債	9,172.4	10,366.5
株主資本	7,750.8	7,343.2

【CF】(百万元)

	19/12	18/12
営業CF	1,327.2	-807.3
投資CF	451.2	3,360.8
財務CF	-1,035.7	-2,255.7
FCF	1,778.4	2,553.5
現金同等物	1,334.0	589.1

【株式】(19/12/31)(百万株)

総数	7,024.5
流通	—
	100.0%
非流通	0.0%

【主要株主】(19/12/31) (%)

中国中化股フン有限公司	52.7
Nutrien Ltd.	22.3

【子会社・関連会社】(19/12/31) (%)

中化化肥有限公司	100.0
中化吉林長山化工有限公司	98.2
中化化肥美特農資連鎖有限公司	100.0

【売上・利益構成】(19/12)(%)

	売上構成比	前年比	利益構成比	前年比
単肥の調達・販売	63.6	-2.6	57.0	5.9
複合肥料の販売	27.2	8.8	12.4	56.6
製造	9.2	-6.7	30.6	229.7

【業績】[香港会計基準]（百万元）※予想：ファクトセット　【前号予想との比較】—

	売上高	営業利益	純利益	前年比(%)	EPS（元）	1株配（HK$）	株配・無償（株）
2016/12	14,959.09	—	-4,635.89	—	-0.660		
2017/12	17,643.81	—	-2,207.50	—	-0.314		
2018/12	22,996.33	617.78	460.49	—	0.066	0.0224	
2019/12	22,950.94	798.37	615.77	33.7	0.088	0.0294	
2020/12予	24,646.00	962.00	788.00	28.0	0.110	0.0160	
2021/12予	26,084.00	1,040.00	880.00	11.7	0.120	0.0220	
2018/6中間	13,037.31	—	314.92	2,324.3	0.045		
2019/6中間	14,158.62	531.86	447.70	42.2	0.064		

【株式分割・併合等】

【本社】香港湾仔港湾道1号会展広場弁公大楼47楼4705室　【TEL】852-36561588　【URL】www.sinofert.com
【役員】会長：—　【上場】1996年9月　【決算期】12月　【従業員】5,907

偉易達集団

ブイテック・ホールディングス

偉易達集団有限公司
VTech Holdings Ltd.

【指数構成銘柄】— 【その他上場】ADR

家電

メインボード

評価	株価	年間騰落率	最低売買価格
A	**56.500 HK$**	**-18.0 %**	**77,518 円**

PER		予想配当利回り	PBR
予想 **10.3** 倍　実績 **10.7** 倍		**9.1** %	**3.2** 倍

通信・電子学習機器メーカー コードレス電話機の世界最大手で、自社ブランド「VTech」を展開。16年に業務用IP電話機大手の独スノム・テクノロジーを買収。幼児向け電子学習製品(ELP)でも米リープフロッグを傘下に持つ世界大手。音響機器などの受託生産(CMS)も手掛ける。工場を中国、研究開発拠点を米国、ドイツ、中国などに置く。19年9月中間期の地域別売上比率は北米46%、欧州39%、アジア太平洋13%。

19年9月中間決算：増収増益 米中貿易摩擦に伴う追加関税を回避するため生産を前倒しして出荷したほか、マレーシアへの生産移転が奏功。主力市場で売り上げを伸ばした。原料価格安や業務効率の向上により粗利益率は1.2ポイント改善。集積回路(IC)企業の保有株式評価益850万米ドルを計上したことも増益幅に寄与した。事業別では、低迷する通信機器事業を好調なELP事業とCMS事業がカバー。特にCMS事業はプロ用音響機器と医療機器が勢いよく伸びて、2割近い増収となった。

最近の動向 20年3月本決算は売上高が前年比0.2%増の21億6600万米ドル、純利益は11%増の1億9100万米ドルだった。売上原価の圧縮により粗利益率は30.6%に上昇(前年は29.4%)。営業コストは前年並みに抑えた。マレーシア工場の生産能力を全体の25%に増強。

【株価推移】

	高値		安値	
2016年	105.400	12/28	74.300	01/19
2017年	128.000	06/12	86.400	03/10
2018年	111.300	01/12	64.150	12/28
2019年	85.000	03/12	61.000	09/04
2020年	80.850	01/16	53.600	03/30

【株価情報】

取引単位(株)	100	A株株価	—
時価総額(mHK$)	14,225.5	A株格差(倍)	—

【指標】(%)

		19/9	18/9
収益性	ROA	17.0	14.4
	ROE	41.5	32.2
	粗利益率	30.7	29.5
成長性	増収率	12.0	-3.5
	増益率(営利)	34.5	-12.6
	自己資本増加率	1.6	-1.1
安全性	BPS(US$)	2.3	2.2
	負債比率	144.9	124.1
	流動比率	157.8	157.7
	株主資本比率	40.8	44.6

【財務】(百万US$)

	19/9	18/9
流動資産	1,104.0	1,090.2
総資産	1,391.5	1,253.6
流動負債	699.0	691.2
総負債	823.2	694.2
株主資本	568.3	559.4

【CF】(百万US$)

	19/9	18/9
営業CF	28.6	26.3
投資CF	-17.1	-32.0
財務CF	-134.6	-160.0
FCF	11.5	-5.7
現金同等物	102.5	74.3

【株式】(19/09/30)(百万株)

総数	251.8
流通	—
	100.0%
非流通	0.0%

【主要株主】(19/09/30)

	(%)
黄子欣	34.8
The Capital Group Companies, Inc.	10.8
BlackRock, Inc.	6.2

【子会社・関連会社】(19/03/31)

	(%)
偉易達通訊設備有限公司	100.0
偉易達電子産品有限公司	100.0
偉易達電訊有限公司	100.0

【売上・利益構成】(19/9)(%)

	売上構成比	前年比	利益構成比	前年比
通信機器・電子学習製品	100.0	12.0	100.0	34.5

【業績】[国際会計基準](百万US$) ※予想：ファクトセット

【前号予想との比較】 → 前号並み

	売上高	営業利益	純利益	前年比(%)	EPS(US$)	1株配(US$)	株配・無償(株)
2017/3	2,079.30	200.00	179.00	-1.3	0.713	0.7000	
2018/3	2,130.10	231.30	206.30	15.3	0.821	0.8000	
2019/3	2,161.90	193.20	171.30	-17.0	0.682	0.6700	
2020/3予	2,173.00	201.00	176.00	2.7	0.710	0.6630	
2021/3予	2,135.67	183.67	161.33	-8.3	0.669	0.6000	【株式分割・併合等】
2017/9中間	1,039.70	114.80	103.60	45.1	0.412	0.1700	
2018/9中間	1,003.50	100.30	90.10	-13.0	0.358	0.1700	
2019/9中間	1,124.10	134.90	118.00	31.0	0.469	0.1700	

【本社】 香港新界大埔汀角路57号太平工業中心第1期23楼 **【TEL】** 852-26801000 **【URL】** www.vtech.com
【役員】 会長：黄子欣(Wong Chi Yun Allan) **【上場】** 1992年11月 **【決算期】** 3月 **【従業員】** 26,000

ホテル・観光

メインボード

レッドチップ

香港中旅国際投資

チャイナトラベル・ホンコン

香港中旅国際投資有限公司
China Travel International Investment Hong Kong Ltd.
【指数構成銘柄】— 【その他上場】—

[00308/week/(2018/11/30 - 2020/05/08)]

評価	株価	年間騰落率	最低売買価格
D	**1.070** HK$	**-34.8** %	**29,361** 円

	PER		予想配当利回り	PBR
予想 —	実績	**15.1** 倍	**0.9** %	**0.4** 倍

中国政府系旅行会社 香港や本土でレジャー施設や旅行手配などを手掛ける。主力の観光施設部門には、深センのテーマパーク「世界之窓」「錦繍中華」、少林寺で知られる「嵩山景区」や五大砂漠の一つ「沙坡頭景区」などの景勝地事業、リゾート事業が含まれる。香港・マカオ、中国本土でホテルを運営するほか、リムジンバスや高速フェリーでの旅客輸送にも従事。

19年12月本決算：減収減益 19年下期の抗議活動激化に伴う香港のインバウンド不振が業績悪化の主因。主に本土に置く観光施設・景勝地事業は小幅の増収増益を達成したが、本土から香港への旅行者減を背景に、ホテル部門（香港・マカオに5軒、北京に1軒）と旅客輸送部門の業績が大幅に悪化。旅行手配が16％減益、旅行代理店業務は赤字転落。ほかに不動産プロジェクト「恒大海泉湾」の利益貢献の縮小も減益の一因に。

最近の動向 20年3月にはフェリー、バスなど旅客輸送事業を統合することで信徳集団（00242）と合意した。持ち株会社、信徳中旅船務投資の下に両社事業を統合し、香港－マカオ間の水上飛行機運航といった新たな事業機会を探る。一方、新型コロナウイルスの感染拡大に起因するヒトの移動の停滞が痛手。20年決算への影響などは見通せないとしている。

【株価推移】

	高値		安値	
2016年	3.260	01/04	2.080	12/29
2017年	3.040	10/13	2.100	01/17
2018年	3.610	06/04	2.050	10/30
2019年	2.640	02/19	1.160	10/09
2020年	1.460	01/17	0.890	03/23

【株価情報】

		A株株価	—
取引単位(株)	2,000		
時価総額(mHK$)	5,924.2	A株格差(倍)	—

【指標】(%)

		19/12	18/12
収益性	ROA	1.8	3.2
	ROE	2.4	4.3
	粗利益率	40.7	43.3
成長性	増収率	-0.9	-8.0
	増益率(営利)	-7.8	-55.2
	自己資本増加率	0.5	-1.2
安全性	BPS(HK$)	2.9	2.9
	負債比率	27.6	27.4
	流動比率	237.6	208.5
	株主資本比率	73.8	74.5

【財務】(百万HK$)

	19/12	18/12
流動資産	6,922.4	6,505.0
総資産	21,806.9	21,491.8
流動負債	2,913.9	3,120.1
総負債	4,442.8	4,379.8
株主資本	16,086.3	16,013.5

【CF】(百万HK$)

	19/12	18/12
営業CF	401.1	644.7
投資CF	1,313.5	-1,510.6
財務CF	-317.0	-490.4
FCF	1,714.6	-865.8
現金同等物	2,460.4	1,101.9

【株式】(19/12/31)(百万株)

総数	5,536.6
流通	— — —
	100.0%
非流通	0.0%

【主要株主】(19/12/31) (%)

中国旅遊集団有限公司	61.0

【子会社・関連会社】(19/12/31) (%)

香港中国旅行社有限公司	100.0
深セン世界之窓有限公司	51.0
深セン錦繍中華発展有限公司	51.0

【売上・利益構成】(19/12)(%)

	売上構成比	前年比	利益構成比	前年比
観光施設	44.1	0.7	54.5	4.8
旅行手配	29.2	1.5	29.5	-16.0
ホテル	15.8	-13.8	16.0	-50.1

【業績】（香港会計基準）(百万HK$) ※予想：ファクトセット　　【前号予想との比較】 ↓ 大幅減額

	売上高	営業利益	純利益	前年比(%)	EPS(HK$)	1株配(HK$)	株配・無償(株)
2016/12	4,066.00	525.59	352.05	-74.0	0.064	0.0400	
2017/12	4,908.84	1,406.09	1,147.84	226.0	0.211	0.0850	
2018/12	4,518.18	629.45	687.08	-40.1	0.126	0.0300	
2019/12	4,477.00	580.58	386.88	-43.7	0.071	0.0300	
2020/12予	3,114.57	-446.59	-279.85	—	-0.043	0.0100	【株式分割・併合等】
2021/12予	5,249.00	558.62	359.40	—	0.066	0.0310	
2018/6中間	2,077.67	335.30	379.17	1.2	0.070	0.0300	
2019/6中間	2,219.66	545.93	419.43	10.6	0.077	0.0300	

【登記】香港干諾道中78-83号中旅集団大厦12楼 【TEL】852-28533111 【URL】www.ctiihk.com
134 【役員】会長：蒋洪(Jiang Hong) 【上場】1992年11月 【決算期】12月 【従業員】7,851

通信

数碼通電訊集團
スマートーン・テレコム

数碼通電訊集團有限公司
SmarTone Telecommunications Holdings Ltd
【指数構成銘柄】 ― 【その他上場】 ―

メインボード

[00315/week/(2018/11/30 - 2020/05/08)]

評価	株価	年間騰落率	最低売買価格
C	**4.670** HK$	**-42.5** %	**32,036** 円

PER		予想配当利回り	PBR
予想 **11.5** 倍　実績 **8.3** 倍		**6.4** %	**1.0** 倍

香港の大手通信キャリア 香港の不動産大手、新鴻基地産（00016）の子会社。香港とマカオで通信サービスを展開し、携帯端末や付属品などの販売も手掛ける。中核ブランドは「Smartone」。携帯電話サービスに加え、個人・法人向け固定ブロードバンド事業も展開する。一時は英ボーダフォンと業務提携したが、11年に解消した。19年末時点の香港での加入件数は264万件。19年12月中間期の地域別売上比率は香港が97％。

19年12月中間決算：減収減益 携帯端末販売事業の利益率低下や、香港への来訪者によるローミング利用の大幅減、通信インフラやITシステムへの投資を通じた減価償却費の増加といった要因が重なった。携帯端末販売部門は売上高が前年同期比35％減。通信サービス部門は企業向け事業の貢献で小幅増収を確保したが、補えなかった。一方、全体の売上高が減少する中、売上原価の圧縮や営業費用の抑制で採算は改善したが、減価償却費と売却損が83％増の9億HKドルに膨らみ、営業利益を圧迫。後払い方式のARPUは1％減の225HKドル。

最近の動向 香港の5Gサービスに向け、十分な周波数帯を確保した。5Gの開始後にはユーザー体験の満足度向上に向けた取り組みに重点を置く。ローミングの減収を補うために新たなサービスも取り入れる方針。

【株価推移】

	高値		安値	
2016年	14.460	07/26	10.200	01/11
2017年	11.340	01/19	9.010	11/15
2018年	10.880	10/31	7.700	08/21
2019年	9.840	02/13	5.610	12/04
2020年	6.400	01/20	4.080	03/23

【株価情報】

取引単位(株)	500	A株株価	―
時価総額(mHK$)	5,238.2	A株格差(倍)	―

【指標】(%)

		19/12	18/12
収益性	ROA	5.0	6.9
	ROE	10.5	13.5
	粗利益率	―	―
成長性	増収率	-17.9	26.3
	増益率(営利)	-18.3	-3.1
	自己資本増加率	3.1	4.7
安全性	BPS(HK$)	4.5	4.4
	負債比率	108.4	94.1
	流動比率	130.3	147.7
	株主資本比率	47.9	51.4

【財務】(百万HK$)

	19/12	18/12
流動資産	3,858.5	3,070.5
総資産	10,590.9	9,583.5
流動負債	2,960.1	2,079.2
総負債	5,502.0	4,632.8
株主資本	5,076.1	4,924.0

【CF】(百万HK$)

	19/12	18/12
営業CF	826.7	194.2
投資CF	-170.5	-218.4
財務CF	-719.5	-328.6
FCF	656.2	-24.2
現金同等物	1,894.5	1,376.7

【株式】(19/12/31)(百万株)

総数	1,121.7
流通	―
	―
	100.0%
非流通	0.0%

【主要株主】(19/12/31)

	(%)
新鴻基地産発展有限公司（00016）	71.1

【子会社・関連会社】(19/06/30)

	(%)
SmarTone (BVI) Ltd.	100.0
数碼通電訊有限公司	100.0
広州数碼通客戸服務有限公司	100.0

【売上・利益構成】(19/12)(%)

	売上構成比	前年比	利益構成比	前年比
通信サービス	56.7	2.9	―	―
携帯電話端末・付属品の販売	43.3	-35.1	―	―

【業績】［香港会計基準］(百万HK$) ※予想：ファクトセット / 【前号予想との比較】↘ 減額

	売上高	営業利益	純利益	前年比(%)	EPS(HK$)	1株配(HK$)	株配・無償(株)
2017/6	8,715.41	928.65	672.10	-15.7	0.617	0.6000	
2018/6	9,988.49	846.44	615.24	-8.5	0.554	0.4100	
2019/6	8,415.04	823.20	632.25	2.8	0.563	0.3900	
2020/6予	7,600.19	586.88	454.85	-28.1	0.407	0.2970	
2021/6予	7,618.50	553.97	433.73	-4.6	0.388	0.2880	【株式分割・併合等】
2017/12中間	4,107.58	452.84	328.12	-16.6	0.298	0.1800	
2018/12中間	5,186.56	438.96	332.41	1.3	0.297	0.1800	
2019/12中間	4,256.61	358.83	265.47	-20.1	0.237	0.1450	

【本社】 香港九龍観塘道378号創紀之城2期31楼 **【TEL】** 852-31282828 **【URL】** www.smartoneholdings.com
【役員】 会長：郭炳聯(Kwok Ping Luen Raymond) **【上場】** 1996年10月 **【決算期】** 6月 **【従業員】** 1,932

輸送用機器

メインボード

H株

中船海洋与防務装備

シーエスエスシー・オフショア・アンド・マリーン・エンジニアリング

中船海洋与防務装備股份有限公司
CSSC Offshore & Marine Engineering (Group) Co.
【指数構成銘柄】― 【その他上場】上海A（600685）、ADR

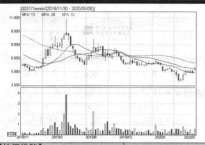
[00317/week(2018/11/30 - 2020/05/08)]
MPA: 13　MPA: 26　MPA: 52

評価	H株株価	年間騰落率	最低売買価格
C	5.310 HK$	-20.7 %	145,706 円

PER		予想配当利回り	PBR
予想 **3.3** 倍　実績 **12.4** 倍		0.0 %	0.7 倍

中国船舶工業集団の上場子会社 子会社の広船国際と中船黄埔文沖船舶を通じて造船と船舶修理を手掛ける。主に軍用艦や石油タンカー、フィーダーコンテナ船、カーフェリー、半潜水艇などを建造。海洋エンジニアリング設備や、鋼構造物、エレベーター、せん断機などの製造にも従事。海外売上比率は45％（19年）。親会社である国有造船大手の中国船舶工業集団から軍用造船会社を買収し、15年に社名を改めた。

19年12月本決算：黒字転換 黒字に転換した主因は、中国政府から受け取った工場移転補償金などの計上。こうした非経常損益を除く純損益は10億1700万元の赤字となる。船舶価格の低迷に加え、人件費などコストの高止まりが実質赤字の要因となった。年間の受注額は32％増の319億4600万元。中でも軍用品の受注が大幅に増加した。造船部門の売上高は9％増の164億8100万元。コンテナ船やタンカーと売り上げ増が寄与。

最近の動向 20年1～3月期決算は売上高が前年同期比10％減の22億5200万元、純利益が32億2300万元（前年同期は2億900万元の純損失）。子会社権益の売却で投資収益の急増した。20年12月期は売上高118億2300万元、受注額139億2000万元を見込む。広船国際の支配権変動で連結対象から外れるため、19年実績を下回る。

【株価推移】

	高値		安値	
2016年	16.380	01/04	9.520	02/12
2017年	18.300	04/12	10.840	12/13
2018年	13.360	01/26	5.000	12/27
2019年	10.800	04/09	5.070	01/03
2020年	6.330	01/08	3.900	03/19

【株価情報】

取引単位（株）	2,000	A株株価（元）	15.540
H株時価総額（mHK$）	3,143.9	A株格差（倍）	3.2

【指標】(%)

		19/12	18/12
収益性	ROA	1.0	―
	ROE	5.4	―
	粗利益率	4.0	―
成長性	増収率	13.6	-16.2
	増益率（営利）	―	―
	自己資本増加率	4.3	-10.0
安全性	BPS（元）	7.2	6.9
	負債比率	362.2	340.5
	流動比率	113.0	105.4
	株主資本比率	19.4	20.5

【財務】(百万元)

	19/12	18/12
流動資産	33,235.5	29,035.2
総資産	52,304.1	47,475.3
流動負債	29,410.5	27,560.5
総負債	36,756.3	33,118.9
株主資本	10,148.3	9,727.4

【CF】(百万元)

	19/12	18/12
営業CF	3,735.6	-1,544.9
投資CF	-2,784.7	-1,792.4
財務CF	1,191.0	180.1
FCF	950.9	-3,337.3
現金同等物	10,683.5	8,536.8

【株式】(19/12/31)（百万株）

総数		1,413.5
流通	H株	41.9 %
	A株	58.1 %
	―	
		100.0 %
非流通		0.0 %

【主要株主】(19/12/31) (%)

中国船舶工業集団有限公司	35.5
中国証券金融股フ有限公司	2.0
中国匯金資産管理有限責任公司	1.1

【子会社・関連会社】(19/12/31) (%)

広船国際有限公司	73.7
中船黄埔文沖船舶有限公司	54.5
泛広発展有限公司	80.0

【売上・利益構成】(19/12)(%)

	売上構成比	前年比	利益構成比	前年比
造船	76.4	9.3	78.0	6.6
鋼構造物	9.3	177.5	8.6	163.6
海洋エンジニアリング	6.1	-7.7	5.9	-23.3

【業績】［中国会計基準］（百万元）※予想：ファクトセット　　【前号予想との比較】↑ 大幅増額

	売上高	営業利益	純利益	前年比(%)	EPS（元）	1株配（元）	株配・無償（株）
2016/12	23,349.61	-18.06	71.22	-27.6	0.050	0.0160	
2017/12	22,920.21	-829.19	-50.51	―	-0.036		
2018/12	19,213.60	-2,949.94	-1,869.01	―	-1.322		
2019/12	21,829.00	-1,298.90	548.32	―	0.388		
2020/12予	14,008.56	-505.61	2,052.92	274.4	1.452	―	
2021/12予	15,351.91	-294.30	330.85	-83.9	0.234		
2018/6中間	8,473.77	-966.61	-361.95	―	-0.256		
2019/6中間	7,816.09	-547.85	390.75	―	0.276		

【株式分割・併合等】

【登記】広東省広州市海珠区革新路137号船舶大厦15楼 【TEL】86-20-81636688 【URL】comec.cssc.net.cn

【役員】会長：韓広徳(Han Guangde) 【上場】1993年8月 【決算期】12月 【従業員】15,366

徳永佳集団

テキスウインカ・ホールディングス

徳永佳集団有限公司
Texwinca Holdings Ltd.

【指数構成銘柄】― 　【その他上場】―

繊維・アパレル

メインボード

評価	株価	年間騰落率	最低売買価格
―	**1.300** HK$	**-57.4** %	**35,672** 円

PER		予想配当利回り	PBR
予想　―	実績 **5.5** 倍	―	**0.3** 倍

繊維・アパレルの大手メーカー ニット生地の生産で中国大手。糸・織編物の染色整理加工から衣料品の製造販売まで手掛け、主な取引先には米ナイキやGAP、ユニクロなどがある。小売事業ではカジュアル衣料チェーン「Baleno」「S&K」「I.P.Zone」などを中心に19年9月末時点で中国本土に1985店、香港に80店を展開。広東省東莞市に生産拠点を置く。地域別売上比率は本土48%、米国25%、香港12%、日本12%（19年3月期）。

19年9月中間決算：減収増益 利幅の薄いカジュアル衣料販売事業の不振で売上高は縮小したが、利益率の高い繊維部門の増収で採算が改善。粗利益率は0.8ポイント上昇した。販売費の圧縮も奏功し、中間期では2年連続の増益を達成。事業別ではニット・綿糸製造部門が70%増益と好調。生産自動化によるコスト圧縮や原材料・燃料の価格下落が寄与。平均販売価格は6%下落したが、販売量の拡大で補った。カジュアル衣料販売部門は米中貿易戦争や香港の抗議デモ激化を受けた購買意欲の低迷で、部門赤字が1億2100万HKドルに倍増。

最近の動向 20年2月、中国本土とアジアの近隣国に全額出資の縫製工場を設立すると発表した。50%出資する偉佳針織有限公司が19年に中国本土とベトナムでの生産を中止したことを受け、生産機能を確保する。

【株価推移】

	高値		安値	
2016年	8.230	01/06	4.960	12/19
2017年	5.510	03/21	4.080	12/07
2018年	4.550	03/02	2.350	10/29
2019年	3.170	05/03	1.650	10/09
2020年	1.980	01/20	1.060	03/19

【株価情報】

取引単位(株)	2,000	A株株価	―
時価総額(mHK$)	1,796.2	A株格差(倍)	―

【指標】(%)

		19/9	18/9
収益性	ROA	4.6	4.5
	ROE	8.1	7.2
	粗利益率	31.7	30.9
成長性	増収率	-3.4	6.5
	増益率(営利)	―	―
	自己資本増加率	-3.5	0.0
安全性	BPS(HK$)	3.8	3.9
	負債比率	77.3	60.2
	流動比率	180.4	200.6
	株主資本比率	56.4	62.4

【財務】(百万HK$)

	19/9	18/9
流動資産	6,358.2	6,150.0
総資産	9,217.2	8,632.9
流動負債	3,523.8	3,065.3
総負債	4,017.2	3,244.2
株主資本	5,200.0	5,388.7

【CF】(百万HK$)

	19/9	18/9
営業CF	502.9	-104.5
投資CF	-95.1	-95.0
財務CF	-321.2	-403.9
FCF	407.8	-199.4
現金同等物	2,045.0	1,416.2

【株式】(19/09/30)(百万株)

総数	1,381.7
流通	―
	100.0%
非流通	0.0%

【主要株主】(19/09/30)

	(%)
潘彬沢	48.2
Edgbaston Investment Partners LLP	7.0
Edgbaston Asian Equity Trust	5.0

【子会社・関連会社】(19/03/31)

	(%)
東莞徳永佳紡織製衣有限公司	100.0
永佳染廠有限公司	100.0
広州友誼班尼路服飾有限公司	100.0

【売上・利益構成】(19/9)(%)

	売上構成比	前年比	利益構成比	前年比
ニット・綿糸製造	67.9	8.5	96.0	70.1
カジュアル衣料販売	32.1	-21.7	―	―
その他	0.0	-4.9	4.0	-32.0

【業績】 [香港会計基準](百万HK$) ※予想：―

	売上高	営業利益	純利益	前年比(%)	EPS(HK$)	1株配(HK$)	株配・無償(株)
2017/3	7,858.48	―	478.53	-54.5	0.346	0.6200	
2018/3	8,530.81	―	304.33	-36.4	0.220	0.3500	
2019/3	8,210.05	―	325.25	6.9	0.235	0.3000	
2020/3予	―	―	―	―	―	―	
2021/3予	―	―	―	―	―	―	

【前号予想との比較】 ―

【株式分割・併合等】

2017/9中間	4,081.35	―	180.24	-48.7	0.130	0.2000	
2018/9中間	4,345.94	―	195.28	8.3	0.141	0.1500	
2019/9中間	4,197.33	―	211.57	8.3	0.153	0.1000	

【本社】香港新界葵涌興芳路223号新都会広場第2座16楼　【TEL】852-24818018　【URL】www.texwinca.com
【役員】会長：潘彬沢(Poon Bun Chak)　【上場】1992年8月　【決算期】3月　【従業員】12,426

137

食品・飲料

メインボード

康師傅控股

ティンイー

康師傅控股有限公司
Tingyi (Cayman Islands) Holding Corp.
【指数構成銘柄】— 【その他上場】ADR、TDR

[00322/week(2018/11/30 - 2020/05/08)]

評価	株価	年間騰落率	最低売買価格
C	13.840 HK$	5.0 %	379,770 円

PER		予想配当利回り	PBR
予想 23.1 倍　実績 21.2 倍		3.8 %	3.6 倍

台湾系の食品大手　「康師傅」ブランドを軸に中国で即席麺や飲料、菓子類を製造・販売を手掛ける。19年の販売量ベースの国内シェアは即席麺が43％、茶飲料（ミルクティー含む）が46％でいずれもトップ。果汁飲料が16％で2位、ボトルウオーターが5％（ニールセン調べ）。19年末時点の生産ラインは604本、営業所は371カ所、倉庫は182カ所に上る。12年に米ペプシコから中国のソフトドリンク事業を取得した。

19年12月本決算：増収増益　即席麺と飲料がそろって増益となり、純利益が3年連続で2桁増。製品構成の見直しや販売経路の多角化、業務のデジタル化を続けたほか、利子収入や資産売却益の増加、営業費の圧縮も増益に貢献した。粗利益率は31.9％と前年から1ポイント改善。部門別では即席麺が原材料費高の影響で、部門粗利益率が1.2ポイント低下したが、利益は高価格戦略の成功などで34％増加。飲料は売上高が前年からほぼ横ばいだったものの、製品構成の改善や一部の原材料価格が低下した効果で部門粗利益が2.4ポイント上昇。

最近の動向　会社側はブランド力の強化を目指し、宇宙関連団体やスポーツ機関と相次いで提携。大衆市場とハイエンド市場双方で販売を促進していく。販売経路として電子商取引や自動販売機の活用も進める方針。

【株価推移】

	高値		安値	
2016年	11.080	01/04	6.400	06/24
2017年	15.640	12/28	8.420	01/19
2018年	19.500	07/03	9.800	12/10
2019年	13.860	05/08	9.210	01/08
2020年	15.580	03/12	11.780	03/30

【株価情報】

取引単位(株)	2,000	A株価	—
時価総額(mHK$)	77,833.2	A株格差(倍)	—

【指標】(%)

		19/12	18/12
収益性	ROA	5.7	4.6
	ROE	17.0	12.5
	粗利益率	31.9	30.9
成長性	増収率	2.1	2.9
	増益率(営利)	—	—
	自己資本増加率	-0.4	6.7
安全性	BPS(元)	3.5	3.5
	負債比率	178.3	149.5
	流動比率	89.9	87.5
	株主資本比率	33.8	37.1

【財務】(百万元)

	19/12	18/12
流動資産	25,437.8	20,907.5
総資産	57,959.7	53,002.7
流動負債	28,307.4	23,884.5
総負債	34,913.6	29,390.2
株主資本	19,578.6	19,653.5

【CF】(百万元)

	19/12	18/12
営業CF	7,831.0	6,967.9
投資CF	-1,404.5	1,554.5
財務CF	-2,848.8	-5,002.3
FCF	6,426.5	8,522.4
現金同等物	17,430.4	13,840.4

【株式】(19/12/31)(百万株)

総数	5,623.8	
流通	—	
		100.0%
非流通	—	0.0%

【売上・利益構成】(19/12)(%)

	売上構成比	前年比	利益構成比	前年比
飲料	56.0	0.8	30.0	37.8
即席麺	39.8	5.8	65.2	34.3
その他	4.1	-11.4	4.8	-24.3

【主要株主】(19/12/31) (%)

Ting Hsin (Cayman Islands) Holding Corp.	33.5
サンヨー食品株式会社	33.5

【子会社・関連会社】(19/12/31) (%)

百事（中国）投資有限公司	77.9
天津頂益食品有限公司	100.0
杭州頂益食品有限公司	100.0

【業績】 [香港会計基準](百万元) ※予想：ファクトセット

	売上高	営業利益	純利益	前年比(%)	EPS(元)	1株配(US$)	株配・無償(株)
2016/12	55,578.85	—	1,161.70	-28.0	0.207	0.0158	
2017/12	58,953.79	—	1,819.08	56.6	0.325	0.0249	
2018/12	60,685.65	—	2,463.32	35.4	0.439	0.0640	
2019/12	61,978.16	—	3,330.98	35.2	0.593	0.0848	
2020/12予	63,524.86	4,997.76	3,078.70	-7.6	0.544	0.0680	
2021/12予	66,933.74	5,412.91	3,366.64	9.4	0.596	0.0720	
2018/6中間	30,996.14	—	1,306.48	86.6	0.233		
2019/6中間	30,495.31	—	1,503.09	15.0	0.267		

【前号予想との比較】 ↗ 増額

【株式分割・併合等】

【本社】天津市天津経済技術開発区第三大街15号 【TEL】86-22-66868888 【URL】www.masterkong.com.cn
【役員】会長：魏宏名(Wei Hong-Ming) 【上場】1996年2月 【決算期】12月 【従業員】58,182

馬鞍山鋼鉄

マーアンシャン・アイロンスチール

馬鞍山鋼鉄股份有限公司
Maanshan Iron & Steel Co.,Ltd.

【指数構成銘柄】— 【その他上場】上海A(600808)

評価	H株株価	年間騰落率	最低売買価格
C	2.380 HK$	-31.6 %	65,307 円

PER		予想配当利回り	PBR
予想 12.2 倍 実績 14.8 倍		4.8 %	0.6 倍

[00323/week/(2018/11/30 - 2020/05/08)]
MPA: 13 MPA: 26 HPA: 52

安徽省拠点の鉄鋼大手 国有企業の馬鞍山鋼鉄公司を再編して設立された高炉メーカーで、製銑から製鋼、圧延などを一貫して手掛ける。主力製品は鋼板のほか、形鋼・線材を含む条鋼、鉄道車両や港湾設備、航空宇宙用などに幅広く用いられる車輪・車軸。うち鉄道車両用は中国著名ブランドに認定され、高速鉄道用の特許も取得。19年末の鋼材年産能力は1970万トン。19年の鋼材生産量は1877万トン、国内売上比率は94%。

19年12月本決算：大幅減益 供給過剰による鋼材価格の下落が最大の業績悪化要因。半面、鉄鉱石や石炭などの原燃料価格は上昇し、鉄鋼事業全体の粗利益率が8.4%へ5.6ポイント悪化。人員整理に伴う補償費負担で管理費が7割増加したことも響いた。一回性要因を除く経常ベースの通期純利益は68%減の16億3600万元。10－12月期は3億3700万元の純損失に転落した。

最近の動向 20年1－3月期決算は売上高が前年同期比8.5%減の162億600万元、純利益が4.5倍の3億7700万元。前年同期に大型高炉の修理を実施した反動で、鋼材生産量が12%増加した。20年通期の鋼材生産計画は前年比2%増の1910万トン。筆頭株主の馬鋼（集団）控股は20年4月から1年にわたり、同社株の買い増しを行う方針。取得資金は4億900万元－5億元の予定。

【株価推移】

	高値		安値	
2016年	2.520	12/14	1.160	02/12
2017年	4.430	08/08	2.220	01/03
2018年	4.750	02/05	3.220	03/29
2019年	4.240	04/09	2.700	11/18
2020年	3.210	01/02	2.160	04/28

【株価情報】

取引単位(株)	2,000	A株株価(元)	2.630
H株時価総額(mHK$)	4,124.4	A株格差(倍)	1.2

【指標】(%)

		19/12	18/12
収益性	ROA	1.3	7.7
	ROE	4.2	21.1
	粗利益率	8.9	14.8
成長性	増収率	-4.5	11.9
	増益率(営利)	-77.3	43.1
	自己資本増加率	-4.4	17.9
安全性	BPS(元)	3.5	3.7
	負債比率	206.0	159.3
	流動比率	92.9	96.6
	株主資本比率	31.2	36.7

【財務】(百万元)

	19/12	18/12
流動資産	46,522.1	38,405.3
総資産	86,322.0	76,872.0
流動負債	50,076.5	39,737.0
総負債	55,481.3	44,879.6
株主資本	26,933.2	28,173.6

【CF】(百万元)

	19/12	18/12
営業CF	7,866.0	13,870.4
投資CF	-4,793.2	-4,011.7
財務CF	-2,822.7	-6,027.3
FCF	3,072.7	9,858.7
現金同等物	7,239.7	6,934.2

【株式】(19/12/31)(百万株)

総数	7,700.7	
流通	H株	22.5 %
	A株	77.5 %
		100.0 %
非流通		0.0 %

【主要株主】(19/12/31) (%)

馬鋼（集団）控股有限公司	45.5
宝鋼香港投資有限公司	11.6
中央匯金資産管理有限責任公司	1.9

【子会社・関連会社】(19/12/31) (%)

馬鋼（蕪湖）加工配送有限公司	100.0
安徽馬鋼和菱実業有限公司	100.0
馬鋼（金華）鋼材加工有限公司	75.0

【売上・利益構成】(19/12)(%)

	売上構成比	前年比	利益構成比	前年比
鉄鋼製品	89.6	-6.7	—	—
ビレット・銑鉄	3.4	24.0	—	—
コークス副製品	0.1	-95.3	—	—

【業績】 [中国会計基準](百万元) ※予想：ファクトセット 【前号予想との比較】 ↘減額

	売上高	営業利益	純利益	前年比(%)	EPS(元)	1株配(元)	株配・無償(株)
2016/12	48,275.10	1,196.80	1,228.89	—	0.160	0.1650	
2017/12	73,228.03	5,649.47	4,128.94	236.0	0.536	0.1650	
2018/12	81,951.81	8,085.30	5,943.29	43.9	0.772	0.3600	
2019/12	78,262.85	1,831.58	1,128.15	-81.0	0.147	0.0800	
2020/12予	75,654.87	2,191.18	1,365.40	21.1	0.177	0.1040	
2021/12予	74,118.80	2,530.25	1,547.58	13.3	0.201	0.1190	
2018/6中間	40,063.04	4,108.58	3,428.52	108.6	0.445	0.0500	
2019/6中間	37,026.69	1,831.58	1,144.66	-66.6	0.149	—	

【株式分割・併合等】

【登記】安徽省馬鞍山市九華西路8号 【TEL】86-555-2888158 【URL】www.magang.com.cn
【役員】会長：丁毅(Ding Yi) 【上場】1993年11月 【決算期】12月 【従業員】26,219

繊維・アパレル

メインボード

思捷環球控股
エスプリ・ホールディングス

思捷環球控股有限公司
Esprit Holdings Ltd.

【指数構成銘柄】— 【その他上場】ADR

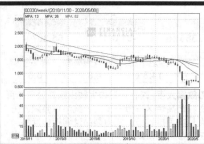

[00330/week/(2018/11/30 - 2020/05/08)]
MPA: 13　MPA: 26　MPA: 52

評価	株価	年間騰落率	最低売買価格
E	0.680 HK$	-56.1 %	933 円

PER		予想配当利回り	PBR
予想 — 実績 —		0.0 %	0.2 倍

アパレル大手　「ESPRIT」「EDC BY ESPRIT」ブランドのカジュアルウエアのデザイン、製造、卸売り、小売りを手掛ける。女性向けを中心に紳士服や子供服も扱う。19年末時点でアジア、欧州などで389の直営店（売り場面積18万8200平米）を展開し、卸売先は7993カ所に上る。地域別売上比率はドイツが52%と最大で、その他欧州が41%、アジア太平洋が7%（19年12月中間期）。不採算の北米小売事業からは12年に撤退。

19年12月中間決算：赤字縮小　店舗網の整理に加え、値下げによる販促を減らしたことで売り上げが減少。消費スタイルの変化や価格競争の激化など厳しい経営環境の中、戦略的な店舗の閉鎖によって売り場面積が15%縮小した。ただ、こうした戦略により経営効率が改善し、コストの圧縮が進んだ。人件費は43%減、物流費は40%減、販促費は16%減といずれも大幅に減少している。エリア別では、主力市場のドイツを含む欧州が相対的に堅調。一方、中国本土、香港、シンガポールなどを含むアジア事業は苦戦した。

今後の見通し　新型コロナ流行を受け、下半期（20年1—6月）に大幅な赤字を計上するとの見通しを示した。20年6月、コスト削減のためアジア（中国本土を除く）の小売店56店舗をすべて閉鎖すると発表した。

【株価推移】

	高値		安値	
2016年	8.640	01/25	5.340	06/27
2017年	7.620	02/27	3.810	06/20
2018年	4.330	01/05	1.480	12/21
2019年	2.090	02/26	1.110	08/06
2020年	1.640	01/03	0.540	03/30

【株価情報】

取引単位(株)	100	A株株価	
時価総額(mHK$)	1,283.3	A株格差(倍)	

【指標】(%)

		19/12	18/12
収益性	ROA	—	—
	ROE	—	—
	粗利益率	49.2	51.3
成長性	増収率	-14.8	-15.8
	増益率(営利)	—	—
	自己資本増加率	-11.2	-33.1
安全性	BPS(HK$)	3.4	3.8
	負債比率	118.4	61.7
	流動比率	164.3	183.6
	株主資本比率	45.8	61.8

【財務】(百万HK$)

	19/12	18/12
流動資産	6,333.0	7,535.0
総資産	13,849.0	11,541.0
流動負債	3,855.0	4,105.0
総負債	7,509.0	4,405.0
株主資本	6,340.0	7,136.0

【CF】(百万HK$)

	19/12	18/12
営業CF	169.0	-831.0
投資CF	11.0	187.0
財務CF	-681.0	—
FCF	180.0	-644.0
現金同等物	2,651.0	3,222.0

【株式】(19/12/31) (百万株)

総数	1,887.2
流通	100.0%
非流通	0.0%

【主要株主】(19/12/31) (%)

Marathon Asset Management LLP	11.4
Total Market Ltd.	11.2

【子会社・関連会社】(19/06/30) (%)

Esprit China Distribution Ltd.	100.0
Esprit Europe B.V.	100.0
Esprit Europe GmbH	100.0

【売上・利益構成】(19/12) (%)

	売上構成比	前年比	利益構成比	前年比
小売り	65.4	-18.0	24.6	—
卸売り	33.7	-8.3	75.4	-25.0
ライセンス事業・その他	1.0	-3.5	—	—

【業績】［国際会計基準］(百万HK$) ※予想：ファクトセット

【前号予想との比較】➡ 前号並み

	売上高	営業利益	純利益	前年比(%)	EPS(HK$)	1株配(HK$)	株配・無償(株)
2017/6	15,942.00	-102.00	67.00	219.0	0.030	—	
2018/6	15,455.00	-2,253.00	-2,554.00	—	-1.350	—	
2019/6	12,932.00	-2,080.00	-2,144.00	—	-1.140	—	
2020/6予	9,272.50	-1,082.00	-1,763.00	—	-0.901	—	
2021/6予	9,523.50	-447.50	-608.55	—	-0.322	—	【株式分割・併合等】
2017/12中間	8,039.00	-958.00	-954.00	—	-0.500	—	
2018/12中間	6,766.00	-1,750.00	-1,773.00	—	-0.940	—	
2019/12中間	5,763.00	-328.00	-331.00	—	-0.180	—	

【本社】香港九龍湾啓祥道17号高銀金融国際中心11楼1101室　【TEL】852-27654321　【URL】www.espritholdings.com

【役員】会長：柯清輝(Or Ching Fai)　【上場】1993年12月　【決算期】6月　【従業員】4,400

化学

中国石化上海石油化工

シノペック・シャンハイ・ペトロケミカル

中国石化上海石油化工股份有限公司
Sinopec Shanghai Petrochemical Co.,Ltd.

【指数構成銘柄】― 　【その他上場】上海A(600688)、ADR

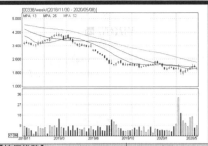

評価	H株株価	年間騰落率	最低売買価格
C	2.050 HK$	-40.1 %	56,252 円

PER		予想配当利回り	PBR
予想 14.2 倍	実績 9.1 倍	4.8 %	0.7 倍

中国の石油化学メーカー　シノペック（00386）の子会社で、ガソリン、軽油、ジェット燃料など石油製品の製造・販売が主力。エチレン、ベンゼンなど石油中間製品や合成繊維、合成樹脂の製造、石油化学製品の販売も手掛ける。主にシノペックと原材料や完成品を取引。製品輸送用の鉄道やふ頭も保有。19年の原油処理量は1520万トン。生産量はガソリンが346万トン、エチレンが84万トン、ポリエチレンが54万トン。

19年12月本決算：大幅減益 製品価格の下落と製造コストの増大で採算が悪化した。主要製品の平均販売単価は石油製品が前年比で4%、石化中間製品が17%、合成繊維が13%、合成樹脂が11%下落。売上高が減少する中で売上原価が増え、粗利益率は3.8ポイント低下した。主力4部門の売上高が減少し、利益はそろって2桁減。特に石油製品部門と石化中間製品は7割前後の大幅減益となった。合成繊維部門は5億元超の赤字を継続。

今後の計画 20年3月、35億元を投資し、炭素繊維の生産を増強するとを発表した。20年の生産目標は原油精製が1530万トン、エチレンが82万トン、パラキシレンが66万トン。20年1～3月期決算（中国会計基準）は売上高が前年同期比29%減の179億2600万元、純損益が12億200万元の赤字（前年同期は6億1100万元の黒字）。

メインボード

H株

【株価推移】

	高値		安値	
2016年	4.350	12/14	2.830	01/15
2017年	5.060	02/23	3.880	06/19
2018年	5.800	05/30	3.320	10/30
2019年	4.150	03/06	2.070	11/14
2020年	2.480	01/06	1.650	03/23

【株価情報】

取引単位(株)	2,000	A株株価(元)	3.990
H株時価総額(mHK$)	7,164.8	A株格差(倍)	2.1

【指標】(%)

		19/12	18/12
収益性	ROA	4.9	12.0
	ROE	7.4	17.6
	粗利益率	1.6	5.4
成長性	増収率	-6.9	17.1
	増益率(営利)	-76.4	-12.8
	自己資本増加率	-1.6	7.5
安全性	BPS(元)	2.8	2.8
	負債比率	51.9	45.9
	流動比率	144.1	181.8
	株主資本比率	65.6	68.4

【財務】(百万元)

	19/12	18/12
流動資産	22,309.2	25,298.9
総資産	45,494.1	44,385.9
流動負債	15,479.6	13,913.0
総負債	15,500.2	13,923.5
株主資本	29,863.3	30,346.1

【CF】(百万元)

	19/12	18/12
営業CF	5,057.8	6,659.4
投資CF	-4,623.2	-1,928.4
財務CF	-1,737.4	-3,507.2
FCF	434.6	4,731.1
現金同等物	7,449.7	8,741.9

【株式】(19/12/31)(百万株)

総数		10,823.8	
流通	H株	32.3 %	
	A株	67.7 %	
		100.0 %	
非流通		0.0 %	

【主要株主】(19/12/31)　　　(%)

中国石油化工股フン有限公司 (00386)	50.4
The Bank of New York Mellon Corp.	4.0
BlackRock, Inc.	2.9

【子会社・関連会社】(19/12/31)　　(%)

上海石化投資発展有限公司	100.0
上海金昌工程塑料有限公司	74.3
上海金菲石油化工有限公司	100.0

【売上・利益構成】(19/12)(%)

	売上構成比	前年比	利益構成比	前年比
石油製品	54.7	-0.2	35.9	-74.4
石油化学製品の販売	21.6	-18.3	5.8	-18.8
石化中間製品	10.5	-15.3	31.1	-69.6

【業績】[国際会計基準](百万元) ※予想:ファクトセット

【前号予想との比較】　↓ 大幅減額

	売上高	営業利益	純利益	前年比(%)	EPS(元)	1株配(元)	株配・無償(株)
2016/12	77,842.91	6,777.86	5,968.47	82.3	0.553	0.2500	
2017/12	91,962.42	6,401.87	6,143.22	2.9	0.569	0.3000	
2018/12	107,688.91	5,585.11	5,336.33	-13.1	0.493	0.2500	
2019/12	100,269.67	1,320.57	2,215.73	-58.5	0.205	0.1200	
2020/12予	85,125.02	878.48	1,430.63	-35.4	0.131	0.0890	【株式分割・併合等】
2021/12予	89,193.94	1,741.29	2,204.78	54.1	0.204	0.1140	
2018/6中間	52,161.51	3,685.63	3,551.26	36.7	0.328		
2019/6中間	51,955.23	654.59	1,143.56	-67.8	0.106		

【登記】 上海市金山区金一路48号 **【TEL】** 86-21-57943143 **【URL】** www.spc.com.cn
【役員】 会長：呉海君(Wu Haijun) **【上場】** 1993年7月　**【決算期】** 12月　**【従業員】** 8,878

サービス

メインボード

大家楽集団

カフェ・ド・コラル

大家楽集団有限公司
Cafe de Coral Holdings Ltd.

【指数構成銘柄】 ― 【その他上場】 ―

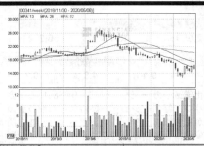

[00341/week/(2018/11/30～2020/05/08)]
MPA:13 MPA:26 MPA:52

評価	株価	年間騰落率	最低売買価格
C	**16.180** HK$	**-18.6** %	**443,979** 円

PER		予想配当利回り	PBR
予想 **28.3** 倍　実績 **15.9** 倍		**3.0** %	**3.3** 倍

外食チェーン大手 中華ファストフードの「カフェ・ド・コラル（大家楽）」、粥・麺専門店「一粥麺」、中華レストラン「上海姥姥」「米線陣」、パスタの「スパゲティ・ハウス」などの外食チェーンを香港と本土で展開。社員食堂や学食の運営、学校給食の提供も手掛ける。19年9月末の店舗数は香港368店、中国107店。地域別売上比率は香港86%、中国14%（19年9月中間期）。14年に中華ファストフードチェーンの「Manchu Wok」を売却し、北米から撤退した。

19年9月中間決算：増収減益 香港事業が足を引っ張り、利益が減少した。市場環境の悪化により香港のファストフード売り上げの伸びが鈍化。市場シェアを維持するため割安なメニューをつくり、宣伝・販促を展開した上、営業コストが膨らんで利幅が縮小した。香港カジュアルダイニング部門も売り上げが減った。半面、中国事業は既存店、新規店ともに堅調に成長し、全体の売上高が小幅ながら増加。

最近の動向 会社側は20年4月、新型コロナウイルスの影響で20年1～3月期（第4四半期）の損益が赤字に転落すると明らかにした。ソーシャル・ディスタンスを保つ社会的な情勢に対応し、マーケティング活動は持ち帰りと出前の拡大に集中させた。

【株価推移】

	高値		安値	
2016年	28.300	09/06	20.050	02/15
2017年	27.650	02/14	20.550	12/13
2018年	21.500	01/02	16.600	10/25
2019年	26.900	07/26	18.400	12/18
2020年	20.300	01/14	12.600	04/01

【株価情報】

取引単位(株)	2,000	A株株価	―
時価総額(mHK$)	9,476.7	A株格差(倍)	―

【指標】(%)

		19/9	18/9
収益性	ROA	4.5	10.7
	ROE	10.4	14.4
	粗利益率	11.7	13.4
成長性	増収率	1.6	1.7
	増益率(営利)	-28.9	36.7
	自己資本増加率	-9.3	-5.3
安全性	BPS(HK$)	4.9	5.4
	負債比率	131.7	34.5
	流動比率	61.3	111.4
	株主資本比率	43.1	74.3

【財務】(百万HK$)

	19/9	18/9
流動資産	1,071.1	1,122.4
総資産	6,680.7	4,277.5
流動負債	1,748.1	1,007.7
総負債	3,794.0	1,096.7
株主資本	2,880.9	3,176.6

【CF】(百万HK$)

	19/9	18/9
営業CF	890.5	940.9
投資CF	-272.6	-65.2
財務CF	-889.0	-1,047.4
FCF	617.8	875.7
現金同等物	552.7	596.3

【株式】(19/09/30)(百万株)

総数	585.7
流通	―
	―
	100.0%
非流通	0.0%

【主要株主】(19/09/30)

	(%)
Butterfield Trust (Guernsey) Ltd (羅徳承)	15.7
羅開親	11.6
羅開光	11.0

【子会社・関連会社】(19/03/31)

	(%)
大家楽（中国）有限公司	100.0
賞粥麺食品有限公司	100.0
意粉屋有限公司	100.0

【売上・利益構成】(19/9)

	売上構成比	前年比	利益構成比	前年比
香港ファストフード・配膳	73.5	2.2	―	―
香港カジュアルダイニング	10.4	-4.1	―	―
香港食品加工・その他	1.8	-4.3	―	―

【業績】 [香港会計基準](百万HK$) ※予想：ファクトセット

【前号予想との比較】 ↓ 大幅減額

	売上高	営業利益	純利益	前年比(%)	EPS(HK$)	1株配(HK$)	株配・無償(株)
2017/3	7,895.26	603.06	503.83	-2.7	0.870	0.8100	
2018/3	8,427.40	569.58	458.06	-9.1	0.790	1.1600	
2019/3	8,493.88	707.12	590.29	28.9	1.020	0.8400	
2020/3予	7,897.63	376.24	331.76	-43.8	0.571	0.4880	
2021/3予	8,223.04	564.42	366.94	10.6	0.631	0.6000	【株式分割・併合等】
2017/9中間	4,128.14	242.02	205.66	-11.3	0.355	0.1900	
2018/9中間	4,198.53	330.90	228.71	11.2	0.394	0.1900	
2019/9中間	4,263.79	235.38	149.74	-34.5	0.258	0.1900	

【本社】香港新界沙田火炭禾穂街5号大家楽中心10楼 【TEL】852-26936218 【URL】www.cafedecoral.com

【役員】会長：羅開光(Lo Hoi Kwong, Sunny) 【上場】1986年7月　【決算期】3月　【従業員】20,337

鞍鋼

アンガン・スチール

鞍鋼股份有限公司
Angang Steel Co.,Ltd.

【指数構成銘柄】― **【その他上場】**深センA(000898)

鉄鋼・非鉄金属

メインボード

H株

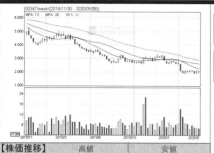

評価	H株株価	年間騰落率	最低売買価格
C	**2.000** HK$	**-48.2** %	**54,880** 円

PER		予想配当利回り	PBR
予想 **14.4** 倍	実績 **9.6** 倍	**1.7** %	**0.3** 倍

中国の鉄鋼大手 総合鉄鋼メーカー鞍山鋼鉄集団が線材、厚板、冷延鋼板の3工場を注入する形で設立し、06年の再編で業容を拡大した。3大生産拠点は遼寧省の鞍山、営口、朝陽。大連や上海、天津、広州など各地に配送・販売拠点を置く。熱延鋼板、冷延鋼板、厚中板などを手掛け、船舶、鉄道用、深海高圧油ガス輸送管用などに強み。19年12月期の国内売上比率は93%。18年に親会社から鞍鋼集団朝陽鋼鉄を買収した。

19年12月本決算：大幅減益 国内経済の減速を背景に自動車、家電、不動産などの川下産業で鋼材需要が縮小したことが大幅減益の要因。出荷価格の下落で鉄鋼生産加工部門の粗利益率は8.3%と前年比で7.9ポイント低下。中でも冷延鋼は6.5%と9.1%ポイントの大幅下落となった。鉄鉱石や石炭など原燃料価格の上昇や3億3800万元に上る減損引当金の計上も痛手。期中の鋼材販売量は8%増の2591万6100トンに上った。

最近の動向 20年1～3月期決算は売上高が前年同期比17%減の203億3700万元、純利益が30%減の2億9200万元。新型コロナウイルスの影響で鋼材需要が急減したが、経営陣は景気対策としてのインフラ投資の強化が製品需要の持ち直しに寄与するとの見方。ただ、供給過剰による鋼材価格の下落基調が当面続くとみる。

【株価推移】

	高値		安値	
2016年	4.131	12/12	2.038	02/12
2017年	6.115	11/29	3.492	01/04
2018年	7.269	02/05	4.038	12/28
2019年	5.077	05/24	2.560	11/19
2020年	3.310	01/02	1.850	03/19

【株価情報】

取引単位(株)	2,000	A株株価(元)		2.630
H株時価総額(mHK$)	2,823.1	A株格差(倍)		1.4

【指標】(%)

		19/12	18/12
収益性	ROA	2.0	8.8
	ROE	3.4	15.3
	粗利益率	8.3	16.2
成長性	増収率	0.4	14.7
	増益率(営利)	-79.9	58.6
	自己資本増加率	0.2	-0.6
安全性	BPS(元)	5.5	7.2
	負債比率	67.7	72.3
	流動比率	80.1	82.2
	株主資本比率	59.3	57.7

【財務】(百万元)

	19/12	18/12
流動資産	23,492.0	26,908.0
総資産	87,808.0	90,024.0
流動負債	29,341.0	32,747.0
総負債	35,260.0	37,559.0
株主資本	52,079.0	51,962.0

【CF】(百万元)

	19/12	18/12
営業CF	10,020.0	8,294.0
投資CF	-3,266.0	-3,882.0
財務CF	-4,237.0	-4,943.0
FCF	6,754.0	4,412.0
現金同等物	4,671.0	2,154.0

【株式】(19/12/31)(百万株)

総数		9,405.3
流通	H株	15.0%
	A株	85.0%
		100.0%
非流通		0.0%

【主要株主】(19/12/31) (%)

鞍山鋼鉄集団有限公司	53.3
中国石油天然気集団有限公司	9.0
中国電力建設集団有限公司	5.0

【子会社・関連会社】(19/12/31) (%)

鞍鋼鋼材配送(武漢)有限公司	100.0
鞍鋼鋼材配送(合肥)有限公司	100.0
広州鞍鋼鋼材加工有限公司	75.0

【売上・利益構成】(19/12)(%)

	売上構成比	前年比	利益構成比	前年比
鉄鋼製品	99.5	0.2	99.1	-48.7
その他	0.5	59.4	0.9	196.3

【業績】 [中国会計基準] (百万元) ※予想：ファクトセット **【前号予想との比較】** ↓ 大幅減額

	売上高	営業利益	純利益	前年比(%)	EPS(元)	1株配(元)	株配・無償(株)
2016/12	57,882.00	1,591.00	1,616.00	―	0.223	0.0670	
2017/12	91,683.00	6,359.00	6,638.00	310.8	0.917	0.2320	
2018/12	105,157.00	10,088.00	7,952.00	19.8	0.846	0.2200	10:3(無)
2019/12	105,587.00	2,025.00	1,787.00	-77.5	0.190	0.0570	
2020/12予	100,210.00	1,978.40	1,177.50	-34.1	0.126	0.0300	**【株式分割・併合等】**
2021/12予	100,477.50	2,244.85	1,338.50	13.7	0.143	0.0320	
2018/6中間	50,862.00	5,463.00	4,441.00	143.6	0.472		
2019/6中間	51,074.00	1,862.00	1,425.00	-67.9	0.152		

【登記】遼寧省鞍山市鉄西区鞍鋼廠区 **【TEL】**86-412-6734878 **【URL】**www.ansteel.com.cn

【役員】会長：王義棟(Wang Yidong) **【上場】**1997年7月 **【決算期】**12月 **【従業員】**33,750

道路・港湾・空港

メインボード

H株

海南美蘭国際空港
ハイナン・メイラン・インターナショナル・エアポート

海南美蘭国際空港股份有限公司
Hainan Meilan International Airport Co.,Ltd.
【指数構成銘柄】— 【その他上場】—

評価	H株株価	年間騰落率	最低売買価格
—	**7.850** HK$	**27.0** %	**107,702** 円

PER		予想配当利回り	PBR
予想 — 実績 **5.8** 倍		—	**0.7** 倍

海南省美蘭国際空港の運営会社 空港ターミナルの管理、旅客・貨物処理などの航空関連業務と、テナントや広告、駐車場、免税品販売など非航空業務を手掛ける。海南航空控股（900945）のハブ空港で、19年の国内利用者数ランキングで17位。297の路線（国内261）で149都市（同114）を結び、58の航空会社（同33）が乗り入れる（19年末）。英SKYTRAXの格付けは「5つ星」。19年11月に瑞ը国際機場から社名変更した。

19年12月本決算：減収減益 売り上げが落ち込む一方で売上原価や販売費、管理費の合計が前年を2%上回り収益を圧迫。投資収益が前年から9割近く減少したことも痛手となった。部門別では、空港建設費として徴収された民航発展基金の返金措置が18年11月に停止された影響で航空関連業務が22%減収と苦戦。この影響を除くと7%増収となる。航空機発着回数は0.2%減の16万4800回、空港利用者数は0.4%増の2422万人、貨物取扱量は0.7%減の32万2400トンで、いずれも国内線が前年割れとなり足を引っ張った。非航空関連業務はホテル収入の急増などが寄与し、10%増収と好調だった。

最近の動向 新型コロナウイルスの影響により20年1〜2月の航空・非航空業務の収入は前年同期比でそれぞれ40%、22%減少したが、3月以降は持ち直している。

【株価推移】

	高値		安値	
2016年	9.820	01/04	7.310	12/28
2017年	8.770	11/20	6.150	08/11
2018年	12.300	04/16	6.170	12/28
2019年	7.440	03/12	4.500	09/02
2020年	8.710	04/16	5.400	02/03

【株価情報】

取引単位(株)	1,000	A株株価 —
H株時価総額(mHK$)	1,781.3	A株格差(倍) —

【指標】(%)

		19/12	18/12
収益性	ROA	5.0	7.0
	ROE	11.3	13.7
	粗利益率	54.3	58.1
成長性	増収率	-7.5	15.9
	増益率(営利)	-6.2	26.9
	自己資本増加率	12.7	11.8
安全性	BPS(元)	10.8	9.6
	負債比率	123.4	94.7
	流動比率	39.5	13.3
	株主資本比率	44.6	51.1

【財務】(百万元)

	19/12	18/12
流動資産	2,033.9	487.0
総資産	11,456.2	8,866.1
流動負債	5,147.2	3,663.3
総負債	6,303.6	4,294.2
株主資本	5,108.8	4,534.1

【CF】(百万元)

	19/12	18/12
営業CF	831.3	1,225.1
投資CF	-687.0	-1,314.7
財務CF	1,265.0	-501.4
FCF	144.3	-89.6
現金同等物	1,511.8	82.0

【株式】(19/12/31)(百万株)

総数	473.2	
H株	48.0%	
流通	—	
	—	
	48.0%	
非流通	52.0%	

【主要株主】(19/12/31) (%)

海口美蘭国際機場有限責任公司	50.2
Liang Yiming	10.8
Oriental Patron Financial Services Group Ltd.	9.0

【子会社・関連会社】(19/12/31) (%)

海南美蘭国際機場貨運有限責任公司	51.0
海南瑞港物流有限公司	100.0
海南美蘭機場酒店投資有限公司	100.0

【売上・利益構成】(19/12)(%)

	売上構成比	前年比	利益構成比	前年比
非航空関連業務	55.0	9.9	—	—
航空関連業務	45.0	-22.5	—	—

【業績】 [中国会計基準] (百万元) ※予想：—

	売上高	営業利益	純利益	前年比(%)	EPS(元)	1株配(元)	株配・無償(株)
2016/12	1,208.71	522.84	392.94	-10.4	0.830	0.1670	
2017/12	1,469.86	648.71	484.44	23.3	1.020	0.2240	
2018/12	1,703.82	822.92	622.04	28.4	1.310	0.1500	
2019/12	1,576.37	771.97	575.41	-7.5	1.220		
2020/12予	—	—	—	—	—	—	**【株式分割・併合等】**
2021/12予	—	—	—	—	—	—	—
2018/6中間	926.34	492.73	371.84	18.9	0.790	0.1500	
2019/6中間	813.64	379.50	275.35	-26.0	0.580		

【前号予想との比較】 —

【登記】 海南省海口市美蘭機場弁公楼 **【TEL】** 86-898-65760114 **【URL】** www.mlairport.com

【役員】 会長：王貞(Wang Zhen) **【上場】** 2002年11月 **【決算期】** 12月 **【従業員】** 1,010

江西銅業

ジャンシー・コパー

江西銅業股份有限公司
Jiangxi Copper Co.,Ltd.

【指数構成銘柄】— 【その他上場】上海A(600362)

鉄鋼・非鉄金属

メインボード

H株

評価	H株株価	年間騰落率	最低売買価格
D	7.340 HK$	-26.4 %	100,705 円

PER		予想配当利回り	PBR
予想 14.1 倍　実績 9.5 倍		1.6 %	0.4 倍

[00358/week/(2018/11/30 - 2020/05/08)]

中国最大の総合銅メーカー 中国最大級の露天掘り銅鉱山である徳興銅鉱のほか、坑内掘りの武山銅鉱など6カ所の鉱山を保有。19年末時点の銅の確認埋蔵量は国内最大の915万トン。銅の製錬で世界最大級の工場を持ち、銅カソード（電気銅）の年産能力は140万トン超、銅加工能力は100万トン超に上る。金・銀、レアメタル、硫酸などの副産物も手掛ける。19年には産金事業を手掛ける山東恒邦冶錬（002237）を傘下に収めた。

19年12月本決算：小幅増益 山東恒邦冶錬の買収で売上高は2桁増となったが、管理費や財務費などのコスト増が利益を圧迫。前年に計上した6億4000万元に上る商品デリバティブ契約の評価益が剥落し、最終損益は小幅な増加にとどまった。主要製品の生産量は銅カソードが6％増、銅加工品が3％増、硫酸が19％増と堅調な伸びを示したほか、金と銀は買収効果で約2倍に急増。

最近の動向 20年1～3月期決算（中国会計基準）は売上高が前年同期比15％増の562億600万元、純利益が78％減の1億6000万元。20年4月に山東恒邦冶錬の株式を追加取得する計画を発表。追加取得後、出資比率は30％から43％に拡大する。20年の生産目標は銅カソードが前年実績比6％増の165万トン、金が50％増の77トン、銀が24％増の1025トン、硫酸が1％増の479万トン。

【株価推移】

	高値		安値	
2016年	13.120	11/25	7.210	02/03
2017年	14.660	02/13	10.720	01/03
2018年	14.240	02/05	8.150	10/11
2019年	11.400	02/26	8.570	08/26
2020年	11.060	01/06	6.340	03/19

【株価情報】

取引単位(株)	1,000	A株株価(元) 12.990
H株時価総額(mHK$)	10,184.1	A株格差(倍) 1.9

【指標】(%)

		19/12	18/12
収益性	ROA	1.8	2.3
	ROE	4.6	4.9
	粗利益率	3.5	3.2
成長性	増収率	11.7	5.0
	増益率(営利)	—	—
	自己資本増加率	6.0	4.7
安全性	BPS(元)	15.2	14.4
	負債比率	143.9	102.2
	流動比率	122.9	150.8
	株主資本比率	39.1	48.4

【財務】(百万元)

	19/12	18/12
流動資産	84,045.0	69,562.1
総資産	134,913.9	102,865.8
流動負債	68,383.1	46,138.0
総負債	75,881.3	50,839.1
株主資本	52,745.6	49,766.3

【CF】(百万元)

	19/12	18/12
営業CF	8,252.3	8,182.1
投資CF	-11,943.9	-9,178.4
財務CF	11,572.7	1,108.6
FCF	-3,691.7	-996.3
現金同等物	18,730.3	10,647.4

【株式】(19/12/31)(百万株)

総数		3,462.7
流通	H株	40.1%
	A株	59.9%
	—	100.0%
非流通		0.0%

【主要株主】(19/12/31) (%)

江西銅業集団有限公司	41.9
中国証券金融フン有限公司	3.0
Citigroup Inc.	2.4

【子会社・関連会社】(19/12/31) (%)

江西銅業集団財務有限公司	100.0
江西銅業銅材有限公司	100.0
山東恒邦冶錬股フン有限公司（002237）	30.0

【売上・利益構成】(19/12)(%)

	売上構成比	前年比	利益構成比	前年比
銅カソード（電気銅）	56.8	11.3	—	—
銅棒・銅線	18.8	-4.6	—	—
レアメタル・非鉄金属	9.8	-4.3	—	—

【業績】 [国際会計基準] (百万元) ※予想：ファクトセット　　【前号予想との比較】↓ 大幅減額

	売上高	営業利益	純利益	前年比(%)	EPS(元)	1株配(元)	株配・無償(株)
2016/12	201,728.15	—	837.41	21.4	0.240	0.1500	
2017/12	204,241.19	—	1,651.11	97.2	0.480	0.2000	
2018/12	214,395.31	—	2,415.02	46.3	0.700	0.2000	
2019/12	239,585.49	—	2,437.99	1.0	0.700	0.1000	
2020/12予	240,174.50	3,422.56	1,638.25	-32.8	0.473	0.1070	【株式分割・併合等】
2021/12予	245,464.75	4,051.92	2,327.00	42.0	0.671	0.1470	
2018/6中間	104,025.79	—	1,327.15	36.3	0.380		
2019/6中間	104,694.00	—	1,412.18	6.4	0.410		

【登記】江西省貴渓市冶金大道15号 【TEL】86-791-82710117 【URL】www.jxcc.com
【役員】会長：龍子平(Long Ziping) 【上場】1997年6月 【決算期】12月 【従業員】23,213

上海実業控股

コングロマリット

シャンハイ・インダストリアル

上海実業控股有限公司
Shanghai Industrial Holdings Ltd.
【指数構成銘柄】― 【その他上場】ADR

評価	株価	年間騰落率	最低売買価格
C	12.940 HK$	-21.0 %	177,537 円

PER		予想配当利回り	PBR
予想 5.0 倍　実績 4.2 倍		7.1 %	0.3 倍

上海市政府系コングロマリット 1981年に設立された上海市政府の香港窓口企業。インフラ（有料道路、水処理）、不動産、消費財（たばこ、印刷）が3本柱。11年に上海実業発展（600748）と上海実業城市開発（00563）を傘下に収め、不動産事業を強化したが、最近は水処理事業を中心にインフラ部門への投資を拡大。高速道路事業では北京－上海を結ぶ京滬高速の上海区間など3本の有料道路を運営。16年末には浙江省嘉興市と寧波市を結ぶ杭州湾大橋の一部権益も取得。

19年12月本決算：増収増益 6％増収を確保する一方、利益は不動産部門の不振で0.5％増と伸び悩んだ。売上全体の6割弱を占める不動産部門は前年に傘下の上海実業発展（600748）の引き渡し物件が増えたが、この反動で部門利益は2％減にとどまった。同3割弱を占めるインフラ部門は3％増収、6％増益。18年にスピンオフ上場した上下水道事業の上海実業環境（00807）が健闘したものの、高速道路事業が振るわなかった。消費財部門はたばこ販売が伸び、1桁台の増収増益だった。

最近の動向 会社側は新型コロナによる不動産やインフラ部門への影響を警戒する。不動産部門は景気悪化で投資物件の価値低下を懸念。インフラ部門も高速道路の通行料免除措置で売り上げが減少する見通し。

【株価推移】

	高値		安値	
2016年	25.150	10/26	15.100	02/12
2017年	25.800	10/17	20.250	01/09
2018年	23.950	01/23	15.740	12/28
2019年	19.440	04/04	13.960	12/02
2020年	15.360	01/03	10.880	03/23

【株価情報】

取引単位(株)	1,000	A株株価	―
時価総額(mHK$)	14,068.5	A株格差(倍)	―

【指標】(%)

		19/12	18/12
収益性	ROA	1.9	2.0
	ROE	8.3	8.1
	粗利益率	38.7	38.3
成長性	増収率	6.4	3.0
	増益率(営利)		
	自己資本増加率	-2.5	-1.1
安全性	BPS (HK$)	37.0	38.0
	負債比率	253.8	237.2
	流動比率	168.4	190.2
	株主資本比率	23.0	24.7

【財務】(百万HK$)

	19/12	18/12
流動資産	98,275.3	95,350.1
総資産	174,942.3	167,419.4
流動負債	58,361.5	50,127.6
総負債	102,137.7	97,916.5
株主資本	40,239.8	41,275.3

【CF】(百万HK$)

	19/12	18/12
営業CF	4,884.6	359.4
投資CF	-1,553.1	-1,212.7
財務CF	353.8	-4,973.9
FCF	3,331.5	-853.3
現金同等物	27,904.8	25,132.5

【株式】(19/12/31)(百万株)

総数	1,087.2
流通 ―	
―	
―	100.0 %
非流通	0.0 %

【主要株主】(19/12/31)　　(%)

上海実業（集団）有限公司	61.6

【子会社・関連会社】(19/12/31)　(%)

上海実業発展股フン有限公司 （600748）	48.6
上海実業城市開発集団有限公司（00563）	47.4
上海実業環境控股有限公司 （00807）	47.7

【売上・利益構成】(19/12)(%)

	売上構成比	前年比	利益構成比	前年比
不動産	57.7	8.4	57.1	-1.7
インフラ	28.1	3.3	29.6	5.9
消費財	14.2	4.5	13.2	2.5

【業績】 ［香港会計基準］(百万HK$) ※予想：ファクトセット　　【前号予想との比較】 ➘減額

	売上高	営業利益	純利益	前年比(%)	EPS(HK$)	1株配(HK$)	株配・無償(株)
2016/12	22,131.76	―	2,903.03	2.7	2.673	0.9200	
2017/12	29,520.33	―	3,135.18	8.0	2.884	0.9400	
2018/12	30,412.88	―	3,333.02	6.3	3.066	1.0000	
2019/12	32,345.47	―	3,349.53	0.5	3.081	0.5200	1:1上海実業城市開発
2020/12予	30,861.57	9,029.56	2,645.82	-21.0	2.580	0.9240	【株式分割・併合等】
2021/12予	33,065.16	10,426.63	3,214.83	21.5	3.080	1.0680	
2018/6中間	15,338.73	―	1,981.86	22.6	1.820	0.4800	
2019/6中間	16,661.95	―	2,009.63	1.4	1.848	―	

【登記】香港湾仔告士打道39号夏愨大厦26楼 【TEL】852-25295652 【URL】www.sihl.com.hk
【役員】会長：沈暁初(Shen Xiaochu) 【上場】1996年5月 【決算期】12月 【従業員】19,014

北控水務集団

ベイジン・エンタープライジズ・ウォーター

北控水務集団有限公司
Beijing Enterprises Water Group Ltd.

【指数構成銘柄】レッドチップ　【その他上場】―

[00371/week(2018/11/30 - 2020/05/08)]

評価	株価	年間騰落率	最低売買価格
B	2.920 HK$	-35.0 %	80,125 円

PER		予想配当利回り	PBR
予想 5.5 倍　実績 5.9 倍		6.9 %	1.0 倍

【株価推移】

	高値		安値	
2016年	6.110	10/24	3.530	02/11
2017年	6.750	10/27	4.930	01/04
2018年	6.300	01/24	3.610	08/15
2019年	5.090	03/06	3.750	11/22
2020年	4.120	01/15	2.690	03/19

【株価情報】

取引単位(株)	2,000	A株株価	―
時価総額(mHK$)	29,261.9	A株格差(倍)	―

【指標】(%)

		19/12	18/12
収益性	ROA	3.3	3.5
	ROE	16.1	17.5
	粗利益率	36.1	35.7
成長性	増収率	14.6	16.1
	増益率(営利)	13.6	40.9
	自己資本増加率	19.8	22.6
安全性	BPS(HK$)	3.0	2.7
	負債比率	342.5	347.5
	流動比率	72.0	87.6
	株主資本比率	20.2	20.2

【財務】(百万HK$)

	19/12	18/12
流動資産	35,251.5	31,976.4
総資産	151,160.9	126,380.7
流動負債	48,977.9	36,516.5
総負債	104,629.8	88,568.6
株主資本	30,548.5	25,489.5

【CF】(百万HK$)

	19/12	18/12
営業CF	-4,230.7	-5,573.0
投資CF	-1,862.3	-3,014.5
財務CF	5,598.2	13,040.4
FCF	-6,093.0	-8,587.5
現金同等物	12,093.1	12,608.3

【株式】(19/12/31)(百万株)

総数	10,021.2
流通	―
	100.0 %
非流通	0.0 %

【主要株主】(19/12/31) (%)

北京控股有限公司 (00392)	41.1
周敏	3.1

【子会社・関連会社】(19/12/31) (%)

深セン北控創新投資有限公司	100.0
北控水務集団(海南)有限公司	90.0
北京建工環境発展有限責任公司	60.0

【売上・利益構成】(19/12)(%)

	売上構成比	前年比	利益構成比	前年比
下水処理場の建設・運営	81.7	15.4	77.2	21.3
水道水供給サービス	9.2	11.0	13.1	16.1
技術コンサルティング	9.1	11.7	9.7	10.6

北京控股傘下の水処理会社　北京市政府系の北京控股(00392)が筆頭株主。コンセッションや委託方式で下水処理場の建設運営、水道水供給、技術コンサルティングなど水関連サービスを展開する。1日当たり処理能力は3939万トン。運営契約を結んだ施設数は1252で、下水処理場が1058、浄水場が162、再生水処理場が30、海水淡水化施設が2カ所(19年末)。中国での売上比率が97%に上る。ポルトガルやシンガポール、豪州などでも下水処理、再生水処理事業を展開する。

19年12月本決算：増収増益　通期決算の2桁超の増益は11年連続。運営施設の増加で売上高が伸び、業容拡大で採算が改善する好循環が生まれた。営業費用や金融費用の増加で利幅はやや縮んだものの、増益を確保。事業別では主力3部門がそろって2桁増収増益。稼ぎ頭である下水処理場の建設・運営事業が21%増益。うち運営事業では本土の平均処理料金が6%上昇し、通期の処理量が12%増えた。水道水供給サービス事業は処理量が14%増、供給料金が1%上昇し、利益率が改善。

今後の見通し　20年も資産を抑制するアセットライト戦略を継続する。利益率が高い低リスクプロジェクトに投資対象を絞る方針。施設運営能力を増強する一方、高効率の運営手段や標準化経営モデルを採用する。

【業績】[香港会計基準](百万HK$)※予想：ファクトセット

	売上高	営業利益	純利益	前年比(%)	EPS(HK$)	1株配(HK$)	株配・無償(株)
2016/12	17,354.83	5,260.50	3,227.01	31.4	0.370	0.1190	
2017/12	21,192.37	5,655.54	3,717.23	15.2	0.424	0.1550	
2018/12	24,596.86	7,969.24	4,471.27	20.3	0.479	0.1780	
2019/12	28,192.46	9,052.50	4,925.72	10.2	0.498	0.1850	
2020/12予	30,063.03	9,407.43	5,337.37	8.4	0.533	0.2020	
2021/12予	31,911.69	10,300.14	5,883.52	10.2	0.585	0.2240	
2018/6中間	10,008.75	3,804.13	2,366.12	23.6	0.256	0.0950	
2019/6中間	12,829.12	4,611.32	2,769.86	17.1	0.287	0.1070	

【前号予想との比較】↘ 減額

【株式分割・併合等】

【本社】香港湾仔港湾道18号中環広場67楼6706-07室　【TEL】852-21050800　【URL】www.bewg.net
【役員】会長：李永成(Li Yongcheng)　【上場】1993年4月　【決算期】12月　【従業員】18,424

中国燃気控股

チャイナ・ガス・ホールディングス

中国燃気控股有限公司
China Gas Holdings Ltd.

【指数構成銘柄】中国企業　【その他上場】—

評価	株価	年間騰落率	最低売買価格
C	27.950 HK$	14.3 %	76,695 円

PER		予想配当利回り	PBR
予想 15.5 倍　実績 17.1 倍		1.8 %	4.1 倍

中国の都市ガス大手 26の省・直轄市で都市ガスや長距離パイプラインの運営、LPGの供給といった事業を展開する。都市ガス供給の営業エリアは19年9月末時点で582地区、供給契約数は一般家庭3261万世帯、工業1万3800件、商業21万4000件。圧縮天然ガス（CNG）とLNGのスタンド555カ所を運営し、ガス管敷設や器具販売も手掛ける。LPG事業はターミナル8カ所に加え、30万立方米超の貯蔵施設を保有。プロパンガスの充てんや小売りも行う。18年3月、中国企業指数に採用された。

19年9月中間決算：減収増益 中間期の2桁超の増益は4年連続。LPG価格の急落でLPG事業は大幅減収だったが、主力の天然ガス販売とガス管敷設が好調。うち天然ガス販売部門では長距離パイプラインを通じたガスの販売量は減少したものの、都市ガス販売が15％増の68億7400万立方米。ガス料金も上昇し、採算が改善した。ガス管敷設は4割強の増益。都市ガスの住宅向け新規接続が16％増え、スケールメリットで利幅が改善。

今後の計画 当面は年間10～20地区のペースで都市ガス事業の営業地域を増やす方針。21年3月通期の目標は、都市ガス販売量が前年実績比25％増。ほかに新規接続数が630万件、LPG販売量が500万トン。付加価値サービスの粗利益率に関しては40％との目標を設定した。

【株価推移】

	高値		安値	
2016年	13.440	08/30	9.070	01/21
2017年	25.500	12/06	10.440	05/15
2018年	36.700	06/06	19.700	10/02
2019年	34.950	11/04	22.800	05/23
2020年	32.700	01/22	22.300	04/17

【株式情報】

取引単位(株)	200	A株株価	—
時価総額(mHK$)	145,858.8	A株格差(倍)	—

【指標】(%)

		19/9	18/9
収益性	ROA	8.8	9.0
	ROE	27.3	28.6
	粗利益率	29.3	22.5
成長性	増収率	-3.3	38.3
	増益率(営利)	—	—
	自己資本増加率	21.8	23.7
安全性	BPS(HK$)	6.9	5.8
	負債比率	193.3	199.0
	流動比率	87.7	101.3
	株主資本比率	32.3	31.6

【財務】(百万HK$)

	19/9	18/9
流動資産	40,875.8	33,939.9
総資産	111,334.3	93,516.1
流動負債	46,614.9	33,498.1
総負債	69,606.5	58,803.4
株主資本	36,004.6	29,549.8

【CF】(百万HK$)

	19/9	18/9
営業CF	4,033.5	4,417.8
投資CF	-5,603.6	-4,184.3
財務CF	-1,957.9	1,866.1
FCF	-1,570.1	233.5
現金同等物	9,025.3	9,668.5

【株式】(19/09/30)(百万株)

総数	5,218.6
流通	—
	—
	—
	100.0 %
非流通	0.0 %

【主要株主】(19/09/30)

	(%)
北京控股有限公司（00392）	23.7
中国燃気集団有限公司	14.5
SK E&S Co.,Ltd.	10.3

【子会社・関連会社】(19/03/31)

	(%)
中裕燃気控股有限公司（03633）	42.0
富地燃気投資控股有限公司	100.0
上海中油能源控股有限公司	100.0

【売上・利益構成】(19/9)(%)

	売上構成比	前年比	利益構成比	前年比
天然ガス販売	44.5	3.7	28.6	14.9
LPG販売	23.3	-33.7	0.4	—
ガス管敷設	21.7	14.0	37.3	42.1

【業績】[香港会計基準](百万HK$) ※予想：ファクトセット 【前号予想との比較】 → 前号並み

	売上高	営業利益	純利益	前年比(%)	EPS(HK$)	1株配(HK$)	株配・無償(株)
2017/3	31,993.32	—	4,147.73	82.5	0.850	0.2500	
2018/3	52,831.96	—	6,095.15	47.0	1.230	0.3500	
2019/3	59,386.06	—	8,224.38	34.9	1.630	0.4400	
2020/3予	64,580.88	12,415.46	9,459.55	15.0	1.802	0.5120	
2021/3予	75,930.52	14,451.61	11,086.36	17.2	2.106	0.6150	【株式分割・併合等】
2017/9中間	20,875.35	—	3,395.21	100.7	0.683	0.0800	
2018/9中間	28,877.20	—	4,225.75	24.5	0.844	0.0800	
2019/9中間	27,925.50	—	4,909.63	16.2	0.941	0.1000	

【本社】香港湾仔告士打道151号安盛中心16楼1601室 【TEL】852-28770800 【URL】www.chinagasholdings.com.hk

【役員】会長：劉明輝(Liu Ming Hui) 【上場】1995年10月 【決算期】3月 【従業員】51,000

中国石油化工

シノペック

中国石油化工股份有限公司
China Petroleum & Chemical Corp.

【指数構成銘柄】ハンセン、中国企業　【その他上場】上海A(600028)、ADR、ロンドン

[00386/week/2018/11/30 - 2020/05/08]

評価	H株株価	年間騰落率	最低売買価格
D	3.700 HK$	-35.9 %	101,528 円

PER			予想配当利回り	PBR
予想	29.5 倍	実績 7.1 倍	3.0 %	0.6 倍

中国の石油元売り大手 原油や天然ガスの探査・生産から石油精製、小売り、石化製品の製造、パイプライン運営まで手掛ける。石油製品の生産・販売では中国最大級で、19年の精製量は2億4900万トン、販売量は2億5500万トン。19年末時点でガソリンスタンド約3万700店を展開。確認埋蔵量は19年末で原油が17億4100万バレル、天然ガスが7兆2300億立方フィート。19年の原油・天然ガス生産量は4億5900万石油換算バレル。

19年12月本決算：増収減益 天然ガスの販売拡大がけん引し、3%増収を確保。販売・管理費の削減や減価償却費の小幅減が寄与して営業利益は5%増えた。一方、利息支出が膨らんだことや、投資収益や持ち分利益の減少が痛手となり、純利益は7%減少した。部門別では、天然ガスの販売量の増加と販売価格の上昇を受けて探査・生産部門は部門損益が黒字に転換。石油販売は自社製品の販売拡大などを通じて24%増益を達成した。

最近の動向 新型コロナで先行き不透明感が増す中、20年の経営数値目標の発表を見送った。新型コロナと原油相場の急落による影響を最小限に抑えるよう努めるとしている。20年1〜3月期決算は売上高が前年同期比23%減の5426億3200万元、純損益は前年同期の154億6800万元の黒字から191億4500万元の赤字に転落した。

【株価推移】

	高値		安値	
2016年	6.000	10/11	3.860	01/20
2017年	6.570	04/07	5.400	11/21
2018年	8.350	05/21	5.370	12/28
2019年	6.930	03/01	4.320	12/04
2020年	4.850	01/06	3.200	03/19

【株価情報】

取引単位(株)	2,000	A株株価(元)	4.420
H株時価総額(mHK$)	94,399.7	A株格差(倍)	1.3

【指標】(%)

		19/12	18/12
収益性	ROA	3.3	3.9
	ROE	7.8	8.6
	粗利益率	—	—
成長性	増収率	2.6	22.8
	増益率(営利)	4.8	15.1
	自己資本増加率	2.9	-1.2
安全性	BPS(元)	6.1	5.9
	負債比率	119.1	102.6
	流動比率	77.4	89.2
	株主資本比率	42.1	45.0

【財務】(百万元)

	19/12	18/12
流動資産	445,856.0	504,120.0
総資産	1,755,071.0	1,592,308.0
流動負債	576,374.0	565,098.0
総負債	879,236.0	735,773.0
株主資本	738,150.0	717,284.0

【CF】(百万元)

	19/12	18/12
営業CF	153,420.0	175,868.0
投資CF	-120,463.0	-66,422.0
財務CF	-84,713.0	-111,260.0
FCF	32,957.0	109,446.0
現金同等物	60,313.0	111,922.0

【株式】(19/12/31)(百万株)

総数		121,071.2
流通	H株	21.1%
	A株	78.9%
	—	
		100.0%
非流通		0.0%

【主要株主】(19/12/31) (%)

中国石油化工集団有限公司	68.8
中国証券金融股フン有限公司	2.2
国新投資有限公司	1.0

【子会社・関連会社】(19/12/31) (%)

中国石油化上海石油化工股フン有限公司(00338)	50.4
中石化冠徳控股有限公司(00934)	60.3
中国石化銷售股フン有限公司	70.4

【売上・利益構成】(19/12)(%)

	売上構成比	前年比	利益構成比	前年比
石油販売	48.0	-1.1	33.8	24.0
石油化学	14.7	-7.0	19.9	-36.5
石油精製	4.9	-4.9	35.5	-44.1

【業績】[国際会計基準] (百万元) ※予想：ファクトセット　【前号予想との比較】↓ 大幅減額

	売上高	営業利益	純利益	前年比(%)	EPS(元)	1株配(元)	株配・無償(株)
2016/12	1,880,190.00	77,193.00	46,672.00	43.6	0.385	0.2490	
2017/12	2,300,470.00	71,470.00	51,244.00	9.8	0.423	0.5000	
2018/12	2,825,613.00	82,264.00	61,618.00	20.2	0.509	0.4200	
2019/12	2,900,488.00	86,198.00	57,465.00	-6.7	0.475	0.3100	
2020/12予	2,509,257.80	26,298.61	14,763.91	-74.3	0.114	0.1020	【株式分割・併合等】
2021/12予	2,764,977.00	64,674.07	41,978.69	184.3	0.336	0.1920	
2018/6中間	1,268,803.00	61,576.00	42,386.00	51.8	0.350	0.1600	
2019/6中間	1,466,833.00	61,453.00	32,206.00	-24.0	0.266	0.1200	

【登記】北京市朝陽区朝陽門北大街22号 【TEL】86-10-59960028 【URL】www.sinopec.com
【役員】会長：張玉卓(Zhang Yuzhuo) 【上場】2000年10月 【決算期】12月 【従業員】402,206

金融・証券・保険

メインボード　ハンセン

香港交易及結算所

エイチケーイーエックス

香港交易及結算所有限公司
Hong Kong Exchanges and Clearing Ltd.
【指数構成銘柄】ハンセン　【その他上場】ADR

評価	株価	年間騰落率	最低売買価格
B	**242.800** HK$	**-7.0**%	**333,122** 円

PER		予想配当利回り	PBR
予想 **31.1** 倍　実績 **32.4** 倍		**3.0**%	**6.9** 倍

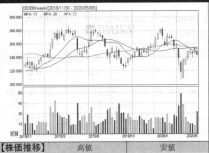

香港証券取引所を運営　香港聯合交易所有限公司（証券取引所）、香港期貨交易所有限公司（先物取引所）、香港中央結算有限公司（決済機構）の合併で発足した。現物市場、デリバティブ、決済、市場データの主力事業に、12年に買収したロンドン金属取引所（LME）の運営が加わった。19年末の上場企業数は2449社（メインボード2071社、GEM378社）に上り、上場企業の時価総額は38兆1700億HKドルに達している。

19年12月本決算：増収増益　米中摩擦や香港の反政府デモを背景に証券売買が低迷したが、投資収益の拡大や営業費用の圧縮で小幅の増収増益を確保。営業収益と純利益がともに2年連続過去最高を更新した。1日当たり平均売買代金は株式が18%減、デリバティブが22%減と落ち込み、取引手数料収入は12%減。上場手数料収入も減少したが、バドワイザーAPAC（01876）やアリババ集団（09988）などの大型IPOが減少幅を抑えた。

今後の見通し　経営陣は新型コロナの感染拡大が世界の株式市場に悪影響を及ぼすと指摘。ほかに長引く米中貿易戦争や英国のEU離脱、米大統領選挙なども今後の株式市場のパフォーマンスを左右するとみる。20年1-3月期決算は営業収益が前年同期比7%減の40億900万HKドル、純利益が13%減の22億6200万HKドル。

【株価推移】

	高値		安値	
2016年	213.200	09/09	160.100	01/22
2017年	257.600	11/23	182.400	01/04
2018年	306.000	01/23	195.600	10/11
2019年	286.400	04/08	218.800	01/03
2020年	283.600	01/20	206.000	03/19

【株価情報】

取引単位(株)	100	A株株価	—
時価総額(mHK$)	306,219.7	A株格差(倍)	—

【指標】(%)

		19/12	18/12
収益性	ROA	3.4	3.6
	ROE	21.3	22.9
	粗利益率	—	—
成長性	増収率	2.8	20.4
	増益率(営利)	2.0	25.6
	自己資本増加率	8.5	9.3
安全性	BPS(HK$)	35.0	32.6
	負債比率	531.0	528.0
	流動比率	110.5	110.4
	株主資本比率	15.8	15.9

【財務】(百万HK$)

	19/12	18/12
流動資産	255,195.0	235,783.0
総資産	279,051.0	255,948.0
流動負債	230,937.0	213,581.0
総負債	234,550.0	215,045.0
株主資本	44,173.0	40,729.0

【CF】(百万HK$)

	19/12	18/12
営業CF	10,062.0	9,480.0
投資CF	-3,485.0	-5,327.0
財務CF	-7,154.0	-6,519.0
FCF	6,577.0	4,153.0
現金同等物	10,603.0	11,180.0

【株式】(19/12/31)(百万株)

総数	1,261.2
流通	—
	100.0%
非流通	0.0%

【売上・利益構成】(19/12)(%)

	売上構成比	前年比	利益構成比	前年比
決済業務	38.2	0.9	44.1	0.9
現物市場	22.4	-5.4	24.8	-7.0
デリバティブ市場	18.3	-14.7	19.9	-16.8

【主要株主】(19/12/31)(%)

香港特別行政区政府	5.9

【子会社・関連会社】(19/12/31)(%)

香港聯合交易所有限公司	100.0
香港期貨交易所有限公司	100.0
香港中央結算有限公司	100.0

【業績】[香港会計基準](百万HK$)　※予想：ファクトセット　【前号予想との比較】↘減額

	営業収益	営業利益	純利益	前年比(%)	EPS(HK$)	1株配(HK$)	株配・無償(株)
2016/12	11,116.00	6,890.00	5,769.00	-27.5	4.760	4.2500	
2017/12	13,180.00	8,756.00	7,404.00	28.3	6.030	5.4000	
2018/12	15,867.00	10,995.00	9,312.00	25.8	7.500	6.7100	
2019/12	16,311.00	11,219.00	9,391.00	0.8	7.490	6.7100	
2020/12予	17,351.74	11,881.22	10,025.88	6.8	7.796	7.2580	
2021/12予	19,220.81	13,261.78	11,196.02	11.7	8.632	7.8610	
2018/6中間	8,194.00	5,898.00	5,041.00	44.3	4.070	3.6400	
2019/6中間	8,305.00	5,858.00	5,205.00	3.3	4.150	3.7200	

【株式分割・併合等】

【本社】 香港中環康楽広場8号交易広場2期8楼　**【TEL】** 852-25221122　**【URL】** www.hkex.com.hk

【役員】 会長：史美倫(Cha May-Lung Laura)　**【上場】** 2000年6月　**【決算期】** 12月　**【従業員】** 2,182

中国中鉄

チャイナ・レールウェイ

中国中鉄股份有限公司
China Railway Group Ltd.

【指数構成銘柄】— 【その他上場】上海A(601390)

[00390/week/(2018/11/30-2020/05/08)]

	評価	H株株価	年間騰落率	最低売買価格
	B	**4.590** HK$	**-23.4** %	**62,975** 円

PER		予想配当回り	PBR
予想 **4.2** 倍 実績 **4.4** 倍		**4.1** %	**0.5** 倍

中国のインフラ建設大手 鉄道や道路、橋梁などインフラ全般の建設・設計を手掛ける。米フォーチュン誌の19年世界500社番付で55位。不動産開発や鉱山採掘にも従事する。国内の長距離鉄道、都市鉄道、高速道路建設市場では長年、各45%、40%、10%超のシェアを握る。港珠澳大橋や北京冬季五輪(22年)向け重点事業の京張高速八達嶺トンネルを手掛けた。「一帯一路」の下、中国－ラオス鉄道など各種海外事業も展開。

19年12月本決算：増収増益 政策支援を背景とした主力のインフラ建設部門の堅調が好決算要因。資産減損損失の4割減や子会社権益売却益の計上なども利益押し上げに寄与した。全体の粗利益率は9.4%に後退したが、主力インフラ建設部門では前年をやや上回る7.1%。不動産開発は期中の成約額が3割強増加したが、主に販売費の増大で約2割の部門減益。期中の新規受注は28%増の2兆1649億元。期末の受注残は9%増の3兆1700億元。

今後の計画 20年1－3月期決算(中国会計基準)は売上高が前年同期比2%減の1570億4600万元、純利益が7%減の35億8500万元。同期のインフラ建設事業の新規受注は12%増の3022億元に上った。20年通期計画は売上高約9000億元、新規受注約2兆2000億元。19年12月に国内通販2位のJDドット・コム(09618)と戦略提携。

【株価推移】

	高値		安値	
2016年	7.130	11/30	4.210	01/21
2017年	7.710	03/23	5.600	12/18
2018年	8.010	10/10	5.250	03/23
2019年	8.210	02/26	4.450	12/05
2020年	5.050	01/06	3.450	03/23

【株価情報】

取引単位(株)	1,000	A株株価(元)	5.780
H株時価総額(mHK$)	19,311.9	A株格差(倍)	1.4

【指標】(%)

		19/12	18/12
収益性	ROA	2.2	1.8
	ROE	10.7	9.0
	粗利益率	9.4	9.7
成長性	増収率	14.9	7.5
	増益率(営利)	30.5	30.5
	自己資本増加率	15.5	23.5
安全性	BPS(元)	9.0	8.4
	負債比率	366.3	376.0
	流動比率	105.0	104.7
	株主資本比率	21.0	20.3

【財務】(百万元)

	19/12	18/12
流動資産	709,770.0	652,040.0
総資産	1,056,041.0	942,513.0
流動負債	676,034.0	622,475.0
総負債	810,713.0	720,532.0
株主資本	221,310.0	191,619.0

【CF】(百万元)

	19/12	18/12
営業CF	22,198.0	11,962.0
投資CF	-40,179.0	-39,333.0
財務CF	38,215.0	27,907.0
FCF	-17,981.0	-27,371.0
現金同等物	138,186.0	117,768.0

【株式】(19/12/31)(百万株)

総数		24,570.9
流通	H株	17.1%
	A株	75.8%
	—	
		93.0%
非流通		7.0%

【主要株主】(19/12/31) (%)

中国鉄路工程集団有限公司	47.2
中国証券金融股フン有限公司	2.8
中国国新控股有限責任公司	1.6

【子会社・関連会社】(19/12/31) (%)

中鉄高新工業股フン有限公司 (600528)	49.1
中鉄工程集団有限公司	100.0
中鉄国際集団有限公司	100.0

【売上・利益構成】(19/12)(%)

	売上構成比	前年比	利益構成比	前年比
インフラ建設	86.6	17.2	57.4	22.4
不動産開発	5.1	-0.7	10.0	-20.7
機械・部品製造	2.0	13.2	5.5	30.5

【業績】[国際会計基準](百万元) ※予想：ファクトセット

	売上高	営業利益	純利益	前年比(%)	EPS(元)	1株配(元)	株配・無償(株)
2016/12	632,856.00	21,617.00	12,509.00	7.1	0.517	0.0880	
2017/12	688,773.00	21,994.00	16,067.00	28.4	0.669	0.1130	
2018/12	740,383.00	28,713.00	17,198.00	7.0	0.718	0.1280	
2019/12	850,843.00	37,468.00	23,678.00	37.7	0.950	0.1690	
2020/12予	956,223.80	39,044.00	24,743.28	4.5	0.990	0.1690	【株式分割・併合等】
2021/12予	1,053,960.90	42,463.57	27,489.55	11.1	1.103	0.1890	
2018/6中間	316,102.00	13,999.00	9,552.00	23.9	0.394		
2019/6中間	361,887.00	16,587.00	10,514.00	10.1	0.399		

【前号予想との比較】 ↗ 増額

【登記】北京市豊台区南四環西路128号院1号楼918 【TEL】86-10-51845225 【URL】www.crec.cn
【役員】会長：張宗言(Zhang Zongyan) 【上場】2007年12月 【決算期】12月 【従業員】285,405

北京控股

ベイジン・エンタープライズ

北京控股有限公司
Beijing Enterprises Holdings Ltd.

【指数構成銘柄】レッドチップ 【その他上場】ADR

[00392/week(2018/11/30 - 2020/05/08)]

評価	株価	年間騰落率	最低売買価格
B	27.050 HK$	-33.8 %	185,563 円

PER		予想配当回り	PBR
予想 4.3 倍 実績 4.2 倍		4.5 %	0.5 倍

【株価推移】	高値		安値	
2016年	48.300	08/15	32.400	02/12
2017年	48.450	10/23	36.150	05/15
2018年	50.500	01/25	34.500	08/16
2019年	48.650	03/04	34.050	12/03
2020年	38.000	01/20	24.550	03/19

【株価情報】

取引単位(株)	500	A株価格	—
時価総額(mHK$)	34,138.5	A株格差(倍)	—

【指標】(%)

		19/12	18/12
収益性	ROA	4.3	4.3
	ROE	10.7	10.9
	粗利益率	16.1	15.6
成長性	増収率	0.0	17.8
	増益率(営利)	—	—
	自己資本増加率	8.1	3.1
安全性	BPS (HK$)	59.7	55.2
	負債比率	131.2	134.2
	流動比率	96.4	112.4
	株主資本比率	40.5	39.9

【財務】(百万HK$)

	19/12	18/12
流動資産	37,629.2	32,795.6
総資産	185,806.3	174,496.3
流動負債	39,048.2	29,185.0
総負債	98,791.4	93,480.9
株主資本	75,281.6	69,672.6

【CF】(百万HK$)

	19/12	18/12
営業CF	6,529.6	9,096.7
投資CF	-752.6	-3,947.1
財務CF	-1,330.4	-3,738.6
FCF	5,777.0	5,149.6
現金同等物	22,020.6	17,909.1

北京市政府系の公共事業会社 04年以降の事業再編を経て、小売り・不動産系コングロマリットから都市ガス事業を中核とする公共事業会社に転身した。全額出資子会社の北京市燃気集団や株式24%を握る中国ガス（00384）を通じて全国規模で都市ガス事業を展開。ほかに北控水務集団（00371）や燕京ビール（000729）を通じ、下水処理・水道事業、ビール製造販売に従事。16年には独EEWの買収で固形廃棄物処理事業を強化。

19年12月本決算：1桁増益 売上高は横ばいだったが、高価格帯ビールの販売増と廃棄物処理事業の料金上昇で採算が改善。銀行借入金の利払い増加で金融費用が前年比11%増に膨らんだが、中国ガスや北控水務集団など関連会社利益が5%増の70億HKドルに伸び、穴を埋めた。事業別では都市ガス部門が苦戦。人民元安に加え、北京の暖冬の影響でガス販売量が1%減の166億立方米に落ち込んだ。ビール事業は高価格帯商品の販売好調で辛うじて増益を確保。固形廃棄物処理部門はごみの焼却・発電容量拡大が奏功し、2割超の増収増益。

最近の動向 新型コロナの感染拡大で傘下事業にも一定の影響が出るが、中国国内では早期に段階的に操業を再開した。今後は都市ガス事業で多角化を推進し、北京市以外での市場開拓やLNG販売の拡大に力を入れる。

【株式】(19/12/31)(百万株)

総数	1,262.1

流通	—
	—
流通	100.0%
非流通	0.0%

【主要株主】(19/12/31) (%)

北京控股集団有限公司	41.1
北京企業投資有限公司	20.9

【子会社・関連会社】(19/12/31) (%)

北京市燃気集団有限責任公司	100.0
北京燕京ビール股フン有限公司(000729)	45.8
北控水務集団有限公司 (00371)	41.1

【売上・利益構成】(19/12)(%)

	売上構成比	前年比	利益構成比	前年比
都市ガス事業	70.1	-2.3	55.5	-7.2
ビール	17.4	-4.4	8.1	0.9
固形廃棄物処理	12.4	25.0	36.4	20.5

【業績】 [香港会計基準](百万HK$) ※予想：ファクトセット **【前号予想との比較】** ↘ 減額

	売上高	営業利益	純利益	前年比(%)	EPS(HK$)	1株配(HK$)	株配・無償(株)
2016/12	55,958.83	4,039.41	6,235.88	10.0	4.920	0.9500	
2017/12	57,508.03	3,774.39	6,880.38	10.3	5.450	0.9800	
2018/12	67,764.77	—	7,577.38	10.1	6.000	1.0500	
2019/12	67,783.03	—	8,054.78	6.3	6.380	1.1400	
2020/12予	67,415.67	4,028.26	8,018.84	-0.4	6.266	1.2160	**【株式分割・併合等】**
2021/12予	70,142.26	3,977.92	8,645.50	7.8	6.835	1.3420	
2018/6中間	34,345.04	3,183.18	4,267.38	13.0	3.380	0.3200	
2019/6中間	34,233.32	3,176.32	4,745.33	11.2	3.760	0.4000	

【登記】 香港湾仔港湾道18号中環広場66楼 **【TEL】** 852-29152898 **【URL】** www.behl.com.hk
152 **【役員】** 会長：侯子波(Hou Zibo) **【上場】** 1997年5月 **【決算期】** 12月 **【従業員】** 41,000

SOHO中国
ソーホー・チャイナ

SOHO中国有限公司
SOHO China Ltd.

【指数構成銘柄】― 【その他上場】―

不動産

評価	株価	年間騰落率	最低売買価格
D	3.110 HK$	16.0 %	21,335 円

PER		予想配当利回り	PBR
予想 34.5 倍 実績 10.9 倍		0.4 %	0.4 倍

メインボード

[00410/week/(2018/11/30 - 2020/05/08)]
MPA: 13 MPA: 26 MPA: 52

北京の不動産デベロッパー大手 潘会長夫妻が創業。北京と上海を中心にオフィスや商業物件の開発を手掛ける。主に物件を分譲してきたが、12年以降は自社保有・賃貸中心の事業モデルへの転換を進めている。主要物件には北京の「望京SOHO」「光華路SOHO」、上海の「SOHO復興広場」「外灘SOHO」などがある。

19年12月本決算：増収減益 18年に「凌空SOHO」の売却益を計上した反動が減益の主因で、この影響を除くと8%増となる。18年の売上高から「凌空SOHO」のテナント料を除くと11%増収。全体の粗利益率は7.1ポイント改善。販売費は14%減、管理費は前年並みに抑制したが、財務費は15%増加した。不動産賃貸事業では、上海の「SOHO天山広場」の入居率が97%、「SOHO復興広場」が95%と高い水準を維持したほか、19年1月に完成した上海の「古北SOHO」も入居率が67%に達した。

最近の動向 19年12月に北京の「麗沢SOHO」が完成。上海の「古北SOHO」とともにLEEDゴールド認証を取得した。19年中に所有するすべてのオフィスを掲載した賃貸のオンラインプラットフォームを構築・公開した。20年3月、海外の金融投資家と戦略提携の可能性を協議していると発表。発行済みの全てのSOHO中国株を対象とするTOBに進むこともあり得るとしている。

【株価推移】

	高値		安値	
2016年	4.800	09/09	3.020	01/21
2017年	5.220	11/24	3.680	06/23
2018年	4.980	01/11	2.500	10/18
2019年	3.470	02/27	2.180	10/04
2020年	4.800	03/12	2.650	05/04

【株価情報】

取引単位(株)	500	A株株価	―
時価総額(mHK$)	16,170.5	A株格差(倍)	―

【指標】(%)

		19/12	18/12
収益性	ROA	1.9	2.7
	ROE	3.7	5.5
	粗利益率	81.8	74.7
成長性	増収率	7.3	-12.3
	増益率(営利)	-26.4	-61.1
	自己資本増加率	3.8	6.2
安全性	BPS(元)	6.9	6.7
	負債比率	90.4	98.7
	流動比率	78.6	100.9
	株主資本比率	51.7	49.6

【財務】(百万元)

	19/12	18/12
流動資産	5,382.4	9,071.6
総資産	69,729.0	70,099.0
流動負債	6,847.6	8,994.5
総負債	32,612.9	34,305.6
株主資本	36,070.5	34,746.8

【CF】(百万元)

	19/12	18/12
営業CF	659.6	362.2
投資CF	726.9	-1,052.6
財務CF	-913.4	-2,328.9
FCF	1,386.5	-690.4
現金同等物	1,206.8	721.9

【株式】(19/12/31)(百万株)

総数	5,199.5
流通	―
非流通	―

流通 100.0%
非流通 0.0%

【主要株主】(19/12/31) (%)

Capevale Ltd. (潘張欣)	63.9

【子会社・関連会社】(19/12/31) (%)

北京紅石新城房地産有限公司	95.0
北京望京捜候房地産有限公司	100.0
北京捜候房地産有限公司	95.0

【売上・利益構成】(19/12)(%)

	売上構成比	前年比	利益構成比	前年比
不動産事業	100.0	7.3	100.0	-26.4

【業績】[香港会計基準](百万元) ※予想:ファクトセット 【前号予想との比較】 ↗ 増額

	売上高	営業利益	純利益	前年比(%)	EPS(元)	1株配(元)	株配・無償(株)
2016/12	1,577.22	2,703.43	910.23	69.3	0.175	0.5360	
2017/12	1,962.61	8,814.76	4,733.48	420.0	0.912	0.9220	
2018/12	1,720.86	3,428.11	1,924.97	-59.3	0.370	0.0300	
2019/12	1,847.09	2,521.56	1,331.19	-30.8	0.260	―	
2020/12予	2,353.38	1,430.76	659.33	-50.5	0.082	0.0120	【株式分割・併合等】
2021/12予	2,679.18	1,587.43	756.70	14.8	0.101	0.0150	
2018/6中間	848.43	2,010.00	1,093.42	-72.5	0.211	―	
2019/6中間	888.69	1,156.70	564.68	-48.4	0.109	―	

【本社】 北京市朝陽区朝外大街乙6号朝外SOHO A区11層 **【TEL】** 86-10-58788866 **【URL】** www.sohochina.com
【役員】 会長：潘石屹(Pan Shiyi) **【上場】** 2007年10月 **【決算期】** 12月 **【従業員】** 1,948

自動車・二輪

メインボード

敏実集団
ミンス・グループ

敏実集団有限公司
Minth Group Ltd.
【指数構成銘柄】— 【その他上場】—

[00425/week/(2018/11/30 - 2020/05/08)]
MPA:13　MFA:26　MFA:52

評価	株価	年間騰落率	最低売買価格
C	19.520 HK$	-19.8 %	535,629 円

PER		予想配当利回り	PBR
予想 13.0 倍　実績 12.1 倍		3.1 %	1.4 倍

中国の自動車部品メーカー 自動車の内装・外装部品を手掛ける。主力製品はトリム（内張り部材）、装飾品、車体構造部品、ルーフラックなど。日本やドイツの自動車部品メーカーと提携し、日米欧の大手自動車メーカー向けに製品開発。中国、米国、メキシコ、タイ、ドイツなどに生産拠点、中国、日本、米国、ドイツに研究開発拠点を置く。地域別売上比率は中国58％、北米21％、欧州17％、アジア5％（19年通期）。

19年12月本決算：小幅増益 国内新車市場は低迷したが、海外向けの2桁増収を受けて小幅増収を確保。助成金や投資収益の増加に加え、為替差損やデリバティブ評価損、売掛金減損の縮小などが、販管費や研究開発費の増大を相殺した。稼働率の低下や旧モデルの販売価格の下落で、粗利益率は1ポイント低下。製品別では電池筐体が好調で、ルノーや日産、ホンダから受注。

最近の動向 事業部門制を導入し、樹脂製品、アルミ製品、金属製品・トリム、電池筐体の4事業部門を設立。製品戦略の世界展開を推進するとともに、製造拠点の統廃合も進める。FA（フレキシブルオートメーション）やデジタル技術を駆使した工場を浙江省嘉興市に新設する方針。さらに寧波や武漢、セルビア、米国などではインテリジェント工業団地の建設を計画中。

【株価推移】

	高値		安値	
2016年	30.600	08/30	13.380	02/11
2017年	48.800	11/14	23.250	01/03
2018年	49.500	01/11	23.050	12/24
2019年	33.000	02/27	18.440	08/21
2020年	31.300	01/14	15.380	04/06

【株価情報】

取引単位(株)	2,000	A株株価	—
時価総額(mHK$)	22,447.8	A株格差(倍)	—

【指標】(%)

		19/12	18/12
収益性	ROA	7.1	7.8
	ROE	11.8	12.6
	粗利益率	31.2	32.0
成長性	増収率	5.1	10.3
	増益率(営利)	—	—
	自己資本増加率	8.8	8.6
安全性	BPS(元)	12.5	11.5
	負債比率	62.1	59.6
	流動比率	161.0	146.8
	株主資本比率	60.6	61.9

【財務】(百万元)

	19/12	18/12
流動資産	12,583.8	11,146.8
総資産	23,642.7	21,268.1
流動負債	7,815.8	7,592.8
総負債	8,899.0	7,839.4
株主資本	14,324.9	13,160.4

【CF】(百万元)

	19/12	18/12
営業CF	2,384.0	2,040.7
投資CF	-1,165.8	-1,864.0
財務CF	-64.0	493.6
FCF	1,218.2	176.7
現金同等物	5,687.2	4,521.9

【株式】(19/12/31) (百万株)

総数	1,150.0
流通	—
	100.0%
非流通	0.0%

【主要株主】(19/12/31)

	(%)
敏実控股有限公司（秦栄華）	39.1
株式会社三菱UFJフィナンシャル・グループ	9.0
Matthews Int'l Capital Management,LLC	7.0

【子会社・関連会社】(19/12/31)

	(%)
展図(中国)投資有限公司	100.0
嘉興敏恵汽車零部件有限公司	100.0
寧波信泰機械有限公司	100.0

【売上・利益構成】(19/12)(%)

	売上構成比	前年比	利益構成比	前年比
自動車部品	100.0	5.1	100.0	1.8

【業績】 [香港会計基準](百万元) ※予想：ファクトセット　【前号予想との比較】↘ 減額

	売上高	営業利益	純利益	前年比(%)	EPS(元)	1株配(HK$)	株配・無償(株)
2016/12	9,399.99	—	1,719.14	35.2	1.536	0.6800	
2017/12	11,384.50	—	2,025.25	17.8	1.782	0.8500	
2018/12	12,553.20	—	1,660.64	-18.0	1.451	0.6610	
2019/12	13,198.19	—	1,690.30	1.8	1.472	0.6560	
2020/12予	12,931.27	1,916.80	1,580.39	-6.5	1.363	0.6020	【株式分割・併合等】
2021/12予	15,093.92	2,455.84	2,014.66	27.5	1.736	0.7240	
2018/6中間	5,992.60	—	985.77	-6.4	0.859	—	
2019/6中間	6,130.04	—	894.12	-9.3	0.779	—	

【本社】浙江省寧波経済技術開発区大港六路8号 【TEL】86-574-86801018 【URL】www.minthgroup.com

【役員】会長：魏清蓮(Wei Ching Lien) 【上場】2005年12月 【決算期】12月 【従業員】17,740

大新金融集団
ダーシン・ファイナンシャル

大新金融集団有限公司
Dah Sing Financial Holdings Ltd.
【指数構成銘柄】 ― 【その他上場】 ―

金融・証券・保険

メインボード

[00440/week/(2018/11/30 - 2020/05/08)]
MPA:13 MPA:26 MPA:52

評価	株価	年間騰落率	最低売買価格
C	24.650 HK$	-39.8 %	135,279 円

PER		予想配当利回り	PBR
予想 6.9 倍	実績 4.7 倍	4.1 %	0.3 倍

香港の中堅金融グループ 三菱UFJ銀行が出資する。主力は個人・法人向け銀行業務。傘下に保険、証券、投資会社など。香港では旗艦の大新銀行（02356）を通じて45支店を展開。マカオでは05年に買収したマカオ商業銀行を通じて14支店を構える（19年末）。07年に重慶銀行（01963）に資本参加。08年には深センに本店を置く中国現地法人が業務を開始。19年末時点で上海、南昌、広州など、6都市で支店を展開する。

19年12月本決算：小幅減益 貸出金は伸びたものの、純金利マージンに下押し圧力がかかり資金利益が2%減。トレーディング収入も前年に一時的に急増した反動で大幅減。さらに人件費とIT投資の増加で営業費用が小幅に増加。費用収入比率は52.9%へ6ポイント近く悪化した。貸出金の減損損失も50%以上増大。部門別では主力の銀行業務が低迷した一方、トレジャリーと保険は好調。重慶銀行の利益貢献は6%増の7億HKドル。

今後の見通し 新型コロナなどの影響で、当面は地元経済の低迷が続き、銀行・金融サービス業務の需要が軟化する見通し。ただ、会社側は資本基盤が強固であるとし、融資などの中核事業は安定を維持できると見込む。大新銀行の19年末時点の自己資本比率は17.9%。Tier1比率は13.4%と、前年末から小幅に改善した。

【株価推移】

	高値		安値	
2016年	54.500	07/26	34.400	01/26
2017年	66.000	06/29	47.050	12/13
2018年	54.700	05/11	38.250	12/28
2019年	44.300	02/21	27.450	12/03
2020年	31.950	01/20	20.500	03/19

【株価情報】

取引単位（株）	400	A株株価 ―
時価総額（mHK$）	7,877.5	A株格差（倍） ―

【指標】（%）

		19/12	18/12
収益性	ROA	0.7	0.8
	ROE	6.4	7.5
	粗利益率	―	―
成長性	増収率	-3.6	11.7
	増益率（営利）	-20.9	18.4
	自己資本増加率	5.4	1.5
安全性	BPS（HK$）	83.9	75.9
	負債比率	807.7	807.2
	流動比率	―	―
	株主資本比率	10.7	10.7

【財務】（百万HK$）

	19/12	18/12
流動資産	―	―
総資産	250,312.0	237,301.5
流動負債	―	―
総負債	216,507.4	205,309.0
株主資本	26,805.2	25,435.4

【CF】（百万HK$）

	19/12	18/12
営業CF	11,442.1	-4,869.4
投資CF	-104.7	-176.1
財務CF	-1,719.2	-916.6
FCF	11,337.4	-5,045.5
現金同等物	26,064.7	16,479.4

【株式】(19/12/31)（百万株）

総数	319.6
流通	―
非流通	100.0% / 0.0%

【主要株主】(19/12/31)（%）

王守業	43.0
株式会社三菱UFJ銀行	11.1
Aberdeen Asset Management Asia Ltd.	5.7

【子会社・関連会社】(19/12/31)（%）

大新銀行集団有限公司（02356）	74.4
澳門商業銀行股フン有限公司	74.4
大新保険（1976）有限公司	100.0

【売上・利益構成】(19/12)（%）

	売上構成比	前年比	利益構成比	前年比
個人向け銀行業務	46.6	-1.5	36.9	-10.5
商業銀行業務	25.7	1.0	34.8	-3.1
トレジャリー業務	13.2	35.0	21.4	44.2

【業績】［香港会計基準］（百万HK$）※予想：ファクトセット

【前号予想との比較】↓ 大幅減額

	経常収益	業務純益	純利益	前年比（%）	EPS（HK$）	1株配（HK$）	株配・無償（株）
2016/12	5,006.42	1,810.75	1,891.82	-2.9	5.650	1.3200	
2017/12	5,498.97	2,416.24	5,404.77	185.7	16.130	7.9500	
2018/12	6,143.78	2,860.49	1,915.18	-64.6	5.720	1.4700	
2019/12	5,925.50	2,263.89	1,707.81	-10.8	5.280	1.4700	【株式分割・併合等】
2020/12予	5,469.65	2,307.00	1,157.98	-32.2	3.592	1.0180	
2021/12予	5,566.08	2,472.00	1,500.69	29.6	4.728	1.3660	
2018/6中間	3,061.56	1,598.13	1,040.78	-78.5	3.110	0.3800	
2019/6中間	2,980.11	1,310.75	1,113.82	7.1	3.110	0.3900	

【本社】香港告士打道108号光大中心36楼 【TEL】852-25078866 【URL】www.dahsing.com
【役員】会長：王守業（Wong Shou Yeh David）【上場】1987年11月 【決算期】12月 【従業員】3,097

医薬・バイオ

四環医薬控股集団
スーフアン・ファーマ

四環医薬控股集団有限公司
Sihuan Pharmaceutical Holdings Group Ltd.
【指数構成銘柄】— 【その他上場】—

メインボード

[00460/week/(2018/11/30 - 2020/05/08)]

評価	株価	年間騰落率	最低売買価格
B	0.780 HK$	-59.2 %	10,702 円

PER		予想配当利回り	PBR
予想 7.5 倍 実績 —		1.3 %	0.7 倍

脳心血管疾患の治療薬大手 中国5大疾病（心血管、中枢神経系、メタボリズム、腫瘍、糖尿病）分野の製品開発と販売に従事。全国規模で卸売チャネルを展開し、心血管・脳血管疾患（CCV）処方薬では07年から国内首位を維持する。08年から新薬、ジェネリック薬の研究開発を手掛け、研究スタッフ数は約600人規模。主力製品は「欧迪美」「源之久」など。売上高全体の81％をCCV医薬が占める（19年12月期）。

19年12月本決算：赤字転落 前年までに買収した複数子会社の事業統合に伴うのれん減損28億元を含め、計40億元弱の減損損失を計上したことで、上場来初の赤字。医薬品行政による業績悪化を見越し、減損処理に踏み切った。この要因を除外すると25％の減益。売上高の小幅減は主力のCCV（13％減収）分野で、利幅の大きい重点監視医薬品目録の記載製品が減ったためで、この要因が粗利益率の悪化にもつながった。

最近の動向 20年2月、HIV治療薬の世界大手であるインドHetero Labsと戦略提携で枠組み合意。新型コロナを含む抗ウイルス薬など、各種医薬品の研究開発、商品登録、技術移転、原料供給、現地生産などで提携する。国内で医薬品制度改革が逆風となる中、今後予想される業界統廃合を好機と受け止めている。

【株価推移】

	高値		安値	
2016年	4.377	01/04	1.410	02/29
2017年	3.760	05/16	2.110	01/16
2018年	3.310	01/15	1.320	12/28
2019年	2.220	05/02	0.800	12/03
2020年	1.180	02/14	0.720	03/19

【株価情報】

取引単位(株)	1,000	A株株価	—
時価総額(mHK$)	7,383.2	A株格差(倍)	—

【指標】(%)

		19/12	18/12
収益性	ROA	—	10.5
	ROE	—	12.9
	粗利益率	79.5	81.5
成長性	増収率	-1.0	6.2
	増益率(営利)	—	20.0
	自己資本増加率	-23.2	13.1
安全性	BPS(元)	1.0	1.3
	負債比率	27.4	21.3
	流動比率	278.9	256.9
	株主資本比率	76.4	81.0

【財務】(百万元)

	19/12	18/12
流動資産	6,305.1	5,776.4
総資産	12,571.4	15,443.5
流動負債	2,260.8	2,248.6
総負債	2,629.2	2,669.1
株主資本	9,606.7	12,510.4

【CF】(百万元)

	19/12	18/12
営業CF	1,417.9	1,792.8
投資CF	552.0	822.9
財務CF	-167.5	-132.7
FCF	1,969.8	2,615.7
現金同等物	5,117.1	3,314.8

【株式】(19/12/31) (百万株)

総数	9,465.7
流通	—
	—
	—
	100.0%
非流通	0.0%

【主要株主】(19/12/31) (%)

Proper Process International Ltd.	30.5
Successmax Global Holdings Ltd.	13.3
Network Victory Ltd.	5.3

【子会社・関連会社】(19/12/31) (%)

海南四環医薬有限公司	100.0
山東軒竹医薬科技有限公司	100.0
吉林四環製薬有限公司	100.0

【売上・利益構成】(19/12) (%)

	売上構成比	前年比	利益構成比	前年比
医薬品の開発・製造・販売	100.0	-1.0	—	—

【業績】 [国際会計基準](百万元) ※予想:ファクトセット　　　　　　　【前号予想との比較】 ↓ 大幅減額

	売上高	営業利益	純利益	前年比(%)	EPS(元)	1株配(元)	株配・無償(株)
2016/12	3,185.70	2,131.16	1,708.24	-17.2	0.168	0.1070	
2017/12	2,745.81	1,688.26	1,448.94	-15.2	0.153	0.0310	
2018/12	2,917.41	2,025.94	1,619.96	11.8	0.171	0.0170	
2019/12	2,886.98	-2,454.86	-2,753.33	-0.291	0.1230		
2020/12予	—	—	888.45		0.094	0.0090	【株式分割・併合等】
2021/12予	—	—	1,002.47	12.8	0.106	0.0110	
2018/6中間	1,278.31	944.49	765.67	-9.1	0.081	0.0040	
2019/6中間	1,662.31	-1,717.27	-2,019.95	—	-0.213	0.0040	

【本社】北京市朝陽区八里荘西里住邦2000四号楼22層 【TEL】86-10-57693700 【URL】www.sihuanpharm.com

【役員】会長：車馮昇(Che Fengsheng) 【上場】2010年10月 【決算期】12月 【従業員】4,009

UCルサール

ユナイテッド・カンパニー・ルサール

United Company RUSAL Plc
United Company RUSAL Plc

【指数構成銘柄】― 【その他上場】―

鉄鋼・非鉄金属

メインボード

評価	株価	年間騰落率	最低売買価格
B	2.700 HK$	-14.6 %	37,044 円

PER		予想配当利回り	PBR
予想 3.8 倍　実績 5.5 倍		2.6 %	0.8 倍

アルミニウムの世界的大手 ロシアの資産家オレグ・デリパスカ氏がアルミニウム精錬所やボーキサイト鉱山を買収して創業。垂直統合型の生産体制を持つ。07年にスアールとグレンコアのアルミ部門を統合。ロシア、ウクライナなど13カ国に41カ所の生産設備。19年の生産量はアルミ製品が380万トン（世界シェア5.9％で3位）、アルミナが792万トンで世界シェア6.3％。ニッケル最大手のノリリスクの株式28％を保有する。

19年12月本決算：減収減益 米中貿易摩擦の激化や中国新車市場の低迷によるアルミ国際価格の下落が痛手。アルミ新地金・アルミ合金の販売量は前年比14％増の418万トンに伸びたが、平均販売価格が15％下落。アルミナは販売量が9％減の175万トン、平均販売価格が25％下落と低迷した。生産コストを小幅に圧縮したものの、営業利益は94％減の8700万米ドル。一方、関連会社ノリリスクの利益貢献が75％増の16億6900万米ドルに急拡大。営業減益分の一部を穴埋めした。

今後の見通し 経営陣は19年12月時点で20年のアルミ製品の生産量を前年並みの380万トン、アルミナを4％増の820万トン、ボーキサイトを4％減の1540万トンと想定。ただ、新型コロナの世界的感染拡大で需要が当初の想定を下回るとの見方も示した。

【株価推移】

	高値		安値	
2016年	3.780	12/08	1.980	01/22
2017年	6.360	09/21	3.250	01/03
2018年	6.090	02/01	1.310	04/17
2019年	3.980	02/13	2.440	01/16
2020年	4.970	01/21	2.000	03/19

【株価情報】

取引単位(株)	1,000	A株株価	―
時価総額(mHK$)	41,021.1	A株格差(倍)	―

【指標】(%)

		19/12	18/12
収益性	ROA	5.4	10.8
	ROE	14.2	32.6
	粗利益率	16.5	27.6
成長性	増収率	-5.5	3.1
	増益率(営利)	-94.1	-2.8
	自己資本増加率	29.5	17.2
安全性	BPS(US$)	0.4	0.3
	負債比率	164.0	202.9
	流動比率	262.3	224.8
	株主資本比率	37.9	33.0

【財務】(百万US$)

	19/12	18/12
流動資産	6,268.0	5,066.0
総資産	17,814.0	15,777.0
流動負債	2,390.0	2,254.0
総負債	11,067.0	10,568.0
株主資本	6,747.0	5,209.0

【CF】(百万US$)

	19/12	18/12
営業CF	1,652.0	680.0
投資CF	246.0	-106.0
財務CF	-949.0	-517.0
FCF	1,898.0	574.0
現金同等物	1,768.0	801.0

【株式】(19/12/31)(百万株)

総数	15,193.0
流通	― ／ ―
	100.0%
非流通	0.0%

【主要株主】(19/12/31) (%)

En+ Group International	56.9
SUAL Partners Ltd.	22.5
Zonoville Investments Ltd.	10.7

【子会社・関連会社】(19/12/31) (%)

JSC RUSAL Ural	100.0
JSC Russian Aluminium	100.0
PJSC MMC Norilsk Nickel	27.8

【売上・利益構成】(19/12)(%)

	売上構成比	前年比	利益構成比	前年比
アルミニウム	89.1	-3.0	37.6	-65.2
アルミナ	10.9	-25.7	62.4	-62.7

【業績】 [国際会計基準](百万US$) ※予想：ファクトセット

【前号予想との比較】↘ 減額

	売上高	営業利益	純利益	前年比(%)	EPS(US$)	1株配(US$)	株配・無償(株)
2016/12	7,983.00	1,068.00	1,179.00	111.3	0.078	0.0165	
2017/12	9,969.00	1,523.00	1,222.00	3.6	0.080	0.0197	
2018/12	10,280.00	1,481.00	1,698.00	39.0	0.112		
2019/12	9,711.00	87.00	960.00	-43.5	0.063		
2020/12予	8,849.73	222.81	1,398.88	45.7	0.092	0.0090	【株式分割・併合等】
2021/12予	9,599.52	343.51	1,401.17	0.2	0.097	0.0210	
2018/6中間	4,997.00	754.00	952.00	102.6	0.063		
2019/6中間	4,736.00	201.00	625.00	-34.3	0.041		

【本社】香港湾仔港湾道18号中環広場3806室 【TEL】― 【URL】www.rusal.ru
【役員】会長：Bernard Zonneveld 【上場】2010年1月 【決算期】12月 【従業員】54,981

自動車・二輪

東風汽車集団

ドンフォン・モーター・グループ

東風汽車集団股份有限公司
Dongfeng Motor Group Co.,Ltd.
【指数構成銘柄】― 【その他上場】―

メインボード

H株

評価	H株株価	年間騰落率	最低売買価格
B	5.370 HK$	-23.7 %	147,353 円

PER		予想配当利回り	PBR
予想 4.0 倍 実績 3.3 倍		5.4 %	0.3 倍

中国2位の自動車メーカー 乗用車と商用車、エンジン、自動車部品を製造する。19年中国メーカー販売台数ランキングで2位。自社ブランドのほか、日産、ホンダ、仏グループPSA、スウェーデン・ボルボと個別に合弁事業を展開。仏ルノーとの合弁は20年4月に解消を発表。19年末時点の年産能力は乗用車が281万5000台、商用車が57万9000台。19年の販売台数シェアは11.4%。顧客とグループ企業向け金融サービスも行う。

19年12月本決算：減収減益 国内自動車市場の低迷で新車販売台数は前年比4%減の293万2000台にとどまった。乗用車販売台数は6%減の246万3600台。合弁事業の販売台数は214万台と4%減少したが、東風日産の販売は前年比で増加した。自社ブランドの販売台数は15%減の32万3000台だった。合弁会社の投資収益が6億元減少した一方、持ち分法会社の投資収益は7億元増加。東風日産とPSAの投資収益が伸びた。

今後の計画 20年と21年にそれぞれ162億元、209億元の設備投資を計画。引き続き自社ブランド車と新エネルギー車事業に注力するほか、リース事業の投資機会を探る。20年末の生産能力目標は367万台。1−4月の販売台数は前年同期比33%減の60万6800台。うち乗用車が37%減の46万6300台、商用車が13%減の14万500台。

【株価推移】

	高値		安値	
2016年	10.480	01/04	7.450	12/23
2017年	11.460	10/13	7.520	01/03
2018年	10.540	01/26	6.640	12/10
2019年	8.800	04/11	5.870	06/21
2020年	7.710	01/03	4.380	03/23

【株価情報】

取引単位(株)	2,000	A株株価	―
H株時価総額(mHK$)	15,335.3	A株格差(倍)	―

【指標】(%)

		19/12	18/12
収益性	ROA	4.7	5.7
	ROE	10.1	11.0
	粗利益率	13.3	12.8
成長性	増収率	-3.3	-17.0
	増益率(営利)	―	―
	自己資本増加率	8.0	9.1
安全性	BPS(元)	14.8	13.7
	負債比率	108.0	85.8
	流動比率	136.4	136.4
	株主資本比率	47.0	52.3

【財務】(百万元)

	19/12	18/12
流動資産	142,104.0	115,223.0
総資産	272,000.0	226,517.0
流動負債	104,182.0	84,457.0
総負債	138,032.0	101,592.0
株主資本	127,781.0	118,356.0

【CF】(百万元)

	19/12	18/12
営業CF	-11,555.0	-22,249.0
投資CF	1,472.0	12,680.0
財務CF	11,241.0	2,903.0
FCF	-10,083.0	-9,569.0
現金同等物	26,133.0	24,975.0

【株式】(19/12/31) (百万株)

総数		8,616.1
流通	H株	33.1%
	―	
		33.1%
	非流通	66.9%

【主要株主】(19/12/31) (%)

東風汽車集団有限公司	66.9
Standard Chartered Bank	2.8
Reynolds Margaret (Meg)	2.7

【子会社・関連会社】(19/12/31) (%)

東風汽車有限公司	50.0
神龍汽車有限公司	50.0
東風本田汽車有限公司	50.0

【売上・利益構成】(19/12)(%)

	売上構成比	前年比	利益構成比	前年比
商用車	68.1	14.7	55.1	21.2
乗用車	26.1	-34.4		
金融サービス	5.2	41.3	44.9	53.5

【業績】 [国際会計基準](百万元) ※予想：ファクトセット　【前号予想との比較】 ↘ 減額

	売上高	営業利益	純利益	前年比(%)	EPS(元)	1株配(元)	株配・無償(株)
2016/12	122,535.00	―	13,345.00	15.5	1.549	0.2300	
2017/12	125,980.00	―	14,061.00	5.4	1.632	0.3500	
2018/12	104,543.00	―	12,979.00	-7.7	1.506	0.3500	
2019/12	101,087.00	―	12,858.00	-0.9	1.492	0.3500	
2020/12予	90,262.06	-335.14	10,778.31	-16.2	1.208	0.2630	【株式分割・併合等】
2021/12予	94,778.16	-133.95	12,939.96	20.1	1.487	0.3090	
2018/6中間	57,922.00	―	8,068.00	14.9	0.936	0.1000	
2019/6中間	48,447.00	―	8,499.00	5.3	0.986	0.1000	

【登記】湖北省武漢市武漢経済技術開発区東風大道特1号　【TEL】86-27-84285555　【URL】www.dfmg.com.cn

【役員】会長：竺延風(Zhu Yanfeng)　【上場】2005年12月　【決算期】12月　【従業員】136,549

国美零售控股

ゴメ・リテール

国美零售控股有限公司
GOME Retail Holdings Ltd.
【指数構成銘柄】— 【その他上場】—

評価	株価	年間騰落率	最低売買価格
E	0.910 HK$	16.7 %	12,485 円

PER		予想配当利回り	PBR
予想 —	実績 —	0.0 %	1.5 倍

[00493/week/(2018/11/30～2020/05/08)]

中国の家電量販チェーン大手 1987年に創業者の黄光裕氏が北京市に1号店を出店。93年から「国美」ブランドを採用し、19年末時点で中国776都市で2602店舗を展開する。07年に大中電器を傘下に入れ、11年3月に大中電器の創業者・張大中氏が会長に就任した。15年12月にビックカメラと戦略提携。16年3月、「国美電器」ブランド小売店運営会社の芸偉発展の全権益を黄氏から取得。17年8月、「国美電器」から現社名に変更。

19年12月本決算：赤字縮小 事業モデルの転換期にあり、売り上げの縮小を強いられた。既存店売上高は5%減。さらに、新リース会計基準の適用に伴い、財務費が5億2000万元から16億6200万元に急拡大したことも赤字要因。ただ、粗利益率が0.2ポイント改善したほか、販管費を含む営業費用は24%減少した。オンライン・オフラインを含めた総取引額（GMV）は3%増。うち新たな共同購入サイト「国美美店」のGMVは101%増。

今後の見通し 20年の経営環境には楽観的。新型コロナ流行を受けた当局の内需刺激策から同社は恩恵を受けるとみている。「巣ごもり消費」の増加もEコマース事業の追い風になると期待を示した。20年4月と5月、中国電子商取引大手のJDドット・コム（09618）、ピン多多（PDD）と戦略提携を結んだ。

【株価推移】

	高値		安値	
2016年	1.290	01/04	0.860	05/26
2017年	1.170	02/24	0.800	09/05
2018年	1.030	01/25	0.630	12/24
2019年	0.910	04/25	0.630	01/03
2020年	1.030	04/23	0.660	03/19

【株価情報】

取引単位(株)	1,000	A株株価	—
時価総額(mHK$)	19,617.4	A株格差(倍)	—

【指標】(%)

		19/12	18/12
収益性	ROA	—	—
	ROE	—	—
	粗利益率	15.3	15.1
成長性	増収率	-7.6	-10.1
	増益率(営利)	—	—
	自己資本増加率	-17.6	-29.3
安全性	BPS(元)	0.5	0.7
	負債比率	549.2	352.7
	流動比率	71.8	91.6
	株主資本比率	16.1	23.2

【財務】(百万元)

	19/12	18/12
流動資産	33,343.1	37,208.5
総資産	71,872.0	60,741.8
流動負債	46,412.3	40,604.4
総負債	63,710.9	49,658.0
株主資本	11,599.9	14,077.6

【CF】(百万元)

	19/12	18/12
営業CF	2,400.7	-1,067.9
投資CF	-1,100.1	1,305.5
財務CF	-3,271.2	515.1
FCF	1,300.6	237.6
現金同等物	8,186.5	10,143.3

【株式】(19/12/31)(百万株)

総数	21,557.6	
流通	—	
		100.0%
非流通	—	

【主要株主】(19/12/31)

	(%)
黄光裕	50.3

【子会社・関連会社】(19/12/31)

	(%)
永楽（中国）電器銷售有限公司	100.0
国美電器有限公司	100.0
国美零售有限公司	100.0

【売上・利益構成】(19/12)(%)

	売上構成比	前年比	利益構成比	前年比
家電・電子製品販売	100.0	-7.6	—	—

【業績】 [国際会計基準] (百万元) ※予想：ファクトセット

【前号予想との比較】 ➡ 前号並み

	売上高	営業利益	純利益	前年比(%)	EPS(元)	1株配(HK$)	株配・無償(株)
2016/12	76,695.03	161.31	325.14	-73.1	0.016	0.0070	
2017/12	71,574.87	-401.80	-449.90	—	-0.021		
2018/12	64,356.03	—	-4,886.90	—	-0.237		
2019/12	59,482.83	—	-2,589.83	—	-0.129		
2020/12予	56,777.23	-548.87	-1,654.46	—	-0.083		
2021/12予	61,486.61	410.85	-718.21	—	-0.037		
2018/6中間	34,706.12	—	-457.25	—	-0.022		
2019/6中間	34,333.29	—	-380.84	—	-0.019		

【株式分割・併合等】

分割1→4(08/5)

【本社】 香港皇后環金融街8号国際金融中心二期29楼2915室 **【TEL】** 852-21229133 **【URL】** www.gome.com.hk

【役員】 会長：張大中(Zhang Dazhong) **【上場】** 1992年4月 **【決算期】** 12月 **【従業員】** 34,001

食品・飲料

中国食品

チャイナ・フーズ

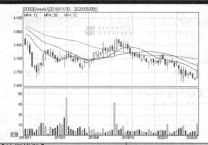

評価	株価	年間騰落率	最低売買価格
C	2.800 HK$	-8.8 %	76,832 円

PER		予想配当利回り	PBR
予想 14.1 倍 実績 17.0 倍		2.2 %	1.6 倍

中糧集団傘下の飲料メーカー 中国政府系の食品会社、中糧集団（COFCO）の傘下の飲料メーカー。米コカ・コーラのボトリング事業では世界的大手。合弁会社の中糧可口可楽飲料は中国の19省・直轄市でボトリングの独占権を持ち、非アルコール飲料の国内市場でシェア首位。事業再編の一環で16年5月に菓子事業をCOFCO傘下の大悦城控股集団（000031）、17年9月に食用油事業を中国糧油控股（00606）、17年12月に酒類・その他の事業をCOFCOに譲渡し、飲料部門に一本化した。

19年12月本決算：増収増益 炭酸飲料やボトル水が成長する中、利益率の高い製品の販売増で採算も改善。販促強化で販売費は11％増と膨らんだが、一般管理費や金融費用を抑制し、利幅が広がった。特に炭酸飲料を通じ「コカ・コーラ・ゼロ」の販売が伸びた。ボトル水は14％増収。販売促進の成果で販売量が増え、平均価格も上昇した。エネルギー飲料「モンスター」や「ジョージア」ブランドの缶コーヒーも好調。

今後の見通し 今後数年にわたりエネルギー飲料とコーヒー飲料がほかの分野に比べて成長率が高いと見込み販売に重点を置く方針。20年には米コカ・コーラの子会社でカフェチェーンを展開する英コスタ・コーヒーと提携し、ハイエンド製品を発売する計画。

【株価推移】

	高値		安値	
2016年	3.940	10/07	2.420	02/01
2017年	5.420	11/16	2.800	05/12
2018年	4.830	01/11	2.790	12/24
2019年	3.640	09/05	2.610	01/04
2020年	3.210	01/20	2.480	03/24

【株価情報】

取引単位(株)	2,000	A株株価	—
時価総額(mHK$)	7,832.2	A株格差(倍)	—

【指標】(%)

		19/12	18/12
収益性	ROA	2.9	2.4
	ROE	9.2	7.6
	粗利益率	36.5	35.4
成長性	増収率	9.7	17.1
	増益率(営利)	—	—
	自己資本増加率	7.6	6.6
安全性	BPS(元)	1.6	1.5
	負債比率	157.2	155.8
	流動比率	61.1	56.6
	株主資本比率	31.4	31.7

【財務】(百万元)

	19/12	18/12
流動資産	4,110.3	3,220.6
総資産	14,448.4	13,288.5
流動負債	6,732.5	5,688.5
総負債	7,136.0	6,575.0
株主資本	4,540.5	4,218.9

【CF】(百万元)

	19/12	18/12
営業CF	1,901.3	1,274.5
投資CF	-545.3	-1,034.4
財務CF	-764.5	-829.0
FCF	1,356.0	240.2
現金同等物	834.8	243.2

【株式】(19/12/31)(百万株)

総数	2,797.2
流通	—
非流通	100.0 % / 0.0 %

【主要株主】(19/12/31)(%)

中糧集団有限公司	74.1

【子会社・関連会社】(19/12/31)(%)

中糧可口可楽飲料有限公司	65.0
中糧可口可楽飲料（黒龍江）有限公司	65.0
中糧飲料有限公司	100.0

【売上・利益構成】(19/12)(%)

	売上構成比	前年比	利益構成比	前年比
炭酸飲料	73.5	10.4	—	—
果実飲料	13.2	0.6	—	—
ボトル水	8.8	14.3	—	—

【業績】 [香港会計基準](百万元) ※予想：ファクトセット

【前号予想との比較】 ▼減額

	売上高	営業利益	純利益	前年比(%)	EPS(元)	1株配(元)	株配・無償(株)
2016/12	11,290.51	—	499.74	814.7	0.179	0.0240	
2017/12	13,357.99	—	1,559.65	248.3	0.558	1.0540	
2018/12	15,648.05	—	320.86	-79.4	0.115	0.0340	
2019/12	17,172.03	—	417.79	30.2	0.149	0.0440	
2020/12予	18,160.34	1,055.19	435.57	4.3	0.180	0.0570	【株式分割・併合等】
2021/12予	20,028.24	1,266.19	518.19	19.0	0.213	0.0700	
2018/6中間	8,697.78	—	252.36	-62.5	0.090	—	
2019/6中間	9,551.04	—	290.30	15.0	0.104	—	

【本社】香港銅鑼湾告士打道262号中糧大厦33楼 【TEL】852-28330388 【URL】www.chinafoodsltd.com
【役員】会長：陳朗(Chen Lang) 【上場】1988年10月 【決算期】12月 【従業員】19,681
【備考】18年6月中間決算より決算通貨を変更、業績は16年通期、配当は17年以前が香港ドル。

電視広播

ティービービー

電視広播有限公司
Television Broadcasts Ltd.

【指数構成銘柄】 ― 【その他上場】 ADR

評価	株価	年間騰落率	最低売買価格
―	**10.460** HK$	**-32.7** %	**14,351** 円

PER		予想配当利回り	PBR
予想 ―	実績 ―	―	**0.8** 倍

香港の地上波テレビ最大手 香港の地上波テレビ市場をほぼ独占する。「翡翠（中国語）」「パール（英語）」や24時間ニュースチャンネルなど無料地上波局を運営。中国語番組制作の世界大手で、海外市場への番組放映権供与・配給が利益の柱。16年にネット配信の「myTV SUPER」、17年にSNSプラットフォーム「Big Big Channel」を立ち上げ、事業を多角化した。香港の映画製作、邵氏兄弟控股（00953）の大株主。

19年12月本決算：赤字拡大 反政府デモを受けた下期の景気悪化で、上期に1％増を保った広告収入が通期では22％減少したことが痛手。中国とのドラマ共同制作の中断による売り上げ減も打撃となった。一方でデジタルメディアは好調を維持。「myTV SUPER」はプレミアムサービス「MyTV Gold」の開始でコストがかさんだものの、前年比2.5倍の4000万HKドルの利益を確保。「Big Big Channel」も4400万HKドルの黒字に転じた。

今後の見通し 中国とのドラマ共同制作は19年下期に再開し、3シリーズが20年下期に公開予定。さらに3－4作の制作開始が見込まれる。「MyTV SUPER」の20年3月時点の登録加入者数は前年比13％増の832万人。2月には陳国強会長が辞任。同氏は全持ち分の売却に合意しており、今後は本土出身の黎瑞剛副会長が実権を握る。

株価推移

	高値		安値	
2016年	32.000	01/04	25.300	06/16
2017年	35.200	02/16	25.300	01/03
2018年	29.150	01/26	14.500	12/21
2019年	16.400	04/17	11.500	08/13
2020年	12.840	01/22	8.040	03/23

株価情報

取引単位(株)	100	A株株価 ―
時価総額(mHK$)	4,581.5	A株格差(倍) ―

指標 (%)

		19/12	18/12
収益性	ROA	―	―
	ROE	―	―
	粗利益率	40.6	47.8
成長性	増収率	-18.5	3.3
	増益率(営利)	―	―
	自己資本増加率	-11.8	-11.6
安全性	BPS(HK$)	12.4	14.1
	負債比率	55.2	63.9
	流動比率	415.2	587.4
	株主資本比率	63.4	60.3

財務 (百万HK$)

	19/12	18/12
流動資産	4,301.1	4,645.8
総資産	8,595.4	10,256.4
流動負債	1,036.0	790.9
総負債	3,006.7	3,949.3
株主資本	5,451.6	6,182.7

CF (百万HK$)

	19/12	18/12
営業CF	704.0	131.1
投資CF	595.8	-2,495.4
財務CF	-1,373.7	2,730.5
FCF	1,299.8	-2,364.3
現金同等物	1,105.6	1,184.5

株式 (19/12/31) (百万株)

総数	438.0	
流通	―	
	100.0%	
非流通	0.0%	

主要株主 (19/12/31) (%)

Young Lion Holdings Ltd.	26.0
Silchester Int'l Investors LLP	14.0
Dodge & Cox	9.2

子会社・関連会社 (19/12/31) (%)

大台網有限公司	100.0
MyTV Super Ltd.	100.0
TVB Anywhere Ltd.	100.0

売上・利益構成 (19/12) (%)

	売上構成比	前年比	利益構成比	前年比
香港テレビ放送	60.0	-25.1	―	―
番組放映権・配給	20.3	-14.9	80.5	-0.6
デジタルメディア	15.6	16.6	16.3	―

業績 [香港会計基準] (百万HK$) ※予想：―

	売上高	営業利益	純利益	前年比(%)	EPS(HK$)	1株配(HK$)	株配・無償(株)
2016/12	4,210.31	545.02	499.95	-62.4	1.140	0.6000	
2017/12	4,335.73	―	243.62	-51.3	0.560	1.9000	
2018/12	4,477.31	―	-199.08	―	-0.450	1.0000	
2019/12	3,648.76	―	-294.93	―	-0.670	0.5000	
2020/12予	―	―	―	―	―		
2021/12予	―	―	―	―	―		
2018/6中間	2,230.59	394.37	201.34	18.3	0.460	0.3000	
2019/6中間	1,965.34	―	212.63	5.6	0.490	0.3000	

前号予想との比較 ―

株式分割・併合等

【本社】香港九龍将軍澳工業村駿才街77号電視広播城 【TEL】852-23581337 【URL】www.corporate.tvb.com
【役員】会長：許濤(Thomas Hui To) 【上場】1988年11月 【決算期】12月 【従業員】3,785

電子・半導体

メインボード

ASMパシフィック・テクノロジー

エーエスエム・パシフィック・テクノロジー

ASM Pacific Technology Ltd.
ASM Pacific Technology Ltd.
【指数構成銘柄】― 【その他上場】―

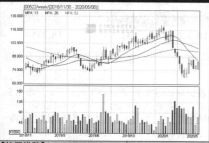

評価	株価	年間騰落率	最低売買価格
B	82.650 HK$	-4.3 %	113,396 円

PER		予想配当利回り	PBR
予想 28.2 倍　実績 54.4 倍		2.4 %	2.9 倍

【株価推移】

	高値		安値	
2016年	82.800	12/23	49.950	01/21
2017年	131.000	11/13	81.550	01/05
2018年	122.000	03/21	62.850	10/30
2019年	113.900	12/16	70.000	01/04
2020年	120.000	01/17	66.500	03/23

【株価情報】

取引単位(株)	100	A株株価	―
時価総額(mHK$)	33,795.2	A株格差(倍)	―

【指標】(%)

		19/12	18/12
収益性	ROA	3.0	10.5
	ROE	5.3	18.2
	粗利益率	34.8	38.0
成長性	増収率	-18.8	11.6
	増益率(営利)	―	―
	自己資本増加率	-4.4	6.9
安全性	BPS(HK$)	28.4	29.9
	負債比率	79.2	73.3
	流動比率	301.9	194.6
	株主資本比率	55.8	57.7

【財務】(百万HK$)

	19/12	18/12
流動資産	13,381.1	15,168.0
総資産	20,845.6	21,075.4
流動負債	4,432.3	7,792.6
総負債	9,213.9	8,914.7
株主資本	11,628.3	12,167.5

【CF】(百万HK$)

	19/12	18/12
営業CF	2,833.7	1,942.3
投資CF	-795.9	-1,662.5
財務CF	-1,935.4	-343.8
FCF	2,037.8	279.8
現金同等物	2,317.5	2,240.0

半導体製造装置の世界的大手 オランダの大手ウエハー加工装置メーカー、ASMインターナショナルの傘下。半導体後工程装置で世界最大手。11年に独シーメンスから表面実装技術（SMT）事業を買収し、収益の柱に据えた。後工程装置事業では独アミクラに加え、東京エレクトロンの子会社だったNEXXを18年に買収。地域別売上比率は中国40％、欧州16％、米州9％、マレーシア7％、香港6％、日本5％、台湾4％（19年12月期）。

19年12月本決算：大幅減益 米中貿易戦を背景に世界経済の先行き不透明感が強まる中、オプトエレクトロニクスや自動車などの分野で半導体需要が減退した。売上高が落ち込む中で採算も悪化。販管費を圧縮したが、リストラ費用がかさんだ。部門別では主力3事業がそろって2桁減収減益となり、特に稼ぎ頭だった後工程装置事業が76％の減益。表面実装ソリューション部門は自動車セクターからの需要減が響き、27％減益。

今後の計画 コスト削減の取り組みを進めており、シンガポールで手掛けるリードフレーム事業を21年半ばまでにマレーシアに移管する計画。20年1－3月期決算も新型コロナの影響による本土の工場の操業停止や受注の延期などで苦戦し、売上高は前年同期比8％減の33億8000万HKドル、純利益は79％減の2400万HKドル。

【株式】(19/12/31) (百万株)

総数	408.9
流通	―
流通	100.0 %
非流通	0.0 %

【主要株主】(19/12/31) (%)

ASM International N.V.	25.2
Schroders Plc	9.9
株式会社三菱UFJフィナンシャル・グループ	6.9

【子会社・関連会社】(19/12/31) (%)

ASM AMICRA Microtechnologies GmbH	100.0
ASM NEXX, Inc.	100.0
Critical Manufactuiring, S.A.	77.8

【売上・利益構成】(19/12) (%)

	売上構成比	前年比	利益構成比	前年比
表面実装ソリューション	44.2	-12.6	63.4	-27.3
後工程装置	44.1	-24.4	32.6	-76.3
半導体材料	11.7	-17.8	4.0	-48.7

【業績】 [香港会計基準] (百万HK$) ※予想：ファクトセット

前号予想との比較　↓大幅減額

	売上高	営業利益	純利益	前年比(%)	EPS(HK$)	1株配(HK$)	株配・無償(株)
2016/12	14,249.09	―	1,463.86	53.1	3.610	1.9000	
2017/12	17,522.71	―	2,815.47	92.3	6.900	2.5000	
2018/12	19,550.59	―	2,216.06	-21.3	5.470	2.7000	
2019/12	15,883.04	―	619.25	-72.1	1.520	2.0000	
2020/12予	16,543.31	1,820.44	1,192.42	92.6	2.930	1.9640	【株式分割・併合等】
2021/12予	18,618.95	2,719.00	1,944.74	63.1	4.731	2.5140	
2018/6中間	9,616.38	―	1,401.54	-6.1	3.460	1.3000	
2019/6中間	7,274.79	―	179.49	-87.2	0.440	1.3000	

【本社】香港新界青衣長輝路8号橋匯19楼 【TEL】852-24242021 【URL】www.asmpacific.com
【役員】会長：Orasa Livasiri 【上場】1989年1月 【決算期】12月 【従業員】15,200

広深鉄路

グァンシェン・レールウェイ

広深鉄路股份有限公司
Guangshen Railway Co.,Ltd.

【指数構成銘柄】— 【その他上場】上海A(601333)、ADR

運輸・倉庫

メインボード

H株

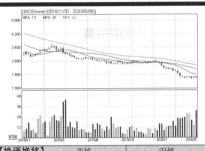

[00525/week/2018/11/30 - 2020/05/08]

評価	H株株価	年間騰落率	最低売買価格
D	1.590 HK$	-41.5 %	43,630 円

PER		予想配当利回り	PBR
予想 72.3 倍 実績 13.1 倍		1.9 %	0.4 倍

広州・深センを基盤とする鉄道会社 珠江デルタの広州－深センを結ぶ広深鉄道（全長152km）や羊城鉄道（広州－坪石:全長329km）を運営。総運行距離は481kmに上る。広深鉄道では最高時速200km以上の高速列車を運行しており、深セン－北京の長距離列車のほか、香港鉄路（00066）と共同で広州－深セン－香港の直通列車を運営する。19年末の1日当たり運行本数は247本。内訳は広深鉄道105本、直通列車10本、長距離列車132本。

19年12月本決算：増収減益 貨物輸送や鉄道関連サービスの貢献で増収を確保したが、人件費や修理・保守費用などの営業費用が前年比8％増と膨らみ、利幅が縮んだ。事業別では鉄道関連サービス部門が堅調で、鉄道網使用と輸送サービスがそろって増収。鉄道貨物輸送の増加を目指す政府方針が奏功した。鉄道貨物輸送部門は輸送量が3％増の1624万トン。平均輸送距離も伸び、2桁増収を達成した。一方、鉄道旅客輸送部門は香港の反政府活動の激化や高速鉄道の運行適正化で旅客数が5％減の8513万人に落ち込み、収入も減少した。

今後の計画 20年の運営目標は旅客数が2％減の8330万人、貨物が4％増の1697万トン。経営陣は新型コロナの感染拡大で旅客数が大幅に落ち込むと想定した。感染防止策によるコスト増や売掛金の不良債権化も警戒。

【株価推移】

	高値		安値	
2016年	4.920	12/19	3.110	02/02
2017年	5.310	12/29	3.720	06/22
2018年	5.890	01/09	2.760	10/26
2019年	3.600	02/20	2.360	09/02
2020年	2.620	01/03	1.510	04/22

【株価情報】

取引単位(株)	2,000	A株株価(元)	2.350
H株時価総額(mHK$)	2,275.8	A株格差(倍)	1.6

【指標】 (%)

		19/12	18/12
収益性	ROA	2.0	2.2
	ROE	2.6	2.7
	粗利益率		
成長性	増収率	6.8	8.2
	増益率(営利)	1.0	-21.3
	自己資本増加率	1.1	0.6
安全性	BPS(元)	4.1	4.1
	負債比率	26.6	22.8
	流動比率	103.5	99.0
	株主資本比率	79.1	81.5

【財務】(百万元)

	19/12	18/12
流動資産	6,703.9	6,356.7
総資産	36,893.1	35,402.2
流動負債	6,477.0	6,422.2
総負債	7,753.9	6,585.9
株主資本	29,175.7	28,852.3

【CF】(百万元)

	19/12	18/12
営業CF	2,395.2	3,261.4
投資CF	-2,087.0	-2,113.1
財務CF	-484.6	-570.0
FCF	308.2	1,148.3
現金同等物	1,562.3	1,738.8

【株式】(19/12/31) (百万株)

総数		7,083.5
流通	H株	20.2 %
	A株	79.8 %
	100.0 %	
非流通	0.0 %	

【主要株主】(19/12/31) (%)

中国国家鉄路集団有限公司	37.1
Pacific Asset Management Co.,Ltd.	3.2
BlackRock, Inc.	2.2

【子会社・関連会社】(19/12/31) (%)

東莞市常盛実業有限公司	51.0
深セン富源実業開発有限公司	100.0
深セン市平湖群億鉄路倉儲装卸運輸有限公司	100.0

【売上・利益構成】(19/12)(%)

	売上構成比	前年比	利益構成比	前年比
鉄道関連サービス	46.8	11.7	—	—
鉄道旅客輸送	37.8	-1.2	—	—
鉄道貨物輸送	10.0	14.2	—	—

【業績】 [国際会計基準](百万元) ※予想:ファクトセット

【前号予想との比較】 ↓ 大幅減額

	売上高	営業利益	純利益	前年比(%)	EPS(元)	1株配(元)	株配・無償(株)
2016/12	17,280.50	1,534.24	1,158.25	8.2	0.160	0.0800	
2017/12	18,331.42	1,350.36	1,015.36	-12.3	0.140	0.0800	
2018/12	19,828.02	1,062.25	784.06	-22.8	0.110	0.0600	
2019/12	21,178.35	1,072.84	748.44	-4.5	0.110	0.0600	
2020/12予	19,663.00	233.77	297.54	-60.2	0.020	0.0280	【株式分割・併合等】
2021/12予	22,572.39	1,056.13	793.18	166.6	0.111	0.0590	
2018/6中間	9,527.77	866.68	654.09	28.6	0.090		
2019/6中間	10,186.93	1,057.79	762.16	16.5	0.110		

【登記】深セン市羅湖区和平路1052号 【TEL】86-755-25588150 【URL】www.gsrc.com
【役員】会長：武勇(Wu Yong) 【上場】1996年5月 【決算期】12月 【従業員】42,583

サービス

メインボード

味千（中国）控股

アジセン・チャイナ

味千（中国）控股有限公司
Ajisen (China) Holdings Ltd.
【指数構成銘柄】—　【その他上場】—

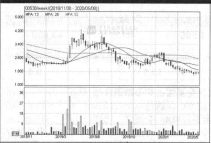

[00538/week/(2018/11/30 - 2020/05/08)]
MPA:13　MPA:26　MPA:52

評価	株価	年間騰落率	最低売買価格
C	**1.720** HK$	**-50.3** %	**23,598** 円

PER		予想配当利回り	PBR
予想 **29.0** 倍　実績 **11.2** 倍		**6.4** %	**0.5** 倍

日本式ラーメンチェーン大手 熊本の重光産業から中国本土と香港での「味千拉麺」の経営権を取得し、熊本風の豚骨ラーメン店をチェーン展開する。19年末の店舗数は799店。うち中国本土770店、香港27店のほか、海外でイタリアとフィンランドに1店舗ずつ展開している。ラーメンの材料などは上海、成都、天津、青島、武漢、東莞の各工場で生産。味千ブランドの袋麺の販売や不動産などの投資事業も手掛けている。

19年12月本決算：増収減益 店舗数の増加で売り上げが拡大したものの、各種コストの増加で7割超の減益に落ち込んだ。主力のレストラン経営部門は8％増収の一方で69％減益。既存店売上高は中国本土が7％増を確保するも、香港がデモ活動の影響で28％減少した。原材料価格の上昇を受けて粗利益率は72.3％と前年から3.1ポイント悪化。本土での賃金引き上げで人件費が増加したことや、新会計基準の適用により減価償却費や金融費用が大幅に増えたことも利益を下押しした。

最近の動向 会社側は新型コロナの流行を受け、20年上期と通期の業績に大きな影響が出ると発表。20年1～3月期のファストカジュアルレストラン事業の売上高は前年同期比で54％減少した。外出自粛ムードのなかで経営状況は正常水準を回復できていない。

【株価推移】

	高値		安値	
2016年	4.050	10/07	2.720	04/11
2017年	4.190	11/06	2.960	03/30
2018年	4.010	03/21	2.000	12/31
2019年	4.270	05/16	1.940	10/10
2020年	2.920	01/13	1.560	04/21

【株価情報】

取引単位(株)	1,000	A株株価	—
時価総額(mHK$)	1,877.5	A株格差(倍)	—

【指標】(%)

		19/12	18/12
収益性	ROA	3.2	13.3
	ROE	4.7	17.1
	粗利益率		
成長性	増収率	7.9	1.9
	増益率(営利)	-48.3	-23.1
	自己資本増加率	3.1	18.2
安全性	BPS(元)	3.0	3.0
	負債比率	45.6	25.8
	流動比率	254.8	344.2
	株主資本比率	67.6	78.1

【財務】(百万元)

	19/12	18/12
流動資産	2,082.2	1,864.4
総資産	4,927.3	4,137.9
流動負債	817.2	541.7
総負債	1,518.8	832.2
株主資本	3,329.1	3,230.5

【CF】(百万元)

	19/12	18/12
営業CF	502.3	360.8
投資CF	371.7	-226.4
財務CF	-526.3	-292.2
FCF	874.0	134.4
現金同等物	1,705.4	1,356.4

【株式】(2019/12/31)(百万株)

総数	1,091.5
流通	—
非流通	0.0% / 100.0%

【主要株主】(2019/12/31) (%)

潘慰	44.0
景順投資管理有限公司	10.1
Invesco Management S.A.	5.0

【子会社・関連会社】(2019/12/31) (%)

領先食品（上海）発展有限公司	100.0
上海領先餐飲管理有限公司	100.0
南京味千餐飲管理有限公司	100.0

【売上・利益構成】(2019/12) (%)

	売上構成比	前年比	利益構成比	前年比
レストラン経営	93.5	8.1	58.6	-69.4
麺・関連製品の製造販売	6.5	4.1	9.1	16.4
投資事業	—	—	32.3	-84.0

【業績】 ［香港会計基準］(百万元) ※予想：ファクトセット　【前号予想との比較】↓ 大幅減額

	売上高	営業利益	純利益	前年比(%)	EPS(元)	1株配(元)	株配・無償(株)
2016/12	2,379.10	241.76	665.29	260.5	0.610	0.1420	
2017/12	2,332.28	301.54	-486.65	—	-0.450	0.0600	
2018/12	2,377.75	231.77	551.02	—	0.500	0.1200	
2019/12	2,565.10	119.75	156.44	-71.6	0.140	0.0920	
2020/12予	2,371.09	92.03	58.92	-62.3	0.054	0.1000	【株式分割・併合等】
2021/12予	—	—	—	—	—	—	
2018/6中間	1,153.45	121.14	121.29	11.7	0.110	0.0200	
2019/6中間	1,223.87	62.88	86.58	-28.6	0.080	0.0430	

【本社】香港九龍油塘四山街24-26号B座味千集団大厦6楼 【TEL】852-39727788 【URL】www.ajisen.com.hk

【役員】会長：潘慰(Poon Wai) 【上場】2007年3月 【決算期】12月 【従業員】11,872

【備考】17年6月中間決算より決算通貨と配当通貨を変更、配当は16年が香港ドル。

阜豊集団

フーフォン・グループ

阜豊集団有限公司
Fufeng Group Ltd.

【指数構成銘柄】— 【その他上場】ADR

食品・飲料

メインボード

[00546/week/(2018/11/30～2020/05/08)]

評価	株価	年間騰落率	最低売買価格
C	2.580 HK$	-26.7 %	35,398 円

PER		予想配当利回り	PBR
予想 6.6 倍	実績 5.2 倍	5.0 %	0.5 倍

中国の化学調味料メーカー グルタミン酸ナトリウム（MSG）の製造で世界最大級。「U鮮」「U香」のブランドでうま味調味料、コーン油、甘味料を生産する。増粘剤キサンタンガムは生産量で世界最大。山東省、陜西省、内モンゴル、新疆に工場を持ち、年産能力はMSGが133万トン、肥料108万トン、甘味料72万トン、キサンタンガム6万5000トン（19年末）。飼料用スレオニンの生産で味の素と提携し、年産能力は24万3000トン。

19年12月本決算：増収減益 前年に土地売却益11億元を計上した反動が4割減益の主因。一過性要因を除く純利益は53％増の11億3700万元となる。実質増益を支えたのは、MSGの販売増加と価格上昇。全体で2割近い増収となり、粗利益率が1.5ポイント上昇した。部門別では食品添加物部門が7割近い増益だが、その他は軒並み採算が悪化。増粘剤部門は米国への輸出が低迷し、価格が下落。飼料部門は豚コレラの影響で苦戦が続いた。

今後の計画 19年から第3次10カ年計画を推進。国内の生産体制を確立した後に、海外生産の展開を目指す。世界のトウモロコシ生産地に拠点を設ける計画で、調査や提携先と投資機会の模索を進めていく。新型コロナウイルス影響で事業環境は厳しいが、会社側はコスト削減や海外市場の開拓を進めて対応する考え。

【株価推移】

	高値		安値	
2016年	3.900	12/30	2.030	06/28
2017年	6.440	04/03	3.770	01/04
2018年	5.800	02/01	3.010	11/29
2019年	4.470	03/25	3.200	12/04
2020年	3.780	01/14	2.230	03/19

【株価情報】

取引単位(株)	1,000	A株株価	—
時価総額(mHK$)	6,536.8	A株格差(倍)	—

【指標】(%)

		19/12	18/12
収益性	ROA	5.8	9.1
	ROE	10.0	16.8
	粗利益率	20.2	18.7
成長性	増収率	17.5	5.6
	増益率(営利)	-36.3	42.1
	自己資本増加率	3.4	16.3
安全性	BPS(元)	4.5	4.3
	負債比率	71.0	84.8
	流動比率	166.1	149.7
	株主資本比率	58.5	54.1

【財務】(百万元)

	19/12	18/12
流動資産	7,992.6	8,992.6
総資産	19,458.6	20,332.3
流動負債	4,811.3	6,008.1
総負債	8,082.1	9,328.0
株主資本	11,376.5	11,004.3

【CF】(百万元)

	19/12	18/12
営業CF	892.2	1,509.6
投資CF	607.7	-1,828.4
財務CF	-1,403.6	1,634.2
FCF	1,499.9	-318.8
現金同等物	1,831.2	1,734.9

【株式】(19/12/31)(百万株)

総数	2,533.6
流通	—
	100.0%
非流通	0.0%

【主要株主】(19/12/31)

	(%)
Motivator Enterprises Ltd.（李学純）	39.3
Treetop Asset Management SA	17.1

【子会社・関連会社】(19/12/31)

	(%)
山東阜豊発酵有限公司	100.0
宝鶏阜豊生物科技有限公司	100.0
呼倫貝爾東北阜豊生物科技有限公司	100.0

【売上・利益構成】(19/12)(%)

	売上構成比	前年比	利益構成比	前年比
食品添加物	60.7	23.3	65.2	65.3
飼料	24.1	22.7	13.8	-5.7
増粘剤	5.8	1.5	7.7	-17.0

【業績】[香港会計基準](百万元) ※予想：ファクトセット

	売上高	営業利益	純利益	前年比(%)	EPS(元)	1株配(HK$)	株配・無償(株)
2016/12	11,803.13	1,510.42	1,092.51	111.6	0.514	0.1160	
2017/12	13,033.50	1,714.79	1,382.38	26.5	0.570	0.1980	
2018/12	13,764.65	2,436.42	1,845.04	33.5	0.725	0.2780	
2019/12	16,170.85	1,552.68	1,137.20	-38.4	0.448	0.1730	
2020/12予	15,334.47	1,204.45	903.82	-20.5	0.353	0.1280	
2021/12予	16,150.15	1,463.57	1,116.96	23.6	0.443	0.1530	
2018/6中間	6,610.22	435.30	315.0	-51.0	0.124	0.0420	
2019/6中間	7,703.52	784.56	612.70	94.5	0.241	0.0930	

【前号予想との比較】↓ 大幅減額

【株式分割・併合等】

【本社】山東省莒南県淮海路西段 【TEL】86-400-852-0546 【URL】 www.fufeng-group.com
【役員】会長：李学純(Li Xuechun) 【上場】2007年2月 【決算期】12月 【従業員】13,900

道路・港湾・空港

深セン高速公路
シェンジェン・エクスプレスウェイ

深圳高速公路股份有限公司
Shenzhen Expressway Co.,Ltd.

【指数構成銘柄】 ― 【その他上場】上海A(600548)

メインボード

H株

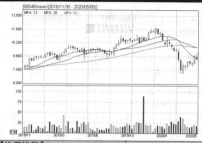

[00548/week/(2018/11/30〜2020/05/08)]

評価	H株株価	年間騰落率	最低売買価格
C	8.560 HK$	-8.0 %	234,886 円

PER		予想配当利回り	PBR
予想 12.2 倍　実績 6.8 倍		3.7 %	0.9 倍

深セン市の高速道路運営会社 深セン市を中心に高速道路の建設、管理、運営に従事。湖北省、湖南省、江蘇省でも有料道路を運営する。19年末時点で経営・投資する道路は16本に上り、距離は権益ベースで計546km。主力道路は深セン宝安空港や珠江デルタ地区の主要幹線道路をつなぐ機荷高速（東区間・西区間）をはじめ、梅観高速、水官高速、清連高速、武黄高速など。ほかに不動産開発事業や広告事業なども手掛け、19年には風力発電設備などの環境事業に進出した。

19年12月本決算：増収減益 前年度に計上した約22億元に上る高速道路の資産売却益や補償金の反動減に加え、減損損失の拡大が2桁減益の主因。資産売却に伴う特殊要因を除くと実質30％の増益。主力の有料道路事業は部門利益が14％減ったが、不動産開発事業や新たに加わった環境事業が一部を補った。全体の粗利益率は43.4％と前年から7.4ポイント低下した。

最新動向 新型コロナウイルスの影響については、交通当局の要請を受け、20年2月17日−5月6日に保有する有料道路すべてで無料化を実施。売り上げの減少で業績にも影響が出る見通し。20年1−3月期決算は売上高が前年同期比66％減の4億5400万元、純損益が1億3300万元の赤字（前年同期は4億6700万元の黒字）。

【株価推移】	高値		安値	
2016年	8.420	10/03	5.560	02/03
2017年	8.350	10/27	6.570	01/16
2018年	8.740	12/31	6.770	09/11
2019年	11.700	12/17	8.370	01/04
2020年	11.760	01/03	7.020	03/19

【株価情報】		
取引単位(株)	2,000	A株株価(元) 9.550
H株時価総額(mHK$)	6,398.6	A株格差(倍) 1.2

【指標】(%)		19/12	18/12
収益性	ROA	5.6	8.4
	ROE	13.6	19.8
	粗利益率	43.4	50.8
成長性	増収率	6.5	11.5
	増益率(営利)	-46.1	141.6
	自己資本増加率	5.7	27.5
安全性	BPS(元)	8.4	8.0
	負債比率	131.7	124.0
	流動比率	118.3	124.6
	株主資本比率	40.9	42.3

【財務】(百万元)	19/12	18/12
流動資産	7,666.0	7,532.3
総資産	44,923.7	41,100.9
流動負債	6,480.7	6,045.1
総負債	24,200.5	21,561.1
株主資本	18,374.5	17,387.1

【CF】(百万元)	19/12	18/12
営業CF	1,751.4	3,222.2
投資CF	-253.5	957.9
財務CF	-1,147.1	-3,483.9
FCF	1,497.9	4,180.2
現金同等物	2,931.8	2,580.8

【株式】(19/12/31)(百万株)		
総数		2,180.8
流通	H株	34.3%
	A株	65.7%
	―	
		100.0%
非流通		0.0%

【売上・利益構成】(19/12)(%)	売上構成比	前年比	利益構成比	前年比
有料道路	73.9	-9.8	85.3	-14.1
環境事業（風力発電設備等）	9.7		6.3	
不動産開発	7.4	59.9	7.5	80.0

【主要株主】(19/12/31)	(%)
深セン国際控股有限公司（00152)	51.6
招商局公路網路科技控股股フン有限公司	4.0
広東省路橋建設発展有限公司	2.8

【子会社・関連会社】(19/12/31)	(%)
深セン市梅観高速公路有限公司	100.0
深セン機荷高速公路東段有限公司	100.0
広東清連公路発展有限公司	76.4

【業績】[中国会計基準](百万元)※予想:ファクトセット						【前号予想との比較】 ↓ 大幅減額	
	売上高	営業利益	純利益	前年比(%)	EPS(元)	1株配(元)	株配・無償(株)
2016/12	4,532.21	1,618.60	1,169.35	-24.7	0.536	0.2200	
2017/12	5,210.40	1,875.76	1,383.99	18.4	0.635	0.3000	
2018/12	5,807.11	4,532.59	3,440.05	148.6	1.577	0.7100	
2019/12	6,185.83	2,444.06	2,499.49	-27.3	1.146	0.5200	
2020/12予	5,163.00	1,438.00	1,402.00	-43.9	0.639	0.2910	【株式分割・併合等】
2021/12予	7,324.00	2,948.00	2,490.50	77.6	1.137	0.5270	
2018/6中間	2,677.52	1,301.33	968.65	37.4	0.444	―	
2019/6中間	2,699.19	1,517.18	1,576.82	62.6	0.723	―	

【本社】深セン市福田区益田路江蘇大厦裙楼2-4層 【TEL】86-755-82853331 【URL】www.sz-expressway.com

【役員】会長：胡偉(Hu Wei) 【上場】1997年3月 【決算期】12月 【従業員】4,889

裕元工業（集団）

ユーユエン・インダストリアル

裕元工業（集団）有限公司
Yue Yuen Industrial (Holdings) Ltd.
【指数構成銘柄】— 【その他上場】—

繊維・アパレル

メインボード

評価	株価	年間騰落率	最低売買価格
C	13.040 HK$	-47.9 %	89,454 円

PER		予想配当利回り	PBR
予想 16.3 倍　実績 9.0 倍		6.0 %	0.7 倍

スポーツシューズのOEM世界最大手 台湾・宝成工業（集団）の傘下。「ナイキ」「リーボック」「アシックス」など有名ブランドのOEM・ODMを手掛ける。小売りは宝勝国際（03813）を通じて展開する。地域別の売上構成は、中国48％、米国20％、欧州17％など（19年）。中華圏では「コンバース」「ハッシュパピー」の独占使用権を保有する。近年、ローエンド製品の生産拠点を中国本土外に移転中。生産数の内訳はベトナム44％、インドネシア39％、中国13％（19年）。

19年12月本決算：小幅減益 米中貿易摩擦が逆風となったほか、顧客の製品構成が多様化して生産効率が低下。非経常項目を除いた実質ベースでは13％減益となる。原材料費が2％、人件費が4％増えた上、生産拠点の移転も影響して製造部門の粗利益率は18.5％（↓1.0ポイント）に悪化した。部門別の売上高は、主力のスポーツシューズが6％増の45億4200万米ドルに伸びた半面、カジュアルシューズが12％減の9億600万米ドルに縮小。靴の出荷数は1％減の3億2200万足だった。

今後の見通し 20年1－3月期の業績は、売上高が前年同期比21％減の19億6900万米ドル、純損益が5600万米ドルの赤字に転落した（前年同期は7500万米ドルの黒字）。靴類の出荷数は13％減の7200万足。

【株価推移】
	高値	安値
2016年	35.850 09/05	24.150 01/11
2017年	35.300 09/13	26.200 01/09
2018年	38.400 01/22	19.300 08/21
2019年	27.900 03/26	19.800 09/02
2020年	24.500 01/20	9.960 03/23

【株価情報】
取引単位(株)	500	A株株価 —
時価総額(mHK$)	21,022.9	A株格差(倍) —

【指標】(%)
		19/12	18/12
収益性	ROA	3.4	3.7
	ROE	7.3	7.4
	粗利益率	24.9	25.2
成長性	増収率	4.2	6.3
	増益率(営利)	—	—
	自己資本増加率	-0.7	-3.5
安全性	BPS(US$)	2.5	2.6
	負債比率	103.8	91.3
	流動比率	182.7	191.2
	株主資本比率	46.6	49.6

【財務】(百万US$)
	19/12	18/12
流動資産	4,492.7	4,410.3
総資産	8,789.4	8,316.0
流動負債	2,459.0	2,306.0
総負債	4,256.3	3,770.0
株主資本	4,098.7	4,127.5

【CF】(百万US$)
	19/12	18/12
営業CF	793.6	479.8
投資CF	-215.1	-350.9
財務CF	-455.7	-294.1
FCF	578.5	128.9
現金同等物	982.1	851.4

【株式】(19/12/31)(百万株)
総数	1,612.2
流通	100.0%
非流通	0.0%

【主要株主】(19/12/31)(%)
宝成工業股フン有限公司	51.1
Merrill Lynch & Co. Inc.	6.2
Silchester International Investors LLP	6.0

【子会社・関連会社】(19/12/31)(%)
宝勝国際（控股）有限公司(03813)	62.2
PT. Pou Yuen Indonesia	100.0
Pou Hung Vietnam Co.,Ltd.	100.0

【売上・利益構成】(19/12)(%)
	売上構成比	前年比	利益構成比	前年比
運動靴	44.9	6.4	—	—
靴・アパレル小売り	38.9	14.9	—	—
カジュアル・アウトドア靴	9.0	-12.1	—	—

【業績】［香港会計基準］(百万US$) ※予想：ファクトセット
	売上高	営業利益	純利益	前年比(%)	EPS(US$)	1株配(HK$)	株配・無償(株)
2016/12	8,480.56	—	534.56	37.0	0.325	1.4000	
2017/12	9,121.43	—	519.23	-2.9	0.316	5.0000	
2018/12	9,695.28	—	307.12	-40.9	0.188	1.5000	
2019/12	10,105.39	—	300.55	-2.1	0.186	1.1000	
2020/12予	9,562.49	325.58	169.45	-43.6	0.103	0.7790	
2021/12予	10,608.29	538.43	318.79	88.1	0.197	1.1360	
2018/6中間	4,769.35	—	150.09	-41.9	0.091	0.4000	
2019/6中間	5,070.73	—	165.88	10.5	0.103	0.4000	

【前号予想との比較】↓大幅減額

【株式分割・併合等】分割1→2(03/2)

【本社】香港九龍観塘偉業街108号絲宝国際大厦22楼 【TEL】852-23705111 【URL】www.yueyuen.com
【役員】会長：盧金柱(Lu Chin Chu) 【上場】1992年7月 【決算期】12月 【従業員】347,100

通信用機器

メインボード

H株

中国通信服務

チャイナ・コミュニケーションズ・サービス

中国通信服務股份有限公司
China Communications Services Corp.,Ltd.
【指数構成銘柄】― 【その他上場】―

[00552/week(2018/11/30 - 2020/05/08)] MPA:13 MPA:26 MPA:52

	評価	H株株価	年間騰落率	最低売買価格
	C	5.550 HK$	-8.9 %	152,292 円

PER		予想配当利回り	PBR
予想 **10.7** 倍 実績 **11.5** 倍		3.2 %	1.0 倍

中国電信集団傘下の通信支援サービス会社 通信インフラの建設や業務受託（BPO）、アプリやコンテンツなどの通信関連サービスを提供する。主要取引先は大株主である中国3大通信キャリアで、うち、チャイナ・テレコム（00728）の親会社である中国電信集団が19年売上高の35％を占める最大顧客。チャイナ・モバイル（00941）親会社の中国移動通信集団も20％を占める。海外市場の売上比率は3％にどどまる。

19年12月本決算：増収増益 5期連続で上場来最高益を更新した。通信キャリア以外の国内顧客向けデジタル化サービスが成長の原動力となり、2桁増収を確保した。ただ、国内通信キャリア向けサービス単価が下がる一方、労務関連費が膨らみ、粗利益率は前年比0.4ポイント低下。利息や配当などを含むその他収入が増え、販売管理の伸びを抑制したものの、契約上の係争に絡む引当金が純利益を8600万元下押ししたこともあって、純利益率は0.1ポイント低下した。

今後の見通し 会社側は、「新時代の総合スマートサービスプロバイダー」を目指すと表明。データセンターや産業インターネットなど5Gを基盤とする新型インフラが社会のデジタル化とスマートシティーを支え、同社に大きな成長機会をもたらすと見込む。

【株価推移】

	高値		安値	
2016年	5.130	09/29	2.590	01/21
2017年	5.670	01/11	3.850	09/28
2018年	7.600	10/03	4.250	03/26
2019年	8.500	02/18	4.310	09/03
2020年	6.700	03/05	4.680	03/23

【株価情報】

取引単位(株)	2,000	A株株価	―
H株時価総額(mHK$)	13,272.4	A株格差(倍)	―

【指標】(%)

		19/12	18/12
収益性	ROA	3.5	3.6
	ROE	8.8	9.0
	粗利益率	11.7	12.1
成長性	増収率	10.6	12.3
	増益率(営利)	―	―
	自己資本増加率	6.9	14.1
安全性	BPS(元)	5.0	4.7
	負債比率	151.9	148.8
	流動比率	144.5	146.6
	株主資本比率	39.5	40.0

【財務】(百万元)

	19/12	18/12
流動資産	73,252.4	68,513.8
総資産	87,541.1	80,926.0
流動負債	50,683.8	46,730.5
総負債	52,503.3	48,097.1
株主資本	34,563.9	32,331.3

【CF】(百万元)

	19/12	18/12
営業CF	4,811.7	4,261.0
投資CF	-311.3	-550.9
財務CF	-1,385.1	-885.7
FCF	4,500.3	3,710.1
現金同等物	19,220.8	16,106.2

【株式】(19/12/31)(百万株)

総数		6,926.0
流通	H株	34.5%
	―	
	―	
		34.5%
	非流通	65.5%

【売上・利益構成】(19/12)(%)

	売上構成比	前年比	利益構成比	前年比
通信インフラサービス	55.1	12.8	―	―
業務受託サービス	31.2	4.4	―	―
アプリ・コンテンツ・その他	13.7	17.3	―	―

【主要株主】(19/12/31)

	(%)
中国電信集団有限公司	51.4
中国移動通信集団有限公司	8.8
Hermes Investment Management Ltd.	3.4

【子会社・関連会社】(19/12/31)

	(%)
広東省通信産業服務有限公司	100.0
浙江省通信服務控股集団有限公司	100.0
上海市信產通信服務有限公司	100.0

【業績】[国際会計基準](百万元) ※予想:ファクトセット 【前号予想との比較】↘ 減額

	売上高	営業利益	純利益	前年比(%)	EPS(元)	1株配(元)	株配・無償(株)
2016/12	88,449.36	―	2,536.25	8.6	0.366	0.1318	
2017/12	94,572.41	―	2,714.21	7.0	0.392	0.1411	
2018/12	106,176.64	―	2,901.32	6.9	0.419	0.1508	
2019/12	117,413.09	―	3,049.23	5.1	0.440	0.1585	
2020/12予	127,529.44	3,187.80	3,252.85	6.7	0.470	0.1600	【株式分割・併合等】
2021/12予	144,675.31	3,698.42	3,729.10	14.6	0.539	0.1810	
2018/6中間	50,792.10	―	1,595.48	8.6	0.230	―	
2019/6中間	56,049.09	―	1,711.58	7.3	0.247	―	

【登記】北京市西城区復興門南大街2号及乙5層 【TEL】86-10-58502290 【URL】www.chinaccs.com.hk
【役員】会長：張志勇(Zhang Zhiyong) 【上場】2006年12月 【決算期】12月 【従業員】91,564

珠江船務企業

チュコン・シッピング

珠江船務企業(股份)有限公司
Chu Kong Shipping Enterprises (Group) Co.,Ltd.
【指数構成銘柄】— 【その他上場】—

評価	株価	年間騰落率	最低売買価格
—	0.920 HK$	-46.5 %	25,245 円

PER		予想配当利回り	PBR
予想 —	実績 4.8 倍	—	0.3 倍

広東省航運集団傘下の運輸会社 香港・珠江デルタ地域を拠点に貨物の水上輸送、港湾サービス、倉庫管理、船舶代理、コンテナ陸上輸送など各種物流事業を幅広く展開する。珠江デルタ地域に複数の貨物ターミナルや旅客ターミナルを保有。香港、マカオ、珠江デルタを結ぶ高速フェリー事業や船舶燃料の供給サービスも手掛ける。19年のコンテナ輸送量は142万TEU、貨物輸送量は57万トン、旅客数は434万人に上る。

19年12月本決算：減収減益 1億3700万HKドルに上る関連会社やジョイントベンチャーに絡む持ち分利益の計上で1桁減益にとどめたが、営業利益は36%減少。事業別では、米中貿易摩擦や世界的な製造業の減速を受けてコンテナ輸送量が7%減少するなど貨物輸送部門が苦戦。旅客輸送部門は広深港高速鉄道、港珠澳大橋の開通に加え、香港の政治的混乱など不利な要素が重なり7割超の減益。貨物処理・倉庫サービス部門は中国が廃プラスチックなど再生資源の輸入規制を強化したことでコンテナ取扱量が7%減少したものの、新業務の開拓などが奏功し部門利益は2.8倍に拡大した。

今後の見通し 新型コロナウイルスの影響や香港の政治的混乱などが懸念材料。粤港澳大湾区の建設進展を追い風にビジネスチャンスの拡大を図る考え。

【株価推移】

	高値		安値	
2016年	2.330	01/04	1.730	03/18
2017年	2.500	12/12	1.820	12/06
2018年	2.130	01/29	1.680	08/24
2019年	1.940	02/19	1.200	10/08
2020年	1.330	01/02	0.760	03/19

【株価情報】

取引単位(株)	2,000	A株株価	—
時価総額(mHK$)	1,031.5	A株格差(倍)	—

【指標】(%)

		19/12	18/12
収益性	ROA	4.9	5.2
	ROE	6.8	7.3
	粗利益率	14.1	16.6
成長性	増収率	-10.7	-1.0
	増益率(営利)	-36.4	-23.6
	自己資本増加率	2.3	2.5
安全性	BPS(HK$)	2.8	2.7
	負債比率	29.4	31.3
	流動比率	251.4	231.8
	株主資本比率	72.0	71.1

【財務】(百万HK$)

	19/12	18/12
流動資産	1,671.2	1,647.8
総資産	4,373.9	4,331.5
流動負債	664.8	710.9
総負債	926.8	965.1
株主資本	3,150.0	3,079.1

【CF】(百万HK$)

	19/12	18/12
営業CF	166.3	204.6
投資CF	15.9	103.9
財務CF	-211.6	-152.4
FCF	182.1	308.6
現金同等物	869.3	905.3

【株式】(19/12/31)(百万株)

総数	1,121.2	
流通		100.0%
非流通		0.0%

【主要株主】(19/12/31)

	(%)
広東省航運集団有限公司	70.0

【子会社・関連会社】(19/12/31)

	(%)
珠江客運有限公司	100.0
珠江中転物流有限公司	100.0
珠江倉碼運輸有限公司	100.0

【売上・利益構成】(19/12)(%)

	売上構成比	前年比	利益構成比	前年比
貨物輸送	57.5	-3.8	11.0	-45.6
燃料供給	22.3	-21.2	5.4	6.3
貨物処理・倉庫サービス	13.9	53.3	179.6

【業績】[香港会計基準](百万HK$) ※予想：—

	売上高	営業利益	純利益	前年比(%)	EPS(HK$)	1株配(HK$)	株配・無償(株)
2016/12	2,381.89	278.60	321.77	21.4	0.298	0.0900	
2017/12	2,428.49	236.61	268.99	-16.4	0.247	0.0900	
2018/12	2,404.50	180.77	226.07	-16.0	0.204	0.0900	
2019/12	2,147.88	114.93	214.08	-5.3	0.191	0.0600	
2020/12予	—	—	—	—	—	—	
2021/12予	—	—	—	—	—	—	【株式分割・併合等】
2018/6中間	1,225.39	144.19	161.96	11.7	0.147	0.0300	
2019/6中間	1,088.69	106.03	116.37	-28.1	0.104	0.0300	—

【前号予想との比較】

【本社】 香港干諾道中143号珠江船務大厦24楼 【TEL】852-25813799 【URL】www.cksd.com
【役員】 会長：黄烈彰(Huang Liezhang) 【上場】1997年5月 【決算期】12月 【従業員】1,878

鄭州煤鉱機械集団

ジャンジョウ・コール・マシナリー

鄭州煤鉱機械集団股份有限公司
Zhengzhou Coal Mining Machinery Group Co.,Ltd.
【指数構成銘柄】— 【その他上場】上海A(601717)

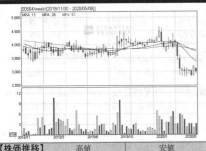

評価	H株株価	年間騰落率	最低売買価格
B	**2.980** HK$	**-23.2** %	**8,177** 円

PER		予想配当利回り	PBR
予想 **4.0** 倍 実績 **4.5** 倍		**3.7** %	**0.4** 倍

自動車部品・炭鉱機械メーカー 17年に参入した自動車部品と従来から手掛ける炭鉱機械が事業の二本柱。炭鉱機械では坑内の天盤を支える油圧式ルーフサポートや、採掘した石炭を搬送するコンベヤー、岩盤切削用のロードヘッダーなどを製造。自動車部品事業は「索恩格（SEG）」「亜新科（ASIMCO）」の2ブランドで展開し、エンジンやスターターなどの部品を手掛ける。18年1月には独ボッシュのモーター事業を買収した。

19年12月本決算：減収増益 売り上げは自動車部品の落ち込みで微減となったが、減損損失の戻し入れや管理費の圧縮、地方政府からの補助金などで2桁増益を達成した。炭鉱機械は受注額が過去最高を更新し、部門利益が86％増と業績をけん引。自動車部品は需要低迷を受けて部門損益は赤字に転落した。炭鉱機械の粗利益率が5ポイント改善したものの、自動車部品が3.5ポイント悪化。全体では前年比横ばいを維持した。

今後の計画 20年1～3月期決算（中国会計基準）は売上高が前年同期比6％減の59億4300万元、純利益が6％増の4億200万元。新型コロナウイルスの流行で世界経済の先行きに不透明感は残るが、20年は炭鉱機械事業で構造改革を進めるほか、自動車部品事業ではSEGの組織改革を進めて市場への適応力を高めていく方針。

【株価推移】

	高値		安値	
2016年	4.560	12/09	2.670	02/03
2017年	5.650	03/06	3.670	06/08
2018年	4.920	04/16	3.020	07/17
2019年	4.500	09/18	3.390	01/03
2020年	4.640	01/14	2.790	04/06

【株価情報】

取引単位(株)	200	A株株価(元)	5.450
H株時価総額(mHK$)	724.8	A株格差(倍)	2.0

【指標】(%)

		19/12	18/12
収益性	ROA	3.5	3.0
	ROE	8.5	7.3
	粗利益率	18.7	18.7
成長性	増収率	-1.1	244.7
	増益率(営利)	—	—
	自己資本増加率	6.8	6.1
安全性	BPS(元)	7.1	6.6
	負債比率	136.2	137.2
	流動比率	158.7	159.5
	株主資本比率	41.0	40.9

【財務】(百万元)

	19/12	18/12
流動資産	20,347.9	18,672.8
総資産	29,818.9	28,008.8
流動負債	12,822.5	11,704.7
総負債	16,676.6	15,717.9
株主資本	12,239.7	11,457.2

【CF】(百万元)

	19/12	18/12
営業CF	3,257.4	1,072.7
投資CF	-2,158.5	-1,747.6
財務CF	-18.6	1,715.9
FCF	1,098.9	-674.9
現金同等物	3,863.4	2,746.0

【株式】(19/12/31)(百万株)

総数		1,732.5
流通	H株	14.0%
	A株	86.0%
	—	
		100.0%
非流通		0.0%

【主要株主】(19/12/31)

	(%)
河南機械装備投資集団有限責任公司	30.1
全国社会保障基金理事会	1.3

【子会社・関連会社】(19/12/31)

	(%)
鄭煤機西伯利亜有限責任公司	100.0
SEG Automotive Germany GmbH	100.0
亜新科工業技術（北京）有限公司	100.0

【売上・利益構成】(19/12)(%)

	売上構成比	前年比	利益構成比	前年比
自動車部品	62.9	-8.9	—	—
炭鉱機械	37.1	15.5	100.0	85.7

【業績】[国際会計基準](百万元) ※予想：ファクトセット

【前号予想との比較】↘ 減額

	売上高	営業利益	純利益	前年比(%)	EPS(元)	1株配(元)	株配・無償(株)
2016/12	3,628.53	—	62.00	46.9	0.038	0.0110	
2017/12	7,546.70	—	284.25	358.5	0.167	0.0500	
2018/12	26,011.73	—	832.34	192.8	0.480	0.1450	
2019/12	25,721.42	—	1,040.25	25.0	0.600	0.1850	
2020/12予	25,238.93	1,685.61	1,176.41	13.1	0.674	0.1010	【株式分割・併合等】
2021/12予	25,559.95	1,816.44	1,266.98	7.7	0.735	0.1110	
2018/6中間	12,705.83	—	455.93	179.7	0.260	—	
2019/6中間	12,724.47	—	730.73	60.3	0.420	—	

【登記】 河南省鄭州市経済技術開発区第九大街167号 **【TEL】** 86-371-67891027 **【URL】** www.zzmj.com

【役員】 会長：焦承尭(Jiao Chengyao) **【上場】** 2012年12月 **【決算期】** 12月 **【従業員】** 17,230

中国中薬控股

チャイナ・トラディッショナル・チャイニーズ・メディスン

中国中薬控股有限公司
China Traditional Chinese Medicine Holdings Co.,Ltd.
【指数構成銘柄】― 【その他上場】―

医薬・バイオ

メインボード

レッドチップ

[00570/week/(2018/11/30 - 2020/05/08)]
MPA: 13　MPA: 26　MPA: 52

評価	株価	年間騰落率	最低売買価格
B	3.400 HK$	-19.2 %	93,296 円

PER		予想配当利回り	PBR
予想 8.6 倍　実績 9.8 倍		3.5 %	0.9 倍

【株価推移】

	高値	安値
2016年	5.240 01/04	2.890 06/14
2017年	4.840 08/25	3.460 01/16
2018年	7.570 05/23	4.070 01/02
2019年	5.590 02/15	2.980 08/15
2020年	4.890 02/10	3.090 03/19

【株価情報】

取引単位(株)	2,000	A株株価 ―
時価総額(mHK$)	17,121.7	A株格差(倍) ―

【指標】(%)

		19/12	18/12
収益性	ROA	4.9	4.8
	ROE	9.6	9.3
	粗利益率	59.9	55.0
成長性	増収率	27.2	35.0
	増益率(営利)	14.1	20.7
	自己資本増加率	6.9	25.0
安全性	BPS(元)	3.3	3.1
	負債比率	80.7	82.2
	流動比率	137.5	167.8
	株主資本比率	51.2	51.3

【財務】(百万元)

	19/12	18/12
流動資産	15,323.6	14,485.7
総資産	32,473.7	30,287.4
流動負債	11,147.0	8,632.8
総負債	13,423.0	12,776.8
株主資本	16,623.4	15,551.4

【CF】(百万元)

	19/12	18/12
営業CF	1,585.1	1,190.5
投資CF	-1,384.3	-1,546.0
財務CF	-1,127.6	1,772.2
FCF	200.8	-355.6
現金同等物	5,046.0	5,975.8

【株式】(19/12/31)(百万株)

総数	5,035.9
流通	100.0 %
非流通	0.0 %

【主要株主】(19/12/31)(%)

中国医薬集団有限公司	32.5
中国平安人寿保険股フン有限公司	12.0
恒迪投資有限公司 (王暁春)	5.4

【子会社・関連会社】(19/12/31)(%)

仏山盈天医薬銷售有限公司	100.0
国薬集団同済堂(貴州)製薬有限公司	100.0
江陰天江薬業有限公司	87.3

【売上・利益構成】(19/12)(%)

	売上構成比	前年比	利益構成比	前年比
漢方配合顆粒	64.4	29.3	79.0	23.2
最終製剤	24.5	26.5	18.4	-8.9
漢方煎じ薬	9.1	1.7	2.6	-39.3

漢方薬大手 漢方配合顆粒剤と最終製剤で約1700の製品を扱う。15年に社名を盈天医薬から変更。16年に漢方煎じ薬メーカー2社、17年に薬局・診療所の運営会社を買収。漢方薬の抽出から販売、医療サービスまでの一貫体制を築いた。国家必須医薬品リストには骨粗しょう症治療薬「仙霊骨葆」や呼吸器疾患の治療薬「鼻炎康片」「玉屏風顆粒」などが収載されている。

19年12月本決算：増収増益 主力製品の好調を背景に一部製品の値上げを実施したほか、抽出コストの抑制に成功。粗利益率が5ポイント近く改善した。一方、新規事業の立ち上げ、新規市場の開拓、矢継ぎ早のM&Aなどで販管費が増大。研究開発費の3割増、為替差損や棚卸資産評価引当金の計上も響き、営業利益率は2ポイント低下した。主力の漢方配合顆粒部門は2割を超える増収増益と好調だったが、最終製剤部門は1割近い減益。

最新動向 原料生薬の栽培から医療サービスの提供まで一貫して手掛ける総合漢方薬メーカーを目指す。この戦略の下、19年には国内7省に生薬栽培・採集拠点(作付面積約650万平米)を設置した。17年から推進する産地総合事業では、加工・生産拠点として17社を確保し事業体制を整えた。新型コロナ関連では、子会社が肺炎の症状緩和薬の生産・配送を広東省当局から受託。

【業績】[香港会計基準](百万元) ※予想：ファクトセット

【前号予想との比較】 ↘ 減額

	売上高	営業利益	純利益	前年比(%)	EPS(元)	1株配(HK$)	株配・無償(株)
2016/12	6,532.87	1,376.78	966.93	54.6	0.217	0.1003	
2017/12	8,337.80	1,786.45	1,170.43	21.0	0.264	0.0971	
2018/12	11,258.94	2,156.03	1,439.02	22.9	0.298	0.1155	
2019/12	14,320.95	2,460.72	1,588.11	10.4	0.315	0.1048	
2020/12予	16,886.44	2,646.12	1,830.39	15.3	0.361	0.1180	【株式分割・併合等】
2021/12予	20,107.82	3,113.38	2,186.73	19.5	0.432	0.1430	
2018/6中間	5,461.42	1,133.27	760.31	27.0	0.165	0.0604	
2019/6中間	6,937.02	1,253.62	859.12	13.0	0.171	0.0572	

【登記】香港湾仔軒尼詩道288号英皇集団中心1601室 【TEL】852-28543393 【URL】www.china-tcm.com.cn
【役員】会長：呉憲(Wu Xian) 【上場】1993年4月 【決算期】12月 【従業員】17,796

道路・港湾・空港

メインボード

H株

浙江滬杭甬高速公路
ジャージャン・エクスプレスウェイ

浙江滬杭甬高速公路股份有限公司
Zhejiang Expressway Co.,Ltd.
【指数構成銘柄】— 【その他上場】ADR、ロンドン

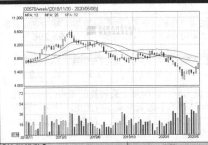

【株価推移】

	高値		安値	
2016年	9.270	01/04	6.450	02/03
2017年	10.540	07/12	7.320	01/03
2018年	9.900	01/24	5.600	09/11
2019年	9.680	04/15	6.280	10/08
2020年	7.500	01/17	4.540	03/23

【株価情報】

取引単位(株)	2,000	A株株価	—
H株時価総額(mHK$)	8,832.5	A株格差(倍)	—

【指標】(%)

		19/12	18/12
収益性	ROA	3.5	3.7
	ROE	17.2	15.0
	粗利益率	44.1	48.1
成長性	増収率	6.8	16.3
	増益率(営利)	—	—
	自己資本増加率	-8.0	13.6
安全性	BPS(元)	5.0	5.4
	負債比率	336.2	259.3
	流動比率	137.2	150.8
	株主資本比率	20.6	25.0

【財務】(百万元)

	19/12	18/12
流動資産	68,703.8	58,116.7
総資産	104,577.0	93,756.9
流動負債	50,057.9	38,534.5
総負債	72,594.8	60,833.7
株主資本	21,594.0	23,464.2

【CF】(百万元)

	19/12	18/12
営業CF	382.8	3,216.3
投資CF	-1,222.2	-4,007.8
財務CF	2,313.3	1,672.0
FCF	-839.4	-791.5
現金同等物	8,076.6	6,601.8

評価	H株株価	年間騰落率	最低売買価格
C	6.160 HK$	-25.1 %	169,030 円

PER		予想配当利回り	PBR
予想 **9.2** 倍 実績 **6.5** 倍		6.4 %	1.1 倍

浙江省政府傘下の高速道路事業者 浙江省内の高速道路の開発・管理が主力。滬杭甬高速（上海−杭州−寧波：全長248km）、上三高速（紹興市上虞−三門：141km）、甬金高速金華区間（70km）、杭徽高速浙江区間（122km）を運営する。16年8月に徽杭高速安徽区間（82km）の権益を取得し、事業を省外へ拡大。サービスエリア事業は16年末に売却した。傘下の浙商証券（601878）は17年6月に上海証券取引所に上場。

19年12月本決算：小幅増益 有料道路部門の収益が安定成長した。浙江省の経済成長率（6.8%）が全国平均（6.1%）を上回って推移する中、有料道路部門は売上高が3%増。うち収入の約5割を占める滬杭甬高速は、通行料収入が3%増、1日当たりの車両通行量が4%増。証券部門の業績改善も寄与。浙商証券を通じて手掛ける同部門は、本土株式市場の活況を背景に、営業収益が13%増えた。うち受取手数料は18%増となった。

最近の動向 20年1〜3月期決算は売上高が前年同期比41%減の15億6700万元、純利益が78%減の2億2100万元。新型コロナ流行を受けた高速道路の無料化措置が痛手となった。中国政府は20年2月17日付で全国の高速道路を含むすべての有料道路を無料化したが、5月6日に同措置を解除し、料金徴収が再開された。

【株式】(19/12/31) (百万株)

総数	4,343.1	
H株		33.0%
流通	—	
		33.0%
非流通		67.0%

【主要株主】(19/12/31) (%)

浙江省交通投資集団有限公司	67.0
BlackRock, Inc.	2.7
Citigroup Inc.	2.7

【子会社・関連会社】(19/12/31) (%)

浙江金華甬金高速公路有限公司	100.0
浙江上三高速公路有限公司	76.6
浙商証券股フン有限公司 (601878)	46.9

【売上・利益構成】(19/12) (%)

	売上構成比	前年比	利益構成比	前年比
高速道路運営	67.4	2.6	62.6	-12.2
証券	27.6	13.0	22.5	111.5
その他	5.0	42.5	14.9	74.4

【業績】 [香港会計基準] (百万元) ※予想：ファクトセット 【前号予想との比較】↘ 減額

	売上高	営業利益	純利益	前年比(%)	EPS(元)	1株配(元)	株配・無償(株)
2016/12	9,735.35	—	3,037.41	1.6	0.699	0.3550	
2017/12	9,626.34	—	3,202.13	5.4	0.737	0.3600	
2018/12	11,192.20	—	3,515.10	9.8	0.809	0.3750	
2019/12	11,955.27	—	3,711.12	5.6	0.855	0.3550	
2020/12予	10,708.00	4,558.00	2,671.00	-28.0	0.610	0.3600	【株式分割・併合等】
2021/12予	12,901.00	6,998.00	4,038.00	51.2	0.930	0.3600	
2018/6中間	5,390.45	—	1,835.05	21.5	0.423		
2019/6中間	5,722.10	—	1,977.61	7.8	0.455		

【本社】浙江省杭州市五星路199号明珠国際商務中心2号楼5楼 【TEL】86-571-87985588 【URL】www.zjec.com.cn

【役員】会長：俞志宏(Yu Zhihong) 【上場】1997年5月 【決算期】12月 【従業員】7,740

京能清潔能源

ベイジン・ジンナン・クリーンエナジー

北京京能清潔能源電力股份有限公司
Beijing Jingneng Clean Energy Co.,Ltd.
【指数構成銘柄】 ― 【その他上場】 ―

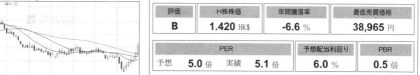

[00579/week/(2018/11/30 - 2020/05/08)]

評価	H株株価	年間騰落率	最低売買価格
B	1,420 HK$	-6.6 %	38,965 円

PER		予想配当利回り	PBR
予想 5.0 倍	実績 5.1 倍	6.0 %	0.5 倍

北京市政府系の熱電併給事業者 北京市政府系の投資会社が親会社。ガス火力式コージェネレーションで電力と熱を生産する。北京市と天津し、河北省が主力事業地域で、北京のガス火力発電量の50%以上を供給する。19年末現在、発電事業の出力容量は9622MWで、うち49%がガス火力。近年は風力発電や太陽光発電などのクリーンエネルギーに注力。小型水力発電所も運営する。海外では、豪州で風力・太陽光発電を行う。

19年12月本決算：小幅増益 太陽光発電16社を買収したことで出力容量が11%増加。太陽光発電事業は4割近い増収増益となった。保有株式の評価損のはく落や、負ののれんの計上、持ち分法適用会社の利益貢献も業績を押し上げた。一方で償却費が10%膨らみ、人件費も13%増加。営業利益は1%減った。ガス発電・熱供給は売電価格が低下。風力発電は売電量が縮小して低迷。

今後の計画 19年に設立・買収した風力発電所や太陽光発電所を成長エンジンと位置付ける。19年末時点で建設中の発電所の出力容量は計2430MW。豪州で建設中の発電所が20年11月にフル稼働する予定。バングラデシュやベトナムでも発電所を建設する計画。20年1－3月期決算（中国会計基準）は売上高が前年同期比1%減の52億6500万元、純利益が5%減の9億5300万元。

【株価推移】

	高値		安値	
2016年	2.760	01/06	2.020	01/21
2017年	2.550	03/21	1.910	12/08
2018年	2.260	01/30	1.390	10/29
2019年	1.890	01/02	1.220	08/28
2020年	1.460	05/08	1.040	03/23

【株価情報】

取引単位(株)	2,000	A株株価	
H株時価総額(mHK$)	4,018.1	A株格差(倍)	

【指標】(%)

		19/12	18/12
収益性	ROA	3.5	3.6
	ROE	9.2	9.5
	粗利益率	―	―
成長性	増収率	0.9	14.1
	増益率(営利)	-1.1	9.1
	自己資本増加率	7.4	25.6
安全性	BPS(元)	2.8	2.6
	負債比率	161.6	158.3
	流動比率	52.4	62.6
	株主資本比率	38.0	38.4

【財務】(百万元)

	19/12	18/12
流動資産	10,180.9	12,131.5
総資産	59,723.2	54,941.5
流動負債	19,437.5	19,391.9
総負債	36,647.9	33,429.9
株主資本	22,672.7	21,114.4

【CF】(百万元)

	19/12	18/12
営業CF	5,098.7	4,990.4
投資CF	-4,391.9	-2,734.8
財務CF	-2,049.4	434.1
FCF	706.8	2,255.7
現金同等物	4,056.1	5,420.9

【株式】(19/12/31)(百万株)

総数		8,244.5	
流通	H株		34.3%
		―	
			34.3%
非流通			65.7%

【主要株主】(19/12/31)

	(%)
北京国有資本経営管理中心	71.4
中国再保険(集団)股フン有限公司(01508)	7.9
北京控股有限公司 (00392)	2.4

【子会社・関連会社】(19/12/31)

	(%)
北京京豊燃気発電有限責任公司	100.0
北京京橋熱電有限責任公司	100.0
北京太陽宮燃気熱電有限公司	74.0

【売上・利益構成】(19/12)(%)

	売上構成比	前年比	利益構成比	前年比
ガス発電・熱供給	75.8	-1.3	49.8	-12.5
風力発電	12.2	-5.6	23.8	-4.9
太陽光発電	9.8	37.0	23.6	35.0

【業績】[国際会計基準](百万元) ※予想：ファクトセット

	売上高	営業利益	純利益	前年比(%)	EPS(元)	1株配(元)	株配・無償(株)
2016/12	14,635.84	3,354.18	1,955.57	2.4	0.285	0.0740	
2017/12	14,227.37	3,446.77	1,774.47	-9.3	0.258	0.0740	
2018/12	16,238.81	3,761.65	1,995.94	12.5	0.266	0.0667	
2019/12	16,388.64	3,721.82	2,090.77	4.8	0.254	0.0722	
2020/12予	16,718.00	2,782.00	2,109.00	0.9	0.256	0.0770	
2021/12予	17,966.00	3,227.00	2,406.00	14.1	0.292	0.0880	
2018/6中間	8,036.34	2,246.14	1,216.10	15.7	0.176	―	
2019/6中間	8,064.97	2,194.00	1,268.27	4.3	0.154	―	

【前号予想との比較】 ↘ 減額

【株式分割・併合等】

【登記】北京市延慶区八達嶺経済開発区柴光東路1号118室 【TEL】86-10-64469988 【URL】www.jncec.com
【役員】会長：劉海峡(Liu Haixia) 【上場】2011年12月 【決算期】12月 【従業員】2,763

建設・プラント

メインボード

中国海螺創業控股

チャイナ・コンチ・ベンチャー

中国海螺創業控股有限公司
China Conch Venture Holdings Ltd.
【指数構成銘柄】中国企業 【その他上場】—

[00586/week/(2018/11/30 - 2020/05/08)] MA:13 MA:26 MA:52

評価	株価	年間騰落率	最低売買価格
A	34.800 HK$	**34.9 %**	238,728 円

PER		予想配当利回り	PBR
予想 **7.9** 倍 実績 **8.2** 倍		**2.4 %**	**1.8** 倍

環境装置の大手工事会社 省エネ装置や環境保護機器の据え付けを手掛ける。セメント工場向けの廃棄物の焼却炉と余熱発電機器を組み合わせた装置の提供が主力事業。設計・調達・建設（EPC）方式の一括供給も請け負う。川崎重工業と業務提携しており、関連会社の安徽コンチセメント（00914）が大口顧客。省エネ機器の販売や港湾物流サービス、新型建材事業も手掛ける。20年3月、中国企業指数の構成銘柄に採用された。

19年12月本決算：増収増益 発電用の廃棄物焼却炉の建設・運営事業が急成長し、営業利益の急増と投資収益の増加が奏功。うち安徽コンチセメントへの出資に基づく投資収益は前年比14％増の60億800万元に達した。本業では、省エネ・環境保護部門が売上高が86％増、利益が52％増と急成長。うち発電用の廃棄物焼却炉の建設事業は売上高が2.3倍の33億元とけん引した。港湾サービス部門は1割増収、2割増益と堅調。新型建材部門は7％減収で、赤字が3.5倍の4400万元に拡大した。

今後の計画 19年には中国建材（03323）や山水セメント（00691）と個別に共同出資会社を設立。中国建材と共同で手掛ける廃棄物処理プロジェクトでは年間処理能力が計20万トンの設備が稼働。21年1月までに計30万トンの設備が新たに完成する予定。

【株価推移】

	高値		安値	
2016年	16.500	04/14	10.920	02/12
2017年	18.460	12/06	13.520	01/03
2018年	30.450	07/30	18.100	01/02
2019年	34.000	12/31	21.700	01/04
2020年	39.950	03/05	31.550	03/19

【株価情報】

取引単位(株)	500	A株株価	—
時価総額(mHK$)	62,805.3	A株格差(倍)	—

【指標】(%)

		19/12	18/12
収益性	ROA	16.6	17.9
	ROE	22.0	23.1
	粗利益率	34.2	39.0
成長性	増収率	77.2	39.9
	増益率(営利)	50.6	50.3
	自己資本増加率	23.7	25.1
安全性	BPS(元)	17.6	14.3
	負債比率	29.5	26.2
	流動比率	140.9	279.6
	株主資本比率	75.5	77.5

【財務】(百万元)

	19/12	18/12
流動資産	5,464.6	6,070.5
総資産	42,171.6	33,216.3
流動負債	3,878.3	2,171.3
総負債	9,409.2	6,750.4
株主資本	31,853.0	25,752.8

【CF】(百万元)

	19/12	18/12
営業CF	365.4	397.1
投資CF	−514.1	−2,470.0
財務CF	385.6	3,266.4
FCF	−148.8	−2,072.8
現金同等物	2,962.2	2,673.8

【株式】(19/12/31)(百万株)

総数	1,804.8	
流通	—	
	—	
	—	
	100.0 %	
非流通	0.0 %	

【主要株主】(19/12/31) (%)

安徽海螺創業投資有限責任公司	5.9
華廷控股有限公司（郭景彬）	3.5
紀勤応	1.9

【子会社・関連会社】(19/12/31) (%)

蕪湖海螺投資有限公司	100.0
蕪湖海創環保科技有限責任公司	100.0
揚州海昌港務実業有限公司	100.0

【売上・利益構成】(19/12)(%)

	売上構成比	前年比	利益構成比	前年比
省エネ・環境保全	93.7	86.0	18.5	52.0
港湾物流サービス	4.3	10.2	1.5	21.7
建材	2.0	−7.0	—	—

【業績】[国際会計基準](百万元) ※予想：ファクトセット 【前号予想との比較】 —

	売上高	営業利益	純利益	前年比(%)	EPS(元)	1株配(HK$)	株配・無償(株)
2016/12	2,032.21	771.56	1,980.61	1.9	1.100	0.3000	
2017/12	2,064.95	699.61	3,403.00	71.8	1.890	0.5000	
2018/12	2,889.59	1,051.41	5,947.27	74.8	3.300	0.5500	
2019/12	5,120.28	1,583.31	6,995.83	17.6	3.880	0.6500	
2020/12予	7,058.51	2,355.00	7,303.53	4.4	3.985	0.8320	【株式分割・併合等】
2021/12予	10,422.97	3,763.40	8,202.57	12.3	4.476	1.0360	
2018/6中間	1,019.89	406.38	2,530.32	75.5	1.400	—	
2019/6中間	2,013.34	676.04	3,140.61	24.1	1.740	—	

【本社】安徽省蕪湖市弋江区九華南路1011号 【TEL】86-553-8399461 【URL】www.conchventure.com

【役員】会長：郭景彬(Guo Jingbin) 【上場】2013年12月 【決算期】12月 【従業員】3,941

北京北辰実業

ベイジン・ノーススター

北京北辰実業股份有限公司
Beijing North Star Co.,Ltd.

【指数構成銘柄】— 【その他上場】上海A(601588)

[00588/week(2018/11/30 - 2020/05/08)]

評価	H株株価	年間騰落率	最低売買価格
D	1.860 HK$	-39.2 %	51,038 円

	PER		予想配当利回り	PBR
予想 3.1 倍	実績 3.2 倍		0.0 %	0.3 倍

北京基盤の不動産デベロッパー 北京市や湖南省長沙市で不動産の開発や投資を手掛ける。不動産開発は19年末時点で国内15都市に719万平米の開発用地を保有。建設中・計画中のプロジェクトは45、総床面積は1943万平米超に上る。投資物件は会議・展示施設が中心で、オフィス、ホテルなども運営。08年北京五輪主会場に複合施設群を保有。主な物件は「国家会議中心」、高級ホテル「インターコンチネンタル北京北辰」など。

19年12月本決算：増収増益 引き渡し物件面積の増加により、主力の不動産開発事業が15%増収となり、業績をけん引した。部門利益は前年並みを維持。不動産投資・ホテル経営事業は投資物件のリニューアルを実施した影響で部門利益は7%減少した。全体の粗利益率はほぼ前年並み。期中の完工面積は267万平米、成約面積は126万平米、成約金額は190億元だった。

今後の見通し 20年の経営目標として不動産販売面積を126万平米、成約額を230億元に設定している。20年1－3月期決算（中国会計基準）は売上高が前年同期比51%減の24億8400万元、純利益が76%増の1億9700万元。不動産販売額は36%減の16億2000万元、販売面積は53%減の8万8100平米。新型コロナウイルスの影響を最小限にとどめるよう各方面で対応措置を講じていく方針。

株価推移

	高値		安値	
2016年	2.840	09/15	2.010	02/12
2017年	3.410	05/29	2.380	01/03
2018年	3.100	01/29	1.930	10/18
2019年	3.300	05/07	1.950	01/04
2020年	2.620	01/06	1.650	03/19

株価情報

取引単位(株)	2,000	A株株価(元)	2.770
H株時価総額(mHK$)	1,315.1	A株格差(倍)	1.6

指標 (%)

		19/12	18/12
収益性	ROA	1.7	1.4
	ROE	8.4	7.2
	粗利益率	30.9	30.7
成長性	増収率	12.7	16.7
	増益率(営利)	14.5	25.1
	自己資本増加率	8.1	6.7
安全性	BPS(元)	6.3	5.8
	負債比率	357.9	392.8
	流動比率	165.4	165.6
	株主資本比率	20.7	19.6

財務 (百万元)

	19/12	18/12
流動資産	82,849.7	82,976.8
総資産	102,438.8	99,910.7
流動負債	50,103.1	50,112.8
総負債	75,900.5	77,054.5
株主資本	21,208.0	19,616.2

CF (百万元)

	19/12	18/12
営業CF	-2,092.6	581.7
投資CF	101.1	1,349.8
財務CF	1,915.4	73.6
FCF	-1,991.5	1,931.5
現金同等物	11,775.7	11,851.8

株式 (19/12/31 百万株)

総数			3,367.0
流通	H株	21.0%	
	A株	79.0%	
	—		100.0%
非流通		0.0%	

売上・利益構成 (19/12) (%)

	売上構成比	前年比	利益構成比	前年比
不動産開発	86.2	14.7	76.5	-0.6
不動産投資・ホテル経営	13.2	23.5	-6.9	
その他	0.5	12.6	—	

主要株主 (19/12/31)

	(%)
北京北辰実業集団有限責任公司	34.5
王府井集団股フン有限公司 (600859)	3.7
前海人寿保険股フン有限公司	2.9

子会社・関連会社 (19/12/31)

	(%)
北京北辰房地産開発股フン有限公司	99.0
北京北辰会展集団有限公司	100.0
長沙北辰房地産開発有限公司	100.0

業績 [香港会計基準] (百万元) ※予想：ファクトセット

【前号予想との比較】 —

	売上高	営業利益	純利益	前年比(%)	EPS(元)	1株配(元)	株配・無償(株)
2016/12	9,642.51	1,870.92	806.81	6.1	0.240	0.0600	
2017/12	15,303.22	3,424.60	1,389.76	72.3	0.413	0.1100	
2018/12	17,859.79	4,285.22	1,403.43	1.0	0.417	0.1200	
2019/12	20,122.31	4,908.42	1,788.71	27.5	0.531	0.1500	
2020/12予	26,320.00	3,689.00	1,812.00	1.3	0.540	—	【株式分割・併合等】
2021/12予	29,869.00	4,414.00	2,264.00	24.9	0.670	—	
2020/6中間	5,466.30	1,636.04	759.02	-1.7	0.225	—	
2019/6中間	8,548.96	3,077.74	1,342.33	75.0	0.399	—	

【登記】北京市朝陽区北辰東路8号 【TEL】86-10-64991277 【URL】www.beijingns.com.cn

【役員】会長：— 【上場】1997年5月 【決算期】12月 【従業員】5,440

その他製造

メインボード

六福集団（国際）

ルック・フック・ホールディングス

六福集団（国際）有限公司
Luk Fook Holdings (International) Ltd.
【指数構成銘柄】— 【その他上場】—

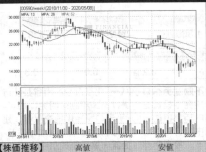

評価	株価	年間騰落率	最低売買価格
C	**16.600** HK$	**-36.0** %	**227,752** 円

PER		予想配当利回り	PBR
予想 **11.7** 倍　実績 **6.5** 倍		**4.2** %	**0.9** 倍

宝飾品の製造販売事業者 宝飾品のデザインをはじめ、加工、卸売り、小売りを手掛ける。広州に生産拠点を置き、19年11月時点で香港・マカオ、中国、シンガポール、北米、豪州に1990店の「六福」を展開する。本土が1914店を占めるが、大半がライセンス契約で、直営は香港51店、マカオ12店、本土132店など。売上比率は金・プラチナが46％、宝飾品が54％（19年9月中間期）。高級腕時計も扱う。宝飾品販売の「金至尊（3D-Gold）」の株式51％を保有し、本土で4店を展開。

19年9月中間決算：減収減益 金価格の高騰や香港での反政府デモ、米中摩擦などを背景とした消費意欲の低下で、売上高が伸び悩んだ。デリバティブ商品やゴールドローンの損失計上でその他損益が1億3300万HKドルの赤字に転落したのも痛手。特に香港・マカオ・海外小売事業が低調で、2割超の減収減益。香港のインバウンド不振が打撃となった。本土事業は金価格上昇で採算が改善し、小売事業は18％減収ながらも54％増益。

最近の動向 19年12月、マニラの高級カジノホテル「オカダマニラ」内に新店舗を開業。18年にはマニラの「ソレアー・リゾート＆カジノ」にフィリピン1号店を開設しており、「オカダマニラ」は2店舗目。海外での店舗網拡大で国際的にブランド知名度の向上を図る。

【株価推移】

	高値		安値	
2016年	24.050	11/08	12.780	01/21
2017年	36.150	11/29	20.150	01/03
2018年	37.750	06/06	20.900	12/21
2019年	29.650	04/12	18.580	08/16
2020年	24.300	01/17	12.060	03/19

【株価情報】

取引単位(株)	1,000	A株株価	—
時価総額(mHK$)	9,746.0	A株格差(倍)	—

【指標】(%)

		19/9	18/9
収益性	ROA	6.9	9.9
	ROE	9.6	13.4
	粗利益率	29.9	23.7
成長性	増収率	-19.8	25.1
	増益率(営利)	-21.2	29.8
	自己資本増加率	4.1	7.4
安全性	BPS(HK$)	17.6	16.9
	負債比率	39.0	35.7
	流動比率	327.6	335.3
	株主資本比率	71.7	73.4

【財務】[百万HK$]

	19/9	18/9
流動資産	11,332.0	11,458.7
総資産	14,373.1	13,482.1
流動負債	3,459.0	3,417.1
総負債	4,024.9	3,537.6
株主資本	10,308.1	9,899.2

【CF】[百万HK$]

	19/9	18/9
営業CF	1,961.8	-471.7
投資CF	-252.1	-576.1
財務CF	-1,195.3	907.9
FCF	1,709.7	-1,047.8
現金同等物	2,503.9	1,640.3

【株式】(19/09/30)(百万株)

総数	587.1
流通	— — — —
	100.0 %
非流通	0.0 %

【主要株主】(19/09/30) (%)

六福（控股）有限公司	39.9
Silchester Int'l Investors LLP	13.0
株式会社三菱UFJフィナンシャル・グループ	8.5

【子会社・関連会社】(19/03/31) (%)

六福珠宝金行（香港）有限公司	100.0
六福金号有限公司	100.0
六福珠宝（北京）有限公司	100.0

【売上・利益構成】(19/9)(%)

	売上構成比	前年比	利益構成比	前年比
小売り（香港、マカオ、海外）	60.6	-27.0	31.5	-21.6
卸売り（本土）	22.5	-7.3	16.3	10.5
小売り（本土）	16.1	-18.3	11.3	54.1

【業績】[香港会計基準][百万HK$] ※予想：ファクトセット 　【前号予想との比較】 ↓ 大幅減額

	売上高	営業利益	純利益	前年比(%)	EPS(HK$)	1株配(HK$)	株配・無償(株)
2017/3	12,807.28	1,289.32	1,016.84	6.1	1.730	1.1000	
2018/3	14,578.41	1,620.81	1,369.39	34.7	2.330	1.1000	
2019/3	15,859.99	1,853.04	1,492.75	9.0	2.540	1.1500	
2020/3予	11,304.83	1,028.83	876.64	-41.3	1.414	0.7040	
2021/3予	11,576.61	1,153.19	914.34	4.3	1.549	0.7670	【株式分割・併合等】
2017/9中間	6,283.45	645.36	520.36	21.3	0.890	0.5500	
2018/9中間	7,859.45	837.98	665.42	27.9	1.130	0.5500	
2019/9中間	6,305.28	496.30	496.30	-25.4	0.850	0.5000	

【本社】香港新界沙田安耀街2号新都広場15、20、25及27楼 【TEL】852-23081218 【URL】www.lukfook.com

【役員】会長：黄偉常(Wong Wai Sheung) 【上場】1997年5月 【決算期】3月 【従業員】7,100

中国外運

シノトランス

中国外運股份有限公司
Sinotrans Ltd.

【指数構成銘柄】— 【その他上場】上海A(601598)

[00598/week(2018/11/30 - 2020/05/08)]

評価	H株株価	年間騰落率	最低売買価格
C	1.750 HK$	-42.8 %	24,010 円

PER		予想配当利回り	PBR
予想 5.4 倍 実績 4.2 倍		5.8 %	0.4 倍

中国のフォワーダー最大手 海上・航空・陸上輸送を請け負うフレイトフォワーディングが主力で、沿海部を中心に展開。速配サービス、倉庫・港湾サービス、船舶代理も手掛ける。総合物流のプロバイダーとしては中国最大手。14年に海運事業を売却。親会社の中国外運長航集団は政府管轄の中央企業だったが、15年に中央企業の招商局集団との再編が決まり、同集団傘下に入った。19年1月、上海A株市場に重複上場した。

19年12月本決算：増収増益 主力3部門のうち、ロジスティクスを除く2部門が減益と振るわなかったが、19年1月に中外運空運発展を完全子会社化したことや資産売却、税支出の減少が奏功し、純利益は4%増。営業利益は本業の不振で22%減だった。部門別では主力のフォワーディングが鉄道輸送の好調で1%増収を確保したが、前年に招商路凱国際の権益55%を売却し、連結から外れた影響で12%減益。ロジスティクスは取扱量の縮小で5%減収ながらも、利益率の改善で10%増益。

最近の動向 19年9月、欧州で陸上輸送網を展開するKLGホールディング傘下の7社の買収に合意。12月に第1段階として80%の権益を取得した。買収額は最大3億8600万ユーロ。20年1-3月期は売上高が前年同期比9%減の163億8200万元、純利益は58%減の2億4200万元。

【株価推移】

	高値		安値	
2016年	4.270	09/09	2.680	02/12
2017年	4.670	08/30	3.180	02/01
2018年	5.030	05/29	2.680	10/25
2019年	3.930	02/26	2.300	10/31
2020年	2.950	01/17	1.650	03/19

【株価情報】

取引単位(株)	1,000	A株株価(元)	3.300
H株時価総額(mHK$)	3,753.6	A株格差(倍)	2.1

【指標】(%)

		19/12	18/12
収益性	ROA	4.5	4.4
	ROE	9.9	11.6
	粗利益率	5.4	7.2
成長性	増収率	0.4	5.7
	増益率(営利)	-21.9	14.7
	自己資本増加率	22.4	8.4
安全性	BPS(元)	3.8	3.8
	負債比率	111.2	144.8
	流動比率	125.2	155.9
	株主資本比率	46.0	37.8

【財務】(百万元)

	19/12	18/12
流動資産	25,863.0	31,368.9
総資産	61,886.4	61,494.2
流動負債	20,660.8	20,126.6
総負債	31,634.9	33,640.8
株主資本	28,438.6	23,236.4

【CF】(百万元)

	19/12	18/12
営業CF	3,320.0	2,013.4
投資CF	-2,054.9	4,875.5
財務CF	-6,335.0	-1,295.1
FCF	1,265.1	6,888.9
現金同等物	10,387.3	15,317.8

【株式】(19/12/31)(百万株)

総数		7,400.8	
流通	H株	29.0%	
	A株	18.3%	
			47.2%
非流通			52.8%

【主要株主】(19/12/31) (%)

招商局集団有限公司	56.3
Pandanus Associates Inc.	2.7
BlackRock, Inc.	2.1

【子会社・関連会社】(19/12/31) (%)

中外運空運発展股フン有限公司	100.0
中国外運華東有限公司	100.0
中国外運物流有限公司	100.0

【売上・利益構成】(19/12)(%)

	売上構成比	前年比	利益構成比	前年比
フレイトフォワーディング	70.6	1.3	49.1	-11.9
ロジスティクス	25.5	-4.6	20.0	10.3
電子商取引	3.8	26.1	30.9	-6.4

【業績】 [中国会計基準](百万元) ※予想：ファクトセット

【前号予想との比較】 ↘ 減額

	売上高	営業利益	純利益	前年比(%)	EPS(元)	1株配(元)	株配・無償(株)
2016/12	59,765.97	2,656.80	2,253.73	50.9	0.370	0.1100	
2017/12	73,157.51	3,764.98	2,304.19	2.2	0.380	0.1200	
2018/12	77,311.84	4,318.00	2,704.11	17.4	0.450	0.1200	
2019/12	77,650.09	3,371.59	2,803.50	3.7	0.380	0.1200	
2020/12予	71,451.75	2,327.63	2,175.60	-22.4	0.294	0.0920	【株式分割・併合等】
2021/12予	78,710.89	2,848.77	2,686.68	23.5	0.362	0.1140	
2018/6中間	36,494.11	2,078.83	1,295.52	5.7	0.210	—	
2019/6中間	37,720.58	1,772.22	1,517.49	17.1	0.210	—	

【登記】北京市海淀区西直門北大街甲43号金運大厦A座 【TEL】86-10-52295721 【URL】www.sinotrans.com
【役員】会長：李関鵬(Li Guanpeng) 【上場】2003年2月 【決算期】12月 【従業員】33,751

不動産

深セン控股

シェンジェン・インベストメント

深圳控股有限公司
Shenzhen Investment Ltd.
【指数構成銘柄】— 【その他上場】—

メインボード

レッドチップ

[00604/week/2018/11/30 - 2020/05/08]

評価	株価	年間騰落率	最低売買価格
C	2.460 HK$	-17.7 %	67,502 円

PER		予想配当利回り	PBR
予想 6.3 倍　実績 5.2 倍		7.2 %	0.5 倍

深セン市政府系の不動産デベロッパー 深セン市の政府系企業として幅広く投資事業を手掛けてきたが、06年から不動産開発・投資事業への集約を進め、非中核部門を処分。発電、IT、インフラ投資、貨物輸送などの各事業から撤退した。広東省を中心に湖北、湖南など各省に開発用地を保有。19年末時点の開発用地は、延べ床面積ベースで438万平米（権益持ち分ベースで383万平米）。うち1線・2線都市が5割を占める。

19年12月本決算：減収増益 10％減収だったが税負担が26％減少したことで2割増益を確保。投資用不動産や金融資産の評価額などを除く実質利益は、3億6150万HKドルと前年を3％下回る。主力部門の不動産開発の粗利益率は37.0％で3.2ポイント低下した。成約ベースでは、販売面積が48万8000平米、販売額が168億元（約184億HKドル）。前年実績値との比較で14.5％減、2.1％増という水準だった。平均単価は3万4426元/平米。販売額ベースで、粤港澳大湾区の物件が88％を占めた。

今後の見通し 新型コロナウイルスの流行で悪化した経営環境がリスク。ただ、パンデミック終息後には粤港澳大湾区の振興など各種政策が再加速する見込みで、同社は深セン市場の長期的先行きを楽観。手元資金は潤沢で、リスクはコントロール可能とみている。

【株価推移】

	高値		安値	
2016年	3.920	09/09	2.650	01/26
2017年	3.980	09/18	3.110	01/03
2018年	3.700	01/29	2.080	10/11
2019年	3.310	04/15	2.450	01/04
2020年	3.190	01/03	2.040	03/19

【株式情報】

取引単位(株)	2,000	A株株価	—
時価総額(mHK$)	21,730.3	A株格差(倍)	—

【指標】(%)

		19/12	18/12
収益性	ROA	3.2	2.9
	ROE	9.1	8.2
	粗利益率	34.4	35.9
成長性	増収率	-10.4	62.3
	増益率(営利)	—	—
	自己資本増加率	6.6	0.6
安全性	BPS(HK$)	5.3	5.0
	負債比率	172.9	174.0
	流動比率	120.6	138.3
	株主資本比率	35.5	35.3

【財務】(百万HK$)

	19/12	18/12
流動資産	61,565.5	61,493.0
総資産	125,272.9	118,020.1
流動負債	51,057.1	44,469.5
総負債	76,900.6	72,576.5
株主資本	44,474.7	41,704.0

【CF】(百万HK$)

	19/12	18/12
営業CF	4,012.0	-1,158.9
投資CF	176.6	-1,394.5
財務CF	-4,116.3	1,664.3
FCF	4,188.7	-2,553.4
現金同等物	9,653.2	9,832.2

【株式】(19/12/31)(百万株)

総数	8,433.4
流通	—
	—
	—
	100.0%
非流通	0.0%

【主要株主】(19/12/31) (%)

深業集団有限公司	63.7
ALPHA-OMEGA Corp.	6.5

【子会社・関連会社】(19/12/31) (%)

路勁基建有限公司 (01098)	27.0
沿海緑色家園有限公司 (01124)	15.2
深業南方地産 (集団) 有限公司	100.0

【売上・利益構成】(19/12)(%)

	売上構成比	前年比	利益構成比	前年比
不動産開発	70.6	-12.7	66.8	-15.5
不動産管理	14.1	-0.2	3.2	69.2
不動産投資	7.2	8.9	29.7	-9.6

【業績】[香港会計基準] (百万HK$) ※予想：ファクトセット 　【前号予想との比較】 ↘ 減額

	売上高	営業利益	純利益	前年比(%)	EPS(HK$)	1株配(HK$)	株配・無償(株)
2016/12	21,353.99	—	3,170.58	10.5	0.424	0.2200	
2017/12	10,254.50	—	4,950.94	56.2	0.636	0.1800	
2018/12	16,642.77	—	3,415.22	-31.0	0.419	0.1800	
2019/12	14,919.47	—	4,062.80	19.0	0.475	0.1800	
2020/12予	16,500.30	5,683.91	3,528.69	-13.1	0.389	0.1780	【株式分割・併合等】
2021/12予	19,122.04	5,789.47	3,614.58	2.4	0.412	0.1770	
2018/6中間	11,304.21	—	217.27	-94.0	0.027	0.0700	
2019/6中間	4,404.11	—	447.07	105.8	0.053	0.0700	

【登記】香港九龍尖沙咀科学館道9号新東海商業中心8楼 【TEL】852-27238113 【URL】www.shenzheninvestment.com

【役員】会長：呂華(Lu Hua) 【上場】1997年3月 【決算期】12月 【従業員】21,164

三一重装国際
サニー・ヘビーエクイップメント

三一重装国際控股有限公司
Sany Heavy Equipment International Holdings Co.,Ltd.
【指数構成銘柄】— 【その他上場】—

[00631/week(2019/11/30 - 2020/05/08)]

評価	株価	年間騰落率	最低売買価格
B	4.120 HK$	21.2 %	56,526 円

PER		予想配当利回り	PBR
予想 10.0 倍 実績 12.5 倍		4.0 %	1.6 倍

【株価推移】

	高値		安値	
2016年	1.790	01/04	1.050	08/31
2017年	1.750	03/17	1.150	12/07
2018年	3.040	06/07	1.730	01/02
2019年	4.530	12/16	2.300	01/16
2020年	5.220	03/06	3.540	02/03

【株価情報】

取引単位(株)	1,000	A株株価	—
時価総額(mHK$)	12,770.2	A株格差(倍)	—

【指標】(%)

		19/12	18/12
収益性	ROA	5.9	4.6
	ROE	12.9	9.3
	粗利益率	29.5	29.4
成長性	増収率	28.1	78.0
	増益率(営利)	—	—
	自己資本増加率	10.9	2.0
安全性	BPS(元)	2.3	2.1
	負債比率	117.8	100.8
	流動比率	161.0	136.0
	株主資本比率	45.9	49.8

【財務】(百万元)

	19/12	18/12
流動資産	10,337.9	7,028.7
総資産	15,546.4	12,924.7
流動負債	6,421.3	5,169.2
総負債	8,400.9	6,482.6
株主資本	7,131.8	6,430.5

【CF】(百万元)

	19/12	18/12
営業CF	801.1	280.4
投資CF	-2,310.6	-535.6
財務CF	1,526.5	511.7
FCF	-1,509.6	-255.2
現金同等物	1,103.2	1,069.9

鉱山・港湾機械の大手 建機大手の三一集団の傘下で上海A株上場の三一重工(600031)と同系列。鉱山機械と物流機器を製造する。鉱山機械は岩盤切削用のロードヘッダー、ドラムカッター、コンベアー、坑内の採炭現場で天盤を支えるルーフサポート、コンクリートポンプを生産。制御装置を組み合わせた総合炭鉱機械ユニット(CCMU)も提供する。14年末に三一海工の買収で参入した物流機器事業では移動式クレーン、ガントリークレーン、コンテナローダーなどを製造する。

19年12月本決算:大幅増益 主力製品の好調な販売で売上高が伸びる中、生産工程の適性化などで主力製品のコストを抑制。利益率の高い海外での総合炭鉱機械の販売増も寄与し、8年ぶりに最高益を更新した。事業別では鉱山機械部門が2桁の増収増益。製品の無人化や情報装備化、大型化などへの移行期に当たり、国内外で需要が拡大した。物流機械部門は6割超の増益。移動型クレーンなどの大型機械の国内販売が伸びた。

今後の見通し 20年1~3月期決算は売上高が前年同期比1%増の15億5300万元、純利益が7%減の2億5700万元。新型コロナの影響で製品の受け渡しに遅れが出た上、利幅が小さい新製品の売上高比率の上昇で粗利益率が低下した。目先では中国国内の販売に力点を置く。

【株式】(19/12/31)(百万株)

総数	3,100.8
流通	—
流通	100.0%
非流通	0.0%

【主要株主】(19/12/31) (%)

三一香港集団有限公司	83.2

【子会社・関連会社】(19/12/31) (%)

三一重型装備有限公司	100.0
三一鉱機有限公司	91.0
三一海洋重工有限公司	100.0

【売上・利益構成】(19/12)(%)

	売上構成比	前年比	利益構成比	前年比
炭鉱設備	60.5	33.7	61.9	45.8
物流機器	39.5	20.3	38.1	64.4

【業績】 [国際会計基準](百万元) ※予想:ファクトセット 　【前号予想との比較】↘減額

	売上高	営業利益	純利益	前年比(%)	EPS(元)	1株配(HK$)	株配・無償(株)
2016/12	1,841.83	—	-644.38	—	-0.210	—	
2017/12	2,481.37	229.44	0.080		0.080	—	
2018/12	4,416.94	600.21	161.6	0.200	0.2800		
2019/12	5,656.06	919.71	53.2	0.300	0.1200		
2020/12予	6,811.10	1,062.15	1,151.93	25.2	0.375	0.1660	【株式分割・併合等】
2021/12予	8,419.97	1,463.80	1,517.07	31.7	0.495	0.2250	
2018/6中間	2,196.04	358.00	171.3	0.120			
2019/6中間	3,043.71	551.73	54.1	0.180			

【本社】遼寧省瀋陽市経済技術開発区開発大道16号街25号 【TEL】86-24-89318111 【URL】www.sanyhe.com
【役員】会長:梁在中(Liang Zaizhong)【上場】2009年11月 【決算期】12月 【従業員】4,958

コングロマリット

メインボード

復星国際

フォーサン・インターナショナル

復星国際有限公司
Fosun International Ltd.

【指数構成銘柄】中国企業　【その他上場】一

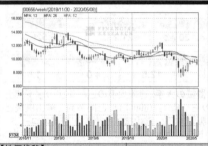
[0065&/week/2018/11/30 - 2020/05/08)]

	評価	株価	年間騰落率	最低売買価格
	C	**9.840** HK$	**-12.9** %	**67,502** 円

	PER		予想配当利回り	PBR
	予想 **5.9** 倍　実績 **5.2** 倍		**3.3** %	**0.6** 倍

【株価推移】

	高値		安値	
2016年	12.780	09/22	9.280	02/12
2017年	19.960	10/25	10.860	01/03
2018年	20.200	01/23	10.940	12/27
2019年	13.860	04/08	8.870	08/13
2020年	12.400	01/17	7.280	03/19

【株価情報】

取引単位(株)	500	A株株価	—
時価総額(mHK$)	84,009.4	A株格差(倍)	—

【指標】(%)

		19/12	18/12
収益性	ROA	2.1	2.1
	ROE	12.1	12.4
	粗利益率	37.7	38.1
成長性	増収率	30.8	24.2
	増益率(営利)		
	自己資本増加率	12.9	7.5
安全性	BPS(元)	14.4	12.7
	負債比率	436.3	440.8
	流動比率	104.2	118.5
	株主資本比率	17.1	17.0

【財務】(百万元)

	19/12	18/12
流動資産	279,732.2	276,845.8
総資産	715,681.2	638,883.8
流動負債	268,399.1	233,560.5
総負債	534,757.0	478,442.8
株主資本	122,552.3	108,528.8

【CF】(百万元)

	19/12	18/12
営業CF	7,833.6	13,302.4
投資CF	-12,436.4	-11,862.0
財務CF	-4,754.0	21,325.3
FCF	-4,602.8	1,440.4
現金同等物	81,976.3	91,333.2

中国の大手民営コングロマリット 医薬・医療や観光・レジャー、保険、投資などの事業を展開する中国最大級の民営コングロマリット。世界の一流産業をいち早く中国に持ち込む「グローカリゼーション」戦略を掲げる。子会社にポルトガルの保険最大手フィデリダーデや仏リゾート大手のクラブメッド、旅行会社の復星旅遊（01992）など。上海豫園旅游商城（600655）や上海復星医薬（02196）にも出資する。

19年12月本決算：増収増益 売上高が3割増え、8年連続増益となり過去最高益を更新した。業績拡大をけん引したのは観光・レジャー・ファッション部門。19年7月に再編が完了した上海豫園旅游商城の連結子会社化と、18年12月にスピンオフ上場した復星旅遊の増収が寄与した。金融部門は浙江網商銀行の業績と投資収益の改善で21%増益。一方、稼ぎ頭の投資、医薬・医療、保険の3部門は増益率が1桁にとどまった。観光・レジャー・ファッション、医薬・医療、保険の3部門の利幅が縮小し、全体の純利益率は1.9ポイント低下。

今後の計画 会社側は20年の成長キーワードとして「集中」を挙げ、資産を中核事業に集約する最適化を進めると表明。権限を委譲して各事業部門の発展を支える復星業務システム（FBS）を立ち上げた。

【株式】(19/12/31)(百万株)

総数	8,537.5

流通	—
	—
非流通	0.0%

流通 100.0%

【主要株主】(19/12/31)　(%)

Fosun International Holdings Ltd.	70.8

【子会社・関連会社】(19/12/31)　(%)

上海復星医薬(集団)股フン有限公司(02196)	38.1
復星旅遊文化集団(01992)	81.0
Fidelidade-Companhia de Seguros, S.A.	85.0

【売上・利益構成】(19/12)(%)

	売上構成比	前年	利益構成比	前年
観光・レジャー・ファッション	46.9	50.3	19.1	24.2
医薬・医療サービス	23.0	13.9	10.5	5.2
保険	21.7	32.1	17.6	9.4

【業績】 [香港会計基準](百万元)※予想：ファクトセット

【前号予想との比較】 ↘ 減額

	売上高	営業利益	純利益	前年比(%)	EPS(元)	1株配(HK$)	株配・無償(株)
2016/12	73,966.56	—	10,268.19	27.7	1.190	0.2100	
2017/12	88,025.17	—	13,161.28	28.2	1.530	0.3500	
2018/12	109,351.64	—	13,406.40	1.9	1.570	0.3700	
2019/12	142,982.13	—	14,800.91	10.4	1.730	0.4000	
2020/12予	139,738.64	24,667.42	12,325.14	-16.7	1.512	0.3240	**【株式分割・併合等】**
2021/12予	157,924.00	36,109.09	15,695.96	27.3	1.887	0.4010	
2018/6中間	43,511.76	—	6,858.32	16.9	0.800		
2019/6中間	68,475.44	—	7,608.76	10.9	0.890	0.1300	

【本社】 上海市中山東二路600号外灘金融中心S1楼　**【TEL】** 86-21-23156666　**【URL】** www.fosun.com

【役員】 会長：郭広昌(Guo Guangchang)　**【上場】** 2007年7月　**【決算期】** 12月　**【従業員】** 71,000

中国高速伝動設備集団

チャイナ・ハイスピード・トランスミッション

中国高速伝動設備集団有限公司
China High Speed Transmission Equipment Group Co.,Ltd.
【指数構成銘柄】― 【その他上場】―

機械

メインボード

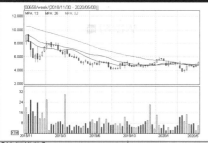

00658/week/(2018/11/30～2020/05/08)

評価	株価	年間騰落率	最低売買価格
C	5.090 HK$	-7.6 %	69,835 円

PER		予想配当利回り	PBR
予想 13.3 倍　実績 17.3 倍		4.6 %	0.7 倍

動力伝導装置のトップメーカー 江蘇省を拠点に「NGC」ブランドで各種動力伝動装置の製造・販売を手掛ける。風力発電用に強みを持ち、新疆金風科技（02208）や上海電気集団（02727）など国内大手のほか、GE、シーメンスガメサ、ヴェスタスなど海外大手にも製品を供給する。このほか冶金、建材、交通、運輸、化学工業、航空、採掘向けなど各種工業用も手掛ける。CNC（コンピューター数値制御）装置、ディーゼルエンジンなども手掛けていたが、19年に売却した。

19年12月本決算：大幅増益 非中核事業の売却が完了し非継続扱いとしたため、売上高は継続事業のみとなる。非中核事業の売却益を計上し大幅増益となったが、継続事業の純利益も39％増の3億6700万元と好調。販売費は24％増加したが、管理費を5％の伸びに抑制したほか、銀行借入金などの規模縮小で財務コストが2割近く減少したことも利益を押し上げた。事業別では、需要の増加を背景に出荷量が伸び風力発電用が19％増収。産業用も新市場の開拓などが奏功し15％増収。

最近の動向 産業用では高速鉄道や地下鉄向け製品を強化しており、これまでに北京や上海、深センなどの軌道交通で製品が採用されたほか、シンガポールやブラジル、オランダなど海外でも採用実績を持つ。

【株価推移】

	高値		安値	
2016年	10.500	11/30	4.620	02/12
2017年	13.500	12/29	7.110	04/25
2018年	13.820	01/31	5.170	12/28
2019年	8.290	01/31	4.040	08/26
2020年	5.850	01/09	3.670	03/23

【株価情報】

取引単位(株)	1,000	A株株価	―
時価総額(mHK$)	8,323.6	A株格差(倍)	―

【指標】(%)

		19/12	18/12
収益性	ROA	1.8	0.8
	ROE	3.9	1.9
	粗利益率	19.9	18.7
成長性	増収率	18.5	2.7
	増益率(営利)	12.2	-48.9
	自己資本増加率	3.8	-1.0
安全性	BPS(元)	6.9	6.6
	負債比率	120.7	147.2
	流動比率	126.7	136.5
	株主資本比率	45.1	40.3

【財務】(百万元)

	19/12	18/12
流動資産	15,913.2	17,994.9
総資産	24,858.8	26,748.5
流動負債	12,554.8	13,181.7
総負債	13,529.5	15,883.3
株主資本	11,207.0	10,791.8

【CF】(百万元)

	19/12	18/12
営業CF	2,113.7	555.7
投資CF	1,135.4	-1,376.9
財務CF	-2,811.5	-1,142.6
FCF	3,249.1	-821.1
現金同等物	2,520.4	2,087.9

【株式】(19/12/31)(百万株)

総数	1,635.3
流通	―
流通	100.0%
非流通	0.0%

【主要株主】(19/12/31) (%)

豊盛控股有限公司（00607）	73.9

【子会社・関連会社】(19/12/31) (%)

南京高精歯輪集団有限公司	100.0
南京高速歯輪製造有限公司	100.0
南京高精伝動設備製造集団有限公司	100.0

【売上・利益構成】(19/12)(%)

	売上構成比	前年比	利益構成比	前年比
風力発電用伝動装置	84.1	18.6	―	―
工業用伝動装置	15.3	14.5	―	―
その他	0.6	615.2	―	―

【業績】[国際会計基準](百万元)※予想:ファクトセット　【前号予想との比較】➡ 前号並み

	売上高	営業利益	純利益	前年比(%)	EPS(元)	1株配(HK$)	株配・無償(株)
2016/12	8,966.05	―	1,109.00	7.3	0.678	0.2300	
2017/12	7,990.60	1,470.37	451.70	-59.3	0.276	0.1800	
2018/12	8,203.50	750.97	208.40	-53.9	0.128	0.0800	
2019/12	9,722.90	842.51	438.19	110.3	0.268	0.2000	
2020/12予	11,797.00	851.00	601.00	37.2	0.347	0.2330	【株式分割・併合等】
2021/12予	12,266.00	908.00	613.00	2.0	0.257	0.1510	
2018/6中間	3,342.67	457.60	144.02	-75.5	0.088		
2019/6中間	4,049.86	384.96	128.45	-10.8	0.078		

【本社】江蘇省南京市江寧科学園候焦路30号 【TEL】86-25-52472106 【URL】www.chste.com
【役員】会長：胡吉春(Hu Jichun) 【上場】2007年7月 【決算期】12月 【従業員】5,962

機械

創科実業
テクトロニック・インダストリーズ

創科実業有限公司
Techtronic Industries Co.,Ltd.

【指数構成銘柄】ハンセン 【その他上場】ADR

[00669/week/2018/11/30 - 2020/05/08]

メインボード ハンセン

評価	株価	年間騰落率	最低売買価格
C	64.900 HK$	21.4 %	445,214 円

	PER		予想配当利回り	PBR
予想	23.6 倍	実績 24.8 倍	1.7 %	4.5 倍

電動工具の世界大手 電動のこぎりやドリルなどの電動工具と掃除機の製造・販売を手掛ける。工業用、建設用、消費者用の各種製品を広範囲に提供する。積極的なM&AでOEMから自社ブランド生産へのシフトを強化。電動工具では「Milwaukee」「AEG」「RYOBI」、掃除機では「Hoover」「Dirt Devil」「Vax」などのブランドを展開する。地域別の売上比率は北米77%、欧州15%（19年12月期）。19年3月にハンセン指数採用。

19年12月本決算：増収増益 主力の電動工具が好調で、1割前後の増収増益を確保した。利益率の高い新製品の投入や生産性の改善、量産効果などが奏功。粗利益率は全体で0.5ポイント上昇し、11年連続の改善となった。地域別の売上高は北米が10%増、欧州が8%増。電動工具部門では作業現場から電気コードやエアホースをなくせるコードレス製品が好調で、家庭用が中心の「RYOBI」ブランドも堅調。掃除機部門はドイツ市場からの撤退で減収となったが、利益率の改善で増益。

最近の動向 新型コロナの流行を受け、20年1月に中国での生産を停止したが、2月には再開し、3月初めには稼働率が70%程度に回復。中国を含む生産機能とサプライチェーンの多角化が奏功し、緊急時にも生産能力を確保した。今後も製品の安定供給を継続する方針。

【株価推移】

	高値		安値	
2016年	36.200	07/05	27.000	02/17
2017年	52.000	12/29	25.150	01/16
2018年	56.650	01/09	35.300	10/30
2019年	64.800	12/13	39.900	01/03
2020年	71.000	02/14	42.100	03/23

【株式情報】

取引単位（株）	500	A株株価	―
時価総額（mHK$）	118,767.5	A株格差（倍）	―

【指標】(%)

		19/12	18/12
収益性	ROA	8.0	8.7
	ROE	18.1	18.1
	粗利益率	37.7	37.2
成長性	増収率	9.2	15.8
	増益率（営利）	―	―
	自己資本増加率	11.0	11.5
安全性	BPS(US$)	1.9	1.7
	負債比率	126.8	107.6
	流動比率	156.1	161.5
	株主資本比率	44.1	48.2

【財務】(百万US$)

	19/12	18/12
流動資産	5,023.9	4,225.0
総資産	7,698.1	6,348.9
流動負債	3,217.7	2,616.0
総負債	4,303.7	3,291.5
株主資本	3,394.6	3,057.8

【CF】(百万US$)

	19/12	18/12
営業CF	724.3	793.6
投資CF	-568.5	-423.8
財務CF	162.8	-106.0
FCF	155.8	369.9
現金同等物	1,411.8	1,103.9

【株式】(19/12/31)(百万株)

総数	1,830.0
流通	―
	―
	―
	100.0%
非流通	0.0%

【主要株主】(19/12/31) (%)

Horst Julius Pudwill	20.1
JPMorgan Chase & Co.	7.0
The Bank of New York Mellon Corp.	6.0

【子会社・関連会社】(19/12/31) (%)

Techtronic Industries GmbH	100.0
Milwaukee Electric Tool Corp.	100.0
東莞創機電業製品有限公司	100.0

【売上・利益構成】(19/12)(%)

	売上構成比	前年比	利益構成比	前年比
電動工具	88.6	13.0	98.5	10.8
掃除機	11.4	-13.5	1.5	12.8

【業績】[香港会計基準](百万US$) ※予想：ファクトセット 【前号予想との比較】 ↘減額

	売上高	営業利益	純利益	前年比(%)	EPS(US$)	1株配(HK$)	株配・無償(株)
2016/12	5,480.41	―	408.98	15.4	0.223	0.5000	
2017/12	6,063.63	―	470.43	15.0	0.257	0.6750	
2018/12	7,021.18	―	552.46	17.4	0.302	0.8800	
2019/12	7,666.72	―	614.90	11.3	0.337	1.0300	
2020/12予	8,113.39	720.16	653.87	6.3	0.355	1.0940	【株式分割・併合等】
2021/12予	9,263.19	858.71	795.83	21.7	0.433	1.3730	分割1→2(04/5)
2018/6中間	3,430.83	―	254.74	24.6	0.139	0.3800	
2019/6中間	3,728.25	―	285.00	11.9	0.156	0.4500	

【登記】香港新界葵涌葵昌路51号九龍貿易中心二座29楼 【TEL】852-24026888 【URL】www.ttigroup.com

【役員】会長：Horst Julius Pudwill 【上場】1990年12月 【決算期】12月 【従業員】33,177

中国東方航空

チャイナイースタン・エアラインズ

中国東方航空股份有限公司
China Eastern Airlines Corp.,Ltd.

【指数構成銘柄】― 【その他上場】上海A(600115)、ADR

評価	H株株価	年間騰落率	最低売買価格
E	**2.900** HK$	**-43.0** %	**79,576** 円

PER		予想配当利回り	PBR
予想 ―	実績 **12.6** 倍	**0.1** %	**0.6** 倍

上海拠点の航空大手 中国3大航空グループの一角。上海と北京の空港をハブ空港、昆明空港と西安空港を焦点空港としている。10年に上海航空を吸収合併したほか、傘下の中国聯合航空を通じて格安航空事業も展開。15年には米デルタ航空と資本・業務提携した。19年12月末時点の保有機体数は734機、平均機齢は6.4年。11年に加盟したスカイチームのネットワークは19年12月末時点で世界175カ国・地域の1150都市に及ぶ。

19年12月本決算：増収増益 本業の航空輸送業務が6%増収と堅調。輸送量の増加に伴い営業コストは増加したものの、燃料費がわずか1.5%増にとどまったことや、元高を受けて為替差損が約20億元から10億元に半減したことなどが2桁増益に寄与した。同期の旅客輸送量は8%増の1億3029万人、貨物輸送量は7%増の97万6570トン。輸送量（RPK）と有効座席キロ（ASK）は各10%増。座席利用率は82.0%と小幅に低下した。

最近の動向 20年1～3月期決算（中国会計基準）は売上高が前年同期比49%減の154億5400万元、39億3300万元の赤字に転落した（前年同期は20億600万元の黒字）。旅客数は57%減、貨物は35%減。新型コロナウイルスによる影響は長期化する見通し。フライト運航の一時停止や機体の導入延期などあらゆる措置を講じる。

【株価推移】

	高値		安値	
2016年	4.870	04/14	3.260	02/12
2017年	5.790	12/27	3.540	01/03
2018年	7.430	02/05	3.950	10/19
2019年	7.200	04/04	3.560	08/13
2020年	4.500	01/03	2.450	03/23

【株価情報】

取引単位(株)	2,000	A株株価(元) 4.240
H株時価総額(mHK$)	15,012.7	A株格差(倍) 1.6

【指標】(%)

		19/12	18/12
収益性	ROA	1.1	1.1
	ROE	4.6	4.7
	粗利益率	―	
成長性	増収率	5.0	12.5
	増益率(営利)	8.3	-1.3
	自己資本増加率	19.0	4.8
安全性	BPS(元)	4.2	4.0
	負債比率	308.0	305.8
	流動比率	25.2	21.8
	株主資本比率	24.2	24.3

【財務】(百万元)

	19/12	18/12
流動資産	19,743.0	15,932.0
総資産	285,185.0	239,017.0
流動負債	78,363.0	73,064.0
総負債	212,539.0	177,416.0
株主資本	69,008.0	58,008.0

【CF】(百万元)

	19/12	18/12
営業CF	28,972.0	22,338.0
投資CF	-4,899.0	-12,780.0
財務CF	-23,375.0	-13,558.0
FCF	24,073.0	9,558.0
現金同等物	1,350.0	646.0

【株式】(19/12/31)(百万株)

総数		16,379.5
流通	H株	31.6%
	A株	68.4%
		100.0%
非流通		0.0%

【主要株主】(19/12/31)

	(%)
中国東方航空集団有限公司	49.8
上海均瑶(集団)有限公司	10.1
中国航空油料集団公司	3.1

【子会社・関連会社】(19/12/31)

	(%)
上海航空有限公司	100.0
東方航空技術有限公司	100.0
中国聯合航空有限公司	100.0

【売上・利益構成】(19/12)(%)

	売上構成比	前年比	利益構成比	前年比
航空輸送	98.7	6.2	70.2	0.8
その他	1.3	-40.0	29.8	87.1

【業績】[国際会計基準] (百万元) ※予想：ファクトセット 【前号予想との比較】↓ 大幅減額

	売上高	営業利益	純利益	前年比(%)	EPS(元)	1株配(元)	株配・無償(株)
2016/12	98,904.00	12,486.00	4,498.00	-0.9	0.330	0.1000	
2017/12	102,475.00	9,431.00	6,342.00	41.0	0.440	0.0510	
2018/12	115,278.00	9,309.00	2,698.00	-57.5	0.190	0.0500	
2019/12	120,986.00	10,081.00	3,192.00	18.3	0.210	0.0500	
2020/12予	86,567.25	-3,683.24	-4,871.50	-0.272	0.0030		**【株式分割・併合等】**
2021/12予	125,679.71	9,139.12	5,584.46	0.347	0.0410		
2018/6中間	54,500.00	5,446.00	2,279.00	-47.5	0.160		
2019/6中間	58,859.00	5,156.00	1,941.00	-14.8	0.130		

【登記】上海市浦東新区国際機場機場大道66号【TEL】86-21-22330929【URL】www.ceair.com
【役員】会長：劉紹勇(Liu Shaoyong)【上場】1997年2月【決算期】12月【従業員】81,136

不動産

嘉里建設
ケリー・プロパティーズ

メインボード

評価	株価	年間騰落率	最低売買価格
B	21.800 HK$	-33.0 %	149,548 円

PER		予想配当利回り	PBR
予想 7.3 倍　実績 4.6 倍		6.2 %	0.3 倍

マレーシア華人系の不動産大手　「砂糖王」の異名を持つマレーシア系華人、郭鶴年氏の傘下。主力事業は本土、香港の不動産開発・賃貸。賃貸物件は「北京嘉里中心」や香港「Megabox」など。保有物件の総床面積は開発物件が2700万平方フィート、投資物件が1450万平方フィート。運営するホテルは500万平方フィート（19年末）。06年にチャンピオンREIT（02778）を、13年に物流のケリー・ロジスティクス（00636）を分離上場。

19年12月本決算：減収減益　不動産評価益が41億5400万HKドルから15億HKドルに減少した影響を除くと、通期利益は61%増の約54億HKドル。実質増益の主因は、前年に計上した多額の開発物件減損引当金と金融資産評価損のはく落。本業では、不動産賃貸が堅調。本土で入居率が小幅改善したことに加え、香港で当期中に取得した倉庫物件などが寄与した。不動産販売事業は景気減速などの影響で、本土、香港ともに減収減益。

収益見通し　本土不動産市場は政府の引き締め策を背景に取引件数が縮小し、販売価格も軟調。会社側は新型コロナの影響を見極めつつ、慎重に販売活動を調整する方針。長期的には賃貸用の複合物件を開発して収益構造の安定化を図る。香港でも厳しい事業環境の中、賃貸用の住宅物件を拡充して収益源を増やす考え。

【株価推移】

	高値		安値	
2016年	26.000	09/29	16.660	02/03
2017年	35.900	11/02	20.900	01/03
2018年	44.900	06/19	23.850	10/11
2019年	36.900	04/01	23.100	09/25
2020年	25.800	01/20	17.140	03/23

【株式情報】

取引単位(株)	500	A株株価	—
時価総額(mHK$)	31,751.7	A株格差(倍)	—

【指標】(%)

		19/12	18/12
収益性	ROA	3.9	4.4
	ROE	6.8	7.7
	粗利益率	49.8	44.2
成長性	増収率	-15.9	-39.7
	増益率(営利)	-13.5	-10.7
	自己資本増加率	4.3	3.4
安全性	BPS(HK$)	69.8	67.0
	負債比率	61.5	60.7
	流動比率	154.0	145.7
	株主資本比率	57.2	57.3

【財務】(百万HK$)

	19/12	18/12
流動資産	30,542.6	34,671.8
総資産	177,884.0	170,184.8
流動負債	19,835.5	23,803.9
総負債	62,501.0	59,243.1
株主資本	101,704.5	97,541.0

【CF】(百万HK$)

	19/12	18/12
営業CF	3,819.7	16,022.1
投資CF	-10,367.9	-7,870.8
財務CF	5,058.9	-6,827.9
FCF	-6,548.2	8,151.3
現金同等物	11,701.1	13,400.9

【株式】(19/12/31)(百万株)

総数	1,456.5
流通	—
非流通	—

流通 100.0 %　非流通 0.0 %

【主要株主】(19/12/31)(%)

Kerry Group Ltd.	59.0

【子会社・関連会社】(19/12/31)(%)

上海港滙房地産有限公司	74.3
北京嘉奥房地産開発有限公司	71.3
匯耀置業（杭州）有限公司	100.0

【売上・利益構成】(19/12)(%)

	売上構成比	前年比	利益構成比	前年比
本土不動産販売	34.1	-18.2	23.5	-11.5
香港不動産販売	27.8	-28.0	26.0	-2.7
本土不動産賃貸	20.2	-1.4	31.0	-4.2

【業績】[香港会計基準]（百万HK$）※予想：ファクトセット　【前号予想との比較】↘ 減額

	売上高	営業利益	純利益	前年比(%)	EPS(HK$)	1株配(HK$)	株配・無償(株)
2016/12	12,990.54	8,529.02	6,537.26	18.2	4.530	1.1000	
2017/12	35,548.12	10,937.71	9,242.12	41.4	6.400	1.5000	
2018/12	21,433.22	9,772.35	7,499.30	-18.9	5.160	1.3500	
2019/12	18,025.42	8,451.03	6,897.45	-8.0	4.740	1.3500	
2020/12予	15,665.32	6,519.15	4,322.28	-37.3	2.981	1.3500	【株式分割・併合等】
2021/12予	17,115.01	7,023.92	4,803.75	11.1	3.293	1.3720	
2018/6中間	10,560.09	6,038.76	3,990.10	20.6	2.750	0.4000	
2019/6中間	11,224.61	4,918.40	3,594.59	-9.2	2.480	0.4000	

【本社】香港ソク魚涌英皇道683号嘉里中心25楼　【TEL】852-29672200　【URL】www.kerryprops.com

【役員】会長：黄小抗(Wong Siu Kong)　【上場】1996年8月　【決算期】12月　【従業員】8,400

中国海外発展

チャイナ・オーバーシーズランド

中国海外発展有限公司
China Overseas Land & Investment Ltd.

【指数構成銘柄】ハンセン、レッドチップ 【その他上場】―

不動産

メインボード

ハンセン

レッドチップ

[00688/week/(2018/11/30～2020/05/08)]

評価	株価	年間騰落率	最低売買価格
C	25.800 HK$	-11.0 %	176,988 円

PER		予想配当利回り	PBR
予想 6.5 倍 実績 6.2 倍		4.5 %	0.9 倍

中国政府系の不動産デベロッパー 国務院直属の中国建築集団が実質親会社。中国の主要都市で不動産事業を展開し、19年の不動産販売額ランキングで国内7位。英ロンドンでも不動産投資事業を手掛ける。19年末時点で総床面積5320平米（権益ベース）の開発用地を保有。香港上場の中国海外宏洋（00081）を傘下に抱え、15年に不動産管理事業を手掛ける中海物業（02669）を分離上場。16年に中国中信（00267）が資本参加した。

19年12月本決算：増収増益 ショッピングモールの賃貸料収入の増加で不動産投資部門が利益を伸ばした。為替差益や不動産評価益の拡大（14％増の100億元）、関連会社利益の増加、財務費の圧縮も寄与した。不動産評価益などを除くコア利益は10％増の343億元となる。事業別では不動産開発部門の利益が横ばい。通年の不動産成約額は25％増の3771億7000万HKドルで通年目標の3500億HKドルを超えた。不動産投資部門はショッピングモールの入居率が向上し、2割前後の増収増益。

今後の計画 20年には土地購入に向けた投資目標額を前年比23％増の1400億元に設定。物件完成面積は16％増の1900万平米に定めた。20年1－3月期の売上高は前年同期比15％減の206億8000万元、営業利益が25％減の56億1000万元。不動産成約額は12％減の597億2000万元。

【株価推移】

	高値		安値	
2016年	27.850	09/09	20.150	12/29
2017年	29.450	09/18	20.500	01/03
2018年	32.200	02/01	22.350	10/16
2019年	31.300	04/02	23.700	08/06
2020年	31.000	01/03	21.800	03/19

【株価情報】

取引単位（株）	500	A株株価	―
時価総額(mHK$)	282,670.0	A株格差（倍）	―

【指標】(%)

		19/12	18/12
収益性	ROA	5.7	6.2
	ROE	14.8	15.8
	粗利益率	―	―
成長性	増収率	13.6	3.3
	増益率（営利）	4.9	12.5
	自己資本増加率	13.3	6.7
安全性	BPS(元)	25.6	22.6
	負債比率	154.9	152.3
	流動比率	217.1	227.6
	株主資本比率	38.8	39.1

【財務】(百万元)

	19/12	18/12
流動資産	560,631.6	495,586.1
総資産	723,895.8	633,947.7
流動負債	258,248.2	217,745.0
総負債	434,751.2	377,335.9
株主資本	280,603.7	247,762.5

【CF】(百万元)

	19/12	18/12
営業CF	9,909.5	-6,796.9
投資CF	-2,599.0	-6,979.6
財務CF	1,480.7	14,428.9
FCF	7,310.5	-13,776.5
現金同等物	92,894.6	83,996.1

【株式】(19/12/31)(百万株)

総数	10,956.2
流通 ― ―	
	100.0%
非流通	0.0%

【主要株主】(19/12/31) (%)

中国建築股フン有限公司（601668）	56.0
中国中信股フン有限公司（00267）	10.0

【子会社・関連会社】(19/12/31) (%)

中国海外宏洋集団有限公司（00081）	38.3
中海企業発展集団有限公司	100.0
中国海外地産有限公司	100.0

【売上・利益構成】(19/12)(%)

	売上構成比	前年比	利益構成比	前年比
不動産開発	97.3	13.5	80.7	-0.6
不動産投資	2.3	26.3	19.3	19.4
その他	0.4	-4.4	0.0	-64.8

【業績】[香港会計基準]（百万元）※予想：ファクトセット

	売上高	営業利益	純利益	前年比(%)	EPS(元)	1株配(HK$)	株配・無償(株)
2016/12	164,068.53	57,905.31	37,020.64	6.9	3.640	0.7700	
2017/12	166,044.96	62,874.38	40,766.84	10.1	3.720	0.8000	
2018/12	144,027.29	59,414.91	37,716.26	10.1	3.440	0.9000	
2019/12	163,650.95	62,344.20	41,618.31	10.3	3.800	1.0200	
2020/12予	194,817.80	57,599.53	39,532.79	-5.0	3.608	1.1540	【株式分割・併合等】
2021/12予	233,377.10	67,199.48	46,552.96	17.8	4.261	1.3640	
2018/6中間	88,060.75	35,745.98	23,218.77	7.4	2.130	0.4500	
2019/6中間	93,375.47	36,611.65	24,941.52	7.4	2.280	0.4500	

【前号予想との比較】▶ ▼減額

【登記】香港皇后大道東1号太古広場3座10楼 【TEL】852-29880666 【URL】www.coli.com.hk
【役員】会長：顔建国(Yan Jianguo) 【上場】1992年8月 【決算期】12月 【従業員】6,200
【備考】19年12月本決算より決算通貨を変更、16－17年本決算と18－19年中間決算は香港ドル。

道路・港湾・空港

メインボード

H株

北京首都国際機場
ベイジン・インターナショナルエアポート

北京首都国際機場股份有限公司
Beijing Capital International Airport Co.,Ltd.
【指数構成銘柄】— 【その他上場】—

評価	H株株価	年間騰落率	最低売買価格
D	5.160 HK$	-23.9 %	141,590 円

PER		予想配当利回り	PBR
予想 36.4 倍 実績 8.5 倍		2.1 %	0.9 倍

北京国際空港の運営会社 首都の空の玄関である北京国際空港を運営。航空管制業務、旅客サービスなど航空関連業務のほか、テナント管理、駐車場運営、広告事業など非航空関連業務を手掛ける。19年末時点で香港、マカオ、台湾を含む国内航空31社、海外航空62社が乗り入れ、国内外の294都市（国内161都市、海外133都市）を結ぶ。19年の旅客数ランキングで世界2位。

19年12月本決算：減収減益 滑走路メンテや建国70周年記念式典（10月）に伴うセキュリティー強化、さらに首都第2の大型空港・北京大興国際空港の9月開港を受けた一部フライトの流出が痛手となり、航空業務収入が前年比23%減。コンセッション収入の2桁増に伴う非航空業務収入の13%増が一部相殺し、全体の減収率を4%に抑えたが、営業費用の2%増が響いて2桁減益となった。航空機発着数は3%減。利用客数は1%減の1億人、貨物取扱量は6%減の196万トンにとどまった。

今後の見通し 短期的には新型コロナウイルスの世界的流行が逆風。相次ぐ欠航と旅客数の大幅減で、空港内店舗への打撃も大きく、20年3月末には賃料減免措置を発表した。中長期的には北京大興国際空港の開港に伴うフライト流出が懸念材料。競争環境に直面する中、効率化とサービスの質的向上に照準を合わせる。

【株価推移】

	高値		安値	
2016年	9.790	08/12	6.330	02/12
2017年	14.100	09/13	7.200	01/24
2018年	13.400	01/08	7.390	07/06
2019年	8.360	01/02	5.720	08/15
2020年	7.660	01/03	4.330	04/06

【株価情報】

取引単位(株)	2,000	A株株価	—
H株時価総額(mHK$)	9,697.5	A株格差(倍)	—

【指標】(%)

		19/12	18/12
収益性	ROA	7.0	8.3
	ROE	9.7	12.3
	粗利益率	—	—
成長性	増収率	-4.0	17.6
	増益率(営利)	-15.9	13.8
	自己資本増加率	6.6	9.3
安全性	BPS(元)	5.5	5.4
	負債比率	39.2	48.2
	流動比率	48.0	44.3
	株主資本比率	71.8	67.5

【財務】(百万元)

	19/12	18/12
流動資産	3,383.1	4,132.4
総資産	34,744.4	34,698.1
流動負債	7,050.3	9,334.1
総負債	9,783.5	11,284.9
株主資本	24,960.9	23,413.2

【CF】(百万元)

	19/12	18/12
営業CF	3,911.4	4,690.2
投資CF	-265.6	-3,251.4
財務CF	-3,779.0	-1,234.2
FCF	3,645.9	1,438.8
現金同等物	1,664.6	1,806.1

【株式】(19/12/31)(百万株)

	総数	4,579.2	
流通	H株	41.0%	
	—		
		41.0%	
非流通	59.0%		

【主要株主】(19/12/31)

	(%)
首都機場集団公司	59.0
Citigroup Inc.	4.9
BlackRock, Inc.	2.9

【子会社・関連会社】(19/12/31)

	(%)

【売上・利益構成】(19/12)(%)

	売上構成比	前年比	利益構成比	前年比
航空関連業務	37.8	-23.0	—	—
非航空関連業務	62.2	12.9	—	—

【業績】[国際会計基準](百万元) ※予想：ファクトセット 　【前号予想との比較】↓ 大幅減額

	売上高	営業利益	純利益	前年比(%)	EPS(元)	1株配(元)	株配・無償(株)
2016/12	8,729.09	2,894.12	1,781.00	8.5	0.410	0.1645	
2017/12	9,574.52	3,552.62	2,600.46	46.0	0.600	0.2402	
2018/12	11,262.51	4,042.63	2,872.06	10.4	0.660	0.2653	
2019/12	10,810.48	3,399.57	2,419.37	-15.8	0.550	0.2427	
2020/12予	7,804.67	973.29	664.72	-72.5	0.129	0.1000	【株式分割・併合等】
2021/12予	8,909.53	1,652.02	1,130.29	70.0	0.255	0.1340	
2018/6中間	5,322.10	2,077.62	1,486.79	17.6	0.343	0.1030	
2019/6中間	5,380.37	1,801.56	1,290.15	-13.2	0.298	0.0894	

【登記】北京市首都機場 【TEL】86-10-64507789 【URL】www.bcia.com.cn

【役員】会長：劉雪松(Liu Xuesong) 【上場】2000年2月 【決算期】12月 【従業員】1,583

中国民航信息網絡

トラベルスカイ・テクノロジー

中国民航信息網絡股份有限公司
TravelSky Technology Ltd
【指数構成銘柄】— 【その他上場】ADR

[00696/week/(2018/11/30 - 2020/05/08)]
MPA: 13　MPA: 26　MPA: 52

評価	H株株価	年間騰落率	最低売買価格
C	**13.720** HK$	**-25.8** %	**188,238** 円

PER		予想配当利回り	PBR
予想 **23.6** 倍　実績 **14.3** 倍		**1.5** %	**1.9** 倍

【株価推移】

	高値		安値	
2016年	19.160	09/22	10.180	01/21
2017年	23.700	06/05	16.000	01/03
2018年	28.000	01/11	17.060	10/11
2019年	24.500	02/26	13.800	08/16
2020年	20.500	01/20	11.320	03/19

【株価情報】

取引単位(株)	1,000	A株株価	—
H株時価総額(mHK$)	12,794.8	A株格差(倍)	—

【指標】(%)

		19/12	18/12
収益性	ROA	10.8	10.5
	ROE	13.5	13.7
	粗利益率		
成長性	増収率	8.7	11.0
	増益率(営利)	6.2	-6.2
	自己資本増加率	10.4	10.3
安全性	BPS(元)	6.4	5.8
	負債比率	23.5	27.5
	流動比率	336.5	280.7
	株主資本比率	79.4	76.9

【財務】(百万元)

	19/12	18/12
流動資産	14,135.7	12,755.3
総資産	23,646.4	22,113.3
流動負債	4,200.6	4,543.6
総負債	4,412.9	4,685.8
株主資本	18,777.2	17,010.6

【CF】(百万元)

	19/12	18/12
営業CF	2,227.6	2,140.7
投資CF	-1,079.0	-598.7
財務CF	-952.6	-763.8
FCF	1,148.6	1,542.0
現金同等物	4,546.8	4,346.5

【株式】(19/12/31)(百万株)

	総数	2,926.2
流通	H株	31.9%
	—	
		31.9%
非流通		68.1%

【売上・利益構成】(19/12)(%)

	売上構成比	前年比	利益構成比	前年比
航空情報技術サービス	63.6	8.6	—	—
決済サービス	8.4	3.0	—	—
データネットワークサービス	6.8	-5.3	—	—

【主要株主】(19/12/31)

	(%)
中国民航信息集団公司	29.3
中国東方航空集団有限公司	11.2
中国航空集団有限公司	9.2

【子会社・関連会社】(19/12/31)

	(%)
中国航空結算有限責任公司	100.0
中国民信国債有限公司	100.0
青島民航凱亜系統集成有限公司	51.0

空港旅客処理システムの独占的企業 航空券のオンライン予約・発券（ETD）システムと空港旅客処理（APP）システムが主力。国内外の航空会社および旅行会社にサービスを提供している。ホテル・ツアー予約システム（CRS）、決済サービスなど旅行関連システムの開発も手掛ける。自社CRSを通じて直接接続している航空会社は国内外の151社に上る。中国南方航空、中国東方航空、中国国際航空など国内の主要航空グループ向け売上高が全体の4割程度を占める（19年）。

19年12月本決算：増収増益 中国の航空運輸市場が成長を続ける中、主力の航空情報技術サービス部門が順調に売り上げを伸ばした。ETDやAPPなど各種システムの需要が拡大。特に同社のETDを通じた予約件数は7％増加した。営業費用の抑制、政府補助金の増加、関連会社の利益貢献なども増益要因となった。部門別の売上高は全体の6割超を占める航空情報技術サービスが9％増、1割弱を占める決済サービスが3％増と堅調。一方、データネットワークが5％減収にとどまった。

最近の動向 新型コロナの感染防止策で国内の空港が一時閉鎖。会社側は20年上期と通期の業績にマイナスの影響が出るとの見通しを示した。一方、感染対策では自社の情報システムなどを活用したサービスを研究。

【業績】[国際会計基準]（百万元）※予想：ファクトセット　【前号予想との比較】↓ 大幅減額

	売上高	営業利益	純利益	前年比(%)	EPS(元)	1株配(元)	株配・無償(株)
2016/12	6,223.27	2,176.95	2,421.11	26.5	0.830	0.2220	
2017/12	6,734.25	2,473.36	2,248.65	-7.1	0.770	0.2530	
2018/12	7,472.11	2,319.39	2,325.13	3.4	0.790	0.2690	
2019/12	8,121.67	2,463.55	2,542.86	9.4	0.870	0.2890	
2020/12予	6,848.68	1,384.57	1,466.58	-42.3	0.529	0.1880	【株式分割・併合等】
2021/12予	9,029.45	2,630.09	2,713.86	85.0	0.936	0.2980	
2020/6中間	3,521.74	1,478.79	1,347.45	13.2	0.460		
2019/6中間	3,844.27	1,553.06	1,423.00	5.6	0.490		

【登記】北京市順義区後沙峪鎮裕民大街7号 【TEL】86-10-57650696 【URL】www.travelsky.net

【役員】会長：崔志雄(Cui Zhixiong) 【上場】2001年2月 【決算期】12月 【従業員】7,464

電子・半導体

メインボード

通達集団控股
トンダー・グループ

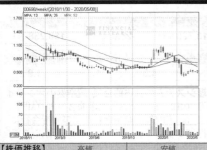

評価	株価	年間騰落率	最低売買価格
C	0.530 HK$	-28.4 %	72,716 円

PER		予想配当利回り	PBR
予想 6.2 倍　実績 8.5 倍		2.8 %	0.6 倍

中国の電子部品メーカー スマホなどの携帯端末や家電の金属筐体が主力で、液体シリコーンゴムとプラスチック、金属を組み合わせた防水部品も生産。金型の設計や金属加工技術にも定評があり、自動車の内装部品事業も手掛ける。スマホでは華為や中興通訊（00763）、小米集団（01810）、家電では海爾や美的集団（000333）などが主要顧客。18年3月、パソコン筐体を製造する通達宏泰（02363）が分離上場した。

19年12月本決算：増収減益 金属製のスマホ筐体に代わるガラス質感バックカバーの大量生産を開始し出荷台数が大幅に増えた一方、スマホ全体の出荷減速や競争激化を背景に主力製品の販売価格が低下。粗利益率は18.3%と前年から2ポイント近く悪化した。工場移転や子会社の分離上場計画に伴う人件費の膨張、財務費の2割増加も利益を圧迫した。全部門で利益を減らし、特にスマート家電向け筐体部門は赤字に転落した。

今後の見通し 20年1～3月期の売上高は前年同期比2%減の16億6200万HKドル。新型コロナの収束後には迅速に操業を再開。今後は5G対応端末の普及拡大が追い風になると見込む。また長期的には自動車向けを軸に事業の多角化を模索していく。家庭・スポーツ用品の製造子会社を深セン市場に分離上場する計画。

【株価推移】

	高値		安値	
2016年	2.450	11/29	1.180	02/12
2017年	3.120	05/02	1.900	06/06
2018年	2.090	06/08	0.720	12/21
2019年	1.150	01/30	0.460	08/13
2020年	1.080	01/14	0.390	03/24

【株式情報】

取引単位(株)	10,000	A株株価	―
時価総額(mHK$)	3,434.1	A株格差(倍)	―

【指標】(%)

		19/12	18/12
収益性	ROA	3.0	4.0
	ROE	6.8	9.1
	粗利益率	18.3	20.2
成長性	増収率	3.2	3.9
	増益率(営利)	―	―
	自己資本増加率	-0.3	2.2
安全性	BPS(HK$)	0.9	0.9
	負債比率	127.7	129.2
	流動比率	117.6	131.1
	株主資本比率	43.8	43.7

【財務】(百万HK$)

	19/12	18/12
流動資産	7,464.0	7,720.3
総資産	13,573.4	13,642.1
流動負債	6,344.3	5,887.6
総負債	7,591.0	7,705.0
株主資本	5,946.2	5,962.8

【CF】(百万HK$)

	19/12	18/12
営業CF	1,514.5	1,037.7
投資CF	-673.1	-1,541.9
財務CF	-490.3	556.0
FCF	841.4	-504.2
現金同等物	1,077.7	768.4

【株式】(19/12/31)(百万株)

総数	6,479.5
流通	―
	―
	100.0 %
非流通	0.0 %

【主要株主】(19/12/31)

	(%)
Landmark Worldwide Holdings Ltd.	24.4
E-Growth Resources Ltd.（王亜南）	4.6

【子会社・関連会社】(19/12/31)

	(%)
福建省石獅市通達電器有限公司	100.0
通達（厦門）科技有限公司	100.0

【売上・利益構成】(19/12)(%)

	売上構成比	前年比	利益構成比	前年比
携帯向け筐体・精密部品	77.5	7.5	85.4	-7.2
通信設備・その他	8.6	7.0	2.7	-61.5
家庭・スポーツ用品	7.1	6.8	11.9	-32.3

【業績】[香港会計基準](百万HK$) ※予想：ファクトセット　　【前号予想との比較】↓大幅減額

	売上高	営業利益	純利益	前年比(%)	EPS(HK$)	1株配(HK$)	株配・無償(株)
2016/12	7,825.08	3.00	1,004.00	42.8	0.175	0.0520	
2017/12	8,562.83	―	1,006.13	0.2	0.168	0.0540	40:1 通達宏泰
2018/12	8,899.31	―	542.82	-46.0	0.088	0.0280	
2019/12	9,185.87	―	401.52	-26.0	0.062	0.0105	
2020/12予	9,641.40	922.15	481.90	20.0	0.085	0.0150	【株式分割・併合等】
2021/12予	10,562.31	1,061.40	589.53	22.3	0.105	0.0200	
2018/6中間	4,150.30	―	418.94	44.2	0.069	0.0200	
2019/6中間	3,908.94	―	315.78	-24.6	0.049	0.0100	

【本社】香港湾仔港湾道6-8号瑞安中心12楼1201-02室　【TEL】852-25708128　【URL】www.tongda.com

【役員】会長：王亜南(Wang Yanan)　【上場】2000年12月　【決算期】12月　【従業員】22,000

神州租車

シーエーアール

神州租車有限公司
CAR Inc.

【指数構成銘柄】— 　【その他上場】—

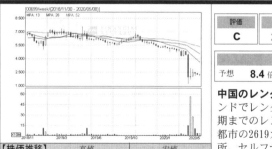

評価	株価	年間騰落率	最低売買価格
C	2.220 HK$	-64.3 %	30,458 円

PER		予想配当利回り	PBR
予想 8.4 倍　実績 134.5 倍		0.0 %	0.5 倍

中国のレンタカー最大手　「神州租車（CAR）」のブランドでレンタカー事業を中国で展開する。短期から長期までのレンタカーに加え、リースにも対応。全国170都市の2619カ所に拠点を持ち、内訳は営業所が443カ所、セルフサービス拠点が2176カ所（19年末）。営業車両台数は14万8894台に上る。大株主だったレンタカー大手の米ハーツは16年に配車アプリの優車科技に持ち株を売却した。聯想控股（03396）が第2位株主。

19年12月本決算：大幅減益　新車市場の低迷を遠因とする車両の減価償却費の増加が利益を圧迫した。中古車価格の下落で保有車両の残存価額が下がり、減価償却費は23％増の18億元強。予約アプリの普及で人件費は縮小したが、セルフ拠点の急増でコストも膨らんだ。平均車両数は22％増の11万1636台で、レンタカー事業は10％増収。一方、車両増と需要の伸び悩みで稼働率が57.5％へ4.0ポイント低下し、採算悪化の一因に。

最近の動向　新型コロナの影響で、20年1-3月期は売上高が28％減の13億2500万元、純損失は1億8800万元（前年は4億元弱の黒字）。20年4月初めには陸正耀氏が会長を兼務する大手カフェチェーンのラッキンコーヒーの不正会計問題で株価が急落し、株式取引を一時停止。資本・業務関係を否定し、取引を再開した。

【株価推移】

	高値		安値	
2016年	12.800	01/04	7.070	08/03
2017年	7.790	02/09	6.100	12/15
2018年	9.060	05/29	5.680	12/27
2019年	7.500	05/15	4.960	01/18
2020年	5.460	01/21	1.200	04/03

【株価情報】

取引単位(株)	1,000	A株株価	—
時価総額(mHK$)	4,706.1	A株格差(倍)	—

【指標】(%)

		19/12	18/12
収益性	ROA	0.1	1.3
	ROE	0.4	3.6
	粗利益率	23.9	32.3
成長性	増収率	19.4	-16.5
	増益率(営利)	—	—
	自己資本増加率	1.5	1.3
安全性	BPS(元)	3.8	3.8
	負債比率	204.4	178.5
	流動比率	114.9	105.8
	株主資本比率	32.9	35.9

【財務】(百万元)

	19/12	18/12
流動資産	8,379.3	6,404.0
総資産	24,633.0	22,204.9
流動負債	7,289.6	6,051.8
総負債	16,540.4	14,231.9
株主資本	8,092.7	7,973.0

【CF】(百万元)

	19/12	18/12
営業CF	1,676.0	-793.2
投資CF	370.8	-845.7
財務CF	127.0	-4.5
FCF	2,046.8	-1,638.9
現金同等物	5,360.5	3,186.4

【株式】(19/12/31)(百万株)

総数	2,119.9
流通	—
	100.0 %
非流通	—
	0.0 %

【主要株主】(19/12/31)　(%)

陸正耀	29.8
聯想控股股フン有限公司（03396）	26.6
Amber Gem Holdings Ltd.	10.1

【子会社・関連会社】(19/12/31)　(%)

北京神州汽車租賃有限公司	100.0
浩科融資租賃（上海）有限公司	100.0
広州卓越汽車租賃有限公司	100.0

【売上・利益構成】(19/12)(%)

	売上構成比	前年比	利益構成比	前年比
自動車レンタル	72.3	4.1	100.0	-11.0
中古車販売	27.7	93.2		

【業績】［国際会計基準］(百万元)　※予想：ファクトセット

【前号予想との比較】　↓ 大幅減益

	売上高	営業利益	純利益	前年比(%)	EPS(元)	1株配(元)	株配・無償(株)
2016/12	6,453.96	—	1,459.59	4.2	0.617	—	
2017/12	7,717.34	—	881.11	-39.6	0.391	—	
2018/12	6,443.70	—	289.85	-67.1	0.135	—	
2019/12	7,690.66	—	30.78	-89.4	0.015	—	
2020/12予	5,609.20	-881.29	522.30	1,597.1	0.240	—	【株式分割・併合等】
2021/12予	5,793.50	-468.19	603.71	15.6	0.278	—	
2018/6中間	3,075.41	—	135.48	-64.3	0.063	—	
2019/6中間	3,740.96	—	279.21	106.1	0.132	—	

【本社】北京市海淀区中關村東路118号　【TEL】86-10-58209888　【URL】www.zuche.com

【役員】会長：陸正耀(Charles Zhengyao Lu)　【上場】2014年9月　【決算期】12月　【従業員】5,914

騰訊控股

テンセント・ホールディングス

騰訊控股有限公司
Tencent Holdings Ltd.

【指数構成銘柄】ハンセン、中国企業　【その他上場】―

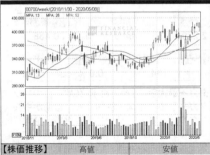

評価	株価	年間騰落率	最低売買価格
C	418.200 HK$	8.7 %	573,770 円

PER		予想配当利回り	PBR
予想 34.4 倍　実績 38.6 倍		0.3 %	8.4 倍

中国のインターネットサービス大手 対話アプリ「微信（海外ではWeChat）」やポータルサイト「QQ.com」を基盤にゲームやスマホ決済、動画配信などを展開する。20年3月末時点の月間利用者は微信が12億250万人、インスタントメッセンジャー「QQ」スマートデバイス版が6億9350万人、有料付加価値サービス（VAS）登録者は1億9740万人。出資先は700社以上で、テンセント・ミュージック・エンターテインメント（TME）や閲文集団（00772）など60社余りが上場している。

19年12月本決算：過去最高益 主力3部門がそろって2桁増収。粗利益率が1ポイント低下したものの、投資評価益などその他収益の増加と販売費の削減が奏功した。部門別ではVASが13％増収。うちオンラインゲーム収入は10％増で、「王者栄耀」などのスマホ版と19年10月に子会社化したフィンランドのスーパーセルが寄与した。動画配信などでSNS収入も17％増。フィンテック部門は決済やクラウドのサービス拡充で39％増収。

最新動向 20年1～3月期決算は売上高が前年同期比26％増の1080億6500万元、純利益が6％増の288億9600万元。部門別ではVAS、フィンテック、オンライン広告がそれぞれ2～3割増収。特別要因を除外した非IFRS（国際会計基準）では純利益が29％増の270億7900万元。

【株価推移】

	高値		安値	
2016年	220.800	09/23	132.100	02/12
2017年	439.600	11/21	188.000	01/03
2018年	476.600	01/29	251.400	10/30
2019年	400.400	04/11	300.400	01/04
2020年	420.000	02/14	325.200	03/19

【株価情報】

取引単位(株)	100	A株株価	―
時価総額(mHK$)	3,994,903.7	A株格差(倍)	―

【指標】(%)

		19/12	18/12
収益性	ROA	9.8	10.9
	ROE	21.6	24.3
	粗利益率	44.4	45.5
成長性	増収率	20.7	31.5
	増益率(営利)	21.6	8.1
	自己資本増加率	33.8	26.3
安全性	BPS(元)	45.3	34.0
	負債比率	107.5	113.5
	流動比率	105.8	107.2
	株主資本比率	45.4	44.7

【財務】(百万元)

	19/12	18/12
流動資産	253,968.0	217,080.0
総資産	953,986.0	723,521.0
流動負債	240,156.0	202,435.0
総負債	465,162.0	367,314.0
株主資本	432,706.0	323,510.0

【CF】(百万元)

	19/12	18/12
営業CF	148,590.0	110,936.0
投資CF	-116,170.0	-151,913.0
財務CF	1,672.0	30,887.0
FCF	32,420.0	-40,977.0
現金同等物	132,991.0	97,814.0

【株式】(19/12/31)(百万株)

総数	9,552.6
流通	―
	―
	―
	100.0%
非流通	0.0%

【主要株主】(19/12/31)

	(%)
Naspers Ltd.	31.0
Advance Data Services Ltd.(馬化騰)	8.6

【子会社・関連会社】(19/12/31)

	(%)
Supercell Oy	66.2
閲文集団(00772)	58.0
Tencent Music Entertainment Group	49.4

【売上・利益構成】(19/12)(%)

	売上構成比	前年比	利益構成比	前年比
付加価値サービス(VAS)	53.0	13.2	63.2	3.1
フィンテック・企業サービス	26.9	38.6	16.4	48.5
オンライン広告	18.1	17.7	20.0	61.1

【業績】[国際会計基準](百万元)※予想：ファクトセット　【前号予想との比較】→ 前号並み

	売上高	営業利益	純利益	前年比(%)	EPS(元)	1株配(HK$)	株配・無償(株)
2016/12	151,938.00	56,117.00	41,095.00	42.7	4.383	0.6100	
2017/12	237,760.00	90,302.00	71,510.00	74.0	7.598	0.8800	
2018/12	312,694.00	97,648.00	78,719.00	10.1	8.336	1.0000	3900:1 TME ADS
2019/12	377,289.00	118,694.00	93,310.00	18.5	9.856	1.2000	
2020/12予	462,904.03	131,210.33	112,196.73	20.2	11.064	1.2590	
2021/12予	564,237.25	162,066.39	139,402.14	24.2	13.780	1.5320	
2018/6中間	147,203.00	52,499.00	41,157.00	25.8	4.363	―	
2019/6中間	174,286.00	64,263.00	51,346.00	24.8	5.427	―	

【株式分割・併合等】
分割1→5(14/5)

【本社】深セン市南山区海天二路33号騰訊濱海大厦　【TEL】86-755-86013388　【URL】www.tencent.com

【役員】会長：馬化騰(Ma Huateng)　【上場】2004年6月　【決算期】12月　【従業員】64,238

佐丹奴国際

ジョルダーノ・インターナショナル

佐丹奴国際有限公司
Giordano International Ltd.

【指数構成銘柄】— 【その他上場】—

繊維・アパレル

メインボード

[00709/week/2018/11/30 - 2020/05/08]
MPA:13 MPA:26 MFA:13

評価	株価	年間騰落率	最低売買価格
C	1.460 HK$	-60.8 %	40,062 円

PER		予想配当利回り	PBR
予想 12.9 倍 実績 10.0 倍		7.9 %	0.9 倍

カジュアル衣料大手　「Giordano」を中心に「BSX」や「Beau Monde」ブランドでカジュアルウエアの生産・販売を手掛ける。30を超える国・地域で2375店を展開。地域別の店舗数と売上比率は、中国本土が902店・21％、香港・マカオが73店・16％、中東が181店・14％、台湾が197店・12％、その他アジア太平洋（東南アジア、豪州）が597店・33％など（19年12月期）。

19年12月本決算：大幅減益　香港会計基準の最新基準適用による影響を除いたコア利益も40％減の2億8900万HKドルと振るわず。米中貿易摩擦や香港の政治的混乱、暖冬などを背景に既存店売上高は10％減少。調達コストの抑制で粗利益率は0.3ポイントの低下にとどまったが、財務コストが11倍の5500万HKドルに急増し、利益を下押しした。地域別売上高は中国本土と香港・マカオがいずれも20％減と低迷。中国政府が台湾への個人旅行を禁止したことで台湾も11％減と落ち込んだ。

最近の動向　会社側は中国本土と香港市場に慎重な姿勢を示す一方、好調な中東や東南アジアを中心に海外市場の開拓を強化する方針。19年下期にはフランチャイズ方式でモーリシャスに4店舗を開設。20年中にインドとケニアにそれぞれ店舗を開設する予定。20年1～3月期の売上高は前年同期比35％減の8億4900万HKドル。

【株価推移】

	高値		安値	
2016年	4.490	08/23	2.880	03/01
2017年	4.850	08/17	3.870	06/15
2018年	5.350	05/31	3.400	10/30
2019年	4.150	02/11	2.200	10/03
2020年	2.660	01/22	1.300	03/13

【株価情報】

取引単位（株）	2,000	A株株価	—
時価総額（mHK$）	2,304.6	A株格差（倍）	—

【指標】(%)

		19/12	18/12
収益性	ROA	4.4	11.6
	ROE	8.7	17.2
	粗利益率	58.7	59.0
成長性	増収率	-11.9	1.8
	増益率（営利）	-36.5	-9.3
	自己資本増加率	-5.3	-4.5
安全性	BPS（HK$）	1.7	1.8
	負債比率	89.0	40.0
	流動比率	143.2	247.7
	株主資本比率	50.8	67.6

【財務】(百万HK$)

	19/12	18/12
流動資産	2,366.0	2,457.0
総資産	5,196.0	4,124.0
流動負債	1,652.0	992.0
総負債	2,349.0	1,115.0
株主資本	2,640.0	2,789.0

【CF】(百万HK$)

	19/12	18/12
営業CF	1,068.0	539.0
投資CF	-120.0	62.0
財務CF	-1,120.0	-593.0
FCF	948.0	601.0
現金同等物	970.0	1,142.0

【株式】(19/12/31)(百万株)

総数	1,578.5	
流通	—	
	100.0%	
非流通	0.0%	

【主要株主】(19/12/31)

	(%)
周大福理人有限公司	24.4
BlackRock, Inc.	7.0

【子会社・関連会社】(19/12/31)

	(%)
寶斯特有限公司	100.0
East Jean Ltd.	100.0
佐丹奴有限公司	100.0

【売上・利益構成】(19/12)(%)

	売上構成比	前年比	利益構成比	前年比
衣料品販売	94.8	-11.2	90.9	-40.2
海外フランチャイズ	5.2	-22.9	9.1	-28.6

【業績】［香港会計基準］(百万HK$)　※予想：ファクトセット

【前号予想との比較】　↓ 大幅減額

	売上高	営業利益	純利益	前年比(%)	EPS(HK$)	1株配(HK$)	株配・無償（株）
2016/12	5,145.00	568.00	434.00	1.9	0.277	0.2750	
2017/12	5,412.00	689.00	500.00	15.2	0.318	0.3500	
2018/12	5,509.00	625.00	480.00	-4.0	0.305	0.3350	
2019/12	4,852.00	397.00	230.00	-52.1	0.146	0.1460	
2020/12予	4,161.00	168.50	126.80	-44.9	0.113	0.1150	【株式分割・併合等】
2021/12予	4,451.50	349.50	265.66	109.5	0.202	0.2020	
2018/6中間	2,860.00	348.00	254.00	3.7	0.162	0.1700	
2019/6中間	2,542.00	259.00	161.00	-36.6	0.102	0.1020	

【本社】香港九龍長沙湾道777-779号天安工業大厦5楼　【TEL】852-27464668【URL】www.giordano.com
【役員】会長：劉国権(Lau Kwok Kuen Peter)【上場】1991年6月　【決算期】12月　【従業員】7,900

輸送用機器

勝獅貨櫃

シンガマス・コンテナ

勝獅貨櫃企業有限公司
Singamas Container Holdings Ltd.
【指数構成銘柄】— 【その他上場】—

メインボード

[00716/week/(2018/11/30 - 2020/05/08)]

評価	株価	年間騰落率	最低売買価格
—	0.430 HK$	-66.4 %	11,799 円

PER		予想配当利回り	PBR
予想 —	実績 —	—	0.3 倍

コンテナ製造大手 汎用品のドライコンテナや折りたたみコンテナ、オープントップ・コンテナ、タンクコンテナといった特殊製品を製造。上海や宜興など中国5カ所に製造拠点を置く。コンテナの集積・修理拠点を大連や天津、香港など9都市の10カ所に配置。アモイには物流サービス子会社を置く。地域別売上比率は米国24%、韓国15%、香港15%、シンガポール13%など（19年12月期）。支配株主はシンガポール企業のPIL。

19年12月本決算：赤字転落 売上高が前年比6割減り、3年ぶりの赤字。一般コンテナ製造子会社を19年8月に売却した上、米中貿易摩擦も痛手。19年のコンテナ販売量は60%減の34万300TEUで、平均販売価格は前年の2157米ドルから1779米ドルへ低下した。売上高の96%を稼ぐコンテナ製造事業の部門損益は9200万米ドルの赤字に転落。恵州太平貨櫃有限公司の売却益6600万米ドルを除いた税引き前損失は9960万米ドル（前年は1790万米ドルの利益）。物流事業の部門利益は半減。

今後の見通し 事業の中核を高単価で利幅の大きい特殊コンテナ製造に移す経営戦略を進める。汎用品ドライコンテナの生産能力（20年3月時点で16万TEU）は減退する見通し。事業縮小を防ぐため、顧客層の重心を海運・リース企業からコンテナ取引企業へ移す戦略。

【株価推移】

	高値		安値	
2016年	0.980	11/18	0.660	02/25
2017年	2.050	09/21	0.830	01/03
2018年	1.650	01/29	0.930	08/20
2019年	1.520	03/20	0.850	10/31
2020年	0.900	01/14	0.385	04/06

【株価情報】

取引単位(株)	2,000	A株株価	—
時価総額(mHK$)	1,039.3	A株格差(倍)	—

【指標】(%)

		19/12	18/12
収益性	ROA	—	5.2
	ROE	—	11.0
	粗利益率	—	—
成長性	増収率	-60.6	22.4
	増益率(営利)	—	—
	自己資本増加率	-19.9	14.4
安全性	BPS (US$)	0.2	0.3
	負債比率	21.1	107.2
	流動比率	267.8	171.3
	株主資本比率	78.1	46.9

【財務】(百万US$)

	19/12	18/12
流動資産	275.8	823.4
総資産	673.4	1,400.0
流動負債	103.0	480.8
総負債	110.7	704.2
株主資本	525.8	656.7

【CF】(百万US$)

	19/12	18/12
営業CF	-34.4	-52.9
投資CF	345.4	3.4
財務CF	-311.7	-64.3
FCF	311.0	-49.5
現金同等物	119.0	119.9

【株式】(19/12/31) (百万株)

総数	2,416.9
流 —	
通 —	
100.0%	
非流通	0.0%

【主要株主】(19/12/31) (%)

PIL Holdings Pte. Ltd.	41.1
Wellington Management Group LLP	11.0

【子会社・関連会社】(19/12/31) (%)

天津太平貨櫃有限公司	97.0
上海宝山太平貨櫃有限公司	77.2
上海勝獅冷凍貨櫃有限公司	100.0

【売上・利益構成】(19/12) (%)

	売上構成比	前年比	利益構成比	前年比
コンテナ製造	96.0	-61.6	—	—
物流サービス	4.0	3.2	100.0	-45.0

【業績】 [香港会計基準] (百万US$) ※予想：—

	売上高	営業利益	純利益	前年比(%)	EPS (US$)	1株配 (HK$)
2016/12	916.43	—	-59.43	—	-0.025	—
2017/12	1,476.67	—	41.45	—	0.017	0.0400
2018/12	1,807.82	—	72.25	74.3	0.030	0.0700
2019/12	712.21	—	-110.23	—	-0.046	0.1300
2020/12予	—	—	—	—	—	
2021/12予	—	—	—	—	—	
2018/6中間	969.22	—	-2.10	—	-0.001	—
2019/6中間	584.03	—	-50.33	—	-0.021	—

【前号予想との比較】 —

【株式分割・併合等】

【登記】香港九龍海浜道135号宏基資本大厦19楼 【TEL】852-25987831 【URL】www.singamas.com
【役員】会長：張松声(Teo Siong Seng) 【上場】1993年7月 【決算期】12月 【従業員】2,108

山東新華製薬

シャンドン・シンフア・ファーマ

山東新華製薬股份有限公司
Shandong Xinhua Pharmaceutical Co.,Ltd.

【指数構成銘柄】— 【その他上場】深センA（000756）

評価	H株株価	年間騰落率	最低売買価格
—	**4.090** HK$	**-1.0** %	**112,230** 円

	PER		予想配当利回り	PBR
予想 —	実績	**7.7** 倍	—	**0.8** 倍

山東省政府系の原薬メーカー 山東省国有資産監督管理委員会が実質支配者。解熱鎮痛剤の製造と輸出でアジア最大級。アナルジン、イブプロフェン、アスピリン、カフェインなどの化学原薬や、ラベプラゾールナトリウム錠などの製剤、医薬中間体を生産する。合弁相手の米ペリゴ、独バイエル、三菱商事などが主要顧客（18年12月期）。地域別の売上比率は中国が67%、米州が13%、欧州が11%（19年12月期）。

19年12月本決算：増収増益 売り上げが順調に伸びたことに加え、市場開拓の強化と製品構成の最適化が奏功。粗利益率は33.4%と前年から3.3ポイント改善した。販売費が20%、管理費が18%、研究開発費が26%増えたものの、増収効果で吸収した。部門別では、製剤が23%増益と業績をけん引。力を入れている旗艦製品が高い伸びを確保した。原薬も21%増益と好調。売上高は小幅増だが、粗利益率が5.7ポイント改善した。

今後の計画 売り上げ成長の加速と収益力の強化を図る。20年は後発薬の同等性承認5件の取得などを目指すほか、海外有力メーカーとの連携を強化する。また、現代医薬国際協力センターの全面商用化を早期に実現したい考え。20年1〜3月期決算は売上高が前年同期比5%増の17億600万元、純利益が13%増の8600万元。

【株価推移】

	高値		安値	
2016年	4.923	08/16	2.708	01/18
2017年	7.908	10/26	4.000	01/04
2018年	7.077	01/04	3.330	12/28
2019年	4.920	04/10	3.320	08/15
2020年	5.390	01/29	3.560	03/19

【株価情報】

取引単位（株）	2,000	A株株価（元）	10.500
H株時価総額（mHK$）	797.6	A株格差（倍）	2.8

【指標】(%)

		19/12	18/12
収益性	ROA	4.7	4.3
	ROE	10.1	9.5
	粗利益率	33.4	30.1
成長性	増収率	6.9	16.1
	増益率（営利）	12.4	22.3
	自己資本増加率	10.1	8.7
安全性	BPS（元）	4.8	4.3
	負債比率	112.0	116.4
	流動比率	97.7	100.9
	株主資本比率	46.1	45.3

【財務】(百万元)

	19/12	18/12
流動資産	2,428.4	2,381.1
総資産	6,436.0	5,952.5
流動負債	2,485.5	2,360.7
総負債	3,325.5	3,137.5
株主資本	2,969.0	2,695.5

【CF】(百万元)

	19/12	18/12
営業CF	348.3	323.9
投資CF	-412.9	-380.9
財務CF	-46.2	44.3
FCF	-64.7	-57.0
現金同等物	577.6	687.2

【株式】(19/12/31)(百万株)

	総数	621.9
流通	H株	31.4%
	A株	64.2%
		95.6%
非流通		4.4%

【主要株主】(19/12/31)

	(%)
華魯控股集団有限公司	36.5
巨能資本管理有限公司	3.8
斉魯民生2号集合資産管理計画	1.4

【子会社・関連会社】(19/12/31)

	(%)
シ博新華大薬店連鎖有限公司	100.0
シ博新華-百利高製薬有限責任公司	50.1
新華製薬（寿光）有限公司	100.0

【売上・利益構成】(19/12)(%)

	売上構成比	前年比	利益構成比	前年比
製剤	46.3	17.2	46.4	23.2
化学原薬	42.6	2.9	48.5	21.2
医薬中間体・その他製品	11.2	-12.2	5.1	-22.9

【業績】[中国会計基準](百万元) ※予想:—

	売上高	営業利益	純利益	前年比(%)	EPS(元)	1株配(元)	株配・無償(株)
2016/12	4,014.96	152.42	122.27	47.2	0.270		
2017/12	4,515.72	281.68	209.59	71.4	0.350	0.0800	10:3（無）
2018/12	5,244.64	344.57	255.31	21.8	0.410	0.1000	
2019/12	5,606.02	387.44	299.97	17.5	0.480	0.1200	
2020/12予							
2021/12予							
2018/6中間	2,687.68	166.13	123.36	15.5	0.200		
2019/6中間	3,099.90	199.46	147.47	19.5	0.240		

【前号予想との比較】

【株式分割・併合等】

【登記】山東省シ博市高新技術産業開発区化工区 【TEL】86-533-2196024 【URL】www.xhzy.com

【役員】会長：張代銘（Zhang Daiming）【上場】1996年12月 【決算期】12月 【従業員】6,399

中国電信

チャイナ・テレコム

中国電信股份有限公司
China Telecom Corp.,Ltd.

【指数構成銘柄】中国企業　【その他上場】ADR

評価	H株株価	年間騰落率	最低売買価格
C	2.590 HK$	-34.9 %	71,070 円

PER		予想配当利回り	PBR
予想 9.5 倍　実績 9.4 倍		4.7 %	0.5 倍

中国の固定通信最大手 固定電話や携帯電話の音声通信サービス、インターネット接続サービスを手掛ける総合通信事業者。固定電話やインターネット接続サービスで世界最大規模を誇る。4GはTD-LTE、FDD-LTE規格を扱う。19年末の契約数は固定電話が1億1085万件、インターネットが1億5313万件。携帯電話は3億557万件、うち4Gが2億8124万件、5Gが461万件。19年6月、親会社が5G商業サービス免許を取得した。

19年12月本決算：小幅減益 端末などの販売収入が目減りする中で、全体の売り上げが縮小。支払利息の増大も利益を圧迫した。ただ、ネットワーク運営コストの減少などにより、営業費用は0.5％縮小。この結果、EBITDAは13％増の1172億1500万元に伸び、EBITDAマージンは29.7から32.8％に改善した。通信サービス収入は2％増、うちモバイル通信サービス収入は5％増の安定成長。ユーザーの増加に加え、データ関連収入の高成長が寄与した。携帯契約の年間純増数は3257万件。

最近の動向 19年末時点で利用できる5G基地局はチャイナ・ユニコム（00762）との共同整備を含めて6万カ所。20年末までに基地局数を30万カ所に増やす計画。20年1～3月期決算は売上高が前年同期比1％減の947億9300万元、純利益が2％減の58億2200万元。

【株価推移】

	高値		安値	
2016年	4.340	04/14	3.280	01/21
2017年	4.200	10/10	3.530	03/07
2018年	4.300	12/03	3.240	03/23
2019年	4.530	02/25	2.910	12/03
2020年	3.320	01/20	2.010	03/19

【株価情報】

取引単位(株)	2,000	A株株価	—
H株時価総額(mHK$)	35,942.5	A株格差(倍)	—

【指標】(%)

		19/12	18/12
収益性	ROA	2.9	3.2
	ROE	5.8	6.2
	粗利益率	—	—
成長性	増収率	-0.4	3.0
	増益率(営利)	1.2	5.5
	自己資本増加率	2.8	5.3
安全性	BPS(元)	4.4	4.2
	負債比率	98.7	93.1
	流動比率	27.7	28.2
	株主資本比率	50.1	51.7

【財務】(百万元)

	19/12	18/12
流動資産	73,182.0	73,005.0
総資産	703,131.0	663,382.0
流動負債	264,661.0	258,920.0
総負債	348,091.0	319,283.0
株主資本	352,510.0	343,069.0

【CF】(百万元)

	19/12	18/12
営業CF	112,600.0	99,298.0
投資CF	-77,214.0	-85,954.0
財務CF	-31,288.0	-16,283.0
FCF	35,386.0	13,344.0
現金同等物	20,791.0	16,666.0

【株式】(19/12/31) (百万株)

総数		80,932.4
流通	H株	17.1%
	—	—
		17.1%
非流通		82.9%

【主要株主】(19/12/31) (%)

中国電信集団有限公司	70.9
広東省広晟資産経営有限公司	6.9
Citygroup Inc.	1.8

【子会社・関連会社】(19/12/31) (%)

中国電信集団系統集成有限責任公司	100.0
中国電信国際有限公司	100.0
中国鉄塔股フン有限公司(00788)	20.5

【売上・利益構成】(19/12)(%)

	売上構成比	前年比	利益構成比	前年比
インターネット	52.5	3.3	—	—
情報・付加価値サービス	23.3	5.0	—	—
音声サービス	12.0	-11.1	—	—

【業績】[国際会計基準](百万元) ※予想：ファクトセット

【前号予想との比較】 ↘ 減額

	売上高	営業利益	純利益	前年比(%)	EPS(元)	1株配(HK$)	株配・無償(株)
2016/12	352,534.00	27,220.00	18,018.00	-10.2	0.220	0.1050	
2017/12	366,229.00	27,220.00	18,617.00	3.3	0.230	0.1150	
2018/12	377,124.00	28,714.00	21,210.00	13.9	0.260	0.1250	
2019/12	375,734.00	29,070.00	20,510.00	-3.3	0.250	0.1250	
2020/12予	383,719.75	28,723.48	19,829.28	-3.4	0.249	0.1220	【株式分割・併合等】
2021/12予	396,004.90	29,629.76	21,329.19	7.6	0.265	0.1290	
2018/6中間	193,029.00	19,157.00	13,570.00	8.1	0.170	—	
2019/6中間	190,488.00	19,944.00	13,909.00	2.5	0.170	—	

【登記】北京市西城区金融大街31号 【TEL】86-10-58501800 【URL】www.chinatelecom-h.com

【役員】会長：柯瑞文(Ke Ruiwen) 【上場】2002年11月　【決算期】12月　【従業員】281,215

深セン投控湾区発展

シェンジェン・インベストメント・ホールディングス・ベイエリア・デベロプメント

深セン投控湾区発展有限公司
Shenzhen Investment Holdings Bay Area Development Co.,Ltd.

【指数構成銘柄】 ― 【その他上場】ADR、香港R(80737)

[00737/week/(2018/11/30 - 2020/05/08)]

評価	株価	年間騰落率	最低売買価格
―	**2.870** HK$	**-27.3** %	**19,688** 円

PER		予想配当利回り	PBR
予想 **21.7** 倍 実績 **13.1** 倍		**4.8** %	**1.7** 倍

有料道路の管理運営会社 珠江デルタ地域で高速道路の管理運営事業に投資する。運営道路の総延長距離は221km。主力道路は通行料収入の7割を占める「広深高速公路」（広州－深セン：全長123km）と「珠江デルタ西岸幹道(広州－珠海：全長98km)」。高速道路を運営する共同出資会社2社は連結対象ではないため、売上高は計上されず、持ち分法が適用される。親会社だった合和実業は18年4月に持ち株を政府系の深セン市投資控股に売却。同年8月には万科企業（02202）と中国太平保険（00966）が資本参加し、第2-3位株主となった。

19年12月本決算：実質小幅増益 18年12月本決算が6カ月の変則決算で、18年1－12月実績との比較では2%増益。為替要因を除くと4%減益となる。主力の広深高速の1日当たり通行料収入が884万元と18年1－12月実績比で3%減少。ETC普及策の一環で通行料割引率が引き上げられたことや、周辺地域で新たな道路が複数開通したことが響いた。一方、珠江デルタ西岸幹道は1日通行料収入が5%増の415万元と安定成長をみせた。

最近の動向 直近では新型コロナ流行を受けた当局の政策が逆風に。中国政府は20年2月17日付で全国の高速道路を含むすべての有料道路を無料化したが、5月6日に同措置を解除し、料金徴収が再開された。

【株価推移】

	高値		安値	
2016年	4.870	10/27	3.450	01/21
2017年	5.200	10/17	4.020	01/17
2018年	5.000	01/02	3.830	11/01
2019年	4.380	07/24	3.690	06/03
2020年	3.810	01/02	2.470	03/23

【株価情報】

取引単位(株)	500	A株株価	―
時価総額(mHK$)	8,844.5	A株格差(倍)	―

【指標】(%)

		19/12	18/12
収益性	ROA	11.7	6.1
	ROE	12.6	6.3
	粗利益率	―	―
成長性	増収率	―	―
	増益率(営利)	―	―
	自己資本増加率	0.1	-6.0
安全性	BPS(元)	1.6	1.6
	負債比率	7.7	1.7
	流動比率	17.2	1,241.4
	株主資本比率	92.4	97.7

【財務】(百万元)

	19/12	18/12
流動資産	50.7	140.8
総資産	5,244.5	4,950.7
流動負債	293.8	11.3
総負債	374.4	81.2
株主資本	4,846.1	4,839.2

【CF】(百万元)

	19/12	18/12
営業CF	-38.6	-14.1
投資CF	302.1	456.6
財務CF	-359.4	-1,001.9
FCF	263.5	442.5
現金同等物	49.8	140.1

【株式】(19/12/31)(百万株)

総数	3,081.7	
流通		100.0%
非流通		0.0%

【主要株主】(19/12/31)

	(%)
深セン市投資控股有限公司	71.8
万科企業股フン有限公司（02202）	9.9
中国太平保険控股有限公司（00966）	9.5

【子会社・関連会社】(19/12/31)

	(%)
合和広珠高速公路発展有限公司	100.0
合和中国発展（高速公路）有限公司	97.5
冠佳（英属維爾京群島）有限公司	97.5

【売上・利益構成】(19/12)(%)

	売上構成比	前年比	利益構成比	前年比
広深高速公路	65.7	89.6	72.1	82.7
珠江デルタ西岸幹道	34.3	95.0	27.9	114.3

【業績】 [国際会計基準](百万元) ※予想：ファクトセット

【前号予想との比較】 ↓ 大幅減額

	売上高	営業利益	純利益	前年比(%)	EPS(元)	1株配(元)	株配・無償(株)
2017/6	―	―	622.67	21.8	0.202	0.3020	
2018/6	―	―	656.20	5.4	0.213	0.3130	
2018/12*	―	―	304.05	-53.7	0.099	0.0990	
2019/12	―	―	612.03	101.3	0.199	0.1990	
2020/12予	1,762.00	642.00	381.50	-37.7	0.120	0.1250	【株式分割・併合等】
2021/12予	2,473.00	1,248.00	688.00	80.3	0.220	0.2150	
2018/6中間	―	―	297.35	11.2	0.097	0.1160	
2019/6中間	―	―	303.19	2.0	0.098	0.0980	

【本社】香港湾仔皇后大道東183号合和中心63楼63-02室 【TEL】852-25284975 【URL】www.sihbay.com

【役員】会長：劉征宇（Zhengyu Liu）【上場】2003年8月 【決算期】12月 【従業員】36

【備考】決算期変更で18年12月期は6カ月の変則決算。売上・利益構成は共同事業の実績を記載

建設・プラント

メインボード

中国水発興業能源集団

チャイナ・シュイファ・シンイエ・エナジー

中国水発興業能源集団有限公司
China Shuifa Singyes Energy Holdings Ltd.
【指数構成銘柄】― 【その他上場】―

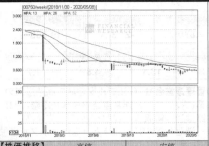

[00750/week(2018/11/30～2020/05/08)]

評価	株価	年間騰落率	最低売買価格
―	0.560 HK$	-43.4 %	7,683 円

PER		予想配当利回り	PBR
予想 ― 実績 ―		―	0.3 倍

中国のソーラー建築大手 建物の外壁や屋根と太陽光発電装置を一体化させた建物一体型太陽光発電（BIPV）工事で中国大手。カーテンウオールの設計・施工を専門としていたが、07年に太陽電池メーカーとの提携でBIPV事業に参入した。10年に国内初の「BIPVモデル企業」に認定されるなど業界の先駆け。カーテンウオール事業は公共施設、オフィスビル、高級住宅の3分野で展開する。電力販売事業も手掛ける。

19年12月本決算：赤字拡大 銀行借入金など債務不履行の余波で業績が低迷した。運転資金の調達が困難になり、納期の遅延が頻発。取引条件が悪化し、全体の粗利益率は14.1％から0.9％に低下した。資産の劣化で減損損失が35％増の4億4100万元に膨らんだことも痛手。金融費用の大幅減額も実現せず、赤字が膨らんだ。事業別では太陽光発電装置のEPCが苦戦。契約価格の引き下げなどが響き、前年の3億6600万元の黒字から6000万元の赤字に転落した。カーテンウオール事業は95％減益。資金不足に伴う工期の延長でコストが増大した。

最近の動向 19年11月に山東省政府系の水発集団に新株16億8700万株（増資後発行済み株式の66.9％）を割り当て、正味15億5000万HKドルを調達。調達した資金を債務再編の費用に充てた。20年4月に現社名に変更。

【株価推移】

	高値		安値	
2016年	5.625	01/04	2.460	06/24
2017年	4.060	02/15	2.420	09/04
2018年	3.660	01/05	2.100	10/12
2019年	2.150	01/02	0.560	08/23
2020年	0.850	01/02	0.345	03/19

【株価情報】

取引単位(株)	1,000	A株株価	―
時価総額(mHK$)	1,411.8	A株格差(倍)	―

【指標】(%)

		19/12	18/12
収益性	ROA	―	―
	ROE	―	―
	粗利益率	0.9	14.1
成長性	増収率	-25.1	-22.2
	増益率(営利)	―	―
	自己資本増加率	9.4	-18.4
安全性	BPS(元)	1.6	4.3
	負債比率	201.6	214.6
	流動比率	219.3	88.1
	株主資本比率	32.9	31.5

【財務】(百万元)

	19/12	18/12
流動資産	7,274.7	6,571.9
総資産	11,957.3	11,397.1
流動負債	3,317.6	7,460.3
総負債	7,920.5	7,705.4
株主資本	3,928.7	3,590.9

【CF】(百万元)

	19/12	18/12
営業CF	62.8	-763.3
投資CF	65.5	165.0
財務CF	716.1	-491.6
FCF	128.3	-598.2
現金同等物	1,100.8	255.6

【株式】(19/12/31)(百万株)

総数		2,521.1
流通	―	
	―	
	―	100.0%
非流通		0.0%

【主要株主】(19/12/31) (%)

水発集団有限公司	74.1
Strong Eagle Holdings Ltd.	8.1
華融国際金融控股有限公司（00993）	5.2

【子会社・関連会社】(19/12/31) (%)

湖南興業太陽能科技有限公司	100.0
珠海キン業電力有限公司	100.0
興業節能科技有限公司	100.0

【売上・利益構成】(19/12)(%)

	売上構成比	前年比	利益構成比	前年比
ソーラーEPC	42.9	-28.8	―	―
カーテンウオール	33.0	-23.4	2.1	-95.2
物品販売	14.9	-22.2	33.6	-25.4

【業績】 [国際会計基準] (百万元) ※予想：―

	売上高	営業利益	純利益	前年比(%)	EPS(元)	1株配(HK$)	株配・無償(株)
2016/12	5,239.56	―	501.96	41.0	0.661	0.0700	5:1@2.6HK$
2017/12	5,675.39	―	143.80	-71.4	0.172	0.0300	
2018/12	4,416.56	―	-678.80	―	-0.814	―	
2019/12	3,306.52	―	-995.23	―	-1.004	―	
2020/12予	―	―	―	―	―		【株式分割・併合等】
2021/12予	―	―	―	―	―		
2018/6中間	3,019.79	―	228.48	185.7	0.274		
2019/6中間	1,148.38	―	-468.02	―	-0.581		

【前号予想との比較】 ―

【本社】香港干諾道中168-200号信徳中心招商局大厦31楼3108室 【TEL】852-25488231 【URL】www.singyessolar.com

【役員】会長：鄭清濤(Zheng Qingtao) 【上場】2009年1月 【決算期】12月 【従業員】1,440

創維集団

スカイワース・グループ

創維集団有限公司
Skyworth Group Ltd.

【指数構成銘柄】― 【その他上場】―

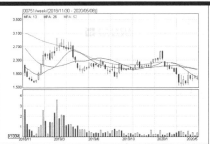

評価	株価	年間騰落率	最低売買価格
C	1.760 HK$	-17.0 %	48,294 円

	PER		予想配当利回り	PBR
予想 6.7 倍	実績 6.5 倍		4.9 %	0.3 倍

中国の大手テレビメーカー 「創維（Skyworth）」ブランドでテレビやセットトップボックスを生産。有機ELテレビの中国市場でのシェアは40％（19年、AVC調べ）でトップブランドの地位を築いた。ネットテレビなどの運営を手掛ける傘下の深セン市酷開網絡にはテンセント（00700）や百度（BIDU）が出資する。セットトップボックスは深セン上場の創維数字（000810）を通じて生産。エアコンなどのスマート家電も生産する。

19年12月本決算：増収増益 決算期変更後はじめての本決算（前年は9カ月の変則決算）。18年1－12月実績との比較では4％減収、23％増益となる。主力のマルチメディア部門ではテレビ販売台数が1581万台と18年1－12月実績比で3％増加。国内市場の競争激化や米中貿易摩擦で国内外ともに伸びを欠いた一方、「酷開」の付加価値サービスが拡大した。スマートシステム部門では通信キャリアと5G関連で提携し、セットトップボックスなどの売り上げが大幅に増加した。スマート家電部門は堅調。全体の粗利益率は1.4ポイント改善した。

最新動向 新型コロナウイルス感染による経営への影響が懸念材料。生産・販売活動のほか、債権回収や在庫調整などの対応に注力する。IT大手と協力してスマートホームやスマートシティー事業の拡大を図る。

【株価推移】

	高値		安値	
2016年	6.450	07/11	3.810	01/27
2017年	5.550	03/17	2.950	12/15
2018年	4.440	03/16	1.620	12/28
2019年	2.950	03/06	1.620	01/03
2020年	2.570	01/16	1.510	03/17

【株価情報】

取引単位（株）	2,000	A株株価 ―
時価総額(mHK$)	5,387.2	A株格差（倍） ―

【指標】(%)

		19/12	18/12
収益性	ROA	1.6	0.9
	ROE	4.7	2.7
	粗利益率	20.1	18.7
成長性	増収率	23.5	-23.1
	増益率（営利）	―	―
	自己資本増加率	3.4	3.7
安全性	BPS（元）	5.2	5.1
	負債比率	183.8	179.7
	流動比率	128.4	135.8
	株主資本比率	33.6	34.3

【財務】(百万元)

	19/12	18/12
流動資産	33,365.0	32,764.0
総資産	47,538.0	45,160.0
流動負債	25,977.0	24,128.0
総負債	29,395.0	27,805.0
株主資本	15,992.0	15,470.0

【CF】(百万元)

	19/12	18/12
営業CF	898.0	-2,477.0
投資CF	-1,580.0	-789.0
財務CF	2,109.0	-634.0
FCF	-682.0	-3,266.0
現金同等物	4,806.0	3,314.0

【株式】(19/12/31) (百万株)

総数	3,060.9	
流通		100.0 %
非流通		0.0 %

【主要株主】(19/12/31) (%)

林衛平	40.8

【子会社・関連会社】(19/12/31) (%)

創維数字股フン有限公司（000810）	57.8
深セン創維－RGB電子有限公司	100.0
深セン市酷開網絡科技有限公司	56.8

【売上・利益構成】(19/12) (%)

	売上構成比	前年比	利益構成比	前年比
マルチメディア機器	57.7	15.3	19.7	-10.7
スマートシステム	25.7	46.0	39.5	192.7
スマート家電	11.5	85.7	5.5	94.2

【業績】[香港会計基準] (百万元) ※予想:ファクトセット

【前号予想との比較】 ↘ 減額

	売上高	営業利益	純利益	前年比(%)	EPS（元）	1株配(HK$)	株配・無償（株）
2017/3	42,845.00	―	1,310.00	-39.6	0.446	0.1460	
2018/3	39,271.00	―	459.00	-59.7	0.152	0.0900	
2018/12*	30,192.00	―	420.00	-8.5	0.139	0.0600	
2019/12	37,277.00	―	747.00	77.9	0.246	―	
2020/12予	38,600.00	2,097.00	722.00	-3.3	0.240	0.0870	【株式分割・併合等】
2021/12予	43,601.00	2,277.00	851.00	17.9	0.280	0.1090	
2019/9中間	18,722.00	―	187.00	―	0.062	―	
2019/6中間	17,230.00	―	181.00	-3.2	0.060	―	

【本社】香港ソク魚涌華蘭路20号華蘭中心1601-04室 【TEL】852-22904620 【URL】www.skyworth.com
【役員】会長：頼偉徳(Lai Weide) 【上場】2000年4月 【決算期】12月 【従業員】36,000
【備考】決算期変更により18年12月期は9カ月の変則決算。業績は17年3月本決算が香港ドル。

運輸・倉庫

中国国際航空
エアチャイナ

中国国際航空股份有限公司
Air China Ltd.

【指数構成銘柄】— 【その他上場】上海A(601111)、ロンドン

メインボード

[00753/week/(2018/11/30 - 2020/05/08)]

評価	H株株価	年間騰落率	最低売買価格
E	5.110 HK$	-38.4 %	140,218 円

PER		予想配当利回り	PBR
予想 — 実績 9.9 倍		0.1 %	0.7 倍

H株

【株価推移】

	高値		安値	
2016年	6.470	08/17	4.300	02/11
2017年	9.800	12/20	4.940	01/03
2018年	12.860	02/05	5.870	10/30
2019年	11.200	04/04	6.090	01/04
2020年	8.390	01/03	4.700	03/23

【株価情報】

取引単位(株)	2,000	A株株価(元)	6.960
H株時価総額(mHK$)	23,315.3	A株格差(倍)	1.5

【指標】(%)

		19/12	18/12
収益性	ROA	2.2	3.0
	ROE	6.9	7.9
	粗利益率		
成長性	増収率	-0.4	12.7
	増益率(営利)	2.1	22.0
	自己資本増加率	0.3	8.3
安全性	BPS(元)	6.4	6.4
	負債比率	206.4	153.7
	流動比率	31.8	32.7
	株主資本比率	31.8	38.2

【財務】(百万元)

	19/12	18/12
流動資産	24,816.9	23,726.1
総資産	294,206.4	243,657.1
流動負債	77,972.8	72,539.9
総負債	192,876.9	143,159.1
株主資本	93,458.7	93,157.3

【CF】(百万元)

	19/12	18/12
営業CF	33,599.3	28,683.2
投資CF	-11,966.6	-8,949.7
財務CF	-19,510.4	-18,647.2
FCF	21,632.7	19,733.5
現金同等物	8,935.3	6,763.2

中国のナショナルフラッグ 北京首都国際空港を拠点に世界43カ国・地域の187都市に就航。国際線に強みを持ち、19年末の運航路線数は770(国際線137、域内27、国内606)。運航機体数は699機、平均機齢は6.96年。傘下に山東航空(200152)、マカオ航空などを抱え、06年からキャセイ・パシフィック(00293)と資本・業務提携。18年に貨物事業を売却して旅客事業に経営資源を集中。スターアライアンスに加盟する。

19年12月本決算：減収減益 リースに絡む新会計基準の適用で支払利息が1.7倍に膨らんだほか、関連会社やジョイントベンチャーに絡む利益の減少が響いた。事業規模の拡大で発着料や停留料は7%増加したが、調達価格の下落で燃油コストが7%減少し、営業ベースでは2%増益を確保。旅客輸送事業は3%増収と安定成長。旅客数は5%増の1億1500万人、座席利用率は0.42ポイント上昇の81.02%だった。貨物輸送事業は中国国際貨運航空が連結対象から外れた影響もあり50%減収。

今後の計画 新型コロナウイルスについて、会社側は打撃が大きく、短期的に損失は避けられないとみる。20年1-3月期(中国会計基準)は売上高が前年同期比47%減の172億5600万元、純損益は48億500万元の赤字に転落。同期の旅客数は52%減の1371万3600人。

【株式】(19/12/31)(百万株)(流通)

総数	14,524.8		
流通	H株	31.4%	
	A株	65.1%	
	—		96.5%
非流通		3.5%	

【主要株主】(19/12/31) (%)

中国航空集団有限公司	51.7
国泰航空有限公司(00293)	18.1

【子会社・関連会社】(19/12/31) (%)

澳門航空股フン有限公司	66.9
山東航空股フン有限公司(200152)	22.8
国泰航空有限公司(00293)	30.0

【売上・利益構成】(19/12)(%)

	売上構成比	前年	利益構成比	前年
航空輸送	97.9	-1.3	90.4	-10.4
その他	2.1	75.8	9.6	50.6

【業績】 [国際会計基準](百万元) ※予想：ファクトセット　【前号予想との比較】 ↓ 大幅減額

	売上高	営業利益	純利益	前年比(%)	EPS(元)	1株配(元)	株配・無償(株)
2016/12	115,144.69	17,532.58	6,809.16	-3.6	0.554	0.1077	
2017/12	121,362.90	11,755.71	7,244.32	6.4	0.538	0.1150	
2018/12	136,774.40	14,346.33	7,350.66	1.5	0.535	0.1033	
2019/12	136,180.69	14,641.92	6,420.29	-12.7	0.467	0.0442	
2020/12予	96,765.36	-2,634.83	-3,246.31	—	-0.258	0.0050	**【株式分割・併合等】**
2021/12予	140,034.60	15,495.61	8,865.00	—	0.619	0.1110	
2018/6中間	64,242.32	6,641.44	3,476.16	4.1	0.253		
2019/6中間	65,313.09	6,742.37	3,144.22	-9.5	0.229		

【登記】北京市順義区空港工業区天柱路28号藍天大厦 【TEL】86-10-61462560 【URL】www.airchina.com.cn
【役員】会長：蔡剣江(Cai Jianjiang) 【上場】2004年12月 【決算期】12月 【従業員】89,824

中国聯合網絡通信（香港）

通信

中国聯合網絡通信（香港）股份有限公司
China Unicom (Hong Kong) Ltd.

チャイナ・ユニコム　【指数構成銘柄】ハンセン、中国企業、レッドチップ　【その他上場】ADR

評価	株価	年間騰落率	最低売買価格
C	**4.980** HK$	**-44.5** %	**136,651** 円

PER		予想配当利回り	PBR
予想 **11.5** 倍　実績 **12.2** 倍		**3.5** %	**0.4** 倍

中国の総合通信キャリア 携帯通信事業のほか、固定電話、ブロードバンド（BB）事業を展開。08年の業界再編で中国網通を吸収合併し、親会社から南部中心に21省の固定電話事業を買収。4GはTD-LTE、FDD-LTEの両規格を扱う。国内で最初にiPhoneを導入。19年12月末時点の契約件数は携帯電話が3億1800万件で、うち4Gが2億5400万件。固定電話が5400万件、BBが8300万件。19年6月、親会社が5G商業サービス免許を取得した。

19年12月本決算：減収増益 4G市場の飽和や競争の激化で経営環境が厳しい中、通信サービス収入は0.3％の微増にとどまったが、リース会計処理の変更による影響やコスト抑制などを通じて2桁増益を確保。端末補助金を17％削減したことも寄与した。部門別では移動通信サービスが5％減収と苦戦。4G契約数は3400万件の純増で4G比率は約8割まで上昇したが、ARPUの低下が響いた。通信製品販売も4％減収と落ち込んだ。

最近の動向 建設コスト削減を目的にチャイナ・テレコム（00728）と5G通信網の共同建設を推進。19年末時点の5G基地局は6万局を超えた。20年6月には中国企業指数の構成銘柄に採用。20年1～3月期決算は売上高が前年同期比1％増の738億2400万元、純利益が14％減の31億6600万元。同期の携帯加入数は747万件の純減。

メインボード　ハンセン　レッドチップ

【株価推移】

	高値		安値	
2016年	10.260	03/31	7.700	06/24
2017年	13.240	08/21	8.670	01/16
2018年	11.940	01/25	8.100	10/31
2019年	10.700	03/29	6.520	12/02
2020年	7.370	01/20	3.840	03/19

【株価情報】

取引単位（株）	2,000	A株株価	
時価総額（mHK$）	152,378.7	A株格差（倍）	

【指標】(%)

		19/12	18/12
収益性	ROA	2.0	1.9
	ROE	3.5	3.2
	粗利益率	—	—
成長性	増収率	-0.1	5.8
	増益率（営利）	—	—
	自己資本増加率	2.0	3.2
安全性	BPS（元）	10.5	10.3
	負債比率	75.5	72.0
	流動比率	40.7	35.3
	株主資本比率	56.9	58.1

【財務】（百万元）

	19/12	18/12
流動資産	83,595.0	75,909.0
総資産	562,499.0	540,320.0
流動負債	205,190.0	214,910.0
総負債	241,744.0	226,034.0
株主資本	320,047.0	313,922.0

【CF】（百万元）

	19/12	18/12
営業CF	93,678.0	92,387.0
投資CF	-59,053.0	-61,179.0
財務CF	-29,765.0	-34,058.0
FCF	34,625.0	31,208.0
現金同等物	34,945.0	30,060.0

【株式】(19/12/31)（百万株）

総数	30,598.1
流通	—
	100.0%
非流通	0.0%

【売上・利益構成】(19/12)(%)

	売上構成比	前年比	利益構成比	前年比
通信サービス	91.0	0.3	—	—
通信製品販売	9.0	-3.9	—	—

【主要株主】(19/12/31) (%)

中国聯通（BVI）有限公司	53.5
中国聯通集団（BVI）有限公司	27.2

【子会社・関連会社】(19/12/31) (%)

中国聯合網絡通信有限公司	100.0
中国聯通（香港）運営有限公司	100.0
中国鉄塔股フン有限公司（00788）	20.7

【業績】［国際会計基準］（百万元）※予想：ファクトセット　　【前号予想との比較】↓ 大幅減額

	売上高	営業利益	純利益	前年比(%)	EPS（元）	1株配（元）	株配・無償（株）
2016/12	274,197.00	—	625.00	-94.1	0.030	—	
2017/12	274,829.00	—	1,828.00	192.5	0.070	0.0520	
2018/12	290,877.00	—	10,197.00	457.8	0.330	0.1340	
2019/12	290,515.00	—	11,330.00	11.1	0.370	0.1480	
2020/12予	296,154.44	12,491.94	11,859.19	4.7	0.393	0.1590	**【株式分割・併合等】**
2021/12予	307,116.47	14,065.53	13,622.76	14.9	0.449	0.1810	
2019/6中間	149,105.00	—	5,912.00	144.8	0.190	—	
2019/6中間	144,954.00	—	11,330.00	0.2	0.220	—	

【登記】香港中環皇后大道中99号中環中心75楼　**【TEL】**852-21262018　**【URL】**www.chinaunicom.com.hk

【役員】会長：王暁初（Wang Xiaochu）　**【上場】**2000年6月　**【決算期】**12月　**【従業員】**243,790

通信用機器

メインボード

H株

中興通訊

ゼットティーイー・コーポレーション

中興通訊股份有限公司
ZTE Corp.

【指数構成銘柄】― 【その他上場】深センA(000063)

評価	H株株価	年間騰落率	最低売買価格
C	**23.700** HK$	**3.0** %	**65,033** 円

PER		予想配当利回り	PBR
予想 **17.4** 倍 実績 **17.7** 倍		**1.2** %	**3.2** 倍

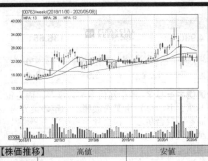
[00763/week(2018/11/30 - 2020/05/08)]

大手通信機器メーカー 総合通信設備製造・ソリューション分野の世界大手で、160カ国以上に製品を供給。通信キャリアや政府機関、企業を顧客に情報通信機器の設計、製造、設置を担い、主力製品は無線・有線通信機器やソフトウエア・システムなど。消費者向けにスマートフォンの開発生産や付加価値サービスも手掛ける。19年12月期の地域別売上比率は中国64%、その他アジア15%、欧米・オセアニア15%、アフリカ6%。

19年12月本決算：黒字転換 イランなどへの違法輸出を理由とした制裁措置の解除条件として、前年に米商務省に和解金10億米ドルを納めた反動で、黒字転換を果たした。売上高は2015-17年当時の1000億元超には届かなかったが、FDDおよび5G設備の販売増を受けたキャリア向け収入の伸びが1桁増収に寄与。粗利益は31.4%から35.1%に上向いた。研究開発費は15%増で、対売上高比率は12.8%から13.8%に上昇。

最近の動向 5Gサービスの本格始動が追い風。すでに世界の通信キャリア70社余りと5Gで提携する。20年1月にA株の第三者割当増資を実施し、正味114億5900万元を調達。5Gネットワーク関連の技術研究や製品開発などに充てる方針。20年1-3月期は売上高が前年同期比3%減の214億8400万元、純利益が10%減の7億8000万元。

【株価推移】

	高値		安値	
2016年	17.860	01/04	9.410	07/07
2017年	33.200	11/22	11.720	02/03
2018年	31.950	01/23	9.560	06/19
2019年	27.700	04/23	13.580	01/04
2020年	36.700	02/25	18.460	03/19

【株価情報】

取引単位(株)	200	A株株価(元)	42.490
H株時価総額(mHK$)	17,905.4	A株格差(倍)	2.0

【指標】(%)

		19/12	18/12
収益性	ROA	3.6	―
	ROE	17.9	―
	粗利益率	35.1	31.4
成長性	増収率	6.1	-21.4
	増益率(営利)	―	―
	自己資本増加率	25.9	-27.6
安全性	BPS(元)	6.8	5.5
	負債比率	358.2	421.0
	流動比率	118.8	105.5
	株主資本比率	20.4	17.7

【財務】(百万元)

	19/12	18/12
流動資産	102,567.2	93,000.9
総資産	141,202.1	129,350.7
流動負債	86,370.5	88,115.3
総負債	103,247.8	96,390.1
株主資本	28,826.9	22,897.6

【CF】(百万元)

	19/12	18/12
営業CF	4,903.4	-9,913.0
投資CF	-6,120.2	-2,431.3
財務CF	8,362.0	3,051.3
FCF	-1,216.8	-12,344.3
現金同等物	28,505.8	21,134.1

【株式】(19/12/31)(百万株)

総数		4,227.5
流通	H株	17.9%
	A株	82.1%
		―
		100.0%
非流通		0.0%

【主要株主】(19/12/31) (%)

中興新通訊有限公司	27.2
中央匯金資産管理有限責任公司	1.2
湖南南天集団有限公司	1.0

【子会社・関連会社】(19/12/31) (%)

深セン市中興康訊電子有限公司	100.0
西安中興新軟件有限責任公司	100.0
中興通訊(香港)有限公司	100.0

【売上・利益構成】(19/12)(%)

	売上構成比	前年比	利益構成比	前年比
通信キャリア事業	73.5	16.7	87.9	32.4
コンシューマー事業	16.6	-21.9	4.9	451.5
政府機関・法人事業	10.0	-2.2	7.1	8.0

【業績】[香港会計基準](百万元)※予想：ファクトセット　　【前号予想との比較】↗ 増額

	売上高	営業利益	純利益	前年比(%)	EPS(元)	1株配(元)	株配・無償(株)
2016/12	101,233.18	―	-2,357.42	―	-0.570		
2017/12	108,815.27	―	4,568.17	―	1.090	0.3300	
2018/12	85,513.15	―	-6,983.66	―	-1.670		
2019/12	90,736.58	―	5,147.88	―	1.220	0.2000	
2020/12予	103,681.37	8,359.44	5,699.26	10.7	1.237	0.2690	【株式分割・併合等】
2021/12予	119,136.86	10,053.81	7,212.36	26.6	1.567	0.3350	
2018/6中間	39,433.78	―	-7,824.19	―	-1.870		
2019/6中間	44,609.22	―	1,470.70	―	―		

【登記】深セン市南山区高新技術産業園科技南路中興通訊大厦 【TEL】86-755-26770282 【URL】www.zte.com.cn

【役員】会長：李自学(Li Zixue) 【上場】2004年12月 【決算期】12月 【従業員】70,066

中国稀土控股

チャイナ・レアアース

中国稀土控股有限公司
China Rare Earth Holdings Ltd.
【指数構成銘柄】― 【その他上場】―

評価	株価	年間騰落率	最低売買価格
―	**0.310** HK$	**-4.6** %	**8,506** 円

PER		予想配当利回り	PBR
予想 ― 実績 **18.7** 倍		―	**0.3** 倍

レアアース製品・耐火材メーカー コンピューター、磁気メモリー、携帯電話機などハイテク製品に汎用されるレアアース製品や高温セラミックなどの耐火製品の生産・販売を手掛ける。レアアース鉱山や採掘権は持たない。レアアース部門は酸化プラセオジムなどの磁性材や酸化ユーロピウムなどの蛍光材を扱う。日本のAGCセラミックスに出資していたが、14年に撤退した。19年12月期の地域別売上比率は中国90％、日本7％。

19年12月本決算：黒字転換 本決算での黒字転換は11年12月期以来、8年ぶり。レアアース価格の上昇で採算が改善し、粗利益率が0.9ポイント上昇した。中国政府が19年5月にミャンマーからのレアアース鉱石輸入を禁止したことで、中国では需給が引き締まり、特に重レアアースの価格が大きく上昇。主力製品の販売量は減少したが、高付加価値製品の販売比率拡大で、製品単価が上がった。事業別ではレアアース製品部門が3500万HK$ドルの利益を計上（前年は1400万HKドルの赤字）。耐火材料部門は値下げ圧力の高まりで減収減益。

今後の計画 垂直統合型のビジネス体制の構築を目指す方針。中国北部に位置するマグネサイト鉱山の買収を決め、査定の完了後にも計画を始動させる。生産機能を持つことで相乗効果を高め、コストの抑制を図る。

【株価推移】

	高値		安値	
2016年	0.710	04/20	0.410	01/21
2017年	0.750	02/16	0.460	07/04
2018年	0.640	01/09	0.255	12/21
2019年	0.870	05/21	0.285	01/30
2020年	0.420	01/07	0.255	03/23

【株式情報】

取引単位(株)	2,000	A株株価	―
時価総額(mHK$)	725.9	A株格差(倍)	―

【指標】(%)

		19/12	18/12
収益性	ROA	1.4	―
	ROE	1.5	―
	粗利益率	7.6	6.7
成長性	増収率	12.9	41.6
	増収益(営利)	4,405.5	―
	自己資本増加率	-0.7	-4.8
安全性	BPS(HK$)	1.1	1.1
	負債比率	5.0	5.8
	流動比率	1,939.2	1,631.1
	株主資本比率	95.0	94.3

【財務】(百万HK$)

	19/12	18/12
流動資産	2,464.8	2,472.3
総資産	2,732.1	2,770.3
流動負債	127.1	151.6
総負債	130.4	151.6
株主資本	2,595.4	2,613.1

【CF】(百万HK$)

	19/12	18/12
営業CF	-156.8	58.3
投資CF	4.6	16.8
財務CF	-1.7	―
FCF	-152.1	75.1
現金同等物	1,479.0	1,666.3

【株式】(19/12/31)(百万株)

総数	2,341.7
流通	―
流通 100.0%	―
非流通 0.0%	―

【主要株主】(19/12/31) (%)

YY Holdings Ltd.（銭元英）	30.2

【子会社・関連会社】(19/12/31) (%)

中国稀土貿易有限公司	100.0
宜興新威利成稀土有限公司	95.0
宜興新威利成耐火材料有限公司	100.0

【売上・利益構成】(19/12)(%)

	売上構成比	前年比	利益構成比	前年比
レアアース製品	67.9	24.8	41.5	―
耐火材料	32.1	-6.0	58.5	-27.3

【業績】[香港会計基準](百万HK$) ※予想：―

前号予想との比較 ―

	売上高	営業利益	純利益	前年比(%)	EPS(HK$)	1株配(HK$)	株配・無償(株)
2016/12	709.12	-94.50	-104.24	―	-0.045	―	
2017/12	637.16	-77.53	-82.84	―	-0.035	―	
2018/12	902.10	0.92	-5.42	―	-0.002	―	
2019/12	1,018.54	41.50	38.89	―	0.017	―	
2020/12予	―	―	―	―	―		
2021/12予	―	―	―	―	―		
2018/6中間	434.63	-9.21	-11.37	―	-0.005	―	
2019/6中間	438.97	16.92	13.94	―	0.006	―	

【株式分割・併合等】

【本社】江蘇省宜興市丁蜀鎮 【TEL】86-510-87454950 【URL】www.creh.com.hk
【役員】会長：銭元英(Qian Yuanying)【上場】1999年10月 【決算期】12月 【従業員】400

IT・ソフトウエア

メインボード

閲文集団

チャイナ・リテラチャー

評価	株価	年間騰落率	最低売買価格
D	37.400 HK$	7.8 %	102,626 円

PER		予想配当利回り	PBR
予想 26.2 倍　実績 30.9 倍		0.0 %	1.8 倍

[00772/week/(2018/11/30 - 2020/05/08)]

オンライン読書サービス事業者 中国語の文芸作品を中心にオンライン読書サービスを提供する。作品数、執筆者数、読者数などで中国最大。19年末時点で1220万の文芸作品、810万人の執筆者を抱える。19年通期の平均月間利用者数は2億2000万人で、有料ユーザー数は980万人に上る。自社の閲覧アプリ「QQ閲読」やウェブサイトを通じて作品を購読する仕組み。親会社のテンセント（00700）のネットワークも活用する。

19年12月本決算：増収増益 オンライン文芸作品事業が頭打ちとなる中、18年10月に買収した新麗伝媒控股の急成長が好決算を支えた。テレビドラマや映画の制作を手掛ける新麗伝媒控股の買収効果で知財・その他部門の売上高が3.8倍、粗利益が3.7倍に急増。19年に放映したドラマシリーズ4本がいずれも人気を集め、原作の文芸作品が読まれるという相乗効果も生まれた。提携先に文芸作品のライセンスを付与するビジネスも順調で、映画やドラマ、アニメ、ゲームなどに160作品のライセンスを提供。一方でオンライン読書サービスは月間利用者数が伸び悩み、小幅ながらも減収減益。

今後の計画 今後も文芸作品をライセンス事業につなげるビジネスモデルの強化を目指す。特に新麗伝媒控股を通じ、ドラマ制作での存在感を一段と高める方針。

【株価推移】

	高値		安値	
2016年	—	—	—	—
2017年	110.000	11/08	75.000	12/07
2018年	91.250	01/05	34.850	12/28
2019年	43.400	02/14	22.950	08/15
2020年	42.000	01/10	25.950	03/17

【株価情報】

取引単位(株)	200	A株株価	—
時価総額(mHK$)	37,861.4	A株格差(倍)	—

【指標】(%)

		19/12	18/12
収益性	ROA	4.2	3.3
	ROE	5.7	4.9
	粗利益率	44.2	50.8
成長性	増収率	65.7	23.0
	増益率(営利)	7.1	81.4
	自己資本増加率	5.4	45.8
安全性	BPS(元)	19.2	18.0
	負債比率	35.3	51.2
	流動比率	206.1	216.4
	株主資本比率	73.9	66.1

【財務】(百万元)

	19/12	18/12
流動資産	12,190.5	14,277.6
総資産	26,250.0	27,834.6
流動負債	5,913.6	6,596.3
総負債	6,839.2	9,419.6
株主資本	19,396.6	18,403.5

【CF】(百万元)

	19/12	18/12
営業CF	782.5	917.7
投資CF	-1,295.0	-176.6
財務CF	-1,929.8	-179.5
FCF	-512.5	741.1
現金同等物	5,931.8	8,342.2

【株式】(19/12/31)(百万株)

総数	1,012.3
流通	—
	100.0%
非流通	0.0%

【主要株主】(19/12/31)(%)

騰訊控股有限公司（00700）	57.1
C-Hero Ltd.	4.1
呉文輝	2.7

【子会社・関連会社】(19/12/31)(%)

新麗電視文化投資有限公司	100.0
上海閲文信息技術有限公司	100.0
盛equity信息技術（天津）有限公司	100.0

【売上・利益構成】(19/12)(%)

	売上構成比	前年比	利益構成比	前年比
知財事業・その他	55.6	283.1	42.9	267.3
オンライン事業	44.4	-3.1	57.1	-0.8

【業績】 [国際会計基準] (百万元) ※予想：ファクトセット　　**【前号予想との比較】** ↗ 増額

	売上高	営業利益	純利益	前年比(%)	EPS(元)	1株配(元)	株配・無償(株)
2016/12	2,556.87	33.32	36.68	—	0.050	—	
2017/12	4,095.07	614.56	556.13	1,416.0	0.740	—	
2018/12	5,038.25	1,114.95	910.64	63.7	1.010	—	
2019/12	8,347.77	1,193.91	1,095.95	20.4	1.100	—	
2020/12予	9,320.40	1,472.41	1,278.34	16.6	1.297	—	**【株式分割・併合等】**
2021/12予	10,293.85	1,678.75	1,467.51	14.8	1.460	—	
2018/6中間	2,282.90	603.87	505.81	138.6	0.580	—	
2019/6中間	2,970.95	527.72	392.72	-22.4	0.390	—	

【本社】上海市浦東新区碧波路690号6号楼　**【TEL】**—　**【URL】** www.yuewen.com
【役員】 会長：James Gordon Mitchell　**【上場】** 2017年11月　**【決算期】** 12月　**【従業員】** 2,000

網龍網絡控股

ネットドラゴン・ウェブソフト

網龍網絡控股有限公司
NetDragon Websoft Holdings Ltd.
【指数構成銘柄】— 【その他上場】—

IT・ソフトウエア

メインボード

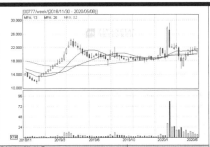
[00777/week/(2018/11/30～2020/05/08)]

評価	株価	年間騰落率	最低売買価格
B	**21.450** HK$	**-4.7** %	**147,147** 円

	PER		予想配当利回り	PBR
予想 **9.6** 倍		実績 **12.8** 倍	**2.0** %	**1.8** 倍

中国のゲーム・オンライン教育会社 主力ゲームの「魔域」は、中国の人気MMORPG（多人数参加型オンライン・ロールプレイングゲーム）。オンライン教育事業も展開しており。15年11月に教育関連ソフト開発の英プロメシアン・ワールドを買収して海外市場に参入した。17年7月、知育ゲーム開発の米ジャンプスタートを傘下に収めた。18年5月には学校SNS運営の米Edmodoも買収。モバイル・マーケティング事業も手掛ける。

19年12月本決算：大幅増益 主力ゲームの好調に加え、政府補助金が増えて利益が急増した。売上高が15%伸びたが売上原価は3%減り、粗利益率が6ポイント上昇した。中でもオンラインゲーム部門の粗利益率が92.6%から95.9%に改善。同部門の売上高は39%増、営業利益が51%増。うちモバイルゲームの増収率が47%と部門全体を上回った。一方、オンライン教育部門は売上高が7%減り、営業損失が3億8500万元から5億2400万元に拡大した。前年にロシアでの大口受注を計上した反動減が出た。同要因を除くと12%増収。

今後の見通し 会社側は、新型コロナの影響で需要が拡大したオンライン教育が20年に成長すると期待。感染拡大以降、中国で運営するオンライン教育プラットフォーム「101教育PPT」の利用者数が20倍超伸びた。

【株価推移】
	高値		安値	
2016年	29.300	09/22	17.400	01/22
2017年	34.350	09/05	19.700	07/04
2018年	23.450	03/16	11.800	12/27
2019年	24.500	04/17	11.280	01/04
2020年	29.150	02/10	15.500	03/18

【株価情報】
取引単位（株）	500	A株株価 —
時価総額（mHK$）	11,381.3	A株格差（倍） —

【指標】(%)
		19/12	18/12
収益性	ROA	10.4	8.1
	ROE	14.4	11.1
	粗利益率	66.5	60.5
成長性	増収率	15.0	30.2
	増益率（営利）	47.8	—
	自己資本増加率	13.5	8.4
安全性	BPS（元）	10.5	9.3
	負債比率	42.8	39.5
	流動比率	214.9	226.3
	株主資本比率	72.1	73.1

【財務】(百万元)
	19/12	18/12
流動資産	4,089.1	3,354.9
総資産	7,756.9	6,745.9
流動負債	1,903.1	1,482.4
総負債	2,395.9	1,947.0
株主資本	5,596.3	4,932.8

【CF】(百万元)
	19/12	18/12
営業CF	1,175.8	694.1
投資CF	-396.7	-645.7
財務CF	-130.1	-142.8
FCF	779.1	48.5
現金同等物	2,125.6	1,483.4

【株式】(19/12/31)(百万株)
総数	530.6
流通	—
	—
	100.0%
非流通	0.0%

【主要株主】(19/12/31) (%)
DJM Holding Ltd.	36.0
IDG Group	14.8
Jardine PTC Ltd.	5.0

【子会社・関連会社】(19/12/31) (%)
福建天晴数碼有限公司	100.0
福建天泉教育科技有限公司	87.7
Promethean World Ltd.	87.7

【売上・利益構成】(19/12)(%)
	売上構成比	前年比	利益構成比	前年比
ゲーム	57.0	39.4	100.0	55.1
教育	41.3	-6.6	—	—
モバイル製品・マーケティング	1.7	-6.2	—	—

【業績】〔香港会計基準〕(百万元) ※予想：ファクトセット
	売上高	営業利益	純利益	前年比(%)	EPS(元)	1株配(HK$)	株配・無償(株)
2016/12	2,793.10	-387.44	-202.74	—	-0.409	0.2000	
2017/12	3,867.62	-29.99	-20.84	—	-0.041	0.2000	
2018/12	5,037.54	526.40	545.57	—	1.024	0.2500	
2019/12	5,793.08	778.19	807.21	48.0	1.527	0.4000	
2020/12予	6,754.73	1,237.17	1,079.37	33.7	2.027	0.4360	【株式分割・併合等】
2021/12予	7,815.68	1,529.17	1,353.69	25.4	2.541	0.4880	
2020/6中間	2,469.94	211.68	200.74	678.8	0.376	0.1000	
2019/6中間	2,672.55	480.36	421.03	109.7	0.797	0.1500	

【前号予想との比較】 ↗ 増額

【本社】 福建省福州市温泉支路58号851大楼 **【TEL】** 86-591-87085777 **【URL】** www.nd.com.cn
【役員】 会長：劉徳建(Liu Dejian) **【上場】** 2008年6月 **【決算期】** 12月 **【従業員】** 6,460

同程芸龍控股

トンチョン・イーロン・ホールディングス

ＩＴ・ソフトウエア

メインボード

同程芸龍控股有限公司
Tongcheng-Elong Holdings Ltd.
【指数構成銘柄】 ― 【その他上場】 ―

[00780/week/(2018/11/30～2020/05/08)]

評価	株価	年間騰落率	最低売買価格
D	12.820 HK$	-27.5 %	70,356 円

PER		予想配当利回り	PBR
予想 23.5 倍 実績 35.3 倍		0.0 %	1.9 倍

中国の大手オンライン旅行会社 テンセント（00700）系の「同程旅遊」と、中国旅行予約サイト大手シートリップ傘下の「芸龍」が18年3月に合併して発足。合併後も「同程旅遊」と「芸龍」の両ブランドを持つ。中国でオンライン旅行代理店（OTA）事業を手掛け、主に航空券や鉄道チケット、宿泊施設、パッケージツアーを手配する。19年の月間平均利用者数は2億520万人、月間平均有料利用者数は2690万人。

19年12月本決算：増収増益 売上高が4割増え、業績が拡大した。月間平均利用者数が17％増え、19年取引高は26％増の1661億元に達した。テンセントの「微信」や自社アプリなど多様なアクセス展開と、中小都市にユーザー層を広げる戦略が奏功した。ただ、利用料決済コストなどの売上原価が膨らみ、粗利益率は0.9ポイント低下した。調整済みEBITDAは75％増の20億1900万元。特別項目（18年計上の優先株評価益9億800万元など）を除く調整済み利益は69％増の15億4400万元となる。

今後の見通し 20年1～3月期決算は売上高が前年同期比44％減の10億500万元、純損益が5600万元の赤字（前年同期は9700万元の黒字）。会社側は新型コロナが短期的に打撃となるが、長期的には所得向上や消費高度化などを背景に中国観光業界は成長すると見込む。

【株価推移】

	高値		安値	
2016年	―		―	
2017年	―		―	
2018年	13.380	11/27	8.870	12/21
2019年	19.980	04/17	9.890	08/06
2020年	14.100	01/14	8.740	03/19

【株価情報】

取引単位(株)	400	A株株価	―
時価総額(mHK$)	27,265.4	A株格差(倍)	―

【指標】(%)

		19/12	18/12
収益性	ROA	3.5	3.2
	ROE	5.2	4.6
	粗利益率	68.6	69.5
成長性	増収率	40.7	108.7
	増益率(営利)	―	―
	自己資本増加率	14.1	―
安全性	BPS(元)	6.2	5.6
	負債比率	48.1	45.6
	流動比率	172.9	165.3
	株主資本比率	67.5	68.7

【財務】(百万元)

	19/12	18/12
流動資産	9,691.3	7,496.9
総資産	19,483.3	16,791.3
流動負債	5,605.8	4,534.2
総負債	6,331.6	5,263.5
株主資本	13,156.4	11,535.5

【CF】(百万元)

	19/12	18/12
営業CF	1,696.4	2,361.0
投資CF	-2,955.0	-1,400.5
財務CF	372.8	1,480.9
FCF	-1,258.6	960.5
現金同等物	2,271.3	3,143.9

【株式】(19/12/31) (百万株)

総数	2,126.8
流通	―
	―
	―
	100.0 %
非流通	0.0 %

【主要株主】(19/12/31) (%)

Trip.com Ltd.	26.3
騰訊控股有限公司（00700）	22.4
蘇州華帆潤禾創業投資合夥企業（有限合夥）	7.5

【子会社・関連会社】(19/12/31) (%)

芸龍網信息技術（北京）有限公司	100.0
北京芸龍航空服務有限公司	100.0
同程網路科技股フン有限公司	100.0

【売上・利益構成】(19/12) (%)

	売上構成比	前年比	利益構成比	前年比
交通機関チケットサービス	61.1	39.8	―	―
宿泊予約サービス	31.9	28.8	―	―
その他	7.0	168.3	―	―

【業績】 [国際会計基準](百万元) ※予想：ファクトセット 【前号予想との比較】 ↓ 大幅減額

	売上高	営業利益	純利益	前年比(%)	EPS(元)	1株配(元)	株配・無償(株)
2016/12	2,204.57	-2,115.91	-2,139.27	―	-46.010	―	
2017/12	2,518.59	28.71	195.58	―	0.750	―	
2018/12	5,255.64	-311.19	529.96	171.0	0.330	―	
2019/12	7,392.93	859.53	688.10	29.8	0.330	―	
2020/12予	6,746.14	591.62	557.02	-19.0	0.495		【株式分割・併合等】
2021/12予	9,689.15	1,512.04	1,305.28	134.3	0.905		
2018/6中間	1,996.84	-248.41	649.79	―	0.510	―	
2019/6中間	3,374.31	405.63	296.60	-54.4	0.150	―	

【本社】江蘇省蘇州工業園区裕新路188号同程大厦 【TEL】86-512-85661416 【URL】www.tcelir.com

【役員】共同会長：呉志祥(Wu Zhixiang)、梁建章(Liang Jianzhang) 【上場】2018年11月 【決算期】12月 【従業員】5,431

中国鉄塔
チャイナ・タワー

中国鉄塔股份有限公司
China Tower Corp.,Ltd.
【指数構成銘柄】中国企業 【その他上場】—

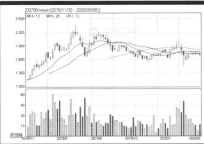

[00788/week/(2018/11/30~2020/05/08)]
MPA:13 MPA:26 MPA:52

評価	H株株価	年間騰落率	最低売買価格
C	1.700 HK$	-17.9 %	46,648 円

PER		予想配当利回り	PBR
予想 36.8 倍 実績 52.0 倍		1.4 %	1.5 倍

携帯電話の基地局運営会社 中国で携帯電話の基地局を運営する。3大通信キャリアが共同で設立し、基地局などのインフラを移管した。19年末時点で管理・運営する基地局の数は199万カ所と、通信インフラ運営会社としては世界最大。アンテナなどのマクロセル関連装置用の基地局をキャリアに提供するマクロセル事業が中核。キャリア3社が大株主で、主要顧客でもある。18年12月、中国企業指数構成銘柄に採用された。

19年12月本決算：大幅増益 リースに関する国際会計基準の改定による影響を除いた実質ベースでEBITDAは6％増だった。主力の基地局運営は安定成長を維持。屋内分散アンテナシステム（DAS）は46％増収だった。基地局のリース件数は306万3000件と前年末から22万6000件増えた。複数のリース先が通信インフラを共同利用する基地局シェアリングも進み、基地局1局当たりの平均リース件数が1.62件と、前年末の1.55件から上昇。

今後の計画 5GのDASシェアリングや電源供給といったコア分野の技術強化に注力する。通信キャリアによる5Gネットワーク整備へのサポートを一層強化。資源のシェアリング、非基地局事業の拡大も引き続き推進する。20年1－3月期決算は売上高が前年同期比4％増の196億9000万元、純利益が13％増の14億5200万元。

【株価推移】

	高値		安値	
2016年	—		—	
2017年	—		—	
2018年	1.570	12/27	0.990	09/05
2019年	2.330	04/24	1.370	01/03
2020年	2.030	03/03	1.460	03/19

【株価情報】

取引単位(株)	2,000	A株株価	—
H株時価総額(mHK$)	79,328.6	A株格差(倍)	—

【指標】(%)

		19/12	18/12
収益性	ROA	1.5	0.8
	ROE	2.9	1.5
	粗利益率	—	—
成長性	増収率	6.4	4.6
	増益率(営利)	24.2	17.7
	自己資本増加率	1.1	41.6
安全性	BPS(元)	1.0	1.0
	負債比率	85.2	74.7
	流動比率	31.9	27.7
	株主資本比率	54.0	57.2

【財務】(百万元)

	19/12	18/12
流動資産	40,995.0	31,799.0
総資産	338,067.0	315,361.0
流動負債	128,364.0	114,759.0
総負債	155,506.0	134,862.0
株主資本	182,559.0	180,502.0

【CF】(百万元)

	19/12	18/12
営業CF	49,935.0	45,540.0
投資CF	-28,136.0	-32,923.0
財務CF	-20,412.0	-15,634.0
FCF	21,799.0	12,617.0
現金同等物	6,223.0	4,836.0

【株式】(19/12/31)(百万株)

総数		176,008.5
流通	H株	26.5 %
	—	
		26.5 %
非流通		73.5 %

【主要株主】(19/12/31)

	(%)
中国移動有限公司 (00941)	27.9
中国聯合網絡通信(香港)股フン有限公司(00762)	20.7
中国電信股フン有限公司 (00728)	20.5

【子会社・関連会社】(19/12/31)

	(%)
東南亜鉄塔有限責任公司	70.0
鉄塔智聯技術有限公司	100.0
鉄塔能源有限公司	100.0

【売上・利益構成】(19/12)(%)

	売上構成比	前年比	利益構成比	前年比
基地局	93.4	4.1	—	—
DAS	3.5	46.1	—	—
TSSAI	2.5	54.4	—	—

【業績】 [国際会計基準](百万元) ※予想：ファクトセット

【前号予想との比較】 ➡ 前号並み

	売上高	営業利益	純利益	前年比(%)	EPS(元)	1株配(元)	株配・無償(株)
2016/12	55,997.00	5,070.00	76.00	—	0.001	—	
2017/12	68,665.00	7,715.00	1,943.00	2,456.6	0.015	—	
2018/12	71,819.00	9,081.00	2,650.00	36.4	0.018	0.0023	
2019/12	76,428.00	11,281.00	5,222.00	97.1	0.030	0.0146	
2020/12予	82,311.39	14,156.21	7,275.92	39.3	0.042	0.0210	【株式分割・併合等】
2021/12予	88,741.57	17,330.77	9,872.73	35.7	0.057	0.0330	
2018/6中間	35,335.00	4,760.00	1,210.00	8.0	0.009	—	
2019/6中間	37,980.00	5,626.00	2,548.00	110.6	0.015	—	

【本社】北京市海淀区阜成路73号19楼 【TEL】— 【URL】www.china-tower.com
【役員】会長：トウ吉禄(Tong Jilu) 【上場】2018年8月 【決算期】12月 【従業員】23,000

IGG

IT・ソフトウエア

メインボード

アイジージー

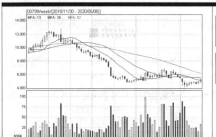

[00799/week(2018/11/30 - 2020/05/08)]

評価	株価	年間騰落率	最低売買価格
A	**5.200** HK$	**-44.6** %	**71,344** 円

PER		予想配当利回り	PBR
予想 **6.1** 倍　実績 **5.1** 倍		**6.0** %	**2.2** 倍

シンガポールのゲーム会社 モバイルゲームを23カ国語で開発・配信する。約200カ国・地域に7億人超の登録ユーザーを抱え、市場調査会社の米アップアニーによるゲーム開発会社ランキングで5年連続で上位52社に入る。代表作は「ロードモバイル（王国紀元）」「キャッスルクラッシュ（城堡争覇）」。シンガポールのほか日本を含む15カ国・地域に拠点を置く。地域別売上比率はアジア43％、北米26％、欧州25％（19年12月期）。

19年12月本決算：減収減益 リリースから3年を経過した「ロードモバイル」や13年リリースの「キャッスルクラッシュ」の収入が自然減に見舞われる中、新たな大ヒット作の不在が響いた。売上原価や販売費を圧縮したが、グローバル展開の拡充で一般管理費が増加。ゲーム開発の強化で研究開発費が前年比45％増と膨らみ、利益を圧迫した。ただ投資の成果で下期には業績が回復し、下期純利益は上期比33％増の9400万米ドル。地域別ではアジアと北米で2桁減収も欧州は微減。

今後の計画 ゲーム開発では、複数のプレイヤーがチームに分かれて対戦する「マルチプレイヤーオンラインバトルアリーナ（MOBA）」やシューティングゲームといったジャンルに力点を置く方針。20年末までに複数のタイトルをリリースする計画を明らかにしている。

【株価推移】

	高値		安値	
2016年	6.660	11/10	3.100	01/22
2017年	14.300	07/20	5.050	01/04
2018年	12.980	05/10	7.350	02/09
2019年	12.800	03/06	4.710	10/10
2020年	6.890	01/16	4.080	03/19

【株価情報】

取引単位(株)	1,000	A株株価	—
時価総額(mHK$)	6,489.2	A株格差(倍)	—

【指標】(%)

		19/12	18/12
収益性	ROA	34.6	47.4
	ROE	44.0	66.9
	粗利益率	69.3	69.9
成長性	増収率	-10.8	23.3
	増益率(営利)	-19.3	—
	自己資本増加率	32.6	23.3
安全性	BPS (US$)	0.3	0.2
	負債比率	27.2	41.8
	流動比率	377.5	287.2
	株主資本比率	78.6	70.8

【財務】(百万US$)

	19/12	18/12
流動資産	354.1	337.9
総資産	476.5	399.4
流動負債	93.8	117.7
総負債	101.9	118.0
株主資本	374.6	282.6

【CF】(百万US$)

	19/12	18/12
営業CF	126.9	239.2
投資CF	-29.2	-41.0
財務CF	-78.1	-131.6
FCF	97.8	198.2
現金同等物	307.1	287.5

【株式】(19/12/31)(百万株)

総数	1,247.9
流通	—
流通	100.0%
非流通	0.0%

【主要株主】(19/12/31) (%)

Duke Online Holdings Ltd.(蔡宗建)	14.6
Edmond Online Holdings Ltd.（池元）	12.3

【子会社・関連会社】(19/12/31) (%)

IGG Singapore Pte. Ltd.	100.0
Skyunion Hong Kong Holdings Ltd.	100.0
IGG Philippines Corp.	100.0

【売上・利益構成】(19/12)(%)

	売上構成比	前年比	利益構成比	前年比
ロードモバイル	80.7	-10.2	—	—
キャッスルクラッシュ	11.4	-31.2	—	—
その他	7.9	36.4	—	—

【業績】 [国際会計基準](百万US$) ※予想：ファクトセット

【前号予想との比較】 → 前号並み

	売上高	営業利益	純利益	前年比(%)	EPS(US$)	1株配(HK$)	株配・無償(株)
2016/12	322.09	—	72.62	75.0	0.054	0.1770	
2017/12	607.25	—	156.03	114.9	0.117	0.4900	
2018/12	748.79	237.71	189.18	21.2	0.147	0.3440	
2019/12	667.65	191.94	164.79	-12.9	0.132	0.3060	
2020/12予	634.60	160.26	140.87	-14.5	0.110	0.3140	【株式分割・併合等】
2021/12予	653.60	169.36	148.17	5.2	0.116	0.3420	
2018/6中間	388.50	—	98.61	28.6	0.075	0.1770	
2019/6中間	354.67	—	70.71	-28.3	0.056	0.1300	

【本社】80 Pasir Panjang Road #18-84 Mapletree Business City Singapore 【TEL】— 【URL】www.igg.com

【役員】会長：蔡宗建(Cai Zongjian) 【上場】2013年10月 【決算期】12月 【従業員】1,587

新華文軒出版伝媒

シンフア・ウィンシェア

新華文軒出版伝媒股份有限公司
Xinhua Winshare Publishing and Media Co.,Ltd.
【指数構成銘柄】— 【その他上場】上海A(601811)

メディア

メインボード

H株

評価	H株株価	年間騰落率	最低売買価格
A	**5.290** HK$	**-8.6** %	**72,579** 円

PER		予想配当利回り	PBR
予想 **4.7** 倍 実績 **5.2** 倍		**3.7** %	**0.6** 倍

四川省政府系の出版・書籍販売会社 教科書や教材など販売する流通事業と書籍・定期刊行物の出版事業が柱。出版事業では、一般書籍のほかに音楽・映像作品やデジタル出版物も発行。出版物の取次業務や小中学校向け教育設備・関連サービス、映像作品投資、書店経営なども手掛ける。親会社は四川省政府国有資産監督管理委員会が全額出資する国有企業の四川発展。

19年12月本決算:増収増益 国内の書籍小売市場の急成長が2桁増益の主因。売上高は一般書籍やオンライン販売、教育サービス事業の好調を受けて8%増収。粗利益率は販売構成の見直しとコスト管理の強化が奏功し、0.8ポイント改善した。営業利益は付加価値税還付と投資収入の増加により27%増。事業部門では出版部門が11%増収、21%増益。自社製の教科書・参考書の利益率上昇が増益に貢献した。流通部門は教科書・参考書の利益率が改善したが、一般書籍のコスト増加が重しとなり、部門利益は13%減った。

今後の計画 会社側は文化産業の成長を追い風に、インターネットを通じたサービスの拡充を図る方針。物流部門は外部向けのロジスティクスサービスを強化する。20年1〜3月期決算は売上高が前年同期比13%減の14億8800万元、純利益が28%減の1億5600万元。

【株価推移】

	高値		安値	
2016年	9.000	07/15	5.640	02/12
2017年	7.440	03/17	6.040	12/14
2018年	6.580	01/26	4.710	10/19
2019年	6.320	04/11	4.810	01/02
2020年	6.040	04/11	4.520	03/23

【株価情報】

取引単位(株)	1,000	A株株価(元)	10.840
H株時価総額(mHK$)	2,337.9	A株格差(倍)	2.3

【指標】(%)

		19/12	18/12
収益性	ROA	7.4	7.0
	ROE	12.4	11.0
	粗利益率	38.3	37.5
成長性	増収率	8.0	11.4
	増益率(営利)	26.7	-1.1
	自己資本増加率	8.6	5.6
安全性	BPS(元)	7.5	6.9
	負債比率	67.4	57.6
	流動比率	158.3	160.1
	株主資本比率	60.1	63.8

【財務】(百万元)

	19/12	18/12
流動資産	9,085.2	7,651.0
総資産	15,324.5	13,287.7
流動負債	5,737.6	4,779.3
総負債	6,204.5	4,881.7
株主資本	9,207.2	8,480.6

【CF】(百万元)

	19/12	18/12
営業CF	1,364.4	993.5
投資CF	-93.1	125.5
財務CF	-454.2	-367.8
FCF	1,271.4	1,118.9
現金同等物	3,393.9	2,576.7

【株式】(19/12/31)(百万株)

総数		1,233.8
流通	H株	35.8%
	A株	64.2%
	—	
	100.0%	
非流通	0.0%	

【主要株主】(19/12/31) (%)

四川発展(控股)有限責任公司	53.0
成都市華盛(集団)実業有限公司	4.3
Edgbaston Investment Partners LLP	2.9

【子会社・関連会社】(19/12/31) (%)

四川文伝物流有限公司	100.0
文軒投資有限公司	100.0
四川出版印刷有限公司	100.0

【売上・利益構成】(19/12)(%)

	売上構成比	前年比	利益構成比	前年比
流通	86.3	6.9	33.5	-13.1
出版	10.9	11.1	58.3	20.6
その他	2.9	37.2	8.2	—

【業績】[中国会計基準](百万元)※予想:ファクトセット

【前号予想との比較】 → 前号並み

	売上高	営業利益	純利益	前年比(%)	EPS(元)	1株配(元)	株配・無償(株)
2016/12	6,356.17	537.85	647.46	0.0	0.550	0.6000	
2017/12	7,345.88	941.67	923.84	42.7	0.750	0.3000	
2018/12	8,186.58	930.85	932.18	0.9	0.760	0.3000	
2019/12	8,842.46	1,179.39	1,139.05	22.2	0.920	0.3000	
2020/12予	9,804.62	1,244.11	1,265.47	11.1	1.030	0.1800	【株式分割・併合等】
2021/12予	10,941.71	1,406.34	1,402.83	10.9	1.140	0.2100	
2018/6中間	3,577.68	436.34	448.90	-9.8	0.360		
2019/6中間	3,874.39	601.56	579.50	29.1	0.470		

【登記】四川省成都市錦江区金石路239号4棟1層1号 【TEL】86-28-83157099 【URL】www.winshare.com.cn

【役員】会長:何志勇(He Zhiyong) 【上場】2007年5月 【決算期】12月 【従業員】7,728

不動産

世茂集団

シーマオ・グループ

世茂集団控股有限公司
Shimao Group Holdings Ltd.
【指数構成銘柄】中国企業　【その他上場】—

メインボード

[00813/week/(2018/11/30 - 2020/05/08)]

評価	株価	年間騰落率	最低売買価格
B	31.050 HK$	35.6 %	213,003 円

PER		予想配当利回り	PBR
予想 7.5 倍　実績 8.5 倍		5.2 %	1.4 倍

不動産デベロッパー大手 上海、北京を中心に全国規模で高級マンションや大型商業施設を開発。ホテル事業はハイアットやヒルトンなど高級ホテル22軒（約7200室）を運営する（19年末）。不動産投資は14年下期に開業した超高層ビル「上海世茂国際広場」などの賃貸物件を保有する。19年末時点の保有プロジェクトは本土120都市に349件、開発用地は7679万平米。傘下に上海A株上場の上海世茂（600823）などを抱える。

19年12月本決算：増収増益 優良物件の投入などで不動産開発・投資事業が2桁の増収増益となり業績をけん引。関連会社からの利益貢献が前年の2億3300万元の赤字から9700万元の黒字に転換したことも業績に寄与した。粗利益率は30.6％と0.9ポイント低下。1平米当たりの販売価格は1万5001元と9％上昇。期中の成約額は48％増の2600億元で、通期目標（2100億元）を24％超過達成した。ホテル事業も堅調で、2桁増収を達成。

最近の動向 20年4月、不動産管理・付加価値サービス事業の香港証券取引所への分離上場を検討していると発表。20年4月、「先旧後新」方式の増資を通じ、正味で23億1100万HKドルを調達すると発表。売出価格と割当価格はともに1株当たり29.73HKドルで、調達資金はプロジェクト開発や債務の返済、運転資金に充てる。

【株価推移】

	高値		安値	
2016年	13.700	01/04	9.310	06/16
2017年	18.920	10/09	10.120	01/03
2018年	26.200	06/14	14.320	10/19
2019年	30.750	12/18	18.380	03/01
2020年	32.100	01/16	20.300	03/19

【株価情報】

取引単位(株)	500	A株株価	—
時価総額(mHK$)	109,845.5	A株格差(倍)	—

【指標】(%)

		19/12	18/12
収益性	ROA	2.3	2.3
	ROE	16.4	14.9
	粗利益率	30.6	31.5
成長性	増収率	30.4	21.4
	増益率(営利)	25.8	31.3
	自己資本増加率	11.9	2.8
安全性	BPS(元)	20.1	17.9
	負債比率	535.4	459.7
	流動比率	137.5	153.7
	株主資本比率	14.1	15.7

【財務】(百万元)

	19/12	18/12
流動資産	353,925.9	288,848.8
総資産	471,454.1	377,596.9
流動負債	257,350.4	187,894.9
総負債	354,749.9	272,316.7
株主資本	66,254.9	59,234.2

【CF】(百万元)

	19/12	18/12
営業CF	29,479.9	2,209.9
投資CF	-16,146.4	-6,208.1
財務CF	-4,680.1	19,111.0
FCF	13,333.5	-3,998.2
現金同等物	52,357.3	43,688.3

【株式】(19/12/31)(百万株)

総数	3,301.5
流通	—
	—
	100.0%
非流通	0.0%

【主要株主】(19/12/31)

	(%)
許栄茂	69.6

【子会社・関連会社】(19/12/31)

	(%)
上海世茂房地産有限公司	100.0
上海世茂国際広場有限責任公司	100.0
上海世茂股フン有限公司(600823)	59.7

【売上・利益構成】(19/12)(%)

	売上構成比	前年比	利益構成比	前年比
不動産開発・投資	98.4	30.8	99.3	23.9
ホテル	1.6	11.3	0.7	3.7
その他	—		—	

【業績】[香港会計基準](百万元)※予想：ファクトセット 　【前号予想との比較】 ➡ 前号並み

	売上高	営業利益	純利益	前年比(%)	EPS(元)	1株配(HK$)	株配・無償(株)
2016/12	59,286.16	14,820.22	5,171.86	-15.4	1.506	0.7600	
2017/12	70,425.87	17,678.72	7,840.49	51.6	2.324	1.0000	
2018/12	85,512.70	23,208.70	8,834.79	12.7	2.647	1.2000	
2019/12	111,516.98	29,203.45	10,897.60	23.3	3.311	1.4500	
2020/12予	143,248.48	33,819.74	12,990.59	19.2	3.757	1.6170	【株式分割・併合等】
2021/12予	176,927.44	40,686.45	15,850.87	22.0	4.559	1.9430	
2018/6中間	42,570.93	11,935.57	4,270.70	10.1	1.266	0.5000	
2019/6中間	56,564.07	14,177.29	5,105.04	19.5	1.552	0.6000	

【本社】香港金鐘道89号力宝中心第1座38楼　【TEL】852-25119968　【URL】www.shimaoproperty.com

【役員】会長：許栄茂(Hui Wing Mau)　【上場】2006年7月　【決算期】12月　【従業員】10,854

北京京客隆商業集団

ベイジン・ジンクーロン

北京京客隆商業集団股份有限公司
Beijing Jingkelong Co.,Ltd.
【指数構成銘柄】― 【その他上場】―

[00814/week/(2018/11/30～2020/05/08)]

	評価	H株株価	年間騰落率	最低売買価格
	C	**1.150** HK$	**-26.3** %	**15,778** 円

PER		予想配当利回り	PBR
予想 **9.5** 倍　実績 **8.0** 倍		**6.7** %	**0.2** 倍

北京の大手小売チェーン　「京客隆」などのブランドでスーパーやコンビニを展開するほか、「朝批」ブランドで卸売業も手掛ける。北京を中心に小売店舗をドミナント出店しており、19年末時点の売り場面積は25万9200平米、店舗総数は178店（直営店は152店）に上る。内訳は百貨店1店、ハイパーマーケット11店、スーパーマーケット58店、コンビニエンスストア108店。近年は従来型のコンビニから生鮮食品を取り扱う「京捷」ブランドへのリニューアルを進めている。

19年12月本決算：増収減益　リースに絡む新会計基準の適用が減益の主因。この影響を除いた純利益は9％増の6900万元となる。部門別では、卸売りが小幅ながら増収増益と健闘し安定成長を確保。新たな流通ルートの開拓や自主ブランド製品の強化、商品構成の見直しが奏功し、部門粗利益率は0.1ポイント改善した。小売りは既存店売上高が3％減と落ち込んだほか、店舗閉鎖の影響で売上高は3％減少したが、商品構成の改善やネット通販の貢献で部門粗利益率は0.8ポイント上昇した。

最近の動向　会社側はすでに展開している実店舗などの経営資源を生かし、オンラインとの融合・拡大を強化していく方針。20年1～3月期決算は売上高が前年同期比6％増の35億2300万元、純利益が11％増の2800万元。

【株価推移】

	高値		安値	
2016年	1.940	01/05	1.460	06/20
2017年	2.680	10/04	1.600	01/17
2018年	2.240	01/02	1.430	11/12
2019年	1.740	01/29	1.170	08/26
2020年	1.530	01/29	1.000	03/19

【株価情報】

取引単位(株)	1,000	A株株価 ―
H株時価総額(mHK$)	209.5	A株格差(倍) ―

【指標】(%)

		19/12	18/12
収益性	ROA	0.6	0.8
	ROE	3.1	3.7
	粗利益率	22.5	23.2
成長性	増収率	0.1	-2.6
	増益率(営利)	22.3	-15.4
	自己資本増加率	1.2	2.3
安全性	BPS(元)	4.2	4.1
	負債比率	365.5	322.6
	流動比率	105.5	99.5
	株主資本比率	20.3	22.2

【財務】(百万元)

	19/12	18/12
流動資産	5,163.4	5,410.2
総資産	8,501.6	7,687.8
流動負債	4,893.4	5,435.7
総負債	6,317.2	5,510.8
株主資本	1,728.6	1,708.4

【CF】(百万元)

	19/12	18/12
営業CF	416.4	761.3
投資CF	-5.8	-21.6
財務CF	-560.6	-655.3
FCF	410.6	739.7
現金同等物	864.9	1,014.2

【株式】(19/12/31)(百万株)

総数		412.2
H株 流通		44.2%
	―	
		44.2%
非流通		55.8%

【主要株主】(19/12/31) (%)

北京市朝陽副食品総公司	40.6
China Galaxy Int'l Asset Management(HK)Co.,Ltd.	4.4
China Galaxy International SPC	4.1

【子会社・関連会社】(19/12/31) (%)

北京京客隆首超商業有限公司	100.0
北京京客隆（廊坊）有限公司	100.0
北京朝批商貿股フン有限公司	79.9

【売上・利益構成】(19/12)(%)

	売上構成比	前年比	利益構成比	前年比
卸売り	60.7	4.1	52.5	3.0
小売り	38.9	-3.4	47.2	-0.4
その他	0.4	5.1	0.3	-54.8

【業績】[中国会計基準](百万元)※予想：ファクトセット

【前号予想との比較】↓ 大幅減額

	売上高	営業利益	純利益	前年比(%)	EPS(元)	1株配(元)	株配・無償(株)
2016/12	11,881.57	102.75	26.69	7.3	0.060	0.0500	
2017/12	11,955.74	160.73	47.49	77.9	0.120	0.0600	
2018/12	11,650.28	136.05	63.31	33.3	0.150	0.0800	
2019/12	11,658.22	166.33	52.94	-16.4	0.130	0.0800	
2020/12予	11,686.20	338.57	47.28	-10.7	0.110	0.0700	【株式分割・併合等】
2021/12予	11,742.07	326.14	46.55	-1.5	0.110	0.0700	
2018/6中間	5,726.29	78.83	29.04	9.6	0.070	―	
2019/6中間	5,884.99	78.97	29.81	2.7	0.070	―	

【登記】北京市朝陽区新源街45号　【TEL】86-10-64688238　【URL】www.jkl.com.cn
【役員】会長：李建文(Li Jianwen)　【上場】2006年9月　【決算期】12月　【従業員】5,669

華電福新能源

フアディエン・フーシン・エナジー

華電福新能源股份有限公司
Huadian Fuxin Energy Corp.,Ltd.
【指数構成銘柄】— 【その他上場】—

評価	H株株価	年間騰落率	最低売買価格
B	1.360 HK$	-16.0 %	37,318 円

PER		予想配当利回り	PBR
予想 **4.4** 倍　実績 **5.5** 倍		5.3 %	0.3 倍

華電グループ傘下の発電事業者 中国5大電力グループの一角を占める中国華電集団の傘下。19年末時点の設備容量（連結ベース）は1万6450MWで、うち78％を水力、風力、太陽光、天然ガスのクリーンエネルギーが占めるなど同分野に強みを持つ。水力発電の設備容量は2608MWに上り、華東地区で最大級。拠点の福建省で複数の石炭火力発電所（設備容量は3600MW）を運営するほか、原子力発電プロジェクトにも出資する。

19年12月本決算：増収増益 水力、火力発電部門の大幅な増益が好業績につながった。福建省の各発電所で水量が増えるなか利用効率が向上し、水力発電量は63％増の946万1000MWhに拡大。平均稼働時間は3631時間と前年から1320時間増加。平均販売価格は0.4％低下した。火力発電は発電量と平均稼働時間がともに9％減少したが、石炭価格の低下や質の高い輸入石炭の比重を高めて燃料コストを抑えたことが奏功した。支払利息の減少による財務費の12％減も利益押し上げに寄与。

最近の動向 20年1-3月期決算（中国会計基準）は売上高が3％減の43億1700万元、純利益が0.1％増の7億4800万元だった。発電量は6％減の1017万7600MWh。20年には建設中の陸上風力発電設備がすべて稼働する予定。なお、6月に親会社による吸収合併計画を発表した。

【株価推移】

	高値		安値	
2016年	2.300	08/18	1.180	02/12
2017年	2.140	11/01	1.590	08/17
2018年	2.440	04/13	1.300	10/26
2019年	1.920	01/02	1.290	08/15
2020年	1.670	01/07	1.160	03/24

【株価情報】

		A株株価	—
取引単位(株)	2,000		
H株時価総額(mHK$)	3,495.5	A株格差(倍)	—

【指標】(%)

		19/12	18/12
収益性	ROA	2.2	2.1
	ROE	6.9	7.5
	粗利益率	—	—
成長性	増収率	7.9	9.0
	増益率(営利)	5.2	-1.1
	自己資本増加率	16.7	28.3
安全性	BPS(元)	4.2	3.6
	負債比率	210.7	250.2
	流動比率	60.9	62.8
	株主資本比率	31.2	27.8

【財務】(百万元)

	19/12	18/12
流動資産	13,558.8	12,157.1
総資産	112,210.6	108,303.6
流動負債	22,274.5	19,344.8
総負債	73,859.3	75,201.7
株主資本	35,060.7	30,055.4

【CF】(百万元)

	19/12	18/12
営業CF	6,977.3	10,702.6
投資CF	-6,368.4	-6,049.3
財務CF	-1,746.8	-3,179.0
FCF	608.9	4,653.3
現金同等物	2,457.8	3,597.8

【株式】(19/12/31)(百万株)

総数	8,408.0		
H株		流通	30.6 %
A株	—		
	—		30.6 %
非流通			69.4 %

【主要株主】(19/12/31)

	(%)
中国華電集団有限公司	62.8
中国再保険(集団)股フン有限公司(01508)	7.7
Prime Capital Management Co. Ltd.	2.1

【子会社・関連会社】(19/12/31)

	(%)
福建華電可門発電有限公司	100.0
福建華電永安発電有限公司	100.0
甘粛華電環県風力発電有限公司	100.0

【売上・利益構成】(19/12)(%)

	売上構成比	前年比	利益構成比	前年比
風力発電	35.5	-2.5	53.7	-14.8
石炭火力発電	30.9	-1.5	13.1	355.6
水力発電	13.9	59.0	19.4	149.9

【業績】[国際会計基準](百万元)※予想：ファクトセット

	売上高	営業利益	純利益	前年比(%)	EPS(元)	1株配(元)	株配・無償(株)
2016/12	15,997.50	5,407.01	2,068.49	8.7	0.232	0.0510	
2017/12	16,812.68	4,860.73	2,117.04	2.3	0.236	0.0556	
2018/12	18,329.71	4,809.07	2,268.47	7.2	0.237	0.0568	
2019/12	19,775.91	5,057.20	2,415.72	6.5	0.225	0.0540	
2020/12予	20,301.33	6,424.50	2,562.67	6.1	0.278	0.0650	
2021/12予	24,418.00	6,916.50	2,962.00	15.6	0.329	0.0780	
2018/6中間	8,852.14	2,757.93	1,539.06	4.5	0.170		
2019/6中間	9,781.08	3,480.00	1,783.74	15.9	0.184		

【前号予想との比較】 ↘ 減額

【株式分割・併合等】

【登記】福建省福州市鼓楼区湖東路231号前田大廈20層 【TEL】— 【URL】www.hdfx.com.cn
210 【役員】会長：黄少雄(Huang Shaoxiong) 【上場】2012年6月 【決算期】12月 【従業員】9,045

中国金茂控股集団

チャイナ・ジンマオ

中国金茂控股集団有限公司
China Jinmao Holdings Group Ltd.

【指数構成銘柄】レッドチップ 【その他上場】―

評価	株価	年間騰落率	最低売買価格
B	5.560 HK$	14.6 %	152,566 円

PER		予想配当利回り	PBR
予想 7.9 倍 実績 9.1 倍		5.0 %	1.5 倍

中化集団傘下の不動産デベロッパー 大型不動産プロジェクトの開発・販売、商業物件リース、ホテル運営（19年末時点で10軒）などに従事。「金茂」ブランドで、北京、上海をはじめ各地で事業を展開し、19年末現在、49都市で200を超える開発プロジェクトが進行中。リース物件では北京の「北京凱晨世貿中心」や上海浦東新区の「金茂大厦」などが主力。14年7月にホテル運営会社の金茂酒店SS（06139）が分離上場した。

19年12月本決算：増収増益 不動産開発部門が2桁増収。部門利益率は前年を下回ったものの、金利収入や子会社売却益を含むその他収入が125％増の61億元に上り、全体で24％の最終増益を確保した。期中の成約額は26％増の1608億元。期末の未計上（引き渡し・決済前）成約額は2336億元。ホテル部門は苦戦したが、不動産リース部門は都心のオフィス賃料の上昇で増益。

最新動向 20年1〜4月の成約額は前年同期比10％増の451億500万元、販売面積は28％増の258万7100平米。これとは別に4月末時点で108億4500万元相当が契約予定となっている。3月には青島や天津の住宅開発プロジェクトを68億5000万元で取得。新型コロナの影響は受けたものの、感染が一段落したことで工事は再開しており、長期的かつ実質的な影響はないとしている。

株価推移

	高値	安値
2016年	2.680 01/04	1.790 02/12
2017年	4.570 09/21	2.080 01/03
2018年	5.600 02/01	2.920 10/11
2019年	6.110 12/30	3.330 01/03
2020年	6.460 01/17	4.150 03/19

株価情報

取引単位（株）	2,000	A株株価	―
時価総額（mHK$）	65,438.6	A株格差（倍）	―

指標 (%)

		19/12	18/12
収益性	ROA	2.0	1.9
	ROE	16.4	14.6
	粗利益率	29.4	37.5
成長性	増収率	11.9	24.6
	増益率（営利）	―	―
	自己資本増加率	10.0	9.0
安全性	BPS（元）	3.3	3.1
	負債比率	610.3	540.2
	流動比率	104.2	120.8
	株主資本比率	12.1	13.2

財務 (百万元)

	19/12	18/12
流動資産	171,632.1	147,426.3
総資産	326,148.5	271,638.2
流動負債	164,782.1	122,090.9
総負債	240,290.3	193,373.0
株主資本	39,372.2	35,796.2

CF (百万元)

	19/12	18/12
営業CF	20,099.2	2,011.9
投資CF	-19,645.1	-19,588.7
財務CF	-4,590.6	19,436.2
FCF	454.1	-17,576.8
現金同等物	17,194.7	21,324.2

株式 (19/12/31) (百万株)

総数	11,769.5
流通	100.0 %
非流通	0.0 %

主要株主 (19/12/31) (%)

中国中化股フン有限公司	35.1
中国平安保険(集団)股フン有限公司(02318)	15.2
新華人寿保険股フン有限公司(01336)	9.2

子会社・関連会社 (19/12/31) (%)

中国金茂（集団）有限公司	66.8
北京凱晨置業有限公司	50.0
上海国際航運服務中心開発有限公司	50.0

売上・利益構成 (19/12) (%)

	売上構成比	前年比	利益構成比	前年比
不動産開発	87.0	11.8	85.6	-1.4
ホテル運営	4.5	-3.9	1.7	-0.1
不動産リース	3.3	-0.2	10.5	45.8

業績 [香港会計基準] (百万元) ※予想：ファクトセット 【前号予想との比較】↘ 減額

	売上高	営業利益	純利益	前年比(%)	EPS(元)	1株配(HK$)	株配・無償(株)
2016/12	27,304.07	―	2,535.52	-16.7	0.238	0.0900	
2017/12	31,074.85	―	3,977.71	56.9	0.373	0.2617	
2018/12	38,732.67	―	5,210.89	31.0	0.453	0.2200	
2019/12	43,355.94	―	6,452.21	23.8	0.554	0.2300	
2020/12予	59,198.79	14,729.87	7,608.55	17.9	0.636	0.2800	【株式分割・併合等】
2021/12予	75,448.98	19,048.09	9,501.22	24.9	0.798	0.3500	
2018/6中間	21,936.84	―	3,293.53	31.8	0.287	0.1200	
2019/6中間	14,741.34	―	3,696.76	12.2	0.320	0.1200	

【本社】香港湾仔港湾道1号會展広場弁公大楼4702-03室 【TEL】852-28299518 【URL】www.chinajinmao.cn
【役員】会長：寧高寧(Ning Gaoning) 【上場】2007年8月 【決算期】12月 【従業員】11,473

電子・半導体

メインボード

天能動力国際

ティエンノン・パワー・インターナショナル

天能動力国際有限公司
Tianneng Power International Ltd.
【指数構成銘柄】 ― 【その他上場】 ―

評価	株価	年間騰落率	最低売買価格
A	7.300 HK$	6.6 %	200,312 円

PER		予想配当利回り	PBR
予想 **4.4** 倍　実績 **4.5** 倍		6.1 %	1.1 倍

電動自転車用蓄電池メーカー　「天能（TIANNENG）」ブランドで電動自転車やスクーター向けの鉛蓄電池の製造・販売を手掛ける。浙江、江蘇、安徽、河南の4省に9つの工場を持つ。近年は電気自動車などの新エネルギー車向けのリチウムイオン蓄電池事業に力を入れ、自動車メーカーと提携関係を結んでいる。風力・太陽光発電用の蓄電池のほか、鉛リサイクル事業にも進出し、垂直統合モデルを目指している。

19年12月本決算：増収増益　18年に連結対象に加わった新エネ素材部門が拡大し、全体の売り上げが17%増加。一方、主力の電池部門の売り上げは伸び悩んだ。EV向け鉛蓄電池やEV向けリチウム電池が拡大したが、電動自転車向け鉛蓄電池は減収となった。全体の粗利益率は11.5%と前年から0.1ポイント悪化。ただ、販管費を増収率の範囲にとどめ、4割超の増益を確保した。

最新動向　EV向けリチウム電池事業で19年11月に仏産業用電池メーカーのサフトと提携。世界的な市場開拓、製品の生産・販売面など幅広い協力を進めていく。また、19年12月にバッテリー生産を手掛ける子会社、天能電池集団が上海のハイテク企業向け新市場「科創板」にIPOを申請。調達資金は生産設備の拡充や省エネルギー・排出削減政策への対応などに投じる。

【株価推移】

	高値		安値	
2016年	7.980	04/19	4.650	06/15
2017年	8.400	10/09	5.920	05/31
2018年	14.340	06/21	5.880	10/30
2019年	8.740	02/14	5.000	11/15
2020年	8.000	04/20	4.430	03/23

【株価情報】

取引単位(株)	2,000	A株株価	―
時価総額(mHK$)	8,225.1	A株格差(倍)	―

【指標】(%)

		19/12	18/12
収益性	ROA	8.8	7.0
	ROE	25.2	23.1
	粗利益率	11.5	11.6
成長性	増収率	16.9	29.2
	増益率(営利)	―	―
	自己資本増加率	29.5	5.5
安全性	BPS(元)	5.9	4.6
	負債比率	177.7	222.8
	流動比率	115.3	106.2
	株主資本比率	34.8	30.5

【財務】(百万元)

	19/12	18/12
流動資産	12,765.1	11,212.3
総資産	19,130.3	16,856.3
流動負債	11,072.3	10,553.2
総負債	11,843.8	11,467.1
株主資本	6,664.6	5,147.3

【CF】(百万元)

	19/12	18/12
営業CF	1,738.5	2,077.2
投資CF	-883.7	-2,115.8
財務CF	-534.4	-0.1
FCF	854.8	-38.6
現金同等物	4,154.2	3,833.8

【株式】(19/12/31)(百万株)

総数	1,126.7
流通	―
	100.0%
非流通	0.0%

【主要株主】(19/12/31) (%)

張天任	36.5

【子会社・関連会社】(19/12/31) (%)

浙江天能動力能源有限公司	100.0
天能電池（蕪湖）有限公司	100.0
浙江天能能源科技股フン有限公司	60.0

【売上・利益構成】(19/12)(%)

	売上構成比	前年比	利益構成比	前年比
電池・関連部品	75.4	-4.5	99.1	34.8
新エネ素材	24.6	268.3	0.9	84.9

【業績】[香港会計基準](百万元) ※予想：ファクトセット

【前号予想との比較】 ↗ 増額

	売上高	営業利益	純利益	前年比(%)	EPS(元)	1株配(HK$)	株配・無償(株)
2016/12	21,480.89	―	858.55	40.5	0.760	0.2560	
2017/12	26,903.90	―	1,178.37	37.3	1.050	0.3700	
2018/12	34,750.85	―	1,188.28	0.8	1.050	0.3800	
2019/12	40,613.56	―	1,681.83	41.5	1.490	0.3900	
2020/12予	42,492.13	2,235.98	1,708.50	1.6	1.509	0.4450	
2021/12予	45,527.88	2,425.17	1,872.25	9.6	1.656	0.4920	【株式分割・併合等】
2018/6中間	14,506.65	―	513.13	16.9	0.455		
2019/6中間	20,086.91	―	564.47	10.0	0.501		

【本社】香港湾仔港湾道18号中環広場32楼3202室　【TEL】852-28771398　【URL】www.tianneng.com.hk

【役員】会長：張天任(Zhang Tianren)　【上場】2007年6月　【決算期】12月　【従業員】21,676

華潤電力控股

チャイナリソーシズ・パワー

華潤電力控股有限公司
China Resources Power Holdings Co.,Ltd.
【指数構成銘柄】レッドチップ　【その他上場】—

[00836/week/(2018/11/30 - 2020/05/08)]

評価	株価	年間騰落率	最低売買価格
B	9.000 HK$	-16.8 %	246,960 円

PER		予想配当利回り	PBR
予想 5.1 倍　実績 6.6 倍		7.8 %	0.6 倍

華潤グループ傘下の大手電力会社 中国政府系複合企業の中国華潤グループ傘下。東部沿海地域から中西部まで幅広いエリアで発電事業を手掛ける。石炭火力発電が主力だが、近年は風力、水力、太陽光発電などに積極投資し、19年には再生可能エネルギーの発電能力全体に占める比率が23％まで上昇。19年末現在、158の発電所を運営し、発電能力は持ち分換算で4万392MW。石炭採掘事業は18年に売却し、発電事業に集約させた。

19年12月本決算：減収増益 石炭採掘事業の売却で前年比12％減収となったが、石炭価格の下落に伴う動力炭調達コストの低減や風力発電所の稼働開始を追い風に67％の増益を達成した。前年に石炭資産売却損21億HKドル超を計上した反動も増益率の押し上げに寄与。期中の電力販売量は1.6％減の1億4900万MW（発電量も1.6％減）。1MWh当たりの燃料コストは7.6％安の203.8元。期中の設備投資は228億HKドルで、うち177億HKドルを再生可能エネルギーに振り向けた。

最近の動向 19年末時点で3809MW相当の新規風力施設を建設中であり、再生可能エネルギー比率はさらに上向く見込み。浙江省蒼南の洋上風力発電事業プロジェクト（400MW）も認可を取得済み。20年1～3月の発電量は連結ベースで前年同期比8％減の3338万3000MWh。

【株価推移】	高値		安値	
2016年	15.500	04/14	10.700	07/08
2017年	16.360	05/29	12.220	01/03
2018年	16.480	06/12	12.200	10/25
2019年	16.280	02/20	8.980	10/10
2020年	11.480	01/14	6.420	03/19

【株価情報】			
取引単位(株)	2,000	A株株価	—
時価総額(mHK$)	43,294.0	A株格差(倍)	—

【指標】(%)		19/12	18/12
収益性	ROA	3.1	1.9
	ROE	9.0	5.6
	粗利益率	—	—
成長性	増収率	-11.9	4.9
	増益率(営利)	13.6	-9.1
	自己資本増加率	4.0	-6.8
安全性	BPS(HK$)	15.2	14.6
	負債比率	176.9	186.7
	流動比率	51.3	50.3
	株主資本比率	33.8	33.7

【財務】(百万HK$)	19/12	18/12
流動資産	29,569.5	29,949.1
総資産	215,735.7	208,223.2
流動負債	57,661.2	59,582.1
総負債	129,019.7	130,933.8
株主資本	72,924.0	70,135.3

【CF】(百万HK$)	19/12	18/12
営業CF	20,507.6	18,096.8
投資CF	-21,395.4	-7,589.7
財務CF	-2,084.5	-7,445.2
FCF	-887.9	10,507.1
現金同等物	4,907.3	7,977.2

【株式】(19/12/31)(百万株)		
総数		4,810.4
流通	—	
	—	
	100.0%	
非流通	0.0%	

【主要株主】(19/12/31)	(%)
中国華潤有限公司	62.9

【子会社・関連会社】(19/12/31)	(%)
華潤電力投資有限公司	100.0
華潤電力湖北有限公司	100.0
華潤電力（唐山曹妃甸）有限公司	51.0

【売上・利益構成】(19/12)(%)	売上構成比	前年比	利益構成比	前年比
火力発電	84.4	-7.3	58.9	15.3
再生可能エネルギー	15.6	16.2	41.1	23.3
炭鉱	—	—	—	—

【業績】[香港会計基準] (百万HK$) ※予想：ファクトセット						【前号予想との比較】 ➡ 前号並み
	売上高	営業利益	純利益	前年比(%)	EPS(HK$)	1株配(HK$)	株配・無償(株)
2016/12	66,212.59	16,354.78	7,708.37	-23.1	1.620	0.8750	
2017/12	73,311.68	12,480.00	4,623.32	-40.0	0.970	0.8750	
2018/12	76,940.13	11,348.29	3,950.44	-14.6	0.830	0.3280	
2019/12	67,757.63	12,888.46	6,590.35	66.8	1.370	0.5480	
2020/12予	70,064.09	15,710.64	8,702.29	32.0	1.777	0.6990	【株式分割・併合等】
2021/12予	75,312.15	17,799.52	9,919.98	14.0	2.045	0.8140	
2018/6中間	39,307.77	6,666.05	2,959.13	59.6	0.620	0.1250	
2019/6中間	32,916.04	6,780.20	4,017.79	35.8	0.840	0.2000	

【登記】香港湾仔港湾道26号華潤大廈20楼2001-2002室　【TEL】852-25937530　【URL】www.cr-power.com
【役員】会長：王傳棟(Wang Chuandong)　【上場】2003年11月　【決算期】12月　【従業員】21,746

電力・ガス・水道

メインボード

中国水務集団
チャイナ・ウォーター・アフェアーズ

中国水務集団有限公司
China Water Affairs Group Ltd.
【指数構成銘柄】 ― 【その他上場】 ―

評価	株価	年間騰落率	最低売買価格
B	**5.880** HK$	**-26.6** %	**161,347** 円

PER		予想配当利回り	PBR
予想 **6.1** 倍　実績 **6.9** 倍		**5.4** %	**1.2** 倍

中国の水道事業大手 中国の水利政策を管轄する水利部の幹部だった段伝良会長が経営不振の電子部品会社を買収し、03年に水道事業に業態転換した。中国本土の60以上の都市で3000万人の住民に向け、上水供給や下水処理などの環境保護事業を手掛ける。約540万戸に上水道管を接続し、水道管は全長15万㎞を超える。北京市や重慶市などで不動産開発・投資も手掛ける。11年に資本参加したオリックスが段会長に次ぐ2位株主。

19年9月中間決算：増収増益 主力の上水道事業の利益が17％増となり、全体の9割近くを稼ぎだした。供給水量の増加や事業地域の拡大、官民共同方式の広がりなどで売上高は13％増。半面、下水道・廃棄物処理事業は29％減収、35％減益と苦戦した。粗利益率は1.1ポイント低下したものの、19年4月に出資持ち分29.5％を取得した康達国際環保（06136）からの利益貢献が2億6000万HKドルに上り、純利益を押し上げた。政府補助金の増加と観光子会社権益の売却も増益に寄与した。

収益環境 会社側は中国の都市化の進展に伴う上水道の改良や規模拡大の必要性の高まりを背景に、今後も水処理市場の安定成長を期待。財政部が19年、長期の官民パートナーシップ（PPP）を推奨する方針を打ち出したことで、水道事業を受注しやすくなるとみている。

【株価推移】

	高値		安値	
2016年	6.000	10/24	3.150	02/12
2017年	7.420	12/07	4.180	07/28
2018年	10.620	07/27	6.500	02/09
2019年	8.780	03/12	5.430	08/26
2020年	6.820	01/23	5.150	03/19

【株価情報】

取引単位(株)	2,000	A株株価	―
時価総額(mHK$)	9,431.7	A株格差(倍)	―

【指標】(%)

		19/9	18/9
収益性	ROA	4.6	4.0
	ROE	21.7	16.2
	粗利益率	42.8	43.9
成長性	増収率	5.1	17.9
	増益率(営利)	6.3	15.0
	自己資本増加率	1.7	26.8
安全性	BPS(HK$)	5.1	5.0
	負債比率	311.4	243.6
	流動比率	104.1	113.1
	株主資本比率	21.1	24.7

【財務】(百万HK$)

	19/9	18/9
流動資産	11,472.3	11,331.8
総資産	38,420.4	32,318.9
流動負債	11,015.6	10,018.8
総負債	25,247.2	19,416.4
株主資本	8,107.7	7,970.5

【CF】(百万HK$)

	19/9	18/9
営業CF	1,530.2	1,019.6
投資CF	-2,365.9	-1,626.0
財務CF	908.8	1,880.4
FCF	-835.7	-606.4
現金同等物	4,011.2	3,807.9

【株式】(19/09/30)(百万株)

総数	1,604.0
流通	― 100.0%
非流通	― 0.0%

【主要株主】(19/09/30)(%)

段伝良	29.4
オリックス株式会社	18.2

【子会社・関連会社】(19/03/31)(%)

江西万年銀龍水務有限責任公司	100.0
荊州水務集団有限公司	51.0
荊州中水環保有限公司	88.1

【売上・利益構成】(19/9)(%)

	売上構成比	前年比	利益構成比	前年比
上水道	82.4	13.4	87.6	16.7
下水道・廃棄物処理	13.6	-29.2	11.6	-34.9
不動産開発・投資	2.4	15.8	0.8	-23.1

【業績】[香港会計基準](百万HK$) ※予想：ファクトセット

【前号予想との比較】 ▲ 大幅増額

	売上高	営業利益	純利益	前年比(%)	EPS(HK$)	1株配(HK$)	株配・無償(株)
2017/3	5,707.90	2,271.09	853.63	40.4	0.567	0.2000	
2018/3	7,580.18	2,691.38	1,140.52	33.6	0.726	0.2300	
2019/3	8,302.21	3,022.20	1,369.24	20.1	0.851	0.2800	
2020/3予	8,959.58	3,114.75	1,595.58	16.5	0.969	0.3170	
2021/3予	9,943.07	3,512.75	1,722.87	8.0	1.069	0.3590	
2017/9中間	3,513.69	1,317.21	537.02	25.2	0.349	0.0800	
2018/9中間	4,141.82	1,514.14	645.81	20.2	0.401	0.1200	
2019/9中間	4,354.71	1,609.92	881.08	36.4	0.548	0.1400	

【株式分割・併合等】
併合20→1(03/7)

【本社】香港湾仔港湾道18号中環広場64楼6408室 **【TEL】**852-39686666 **【URL】** www.chinawatergroup.com

【役員】会長：段伝良(Duan Chuanliang) **【上場】**1999年10月 **【決算期】**3月 **【従業員】**8,600

中国石油天然気

ペトロチャイナ

中国石油天然気股份有限公司
PetroChina Co.,Ltd.

【指数構成銘柄】ハンセン、中国企業　【その他上場】上海A(601857)、ADR

[00857/week/2018/11/30 - 2020/05/08]

評価	H株株価	年間騰落率	最低売買価格
D	2.700 HK$	-42.6 %	74,088 円

PER		予想配当利回り	PBR
予想 —	実績 9.8 倍	1.1 %	0.4 倍

中国最大級の石油グループ 国内屈指の大慶油田や長慶油田を保有し、原油・天然ガスの生産で国内最大。パイプライン運営や精製事業、石化製品の製造・販売、小売事業などを手掛ける。19年末のガソリンスタンド数は2万2400カ所で石油製品小売りシェアは37%。確認埋蔵量は原油が73億バレル、天然ガスが76兆立方フィート。世界各地で開発を行い、19年の原油・天然ガスの生産量は15億6100万石油換算バレルに上る。

19年12月本決算：増収減益 原油と天然ガスの販売量が伸び、増収につなげたが、平均販売価格は石油製品を含めて軒並み低下。調達コスト・貿易関連支出の増加や人件費・探査費の増加も重荷となり減益に落ち込んだ。為替差益が減ったことや、リースに関する会計基準の改定に伴う利息支出計上額の4割増も響いた。部門別では、探査・生産部門は単位操業コストの削減が寄与し3割増益。天然ガス部門も2%増益と堅調だった。

最新動向 20年1～3月期決算は売上高が前年同期比14%減の5090億9800万元、純損益は前年同期の102億4900万元の黒字から162億3000万元の赤字に転落した。20年6月中間決算は大幅減益となる見込み。新型コロナウイルスの感染拡大に伴う世界経済の減速を受けた石油・ガス価格の下落が業績の圧迫要因としている。

【株価推移】

	高値		安値	
2016年	6.030	04/28	4.160	01/20
2017年	6.380	01/18	4.720	07/10
2018年	6.740	06/08	4.810	12/28
2019年	5.470	03/21	3.500	12/04
2020年	4.230	01/08	2.200	03/19

【株価情報】

取引単位(株)	2,000
H株時価総額(mHK$)	56,967.0
A株株価(元)	4.470
A株格差(倍)	1.8

【指標】(%)

		19/12	18/12
収益性	ROA	1.7	2.2
	ROE	3.7	4.4
	粗利益率	—	—
成長性	増収率	6.0	17.8
	増益率(営利)	-1.0	81.5
	自己資本増加率	1.3	1.7
安全性	BPS(元)	6.7	6.6
	負債比率	104.8	85.0
	流動比率	70.6	73.5
	株主資本比率	45.0	49.7

【財務】(百万元)

	19/12	18/12
流動資産	466,913.0	438,241.0
総資産	2,732,910.0	2,440,877.0
流動負債	661,419.0	596,430.0
総負債	1,288,605.0	1,031,986.0
株主資本	1,230,156.0	1,213,783.0

【CF】(百万元)

	19/12	18/12
営業CF	359,610.0	353,256.0
投資CF	-332,948.0	-267,812.0
財務CF	-27,276.0	-125,703.0
FCF	26,662.0	85,444.0
現金同等物	86,409.0	85,954.0

【株式】(19/12/31)(百万株)

総数	183,021.0	
流通	H株	11.5 %
	A株	88.5 %
		100.0 %
非流通		0.0 %

【主要株主】(19/12/31)

	(%)
中国石油天然気集団有限公司	80.4

【子会社・関連会社】(19/12/31)

	(%)
昆侖能源有限公司 (00135)	54.4
大慶油田有限責任公司	100.0
中石油管道有限責任公司	72.3

【売上・利益構成】(19/12)(%)

	売上構成比	前年比	利益構成比	前年比
石油販売	73.5	7.4		
天然ガス・パイプライン	13.9	7.2	19.2	2.3
石油精製・化学	7.6	-6.9	10.1	-69.2

【業績】 [国際会計基準] (百万元) ※予想：ファクトセット

【前号予想との比較】 ↓ 大幅減額

	売上高	営業利益	純利益	前年比(%)	EPS(元)	1株配(元)	株配・無償(株)
2016/12	1,616,903.00	60,635.00	7,857.00	-77.9	0.040	0.0593	
2017/12	2,015,890.00	67,722.00	22,798.00	190.2	0.120	0.1300	
2018/12	2,374,934.00	122,942.00	53,036.00	132.6	0.290	0.1788	
2019/12	2,516,810.00	121,762.00	45,682.00	-13.9	0.250	0.1437	
2020/12予	2,055,502.30	15,540.95	-6,726.95		-0.037	0.0280	【株式分割・併合等】
2021/12予	2,297,759.50	84,676.87	25,158.13		0.137	0.0730	
2019/6中間	1,119,637.00	67,374.00	27,441.00	116.5	0.150	0.0888	
2019/6中間	1,196,259.00	70,663.00	28,423.00	3.6	0.150	0.0777	

【登記】北京市東城区安徳路16号　【TEL】86-10-59982622　【URL】www.petrochina.com.cn

【役員】会長：戴厚良(Dai Houliang)　【上場】2000年4月　【決算期】12月　【従業員】460,724

I.T.・ソフトウエア

メインボード

神州数碼控股

デジタル・チャイナ

神州数碼控股有限公司
Digital China Holdings Ltd.

【指数構成銘柄】— 【その他上場】TDR

評価	株価	年間騰落率	最低売買価格
C	4.380 HK$	15.6 %	60,094 円

PER		予想配当利回り	PBR
予想 19.0 倍 実績 23.9 倍		2.1 %	0.8 倍

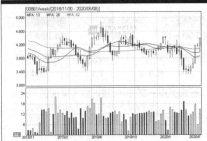
[00861/week(2018/11/30 - 2020/05/08)]

中国のITサービス会社 深セン上場の神州数碼信息服務（000555）を通じ、主に中国の銀行向けにシステム開発やクラウド、ビッグデータなどのITサービスを提供する。企業やネット通販向けサプライチェーン管理事業を「科捷物流」ブランドで展開。中国本土に倉庫を置き、自社開発プラットフォーム「Xデータ」上で物流管理システムを運用する。スマートシティー運営サービスや金融サービスなどの新事業も手掛ける。

19年12月本決算：純利益倍増 主力2部門が好調で売上高を伸ばす中、営業費用を圧縮し、大幅増益につなげた。子会社や関連会社の株式売却益は縮小したが、販売費やその他費用を削減するなど効率を改善した。事業別ではサプライチェーン管理部門が4割増収と好調で、営業損益が1億600万HKドルの黒字に転換（前年は600万HKドルの赤字）。特にネット通販向けサービスが96%増収と伸びた。ITサービスは利益が倍増。

最近の動向 20年1～3月期は売上高が人民元建てで24%増。特にスマートシティー部門が83%増収と好調で、吉林省でのビッグデータ事業が実を結んだほか、地方政府向けの感染症対策ソフトの販売が伸びた。一方、サプライチェーン管理事業はネット通販向けのの契約が62%増と好調。部門全体の売上高は22%増加した。

【株価推移】

	高値		安値	
2016年	10.387	03/31	4.412	05/12
2017年	7.033	02/20	3.870	12/07
2018年	5.280	01/02	3.280	12/28
2019年	4.880	07/11	3.360	01/08
2020年	4.450	01/16	3.310	03/23

【株価情報】

取引単位(株)	1,000	A株株価	—
時価総額(mHK$)	7,318.9	A株格差(倍)	—

【指標】(%)

		19/12	18/12
収益性	ROA	1.2	0.6
	ROE	3.4	1.7
	粗利益率	17.8	19.1
成長性	増収率	16.2	15.2
	増益率(営利)	—	—
	自己資本増加率	1.0	-2.8
安全性	BPS (HK$)	5.3	5.3
	負債比率	145.3	147.9
	流動比率	117.4	121.7
	株主資本比率	35.0	34.7

【財務】(百万HK$)

	19/12	18/12
流動資産	12,816.8	12,314.9
総資産	25,551.1	25,488.2
流動負債	10,914.0	10,117.2
総負債	12,987.6	13,091.5
株主資本	8,936.4	8,850.3

【CF】(百万HK$)

	19/12	18/12
営業CF	989.2	269.7
投資CF	192.5	42.2
財務CF	-1,499.1	-1,867.3
FCF	1,181.8	311.9
現金同等物	1,890.2	2,204.9

【株式】(19/12/31)(百万株)

総数	1,671.0
流通	100.0 %
非流通	0.0 %

【主要株主】(19/12/31) (%)

広州市城市建設投資集団有限公司	26.0
広州広電運通金融電子股フン有限公司	18.0
Dragon City Int'l Investment Ltd.	11.2

【子会社・関連会社】(19/12/31) (%)

神州数碼信息服務股フン有限公司(000555)	40.1
慧聡集団有限公司 (02280)	22.6
天津神州数碼融資租賃有限公司	100.0

【売上・利益構成】(19/12)(%)

	売上構成比	前年比	利益構成比	前年比
ITサービス	64.9	9.3	37.2	102.0
サプライチェーン管理	30.3	42.3	13.0	—
スマートシティー・金融	1.4	-24.3	1.4	359.1

【業績】[香港会計基準](百万HK$) ※予想：ファクトセット　　【前号予想との比較】—

	売上高	営業利益	純利益	前年比(%)	EPS(HK$)	1株配(HK$)	株配・無償(株)
2016/12	12,251.36	—	389.31	-41.2	0.347	3.2000	
2017/12	13,246.57	—	-413.01	—	-0.292		4:1@4HK$
2018/12	15,254.50	—	149.59	—	0.090	0.0310	
2019/12	17,727.43	—	301.84	101.8	0.183	0.0640	
2020/12予	20,304.00	741.00	393.00	30.2	0.230	0.0900	【株式分割・併合等】
2021/12予	23,777.00	1,009.00	582.00	48.1	0.350	0.1300	
2018/6中間	7,029.95	—	138.58	—	0.083	—	
2019/6中間	7,589.72	—	0.26	-99.8	0.000	—	

【本社】香港香港湾仔告士打道77-79号富通大厦31楼 【TEL】852-34168000 【URL】www.dcholdings.com.hk

【役員】会長：郭為(Guo Wei) 【上場】2001年6月 【決算期】12月 【従業員】11,800

康哲薬業控股

チャイナ・メディカルシステム

康哲薬業控股有限公司
China Medical System Holdings Ltd.
【指数構成銘柄】― 【その他上場】―

医薬・バイオ

メインボード

[00867/week/(2018/11/30 - 2020/05/08)]
MPA 13 MPA 26 MPA 52

評価	株価	年間騰落率	最低売買価格
A	9.720 HK$	48.9 %	133,358 円

PER		予想配当利回り	PBR
予想 9.2 倍 実績 11.2 倍		4.4 %	2.3 倍

中国の医薬品販売会社 林剛会長が医薬品貿易会社を買収して創業。独占販売契約を結んだ医薬品を医療機関に販売する。製薬会社に資本参加する代わりに地域限定で関連資産を取得、あるいはライセンス契約で権利を取得するビジネスを展開。1998年から自前で創薬事業も展開。主力はアストラゼネカの高血圧治療薬「Plendil」、ルンドベックの抗うつ薬「Deanxit」、Dr.Falk Pharmaの胆石症治療薬「Ursofalk」など。

19年12月本決算：増収増益 マレーシアでの納税額急増で1桁増益だったが、税引き前では24%増益。製品販売量の増加で2桁増収を確保した上に、増値税率の引き下げに伴い粗利益率が改善。一般管理費の抑制（3%増）や財務費用の低減も寄与した。製品ライン別では心臓脳血管薬の売上高が5%増の26億4900万元、消化器系が19%増の21億8600万元、点眼薬が14%増の2億5800万元、皮膚薬が16%増の1億8200万元。

最近の動向 集中調達制度の拡大を含む医薬品制度改革に伴い薬価が下落する中、製品競争力の強化が不可欠との認識。イノベーティブ医薬品の中国での認可取得と商用化を加速させる方針。20年1月、18年に資産取得契約を交わした米Neurelisの発作治療薬「VALTOCO」が米当局の承認を獲得し、中国での登録申請が進行中。

【株価推移】

	高値		安値	
2016年	14.100	09/23	8.530	01/27
2017年	18.360	12/27	11.840	01/03
2018年	20.000	05/03	7.000	12/27
2019年	13.080	11/08	6.140	06/17
2020年	12.480	01/21	7.000	03/13

【株価情報】

取引単位(株)	1,000	A株株価	
時価総額(mHK$)	24,109.6	A株格差(倍)	

【指標】(%)

		19/12	18/12
収益性	ROA	17.6	17.6
	ROE	20.7	22.1
	粗利益率	74.9	72.1
成長性	増収率	11.8	1.6
	増益率(営利)		
	自己資本増加率	13.4	14.9
安全性	BPS(元)	3.8	3.4
	負債比率	17.5	25.2
	流動比率	229.5	565.4
	株主資本比率	84.8	79.5

【財務】(百万元)

	19/12	18/12
流動資産	3,552.3	3,114.5
総資産	11,171.0	10,506.5
流動負債	1,547.7	550.8
総負債	1,654.8	2,102.4
株主資本	9,472.9	8,355.8

【CF】(百万元)

	19/12	18/12
営業CF	2,555.1	1,754.6
投資CF	-309.4	-239.7
財務CF	-1,695.1	-1,554.3
FCF	2,245.7	1,514.9
現金同等物	1,365.0	815.1

【株式】(19/12/31)(百万株)

総数	2,480.4	
流通	―	
	―	
	―	100.0%
非流通	―	0.0%

【主要株主】(19/12/31) (%)

Treasure Sea Ltd. （林剛）	44.5
陳洪兵	2.6

【子会社・関連会社】(19/12/31) (%)

天津康哲医薬科技発展有限公司	100.0
深セン市康哲薬業有限公司	100.0
西蔵康哲薬業発展有限公司	100.0

【売上・利益構成】(19/12) (%)

	売上構成比	前年比	利益構成比	前年比
医薬品販売	78.5	10.7	―	―
販促収入	21.5	16.0	―	―

【業績】[国際会計基準](百万元)※予想:ファクトセット

	売上高	営業利益	純利益	前年比(%)	EPS(元)	1株配(元)	株配・無償(株)
2016/12	4,900.81	―	1,375.94	38.2	0.553	0.2216	
2017/12	5,348.84	―	1,674.81	21.7	0.673	0.2686	
2018/12	5,433.45	―	1,849.88	10.5	0.744	0.2970	
2019/12	6,073.62	―	1,960.71	6.0	0.791	0.3154	
2020/12予	6,657.32	2,616.52	2,472.36	26.1	0.962	0.3910	
2021/12予	7,222.77	2,797.95	2,683.94	8.6	1.035	0.3510	
2018/6中間	2,655.01	―	957.54	19.0	0.385	0.1536	
2019/6中間	2,964.36	―	1,169.90	22.2	0.472	0.1883	

【前号予想との比較】➡ 前号並み

【株式分割・併合等】

【本社】深セン市南山区大新路198号馬家龍創新大厦B座6-8楼 【TEL】86-755-82416868 【URL】www.cms.net.cn
【役員】会長：林剛(Lam Kong) 【上場】2010年9月 【決算期】12月 【従業員】4,052

医薬・バイオ

メインボード

H株

広州白雲山医薬

グァンジョウ・バイユンシャン・ファーマ

広州白雲山医薬集団股份有限公司
Guangzhou Baiyunshan Pharmaceutical Holdings Co.,Ltd.
【指数構成銘柄】― 【その他上場】上海A（600332）

評価	H株株価	年間騰落率	最低売買価格
B	**20.700** HK$	**-46.0** %	**568,008** 円

PER		予想配当利回り	PBR
予想 **8.6** 倍　実績 **9.6** 倍		**3.5** %	**1.3** 倍

広州市政府系の漢方薬製造大手 製薬、医薬品流通、健康食品、医療・養老サービスが事業の4本柱。製薬は漢方が中心で、中一薬業など老舗12社を抱える。抗生剤「抗之覇」で知られ、原薬から製剤までの一貫体制が強み。健康食品は「王老吉涼茶」「潤喉糖」などが主力製品。医薬品流通は薬局チェーン「采芝林」「健民」を展開し、子会社の広州医薬などが卸売りを手掛ける。支配株主は広州市政府系企業の広州医薬集団。

19年12月本決算：増収減益 減益の主因は、18年に広州医薬と広州王老吉薬業の権益を追加取得し、評価益を計上していた反動。こうした非経常損益を除いた純利益は前年比29％増の27億4600万元。2社の連結子会社化は全体の売上高を1.5倍に押し上げた半面、粗利益率は4ポイント下がった。税負担率が5ポイント近く上昇したことも利益を圧迫した。部門別では、広州王老吉薬業を含む健康飲料・食品事業の利益が倍増して稼ぎ頭となり、部門粗利益率が7ポイント上昇した。

最新動向 20年3月末、広州医薬を香港で分離上場する方針を改めて表明。20年の設備投資は約25億元の予定で、生産拠点の建設や設備更新、ITシステム構築などに投じる。20年1～3月期決算は売上高が前年同期比6％減の169億8500万元、純利益は16％減の11億8400万元。

【株価推移】

	高値		安値	
2016年	22.100	01/04	15.600	02/12
2017年	27.650	10/31	18.600	02/01
2018年	42.500	06/13	19.740	02/09
2019年	30.120	05/02	22.500	12/03
2020年	30.200	01/21	17.660	03/19

【株価情報】

取引単位（株）	2,000	A株株価（元）	31.350
H株時価総額（mHK$）	4,551.9	A株格差（倍）	1.7

【指標】（%）

		19/12	18/12
収益性	ROA	5.6	6.7
	ROE	13.2	15.9
	粗利益率	19.8	23.8
成長性	増収率	53.8	101.6
	増益率（営利）	5.7	55.9
	自己資本増加率	11.5	14.9
安全性	BPS（元）	14.9	13.3
	負債比率	127.8	130.7
	流動比率	156.5	159.7
	株主資本比率	42.5	42.1

【財務】（百万元）

	19/12	18/12
流動資産	45,982.2	43,031.3
総資産	56,893.7	51,482.2
流動負債	29,377.0	26,948.8
総負債	30,904.2	28,338.5
株主資本	24,184.8	21,684.9

【CF】（百万元）

	19/12	18/12
営業CF	5,022.4	5,216.9
投資CF	-1,028.4	1,109.7
財務CF	-2,231.8	-2,751.3
FCF	3,994.0	6,326.6
現金同等物	16,833.6	15,071.6

【株式】（19/12/31）（百万株）

総数		1,625.8
流通	H株	13.5%
	A株	65.9%
		79.4%
非流通		20.6%

【主要株主】（19/12/31）（%）

広州医薬集団有限公司	45.0
広州国資発展控股有限公司	5.0
広州国寿城市発展産業投資企業（有限合夥）	4.5

【子会社・関連会社】（19/12/31）（%）

広州白雲山中一薬業有限公司	100.0
広州王老吉薬業股フン有限公司	96.1
広州医薬有限公司	80.0

【売上・利益構成】（19/12）（%）

	売上構成比	前年比	利益構成比	前年比
医薬品・医療機器流通	65.4	86.3	10.7	99.8
製薬	18.1	20.3	31.2	6.6
健康飲料・食品	16.1	10.5	34.9	93.9

【業績】［中国会計基準］（百万元）※予想：ファクトセット

【前号予想との比較】 ↘ 減額

	売上高	営業利益	純利益	前年比（%）	EPS（元）	1株配（元）	株配・無償（株）
2016/12	20,035.68	1,466.63	1,508.03	16.0	1.075	0.5800	
2017/12	20,954.23	2,460.97	2,061.65	36.7	1.268	0.3810	
2018/12	42,233.84	3,835.95	3,440.98	66.9	2.116	0.4240	
2019/12	64,951.78	4,055.01	3,188.89	-7.3	1.961	0.5890	
2020/12予	72,988.00	4,629.00	3,579.00	12.2	2.200	0.6600	【株式分割・併合等】
2021/12予	84,158.00	5,337.00	4,126.00	15.3	2.540	0.7600	
2018/6中間	14,840.01	2,982.34	2,619.00	126.1	1.611	―	
2019/6中間	33,340.83	3,176.81	2,547.56	-2.7	1.567	―	

【登記】広東省広州市荔湾区沙面北街45号　【TEL】86-20-66281217　【URL】www.gybys.com.cn

【役員】会長：李楚源（Li Chuyuan）　【上場】1997年10月　【決算期】12月　【従業員】25,853

サービス

澳門博彩控股
エスジェイエム・ホールディングス

澳門博彩控股有限公司
SJM Holdings Ltd.

【指数構成銘柄】— 【その他上場】—

メインボード

[00880/week/(2018/11/30 - 2020/05/08)]
MPA:13 MPA:26 MPA:52

評価	株価	年間騰落率	最低売買価格
D	8.100 HK$	-14.7 %	111,132 円

PER		予想配当利回り	PBR
予想 —	実績 14.3 倍	1.7 %	1.6 倍

マカオのカジノ運営会社 「カジノ王」故スタンレー・ホー氏が設立した運営会社。19年のカジノ市場シェアは14%で5位。マカオの象徴的なカジノ「リスボア」を運営する。07年に「グランド・リスボア」、09年に「オケアノス」を開業。筆頭株主の澳門旅遊娯楽（STDM）は02年の市場開放を機に、SJMにカジノを売却した。19年末時点でカジノ20カ所を経営し、カジノテーブル1786台、スロットマシン2439台を稼働している。スタンレー・ホー氏は20年5月に死去。

19年12月本決算：減収増益 VIP向けの落ち込みでカジノ収入は2%減収だったが、利益率の高い一般客向けの貢献と、特別賭博税および償却費の減少などで2桁増益となった。グロスのVIPフロア収入は30%減の136億8700万HKドル、一般カジノは9%増の251億2700万HKドル。主力のグランド・リスボアは18%減収、17%増益だった。ほかの直営カジノ3カ所は売上高が横ばいで、45%増益。サテライトカジノは5%減収、24%減益。

最新動向 コタイ地区の大型カジノ「グランド・リスボア・パレス」は20年末に開業予定で当局の検査手続きを進めている。20年1～3月期決算は、新型コロナによる娯楽施設閉鎖などの影響で純損益が4億900万HKドルの赤字（前年同期は8億5000万HKドルの黒字）に転落。

【株価推移】

	高値		安値	
2016年	6.790	12/07	4.400	06/28
2017年	8.600	06/14	5.840	01/04
2018年	11.600	05/31	6.150	10/30
2019年	10.740	05/02	6.710	01/14
2020年	10.560	01/17	5.820	03/19

【株価情報】

取引単位(株)	1,000	A株株価	—
時価総額(mHK$)	45,881.4	A株格差(倍)	—

【指標】(%)

		19/12	18/12
収益性	ROA	5.6	5.1
	ROE	11.1	10.3
	粗利益率	—	—
成長性	増収率	-1.6	8.3
	増益率(営利)	—	—
	自己資本増加率	5.2	8.5
安全性	BPS(HK$)	5.1	4.9
	負債比率	97.9	104.2
	流動比率	134.9	168.1
	株主資本比率	50.3	48.9

【財務】(百万HK$)

	19/12	18/12
流動資産	16,942.4	20,632.4
総資産	57,625.7	56,398.6
流動負債	12,562.6	12,274.4
総負債	28,389.6	28,712.0
株主資本	28,998.4	27,552.1

【CF】(百万HK$)

	19/12	18/12
営業CF	4,423.4	4,036.2
投資CF	734.1	-9,390.4
財務CF	-2,742.1	5,505.9
FCF	5,157.5	-5,354.2
現金同等物	8,738.1	6,322.7

【株式】(19/12/31)(百万株)

総数	5,664.4	
流通	—	
	100.0%	
非流通	0.0%	

【主要株主】(19/12/31) (%)

澳門旅遊娯楽股フン有限公司	54.1
梁安琪	8.6

【子会社・関連会社】(19/12/31) (%)

澳門博彩股フン有限公司	100.0
十六浦娯楽集団有限公司	51.0
新葡京酒店管理股フン有限公司	100.0

【売上・利益構成】(19/12)(%)

	売上構成比	前年比	利益構成比	前年比
カジノ	97.9	-1.5	100.0	7.2
ホテル・外食・小売り	2.1	-2.3		

【業績】[香港会計基準](百万HK$) ※予想：ファクトセット 【前号予想との比較】 ↓ 大幅減額

	売上高	営業利益	純利益	前年比(%)	EPS(HK$)	1株配(HK$)	株配・無償(株)
2016/12	41,798.40	—	2,326.50	-5.6	0.411	0.2400	
2017/12	31,770.70	—	1,963.40	-15.6	0.347	0.2000	
2018/12	34,410.10	—	2,850.10	45.2	0.504	0.2900	
2019/12	33,875.00	—	3,207.30	12.5	0.566	0.3000	
2020/12予	21,904.63	-226.97	233.31	-92.7	-0.130	0.1340	【株式分割・併合等】
2021/12予	40,845.63	2,636.69	2,194.83	840.7	0.385	0.2520	
2018/6中間	17,196.60	—	1,498.10	56.8	0.265	0.0800	
2019/6中間	17,074.30	—	1,679.10	12.1	0.296	0.0800	

【登記】香港中環港景街1号国際金融中心一期30楼3001-3006室 【TEL】852-39608000 【URL】www.sjmholdings.com
【役員】会長：何超鳳(Ho Chiu Fung Daisy) 【上場】2008年7月 【決算期】12月 【従業員】20,700

天津発展控股

ティエンジン・デベロプメント

コングロマリット

メインボード

レッドチップ

天津発展控股有限公司
Tianjin Development Holdings Ltd.
【指数構成銘柄】— 【その他上場】—

評価	株価	年間騰落率	最低売買価格
—	1.570 HK$	-40.3 %	43,081 円

PER		予想配当利回り	PBR
予想 — 実績 3.7 倍		—	0.1 倍

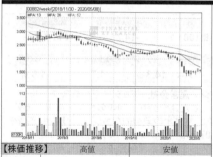

[00882/week(2018/11/30 - 2020/05/08)]
MPA: 13 MPA: 26 MPA: 52

天津市政府系のコングロマリット 天津経済技術開発区（TEDA）で水道・電力などの公共サービスを提供するほか、香港のホテル「コートヤード・バイ・マリオット」を運営。米オーチス・エレベータの中国事業に出資するほか、水力発電設備などの機電事業も展開する。05年にワインメーカーの王朝酒業集団（00828）、06年に港湾運営の天津港発展（03382）を分離上場。15年には買収を通じて医薬品事業に進出した。

19年12月本決算：減収減益 19年4月に天津泰達津聯電力の吸収合併が完了し、1億3600万HKドルに上る売却益を計上したことで2%減益にとどめたが、継続事業の純利益は17%減の3億2700万HKドルと低迷。公共サービス部門のうち水道水は8%減収。販売量が0.7%減少したほか、財政補助の減少やコストの増加で利益も8割近く減少した。蒸気供給は販売量が3%増加したほか、財政補助の増加で12%増益。医薬品部門は天津薬物研究院の株式の売却が響いて26%減収。ホテル部門は旅行客の減少や客室料金、稼働率の低下が響いて減収減益。

最近の動向 20年3月、水力発電設備の製造販売などを手掛ける天津市天発重型水電設備製造を公開入札を通じて売却すると発表。経営改善が見込めないため、長期的な成長戦略に沿って経営資源の再分配を行う。

【株価推移】

	高値		安値	
2016年	4.700	01/04	3.250	02/12
2017年	5.020	04/13	3.490	12/18
2018年	3.990	01/29	2.370	10/30
2019年	3.020	02/27	2.020	08/26
2020年	2.340	01/03	1.380	03/24

【株価情報】

取引単位(株)	2,000	A株株価	—
時価総額(mHK$)	1,684.3	A株格差(倍)	—

【指標】(%)

		19/12	18/12
収益性	ROA	2.0	2.1
	ROE	4.1	4.2
	粗利益率	35.2	38.6
成長性	増収率	-15.6	19.3
	増益率(営利)	—	—
	自己資本増加率	0.4	3.1
安全性	BPS(HK$)	10.6	10.5
	負債比率	58.7	61.0
	流動比率	237.6	175.3
	株主資本比率	50.4	49.2

【財務】(百万HK$)

	19/12	18/12
流動資産	10,538.6	11,568.8
総資産	22,556.2	23,001.5
流動負債	4,435.1	6,599.0
総負債	6,664.3	6,900.6
株主資本	11,362.4	11,317.0

【CF】(百万HK$)

	19/12	18/12
営業CF	-616.4	-489.0
投資CF	-613.1	-517.2
財務CF	-34.8	-193.2
FCF	-1,229.5	-1,006.1
現金同等物	3,097.3	4,483.4

【株式】(19/12/31) (百万株)

総数	1,072.8	
流通	—	
	—	
		100.0%
非流通		0.0%

【主要株主】(19/12/31)

	(%)
天津市医薬集団有限公司	62.8

【子会社・関連会社】(19/12/31)

	(%)
天津泰達津聯自来水有限公司	91.4
天津港発展控股有限公司（03382）	21.0
天津力生製薬股フン有限公司（002393）	34.4

【売上・利益構成】(19/12) (%)

	売上構成比	前年比	利益構成比	前年比
医薬品	41.8	-26.1	82.4	1.5
公共サービス	31.1	-2.2	12.4	-38.0
機電設備	24.8	-9.4	—	—

【業績】 [香港会計基準] (百万HK$) ※予想：—

	売上高	営業利益	純利益	前年比(%)	EPS(HK$)	1株配(HK$)	株配・無償(株)
2016/12	6,110.18	—	515.21	-8.4	0.480	0.0962	
2017/12	4,517.61	—	488.84	-5.1	0.456	0.0863	
2018/12	5,391.50	—	471.93	-3.5	0.440	0.0804	
2019/12	4,549.06	—	461.44	-2.2	0.430	0.0804	
2020/12予							
2021/12予							
2018/6中間	2,809.32	—	221.44	-22.1	0.206	0.0326	
2019/6中間	2,304.94	—	360.64	62.9	0.336	0.0326	

【前号予想との比較】

【株式分割・併合等】

【登記】香港干諾道中168-200号信徳中心招商局大厦36楼7-13室 【TEL】852-21628888 【URL】www.tianjindev.com
【役員】会長：王志勇(Wang Zhiyong) 【上場】1997年12月 【決算期】12月 【従業員】3,734

中国海洋石油

シノック

中国海洋石油有限公司
CNOOC Ltd.

【指数構成銘柄】 ハンセン、中国企業、レッドチップ　**【その他上場】** ADR、トロント

評価	株価	年間騰落率	最低売買価格
C	8.730 HK$	-36.1 %	119,776 円

PER		予想配当利回り	PBR
予想 30.2 倍　実績 5.8 倍		3.3 %	0.8 倍

中国3位の石油会社 海底油田の探査・開発、原油および天然ガスの生産・販売を手掛ける中国最大のオフショア石油開発会社。川上事業に特化し、渤海湾や南シナ海など中国近海のほか、インドネシアやナイジェリア、豪州、カナダなどに油田権益を保有する。近年では海外進出を加速し、13年にはカナダの石油会社ネクセンを傘下に収めた。19年末時点の原油・天然ガス確認埋蔵量は51億8000万BOE（石油換算バレル）。

19年12月本決算：増収増益 原油相場の下落が逆風となり、平均販売価格は原油が6％、天然ガスが2％低下したものの、増産とコスト削減で増収増益を達成した。原油・天然ガスの生産量は7％増の5億650万BOEと目標を上回り、販売収入は6％増。1バレル当たり生産コストは29.78米ドルと、6年連続で前年を下回り、うち1バレル当たり作業費は5％減。部門別では石油・ガスの探査・生産が12％増益となり、業績をけん引した。

今後の計画 20年の石油・天然ガス生産目標を5億2000万－5億3000万バレルに設定したが、原油相場の低迷を踏まえ、20年4月に5億500万－5億1500万バレルに下方修正。設備投資も従来の850億－950億元から750億－850億元に引き下げた。20年1－3月期の石油・ガス生産量は前年同期比10％増の1億3150万BOEだった。

【株価推移】

	高値		安値	
2016年	10.880	10/24	6.410	01/21
2017年	11.400	12/29	8.450	06/27
2018年	15.780	10/02	10.720	03/05
2019年	15.140	04/01	10.740	08/26
2020年	14.040	01/08	6.240	03/19

【株価情報】

取引単位(株)	1,000	A株株価	
時価総額(mHK$)	389,772.3	A株格差(倍)	

【指標】 (%)

		19/12	18/12
収益性	ROA	8.1	7.7
	ROE	13.6	12.5
	粗利益率	—	—
成長性	増収率	2.4	22.2
	増益率(営利)	5.0	116.4
	自己資本増加率	6.7	10.5
安全性	BPS(元)	10.0	9.4
	負債比率	69.1	63.5
	流動比率	225.7	257.8
	株主資本比率	59.1	61.2

【財務】(百万元)

	19/12	18/12
流動資産	205,945.0	191,151.0
総資産	757,731.0	686,381.0
流動負債	91,249.0	74,157.0
総負債	309,505.0	266,471.0
株主資本	448,187.0	419,900.0

【CF】(百万元)

	19/12	18/12
営業CF	123,521.0	124,398.0
投資CF	-67,457.0	-95,452.0
財務CF	-37,691.0	-27,108.0
FCF	56,064.0	28,946.0
現金同等物	33,679.0	14,995.0

【株式】(19/12/31) (百万株)

総数	44,647.5
流通	—
	100.0 %
非流通	0.0 %

【主要株主】(19/12/31) (%)

中国海洋石油集団有限公司	64.4

【子会社・関連会社】(19/12/31) (%)

中海石油（中国）有限公司	100.0
CNOOC Petroleum North America ULC	100.0
BC Energy Investments Corp.	50.0

【売上・利益構成】(19/12) (%)

	売上構成比	前年比	利益構成比	前年比
石油・ガスの探査・生産	86.6	5.4	97.5	11.8
貿易	13.2	-13.9	2.5	-19.9
その他	0.2	-11.6	—	—

【業績】 [国際会計基準] (百万元) ※予想：ファクトセット

【前号予想との比較】 ↓ 大幅減額

	売上高	営業利益	純利益	前年比(%)	EPS(元)	1株配(HK$)	株配・無償(株)
2016/12	146,490.00	-2,412.00	637.00	-96.9	0.010	0.3500	
2017/12	186,390.00	37,050.00	24,677.00	3,773.9	0.550	0.5000	
2018/12	227,711.00	80,167.00	52,675.00	113.5	1.180	0.7000	
2019/12	233,199.00	84,195.00	61,045.00	15.9	1.370	0.7800	
2020/12予	150,582.10	17,172.68	11,665.46	-80.9	0.263	0.2920	**【株式分割・併合等】**
2021/12予	184,942.42	41,999.31	29,392.99	152.0	0.658	0.3690	分割1→5(04/3)
2018/6中間	105,649.00	41,238.00	25,477.00	56.8	0.570	0.3000	
2019/6中間	108,880.00	43,360.00	25,077.00	-1.6	—	0.3300	

【登記】 香港花園道1号中銀大厦65層　**【TEL】** 852-22132500　**【URL】** www.cnoocltd.com

【役員】 会長：汪東進(Wang Dongjin)　**【上場】** 2001年2月　**【決算期】** 12月　**【従業員】** 18,703

サービス

東江環保

ドンジャン・エンバイロンメンタル

東江環保股份有限公司
Dongjiang Environmental Co.,Ltd.

【指数構成銘柄】— 【その他上場】深センA(002672)

メインボード

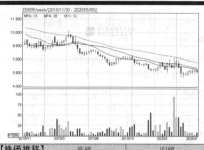

評価	H株株価	年間騰落率	最低売買価格
C	5.580 HK$	-31.7 %	15,312 円

PER		予想配当利回り	PBR
予想 9.0 倍 実績 10.6 倍		3.5 %	1.0 倍

H 株

環境マネジメント企業 中核事業は産業廃棄物処理とリサイクル。ほかに都市ごみ処理サービスや環境エンジニアリング、メタンガス発電などに従事。15年には都市汚水処理事業にも参入した。拠点の深セン市のほか、広東省惠州、江蘇省昆山、山東省青島などに処理施設を保有。独エーオンなど海外企業とも合弁事業を展開している。17年1月、張維仰前会長による株式譲渡で広東省政府系の広晟資産経営が筆頭株主となった。

19年12月本決算：小幅増益 主力の産業廃棄物処理サービスが好調で、辛うじて増収増益を確保した。市場開拓や技術改良に力点を置いた効果で、同部門は3割増収、4割増益。利益率の高い事業の増収で採算が改善し、粗利益率は0.8ポイント上昇した。家電解体部門も堅調だったが、その他の主力部門は軒並み低調。特に産廃リサイクルと都市ごみ処理サービスは2桁の減収減益。環境エンジニアリング部門は5割の減益。

今後の計画 20年12月期に10%超の増収増益を目指す。経営陣は中国経済の先行き不透明感が増しているものの、環境ビジネスの成長性は変わらないとの見方。産業廃棄物の処理事業を中心に事業規模の拡大を図る。20年1－3月期決算は売上高が前年同期比18%減の6億5800万元、純利益が49%減の5600万元。

【株価推移】

	高値		安値	
2016年	14.360	08/18	8.600	02/12
2017年	14.000	03/21	10.080	08/21
2018年	12.900	07/30	7.600	10/19
2019年	10.220	04/09	5.650	12/31
2020年	7.170	02/27	4.990	03/24

【株価情報】

取引単位(株)	200	A株株価(元)	9.900
H株時価総額(mHK$)	1,116.8	A株格差(倍)	2.0

【指標】(%)

		19/12	18/12
収益性	ROA	4.1	4.2
	ROE	9.8	10.1
	粗利益率	36.1	35.3
成長性	増収率	5.3	5.9
	増益率(営利)	-8.4	-9.4
	自己資本増加率	7.5	8.4
安全性	BPS(元)	4.9	4.6
	負債比率	123.4	125.1
	流動比率	68.8	87.8
	株主資本比率	41.8	41.5

【財務】(百万元)

	19/12	18/12
流動資産	3,025.7	3,088.1
総資産	10,395.4	9,744.5
流動負債	4,397.0	3,515.3
総負債	5,360.6	5,058.3
株主資本	4,344.6	4,041.9

【CF】(百万元)

	19/12	18/12
営業CF	1,235.0	897.7
投資CF	-933.1	-954.8
財務CF	-234.2	-136.1
FCF	301.9	-57.1
現金同等物	1,096.7	1,029.0

【株式】(19/12/31)(百万株)

総数		879.3
流通	H株	22.8%
	A株	75.1%
		97.9%
非流通		2.1%

【主要株主】(19/12/31)

	(%)
広東省広晟資産経営有限公司	21.8
江蘇匯鴻国際集団股フン有限公司	10.7

【子会社・関連会社】(19/12/31)

	(%)
深セン市東江環保再生能源有限公司	100.0
惠州市東江環保技術有限公司	100.0
厦門緑洲環保産業股フン有限公司	60.0

【売上・利益構成】(19/12)(%)

	売上構成比	前年比	利益構成比	前年比
産業廃棄物処理サービス	48.2	29.6	67.3	37.7
産業廃棄物リサイクル	31.1	-12.5	20.0	-20.0
都市ごみ処理サービス	6.7	-12.2	0.9	-65.3

【業績】[中国会計基準](百万元) ※予想：ファクトセット 【前号予想との比較】 ↘ 減額

	売上高	営業利益	純利益	前年比(%)	EPS(元)	1株配(元)	株配・無償(株)
2016/12	2,617.08	566.98	533.81	60.5	0.620	0.1210	
2017/12	3,099.66	624.26	473.38	-11.3	0.550	0.1610	
2018/12	3,284.08	565.65	407.92	-13.8	0.470	0.1400	
2019/12	3,458.59	518.10	423.93	3.9	0.480	0.1500	
2020/12予	4,019.92	669.18	490.98	15.8	0.565	0.1760	
2021/12予	4,655.42	817.53	584.11	19.0	0.681	0.2120	
2018/6中間	1,662.13	351.83	265.94	20.8	0.300	—	
2019/6中間	1,689.88	335.22	252.44	-5.1	0.290	—	

【株式分割・併合等】

併合10→1(11/1)

【登記】深セン市南山区高新区北区朗山路9号東江環保大楼 【TEL】86-755-88242601 【URL】www.dongjiang.com.cn

【役員】会長：譚侃(Tan Kan) 【上場】2003年1月 【決算期】12月 【従業員】4,807

華能国際電力

フアナン・パワー

華能国際電力股份有限公司
Huaneng Power International, Inc.

【指数構成銘柄】— 【その他上場】上海A(600011)、ADR

	評価	H株株価	年間騰落率	最低売買価格
	A	**2.710** HK$	**-43.5** %	**74,362** 円

	PER		予想配当利回り	PBR
予想 **7.2** 倍	実績 **246.4** 倍		**8.0** %	**0.4** 倍

中国の発電最大手 山東省や江蘇省などを中心に全国26の省・直轄市・自治区で発電事業を展開する。19年末時点の発電能力は持ち分換算で9万3676MWに上り、うちクリーンエネルギー（ガスタービン、水力、風力、太陽光など）が17％を占める。海外ではシンガポールの電力大手トゥアス・パワー（同国での19年12月期シェアは21％）を通じて事業を展開するほか、18年12月にパキスタンでも発電事業を開始した。中国5大電力グループの一角、中国華能集団が筆頭株主。

19年12月本決算：小幅増益 法人税負担が3.1倍に膨らみ利益を下押しした。中国経済の成長減速を背景に国内の電力販売量は4％減の3億8800万MWhにとどまったが、単位当たり燃料コストが6％低下。新たに連結対象に加わったパキスタン事業が権益ベースで2億9400万元の黒字となり、業績に貢献した。シンガポール事業は前年に燃料価格下落に絡む引当金を計上していた反動で権益ベースでの赤字額が4億7700万元に縮小した。

今後の計画 20年の国内発電量は約4億1000万MWh、設備平均稼働時間は3800時間を見込んでいる。20年1～3月期決算（中国会計基準）は売上高が前年同期比12％減の403億5100万元、純利益が22％減の20億6000万元。同期の電力販売量は18％減の8065万MWhだった。

【株価推移】

	高値		安値	
2016年	7.340	04/14	4.430	07/20
2017年	6.250	06/01	4.810	09/29
2018年	6.180	07/24	4.040	10/25
2019年	5.260	01/25	3.500	10/09
2020年	4.150	01/24	2.240	03/19

【株価情報】

取引単位(株)	2,000	A株株価(元)	4.310
H株時価総額(mHK$)	12,738.0	A株格差(倍)	1.7

【指標】(%)

		19/12	18/12
収益性	ROA	0.2	0.2
	ROE	0.7	0.8
	粗利益率	—	—
成長性	増収率	2.6	11.2
	増益率(営利)	22.4	10.1
	自己資本増加率	15.2	7.8
安全性	BPS(元)	6.9	6.0
	負債比率	273.8	321.7
	流動比率	42.9	44.7
	株主資本比率	25.4	22.5

【財務】(百万元)

	19/12	18/12
流動資産	60,781.4	61,799.1
総資産	428,250.1	419,903.3
流動負債	141,620.4	138,206.2
総負債	297,871.0	303,781.6
株主資本	108,803.7	94,435.4

【CF】(百万元)

	19/12	18/12
営業CF	37,324.2	28,728.0
投資CF	-29,034.0	-20,375.9
財務CF	-11,328.2	-2,243.1
FCF	8,290.2	8,352.1
現金同等物	12,443.3	15,417.7

【株式】(19/12/31)(百万株)

総数		15,698.1
流通	H株	29.9%
	A株	70.1%
	—	
		100.0%
非流通		0.0%

【売上・利益構成】(19/12)(%)

	売上構成比	前年比	利益構成比	前年比
中国電力事業	89.7	-1.3	96.7	33.7
海外事業	10.2	46.7	3.3	—
その他	0.1	4.9	—	—

【主要株主】(19/12/31)

	(%)
中国華能集団有限公司	45.2
BlackRock, Inc.	1.8

【子会社・関連会社】(19/12/31)

	(%)
重慶珞コウ発電有限責任公司	60.0
華能南京金陵発電有限公司	60.0
Tuas Power Ltd.	100.0

【業績】[国際会計基準](百万元) ※予想：ファクトセット

	売上高	営業利益	純利益	前年比(%)	EPS(元)	1株配(元)	株配・無償(株)
2016/12	113,814.24	18,377.74	8,520.43	-37.6	0.560	0.2900	
2017/12	152,459.44	9,183.39	1,579.84	-81.5	0.100	0.1000	
2018/12	169,550.62	10,114.27	734.44	-53.5	0.030	0.1000	
2019/12	174,009.40	12,377.73	766.35	4.3	0.010	0.1350	
2020/12予	166,689.23	14,019.62	5,015.02	554.9	0.341	0.1970	【株式分割・併合等】
2021/12予	173,671.66	16,480.73	6,248.77	24.6	0.420	0.2520	
2018/6中間	82,404.92	7,711.23	1,731.37	609.7	0.110		
2019/6中間	83,603.38	10,476.45	3,441.57	98.8	0.200		

【前号予想との比較】 ↘ 減額

【本社】北京市西城区復興門内大街6号華能大厦 【TEL】86-10-63226999 【URL】www.hpi.com.cn

【役員】会長：舒印彪(Shu Yinbiao) 【上場】1998年1月 【決算期】12月 【従業員】58,263

建材・ガラス・セメント

メインボード

H株

安徽海螺水泥

アンフイ・コンチ・セメント

安徽海螺水泥股份有限公司
Anhui Conch Cement Co.,Ltd.

【指数構成銘柄】中国企業　【その他上場】上海A(600585)

[00914/week(2018/11/30 - 2020/05/08)]

評価	H株株価	年間騰落率	最低売買価格
A	**59.550** HK$	**26.8** %	**408,513** 円

PER		予想配当利回り	PBR
予想 **8.4**倍　実績 **8.5**倍		**3.9** %	**2.1** 倍

安徽省拠点のセメント大手 中国中・東部を中心にセメントやクリンカー（半製品）、骨材、コンクリートの製造・販売を手掛ける。製品は主に「海螺」ブランドで販売し、単一ブランドとしては世界最大規模。近年は「一帯一路」に沿って海外進出を加速。インドネシア、ラオスなどの東南アジア諸国でも事業を展開する。19年末の年産能力はセメントが3億5900万トン、クリンカーが2億5300万トン、骨材が5530万トン、コンクリートが300万立方米。国外売上比率は19年に1.7%。

19年12月本決算：増収増益 製品価格の上昇と販売量の増加が収益成長を支えた。全国セメント価格指数が8月以降12月までに10%超値上がりしたことが追い風。全体の粗利益率は貿易事業の比重拡大や原材料の調達コストの増加などを受け、35.6%から32.4%に低下した。同期のセメント・クリンカー販売量は17%増の4億3200万トン、うち自社製品は9%増の3億2300万トン。

今後の計画 20年のセメント・クリンカー販売計画は前年実績を2%下回る3億1800万トン。年前半は新型コロナウイルスの影響が残るものの、収束後は中国政府のインフラ投資強化策が追い風になるとみてシェア拡大を狙う。20年1〜3月期の売上高は前年同期比24%減の232億700万元、純利益は19%減の49億1300万元。

【株価推移】

	高値		安値	
2016年	23.500	11/11	13.700	02/11
2017年	39.100	11/29	20.750	01/03
2018年	51.550	07/30	36.750	12/21
2019年	57.950	12/30	34.550	01/04
2020年	61.550	03/02	44.650	03/19

【株価情報】

取引単位(株)	500	A株株価(元)	60.850
H株時価総額(mHK$)	77,391.2	A株格差(倍)	1.1

【指標】(%)

		19/12	18/12
収益性	ROA	18.8	20.0
	ROE	24.5	26.5
	粗利益率	32.4	35.6
成長性	増収率	22.3	70.5
	増益率(営利)	11.3	81.8
	自己資本増加率	22.0	26.2
安全性	BPS(元)	25.9	21.2
	負債比率	26.7	29.7
	流動比率	354.5	276.0
	株主資本比率	76.7	75.2

【財務】(百万元)

	19/12	18/12
流動資産	97,212.0	72,192.3
総資産	178,777.2	149,547.4
流動負債	27,421.2	26,152.0
総負債	36,646.4	33,358.2
株主資本	137,186.4	112,476.6

【CF】(百万元)

	19/12	18/12
営業CF	40,309.2	35,502.7
投資CF	−20,688.8	−25,669.7
財務CF	−7,482.9	−10,423.8
FCF	19,620.4	9,833.0
現金同等物	22,014.1	9,857.7

【株式】(19/12/31)(百万株)

総数		5,299.3	
流通	H株	24.5%	
	A株	75.5%	
	—		
		100.0%	
非流通		0.0%	

【売上・利益構成】(19/12)(%)

	売上構成比	前年比	利益構成比	前年比
セメント・クリンカー販売	69.9	11.3	—	—
セメント・クリンカー貿易	24.4	52.1	—	—
その他材料貿易	5.5	99.8	—	—

【主要株主】(19/12/31)

	(%)
安徽海螺集団有限責任公司	36.4
中国証券金融股フン有限公司	3.0
中央匯金資産管理有限責任公司	1.3

【子会社・関連会社】(19/12/31)

	(%)
建徳海螺水泥有限責任公司	100.0
上海海螺水泥有限公司	75.0
寧波海螺水泥有限公司	75.0

【業績】[国際会計基準](百万元)※予想:ファクトセット　【前号予想との比較】↗増額

	売上高	営業利益	純利益	前年比(%)	EPS(元)	1株配(元)	株配・無償(株)
2016/12	55,931.90	12,588.28	8,573.87	13.7	1.620	0.5000	
2017/12	75,310.82	21,838.81	15,898.69	85.4	3.000	1.2000	
2018/12	128,402.63	39,698.32	29,858.30	87.8	5.630	1.6900	
2019/12	157,030.33	44,188.25	33,629.60	12.6	6.350	2.0000	
2020/12予	159,368.66	43,691.70	34,205.99	1.7	6.477	2.0870	【株式分割・併合等】
2021/12予	164,983.70	43,637.37	34,572.42	1.1	6.568	2.1750	
2018/6中間	45,742.25	17,250.98	12,964.10	92.4	2.450	—	
2019/6中間	71,643.83	20,159.54	15,281.71	17.9	2.880	—	

【登記】安徽省蕪湖市文化路39号　【TEL】86-553-8398976　【URL】www.conch.cn

【役員】会長：高登榜(Gao Dengbang)　【上場】1997年10月　【決算期】12月　【従業員】47,486

龍源電力集団

チャイナ・ロンユエン・パワー

龍源電力集団股份有限公司
China Longyuan Power Group Corp.,Ltd.
【指数構成銘柄】 — 【その他上場】 —

評価	H株株価	年間騰落率	最低売買価格
C	3.800 HK$	-25.8 %	52,136 円

PER		予想配当利回り	PBR
予想 6.0 倍 実績 6.4 倍		3.4 %	0.5 倍

風力発電の世界最大手 中国国電集団と神華集団の合併で誕生した国家能源投資集団の傘下。世界1位の規模を誇る風力発電を中心に火力発電、太陽光発電、バイオマス発電、地熱発電、潮力発電などを手掛ける。全国各地で発電事業を展開し、海外ではカナダや南アフリカに風力発電設備を保有。19年末の総発電能力は連結ベースで2万2157MWに上り、うち風力発電が約9割に当たる2万32MW、火力発電が8%に当たる1875MW。

19年12月本決算：増収増益 発電量が前年比2%増の5073万5700MWhと伸び悩んだが、1MWh当たりの販売価格が459元へ2元上昇し、利益率が改善した。人件費が13%膨らむ中、保守費用や一般管理費などの圧縮が奏功し、8%の営業増益。金融費用の圧縮も寄与し、純利益の伸び率が2桁台に乗った。主力の風力は発電容量の拡大で発電量が3%増加し、3%の増収増益。石炭火力発電は石炭の価格下落で採算が改善し、49%増益。

今後の計画 20年には持続可能で質の高い開発案件への投資を拡充する方針。自前の開発と買収を併用し、重要プロジェクトの迅速化を目指す。20年1～3月期は売上高が前年同期比1%増の71億8400万元。純利益が6%増の19億9000万元。1～3月の発電量は1%増の1369万2700MWhで、うち風力が7%増、火力が24%減。

【株価推移】

	高値		安値	
2016年	7.300	09/22	3.600	02/11
2017年	7.050	03/06	5.020	12/06
2018年	7.780	04/03	5.060	02/12
2019年	6.230	01/25	4.000	10/15
2020年	5.200	01/20	3.400	04/27

【株価情報】

取引単位(株)	1,000	A株株価	—
H株時価総額(mHK$)	12,692.1	A株格差(倍)	—

【指標】(%)

		19/12	18/12
収益性	ROA	2.8	2.7
	ROE	8.2	8.0
	粗利益率	—	—
成長性	増収率	4.4	7.3
	増益率(営)	7.6	10.9
	自己資本増加率	7.5	6.7
安全性	BPS(元)	6.6	6.1
	負債比率	181.7	182.7
	流動比率	52.9	44.7
	株主資本比率	33.8	33.6

【財務】(百万元)

	19/12	18/12
流動資産	23,029.2	17,786.1
総資産	156,802.7	146,504.3
流動負債	43,537.8	39,780.3
総負債	96,147.6	89,938.5
株主資本	52,922.6	49,236.4

【CF】(百万元)

	19/12	18/12
営業CF	12,515.2	14,255.5
投資CF	-10,774.4	-8,633.0
財務CF	-1,700.3	-7,802.0
FCF	1,740.8	5,622.5
現金同等物	2,908.4	2,861.3

【株式】(19/12/31)(百万株)

総数		8,036.4
流通	H株 41.6%	—
		41.6%
	非流通	58.4%

【主要株主】(19/12/31)

	(%)
国家能源投資集団有限責任公司	58.4
Wellington Management Company LLP	5.4
全国社会保障基金理事会	2.9

【子会社・関連会社】(19/12/31)

	(%)
吉林龍源風力発電有限公司	66.2
新疆天風発電股フン有限公司	59.5
甘粛潔源風電有限責任公司	77.1

【売上・利益構成】(19/12)(%)

	売上構成比	前年比	利益構成比	前年比
風力発電	69.2	3.1	94.2	2.6
石炭火力発電・石炭販売	28.4	6.4	5.6	48.9
その他	2.4	1.2	0.2	—

【業績】[国際会計基準](百万元)※予想：ファクトセット 　　　【前号予想との比較】 ↘ 減額

	売上高	営業利益	純利益	前年比(%)	EPS(元)	1株配(元)	株配・無償(株)
2016/12	22,304.06	7,547.52	3,415.38	18.7	0.425	0.0850	
2017/12	24,591.62	8,336.93	3,688.05	8.0	0.459	0.0918	
2018/12	26,387.92	9,242.03	3,923.81	6.4	0.488	0.0977	
2019/12	27,540.63	9,946.23	4,324.79	10.2	0.538	0.1080	
2020/12予	28,595.42	10,196.34	4,807.47	11.2	0.578	0.1180	【株式分割・併合等】
2021/12予	30,366.31	11,063.11	5,264.83	9.5	0.632	0.1320	
2018/6中間	13,362.89	5,924.26	3,072.50	27.2	0.382	—	
2019/6中間	14,037.66	6,116.41	3,086.84	0.5	0.384	—	

【登記】北京市西城区阜成門北大街6号(C幢)20層2006室　【TEL】86-10-66579988　【URL】www.clypg.com.cn
【役員】会長：賈彦兵(Jia Yanbing)　【上場】2009年12月　【決算期】12月　【従業員】7,834

家電

海信家電集団

ハイセンス・ホーム・アプライアンシーズ・グループ

海信家電集団股份有限公司
Hisense Home Appliances Group Co.,Ltd.

【指数構成銘柄】― 【その他上場】深センA(000921)

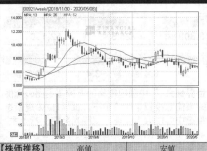

[00921/week/(2018/11/30 - 2020/05/08)]

メインボード

評価	H株株価	年間騰落率	最低売買価格
B	7.480 HK$	-29.4 %	102,626 円

PER		予想配当利回り	PBR
予想 7.1 倍　実績 5.2 倍		5.3 %	1.1 倍

H
株

中国の白物家電大手　「海信」「科龍」「容声」の3ブランドがいずれも「中国著名商標」指定を受けた有力メーカーで、冷蔵庫、エアコン、フリーザー、洗濯機が主力製品。セントラル空調では日立と合弁事業を展開し、マルチ空調は国内トップシェアを誇る。冷蔵庫は国内シェア2位、家庭用エアコンも国内上位のシェアを占める。19年12月期の海外売上比率は30%。18年11月に「海信科龍電器」から社名を変更した。

19年12月本決算：増収増益　海信日立の権益追加取得による連結子会社化で売上高と利益がともに拡大。資産売却益の計上も増益要因となった。部門別ではエアコンが10%増収。不動産引き締め策を背景に市場規模が縮小したが、マルチブランド戦略や技術優位性で事業を拡大させ、部門利益も6割増加した。冷蔵庫・洗濯機は0.3%増収にとどまったが、中高価格帯の製品シェアを伸ばし部門利益が前年比2.1倍に拡大した。全体の粗利益率は21.4%と前年から2.4ポイント上昇。

最近の動向　20年1-3月期決算は売上高が13%減の75億8600万元、純利益が90%減の4400万元。新型コロナの影響で国内市場が低迷し、売り上げが大幅に落ち込んだ。一方、空気清浄機能付きエアコンを投入するなど、新たな商機にも期待を寄せる。

【株価推移】

	高値		安値	
2016年	7.380	09/30	2.510	02/12
2017年	13.840	06/23	6.010	01/04
2018年	11.880	01/29	5.540	10/29
2019年	12.500	04/03	5.640	01/02
2020年	9.770	01/14	6.200	03/23

【株価情報】

取引単位(株)	1,000	A株株価(元)	10.000
H株時価総額(mHK$)	3,437.7	A株格差(倍)	1.5

【指標】(%)

		19/12	18/12
収益性	ROA	5.3	6.3
	ROE	20.6	18.7
	粗利益率	21.4	19.0
成長性	増収率	4.0	7.6
	増益率(営利)	36.2	-25.7
	自己資本増加率	18.6	11.7
安全性	BPS(元)	6.4	5.4
	負債比率	246.6	189.6
	流動比率	117.7	105.9
	株主資本比率	25.7	33.7

【財務】(百万元)

	19/12	18/12
流動資産	24,520.5	14,296.8
総資産	33,990.7	21,827.9
流動負債	20,838.4	13,506.5
総負債	21,509.8	13,938.5
株主資本	8,721.6	7,351.8

【CF】(百万元)

	19/12	18/12
営業CF	2,005.3	1,049.4
投資CF	-80.2	228.4
財務CF	-922.5	-1,161.2
FCF	1,925.1	1,277.8
現金同等物	2,065.1	1,061.4

【株式】(19/12/31)(百万株)

総数		1,362.7
流通	H株	33.7 %
	A株	66.2 %
		99.9 %
非流通		0.1 %

【主要株主】(19/12/31) (%)

青島海信空調有限公司	37.9
上海高毅資産管理合夥企業(有限合夥)	4.4
中央匯金資産管理有限責任公司	2.0

【子会社・関連会社】(19/12/31) (%)

海信容声(広東)氷箱有限公司	100.0
広東科龍空調器有限公司	60.0
青島海信日立空調系統有限公司	49.2

【売上・利益構成】(19/12)(%)

	売上構成比	前年比	利益構成比	前年比
エアコン	47.9	9.9	60.7	25.5
冷蔵庫・洗濯機	47.2	0.3	31.4	109.5
その他	5.0	-6.9	7.9	-19.6

【業績】[中国会計基準](百万元)※予想：ファクトセット

【前号予想との比較】 ↘ 減額

	売上高	営業利益	純利益	前年比(%)	EPS(元)	1株配(元)	株配・無償(株)
2016/12	26,730.22	1,077.97	1,087.73	87.4	0.800	0.3000	
2017/12	33,487.59	2,030.76	2,018.11	85.5	1.470	0.4400	
2018/12	36,019.60	1,508.73	1,377.46	-31.7	1.010	0.3030	
2019/12	37,453.04	2,054.70	1,793.67	30.2	1.320	—	
2020/12予	43,292.79	1,957.39	1,300.86	-27.5	0.956	0.3600	【株式分割・併合等】
2021/12予	46,999.62	2,362.27	1,550.51	19.2	1.140	0.4670	
2018/6中間	20,370.76	895.13	791.63	17.8	0.580	—	
2019/6中間	18,950.28	1,053.04	959.75	21.2	0.700	—	

【登記】広東省仏山市順徳区容桂街道容港路8号　【TEL】86-757-28362570　【URL】hxjd.hisense.cn

【役員】会長：湯業国(Tang Yeguo)　【上場】1996年7月　【決算期】12月　【従業員】34,500

中石化冠徳控股

シノペック・カントンズ

石油・石炭

中石化冠徳控股有限公司
Sinopec Kantons Holdings Ltd.

【指数構成銘柄】 ― 【その他上場】 ―

メインボード

評価	株価	年間騰落率	最低売買価格
A	**3.080** HK$	**-9.4** %	**84,515** 円

PER		予想配当利回り	PBR
予想 **6.0** 倍　実績 **6.0** 倍		**7.0** %	**0.6** 倍

【株価推移】

	高値		安値	
2016年	4.850	01/04	3.380	11/09
2017年	5.560	10/12	3.440	01/24
2018年	5.290	01/25	3.000	10/25
2019年	4.000	03/14	2.950	08/06
2020年	3.730	03/14	2.400	03/23

【株価情報】

取引単位(株)	2,000	A株株価	―
時価総額(mHK$)	7,657.4	A株格差(倍)	―

【指標】 (%)

		19/12	18/12
収益性	ROA	8.2	7.8
	ROE	10.6	10.8
	粗利益率	44.8	49.4
成長性	増収率	-12.6	-4.3
	増益率(営利)	-19.2	-11.7
	自己資本増加率	4.4	2.9
安全性	BPS(HK$)	4.9	4.7
	負債比率	28.6	37.7
	流動比率	43.4	32.5
	株主資本比率	77.6	72.5

【財務】(百万HK$)

	19/12	18/12
流動資産	1,433.1	1,380.1
総資産	15,696.8	16,096.4
流動負債	3,305.1	4,247.4
総負債	3,481.9	4,397.8
株主資本	12,179.1	11,662.3

【CF】(百万HK$)

	19/12	18/12
営業CF	812.7	873.6
投資CF	450.8	768.1
財務CF	-1,371.5	-1,836.6
FCF	1,263.5	1,641.7
現金同等物	130.5	226.2

【株式】(19/12/31)(百万株)

総数	2,486.2
流通	100.0%
非流通	0.0%

【主要株主】(19/12/31) (%)

中国石油化工股フン有限公司 (00386)	60.3

【子会社・関連会社】(19/12/31) (%)

中石化楡済管道有限責任公司	100.0
華徳石化有限公司	100.0
経貿冠徳発展有限公司	100.0

【売上・利益構成】(19/12)

	売上構成比	前年比	利益構成比	前年比
天然ガスパイプライン輸送	58.9	-14.8	51.2	-30.0
石油ターミナル運営	41.1	-9.2	48.8	-7.9
船舶リースサービス	―	―	―	―

シノペック傘下の原油貯蔵・輸送会社 広東省恵州ふ頭で原油貯蔵・輸送施設を運営するほか、親会社のシノペック（00386）から寧波、青島、天津など7カ所の貯蔵会社の権益を取得。11年に湛江港石化碼頭公司を傘下に収めた。国外では13年にアラブ首長国連邦（UAE）の石油貯蔵施設に加え、欧州とインドネシアのターミナル運営事業に出資。15年には親会社からガスパイプライン会社を買収して天然ガス事業に進出した。

19年12月本決算：減収増益 原油ターミナル事業の川下の最大顧客による石油精製設備の点検や天然ガスの供給減が2桁減収の主因。インドネシアの石油製品貯蔵施設とふ頭の建設に絡む係争の関連費用の減少で管理費は22%減少したが、営業ベースでは19%減益。支払利息の減少で財務費用が22%減少したほか、関連会社の利益貢献が23%増加し、最終利益は小幅ながら過去最高益を達成した。部門別では、ガスパイプライン事業が15%減収、石油ターミナル運営事業は9%減収。

最近の動向 インドネシアの建設プロジェクトに絡む係争は19年末時点で実質的な進展はない。19年12月、保有する天然ガスパイプラインの全部または一部権益の売却を国家石油天然気管網集団と協議していると発表。19年末時点で正式な契約には至っていない。

レッドチップ

【業績】[香港会計基準](百万HK$) ※予想：ファクトセット

【前号予想との比較】 ➡ 前号並み

	売上高	営業利益	純利益	前年比(%)	EPS(HK$)	1株配(HK$)	株配・無償(株)
2016/12	1,766.59	553.96	1,005.26	-2.1	0.404	0.0700	
2017/12	1,729.24	747.64	1,207.93	20.2	0.486	0.1200	
2018/12	1,655.63	660.37	1,262.07	4.5	0.508	0.1500	
2019/12	1,447.38	533.37	1,285.11	1.8	0.517	0.2000	
2020/12予	1,451.28	557.10	1,345.45	4.7	0.517	0.2150	**【株式分割・併合等】**
2021/12予	1,188.95	487.37	1,351.87	0.5	0.532	0.2270	
2018/6中間	840.42	416.89	755.85	7.3	0.304	0.0500	
2019/6中間	747.97	339.51	727.11	-3.8	0.293	0.0800	

【本社】香港銅鑼湾威非路道18号万国宝通中心34楼 **【TEL】** 852-25080228 **【URL】** www.sinopec.com.hk

【役員】会長：陳堯煥(Chen Yaohuan) **【上場】**1999年6月 **【決算期】**12月 **【従業員】**235

中国建設銀行

チャイナ・コンストラクション・バンク　【指数構成銘柄】ハンセン、中国企業　【その他上場】上海A(601939)

中国建設銀行股份有限公司
China Construction Bank Corp.

評価	H株株価	年間騰落率	最低売買価格
B	6.160 HK$	-7.4 %	84,515 円

PER		予想配当利回り	PBR
予想 5.1 倍　実績 5.3 倍		6.0 %	0.6 倍

中国2位の商業銀行 創業は1954年で長く政府のインフラ融資部門を担った。05年に4大国有商業銀行で初めて香港に上場。設立時の経緯からインフラ融資分野に強みを持つ。19年12月末の総資産額で国内2位。貸出残高は14兆5400億元、預金残高は18兆3700億元に上る。国内外の営業拠点は1万4941カ所。海外ではニューヨークや東京など30カ国・地域に拠点を置く。15年にグローバルなシステム上重要な銀行(G-SIBs)に認定された。

19年12月本決算：増収増益 貸出残高の拡大で資金利益が5%増加したほか、オンライン銀行業務やカード手数料の貢献で役務取引等利益も12%増と堅調。減損損失の増加などが収益を圧迫したが、増収増益を確保した。部門別では個人向け銀行業務とトレジャリー業務がいずれも増収増益と堅調。不良債権比率は1.42%と年初比で0.04ポイント低下した。Tier1比率と自己資本比率はそれぞれ0.26ポイント、0.33ポイント上昇。

最近の動向 20年1-3月期決算は経常収益が前年同期比4%増の1864億500万元、純利益が5%増の808億5500万元。新型コロナウイルスの影響で事業環境に不透明感が強まっているが、経営陣は20年も「賃貸住宅向けサービス」「金融包摂サービス」「フィンテック」の3分野を戦略事業として重点的に発展させていく方針。

【株価推移】

	高値		安値	
2016年	6.140	09/09	4.310	02/12
2017年	7.210	12/29	5.690	01/25
2018年	9.390	01/29	6.020	10/18
2019年	7.210	04/17	5.550	08/15
2020年	6.850	01/03	5.820	03/19

【株価情報】

取引単位(株)	1,000	A株株価(元)	6.350
H株時価総額(mHK$)	1,480,970.7	A株株価差(倍)	1.1

【指標】(%)

		19/12	18/12
収益性	ROA	1.0	1.1
	ROE	12.0	12.9
	粗利益率	—	—
成長性	増収率	7.0	6.7
	増益率(営利)	6.0	2.8
	自己資本増加率	12.1	11.1
安全性	BPS(元)	8.9	7.9
	負債比率	1,046.9	1,074.2
	流動比率	—	—
	株主資本比率	8.7	8.5

【財務】(百万元)

	19/12	18/12
流動資産	—	—
総資産	25,436,261.0	23,222,693.0
流動負債	—	—
総負債	23,201,134.0	21,231,099.0
株主資本	2,216,257.0	1,976,463.0

【CF】(百万元)

	19/12	18/12
営業CF	581,287.0	443,767.0
投資CF	-292,548.0	-197,715.0
財務CF	-101,841.0	28,921.0
FCF	288,739.0	246,052.0
現金同等物	1,052,340.0	860,702.0

【株式】(19/12/31)(百万株)

総数		250,011.0
流通	H株	96.2%
	A株	3.8%
	—	100.0%
非流通		0.0%

【主要株主】(19/12/31) (%)

中央匯金投資有限責任公司	57.1
中国証券金融股フン有限公司	0.9
中国宝武鋼鉄集団有限公司	0.8

【子会社・関連会社】(19/12/31) (%)

建信金融租賃有限公司	100.0
建信信託有限責任公司	67.0
建信人寿保険股フン有限公司	51.0

【売上・利益構成】(19/12)(%)

	売上構成比	前年比	利益構成比	前年比
個人向け銀行業務	39.5	6.7	45.5	6.4
法人向け銀行業務	39.0	2.1	22.3	-2.0
トレジャリー業務	16.1	14.6	28.1	8.2

【業績】[国際会計基準](百万元)※予想：ファクトセット　【前号予想との比較】→ 前号並み

	経常収益	業務純益	純利益	前年比(%)	EPS(元)	1株配(元)	株配・無償(株)
2016/12	559,860.00	295,141.00	231,460.00	1.5	0.920	0.2780	
2017/12	594,031.00	299,626.00	242,264.00	4.7	0.960	0.2910	
2018/12	633,772.00	308,020.00	254,655.00	5.1	1.000	0.3060	
2019/12	678,001.00	326,348.00	266,733.00	4.7	1.050	0.3200	
2020/12予	732,433.70	465,771.13	277,414.44	4.0	1.105	0.3380	【株式分割・併合等】
2021/12予	775,379.94	494,884.25	291,678.78	5.1	1.159	0.3560	
2018/6中間	322,729.00	181,268.00	147,027.00	6.3	0.590	—	
2019/6中間	344,387.00	191,052.00	154,190.00	4.9	0.620	—	

【登記】北京市西城区金融大街25号　【TEL】86-10-66215533　【URL】www.ccb.com

【役員】会長：田国立(Tian Guoli)　【上場】2005年10月　【決算期】12月　【従業員】347,156

中国移動

チャイナ・モバイル

中国移動有限公司
China Mobile Ltd.

【指数構成銘柄】ハンセン、中国企業、レッドチップ　【その他上場】ADR

[00941/week(2018/11/30 - 2020/05/08)]
MPA: 13　MPA: 26　MPA: 52

評価	株価	年間騰落率	最低売買価格
C	59.100 HK$	-18.7 %	405,426 円

PER			予想配当利回り	PBR
予想	10.3 倍	実績 10.3 倍	5.4 %	1.0 倍

中国の携帯電話キャリア最大手 19年末時点の携帯電話契約数は9億5000万件で国内シェア59％、うち4Gは7億5800万件で59％のシェアを誇る。4Gでは中国主導で開発したTD-LTE規格のサービスを展開するほか、18年にFDD-LTE規格の事業免許も取得。15年に親会社の中国移動通信集団から固定ブロードバンド（BB）事業を買収し、19年末のBB契約数は1億8700万件に上る。19年6月、親会社が5G商業サービス免許を取得した。

19年12月本決算：1割減益 経営環境が厳しさを増す中、通信サービス収入が伸び悩んだ。減価償却費が19％、人件費が9％、販売費が10％増えたことも重荷となった。リースに関する国際会計基準の変更や中国鉄塔（00788）の上場で前年に一過性利益を計上した影響を除いた実質ベースで純利益は7％減。部門別では音声部門が2割減収と引き続き足を引っ張ったが、データ通信は4％、通信製品の販売は9％増収と堅調。同期の契約純増数は携帯電話が2521万件、BBが3035万件。

最新動向 5G国際規格の策定に積極的に関わり、技術面の優位性を保つ。新型コロナが業務運営や5G整備に影響を及ぼしたものの、スマート化やクラウド化の加速が成長の契機になるとみる。20年1－3月期決算は売上高が2％減の1813億元、純利益が0.8％減の235億元。

【株価推移】

	高値		安値	
2016年	99.300	08/15	79.000	01/11
2017年	91.300	03/21	75.800	12/08
2018年	84.050	01/25	67.850	07/03
2019年	87.700	03/21	58.300	12/03
2020年	70.000	01/20	45.200	03/19

【株価情報】

取引単位(株)	500	A株株価	
時価総額(mHK$)	1,210,101.0	A株格差(倍)	

【指標】(%)

		19/12	18/12
収益性	ROA	6.5	7.7
	ROE	9.7	11.2
	粗利益率	—	—
成長性	増収率	1.2	-0.5
	増益率(営利)	-6.8	1.0
	自己資本増加率	4.9	6.8
安全性	BPS(元)	53.9	51.4
	負債比率	47.3	45.6
	流動比率	114.7	112.8
	株主資本比率	67.7	68.5

【財務】(百万元)

	19/12	18/12
流動資産	529,866.0	535,116.0
総資産	1,629,240.0	1,535,910.0
流動負債	462,067.0	474,398.0
総負債	521,951.0	480,101.0
株主資本	1,103,773.0	1,052,405.0

【CF】(百万元)

	19/12	18/12
営業CF	247,591.0	206,151.0
投資CF	-64,206.0	-212,231.0
財務CF	-64,901.0	-57,820.0
FCF	183,385.0	-6,080.0
現金同等物	175,933.0	57,302.0

【株式】(19/12/31)(百万株)

総数	20,475.5	
流通		100.0 %
非流通		0.0 %

【主要株主】(19/12/31)

	(%)
中国移動通信集団有限公司	72.7

【子会社・関連会社】(19/12/31)

	(%)
中国移動通信集団北京有限公司	100.0
中国移動通信集団上海有限公司	100.0
中国鉄塔フン有限公司（00788）	28.0

【売上・利益構成】(19/12)(%)

	売上構成比	前年比	利益構成比	前年比
データ通信	75.7	4.2	—	—
音声通信	11.9	-18.0	—	—
通信製品	9.6	8.5	—	—

【業績】[国際会計基準](百万元) ※予想:ファクトセット

【前号予想との比較】→ 前号並み

	売上高	営業利益	純利益	前年比(%)	EPS(元)	1株配(HK$)	株配・無償(株)
2016/12	708,421.00	118,088.00	108,741.00	0.2	5.310	2.7320	
2017/12	740,514.00	120,126.00	114,279.00	5.1	5.580	6.4050	
2018/12	736,819.00	121,387.00	117,781.00	3.1	5.750	3.2170	
2019/12	745,917.00	113,149.00	106,641.00	-9.5	5.210	3.2500	
2020/12予	756,822.80	113,114.57	106,464.35	-0.2	5.231	3.2060	【株式分割・併合等】
2021/12予	788,271.94	114,969.98	109,784.38	3.1	5.365	3.2670	
2018/6中間	391,832.00	69,685.00	65,640.00	4.3	3.210	1.8260	
2019/6中間	389,427.00	59,755.00	56,063.00	-14.6	2.740	1.5270	

【登記】香港中環皇后大道中99号中環中心60楼　【TEL】852-31218888　【URL】www.chinamobileltd.com
【役員】会長：楊傑(Yang jie)　【上場】1997年10月　【決算期】12月　【従業員】456,239

電
力
・
ガ
ス
・
水
道

メインボード

H
株

新天緑色能源
チャイナ・サンティン・グリーンエナジー

新天緑色能源股份有限公司
China Suntien Green Energy Corp.,Ltd.
【指数構成銘柄】— 【その他上場】—

評価	H株株価	年間騰落率	最低売買価格
A	**1.770** HK$	**-20.3** %	**24,284** 円

PER		予想配当利回り	PBR
予想 **4.0** 倍　実績 **4.4** 倍		**9.5** %	**0.5** 倍

河北省拠点のクリーンエネルギー大手 河北省政府系の河北建設投資集団が設立したクリーンエネルギー事業会社。風力発電は発電計画、開発、運営、販売を一貫して手掛け、風力発電所は河北省をはじめ山西省や山東省など全国に抱え、海外への投資にも積極的。天然ガス事業も展開し、19年末時点で運営するガスパイプラインは全長5169km。太陽光発電も手掛ける。19年末の風力発電容量（権益ベース）は3940MW。

19年12月本決算：増収増益 天然ガス、風力・太陽光発電ともに部門利益が2桁増となり、業績をけん引した。風力・太陽光発電事業は設備容量の増加を背景に電力販売量を伸ばした。部門粗利益率は0.2ポイント改善。天然ガス事業は販売量の増加で22％増収も天然ガスの購入量増加でコストがかさみ、部門粗利益率は0.7ポイント悪化した。全体の粗利益率は1ポイント悪化。

今後の計画 風力発電事業は発電効率の向上やコスト削減を進め、海上風力発電資源の開発に力を入れる。天然ガス事業はパイプラインの拡充や供給源の開拓を進める方針。20年1～3月期決算（中国会計基準）は売上高が前年同期比3％増の43億9500万元、純利益が7％減の6億2000万元。同期のガス販売量は13％増の13億2200万立方米、発電量は2％増の271万2300MWhだった。

【株価推移】

	高値		安値	
2016年	1.250	01/04	0.770	02/12
2017年	2.450	10/23	0.990	01/03
2018年	2.960	05/23	1.680	02/09
2019年	2.560	03/21	1.760	08/06
2020年	2.350	01/17	1.240	03/24

【株価情報】

取引単位(株)	1,000	A株株価	—
H株時価総額(mHK$)	3,255.0	A株格差(倍)	—

【指標】(%)

		19/12	18/12
収益性	ROA	3.1	3.2
	ROE	12.0	12.6
	粗利益率	27.7	28.7
成長性	増収率	19.7	41.3
	増益率(営利)	27.1	26.9
	自己資本増加率	17.7	16.6
安全性	BPS(元)	3.2	2.7
	負債比率	264.1	266.7
	流動比率	70.8	74.6
	株主資本比率	25.7	25.6

【財務】(百万元)

	19/12	18/12
流動資産	7,455.5	6,418.2
総資産	45,954.8	39,160.8
流動負債	10,532.3	8,602.4
総負債	31,205.1	26,764.3
株主資本	11,816.4	10,036.4

【CF】(百万元)

	19/12	18/12
営業CF	3,731.8	3,156.1
投資CF	-6,102.9	-3,966.9
財務CF	2,464.6	945.5
FCF	-2,371.2	-810.8
現金同等物	2,331.9	2,240.3

【株式】(19/12/31)(百万株)

	総数	3,715.2
流通	H株	49.5%
		49.5%
	非流通	50.5%

【主要株主】(19/12/31) (%)

河北建設投資集団有限責任公司	50.5
Citigroup Inc.	7.4
GIC Private Ltd.	5.5

【子会社・関連会社】(19/12/31) (%)

河北建投新能源有限公司	100.0
河北建投海上風電有限公司	51.4
河北省天然気有限責任公司	55.0

【売上・利益構成】(19/12)(%)

	売上構成比	前年比	利益構成比	前年比
天然ガス	66.9	21.9	28.0	36.6
風力・太陽光発電	33.1	15.6	72.0	15.5

【業績】[国際会計基準](百万元) ※予想：ファクトセット　　【前号予想との比較】↘減額

	売上高	営業利益	純利益	前年比(%)	EPS(元)	1株配(元)	株配・無償(株)
2016/12	4,383.83	1,228.39	541.57	221.7	0.146	0.0630	
2017/12	7,057.58	1,764.24	939.62	73.5	0.253	0.1030	
2018/12	9,975.41	2,238.54	1,268.51	35.0	0.334	0.1250	
2019/12	11,943.23	2,844.60	1,414.79	11.5	0.362	—	
2020/12予	12,878.75	2,993.00	1,489.25	5.3	0.398	0.1530	【株式分割・併合等】
2021/12予	14,633.75	3,297.00	1,606.00	7.8	0.428	0.1620	
2018/6中間	4,838.72	1,333.74	822.20	36.7	0.218	—	
2019/6中間	6,380.65	1,768.81	967.64	17.7	0.252	—	

【本社】河北省石家荘市裕華西路9号裕園広場A座9楼　【TEL】86-311-85288896　【URL】www.suntien.com
【役員】会長：曹欣(Cao Xin)　【上場】2010年10月　【決算期】12月　【従業員】2,237

龍湖集団

ロンフォー・グループ

龍湖集団有限公司
Longfor Group Holdings Ltd.
【指数構成銘柄】中国企業　【その他上場】―

[00960/week/(2018/11/30 - 2020/05/08)]

評価	株価	年間騰落率	最低売買価格
C	36.500 HK$	29.0 %	250,390 円

PER		予想配当利回り	PBR
予想 10.1 倍　実績 10.6 倍		4.3 %	2.1 倍

中国の不動産開発準大手　本社を置く北京のほか、上海、深セン、広州、重慶、武漢など国内56都市で不動産開発、不動産投資、不動産管理を展開。19年末の開発用地は6814万平米（権益ベースでは4742万平米）に達する。不動産投資事業は「天街」「星悦薈」などのショッピングモールが中核資産。サービスアパートメントも手掛ける。創業者で実質筆頭株主の呉亜軍会長は長者番付常連の女性企業家として知られる。

19年12月本決算：増収増益　投資用不動産の評価益などを除くコア利益は21％増。主力の不動産開発部門が好調だった。引き渡し済み物件の平均販売価格は0.8％安の1万3188元／平米に低下したものの、面積は1068万平米と31％拡大。部門売上高は30％増の1407億9000万元に膨らんだ。成約ベースの販売額は21％増の2425億元、販売面積は15％増の1424万平米、平均販売価格は5％高の1万7032元／平米に上向いた。住宅購入規制の緩和期待が追い風となった。不動産投資部門は売上高が42％増の57億9000万元に上った。

今後の計画　20年は約2000万平米の物件完工を目指す。大半が下半期に完成する予定。新型コロナ流行を受け、年初に一部プロジェクトが遅延。会社側は、3月末時点では正常な状態を回復しつつあると説明した。

【株価推移】

	高値		安値	
2016年	13.120	09/07	8.980	02/11
2017年	22.850	09/21	9.860	01/03
2018年	27.700	02/01	16.080	10/18
2019年	36.850	12/30	21.800	01/04
2020年	40.800	04/07	28.600	03/19

【株価情報】

取引単位（株）	500	A株株価
時価総額（mHK$）	218,383.5	A株格差（倍）

【指標】(%)

		19/12	18/12
収益性	ROA	2.8	3.2
	ROE	19.5	19.9
	粗利益率	33.6	34.1
成長性	増収率	30.4	60.7
	増益率（営利）	―	―
	自己資本増加率	15.1	15.7
安全性	BPS（元）	15.7	13.8
	負債比率	516.8	448.3
	流動比率	148.3	148.9
	株主資本比率	14.4	16.1

【財務】(百万元)

	19/12	18/12
流動資産	495,261.4	372,029.5
総資産	652,244.8	506,884.0
流動負債	333,920.2	249,843.7
総負債	485,567.1	366,065.9
株主資本	93,956.3	81,661.4

【CF】(百万元)

	19/12	18/12
営業CF	34,276.4	63,191.6
投資CF	-35,243.6	-101,281.4
財務CF	16,666.5	56,530.8
FCF	-967.2	-38,089.8
現金同等物	60,782.4	45,083.1

【株式】(19/12/31) (百万株)

総数	5,983.1	
流通		100.0%
非流通		0.0%

【主要株主】(19/12/31)

	(%)
HSBC International Trustee	60.1
Jumbomax Investments Ltd.	5.9

【子会社・関連会社】(19/12/31)

	(%)
北京龍湖置業有限公司	100.0
重慶龍湖企業拓展有限公司	100.0
杭州嘉騰房地産開発有限公司	100.0

【売上・利益構成】(19/12) (%)

	売上構成比	前年比	利益構成比	前年比
不動産開発	93.2	29.5	88.3	24.0
不動産投資	3.8	41.5	8.8	54.4
不動産管理・その他	2.9	48.7	2.9	69.2

【業績】[国際会計基準] (百万元) ※予想：ファクトセット

【前号予想との比較】　→　前号並み

	売上高	営業利益	純利益	前年比(%)	EPS(元)	1株配(元)	株配・無償(株)
2016/12	54,799.50	―	9,152.95	1.8	1.570	0.4660	
2017/12	72,075.04	―	12,598.60	37.6	2.170	0.7580	
2018/12	115,798.46	―	16,236.87	28.9	2.780	0.9900	
2019/12	151,026.43	―	18,336.58	12.9	3.130	1.2000	
2020/12予	186,643.14	45,081.10	19,064.52	4.0	3.278	1.4170	【株式分割・併合等】
2021/12予	221,064.30	52,135.54	22,899.75	20.1	3.921	1.7000	
2018/6中間	27,120.82	―	5,429.65	23.3	0.929	0.3000	
2019/6中間	38,569.81	―	6,309.98	16.2	1.070	0.3600	

【本社】北京市朝陽区安定路5号院3号楼中建財富国際中心18楼　【TEL】86-10-86499090　【URL】www.longfor.com
【役員】会長：呉亜軍(Wu Yajun)　【上場】2009年11月　【決算期】12月　【従業員】26,316

金融・証券・保険

メインボード

レッドチップ

中国太平保険

チャイナ・タイピン・インシュアランス

中国太平保険控股有限公司
China Taiping Insurance Holdings Co.,Ltd.

【指数構成銘柄】中国企業、レッドチップ　【その他上場】─

評価	株価	年間騰落率	最低売買価格
C	12.760 HK$	-40.5 %	35,013 円

PER		予想配当回り	PBR
予想 5.5 倍　実績 5.2 倍		2.2 %	0.6 倍

【株価推移】
	高値		安値	
2016年	23.850	01/04	13.440	06/16
2017年	32.950	11/24	15.720	01/03
2018年	36.100	01/23	20.700	12/21
2019年	26.550	02/25	16.940	10/03
2020年	21.000	01/03	11.120	03/19

【株価情報】
取引単位(株)	200	A株株価	─
時価総額(mHK$)	45,859.7	A株格差(倍)	─

【指標】(%)
		19/12	18/12
収益性	ROA	1.0	0.9
	ROE	11.8	11.3
	粗利益率		
成長性	増収率	14.4	9.0
	増益率(営利)	-8.5	14.1
	自己資本増加率	25.0	-1.2
安全性	BPS(HK$)	21.2	17.0
	負債比率	1,081.6	1,100.7
	流動比率	─	─
	株主資本比率	8.3	8.1

【財務】(百万HK$)
	19/12	18/12
流動資産	─	─
総資産	919,420.2	752,101.3
流動負債	─	─
総負債	825,363.2	671,705.6
株主資本	76,307.6	61,022.7

【CF】(百万HK$)
	19/12	18/12
営業CF	105,013.6	67,425.0
投資CF	-106,208.7	-73,179.0
財務CF	1,982.0	-4,684.1
FCF	-1,195.2	-5,754.0
現金同等物	27,817.7	27,527.8

【株式】(19/12/31)(百万株)
総数	3,594.0
流通	─
	─
	─
流通 100.0%	
非流通 0.0%	

太平保険集団傘下の総合保険会社　再保険を主力としてきたが、01年に買収を通じて生命保険と損害保険に参入した。養老保険も手掛ける。生損保事業は香港・マカオのほか、英国、シンガポール、インドネシアなど海外でも事業を展開する。親会社の中国太平保険集団は1929年に上海で創業した。香港に上場していた民安控股を買収し、09年に中保国際控股から改称した。

19年12月本決算：増収増益　経常利益は前年比9%減ったが、関連会社の利益貢献の増加と、中国の税制変更に伴う繰延税金資産の戻し入れが寄与し、過去最高益を更新した。総保険料収入が12%伸びた上、純投資収益が増え、実現投資損益が黒字化して経常収益が14%増えた。総投資運用収益は42%増加。年率総投資収益率は0.82ポイント上昇した。部門別では、売上高の8割近くを稼ぐ生保の部門利益が前年の2倍に達した。再保険は56%増益だった。19年の1株当たり潜在価値は15%増加した。生保の国内新契約価値は21%減った。

収益環境　羅会長は20年3月、新型コロナウイルスの影響で流動性が不足し、価値保存手段としての保険の需要は急減すると指摘。一方、日常生活に関連する保険需要は高まると予想した上で、保険業界は本来の役割を果たすことで、持続的に成長できるとみている。

【主要株主】(19/12/31)　　　　(%)
中国太平保険集団有限責任公司	59.6

【子会社・関連会社】(19/12/31)　(%)
太平再保険有限公司	100.0
太平人寿保険有限公司	75.1
太平財産保険有限公司	100.0

【売上・利益構成】(19/12)(%)
	売上構成比	前年比	利益構成比	前年比
生命保険	76.7	14.1	90.6	98.2
国内損害保険	10.7	2.6	3.9	56.2
再保険	6.0	60.8	2.4	-40.5

【業績】[香港会計基準](百万HK$) ※予想：ファクトセット　　【前号予想との比較】↘減額
	経常収益	経常利益	純利益	前年比(%)	EPS(HK$)	1株配(HK$)	株配・無償(株)
2016/12	166,563.50	10,689.43	4,831.65	-23.8	1.274	0.1000	
2017/12	196,100.13	13,315.53	6,136.19	27.0	1.636	0.1000	
2018/12	213,661.51	15,189.71	6,883.57	12.2	1.844	0.1000	
2019/12	244,527.75	13,893.35	9,008.52	30.9	2.457	0.3000	
2020/12予	231,965.11	14,279.40	8,348.70	-7.3	2.312	0.2790	【株式分割・併合等】
2021/12予	254,193.53	16,527.22	10,055.14	20.4	2.708	0.3430	
2018/6中間	138,058.44	11,269.98	5,209.11	120.3	1.414	─	
2019/6中間	147,623.53	9,940.44	6,744.22	29.5	1.841	─	

【登記】香港北角京華道18号25楼　【TEL】86-21-28546100　【URL】www.ctih.cntaiping.com

【役員】会長：羅熹(Luo Xi)　【上場】2000年6月　【決算期】12月　【従業員】65,957

信義光能控股

シンイー・ソーラー

信義光能控股有限公司
Xinyi Solar Holdings Ltd.
【指数構成銘柄】― 【その他上場】―

建材・ガラス・セメント

メインボード

評価	株価	年間騰落率	最低売買価格
B	5.500 HK$	32.5 %	150,920 円

PER		予想配当利回り	PBR
予想 14.6 倍	実績 18.2 倍	3.1 %	3.1 倍

太陽光発電用ガラスメーカー 太陽電池モジュールの重要部品で、パネル保護用のカバーシートなどに使用されるガラス製品を生産する。太陽光発電用ガラスの世界的な大手で、ガラス溶融能力は日量で7800トン（19年末）。安徽省蕪湖市と天津市、マレーシアなどに生産拠点を置く。川下では大規模太陽光発電所（メガソーラー）のEPC（設計・調達・建設）や運営を手掛ける。信義ガラス（00868）が筆頭株主。19年5月に発電所運営の信義能源（03868）が香港市場に分離上場。

19年12月本決算：増収増益 欧州諸国での需要増を受けて太陽光発電用ガラスの平均販売価格が上昇し、採算が改善した。部門別では同ガラス事業が22％増収、49％増益と好調。マレーシア工場の設備増強で海外受注への柔軟な対応が可能になり、海外売上高が34％増。平均価格の上昇や生産効率の向上で利益率も改善した。発電所運営事業は2割弱の増収増益。規模の拡大による固定費抑制などで粗利益率が1.5ポイント上昇。

今後の計画 太陽光発電用ガラスの需要増を背景に、今後も生産設備の増強を継続する計画。20年には広西チワン族自治区と安徽省の工場でそれぞれ2本の生産ラインを新設する。20年末には、ガラス溶融能力が日量で4000トン増の1万1800トンに達する見込み。

【株価推移】
	高値		安値	
2016年	3.377	08/19	2.096	02/12
2017年	3.050	12/29	2.120	07/05
2018年	3.790	01/29	2.030	08/16
2019年	5.680	12/30	2.630	01/04
2020年	7.040	02/20	3.720	03/23

【株価情報】
取引単位(株)	2,000	A株株価	―
時価総額(mHK$)	44,450.3	A株格差(倍)	―

【指標】(%)
		19/12	18/12
収益性	ROA	8.5	7.8
	ROE	17.0	17.9
	粗利益率	43.0	38.6
成長性	増収率	18.6	-19.5
	増益率(営利)	35.6	-16.1
	自己資本増加率	35.9	3.1
安全性	BPS(HK$)	1.8	1.4
	負債比率	69.3	113.4
	流動比率	179.0	101.0
	株主資本比率	49.9	43.7

【財務】(百万HK$)
	19/12	18/12
流動資産	9,467.2	6,803.2
総資産	28,397.0	23,892.5
流動負債	5,290.1	6,737.3
総負債	9,823.9	11,833.6
株主資本	14,176.8	10,433.8

【CF】(百万HK$)
	19/12	18/12
営業CF	1,582.8	2,310.4
投資CF	-2,262.4	-3,035.2
財務CF	2,126.8	174.0
FCF	-679.6	-724.8
現金同等物	2,221.1	783.9

【株式】(19/12/31)(百万株)
総数	8,081.9	
流通	―	
	―	
	―	100.0%
非流通	0.0%	

【主要株主】(19/12/31)
	(%)
信義玻璃控股有限公司(00868)	24.3
李賢義	11.2
董清世	4.4

【子会社・関連会社】(19/12/31)
	(%)
信義光伏産業(安徽)控股有限公司	100.0
信義光能(香港)有限公司	100.0
Xinyi Solar (Malaysia) Sdn Bhd	100.0

【売上・利益構成】(19/12)(%)
	売上構成比	前年比	利益構成比	前年比
太陽光発電用ガラス	74.4	21.7	55.6	49.3
太陽光発電所の運営	24.5	16.0	43.6	18.3
施設の設計・調達・建設	1.1	-46.5	0.9	-47.5

【業績】 [香港会計基準](百万HK$) ※予想：ファクトセット
【前号予想との比較】 → 前号並み
	売上高	営業利益	純利益	前年比(%)	EPS(HK$)	1株配(HK$)	株配・無償(株)
2016/12	6,007.08	2,448.32	1,985.63	64.7	0.292	0.1400	
2017/12	9,527.03	2,913.96	2,332.03	17.4	0.326	0.1500	10：1@2.24HK$
2018/12	7,671.63	2,443.48	1,863.15	-20.1	0.249	0.1220	
2019/12	9,096.10	3,313.59	2,416.46	29.7	0.303	0.1400	
2020/12予	11,180.51	4,053.37	3,025.69	25.2	0.376	0.1730	【株式分割・併合等】
2021/12予	14,566.21	5,140.80	3,837.50	26.8	0.474	0.2210	
2020/6中間	4,177.43	1,525.19	1,213.95	-3.3	0.164	0.0800	
2019/6中間	3,997.04	1,291.38	952.72	-21.5	0.121	0.0550	

【本社】安徽省蕪湖市蕪湖経済技術開発区信義路2号信義玻璃工業園 【TEL】86-553-5899999 【URL】www.xinyisolar.com
【役員】会長：李賢義(Lee Yin Yee) 【上場】2013年12月 【決算期】12月 【従業員】3,713

化学

ロクシタン

ロクシタン・インターナショナル

L'Occitane International S.A.
L'Occitane International S.A.
【指数構成銘柄】— 【その他上場】—

メインボード

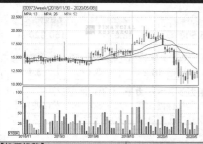

評価	株価	年間騰落率	最低売買価格
C	**12.460** HK$	**-10.7** %	**42,738** 円

PER		予想配当利回り	PBR
予想 **17.0** 倍 実績 **18.3** 倍		**2.0** %	**2.2** 倍

フランスの自然派コスメブランド 天然由来原料を使ったスキンケア製品やシャンプー、ハンドクリームなどを「ロクシタン」ブランドで製造販売する。化粧品の国際ブランドとして香港市場に初上場。19年9月末時点で欧米やアジアなどに合計3428の売り場を持ち、直営店は1593店。地域別売上比率は米国18%、日本15%、英国と中国がともに11%、香港8%（19年9月末）。オーガニック化粧品「メルヴィータ」も展開。19年3月に英スパ・スキンケアブランド「エレミス」を買収。

19年9月中間決算：純利益3.7倍 大幅増益の主因はエレミスの業績計上。粗利益率は81.2%と前年同期から1.2ポイント低下したが、営業費を増収率の範囲内に収めたほか、為替差益の計上も利益を押し上げた。今期からリース取引に関する会計基準が変更され、この影響を除いた純利益（少数株主持分を含む）は425%増の2900万ユーロ。地域別売上高は、主力の米国が33%増の1億3400万ユーロ、英国が232%増の7700万ユーロ。このほか日本が12%増収、中国が13%増収だった。

最近の動向 19年10〜12月期の売上高は前年同期比18%増の5億7900万ユーロと堅調だったが、20年1〜3月期は新型コロナによる影響で販売が落ち込み、売上高は前年同期比0.7%減の3億8800万ユーロにとどまった。

【株価推移】

	高値		安値	
2016年	17.120	10/11	12.300	01/25
2017年	18.760	09/01	13.740	12/19
2018年	16.220	01/17	12.600	06/28
2019年	20.750	11/26	13.460	06/06
2020年	19.660	01/08	10.020	03/17

【株価情報】

取引単位(株)	250	A株株価	—
時価総額(mHK$)	18,403.0	A株格差(倍)	—

【指標】(%)

		19/9	18/9
収益性	ROA	2.1	1.1
	ROE	5.0	1.5
	粗利益率	81.2	82.4
成長性	増収率	22.1	8.6
	増益率(営利)	618.7	-57.8
	自己資本増加率	12.5	3.5
安全性	BPS (EUR)	0.7	0.6
	負債比率	130.2	44.1
	流動比率	118.0	256.6
	株主資本比率	42.2	69.0

【財務】(百万EUR)

	19/9	18/9
流動資産	525.6	662.4
総資産	2,378.8	1,293.7
流動負債	445.4	258.1
総負債	1,307.0	393.6
株主資本	1,004.2	892.8

【CF】(百万EUR)

	19/9	18/9
営業CF	117.6	-26.9
投資CF	-38.7	-55.9
財務CF	-136.7	-1.9
FCF	78.9	-82.8
現金同等物	80.4	299.4

【株式】(19/09/30)(百万株)

総数	1,477.0
流通	—
	100.0%
非流通	0.0%

【主要株主】(19/09/30) (%)

L'Occitane Groupe S.A.	73.0

【子会社・関連会社】(19/03/31) (%)

ロクシタンジャポン株式会社	100.0
L'Occitane (Far East) Ltd.	100.0
L'Occitane Inc.	100.0

【売上・利益構成】(19/9)(%)

	売上構成比	前年比	利益構成比	前年比
直接販売	66.1	10.3	46.6	23.4
卸売・法人向け販売	33.9	54.4	53.4	52.5
その他	—	—	—	—

【業績】 [国際会計基準] (百万EUR) ※予想：ファクトセット　　　　　【前号予想との比較】 ↘ 減額

	売上高	営業利益	純利益	前年比(%)	EPS(EUR)	1株配(EUR)	株配・無償(株)
2017/3	1,323.18	168.31	131.91	19.5	0.090	0.0316	
2018/3	1,319.37	140.99	96.31	-27.0	0.066	0.0297	
2019/3	1,426.87	150.75	118.19	22.7	0.081	0.0297	
2020/3予	1,642.63	186.32	130.77	10.6	0.087	0.0290	
2021/3予	1,531.56	145.86	103.78	-20.6	0.061	0.0270	【株式分割・併合等】
2017/9中間	548.21	13.78	11.08	-57.4	0.008	—	
2018/9中間	595.39	5.81	6.81	-38.5	0.005	—	
2019/9中間	727.16	41.77	24.99	266.8	0.017	—	

【登記】49, Boulevard Prince Henri L-1724 Luxembourg 【TEL】— 【URL】group.loccitane.com
【役員】会長兼CEO：Reinold Geiger 【上場】2010年5月 【決算期】3月 【従業員】9,284

聯華超市

リエンフア・スーパーマーケット

聯華超市股份有限公司
Lianhua Supermarket Holdings Co.,Ltd.
【指数構成銘柄】 — 【その他上場】 —

株価推移	高値		安値	
2016年	3.830	12/01	2.030	02/12
2017年	4.530	05/31	2.600	01/23
2018年	3.130	01/24	1.140	12/28
2019年	1.910	07/04	1.080	01/07
2020年	1.570	04/17	1.000	03/19

評価	H株株価	年間騰落率	最低売買価格
—	1.360 HK$	-12.3 %	18,659 円

PER		予想配当利回り	PBR
予想 —	実績 —	—	0.8 倍

中国のスーパーマーケット大手 「世紀聯華」「聯華超市」「華聯超市」「快客便利」などのブランドで小売店を運営する。19年末時点で全国に3352店を展開（うち直営が1478店）。形態別の内訳はハイパーマーケットが141店、スーパーが2018店、コンビニが1193店。華東地区が全体の約8割を占める。三菱商事と資本提携していたが13年に解消。17年6月にはアリババ集団（09988）が株式18%を取得して大株主となった。

19年12月本決算：赤字拡大 リース会計基準の適用を受けて財務費3億元を計上したことが業績の重しとなった。この影響を除く最終損失は1億5200万元で、赤字幅が前年から6700万元縮小した。売上高が小幅増加したほか、納入業者から徴収する管理料の増加、店舗見直しで販売費が減少したこともプラス。一方、ハイパーマーケット部門で取扱商品を見直したほか、売り場面積が縮小したことを受けて粗利益は小幅縮小した。

最近の動向 20年1～3月期決算（中国会計基準）は売上高が83億7900万元、純損失が30万元。事業モデルの転換や新形態の店舗開業を進めて赤字削減を進めていく。19年末には子会社を通じて建築材料や家具・家電を販売する新会社を設立した。20年には新規店舗226店（うちハイパーマーケット4店）をオープンする計画。

株価情報				
取引単位(株)	1,000	A株株価	—	
H株時価総額(mHK$)	506.7	A株格差(倍)	—	

指標 (%)		19/12	18/12
収益性	ROA	—	—
	ROE	—	—
	粗利益率	13.6	14.1
成長性	増収率	1.9	0.6
	増益率(営利)	—	—
	自己資本増加率	-17.9	-1.6
安全性	BPS(元)	1.6	1.9
	負債比率	1,213.7	682.9
	流動比率	64.9	77.6
	株主資本比率	7.5	12.5

財務(百万元)	19/12	18/12
流動資産	9,492.8	11,354.3
総資産	23,552.5	17,190.1
流動負債	14,637.6	14,637.0
総負債	21,506.0	14,730.2
株主資本	1,772.0	2,157.0

CF(百万元)	19/12	18/12
営業CF	259.0	135.2
投資CF	408.6	-915.3
財務CF	-1,130.2	-136.4
FCF	667.6	-780.1
現金同等物	2,198.5	2,661.1

株式 (19/12/31) (百万株)		
総数	1,119.6	
H株	33.3%	
流通	—	
	33.3%	
非流通	66.7%	

主要株主 (19/12/31)	(%)
百聯集団有限公司	45.9
上海百聯集団股フン有限公司（900923）	20.0
阿里巴巴集団控股有限公司（09988）	18.0

子会社・関連会社 (19/12/31)	(%)
上海世紀聯華超市発展有限公司	100.0
上海聯華快客便利有限公司	100.0
杭州聯華華商集団有限公司	74.2

売上・利益構成 (19/12)(%)	売上構成比	前年比	利益構成比	前年比
ハイパーマーケット	58.8	1.4	88.3	82.0
スーパーマーケット	34.0	4.7	—	—
コンビニエンスストア	6.8	-3.5	—	—

業績 [香港会計基準](百万元) ※予想：—	売上高	営業利益	純利益	前年比(%)	EPS(元)	1株配(元)	前号予想との比較 —	株配・無償(株)
2016/12	26,666.07	—	-449.96	—	-0.400	—		
2017/12	25,225.39	—	-282.76	—	-0.250	—		
2018/12	25,389.08	—	-218.72	—	-0.200	—		
2019/12	25,859.20	—	-378.30	—	-0.340	—		
2020/12予	—	—	—	—	—	—	株式分割・併合等	
2021/12予	—	—	—	—	—	—		
2018/6中間	13,078.59	—	39.39	—	0.035	—		
2019/6中間	13,487.51	—	43.97	11.7	0.039	—		

【登記】上海市真光路1258号7楼713室 【TEL】86-21-52629922 【URL】lianhua.todayir.com
【役員】会長：葉永明(Ye Yong-ming) 【上場】2003年6月 【決算期】12月 【従業員】35,238

電子・半導体

メインボード

レッドチップ

中芯国際集成電路製造

エスエムアイシー

中芯国際集成電路製造有限公司
Semiconductor Manufacturing International Corp.
【指数構成銘柄】レッドチップ　【その他上場】—

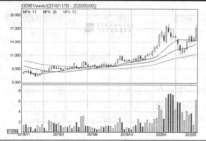

評価	株価	年間騰落率	最低売買価格
E	17.040 HK$	111.9 %	116,894 円

PER		予想配当利回り	PBR
予想 62.8 倍　実績 55.0 倍		0.0 %	2.0 倍

中国最大のファウンドリー 半導体受託製造会社（ファウンドリー）の世界大手。中国では最大規模と先端技術を誇り、19年下期までに第1世代14nm FinFETプロセスの量産化を開始。第2世代の開発を進める。凸版印刷とイメージセンサー用カラーフィルター合弁事業を行う。伊アベッツァノの200mmファブを19年7月に売却し、19年末現在、上海、北京、天津、深センにファブを置く。地域別売上比率は香港を含む国内が60%、北米が26%、欧州アジアが14%（19年12月期）。

19年12月本決算：減収増益 EBITDAベースでは前年比18%増の13億7300万米ドルと過去最高益。政府補助金の増加や為替差益の増加、金融投資収益の増加などが寄与した。売上高は7%減少したが、売却した伊アベッツァノのファブの貢献と技術ライセンス収入を除くと1%増収。期中のウエハー出荷量は8インチ換算で3%増の502万5800枚。平均出荷価格は1枚当たり656米ドルから620米ドルに低下し、粗利益率は1.6ポイント低下。

最近の動向 経営陣は20年の受注を楽観し、前年比10%台の成長を予想。粗利益率は20%を維持するとみる。20年1〜3月期は売上高が前年同期比35%増の9億500万米ドル、純利益が423%増の6400万米ドル。20年5月、上海証券取引所「科創板」へのA株上場計画を発表。

【株価推移】

	高値		安値	
2016年	12.280	12/30	5.800	05/10
2017年	14.760	11/13	6.910	08/29
2018年	13.700	01/02	5.880	10/30
2019年	12.140	12/31	6.260	01/07
2020年	17.920	02/14	11.180	03/19

【株価情報】

取引単位(株)	500	A株株価	—
時価総額(mHK$)	88,838.8	A株格差(倍)	—

【指標】(%)

		19/12	18/12
収益性	ROA	1.4	0.9
	ROE	4.1	2.5
	粗利益率	20.6	22.2
成長性	増収率	-7.3	8.3
	増益率(営利)	234.1	-88.3
	自己資本増加率	3.9	5.5
安全性	BPS (US$)	1.1	1.1
	負債比率	110.1	100.9
	流動比率	214.5	215.1
	株主資本比率	34.5	37.8

【財務】(百万US$)

	19/12	18/12
流動資産	6,873.8	6,149.6
総資産	16,437.8	14,424.3
流動負債	3,205.2	2,859.2
総負債	6,240.0	5,500.7
株主資本	5,669.4	5,454.0

【CF】(百万US$)

	19/12	18/12
営業CF	1,019.1	799.4
投資CF	-1,948.5	-3,197.3
財務CF	1,376.3	2,376.9
FCF	-929.5	-2,397.8
現金同等物	2,238.8	1,801.0

【株式】(19/12/31)(百万株)

総数	5,056.9
流通 — — —	100.0%
非流通	0.0%

【主要株主】(19/12/31) (%)

大唐電信科技産業控股有限公司	17.0
国家集成電路産業投資基金股フン有限公司	15.8

【子会社・関連会社】(19/12/31) (%)

エス・エム・アイ・シー・ジャパン株式会社	100.0
中芯国際控股有限公司	100.0
中芯北方集成電路製造（北京）有限公司	51.0

【売上・利益構成】(19/12)(%)

	売上構成比	前年比	利益構成比	前年比
ウエハー販売	93.0	-4.4	—	—
マスク製造・試験	7.0	-33.3	—	—

【業績】　[国際会計基準](百万US$)　※予想:ファクトセット

	売上高	営業利益	純利益	前年比(%)	EPS(US$)	1株配(US$)	株配・無償(株)
2016/12	2,914.18	339.21	376.63	48.6	0.090	—	—
2017/12	3,101.18	124.90	179.68	-52.3	0.040	—	—
2018/12	3,359.98	14.64	134.06	-25.4	0.030	—	—
2019/12	3,115.67	48.91	234.68	75.1	0.040	—	—
2020/12予	3,558.53	18.87	192.34	-18.0	0.035	—	—
2021/12予	4,063.53	99.20	269.52	40.1	0.049	—	—
2018/6中間	1,721.76	61.40	80.98	-23.7	0.020	—	—
2019/6中間	1,459.78	-18.39	30.81	-62.0	0.007	—	—

【前号予想との比較】↑ 大幅増額

【株式分割・併合等】

併合10→1 (16/12)

【本社】上海市浦東新区張江路18号　【TEL】86-21-38610000　【URL】www.smics.com

【役員】会長：周子学(Zhou Zixue)　【上場】2004年3月　【決算期】12月　【従業員】15,946

永旺（香港）百貨

イオン・ストアーズ

永旺（香港）百貨有限公司
AEON Stores (Hong Kong) Co.,Ltd.
【指数構成銘柄】— 【その他上場】—

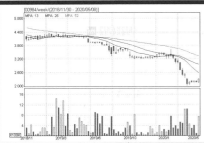

[00984/week](2018/11/30 - 2020/05/08)

	評価	株価	年間騰落率	最低売買価格
	—	2.290 HK$	-45.1 %	15,709 円

PER		予想配当利回り	PBR
予想 —	実績 —	—	0.8 倍

イオンの香港子会社 香港と広東省で総合スーパーの「永旺（イオン）」や香港版100円ショップの「イオン・リビングプラザ」を展開。1987年に香港でジャスコ1号店を開業し、17年に30周年を迎えた。13年に全店イオンに改名。香港ではイオン、イオン・リビングプラザなど計65店を運営。中国本土では1996年の広州1号店を皮切りに店舗網を拡大し、広州や深センなど南部を中心にイオンなど計33店を営業（19年末）。

19年12月本決算：赤字拡大 香港、中国本土の両事業が苦戦。香港では19年9月に九龍湾店が改装オープンしたが、デモ激化で外出客数が大幅に減少し、販売が低迷した。景気の先行き不透明感も消費者の購買意欲を阻害。大型商品の購入が手控えられ、香港事業の売上高は3%減。営業損益は1億1500万HKドルの赤字に転落した。中国本土事業は売上高が1%減。営業赤字は8100万HKドルで前年の6000万HKドルから膨らんだ。

最近の動向 20年に香港新界地区の屯門店で大規模改装を実施。リビングプラザは一部の店舗を改装し、新店も出店する。中国本土では総合スーパーや小型スーパーなど7店を開業する予定。設備投資は3億HKドルを予定。店舗運営では本土でプライベートブランドの販促を強化するほか、化粧品カウンターを拡充する。

【株価推移】

	高値		安値	
2016年	7.900	02/22	5.860	06/28
2017年	8.000	03/15	4.800	12/13
2018年	5.200	05/25	3.850	10/19
2019年	4.360	02/26	3.180	10/21
2020年	3.600	02/11	2.010	03/30

【株価情報】

取引単位（株）	500	A株株価	—
時価総額（mHK$）	595.4	A株格差（倍）	—

【指標】(%)

		19/12	18/12
収益性	ROA	—	—
	ROE	—	—
	粗利益率	—	—
成長性	増収率	-1.9	0.1
	増益率（営利）	—	—
	自己資本増加率	-46.3	-10.3
安全性	BPS（HK$）	3.0	5.5
	負債比率	965.9	195.0
	流動比率	89.0	120.5
	株主資本比率	9.2	32.8

【財務】(百万HK$)

	19/12	18/12
流動資産	2,936.0	3,132.7
総資産	8,377.5	4,387.7
流動負債	3,297.6	2,598.9
総負債	7,471.2	2,809.6
株主資本	773.5	1,441.0

【CF】(百万HK$)

	19/12	18/12
営業CF	1,076.6	110.2
投資CF	-143.3	-356.6
財務CF	-1,106.1	-114.4
FCF	933.3	-246.4
現金同等物	1,470.5	1,651.3

【株式】(19/12/31)（百万株）

総数	260.0
流通	100.0%
非流通	0.0%

【主要株主】(19/12/31) (%)

イオン株式会社	59.9
Standard Life Aberdeen plc	8.5

【子会社・関連会社】(19/12/31) (%)

広東永旺天河城商業有限公司	65.0
永旺華南商業有限公司	100.0
吉之島（香港）百貨有限公司	100.0

【売上・利益構成】(19/12) (%)

	売上構成比	前年比	利益構成比	前年比
スーパー経営（中国）	55.4	-0.8	—	—
スーパー経営（香港）	44.6	-3.2	—	—

【業績】[香港会計基準] (百万HK$) ※予想：—

	売上高	営業利益	純利益	前年比(%)	EPS(HK$)	1株配(HK$)	株配・無償(株)
2016/12	9,036.61	—	-23.23	—	-0.089	0.6000	
2017/12	9,665.54	—	-54.75	—	-0.211	0.4200	
2018/12	9,675.89	—	-49.22	—	-0.189	0.4400	
2019/12	9,493.77	—	-188.73	—	-0.726	0.2700	
2020/12予	—	—	—	—	—	—	
2021/12予	—	—	—	—	—	—	
2018/6中間	4,929.80	—	-50.48	—	-0.194	0.2200	
2019/6中間	4,829.78	—	-149.10	—	-0.573	0.2200	

【前号予想との比較】 —

【株式分割・併合等】

【登記】香港康山道2号康怡広場（南）地下至4楼【TEL】852-25653600【URL】www.aeonstores.com.hk
【役員】会長：羽生有希(Yuki Habu)【上場】1994年2月【決算期】12月【従業員】6,600

電力・ガス・水道

メインボード

H株

大唐国際発電

ダータン・インターナショナル・パワー

大唐国際発電股份有限公司
Datang International Power Generation Co.,Ltd.

【指数構成銘柄】― 【その他上場】上海A(601991)、ロンドン

評価	H株株価	年間騰落率	最低売買価格
A	**1.060** HK$	**-43.9** %	**29,086** 円

PER		予想配当利回り	PBR
予想 **7.2** 倍　実績 **45.7** 倍		**11.4** %	**0.4** 倍

中国大唐集団傘下の発電事業者 中国5大電力グループの一角、中国大唐集団の傘下。国内の19省・直轄市・自治区で発電事業を展開する。19年末時点の発電能力は6万4400MWで、石炭火力発電（72％）のほか、天然ガス、水力、風力、太陽光、バイオマスなどのクリーンエネルギー発電（28％）にも注力。16年に赤字の石炭化学部門から撤退した。上海とロンドンに重複上場。

19年12月本決算：増収減益 本業は堅調だったが、長期持ち分投資や固定資産に関する減損引当金の計上で、最終利益が20％減少。売上高は主力の電力事業が小幅ながら増収を確保した効果で2％増加、営業利益も2％増益だった。利息負担の軽減で財務費が縮小した結果、税引き前利益は11％増えた。部門別の利益は電力と石炭が増益だった一方、アルミニウム精錬を含むその他の損失が前年の2倍強に増えた。発電量は2％減の2652億9000万kWh、送電量も2％減の2505億3700万kWh。

最近の動向 19年に着工した新エネルギーの発電能力規模は1078MWで、うち621MW分はすでに稼働を開始した。風力や太陽光を利用したクリーンエネルギー発電の開発加速に加え、「一帯一路」沿線国の海外事業にも意欲。20年1～3月期決算（中国会計基準）は売上高が2％減の221億3700万元、純利益が64％増の7億600万元。

【株価推移】

	高値		安値	
2016年	2.430	04/14	1.890	02/11
2017年	2.970	05/29	1.990	01/16
2018年	2.710	05/24	1.680	10/25
2019年	2.330	03/05	1.400	12/02
2020年	1.520	01/02	0.930	03/19

【株価情報】

取引単位(株)	2,000	A株株価(元)	2.150
H株時価総額(mHK$)	6,477.3	A株格差(倍)	2.2

【指標】(%)

		19/12	18/12
収益性	ROA	0.3	0.4
	ROE	2.3	2.7
	粗利益率		
成長性	増収率	2.2	10.9
	増益率(営利)	1.8	23.0
	自己資本増加率	-7.2	-13.0
安全性	BPS(元)	2.3	2.5
	負債比率	474.9	478.9
	流動比率	41.8	37.7
	株主資本比率	14.9	15.8

【財務】(百万元)

	19/12	18/12
流動資産	33,573.9	34,785.4
総資産	282,415.2	288,250.3
流動負債	80,353.8	92,157.9
総負債	200,386.2	217,760.5
株主資本	42,191.4	45,475.1

【CF】(百万元)

	19/12	18/12
営業CF	22,178.3	18,345.2
投資CF	-10,865.3	-12,547.6
財務CF	-14,782.3	-418.8
FCF	11,313.0	5,797.6
現金同等物	7,964.2	11,433.6

【株式】(19/12/31)(百万株)

総数		18,506.7
流通	H株	33.0 %
	A株	67.0 %
		100.0 %
非流通		0.0 %

【主要株主】(19/12/31)

	(%)
中国大唐集団有限公司	53.1
天津市津能投資有限公司	7.0
河北建設投資集団有限責任公司	6.9

【子会社・関連会社】(19/12/31)

	(%)
遼寧大唐国際新能源有限公司	100.0
遼寧大唐国際昌図風電有限責任公司	100.0
大唐国際（香港）有限公司	100.0

【売上・利益構成】(19/12)(%)

	売上構成比	前年比	利益構成比	前年比
電力	92.7	1.1	85.7	18.0
石炭	3.4	40.1	14.3	143.6
その他	4.0	3.9	―	―

【業績】 [国際会計基準](百万元) ※予想：ファクトセット　【前号予想との比較】 ▽減額

	売上高	営業利益	純利益	前年比(%)	EPS(元)	1株配(元)	株配・無償(株)
2016/12	57,291.56	13,167.37	-2,753.88	―	-0.210		
2017/12	84,185.07	7,613.70	1,494.72	―	0.112	0.0900	
2018/12	93,389.63	9,368.44	1,232.24	-17.6	0.072	0.1000	
2019/12	95,453.06	9,539.08	985.66	-20.0	0.021	0.0650	
2020/12予	94,212.00	13,680.00	2,454.87	149.1	0.133	0.1100	【株式分割・併合等】
2021/12予	96,740.00	13,749.00	2,766.51	12.7	0.149	0.1200	
2018/6中間	45,543.43	5,915.11	1,216.84	35.4	0.077		
2019/6中間	45,040.46	4,391.75	767.10	-37.0	0.041		

【本社】北京市西城区広寧伯街9号 【TEL】86-10-88008678 【URL】www.dtpower.com

238 【役員】会長：陳飛虎(Chen Feihu) 【上場】1997年3月 【決算期】12月 【従業員】32,976

聯想集団

レノボグループ

聯想集団有限公司
Lenovo Group Ltd.

【指数構成銘柄】— 【その他上場】ADR

評価	株価	年間騰落率	最低売買価格
B	**4.340** HK$	**-34.1** %	**119,090** 円

PER		予想配当利回り	PBR
予想 **10.8** 倍 実績 **11.2** 倍		**5.7** %	**2.1** 倍

パソコンの世界最大手 05年に米IBMのパソコン部門を買収し、世界的な大手に躍進。法人向け「Think」、消費者向け「Idea」のブランドを展開する。PCの世界シェアは24.3％で首位（19年、IDC調べ）。スマホは中南米に強みを持つ。11年には独メディオンを買収し、NECとはPC事業の合弁会社を設立。14年にIBMの低価格サーバー事業と米モトローラ・モビリティーを買収した。18年に富士通とのPC合弁事業が始動。

19年9月中間決算：増収増益 全体の売り上げが伸び悩んだが、情報デバイス部門の拡大で5割近い増益を確保。事業別では情報デバイス部門が6％増収。パソコン事業の出荷台数が過去最高を更新し、モバイル事業では中南米や北米市場における収益力が拡大。一方、データセンター部門は超大型クラスの価格調整や需要低下が響き15％減収と足を引っ張った。粗利益は24％増加し、粗利益率は前年同期から2.8ポイント上昇。

最新動向 20年3月本決算は売上高が前年比0.6％減の507億1600万米ドル、純利益が12％増の6億6500万米ドル。引き続き新型コロナウイルスの感染拡大に伴う世界経済の後退を警戒するも在宅勤務の流れが定着すればパソコン需要が拡大する可能性も。データセンター部門は「5G」などの普及に伴う業績回復に期待。

【株価推移】

	高値		安値	
2016年	7.900	01/04	4.490	06/24
2017年	5.400	04/07	4.100	09/08
2018年	6.000	10/03	3.530	04/26
2019年	7.580	04/10	4.930	12/05
2020年	5.920	01/17	3.540	03/19

【株価情報】

取引単位(株)	2,000	A株株価	—
時価総額(mHK$)	52,144.2	A株格差(倍)	—

【指標】(%)

		19/9	18/9
収益性	ROA	2.2	1.6
	ROE	22.4	16.2
	粗利益率	16.3	13.5
成長性	増収率	2.9	16.2
	増益率(営利)	66.9	476.1
	自己資本増加率	7.5	-4.4
安全性	BPS (US$)	0.3	0.3
	負債比率	904.2	891.5
	流動比率	83.7	81.1
	株主資本比率	9.7	9.8

【財務】(百万US$)

	19/9	18/9
流動資産	20,116.8	18,327.5
総資産	33,389.4	30,887.4
流動負債	24,039.7	22,592.0
総負債	29,374.9	26,934.0
株主資本	3,248.6	3,021.3

【CF】(百万US$)

	19/9	18/9
営業CF	1,240.0	403.1
投資CF	-503.8	-301.1
財務CF	-11.8	373.8
FCF	736.2	102.0
現金同等物	3,310.9	2,212.5

【株式】(19/09/30)(百万株)

総数	12,014.8
流通	—
	—
	—
	100.0%
非流通	—
	0.0%

【主要株主】(19/09/30) (%)

聯想控股股フン有限公司 (03396)	29.1
Union Star Ltd.	8.3
BlackRock, Inc.	6.0

【子会社・関連会社】(19/03/31) (%)

Motorola Mobility LLC	100.0
NECパーソナルコンピュータ株式会社	66.6
富士通クライアントコンピューティング株式会社	51.0

【売上・利益構成】(19/9)(%)

	売上構成比	前年比	利益構成比	前年比
情報デバイス	89.7	5.6	100.0	44.7
データセンター	10.3	-15.3		

【業績】［香港会計基準］(百万US$) ※予想：ファクトセット

【前号予想との比較】 ↘ 減額

	売上高	営業利益	純利益	前年比(%)	EPS (US$)	1株配(HK$)	株配・無償(株)
2017/3	43,034.73	672.35	535.08	—	0.049	0.2650	
2018/3	45,349.94	386.72	-189.32	-0.017	0.2650		
2019/3	51,037.94	1,177.82	596.34	—	0.050	0.2780	
2020/3予	49,813.42	1,441.61	660.99	10.8	0.052	0.2640	
2021/3予	50,379.42	1,457.77	746.61	13.0	0.062	0.2660	【株式分割・併合等】
2017/9中間	21,773.10	81.57	66.75	-79.8	0.006	0.0600	
2018/9中間	25,292.53	469.92	245.45	267.7	0.021	0.0600	
2019/9中間	26,034.14	784.40	364.42	48.5	0.031	0.0630	

【登記】香港ソク魚涌英皇道979号太古坊林肯大厦23楼 【TEL】852-25900228 【URL】www.lenovo.com

【役員】会長：楊元慶(Yang Yuanqing) 【上場】1994年2月 【決算期】3月 【従業員】66,000

道路・港湾・空港

メインボード

安徽皖通高速公路

アンフイ・エクスプレスウェイ

【指数構成銘柄】― 【その他上場】上海A（600012）

安徽皖通高速公路股份有限公司
Anhui Expressway Co.,Ltd.

評価	H株株価	年間騰落率	最低売買価格
C	3.960 HK$	-23.8 %	108,662 円

PER		予想配当利回り	PBR
予想 11.4 倍 実績 5.5 倍		2.9 %	0.6 倍

【株価推移】

	高値		安値	
2016年	7.130	09/09	5.290	01/21
2017年	6.600	11/08	5.640	02/03
2018年	6.780	01/29	4.220	08/15
2019年	5.390	05/03	4.250	10/04
2020年	5.080	01/20	3.530	03/23

【株価情報】

取引単位（株）	2,000	A株株価（元）	5.330
H株時価総額（mHK$）	1,952.3	A株格差（倍）	1.5

【指標】(%)

		19/12	18/12
収益性	ROA	6.8	7.5
	ROE	10.1	11.0
	粗利益率	35.3	42.6
成長性	増収率	19.7	-10.0
	増益率（営利）	0.1	3.9
	自己資本増加率	6.5	7.2
安全性	BPS（元）	6.5	6.1
	負債比率	40.5	41.5
	流動比率	130.5	188.2
	株主資本比率	67.5	68.2

安徽省の有料道路運営会社 安徽省で有料道路の開発・運営を手掛ける。保有道路の総延長距離は19年末時点で557kmに上る。安徽省の合肥市と江蘇省の南京市を結ぶ合寧高速（134km：権益比率100％）を最大の収益源とし、ほかに高界高速、宣広高速、連霍高速・安徽区間など道路8本を運営する。料金徴収、道路保全など高速道路707kmの管理代行サービス業務も手掛ける。合肥皖通典当を通じて質店事業を手掛けていたが、16年に新規貸出をやめ、債権回収のみを行うことを決めた。

19年12月本決算：増収減益 高速道路の管理代行サービス業務の運営コスト増加により、粗利益率が35.3％と前年の42.6％から7.3ポイント低下して利益を下押しした。売上高は道路建設部門の契約増加が寄与し、20％増加。道路別の通行料収入は、主力区間の合寧高速が車線数拡張工事の影響で5％減少したが、高界高速は5％増加、宣広高速が前年並みを確保した。

最近の動向 新型コロナウイルスの感染拡大を背景に中国交通運輸部が全国の高速道路の通行料徴収免除を通知し、20年2月中旬から5月初旬まで実施された。20年1―3月期決算（中国会計基準）は、売上高が前年同期比64％減の2億7200万元、純損益が2600万元の赤字（前年同期は2億8900万元の黒字）だった。

【財務】(百万元)

	19/12	18/12
流動資産	2,744.4	2,693.6
総資産	15,970.3	14,830.0
流動負債	2,103.5	1,431.5
総負債	4,360.9	4,200.8
株主資本	10,778.3	10,118.7

【CF】(百万元)

	19/12	18/12
営業CF	611.8	718.0
投資CF	-608.6	280.3
財務CF	-551.4	-374.3
FCF	3.2	998.3
現金同等物	1,905.3	2,453.5

【株式】(19/12/31)(百万株)

総数		1,658.6
流通	H株	29.7%
	A株	70.3%
		100.0%
非流通		0.0%

【主要株主】(19/12/31) (%)

安徽省交通控股集団有限公司	31.6
招商局公路網絡科技控股股フン有限公司	24.4

【子会社・関連会社】(19/12/31) (%)

宣広高速公路有限責任公司	55.5
安徽寧宣杭高速公路投資有限公司	51.0
宣城市広嗣高速公路有限責任公司	55.5

【売上・利益構成】(19/12)(%)

	売上構成比	前年比	利益構成比	前年比
有料道路運営	100.0	19.7	100.0	-2.3

【業績】[香港会計基準](百万元)※予想：ファクトセット 【前号予想との比較】↓ 大幅減額

	売上高	営業利益	純利益	前年比(%)	EPS(元)	1株配(元)	株配・無償(株)
2016/12	3,063.63	1,330.29	925.08	-0.5	0.558	0.2300	
2017/12	4,308.76	1,601.70	1,083.24	17.1	0.653	0.2300	
2018/12	3,875.80	1,663.88	1,115.36	3.0	0.673	0.2500	
2019/12	4,640.43	1,665.36	1,089.86	-2.3	0.657	0.2300	
2020/12予	3,149.00	1,081.00	530.90	-51.3	0.317	0.1050	【株式分割・併合等】
2021/12予	3,783.33	2,046.33	1,162.08	118.9	0.701	0.2400	
2018/6中間	1,760.88	814.49	551.38	6.0	0.332	—	
2019/6中間	1,965.65	805.79	543.67	-1.4	0.328	—	

【登記】安徽省合肥市望江西路520号 【TEL】86-551-65338697 【URL】www.anhui-expressway.net
【役員】会長：項小龍(Xiang Xiaolong) 【上場】1996年11月 【決算期】12月 【従業員】2,147

中信銀行

チャイナ・シティック・バンク

中信銀行股份有限公司
China CITIC Bank Corp.,Ltd

【指数構成銘柄】中国企業　【その他上場】上海A(601998)

[00998/week](2018/11/30 - 2020/05/08)

評価	H株株価	年間騰落率	最低売買価格
B	3.780 HK$	-21.4 %	51,862 円

PER		予想配当利回り	PBR
予想 3.4 倍　実績 3.6 倍		7.0 %	0.3 倍

中信集団傘下の中堅銀行 中国中信集団（CITIC）傘下の商業銀行。19年末の営業拠点は中国本土151都市に1401カ所。香港、ロンドンなどにも拠点を置く。顧客数は企業が約74万社、個人は1億人超。英金融誌「バンカー」の「2019世界トップ銀行ブランド500」で19位。09年に香港に上場していた中信国際金融控股を子会社化。17年には百度とネット銀行の百信銀行を開業した。スペインのBBVA銀行とは16年に提携解消を発表。

19年12月本決算：増収増益 資金利益が13%増の1272億7100万元、非利息収入は15%増の606億1000万元に伸びた。中でも手数料・仲介料収入が25%増の463億8400万元に拡大。銀行カードとクレジットカードの手数料収入が大幅に伸びた。一方で営業費用の伸びが抑え、経常収益に対する費用比率は30.7%から27.8%に低下した。19年末時点の不良債権比率は前年末の1.77%から1.65%に改善し、過去4年間で最低だった。

今後の計画 20年1〜3月期決算は経常収益が515億7000万元、純利益144億5300万元で、ともに前年同期比9%増。3月末の不良債権比率は1.80%と前年末の1.65%から悪化した。20年の経営目標は預金・貸出残高の10%増加。19年実績は預金残高が前年末比12%増の4兆388億元、貸出残高が11%増の3兆9979億元だった。

【株価推移】

	高値		安値	
2016年	5.420	09/22	4.000	02/12
2017年	5.500	02/23	4.690	06/15
2018年	6.820	01/29	4.590	12/24
2019年	5.410	03/04	3.920	08/26
2020年	4.780	01/03	3.370	03/19

【株価情報】

取引単位(株)	1,000	A株株価(元) 5.150
H株時価総額(mHK$)	56,254.6	A株格差(倍) 1.5

【指標】(%)

		19/12	18/12
収益性	ROA	0.7	0.7
	ROE	9.3	10.2
	粗利益率	—	—
成長性	増収率	13.3	5.4
	増益率(営利)	2.7	4.6
	自己資本増加率	18.5	9.3
安全性	BPS(元)	10.6	8.9
	負債比率	1,202.0	1,285.6
	流動比率	—	—
	株主資本比率	7.7	7.2

【財務】(百万元)

	19/12	18/12
流動資産	—	—
総資産	6,750,433.0	6,066,714.0
流動負債	—	—
総負債	6,217,909.0	5,613,628.0
株主資本	517,311.0	436,661.0

【CF】(百万元)

	19/12	18/12
営業CF	116,969.0	102,316.0
投資CF	-253,064.0	-144,573.0
財務CF	100,579.0	74,042.0
FCF	-136,095.0	-42,257.0
現金同等物	342,449.0	376,009.0

【株式】(19/12/31)(百万株)

総数		48,934.8
流通	H株	30.4%
	A株	65.2%
		95.6%
非流通		4.4%

【主要株主】(19/12/31)

	(%)
中国中信股フン有限公司（00267）	65.4
中国煙草総公司	4.4
中国証券金融股フン有限公司	2.3

【子会社・関連会社】(19/12/31)

	(%)
中信国際金融控股有限公司	100.0
中信金融租賃有限公司	100.0
信銀（香港）投資有限公司	99.8

【売上・利益構成】(19/12)(%)

	売上構成比	前年比	利益構成比	前年比
法人向け銀行業務	49.9	8.6	39.7	-11.0
個人向け銀行業務	37.9	23.9	34.2	18.1
金融市場業務	10.4	16.5	26.1	19.3

【業績】[国際会計基準](百万元) ※予想:ファクトセット　【前号予想との比較】↘減額

	経常収益	業務純益	純利益	前年比(%)	EPS(元)	1株配(元)	株式・無償(株)
2016/12	154,159.00	54,607.00	41,629.00	1.1	0.850	0.2150	
2017/12	157,231.00	52,561.00	42,566.00	2.3	0.840	0.2610	
2018/12	165,766.00	54,968.00	44,513.00	4.6	0.880	0.2300	
2019/12	187,881.00	56,443.00	48,015.00	7.9	0.950	0.2390	
2020/12予	199,073.17	143,739.00	49,340.67	2.8	1.008	0.2390	
2021/12予	213,583.11	152,815.33	52,412.43	6.2	1.070	0.2500	
2018/6中間	81,380.00	32,664.00	25,721.00	7.1	0.530		
2019/6中間	93,192.00	34,335.00	28,307.00	10.1	0.580		

【株式分割・併合等】

【登記】北京市東城区朝陽門北大街9号　【TEL】86-10-85230010　【URL】www.citicbank.com

【役員】会長：李慶萍(Li Qingping)　【上場】2007年4月　【決算期】12月　【従業員】57,045

石油・石炭

メインボード

H株

シノペック石油工程技術服務

シノペック・オイルフィールド・サービス

中石化石油工程技術服務股份有限公司
Sinopec Oilfield Service Corp.

【指数構成銘柄】 ― 【その他上場】 上海A(600871)

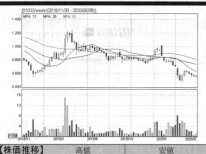

評価	H株株価	年間騰落率	最低売買価格
D	**0.560** HK$	**-41.1** %	**15,366** 円

PER		予想配当利回り	PBR
予想 **18.2** 倍　実績 **9.8** 倍		**0.0** %	**1.4** 倍

中国石油化工傘下の油田サービス事業者 油田技術サービスの中国最大手。グループ再編で資産注入と売却を実施し、化学繊維メーカーから転身。15年4月に「中国石化儀征化繊」から社名変更した。物理探査、掘削、生産など総合サービスを提供し、主要顧客は親会社の中国石油化工集団で19年12月期の売上比率は58%に上る。海外では中東、アフリカ、東南・中央アジア、モンゴルなどで事業を展開し、海外売上比率は19%。

19年12月本決算：純利益4.1倍 石油会社の旺盛な石油・ガスの探査・開発を背景に需要が拡大したことが好業績に結びついた。経営資源の配分適正化に加え、管理コストが8%減少したことも業績の押し上げ要因となった。全体の粗利益率は8.5%とほぼ横ばい。売り上げの5割超を占める掘削サービス事業は部門利益が2.2倍に拡大。期中の新規成約額は11%増の695億元だった（うち中国石油化工集団向けは4%増の384億元）。

最近の動向 会社側は、新型コロナウイルスの感染拡大による短期的な影響は避けられないとみるも、長期的には中国市場の成長トレンドは変わらず、需要拡大は続くとみる。20年1-3月期決算（中国会計基準）は売上高が前年同期比4%減の128億6800万元、純損益が1億8200万元の赤字（前年同期は1億8800万元の黒字）。

【株価推移】

	高値		安値	
2016年	2.030	01/04	1.390	06/17
2017年	1.700	02/23	1.110	12/07
2018年	1.590	01/29	0.540	12/27
2019年	1.240	04/23	0.570	01/02
2020年	1.020	01/20	0.480	03/19

【株価情報】

取引単位(株)	2,000	A株株価(元)	1.880
H株時価総額(mHK$)	3,032.4	A株格差(倍)	3.7

【指標】(%)

		19/12	18/12
収益性	ROA	1.6	0.4
	ROE	14.6	4.2
	粗利益率	8.5	8.4
成長性	増収率	19.6	20.2
	増益率(営利)	236.9	―
	自己資本増加率	17.1	―
安全性	BPS(元)	0.4	0.3
	負債比率	817.7	954.0
	流動比率	58.3	60.5
	株主資本比率	10.9	9.5

【財務】(百万元)

	19/12	18/12
流動資産	30,547.9	32,042.5
総資産	62,069.4	60,904.7
流動負債	52,438.4	52,990.4
総負債	55,305.5	55,126.3
株主資本	6,763.9	5,778.4

【CF】(百万元)

	19/12	18/12
営業CF	1,377.1	-2,939.8
投資CF	-3,178.8	-1,174.5
財務CF	1,249.6	3,618.8
FCF	-1,801.7	-4,114.3
現金同等物	1,650.7	2,173.6

【株式】(19/12/31)(百万株)

総数	18,984.3		
流通	H株	28.5%	
	A株	63.4%	
		―	
	92.0%		
非流通	8.0%		

【主要株主】(19/12/31) (%)

中国石油化工集団有限公司	70.2
中国中信股フン有限公司 (00267)	5.5

【子会社・関連会社】(19/12/31) (%)

中石化勝利石油工程有限公司	100.0
中石化海洋石油工程有限公司	100.0
中国石化集団国際石油工程有限公司	100.0

【売上・利益構成】(19/12)(%)

	売上構成比	前年比	利益構成比	前年比
掘削サービス	52.9	22.8	81.4	120.2
建設	23.8	25.4	―	―
油井技術サービス	11.0	35.4	8.7	-35.6

【業績】 [国際会計基準] (百万元) ※予想：ファクトセット 【前号予想との比較】 ↓ 大幅減額

	売上高	営業利益	純利益	前年比(%)	EPS(元)	1株配(元)	株配・無償(株)
2016/12	42,923.50	-16,095.43	-16,198.24	―	-1.145		
2017/12	48,593.95	-10,380.17	-10,563.12	―	-0.747		
2018/12	58,409.08	217.10	240.19	―	0.013		
2019/12	69,870.15	731.46	986.87	310.9	0.052		
2020/12予	68,270.50	1,023.33	504.49	-48.9	0.028		
2021/12予	70,119.66	1,383.93	766.64	52.0	0.042		
2018/6中間	23,653.00	101.72	615.73	―	0.034		
2019/6中間	30,256.03	930.44	803.73	30.6	0.042		

【株式分割・併合等】

【登記】北京市朝陽区朝陽門北大街22号 【TEL】86-10-59965998 【URL】ssc.sinopec.com

【役員】会長：陳錫坤(Chen Xikun) 【上場】1994年3月 【決算期】12月 【従業員】73,263

長江基建集団

シーケー・インフラ

長江基建集団有限公司
CK Infrastructure Holdings Ltd.
【指数構成銘柄】ハンセン 【その他上場】—

評価	株価	年間騰落率	最低売買価格
C	45.400 HK$	-28.0 %	311,444 円

PER		予想配当利回り	PBR
予想 11.9 倍 実績 10.9 倍		5.5 %	1.1 倍

【株価推移】

	高値		安値	
2016年	81.100	03/02	60.150	12/22
2017年	73.800	08/03	60.350	01/13
2018年	70.500	01/26	56.650	08/27
2019年	65.950	03/19	51.050	09/03
2020年	58.250	01/14	35.450	03/23

【株価情報】

取引単位(株)	500	A株株価	
時価総額(mHK$)	120,340.7	A株格差(倍)	

【指標】(%)

		19/12	18/12
収益性	ROA	6.4	6.6
	ROE	9.4	9.7
	粗利益率		
成長性	増収率	-5.8	18.8
	増益率(営利)	—	—
	自己資本増加率	4.1	3.6
安全性	BPS(HK$)	42.1	40.4
	負債比率	34.8	33.5
	流動比率	143.1	126.6
	株主資本比率	67.6	67.9

【財務】(百万HK$)

	19/12	18/12
流動資産	14,748.0	7,960.0
総資産	165,184.0	157,770.0
流動負債	10,303.0	6,287.0
総負債	38,810.0	35,866.0
株主資本	111,604.0	107,173.0

【CF】(百万HK$)

	19/12	18/12
営業CF	4,164.0	3,882.0
投資CF	6,903.0	3,119.0
財務CF	-5,080.0	-10,692.0
FCF	11,067.0	7,001.0
現金同等物	12,077.0	6,090.0

【株式】(19/12/31)(百万株)

総数	2,650.7	
流通	—	
	—	
	—	100.0%
非流通	0.0%	

【主要株主】(19/12/31)　(%)

Hutchison Infrastructure Holdings Ltd.	71.9

【子会社・関連会社】(19/12/31)　(%)

電能実業有限公司 (00006)	36.0
UK Power Networks Holdings Ltd.	40.0
Northumbrian Water Group Ltd.	52.0

【売上・利益構成】(19/12)(%)

	売上構成比	前年比	利益構成比	前年比
インフラ投資	100.0	-5.8	79.2	-5.3
電能実業への投資			20.8	3.0
その他				

長江グループ系の公益事業者 電力、水道、ガスなどの公益事業への投資を手掛ける。長江グループのインフラ部門で、李沢鉅会長はグループの総帥。利益の柱は電能実業(00006)と英国、豪州、中国、欧州大陸、ニュージーランド、カナダの各事業。中国では交通インフラ事業への投資やセメントなどの製造・販売が主力。13年にオランダとニュージーランドで廃棄物処理事業に参入。16年3月にハンセン指数に採用された。

19年12月本決算：小幅増益 売上高が減少する中、関連会社の売却益でその他収益が3.3倍の12億7100万HKドルに伸び、辛うじて増益を確保した。関連会社と共同出資会社の利益貢献は11%減、9%減と低調。特に英国のインフラ事業は利益貢献が12%減の46億HKドル。会計手法の変更に加え、ポンド安も響いた。豪州は電力事業とガス事業がともに堅調で、香港ドルに対する豪ドル安の影響を除くコア利益は7%増だった。欧州大陸事業は利益貢献額が10%減。一方、関連会社である電能実業の利益貢献額は3%増の30億HKドル。英国事業の不振が響いたが、関連会社の売却益で穴を埋めた。

今後の見通し 新型コロナ流行で経営環境が悪化しているが、継続的に企業買収の機会を模索する。長江和記実業や電能実業などと共同での買収も検討する。

【業績】 [香港会計基準](百万HK$) ※予想：ファクトセット

【前号予想との比較】 ↘ 減額

	売上高	営業利益	純利益	前年比(%)	EPS(HK$)	1株配(HK$)	株配・無償(株)
2016/12	5,321.00	—	9,636.00	-13.7	3.820	2.2600	
2017/12	6,016.00	—	10,256.00	6.4	4.070	2.3800	
2018/12	7,149.00	—	10,443.00	1.8	4.140	2.4300	
2019/12	6,733.00	—	10,506.00	0.6	4.170	2.4600	
2020/12予	6,303.74	3,486.83	9,749.32	-7.2	3.827	2.4850	**【株式分割・併合等】**
2021/12予	6,399.59	3,565.45	10,043.99		3.954	2.5230	
2018/6中間	3,548.00	—	5,942.00	5.0	2.360	0.6800	
2019/6中間	3,245.00	—	5,943.00	0.0	2.360	0.6800	

【本社】香港皇后大道中2号長江集団中心12楼 **【TEL】** 852-21223133 **【URL】** www.cki.com.hk
【役員】会長：李沢鉅(Li Tzar Kuoi Victor) **【上場】**1996年7月 **【決算期】**12月 **【従業員】**2,137

電子・半導体

メインボード

光宇国際集団科技

コスライト・テクノロジー

光宇国際集団科技有限公司
Coslight Technology International Group Ltd.
【指数構成銘柄】 ― 【その他上場】 ―

評価	株価	年間騰落率	最低売買価格
―	0.730 HK$	-66.8 %	20,031 円

PER		予想配当利回り	PBR
予想 ― 実績 ―		―	0.1 倍

中堅電池メーカー リチウムポリマー電池の世界的大手。携帯電話やウエアラブル機器のほかドローンや電気自動車向けに出荷する。移動体通信のネットワーク用基地局の電源に使用されるシール鉛（SLA）蓄電池では中国大手。通信キャリアが主要顧客でチャイナ・モバイル（00941）、チャイナ・ユニコム（00762）などに納める。関連会社を通じオンラインゲーム事業も展開。

19年12月本決算：赤字転落 新型コロナウイルスの感染拡大の影響で会計監査が遅れたため、一部データは未公表。関連会社の持ち分損益が6600元の赤字に陥った上、前年に計上した電池製造を手掛けた関連会社の株式売却益を計上していた影響で、最終利益が赤字に転落した。販管費や減損損失は減少したがカバーできなかった。売上高は、SLA蓄電池の競争激化や、リチウムイオン電池を使用した新エネルギー車の需要縮小が痛手となり、前年比48％の大幅減少。一方、粗利益率は売上原価の圧縮が奏功し、12ポイント改善している。

最近の動向 19年12月、傘下でリチウム蓄電池を製造する東営昆宇電源科技の全株式を8億6000万元で売却すると発表。売却による帳簿上の収益は7億6700万元に上る見通し。売却に関連する税金の支払いのほか、未払金の支払いや銀行借入金の返済などに充てる計画。

【株価推移】

	高値		安値	
2016年	6.900	09/13	2.350	02/12
2017年	6.250	02/23	2.760	08/28
2018年	3.590	04/13	1.900	11/02
2019年	3.200	02/11	0.810	11/14
2020年	1.590	02/11	0.610	05/05

【株価情報】

取引単位(株)	2,000	A株株価	―
時価総額(mHK$)	274.0	A株格差(倍)	―

【指標】(%)

		19/12	18/12
収益性	ROA	―	2.8
	ROE	―	8.8
	粗利益率	30.8	18.7
成長性	増収率	-48.4	-13.9
	増益率(営利)	―	―
	自己資本増加率	1.9	-0.1
安全性	BPS(元)	6.2	6.0
	負債比率	190.3	205.6
	流動比率	104.7	100.8
	株主資本比率	33.5	31.8

【財務】(百万元)

	19/12	18/12
流動資産	4,410.5	4,498.9
総資産	6,949.7	7,178.2
流動負債	4,212.3	4,463.0
総負債	4,427.1	4,693.0
株主資本	2,326.7	2,283.1

【CF】(百万元)

	19/12	18/12
営業CF	―	210.3
投資CF	―	398.6
財務CF	―	-772.6
FCF	―	608.8
現金同等物	―	129.0

【株式】(19/12/31)(百万株)

総数	375.3
流通	―
	―
	100.0%
非流通	0.0%

【主要株主】(19/06/30) (%)

宋殿権	68.9

【子会社・関連会社】(18/12/31) (%)

哈爾濱光宇電源股フン有限公司	89.6
哈爾濱光宇蓄電池股フン有限公司	97.4
哈爾濱光宇電子有限公司	92.9

【売上・利益構成】(19/12)(%)

	売上構成比	前年比	利益構成比	前年比
―				

【業績】[香港会計基準](百万元) ※予想:―

	売上高	営業利益	純利益	前年比(%)	EPS(元)	1株配(HK$)
2016/12	4,831.27	―	139.88	2,573.6	0.350	
2017/12	3,713.49	―	235.40	68.3	0.598	
2018/12	3,196.38	―	199.77	-15.1	0.518	
2019/12	1,649.79	―	-33.13	―	―	
2020/12予						
2021/12予						
2018/6中間	1,695.31	―	204.72	3,848.3	0.527	
2019/6中間	853.84	―	-33.41	―	-0.088	

【前号予想との比較】 ―

【株式分割・併合等】

【本社】香港皇后大道中181-183号中遠大厦2501-2502室 【TEL】― 【URL】www.cncoslight.com
【役員】会長：宋殿権(Song Dian Quan) 【上場】1999年11月 【決算期】12月 【従業員】5,996
【備考】業績のEPS、CF、売上・利益構成は未発表

恒安国際集団

ハンアン・インターナショナル

恒安国際集団有限公司
Hengan International Group Co.,Ltd.

【指数構成銘柄】ハンセン、中国企業　【その他上場】―

評価	株価	年間騰落率	最低売買価格
B	**64.950** HK$	**-4.3** %	**445,557** 円

PER		予想配当利回り	PBR
予想 **16.1** 倍　実績 **18.0** 倍		**4.2** %	**3.9** 倍

中国の衛生用品大手 ティッシュペーパーの「心相印」「品諾」、生理用ナプキンの「七度空間」「安爾楽」、紙おむつの「安児楽」などの生産・販売を手掛ける。大人用おむつ「安爾康」も展開。福建省や浙江省、江西省などに生産拠点を置き、製品は中国国内のほか51の国・地域で販売。19年末時点のティッシュペーパーの年産能力は142万トン。16年、傘下の菓子メーカー、親親食品集団（01583）が香港メインボードに分離上場。11年にハンセン指数の構成銘柄に採用。

19年12月本決算：小幅増益 販売ルートの開拓でマーケットシェアを拡大し売り上げを伸ばしたが、高級ラインや新商品のマーケティング強化で販売コストや管理費が膨らみ利益を圧迫した。事業別では、中核製品の好調な販売やネット通販の貢献で主力のティッシュペーパー部門が増収増益。生理用ナプキン部門は市場競争の激化を受け小幅減収だった。パルプ価格の下落が追い風となり全体の粗利益率は0.4ポイントの上昇。

今後の見通し 会社側はパルプ価格の弱含みに加え、利幅の厚い製品の強化やスケールメリットにより20年上期の粗利益率は改善基調が続くと予想。20年2月、新型コロナ対策支援として、生産設備を調達しマスクの生産を開始。中国政府の呼びかけに応じて決定した。

【株価推移】

	高値		安値	
2016年	73.289	04/14	54.500	12/22
2017年	88.700	12/28	52.800	06/13
2018年	88.500	01/04	51.800	12/19
2019年	72.400	04/24	48.600	08/27
2020年	70.000	04/29	52.300	03/19

【株価情報】

取引単位(株)	500	A株株価	―
時価総額(mHK$)	77,269.6	A株格差(倍)	―

【指標】(%)

		19/12	18/12
収益性	ROA	9.0	8.3
	ROE	21.9	22.7
	粗利益率	38.6	38.2
成長性	増収率	9.6	13.5
	増益率(営利)	4.6	3.0
	自己資本増加率	6.9	3.8
安全性	BPS(元)	15.0	13.9
	負債比率	140.4	171.3
	流動比率	127.1	125.9
	株主資本比率	41.3	36.6

【財務】(百万元)

	19/12	18/12
流動資産	30,068.4	30,523.7
総資産	43,238.8	45,652.2
流動負債	23,664.1	24,252.9
総負債	25,086.9	28,653.5
株主資本	17,872.9	16,725.2

【CF】(百万元)

	19/12	18/12
営業CF	3,415.9	3,961.9
投資CF	1,113.4	-895.2
財務CF	-6,538.6	953.8
FCF	4,529.3	3,066.7
現金同等物	9,120.2	11,068.3

【株式】(19/12/31)(百万株)

総数		1,189.7
流通		
		100.0%
非流通		0.0%

【主要株主】(19/12/31)(%)

許連捷	20.6
施文博	20.1

【子会社・関連会社】(19/12/31)(%)

福建恒安集団有限公司	99.0
湖南恒安紙業有限公司	100.0
恒安（重慶）生活用紙有限公司	100.0

【売上・利益構成】(19/12)(%)

	売上構成比	前年比	利益構成比	前年比
ティッシュペーパー	50.1	11.7	20.0	45.8
生理用ナプキン	27.4	-1.4	73.5	-7.8
紙おむつ	6.1	-19.0	3.6	-46.3

【業績】[香港会計基準](百万元) ※予想：ファクトセット

	売上高	営業利益	純利益	前年比(%)	EPS(元)	1株配(元)	株配・無償(株)
2016/12	19,277.40	4,742.87	3,596.82	10.3	2.967	1.9500	5:1親親食品集団（01583）
2017/12	18,079.56	5,271.57	3,794.04	5.5	3.149	2.1000	
2018/12	20,513.88	5,429.22	3,799.81	0.2	3.151	2.2000	
2019/12	22,492.85	5,680.30	3,907.72	2.8	3.285	2.2500	
2020/12予	24,167.16	5,820.16	4,375.74	12.0	3.675	2.4810	【株式分割・併合等】
2021/12予	25,918.16	6,150.11	4,645.73	6.2	3.898	2.6150	
2018/6中間	10,136.90	2,681.94	1,946.91	6.0	1.614	1.0000	
2019/6中間	10,776.61	2,658.15	1,877.78	-3.6	1.558	1.0000	

【前号予想との比較】→ 前号並み

【本社】福建省晋江市安海鎮恒安工業城　【TEL】86-595-85708888　【URL】www.hengan.com
【役員】会長：施文博(Sze Man Bok)　【上場】1998年12月　【決算期】12月　【従業員】25,000

道路・港湾・空港

メインボード

レッドチップ

越秀交通基建
ユエシュウ・トランスポート・インフラ

越秀交通基建有限公司
Yuexiu Transport Infrastructure Ltd.
【指数構成銘柄】 — 【その他上場】 —

評価	株価	年間騰落率	最低売買価格
D	5.530 HK$	-13.2 %	151,743 円

PER		予想配当利回り	PBR
予想 21.2 倍 実績 7.4 倍		2.5 %	0.8 倍

広東省政府系の道路管理会社 拠点の広東省のほか、広西省、湖南省、湖北省、河南省、天津市で高速道路や橋りょうの運営を手掛ける。広東省の「広州北二環高速」「虎門大橋」、武漢市の「湖北随岳南高速」など共同出資事業を含め15本の有料道路・橋りょうを運営。総延長は権益持ち分換算で456.3km（19年末）。

19年12月本決算：増収増益 19年11月に買収手続きを完了した湖北省の高速道路3本の収益を上乗せしたほか、主力道路への減税措置に伴う税金還付の計上で全体の税負担が軽減した。既存事業の売上高は、主力道路の好調を受けて2%増。一方、新規取得事業の連結化で運営コストが2割増加し、粗利益率が前年から4ポイント悪化した。主力の広州北二環高速と湖北随岳南高速は周辺の交通規制等で小幅の増益となった半面、その他の道路はほぼ軒並み減益。虎門大橋もトラックの通行制限などを受けて通行料収入が大幅に縮小した。

最新動向 新型コロナの流行を受け、20年1月に交通規制が敷かれたほか、2−5月は国内有料道路の料金徴収を免除する政策が施行。補償などが不透明で、通年の業績にしわ寄せが及ぶ可能性もある。会社側はキャッシュフローへの短期的な影響を警戒する一方、潤沢な手元資金や未使用の銀行融資枠で凌げるとしている。

【株価推移】

	高値		安値	
2016年	5.630	10/07	4.210	02/12
2017年	6.280	08/29	4.800	02/02
2018年	6.450	08/24	5.420	02/06
2019年	7.530	11/04	5.720	01/04
2020年	7.490	01/17	3.930	03/19

【株価情報】

取引単位(株)	2,000	A株株価	—
時価総額(mHK$)	9,252.6	A株格差(倍)	—

【指標】(%)

		19/12	18/12
収益性	ROA	3.1	4.6
	ROE	10.8	10.5
	粗利益率		
成長性	増収率	6.2	5.3
	増益率(営利)	5.0	10.9
	自己資本増加率	5.0	5.5
安全性	BPS(元)	6.3	6.0
	負債比率	219.2	102.6
	流動比率	70.9	163.6
	株主資本比率	28.7	44.3

【財務】(百万元)

	19/12	18/12
流動資産	1,798.1	2,591.1
総資産	36,797.9	22,739.8
流動負債	2,535.0	1,584.1
総負債	23,169.1	10,332.2
株主資本	10,571.7	10,071.9

【CF】(百万元)

	19/12	18/12
営業CF	2,142.1	2,096.9
投資CF	-5,512.8	472.4
財務CF	2,413.7	-3,069.9
FCF	-3,370.7	2,569.3
現金同等物	1,435.1	2,393.2

【株式】(19/12/31)(百万株)

総数	1,673.2
流通	—
	—
	—
	100.0%
非流通	0.0%

【主要株主】(19/12/31) (%)

越秀企業（集団）有限公司	44.2
Matthews Int'l Capital Management,LLC	7.0

【子会社・関連会社】(19/12/31) (%)

広州市北二環交通科技有限公司	60.0
広東虎門大橋有限公司	27.8
湖北随岳南高速公路有限公司	70.0

【売上・利益構成】(19/12)(%)

	売上構成比	前年比	利益構成比	前年比
有料道路・橋りょうの運営	100.0	6.2	100.0	4.9
投資その他	—	—	—	—

【業績】[香港会計基準](百万元)※予想：ファクトセット　【前号予想との比較】↓ 大幅減額

	売上高	営業利益	純利益	前年比(%)	EPS(元)	1株配(HK$)	株配・無償(株)
2016/12	2,497.85	1,593.82	918.82	72.7	0.549	0.3300	
2017/12	2,702.84	1,649.20	947.94	3.2	0.567	0.3600	
2018/12	2,847.07	1,828.50	1,054.14	11.2	0.630	0.3900	
2019/12	3,023.22	1,919.64	1,137.59	7.9	0.680	0.3900	
2020/12予	2,283.00	1,094.33	397.35	-65.1	0.237	0.1380	
2021/12予	3,993.67	2,408.00	1,261.96	217.6	0.754	0.4340	
2018/6中間	1,371.01	915.30	462.42	21.7	0.276	0.1500	
2019/6中間	1,380.91	904.50	635.07	37.3	0.380	0.1800	

【株式分割・併合等】

【本社】香港湾仔駱克道160号越秀大厦17楼A室 【TEL】852-28652205 【URL】www.yuexiutransportinfrastructure.com
【役員】会長：李鋒(Li Feng) 【上場】1997年1月 【決算期】12月 【従業員】1,997

重慶鋼鉄

チョンチン・アイロンスチール

重慶鋼鉄股份有限公司
Chongqing Iron & Steel Co.,Ltd.

【指数構成銘柄】— 【その他上場】上海A(601005)

評価	H株株価	年間騰落率	最低売買価格
D	0.720 HK$	-38.5 %	19,757 円

PER		予想配当利回り	PBR
予想 10.9 倍 実績 6.5 倍		0.0 %	0.3 倍

中国の中堅鉄鋼メーカー 重慶鋼鉄集団の主力事業を引き継ぎ、1997年に創業。銑鉄・粗鋼からビレット、鋼板、形鋼、線材まで一貫生産体制を持つ。地元南西部が主要出荷市場。赤字経営が続く中、17年7月に会社再生手続きを発表したが、11月に裁判所の承認を経て同手続きを終了。12月には重慶鋼鉄(集団)に代わり、鉄鋼産業投資ファンドと重慶市政府系ファンドが共同設立した重慶長寿鋼鉄が新たな筆頭株主になった。

19年12月本決算:増収減益 販売量の拡大で4%増収を確保したが、鋼材価格の値下がりや各種コストの増加で5割近い減益となった。鋼材の平均価格が4%下落した一方、鉄鉱石や鉄スクラップ、石炭など原燃料の価格が上昇。粗利益は41%減少し、粗利益率は前年から5.6ポイント悪化した。販売費が大きく増加したことも利益を圧迫した。鋼材の販売量は8%増の650万7400トン。製品別では熱延コイルが3%減となったが、中厚板が20%増、棒材が10%増、線材が25%増だった。

最近の動向 販売価格や原材料価格のほか、新型コロナによる在庫圧力を警戒。年間生産計画は粗鋼が680万トン、鋼材が638万トン。販売目標を638万トン、売上目標を220億元に設定した。20年1-3月期決算は売上高が2%減の51億7800万元、純利益が97%減の400万元。

【株価推移】

	高値		安値	
2016年	2.630	11/01	0.810	02/11
2017年	2.480	02/23	0.980	05/09
2018年	2.020	01/02	1.020	10/18
2019年	1.490	02/26	0.800	11/11
2020年	1.050	01/02	0.680	03/23

【株価情報】

取引単位(株)	2,000	A株株価(元)	1.520
H株時価総額(mHK$)	387.5	A株格差(倍)	2.3

【指標】(%)

		19/12	18/12
収益性	ROA	3.4	6.6
	ROE	4.8	9.6
	粗利益率	7.5	13.1
成長性	増収率	3.7	71.0
	増益率(営利)	-50.7	—
	自己資本増加率	4.7	10.8
安全性	BPS(元)	2.2	2.1
	負債比率	39.1	45.3
	流動比率	154.3	143.2
	株主資本比率	71.9	68.8

【財務】(百万元)

	19/12	18/12
流動資産	7,855.3	7,512.3
総資産	26,975.7	26,933.4
流動負債	5,089.7	5,245.1
総負債	7,579.7	8,401.7
株主資本	19,396.0	18,531.7

【CF】(百万元)

	19/12	18/12
営業CF	-405.3	1,338.2
投資CF	-718.8	630.6
財務CF	749.9	-868.2
FCF	-1,124.2	1,968.8
現金同等物	1,595.3	1,969.5

【株式】(19/12/31)(百万株)

総数		8,918.6	
流通	H株	6.0%	
	A株	94.0%	
		100.0%	
非流通		0.0%	

【主要株主】(19/12/31) (%)

重慶長寿鋼鉄有限公司	23.5
重慶千信能源環保有限公司	4.8
重慶農村商業銀行股フン有限公司(03618)	3.2

【子会社・関連会社】(19/12/31) (%)

重慶市重鋼建材銷售有限責任公司	100.0

【売上・利益構成】(19/12)(%)

	売上構成比	前年比	利益構成比	前年比
鉄鋼生産	100.0	3.7	100.0	-50.7

【業績】 [中国会計基準](百万元) ※予想:ファクトセット

【前号予想との比較】 ↓ 大幅減額

	売上高	営業利益	純利益	前年比(%)	EPS(元)	1株配(元)	株配・無償(株)
2016/12	4,414.90	-5,384.16	-4,685.96	—	-0.530	—	
2017/12	13,236.84	-6,777.17	320.09	—	0.040	—	
2018/12	22,638.96	1,746.44	1,787.91	458.6	0.200	—	
2019/12	23,477.60	860.52	925.72	-48.2	0.100	—	
2020/12予	22,548.00	477.00	507.00	-45.2	0.060	—	
2021/12予	23,488.00	611.00	638.00	25.8	0.070	—	
2018/6中間	11,092.90	783.71	761.96	—	0.070	—	
2019/6中間	11,483.56	604.74	615.73	-19.2	0.070	—	

【株式分割・併合等】

【登記】 重慶市長寿区経済技術開発区鋼城大道1号 **【TEL】** 86-23-68983482 **【URL】** www.cqgt.cn

【役員】 会長:周竹平(Zhou Zhuping) **【上場】** 1997年10月 **【決算期】** 12月 **【従業員】** 6,405

運輸・倉庫

中国南方航空

チャイナ・サザンエアラインズ

【指数構成銘柄】— 　【その他上場】上海A(600029)、ADR

中国南方航空股份有限公司
China Southern Airlines Co.,Ltd.

メインボード

H株

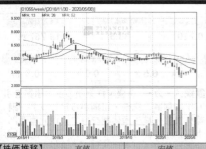
[01055/week/(2018/11/30 - 2020/05/08)]

評価	H株株価	年間騰落率	最低売買価格
E	3.450 HK$	-42.9 %	94,668 円

PER		予想配当利回り	PBR
予想 —	実績 14.3 倍	0.1 %	0.6 倍

広州市に拠点を置く航空大手 国内3大航空グループの一角で、拠点空港は広州白雲国際空港。厦門航空、仙頭航空、珠海航空、貴州航空、重慶航空、河南航空の6社を子会社とするほか、四川航空にも出資する。19年末時点で世界44カ国・地域の243都市に就航。保有機体数は862機に上る。19年通期の旅客数は前年比8％増の1億5163万2160人、貨物輸送量は2％増の176万3560トン。18年末で航空連合「スカイチーム」を脱退。

19年12月本決算：増収減益 燃料費などの運航費用を7％圧縮したものの、リースに関する国際会計基準の改定を受けた減価償却費の7割増や財務費用の8割増が利益を圧迫した。旅客数の伸びで増収を確保し、営業利益は23％増。主力の旅客輸送部門の売上高は8％増の1385億元で、有償旅客キロ（RPK）は10％増、有効座席キロ（ASK）は9％増。ロードファクターも0.4ポイント上昇した。貨物輸送部門の売上高は4％減の96億元。

最近の動向 新型コロナの影響で、20年1−3月期決算（中国会計基準）は売上高が44％減の211億4100万元、純損益は52億6200万元の赤字に転落した（前年同期は26億4900万元の黒字）。20年6月、中国南方航空集団に対する第三者割当増資で正味127億7600万元を調達。調達資金は航空機31機の購入や債務の返済に充てる。

【株価推移】

	高値		安値	
2016年	5.980	01/04	3.990	12/28
2017年	8.550	12/27	4.030	01/03
2018年	11.000	02/27	3.980	10/19
2019年	8.560	04/04	4.300	08/13
2020年	5.650	01/03	2.890	03/23

【株価情報】

取引単位(株)	2,000	A株株価(元)	5.200
H株時価総額(mHK$)	12,649.3	A株格差(倍)	1.7

【指標】(%)

		19/12	18/12
収益性	ROA	0.9	1.2
	ROE	4.1	4.4
	粗利益率		
成長性	増収率	7.4	12.4
	増益率(営利)	22.9	-3.7
	自己資本増加率	-1.8	30.7
安全性	BPS(元)	5.2	5.3
	負債比率	358.2	258.2
	流動比率	17.5	28.8
	株主資本比率	20.9	26.4

【財務】(百万元)

	19/12	18/12
流動資産	16,738.0	24,072.0
総資産	306,928.0	246,949.0
流動負債	95,490.0	83,687.0
総負債	229,599.0	168,480.0
株主資本	64,106.0	65,257.0

【CF】(百万元)

	19/12	18/12
営業CF	31,175.0	15,388.0
投資CF	-14,427.0	-20,517.0
財務CF	-21,833.0	5,220.0
FCF	16,748.0	-5,129.0
現金同等物	1,849.0	6,928.0

【株式】(19/12/31)(百万株)

総数	12,267.2	
流通	H株	29.9%
	A株	70.1%
	—	
	100.0%	
非流通	0.0%	

【主要株主】(19/12/31) (%)

中国南方航空集団有限公司	75.5

【子会社・関連会社】(19/12/31) (%)

重慶航空有限責任公司	60.0
珠海航空有限公司	60.0
仙頭航空有限公司	60.0

【売上・利益構成】(19/12)(%)

	売上構成比	前年比	利益構成比	前年比
航空運送	98.9	7.5	83.3	-13.4
その他	1.1	4.6	16.7	-2.4

【業績】 [国際会計基準](百万元) ※予想：ファクトセット　　【前号予想との比較】↓ 大幅減額

	売上高	営業利益	純利益	前年比(%)	EPS(元)	1株配(元)	株配・無償(株)
2016/12	114,981.00	12,612.00	5,044.00	35.0	0.510	0.1000	
2017/12	127,806.00	9,156.00	5,961.00	18.2	0.600	0.1000	
2018/12	143,623.00	8,819.00	2,895.00	-51.4	0.270	0.0500	
2019/12	154,322.00	10,838.00	2,640.00	-8.8	0.220	—	
2020/12予	105,024.07	-4,774.87	-5,962.14	—	-0.474	0.0030	【株式分割・併合等】
2021/12予	153,720.27	10,413.31	5,153.92	—	0.403	0.0610	
2018/6中間	67,520.00	4,672.00	2,095.00	-24.4	0.210	—	
2019/6中間	72,939.00	5,226.00	1,682.00	-19.7	0.140	—	

【本社】広東省広州市白雲区斉心路68号中国南方航空大厦 【TEL】86-20-86112480 【URL】www.csair.com

【役員】会長：王昌順(Wang Changshun) 【上場】1997年7月 【決算期】12月 【従業員】103,876

浙江世宝

ジャージャン・シーバオ

浙江世宝股份有限公司
Zhejiang Shibao Co.,Ltd.

【指数構成銘柄】— 【その他上場】深センA(002703)

[01057/week/2018/11/30 - 2020/05/08]

	評価	H株株価	年間騰落率	最低売買価格
	—	0.740 HK$	-40.3 %	20,306 円

PER		予想配当利回り	PBR
予想 — 実績 —		—	0.4 倍

中国の自動車部品メーカー 自動車のステアリング製品の設計・製造を手掛ける。大型車向けにリサーキュレーティングボール式、乗用車向けにラック&ピニオン式のステアリング部品を生産。エコカー用電動パワーステアリング製品も手掛ける。浙江省、安徽省、吉林省、北京市にそれぞれ製造・開発拠点を置く。06年に香港市場、12年に深セン市場にそれぞれ上場。香港では11年にGEMからメインボードに指定替えした。

19年12月本決算：赤字転落 自動車市場の低迷を背景に主力の自動車ステアリング製品の売り上げが減少したほか、輸出用製品に品質の問題が起き、一時供給を停止したことが響いた。製品価格の低下やコストの上昇で全体の粗利益率は3ポイント悪化。修理・交換・返品費用や輸出用製品の品質問題で販売費は59％増加。管理費は1％減少したが、支払利息の増加や受取利息の減少で財務費は8.8倍に拡大した。研究開発費は7％減。

今後の計画 会社側は今後も厳しい経営状況が続くとみる。生産ラインの新設などのペースを緩める一方、将来の発展に備え、スマート運転や無人運転に関連する技術や製品の開発を加速する考え。20年1～3月期決算は売上高が前年同期比10％減の1億9300万元、純損失は300万元（前年同期は1100万元）だった。

【株価推移】

	高値		安値	
2016年	5.264	11/28	2.580	02/02
2017年	3.824	01/05	2.430	12/07
2018年	2.860	01/09	0.950	10/05
2019年	1.680	04/10	0.860	08/13
2020年	1.030	01/09	0.670	04/06

【株価情報】

取引単位(株)	2,000	A株株価(元) 4.250
H株時価総額(mHK$)	160.4	A株格差(倍) 6.3

【指標】(%)

		19/12	18/12
収益性	ROA	—	0.4
	ROE	—	0.5
	粗利益率	14.1	17.1
成長性	増収率	-13.3	-1.8
	増益率(営利)	—	-93.5
	自己資本増加率	-12.0	0.3
安全性	BPS(元)	1.6	1.9
	負債比率	52.3	37.5
	流動比率	158.5	229.7
	株主資本比率	65.9	72.3

【財務】(百万元)

	19/12	18/12
流動資産	991.1	1,124.0
総資産	1,975.2	2,045.1
流動負債	625.4	489.3
総負債	680.6	554.6
株主資本	1,301.8	1,478.5

【CF】(百万元)

	19/12	18/12
営業CF	39.8	-12.9
投資CF	-162.8	-45.8
財務CF	119.7	18.5
FCF	-123.0	-58.7
現金同等物	117.1	120.3

【株式】(19/12/31) (百万株)

総数		789.6
流通	H株	27.5%
	A株	70.0%
		97.5%
非流通		2.5%

【主要株主】(19/12/31) (%)

浙江世宝控股集団有限公司	43.3
張世権	3.3

【子会社・関連会社】(19/12/31) (%)

杭州世宝汽車方向机有限公司	100.0
杭州新世宝電動転向系統有限公司	90.0
北京奥特尼克科技有限公司	100.0

【売上・利益構成】(19/12) (%)

	売上構成比	前年比	利益構成比	前年比
自動車部品の設計・製造	100.0	-13.3	100.0	-28.9

【業績】 [中国会計基準] (百万元) ※予想—

	売上高	営業利益	純利益	前年比(%)	EPS(元)	1株配(元)	株配・無償(株)
2016/12	1,136.40	70.17	63.49	18.6	0.080	0.1000	10:3(無)
2017/12	1,154.26	32.46	32.66	-48.6	0.041	—	
2018/12	1,133.10	2.12	7.28	-77.7	0.009	—	
2019/12	982.37	-204.64	-176.71	—	-0.224	—	
2020/12予							【株式分割・併合等】
2021/12予							
2018/6中間	591.58	-10.24	-5.86	—	-0.007	—	
2019/6中間	450.51	-23.03	-18.43	—	-0.023	—	

【前号予想との比較】 —

【登記】浙江省義烏市仏堂鎮双林路1号 【TEL】86-571-28025692 【URL】www.zjshibao.com
【役員】会長：張世権(Zhang Shiquan) 【上場】2006年5月 【決算期】12月 【従業員】1,537

天津創業環保集団

ティエンジン・キャピタル・エンバイロメント

天津創業環保集団股份有限公司
Tianjin Capital Environmental Protection Group Co.,Ltd.

【指数構成銘柄】― 【その他上場】上海A(600874)

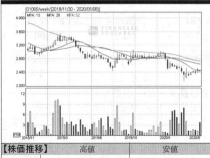

評価	H株株価	年間騰落率	最低売買価格
―	**2.430** HK$	**-19.0** %	**66,679** 円

PER		予想配当利回り	PBR
予想 ―	実績 **6.1** 倍	―	**0.5** 倍

天津市政府系の水処理事業者 汚水処理場の建設・運営が主力事業。主に官民連携のPPP方式で事業を展開し、再生水事業や水道水事業、新エネルギーを利用した冷水・熱水の供給、環境保護設備事業なども手掛ける。汚水処理事業は拠点の天津を中心に華中、華東、西北地域など15省・直轄市・自治区で事業を展開する。19年末時点で1日当たり汚水処理能力は421万立方米。新エネルギー業務のサービス面積は205万平米に及ぶ。

19年12月本決算：増収増益 水道水資産の譲渡益計上で小幅増益を確保したが、財政補助など非経常損益を除いた純利益は14%減の3億8400万元となる。部門別では、主力の汚水処理が25%増収。新たな汚水処理場の運営開始で処理量が12%増の13億6700万立方米に拡大したほか、一部地域の単価上昇も貢献。水道水は13%増収で、販売量は6%増の4900万立方米に達した。再生水は水道管接続収入の大幅減少が響いて19%減収。熱水・冷水供給は天津・黒牛城道の新エネプロジェクトの運営開始を受けて供給が拡大し11%増収。

今後の見通し 20年の汚水処理量は13億立方米超を見込むほか、汚水・汚泥処理の技術開発に1400万元超を投じる。20年1―3月期決算は売上高が前年同期比21%増の7億1600万元、純利益が39%増の1億3000万元。

【株価推移】

	高値		安値	
2016年	6.050	01/06	3.260	06/24
2017年	5.780	05/15	3.910	01/16
2018年	4.980	01/04	2.760	10/19
2019年	3.540	03/06	2.430	08/14
2020年	3.010	01/09	2.130	03/19

【株価情報】

取引単位(株)	2,000	A株株価(元)	7.000
H株時価総額(mHK$)	826.2	A株格差(倍)	3.2

【指標】(%)

		19/12	18/12
収益性	ROA	2.8	3.2
	ROE	8.2	8.6
	粗利益率	29.7	33.9
成長性	増収率	16.5	26.7
	増益率(営利)	-3.3	4.6
	自己資本増加率	6.1	13.7
安全性	BPS(元)	4.3	4.1
	負債比率	175.7	155.9
	流動比率	135.2	156.2
	株主資本比率	34.3	37.1

【財務】(百万元)

	19/12	18/12
流動資産	4,796.8	4,171.1
総資産	17,990.8	15,687.4
流動負債	3,548.9	2,669.8
総負債	10,848.6	9,072.5
株主資本	6,174.0	5,818.2

【CF】(百万元)

	19/12	18/12
営業CF	839.3	692.6
投資CF	-1,953.5	-2,422.7
財務CF	1,372.0	1,644.9
FCF	-1,114.2	-1,730.1
現金同等物	2,066.3	1,808.5

【株式】(19/12/31) (百万株)

総数		1,427.2		
流通	H株	23.8 %		
	A株	76.2 %		
	―			
		100.0 %		
非流通		0.0 %		

【主要株主】(19/12/31) (%)

天津市政投資有限公司	50.1
中央匯金資産管理有限責任公司	1.0

【子会社・関連会社】(19/12/31) (%)

天津中水有限公司	100.0
杭州天創水務有限公司	70.0
西安創業水務有限公司	100.0

【売上・利益構成】(19/12)(%)

	売上構成比	前年比	利益構成比	前年比
汚水処理プラント	71.0	24.5	67.5	-3.7
再生水・水道管接続	10.0	-18.9	13.4	-38.2
水道水供給	3.7	13.0	3.9	46.0

【業績】[香港会計基準](百万元) ※予想：―

	売上高	営業利益	純利益	前年比(%)	EPS(元)	1株配(元)	株配・無償(株)
2016/12	1,773.81	777.53	443.17	34.1	0.310	0.0950	
2017/12	1,931.93	819.13	508.25	14.7	0.360	―	
2018/12	2,447.52	856.83	501.17	-1.4	0.350	0.1060	
2019/12	2,851.45	828.95	507.11	1.2	0.360	0.1070	
2020/12予	―	―	―	―	―	―	
2021/12予	―	―	―	―	―	―	
2018/6中間	1,107.80	469.96	282.57	10.8	0.150		
2019/6中間	1,224.72	380.37	218.50	-22.7	0.150		

【前号予想との比較】 ―

【株式分割・併合等】

【登記】天津市和平区貴州路45号 【TEL】86-22-23930128 【URL】www.tjcep.com

【役員】会長：劉玉軍(Liu Yujun) 【上場】1994年5月 【決算期】12月 【従業員】2,005

山東威高集団医用高分子製品

ウェイガオ・グループ

山東威高集団医用高分子製品股份有限公司
Shandong Weigao Group Medical Polymer Co.,Ltd.
【指数構成銘柄】— 【その他上場】—

その他製造

[01066/week/2018/11/30 - 2020/05/08]

評価	H株株価	年間騰落率	最低売買価格
C	12.280 HK$	68.9 %	673,926 円

PER		予想配当利回り	PBR
予想 23.1 倍　実績 27.2 倍		1.2 %	3.1 倍

山東省拠点の医療機器メーカー 医療用使い捨て製品の製造・販売で国内大手。主力は輸液・輸血セットや注射器で、人工関節などインプラント製品や血液浄化装置、ステント（血管拡張器）の提供も手掛ける。18年に米医療機器メーカーのアルゴンを買収し、低侵襲（インターベンション）医療機器分野を強化。国内では20年3月時点で病院や血液センターなど5638の医療機関や卸売業者と取引。テルモと合弁で手掛ける血液浄化製品事業は権益の一部売却で連結対象から外れた。

19年12月本決算：増収増益 全5部門が2桁増収と好調で製品構成の適正化を通じて採算も改善した。粗利益率が1.6ポイント上昇。研究開発費と金融費用が膨らんだが、販売費や一般管理費を抑え、増益率が増収率を上回った。事業部では主力の一般医療機器部門が1割超の増収増益。整形インプラント製品と薬液入り注射器の各部門はそれぞれ3割台の増収、4割台の増益を達成した。インターベンション製品部門は赤字が縮小した。
今後の計画 19年には工場用地の取得や生産設備の購入、工場建設に9億元超を投じた。20年は生産ラインの新設に向けて2億元を投資する計画で、生産ラインは22年末までに稼働する予定。使い捨て用の医療機器の生産設備も改良する方針で、20年に1億元超を投資する。

【株価推移】

	高値		安値	
2016年	5.670	10/07	4.220	06/01
2017年	6.530	07/27	4.500	03/08
2018年	8.150	09/19	4.770	04/20
2019年	10.240	11/15	5.730	01/03
2020年	12.880	04/23	8.660	03/19

【株価情報】

取引単位(株)	4,000	A株株価	
H株時価総額(mHK$)	55,534.2	A株格差(倍)	

【指標】(%)

		19/12	18/12
収益性	ROA	7.0	6.1
	ROE	11.4	10.1
	粗利益率	62.8	61.2
成長性	増収率	17.7	40.0
	増益率(営利)	—	—
	自己資本増加率	11.5	8.8
安全性	BPS(元)	3.6	3.2
	負債比率	57.6	60.6
	流動比率	276.8	322.2
	株主資本比率	61.5	60.5

【財務】(百万元)

	19/12	18/12
流動資産	12,597.0	10,717.5
総資産	26,325.7	23,986.9
流動負債	4,551.0	3,326.7
総負債	9,328.9	8,796.0
株主資本	16,185.2	14,514.6

【CF】(百万元)

	19/12	18/12
営業CF	2,321.0	2,219.2
投資CF	-1,337.3	-6,087.1
財務CF	-565.2	3,874.6
FCF	983.7	-3,867.9
現金同等物	4,239.4	3,812.4

【株式】(19/12/31)(百万株)

総数	4,522.3
流通 H株	100.0%
	—
	100.0%
非流通	0.0%

【主要株主】(19/12/31)

	(%)
威高集団有限公司	47.8

【子会社・関連会社】(19/12/31)

	(%)
山東威高骨材料股フン有限公司	75.3
威高国際医療有限公司	100.0
威高医療控股有限公司	100.0

【売上・利益構成】(19/12)(%)

	売上構成比	前年比	利益構成比	前年比
一般医療機器	54.4	12.5	49.8	15.2
整形インプラント製品	15.0	31.8	23.1	44.5
インターベンション製品	13.8	13.8	—	—

【業績】[香港会計基準](百万元)※予想：ファクトセット

	売上高	営業利益	純利益	前年比(%)	EPS(元)	1株配(元)	株配・無償(株)
2016/12	5,619.84	—	1,105.93	-0.6	0.250	0.0870	
2017/12	6,292.64	—	1,728.66	56.3	0.390	0.0890	
2018/12	8,808.86	—	1,472.94	-14.8	0.330	0.1010	
2019/12	10,364.08	—	1,844.88	25.3	0.410	—	
2020/12予	11,740.44	2,795.97	2,194.10	18.9	0.484	0.1350	【株式分割・併合等】
2021/12予	13,598.03	3,252.56	2,601.06	18.5	0.570	0.1550	
2018/6中間	4,150.50	—	650.00	-0.0	0.150	0.0490	
2019/6中間	4,943.33	—	937.10	44.2	0.210	0.0590	

【前号予想との比較】 → 前号並み

【登記】山東省威海市火炬高技術産業開発区興山路18号 【TEL】86-631-5621999 【URL】www.weigaogroup.com
【役員】会長：張華威(Zhang Huawei) 【上場】2004年2月 【決算期】12月 【従業員】10,103

251

メインボード

H株

食品・飲料

メインボード

中国雨潤食品集団
チャイナ・ユールン・フード・グループ

中国雨潤食品集団有限公司
China Yurun Food Group Ltd.
【指数構成銘柄】— 【その他上場】—

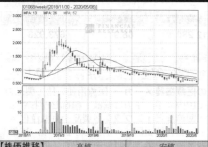

評価	株価	年間騰落率	最低売買価格
—	0.550 HK$	-56.0 %	7,546 円

PER		予想配当利回り	PBR
予想 — 実績 —			

中国の食肉加工大手 「雨潤」「福潤」「旺潤」「大衆肉聯」の4ブランドで豚肉製品を生産・販売する。冷蔵豚肉、冷凍豚肉のほか、ハム・ソーセージなどの食肉加工品を手掛ける。食肉解体処理場の処理能力は年5265万頭、食肉加工場の年産能力は31万2000トン（19年末時点）。冷蔵肉が売り上げ全体の7割強を占める主力。近年は子会社がデフォルト危機に直面するなど、経営の不安定化が懸念される場面があった。

19年12月本決算：赤字縮小 非流動資産に絡む減損損失（31億5500万HKドル）の計上や、訴訟関連の損失などが赤字要因。本業では売上高が20％増加したほか、販管費の削減などにより最終赤字は縮小。部門別売上高は冷凍・チルド肉が26％増加した半面、加工肉は5％減。一方、粗利益率は冷凍・チルド肉が生体豚の価格上昇で0.5ポイント低下、加工肉が値上げ効果で2.2ポイント改善した。なお、同期決算に対し「意見不表明」の監査意見が付与された。会社資産の凍結に絡む訴訟を抱えることなどから事業の継続性に懸念を示したほか、資産価値評価の妥当性などに疑義を呈した。

今後の計画 知名度のある食品加工企業として、今後も販売ネットワークやブランド認知度の優位性を生かし、安心・安全な製品の提供に努めるとしている。

【株価推移】

	高値		安値	
2016年	1.650	01/04	0.900	02/03
2017年	1.520	03/03	0.740	11/28
2018年	1.410	01/17	0.580	10/19
2019年	2.580	03/12	0.620	01/07
2020年	0.920	02/19	0.530	03/17

【株価情報】

取引単位(株)	1,000	A株株価	—
時価総額(mHK$)	1,002.5	A株格差(倍)	—

【指標】(%)

		19/12	18/12
収益性	ROA	—	—
	ROE	—	—
	粗利益率	7.4	7.6
成長性	増収率	20.3	4.9
	増益率(営利)	—	—
	自己資本増加率	—	-64.7
安全性	BPS (HK$)	-0.8	1.5
	負債比率	—	391.2
	流動比率	30.8	27.7
	株主資本比率	—	20.3

【財務】(百万HK$)

	19/12	18/12
流動資産	3,145.6	2,789.3
総資産	9,681.2	13,676.0
流動負債	10,224.0	10,053.7
総負債	10,997.6	10,851.2
株主資本	-1,370.5	2,774.1

【CF】(百万HK$)

	19/12	18/12
営業CF	82.0	7.8
投資CF	140.0	164.4
財務CF	-243.0	-116.9
FCF	222.0	172.3
現金同等物	217.4	218.7

【株式】(19/12/31)(百万株)

総数	1,822.8
流通 — —	
	100.0%
非流通	0.0%

【主要株主】(19/12/31)

	(%)
Willie Holdings Ltd. （祝義材）	25.8

【子会社・関連会社】(19/12/31)

	(%)
安徽省福潤肉類加工有限公司	100.0
連雲港福潤食品有限公司	100.0
南京雨潤食品有限公司	100.0

【売上・利益構成】(19/12)(%)

	売上構成比	前年比	利益構成比	前年比
冷蔵・冷凍豚肉	86.5	25.6	—	—
食肉加工品	13.5	-5.1	—	—

【業績】[国際会計基準](百万HK$) ※予想：—

【前号予想との比較】 —

	売上高	営業利益	純利益	前年比(%)	EPS(HK$)	1株配(HK$)	株配・無償(株)
2016/12	16,702.10	-1,948.93	-2,341.87	—	-1.285	—	
2017/12	12,057.24	-1,641.25	-1,915.10	—	-1.051	—	
2018/12	12,650.60	-4,339.42	-4,758.80	—	-2.611	—	
2019/12	15,224.98	-3,379.71	-3,940.48	—	-2.162	—	
2020/12予	—	—	—	—	—		
2021/12予	—	—	—	—	—		
2018/6中間	6,115.06	-323.31	-541.74	—	-0.297		
2019/6中間	7,392.43	-122.13	-448.10	—	-0.246		

【株式分割・併合等】 —

【本社】 江蘇省南京市建ギョウ区雨潤路10号 **【TEL】** 86-25-56677150 **【URL】** www.yurun.com.hk

【役員】 会長：祝媛(Zhu Yuan) **【上場】** 2005年10月 **【決算期】** 12月 **【従業員】** 9,400

TCL電子控股

ティーシーエル・エレクトロニクス

TCL電子控股有限公司
TCL Electronics Holdings Ltd.

【指数構成銘柄】— 【その他上場】—

評価	株価	年間騰落率	最低売買価格
B	3.260 HK$	-19.3 %	44,727 円

	PER		予想配当利回り	PBR
予想	6.9 倍	実績 3.3 倍	5.8 %	0.7 倍

世界2位のテレビメーカー 中国の家電大手、TCL集団の傘下企業。テレビの研究開発、製造、販売を一貫して手掛ける。主力ブランドは「TCL」。世界の液晶テレビ市場シェアは13％で2位（19年、Sigmaintell調べ）。親会社が韓国サムスン電子と合弁事業を通じ液晶パネルを製造するなど、グループ内で垂直統合型の生産体制を保有する。近年は傘下の深セン市雷鳥網絡科技を通じてインターネットテレビ事業を強化している。

19年12月本決算：大幅増益 海外事業の拡大が続き過去最高益を更新した。期中のテレビ販売台数は前年比12％増の3200万台。国内向けやODMが減収減益となったが、欧米や新興市場といった海外向けの販売が26％増と堅調に拡大し、部門利益も42％増加した。全体の粗利益が18％増加し、粗利益率は2.1ポイント改善。コスト抑制に加え、ネットテレビの雷鳥網絡科技の収益力向上も大幅増益に貢献した。なお、19年末時点のネットテレビ利用者数は前年比25％増の1043万人だった。

最近の動向 新型コロナウイルスの感染拡大によるテレビ販売への影響を警戒。特に主力の海外向けは国境封鎖やスポーツイベント中止の影響の軽減に努める。一方、新型コロナの流行下でインターネットテレビの利用が急増しており、事業拡大の好機とみている。

【株価推移】

	高値		安値	
2016年	5.166	04/14	3.411	12/22
2017年	4.932	11/14	3.294	02/06
2018年	4.450	01/15	2.880	12/11
2019年	4.880	03/25	2.870	01/07
2020年	4.530	02/19	2.860	03/19

【株価情報】

取引単位(株)	1,000	A株株価	—
時価総額(mHK$)	7,704.1	A株格差(倍)	—

【指標】(%)

		19/12	18/12
収益性	ROA	6.8	3.7
	ROE	19.7	10.5
	粗利益率	17.4	15.3
成長性	増収率	3.1	11.7
	増益率(営利)	—	13.1
	自己資本増加率	17.3	29.5
安全性	BPS(HK$)	4.9	4.2
	負債比率	184.7	186.6
	流動比率	130.7	131.3
	株主資本比率	34.8	34.9

【財務】(百万HK$)

	19/12	18/12
流動資産	27,646.2	24,065.6
総資産	33,322.6	28,302.9
流動負債	21,155.9	18,323.8
総負債	21,385.8	18,427.0
株主資本	11,580.0	9,875.7

【CF】(百万HK$)

	19/12	18/12
営業CF	2,217.6	2,072.7
投資CF	-806.1	-548.1
財務CF	169.2	-490.0
FCF	1,411.5	1,524.5
現金同等物	8,194.7	6,742.0

【株式】(19/12/31)(百万株)

総数	2,363.2
流通	100.0%
非流通	0.0%

【主要株主】(19/12/31) (%)

TCL集団股フン有限公司 (000100)	53.3
深セン市楽視キン根併購基金投資管理企業	14.8

【子会社・関連会社】(19/12/31) (%)

TCL王牌電器（恵州）有限公司	100.0
TCL信息産業（集団）有限公司	100.0
深セン市雷鳥網絡科技有限公司	60.0

【売上・利益構成】(19/12)(%)

	売上構成比	前年比	利益構成比	前年比
テレビ（海外）	44.7	14.1	50.6	42.3
テレビ（中国国内）	27.6	-16.0	7.4	-11.3
テレビ（ODM）	22.3	-5.4	23.7	-23.4

【業績】[香港会計基準]（百万HK$）※予想：ファクトセット 【前号予想との比較】↘ 減額

	売上高	営業利益	純利益	前年比(%)	EPS(HK$)	1株配(HK$)	株配・無償(株)
2016/12	33,361.25	295.76	182.76	608.1	0.114	—	
2017/12	40,822.36	1,050.19	814.64	345.7	0.474	0.1897	3:1@3.46HK$
2018/12	45,581.97	1,187.87	1,040.82	27.8	0.470	0.1918	
2019/12	46,991.14	—	2,279.43	119.0	1.001	0.2116	
2020/12予	44,564.00	1,401.00	1,124.00	-50.7	0.470	0.1900	【株式分割・併合等】
2021/12予	53,941.00	2,002.00	1,625.00	44.6	0.690	0.2700	併合10→1(09/1)
2020/6中間	21,050.48		571.96	278.6	0.267	0.0980	
2019/6中間	22,724.40		1,362.02	138.4	0.600	0.1056	

【本社】香港新界沙田香港科学園科技大道東22号22E大楼7楼 【TEL】852-24377300 【URL】electronics.tcl.com
【役員】会長：李東生(Li Dongsheng) 【上場】1999年11月 【決算期】12月 【従業員】28,374

電力・ガス・水道

メインボード

H株

華電国際電力

フアディエン・パワー・インターナショナル

華電国際電力股份有限公司
Huadian Power International Corp.,Ltd.

【指数構成銘柄】― 【その他上場】上海A（600027）

評価	H株株価	年間騰落率	最低売買価格
B	2.500 HK$	-19.1 %	68,600 円

PER		予想配当利回り	PBR
予想 5.3 倍　実績 7.9 倍		8.8 %	0.4 倍

華電集団傘下の大手電力会社 5大電力グループの一角を占める中国華電集団の傘下。火力発電のほか水力、風力、太陽光など再生エネルギー発電を手掛ける。19年末時点で山東省、安徽省、河北省など14省・直轄市・自治区で61の発電所を運営し、総発電能力は5万6615MW（うち石炭火力発電が76％、ガス火力が12％、再生エネルギーが11％）。石炭の生産や取引も手掛け、年産能力は1000万トン規模に上る。

19年12月本決算：大幅増益 石炭価格の下落によるコスト低減が大幅増益に寄与した。燃料費が0.9％増とほぼ横ばいとなり、営業費が3％増と増収率の範囲内に収まった。前年計上した訴訟損失のはく落や財務費用の減少なども貢献した。年間の発電量は2％増の2億1511万MWh、電力販売量は2％増の2億144万MWh。主力の電力部門が6％増収と堅調。石炭部門が4％減収にとどまったが、熱供給部門が16％増収と好調だった。

最近の動向 引き続き発電容量の拡大を進める。19年末時点で、火力、水力、風力など計4212MWのプラントが建設中。一方、会社側は20年の発電量について、2億1000万－2000万MWを見込んでいる。20年1－3月期決算（中国会計基準）は売上高が前年同期比6％減の221億1600万元、純利益が54％増の11億8900万元だった。

【株価推移】

	高値		安値	
2016年	5.190	01/06	3.060	11/17
2017年	3.790	05/29	2.780	12/27
2018年	3.900	07/24	2.550	02/09
2019年	3.790	01/25	2.720	11/21
2020年	2.980	01/02	1.850	03/19

【株価情報】

取引単位(株)	2,000
H株時価総額(mHK$)	4,293.1
A株株価(元)	3.730
A株格差(倍)	1.6

【指標】(%)

		19/12	18/12
収益性	ROA	1.5	0.6
	ROE	5.4	2.7
	粗利益率	―	―
成長性	増収率	5.0	11.4
	増益率(営利)	31.1	43.2
	自己資本増加率	17.8	23.8
安全性	BPS(元)	6.3	5.4
	負債比率	242.1	299.7
	流動比率	39.5	34.1
	株主資本比率	27.0	23.4

【財務】(百万元)

	19/12	18/12
流動資産	26,600.2	25,772.1
総資産	232,164.4	227,496.1
流動負債	67,320.9	75,534.4
総負債	151,556.7	159,254.3
株主資本	62,601.7	53,131.1

【CF】(百万元)

	19/12	18/12
営業CF	15,545.6	11,649.0
投資CF	-15,164.9	-16,465.2
財務CF	-553.5	4,037.8
FCF	380.7	-4,816.2
現金同等物	6,465.6	6,638.3

【株式】(19/12/31)(百万株)

総数		9,863.0
流通	H株	17.4 %
	A株	68.8 %
	―	
		86.2 %
非流通		13.8 %

【主要株主】(19/12/31)

	(%)
中国華電集団有限公司	46.8
山東省発展投資控股集団有限公司	8.1
Pzena Investment Management, LLC	1.6

【子会社・関連会社】(19/12/31)

	(%)
華電国際寧夏新能源発電有限公司	76.0
四川広安発電有限責任公司	80.0
華電鄒県発電有限公司	69.0

【売上・利益構成】(19/12)(%)

	売上構成比	前年比	利益構成比	前年比
電力	79.8	5.9	―	―
石炭	14.0	-4.1	―	―
熱供給	6.2	16.3	―	―

【業績】 [国際会計基準] (百万元) ※予想：ファクトセット

【前号予想との比較】 ↗ 増額

	売上高	営業利益	純利益	前年比(%)	EPS(元)	1株配(元)	株配・無償(株)
2016/12	62,837.15	9,878.58	3,127.80	-57.3	0.317	0.1360	
2017/12	78,463.91	4,378.94	435.91	-86.1	0.044	0.0180	
2018/12	87,419.42	6,268.61	1,445.74	231.7	0.132	0.0660	
2019/12	91,752.98	8,215.73	3,385.32	134.2	0.288	0.1460	
2020/12予	91,421.58	8,750.39	4,217.82	24.6	0.427	0.2010	
2021/12予	94,588.58	9,839.66	4,922.10	16.7	0.499	0.2330	
2018/6中間	41,241.53	3,487.86	1,041.31	―	0.106	―	
2019/6中間	43,263.43	4,297.38	1,637.89	57.3	0.144	―	

【株式分割・併合等】

【本社】北京市西城区宣武門内大街2号 【TEL】86-10-83567900 【URL】www.hdpi.com.cn
【役員】会長：王緒祥(Wang Xuxiang) 【上場】1999年6月 【決算期】12月 【従業員】27,287

東方電気

ドンファン・エレクトリック

東方電気股份有限公司
Dongfang Electric Corp.,Ltd.

【指数構成銘柄】— 【その他上場】上海A(600875)

機械

メインボード

H株

評価	H株株価	年間騰落率	最低売買価格
B	4.130 HK$	-24.1 %	11,333 円

PER			予想配当利回り	PBR
予想 8.2 倍	実績 9.2 倍		6.0 %	0.4 倍

中国の大手発電設備メーカー 高効率クリーンエネルギー設備（火力設備、原子力・ガスタービン設備）、再生可能エネルギー設備製造のほか、エンジニアリング事業などを手掛ける。超超臨界圧発電設備などに強みを持ち、仏アレバ、日立製作所、三菱重工業など重電大手と合弁事業を展開。18年に親会社の中国東方電気集団から電子制御や金融・発電所サービス、物流、貿易などの事業を買収して業容を拡大した。

19年12月本決算：増収増益 金融資産の評価損1億2600万元の計上が収益を圧迫したものの、特殊要因を除いた実質で35％増益と好調。為替差損が前年から1億6000万元減少したことに加え、投資収益が54％増加したことも業績拡大に寄与した。部門別では新興成長産業が41％減益と落ち込んだが、エンジニアリング・貿易、現代製造サービスの拡大が業績を支えた。同期の発電設備生産量は17％減の1883万kW。新規受注額は15％増の402億元、期末の受注残高は3％減の835億元。

最近の動向 20年の発電設備生産目標は前年実績比6％増の2000万kWに設定。20年1～3月期決算は売上高が前年同期比4％増の81億9000万元、純利益が12％増の3億9600万元。同期の生産量は86％増の580万kWで目標の29％を達成。新規受注は24％増の119億元に上った。

【株価推移】

	高値		安値	
2016年	7.890	01/04	5.340	02/11
2017年	8.860	03/17	6.040	12/07
2018年	7.680	01/29	3.810	10/19
2019年	7.700	04/11	4.040	11/19
2020年	4.940	02/21	3.590	03/23

【株価情報】

取引単位(株)	200
H株時価総額(mHK$)	1,404.2
A株株価(元)	9.370
A株格差(倍)	2.5

【指標】(%)

		19/12	18/12
収益性	ROA	1.4	1.2
	ROE	4.3	3.9
	粗利益率	24.1	23.2
成長性	増収率	7.0	-8.1
	増益率(営利)	31.0	14.0
	自己資本増加率	3.0	5.0
安全性	BPS(元)	9.5	9.2
	負債比率	196.3	212.1
	流動比率	140.3	139.6
	株主資本比率	32.9	31.3

【財務】(百万元)

	19/12	18/12
流動資産	69,398.9	73,555.7
総資産	89,619.0	91,323.3
流動負債	49,453.8	52,696.5
総負債	57,820.5	60,629.4
株主資本	29,454.6	28,584.1

【CF】(百万元)

	19/12	18/12
営業CF	202.2	-551.8
投資CF	1,370.2	-425.1
財務CF	-104.5	-1,253.6
FCF	1,572.5	-976.9
現金同等物	28,472.4	26,899.6

【株式】(19/12/31)(百万株)

総数		3,090.8
流通	H株	11.0%
	A株	64.6%
		75.6%
	非流通	24.4%

【主要株主】(19/12/31) (%)

中国東方電気集団有限公司	55.9
中国証券金融股フン有限公司	1.6
中央匯金資産管理有限責任公司	0.7

【子会社・関連会社】(19/12/31) (%)

東方電気集団東方鍋炉股フン有限公司	96.8
東方電気集団東方汽輪機有限公司	94.4
成都東方凱特瑞環保催化剤有限責任公司	61.0

【売上・利益構成】(19/12)(%)

	売上構成比	前年比	利益構成比	前年比
高効率エネルギー設備	47.2	-9.2	48.4	8.7
再生可能エネルギー設備	18.0	47.7	9.1	64.0
エンジニアリング・貿易	13.5	27.3	11.5	206.3

【業績】[中国会計基準](百万元) ※予想：ファクトセット

	売上高	営業利益	純利益	前年比(%)	EPS(元)	1株配(元)	株配・無償(株)
2016/12	33,285.72	-2,001.37	-1,784.31	—	-0.760	—	
2017/12	33,430.26	1,086.47	1,057.30	—	0.340	—	
2018/12	30,706.15	1,238.71	1,128.83	6.8	0.370	0.1100	
2019/12	32,840.32	1,622.26	1,277.67	13.2	0.410	0.2050	
2020/12予	33,617.21	2,006.28	1,474.53	15.4	0.458	0.2270	
2021/12予	34,594.00	2,228.10	1,677.36	13.8	0.503	0.2480	
2018/6中間	16,576.81	665.37	534.71	10.0	0.170	—	
2019/6中間	15,841.17	895.91	729.69	36.5	0.240	—	

【前号予想との比較】➡ 前号並み

【株式分割・併合等】

【登記】四川省成都市高新西区西芯大道18号 【TEL】86-28-87583666 【URL】www.dec-ltd.cn

【役員】会長：鄒磊(Zou Lei) 【上場】1994年6月 【決算期】12月 【従業員】17,360

港華燃気

タウンガス・チャイナ

港華燃気有限公司
Towngas China Co.,Ltd.

【指数構成銘柄】 ―　【その他上場】 ―

[01083/week(2018/11/30 - 2020/05/08)]
MPA.13　MPA.26　MPA.52

評価	株価	年間騰落率	最低売買価格
C	3.580 HK$	-40.1 %	49,118 円

PER		予想配当利回り	PBR
予想 6.8 倍　実績 7.8 倍		4.5 %	0.6 倍

ホンコン・チャイナガス傘下のガス会社 都市ガス事業が主力。事業権取得エリアにガス管を敷設し、都市ガス販売を行うビジネスモデルで、主な拠点は山東省、安徽省、四川省、重慶市、遼寧省、吉林省、広東省など。買収を通じ事業エリアを拡大し、21省で98件の都市ガス事業を展開する（20年3月）。LPG（プロパン）事業は09年6月に売却。07年にホンコン・チャイナガス（00003）が筆頭株主、09年に親会社となった。

19年12月本決算：増収増益 天然ガスの販売量が111億2000万立方米と前年比11％伸び、1桁台ながら増収増益を達成。都市ガス事業の新規案件が2018−19年にそれぞれ1件にとどまったが、石炭から天然ガスへの燃料切り替えを促す中国政府の政策の効果で使用量が拡大した。特に工業向けが13％増と好調で、一般家庭向け（5％増）の伸び悩みを補った。ガス管敷設部門は新規案件が1件だった影響で伸び悩み、3％増収、1％増益。

今後の見通し 経営陣は新型コロナ流行のあおりで1−3月期のガス販売量が前年同期比で約15％減少すると想定。20年通期の伸びが1桁台にとどまると予想した。熱源、蒸気、空調などを提供する分散型エネルギー供給事業は継続的に強化する方針。19年までに18件に増えており、20年中に30件、21年中に42件に増やす計画。

【株価推移】

	高値		安値	
2016年	4.900	08/08	3.420	01/27
2017年	6.650	11/03	3.920	01/09
2018年	8.180	05/21	5.250	10/16
2019年	6.600	02/25	5.050	08/26
2020年	5.580	01/15	3.120	03/19

【株価情報】

取引単位(株)	1,000	A株株価	―
時価総額(mHK$)	10,277.1	A株格差(倍)	―

【指標】(%)

		19/12	18/12
収益性	ROA	3.4	3.6
	ROE	7.0	7.5
	粗利益率	―	―
成長性	増収率	9.6	34.6
	増益率(営利)	9.9	23.9
	自己資本増加率	14.7	2.4
安全性	BPS (HK$)	6.5	5.8
	負債比率	96.1	100.1
	流動比率	49.2	49.8
	株主資本比率	48.7	47.7

【財務】(百万HK$)

	19/12	18/12
流動資産	4,947.6	4,484.6
総資産	38,194.9	34,014.6
流動負債	10,056.0	9,006.3
総負債	17,894.9	16,245.3
株主資本	18,612.1	16,229.2

【CF】(百万HK$)

	19/12	18/12
営業CF	1,753.3	1,283.7
投資CF	-2,213.1	-2,150.3
財務CF	806.3	967.5
FCF	-459.8	-866.6
現金同等物	1,937.4	1,611.5

【株式】(19/12/31)(百万株)

総数	2,870.7
流通	―
通	―
流通	100.0%
非流通	0.0%

【主要株主】(19/12/31) (%)

香港中華煤気有限公司（00003）	67.8
株式会社三菱UFJフィナンシャル・グループ	7.0

【子会社・関連会社】(19/12/31) (%)

鞍山港華燃気有限公司	100.0
北票港華燃気有限公司	80.0
本渓港華燃気有限公司	80.0

【売上・利益構成】(19/12)(%)

	売上構成比	前年比	利益構成比	前年比
都市ガス・関連製品	83.8	11.1	53.6	18.2
ガス管敷設	16.2	2.8	46.4	0.9

【業績】 ［香港会計基準］(百万HK$)　※予想：ファクトセット　　【前号予想との比較】 ➡ 前号並み

	売上高	営業利益	純利益	前年比(%)	EPS(HK$)	1株配(HK$)	株配・無償(株)
2016/12	7,181.15	1,023.13	974.00	20.7	0.363	0.1200	
2017/12	8,759.78	1,289.30	1,365.39	40.2	0.499	0.1500	
2018/12	11,787.00	1,597.38	1,224.27	-10.3	0.439	0.1500	
2019/12	12,924.37	1,755.57	1,308.43	6.9	0.461	0.1500	
2020/12予	13,758.11	1,728.18	1,478.70	13.0	0.525	0.1610	【株式分割・併合等】
2021/12予	15,312.69	1,869.83	1,642.52	11.1	0.580	0.1770	
2018/6中間	5,584.18	795.66	663.45	11.0	0.240	―	
2019/6中間	6,512.35	887.15	755.62	13.9	0.269	―	

【本社】香港北角渣華道363号23楼 【TEL】 852-29633298 【URL】 www.towngaschina.com

【役員】会長：陳永堅（Chan Wing Kin Alfred）【上場】2001年4月 【決算期】12月 【従業員】22,385

石油・石炭

中国神華能源

チャイナ・シェンフア・エナジー　　【指数構成銘柄】ハンセン、中国企業　【その他上場】上海A(601088)

中国神華能源股份有限公司
China Shenhua Energy Co.,Ltd.

評価	H株株価	年間騰落率	最低売買価格
B	**13.500** HK$	**-21.1** %	**92,610** 円

PER		予想配当利回り	PBR
予想 **6.4** 倍　実績 **5.9** 倍		**8.2** %	**0.7** 倍

中国の石炭最大手 石炭の生産・販売から輸送、発電までを手掛ける総合エネルギー会社。内モンゴル自治区、陝西省、山西省に炭鉱を保有し、19年末の可採埋蔵量は147億トン。石炭生産量は世界最大規模を誇る。物流も自前で整備し、石炭輸送用の鉄道9本、港湾3カ所を運営。傘下に海運会社や石炭化学品メーカーも抱える。発電所は華北地区を中心に19年末時点で16カ所が稼働し、総発電能力は3万1029MWに上る。

19年12月本決算：減収減益 石炭の販売量減少、価格下落が響いた。生産量の減少などを受け、石炭販売量は3%減の4億4710万トンに縮小。1トン当たりの平均販売価格は0.7%安の426元。また、子会社権益の売却で売電量が42%落ち込んだことや、製品値下がりで石炭化学部門の収益性が悪化したことも痛手となった。部門別では主力の石炭が17%、電力が15%の減益となったほか、石炭化学は61%減益と落ち込みが目立った。

今後の計画 20年の経営目標は、石炭の生産量が2億6800万トン、販売量が4億300万トン。売上高は2163億元を目指す。前年実績比でそれぞれ5%減、10%減、11%減の水準。20年1～3月期決算は売上高が前年同期比10%減の510億7700万元、純利益が22%減の99億8000万元。石炭販売量は6%減の9840万トン。

【株価推移】

	高値		安値	
2016年	17.700	11/10	10.120	01/20
2017年	21.100	09/01	14.380	01/03
2018年	25.750	02/02	16.040	09/12
2019年	20.400	02/26	14.660	08/07
2020年	16.880	01/07	11.960	03/19

【株価情報】

取引単位(株)	500	A株株価(元)	15.860
H株時価総額(mHK$)	45,880.9	A株格差(倍)	1.3

【指標】(%)

		19/12	18/12
収益性	ROA	7.4	7.5
	ROE	11.7	13.3
	粗利益率	31.8	34.2
成長性	増収率	-8.4	6.2
	増益率(営利)	―	―
	自己資本増加率	7.4	8.6
安全性	BPS(元)	17.9	16.7
	負債比率	40.1	55.1
	流動比率	168.1	189.1
	株主資本比率	63.2	56.1

【財務】(百万元)

	19/12	18/12
流動資産	160,494.0	233,296.0
総資産	563,083.0	591,626.0
流動負債	95,483.0	123,381.0
総負債	142,865.0	182,789.0
株主資本	356,077.0	331,693.0

【CF】(百万元)

	19/12	18/12
営業CF	63,106.0	88,248.0
投資CF	-46,307.0	-53,056.0
財務CF	-37,172.0	-44,715.0
FCF	16,799.0	35,192.0
現金同等物	41,827.0	61,863.0

【株式】(19/12/31)(百万株)

		総数	19,889.6
流通	H株	17.1%	
	A株	82.9%	
	―		100.0%
非流通		0.0%	

【主要株主】(19/12/31) (%)

国家能源投資集団有限責任公司	69.5
中国証券金融股フン有限公司	3.0
BlackRock, Inc.	1.4

【子会社・関連会社】(19/12/31) (%)

神華神東煤炭集団有限責任公司	100.0
神華神東電力有限公司	100.0
朔黄鉄路発展有限責任公司	53.0

【売上・利益構成】(19/12) (%)

	売上構成比	前年比	利益構成比	前年比
石炭	72.2	7.8	54.6	-16.9
電力	21.8	-40.5	14.0	-14.7
鉄道	2.7	10.0	26.9	1.6

【業績】[国際会計基準](百万元) ※予想：ファクトセット

【前号予想との比較】↘ 減額

	売上高	営業利益	純利益	前年比(%)	EPS(元)	1株配(元)	株系・無償(株)
2016/12	183,127.00	―	24,910.00	41.1	1.252	2.9700	
2017/12	248,746.00	―	47,795.00	91.9	2.403	0.9100	
2018/12	264,101.00	―	44,137.00	-7.7	2.219	0.8800	
2019/12	241,871.00	―	41,707.00	-5.5	2.097	1.2600	
2020/12予	223,079.88	59,783.43	38,231.51	-8.3	1.909	1.0080	
2021/12予	228,415.47	60,802.33	38,930.83	1.8	1.936	1.0230	
2018/6中間	127,380.00	―	24,520.00	-6.8	1.233		
2019/6中間	116,365.00	―	24,240.00	-1.1	1.219		

【株式分割・併合等】

【登記】北京市東城区安定門西浜河路22号　【TEL】86-10-58133399　【URL】www.csec.com

【役員】会長：王祥喜(Wang Xiangxi)　【上場】2005年6月　【決算期】12月　【従業員】75,620

医薬・バイオ

メインボード　ハンセン

石薬集団

シーエスピーシー・ファーマ

石薬集団有限公司
CSPC Pharmaceutical Group Ltd.

【指数構成銘柄】ハンセン、中国企業　【その他上場】ADR

評価	株価	年間騰落率	最低売買価格
C	15.760 HK$	11.6 %	432,454 円

	PER		予想配当利回り	PBR
予想 20.3 倍	実績 24.0 倍		1.4 %	4.8 倍

中国の医薬品メーカー 原薬やジェネリック薬の製造を中核とする製薬会社だったが、12年に完了した合併を通じ、製剤部門に新薬開発事業を加えた。主な新薬は急性脳梗塞治療薬「恩必普（NBP）」や認知症・記憶障害治療薬「欧来寧」、高血圧治療薬「玄寧」など。抗生物質やビタミンC、カフェインなどの原薬製造も手掛ける。18年6月にハンセン指数構成銘柄に採用された。

19年12月本決算：増収増益 「恩必普」「多美素」「津優力」「克艾力」など、主力製品の販売好調を受けた製薬部門の3割増収が業績を支えた。中でもイノベーティブ薬が48%増収と好調。抗がん剤シリーズは149%増収を達成した。半面、ビタミンCは価格低下が響いてややさえず、抗生物質も政策要因による需要と価格の低迷が響いた。研究開発費は49%増の20億元で、製剤売り上げ全体の11%相当。研究費と販売費の4割強の増加を受け、営業利益率は21.6%から20.8%に後退。

最近の動向 19年12月、「玄寧」が中国で自主開発された医薬品として初の米FDA承認を取得。引き続き研究開発を強化する方針で、向こう2年で新製品50種強を投入する計画。うち15種余りが年商10億元超えの可能性を見込む。20年1〜3月期決算は売上高が前年同期比12%増の61億2500万元、純利益が22%増の11億5900万元。

【株価推移】

	高値		安値	
2016年	8.760	12/14	5.920	03/08
2017年	16.700	11/21	8.050	01/03
2018年	26.750	05/28	10.480	12/21
2019年	21.800	11/19	9.900	01/04
2020年	20.500	02/05	13.120	03/19

【株価情報】

取引単位(株)	2,000	A株株価	—
時価総額(mHK$)	98,284.7	A株格差(倍)	—

【指標】(%)

		19/12	18/12
収益性	ROA	14.1	13.9
	ROE	20.1	21.4
	粗利益率	72.0	66.2
成長性	増収率	24.8	36.0
	増益率(営利)	20.3	30.3
	自己資本増加率	22.7	11.6
安全性	BPS(元)	3.0	2.4
	負債比率	36.8	51.1
	流動比率	219.6	190.5
	株主資本比率	70.1	64.8

【財務】(百万元)

	19/12	18/12
流動資産	13,697.0	13,803.5
総資産	26,318.3	23,216.8
流動負債	6,236.8	7,247.0
総負債	6,800.2	7,687.2
株主資本	18,461.7	15,052.3

【CF】(百万元)

	19/12	18/12
営業CF	3,783.9	3,795.3
投資CF	-2,457.2	-3,627.9
財務CF	-1,545.5	-151.4
FCF	1,326.7	167.4
現金同等物	4,118.2	4,335.6

【株式】(19/12/31)(百万株)

総数	6,236.3
流通	—
	100.0%
非流通	0.0%

【主要株主】(19/12/31)

	(%)
蔡東晨	23.2
鼎大集団有限公司	10.2
共成国際有限公司	6.8

【子会社・関連会社】(19/12/31)

	(%)
石薬集団新諾威	75.0
Conjupro Biorerapecitics Inc.	100.0
CSPC Medsolution (Ghana) Ltd.	100.0

【売上・利益構成】(19/12)(%)

	売上構成比	前年比	利益構成比	前年比
製剤	81.2	32.8	85.7	40.1
ビタミンC	8.7	7.7	8.5	-42.5
抗生物質	4.0	-19.1	0.1	-87.4

【業績】[香港会計基準](百万元) ※予想:ファクトセット

	売上高	営業利益	純利益	前年比(%)	EPS(元)	1株配(HK$)	株配・無償(株)
2016/12	12,369.04	2,649.48	2,100.85	26.2	0.353	0.1200	
2017/12	15,462.53	3,481.64	2,770.52	31.9	0.455	0.1500	
2018/12	17,716.54	3,822.96	3,080.80	31.9	0.494	0.1800	
2019/12	22,103.19	4,600.18	3,714.11	20.5	0.597	0.2000	5:1(無)
2020/12予	26,180.33	5,519.90	4,399.81	18.5	0.707	0.2180	【株式分割・併合等】
2021/12予	31,045.41	6,827.38	5,409.90	23.0	0.863	0.2660	
2018/6中間	8,759.43	1,886.35	1,504.74	41.1	0.241		
2019/6中間	11,178.00	2,339.90	1,878.28	24.8	0.301		

【前号予想との比較】 → 前号並み

【登記】香港湾仔港湾道18号中環広場32楼3206室 【TEL】852-28023011 【URL】www.cspc.com.hk

【役員】会長：蔡東晨(Cai Dongchen) 【上場】1994年6月 【決算期】12月 【従業員】17,300

【備考】19年6月中間決算より決算通貨を変更、業績は16〜17年通期が香港ドル。

国薬控股

シノファーム・グループ

国薬控股股份有限公司
Sinopharm Group Co.,Ltd.
【指数構成銘柄】中国企業　【その他上場】—

評価	H株株価	年間騰落率	最低売買価格
C	20.850 HK$	-30.8 %	114,425 円

PER			予想配当利回り	PBR
予想	8.5 倍	実績 9.0 倍	3.5 %	1.2 倍

医薬品の卸売り最大手 中国国務院が管轄する中国医薬集団の傘下。中国全土に販路を持ち、国内外のメーカーの処方薬と一般薬を扱う。大型病院やドラッグストアと直接取引を行い、物流網も完備。小売事業では「国大薬房」をチェーン展開し、19年末の店舗数は自社専門薬局を含め6204店。18年には医療機器販売を手掛ける中国科学器材を買収。傘下に国薬集団一致薬業（200028）、国薬集団薬業（600511）を抱える。

19年12月本決算：増収増益 堅実な主力部門が業績拡大をけん引。卸売りと小売りがともに販路を拡大して2桁増収。医療機器も買収効果と自律成長で4割増収となった。粗利益率は0.3ポイント悪化したが、前年比15%の営業増益を確保した。一方、非流動資産の減損損失により、その他収益が35%減少。無形資産減損損失1億7400万元の計上も利益を圧迫し、増益率は1桁台。

最近の動向 20年1〜3月期決算（中国会計基準）は売上高が前年同期比1%減の944億元、純利益が29%減の8億1200万元。新型コロナの影響で苦戦した。経営陣は中国の医薬品行政が薬価下落につながり、卸売り業務の採算を下押しする半面、業界統合が追い風とみる。20年1月、第三者割当増資で正味40億2200万HKドルを調達。販路拡大や医療機器業務の強化に充てる。

【株価推移】

	高値		安値	
2016年	42.500	08/15	25.350	02/11
2017年	38.250	02/10	29.850	12/08
2018年	45.650	04/04	29.350	07/05
2019年	36.700	03/06	24.350	09/30
2020年	29.550	01/16	14.700	03/19

【株価情報】

取引単位(株)	400	A株株価	—
H株時価総額(mHK$)	24,870.1	A株格差(倍)	—

【指標】(%)

		19/12	18/12
収益性	ROA	2.3	2.5
	ROE	13.2	13.6
	粗利益率	8.8	9.1
成長性	増収率	23.4	11.7
	増益率(営利)	14.7	7.1
	自己資本増加率	10.7	11.8
安全性	BPS(元)	16.0	14.4
	負債比率	406.9	391.1
	流動比率	128.9	127.8
	株主資本比率	17.6	18.2

【財務】(百万元)

	19/12	18/12
流動資産	229,999.7	204,654.6
総資産	269,888.4	235,771.1
流動負債	178,424.6	160,074.4
総負債	192,949.0	167,495.3
株主資本	47,422.1	42,821.8

【CF】(百万元)

	19/12	18/12
営業CF	18,777.1	3,653.7
投資CF	-6,796.0	-5,907.6
財務CF	-13,084.6	10,318.5
FCF	11,981.1	-2,253.9
現金同等物	39,192.0	40,299.0

【株式】(19/12/31)(百万株)

総数	2,971.7		
流通	H株	40.1 %	
	—		40.1 %
非流通			59.9 %

【主要株主】(19/12/31) (%)

国薬産業投資有限公司	52.9
BlackRock, Inc.	8.0
JPMorgan Chase & Co.	7.3

【子会社・関連会社】(19/12/31) (%)

国薬集団薬業股フン有限公司 (600511)	55.0
国薬集団一致薬業股フン有限公司 (200028)	56.0
国薬集団上海有限公司	100.0

【売上・利益構成】(19/12)(%)

	売上構成比	前年比	利益構成比	前年比
医薬品の卸売り	78.1	19.9	77.3	12.1
医療機器販売	16.2	40.8	17.0	34.2
医薬品の小売り	4.6	33.7	3.1	1.9

【業績】[香港会計基準] (百万元) ※予想：ファクトセット

【前号予想との比較】 ↘ 減額

	売上高	営業利益	純利益	前年比(%)	EPS(元)	1株配(元)	株配・無償(株)
2016/12	258,387.69	10,213.72	4,647.34	23.2	1.680	0.5000	
2017/12	308,353.58	13,140.39	5,575.58	20.0	1.880	0.5700	
2018/12	344,525.82	14,067.97	5,835.84	4.7	1.970	0.5900	
2019/12	425,272.73	16,136.74	6,252.54	7.1	2.110	0.6000	
2020/12予	471,342.22	18,752.27	6,712.01	7.3	2.243	0.6620	【株式分割・併合等】
2021/12予	537,758.10	21,396.67	7,666.63	14.2	2.564	0.7330	
2018/6中間	163,473.70	7,165.86	2,798.08	1.2	0.940		
2019/6中間	201,665.14	8,301.57	2,975.18	6.3	1.000		

【登記】上海市福州路221号6楼 【TEL】86-21-23052666 【URL】www.sinopharmgroup.com.cn
【役員】会長：李智明(Li Zhiming) 【上場】2009年9月 【決算期】12月 【従業員】93,764

不動産

華潤置地
チャイナリソーシズ・ランド

華潤置地有限公司
China Resources Land Ltd.

【指数構成銘柄】ハンセン、中国企業、レッドチップ　【その他上場】—

メインボード　ハンセン　レッドチップ

[01109/week(2018/11/30~2020/05/08)]

評価	株価	年間騰落率	最低売買価格
C	31.000 HK$	-7.5 %	850,640 円

PER		予想配当利回り	PBR
予想 8.1倍　実績 6.8倍		4.3 %	1.2倍

中国政府系不動産デベロッパー　国務院系の華潤グループ傘下。不動産開発を主力とし、不動産投資や不動産管理、ホテル経営などの事業を展開。19年12月末時点で国内79都市で325件の開発事業を展開し、19年の中国不動産販売額番付で10位。投資物件は61都市で総面積1000万平米に上る。近年は「2＋X」戦略を推進。従来の開発・投資に加え、サービスアパート、高齢者施設、映画館の運営などに事業領域を広げている。

19年12月本決算：増収増益　106億元に上る不動産評価益の計上が収益押し上げ要因だが、この要因を除いた実質で12％増益。法人税の負担低減による減税効果も寄与した。部門別では主力の不動産開発が利幅低下も4％増益と堅調。不動産投資・管理部門は新規物件の開業や賃料収入の増加で5割増益と好調。建設・内装とホテル経営は2桁減益と苦戦した。通期の物件成約額は15％増の2425億元、成約面積は11％増の1325万平米。

最近の動向　20年1～3月の物件成約額は前年同期比24％減の389億2000万元、成約面積は20％減の215万平米。賃貸収入は26％減の20億5800万元。19年末時点で売上高に未計上の不動産販売額は2239億元に上り、うち20年に1287億元分を計上する予定。建設および計画中の投資物件は1016万平米（持ち分換算で694万平米）。

【株価推移】

	高値		安値	
2016年	23.850	09/09	16.500	06/24
2017年	27.450	09/19	17.180	01/03
2018年	34.450	02/01	23.200	01/02
2019年	38.950	12/31	28.000	01/02
2020年	40.450	01/03	27.050	03/19

【株価情報】

取引単位(株)	2,000	A株株価	—
時価総額(mHK$)	221,059.1	A株格差(倍)	—

【指標】(%)

		19/12	18/12
収益性	ROA	3.8	2.5
	ROE	16.5	13.6
	粗利益率	37.9	9.1
成長性	増収率	21.9	18.9
	増益率(営利)	—	—
	自己資本増加率	25.4	15.6
安全性	BPS(元)	24.3	20.0
	負債比率	304.6	343.3
	流動比率	133.0	132.8
	株主資本比率	22.8	21.1

【財務】(百万元)

	19/12	18/12
流動資産	520,094.5	461,903.3
総資産	762,107.8	655,743.3
流動負債	391,066.8	347,948.2
総負債	528,635.3	475,038.6
株主資本	173,574.1	138,375.8

【CF】(百万元)

	19/12	18/12
営業CF	32,705.9	27,234.9
投資CF	-42,882.9	-45,118.0
財務CF	2,118.0	33,963.1
FCF	-10,177.0	-17,883.1
現金同等物	61,672.2	69,246.3

【株式】(19/12/31)(百万株)

総数	7,130.9
流通	—
	—
	100.0%
非流通	0.0%

【主要株主】(19/12/31)

	(%)
華潤（集団）有限公司	59.6

【子会社・関連会社】(19/12/31)

	(%)
上海華泓鉅盛房地産開発有限公司	50.0
華潤置地発展（北京）有限公司	100.0
華潤建築有限公司	100.0

【売上・利益構成】(19/12)(%)

	売上構成比	前年比	利益構成比	前年比
不動産開発	86.1	21.0	88.4	4.0
不動産投資・管理	7.1	30.2	11.2	48.2
建設・内装	5.8	30.5	0.3	-11.4

【業績】[香港会計基準](百万元)　※予想：ファクトセット

【前号予想との比較】↘ 減額

	売上高	営業利益	純利益	前年比(%)	EPS(元)	1株配(元)	株配・無償(株)
2016/12	109,327.53	—	19,500.88	10.2	2.810	0.7040	
2017/12	101,942.52	—	19,690.40	12.7	2.840	0.9670	
2018/12	121,188.93	—	24,237.88	23.1	3.500	1.0590	
2019/12	147,735.95	—	28,672.28	18.3	4.120	1.0660	
2020/12予	177,858.72	51,752.82	24,792.50	-13.5	3.474	1.2250	【株式分割・併合等】
2021/12予	213,050.44	58,673.73	28,579.57	15.3	3.995	1.3990	
2018/6中間	43,778.11	—	8,850.91	99.7	1.280	0.1100	
2019/6中間	45,848.95	—	12,726.32	43.8	1.840	0.1290	

【本社】香港湾仔港湾道26号華潤大厦46楼　【TEL】852-28772330　【URL】www.crland.com.hk
260　【役員】会長：王祥明(Wang Xiangming)　【上場】1996年11月　【決算期】12月　【従業員】51,976
【備考】18年6月中間決算より決算通貨と配当通貨を変更、業績は16年通期、配当は17年以前が香港ドル。

健合 (H&H) 国際控股

ヘルス・アンド・ハピネス・インターナショナル

健合 (H&H) 国際控股有限公司
Health and Happiness (H&H) International Holdings Ltd.
【指数構成銘柄】— 【その他上場】—

[01112/week/(2018/11/30 - 2020/05/08)]

評価	株価	年間騰落率	最低売買価格
C	35.200 HK$	-19.6 %	241,472 円

PER		予想配当利回り	PBR
予想 17.4 倍 実績 20.4 倍		2.8 %	3.7 倍

中国の粉ミルク・サプリメント大手 高級粉ミルクやサプリメントなどを豪州と中国、フランス、米国のブランドで製造・販売する。19年の地域別売上比率は中国本土77％、オセアニア17％など。主力4ブランドは乳児用栄養食品と粉ミルクの仏「Biostime（合生元）」、ビタミン剤とサプリメントの豪「Swisse」、オーガニック食品と粉ミルクの米「Healthy Times」、ベビーケア製品の仏「dodie」。17年に合生元から社名変更。

19年12月本決算：2桁増益 為替差益計上や政府補助金の増額に加え、前年は法人税の増加により減益だった反動で3年ぶりの増益。売上高は成人用サプリメントとケア製品を除く3部門が2桁の増収だった効果で8％増、粗利益率は小児用製品が小幅に悪化したものの、製品構成の見直しが成功した小児用製品で補い、全体ではほぼ前年並みだった。部門別では、主力の粉ミルクが「Healthy Times」オーガニック粉ミルクの34％増収や新製品の発売で好調。プロバイオティクスサプリ部門は「Biostime」の小児用製品の売り上げが増え、20％の増収だった。一方、成人用製品部門は減収減益。

最近の動向 20年1～3月期の売上高は前年同期比13％増の24億2400万元。内訳は乳幼児用が16％増の17億3200万元、大人用が7％増の6億9200万元だった。

【株価推移】

	高値		安値	
2016年	31.800	04/05	15.200	01/04
2017年	52.150	12/29	19.500	06/28
2018年	64.500	05/29	36.300	10/19
2019年	52.500	02/28	28.350	10/23
2020年	38.350	01/17	22.650	03/19

【株価情報】

取引単位(株)	500	A株株価	—
時価総額(mHK$)	22,645.1	A株格差(倍)	—

【指標】(%)

		19/12	18/12
収益性	ROA	6.3	5.7
	ROE	18.0	17.4
	粗利益率	66.2	66.5
成長性	増収率	7.8	25.2
	増益率(営業)	—	—
	自己資本増加率	15.3	15.1
安全性	BPS(元)	8.7	7.6
	負債比率	183.6	206.3
	流動比率	162.3	141.6
	株主資本比率	35.3	32.6

【財務】(百万元)

	19/12	18/12
流動資産	5,197.6	4,532.6
総資産	15,861.4	14,854.6
流動負債	3,203.1	3,201.7
総負債	10,267.6	10,005.0
株主資本	5,593.8	4,849.5

【CF】(百万元)

	19/12	18/12
営業CF	1,439.2	1,697.2
投資CF	-277.2	-748.6
財務CF	-869.1	-1,118.9
FCF	1,162.1	948.6
現金同等物	2,217.3	1,912.4

【株式】(19/12/31)(百万株)

総数	643.3
流通	100.0%
非流通	0.0%

【主要株主】(19/12/31)

	(%)
合生元製薬（中国）有限公司	67.2

【子会社・関連会社】(19/12/31)

	(%)
Swisse Wellness Group Pty Ltd	100.0
Dodie Baby Products Inc. (Guangzhou)	100.0
Healthy Times. Inc.	100.0

【売上・利益構成】(19/12)(%)

	売上構成比	前年比	利益構成比	前年比
粉ミルク	46.4	12.5	46.1	10.7
成人用サプリメントとケア製品	36.5	-6.0	36.2	-4.5
プロバイオティクスサプリ	11.5	20.1	13.3	19.6

【業績】 [国際会計基準](百万元) ※予想:ファクトセット

【前号予想との比較】 ↘ 減額

	売上高	営業利益	純利益	前年比(%)	EPS(元)	1株配(HK$)	株式・無償(株)
2016/12	6,505.62	—	954.40	280.7	1.520	—	
2017/12	8,095.35	—	932.85	-2.3	1.480	—	
2018/12	10,132.50	—	843.15	-9.6	1.320	0.4800	
2019/12	10,925.22	—	1,005.05	19.2	1.570	0.8500	
2020/12予	11,959.21	2,211.36	1,192.01	18.6	1.837	0.9980	【株式分割・併合等】
2021/12予	13,195.98	2,532.77	1,432.49	20.2	2.141	1.1980	
2019/6中間	4,573.57	—	384.31	-4.2	0.600	—	
2020/6中間予	5,095.27	—	713.08	85.5	1.110	—	

【本社】香港ソク魚涌華蘭街18号太古坊港島東中心40楼4007-09室 【TEL】— 【URL】www.hh.global
【役員】会長：羅飛(Luo Fei) 【上場】2010年12月 【決算期】12月 【従業員】3,000

不動産

メインボード　ハンセン

長江実業集団

シーケー・アセット・ホールディングス

長江実業集団有限公司
CK Asset Holdings Ltd.

【指数構成銘柄】ハンセン　【その他上場】—

【株価推移】[01113/week/(2018/11/30 - 2020/05/08)] MPA:13　MPA:26　MFA:52

評価	株価	年間騰落率	最低売買価格
C	48.700 HK$	-22.6 %	334,082 円

PER		予想配当利回り	PBR
予想 8.6 倍　実績 6.2 倍		4.4 %	0.5 倍

【株価推移】

	高値		安値	
2016年	59.750	09/09	38.200	01/28
2017年	70.500	08/09	47.200	01/03
2018年	75.300	02/02	50.300	10/31
2019年	72.500	04/03	49.000	08/15
2020年	57.200	01/14	33.400	03/19

【株価情報】

取引単位(株)	500	A株株価	—
時価総額(mHK$)	179,868.6	A株格差(倍)	—

【指標】(%)

		19/12	18/12
収益性	ROA	5.7	8.4
	ROE	8.5	12.4
	粗利益率	—	—
成長性	増収率	63.6	-12.5
	増益率(営利)	—	—
	自己資本増加率	6.4	11.0
安全性	BPS (HK$)	93.2	87.6
	負債比率	42.7	41.7
	流動比率	382.9	405.8
	株主資本比率	67.8	68.0

長江グループの不動産・公共会社 15年に長江和記実業（00001）から分離上場。旧長江実業とハチソン・ワンポアの不動産事業を引き継いだ。主力は香港・本土・海外での不動産開発・投資やREIT投資、ホテル経営だが、英CK Williamなど合弁会社を通じて欧米豪などで展開するインフラ・公共事業も柱。19月末の保有用地は床面積換算で9200万平方フィート。賃貸物件は1600万平方フィート。17年に長江実業地産から社名変更。

19年12月本決算：増収減益 前年に多額の不動産共同開発事業や投資不動産の売却益・評価益を計上した反動が響いた。特別要因を除くコア利益は前年比19%増の287億2900万HKドルとなる。本業は主力の不動産販売部門が好調。香港、中国本土、英国、シンガポールの複数物件の売上計上が奏功し、8割前後の増収増益を達成した。不動産賃貸部門は小幅ながら減収減益。18年に香港の高層オフィスビルを売却したことが響いた。

今後の見通し 20年6月中間決算の純利益が前年同期に比べて大幅に減少するとの見通しを発表した。新型コロナの感染拡大で1～3月期に香港での不動産販売収入が前年同期に比べ大幅に減少したのが痛手。本土の販売収入は堅調だったが、影響をカバーできなかった。香港や英国でのホテル運営事業も打撃を受けた。

【財務】(百万HK$)

	19/12	18/12
流動資産	190,515.0	220,925.0
総資産	508,057.0	475,945.0
流動負債	49,758.0	54,447.0
総負債	146,825.0	134,917.0
株主資本	344,253.0	323,520.0

【CF】(百万HK$)

	19/12	18/12
営業CF	41,915.0	13,967.0
投資CF	-14,842.0	-805.0
財務CF	-22,747.0	-11,757.0
FCF	27,073.0	13,162.0
現金同等物	59,441.0	55,417.0

【株式】(19/12/31)(百万株)

総数	3,693.4
流通	—
通	100.0%
非流通	0.0%

【主要株主】(19/12/31)　(%)

Li Ka-Shing Unity Trustee Co.,Ltd.	27.2
BlackRock, Inc.	6.1

【子会社・関連会社】(19/12/31)　(%)

CK William Group	40.0
置富産業信託 (00778)	27.1
泓富産業信託 (00808)	18.3

【売上・利益構成】(19/12)(%)

	売上構成比	前年比	利益構成比	前年比
不動産販売	77.8	84.4	66.6	78.1
不動産賃貸	8.9	-2.4	21.1	-0.4
ホテル・サービスアパート	5.1	-18.8	4.3	-29.7

【業績】 [国際会計基準](百万HK$)　※予想：ファクトセット　　【前号予想との比較】▼減額

	売上高	営業利益	純利益	前年比(%)	EPS(HK$)	1株配(HK$)	株配・無償(株)
2016/12	69,300.00	—	19,415.00	13.5	5.050	1.5300	
2017/12	57,546.00	—	30,125.00	55.2	8.070	1.7000	
2018/12	50,368.00	—	40,117.00	33.2	10.850	1.9000	
2019/12	82,382.00	—	29,134.00	-27.4	7.890	2.1000	
2020/12予	66,811.09	27,110.24	20,848.97	-28.4	5.669	2.1470	
2021/12予	78,521.31	30,668.83	23,571.17	13.1	6.380	2.2210	
2018/6中間	16,788.00	—	24,753.00	65.3	6.690	0.4700	
2019/6中間	26,836.00	—	15,128.00	-38.9	4.100	0.5200	

【株式分割・併合等】

【本社】香港皇后大道中2号長江集団中心7楼　【TEL】852-21288888　【URL】www.ckah.com
【役員】会長：李沢鉅(Li TzarKuoi, Victor)　【上場】2015年6月　【決算期】12月　【従業員】56,000

華晨中国汽車控股

ブリリアンス・チャイナ

華晨中国汽車控股有限公司
Brilliance China Automotive Holdings Ltd.
【指数構成銘柄】レッドチップ　【その他上場】―

評価	株価	年間騰落率	最低売買価格
C	7.510 HK$	4.4 %	206,074 円

PER		予想配当利回り	PBR
予想 5.2 倍　実績 5.1 倍		1.7 %	1.0 倍

BMWと合弁展開する自動車メーカー　独BMWとの合弁会社である華晨宝馬汽車を通じ、BMW1、3、5シリーズやXシリーズを製造・販売する。ブリリアンス本体は子会社を通じてワンボックス型ミニバンを製造するほか、自動車部品の製造・販売を手掛け、アジア、中南米、中東、アフリカなどにも輸出する。13年にエンジン製造を手掛ける新晨中国動力（01148）を香港に分離上場。17年末にはミニバン事業にルノーが資本参加した。

19年12月本決算：減収増益　合弁会社の持ち分利益が22%増加した効果で純利益が2桁増を確保した。売上高はルノーとの合弁で製造するミニバス・MPVと自動車部品の販売不振で12%減少。減価償却方針の変更や生産コストの増加で粗利益率が1.9%と前年から4.6ポイント低下した。製品別の販売台数はBMWが17%増の55万台。このうち新型SUV「X3」が12万台だった。ミニバス・MPVは7%減の4万台。「海獅」が7%減の3万6000台、「閣瑞斯」も7%減の2800台と振るわなかった。

今後の見通し　20年下期にBMW「5シリーズ」の新モデルと「X3」の電気自動車モデル「iX3」を発売する予定。世界初生産となる「iX3」は世界市場に輸出する。一方、新型コロナの感染拡大の影響で一部の工場と事業所が一時閉鎖され、生産と供給に遅れが生じている。

【株価推移】

	高値		安値	
2016年	11.180	12/08	6.060	02/11
2017年	23.850	09/20	10.420	02/02
2018年	22.200	01/03	5.400	12/28
2019年	9.790	09/13	5.560	01/04
2020年	8.360	01/03	4.910	03/23

【株価情報】

取引単位(株)	2,000	A株株価 ―
時価総額(mHK$)	37,890.0	A株格差(倍) ―

【指標】(%)

		19/12	18/12
収益性	ROA	13.7	13.8
	ROE	19.9	18.7
	粗利益率	1.9	6.5
成長性	増収率	-11.8	-17.5
	増益率(営利)	―	―
	自己資本増加率	9.2	17.2
安全性	BPS(元)	6.7	6.2
	負債比率	44.2	33.1
	流動比率	129.1	91.6
	株主資本比率	68.6	73.8

【財務】(百万元)

	19/12	18/12
流動資産	19,114.5	9,281.7
総資産	49,470.0	42,099.9
流動負債	14,805.1	10,132.0
総負債	14,994.6	10,275.0
株主資本	33,925.5	31,079.7

【CF】(百万元)

	19/12	18/12
営業CF	-726.5	-2,830.3
投資CF	5,858.8	3,123.5
財務CF	-614.3	285.2
FCF	5,132.3	293.1
現金同等物	6,828.5	2,310.5

【株式】(19/12/31)(百万株)

総数		5,045.3
流通		―
		100.0 %
非流通		0.0 %

【主要株主】(19/12/31)

	(%)
華晨汽車集団控股有限公司	42.3
Baillie Gifford & Co	10.0
Citigroup Inc.	9.0

【子会社・関連会社】(19/12/31)

	(%)
華晨雷諾金杯汽車有限公司	51.0
華晨宝馬汽車有限公司	50.0
新晨中国動力控股有限公司 (01148)	31.2

【売上・利益構成】(19/12)(%)

	売上構成比	前年比	利益構成比	前年比
ミニバン・自動車部品	100.0	-11.8		

【業績】[香港会計基準](百万元)※予想：ファクトセット

	売上高	営業利益	純利益	前年比(%)	EPS(元)	1株配(HK$)	株配・無償(株)
2016/12	5,125.12	―	3,682.07	5.4	0.731	0.1100	
2017/12	5,304.72	―	4,376.12	18.8	0.868	0.1100	
2018/12	4,377.26	―	5,820.91	33.0	1.154	0.1100	
2019/12	3,861.95	―	6,762.71	16.2	1.340	0.8500	
2020/12予	3,639.78	-1,055.34	6,629.07	-2.0	1.318	0.1240	
2021/12予	3,992.74	-1,045.95	7,838.08	18.2	1.548	0.1500	
2018/6中間	2,287.13	―	3,566.13	54.3	0.707	0.8500	
2019/6中間	1,904.27	―	3,230.00	-9.4	0.640	0.8500	

【前号予想との比較】▼減額

【株式分割・併合等】

【本社】香港千諾道中8号遮打大厦1602-05室　【TEL】852-25237227　【URL】www.brillianceauto.com

【役員】会長：呉小安(Wu Xiaoan)　【上場】1999年10月　【決算期】12月　【従業員】5,611

自動車・二輪

メインボード

H株

慶鈴汽車
チンリン・モーターズ

慶鈴汽車股份有限公司
Qingling Motors Co.,Ltd.
【指数構成銘柄】— 【その他上場】—

評価	H株株価	年間騰落率	最低売買価格
—	1.640 HK$	-27.1 %	45,002 円

PER		予想配当利回り	PBR
予想　　　　実績 10.6 倍		—	0.5 倍

いすゞ系の自動車メーカー 1985年にいすゞ自動車と重慶市政府傘下の重慶汽車が合弁で設立。重慶を拠点にいすゞの技術供与を受けてトラックの生産・販売に従事する。小型トラック、中・大型トラック、ピックアップトラック、MPVなどを生産。エンジンなど自動車部品の製造も手掛ける。近年は「高品質・中価格」戦略に沿って中・大型トラックを強化している。

19年12月本決算：減収減益 景気減速による需要の低下で販売台数が前年比9%減の4万3200台に落ち込んだことが減収減益の主因。売上高は10%減、粗利益率は前年から1ポイント悪化した。政府補助金が前年の半分以下に減少したことや研究開発費の増加も利益を圧迫した。一方、訴訟関連の損失引当金は前年の8000万元から5800万元に縮小した。部門別では、多目的車（MPV）を除く4部門がそろって減益。特に中・大型トラックは利益が40%減と低迷した。売上高は主力の小型トラックが1%増加したが、その他の4部門は減収だった。

最近の動向 新型コロナの感染拡大の影響で、1月下旬から2月中旬まで生産を一時停止。会社側は今後も厳しい状況が続くとみて、リスク管理を強化しつつ、品質の向上に努める考え。部門別では、中・大型トラック部門の戦略的経営を確立し、事業の拡大を図る。

【株価推移】

	高値		安値	
2016年	2.700	04/14	2.090	01/29
2017年	2.730	10/19	2.340	01/03
2018年	2.690	01/29	1.970	12/21
2019年	2.400	04/17	1.820	08/29
2020年	1.920	01/17	1.320	03/19

【株価情報】

取引単位(株)	2,000	A株株価	—
H株時価総額(mHK$)	2,031.4	A株格差(倍)	—

【指標】(%)

		19/12	18/12
収益性	ROA	3.1	4.2
	ROE	4.4	5.8
	粗利益率	18.0	19.0
成長性	増収率	-10.1	3.5
	増益率(営利)	—	—
	自己資本増加率	-0.7	0.7
安全性	BPS(元)	3.1	3.1
	負債比率	37.6	35.4
	流動比率	320.9	345.9
	株主資本比率	70.6	71.7

【財務】(百万元)

	19/12	18/12
流動資産	9,135.3	9,278.3
総資産	10,995.6	10,893.3
流動負債	2,847.1	2,682.4
総負債	2,914.8	2,769.1
株主資本	7,762.0	7,813.9

【CF】(百万元)

	19/12	18/12
営業CF	692.1	545.1
投資CF	-3,032.5	257.5
財務CF	-404.9	-399.2
FCF	-2,340.4	802.7
現金同等物	1,909.3	4,654.3

【株式】(19/12/31)(百万株)

総数	2,482.3	
流通	H株	49.9%
		49.9%
非流通		50.1%

【主要株主】(19/12/31)

	(%)
慶鈴汽車（集団）有限公司	50.1
いすゞ自動車株式会社	20.0
Edgbaston Investment Partners LLP	3.0

【子会社・関連会社】(19/12/31)

	(%)
重慶慶鈴模具有限公司	50.6
重慶慶鈴技術中心有限責任公司	51.0
慶鈴五十鈴（重慶）発動機有限公司	19.3

【売上・利益構成】(19/12)(%)

	売上構成比	前年比	利益構成比	前年比
小型トラック	51.3	1.1	66.0	-9.9
中・大型トラック	22.2	-20.2	6.2	-39.6
ピックアップトラック	20.1	-22.2	17.8	-24.2

【業績】[香港会計基準](百万元) ※予想：—

【前号予想との比較】 —

	売上高	営業利益	純利益	前年比(%)	EPS(元)	1株配(元)	株配・無償(株)
2016/12	4,633.79	—	481.29	0.3	0.190	0.1600	
2017/12	5,073.34	—	496.93	3.2	0.200	0.1600	
2018/12	5,253.25	—	453.77	-8.7	0.180	0.1600	
2019/12	4,723.29	—	345.31	-23.9	0.140	0.1600	
2020/12予	—	—	—	—	—	—	
2021/12予	—	—	—	—	—	—	
2018/6中間	2,571.05	—	195.37	-29.3	0.080		
2019/6中間	2,414.40	—	212.58	8.8	0.090		

【株式分割・併合等】 —

【登記】重慶市九龍坡区中梁山協興村1号 【TEL】86-23-65262233 【URL】www.qingling.com.cn

【役員】会長：羅宇光(Luo Yuguang) 【上場】1994年8月 【決算期】12月 【従業員】3,025

永利澳門

ウィン・マカオ

永利澳門有限公司
Wynn Macau, Ltd.

【指数構成銘柄】— 【その他上場】—

評価	株価	年間騰落率	最低売買価格
D	14.140 HK$	-31.0 %	77,600 円

PER		予想配当利回り	PBR
予想 — 実績 14.4 倍		1.5 %	37.0 倍

米ウィン・リゾーツ傘下のカジノ 06年にマカオ半島部でカジノリゾート「ウィン・マカオ」、10年に全室スイートルームの「アンコール」を開業。続いて16年8月には人気のコタイ地区で「ウィン・パレス」を開業した。カジノ床面積は合わせて67万6000平方フィート。19年の市場シェア（カジノ収入ベース）は15％で6社中4位。19年末時点でカジノテーブル645台、スロットマシン1849台を運営する。ホテル客室数は計2716室。

19年12月本決算：減収減益 調整後EBITDAは11％減の95億6836万HKドルに縮小した。一般向け部門は堅調だったものの、VIP部門が苦戦した。ウィン・マカオ、ウィン・パレスを合わせたカジノ収入は10％減の341億HKドル。うち一般向け部門が6％増の184億HKドルに伸びたのに対し、VIP部門は25％減の203億9000万HKドルに落ち込んだ。一方、非カジノ業務の売上高は全体で3％減。うちホテル、レストランは増収だったものの、小売・その他が16％減となり、全体を押し下げた。

最新動向 20年1-3月期決算は、売上高が前年同期比61％減の4億8900万米ドル、純損益が1億9100万米ドルの黒字から1億5400万米ドルの赤字に転落した。新型コロナで施設が2月に一時閉鎖されたことに加え、渡航規制や座席数制限といった防疫措置が影響した。

【株価推移】

	高値		安値	
2016年	14.900	12/01	6.840	01/21
2017年	25.750	12/29	12.000	01/03
2018年	31.350	04/17	14.840	11/13
2019年	23.400	04/29	14.740	10/09
2020年	20.800	03/19	10.020	03/19

【株価情報】

取引単位(株)	400	A株株価	—
時価総額(mHK$)	73,485.0	A株格差(倍)	—

【指標】(%)

		19/12	18/12
収益性	ROA	10.1	13.6
	ROE	254.5	411.3
	粗利益率	—	—
成長性	増収率	-8.7	16.3
	増益率(営利)	-17.3	43.4
	自己資本増加率	30.8	-49.4
安全性	BPS(HK$)	0.4	0.3
	負債比率	2,431.3	2,934.8
	流動比率	147.8	103.0
	株主資本比率	4.0	3.3

【財務】(百万HK$)

	19/12	18/12
流動資産	16,333.7	11,400.6
総資産	50,290.0	46,081.8
流動負債	11,053.1	11,064.9
総負債	48,303.2	44,563.3
株主資本	1,986.8	1,518.5

【CF】(百万HK$)

	19/12	18/12
営業CF	6,751.1	9,715.6
投資CF	-1,543.5	-1,090.3
財務CF	-621.3	-4,334.0
FCF	5,207.6	8,625.3
現金同等物	14,087.5	9,526.4

【株式】(19/12/31)(百万株)

総数	5,197.0
流通	—
非流通	100.0% / 0.0%

【主要株主】(19/12/31) (%)

Wynn Resorts, Ltd.	72.2
The Capital Group Companies, Inc.	8.1

【子会社・関連会社】(19/12/31) (%)

Wynn Resorts International, Ltd.	100.0
Wynn Resorts (Macau) Ltd.	100.0
Palo Real Estate Co.,Ltd.	100.0

【売上・利益構成】(19/12)(%)

	売上構成比	前年比	利益構成比	前年比
カジノ	85.3	-9.5	—	—
ホテル	6.2	0.5	—	—
飲食	4.3	6.4	—	—

【業績】 [国際会計基準](百万HK$) ※予想：ファクトセット

【前号予想との比較】 ↓ 大幅減額

	売上高	営業利益	純利益	前年比(%)	EPS(HK$)	1株配(HK$)	株配・無償(株)
2016/12	22,099.48	2,264.53	1,435.53	-40.4	0.280	0.4200	
2017/12	34,031.92	5,369.64	3,700.49	157.8	0.710	0.9600	
2018/12	39,591.81	7,698.46	6,245.39	68.8	1.200	1.2000	
2019/12	36,161.69	6,365.21	5,056.66	-19.0	0.980	0.4500	
2020/12予	21,798.52	434.47	-1,079.37	—	-0.230	0.2060	
2021/12予	31,638.88	5,627.47	3,934.39	—	0.772	0.8040	
2018/6中間	19,182.82	3,772.33	3,031.07	90.4	0.580	0.7500	
2019/6中間	19,028.70	3,486.52	2,816.01	-7.1	0.540	0.4500	

【株式分割・併合等】

【本社】澳門外港填海区仙徳麗街 【TEL】853-28889966 【URL】www.wynnmacaulimited.com
【役員】会長：盛智文(Allan Zeman) 【上場】2009年10月 【決算期】12月 【従業員】13,000

機械

哈爾濱電気
ハルビン・エレクトリック

哈爾濱電気股份有限公司
Harbin Electric Co.,Ltd.
【指数構成銘柄】― 【その他上場】―

[01133/week/(2018/11/30 - 2020/05/08)]

評価	H株株価	年間騰落率	最低売買価格
C	2.180 HK$	-48.9 %	59,819 円

	PER		予想配当利回り	PBR
予想	16.5 倍	実績 33.0 倍	0.0 %	0.2 倍

中国の発電設備メーカー 火力発電設備の製造販売を中心に水力発電、原子力発電、蒸気動力、太陽光発電など各種設備の製造が主力。ほかに国内外でプラント設置やコンサルティングに従事し、BOT方式などの発電プロジェクトも手掛ける。設備年産能力は3000kW規模（19年末）。中国の「走出去」戦略の下、海外開拓にも積極的で、19年12月期の海外売上比率は24％。輸出先はUAE、インドなど40余りの国・地域に及ぶ。

19年12月本決算：減収増益 主力の火力発電設備の需要減速やエンジニアリング業務の縮小が打撃。2桁減収に見舞われる中、コスト削減や貸倒引当金の縮小、営業外収入の増加などで5割弱の増益を確保した。火力、水力設備の粗利益率は17.7％、15.4％に改善したが、エンジニアリングはわずか1.7％に低下。期中の設備生産量は23％減の1099万kW。新規受注は11％減の302億元で、うち石炭火力設備（全体の26％）は37％減。原発設備は数字は小さいながらも約6倍に拡大。

最近の動向 19年12月、共同出資でファイナンスリース会社を設立すると発表。顧客への融資を通じて自社製品の販売を促進する狙い。発電所の遠隔運営やスマート診断といった「インターネット＋サービス」型の新規事業を強化。19年末までに顧客207社を獲得した。

【株価推移】
	高値		安値	
2016年	4.160	10/24	2.550	02/12
2017年	5.150	04/20	3.010	12/08
2018年	4.090	12/27	2.170	07/03
2019年	4.570	05/21	1.850	11/21
2020年	2.490	01/10	1.450	03/19

【株価情報】
取引単位(株)	2,000	A株株価	―
H株時価総額(mHK$)	1,472.7	A株格差(倍)	―

【指標】(%)
		19/12	18/12
収益性	ROA	0.2	0.1
	ROE	0.7	0.5
	粗利益率	16.2	13.7
成長性	増収率	-12.9	-17.8
	増益率(営利)	-30.1	-51.1
	自己資本増加率	3.7	1.0
安全性	BPS(元)	9.1	8.8
	負債比率	251.8	267.8
	流動比率	123.9	123.3
	株主資本比率	28.3	26.6

【財務】(百万元)
	19/12	18/12
流動資産	45,725.8	47,312.7
総資産	55,082.7	56,542.0
流動負債	36,899.2	38,375.7
総負債	39,226.5	40,233.0
株主資本	15,579.6	15,026.3

【CF】(百万元)
	19/12	18/12
営業CF	-3,394.8	-676.0
投資CF	-3,092.9	1,681.7
財務CF	3,956.3	-4,537.0
FCF	-6,487.7	1,005.7
現金同等物	9,197.2	11,705.7

【株式】(19/12/31)(百万株)
総数	1,706.5	
	H株	39.6 %
流通		39.6 %
非流通		60.4 %

【主要株主】(19/12/31) (%)
哈爾濱電気集団有限公司	60.4

【子会社・関連会社】(19/12/31) (%)
哈爾濱鍋爐廠有限責任公司	100.0
哈爾濱電機廠有限責任公司	100.0
哈爾濱汽輪機廠有限責任公司	97.9

【売上・利益構成】(19/12) (%)
	売上構成比	前年比	利益構成比	前年比
火力発電機	37.1	-29.7	44.7	-11.3
エンジニアリング・サービス	24.2	-26.4	2.8	-62.5
交流・直流モーター・その他	15.8	34.2	26.2	15.1

【業績】[中国会計基準](百万元) ※予想：ファクトセット 【前号予想との比較】↑ 大幅増額
	売上高	営業利益	純利益	前年比(%)	EPS(元)	1株配(元)	株配・無償(株)
2016/12	31,293.02	707.18	413.28	110.6	0.300	0.0300	
2017/12	31,980.65	434.10	194.23	-53.0	0.140	0.0150	
2018/12	26,302.31	212.41	71.32	-63.3	0.040		
2019/12	22,901.46	148.44	106.17	48.9	0.060		
2020/12予	21,247.00	435.00	325.22	206.3	0.120		【株式分割・併合等】
2021/12予	20,704.00	739.00	453.81	39.5	0.159		
2018/6中間	12,978.75	183.44	30.77	-75.3	0.020		
2019/6中間	10,136.14	124.83	31.46	2.2	0.020		

【登記】黒龍江省哈爾濱市松北区創新一路1399号 【TEL】86-451-82135727 【URL】www.hpec.com

【役員】会長：斯澤夫(Si Ze-Fu) 【上場】1994年12月 【決算期】12月 【従業員】16,579

中遠海運能源運輸

コスコ・シッピング・エナジー・トランスポーテーション

中遠海運能源運輸股份有限公司
COSCO SHIPPING Energy Transportation Co.,Ltd.
【指数構成銘柄】― 【その他上場】上海A(600026)

運輸・倉庫

メインボード

H株

評価	H株株価	年間騰落率	最低売買価格
A	**4.400** HK$	**-5.0** %	**120,736** 円

PER		予想配当利回り	PBR
予想 **3.6** 倍　実績 **39.0** 倍		**7.1** %	**0.6** 倍

中国遠洋海運傘下の石油輸送会社 中国の国有海運大手、中国遠洋海運集団(COSCO)の傘下。原油やLPGの海上輸送を手掛ける。中国最大級の石油タンカー船隊を持ち、国内の石油大手が主要顧客。19年末時点の自社保有船舶は石油タンカー142隻(1925万載貨重量トン)で世界トップ。LPG運搬船が5隻(1万載貨重量トン)、LNG運搬船が6隻(105万立方米)。16年のグループ再編でドライバルク船事業から撤退した。

19年12月本決算:大幅増益 石油の国際需要が増加し、タンカー石油輸送の需給関係が改善した効果で純利益が前年の5.5倍に急増。売上高は13%増、粗利益率は4ポイント改善した。総取扱量は3%減、航行距離は19%減。主力の石油輸送部門の売り上げの内訳は国内航路が前年比19%増の49億9000万元、国際航路が11%増の73億1200万元。LNG輸送の売上高は12%増の13億2100万元だった。船舶チャーター部門も2桁の増収と堅調。

最新動向 20年1-3月期決算(中国会計基準)は売上高が前年同期比6%増の40億6800万元、純利益は47%増の6億2900万元。19年9月、全額出資する大連中遠海運油品運輸が米外国資産管理局(OFAC)の「特別指定国民(SDN)」に指定されたが、20年1月末に除外。SDNは米制裁法令に基づき米国内資産を凍結された者を示す。

【株価推移】
	高値		安値	
2016年	5.830	04/14	4.110	08/31
2017年	4.910	02/23	4.000	12/06
2018年	4.780	05/29	3.300	07/20
2019年	5.380	04/25	3.060	10/03
2020年	5.370	04/21	2.950	03/24

【株価情報】
取引単位(株)	2,000	A株株価(元) 7.500
H株時価総額(mHK$)	5,702.4	A株格差(倍) 1.9

【指標】(%)
		19/12	18/12
収益性	ROA	0.6	0.1
	ROE	1.5	0.3
	粗利益率	18.9	14.8
成長性	増収率	13.4	27.3
	増益率(営利)	―	―
	自己資本増加率	-0.2	1.0
安全性	BPS(元)	7.0	7.0
	負債比率	130.4	121.1
	流動比率	56.1	63.8
	株主資本比率	42.7	44.5

【財務】(百万元)
	19/12	18/12
流動資産	6,927.6	6,944.7
総資産	65,841.9	63,416.3
流動負債	12,348.2	10,881.6
総負債	36,674.3	34,144.1
株主資本	28,124.7	28,191.6

【CF】(百万元)
	19/12	18/12
営業CF	5,230.4	2,156.0
投資CF	-675.2	-2,348.3
財務CF	-4,169.0	-1,408.4
FCF	4,555.1	-192.2
現金同等物	3,919.5	3,467.9

【株式】(19/12/31)(百万株)
総数		4,032.0	
流通	H株		32.1%
	A株		67.9%
		―	
			100.0%
非流通			0.0%

【主要株主】(19/12/31)
	(%)
中国遠洋海運集団有限公司	38.6
Prudential plc (02378)	3.6
GIC Private Ltd.	3.2

【子会社・関連会社】(19/12/31)
	(%)
中海発展(香港)航運有限公司	100.0
上海中遠海運油品運輸有限公司	100.0
大連中遠海運油品運輸有限公司	100.0

【売上・利益構成】(19/12)(%)
	売上構成比	前年比	利益構成比	前年比
石油輸送	81.8	12.2	66.3	69.3
船舶チャーター	7.9	36.7	5.0	68.8
その他	10.3	8.2	28.7	6.1

【業績】[香港会計基準](百万元) ※予想:ファクトセット
【前号予想との比較】↑ 大幅増額

	売上高	営業利益	純利益	前年比(%)	EPS(元)	1株配(元)	株配・無償(株)
2016/12	9,808.89	―	1,932.52	63.6	0.479	0.1900	
2017/12	9,504.94	―	1,774.65	-8.2	0.440	0.0500	
2018/12	12,099.69	―	74.68	-95.8	0.019	0.0200	
2019/12	13,721.14	―	413.86	454.3	0.103	0.0400	
2020/12予	19,708.29	6,257.36	5,260.75	1,171.2	1.116	0.2850	**【株式分割・併合等】**
2021/12予	19,046.87	4,729.30	3,724.29	-29.2	0.785	0.2600	
2018/6中間	5,016.17	―	-238.56	―	-0.059	―	
2019/6中間	7,058.64	―	470.33	―	0.117	―	

【登記】中国(上海)自由貿易試験区業盛路188号A-1015室 【TEL】86-21-65967678 【URL】energy.coscoshipping.com
【役員】会長:劉漢波(Liu Hanbo)【上場】1994年11月 【決算期】12月 【従業員】6,929

機械

中聯重科
ズームリオン・ヘビーインダストリー

中聯重科股份有限公司
Zoomlion Heavy Industry Science and Tech Co.,Ltd.
【指数構成銘柄】― 【その他上場】深センA(000157)

メインボード

H株

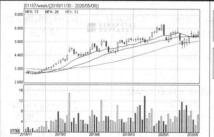
[01157/week/(2018/11/30 - 2020/05/08)]

評価	H株株価	年間騰落率	最低売買価格
B	6.500 HK$	49.1 %	17,836 円

PER		予想配当利回り	PBR
予想 8.6倍 実績 10.1倍		3.7 %	1.2倍

中国2大建機メーカーの一角 コンクリートポンプ車やミキサー車などコンクリート関連機械とクレーンの大手。両部門で売上高の約8割を占める。08年にイタリアのコンクリート機械大手CIFAを傘下に収め、世界的大手となった。「Zoomlion」「CIFA」のブランド名で製品を80カ国以上で販売する。ショベルカーなどの建設機械、コンバインなどの農業機械も製造。道路清掃車など環境産業機械も手掛けていたが17年に撤退。

19年12月本決算：純利益2.2倍 インフラ建設投資や設備更新の拡大により中国建機市場が活況となり、売上高が前年比1.5倍に拡大。粗利益率も上昇した。為替差損の縮小も大幅増益に寄与した。主力の建機部門は売上高が54%増。中でもクレーンの販売収入が78%増と急伸した。建設用クレーンの販売規模は世界トップとなり、工事用クレーンの市場シェアが5年連続で最高を更新。コンクリート機械の売上高も37%増えた。農業機械の部門売上高は7%増にとどまった。

最近の動向 20年1～3月期（中国会計基準）は売上高が前年同期比1%増の90億6668万元、純利益が2%増の10億2609万元。新型コロナの影響で建機業界の繁忙期が遅延し、業績が悪化した。会社側は工事・生産活動の再開に伴い4～6月期に建機販売が持ち直すと予想。

【株価推移】

	高値		安値	
2016年	4.000	12/14	1.950	01/29
2017年	4.790	03/15	2.990	12/18
2018年	3.850	06/07	2.480	10/29
2019年	6.570	12/31	2.690	01/04
2020年	7.160	01/20	4.990	03/19

【株価情報】

取引単位(株)	200	A株株価(元) 6.900
H株時価総額(mHK$)	9,023.4	A株格差(倍) 1.2

【指標】(%)

		19/12	18/12
収益性	ROA	4.8	2.2
	ROE	11.3	5.3
	粗利益率	30.0	27.1
成長性	増収率	50.9	39.3
	増益率(営利)	65.7	―
	自己資本増加率	1.7	1.7
安全性	BPS(元)	4.9	4.9
	負債比率	135.3	143.3
	流動比率	156.4	163.4
	株主資本比率	42.2	40.9

【財務】(百万元)

	19/12	18/12
流動資産	54,052.0	64,762.0
総資産	92,031.0	93,419.0
流動負債	34,569.0	39,623.0
総負債	52,534.0	54,688.0
株主資本	38,827.0	38,164.0

【CF】(百万元)

	19/12	18/12
営業CF	5,968.0	4,717.0
投資CF	9,984.0	-7,242.0
財務CF	-19,648.0	4,102.0
FCF	15,952.0	-2,525.0
現金同等物	5,073.0	8,754.0

【株式】(19/12/31)(百万株)

総数		7,875.0	
流通	H株	17.6 %	
	A株	80.8 %	
		98.5 %	
非流通		1.5 %	

【主要株主】(19/12/31)

	(%)
湖南省人民政府国有資産監督管理委員会	15.9
長沙合盛科技投資有限公司	4.9
Black Rock, Inc.	1.6

【子会社・関連会社】(19/12/31)

	(%)
中聯重機股フン有限公司	67.5
CIFA S.p.A	100.0
陝西中聯重科土方機械有限公司	100.0

【売上・利益構成】(19/12)(%)

	売上構成比	前年比	利益構成比	前年比
クレーン	51.1	77.6	29.3	56.4
コンクリート関連機械	32.1	36.8	55.8	100.2
その他建設機械	11.4	20.9	8.7	1.1

【業績】[国際会計基準](百万元) ※予想：ファクトセット

【前号予想との比較】 ↗ 増額

	売上高	営業利益	純利益	前年比(%)	EPS(元)	1株配(元)	株配・無償(株)
2016/12	14,416.00	-1,056.00	-929.00	―	-0.120	0.1500	
2017/12	20,608.00	-8,380.00	1,342.00	―	0.176	0.2000	
2018/12	28,697.00	3,633.00	2,031.00	51.3	0.266	0.2500	
2019/12	43,307.00	6,021.00	4,381.00	115.7	0.583	―	
2020/12予	50,465.30	6,622.57	5,429.33	23.9	0.690	0.2210	【株式分割・併合等】
2021/12予	56,113.04	7,467.77	6,158.57	13.4	0.784	0.2880	
2018/6中間	14,706.00	1,601.00	874.00	-23.4	0.115		
2019/6中間	22,262.00	3,634.00	2,585.00	195.8	0.338		

【登記】湖南省長沙市銀盆南路361号 【TEL】86-731-85650157 【URL】www.zoomlion.com

【役員】会長：詹純新(Zhan Chunxin) 【上場】2010年12月 【決算期】12月 【従業員】19,016

中広核鉱業

シージーエヌ・マイニング

中広核鉱業有限公司
CGN Mining Co.,Ltd.
【指数構成銘柄】— 【その他上場】—

評価	株価	年間騰落率	最低売買価格
—	**0.270** HK$	**-30.8** %	**18,522** 円

PER		予想配当利回り	PBR
予想 —	実績 **11.2** 倍	—	**0.9** 倍

中国広核電集団傘下のウラン商社 バイオ医薬品を主力とする製薬会社として創業。主力のカルシウム補給剤の輸入ライセンス未承認問題で業績が悪化。11年には原発を運営する中国広核集団有限公司の傘下に入り、ウランの投資・取引を中核事業に据え、12年1月に「維奥集団控股」から社名を変更した。カザフスタンやカナダのウラン採掘会社に出資を行う。15年3月に医薬品・食品事業から完全撤退した。

19年12月本決算：増収増益 ウラン販売量が増えたことに伴う天然ウラン取引売上高の増加と、共同出資事業の利益貢献が増益の主因。カザフスタンの出資会社のコスト削減と通貨安で持ち分利益が25％増加した。販売費が20％減、管理費が14％減となり、支払利息の減少で財務費が38％となったことも増益に貢献した。全体では海外市場の開拓強化で売上高は28％増。全体の粗利益率は1.2ポイント低下した。

今後の計画 海外の質の良い低コストのウラン資源を探し、特に中央アジアの低コストの鉱山に注目する。20年には出資するカザフスタンの会社の経営に積極的に関与し、生産量やコストの管理を徹底する。20％出資するカナダ資源会社のフィッション・ウラニウムへの技術及び業務の管理を深化させる方針。

【株価推移】

	高値		安値	
2016年	0.780	10/18	0.350	02/11
2017年	0.970	02/15	0.480	09/11
2018年	0.670	01/02	0.221	10/29
2019年	0.455	05/03	0.235	01/02
2020年	0.335	01/08	0.221	03/20

【株価情報】

取引単位(株)	5,000	A株株価	—
時価総額(mHK$)	1,782.2	A株格差(倍)	—

【指標】(%)

		19/12	18/12
収益性	ROA	5.2	4.6
	ROE	8.2	6.5
	粗利益率	6.9	8.1
成長性	増収率	27.7	336.2
	増益率(営利)	—	—
	自己資本増加率	4.3	4.1
安全性	BPS(HK$)	0.3	0.3
	負債比率	59.2	43.4
	流動比率	463.7	333.0
	株主資本比率	62.8	69.7

【財務】(百万HK$)

	19/12	18/12
流動資産	2,251.1	1,916.9
総資産	3,095.4	2,674.5
流動負債	485.5	575.6
総負債	1,151.1	810.1
株主資本	1,944.2	1,864.4

【CF】(百万HK$)

	19/12	18/12
営業CF	-686.7	151.1
投資CF	-26.6	24.3
財務CF	268.1	-233.2
FCF	-713.4	175.3
現金同等物	676.8	1,123.1

【株式】(19/12/31)(百万株)

総数	6,600.7
流通	100.0%
非流通	0.0%

【主要株主】(19/12/31)

	(%)
中国広核集団有限公司	67.7
海南鉱業股フン有限公司(601969)	10.0

【子会社・関連会社】(19/12/31)

	(%)
北京中哈鈾資源投資有限公司	100.0
北京中哈鈾資源投資有限公司	100.0

【売上・利益構成】(19/12)(%)

	売上構成比	前年比	利益構成比	前年比
ウラン取引	99.8	27.7	56.8	41.7
不動産投資	0.2	53.1	1.4	—
その他投資	—	—	41.8	18.8

【業績】［香港会計基準］(百万円)※予想：—

	売上高	営業利益	純利益	前年比(%)	EPS(HK$)	1株配(HK$)	株配・無償(株)
2016/12	707.75	—	389.13	30.6	0.071	0.0200	
2017/12	372.79	—	52.08	-86.6	0.008	0.0020	
2018/12	1,625.97	—	122.07	134.4	0.019	0.0050	
2019/12	2,076.69	—	160.01	31.1	0.024	0.0100	
2020/12予	—	—	—			—	【株式分割・併合等】
2021/12予	—	—	—				
2018/6中間	524.22	—	41.28	—	0.006		
2019/6中間	949.64	—	77.54	87.9	0.012		

【前号予想との比較】 —

【本社】香港湾仔港湾道26号華潤大厦19楼1903室 【TEL】852-31506788 【URL】www.cgnmc.com

【役員】会長：余志平(Yu Zhiping) 【上場】2003年8月 【決算期】12月 【従業員】13

家電

海爾電器集団
ハイアール・エレクトロニクス

メインボード

海爾電器集団有限公司
Haier Electronics Group Co.,Ltd.
【指数構成銘柄】— 【その他上場】—

評価	株価	年間騰落率	最低売買価格
C	21.500 HK$	2.1 %	294,980 円

PER		予想配当利回り	PBR
予想 14.2 倍　実績 7.4 倍		2.0 %	1.9 倍

洗濯機の世界最大手 中国の家電大手、海爾集団（ハイアール・グループ）傘下。「海爾」など自社ブランドの洗濯機や温水器を製造する。洗濯機の19年販売台数の世界シェアは15％で11年連続トップを維持。温水器は国内シェア21％を占める。近年では海爾製品の販路サービス（販売やアフタサービスなど）に加え、アリババ集団（09988）と共同出資する物流事業「日日順」が白物家電事業を超える中核事業に成長した。

19年12月本決算：減収増益 資産交換に伴う特別利益の計上で9割超の増益となったが、継続事業ベースでは13％増益となった。売上全体の9割近くを占める販路サービス部門が苦戦した一方、利幅の大きい洗濯機や温水器・浄水器部門が堅調に伸びた。洗濯機部門については、市場が減速する中にあってもプラス成長を確保し、市場シェアを一段と拡大させた。全体の粗利益率は21.7％と前年から3ポイント改善。前年に赤字だった出資企業の利益貢献も業績を支えた。

最近の動向 19年12月に親会社の海爾智家（600690）による非公開化の可能性があると発表。親会社がH株を発行し、海爾電器株と交換する計画を検討している。20年1〜3月期決算（中国会計基準）は売上高が22％減の145億6600万元、純利益が47％減の4億9500万元。

【株価推移】

	高値		安値	
2016年	15.760	01/04	10.800	06/24
2017年	23.350	11/14	12.000	01/03
2018年	30.000	03/20	15.660	10/31
2019年	26.200	12/17	17.360	08/07
2020年	25.350	01/20	17.580	03/19

【株式情報】

取引単位(株)	1,000	A株株価	—
時価総額(mHK$)	60,318.0	A株格差(倍)	—

【指標】(%)

		19/12	18/12
収益性	ROA	14.7	8.0
	ROE	25.2	16.0
	粗利益率	21.7	18.7
成長性	増収率	-10.5	8.3
	増益率(営利)	—	—
	自己資本増加率	21.7	15.4
安全性	BPS(元)	10.4	8.6
	負債比率	69.9	90.3
	流動比率	186.9	194.6
	株主資本比率	58.4	50.2

【財務】(百万元)

	19/12	18/12
流動資産	35,532.7	37,332.6
総資産	50,057.9	47,876.7
流動負債	19,012.5	19,182.6
総負債	20,420.0	21,671.1
株主資本	29,220.2	24,010.4

【CF】(百万元)

	19/12	18/12
営業CF	4,704.6	4,351.6
投資CF	-3,325.8	-4,131.1
財務CF	-1,601.9	-530.0
FCF	1,378.8	220.5
現金同等物	14,834.6	15,023.4

【株式】(19/12/31)(百万株)

総数	2,805.5
流通	—
	—
	—
	100.0 %
非流通	0.0 %

【主要株主】(19/12/31)

	(%)
海爾智家股フン有限公司（600690）	57.9

【子会社・関連会社】(19/12/31)

	(%)
海爾電子商務有限公司	100.0
青島海爾洗衣機有限公司	100.0
青島海爾新能源電器有限公司	100.0

【売上・利益構成】(19/12)(%)

	売上構成比	前年比	利益構成比	前年比
販路サービス	87.3	-2.3	27.4	-3.4
洗濯機	10.4	14.8	48.8	11.1
温水・浄水器	2.3	3.3	23.9	11.3

【業績】[国際会計基準](百万元)※予想：ファクトセット 　【前号予想との比較】↘減額

	売上高	営業利益	純利益	前年比(%)	EPS(元)	1株配(HK$)	株配・無償(株)
2016/12	63,854.88	—	2,785.36	3.0	1.000	0.1700	
2017/12	78,740.68	—	3,331.90	19.6	1.200	0.2900	
2018/12	85,250.04	—	3,844.50	15.4	1.380	0.3800	
2019/12	76,335.60	—	7,350.81	91.2	2.630	0.4900	
2020/12予	73,511.84	4,046.94	3,792.49	-48.4	1.380	0.4230	【株式分割・併合等】
2021/12予	79,835.98	5,041.41	4,624.74	21.9	1.654	0.4910	併合10→1(07/3)
2018/6中間	42,318.07	—	1,668.20	23.7	0.600		
2019/6中間	41,182.92	—	1,805.54	8.2	0.650		

【本社】香港皇后大道中99号中環中心35楼3513室 【TEL】852-2111-8468 【URL】www.haier.hk
270 【役員】会長：周雲傑(Zhou Yun Jie) 【上場】1997年12月 【決算期】12月 【従業員】16,759

エン州煤業

ヤンジョウ・コールマイニング

兗州煤業股份有限公司
Yanzhou Coal Mining Co.,Ltd.

【指数構成銘柄】— 【その他上場】上海A(600188)

評価	H株株価	年間騰落率	最低売買価格
B	**5.930** HK$	**-13.8** %	**162,719** 円

PER		予想配当利回り	PBR
予想 **3.8** 倍 実績 **2.8** 倍		**11.6** %	**0.5** 倍

中国の石炭大手 主力の石炭事業のほか、石炭化学（メタノール製造）、発電事業など周辺事業も手掛ける。石炭輸送用の鉄道も自社で保有。拠点の山東省のほか、陝西省、山西省、内モンゴル自治区、豪州で事業を展開する。中国と豪州に炭鉱を保有しており、19年末時点の資源量は133億2000万トン、可採埋蔵量は30億2500万トンに上る。発電所7カ所を運営し、総発電設備容量は482MW（19年末）。豪州子会社のヤンコール・オーストラリア（03668）が18年12月に香港上場。

19年12月本決算：1桁増益 石炭価格下落で売上高は伸び悩んだが、販売管理費が前年比18％減、金融費用が24％減、法人税が31％減と縮小し、利幅が広がった。事業別では石炭部門の売上高が2％増で利益が20％減。石炭の価格下落が響き、採算が悪化した。石炭化学・電力部門も低調で売上高が16％減、利益が46％減。鉄道部門は輸送量が3％減り、1割前後の減収減益。

最近の動向 20年3月、豪ニューサウスウェールズ州のムーラーベン炭鉱に追加出資。権益持ち分比率を85％から95％に引き上げた。20年1〜3月期決算（中国会計基準）は売上高が前年同期比5％減の456億500万元、純利益が34％減の15億2800万元。石炭の自社生産量が4％増の2422万トンに伸びたが、平均販売価格が下落。

【株価推移】

	高値		安値	
2016年	6.440	10/24	2.880	01/21
2017年	9.260	12/27	5.180	01/03
2018年	15.080	02/05	6.120	12/27
2019年	9.200	04/08	5.950	01/04
2020年	7.360	01/07	4.980	03/19

【株価情報】

取引単位(株)	2,000	A株株価(元)	8.380
H株時価総額(百万HK$)	11,575.5	A株格差(倍)	1.6

【指標】(%)

		19/12	18/12
収益性	ROA	4.5	4.2
	ROE	17.3	16.5
	粗利益率	31.0	36.0
成長性	増収率	0.5	28.1
	増益率(営利)	—	—
	自己資本増加率	3.9	9.8
安全性	BPS(元)	11.0	10.6
	負債比率	231.7	228.4
	流動比率	94.0	108.8
	株主資本比率	25.7	25.3

【財務】(百万元)

	19/12	18/12
流動資産	62,949.0	64,830.6
総資産	210,760.6	206,000.3
流動負債	67,001.9	59,600.4
総負債	125,412.0	118,958.6
株主資本	54,119.8	52,077.4

【CF】(百万元)

	19/12	18/12
営業CF	16,411.2	18,243.3
投資CF	-11,367.9	-10,172.0
財務CF	-9,929.1	-1,891.2
FCF	5,043.3	8,071.4
現金同等物	22,790.0	27,372.9

【株式】(19/12/31)(百万株)

総数		4,912.0
流通	H株	39.7%
	A株	60.3%
		100.0%
非流通		0.0%

【主要株主】(19/12/31)(%)

エン鉱集団有限公司	53.8
BNP Paribas Investment Partners SA	2.4
BlackRock, Inc.	2.0

【子会社・関連会社】(19/12/31)(%)

エン州煤業榆林能化有限公司	100.0
エン煤力沢能化有限公司	98.3
Yancoal Australia Ltd.	62.3

【売上・利益構成】(19/12)(%)

	売上構成比	前年比	利益構成比	前年比
石炭採掘・販売	94.1	2.2	95.5	-19.6
メタノール・電力	5.1	-15.6	3.6	-45.5
石炭鉄道輸送	0.6	-9.0	0.9	-10.4

【業績】[国際会計基準](百万元)※予想：ファクトセット

【前号予想との比較】 ↘ 減額

	売上高	営業利益	純利益	前年比(%)	EPS(元)	1株配(元)	株配・無償(株)
2016/12	33,272.43	—	1,649.39	902.9	0.340	0.1200	
2017/12	52,672.11	—	7,362.68	346.4	1.500	0.4800	
2018/12	67,447.10	—	8,582.56	16.6	1.750	0.5400	
2019/12	67,804.64	—	9,388.65	9.4	1.910	1.5800	
2020/12予	61,967.23	11,547.21	6,689.29	-28.8	1.419	0.6270	【株式分割・併合等】
2021/12予	63,700.39	11,469.87	6,766.30	1.2	1.438	0.4880	
2018/6中間	32,220.10	—	4,622.67	33.9	0.940	—	
2019/6中間	33,237.43	—	5,809.98	25.7	1.180	1.0000	

【登記】山東省鄒城市鳬山南路298号 【TEL】86-537-5382319 【URL】www.yanzhoucoal.com.cn

【役員】会長：李希勇(Li Xiyong) 【上場】1998年4月 【決算期】12月 【従業員】61,243

医薬・バイオ

中国生物製薬

シノ・バイオファーマ

中国生物製薬有限公司
Sino Biopharmaceutical Ltd.

【指数構成銘柄】ハンセン、中国企業 【その他上場】—

メインボード ハンセン

評価	株価	年間騰落率	最低売買価格
D	11.880 HK$	60.5 %	162,994 円

PER		予想配当利回り	PBR
予想 40.9 倍 実績 50.0 倍		0.6 %	4.4 倍

中国の総合医薬品メーカー 漢方薬や西洋薬の製造販売に従事。肝臓病治療薬、心脳血管薬や抗がん剤、鎮痛剤、整形外科用薬、抗感染症薬、呼吸器疾患薬などを手掛ける。米Pharm Exec誌の「19年トップ50社」にランクインした中国企業2社のうち1社（42位）。主力製品は肝臓病薬「天晴甘美」「天晴甘平」、心臓・脳血管薬「依倫平」など。全国の病院の9割をカバーする。18年9月、ハンセン指数構成銘柄に採用された。

19年12月本決算：大幅減益 18年に北京泰徳製薬の権益追加取得に伴うみなし評価益66億元を計上した反動で大幅減益。この要因や金融資産評価損益などを除外した場合の通期純利益は11％増。主力製品の販売増で売上高は2桁増。売上比率24％の肝臓病薬では、「天晴甘平」（カプセル剤）が23％増収。売上比率22％の抗がん剤では「賽維健」（注射液）が38％増収。

最近の動向 集中調達制度の拡大で業界全体が利幅縮小圧力に直面する中、創新薬の開発に注力。各品目で中国初となる後発薬承認が相次ぐ。20年2–3月だけで、経口抗血液凝固剤「ダビガトランエテキシラート・カプセル」、気管支ぜんそく薬「モンテルカスト細粒」「ブデソニド吸入用懸濁剤」、血糖降下薬「シタグリプチン錠」などが承認を得た。

【株価推移】

	高値		安値	
2016年	4.660	01/04	3.073	05/23
2017年	9.307	12/29	3.553	01/04
2018年	13.933	05/29	4.950	12/27
2019年	12.240	09/02	4.530	01/03
2020年	12.760	03/06	9.260	03/19

【株価情報】

取引単位(株)	1,000	A株株価	—
時価総額(mHK$)	149,549.1	A株格差(倍)	—

【指標】(%)

		19/12	18/12
収益性	ROA	4.6	18.2
	ROE	8.7	31.0
	粗利益率	79.7	79.9
成長性	増収率	16.0	41.0
	増益率(営利)	—	—
	自己資本増加率	6.5	217.2
安全性	BPS(元)	2.5	2.3
	負債比率	57.9	41.9
	流動比率	306.7	191.7
	株主資本比率	53.4	58.7

【財務】(百万元)

	19/12	18/12
流動資産	24,913.1	18,538.1
総資産	58,299.3	49,780.2
流動負債	8,123.0	9,668.6
総負債	18,014.7	12,230.7
株主資本	31,111.7	29,212.8

【CF】(百万元)

	19/12	18/12
営業CF	5,324.6	5,094.4
投資CF	-3,824.3	-616.1
財務CF	2,800.8	-2,177.7
FCF	1,500.3	4,478.3
現金同等物	10,631.2	6,235.0

【株式】(19/12/31)(百万株)

総数		12,588.3
流通	—	
	—	100.0 %
非流通	—	0.0 %

【主要株主】(19/12/31)

	(%)
鄭承潤	21.5
謝其潤	12.1
謝炳	11.0

【子会社・関連会社】(19/12/31)

	(%)
正大天晴薬業集団股フン有限公司	60.0
北京泰徳製薬股フン有限公司	57.6
南京正大天晴製薬有限公司	55.6

【売上・利益構成】(19/12)(%)

	売上構成比	前年比	利益構成比	前年比
医薬品の製造・販売	97.7	16.4	98.8	15.3
投資	—	—	—	—
その他	2.3	1.7	1.2	-37.1

【業績】[香港会計基準](百万元)※予想：ファクトセット 【前号予想との比較】↘減額

	売上高	営業利益	純利益	前年比(%)	EPS(元)	1株配(HK$)	株配・無償(株)
2016/12	13,543.38	—	1,637.38	7.6	0.221	0.0600	
2017/12	14,819.30	—	2,170.95	32.6	0.195	0.0750	2:1(無)
2018/12	20,888.58	—	9,046.35	316.7	0.732	0.0800	
2019/12	24,234.03	—	2,706.79	-70.1	0.216	0.0800	
2020/12予	27,551.33	6,151.76	3,343.92	23.5	0.264	0.0730	
2021/12予	32,983.68	7,471.22	4,057.21	21.3	0.324	0.0860	
2018/6中間	9,725.23	—	1,365.67	24.1	0.111	0.0400	
2019/6中間	12,527.31	—	1,444.35	5.8	0.115	0.0400	

【株式分割・併合等】

無償2:1(20/7)

【本社】香港湾仔港湾道1号会展広場弁公大楼41楼09室 【TEL】852-28029886 【URL】www.sinobiopharm.com

【役員】会長：謝其潤(Tse, Theresa YY) 【上場】2000年9月 【決算期】12月 【従業員】23,475

中国鉄建

チャイナ・レールウェイ・コンストラクション

中国鉄建股份有限公司
China Railway Construction Corp.,Ltd.

【指数構成銘柄】― 【その他上場】上海A(601186)

建設・プラント

メインボード

H株

評価	H株株価	年間騰落率	最低売買価格
C	8.090 HK$	-13.6 %	55,497 円

PER		予想配当利回り	PBR
予想 4.6 倍 実績 5.3 倍		3.3 %	0.5 倍

中国のインフラ建設大手 鉄道、道路、橋梁、港湾などインフラ全般の建設・設計を手掛けるゼネコン。建設機械の製造・販売や不動産開発、物流事業も展開する。米業界誌ENRの19年世界ゼネコンランキングで3位。フォーチュン誌の世界500社番付で59位の規模を誇る。中国のほか海外127カ国以上で事業を展開。不動産開発では住宅開発を中心に国内71都市で計276のプロジェクトを進めている（19年末）。

19年12月本決算：増収増益 主力事業の貢献で4期連続の2桁増益を達成。新規受注の増加で販売費や研究開発費は膨らんだが増収効果で吸収した。インフラ建設部門は「一帯一路」関連や「雄安新区」などの大規模国家事業を追い風に受注が伸び、部門利益が23％増と好調。新規受注は27％増の2兆100億元で年間目標の121％を達成。受注残高は21％増の3兆2700億元に上った。

今後の計画 20年12月期の目標は売上高が前年実績比1％増の8409億元、新規受注額が7％増の2兆1400億元に設定。経営陣は新型コロナ終息後に国内大型案件の需要が回復すると予想。海外でも景気刺激策が追い風になるとみている。20年1～3月期決算は売上高が前年同期比8％減の1451億300万元、純利益が24％減の29億7000万元。新規受注額は14％増の3402億1300万元。

【株価推移】

	高値		安値	
2016年	11.740	11/28	6.720	01/21
2017年	11.980	03/24	8.900	12/21
2018年	11.140	12/18	7.530	07/17
2019年	11.940	02/26	7.780	12/05
2020年	9.990	03/05	7.300	03/19

【株価情報】

取引単位(株)	500	A株株価(元)	9.760
H株時価総額(mHK$)	16,797.2	A株格差(倍)	1.3

【指標】(%)

		19/12	18/12
収益性	ROA	1.9	2.0
	ROE	9.6	10.6
	粗利益率	9.6	9.8
成長性	増収率	13.7	7.2
	増益率(営利)	9.1	21.1
	自己資本増加率	23.6	13.7
安全性	BPS(元)	15.5	12.5
	負債比率	390.2	418.1
	流動比率	109.7	109.9
	株主資本比率	19.4	18.5

【財務】(百万元)

	19/12	18/12
流動資産	755,814.0	650,277.4
総資産	1,081,239.2	917,670.6
流動負債	688,979.1	591,706.5
総負債	819,217.6	710,335.7
株主資本	209,959.7	169,889.9

【CF】(百万元)

	19/12	18/12
営業CF	40,005.8	5,447.9
投資CF	-50,168.9	-49,244.2
財務CF	20,198.0	43,912.0
FCF	-10,163.0	-43,796.4
現金同等物	140,293.6	130,087.7

【株式】(19/12/31)(百万株)

	総数	13,579.5	
流通	H株	15.3%	
	A株	84.7%	
	―		
	100.0%		
非流通	0.0%		

【主要株主】(19/12/31) (%)

中国鉄道建築有限公司	51.1
中国証券金融股フン有限公司	3.0
全国社会保障基金理事会	1.4

【子会社・関連会社】(19/12/31) (%)

中国土木工程集団有限公司	100.0
中鉄建設集団有限公司	85.6
中国鉄建高新装備股フン有限公司 (01786)	65.0

【売上・利益構成】(19/12)

	売上構成比	前年比	利益構成比	前年比
インフラ建設	85.9	14.6	47.6	23.1
不動産開発	5.0	11.9	21.6	4.0
調査・設計・コンサルティング	2.2	10.1	10.9	5.8

【業績】[中国会計基準](百万元) ※予想：ファクトセット

【前号予想との比較】 → 前号並み

	売上高	営業利益	純利益	前年比(%)	EPS(元)	1株配(元)	株分割・無償(株)
2016/12	629,327.09	18,219.27	13,999.61	10.7	1.030	0.1600	
2017/12	680,981.13	20,909.80	16,057.24	14.7	1.160	0.1800	
2018/12	730,123.05	25,321.77	17,935.28	11.7	1.260	0.2100	
2019/12	830,452.16	27,628.78	20,197.38	14.0	1.400	0.2100	
2020/12予	919,496.25	33,334.89	22,011.74	9.0	1.520	0.2400	【株式分割・併合等】
2021/12予	1,009,540.30	36,946.65	24,624.55	11.9	1.778	0.2670	
2018/6中間	308,980.93	11,121.00	8,008.70	22.8	0.560	―	
2019/6中間	352,934.88	12,790.30	9,284.18	15.9	0.650	―	

【登記】北京市海淀区復興路40号東院 【TEL】86-10-52688600 【URL】 www.crcc.cn

【役員】会長：陳奮健(Chen Fenjian) 【上場】2008年3月 【決算期】12月 【従業員】293,884

電力・ガス・水道

メインボード

レッドチップ

華潤燃気

チャイナリソーシズ・ガス

華潤燃気控股有限公司
China Resources Gas Group Ltd.

【指数構成銘柄】中国企業、レッドチップ　【その他上場】―

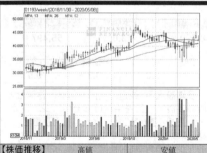

評価	株価	年間騰落率	最低売買価格
C	42.200 HK$	17.4 %	1,157,968 円

PER		予想配当利回り	PBR
予想 17.4 倍　実績 18.2 倍		2.2 %	3.5 倍

華潤グループ傘下のガス事業会社 オフィス家具やエアコン向け圧縮機・半導体の製造を手掛けていたが、08年に親会社から都市ガス事業を買収。12年には鄭州華潤ガスを完全子会社化して傘下に収めた。19年末時点で全国25省・直轄市の251地区で都市ガス供給事業を展開している。都市ガスの契約数は工業も含めて3795万件に上る。このほかガススタンド事業も手掛ける。12年にレッドチップ指数構成銘柄に採用された。

19年12月本決算：増収増益 都市ガス契約の増加でガス販売量が前年比15%増の280億立方米に伸びた上、関連会社の上海上場に伴ううみなし売却益2億2400万HKドルの計上が奏功。11年連続となる2桁増益を確保した。利益率の高いガス管敷設事業の売上比率低下で採算が悪化したものの、サービス収入の倍増でその他収益が62%増え、穴を埋めた。事業別では主力の天然ガス販売部門が堅調。ガスの供給先では工業向けが22%増と伸びた。ガス管敷設部門は売上高が6%増、利益が11%増。ガソリンスタンド部門は低調で、2桁の減収減益。

今後の計画 新規ビジネスとして電気自動車用の充電ステーションの運営事業を強化する。浙江省や江蘇省の4都市に設立した4社がすでに業務を開始。江蘇省江陰と湖南省岳陽にも新会社を立ち上げ、業容を拡大する。

【株価推移】

	高値		安値	
2016年	29.300	09/22	18.180	01/21
2017年	31.800	07/14	21.250	01/03
2018年	38.950	08/22	23.860	01/19
2019年	48.000	11/01	28.850	01/08
2020年	45.600	01/24	34.050	03/19

【株価情報】

取引単位(株)	2,000	A株株価	―
時価総額(mHK$)	93,853.3	A株格差(倍)	―

【指標】(%)

		19/12	18/12
収益性	ROA	6.2	6.0
	ROE	18.8	18.5
	粗利益率	24.9	26.6
成長性	増収率	9.1	28.4
	増益率(営利)	―	―
	自己資本増加率	11.3	9.5
安全性	BPS(HK$)	12.0	10.8
	負債比率	170.4	174.3
	流動比率	77.0	73.1
	株主資本比率	33.1	32.7

【財務】(百万HK$)

	19/12	18/12
流動資産	29,243.1	25,027.2
総資産	81,024.0	73,571.8
流動負債	37,955.0	34,247.1
総負債	45,667.2	41,963.3
株主資本	26,795.4	24,081.1

【CF】(百万HK$)

	19/12	18/12
営業CF	8,490.9	8,341.5
投資CF	-3,874.1	-6,154.3
財務CF	-1,612.7	-1,799.4
FCF	4,616.2	2,187.2
現金同等物	13,236.7	10,392.7

【株式】(19/12/31)(百万株)

総数	2,224.0
流通	―
	―
	―
	100.0 %
非流通	0.0 %

【主要株主】(19/12/31)

	(%)
中国華潤有限公司	64.0
The Capital Group Companies, Inc.	11.0

【子会社・関連会社】(19/12/31)

	(%)
臨海華潤燃気有限公司	100.0
蘇州華潤燃気有限公司	70.0
富陽華潤燃気有限公司	50.0

【売上・利益構成】(19/12)(%)

	売上構成比	前年比	利益構成比	前年比
天然ガス販売	72.4	13.1	47.8	10.8
ガス管敷設	18.9	6.3	44.5	10.8
ガソリンスタンド経営	6.8	-15.2	6.5	-17.1

【業績】[香港会計基準](百万HK$)　※予想：ファクトセット　【前号予想との比較】→ 前号並み

	売上高	営業利益	純利益	前年比(%)	EPS(HK$)	1株配(HK$)	株配・無償(株)
2016/12	32,916.15	―	3,289.40	15.9	1.510	0.4500	
2017/12	39,837.60	―	3,653.99	11.1	1.680	0.5500	
2018/12	51,165.37	―	4,450.10	21.8	2.040	0.7700	
2019/12	55,835.11	―	5,043.48	13.3	2.320	0.8700	
2020/12予	58,684.82	8,122.22	5,312.91	5.3	2.425	0.9160	【株式分割・併合等】
2021/12予	66,017.75	9,060.77	5,887.59	10.8	2.692	1.0520	併合10→1(08/3)
2018/6中間	23,846.50	―	2,647.74	25.2	1.220	0.1500	1:1.8華潤微電子(08/2)
2019/6中間	28,172.53	―	2,928.09	10.6	1.340	0.1500	

【本社】香港湾仔港湾道26号華潤大厦1901-02室　【TEL】852-25938200　【URL】www.crcgas.com

【役員】会長：王伝棟(Wang Chuandong)　【上場】1994年11月　【決算期】12月　【従業員】48,570

中遠海運港口

コスコ・シッピング・ポーツ

中遠海運港口有限公司
COSCO SHIPPING Ports Ltd.

【指数構成銘柄】レッドチップ 【その他上場】—

運輸・倉庫

メインボード

レッドチップ

評価	株価	年間騰落率	最低売買価格
C	**4.070** HK$	**-45.2** %	**111,681** 円

PER		予想配当利回り	PBR
予想 **5.5** 倍 実績 **5.3** 倍		**7.2** %	**0.3** 倍

コンテナターミナル運営大手 海運大手の合併で誕生した世界最大の総合海運企業、中国遠洋海運集団の傘下。16年の大型再編を通じてコンテナターミナル運営事業に集約した。渤海沿岸や珠江デルタを中心に取扱量の77%（19年通期）を国内が占めるが、東南アジア、中東、欧州など海外にも積極投資。19年末時点で36港290バースを運営する。取扱能力は年1億1300万TEU。

19年12月本決算：増収減益 ギリシャ・ピレウス港の11%増収や、南通通海ふ頭、CSPアブダビふ頭の稼働開始を支えに、全体で3%増収を確保したが、人件費や一部施設の減価償却費の増大を受けた粗利益率の悪化が響いた。青島港国際（06198）のA株上場時の持ち株比率低下による一回性損失やリース取引に関する会計基準の変更を除外した調整後純利益は8%増の3億5100万米ドル。コンテナ取扱量は6%増の1億2378万TEUで、うち国内が3%増9580万TEU、海外が13%増の2799万TEU。

最近の動向 20年1～3月期は売上高が前年同期比11%減の2億2100万米ドル、純利益が84%増の9200万米ドル。同期のコンテナ取扱量は6%減の2243万2800TEUにとどまった。20年1月には、青島港の運営を手掛ける青島港国際のH株9193万株弱（発行済み株式の1.4%）を取得。持ち株比率は約20%に上昇した。

【株価推移】

	高値		安値	
2016年	10,200	03/31	7,280	06/24
2017年	9,950	07/17	7,610	01/24
2018年	8,840	10/10	6,330	07/03
2019年	9,410	04/10	5,970	10/30
2020年	6,570	01/03	3,300	03/19

【株価情報】

取引単位(株)	2,000	A株株価	—
時価総額(mHK$)	12,869.2	A株格差(倍)	—

【指標】(%)

		19/12	18/12
収益性	ROA	2.9	3.6
	ROE	6.2	6.3
	粗利益率	26.5	29.4
成長性	増収率	2.7	57.6
	増益率(営利)	-0.3	-52.9
	自己資本増加率	-3.3	-0.5
安全性	BPS(US$)	1.6	1.7
	負債比率	94.3	62.5
	流動比率	125.6	109.7
	株主資本比率	47.7	57.1

【財務】(百万US$)

	19/12	18/12
流動資産	1,472.5	856.4
総資産	10,476.5	9,045.5
流動負債	1,172.6	780.8
総負債	4,711.3	3,225.8
株主資本	4,995.5	5,165.2

【CF】(百万US$)

	19/12	18/12
営業CF	353.3	265.8
投資CF	-172.1	-230.0
財務CF	221.5	-40.4
FCF	181.1	35.8
現金同等物	937.9	543.0

【株式】(19/12/31)(百万株)

総数	3,162.0
流通	—
非流通	100.0% 0.0%

【主要株主】(19/12/31)　(%)

中遠海運控股フン有限公司 (01919)	47.3
Silchester International Investors LLP	10.0

【子会社・関連会社】(19/12/31)　(%)

上海中遠海運港口投資有限公司	100.0
Piraeus Container Terminal S.A.	100.0
広州南沙海港集装箱码頭有限公司	39.0

【売上・利益構成】(19/12)(%)

	売上構成比	前年比	利益構成比	前年比
コンテナターミナル	100.0	2.7	100.0	-2.7
その他	—	—	—	—

【業績】[香港会計基準](百万US$) ※予想：ファクトセット　　　【前号予想との比較】↘ 減額

	売上高	営業利益	純利益	前年比(%)	EPS(US$)	1株配(HK$)	株配・無償(株)
2016/12	556.38	94.64	247.03	-42.5	0.083	1.0580	
2017/12	634.71	452.60	512.45	107.4	0.169	0.2340	
2018/12	1,000.35	213.19	324.58	-36.7	0.106	0.3310	
2019/12	1,027.66	212.51	308.02	-5.1	0.098	0.3050	
2020/12予	1,001.92	184.27	302.14	-1.9	0.095	0.2950	【株式分割・併合等】
2021/12予	1,102.71	193.94	290.73	-3.8	0.092	0.2930	
2018/6中間	495.46	111.03	168.99	-56.1	0.055	0.1730	
2019/6中間	517.92	101.51	147.79	-12.5	0.048	0.1480	

【本社】香港皇后大道中183号中遠大厦49楼 【TEL】852-28098188 【URL】ports.coscoshipping.com
【役員】会長：黄小文(Huang Xiaowen) 【上場】1994年12月 【決算期】12月 【従業員】10,432

中信資源控股

シティック・リソーシズ・ホールディングス

鉄鋼・非鉄金属

メインボード

レッドチップ

中信資源控股有限公司
CITIC Resources Holdings Ltd.

【指数構成銘柄】 ― 【その他上場】 ―

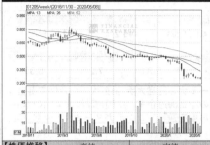

評価	株価	年間騰落率	最低売買価格
―	0.260 HK$	-61.8 %	7,134 円

PER		予想配当利回り	PBR
予想 ―	実績 3.4 倍	―	0.3 倍

中国中信傘下の資源会社 中国の国有企業、中国中信集団の傘下にある資源会社。豪州でアルミや鉄鉱石、石炭の輸出と自動車や各種金属などの輸入を手掛けるほか、炭鉱権益を保有している。アルコア、丸紅と合弁でアルミ精錬事業も展開する。中国、インドネシア、カザフスタンで油田開発も行う。10年にマンガン事業を手掛ける中信ダーモン（01091）を分離上場させた。直接の親会社は香港上場の中国中信（00267）

19年12月本決算：減収減益 米中貿易摩擦などを背景とした世界的な景気減速に伴う原油需要の減退が重し。主力の原油部門で価格、販売量が落ち込み、利益を圧迫した。関連会社の豪アルミナやマンガン大手の中信ダーモン（01091）による利益貢献の大幅減も痛手。アルミやマンガンの値下がりが響いた。主力4部門はそろって減収で、特に稼ぎ頭の原油部門が37％減益と低調。石炭部門は販売価格の下落で79％減益。

最近の動向 20年6月中間決算で赤字に転落するとの見通しを発表。1～4月に販売した原油の平均価格が前年同期比で大幅に下落した影響が出る。新型コロナの感染拡大に伴う移動制限で原油需要が急激に縮小。OPECとロシアなど非加盟の主要産油国による減産交渉が一時的に決裂し、原油相場が暴落したことも痛手。

【株価推移】

	高値		安値	
2016年	1.120	11/28	0.510	01/26
2017年	1.220	02/13	0.700	12/15
2018年	0.940	05/10	0.600	10/25
2019年	0.820	04/04	0.450	09/10
2020年	0.510	01/09	0.244	05/04

【株価情報】

取引単位(株)	2,000	A株株価	―
時価総額(mHK$)	2,043.0	A株格差(倍)	―

【指標】(%)

		19/12	18/12
収益性	ROA	4.7	6.6
	ROE	9.6	14.7
	粗利益率	10.7	18.4
成長性	増収率	-22.6	22.9
	増益率(営利)	―	―
	自己資本増加率	1.8	1.3
安全性	BPS(HK$)	0.8	0.8
	負債比率	103.5	124.2
	流動比率	143.4	138.3
	株主資本比率	49.4	44.9

【財務】(百万HK$)

	19/12	18/12
流動資産	2,975.5	4,168.9
総資産	12,668.0	13,679.7
流動負債	2,074.9	3,013.7
総負債	6,475.3	7,625.7
株主資本	6,253.4	6,141.5

【CF】(百万HK$)

	19/12	18/12
営業CF	654.7	961.7
投資CF	693.6	763.7
財務CF	-1,659.2	-1,171.0
FCF	1,348.2	1,725.4
現金同等物	1,595.4	1,921.2

【株式】(19/12/31)(百万株)

総数	7,857.7
流通	―
	―
	100.0 %
非流通	0.0 %

【主要株主】(19/12/31)

	(%)
中国中信股フン有限公司 (00267)	59.5
Argyle Street Management Ltd.	10.0

【子会社・関連会社】(19/12/31)

	(%)
CITIC Resources Australia Pty Ltd.	100.0
CITIC Australia Coal Pty Ltd.	100.0
天時集団能源有限公司	90.0

【売上・利益構成】(19/12)(%)

	売上構成比	前年比	利益構成比	前年比
アルミ精錬	30.2	-5.0	4.6	―
原油	29.4	-22.2	73.5	-36.8
商品取引	21.7	-35.7	11.7	-1.6

【業績】 [香港会計基準](百万HK$) ※予想:―

	売上高	営業利益	純利益	前年比(%)	EPS(HK$)	1株配(HK$)	株配・無償(株)
2016/12	2,956.73	―	362.99	―	0.046	0.0150	
2017/12	3,602.95	―	518.32	42.8	0.066	0.0250	
2018/12	4,427.32	―	905.25	74.7	0.115	0.0350	
2019/12	3,425.51	―	600.19	-33.7	0.076		
2020/12予							
2021/12予							
2018/6中間	2,145.18	―	529.13	186.0	0.067		
2019/6中間	1,828.36	―	362.05	-31.6	0.046		

【前号予想との比較】 ―

【株式分割・併合等】

併合5→1(01/6)

【本社】香港九龍柯士甸道西1号環球貿易広場67楼6701-02及08B室 【TEL】852-28998200 【URL】www.resources.citic

【役員】会長：孫玉峰(Sun Yufeng) 【上場】1997年9月 【決算期】12月 【従業員】243

五鉱資源

エムエムジー

五鉱資源有限公司
MMG Ltd.

【指数構成銘柄】― 【その他上場】―

評価	株価	年間騰落率	最低売買価格
E	**1.390** HK$	**-55.3** %	**76,283** 円

	PER		予想配当利回り	PBR
予想	―	実績 ―	**0.0** %	**1.4** 倍

中国政府系の非鉄鉱山会社 国務院系の中国五鉱集団傘下。10年に親会社から豪資源会社ミネラルズ・アンド・メタルズ・グループ（MMG）を買収し、アルミ加工から非鉄金属の探査・採掘に事業転換した。南米、アフリカ、豪州を中心に銅、亜鉛、鉛、金、銀の採掘と製錬を手掛ける。生産量は銅が45万トン、亜鉛が25万トン（19年）。14年にグレンコアから買収したペルーのラスバンバス銅鉱山が16年7月、豪デュガルドリバー亜鉛鉱山が18年5月にそれぞれ商業生産を開始した。

19年12月本決算：赤字転落 銅と亜鉛の市場価格が約1割下落したほか、銅の生産量が19%減少。主力のラスバンバス鉱山で近隣住民の抗議活動に伴い銅生産量が2万トン減少したことや、輸送路の封鎖で出荷が制限された影響が出た。キンセビア鉱山の品質低下や採掘環境悪化で減損処理を計上したことも響いた。一方、デュガルドリバー鉱山は商業生産が安定し2桁増益。

最近の動向 ラスバンバス鉱山では新型コロナによる輸送路の封鎖などで20年1～3月期の銅生産量が3割近く縮小。その後も生産や原料調達への影響が続き、会社側は4月に同鉱山の通期予想を取り下げた。一方、主力の3鉱山では従来予想を維持し、銅精鉱6万8000－7万5000トン、亜鉛22万5000－24万5000トンの生産を見込む。

【株価推移】

	高値		安値	
2016年	2.640	11/24	1.269	01/15
2017年	4.050	09/05	1.920	01/03
2018年	6.530	06/07	2.730	10/29
2019年	4.040	02/27	1.480	10/21
2020年	2.460	01/02	1.020	03/19

【株価情報】

取引単位（株）	4,000	A株株価	―
時価総額（mHK$）	11,196.2	A株格差（倍）	―

【指標】(%)

		19/12	18/12
収益性	ROA	―	0.5
	ROE	―	5.4
	粗利益率	―	―
成長性	増収率	-17.4	-2.2
	増益率（営利）	-59.0	-34.5
	自己資本増加率	-19.5	3.8
安全性	BPS（US$）	0.1	0.2
	負債比率	986.7	824.0
	流動比率	70.5	89.3
	株主資本比率	8.0	9.5

【財務】(百万US$)

	19/12	18/12
流動資産	1,062.6	1,272.8
総資産	12,665.1	13,255.4
流動負債	1,508.2	1,425.9
総負債	9,987.2	10,359.1
株主資本	1,012.2	1,257.1

【CF】(百万US$)

	19/12	18/12
営業CF	1,145.1	1,731.5
投資CF	-480.8	-104.9
財務CF	-1,048.7	-1,960.8
FCF	664.3	1,626.6
現金同等物	217.5	601.9

【株式】(19/12/31)(百万株)

総数	8,054.8
流通	―
	―
	100.0%
非流通	0.0%

【主要株主】(19/12/31)

	(%)
五鉱有色金属控股有限公司	72.6

【子会社・関連会社】(19/12/31)

	(%)
MMG Australia Ltd.	100.0
MMG Resources Inc.	100.0
Minera Las Bambas S.A.	62.5

【売上・利益構成】(19/12)(%)

	売上構成比	前年比	利益構成比	前年比
ラスバンバス鉱山（ペルー）	66.4	-21.9	83.4	-22.7
キンセビア鉱山（コンゴ）	13.4	-21.2	―	―
デュガルドリバー（豪州）	11.1	35.9	8.1	12.6

【業績】[香港会計基準]（百万US$） ※予想：ファクトセット

【前号予想との比較】 ↓ 大幅減額

	売上高	営業利益	純利益	前年比(%)	EPS(US$)	1株配(US$)	株配・無償(株)
2016/12	2,488.80	264.70	-152.70	―	-0.025	―	2:1@1.5HK$
2017/12	3,751.30	1,272.20	147.10	―	0.019	―	
2018/12	3,670.20	833.10	68.30	-53.6	0.009	―	
2019/12	3,032.30	341.90	-230.40	―	-0.029	―	
2020/12予	3,257.43	286.42	-211.14	―	-0.022	―	**【株式分割・併合等】**
2021/12予	3,851.33	677.58	-35.34	―	-0.002	―	
2018/6中間	1,898.80	577.40	128.70	623.0	0.016	―	
2019/6中間	1,387.40	195.40	-81.00	―	-0.010	―	

【本社】香港九龍柯士甸道西1号環球貿易広場85楼8506A室 【TEL】852-22169688 【URL】www.mmg.com
【役員】会長：国文清（Guo Wenqing）【上場】1994年12月 【決算期】12月 【従業員】3,852

自動車・二輪

比亜迪
ビーワイディー

比亜迪股份有限公司
BYD Co.,Ltd.

【指数構成銘柄】中国企業　【その他上場】深センA(002594)

メインボード

〔01211/week(2018/11/30 - 2020/05/08)〕

評価	H株株価	年間騰落率	最低売買価格
D	46.800 HK$	-6.0 %	321,048 円

PER		予想配当利回り	PBR
予想 45.5 倍　実績 85.1 倍		0.2 %	2.0 倍

H株

中国の自動車・電池メーカー 03年に自動車事業に参入。従来型燃料車と新エネルギー車を生産する。11年に独ダイムラーと電気自動車開発で提携。都市軌道交通にも進出した。創業時から手掛ける電池事業は、スマートフォン・電動工具用のリチウム電池やイオン電池を供給。子会社のBYDエレクトロニック（00285）を通じ、スマホの受託製造サービスも展開する。08年に米著名投資家のバフェット氏が戦略出資者となった。

19年12月本決算：減収減益 売上高は前年の水準を維持したが、新エネ車の補助金削減などが響き3期連続の減益となった。自動車部門の販売台数は前年比11%減の46万1400台にとどまった。携帯端末部品・組立部門は世界スマホ市場の低迷で3割超の減益。二次電池・太陽光発電設備部門もリチウム電池の需要低下や太陽光発電関連の補助金減少で2割超の減益となった。

最近の動向 20年1～3月期決算（中国会計基準）は売上高が前年同期比35%減の196億7900万元、純利益が85%減の1億1300万元。同期の新車販売は48%減の6万1300台だった。6月中間決算の純利益は前年同期比10～24%増の16億－18億元を見込む。会社側は、4～6月期に新型コロナウイルスが中国市場に及ぼす影響が次第に弱まったことで、自動車事業が着実に持ち直すと予測。

【株価推移】

	高値		安値	
2016年	57.250	09/07	32.050	02/12
2017年	83.700	10/09	40.700	01/03
2018年	77.750	01/23	39.900	08/07
2019年	60.100	04/17	36.200	10/30
2020年	55.650	02/20	33.500	03/23

【株価情報】

取引単位(株)	500	A株株価(元)	59.780
H株時価総額(mHK$)	42,822.0	A株格差(倍)	1.4

【指標】(%)

		19/12	18/12
収益性	ROA	0.8	1.4
	ROE	2.8	5.0
	粗利益率	14.8	14.8
成長性	増収率	-0.0	18.6
	増益率(営利)	—	—
	自己資本増加率	2.8	0.4
安全性	BPS(元)	20.8	20.2
	負債比率	234.4	242.5
	流動比率	99.0	99.0
	株主資本比率	29.0	28.4

【財務】(百万元)

	19/12	18/12
流動資産	106,966.6	115,359.5
総資産	195,641.6	194,571.1
流動負債	108,028.9	116,569.0
総負債	133,040.2	133,877.1
株主資本	56,762.3	55,198.3

【CF】(百万元)

	19/12	18/12
営業CF	14,741.0	12,522.9
投資CF	-20,881.4	-14,230.8
財務CF	6,610.3	3,916.5
FCF	-6,140.4	-1,707.9
現金同等物	11,674.3	11,151.1

【株式】(19/12/31)(百万株)

総数		2,728.1	
流通	H株	33.5 %	
	A株	41.8 %	
	—		75.4 %
非流通			24.6 %

【主要株主】(19/12/31)

	(%)
王伝福	18.9
呂向陽	14.7
Berkshire Hathaway Energy	8.3

【子会社・関連会社】(19/12/31)

	(%)
深セン市比亜迪鋰電池公司	100.0
比亜迪汽車有限公司	99.0
比亜迪電子（国際）有限公司（00285）	65.8

【売上・利益構成】(19/12)(%)

	売上構成比	前年比	利益構成比	前年比
自動車・関連製品	48.9	-17.0	56.3	-3.6
携帯端末部品・組み立て	43.1	27.0	35.7	-33.4
二次電池・太陽光発電設備	8.0	12.0	8.1	-24.8

【業績】[香港会計基準](百万元)　※予想：ファクトセット

【前号予想との比較】↗増額

	売上高	営業利益	純利益	前年比(%)	EPS(元)	1株配(元)	株配・無償(株)
2016/12	100,207.70	—	5,052.15	78.9	1.880	0.5450	
2017/12	102,650.61	—	4,066.48	-19.5	1.400	0.1410	
2018/12	121,790.93	—	2,780.19	-31.6	0.930	0.2040	
2019/12	121,778.12	—	1,614.45	-41.9	0.500	0.0600	
2020/12予	136,383.94	6,520.20	2,284.78	41.5	0.935	0.1030	【株式分割・併合等】
2021/12予	155,320.19	7,370.06	2,949.34	29.1	1.128	0.1430	
2018/6中間	51,914.05	—	479.10	-72.2	0.130	—	
2019/6中間	59,214.98	—	1,454.57	203.6	0.490	—	

【登記】深セン市大鵬新区葵桶街道延安路1号　【TEL】86-755-89888888　【URL】www.byd.com.cn

【役員】会長：王伝福(Wang Chuan-fu)　【上場】2002年7月　【決算期】12月　【従業員】229,000

卸売・小売業

利福国際

ライフスタイル・インターナショナル

利福国際集団有限公司
Lifestyle International Holdings Ltd.
【指数構成銘柄】— 【その他上場】—

メインボード

評価	株価	年間騰落率	最低売買価格
C	7.000 HK$	-44.4 %	48,020 円

PER		予想配当利回り	PBR
予想 10.9 倍 実績 5.6 倍		1.8 %	2.7 倍

香港そごうの運営会社 経営破綻した日本のそごうから、香港の店舗と香港での「そごう」商標権を01年に取得。銅鑼湾店と尖沙咀店を運営する。自社販売のほか、入居テナント売り上げの一定率（18年は平均24.8％）を収益計上する。16年7月、中国本土の百貨店やスーパーの運営事業を利福中国（02136）として香港市場に分離上場。17年4月には不動産子会社だった利福地産（現在の三盛控股：02183）の保有株を全て売却。

19年12月本決算：減収増益 総額4億390万HKドルの金融資産評価益（前年は5億1600万HKドルの評価損）を計上したことが利益を押し上げた。同要因や不動産評価損益を除いた営業利益は18％減。米中貿易摩擦や香港デモの長期化を背景に、香港で小売業況が悪化した。主力の銅鑼湾（コーズウェイベイ）店と2号店の尖沙咀（チムサーチョイ）店が通期でともに19％減収。6月に始まった大規模デモで客足が落ち込み、下半期はそれぞれ34％減収、46％減収と落ち込みが目立った。

今後の見通し 目先は厳しい情勢が続く見通し。新型コロナ流行を受け、香港小売市場の低迷が続いている。業績にどの程度の影響が出るか、本決算発表時点（20年3月）で予測することは難しいため、今後の情勢を注視した上で評価を行うとしている。

【株価推移】

	高値		安値	
2016年	12.300	08/16	8.380	01/26
2017年	11.520	06/19	9.740	01/09
2018年	28.050	05/31	10.220	01/02
2019年	14.520	03/06	7.560	11/15
2020年	9.500	01/16	5.970	03/23

【株価情報】

取引単位（株）	500	A株株価	—
時価総額（mHK$）	10,513.4	A株格差（倍）	—

【指標】(%)

		19/12	18/12
収益性	ROA	7.7	8.2
	ROE	49.2	57.7
	粗利益率	74.9	73.8
成長性	増収率	-18.7	16.1
	増益率（営利）	—	—
	自己資本増加率	31.0	-24.4
安全性	BPS（HK$）	2.6	2.0
	負債比率	537.8	601.6
	流動比率	215.4	206.3
	株主資本比率	15.7	14.3

【財務】（百万HK$）

	19/12	18/12
流動資産	12,068.8	9,476.6
総資産	24,501.5	20,567.5
流動負債	5,602.6	4,594.1
総負債	20,660.2	17,636.1
株主資本	3,841.3	2,931.4

【CF】（百万HK$）

	19/12	18/12
営業CF	2,029.0	2,443.5
投資CF	2,491.7	-5,359.7
財務CF	1,192.4	-3,093.9
FCF	4,520.7	-2,916.2
現金同等物	7,112.6	1,413.1

【株式】(19/12/31)（百万株）

総数	1,501.9
流通	
非流通	0.0 %

流通 100.0 %

【主要株主】(19/12/31) (%)

劉鑾鴻	75.0

【子会社・関連会社】(19/12/31) (%)

崇光（香港）百貨有限公司	100.0
偉業管理有限公司	100.0
加諾発展有限公司	100.0

【売上・利益構成】(19/12)(%)

	売上構成比	前年比	利益構成比	前年比
テナント手数料	47.9	-18.9	—	—
商品販売（直接販売）	34.2	-22.4	—	—
APO販売	13.0	-13.8	—	—

【業績】［香港会計基準］（百万HK$）※予想：ファクトセット　　　　【前号予想との比較】 ↓ 大幅減額

	売上高	営業利益	純利益	前年比(%)	EPS(HK$)	1株配(HK$)	株配・無償（株）
2016/12	4,671.97	—	1,590.43	-16.9	0.990	0.6320	1:1利福中国（02136）
2017/12	3,755.09	—	3,300.52	107.5	2.060	0.6320	
2018/12	4,358.01	—	1,690.07	-48.8	1.080	0.6650	
2019/12	3,542.03	—	1,890.68	11.9	1.260	0.3000	
2020/12予	2,510.13	1,202.65	888.67	-53.0	0.643	0.1250	【株式分割・併合等】
2021/12予	3,190.47	1,738.47	1,358.34	52.9	0.890	0.3550	分割1→2(07/09)
2020/6中間	2,142.40	—	888.10	-48.4	0.554	0.2950	
2019/6中間	2,103.33	—	1,286.14	—	0.855	0.3000	

【本社】香港銅鑼湾軒尼詩道555号東角中心20楼　【TEL】852-28338338　【URL】www.lifestylehk.com.hk
【役員】会長：劉鑾鴻(Lau Luen Hung Thomas)　【上場】2004年4月　【決算期】12月　【従業員】659

繊維・アパレル

メインボード

中国利郎

チャイナ・リーラン

中国利郎有限公司
China Lilang Ltd.
【指数構成銘柄】― 【その他上場】―

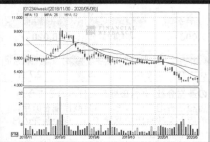

評価	株価	年間騰落率	最低売買価格
A	4.610 HK$	-39.4 %	63,249 円

	PER		予想配当利回り	PBR
予想 **7.1**倍	実績 **6.2**倍		9.6 %	1.4 倍

中国の紳士服大手 中国でスーツやカジュアルウエアのメンズブランド「LILANZ」を展開。製造から販売までを手掛ける。王会長3兄弟が1987年に創業した。2019年12月末時点の「LILANZ」店舗数は2815店(売り場面積は計40万6400平米)。製品カテゴリー別ではトップスが売上全体の60%を占める。16年に都市部20-30代向け「LILANZスマートカジュアルコレクション」を投入。近年は靴製品の開発にも力を入れている。

19年12月本決算:増収増益 ブランド競争力の向上やオンライン販売の推進で15%増収を確保。ただ、暖冬の影響で年末にかけて売り上げが伸び悩むなか、秋冬物の在庫圧力を軽減するために代理店へのリベート強化や積極的な価格割引を進めた。この影響で粗利益率は38.4%と前年から2.6ポイント低下した。一方、販管費は増収率の範囲内に収めた。店舗数は145店の純増。

今後の見通し 20年は旧正月前の販売が好調だったものの、1月末から新型コロナウイルスの感染拡大で販売店の営業が一時停止。会社側は1-3月期の「LILANZ」ブランドの売り上げが40%以上減少するとし、春物製品の販売落ち込みで上期の業績悪化を見込む。もっとも新型コロナの影響が一時的なものとすれば、秋冬物を販売するころには正常な状態に戻ると期待する。

【株価推移】

	高値		安値	
2016年	5.910	01/06	4.130	02/11
2017年	6.690	09/13	4.350	01/03
2018年	13.080	06/13	6.230	01/02
2019年	9.890	03/15	6.080	10/04
2020年	7.000	01/10	4.260	05/06

【株価情報】

取引単位(株)	1,000	A株株価	―
時価総額(mHK$)	5,520.4	A株格差(倍)	―

【指標】(%)

		19/12	18/12
収益性	ROA	17.8	17.0
	ROE	22.5	22.1
	粗利益率	38.4	41.0
成長性	増収率	15.5	29.8
	増益率(営利)	11.1	31.8
	自己資本増加率	6.1	8.2
安全性	BPS(元)	3.0	2.8
	負債比率	26.5	29.8
	流動比率	377.5	351.3
	株主資本比率	79.0	77.1

【財務】(百万元)

	19/12	18/12
流動資産	3,530.6	3,487.1
総資産	4,563.3	4,412.4
流動負債	935.2	992.6
総負債	957.0	1,012.6
株主資本	3,606.3	3,399.9

【CF】(百万元)

	19/12	18/12
営業CF	609.2	445.6
投資CF	−85.2	68.5
財務CF	−616.9	−497.4
FCF	524.0	514.1
現金同等物	1,750.6	1,842.9

【株式】(19/12/31)(百万株)

総数		1,197.5
流通	―	
	―	
	―	
	100.0 %	
非流通	0.0 %	

【主要株主】(19/12/31)

	(%)
暁昇国際有限公司	55.2
銘郎投資有限公司	6.3
恵理集団有限公司 (00806)	5.9

【子会社・関連会社】(19/12/31)

	(%)
利郎(中国)有限公司	100.0
利郎(上海)有限公司	100.0
利郎(厦門)服飾有限公司	100.0

【売上・利益構成】(19/12)(%)

	売上構成比	前年比	利益構成比	前年比
紳士服などの販売	100.0	15.5	100.0	11.1

【業績】 [国際会計基準](百万元) ※予想:ファクトセット

【前号予想との比較】 ↘ 減額

	売上高	営業利益	純利益	前年比(%)	EPS(元)	1株配(HK$)	株配・無償(株)
2016/12	2,411.64	663.35	539.86	−13.6	0.447	0.4000	
2017/12	2,441.06	668.95	611.04	13.2	0.507	0.4400	
2018/12	3,167.87	881.86	751.19	22.9	0.627	0.5400	
2019/12	3,658.47	979.80	812.18	8.1	0.678	0.5700	
2020/12予	3,456.76	819.64	702.77	−13.5	0.592	0.4430	【株式分割・併合等】
2021/12予	4,033.75	1,032.13	872.68	24.2	0.737	0.5660	
2018/6中間	1,293.10	381.38	340.67	25.9	0.285	0.2300	
2019/6中間	1,539.99	464.77	388.53	14.0	0.325	0.2600	

【本社】福建省晋江市長興路200号利郎工業園 【TEL】86-595-85622666 【URL】www.lilanz.com

【役員】会長:王冬星(Wang Dongxing) 【上場】2009年9月 【決算期】12月 【従業員】2,570

中国農業銀行

アグリカルチュラル・バンク・オブ・チャイナ

【指数構成銘柄】 中国企業　**【その他上場】** 上海A(601288)

中国農業銀行股份有限公司
Agricultural Bank Of China Ltd.

[01288/week(2018/11/30 - 2020/05/08)]

評価	H株株価	年間騰落率	最低売買価格
A	**3.200** HK$	**-8.6** %	**43,904** 円

PER		予想配当利回り	PBR
予想 **4.6** 倍　実績 **4.9** 倍		**6.5** %	**0.5** 倍

中国3位の商業銀行 4大国有商業銀行の一角を占め、19年末の資産規模で国内3位。19年末の国内営業拠点は2万3149カ所に上る。前身は1951年に設立された農業合作銀行で、主に農村部での金融サービス提供機能を担った。08年に政府による資本注入を受けて巨額の不良債権を処理。19年末の預金残高は18兆5400億元、貸出残高は13兆3600億元に上る。14年にグローバルなシステム上重要な銀行（G-SIBs）に選ばれた。

19年12月本決算：増収増益 収入の安定成長とコストの圧縮で利益増を確保した。預金獲得競争の激化などを受けて利ざやは縮小したものの、利付き資産が拡大する中、資金利益は2%増とプラス成長を維持。電子銀行関連の手数料収入の伸びなどが寄与し、役務取引等利益は11%増加。コスト対収入比率は31.27%から30.49%に改善した。不良債権比率は1.40%と前年末比で0.19ポイント低下。Tier1比率と自己資本比率は前年末比でそれぞれ0.4ポイント、1.01ポイント上昇した。

最近の動向 20年1〜3月期決算は経常収益が前年同期比8%増の1869億1500万元、純利益が5%増の641億8700万元。中国当局による金融緩和の中、20年は純利ざやの縮小圧力が高まると同行経営陣は予測。一方で、資産の質は安定を維持する見通しとしている。

【株価推移】

	高値		安値	
2016年	3.480	09/22	2.500	02/12
2017年	3.800	06/02	3.150	01/03
2018年	5.020	01/29	3.330	12/21
2019年	3.880	03/05	2.930	08/26
2020年	3.500	01/02	2.690	03/19

【株価情報】

取引単位(株)	1,000	A株株価(元) 3.420
H株時価総額(mHK$)	98,364.2	A株格差(倍) 1.2

【指標】 (%)

		19/12	18/12
収益性	ROA	0.9	0.9
	ROE	10.9	12.1
	粗利益率	—	—
成長性	増収率	4.4	11.0
	増益率(営利)	5.9	5.1
	自己資本増加率	16.6	17.1
安全性	BPS(元)	5.6	4.8
	負債比率	1,176.3	1,253.4
	流動比率	—	—
	株主資本比率	7.8	7.4

【財務】(百万元)

	19/12	18/12
流動資産	—	—
総資産	24,878,288.0	22,609,471.0
流動負債	—	—
総負債	22,918,526.0	20,934,684.0
株主資本	1,948,355.0	1,670,294.0

【CF】(百万元)

	19/12	18/12
営業CF	352,571.0	105,927.0
投資CF	-230,805.0	-439,087.0
財務CF	351,765.0	304,873.0
FCF	121,766.0	-333,160.0
現金同等物	1,454,581.0	978,441.0

【株式】(19/12/31)(百万株)

総数	349,983.0	
流通	H株	8.8%
	A株	84.0%
		92.8%
非流通		7.2%

【主要株主】(19/12/31) (%)

中央匯金投資有限責任公司	40.0
中華人民共和国財政部	35.3
全国社会保障基金理事会	6.7

【子会社・関連会社】(19/12/31) (%)

農銀国際控股有限公司	100.0
農銀金融租賃有限公司	100.0
農銀人寿保険股フン有限公司	51.0

【売上・利益構成】(19/12)(%)

	売上構成比	前年比	利益構成比	前年比
法人向け銀行業務	43.2	-1.1	41.6	20.1
個人向け銀行業務	38.1	34.9	34.9	-18.3
トレジャリー業務	12.6	20.5	19.9	36.0

【業績】 [国際会計基準](百万元) ※予想：ファクトセット

【前号予想との比較】 ➡ 前号並み

	経常収益	業務純益	純利益	前年比(%)	EPS(元)	1株配(元)	株配・無償(株)
2016/12	510,128.00	226,633.00	183,941.00	1.9	0.550	0.1700	
2017/12	542,898.00	239,464.00	192,962.00	4.9	0.580	0.1783	
2018/12	602,557.00	251,696.00	202,783.00	5.1	0.590	0.1739	
2019/12	629,350.00	266,531.00	212,098.00	4.6	0.590	0.1819	
2020/12予	663,211.56	434,683.44	218,714.92	3.1	0.626	0.1880	**【株式分割・併合等】**
2021/12予	707,756.00	463,439.00	229,419.75	4.9	0.655	0.1980	
2018/6中間	307,950.00	141,546.00	115,789.00	6.6	0.350	—	
2019/6中間	324,467.00	149,542.00	121,110.00	4.6	0.350	—	

【本社】 北京市東城区建国門内大街69号　**【TEL】** 86-10-85109619　**【URL】** www.abchina.com
【役員】 会長：周慕冰(Zhou Mubing)　**【上場】** 2010年7月　**【決算期】** 12月　**【従業員】** 464,011

卸売・小売業

メインボード

広匯宝信汽車集団
グランド・バオシン・オート

広匯宝信汽車集団有限公司
Grand Baoxin Auto Group Ltd.
【指数構成銘柄】— 【その他上場】—

評価	株価	年間騰落率	最低売買価格
C	0.960 HK$	-64.3 %	6,586 円

PER		予想配当利回り	PBR
予想 3.9 倍 実績 4.0 倍		2.5 %	0.3 倍

華東中心の外国車ディーラー 上海、天津、江蘇省、浙江省、山東省など沿岸地域を中心に高級外車の販売を手掛ける。主力のBMWやベンツ、アウディ、キャデラック、ジャガーといった高級車のほか、トヨタ、日産、現代などの中・高級車種を扱う。販売からアフターサービスまで手掛ける「4S店」を展開。16年6月、自動車販売大手の広匯汽車服務（600297）が親会社に。17年5月に「宝信汽車集団」から社名変更した。

19年12月本決算：減収増益 販売費や管理費を抑制して増益につなげた。全体の粗利益率は0.2ポイント改善。部門別では、主力の自動車販売が2%減収。新車販売台数は2%減少したが、部門粗利益率は0.1ポイント上昇。アフターサービスは親会社と共同で構築したインターネットのサービスプラットフォームなどが奏効して5%増収も部門粗利益率は1.4ポイント悪化した。

今後の見通し 会社側は、消費水準の向上を背景に中国で今後、高級車の市場シェアが一段と拡大していくと予想。引き続き高級車ブランドの販売サービスを強化していく方針。新エネルギー車やアフターサービスなどの市場動向をにらみつつ、川上から川下までの産業チェーンを構築し、充電やエネルギーなどを網羅する一体化したサービスを展開していく考え。

【株価推移】

	高値		安値	
2016年	5.030	06/07	1.750	12/29
2017年	5.100	09/20	1.860	01/03
2018年	4.140	01/03	1.470	10/30
2019年	3.560	06/20	1.330	08/15
2020年	1.600	01/14	0.770	03/19

【株価情報】

取引単位(株)	500	A株株価	—
時価総額(mHK$)	2,724.0	A株格差(倍)	—

【指標】(%)

		19/12	18/12
収益性	ROA	2.2	2.0
	ROE	8.2	7.9
	粗利益率	7.8	7.6
成長性	増収率	-0.9	6.5
	増益率(営利)	9.6	-14.1
	自己資本増加率	8.5	2.3
安全性	BPS(元)	2.7	2.5
	負債比率	274.9	297.7
	流動比率	112.9	141.5
	株主資本比率	26.7	25.1

【財務】(百万元)

	19/12	18/12
流動資産	19,637.5	20,057.8
総資産	28,777.8	28,157.8
流動負債	17,389.3	14,170.6
総負債	21,080.6	21,051.0
株主資本	7,669.6	7,071.7

【CF】(百万元)

	19/12	18/12
営業CF	662.3	706.0
投資CF	76.1	-1,047.5
財務CF	-1,614.1	-276.3
FCF	738.4	-341.5
現金同等物	1,663.1	2,542.5

【株式】(19/12/31)(百万株)

総数	2,837.5
流通	—
流通	100.0%
非流通	0.0%

【主要株主】(19/12/31)

	(%)
広匯汽車服務股フン有限公司(600297)	67.7
Baoxin Investment Management Ltd.(楊愛華)	7.7

【子会社・関連会社】(19/12/31)

	(%)
上海宝信汽車銷售服務有限公司	100.0
蘇州宝信汽車銷售服務有限公司	100.0
天津宝信汽車銷售服務有限公司	100.0

【売上・利益構成】(19/12)(%)

	売上構成比	前年比	利益構成比	前年比
自動車販売	86.9	-1.8	—	—
アフターサービス	13.0	5.1	—	—
オートリース	0.1	25.2	—	—

【業績】[香港会計基準](百万元)※予想：ファクトセット

【前号予想との比較】 ↘ 減額

	売上高	営業利益	純利益	前年比(%)	EPS(元)	1株配(HK$)	株配・無償(株)
2016/12	25,708.80	1,070.44	414.23	88.2	0.160		
2017/12	34,557.99	1,888.81	807.92	95.0	0.300	0.1000	
2018/12	36,790.74	1,622.42	556.28	-31.1	0.200		
2019/12	36,463.88	1,777.78	629.20	13.1	0.220		
2020/12予	38,362.87	1,727.56	626.09	-0.5	0.223	0.0240	
2021/12予	41,644.24	1,973.06	761.40	21.6	0.272	0.0290	
2018/6中間	16,981.80	822.38	362.58	-10.1	0.130		
2019/6中間	17,348.23	924.93	320.14	-11.7	0.130		

【株式分割・併合等】

友邦保険控股

エーアイエー・グループ

友邦保険控股有限公司
AIA Group Ltd.

【指数構成銘柄】ハンセン 【その他上場】ADR

評価	株価	年間騰落率	最低売買価格
C	69.650 HK$	-13.4 %	191,120 円

	PER		予想配当利回り	PBR
予想 20.0 倍	実績 16.3 倍		1.9 %	1.9 倍

18年12月本決算:大幅増益 1919年の創業以来、100年の歴史を持ち、香港、中国本土、タイ、シンガポールなど18カ国・地域で個人向け・法人向け生保、年金、医療・傷害保険などを扱う。個人保険契約数は3600万件、団体契約の加入数は1600万件を超え、日本を除くアジアでは生命保険料収入でトップクラス。総加重保険料収入(TWPI)の構成比は香港39%、中国14%、タイ13%、シンガポール9%、マレーシア6%(19年12月期)。筆頭株主だった米AIGは12年に持ち株を売却。

19年12月本決算:純利益2.1倍 決算期変更に伴い前年は13カ月の変則決算。参考値の18年1~12月との比較では経常収益が46%増、純利益が156%増。中国本土事業が好調で、インド合弁の利益貢献も寄与した。正味保険料収入は11%増の326億米ドル。中国本土が好調で、新契約年換算保険料(ANP)は17%増。全体の新契約価値(VONB)は5%増の41億5400万米ドルで、香港の不振を中国本土が補った。香港を訪れる本土旅行者による保険購入が減り、香港でのANPは11%減少した。

最近の動向 20年1~3月期のVONBは前年同期比28%減の8億4100万米ドル、ANPは19%減の14億8300万米ドル、TWPIは6%増の87億9600万米ドル。新契約マージンは6.9ポイント低い56.6%。特に香港と本土が低調。

【株価推移】

	高値		安値	
2016年	54.150	10/06	36.850	02/12
2017年	69.150	11/22	43.100	01/03
2018年	75.000	05/14	58.200	10/30
2019年	88.500	07/19	61.000	01/04
2020年	87.800	01/16	60.050	03/19

【株価情報】

取引単位(株)	200	A株株価	
時価総額(mHK$)	841,990.3	A株格差(倍)	

【指標】(%)

		19/12	18/12
収益性	ROA	2.3	1.4
	ROE	11.6	8.1
	粗利益率	—	—
成長性	増収率	30.2	-5.3
	増益率(営利)	86.1	-41.3
	自己資本増加率	47.4	-7.1
安全性	BPS(US$)	4.8	3.2
	負債比率	393.3	488.1
	流動比率	—	—
	株主資本比率	20.2	17.0

【財務】(百万US$)

	19/12	18/12
流動資産	—	—
総資産	284,132.0	229,806.0
流動負債	—	—
総負債	226,176.0	190,400.0
株主資本	57,508.0	39,006.0

【CF】(百万US$)

	19/12	18/12
営業CF	3,337.0	2,020.0
投資CF	-245.0	-828.0
財務CF	-1,520.0	-784.0
FCF	3,092.0	1,192.0
現金同等物	3,753.0	2,146.0

【株式】(19/12/31)(百万株)

総数	12,088.9
流通	100.0%
非流通	0.0%

【主要株主】(19/12/31)(%)

The Bank of New York Mellon Corp.	8.9
The Capital Group Companies, Inc.	8.0
JPMorgan Chase & Co.	6.4

【子会社・関連会社】(19/12/31)(%)

AIA Co., Ltd.	100.0
AIA International Ltd.	100.0
AIA Bhd.	100.0

【売上・利益構成】(19/12)(%)

	売上構成比	前年比	利益構成比	前年比
保険	100.0	30.2	100.0	86.1

【業績】[国際会計基準](百万US$) ※予想:ファクトセット

【前号予想との比較】 ↘ 減額

	経常収益	経常利益	純利益	前年比	EPS(US$)	1株配(HK$)	株配・無償(株)
2016/11	28,196.00	5,026.00	4,164.00	50.6	0.350	0.8565	
2017/11	38,330.00	7,498.00	6,120.00	47.0	0.510	1.0000	
2018/12*	36,297.00	4,398.00	3,163.00	-48.3	0.260	1.2350	
2019/12	47,242.00	8,186.00	6,648.00	110.2	0.550	1.2660	
2020/12予	36,298.21	6,990.54	5,435.88	-18.2	0.450	1.3460	【株式分割・併合等】
2021/12予	40,108.51	8,550.81	7,248.72	33.3	0.616	1.5350	
2018/6中間*	19,491.00	2,926.00	2,228.00	-23.8	0.190	0.2920	
2019/6中間	24,276.00	4,737.00	3,864.00	73.4	0.320	0.3330	

【登記】香港中環干諾道中1号友邦金融中心35楼 【TEL】852-28326030 【URL】www.aia.com
【役員】会長:謝仕栄(Sze Wing Tse Edmund) 【上場】2010年10月 【決算期】12月 【従業員】23,000
【備考】決算期変更により18年6月中間は7カ月、18年12月期は13カ月の変則決算。

華潤水泥
チャイナリソーシズ・セメント

華潤水泥控股有限公司
China Resources Cement Holdings Ltd.
【指数構成銘柄】レッドチップ 【その他上場】—

【株価推移】

	高値		安値	
2016年	3.560	11/29	1.740	02/12
2017年	5.450	10/23	2.900	01/09
2018年	10.380	06/11	5.130	01/02
2019年	9.970	12/30	6.400	08/06
2020年	10.620	03/03	7.120	03/19

評価	株価	年間騰落率	最低売買価格
A	10.500 HK$	38.5 %	288,120 円

PER		予想配当利回り	PBR
予想 7.9 倍　実績 8.5 倍		6.1 %	1.7 倍

華南地区のセメント最大手 国務院直属の華潤集団傘下。石灰石の採掘からセメント、クリンカー、コンクリートの製造・販売まで手掛ける。広東、福建、広西チワン族自治区など華南を中心に展開し、セメント生産能力は華南最大。10－13年に山西、内モンゴル、雲南、貴州へ相次いで進出し事業を拡大。19年末時点の生産ラインはセメント96本、クリンカー45本、コンクリート61カ所。年産能力はセメント8430万トン、クリンカー6130万トン、コンクリート3690万立方米。

19年12月本決算：1桁増益 セメント需要が伸び悩み、平均販売価格も下落したが、石炭や電力の価格が下がり増益を確保。販売費や一般管理費、金融費用を抑制し、利幅が広がった。事業別ではセメント部門が苦戦。セメントの販売量が横ばいの8253万トン、1トン当たりの平均販売価格が2%低い371HKドルとなり、利益が伸び悩んだ。コンクリート部門は10%増収、49%増益と好調。販売量は横ばいの1421万立方米だったが、平均販売価格が11%上昇し、利益が急増した。

今後の計画 セメント生産設備の環境基準が厳格化する中、コンクリートをあらかじめ成形して現場に運ぶプレキャスト事業を強化する方針。広西チワン族自治区では20年中に年産能力20万立方米の工場が稼働する。

【株価情報】

取引単位(株)	2,000	A株株価	—
時価総額(mHK$)	73,320.9	A株格差(倍)	—

【指標】(%)

		19/12	18/12
収益性	ROA	14.1	13.2
	ROE	20.5	21.2
	粗利益率	40.2	39.8
成長性	増収率	0.4	29.5
	増益率(営利)	—	—
	自己資本増加率	11.4	24.4
安全性	BPS (HK$)	6.0	5.4
	負債比率	45.0	60.0
	流動比率	165.5	131.9
	株主資本比率	68.6	62.3

【財務】(百万HK$)

	19/12	18/12
流動資産	18,742.8	18,822.2
総資産	61,170.9	60,506.4
流動負債	11,323.5	14,272.8
総負債	18,904.7	22,611.2
株主資本	41,979.7	37,691.3

【CF】(百万HK$)

	19/12	18/12
営業CF	11,284.9	11,331.0
投資CF	-2,617.6	-1,075.0
財務CF	-7,837.4	-2,803.3
FCF	8,667.3	10,256.1
現金同等物	12,847.8	12,301.5

【株式】(19/12/31)(百万株)

総数	6,982.9
流通	—
流通 100.0%	
非流通 0.0%	

【主要株主】(19/12/31) (%)

中国華潤有限公司	68.7

【子会社・関連会社】(19/12/31) (%)

華潤水泥投資有限公司	100.0
華潤水泥(平南)有限公司	100.0
華潤混擬土(封開)有限公司	100.0

【売上・利益構成】(19/12)(%)

	売上構成比	前年比	利益構成比	前年比
セメント	82.3	-1.5	96.2	2.1
コンクリート	17.7	10.4	3.8	48.9

【業績】［香港会計基準］(百万HK$) ※予想：ファクトセット　【前号予想との比較】↗増額

	売上高	営業利益	純利益	前年比(%)	EPS(HK$)	1株配(HK$)	株配・無償(株)
2016/12	25,647.46	—	1,325.86	30.6	0.203	0.0900	
2017/12	29,958.43	—	3,616.74	172.8	0.554	0.2700	
2018/12	38,791.47	—	7,975.44	120.5	1.179	0.5480	
2019/12	38,955.56	—	8,617.50	8.1	1.234	0.5950	
2020/12予	39,997.05	12,462.95	9,140.82	6.1	1.321	0.6400	【株式分割・併合等】
2021/12予	40,843.66	12,604.10	9,275.91	1.5	1.343	0.6590	
2018/6中間	18,513.87	—	4,025.98	145.5	0.615	0.2750	
2019/6中間	17,409.51	—	3,766.04	-6.539	0.260	—	

【本社】香港湾仔港湾道26号華潤大厦4606-08室 【TEL】852-31186800 【URL】www.crcement.com
284 【役員】会長：周龍山(Zhou Longshan) 【上場】2009年10月 【決算期】12月 【従業員】19,816

耐世特汽車系統集団

ネクスティア・オートモーティブ

耐世特汽車系統集団有限公司
Nexteer Automotive Group Ltd.
【指数構成銘柄】— 【その他上場】—

評価	株価	年間騰落率	最低売買価格
B	4.410 HK$	-61.7 %	60,505 円

PER		予想配当利回り	PBR
予想 8.6 倍 実績 6.3 倍		5.1 %	0.8 倍

大手自動車部品メーカー 1906年に設立された米企業が前身で、2010年に中国企業が米ゼネラル・モーターズ（GM）から買収。ステアリング・システムが主力で、電動パワーステアリング、油圧式パワーステアリング、ステアリング・コラムが中核製品。駆動力を伝達するドライブライン関連部品ではハーフシャフトを生産する。米ビッグスリーが主要顧客。売上比率は米国41％、メキシコ28％、中国16％、ポーランド12％（19年12月期）。中国航空工業集団が実質筆頭株主。

19年12月本決算：減収減益 ライトビークルの世界的なOEM生産縮小と為替要因で売上高が9％減に落ち込んだことに加え、前年は研究費に対する税額控除が適用されていたことが2桁減益の主因。粗利益率は2ポイント低下し、営業利益は36％減少した。製品別では主力の電動パワステが5％減収。その他の製品も軒並み減収と低迷。地域別では北米が7％減収。主要顧客のGMがストライキで生産を一時停止したことが響いた。アジア太平洋は中国のOEM生産が減った影響で18％減収。

最近の動向 新規契約案件の売上計上を機に製品のライフサイクルを見越して独自に割り出す受注残高価値は19年末時点で264億米ドルと18年末比で4％増。ステアリング・システムなど新製品の販売増が寄与した。

【株価推移】
	高値		安値	
2016年	11.800	09/07	6.670	06/29
2017年	18.940	12/19	8.560	01/06
2018年	20.400	01/09	9.190	07/26
2019年	12.940	04/18	5.920	08/27
2020年	7.170	01/02	2.910	03/23

【株価情報】
取引単位(株)	1,000	A株株価	—
時価総額(mHK$)	11,058.3	A株格差(倍)	—

【指標】(%)
		19/12	18/12
収益性	ROA	7.1	12.2
	ROE	12.8	22.7
	粗利益率	15.1	17.1
成長性	増収率	-8.6	0.9
	増益率(営利)	-35.7	-1.0
	自己資本増加率	8.4	19.2
安全性	BPS (US$)	0.7	0.7
	負債比率	77.7	83.8
	流動比率	175.8	190.3
	株主資本比率	55.6	53.7

【財務】(百万US$)
	19/12	18/12
流動資産	1,519.6	1,562.2
総資産	3,259.0	3,111.5
流動負債	864.6	820.8
総負債	1,407.3	1,401.7
株主資本	1,812.0	1,671.8

【CF】(百万US$)
	19/12	18/12
営業CF	491.2	613.2
投資CF	-373.4	-303.7
財務CF	-184.2	-212.3
FCF	117.9	309.5
現金同等物	601.8	674.5

【株式】(19/12/31)(百万株)
総数	2,507.5	
流通		100.0%
非流通		0.0%

【売上・利益構成】(19/12)(%)
	売上構成比	前年比	利益構成比	前年比
電動パワステ	67.4	-4.6	—	—
ドライブライン	14.9	-8.8	—	—
コラムシャフトなど	13.9	-23.3	—	—

【主要株主】(19/12/31)
	(%)
Pacific Century Motors, Inc.	67.0

【子会社・関連会社】(19/12/31)
	(%)
Nexteer (China) Holding Co.,Ltd.	100.0
Nexteer UK Holding Ltd.	100.0
Nexteer Automotive Japan LLC	100.0

【業績】[国際会計基準](百万US$) ※予想：ファクトセット
【前号予想との比較】↓ 大幅減額

	売上高	営業利益	純利益	前年比(%)	EPS(US$)	1株配(US$)	株配・無償(株)
2016/12	3,842.24	415.49	294.72	43.5	0.120	0.0240	
2017/12	3,878.01	428.22	351.77	19.4	0.140	0.0280	
2018/12	3,912.17	424.06	379.66	7.9	0.150	0.0310	
2019/12	3,575.66	272.66	232.45	-38.8	0.090	0.0325	
2020/12予	3,151.88	205.54	171:57	-26.2	0.066	0.0290	
2021/12予	3,558.58	280.78	238.94	39.3	0.094	0.0300	
2018/6中間	2,046.98	239.82	199.61	11.1	0.080		
2019/6中間	1,832.27	159.63	131.12	-34.3	0.050		

【株式分割・併合等】

【本社】1272 Doris Rd., Auburn Hills, Michigan, USA 【TEL】1-248-3408200 【URL】www.nexteer.com
【役員】会長：王堅(Wang Jian) 【上場】2013年10月 【決算期】12月 【従業員】12,800

サービス

中国楓葉教育集団

チャイナ・メイプルリーフ・エデュケーショナル・システムズ

中国楓葉教育集団有限公司
China Maple Leaf Educational Systems Ltd.
【指数構成銘柄】― 【その他上場】―

メインボード

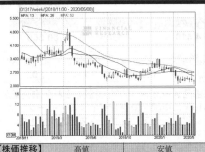
【01317/week(2018/11/30 - 2020/05/08)】 MPA:13 MPA:26 MPA:52

評価	株価	年間騰落率	最低売買価格
C	2.220 HK$	-32.7 %	60,917 円

PER		予想配当利回り	PBR
予想 10.2 倍　実績 9.1 倍		3.6 %	1.5 倍

私立学校の運営会社 「Maple Leaf（楓葉）」ブランドで幼稚園から高校までK12教育課程のインターナショナルスクールを展開。19年10月現在、中国で96校、カナダで3校、豪州で1校、計100校を運営（高校16校、中学校26校、小学校26校、幼稚園29園、外国人学校3校）。生徒数は4万1508人で、うち9割が地元中国人。教員数は3433人。幼稚園と外国人学校以外は全寮制。20年3月には現地企業買収によるマレーシア進出が決まった。

19年8月本決算：増収増益 買収効果を含む業容拡大で、生徒数が23％増の4万1241人に達したことが業績拡大要因。四川省などの学校買収で1人当たり平均学費・寮費は5％縮小したが、生徒数の伸びで吸収。幼稚園を含む学校数は82校から95校に増加。一般管理費は28％増大したが、金融資産評価益などの計上に伴うその他収益の7割増で相殺した。期末の施設稼働率は68％。

最近の動向 20年3月、マレーシアでK12教育課程や大学などの私立校を運営するキングスレー・エドゥグループ（08105）に対する株式公開買付（TOB）に成功。全株式を取得した上で非公開化する。20年2月中間決算は売上高が前年同期比6％増の7億9200万元、純利益が8％減の2億6200万元。20年3月末時点の生徒数は4万3572人で、20年8月末までに生徒数4万5000人を目指す。

【株価推移】

	高値		安値	
2016年	4.320	07/27	1.565	01/14
2017年	4.745	10/06	2.300	01/10
2018年	7.630	06/04	3.010	10/11
2019年	4.940	04/17	2.230	08/15
2020年	3.390	01/16	2.050	05/05

【株価情報】

取引単位(株)	2,000	A株株価	―
時価総額(mHK$)	6,649.6	A株格差(倍)	―

【指標】(%)

		19/8	18/8
収益性	ROA	10.1	9.4
	ROE	15.8	14.9
	粗利益率	46.8	46.5
成長性	増収率	17.1	23.8
	増益率(営利)	―	―
	自己資本増加率	13.7	50.3
安全性	BPS(元)	1.4	1.2
	負債比率	54.9	57.6
	流動比率	151.0	149.5
	株主資本比率	63.7	63.0

【財務】(百万元)

	19/8	18/8
流動資産	3,048.5	2,790.2
総資産	6,523.7	5,796.1
流動負債	2,019.0	1,866.7
総負債	2,278.0	2,104.3
株主資本	4,152.9	3,651.5

【CF】(百万元)

	19/8	18/8
営業CF	857.0	750.4
投資CF	-38.4	-758.1
財務CF	-304.1	544.3
FCF	818.7	-7.8
現金同等物	2,762.3	2,220.7

【株式】(19/08/31)(百万株)

総数	2,995.3	
流通	―	
	―	100.0%
非流通	―	0.0%

【主要株主】(19/08/31)(%)

任書良	51.3

【子会社・関連会社】(19/08/31)(%)

大連楓葉国際学校	100.0
天津泰達楓葉国際学校	100.0
上海楓葉国際学校	100.0

【売上・利益構成】(19/8)(%)

	売上構成比	前年比	利益構成比	前年比
学費・寮費収入	84.0	18.9	―	―
その他	16.0	8.2	―	―

【業績】[国際会計基準](百万元)※予想：ファクトセット 　【前号予想との比較】↘減額

	売上高	営業利益	純利益	前年比(%)	EPS(元)	1株配(HK$)	株配・無償(株)
2016/8	829.77	―	307.56	49.6	0.231	0.1000	
2017/8	1,083.18	―	410.48	33.5	0.153	0.1460	
2018/8	1,341.27	―	542.83	32.2	0.190	0.0910	
2019/8	1,570.23	―	656.76	21.0	0.222	0.1310	
2020/8予	1,599.14	513.94	589.87	-10.2	0.197	0.0800	
2021/8予	1,854.62	624.51	697.34	18.2	0.235	0.0990	
2018/2中間	631.83	―	236.49	30.9	0.085	0.0400	
2019/2中間	744.40	―	284.27	20.2	0.096	0.0470	

【株式分割・併合等】

分割1→2 (18/7)

【本社】遼寧省大連市金石灘国家旅遊度假区中心大街6号楓葉教育園区 【TEL】86-400-6556877 【URL】www.mapleleaf.cn

【役員】会長：任書良(Shu Liang Sherman Jen) 【上場】2014年11月 【決算期】8月 【従業員】6,170

中国忠旺控股

チャイナ・ジョンワン・ホールディングス

中国忠旺控股有限公司
China Zhongwang Holdings Ltd.
【指数構成銘柄】— 【その他上場】—

鉄鋼・非鉄金属

メインボード

評価	株価	年間騰落率	最低売買価格
B	**1.680** HK$	**-58.4** %	**9,220** 円

PER		予想配当利回り	PBR
予想 **5.0** 倍 実績 **3.6** 倍		**6.5** %	**0.2** 倍

中国のアルミ形材最大手 工業用アルミ形材メーカーとして中国最大、世界第2位の規模を誇る。主力製品は鉄道車両、自動車、航空機、船舶向けの工業用アルミ形材。ビル用サッシやカーテンウォールなど建築用アルミ形材も手掛けるが、利益率の高い工業用アルミ形材事業への戦略転換を進めている。主要顧客に鉄道車両製造の中国中車（01766）など。19年末時点で100本以上のアルミ押し出し成形ラインを保有する。

19年12月本決算：減収減益 主力のアルミ合金形枠部門の不振が響いた。販売量が35％落ち込み、部門利益は35％減少。同部門からセグメント分けしたアルミ合金形枠リース事業は5億1000万元の部門利益を計上も落ち込み分を吸収できず。工業用アルミ形材事業も不調で部門利益は16％減少した。アルミ圧延製品事業は幅広い産業分野からの認証取得などが奏功し、販売量が57％増の45万トン、部門利益は93％増と伸びた。

最近の動向 20年2月、営口忠旺アルミ材料の株式100％を46億元で売却することで合意した。完了後、営口忠旺アルミ材料は連結対象外となる。20年3月、子会社の遼寧忠旺集団の権益を中房置業（600890）に注入する手法で遼寧忠旺集団の事業を上海証券取引所に上場する「潜在的スピンオフ」計画を明らかにした。

【株価推移】

	高値		安値	
2016年	4.520	03/23	3.080	01/18
2017年	4.900	08/09	3.260	01/04
2018年	4.860	04/11	3.200	10/16
2019年	4.550	04/24	2.710	08/06
2020年	3.200	01/14	1.650	04/22

【株価情報】

取引単位（株）	400	A株株価	—
時価総額（mHK$）	9,155.1	A株格差（倍）	—

【指標】(%)

		19/12	18/12
収益性	ROA	2.5	3.5
	ROE	8.8	12.6
	粗利益率	30.1	32.7
成長性	増収率	-7.9	31.6
	増益率（営利）	—	—
	自己資本増加率	4.0	8.8
安全性	BPS（元）	6.3	6.1
	負債比率	253.4	249.5
	流動比率	104.6	114.0
	株主資本比率	28.0	27.8

【財務】(百万元)

	19/12	18/12
流動資産	38,791.8	41,804.1
総資産	123,323.5	119,298.5
流動負債	37,073.7	36,656.6
総負債	87,434.6	82,734.6
株主資本	34,505.2	33,166.5

【CF】(百万元)

	19/12	18/12
営業CF	-606.1	-2,723.5
投資CF	-8,037.1	-5,551.5
財務CF	-5,489.8	16,494.1
FCF	-8,643.3	-8,275.0
現金同等物	915.9	15,049.0

【株式】(19/12/31) (百万元)

総数	5,449.5	
流通	—	
		100.0%
非流通	—	0.0%

【主要株主】(19/12/31) (%)

Zhongwang Int'l Group Ltd. (劉忠田)	74.2

【子会社・関連会社】(19/12/31) (%)

遼寧忠旺集団有限公司	96.6
遼寧忠旺精製投資有限公司	100.0
遼寧忠旺特殊車両製造有限公司	100.0

【売上・利益構成】(19/12) (%)

	売上構成比	前年比	利益構成比	前年比
アルミ合金形枠	35.6	-35.0	51.3	-35.1
アルミ圧延製品	29.2	36.2	13.8	93.3
工業用アルミ形材	27.9	1.6	25.4	-15.6

【業績】[国際会計基準] (百万元) ※予想：ファクトセット 【前号予想との比較】↓ 大幅減額

	売上高	営業利益	純利益	前年比(%)	EPS(元)	1株配(HK$)	株配・無償（株）
2016/12	16,695.54	—	2,871.38	2.4	0.410	0.2100	
2017/12	19,458.83	—	3,533.43	23.1	0.500	0.2500	
2018/12	25,600.43	—	4,195.22	18.7	0.590	0.2700	
2019/12	23,583.70	—	3,022.01	-28.0	0.430	0.1000	
2020/12予	20,735.00	4,229.00	2,164.00	-28.4	0.306	0.1100	【株式分割・併合】
2021/12予	31,261.00	6,450.00	3,696.00	70.8	0.523	0.1880	
2018/6中間	9,329.40	—	1,093.42	0.1	0.150	0.1000	
2019/6中間	12,899.94	—	1,385.39	26.7	0.200	0.1000	

【本社】遼寧省遼陽市文聖路299号 【TEL】86-419-3688888 【URL】www.zhongwang.com
【役員】会長：路長青(Lu Changqing) 【上場】2009年5月 【決算期】12月 【従業員】46,334

金融・証券・保険

メインボード

H株

新華人寿保険
ニュー・チャイナ・ライフ・インシュアランス

新華人寿保険股份有限公司
New China Life Insurance Co.,Ltd.

【指数構成銘柄】― 【その他上場】上海A（601336）

評価	H株株価	年間騰落率	最低売買価格
C	**27.050** HK$	**-30.3** %	**37,113** 円

PER		予想配当利回り	PBR
予想 **5.7** 倍　実績 **5.3** 倍		**4.3** %	**0.9** 倍

中国の大手生保会社 宝鋼集団や神華集団などが発起人となり1996年に設立。通常の生命保険のほか、投資型保険商品や医療保険、傷害保険を取り扱う。19年の生保市場シェアは4.5％（前年は4.7％）。山東省や河南省、北京市を中心に全国規模の販売網を持ち、19年末時点で保険外交員数は50万7000人に上る。傘下に資産運用会社や不動産会社も抱える。フォーブス誌の19年版世界上場企業番付で336位。

19年12月本決算：8割増益 主力事業の堅調に加え、保険会社を対象とした減税政策が追い風。総収入保険料が13％増の1381億3100万元。販売チャネル別では、個人保険が9％増、団体保険が3％増、銀行窓販が31％増。投資収益の拡大も利益上積みに寄与。株式や債券などの運用残高が拡大する中、総投資収益は15％増の363億4400万元に達した。潜在価値（EV）は前年末比で18％増加。一方、新契約価値は前年同期比20％減。支払余力率は283％と前年末比で9ポイント上昇した。

最近の動向 20年1-3月期決算（中国会計基準）は経常収益が前年同期比38％増の681億4800万元、純利益が38％増の46億3500万元。保険料収入は35％増の582億4600万元。新型コロナが販売に影響したものの、長期的には国民の保険加入意識の向上につながるとみる。

【株価推移】

	高値		安値	
2016年	40.250	11/25	22.000	02/12
2017年	57.850	11/22	35.200	01/03
2018年	57.650	01/05	30.200	12/24
2019年	46.950	04/17	27.300	01/10
2020年	36.350	01/03	20.450	03/19

【株価情報】

取引単位（株）	100	A株株価（元）45.120
H株時価総額(mHK$)	27,972.6	A株格差（倍）1.8

【指標】(%)

		19/12	18/12
収益性	ROA	1.7	1.1
	ROE	17.2	12.1
	粗利益率	—	—
成長性	増収率	13.3	6.2
	増益率（営利）	22.8	28.1
	自己資本増加率	28.8	2.9
安全性	BPS（元）	27.1	21.0
	負債比率	940.8	1,019.0
	流動比率	—	—
	株主資本比率	9.6	8.9

【財務】(百万元)

	19/12	18/12
流動資産	—	—
総資産	878,970.0	733,929.0
流動負債	—	—
総負債	794,509.0	668,333.0
株主資本	84,451.0	65,587.0

【CF】(百万元)

	19/12	18/12
営業CF	42,102.0	13,768.0
投資CF	-85,636.0	-3,246.0
財務CF	46,263.0	-10,443.0
FCF	-43,534.0	10,522.0
現金同等物	11,765.0	9,005.0

【株式】(19/12/31)(百万株)

総数		3,119.5
流通	H株	33.1%
	A株	66.9%
		100.0%
非流通		0.0%

【主要株主】(19/12/31) (%)

中央匯金投資有限責任公司	31.3
中国宝武鋼鉄集団有限公司	12.1
中国証券金融股フン有限公司	3.0

【子会社・関連会社】(19/12/31) (%)

新華資産管理股フン有限公司	99.4
新華養老保険股フン有限公司	100.0
新華家園養老服務（北京）有限公司	100.0

【売上・利益構成】(19/12)(%)

	売上構成比	前年比	利益構成比	前年比
個人保険	97.5	13.1	99.5	22.9
団体保険	1.6	13.7	—	—
その他	0.9	67.9	0.5	—

【業績】 [国際会計基準] (百万元) ※予想：ファクトセット　【前号予想との比較】↗ 増額

	経常収益	経常利益	純利益	前年比(%)	EPS（元）	1株配（元）	株配・無償（株）
2016/12	144,796.00	7,788.00	4,942.00	-42.5	1.580	0.4800	
2017/12	143,082.00	8,748.00	5,383.00	8.9	1.730	0.5200	
2018/12	151,964.00	11,209.00	7,922.00	47.2	2.540	0.7700	
2019/12	172,103.00	13,761.00	14,559.00	83.8	4.670	1.4100	
2020/12予	156,619.75	16,922.18	13,665.96	-6.1	4.306	1.0520	【株式分割・併合等】
2021/12予	172,389.23	19,883.46	15,802.76	15.6	4.924	1.1900	
2018/6中間	82,967.00	8,188.00	5,799.00	79.1	1.860		
2019/6中間	89,092.00	10,062.00	10,545.00	81.8	3.380		

【本社】北京市朝陽区建国門外大街甲12号新華保険大厦 【TEL】86-10-85213233 【URL】www.newchinalife.com

【役員】会長：劉浩凌(Liu Haoling) 【上場】2011年12月　【決算期】12月　【従業員】36,504

レイザー

レイザー

【指数構成銘柄】— 【その他上場】—

[01337/week(2016/11/30 - 2020/05/08)]

評価	株価	年間騰落率	最低売買価格
E	1.060 HK$	-43.0 %	14,543 円

	PER		予想配当利回り	PBR
予想	—	実績 —	0.0 %	2.1 倍

ゲーミングデバイスの有力メーカー eスポーツ分野の著名ブランド。ゲーム専用ハードウエア、ソフトウエアや関連サービスを手掛け、ゲーマー向けエコシステムとしては世界最大級。ハードの主力はラップトップPCと周辺機器で、ソフトプラットフォームの登録利用者は19年末に約8000万人。18年に立ち上げた レイザー・フィンテックは東南アジア最大級のO2Oデジタル決済ネットワークに成長している。

19年12月本決算：赤字縮小 すでに撤退したスマホ事業の損失計上なども響き、黒字化には至らなかったが、下期にはスマホ要因を除く調整後EBITDAがほぼ採算ラインに乗せた。通期の同損失は37%減の2940万米ドル。サービス部門の55%増収を背景に、売上高は過去最大。粗利益率は周辺機器で32%から26.4%に、ソフト・サービスで48%から42.4%に悪化した。ゲーム用仮想クレジット「レイザー・ゴールド」の取引高は下期にほぼ倍増。期末のソフト部門登録者数は45%増。

最近の動向 19年11月、韓国のゲームソフト会社グラビティと提携。ゲームの仮想ポイントサービスを共同で推進する。20年1月にはレイザー・フィンテックが企業連合を組成し、シンガポール金融通貨庁に「デジタル・フル・バンク事業免許」を申請した。

【株価推移】

	高値		安値	
2016年	—		—	
2017年	5.490	11/13	3.680	12/07
2018年	4.220	1/10	1.010	12/24
2019年	2.300	04/15	1.010	01/04
2020年	1.500	01/16	0.890	04/03

【株価情報】

取引単位(株)	1,000	A株株価	—
時価総額(mHK$)	9,466.5	A株格差(倍)	—

【指標】(%)

		19/12	18/12
収益性	ROA	—	—
	ROE	—	—
	粗利益率	20.5	23.9
成長性	増収率	15.2	37.6
	増益率(営)	—	—
	自己資本増加率	-13.9	-15.6
安全性	BPS (US$)	0.1	0.1
	負債比率	73.9	55.7
	流動比率	211.0	250.1
	株主資本比率	57.1	64.1

【財務】(百万US$)

	19/12	18/12
流動資産	847.9	885.2
総資産	994.8	1,029.7
流動負債	401.9	353.9
総負債	420.0	367.8
株主資本	568.3	659.8

【CF】(百万US$)

	19/12	18/12
営業CF	-38.5	-38.4
投資CF	-10.0	-16.9
財務CF	-37.8	-37.0
FCF	-48.5	-55.4
現金同等物	528.3	615.2

【株式】(19/12/31)(百万株)

総数	8,930.1
流通	100.0%
非流通	0.0%

【主要株主】(19/12/31)

	(%)
陳民亮	35.0

【子会社・関連会社】(19/12/31)

	(%)
Razer USA Ltd.	100.0
Razer (Europe) GmbH	100.0
MOL Payment Co.,Ltd.	86.7

【売上・利益構成】(19/12)(%)

	売上構成比	前年比	利益構成比	前年比
ゲーム用周辺機器	54.2	3.6	66.5	-14.5
PCシステム	32.8	44.7	15.0	51.7
ソフトウエア・サービス	9.4	55.4	18.5	37.3

【業績】［国際会計基準］(百万US$) ※予想:ファクトセット

【前号予想との比較】 → 前号並み

	売上高	営業利益	純利益	前年比(%)	EPS(US$)	1株配(US$)	株配・無償(株)
2016/12	392.10	-63.13	-59.33	—	-0.010		
2017/12	517.94	-163.41	-164.02	—	-0.030		
2018/12	712.44	-99.60	-96.97	—	-0.010		
2019/12	820.80	-95.82	-84.18	—	-0.010		
2020/12予	987.23	-15.75	-3.74	—	-0.003		【株式分割・併合等】
2021/12予	1,159.44	14.79	24.84	—	0.000	—	
2018/6中間	274.22	-53.58	-56.32	—	-0.010		
2019/6中間	357.15	-52.35	-48.08	—	-0.010		

【本社】201 3rd Street, Suite 900, San Francisco, CA 94103 US 【TEL】1-760-5790180 【URL】www.razer.com
【役員】会長：陳民亮(Tan Min-Liang) 【上場】2017年11月 【決算期】12月 【従業員】1,355

中国人民保険集団

ザ・ピープルズ・インシュアランス・カンパニー

中国人民保険集団股份有限公司
The People's Insurance Company (Group) of China Ltd.
【指数構成銘柄】— 【その他上場】上海A(601319)

金融・証券・保険

メインボード

H株

評価	H株株価	年間騰落率	最低売買価格
B	**2.540** HK$	**-17.3** %	**34,849** 円

PER		予想配当利回り	PBR
予想 **5.4** 倍 実績 **4.6** 倍		**4.3** %	**0.6** 倍

中国の総合保険会社 中国初の全国展開型の保険会社として1949年に創業した。損害保険は中国人民財産保険（02328）、生命保険は中国人民人寿保険、健康保険は中国人民健康保険を通じて展開。資産管理や再保険、企業・職業年金も手掛ける。19年の中国保険料シェアは損保が33.2%で首位。生保が3.3%、健康保険が0.8%に上る。フォーチュン誌の世界500社（19年版）で121位。12年に香港、18年11月に上海に上場。

19年12月本決算：大幅増益 損害保険の安定成長を背景に総保険料収入が前年比11%増、投資収益は24%増。保険金等支払金は16%増大したが、法人税が21億元の還付に転じ、最終利益が大きく伸びた。特に主力の損保部門が好調で、利益が49%増。新車販売の減少で自動車保険料収入が伸び悩む半面、傷害保険が43%増、信用保険が97%増と急成長。生保部門は総保険料収入が5%増にとどまったが保険金等支払金の抑制で利益率が改善。法人税還付も効き、大幅増益を達成した。

今後の見通し 新型コロナの影響で顧客や関連会社が打撃を受け、保険ビジネスや投資事業に悪影響が及ぶのは必至。業績への影響を継続的に査定する。20年1～3月期（中国会計基準）は経常収益が前年同期比3%増の1688億8100万元、純利益が20%増の70億6100万元。

【株価推移】

	高値		安値	
2016年	3.780	01/04	2.650	02/12
2017年	4.300	11/09	2.980	02/01
2018年	4.800	02/02	3.030	12/24
2019年	3.850	03/04	2.880	05/20
2020年	3.390	01/03	2.070	03/19

【株価情報】

取引単位(株)	1,000	A株株価(元)	6.450
H株時価総額(mHK$)	22,164.6	A株格差(倍)	2.8

【指標】(%)

		19/12	18/12
収益性	ROA	2.0	1.3
	ROE	12.1	8.4
	粗利益率	—	—
成長性	増収率	10.6	3.1
	増益率(営利)	2.7	-11.1
	自己資本増加率	19.9	11.3
安全性	BPS(元)	4.1	3.5
	負債比率	482.9	539.2
	流動比率	—	—
	株主資本比率	16.2	14.8

【財務】(百万元)

	19/12	18/12
流動資産	—	—
総資産	1,133,229.0	1,031,635.0
流動負債	—	—
総負債	885,929.0	825,334.0
株主資本	183,452.0	153,053.0

【CF】(百万元)

	19/12	18/12
営業CF	36,808.0	-16,803.0
投資CF	-6,299.0	-14,607.0
財務CF	-15,181.0	20,064.0
FCF	30,509.0	-31,410.0
現金同等物	76,984.0	61,601.0

【株式】(19/12/31)(百万株)

総数		44,224.0	
流通	H株	19.7 %	
	A株	12.7 %	
		32.4 %	
非流通		67.6 %	

【主要株主】(19/12/31)

	(%)
中華人民共和国財政部	60.8
全国社会保障基理事会	16.6
The Capital Group Companies, Inc.	2.2

【子会社・関連会社】(19/12/31)

	(%)
中国人民財産保険股フン有限公司(02328)	69.0
中国人民人寿保険股フン有限公司	80.0
中国人民健康保険股フン有限公司	95.5

【売上・利益構成】(19/12)(%)

	売上構成比	前年比	利益構成比	前年比
損害保険	74.9	10.2	73.6	49.5
生命保険	20.4	6.7	9.3	368.7
健康保険	4.1	45.8	0.1	57.1

【業績】[国際会計基準](百万元) ※予:ファクトセット

【前号予想との比較】 → 前号並み

	経常収益	経常利益	純利益	前年比(%)	EPS(元)	1株配(元)	株配・無償(株)
2016/12	443,323.00	19,266.00	14,245.00	-27.1	0.340	0.0338	
2017/12	483,775.00	24,524.00	16,099.00	13.0	0.380	0.0394	
2018/12	498,597.00	21,810.00	12,912.00	-19.8	0.300	0.0457	
2019/12	551,212.00	22,388.00	22,135.00	71.4	0.500	0.1160	
2020/12予	483,244.60	34,300.00	19,589.58	-11.5	0.426	0.0990	【株式分割・併合等】
2021/12予	650,785.50	38,800.00	22,387.61	14.3	0.488	0.1250	
2018/6中間	269,673.00	16,971.00	10,045.00	14.0	0.240	—	
2019/6中間	288,078.00	16,874.00	15,478.00	54.1	0.350	—	

【登記】北京市西城区西長安街88号1-13層 【TEL】86-10-69009192 【URL】www.picc.com
290 【役員】会長：繆建民(Miao Jianmin) 【上場】2012年12月 【決算期】12月 【従業員】198,951

上海復旦張江生物医薬

フーダン・ジャンジャン・バイオ

上海復旦張江生物医薬股份有限公司
Shanghai Fudan-Zhangjiang Bio-Pharmaceutical Co.,Ltd.
【指数構成銘柄】— 【その他上場】上海A(688505)

評価	H株株価	年間騰落率	最低売買価格
—	4.890 HK$	-27.0 %	67,091 円

PER		予想配当利回り	PBR
予想 —	実績 17.8 倍	—	4.4 倍

新薬中心のバイオ医薬企業 遺伝子治療、光線力学療法、ナノテクノロジー、臨床診断を軸として新薬の開発・製造を手掛ける。主力製品は尖圭コンジローマ治療薬「ALA」とがん治療薬「LIBOd」。17年に世界初の単純性血管腫治療薬「復美達」を発売。上海の国家生物医薬産業基地に拠点を置き、複数の研究機関、大学、企業と提携して新薬開発を進める。光線力学療法を手掛けるスキンケア・クリニックも運営する。

19年12月本決算:大幅増益 「LIBOd」の販売委託先の変更に伴い販売費が膨らんだものの、同製品の売上高が68%増加。主力製品の「ALA」は17%増、「復美達」は37%増と好調で、全体で4割の増収。スキンケア子会社の出資持ち分売却益を計上したほか、同子会社が連結から外れたことで管理費が3割縮小した。主力製品の売上比率は「ALA」が45%、「LIBOd」が44%。

収益見通し 新型コロナウイルスの影響で20年は2月まで操業を停止。原材料の供給の遅れ、製品の出荷・物流の乱れもあって同年1～3月期は売上高が前年同期から6～8割減少し、赤字に転落した。会社側は新型コロナの収束後、業績が持ち直すと見込む。20年4月、上海証券取引所に提出したIPO計画が審査を通過。上海証取の新興企業市場「科創板」でのA株上場を目指す。

【株価推移】

	高値		安値	
2016年	8.340	01/04	5.680	02/12
2017年	6.800	03/24	3.690	12/18
2018年	4.750	01/02	3.170	02/12
2019年	8.580	03/22	3.900	01/04
2020年	6.300	01/30	3.800	03/17

【株価情報】

取引単位(株)	1,000	A株株価(元)	—
H株時価総額(mHK$)	1,662.6	A株格差(倍)	—

【指標】(%)

		19/12	18/12
収益性	ROA	14.5	7.6
	ROE	24.4	11.9
	粗利益率	—	—
成長性	増収率	38.7	49.1
	増益率(営利)	166.1	22.4
	自己資本増加率	-1.2	8.1
安全性	BPS(元)	1.0	1.0
	負債比率	67.8	54.6
	流動比率	199.2	226.9
	株主資本比率	59.5	64.2

【財務】(百万元)

	19/12	18/12
流動資産	1,138.2	1,020.1
総資産	1,564.8	1,469.7
流動負債	571.4	449.6
総負債	631.7	515.3
株主資本	931.5	943.2

【CF】(百万元)

	19/12	18/12
営業CF	269.2	179.8
投資CF	-21.1	-48.0
財務CF	-259.6	-11.9
FCF	248.1	131.8
現金同等物	576.8	588.2

【株式】(19/12/31)(百万株)

総数		923.0
流通	H株	36.8%
	—	—
		36.8%
	非流通	63.2%

【主要株主】(19/12/31)(%)

上海医薬集団股フン有限公司(02607)	22.8
新企二期創業投資企業	17.0
楊宗孟	8.7

【子会社・関連会社】(19/12/31)(%)

上海溯源生物技術有限公司	84.7
泰州復旦張江薬業有限公司	100.0
徳美診聯医療投資管理有限公司	20.0

【売上・利益構成】(19/12)(%)

	売上構成比	前年比	利益構成比	前年比
医薬品販売	96.9	36.8	—	—
技術移転	2.9	—	—	—
サービス	0.2	-79.9	—	—

【業績】[中国会計基準](百万元)※予想:—

【前号予想との比較】—

	売上高	営業利益	純利益	前年比(%)	EPS(元)	1株配(元)	株式・無償(株)
2016/12	621.87	155.12	138.71	8.6	0.150	0.0500	
2017/12	497.69	76.00	75.29	-45.7	0.082	0.0300	
2018/12	741.84	93.02	112.13	48.9	0.120	0.0700	
2019/12	1,029.30	247.48	227.36	102.8	0.250	0.0700	
2020/12予							**【株式分割・併合等】**
2021/12予							
2018/6中間	295.71	57.02	52.41	5.7	0.057		
2019/6中間	390.69	94.45	89.63	71.0	0.097		

【登記】上海市浦東張江高科技園区蔡倫路308号 【TEL】86-21-58953355 【URL】www.fd-zj.com
【役員】会長:王海波(Wang Hai Bo) 【上場】2002年8月 【決算期】12月 【従業員】605

IT・ソフトウエア

メインボード

美図

メイトゥ

美図公司
Meitu, Inc.

【指数構成銘柄】― 【その他上場】―

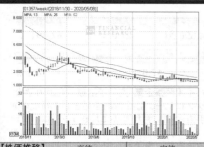

評価	株価	年間騰落率	最低売買価格
―	1.540 HK$	-37.9 %	10,564 円

PER		予想配当利回り	PBR
予想 ― 実績 ―		―	1.7 倍

美顔アプリの開発会社 写真補正の「美図秀秀」「美顔相機」、動画コミュニティー「美拍」など美容関連アプリの開発を手掛ける。19年末の月間利用者（MAU）は2億8200万人。人工知能（AI）などの先端技術を融合した高度な撮影機能が特徴。近年はSNSによる交流機能を強化し、SNSプラットフォームへの転換戦略を推進。スマホ事業は19年上期に自前の製造から撤退し、小米集団（01810）との共同開発に切り替えた。

19年12月本決算：赤字縮小 粗利益率が51.9％から71.5％に改善したことが赤字縮小の主因。継続事業の調整後純損失は前年比78％縮小し、10〜12月には黒字化を果たした。売上高はオンライン広告収入の拡大で3％増加。新たに導入したサブスクプランもライブ配信の減収を一部補い、利幅改善に貢献した。販売費の大幅削減や研究開発費、管理費などの抑制も赤字圧縮に寄与。期末のMAUは前年比8％減と落ち込んだ。

最近の動向 海外向けの自社アプリ「BeautyPlus」と「Airbrush」に導入したサブスクプランが絶好調。18年下期のサービス導入から急成長が続き、19年下期の売り上げが上期比で倍増を記録した。今後は同事業のマネタイズに照準を合わせる方針。課金ユーザー数の増加とユーザー当たり収入の伸びを見込む。

【株価推移】

	高値		安値	
2016年	8.780	12/15	7.460	12/23
2017年	23.050	03/20	8.000	01/09
2018年	12.940	01/11	1.940	12/27
2019年	4.560	03/12	1.320	12/02
2020年	2.270	02/21	1.370	03/19

【株価情報】

取引単位(株)	500	A株株価	―
時価総額(mHK$)	6,605.1	A株格差(倍)	―

【指標】(%)

		19/12	18/12
収益性	ROA	―	―
	ROE	―	―
	粗利益率	71.5	51.9
成長性	増収率	3.2	-78.9
	増益率(営利)	―	―
	自己資本増加率	-5.3	-31.9
安全性	BPS(元)	0.8	0.9
	負債比率	24.2	29.4
	流動比率	456.9	423.5
	株主資本比率	78.8	75.5

【財務】(百万元)

	19/12	18/12
流動資産	3,340.9	4,145.6
総資産	4,615.7	5,089.0
流動負債	731.3	978.9
総負債	880.5	1,129.0
株主資本	3,637.9	3,840.7

【CF】(百万元)

	19/12	18/12
営業CF	11.8	-1,997.0
投資CF	473.3	1,802.2
財務CF	-155.5	-638.7
FCF	485.1	-194.8
現金同等物	864.6	531.6

【株式】(19/12/31)(百万株)

総数	4,289.0
流通	―
非流通	100.0% / 0.0%

【主要株主】(19/12/31) (%)

Lion Trust (Singapore) Ltd.	32.6
京基実業控股有限公司	9.8

【子会社・関連会社】(19/12/31) (%)

美図（中国）有限公司	100.0
厦門美図之家科技有限公司	100.0
北京美図之家科技有限公司	100.0

【売上・利益構成】(19/12)(%)

	売上構成比	前年比	利益構成比	前年比
オンライン広告	76.9	21.1	―	―
サブスク・アプリ内課金	8.8	518.1	―	―
ネット付加価値サービス	4.7	21.0	―	―

【業績】 [国際会計基準](百万元) ※予想：ファクトセット 　【前号予想との比較】 → 前号並み

	売上高	営業利益	純利益	前年比(%)	EPS(元)	1株配(元)	株配・無償(株)
2016/12	1,578.58	―	-6,260.88	―	-3.030	―	
2017/12	4,490.38	―	-197.32	―	-0.050	―	
2018/12	947.67	―	-1,254.54	―	-0.300	―	
2019/12	977.87	―	-396.52	―	-0.090	―	
2020/12予	1,164.00	-176.00	-128.00	―	-0.030	―	【株式分割・併合等】
2021/12予	1,373.00	22.00	60.00	―	0.014	―	
2018/6中間	486.78	―	-130.37	―	-0.030	―	
2019/6中間	464.02	―	-371.23	―	-0.090	―	

【本社】福建省厦門市思明区望海路6号楼2単元1-3層 【TEL】― 【URL】corp.meitu.com

【役員】会長：蔡文勝(Cai Wensheng) 【上場】2016年12月 【決算期】12月 【従業員】1,840

中国信達資産管理

チャイナ・シンダ・アセット・マネジメント

中国信達資産管理股份有限公司
China Cinda Asset Management Co.,Ltd.
【指数構成銘柄】 ― 【その他上場】 ―

[01359/week/(2018/11/30 - 2020/05/08)]
MPA: 13　MPA: 26　MPA: 52

評価	H株株価	年間騰落率	最低売買価格
A	1.500 HK$	-23.9 %	20,580 円

	PER		予想配当利回り	PBR
予想 3.8 倍	実績 4.4 倍		8.0 %	0.3 倍

中国政府系の不良資産処理会社 中国の4大資産管理会社の一角を占める政府系の不良資産処理会社。商業銀行の不良資産の受け皿として中国政府が1999年に設立した資産管理会社が前身。金融機関や企業から買い取った不良債権の管理・処分や債務株式化（DES）、事業再建などを主に手掛ける。ファンドへの投資や、子会社を通じた金融サービスも行う。16年5月、中銀香港（02388）から南洋商業銀行を買収した。

19年12月本決算：減収増益 19年末に幸福人寿保険の全保有株式を売却することで合意し非継続扱いとしたため、経常収益は継続事業のみとなる。継続事業の税引き後利益は14%減の135億1800万元と振るわず。償却原価で測定する不良債権資産収入が15%減少したほか、その他の金融商品の評価益も8%減少し経常収益が2%減。不動産販売費用や資産減損損失の増加が利益を下押しした。中核の不良資産処理事業は税引き前ベースで18%減益。19年平均ベースでROEは8.56%、ROAは1.00%と、各0.24ポイント、0.18ポイント上昇した。

今後の見通し 会社側は、新型コロナの影響で経済の下振れリスクが高まっていると指摘。国内商業銀行の不良債権や企業の貸し倒れが増加する中、不良資産処理ニーズを取り込み、事業成長につなげていく考え。

【株価推移】

	高値		安値	
2016年	3.090	09/09	2.190	02/11
2017年	3.520	08/07	2.660	02/03
2018年	3.470	01/29	1.810	10/11
2019年	2.460	02/26	1.410	08/15
2020年	1.880	01/07	1.320	03/19

【株価情報】

取引単位(株)	1,000	A株株価	―
H株時価総額(mHK$)	20,351.4	A株格差(倍)	―

【指標】(%)

		19/12	18/12
収益性	ROA	0.9	0.8
	ROE	7.9	7.7
	粗利益率	―	―
成長性	増収率	-2.0	-18.3
	増益率(営利)	-14.1	-17.6
	自己資本増加率	5.4	4.8
安全性	BPS(元)	4.3	4.1
	負債比率	803.4	841.7
	流動比率	―	―
	株主資本比率	10.9	10.5

【財務】(百万元)

	19/12	18/12
流動資産	―	―
総資産	1,513,230.0	1,495,759.2
流動負債	―	―
総負債	1,324,819.5	1,317,190.7
株主資本	164,898.1	156,492.8

【CF】(百万元)

	19/12	18/12
営業CF	-22,130.2	-27,592.2
投資CF	-320.2	-29,278.3
財務CF	-2,715.2	40,557.7
FCF	-22,450.4	-56,870.4
現金同等物	82,749.3	106,066.4

【株式】(19/12/31)(百万株)

総数	38,164.5	
H株		35.6%
流通	―	35.6%
非流通	―	64.4%

【主要株主】(19/12/31)(%)

中華人民共和国財政部	58.0
全国社会保障基金理事会	14.0
中国遠洋海運集団有限公司	5.0

【子会社・関連会社】(19/12/31)(%)

南洋商業銀行有限公司	100.0
信達国際控股有限公司 (00111)	62.6
信達地産股フン有限公司 (600657)	55.5

【売上・利益構成】(19/12)(%)

	売上構成比	前年比	利益構成比	前年比
不良資産処理	69.2	-4.0	76.7	-18.1
金融サービス	30.8	14.6	23.3	1,134.1

【業績】[国際会計基準](百万元) ※予想：ファクトセット 【前号予想との比較】 → 前号並み

	経常収益	営業利益	純利益	前年比(%)	EPS(元)	1株配(元)	株配・無償(株)
2016/12	91,657.23	20,967.78	15,512.16	10.6	0.430	0.1220	
2017/12	120,034.63	24,513.15	18,122.39	16.8	0.450	0.1420	
2018/12	98,103.38	20,209.40	12,036.13	-33.6	0.290	0.0950	
2019/12	96,146.89	17,351.59	13,052.95	8.4	0.310	0.1026	
2020/12予	99,638.34	23,906.27	14,083.81	7.9	0.358	0.1090	【株式分割・併合等】
2021/12予	103,514.00	26,040.33	15,425.69	9.5	0.395	0.1200	
2018/6中間	54,771.69	10,764.88	8,620.32	-2.9	0.230		
2019/6中間	53,268.49	11,665.97	6,855.27	0.8	0.230		

【登記】北京市西城区閣市口大街9号院1号楼 【TEL】86-10-63080000 【URL】www.cinda.com.cn
【役員】会長：張子艾(Zhang Zi'ai) 【上場】2013年12月 【決算期】12月 【従業員】16,425

鉄鋼・非鉄金属

メインボード

中国宏橋集団

チャイナ・ホンチャオ・グループ

中国宏橋集団有限公司
China Hongqiao Group Ltd.
【指数構成銘柄】— 【その他上場】—

評価	株価	年間騰落率	最低売買価格
—	3.620 HK$	-37.6 %	24,833 円

PER		予想配当利回り	PBR
予想 6.6 倍　実績 4.6 倍		5.4 %	0.4 倍

中国のアルミメーカー大手 山東省を拠点とし、溶融状態のアルミニウム合金（アルミ溶湯）を中心にアルミ合金地金やアルミ合金鋳造圧延製品を製造する。全国のアルミ形材メーカーに製品を販売。川上から川下の一体化で産業クラスターの形成を進め、コスト削減や規模の経済性を追求している。アルミ合金製品の売上比率が全体の7割強を占める（19年12月期）。

19年12月本決算：減収増益 石炭などの原材料の仕入れ価格の低下とアルミ合金加工製品の生産ラインの効率向上が2桁増益の主因。子会社の売却で前年に6億4900万元の損失を計上していた反動も業績に寄与した。製品別では、主力のアルミ合金が14％減収。先進設備への置き換えを進める一方、集中暖房時期の生産制限政策や台風の影響で生産量が11％減少した。アルミ合金加工製品は積極的な市場開拓で受注を伸ばし生産量が25％増加。アルミナは自社利用が減少したが、国内市場の開拓で販売を伸ばし13％増収だった。

今後の見通し 会社側は、再生したアルミを利用したアルミの生産能力の向上や製品の研究開発に力を入れる方針。再生アルミの生産ライン新設も計画している。将来的には自動車の軽量化や建築、家電業界の成長によりアルミの需要は拡大するとみている。

【株価推移】

	高値		安値	
2016年	7.480	09/09	3.680	01/18
2017年	13.120	11/06	6.200	01/09
2018年	11.480	01/22	4.230	12/31
2019年	6.850	04/12	4.000	12/04
2020年	5.020	01/02	2.880	03/19

【株価情報】

取引単位(株)	500	A株株価	—
時価総額(mHK$)	31,026.5	A株格差(倍)	—

【指標】(%)

		19/12	18/12
収益性	ROA	3.4	3.1
	ROE	9.6	9.0
	粗利益率	19.6	17.1
成長性	増収率	-6.7	-7.9
	増益率(営利)	—	—
	自己資本増加率	5.3	16.4
安全性	BPS(元)	7.4	6.9
	負債比率	179.8	190.3
	流動比率	142.7	155.5
	株主資本比率	35.2	33.9

【財務】(百万元)

	19/12	18/12
流動資産	93,188.2	89,799.5
総資産	179,604.4	176,726.9
流動負債	65,319.3	57,747.7
総負債	113,588.5	114,107.4
株主資本	63,164.1	59,965.4

【CF】(百万元)

	19/12	18/12
営業CF	14,541.5	9,360.0
投資CF	-6,262.7	5,448.8
財務CF	-11,815.5	8,602.8
FCF	8,278.8	14,808.8
現金同等物	41,857.1	45,380.4

【株】(19/12/31)(百万株)

総数	8,570.9
流通	—
	100.0 %
非流通	0.0 %

【主要株主】(19/12/31)

	(%)
中国宏橋控股有限公司	70.9
中国中信集団有限公司	10.2

【子会社・関連会社】(19/12/31)

	(%)
山東宏橋新型材料有限公司	100.0
山東魏橋アルミ電有限公司	100.0
濱州市宏諾新材料有限公司	100.0

【売上・利益構成】(19/12)(%)

	売上構成比	前年比	利益構成比	前年比
アルミ合金	73.5	-13.5	71.8	2.2
アルミナ	14.9	13.4	16.4	-19.3
アルミ合金加工製品	10.8	27.6	11.8	285.1

【業績】[国際会計基準](百万元)※予想：ファクトセット 【前号予想との比較】↓大幅減額

	売上高	営業利益	純利益	前年比(%)	EPS(元)	1株配(HK$)	株配・無償(株)
2016/12	61,395.58	—	6,849.83	84.8	0.960	0.4700	50:7@4.31HK$
2017/12	97,941.92	—	5,130.06	-25.1	0.699	0.2000	
2018/12	90,194.92	—	5,407.42	5.4	0.622	0.2400	
2019/12	84,179.29	—	6,095.34	12.7	0.709	0.3400	
2020/12予	78,739.26	8,791.47	4,321.29	-29.1	0.498	0.1940	【株式分割・併合等】
2021/12予	82,931.94	10,365.62	5,588.79	29.3	0.648	0.2480	
2018/6中間	44,326.57	—	1,804.27	21.3	0.208	—	
2019/6中間	41,430.06	—	2,477.04	37.3	0.287	—	

【本社】山東省鄒平市鄒平経済開発区会仙一路 【TEL】852-28151080 【URL】www.hongqiaochina.com

【役員】会長：張波(Zhang Bo) 【上場】2011年3月 【決算期】12月 【従業員】43,734

中国地利集団

チャイナ・ディーリ

【指数構成銘柄】— 【その他上場】—

不動産

メインボード

評価	株価	年間騰落率	最低売買価格
—	**1.770** HK$	**-23.0** %	**48,569** 円

	PER		予想配当利回り	PBR
予想	—	実績 **16.2** 倍	—	**1.1** 倍

農水産物の卸売市場運営会社 15年7月に買収した農水産物卸売市場の運営が中核事業。19年末時点で杭州や遼寧省瀋陽、黒龍江省のハルビンとチチハル、山東省寿光、貴州省貴陽など7都市で10カ所を運営する。地下街事業は民営企業では中国最大手クラスだったが、16年に売却した。19年6月に従来の「人和商業控股」から社名を変更。19年10月、生鮮スーパー運営の哈爾濱地利生鮮農産品企業管理の持ち株会社権益19%を取得。

19年12月本決算：黒字転換 18年7月に買収した杭州市の卸売市場の売り上げを計上した効果で26%増収。営業利益は3年ぶりに黒字を回復。純損益も黒字に転じた。市場のサービス料収入の増加や営業コストの半減、政府補助金の増加に加え、資産売却に伴う損失が大幅縮小した。市場別の売上高は、杭州市で運営する果物と野菜、海産物の3市場がそろって売り上げを2倍以上に伸ばしたほか、前年に競争激化の影響で減収だったチチハルが58%増収に回復。瀋陽はリース面積の拡大が17%増収に寄与した。

最近の動向 18年6月、大株主（戴会長の妻が支配する会社）から卸売市場7カ所を取得することで合意したが、前提条件である売り主の債務解消が遅達。20年4月に合意を改訂し、取得対象を6市場に縮小した。

【株価推移】

	高値		安値	
2016年	3.600	02/22	1.790	06/20
2017年	3.250	11/20	1.570	07/12
2018年	2.850	11/02	1.250	04/19
2019年	3.950	03/04	2.040	05/08
2020年	2.650	01/16	1.250	02/27

【株価情報】

取引単位(株)	2,000	A株株価 —
時価総額(mHK$)	10,116.6	A株格差(倍) —

【指標】(%)

指標		19/12	18/12
収益性	ROA	4.1	—
	ROE	6.5	—
	粗利益率	—	100.0
成長性	増収率	25.9	14.2
	増益率(営利)	—	—
	自己資本増加率	2.5	21.1
安全性	BPS(元)	1.5	0.1
	負債比率	54.3	36.6
	流動比率	130.9	271.4
	株主資本比率	63.8	72.5

【財務】(百万元)

	19/12	18/12
流動資産	1,667.2	2,680.9
総資産	13,505.3	11,589.3
流動負債	1,274.1	987.9
総負債	4,681.1	3,075.8
株主資本	8,612.9	8,401.7

【CF】(百万元)

	19/12	18/12
営業CF	869.1	-276.9
投資CF	-1,200.3	-1,120.3
財務CF	-369.1	1,653.0
FCF	-331.2	-1,397.2
現金同等物	651.6	1,354.1

【株式】(19/12/31) (百万株)

総数	5,715.6	
流通		100.0%
非流通		0.0%

【主要株主】(19/12/31) (%)

超智投資有限公司	35.2

【子会社・関連会社】(19/12/31) (%)

瀋陽壽光地利農副産品有限公司	100.0
哈爾濱地利農副産品有限公司	100.0
斉斉哈爾地利農副産品市場管理有限公司	100.0

【売上・利益構成】(19/12) (%)

	売上構成比	前年比	利益構成比	前年比
コミッション収入	71.1	24.6		
オペレーティングリース	28.9	29.2		

【業績】 [国際会計基準] (百万元) ※予想：—

	売上高	営業利益	純利益	前年比(%)	EPS(元)	1株配(元)	株配・無償(株)
2016/12	1,001.77	47.55	-14,583.91	—	-0.332	—	
2017/12	988.11	-59.18	-127.05	—	-0.003	—	
2018/12	1,128.65	-311.75	-360.90	—	-0.072	—	10:3@0.163HK$(18/6)
2019/12	1,421.02	849.41	557.29	—	0.099	—	
2020/12予	—	—	—	—	—	—	
2021/12予	—	—	—	—	—	—	
2018/6中間	483.71	-20.03	-49.57	—	-0.011	—	
2019/6中間	738.57	259.03	179.33	—	0.032	—	

【前号予想との比較】 —

【株式分割・併合等】

併合10→1 (19/5)

【本社】 香港中環港景街一号国際金融中心一期1701至1703室 **【TEL】** 86-451-82716666 **【URL】** www.diligrp.com

【役員】 会長：王岩(Wang Yan) **【上場】** 2008年10月 **【決算期】** 12月 **【従業員】** 2,408

中国工商銀行

アイシービーシー

中国工商銀行股份有限公司
Industrial and Commercial Bank of China Ltd.

【指数構成銘柄】ハンセン、中国企業　【その他上場】上海A(601398)

評価	H株株価	年間騰落率	最低売買価格
B	5.110 HK$	-9.6 %	70,109 円

PER		予想配当利回り	PBR
予想 5.2 倍　実績 5.4 倍		5.9 %	0.6 倍

中国最大の商業銀行 総資産額で国内最大。19年12月末の営業拠点は国内1万6177カ所、海外428カ所。預金残高は22兆9800億元、貸出残高は16兆7600億元に上る。1997年に東京支店を設立。10年にタイのACL銀行を買収したほか、15年にはトルコのテクスティル銀行を買収するなど近年は海外事業を拡大。南アのスタンダード銀行にも20％出資する。FSBの「グローバルなシステム上重要な銀行（G-SIBs）」にも選ばれている。

19年12月本決算：増収増益 役務取引等利益が決済業務や銀行カード業務の貢献などで7％増と堅調だったほか、資金利益も貸出残高の拡大を受けて6％増加。減損損失が11％増加したことや税負担率の上昇で純利益率は低下したものの、3期連続の増収増益を確保した。部門別では主力の法人向け銀行業務が税引き前ベースで5％増益と堅調な伸びを示した。不良債権率は年初の1.52％から1.43％へと低下。Tier1比率と自己資本比率は年初比で0.82ポイント、1.38ポイント上昇した。

最近の動向 20年1～3月期決算は経常収益が前年同期比2％増の2061億8700万元、純利益が3％増の844億9400万元。20年1月に総額800億元規模の永久債とTier2債券の発行計画を発表。海外では最大300億元規模の優先株を発行する計画。資金調達を通じて資本の増強を図る。

【株価推移】

	高値		安値	
2016年	5.120	09/09	3.720	02/12
2017年	6.480	10/04	4.600	01/03
2018年	7.640	01/29	5.100	10/19
2019年	6.190	02/26	4.810	08/26
2020年	6.110	01/02	4.810	03/19

【株式情報】

取引単位(株)	1,000	A株株価(元)	5.100
H株時価総額(mHK$)	443,517.6	A株格差(倍)	1.1

【指標】(%)

		19/12	18/12
収益性	ROA	1.0	1.1
	ROE	11.7	12.8
	粗利益率	—	—
成長性	増収率	7.0	7.3
	増益率(営利)	5.4	2.1
	自己資本増加率	14.9	9.2
安全性	BPS(元)	7.5	6.5
	負債比率	1,024.5	1,088.2
	流動比率	—	—
	株主資本比率	8.9	8.4

【財務】(百万元)

	19/12	18/12
流動資産	—	—
総資産	30,109,436.0	27,699,540.0
流動負債	—	—
総負債	27,417,433.0	25,354,657.0
株主資本	2,676,186.0	2,330,001.0

【CF】(百万元)

	19/12	18/12
営業CF	694,521.0	724,133.0
投資CF	-875,967.0	-731,745.0
財務CF	112,874.0	-35,924.0
FCF	-181,446.0	-7,612.0
現金同等物	1,450,413.0	1,509,523.0

【株式】(19/12/31)(百万株)

総数	356,406.3	
流通	H株	24.4 %
	A株	75.6 %
		100.0 %
非流通		0.0 %

【主要株主】(19/12/31) (%)

中央匯金投資有限責任公司	35.0
中華人民共和国財政部	31.1
全国社会保障基金理事会	3.5

【子会社・関連会社】(19/12/31) (%)

中国工商銀行（亜洲）有限公司	100.0
工銀国際控股有限公司	100.0
工銀金融租賃有限公司	100.0

【売上・利益構成】(19/12)(%)

	売上構成比	前年比	利益構成比	前年比
法人向け銀行業務	50.1	9.8	40.8	5.0
個人向け銀行業務	36.9	4.8	39.2	6.0
トレジャリー業務	12.4	4.3	20.0	3.1

【業績】 [国際会計基準](百万元)※予想：ファクトセット　【前号予想との比較】➡ 前号並み

	経常収益	業務純益	純利益	前年比(%)	EPS(元)	1株配(元)	株配・無償(株)
2016/12	641,681.00	360,675.00	278,249.00	0.4	0.770	0.2343	
2017/12	675,654.00	361,691.00	286,049.00	2.8	0.790	0.2408	
2018/12	725,121.00	369,324.00	297,676.00	4.1	0.820	0.2506	
2019/12	776,002.00	389,269.00	312,224.00	4.9	0.860	0.2628	
2020/12予	848,940.40	567,479.56	321,100.47	2.8	0.895	0.2730	【株式分割・併合等】
2021/12予	899,113.60	601,480.25	336,408.66	4.8	0.937	0.2880	
2018/6中間	361,302.00	195,386.00	160,442.00	4.9	0.450		
2019/6中間	394,203.00	207,869.00	167,931.00	4.7	0.470		

【本社】北京市西城区復興門内大街55号　【TEL】86-10-66108608　【URL】www.icbc-ltd.com

【役員】会長：陳四清(Chen Siqing)　【上場】2006年10月　【決算期】12月　【従業員】445,106

日清食品

ニッシン・フーズ

日清食品有限公司
Nissin Foods Co.,Ltd.
【指数構成銘柄】— 【その他上場】—

評価	株価	年間騰落率	最低売買価格
C	6.930 HK$	49.0 %	95,080 円

PER		予想配当利回り	PBR
予想 23.5 倍　実績 29.7 倍		2.1 %	2.1 倍

日清食品HDの香港・中国事業子会社 香港と中国本土で即席麺や冷凍食品の製造・販売を手掛ける。「日清」「ドール（公仔）」のブランドを展開し、主力製品は「カップヌードル」「出前一丁」「公仔麺」など。スナックや冷凍食品も扱う。地域別売上比率は本土58％、香港・海外42％（19年12月期）。香港のほか、本土では広東省や福建省、浙江省に生産拠点を持つ。

19年12月本決算：増収増益 販売力の強化を目的とした経費が増加したものの、事業の現地化などによる経営効率の改善や、為替差損が前年の2分の1以下に縮小した効果で純利益が22％増。粗利益率は原材料費や固定費の抑制が奏功し、2ポイント近く改善した。地域別では、本土の売上高が高級即席麺の販売増加と販路拡大を受けて7％増の17億8800万HKドル。部門利益は43％増の2億1100万HKドルと好調だった。香港の売上高は2％減の13億HKドル。上半期は前年同期比5％減収だったが、7月のカップ入り即席麺の値上げで補った。

最近の動向 20年1～3月期決算は売上高が前年同期比11％増の8億8500万HKドル、純利益が8％増の9900万HKドル。20年1月、日本の食品・飲料を輸入販売する合弁会社を上海市に設立すると発表。出資比率は81％で、23年末までに残りの持ち分を買い取る権利を持つ。

【株価推移】

	高値		安値	
2016年	—		—	
2017年	3.540	12/12	3.040	12/19
2018年	5.300	05/31	2.960	02/06
2019年	7.490	10/21	3.320	01/08
2020年	7.280	02/21	4.890	03/19

【株価情報】

取引単位（株）	1,000	A株株価 —
時価総額（mHK$）	7,445.0	A株格差（倍） —

【指標】(%)

		19/12	18/12
収益性	ROA	5.4	4.6
	ROE	7.0	5.9
	粗利益率	32.8	31.1
成長性	増収率	3.0	11.5
	増益率（営利）	—	—
	自己資本増加率	3.1	1.2
安全性	BPS（HK$）	3.3	3.2
	負債比率	25.7	24.4
	流動比率	348.6	367.1
	株主資本比率	77.5	78.3

【財務】(百万HK$)

	19/12	18/12
流動資産	2,995.2	2,922.7
総資産	4,633.9	4,444.4
流動負債	859.2	796.1
総負債	921.6	849.2
株主資本	3,589.6	3,480.5

【CF】(百万HK$)

	19/12	18/12
営業CF	459.5	263.9
投資CF	-192.8	-436.3
財務CF	-122.8	-91.6
FCF	266.7	-172.4
現金同等物	1,505.3	1,384.7

【株式】(19/12/31)(百万株)

総数	1,074.3
流通	100.0%
非流通	0.0%

【主要株主】(19/12/31) (%)

日清食品ホールディングス株式会社	70.0

【子会社・関連会社】(19/12/31) (%)

日清食品（香港）有限公司	100.0
日清食品（中国）投資有限公司	100.0
日清湖池屋（中国・香港）有限公司	66.0

【売上・利益構成】(19/12)(%)

	売上構成比	前年比	利益構成比	前年比
食品販売	99.7	3.2	—	—
その他	0.3	-44.5	—	—

【業績】[香港会計基準]（百万HK$）※予想：ファクトセット

【前号予想との比較】 → 前号並み

	売上高	営業利益	純利益	前年比(%)	EPS(HK$)	1株配(HK$)	株配・無償（株）
2016/12	2,629.91	—	90.76	-10.4	0.113	—	
2017/12	2,688.53	—	195.36	115.2	0.238	0.0730	
2018/12	2,998.83	—	205.45	5.2	0.191	0.0950	
2019/12	3,087.78	—	250.96	22.2	0.234	0.1170	
2020/12予	3,419.29	411.20	320.93	27.9	0.295	0.1440	**【株式分割・併合等】**
2021/12予	3,717.09	461.35	357.16	11.3	0.331	0.1640	
2018/6中間	1,481.59	—	94.17	2.8	0.088	—	
2019/6中間	1,497.88	—	132.87	41.1	0.124	—	

【本社】香港新界大埔大埔工業邨大順街11-13号 **【TEL】**852-34066851 **【URL】** www.nissingroup.com.hk
【役員】会長：安藤清隆(Ando Kiyotaka) **【上場】**2017年12月 **【決算期】**12月 **【従業員】**3,450

電子・半導体

メインボード

丘タイ科技（集団）

キュー・テクノロジー

丘鈦科技（集団）有限公司
Q Technology (Group) Co.,Ltd.
【指数構成銘柄】 — 【その他上場】 —

評価	株価	年間騰落率	最低売買価格
C	10.540 HK$	41.9 %	144,609 円

	PER		予想配当利回り	PBR
予想 **15.6** 倍		実績 **20.1** 倍	1.0 %	3.9 倍

中国の携帯端末部品メーカー スマートフォン部品を開発・製造し、主に中国地場メーカーに供給。主力製品は2－48メガピクセルのカメラモジュールやデュアルカメラモジュール、3D構造化光モジュール、指紋認証モジュール、アクションカメラモジュール、車載カメラモジュールなど。モバイル端末に画像システム化ソリューションを提供する技術企業を目指し、光学設計やコンピュータービジョンの分野も強化している。

19年12月本決算：大幅増益 主力2部門の好調で、前年の不振から一転して売上高、純利益ともに過去最高を更新。粗利益率が4.7ポイント上昇するなど採算が改善した。カメラモジュール部門は生産力増強後も高稼働率を維持し、コスト効率が好転。10メガピクセルを超える製品の出荷割合が54％に達し、平均販売価格が7％上昇した。指紋認証モジュール部門は販売数が5％減ったが、製品構成の改善で平均販売価格が58％上昇。

今後の計画 20年も業容の拡大を目指す方針で、カメラモジュールの出荷数を前年比で20％以上増やす目標を掲げた。うち10メガピクセル超の製品の比率を60％以上、32メガピクセル超の比率を25％以上とする計画。生産能力の増強も推進し、20年末までにカメラモジュールの月産能力を6000万個以上に引き上げる。

【株価推移】

	高値		安値	
2016年	4.480	12/05	0.960	01/29
2017年	23.250	08/30	3.960	01/03
2018年	13.460	01/03	3.580	10/30
2019年	14.780	12/17	4.030	01/16
2020年	14.240	01/14	7.710	03/19

【株価情報】

取引単位(株)	1,000	A株株価	—
時価総額(mHK$)	12,199.8	A株格差(倍)	—

【指標】 (%)

		19/12	18/12
収益性	ROA	5.1	0.2
	ROE	18.9	0.7
	粗利益率	9.0	4.3
成長性	増収率	61.9	2.5
	増益率(営利)	784.8	-87.1
	自己資本増加率	36.3	-2.0
安全性	BPS(元)	2.5	1.9
	負債比率	271.0	206.1
	流動比率	97.6	99.0
	株主資本比率	27.0	32.7

【財務】(百万元)

	19/12	18/12
流動資産	7,363.3	4,228.7
総資産	10,635.2	6,439.6
流動負債	7,543.2	4,270.1
総負債	7,768.2	4,336.2
株主資本	2,867.0	2,103.4

【CF】(百万元)

	19/12	18/12
営業CF	2,399.6	-172.5
投資CF	-1,271.5	386.5
財務CF	-816.7	-584.0
FCF	1,128.1	214.0
現金同等物	411.5	99.9

【株式】(19/12/31)(百万株)

総数	1,157.5
流通	—
	100.0 %
非流通	0.0 %

【主要株主】(19/12/31) (%)

丘タイ投資有限公司（何寧寧）	65.0

【子会社・関連会社】(19/12/31) (%)

昆山丘タイ微電子科技有限公司	100.0
台湾丘タイ科技有限公司	100.0
新鉅科技股フン有限公司	35.3

【売上・利益構成】(19/12)(%)

	売上構成比	前年比	利益構成比	前年比
カメラモジュール	78.7	65.2	70.2	164.8
指紋認証モジュール	20.9	50.6	28.5	887.5
その他	0.4	66.1	1.3	151.8

【業績】 [国際会計基準](百万元) ※予想：ファクトセット

【前号予想との比較】 ↑ 大幅増額

	売上高	営業利益	純利益	前年比(%)	EPS(元)	1株配(元)	株配・無償(株)
2016/12	4,991.16	220.14	190.76	87.0	0.184	0.0350	
2017/12	7,938.96	543.35	436.28	128.7	0.398	0.0780	
2018/12	8,135.16	70.04	14.40	-96.7	0.013	—	
2019/12	13,169.68	619.72	542.37	3,666.7	0.476	0.0900	
2020/12予	17,681.98	779.81	707.12	30.4	0.614	0.0990	**【株式分割・併合等】**
2021/12予	21,155.61	964.71	876.51	24.0	0.760	0.1370	
2018/6中間	3,206.71	-14.46	-51.29	—	-0.046	—	
2019/6中間	5,060.95	198.53	180.83	—	0.159	—	

【本社】江蘇省昆山市高新技術産業開発区台虹路3号 【TEL】86-512-36687999 【URL】www.qtechglobal.com

【役員】会長：何寧寧(He Ningning) 【上場】2014年12月 【決算期】12月 【従業員】3,745

中国再保険（集団）

チャイナ・リインシュアランス

中国再保険（集団）股份有限公司
China Reinsurance (Group) Corp.
【指数構成銘柄】― 【その他上場】―

[01508/week/(2018/11/30 - 2020/05/08)]
MPA: 13　MPA: 26　MPA: 52

評価	H株株価	年間騰落率	最低売買価格
B	0.880 HK$	-43.9 %	12,074 円

PER		予想配当利回り	PBR
予想 5.9 倍　実績 5.7 倍		5.7 %	0.4 倍

中国の再保険最大手 実質的な支配株主である中国財政部と傘下ファンドの中央匯金投資が設立した。中国本土で唯一の再保険グループとして、損害保険と生命保険の再保険事業を国内外で展開する。再保険の保険料収入はアジア最大規模を誇る。子会社の中国大地財産保険を通じて中国本土で損害保険事業を手掛け、19年の保険料収入シェアは3.7％に上る。英子会社が11年からロイズ保険組合に加盟している。

19年12月本決算：大幅増益 保険引受収益や投資収益が順調に伸びる中、英国・アイルランドの保険会社であるチョーサーの買収効果が重なった。総収入保険料は前年比19％増の1450億元。うち損害再保険が47％増の427億元に急拡大した。損保再保険ではアフリカ豚コレラの流行で支払保険金が膨らんだが、影響は限定的。生保再保険収入は6％増の555億元、一般損保は14％増の487億元。総投資収益は運用資産の規模が拡大や好調な株式相場を背景に52％増の130億元に拡大。支払余力率は184％から209％に上昇した。

最近の動向 損保子会社の中国大地財産保険の20年1－4月の保険料収入（中国会計基準）は前年同期比6％増の166億3900万元。経営陣は新型コロナ流行による業績への影響について、今後の情勢を注視する考え。

株価推移

	高値		安値	
2016年	2.370	01/04	1.680	06/24
2017年	1.910	02/23	1.630	12/07
2018年	1.940	01/25	1.380	10/12
2019年	1.830	02/26	1.200	08/15
2020年	1.360	01/07	0.860	03/23

株価情報

取引単位(株)	1,000	A株株価	―
H株時価総額(mHK$)	5,877.9	A株格差(倍)	―

指標(%)

		19/12	18/12
収益性	ROA	1.5	1.1
	ROE	6.9	4.8
	粗利益率	―	
成長性	増収率	18.9	9.3
	増益率(営利)	65.5	-21.5
	自己資本増加率	11.3	5.3
安全性	BPS(元)	2.1	1.8
	負債比率	343.9	324.0
	流動比率	―	
	株主資本比率	22.0	23.0

財務(百万元)

	19/12	18/12
流動資産	―	―
総資産	396,638.4	340,907.0
流動負債	―	―
総負債	299,660.4	253,653.2
株主資本	87,136.3	78,281.2

CF(百万元)

	19/12	18/12
営業CF	16,884.4	5,302.3
投資CF	-14,571.9	-31,033.4
財務CF	3,972.6	27,816.8
FCF	2,312.4	-25,731.1
現金同等物	21,267.6	14,701.9

株式 (19/12/31) (百万株)

総数	42,479.8	
流通	H株	15.7%
		―
		15.7%
	非流通	84.3%

主要株主 (19/12/31) (%)

中央匯金投資有限責任公司	71.6
中華人民共和国財政部	11.5
全国社会保障基金理事会	2.7

子会社・関連会社 (19/12/31) (%)

中国財産再保険有限責任公司	100.0
中国人寿再保険有限責任公司	100.0
中国大地財産保険股フン有限公司	64.3

売上・利益構成 (19/12) (%)

	売上構成比	前年比	利益構成比	前年比
生命再保険	39.4	10.2	29.0	58.1
損害保険	32.0	12.8	20.1	85.1
損害再保険	26.9	40.5	15.7	9.3

業績 【国際会計基準】(百万元) ※予想：ファクトセット　【前号予想との比較】→ 前号並み

	経常収益	経常利益	純利益	前年比(%)	EPS(元)	1株配(元)	株配・無償(株)
2016/12	92,364.44	5,092.92	5,146.05	-32.1	0.120	0.0480	
2017/12	109,670.90	5,750.17	5,256.30	2.1	0.120	0.0480	
2018/12	119,923.72	4,511.17	3,729.89	-29.0	0.090	0.0310	
2019/12	142,634.19	7,467.09	6,049.35	62.2	0.140	0.0440	
2020/12予	155,619.95	6,301.42	5,739.40	-5.1	0.135	0.0460	【株式分割・併合等】
2021/12予	174,695.70	7,378.74	6,525.70	13.7	0.153	0.0530	
2018/6中間	61,939.14	2,911.71	2,330.54	-21.1	0.050		
2019/6中間	80,039.07	3,648.88	3,319.73	42.4	0.080		

【登記】北京市西城区金融大街11号　【TEL】86-10-66576880　【URL】www.chinare.com.cn

【役員】会長：袁臨江(Yuan Linjiang)　【上場】2015年10月　【決算期】12月　【従業員】66,175

医薬・バイオ / メインボード / H株

麗珠医薬集団

リブゾン・ファーマ

麗珠医薬集団股份有限公司
Livzon Pharmaceutical Group Inc.

【指数構成銘柄】— 　【その他上場】深センA(000513)

[01513/week(2018/11/30 - 2020/05/08)]
FINANCIAL RESEARCH
MPA:13　MPA:26　MPA:52

評価	H株株価	年間騰落率	最低売買価格
B	**34.450** HK$	**55.2** %	**47,265** 円

PER		予想配当利回り	PBR
予想 **19.0** 倍　実績 **22.5** 倍		**3.1** %	**2.6** 倍

中国の総合医薬品メーカー 医薬品の開発、生産、販売に従事する。製剤や原薬、中間体、診断薬、設備を製造。主要な製品は抗がん剤や生殖補助医療薬、胃腸薬、抗精神病薬など。バイオ医薬品と細胞治療の開発にも取り組む。海外売上比率は13％（19年）。B株のH株転換を通じて14年に香港に重複上場した。実質支配株主の朱保国会長は、最大の原料供給元である康元薬業集団（600380）の創業者会長。

19年12月本決算：増収増益 利幅が大きい化学製剤部門の成長が好業績を支えた。売上高が6％増加した一方、売上原価の伸びは1％以下にとどまり、粗利益率は前年から1.8ポイント上昇。販売費を圧縮したことに加え、為替相場の変動に伴う外為先物ヘッジ商品の評価損が縮小したことも増益に寄与した。部門別では、中核製品の化学製剤が16％増収と堅調に成長。うち、胃腸薬の売り上げが41％伸びて部門全体をけん引した。原薬・中間体は部門売上高が微減だが、粗利益率が7ポイント改善して部門利益は29％増えた。

今後の計画 会社側は20年に神経系、がん免疫療法の製品を拡充し、先端液体製剤の開発も加速すると表明した。20年1－3月期決算は売上高が前年同期比4％減の25億500万元、純利益は2％増の3億9900万元だった。

【株価推移】

	高値		安値	
2016年	39.192	11/29	23.923	01/22
2017年	50.000	11/14	31.846	08/11
2018年	55.077	03/21	16.346	10/25
2019年	24.900	11/20	15.423	01/04
2020年	35.550	04/23	22.200	03/23

【株価情報】

取引単位(株)	100	A株株価(元)	41.510
H株時価総額(mHK$)	11,019.3	A株格差(倍)	1.3

【指標】(%)

		19/12	18/12
収益性	ROA	7.2	6.2
	ROE	11.7	10.2
	粗利益率	63.9	62.1
成長性	増収率	5.9	3.9
	増益率(営利)	35.7	-77.5
	自己資本増加率	4.8	-1.1
安全性	BPS(元)	11.9	14.8
	負債比率	51.1	53.4
	流動比率	243.2	232.3
	株主資本比率	62.1	61.1

【財務】(百万元)

	19/12	18/12
流動資産	12,873.2	12,471.7
総資産	17,976.5	17,437.3
流動負債	5,293.7	5,369.6
総負債	5,701.2	5,687.5
株主資本	11,166.8	10,652.0

【CF】(百万元)

	19/12	18/12
営業CF	1,767.2	1,267.6
投資CF	-316.0	-1,020.8
財務CF	-1,181.1	857.4
FCF	1,451.1	246.8
現金同等物	8,854.2	8,563.7

【株式】(19/12/31)(百万株)

総数		934.8
流通	H株	34.2%
	A株	63.7%
	—	97.9%
非流通		2.1%

【主要株主】(19/12/31)

	(%)
健康元薬業集団股フン有限公司(600380)	43.0
上海高毅資産管理合夥企業（有限合夥）	3.4
広州市保利力貿易公司	1.9

【子会社・関連会社】(19/12/31)

	(%)
珠海市麗珠単抗生物技術有限公司	55.1
四川光大製薬有限公司	100.0
麗珠集団新北江製薬股フン有限公司	87.1

【売上・利益構成】(19/12)(%)

	売上構成比	前年比	利益構成比	前年比
化学製剤	52.5	16.4	63.7	14.8
原薬・中間体	25.0	-0.2	12.2	29.0
漢方薬製剤	13.7	-16.4	16.1	-17.4

【業績】 [中国会計基準](百万元) ※予想：ファクトセット　【前号予想との比較】➚ 増額

	売上高	営業利益	純利益	前年比(%)	EPS(元)	1株配(元)	株配・無償(株)
2016/12	7,651.78	881.32	784.35	26.0	1.520	0.5000	10:3(無)
2017/12	8,530.97	5,657.81	4,428.69	464.6	6.220	2.0000	10:3(無)
2018/12	8,860.66	1,274.50	1,082.18	-75.6	1.160	1.2000	10:3(無)
2019/12	9,384.70	1,729.85	1,302.88	20.4	1.390	1.1500	
2020/12予	10,490.51	1,881.98	1,556.69	19.5	1.651	0.9560	【株式分割・併合等】
2021/12予	11,870.14	2,227.03	1,829.30	17.5	1.943	1.0900	
2018/6中間	4,564.70	750.88	633.35	25.7	0.880	—	
2019/6中間	4,939.07	920.92	738.95	16.7	1.030	—	

【本社】広東省珠海市金湾区創業北路38号総部大楼　**【TEL】**86-756-8135888　**【URL】**www.livzon.com.cn

【役員】会長：朱保国(Zhu Baoguo)　**【上場】**2014年1月　**【決算期】**12月　**【従業員】**9,019

三生製薬

スリーエスバイオ

三生製薬
3SBio Inc.

【指数構成銘柄】 ―　【その他上場】 ―

評価	株価	年間騰落率	最低売買価格
C	**8.520** HK$	**-39.8** %	**58,447** 円

PER		予想配当利回り	PBR
予想 **13.9** 倍　実績 **20.4** 倍		**0.0** %	**2.0** 倍

中国の大手バイオ医薬品メーカー バイオ医薬品の開発、生産を手掛ける。研究開発力に定評があり、腎臓病やがんの治療薬に強み。主力製品は関節リウマチ治療薬「益賽普（Yisaipu）」、慢性腎臓病治療薬「益比奥（EPIAO）」、「賽博爾（SEPO）」、がん化学療法に利用する「特比澳（TPIAO）」など。英アストラゼネカの糖尿病治療薬「バイエッタ」もライセンス販売する。瀋陽や上海、深セン、杭州、イタリアに生産拠点。19年末時点で国内1万7000の医療機関と取引している。

19年12月本決算：増収減益 傘下の三生国健薬業（上海）のストックオプションに絡み3億4600万元の関連費用を計上し、減益に転じた。転換社債費用も計上した純利益は前年比19％増の13億9200万元となる。実質増益の主因は利益率の高い「特比澳」の39％増収で、粗利益率を押し上げた。販売額は「賽博爾」が5％増、「益賽普」が3％増。「益比奥」は出荷価格下落で22％減。

今後の計画 モノクローナル抗体医薬品を開発・販売する子会社の三生国健薬業（上海）を上海の科創板に分離上場する計画。最大で発行済み株式の10％相当の新株を発行。上場後も出資比率を50％以上に維持する。19年10月、臓器移植後の急性拒絶反応を抑止するヒト化モノクローナル抗体「Xenopax（健尼哌）」を発売。

【株価推移】

	高値		安値	
2016年	11.160	01/06	6.930	06/20
2017年	16.300	11/14	7.250	01/16
2018年	23.250	05/29	9.060	12/24
2019年	16.420	04/15	8.210	01/03
2020年	12.140	05/08	6.660	03/19

【株価情報】

取引単位（株）	500	A株株価	―
時価総額（mHK$）	21,640.6	A株格差（倍）	―

【指標】(%)

		19/12	18/12
収益性	ROA	6.6	9.2
	ROE	10.1	14.8
	粗利益率	82.6	80.9
成長性	増収率	16.0	22.7
	増益率（営利）	―	―
	自己資本増加率	11.7	16.5
安全性	BPS（元）	3.8	3.4
	負債比率	46.2	57.3
	流動比率	285.2	268.0
	自己資本比率	65.0	62.2

【財務】(百万元)

	19/12	18/12
流動資産	4,596.2	4,437.5
総資産	14,809.3	13,839.7
流動負債	1,611.7	1,655.5
総負債	4,450.0	4,932.3
株主資本	9,625.0	8,614.4

【CF】(百万元)

	19/12	18/12
営業CF	1,887.4	1,150.3
投資CF	-1,133.7	-405.9
財務CF	-454.4	-1,393.7
FCF	753.7	744.3
現金同等物	2,082.8	1,792.6

【株式】(19/12/31)（百万株）

総数	2,535.0
流通	―
	100.0%
非流通	―
	0.0%

【主要株主】(19/12/31)

	(%)
Century Sunshine Ltd.	23.6
CPEChina Fund, L.P.	18.6
婁競	1.9

【子会社・関連会社】(19/12/31)

	(%)
瀋陽三生製薬有限責任公司	100.0
深セン賽保爾生物薬業有限公司	100.0
三生国健薬業（上海）股フン有限公司	88.5

【売上・利益構成】(19/12)(%)

	売上構成比	前年比	利益構成比	前年比
バイオ医薬品の販売	99.5	15.8	―	―
その他	0.5	79.6	―	―

【業績】[国際会計基準]（百万元）※予想：ファクトセット

【前号予想との比較】 ↘ 減額

	売上高	営業利益	純利益	前年比(%)	EPS(元)	1株配(HK$)	株配・無償(株)
2016/12	2,797.29	―	712.56	35.4	0.280	―	
2017/12	3,734.33	―	935.39	31.3	0.370	0.0685	
2018/12	4,583.87	―	1,277.17	36.5	0.500	―	
2019/12	5,318.09	―	973.72	-23.8	0.380	―	
2020/12予	6,053.00	1,704.04	1,417.29	45.6	0.559	―	【株式分割・併合等】
2021/12予	6,974.83	1,990.05	1,667.80	17.7	0.655	―	
2018/6中間	2,173.96	―	514.20	30.9	0.200	―	
2019/6中間	2,642.93	―	321.29	-37.5	0.130	―	

【本社】 遼寧省瀋陽市瀋陽経済技術開発区十号路1甲3号　**【TEL】** 86-24-25386000　**【URL】** www.3sbio.com
【役員】 会長：婁競（Lou Jing）　**【上場】** 2015年6月　**【決算期】** 12月　**【従業員】** 5,404

金融・証券・保険

メインボード

H株

国銀金融租賃

チャイナ・デベロップメント・バンク・ファイナンシャル・リーシング

国銀金融租賃股份有限公司
China Development Bank Financial Leasing Co.,Ltd.
【指数構成銘柄】— 【その他上場】—

評価	H株株価	年間騰落率	最低売買価格
B	1.080 HK$	-37.9 %	29,635 円

PER		予想配当利回り	PBR
予想 **5.0**倍　実績 **4.3**倍		7.1 %	0.5 倍

国家開発銀行傘下のリース会社 中国の政策性銀行の一角、国家開発銀行の傘下企業で、リース事業を展開する。航空機リースに加え、有料道路や鉄道、低価格住宅、電力設備などのインフラリースが事業の柱で、いずれも国内最大級。コンテナ船やタンカー、建設機械、商用車などのリースも手掛ける。国家開発銀行との協業に強み。航空大手の中国国際航空（00753）や海運大手の中国遠洋海運集団などが主要顧客。

19年12月本決算：増収増益 リース対象資産の拡大でファイナンスリースが18％増収、オペレーティングリースが25％増収と好調。国内経済の情勢変化を受けて減損引当金を約6割積み増したが、人民元の調達コスト低下で収益率が改善した。部門別では主力の航空機リース部門が競争激化で22％減益と落ち込んだが、インフラリース、船舶リース、車両・建設機械リースの3部門はいずれも大幅増益を達成するなど好調だった。

今後の見通し 新型コロナウイルスの影響で航空業界などが苦境に立たされており、業績への影響が懸念される。20年4月、米ボーイング社から購入する「737MAX」99機のうち29機分をキャンセルすると発表。残り70機のうち10機は「737MAX10」から「737MAX8」に変更し、20機の引き渡し予定日を2024-26年に延期する。

【株価推移】

	高値		安値	
2016年	2.190	08/29	1.760	11/21
2017年	2.060	03/28	1.550	12/18
2018年	2.060	12/31	1.310	10/15
2019年	2.030	01/02	1.160	10/14
2020年	1.490	01/02	0.940	03/16

【株価情報】

取引単位(株)	2,000	A株株価	—
H株時価総額(mHK$)	2,991.2	A株格差(倍)	—

【指標】(%)

		19/12	18/12
収益性	ROA	1.1	1.1
	ROE	11.4	10.4
	粗利益率	—	—
成長性	増収率	18.0	26.2
	増益率(営利)	21.9	16.6
	自己資本増加率	6.1	3.0
安全性	BPS(元)	2.0	1.9
	負債比率	918.0	883.6
	流動比率	—	—
	株主資本比率	9.8	10.2

【財務】(百万元)

	19/12	18/12
流動資産	—	—
総資産	261,300.7	238,067.0
流動負債	—	—
総負債	235,631.4	213,864.0
株主資本	25,669.2	24,203.0

【CF】(百万元)

	19/12	18/12
営業CF	9,902.7	22,942.8
投資CF	-10,137.0	-22,968.3
財務CF	1,080.7	2,833.5
FCF	-234.4	-25.5
現金同等物	19,445.5	18,375.2

【株式】(19/12/31)(百万株)

	総数	12,642.4
	H株	21.9 %
流通	—	—
		21.9 %
非流通		78.1 %

【主要株主】(19/12/31) (%)

国家開発銀行股フン有限公司	64.4
海航集団有限公司	6.3
中国長江三峡集団有限公司	5.4

【子会社・関連会社】(19/12/31) (%)

国銀飛機租賃（上海）有限公司	100.0
国銀盛展飛機租賃（天津）有限公司	100.0
国銀宇飛飛機租賃（天津）有限公司	100.0

【売上・利益構成】(19/12)(%)

	売上構成比	前年比	利益構成比	前年比
航空機リース	46.5	12.5	39.1	-22.4
インフラリース	31.5	15.3	42.1	96.0
船舶リース	10.6	76.0	8.8	182.5

【業績】[国際会計基準](百万元)※予想：ファクトセット　【前号予想との比較】—

	営業収益	営業利益	純利益	前年比(%)	EPS(元)	1株配(元)	株配・無償(株)
2016/12	11,440.81	2,067.73	1,561.34	48.3	0.140	0.0556	
2017/12	12,314.72	2,807.85	2,130.49	36.5	0.170	0.0759	
2018/12	15,541.31	3,274.22	2,506.98	17.6	0.200	0.0892	
2019/12	18,343.24	3,992.76	2,938.13	17.2	0.230	0.1046	
2020/12予	15,537.52	6,254.00	2,494.50	-15.1	0.195	0.0700	【株式分割・併合等】
2021/12予	16,752.13	6,435.00	3,011.50	20.7	0.240	0.0900	
2018/6中間	6,872.78	1,441.31	1,118.40	-13.6	0.090	—	
2019/6中間	8,738.56	1,821.52	1,361.20	21.7	0.110	—	

【登記】深セン市福田区福中三路2003号国銀金融中心大廈【TEL】86-755-23980999【URL】www.cdb-leasing.com

【役員】会長：王学東(Wang Xuedong)【上場】2016年7月　【決算期】12月　【従業員】354

中国冶金科工

エムシーシー

中国冶金科工股份有限公司
Metallurgical Corporation of China Ltd.
【指数構成銘柄】— 【その他上場】上海A(601618)

建設・プラント

メインボード

H株

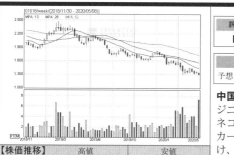

評価	H株株価	年間騰落率	最低売買価格
B	**1.290** HK$	**-38.0** %	**17,699** 円

PER		予想配当利回り	PBR
予想 **3.3** 倍 実績 **4.3** 倍		**6.8** %	**0.2** 倍

中国五鉱集団傘下のエンジニアリング大手 冶金系エンジニアリングで世界最大規模を誇る。ENR誌19年世界ゼネコン収入ランキングで8位。主に鉄鋼・非鉄金属メーカーのプラントや、交通インフラの建設などを手掛け、不動産開発や資源開発、設備製造にも従事。08年に国有企業の中国冶金科工集団と旧宝鋼集団の共同出資で発足。19年5月、親会社の中国冶金科工集団が中国国務院直轄の中国五鉱集団の子会社となった。

19年12月本決算：小幅増益 主力の工事請負部門が全体の増収をけん引したものの、原材料価格の上昇が重荷となり売上原価が18%増加。各種コストが増収率を上回るペースで拡大し、増益率を圧迫した。工事請負は部門売上高が21%増加。ただ、競争激化で新規プロジェクトの利益率が低下したほか、資材価格上昇などを受け、部門利益率は10.1%（↓0.4ポイント）に低下。他部門の売上高（内部販売を含む）は、設備製造が3%増えた半面、不動産開発は13%減少した。

今後の計画 20年1～3月期は売上高が前年同期比15%増の727億2492万元、純利益が7%増の18億9210万元。20年の売上高目標は3570億元に設定。前年実績比約5%増の水準を目指す。20年3月時点で、会社側は新型コロナウイルスによる影響は一時との見方を示した。

【株価推移】

	高値		安値	
2016年	3.020	12/30	1.530	02/12
2017年	3.390	04/06	2.200	12/07
2018年	2.630	01/26	1.860	10/30
2019年	2.470	03/05	1.580	12/03
2020年	1.810	01/03	1.280	03/19

【株価情報】

取引単位（株）	1,000	A株株価（元）	2.600
H株時価総額(mHK$)	3,703.6	A株格差（倍）	2.2

【指標】(%)

		19/12	18/12
収益性	ROA	1.4	1.5
	ROE	6.7	7.6
	粗利益率	11.6	12.6
成長性	増収率	17.0	18.7
	増益率（営利）	-5.0	12.0
	自己資本増加率	16.7	1.7
安全性	BPS（元）	4.7	4.1
	負債比率	348.8	400.6
	流動比率	113.6	114.3
	株主資本比率	21.4	19.1

【財務】(百万元)

	19/12	18/12
流動資産	347,436.0	339,420.6
総資産	458,506.2	438,915.8
流動負債	305,923.5	296,985.8
総負債	341,600.7	336,246.4
株主資本	97,949.7	83,943.4

【CF】(百万元)

	19/12	18/12
営業CF	17,577.9	14,050.0
投資CF	-9,835.4	-11,737.4
財務CF	-9,150.1	-5,930.2
FCF	7,742.6	2,312.5
現金同等物	31,814.9	33,151.0

【株式】(19/12/31)（百万株）

総数	20,723.6		
流通	H株	13.9%	
	A株	86.1%	
		100.0%	
非流通		0.0%	

【主要株主】(19/12/31) (%)

中国冶金科工集団有限公司	55.1
中国証券金融股フン有限公司	3.0

【子会社・関連会社】(19/12/31) (%)

中冶建築研究総院有限公司	100.0
中国有色工程有限公司	100.0
中冶越南工程技術有限責任公司	100.0

【売上・利益構成】(19/12)(%)

	売上構成比	前年比	利益構成比	前年比
エンジニアリング	90.2	20.6	62.2	22.1
不動産開発	5.6	-14.5	30.8	-22.1
設備製造	1.9	-0.4	—	—

【業績】[中国会計基準]（百万元）※予想：ファクトセット／【前号予想との比較】↘ 減額

	売上高	営業利益	純利益	前年比(%)	EPS（元）	1株配（元）	株配・無償（株）
2016/12	219,557.58	7,079.23	5,375.86	12.0	0.250	0.0600	
2017/12	243,999.86	8,779.12	6,061.49	12.8	0.260	0.0680	
2018/12	289,534.52	9,832.01	6,371.58	5.1	0.260	0.0700	
2019/12	338,637.61	9,342.42	6,599.71	3.6	0.270	0.0720	
2020/12予	388,078.70	11,462.20	7,516.50	13.9	0.360	0.0800	【株式分割・併合等】
2021/12予	443,651.60	13,211.20	8,534.40	13.5	0.410	0.0900	
2018/6中間	126,112.57	4,909.77	2,907.20	8.7	0.120	—	
2019/6中間	159,017.38	4,824.30	3,156.88	8.6	0.130	—	

【登記】北京市朝陽区曙光西里28号 【TEL】86-10-59868666 【URL】www.mccchina.com
【役員】会長：国文清(Guo Wenqing) 【上場】2009年9月 【決算期】12月 【従業員】98,566

電力・ガス・水道

メインボード

H株

上海大衆公用事業（集団）

シャンハイ・ダージョン・パブリック・ユーティリティーズ

上海大衆公用事業（集団）股份有限公司
Shanghai Dazhong Public Utilities (Group) Co.,Ltd.

【指数構成銘柄】— 【その他上場】上海A(600635)

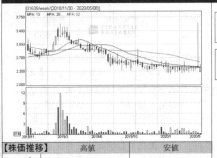

評価	H株株価	年間騰落率	最低売買価格
—	2.450 HK$	-18.3 %	33,614 円

PER		予想配当利回り	PBR
予想 — 実績 12.4 倍		—	0.8 倍

上海地盤の公益事業者 上海と江蘇省南通で行う都市ガス事業が中核事業。ほかに上海、江蘇省の徐州と連雲港で汚水処理場を運営。BOT方式やBT方式で道路やトンネルなどインフラの建設・保守も請け負う。関連会社の大衆交通（900903）を通じてタクシー事業を手掛けるほか、中国最大級のベンチャーキャピタルである深セン市創新投資集団に出資。ファイナンスリースやプリペイドカードなどの金融サービス事業も展開。1993年に上海、2016年に香港に上場。

19年12月本決算：増収増益 主力事業の好調を背景に全体の売上高が11％増加し、粗利益率が前年から5ポイント以上改善。純投資収益が2割増加して2桁増益を支えた。一方で、為替差損や無形資産の減損引当金が増え、管理費が3割増えた。ほぼ全事業が堅調で、都市ガス事業はコスト削減で黒字転換。交通サービス事業は18年に傘下に収めた子会社が大幅増収となった。

今後の計画 石炭から天然ガスへの切り替え推進策が追い風となる。大規模公益事業への投資を強化するほか、事業買収、AIやスマートシティーなど、国内外での事業拡大の機会を模索していく。20年1～3月期決算（中国会計基準）は売上高が14億6500万元、純利益が1億500万元といずれも前年同期から16％減少した。

【株価推移】

	高値		安値	
2016年	3.780	12/06	3.350	12/05
2017年	3.950	03/23	3.280	12/28
2018年	3.470	01/03	2.360	10/26
2019年	3.570	03/06	2.330	11/26
2020年	3.590	04/28	2.270	02/03

【株価情報】

取引単位(株)	1,000	A株株価(元)	4.270
H株時価総額(mHK$)	1,307.4	A株格差(倍)	1.9

【指標】(%)

		19/12	18/12
収益性	ROA	2.4	2.3
	ROE	6.6	6.5
	粗利益率	16.1	10.8
成長性	増収率	10.8	6.8
	増益率(営利)	—	—
	自己資本増加率	8.2	3.0
安全性	BPS(元)	2.7	2.5
	負債比率	162.9	171.5
	流動比率	82.2	95.0
	株主資本比率	36.0	34.9

【財務】(百万元)

	19/12	18/12
流動資産	6,829.5	6,108.8
総資産	22,237.2	21,222.3
流動負債	8,305.5	6,428.5
総負債	13,044.5	12,697.2
株主資本	8,007.1	7,403.5

【CF】(百万元)

	19/12	18/12
営業CF	1,218.4	-156.0
投資CF	-548.1	-1,495.8
財務CF	-724.5	-321.4
FCF	670.3	-1,651.9
現金同等物	2,971.8	3,015.1

【株式】(19/12/31)(百万株)

総数		2,952.4	
流通	H株		18.1 %
	A株		81.9 %
			100.0 %
非流通			0.0 %

【主要株主】(19/12/31) (%)

上海大衆企業管理有限公司	18.8
上海燃気（集団）有限公司	5.4
新奥能源控股有限公司（02688）	4.4

【子会社・関連会社】(19/12/31) (%)

蘇創燃気股フン有限公司（01430）	19.3
大衆交通（集団）股フン有限公司（900903）	26.8
深セン市創新投資集団	11.7

【売上・利益構成】(19/12)(%)

	売上構成比	前年比	利益構成比	前年比
都市ガス	88.7	9.3	18.7	—
汚水処理	5.8	16.1	11.9	10.4
金融サービス	2.5	9.9	5.8	57.4

【業績】[国際会計基準](百万元)※予想：—

	売上高	営業利益	純利益	前年比(%)	EPS(元)	1株配(元)	株配・無償(株)
2016/12	4,568.40	—	547.64	18.1	0.220	0.0600	
2017/12	4,741.95	—	474.13	-13.4	0.160	0.0600	
2018/12	5,062.38	—	478.49	0.9	0.160	0.0600	
2019/12	5,609.65	—	526.47	10.0	0.160	0.0600	
2020/12予	—	—	—	—	—		【株式分割・併合等】
2021/12予	—	—	—	—	—		
2018/6中間	2,689.75	—	126.07	-37.8	0.040		
2019/6中間	2,998.25	—	205.97	63.4	0.070		

【前号予想との比較】 —

【登記】上海市浦東新区商城路518号 【TEL】86-21-64288888 【URL】www.dzug.cn

【役員】会長：楊国平(Yang Guoping) 【上場】2016年12月 【決算期】12月 【従業員】3,049

中国郵政儲蓄銀行

ポスタル・セービングス・バンク・オブ・チャイナ

中国郵政儲蓄銀行股份有限公司
Postal Savings Bank of China Co.,Ltd.

【指数構成銘柄】中国企業　【その他上場】上海A(601658)

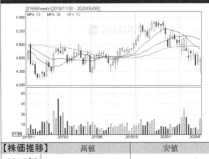

評価	H株株価	年間騰落率	最低売買価格
B	**4.540** HK$	**-4.2** %	**62,289** 円

PER			予想配当利回り	PBR
予想 **5.5** 倍	実績 **5.7** 倍		**5.6** %	**0.7** 倍

中国版ゆうちょ銀行 郵便事業を手掛ける中国郵政集団の銀行子会社で、日本のゆうちょ銀行に相当。19年12月末の総資産額は中国銀行（03988）に次ぐ5位。個人顧客は約6億人に上り、全国の営業店舗数は国内最大となる3万9638店。うち郵便局窓口などに設置された代理店が3万1720店と全体の約8割を占める。個人向け銀行業務を主力とし、中小企業・農村向け融資に強みを持つ。17年3月に中国企業指数構成銘柄に採用された。

19年12月本決算：増収増益 利ざやは縮小したものの貸出残高の拡大で資金利益が3％増加したほか、銀行カード・POS手数料や決済業務収入の貢献で役務取引等利益も18％増と好調。管理費などの営業費を4％増にとどめたほか、減損損失をほぼ前年並みの水準に抑制したことで2桁増益を達成した。不良債権比率は0.86％と前年末から横ばい。Tier1比率と自己資本比率はそれぞれ0.01ポイント、0.248ポイント低下した。

最近の動向 20年1～3月期は経常収益が前年同期比5％増の722億5000万元、純利益が8％増の200億9400万元。19年12月のA株IPOで327億元を調達し、過去10年で最大規模のA株IPOを実現。IT分野に積極的に投資する方針で、19年の投資額は総額81億8000万元に上った。今後も経常収益の3％前後をIT投資に振り向ける計画。

【株価推移】

	高値		安値	
2016年	4.850	10/03	4.110	10/31
2017年	5.180	04/25	4.030	12/19
2018年	5.640	05/28	4.010	01/02
2019年	5.440	12/13	4.120	01/03
2020年	5.440	01/03	4.250	05/05

【株価情報】

取引単位(株)	1,000	A株株価(元)	5.170
H株時価総額(mHK$)	90,147.0	A株格差(倍)	1.3

【指標】(%)

		19/12	18/12
収益性	ROA	0.6	0.5
	ROE	11.2	11.0
	粗利益率	—	—
成長性	増収率	6.1	16.2
	増益率(営利)	19.2	4.6
	自己資本増加率	14.6	10.1
安全性	BPS(元)	6.3	5.9
	負債比率	1,778.3	1,905.7
	流動比率	—	—
	株主資本比率	5.3	5.0

【財務】(百万元)

	19/12	18/12
流動資産	—	—
総資産	10,216,706.0	9,516,211.0
流動負債	—	—
総負債	9,671,827.0	9,040,898.0
株主資本	543,867.0	474,404.0

【CF】(百万元)

	19/12	18/12
営業CF	26,443.0	184,505.0
投資CF	-173,714.0	-89,325.0
財務CF	23,857.0	-16,863.0
FCF	-147,271.0	95,180.0
現金同等物	280,348.0	402,420.0

【株式】(19/12/31)(百万株)

総数		86,202.7
流通	H株	23.0%
	A株	3.4%
		26.5%
非流通		73.5%

【主要株主】(19/12/31) (%)

中国郵政集団公司	65.0
CSIC Investment One Ltd.	4.2
中国人寿保険股フン有限公司（02628）	3.9

【子会社・関連会社】(19/12/31) (%)

中郵消費金融有限公司	70.5
中郵理財有限責任公司	100.0

【売上・利益構成】(19/12)(%)

	売上構成比	前年比	利益構成比	前年比
個人向け銀行業務	63.8	8.0	39.4	16.7
法人向け銀行業務	21.6	7.3	31.1	26.7
トレジャリー業務	14.5	-3.3	29.1	12.2

【業績】［国際会計基準］(百万元) ※予想：ファクトセット　【前号予想との比較】 ➡ 前号並み

	経常収益	業務純益	純利益	前比(%)	EPS(元)	1株配(元)	株配・無償(株)
2016/12	189,602.00	42,928.00	39,801.00	14.2	0.550	0.0737	
2017/12	224,864.00	51,111.00	47,683.00	19.8	0.590	0.1471	
2018/12	261,245.00	53,487.00	52,311.00	9.7	0.620	0.1937	
2019/12	277,116.00	63,745.00	60,933.00	16.5	0.720	0.2102	
2020/12予	292,567.22	122,884.86	66,243.45	8.7	0.748	0.2300	【株式分割・併合等】
2021/12予	315,389.88	133,770.00	73,808.35	11.4	0.830	0.2520	
2018/6中間	132,408.00	34,267.00	32,523.00	22.3	0.370	—	
2019/6中間	141,704.00	40,786.00	37,381.00	14.9	0.430	—	

【登記】北京市西城区金融大街3号 【TEL】86-10-68858158 【URL】www.psbc.com

【役員】会長：張金良(Zhang Jinling) 【上場】2016年9月 【決算期】12月 【従業員】174,406

医薬・バイオ

北京同仁堂科技発展
トンレンタン・テクノロジーズ

メインボード

H株

北京同仁堂科技発展股份有限公司
Tong Ren Tang Technologies Co.,Ltd
【指数構成銘柄】 ― 【その他上場】 ―

評価	H株株価	年間騰落率	最低売買価格
C	6.170 HK$	-40.2 %	84,652 円

PER		予想配当利回り	PBR
予想 15.7 倍　実績 17.0 倍		3.0 %	1.3 倍

中国漢方薬業界の老舗 漢方薬業界で300年以上の伝統を誇る「同仁堂」ブランドを展開。主に新型薬剤（顆粒剤、丸剤、錠剤、ソフトカプセル）を取り扱い、親会社・北京同仁堂（600085）との競合を回避。主力は風邪薬の「感冒清熱顆粒」、解熱鎮痛剤の「板藍根顆粒」、滋養強壮剤の「六味地黄丸」など。10年にGEMからメインボードに指定替え。傘下に漢方薬の海外販売などを手掛ける北京同仁堂国薬（03613）を抱える。

19年12月本決算：減収減益 生産ラインの移設に伴う減産に加え、原材料価格の上昇や市場競争の激化などが響いた。漢方製剤の生産量が2割以上減り、「六味地黄丸」シリーズは4割減収と落ち込んだ。単位製造コストの上昇などで粗利益率が2.1ポイント低下したほか、新工場の稼働に伴う減価償却費の増加で管理費が9％増加したことも利益を圧迫。海外販売子会社の北京同仁堂国薬も香港の抗議デモの影響で減収減益と苦戦した。

最近の動向 北京中関村と河北省唐山市の新工場が順次稼働。市場の需要動向に合わせて生産計画の最適化を進め、生産能力の拡大を図る方針。一方、新型コロナ感染症の予防や治療などで漢方薬の効果が国内で認められており、経営陣は今後の政策支援の強化や漢方薬の地位・役割の向上につながるとみている。

【株価推移】
	高値		安値	
2016年	16.000	10/11	11.300	01/20
2017年	14.600	01/04	9.720	09/28
2018年	14.420	05/28	10.100	12/24
2019年	11.320	04/15	6.640	11/26
2020年	8.590	01/23	5.510	03/19

【株価情報】
取引単位(株)	1,000	A株株価 ―
H株時価総額(mHK$)	3,879.1	A株格差(倍) ―

【指標】(%)
		19/12	18/12
収益性	ROA	4.0	6.9
	ROE	7.6	12.7
	粗利益率	45.9	48.0
成長性	増収率	-11.5	0.7
	増益率(営利)	-22.9	2.0
	自己資本増加率	4.0	10.4
安全性	BPS(元)	4.3	4.2
	負債比率	55.3	46.9
	流動比率	448.6	495.3
	株主資本比率	52.8	54.4

【財務】(百万元)
	19/12	18/12
流動資産	7,580.3	7,391.7
総資産	10,470.0	9,769.9
流動負債	1,689.7	1,492.3
総負債	3,055.4	2,493.0
株主資本	5,527.3	5,316.7

【CF】(百万元)
	19/12	18/12
営業CF	1,051.8	985.2
投資CF	456.9	-880.5
財務CF	-466.1	-311.0
FCF	1,508.7	104.8
現金同等物	2,990.6	1,904.0

【株式】(19/12/31) (百万株)
総数		1,280.8	
流通	H株	―	49.1%
		―	49.1%
非流通			50.9%

【主要株主】(19/12/31)
	(%)
北京同仁堂股フン有限公司 (600085)	46.9
Mitsubishi UFJ Financial Group,Inc	4.9
Hillhouse Capital Management Ltd.	3.7

【子会社・関連会社】(19/12/31)
	(%)
北京同仁堂麦爾海生物技術有限公司	60.0
北京同仁堂通科薬業有限責任公司	95.0
北京同仁堂国薬有限公司 (03613)	38.1

【売上・利益構成】(19/12) (%)
	売上構成比	前年比	利益構成比	前年比
国内漢方薬販売	60.4	-15.0	31.3	-49.5
北京同仁堂国薬	28.2	-1.7	68.5	-0.3
その他	11.4	-14.3	0.3	-94.9

【業績】 [国際会計基準] (百万元) ※予想：ファクトセット
【前号予想との比較】 ↓ 大幅減額

	売上高	営業利益	純利益	前年比(%)	EPS(元)	1株配(元)	株配・無償(株)
2016/12	4,665.30	1,007.24	595.65	10.1	0.470	0.1600	
2017/12	5,025.18	1,167.86	666.67	11.9	0.520	0.1700	
2018/12	5,059.64	1,191.03	677.82	1.7	0.530	0.1800	
2019/12	4,476.45	918.15	417.65	-38.4	0.330	0.1600	
2020/12予	4,487.22	977.30	452.53	8.4	0.358	0.1670	【株式分割・併合等】
2021/12予	4,868.31	1,095.33	515.98	14.0	0.418	0.1230	
2018/6中間	2,803.42	729.30	432.45	4.0	0.340	―	
2019/6中間	2,474.63	690.03	382.63	-11.5	0.300	―	

【登記】北京市北京経済技術開発区同済北路16号【TEL】86-10-87632888【URL】www.tongrentangkj.com

【役員】会長：顧海鴎(Gu Haiou)【上場】2000年10月 【決算期】12月 【従業員】3,913

中国中車
シーアールアールシー

中国中車股份有限公司
CRRC Corp.,Ltd.

【指数構成銘柄】― 【その他上場】上海A(601766)

[01766/week/2018/11/30 - 2020/05/08]

評価	H株株価	年間騰落率	最低売買価格
C	4.040 HK$	-39.1 %	55,429 円

PER		予想配当利回り	PBR
予想 8.5 倍　実績 9.0 倍		4.2 %	0.8 倍

世界最大の鉄道車両メーカー 15年6月に中国南車と中国北車の合併が完了して誕生した。鉄道車両メーカーとして世界最大で、高速鉄道車両、機関車、地下鉄車両、貨車、客車、部品、電気機器の設計・製造を手掛ける。傘下に鉄道車両用の電力制御装置などを製造する株洲中車時代電気（03898）を抱える。川崎重工業、日立、仏アルストム、カナダのボンバルディアなどと合弁会社を展開。100以上の国・地域に輸出している。

19年12月本決算：増収増益 製品保証引当金の増加で販売費が膨らんだほか、管理費や研究開発費がかさんだものの、売上原価の伸びを3%に抑制したことに加えて、支払利息や為替差損の縮小で財務コストが7割超減少し、安定成長を確保した。事業別では、都市鉄道・都市インフラ部門が2桁の増収増益と好調で業績をけん引。鉄道車両部門は小幅ながら増収増益を維持した。サービス部門は事業規模の縮小で41%減収。販売数は機関車932台、客車1691両、高速鉄道車両2167両、貨車4万8762両、地下鉄車両7452両だった。

最近の動向 20年1～3月期決算は売上高が前年同期比16%減の333億9500万元、純利益は58%減の7億4800万元。20年1～4月は中国国家鉄路集団などから総額224億8000万元に上るプロジェクトを受注した。

【株価推移】

	高値		安値	
2016年	9.560	01/04	6.450	06/24
2017年	8.400	12/29	6.810	09/26
2018年	8.820	01/04	5.810	07/23
2019年	8.620	02/27	5.010	11/21
2020年	6.100	01/03	3.600	03/19

【株価情報】

取引単位(株)	1,000	A株株価(元) 6.200
H株時価総額(mHK$)	17,659.1	A株格差(倍) 1.7

【指標】(%)

		19/12	18/12
収益性	ROA	3.1	3.2
	ROE	8.7	8.8
	粗利益率	23.1	22.2
成長性	増収率	4.5	5.8
	増益率(営利)	7.4	
	自己資本増加率	5.8	5.7
安全性	BPS(元)	4.7	4.5
	負債比率	165.4	161.8
	流動比率	125.5	121.2
	株主資本比率	35.4	35.9

【財務】(百万元)

	19/12	18/12
流動資産	251,215.1	227,512.1
総資産	383,572.5	357,523.1
流動負債	200,164.5	187,661.5
総負債	224,744.0	207,838.4
株主資本	135,893.6	128,457.7

【CF】(百万元)

	19/12	18/12
営業CF	22,530.5	18,869.3
投資CF	-4,568.9	-4,333.3
財務CF	-12,693.1	-31,961.4
FCF	17,961.7	14,536.0
現金同等物	35,819.6	30,290.1

【株式】(19/12/31)(百万株)

総数			28,698.9
流通	H株	15.2%	
	A株	79.9%	
			95.1%
非流通		4.9%	

【主要株主】(19/12/31)

	(%)
中国中車集団有限公司	50.7
中国証券金融股フン有限公司	3.0
中央匯金資産管理有限責任公司	1.1

【子会社・関連会社】(19/12/31)

	(%)
中車長春軌道客車股フン有限公司	93.5
中車青島四方機車車輛股フン有限公司	97.8
中車唐山機車車輛有限公司	100.0

【売上・利益構成】(19/12)(%)

	売上構成比	前年比	利益構成比	前年比
鉄道車両	53.8	2.2	58.3	1.5
新事業	23.4	7.8	24.0	20.7
都市鉄道・都市インフラ	19.2	26.4	14.7	29.5

【業績】[中国会計基準](百万元)※予想：ファクトセット 　　【前号予想との比較】↘減額

	売上高	営業利益	純利益	前年比(%)	EPS(元)	1株配(元)	株配・無償(株)
2016/12	224,137.96	—	11,290.14	-4.5	0.410	0.2100	
2017/12	207,044.26	—	10,791.35	-4.4	0.380	0.1500	
2018/12	219,082.64	14,734.83	11,305.04	4.8	0.390	0.1500	
2019/12	229,010.83	15,822.70	11,794.93	4.3	0.410	0.1500	
2020/12予	240,078.94	16,715.88	12,424.30	5.3	0.431	0.1530	【株式分割・併合等】
2021/12予	257,265.84	18,392.36	13,679.61	10.1	0.477	0.1690	
2018/6中間	86,290.82	6,892.49	4,114.39	12.1	0.140	—	
2019/6中間	96,147.02	6,654.06	4,780.64	16.2	0.170	—	

【登記】北京市海淀区西四環中路16号 【TEL】86-10-51862188 【URL】www.crrcgc.cc
【役員】会長：劉化龍(Liu Hualong) 【上場】2008年8月　【決算期】12月　【従業員】165,715
【備考】19年6月中間期から会計基準変更、それ以前は国際会計基準。

金融・証券・保険

メインボード

H株

広発証券

ジーエフ・セキュリティーズ

広発証券股份有限公司
GF Securities Co.,Ltd.

【指数構成銘柄】— 【その他上場】深センA(000776)

[01776/week/2018/11/30 - 2020/05/08]

評価	H株株価	年間騰落率	最低売買価格
B	8.240 HK$	-15.0 %	22,611 円

PER		予想配当利回り	PBR
予想 7.0 倍　実績 7.6 倍		4.6 %	0.6 倍

中国の証券大手 前身は広発銀行の証券業務部。証券売買仲介や資産管理、投資銀行業務などを幅広く手掛ける。営業収益では業界5位、純利益や総資産でも業界5位。証券仲介規模では国内シェア4.2%で、内訳は株式が4.1%、ファンドが2.9%、債券が4.2%（19年12月期）。19年末現在、地元広東省を中心に国内31省・直轄市・自治区に21支社、283支店を展開している。

19年12月本決算：増収増益 国内資本市場の活況が好決算要因（上海総合指数は年初来22%上昇、深セン・上海市場の株式・ファンド売買額は36%増）。委託売買の増加（株・ファンドは33%増）や投資銀行業務の拡大を受け手数料収入は13%増の100億元強。金利収入は信用取引収入の縮小などで9%減。純投資収益は実現・未実現投資損益の大幅改善で、前年の約38倍に当たる69億元を記録。投資銀行のエクイティファイナンス引受額は前年比倍増。期末のギアリング比率は70.1%。

最近の動向 20年2月、40億元の短期社債を発行した。期間は90日で表面利率2.52%。3月には元金総額45億元の劣後債を発行。内訳は3年物20億元、5年物25億元で、表面利率はそれぞれ3.35%、3.80%。20年1-3月期決算（中国会計基準）は営業収益が前年同期比21%減の53億8800万元、純利益が29%減の20億7100万元。

【株価推移】

	高値		安値	
2016年	19.820	01/04	13.900	02/25
2017年	18.160	10/16	15.140	12/15
2018年	18.240	01/24	8.570	10/19
2019年	14.280	02/26	7.440	08/15
2020年	10.300	01/14	7.440	03/19

【株価情報】

取引単位(株)	200	A株株価(元)	13.820
H株時価総額(mHK$)	14,022.8	A株格差(倍)	1.8

【指標】(%)

		19/12	18/12
収益性	ROA	1.9	1.1
	ROE	8.3	5.1
	粗利益率	—	
成長性	増収率	31.8	-20.3
	増益率(営利)	82.3	-51.9
	自己資本増加率	7.3	0.2
安全性	BPS(元)	12.0	11.2
	負債比率	329.1	353.4
	流動比率	148.7	139.7
	株主資本比率	23.1	21.8

【財務】(百万元)

	19/12	18/12
流動資産	361,624.1	350,353.1
総資産	394,391.1	389,105.9
流動負債	243,187.5	250,717.1
総負債	300,254.5	300,476.8
株主資本	91,234.0	85,018.0

【CF】(百万元)

	19/12	18/12
営業CF	20,094.8	40,858.2
投資CF	-10,128.2	-15,312.7
財務CF	-9,976.9	-16,055.1
FCF	9,966.6	25,545.4
現金同等物	21,302.6	21,285.6

【株式】(19/12/31) (百万株)

総数		7,621.1
流通	H株	22.3%
	A株	77.7%
	—	
		100.0%
非流通		0.0%

【主要株主】(19/12/31) (%)

吉林敖東薬業集団フン有限公司 (000623)	17.5
遼寧成大股フン有限公司 (600739)	16.4
中山公用事業集団フン有限公司 (000685)	10.3

【子会社・関連会社】(19/12/31) (%)

広発期貨有限公司	100.0
広発信徳投資管理有限公司	100.0
広発基金管理有限公司	60.6

【売上・利益構成】(19/12) (%)

	売上構成比	前年比	利益構成比	前年比
ウェルスマネジメント	40.8	4.7	35.5	-2.7
自己売買・機関投資家サービス	31.2	78.1	30.4	5,954.1
投資管理	20.2	56.3	26.9	135.7

【業績】［国際会計基準］(百万元) ※予想：ファクトセット　【前号予想との比較】↗ 増額

	営業収益	営業利益	純利益	前年比(%)	EPS(元)	1株配(元)	株配・無償(株)
2016/12	27,487.92	10,302.20	8,030.11	-39.2	1.050	0.3500	
2017/12	28,614.33	11,183.06	8,595.40	7.0	1.130	0.4000	
2018/12	22,817.00	5,381.29	4,300.13	-50.0	0.560	—	
2019/12	30,076.89	9,811.83	7,538.92	75.3	0.990	0.5500	
2020/12予	23,946.06	11,360.89	8,276.78	9.8	1.068	0.3480	【株式分割・併合等】
2021/12予	26,254.29	12,180.81	9,049.64	9.3	1.168	0.3700	
2018/6中間	11,420.46	3,404.71	2,858.28	-33.6	0.380	—	
2019/6中間	15,655.11	5,397.33	4,140.02	44.8	0.540	0.2000	

【本社】広東省広州市天河区馬場路26号広発証券大厦 【TEL】86-20-66338888 【URL】www.gf.com.cn

【役員】会長：孫樹明(Sun Shuming) 【上場】2015年4月 【決算期】12月 【従業員】11,736

中国大唐集団新能源

ダータン・リニューワブル・パワー

中国大唐集団新能源股份有限公司
China Datang Corporation Renewable Power Co.,Ltd.
【指数構成銘柄】― 【その他上場】―

電力・ガス・水道

メインボード

H株

評価	H株株価	年間騰落率	最低売買価格
B	0.580 HK$	-30.1 %	7,958 円

PER			予想配当利回り	PBR
予想	3.7 倍	実績 4.7 倍	5.1 %	0.3 倍

中国の大手風力発電事業者 中国5大電力グループの一角、中国大唐集団の傘下。再生可能エネルギーの開発・投資・建設・管理運営を手掛け、発電容量は連結ベースで9761MW。うち風力発電が9533MWで、ほかに太陽光が223MW、その他5MW（19年末）。地域別では風力設備容量の32％を占める内モンゴル自治区が最大で、山東省が10％、甘粛省が9％。バイオマス発電にも参入し、総合的に再生可能エネルギー事業に取り組む。

19年12月本決算：2桁減益 発電容量の9％増に伴う電力販売収入の伸びで前年比0.1％の微増収を確保したが、同収入目標は未達。発電容量の増大に伴う原価償却費や人件費の増大で、営業費用が8％膨らみ、利益率が悪化した。国内全体の電力消費が5％増にとどまる中、期中の発電量は3％の小幅増。風力の電力ロス率は5.4％と、2.7ポイント改善したが、平均卸売価格は税抜きで461.9元と、前年を10.4元下回った。

最近の動向 19年末時点で建設中の新規設備は1880MW規模。21年以降の新規プロジェクトは補助金対象外となるため、年内の導入作業を急ぐ。20年1～3月期決算は売上高が前年同期比5％増の23億8700万元、純利益が9％減の5億2700万元。同期の発電量は8％増の544万3600MWhで、うち風力が8％増の537万800MWhだった。

【株価推移】

	高値		安値	
2016年	0.970	01/04	0.680	12/15
2017年	1.140	10/19	0.690	01/03
2018年	1.790	05/03	0.880	02/09
2019年	1.130	02/14	0.690	08/06
2020年	0.800	01/02	0.480	03/23

【株価情報】

取引単位(株)	1,000	A株株価	―
H株時価総額(mHK$)	1,450.6	A株格差(倍)	―

【指標】(%)

		19/12	18/12
収益性	ROA	1.2	1.6
	ROE	8.5	9.8
	粗利益率	―	―
成長性	増収率	0.1	17.1
	増益率(営利)	-6.8	32.0
	自己資本増加率	-9.9	7.9
安全性	BPS(元)	1.5	1.7
	負債比率	592.0	481.1
	流動比率	55.9	61.0
	株主資本比率	13.8	16.5

【財務】(百万元)

	19/12	18/12
流動資産	14,800.8	12,800.8
総資産	80,023.4	74,416.6
流動負債	26,457.1	20,969.2
総負債	65,522.6	59,135.3
株主資本	11,068.8	12,291.8

【CF】(百万元)

	19/12	18/12
営業CF	5,374.5	5,305.9
投資CF	-6,410.9	-5,079.8
財務CF	920.6	2,182.2
FCF	-1,036.4	226.1
現金同等物	3,517.2	3,632.8

【株式】(19/12/31)(百万株)

総数	7,273.7	
流通	H株	34.4%
	―	
		34.4%
非流通		65.6%

【主要株主】(19/12/31)

	(%)
中国大唐集団有限公司	65.6
全国社会保障基金理事会	3.1
宝山鋼鉄股フン有限公司（600019）	2.3

【子会社・関連会社】(19/12/31)

	(%)
大唐（赤峰）新能源有限公司	60.0
大唐（青島）風力発電有限公司	95.0
大唐錫林郭勒風力発電有限責任公司	100.0

【売上・利益構成】(19/12)(%)

	売上構成比	前年比	利益構成比	前年比
電力販売	99.8	0.0	―	―
その他（賃料など）	0.2	213.9	―	―

【業績】[国際会計基準](百万元) ※予想:ファクトセット　【前号予想との比較】➘ 減額

	売上高	営業利益	純利益	前年比(%)	EPS(元)	1株配(元)	株配・無償(株)
2016/12	5,786.13	2,114.83	198.20	1,345.5	0.027	0.0120	
2017/12	7,104.09	2,867.92	727.68	267.1	0.084	0.0180	
2018/12	8,319.41	3,785.16	1,209.28	66.2	0.150	0.0200	
2019/12	8,324.78	3,526.51	936.44	-22.6	0.113	0.0300	
2020/12予	8,937.26	3,774.80	1,092.10	16.6	0.142	0.0270	**【株式分割・併合等】**
2021/12予	9,854.16	4,182.50	1,278.22	17.0	0.165	0.0350	
2018/6中間	4,365.56	2,301.57	946.95	107.9	0.122	―	
2019/6中間	4,492.10	2,279.86	883.29	-6.7	0.114	―	

【登記】北京市石景山区八大処路49号院4号楼6層6197 【TEL】86-10-81130702 【URL】www.cdt-re.com
【役員】会長：陳飛虎(Chen Feihu) 【上場】2010年12月 【決算期】12月 【従業員】3,070

建設・プラント

メインボード

H株

中国交通建設

チャイナ・コミュニケーションズ・コンストラクション

中国交通建設股份有限公司
China Communications Construction Co.,Ltd.
【指数構成銘柄】— 【その他上場】上海A(601800)

評価	H株株価	年間騰落率	最低売買価格
B	**5.050** HK$	**-30.5** %	**69,286** 円

PER		予想配当利回り	PBR
予想 **3.6** 倍 実績 **4.0** 倍		**5.4** %	**0.3** 倍

中国のインフラ建設大手 インフラ建設、インフラ設計、しゅんせつが柱。海外事業に強みを持つ「一帯一路」銘柄の代表格。世界139カ国に進出し、海外売上比率は17%に上る（19年通期）。しゅんせつでは世界最大級。17年にコンテナクレーン世界大手の上海振華重工（900947）の持ち株を手放し、連結対象から外した。親会社の中国交通建設集団は米フォーチュン誌の世界500社番付で93位（19年版）。米ENR誌の世界建設会社の海外売上高番付は13年連続で中国企業トップ。

19年12月本決算：増収増益 売り上げは堅調に伸びたが、売上原価がかさんで全体の粗利益率が0.7ポイント悪化したほか、研究開発費や人件費の増加で管理費も14%増加。金融資産などの減損損失が1.6倍に拡大したこと響いた。主力のインフラ建設は公共工事などの貢献で2桁増収も利幅の厚い海外プロジェクトの売上比率が低下し小幅増益にとどまった。期中の新規受注は8%増の9627億元で、期末の受注残は1兆9991億元に上る。

今後の見通し 20年の新規受注目標は前年実績比8%増。うちPPPプロジェクトは1800億元を見込む。売上高目標は8%増に設定。20年1-3月期決算（中国会計基準）は売上高が前年同期比7%減の954億4300万元、純利益は40%減の23億4100万元だった。

【株価推移】

	高値		安値	
2016年	10.400	04/14	5.770	01/21
2017年	11.740	03/23	8.450	12/18
2018年	9.780	01/25	6.960	07/20
2019年	8.870	02/26	5.800	08/26
2020年	6.630	01/03	4.730	03/19

【株価情報】

取引単位(株)	1,000	A株価(元)	8.200
H株時価総額(mHK$)	22,358.9	A株格差(倍)	1.8

【指標】(%)

		19/12	18/12
収益性	ROA	1.8	2.1
	ROE	8.7	10.1
	粗利益率	12.5	13.2
成長性	増収率	13.1	6.2
	増益率(営利)	2.3	4.9
	自己資本増加率	16.7	9.0
安全性	BPS(元)	14.2	12.2
	負債比率	358.0	365.6
	流動比率	100.5	100.3
	株主資本比率	20.5	20.5

【財務】(百万元)

	19/12	18/12
流動資産	528,769.0	481,502.0
総資産	1,120,400.0	960,476.0
流動負債	526,016.0	479,869.0
総負債	824,021.0	720,794.0
株主資本	230,153.0	197,178.0

【CF】(百万元)

	19/12	18/12
営業CF	5,931.0	9,098.0
投資CF	-65,713.0	-50,312.0
財務CF	50,923.0	38,631.0
FCF	-59,782.0	-41,214.0
現金同等物	118,812.0	127,413.0

【株式】(19/12/31)(百万株)

総数	16,174.7	
流通	H株	27.4%
	A株	72.6%
		100.0%
非流通		0.0%

【主要株主】(19/12/31) (%)

中国交通建設集団有限公司	58.0
中国証券金融股フン有限公司	3.0
国新投資有限公司	1.2

【子会社・関連会社】(19/12/31) (%)

中国路橋工程有限責任公司	100.0
中国港湾工程有限責任公司	100.0
中国第一航務工程局有限公司	90.1

【売上・利益構成】(19/12)(%)

	売上構成比	前年比	利益構成比	前年比
インフラ建設	87.5	13.8	82.8	2.2
しゅんせつ	6.2	4.9	5.1	-0.5
インフラ設計	6.1	22.2	11.0	7.2

【業績】【国際会計基準】(百万元) ※予想：ファクトセット 【前号予想との比較】 ↘ 減額

	売上高	営業利益	純利益	前年比(%)	EPS(元)	1株配(元)	株配・無償(株)
2016/12	406,331.00	29,391.00	17,210.00	8.7	1.000	0.1944	
2017/12	460,067.00	31,768.00	20,943.00	21.7	1.230	0.2419	
2018/12	488,666.00	33,321.00	19,819.00	-5.4	1.160	0.2308	
2019/12	552,542.00	34,071.00	20,094.00	1.4	1.160	0.2328	
2020/12予	603,197.00	33,513.93	20,938.40	4.2	1.280	0.2470	【株式分割・併合等】
2021/12予	660,111.75	36,686.57	22,713.71	8.5	1.390	0.2670	
2018/6中間	207,586.00	15,041.00	8,257.00	4.9	0.460	—	
2019/6中間	239,087.00	15,467.00	8,757.00	6.1	0.480	—	

【登記】北京市西城区徳勝門外大街85号 【TEL】86-10-82016562 【URL】www.ccccltd.cn

【役員】会長：劉起濤(Liu Qitao) 【上場】2006年12月 【決算期】12月 【従業員】124,457

小米集団

シャオミ

小米集団
Xiaomi Corp.
【指数構成銘柄】― 【その他上場】―

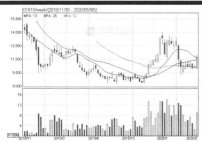

評価	株価	年間騰落率	最低売買価格
D	11.200 HK$	5.9 %	30,733 円

PER			予想配当利回り	PBR
予想 23.3 倍	実績 24.1 倍		0.0 %	3.0 倍

中国のスマホ大手 議決権が多い種類株を発行する企業の香港上場第1号。雷軍会長が立ち上げたスマホメーカーで、19年10―12月期の世界シェアが8.9%で4位（IDC調べ）。中国のほかインドや欧州など90カ国以上で製品を販売する。IoT製品部門ではスマートテレビ、パソコン、人工知能（AI）スピーカー、掃除ロボットなどを開発。ネットサービスでは音楽・映像・ゲーム配信などのアプリを通じ広告収入や課金収入を得る。

19年12月本決算：増収減益 前年に優先株の評価益125億元を計上した反動で減益。特別要因を除く調整済み純利益は35%増の115億元となる。本業は主力3部門がそろって好調。スマホは出荷台数が伸び悩んだが、平均販売価格が2%上昇し、粗利益率が改善。IoT製品は5割前後の増収増益。テレビ出荷が52%増え、ウエアラブル端末なども好調。ネットサービスは24%増収、粗利益が25%増。スマホのファームウエア「MIUI」の月間利用者数が増え、広告収入や課金収入が伸びた。

最近の動向 20年2―3月には新型コロナの感染拡大で一時生産停止に見舞われたが、3月末には通常の8―9割の水準まで回復。20年1―3月期決算は売上高が前年同期比14%増の497億200万元、純利益が31%減の21億6400万元。特別要因を除く調整済み純利益は11%増。

【株価推移】

	高値		安値	
2016年	―	―	―	―
2017年	―	―	―	―
2018年	22.200	07/18	11.400	10/30
2019年	12.980	01/02	8.280	09/02
2020年	14.000	01/22	9.200	03/19

【株価情報】

取引単位(株)	200	A株株価	―
時価総額(mHK$)	270,002.8	A株格差(倍)	―

【指標】(%)

		19/12	18/12
収益性	ROA	5.5	9.3
	ROE	12.3	19.0
	粗利益率	13.9	12.7
成長性	増収率	17.7	52.6
	増益率(営利)	882.9	-90.2
	自己資本増加率	14.0	
安全性	BPS(元)	3.4	3.0
	負債比率	125.4	103.7
	流動比率	149.2	171.2
	株主資本比率	44.3	49.1

【財務】(百万元)

	19/12	18/12
流動資産	137,539.1	106,012.6
総資産	183,629.2	145,228.0
流動負債	92,180.7	61,940.2
総負債	101,971.5	73,977.8
株主資本	81,330.6	71,323.0

【CF】(百万元)

	19/12	18/12
営業CF	23,810.4	-1,414.6
投資CF	-31,570.1	-7,508.0
財務CF	3,121.2	26,574.2
FCF	-7,759.8	-8,922.6
現金同等物	25,919.9	30,230.1

【株式】(19/12/31)(百万株)

総数	24,107.4
流通	― 100.0%
非流通	― 0.0%

【主要株主】(19/12/31) (%)

雷軍	27.6
林斌	11.4
TMT General Partner Ltd.	7.6

【子会社・関連会社】(19/12/31) (%)

小米科技有限責任公司	100.0
小米通訊技術有限公司	100.0
Xiaomi Technology India Pvt. Ltd.	100.0

【売上・利益構成】(19/12)(%)

	売上構成比	前年比	利益構成比	前年比
スマートフォン	59.3	7.3	30.7	24.4
IoT製品	30.2	41.7	24.4	54.2
ネットサービス	9.6	24.4	45.0	25.0

【業績】[国際会計基準](百万元) ※予想:ファクトセット 【前号予想との比較】↘ 減額

	売上高	営業利益	純利益	前年比(%)	EPS(元)	1株配(元)	株配・無償(株)
2016/12	68,434.16	3,785.06	553.25	―	0.057		
2017/12	114,624.74	12,215.47	-43,826.02	―	-4.491		
2018/12	174,915.43	1,196.47	13,553.89	―	0.843		
2019/12	205,838.68	11,760.22	10,044.16	-25.9	0.423		
2020/12予	239,174.25	11,262.86	10,411.03	3.7	0.437	0.0010	【株式分割・併合等】
2021/12予	289,755.84	15,068.50	13,746.65	32.0	0.563	0.0660	
2018/6中間	79,647.84	-4,227.47	7,646.20	―	0.759		
2019/6中間	95,707.95	5,950.28	5,077.92	-33.6	0.214		

【本社】北京市海淀区安寧荘路小米科技園 【TEL】― 【URL】www.mi.com
【役員】会長：雷軍(Lei Jun) 【上場】2018年7月 【決算期】12月 【従業員】18,170

製紙・パルプ

メインボード

H株

山東晨鳴紙業集団

シャンドン・チェンミン・ペーパー 【指数構成銘柄】―

山東晨鳴紙業集団股份有限公司
Shandong Chenming Paper Holdings Ltd.

【その他上場】深センA（000488）、深センB（200488）

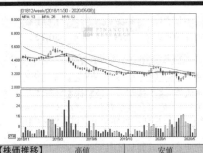

評価	H株株価	年間騰落率	最低売買価格
B	3.030 HK$	-20.1 %	20,786 円

PER		予想配当利回り	PBR
予想 **4.4** 倍　実績 **8.3** 倍		5.4 %	0.3 倍

山東省拠点の製紙大手 中国を代表する大手製紙会社。山東省や広東省、湖北省、江西省、吉林省などに生産拠点を置く。製紙事業のほか建材や物流などの事業も手掛ける。主力の製紙事業ではアート紙、コート紙、産業用紙などを生産。紙・パルプの年産能力は約1100万トン。製品は米国や日本、南アフリカなど海外にも輸出し、輸出売上比率は14％に上る（19年12月期）。08年に香港に上場し、初のABH重複上場銘柄となった。

19年12月本決算：増収減益 中国経済の減速を背景に紙製品の需要が鈍化するなか、平均販売価格の下落と原材料価格の高騰で1～3月期は95％減益に落ち込むなど苦戦。4月以降は徐々に持ち直したが、売上原価が10％、販売費が9％それぞれ増加したほか、管理費も2割増加し利益を圧迫した。ファイナンスリースなどに絡む信用損失の計上も痛手。主力の紙製品事業は7％増収も部門利益はほぼ横ばい。紙の生産量は10％増の501万トン、販売量は22％増の525万トンだった。

今後の計画 20年1月、海外市場の開拓や有効資源の統合などを目的に香港とシンガポールに全額出資で子会社を設立すると発表した。登録資本金はそれぞれ1億米ドル。20年1～3月期決算は売上高が前年同期比1％減の60億8500万元、純利益が5.3倍の2億2800万元だった。

【株価推移】

	高値		安値	
2016年	5.527	12/05	2.947	01/18
2017年	10.800	10/10	5.320	01/03
2018年	10.133	01/09	4.250	10/30
2019年	5.580	02/26	2.920	12/04
2020年	3.890	01/02	2.450	03/23

【株価情報】

取引単位（株）	500	A株株価（元）	4.970
H株時価総額（mHK$）	1,600.8	A株格差（倍）	1.8

【指標】(%)

		19/12	18/12
収益性	ROA	1.7	2.4
	ROE	6.6	10.0
	粗利益率	28.4	31.3
成長性	増収率	5.3	-2.0
	増益率（営利）	-45.5	-34.2
	自己資本増加率	0.5	-9.8
安全性	BPS（元）	8.7	8.6
	負債比率	284.5	317.2
	流動比率	85.3	78.1
	株主資本比率	25.7	23.8

【財務】(百万元)

	19/12	18/12
流動資産	44,952.4	47,967.5
総資産	97,958.9	105,318.7
流動負債	52,698.8	61,414.7
総負債	71,619.1	79,447.0
株主資本	25,169.7	25,048.7

【CF】(百万元)

	19/12	18/12
営業CF	12,232.7	14,099.7
投資CF	-2,025.6	-1,779.0
財務CF	-9,487.4	-12,853.2
FCF	10,207.2	12,320.7
現金同等物	2,890.3	2,381.6

【株式】(19/12/31) (百万株)

総数		2,904.6
流通	H株	18.2%
	A株	57.1%
	B株	24.3%
		99.6%
非流通		0.4%

【主要株主】(19/12/31) (%)

晨鳴控股有限公司	27.9
中央匯金資産管理有限責任公司	2.1

【子会社・関連会社】(19/12/31) (%)

湛江晨鳴漿紙有限公司	100.0
山東晨鳴集団財務有限公司	100.0
寿光美倫綸業有限責任公司	92.0

【売上・利益構成】(19/12) (%)

	売上構成比	前年比	利益構成比	前年比
紙製品	87.2	6.6	76.7	0.0
リース	6.1	-17.6	20.1	-16.6
ペーパーケミカル	1.0	7.8	0.7	-1.4

【業績】［中国会計基準］(百万元) ※予想：ファクトセット 　　【前号予想との比較】 ↘ 減額

	売上高	営業利益	純利益	前年比(%)	EPS（元）	1株配（元）	株配・無償（株）
2016/12	22,907.12	2,090.87	1,998.58	95.7	0.990	0.6000	
2017/12	29,472.45	4,418.47	3,769.33	88.6	1.130	0.6000	10:5（無）
2018/12	28,875.76	2,906.10	2,509.83	-33.4	0.510	0.2400	
2019/12	30,395.43	1,583.67	1,656.57	-34.0	0.330	0.1500	
2020/12予	31,437.82	1,729.97	1,705.51	3.0	0.630	0.1500	【株式分割・併合等】
2021/12予	32,585.66	2,035.66	1,918.07	12.5	0.660	0.1800	
2018/6中間	15,551.33	2,026.14	1,784.63	2.2	0.360	—	
2019/6中間	13,348.65	430.06	520.87	-71.4	0.105	—	

【登記】山東省寿光市聖城街595号 【TEL】86-536-2158008 【URL】www.chenmingpaper.com
【役員】会長：陳洪国（Chen Hongguo）【上場】2008年6月 【決算期】12月 【従業員】13,677

合景泰富集団控股

ケーダブリュージー・グループ

合景泰富集団控股有限公司
KWG Group Holdings Ltd.
【指数構成銘柄】— 【その他上場】—

不動産

メインボード

[01813/week/(2018/11/30 - 2020/05/08)]

評価	株価	年間騰落率	最低売買価格
B	11.600 HK$	33.5 %	79,576 円

	PER		予想配当利回り	PBR
予想 5.2 倍	実績	3.4 倍	8.4 %	0.9 倍

広州市地盤の不動産デベロッパー 中高級住宅の開発を中心に不動産管理や不動産賃貸、ホテル事業などを手掛ける。拠点の広州や蘇州、成都、北京、上海、香港など39都市で事業を展開。19年末時点の開発プロジェクトは156件、建築床面積は持ち分換算で計1701万平米。ホテル事業では米スターウッドグループと提携し「コンラッド」「マリオット」「W」などを運営する。

19年12月本決算：純利益2.4倍 売上高の9割超を占める不動産開発事業の好調が大幅増益につながった。引き渡し物件面積が前年比4.4倍と急増し部門売上高は3.8倍、利益は3.4倍に拡大。平均販売価格は1平米当たり1万2900元と15%低下した。不動産管理事業も管理物件数量の増加により、8割増収、部門利益は3.5倍と急伸した。投資不動産の評価益が20億元増加したことも業績急伸に貢献。全体の粗利益率は1.3ポイント悪化。

最近の動向 20年の不動産販売目標は前年実績を20%上回る1033億元に設定。新型コロナウイルスの感染拡大を受けて販売拠点の閉鎖を余儀なくされたが、会社側は下期で1～2月の不振を挽回できるとし、通期販売目標の達成に自信を示している。20年1月、海外の機関投資家などを対象に米ドル建てシニア債の発行で引受幹事と契約したと発表。元金総額は3億米ドル。

【株価推移】

	高値		安値	
2016年	5.690	01/04	4.200	12/28
2017年	9.880	09/21	4.320	01/05
2018年	14.220	01/29	4.840	10/18
2019年	10.960	12/31	5.880	08/15
2020年	12.120	04/14	8.110	03/19

【株価情報】

取引単位(株)	500	A株株価	—
時価総額(mHK$)	36,850.3	A株格差(倍)	—

【指標】(%)

		19/12	18/12
収益性	ROA	4.6	2.2
	ROE	27.4	14.0
	粗利益率	31.5	32.8
成長性	増収率	233.8	-35.2
	増益率(営利)	—	—
	自己資本増加率	24.4	4.2
安全性	BPS(元)	11.3	9.1
	負債比率	491.9	530.8
	流動比率	118.3	133.2
	株主資本比率	16.7	15.6

【財務】(百万元)

	19/12	18/12
流動資産	129,744.7	120,775.8
総資産	214,322.7	181,537.2
流動負債	109,671.8	90,697.4
総負債	176,080.1	152,765.2
株主資本	35,794.8	28,778.6

【CF】(百万元)

	19/12	18/12
営業CF	-4,275.6	-2,271.7
投資CF	-4,683.8	-3,942.8
財務CF	7,686.9	19,555.6
FCF	-8,959.3	-6,214.5
現金同等物	51,377.9	52,577.6

【株式】(19/12/31) (百万株)

総数	3,176.7
流通	—
	—
	100.0%
非流通	0.0%

【主要株主】(19/12/31) (%)

孔健岷	50.1
孔健涛	8.0
孔健楠	4.5

【子会社・関連会社】(19/12/31) (%)

上海璟東房地産開発有限公司	75.5
広州礼和置業発展有限公司	100.0
蘇州市合景房地産開発有限公司	100.0

【売上・利益構成】(19/12) (%)

	売上構成比	前年比	利益構成比	前年比
不動産開発	91.2	275.3	65.8	241.8
不動産管理	4.1	79.3	2.9	248.2
不動産投資	2.5	65.3	29.9	109.4

【業績】 [香港会計基準] (百万元) ※予想：ファクトセット

	売上高	営業利益	純利益	前年比(%)	EPS(元)	1株配(元)	株配・無償(株)
2016/12	8,865.33	—	3,464.71	1.4	1.150	0.5100	
2017/12	11,543.07	—	3,620.07	4.5	1.170	0.4100	
2018/12	7,477.47	—	4,035.42	11.5	1.280	0.5600	
2019/12	24,956.26	—	9,805.81	143.0	3.090	0.7400	
2020/12予	30,533.07	7,065.35	6,397.37	-34.8	2.018	0.8870	【株式分割・併合等】
2021/12予	38,959.39	8,834.53	7,772.89	21.5	2.451	1.0610	
2018/6中間	3,463.74	—	2,171.44	39.5	0.688	0.2500	
2019/6中間	10,647.12	—	5,963.51	174.6	1.879	0.3200	

【前号予想との比較】 ➡ 前号並み

【本社】広東省広州市珠江新城華夏路8号合景国際金融広場 【TEL】86-20-85500800 【URL】www.kwggroupholdings.com
【役員】会長：孔健岷(Kong Jianmin) 【上場】2007年7月 【決算期】12月 【従業員】11,400

電力・ガス・水道

メインボード

H株

中国広核電力

シージーエヌ・パワー

中国広核電力股份有限公司
CGN Power Co.,Ltd.

【指数構成銘柄】― 【その他上場】深センA(003816)

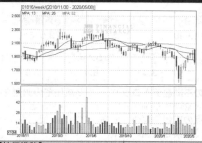

評価	H株株価	年間騰落率	最低売買価格
C	**1.820** HK$	**-12.5** %	**24,970** 円

PER		予想配当回り	PBR
予想 **8.8** 倍　実績 **8.2** 倍		**4.8** %	**0.9** 倍

中国の原発最大手 国有原発大手、中国広核集団の傘下。原子力発電所の建設、運営、管理、電力販売などを手掛ける。19年末時点で広東省深セン市、陽江市、福建省寧徳市、広西チワン族自治区防城港市、遼寧省大連市などの原発24基を運営。発電能力は中国全体の56%に相当する2万7142MW。19年末現在、5基を建設中。19年8月、深セン証取に上場し、AH上場銘柄に。

19年12月本決算：増収増益 複数原子炉の運転開始によって売電量が増加した。陽江5・6号機、台山1・2号機の新規稼働を受け、売電収入は15%の527億8300万元に伸びた。政府補助金の増加や権益の売却益といった特殊要因も寄与。非経常損益を除いた実質ベースでは6%増益。関連会社も含む傘下発電所の送電量は14%増の17万9000GWh。中でも台山原発が23倍と急増。陽江原発、防城港原発、嶺澳原発もそれぞれ18%、7%、1%増加した。一方、定検（燃料交換停止）の実施などが響き、寧徳原発、嶺東原発、大亜湾原発は減少した。

今後の計画 20年は新プラントの商業運転開始を予定していない。今後のスケジュールでは、紅沿河原発5号機が21年下半期、防城港原発3・4号機が22年に稼働する予定。20年1~3月期決算は売上高が前年同期比7%増の137億4700万元、純利益が39%減の15億3300万元。

【株価推移】

	高値		安値	
2016年	2.900	01/04	2.000	06/24
2017年	2.530	03/23	2.030	08/11
2018年	2.290	01/25	1.670	09/11
2019年	2.310	03/19	1.810	01/02
2020年	2.130	01/03	1.500	03/23

【株価情報】

取引単位(株)	1,000	A株株価(元)	2.920
H株時価総額(mHK$)	20,317.8	A株格差(倍)	1.8

【指標】(%)

		19/12	18/12
収益性	ROA	2.4	2.4
	ROE	10.5	12.2
	粗利益率	41.7	43.9
成長性	増収率	19.8	11.4
	増益率(営利)	11.0	5.2
	自己資本増加率	26.3	9.7
安全性	BPS(元)	1.8	1.6
	負債比率	281.4	359.2
	流動比率	92.4	91.4
	株主資本比率	23.1	19.3

【財務】(百万元)

	19/12	18/12
流動資産	61,923.4	55,387.9
総資産	387,975.2	368,555.7
流動負債	67,017.9	60,625.1
総負債	252,681.4	255,430.0
株主資本	89,802.0	71,114.9

【CF】(百万元)

	19/12	18/12
営業CF	30,598.9	28,409.6
投資CF	-14,636.8	-16,382.0
財務CF	-12,823.3	-10,910.0
FCF	15,962.1	12,027.5
現金同等物	14,854.1	11,637.7

【株式】(19/12/31)(百万株)

総数		50,498.6
流通	H株	22.1%
	A株	4.1%
		26.2%
非流通		73.8%

【主要株主】(19/12/31)

	(%)
中国広核集団有限公司	57.8
広東恒健投資控股有限公司	6.8
全国社会保障基金理事会	2.0

【子会社・関連会社】(19/12/31)

	(%)
嶺東核電有限公司	100.0
大亜湾運営公司	87.5
台山核電有限公司	70.0

【売上・利益構成】(19/12)(%)

	売上構成比	前年比	利益構成比	前年比
原発運営・電力販売	89.1	14.6	56.8	10.6
建設・技術サービス	10.4	93.9	43.2	―
その他	0.5	0.7	―	―

【業績】[中国会計基準](百万元)※予想：ファクトセット

【前号予想との比較】 ↘ 減額

	売上高	営業利益	純利益	前年比(%)	EPS(元)	1株配(元)	株配・無償(株)
2016/12	32,890.31	―	7,286.93	3.7	0.160	0.0510	
2017/12	45,633.45	14,207.03	9,564.09	31.2	0.210	0.0680	
2018/12	50,827.92	14,945.77	8,702.63	-9.0	0.191	0.0720	
2019/12	60,875.18	16,587.61	9,465.70	8.8	0.201	0.0760	
2020/12予	63,994.98	21,698.23	9,335.63	-1.4	0.187	0.0790	【株式分割・併合等】
2021/12予	65,741.91	22,365.20	9,950.11	6.6	0.198	0.0820	
2018/6中間	23,010.40	7,848.44	4,566.36	-25.0	0.100		
2019/6中間	26,522.68	8,372.46	5,022.59	10.0	0.111		

【登記】深セン市福田区深南大道2002号中広核大厦南楼18楼 【TEL】86-755-84430888 【URL】www.cgnp.com.cn

【役員】会長：張善明(Zhang Shanming) 【上場】2014年12月 【決算期】12月 【従業員】18,383

【備考】18年12月本決算から会計基準変更。それ以前は国際会計基準。

招金鉱業

ジャオジン・マイニング

招金鉱業股份有限公司
Zhaojin Mining Industry Co.,Ltd.
【指数構成銘柄】— 【その他上場】—

評価	H株株価	年間騰落率	最低売買価格
C	9.280 HK$	29.8 %	63,661 円

PER		予想配当利回り	PBR
予想 27.6 倍 実績 56.2 倍		1.0 %	2.0 倍

【株価推移】

	高値		安値	
2016年	10.020	07/11	4.020	02/03
2017年	7.960	02/09	5.510	12/08
2018年	8.290	12/19	5.740	02/09
2019年	11.360	08/15	6.500	05/02
2020年	9.900	02/24	6.540	03/23

【株価情報】

取引単位(株)	500	A株株価	—
H株時価総額(mHK$)	9,736.7	A株格差(倍)	—

【指標】(%)

		19/12	18/12
収益性	ROA	1.2	1.3
	ROE	3.4	3.6
	粗利益率	36.2	34.6
成長性	増収率	-11.8	7.5
	増益率(営利)	—	—
	自己資本増加率	4.9	0.7
安全性	BPS(元)	4.3	4.1
	負債比率	164.1	143.5
	流動比率	95.7	76.1
	株主資本比率	34.7	37.1

【財務】(百万元)

	19/12	18/12
流動資産	11,997.4	8,986.3
総資産	40,251.8	35,887.2
流動負債	12,535.2	11,803.6
総負債	22,888.9	19,079.6
株主資本	13,949.6	13,298.5

【CF】(百万元)

	19/12	18/12
営業CF	1,779.6	1,706.3
投資CF	-2,211.8	-3,029.8
財務CF	2,778.0	594.7
FCF	-432.2	-1,323.5
現金同等物	3,508.3	1,143.3

【株式】(19/12/31)(百万株)

総数	3,270.4	
流通	H株	32.1 %
	—	—
		32.1 %
非流通		67.9 %

【主要株主】(19/12/31)

	(%)
山東招金集団有限公司	37.2
郭広昌	26.6
上海豫園旅游商城股フン有限公司 (600655)	23.3

【子会社・関連会社】(19/12/31)

	(%)
招遠市金亭嶺鉱業有限公司	100.0
新疆星塔鉱業有限公司	100.0
托裏県招金北疆鉱業有限公司	100.0

【売上・利益構成】(19/12)(%)

	売上構成比	前年比	利益構成比	前年比
金	89.5	-11.8	90.6	-6.6
銅	7.9	-27.3	—	—
その他	2.6	140.1	9.4	—

山東省の金鉱会社 「金の都」と呼ばれる山東省招遠市を拠点に金の探査、採掘、製錬、販売を手掛ける。大尹格荘金鉱や夏甸金鉱など省内で複数鉱山の権益を保有するほか、新疆ウイグル自治区や甘粛省、内モンゴル自治区でも事業展開。豪JORC規定に基づく金資源量は19年末時点で1226トン、可採埋蔵量は500トン。筆頭株主は山東省政府系の国有企業。3位株主は復星国際 (00656) 傘下の上海豫園旅游商城 (600655)。

19年12月本決算：減収増益 本業の苦戦をコスト削減でカバーして増益を確保。金の販売量が落ち込み前年比で12％減となったほか、銅も不振で27％減収となり部門赤字に転落。一方、売上原価が6億5500万元減少したことに加え、一般管理費を14％削減した。同期の金生産量は4％減の33トンで、うち新産金は5％減の20トン。銅生産量は32％減の1万1100トンだった。粗利益率は36.2％と1.6ポイント改善した。

最近の動向 20年1～3月期決算（中国会計基準）は売上高が前年同期比6％減の13億7000万元、純利益が39％減の8100万元だった。20年1月、会社側は「H株全流通」を中国証券監督管理委員会（CSRC）に申請し、受理された。最大で15億6000万株の非上場内資株をH株に転換し、香港証券取引所に上場する計画。

【業績】[香港会計基準](百万元) ※予想：ファクトセット 【前号予想との比較】↘減額

	売上高	営業利益	純利益	前年比(%)	EPS(元)	1株配(元)	株配・無償(株)
2016/12	6,664.79	—	353.32	14.7	0.120	0.0400	
2017/12	6,674.00	—	643.95	82.3	0.200	0.0600	
2018/12	7,177.06	—	474.29	-26.3	0.150	0.0400	
2019/12	6,329.93	—	479.27	1.1	0.150	0.0400	
2020/12予	7,286.50	1,926.10	1,000.00	108.7	0.306	0.0830	【株式分割・併合等】
2021/12予	7,520.50	2,085.50	1,200.00	20.0	0.367	0.1000	
2018/6中間	2,868.57	—	301.64	-24.0	0.090	—	
2019/6中間	2,817.98	—	238.86	-20.8	0.070	—	

【登記】山東省招遠市金暉路299号 【TEL】86-535-8266009 【URL】www.zhaojin.com.cn
【役員】会長：翁占斌(Weng Zhanbin) 【上場】2006年12月 【決算期】12月 【従業員】6,765

建設・プラント

メインボード

H株

中国機械設備工程
チャイナ・マシナリー・エンジニアリング

中国機械設備工程股份有限公司
China Machinery Engineering Corp.
【指数構成銘柄】― 【その他上場】―

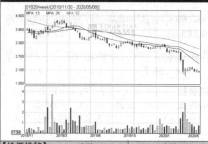
[01829/week(2018/11/30~2020/05/08)]

評価	H株株価	年間騰落率	最低売買価格
B	**2.020** HK$	**-43.9** %	**27,714** 円

PER		予想配当利回り	PBR
予想 **3.5** 倍　実績 **3.5** 倍		**9.2** %	**0.4** 倍

海外中心のインフラ建設会社 アジア、アフリカ、中南米を中心に世界約50カ国・地域でインフラの設計・調達・建設（EPC）を手掛ける。主力は発電所や変電所、送電網など電力インフラの敷設。鉄道や道路、通信施設なども建設する。地域別の売上比率はアジア57％、アフリカ30％、欧州5％、南米4％など（19年12月期）。世界的な販売網を通じて貿易事業を展開。設備や機械、船舶・自動車部品、医療機器などを扱う。

19年12月本決算：減収増益 売上原価や販売費などを抑制し増益を確保。全体の粗利益率は0.6ポイント改善。主力の建設部門は、アフリカやアジアの浄水場や南米の炭酸リチウム工場の建設が大きく進展し8％増収。電力インフラプロジェクトの利益率低下で部門粗利益率は1.1ポイント悪化した。貿易部門は24％減収も利幅の薄い業務の縮小で部門粗利益率は3.6ポイント改善。

最近の動向 19年12月、中東バーレーンで低・中所得者向け住宅の建設プロジェクトを受注したと発表。契約金額は6億9100万米ドル。19年12月、親会社の傘下で水力・火力発電所設備の設計や技術サービスなどを手掛ける哈爾浜電站設備成套設計研究所の株式65％を1億元で取得し、子会社化すると発表した。資産や技術の引き入れ自社の競争力向上につなげたい考え。

【株価推移】

	高値		安値	
2016年	6.130	03/03	4.360	10/18
2017年	6.340	04/05	4.580	11/20
2018年	5.540	01/19	3.340	10/19
2019年	4.320	03/15	3.000	12/11
2020年	3.250	01/13	1.820	03/23

【株価情報】

取引単位(株)	1,000	A株株価	―
H株時価総額(mHK$)	1,834.7	A株格差(倍)	―

【指標】(%)

		19/12	18/12
収益性	ROA	4.1	3.8
	ROE	12.2	13.0
	粗利益率	16.9	16.3
成長性	増収率	-2.0	5.4
	増益率(営利)	24.5	-48.7
	自己資本増加率	8.6	-5.0
安全性	BPS(元)	4.3	4.0
	負債比率	200.6	241.1
	流動比率	113.6	114.4
	株主資本比率	33.2	29.3

【財務】(百万元)

	19/12	18/12
流動資産	38,881.9	43,686.5
総資産	53,761.4	56,114.6
流動負債	34,241.0	38,191.5
総負債	35,803.0	39,601.4
株主資本	17,845.8	16,427.4

【CF】(百万元)

	19/12	18/12
営業CF	-3,505.8	604.7
投資CF	-1,090.8	-332.6
財務CF	-1,370.1	-732.2
FCF	-4,596.6	272.1
現金同等物	15,561.5	21,383.6

【株式】(19/12/31)(百万株)

総数	4,125.7	
流通	H株	22.0%
	―	
		22.0%
	非流通	78.0%

【主要株主】(19/12/31) (%)

中国機械工業集団有限公司	78.0
全国社会保障基金理事会	2.0
恵博集団有限公司 (00806)	1.6

【子会社・関連会社】(19/12/31) (%)

中機国際工程設計研究院有限責任公司	100.0
シーエムイーシージャパン株式会社	80.0
シーエムアイシー燕明株式会社	76.9

【売上・利益構成】(19/12)(%)

	売上構成比	前年比	利益構成比	前年比
建設	69.9	8.2	72.1	12.8
貿易	22.8	-23.8	13.1	291.8
サービス	7.3	-2.0	14.9	-18.1

【業績】 [国際会計基準](百万元) ※予想：ファクトセット 　【前号予想との比較】 ↘ 減額

	売上高	営業利益	純利益	前年比(%)	EPS(元)	1株配(元)	株配・無償(株)
2016/12	21,017.24	1,567.12	2,106.52	-4.5	0.510	0.2040	
2017/12	27,375.11	3,023.52	1,774.96	-15.7	0.430	0.2059	
2018/12	28,862.69	1,551.94	2,131.54	20.1	0.520	0.2067	
2019/12	28,295.93	1,932.42	2,181.17	2.3	0.530	0.1586	
2020/12予	29,633.21	2,003.07	2,159.28	-1.0	0.524	0.1690	【株式分割・併合等】
2021/12予	33,233.24	2,341.52	2,308.07	6.9	0.560	0.1810	
2018/6中間	12,048.28	906.87	892.36	37.6	0.220	―	
2019/6中間	13,938.67	999.74	981.45	10.0	0.240	―	

【登記】北京市広安門外大街178号 【TEL】86-10-63312262 【URL】www.cmec.com

【役員】会長：白紹桐(Bai Shaotong) 【上場】2012年12月 【決算期】12月 【従業員】5,322

平安健康医療科技

ピンアン・ヘルスケア・アンド・テクノロジー

平安健康医療科技有限公司
Ping An Healthcare and Technology Co.,Ltd
【指数構成銘柄】― 【その他上場】―

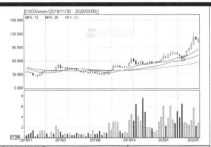

評価	株価	年間騰落率	最低売買価格
E	108.400 HK$	174.4 %	148,725 円

PER		予想配当利回り	PBR
予想 ―	実績 ―	0.0 %	10.9 倍

【株価推移】

	高値		安値	
2016年	―		―	
2017年	―		―	
2018年	58.700	05/04	27.050	12/28
2019年	64.650	10/18	23.600	01/04
2020年	123.300	04/22	55.000	01/06

【株価情報】

取引単位(株)	100	A株株価	―
時価総額(mHK$)	115,694.7	A株格差(倍)	―

【指標】(%)

		19/12	18/12
収益性	ROA	―	―
	ROE	―	―
	粗利益率	23.1	27.3
成長性	増収率	51.8	78.7
	増益率(営利)	―	―
	自己資本増加率	-5.4	152.8
安全性	BPS(元)	9.0	9.6
	負債比率	28.1	20.7
	流動比率	318.1	384.3
	株主資本比率	77.9	82.4

【財務】(百万元)

	19/12	18/12
流動資産	8,477.9	8,093.8
総資産	12,379.1	12,373.5
流動負債	2,665.2	2,106.2
総負債	2,709.7	2,106.2
株主資本	9,648.8	10,198.9

【CF】(百万元)

	19/12	18/12
営業CF	-504.2	-1,085.2
投資CF	4,476.6	-9,557.1
財務CF	8.8	7,015.6
FCF	3,972.4	-10,642.3
現金同等物	4,965.5	926.5

【株式】(19/12/31)(百万株)

総数	1,067.3
流通	―
流通	100.0%
非流通	0.0%

【主要株主】(19/12/31) (%)

中国平安保険(集団)股フン有限公司(02318)	41.3
楽錦ケン有限公司	12.1
SoftBank Vision Fund L.P.	6.3

【子会社・関連会社】(19/12/31) (%)

平安健康互聯網股フン有限公司	100.0
江蘇衆益康医薬有限公司	100.0
上海平安健康文化伝播有限公司	100.0

【売上・利益構成】(19/12)(%)

	売上構成比	前年比	利益構成比	前年比
ネット通販	57.3	55.7	20.0	16.9
消費者ヘルスケア	22.0	22.9	34.2	-4.2
ファミリードクターサービス	16.9	108.9	32.3	130.0

中国のヘルステック大手 中国平安保険（02318）傘下。オンライン医療仲介サービスや医薬品・健康製品のネット通販などを手掛ける。ワンストップ型のプラットフォーム「平安好医生」の登録利用者数は3億1520万人、提携医師数は6790人（19年12月末）。19年の1日当たり平均オンライン問診件数は72万9000件規模。ソフトバンクグループがサウジアラビアなどと共同設立したファンドが戦略投資家として出資する。

19年12月本決算：赤字縮小 株式報酬や為替差益、上場費用などを除いた純損失は6億9500万元で赤字額は前年から25％縮小。事業別では、消費者ヘルスケア部門が小幅減益となったが、その他3部門はいずれも増収増益と好調だった。オンライン医療サービスは売り上げが2倍超に拡大。利用者数の増加に加え、AIの活用による効率向上で1日当たりの問診件数が36％増加した。ネット通販は提携業者や取扱製品の増加に加え、著名漢方医とのコラボで茶飲料を発売し、6割近い増収を達成。

最近の動向 自社の持つ高いIT力を武器に海外展開を推進。東南アジアの配車アプリ大手Grabと19年後半にインドネシアでオンラインヘルスケアサービスを開始した。また日本ではソフトバンクとオンラインヘルスケアプラットフォームを19年末までに開始している。

【業績】 [国際会計基準](百万元) ※予想:ファクトセット

【前号予想との比較】 ➡ 前号並み

	売上高	営業利益	純利益	前年比(%)	EPS(元)	1株配(元)	株配・無償(株)
2016/12	601.49	-740.05	-758.22	―	-1.910	―	
2017/12	1,868.02	-996.43	-1,001.64	―	-1.200	―	
2018/12	3,337.85	-1,109.50	-911.66	―	-0.970	―	
2019/12	5,065.43	-959.39	-733.86	―	-0.730	―	
2020/12予	7,057.47	-832.49	-623.45	―	-0.600		【株式分割・併合等】
2021/12予	9,713.14	-291.49	-111.85	―	-0.147		
2018/6中間	1,122.84	-496.67	-444.16	―	-0.500		
2019/6中間	2,272.66	-392.80	-272.50	―	-0.270		

【本社】 上海市凱濱路166号上海平安大厦B座16-19楼 **【TEL】** ― **【URL】** www.pagd.net
【役員】 会長：方蔚豪(Fang Weihao) **【上場】** 2018年5月 **【決算期】** 12月 **【従業員】** 2,900

繊維・アパレル

メインボード

九興控股

ステラ・インターナショナル

九興控股有限公司
Stella International Holdings Ltd.
【指数構成銘柄】— 【その他上場】—

[01836/week/(2018/11/30 - 2020/05/08)]
MPA 13　MPA 26　MPA 52

評価	株価	年間騰落率	最低売買価格
B	8.180 HK$	-38.1 %	56,115 円

PER		予想配当回り	PBR
予想 13.2 倍　実績 8.7 倍		5.4 %	0.9 倍

靴のOEM・小売り会社 靴のOEMが主力事業。顧客はクラークス、デッカース、ロックポート、ゲス、マイケル・コースなど世界的ブランド。プラダなど高級ブランド靴の設計・製造も行う。06年から自社ブランド「What For」「Stella Luna」「JKJY by Stella」のチェーン店を中国と欧州で展開したが、17年に中国事業を売却した。19年末時点の地域別売上比率は北米51%、欧州28%、中国12%、中国を除くアジア6%。

19年12月本決算：減収増益 売り上げは減少したが、利益率向上を目指した経営戦略が奏功して5割の増益となった。人件費高騰の対策として19年に中国の工場を3カ所閉鎖し、生産拠点を東南アジアにシフト。顧客と製品構成の改善なども寄与。靴の出荷量は1%減の5940万足。1足当たりの販売単価は変わらずの25.8米ドル。製品別ではアスレジャー靴の売上比率が35%、ファッション靴は38%、カジュアル靴は26%。

最近の動向 20年1～3月期の売上高は前年同期比16%減の2億6320万米ドル。靴の販売数は13%減の1100万足に落ち込み、販売単価は4%低下。新型コロナの感染拡大が影響した。東南アジアへ生産拠点シフトをさらに進め、20年はインドネシアに生産拠点を建設する。すでに生産拠点の7割が国外にある。

【株価推移】

	高値		安値	
2016年	20.000	03/03	10.720	08/26
2017年	14.260	05/17	10.220	02/23
2018年	11.980	01/02	6.360	10/19
2019年	14.500	11/08	9.370	01/02
2020年	13.160	02/06	6.810	03/24

【株価情報】

取引単位(株)	500	A株株価	—
時価総額(mHK$)	6,501.3	A株格差(倍)	—

【指標】(%)

		19/12	18/12
収益性	ROA	8.5	5.6
	ROE	10.0	6.9
	粗利益率	19.0	17.4
成長性	増収率	-2.8	0.7
	増益率(営利)	—	—
	自己資本増加率	0.7	-1.9
安全性	BPS(US$)	1.2	1.2
	負債比率	18.2	23.0
	流動比率	395.8	324.1
	株主資本比率	84.7	81.7

【財務】(百万US$)

	19/12	18/12
流動資産	659.9	702.5
総資産	1,133.4	1,166.5
流動負債	166.7	216.8
総負債	174.2	219.7
株主資本	959.7	953.4

【CF】(百万US$)

	19/12	18/12
営業CF	223.5	94.6
投資CF	-66.2	-47.7
財務CF	-151.4	-61.5
FCF	157.3	46.9
現金同等物	68.1	61.3

【株式】(19/12/31)(百万株)

総数	794.8
流通	—
	100.0%
非流通	0.0%

【主要株主】(19/12/31) (%)

Cordwalner Bonaventure Inc.	33.0
Invesco Hong Kong Ltd.	5.0

【子会社・関連会社】(19/12/31) (%)

東莞興昂鞋業有限公司	100.0
龍川興萊鞋業有限公司	100.0
雙峰興昂鞋業有限公司	100.0

【売上・利益構成】(19/12) (%)

	売上構成比	前年比	利益構成比	前年比
婦人靴	59.9	0.0	64.5	4.4
紳士靴	38.1	-2.6	35.5	18.7
自社ブランド品販売	2.0	-48.0	—	—

【業績】 [香港会計基準] (百万US$) ※予想：ファクトセット　　**【前号予想との比較】** ↓ 大幅減額

	売上高	営業利益	純利益	前年比(%)	EPS(US$)	1株配(HK$)	株配・無償(株)
2016/12	1,550.86	—	81.58	-32.6	0.103	0.7000	
2017/12	1,577.27	—	61.96	-24.1	0.078	0.6000	
2018/12	1,588.58	—	65.46	5.6	0.083	0.7500	
2019/12	1,544.83	—	95.93	46.6	0.121	0.8500	
2020/12予	1,203.67	57.35	58.34	-39.2	0.080	0.4430	**【株式分割・併合等】**
2021/12予	1,486.58	108.11	110.15	88.8	0.140	0.8320	
2018/6中間	739.25	—	22.95	-19.5	0.029	0.4000	
2019/6中間	750.58	—	38.94	69.7	0.049	0.4000	

【本社】 香港九龍海濱道133号万兆豊中心20楼C室　**【TEL】** 852-29561339　**【URL】** www.stella.com.hk

【役員】 会長：陳立民(Chen Li-Ming Lawrence)　**【上場】** 2007年7月　**【決算期】** 12月　**【従業員】** 44,000

百威亜太

バドワイザー・ブリューイング・カンパニーAPAC

百威亜太控股有限公司
Budweiser Brewing Company APAC Ltd.
【指数構成銘柄】— 【その他上場】—

評価	株価	年間騰落率	最低売買価格
D	**22.350** HK$	—	**30,664** 円

PER		予想配当利回り	PBR
予想 **55.5** 倍　実績 **38.5** 倍		**0.8** %	**3.9** 倍

ABインベブのアジア事業会社 ビール世界最大手のアンハイザー・ブッシュ・インベブ（ABインベブ）のアジア子会社。中国と韓国、インド、ベトナムを主要市場とするほか、日本とニュージーランドでも事業展開する。米ニールセンによると19年の中国プレミアムビール市場で1位。製造・販売するビールは「バドワイザー」「ステラ・アルトワ」などの世界的ブランドとローカルブランドを合わせ50超。17年に広州市政府系の広州珠江ビール（002461）の大株主となった。

19年12月本決算：減収減益 調整済みEBITDAは21億2100万元と11％増えたが、税負担と為替差損が重荷となり純利益は6％減った。調整済み税負担率は32.3％に上昇（前年は23.4％）。19年9月のIPO前の組織再編に絡んで実施した配当の源泉徴収や過去に計上した繰延税金資産の控除が影響した。販売量は93億1700万リットルと自律成長ベースで3％減った。プレミアムビールの比率を高めた効果で1リットル当たり売上高は5％増加。

最新動向 20年1～3月期決算決算は、売上高が前年同期比41％減の9億5600万米ドル、純損益は4100万米ドルの赤字に転落した（前年同期は2億4000万米ドルの黒字）。中国での新型コロナウイルスの影響でビール販売量は12億7720万リットルと42％減った。

【株価推移】

	高値		安値	
2016年	—		—	
2017年	—		—	
2018年	—		—	
2019年	32.650	10/09	26.300	12/31
2020年	26.950	01/03	18.000	04/06

【株価情報】

取引単位(株)	100	A株株価	
時価総額(mHK$)	295,989.9	A株格差(倍)	

【指標】(%)

		19/12	18/12
収益性	ROA	5.9	6.0
	ROE	9.1	9.4
	粗利益率	53.3	51.9
成長性	増収率	-2.9	10.5
	増益率(営利)	8.9	36.2
	自己資本増加率	-3.1	—
安全性	BPS (US$)	0.7	—
	負債比率	55.1	56.0
	流動比率	46.9	60.0
	株主資本比率	64.3	64.0

【財務】(百万US$)

	19/12	18/12
流動資産	2,108.0	2,680.0
総資産	15,308.0	15,862.0
流動負債	4,493.0	4,468.0
総負債	5,424.0	5,690.0
株主資本	9,836.0	10,153.0

【CF】(百万US$)

	19/12	18/12
営業CF	1,379.0	1,684.0
投資CF	-693.0	-472.0
財務CF	-1,399.0	-1,237.0
FCF	686.0	1,212.0
現金同等物	877.0	1,622.0

【株式】(19/12/31) (百万株)

総数		13,243.0
流通	—	100.0%
	—	100.0%
非流通	—	0.0%

【主要株主】(19/12/31) (%)

Anheuser-Busch InBev SA/NV	87.2

【子会社・関連会社】(19/12/31) (%)

Crown Beers India Private Ltd.	100.0
Oriental Brewery Co., Ltd	100.0
Anheuser-Busch InBev Vietnam Brewery Co.,Ltd	100.0

【売上・利益構成】(19/12) (%)

	売上構成比	前年比	利益構成比	前年比
ビール醸造・販売	100.0	-2.9	100.0	8.9

【業績】[国際会計基準] (百万US$) ※予想：ファクトセット 　【前号予想との比較】 ↓ 大幅減額

	売上高	営業利益	純利益	前年比(%)	EPS (US$)	1株配(US$)	株配・無償(株)
2016/12	—	—	—	—			
2017/12	6,099.00	922.00	574.00	—			
2018/12	6,740.00	1,256.00	958.00	66.9	0.083		
2019/12	6,546.00	1,368.00	898.00	-6.3	0.075	0.0260	
2020/12予	5,818.44	1,003.01	682.67	-24.0	0.052	0.0230	【株式分割・併合等】
2021/12予	6,754.54	1,618.76	1,154.40	69.1	0.087	0.0280	
2018/6中間	3,511.00	735.00	571.00	—			
2019/6中間	3,522.00	836.00	606.00	6.1			

【本社】香港銅鑼湾勿地臣街1号時代広場二座3012-16室 【TEL】— 【URL】www.budweiserapac.com

【役員】共同会長：Carlos Brito、Jan Eli B. Craps 【上場】2019年9月 【決算期】12月 【従業員】28,546

中信国際電訊

シティック・テレコム・インターナショナル

中信国際電訊集団有限公司
CITIC Telecom International Holdings Ltd.
【指数構成銘柄】― 【その他上場】―

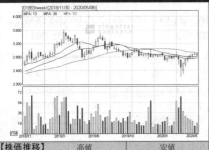

[01883/week/(2018/11/30 - 2020/05/08)]

評価	株価	年間騰落率	最低売買価格
B	**2.890** HK$	**-9.7** %	**39,651** 円

PER		予想配当利回り	PBR
予想 **10.1** 倍 実績 **10.5** 倍		**7.4** %	**1.1** 倍

中国中信傘下の通信サービスプロバイダー 中国中信 (00267) から07年4月に分離上場。国際総合通信サービスやマカオ通信事業のほか、アジア太平洋を中心に設置した多数のPoP（接続ポイント）を基盤にVPN（仮想私設網）やクラウドなどのデータ・通信サービスを企業向けに提供する。モバイル、インターネット、国際電信、企業ソリューション、固定電話の電信5業務で料金収入を得る。設備と携帯端末の販売も手掛ける。

19年12月本決算：減収増益 設備・携帯端末の販売が30%減少したことが減収の主因。コストを11%削減し、増益を確保した。部門別ではモバイル通信サービス収入が3%減収。インターネット事業はデータセンターの拡充に伴う収入増や、ブロードバンドサービスユーザー数の3%増などが寄与して6%増収。国際電信事業は7%増収、企業ソリューション事業も5%増収を確保した。固定電話は7%減収と引き続き低迷した。

今後の計画 企業の業務のオンライン化や都市のスマート化の流れはオンライン通信、企業サービス、スマートシティなどの業務分野にチャンスをもたらすとみる。政府が進める「一帯一路」や「粤港澳大湾区」も追い風。マカオでは20年に5Gネットワークの構築を進め、スマートシティー建設に積極的に参画する。

【株価推移】

	高値		安値	
2016年	3.380	03/18	2.250	12/28
2017年	2.670	02/09	1.960	12/18
2018年	3.050	12/18	1.990	07/06
2019年	3.610	03/28	2.680	01/02
2020年	2.950	03/03	2.200	03/19

【株価情報】

取引単位(株)	1,000	A株株価	―
時価総額(mHK$)	10,575.2	A株格差(倍)	―

【指標】(%)

		19/12	18/12
収益性	ROA	5.5	5.3
	ROE	10.7	10.7
	粗利益率		
成長性	増収率	-4.8	27.0
	増益率(営利)	7.8	6.4
	自己資本増加率	5.9	5.5
安全性	BPS(HK$)	2.6	2.5
	負債比率	95.6	102.4
	流動比率	145.4	142.5
	株主資本比率	51.0	49.3

【財務】(百万HK$)

	19/12	18/12
流動資産	3,289.6	3,059.1
総資産	18,389.3	17,965.2
流動負債	2,263.1	2,146.9
総負債	8,963.9	9,069.5
株主資本	9,376.6	8,854.8

【CF】(百万HK$)

	19/12	18/12
営業CF	2,416.8	1,815.6
投資CF	-465.9	-369.8
財務CF	-1,682.6	-1,799.9
FCF	1,950.8	1,445.7
現金同等物	1,304.4	1,037.8

【株式】(19/12/31)(百万株)

総数	3,659.2
流通	―
	―
	100.0 %
非流通	0.0 %

【主要株主】(19/12/31) (%)

中国中信股フン有限公司 (00267)	58.2

【子会社・関連会社】(19/12/31) (%)

澳門電訊有限公司	99.0
中信国際電訊（信息技術）有限公司	100.0
中国企業網絡通信有限公司	100.0

【売上・利益構成】(19/12)(%)

	売上構成比	前年比	利益構成比	前年比
企業ソリューション	34.3	4.6	―	―
国際電信	19.7	7.2	―	―
設備・携帯端末販売	17.9	-30.4	―	―

【業績】[香港会計基準](百万HK$) ※予想：ファクトセット

【前号予想との比較】 → 前号並み

	売上高	営業利益	純利益	前年比(%)	EPS(HK$)	1株配(HK$)	株配・無償(株)
2016/12	7,699.15	1,354.11	850.09	6.0	0.249	0.1320	
2017/12	7,450.76	1,386.94	881.34	3.7	0.249	0.1600	
2018/12	9,464.01	1,475.25	951.04	7.9	0.267	0.1800	
2019/12	9,013.98	1,590.73	1,002.23	5.4	0.275	0.2000	
2020/12予	9,325.00	1,588.33	1,044.33	4.2	0.285	0.2140	【株式分割・併合等】
2021/12予	9,745.67	1,695.67	1,138.67	9.0	0.312	0.2310	
2018/6中間	4,913.78	―	488.75	7.5	0.138	0.0400	
2019/6中間	4,375.20	―	511.13	4.6	0.141	0.0500	

【登記】香港新界葵湧葵福路93号中信電訊大廈25楼 【TEL】852-23778888 【URL】www.citictel.com

【役員】会長：辛悦江(Xin Yuejiang)【上場】2007年4月 【決算期】12月 【従業員】2,580

建滔積層板控股

キングボード・ラミネート

建滔積層板控股有限公司
Kingboard Laminates Holdings Ltd.

【指数構成銘柄】― 【その他上場】―

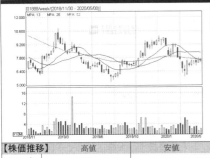

評価	株価	年間騰落率	最低売買価格
A	7.610 HK$	1.1 %	52,205 円

PER		予想配当利回り	PBR
予想 8.7 倍　実績 9.8 倍		4.5 %	1.3 倍

積層板の世界的大手 キングボード・ケミカル（00148）の傘下企業。耐熱性ガラス布基材エポキシ樹脂銅張積層板（FR4）や紙基材積層板、複合基材積層板（CEM）など各種ラミネート（積層板）と、積層板材料の銅箔、エポキシ樹脂などを製造する。製造拠点は広東省や江蘇省などに20カ所以上。不動産賃貸業務は広東省深セン市や江蘇省昆山市などで展開する。

19年12月本決算：減収減益 主力の積層板部門で5G関連の製品需要が増加したものの、米中貿易摩擦の影響による上期の業績不振が痛手となり、純利益が3年連続で2桁減少した。売上高は11%減、粗利益率は前年から2.8ポイント低下した。積層板部門の月間平均出荷量は1060万平米と前年比で約10%増加したが、販売価格が下落した影響で部門売上高は3%減少した。不動産部門は新規プロジェクトの立ち上げがなく、完成物件の販売に特化した結果、2桁の減収減益と振るわなかった。

今後の見通し 会社側は積層板需要が19年下期以降回復基調に乗ったとの認識。5Gや自動運転車、遠隔治療向け製品の高品質化と量産に対応するため、生産能力の増強を計画。広東省の工場では20年中に銅箔を月産1200トン、積層板を月産40万枚増産するほか、研究開発を強化することで長期的な安定成長を目指す。

【株価推移】

	高値		安値	
2016年	7.760	12/19	2.900	02/11
2017年	14.800	09/13	7.480	01/04
2018年	16.280	03/15	5.600	10/30
2019年	10.840	02/25	5.320	08/06
2020年	10.020	01/03	5.830	03/19

【株価情報】

取引単位（株）	500	A株株価	
時価総額（mHK$）	23,446.4	A株格差（倍）	

【指標】(%)

		19/12	18/12
収益性	ROA	9.3	11.3
	ROE	12.8	18.6
	粗利益率	24.0	26.8
成長性	増収率	-11.0	12.6
	増益率（営利）	―	―
	自己資本増加率	6.9	0.2
安全性	BPS（HK$）	6.1	5.7
	負債比率	37.7	62.2
	流動比率	276.5	258.8
	株主資本比率	72.5	60.9

【財務】(百万HK$)

	19/12	18/12
流動資産	14,704.3	15,571.7
総資産	25,803.2	28,721.7
流動負債	5,318.3	6,016.3
総負債	7,054.1	10,878.7
株主資本	18,701.4	17,499.6

【CF】(百万HK$)

	19/12	18/12
営業CF	2,668.3	3,528.1
投資CF	1,216.1	-4,125.6
財務CF	-4,729.8	44.6
FCF	3,884.5	-597.4
現金同等物	2,908.1	3,803.1

【株式】(19/12/31)(百万株)

総数	3,081.0
流通	100.0%
非流通	0.0%

【主要株主】(19/12/31)

	(%)
建滔集団有限公司（00148）	69.5
Capital Research and Management Co.	5.8

【子会社・関連会社】(19/12/31)

	(%)
建滔（広州）高新材料有限公司	100.0
建滔（江蘇）化工有限公司	100.0
建滔積層板（昆山）有限公司	100.0

【売上・利益構成】(19/12)(%)

	売上構成比	前年比	利益構成比	前年比
積層板	88.3	-3.0	60.7	-22.2
不動産	9.3	-53.0	24.2	-44.2
投資	2.4	71.3	15.1	105.1

【業績】[香港会計基準](百万HK$) ※予想：ファクトセット

【前号予想との比較】 ―

	売上高	営業利益	純利益	前年比(%)	EPS(HK$)	1株配(HK$)	株配・無償(株)
2016/12	15,531.72	―	4,346.56	243.5	1.449	1.1200	
2017/12	18,337.95	―	3,764.54	-13.4	1.225	0.8520	
2018/12	20,645.78	―	3,250.38	-13.7	1.055	0.5250	
2019/12	18,383.95	―	2,402.25	-26.1	0.780	0.8000	
2020/12予	23,963.00	4,414.00	3,180.00	32.4	0.874	0.3450	【株式分割・併合等】
2021/12予	26,057.00	5,064.00	3,650.00	14.8	1.049	0.4410	
2018/6中間	9,684.28	―	1,778.61	-11.5	0.577	0.1750	
2019/6中間	7,631.22	―	1,082.09	-39.2	0.351	0.1000	

【本社】香港新界沙田石門安耀街3号匯達大厦23楼 【TEL】852-26056493 【URL】www.kblaminates.com
【役員】会長：張国華（Cheung Kwok Wa） 【上場】2006年12月 【決算期】12月 【従業員】9,600

猫眼娯楽

マオイェン・エンターテインメント

猫眼娯楽
Maoyan Entertainment
【指数構成銘柄】 ― 【その他上場】 ―

評価	株価	年間騰落率	最低売買価格
E	11.040 HK$	-22.5 %	30,294 円

	PER		予想配当利回り	PBR
予想	―	実績 23.9 倍	0.0 %	1.4 倍

映画のオンラインチケット最大手 中国で映画チケットのオンライン販売を手掛ける。オンライン販売では国内最大手で、総取引額（GMV）の市場シェアは60%超（19年）。コンサートやスポーツなど映画以外のイベントのチケットも取り扱う。大株主である美団点評（03690）とテンセント（00700）のアプリを通じて集客するビジネスモデル。映画など娯楽コンテンツの制作やプロモーション活動なども展開する。

19年12月本決算：黒字転換 全事業の堅調を背景に2桁増収となったほか、販管費が2桁減少。18年に計上していたのれんの減損6300万元の影響がはく落したことに加え、税額控除と助成金で計5200万元を計上したこともプラス材料。ストックオプション費用、M&Aに絡むのれんや無形資産の償却などを除く調整済みの純利益は、2.5倍の7億300万元となった。主力のオンラインチケット販売では、販売点数が9倍に増加。娯楽コンテンツサービス部門は事業拡大を受けて3割増収と好調。

今後の計画 会社側は5分野（チケット販売、コンテンツ制作、データ解析、マーケティング、財務支援）を軸に事業を拡大する方針。チケット販売で川上・川下での連携を強化するほか、公開前宣伝や販売システムなどでのプロジェクト投資と協力の機会を探る。

【株価推移】

	高値		安値	
2016年	―		―	
2017年	―		―	
2018年	―		―	
2019年	18.320	03/20	9.880	06/03
2020年	16.360	01/16	8.010	03/23

【株価情報】

取引単位(株)	200	A株株価	―
時価総額(mHK$)	12,472.6	A株格差(倍)	―

【指標】(%)

		19/12	18/12
収益性	ROA	4.1	―
	ROE	5.6	―
	粗利益率	62.3	62.8
成長性	増収率	13.7	47.4
	増益率(営利)	―	―
	自己資本増加率	45.4	3.3
安全性	BPS(元)	7.3	5.1
	負債比率	37.0	59.1
	流動比率	188.0	112.7
	株主資本比率	73.0	62.8

【財務】(百万元)

	19/12	18/12
流動資産	5,369.0	3,574.5
総資産	11,351.2	9,076.4
流動負債	2,855.2	3,172.9
総負債	3,063.2	3,369.9
株主資本	8,288.0	5,701.9

【CF】(百万元)

	19/12	18/12
営業CF	-939.9	-1,124.9
投資CF	-914.7	542.2
財務CF	1,850.0	949.1
FCF	-1,854.6	-582.6
現金同等物	1,540.4	1,536.5

【株式】(19/12/31)(百万株)

総数	1,129.8
流通	100.0%
非流通	0.0%

【主要株主】(19/12/31) (%)

Vibrant Wide Ltd.（王長田）	24.6
香港影業国際有限公司	17.1
騰訊控股有限公司（00700）	13.9

【子会社・関連会社】(19/12/31) (%)

天津猫眼微影文化伝媒有限公司	100.0
北京猫眼文化伝媒有限公司	100.0
北京微格時代娯楽科技有限公司	100.0

【売上・利益構成】(19/12)

	売上構成比	前年比	利益構成比	前年比
オンラインチケット販売	54.0	1.0	―	―
娯楽コンテンツサービス	32.4	29.3	―	―
広告サービス等	13.3	39.7	―	―

【業績】[国際会計基準](百万元)※予想：ファクトセット　【前号予想との比較】↓ 大幅減額

	売上高	営業利益	純利益	前年比(%)	EPS(元)	1株配(元)	株配・無償(株)
2016/12	1,377.51	-494.73	-508.16	―	-2.650		
2017/12	2,547.98	-66.03	-75.47	―	-0.080		
2018/12	3,754.96	-139.44	-137.09	―	-0.140		
2019/12	4,267.51	675.94	463.46	―	0.420		
2020/12予	2,367.06	-19.70	-87.45	―	-0.038		【株式分割・併合等】
2021/12予	4,915.69	1,105.98	813.58	―	0.722	0.0500	
2018/6中間	1,895.23	-217.02	-230.42	―	-0.240		
2019/6中間	1,984.61	383.31	262.01	―	0.240		

【本社】北京市東城区和平里東街11号雍和航星園3号楼　【TEL】―　【URL】www.maoyan.com

【役員】会長：王長田(Wang Changtian)　【上場】2019年2月　【決算期】12月　【従業員】1,194

石油・石炭

中国中煤能源

チャイナ・コール・エナジー

中国中煤能源股份有限公司
China Coal Energy Co.,Ltd.

【指数構成銘柄】— 【その他上場】上海A(601898)

メインボード

H株

評価	H株株価	年間騰落率	最低売買価格
C	2.000 HK$	-39.0 %	27,440 円

PER			予想配当利回り	PBR
予想 5.8 倍	実績 3.9 倍		4.3 %	0.2 倍

中国2位の石炭会社 主力の石炭事業のほか、石炭化学、採掘設備製造、発電などの各種事業を手掛ける。石炭事業は山西省平朔鉱区を中心に展開し、19年末の石炭資源量は233億トン、可採埋蔵量は138億トン。石炭化学ではメタノール、尿素、ポリエチレン、ポリプロピレンなどを生産。石炭採掘設備の製造では国内最大規模を誇る。06年に香港、08年には上海に上場。H株は14年にハンセン指数構成銘柄から除外された。

19年12月本決算：増収増益 自社生産や独占契約の石炭販売の増加で売上高が24%増加。主要製品の価格下落で粗利益率が16.2%と1.3ポイント低下したものの、管理費の削減や持ち分法投資利益の増加で4割超の増益を達成した。主力の石炭部門は販売量が2億3128万トンと前年から4割近く増え、部門利益が21%増加。石炭化学部門は販売価格の低下で減収となったが、コスト管理の強化や原材料価格の低下で23%増益を確保した。石炭採掘機械部門は製品やサービスのアップグレードにより市場競争力を強化し、44%の大幅増益。

今後の計画 20年の最低販売目標は自社産石炭9600万トン、尿素185万トンにそれぞれ設定。20年1～3月期決算（中国会計基準）は売上高が前年同期比7%減の275億1200万元、純利益が58%減の6億4800万元だった。

【株価推移】

	高値		安値	
2016年	4.880	10/25	2.310	01/21
2017年	4.360	02/21	3.280	12/08
2018年	4.310	01/29	2.990	07/06
2019年	3.620	04/25	2.720	08/16
2020年	3.180	01/07	1.950	05/05

【株価情報】

取引単位(株)	1,000	A株株価(元) 3.810
H株時価総額(mHK$)	8,213.3	A株格差(倍) 2.1

【指標】(%)

		19/12	18/12
収益性	ROA	2.3	1.7
	ROE	6.4	4.8
	粗利益率	16.2	17.5
成長性	増収率	24.2	27.8
	増益率(営利)	28.9	26.7
	自己資本増加率	5.5	3.0
安全性	BPS(元)	7.3	6.9
	負債比率	160.0	167.2
	流動比率	65.8	79.9
	株主資本比率	35.6	34.8

【財務】(百万元)

	19/12	18/12
流動資産	55,025.5	54,976.4
総資産	272,468.9	264,272.8
流動負債	83,672.1	68,848.3
総負債	155,248.0	153,772.8
株主資本	97,019.1	91,951.2

【CF】(百万元)

	19/12	18/12
営業CF	21,983.9	20,425.6
投資CF	-8,657.0	-14,617.5
財務CF	-9,566.1	-7,600.6
FCF	13,326.9	5,808.1
現金同等物	12,137.4	8,372.1

【株式】(19/12/31)(百万株)

総数		13,258.7
流通	H株	31.0%
	A株	69.0%
	—	100.0%
非流通		0.0%

【主要株主】(19/12/31)(%)

中国中煤能源集団有限公司	57.4
中国証券金融股フン有限公司	2.6

【子会社・関連会社】(19/12/31)(%)

上海大屯能源股フン有限公司 (600508)	62.4
中煤焦化控股有限責任公司	100.0
中煤平朔集団有限公司	100.0

【売上・利益構成】(19/12)(%)

	売上構成比	前年比	利益構成比	前年比
石炭	76.2	29.2	78.7	21.3
石炭化学	13.0	-1.3	14.9	22.7
石炭採掘機械	6.0	17.3	1.8	43.5

【業績】 [国際会計基準] (百万元) ※予想：ファクトセット

【前号予想との比較】 ↓ 大幅減額

	売上高	営業利益	純利益	前年比(%)	EPS(元)	1株配(元)	株配・無償(株)
2016/12	60,664.11	6,137.34	1,716.17	—	0.130	0.0390	
2017/12	81,512.56	9,296.08	3,367.24	96.2	0.250	0.0550	
2018/12	104,140.08	11,773.65	4,406.15	30.9	0.330	0.0780	
2019/12	129,293.73	15,175.24	6,197.17	40.6	0.470	0.1270	
2020/12予	120,047.41	10,275.11	4,038.22	-34.8	0.311	0.0790	【株式分割・併合等】
2021/12予	121,397.48	11,004.71	4,427.21	9.6	0.335	0.0850	
2018/6中間	50,317.61	7,565.02	3,384.52	51.8	0.260	—	
2019/6中間	61,031.70	9,236.02	4,219.64	24.7	—	—	

【登記】北京市朝陽区黄寺大街1号 【TEL】86-10-82236028 【URL】www.chinacoalenergy.com

【役員】会長：李延江(Li Yanjiang) 【上場】2006年12月 【決算期】12月 【従業員】42,112

繊維・アパレル

メインボード

プラダ

プラダ

PRADA S.p.A.
PRADA S.p.A.
【指数構成銘柄】 ― 【その他上場】 ―

評価	株価	年間騰落率	最低売買価格
E	25.450 HK$	9.9 %	34,917 円

PER		予想配当利回り	PBR
予想 89.0 倍 実績 30.3 倍		0.9 %	2.6 倍

イタリアの高級ファッションブランド イタリア企業の香港上場第1号。1913年にミラノで創業。「プラダ」や「ミュウミュウ」のブランドに加え、高級靴ブランド「チャーチ」「カーシュー」を展開する。主力はバッグや財布などの皮革製品、靴、既製服。眼鏡や香水も販売。世界70カ国・地域に流通拠点を持つ。直営店641店の売上比率は83%で、フランチャイズは25店。地域別売上比率は欧州39%、アジア太平洋（日本を除く）32%、米州14%、日本12%など（19年12月期）。

19年12月本決算：増収増益 パテントボックス制度の適用が認められ、法人税還付により2桁増益となった。定価販売が6%増えたことや直営店の5店舗増加も寄与した。地域別の売上高は日本が10%増と好調。欧州、米州も堅調でそれぞれ13%増、7%増。アジア太平洋は香港情勢が響いて2%減となった。ブランド別ではプラダが3%増、ミュウミュウは0.7%減。

最近の動向 20年4月、19年12月期の期末配当を見送ると発表した。3月18日の取締役会で1株当たり0.2ユーロ（総額5100万ユーロ）の配当を提案していたが、新型コロナウイルスの世界的な感染拡大やイタリア政府の都市封鎖により経済状況が変わったことを受け、撤回を決めた。19年は22店を新規出店、21店を閉鎖した。

【株価推移】

	高値		安値	
2016年	31.250	03/09	20.200	01/07
2017年	37.400	04/27	24.000	09/11
2018年	47.800	05/11	23.850	12/21
2019年	33.050	12/23	20.750	06/03
2020年	33.200	01/23	18.380	03/17

【株価情報】

取引単位(株)	100	A株株価	―
時価総額(mHK$)	65,122.1	A株格差(倍)	―

【指標】(%)

		19/12	18/12
収益性	ROA	3.6	4.4
	ROE	8.6	7.1
	粗利益率	71.9	72.0
成長性	増収率	2.7	14.6
	増益率(営利)	-5.3	2.5
	自己資本増加率	3.1	1.2
安全性	BPS(EUR)	1.2	1.1
	負債比率	136.5	61.9
	流動比率	137.8	178.5
	株主資本比率	42.2	61.5

【財務】(百万EUR)

	19/12	18/12
流動資産	1,697.6	1,761.6
総資産	7,038.4	4,678.8
流動負債	1,231.8	986.9
総負債	4,049.9	1,781.7
株主資本	2,967.2	2,878.0

【CF】(百万EUR)

	19/12	18/12
営業CF	809.9	365.1
投資CF	-302.3	-379.4
財務CF	-692.5	-288.8
FCF	507.6	-14.3
現金同等物	421.1	599.8

【株式】(19/12/31) (百万株)

総数	2,558.8
流通	―
	―
	100.0 %
非流通	0.0 %

【主要株主】(19/12/31) (%)

Prada Holoding S.p.A.	80.0
Invesco Advisor Inc.	5.4

【子会社・関連会社】(19/12/31) (%)

Church & Co.Ltd.	100.0
PRADA Japan Co.,Ltd.	100.0
PRADA USA Corp.	100.0

【売上・利益構成】(19/12) (%)

	売上構成比	前年比	利益構成比	前年比
皮革製品	55.5	0.5	―	―
既製服	22.9	―	―	―
靴	19.7	1.8	―	―

【業績】[国際会計基準] (百万EUR) ※予想：ファクトセット

【前号予想との比較】 ↓ 大幅減額

	売上高	営業利益	純利益	前年比(%)	EPS(EUR)	1株配(EUR)	株配・無償(株)
2017/1	3,184.07	431.18	278.33	-15.9	0.109	0.1200	
2017/12*	2,741.10	315.88	217.72	-21.8	0.085	0.0750	
2018/12	3,142.15	323.85	205.44	-5.6	0.080	0.0600	
2019/12	3,225.59	306.78	255.79	24.5	0.100	―	
2020/12予	2,785.81	168.35	78.41	-69.3	0.034	0.0270	**【株式分割・併合等】**
2021/12予	3,166.57	321.33	186.06	137.3	0.076	0.0490	
2018/6中間	1,535.33	159.19	105.65	-8.7	0.041		
2019/6中間	1,570.12	150.47	154.89	46.6	0.061		

【登記】Via A. Fogazzaro, 28 20135 Milan, Italy 【TEL】39-02-550281 【URL】www.pradagroup.com
324 【役員】会長：Carlo Mazzi 【上場】2011年6月 【決算期】12月 【従業員】13,988
【備考】決算期変更により17年本決算は11カ月の変則決算。

融創中国控股

サナック・チャイナ

融創中国控股有限公司
Sunac China Holdings Ltd.

【指数構成銘柄】中国企業 【その他上場】―

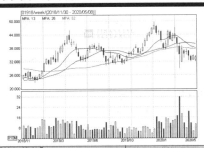

評価	株価	年間騰落率	最低売買価格
B	**33.750** HK$	**-10.4** %	**463,050** 円

PER			予想配当利回り	PBR
予想 **4.5** 倍	実績 **5.1** 倍		**5.0** %	**1.6** 倍

天津基盤の不動産デベロッパー 住宅・商業不動産の開発を手掛ける。本拠地天津に加え、北京、重慶、上海といった大都市に重点を置く。19年の成約額ランキングで4位（中国指数研究院調べ）。大型商住複合施設の開発に強みを持ち、代表的な物件は高級マンションと商業施設を併設した天津「時代奥城」、重慶「重慶奥林匹克花園」など。18年に大連万達集団から国内の文化・観光事業を買収。会議・展示会事業にも進出。

19年12月本決算：大幅増益 主力の不動産開発部門で成約額が21％増の5560億元、引き渡し物件が26％増の1200万平米と好調だった。事業拡大で販管費が2桁膨らんだが、減損損失の半減や持ち分法利益の大幅増で相殺した。事業合併に伴う収益、投資物件の評価益などの影響を除くと、純利益は270億元に増える。文化・観光部門は売上高が4割、粗利益が3割以上増加した。

今後の見通し 新型コロナの影響で開発物件の発売や完工が一部遅れるが、収束すれば、20年の販売目標8200億元を達成できると見込む。20年1－4月の成約額は前年同期比20％減の955億元。20年3月時点の保有用地は2億3900万平米。20年5月までに保有する本土の不動産会社の株式の一部を売却。売却益（税引き前）33億6100万元のうち18億7600万元を20年に計上する見込み。

【株価推移】

	高値		安値	
2016年	6.930	12/14	4.340	02/11
2017年	43.550	10/25	6.330	01/03
2018年	39.950	01/10	19.080	10/19
2019年	47.500	12/30	22.650	01/03
2020年	49.550	01/03	28.700	03/19

【株価情報】

取引単位(株)	1,000	A株株価	―
時価総額(mHK$)	150,252.6	A株格差(倍)	―

【指標】(%)

		19/12	18/12
収益性	ROA	2.7	2.3
	ROE	31.3	29.1
	粗利益率	24.5	25.0
成長性	増収率	35.7	89.4
	増益率(営利)	47.4	17.9
	自己資本増加率	46.2	29.8
安全性	BPS(元)	18.7	12.9
	負債比率	1,019.0	1,132.3
	流動比率	116.7	117.4
	株主資本比率	8.6	7.9

【財務】(百万元)

	19/12	18/12
流動資産	724,680.4	553,237.8
総資産	960,649.2	716,660.0
流動負債	620,881.2	471,252.6
総負債	846,555.0	643,553.4
株主資本	83,073.2	56,836.2

【CF】(百万元)

	19/12	18/12
営業CF	27,254.1	52,054.7
投資CF	-62,001.0	-34,078.9
財務CF	36,393.4	-10,426.9
FCF	-34,746.9	17,975.8
現金同等物	77,943.7	76,181.0

【株式】(19/12/31)(百万株)

総数	4,451.9
流通	―
	100.0%
非流通	0.0%

【主要株主】(19/12/31)(%)

孫宏斌	47.0

【子会社・関連会社】(19/12/31)(%)

融創房地産集団有限公司	100.0
重慶万達城投資有限公司	100.0
広州万達文化旅遊城投資有限公司	100.0

【売上・利益構成】(19/12)(%)

	売上構成比	前年比	利益構成比	前年比
不動産開発	94.2	35.5	95.2	43.9
文化・観光施設の運営	1.7	40.7	2.7	433.6
その他	4.1	39.8	2.1	-53.1

【業績】[香港会計基準](百万元)※予想：ファクトセット

【前号予想との比較】 ➡ 前号並み

	売上高	営業利益	純利益	前年比(%)	EPS(元)	1株配(元)	株配・無償(株)
2016/12	35,343.49	5,849.94	2,478.35	-24.8	0.710	0.2570	
2017/12	65,873.52	21,876.04	11,003.86	344.0	2.760	0.5010	
2018/12	124,745.62	25,795.52	16,566.54	50.6	3.790	0.8270	
2019/12	169,316.01	38,025.01	26,027.51	57.1	5.990	1.2320	
2020/12予	229,447.66	43,502.25	30,683.30	17.9	6.826	1.5240	【株式分割・併合等】
2021/12予	285,034.40	52,701.85	37,389.05	21.9	8.171	1.8810	
2018/6中間	46,582.78	11,744.74	6,361.21	287.7	1.450	―	
2019/6中間	76,837.90	15,699.66	10,286.31	61.7	2.370	―	

【本社】中国天津市南開区賓水西道奥城商業広場C7大厦10楼 【TEL】86-22-23937799 【URL】www.sunac.com.cn

【役員】会長：孫宏斌(Sun Hongbin) 【上場】2010年10月 【決算期】12月 【従業員】50,834

運輸・倉庫

中遠海運控股

コスコ・シッピング・ホールディングス

中遠海運控股股份有限公司
COSCO SHIPPING Holdings Co.,Ltd.

【指数構成銘柄】 ― 【その他上場】上海A(601919)

メインボード

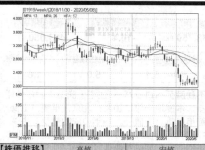

01919/week/(2018/11/30 - 2020/05/08)

	評価	H株株価	年間騰落率	最低売買価格
	E	**2.130** HK$	**-35.6** %	**14,612** 円

PER		予想配当利回り	PBR
予想 **20.2** 倍 実績 **3.5** 倍		**0.0** %	**0.7** 倍

H株

コンテナ海運大手 中国遠洋運輸集団と中国海運集団の統合で誕生した中国遠洋海運集団の傘下。コンテナ海上輸送が中核で、定期航路の運航では仏CMA CGM、台湾の長栄海運と提携する。20年3月末時点でコンテナ船495隻を運航（輸送能力292万TEU）。子会社の中遠海運港口（01199）を通じてコンテナターミナル運営事業も展開する。16年にドライバルク船とコンテナリース事業を売却。18年7月に東方海外（00316）を買収。

19年12月本決算：大幅増益 米国の港湾事業を手放し、68億3000万元に上る売却益を計上したことが大幅増益につながった。主力事業も好調で、コンテナ海運部門は5割超の増益。コンテナ輸送量が18％増の2574万TEUに拡大し、収益が大きく伸びた。内訳は主力子会社の中遠海運集装箱運輸が2％増の1879万TEUで、東方海外が4％増の695万TEU。コンテナターミナル部門は売上高が4％増と拡大したが、部門利益は9％減。

最近の動向 コンテナターミナル事業では19年にペルーのチャンカイ港の権益60％を取得。グローバル展開に向けて南米にも足場を築いた。20年1－3月期決算（中国会計基準）は売上高が前年同期比3％増の361億900万元、純利益が58％減の2億9200万元。売上高が伸び悩む中、売上原価が6％増と膨らみ、採算が悪化した。

【株価推移】

	高値		安値	
2016年	3.580	01/05	2.560	02/11
2017年	5.590	08/10	2.670	01/03
2018年	4.890	01/29	2.710	10/30
2019年	3.970	04/03	2.630	08/15
2020年	3.490	01/03	2.020	03/30

【株価情報】

取引単位(株)	500	A株株価(元)	3.570
H株時価総額(mHK$)	5,496.7	A株格差(倍)	1.8

【指標】(%)

		19/12	18/12
収益性	ROA	2.6	0.5
	ROE	18.9	5.4
	粗利益率	10.2	8.0
成長性	増収率	25.1	33.1
	増益率(営利)	44.5	-11.7
	自己資本増加率	54.5	10.7
安全性	BPS(元)	2.9	2.2
	負債比率	546.1	750.6
	流動比率	102.3	67.5
	株主資本比率	13.5	10.0

【財務】(百万元)

	19/12	18/12
流動資産	72,098.7	60,016.0
総資産	262,224.0	228,143.8
流動負債	70,471.1	88,854.0
総負債	193,098.8	171,790.9
株主資本	35,359.7	22,886.2

【CF】(百万元)

	19/12	18/12
営業CF	21,202.4	8,130.8
投資CF	4,028.7	-39,343.5
財務CF	-9,537.9	37,566.7
FCF	25,231.1	-31,212.8
現金同等物	49,764.8	33,206.5

【株式】(19/12/31)(百万株)

総数		12,259.5	
流通	H株	21.0%	
	A株	62.3%	
	―		
		83.3%	
非流通		16.7%	

【主要株主】(19/12/31)

	(%)
中国遠洋海運集団有限公司	46.2
中国証券金融股フン有限公司	2.5
武漢鋼鉄（集団）公司	2.0

【子会社・関連会社】(19/12/31)

	(%)
中遠海運港口有限公司（01199）	48.8
中遠海運集装箱運輸有限公司	100.0
東方海外（国際）有限公司（00316）	75.0

【売上・利益構成】(19/12)(%)

	売上構成比	前年比	利益構成比	前年比
コンテナ輸送	96.2	26.1	78.2	50.5
コンテナターミナル	3.8	4.3	20.8	-8.9
その他	―	―	0.9	―

【業績】 [香港会計基準] (百万元) ※予想：ファクトセット

【前号予想との比較】 ↓ 大幅減額

	売上高	営業利益	純利益	前年比(%)	EPS(元)	1株配(元)	株配・無償(株)
2016/12	69,833.16	-5,040.95	-9,906.00	―	-0.970		
2017/12	90,399.08	5,663.72	2,661.94	―	0.260		
2018/12	120,342.28	4,998.80	1,230.03	-53.8	0.120		
2019/12	150,540.59	7,222.83	6,690.11	443.9	0.550		
2020/12予	138,814.06	3,846.93	1,211.11	-81.9	0.096		【株式分割・併合等】
2021/12予	151,477.48	5,593.35	2,201.56	81.8	0.180		
2018/6中間	45,041.16	1,148.42	40.80	-97.8	0.004		
2019/6中間	71,762.49	3,796.19	1,164.39	2,754.2	0.098		

【登記】天津空港経済区中心大道与東七道交口遠航商務中心12号楼二層 【TEL】86-21-60298619 【URL】hold.coscoshipping.com

【役員】会長：許立栄(Xu Lirong) 【上場】2005年6月 【決算期】12月 【従業員】33,114

金沙中国

サンズ・チャイナ

金沙中国有限公司
Sands China Ltd.

【指数構成銘柄】ハンセン　【その他上場】—

評価	株価	年間騰落率	最低売買価格
C	31.100 HK$	-25.3 %	170,677 円

PER		予想配当利回り	PBR
予想 102.9 倍　実績 16.0 倍		5.1 %	7.3 倍

米サンズ社のマカオ子会社 マカオでカジノ、ホテル、ショッピングモールの運営を手掛ける。米ラスベガス・サンズの傘下で、04年に「サンズ・マカオ」を半島部にオープン。07年に「ベネチアン・マカオ」、12年に「コタイ・セントラル」、16年に「パリジャン・マカオ」をコタイ地区に開業した。19年のカジノ市場シェアは24％で1位。テーブルが1685台、スロットが5350台で、ホテル客室数は1万1393室（19年末）。

19年12月本決算：増収増益 マカオを訪れる中国人が11％増えて過去最高を記録する中、安定した伸びを確保。営業費をほぼ前年並みの水準に抑え、調整済みEBITDAは4％増の31億9000万ドルに達した。カジノ収入はVIPルームの改装を終えたプラザ・マカオの貢献で3％増と堅調。主力のベネチアンは2％増加したが、コタイ・セントラルは5％減と振るわなかった。ホテル収入は改装工事の影響でほぼ横ばいと伸び悩んだ。

最近の動向 20年1～3月期決算（米国会計基準）は新型コロナの影響で売上高が前年同期比65％減の8億14000万米ドル、純損益は5億5700万米ドルの黒字から1億6600万米ドルの赤字に転落。コタイ・セントラルは改修を行い、新ブランド「ロンドナー・マカオ」として2020－21年のオープンを予定している。

【株価推移】

	高値		安値	
2016年	39.300	11/29	20.750	01/21
2017年	41.850	10/03	31.250	02/08
2018年	49.350	01/23	29.850	10/30
2019年	44.700	04/29	32.250	01/04
2020年	45.450	01/17	25.150	03/19

【株価情報】

取引単位(株)	400	A株株価	—
時価総額(mHK$)	251,547.8	A株格差(倍)	—

【指標】(%)

		19/12	18/12
収益性	ROA	16.8	15.5
	ROE	45.7	42.5
	粗利益率	—	—
成長性	増収率	1.7	14.2
	増益率(営利)	5.6	21.5
	自己資本増加率	0.8	-2.8
安全性	BPS (US$)	0.5	0.5
	負債比率	172.2	173.5
	流動比率	160.5	163.7
	株主資本比率	36.7	36.6

【財務】(百万US$)

	19/12	18/12
流動資産	3,047.0	3,180.0
総資産	12,100.0	12,058.0
流動負債	1,898.0	1,943.0
総負債	7,654.0	7,649.0
株主資本	4,446.0	4,409.0

【CF】(百万US$)

	19/12	18/12
営業CF	2,812.0	3,049.0
投資CF	-715.0	-513.0
財務CF	-2,312.0	-1,099.0
FCF	2,097.0	2,536.0
現金同等物	2,471.0	2,676.0

【株式】(19/12/31)(百万株)

総数	8,088.4
流通	100.0%
非流通	0.0%

【主要株主】(19/12/31) (%)

Las Vegas Sands Corp.	70.0

【子会社・関連会社】(19/12/31) (%)

Venetian Macau Ltd.	100.0
Venetian Cotai Ltd.	100.0
Venetian Travel Ltd.	100.0

【売上・利益構成】(19/12)(%)

	売上構成比	前年比	利益構成比	前年比
ベネチアン・マカオ	39.8	1.0	44.0	2.1
サンズ・コタイセントラル	23.3	-4.7	22.7	-4.3
パリジャン・マカオ	18.7	7.6	17.0	12.4

【業績】[国際会計基準](百万US$)※予想：ファクトセット　【前号予想との比較】↓ 大幅減額

	売上高	営業利益	純利益	前年比(%)	EPS(US$)	1株配(HK$)	株配・無償(株)
2016/12	6,653.00	1,352.00	1,224.00	-16.1	0.152	1.9900	
2017/12	7,586.00	1,773.00	1,603.00	31.0	0.199	1.9900	
2018/12	8,665.00	2,154.00	1,875.00	17.0	0.232	1.9900	
2019/12	8,808.00	2,275.00	2,033.00	8.4	0.251	0.9900	
2020/12予	5,401.14	643.60	394.86	-80.6	0.039	1.5750	【株式分割・併合等】
2021/12予	9,012.24	2,426.53	2,072.47	424.9	0.256	2.0280	
2018/6中間	4,265.00	1,061.00	979.00	44.1	0.121	0.9900	
2019/6中間	4,468.00	1,187.00	1,067.00	9.0	0.131	0.9900	

【本社】香港皇后大道東183号合和中心54楼　【TEL】853-81182888　【URL】www.sandschina.com

【役員】会長：Sheldon Gary Adelson　【上場】2009年11月　【決算期】12月　【従業員】28,249

その他製造

メインボード

周大福珠宝集団

チョウ・タイフック・ジュエリー

周大福珠宝集団有限公司
Chow Tai Fook Jewellery Group Ltd.
【指数構成銘柄】— 【その他上場】—

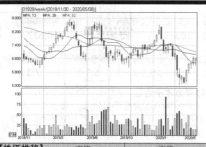

【株価推移】

	高値		安値	
2016年	6.880	12/02	4.200	01/22
2017年	9.470	09/27	5.910	01/03
2018年	11.540	06/05	6.350	12/12
2019年	8.920	04/18	6.030	01/15
2020年	8.610	01/14	5.050	03/19

【株価情報】

取引単位(株)	200	A株株価	—
時価総額(mHK$)	66,400.0	A株格差(倍)	—

【指標】(%)

		19/9	18/9
収益性	ROA	4.8	6.7
	ROE	11.6	13.3
	粗利益率	27.6	28.7
成長性	増収率	-0.6	20.0
	増益率(営利)	—	—
	自己資本増加率	-9.7	-6.7
安全性	BPS(HK$)	2.6	2.9
	負債比率	141.5	96.2
	流動比率	155.1	192.1
	株主資本比率	41.0	50.4

【財務】(百万HK$)

	19/9	18/9
流動資産	53,825.5	49,977.4
総資産	64,312.0	57,939.9
流動負債	34,712.6	26,022.5
総負債	37,310.3	28,117.0
株主資本	26,372.8	29,214.1

【CF】(百万HK$)

	19/9	18/9
営業CF	3,242.3	2,910.2
投資CF	-392.7	-449.5
財務CF	-5,272.0	-5,286.2
FCF	2,849.6	2,460.7
現金同等物	5,151.0	4,830.9

評価	株価	年間騰落率	最低売買価格
C	6.640 HK$	-15.2 %	18,220 円

PER		予想配当利回り	PBR
予想 18.3倍 実績 14.5倍		4.0 %	2.5 倍

宝飾品販売最大手 中国と香港・マカオで宝飾品や時計を販売し、売上高は世界最大級。原材料調達からデザイン、加工、販売まで手掛ける垂直統合型モデルに強みを持つ。19年9月末の店舗・売り場数はフランチャイズを含め「周大福珠宝」が3275カ所で、内訳は本土が3136、香港・マカオが102、台湾・韓国・米国・日本などその他が37カ所に上る。若い世代を対象にした宝飾品チェーンの「MONOLOGUE」や「SOINLOVE」も展開する。新世界発展（00017）の鄭会長一族が実質支配。

19年9月中間決算：2割減益 香港での抗議デモ激化で香港・マカオ・その他地域の売上高は前年比20％減、コア営業利益が26％減。金価格高騰も響き、既存店売上高は28％減と低調だった。製品別の既存店売上高は時計が12％増と伸びた半面、金製品が33％減、宝飾品が25％減、プラチナ・純金製品が22％減と落ち込んだ。中国本土事業は売上高が12％増。フランチャイズ店の増加を背景に卸売部門が31％増収と好調だった。

今後の計画 今後も需要を見越して店舗網の適正化を進める。特に香港・マカオでは慎重姿勢を崩さず、店舗網を見直す。20年1～3月の小売売上高は香港・マカオが前年同期比65％減、中国本土が41％減。新型コロナウイルスの感染拡大を受けて購買意欲が落ち込んだ。

【株式】(19/09/30)(百万株)

総数	10,000.0
流通	—
	100.0%
非流通	0.0%

【主要株主】(19/09/30) (%)

周大福（控股）有限公司	89.3

【子会社・関連会社】(19/03/31) (%)

周大福珠宝金行有限公司	100.0
周大福珠宝金行（重慶）有限公司	100.0
Hearts On Fire Co.,LLC	100.0

【売上・利益構成】(19/9)(%)

	売上構成比	前年比	利益構成比	前年比
金製品（小売り）	43.6	-10.3	—	—
卸売り	22.9	31.2	—	—
宝石（小売り）	17.9	-5.7	—	—

【業績】 [国際会計基準](百万HK$) ※予想：ファクトセット　【前号予想との比較】↘減額

	売上高	営業利益	純利益	前年比(%)	EPS(HK$)	1株配(HK$)	株配・無償(株)
2017/3	51,245.50	—	3,055.30	3.9	0.306	0.5100	
2018/3	59,156.40	—	4,094.90	34.0	0.409	0.5700	
2019/3	66,660.90	—	4,576.80	11.8	0.458	0.6500	
2020/3予	57,652.71	5,318.65	3,465.05	-24.3	0.362	0.2680	
2021/3予	63,654.60	6,067.41	4,056.34	17.1	0.407	0.2960	【株式分割・併合等】
2017/9中間	24,754.30	—	1,779.10	45.6	0.178	0.1200	
2018/9中間	29,702.90	—	1,936.30	8.8	0.194	0.1500	
2019/9中間	29,533.20	—	1,532.60	-20.8	0.153	0.1200	

【登記】香港皇后大道中16-18号新世界大厦33楼 【TEL】852-25243166 【URL】www.chowtaifook.com
328 【役員】会長：鄭家純(Cheng Kar Shun Henry) 【上場】2011年12月 【決算期】3月 【従業員】30,400

北京汽車

ビーエーアイシー・モーター

北京汽車股份有限公司
BAIC Motor Corp.,Ltd.
【指数構成銘柄】― 【その他上場】―

評価	H株株価	年間騰落率	最低売買価格
C	3.500 HK$	-33.0 %	24,010 円

PER		予想配当利回り	PBR
予想 7.6 倍 実績 6.4 倍		4.9 %	0.5 倍

【株価推移】

	高値		安値	
2016年	8.900	10/25	4.620	02/11
2017年	10.640	12/29	6.410	08/16
2018年	12.580	01/30	3.870	10/25
2019年	6.480	04/18	3.920	01/03
2020年	4.570	01/20	2.510	03/19

【株価情報】

取引単位(株)	500	A株株価	―
H株時価総額(mHK$)	8,822.4	A株格差(倍)	―

【指標】(%)

		19/12	18/12
収益性	ROA	2.1	2.6
	ROE	8.1	9.1
	粗利益率	21.5	24.4
成長性	増収率	15.0	13.2
	増益率(営利)	5.1	17.8
	自己資本増加率	4.1	18.6
安全性	BPS(元)	6.3	6.0
	負債比率	239.2	212.3
	流動比率	94.0	101.7
	株主資本比率	26.1	28.1

【財務】(百万元)

	19/12	18/12
流動資産	98,059.6	81,759.4
総資産	193,212.0	172,034.1
流動負債	104,297.8	80,426.2
総負債	120,584.8	102,796.3
株主資本	50,403.2	48,415.5

【CF】(百万元)

	19/12	18/12
営業CF	35,952.8	21,733.4
投資CF	-11,614.6	-9,532.4
財務CF	-10,428.5	-13,700.2
FCF	24,338.2	12,201.0
現金同等物	49,322.5	35,389.9

【株式】(19/12/31) (百万株)

総数	8,015.3		
流通	H株	31.4%	
		―	
		31.4%	
非流通		68.6%	

北京市政府系乗用車メーカー 市政府系の北京汽車集団傘下。独ダイムラーや韓国現代自動車と中外合弁事業を展開し、「北京ベンツ」「北京現代」「福建ベンツ」の乗用車を生産。これに自前の国産「北京」ブランドを加えた4部門が柱。完成車のほか、エンジンなど部品生産や自動車金融にも従事。北京、湖南省株洲、広東省広州などに製造拠点を置く。鉄鋼メーカーの北京首鋼(000959)、ダイムラーが2位、3位株主。

19年12月本決算：増収減益 国内新車市場の低迷と競争激化に伴う利幅の悪化が減益要因。販売台数は前年比2%減の142万5000台と、国内の乗用車平均(10%減)より底堅く、中でも北京ベンツは17%増の56万7000台、「北京」は7%増の16万7000台といずれもプラス成長。一方、現代は16%減、福建ベンツは2%減。北京ブランドは6月の新エネ車補助金削減などが響き、47億元超の原価割れ(前年は同35億元)。北京ベンツの粗利益率も29.9%から27.2%に後退した。

最近の動向 20年1―3月期は新型コロナの影響で大苦戦。売上高が前年同期比30%減の329億8300万元、純利益が95%減の6100万元にとどまった。経営陣はコロナ後に関しても慎重。乗用車市場がプラス成長を回復するまでには2―3年を要するとみる。

【主要株主】(19/12/31) (%)

北京汽車集団有限公司	42.6
北京首鋼股フン有限公司 (000959)	12.8
Daimler AG	9.6

【子会社・関連会社】(19/12/31) (%)

北京奔馳汽車有限公司	51.0
北京現代汽車有限公司	50.0
福建奔馳汽車有限公司	35.0

【売上・利益構成】(19/12)(%)

	売上構成比	前年比	利益構成比	前年比
北京ベンツ	88.8	14.6	100.0	4.2
自主ブランド	11.2	18.0		

【業績】 [国際会計基準](百万元) ※予想：ファクトセット

【前号予想との比較】 ↘ 減額

	売上高	営業利益	純利益	前年比(%)	EPS(元)	1株配(元)	株配・無償(株)
2016/12	116,198.98	11,520.25	6,366.93	91.9	0.840	0.2900	
2017/12	134,158.54	17,518.07	2,252.81	-64.6	0.300	0.1000	
2018/12	151,920.39	20,628.05	4,429.47	96.6	0.550	0.1900	
2019/12	174,632.72	21,683.74	4,082.70	-7.8	0.500	0.1700	
2020/12予	169,411.08	19,560.20	3,453.80	-15.4	0.417	0.1570	**【株式分割・併合等】**
2021/12予	191,730.83	22,072.08	4,519.89	30.9	0.551	0.1700	
2018/6中間	76,902.17	11,387.04	2,820.27	186.1	0.360	―	
2019/6中間	87,764.00	11,145.99	2,090.17	-25.9	0.250	―	

【本社】 北京市順義区仁和鎮双河大街99号 **【TEL】** 86-10-56761958 **【URL】** www.baicmotor.com

【役員】 会長：徐和誼(Xu Heyi) **【上場】** 2014年12月 **【決算期】** 12月 **【従業員】** 21,712

サービス

メインボード

IMAXチャイナ
アイマックス・チャイナ

IMAX China Holding, Inc.
IMAX China Holding,Inc.

【指数構成銘柄】— 【その他上場】—

評価	株価	年間騰落率	最低売買価格
C	11.820 HK$	-41.3 %	16,217 円

PER		予想配当利回り	PBR
予想 20.1 倍 実績 12.7 倍		1.8 %	2.1 倍

カナダ系の映写システム会社 映写システムの「IMAX」を開発したカナダのアイマックス・コープの傘下で、大中華圏でIMAXのシステムを提供する。主力事業は映画館向けのデジタル・シアター・システムの設計、機材の調達、据え付け、保守など。通常の映画をIMAX用のフォーマットに転換する事業も手掛ける。中華圏でIMAXのシステムを採用する映画館（IMAXシアター）は19年末時点で702館。博物館などの施設は15カ所。映画館チェーンの万達電影（002739）が主要顧客。

19年12月本決算：利益横ばい 映画館事業のコスト増で採算は悪化したが、映画をIMAX仕様に転換して提供するネットワーク事業が堅調で、前年並みの純利益を確保した。ハリウッド映画や中国アニメ映画「ナタ～魔童降臨」の大ヒットで、同事業は1割超の増収増益。映画製作会社から収入分配方式で受け取る映画事業は8%増収。映画館から受け取るレンタル事業は15%増収。

最近の動向 新型コロナの流行を受けた映画館の一時閉鎖が痛手。書き入れ時の春節連休中も含まれたため、収入分配方式の事業などで業績が悪化。四半期決算は発表していないものの、20年1～3月期に関して2600万－2800万米ドルの赤字化見通しを発表した。IMAXシアターへの転換では、19年末時点の受注残は253カ所。

【株価推移】

	高値		安値	
2016年	54.750	01/04	34.000	11/09
2017年	41.800	04/05	16.840	08/11
2018年	30.550	04/17	16.040	10/19
2019年	23.800	04/24	15.980	08/19
2020年	18.880	01/17	10.600	04/14

【株価情報】

取引単位(株)	100	A株株価	—
時価総額(mHK$)	4,122.7	A株格差(倍)	—

【指標】(%)

		19/12	18/12
収益性	ROA	13.1	13.0
	ROE	16.6	16.9
	粗利益率	61.7	64.0
成長性	増収率	5.8	-7.1
	増益率(営利)	1.6	-5.0
	自己資本増加率	2.1	3.7
安全性	BPS(US$)	0.7	0.7
	負債比率	26.7	29.8
	流動比率	352.9	344.5
	株主資本比率	78.9	77.0

【財務】(百万US$)

	19/12	18/12
流動資産	153.5	179.2
総資産	328.3	329.3
流動負債	43.5	52.0
総負債	69.2	75.7
株主資本	259.0	253.7

【CF】(百万US$)

	19/12	18/12
営業CF	39.3	56.4
投資CF	-34.4	-22.8
財務CF	-34.6	-27.4
FCF	4.9	33.6
現金同等物	89.3	120.2

【株式】(19/12/31)(百万株)

総数	348.8
流通	—
	—
	100.0 %
非流通	0.0 %

【主要株主】(19/12/31)

	(%)
IMAX Corp.	69.7

【子会社・関連会社】(19/12/31)

	(%)
IMAX China (Hong Kong),Ltd.	100.0
愛麦克斯(上海)多媒体技術有限公司	100.0
愛麦克斯(上海)影院技術服務有限公司	100.0

【売上・利益構成】(19/12)(%)

	売上構成比	前年比	利益構成比	前年比
映画館事業	57.1	2.1	54.5	-5.6
ネットワーク事業	42.6	11.0	45.3	12.2
その他	0.3	40.7	0.2	167.7

【業績】 [国際会計基準](百万US$) ※予想：ファクトセット

【前号予想との比較】 ↓ 大幅減額

	売上高	営業利益	純利益	前年比(%)	EPS(US$)	1株配(US$)	株配・無償(株)
2016/12	118.53	45.85	36.09	—	0.100		
2017/12	126.47	55.11	43.71	21.1	0.120	0.0400	
2018/12	117.52	52.33	42.77	-2.2	0.120	0.0400	
2019/12	124.29	53.17	42.89	0.3	0.120	0.0400	
2020/12予	101.34	34.77	28.40	-33.8	0.076	0.0280	
2021/12予	133.77	56.01	45.61	60.6	0.126	0.0420	
2018/6中間	51.49	26.01	20.47	24.1	0.060	0.0200	
2019/6中間	59.26	29.81	23.97	17.1	0.070	0.0200	

【株式分割・併合等】

【本社】上海市黄浦区南京西路128号永新広場7楼 【TEL】86-21-23157000 【URL】www.imax.cn

【役員】会長：Richard Lewis Gelfond 【上場】2015年10月 【決算期】12月 【従業員】108

中国民生銀行

チャイナ・ミンシェン・バンク

中国民生銀行股份有限公司
China Minsheng Banking Corp.,Ltd.

【指数構成銘柄】中国企業　【その他上場】上海A(600016)

[01988/week/(2018/11/30 - 2020/05/08)]

評価	H株株価	年間騰落率	最低売買価格
A	5.640 HK$	-1.4 %	38,690 円

PER		予想配当利回り	PBR
予想 4.0 倍　実績 4.2 倍		7.4 %	0.4 倍

中国の中堅商業銀行 北京に拠点を置く1996年創業の民間銀行。大株主に安邦保険集団や新希望集団が名を連ね、19年末の総資産額で国内11位。法人、個人向け銀行業務やトレジャリー業務などを手掛け、特に中小企業向けの少額融資に強みを持つ。19年末時点で全国に2610店の営業拠点を展開し、香港にも支店を置く。19年末の預金残高は3兆6000億元、貸出残高は3兆4900億元。2000年に上海、09年に香港にそれぞれ上場した。

19年12月本決算：増収増益 純金利収入が順調に伸びる中、2桁の増収を確保したが、貸倒引当金が膨らみ、増益率は1桁台にとどまった。純金利マージンの拡大を受け、資金利益が前年比28％増の979億元、役務取引等利益が3％増の798億元と経常収益は順調に増加。経常費用も抑制したが、金融資産の評価益の減少で投資収益が24％減。さらに減損損失が36％増の628億元に膨らんだ。部門別では個人向けが2割前後の増収増益。

最近の動向 20年3月、200億元の金融債を発行したと発表。調達資金は中小・零細企業向けの融資に充てる。20年1～3月期決算（中国会計基準）は経常収益が前年同期比12％増の493億3300万元、純利益が5％増の166億5000万元。新型コロナ感染拡大でリスク管理を強化した結果、減損損失が32％増の187億5000万元に拡大。

【株価推移】

	高値		安値	
2016年	7.625	10/25	5.108	02/12
2017年	7.900	02/16	5.967	09/29
2018年	7.792	01/29	5.290	09/12
2019年	6.360	02/26	4.980	08/26
2020年	6.060	04/29	4.910	03/19

【株価情報】

取引単位(株)	500	A株株価(元)	5.840
H株時価総額(mHK$)	46,926.5	A株格差(倍)	1.1

【指標】(%)

		19/12	18/12
収益性	ROA	0.8	0.8
	ROE	10.4	12.0
	粗利益率		
成長性	増収率	15.3	8.6
	増益率(営利)	10.1	-2.9
	自己資本増加率	23.5	10.8
安全性	BPS(元)	11.9	9.6
	負債比率	1,185.5	1,324.5
	流動比率	—	—
	株主資本比率	7.8	7.0

【財務】(百万元)

	19/12	18/12
流動資産	—	—
総資産	6,681,841.0	5,994,822.0
流動負債	—	—
総負債	6,151,012.0	5,563,821.0
株主資本	518,845.0	420,074.0

【CF】(百万元)

	19/12	18/12
営業CF	-84,927.0	-395,498.0
投資CF	-67,091.0	281,532.0
財務CF	157,988.0	141,493.0
FCF	-152,018.0	-113,966.0
現金同等物	144,650.0	138,026.0

【株式】(19/12/31)(百万株)

総数		43,782.4
流通	H株	19.0 %
	A株	81.0 %
		100.0 %
非流通		0.0 %

【主要株主】(19/12/31) (%)

安邦人寿保険股フン有限公司	17.8
中国泛海控股集団有限公司	4.6
同方国信投資控股有限公司	4.3

【子会社・関連会社】(19/12/31) (%)

民生金融租賃股フン有限公司	51.0
民生加銀基金管理有限公司	63.3
民生商銀国際控股有限公司	100.0

【売上・利益構成】(19/12)(%)

	売上構成比	前年比	利益構成比	前年比
法人向け銀行業務	57.4	12.9	67.1	-1.8
個人向け銀行業務	37.8	19.6	32.9	21.7
その他	4.7	12.3	—	—

【業績】 [国際会計基準](百万元) ※予想：ファクトセット

【前号予想との比較】→ 前号並み

	経常収益	業務純益	純利益	前年比(%)	EPS(元)	1株配(元)	株配・無償(株)
2016/12	154,051.00	60,249.00	47,843.00	3.8	1.310	0.2800	
2017/12	141,947.00	60,562.00	49,813.00	4.1	1.130	0.2100	10:2(無)
2018/12	154,161.00	58,785.00	50,327.00	1.0	1.140	0.3450	
2019/12	177,745.00	64,738.00	53,819.00	6.9	1.220	0.3700	
2020/12予	189,169.20	97,825.41	54,834.13	1.9	1.282	0.3780	【株式分割・併合等】
2021/12予	202,977.88	102,875.78	57,799.41	5.4	1.349	0.3970	
2018/6中間	74,287.00	35,886.00	29,618.00	1.4	0.680	—	
2019/6中間	87,083.00	38,423.00	31,623.00	6.8	0.720	—	

【登記】北京市西城区復興門内大街2号 【TEL】86-10-58560975 【URL】www.cmbc.com.cn
【役員】会長：洪崎(Hong Qi) 【上場】2009年11月 【決算期】12月 【従業員】58,933

不動産

九龍倉置業地産投資

ワーフ・リアルエステート

九龍倉置業地産投資有限公司
Wharf Real Estate Investment Co.,Ltd.
【指数構成銘柄】ハンセン　【その他上場】—

メインボード　ハンセン

評価	株価	年間騰落率	最低売買価格
A	33.600 HK$	-42.9 %	460,992 円

PER		予想配当利回り	PBR
予想 12.1 倍　実績 26.0 倍		5.3 %	0.5 倍

ウィーロック傘下の不動産投資会社 ワーフ（00004）から分離上場。親会社はウィーロック（00020）。主力は香港での不動産投資で、19年末時点で保有する不動産の総床面積は1230万平方フィート。主要物件は尖沙咀の複合商業施設「ハーバーシティー」、コーズウェイベイの「タイムズスクエア」など。ハーバー・センター（00051）を通じて「マルコポーロ香港ホテル」も保有。香港名物の「スターフェリー」も運航する。

19年12月本決算：大幅減益 香港での反政府デモで商業施設の利用が減る中、投資不動産の評価損58億HKドル（前年は評価益81億HKドル）の計上が響いた。特別要因を除くコア純利益は3%減の98億HKドル。事業別では不動産投資が善戦し、売上高と利益は横ばい。施設別では主力のハーバーシティー（ホテルを含む）が2%減収減益。オフィスは堅調だったが、店舗が低迷した。テナント売上高は2割減少し、時間差で賃料収入に反映される見通し。タイムズスクエアは小幅減収減益。

今後の見通し 19年下期の反政府デモの影響に続く新型コロナの世界的流行が痛手。香港の小売売上高は20年1─3月に前年同期比35%減少しており、賃貸収入への悪影響が見込まれる。20年6月中間決算に関しては赤字見通しを発表済み（前年同期は純利益70億HKドル）。

【株価推移】

	高値		安値	
2016年	—		—	
2017年	54.500	11/23	46.550	11/30
2018年	65.150	05/14	45.800	10/25
2019年	61.300	04/29	40.550	10/09
2020年	49.100	01/17	27.650	04/03

【株価情報】

取引単位(株)	1,000	A株株価	—
時価総額(mHK$)	102,017.2	A株格差(倍)	—

【指標】(%)

		19/12	18/12
収益性	ROA	1.4	6.4
	ROE	1.8	8.2
	粗利益率		
成長性	増収率	-2.7	-21.2
	増益率(営利)	-0.1	-17.6
	自己資本増加率	-1.2	5.5
安全性	BPS (HK$)	71.2	72.1
	負債比率	29.1	25.6
	流動比率	33.2	51.3
	株主資本比率	76.0	78.0

【財務】(百万HK$)

	19/12	18/12
流動資産	8,953.0	7,357.0
総資産	284,341.0	280,356.0
流動負債	26,935.0	14,347.0
総負債	62,927.0	56,024.0
株主資本	216,164.0	218,797.0

【CF】(百万HK$)

	19/12	18/12
営業CF	12,023.0	9,498.0
投資CF	-8,065.0	-213.0
財務CF	-3,677.0	-9,568.0
FCF	3,958.0	9,285.0
現金同等物	2,907.0	2,675.0

【株式】(19/12/31)(百万株)

総数	3,036.2
流通	— / —
	100.0%
非流通	0.0%

【主要株主】(19/12/31) (%)

会徳豊有限公司（00020）	66.0

【子会社・関連会社】(19/12/31) (%)

海港城置業有限公司	100.0
時代広場有限公司	100.0
The "Star" Ferry Co.,Ltd.	100.0

【売上・利益構成】(19/12)(%)

	売上構成比	前年比	利益構成比	前年比
不動産投資	88.6	-0.2	97.4	-0.4
ホテル	9.4	-17.2	0.5	-76.1
不動産開発	0.2	-57.3	1.0	—

【業績】 [香港会計基準](百万HK$) ※予想：ファクトセット

【前号予想との比較】 ↘ 減額

	売上高	営業利益	純利益	前年比(%)	EPS (HK$)	1株配(HK$)	株配・無償(株)
2016/12	16,851.00	11,824.00	9,917.00	-28.1	3.270	—	
2017/12	20,904.00	15,442.00	17,218.00	73.6	5.670	0.9500	
2018/12	16,481.00	12,724.00	18,027.00	4.7	5.940	2.1000	
2019/12	16,043.00	12,711.00	3,928.00	-78.2	1.290	2.0300	
2020/12予	14,261.65	11,161.56	8,431.34	114.6	2.770	1.7890	
2021/12予	14,744.89	11,599.57	8,759.10	3.9	2.903	1.8660	
2018/6中間	8,154.00	6,352.00	10,179.00	107.7	3.350	1.0500	
2019/6中間	8,498.00	6,722.00	6,989.00	-31.3	2.300	1.0000	

【株式分割・併合等】

【本社】香港九龍広東道海港城海洋中心16楼　【TEL】852-21183118　【URL】www.wharfreic.com
【役員】会長：呉天海(Ng Tin Hoi Stephen)　【上場】2017年11月　【決算期】12月　【従業員】2,800

上海錦江資本
シャンハイ・ジンジャン・キャピタル

上海錦江資本股份有限公司
Shanghai Jin Jiang Capital Co.,Ltd.
【指数構成銘柄】— 【その他上場】—

ホテル・観光

メインボード

H株

評価	H株株価	年間騰落率	最低売買価格
E	1.430 HK$	-24.3 %	39,239 円

	PER		予想配当利回り	PBR
予想 37.1 倍	実績 10.7 倍		1.7 %	0.8 倍

中国のホテルチェーン最大手 大型コングロマリット錦江グループのホテル名門。高級ホテル「錦江飯店」「和平飯店」などを運営する。子会社の上海錦江国際酒店（900934）が「錦江之星」などのエコノミーホテル、上海錦江国際旅游（900929）が旅行代理業を展開。19年末時点の傘下ホテルは66カ国・地域に8606軒（総客室数87万室）。出資先の上海錦江国際実業投資（900914）を通じてタクシー・物流事業にも従事。上海のKFCや吉野家など外食業にも出資する。

19年12月本決算：増収減益 ビジネス・中高級ホテル部門の赤字転落や、19年1月に新リース会計基準「HKFRS16号」を適用した影響で、純利益は前年比11%減と3年ぶりの減益。一方、EBITDAは新基準を適用した効果で42%増加した。売上高は2%増、粗利益率はリース関連のコストが税支出に分類された恩恵で3.8ポイント改善。部門別では稼ぎ頭の中国本土のエコノミーホテルが3%増益、16%増益と堅調。タクシー・物流は上海錦江汽車販売が連結対象になった効果で5%増収、40%増益。ビジネス・中級ホテルは客室料と稼働率が低下で売り上げが1%減り、6100万元の赤字だった。

今後の計画 会社側は錦江ブランドを強化し、国内外で事業を拡大する方針。事業統合や買収にも意欲。

【株価推移】
	高値		安値	
2016年	3.400	04/11	2.020	12/28
2017年	3.120	10/25	2.030	01/03
2018年	3.820	03/14	1.740	10/30
2019年	2.320	03/05	1.130	09/02
2020年	1.660	01/14	1.130	03/19

【株価情報】
取引単位（株）	2,000	A株株価 —
H株時価総額(mHK$)	1,989.9	A株格差（倍）—

【指標】(%)
		19/12	18/12
収益性	ROA	1.1	1.3
	ROE	7.3	8.0
	粗利益率	29.0	25.2
成長性	増収率	1.7	4.4
	増益率（営利）	34.1	-0.2
	自己資本増加率	-2.6	-0.1
安全性	BPS（元）	1.7	1.7
	負債比率	474.7	392.1
	流動比率	104.7	111.3
	株主資本比率	14.5	16.6

【財務】(百万元)
	19/12	18/12
流動資産	15,381.9	17,445.8
総資産	63,431.7	57,184.1
流動負債	14,687.4	15,667.9
総負債	43,802.1	37,137.7
株主資本	9,227.2	9,472.5

【CF】(百万元)
	19/12	18/12
営業CF	3,961.8	1,180.3
投資CF	-661.9	4,070.8
財務CF	-4,791.7	-5,944.3
FCF	3,299.9	5,251.1
現金同等物	9,958.7	11,442.9

【株式】(19/12/31)(百万株)
総数	5,566.0		
流通	H株 25.0%		
	—		
	25.0%		
非流通 75.0%			

【主要株主】(19/12/31) (%)
錦江国際（集団）有限公司	75.0

【子会社・関連会社】(19/12/31) (%)
上海錦江国際酒店股フン有限公司（900934）	50.3
上海錦江国際実業投資股フン有限公司	39.3
上海錦江国際旅游股フン有限公司（900929）	50.2

【売上・利益構成】(19/12)(%)
	売上構成比	前年比	利益構成比	前年比
エコノミーホテル（国内）	51.0	3.3	56.2	15.7
エコノミーホテル（海外）	19.6	0.0	10.5	-27.6
タクシー・物流	12.1	4.5	16.8	40.4

【業績】【香港会計基準】(百万元) ※予想：ファクトセット 【前号予想との比較】↓ 大幅減額
	売上高	営業利益	純利益	前年比(%)	EPS（元）	1株配（元）	株配・無償（株）
2016/12	17,013.13	2,170.49	758.45	-12.4	0.136	0.0800	
2017/12	19,758.91	2,178.39	760.77	0.3	0.137	0.0800	
2018/12	20,631.06	2,173.44	761.70	0.1	0.137	0.0800	
2019/12	20,971.74	2,914.01	675.96	-11.3	0.121	0.0620	
2020/12予	16,239.43	1,436.80	187.46	-72.3	0.035	0.0220	【株式分割・併合等】
2021/12予	20,002.41	2,391.52	586.52	212.9	0.105	0.0520	
2018/6中間	9,760.91	1,321.26	556.61	0.2	0.100	—	
2019/6中間	9,953.11	1,265.83	501.79	-9.8	0.090	—	

【登記】上海市楊新東路24号316-318室 【TEL】86-21-63264000 【URL】www.jinjianghotels.com.cn
【役員】会長：俞敏亮(Yu Minliang) 【上場】2006年12月 【決算期】12月 【従業員】55,926

不動産

碧桂園控股

カントリー・ガーデン

碧桂園控股有限公司
Country Garden Holdings Co.,Ltd.

【指数構成銘柄】ハンセン、中国企業　【その他上場】―

メインボード

ハンセン

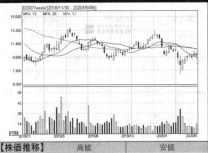

評価	株価	年間騰落率	最低売買価格
A	10.000 HK$	-17.1 %	137,200 円

PER		予想配当利回り	PBR
予想 4.3 倍　実績 4.9 倍		7.1 %	1.3 倍

大手総合不動産デベロッパー 広東省を拠点に全国で不動産事業を展開する。不動産投資やホテルの管理、建築・内装事業も手掛ける。19年末時点で中国31省・自治区・直轄市に計2512件の開発案件を抱える。海外では豪州、マレーシア、インドネシアなどで計24件。17年12月、ハンセン指数の構成銘柄に採用。米フォーチュン誌の19年版世界企業ランキング500で177位。

19年12月本決算：増収増益 投資用不動産の再評価益、金融デリバティブの評価益など非経常項目を除いたコア純利益ベースでも18％増益と堅調。主力の不動産開発部門で、売上高が29％増の4750億1200万元に達した。高効率の施工管理により計画通りの物件引き渡しを実現。ただ、売上計上物件の1平米当たり平均販売価格が1.7％安の8407元に下向いたことなどが影響し、全体の粗利益率は26.1％と0.9ポイント低下した。通期の成約額は10％増の5522億元。建築部門の売上高は18％増の62億1900万元。ホテル経営などを含むその他部門も、売上net高が6％増の46億7700万元に伸びた。

今後の見通し 同社経営陣は3月の決算説明会で、20年の成約額（保有権益ベース）が6000億元超に達するとの見通しを示した。新型コロナ流行で一定の影響を受けたものの、オンライン販売の拡大などで対処した。

【株価推移】

	高値		安値	
2016年	4.550	12/12	2.810	01/21
2017年	15.460	12/28	3.920	01/05
2018年	19.160	01/11	7.710	10/25
2019年	13.560	04/15	8.460	01/04
2020年	13.040	01/02	7.360	03/19

【株価情報】

		A株株価	―
取引単位(株)	1,000	A株格差(倍)	―
時価総額(mHK$)	218,446.6		

【指標】(%)

		19/12	18/12
収益性	ROA	2.1	2.1
	ROE	26.0	28.5
	粗利益率	26.1	27.0
成長性	増収率	28.2	67.1
	増益率(営利)	20.3	76.7
	自己資本増加率	25.2	29.5
安全性	BPS(元)	7.0	5.6
	負債比率	1,111.3	1,200.3
	流動比率	116.6	114.8
	株主資本比率	8.0	7.4

【財務】(百万元)

	19/12	18/12
流動資産	1,631,517.0	1,399,750.0
総資産	1,907,152.0	1,629,694.0
流動負債	1,398,752.0	1,219,406.0
総負債	1,688,544.0	1,456,286.0
株主資本	151,939.0	121,330.0

【CF】(百万元)

	19/12	18/12
営業CF	14,666.0	29,381.0
投資CF	-19,091.0	-12,269.0
財務CF	25,257.0	73,832.0
FCF	-4,425.0	17,112.0
現金同等物	248,985.0	228,343.0

【株式】(19/12/31)(百万株)

総数	21,844.7
流通 ―	
―	
	100.0 %
非流通	0.0 %

【主要株主】(19/12/31) (%)

楊恵妍	57.7
中国平安人寿保険股フン有限公司	8.9

【子会社・関連会社】(19/12/31) (%)

碧桂園(香港)発展有限公司	100.0
碧桂園地産集団有限公司	100.0
瀋陽渾南新城碧桂園房地産開発有限公司	100.0

【売上・利益構成】(19/12)(%)

	売上構成比	前年比	利益構成比	前年比
不動産開発	97.8	28.6	99.8	29.2
建築	1.3	18.1	0.2	-30.5
その他	1.0	6.1	―	―

【業績】[香港会計基準](百万元) ※予想：ファクトセット

【前号予想との比較】 → 前号並み

	売上高	営業利益	純利益	前年比(%)	EPS(元)	1株配(元)	株配・無償(株)
2016/12	153,086.98	22,124.17	11,516.82	24.2	0.522	0.1712	
2017/12	226,900.00	43,598.00	26,064.00	126.3	1.230	0.3997	
2018/12	379,079.00	77,018.00	34,618.00	32.8	1.610	0.4884	8.7:1碧桂園服務(06098)
2019/12	485,908.00	92,660.00	39,550.00	14.2	1.850	0.5712	
2020/12予	566,468.00	102,319.25	45,791.86	15.8	2.091	0.6430	【株式分割・併合等】
2021/12予	644,821.90	115,401.38	52,278.71	14.2	2.379	0.7250	
2018/6中間	131,894.00	26,886.00	12,939.00	72.5	0.600	0.1852	
2019/6中間	202,006.00	36,266.00	15,635.00	20.8	0.730	0.2287	

【本社】広東省仏山市順徳区北滘鎮碧桂園大道1号碧桂園中心【TEL】86-757-66832635【URL】www.countrygarden.com.cn

【役員】会長：楊国強(Yeung Kwok Keung)【上場】2007年4月　【決算期】12月　【従業員】10,784

鳳凰衛視投資

フェニックス・メディア・インベストメント

鳳凰衛視投資（控股）有限公司
Phoenix Media Investment (Holdings) Ltd.
【指数構成銘柄】—　【その他上場】—

評価	株価	年間騰落率	最低売買価格
—	0.430 HK$	-42.7 %	11,799 円

PER		予想配当利回り	PBR
予想　—	実績 17.5 倍	—	0.4 倍

中国語衛星放送大手 中国と欧米を中心に華人向け中国語放送を提供するメディアグループ。「鳳凰衛視中文台」やニュース専門局「資訊台」など、傘下6チャンネルを世界で3億6000万人超が視聴する。ネットメディア事業子会社の鳳凰新媒体はNY市場に上場。ネット媒体「ifeng.com」を運営し、ニュースまとめアプリ「一点資訊」に投資する。ブランド力を生かし、屋外広告、不動産、出版、教育、ゲームなど幅広く手掛ける。

19年12月本決算：大幅減益 従来型メディアの低迷で売上高が伸び悩む中、事業戦略の見直しに伴うコストが膨らんだ。営業費用が7％増え、営業損失が大幅に拡大。「一点資訊」の運営会社Particleの株式評価益が15億6800万HKドルと倍近くに拡大した結果、最終赤字は免れた。部門別ではインターネットメディアが増収増益となったものの、他の部門は低調。テレビ放送部門は主力2チャンネルが苦戦し、部門赤字に転落した。

最近の動向 Particleの権益売却について、20年1月に条件を変更。権益29％を4億2700万米ドルで売却し、20年12月期と21年12月期に計11億HKドルを売却益として計上する。権益売却後の出資比率は4.68％。鳳凰新媒体の20年1－3月期決算は売上高が4％減の2億7500万元、純損失は8000万元（前年同期は1億1200万元）。

【株価推移】

	高値		安値	
2016年	1.860	01/04	1.210	12/22
2017年	1.500	03/27	0.980	11/21
2018年	1.110	01/02	0.590	10/30
2019年	1.120	03/04	0.540	11/14
2020年	0.610	01/13	0.380	03/30

【株価情報】

取引単位(株)	2,000	A株株価	—
時価総額(mHK$)	2,147.2	A株格差(倍)	—

【指標】(%)

		19/12	18/12
収益性	ROA	1.0	2.2
	ROE	2.3	4.4
	粗利益率	—	—
成長性	増収率	-9.2	2.7
	増益率(営利)	—	—
	自己資本増加率	-2.1	1.9
安全性	BPS(HK$)	1.1	1.1
	負債比率	80.7	57.0
	流動比率	257.2	309.6
	株主資本比率	44.8	50.4

【財務】(百万HK$)

	19/12	18/12
流動資産	8,042.5	7,587.0
総資産	11,958.3	10,861.7
流動負債	3,126.9	2,450.2
総負債	4,326.6	3,125.5
株主資本	5,361.7	5,478.9

【CF】(百万HK$)

	19/12	18/12
営業CF	-408.3	143.2
投資CF	1,974.0	-922.0
財務CF	-1,284.3	-90.4
FCF	1,565.7	-778.9
現金同等物	1,530.6	1,246.2

【株式】(19/12/31)(百万株)

総数	4,993.5
流通	—
	100.0%
非流通	0.0%

【主要株主】(19/12/31) (%)

劉長楽	37.2
中国移動通信集団公司	19.7
TPG China Media, L.P.	12.2

【子会社・関連会社】(19/12/31) (%)

鳳凰衛視有限公司	100.0
鳳凰衛視中文台有限公司	100.0
鳳凰衛視電影台有限公司	100.0

【売上・利益構成】(19/12)(%)

	売上構成比	前年比	利益構成比	前年比
インターネットメディア	48.2	5.1	96.6	74.1
TV放送	25.0	-28.2	—	—
屋外広告	18.7	-16.0	3.4	-69.1

【業績】[香港会計基準] (百万HK$) ※予想：—

	売上高	営業利益	純利益	前年比(%)	EPS(HK$)	1株配(HK$)	株配・無償(株)
2016/12	3,798.27	181.13	230.52	108.9	0.046	0.0100	
2017/12	3,957.49	127.93	286.25	24.2	0.057	0.0100	
2018/12	4,062.82	-66.70	243.79	-14.8	0.049	0.0100	
2019/12	3,688.23	-727.91	122.67	-49.7	0.025	—	
2020/12予	—	—	—	—	—		
2021/12予	—	—	—	—	—		
2018/6中間	1,836.81	-113.20	-8.66	—	-0.002	—	
2019/6中間	1,641.73	-477.42	-202.05	—	-0.041	—	

【前号予想との比較】—

【株式分割・併合等】

【本社】香港新界大埔工業村大景街2-6号　【TEL】852-22008888　【URL】www.ifeng.com
【役員】会長：劉長楽(Liu Changle)　【上場】2000年6月　【決算期】12月　【従業員】3,288

北京金隅集団

ビービーエムジー・コーポレーション

北京金隅集団股份有限公司
BBMG Corp.

【指数構成銘柄】― 【その他上場】上海A(601992)

評価	H株株価	年間騰落率	最低売買価格
B	1.920 HK$	-25.3 %	26,342 円

PER			予想配当利回り	PBR
予想 **4.8**倍	実績 **5.0**倍		6.8 %	0.3 倍

[02009/week/(2018/11/30 - 2020/05/08)] MPA:13 MPA:26 MPA:52

北京地盤のセメント・建材大手 セメントや建材の製造から不動産の開発・投資・管理まで手掛ける。保障性住宅の開発にも強みを持ち、本拠地北京のほか、杭州、天津、成都などで事業を展開。建材事業では「天壇」ブランドの家具のほか、装飾材や断熱材といった新型建材の製造に力を入れる。年産能力はセメント1億7000万トン、クリンカー1億1000万トン、生コンクリート6000万立方米、骨材4100万トン（19年12月期）。

19年12月本決算：増収増益 需給改善に伴うセメント事業の好決算が増益決算の主因。唐山冀東セメント（000401）との事業再編に伴うシナジー効果、不動産部門の効率向上なども寄与した。セメント・クリンカー販売量は前年比0.2％減の964万トンで、部門粗利益率は1.8ポイント高の31.8％。コンクリート販売量が9.1％増の1750万立方米。不動産開発事業の成約面積は5％増、同期計上対象の引き渡し面積は0.3％増。不動産管理面積は32％増の178万平米。

最近の動向 20年1－3月期決算は売上高が前年同期比14％減の137億1900万元、純利益が68％減の1億3700万元。新型コロナの影響は一時的とみて、国内経済の先行きを楽観。高品質化と競争力強化に照準を合わせる。不動産事業は首都圏を中心に用地取得を進める。

【株価推移】

	高値		安値	
2016年	3.260	04/13	1.905	02/12
2017年	5.250	04/05	2.670	01/03
2018年	4.140	01/08	2.080	10/30
2019年	3.100	04/10	2.020	08/15
2020年	2.570	01/03	1.750	03/19

【株価情報】

取引単位(株)	1,000	A株株価(元)	3.300
H株時価総額(mHK$)	4,490.4	A株格差(倍)	1.9

【指標】(%)

		19/12	18/12
収益性	ROA	1.3	1.2
	ROE	6.0	5.7
	粗利益率	―	26.9
成長性	増収率	10.5	30.5
	増益率(営利)	21.0	65.3
	自己資本増加率	6.0	12.7
安全性	BPS(元)	5.7	5.4
	負債比率	326.5	327.9
	流動比率	136.6	130.9
	株主資本比率	21.7	21.5

【財務】(百万元)

	19/12	18/12
流動資産	174,495.9	169,157.9
総資産	282,123.8	268,276.1
流動負債	127,706.4	129,202.3
総負債	199,592.4	189,061.6
株主資本	61,131.2	57,665.5

【CF】(百万元)

	19/12	18/12
営業CF	9,521.7	-5,042.6
投資CF	-6,781.6	-8,383.9
財務CF	-946.7	14,079.9
FCF	2,740.1	-13,426.6
現金同等物	15,327.5	13,520.0

【株式】(19/12/31) (百万株)

総数	10,677.8		
流通	H株	21.9%	
	A株	78.1%	
		100.0%	
非流通		0.0%	

【主要株主】(19/12/31) (%)

北京国有資本経営管理中心	44.9
欧陽結良	2.0
FMR LLC	1.6

【子会社・関連会社】(19/12/31) (%)

北京興発水泥有限公司	100.0
唐山金隅盾石房地産開発有限公司	100.0
唐山冀東水泥股フン有限公司（000401）	37.0

【売上・利益構成】(19/12)(%)

	売上構成比	前年比	利益構成比	前年比
セメント	44.2	9.9	50.2	67.0
建材	26.7	20.8	―	―
不動産開発	24.2	-0.2	31.1	19.2

【業績】[中国会計基準](百万元)※予想：ファクトセット 【前号予想との比較】↘ 減額

	売上高	営業利益	純利益	前年比(%)	EPS(元)	1株配(元)	株配・無償(株)
2016/12	47,738.77	3,268.19	2,686.65	33.2	0.250	0.0460	
2017/12	63,678.33	3,973.51	2,836.67	5.6	0.270	0.0480	
2018/12	83,116.73	6,568.72	3,260.45	14.9	0.310	0.0550	
2019/12	91,829.31	7,945.28	3,693.58	13.3	0.350	0.1200	
2020/12予	96,138.93	10,935.30	3,818.68	3.4	0.362	0.1190	【株式分割・併合等】
2021/12予	100,169.16	11,661.54	4,299.35	12.6	0.404	0.1340	
2018/6中間	35,365.39	3,943.96	2,410.21	30.5	0.230	―	
2019/6中間	44,611.09	5,264.28	3,045.57	26.4	0.290	―	

【本社】北京市東城区北三環東路36号環球貿易中心D座 【TEL】86-10-66417706 【URL】www.bbmg.com.cn

【役員】会長：姜徳義(Jiang Deyi) 【上場】2009年7月 【決算期】12月 【従業員】49,189

瑞声科技控股

エーエーシー・テクノロジーズ

瑞声科技控股有限公司
AAC Technologies Holdings Inc.

【指数構成銘柄】ハンセン　【その他上場】—

評価	株価	年間騰落率	最低売買価格
C	39.050 HK$	-19.7 %	267,883 円

PER		予想配当利回り	PBR
予想 19.7 倍　実績 19.3 倍		1.4 %	2.2 倍

スマホ部品メーカー スマートフォンやタブレットに使う小型部品を設計・製造する。主力製品はスピーカー、レシーバーなどのダイナミック（音響・振動）型部品と、振動で物を触った際の感覚を再現する電磁電動（ハプティクス）・精密構造部品、MEMS（微小電気機械システム）。レンズなどの光学部品やRF（高周波）アンテナも手掛ける。米アップル社の主要サプライヤー。16年9月にハンセン指数に採用された。

19年12月本決算：減収減益 売上原価と研究開発費が膨らみ、利益を圧迫した。従来型製品の平均販売価格が下がった上、技術革新と性能向上のペース鈍化が響いた。売上高は1%減。同社の最大市場である米国と、中国を除くアジアの不振が響いた。製品別ではダイナミック部品と電磁電動・精密構造部品がともに減収減益。半面、MEMSは増収増益だった。

今後の計画 20年1〜3月期決算は売上高が前年同期比5%減の35億6000万元、純利益が88%減の5300万元。新型コロナウイルスの感染拡大で一時は操業停止に追い込まれ、業績が悪化した。会社側は樹脂製レンズを増産する方針。20年4〜6月期に月産6000万個、7〜9月期には1億個に増やす。MEMS部品事業では、20年にマイクロフォン生産能力を前年の2倍に増強する。

【株価推移】

	高値		安値	
2016年	90.650	09/08	44.050	01/08
2017年	185.000	11/13	69.750	01/03
2018年	163.600	03/12	43.600	12/21
2019年	69.000	12/17	32.850	08/29
2020年	72.900	01/03	35.650	03/18

【株価情報】

取引単位(株)	500	A株株価	—
時価総額(mHK$)	47,191.9	A株格差(倍)	—

【指標】(%)

		19/12	18/12
収益性	ROA	6.5	12.7
	ROE	11.5	20.0
	粗利益率	28.6	37.2
成長性	増収率	-1.4	-14.1
	増益率(営利)		
	自己資本増加率	2.2	7.9
安全性	BPS(元)	16.0	15.5
	負債比率	76.7	57.8
	流動比率	192.0	144.1
	株主資本比率	56.6	63.4

【財務】(百万元)

	19/12	18/12
流動資産	14,807.5	11,985.2
総資産	34,207.3	29,869.2
流動負債	7,710.7	8,316.8
総負債	14,846.3	10,935.1
株主資本	19,351.2	18,934.1

【CF】(百万元)

	19/12	18/12
営業CF	3,843.5	6,789.3
投資CF	-3,394.6	-3,599.1
財務CF	255.0	-3,246.8
FCF	448.9	3,190.2
現金同等物	4,814.4	4,058.9

【株式】(19/12/31)(百万株)

総数	1,208.0
流通	—
	100.0 %
非流通	0.0 %

【主要株主】(19/12/31) (%)

藩政民	41.0
JPMorgan Chase & Co.	10.5
GIC Private Ltd.	7.0

【子会社・関連会社】(19/12/31) (%)

瑞声精密製造科技（常州）有限公司	100.0
AAC Technologies Pte.Ltd.	100.0
AAC Technologies Viet Nam Co.,Ltd.	100.0

【売上・利益構成】(19/12)(%)

	売上構成比	前年比	利益構成比	前年比
ダイナミック部品	45.7	-5.8	49.6	-21.5
電磁電動・精密構造部品	43.0	-4.7	44.6	-30.4
MEMS部品	5.2	14.0	5.0	17.9

【業績】[国際会計基準](百万元) ※予想：ファクトセット

【前号予想との比較】↓ 大幅減額

	売上高	営業利益	純利益	前年比(%)	EPS(元)	1株配(HK$)	株配・無償(株)
2016/12	15,506.83	—	4,025.67	29.6	3.280	1.4700	
2017/12	21,118.57	—	5,324.58	32.3	4.350	2.1000	
2018/12	18,131.15	—	3,795.89	-28.7	3.110	1.4300	
2019/12	17,883.76	—	2,222.38	-41.5	1.840	0.4000	
2020/12予	18,490.41	2,488.66	2,091.91	-5.9	1.799	0.5640	【株式分割・併合等】
2021/12予	21,370.51	3,454.79	2,944.85	40.8	2.416	0.7980	
2018/6中間	8,424.38	—	1,778.42	-16.4	1.460	0.4000	
2019/6中間	7,567.52	—	769.81	-56.7	0.640	0.4000	

【本社】深セン市南山区高新区南区粤興三道6号南京大学深セン産学研大楼A座　【TEL】—　【URL】www.aactechnologies.com
【役員】会長：張宏江(Zhang Hongjiang)　【上場】2005年8月　【決算期】12月　【従業員】39,385

繊維・アパレル

メインボード

安踏体育用品

アンタ・スポーツ・プロダクツ

安踏体育用品有限公司
ANTA Sports Products Ltd.
【指数構成銘柄】中国企業　【その他上場】—

評価	株価	年間騰落率	最低売買価格
C	**67.900** HK$	**23.9** %	**931,588** 円

	PER		予想配当利回り	PBR
予想 29.2 倍		実績 31.1 倍	1.2 %	8.3 倍

中国のスポーツ用品大手 1994年創業の福建省地盤の民営企業。省内に5つの工場を持ち、「安踏（ANTA）」ブランドでスポーツシューズ、ウエアなどを生産・販売する。安踏ブランドの店舗数は19年末時点でキッズ専門店を含めて1万516店。FILA専門店は中国本土と香港、マカオ、シンガポールに計1951店。伊藤忠商事などと合弁展開する「デサント」は中国に136店。19年3月、フィンランドの同業アメアスポーツを買収した。19年6月から中国企業指数の構成銘柄。

19年12月本決算：過去最高益 中国政府によるスポーツ産業の振興政策を背景に売上高が41％増加、純利益は過去最高を更新した。販売・管理費が増加したが、政府補助金が増えて営業利益は53％増、粗利益率は前年から2.4ポイント改善。ウエア、シューズ、アクセサリーの3部門がそろって2桁の増収増益を確保した。ブランド別の業績は、FILA製品が74％増収で75％増益、安踏ブランドが22％増収で20％増益となった。

最近の動向 20年2月、ゼロクーポン転換社債により10億ユーロを調達。債務借り換えなどに充てる。19年10月、国際オリンピック委員会の公式スポーツウエアのサプライヤーに決定。20年1-3月期の「安踏」ブランド製品の小売販売額は前年同期比20-25％減少した。

【株価推移】

	高値		安値	
2016年	23.850	11/08	14.040	06/24
2017年	37.250	11/08	20.750	03/22
2018年	49.300	06/13	29.050	10/11
2019年	79.900	11/04	33.600	01/04
2020年	79.400	01/16	42.000	03/19

【株価情報】

取引単位(株)	1,000	A株株価	—
時価総額(mHK$)	183,462.2	A株格差(倍)	—

【指標】(%)

		19/12	18/12
収益性	ROA	13.0	16.8
	ROE	26.6	26.0
	粗利益率	55.0	52.6
成長性	増収率	40.8	44.4
	増益率(営利)	52.5	42.9
	自己資本増加率	27.3	15.1
安全性	BPS(元)	7.4	5.9
	負債比率	100.4	49.8
	流動比率	187.9	255.5
	株主資本比率	48.7	64.7

【財務】(百万元)

	19/12	18/12
流動資産	23,320.8	19,284.4
総資産	41,218.4	24,374.2
流動負債	12,411.5	7,547.9
総負債	20,157.3	7,854.4
株主資本	20,081.7	15,777.3

【CF】(百万元)

	19/12	18/12
営業CF	7,485.0	4,439.7
投資CF	-13,065.1	-1,201.1
財務CF	4,669.7	-1,136.4
FCF	-5,580.1	3,238.6
現金同等物	8,220.7	9,283.7

【株式】(19/12/31)(百万株)

総数	2,701.9	
流通	—	
	—	
	—	
	100.0%	
非流通	0.0%	

【主要株主】(19/12/31)

	(%)
安踏国際集団控股有限公司	50.8
安達控股国際有限公司	6.0
安達投資資本有限公司	4.3

【子会社・関連会社】(19/12/31)

	(%)
安踏（中国）有限公司	100.0
厦門安踏貿易有限公司	100.0
斐楽体育有限公司	85.0

【売上・利益構成】(19/12)(%)

	売上構成比	前年比	利益構成比	前年比
スポーツウエア	63.1	45.5	66.3	52.1
スポーツシューズ	33.6	32.2	30.9	36.2
アクセサリー	3.3	47.5	2.9	62.7

【業績】 [国際会計基準](百万元) ※予想：ファクトセット　【前号予想との比較】 ↘減額

	売上高	営業利益	純利益	前年比(%)	EPS(元)	1株配(HK$)	株配・無償(株)
2016/12	13,345.76	3,203.37	2,385.55	16.9	0.954	0.7600	
2017/12	16,692.49	3,988.72	3,087.84	29.4	1.170	0.9800	
2018/12	24,100.04	5,699.79	4,102.86	32.9	1.528	0.7800	
2019/12	33,927.85	8,694.70	5,344.15	30.3	1.987	0.6700	
2020/12予	36,494.93	8,294.36	5,761.23	7.8	2.114	0.8410	【株式分割・併合等】
2021/12予	45,962.34	11,203.06	8,011.66	39.1	2.924	1.1770	
2018/6中間	10,553.53	2,688.57	1,944.81	34.0	0.724	0.5000	
2019/6中間	14,810.56	4,257.38	2,482.71	27.7	0.925	0.3100	

【本社】福建省晋江市池店鎮東山工業区　【TEL】86-595-85929999　【URL】anta.com

【役員】会長：丁世忠(Ding Shizhong)　【上場】2007年7月　【決算期】12月　【従業員】30,800

富智康集団

エフアイエイチ・モバイル

富智康集団有限公司
FIH Mobile Ltd.

【指数構成銘柄】— 【その他上場】—

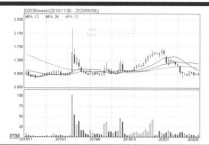

評価	株価	年間騰落率	最低売買価格
—	**0.900** HK$	**-25.0** %	**12,348** 円

PER		予想配当利回り	PBR
予想 **5.8** 倍 実績 —		—	**0.5** 倍

鴻海精密工業傘下のEMS事業者 携帯端末のEMS（受託製造サービス）大手。親会社はEMS最大手で台湾に上場する鴻海精密工業。設計、部品製造から組み立て、物流まで手掛ける一貫体制が強みで、アジアと欧米のメーカーを顧客とする。17年よりノキア端末の製造・販売を請け負う。中国や欧州などに生産拠点を構えるほか、北京、南京、台北、ソウルに設計拠点を置く。

19年12月本決算：赤字縮小 小幅減収だったものの、コスト抑制により赤字を圧縮。販売費と管理費、研究開発費を前年と比べ2～3割削減した。さらに不採算の物流事業から撤退し、「ノキア」スマートフォンに関する顧客との業務提携を見直したことが奏功した。米中貿易摩擦に対応してベトナムやフィリピンの工場を稼働させたことも収益性の改善に寄与した。売上高は4%減少。価格に下押し圧力がかかり、原材料コストが上昇したほか、為替差損の計上も痛手となった。

今後の見通し 親会社の鴻海精密工業が5月に発表した資料よると、20年1～3月期の損失は6200万米ドルと、前年同期の6900万米ドルから縮小。売上高及びその他営業収入は前年同期比41%減の18億4800万米ドルだった。富智康集団は20年6月中間決算の見通しを示さず、新型コロナウイルスの影響は予測が困難だとした。

【株価推移】

	高値		安値	
2016年	3.580	04/01	2.390	11/14
2017年	3.340	03/07	2.280	11/02
2018年	2.450	01/10	0.650	10/30
2019年	2.230	04/18	0.780	01/04
2020年	1.630	01/17	0.760	03/19

【株価情報】

取引単位(株)	1,000	A株株価	—
時価総額(mHK$)	7,390.3	A株格差(倍)	—

【指標】(%)

		19/12	18/12
収益性	ROA	—	—
	ROE	—	—
	粗利益率	1.8	—
成長性	増収率	-3.3	23.1
	増益率(営利)	—	—
	自己資本増加率	-2.3	-32.4
安全性	BPS(US$)	0.3	0.3
	負債比率	234.0	315.0
	流動比率	117.8	113.7
	株主資本比率	29.9	24.1

【財務】 [百万US$]

	19/12	18/12
流動資産	5,731.3	7,645.7
総資産	7,002.5	8,904.4
流動負債	4,864.1	6,722.8
総負債	4,901.9	6,754.1
株主資本	2,094.5	2,144.3

【CF】 [百万US$]

	19/12	18/12
営業CF	-455.0	-814.1
投資CF	1,444.1	-379.0
財務CF	-870.0	703.5
FCF	989.1	-1,193.1
現金同等物	1,545.3	1,418.6

【株式】 (19/12/31)(百万株)

総数	8,211.4
流通	100.0%
非流通	0.0%

【主要株主】 (19/12/31)

	(%)
鴻海精密工業股フン有限公司	61.9

【子会社・関連会社】 (19/12/31)

	(%)
群邁通訊股フン有限公司	87.1
宏訊電子工業（杭州）有限公司	100.0
深セン富泰宏精密工業有限公司	100.0

【売上・利益構成】 (19/12)(%)

	売上構成比	前年比	利益構成比	前年比
携帯端末製造サービス	100.0	-3.7	—	—

【業績】 [国際会計基準] (百万US$) ※予想：ファクトセット

	売上高	営業利益	純利益	前年比(%)	EPS(US$)	1株配(US$)
2016/12	6,233.08		138.32	-39.6	0.018	0.0178
2017/12	12,080.11		-525.49		-0.066	
2018/12	14,868.13		-857.12		-0.106	
2019/12	14,378.66		-12.29		-0.002	
2020/12予	—		—		0.020	
2021/12予	—		—		—	
2018/6中間	6,563.29		-348.06		-0.043	
2019/6中間	6,389.18		-84.08		-0.010	

【前号予想との比較】 —

【株式分割・併合等】

株配・無償(株)

【本社】河北省廊坊市安次区建設南路369号 【TEL】— 【URL】www.fihmb.com

【役員】会長代理：池育陽(Chih Yu Yang) 【上場】2005年2月 【決算期】12月 【従業員】94,387

中国国際海運集装箱（集団）

チャイナ・インターナショナル・マリンコンテナ

中国国際海運集装箱（集団）股份有限公司
China International Marine Containers (Group) Co.,Ltd.
【指数構成銘柄】— 【その他上場】深センA(000039)

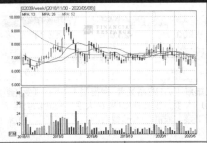

評価	H株株価	年間騰落率	最低売買価格
D	6.870 HK$	-7.4 %	9,426 円

	PER		予想配当利回り	PBR
	予想 14.2 倍	実績 16.9 倍	2.0 %	0.6 倍

コンテナ製造世界最大手 ドライコンテナ、冷凍・冷蔵コンテナ、タンクコンテナなど各種コンテナを製造し、コンテナ生産・販売量で世界首位。輸送用車両の生産でも国内首位で、セミトレーラーでは世界最大手。海洋エンジニアリング技術でも国内トップクラスを誇る。19年の地域別売上比率は中国が53%、米州が17%、欧州が17%、アジアが11%。19年7月に輸送用車両製造子会社の中集車両（01839）が香港に分離上場。

19年12月本決算：大幅減益 米中貿易摩擦と世界経済減速のあおりで、売上高が8%減。税負担増も響き、純利益は半減した。粗利益率は14.5%と小幅に悪化し、営業利益は10%減。コンテナ製造部門は一般コンテナ販売量が42%減の89万8600TEU、冷蔵コンテナが18%減の13万7500TEU。販売価格の下落も響き、37%減収、93%減益だった。輸送用車両部門は減収ながらも純利益は増え、稼ぎ頭に。エネルギー・化学・食品設備部門はクリーンエネルギー事業の好調で増収増益を確保。

最近の動向 広東省の新コンテナ工場は第2期工事が進行中。最新設備を備えた第1期は稼働を開始した。今後も製品の高品質化への投資を継続する方針。20年1～3月期は売上高が前年同期比17%減の158億5200万元、純損失が6億4100万元（前年同期は4億0600万元の黒字）。

【株価推移】

	高値		安値	
2016年	11.900	01/04	7.167	08/04
2017年	13.900	08/03	9.133	02/08
2018年	14.233	01/29	5.650	10/25
2019年	9.517	04/08	5.983	01/03
2020年	8.050	01/20	5.860	03/23

【株価情報】

取引単位(株)	100	A株株価(元)	7.490
H株時価総額(mHK$)	14,151.5	A株格差(倍)	1.2

【指標】(%)

		19/12	18/12
収益性	ROA	0.9	2.1
	ROE	3.9	9.1
	粗利益率	14.5	14.9
成長性	増収率	-8.2	22.5
	増益率(営利)	-9.9	55.3
	自己資本増加率	5.2	15.0
安全性	BPS(元)	11.0	12.5
	負債比率	298.2	285.3
	流動比率	127.6	112.0
	株主資本比率	22.8	23.5

【財務】(百万元)

	19/12	18/12
流動資産	90,023.1	81,903.0
総資産	172,107.5	158,884.0
流動負債	70,551.3	73,137.3
総負債	117,069.5	106,481.0
株主資本	39,253.9	37,325.0

【CF】(百万元)

	19/12	18/12
営業CF	3,538.5	140.7
投資CF	-9,084.2	-4,401.9
財務CF	3,613.6	9,295.8
FCF	-5,545.6	-4,261.2
現金同等物	8,659.9	10,532.8

【株式】(19/12/31)(百万株)

総数		3,584.5
流通	H株	57.5%
	A株	42.5%
	—	
		100.0%
非流通		0.0%

【主要株主】(19/12/31) (%)

招商局集団有限公司	24.6
中国遠洋海運集団有限公司	14.5
Hony Group Management Ltd.	12.0

【子会社・関連会社】(19/12/31) (%)

深セン南方中集装箱製造有限公司	100.0
中集安瑞科控股有限公司(03899)	68.2
中集車両（集団）股フン有限公司	53.8

【売上・利益構成】(19/12)(%)

	売上構成比	前年比	利益構成比	前年比
輸送用車両	27.1	-3.8	31.8	2.4
コンテナ	23.0	-36.7	3.3	-92.7
エネルギー・化学・食品設備	17.3	5.8	19.9	3.3

【業績】[中国会計基準](百万元) ※予想：ファクトセット

【前号予想との比較】 ↘ 減額

	売上高	営業利益	純利益	前年比(%)	EPS(元)	1株配(元)	株配・無償(株)
2016/12	51,111.65	1,202.88	539.66	-73.4	0.140	0.0600	
2017/12	76,299.93	4,171.69	2,509.24	365.0	0.810	0.2700	
2018/12	93,497.62	6,477.01	3,380.44	34.7	0.920	0.5500	10:2(無)
2019/12	85,815.34	5,838.75	1,542.23	-54.4	0.370	0.1200	
2020/12予	82,789.86	2,458.42	1,579.79	2.4	0.439	0.1220	【株式分割・併合等】
2021/12予	94,186.01	4,809.39	2,294.12	45.2	0.638	0.1800	
2018/6中間	43,560.40	1,828.38	965.40	21.1	0.255	—	
2019/6中間	42,717.73	1,518.52	679.83	-29.6	0.162	—	

【登記】深セン市南山区蛇口港湾大道2号中集集団研発中心8楼 【TEL】86-755-26691130 【URL】www.cimc.com

【役員】会長：王宏(Wang Hong) 【上場】2012年12月 【決算期】12月 【従業員】49,715

中国聯塑集団控股

チャイナ・レッソ

中国聯塑集団控股有限公司
China Lesso Group Holdings Ltd.
【指数構成銘柄】― 【その他上場】―

メインボード

評価	株価	年間騰落率	最低売買価格
B	11.060 HK$	104.8 %	151,743 円

PER		予想配当利回り	PBR
予想 9.4倍 実績 10.3倍		3.7 %	1.9 倍

プラスチック製配管材料メーカー プラスチック製配管材料を製造する。主力製品はポリ塩化ビニル（PVC）製の配管と継手で、水道、かんがい、電力・通信、ガス供給用など幅広い分野で使用されている。主要顧客は政府機関やゼネコン、不動産開発業者など。自社営業所や約2300社に上る代理業者を通じて販売する。広東省を中心に湖北、江蘇、四川、新疆ウイグル自治区など国内外の25カ所に生産拠点を持つ。システムキッチン、風呂・トイレなどの水回り製品も取り扱う。

19年12月本決算：増収増益 7年連続の最高益更新。生産能力の増強に伴うスケールメリットや効果的な資材の調達などで採算が改善。一般管理費が増え、銀行への利払いの拡大で金融費用も膨らんだが吸収した。事業別ではプラスチック管システム部門の売上高が11%増。水質改善に向けた取り組みなどの政策が需要を押し上げた。製品別の売上高はPVC製品が8%増、非PVC製品が17%増。単価が高い非PVC製品の比重が高まり、部門粗利益率は27.2%から28.9%に改善した。

今後の計画 福建省や江西省、浙江省で新たな生産拠点の建設を進めており、20年中に完成させて試験稼働を始める。生産能力拡大でスケールメリットを追求すると同時に生産の自動化を推進し、効率化を図る。

【株価推移】

	高値		安値	
2016年	5.970	10/28	3.800	02/12
2017年	6.950	04/06	4.720	12/11
2018年	6.470	03/27	3.780	12/28
2019年	10.120	12/30	3.680	01/04
2020年	13.000	03/11	8.200	03/23

【株価情報】

取引単位(株)	1,000	A株株価	―
時価総額(mHK$)	34,312.8	A株格差(倍)	―

【指標】(%)

		19/12	18/12
収益性	ROA	7.4	7.2
	ROE	18.2	16.8
	粗利益率	28.6	26.2
成長性	増収率	11.0	16.6
	増益率(営利)	―	―
	自己資本増加率	12.0	9.7
安全性	BPS(元)	5.3	4.8
	負債比率	142.9	132.2
	流動比率	86.4	113.6
	株主資本比率	40.6	42.7

【財務】(百万元)

	19/12	18/12
流動資産	17,731.3	14,883.3
総資産	40,784.8	34,636.3
流動負債	20,526.7	13,105.1
総負債	23,690.4	19,563.4
株主資本	16,576.2	14,803.3

【CF】(百万元)

	19/12	18/12
営業CF	5,312.2	4,409.7
投資CF	-4,063.5	-4,566.6
財務CF	-292.9	1,866.2
FCF	1,248.7	-156.9
現金同等物	6,362.4	5,393.8

【株式】(19/12/31)(百万株)

総数	3,102.4
流通	―
	100.0%
非流通	0.0%

【主要株主】(19/12/31)

	(%)
黄聯禧	68.5

【子会社・関連会社】(19/12/31)

	(%)
広東聯塑科技実業有限公司	100.0
鶴山聯塑実業発展有限公司	100.0
聯塑集団有限公司	100.0

【売上・利益構成】(19/12)(%)

	売上構成比	前年比	利益構成比	前年比
プラスチック管・継手	100.0	11.0	100.0	21.4

【業績】[香港会計基準](百万元) ※予想：ファクトセット

【前号予想との比較】 ➡ 前号並み

	売上高	営業利益	純利益	前年比(%)	EPS(元)	1株配(HK$)	株配・無償(株)
2016/12	17,221.05	―	1,922.03	18.6	0.620	0.1500	
2017/12	20,360.00	―	2,293.06	19.3	0.740	0.1800	
2018/12	23,733.52	―	2,491.77	8.7	0.800	0.3000	
2019/12	26,344.52	―	3,024.70	21.4	0.980	0.4000	
2020/12予	28,439.34	5,025.57	3,360.38	11.1	1.070	0.4110	【株式分割・併合等】
2021/12予	31,873.83	5,760.36	3,850.33	14.6	1.240	0.4910	
2018/6中間	10,448.30	―	1,041.19	7.2	0.340	0.1200	
2019/6中間	11,137.15	―	1,263.70	21.4	0.410	―	

【本社】広東省仏山市順徳区龍江鎮聯塑工業村 【TEL】86-400-1682128 【URL】www.lesso.com
【役員】会長：黄聯禧(Wong Luen Hei) 【上場】2010年6月 【決算期】12月 【従業員】13,000

医薬・バイオ

メインボード

緑葉製薬集団

リューイエ・ファーマ

緑葉製薬集団有限公司
Luye Pharma Group Ltd.
【指数構成銘柄】— 【その他上場】—

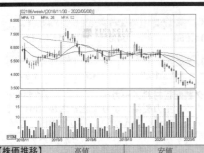

評価	株価	年間騰落率	最低売買価格
C	3.730 HK$	-45.9 %	25,588 円

PER		予想配当利回り	PBR
予想 6.9倍 実績 7.4倍		2.4 %	1.2倍

新薬中心の医薬品メーカー 中国本土で医薬品の開発、生産を手掛ける。主力製品はがん治療薬「力撲素」「希美納」、脳心血管疾患薬「血脂康」「麦通納」、消化器・代謝系疾患治療薬「貝希」、中枢神経系疾患薬「思瑞康」など。19年末時点で国内30省・直轄市に販売網を展開し、1万4000の病院に製品を販売する。海外では欧米、日本など80カ国・地域で事業を展開。山東省、江蘇省、北京市、四川省に生産施設を持つ。

19年12月本決算：増収増益 主力製品の売上高がほぼ軒並み2桁増。18年6月に英アストラゼネカからライセンスを買い取った抗精神病薬「思瑞康」も好調で、全体で2割増収を達成した。助成金の増加や為替差益の上乗せも寄与。一方、利幅の薄い製品の販売増により、全体の粗利益率は76.7％と前年から1.6ポイント悪化した。転換社債の利払いやストックオプション費用の影響を除く調整済み純利益は、19％増の15億9200万元。

最近の動向 戦略製品と位置付ける「思瑞康」の世界販売体制を構築中。国内外で営業部門を立ち上げたほか、20年5月にはブラジルとメキシコに通じる企業に両国での独占販売権を付与した。同年2月には「山東博安生物技術」の買取手続きを完了し、バイオ医薬品に進出。19年末現在、研究開発段階の製品候補は42種。

【株価推移】

	高値		安値	
2016年	8.240	01/06	4.370	12/28
2017年	6.370	12/27	3.950	08/31
2018年	9.860	05/21	4.940	12/27
2019年	7.900	04/11	4.880	01/04
2020年	6.310	01/17	3.500	05/05

【株価情報】

取引単位(株)	500	A株株価	—
時価総額(mHK$)	12,193.2	A株格差(倍)	—

【指標】(%)

		19/12	18/12
収益性	ROA	7.6	7.4
	ROE	15.9	16.7
	粗利益率	76.7	78.3
成長性	増収率	22.9	35.6
	増益率(営利)	—	—
	自己資本増加率	18.1	15.4
安全性	BPS(元)	2.8	2.4
	負債比率	107.8	123.0
	流動比率	168.8	105.8
	株主資本比率	47.8	44.5

【財務】(百万元)

	19/12	18/12
流動資産	9,359.8	8,675.3
総資産	19,313.9	17,538.8
流動負債	5,546.5	8,202.9
総負債	9,942.1	9,604.8
株主資本	9,224.2	7,808.4

【CF】(百万元)

	19/12	18/12
営業CF	1,744.9	1,045.6
投資CF	-2,691.5	-2,997.7
財務CF	1,606.8	2,404.6
FCF	-946.6	-1,952.2
現金同等物	2,325.4	1,672.9

【株式】(19/12/31) (百万株)

総数	3,269.0
流通	— / — / —
	100.0%
非流通	0.0%

【主要株主】(19/12/31) (%)

緑葉製薬控股有限公司	48.6

【子会社・関連会社】(19/12/31) (%)

山東緑葉製薬有限公司	100.0
南京緑葉製薬有限公司	100.0
煙台緑葉医薬控股有限公司	100.0

【売上・利益構成】(19/12) (%)

	売上構成比	前年比	利益構成比	前年比
がん治療薬	44.2	17.6	54.7	31.8
中枢神経系疾患の治療薬	21.1	45.3	16.8	44.3
脳心血管疾患の治療薬	16.4	32.5	11.3	-7.6

【業績】[国際会計基準] (百万元) ※予想：ファクトセット 　【前号予想との比較】 ↘ 減額

	売上高	営業利益	純利益	前年比(%)	EPS(元)	1株配(元)	株配・無償(株)
2016/12	2,917.79	—	891.54	18.2	0.268	0.0670	
2017/12	3,814.84	—	981.37	10.1	0.301	0.0740	
2018/12	5,173.39	—	1,303.37	32.8	0.406	0.1000	
2019/12	6,357.60	—	1,468.56	12.7	0.458	0.1130	
2020/12予	7,047.45	1,929.39	1,615.62	10.0	0.493	0.0830	【株式分割・併合等】
2021/12予	7,796.20	2,121.88	1,797.75	11.3	0.547	0.0810	
2018/6中間	2,203.78	—	562.88	46.1	0.175	0.0430	
2019/6中間	2,730.89	—	766.62	36.2	0.239	0.0590	

【本社】山東省煙台市高新区創業路15号 【TEL】86-535-6717618 【URL】www.luye.cn

【役員】会長：劉殿波(Liu Dian Bo) 【上場】2014年7月 【決算期】12月 【従業員】4,716

上海復星医薬（集団）

上海復星医薬（集団）股份有限公司
Shanghai Fosun Pharmaceutical (Group) Co.,Ltd.

シャンハイ・フォーサン・ファーマ

【指数構成銘柄】— 【その他上場】上海A (600196)

評価	H株株価	年間騰落率	最低売買価格
C	**27.500** HK$	**8.7** %	**188,650** 円

PER		予想配当利回り	PBR
予想 **18.6** 倍 実績 **19.2** 倍		**1.4** %	**2.0** 倍

復星集団傘下の製薬会社 中国の民営投資会社、復星国際（00656）の傘下企業。成長力が高い心血管、代謝・消化器系、中枢神経系、血液系、抗感染症、抗がんの6分野の医薬品を製造する。医薬品販売は出資先の国薬控股（01099）などに委託。医療機器・診断機器や医療サービスも手掛ける。17年9月、美容医療機器メーカーのシスラム・メディカル（01696）を分離上場した。

19年12月本決算：増収増益 新製品の投入強化や北米地区の販路開拓で販売費が16％増えたほか、研究開発費も38％増えたが、系列医療機関の運営権売却でその他の収益が2.2倍に拡大し最終利益を押し上げた。主力の医薬品開発・製造部門はグランド・ファーマなどの貢献で増収増益。医療機器・医学診断部門は手術支援ロボットの設置台数が60台、中国・香港での手術件数が4万件超に上った。全体の粗利益率は1.2ポイント改善。

今後の見通し 20年の研究開発費用は部門売上高の5％以上とし、主力製品の収益力向上を図る方針。生産能力の増強や工場移転などへの設備投資額は25億元を予定。19年末、グランド・ファーマをインドのボンベイ証券取引所に上場させる計画を発表した。20年1～3月期決算（中国会計基準）は売上高が前年同期比13％減の58億8100万元、純利益は19％減の5億7700万元。

【株価推移】

	高値		安値	
2016年	25.600	10/06	16.320	01/21
2017年	51.400	12/29	23.500	01/03
2018年	54.400	03/21	21.600	12/28
2019年	31.250	04/10	19.760	01/04
2020年	31.100	04/23	18.980	03/13

【株価情報】

取引単位(株)	500	A株株価(元)	33.440
H株時価総額(百mHK$)	15,178.4	A株格差(倍)	1.3

【指標】(%)

		19/12	18/12
収益性	ROA	4.4	3.8
	ROE	10.4	9.7
	粗利益率	59.3	58.1
成長性	増収率	14.9	34.6
	増益率(営利)	—	—
	自己資本増加率	14.0	10.5
安全性	BPS(元)	12.4	10.9
	負債比率	116.0	132.4
	流動比率	117.0	100.4
	株主資本比率	41.8	39.6

【財務】(百万元)

	19/12	18/12
流動資産	20,403.4	18,001.7
総資産	76,062.8	70,494.5
流動負債	17,433.8	17,923.2
総負債	36,915.4	36,958.6
株主資本	31,831.2	27,920.9

【CF】(百万元)

	19/12	18/12
営業CF	3,222.4	2,950.1
投資CF	-172.0	-5,244.9
財務CF	-1,936.0	3,137.5
FCF	3,050.5	-2,294.8
現金同等物	8,284.4	7,175.0

【株式】(19/12/31)(百万株)

総数	2,562.9	
流通	H株	21.5%
	A株	78.5%
		—
	100.0%	
非流通	0.0%	

【主要株主】(19/12/31)

	(%)
復星国際有限公司 (00656)	38.1
中国人寿保険股フン有限公司－伝統普通	2.0
中国証券金融股フン有限公司	1.5

【子会社・関連会社】(19/12/31)

	(%)
重慶薬友製薬有限責任公司	51.0
江蘇万邦生化医薬集団有限責任公司	100.0
Gland Pharma Ltd.	74.0

【売上・利益構成】(19/12)(%)

	売上構成比	前年比	利益構成比	前年比
医薬品開発・製造	76.1	16.8	67.1	7.8
医療機器・医学診断	13.1	2.8	20.0	2.9
医療サービス	10.7	18.9	11.4	8.7

【業績】[香港会計基準] (百万元) ※予想：ファクトセット 【前号予想との比較】 ↘ 減額

	売上高	営業利益	純利益	前年比(%)	EPS(元)	1株配(元)	株配・無償(株)
2016/12	14,505.58	—	2,805.84	14.1	1.210	0.3500	
2017/12	18,361.61	—	3,124.50	11.4	1.270	0.3800	
2018/12	24,713.88	—	2,707.92	-13.3	1.070	0.3200	
2019/12	28,389.28	—	3,321.62	22.7	1.300	0.3900	
2020/12予	32,195.45	3,232.79	3,421.04	3.0	1.344	0.3490	**【株式分割・併合等】**
2021/12予	38,223.81	4,120.27	4,144.08	21.1	1.615	0.4180	132:1上海復宏漢霖生物
2018/6中間	11,766.54	—	1,560.47	-7.6	0.630	—	技術 (19/9)
2019/6中間	14,085.15	—	1,516.12	-2.8	0.590	—	

【登記】上海市普陀区曹楊路510号9楼 【TEL】86-21-33987870 【URL】www.fosunpharma.com

【役員】会長：陳啓宇(Chen Qiyu) 【上場】2012年10月 【決算期】12月 【従業員】31,370

不動産

万科企業

バンカ

万科企業股份有限公司
China Vanke Co.,Ltd.

【指数構成銘柄】 中国企業　【その他上場】 深センA(000002)

メインボード

評価	H株株価	年間騰落率	最低売買価格
B	**25.200** HK$	**-13.6** %	**34,574** 円

PER		予想配当利回り	PBR
予想 **5.8** 倍　実績 **6.6** 倍		**5.2** %	**1.4** 倍

中国の不動産大手 珠江デルタ、長江デルタ、環渤海湾、中西部を中心に全国で不動産開発を手掛ける。中小型住宅に強みを持ち、144平米以下の物件が9割以上。19年の新築住宅販売額の全国シェアは4%。賃貸住宅事業にもいち早く参入し、19年末時点で約11万戸を展開。海外事業はサンフランシスコ、香港、ニューヨークなどに進出。シンガポール物流施設大手のGLPに出資。14年にB株のH株転換で香港上場を果たした。

19年12月本決算：増収増益 不動産販売部門が堅調。引き渡しを終え、売上計上物件の面積は12%増、売上計上額は22%増。1平米当たりの平均単価は9%高の1万3577元。成約ベースの販売も伸長。販売面積は2%増の4112万2000平米、販売額は4%増の6300億元。ただ、国内で不動産販売が鈍る中、成長ペースは前年より鈍化（前年は販売面積が12%増、販売額が15%増）。

今後の計画 20年の着工目標は2921万平米、完工目標は3319万平米に設定。20年1～3月期決算は売上高が前年同期比1%減の477億7400万元、純利益が12%増の12億4900万元。少数株主持ち分の減少により最終利益の増加を確保した格好で、営業利益ベースでは11%減益だった。新型コロナ流行の影響を受け、同期の成約額は前年同期比8%減の1378億8000万元に落ち込んだ。

H株

【株価推移】

	高値		安値	
2016年	24.100	12/01	14.560	06/29
2017年	31.650	12/29	17.640	01/03
2018年	42.850	01/23	21.500	10/11
2019年	35.600	04/04	25.400	01/02
2020年	34.750	01/02	21.650	03/19

【株価情報】

取引単位(株)	100	A株株価(元)	26.260
H株時価総額(mHK$)	39,764.3	A株格差(倍)	1.1

【指標】(%)

		19/12	18/12
収益性	ROA	2.2	2.2
	ROE	20.7	21.7
	粗利益率	35.9	37.0
成長性	増収率	23.8	25.2
	増益率(営利)	25.4	38.6
	自己資本増加率	20.7	17.4
安全性	BPS(元)	16.6	14.1
	負債比率	776.0	830.1
	流動比率	113.1	115.4
	株主資本比率	10.9	10.2

【財務】(百万元)

	19/12	18/12
流動資産	1,439,063.2	1,295,155.9
総資産	1,730,003.3	1,528,663.4
流動負債	1,272,610.3	1,121,913.9
総負債	1,459,424.2	1,293,042.7
株主資本	188,058.5	155,764.1

【CF】(百万元)

	19/12	18/12
営業CF	45,686.8	33,618.2
投資CF	-28,626.7	-67,364.4
財務CF	-33,338.2	44,797.6
FCF	17,060.1	-33,746.3
現金同等物	159,738.7	175,668.2

【株式】(19/12/31) (百万株)

総数		11,302.1
流通	H株	14.0%
	A株	86.0%
	—	
		99.9%
非流通		0.1%

【主要株主】(19/12/31) (%)

深セン市地鉄集団有限公司	28.7
国信金鵬分級1号集合資産管理計劃	4.0
深セン市鉅盛華股フン有限公司	3.6

【子会社・関連会社】(19/12/31) (%)

北京万科企業有限公司	100.0
深セン市万科発展有限公司	100.0
上海万科企業有限公司	100.0

【売上・利益構成】(19/12) (%)

	売上構成比	前年比	利益構成比	前年比
不動産開発	96.5	23.3	98.2	16.8
不動産管理	3.5	13.7	1.8	20.8

【業績】 [国際会計基準] (百万元) ※予想：ファクトセット　【前号予想との比較】 ↘ 減額

	売上高	営業利益	純利益	前年比(%)	EPS(元)	1株配(元)	株配・無償(株)
2016/12	228,916.10	46,848.37	21,022.61	16.0	1.900	0.7900	
2017/12	237,344.69	64,173.31	28,051.82	33.4	2.540	0.9000	
2018/12	297,083.06	88,966.39	33,772.65	20.4	3.060	1.0451	
2019/12	367,893.88	111,581.16	38,872.09	15.1	3.470	1.0450	
2020/12予	436,016.53	97,562.09	44,712.48	15.0	3.961	1.1830	【株式分割・併合等】
2021/12予	510,076.13	110,090.15	51,362.57	14.9	4.550	1.3280	
2018/6中間	104,859.13	28,691.52	9,123.74	24.9	0.830	—	
2019/6中間	130,320.05	41,777.63	11,841.75	29.8	1.050	—	

【登記】 深セン市塩田区大梅沙環梅路33号万科中心 【TEL】 86-755-25606666 【URL】 www.vanke.com

【役員】会長：郁亮(Yu Liang) 【上場】2014年6月 【決算期】12月 【従業員】131,505

新疆金風科技

シンジャン・ゴールドウインド

新疆金風科技股份有限公司
Xinjiang Goldwind Science & Technology Co.,Ltd.
【指数構成銘柄】— 【その他上場】深センA(002202)

機械

メインボード

H株

評価	H株株価	年間騰落率	最低売買価格
B	7.660 HK$	-7.5 %	21,019 円

PER		予想配当利回り	PBR
予想 7.9 倍　実績 13.7 倍		3.5 %	1.0 倍

風力発電設備メーカー大手 風力発電設備の製造販売から風力発電所の建設コンサルティングまでトータルソリューションを提供する。19年の国内での新規導入容量は8GW超。9年連続国内トップを維持し、世界では3位。発電サービスでは国内外の設置台数が2万1000台超。設備容量11GWを対象としたモニタリングを行う（19年末現在）。08年の独ヴェンシス・エナジー買収で海外事業を拡大。世界の約20カ国で事業を展開。

19年12月本決算：増収減益 風力発電産業の設備投資が進む一方、補助金削減に伴うコスト増が響き3割減益となった。売上高全体の8割弱を占める風力発電設備部門は販売台数を伸ばし30％増収となったが、売上原価も40％増加し8割超の減益。風力発電所投資部門もコストがかさみ1割の減益、風力発電関連サービス部門は事業拡大で売上高が倍増したが6割弱の減益となった。全体の粗利益率は18.4％と前年から7.3ポイント低下。販売費の大幅増なども利益を圧迫した。なお、地域別の売上比率は国内が91％、海外が9％。

最近の動向 国内の補助金停止・削減に加え、市場競争の激化や世界経済のリスクなどを警戒。20年1－3月期決算（中国会計基準）は売上高が前年同期比1％増の54億6700万元、純利益が292％増の8億9500万元。

【株価推移】

	高値		安値	
2016年	14.220	01/04	7.837	02/12
2017年	13.015	02/10	7.952	07/19
2018年	15.139	03/21	5.321	10/30
2019年	11.700	03/29	5.943	01/03
2020年	9.550	01/06	5.550	03/19

【株価情報】

取引単位(株)	200	A株株価(元)	10.340
H株時価総額(mHK$)	5,925.6	A株格差(倍)	1.5

【指標】(%)

		19/12	18/12
収益性	ROA	2.1	4.0
	ROE	7.2	12.9
	粗利益率	18.4	25.7
成長性	増収率	32.5	14.5
	増益率(営利)	—	—
	自己資本増加率	22.9	10.0
安全性	BPS(元)	7.3	7.0
	負債比率	230.9	219.9
	流動比率	97.7	104.2
	株主資本比率	29.8	30.7

【財務】(百万元)

	19/12	18/12
流動資産	48,444.2	32,917.5
総資産	103,057.1	81,364.1
流動負債	49,568.9	31,600.6
総負債	70,832.8	54,888.9
株主資本	30,675.1	24,961.2

【CF】(百万元)

	19/12	18/12
営業CF	5,928.8	3,125.4
投資CF	-10,266.6	-6,113.9
財務CF	6,131.1	1,201.4
FCF	-4,337.8	-2,988.6
現金同等物	6,807.4	5,012.0

【株式】(19/12/31) (百万株)

総数		4,225.1
流通	H株	18.3%
	A株	81.7%
		100.0%
非流通		0.0%

【主要株主】(19/12/31) (%)

中国三峡新能源有限公司	24.3
新疆風能有限責任公司	13.8
和諧健康保険股フン有限公司	13.5

【子会社・関連会社】(19/12/31) (%)

北京金風科創風電設備有限公司	100.0
甘粛金風風電設備製造有限公司	100.0
Vensys Energy AG	70.0

【売上・利益構成】(19/12) (%)

	売上構成比	前年比	利益構成比	前年比
風力発電設備	76.2	30.2	4.8	-82.6
風力発電所投資	11.2	9.0	73.9	-10.5
風力関連サービス	9.4	116.8	0.9	-58.5

【業績】[国際会計基準](百万元) ※予想：ファクトセット
【前号予想との比較】↘ 減額

	売上高	営業利益	純利益	前年比(%)	EPS(元)	1株配(元)	株配・無償(株)
2016/12	26,173.89	—	3,002.98	5.4	0.830	0.2000	10:3(無)
2017/12	24,970.84	—	3,054.66	1.7	0.840	0.2000	
2018/12	28,590.31	—	3,216.60	5.3	0.820	0.2500	10:1.9@8.21HK$
2019/12	37,878.21	—	2,209.85	-31.3	0.510	0.1600	
2020/12予	50,599.41	3,723.37	3,745.54	69.5	0.882	0.2430	【株式分割・併合等】
2021/12予	49,347.65	4,265.06	4,127.74	10.2	0.991	0.2750	
2019/6中間	10,961.17	—	1,529.98	35.0	0.420		
2019/6中間	15,700.02	—	1,184.50	-22.6	0.300		

【登記】新疆維吾爾自治区烏魯木斉市経済技術開発区上海路107号 【TEL】86-991-3767402 【URL】www.goldwind.com.cn
【役員】会長：武鋼(Wu Gang) 【上場】2010年10月 【決算期】12月 【従業員】8,961

広州汽車集団

グァンジョウ・オートモービル

広州汽車集団股份有限公司
Guangzhou Automobile Group Co.,Ltd.

【指数構成銘柄】— 【その他上場】上海A（601238）

評価	H株株価	年間騰落率	最低売買価格
B	7.350 HK$	-9.1 %	201,684 円

PER		予想配当利回り	PBR
予想 9.6 倍 実績 10.3 倍		3.2 %	0.9 倍

広州市政府傘下の大手自動車メーカー トヨタ、ホンダ、フィアット・クライスラー（FCA）、三菱自動車、日野自動車、BYD（01211）と合弁で乗用車と商用車、オートバイを生産。「伝祺（Trumpchi）」などの自社ブランド車も製造する。子会社を通じ、自動車部品製造や金融業も手掛ける。19年末の年産能力は計261万3000台。中国市場での販売シェアはトップ5を誇る。親会社は広州市政府が全額出資する広州汽車工業集団。

19年12月本決算：減収減益 2年連続の減益決算。国内市場の低迷で自主ブランド車が苦戦した。粗利益は78％減少し、粗利益率は4.2％と前年から11.7ポイント悪化。主力日系ブランドが健闘し、合弁事業の利益貢献が7％増加したが、他ブランドの損失を埋めるには至らなかった。新車販売台数は4％減の206万2200台。広汽トヨタが18％増の68万2000台、広汽ホンダが4％増の77万900台に伸びた一方、自主ブランドを手掛ける広汽乗用車が28％減の38万4600台と足を引っ張った。

最近の動向 20年の販売目標は前年実績比3％増で、新たに19車種（うち自社ブランド8車種）を投入する計画。20年1－3月期（中国会計基準）は売上高が24％減の108億7800万元、純利益が96％減の1億1800万元。1－4月の販売台数は28％減の47万2400台にとどまった。

【株価推移】

	高値		安値	
2016年	8.657	09/09	4.400	01/14
2017年	15.750	10/27	6.571	01/05
2018年	14.200	01/03	6.750	08/20
2019年	10.600	03/06	6.950	06/17
2020年	10.140	01/09	6.160	04/07

【株価情報】

取引単位(株)	2,000	A株株価(元)	10.470
H株時価総額(mHK$)	22,774.9	A株格差(倍)	1.6

【指標】(%)

		19/12	18/12
収益性	ROA	4.8	8.2
	ROE	8.3	14.2
	粗利益率	4.2	15.9
成長性	増収率	-17.5	1.1
	増益率(営利)	—	-22.8
	自己資本増加率	4.7	10.3
安全性	BPS(元)	7.8	7.5
	負債比率	68.5	70.8
	流動比率	136.1	164.3
	株主資本比率	58.3	58.0

【財務】(百万元)

	19/12	18/12
流動資産	56,864.5	66,211.0
総資産	137,463.6	132,173.8
流動負債	41,774.9	40,291.4
総負債	54,955.3	54,199.1
株主資本	80,188.1	76,603.9

【CF】(百万元)

	19/12	18/12
営業CF	-2,387.8	-2,337.7
投資CF	-52.4	-5,147.8
財務CF	-1,710.5	-2,012.1
FCF	-2,440.2	-7,485.5
現金同等物	23,605.0	27,729.6

【株式】(19/12/31)(百万株)

総数		10,237.7
流通	H株	30.3%
	A株	59.4%
	—	
		89.7%
非流通		10.3%

【主要株主】(19/12/31) (%)

広州汽車工業集団有限公司	53.7

【子会社・関連会社】(19/12/31) (%)

広州汽車集団乗用車有限公司	100.0
広汽本田汽車有限公司	50.0
広汽豊田汽車有限公司	50.0

【売上・利益構成】(19/12)(%)

	売上構成比	前年比	利益構成比	前年比
自動車・部品	96.1	-17.6	—	—
その他	3.9	-15.1	—	—

【業績】[香港会計基準] (百万元) ※予想：ファクトセット 【前号予想との比較】↘ 減額

	売上高	営業利益	純利益	前年比(%)	EPS(元)	1株配(元)	株配・無償(株)
2016/12	49,417.68	2,140.92	6,287.54	49.3	0.980	0.3000	
2017/12	71,574.94	4,491.69	11,004.67	75.0	1.680	0.5300	10:4(無)
2018/12	72,379.78	3,465.79	10,899.60	-1.0	1.070	0.3800	
2019/12	59,704.32	-2,762.76	6,616.27	-39.3	0.650	0.2000	
2020/12予	59,521.65	-2,439.12	7,276.63	10.0	0.693	0.2160	【株式分割・併合等】
2021/12予	66,498.02	-1,799.21	9,307.48	27.9	0.891	0.2710	
2018/6中間	37,200.31	2,882.68	6,192.99	10.3	0.610	0.1000	
2019/6中間	28,351.46	358.18	4,918.56	-28.9	0.480	0.0500	

【登記】広東省広州市越秀区東風中路448-458号盛悦大厦23楼 【TEL】86-20-83151089 【URL】www.gagc.com.cn

【役員】会長：曽慶洪(Zeng Qinghong) 【上場】2010年8月 【決算期】12月 【従業員】93,854

薬明生物技術

ウーシー・バイオロジクス

薬明生物技術有限公司
WuXi Biologics (Cayman) Inc.
【指数構成銘柄】— 【その他上場】—

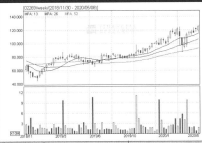

評価	株価	年間騰落率	最低売買価格
D	124.800 HK$	55.8 %	856,128 円

PER		予想配当利回り	PBR
予想 101.9 倍 実績 138.4 倍		0.0 %	11.5 倍

バイオ医薬品の開発受託会社 バイオ医薬品の新薬発見から臨床試験、製造までを一貫して請け負う。モノクローナル抗体や抗体薬物複合体（ADC）、二重特異性抗体などを使う新薬の開発に強み。創薬、非臨床試験、フェーズ1～3の臨床試験、製造など各種サービスを提供する。世界の製薬大手20社のうち13社が顧客で、英アストラゼネカや米ジェネンテック、中国生物製薬（01177）の子会社である正大天晴薬業集団などが主要顧客。江蘇省無錫、蘇州、上海に開発拠点を置く。

19年12月本決算：大幅増益 技術力や開発実績への信頼を背景に売上高が伸び、好業績につながった。粗利益率は1.4ポイント上昇。18年下半期に始動した上海の生産設備の稼働率上昇や高マージン案件の増加、人民元安などの恩恵で採算が改善した。販売費が82％増、一般管理費が61％増と増収率を上回ったが、粗利益の急増で吸収した。特に臨床試験サービスの成長が著しく、売上高が倍増。一貫サービスの強みで前臨床試験から臨床試験に移行したプロジェクトが増えた。前臨床試験サービスは売上高が25％増と堅調。

今後の計画 受託生産の急増を見越し、生産設備の増強を進める。江蘇省無錫ではバイオ医薬品を製造するタンクの容量ベースで6万リットルの設備を建設中。

【株価推移】

	高値		安値	
2016年	—		—	
2017年	49.250	10/25	25.000	06/13
2018年	98.500	06/07	43.400	01/03
2019年	100.500	12/23	44.500	01/04
2020年	125.400	05/08	86.350	03/19

【株価情報】

取引単位(株)	500	A株株価	—
時価総額(mHK$)	161,556.8	A株格差(倍)	—

【指標】(%)

		19/12	18/12
収益性	ROA	5.8	6.7
	ROE	7.9	7.9
	粗利益率	41.6	40.2
成長性	増収率	57.2	56.6
	増益率(営利)	—	—
	自己資本増加率	59.9	98.6
安全性	BPS(元)	9.9	6.5
	負債比率	36.8	17.5
	流動比率	336.9	435.7
	株主資本比率	72.6	85.1

【財務】(百万元)

	19/12	18/12
流動資産	9,671.9	5,745.2
総資産	17,602.3	9,393.2
流動負債	2,871.2	1,318.8
総負債	4,706.2	1,398.9
株主資本	12,784.4	7,993.8

【CF】(百万元)

	19/12	18/12
営業CF	1,208.1	761.6
投資CF	-4,493.9	-416.1
財務CF	5,412.8	3,206.8
FCF	-3,285.9	345.5
現金同等物	6,205.5	4,084.4

【株式】(19/12/31)(百万株)

総数	1,294.5
流通	—
	100.0%
非流通	0.0%

【主要株主】(19/12/31) (%)

WuXi Biologics Holdings Ltd.	40.2
JPMorgan Chase & Co.	5.8
陳智勝	3.2

【子会社・関連会社】(19/12/31) (%)

WuXi Biologics Investment Ltd.	100.0
無錫薬明生物技術股フン有限公司	100.0
上海薬明生物技術有限公司	100.0

【売上・利益構成】(19/12)(%)

	売上構成比	前年比	利益構成比	前年比
臨床試験サービス	54.0	98.6	—	—
前臨床試験サービス	45.4	24.6	—	—
その他	0.6	—	—	—

【業績】 [国際会計基準](百万元) ※予想：ファクトセット

	売上高	営業利益	純利益	前年比(%)	EPS(元)	1株配(元)	株配・無償(株)
2016/12	989.03	—	141.10	217.0	0.150		
2017/12	1,618.83	—	252.63	79.0	0.240		
2018/12	2,534.45	—	630.59	149.6	0.520		
2019/12	3,983.69	—	1,013.81	60.8	0.820		
2020/12予	5,459.34	1,522.27	1,433.74	41.4	1.113		
2021/12予	7,768.68	2,275.96	2,079.58	45.0	1.608		
2019/6中間	1,054.39	—	249.57	170.7	0.210		
2019/6中間	1,607.07	—	450.04	80.3	0.370		

【前号予想との比較】 ➡ 前号並み

【株式分割・併合等】

【本社】江蘇省無錫市馬山梅梁路108号 **【TEL】**86-510-85353482 **【URL】**www.wuxibiologics.com.cn
【役員】会長：李革(Ge Li) **【上場】**2017年6月 **【決算期】**12月 **【従業員】**5,666

慧聡集団

エイチシー・グループ

慧聡集団有限公司
HC Group Inc.

【指数構成銘柄】— 【その他上場】—

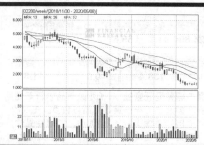

評価	株価	年間騰落率	最低売買価格
—	**1.300** HK$	**-63.3** %	**8,918** 円

PER		予想配当利回り	PBR
予想　—	実績　—	—	**0.3** 倍

B2Bプラットフォーム運用会社 B2B取引プラットフォームを中国で運用するスマート産業事業が中核部門。化成品サイト「買化塑」、綿花サイト「綿聯」、建設足場資材サイト「中模国際」、家電サイト「掌貨商城」、供給チェーン管理子会社の兆信を抱える。ほかに中小企業向け取引先検索サイト「hc360.com」と貸金業などの企業サービス部門、電子機器情報サイト「ZOL中関村在線」による新型小売り部門を持つ。事業者向けO2O展示センターも手掛ける。

19年12月本決算：赤字転落 O2O事業展示センターを除く3部門が増収だった効果で売上高は40%増加。ただ、コスト増やのれん減損処理が響き、営業損益と純損益が赤字に転落した。事業別では4部門が軒並み損失を計上。売上高の9割を稼ぐスマート産業は、B2B取引サービス収入の増加が奏功し4割増収だが、純損益は2年ぶりの赤字。プラットフォーム企業サービスは売上高が3割近く増加したが、投資を増やした上にのれん減損処理が2億5800万元に上り、大幅な部門赤字に転じた。

今後の計画 会社側は20年3月、hc360.comとZOL中関村在線を基幹事業に位置付け、事業成長を図ると表明。18年1月に掲げた経営方針に基づき、「中国を代表する産業インターネット企業集団」を目指す。

【株価推移】

	高値		安値	
2016年	6.670	09/06	3.200	01/28
2017年	7.980	09/05	5.070	12/13
2018年	6.380	03/27	3.860	12/28
2019年	5.250	02/26	1.780	08/05
2020年	2.940	01/20	1.180	04/01

【株価情報】

取引単位(株)	500	A株株価	—
時価総額(mHK$)	1,456.7	A株格差(倍)	—

【指標】(%)

		19/12	18/12
収益性	ROA	—	3.1
	ROE	—	6.4
	粗利益率	—	—
成長性	増収率	40.2	185.8
	増益率(営利)	—	-23.4
	自己資本増加率	-7.4	18.7
安全性	BPS(元)	3.6	3.9
	負債比率	92.2	81.8
	流動比率	125.8	154.4
	株主資本比率	47.7	49.5

【財務】(百万元)

	19/12	18/12
流動資産	3,500.3	3,501.5
総資産	8,426.5	8,768.0
流動負債	2,783.4	2,267.5
総負債	3,703.5	3,546.3
株主資本	4,016.5	4,337.7

【CF】(百万元)

	19/12	18/12
営業CF	-60.1	-104.2
投資CF	-145.3	-47.3
財務CF	63.9	220.8
FCF	-205.4	-151.5
現金同等物	331.9	471.7

【株式】(19/12/31) (百万株)

総数	1,120.6
流通	100.0%
非流通	0.0%

【主要株主】(19/12/31)

	(%)
神州数碼控股有限公司 (00861)	30.5
中国建設銀行股フン有限公司 (00939)	11.1

【子会社・関連会社】(19/12/31)

	(%)
北京慧聡互聯信息技術有限公司	100.0
広東慧聡家電城投資有限公司	37.5
北京兆信信息技術股フン有限公司	81.1

【売上・利益構成】(19/12) (%)

	売上構成比	前年比	利益構成比	前年比
スマート産業	88.0	41.7	—	—
プラットフォーム・企業サービス	6.2	26.0	—	—
新型小売り	5.7	51.4	—	—

【業績】[香港会計基準] (百万元) ※予想：—

【前号予想との比較】—

	売上高	営業利益	純利益	前年比(%)	EPS(元)	1株配(HK$)	株配・無償(株)
2016/12	1,958.28	429.37	181.78	245.9	0.188	0.0500	
2017/12	3,702.47	504.66	267.78	47.3	0.265	0.0200	
2018/12	10,583.11	386.80	275.61	2.9	0.246	—	
2019/12	14,832.83	-269.14	-376.49	—	-0.336	—	
2020/12予	—	—	—	—	—		【株式分割・併合等】
2021/12予	—	—	—	—	—		
2018/6中間	3,778.62	267.22	190.96	77.6	0.171		
2019/6中間	6,963.90	-86.02	-163.96	—	-0.146		

【本社】北京市朝陽区公園南路10号院駿豪中央公園広場A1楼7層 【TEL】86-10-65920172 【URL】www.hcgroup.com

【役員】会長：劉軍(Liu Jun) 【上場】2003年12月 【決算期】12月 【従業員】2,043

美高梅中国控股

エムジーエム・チャイナ

美高梅中国控股有限公司
MGM China Holdings Ltd.

【指数構成銘柄】― 【その他上場】―

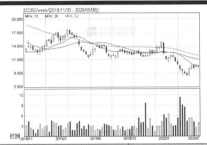

[02282/week/(2018/11/30 - 2020/05/08)]
MPA: 13　MPA: 26　MPA: 52

評価	株価	年間騰落率	最低売買価格
D	**9.550** HK$	**-34.6**%	**52,410** 円

PER		予想配当利回り	PBR
予想 ―	実績 **18.8** 倍	**0.8**%	**3.5** 倍

ラスベガス系カジノ 米ラスベガスで大規模カジノを経営するMGMリゾーツの傘下。故スタンレー・ホー氏の娘、パンジー・ホー共同会長も大株主。07年にマカオ半島部の「MGMマカオ」、18年2月にコタイ地区の「MGMコタイ」を開業。19年末時点で総床面積はそれぞれ2万8600平米、2万7700平米で、テーブル数は各290台、262台、スロット数は1085台、1154台。マカオカジノ市場における19年のシェアは9.5%で6位。

19年12月本決算：大幅増益 MGMコタイの通期フルの寄与が好決算要因。MGMコタイはカジノ収入が前年比93%増の90億HKドル強に達し、調整後EBITDAは177%増の24億HKドル。19年8月にカジノ場改修工事を終えたMGMマカオのEBITDAは4%減と堅調だった。同社全体ではメインフロア、スロットの儲けが各37%増、1%増。人件費（6%増）、広告宣伝費を含むその他支出（2%減）など、相対的なコストの抑制も利益押し上げに寄与した。カジノ収入シェアは7.9%から9.5%に上昇。

カジノ市況悪化 20年1～3月期決算は、売上高が前年同期比63%減の21億1300万HKドル、調整後EBITDAは1億2300万HKドルの赤字に転落した。新型コロナに伴う入境制限で、1～4月のマカオ全体のカジノ収入が前年同期から約7割急減したことが響いた形。

【株価推移】

	高値		安値	
2016年	17.620	12/01	7.830	01/21
2017年	24.850	12/20	13.580	02/22
2018年	25.500	01/23	10.780	10/30
2019年	17.660	04/04	10.920	08/15
2020年	14.800	01/17	7.180	03/19

【株価情報】

取引単位（株）	400	A株株価	―
時価総額（mHK$）	36,290.0	A株格差（倍）	―

【指標】（%）

		19/12	18/12
収益性	ROA	5.9	3.0
	ROE	18.5	11.9
	粗利益率		
成長性	増収率	18.6	32.6
	増益率（営利）	106.5	-45.3
	自己資本増加率	16.9	5.1
安全性	BPS（HK$）	2.8	2.4
	負債比率	210.8	292.7
	流動比率	78.3	57.8
	株主資本比率	32.2	25.5

【財務】（百万HK$）

	19/12	18/12
流動資産	4,101.1	4,658.0
総資産	32,506.2	35,132.6
流動負債	5,236.5	8,058.0
総負債	22,046.1	26,186.8
株主資本	10,460.1	8,945.8

【CF】（百万HK$）

	19/12	18/12
営業CF	4,333.6	2,159.0
投資CF	-1,329.9	-2,915.1
財務CF	-3,725.3	-532.9
FCF	3,003.7	-756.0
現金同等物	3,270.3	3,992.1

【株式】（19/12/31）（百万株）

総数		3,800.0
流通	―	
	―	
	―	100.0%
非流通		0.0%

【主要株主】（19/12/31）（%）

MGM Resorts International	56.0
何超瓊	22.5

【子会社・関連会社】（19/12/31）（%）

美高梅金殿超濠股フン有限公司	100.0
美高梅金殿超濠（香港）有限公司	100.0
盈峰酒店管理股フン有限公司	100.0

【売上・利益構成】（19/12）（%）

	売上構成比	前年比	利益構成比	前年比
カジノ	89.7	18.9	―	―
ホテル	5.0	19.2	―	―
飲食	4.4	10.6	―	―

【業績】　[国際会計基準]（百万HK$）※予想：ファクトセット

【前号予想との比較】　↓ 大幅減額

	売上高	営業利益	純利益	前年比(%)	EPS（HK$）	1株配（HK$）	株配・無償（株）
2016/12	14,907.47	3,099.12	3,036.51	-2.4	0.799	0.2790	
2017/12	14,480.53	2,624.20	2,320.19	-23.6	0.611	0.2130	
2018/12	19,200.72	1,434.99	1,068.50	-53.9	0.281	0.0980	
2019/12	22,765.04	2,963.34	1,931.23	80.7	0.508	0.1770	
2020/12予	13,537.33	-989.94	-1,709.88	―	-0.476	0.0740	【株式分割・併合等】
2021/12予	21,127.52	2,537.06	1,735.45	―	0.472	0.2090	
2018/6中間	9,070.03	668.31	704.58	-44.4	0.185	0.0640	
2019/6中間	11,296.63	1,470.45	1,022.39	45.1	0.269	0.0940	

【本社】澳門外港新填海区孫逸仙大馬路　【TEL】853-88067811　【URL】www.mgmchinaholdings.com
【役員】会長：William Joseph Hornbuckle　【上場】2011年6月　【決算期】12月　【従業員】11,092

繊維・アパレル

メインボード　ハンセン

申洲国際集団控股

シェンジョウ・インターナショナル

申洲国際集団控股有限公司
Shenzhou International Group Holdings Ltd.

【指数構成銘柄】ハンセン、中国企業　【その他上場】—

評価	株価	年間騰落率	最低売買価格
C	91.350 HK$	-9.8 %	125,332 円

PER		予想配当利回り	PBR
予想 25.0 倍　実績 24.5 倍		2.1 %	5.0 倍

中国のニット衣料最大手 OEMベースで衣料品を製造し、垂直統合型では中国最大手。製品はカジュアルウエアとスポーツウエアが中心で、ユニクロ、ナイキ、アディダス、プーマなどの海外ブランドに製品を提供する。輸出比率は69%で、欧州が17%、日本が16%、米国が15%など（19年12月期）。浙江省寧波や安徽省安慶、ベトナム、カンボジアに生産拠点を置く。

19年12月本決算：増収増益 海外拠点の拡張と生産効率の改善、国内拠点の充実、小売事業の縮小を進めたことが増収増益の要因。ただ、小売事業の在庫処分セールや人件費の増加、染色用材料の価格上昇などによるコスト増の影響で、粗利益率が前年から1.3ポイント低下した。製品別では主力のスポーツウエアが中国と米国の需要増で14%増収。カジュアルウエアは日本での需要増で4%増収だった一方、ランジェリーは日本での需要減が響き40%減収。地域別では中国での売上高が13%増加し、構成比率を32%に高めた。日本はカジュアルウエアとスポーツウエアの需要増で10%増収。

最近の動向 19年10月にベトナムで独アディダス製品の生産工場の建設に着手。カンボジアで建設中の衣料工場は21年に稼働開始の見通し。一方、新型コロナの影響で、中国本土の工場での生産を一時的に停止した。

【株価推移】

	高値		安値	
2016年	56.000	09/22	35.600	06/29
2017年	78.200	11/22	45.800	03/02
2018年	105.000	08/31	69.900	02/09
2019年	117.800	08/13	84.200	01/03
2020年	118.900	01/20	72.350	03/19

【株価情報】

取引単位(株)	100	A株株価	—
時価総額(mHK$)	137,319.4	A株格差(倍)	—

【指標】(%)

		19/12	18/12
収益性	ROA	16.0	16.5
	ROE	20.2	20.4
	粗利益率	30.3	31.6
成長性	増収率	8.2	15.8
	増益率(営利)	—	—
	自己資本増加率	12.9	13.6
安全性	BPS(元)	16.7	14.8
	負債比率	26.5	22.9
	流動比率	367.0	368.7
	株主資本比率	79.0	80.9

【財務】(百万元)

	19/12	18/12
流動資産	20,494.2	18,140.4
総資産	31,854.9	27,552.1
流動負債	5,584.7	4,919.6
総負債	6,663.5	5,097.8
株主資本	25,172.5	22,298.7

【CF】(百万元)

	19/12	18/12
営業CF	5,604.4	4,118.7
投資CF	-3,152.3	-1,463.7
財務CF	-988.2	-1,671.2
FCF	2,452.1	2,655.1
現金同等物	5,060.9	3,565.9

【株式】(19/12/31)(百万株)

総数		1,503.2
流通	—	
	—	
		100.0 %
非流通		0.0 %

【主要株主】(19/12/31)

	(%)
協栄有限公司	44.8
富高集団有限公司	5.0

【子会社・関連会社】(19/12/31)

	(%)
寧波申洲針織有限公司	100.0
寧波大千紡織品有限公司	100.0
申洲日本株式会社	100.0

【売上・利益構成】(19/12)(%)

	売上構成比	前年比	利益構成比	前年比
スポーツウエア	72.0	14.3	—	—
カジュアルウエア	23.8	4.3	—	—
ランジェリー	3.5	-39.5	—	—

【業績】[香港会計基準](百万元)※予想：ファクトセット

【前号予想との比較】↘ 減額

	売上高	営業利益	純利益	前年比(%)	EPS(元)	1株配(HK$)	株配・無償(株)
2016/12	15,099.08	—	2,947.67	25.2	2.110	1.2000	
2017/12	18,085.25	—	3,762.72	27.7	2.580	1.4500	
2018/12	20,950.21	—	4,540.49	20.7	3.020	1.7500	
2019/12	22,665.27	—	5,095.21	12.2	3.390	1.9000	
2020/12予	23,382.63	5,509.13	4,981.06	-2.2	3.323	1.8730	【株式分割・併合等】
2021/12予	27,078.91	6,788.64	6,035.60	21.2	4.036	2.2860	
2018/6中間	9,159.90	—	2,178.87	21.1	1.450	0.8500	
2019/6中間	10,279.69	—	2,416.03	10.9	1.610	0.9000	

【本社】浙江省寧波市寧波経済技術開発区甬江路18号【TEL】86-574-86980102【URL】www.shenzhouintl.com

【役員】会長：馬建栄(Ma Jianrong)【上場】2005年11月【決算期】12月【従業員】85,700

理文造紙

リー・アンド・マン・ペーパー

理文造紙有限公司
Lee & Man Paper Manufacturing Ltd.
【指数構成銘柄】― 【その他上場】―

評価	株価	年間騰落率	最低売買価格
B	4.410 HK$	-26.1 %	60,505 円

PER		予想配当利回り	PBR
予想 6.3 倍	実績 6.0 倍	5.7 %	0.8 倍

中国の段ボール原紙メーカー 段ボール原紙やパルプを生産するほか「亨奇」ブランドでティッシュペーパーの生産も手掛ける。製紙工場は計7カ所で、内訳は広東省に2カ所、江蘇省、重慶市、江西省、ベトナム、マレーシアに各1カ所。年産能力は原紙618万トン、パルプ18万トン、ティッシュペーパー90万トン（19年末）。日本製紙グループと業務提携していたが、15年4月に解消。17年12月からMSCI中国指数の構成銘柄。

19年12月本決算：減収減益 米中貿易摩擦が逆風となる中、紙製品の需要が低迷し16%減収。関税上乗せによる原材料の供給ひっ迫で生産コストが上昇し34%減益となった。年間販売量は629万トン。製品1トン当たりの純利益は525HKドルにとどまり、前年実績比で34%減少した。全体の粗利益率は18.8%と前年から4.5ポイント悪化。売り上げが減少する一方で、販売費が5%増、財務費が2%増に膨らんだ。財務費については銀行借入の金利上昇による支払利息の増加が響いた。

今後の計画 直近では新型コロナの流行による影響が懸念材料。新たな市場の開拓に向け、東南アジアなど海外市場の開拓に力を入れる。また、ティッシュペーパー事業で生産能力の拡大を図っており、江西工場の新生産ライン（年産10万トン）の操業を開始した。

【株価推移】

	高値		安値	
2016年	7.320	09/22	3.900	01/11
2017年	10.940	09/14	5.850	03/28
2018年	9.960	01/09	6.300	12/17
2019年	7.580	02/26	3.930	08/26
2020年	6.380	03/02	4.240	03/13

【株価情報】

取引単位(株)	1,000	A株株価	
時価総額(mHK$)	19,257.6	A株格差(倍)	

【指標】(%)

		19/12	18/12
収益性	ROA	7.4	11.4
	ROE	13.6	21.1
	粗利益率	18.8	23.3
成長性	増収率	-15.7	24.7
	増益率(営利)		
	自己資本増加率	2.7	5.6
安全性	BPS(HK$)	5.4	5.3
	負債比率	73.3	84.8
	流動比率	147.6	129.9
	株主資本比率	54.6	54.1

【財務】(百万HK$)

	19/12	18/12
流動資産	12,490.8	13,280.1
総資産	43,497.4	42,776.8
流動負債	8,460.2	10,221.6
総負債	17,414.8	19,631.0
株主資本	23,759.5	23,143.1

【CF】(百万HK$)

	19/12	18/12
営業CF	4,956.1	6,134.8
投資CF	-3,521.0	-2,259.0
財務CF	-529.8	-4,027.0
FCF	1,435.1	3,875.7
現金同等物	2,919.5	2,011.9

【株式】(19/12/31)(百万株)

総数	4,366.8
流通	―
	―
	100.0%
非流通	0.0%

【主要株主】(19/12/31) (%)

李文俊	31.1
李文斌	28.9
李運強	11.6

【子会社・関連会社】(19/12/31) (%)

広東理文造紙有限公司	100.0
重慶理文造紙有限公司	100.0
江蘇理文造紙有限公司	100.0

【売上・利益構成】(19/12)(%)

	売上構成比	前年比	利益構成比	前年比
包装紙	82.5	-17.6	86.2	-35.6
ティッシュ	17.5	-5.8	13.8	-32.9
パルプ	0.0	-57.2	0.0	-71.8

【業績】[香港会計基準]（百万HK$）※予想：ファクトセット　【前号予想との比較】→ 前号並み

	売上高	営業利益	純利益	前年比(%)	EPS(HK$)	1株配(HK$)	株配・無償(株)
2016/12	18,341.68	―	2,862.74	22.8	0.626	0.2200	
2017/12	25,836.88	―	5,040.29	76.1	1.115	0.3700	
2018/12	32,208.08	―	4,880.21	-3.2	1.099	0.3500	
2019/12	27,144.21	―	3,235.61	-33.7	0.740	0.2600	
2020/12予	27,972.48	3,920.40	3,058.12	-5.5	0.696	0.2530	【株式分割・併合等】
2021/12予	30,518.29	4,266.67	3,380.46	10.5	0.773	0.2760	分割1→4(09/12)
2018/6中間	16,369.36	―	2,980.38	35.9	0.665	0.2000	
2019/6中間	12,946.83	―	1,680.08	-43.6	0.384	0.1300	

【本社】香港九龍観塘敬業街61-63号利維大厦5楼　【TEL】852-23199889　【URL】www.leemanpaper.com
【役員】会長：李文俊(Lee Man Chun Raymond)　【上場】2003年9月　【決算期】12月　【従業員】8,300

金融・証券・保険

メインボード

ハンセン

H株

中国平安保険

ピンアン・インシュアランス

中国平安保険（集団）股份有限公司
Ping An Insurance (Group) Company of China,Ltd.

【指数構成銘柄】ハンセン、中国企業　【その他上場】上海A(601318)

[02318/week/2018/11/30 - 2020/05/08]

評価	H株株価	年間騰落率	最低売買価格
B	78.600 HK$	-11.9 %	539,196 円

PER		予想配当利回り	PBR
予想 8.8 倍　実績 8.5 倍		3.2 %	1.9 倍

国内2位の生保会社 保険、銀行、投資事業を柱に総合金融サービスを手掛ける。生保は平安人寿保険、損保は平安財産保険を通じて展開。18年のシェアは生保が17.0％、損保が21.0％で、いずれも国内2位。銀行事業では11年に子会社化した平安銀行（000001）を傘下に持つ。投資事業では資産管理、証券事業などを手掛ける。フィンテック・ヘルステック事業にも積極的に投資。タイ系財閥のチャロン・ポカパンが大株主。

19年12月本決算：増収増益 保険、銀行事業がそろって好調。利益が急減したフィンテック事業の穴を埋め、経常収益と純利益がともに過去最高を更新した。特に生保部門の利益が77％増。純保険料収入が11％増と伸び、資産運用収益は2.2倍に急増した。損保部門は新車販売の低迷で自動車保険が伸び悩んだが、傷害・健康保険の拡大などで補い、保険料収入は10％増。銀行部門は貸出残高の増加と利ざや改善で資金利益が20％増。減損損失は22％増えたが、増収効果で吸収した。

最近の動向 新型コロナウイルスの感染拡大による保険金の増加はリスクだが、遠隔医療の進展は追い風。ハイテク部門を強化し、金融サービスとの融合を図る。20年1～3月期決算は経常収益が前年同期比12％減の3552億6100万元、純利益が43％減の260億6300万元。

【株価推移】

	高値		安値	
2016年	44.150	09/09	30.500	02/12
2017年	87.100	11/22	38.650	01/03
2018年	98.850	01/23	67.150	08/16
2019年	98.000	07/02	65.950	01/04
2020年	101.000	01/20	69.000	03/23

【株価情報】

取引単位(株)	500	A株株価(元) 72.970
H株時価総額(mHK$)	585,379.5	A株格差(倍) 1.0

【指標】(%)

		19/12	18/12
収益性	ROA	1.8	1.5
	ROE	22.2	19.3
	粗利益率	—	—
成長性	増収率	17.6	11.0
	増益率(営利)	11.2	17.7
	自己資本増加率	21.0	17.6
安全性	BPS(元)	36.8	30.4
	負債比率	1,094.9	1,160.7
	流動比率	—	—
	株主資本比率	8.2	7.8

【財務】(百万元)

	19/12	18/12
流動資産	—	—
総資産	8,222,929.0	7,142,960.0
流動負債	—	—
総負債	7,370,559.0	6,459,317.0
株主資本	673,161.0	556,508.0

【CF】(百万元)

	19/12	18/12
営業CF	249,445.0	206,260.0
投資CF	-380,157.0	-240,426.0
財務CF	125,077.0	31,264.0
FCF	-130,712.0	-34,166.0
現金同等物	303,466.0	308,024.0

【株式】(19/12/31)(百万株)

総数		18,280.2
流通	H株	40.7%
	A株	59.3%
		100.0%
非流通		0.0%

【主要株主】(19/12/31) (%)

Charoen Pokphand Group Co.,Ltd.	9.6
深セン市投資控股有限公司	5.3
New Orient Ventures Ltd.	3.9

【子会社・関連会社】(19/12/31) (%)

中国平安人寿保険股フン有限公司	99.5
平安銀行股フン有限公司(000001)	58.0
平安健康医療科技有限公司(01833)	39.3

【売上・利益構成】(19/12)(%)

	売上構成比	前年比	利益構成比	前年比
生命保険	54.8	25.7	61.1	76.6
損害保険	19.6	10.9	13.4	85.8
銀行	17.8	9.8	16.6	13.6

【業績】[国際会計基準](百万元) ※予想：ファクトセット 【前号予想との比較】↘ 減額

	経常収益	経常利益	純利益	前年比(%)	EPS(元)	1株配(元)	株配・無償(株)
2016/12	774,488.00	107,925.00	62,394.00	15.1	3.500	0.7500	
2017/12	974,570.00	138,762.00	89,088.00	42.8	4.990	1.5000	
2018/12	1,082,146.00	163,304.00	107,404.00	20.6	6.020	1.9200	
2019/12	1,273,091.00	181,613.00	149,407.00	39.1	8.410	2.0500	
2020/12予	818,026.30	203,300.72	145,744.28	-2.5	8.100	2.2950	【株式分割・併合等】
2021/12予	895,071.60	229,324.47	170,722.95	17.1	9.551	2.6640	
2018/6中間	587,415.00	85,075.00	58,095.00	33.8	3.260	0.6200	
2019/6中間	690,246.00	113,831.00	97,676.00	68.1	5.480	0.7500	

【登記】深セン市福田区益田路5033号平安金融中心47-48、109-112層【TEL】86-400-8866338【URL】www.pingan.cn

【役員】会長：馬明哲(Ma Mingzhe)【上場】2004年6月　【決算期】12月　【従業員】372,194

中国蒙牛乳業

チャイナ・モンニュウ・デイリー

【指数構成銘柄】ハンセン、中国企業、レッドチップ　【その他上場】―

中国蒙牛乳業有限公司
China Mengniu Dairy Co.,Ltd.

評価	株価	年間騰落率	最低売買価格
D	**27.600** HK$	**-6.4** %	**378,672** 円

PER		予想配当利回り	PBR
予想 **29.1** 倍	実績 **23.9** 倍	**0.8** %	**3.4** 倍

中国の乳製品大手 牛乳や乳飲料、ヨーグルト、アイスクリームなどを製造・販売する。中核ブランドは「蒙牛」。蘭ラボバング発表の「世界の乳業上位20社」で2017－19年ともに10位。19年末時点で国内41ヵ所のほか豪州やニュージーランドなどに生産拠点を持ち、年産能力は950万トン。国有企業の中国糧油食品集団が実質筆頭株主で、仏ダノンが2位。デンマークのアーラ・フーズとも資本提携。生乳の中国現代牧業（01117）、粉ミルクの雅士利国際（01230）を傘下に置く。

19年12月本決算：増収増益 粉ミルク製品に関連する23億6300万元に上るのれんの減損が発生したものの、子会社の石家荘君楽宝乳業の株式51％を売却し、税引き前で33億3200万元の利益を計上したことで過去最高益を更新した。事業別では、主力の牛乳・乳製品部門が増収増益と好調。うち常温製品は2桁増収。パッケージの刷新で高級ラインの「特侖蘇」が売り上げを伸ばし、製品構成が改善した。粉ミルク部門は利幅の薄い製品の生産を縮小する一方で、中高年層や妊婦向け製品の開発を強化し3割増収を達成した。

収益見通し 会社側は、新型コロナウイルスの影響で輸送経路やサプライチェーンが打撃を受け、20年6月中間決算の利益が下押しされる見通しを明らかにした。

【株価推移】

	高値		安値	
2016年	16.820	11/28	10.500	01/27
2017年	23.800	12/22	13.940	01/20
2018年	30.200	06/12	20.900	08/15
2019年	34.600	08/28	22.600	01/08
2020年	33.000	01/10	24.350	03/13

【株価情報】

取引単位（株）	1,000	A株株価	―
時価総額（mHK$）	108,606.4	A株格差（倍）	―

【指標】(%)

		19/12	18/12
収益性	ROA	5.2	4.6
	ROE	14.1	12.1
	粗利益率	37.6	37.4
成長性	増収率	14.6	14.7
	増益率（営利）	―	―
	自己資本増加率	15.5	11.5
安全性	BPS（元）	7.4	6.4
	負債比率	155.1	142.8
	流動比率	118.1	118.4
	株主資本比率	37.1	37.9

【財務】(百万元)

	19/12	18/12
流動資産	37,485.8	29,741.4
総資産	78,537.4	66,457.3
流動負債	31,733.9	25,109.1
総負債	45,190.1	35,993.0
株主資本	29,132.3	25,212.4

【CF】(百万元)

	19/12	18/12
営業CF	6,307.2	6,363.5
投資CF	-17,529.7	-4,231.7
財務CF	10,614.3	-900.3
FCF	-11,222.6	2,131.8
現金同等物	3,798.1	4,370.5

【株式】(19/12/31)(百万株)

総数	3,935.0
流通	―
	100.0%
非流通	0.0%

【主要株主】(19/12/31) (%)

中糧乳業投資有限公司	31.4
Schroders Plc	7.1
FIL Ltd.	6.9

【子会社・関連会社】(19/12/31) (%)

China Dairy Holdings	100.0
内蒙古蒙牛乳業（集団）股フン有限公司	100.0
雅士利国際控股有限公司(01230)	51.0

【売上・利益構成】(19/12)(%)

	売上構成比	前年比	利益構成比	前年比
牛乳・乳製品	85.9	14.3	100.0	9.1
粉ミルク	10.0	30.8	―	―
アイスクリーム	3.2	-5.9	―	―

【業績】 [国際会計基準] (百万元) ※予想：ファクトセット 【前号予想との比較】↘減額

	売上高	営業利益	純利益	前年比(%)	EPS（元）	1株配（元）	株割・無償（株）
2016/12	53,779.34	―	-751.16	―	-0.193	0.0890	
2017/12	60,155.62	―	2,047.84	―	0.526	0.1200	
2018/12	68,977.07	―	3,043.03	48.6	0.779	0.1810	
2019/12	79,029.86	―	4,105.44	34.9	1.049	0.1810	
2020/12予	74,276.61	3,763.01	3,388.26	-17.5	0.862	0.1900	【株式分割・併合等】
2021/12予	85,241.25	5,490.61	4,680.95	41.9	1.233	0.2760	
2018/6中間	34,474.34	―	1,562.01	38.5	0.400	―	
2019/6中間	39,857.24	―	2,076.93	33.0	0.531	―	

【本社】香港銅鑼湾告士打道262号中糧大厦32楼　【TEL】852-21809050　【URL】www.mengniuir.com
【役員】会長：陳朗(Chen Lang)　【上場】2004年6月　【決算期】12月　【従業員】37,894

中国人民財産保険

ピーアイシーシー

中国人民財産保険股份有限公司
PICC Property and Casualty Co.,Ltd.
【指数構成銘柄】中国企業　【その他上場】—

メインボード

H株

評価	H株株価	年間騰落率	最低売買価格
A	7.240 HK$	-13.3 %	198,666 円

PER		予想配当利回り	PBR
予想 6.7 倍　実績 6.0 倍		6.3 %	0.9 倍

中国の損保最大手　前身は1949年に設立された中国人民保険公司で、現在の親会社は財政部傘下で12年に香港に上場した中国人民保険（01339）。自動車保険をはじめ企業損害保険、賠償責任保険、傷害・医療保険、農業保険などを手掛け、19年の中国損害保険の市場シェアは33.2％で1位（前年は33.0％で1位）。19年末時点の運用資産は総額4648億元に上る。全国約1万4000カ所の営業拠点を持つなど広範な販売網が強み。

19年12月本決算：大幅増益　保険料収入の拡大とコスト抑制で収益性が改善した。保険料収入は前年比11％増の4332億元に拡大。一方、保険獲得のための費用が14％減り、利幅が広がった。保険料収入の内訳は新車販売の低迷で自動車保険が2％増と伸び悩んだが、部門利益は2.1倍に急増。保険料収入は傷害・医療保険が43％増、農業保険が15％増と成長したが、支払い保険金の急増でともに部門赤字に転落した。保証保険も収入が70％増に拡大したものの赤字が3.8倍に膨らんだ。

最近の動向　20年1〜3月期の単体決算（中国会計基準）は純利益が前年同期比22％増の63億5600万元だった。保険料収入は2％増の1276億4300万元。損害率と事業費率を合算した合算率は97.1％となった。1〜4月の保険料収入は前年同期比3％増の1647億2100万元。

【株価推移】

	高値		安値	
2016年	10.200	01/04	7.467	02/11
2017年	11.333	11/10	7.667	01/24
2018年	11.600	01/23	7.310	11/01
2019年	10.260	11/08	7.570	01/03
2020年	9.800	01/03	5.930	03/19

【株価情報】

取引単位(株)	2,000	A株株価	—
H株時価総額(mHK$)	49,950.9	A株格差(倍)	—

【指標】(%)

		19/12	18/12
収益性	ROA	4.1	2.8
	ROE	14.3	10.9
	粗利益率	—	—
成長性	増収率	11.4	11.0
	増益率(営利)	-3.7	-11.5
	自己資本増加率	20.1	6.3
安全性	BPS(元)	7.6	6.4
	負債比率	250.7	289.1
	流動比率	—	—
	株主資本比率	28.5	25.7

【財務】(百万元)

	19/12	18/12
流動資産	—	—
総資産	596,081.0	550,619.0
流動負債	—	—
総負債	426,127.0	409,116.0
株主資本	169,953.0	141,495.0

【CF】(百万元)

	19/12	18/12
営業CF	25,845.0	9,879.0
投資CF	941.0	-8,732.0
財務CF	-28,063.0	-2,038.0
FCF	26,786.0	1,147.0
現金同等物	32,520.0	33,797.0

【株式】(19/12/31)(百万株)

総数		22,242.8
流通	H株	31.0 %
	—	—
		31.0 %
	非流通	69.0 %

【主要株主】(19/12/31)(%)

中国人民保険集団股フン有限公司(01339)	69.0
JPMorgan Chase & Co.	2.5
The Capital Group Companies, Inc.	2.5

【子会社・関連会社】(19/12/31)(%)

人保社区保険銷售服務有限公司	100.0
海口人保財険培訓中心有限責任公司	100.0
人保汽車保険銷售服務有限公司	90.0

【売上・利益構成】(19/12)(%)

	売上構成比	前年比	利益構成比	前年比
自動車保険	60.7	1.6	95.3	110.6
傷害・医療保険	13.3	42.5	—	—
農業保険	7.1	15.2	—	—

【業績】[香港会計基準](百万元)　※予想：ファクトセット　　　　【前号予想との比較】↘ 減額

	経常収益	経常利益	純利益	前年比(%)	EPS(元)	1株配(元)	株配・無償(株)
2016/12	311,160.00	20,714.00	18,020.00	-17.5	1.215	0.3090	
2017/12	350,314.00	24,584.00	19,807.00	9.9	0.891	0.3380	10:5(無)
2018/12	388,769.00	21,757.00	15,485.00	-21.8	0.696	0.2720	
2019/12	433,175.00	20,957.00	24,282.00	56.8	1.092	0.4610	
2020/12予	453,312.88	22,690.00	21,931.95	-9.7	0.989	0.4160	【株式分割・併合等】
2021/12予	499,049.90	26,146.00	24,024.55	9.5	1.059	0.4450	
2018/6中間	205,041.00	15,601.00	12,090.00	0.1	0.544		
2019/6中間	236,036.00	14,051.00	16,821.00	39.1	0.756		

【登記】北京市朝陽区建国門外大街2号院2号楼　【TEL】86-10-85176084　【URL】www.epicc.com.cn
354 【役員】会長：繆建民(Miao Jianmin)　【上場】2003年11月　【決算期】12月　【従業員】186,787

李寧

リーニン

李寧有限公司
Li Ning Co.,Ltd.

【指数構成銘柄】— 【その他上場】—

評価	株価	年間騰落率	最低売買価格
C	26.200 HK$	87.1 %	179,732 円

PER		予想配当利回り	PBR
予想 38.4 倍 実績 38.5 倍		0.8 %	7.7 倍

中国のスポーツ用品大手 「李寧」ブランドでスポーツウエアやシューズの製造・販売に従事。「李寧」ブランドの店舗数は19年末時点で7550店。伊スポーツブランド「Lotto」の中国での独占販売権を持つほか、ピンポン用品「紅双喜」、仏アウトドア「AIGLE」、フィットネスウエア「Danskin」、バドミントン用品「凱勝」などのブランドを展開する。19年5月から、中国本土外に上場する中国企業株で構成するMSCI中国指数に採用。李会長は五輪の元体操金メダリスト。

19年12月本決算：純利益2.1倍 中国政府の支援政策によるスポーツ市場の高成長を背景に売上高が32%増加した上、粗利益率の1ポイント上昇や政府補助金の急増、利子収入の増加を受けて純利益が前年から2倍強に増えた。事業別では、3部門がそろって2桁増収。李寧ブランドの店舗数は18年末から413店の純増。直営店が減少した一方、フランチャイズ店と「李寧YOUNG」の店舗は増加した。販路別ではネット通販が全体の22.5%と構成比率が1.4ポイント上昇した。

最近の動向 20年1〜3月期の「李寧」ブランド（「李寧YOUNG」を除く）の小売売上高は前年同期と比べ20%近く減った。会社側は、新型コロナ感染の収束後に健康への意識が高まり、需要が回復すると見込む。

【株価推移】

	高値		安値	
2016年	5.970	10/24	3.070	05/31
2017年	7.520	10/06	4.500	03/29
2018年	9.990	06/13	5.480	02/09
2019年	27.650	10/17	8.130	01/04
2020年	27.700	01/17	14.800	03/19

【株価情報】

取引単位(株)	500	A株株価	—
時価総額(mHK$)	60,672.6	A株格差(倍)	—

【指標】 (%)

		19/12	18/12
収益性	ROA	11.9	8.2
	ROE	21.1	12.3
	粗利益率	49.1	48.1
成長性	増収率	32.0	18.4
	増益率(営利)	98.6	74.4
	自己資本増加率	22.4	14.7
安全性	BPS(元)	3.1	2.7
	負債比率	76.2	50.0
	流動比率	181.0	229.9
	株主資本比率	56.8	66.7

【財務】 (百万元)

	19/12	18/12
流動資産	8,539.3	6,386.3
総資産	12,547.5	8,727.3
流動負債	4,716.6	2,777.5
総負債	5,423.3	2,907.7
株主資本	7,121.6	5,817.0

【CF】 (百万元)

	19/12	18/12
営業CF	3,503.5	1,671.9
投資CF	−573.3	−482.9
財務CF	−648.6	−65.6
FCF	2,930.1	1,188.9
現金同等物	5,961.4	3,671.5

【株式】(19/12/31)(百万株)

総数	2,315.7
流通	—
	100.0%
非流通	—
	0.0%

【主要株主】(19/12/31) (%)

非凡中国控股有限公司 （08032)	17.3
BlackRock, Inc.	7.9
Schroders Plc	5.1

【子会社・関連会社】(19/12/31) (%)

李寧体育（上海）有限公司	100.0
楽途体育用品有限公司	100.0
李寧（湖北）体育用品有限公司	100.0

【売上・利益構成】(19/12)(%)

	売上構成比	前年比	利益構成比	前年比
ウエア	51.3	33.7	—	—
シューズ	43.9	32.3	—	—
アクセサリー	4.9	13.6	—	—

【業績】 [国際会計基準] (百万元) ※予想：ファクトセット　【前号予想との比較】 ↘ 減額

	売上高	営業利益	純利益	前年比(%)	EPS(元)	1株配(元)	株配・無償(株)
2016/12	8,015.29	385.81	643.25	4,395.5	0.290	—	
2017/12	8,873.91	445.68	515.16	−19.9	0.215	—	
2018/12	10,510.90	777.18	715.26	38.8	0.296	0.0878	
2019/12	13,869.63	1,543.21	1,499.14	109.6	0.619	0.1547	
2020/12予	15,129.06	1,830.42	1,536.67	2.5	0.621	0.1920	【株式分割・併合等】
2021/12予	18,538.62	2,610.52	2,113.86	37.6	0.852	0.2730	
2018/6中間	4,712.77	293.80	268.57	42.0	0.111	—	
2019/6中間	6,254.73	678.06	795.00	196.0	0.329	—	

【本社】北京市通州区中関村科技園区興光五街8号【TEL】86-10-80800808 【URL】www.lining.com
【役員】会長：李寧(Li Ning)【上場】2004年6月 【決算期】12月 【従業員】3,783

自動車・二輪

メインボード

H株

長城汽車
グレートウォール・モーター

長城汽車股份有限公司
Great Wall Motor Co.,Ltd.

【指数構成銘柄】— 　【その他上場】上海A(601633)

[02333/week(2018/11/30 - 2020/05/08)]

評価	H株株価	年間騰落率	最低売買価格
C	5.460 HK$	-8.5 %	37,456 円

PER		予想配当利回り	PBR
予想 11.4 倍　実績 10.1 倍		3.8 %	0.8 倍

ピックアップ・SUV分野のトップメーカー ピックアップ「風駿」やSUV「哈弗」など自主ブランド車を製造。17年に高級ブランド「WEY」を立ち上げた。SUVでは中国トップシェアを誇り、ピックアップ販売台数は19年まで22年連続で首位。セダンを含めた新車販売全体では国内8位。国内の生産拠点は河北省保定市や天津市など。海外ではロシア・トゥーラ州の工場が19年6月に稼働した。日米独などに技術開発センターを持つ。

19年12月本決算：減収減益 国内市場が低迷するなか、管理費用や研究開発が増加し、利益を圧迫した。新車販売台数は前年比1％増の105万8600台。車種別では、主力のSUVが4％減の85万2300台と苦戦。一方、新エネ車を含むセダンが210％増の4万1500台、ピックアップが13％増の16万4900台と好調だった。地域別では国内が1％減の99万3200台、海外が45％増の6万5400台。

今後の見通し 20年の販売目標は新型コロナの影響を反映させ前年実績比4％減の102万台に設定した。20年に少なくとも4モデル、21年に6~8モデルの投入を予定。売上拡大を狙った値引きはしない方針。20年1~3月期は売上高が前年同期比45％減の124億1600万元、純損益が6億5000万元の赤字に転落（前年同期は7億7300万元の黒字）。1~4月の販売台数は37％減の23万1200台。

【株価推移】

	高値		安値	
2016年	9.240	10/25	4.940	02/12
2017年	12.080	10/16	7.120	01/03
2018年	10.280	01/09	3.960	09/11
2019年	7.260	04/18	4.150	01/03
2020年	6.240	02/24	3.850	03/23

【株価情報】

取引単位(株)	500	A株株価(元)	8.390
H株時価総額(mHK$)	16,923.5	A株格差(倍)	1.7

【指標】(%)

		19/12	18/12
収益性	ROA	4.0	4.7
	ROE	8.3	9.9
	粗利益率	17.2	17.9
成長性	増収率	-3.0	-1.9
	増益率(営利)	-23.4	6.5
	自己資本増加率	3.6	6.9
安全性	BPS(元)	6.0	5.8
	負債比率	107.9	112.5
	流動比率	125.5	121.6
	株主資本比率	48.1	47.0

【財務】(百万元)

	19/12	18/12
流動資産	68,502.2	66,126.3
総資産	113,096.4	111,800.4
流動負債	54,599.8	54,379.4
総負債	58,697.2	59,111.8
株主資本	54,399.2	52,524.8

【CF】(百万元)

	19/12	18/12
営業CF	13,972.3	19,697.8
投資CF	-15,801.7	-10,040.4
財務CF	3,943.9	-6,500.8
FCF	-1,829.4	9,657.4
現金同等物	8,777.2	6,614.6

【株式】(19/12/31)(百万株)

総数	9,127.3	
流通	H株	34.0%
	A株	66.0%
	—	100.0%
非流通		0.0%

【主要株主】(19/12/31) (%)

保定創新長城資産管理有限公司	56.0
Citigroup Inc.	3.1
中国証券金融股フン有限公司	2.2

【子会社・関連会社】(19/12/31) (%)

保定長城華北汽車有限責任公司	100.0
重慶哈弗汽車有限公司	100.0
長城日本技研株式会社	100.0

【売上・利益構成】(19/12) (%)

	売上構成比	前年比	利益構成比	前年比
自動車販売	90.7	-5.8	82.8	-11.6
自動車部品	4.5	14.6	11.6	22.5
労務サービス	2.7	170.1	3.6	912.9

【業績】[中国会計基準](百万元) ※予想：ファクトセット　　【前号予想との比較】 ↘ 減額

	売上高	営業利益	純利益	前年比(%)	EPS(元)	1株配(元)	株配・無償(株)
2016/12	98,615.70	12,260.70	10,551.16	30.9	1.160	0.3500	
2017/12	101,169.49	5,854.15	5,027.30	-52.4	0.550	0.1700	
2018/12	99,229.99	6,232.04	5,207.31	3.6	0.570	0.2900	
2019/12	96,210.69	4,776.84	4,496.88	-13.6	0.490	0.2500	
2020/12予	92,212.99	4,226.46	3,952.74	-12.1	0.434	0.1880	【株式分割・併合等】
2021/12予	106,334.42	5,425.61	5,051.59	27.8	0.558	0.2300	
2018/6中間	48,678.45	4,354.95	3,695.80	52.7	0.400	—	
2019/6中間	41,376.68	1,779.02	1,517.17	-58.9	0.170	—	

【登記】河北省保定市朝陽南大街2266号 【TEL】86-312-2197813 【URL】www.gwm.com.cn

【役員】会長：魏建軍(Wei Jianjun) 【上場】2003年12月　【決算期】12月　【従業員】59,756

イ柴動力

ウェイチャイ・パワー

濰柴動力股份有限公司
Weichai Power Co.,Ltd.

【指数構成銘柄】― 【その他上場】深センA (000338)

評価	H株株価	年間騰落率	最低売買価格
C	14.940 HK$	21.1 %	204,977 円

PER		予想配当利回り	PBR
予想 11.3 倍 実績 11.8 倍		2.9 %	2.4 倍

自動車部品製造大手 エンジンや車軸、ギアボックスなど各種自動車部品が主力で、トラックやフォークリフトも手掛ける。山東省のほか、上海、西安、重慶、揚州などに研究開発拠点を置き、製品は110超の国・地域に販売。19年12月期の海外売上比率は41％に上る。14年にフォークリフト大手の独キオンを子会社化。18年にはカナダの燃料電池大手バラード・パワー・システムズ、19年にはモーターや電気制御の開発を手掛ける独ARADEXにそれぞれ戦略出資している。

19年12月本決算：増収増益 研究開発費が21％増えたほか、キオンの生産能力拡張で関連費用がかさんだが、3部門いずれも増収増益と好調。製品別販売台数は、エンジンが10％増の74万2000台、ギアボックスは10％増の100万2000台、子会社の陝西重型汽車を通じた大型トラックは5％増の15万3000台だった。スマート物流部門は世界的な需要の減少を受けてフォークリフトの受注台数が1％減の21万4000台にとどまったが、高価格帯製品や関連サービスの貢献で11％増収となった。

最近の動向 20年の売上高目標は前年実績比8％増の1885億元に設定。19年末時点での受注残高は384億元に上る。20年1～3月期決算は売上高が前年同期比14％減の389億9900万元、純利益が20％減の20億6400万元。

【株価推移】

	高値		安値	
2016年	6.900	12/02	3.270	01/21
2017年	10.300	11/02	5.840	05/08
2018年	12.200	06/12	7.510	10/31
2019年	16.460	12/31	8.380	01/04
2020年	17.480	01/06	11.160	03/19

【株価情報】

取引単位(株)	1,000	A株株価(元)	14.380
H株時価総額(mHK$)	29,029.0	A株格差(倍)	1.1

【指標】(%)

		19/12	18/12
収益性	ROA	3.8	4.2
	ROE	20.1	22.0
	粗利益率	21.8	22.3
成長性	増収率	9.5	5.1
	増益率(営利)	4.1	31.0
	自己資本増加率	15.0	11.6
安全性	BPS(元)	5.7	4.9
	負債比率	369.4	363.8
	流動比率	119.2	122.3
	株主資本比率	19.1	19.2

【財務】(百万元)

	19/12	18/12
流動資産	126,185.1	108,105.5
総資産	236,831.7	205,276.4
流動負債	105,876.8	88,417.1
総負債	167,057.0	143,017.0
株主資本	45,223.9	39,313.7

【CF】(百万元)

	19/12	18/12
営業CF	23,834.7	22,261.6
投資CF	-8,390.9	-7,181.4
財務CF	-7,567.2	-6,980.3
FCF	15,443.8	15,080.7
現金同等物	42,285.6	34,379.9

【株式】(19/12/31)(百万株)

総数		7,933.9
流通	H株	24.5%
	A株	53.5%
		78.0%
非流通		22.0%

【主要株主】(19/12/31)(%)

イ柴控股集団有限公司	17.7
イ坊市投資集団有限公司	3.7
中国証券金融股フン有限公司	2.1

【子会社・関連会社】(19/12/31)(%)

KION GROUP AG	45.0
陝西法士特歯輪有限責任公司	51.0
陝西重型汽車有限公司	51.0

【売上・利益構成】(19/12)(%)

	売上構成比	前年比	利益構成比	前年比
自動車・部品製造	40.2	7.1	15.8	11.5
スマート物流	38.4	11.1	29.1	9.8
エンジン	21.4	11.3	55.1	3.4

【業績】[中国会計基準](百万元) ※予想：ファクトセット

	売上高	営業利益	純利益	前年比(%)	EPS(元)	1株配(元)	株配・無償(株)
2016/12	93,183.52	4,110.58	2,441.19	72.9	0.310	0.3500	10:10(株)
2017/12	151,569.39	10,384.90	6,808.34	178.9	0.850	0.4000	
2018/12	159,255.83	13,603.73	8,657.53	27.2	1.080	0.4600	
2019/12	174,360.89	14,155.89	9,104.96	5.2	1.150	0.2860	
2020/12予	172,985.30	13,796.94	9,511.13	4.5	1.199	0.3970	【株式分割・併合等】
2021/12予	183,574.69	15,622.28	10,456.00	9.9	1.318	0.4670	
2018/6中間	82,263.91	7,077.21	4,392.59	65.8	0.550	0.1800	
2019/6中間	90,862.50	8,277.22	5,287.49	20.4	0.670	0.1500	

【前号予想との比較】 → 前号並み

【登記】山東省イ坊市高新技術産業開発区福寿東街197号甲 【TEL】86-536-2297056 【URL】www.weichaipower.com
【役員】会長兼CEO：譚旭光(Tan Xuguang) 【上場】2004年3月 【決算期】12月 【従業員】80,200

通信用機器

メインボード

京信通信系統控股

コンバ・テレコム・システムズ

京信通信系統控股有限公司
Comba Telecom Systems Holdings Ltd.
【指数構成銘柄】— 【その他上場】—

[02342/week(2018/11/30 - 2020/05/08)]

評価	株価	年間騰落率	最低売買価格
C	3.190 HK$	85.5 %	87,534 円

PER		予想配当利回り	PBR
予想 26.4 倍 実績 51.5 倍		1.3 %	2.3 倍

広州拠点の通信設備メーカー 研究開発・生産・販売・サービスを一体化させたワイヤレスソリューション・プロバイダー。ワイヤレスアクセスやアンテナ、サブシステムなどを手掛ける。地元広州のほか南京や米国に研究拠点を保有。製品出荷先は80カ国以上。顧客別売上比率は中国移動集団が30％、中国聯通集団が15％、中国電信集団が11％（19年通期）。17年にはラオス3位の国有通信キャリアETLの株式51％を取得。

19年12月本決算：黒字転換 通信ネットワークの拡大や5G商用化が進む中、売り上げは安定成長を維持した。特に聯通向けが64％増と大きく伸びたほか、中国鉄塔（00788）や鉄道事業者など非通信キャリア向けは約3割増。5G関連新製品の投入が寄与し、粗利益率は4.9％改善した。組織構成や人員の最適化も奏功。販売費が5％、管理費が8％それぞれ減少した。5Gに向けた準備で前年に大きく膨らんだ研究開発費は約2％減。

今後の見通し 5Gインフラ整備が続く中、会社側は基地局アンテナ分野で巨大な成長余地を見込むほか、室内の通信容量の向上に対応する極小基地局や特注アンテナも大きな商機があるとみる。海外事業については5G分野で通信設備大手との提携を深めると同時に、4Gが進んでいない地域で積極的に受注を拡大する方針。

【株価推移】

	高値		安値	
2016年	1.600	10/19	0.868	02/12
2017年	1.810	11/27	1.020	05/23
2018年	1.630	01/04	1.020	04/18
2019年	2.440	02/25	1.270	01/02
2020年	3.830	03/05	2.150	01/06

【株価情報】

取引単位(株)	2,000	A株株価	—
時価総額(mHK$)	7,930.3	A株格差(倍)	—

【指標】(%)

		19/12	18/12
収益性	ROA	1.4	—
	ROE	4.4	—
	粗利益率	30.7	25.8
成長性	増収率	2.1	1.8
	増益率(営利)	—	—
	自己資本増加率	5.6	-13.0
安全性	BPS(HK$)	1.4	1.4
	負債比率	210.3	228.7
	流動比率	151.6	125.3
	株主資本比率	31.0	29.0

【財務】(百万HK$)

	19/12	18/12
流動資産	8,173.1	8,725.3
総資産	11,177.1	11,302.6
流動負債	5,390.2	6,963.0
総負債	7,280.1	7,497.0
株主資本	3,461.2	3,278.2

【CF】(百万HK$)

	19/12	18/12
営業CF	709.6	825.6
投資CF	-418.8	-327.3
財務CF	-310.2	289.4
FCF	290.8	498.3
現金同等物	1,867.2	1,893.9

【株式】(19/12/31)(百万株)

総数	2,486.0
流通	—
	—
	100.0 %
非流通	0.0 %

【主要株主】(19/12/31)(%)

霍東齢	29.6
張躍軍	10.0

【子会社・関連会社】(19/12/31)(%)

京信通信系統(中国)有限公司	100.0
京信通信技術(広州)有限公司	100.0
ETL Co., Ltd.	51.0

【売上・利益構成】(19/12)(%)

	売上構成比	前年比	利益構成比	前年比
無線通信機器	97.3	2.7	63.9	—
通信サービス	2.7	-15.7	36.1	—

【業績】[香港会計基準](百万HK$) ※予想：ファクトセット　【前号予想との比較】↘減額

	売上高	営業利益	純利益	前年比(%)	EPS(HK$)	1株配(HK$)	株配・無償(株)
2016/12	5,954.33	—	152.26	-28.5	0.062	0.0230	10:1(無)
2017/12	5,563.73	—	27.37	-82.0	0.011	—	
2018/12	5,663.31	—	-171.38	—	-0.071	—	
2019/12	5,779.92	—	151.75	—	0.062	0.0220	
2020/12予	7,046.04	199.81	295.85	95.0	0.121	0.0400	【株式分割・併合等】
2021/12予	9,210.83	523.87	438.12	48.1	0.178	0.0700	
2018/6中間	2,493.73	—	21.03	-77.7	0.009	—	
2019/6中間	2,751.22	—	82.21	291.0	0.034	0.0100	

【本社】香港大埔香港科学園科技大道西8号東翼611 【TEL】852-26366861 【URL】www.comba-telecom.com

【役員】会長：霍東齢(Fok Tung Ling) 【上場】2003年7月 【決算期】12月 【従業員】6,000

太平洋航運
パシフィック・ベイスン・シッピング

太平洋航運集団有限公司
Pacific Basin Shipping Ltd.
【指数構成銘柄】— 【その他上場】—

評価	株価	年間騰落率	最低売買価格
D	0.960 HK$	-35.6 %	13,171 円

PER		予想配当利回り	PBR
予想 31.0 倍 実績 22.5 倍		0.5 %	0.5 倍

ドライバルク主体の海運会社 アジア太平洋地域のドライバルク（ばら積み船）事業が中核。スポット用船から数量運送契約まで広範なサービスを手掛ける。取扱貨物は農産物、建材、化学肥料、石炭、セメントなど。20年1月末時点の船隊は計200隻。内訳はハンディ型（載貨重量2万5000－4万2000トン未満）117隻、スープラマックス型（4万2000－6万5000トン未満）81隻、パナマックス型（6万5000トン超）2隻。15年にRORO船事業から撤退。えい航船も17年までに売却した。

19年12月本決算：減収減益 バルク海運市況の悪化で6割超の減益。ブラジルの鉱山ダム決壊や豪州の異常気象による鉄鉱石貿易の減退などを背景に商品の輸送需要が低迷した。1日当たりTCE（用船収入から航海関連コストを差し引いたもの）はハンディ型が9630米ドル、スープラマックス型が1万1720米ドル、前年実績をともに4％下回った。自社保有船舶を拡充したことでコストが増加。利益貢献はハンディ型が35％減、スープラマックス型が45％減に落ち込んだ。

最近の動向 20年1－3月期のTCEはハンディ型が12％減の8020米ドル、スープラマックス型が9％増の1万1310米ドル。新型コロナの流行で業況が悪化した一方、農産物や建材などのバルク輸送需要の拡大が支えた。

【株価推移】

	高値		安値	
2016年	1.440	11/24	0.700	06/27
2017年	2.030	09/21	1.240	01/03
2018年	2.430	03/01	1.430	12/31
2019年	1.870	10/29	1.320	06/04
2020年	1.670	01/03	0.840	03/23

【株価情報】

取引単位(株)	1,000	A株株価	—
時価総額(mHK$)	4,525.3	A株格差(倍)	—

【指標】(%)

		19/12	18/12
収益性	ROA	1.0	3.1
	ROE	2.0	5.9
	粗利益率	4.6	5.3
成長性	増収率	-0.4	7.0
	増益率(営利)	—	—
	自己資本増加率	3.6	6.0
安全性	BPS(US$)	0.3	0.3
	負債比率	87.6	92.2
	流動比率	123.5	136.7
	株主資本比率	53.3	52.0

【財務】(百万US$)

	19/12	18/12
流動資産	386.9	522.6
総資産	2,394.2	2,366.2
流動負債	313.2	382.2
総負債	1,118.3	1,135.0
株主資本	1,275.9	1,231.2

【CF】(百万US$)

	19/12	18/12
営業CF	217.0	189.6
投資CF	-143.9	-116.8
財務CF	-202.1	30.0
FCF	73.1	72.7
現金同等物	200.2	329.2

【株式】(19/12/31)(百万株)

総数	4,713.4	
流通	—	
	—	
		100.0%
非流通		0.0%

【主要株主】(19/12/31)(%)

Citigroup Inc.	5.5

【子会社・関連会社】(19/12/31)(%)

PB Vessels Holding Ltd.	100.0
PB Management Holding Ltd.	100.0
Pacific Basin Chartering Ltd.	100.0

【売上・利益構成】(19/12)(%)

	売上構成比	前年比	利益構成比	前年比
海運	100.0	-0.4	100.0	-65.2

【業績】[香港会計基準](百万US$) ※予想：ファクトセット 【前号予想との比較】↓ 大幅減額

	売上高	営業利益	純利益	前年比(%)	EPS(US$)	1株配(HK$)	株配・無償(株)
2016/12	1,087.37	—	-86.55		-0.026	—	1:1@0.6HK$
2017/12	1,488.02		3.61		0.001		
2018/12	1,591.56		72.28	1,902.3	0.016	0.0620	
2019/12	1,585.90		25.12	-65.2	0.006	0.0210	
2020/12予	1,557.34	55.44	27.46	9.3	0.004	0.0050	【株式分割・併合等】
2021/12予	1,683.39	93.32	63.86	132.6	0.011	0.0620	
2018/6中間	795.64		30.75		0.007	0.0250	
2019/6中間	767.14		8.22	-73.3	0.002	—	

【本社】香港黄竹坑香葉道二号One Island South 31楼【TEL】852-22337000【URL】www.pacificbasin.com
【役員】会長：David Muir Turnbull【上場】2004年7月 【決算期】12月 【従業員】4,245

機械

H株

上海集優機械

シャンハイ・プライム・マシナリー

上海集優機械股份有限公司
Shanghai Prime Machinery Co.,Ltd.
【指数構成銘柄】 ― 　【その他上場】 ―

評価	H株株価	年間騰落率	最低売買価格
―	**0.590** HK$	**-45.9** %	**16,190** 円

	PER		予想配当利回り	PBR
予想 ―	実績 **7.2** 倍		―	**0.2** 倍

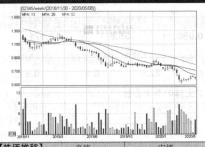

【株価推移】

	高値		安値	
2016年	1.780	10/25	0.940	01/22
2017年	1.830	08/09	1.330	01/04
2018年	1.770	01/25	1.000	09/18
2019年	1.250	03/18	0.740	08/16
2020年	0.870	01/09	0.510	03/23

【株価情報】

取引単位(株)	2,000	A株株価	
H株時価総額(mHK$)	537.9	A株格差(倍)	―

【指標】(%)

		19/12	18/12
収益性	ROA	1.3	2.9
	ROE	3.1	6.8
	粗利益率	18.9	19.7
成長性	増収率	-7.0	6.5
	増益率(営利)	―	―
	自己資本増加率	0.8	16.9
安全性	BPS(元)	2.4	2.4
	負債比率	131.7	133.8
	流動比率	152.7	151.0
	株主資本比率	43.0	42.6

【財務】(百万元)

	19/12	18/12
流動資産	5,231.8	5,460.2
総資産	9,644.3	9,658.2
流動負債	3,426.7	3,616.2
総負債	5,459.9	5,501.3
株主資本	4,145.7	4,111.4

【CF】(百万元)

	19/12	18/12
営業CF	612.0	507.4
投資CF	-245.2	-146.0
財務CF	-235.9	-9.9
FCF	366.8	361.4
現金同等物	1,276.3	1,148.6

【株式】(19/12/31)(百万株)

	総数	1,725.9
流通	H株	52.8%
		―
		52.8%
	非流通	47.2%

上海電気集団の部品製造子会社 上海電気集団（02727）の子会社で、留め金具、タービンブレード、ベアリング、切削工具など精密部品を製造する。留め金具事業では14年にオランダのネドシュロフを買収し、自動車向けが部門売上高の8割超（19年通期）。17年に高性能留め金具を手掛ける独CPテックを買収した。タービンブレードは発電機・航空機向けが中心。中国のほか、欧米など世界14カ国に拠点を置く。

19年12月本決算：大幅減益 計7590万元に上る一過性費用（事業買収の検討費用、借入金の繰り上げ償還に絡む会計処理、欧州事業の幹部刷新に伴う費用など）が5割超の減益の主因。関連会社の売却に伴う持ち分法利益の減少も響いた。本業では、自動車市場の減速が痛手。主力の留め金具事業では生産縮小で製造間接費が重石となり、部門利益が8割近く縮小。一方、ベアリング事業は航空機向けが3割近い増収となるなど堅調。

今後の計画 既存事業で製品のアップグレードを図るとともに、M&Aを通じて新規分野を開拓する方針。19年には風力発電、大型航空機、ロボットなど新興分野の事業を強化した。19年末から欧州事業立て直しの一環として現地工場の統廃合を推進。20年に合理化費用1600万元を計上し、年間2900万元のコスト削減を見込む。

【主要株主】(19/12/31) (%)

上海電気集団股フン有限公司（02727）	55.1
Citigroup Inc.	6.0

【子会社・関連会社】(19/12/31) (%)

無錫透平葉片有限公司	100.0
上海工具廠有限公司	100.0
Nedschroef Helmond B.V.	100.0

【売上・利益構成】(19/12)(%)

	売上構成比	前年比	利益構成比	前年比
留め金具	73.1	-9.5	21.7	-79.7
タービンブレード	10.7	3.4	15.8	-0.6
ベアリング	9.5	1.4	23.3	285.7

【業績】 [香港会計基準](百万元) ※予想：―

	売上高	営業利益	純利益	前年比(%)	EPS(元)	1株配(元)	株配・無償(株)
2016/12	7,644.93	―	203.40	9.5	0.144	0.0350	
2017/12	8,478.90	―	253.42	24.6	0.182	―	
2018/12	9,027.54	―	280.44	10.7	0.199	0.0410	5:1@1.3HK$
2019/12	8,394.71	―	127.37	-54.6	0.075	0.0380	
2020/12予	―	―	―	―	―	―	
2021/12予	―	―	―	―	―	―	
2018/6中間	4,713.77	―	186.25	17.3	0.134	―	
2019/6中間	4,484.72	―	114.74	-38.4	0.067	―	

【前号予想との比較】 ―

【株式分割・併合等】

【登記】上海市恒豊路600号機電大厦1501室 【TEL】86-21-64729900 【URL】www.pmcsh.com

【役員】会長：周志炎(Zhou Zhiyan) 【上場】2006年4月 【決算期】12月 【従業員】4,488

中国航空科技工業

アビチャイナ

中国航空科技工業股份有限公司
AviChina Industry & Technology Co.,Ltd.
【指数構成銘柄】― 【その他上場】―

評価	H株株価	年間騰落率	最低売買価格
D	3.050 HK$	-30.7 %	41,846 円

PER		予想配当利回り	PBR
予想 10.9 倍 実績 12.6 倍		1.3 %	0.9 倍

政府系の航空機メーカー 国務院直属の中国航空工業集団（AVIC）を筆頭株主として03年に発足した。当初の中核事業だった自動車部門はAVICへ順次売却して11年3月に撤退。代わりに航空電子事業を譲り受け、航空機・部品製造会社となった。主に「直-8」「直-9」シリーズのヘリコプターや「K8」「CJ6」シリーズの訓練機を製造。大株主のエアバスと「EC-120」、伊アグスタと「CA109」などのヘリコプターも共同製造する。

19年12月本決算：増収増益 全体の粗利益率が0.4ポイント低下したほか、研究開発の強化で管理費が17%増加したが、財務コストや法人税負担が減少し、安定成長につながった。部門別では、航空機部門が39%増収と好調。ヘリコプターと訓練機の売り上げはそれぞれ25%、232%増加した。製品構成の変化で部門粗利益率はわずかに低下したが、部門利益は32%増加した。航空機部品部門も1桁ながら増収増益を確保。航空エンジニアリング部門は22%減益と振るわなかった。

最近の動向 19年11月、ヘリコプターメーカーの中航直昇機を買収すると発表。再編を通じヘリコプター事業の拡大を推進していく方針。20年2月、無人航空機のプラットフォームに関わる研究開発や先進製造を手掛ける中航金城無人系統の株式を取得すると発表した。

【株価推移】

	高値		安値	
2016年	6.240	01/04	4.760	02/12
2017年	6.000	02/09	3.780	12/18
2018年	5.970	11/19	3.600	02/09
2019年	5.640	02/26	3.420	12/23
2020年	3.880	01/06	2.630	03/23

【株価情報】

取引単位(株)	1,000	A株株価	―
H株時価総額(mHK$)	19,047.6	A株格差(倍)	―

【指標】(%)

		19/12	18/12
収益性	ROA	1.5	1.5
	ROE	7.5	7.4
	粗利益率	21.4	21.8
成長性	増収率	17.8	9.7
	増益率(営利)	9.9	6.0
	自己資本増加率	6.6	17.9
安全性	BPS(元)	3.0	2.8
	負債比率	282.4	298.4
	流動比率	152.4	142.9
	株主資本比率	20.4	19.7

【財務】(百万元)

	19/12	18/12
流動資産	69,889.0	64,793.9
総資産	90,744.0	87,948.7
流動負債	45,849.8	45,343.0
総負債	52,194.4	51,751.4
株主資本	18,480.9	17,340.4

【CF】(百万元)

	19/12	18/12
営業CF	2,663.9	550.8
投資CF	-2,083.7	-1,535.8
財務CF	333.7	2,037.8
FCF	580.2	-985.0
現金同等物	13,059.6	12,122.4

【株式】(19/12/31)(百万株)

総数		6,245.1
流通	H株	100.0%
	―	
	―	
		100.0%
非流通		0.0%

【主要株主】(19/12/31) (%)

中国航空工業集団有限公司	56.0
Airbus Group	5.0

【子会社・関連会社】(19/12/31) (%)

中航光電科技股フン有限公司 (002179)	39.8
中航航空電子系統股フン有限公司 (600372)	43.2
江西洪都航空工業股フン有限公司 (600316)	43.8

【売上・利益構成】(19/12)(%)

	売上構成比	前年比	利益構成比	前年比
航空機部品	49.7	9.4	70.4	9.7
航空機	36.3	39.0	21.3	31.5
航空エンジニアリング	13.9	4.7	8.2	-22.2

【業績】[国際会計基準](百万元) ※予想：ファクトセット 【前号予想との比較】↘ 減額

	売上高	営業利益	純利益	前年比(%)	EPS(元)	1株配(元)	株配・無償(株)
2016/12	36,833.55	2,828.21	1,160.08	1.5	0.194	0.0200	
2017/12	32,596.71	2,913.45	1,222.28	5.4	0.205	0.0300	
2018/12	35,755.62	3,089.69	1,285.61	5.2	0.215	0.0300	
2019/12	42,119.13	3,396.77	1,376.86	7.1	0.220	0.0300	
2020/12予	46,635.52	3,718.34	1,651.13	19.9	0.254	0.0350	【株式分割・併合等】
2021/12予	52,145.23	4,186.95	1,863.22	12.8	0.288	0.0390	
2018/6中間	14,449.77	1,338.69	597.53	8.2	0.100		
2019/6中間	17,957.58	1,568.95	641.16	7.3	0.103		

【登記】北京市北京経済技術開発区西環南路26号院27号楼2層 【TEL】86-10-58354335 【URL】www.avichina.com
【役員】会長：陳元先(Chen Yuanxian) 【上場】2003年10月 【決算期】12月 【従業員】44,910

医薬・バイオ

メインボード

H株

無錫薬明康徳新薬開発

ウーシー・アプテック

無錫薬明康徳新薬開発股份有限公司
Wuxi AppTec Co.,Ltd

【指数構成銘柄】 ― 　【その他上場】上海A（603259）

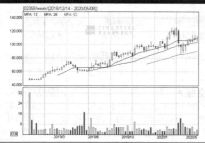

評価	H株株価	年間騰落率	最低売買価格
C	110.100 HK$	75.9 %	151,057 円

PER		予想配当利回り	PBR
予想 64.7 倍　実績 87.8 倍		0.2 %	9.5 倍

新薬開発の受託会社 創薬、研究開発、製造を一貫して請け負う世界的な大手。主に低分子医薬品が対象で、細胞治療などの分野も手掛ける。世界的な大手メーカーからバイオ医薬品メーカー、創薬ベンチャーまで多様な顧客にサービスを提供。上海に本社を置き、中国、米国、欧州などに事業拠点を展開する。地域別の売上比率は米国60％、中国23％、欧州12％（19年12月期）。18年5月に上海、同年12月に香港に上場した。

19年12月本決算／増収減益 投資している創薬ベンチャーの株価下落を受けて金融資産評価損益が前年の6億9500万元の黒字から8400万元の赤字に転落したことが減益の主因。本業は新規顧客が1200社余り増え、主要部門はそろって業績を伸ばした。中国ラボと医薬品受託製造（CMO）・受託開発製造（CDMO）は2～3割の増益を確保したほか、米国ラボは細胞・遺伝子治療CDMOサービスや医療機器テスト業務の伸びが寄与して64％増益。臨床研究・受託臨床研究（CRO）は買収効果に加え、国内の新薬治験市場の成長を追い風に5割増益。

最新動向 19年3月にA株とH株の第三者割当増資計画を発表。調達資金は海外企業の買収や製造能力の増強に充てる。20年1～3月期決算は売上高が前年同期比15％増の31億8800万元、純利益が22％減の3億300万元。

【株価推移】

	高値		安値	
2016年	—		—	
2017年	—		—	
2018年	49.071	12/13	46.393	12/13
2019年	104.100	12/17	46.857	01/07
2020年	126.000	03/06	85.050	03/19

【株価情報】

取引単位（株）	100	A株株価（元）	103.600
H株時価総額（mHK$）	18,773.6	A株格差（倍）	1.0

【指標】(%)

		19/12	18/12
収益性	ROA	6.3	10.0
	ROE	10.7	12.8
	粗利益率	38.9	39.3
成長性	増収率	33.9	23.8
	増益率（営利）	-4.3	53.7
	自己資本増加率	-2.1	178.9
安全性	BPS（元）	10.5	15.2
	負債比率	68.3	25.5
	流動比率	190.9	314.0
	株主資本比率	59.2	78.0

【財務】(百万元)

	19/12	18/12
流動資産	12,663.0	11,812.8
総資産	29,239.1	22,667.2
流動負債	6,634.4	3,762.1
総負債	11,829.4	4,502.0
株主資本	17,312.3	17,688.0

【CF】(百万元)

	19/12	18/12
営業CF	2,529.3	1,525.8
投資CF	-4,588.0	-5,162.0
財務CF	1,557.9	6,984.2
FCF	-2,058.8	-3,636.2
現金同等物	5,223.3	5,757.7

【株式】(19/12/31)（百万株）

総数		1,651.1
流通	H株	10.3%
	A株	60.9%
		71.3%
非流通		28.7%

【主要株主】(19/12/31)　(%)

李革	27.4

【子会社・関連会社】(19/12/31)　(%)

上海薬明康徳新薬開発有限公司	100.0
武漢薬明康徳新薬開発有限公司	100.0
上海合全薬業股フン有限公司	97.8

【売上・利益構成】(19/12)　(%)

	売上構成比	前年比	利益構成比	前年比
中国ラボラトリー	50.3	26.6	55.5	26.2
医薬品受託製造・受託開発製造	29.1	39.0	29.9	34.3
米国ラボラトリー	12.1	29.8	9.5	64.1

【業績】[国際会計基準]（百万元）※予想：ファクトセット　【前号予想との比較】↘減額

	売上高	営業利益	純利益	前年比(%)	EPS（元）	1株配（元）	株配・無償（株）
2016/12	6,116.13	1,441.02	974.98	179.4	1.080	—	
2017/12	7,765.26	1,689.81	1,227.09	25.9	1.310	—	
2018/12	9,613.68	2,596.40	2,260.52	84.2	1.590	0.5800	10:4(無)
2019/12	12,872.21	2,485.70	1,854.55	-18.0	1.140	0.3370	10:4(無)
2020/12予	16,174.19	3,138.96	2,544.64	37.2	1.546	0.2300	【株式分割・併合等】
2021/12予	20,644.34	4,147.42	3,372.82	32.5	2.044	0.2920	
2018/6中間	4,409.21	1,440.65	1,271.90	71.3	0.930	—	
2019/6中間	5,894.36	1,261.44	1,056.76	-16.9	0.650	—	

【登記】江蘇省無錫市濱湖区馬山五号橋　【TEL】86-21-50461111　【URL】www.wuxiapptec.com

　【役員】会長：李革(Li Ge)　【上場】2018年12月　【決算期】12月　【従業員】21,744

中国電力国際

チャイナ・パワー・インターナショナル

中国電力国際発展有限公司
China Power International Development Ltd.
【指数構成銘柄】— 【その他上場】—

[02380/week(2018/11/30-2020/05/08)]

評価	株価	年間騰落率	最低売買価格
B	**1.580** HK$	**-18.6** %	**21,678** 円

PER		予想配当利回り	PBR
予想 **6.8** 倍 実績 **11.0** 倍		**7.4** %	**0.5** 倍

中国の電力大手 中国5大発電グループの一角を占める中国電力投資集団公司の傘下で、在来型エネルギー発電事業の中核企業。江蘇省、河南省、安徽省、山西省などで火力発電所を運営するほか、水力発電、風力発電、太陽光発電も手掛ける。上海電力（600021）の大株主でもある。19年末時点の発電能力は持ち分換算で2万1113MW。うちクリーンエネルギー（水力、風力、太陽光、天然ガス）が7510MWで全体の36％を占める。

19年12月本決算：増収増益 売り上げ全体の7割弱を占める火力発電部門が堅調だったことに加え、太陽光発電や風力発電部門の拡大が安定成長につながった。火力部門は電力販売量が前年から10％増加し、価格も小幅上昇。部門利益は18％増加した。太陽光発電と風力の両部門は販売量の増加で利益がともに2倍に拡大。

最近の動向 19年末時点で建設中の権益ベースの発電能力は5410MWで、51％をクリーンエネルギーが占める。20年は新型コロナウイルスによる経済の下押し圧力を警戒。政府の経済対策を期待する一方で、コスト抑制や資産構成の改善、競争力のあるクリーンエネルギー事業などを進めていく。20年1～3月の電力販売量は前年同期比13％減の1838万MWh。うち火力が20％減、水力が8％減、風力が24％増、太陽光が37％増だった。

【株価推移】

	高値		安値	
2016年	4.185	01/04	2.513	07/08
2017年	2.980	03/21	1.930	12/06
2018年	2.310	06/04	1.490	10/29
2019年	2.110	02/04	1.600	10/03
2020年	1.710	01/03	1.150	03/19

【株価情報】

取引単位(株)	1,000	A株株価	—
時価総額(mHK$)	15,494.9	A株格差(倍)	—

【指標】(%)

		19/12	18/12
収益性	ROA	0.9	0.9
	ROE	4.2	3.7
	粗利益率	—	—
成長性	増収率	19.8	16.1
	増益率(営利)	24.2	42.0
	自己資本増加率	1.2	0.5
安全性	BPS(元)	3.1	3.1
	負債比率	313.8	274.1
	流動比率	36.5	44.5
	株主資本比率	21.6	24.0

【財務】(百万元)

	19/12	18/12
流動資産	12,979.0	13,232.8
総資産	140,289.7	124,956.7
流動負債	35,535.2	29,721.1
総負債	95,156.5	82,105.6
株主資本	30,320.1	29,949.9

【CF】(百万元)

	19/12	18/12
営業CF	5,158.2	2,784.5
投資CF	-15,816.9	-12,184.6
財務CF	10,047.8	6,676.6
FCF	-10,658.7	-9,400.1
現金同等物	1,239.1	1,855.2

【株式】(19/12/31)(百万株)

総数	9,806.9
流通	— —
	100.0%
非流通	0.0%

【主要株主】(19/12/31)

	(%)
国家電力投資集団有限公司	56.0

【子会社・関連会社】(19/12/31)

	(%)
安徽淮南平圩発電有限責任公司	60.0
平頂山姚孟発電有限責任公司	100.0
五凌電力有限公司	—

【売上・利益構成】(19/12)(%)

	売上構成比	前年比	利益構成比	前年比
火力発電	66.3	11.0	32.3	18.0
水力発電	20.5	24.6	34.5	-9.7
太陽光発電	7.5	86.1	19.2	95.9

【業績】［香港会計基準］(百万元)※予想:ファクトセット

【前号予想との比較】↘ 減額

	売上高	営業利益	純利益	前年比(%)	EPS(元)	1株配(元)	株配・無償(株)
2016/12	18,866.15	5,350.58	2,365.87	-43.0	0.300	0.1600	
2017/12	19,966.81	3,108.45	795.27	-66.4	0.100	0.0810	3:1@1.82HK$
2018/12	23,175.63	4,414.34	1,098.36	38.1	0.110	0.1100	
2019/12	27,763.29	5,481.34	1,284.53	16.9	0.130	0.1300	
2020/12予	28,482.26	7,092.87	2,071.96	61.3	0.211	0.1060	【株式分割・併合等】
2021/12予	32,799.19	9,104.23	2,943.01	42.0	0.300	0.1510	
2018/6中間	10,824.17	2,132.50	606.39	42.6	0.060	—	
2019/6中間	13,843.96	3,714.59	976.74	61.1	0.100	—	

【登記】香港湾仔港湾道18号中環広場63層6301室 【TEL】852-28023861 【URL】www.chinapower.hk
【役員】会長：田鈞(Tian Jun) 【上場】2004年10月 【決算期】12月 【従業員】10,444

その他製造

メインボード　ハンセン

舜宇光学科技

サニー・オプティカル・テクノロジー

舜宇光学科技（集団）有限公司
Sunny Optical Technology (Group) Co.,Ltd.

【指数構成銘柄】ハンセン、中国企業　【その他上場】―

評価	株価	年間騰落率	最低売買価格
C	**115.700** HK$	**27.6** %	**158,740** 円

PER		予想配当利回り	PBR
予想 **24.6** 倍　実績 **28.8** 倍		**0.9** %	**9.2** 倍

中国の光学部品メーカー 光学部品と光電子工学製品、光学機器を製造する。主力製品は携帯端末用レンズセットと車載レンズセット、携帯端末用カメラモジュール、3D光電子光学製品、監視カメラ。スマートフォンやデジタルカメラ、車載イメージングシステム、監視システムなどに向け供給する。顕微鏡や光学測定機器も手掛ける。19年の地域別売上比率は中国本土82％、その他アジア13％、欧州2％、北米2％。

19年12月本決算：大幅増益 中国でのスマホ出荷数は減少したが、複数のカメラを搭載する機種が増え、レンズやカメラ部品の需要が拡大した。携帯端末用レンズセットの出荷量が41％増、携帯端末用カメラモジュールが28％増、車載レンズセットが25％増。全体の粗利益率は1.6ポイント改善。特に光学部品事業の粗利益率が3.7ポイント上昇し、部門利益が42％増えた。光電子工学製品事業は売上高が47％増、利益が107％増。

今後の見通し 中国での新型コロナウイルスの感染拡大で浙江省と広東省、河南省の生産拠点で支障が出たが、3月半ばには稼働率が通常水準に回復した。今後は需要動向やサプライチェーンの維持などが焦点。20年1－3月のレンズセット出荷量は前年同期比37％増、車載用が15％増。携帯端末用カメラモジュールは43％増。

【株価推移】

	高値		安値	
2016年	42.900	08/31	14.840	01/14
2017年	152.600	11/14	33.300	01/03
2018年	174.900	06/12	61.450	10/30
2019年	149.000	12/17	58.550	01/04
2020年	149.200	01/14	90.000	03/19

【株価情報】

取引単位（株）	100	A株株価	―
時価総額（mHK$）	126,905.5	A株格差（倍）	―

【指標】(%)

		19/12	18/12
収益性	ROA	13.0	10.9
	ROE	31.8	27.0
	粗利益率	20.5	18.9
成長性	増収率	46.0	15.9
	増益率（営利）	―	―
	自己資本増加率	35.9	23.3
安全性	BPS（元）	11.4	8.4
	負債比率	143.1	146.9
	流動比率	177.7	193.2
	株主資本比率	40.9	40.4

【財務】(百万元)

	19/12	18/12
流動資産	22,446.0	16,768.4
総資産	30,693.1	22,852.1
流動負債	12,630.4	8,677.4
総負債	17,966.9	13,564.0
株主資本	12,552.9	9,234.1

【CF】(百万元)

	19/12	18/12
営業CF	4,661.6	3,567.9
投資CF	-3,555.8	-5,499.3
財務CF	-1,441.4	2,956.8
FCF	1,105.9	-1,931.4
現金同等物	1,917.2	2,254.3

【株式】(19/12/31) (百万株)

総数		1,096.8
流通	―	
	―	
	―	
		100.0%
非流通		0.0%

【主要株主】(19/12/31) (%)

舜基有限公司	35.5

【子会社・関連会社】(19/12/31) (%)

浙江舜宇光学有限公司	100.0
寧波舜宇光電信息有限公司	100.0
舜宇日本株式会社	55.0

【売上・利益構成】(19/12)

	売上構成比	前年比	利益構成比	前年比
光電子工学製品	71.8	46.7	27.4	107.0
光学部品	27.2	80.9	71.8	42.3
光学機器	1.0	33.6	0.9	119.1

【業績】［香港会計基準］(百万元) ※予想：ファクトセット　　【前号予想との比較】➡ 前号並み

	売上高	営業利益	純利益	前年比(%)	EPS（元）	1株配（元）	株配・無償（株）
2016/12	14,611.78	―	1,270.75	66.8	1.176	0.2900	
2017/12	22,366.25	―	2,901.55	128.3	2.668	0.6610	
2018/12	25,931.85	―	2,490.87	-14.2	2.279	0.5680	
2019/12	37,848.70	―	3,991.30	60.2	3.648	0.7280	
2020/12予	44,190.02	5,345.44	4,677.96	17.2	4.281	0.9260	【株式分割・併合等】
2021/12予	53,032.89	6,873.88	6,050.20	29.3	5.537	1.1970	
2018/6中間	11,976.35	―	1,179.79	1.8	1.080	―	
2019/6中間	15,574.92	―	1,431.18	21.3	1.308	―	

【本社】浙江省餘姚市舜宇路66-68号　【TEL】86-574-62538080　【URL】www.sunnyoptical.com

【役員】会長：葉遼寧(Ye Liaoning)　【上場】2007年6月　【決算期】12月　【従業員】20,180

中石化煉化工程（集団）

シノペック・エンジニアリング

中石化煉化工程（集団）股份有限公司
Sinopec Engineering (Group) Co.,Ltd.
【指数構成銘柄】― 【その他上場】―

[02386/week/(2018/11/30 - 2020/05/08)]

評価	H株株価	年間騰落率	最低売買価格
B	3.610 HK$	-50.9 %	24,765 円

PER		予想配当利回り	PBR
予想 6.3 倍　実績 6.7 倍		9.1 %	0.5 倍

中国の石化プラント最大手 国有企業の中国石油化工集団傘下で、石油精製や石油化学、石炭化学の生産施設の調査、コンサルティング、設計、建設を手掛ける。中国の製油・石化プラントの設計・建設では最大手クラス。大型プロジェクトのEPC（設計・調達・建設）などの一括受注を得意とし、売上高に占めるEPC部門の割合は62％（19年12月期）。国内業務の売上比率は81％で、海外では中東や東南アジアで事業を展開。

19年12月本決算：増収増益 事業の2本柱であるEPCと建設の両部門がともに2桁の増収を達成。EPCは大型プロジェクト（中科精製案件や中化泉州エチレン案件など）の進行に伴う完工量の増加が業績を後押しした。建設も好調で、部門損益は黒字転換した。地域別では海外市場が4％減収も、中国市場は15％増収となった。期中の新規受注は3％増の523億1900万元、受注残高は949億9400万元と19年売上高の1.8倍に相当。全体の粗利益率は10.5％とほぼ前年並みとなった。

最近の動向 新型コロナの感染拡大が世界経済に打撃を与えており、業績への影響も予想されるとしている。ただ、中国市場は巨大であり、長期的な成長トレンドは変わらないとみる。20年の新規受注目標は国内460億元、海外15億米ドルに設定した。

【株価推移】

	高値		安値	
2016年	7.400	04/29	5.550	02/29
2017年	8.580	03/21	6.030	01/20
2018年	9.180	10/02	6.150	12/28
2019年	7.990	03/27	4.370	11/13
2020年	4.990	01/16	2.520	03/19

【株価情報】

取引単位(株)	500	A株株価	―
H株時価総額(mHK$)	5,273.5	A株格差(倍)	―

【指標】(%)

		19/12	18/12
収益性	ROA	3.2	2.4
	ROE	8.0	6.5
	粗利益率	10.5	11.0
成長性	増収率	11.1	29.9
	増益率(営利)	40.5	29.1
	自己資本増加率	5.0	1.5
安全性	BPS(元)	6.2	5.9
	負債比率	148.9	172.8
	流動比率	160.4	152.0
	株主資本比率	40.2	36.7

【財務】(百万元)

	19/12	18/12
流動資産	60,616.8	63,838.0
総資産	67,873.7	70,872.7
流動負債	37,791.7	41,998.8
総負債	40,603.2	44,889.6
株主資本	27,266.0	25,978.6

【CF】(百万元)

	19/12	18/12
営業CF	300.0	6,104.2
投資CF	-5,890.0	24.0
財務CF	-1,505.0	-1,179.2
FCF	-5,589.9	6,128.1
現金同等物	9,935.3	16,997.7

【株式】(19/12/31)(百万株)

総数		4,428.0
流通	H株	33.0 %
	―	
		33.0 %
非流通		67.0 %

【主要株主】(19/12/31)

	(%)
中国石油化工集団有限公司	67.0
JPMorgan Chase & Co.	5.6
Pandanus Associate Inc.	2.6

【子会社・関連会社】(19/12/31)

	(%)
中国石化工程建設有限公司	100.0
中石化洛陽工程有限公司	100.0
中石化上海工程有限公司	100.0

【売上・利益構成】(19/12)(%)

	売上構成比	前年比	利益構成比	前年比
EPC	62.1	11.3	82.3	7.6
建設	32.9	19.6	14.4	―
設計・コンサル	4.4	-20.8	1.4	-28.4

【業績】 [国際会計基準](百万元) ※予想：ファクトセット

	売上高	営業利益	純利益	前年比(%)	EPS(元)	1株配(元)	株配・無償(株)
2016/12	39,402.33	1,942.26	1,670.89	-49.6	0.380	0.1500	
2017/12	36,208.72	1,112.27	1,129.97	-32.4	0.260	0.2000	
2018/12	47,019.02	1,435.53	1,679.47	48.6	0.380	0.2240	
2019/12	52,261.05	2,017.01	2,183.46	30.0	0.490	0.3200	
2020/12予	56,131.84	2,296.46	2,404.22	10.1	0.524	0.2990	
2021/12予	57,413.17	2,519.40	2,609.74	8.5	0.570	0.3120	
2018/6中間	18,335.88	997.85	1,107.57	32.7	0.250	0.1000	
2019/6中間	22,682.02	1,101.14	1,198.69	8.2	0.270	0.1080	

【前号予想との比較】 ↘ 減額

【株式分割・併合等】

【登記】北京市朝陽区勝古中路勝古家園8号楼 【TEL】86-10-56730522 【URL】www.segroup.cn
【役員】会長：俞仁明(Yu Renming) 【上場】2013年5月 【決算期】12月 【従業員】17,450

メインボード　ハンセン　レッドチップ

中銀香港（控股）

ビーオーシー・ホンコン

中銀香港（控股）有限公司
BOC Hong Kong (Holdings) Ltd.

【指数構成銘柄】ハンセン　【その他上場】ADR

[02388/week/(2018/11/30 - 2020/05/08)]

評価	株価	年間騰落率	最低売買価格
B	24.050 HK$	-29.7 %	164,983 円

PER		予想配当利回り	PBR
予想 9.1 倍　実績 7.9 倍		5.7 %	0.9 倍

中国銀行の香港子会社　中国銀行（03988）グループに属する香港10行を統合して01年に発足。主要子会社の中国銀行（香港）は発券銀行3行の一つ。香港で約200支店を展開する人民元決済銀行。親会社の中国銀行との事業重複解消のため16年5月に子会社の南洋商業銀行、17年3月に集友銀行を売却。代わりに東南アジア事業を譲り受け、香港とASEANに注力する体制を整えた。

19年12月本決算：純利益横ばい　香港の反政府デモ激化が響いた。政情不安で証券・ファンド関連やクレジットカード関連の手数料が減り、役務取引等利益は前年比3%減。資金利益は3%増の405億2300万HKドルと伸び悩んだ。純保険料収入は30%増と伸びたが、支払保険金が41%増と保険料収入の伸び率を上回った。資産の質もやや悪化し、減損損失は63%増の20億2200万HKドルに拡大。不良債権比率は0.19%から0.23%に上昇した。事業別では個人向け銀行部門と法人向け部門、トレジャリー部門が小幅ながら増収増益を達成。

最近の動向　20年4月、ミャンマー中央銀行からヤンゴン支店の開設に向け基本認可を取りつけた。東南アジア全域に営業網を構築する。20年1～3月期は減損損失計上前の純経常収益が前年同期比3%増の148億8700万HKドル、業務純益が3%増の112億1600万HKドル。

【株価推移】

	高値		安値	
2016年	29.850	12/08	18.820	02/12
2017年	40.500	08/28	27.650	01/03
2018年	42.150	01/24	28.500	11/13
2019年	35.900	05/03	25.050	10/10
2020年	28.900	01/17	20.300	03/23

【株価情報】

取引単位（株）	500	A株株価	
時価総額(mHK$)	254,275.4	A株格差（倍）	

【指標】(%)

		19/12	18/12
収益性	ROA	1.1	1.1
	ROE	11.5	12.5
	粗利益率		
成長性	増収率	17.7	1.5
	増益率（営利）	4.4	11.7
	自己資本増加率	8.3	5.5
安全性	BPS(HK$)	26.4	24.4
	負債比率	975.2	1,037.0
	流動比率	—	—
	株主資本比率	9.2	8.7

【財務】(百万HK$)

	19/12	18/12
流動資産	—	—
総資産	3,026,056.0	2,956,004.0
流動負債	—	—
総負債	2,718,564.0	2,670,631.0
株主資本	278,783.0	257,536.0

【CF】(百万HK$)

	19/12	18/12
営業CF	-268,703.0	266,347.0
投資CF	-3,309.0	-3,346.0
財務CF	-18,465.0	1,189.0
FCF	-272,012.0	263,001.0
現金同等物	331,652.0	626,126.0

【株式】(19/12/31) (百万株)

総数	10,572.8
流通	—
	—
	100.0%
非流通	0.0%

【主要株主】(19/12/31) (%)

中国銀行股フン有限公司（03988）	66.1

【子会社・関連会社】(19/12/31) (%)

中国銀行（香港）有限公司	100.0
中銀信用卡（国際）有限公司	100.0
中銀集団人寿保険有限公司	51.0

【売上・利益構成】(19/12)(%)

	売上構成比	前年比	利益構成比	前年比
保険業務	27.7	54.0	1.8	-25.3
個人向け銀行業務	26.1	11.2	27.9	8.9
法人向け銀行業務	24.7	9.2	38.5	6.1

【業績】[香港会計基準] (百万HK$) ※予想：ファクトセット

【前号予想との比較】↘減額

	経常収益	業務純益	純利益	前年比(%)	EPS(HK$)	1株配(HK$)	株配・無償（株）
2016/12	53,970.00	29,482.00	55,876.00	107.1	5.285	1.8800	
2017/12	66,727.00	34,103.00	31,163.00	-44.2	2.948	1.3980	
2018/12	67,744.00	38,087.00	32,070.00	2.9	3.033	1.4680	
2019/12	79,736.00	39,755.00	32,164.00	0.4	3.044	1.5370	
2020/12予	54,456.88	45,752.33	28,574.90	-11.2	2.646	1.3780	【株式分割・併合等】
2021/12予	56,655.46	47,394.33	30,548.61	6.9	2.790	1.4350	
2018/6中間	33,848.00	20,258.00	17,561.00	0.4	1.661	0.5450	
2019/6中間	40,606.00	20,848.00	17,254.00	-1.7	1.632	0.5450	

【登記】香港花園道1号中銀大厦53楼　【TEL】852-28462700　【URL】www.bochk.com

　【役員】会長：劉連軻(Liu Liange)　【上場】2002年7月　【決算期】12月　【従業員】14,668

中銀航空租賃

ビーオーシー・アビエーション

中銀航空租賃有限公司
BOC Aviation Ltd.

【指数構成銘柄】— 【その他上場】—

評価	株価	年間騰落率	最低売買価格
A	48.950 HK$	-24.2 %	67,159 円

PER		予想配当利回り	PBR
予想 5.7 倍　実績 6.3 倍		6.1 %	1.0 倍

航空機リース大手　中国銀行（03988）の傘下で航空機リース事業を手掛ける。19年末時点で世界41カ国の航空会社93社を顧客とする。運用機材はエアバスA320やボーイング737など523機（うち317機は自社所有）で、平均機齢は3.1年、平均リース残存期間は8.4年。機材稼働率は99.6％。シンガポール本社のほか、アイルランド、英国、米国、中国天津に拠点を置く。

19年12月本決算：増収増益　営業収益の9割近くを占めるリース料収入が前年比11％増となり、業績伸長に貢献した。18年に追加した運用機材の通年貢献に加え、19年に追加した運用機材が業績に寄与。期中に交付を受けた機材は54機（顧客買取分も含む）。地域別のリース料収入は主力の中国が13％増、アジア大洋州が7％増、欧州が21％増と好調だった。航空機売却事業は28機を売り上げ、48％増収を達成した。

最近の動向　航空機メーカーの生産遅延に加え、新型コロナウイルスの感染拡大により世界的に旅行客が減少しており懸念材料となっている。19年末時点で、166機の新規機材調達契約を契約済み。19年のリース契約は87件。20年1～3月期の新規リース契約は38件だった。受け入れた機材は10機（受け入れと同時に顧客が買い取った1機を含む）、自社所有機の売却は3機。

【株価推移】

	高値		安値	
2016年	43.850	06/01	36.600	07/27
2017年	43.300	03/24	37.400	01/04
2018年	64.200	11/16	41.150	01/03
2019年	82.250	12/13	56.250	01/04
2020年	79.450	01/02	33.000	03/19

【株価情報】

取引単位(株)	100	A株株価	—
時価総額(mHK$)	33,971.8	A株格差(倍)	—

【指標】(%)

		19/12	18/12
収益性	ROA	3.6	3.4
	ROE	15.3	14.8
	粗利益率		
成長性	増収率	14.5	23.2
	増益率(営利)	—	28.0
	自己資本増加率	9.1	10.0
安全性	BPS(US$)	6.6	6.1
	負債比率	331.5	334.8
	流動比率	34.5	15.0
	株主資本比率	23.2	23.0

【財務】(百万US$)

	19/12	18/12
流動資産	739.3	256.7
総資産	19,764.4	18,256.2
流動負債	2,140.9	1,708.5
総負債	15,183.5	14,057.2
株主資本	4,580.9	4,199.0

【CF】(百万US$)

	19/12	18/12
営業CF	1,645.4	1,722.7
投資CF	-1,931.6	-2,721.6
財務CF	315.1	999.7
FCF	-286.2	-999.0
現金同等物	251.7	222.7

【株式】(19/12/31)(百万株)

総数	694.0
流通	—
非流通	0.0%

流通 100.0%

【主要株主】(19/12/31)　(%)

中国銀行股フン有限公司（03988）	70.0
Pandanus Associates Inc.	5.0

【子会社・関連会社】(19/12/31)　(%)

BOC Aviation (USA) Corp.	100.0
BOC Aviation (UK) Ltd.	100.0
中銀航空租賃（天津）有限公司	100.0

【売上・利益構成】(19/12)(%)

	売上構成比	前年比	利益構成比	前年比
リース料収入	86.3	10.5	—	—
航空機売却益	6.8	47.9	—	—
金利・手数料	5.0	22.9	—	—

【業績】[国際会計基準](百万US$)　※予想：ファクトセット

	営業収益	営業利益	純利益	前年比(%)	EPS(US$)	1株配(US$)	株配・無償(株)
2016/12	1,193.09	689.54	418.08	21.8	0.640	0.1800	
2017/12	1,400.74	810.85	586.65	40.3	0.850	0.2958	
2018/12	1,725.60	1,038.26	620.44	5.8	0.890	0.3129	
2019/12	1,975.95		702.26	13.2	1.010	0.3541	
2020/12予	2,224.17	1,362.60	767.58	9.3	1.106	0.3870	
2021/12予	2,562.29	1,556.94	855.97	11.5	1.233	0.4320	
2018/6中間	824.53	491.30	297.02	23.7	0.430	0.1284	
2019/6中間	930.43	564.15	321.09	8.1	0.460	0.1388	

【前号予想との比較】➡ 前号並み

【株式分割・併合等】

【本社】8 Shenton Way, #18-01 Singapore 【TEL】65-63235559 【URL】www.bocaviation.com
【役員】会長：孫煜(Sun Yu)　【上場】2016年6月　【決算期】12月　【従業員】176

鉄鋼・非鉄金属

メインボード

H株

中国アルミ

チャルコ

中国鋁業股份有限公司
Aluminum Corporation of China Ltd.

【指数構成銘柄】— 【その他上場】上海A(601600)、ADR

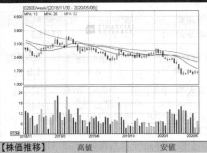

評価	H株株価	年間騰落率	最低売買価格
E	1.610 HK$	-43.3 %	44,178 円

	PER		予想配当利回り	PBR
予想 47.2 倍	実績 39.6 倍		0.0 %	0.5 倍

中国のアルミ大手 アルミ地金やアルミナの生産を手掛ける。アルミ地金は世界2位、アルミナは世界トップの生産能力を誇る。生産拠点は山西、河南、貴州、山東などで国内販売が中心。原料のボーキサイトの採掘から販売までを手掛ける一貫体制に強みを持つ。不採算のアルミ加工事業から撤退する一方、石炭の採掘や発電といったエネルギー事業に進出。19年の生産量はアルミが379万トン、アルミナが1380万トン。

19年12月本決算：増収増益 アルミやアルミナの販売増加とともにコスト圧縮が進み2割増益を確保した。主要コストのうち、輸送費の削減などで販売費が33%減少。前年に計上した合弁事業の減損損失といった特殊要因のはく落も利益押し上げにつながった。部門別では売上全体の7割近くを占める販売部門が29%増益と好調。アルミナ地金は10%の減収だったが、部門損益は前年の赤字から7億元近い黒字に転換した。

最近の動向 20年1～3月期決算（中国会計基準）は売上高が8%減の396億6600万元、純利益が93%減の3100万元。新型コロナの影響で主要製品の価格が大幅に下落した。コロナの逆風下でコストの削減や競争力の向上を急ぐ。また雲南、内モンゴル、広西での生産拡大、不採算企業の再編などで収益性の向上を進めていく。

【株価推移】

	高値		安値	
2016年	3.740	11/25	2.160	01/18
2017年	7.550	09/21	3.140	01/03
2018年	6.270	01/22	2.390	12/24
2019年	3.500	04/04	2.180	08/15
2020年	2.820	01/03	1.430	04/22

【株価情報】

取引単位(株)	2,000	A株株価(元)	2.840
H株時価総額(mHK$)	6,349.8	A株格差(倍)	1.9

【指標】(%)

		19/12	18/12
収益性	ROA	0.4	0.4
	ROE	1.6	1.3
	粗利益率	6.4	7.3
成長性	増収率	5.5	-0.4
	増益率(営利)	—	—
	自己資本増加率	4.3	32.1
安全性	BPS(元)	3.2	3.5
	負債比率	242.1	254.3
	流動比率	70.4	78.7
	株主資本比率	26.9	26.1

【財務】(百万元)

	19/12	18/12
流動資産	48,713.8	58,901.5
総資産	203,070.7	200,964.8
流動負債	69,169.7	74,836.8
総負債	132,345.6	133,295.1
株主資本	54,659.6	52,415.3

【CF】(百万元)

	19/12	18/12
営業CF	12,473.5	13,032.1
投資CF	-13,392.3	-5,529.1
財務CF	-10,474.0	-16,280.6
FCF	-918.8	7,503.0
現金同等物	7,759.2	19,130.8

【株式】(19/12/31)(百万株)

総数		17,022.7
流通	H株	23.2 %
	A株	64.4 %
	—	
		87.6 %
非流通		12.4 %

【主要株主】(19/12/31) (%)

中国アルミ業集団有限公司	29.7
華融瑞通股権投資管理有限公	4.9
中国人寿保険股フン有限公司 (02628)	4.0

【子会社・関連会社】(19/12/31) (%)

包頭アルミ業有限公司	100.0
中アルミ国際貿易有限公司	100.0
中アルミ鉱業有限公司	100.0

【売上・利益構成】(19/12)(%)

	売上構成比	前年比	利益構成比	前年比
販売事業	68.9	12.2	33.0	28.7
アルミ地金	19.7	-9.6	23.8	—
アルミナ	7.5	-2.9	29.2	-75.8

【業績】 [国際会計基準](百万元) ※予想：ファクトセット 【前号予想との比較】 ↓ 大幅減額

	売上高	営業利益	純利益	前年比(%)	EPS(元)	1株配(元)	株配・無償(株)
2016/12	144,228.92	—	368.41	147.9	0.020	—	
2017/12	181,020.43	—	1,413.03	283.5	0.087	—	
2018/12	180,241.41	—	707.46	-49.9	0.034	—	
2019/12	190,074.16	—	851.00	20.3	0.037	—	
2020/12予	186,151.05	3,695.96	495.60	-41.8	0.031	—	【株式分割・併合等】
2021/12予	190,611.52	4,951.81	1,013.44	104.5	0.060	—	
2018/6中間	82,394.35	4,194.33	821.63	11.5	0.046	—	
2019/6中間	94,940.10	3,833.38	705.76	-14.1	0.035	—	

【登記】北京市海淀区西直門北大街62号 【TEL】86-10-82298322 【URL】www.chalco.com.cn

【役員】会長：盧東亮(Lu Dongliang) 【上場】2001年12月 【決算期】12月 【従業員】65,507

中国太平洋保険
チャイナ・パシフィック・インシュアランス

中国太平洋保険（集団）股份有限公司
China Pacific Insurance (Group) Co.,Ltd.

【指数構成銘柄】中国企業　【その他上場】上海A（601601）、GDR

評価	H株株価	年間騰落率	最低売買価格
B	**24.500** HK$	**-18.5** %	**67,228** 円

PER		予想配当利回り	PBR
予想 **7.6** 倍　実績 **7.3** 倍		**5.9** %	**1.1** 倍

中国の大手総合保険会社 1991年に上海で創業し、生保、損保、資産管理が事業の3本柱。生保は中国太平洋人寿保険、損保は中国太平洋財産保険、資産管理は太平洋資産管理などを通じて展開。19年の市場シェアは生保が6.9%で3位（前年は7.7%で3位）、損保が11.4%で3位（同10.0%で3位）。香港でも損保事業を手掛ける。19年12月末の外交員数は平均79万人。19年のフォーチュン世界500社番付で199位に位置する。

19年12月本決算：大幅増益 税控除拡大による法人税の戻し入れが大幅増益の主因。税引き前利益はほぼ横ばいだったが、過去最高益を更新した。一時要因などを除いたコア利益ベースでは13%増益。総保険料収入が8%増と堅調に伸びた。全体の潜在価値（EV）は18%増えたが、生保の新契約価値は9%減少。全体の支払余力率は295%と前年末比6ポイント低下した。

最近の動向 20年1－3月期（中国会計基準）は経常収益が前年同期比4%増の1382億1100万元、純利益が53%増の83億8800万元。同期の保険料収入は2%増の1311億4800万元で、うち生保が1%減の918億7300万元、損保が10%増の390億4400万元だった。20年6月、グローバル預託証券（GDR）を発行してロンドン市場に上場し、18億1060万米ドルの資金を調達した。

【株価推移】

	高値		安値	
2016年	31.650	01/04	23.700	02/12
2017年	42.300	11/22	26.550	01/03
2018年	42.400	00/00	24.900	00/00
2019年	34.750	08/23	24.200	01/04
2020年	32.500	01/03	17.900	03/19

【株価情報】

取引単位（株）	200	A株株価（元）	29.690
H株時価総額(mHK$)	67,994.9	A株格差（倍）	1.3

【指標】(%)

		19/12	18/12
収益性	ROA	1.8	1.3
	ROE	15.5	12.0
	粗利益率		
成長性	増収率	8.4	10.6
	増益率（営利）	1.1	23.9
	自己資本増加率	19.3	8.8
安全性	BPS（元）	19.7	16.5
	負債比率	753.8	790.2
	流動比率		
	株主資本比率	11.7	11.2

【財務】(百万元)

	19/12	18/12
流動資産	—	—
総資産	1,528,333.0	1,335,959.0
流動負債	—	—
総負債	1,345,013.0	1,181,911.0
株主資本	178,427.0	149,576.0

【CF】(百万元)

	19/12	18/12
営業CF	111,795.0	89,449.0
投資CF	-96,855.0	-91,748.0
財務CF	-10,544.0	11,554.0
FCF	14,940.0	-2,299.0
現金同等物	42,546.0	38,121.0

【株式】(19/12/31)(百万株)

総数		9,062.0
流通	H株	30.6%
	A株	69.4%
		100.0%
非流通		0.0%

【主要株主】(19/12/31)

	(%)
申能（集団）有限公司	14.6
華宝投資有限公司	14.2
上海国有資産経営有限公司	5.6

【子会社・関連会社】(19/12/31)

	(%)
中国太平洋財産保険股フン有限公司	98.5
中国太平洋人寿保険股フン有限公司	98.3
太平洋資産管理有限責任公司	99.7

【売上・利益構成】(19/12)(%)

	売上構成比	前年比	利益構成比	前年比
生命保険	66.4	8.9	43.9	-3.1
損害保険	27.7	5.2	14.1	-7.0
その他	6.0	34.5	42.0	40.1

【業績】[香港会計基準](百万元) ※予想：ファクトセット

【前号予想との比較】 → 前号並み

	経常収益	経常利益	純利益	前年比(%)	EPS（元）	1株配（元）	株配・無償（株）
2016/12	266,081.00	18,511.00	12,057.00	-32.0	1.330	0.7000	
2017/12	319,405.00	24,731.00	14,662.00	21.6	1.620	0.8000	
2018/12	353,103.00	30,632.00	18,019.00	22.9	1.990	1.0000	
2019/12	382,682.00	30,983.00	27,741.00	54.0	3.060	1.2000	
2020/12予	338,698.53	33,084.20	26,850.74	-3.2	2.940	1.3120	【株式分割・併合等】
2021/12予	364,761.70	39,219.01	30,209.69	12.5	3.268	1.4110	
2018/6中間	204,302.00	14,952.00	8,254.00	26.8	0.910	—	
2019/6中間	219,132.00	15,988.00	16,183.00	96.1	1.790	—	

【登記】上海市黄浦区中山南路1号 【TEL】86-21-58767282 【URL】www.cpic.com.cn
【役員】会長：孔慶偉(Kong Qingwei) 【上場】2009年12月 【決算期】12月 【従業員】111,247

医薬・バイオ

メインボード

H株

上海医薬集団

シャンハイ・ファーマスーティカルズ

上海医薬集団股份有限公司
Shanghai Pharmaceuticals Holding Co.,Ltd.
【指数構成銘柄】— 【その他上場】上海A(601607)

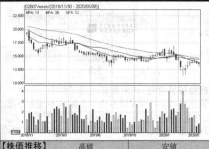

評価	H株株価	年間騰落率	最低売買価格
C	**13.500** HK$	**-15.1** %	**18,522** 円

PER		予想配当利回り	PBR
予想 **7.7** 倍　実績 **8.5** 倍		**3.7** %	**0.8** 倍

医薬品の製造・流通大手 医薬品の製造から流通までを手掛け、卸売事業は国内2位の規模。製造・小売事業でも大手の一角を占める。製薬事業では化学薬や漢方薬、バイオ薬品を生産し、循環器系や消化器系などに強みを持つ。華東地区を中心に医薬品の小売店「華氏大薬房」を展開。店舗数は19年末で2000店を超える。日本のツムラと合弁事業を展開するほか、田辺三菱製薬とは医薬品の共同研究分野で提携している。

19年12月本決算：増収増益 金融費用や法人税額の増大で1桁増益にとどまったが、本業は好調で、主力3部門がそろって2桁増収増益。売上高の8割超を占める卸売部門は2割弱の増収、3割の増益。四川国嘉の買収を通じた南西部の販売網拡充などが寄与した。製薬部門ではマーケティング強化で製品群の選別が進み、売上高1億元超の製品数が18年の31種類から35種類に増加。

最近の動向 19年10月に武田薬品工業と戦略提携を結び、潰瘍性大腸炎治療剤などの輸入を決めた。11月には製薬大手の仏サノフィと5種類の医薬品の輸入販売で合意。12月には前立腺がん治療剤の輸入販売事業でアステラス製薬と提携した。19年にはほかに、B型肝炎ワクチンの輸入で英グラクソスミスクラインと提携するなど、海外の医薬品メーカーと関係を深めている。

【株価推移】

	高値		安値	
2016年	22.350	09/08	13.380	01/21
2017年	23.600	06/29	17.640	01/03
2018年	24.550	05/29	15.800	12/28
2019年	18.500	03/07	13.040	08/15
2020年	16.900	02/18	11.300	03/19

【株価情報】

取引単位(株)	100	A株株価(元)	18.530
H株時価総額(mHK$)	12,407.5	A株格差(倍)	1.5

【指標】(%)

		19/12	18/12
収益性	ROA	3.0	3.1
	ROE	9.8	9.9
	粗利益率	13.9	13.6
成長性	増収率	17.3	21.6
	増益率(営利)	21.5	3.5
	自己資本増加率	6.8	14.6
安全性	BPS(元)	14.7	13.7
	負債比率	210.4	206.2
	流動比率	131.5	135.8
	株主資本比率	30.4	30.7

【財務】(百万元)

	19/12	18/12
流動資産	98,091.6	93,277.9
総資産	137,026.4	126,879.3
流動負債	74,607.6	68,709.8
総負債	87,640.5	80,446.1
株主資本	41,659.1	39,013.6

【CF】(百万元)

	19/12	18/12
営業CF	4,369.1	1,596.1
投資CF	-4,349.9	-7,490.9
財務CF	-906.9	8,863.5
FCF	19.2	-5,894.8
現金同等物	15,716.3	16,605.6

【株式】(19/12/31)(百万株)

総数		2,842.1
流通	H株	32.3%
	A株	67.7%
		100.0%
非流通		0.0%

【主要株主】(19/12/31)(%)

上海医薬（集団）有限公司	25.2
上海上実（集団）有限公司	7.8
中国証券金融股フン有限公司	3.0

【子会社・関連会社】(19/12/31)(%)

上薬控股有限公司	100.0
上海市薬材有限公司	100.0
正大青春宝薬業有限公司	75.0

【売上・利益構成】(19/12)

	売上構成比	前年比	利益構成比	前年比
医薬品卸売り	84.5	16.7	71.2	29.0
製薬	10.6	22.7	27.3	18.1
医薬品小売り	4.4	16.0	0.9	82.7

【業績】[香港会計基準](百万元) ※予想：ファクトセット

【前号予想との比較】 ↘ 減額

	売上高	営業利益	純利益	前年比(%)	EPS(元)	1株配(元)	株配・無償(株)
2016/12	120,764.66	4,211.02	3,196.39	11.1	1.190	0.3600	
2017/12	130,847.18	5,321.32	3,520.64	10.1	1.310	0.3800	
2018/12	159,084.40	5,505.08	3,881.06	10.2	1.370	0.4100	
2019/12	186,565.80	6,686.06	4,080.99	5.2	1.440	0.4400	
2020/12予	203,990.27	6,744.34	4,552.57	11.6	1.591	0.4590	**【株式分割・併合等】**
2021/12予	228,577.28	7,603.95	5,189.56	14.0	1.807	0.5110	
2018/6中間	75,878.69	3,288.61	2,033.31	5.6	0.720	—	
2019/6中間	92,575.23	3,593.79	2,286.36	12.4	0.800	—	

【登記】中国（上海）自由貿易試験区張江路92号【TEL】86-21-63730908【URL】www.sphchina.com
【役員】会長：周軍(Zhou Jun)【上場】2011年5月　【決算期】12月　【従業員】47,778

国泰君安証券

グオタイジュンアン・セキュリティーズ

国泰君安証券股份有限公司
Guotai Junan Securities Co.,Ltd.

【指数構成銘柄】— 【その他上場】上海A(601211)

[02611/week(2018/11/30 - 2020/05/08)]

評価	H株株価	年間騰落率	最低売買価格
B	10.520 HK$	-31.5 %	28,867 円

PER		予想配当利回り	PBR
予想 8.7 倍　実績 10.6 倍		4.5 %	0.6 倍

上海市政府系の証券大手　国泰証券と君安証券の合併で1999年に誕生した総合証券会社。小口の証券仲介業務に強みを持ち、営業収益、純利益でいずれも業界2位、総資産で業界3位（19年通期）。上海を中心に全国に37支店と448営業拠点を展開し、19年末時点で法人顧客は4万3000社、個人口座は1354万件に上る。上海市政府傘下の上海国際集団が実質筆頭株主で、香港事業は傘下の国泰君安国際（01788）を通じて展開する。

19年12月本決算：増収増益　本土相場の上昇と売買代金の増加に伴う委託売買業務、投資銀行業務の好調で2桁の増収増益を達成。商品取引収入の増加も寄与した。金利収入は信用取引収入の縮小で2%減少したが、手数料収入は委託売買業務の拡大で24%増と好調。純投資収益は主に金融資産評価損益の大幅改善で60%増加した。費用は信用減損損失の倍増などで26%膨らんだ。

最近の動向　20年1月に浙江省や広東省など計10カ所の営業拠点の設立について証券当局から認可を取得。3月には公募証券投資ファンドの投資顧問業務に関する認可も取得した。試験的措置のため資格有効期間は1年間だが、延長申請が可能。20年1～3月期決算（中国会計基準）は営業収益が前年同期比8%減の61億4500万元、純利益が39%減の18億2600万元。

【株価推移】

	高値		安値	
2016年	—		—	
2017年	18.580	10/26	14.960	05/09
2018年	21.350	01/24	14.520	09/12
2019年	19.220	02/26	10.420	08/15
2020年	15.220	02/21	9.800	05/05

【株価情報】

取引単位(株)	200	A株株価(元)	16.680
H株時価総額(mHK$)	14,642.0	A株格差(倍)	1.7

【指標】(%)

		19/12	18/12
収益性	ROA	1.5	1.5
	ROE	6.3	5.4
	粗利益率	—	—
成長性	増収率	25.0	-5.2
	増益率(営利)	23.3	-33.0
	自己資本増加率	11.4	0.3
安全性	BPS(元)	15.4	14.2
	負債比率	300.5	245.5
	流動比率	126.6	143.1
	株主資本比率	24.6	28.3

【財務】(百万元)

	19/12	18/12
流動資産	444,813.7	351,366.1
総資産	559,314.3	436,729.1
流動負債	351,422.9	245,560.0
総負債	413,220.5	303,055.7
株主資本	137,501.5	123,450.1

【CF】(百万元)

	19/12	18/12
営業CF	18,800.4	77,494.9
投資CF	-23,125.6	-25,226.9
財務CF	11,985.0	-41,651.9
FCF	-4,325.2	52,267.9
現金同等物	45,771.1	37,947.3

【株式】(2019/12/31)(百万株)

総数		8,907.9
流通	H株	15.6%
	A株	84.4%
	—	
	100.0%	
非流通	0.0%	

【主要株主】(2019/12/31) (%)

上海国際集団有限公司	31.1
深セン市投資控股有限公司	8.0
中国証券金融股フン有限公司	2.9

【子会社・関連会社】(2019/12/31) (%)

国泰君安金融控股有限公司	100.0
国泰君安期貨有限公司	100.0
国泰君安国際控股有限公司 (01788)	68.5

【売上・利益構成】(19/12)(%)

	売上構成比	前年比	利益構成比	前年比
法人向けサービス	44.6	31.9	45.5	-5.6
個人向けサービス	30.7	13.2	21.1	93.4
海外事業	10.1	57.9	7.4	44.4

【業績】 [国際会計基準] (百万元) ※予想：ファクトセット　【前号予想との比較】 ↗ 増額

	営業収益	営業利益	純利益	前年比(%)	EPS(元)	1株配(元)	株割・無償等(株)
2016/12	36,022.51	14,730.56	9,841.42	-37.3	1.210	0.3900	
2017/12	32,953.35	13,646.55	9,881.55	0.4	1.110	0.4000	
2018/12	31,229.39	9,140.80	6,708.12	-32.1	0.700	0.2750	
2019/12	39,049.65	11,270.61	8,637.04	28.8	0.900	0.3900	
2020/12予	29,746.65	13,075.56	9,816.26	13.7	1.094	0.4340	【株式分割・併合等】
2021/12予	33,799.14	15,298.94	11,502.36	17.2	1.282	0.5010	
2018/6中間	15,935.00	5,368.93	4,000.49	-15.7	0.450	—	
2019/6中間	18,318.18	6,724.14	5,020.12	25.2	0.540	—	

【登記】中国（上海）自由貿易試験区商城路618号　【TEL】86-21-38676798　【URL】www.gtja.com
【役員】会長：賀青(He Qing)　【上場】2017年4月　【決算期】12月　【従業員】15,233

371

【備考】16年の配当はA株のもの

金融・証券・保険

メインボード　ハンセン　H株

中国人寿保険

チャイナ・ライフ・インシュアランス　【指数構成銘柄】ハンセン、中国企業　【その他上場】上海A(601628)、ADR

中国人寿保険股份有限公司
China Life Insurance Co.,Ltd.

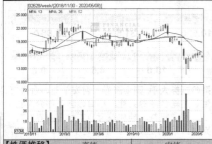

評価	H株株価	年間騰落率	最低売買価格
B	15.600 HK$	-22.4 %	214,032 円

PER		予想配当利回り	PBR
予想 8.0 倍　実績 6.9 倍		3.9 %	1.0 倍

中国の生保最大手 個人向け・団体向け生命保険業務のほか、医療保険、傷害保険などを手掛ける。19年の生保市場シェアは国内トップの18.3%。19年12月末の保険販売員は電話・ネット経由を含めて約185万人に上り、長期の保有契約数は3億300万件。運用資産は総額3兆5700億元に達し、中国最大規模の機関投資家でもある。香港上場の遠洋集団（03377）に30%、広発銀行に44%出資。子会社を通じて養老保険も手掛ける。

19年12月本決算：純利益5.1倍 総保険料収入が6%増加したほか、株式相場の上昇を受けて総資投収益が78%増と大幅に増加。政策変更に伴う税控除の拡大で税負担率が急低下したことも追い風となった。総投資収益率は前年に比べて1.95ポイント上昇。保険金等支払額の圧縮で経常費用を抑制したことも業績に寄与した。部門別では投資収益の貢献で主力の生命保険の税引き前利益が26倍に拡大。新契約価値が19%増加し、支払余力率は前年末の251%から277%に上昇した。

最近の動向 20年1-3月期決算（中国会計基準）は経常収益が前年同期比8%増の3377億7200万元、純利益が34%減の170億9000万元。同期の保険料収入は13%増の3078億元に上ったが、金融資産の評価損や保険契約の責任準備金に適用する予定割引率の変更が響いた。

【株価推移】

	高値		安値	
2016年	25.000	01/04	16.000	06/24
2017年	28.200	11/22	20.000	01/03
2018年	27.200	01/24	15.440	10/30
2019年	23.350	03/04	15.900	01/03
2020年	22.900	01/14	11.640	03/19

【株価情報】

取引単位(株)	1,000
H株時価総額(mHK$)	116,082.3
A株株価(元)	27.940
A株格差(倍)	2.0

【指標】(%)

		19/12	18/12
収益性	ROA	1.6	0.4
	ROE	14.4	3.6
	粗利益率		
成長性	増収率	16.3	-2.5
	増益率(営利)	444.5	-73.7
	自己資本増加率	26.8	-0.8
安全性	BPS(元)	14.3	11.3
	負債比率	821.6	920.7
	流動比率		
	株主資本比率	10.8	9.8

【財務】(百万元)

	19/12	18/12
流動資産	—	—
総資産	3,726,734.0	3,254,403.0
流動負債	—	—
総負債	3,317,392.0	2,931,113.0
株主資本	403,764.0	318,371.0

【CF】(百万元)

	19/12	18/12
営業CF	286,032.0	147,552.0
投資CF	-247,515.0	-238,373.0
財務CF	-36,075.0	92,963.0
FCF	38,517.0	-90,821.0
現金同等物	53,306.0	50,809.0

【株式】(19/12/31)(百万株)

総数		28,264.7
流通	H株	26.3%
	A株	73.7%
	—	100.0%
非流通		0.0%

【主要株主】(19/12/31)

	(%)
中国人寿保険（集団）公司	68.4
中国証券金融股フン有限公司	2.6
BlackRock, Inc	2.1

【子会社・関連会社】(19/12/31)

	(%)
中国人寿養老保険股フン有限公司	74.3
中国人寿資産管理有限公司	60.0
中国人寿財産保険股フン有限公司	40.0

【売上・利益構成】(19/12)(%)

	売上構成比	前年比	利益構成比	前年比
生命保険	81.3	14.5	70.9	2,502.3
医療保険	14.9	28.0	9.8	43.3
傷害保険	2.1	2.0	0.8	-1.2

【業績】[国際会計基準](百万元)※予想：ファクトセット　【前号予想との比較】→ 前号並み

	経常収益	経常利益	純利益	前年比(%)	EPS(元)	1株配(元)	株配・無償(株)
2016/12	540,781.00	22,754.00	19,127.00	-44.9	0.660	0.2400	
2017/12	643,355.00	39,129.00	32,253.00	68.6	1.130	0.4000	
2018/12	627,419.00	10,292.00	11,395.00	-64.7	0.390	0.1600	
2019/12	729,474.00	56,039.00	58,287.00	411.5	2.050	0.7300	
2020/12予	609,393.30	58,114.15	49,512.86	-15.1	1.764	0.5550	【株式分割・併合等】
2021/12予	663,064.10	68,152.35	57,897.73	16.9	2.063	0.6210	
2018/6中間	401,690.00	19,439.00	16,423.00	34.2	0.570		
2019/6中間	448,221.00	35,158.00	37,599.00	128.9	1.320		

【登記】北京市西城区金融大街16号　【TEL】86-10-63633333　【URL】www.e-chinalife.com
【役員】会長：王濱(Wang Bin)　【上場】2003年12月　【決算期】12月　【従業員】103,826

新奥能源控股

イーエヌエヌ・エナジー・ホールディングス

新奥能源控股有限公司
ENN Energy Holdings Ltd.

【指数構成銘柄】中国企業　【その他上場】—

評価	株価	年間騰落率	最低売買価格
C	**88.850** HK$	**20.2** %	**121,902** 円

PER		予想配当利回り	PBR
予想 **15.1** 倍　実績 **16.0** 倍		**2.2** %	**3.5** 倍

中国の民間ガス会社 主力事業は都市ガスの販売とガス管敷設。プロパンガス・ガス器具の販売、天然ガスの卸売事業も手掛ける。熱源や電力、蒸気を提供する統合エネルギー事業も展開。19年末現在、全国201地区で都市ガスを供給し、契約数は一般家庭2092万件、事業者14万8800件。事業者向けの1日当たりガス供給量は設計値で1億2500万立方米。ガス管総延長は5万4300km。

19年12月本決算：純利益倍増 売上高と純利益がともに過去最高を更新。顧客基盤の拡大に伴うガス販売量の増加、金融資産評価損益の黒字転換、為替差損の縮小といった要因が重なった。金融資産評価益は9億元と、前年の評価損8億元から大きく好転。特別要因を除くコア利益は18％増の52億7800万元となる。本業では都市ガス販売量が一般家庭向けで16％増の33億立方米、事業者向けで16％増の153億立方米。契約数の増加でガス管敷設部門も堅調。統合エネルギー部門は供給量が2.4倍に急増し、売上高が2.7倍、利益が3.3倍に拡大。

今後の計画 統合エネルギー事業の拡充を図る方針で、20年3月時点で22カ所のプロジェクトの建設作業が進む。1－2年以内に営業を始める予定で、年間のエネルギー供給量は200億kWhに上る見通し。主力の都市ガス事業では今後も買収継続により、業容の拡大を図る。

【株価推移】

	高値		安値	
2016年	47.500	04/15	30.400	12/22
2017年	60.200	10/20	31.550	01/03
2018年	92.350	07/20	51.150	01/10
2019年	91.000	11/13	66.500	05/21
2020年	96.850	01/23	60.450	03/19

【株価情報】

取引単位(株)	100	A株株価	—
時価総額(mHK$)	99,998.6	A株格差(倍)	—

【指標】(%)

		19/12	18/12
収益性	ROA	7.0	3.8
	ROE	21.9	13.2
	粗利益率	16.1	15.7
成長性	増収率	15.6	25.7
	増益率(営利)	—	—
	自己資本増加率	21.0	26.2
安全性	BPS(元)	23.0	19.0
	負債比率	194.2	226.1
	流動比率	62.4	65.2
	株主資本比率	31.8	28.9

【財務】(百万元)

	19/12	18/12
流動資産	19,515.0	21,539.0
総資産	81,245.0	73,914.0
流動負債	31,288.0	33,017.0
総負債	50,225.0	48,360.0
株主資本	25,868.0	21,385.0

【CF】(百万元)

	19/12	18/12
営業CF	11,690.0	8,294.0
投資CF	-6,796.0	-6,602.0
財務CF	-5,447.0	-1,774.0
FCF	4,894.0	1,692.0
現金同等物	7,373.0	7,923.0

【株式】(19/12/31)(百万株)

総数	1,125.5
流通	—
	100.0%
非流通	0.0%

【主要株主】(19/12/31) (%)

王玉鎖	32.8
The Capital Group Companies, Inc.	13.7
株式会社三菱UFJフィナンシャル・グループ	6.0

【子会社・関連会社】(19/12/31) (%)

長沙新奥燃気有限公司	55.0
泉州市燃気有限公司	60.0
石家荘新奥燃気有限公司	60.0

【売上・利益構成】(19/12)(%)

	売上構成比	前年比	利益構成比	前年比
ガス小売り	57.1	16.9	50.3	10.4
ガス卸売り	26.3	2.9	1.5	-27.2
ガス管敷設	9.9	17.9	33.0	7.6

【業績】[香港会計基準](百万元)　※予想：ファクトセット

	売上高	営業利益	純利益	前年比(%)	EPS(元)	1株配(HK$)	株配・無償(株)
2016/12	34,103.00	—	2,151.00	5.6	1.990	0.8300	
2017/12	48,269.00	—	2,802.00	30.3	2.590	1.0800	
2018/12	60,698.00	—	2,818.00	0.6	2.560	1.1900	
2019/12	70,183.00	—	5,670.00	101.2	5.050	1.6700	
2020/12予	81,718.95	9,261.23	6,006.35	5.9	5.340	1.9830	
2021/12予	94,991.37	10,701.92	6,876.01	14.5	6.112	2.3590	
2018/6中間	26,530.00	—	1,782.00	8.1	1.640	—	
2019/6中間	35,344.00	—	3,362.00	88.7	2.990	—	

【前号予想との比較】　➡ 前号並み

【株式分割・併合等】

【本社】香港金鐘道89号力宝中心第一期31楼3101-04室　【TEL】852-25285666　【URL】www.ennenergy.com
【役員】会長：王玉鎖(Wang Yusuo)　【上場】2002年6月　【決算期】12月　【従業員】28,735

製紙・パルプ

メインボード

玖龍紙業

ナインドラゴンズ・ペーパー・ホールディングス

玖龍紙業（控股）有限公司
Nine Dragons Paper (Holdings) Ltd.
【指数構成銘柄】— 【その他上場】—

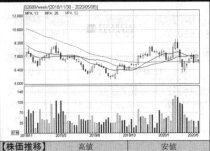

評価	株価	年間騰落率	最低売買価格
B	**7.230** HK$	**-3.1** %	**99,196** 円

PER		予想配当利回り	PBR
予想 **7.6** 倍　実績 **8.0** 倍		**4.5** %	**0.8** 倍

【株価推移】

	高値		安値	
2016年	7.640	09/22	3.770	01/18
2017年	17.420	09/25	6.880	01/03
2018年	14.500	02/28	7.050	10/30
2019年	9.230	02/25	5.400	08/13
2020年	9.570	02/28	6.100	03/19

【株価情報】

取引単位(株)	1,000	A株株価	—
時価総額(mHK$)	33,924.8	A株格差(倍)	—

【指標】(%)

		19/12	18/12
収益性	ROA	5.8	5.5
	ROE	11.7	12.5
	粗利益率	17.1	15.7
成長性	増収率	-5.0	18.3
	増益率(営利)	-2.8	-42.1
	自己資本増加率	7.0	10.5
安全性	BPS(元)	8.3	7.8
	負債比率	102.5	124.2
	流動比率	107.2	105.0
	株主資本比率	49.1	44.4

【財務】(百万元)

	19/12	18/12
流動資産	19,188.9	25,431.9
総資産	79,227.9	81,882.6
流動負債	17,898.4	24,220.7
総負債	39,916.5	45,197.8
株主資本	38,936.5	36,378.2

【CF】(百万元)

	19/12	18/12
営業CF	7,176.9	4,776.1
投資CF	-3,148.1	-3,913.1
財務CF	-5,611.9	-260.1
FCF	4,028.8	863.0
現金同等物	6,754.9	9,828.9

アジア最大の段ボール原紙メーカー 段ボール原紙の生産でアジア最大規模。各種包装紙のほか、再生紙や特殊紙の製造販売を手掛ける。広東省東莞工場が最大の生産拠点。江蘇省太倉、天津、重慶、福建省泉州、遼寧省瀋陽、四川省楽山にも工場を持つ。11年に河北永新紙業を買収。ベトナムでは現地企業と合弁で製紙事業を展開している。19年12月時点の年産能力は1647万トン。創業者の張会長夫妻が実質的な筆頭株主。

19年12月中間決算：純利益横ばい 製品価格の下落で売上高は減少したものの、販売量は中間期ベースの過去最高記録を更新。原料の古紙が大幅に値下がりしたことで、粗利益率は1.4ポイント改善した。財務費が23%減少したこともあり、最終利益は前年同期並みの水準を確保した。財務費の大幅減には、借入金の圧縮による支払利息の減少が寄与。上半期の紙製品販売量は、前年同期を13%上回る750万トン。中国国内での販売が好調。うちライナーが9%増、中芯が20%増、コーティングボール紙が25%増となった。

今後の計画 増産を継続する方針。20年1〜3月期に河北省、広東省東莞市でそれぞれ50万トン、60万トンの製紙ラインが操業を開始する。21年末までには、年産55万トンのマレーシア製紙工場が稼働する計画。

【株式】(19/12/31)(百万株)

総数	4,692.2
流通	—
	—
	—
	100.0%
非流通	0.0%

【主要株主】(19/12/31) (%)

Best Result Holdings Ltd.	63.8

【子会社・関連会社】(19/06/30) (%)

玖龍紙業（東莞）有限公司	100.0
玖龍紙業（天津）有限公司	100.0
玖龍紙業（太倉）有限公司	100.0

【売上・利益構成】(19/12)(%)

	売上構成比	前年比	利益構成比	前年比
梱包用紙	86.3	-4.9	—	—
再生印刷・書簡紙	11.7	-4.3	—	—
特殊紙	1.6	-11.2	—	—

【業績】[香港会計基準](百万元) ※予想：ファクトセット

【前号予想との比較】 ➚ 増額

	売上高	営業利益	純利益	前年比(%)	EPS(元)	1株配(元)	株配・無償(株)
2017/6	39,154.81	6,560.68	4,383.67	290.8	0.939	0.3000	
2018/6	52,781.75	10,434.73	7,848.08	79.0	1.679	0.5000	
2019/6	54,647.45	5,789.83	3,859.61	-50.8	0.820	0.2800	
2020/6予	54,691.70	5,884.78	4,120.69	6.8	0.867	0.2940	
2021/6予	59,845.52	6,503.96	4,642.78	12.7	0.979	0.3410	【株式分割・併合等】
2017/12中間	25,649.44	5,931.31	4,329.27	126.1	0.930	0.1000	
2018/12中間	30,351.17	3,432.89	2,266.83	-47.6	0.480	0.1000	
2019/12中間	28,835.75	3,338.47	2,278.68	0.5	0.490	0.1000	

【本社】香港九龍観塘海浜道181号One Harbour Square22楼1室 【TEL】852-39293800 【URL】www.ndpaper.com

【役員】会長：張茵(Cheung Yan) 【上場】2006年3月 【決算期】6月 【従業員】18,456

魏橋紡織

ウェイチャオ・テキスタイル

魏橋紡織股份有限公司
Weiqiao Textile Co.,Ltd.
【指数構成銘柄】― 【その他上場】―

繊維・アパレル

メインボード

H株

評価	H株株価	年間騰落率	最低売買価格
―	**1.620** HK$	**-44.9** %	**11,113** 円

PER		予想配当利回り	PBR
予想 ― 実績 **8.2** 倍		―	**0.1** 倍

中国の綿織物最大手 綿糸、生機、デニムが主力製品。山東省に4つの工場を持ち、綿織物の生産能力で世界最大級を誇る。製品は香港、日本、韓国などに輸出し、伊藤忠商事や福田実業（00420）、テキスウインカ（00321）などが主要取引先。伊藤忠とは複数の合弁事業を展開。19年の生産量は綿糸が40万3000トン、生機が8億3200万ｍ、デニムが6200万ｍに上る。火力発電施設を持ち、電力は自社工場のほか外部にも供給する。

19年12月本決算：大幅減益 米中貿易摩擦を受けた繊維製品の需要低迷が痛手。市場競争激化で製品価格が下落し、採算が悪化した。原料価格も下落したが、製品価格より小幅で粗利益率は4.1ポイント低下。売上高が縮小する中、研究開発費の増加で管理費は小幅ながら増加した。事業別では主力の紡績部門ので売上高が6％減と売上原価を下回り、採算割れ。5億2300万元の部門赤字を計上した。電力・蒸気部門は売上高が縮小したが、石炭値下がりで減益幅が縮んだ。

今後の見通し 経営陣は新型コロナの感染拡大でサプライチェーンや生産機能が打撃を受けたと説明。紡織産業が苦戦を強いられるとの見方を示した。一方、経営目標として製品の高品質化を図る方針。産学協力などを推進し、技術面での研究開発への投資を拡充する。

【株価推移】

	高値		安値	
2016年	6.940	08/15	3.150	02/12
2017年	5.720	03/20	3.800	12/12
2018年	4.980	01/12	2.440	10/31
2019年	3.360	04/09	1.870	08/26
2020年	2.320	01/03	1.310	03/24

【株価情報】

取引単位(株)	500	A株株価	
H株時価総額(mHK$)	670.1	A株格差(倍)	

【指標】(%)

		19/12	18/12
収益性	ROA	0.9	2.6
	ROE	1.2	3.5
	粗利益率	6.3	10.4
成長性	増収率	-7.8	0.5
	増益率(営利)	―	―
	自己資本増加率	0.1	2.6
安全性	BPS(元)	15.4	15.4
	負債比率	32.6	35.6
	流動比率	231.3	212.2
	株主資本比率	75.4	73.7

【財務】(百万元)

	19/12	18/12
流動資産	13,392.1	13,537.3
総資産	24,426.5	24,952.8
流動負債	5,790.1	6,378.6
総負債	5,999.8	6,543.9
株主資本	18,414.9	18,394.4

【CF】(百万元)

	19/12	18/12
営業CF	1,843.8	1,996.4
投資CF	-431.4	-181.2
財務CF	-1,133.6	-4,942.0
FCF	1,412.4	1,815.2
現金同等物	9,875.3	9,596.6

【株式】(19/12/31)(百万株)

総数		1,194.4
流通	H株	34.6%
	―	
	―	
		34.6%
非流通		65.4%

【主要株主】(19/12/31) (%)

山東魏橋創業集団有限公司	63.5
Brandes Investment Partners,L.P.	4.2
Mellon Financial Corp.	3.4

【子会社・関連会社】(19/12/31) (%)

鄒平県匯能熱電有限公司	100.0
山東宏儒紡織科技有限公司	100.0
山東宏傑紡織科技有限公司	100.0

【売上・利益構成】(19/12)(%)

	売上構成比	前年比	利益構成比	前年比
紡織品	65.3	-5.9	―	―
電力・蒸気	34.7	-11.3	100.0	-6.7

【業績】 [香港会計基準] (百万元) ※予想:―

	売上高	営業利益	純利益	前年比(%)	EPS(元)	1株配(元)	株配・無償(株)
2016/12	14,175.45	―	992.71	1.4	0.830	0.2800	
2017/12	16,373.39	―	522.25	-47.4	0.440	0.1500	
2018/12	16,455.88	―	643.91	23.3	0.540	0.1660	
2019/12	15,167.56	―	218.34	-66.1	0.180	0.0640	
2020/12予	―	―	―	―	―	―	【株式分割・併合等】
2021/12予	―	―	―	―	―	―	
2018/6中間	8,410.12	―	302.52	1.0	0.250	―	
2019/6中間	7,783.95	―	206.33	-31.8	0.170	―	

【前号予想との比較】 ―

【登記】山東省鄒平県魏橋鎮斉東路34号 【TEL】86-543-4161171 【URL】www.wqfz.com
【役員】会長：張紅霞(Zhang Hongxia) 【上場】2003年9月 【決算期】12月 【従業員】50,000

機械

重慶機電
チョンチン・マシナリー・アンド・エレク

重慶機電股份有限公司
Chongqing Machinery & Electric Co.,Ltd.
【指数構成銘柄】— 【その他上場】—

メインボード

評価	H株株価	年間騰落率	最低売買価格
—	**0.475** HK$	**-34.0** %	**13,034** 円

	PER		予想配当利回り	PBR
予想	実績	**8.6** 倍	—	**0.2** 倍

重慶市政府系の工作機械メーカー 親会社は重慶市政府傘下の重慶機電控股（集団）公司。主な事業は自動車部品、発電設備、CNC工作機械、汎用機械。発電設備事業では、1998年からスイスの重電大手ABBグループと合弁事業を展開。工作機械では、10年に英プレシジョン・テクノロジーズから設計、製造、販売子会社6社を買収。自動車部品では、11年に商用車用のブレーキなどを手掛ける独クノールブレムゼと合弁会社を設立。

19年12月本決算：増収減益 国内外の景気減速や市場競争の激化で利幅が縮小したことなどが響いた。投資収益が1億2400万元減少したほか、ファイナンスコストが2900万元増加したことも業績を押し下げた。主力のクリーンエネルギー用設備は、風力発電ブレードの競争激化や原材料・人件費などの上昇で部門利益が8％減少。ハイエンドスマート設備も自動車市場の需要減退などで振るわず、部門利益は4割減少した。

今後の見通し 新型コロナウイルスの影響で経営環境の先行きは不透明感が増しているが、会社側はクリーンエネルギーへの投資拡大などのチャンスを捉え、影響の軽減に努める考え。20年1月、重慶市政府の方針に従い、関連会社の重慶ABB変圧器が市内に保有する土地・建物を8億5000万元で譲渡する契約を締結した。

H株

【株価推移】

	高値		安値	
2016年	1.030	01/06	0.790	06/20
2017年	1.070	04/13	0.790	12/07
2018年	0.920	01/11	0.475	10/30
2019年	0.800	04/10	0.500	08/19
2020年	0.700	02/20	0.410	03/19

【株価情報】

取引単位(株)	2,000	A株株価	—
H株時価総額(mHK$)	522.6	A株格差(倍)	—

【指標】(%)

		19/12	18/12
収益性	ROA	1.1	2.7
	ROE	2.7	6.5
	粗利益率	19.0	23.8
成長性	増収率	4.4	-43.1
	増益率(営利)	-56.6	16.0
	自己資本増加率	0.5	0.5
安全性	BPS(元)	1.9	1.8
	負債比率	134.8	132.9
	流動比率	147.6	156.3
	株主資本比率	41.4	41.8

【財務】(百万元)

	19/12	18/12
流動資産	10,350.7	10,530.1
総資産	16,517.8	16,277.7
流動負債	7,014.8	6,736.3
総負債	9,228.7	9,048.0
株主資本	6,844.4	6,808.9

【CF】(百万元)

	19/12	18/12
営業CF	120.2	81.6
投資CF	26.5	902.6
財務CF	-179.0	-582.7
FCF	146.7	984.2
現金同等物	1,537.6	1,570.3

【株式】(19/12/31) (百万株)

	総数	3,684.6
流通	H株	29.9%
		29.9%
	非流通	70.1%

【主要株主】(19/12/31) (%)

重慶機電控股（集団）公司	54.7
重慶渝富資産経営管理集団有限公司	6.3
重慶建工集団股フン有限公司	6.3

【子会社・関連会社】(19/12/31) (%)

重慶通用工業（集団）有限責任公司	100.0
重慶機床（集団）有限責任公司	100.0
重慶水輪機廠有限責任公司	100.0

【売上・利益構成】(19/12) (%)

	売上構成比	前年比	利益構成比	前年比
クリーンエネルギー用設備	73.4	15.7	71.0	-7.6
ハイエンドスマート設備	23.9	-17.5	22.0	-39.4
産業向けサービス	2.6	-20.7	7.0	2.7

【業績】[中国会計基準] (百万元) ※予想：—

	売上高	営業利益	純利益	前年比(%)	EPS(元)	1株配(元)	株配・無償(株)
2016/12	9,255.03	278.23	440.83	5.6	0.120	0.0350	
2017/12	9,292.60	479.88	316.65	-28.2	0.090	0.0300	
2018/12	5,284.32	556.73	444.06	40.2	0.120	0.0400	
2019/12	5,516.81	241.49	184.84	-58.4	0.050	0.0100	
2020/12予	—	—	—	—	—	—	
2021/12予	—	—	—	—	—	—	
2018/6中間	2,767.96	265.94	227.78	17.4	0.062	—	
2019/6中間	2,437.38	223.43	163.62	-28.2	0.044	—	

【前号予想との比較】—

【株式分割・併合等】—

【登記】重慶市北部新区黄山大道中段60号 【TEL】86-23-63075687 【URL】www.chinacqme.com

【役員】会長：王玉祥(Wang Yuxiang) 【上場】2008年6月 【決算期】12月 【従業員】8,699

上海電気集団

シャンハイ・エレクトリック・グループ

上海電気集団股份有限公司
Shanghai Electric Group Co.,Ltd.

【指数構成銘柄】— 【その他上場】上海A(601727)

評価	H株株価	年間騰落率	最低売買価格
D	2.320 HK$	-20.3 %	63,661 円

PER		予想配当利回り	PBR
予想 12.3 倍 実績 8.4 倍		1.6 %	0.5 倍

中国の重電最大手 高効率・クリーンエネルギー設備（火力発電、送配電、原発タービン建屋設備）、新エネルギー設備（風力、原子力建屋）、工業設備（昇降機・工作機械）などを製造し、サービス事業も手掛ける。シーメンスやアルストムと提携。子会社で昇降機製造の上海機電（900925）を通じ三菱電機とも合弁事業を展開する。19年の国内売上比率は87%。08年に送配電設備子会社の吸収を通じ、上海市場に上場した。

19年12月本決算：増収増益 主力3部門ともに2桁増収を達成。新事業の開拓で財務コストは4割増えたが、販売費や管理費を抑制し、安定成長につなげた。ただ、市場競争の激化で火力発電設備の受注価格が下落したほか、マーケットシェアの拡大を目的にエレベーター業務の価格戦略を見直したことで全体の粗利益率は1ポイント低下した。新規受注は31%増の1707億9000万元。事業別では、エネルギー部門が11%増収。風力発電業務の拡大や蘇州天沃科技（002564）の連結対象化が寄与した。サービス事業部門も80%増収と好調だった。

最近の動向 19年末時点の受注残は16%増の2408億6000万元で、うちエネルギー設備が48%を占める。20年1-3月期決算（中国会計基準）は売上高が前年同期比28%減の147億500万元、純利益が85%減の1億1400万元。

株価推移
	高値		安値	
2016年	4.110	01/04	3.000	02/11
2017年	4.260	03/16	3.020	12/06
2018年	3.330	01/26	2.380	09/03
2019年	3.200	04/17	2.310	12/03
2020年	2.710	01/07	1.840	03/23

株価情報
取引単位(株)	2,000	A株株価(元)	4.740
H株時価総額(mHK$)	6,897.2	A株格差(倍)	2.2

指標(%)
		19/12	18/12
収益性	ROA	1.3	1.4
	ROE	5.9	5.2
	粗利益率	17.2	18.2
成長性	増収率	26.0	27.2
	増益率(営利)	24.4	40.2
	自己資本増加率	10.6	3.2
安全性	BPS(元)	4.2	3.9
	負債比率	298.3	252.9
	流動比率	121.4	126.8
	株主資本比率	22.6	26.2

財務(百万元)
	19/12	18/12
流動資産	199,200.9	151,727.9
総資産	280,523.6	218,521.9
流動負債	164,061.1	119,623.3
総負債	188,934.4	144,885.2
株主資本	63,345.9	57,290.2

CF(百万元)
	19/12	18/12
営業CF	10,505.1	5,806.6
投資CF	-12,276.1	-6,590.0
財務CF	12,283.2	10,072.6
FCF	-1,770.9	-783.5
現金同等物	42,431.5	31,842.1

株式 (19/12/31) (百万株)
総数		15,152.5
流通	H株	19.6%
	A株	80.4%
	—	100.0%
非流通		0.0%

主要株主 (19/12/31)
	(%)
上海電気(集団)総公司	59.2
申能(集団)有限公司	2.6
Sarasin & Partners LLP	1.3

子会社・関連会社 (19/12/31)
	(%)
上海機電股フン有限公司 (900925)	48.8
上海三菱電梯有限公司	52.0
上海集優機械股フン有限公司 (02345)	55.1

売上・利益構成 (19/12)(%)
	売上構成比	前年比	利益構成比	前年比
工業設備	35.4	10.8	40.4	4.2
エネルギー設備	32.9	10.8	10.7	-45.4
サービス事業	31.6	79.5	48.9	45.7

業績 [香港会計基準](百万元) ※予想：ファクトセット
【前号予想との比較】➡ 前号並み

	売上高	営業利益	純利益	前年比(%)	EPS(元)	1株配(元)	株配・無償(株)
2016/12	88,507.38	5,453.66	2,354.53	12.5	0.171		
2017/12	79,543.79	4,481.02	2,626.67	11.6	0.187	0.0920	
2018/12	101,157.53	6,281.53	2,980.46	13.5	0.200	0.0615	
2019/12	127,508.96	7,816.34	3,719.80	24.8	0.250	—	
2020/12予	115,976.87	5,075.70	2,434.42	-34.6	0.172	0.0340	【株式分割・併合等】
2021/12予	155,447.81	6,981.79	3,186.29	30.9	0.210		
2018/6中間	51,274.00	3,074.46	1,764.02	12.5	0.120	0.120	
2019/6中間	52,956.46	3,960.60	1,843.48	4.5	0.124	—	

【登記】上海市興義路8号万都中心30楼 【TEL】86-21-33261888 【URL】www.shanghai-electric.com
【役員】会長：鄭建華(Zheng Jianhua) 【上場】2005年4月 【決算期】12月 【従業員】33,720

不動産

メインボード

H株

広州富力地産

 グァンジョウ・アールアンドエフ・プロパティーズ

広州富力地産股份有限公司
Guangzhou R&F Properties Co.,Ltd.
【指数構成銘柄】— 【その他上場】—

評価	H株株価	年間騰落率	最低売買価格
B	**9.600** HK$	**-35.1** %	**52,685** 円

	PER		予想配当利回り	PBR
予想 **2.8** 倍	実績 **2.9** 倍		**14.3** %	**0.4** 倍

大手不動産デベロッパー 中核事業は大規模住宅物件の開発。19年の中国不動産販売額では22位。19年末現在、権益ベースの延床面積換算で7061万平米の開発・投資用地を保有する（うち5786万平米が国内）商用物件も多数手掛け、投資物件の総床面積は250万平米強。17年に大連万達集団からホテル71カ所を取得し、世界最大級の高級ホテル保有会社となった。19年末時点で傘下の90カ所（約2万室）をホテル運営会社に委託。

19年12月本決算：増収増益 主力の不動産開発部門が堅調で、計上対象となった完工物件面積が前年比36%増。ただ、物件構成の変化などで、平均分譲価格は1平米当たり9610元へ12%低下。全体の粗利益率は36.4%から32.8%に後退した。期中の物件成約額は5%増の1382億元と、自社目標に届かず。不動産投資部門の賃料収入は10%増。同部門の投資物件評価額（建設中物件を含む）は18億7700万元と前年の2.6倍に達した。

最近の動向 19年末時点の建設中面積は前年比7%増の3234万平米。20年に分譲可能面積939万平米の完工を見込む。19年12月、上場来初の第三者割当で37億HKドル強を調達した。20年1～3月期決算（中国会計基準）は売上高が5%減の97億8900万元、純利益が83%減の6700万元。物件成約額は33%減の167億1000万元。

【株価推移】

	高値		安値	
2016年	13.980	09/07	7.580	01/21
2017年	21.650	09/20	9.200	01/05
2018年	23.850	01/29	11.220	11/26
2019年	17.760	04/09	10.940	01/03
2020年	15.540	01/03	8.230	03/19

【株価情報】

取引単位(株)	400	A株株価 —
H株時価総額(mHK$)	12,367.3	A株格差(倍) —

【指標】(%)

		19/12	18/12
収益性	ROA	2.3	2.3
	ROE	12.5	12.3
	粗利益率	32.8	36.4
成長性	増収率	18.2	29.7
	増益率(営利)	5.9	-27.6
	自己資本増加率	13.3	10.9
安全性	BPS(元)	22.1	21.2
	負債比率	449.2	434.2
	流動比率	158.4	152.5
	株主資本比率	18.1	18.6

【財務】(百万元)

	19/12	18/12
流動資産	323,717.7	271,075.6
総資産	427,326.3	366,193.9
流動負債	204,303.1	177,719.2
総負債	347,527.2	296,333.3
株主資本	77,357.9	68,251.0

【CF】(百万元)

	19/12	18/12
営業CF	-24,145.5	-8,617.2
投資CF	-5,379.7	-5,809.4
財務CF	32,517.1	14,535.9
FCF	-29,525.2	-14,426.7
現金同等物	22,904.3	19,782.9

【株式】(19/12/31)(百万株)

総数	3,495.4	
	H株	36.9%
流通		36.9%
非流通		63.1%

【主要株主】(19/12/31)

	(%)
李思廉	31.0
張力	29.5

【子会社・関連会社】(19/12/31)

	(%)
富力城房地産開発有限公司	100.0
重慶富力房地産開発有限公司	100.0
広州市金鼎房地産開発有限公司	100.0

【売上・利益構成】(19/12)(%)

	売上構成比	前年比	利益構成比	前年比
不動産開発	87.7	20.0	83.8	10.7
ホテル経営	7.7	-0.1		
不動産投資	1.3	10.2	16.2	78.9

【業績】[香港会計基準](百万元)※予想：ファクトセット

	売上高	営業利益	純利益	前年比(%)	EPS(元)	1株配(元)	株配・無償(株)
2016/12	53,730.34	13,455.72	6,755.91	20.3	2.100	1.0000	
2017/12	59,277.86	30,053.15	21,186.45	213.6	6.575	1.1000	
2018/12	76,857.68	21,766.99	8,371.24	-60.5	2.598	1.2300	
2019/12	90,813.97	23,049.39	9,672.05	15.5	3.000	1.2800	
2020/12予	112,635.13	27,423.93	10,955.10	13.3	3.134	1.2520	
2021/12予	135,203.48	33,447.65	13,311.24	21.5	3.810	1.5250	
2018/6中間	34,087.11	10,381.77	3,923.07	63.3	1.217	0.4000	
2019/6中間	35,053.26	9,391.00	4,027.58	2.7	1.250	0.4200	

【前号予想との比較】 ↘ 減額

【株式分割・併合等】

分割1→4(06/9)

【登記】広東省広州市天河区珠江新城華厦路10号富力中心45-54楼 【TEL】86-20-38882777 【URL】www.rfchina.com
【役員】会長：李思廉(Li Sze Lim) 【上場】2005年7月 【決算期】12月 【従業員】62,305

中国華融資産管理

チャイナ・フアロン・アセット・マネジメント

中国華融資産管理股份有限公司
China Huarong Asset Management Co.,Ltd.
【指数構成銘柄】― 【その他上場】―

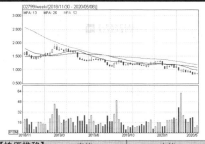

[02799/week/(2018/11/30 - 2020/05/08)]

評価	H株株価	年間騰落率	最低売買価格
A	0.860 HK$	-42.3 %	11,799 円

PER			予想配当利回り	PBR
予想 3.7 倍	実績 19.5 倍		7.7 %	0.3 倍

不良債権処理の最大手 中国の4大国有資産管理会社の一角で、総資産ベースで最大手。銀行や事業会社から不良資産を買い取り、資産価値を高めて売却するビジネスモデル。1999年の設立当初は国策会社として中国工商銀行（01398）の不良債権処理に当たったが、一段落後の2012年に株式会社化。傘下に証券、リース、銀行などの金融サービス会社や不動産会社などを抱える。19年9月に中国企業指数構成銘柄から除外された。

19年12月本決算：増収減益 赤字子会社の持ち分変動で減益となったが、税引き前ベースでは83%の大幅増益。その他金融資産の評価益の貢献で経常収益が5%増加したほか、資金調達コストの低下や不動産関連費用の圧縮で総営業支出を1%増に抑制した。部門別では経常収益全体の約6割を占める主力の不良債権処理が税引き前ベースで52%増益と業績をけん引。金融サービスも証券・先物事業の貢献で2桁の増収増益を確保した。

最近の動向 20年4月に全額出資子会社の華融致遠投資管理が保有する華融華僑資産管理の株式91%を売却する方針を発表。売却価格については今後の交渉で詰めていく方針。新型コロナウイルスの感染拡大による影響について経営陣は、経済活動の停滞で同社の経営に一定のマイナス影響が出るとの見通しを示している。

【株価推移】

	高値		安値	
2016年	3.230	11/15	2.340	02/03
2017年	3.940	10/09	2.730	01/03
2018年	4.130	01/29	1.310	10/29
2019年	1.950	02/26	1.080	08/26
2020年	1.340	01/14	0.820	04/23

【株価情報】

取引単位（株）	1,000	A株株価	―
H株時価総額(mHK$)	21,537.7	A株格差（倍）	―

【指標】(%)

		19/12	18/12
収益性	ROA	0.1	0.1
	ROE	1.2	1.3
	粗利益率	―	―
成長性	増収率	5.0	-16.3
	増益率（営利）	64.0	-85.1
	自己資本増加率	0.5	-5.9
安全性	BPS（元）	3.1	3.1
	負債比率	1,271.3	1,277.8
	流動比率	―	―
	株主資本比率	7.1	7.1

【財務】(百万元)

	19/12	18/12
流動資産	―	―
総資産	1,705,012.4	1,710,086.7
流動負債	―	―
総負債	1,541,535.9	1,541,481.7
株主資本	121,258.8	120,640.1

【CF】(百万元)

	19/12	18/12
営業CF	82,863.9	-29,175.3
投資CF	71,008.6	128,522.5
財務CF	-95,924.6	-167,071.6
FCF	153,872.5	99,347.2
現金同等物	159,234.4	101,319.3

【株式】(19/12/31)(百万株)

		総数	39,070.2
流通	H株	64.1%	
	―	64.1%	
	非流通	35.9%	

【主要株主】(19/12/31)

	(%)
中華人民共和国財政部	61.2
全国社会保障基金理事会	6.3
Warburg Pincus & Financial Int'l Ltd.	5.3

【子会社・関連会社】(19/12/31)

	(%)
華融国際金融控股有限公司（00993）	51.0
華融証券股フン有限公司	72.0
華融湘江銀行股フン有限公司	40.5

【売上・利益構成】(19/12)(%)

	売上構成比	前年比	利益構成比	前年比
不良資産処理	59.3	7.8	77.3	51.8
金融サービス	28.5	10.9	22.7	27.6
資産運用・投資	12.2	-19.6		

【業績】 [国際会計基準] (百万元) ※予想・ファクトセット 【前号予想との比較】 ↘ 減額

	経常収益	営業利益	純利益	前年比(%)	EPS(元)	1株配(元)	株配・無償（株）
2016/12	95,207.72	33,751.20	19,613.46	35.4	0.500	0.1506	
2017/12	128,070.55	43,478.74	21,992.59	12.1	0.560	0.1689	
2018/12	107,253.15	6,458.32	1,575.50	-92.8	0.040	0.0121	
2019/12	112,656.51	10,589.08	1,424.43	-9.6	0.040	0.0110	
2020/12予	109,130.50	15,617.81	8,196.28	475.4	0.211	0.0600	【株式分割・併合等】
2021/12予	112,565.50	18,854.26	10,678.76	30.3	0.275	0.0800	
2018/6中間	56,447.02	3,380.15	684.56	-94.9	0.018		
2019/6中間	56,810.18	6,644.90	2,519.19	268.0	0.064		

【登記】北京市西城区金融大街8号 【TEL】86-10-59618888 【URL】www.chamc.com.cn
【役員】会長：王占峰(Wang Zhanfeng) 【上場】2015年10月 【決算期】12月 【従業員】10,947

易キン集団
イーシン・グループ

易鑫集団有限公司
Yixin Group Ltd.

【指数構成銘柄】― 【その他上場】―

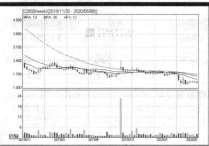

評価	株価	年間騰落率	最低売買価格
E	1.270 HK$	-32.1 %	8,712 円

	PER		予想配当利回り	PBR
予想 ―	実績	115.5 倍	0.0 %	0.5 倍

自動車販売サイトの運営会社 新車・中古車の販売を仲介するプラットフォーム「易シン金融」を運営する。ネット自動車仲介では中国最大手。消費者と自動車メーカー、ディーラー、金融機関、保険会社を結び各種サービスも提供する。自動車ファイナンスリースなども自営で手掛ける。19年の総取扱台数は52万2000台。筆頭株主は米市場上場のビットオートで、テンセント（00700）やJDドット・コム（09618）も大株主。

19年12月本決算：黒字転換 オンライン自動車ローン仲介事業に注力する戦略が奏功。総取扱台数が8％増加して全体で5％の増収となったほか、粗利益率が48％に3ポイント改善。販管費と研究開発費が縮小したことも業績改善を支えた。一方、債権回収に絡む規制強化を背景に貸倒引当金を大幅に積み増した。株式報酬費用や無形資産の償却など特別項目を除く調整済み純利益は27％増の4億3900万元。取引件数は、ローン仲介件数が34万7000件と前年の2.5倍近くに増えた半面、自動車のファイナンスリースは49％減の17万5000件。

今後の見通し 会社側は、新型コロナウイルスによる消費減退や自動車販売の停滞による経営環境の悪化を見込む。債権回収の手段として法的手段に頼ることが多く、延滞率が上昇していることも懸念材料。

【株価推移】
	高値		安値	
2016年	—		—	
2017年	10.180	11/16	5.850	12/07
2018年	7.280	01/10	1.700	12/31
2019年	2.390	09/16	1.480	08/06
2020年	1.870	01/20	1.120	03/19

【株価情報】
取引単位(株)	500	A株株価	—
時価総額(mHK$)	8,094.6	A株格差(倍)	—

【指標】(%)
		19/12	18/12
収益性	ROA	0.1	—
	ROE	0.2	—
	粗利益率	47.7	44.7
成長性	増収率	4.8	41.7
	増益率(営利)	—	—
	自己資本増加率	1.9	0.5
安全性	BPS(元)	2.5	2.4
	負債比率	151.7	227.8
	流動比率	118.6	105.2
	株主資本比率	39.7	30.5

【財務】(百万元)
	19/12	18/12
流動資産	22,409.0	26,082.1
総資産	39,547.0	50,542.3
流動負債	18,890.0	24,783.0
総負債	23,833.9	35,124.4
株主資本	15,713.1	15,417.8

【CF】(百万元)
	19/12	18/12
営業CF	11,496.7	-4,137.1
投資CF	1,133.4	-3,366.7
財務CF	-13,166.5	3,783.7
FCF	12,630.0	-7,503.8
現金同等物	1,586.8	2,116.2

【株式】(19/12/31)(百万株)
総数	6,373.7
流通	—
	100.0%
非流通	0.0%

【主要株主】(19/12/31) (%)
Bitauto Holdings Ltd.	43.7
騰訊控股有限公司 (00700)	20.6
JD.com, Inc. (09618)	10.7

【子会社・関連会社】(19/12/31) (%)
上海易キン融資租賃有限公司	100.0
キン車投資（上海）有限公司	100.0
看車有限公司	100.0

【売上・利益構成】(19/12)(%)
	売上構成比	前年比	利益構成比	前年比
自動車リース	69.7	-15.3	—	—
自動車取引プラットフォーム	30.3	130.8	100.0	537.6

【業績】［国際会計基準］(百万元) ※予想:ファクトセット　【前号予想との比較】↓ 大幅減額
	売上高	営業利益	純利益	前年比(%)	EPS(元)	1株配(元)	株配・無償(株)
2016/12	1,487.90	95.64	-1,401.33	—	-1.480	—	
2017/12	3,905.51	-604.59	-18,330.87	—	-11.370	—	
2018/12	5,532.63	-183.82	-166.58	—	-0.030	—	
2019/12	5,799.98	49.77	30.94	—	0.010	—	
2020/12予	3,491.32	-670.20	-162.50	—	-0.043	—	【株式分割・併合等】
2021/12予	4,849.89	278.61	558.59	—	0.081	—	—
2019/6中間	2,563.56	-163.50	-159.48	—	-0.030	—	
2019/6中間	3,161.74	163.64	123.14	—	0.020	—	

【本社】上海市長寧区臨虹路365号中関村・虹橋創新中心北1座易キン大厦　【TEL】―　【URL】www.yixincars.com

【役員】会長：張序安(Andy Xuan Zhang)　【上場】2017年11月　【決算期】12月　【従業員】4,177

中遠海運発展

コスコ・シッピング・デベロプメント

中遠海運発展股份有限公司
COSCO SHIPPING Development Co.,Ltd.
【指数構成銘柄】 ― 【その他上場】上海A(601866)

[02866/week(2018/11/30~2020/05/08)]

評価	H株株価	年間騰落率	最低売買価格
―	0.780 HK$	-25.0 %	10,702 円

PER		予想配当利回り	PBR
予想 ― 実績 7.1 倍		―	0.3 倍

中国の海運金融サービス会社 16年2月に中国遠洋運輸（集団）と中国海運（集団）が合併して誕生した中国海運最大手の中国遠洋海運集団の傘下。統合後の事業再編で、主力事業をコンテナ輸送から海運金融サービスに転換し、船舶やコンテナのリースを中心とする総合リース事業を手掛ける。19年末時点でコンテナ船90隻（総積載能力62万9500TEU）、コンテナ380万TEUを保有。コンテナ船事業は中遠海運控股（01919）に集約。

19年12月本決算：小幅減益 株式相場の上昇で金融資産の評価益6億6300万元を計上し、利益が拡大。中国国際コンテナ（02039）など保有株式の株価上昇が寄与した。本業は苦戦し、主力の船舶リース事業は売上高は小幅に伸びたが、利益は22%減。コンテナ製造部門は世界的な景気減速や貿易摩擦によるコンテナ需要の減退で売上高が47%減。コンテナの販売数と価格がともに下向いたことで採算が悪化し、部門損益は2億300万元の赤字（前年は4億800万元の黒字）に転落した。

最近の動向 厳しい経営環境の中、主力のリース部門で特殊・冷蔵コンテナ業務を強化し、競争力を高める方針。20年1～3月期決算（中国会計基準）は売上高が前年同期比8%増の34億5500万元、純利益が43%減の3億4200万元。金融資産の評価益縮小などが減益要因。

【株価推移】

	高値		安値	
2016年	2.150	01/04	1.340	02/12
2017年	2.040	08/10	1.490	12/07
2018年	1.820	01/29	0.770	12/28
2019年	1.200	04/04	0.760	01/04
2020年	1.110	02/18	0.710	03/23

【株価情報】

取引単位(株)	1,000	A株株価(元)	1.940
H株時価総額(mHK$)	2,867.3	A株格差(倍)	2.7

【指標】(%)

		19/12	18/12
収益性	ROA	1.2	1.0
	ROE	7.2	7.7
	粗利益率	25.0	24.0
成長性	増収率	-12.8	2.1
	増益率(営利)	―	―
	自己資本増加率	34.2	10.8
安全性	BPS(元)	2.1	1.5
	負債比率	496.9	664.1
	流動比率	54.9	55.1
	株主資本比率	16.8	13.1

【財務】(百万元)

	19/12	18/12
流動資産	29,800.7	30,241.5
総資産	144,494.1	137,837.4
流動負債	54,271.6	54,892.6
総負債	120,286.4	119,797.3
株主資本	24,207.7	18,040.1

【CF】(百万元)

	19/12	18/12
営業CF	8,424.1	6,418.0
投資CF	-10,384.0	-17,788.6
財務CF	-3,715.3	3,227.5
FCF	-1,959.9	-11,370.7
現金同等物	9,635.1	15,249.2

【株式】(19/12/31) (百万株)

総数		11,608.1
流通	H株	31.7%
	A株	68.3%
		100.0%
非流通		0.0%

【主要株主】(19/12/31) (%)

中国海運（集団）総公司	38.4

【子会社・関連会社】(19/12/31) (%)

中遠海運発展（香港）有限公司	100.0
Florens International Ltd.	100.0
中海集団投資有限公司	100.0

【売上・利益構成】(19/12) (%)

	売上構成比	前年比	利益構成比	前年比
船舶・コンテナ等リース	78.0	6.4	37.0	-21.9
コンテナ製造	21.7	-47.2	―	―
投資	0.3	0.1	63.0	161.3

【業績】 [香港会計基準](百万元) ※予想：―

	売上高	営業利益	純利益	前年比(%)	EPS(元)	1株配(元)	株配・無償(株)
2016/12	15,527.89	―	347.50	―	0.030	―	
2017/12	15,901.16	―	1,463.80	321.2	0.125	―	
2018/12	16,242.00	―	1,384.26	-5.4	0.100	0.0330	
2019/12	14,155.86	―	1,744.73	26.0	0.100	0.0450	
2020/12予	―	―	―	―	―	―	【株式分割・併合等】
2021/12予	―	―	―	―	―	―	
2018/6中間	8,221.35	―	326.61	-69.0	0.028	―	
2019/6中間	6,833.53	―	904.36	176.9	0.078	―	

【前号予想との比較】 ―

【登記】上海市自由貿易試験区国貿大厦A-538室 【TEL】86-21-65966105 【URL】development.coscoshipping.com
【役員】会長：王大雄(Wang Daxiong) 【上場】2004年6月 【決算期】12月 【従業員】7,325

不動産

首創置業

ベイジン・キャピタルランド

首創置業股份有限公司
Beijing Capital Land Ltd.

【指数構成銘柄】— 【その他上場】—

メインボード

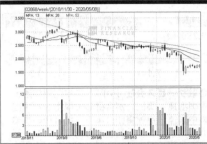

| | H株株価 | 年間騰落率 | 最低売買価格 |
|評価| **1.740** HK$ | **-30.9** % | **47,746** 円 |

| PER | | 予想配当利回り | PBR |
|予想 — 実績 **3.7** 倍| | — | **0.2** 倍 |

北京市政府系の不動産開発会社 北京市政府傘下の北京首都創業集団が親会社で、政府との密接な関係が強み。住宅開発や商業施設・オフィス、アウトレットモールの運営も手掛ける。北京、上海、天津、重慶、成都、深センの6都市に開発の重点を置き、海外では豪州で事業を展開。19年の不動産販売額ランキングで45位。19年末時点で保有する開発用地は床面積換算で1661万平米。15年にホテル運営事業から撤退した。

19年12月本決算：減収増益 主力の不動産開発・販売事業が前年比18%減と振るわなかったが、不動産販売コストが40億元減少するなどが奏功し、増益につながった。全体の粗利益率は7ポイント改善した。当期の物件成約額は14%増の808億1000万元、うち6割強を北京・天津・河北地区が占めた。平均販売価格は1平米当たり2万555元。20年通年の成約額目標は800億元。

最近の動向 20年1〜3月物件販売額は前年同期比46%減の75億5000万元、販売面積は54%減の26万2000平米、契約手続き中の販売額は13億3000万元となった。新型コロナの蔓延が影響した。一方、20年1月に株主割当増資が完了。正味で24億9200万元を調達し、有利子負債の返済に充てる。資本構成の改善や持続的な事業成長につながるとしている。

H株

【株価推移】

	高値		安値	
2016年	3.316	08/18	2.317	06/17
2017年	4.553	09/21	2.666	01/05
2018年	5.047	03/14	2.263	10/12
2019年	3.371	03/06	2.160	12/31
2020年	2.560	01/20	1.380	03/19

【株価情報】

取引単位(株)	2,000	A株株価	—
H株時価総額(mHK$)	2,664.2	A株格差(倍)	—

【指標】(%)

		19/12	18/12
収益性	ROA	1.1	1.1
	ROE	6.7	6.6
	粗利益率	34.0	27.1
成長性	増収率	-10.6	9.2
	増益率(営利)	12.4	-17.6
	自己資本増加率	9.6	39.1
安全性	BPS(元)	10.5	9.6
	負債比率	448.9	451.7
	流動比率	224.3	215.6
	株主資本比率	17.2	17.2

【財務】(百万元)

	19/12	18/12
流動資産	155,377.7	137,511.7
総資産	185,269.3	169,716.8
流動負債	69,262.7	63,777.2
総負債	143,228.2	131,516.1
株主資本	31,904.0	29,115.4

【CF】(百万元)

	19/12	18/12
営業CF	246.0	-6,094.7
投資CF	-3,382.4	-11,722.4
財務CF	7,064.4	21,544.2
FCF	-3,136.3	-17,817.2
現金同等物	25,791.1	21,748.2

【株式】(19/12/31)(百万株)

	総数	3,028.0
流通	H株	33.7%
	—	
		33.7%
非流通	66.3%	

【主要株主】(19/12/31) (%)

北京首都創業集団有限公司	54.5
中国物産有限公司	11.8
Reco Pearl Private Ltd.	4.0

【子会社・関連会社】(19/12/31) (%)

首創朝陽房地産発展有限公司	100.0
北京新博城房地産開発有限公司	100.0
重慶首永置業有限公司	96.4

【売上・利益構成】(19/12)(%)

	売上構成	前年比	利益構成	前年比
不動産開発・販売	77.9	-18.2	72.7	-17.9
バラック地区再開発など	16.9	21.0	20.6	-1.4
不動産投資	3.7	48.5	—	—

【業績】[中国会計基準](百万元) ※予想：—

【前号予想との比較】—

	売上高	営業利益	純利益	前年比(%)	EPS(元)	1株配(元)	株配・無償(株)
2016/12	20,349.40	3,815.08	2,017.56	-3.0	0.670	0.2000	
2017/12	21,292.04	3,835.35	2,112.58	4.7	0.670	0.2100	
2018/12	23,257.05	3,160.05	1,922.93	-9.0	0.450	0.2200	
2019/12	20,786.26	3,552.46	2,122.57	10.4	0.430	0.1700	10:5@1.87HK$
2020/12予	—	—	—	—	—	—	【株式分割・併合等】
2021/12予	—	—	—	—	—	—	
2018/6中間	7,116.81	1,538.91	736.53	14.0	0.190		
2019/6中間	10,476.39	2,178.68	1,187.49	61.2	0.300		

【登記】北京市懐柔区開放東路13号院4号楼第三層弁公区3071室 【TEL】86-10-66523066 【URL】www.bjcapitalland.com

【役員】会長：李松平(Li Songping) 【上場】2003年6月 【決算期】12月 【従業員】3,768

大連港
ダーリエン・ボート

【指数構成銘柄】― 【その他上場】上海A(601880)

大連港股份有限公司
Dalian Port (PDA) Co.,Ltd.

道路・港湾・空港

メインボード

H株

評価	H株株価	年間騰落率	最低売買価格
―	0.710 HK$	-29.7 %	19,482 円

PER		予想配当利回り	PBR
予想 ― 実績 10.8 倍		―	0.4 倍

中国の港湾運営大手 中国東北部で最大の貿易港、大連港で石油化学やコンテナターミナル運営、えい航サービスなど港湾物流を手掛ける。中遠海運能源運輸(01138)や中遠海運港口(01199)、シンガポールのPSAと提携し、ペトロチャイナ(00857)と共同で石油貯蔵施設を運営。原油輸入で大連港の61%、東北3省の35%を占める(19年12月期)。19年に実質親会社が遼寧省当局から招商局集団に代わった。

19年12月本決算：減収増益 世界的な貿易摩擦や需要減速のあおりを受けてわずかに減収となったものの、石油化学ターミナル部門の事業拡大で4割近い増益を達成した。販管費の抑制や投資収益の大幅増も利益押し上げに寄与。売上全体の4割を占めるコンテナターミナル部門はコンテナ取扱量が減り3%減収したが、業務構成の改善やコスト削減で7%増益を確保。同2割超を占める石油化学ターミナル部門は原油貯蔵量の拡大で業務量が増え35%増収、104%増益と好調だった。全体の粗利益率は30%と前年から6.1ポイント上昇。

最近の動向 会社側は新型コロナウイルスの世界的な感染拡大を受けて国内外の経済・貿易活動の縮小を警戒。20年1-3月期決算は売上高が前年同期比6%減の15億300万元、純利益が118%増の1億8200万元だった。

【株価推移】

	高値		安値	
2016年	1.761	03/31	1.200	02/12
2017年	1.630	06/14	1.330	05/19
2018年	1.500	01/26	0.940	09/17
2019年	1.220	02/26	0.930	12/03
2020年	0.990	01/02	0.520	03/19

【株価情報】

取引単位(株)	2,000	A株株価(元)	1.740
H株時価総額(mHK$)	3,662.7	A株格差(倍)	2.7

【指標】(%)

		19/12	18/12
収益性	ROA	2.0	1.5
	ROE	3.8	2.9
	粗利益率	30.0	23.9
成長性	増収率	-1.6	-25.2
	増益率(営利)	32.2	20.8
	自己資本増加率	2.7	1.2
安全性	BPS(元)	1.5	1.4
	負債比率	73.0	79.1
	流動比率	289.9	167.7
	株主資本比率	53.5	51.8

【財務】(百万元)

	19/12	18/12
流動資産	6,891.0	9,559.5
総資産	35,098.3	35,315.6
流動負債	2,377.4	5,702.0
総負債	13,693.9	14,455.3
株主資本	18,769.8	18,276.4

【CF】(百万元)

	19/12	18/12
営業CF	1,606.6	1,885.6
投資CF	1,784.0	-1,444.7
財務CF	-4,930.1	-2,004.1
FCF	3,390.6	441.0
現金同等物	4,042.3	5,554.5

【株式】(19/12/31)(百万株)

総数		12,894.5
流通	H株	40.0%
	A株	60.0%
		100.0%
非流通		0.0%

【主要株主】(19/12/31)

	(%)
大連港集団有限公司	41.2
招商証券(香港)有限公司	21.1
中央匯金資産管理有限責任公司	0.9

【子会社・関連会社】(19/12/31)

	(%)
大連港集装箱発展有限公司	100.0
大連集発船舶代理有限公司	100.0
大連集発船舶管理有限公司	100.0

【売上・利益構成】(19/12)(%)

	売上構成比	前年比	利益構成比	前年比
コンテナターミナル	40.2	-3.4	37.4	7.0
石油化学ターミナル	24.3	35.2	31.0	103.8
ばら積み一般貨物ターミナル	14.7	0.5	13.3	2.8

【業績】[中国会計基準](百万元)※予想：―

【前号予想との比較】 ―

	売上高	営業利益	純利益	前年比(%)	EPS(元)	1株配(元)	株配・無償(株)
2016/12	12,814.48	610.75	531.01	9.6	0.040	0.0150	
2017/12	9,031.64	711.28	500.78	-5.7	0.040	0.0230	
2018/12	6,754.45	859.40	523.32	4.5	0.040	0.0190	
2019/12	6,645.91	1,136.49	718.23	37.2	0.060	0.0210	
2020/12予	―	―	―				【株式分割・併合等】
2021/12予	―	―	―				
2018/6中間	3,651.19	331.18	176.18	-26.1	0.010		
2019/6中間	3,221.97	452.72	288.24	63.6	0.020		

【本社】遼寧省大連市国際物流園区金港路新港商務大厦 【TEL】86-411-87598729 【URL】www.dlport.cn
【役員】法定代表人：魏明暉(Wei Minghui) 【上場】2006年4月 【決算期】12月 【従業員】4,299

石油・石炭

メインボード

H株

中海油田服務
チャイナ・オイルフィールド

中海油田服務股份有限公司
China Oilfield Services Ltd.

【指数構成銘柄】— 　【その他上場】上海A(601808)

[02883/week/2018/11/30-2020/05/08)]

評価	H株株価	年間騰落率	最低売買価格
C	6.200 HK$	-21.0 %	170,128 円

PER		予想配当利回り	PBR
予想 9.3 倍　実績 10.8 倍		2.6 %	0.7 倍

中国の油田サービス最大手 国務院直属の中国海洋石油集団が親会社。中国沿海を中心に油ガス田の探査・開発を請け負う。19年末時点で保有する石油掘削装置（リグ）はジャッキアップ式40基、半潜水型14基の計54基で、海洋作業船は140隻超。東南アジアや中東、北欧でも事業を展開。同系列のCNOOC（00883）をはじめペトロチャイナ（00857）などを顧客に持つ。海外ではスタットオイル、BP、シェルなどにサービスを提供。

19年12月本決算：純利益35倍 国際原油相場は不安定な値動きとなったものの、国内の政策を追い風に油田掘削サービスの需要が回復し、石油メジャーの設備投資が増加。各種のコスト削減や合弁会社の業績改善も利益積み上げに寄与。部門別では、掘削サービスが40%増収。掘削リグの稼働日数が32%増。稼働率は営業日ベースで72.5から81.4%へ8.9ポイントに上昇した。日割作業料は1%増。油田技術サービス、船舶サービス、探査サービスもそろって2桁増収を確保した。

今後の見通し 中国の近海市場は相対的に安定しているものの、海外での新型コロナ情勢、原油相場の動向に不透明感が残るとの見方を示している。20年1～3月期決算（中国会計基準）は売上高が前年同期比38%増の81億6800万元、純利益が37倍の11億3900万元。

【株価推移】

	高値		安値	
2016年	8.200	10/20	4.790	01/21
2017年	8.530	01/26	6.120	06/22
2018年	10.800	01/25	6.610	09/07
2019年	12.340	12/31	6.230	01/03
2020年	13.260	01/08	5.120	03/19

【株価情報】

取引単位(株)	2,000	A株株価(元)	13.020
H株時価総額(mHK$)	11,229.0	A株格差(倍)	2.3

【指標】(%)

		19/12	18/12
収益性	ROA	3.3	0.1
	ROE	6.8	0.2
	粗利益率	—	—
成長性	増収率	41.9	25.3
	増益率(営利)	505.3	-56.2
	自己資本増加率	6.4	-0.1
安全性	BPS(元)	7.7	7.2
	負債比率	106.7	115.9
	流動比率	116.1	127.6
	株主資本比率	48.3	46.2

【財務】(百万元)

	19/12	18/12
流動資産	23,029.7	21,708.9
総資産	76,101.8	74,687.0
流動負債	19,828.8	17,011.0
総負債	39,191.6	40,009.6
株主資本	36,734.2	34,529.9

【CF】(百万元)

	19/12	18/12
営業CF	6,965.6	4,150.3
投資CF	-1,151.7	-7,035.8
財務CF	-5,651.8	-3,060.5
FCF	5,813.9	-2,885.5
現金同等物	3,363.6	3,169.6

【株式】(19/12/31)(百万株)

総数		4,771.6
流通	H株	38.0%
	A株	62.0%
	—	
		100.0%
非流通	0.0%	

【主要株主】(19/12/31) (%)

中国海洋石油集団有限公司	50.5
中国証券金融股フン有限公司	3.0
中央匯金資産管理有限責任公司	0.6

【子会社・関連会社】(19/12/31) (%)

COSL Norwegian AS	100.0
COSL (Australia) Pty Ltd.	100.0
中法渤海地質服務有限公司	50.0

【売上・利益構成】(19/12)(%)

	売上構成比	前年比	利益構成比	前年比
油田技術サービス	48.4	53.3	74.6	78.9
掘削サービス	34.8	39.6	12.0	—
作業船・輸送サービス	9.8	13.0	5.9	-13.7

【業績】[香港会計基準](百万元)※予想：ファクトセット　　【前号予想との比較】↘ 減額

	売上高	営業利益	純利益	前年比(%)	EPS(元)	1株配(元)	株配・無償(株)
2016/12	15,152.19	-11,367.70	-11,456.19	—	-2.401	0.0500	
2017/12	17,516.29	1,467.96	42.77	—	0.009	0.0600	
2018/12	21,945.88	643.51	70.80	65.5	0.015	0.0700	
2019/12	31,135.15	3,895.23	2,502.24	3,434.1	0.524	0.1600	
2020/12予	32,212.81	4,194.50	2,893.41	15.6	0.608	0.1490	【株式分割・併合等】
2021/12予	34,341.26	4,632.04	3,107.09	7.4	0.650	0.1510	
2018/6中間	8,140.01	-239.78	-375.00	—	-0.080	—	
2019/6中間	13,562.80	1,601.09	973.04	—	0.200	—	

【本社】天津市濱沽高新区塘沽海洋科技園園川路1581号 【TEL】86-10-84521685 【URL】www.cosl.com.cn

【役員】会長：斉美勝(Qi Meisheng) 【上場】2002年11月 【決算期】12月 【従業員】14,725

渣打集団
スタンダード・チャータード

渣打集団有限公司
Standard Chartered PLC.

【指数構成銘柄】― 【その他上場】ロンドン

[02888/week/(2018/11/30 - 2020/05/08)]
MPA. 13 MPA. 26 MPA. 52

評価	株価	年間騰落率	最低売買価格
D	39.450 HK$	-44.2 %	27,063 円

PER		予想配当利回り	PBR
予想 25.1倍 実績 8.9倍		2.0 %	0.3倍

総合金融サービス大手 160年以上の歴史を誇る老舗。本社は英国だが新興国を中心に個人・法人向け銀行業務を展開する。経常収益比率は大中華圏・北アジアが41％と最大で、東南アジアが27％、アフリカ・中東が17％、欧米が11％。国・地域別の経常収益上位は香港、シンガポール、インド、韓国、中国本土、英国、米国、UAE（19年通期）。香港ではHSBC（00005）などと並ぶ発券銀行。ロンドン、インド市場にも上場。

19年12月本決算：純利益倍増 税引き前では前年比46％の増益。トレーディング収入の増加や一般管理費などのコスト削減が好決算を支えた。部門別では主力の法人向けと商業銀行業務、地域別ではアフリカ・中東が牽引。純金利マージンが1.69％から1.62％に悪化したことで、資金利益は2％減。役務取引等利益も0.8％の小幅増にとどまったが、金融資産評価益の増加に伴い、純トレーディング収入は25％増。普通株等Tier1比率は14.2％から13.8％に低下した。

配当停止 危機対応を強化する英金融当局の要請に応じ、20年4月1日付で19年期末配当を取り止めると発表（当初1株0.20米ドルを予定）。20年中間配当も見送り、期末配当については別途検討するとした。2月末に発表していた自社株買い計画も同じ理由で見送る。

【株価推移】
	高値		安値	
2016年	68.300	09/05	42.550	02/25
2017年	88.900	08/01	62.800	01/03
2018年	94.800	01/29	52.000	10/26
2019年	75.000	12/17	56.450	08/15
2020年	73.800	01/03	36.500	04/27

【株価情報】
取引単位(株)	50	A株株価 ―
時価総額(mHK$)	124,511.4	A株格差(倍) ―

【指標】(%)
		19/12	18/12
収益性	ROA	0.3	0.2
	ROE	4.6	2.1
	粗利益率	―	―
成長性	増収率	4.2	2.5
	増益率(営利)	47.9	7.5
	自己資本増加率	0.5	-2.7
安全性	BPS(US$)	15.8	15.1
	負債比率	1,330.2	1,274.8
	流動比率	―	―
	株主資本比率	7.0	7.3

【財務】(百万US$)
	19/12	18/12
流動資産	―	―
総資産	720,398.0	688,762.0
流動負債	―	―
総負債	669,737.0	638,410.0
株主資本	50,348.0	50,079.0

【CF】(百万US$)
	19/12	18/12
営業CF	-778.0	25,292.0
投資CF	-17,970.0	-12,417.0
財務CF	-1,053.0	-1,027.0
FCF	-18,748.0	12,875.0
現金同等物	77,454.0	97,500.0

【株式】(19/12/31)(百万株)
総数	3,196.2	
流通	―	
	―	
	―	100.0%
非流通	―	0.0%

【主要株主】(19/12/31)
	(%)
Temasek Holdings (Private) Ltd.	15.8
BlackRock, Inc.	5.6
Norges Bank	3.1

【子会社・関連会社】(19/12/31)
	(%)
Standard Chartered Bank,England and Wales	100.0
Standard Chartered Bank Korea Ltd.	100.0
Standard Chartered Bank Malaysia Berhad	100.0

【売上・利益構成】(19/12)(%)
	売上構成比	前年比	利益構成比	前年比
法人向け銀行業務	47.0	4.7	57.9	14.6
個人向け銀行業務	33.9	2.6	29.1	8.6
商業銀行業務	9.7	6.3	11.7	22.0

【業績】 [国際会計基準] (百万US$) ※予想：ファクトセット
【前号予想との比較】 ↓ 大幅減益

	経常収益	業務純益	純利益	前年比(%)	EPS(US$)	1株配(US$)	株配・無償(株)
2016/12	14,060.00	446.00	-247.00	―	-0.145	―	
2017/12	14,425.00	2,147.00	1,219.00	―	0.235	0.1100	
2018/12	14,789.00	2,307.00	1,054.00	-13.5	0.187	0.2100	
2019/12	15,417.00	3,413.00	2,303.00	118.5	0.570	0.2700	
2020/12予	15,257.56	3,905.50	1,112.23	-51.7	0.203	0.1020	【株式分割・併合等】
2021/12予	15,863.16	4,695.83	2,197.72	97.6	0.669	0.1970	
2018/6中間	7,627.00	2,178.00	1,560.00	30.4	0.407	0.0600	
2019/6中間	7,830.00	2,234.00	1,477.00	-5.3	0.380	0.0700	

【登記】1 Basinghall Avenue, London, UK 【TEL】44-20-78858888 【URL】www.standardchartered.com
【役員】会長：Jose Vinals 【上場】2002年10月 【決算期】12月 【従業員】84,398

紫金鉱業集団

ズージン・マイニング・グループ

紫金鉱業集団股份有限公司
Zijin Mining Group Co.,Ltd.

【指数構成銘柄】— 【その他上場】上海A(601899)

[02899/week(2018/11/30 - 2020/05/08)]

評価	H株株価	年間騰落率	最低売買価格
D	3.320 HK$	14.5 %	91,101 円

PER		予想配当利回り	PBR
予想 18.5 倍 実績 16.8 倍		2.5 %	1.5 倍

中国の大手金鉱会社 金や銅・亜鉛を中心に各種鉱物資源の採掘、製錬、販売を手掛ける。中国最大規模の金鉱山である紫金山鉱山（福建）、多宝山鉱山（黒龍江）、阿舎勒鉱山（新疆）などが国内の主力鉱山で、海外ではパプアニューギニアやコンゴ民主共和国、ロシアなどの鉱山に出資する。19年の金生産量（新産金）は41トンで国内シェアは13％。銅生産量は37万トンで国内シェアは23％。19年末の保有資源量は金が1887トン、銅が5726万トンに上る。

19年12月本決算：増収増益 各種金属価格の上昇や販売量の増加で3割近い増収を確保したものの、事業規模の拡大に伴う管理費の25％増、金融資産の評価益の10億元超減少や関連会社に絡む投資収益が74％減少したことなどが最終利益を押し下げた。非経常損益を除く純利益は31％増の39億9700万元。19年の金生産量は25％増の301トンで、うち加工金が27％増の260トン、新産金が12％増の41トン。銅生産量は49％増の37万トン。

今後の計画 20年の新産金生産目標は前年実績比8％増の44トンに設定。銅は11％増の41万トン、亜鉛は8％増の40万トン、銀は246トン、鉄鉱石精鉱は332万トンを見込む。20年1－3月期決算は売上高が前年同期比25％増の361億6200万元、純利益が19％増の10億4000万元。

【株価推移】

	高値		安値	
2016年	3.100	07/14	1.670	01/28
2017年	3.180	03/17	2.480	01/03
2018年	4.370	02/05	2.570	09/12
2019年	3.890	12/31	2.620	10/22
2020年	4.190	01/08	2.300	03/19

【株価情報】

取引単位(株)	2,000	A株株価(元)	4.010
H株時価総額(mHK$)	19,046.6	A株格差(倍)	1.3

【指標】(%)

		19/12	18/12
収益性	ROA	3.5	3.6
	ROE	8.4	10.1
	粗利益率	6.9	12.6
成長性	増収率	28.4	12.1
	増益率(営利)	17.2	23.0
	自己資本増加率	26.5	15.6
安全性	BPS(元)	2.0	1.8
	負債比率	130.4	162.2
	流動比率	85.7	81.8
	株主資本比率	41.3	35.8

【財務】(百万元)

	19/12	18/12
流動資産	28,594.4	30,448.7
総資産	123,830.9	112,879.3
流動負債	33,362.7	37,223.1
総負債	66,751.3	65,605.6
株主資本	51,186.0	40,455.4

【CF】(百万元)

	19/12	18/12
営業CF	10,665.6	10,233.0
投資CF	-14,102.8	-13,640.2
財務CF	-325.8	7,655.2
FCF	-3,437.3	-3,407.2
現金同等物	6,085.6	9,932.8

【株式】(19/12/31) (百万株)

総数	25,377.3	
流通	H株	22.6%
	A株	75.7%
	—	98.4%
非流通		1.6%

【主要株主】(19/12/31) (%)

ビン西興杭国有資産投資経営有限公司	24.0
中国証券金融股フン有限公司	2.7
中非発展基金有限公司	2.3

【子会社・関連会社】(19/12/31) (%)

琿春紫金鉱業有限公司	100.0
黒龍江多宝山銅業股フン有限公司	100.0
紫金銅業有限公司	100.0

【売上・利益構成】(19/12) (%)

	売上構成比	前年比	利益構成比	前年比
金加工	53.2	47.7	0.2	93.2
銅精錬	14.1	16.2	4.2	-8.7
各種精鉱	4.4	6.7	20.9	-46.8

【業績】[中国会計基準] (百万元) ※予想：ファクトセット　　【前号予想との比較】 ↘ 減額

	売上高	営業利益	純利益	前年比(%)	EPS(元)	1株配(元)	株配・無償(株)
2016/12	78,851.14	2,312.97	1,839.80	11.1	0.090	0.0600	
2017/12	94,548.62	5,026.65	3,507.72	90.7	0.160	0.0900	
2018/12	105,994.25	6,181.37	4,093.77	16.7	0.180	0.1000	
2019/12	136,097.98	7,242.07	4,283.96	4.6	0.180	0.1000	
2020/12予	145,878.83	7,377.59	4,068.28	-5.0	0.163	0.0760	【株式分割・併合等】
2021/12予	160,144.89	10,378.46	6,096.37	49.9	0.240	0.1040	
2018/6中間	49,813.89	3,777.38	2,526.42	67.8	0.110	—	
2019/6中間	67,198.40	3,215.32	1,853.45	-26.6	0.080	—	

【登記】福建省上杭県紫金大道1号 【TEL】86-592-2933650 【URL】www.zjky.cn

【役員】会長：陳景河(Chen Jinghe) 【上場】2003年12月 【決算期】12月 【従業員】19,963

金鷹商貿集団

ゴールデン・イーグル

金鷹商貿集団有限公司
Golden Eagle Retail Group Ltd.
【指数構成銘柄】— 【その他上場】—

評価	株価	年間騰落率	最低売買価格
C	7.400 HK$	-20.0 %	101,528 円

PER		予想配当利回り	PBR
予想 14.6 倍　実績 9.5 倍		4.1 %	1.6 倍

中国の百貨店大手 江蘇省を中心に「金鷹」ブランドの百貨店チェーンを運営する。現会長の王恒氏が1996年に南京で第1号店を出店。19年末時点で江蘇、安徽、陝西、雲南、上海の4省1直轄市の17都市に31店舗を展開する。店舗の延べ床面積は250万平米。近年は「ライフスタイルセンター」への業態転換を進めており、内訳は百貨店が15店、ライフスタイルセンターが16店。19年12月末時点で自社アプリ「掌上金鷹」のダウンロード数は780万回、VIP顧客数は300万人、平均アクティブユーザーは5万5000人に上る。

19年12月本決算：減収増益 法人税負担が7％減少し3割増益となったが、EBITDAは4％減の26億4200万元と振るわなかった。既存店売上高は店舗の一部がリニューアル工事に入った南京新街口店で19％減少したほか、全体でも2％減少と振るわず。不動産販売は江蘇省楊州市で手掛けるプロジェクトで大部分が18年中に引き渡しを終えていた反動などから41％減と落ち込み、総売上高は4％減の182億4700万元にとどまった。

最近の動向 新型コロナの感染拡大で実店舗が大打撃を受けるなか、オンライン事業を強化。20年3月末時点でオンラインによる1日当たりの平均販売額は100万元を超え、再購入率は59％に達している。

【株価推移】

	高値		安値	
2016年	11.500	10/24	7.930	06/14
2017年	12.200	03/30	8.620	09/12
2018年	11.620	02/07	7.800	10/19
2019年	9.790	05/16	7.910	09/03
2020年	8.820	01/03	7.020	03/18

【株価情報】

取引単位(株)	1,000	A株株価	—
時価総額(mHK$)	12,424.9	A株格差(倍)	—

【指標】(%)

		19/12	18/12
収益性	ROA	5.2	3.7
	ROE	17.3	14.5
	粗利益率	—	—
成長性	増収率	-6.4	32.8
	増益率(営利)	—	—
	自己資本増加率	10.4	2.4
安全性	BPS(元)	4.1	3.7
	負債比率	233.2	288.6
	流動比率	105.1	99.6
	株主資本比率	29.9	25.6

【財務】(百万元)

	19/12	18/12
流動資産	9,009.7	10,412.0
総資産	22,942.3	24,236.4
流動負債	8,575.7	10,458.4
総負債	15,988.3	17,917.0
株主資本	6,855.2	6,207.8

【CF】(百万元)

	19/12	18/12
営業CF	2,117.2	1,752.9
投資CF	213.0	-324.0
財務CF	-2,585.7	-1,892.6
FCF	2,330.2	1,429.0
現金同等物	5,081.3	5,336.8

【株式】(19/12/31)(百万株)

総数	1,679.0	
流通	—	—
	—	—
	100.0%	
非流通	0.0%	

【主要株主】(19/12/31)

	(%)
王恒	74.7
ICFI HK(U.S.A.) investments, LLC	7.1

【子会社・関連会社】(19/12/31)

	(%)
金鷹国際商貿集団（中国）有限公司	100.0
楊州金鷹国際実業有限公司	100.0
徐州金鷹国際実業有限公司	100.0

【売上・利益構成】(19/12)(%)

	売上構成比	前年比	利益構成比	前年比
小売り	84.2	2.4	87.5	-0.3
不動産開発・ホテル	14.2	-38.6	12.5	-30.2
その他	1.5	7.7	—	—

【業績】[香港会計基準](百万元) ※予想：ファクトセット

【前号予想との比較】↓ 大幅減益

	売上高	営業利益	純利益	前年比(%)	EPS(元)	1株配(元)	株配・無償(株)
2016/12	4,694.34	—	408.41	-50.5	0.244	0.3168	
2017/12	4,949.18	—	1,278.14	213.0	0.763	0.3600	
2018/12	6,570.20	—	897.85	-29.8	0.537	0.2938	
2019/12	6,149.45	—	1,185.48	32.0	0.706	0.3490	
2020/12予	5,248.00	1,739.00	765.00	-35.5	0.460	0.2750	
2021/12予	6,014.00	2,166.00	1,029.00	34.5	0.610	0.3670	
2018/6中間	2,781.13	—	503.39	-12.5	0.301	0.1338	
2019/6中間	2,955.36	—	685.83	36.2	0.408	0.1180	

【株式分割・併合等】

【本社】江蘇省南京市市建ギョウ区応天大街888号金鷹世界A座17楼 【TEL】86-25-84707089 【URL】www.geretail.com
【役員】会長：王恒(Wang Hung) 【上場】2006年3月 【決算期】12月 【従業員】3,300

建設・プラント

メインボード

レッドチップ

中国建築国際集団

チャイナ・ステート・コンストラクション・インターナショナル

中国建築国際集団有限公司
China State Construction International Holdings Ltd.
【指数構成銘柄】— 【その他上場】—

評価	株価	年間騰落率	最低売買価格
B	6.200 HK$	-19.5 %	170,128 円

PER			予想配当利回り	PBR
予想 5.1 倍	実績 5.8 倍		5.9 %	0.7 倍

香港の総合建設大手 親会社は中国建築集団の傘下で、上海上場の中国建築（601668）。香港やマカオ、中国本土で建設・土木工事を手掛ける。香港では香港国際空港ターミナルビル、政府庁舎、病院などを建設。道路、排水路など公共事業5分野に入札する資格を持つ。本土では保障性住宅やBOT・BT事業を請け負う。外壁工事の中国建築興業（00830）を除く地域別売上比率は本土55%、香港37%、マカオ8%（19年12月期）。

19年12月本決算：増収増益 純利益が2年ぶりに50億HKドルを超え、17年に計上した最高益（54億9000万HKドル）に迫った。特に香港市場が好調。病院などの政府事業に加え、民間住宅なども積極的に手掛けた効果で売上高が44%増、営業利益が16%増。本土事業は4%増収、5%増益と堅調。マカオ事業は前年に大型プロジェクトが完了した反動で33%減収、36%減益。事業別ではインフラ投資が6%増収、建設が19%増収。

最近の動向 20年1～3月期の売上高は前年同期比14%減の99億4900万HKドル、営業利益が21%減の17億1700万HKドル。新規受注額は141億4000万HKドルで、大型事業はマカオのカジノリゾート「スタジオシティー第2期」（64億8000万HKドル）や香港・新界地区将軍澳の海水淡水化プラント（27億5000万HKドル）など。

【株価推移】

	高値		安値	
2016年	13.453	01/04	9.016	08/22
2017年	14.473	04/06	9.950	11/21
2018年	12.500	01/12	5.380	10/30
2019年	8.820	02/27	5.960	01/02
2020年	7.360	01/03	4.220	03/20

【株価情報】

取引単位(株)	2,000	A株株価	—
時価総額(mHK$)	31,304.8	A株格差(倍)	—

【指標】(%)

		19/12	18/12
収益性	ROA	3.4	3.3
	ROE	12.8	11.7
	粗利益率	15.0	15.6
成長性	増収率	10.9	10.9
	増益率(営利)	—	—
	自己資本増加率	9.6	1.0
安全性	BPS(HK$)	8.3	7.6
	負債比率	262.2	242.0
	流動比率	106.2	112.4
	株主資本比率	26.1	28.2

【財務】(百万HK$)

	19/12	18/12
流動資産	75,499.6	60,262.7
総資産	161,423.9	136,122.1
流動負債	71,105.8	53,630.0
総負債	110,516.3	93,043.8
株主資本	42,148.2	38,454.4

【CF】(百万HK$)

	19/12	18/12
営業CF	-2,704.3	-1,924.6
投資CF	-3,090.0	-6,954.0
財務CF	10,506.6	9,581.1
FCF	-5,794.4	-8,878.6
現金同等物	22,600.4	17,924.2

【株式】(19/12/31)(百万株)

総数	5,049.2
流通	— — — 100.0%
非流通	0.0%

【主要株主】(19/12/31) (%)

中国建築股フン有限公司（601668）	64.7
Citigroup Inc.	6.1
GIC Private Ltd.	5.0

【子会社・関連会社】(19/12/31) (%)

中国建築興業集団有限公司（00830）	74.1
中国建築工程（香港）有限公司	100.0
中国建築基礎工程有限公司	100.0

【売上・利益構成】(19/12)(%)

	売上構成比	前年比	利益構成比	前年比
インフラ投資	50.3	5.9	—	—
建設	42.6	19.5	—	—
外壁	4.3	-8.0	—	—

【業績】[香港会計基準](百万HK$) ※予想：ファクトセット 【前号予想との比較】↘ 減額

	売上高	営業利益	純利益	前年比(%)	EPS(HK$)	1株配(HK$)	株配・無償(株)
2016/12	46,207.51	—	5,130.07	13.4	1.195	0.3300	
2017/12	50,152.52	—	5,490.09	7.0	1.189	0.3500	8:1@11.33HK$
2018/12	55,626.30	—	4,500.12	-18.0	0.891	0.2700	
2019/12	61,669.68	—	5,413.21	20.3	1.072	0.3200	
2020/12予	69,254.67	8,838.62	6,203.79	14.6	1.206	0.3670	【株式分割・併合等】
2021/12予	79,205.55	10,048.80	7,074.96	14.0	1.392	0.4210	分割1→4(08/6)
2018/6中間	27,105.61	—	2,522.32	1.2	0.500	0.1500	
2019/6中間	27,542.50	—	2,861.65	13.5	0.567	0.1600	

【本社】香港湾仔軒尼詩道139号中国海外大厦28楼 【TEL】852-28237888 【URL】www.csci.com.hk

【役員】会長：顔建国(Yan Jianguo) 【上場】2005年7月 【決算期】12月 【従業員】14,411

華潤医薬集団

チャイナリソーシズ・ファーマ・グループ

華潤医薬集団有限公司
China Resources Pharmaceutical Group Ltd.
【指数構成銘柄】レッドチップ 【その他上場】—

評価	株価	年間騰落率	最低売買価格
C	4.780 HK$	-55.9 %	32,791 円

PER		予想配当利回り	PBR
予想 8.4 倍　実績 9.2 倍		2.4 %	0.7 倍

華潤グループ系の医薬大手 医薬品の製造と卸売りでともに中国2位の規模。「三九」「双鶴」などのブランドで漢方薬、心血管・脳血管疾患の治療薬、避妊薬などの医薬品を製造販売する。卸売事業では178の物流センターを持ち、28省・直轄市の7000の病院、4万7000の診療所、5万5000の薬局に製品を供給する（19年12月末）。小売事業では「華潤堂」などのブランドで852店を展開。戦略投資家として富士フイルムが資本参加。

19年12月本決算：増収減益 傘下の生薬メーカー、東阿阿膠（000423）の赤字転落や、過年度の業務買収に絡むのれんの減損7億2300万HKドルの計上などが響き純利益は約2割減。利幅の薄い卸売り部門の売上比率が拡大したため、全体の粗利益率は前年から1.8ポイント低下した。製薬部門は化学薬品が6％増収。輸液製剤、慢性病治療薬の伸びが寄与した。バイオ医薬品は買収効果や販売体制の改善が奏功し、28％増収を達成した。

最近の動向 新型コロナの感染拡大を受け、オンライン販売を強化。製薬部門は研究開発費の対売上比率を引き上げる方針で、人材誘致などを加速させる。競争力向上に向けて海外企業との提携を深める。19年末時点で研究開発中のプロジェクトは150項目余り。うち新薬開発は抗がん剤、循環系、漢方など計67項目に上る。

【株価推移】

	高値		安値	
2016年	9.100	10/28	8.280	12/08
2017年	10.660	12/01	8.330	01/19
2018年	13.160	09/05	9.660	02/09
2019年	11.760	05/03	6.600	11/26
2020年	8.150	01/23	4.030	04/02

【株価情報】

取引単位(株)	500	A株株価	—
時価総額(mHK$)	30,039.9	A株格差(倍)	—

【指標】(%)

		19/12	18/12
収益性	ROA	1.7	2.3
	ROE	8.1	10.1
	粗利益率	16.6	18.4
成長性	増収率	7.8	9.9
	増益率(営利)	—	—
	自己資本増加率	3.6	-6.1
安全性	BPS(HK$)	6.5	6.3
	負債比率	295.8	294.3
	流動比率	124.6	123.1
	株主資本比率	21.4	22.3

【財務】[百万HK$]

	19/12	18/12
流動資産	132,942.6	127,266.2
総資産	190,025.0	176,181.2
流動負債	106,671.7	103,358.4
総負債	120,443.2	115,715.4
株主資本	40,711.3	39,313.0

【CF】[百万HK$]

	19/12	18/12
営業CF	8,140.9	8,247.0
投資CF	1,008.8	-9,801.0
財務CF	-13,009.9	4,667.4
FCF	9,149.7	-1,554.0
現金同等物	12,548.1	16,636.3

【株式】(19/12/31)(百万株)

総数	6,284.5
流通	— —
	100.0%
非流通	0.0%

【主要株主】(19/12/31) (%)

中国華潤有限公司	53.0
北京国管中心投資管理有限公司	17.4

【子会社・関連会社】(19/12/31) (%)

華潤医薬控股有限公司		100.0
華潤三九医薬股フン有限公司	(000999)	63.6
華潤双鶴薬業股フン有限公司	(600062)	60.0

【売上・利益構成】(19/12)(%)

	売上構成比	前年比	利益構成比	前年比
医薬品卸売り	81.7	9.8	52.6	0.3
医薬品製造	15.0	-3.9	46.0	-22.1
医薬品小売り	3.2	18.5	0.5	-31.2

【業績】[香港会計基準](百万円) ※予想：ファクトセット 　　【前号予想との比較】↓ 大幅減額

	売上高	営業利益	純利益	前年比(%)	EPS(HK$)	1株配(HK$)	株配・無償(株)
2016/12	156,705.20	—	2,821.41	-1.0	0.570	0.0900	
2017/12	172,532.20	—	3,483.04	23.5	0.550	0.1100	
2018/12	189,689.11	—	3,977.60	14.2	0.630	0.1300	
2019/12	204,453.87	—	3,286.42	-17.4	0.520	0.1100	
2020/12予	216,857.27	10,317.42	3,587.58	9.2	0.570	0.1150	【株式分割・併合等】
2021/12予	237,151.70	11,575.83	3,970.69	10.7	0.632	0.1260	
2018/6中間	93,740.80	—	2,249.62	24.3	0.360		
2019/6中間	101,922.96	—	3,035.37	34.9	0.480		

【登記】香港湾仔港湾道26号華潤大厦41楼　【TEL】852-25938991　【URL】www.crpharm.com

【役員】会長：王春城(Wang Chuncheng)　【上場】2016年10月　【決算期】12月　【従業員】67,000

中国建材

建材・ガラス・セメント

メインボード

H株

中国建材股份有限公司
China National Building Material Co.,Ltd.
チャイナ・ナショナル・ビルディング・マテリアル
【指数構成銘柄】― 【その他上場】―

評価	H株株価	年間騰落率	最低売買価格
C	**9.860** HK$	**48.9** %	**270,558** 円

PER		予想配当利回り	PBR
予想 **6.5** 倍 実績 **6.9** 倍		**4.5** %	**0.9** 倍

セメント世界最大手 セメント、コンクリートに加え、軽量建材などの新素材が主力で、エンジニアリングサービスにも従事する。コンクリートや石こうボードでも世界最大級で、風力発電用ブレードでは国内最大手。傘下の中国巨石（600176）は世界最大級のガラス繊維メーカー。親会社同士の経営統合を受け、18年上期には香港市場の上場銘柄だった同業の中国中材（18年4月に上場廃止）の吸収合併を完了した。

19年12月本決算：増収増益 インフラ投資や不動産開発が活発化する中、セメント業界の供給側改革で需給バランスが改善。セメントの販売価格が上昇し、利幅が広がった。セメントとクリンカーの販売量は前年比6％増の3億9130万トン。平均単価は子会社の南方水泥で4％高、中国聯合水泥で9％高。セメント部門全体では2桁の増収増益だった。コンクリートは販売量が17％増の1億1200万立方米に伸び、売上高は25％増えたが、利益は25％減。新素材部門は15％増収、21％減益。

最近の動向 20年1～3月期決算（中国会計基準）は売上高が前年同期比21％減の340億8900万元、純利益が76％減の6億2000万元。新型コロナ流行で建設築業界が打撃を受けたが、経営陣は中国政府による景気対策などを念頭に年間では需要の安定推移が続くと予想する。

【株価推移】

	高値		安値	
2016年	4.530	04/14	2.970	02/03
2017年	7.550	11/29	3.720	01/03
2018年	10.060	06/11	5.100	12/21
2019年	8.730	12/31	4.960	01/04
2020年	10.180	03/03	6.380	03/19

【株価情報】

取引単位(株)	2,000	A株株価	―
H株時価総額(mHK$)	38,145.4	A株格差(倍)	―

【指標】(%)

		19/12	18/12
収益性	ROA	2.5	1.8
	ROE	13.6	11.0
	粗利益率	30.2	29.7
成長性	増収率	15.7	18.9
	増益率(営利)		
	自己資本増加率	12.3	11.7
安全性	BPS(元)	9.6	8.5
	負債比率	366.2	418.5
	流動比率	79.2	73.1
	株主資本比率	18.1	16.5

【財務】(百万元)

	19/12	18/12
流動資産	157,156.8	156,406.1
総資産	446,548.0	436,489.7
流動負債	198,365.7	214,018.5
総負債	295,291.1	300,562.3
株主資本	80,635.9	71,821.6

【CF】(百万元)

	19/12	18/12
営業CF	63,347.7	48,530.8
投資CF	-26,580.3	-16,252.3
財務CF	-33,510.5	-34,860.0
FCF	36,767.3	32,278.4
現金同等物	24,082.9	20,927.2

【株式】(19/12/31)(百万株)

総数		8,434.8
流通	H株	45.9%
	―	―
		45.9%
非流通		54.1%

【主要株主】(19/12/31)(%)

中国建材集団有限公司	41.5
中国信達資産管理フン有限公司(01359)	4.9
泰安市泰山財金投資有限公司	3.1

【子会社・関連会社】(19/12/31)(%)

北新集団建材股フン有限公司（000786）	37.8
中国巨石股フン有限公司（600176）	27.0
中国聯合水泥集団有限公司	100.0

【売上・利益構成】(19/12)(%)

	売上構成比	前年比	利益構成比	前年比
セメント	51.7	11.7	75.6	19.4
コンクリート	20.5	25.3	6.8	-25.0
エンジニア・サービス	15.0	18.9	7.5	20.1

【業績】[国際会計基準](百万元)※予想：ファクトセット　【前号予想との比較】 ↗ 増額

	売上高	営業利益	純利益	前年比(%)	EPS(元)	1株配(元)	株配・無償(株)
2016/12	101,546.78	―	1,048.10	2.8	0.194	0.0430	
2017/12	184,120.71	―	4,939.38	371.3	0.586	0.1000	
2018/12	218,996.80	―	7,931.74	60.6	0.940	0.1800	
2019/12	253,403.38	―	10,974.17	38.4	1.301	0.3500	
2020/12予	254,933.00	34,664.45	12,101.74	10.3	1.388	0.4040	【株式分割・併合等】
2021/12予	260,266.06	35,695.97	12,854.99	6.2	1.432	0.4210	
2018/6中間	95,242.05	―	3,811.77	159.8	0.452	―	
2019/6中間	112,163.61	―	5,767.47	51.3	0.684		

【登記】北京市海淀区復興路17号国海広場2号楼21層 【TEL】86-10-68138300 【URL】www.cnbmltd.com
【役員】会長：曹江林(Cao Jianglin) 【上場】2006年3月 【決算期】12月 【従業員】155,606

交通銀行

バンク・オブ・コミュニケーションズ

【指数構成銘柄】ハンセン、中国企業　【その他上場】上海A(601328)

交通銀行股份有限公司
Bank of Communications Co.,Ltd.

[03328/week/(2018/11/30 - 2020/05/08)]
MPA: 13　MPA: 26　MPA: 52

評価	H株株価	年間騰落率	最低売買価格
B	4.860 HK$	-24.1 %	66,679 円

PER		予想配当利回り	PBR
予想 4.2 倍　実績 4.4 倍		7.2 %	0.4 倍

中国6位の国有商業銀行 1908年創業と国内銀行で最も長い歴史を誇り、2019年末の総資産額で国内6位。法人向け銀行業務を柱に個人向け銀行業務やトレジャリー業務を展開。証券、保険、資産管理業務なども手掛ける。04年にHSBC(00005)が資本参加。営業拠点は19年末時点で国内外に3147カ所。ニューヨーク、東京などに海外支店を置く。17年5月に子会社の交銀国際控股(03329)が香港メインボードに分離上場した。

19年12月本決算：増収増益 資金利益が前年比10%増。利付き資産や利ざやの拡大が寄与した。純手数料・仲介料収入も6%増。銀行カード手数料が5%増え、保険窓販などの手数料収入が伸びた。税負担の減少も増益の一因。19年末の不良債権比率は1.49%から1.47%に低下。不良債権残高は前年末比55億元超増え、不良債権引当カバー率は171.77%と1.36ポイント低下した。

最新動向 任徳奇会長は20年3月、上海を拠点とする銀行という特徴を生かし、長江デルタの発展を基盤に成長を目指す方針を示した。20年1～3月期決算は純利益が前年同期比2%増の214億5100万元。3月末の不良債権比率は1.59%と前年末比0.12ポイント上昇した。20年5月、元本400億元の資本性債券を発行。調達した資金は補完的自己資本(Tier2)に充当した。

【株価推移】

	高値		安値	
2016年	6.330	09/22	4.240	02/12
2017年	6.440	02/23	5.470	07/03
2018年	7.130	01/29	5.330	07/20
2019年	7.060	03/04	4.980	08/29
2020年	5.680	01/03	4.200	03/19

【株価情報】

取引単位(株)	1,000	A株株価(元)	5.140
H株時価総額(mHK$)	170,157.7	A株格差(倍)	1.2

【指標】(%)

		19/12	18/12
収益性	ROA	0.8	0.8
	ROE	9.7	10.5
	粗利益率	—	—
成長性	増収率	9.2	8.4
	増益率(営利)	2.3	3.3
	自己資本増加率	13.6	4.1
安全性	BPS(元)	10.7	9.4
	負債比率	1,147.8	1,263.7
	流動比率	—	—
	株主資本比率	8.0	7.3

【財務】(百万元)

	19/12	18/12
流動資産	—	—
総資産	9,905,600.0	9,531,171.0
流動負債	—	—
総負債	9,104,688.0	8,825,863.0
株主資本	793,247.0	698,405.0

【株式】(19/12/31)(百万株)

総数		74,262.7
流通	H株	47.1%
	A株	52.9%
	—	
非流通		0.0%

【CF】(百万元)

	19/12	18/12
営業CF	-82,545.0	123,892.0
投資CF	-81,808.0	-100,140.0
財務CF	86,728.0	-13,476.0
FCF	-164,353.0	23,752.0
現金同等物	167,735.0	243,492.0

【主要株主】(19/12/31) (%)

中華人民共和国財政部	23.9
HSBC Holdings Plc (00005)	18.7
全国社会保障基金理事会	3.4

【子会社・関連会社】(19/12/31) (%)

交銀国際控股有限公司 (03329)	73.1
中国交銀保険有限公司	100.0
交銀金融租賃有限責任公司	100.0

【売上・利益構成】(19/12)(%)

	売上構成比	前年比	利益構成比	前年比
法人向け銀行業務	45.0	7.9	43.5	3.5
個人向け銀行業務	38.1	13.8	33.0	17.5
トレジャリー業務	8.4	-17.9	19.7	-18.3

【業績】[国際会計基準](百万元) ※予想：ファクトセット　【前号予想との比較】 → 前号並み

	経常収益	業務純益	純利益	前年比(%)	EPS(元)	1株配(元)	株配・無償(株)
2016/12	193,966.00	86,014.00	67,210.00	1.0	0.890	0.2715	
2017/12	196,388.00	83,133.00	70,223.00	4.5	0.910	0.2856	
2018/12	212,828.00	85,840.00	73,630.00	4.9	0.960	0.3000	
2019/12	232,443.00	87,786.00	77,281.00	5.0	1.000	0.3150	
2020/12予	236,345.94	124,432.41	78,169.31	1.1	1.041	0.3200	【株式分割・併合等】
2021/12予	247,647.86	130,502.69	81,119.77	3.8	1.078	0.3320	
2018/6中間	101,893.00	47,330.00	40,771.00	4.6	0.510		
2019/6中間	118,022.00	48,667.00	42,749.00	4.9	0.540		

【本社】中国（上海）自由貿易試験区城城中路188号　【TEL】86-21-58766688　【URL】www.bankcomm.com
【役員】会長：任徳奇(Ren Deqi)　【上場】2005年6月　【決算期】12月　【従業員】87,828

霊宝黄金集団

リンバオ・ゴールド・グループ

霊宝黄金集団股份有限公司
Lingbao Gold Group Co.,Ltd.
【指数構成銘柄】 ― 【その他上場】 ―

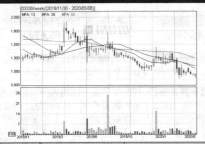

評価	H株株価	年間騰落率	最低売買価格
―	**0.990** HK$	**-40.0** %	**27,166** 円

PER		予想配当利回り	PBR
予想 ― 実績 ―		―	**0.5** 倍

中国の大手金鉱会社 金の採掘、製錬を主力とし、銀、銅、硫酸なども生産。国内では拠点の河南省のほか、新疆ウイグル自治区、内モンゴル自治区、江西省、甘粛省に金鉱山を保有する。海外では09年にキルギスで金鉱2カ所の採掘権を取得した。19年末時点で金鉱33カ所の探査・採掘権を保有し、金資源量は推定96トン、埋蔵量は41トン。総採掘面積は293平方キロに上る。採掘した金鉱石の大半を自社製錬所に供給する。18年には銅箔部門を売却し、金事業に集約した。

19年12月本決算：赤字転落 当局による環境・安全対策の厳格化で一部金鉱の操業停止が続いたことや（固定費は発生）資産減損損失、貸倒引当金など計1億1500万元の計上が赤字化の主因。ただ、金生産量の54%増や平均販売価格の上昇に伴う粗利益率の改善（金塊の粗利益率は3.4%から6.4%に上昇）、管理費・財務費の圧縮などが寄与し、継続事業限定（銅加工を除く）の純損失は前年の11億7900万元から2億5200万元に縮小。

今後の計画 20年も環境・安全基準への対応やそのための技術レベルの改善、資金管理の適正化といった課題が山積しているとの認識。一部金鉱の操業停止で保有資源が縮小する中、採掘・探査権の拡大を目指し「一帯一路」沿線地域など海外での資源取得を強化する。

【株価推移】

	高値		安値	
2016年	2.100	07/11	1.300	02/03
2017年	2.020	04/13	1.210	12/18
2018年	2.200	08/13	1.220	11/13
2019年	1.960	04/09	1.050	12/05
2020年	1.490	01/07	0.910	03/19

【株価情報】

取引単位(株)	2,000	A株株価	―
H株時価総額(mHK$)	294.3	A株格差(倍)	―

【指標】(%)

		19/12	18/12
収益性	ROA	―	9.7
	ROE	―	38.5
	粗利益率	6.1	4.4
成長性	増収率	55.3	-9.5
	増益率(営利)	―	―
	自己資本増加率	-20.0	68.8
安全性	BPS(元)	1.9	2.4
	負債比率	268.1	303.7
	流動比率	74.7	98.1
	株主資本比率	27.9	25.2

【財務】(百万元)

	19/12	18/12
流動資産	2,894.2	5,237.1
総資産	5,932.3	8,212.8
流動負債	3,871.9	5,338.2
総負債	4,429.2	6,275.4
株主資本	1,652.3	2,066.4

【CF】(百万元)

	19/12	18/12
営業CF	-909.6	-25.2
投資CF	1,160.9	742.8
財務CF	-744.1	-363.5
FCF	251.3	717.6
現金同等物	318.7	811.2

【株式】(19/12/31)(百万株)

	総数	864.2
H株		34.4%
流通	―	34.4%
非流通		65.6%

【主要株主】(19/12/31)

	(%)
達仁投資管理集団股フン有限公司	21.5
霊宝市国有資産経営有限責任公司	8.5
上海正禧投資管理合夥企業（有限合夥）	6.6

【子会社・関連会社】(19/12/31)

	(%)
桐柏興源鉱業有限公司	100.0
富金鉱業有限責任公司	82.0
赤峰霊金鉱業有限公司	80.0

【売上・利益構成】(19/12)(%)

	売上構成比	前年比	利益構成比	前年比
製錬	95.6	54.4	65.4	―
金採掘（中国）	2.5	39.3	34.6	127.9
金採掘（キルギス）	1.9	165.3	―	―

【業績】[香港会計基準](百万元)※予想:―　　【前号予想との比較】 ―

	売上高	営業利益	純利益	前年比(%)	EPS(元)	1株配(元)	株配・無償(株)
2016/12	6,054.62	152.48	-77.46	―	-0.101	―	
2017/12	4,176.57	12.22	79.83	―	0.104	―	
2018/12	3,781.66	-1,091.88	796.16	897.3	0.931	0.2000	
2019/12	5,874.36	-20.77	-233.50	―	-0.270	―	
2020/12予	―	―	―	―	―	―	
2021/12予	―	―	―	―	―	―	
2018/6中間	2,073.85	-84.70	-67.54	―	-0.080	―	
2019/6中間	2,560.57	24.80	-83.48	―	-0.097	―	

【株式分割・併合等】 ―

【登記】河南省霊宝市函谷路与荊山路交叉口 【TEL】86-398-8860166 【URL】www.lbgold.com

【役員】会長：陳建正(Chen Jianzheng) 【上場】2006年1月 【決算期】12月 【従業員】4,152

中国恒大集団

チャイナ・エバーグラン・グループ

【指数構成銘柄】— 【その他上場】—

メインボード

評価	株価	年間騰落率	最低売買価格
A	14.740 HK$	-37.9 %	202,233 円

	PER		予想配当利回り	PBR
予想 **5.5** 倍	実績 **10.2** 倍		8.4 %	1.2 倍

不動産デベロッパー大手 19年の中国不動産販売額番付で業界3位。全国規模で不動産開発事業を手掛け、19年12月末時点で保有する延べ床面積は2億9300万平米。事業多角化を推進し、旅行・レジャーや健康・病院経営、高齢者介護、新エネルギー車、宇宙・人工知能（AI）などハイテク分野に歩を進める。傘下に恒騰網絡（00136）、恒大健康産業（00708）などを抱える。

19年12月本決算：増収減益 業界内の競争激化や不動産市場引き締めが強まるなかで、本決算では16年以来の減益となった。主力の不動産開発は計上物件が増加（面積換算で前年比7％増）したものの、販売価格の4％低下が響き、3割の部門減益となった。全体の粗利益は前年比21％減、粗利益率は前年から8.4ポイント低下。年間の物件成約額は前年比9％増の6000億元に上り、10年連続で過去最高を更新。販売面積は12％増の5800万平方米、平均成約価格は1平米当たり1万281元。

最近の動向 会社側は20年の販売目標を前年実績比8％増の6500億元に設定。新型コロナ感染や政府の不動産引き締め動向を警戒する。20年1～4月の成約額は前年同期比19％増の2125億7000万元、販売面積は43％増の2371万1000平米だった。一方、不動産事業以外では健康や新エネルギー車、観光の事業拡大を急ぐ。

【株価推移】

	高値		安値	
2016年	6.720	01/04	4.620	06/24
2017年	32.500	10/25	4.950	01/03
2018年	30.200	01/08	17.900	10/30
2019年	29.800	03/21	16.100	08/30
2020年	22.600	01/15	9.760	03/24

【株価情報】

取引単位(株)	1,000	A株株価	—
時価総額(mHK$)	194,954.0	A株格差(倍)	—

【指標】(%)

		19/12	18/12
収益性	ROA	0.8	2.0
	ROE	11.9	28.1
	粗利益率	27.8	36.2
成長性	増収率	2.4	49.9
	増益率(営利)	-32.9	65.9
	自己資本増加率	9.6	15.9
安全性	BPS(元)	11.0	10.1
	負債比率	1,268.4	1,181.5
	流動比率	136.8	135.9
	株主資本比率	6.6	7.1

【財務】(百万元)

	19/12	18/12
流動資産	1,846,814.0	1,575,751.0
総資産	2,206,577.0	1,880,028.0
流動負債	1,350,035.0	1,159,456.0
総負債	1,848,040.0	1,571,402.0
株主資本	145,700.0	132,995.0

【CF】(百万元)

	19/12	18/12
営業CF	-67,357.0	54,749.0
投資CF	-55,308.0	-60,363.0
財務CF	143,163.0	-17,651.0
FCF	-122,665.0	-5,614.0
現金同等物	150,056.0	129,364.0

【株式】(19/12/31)(百万株)

総数	13,226.2
流通	—
	—
	100.0%
非流通	0.0%

【主要株主】(19/12/31) (%)

許家印	76.8

【子会社・関連会社】(19/12/31) (%)

恒大地産集団有限公司	63.5
恒大地産集団重慶有限公司	100.0
仏山市南海俊誠房地産発展有限公司	100.0

【売上・利益構成】(19/12)(%)

	売上構成比	前年比	利益構成比	前年比
不動産開発	97.3	2.6	96.6	-29.8
不動産管理	0.9	7.6	0.6	-8.6
不動産投資	0.3	15.8	2.8	11.0

【業績】［香港会計基準］(百万元) ※予想：ファクトセット

【前号予想との比較】↓ 大幅減額

	売上高	営業利益	純利益	前年比(%)	EPS(元)	1株配(元)	株配・無償(株)
2016/12	211,444.00	48,225.00	5,091.00	-51.3	0.372	—	
2017/12	311,022.00	85,245.00	24,372.00	378.7	1.833	1.1300	
2018/12	466,196.00	141,414.00	37,390.00	53.4	2.849	1.4190	
2019/12	477,561.00	94,850.00	17,280.00	-53.8	1.315	0.6530	
2020/12予	552,744.30	119,201.41	33,027.74	91.1	2.451	1.1240	【株式分割・併合等】
2021/12予	609,260.40	130,711.38	36,412.02	10.2	2.688	1.2570	
2018/6中間	300,348.00	97,583.00	30,805.00	63.6	2.338		
2019/6中間	226,976.00	60,620.00	14,915.00	-51.6	1.136		

【本社】 深セン市南山区海徳三道1126号 **【TEL】** 852-22879229 **【URL】** www.evergrande.com
【役員】 会長：許家印(Hui Ka Yan) **【上場】** 2009年11月 **【決算期】** 12月 **【従業員】** 133,123

石油・石炭

メインボード

安東油田服務集団

アントン・オイルフィールド・サービス

安東油田服務集団
Anton Oilfield Services Group
【指数構成銘柄】― 【その他上場】―

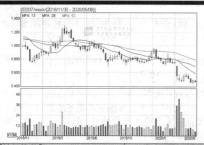

評価	株価	年間騰落率	最低売買価格
D	0.460 HK$	-54.5 %	12,622 円

PER		予想配当利回り	PBR
予想 6.7 倍 実績 4.7 倍		0.5 %	0.4 倍

独立系の油田サービス事業者 油ガス田開発の技術サービスや関連機材の提供をワンストップで手掛ける。坑井の掘削、坑井内作業・仕上げ、パイプ類の提供・保守が中核事業。中国石油天然気集団（CNPC）などを主要顧客に持つ。海外では主に中国企業に追随し、中東や中央アジアでサービスを提供する。シェールガスなど非在来型エネルギー事業にも進出している。

19年12月本決算：増収増益 3事業いずれも堅調で、主力の掘削部門は売上高が21％増、部門利益も10％増加した。中国市場での旺盛な掘削需要に対応した先進掘削技術の提供などが寄与した。地域別売上高は中国市場が新疆などのシェールガス業務の大幅伸張により55％増加。海外市場は3％増加にとどまったが、主力のイラクで売り上げを21％伸ばしたほか、アフリカのチャドでの新規受注が寄与。海外売上比率は53％。全体の粗利益率は35.7％と2.3ポイント低下した。

最近の動向 20年1～3月期の新規受注額は前年同期比20％減の12億1800万元。内訳は国内が17％減の7億1500万元。海外では、イラクが10％減の4億1000万元、その他の市場が53％減の9300万元。3月末時点での受注残高は47億9500万元。うち国内が20億4400万元で全体の43％を占める。海外はイラクが22億1000万元など。

【株価推移】

	高値		安値	
2016年	1.190	10/28	0.610	01/18
2017年	1.210	01/20	0.700	06/15
2018年	1.660	01/25	0.750	12/21
2019年	1.300	04/01	0.690	08/15
2020年	0.960	01/03	0.430	04/28

【株価情報】

取引単位(株)	2,000	A株株価	―
時価総額(mHK$)	1,383.0	A株格差(倍)	―

【指標】(%)

		19/12	18/12
収益性	ROA	2.8	3.1
	ROE	9.3	8.4
	粗利益率	35.7	38.0
成長性	増収率	22.3	33.3
	増益率(営利)	11.7	36.0
	自己資本増加率	9.7	3.4
安全性	BPS(元)	1.0	0.9
	負債比率	225.7	172.0
	流動比率	152.9	188.9
	株主資本比率	30.5	36.5

【財務】(百万元)

	19/12	18/12
流動資産	6,480.9	4,244.1
総資産	9,506.8	7,246.6
流動負債	4,238.8	2,246.9
総負債	6,549.1	4,552.0
株主資本	2,902.1	2,645.9

【CF】(百万元)

	19/12	18/12
営業CF	610.3	420.0
投資CF	-101.9	-98.2
財務CF	1,204.1	-795.5
FCF	508.4	321.8
現金同等物	2,422.9	686.6

【株式】(19/12/31)(百万株)

総数	3,006.6
流通	―
流通	100.0%
非流通	0.0%

【主要株主】(19/12/31) (%)

羅林	24.0
Nomura Holdings, Inc.	16.9
China Oil HBP Science & Technology Co.,Ltd	10.3

【子会社・関連会社】(19/12/31) (%)

安東通奥科技産業股フン有限公司	90.0
新疆通奥油田技術服務有限公司	100.0
四川安東油気工程技術服務有限公司	100.0

【売上・利益構成】(19/12)(%)

	売上構成比	前年比	利益構成比	前年比
掘削	45.2	21.2	45.5	9.5
採油	31.5	32.2	31.1	29.9
坑井仕上げ	23.3	12.7	23.4	7.0

【業績】[国際会計基準](百万元) ※予想：ファクトセット

【前号予想との比較】↓ 大幅減額

	売上高	営業利益	純利益	前年比(%)	EPS(元)	1株配(元)	株配・無償(株)
2016/12	1,617.68	143.20	-160.45	―	-0.072	―	
2017/12	2,202.70	473.69	54.50	―	0.021	―	
2018/12	2,935.89	644.26	222.42	308.2	0.079	0.0100	
2019/12	3,589.50	719.58	268.58	20.8	0.089	―	
2020/12予	3,538.28	614.91	170.06	-36.7	0.062	0.0020	【株式分割・併合等】
2021/12予	3,766.82	664.64	281.13	65.3	0.093	0.0030	
2018/6中間	1,165.89	307.49	84.95	595.8	0.032	―	
2019/6中間	1,650.59	366.26	145.36	71.1	0.048	―	

【本社】北京市朝陽区東湖渠屏翠西路8号 【TEL】86-10-57397584 【URL】www.antonoil.com

【役員】会長：羅林(Luo Lin) 【上場】2007年12月 【決算期】12月 【従業員】4,326

中国龍工控股

ロンキン・ホールディングス

中国龍工控股有限公司
Lonking Holdings Ltd.
【指数構成銘柄】— 【その他上場】—

	評価	株価	年間騰落率	最低売買価格
	B	2.610 HK$	5.7 %	35,809 円

	PER		予想配当利回り	PBR
予想	7.8 倍	実績 6.2 倍	7.5 %	1.1 倍

建設機械メーカー大手 建設機械や産業機械を製造し、建機のファイナンスリース事業も手掛ける。中国でホイールローダー生産の大手。製品の売上比率は、ホイールローダーが51%、ショベルカーが18%、フォークリフトが20%、ロードローラーが1%、部品が8%（19年）。油圧シリンダーや車軸、ギア、鋼管など主要部品を内製する一貫生産体制が強み。福建省、上海市、江西省、河南省に生産拠点を持つ。

19年12月本決算：減収増益 売上高は微減だったが、生産コストを抑制して44%増益を確保した。粗利益率は0.97ポイント改善。投資収益の拡大も利益を押し上げた。一方、1%減収の主因は、売上高の5割を稼ぐホイールローダーの苦戦。過去2年急伸していた中国建機市場の成長が鈍化し、市場競争が激化した。ホイールローダーの売り上げは2%減の60億2600万元。ロードローラーも29%減収だった。油圧ショベルとフォークリフトの売り上げはそれぞれ1%、3%伸びた。

収益見通し 李新炎会長は20年3月、同年の売上高を前年比20%超伸ばす目標を取締役会で決めたと発表した。新型コロナウイルスの流行が国内と海外に打撃を与えたものの、中国政府がインフラ投資を拡大し、建機業界に成長機会をもたらすとの見解を示した。

【株価推移】

	高値		安値	
2016年	1.880	12/08	0.920	02/12
2017年	3.820	10/25	1.640	01/03
2018年	4.460	05/21	1.660	10/30
2019年	3.000	04/11	1.750	08/15
2020年	2.750	04/21	1.900	03/13

【株価情報】

取引単位(株)	1,000	A株株価	—
時価総額(mHK$)	11,171.1	A株格差(倍)	—

【指標】(%)

		19/12	18/12
収益性	ROA	11.2	8.1
	ROE	18.1	13.9
	粗利益率	23.9	23.0
成長性	増収率	-1.0	32.0
	増益率(営利)	—	—
	自己資本増加率	10.6	6.2
安全性	BPS(元)	2.1	1.9
	負債比率	61.1	71.5
	流動比率	228.4	228.6
	株主資本比率	62.1	58.3

【財務】(百万元)

	19/12	18/12
流動資産	10,830.0	10,240.0
総資産	14,617.7	14,072.3
流動負債	4,741.3	4,478.6
総負債	5,540.7	5,865.2
株主資本	9,074.4	8,204.6

【CF】(百万元)

	19/12	18/12
営業CF	1,571.1	811.1
投資CF	-669.6	441.9
財務CF	-964.7	-322.3
FCF	901.5	1,253.0
現金同等物	2,501.8	2,565.0

【株式】(19/12/31) (百万株)

総数	4,280.1
流通	—
	—
	100.0%
非流通	0.0%

【主要株主】(19/12/31) (%)

李新炎	56.0
Citigroup Inc.	5.0

【子会社・関連会社】(19/12/31) (%)

龍工（上海）機械製造有限公司	99.9
龍工（福建）機械有限公司	100.0
河南龍工機械製造有限公司	100.0

【売上・利益構成】(19/12) (%)

	売上構成比	前年比	利益構成比	前年比
建機の製造・販売	100.0	-1.0	79.8	3.6
建機のリース	0.0	-36.7	—	—
金融投資	—	—	20.2	—

【業績】[香港会計基準](百万元) ※予想：ファクトセット

	売上高	営業利益	純利益	前年比(%)	EPS(元)	1株配(HK$)	株配・無償(株)
2016/12	5,146.44	—	461.76	296.2	0.110	0.0620	
2017/12	8,994.10	—	1,045.64	126.4	0.240	0.1600	
2018/12	11,868.32	—	1,143.87	9.4	0.270	0.2000	
2019/12	11,743.82	—	1,643.41	43.7	0.380	0.2500	
2020/12予	11,894.89	1,440.62	1,299.70	-20.9	0.304	0.1970	
2021/12予	12,067.62	1,419.15	1,297.49	-0.2	0.303	0.1920	
2018/6中間	6,648.13	776.92	703.88	41.4	0.160	—	
2019/6中間	6,759.67	987.78	888.63	26.2	0.210	—	

【前号予想との比較】➡ 前号並み

【株式分割・併合等】

【本社】上海市松江工業区新橋鎮民益路26号 【TEL】86-21-37602031 【URL】www.lonking.cn
【役員】会長：李新炎(Li San Yim) 【上場】2005年11月 【決算期】12月 【従業員】7,644

卸売・小売業

メインボード

百盛商業集団
パークソン・リテール・グループ

百盛商業集団有限公司
Parkson Retail Group Ltd.
【指数構成銘柄】― 【その他上場】―

評価	株価	年間騰落率	最低売買価格
―	**0.385** HK$	**-34.7** %	**2,641** 円

PER		予想配当利回り	PBR
予想 実績		―	**0.2** 倍
― ―			

中国の大手デパートチェーン マレーシアのコングロマリット、ライオングループの傘下。中国で中間所得層を対象に百貨店「パークソン（百盛）」を経営する。16年に初のショッピングモールを出店。19年末時点で中国27都市に38店舗を展開。商品別売上構成は化粧品・アクセサリーが51％、アパレルが41％、食品・生鮮品が5％、家庭用品・家電が3％（19年12月期）。18年10月にクレジット会社を買収した。

19年12月本決算：赤字拡大 中国経済の成長鈍化が響いた。既存店売上高は前年比で4％減る中、新たな会計基準の適用で金融費用が急増し、最終赤字が膨らんだ。一方で業態多角化の効果も表れ始め、売上高は拡大。特に海外コスメブランドのテナントを集めた「Parkson Beauty」の開業効果で、化粧品やアクセサリー類の直販売上高は増加した。不採算店舗の閉鎖や人件費圧縮といった取り組みも実を結び、営業黒字を確保した。

最近の動向 20年1〜3月期の業績は売上高が前年同期比36％減の8億900万元、純損益が1億4700万元の赤字（前年同期は10万元の赤字）。新型コロナの感染拡大を受け、中国当局が導入した外出規制で客足が大きく減った。既存店売上高は45％減。ファストファッションブランド「evry-D」を推進し、19年に5店舗を開業。

【株価推移】

	高値		安値	
2016年	1.110	09/14	0.610	08/23
2017年	1.510	07/11	0.830	01/09
2018年	1.270	01/22	0.490	12/10
2019年	0.790	02/13	0.520	05/23
2020年	0.660	01/02	0.355	05/07

【株価情報】

取引単位(株)	500	A株株価	―
時価総額(mHK$)	1,014.3	A株格差(倍)	―

【指標】(%)

		19/12	18/12
収益性	ROA	―	―
	ROE	―	―
	粗利益率	―	―
成長性	増収率	4.5	4.0
	増益率(営利)	179.2	103.1
	自己資本増加率	-6.2	-7.5
安全性	BPS(元)	1.6	1.7
	負債比率	264.7	176.7
	流動比率	119.2	141.1
	株主資本比率	27.2	35.8

【財務】(百万元)

	19/12	18/12
流動資産	4,776.2	4,568.3
総資産	15,546.0	12,592.5
流動負債	4,007.0	3,238.3
総負債	11,199.7	7,967.6
株主資本	4,230.7	4,509.9

【CF】(百万元)

	19/12	18/12
営業CF	601.9	375.3
投資CF	1,203.6	1,026.7
財務CF	-1,072.3	-590.2
FCF	1,805.5	1,402.0
現金同等物	2,265.5	1,544.4

【株式】(19/12/31) (百万株)

総数		2,634.5
流通		―
		100.0%
非流通		0.0%

【主要株主】(19/12/31)

	(%)
Parkson Holdings Bhd.	55.0
Argyle Street Management Ltd.	20.8
王恒	15.1

【子会社・関連会社】(19/12/31)

	(%)
百盛商業有限公司	100.0
上海九海百盛広場有限公司	100.0
西安立豊百盛広場有限公司	100.0

【売上・利益構成】(19/12) (%)

	売上構成比	前年比	利益構成比	前年比
商品販売（直接販売）	59.4	16.7	―	―
テナント手数料	31.3	-12.0	―	―
賃料収入	7.8	-11.8	―	―

【業績】 [国際会計基準] (百万元) ※予想：―

【前号予想との比較】 ―

	売上高	営業利益	純利益	前年比(%)	EPS(元)	1株配(元)	株配・無償(株)
2016/12	4,133.56	-201.90	147.26	―	0.056	0.0200	
2017/12	4,205.74	83.66	-135.95	―	-0.052		
2018/12	4,372.46	169.93	-79.28	―	-0.030	0.0300	
2019/12	4,568.50	474.48	-222.75	―	-0.085		
2020/12予	―	―	―	―	―	―	【株式分割・併合】―
2021/12予	―	―	―	―	―	―	
2018/6中間	2,158.46	126.08	17.65	―	0.007	0.0300	
2019/6中間	2,338.59	357.10	23.89	35.3	0.009		

【本社】上海市長寧区婁山関路555号長房国際広場5楼 【TEL】86-21-62298001 【URL】www.parksongroup.com.cn

【役員】会長：鐘廷森(Cheng Heng Jem) 【上場】2005年11月 【決算期】12月 【従業員】5,773

秦皇島港

チンホワンダオ・ポート

秦皇島港股份有限公司
Qinhuangdao Port Co.,Ltd.

【指数構成銘柄】 ― 【その他上場】 上海A(601326)

評価	H株株価	年間騰落率	最低売買価格
―	1.280 HK$	-22.4 %	8,781 円

PER		予想配当利回り	PBR
予想 ― 実績 6.8 倍		―	0.4 倍

河北省政府系の港湾運営会社 石炭の取扱量で世界最大の秦皇島港をはじめ、子会社などを通じ黄力港と曹妃甸港で主にばら積み埠頭の運営を手掛ける。3港でバースを運営し、貨物の取扱量は3億7400万トン（19年）。石炭が全体の62％を占めるが、鉄鋼産業が盛んな河北省を後背地とする特性もあり、金属鉱石の取り扱いが全体の28％を占める。石油や化学品など液体バルクやコンテナも扱う。親会社は河北省政府の傘下企業。

19年12月本決算：減収増益 石炭市場の需要低迷や周辺港湾との競争激化、設備の老朽化などで売上高は4％減ったが、徹底的なコスト削減の取り組みで2桁増益を達成。持ち分会社の業績好調で投資収益が2.2倍に拡大したほか、財務費を5％削減したことも寄与した。貨物取扱量は全体で2％減少。港湾別では主力の秦皇島港が5％減と苦戦したが、曹妃甸港が1％増、黄力港が3％増と健闘した。全体の粗利益率は1.2ポイント改善。

最近の動向 20年1～3月期決算は売上高が前年同期比15％減の13億9100万元、純利益が114％増の2億5200万元。新型コロナウイルスの感染拡大の影響で減収となったが、前年同期に計上した退職給付引当金の反動で大幅増益となった。同期の貨物取扱量は11％減の8174万トン。主力の石炭は21％減と苦戦した。

【株価推移】

	高値		安値	
2016年	3.760	01/05	1.720	09/02
2017年	3.110	08/30	1.770	01/03
2018年	2.780	01/25	1.640	10/19
2019年	1.990	03/07	1.350	10/04
2020年	1.530	01/13	1.130	03/19

【株価情報】

取引単位(株)	500	A株株価(元)	2.730
H株時価総額(mHK$)	1,062.2	A株格差(倍)	2.3

【指標】(%)

		19/12	18/12
収益性	ROA	3.7	3.1
	ROE	6.4	5.8
	粗利益率	42.8	41.6
成長性	増収率	-2.2	-2.2
	増益率(営利)	7.5	-19.7
	自己資本増加率	5.1	3.7
安全性	BPS(元)	2.6	2.5
	負債比率	67.7	79.0
	流動比率	116.2	84.8
	株主資本比率	57.3	53.5

【財務】(百万元)

	19/12	18/12
流動資産	3,412.5	3,354.9
総資産	25,479.9	25,959.2
流動負債	2,937.3	3,958.1
総負債	9,891.6	10,970.7
株主資本	14,610.4	13,895.0

【CF】(百万元)

	19/12	18/12
営業CF	2,453.1	2,697.2
投資CF	-829.3	-70.4
財務CF	-1,495.4	-1,648.0
FCF	1,623.8	2,626.8
現金同等物	2,115.2	1,984.5

【株式】(19/12/31)(百万株)

総数		5,587.4
流通	H株	14.9%
	A株	29.6%
		44.4%
非流通		55.6%

【主要株主】(19/12/31)

	(%)
河北港口集団有限公司	55.6
秦皇島市人民政府国有資産監督管理委員会	11.1
河北建投交通投資有限責任公司	3.8

【子会社・関連会社】(19/12/31)

	(%)
秦皇島瑞港技術進出口有限公司	100.0
唐山曹妃甸煤炭港務有限公司	51.0
滄州黄力港鉱石港務有限公司	97.6

【売上・利益構成】(19/12)(%)

	売上構成比	前年比	利益構成比	前年比
石炭	76.3	-4.2	―	―
金属鉱石	16.0	-4.5	―	―
一般貨物	3.6	88.5	―	―

【業績】 [中国会計基準](百万元) ※予想：―

	売上高	営業利益	純利益	前年比(%)	EPS(元)	1株配(元)	株配・無償(株)
2016/12	4,911.01	348.65	365.03	-72.9	0.070	―	
2017/12	7,032.67	1,261.69	962.97	163.8	0.180	0.1120	
2018/12	6,876.63	1,013.25	810.26	-15.9	0.150	0.0770	
2019/12	6,722.73	1,089.51	931.25	14.9	0.170	0.0900	
2020/12予				―	―		
2021/12予							
2018/6中間	3,511.64	922.37	732.05	18.6	0.130	―	
2019/6中間	3,390.71	701.52	549.10	-25.0	0.100		

【前号予想との比較】 ―

【株式分割・併合等】

【登記】河北省秦皇島市海港区海濱路35号 【TEL】86-335-3099676 【URL】www.portqhd.com
【役員】会長：曹子玉(Cao Ziyu) 【上場】2013年12月 【決算期】12月 【従業員】11,304

不動産

遠洋集団控股

シノ・オーシャン・グループ

遠洋集団控股有限公司
Sino-Ocean Group Holding Ltd.
【指数構成銘柄】— 【その他上場】—

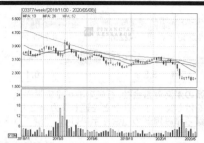

[03377/week/(2018/11/30 - 2020/05/08)]

評価	株価	年間騰落率	最低売買価格
B	1.980 HK$	-41.1 %	13,583 円

PER		予想配当利回り	PBR
予想 4.9 倍 実績 5.2 倍		8.1 %	0.3 倍

【株価推移】

	高値		安値	
2016年	4.930	01/04	2.980	05/16
2017年	5.880	09/18	3.310	02/03
2018年	6.770	01/29	2.800	10/25
2019年	4.250	04/03	2.590	09/27
2020年	3.270	01/20	1.870	04/23

【株価情報】

取引単位(株)	500	A株株価	—
時価総額(mHK$)	15,079.9	A株格差(倍)	—

【指標】(%)

		19/12	18/12
収益性	ROA	1.1	1.4
	ROE	5.3	7.4
	粗利益率	20.1	20.0
成長性	増収率	22.9	-9.6
	増益率(営利)	-6.2	-1.2
	自己資本増加率	3.1	-0.2
安全性	BPS(元)	6.6	6.4
	負債比率	356.8	384.9
	流動比率	179.7	164.0
	株主資本比率	20.5	19.4

【財務】(百万元)

	19/12	18/12
流動資産	180,354.8	180,725.9
総資産	243,699.1	249,362.1
流動負債	100,380.7	110,224.9
総負債	178,088.0	186,223.6
株主資本	49,907.2	48,384.8

【CF】(百万元)

	19/12	18/12
営業CF	-3,302.8	-44.5
投資CF	-4,564.2	-13,093.8
財務CF	-696.1	30,087.7
FCF	-7,867.0	-13,138.3
現金同等物	31,054.2	39,208.5

【株式】(19/12/31)(百万株)

総数	7,566.3	
流通	—	
	—	100.0%
非流通	—	0.0%

北京拠点の不動産デベロッパー大手 中国遠洋運輸（集団）総公司（コスコ・グループ）の不動産中核企業として1993年に創業。北京、大連、青島など環渤海湾地域を中心に中高級住宅物件やオフィスビル、商業ビル、ホテル開発を手掛ける。長江デルタや珠江デルタに加え、海南島など観光地での事業展開も推進。09年に中国人寿保険（02628）が資本参加。一方、10年にコスコ・グループが全保有株を売却した。

19年12月本決算：増収減益 不動産や金融資産評価益の減少、為替差損の計上が減益の主因。全体の売り上げは23％増。売り上げ計上面積は30％増加したが、1平米当たりの平均販売価格は1万5700元と、前年の1万7600元を下回った。粗利益率は前年と横ばい。地域別の売上比率は主力地域の北京・天津・河北が38％、珠江デルタ地域が21％、重慶や成都を含む長江中流域地域が12％、長江デルタ地域が18％だった。

今後の計画 20年も引き続き主力の住宅開発に注力する。事業戦略を堅持し、南部や西部の都市に重点を置く。コスト削減を進め、収益力を向上させる。資産構成の最適化に向けて商業不動産の証券化なども推進する。20年1-3月期の不動産販売額は前年同期比30％減の155億元、販売面積が22％減の76万8500平米。

【主要株主】(19/12/31)

	(%)
中国人寿保険股フン有限公司（02628）	29.6
大家保険集団股フン有限公司	29.6

【子会社・関連会社】(19/12/31)

	(%)
遠洋控股集団（中国）有限公司	100.0
盛海投資（控股）有限公司	69.2
遠洋地産（香港）有限公司	100.0

【売上・利益構成】(19/12)(%)

	売上構成比	前年比	利益構成比	前年比
不動産販売	84.8	22.7	68.9	2.6
不動産賃貸	1.3	-37.0	2.8	-61.1
その他	13.9	47.3	28.3	336.4

【業績】[香港会計基準](百万元) ※予想：ファクトセット 　【前号予想との比較】↓ 大幅減額

	売上高	営業利益	純利益	前年比(%)	EPS(元)	1株配(HK$)	株配・無償(株)
2016/12	34,551.24	9,314.42	3,812.23	59.9	0.493	0.1990	
2017/12	45,837.47	11,730.12	5,115.41	34.2	0.680	0.3220	
2018/12	41,422.10	11,594.45	3,573.75	-30.1	0.473	0.2130	
2019/12	50,926.49	10,875.47	2,656.28	-25.7	0.349	0.1360	
2020/12予	59,029.75	9,828.51	2,751.00	3.6	0.368	0.1600	【株式分割・併合等】
2021/12予	67,475.09	11,076.16	3,238.88	17.7	0.428	0.1900	
2018/6中間	15,376.26	4,356.03	2,333.40	-12.5	0.310	0.1400	
2019/6中間	16,473.64	4,485.04	1,875.19	-19.6	0.248	0.1100	

【本社】北京市朝陽区東四環中路56号遠洋国際中心A座31-33楼 【TEL】86-10-59293377 【URL】www.sinooceangroup.com

【役員】会長：李明(Li Ming) 【上場】2007年9月 【決算期】12月 【従業員】12,613

厦門国際港務

シアメン・インターナショナル・ポート

厦門国際港務股份有限公司
Xiamen International Port Co.,Ltd.
【指数構成銘柄】— 【その他上場】—

評価	H株株価	年間騰落率	最低売買価格
—	0.710 HK$	-36.0 %	19,482 円

PER			予想配当利回り	PBR
予想	—	実績 6.3 倍	—	0.3 倍

アモイ市政府系の港湾事業者 福建省アモイを拠点に港湾事業を展開する。親会社は同市政府系の厦門港務控股集団。19年末現在、アモイで自社保有の30バースと借り受けた7バース、泉州で自社保有の3バース、福州で借り受けた1バースをそれぞれ運営する。コンテナとばら積み貨物の荷役やえい航などの関連サービスを提供する。石炭や鉄鋼などの商品取引、建材の製造・販売も手掛ける。厦門港務発展（000905）は傘下企業。

19年12月本決算：増収増益 利幅の薄い貿易部門の貢献で売上高がかさ上げされ、粗利益率は0.4ポイント低下。営業利益は1%増にとどまったが、財務費を3億1300万元から2億4800万元に圧縮したことが奏功し、2桁増益を確保した。稼ぎ頭のコンテナ荷役部門は取扱量が5%増の926万TEUに伸びたが、売上高はほぼ横ばいで営業利益は8%減。ばら積み貨物部門はアモイ港の取扱量が2%増の2538万トンと堅調。営業利益が2.1倍の1億1900万元に増え、コンテナ荷役部門の不振による穴をほぼ埋めた。貿易と港湾物流サービスは増収増益。

今後の計画 アモイ港の海滄港区の整備に重点を置く方針。潮州ターミナルと古雷ターミナルの建設を急ぐほか、新たな作業区域を早期に開業する。通関サービスの強化を通じ、貿易機能のレベルアップも目指す。

【株価推移】

	高値		安値	
2016年	1.880	01/04	1.290	01/27
2017年	1.770	03/21	1.410	01/03
2018年	1.620	01/25	0.980	09/12
2019年	1.250	01/17	0.860	08/13
2020年	1.160	01/02	0.600	03/19

【株価情報】

取引単位（株）	2,000	A株株価 —
H株時価総額（mHK$）	700.6	A株格差（倍） —

【指標】(%)

		19/12	18/12
収益性	ROA	1.2	1.2
	ROE	5.0	4.6
	粗利益率	9.0	9.4
成長性	増収率	7.9	-0.0
	増益率（営利）	1.4	-10.4
	自己資本増加率	5.3	2.7
安全性	BPS（元）	2.1	2.0
	負債比率	187.0	173.1
	流動比率	94.7	82.7
	株主資本比率	24.6	25.2

【財務】(百万元)

	19/12	18/12
流動資産	6,136.3	4,606.9
総資産	22,933.0	21,252.3
流動負債	6,478.2	5,571.9
総負債	10,558.8	9,283.6
株主資本	5,647.4	5,364.0

【CF】(百万元)

	19/12	18/12
営業CF	1,352.8	909.5
投資CF	-779.5	-802.9
財務CF	627.1	-97.7
FCF	573.3	106.6
現金同等物	1,883.4	681.6

【株式】(19/12/31) (百万株)

総数		2,726.2
流通	H株	36.2 %
	—	
	非流通	36.2 % 63.8 %

【主要株主】(19/12/31)

	(%)
厦門港務控股集団有限公司	68.2

【子会社・関連会社】(19/12/31)

	(%)
厦門港務発展股フン有限公司（000905）	55.1
厦門集装箱碼頭集団有限公司	59.5
厦門港務船務有限公司	59.6

【売上・利益構成】(19/12) (%)

	売上構成比	前年比	利益構成比	前年比
工業製品の貿易	70.1	8.5	5	17.0
コンテナの荷役	14.6	0.6	66.6	-8.3
港湾物流サービス	6.3	9.2	15.7	3.4

【業績】［香港会計基準］(百万元) ※予想：—

【前号予想との比較】

	売上高	営業利益	純利益	前年比(%)	EPS（元）	1株配（元）	株配・無償（株）
2016/12	8,484.00	1,051.05	319.34	-0.0	0.117	0.0400	
2017/12	12,922.32	1,238.20	411.16	28.8	0.151	0.0350	
2018/12	12,916.76	1,109.28	244.75	-40.5	0.090	0.0200	
2019/12	13,933.11	1,124.48	279.68	14.3	0.103	0.0250	
2020/12予	—	—	—	—	—	—	
2021/12予	—	—	—	—	—	—	
2018/6中間	6,610.83	519.71	115.21	-55.8	0.042	—	
2019/6中間	6,560.69	575.36	146.57	27.2	0.054	—	

【株式分割・併合等】

【登記】福建省厦門市海滄区港南路439号 【TEL】86-592-5615055 【URL】www.xipc.com.cn

【役員】会長：蔡立群(Cai Liqun) 【上場】2005年12月 【決算期】12月 【従業員】7,369

道路・港湾・空港

メインボード

レッドチップ

天津港発展

ティエンジン・ポート・デベロップメント

天津港発展控股有限公司
Tianjin Port Development Holdings Ltd.
【指数構成銘柄】 ― 【その他上場】 ―

[03382/week/2016/11/30・2020/05/08)]

	評価	株価	年間騰落率	最低売買価格
	―	0.530 HK$	-39.1 %	14,543 円

PER			予想配当利回り	PBR
予想 ―	実績	8.4 倍	―	0.3 倍

【株価推移】

	高値		安値	
2016年	1.310	09/09	0.990	02/12
2017年	1.680	04/05	1.070	12/07
2018年	1.260	01/25	0.780	10/30
2019年	0.970	02/26	0.670	08/26
2020年	0.810	01/14	0.470	03/19

【株価情報】

取引単位(株)	2,000	A株株価	―
時価総額(mHK$)	3,263.7	A株格差(倍)	―

【指標】(%)

		19/12	18/12
収益性	ROA	0.9	0.9
	ROE	3.2	3.2
	粗利益率	21.4	20.0
成長性	増収率	-5.0	-4.5
	増益率(営利)	24.8	-36.4
	自己資本増加率	0.2	-4.3
安全性	BPS(HK$)	2.0	2.0
	負債比率	150.2	160.9
	流動比率	145.1	141.2
	株主資本比率	27.2	26.8

【財務】(百万HK$)

	19/12	18/12
流動資産	12,103.7	14,523.8
総資産	44,820.7	45,372.9
流動負債	8,339.0	10,285.3
総負債	18,313.3	19,581.6
株主資本	12,189.0	12,168.5

【CF】(百万HK$)

	19/12	18/12
営業CF	2,532.2	2,684.3
投資CF	-924.3	-496.4
財務CF	-3,674.0	-1,973.5
FCF	1,607.9	2,187.9
現金同等物	7,474.9	9,770.0

【株式】(19/12/31)(百万株)

総数	6,158.0
流通	―
	―
	100.0 %
非流通	0.0 %

【主要株主】(19/12/31) (%)

天津港(集団)有限公司	53.5
天津発展控股有限公司 (00882)	21.0

【子会社・関連会社】(19/12/31) (%)

天津港股フン有限公司 (600717)	56.8
天津港集装箱碼頭有限公司	76.7
天津港第一港埠有限公司	100.0

【売上・利益構成】(19/12)(%)

	売上構成比	前年比	利益構成比	前年比
貨物積み降ろし	46.3	1.8	72.8	6.9
燃料・物資販売	39.2	-8.6	3.0	-32.2
その他	14.5	-14.1	24.2	-8.0

天津港のターミナル運営事業者 北京の「海の玄関口」に当たり、中国北部で最大規模の取扱能力を誇る天津港でコンテナバースやばら積み貨物のふ頭を運営する。1968年にばら積み事業から始めて業務を拡大。天津港の貨物取り扱いシェアを二分していた天津港(600717)を2010年に買収した。天津港の19年の貨物取扱量は国内7位、コンテナ取扱量は同6位。寄港船向けの燃料、物資販売や関連サービスも手掛ける。

19年12月本決算：純利益横ばい 管理費の削減や為替差損の縮小で営業利益は25%増と好調だったが、前年の繰延税金資産計上の反動で純利益は横ばい。事業別では主力の貨物積み降ろし部門が貨物取扱量の増加を受けて増収増益と堅調。総貨物取扱量は4%増の4億1200万トンに達した。ばら積み貨物は1%減と苦戦したが、コンテナ取扱量は事業買収効果で8%増加。燃料・物資販売は販売量の減少で32%減益と落ち込んだ。

今後の見通し 会社側は、米大統領選や英EU離脱、新型コロナウイルスの感染拡大を背景に世界経済の不透明感が強まっており、影響は避けられないとみている。全額出資子会社の経理担当者が1億5400万元を横領した事件については、19年純利益への影響額が4400万HKドルに上った。事件は20年3月末時点で調査が進行中。

【業績】 [香港会計基準](百万HK$) ※予想：―

	売上高	営業利益	純利益	前年比(%)	EPS(HK$)	1株配(HK$)	株配・無償(株)
2016/12	16,456.98	2,495.74	530.48	-17.0	0.086	0.0344	
2017/12	16,621.81	2,195.25	774.59	46.0	0.126	0.0503	
2018/12	15,871.08	1,395.21	387.75	-49.9	0.063	0.0279	
2019/12	15,077.40	1,741.70	389.25	0.4	0.063	―	
2020/12予	―	―	―	―	―	―	
2021/12予	―	―	―	―	―	―	
2018/6中間	7,495.58	868.98	406.07	-12.8	0.066		
2019/6中間	7,085.54	945.86	298.91	-26.4	0.049		

【前号予想との比較】 ―

【株式分割・併合等】

【本社】 香港銅鑼湾勿地臣街1号時代広場2座39楼3904-3907室 **【TEL】** 852-28478888 **【URL】** www.tianjinportdev.com

【役員】 会長：褚斌(Chu Bin) **【上場】** 2006年5月 **【決算期】** 12月 **【従業員】** 8,000

雅居楽集団控股

アジャイル・グループ・ホールディングス

雅居楽地産控股有限公司
Agile Group Holdings Ltd.
【指数構成銘柄】― 【その他上場】―

評価	株価	年間騰落率	最低売買価格
B	8.860 HK$	-20.2 %	243,118 円

PER		予想配当利回り	PBR
予想 4.1 倍 実績 4.2 倍		11.3 %	0.7 倍

【株価推移】

	高値		安値	
2016年	5.100	08/23	3.430	01/26
2017年	12.920	09/21	3.960	01/03
2018年	17.840	04/16	3.230	10/25
2019年	13.500	04/01	8.090	01/04
2020年	12.360	01/17	7.600	03/24

【株価情報】

取引単位(株)	2,000	A株株価	―
時価総額(mHK$)	34,705.0	A株格差(倍)	―

【指標】(%)

		19/12	18/12
収益性	ROA	2.7	3.1
	ROE	16.9	17.3
	粗利益率	30.5	43.9
成長性	増収率	7.3	8.8
	増益率(営利)	-18.4	33.3
	自己資本増加率	7.8	13.5
安全性	BPS(元)	11.4	10.5
	負債比率	467.5	425.5
	流動比率	129.2	138.7
	株主資本比率	16.3	17.9

【財務】(百万元)

	19/12	18/12
流動資産	190,764.4	166,908.1
総資産	273,231.8	230,445.8
流動負債	147,667.6	120,378.1
総負債	207,895.3	175,464.9
株主資本	44,473.6	41,239.2

【CF】(百万元)

	19/12	18/12
営業CF	-14,551.3	2,627.6
投資CF	3,880.9	-17,708.2
財務CF	8,451.3	31,735.8
FCF	-10,670.4	-15,080.6
現金同等物	33,551.3	35,776.2

広東省拠点の不動産デベロッパー 広東省のほか、江蘇省、海南省、天津市、河南省などで中高級住宅を中心に不動産の開発を手掛ける。海外ではカンボジアとマレーシアで事業を展開。19年末時点で75都市に総床面積換算で3970万平米の開発用地を保有する。子会社の雅居楽雅生活服務(03319)を通じて手掛ける不動産管理事業は、19年末時点で管理面積が2億3400万平米に上る。このほか、上海市や海南省でホテルを運営するほか、産業廃棄物処理や汚水処理なども手掛ける。

19年12月本決算:増収増益 法人税負担が3割減少したことで増益を確保したが、営業利益は18%減と振るわず。引き締め強化で利幅の厚い物件の売り上げが減り、全体の粗利益率は13.4ポイント低下。管理費が37%増加したことも利益を圧迫した。不動産開発部門は、売上計上面積が453万平米と3%減少したが、1平米当たりの平均販売価格が7%上昇したことで3%増収。予約ベースの販売額は15%増の1180億元と過去最高を更新。不動産管理部門は管理面積の拡大で68%増収。

最近の動向 20年の不動産販売目標は前年並みの1200億元に設定。20年1-4月の不動産販売額は前年同期比23%減の263億7000万元、販売面積は23%減の174万7000平米。1平米当たりの平均販売単価は1万5094元。

【株式】(19/12/31)(百万株)

総数	3,917.0
流通	― ―
	100.0 %
非流通	0.0 %

【主要株主】(19/12/31) (%)

Top Coast Investment Ltd. (陳卓林)	62.6

【子会社・関連会社】(19/12/31) (%)

雅居楽雅生活服務股フン有限公司(03319)	54.0
仏山市雅居楽房地産有限公司	100.0
広州雅居楽房地産開発有限公司	100.0

【売上・利益構成】(19/12)(%)

	売上構成比	前年比	利益構成比	前年比
不動産開発	89.9	3.2	90.1	-7.4
不動産管理	5.9	67.7	7.2	30.8
環境保護	2.5	146.1	1.8	49.6

【業績】【香港会計基準】(百万元) ※予想:ファクトセット 【前号予想との比較】 ↘ 減額

	売上高	営業利益	純利益	前年比(%)	EPS(元)	1株配(HK$)	株配・無償(株)
2016/12	46,678.87	8,600.57	2,283.64	64.3	0.588	0.4500	
2017/12	51,607.06	16,598.15	6,025.24	163.8	1.552	0.9000	
2018/12	56,144.93	22,118.35	7,125.01	18.3	1.835	1.0000	
2019/12	60,239.10	18,039.75	7,511.79	5.4	1.935	1.0000	
2020/12予	72,088.54	18,237.18	7,577.81	0.9	1.950	1.0000	【株式分割・併合等】
2021/12予	84,436.45	20,775.48	8,455.51	11.9	2.157	1.1120	
2018/6中間	24,205.78	10,573.65	3,758.95	102.2	0.968	0.5000	
2019/6中間	27,114.43	10,976.61	5,076.67	35.1	1.308	0.6000	

【本社】広東省広州市天河区珠江新城華夏路26号雅居楽中心33楼 【TEL】852-28473383 【URL】www.agile.com.cn
【役員】会長:陳卓林(Chen Zhuo Lin) 【上場】2005年12月 【決算期】12月 【従業員】38,313

聯想控股

レジェンド・ホールディングス

コングロマリット

メインボード

H株

聯想控股股份有限公司
Legend Holdings Corp.
【指数構成銘柄】— 【その他上場】—

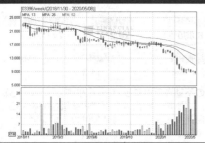

評価	H株株価	年間騰落率	最低売買価格
C	8.600 HK$	-57.3 %	11,799 円

PER		予想配当利回り	PBR
予想 5.4 倍 実績 5.1 倍		4.4 %	0.3 倍

中国科学院系のコングロマリット 中国政府の研究機関、中国科学院が1984年に創設した企業が前身。レノボグループ（00992）に約30％を出資する親会社で、レノボを軸とするITが主力事業。傘下の子会社や関連会社を通じ、金融サービス、医療や教育などの消費サービス、食品、化学・エネルギー素材の製造物流、投資ファンドといった事業も展開する。香港上場企業ではレンタカー国内最大手の神州租車（00699）にも出資。

19年12月本決算：増収減益 泰康人寿保険からの出資受け入れに伴い前年に投資収益を計上していた反動で消費サービス部門が赤字に転落したほか、経営戦略の見直しに伴う一部業務の規模縮小で金融サービス部門が21％減益となったことが全体の利益を押し下げた。主力のIT部門は純利益ベースで過去最高益を更新するなど好調。PCやスマートデバイス業務で高成長・ハイエンド製品の売り上げが伸び収益力が向上した。全体の粗利益率は17.6％と2.2ポイント改善。

最近の動向 会社側は、外部環境の変化などに応じて経営資源の配分を見直し、一部投資の引き上げなどを通じ、新たな戦略投資に資金を振り向ける方針。事業買収などを経て、主力のIT以外に金融、農業・食品、新材料などが新たな事業の柱に育っていくと予想。

【株価推移】

	高値		安値	
2016年	27.550	01/04	16.740	06/20
2017年	36.600	12/29	17.280	01/03
2018年	36.000	01/02	19.320	12/24
2019年	23.650	03/12	15.780	11/22
2020年	17.960	01/03	8.210	05/07

【株価情報】

取引単位（株）	100	A株株価	—
H株時価総額(mHK$)	10,937.9	A株格差（倍）	—

【指標】(%)

		19/12	18/12
収益性	ROA	0.6	0.8
	ROE	6.0	7.6
	粗利益率	17.6	15.4
成長性	増収率	8.4	13.5
	増益率（営利）	—	—
	自己資本増加率	5.3	5.6
安全性	BPS（元）	25.7	24.4
	負債比率	879.2	826.9
	流動比率	74.5	74.0
	株主資本比率	9.7	10.3

【財務】(百万元)

	19/12	18/12
流動資産	293,412.8	268,557.5
総資産	624,075.2	558,266.9
流動負債	393,633.5	363,144.4
総負債	532,250.8	475,248.9
株主資本	60,537.2	57,472.8

【CF】(百万元)

	19/12	18/12
営業CF	9,207.0	2,761.4
投資CF	-10,568.5	14,688.7
財務CF	2,907.0	9,456.5
FCF	-1,361.5	17,450.0
現金同等物	62,339.6	60,023.2

【株式】(19/12/31) (百万株)

	総数	2,356.2
流通	H株 —	54.0 %
	—	
		54.0 %
非流通		46.0 %

【主要株主】(19/12/31) (%)

中国科学院控股有限公司	29.0
北京聯持志遠管理諮詢中心（有限合夥）	20.4
中国泛海控股集団有限公司	17.0

【子会社・関連会社】(19/12/31) (%)

聯想集団有限公司 (00992)	29.1
神州租車有限公司 (00699)	26.6
拉卡拉支付股フン有限公司 (300773)	28.2

【売上・利益構成】(19/12) (%)

	売上構成比	前年比	利益構成比	前年比
IT	93.0	8.0	58.6	59.1
農業・食品	4.1	21.0	3.1	-26.1
先端製造業・物流	1.5	-6.1	6.7	95.3

【業績】 [国際会計基準] (百万元) ※予想：ファクトセット

【前号予想との比較】 ↓ 大幅減額

	売上高	営業利益	純利益	前年比(%)	EPS（元）	1株配（元）	株配・無償（株）
2016/12	294,745.71	—	4,858.92	4.3	2.060	0.2420	
2017/12	316,262.91	—	5,047.83	3.9	2.160	0.2700	
2018/12	358,919.68	—	4,361.53	-13.6	1.870	0.3000	
2019/12	389,218.26	—	3,606.90	-17.3	1.540	0.3300	
2020/12予	379,862.90	11,452.08	3,367.67	-6.6	1.437	0.3430	【株式分割・併合等】
2021/12予	401,742.28	13,608.84	4,488.38	33.3	1.913	0.3870	13:1正侑金融控股
2018/6中間	156,549.35	—	2,830.12	5.3	1.210		(19/5)
2019/6中間	179,310.80	—	2,664.56	-5.8	1.140		

【登記】北京市海淀区科学院南路2号院1号楼17層1701 【TEL】86-10-62509999 【URL】www.legendholdings.com.cn

【役員】会長：寧旻(Ning Min) 【上場】2015年6月 【決算期】12月 【従業員】87,000

福耀玻璃工業集団

フーヤオ・グラス

福耀玻璃工業集団股份有限公司
Fuyao Glass Industry Group Co.,Ltd.

【指数構成銘柄】— 【その他上場】上海A（600660）

評価	H株株価	年間騰落率	最低売買価格
C	17.840 HK$	-30.6 %	97,906 円

PER		予想配当利回り	PBR
予想 15.2 倍	実績 14.0 倍	4.4 %	1.9 倍

自動車用ガラスの中国最大手 主に自動車用ガラスを国内外の大手自動車メーカー向けにOEM供給するほか、フロートガラスの生産などを手掛ける。自動車用ガラスでは世界最大規模を誇り、国内では福建省福清や吉林省長春など16省・直轄市、海外では米国、ロシア、ドイツなどに製造拠点を置く。トヨタ、フォルクスワーゲン、ゼネラル・モーターズ、フォードなどが主要顧客。1993年に上海、2015年に香港に上場した。

19年12月本決算：増収減益 前年に北京福通安全玻璃の売却で6億6400万元の特別利益を計上した反動に加え、買収した独FYSAM社が2億9500万元の税引き前損失を計上。為替差益の減少や米子会社が抱えていた訴訟での賠償金負担なども響いた。こうした要因を除いた実質の税引き前利益は7％減。国内の自動車市場の低迷や貿易摩擦の影響で需要が落ち込み、全体の粗利益率は前年比で5ポイント低下した。同期の販売量は自動車ガラスが7％減った一方、フロートガラスは25％増加した。

今後の計画 会社側は20年も自動車業界はマイナス成長に陥る可能性があると指摘。販売強化で市場開拓を進め、ITの活用で生産効率の向上を目指す。20年1～3月期決算（中国会計基準）は売上高が前年同期比15％減の41億7000万元、純利益が24％減の4億6000万元。

【株価推移】

	高値		安値	
2016年	24.750	11/29	14.500	02/15
2017年	33.500	12/29	22.300	02/01
2018年	35.000	01/02	21.800	10/30
2019年	31.200	04/17	19.780	08/15
2020年	26.250	01/15	15.300	04/02

【株価情報】

取引単位(株)	400	A株株価(元)	20.660
H株時価総額(mHK$)	9,020.5	A株格差(倍)	1.3

【指標】(%)

		19/12	18/12
収益性	ROA	7.5	11.9
	ROE	13.6	20.4
	粗利益率	36.5	41.5
成長性	増収率	4.3	8.1
	増益率(営利)	-33.6	37.4
	自己資本増加率	5.8	6.3
安全性	BPS(元)	8.5	8.1
	負債比率	81.6	70.8
	流動比率	120.2	125.6
	株主資本比率	55.1	58.6

【財務】(百万元)

	19/12	18/12
流動資産	17,774.4	15,581.1
総資産	38,838.5	34,503.2
流動負債	14,785.9	12,404.8
総負債	17,457.2	14,300.6
株主資本	21,382.6	20,203.7

【CF】(百万元)

	19/12	18/12
営業CF	4,700.9	5,451.4
投資CF	-2,699.3	-2,971.3
財務CF	-115.5	-3,080.0
FCF	2,001.6	2,480.1
現金同等物	8,352.7	6,357.7

【株式】(19/12/31)(百万株)

総数			2,508.6
流通	H株		20.2 %
	A株		79.8 %
			100.0 %
非流通			0.0 %

【主要株主】(19/12/31)

	(%)
三益發展有限公司	15.6
河仁慈善基金会	11.6
Matthews Int'l Capital Management,LLC	3.5

【子会社・関連会社】(19/12/31)

	(%)
Fuyao Glass America,Inc.	100.0
福耀集団韓国株式会社	100.0
福耀日本株式会社	100.0

【売上・利益構成】(19/12)(%)

	売上構成比	前年比	利益構成比	前年比
自動車用ガラス	77.4	-2.0	83.3	-5.7
フロートガラス	14.9	13.2	15.9	-4.3
その他	7.8	231.9	0.8	-79.2

【業績】[国際会計基準](百万元) ※予想：ファクトセット　【前号予想との比較】 ↘ 減額

	売上高	営業利益	純利益	前年比(%)	EPS(元)	1株配(元)	株分・無償(株)
2016/12	16,621.34	3,970.10	3,143.45	20.7	1.250	0.7500	
2017/12	18,715.61	3,710.93	3,148.22	0.2	1.250	0.7500	
2018/12	20,224.99	5,098.26	4,119.94	30.9	1.640	1.1500	
2019/12	21,103.88	3,384.76	2,897.87	-29.7	1.160	0.7500	
2020/12予	19,770.06	3,045.94	2,638.65	-8.9	1.067	0.7180	【株式分割・併合等】
2021/12予	22,279.31	3,893.91	3,320.63	25.8	1.340	0.8380	
2018/6中間	10,085.18	2,235.09	1,868.36	34.8	0.740	0.4000	
2019/6中間	10,287.36	1,849.88	1,505.30	-19.4	0.600	—	

【登記】福建省福清市融僑経済技術開発区福耀工業村【TEL】86-591-85383777【URL】www.fuyaogroup.com
【役員】会長：曹徳旺(Cho Tak Wong)【上場】2015年3月【決算期】12月【従業員】26,727

美団点評

メイトゥアン・ディエンピン

美団点評
Meituan Dianping
【指数構成銘柄】― 【その他上場】―

評価	株価	年間騰落率	最低売買価格
E	111.600 HK$	93.8 %	153,115 円

PER		予想配当利回り	PBR
予想 280.3 倍 実績 260.1 倍		0.0 %	6.4 倍

中国の生活関連サイト運営大手 外食店や旅行代理店などの事業者と消費者を結ぶ電子商取引プラットフォームを運営する。スマホアプリを通じて提供するサービスが中核。15年にネット出前の「美団」と口コミサイトの「大衆点評」が合併。18年4月にシェア自転車の摩拝単車（モバイク）を傘下に収めた。テンセント（00700）が大株主として資本参加する。普通株より議決権が多い種類株式を発行する企業の香港上場第2号。

19年12月本決算：黒字転換 主力事業の拡大や優先株評価損の解消で黒字化を達成した。傘下プラットフォームの総取引額（GTV）は32％増の6821億元に拡大。部門別では売上全体の5割超を占めるネット出前部門が44％増収。配達員のコストが増えたものの、スケールメリットの発揮で部門利益が94％増加した。ホテル・旅行予約部門は加盟店の積極的な事業展開が続き40％増益。全体の粗利益は114％増、粗利益率は33％と前年から10ポイント改善した。販管費や研究開発費の伸びを抑えたことも好業績の支えとなった。

最新動向 会社側は、新型コロナウイルス感染症の流行による出前やホテル・旅行予約部門の業績下押し圧力を警戒。20年1～3月期は売上高が前年同期比13％減の167億5400万元、純損益が15億7800万元の赤字だった。

【株価推移】

	高値		安値	
2016年	―		―	
2017年	―		―	
2018年	74.000	09/20	43.100	12/21
2019年	107.400	12/02	40.250	01/03
2020年	116.000	01/14	70.100	03/19

【株価情報】

取引単位(株)	100	A株株価	―
時価総額(mHK$)	650,263.7	A株格差(倍)	―

【指標】(%)

		19/12	18/12
収益性	ROA	1.7	―
	ROE	2.4	―
	粗利益率	33.1	23.2
成長性	増収率	49.5	92.3
	増益率(営利)	―	―
	自己資本増加率	6.5	―
安全性	BPS(元)	15.9	15.7
	負債比率	43.4	39.5
	流動比率	224.5	229.8
	株主資本比率	69.8	71.7

【財務】(百万元)

	19/12	18/12
流動資産	82,135.0	73,149.4
総資産	132,012.9	120,661.5
流動負債	36,592.6	31,825.1
総負債	39,958.5	34,151.7
株主資本	92,112.4	86,504.3

【CF】(百万元)

	19/12	18/12
営業CF	5,574.2	-9,179.8
投資CF	-10,174.0	-23,438.7
財務CF	1,114.3	29,295.3
FCF	-4,599.8	-32,618.5
現金同等物	13,396.2	17,043.7

【株式】(19/12/31)(百万株)

総数	5,808.4
流通	―
	―
	100.0 %
非流通	0.0 %

【主要株主】(19/12/31)　(%)

騰訊控股有限公司 (00700)	18.2
王興	9.9
Sequoia Capital China Funds/Global Growth Funds	8.0

【子会社・関連会社】(19/12/31)　(%)

Meituan Corp.	100.0
DianPing Holdings Ltd.	100.0
mobike Ltd.	100.0

【売上・利益構成】(19/12)(%)

	売上構成比	前年比	利益構成比	前年比
ネット出前	56.2	43.8	31.7	94.2
ホテル・旅行予約	22.8	40.6	61.1	40.1
その他	20.9	81.5	7.2	―

【業績】[国際会計基準](百万元)　※予想：ファクトセット　　【前号予想との比較】↓ 大幅減額

	売上高	営業利益	純利益	前年比(%)	EPS(元)	1株配(元)	株配・無償(株)
2016/12	12,988.08	-6,255.41	-5,789.90	―	-3.980		
2017/12	33,927.99	-3,826.09	-18,916.62	―	-12.370		
2018/12	65,227.28	-11,085.80	?	―	-42.400		
2019/12	97,528.53	2,679.86	2,238.77	―	0.390		
2020/12予	110,478.27	1,702.50	1,338.16	-40.2	0.362		【株式分割・併合等】
2021/12予	158,683.55	14,367.08	12,496.65	833.9	2.281		
2018/6中間	26,347.83	-3,899.84	-28,756.85	―	-18.530		
2019/6中間	41,876.65	-191.06	-554.36	―	-0.100		

【本社】北京市朝陽区望京東路4号恒基偉業大廈B-C座 【TEL】 ― 【URL】about.meituan.com

【役員】会長：王興(Wang Xing) 【上場】2018年9月 【決算期】12月 【従業員】54,580

映客互娯

インク

映客互娯有限公司
Inke Ltd.

【指数構成銘柄】— 【その他上場】—

評価	株価	年間騰落率	最低売買価格
—	**1.050** HK$	**-45.0** %	**14,406** 円

PER			予想配当利回り	PBR
予想 **8.9** 倍	実績 **31.8** 倍		**0.0** %	**0.6** 倍

中国の動画中継プラットフォーム運営会社 ライブストリーミングを通じてユーザーが交流するプラットフォームを中国で運営する。15年5月にリリースしたライブ動画アプリ「映客（Inke）」が主力で、アプリ内で使える専用通貨の「映客ダイヤモンド」を使って利用者が買うバーチャルアイテムが主な収益源。19年7月には、若者向けソーシャルアプリである「積目（jimu）」の運営会社を買収した。

19年12月本決算：大幅減益 前年に5億1500万元に上る優先株の評価益を計上していたことが大幅減益の主因だが、株式報酬費用などを除いた実質利益も88%減の7100万元と低迷。競争激化を受けてライブストリーミング収入が15%減少したほか、新製品の積極的な投入で販売費が7%、人件費の増加で管理費が18%それぞれ増加。研究開発費も1.4倍に膨らみ利益を下押しした。全体の粗利益率は6.6ポイント低下。19年の月間平均アクティブユーザー数は17%増の2981万人だった。

今後の見通し 会社側は新型コロナ感染拡大による在宅時間の増加で、エンターテイメント需要は急増していると指摘。関連産業の拡大チャンスであり、5GやAIといった最新技術トレンドの取り込みやイノベーションを通じ先行優位性を維持していきたい考え。

【株価推移】

	高値		安値	
2016年	—		—	
2017年	—		—	
2018年	5.480	07/12	1.790	08/16
2019年	2.450	04/02	1.000	08/28
2020年	1.540	02/18	0.850	03/19

【株価情報】

取引単位(株)	1,000	A株株価	—
時価総額(mHK$)	2,121.3	A株格差(倍)	—

【指標】(%)

		19/12	18/12
収益性	ROA	1.2	26.2
	ROE	1.6	31.7
	粗利益率	27.2	33.8
成長性	増収率	-15.3	-2.1
	増益率(営利)	-92.7	-27.2
	自己資本増加率	-0.3	—
安全性	BPS(元)	1.7	1.7
	負債比率	28.9	21.4
	流動比率	299.4	428.4
	株主資本比率	77.7	82.4

【財務】(百万元)

	19/12	18/12
流動資産	2,420.4	3,155.4
総資産	4,461.8	4,214.8
流動負債	808.5	736.5
総負債	1,000.1	742.0
株主資本	3,465.2	3,474.2

【CF】(百万元)

	19/12	18/12
営業CF	102.2	318.9
投資CF	-234.7	-2,726.6
財務CF	-138.6	1,046.0
FCF	-132.5	-2,407.7
現金同等物	603.9	849.6

【株式】(19/12/31)(百万株)

総数	2,020.3	
流通		100.0%
非流通		0.0%

【主要株主】(19/12/31) (%)

Fantastic Live Holdings Ltd. (奉佑生)	17.9
北京多来在線科技股フン有限公司	12.5

【子会社・関連会社】(19/12/31) (%)

湖南映客互娯網絡信息有限公司	100.0
北京映客互娯科技有限公司	100.0
湖南天天向上網絡技術有限公司	100.0

【売上・利益構成】(19/12)(%)

	売上構成比	前年比	利益構成比	前年比
ライブストリーミング	97.2	-14.8	—	—
オンライン広告	2.2	-40.4	—	—
その他	0.6	100.3	—	—

【業績】 [国際会計基準](百万元) ※予想：ファクトセット

【前号予想との比較】—

	売上高	営業利益	純利益	前年比(%)	EPS(元)	1株配(元)	株配・無償(株)
2016/12	4,334.86	493.90	-1,467.13	—	—	—	
2017/12	3,941.60	871.18	-239.41	—	-0.290	—	
2018/12	3,860.59	633.93	1,102.61	—	0.780	—	
2019/12	3,268.57	45.97	54.93	-95.0	0.030	—	
2020/12予	—	—	—	—	0.107	—	
2021/12予	—	—	—	—	0.267	—	
2019/6中間	2,281.19	467.42	959.13	—	1.140	—	
2019/6中間	1,485.57	-146.59	-26.34	—	—	—	

【株式分割・併合等】

—

【本社】 北京市朝陽区望京東園四区緑地中心A座C区 **【TEL】** — **【URL】** www.inke.cn
【役員】 会長：奉佑生(Feng Yousheng) **【上場】** 2018年7月 **【決算期】** 12月 **【従業員】** 1,367

電子・半導体

メインボード

保利協キン能源

ジーシーエル・ポリー・エナジー

保利協鑫能源控股有限公司
GCL-Poly Energy Holdings Ltd.
【指数構成銘柄】 ― 【その他上場】 ―

評価	株価	年間騰落率	最低売買価格
E	0.243 HK$	-52.4 %	3,334 円

	PER		予想配当利回り	PBR
予想	―	実績 ―	0.0 %	0.2 倍

太陽電池原材料の世界最大手 太陽電池の原材料となる
多結晶シリコンとウエハーの生産で世界最大手。19年
末のウエハー年産能力は35ギガワット（GW）、多結晶
シリコンは7万トン。シリコンの大半をグループ内でウ
エハーに加工する垂直統合型の生産体制を持ち、太陽
電池メーカー向けに製品を供給する。江蘇省蘇州や徐
州に開発・生産拠点。14年に買収した太陽光発電事
業、協キン新能源（00451）は発電能力が7145MW。

19年12月本決算：赤字縮小 新疆ウイグル自治区で事業
を展開する子会社の株式31.5%を手放し、44億元の売
却益を計上したが、固定・無形資産の減損損失が5倍の
26億元に膨らみ、赤字が続いた。主力の太陽電池素材
は価格下落で採算が悪化。ウエハーは販売量が29%増
の2万4761MWに伸びたが、平均価格が26%下落。多結晶
シリコンは販売量が94%増の3万8789トンに上る半面、
平均価格が24%下落。新エネルギー部門は電力販売量
が増えたものの、減価償却費の増大で利益率が低下。

最近の動向 新疆の多結晶シリコン工場（年産能力6万
トン）を運営する子会社の持ち株売却で出資比率が
38.5%に低下し、連結対象から外れた。新エネルギー
事業では20年1月、協キン新能源が持つ風力発電所の一
部権益の売却で国有発電大手の中国華能集団と合意。

【株価推移】

	高値		安値	
2016年	1.370	03/18	0.910	01/29
2017年	1.630	11/14	0.720	06/19
2018年	1.500	01/10	0.450	10/25
2019年	0.790	02/22	0.218	12/03
2020年	0.455	02/13	0.210	05/04

【株式情報】

取引単位(株)	1,000	A株株価	―
時価総額(mHK$)	4,821.4	A株格差(倍)	―

【指標】(%)

		19/12	18/12
収益性	ROA	―	―
	ROE	―	―
	粗利益率	24.3	24.5
成長性	増収率	-6.4	-13.6
	増益率(営利)	―	―
	自己資本増加率	1.8	-4.0
安全性	BPS(元)	1.1	1.2
	負債比率	331.3	391.8
	流動比率	52.4	53.8
	株主資本比率	22.2	19.4

【財務】(百万元)

	19/12	18/12
流動資産	24,148.0	26,874.6
総資産	100,437.0	112,493.8
流動負債	46,053.8	49,932.6
総負債	73,715.6	85,661.3
株主資本	22,250.2	21,865.6

【CF】(百万元)

	19/12	18/12
営業CF	7,207.9	6,424.2
投資CF	-5,671.3	-12,668.7
財務CF	-4,106.4	-408.6
FCF	1,536.6	-6,244.5
現金同等物	1,548.0	4,120.7

【株式】(19/12/31) (百万株)

総数	19,841.0
流通 ―	
	―
	100.0 %
非流通	0.0 %

【主要株主】(19/12/31) (%)

Asia Pacific Energy Fund Ltd.（朱共山）	32.1

【子会社・関連会社】(19/12/31) (%)

協キン新能源控股有限公司（00451）	62.3
江蘇協キン硅材料科技発展有限公司	100.0
高佳太陽能股フン有限公司	70.2

【売上・利益構成】(19/12) (%)

	売上構成比	前年比	利益構成比	前年比
太陽電池素材	66.0	-12.0	―	―
新エネルギー	31.4	7.4	83.1	-19.5
太陽光発電	2.5	-1.6	16.9	0.0

【業績】[国際会計基準](百万元) ※予想：ファクトセット 【前号予想との比較】 ↓ 大幅減額

	売上高	営業利益	純利益	前年比(%)	EPS(元)	1株配(HK$)	株配・無償(株)
2016/12	22,024.54	―	2,029.41	-16.3	0.110		
2017/12	23,794.46	―	1,974.40	-2.7	0.107		
2018/12	20,565.44	―	-693.40	―	-0.038		
2019/12	19,249.62	―	-197.21	―	-0.011		
2020/12予	19,020.99	2,552.84	-757.43	―	-0.040		【株式分割・併合等】
2021/12予	19,760.06	3,276.98	-37.92	―	-0.002		
2018/6中間	11,031.58	―	382.01	-68.0	0.021		
2019/6中間	10,001.84	―	-997.53	―	-0.055		

【本社】香港九龍柯士甸道西1号環球貿易広場17楼1703B-1706室 【TEL】852-26268368 【URL】www.gcl-poly.com.hk

【役員】会長：朱共山（Zhu Gong Shan）【上場】2007年11月 【決算期】12月 【従業員】10,730

中国重汽（香港）

シノトラック

中国重汽（香港）有限公司
Sinotruk (Hong Kong) Ltd.

【指数構成銘柄】— 【その他上場】—

自動車・二輪

メインボード

レッドチップ

評価	株価	年間騰落率	最低売買価格
C	17.820 HK$	17.2 %	122,245 円

PER		予想配当利回り	PBR
予想 10.7 倍 実績 13.4 倍		3.6 %	1.6 倍

中国の大手トラックメーカー「SITRAK」「HOWO」「豪瀚」「斯太爾」などのブランドで各種トラックを製造。14トン以上の大型トラックで国内トップクラスのシェアを誇る。地元の山東省済南のほか、四川省、福建省、浙江省に製造拠点を置く。トラック用エンジンを内製するほか、工作機械用や建設機械用エンジン、車軸やギアボックスなどの基幹部品も製造する。09年に独トラックメーカー大手のマンと資本提携した。

19年12月本決算：減収減益 中小型トラックやバスの販売台数が伸び悩んだ上、製品保証費など販売費が11％、研究開発費など管理費が16％それぞれ増加したことが減益の主因。金融資産の減損損失が2.7倍に増加したことも利益を下押しした。主力の大型トラック部門は増収増益と好調。国内販売は2％減の12万9400台にとどまったが、セグメンテーションが奏功し輸出が10％増の4万台と過去最高を記録した。中小型トラック・バス部門は部門赤字に転落。販売台数はトラックが19％減の10万9300台、バスが24％減の1200台。

今後の見通し 会社側は先進運転支援システムやコネクテッドトラック、新エネなど各方面の技術を活用することで、インテリジェント化、スマート化、軽量化を推進し、製品のモデルチェンジを図っていく方針。

【株価推移】

	高値		安値	
2016年	6.190	12/19	2.320	01/21
2017年	12.440	10/11	4.710	06/09
2018年	23.150	09/21	8.730	01/02
2019年	20.400	04/10	10.300	01/04
2020年	18.200	05/08	11.240	03/19

【株価情報】

取引単位(株)	500	A株株価	—
時価総額(mHK$)	49,200.9	A株格差(倍)	—

【指標】(%)

		19/12	18/12
収益性	ROA	5.1	6.7
	ROE	12.2	17.1
	粗利益率	19.0	18.1
成長性	増収率	-0.8	13.1
	増益率(営利)	-15.5	34.0
	自己資本増加率	7.0	12.0
安全性	BPS(元)	9.9	9.2
	負債比率	130.3	141.7
	流動比率	137.1	130.9
	株主資本比率	41.3	39.5

【財務】(百万元)

	19/12	18/12
流動資産	48,209.9	46,827.4
総資産	65,950.5	64,468.8
流動負債	35,175.2	35,761.1
総負債	35,522.6	36,127.9
株主資本	27,261.1	25,488.5

【CF】(百万元)

	19/12	18/12
営業CF	8,634.5	3,993.0
投資CF	-28.8	971.3
財務CF	-5,708.3	-2,087.1
FCF	8,605.7	4,964.3
現金同等物	15,752.1	12,826.5

【株式】(19/12/31)(百万株)

総数		2,761.0	
流通	—		
	—		
	100.0 %		
非流通	0.0 %		

【主要株主】(19/12/31)

	(%)
中国重型汽車集団有限公司	51.0
MAN SE	25.0

【子会社・関連会社】(19/12/31)

	(%)
中国重汽集団済南カ車融フン有限公司(000951)	63.8
中国重汽集団済南動力有限公司	100.0
中国重汽集団済南商用車有限公司	100.0

【売上・利益構成】(19/12)(%)

	売上構成比	前年比	利益構成比	前年比
大型トラック	80.9	3.9	54.3	49.6
中小型トラック・バス	15.6	-19.1	—	—
エンジン	1.9	-8.4	30.7	-13.2

【業績】[香港会計基準](百万元) ※予想：ファクトセット
【前号予想との比較】↘減額

	売上高	営業利益	純利益	前年比(%)	EPS(元)	1株配(HK$)	株配・無償(株)
2016/12	32,958.90	1,112.85	532.11	158.4	0.190	0.0800	
2017/12	55,457.93	4,271.58	3,023.02	468.1	1.090	0.7000	
2018/12	62,727.50	5,723.85	4,345.89	43.8	1.570	0.6400	
2019/12	62,226.71	4,839.12	3,333.79	-23.3	1.210	0.3900	
2020/12予	64,259.82	5,702.69	3,983.33	19.5	1.512	0.6390	【株式分割・併合等】
2021/12予	66,560.19	5,959.70	4,187.07	5.1	1.588	0.6510	
2018/6中間	34,266.32	3,211.90	2,418.90	72.8	0.880	—	
2019/6中間	34,491.67	3,506.19	2,493.12	3.1	0.900	—	

【本社】山東省済南市高新区華奥路777号中国重汽科技大厦 【TEL】86-531-58062545 【URL】www.sinotruk.com
【役員】会長：蔡東(Cai Dong) 【上場】2007年11月 【決算期】12月 【従業員】25,462

407

中国動向（集団）

チャイナ・ドンシャン

中国動向（集団）有限公司
China Dongxiang (Group) Co.,Ltd.
【指数構成銘柄】— 【その他上場】—

繊維・アパレル

メインボード

評価	株価	年間騰落率	最低売買価格
—	**0.640** HK$	**-41.3** %	**8,781** 円

	PER		予想配当利回り	PBR
予想　—	実績	**3.9** 倍	—	**0.3** 倍

中国のスポーツ用品大手 前身は李寧（02331）の傘下。陳会長が05年に独立創業した。伊スポーツブランド「Kappa」のシューズやウエアを中国本土、マカオで生産販売。子供用品専門店を含む「Kappa」の店舗数は19年9月末に1461店。サブブランド「Robe Di Kappa」も手掛ける。08年にはスキーウエアを手掛ける日本のフェニックス社を買収。日本では「Kappa」「Phenix」「Inhabitant」「X-NIX」の各ブランドを展開する。

19年9月中間決算：増収増益 投資部門が18％減益と振るわず営業利益は8％増にとどまったが、本業のスポーツ用品部門に限ると営業利益は141％増と好調。売り上げの大半を占める「Kappa」ブランドの中国事業（子供服などを除く）は20％増収。売上高はウエアが19％増、シューズが22％増と安定して伸びたほか、規模は小さいながらもアクセサリが64％増と高い伸びを見せた。販売モデルの見直しで粗利益率は73.0％と7.7ポイント上昇。日本事業は0.4％増収。製品構成の変化で粗利益率は37.3％と1.0ポイント低下した。

最近の動向 新型コロナの影響で、店舗が営業停止したほか、武漢市の倉庫にネット通販や子供向け商品が保管されていたため、流通に支障が生じ、一時的に在庫不足に陥った。業績への影響は限定的とみている。

【株価推移】

	高値		安値	
2016年	1.870	01/04	1.240	05/26
2017年	1.770	08/16	1.320	09/28
2018年	1.690	03/19	1.160	10/19
2019年	1.220	02/25	0.780	08/16
2020年	0.950	01/20	0.540	03/19

【株価情報】

取引単位(株)	1,000	A株株価	—
時価総額(mHK$)	3,767.1	A株格差(倍)	—

【指標】(%)

		19/9	18/9
収益性	ROA	3.2	2.5
	ROE	3.6	2.7
	粗利益率	65.4	61.9
成長性	増収率	14.3	16.7
	増益率(営利)	7.7	-63.4
	自己資本増加率	4.1	-2.6
安全性	BPS(元)	1.8	1.7
	負債比率	10.3	10.5
	流動比率	591.5	610.9
	株主資本比率	90.6	90.4

【財務】(百万元)

	19/9	18/9
流動資産	4,346.8	3,554.1
総資産	11,593.3	11,161.4
流動負債	734.9	581.8
総負債	1,082.6	1,058.8
株主資本	10,501.5	10,087.5

【CF】(百万元)

	19/9	18/9
営業CF	-103.4	-108.3
投資CF	127.3	-837.4
財務CF	-239.2	267.4
FCF	23.8	-945.7
現金同等物	556.4	366.6

【株式】(19/09/30)(百万株)

総数	5,886.1
流通	—
	100.0%
非流通	0.0%

【主要株主】(19/09/30)

	(%)
Harvest Luck Development Ltd.(陳義紅)	38.7
Bountiful Talent Ltd.(陳晨)	3.4
張志勇	2.8

【子会社・関連会社】(19/03/31)

	(%)
北京動向体育発展有限公司	100.0
上海雷徳体育用品有限公司	100.0
株式会社フェニックス	91.0

【売上・利益構成】(19/9)(%)

	売上構成比	前年比	利益構成比	前年比
中国事業	83.3	17.5	41.1	106.9
日本事業	16.7	0.4	—	—
投資	—	—	58.9	-17.8

【業績】[国際会計基準](百万元)　※予想：—

【前号予想との比較】—

	売上高	営業利益	純利益	前年比(%)	EPS(元)	1株配(元)	株配・無償(株)
2017/12	1,455.33	1,026.85	804.65	-7.5	0.145	0.0426	
2018/12	1,706.37	417.86	315.25	-60.8	0.054		
2019/3*	2,143.88	1,040.14	865.85	174.7	0.149	0.0735	
2020/3予	—	—	—	—	—	—	
2021/3予	—	—	—	—	—	—	【株式分割・併合等】
2017/6中間	674.66	627.12	536.02	12.0	0.097	0.2312	—
2018/9中間	787.12	229.32	137.74	-74.3	0.024	0.0490	
2019/9中間	899.32	246.93	188.11	36.6	0.032	0.0516	

【本社】北京市北京経済技術開発区景園北街2号21号楼 【TEL】86-10-67836585 【URL】www.dxsport.com
408 【役員】会長：陳義紅(Chen Yihong) 【上場】2007年10月 【決算期】3月 【従業員】—
【備考】19年3月本決算は15カ月の変則決算、18年9月中間の財務は18年6月末時点のデータ

新疆新キン鉱業

シンジャン・シンシン・マイニング

新疆新鑫鉱業股份有限公司
Xinjiang Xinxin Mining Industry Co.,Ltd.
【指数構成銘柄】 ― 【その他上場】 ―

[03833/week(2018/11/30 - 2020/05/08)]

評価	H株株価	年間騰落率	最低売買価格
―	0.310 HK$	-50.8 %	4,253 円

PER		予想配当利回り	PBR
予想 ―	実績 23.5 倍	―	0.1 倍

国内大手の電気ニッケルメーカー 新疆ウイグル自治区の喀拉通克(カラトンク)を拠点に、ニッケル、銅、その他鉱物(コバルト、金、銀、プラチナ、パラジウムなど)の採掘、製錬、加工を手掛ける。電気ニッケルの生産量で国内上位。同自治区内の4カ所の探査権および採掘権を保有する。カラトンク鉱山(総面積140平方キロ)の推定鉱石埋蔵量は19年末時点で2004万トン。その他3鉱山が計2875万トンに上る。

19年12月本決算:黒字転換 ニッケル価格の上昇やコスト圧縮で黒字転換を達成した。主要製品の平均価格は、銅カソードが2%低下した一方、電気ニッケルが2%上昇。全体の粗利益率は18.8%と前年から1.1ポイント改善した。販管費は増加したが、社債償還により財務費用を3割削減も黒字化に貢献した。年間の販売量は電気ニッケルが3%減の1万1993トン、銅カソードが21%減の7656トン。生産量は電気ニッケルが9%増の1万1082トン、銅カソードが1%増の8601トン。

今後の計画 20年の生産目標は、電気ニッケルを1万1500トン、銅カソードを1万1000トンに設定。新型コロナの感染拡大を巡っては、十分な原料在庫や機動的な人員を確保しており、重大な影響は出ていないとしている。傘下鉱山は3月末時点で生産を再開している。

【株価推移】

	高値		安値	
2016年	1.390	11/24	0.600	01/27
2017年	1.380	08/10	0.850	05/25
2018年	1.520	02/23	0.620	12/28
2019年	0.840	03/06	0.405	12/06
2020年	0.540	01/10	0.270	03/19

【株価情報】

		A株株価	―
取引単位(株)	1,000	A株株価	―
H株時価総額(mHK$)	235.3	A株格差(倍)	―

【指標】(%)

		19/12	18/12
収益性	ROA	0.4	―
	ROE	0.6	―
	粗利益率	18.8	17.7
成長性	増収率	-5.3	26.3
	増益率(営利)	40.4	―
	自己資本増加率	0.6	-1.3
安全性	BPS(元)	1.9	1.9
	負債比率	77.9	86.8
	流動比率	112.6	95.2
	株主資本比率	56.3	53.6

【財務】(百万元)

	19/12	18/12
流動資産	2,392.1	2,686.6
総資産	7,573.0	7,902.0
流動負債	2,123.6	2,823.4
総負債	3,320.0	3,673.9
株主資本	4,261.0	4,233.5

【CF】(百万元)

	19/12	18/12
営業CF	276.2	261.9
投資CF	8.8	-112.4
財務CF	-507.0	-6.7
FCF	285.1	149.6
現金同等物	267.2	489.2

【株式】(19/12/31)(百万株)

総数	2,210.0		
流通	H株 ―	34.3%	
	―		
	―	34.3%	
非流通		65.7%	

【主要株主】(19/12/31) (%)

新疆有色金属工業(集団)有限責任公司	40.1
周伝礼	21.8
全国社会保障基金理事会	3.1

【子会社・関連会社】(19/12/31) (%)

新疆蒙西鉱業有限公司	51.0
新疆亜克斯資源開発股フン有限公司	100.0
喀拉通克鉱業有限公司	100.0

【売上・利益構成】(19/12)(%)

	売上構成比	前年比	利益構成比	前年比
電気ニッケル	71.5	-0.5	72.9	-0.4
銅カソード	19.4	-22.7	11.9	27.4
その他	9.1	3.9	15.1	-9.7

【業績】 [中国会計基準](百万元) ※予想:―

	売上高	営業利益	純利益	前年比(%)	EPS(元)	1株配(元)	株配・無償(株)
2016/12	2,042.49	-259.11	-207.07	―	-0.094	―	
2017/12	1,385.64	-82.55	-81.59	―	-0.037	―	
2018/12	1,749.98	25.87	-54.19	―	-0.025	―	
2019/12	1,657.51	36.32	27.42	―	0.012	―	
2020/12予	―	―	―	―	―	―	
2021/12予	―	―	―	―	―	―	
2018/6中間	866.06	11.90	8.73	―	0.004	―	
2019/6中間	594.38	-70.42	-59.17	―	-0.027	―	

【前号予想との比較】 ―

【株式分割・併合等】

【登記】 新疆維吾爾自治区烏魯木斉市友好北路4号有色大廈7層 【TEL】 86-991-4852773 【URL】 kunlun.wsfg.hk
【役員】 会長:張国華(Zhang Guohua) 【上場】 2007年10月 【決算期】 12月 【従業員】 2,169

金山軟件
キングソフト

I T・ソフトウエア / メインボード

【指数構成銘柄】— 【その他上場】—

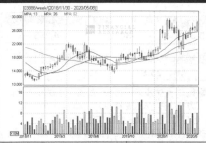

評価	株価	年間騰落率	最低売買価格
D	28.200 HK$	53.9 %	386,904 円

PER		予想配当利回り	PBR
予想 109.1 倍 実績 —		0.2 %	2.6 倍

中国のゲーム大手 「剣網」「剣侠情縁」などオンラインゲームの開発・配信、データの保管・保存やコンピューティングなど法人向けクラウドサービス、統合オフィスソフト「WPS Office」が事業の3本柱。米NY上場ユーティリティアプリ会社チーターモバイル（CMCM）にも出資する。19年11月にはオフィスソフト子会社の北京金山弁公軟件が上海「科創板」に分離上場。筆頭株主の雷軍会長はスマホ大手の小米集団（01810）の創業者。テンセント（00700）も大株主。

19年12月本決算：赤字転落 チーターモバイルの株価低迷で13億元の減損損失を計上したことが最大の赤字要因。同社の損失計上による関連会社損益の赤字転落も響いた。ただ、主力3事業が全て増収を達成し、特別要因を除いた営業損益は黒字化、復配方針を決めた。ゲームの1日平均最大同時ユーザー数は10～12月に前年同期比9%減。同平均課金アカウントは17%減少したが、旗艦タイトル「剣網3」は拡張パック投入に伴い12月の売り上げが過去最高を記録。オフィスソフトの月間アクティブユーザーは33%増の4億1100万件だった。

最近の動向 20年5月、クラウド子会社「金山雲」（Kingsoft Cloud Holdings）が米ナスダックに分離上場した。約100億元のみなし売却益を計上する見通し。

【株価推移】

	高値		安値	
2016年	19.800	10/11	12.700	07/06
2017年	26.200	12/29	15.740	01/03
2018年	31.100	03/21	10.060	10/30
2019年	22.250	04/09	11.100	01/03
2020年	29.500	02/07	18.760	03/19

【株価情報】

取引単位(株)	1,000	A株株価	—
時価総額(mHK$)	38,710.9	A株格差(倍)	—

【指標】(%)

		19/12	18/12
収益性	ROA	—	1.9
	ROE	—	3.0
	粗利益率	42.3	46.3
成長性	増収率	39.1	14.0
	増益率(営利)	—	—
	自己資本増加率	5.8	7.9
安全性	BPS(元)	10.1	9.5
	負債比率	63.7	54.7
	流動比率	351.3	294.2
	株主資本比率	56.5	65.0

【財務】(百万元)

	19/12	18/12
流動資産	17,332.5	12,079.6
総資産	24,401.6	20,049.8
流動負債	4,934.4	4,106.0
総負債	8,792.2	7,128.2
株主資本	13,797.1	13,037.8

【CF】(百万元)

	19/12	18/12
営業CF	825.0	769.5
投資CF	-2,219.8	-779.5
財務CF	4,169.6	1,509.9
FCF	-1,394.8	-10.0
現金同等物	7,329.8	4,544.8

【株式】(19/12/31) (百万株)

総数	1,372.7
流通	—
	100.0%
非流通	0.0%

【主要株主】(19/12/31) (%)

Color Link Management Ltd.（雷軍）	12.7
Topclick Holdings Ltd.	7.9
騰訊控股有限公司（00700）	7.8

【子会社・関連会社】(19/12/31) (%)

Seasun Holdings Ltd.	72.0
Kingsoft Cloud Holdings Ltd.	58.0
北京金山弁公軟件有限公司	54.0

【売上・利益構成】(19/12)(%)

	売上構成比	前年比	利益構成比	前年比
娯楽ソフト	33.4	7.7	66.5	27.7
クラウドサービス	46.8	73.5	—	—
オフィスソフト・その他	19.7	42.7	33.5	31.5

【業績】[国際会計基準](百万元) ※予想：ファクトセット 【前号予想との比較】↓ 大幅減額

	売上高	営業利益	純利益	前年比(%)	EPS(元)	1株配(HK$)	株配・無償(株)
2016/12	3,833.54	925.13	-270.73	—	-0.210	0.1000	
2017/12	5,181.29	813.91	3,201.84	—	2.460	0.1100	
2018/12	5,906.19	-302.32	389.21	-87.8	0.290	—	
2019/12	8,218.26	-193.49	-1,546.39	—	-1.130	0.1000	1300:1 Kingsoft Cloud
2020/12予	11,517.39	276.23	201.37	—	0.235	0.0640	【株式分割・併合等】
2021/12予	15,320.95	843.12	546.33	171.3	0.474	0.1970	1000:0.5 Cheetah
2018/6中間	2,609.52	39.29	219.33	-55.1	0.160	—	Mobile Inc(14/5)
2019/6中間	3,600.58	-224.68	-1,482.97	—	-1.090		

【本社】北京市海淀区小営西路33号金山軟件大厦 【TEL】86-10-82325515 【URL】www.kingsoft.com

【役員】会長：雷軍(Lei Jun) 【上場】2007年10月 【決算期】12月 【従業員】7,137

株洲中車時代電気
チュージョウ・シーアールアールシー・タイムズ・エレク

株洲中車時代電気股份有限公司
Zhuzhou CRRC Times Electric Co.,Ltd
【指数構成銘柄】―　【その他上場】―

その他製造

評価	H株株価	年間騰落率	最低売買価格
B	24.500 HK$	-37.6 %	33,614 円

PER		予想配当利回り	PBR
予想 9.7 倍　実績 9.9 倍		2.1 %	1.2 倍

鉄道向け電力制御システム大手 鉄道車両の設計・製造を手掛ける中国中車（01766）が親会社。鉄道車両用の電力制御装置、運行管理システムなどの開発・製造を手掛ける。電力制御により省電力を実現するパワー半導体など車載電子部品やセンサーも生産。08年にパワー半導体メーカー大手のダイネックス（カナダ）の株式75％を取得し、次世代電子部品事業を強化。16年3月に「株洲南車時代電気」から現社名に変更。

19年12月本決算：小幅増益 法人税負担が13％減少したことで小幅ながら増益を確保したが、営業利益は1％減。研究開発費が11％増加したほか、支払利息の増加と利息収入の減少で正味400万元の財務コストを計上したことも利益を圧迫した（前年は正味2500万元の財務収入）。売上構成の変化で全体の粗利益率は1.4ポイント改善した。事業別では、重慶5号線や杭州杭港地下鉄5号線向け製品の納入を受けて都市軌道交通設備が26％増収と好調。鉄道設備は0.9％減収、自動車向け製品などを含む新産業も6％減収と振るわなかった。

今後の計画 高速鉄道向け製品の納入を集中的に進めるほか、都市間鉄道や新市場の開拓を強化する方針。20年1～3月期決算は売上高が前年同期比25％減の17億5200万元、純利益が39％減の2億5100万元だった。

【株価推移】

	高値		安値	
2016年	49.500	08/17	33.550	01/14
2017年	53.400	12/27	36.500	08/14
2018年	53.300	01/04	36.000	06/28
2019年	49.150	03/27	25.400	12/09
2020年	31.300	02/19	19.520	03/19

【株価情報】

取引単位(株)	100	A株株価 ―
H株時価総額(mHK$)	13,409.6	A株格差(倍) ―

【指標】(%)

		19/12	18/12
収益性	ROA	8.1	9.0
	ROE	12.1	13.2
	粗利益率	38.9	37.5
成長性	増収率	4.1	3.4
	増益率(営利)	-1.4	4.5
	自己資本増加率	10.5	11.6
安全性	BPS(元)	18.6	16.9
	負債比率	49.2	44.9
	流動比率	285.4	305.3
	株主資本比率	66.4	68.3

【財務】(百万元)

	19/12	18/12
流動資産	26,774.6	23,582.5
総資産	32,985.6	29,034.5
流動負債	9,381.9	7,723.8
総負債	10,789.3	8,911.0
株主資本	21,910.3	19,824.8

【CF】(百万元)

	19/12	18/12
営業CF	1,838.0	3,758.6
投資CF	-1,475.5	-2,350.4
財務CF	-507.3	-451.6
FCF	362.5	1,408.2
現金同等物	4,244.1	4,381.0

【株式】(19/12/31) (百万株)

総数	1,175.5		
流通	H株		46.6 %
	―		
			46.6 %
非流通			53.4 %

【主要株主】(19/12/31) (%)

中国中車股フン有限公司 (01766)	53.2
Schroders Plc	4.2
Pandanus Associates Inc.	3.7

【子会社・関連会社】(19/12/31) (%)

Dynex Power Inc.	100.0
株洲時代電子技術有限公司	100.0
湖南中車時代通信信号有限公司	100.0

【売上・利益構成】(19/12)(%)

	売上構成比	前年比	利益構成比	前年比
鉄道設備	55.2	-0.9	―	―
都市軌道交通設備	26.1	26.3	―	―
新産業	18.0	-5.8	―	―

【業績】 [中国会計基準](百万元) ※予想：ファクトセット

【前号予想との比較】 ↘ 減額

	売上高	営業利益	純利益	前年比(%)	EPS(元)	1株配(元)	株配・無償(株)
2016/12	14,657.82	2,971.62	2,893.14	-2.4	2.460	0.4500	
2017/12	15,143.71	2,816.36	2,523.47	-12.8	2.150	0.4500	
2018/12	15,657.90	2,942.89	2,612.49	3.5	2.220	0.4500	
2019/12	16,304.21	2,901.29	2,659.16	1.8	2.260	0.4500	
2020/12予	17,089.19	2,935.38	2,701.49	1.6	2.299	0.4580	【株式分割・併合等】
2021/12予	18,661.06	3,264.09	3,010.17	11.4	2.561	0.5150	
2018/6中間	6,320.46	1,226.07	1,040.26	-7.2	0.880	0.2500	
2019/6中間	6,425.12	1,171.29	1,066.28	2.5	0.910	―	

【登記】 湖南省株洲市石峰区時代路　**【TEL】** 86-731-28498028　**【URL】** www.tec.crrczic.cc
【役員】 会長：李東林(Li Donglin)　**【上場】** 2006年12月　**【決算期】** 12月　**【従業員】** 8,187

輸送用機器

メインボード

レッドチップ

中集安瑞科控股

シーアイエムシー・エンリック・ホールディングス

中集安瑞科控股有限公司
CIMC Enric Holdings Ltd.

【指数構成銘柄】 ― 【その他上場】 ―

評価	株価	年間騰落率	最低売買価格
B	**3.560** HK$	**-50.8** %	**97,686** 円

PER		予想配当利回り	PBR
予想 **6.9** 倍 実績 **7.0** 倍		**5.6** %	**0.9** 倍

気体・液体輸送用設備メーカー コンテナ世界最大手の中国国際コンテナ（02039）傘下。天然ガスのトレーラーやタンク、シリンダー、圧縮機など気体・液体の輸送・貯蔵設備を製造する。主要顧客はペトロチャイナ（00857）やシノペック（00386）などの石油・ガス大手。化学製品用や液体食品用の輸送・貯蔵設備も生産。中国のほか、ドイツ、オランダ、デンマーク、ベルギーなどに生産拠点や研究開発センターを置き、製品は100以上の国・地域に販売する。

19年12月本決算：増収増益 金融資産の減損損失が6.7倍に拡大したことで営業利益は4％増と伸び悩んだが、過年度の法人税の戻し入れなどで税負担率が23.3％から17％に低下したことが2桁増益につながった。事業別では、主力のエネルギー用設備が増収増益と好調。需要増加を背景に球状ガスタンクやLNGタンクを中心に売り上げを伸ばしたほか、スケールメリットや製品構成の変化で部門粗利益率は2.7ポイント改善した。化学工業用設備は米中貿易摩擦の影響や過去数年にわたって販売量が急増していた反動で10％減収。

今後の見通し 会社側は経営環境が厳しさを増す中、エネルギー用設備については、中国政府が推進する天然ガスへの燃料転換が追い風になると予想する。

【株価推移】

	高値		安値	
2016年	4.550	01/04	3.080	07/27
2017年	6.790	12/21	3.640	01/03
2018年	9.450	05/23	5.630	12/21
2019年	8.550	04/15	4.130	12/03
2020年	5.210	01/14	2.720	03/23

【株価情報】

取引単位(株)	2,000	A株株価	―
時価総額(mHK$)	7,157.1	A株格差(倍)	―

【指標】(%)

		19/12	18/12
収益性	ROA	5.7	5.0
	ROE	12.8	12.3
	粗利益率	17.1	17.1
成長性	増収率	5.3	21.9
	増益率(営利)	3.7	47.6
	自己資本増加率	12.1	11.2
安全性	BPS(元)	3.5	3.2
	負債比率	119.3	146.2
	流動比率	150.3	145.4
	株主資本比率	44.9	40.2

【財務】(百万元)

	19/12	18/12
流動資産	11,118.9	11,761.2
総資産	15,900.0	15,853.4
流動負債	7,397.8	8,089.6
総負債	8,515.5	9,307.6
株主資本	7,136.1	6,367.7

【CF】(百万元)

	19/12	18/12
営業CF	861.5	1,589.9
投資CF	-550.8	-611.4
財務CF	-703.4	-350.5
FCF	310.8	978.5
現金同等物	2,534.8	2,930.3

【株式】(19/12/31)(百万株)

総数	2,010.4
流通	―
	100.0 %
非流通	0.0 %

【主要株主】(19/12/31) (%)

中国国際海運集装箱(集団)（02039)	68.2

【子会社・関連会社】(19/12/31) (%)

南通中集缶式儲運設備製造有限公司	100.0
石家荘安瑞科気体機械有限公司	100.0
安瑞科（蚌埠）圧縮機有限公司	100.0

【売上・利益構成】(19/12)(%)

	売上構成比	前年比	利益構成比	前年比
エネルギー用設備	51.3	13.1	39.8	47.6
化学工業用設備	25.5	-10.2	36.4	-12.0
液体食品用設備	23.2	-3.8	23.8	-39.7

【業績】[香港会計基準](百万元) ※予想：ファクトセット 　【前号予想との比較】 ↘ 減額

	売上高	営業利益	純利益	前年比(%)	EPS(元)	1株配(HK$)	株配・無償(株)
2016/12	7,968.40	665.56	-928.77	―	-0.480		
2017/12	10,706.59	743.96	420.08	―	0.217	0.0800	
2018/12	13,051.65	1,098.09	785.50	87.0	0.403	0.1400	
2019/12	13,743.02	1,138.57	911.01	16.0	0.464	0.2000	
2020/12予	14,593.89	1,190.20	951.63	4.5	0.466	0.2010	【株式分割・併合等】
2021/12予	15,886.85	1,352.06	1,089.09	14.4	0.536	0.2340	
2018/6中間	5,649.72	434.26	308.35	301.4	0.159		
2019/6中間	6,584.42	505.90	382.88	24.2	0.196		

【本社】香港中環紅棉路8号東昌大廈9楼908室 【TEL】852-25289386 【URL】www.enricgroup.com

【役員】会長：高翔(Gao Xiang) 【上場】2006年7月 【決算期】12月 【従業員】9,900

緑城中国控股

グリーンタウン・チャイナ・ホールディングス

緑城中国控股有限公司
Greentown China Holdings Ltd.
【指数構成銘柄】— 【その他上場】—

不動産

メインボード

評価	株価	年間騰落率	最低売買価格
C	8.120 HK$	31.6 %	55,703 円

PER		予想配当利回り	PBR
予想 5.5 倍 実績 13.4 倍		4.4 %	0.6 倍

中国の不動産デベロッパー大手 浙江省を拠点に長江デルタ、環渤海湾地区などで不動産開発を手掛けるほか、ホテル経営、不動産投資事業も展開。19年12月末時点で建設中または建設待ちのプロジェクトは142件。開発用地の総床面積は3873万平米で、うち拠点の浙江省が37％を占める。19年の全国不動産販売額ランキングで16位（前年は17位）。12年にワーフ（00004）、15年に国有企業の中国交通建設集団が資本参加した。

19年12月本決算：純利益2.5倍 大幅増益となったが、為替損益や評価損益などを除いたコア利益ベースでは14％増益。利息収入や持ち分利益の増加が収益拡大に寄与した。主力の不動産開発事業は売上高こそ伸び悩んだものの、高収益物件の販売が伸びて粗利益率が3.5ポイント改善。ホテル事業は新規開業効果で2桁増収も関連コストの増加で部門利益が59％減と落ち込んだ。同期の不動産成約額は34％増の1354億元、成約面積は32％増の522万平米。販売単価は2％上昇した。

今後の計画 経営陣は、新型コロナウイルス感染症による影響は短期的なものになると予想。20年の販売可能面積は1696万平米で金額ベースでは3583億元に上る見通し。20年1～3月の成約額は前年同期比6％減の170億元、成約面積は19％増の68万平方米。

【株価推移】

	高値		安値	
2016年	7.740	03/14	5.000	06/16
2017年	11.300	08/08	6.060	01/16
2018年	14.060	02/01	5.000	10/15
2019年	9.600	12/31	4.930	05/24
2020年	11.640	03/05	6.450	03/25

【株価情報】

取引単位(株)	500	A株株価	—
時価総額(mHK$)	17,627.9	A株格差(倍)	—

【指標】(%)

		19/12	18/12
収益性	ROA	0.7	0.4
	ROE	9.0	3.6
	粗利益率	25.4	22.8
成長性	増収率	2.1	43.7
	増益率(営利)	—	—
	自己資本増加率	0.3	4.1
安全性	BPS(元)	12.7	12.7
	負債比率	969.2	796.5
	流動比率	148.6	165.6
	株主資本比率	8.2	9.9

【財務】(百万元)

	19/12	18/12
流動資産	300,727.9	247,416.7
総資産	337,092.1	279,762.7
流動負債	202,364.8	149,436.6
総負債	267,936.6	219,643.9
株主資本	27,644.6	27,574.4

【CF】(百万元)

	19/12	18/12
営業CF	-8,176.1	-16,555.7
投資CF	-21,026.2	-14,357.3
財務CF	32,374.1	44,043.4
FCF	-29,202.3	-30,913.0
現金同等物	46,567.7	43,347.3

【株式】(19/12/31)(百万株)

総数	2,170.9
流通	—
非流通	100.0% / 0.0%

【主要株主】(19/12/31)

	(%)
中国交通建設集団有限公司	28.8
九龍倉集団有限公司（00004）	24.9
宋衛平	10.4

【子会社・関連会社】(19/12/31)

	(%)
浙江報業緑城房地産開発有限公司	100.0
緑城資産管理集団有限公司	100.0
杭州金馬房地産有限公司	51.0

【売上・利益構成】(19/12)(%)

	売上構成比	前年比	利益構成比	前年比
不動産開発	88.4	-1.5	87.4	75.9
プロジェクト管理	3.0	33.9	9.0	10.3
ホテル	1.4	13.1	1.0	-59.1

【業績】[国際会計基準](百万元) ※予想：ファクトセット 【前号予想との比較】 → 前号並み

	売上高	営業利益	純利益	前年比(%)	EPS(元)	1株配(元)	株配・無償(株)
2016/12	28,975.60	—	1,917.10	135.7	0.700	0.1200	
2017/12	41,952.75	—	2,189.60	14.2	0.770	0.2000	
2018/12	60,302.51	—	1,003.29	-54.2	0.180	0.2300	
2019/12	61,592.94	—	2,480.23	147.2	0.550	0.3000	
2020/12予	69,285.50	10,042.35	2,791.20	12.5	1.347	0.3230	【株式分割・併合等】
2021/12予	78,931.60	10,876.48	2,968.14	6.3	1.427	0.3380	
2018/6中間	33,533.60	—	2,334.96	90.0	0.940	—	
2019/6中間	18,658.12	—	2,057.57	-11.9	0.670	—	

【本社】香港中環皇后大道中16-18号新世界大厦1期1406-1408室 【TEL】852-25233138 【URL】www.greentownchina.com
【役員】会長：張亜東(Zhang Yadong) 【上場】2006年7月 【決算期】12月 【従業員】7,418

金融・証券・保険

メインボード

H株

中国国際金融
チャイナ・インターナショナル・キャピタル

中国国際金融股份有限公司
China International Capital Corp.,Ltd.
【指数構成銘柄】 ―　【その他上場】 ―

評価	H株株価	年間騰落率	最低売買価格
C	**12.180** HK$	**-22.8** %	**66,844** 円

PER		予想配当利回り	PBR
予想 **9.9** 倍　実績 **11.2** 倍		**1.5** %	**1.0** 倍

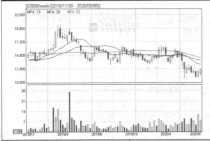

【株価推移】

	高値		安値	
2016年	13.600	04/20	9.520	02/11
2017年	19.080	09/22	10.640	02/08
2018年	18.900	01/29	11.360	10/11
2019年	20.000	02/25	13.020	08/06
2020年	16.440	01/10	10.720	03/19

【株価情報】

取引単位(株)	400	A株株価	―
H株時価総額(mHK$)	23,187.2	A株格差(倍)	―

【指標】(%)

		19/12	18/12
収益性	ROA	1.2	1.3
	ROE	8.8	8.3
	粗利益率		
成長性	増収率	22.9	21.5
	増益率(営利)	22.8	20.9
	自己資本増加率	14.5	14.9
安全性	BPS(元)	11.1	10.1
	負債比率	613.8	552.5
	流動比率	137.6	144.9
	株主資本比率	14.0	15.3

【財務】(百万元)

	19/12	18/12
流動資産	325,733.1	262,030.8
総資産	344,971.2	275,420.5
流動負債	236,727.1	180,861.2
総負債	296,439.7	233,043.8
株主資本	48,293.8	42,183.5

【CF】(百万元)

	19/12	18/12
営業CF	-27,657.8	11,056.1
投資CF	6,452.4	-19,029.2
財務CF	21,676.9	12,101.8
FCF	-21,205.5	-7,973.2
現金同等物	23,097.6	21,955.0

中国を代表する投資銀行　中国初の中外合弁投資銀行として発足。本土と香港を中心に、証券売買仲介や資産管理、投資銀行業務などを幅広く手掛ける。19年末時点で本土29省・直轄市に200カ所以上の支店を展開する。投資銀行に強みを持ち、A株市場、香港市場のIPO引受規模でいずれも首位(19年)。海外では香港、ニューヨーク、シンガポール、ロンドン、サンフランシスコ、フランクフルトに拠点。19年3月、海爾集団が株式9.5%を取得して第2位株主となった。

19年12月本決算：増収増益　本土A株相場の好調と売買代金の拡大(1日当たり売買額は35%増)を背景に2桁増収増益を達成した。投資銀行業務の34%増収などで手数料収入は22%増(正味20%増)、金利収入は5%増で、正味では11億元の支出。投資収益は金融資産評価益の拡大を受けて53%増加した。営業費用は減損損失の倍増などで23%増。期末のギアリング比率83.4%。

最近の動向　20年1月、国家外貨管理局から外貨決済業務に関する営業資格を取得。これに伴いまずは試験的に直物為替取引や銀行間取引市場での人民元の直物取引、デリバティブ取引を行う計画。20年1～3月期決算(中国会計基準)は営業収益が前年同期比47%増の47億7100万元、純利益が41%増の12億7700万元だった。

【株式】(19/12/31)(百万株)

総数	4,368.7		
流通	H株	43.6%	
			43.6%
非流通			56.4%

【主要株主】(19/12/31)(%)

中央匯金投資有限責任公司	44.4
Haier Electric International Co.,Ltd	9.1
Tencent Mobility Ltd.	5.0

【子会社・関連会社】(19/12/31)(%)

中国国際金融(香港)有限公司	100.0
中国中金財富証券有限公司	100.0
中金資本運営有限公司	100.0

【売上・利益構成】(19/12)(%)

	売上構成比	前年比	利益構成比	前年比
FICC(債券、為替、商品)	24.9	29.0	25.4	42.3
ウェルスマネジメント	24.5	3.0	14.6	-3.6
株式業務	18.0	49.8	31.6	88.5

【業績】[国際会計基準](百万元)※予想：ファクトセット　【前号予想との比較】➡ 前号並み

	営業収益	営業利益	純利益	前年比(%)	EPS(元)	1株配(元)	株配・無償(株)
2016/12	8,941.34	2,274.10	1,820.26	-6.8	0.760	0.1600	
2017/12	15,260.24	3,530.52	2,766.35	52.0	0.760	0.1600	
2018/12	18,539.65	4,268.78	3,492.16	26.2	0.830	0.1600	
2019/12	22,782.51	5,241.23	4,238.72	21.4	0.990	―	
2020/12予	20,751.88	6,155.15	4,925.87	16.2	1.116	0.1670	【株式分割・併合等】
2021/12予	23,479.09	7,096.04	5,732.15	16.4	1.300	0.1930	
2018/6中間	8,813.33	2,075.38	1,630.94	46.8	0.390		
2019/6中間	10,199.45	2,348.94	1,880.48	15.3	0.440		

【登記】北京市朝陽区建国門外大街1号国貿大厦2座27層及28層【TEL】86-10-65051166【URL】www.cicc.com

【役員】会長：沈如軍(Shen Rujun)　【上場】2015年11月　【決算期】12月　【従業員】7,443

金界控股

ナガコープ

金界控股有限公司
NagaCorp Ltd.

【指数構成銘柄】 ― 【その他上場】 ―

評価	株価	年間騰落率	最低売買価格
A	**9.810** HK$	**5.9** %	**269,186** 円

PER		予想配当利回り	PBR
予想 **12.7** 倍 実績 **10.5** 倍		**5.1** %	**3.1** 倍

カンボジアのカジノ経営会社 カンボジアの首都プノンペンで政府公認カジノの「ナガワールド」を経営。中国に加え、タイやマレーシアなどの東南アジア諸国から旅行客を取り込んでいる。16年にショッピングモールの「ナガシティーウォーク」が完成し、中国免税品集団が運営する免税店が入居した。第2のカジノホテルのTSCLKコンプレックス（ナガ2）が17年11月に開業。

19年12月本決算：増収増益 ナガ2の貢献でカジノ収入が伸びる中、売上原価や一般管理費を抑制し、利幅が広がった。カジノ収入は20%増の17億1900万米ドルで、内訳は一般が31%増の4億7600万米ドル、VIPが16%増の12億4300万米ドル。カンボジアを訪れる中国人やタイ人の旅行者が増える中、集客強化の成果が出た。マカオのジャンケット業者の運営開始も奏功。粗利益は優遇措置の少ない一般カジノが32%増の4億7000万米ドル。VIPカジノは21%増の3億4700万米ドル。

今後の計画 「ナガ3」を25年に完成させる計画で、稼働後には事業規模が現在の2倍以上に拡大する見通し。ナガ1～3の客室数は合わせて約5000室、カジノテーブルは1300台、電子ゲーム機が4500台に増える予定。すでに具体的な設計案の策定を進め、建設予定地の調査を終えた。20年下期に杭打ちなどの基礎工事に入る。

【株価推移】	高値		安値	
2016年	6.140	08/15	3.810	02/15
2017年	6.370	10/31	3.290	06/20
2018年	9.190	07/27	5.970	01/02
2019年	14.740	11/21	8.000	01/04
2020年	13.780	01/02	7.080	03/23

【株価情報】

取引単位(株)	2,000	A株株価	―
時価総額(mHK$)	42,585.3	A株格差(倍)	―

【指標】(%)

		19/12	18/12
収益性	ROA	22.2	19.9
	ROE	29.1	25.4
	粗利益率	48.2	45.7
成長性	増収率	19.1	54.2
	増益率(営利)	36.5	59.1
	自己資本増加率	16.1	11.4
安全性	BPS(US$)	0.4	0.4
	負債比率	31.2	27.8
	流動比率	260.6	556.1
	株主資本比率	76.2	78.3

【財務】(百万US$)

	19/12	18/12
流動資産	456.3	512.2
総資産	2,347.0	1,967.2
流動負債	175.1	92.1
総負債	558.7	427.4
株主資本	1,788.4	1,539.9

【CF】(百万US$)

	19/12	18/12
営業CF	690.2	476.7
投資CF	-424.1	-316.9
財務CF	-309.3	104.0
FCF	266.1	159.8
現金同等物	273.4	316.5

【株式】(19/12/31)(百万株)

総数	4,341.0
流通	―
	―
流通	100.0 %
非流通	0.0 %

【主要株主】(19/12/31) (%)

Chen Lip Keong	66.1

【子会社・関連会社】(19/12/31) (%)

金界有限公司	100.0
NagaCity Walk Ltd.	100.0
Naga Russia Ltd.	100.0

【売上・利益構成】(19/12)(%)

	売上構成比	前年比	利益構成比	前年比
カジノ	97.9	19.9	99.6	36.7
ホテル・娯楽	2.1	-9.7	0.4	-54.0

【業績】 [国際会計基準] (百万US$) ※予想：ファクトセット | 【前号予想との比較】 ↘ 減額

	売上高	営業利益	純利益	前年比(%)	EPS(US$)	1株配(US$)	株配・無償(株)
2016/12	531.56	―	184.16	6.7	0.079	0.0359	
2017/12	956.35	263.31	255.19	38.6	0.079	0.0353	
2018/12	1,474.29	418.86	390.58	53.1	0.090	0.0540	
2019/12	1,755.47	571.85	521.28	33.5	0.120	0.0848	
2020/12予	1,654.73	496.27	433.83	-16.8	0.100	0.0640	【株式分割・併合等】
2021/12予	1,966.72	618.49	549.64	26.7	0.121	0.0790	
2018/6中間	732.96	188.03	180.13	19.6	0.042	0.0249	
2019/6中間	891.56	277.60	245.11	36.1	0.057	0.0339	

【本社】香港湾仔港湾道18号中環広場28楼2806室 【TEL】852-28773918 【URL】www.nagacorp.com
【役員】会長：Timothy Patrick McNally 【上場】2006年10月 【決算期】12月 【従業員】8,625

医薬・バイオ

メインボード

聯邦製薬国際控股
ユナイテッド・ラボラトリーズ

聯邦製薬国際控股有限公司
The United Laboratories International Holdings Ltd.
【指数構成銘柄】— 【その他上場】—

評価	株価	年間騰落率	最低売買価格
D	6.990 HK$	55.3 %	191,806 円

PER		予想配当利回り	PBR
予想 13.4 倍　実績 16.2 倍		0.8 %	1.6 倍

ジェネリック中心の製薬会社 中間体、原薬、製剤の垂直生産体制を持ち、空カプセルなど医療用材料の生産にも従事。広東省や香港などに生産拠点を置く。19年通期の地域別売上比率は中国本土71％、インド10％、欧州8％など。17年1月にはインスリングラルギンの原薬・注射剤で中国当局の承認を取得。第2世代と第3世代のインスリン製剤を持つ製薬会社となった。研究開発にも注力し、19年末時点で29製品の開発を推進。

19年12月本決算：増収減益 中間体業務は6-APAの価格下落などで約70％の大幅減益となったが、原薬、製剤部門がカバーし、税引き前では6％増益。自社株の大幅変動に伴い転換社債（CB）に組み込まれたデリバティブ部分の評価損が1億1000万元に上る半面、聯邦製薬（成都）有限公司の権益売却益2億元を計上したことなどが利益底上げに寄与した。製剤部門は製品ミックスの改善を受けた利幅の改善で2割強の増益。

最近の動向 新型コロナの影響はプラスマイナス両面あるとしながらも、内服型の抗生物質やビタミンCといった自社製品の販売量が大きく増加していると報告。中間体、原薬需要も国内外で増加しているとし、主要製品価格が20年に値上がりする見通しを示した。引き続きインスリン製品をコア戦略製品と位置づける。

【株価推移】

	高値		安値	
2016年	5.350	12/30	2.700	02/12
2017年	7.250	10/27	4.500	05/12
2018年	9.750	05/10	4.100	12/28
2019年	5.880	12/27	3.680	08/15
2020年	7.610	04/14	4.630	03/19

【株価情報】

取引単位(株)	2,000	A株株価	—
時価総額(mHK$)	11,461.7	A株格差(倍)	—

【指標】(%)

		19/12	18/12
収益性	ROA	4.1	4.7
	ROE	9.6	11.2
	粗利益率	43.1	40.6
成長性	増収率	11.7	10.0
	増益率(営利)	—	—
	自己資本増加率	9.0	12.5
安全性	BPS(元)	4.1	3.7
	負債比率	135.3	138.5
	流動比率	134.9	102.8
	株主資本比率	42.5	42.5

【財務】(百万元)

	19/12	18/12
流動資産	8,713.5	6,697.0
総資産	15,699.7	14,602.3
流動負債	6,458.9	6,515.2
総負債	9,027.9	8,480.3
株主資本	6,671.8	6,122.0

【CF】(百万元)

	19/12	18/12
営業CF	1,801.2	1,213.2
投資CF	-433.2	-503.4
財務CF	317.7	-822.5
FCF	1,367.9	709.8
現金同等物	3,164.8	1,481.9

【株式】(19/12/31) (百万株)

総数	1,641.4
流通	—
	—
	100.0 %
非流通	0.0 %

【主要株主】(19/12/31) (%)

Heren Far East Ltd.	61.3

【子会社・関連会社】(19/12/31) (%)

聯邦製薬（香港）控股有限公司	100.0
金福来貿易有限公司	100.0
金峰達管理有限公司	100.0

【売上・利益構成】(19/12)(%)

	売上構成比	前年比	利益構成比	前年比
原薬	42.8	6.0	21.3	124.3
製剤	41.9	21.9	70.8	27.3
中間体	15.3	3.8	7.9	-69.6

【業績】[香港会計基準](百万元) ※予想:ファクトセット 【前号予想との比較】↗増額

	売上高	営業利益	純利益	前年比(%)	EPS(元)	1株配(元)	株配・無償(株)
2016/12	6,077.94	—	-272.36	—	-0.167	—	
2017/12	6,826.65	—	81.76	—	0.050	0.0500	
2018/12	7,510.59	—	682.93	735.3	0.418	0.0600	
2019/12	8,392.60	—	641.76	-6.0	0.391	0.0700	
2020/12予	9,322.07	1,120.34	789.00	23.0	0.475	0.0480	【株式分割・併合等】
2021/12予	9,975.59	1,205.32	884.00	12.0	0.535	0.0380	
2018/6中間	3,792.71	—	91.18	-16.5	0.056	—	
2019/6中間	4,090.02	—	295.92	224.6	0.181	—	

【本社】香港新界元朗工業村福宏街6号 【TEL】852-26871033 【URL】www.tul.com.cn
【役員】会長：蔡海山(Tsoi Hoi Shan) 【上場】2007年6月 【決算期】12月 【従業員】13,000

内蒙古伊泰煤炭
インナーモンゴリア・イータイ・コール

内蒙古伊泰煤炭股份有限公司
Inner Mongolia Yitai Coal Co.,Ltd.

【指数構成銘柄】— 【その他上場】上海B(900948)

評価	H株株価	年間騰落率	最低売買価格
B	5.190 HK$	-23.9 %	7,121 円

PER		予想配当利回り	PBR
予想 5.5 倍 実績 4.1 倍		5.5 %	0.4 倍

内モンゴル最大の総合石炭会社 オルドス高原を拠点に石炭を採掘。主に火力発電所や建材・化学メーカーへ燃料用一般炭を供給する。権益を持つ炭鉱9カ所の資源埋蔵量は19年末時点で25億4400万トンに上る。准東鉄路など石炭専用鉄道3路線を運行するほか、周辺路線に出資する。石炭液化技術を持ち、内モンゴル自治区や新疆ウイグル自治区で大型プラントを操業する。12年7月、香港市場にH株を上場し、BH重複銘柄となった。

19年12月本決算：増収減益 石炭販売量は8725万トンと前年比2%増えたが、コスト高が響いて2年続けて減益となった。自社炭鉱の単位生産原価が前年比22%上昇し、全体の粗利益率は0.2ポイント低下した。管理費と財務費が増収率以上に膨らんだ上、税負担率の上昇が業績を圧迫した。鉄道事業は輸送量が小幅ながら縮小し、減収減益。石炭化学事業は生産量が前年の約3倍に急増。部門売上高が2倍、利益が14倍に上った。

今後の計画 20年1~3月期決算は売上高が前年同期比28%減の71億5400万元、純利益は49%減の5億400万元。同期の石炭販売量は24%減の1531万9800トン。20年の目標は石炭生産が前年比10%減の5077万トン、販売が1%増の8805万トンに設定した。1トン当たり売上原価は3%増の268元を見込む。

【株価推移】

	高値		安値	
2016年	7.780	10/25	3.730	05/24
2017年	10.660	09/14	5.670	01/09
2018年	13.000	02/05	5.570	12/31
2019年	7.380	03/19	5.000	12/16
2020年	5.720	03/31	4.850	03/19

【株価情報】

取引単位(株)	100	A株株価	—
H株時価総額(mHK$)	1,692.0	A株格差(倍)	—

【指標】(%)

		19/12	18/12
収益性	ROA	4.0	4.4
	ROE	10.8	12.5
	粗利益率	30.2	30.4
成長性	増収率	4.5	9.2
	増益率(営利)	-3.9	—
	自己資本増加率	5.2	15.8
安全性	BPS(元)	10.7	10.2
	負債比率	142.0	156.6
	流動比率	142.9	124.3
	株主資本比率	37.0	35.1

【財務】(百万元)

	19/12	18/12
流動資産	22,749.9	23,573.1
総資産	94,418.5	94,551.4
流動負債	15,918.5	18,961.3
総負債	49,590.5	51,999.0
株主資本	34,927.0	33,207.5

【CF】(百万元)

	19/12	18/12
営業CF	6,480.9	9,733.7
投資CF	-2,289.0	-7,273.4
財務CF	-5,231.9	800.7
FCF	4,191.8	2,460.3
現金同等物	15,954.0	16,994.2

【株式】(19/12/31)(百万株)

総数		3,254.0	
流通	H株	10.0%	
	B株	40.8%	
		50.8%	
非流通		49.2%	

【主要株主】(19/12/31) (%)

内蒙古伊泰集団有限公司	58.8
内蒙古鄂爾多斯投資控股集団有限公司	1.7
鄂爾多斯市弘瑞商貿有限責任公司	1.4

【子会社・関連会社】(19/12/31) (%)

内蒙古伊泰呼准鉄路有限責任公司	72.7
内蒙古伊泰京粤酸刺溝鉱業有限公司	52.0
内蒙古伊泰煤製油有限責任公司	51.0

【売上・利益構成】(19/12)(%)

	売上構成比	前年比	利益構成比	前年比
石炭採掘・販売	83.1	-4.0	89.3	83.5
石炭化学	15.0	127.8	7.9	1,347.2
石炭輸送	1.8	-11.3	2.6	-59.5

【業績】 [中国会計基準] (百万元) ※予想：ファクトセット

【前号予想との比較】 ↓ 大幅減額

	売上高	営業利益	純利益	前年比(%)	EPS(元)	1株配(元)	株分・無償(株)
2016/12	22,317.13	—	1,985.76	2,094.2	0.610	0.1840	
2017/12	35,897.40	—	4,925.37	148.0	1.510	0.4550	
2018/12	39,184.62	6,381.47	4,136.20	-16.0	1.270	0.5000	
2019/12	40,929.04	6,130.09	3,789.31	-8.4	1.160	0.3500	
2020/12予	38,750.54	5,075.48	2,790.26	-26.4	0.857	0.2590	【株式分割・併合等】
2021/12予	38,115.06	5,208.74	2,966.15	6.3	0.907	0.2690	
2018/6中間	18,193.96	3,376.47	2,304.57	-2.4	0.710	—	
2019/6中間	20,075.33	3,005.38	1,916.05	-16.9	0.590	—	

【登記】内蒙古自治区鄂爾多斯市東勝区天驕北路 【TEL】86-477-8565731 【URL】www.yitaicoal.com
【役員】会長：張晶泉(Zhang Jingquan) 【上場】2012年7月 【決算期】12月 【従業員】6,397
【備考】19年6月中間期から会計基準変更。それ以前は国際会計基準。

金融・証券・保険

メインボード

H株

東方証券
オリエント・セキュリティーズ

東方証券股份有限公司
Orient Securities Co.,Ltd.

【指数構成銘柄】— 【その他上場】上海A(600958)

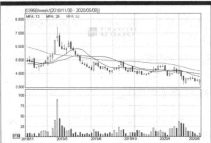

[03958/week/(2018/11/30 - 2020/05/08)]
FINANCIAL RESEARCH

評価	H株株価	年間騰落率	最低売買価格
B	3.990 HK$	-26.2 %	21,897 円

	PER		予想配当利回り	PBR
	予想 9.0倍 実績 10.4倍		4.6 %	0.5 倍

上海地盤の証券会社 上海市を中心に事業を展開する証券会社で、証券売買のブローカー業務、信用取引、投資銀行業務、資産管理業務などを総合的に手掛ける。18年の中国証券会社ランキングでは総資産で11位、純利益で15位だった。19年末時点で全国31の省・自治区・直轄市をすべてカバーし、計168カ所の証券事業支店を持つ。先物事業では合わせて33支店を置く。シティグループと合弁で投資銀行事業を展開していたが、19年5月に合弁を解消することで合意した。

19年12月本決算：大幅増益 手数料収入や利息収入は落ち込んだが、子会社の商品業務の規模拡大で営業収益が伸びたことに加え、金融資産の評価益が大幅に増えたことが好業績につながった。部門別では、ボラティリティの上昇を追い風にトレーディングが好調で、営業収益は4.6倍に拡大。部門損益も27億6200万元の黒字に転換した。証券仲介・信用取引は売買代金の増加を受けて69%増収も手数料率の引き下げや競争激化が収益を圧迫。投資銀行は主幹事を務めたIPOが3件、引受金額は15億8400万元に上った。

最近の動向 20年1～3月期決算（中国会計基準）は、営業収益が前年同期比6%減の38億2700万元、純利益が36%減の8億1300万元だった。

【株価推移】

	高値		安値	
2016年	8.590	08/16	7.380	12/19
2017年	8.520	09/19	6.980	05/24
2018年	9.200	01/29	4.370	10/29
2019年	7.920	02/25	4.330	11/29
2020年	5.120	01/14	3.640	05/04

【株価情報】

取引単位(株)	400	A株株価(元)	9.520
H株時価総額(mHK$)	4,098.1	A株格差(倍)	2.6

【指標】(%)

		19/12	18/12
収益性	ROA	0.9	0.5
	ROE	4.5	2.4
	粗利益率		
成長性	増収率	55.1	-5.9
	増益率(営利)	239.3	-82.9
	自己資本増加率	4.3	-2.4
安全性	BPS(元)	7.7	7.4
	負債比率	387.2	337.5
	流動比率		
	株主資本比率	20.5	22.8

【財務】(百万元)

	19/12	18/12
流動資産	—	—
総資産	262,971.4	226,869.7
流動負債	—	—
総負債	208,959.8	174,597.2
株主資本	53,965.5	51,739.5

【CF】(百万元)

	19/12	18/12
営業CF	2,347.3	2,290.2
投資CF	-4,725.1	-7,133.8
財務CF	10,069.1	-3,959.3
FCF	-2,377.8	-4,843.6
現金同等物	21,552.5	13,729.7

【株式】(19/12/31)(百万株)

総数		6,993.7
流通	H株	14.7 %
	A株	81.2 %
		95.9 %
非流通		4.1 %

【主要株主】(19/12/31)

	(%)
申能（集団）有限公司	25.3
中国煙草総公司	4.9
上海報業集団	3.5

【子会社・関連会社】(19/12/31)

	(%)
上海東証期貨有限公司	100.0
上海東方証券資本投資有限公司	100.0
上海東方証券資産管理有限公司	100.0

【売上・利益構成】(19/12)(%)

	売上構成比	前年比	利益構成比	前年比
証券仲介・信用取引	54.8	68.8	24.6	-35.2
トレーディング	18.5	356.5	48.9	—
投資管理	9.6	-34.4	19.6	-50.5

【業績】[国際会計基準](百万元)　※予想：ファクトセット

	営業収益	営業利益	純利益	前年比(%)	EPS(元)	1株配(元)	株配・無償(株)
2016/12	12,242.38	2,414.74	2,313.98	-68.4	0.410	0.1500	
2017/12	16,679.39	3,911.73	3,553.63	53.6	0.570	0.2000	
2018/12	15,701.95	667.04	1,231.01	-65.4	0.180	0.1000	
2019/12	24,350.52	2,263.46	2,435.08	97.8	0.350	0.1500	
2020/12予	20,941.60	3,295.49	2,925.46	20.1	0.401	0.1670	【株式分割・併合等】
2021/12予	23,683.97	4,187.62	3,656.32	25.0	0.488	0.1860	
2018/6中間	6,975.74	329.15	715.59	-59.2	0.100	—	
2019/6中間	10,708.71	1,179.96	1,209.62	69.0	0.170	—	

【前号予想との比較】↗増額

【登記】上海市黄浦区中山南路318号2号楼22層、23層、25至29層　【TEL】86-21-63325888　【URL】www.dfzq.com.cn

【役員】会長：潘キン軍(Pan Xinjun)　【上場】2016年7月　【決算期】12月　【従業員】5,772

招商銀行

チャイナ・マーチャンツ・バンク

招商銀行股份有限公司
China Merchants Bank Co.,Ltd.

【指数構成銘柄】中国企業 【その他上場】上海A(600036)

評価	H株株価	年間騰落率	最低売買価格
B	36.650 HK$	-3.6 %	251,419 円

PER		予想配当利回り	PBR
予想 8.2倍 実績 9.2倍		3.9 %	1.4倍

中国の中堅商業銀行 国務院直属の中央企業である招商局集団の傘下。1987年に深センで創業。19年末の総資産で国内7位の規模を誇り、営業拠点は1823カ所。海外では香港やニューヨーク、シンガポールに支店、ロンドンや台北に事務所を構える。香港では09年に完全子会社化した招商永隆銀行を通じて業務を展開。19年末時点の預金残高は4兆8400億元、貸出残高は4兆4900億元。02年に上海、06年に香港の順で上場した。

19年12月本決算：増収増益 利付き資産の規模拡大と純金利マージンの上昇が奏功。資金利益は前年比8％増と伸びた。役務取引等利益も8％増。銀行カード手数料が17％増、決済・精算手数料が12％増となり、収入を押し上げた。資産の質も改善し、貸倒引当金は横ばいの610億6600万元。19年末の不良債権比率は1.16％と0.2ポイント低下した。部門別では個人向け業務が好調で、経常収益が15％増、税引き前利益が14％増。

最近の動向 経営陣は新型コロナ感染拡大の影響について、湖北省をはじめとする一部の都市で一定の業種や企業の経営が短期的に悪化すると予想。同行の資産の質に影響が出る可能性があるとの見方を示した。20年1－3月期決算は経常収益が前年同期比11％増の759億2600万元、純利益が10％増の277億9500万元。

【株価推移】

	高値		安値	
2016年	20.200	09/07	12.720	02/12
2017年	34.250	11/22	18.020	01/03
2018年	39.500	01/24	26.400	07/06
2019年	42.750	06/21	27.350	01/04
2020年	42.000	01/03	29.800	03/19

【株価情報】

取引単位(株)	500	A株株価(元)	34.970
H株時価総額(mHK$)	168,256.5	A株格差(倍)	1.0

【指標】(%)

		19/12	18/12
収益性	ROA	1.3	1.2
	ROE	15.2	14.9
	粗利益率	―	―
成長性	増収率	8.5	12.3
	増益率(営利)	9.7	17.3
	自己資本増加率	13.2	12.5
安全性	BPS(元)	24.2	21.4
	負債比率	1,112.3	1,148.3
	流動比率	―	―
	株主資本比率	8.2	8.0

【財務】(百万元)

	19/12	18/12
流動資産	―	―
総資産	7,417,240.0	6,745,729.0
流動負債	―	―
総負債	6,799,533.0	6,202,124.0
株主資本	611,301.0	540,118.0

【CF】(百万元)

	19/12	18/12
営業CF	4,432.0	-35,721.0
投資CF	-70,571.0	19,718.0
財務CF	110,450.0	94,333.0
FCF	-66,139.0	-16,003.0
現金同等物	589,675.0	543,683.0

【株式】(19/12/31)(百万株)

総数		25,219.8
流通	H株	18.2%
	A株	81.8%
		100.0%
非流通		0.0%

【主要株主】(19/12/31) (%)

招商局集団有限公司	27.9
中国保険保障基金有限責任公司	10.0
中国遠洋運輸有限公司	6.2

【子会社・関連会社】(19/12/31) (%)

招銀国際金融控股有限公司	100.0
招銀金融租賃有限公司	100.0
招商永隆銀行有限公司	100.0

【売上・利益構成】(19/12)(%)

	売上構成比	前年比	利益構成比	前年比
個人向け銀行業務	54.0	15.0	56.7	14.0
法人向け銀行業務	41.7	2.3	39.6	16.3
その他	4.3	-4.0	3.7	-48.5

【業績】[国際会計基準](百万元) ※予想：ファクトセット

【前号予想との比較】 → 前号並み

	経常収益	業務純益	純利益	前年比(%)	EPS(元)	1株配(元)	株配・無償(株)
2016/12	209,949.00	78,642.00	62,081.00	7.6	2.460	0.7400	
2017/12	220,039.00	89,682.00	70,150.00	13.0	2.780	0.8400	
2018/12	247,135.00	105,188.00	80,560.00	14.8	3.130	0.9400	
2019/12	268,065.00	115,409.00	92,867.00	15.3	3.620	1.2000	
2020/12予	287,192.94	191,858.06	103,743.76	11.7	4.070	1.3150	【株式分割・併合等】
2021/12予	315,056.34	211,945.80	117,234.77	13.0	4.603	1.4820	
2018/6中間	125,261.00	58,103.00	44,756.00	14.0	1.770	―	
2019/6中間	137,630.00	64,165.00	50,612.00	13.1	2.010	―	

【登記】深セン市福田区深南大道7088号 【TEL】86-755-83198888 【URL】www.cmbchina.com
【役員】会長：李建紅(Li Jianhong) 【上場】2006年9月 【決算期】12月 【従業員】84,638

その他製造

メインボード

H株

中国鉄路通信信号

チャイナ・レールウェイ・シグナル・アンド・コミュニケーション

中国鉄路通信信号股份有限公司
China Railway Signal & Communication Corp.,Ltd.

【指数構成銘柄】— 【その他上場】上海A(688009)

評価	H株株価	年間騰落率	最低売買価格
B	**3.730** HK$	**-32.2** %	**51,176** 円

PER		予想配当利回り	PBR
予想 **8.5** 倍　実績 **8.9** 倍		**6.0** %	**0.9** 倍

鉄道運行システムの総合プロバイダー 親会社は国務院直轄の中央企業である中国鉄路通信信号集団。主に中国国内で鉄道運行制御システムの製造・販売を手掛ける。運行システムに関するエンジニアリング設計からシステム統合、信号・通信システム製品の開発・製造・販売、施工や保守までを一括して請け負うワンストップ型のビジネスモデルに強み。鉄道駅周辺の道路整備など公共土木工事やその他建設工事も請け負う。

19年12月本決算：増収増益 中国政府による鉄道インフラ建設への投資強化を背景に受注を拡大。利息収入の増加や管理費の抑制に加え、保有株の売却収入で投資収益が6.8倍に拡大し、2桁増益を達成した。全体の粗利益率は22.9%と前年比で0.2ポイント改善。部門別では主力の鉄道運行制御システムが1桁台ながらも増収増益と安定成長を維持。建設請負は業務最適化のため受注を抑えた影響で減収減益となった。同期の新規受注額は3%増の706億1000万元に達した。

最近の動向 20年1〜3月期決算は売上高が35%減の51億5000万元、純利益が25%減の5億500万元。経営陣は20年も引き続き安定成長を目指す方針を示しているが、新型コロナウイルスの影響で大きな打撃を受けた。同期の新規受注額は前年同期比9%減の67億9000万元。

【株価推移】

	高値		安値	
2016年	6.550	10/24	3.400	02/12
2017年	6.600	04/06	5.220	12/19
2018年	7.020	05/24	4.650	11/07
2019年	7.500	03/26	4.060	12/03
2020年	4.650	01/03	3.340	03/13

【株価情報】

取引単位(株)	1,000	A株株価(元)	6.340
H株時価総額(mHK$)	7,343.6	A株格差(倍)	1.9

【指標】(%)

		19/12	18/12
収益性	ROA	3.9	4.3
	ROE	9.3	11.8
	粗利益率	22.9	22.7
成長性	増収率	4.1	16.2
	増益率(営利)	9.9	—
	自己資本増加率	42.2	20.4
安全性	BPS(元)	3.9	3.3
	負債比率	133.2	170.9
	流動比率	155.5	137.2
	株主資本比率	42.2	36.3

【財務】(百万元)

	19/12	18/12
流動資産	80,504.3	65,315.4
総資産	97,512.6	79,678.5
流動負債	51,758.7	47,599.9
総負債	54,787.9	49,406.5
株主資本	41,119.6	28,908.4

【CF】(百万元)

	19/12	18/12
営業CF	3,371.4	-1,586.8
投資CF	-4,597.4	-641.8
財務CF	8,247.5	1,621.6
FCF	-1,226.1	-2,228.6
現金同等物	17,855.0	10,808.2

【株式】(19/12/31)(百万株)

総数		10,589.8
流通	H株	18.6%
	A株	11.2%
	—	29.8%
非流通		70.2%

【主要株主】(19/12/31)

	(%)
中国鉄路通信信号集団有限公司	62.4
全国社会保障基金理事会	1.7
上海振華重工(集団)股フン有限公司(900947)	1.2

【子会社・関連会社】(19/12/31)

	(%)
北京全路通信信号研究設計院集団有限公司	100.0
通号(北京)軌道工業集団有限公司	100.0
通号創新投資有限公司	100.0

【売上・利益構成】(19/12)(%)

	売上構成比	前年比	利益構成比	前年比
鉄道運行制御システム	72.9	6.9	85.7	8.9
建設請負	26.9	-2.8	13.9	-13.6
その他	0.1	-3.3	0.3	-23.1

【業績】[中国会計基準](百万元)※予想：ファクトセット 【前号予想との比較】 ↘ 減額

	売上高	営業利益	純利益	前年比(%)	EPS(元)	1株配(元)	株配・無償(株)
2016/12	29,402.15	—	3,049.34	22.1	0.350	0.1000	
2017/12	34,433.68	—	3,310.05	8.5	0.380	0.3500	
2018/12	40,012.60	4,532.83	3,408.55	3.0	0.380	—	
2019/12	41,646.29	4,979.41	3,815.88	12.0	0.380	0.2000	
2020/12予	45,396.90	5,327.14	4,141.60	8.5	0.398	0.2030	【株式分割・併合等】
2021/12予	49,447.62	5,993.99	4,638.04	12.0	0.448	0.2240	
2018/6中間	18,907.06	2,508.73	1,984.10	5.6	0.230	—	
2019/6中間	20,511.58	2,871.20	2,267.89	14.3	0.250	—	

【登記】北京市豊台区汽車博物館南路1号院中国通号大厦A座20層 【TEL】86-10-50809077 【URL】www.crsc.cn

【役員】会長：周志亮(Zhou Zhiliang) 【上場】2015年8月 【決算期】12月 【従業員】20,175

【備考】19年6月中間期から会計基準変更。それ以前は国際会計基準。

中海石油化学

チャイナ・ブルーケミカル

中海石油化学股份有限公司
China BlueChemical Ltd.

【指数構成銘柄】— 【その他上場】—

化学

評価	H株株価	年間騰落率	最低売買価格
B	1.150 HK$	-57.4 %	31,556 円

PER		予想配当利回り	PBR
予想 7.9 倍 実績 7.0 倍		6.1 %	0.3 倍

中国海洋石油集団傘下の肥料メーカー 国有石油大手、中国海洋石油集団の子会社で化学肥料とメタノールの生産規模は中国最大級。海南省、湖北省、黒龍江省、内モンゴル自治区に生産拠点。19年末時点の年産能力は尿素236万トン、リン酸肥料・複合肥料100万トン、メタノール160万トン。港湾運営・運輸、肥料取引、粒状配合(BB)肥料、ポリアセタール(POM)も手掛ける。

19年12月本決算：減収減益 メタノールと尿素、リン酸肥料・複合肥料の販売価格がそろって下落し、業績が悪化した。売上原価は5％増え、粗利益が3割減少。理財商品の利息収入など「その他損益」が3億円超減ったことも響いた。部門別では、メタノールが22％減収。販売量は5％増えたが部門利益は64％減った。リン酸肥料・複合肥料の部門利益は22％増加した。尿素は販売量が12％伸びたが、部門利益はほぼ横ばい。

今後の計画 会社側は20年に中国の化学肥料業界で需給両面の圧力が高まり、競争が激化するとみている。供給側改革の継続と環境保護の強化を背景に国内化学肥料業界の統合が進む見通し。メタノール業界はエタノールからのオレフィン合成とメタノール燃料が成長の原動力。20年は新製品開発に力を入れ、生産と販売での複合肥料と新型肥料の比率を高める方針。

メインボード

【株価推移】

	高値		安値	
2016年	2.240	12/09	1.340	06/30
2017年	2.860	02/02	1.810	06/28
2018年	3.300	10/02	2.000	04/26
2019年	2.970	04/09	1.760	12/11
2020年	1.980	01/02	1.010	03/19

【株価情報】

取引単位(株)	2,000	A株株価	—
H株時価総額(mHK$)	2,036.7	A株格差(倍)	—

H株

【指標】(%)

		19/12	18/12
収益性	ROA	3.6	6.9
	ROE	4.9	9.7
	粗利益率	17.7	24.5
成長性	増収率	-3.6	14.9
	増益率(営利)	—	—
	自己資本増加率	0.7	8.0
安全性	BPS(元)	3.1	3.1
	負債比率	30.1	33.9
	流動比率	299.3	287.8
	株主資本比率	73.7	71.2

【財務】(百万元)

	19/12	18/12
流動資産	10,885.0	10,741.4
総資産	19,419.6	19,949.2
流動負債	3,636.5	3,732.2
総負債	4,302.5	4,821.6
株主資本	14,310.4	14,210.7

【CF】(百万元)

	19/12	18/12
営業CF	1,142.6	2,004.4
投資CF	-2,689.7	-4,539.4
財務CF	-1,030.2	-691.3
FCF	-1,547.1	-2,535.0
現金同等物	824.1	3,400.0

【株式】(19/12/31)(百万株)

総数		4,610.0
流通	H株	38.4%
	—	—
		38.4%
	非流通	61.6%

【主要株主】(19/12/31) (%)

中国海洋石油集団有限公司	59.4
Hermes Investment Management Ltd.	5.0
株式会社三菱UFJフィナンシャル・グループ	4.6

【子会社・関連会社】(19/12/31) (%)

海洋石油富島有限公司	100.0
中海石油天野化工有限責任公司	92.3
中海石油建滔化工有限公司	60.0

【売上・利益構成】(19/12)(%)

	売上構成比	前年比	利益構成比	前年比
尿素	40.7	6.3	58.3	0.3
メタノール	26.6	-22.3	35.5	-63.8
リン酸肥料・複合肥料	18.8	-9.5	6.2	21.8

【業績】[国際会計基準](百万元)※予想:ファクトセット　【前号予想との比較】↘ 減額

	売上高	営業利益	純利益	前年比(%)	EPS(元)	1株配(元)	株配・無償(株)
2016/12	8,503.79	—	-215.50	—	-0.050	0.0500	
2017/12	9,799.68	—	50.23		0.010	0.0700	
2018/12	11,259.59	—	1,378.89	2,645.0	0.300	0.1500	
2019/12	10,858.44	—	703.22	-49.0	0.150	0.0760	
2020/12予	10,197.89	1,161.24	751.78	6.9	0.132	0.0640	【株式分割・併合等】
2021/12予	10,648.21	1,435.59	893.20	18.8	0.166	0.0820	
2018/6中間	5,498.22	—	752.35	159.3	0.160	—	
2019/6中間	5,269.00	—	548.71	-27.1	0.120	—	

【本社】北京市朝陽区安貞西里3区15号凱康海油大厦 【TEL】86-10-84527343 【URL】www.chinabluechem.com.cn

【役員】会長：— 【上場】2006年9月 【決算期】12月 【従業員】4,745

中国銀行

バンク・オブ・チャイナ

中国銀行股份有限公司
Bank of China Ltd.

金融・証券・保険

メインボード　ハンセン　H株

【指数構成銘柄】 ハンセン、中国企業　**【その他上場】** 上海A（601988）

【03988/week/(2018/11/30 - 2020/05/08)】 MFA:13 MFA:26 MFA:52

評価	H株株価	年間騰落率	最低売買価格
A	**2.910** HK$	**-19.2** %	**39,925** 円

PER		予想配当利回り	PBR
予想 **4.2** 倍　実績 **4.3** 倍		**7.4** %	**0.4** 倍

中国4位の商業銀行 4大国有商業銀行の一角を占め、総資産で国内4位の規模を誇る。創立は1912年にさかのぼり、新中国成立後長らく外国為替専門銀行としての役割を担った。外為業務に強みを持ち、貿易決済業務では国内最大手。傘下に中銀香港（02388）、中銀航空租賃（02588）などを抱え、香港で保険事業も手掛ける。19年12月末の総店舗数は1万1699店。グローバルなシステム上重要な銀行（G-SIBs）にも選ばれている。

19年12月本決算：増収増益 本決算として3期連続で過去最高益を更新した。純利息収入は純利ざやが縮小したが、利付き資産の拡大で4%増加。純手数料・仲介料収入も3%増と堅調だった。保険業務を強化したほか、消費者金融市場の発展を受けてクレジットカードやオンライン決済関連の手数料収入が増加した。営業費が12%増となったものの、減損損失は3%増と小幅な伸びにとどまった。資産の質も改善をみせ、19年末時点の不良債権比率は1.37%と前年末比0.05ポイント低下。

最近の動向 20年1～3月期決算は経常収益が5%増の1485億4300万元、純利益が3%増525億8300万元。新型コロナ流行で延滞債権の増加を警戒。20年4月の原油相場の歴史的な急落で、同行の先物投資商品「原油宝」を購入した投資家による損失補填の抗議が相次いだ。

【株価推移】

	高値		安値	
2016年	3.770	09/09	2.830	02/12
2017年	4.180	08/28	3.400	01/03
2018年	4.960	01/29	3.200	10/19
2019年	3.840	04/17	2.910	08/26
2020年	3.390	01/03	2.710	03/19

【株価情報】

取引単位（株）	1,000	A株株価（元）	3.460
H株時価総額（mHK$）	243,340.8	A株格差（倍）	1.3

【指標】（%）

		19/12	18/12
収益性	ROA	0.8	0.8
	ROE	10.1	11.2
	粗利益率	—	—
成長性	増収率	9.2	4.1
	増益率（営利）	9.7	2.6
	自己資本増加率	14.8	7.8
安全性	BPS（元）	6.3	5.5
	負債比率	1,122.9	1,211.5
	流動比率	—	—
	株主資本比率	8.1	7.6

【財務】（百万元）

	19/12	18/12
流動資産	—	—
総資産	22,769,744.0	21,267,275.0
流動負債	—	—
総負債	20,793,048.0	19,541,878.0
株主資本	1,851,701.0	1,612,980.0

【CF】（百万元）

	19/12	18/12
営業CF	-484,266.0	662,358.0
投資CF	-165,678.0	-182,493.0
財務CF	293,111.0	229,337.0
FCF	-649,944.0	479,865.0
現金同等物	1,345,892.0	1,688,600.0

【株式】（19/12/31）（百万株）

総数		294,387.8	
流通	H株	28.4%	
	A株	71.6%	
		100.0%	
非流通		0.0%	

【主要株主】（19/12/31）　（%）

中央匯金投資有限責任公司	64.0
中国証券金融股フン有限公司	2.9
全国社会保障基金理事会	2.3

【子会社・関連会社】（19/12/31）　（%）

中銀香港（控股）有限公司（02388）	66.1
中銀航空租賃有限公司（02588）	70.0
澳門大豊銀行有限公司	50.3

【売上・利益構成】（19/12）（%）

	売上構成比	前年比	利益構成比	前年比
法人向け銀行業務	40.0	4.6	29.2	14.7
個人向け銀行業務	33.8	7.6	37.3	-0.2
トレジャリー業務	16.2	15.6	27.9	18.7

【業績】［国際会計基準］（百万元）※予想：ファクトセット　**【前号予想との比較】** → 前号並み

	経常収益	業務純益	純利益	前年比（%）	EPS（元）	1株配（元）	株配・無償（株）
2016/12	485,656.00	221,515.00	164,578.00	-3.7	0.540	0.1680	
2017/12	483,761.00	221,741.00	172,407.00	4.8	0.560	0.1760	
2018/12	503,806.00	227,533.00	180,086.00	4.5	0.590	0.1840	
2019/12	550,010.00	249,588.00	187,405.00	4.1	0.610	0.1910	
2020/12予	569,783.06	330,866.40	189,700.28	1.2	0.634	0.1960	**【株式分割・併合等】**
2021/12予	598,664.20	346,091.20	195,124.10	2.9	0.652	0.2020	
2018/6中間	251,482.00	141,080.00	109,088.00	5.2	0.370		
2019/6中間	276,688.00	151,888.00	114,048.00	4.5	0.380		

【登記】 北京市西城区復興門内大街1号　**【TEL】** 86-10-66596688　**【URL】** www.boc.cn

【役員】 会長：劉連舸（Liu Liange）　**【上場】** 2006年6月　**【決算期】** 12月　**【従業員】** 309,384

洛陽欒川モリブデン業集団

チャイナ・モリブデン

[03993/week/(2018/11/30 - 2020/05/08)]

評価	H株株価	年間騰落率	最低売買価格
D	**2.490** HK$	**-8.5** %	**102,488** 円

PER		予想配当利回り	PBR
予想 **25.4** 倍 実績 **25.2** 倍		**1.7** %	**1.2** 倍

中国のモリブデン最大手 モリブデンの採掘、製錬、加工業務のほか、タングステン、銅などの生産を手掛ける。国内では河南省と新疆ウイグル自治区に鉱山を保有。河南省の三道荘鉱山のモリブデン埋蔵量は世界最大級で、タングステンでは世界2位の規模を誇る。海外事業では16年にコンゴ民主共和国の銅・コバルト鉱山とブラジルのニオブ・リン事業、19年にはベースメタル事業を手掛けるオランダのIMX B.V.を買収した。

19年12月本決算：増収減益 19年7月に買収が完了したIMXの事業が計上され全体の売上高が2.6倍に拡大したが、買収事業の赤字や主力製品の価格下落で6割の減益となった。部門別では、ベースメタルが15億元の赤字。市場価格の下落で銅・コバルトが90％減益、モリブデン・タングステンが17％減益と落ち込んだ。地域別では主力事業のコンゴが42％減収、粗利益率は30ポイント低下。ブラジルは2％増収、中国は5％減収だった。生産量はモリブデンが3％減、タングステンが8％減。

今後の見通し 新型コロナによる世界経済の停滞で需要縮小や価格下落を警戒。20年の生産目標はモリブデン1万2000－1万5000トン、タングステン7000－9000トンに設定した。20年1－3月期決算は売上高が前年同期比5倍の223億8300万元、純利益が39％増の4億4800万元。

【株価推移】

	高値		安値	
2016年	2.180	11/28	0.990	02/12
2017年	5.360	10/23	1.850	01/04
2018年	6.960	02/26	2.620	10/29
2019年	3.980	02/25	2.020	08/06
2020年	4.130	02/18	2.000	03/23

【株価情報】

取引単位(株)	3,000	A株株価(元) 3.650
H株時価総額(mlHK$)	9,794.3	A株格差(倍) 1.6

【指標】(%)

		19/12	18/12
収益性	ROA	1.6	4.6
	ROE	4.6	11.3
	粗利益率	4.5	37.7
成長性	増収率	164.5	7.5
	増益率(営利)	-68.5	31.3
	自己資本増加率	-0.4	7.3
安全性	BPS(元)	1.9	1.9
	負債比率	165.1	126.1
	流動比率	156.7	245.1
	株主資本比率	34.9	40.5

【財務】(百万元)

	19/12	18/12
流動資産	54,177.5	39,164.4
総資産	116,862.2	101,216.1
流動負債	34,575.4	15,978.7
総負債	67,366.6	51,618.2
株主資本	40,802.8	40,948.9

【CF】(百万元)

	19/12	18/12
営業CF	1,704.8	9,434.5
投資CF	-2,679.1	-2,397.2
財務CF	-10,247.4	-3,846.4
FCF	-974.3	7,003.3
現金同等物	12,392.2	23,240.7

【株式】(19/12/31)(百万元)

	総数	21,599.2
流通	H株	18.2%
	A株	81.8%
	—	
		78.2%
非流通		21.8%

【主要株主】(19/12/31)

	(%)
鴻商産業控股集団有限公司	24.7
洛陽鉱業集団有限公司	24.7

【子会社・関連会社】(19/12/31)

	(%)
IXM B.V.	100.0
洛陽欒川モリブデン業集団冶錬有限責任公司	100.0
CMOC Mining Pty Ltd.	100.0

【売上・利益構成】(19/12)(%)

	売上構成比	前年比	利益構成比	前年比
ベースメタル取引	51.7	—	—	—
貴金属取引	20.2	—	1.3	—
銅・コバルト	12.2	-42.0	11.2	-90.1

【業績】 [中国会計基準](百万元)※予想：ファクトセット 【前号予想との比較】↘減額

	売上高	営業利益	純利益	前年比(%)	EPS(元)	1株配(元)	株配・無償(株)
2016/12	6,949.57	756.94	998.04	31.1	0.060	0.0350	
2017/12	24,147.56	5,377.08	2,727.80	173.3	0.140	0.0760	
2018/12	25,962.86	7,057.98	4,635.58	69.9	0.210	0.1100	
2019/12	68,676.57	2,221.60	1,857.01	-59.9	0.090	0.0430	
2020/12予	102,771.14	2,754.39	1,874.87	1.0	0.089	0.0380	【株式分割・併合等】
2021/12予	104,774.30	3,133.15	2,400.85	28.1	0.118	0.0500	
2019/6中間	14,059.80	4,670.81	3,122.51	273.9	0.145	—	
2019/6中間	9,978.67	827.94	807.99	-74.1	0.037	—	

【登記】河南省洛陽市欒川県城東新区画眉山路伊河以北 【TEL】86-379-68603993 【URL】www.chinamoly.com
【役員】会長：李朝春(Li Chaochun) 【上場】2007年4月 【決算期】12月 【従業員】11,183

建設・プラント

メインボード

H株

中国能源建設
チャイナ・エナジー・エンジニアリング

中国能源建設股份有限公司
China Energy Engineering Corp.,Ltd.
【指数構成銘柄】— 【その他上場】—

評価	H株株価	年間騰落率	最低売買価格
C	0.790 HK$	-13.2 %	21,678 円

PER		予想配当利回り	PBR
予想 4.3 倍 実績 4.2 倍		4.2 %	0.4 倍

発電設備の大手エンジニアリング会社 国有の中国能源建設集団傘下で、発電所の建設や送電網の敷設など電力プロジェクトの調査、設計、コンサルティング、建設などを手掛ける。発電所の建設では世界最大規模を誇り、発電所用の付属設備や環境装置、爆破物やセメントの製造・販売も行う。国内では、長江三峡水力発電所、浙江秦山原子力発電所などを建設。海外ではパキスタンの原発建設など80カ国以上で事業展開する。

19年12月本決算：増収増益 売り上げの約7割を占める建設事業の貢献で売上高は10%増と2桁増を達成。研究開発費が38%増と膨らんだが、子会社の売却益23億元の計上でカバーした。設備製造部門はセメントや爆破物事業が好調で部門利益が38%増加。投資部門は不動産や高速道路などが伸び、業績拡大に大きく貢献した。一方、クリーンエネルギー・水処理部門は環境事業の不振で部門利益が79%減と落ち込んだ。通期の新規受注額は13%増の5204億元と過去最高を更新した。

最近の動向 20年1～3月期決算（中国会計基準）は売上高が前年同期比23%減の358億5100万元、最終損益が3億元の赤字（前年同期は7億1300万元の黒字）。新型コロナウイルスの影響でプロジェクトが遅延。感染の深刻な地域での事業が大きな打撃を受けた。

【株価推移】

	高値		安値	
2016年	1.660	01/04	0.990	11/07
2017年	1.600	06/30	1.170	12/11
2018年	1.590	04/12	0.740	10/30
2019年	1.000	01/02	0.740	08/29
2020年	0.980	01/24	0.750	02/26

【株価情報】

取引単位(株)	2,000	A株株価	—
H株時価総額(mHK$)	7,317.3	A株格差(倍)	—

【指標】(%)

		19/12	18/12
収益性	ROA	1.2	1.2
	ROE	8.7	9.0
	粗利益率	13.1	13.3
成長性	増収率	10.4	-4.4
	増益率(営利)	—	—
	自己資本増加率	14.8	3.4
安全性	BPS(元)	1.9	1.7
	負債比率	530.4	581.1
	流動比率	117.6	113.8
	株主資本比率	13.8	13.0

【財務】(百万元)

	19/12	18/12
流動資産	264,677.0	257,593.0
総資産	421,670.3	389,385.5
流動負債	224,982.0	226,312.8
総負債	308,379.9	294,221.7
株主資本	58,144.8	50,632.7

【CF】(百万元)

	19/12	18/12
営業CF	10,963.6	5,059.0
投資CF	-14,513.3	-20,358.4
財務CF	-1,974.3	14,283.7
FCF	-3,549.8	-15,299.4
現金同等物	42,624.6	47,643.2

【株式】(19/12/31)(百万株)

総数	30,020.4
流通	H株 30.9%
	30.9%
	非流通 69.1%

【主要株主】(19/12/31) (%)

中国能源建設集団有限公司	62.6
中国国新控股有限責任公司	8.9
絲路基金有限責任公司	4.9

【子会社・関連会社】(19/12/31) (%)

中国葛洲八集団股フン有限公司 (600068)	57.7
中国能源建設集団南方建設投資有限公司	100.0
中国能建集団装備有限公司	100.0

【売上・利益構成】(19/12)(%)

	売上構成比	前年比	利益構成比	前年比
建設	71.7	14.7	47.6	-3.1
設備製造	9.3	11.1	24.9	37.8
投資・その他	7.1	12.2	17.0	111.3

【業績】 [国際会計基準](百万元) ※予想：ファクトセット　　　【前号予想との比較】 → 前号並み

	売上高	営業利益	純利益	前年比(%)	EPS(元)	1株配(元)	株配・無償(株)
2016/12	222,171.03	—	4,281.29	1.1	0.140	0.0296	
2017/12	234,370.11	—	5,261.15	22.9	0.176	0.0306	
2018/12	224,034.35	—	4,570.69	-13.1	0.153	0.0306	
2019/12	247,290.99	—	5,078.52	11.1	0.170	0.0306	
2020/12予	258,738.33	14,904.11	4,958.12	-2.4	0.166	0.0300	【株式分割・併合等】
2021/12予	283,279.06	16,221.45	5,599.72	12.9	0.188	0.0340	
2018/6中間	101,520.11	—	2,292.85	1.5	0.077		
2019/6中間	110,044.65	—	2,157.59	-5.9	0.072		

【登記】北京市朝陽区利沢中園106号楼 【TEL】86-10-59098818 【URL】www.ceec.net.cn

【役員】会長：汪建平(Wang Jianping) 【上場】2015年12月 【決算期】12月 【従業員】119,394

波司登国際控股

ボスドン・インターナショナル

繊維・アパレル

波司登国際控股有限公司
Bosideng International Holdings Ltd.
【指数構成銘柄】— 【その他上場】—

メインボード

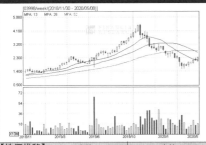

評価	株価	年間騰落率	最低売買価格
C	2.270 HK$	8.1 %	62,289 円

PER		予想配当利回り	PBR
予想 21.1 倍 実績 22.1 倍		3.2 %	2.3 倍

中国のダウン衣料最大手 主に国内向けにダウン衣料を製造・販売するほか、女性用衣料も手掛ける。主力ブランドは「波司登」でダウン衣料部門の売り上げの9割近くを占める。このほか「雪中飛」「氷潔」「康博」などのブランドも展開。19年9月末時点の国内店舗数はダウン衣料ブランド5161店（うち直営1922店）、女性用衣料ブランド515店（同388店）、その他衣料ブランド40店（同40店）。伊藤忠商事と事業提携している。

19年9月中間決算：増収増益 主力の「波司登」の好調（46％増収）で3割弱の増収を確保した上に、ハイエンド製品の価格上昇で採算も改善。粗利益率が1.2ポイント上向いた。販売費の4割増を一般管理費の抑制で相殺し、営業利益率が10.3％から10.8％に上昇。事業別ではダウン衣料が43％増収、4％減益。粗利益率は上昇したが、店舗網の拡大や従業員の増員で販売費がかさんだ。女性用衣料は主力4ブランドがそろって減収。

今後の計画 19年4月－12月の「波司登」のダウン衣料売上高は前年同期比30％超の伸びを達成した。19年10月には高級ダウン衣料ブランドの「登峰系列」を発表するなど高価格帯を拡充し、利益率の改善を目指す。20年4月、取締役と中核管理職を対象に、成果報酬型のストックインセンティブ制度を導入したと発表した。

【株価推移】

株価推移	高値		安値	
2016年	0.770	09/07	0.560	01/18
2017年	0.730	02/15	0.540	05/29
2018年	1.640	12/11	0.640	02/09
2019年	4.500	11/11	1.280	01/21
2020年	3.200	01/09	1.540	03/19

【株価情報】

取引単位(株)	2,000	A株株価 —
時価総額(mHK$)	24,444.4	A株格差(倍) —

【指標】(%)

指標		19/9	18/9
収益性	ROA	4.2	3.4
	ROE	7.1	5.4
	粗利益率	43.5	42.3
成長性	増収率	28.8	16.4
	増益率(営利)	34.6	62.1
	自己資本増加率	4.6	-1.0
安全性	BPS(元)	0.9	0.9
	負債比率	66.6	55.5
	流動比率	198.9	219.0
	株主資本比率	59.2	63.5

【財務】(百万元)

	19/9	18/9
流動資産	11,956.6	10,863.7
総資産	16,346.5	14,572.2
流動負債	6,011.6	4,959.6
総負債	6,445.8	5,131.6
株主資本	9,672.4	9,247.9

【CF】(百万元)

	19/9	18/9
営業CF	-2,857.1	-1,890.3
投資CF	2,328.5	1,946.4
財務CF	129.1	-485.0
FCF	-528.6	56.0
現金同等物	1,391.2	1,284.9

【株式】(19/09/30)(百万株)

総数	10,768.5	
流通	—	
	—	
	—	100.0%
非流通	—	0.0%

【主要株主】(19/09/30)

	(%)
高徳康	41.4
波司登股フン有限公司	29.7

【子会社・関連会社】(19/03/31)

	(%)
上海双羽服飾有限公司	100.0
波司登羽絨服装有限公司	100.0
波司登国際服飾（中国）有限公司	100.0

【売上・利益構成】(19/9)(%)

	売上構成比	前年比	利益構成比	前年比
ダウン衣料	57.1	42.9	51.5	-4.4
OEM	30.4	21.9	27.6	9.0
女性用衣料	11.4	-6.1	9.5	-21.2

【業績】[国際会計基準](百万元)※予想：ファクトセット

【前号予想との比較】 ↘ 減額

	売上高	営業利益	純利益	前年比(%)	EPS(元)	1株配(HK$)	株配・無償(株)
2017/3	6,816.60	660.01	391.84	39.5	0.042	0.0150	
2018/3	8,880.79	923.41	615.48	57.1	0.058	0.0750	
2019/3	10,383.45	1,370.77	981.32	59.4	0.093	0.0800	
2020/3予	12,136.26	1,339.79	1,027.01	4.7	0.098	0.0720	
2021/3予	14,749.90	1,865.95	1,401.37	36.5	0.134	0.1000	【株式分割・併合等】
2017/9中間	2,959.14	218.96	174.51	11.0	0.017	0.0150	
2018/9中間	3,444.18	354.93	251.16	43.9	0.024	0.0200	
2019/9中間	4,436.28	477.72	342.66	36.4	0.032	0.0300	

【本社】 香港中環皇后大道中99号中環中心57楼5709室 **【TEL】** 852-28666918 **【URL】** www.bosideng.com

【役員】 会長：高徳康(Gao Dekang) **【上場】** 2007年10月 **【決算期】** 3月 **【従業員】** 6,975

金融・証券・保険

メインボード

H株

中信証券
シティック・セキュリティーズ

中信証券股份有限公司
CITIC Securities Co.,Ltd.

【指数構成銘柄】中国企業　【その他上場】上海A(600030)

評価	H株株価	年間騰落率	最低売買価格
B	14.480 HK$	-8.7 %	99,333 円

PER		予想配当利回り	PBR
予想 11.5 倍　実績 13.0 倍		3.8 %	1.0 倍

中国の証券最大手 国務院系の中国中信集団（CITIC）傘下。証券・先物仲介業務のほか、株式や債券の引き受け、トレーディング、資産運用、投資銀行業務などの各種証券業務を手掛ける。19年のA株増資・IPOの引受額はシェア18％、債券引受額はシェア5％でいずれも業界首位。19年12月末時点で国内に78支社と277の営業拠点を展開する。13年に仏CLSAを完全子会社化して海外事業を強化。20年には広州証券を買収した。

19年12月本決算：増収増益 株式市場の活況を背景に投資収益が98％増と大幅に増えたほか、投資銀行業務の貢献で手数料収入も3％増加。商品取引コストの削減で営業費を全体で4％の伸びに抑制し、2桁の増収増益を達成した。減損損失は合計で17％増の25億9000万元。部門別ではトレーディング業務の営業利益が投資収益の拡大や減損損失の圧縮で70％増と好調。資産運用業務は27％増益、投資銀行業務は71％増益だった。

最近の動向 20年1～3月期（中国会計基準）は営業収益が前年同期比22％増の128億5200万元、純利益が4％減の40億7600万元。広東省を地盤とする広州証券（現中信証券華南）の買収が20年1月に完了。買収を通じて今後の発展が期待される「粤港澳大湾区（グレーターベイエリア）」地域での事業を強化していく方針。

【株価推移】

	高値		安値	
2016年	19.400	04/14	13.260	02/12
2017年	18.740	09/21	15.440	02/06
2018年	22.950	01/24	11.620	10/19
2019年	21.200	02/25	12.840	01/04
2020年	18.720	01/14	12.600	03/19

【株価情報】

取引単位(株)	500	A株株価(元)	23.820
H株時価総額(mHK$)	32,990.2	A株格差(倍)	1.8

【指標】(%)

		19/12	18/12
収益性	ROA	1.5	1.4
	ROE	7.6	6.1
	粗利益率	—	—
成長性	増収率	11.8	-10.4
	増益率(営利)	38.0	-24.6
	自己資本増加率	5.5	2.2
安全性	BPS(元)	13.3	12.6
	負債比率	387.5	324.1
	流動比率	136.7	145.0
	株主資本比率	20.4	23.4

【財務】(百万元)

	19/12	18/12
流動資産	707,639.1	573,459.4
総資産	791,722.4	653,132.7
流動負債	517,742.8	395,552.5
総負債	626,272.6	496,301.2
株主資本	161,625.2	153,140.8

【CF】(百万元)

	19/12	18/12
営業CF	-4,004.0	57,618.9
投資CF	16,247.5	-20,794.7
財務CF	-158.8	-21,751.3
FCF	12,243.5	36,824.2
現金同等物	59,421.5	47,575.3

【株式】(19/12/31) (百万株)

総数		12,116.9	
流通	H株		18.8%
	A株		81.0%
	—		
			99.8%
非流通			0.2%

【主要株主】(19/12/31)

	(%)
中国中信股フン有限公司（00267)	16.5
全国社会保障基金理事会	5.7
The Bank of New York Mellon Corp.	2.4

【子会社・関連会社】(19/12/31)

	(%)
金石投資有限公司	100.0
中信証券国際有限公司	100.0
華夏基金管理有限公司	62.2

【売上・利益構成】(19/12)(%)

	売上構成比	前年比	利益構成比	前年比
トレーディング業務	38.6	16.1	39.8	69.9
証券・先物仲介業務	22.9	-1.2	12.8	-32.2
資産運用業務	13.0	13.7	22.5	27.3

【業績】[国際会計基準](百万元) ※予想：ファクトセット 【前号予想との比較】 → 前号並み

	営業収益	営業利益	純利益	前年比(%)	EPS(元)	1株配(元)	株配・無償(株)
2016/12	50,066.52	13,913.15	10,365.17	-47.7	0.860	0.3500	
2017/12	56,959.72	15,569.73	11,433.27	10.3	0.940	0.4000	
2018/12	51,061.02	11,733.92	9,389.90	-17.9	0.770	0.3500	
2019/12	57,080.36	16,193.52	12,228.61	30.2	1.010	0.5000	
2020/12予	49,272.64	19,827.20	14,488.04	18.5	1.140	0.4950	【株式分割・併合等】
2021/12予	55,269.40	23,159.16	17,007.64	17.4	1.322	0.5740	
2018/6中間	27,148.40	7,008.58	5,565.15	13.0	0.460		
2019/6中間	28,394.23	8,632.14	6,445.62	15.8	0.530		

【登記】深セン市福田区中心三路8号卓越時代広場（二期）北座　【TEL】86-755-23835888　【URL】www.citics.com
426　【役員】会長：張佑君(Zhang Youjun)　【上場】2011年10月　【決算期】12月　【従業員】15,908

衆安在線財産保険

ジョンアン・オンライン・ピーアンドシー・インシュアランス

衆安在線財産保険股份有限公司
ZhongAn Online P & C Insurance Co.,Ltd.
【指数構成銘柄】— 【その他上場】—

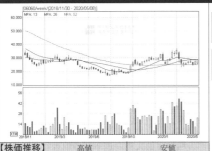
[06060/week/(2018/11/30 - 2020/05/08)] MPA.13 MPA.26 MPA.52

評価	H株株価	年間騰落率	最低売買価格
E	28.500 HK$	12.6 %	39,102 円

	PER		予想配当利回り	PBR
予想	—	実績 —	0.0 %	2.6 倍

中国のインシュアテック大手 13年にアリババ集団（09988）、テンセント（00700）、中国平安保険（02318）が出資して設立。ネット専業で保険事業を展開し、19年の国内損保シェアは11位。自動車保険を除くネット保険では業界トップシェアを誇る。ビッグデータの解析や人工知能（AI）などを活用し、保険とテクノローを融合させたインシュアテックを推進。ソフトバンク系のファンドが戦略投資家として出資。

19年12月本決算：赤字縮小 上場から3期連続の赤字計上となったものの、赤字幅は大幅に縮小。保険料収入が順調に伸びる中で、収益性が改善した。総収入保険料は30%増となり、うち主力の医療保険が68%増、Eコマース保険が2.3倍、自動車保険が10%増。保険引受損益は赤字が続いたものの、事業構造や経営効率の改善により赤字幅は18億3500万元から16億9900万元に縮小した。損保の収益性を測る合算率は113.3%と前年から7.4ポイント改善。本土株式市場の堅調も追い風。投資収益が3.6倍の18億1600万元に膨らんだ。

今後の見通し 同社の姜興CEO（最高経営責任者）は20年3月末の決算説明会で、新型コロナ流行が医療保険の需要を刺激するきっかけになるほか、オンラインでの保険商品購入が拡大するとの見方を示した。

【株価推移】

	高値		安値	
2016年	—		—	
2017年	97.800	10/09	62.500	12/07
2018年	76.400	01/04	24.700	10/25
2019年	32.150	03/07	16.560	08/15
2020年	36.700	03/05	22.750	03/19

【株価情報】

取引単位(株)	100	A株株価	—
H株時価総額(mHK$)	13,389.7	A株格差(倍)	—

【指標】(%)

		19/12	18/12
収益性	ROA	—	—
	ROE	—	—
	粗利益率	—	—
成長性	増収率	57.4	72.1
	増益率(営利)	—	—
	自己資本増加率	-3.4	-9.9
安全性	BPS(元)	10.1	10.5
	負債比率	96.6	63.9
	流動比率	—	—
	株主資本比率	48.2	58.6

【財務】(百万元)

	19/12	18/12
流動資産	—	—
総資産	30,907.6	26,341.1
流動負債	—	—
総負債	14,402.0	9,866.4
株主資本	14,911.7	15,432.0

【CF】(百万元)

	19/12	18/12
営業CF	-1,214.8	-1,279.1
投資CF	-361.3	-4,938.1
財務CF	2,031.5	3,384.7
FCF	-1,576.1	-6,217.2
現金同等物	2,914.8	2,426.8

【株式】(19/12/31)(百万株)

	総数	1,469.8
流通	H株	32.0%
	—	—
		32.0%
非流通		68.0%

【主要株主】(19/12/31) (%)

浙江螞蟻小微金融服務集団股フン有限公司	13.5
騰訊控股有限公司（00700）	10.2
中国平安保険(集団)股フン有限公司(02318)	10.2

【子会社・関連会社】(19/12/31) (%)

衆安信息技術服務有限公司	100.0
衆安在線保険経紀有限公司	100.0
杭州企鵬網絡科技有限公司	100.0

【売上・利益構成】(19/12)(%)

	売上構成比	前年比	利益構成比	前年比
保険	96.9	55.6	100.0	—
ITサービス	1.9	206.1	—	—
その他	1.2	276.7	—	—

【業績】[香港会計基準](百万元) ※予想：ファクトセット　　【前号予想との比較】↓ 大幅減額

	経常収益	経常利益	純利益	前年比(%)	EPS(元)	1株配(元)	株配・無償(株)
2016/12	3,412.72	13.22	9.37	-78.8	0.010	—	
2017/12	5,583.19	-995.24	-997.25	—	-0.770	—	
2018/12	9,610.31	-1,773.72	-1,743.90	—	-1.190	—	
2019/12	15,123.96	-455.80	-454.10	—	-0.310	—	
2020/12予	18,352.50	155.01	-52.46	—	-0.034	—	【株式分割・併合等】
2021/12予	24,276.73	974.06	562.62	—	0.383	0.0010	
2018/6中間	4,066.97	-661.74	-655.83	—	-0.450	—	
2019/6中間	6,899.55	79.93	94.54	—	0.060	—	

【登記】上海市円明園路169号協進大楼4-5楼　【TEL】—　【URL】www.zhongan.com
【役員】会長：欧亜平(Yaping Ou)　【上場】2017年9月　【決算期】12月　【従業員】2,898

睿見教育国際控股

ウィズダム・エデュケーション・インターナショナル

睿見教育国際控股有限公司
Wisdom Education International Holdings Co.,Ltd.
【指数構成銘柄】 ― 【その他上場】 ―

[06068/week(2018/11/30 - 2020/05/08)]
MFA:13 MFA:26 MFA:52

評価	株価	年間騰落率	最低売買価格
B	3.170 HK$	-22.1 %	86,985 円

PER		予想配当利回り	PBR
予想 12.2 倍 実績 17.0 倍		3.4 %	2.7 倍

私立学校の経営大手 中国で全寮制の私立校を経営する。19年8月末時点で小学校、小中高一貫校など計11校を展開、生徒数は計5万4420人。このうち広東省の東莞で3校、恵州と揭陽で各1校を運営し、小中学校の生徒数は中国南部の私学で最大級。遼寧省や山東省などでもそれぞれ小中高一貫校を経営する。教育水準の高さに定評があり、高校卒業生の大半が大学に進学。難関の「一類本科大学」への高い進学率で知られる。

19年8月本決算：増収増益 既存校の生徒数がほぼ軒並み2桁増加したほか、18年に傘下に迎えた福建省の小中一貫校などの収益上乗せ効果で全体の生徒数が26％増加。平均学費・寮費も8％増加して35％の増収につながった。一方で既存校の拡大や新規取得校の連結化で人件費が増加。銀行借入と転換社債の利払いの増加で財務費用も倍近くに膨らみ、増益幅を押し下げた。

最近の動向 20年2月中間決算は売上高が12％増の9億3200万元、純利益が38％増の2億6700万元。新型コロナで休校や新規校の建設遅延が生じたが、業績への影響は軽微と見込む。今後も拡大路線を進める計画で、広東省3市では寄宿校を開校することで地元政府と合意。将来的に省内6都市をカバーする計画。20年2月末時点で14校を運営し、生徒総数は6万116人、定員は7万人。

【株価推移】

	高値		安値	
2016年	―		―	
2017年	5.220	11/20	1.610	01/26
2018年	7.500	06/13	2.770	12/28
2019年	4.850	04/17	2.650	01/08
2020年	3.850	01/17	2.100	03/19

【株価情報】

取引単位(株)	2,000	A株株価	―
時価総額(mHK$)	6,489.5	A株格差(倍)	―

【指標】(%)

		19/8	18/8
収益性	ROA	5.7	5.7
	ROE	16.6	16.2
	粗利益率	44.1	43.7
成長性	増収率	34.9	27.3
	増益率(営業)	―	―
	自己資本増加率	13.1	9.5
安全性	BPS(元)	1.1	0.9
	負債比率	186.2	182.8
	流動比率	64.3	89.4
	株主資本比率	34.5	34.9

【財務】(百万元)

	19/8	18/8
流動資産	1,595.2	1,468.3
総資産	6,271.3	5,471.7
流動負債	2,479.7	1,643.3
総負債	4,024.5	3,494.3
株主資本	2,161.3	1,911.1

【CF】(百万元)

	19/8	18/8
営業CF	576.7	623.4
投資CF	-1,005.6	-1,349.1
財務CF	169.2	1,248.0
FCF	-428.9	-725.7
現金同等物	662.5	911.4

【株式】(19/08/31)(百万株)

総数	2,047.2	
流通	―	100.0%
非流通	―	0.0%

【主要株主】(19/08/31)

	(%)
Bright Education (Holdings) Co.,Ltd.	45.4
Bright Education Investment Co.,Ltd.	27.8

【子会社・関連会社】(19/08/31)

	(%)
広東光正教育集団有限公司	100.0
盤錦光正投資有限公司	100.0
東莞市光明中学	100.0

【売上・利益構成】(19/8)(%)

	売上構成比	前年比	利益構成比	前年比
学費・寮費	68.1	36.2	―	―
補助サービス	31.9	32.1	―	―

【業績】[国際会計基準](百万元)※予想：ファクトセット

【前号予想との比較】 → 前号並み

	売上高	営業利益	純利益	前年比(%)	EPS(元)	1株配(元)	株配・無償(株)
2016/8	700.74	―	154.37	-15.3	0.100	―	
2017/8	979.14	―	200.23	29.7	0.110	0.0500	
2018/8	1,246.92	―	310.39	55.0	0.150	0.0680	
2019/8	1,681.53	―	359.46	15.8	0.170	0.0840	
2020/8予	1,880.45	632.91	496.80	38.2	0.236	0.0980	【株式分割・併合等】
2021/8予	2,301.54	755.22	595.37	19.8	0.287	0.1170	
2018/2中間	592.00	―	145.02	35.1	0.070	0.0320	
2019/2中間	835.55	―	192.97	33.1	0.090	0.0420	

【本社】広東省東莞市東城区光明大道68号 【TEL】― 【URL】www.wisdomeducationintl.com

【役員】会長：李素文(Li Suwen) 【上場】2017年1月 【決算期】8月 【従業員】6,210

招商証券

チャイナ・マーチャンツ・セキュリティーズ

招商証券股份有限公司
China Merchants Securities Co.,Ltd.

【指数構成銘柄】 ― 【その他上場】上海A(600999)

評価	H株株価	年間騰落率	最低売買価格
A	8.460 HK$	-16.2 %	23,214 円

PER		予想配当利回り	PBR
予想 6.3 倍 実績 7.9 倍		5.7 %	0.6 倍

招商局集団傘下の証券会社 深センに本店を置く準大手証券会社で、証券売買の仲介、信用取引、投資銀行業務、資産管理などを総合的に手掛ける。18年の中国証券会社ランキングでは総資産で7位。投資銀行事業に強みを持ち、引受業務は営業収益ベースで株式が業界7位、債券が5位（19年通期）。19年末時点で258カ所の証券支店を展開。招商局集団のお膝元である広東省に加え、北京や上海などに重点的に出店している。

19年12月本決算：大幅増益 本土株式市場の回復を受けて手数料収入が14%増えたほか、投資収益も2.9倍に拡大。商品取引に絡む20億元超の収益計上も業績に貢献。人件費は1.4倍に膨らんだが、支払利息を前年並みに押さえて大幅増益につなげた。部門別ではトレーディングが好調で部門利益は4.2倍に拡大。証券仲介・信用取引は手数料率の低下が逆風となったものの、組織体制の見直しやシェア拡大で増収増益と安定成長を確保。投資銀行は主幹事を務めたIPOが12件、引受金額は80%増の141億9600万元に上った。

今後の見通し 会社側は米国での証券取引手数料無料化の流れを受け、中国でも競争が激化すると予想。20年1－3月期（中国会計基準）は営業収益が前年同期比5%増の48億6600万元、純利益が15%減の17億9800万元。

【株価推移】

	高値		安値	
2016年	12.880	11/28	11.580	10/28
2017年	13.760	10/12	11.620	12/07
2018年	14.000	01/29	7.820	10/19
2019年	13.180	02/25	7.930	08/15
2020年	10.680	01/20	7.650	03/19

【株価情報】

取引単位(株)	200	A株株価(元)	18.370
H株時価総額(mHK$)	8,294.2	A株格差(倍)	2.4

【指標】 (%)

		19/12	18/12
収益性	ROA	1.9	1.5
	ROE	8.6	5.5
	粗利益率	―	―
成長性	増収率	42.0	-6.2
	増益率(営利)	74.2	-27.6
	自己資本増加率	5.4	1.9
安全性	BPS(元)	12.7	12.0
	負債比率	348.8	277.7
	流動比率	146.8	151.0
	株主資本比率	22.3	26.5

【財務】 (百万元)

	19/12	18/12
流動資産	354,755.4	277,464.0
総資産	381,771.9	304,930.7
流動負債	241,587.2	183,728.4
総負債	296,644.0	224,138.4
株主資本	85,048.3	80,722.8

【CF】 (百万元)

	19/12	18/12
営業CF	-1,149.5	36,690.9
投資CF	-1,799.1	-18,268.0
財務CF	4,760.2	-21,082.7
FCF	-2,948.6	18,422.9
現金同等物	13,173.7	11,143.1

【株式】 (19/12/31) (百万株)

総数		6,699.4
流通	H株	14.6 %
	A株	85.4 %
		100.0 %
非流通		0.0 %

【主要株主】 (19/12/31)

	(%)
招商局集団有限公司	44.1
中国遠洋海運集団有限公司	10.0
中国人民人寿保険股フン有限公司	5.0

【子会社・関連会社】 (19/12/31)

	(%)
招商証券資産管理有限公司	100.0
招商証券国際有限公司	100.0
招商期貨有限公司	100.0

【売上・利益構成】 (19/12) (%)

	売上構成	前年比	利益構成	前年比
証券仲介・信用取引	46.5	5.4	40.2	26.1
トレーディング	28.6	118.9	30.2	315.0
投資銀行業務	7.3	17.5	11.7	140.5

【業績】 [国際会計基準] (百万元) ※予想:ファクトセット

	営業収益	営業利益	純利益	前年比(%)	EPS(元)	1株配(元)	株配・無償(株)
2016/12	18,551.72	5,823.60	5,403.45	-50.5	0.910	0.1890	
2017/12	19,258.89	6,261.07	5,785.96	7.1	0.780	0.3460	
2018/12	18,069.55	4,530.01	4,424.99	-23.5	0.540	0.2640	
2019/12	25,659.10	7,891.63	7,282.38	64.6	0.970		
2020/12予	20,750.44	10,030.68	8,182.16	12.4	1.221	0.4400	【株式分割・併合等】
2021/12予	22,277.69	11,530.19	9,040.28	10.5	1.346	0.4810	
2018/6中間	8,297.78	1,739.24	1,806.62	-29.2	0.210		
2019/6中間	11,764.84	3,864.96	3,502.59	93.9	0.460		

【前号予想との比較】 ➚ 増額

【登記】深セン市福田区福田街道福華一路111号 【TEL】86-755-82943666 【URL】www.cmschina.com
【役員】会長：霍達(Huo Da) 【上場】2016年10月 【決算期】12月 【従業員】8,725

光大証券

エバーブライト・セキュリティーズ

光大証券股份有限公司
Everbright Securities Co.,Ltd.

【指数構成銘柄】— 【その他上場】上海A(601788)

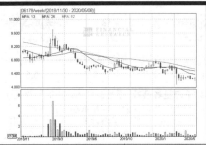

評価	H株株価	年間騰落率	最低売買価格
A	4.860 HK$	-30.8 %	13,336 円

PER		予想配当利回り	PBR
予想 7.8 倍 実績 35.9 倍		3.6 %	0.4 倍

中国光大集団傘下の証券会社 中国財政部直属の中国光大集団の傘下。証券取引仲介、資産運用、投資銀行業務、資産管理、ファンド運営、先物取引などを手掛ける。近年はE-SBU戦略を掲げ、光大グループ企業との協力関係を深める。上海に本社を置き、江蘇省、浙江省、広東省などで事業を展開。20年3月末時点で中国129都市に支社14社と営業所266カ所を擁する。09年に上海、16年に香港市場に上場した。

19年12月本決算：大幅増益 前年が大幅減益だった反動で純利益が5.5倍に膨らんだが、16年や17年と比べれば約5分の1の低水準。投資銀行業務などの法人証券サービス部門が売上高を前年比61％伸ばし、部門利益が3.7倍に膨らんで業績を押し上げた。証券仲介・資産運用部門は、A株市場の回復と売買活況を背景にも2桁増収増益となった。半面、信用取引部門は2桁増収減益。投資管理は資産管理規模の縮小が響き部門赤字が拡大。

最新動向 20年1-3月期決算（中国会計基準）は営業収益が前年同期比18％減の28億1800万元、純利益は16％減の11億400万元。金融資産の評価損益が赤字に転落した上、為替差損と資産減損損失が利益を下押しした。手数料収入は31％増、投資収益は52％増。財政補助などのその他収益も1億9100万元と52％増えた。

【株価推移】

	高値		安値	
2016年	13.080	09/09	11.380	10/14
2017年	12.840	02/22	9.310	12/07
2018年	10.980	01/25	5.870	10/19
2019年	9.940	03/05	5.320	08/06
2020年	6.720	01/06	4.220	03/13

【株価情報】

取引単位(株)	200	A株株価(元)	11.340
H株時価総額(mHK$)	3,421.9	A株格差(倍)	2.6

【指標】(%)

		19/12	18/12
収益性	ROA	0.3	0.1
	ROE	1.2	0.2
	粗利益率		
成長性	増収率	13.9	-8.7
	増益率(営利)	248.8	-91.8
	自己資本増加率	0.5	-2.8
安全性	BPS(元)	10.3	10.2
	負債比率	326.8	332.7
	流動比率	139.6	171.7
	株主資本比率	23.2	22.9

【財務】(百万元)

	19/12	18/12
流動資産	171,779.8	170,298.3
総資産	204,090.3	205,779.0
流動負債	123,042.5	99,205.0
総負債	155,071.5	157,021.2
株主資本	47,444.7	47,203.0

【CF】(百万元)

	19/12	18/12
営業CF	29,000.1	-11,385.2
投資CF	-2,331.2	4,584.2
財務CF	-24,218.3	6,436.8
FCF	26,668.9	-6,801.0
現金同等物	8,241.6	5,760.0

【株式】(19/12/31)(百万株)

総数			4,610.8
流通	H株	15.3%	
	A株	84.7%	
		100.0%	
非流通		0.0%	

【主要株主】(19/12/31) (%)

中国光大集団股フン公司	25.2
中国光大控股有限公司 (00165)	21.3
平安銀行股フン有限公司(000001)	3.2

【子会社・関連会社】(19/12/31) (%)

上海光大証券資産管理有限公司	100.0
光大富尊投資有限公司	100.0
光大期貨有限公司	100.0

【売上・利益構成】(19/12)(%)

	売上構成比	前年比	利益構成比	前年比
法人証券サービス	32.1	61.1	61.8	272.7
信用取引	23.2	-11.6	18.1	-37.9
証券仲介・資産運用	22.3	21.8	20.1	89.4

【業績】 [国際会計基準](百万元) ※予想：ファクトセット 【前号予想との比較】 ↘ 減額

	営業収益	営業利益	純利益	前年比(%)	EPS(元)	1株配(元)	株配・無償(株)
2016/12	13,868.53	3,932.06	3,013.02	-60.6	0.739	0.2000	
2017/12	14,761.24	3,994.37	3,016.47	0.1	0.654	0.2000	
2018/12	13,482.58	327.82	103.32	-96.6	0.022	0.1000	
2019/12	15,352.40	1,143.37	567.95	449.7	0.123	0.0370	
2020/12予	10,390.35	4,093.74	2,602.49	358.2	0.564	0.1600	【株式分割・併合等】
2021/12予	11,073.22	4,602.14	2,931.21	12.6	0.636	0.1780	
2018/6中間	6,980.61	1,338.29	968.79	-21.7	0.210	—	
2019/6中間	8,622.71	2,212.55	1,609.07	66.1	0.349	—	

【登記】上海市静安区新閘路1508路 【TEL】86-21-22169914 【URL】www.ebscn.com

【役員】会長：闇峻(Yan Jun) 【上場】2016年8月 【決算期】12月 【従業員】9,031

申万宏源集団

シェンワン・ホンユエン・グループ

申万宏源集団股份有限公司
Shenwan Hongyuan Group Co.,Ltd.

【指数構成銘柄】 ― 【その他上場】深センA(000166)

評価	H株株価	年間騰落率	最低売買価格
B	**1.860** HK$	**-39.6** %	**20,415** 円

PER		予想配当利回り	PBR
予想 **6.2** 倍	実績 **7.1** 倍	**4.8** %	**0.5** 倍

中国の大手証券会社 申銀万国証券が深セン上場の宏源証券を吸収合併して誕生。証券売買の仲介、信用取引、投資銀行業務、資産管理などを総合的に手掛ける。19年12月末時点で全国に311の証券支店を展開し、預かり資産残高の国内シェアは7.2%。19年の委託売買収入のシェアは4.3%に上る。銀行、保険、ファイナンスリースなど金融サービスへの投資も行い、香港事業は子会社の申万宏源香港 (00218) を通じて展開する。

19年12月本決算：増収増益 運用収益が株式相場の上昇を背景に46%増加したことに加え、商品取引収入の急増が2桁増益の主因。手数料収入が17%増加したほか、営業支出を34%増と営業収益の伸び以下に抑えたことも寄与した。部門別では主力の機関投資家向けサービスの税引き前利益が66%増と大幅に伸び、業績拡大をけん引。個人向け金融サービスも55%増と貢献した。

最近の動向 20年1-3月期決算（中国会計基準）は営業収益が前年同期比41%増の76億9700万元、純利益が7%増の19億8700万元。証券業界の競争が激化する中、会社側は今後一段と大手への集約が進むと予想。中核事業である証券業務の強化と法人向け金融サービスの拡大を目指す。19年に社債発行で計100億元の資金を調達。20年3月に短期社債の発行で計80億元を調達した。

【株価推移】

	高値		安値	
2016年	―		―	
2017年	―		―	
2018年	―		―	
2019年	3.640	04/26	2.000	11/27
2020年	2.430	01/03	1.620	03/19

【株価情報】

取引単位(株)	800	A株株価(元)	4.480
H株時価総額(mHK$)	4,657.4	A株格差(倍)	2.6

【指標】(%)

		19/12	18/12
収益性	ROA	1.5	1.2
	ROE	6.9	6.0
	粗利益率		
成長性	増収率	37.9	15.2
	増益率(営業)	33.6	-12.8
	自己資本増加率	19.9	25.7
安全性	BPS(元)	3.3	2.8
	負債比率	365.0	398.5
	流動比率	150.7	145.3
	株主資本比率	21.4	20.0

【財務】(百万元)

	19/12	18/12
流動資産	346,844.8	296,689.3
総資産	388,537.3	347,725.0
流動負債	230,179.6	204,215.6
総負債	303,705.9	276,529.1
株主資本	83,206.2	69,399.3

【CF】(百万元)

	19/12	18/12
営業CF	-1,004.1	-9,397.0
投資CF	-7,600.8	-3,609.3
財務CF	7,564.5	25,797.1
FCF	-8,604.9	-13,006.2
現金同等物	38,948.8	39,786.7

【株式】(19/12/31)(百万株)

総数		25,039.9
流通	H株	10.0%
	A株	90.0%
	―	100.0%
非流通		0.0%

【主要株主】(19/12/31) (%)

中央匯金投資有限責任公司	47.2
上海久事（集団）有限公司	4.8
四川発展（控股）有限責任公司	4.5

【子会社・関連会社】(19/12/31) (%)

申万宏源（香港）有限公司 (00218)	64.9
申万宏源証券有限公司	100.0
申万宏源西部証券有限公司	100.0

【売上・利益構成】(19/12)(%)

	売上構成比	前年比	利益構成比	前年比
機関投資家向けサービス	51.6	93.7	40.0	65.8
個人向け金融サービス	34.1	1.9	40.3	54.6
法人向け金融サービス	8.2	25.5	10.2	-22.0

【業績】[国際会計基準] (百万元) ※予想：ファクトセット　　【前号予想との比較】 → 前号並み

	営業収益	営業利益	純利益	前年比(%)	EPS(元)	1株配(元)	株配・無償(株)
2016/12	21,718.82	6,173.55	5,409.06	―	0.270	0.1000	
2017/12	20,924.65	5,704.32	4,599.68	-15.0	0.229	0.0500	
2018/12	24,109.62	4,975.67	4,160.19	-9.6	0.186	0.0500	
2019/12	33,251.54	6,645.09	5,735.41	37.9	0.237	0.0800	
2020/12予	26,863.21	8,413.99	6,781.68	18.2	0.272	0.0810	【株式分割・併合等】
2021/12予	28,417.07	9,542.42	7,715.00	13.8	0.312	0.0900	
2018/6中間	10,609.23	2,544.98	2,065.57	―	0.093	―	
2019/6中間	15,038.66	3,892.72	3,201.52	55.0	0.137	―	

【登記】新疆自治区烏魯木斉市高新区北京南路358号大成国際大厦20楼2001室 【TEL】86-991-2301870 【URL】www.swhygh.com
【役員】会長：儲暁明(Chu Xiaoming) 【上場】2019年4月 【決算期】12月 【従業員】13,022
【備考】16-18年の配当はA株市場での実績

卸売・小売業
メインボード

高キン零售
サンアート・リテール

高鑫零售有限公司
Sun Art Retail Group Ltd.
【指数構成銘柄】— 【その他上場】—

評価	株価	年間騰落率	最低売買価格
C	12.300 HK$	83.9 %	84,378 円

PER		予想配当利回り	PBR
予想 34.4 倍　実績 37.3 倍		1.3 %	4.5 倍

【株価推移】

	高値		安値	
2016年	7.200	12/07	4.000	01/28
2017年	9.280	11/20	5.980	07/20
2018年	11.520	06/22	7.830	12/27
2019年	9.760	12/23	6.350	05/06
2020年	13.080	04/24	8.930	01/21

【株価情報】

取引単位(株)	500	A株株価	—
時価総額(mHK$)	117,338.4	A株格差(倍)	—

【指標】(%)

		19/12	18/12
収益性	ROA	4.0	3.5
	ROE	11.8	11.1
	粗利益率	27.0	25.3
成長性	増収率	-4.0	-2.9
	増益率(営利)	4.1	4.7
	自己資本増加率	7.3	-0.1
安全性	BPS(元)	2.5	2.3
	負債比率	191.5	207.4
	流動比率	91.3	82.4
	株主資本比率	33.6	31.9

【財務】[香港会計基準] (百万元)

	19/12	18/12
流動資産	34,722.0	30,601.0
総資産	71,186.0	69,875.0
流動負債	38,012.0	37,147.0
総負債	45,828.0	46,226.0
株主資本	23,925.0	22,287.0

【CF】(百万元)

	19/12	18/12
営業CF	4,605.0	8,153.0
投資CF	-1,808.0	-2,109.0
財務CF	-3,015.0	-2,937.0
FCF	2,797.0	6,044.0
現金同等物	13,251.0	13,469.0

【株式】(19/12/31) (百万株)

総数	9,539.7
流通	—
	—
	100.0%
非流通	0.0%

【売上・利益構成】(19/12) (%)

	売上構成比	前年比	利益構成比	前年比
物品販売	95.7	-4.5	—	—
賃料収入	4.3	7.1	—	—

【主要株主】(19/12/31) (%)

吉キン控股有限公司	51.0
阿里巴巴集団控股有限公司 (09988)	26.0

【子会社・関連会社】(19/12/31) (%)

Concord Champion International Ltd.	100.0
欧尚(中国)香港有限公司	100.0
香港飛牛集達電子商務有限公司	100.0

中国のハイパーマーケット大手 小売り大手の仏オーシャンと台湾の潤泰集団の合弁会社。「大潤発(RTマート)」「欧尚(オーシャン)」のブランドで全国にハイパーマーケットとスーパーマーケット計486店を展開する。内訳は大潤発414店、欧尚72店で、総床面積は1300万平米(19年12月末)。「大潤発」の売上規模は国内チェーンストアの上位に入る。「飛牛網」「FIELDS」などネット通販サイトも運営する。17年にアリババ集団(09988)と資本提携し共同事業などを展開。

19年12月本決算:減収増益 粗利益ベースで2%増益を確保したほか、税負担の減少で2桁増益となった。リース会計基準変更に伴う影響を除くと、純利益は10%増の31億1200万元。総売上高(GSP)は1019億元とほぼ前年並みを確保したが、物品販売高が5%、家電を除く既存店売上高が1%減少した。「欧尚」の商品構成を見直したことなどが原因。一方で、O2OやB2B事業は大幅に伸び、生鮮食品の宅配事業は計画より早く黒字化した。

最近の動向 「大潤発」と「欧尚」の本部や商品調達網、物流センターの統合がほぼ完了し、20年は収益改善に期待する。19年末にアリババ集団と共同出資する高級スーパー「盒馬鮮生」への追加出資で合意。ハイパーマーケットでは20年に50店の改装を計画。

【業績】[香港会計基準] (百万元) ※予想:ファクトセット　【前号予想との比較】↗増額

	売上高	営業利益	純利益	前年比(%)	EPS(元)	1株配(HK$)	株配・無償(株)
2016/12	100,441.00	3,936.00	2,571.00	5.2	0.270	0.2300	
2017/12	102,320.00	4,487.00	2,793.00	8.6	0.290	0.1600	
2018/12	99,359.00	4,698.00	2,478.00	-11.3	0.260	0.1400	
2019/12	95,357.00	4,890.00	2,834.00	14.4	0.300	0.1500	
2020/12予	100,507.17	5,123.54	3,173.52	12.0	0.325	0.1590	【株式分割・併合等】
2021/12予	104,687.22	5,641.43	3,543.19	11.6	0.373	0.1790	
2018/6中間	54,060.00	2,921.00	1,682.00	-4.3	0.180	—	
2019/6中間	50,586.00	3,014.00	1,766.00	5.0	0.190	—	

【登記】香港皇后大道東183号合和中心54楼 【TEL】852-29801888 【URL】www.sunartretail.com
【役員】会長:張勇(Zhang Yong) 【上場】2011年7月 【決算期】12月 【従業員】146,683

中国光大銀行

チャイナ・エバーブライト・バンク

【指数構成銘柄】— 【その他上場】上海A(601818)

中国光大銀行股份有限公司
China Everbright Bank Co.,Ltd.

評価	H株株価	年間騰落率	最低売買価格
B	3.140 HK$	-15.6 %	43,081 円

PER		予想配当利回り	PBR
予想 3.7 倍 実績 4.2 倍		7.8 %	0.4 倍

中国の中堅商業銀行 国務院直属の中国光大集団傘下の金融機関として1992年に創業。99年に中国投資銀行を吸収し、業容を拡大した。19年12月末時点の総資産で国内業界12位。環渤海湾、長江デルタ、珠江デルタを中心に事業を展開し、国内外の総店舗数は19年12月末で1287店。海外では香港やソウルなどに支店を構える。同時点の預金残高は3兆200億元、貸出残高は2兆7100億元。10年に上海、13年に香港の順で上場した。

19年12月本決算：増収増益 貸出残高や利ざやの拡大で資金利益が大幅な伸びを示したほか、銀行カード手数料などの貢献で役務取引等利益も増加。減損損失が拡大したことで業務純益率は低下したが、2桁増益を達成した。部門別では法人向け銀行業務とトレジャリー業務が業績拡大に寄与した。不良債権比率は1.56%と前年末から0.03ポイント改善。自己資本比率とTier1比率はそれぞれ0.46ポイント、0.99ポイント上昇した。

最近の動向 20年1～3月期は経常収益が前年同期比10%増の373億2400万元、純利益が11%増の108億3100万元。経営陣は20年の融資残高の増加目標について前年の目標と同じ10%以上に設定。引き続きフィンテック事業の強化を通じ、グループの資源を活用した新たなエコシステム「財富E-SUB」の構築を進める方針。

【株価推移】
	高値		安値	
2016年	3.890	09/22	3.070	02/29
2017年	4.060	03/17	3.460	05/19
2018年	4.760	01/29	3.140	08/20
2019年	4.100	03/06	3.290	08/23
2020年	3.740	01/14	2.650	03/19

【株価情報】
取引単位(株)	1,000	A株株価(元) 3.690
H株時価総額(mHK$)	39,811.2	A株格差(倍) 1.3

【指標】(%)
		19/12	18/12
収益性	ROA	0.8	0.8
	ROE	9.7	10.5
	粗利益率	—	—
成長性	増収率	20.4	20.0
	増益率(営利)	10.6	0.5
	自己資本増加率	19.8	5.5
安全性	BPS(元)	7.3	6.1
	負債比率	1,129.2	1,255.1
	流動比率	—	—
	株主資本比率	8.1	7.4

【財務】(百万元)
	19/12	18/12
流動資産	—	—
総資産	4,733,431.0	4,357,332.0
流動負債	—	—
総負債	4,347,377.0	4,034,859.0
株主資本	384,982.0	321,488.0

【CF】(百万元)
	19/12	18/12
営業CF	65,100.0	19,514.0
投資CF	-74,423.0	55,765.0
財務CF	-61,453.0	-37,444.0
FCF	-9,323.0	75,279.0
現金同等物	117,499.0	187,680.0

【株式】(19/12/31)(百万株)
総数		52,489.3
流通	H株	24.2%
	A株	75.8%
		100.0%
非流通		0.0%

【主要株主】(19/12/31)(%)
中国光大集団股フン公司	26.0
中央匯金投資有限責任公司	20.7
華僑城集団有限公司	8.0

【子会社・関連会社】(19/12/31)(%)
光大理財有限責任公司	100.0
光大金融租賃股フン有限公司	90.0
光銀国際投資有限公司	100.0

【売上・利益構成】(19/12)(%)
	売上構成比	前年比	利益構成比	前年比
個人向け銀行業務	41.1	22.0	13.1	-65.0
法人向け銀行業務	40.1	14.5	36.9	109.5
トレジャリー業務	18.6	30.8	49.9	40.5

【業績】[国際会計基準](百万元) ※予想：ファクトセット 【前号予想との比較】→ 前号並み
	経常収益	業務純益	純利益	前年比(%)	EPS(元)	1株配(元)	株配・無償(株)
2016/12	94,365.00	40,180.00	30,329.00	2.7	0.630	0.0980	
2017/12	92,018.00	40,646.00	31,545.00	4.0	0.640	0.1810	
2018/12	110,386.00	40,852.00	33,659.00	6.7	0.610	0.1610	
2019/12	132,939.00	45,163.00	37,354.00	11.0	0.680	0.2140	
2020/12予	146,522.44	103,586.81	40,601.36	8.7	0.771	0.2220	【株式分割・併合等】
2021/12予	160,814.25	113,770.01	44,709.31	10.1	0.850	0.2430	
2018/6中間	52,303.00	21,660.00	18,075.00	6.7	0.320	—	
2019/6中間	66,224.00	24,482.00	20,444.00	13.1	0.370	—	

【本社】北京市西城区太平橋大街25号中国光大中心 【TEL】86-10-63636363 【URL】www.cebbank.com
【役員】会長：李暁鵬(Li Xiaopeng) 【上場】2013年12月 【決算期】12月 【従業員】45,618

金融・証券・保険

海通証券

ハイトン・セキュリティーズ

海通証券股份有限公司
Haitong Securities Co.,Ltd.

【指数構成銘柄】— 【その他上場】上海A(600837)

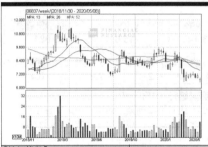

[06837/week(2018/11/30 - 2020/05/08)]

評価	H株株価	年間騰落率	最低売買価格
B	6.690 HK$	-26.9 %	36,715 円

	PER		予想配当利回り	PBR
予想	7.0 倍 実績 7.3 倍		4.6 %	0.6 倍

中国の大手証券会社 交通銀行（03328）傘下の証券会社として1988年に発足。証券仲介、投資銀行、資産運用、機関投資家向け業務などを総合的に手掛ける。19年12月末時点で30省・直轄市・自治区に340の営業拠点を展開し、海外では世界14カ国・地域に支店や子会社を置く。19年の営業収益、純利益でいずれも業界2位。傘下に海通国際証券（00665）、海通恒信国際租賃（01905）などの上場企業を抱える。

19年12月本決算：大幅増益 A株市場が18年の低迷から持ち直したことが大幅増益の主因。株式・ファンドの取引額が38％増えたことで手数料収入が28％増加（売買委託手数料は45％増加）したほか、投資収益も前年の3.3倍に急拡大した。減損損失は74％増と約12億元増えたが、営業費を営業収益の伸びを下回る22％増に抑制。営業利益率は前年の19.5％から26.6％へと大幅に改善した。部門別では機関投資家向け業務が11億2500万元の部門赤字から46億8100万元の黒字に転換した。

最近の動向 20年1～3月期決算（中国会計基準）は営業収益が前年同期比32％減の69億8600万元、純利益が39％減の22億8300万元。A株の第三者割当増資計画については20年4月時点で手続きが進行中。16億1800万株を上限に新株を割り当て、最大200億元を調達する予定。

【株価推移】

	高値		安値	
2016年	15.240	11/30	10.360	01/21
2017年	15.140	02/17	11.080	12/08
2018年	13.580	01/24	6.310	10/19
2019年	11.500	02/25	7.010	08/15
2020年	9.580	01/03	6.450	05/05

【株価情報】

取引単位（株）	400	A株株価（元）	12.920
H株時価総額(mHK$)	22,810.0	A株格差（倍）	2.1

【指標】(%)

		19/12	18/12
収益性	ROA	1.5	0.9
	ROE	7.6	4.4
	粗利益率		
成長性	増収率	33.3	-6.4
	増益率（営利）	82.0	-38.1
	自己資本増加率	7.0	0.1
安全性	BPS（元）	11.0	10.2
	負債比率	393.1	377.1
	流動比率	141.0	152.6
	株主資本比率	19.8	20.5

【財務】(百万元)

	19/12	18/12
流動資産	501,402.9	460,683.7
総資産	636,793.6	574,623.6
流動負債	355,497.3	301,851.7
総負債	495,674.9	444,437.7
株主資本	126,091.0	117,858.6

【CF】(百万元)

	19/12	18/12
営業CF	8,556.2	5,197.8
投資CF	1,052.0	-6,771.2
財務CF	-6,851.3	7,612.9
FCF	9,608.2	-1,573.4
現金同等物	41,046.9	38,110.7

【株式】(19/12/31) (百万株)

		19/12/31
総数		11,501.7
流通	H株	29.6 %
	A株	70.4 %
		100.0 %
非流通		0.0 %

【主要株主】(19/12/31) (%)

光明食品（集団）有限公司	3.5
上海海煙投資管理有限公司	3.5
中国証券金融股フン有限公司	3.0

【子会社・関連会社】(19/12/31) (%)

海富通基金管理有限公司	51.0
海通国際証券集団有限公司（00665）	64.4
海通恒信国際租賃股フン有限公司（01905）	85.0

【売上・利益構成】(19/12)

	売上構成比	前年比	利益構成比	前年比
機関投資家向け業務	29.4	105.8	34.1	—
ウェルスマネジメント	28.9	6.0	35.1	-2.3
ファイナンスリース	14.7	33.2	10.0	3.9

【業績】[国際会計基準](百万元) ※予想：ファクトセット　【前号予想との比較】➡ 前号並み

	営業収益	営業利益	純利益	前年比(%)	EPS（元）	1株配（元）	株配・無償（株）
2016/12	42,492.26	10,961.29	8,043.33	-49.2	0.700	0.2200	
2017/12	41,324.50	12,180.91	8,618.42	7.1	0.750	0.2300	
2018/12	38,669.71	7,537.66	5,211.09	-39.5	0.450	0.1500	
2019/12	51,552.11	13,722.28	9,523.25	82.7	0.830	—	
2020/12予	35,944.75	14,264.00	10,398.40	9.2	0.874	0.2780	【株式分割・併合等】
2021/12予	40,628.98	17,217.24	12,263.90	17.9	1.024	0.3350	
2018/6中間	18,989.57	4,537.69	3,030.93	-24.7	0.260		
2019/6中間	26,073.46	7,852.33	5,526.51	82.3	0.480		

【登記】上海市広東路689号　【TEL】86-21-23219000　【URL】www.htsec.com

【役員】会長：周傑(Zhou Jie)　【上場】2012年4月　【決算期】12月　【従業員】10,837

海底撈国際控股

ハイディーラオ・インターナショナル

海底撈国際控股有限公司
Haidilao International Holding Ltd.
【指数構成銘柄】― 【その他上場】―

[06862/week(2018/11/30 - 2020/05/08)]
MPA: 13　MPA: 26　MPA: 52

評価	株価	年間騰落率	最低売買価格
D	34.100 HK$	20.3 %	467,852 円

PER		予想配当利回り	PBR
予想 100.3 倍　実績 70.5 倍		0.3 %	15.5 倍

中国の火鍋料理チェーン 「海底撈」ブランドで火鍋料理レストランをチェーン展開する。1994年に四川省簡陽市に1号店を開店。19年末時点の店舗数は海外を含めて768店に上る。会員数は約5500万人。19年の年間来店者数は約2億4400万人。中国本土外では台湾、香港、シンガポール、韓国、日本、米国、カナダなどで計52店を展開する。出前や調味料・食材販売も手掛ける。

19年12月本決算：増収増益 店舗数が年間で302店増え、売上高が57%増えて2桁増益を確保した。客単価は4%増の105元、客席回転率は1日4.8回転と前年からほぼ横ばい。事業別では、主力のレストランが55%増収。中国本土716店舗の売上総額は234億元と全体の91%を占めた。既存店売上高は、本土1線都市が0.2%減、省都レベルの2線都市は2%減と振るわなかった一方、3線以下の都市は8%増、本土外は12%増と堅調だった。出前事業は注文数の増加で39%増収。

最近の動向 新型コロナウイルス収束を受けた営業再開後にメニューの値上げを予定していたが、20年4月に見送りを発表。会社側は、進出地域の拡大などで店舗網を増強していく方針を示した。19年11月には中華料理チェーン店「漢舎中国菜」と「ハオ・ヌードル」の2ブランドを買収する覚書(MOU)を交わしている。

【株価推移】

	高値		安値	
2016年	―		―	
2017年	―		―	
2018年	19.640	09/26	15.500	10/29
2019年	39.000	10/31	16.420	01/02
2020年	35.900	01/15	27.450	03/19

【株価情報】

取引単位(株)	1,000	A株株価	―
時価総額(mHK$)	180,730.0	A株格差(倍)	―

【指標】(%)

		19/12	18/12
収益性	ROA	11.4	13.8
	ROE	22.1	19.1
	粗利益率		
成長性	増収率	56.5	59.5
	増益率(営利)	―	―
	自己資本増加率	23.2	691.9
安全性	BPS(元)	2.0	1.6
	負債比率	94.0	38.4
	流動比率	127.1	173.5
	株主資本比率	51.5	72.2

【財務】(百万元)

	19/12	18/12
流動資産	7,200.3	5,736.0
総資産	20,613.9	11,944.6
流動負債	5,664.1	3,306.0
総負債	9,987.9	3,315.1
株主資本	10,623.0	8,625.0

【CF】(百万元)

	19/12	18/12
営業CF	4,580.5	2,384.9
投資CF	-5,026.3	-3,863.6
財務CF	-1,489.7	5,339.4
FCF	-445.8	-1,478.7
現金同等物	2,222.0	4,118.6

【株式】(19/12/31)(百万株)

総数		5,300.0
流通		―
	100.0%	
非流通	0.0%	

【主要株主】(19/12/31) (%)

張勇	68.6
施永宏	16.4

【子会社・関連会社】(19/12/31) (%)

Hai Di Lao Holdings Pte.Ltd.	100.0
四川新派餐食管理有限公司	100.0
新派(上海)餐食管理有限公司	100.0

【売上・利益構成】(19/12)(%)

	売上構成比	前年比	利益構成比	前年比
レストラン	96.4	55.3	―	―
出前	1.7	38.6	―	―
調味料・食材の販売	1.9	220.4	―	―

【業績】[国際会計基準](百万元) ※予想：ファクトセット　【前号予想との比較】↓ 大幅減額

	売上高	営業利益	純利益	前年比(%)	EPS(元)	1株配(HK$)	株式・無償(株)
2016/12	7,807.69	―	735.17	169.6	0.160		
2017/12	10,637.17	―	1,027.85	39.8	0.210		
2018/12	16,969.10	―	1,646.16	60.2	0.330	0.0760	
2019/12	26,555.79	―	2,344.71	42.4	0.440	0.1500	
2020/12予	30,389.38	2,409.36	1,629.63	-30.5	0.309	0.1080	【株式分割・併合等】
2021/12予	48,577.91	5,912.74	4,257.16	161.2	0.804	0.2270	
2018/6中間	7,342.64	―	646.49	52.2	0.130		
2019/6中間	11,694.63	―	911.04	40.9	0.170		

【本社】北京市昌平区東小口鎮中東路398号院1号楼7層 【TEL】― 【URL】www.haidilao.com
【役員】会長：張勇(Zhang Yong) 【上場】2018年9月 【決算期】12月 【従業員】102,793

435

その他製造

メインボード

H株

長飛光纖光纜
ヤンズ・オプティカル・ファイバー

長飛光纖光纜股份有限公司
Yangtze Optical Fibre and Cable Joint Stock Ltd. Co.
【指数構成銘柄】— 【その他上場】上海A(601869)

[06869/week/(2018/11/30 - 2020/05/08)]

評価	H株株価	年間騰落率	最低売買価格
C	14.840 HK$	-16.9 %	101,802 円

PER		予想配当利回り	PBR
予想 13.4 倍 実績 12.7 倍		2.1 %	1.2 倍

中国の光ファイバーメーカー 光ファイバーの中核部材からファイバー、ケーブルまでを一貫生産する。光ファイバー母材、光ファイバー、光ファイバーケーブルの生産規模はいずれも世界トップレベル。国内通信大手のチャイナ・モバイル（00941）、チャイナ・ユニコム（00762）、チャイナ・テレコム（00728）が主要顧客で、70超の国・地域にも製品・サービスを提供する。14年に香港市場、18年に上海市場に上場した。

19年12月本決算：減収減益 通信キャリアのインフラ整備が一服し、光ファイバーケーブル需要が後退。通信キャリアが一般ケーブルの調達で競争入札を行い、ケーブル価格は前年から約40％下落。調達量に大きな変化はなかったが、製品価格の下落で粗利益率は4.8ポイント悪化した。管理費を34％、研究開発費を20％圧縮したが、カバーできなかった。地域別では8割近くを稼ぐ国内が36％減収と苦戦。海外も12％減収だった。

今後の見通し 会社側は、競争激化を背景に供給過剰の状態が続くと予想。コストの抑制や生産の効率化、技術向上に加え、顧客との関係強化などを通じマーケットシェアの拡大につなげる方針。20年1—3月期決算は売上高が前年同期比23％減の12億2400万元、純損益は700万元の赤字（前年同期は2億5300万元の黒字）。

【株価推移】

	高値		安値	
2016年	17.980	11/11	6.700	03/11
2017年	42.200	11/22	13.780	05/23
2018年	41.750	03/19	18.000	10/30
2019年	31.350	02/25	11.440	08/15
2020年	18.280	03/11	12.800	02/03

【株価情報】

取引単位(株)	500	A株株価(元)	32.380
H株時価総額(mHK$)	5,217.3	A株格差(倍)	2.4

【指標】(%)

		19/12	18/12
収益性	ROA	5.8	11.6
	ROE	9.1	18.2
	粗利益率	23.6	28.4
成長性	増収率	-31.6	9.6
	増益率(営利)	-47.3	15.2
	自己資本増加率	7.3	56.3
安全性	BPS(元)	11.6	10.8
	負債比率	55.0	55.1
	流動比率	208.3	224.3
	株主資本比率	63.8	63.5

【財務】(百万元)

	19/12	18/12
流動資産	7,851.8	7,488.1
総資産	13,775.9	12,885.9
流動負債	3,769.3	3,338.4
総負債	4,833.8	4,509.6
株主資本	8,788.2	8,188.0

【CF】(百万元)

	19/12	18/12
営業CF	842.7	565.4
投資CF	-667.1	-1,530.1
財務CF	-720.9	1,783.5
FCF	175.6	-964.7
現金同等物	2,088.5	2,628.0

【株式】(19/12/31)(百万株)

	総数	757.9
流通	H株 A株	46.4 % 14.1 %
		60.4 %
非流通		39.6 %

【主要株主】(19/12/31) (%)

中国華信郵電科技有限公司	23.7
Draka Comteq B.V.	23.7
武漢長江通信産業集団股フン有限公司	15.8

【子会社・関連会社】(19/12/31) (%)

長飛光纖光纜瀋陽有限公司	100.0
長飛光纖光纜蘭州有限公司	100.0
長芯盛（武漢）科技有限公司	69.2

【売上・利益構成】(19/12)(%)

	売上構成比	前年比	利益構成比	前年比
光ファイバーケーブル	51.5	-30.1	36.3	-1.7
光ファイバー・母材	32.3	-46.5	55.9	-57.8
その他	16.2	33.6	7.9	-31.7

【業績】 [中国会計基準](百万元)※予想：ファクトセット

	売上高	営業利益	純利益	前年比(%)	EPS(元)	1株配(元)	株配・無償(株)
2016/12	8,102.31	782.77	701.38	22.9	1.030	0.2550	
2017/12	10,366.08	1,446.70	1,268.35	80.8	1.860	—	
2018/12	11,359.76	1,667.07	1,489.19	17.4	2.090	0.7500	
2019/12	7,769.18	877.80	801.23	-46.2	1.060	0.3180	
2020/12予	8,191.45	772.12	757.32	-5.5	1.004	0.2850	【株式分割・併合等】
2021/12予	9,496.45	1,052.01	988.65	30.5	1.308	0.3880	
2018/6中間	5,631.90	927.89	808.68	44.3	1.190	0.5000	
2019/6中間	3,318.91	481.52	436.80	-46.0	0.580		

【前号予想との比較】 ↗ 増額

【登記】 湖北省武漢市東湖高新技術開発区光谷大道9号 **【TEL】** 86-27-68789088 **【URL】** www.yofc.com

【役員】 会長：馬傑(Ma Jie) **【上場】** 2014年12月 **【決算期】** 12月 **【従業員】** 4,687

中国銀河証券

チャイナ・ギャラクシー・セキュリティーズ

中国銀河証券股份有限公司
China Galaxy Securities Co.,Ltd.

【指数構成銘柄】— 【その他上場】上海A(601881)

06881/week(2018/11/30 - 2020/05/08)

	評価	H株株価	年間騰落率	最低売買価格
	B	3.890 HK$	-15.4 %	26,685 円

	PER		予想配当利回り	PBR
予想 **6.5** 倍	実績 **6.8** 倍		4.8 %	0.5 倍

中国の証券大手 証券・先物仲介、トレーディング、投資銀行、資産運用などの各種証券業務を手掛ける。リテール業務に強みを持ち、19年末現在、広東省、浙江省をはじめ全国に493の営業所を展開し、支社数は36。香港にも事業拠点を置く。19年中間期の営業収益、純利益でいずれも業界10位。総資産では8位。顧客預かり資産残高はシェア6.6%で業界3位、委託売買代金はシェア4.8%で2位（中国証券業協会調べ）。

19年12月本決算：大幅増益 市況回復を受けて手数料収入が22%増えたほか、資産規模の増加で投資収益が5.2倍に拡大。人件費やその他の経営コストも増えたが、関連会社損益が1100万元の黒字に転換し大幅増益を達成した。部門別では、トレーディング・自己勘定が好調で、部門損益は5300万元の赤字から38億4900万元の黒字に転換。証券仲介は17%増収も手数料率の低下が響いて8%減益。海外業務は銀河－聯昌証券を19年4月に連結対象にしたことで、営業収益は3倍近くに拡大。

最近の動向 19年3月、中国証券監督管理委員会（CSRC）から公募証券投資ファンドの投資顧問業務が認可された。20年1－3月期（中国会計基準）は営業収益が前年同期比51%増の55億8800万元、純利益が14%増の17億5400万元だった。

【株価推移】

	高値		安値	
2016年	8.300	04/14	5.060	02/11
2017年	8.130	02/17	5.480	12/21
2018年	6.980	01/25	3.210	10/19
2019年	6.060	02/26	3.420	01/02
2020年	4.830	01/02	3.360	03/19

【株価情報】

取引単位(株)	500	A株株価(元)	10.000
H株時価総額(mHK$)	14,357.9	A株格差(倍)	2.8

【指標】(%)

		19/12	18/12
収益性	ROA	1.7	1.1
	ROE	7.4	4.4
	粗利益率	—	—
成長性	増収率	44.7	1.6
	増益率(営利)	85.1	-23.4
	自己資本増加率	7.4	2.3
安全性	BPS(元)	7.0	6.5
	負債比率	343.8	280.4
	流動比率	128.9	153.9
	株主資本比率	22.5	26.2

【財務】(百万元)

	19/12	18/12
流動資産	270,091.4	208,933.5
総資産	315,665.9	251,363.3
流動負債	209,564.5	135,796.6
総負債	243,744.2	185,025.4
株主資本	70,895.6	65,982.1

【CF】(百万元)

	19/12	18/12
営業CF	25,779.8	10,801.9
投資CF	-12,773.2	1,845.4
財務CF	-11,188.4	-13,144.4
FCF	13,006.6	12,647.3
現金同等物	10,499.8	8,645.6

【株式】(19/12/31 百万株)

総数		10,137.3
流通	H株	36.4%
	A株	12.1%
		48.5%
非流通		51.5%

【主要株主】(19/12/31) (%)

中国銀河金融控股有限責任公司	51.2
Wenze International Investment Ltd.	2.2

【子会社・関連会社】(19/12/31) (%)

銀河期貨有限公司	83.3
銀河金匯証券資産管理有限公司	100.0
銀河源匯投資有限公司	100.0

【売上・利益構成】(19/12) (%)

	売上構成比	前年比	利益構成比	前年比
証券仲介	53.5	16.8	43.5	-7.8
トレーディング・自己勘定	30.0	174.3	48.0	—
海外業務	6.9	197.1	0.6	-64.0

【業績】 [国際会計基準] (百万元) ※予想：ファクトセット

【前号予想との比較】↗ 増額

	営業収益	営業利益	純利益	前年比(%)	EPS(元)	1株配(元)	株配・無償(株)
2016/12	18,403.11	6,576.63	5,153.55	-47.6	0.540	0.1550	
2017/12	15,985.84	4,808.66	3,980.73	-22.8	0.390	0.1200	
2018/12	16,234.97	3,684.67	2,887.13	-27.5	0.280	0.0900	
2019/12	23,493.49	6,819.24	5,228.43	81.1	0.520	0.1600	
2020/12予	15,736.75	7,131.47	5,443.24	4.1	0.541	0.1710	【株式分割・併合等】
2021/12予	16,319.82	7,375.69	5,636.16	3.5	0.565	0.1810	
2018/6中間	7,491.94	1,722.20	1,311.05	-37.9	0.130	—	
2019/6中間	10,633.55	3,395.85	2,493.66	—	—	—	

【登記】北京市西城区金融大街35号国際企業大厦C座2-6層 【TEL】86-10-66568338 【URL】www.chinastock.com.cn
【役員】会長：陳共炎(Chen Gongyan) 【上場】2013年5月 【決算期】12月 【従業員】9,821

金融・証券・保険

メインボード

H株

華泰証券
フアタイ・セキュリティーズ

華泰証券股份有限公司
Huatai Securities Co.,Ltd.

【指数構成銘柄】— 【その他上場】上海A(601688)、GDR

評価	H株株価	年間騰落率	最低売買価格
B	**12.640** HK$	**-6.6** %	**34,684** 円

	PER		予想配当利回り	PBR
予想 **10.2** 倍	実績 **11.0** 倍		**3.5** %	**0.9** 倍

中国の証券大手 証券取引仲介、資産運用、投資銀行業務、トレーディングなど各種業務を手掛ける。特に株式、ファンド、債券などの売買仲介に強みを持ち、株式、ファンドの合計取引額の市場シェアは国内首位。江蘇省を中心に、本土内に30支社、241支店を展開（19年末）。投資銀行業務では国内のM&A再編事業が金額ベースで首位。10年2月にA株を上海市場に上場。19年6月にはロンドン証取にGDR上場。16年に買収した米AssetMarkは19年7月にNY市場に上場した。

19年12月本決算：増収増益 本土A株市場の上昇を背景に営業収益は32%増。手数料収入が20%増加したほか、自己勘定取引と私募ファンド業務の収益急増で純投資収益は2.7倍に達した。人件費の4割増が重荷となったものの、全体のコストを2割増に抑えたことで増益率が増収率を大幅に上回った。部門別では、資産管理が1桁増益と堅調に伸びた。法人向けサービスは営業損益が30億5300万元の黒字に転換し、業績が急回復。

最近の動向 フィンテックの浸透で株式仲介手数料率の低下の低下が続く中、総合的な資産管理・金融サービスの提供を目指し、事業モデルの転換を急ぐ。20年1−3月期決算（中国会計基準）は営業収益が10%増の68億6500万元、純利益が4%増の28億8800万元だった。

【株価推移】

	高値		安値	
2016年	19.200	04/13	12.900	01/29
2017年	18.980	09/21	14.040	05/08
2018年	19.480	01/25	10.040	09/12
2019年	18.540	02/25	11.000	08/15
2020年	14.720	02/21	10.320	03/19

【株価情報】

取引単位(株)	200	A株株価(元)	18.320
H株時価総額(mHK$)	21,728.7	A株格差(倍)	1.6

【指標】(%)

		19/12	18/12
収益性	ROA	1.6	1.4
	ROE	7.3	4.9
	粗利益率	—	—
成長性	増収率	32.4	-21.8
	増益率(営利)	61.4	-50.3
	自己資本増加率	18.5	18.4
安全性	BPS(元)	13.5	14.4
	負債比率	356.2	255.3
	流動比率	130.3	141.2
	株主資本比率	21.8	28.0

【財務】(百万元)

	19/12	18/12
流動資産	486,856.2	303,550.3
総資産	562,180.6	368,665.9
流動負債	373,551.2	215,005.6
総負債	436,525.9	263,916.3
株主資本	122,537.5	103,393.6

【CF】(百万元)

	19/12	18/12
営業CF	-3,594.6	28,457.8
投資CF	-3,943.5	-10,488.2
財務CF	35,669.1	-8,708.6
FCF	-7,538.1	17,969.6
現金同等物	69,198.8	40,792.3

【株】(19/12/31)(百万株)

総数	9,076.7	
流通	H株	18.9%
	A株	81.1%
	—	
	100.0%	
非流通	0.0%	

【主要株主】(19/12/31) (%)

江蘇省国信集団有限公司	14.6
江蘇交通控股有限公司	5.4
江蘇高科技投資集団有限公司	3.9

【子会社・関連会社】(19/12/31) (%)

華泰紫金投資有限責任公司	100.0
華泰聯合証券有限責任公司	99.9
華泰期貨有限公司	60.0

【売上・利益構成】(19/12)(%)

	売上構成比	前年比	利益構成比	前年比
資産管理	42.6	40.1	40.1	6.1
法人サービス	26.9	172.5	30.0	—
投資管理	13.3	·29.1	28.9	34.1

【業績】 [国際会計基準] (百万元) ※予想：ファクトセット 　【前号予想との比較】▲増額

	営業収益	営業利益	純利益	前年比(%)	EPS(元)	1株配(元)	株配・無償(株)
2016/12	24,631.63	8,139.44	6,270.61	-41.4	0.880	0.5000	
2017/12	31,323.37	11,044.67	9,276.52	47.9	1.300	—	
2018/12	24,506.73	5,489.36	5,032.74	-45.7	0.660	0.6000	
2019/12	32,436.78	8,859.52	9,001.64	78.9	1.040	0.3000	
2020/12予	27,866.74	13,017.59	10,189.87	13.2	1.122	0.4000	【株式分割・併合等】
2021/12予	30,998.22	14,563.90	11,522.04	13.1	1.269	0.4580	
2018/6中間	11,979.98	3,053.13	3,158.90	—	0.440	0.3000	
2019/6中間	14,727.80	4,137.90	4,056.93	28.4	0.470	—	

【登記】中国江蘇省南京市江東中路228号 【TEL】86-25-83389999 【URL】www.htsc.com.cn

【役員】会長：周易(Zhou Yi) 【上場】2015年6月 【決算期】12月 【従業員】10,211

ダイナムジャパン

ダイナムジャパン

株式会社ダイナムジャパンホールディングス
Dynam Japan Holdings Co.,Ltd.
【指数構成銘柄】 — 【その他上場】 —

評価	株価	年間騰落率	最低売買価格
—	**7.860** HK$	**-22.0** %	**21,568** 円

PER		予想配当利回り	PBR
予想 —	実績 **6.6** 倍	—	**0.6** 倍

日本のパチンコホール運営会社 パチンコホール運営会社の株式上場第1号。従来型の高貸玉店「ダイナム」のほか、「ゆったり館」「信頼の森」などの低貸玉店を運営。19年9月末時点で沖縄を除く46都道府県で449店（高貸玉店177店、低貸玉店272店）を展開し、パチンコホール数で国内1位。低貸玉営業を主軸にチェーンストア理論に基づく多店舗展開と低コスト運営を推進。18年には航空機リース事業に進出した。

19年9月中間決算：増収増益 営業施策の効果による低貸玉店での遊技台稼働率上昇で売上高は0.5％増と小幅な増加を確保。広告費や人件費を中心に営業費を全体で2％削減したことに加え、前年同期に発生した災害損失の減少で3期連続の増益を達成した。1店舗当たりの利益も拡大し、うち低貸玉店は3割増。総店舗数は449店舗と前期末から1店舗減少。商圏見直しに伴い高貸玉店を1店閉鎖し、低貸玉店2店を高貸玉店に変更した。

最近の動向 20年3月本決算は売上高が前年比3％減の1419億1900万円、純利益は1％増の127億4800万円。会社側は、先行きは不透明だとして21年3月期業績予想の具体的な数値を示さず、黒字の見通しとした。20年4－6月期は大幅減益だが7－9月期に黒字を回復、20年10月－21年3月期には通常水準に戻るとみている。

【株価推移】

	高値		安値	
2016年	15.980	12/05	7.260	01/15
2017年	16.380	05/08	11.280	12/27
2018年	11.820	01/05	9.140	10/25
2019年	11.060	05/28	9.200	01/04
2020年	10.540	01/20	6.640	03/24

【株価情報】

取引単位(株)	200	A株株価	—
時価総額(mHK$)	6,020.7	A株格差(倍)	—

【指標】(%)

		19/9	18/9
収益性	ROA	6.3	8.9
	ROE	12.9	11.7
	粗利益率	—	—
成長性	増収率	0.5	-4.7
	増益率(営利)	14.5	40.7
	自己資本増加率	-5.0	3.5
安全性	BPS(円)	176.4	185.8
	負債比率	103.2	31.7
	流動比率	131.2	149.9
	株主資本比率	49.2	76.0

【財務】(百万円)

	19/9	18/9
流動資産	61,441.0	56,576.0
総資産	274,532.0	187,315.0
流動負債	46,837.0	37,754.0
総負債	139,432.0	45,047.0
株主資本	135,115.0	142,300.0

【CF】(百万円)

	19/9	18/9
営業CF	17,458.0	15,856.0
投資CF	-8,430.0	-3,461.0
財務CF	-8,062.0	-8,174.0
FCF	9,028.0	12,395.0
現金同等物	48,140.0	44,921.0

【株式】(19/09/30 百万株)

総数	766.0
流通	—
流通	100.0%
非流通	0.0%

【主要株主】(19/09/30) (%)

佐藤洋治	58.1
一般財団法人ワンアジア財団	10.4

【子会社・関連会社】(19/09/30) (%)

株式会社ダイナム	100.0
夢コーポレーション株式会社	100.0
Dynam Aviation Ireland Ltd.	100.0

【売上・利益構成】(19/9) (%)

	売上構成比	前年比	利益構成比	前年比
低貸玉店舗	50.9	2.4	29.9	32.2
高貸玉店舗	49.1	-1.3	70.1	9.3

【業績】【国際会計基準】(百万円) ※予想：—

	売上高	営業利益	純利益	前年比(%)	EPS(円)	1株配(円)	株配・無償(株)
2017/3	156,869.00	15,899.00	9,360.00	-11.2	12.200	12.0000	
2018/3	152,092.00	17,349.00	10,870.00	16.1	14.200	12.0000	
2019/3	146,371.00	19,342.00	12,596.00	15.9	16.400	12.0000	
2020/3予	—	—	—	—			
2021/3予	—	—	—	—			
2017/9中間	77,211.00	8,722.00	5,430.00	40.7	7.090	6.0000	
2018/9中間	73,583.00	12,268.00	8,340.00	53.6	10.890	6.0000	
2019/9中間	73,970.00	14,042.00	8,350.00	4.2	10.800	6.0000	

【前号予想との比較】 —

【株式分割・併合等】 —

【本社】東京都荒川区西日暮里2-25-1-702 【TEL】81-3-56151222 【URL】www.dyjh.co.jp
【役員】取締役会議長：藤本達司(Tatsuji Fujimoto) 【上場】2012年8月 【決算期】3月 【従業員】17,779

京東集団

ジェイディー・ドット・コム

IT・ソフトウエア

メインボード

京東集団股份有限公司
JD.com, Inc.

【指数構成銘柄】— 【その他上場】ADR

評価	株価	年間騰落率	最低売買価格
—	**234.000** HK$	—	**160,524** 円

	PER		予想配当利回り	PBR
予想 —	実績 **50.9** 倍		—	**7.7** 倍

中国のネット通販大手 中国でネット通販サイトを運営する。主力はBtoCの「京東（JD.com）」。自社で在庫を持つ直販型を中心にモール型も手掛け、売上高ではアリババ集団（09988）をしのぐ。19年末時点で全国700カ所に倉庫を持つ。テンセント（00700）や米ウォルマートが大株主で、グーグルとは資本・業務提携。食品スーパー「7Fresh」や無人コンビニ「京東便利店」を展開するなど実店舗事業を強化中。

19年12月本決算：黒字転換 ネット通販の売上高が伸びて部門利益か倍増。開発物件の収益や投資資産評価益の計上も黒字転換に寄与した。非GAAPベースの純利益は前年同期比8.1％増の8億1100万元だった。

最新動向 20年6月18日、香港市場にセカンダリー上場。調達額は300億5800万HKドルに上り、電子商取引システムや物流システムの高度化に充てる。ソフトウエア、データ解析、AIの人材獲得と知的財産権の拡充にも投資する。20年1－3月期決算の純利益は前年同期比85％減の10億7300万元だった。売上高が21％増の1462億500万元となり、営業利益は89％増えたが、前年に不動産評価益など68億8500万元のその他純収益を計上していた反動で大幅減益となった。会社側は4－6月期の売上高は20－30％増の1800億－1950億元を見込む。

【株価推移】

	高値		安値	
2016年	—	—	—	—
2017年	—	—	—	—
2018年	—	—	—	—
2019年	—	—	—	—
2020年	239.000	06/18	228.600	06/18

【株式情報】

取引単位(株)	50	A株株価	—
時価総額(mHK$)	727,712.3	A株格差(倍)	—

【指標】(%)

		19/12	18/12
収益性	ROA	4.7	—
	ROE	14.9	—
	粗利益率	—	—
成長性	増収率	24.9	27.5
	増益率(営利)	—	—
	自己資本増加率	36.9	14.9
安全性	BPS(元)	27.5	20.2
	負債比率	194.4	221.4
	流動比率	99.3	86.8
	株主資本比率	31.5	28.6

【財務】(百万元)

	19/12	18/12
流動資産	139,094.6	104,855.8
総資産	259,723.7	209,164.9
流動負債	140,017.0	120,862.0
総負債	159,099.5	132,336.7
株主資本	81,856.0	59,771.0

【CF】(百万元)

	19/12	18/12
営業CF	24,781.2	20,881.4
投資CF	-25,349.4	-26,079.0
財務CF	2,572.5	11,219.9
FCF	-568.1	-5,197.6
現金同等物	39,912.3	37,502.1

【株式】(19/12/31)(百万株)

総数	2,973.9
流通	—
	100.0%
非流通	0.0%

【主要株主】(20/02/29) (%)

騰訊控股有限公司(00700)	17.9
劉強東	15.1
WalMart Stores, Inc.	9.8

【子会社・関連会社】(19/12/31) (%)

Beijing Jingdong Century Trade Co.,Ltd.	100.0
Jingdong Logistics Group Corp.	100.0
JD.com International Ltd.	100.0

【売上・利益構成】(19/12)(%)

	売上構成比	前年比	利益構成比	前年比
京東商城	95.8	23.4	100.0	95.4
その他	4.2	63.2	—	—

【業績】[米国会計基準](百万元)※予想：ファクトセット 【前号予想との比較】—

	売上高	営業利益	純利益	前年比(%)	EPS(元)	1株配(元)	株配・無償(株)
2016/12	258,289.95	-1,251.65	-3,806.79	—	-1.360	—	
2017/12	362,331.75	-835.48	-152.26	—	-0.050	—	
2018/12	462,019.76	-2,619.13	-2,491.63	—	-0.870	—	
2019/12	576,888.48	8,994.88	12,184.16	—	4.180	—	
2020/12予	—	—	—	—	—		【株式分割・併合等】
2021/12予	—	—	—	—	—		—
2018/6中間	222,418.93	-1,029.49	-687.67	—	-0.240		
2019/6中間	271,361.66	3,492.13	7,937.95	—	2.730		

【本社】北京市亦荘経済技術開発区科創11街18号 **【TEL】**86-10-89118888 **【URL】**www.jd.com

【役員】会長：劉強東(Liu Qiangdong) 【上場】2020年6月 【決算期】12月 【従業員】227,730
【備考】株価は20年6月18日の終値

阿里巴巴集団

アリババ・グループ

阿里巴巴集団控股有限公司
Alibaba Group Holding Ltd.

【指数構成銘柄】— 【その他上場】ADR

評価	株価	年間騰落率	最低売買価格
—	193.400 HK$	—	265,345 円

PER		予想配当利回り	PBR
予想 28.0 倍 実績 41.5 倍		0.0 %	6.3 倍

中国のネット通販最大手 中国でネット通販事業を手掛ける。CtoCの「淘宝網（タオバオ）」、BtoCの「天猫（Tモール）」が中核で、BtoBの卸売サイトなどを運営。グループでスマホ決済の「支付宝（アリペイ）」も展開する。M&Aやスタートアップ企業への出資にも積極的で、SNSの「ウェイボー」に出資し、越境ネット通販の「考拉」を買収した。動画サイトの「優酷」、音楽配信の「阿里音楽」、ネット出前の「餓了麼」なども展開。クラウド事業ではアジア最大手クラス。

19年9月中間決算：増収増益 ネット通販部門が好調を維持。19年9月のモバイル利用者数が18％増の7億8500万人に伸び、4割超の増収増益を達成した。クラウド部門は客単価の改善で65％増収となったものの営業赤字が小幅に増加。一方、デジタルメディア・娯楽部門は「優酷」の有料会員の増加で売上高を伸ばす取り組みが奏功。コンテンツの拡充で費用はかさんだが、営業赤字額が前年同期の91億元から65億元に縮小した。

最近の動向 20年2月、医療業務向けITサービスの阿里健康（00241）に追加出資し、持ち株比率を74％に引き上げた。20年1～3月期は売上高が前年同期比22％増の1143億1400万元、純利益が88％減の31億6200万元。21年3月期の売上高目標は前期比27％増の6500億元。

【株価推移】

	高値		安値	
2016年	—		—	
2017年	—		—	
2018年	—		—	
2019年	213.600	12/27	187.000	11/26
2020年	227.400	01/14	167.600	03/19

【株価情報】

取引単位(株)	100	A株株価
時価総額(mHK$)	4,136,204.1	A株格差(倍)

【指標】(%)

		19/9	18/9
収益性	ROA	16.2	7.0
	ROE	31.1	13.6
	粗利益率	—	—
成長性	増収率	40.9	57.7
	増益率(営利)	107.9	-36.9
	自己資本増加率	43.0	30.8
安全性	BPS(元)	28.1	
	負債比率	71.6	76.7
	流動比率	137.6	141.5
	株主資本比率	52.0	51.1

【財務】(百万元)

	19/9	18/9
流動資産	335,687.0	237,883.0
総資産	1,159,577.0	824,767.0
流動負債	243,949.0	168,096.0
総負債	431,840.0	323,419.0
株主資本	602,799.0	421,560.0

【CF】(百万元)

	19/9	18/9
営業CF	81,938.0	67,524.0
投資CF	-42,489.0	-103,254.0
財務CF	6,599.0	804.0
FCF	39,449.0	-35,730.0
現金同等物	248,272.0	172,253.0

【株式】(19/12/06) (百万株)

総数	21,461.8	
流通	—	
		100.0%
非流通	—	0.0%

【売上・利益構成】(19/9)(%)

	売上構成比	前年比	利益構成比	前年比
電子商取引	85.8	41.7	100.0	41.9
クラウド	7.3	64.8	—	—
デジタルメディア・娯楽	5.8	14.2	—	—

【主要株主】(19/11/26)

	(%)
ソフトバンクグループ株式会社	25.2
馬雲	6.0
蔡崇信	1.9

【子会社・関連会社】(19/03/31)

	(%)
Taobao China Holding Ltd.	100.0
Alibaba Investment Ltd.	100.0
Zhejiang Alibaba Cloud Computing Ltd.	100.0

【業績】 ［米国会計基準］(百万元)※予想：ファクトセット 【前号予想との比較】—

	売上高	営業利益	純利益	前年比(%)	EPS(元)	1株配(元)	株配・無償(株)
2017/3	158,273.00	48,055.00	43,675.00	-38.9	2.190	—	
2018/3	250,266.00	69,314.00	63,985.00	46.5	4.240	—	
2019/3	376,844.00	57,084.00	87,600.00	36.9	4.240	—	
2020/3予	506,788.20	92,102.72	142,996.61	63.2	6.288	—	
2021/3予	663,106.20	127,696.06	127,706.14	-10.7	7.597	—	【株式分割・併合等】
2017/9中間	105,306.00	34,097.00	32,351.00	—	12.700	—	分割1→8 (19/7)
2018/9中間	166,068.00	21,521.00	28,718.00	-11.2	1.390	—	
2019/9中間	233,941.00	44,739.00	93,792.00	226.6	4.510	—	

【本社】 浙江省杭州市余杭区文一西路969号 **【TEL】** 86-571-85022088 **【URL】** www.alibabagroup.com
【役員】 会長：張勇(Daniel Yong Zhang) **【上場】** 2019年11月 **【決算期】** 3月 **【従業員】** 117,600

網易
ネットイース

網易公司
NetEase.com, Inc.
【指数構成銘柄】— 【その他上場】ADR

[09999/week/(2020/06/12 - 2020/06/18)]

評価	株価	年間騰落率	最低売買価格
—	126.700 HK$	—	173,832 円

PER		予想配当利回り	PBR
予想 22.6 倍　実績 17.5 倍		1.0 %	6.4 倍

オンラインゲーム大手 オンラインゲームが主力で、アプリの課金ベースではテンセント（00700）に次ぐ世界2位（19年）。パソコン用クライアントゲームとスマホゲームを手掛け、アクションRPG「天下」や西遊記を題材にした「夢幻西遊」が代表作。米ブリザード・エンターテインメントやモージャンと提携。音楽配信「網易雲音楽」、ECサイト「網易厳選」なども展開する。オンライン教育「有道」は19年9月に米NY市場に上場。

19年12月本決算：純利益3.5倍 越境ECサイト「網易考拉（Kaola）」の売却や持ち株の評価益計上が大幅増益の要因。一時要因を除いた継続事業の純利益は前年比60％増だった。主力のオンラインゲーム部門が売上高と利益ともに15％増。モバイルゲームの「ライフアフター」や「第五人格」などが好調だった。オンライン教育部門は「有道」の学習サービスが拡大し、70％台の増収増益だった。全体の粗利益率は53.3％と前年から0.1ポイント低下。販管費の抑制も業績を支えた。

今後の計画 香港上場による正味調達額は209億2950万HKドル。全体の45％を海外事業の強化に投じ、ゲームコンテンツの研究開発、ゲーム開発会社への出資、オンライン学習事業などを展開。45％をイノベーション事業における技術導入や人材育成などに充てる。

【株価推移】

	高値		安値	
2016年	—	—	—	—
2017年	—	—	—	—
2018年	—	—	—	—
2019年	—	—	—	—
2020年	135.200	06/11	125.000	06/15

【株価情報】

取引単位(株)	100	A株株価	
時価総額(mHK$)	434,504.2	A株格差(倍)	

【指標】(%)

		19/12	18/12
収益性	ROA	18.9	7.1
	ROE	34.6	13.6
	粗利益率	53.3	53.4
成長性	増収率	15.8	15.2
	増益率(営利)	38.2	-23.2
	自己資本増加率	35.9	-1.1
安全性	BPS(元)	17.9	14.1
	負債比率	63.6	78.6
	流動比率	222.5	195.7
	株主資本比率	54.8	52.0

【財務】(百万元)

	19/12	18/12
流動資産	85,105.0	68,715.7
総資産	112,124.4	86,967.9
流動負債	38,243.0	35,109.0
総負債	39,082.9	35,556.3
株主資本	61,453.7	45,231.6

【CF】(百万元)

	19/12	18/12
営業CF	17,216.5	13,415.9
投資CF	-22,136.7	-13,569.5
財務CF	1,082.5	1,587.4
FCF	-4,920.3	-153.6
現金同等物	6,397.9	10,206.5

【株式】(20/06/11)(百万株)

総数	3,429.4
流通	—
	100.0%
非流通	0.0%

【主要株主】(20/06/11) (%)

Shining Globe International Ltd.(丁磊)	42.5
Orbis Investment Management Ltd.	4.9

【子会社・関連会社】(19/12/31) (%)

香港網易互動娯楽有限公司	100.0
Youdao, Inc.	58.7
杭州網易雲音楽科技有限公司	62.5

【売上・利益構成】(19/12)(%)

	売上構成比	前年比	利益構成比	前年比
オンラインゲーム	78.4	15.5	93.3	15.2
オンライン教育	2.2	78.4	1.2	71.2
その他	19.4	12.3	5.5	11.5

【業績】［米国会計基準］(百万円) ※予想：ファクトセット　【前号予想との比較】 —

	売上高	営業利益	純利益	前年比(%)	EPS(元)	1株配(US$)	株配・無償(株)
2016/12	38,178.84	12,628.86	11,604.52	72.3	3.540	0.1320	
2017/12	44,437.36	12,994.91	10,707.94	-7.7	3.250	0.1204	
2018/12	51,178.58	9,977.34	6,152.41	-42.5	1.900	0.0708	
2019/12	59,241.15	13,790.65	21,237.52	245.2	6.590	0.4136	
2020/12予	70,243.10	16,732.99	14,823.37	-30.2	5.089	0.1647	【株式分割・併合等】
2021/12予	80,472.00	19,484.11	17,207.90	16.1	5.833	0.1907	
2018/6中間	30,456.54	3,540.53	2,858.42	-58.5	0.880	0.0336	
2019/6中間	37,125.16	6,895.54	5,453.49	90.8	1.690	0.0692	

【本社】浙江省杭州市濱江区網商路599号　【TEL】86-571-89852163　【URL】www.netease.com

【役員】CEO：丁磊（William Lei Ding）　【上場】2020年6月　【決算期】12月　【従業員】20,797
【備考】株価は20年6月18日の終値

美的集団

ミデア・グループ

美的集団股份有限公司
Midea Group Co.,Ltd.

【指数構成銘柄】― 【その他上場】―

評価	株価	年間騰落率	最低売買価格
C	56.330 元	11.0 %	84,664 円

PER		予想配当利回り	PBR
予想 16.0 倍 実績 15.6 倍		2.9 %	3.9 倍

中国の家電大手 1968年に広東省で創業した民営家電メーカー。「美的（Midea）」ブランドでエアコン、冷蔵庫、洗濯機、調理用家電などの製造を手掛ける。16年に東芝の白物家電事業を買収。近年はロボット事業にも参入し、15年に安川電機と合弁会社を設立。17年に産業用ロボットメーカーの独クーカを買収したほか、18年に家庭用モーターの威霊控股を買収。19年には無錫リトルスワンの株式を非公開化した。

19年12月本決算：増収増益 主力のエアコンとコンシューマー製品が伸びて2割近い増益を支えた。エアコン部門はオンライン市場のトップシェアを確保し13%増益。コンシューマー製品部門も新製品投入で15%増益だった。ロボット関連部門は傘下のクーカが大型案件を獲得するなど健闘したが、国内市場が伸び悩み減収減益となった。製造部門の粗利益率は前年から改善。金融資産の評価益を計上したことも利益を押し上げた。国内と海外の売上比率はそれぞれ58%、42%。

最近の動向 品質改善、ロボット、デジタル化、オンライン販売チャネルの構築などへ投資。グローバル運営能力の向上やスマートホーム戦略を進める。20年1-3月期決算は売上高が前年同期比23%減の580億1300万元、純利益が22%減の48億1100万元だった。

【株価推移】

	高値		安値	
2016年	32.250	11/29	16.130	01/27
2017年	58.350	12/25	27.790	01/16
2018年	62.690	01/26	34.100	10/30
2019年	60.800	11/08	35.800	01/04
2020年	61.000	01/17	46.300	03/23

【株価情報】

取引単位（株）	100	A株株価	
時価総額（百万元）	384,446.6	A株格差（倍）	

【指標】(%)

		19/12	18/12
収益性	ROA	8.0	7.7
	ROE	23.8	24.4
	粗利益率	29.2	28.1
成長性	増収率	6.7	8.2
	増益率（営利）	16.1	18.2
	自己資本増加率	22.4	12.7
安全性	BPS（元）	14.6	12.5
	負債比率	191.3	206.1
	流動比率	150.0	140.3
	株主資本比率	33.7	31.5

【財務】(百万元)

	19/12	18/12
流動資産	216,482.7	182,689.4
総資産	301,955.4	263,701.1
流動負債	144,318.5	130,231.1
総負債	194,459.3	171,246.6
株主資本	101,669.2	83,072.1

【CF】(百万元)

	19/12	18/12
営業CF	38,590.4	27,861.1
投資CF	-23,107.7	-18,642.3
財務CF	-3,273.6	-13,387.2
FCF	15,482.7	9,218.8
現金同等物	30,441.8	17,952.3

【株式】(19/12/31) (百万株)

総数		6,971.9	
流通	A株	97.6%	
	―		
	―		
		97.6%	
非流通		2.4%	

【主要株主】(19/12/31) (%)

美的控股有限公司	31.7
中国証券金融股フン有限公司	2.8
方洪波	2.0

【子会社・関連会社】(19/12/31) (%)

東芝コンシューママーケティング株式会社	100.0
KUKA Aktiengesellschaft	94.6
無錫小天鵝股フン有限公司	100.0

【売上・利益構成】(19/12) (%)

	売上構成比	前年比	利益構成比	前年比
エアコン	46.5	9.3	48.9	13.3
コンシューマー製品	42.6	6.3	44.3	14.8
ロボット関連	9.8	-1.9	6.7	-10.7

【業績】 [中国会計基準] (百万元) ※予想：ファクトセット

【前号予想との比較】 ↘ 減額

	売上高	営業利益	純利益	前年比(%)	EPS(元)	1株配(元)	株配・無償(株)
2016/12	159,841.70	17,324.10	14,684.36	15.6	2.290	1.0000	
2017/12	241,918.90	21,627.85	17,283.69	17.7	2.660	1.2000	
2018/12	261,819.64	25,564.11	20,230.78	17.1	3.080	1.3040	
2019/12	279,380.51	29,683.09	24,211.22	19.7	3.600	1.6000	
2020/12予	275,482.38	27,110.19	24,519.29	1.3	3.531	1.6349	【株式分割・併合等】
2021/12予	305,215.10	31,989.45	28,632.78	16.8	4.141	1.9033	
2018/6中間	143,735.92	16,300.28	12,936.85	19.6	1.970	―	
2019/6中間	154,332.64	18,799.53	15,187.07	17.4	2.320	―	

【登記】広東省仏山市順徳区北キョウ鎮美的大道6号美的総部大楼 【TEL】86-757-23274957 【URL】www.midea.com
【役員】法定代表人：方洪波(Fang Hongbo) 【上場】2013年9月 【決算期】12月 【従業員】134,897

医薬・バイオ

東阿阿膠

ドン・ウーウー・ジャオ

東阿阿膠股份有限公司
Dong-e-e-jiao Co.,Ltd.
【指数構成銘柄】 ― 【その他上場】 ―

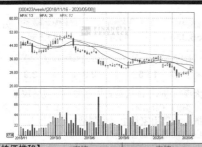

評価	株価	年間騰落率	最低売買価格
D	30.710 元	-24.7 %	46,157 円

PER		予想配当利回り	PBR
予想 754.3 倍 実績 ―		0.1 %	2.0 倍

華潤医薬集団傘下の生薬メーカー 中国伝統医学の生薬「阿膠（アキョウ）」の製造で中国最大。阿膠原産地とされる山東省東阿県を拠点とする。一般用医薬品として販売するほか、滋養強壮ドリンク剤や美肌効果をうたう菓子が主力製品。「真顔」ブランドで女性美容製品も展開する。実質支配株主は国有複合企業の中国華潤。筆頭株主は華潤医薬集団（03320）の子会社。

19年12月本決算：赤字転落 中国景気の減速と競争激化を背景に流通在庫の削減を進めたことで売上高が前年比60％減少し、業績が悪化。1－9月期の純損益は黒字だったが、10－12月期は6億5300万元の純損失となり、通期で赤字に転落した。全体の粗利益率は18.3ポイント低下。売上高の7割を稼ぐ阿膠シリーズは68％減収で、粗利益率が7ポイント低下した。年間の医薬品販売量は32％減の5561トン、在庫量は234％増の2711トン。

今後の計画 20年1－3月期決算は、純損益が8400万元の赤字に転落した（前年同期は3億9300万元の黒字）。新型コロナウイルスと流通在庫削減の影響で売上高は前年同期比66％減の4億3800万元。売上原価の減少率は32％にとどまり、採算が悪化。設備固定費と人件費がかさんで管理費が37％増えた上、理財商品の収益減少により評価益が1700万元減り、業績を下押しした。

【株価推移】

	高値		安値	
2016年	63.630	08/23	41.780	01/22
2017年	73.710	06/26	51.380	01/16
2018年	68.480	01/23	37.150	10/29
2019年	51.890	04/10	29.610	10/09
2020年	37.670	01/16	24.920	03/23

【株価情報】

取引単位(株)	100	A株株価 ―
時価総額(百万円)	20,080.3	A株格差(倍) ―

【指標】(%)

		19/12	18/12
収益性	ROA	―	15.0
	ROE	―	18.4
	粗利益率	47.7	66.0
成長性	増収率	-59.7	-0.5
	増益率(営利)	―	1.3
	自己資本増加率	-11.7	14.8
安全性	BPS(元)	15.3	17.3
	負債比率	16.3	22.5
	流動比率	520.6	436.7
	株主資本比率	85.6	81.5

【財務】(百万元)

	19/12	18/12
流動資産	8,194.2	10,768.1
総資産	11,653.7	13,870.0
流動負債	1,574.1	2,465.9
総負債	1,630.6	2,541.0
株主資本	9,974.9	11,302.1

【CF】(百万元)

	19/12	18/12
営業CF	-1,120.0	1,009.0
投資CF	1,836.6	64.1
財務CF	-930.3	-662.5
FCF	716.6	1,073.2
現金同等物	1,902.1	2,115.9

【株式】(19/12/31)(百万株)

総数		654.0
流通	A株	100.0%
	―	
	―	
		100.0%
非流通		0.0%

【主要株主】(19/12/31)(%)

華潤東阿阿膠有限公司	23.1
華潤医薬投資投資有限公司	8.9
前海人寿保険股フン有限公司	3.4

【子会社・関連会社】(19/12/31)(%)

東阿阿膠保健品有限公司	100.0
山東東阿黒毛驢牧業科技有限公司	100.0
山東東阿阿膠健康管理連鎖有限公司	100.0

【売上・利益構成】(19/12)(%)

	売上構成比	前年比	利益構成比	前年比
医薬品事業	99.5	-59.8	99.8	-70.9
その他事業	0.5	-17.5	0.2	-66.1

【業績】[中国会計基準](百万元) ※予想：ファクトセット 【前号予想との比較】↓ 大幅減額

	売上高	営業利益	純利益	前年比(%)	EPS(元)	1株配(元)	株配・無償(株)
2016/12	6,317.14	2,160.94	1,852.47	14.0	2.832	0.9000	
2017/12	7,372.34	2,409.70	2,044.35	10.4	3.126	0.9000	
2018/12	7,338.32	2,440.56	2,084.87	2.0	3.190	1.0100	
2019/12	2,958.62	-513.06	-443.92	―	-0.680	0.2000	
2020/12予	3,413.03	23.01	26.63	―	0.041	0.0155	【株式分割・併合等】
2021/12予	5,912.87	810.90	690.37	2,492.7	1.056	0.4011	
2018/6中間	2,985.98	1,025.09	862.25	-4.4	1.318		
2019/6中間	1,890.35	233.33	192.96	-77.6	0.354		

【登記】山東省東阿県阿膠街78号 【TEL】86-635-3264069 【URL】www.dongeejiao.com
444 【役員】法定代表人：秦玉峰(Qin Yufeng) 【上場】1996年7月 【決算期】12月 【従業員】4,952

深センA

珠海格力電器

グリー・エレクトリック・アプライアンシーズ

珠海格力電器股份有限公司
Gree Electric Appliances,Inc.of Zhuhai
【指数構成銘柄】— 【その他上場】—

評価	株価	年間騰落率	最低売買価格
C	**56.990** 元	**8.9** %	**85,656** 円

PER		予想配当利回り	PBR
予想 **14.3** 倍 実績 **13.9** 倍		**3.8** %	**3.1** 倍

中国のエアコン最大手 「GREE（格力）」ブランドで家庭用・業務用エアコン、「TOSOT」ブランドで生活家電の製造・販売を手掛ける。家庭用エアコンの販売台数は国内トップで、セントラル空調もトップシェアを維持している。本社のある珠海市をはじめ、ブラジルやパキスタンなど海外にも工場を保有し、空気清浄器や浄水器、炊飯器、冷蔵庫、洗濯機、産業用設備も生産。08年から日本のダイキン工業と合弁事業を展開。

19年12月本決算:増収減益 売上高はわずかに増加したが、売上高の大半を占めるエアコンの落ち込みが響き、本決算として15年以来の減益となった。エアコン部門は新技術の開発や導入などを進めたものの11%減収、9%減益と苦戦。生活家電部門は大幅な増収増益となったものの、全体に占める割合が低いため、業績への寄与は限られた。全体の粗利益は8%減少し、粗利益率は28.4%と2.5ポイント悪化。投資事業や金融資産投資で多額の赤字を計上したことも利益を圧迫した。

最近の動向 会社側は新型コロナウイルスの影響や家電業界の競争激化など厳しい経営環境を警戒。マーケティングモデルや経営管理の改善を進める。20年1～3月期決算は売上高が前年同期比49%減の209億900万元、純利益が73%減の15億5800万元だった。

【株価推移】

	高値		安値	
2016年	31.320	12/01	16.650	01/27
2017年	48.190	11/22	23.310	01/16
2018年	58.700	01/26	35.350	12/25
2019年	66.100	12/18	35.560	01/04
2020年	70.560	01/09	48.400	03/19

【株価情報】

取引単位(株)	100	A株株価	—
時価総額(百万元)	340,237.7	A株格差(倍)	—

【指標】(%)

		19/12	18/12
収益性	ROA	8.7	10.4
	ROE	22.4	28.7
	粗利益率	28.4	30.9
成長性	増収率	0.2	33.3
	増益率(営利)	-4.5	18.6
	自己資本増加率	20.6	39.2
安全性	BPS(元)	18.3	15.2
	負債比率	155.2	173.6
	流動比率	125.8	126.7
	株主資本比率	38.9	36.4

【財務】(百万元)

	19/12	18/12
流動資産	213,364.0	199,710.9
総資産	282,972.2	251,234.2
流動負債	169,568.3	157,686.1
総負債	170,924.5	158,519.4
株主資本	110,153.6	91,327.1

【CF】(百万元)

	19/12	18/12
営業CF	27,893.7	26,940.8
投資CF	-11,275.0	-21,845.8
財務CF	-19,222.0	2,513.8
FCF	16,618.7	5,095.0
現金同等物	26,372.6	28,772.1

【株式】(19/12/31)(百万株)

総数		6,015.7
流通	A株	99.2%
	—	—
		99.2%
	非流通	0.8%

【主要株主】(19/12/31) (%)

珠海格力集団有限公司	18.2
河北京海担保投資有限公司	8.9
中国証券金融股フン有限公司	3.0

【子会社・関連会社】(19/12/31) (%)

珠海格力大金機電設備有限公司	51.0
上海格力空調銷售有限公司	99.7
珠海格力機器人有限公司	100.0

【売上・利益構成】(19/12)(%)

	売上構成比	前年比	利益構成比	前年比
エアコン	88.4	-10.9	96.8	-9.4
生活家電	3.6	47.0	2.5	88.6
スマート設備	1.4	-31.1	0.2	-36.9

【業績】[中国会計基準](百万元) ※予想:ファクトセット 　【前号予想との比較】↘ 減額

	売上高	営業利益	純利益	前年比(%)	EPS(元)	1株配(元)	株配・無償(株)
2016/12	110,113.10	17,503.63	15,463.63	23.4	2.570	1.8000	
2017/12	150,019.55	26,125.71	22,400.48	44.9	3.720	—	
2018/12	200,024.00	30,996.89	26,202.79	17.0	4.360	2.1000	
2019/12	200,508.33	29,605.11	24,696.64	-5.7	4.110	1.2000	
2020/12予	182,850.77	26,287.78	23,456.34	-5.0	3.978	2.1883	
2021/12予	205,636.19	30,958.14	27,462.29	17.1	4.688	2.6073	
2018/6中間	92,004.69	15,104.30	12,806.20	35.5	2.130	0.6000	
2019/6中間	98,341.07	16,393.99	13,750.19	7.4	2.290		

【株式分割・併合等】

【登記】広東省珠海市前山金鶏西路 【TEL】86-756-8669232 【URL】www.gree.com.cn
【役員】法定代表人:董明珠(Dong Mingzhu) 【上場】1996年11月 【決算期】12月 【従業員】88,846

深セン
A

食品・飲料

宜賓五糧液
ウーリャンイエ・イービン

宜賓五糧液股份有限公司
Wuliangye Yibin Co.,Ltd.
【指数構成銘柄】 ― 【その他上場】 ―

[000858/week(2018/11/6 - 2020/05/08)]

評価	株価	年間騰落率	最低売買価格
C	142.900 元	49.0 %	214,779 円

	PER		予想配当利回り	PBR
予想	27.3 倍	実績 31.9 倍	1.7 %	7.5 倍

四川省の白酒醸造大手 貴州茅台酒（600519）と並び中国を代表する白酒（パイチュウ）ブランド。コーリャン、トウモロコシなど5種類の穀物を原料にすることからその名が付けられた。主力ブランドの「五粮液」は、英ブランドファイナンスの「19年世界蒸留酒ブランド・ランキング」で2位に選定された。四川省宜賓市の生産拠点では年産20万トンの工場、60万トンの貯蔵施設を構える。19年の酒類販売量は16万5400トン。

19年12月本決算：増収増益 全体の販売量は前年比14%減少したものの、高価格帯製品の販売を増やし、期初に設定した売上目標（25％増収）を達成した。売上原価の伸びを増収率の範囲に抑えたことで、粗利益が前年比26％増加した。粗利益率は74.5％と前年から0.7ポイント上昇。管理費の抑制や利息収入の増加なども業績を押し上げた。一方、新製品やスマート化技術の開発などで研究開発費は50％増に膨らんだ。

最近の動向 新型コロナウイルスによる経済下押し圧力を懸念。会社側が設定した20年売上高目標は2桁増収と具体的な数値の公表を避けた。引き続き生産・品質管理やブランド力の強化、営業体制の構築などを進める。20年1―3月期決算は売上高が前年同期比15％増の202億3800万元、純利益が19％増の77億400万元。

【株価推移】

	高値		安値	
2016年	37.920	07/11	21.810	02/29
2017年	83.580	12/21	34.300	01/03
2018年	93.180	01/15	46.060	10/30
2019年	143.100	08/30	48.000	01/04
2020年	145.500	05/08	98.630	03/19

【株価情報】

取引単位(株)	100	A株株価	―
時価総額(百万元)	542,413.8	A株格差(倍)	―

【指標】(%)

		19/12	18/12
収益性	ROA	16.4	15.5
	ROE	23.4	21.1
	粗利益率	74.5	73.8
成長性	増収率	25.2	32.6
	増益率(営利)	29.5	40.0
	自己資本増加率	17.0	19.0
安全性	BPS(元)	19.1	16.4
	負債比率	40.8	33.0
	流動比率	321.7	377.2
	株主資本比率	69.8	73.7

【財務】(百万元)

	19/12	18/12
流動資産	96,626.8	78,110.2
総資産	106,397.0	86,094.3
流動負債	30,034.6	20,707.8
総負債	30,300.9	20,974.8
株主資本	74,290.7	63,487.3

【CF】(百万元)

	19/12	18/12
営業CF	23,112.1	12,317.4
投資CF	-1,616.4	-331.6
財務CF	-7,251.6	-3,617.9
FCF	21,495.7	11,985.8
現金同等物	63,204.1	48,960.0

【株式】(19/12/31)(百万株)

総数		3,881.6
	A株	97.8%
流通	A株	―
		97.8%
非流通		2.2%

【主要株主】(19/12/31) (%)

宜賓市国有資産経営有限公司	35.2
四川省宜賓五糧液集団有限公司	19.6
中国証券金融股フン有限公司	2.4

【子会社・関連会社】(19/12/31) (%)

四川省宜賓五糧液酒廠有限公司	100.0
宜賓五糧液酒類銷售有限責任公司	95.0
宜賓五糧醇品牌営銷有限公司	95.0

【売上・利益構成】(19/12)(%)

	売上構成比	前年比	利益構成比	前年比
酒造関連	99.5	25.2	99.9	26.4
その他	0.5	26.2	0.1	-24.2

深センA

【業績】[中国会計基準](百万元) ※予想:ファクトセット 　【前号予想との比較】▼減額

	売上高	営業利益	純利益	前年比(%)	EPS(元)	1株配(元)	株配・無償(株)
2016/12	24,543.79	9,230.91	6,784.53	9.9	1.787	0.9000	
2017/12	30,186.78	13,374.54	9,673.72	42.6	2.548	1.3000	
2018/12	40,030.19	18,718.39	13,384.25	38.4	3.474	1.7000	
2019/12	50,118.11	24,245.80	17,402.16	30.0	4.483	2.2000	
2020/12予	57,076.24	27,228.12	20,351.56	16.9	5.241	2.4637	【株式分割・併合等】
2021/12予	67,188.17	33,050.12	24,657.03	21.2	6.362	3.0103	
2018/6中間	21,421.18	9,856.08	7,110.26	43.0	1.859	―	
2019/6中間	27,151.05	13,062.94	9,335.64	31.3	2.405	―	

【登記】四川省宜賓市翠屏区岷江西路150号 【TEL】86-831-3567000 【URL】www.wuliangye.com.cn

【役員】法定代表人：曽従欽(Zeng Congqin) 【上場】1998年4月 【決算期】12月 【従業員】26,348

華潤三九医薬

チャイナリソーシズ・サンジュウ・メディカル・アンド・ファーマ

華潤三九医薬股份有限公司
China Resources Sanjiu Medical & Pharmaceutical Co.,Ltd.
【指数構成銘柄】—　【その他上場】—

医薬・バイオ

評価	株価	年間騰落率	最低売買価格
C	29.080 元	6.2 %	43,707 円

PER		予想配当利回り	PBR
予想 16.0 倍　実績 13.5 倍		1.2 倍	2.3 倍

華潤医薬集団の医薬品子会社　華潤グループ傘下の華潤医薬集団（03320）が親会社。胃腸薬や風邪薬などの一般用医薬品と漢方を中心とする処方薬の研究開発、製造・販売に従事する。一般用医薬品の製造で国内トップ。主力製品は胃炎治療薬「三九胃泰」、風邪薬「999感冒霊」など。漢方処方薬は抗腫瘍薬や循環系、消化系、整形外科、小児科向け医薬品など幅広い。「999今維多」ブランドで栄養食品も手掛ける。

19年12月本決算：増収増益　子会社の深セン市三九医院の権益譲渡に伴う売却益を計上したことが利益を押し上げた。一方、下期にのれん代に対する減損引当金を計上した影響もあり、中間期に比べ増益幅は縮んだ。非経常項目を除いた純利益は4％減。売上高は1割増と堅調だったが、粗利益率が2.4ポイント低下したことに加え、管理費や研究開発費の増加が重荷となった。部門別では一般医薬品が1割の増収増益。処方薬は6％増収を確保した半面、部門利益は横ばいにとどまった。

最新の動向　19年12月末時点で研究開発中の新製品は43項目で、20年1～3月期決算は売上高が10％減の31億3700万元、純利益が54％減の5億3300万元。会社側は新型コロナが経営に影響を及ぼしたが、通期の売上高は業界平均を上回る伸びを確保できるとみている。

深セン A

【株価推移】

	高値		安値	
2016年	27.870	07/27	19.570	01/28
2017年	31.880	06/26	23.690	01/16
2018年	30.480	06/07	21.010	10/18
2019年	33.600	10/29	21.930	01/29
2020年	39.450	02/06	27.060	04/02

【株価情報】

取引単位(株)	100	A株株価	—
時価総額(百万元)	28,451.7	A株格差(倍)	—

【指標】(%)

		19/12	18/12
収益性	ROA	10.5	7.9
	ROE	16.8	13.2
	粗利益率	67.1	69.0
成長性	増収率	9.5	20.8
	増益率(営利)	48.5	12.8
	自己資本増加率	16.0	10.1
安全性	BPS(元)	12.8	11.1
	負債比率	57.5	63.4
	流動比率	153.8	135.8
	株主資本比率	62.5	60.1

【財務】(百万元)

	19/12	18/12
流動資産	10,292.8	8,576.5
総資産	20,103.5	18,029.9
流動負債	6,693.2	6,316.6
総負債	7,221.6	6,861.4
株主資本	12,563.8	10,827.7

【CF】(百万元)

	19/12	18/12
営業CF	1,971.8	1,911.2
投資CF	-511.4	-890.7
財務CF	-892.2	-432.6
FCF	1,460.5	1,020.5
現金同等物	2,842.1	2,272.8

【株式】(19/12/31)(百万株)

総数	978.9
流通 A株	99.9%
	—
流通	99.9%
非流通	0.1%

【主要株主】(19/12/31)　(%)

華潤医薬集団有限公司（03320）	63.6
全国社会保障基金理事会	3.5
中国証券金融股フン有限公司	1.6

【子会社・関連会社】(19/12/31)　(%)

華潤三九（北京）製薬有限公司	70.0
華潤三九（黄石）薬業有限公司	100.0
深セン華潤三九中医薬発展有限公司	100.0

【売上・利益構成】(19/12)(%)

	売上構成比	前年比	利益構成比	前年比
一般用医薬品	53.4	13.4	45.8	10.6
処方薬	46.6	6.4	54.2	0.0

【業績】[中国会計基準](百万元)　※予想：ファクトセット　【前号予想との比較】→ 前号並み

	売上高	営業利益	純利益	前年比(%)	EPS(元)	1株配(元)	株配・無償(株)
2016/12	8,981.72	1,282.72	1,197.84	-4.1	1.220	0.1600	
2017/12	11,119.92	1,510.51	1,301.69	8.7	1.330	0.4600	
2018/12	13,427.75	1,703.48	1,432.08	10.0	1.460	0.3900	
2019/12	14,701.92	2,529.43	2,112.50	47.5	2.160	0.4300	
2020/12予	16,426.00	2,093.50	1,783.50	-15.6	1.820	0.3500	【株式分割・併合等】
2021/12予	18,367.00	2,376.50	2,023.00	13.4	2.065	0.4100	
2018/6中間	6,472.10	995.77	826.50	11.5	0.840	—	
2019/6中間	7,166.81	2,067.89	1,722.33	108.4	1.760	—	

【登記】深セン市龍華区観湖街道観瀾高新園区観清路1号　【TEL】86-755-83360999　【URL】www.999.com.cn
【役員】法定代表人：邱華偉(Qiu Huawei)　【上場】2000年3月　【決算期】12月　【従業員】14,914

機械

大族激光科技産業集団

ハンズ・レーザー・テクノロジー・インダストリー・グループ

大族激光科技産業集団股份有限公司
Han's Laser Technology Industry Group Co.,Ltd.
【指数構成銘柄】— 【その他上場】—

評価	株価	年間騰落率	最低売買価格
C	33.500 元	-9.9 %	50,351 円

	PER		予想配当利回り	PBR
予想	28.6 倍	実績 54.9 倍	0.9 %	4.0 倍

大手レーザー機器メーカー レーザー技術を強みに切削・溶接加工用機器やロボットなどを開発・生産。レーザー機器や自動化設備などの製品型番は600超で、コンシューマーエレクトロニクスやディスプレーパネル、動力電池、プリント基板（PCB）などの金属・非金属加工に使用。国内外に営業拠点を構え、年間売上高が2000万元以上の工業企業の顧客が累計3万社に上る。

19年12月本決算：大幅減益 コンシューマーエレクトロニクス業界の大口顧客の設備需要が減退期に入り、米中貿易摩擦のあおりで一部顧客が資本支出を抑えた結果、売上高が前年比13％減少。製品別の売上高構成の変化や競争激化もあって粗利益率は3.5ポイント低下し、63％減益に落ち込んだ。また、経営不振の子会社ののれん減損により減損損失が前年から1億5300万元増加。前年に深セン市明信測試設備とPRIMAの株式売却益を計上していた反動も業績悪化につながった。

最近の動向 20年1-3月期決算は売上高が前年同期比29％減の15億1000万元、純利益が33％減の1億700元だった。新型コロナウイルスの感染拡大が響いて出荷が減少した。貸倒引当金と在庫減損の積み増しによる信用減損損失と資産減損損失の増加も重荷となり、営業利益は39％減の1億500万元に落ち込んだ。

【株価推移】

	高値		安値	
2016年	25.740	01/04	17.780	03/01
2017年	60.000	11/22	21.000	01/16
2018年	60.450	03/12	29.370	12/21
2019年	46.890	04/02	23.610	08/06
2020年	45.920	01/22	26.950	03/24

【株価情報】

取引単位(株)	100	A株株価	—
時価総額(百万元)	33,284.5	A株格差(倍)	—

【指標】(%)

		19/12	18/12
収益性	ROA	3.6	9.1
	ROE	7.3	20.6
	粗利益率	34.0	37.5
成長性	増収率	-13.3	-4.6
	増益率(営利)	-63.9	-0.7
	自己資本増加率	6.0	19.3
安全性	BPS(元)	8.3	7.8
	負債比率	99.8	124.3
	流動比率	174.9	160.2
	株主資本比率	49.3	44.0

【財務】(百万元)

	19/12	18/12
流動資産	11,098.0	12,748.9
総資産	17,893.4	18,945.0
流動負債	6,346.6	7,957.1
総負債	8,815.2	10,348.8
株主資本	8,830.3	8,327.7

【CF】(百万元)

	19/12	18/12
営業CF	2,123.4	796.6
投資CF	-1,193.7	-2,058.6
財務CF	-1,973.0	2,796.9
FCF	929.7	-1,262.0
現金同等物	2,689.5	3,695.7

【株式】(19/12/31) (百万株)

総数		1,067.1
流通	A株	93.1 %
		93.1 %
	非流通	6.9 %

【主要株主】(19/12/31) (%)

大族控股集団有限公司	15.2
高雲峰	9.0
Canada Pension Plan Investment Board	2.7

【子会社・関連会社】(19/12/31) (%)

深セン市大族数控科技有限公司	99.1
深セン市大族電機有限公司	100.0
深セン市明信測試設備有限公司	28.3

【売上・利益構成】(19/12) (%)

	売上構成比	前年比	利益構成比	前年比
レーザー・自動化機器、PCB	98.4	-13.4	96.8	-21.3
その他	1.6	-6.9	3.2	-20.9

【業績】[中国会計基準](百万元) ※予想：ファクトセット　【前号予想との比較】↘減額

	売上高	営業利益	純利益	前年比(%)	EPS(元)	1株配(元)	株配・無償(株)
2016/12	6,958.89	692.32	754.26	1.0	0.710	0.2000	
2017/12	11,560.09	1,866.97	1,665.04	120.8	1.560	0.2000	
2018/12	11,029.49	1,854.65	1,718.63	3.2	1.610	0.2000	
2019/12	9,562.63	669.68	642.22	-62.6	0.610	0.2000	
2020/12予	11,542.68	1,309.02	1,254.18	95.3	1.173	0.2899	【株式分割・併合等】
2021/12予	13,600.08	1,767.57	1,656.42	32.1	1.551	0.3708	
2018/6中間	5,106.99	1,113.14	1,018.60	11.4	0.950	—	
2019/6中間	4,734.17	434.10	379.49	-62.7	0.360	—	

【登記】深セン市南山区深南大道9988号　【TEL】86-755-86161340　【URL】www.hanslaser.com
【役員】法定代表人：高雲峰(Gao Yunfeng)　【上場】2004年6月　【決算期】12月　【従業員】13,005

深センA

蘇寧易購集団

スーニン・ドットコム

卸売・小売業

蘇寧易購集団股份有限公司
Suning.com Co.,Ltd.

【指数構成銘柄】— 【その他上場】—

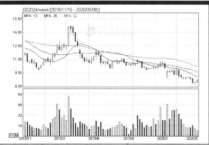

評価	株価	年間騰落率	最低売買価格
D	8.700 元	-25.4 %	13,076 円

PER		予想配当利回り	PBR
予想 64.5 倍	実績 8.1 倍	0.4 %	0.9 倍

家電量販店最大手 主力の家電販売に加え、ショッピングセンター、スーパーマーケット、マタニティ・ベビー用品やインテリア専門店を運営。物流や金融サービスにも参入している。19年末の実店舗は3630店で、うち中国が3600店、香港が30店。中国ネット通販最大手のアリババ集団（09988）と資本提携。買収したラオックスを通じ日本でも事業を展開するが、ラオックスは19年に連結から除外。仏カルフール中国法人が19年9月から連結対象に加わった。

19年12月本決算：増収減益 前年にアリババ株の売却益があった反動で純利益は約3割減少した。ただ、コンビニ形態店舗を運営する蘇寧小店の売却や物流プロジェクトの買収、ラオックスの増資などに絡む投資収益の計上で黒字を確保。非経常項目を除く純損失は前年の3億5900万元から57億1100万元に拡大した。売上高は1割増えたが、値下げ競争や物流コスト高で粗利益率は0.5ポイント低下。雇用の拡大や賃料の高騰、ITインフラの整備などで、販売費、研究開発費、財務費が大幅に膨らんだことも業績を圧迫した。

最近の動向 20年1～3月期決算は売上高が前年同期比7%減の578億3900万元、純損失が5億5100万元（前年同期は1億3600万元の純利益）だった。

【株価推移】

	高値		安値	
2016年	13.490	01/04	9.990	02/29
2017年	15.050	10/31	9.900	04/27
2018年	16.350	05/31	9.770	12/25
2019年	14.690	04/03	9.810	11/29
2020年	10.750	01/09	8.080	04/28

【株価情報】

取引単位(株)	100	A株株価	—
時価総額（百万元）	67,644.1	A株格差（倍）	—

【指標】(%)

		19/12	18/12
収益性	ROA	4.2	6.7
	ROE	11.2	16.5
	粗利益率	14.5	15.0
成長性	増収率	9.9	30.3
	増益率(営利)	7.4	235.1
	自己資本増加率	8.7	2.5
安全性	BPS(元)	9.4	8.7
	負債比率	170.3	137.5
	流動比率	99.6	140.6
	株主資本比率	37.1	40.6

【財務】(百万元)

	19/12	18/12
流動資産	120,761.5	131,742.5
総資産	236,855.0	199,467.2
流動負債	121,257.0	93,696.7
総負債	149,710.2	111,256.4
株主資本	87,921.9	80,917.1

【CF】(百万元)

	19/12	18/12
営業CF	-17,864.6	-13,874.5
投資CF	-20,871.1	-3,010.2
財務CF	26,201.2	22,534.1
FCF	-38,735.7	-16,884.6
現金同等物	17,919.9	30,220.9

【株式】(19/12/31)(百万株)

総数	9,310.0	
流通	A株	83.5%
		—
		83.5%
非流通		16.5%

【主要株主】(19/12/31) (%)

張近東	21.0
蘇寧電器集団有限公司	20.0
淘宝（中国）軟件有限公司	20.0

【子会社・関連会社】(19/12/31) (%)

北京蘇寧易購銷售有限公司	100.0
上海蘇寧易購銷售有限公司	100.0
北京家楽福商業有限公司	55.0

深センA

【売上・利益構成】(19/12)(%)

	売上構成比	前年比	利益構成比	前年比
小売り・卸売り	96.2	9.0	89.2	2.0
物流	1.2	16.6	—	—
金融	1.1	8.4	5.7	-90.1

【業績】 ［中国会計基準］（百万元）※予想：ファクトセット 　【前号予想との比較】↓ 大幅減額

	売上高	営業利益	純利益	前年比(%)	EPS(元)	1株配(元)	株配・無償(株)
2016/12	148,585.33	504.34	704.41	-19.3	0.080	0.0700	
2017/12	187,927.76	4,076.10	4,212.52	498.0	0.450	0.1000	
2018/12	244,956.57	13,658.55	13,327.56	216.3	1.440	0.1200	
2019/12	269,228.90	14,671.72	9,842.96	-26.1	1.070	0.0500	
2020/12予	297,414.84	1,168.86	1,340.86	-86.4	0.135	0.0351	【株式分割・併合等】
2021/12予	343,410.72	3,064.00	2,548.29	90.0	0.268	0.0499	
2018/6中間	110,678.36	5,750.90	6,003.11	1,959.4	0.647		
2019/6中間	135,571.18	1,367.95	2,139.47	-64.4	0.233		

【登記】江蘇省南京市鼓楼区山西路8号金山大厦1-5層 【TEL】86-25-84418888 【URL】www.suning.com
【役員】法定代表人：張近東(Zhang Jindong) 【上場】2004年7月 【決算期】12月 【従業員】42,196

メ
デ
ィ
ア

分衆伝媒信息技術
フォーカス・メディア・インフォメーション・テクノロジー

分衆伝媒信息技術股份有限公司
Focus Media Information Technology Co.,Ltd.
【指数構成銘柄】 — 【その他上場】 —

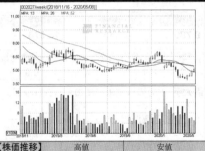

[002027/week/2018/11/16〜2020/05/08]

評価	株価	年間騰落率	最低売買価格
C	**5.000** 元	**-14.7** %	**7,515** 円

PER		予想配当利回り	PBR
予想 **38.2** 倍 実績 **38.5** 倍		**1.0** %	**5.3** 倍

ディスプレー広告最大手 オフィスビルや商業施設に設置した液晶ディスプレーに映像広告を配信する事業を中国で展開。エレベーターや大型スーパーなどのディスプレーに生活圏に根ざした広告を配信する。映画館のスクリーン広告も手掛ける。16年には金融サービス事業やeスポーツ事業など新規事業に出資。アリババ集団（09988）やテンセント（00700）などが主要顧客。

19年12月本決算：減収減益 中国広告市場の減速や顧客の広告予算削減の影響で売り上げが落ち、2年連続の減益となった。売上全体の8割を占めるオフィスビル広告部門はエレベーター広告が拡大したものの、売上高が17％減に落ち込み、4割超の減益。全体の粗利益率は前年から21ポイント悪化した。広告設置の拡大に伴う人員増加で管理費が4割増加したことも利益を圧迫した。地域別売上高は主力の華東地区が20％減に落ち込んだほか、華南地区が11％減、華北地区が25％減だった。

最近の動向 新型コロナウイルスによる市場環境の悪化を警戒。大手と新興ブランドの取り込みや顧客構成の改善を進めるほか、日用品向け広告の拡大に期待する。海外事業は「一帯一路」沿線国を中心に市場開拓を図る。20年1〜3月期決算は売上高が前年同期比26％減の19億3800万元、純利益が89％減の3800万元。

【株価推移】

	高値		安値	
2016年	12.042	01/04	7.217	01/27
2017年	11.958	12/29	6.292	03/23
2018年	12.958	01/25	5.110	12/28
2019年	7.490	04/09	4.710	07/22
2020年	7.020	01/10	3.850	04/13

【株価情報】

取引単位(株)	100	A株株価	—
時価総額(百万元)	73,389.4	A株格差(倍)	—

【指標】(%)

		19/12	18/12
収益性	ROA	10.0	30.6
	ROE	13.6	41.0
	粗利益率	45.2	66.2
成長性	増収率	-16.2	21.1
	増益率(営利)	-66.0	-4.0
	自己資本増加率	-3.0	36.9
安全性	BPS(元)	0.9	1.0
	負債比率	34.0	32.6
	流動比率	313.6	341.2
	株主資本比率	73.7	74.7

【財務】(百万元)

	19/12	18/12
流動資産	11,510.6	12,034.2
総資産	18,687.1	19,021.5
流動負債	3,670.9	3,527.3
総負債	4,680.7	4,623.5
株主資本	13,778.4	14,201.1

【CF】(百万元)

	19/12	18/12
営業CF	3,429.9	3,782.8
投資CF	-1,581.7	-1,382.8
財務CF	-2,334.5	-2,661.9
FCF	1,848.2	2,400.0
現金同等物	3,167.9	3,657.7

【株式】(19/12/31)(百万株)

総数		14,677.9
A株		100.0%
流通	A株	—
		100.0%
非流通		0.0%

【主要株主】(19/12/31) (%)

Media Management Hong Kong Ltd.	23.3
阿里巴巴(中国)網絡技術有限公司	5.3

【子会社・関連会社】(19/12/31) (%)

分衆多媒体技術(上海)有限公司	100.0
分衆(中国)信息技術有限公司	100.0
上海分衆軟件技術有限公司	100.0

【売上・利益構成】(19/12)(%)

	売上構成比	前年比	利益構成比	前年比
オフィスビル広告	82.8	-16.8	87.5	-43.3
映画館広告	16.3	-16.8	12.2	-42.3
その他	0.9	10.9	0.3	34.5

【業績】［中国会計基準］(百万元) ※予想：ファクトセット 　【前号予想との比較】 ↓ 大幅減額

	売上高	営業利益	純利益	前年比(%)	EPS(元)	1株配(元)	株配・無償(株)
2016/12	10,213.13	4,300.61	4,451.21	31.3	0.370	0.4080	
2017/12	12,013.55	7,244.14	6,004.71	34.9	0.410	0.1000	
2018/12	14,551.29	6,953.29	5,822.98	-3.0	0.400	0.1000	
2019/12	12,135.95	2,366.02	1,875.28	-67.8	0.130	0.0700	
2020/12予	10,938.43	2,338.22	1,919.59	2.4	0.131	0.0517	【株式分割・併合等】
2021/12予	13,015.66	3,786.70	3,127.93	62.9	0.216	0.0975	
2018/6中間	7,109.98	4,064.30	3,346.96	32.1	0.230		
2019/6中間	5,716.75	978.47	777.92	-76.8	0.050		

深
セ
ン
A

【本社】上海市長寧区江蘇路369号兆豊世貿大厦28層【TEL】86-21-22165288【URL】www.focusmedia.cn

【役員】法定代表人：江南春(Jiang Nanchun)【上場】2004年8月 【決算期】12月 【従業員】11,005

国軒高科

ゴーション・ハイテク

国軒高科股份有限公司
Gotion High-tech Co.,Ltd.

【指数構成銘柄】— 【その他上場】—

電子・半導体

評価	株価	年間騰落率	最低売買価格
C	**24.280** 元	**80.4** %	**36,493** 円

PER		予想配当利回り	PBR
予想 **56.6** 倍　実績 **485.6** 倍		**0.3** %	**3.1** 倍

車載リチウム電池メーカー大手 中国で最も早い時期から電気自動車用リチウム電池を製造・販売する企業の一つ。中国の動力電池容量ランキングで3位（19年）。自社開発した正極材を原料にセルを製造して電池モジュールを組み立て、電池管理システム（BMS）を付けてパック化する。国内の新エネ車メーカーや送配電会社が主要顧客。インドではタタと電池事業を合弁展開。子会社の江蘇東源電器集団を通じて送配電設備も製造し、発電所や冶金、鉄道向けに供給する。

19年12月本決算：大幅減益 銀行融資と社債の利払いなど財務費が前年の2.7倍に膨らんだ上、2億2000万元に上る信用減損損失が重荷となり、9割減益。主力業務の電池モジュールは5%減収だが、売上原価の抑制で部門利益は10%増。全体の粗利益は8%増えた。19年の電池モジュール販売量は20%増の15億2600万アンペア時（Ah）、生産量は前年の生産ライン稼働が寄与して43%増の25億2200万Ah。送配電設備事業は増収増益。

今後の計画 20年1〜3月期決算は売上高が前年同期比58%減の7億3000万元、純利益が83%減の3400万元。会社側は20年の経営計画として高ニッケル三元系電池の開発に注力するほか、電力貯蔵施設の建設に向け、中国鉄塔（00788）や中国南方電網などと協力する方針。

【株価推移】

	高値		安値	
2016年	38.788	06/16	19.849	01/29
2017年	32.349	08/01	20.900	12/05
2018年	23.640	03/15	10.000	10/19
2019年	19.270	03/12	11.240	01/04
2020年	29.600	02/07	14.370	01/02

【株価情報】

取引単位(株)	100	A株株価	—
時価総額(百万元)	24,506.1	A株格差(倍)	—

【指標】(%)

		19/12	18/12
収益性	ROA	0.2	2.8
	ROE	0.6	6.8
	粗利益率	32.5	29.2
成長性	増収率	-3.3	6.0
	増益率(営利)	-90.8	-36.7
	自己資本増加率	4.4	3.6
安全性	BPS(元)	7.8	7.5
	負債比率	181.0	141.2
	流動比率	129.5	142.8
	株主資本比率	35.4	41.4

【財務】(百万元)

	19/12	18/12
流動資産	14,761.0	12,396.3
総資産	25,170.4	20,587.0
流動負債	11,397.2	8,681.2
総負債	16,114.6	12,037.0
株主資本	8,904.0	8,526.1

【CF】(百万元)

	19/12	18/12
営業CF	-683.2	-1,558.6
投資CF	-2,062.4	-1,745.0
財務CF	3,079.9	1,107.8
FCF	-2,745.6	-3,303.7
現金同等物	2,678.0	2,347.3

【株式】(19/12/31)(百万株)

総数	1,136.7	
流通	A株	88.8%
	—	
		88.8%
非流通		11.2%

【主要株主】(19/12/31) (%)

珠海国軒貿易有限責任公司	24.8
李縝	11.9
仏山電器照明股フン有限公司（200541）	4.0

【子会社・関連会社】(19/12/31) (%)

合肥国軒高科動力能源有限公司	100.0
江蘇東源電器集団股フン有限公司	100.0
国軒高科日本株式会社	100.0

深セン A

【売上・利益構成】(19/12)(%)

	売上構成比	前年比	利益構成比	前年比
電池モジュール	87.1	-5.2	89.4	9.8
送配電設備	10.1	15.9	5.1	8.8
その他	2.8	1.6	5.5	-17.0

【業績】[中国会計基準](百万元) ※予想：ファクトセット 【前号予想との比較】 ↓ 大幅減額

	売上高	営業利益	純利益	前年比(%)	EPS(元)	1株配(元)	株配・無償(株)
2016/12	4,757.93	1,105.20	1,030.94	76.3	1.190	0.1500	
2017/12	4,838.10	1,010.20	838.01	-18.7	0.950	0.1000	10:3@13.69元
2018/12	5,127.00	639.35	580.35	-30.7	0.510	0.1000	
2019/12	4,958.90	58.85	51.25	-91.2	0.050	—	
2020/12予	5,972.73	815.21	487.12	850.4	0.429	0.0638	【株式分割・併合等】
2021/12予	6,792.90	903.38	522.86	7.3	0.460	0.0647	
2018/6中間	2,606.72	526.35	465.55	4.6	0.410		
2019/6中間	3,606.57	388.09	351.54	-24.5	0.310		

【登記】江蘇省南通市通州区十総鎮東源大道1号 【TEL】86-551-62100213 【URL】www.gotion.com.cn

【役員】法定代表人：李縝(Li Zhen) 【上場】2006年10月 【決算期】12月 【従業員】7,947

IT・ソフトウエア

科大訊飛
アイフライテック

科大訊飛股份有限公司
Iflytek Co.,Ltd.
【指数構成銘柄】— 【その他上場】—

評価	株価	年間騰落率	最低売買価格
D	34.270 元	16.2 %	51,508 円

PER		予想配当利回り	PBR
予想 71.6 倍	実績 85.7 倍	0.3 %	6.6 倍

[002230/week/2018/11/16 - 2020/05/08]

中国の音声認識技術大手 人工知能（AI）技術研究やソフトウエアと半導体の開発、ナレッジサービスを手掛ける。音声合成や音声・画像認識、多言語処理に強みを持つ。AI研究成果は教育や行政、医療、スマートカー、スマートシティーなどの分野で応用されている。開放型プラットフォームを通じ、AI開発環境を主にネットサービスやハードウエアの開発企業に提供する。19年末時点で利用開発者は112万人だった。

19年12月本決算：増収増益 非経常損益を除いた純利益も84%増の4億8900万元と好調。市場規模の拡大を背景に売上高は初めて100億元の大台を突破。売上原価が4割膨らんで粗利益率は4ポイント低下したが、販売費を前年並みに抑えたほか、財務コストが8割近く減少したことも利益を押し上げた。技術向上を受けて各方面でAIの応用が広がり、製品別では教育製品・サービスが17%増収。行政法務事業、開放型プラットフォームはそれぞれ29%増収、69%増収だった。

最近の動向 20年1-3月期決算は売上高が前年同期比28%減の14億900万元、純損失は1億3100万元（前年同期は1億200万元の純利益）。19年に米商務省から禁輸対象に指定されたが、会社側はコア技術はすべて自社開発したもので、事業運営に影響はないとしている。

【株価推移】
	高値		安値	
2016年	24.473	01/04	0.000	03/16
2017年	49.840	11/22	16.813	01/16
2018年	44.933	01/12	19.800	10/17
2019年	40.770	03/08	24.610	01/02
2020年	44.860	03/03	30.870	04/28

【株価情報】
取引単位(株)	100	A株株価	—
時価総額(百万元)	64,977.3	A株格差(倍)	—

【指標】(%)
		19/12	18/12
収益性	ROA	4.1	3.5
	ROE	7.2	6.8
	粗利益率	46.0	50.0
成長性	増収率	27.3	45.4
	増益率(営利)	57.4	16.4
	自己資本増加率	43.2	3.3
安全性	BPS(元)	5.2	3.8
	負債比率	73.3	89.0
	流動比率	166.5	133.5
	株主資本比率	56.8	52.1

【財務】(百万元)
	19/12	18/12
流動資産	11,429.9	7,762.4
総資産	20,100.8	15,302.6
流動負債	6,865.8	5,812.7
総負債	8,366.0	7,090.8
株主資本	11,418.0	7,971.1

【CF】(百万元)
	19/12	18/12
営業CF	1,531.5	1,148.1
投資CF	-2,899.0	-1,919.7
財務CF	2,579.9	353.8
FCF	-1,367.5	-771.5
現金同等物	3,419.9	2,206.7

【株式】(19/12/31)(百万株)
総数	2,198.6		
流通	A株	84.2%	
	—		
	—		
		84.2%	
非流通		15.8%	

【主要株主】(19/12/31) (%)
中国移動通信有限公司	12.2
劉慶峰	5.4
中科大資産経営有限責任公司	3.8

【子会社・関連会社】(19/12/31) (%)
訊飛智元信息科技有限公司	100.0
安徽訊飛皆ська信息科技有限公司	100.0
科大訊飛華南有限公司	100.0

【売上・利益構成】(19/12)(%)
	売上構成比	前年比	利益構成比	前年比
ソフトウエア・ITサービス、	99.7	27.5	99.6	16.8
その他	0.3	-11.7	0.4	473.3

【業績】 [中国会計基準] (百万元) ※予想：ファクトセット 【前号予想との比較】 ↘減額
	売上高	営業利益	純利益	前年比(%)	EPS(元)	1株配(元)	株配・無償(株)
2016/12	3,320.48	393.43	484.43	13.9	0.370	0.1000	
2017/12	5,444.69	539.52	434.68	-10.3	0.220	0.1000	10:5(無)
2018/12	7,917.22	627.78	542.07	24.7	0.270	—	
2019/12	10,078.69	987.97	819.18	51.1	0.400	0.1000	
2020/12予	12,603.55	985.58	1,052.64	28.5	0.478	0.0970	
2021/12予	16,656.84	1,477.37	1,460.86	38.8	0.667	0.1295	【株式分割・併合等】
2018/6中間	3,309.99	119.68	130.60	21.7	0.060	—	
2019/6中間	4,228.17	254.40	189.45	45.1	0.090	—	

【登記】安徽省合肥市高新開発区望江西路666号 【TEL】86-551-65331880 【URL】www.iflytek.com
452 【役員】法定代表人：劉慶峰(Liu Qingfeng) 【上場】2008年5月 【決算期】12月 【従業員】10,447

歌爾

ゴアテック・インク

歌爾股份有限公司
GoerTek Inc.

【指数構成銘柄】— 【その他上場】—

評価	株価	年間騰落率	最低売買価格
C	20.760 元	133.5 %	31,202 円

PER		予想配当利回り	PBR
予想 33.7 倍 実績 51.9 倍		0.6 %	4.2 倍

音響機器・電子部品メーカー 前身は01年創業の民営音響機器メーカー。現在は小型マイク、マイクロスピーカー、MEMS（微小電気機械システム）センサーなどが主力。米アップルなどに製品を供給。イヤホン、スマートスピーカーなどの音響機器や、ゲーム機アクセサリー、ウエアラブル端末、仮想現実（VR）・拡張現実（AR）製品も製造する。海外では米国、日本、ドイツなどに研究開発・製造拠点を持つ。

19年12月本決算：増収増益 ワイヤレスイヤホンやウエアラブル製品の販売を伸ばし、4割超の増収を達成。固定資産の減損処分など非経常項目を除いた純利益は91％増加した。売上構成の変化などで全体の粗利益率は3.4ポイント低下したものの、販売費を6％削減したほか、管理費、財務費、研究開発費をいずれも1割の伸びに抑えたことが奏功。部門別では音響製品の売上高と粗利益がともに2.2倍に急増し、業績をけん引した。

今後の計画 人工知能（AI）を中核とするVR・AR、ウエアラブル端末などの新分野を引き続き強化する。新型コロナでテレワークや自宅でのフィットネス、オンラインゲームなどの利用拡大がビジネスチャンスと捉える。20年1～3月期決算は売上高が前年同期比14％増の64億7400万元、純利益が45％増の2億9400万元だった。

【株価推移】

	高値		安値	
2016年	17.750	01/04	10.850	03/08
2017年	23.200	11/14	12.855	01/16
2018年	17.950	01/03	6.620	10/17
2019年	22.360	12/17	6.560	01/29
2020年	27.530	02/25	14.820	03/24

【株価情報】

取引単位(株)	100	A株株価	—
時価総額(百万元)	56,485.8	A株格差(倍)	—

【指標】(%)

		19/12	18/12
収益性	ROA	3.7	2.9
	ROE	8.0	5.7
	粗利益率	15.4	18.8
成長性	増収率	48.0	-7.0
	増益率(営利)	48.7	-59.7
	自己資本増加率	6.0	2.1
安全性	BPS(元)	5.0	4.7
	負債比率	115.0	95.7
	流動比率	100.8	102.7
	株主資本比率	46.5	51.1

【財務】(百万元)

	19/12	18/12
流動資産	17,703.8	13,820.2
総資産	34,660.3	29,742.5
流動負債	17,557.8	13,452.7
総負債	18,531.1	14,552.7
株主資本	16,107.2	15,201.3

【CF】(百万元)

	19/12	18/12
営業CF	5,451.4	2,276.4
投資CF	-3,037.9	-4,262.8
財務CF	-1,336.7	630.0
FCF	2,413.6	-1,986.4
現金同等物	3,094.6	2,007.9

【株式】(19/12/31)(百万株)

総数		3,245.1
流通	A株	83.8%
		—
		—
		83.8%
非流通		16.2%

【主要株主】(19/12/31)

	(%)
歌爾集団有限公司	18.4
姜濱	12.6
姜龍	5.0

【子会社・関連会社】(19/12/31)

	(%)
イ坊歌爾電子有限公司	100.0
歌爾光学科技有限公司	100.0
Goertek Technology Japan株式会社	100.0

【売上・利益構成】(19/12)(%)

	売上構成比	前年比	利益構成比	前年比
音響機器	43.7	117.5	35.6	118.6
電子部品	31.3	6.9	46.2	-5.1
スマートハードウエア	25.1	28.5	18.1	-2.8

【業績】〔中国会計基準〕(百万元) ※予想：ファクトセット

【前号予想との比較】🡕 増額

	売上高	営業利益	純利益	前年比(%)	EPS(元)	1株配(元)	株配・無償(株)
2016/12	19,287.81	1,830.54	1,651.50	32.0	0.540	0.1500	10:10(無)
2017/12	25,536.14	2,497.23	2,139.23	29.5	0.680	0.1000	
2018/12	23,750.59	1,006.16	867.72	-59.4	0.270	0.1000	
2019/12	35,147.81	1,496.26	1,280.54	47.6	0.400	0.1000	
2020/12予	48,039.01	2,458.22	1,981.69	54.8	0.615	0.1299	【株式分割・併合等】
2021/12予	63,703.24	3,268.49	2,698.79	36.2	0.821	0.1818	
2018/6中間	8,426.36	519.96	444.92	-38.1	0.140	—	
2019/6中間	13,575.80	651.24	523.81	17.7	0.160	—	

【登記】山東省イ坊市イ坊高新技術産業開発区東方路268号 【TEL】86-536-3055688 【URL】www.goertek.com

【役員】法定代表人：姜濱(Jiang Bing) 【上場】2008年5月 【決算期】12月 【従業員】59,611

運輸・倉庫

順豊控股
エスエフ・ホールディング

順豊控股股份有限公司
S.F.Holding Co.,Ltd.
【指数構成銘柄】 ― 【その他上場】 ―

評価	株価	年間騰落率	最低売買価格
D	45.910 元	47.2 %	69,003 円

PER		予想配当利回り	PBR
予想 34.8 倍 実績 34.8 倍		0.6 %	4.8 倍

中国の宅配最大手 16年の資産交換を経て「SF」ブランドの宅配事業に業態転換。19年12月末時点で中国335都市に進出し、約1万7800カ所の直営拠点を開設。国際宅配サービスも手掛け、米国、EU加盟国、日本など62カ国・地域をカバー。ビッグデータなどを駆使した倉庫管理や販売予測、データ分析サービスも提供。

19年12月本決算：増収増益 政府補助金が85％増の5億4600万元に上ったほか、金融資産評価損益が3億6400万元の黒字に転換したことが利益を押し上げた。非経常項目を除いた純利益は21％増。市場や顧客ニーズに合わせた新サービスが好評で、宅配・物流サービスは24％増収と業界平均を上回る伸びを維持。即日配達や冷凍・冷蔵・医薬品宅配、国際宅配など新事業の売上比率は26％に拡大。一方、ネットワークの整備などに向けた費用がかさみ、粗利益率は0.5ポイント低下。

今後の計画 宅配業界は高成長を維持する一方、業界集中度が進む中、IT化が競争力を左右するとみる。ビッグデータやIT技術の活用で集荷、配達能力を引き上げるほか、オンライン管理プラットフォームの整備を強化する。新サービスに経営資源を傾け、効率化を図る。20年1―3月期決算は売上高が前年同期比40％増の335億4100万元、純利益が28％減の9億700万元。

【株価推移】

	高値		安値	
2016年	57.350	11/04	9.420	01/29
2017年	73.480	03/01	36.690	01/16
2018年	53.230	01/04	31.800	12/25
2019年	43.570	10/22	28.460	06/06
2020年	51.010	03/03	36.410	01/06

【株価情報】

取引単位(株)	100	A株株価	―
時価総額(百万元)	199,510.8	A株格差(倍)	―

【指標】(%)

		19/12	18/12
収益性	ROA	6.3	6.3
	ROE	13.7	12.4
	粗利益率	17.4	17.9
成長性	増収率	23.4	27.6
	増益率(営利)	27.3	-10.0
	自己資本増加率	15.6	11.7
安全性	BPS(元)	9.6	8.3
	負債比率	118.0	94.5
	流動比率	138.5	121.1
	株主資本比率	45.8	51.2

【財務】(百万元)

	19/12	18/12
流動資産	42,897.0	31,938.2
総資産	92,535.4	71,764.6
流動負債	30,992.1	26,369.5
総負債	50,041.8	34,700.7
株主資本	42,419.7	36,710.9

【CF】(百万元)

	19/12	18/12
営業CF	9,121.3	5,458.3
投資CF	-14,048.7	-9,462.0
財務CF	7,371.8	3,072.9
FCF	-4,927.4	-4,003.7
現金同等物	17,764.4	15,299.3

深センA

【株式】(19/12/31)(百万株)

総数		4,414.6
A株		36.9%
	―	
流通	―	
		36.9%
非流通		63.1%

【主要株主】(19/12/31) (%)

深セン明徳控股発展有限公司	61.2
寧波順達豊潤投資管理合資企業	6.2
深セン市招広投資有限公司	6.0

【子会社・関連会社】(19/12/31) (%)

深セン順豊泰森控股（集団）有限公司	100.0
深セン順路物流有限公司	100.0
深セン順豊供給鏈有限公司	100.0

【売上・利益構成】(19/12)(%)

	売上構成比	前年比	利益構成比	前年比
宅配・物流サービス	98.8	23.7	98.7	20.5
商業販売	0.4	21.0	0.0	16.6
その他	0.7	-6.9	1.3	-14.0

【業績】(中国会計基準)(百万元) ※予想：ファクトセット 【前号予想との比較】↘減額

	売上高	営業利益	純利益	前年比(%)	EPS(元)	1株配(元)	株配・無償(株)
2016/12	57,482.70	3,686.59	4,180.43	279.5	1.060	0.1000	
2017/12	71,272.63	6,461.40	4,774.13	14.2	1.120	0.2200	
2018/12	90,942.69	5,817.98	4,555.91	-4.6	1.030	0.2100	
2019/12	112,193.40	7,408.61	5,796.10	27.2	1.320	0.2700	
2020/12予	138,647.73	7,793.23	5,989.36	3.3	1.320	0.2700	【株式分割・併合等】
2021/12予	166,735.27	9,186.54	6,955.68	16.1	1.549	0.3150	
2018/6中間	42,550.91	2,965.59	2,209.58	17.3	0.500	―	
2019/6中間	50,074.70	3,897.51	3,101.11	40.3	0.700	―	

【登記】深セン市宝安区福永大道303号万福大厦8楼801室 【TEL】86-755-36395338 【URL】www.sf-express.com

【役員】法定代表人：王衛(Wang Wei)【上場】2010年2月 【決算期】12月 【従業員】114,813

杭州海康威視数字技術

ハンジョウ・ハイクビジョン・デジタル・テクノロジー

杭州海康威視数字技術股份有限公司
Hangzhou Hikvision Digital Technology Co.,Ltd.
【指数構成銘柄】— 【その他上場】—

[002415/week/(2018/11/16 - 2020/05/08)]

評価	株価	年間騰落率	最低売買価格
C	31.840 元	6.6 %	47,856 円

PER		予想配当利回り	PBR
予想 21.8 倍　実績 23.7 倍		2.2 %	6.6 倍

監視システムの世界的大手 監視・防犯用の映像機器網と分析システムを提供する。18年の世界監視カメラ市場シェアは24.1％で8年連続首位（英0mdia調べ）。カメラなどのフロントエンド機器、画像処理演算などのバックエンド機器、データセンター設備などが主力製品。ホームセキュリティー機器やロボットも手掛ける。実質的支配株主の中国電子科技集団は軍事用電子機器やシステムの開発を手掛ける国務院直轄企業。

19年12月本決算：増収増益 主力製品の売り上げを2桁伸ばし、粗利益が前年比19％増加。粗利益率は前年比1.1ポイント上昇した。年間販売台数は12％増の1億4200万台。ただ、国内外のマーケティングを拡充したことで販売費が23％増、研究開発費が22％増と経費がかさみ、増益率は1桁台に落ち込んだ。事業グループ別では、稼ぎ頭の公共サービス部門が4％増収にとどまったものの、企業部門の売上高が20％超増えた。

最近の動向 20年1－3月期決算は純利益が前年同期比3％減の14億9600万元だった。売上高が94億2900万元と5％減ったものの、売上原価を圧縮して前年並みの粗利益を確保。為替差益の増加で2億900万元の財務利益（前年同期は1億4000万元の損失）を計上し、税負担率の低下で税引き後利益は15億5300万元と2％増えた。

【株価推移】

	高値		安値	
2016年	17.993	08/17	10.542	01/27
2017年	43.660	11/14	15.853	01/03
2018年	44.590	03/12	22.290	10/19
2019年	37.240	04/02	23.550	06/06
2020年	40.090	02/21	27.000	03/24

【株価情報】

取引単位(株)	100	A株株価	—
時価総額(百万元)	257,594.3	A株格差(倍)	—

【指標】(%)

		19/12	18/12
収益性	ROA	16.5	17.9
	ROE	27.6	30.2
	粗利益率	46.0	44.9
成長性	増収率	15.7	18.9
	増益率(営利)	11.1	18.1
	自己資本増加率	19.5	23.8
安全性	BPS(元)	4.8	4.1
	負債比率	66.6	67.9
	流動比率	272.2	217.1
	株主資本比率	59.6	59.2

【財務】(百万元)

	19/12	18/12
流動資産	64,026.3	53,633.9
総資産	75,358.0	63,491.5
流動負債	23,520.8	24,709.8
総負債	29,885.1	25,528.6
株主資本	44,904.0	37,589.4

【CF】(百万元)

	19/12	18/12
営業CF	7,767.7	9,113.3
投資CF	-1,923.0	1,450.7
財務CF	-5,471.4	-797.4
FCF	5,844.7	10,566.4
現金同等物	26,515.7	26,031.0

【株式】(19/12/31 百万株)

総数		9,345.0	
流通	A株	86.3%	
		86.3%	
非流通		13.7%	

【主要株主】(19/12/31)

	(%)
中電海康集団有限公司	38.9
龔虹嘉	13.4
新疆威訊投資管理有限合夥企業	4.8

【子会社・関連会社】(19/12/31)

	(%)
杭州螢石網路有限公司	60.0
杭州海康機器人技術有限公司	60.0
杭州海康汽車技術有限公司	60.0

【売上・利益構成】(19/12)(%)

	売上構成比	前年比	利益構成比	前年比
フロントエンド製品	47.1	12.8	53.4	17.7
中央制御設備	15.3	20.5	17.1	15.0
バックエンド機器	13.0	10.9	14.4	20.3

【業績】[中国会計基準] (百万元) ※予想：ファクトセット　　　【前号予想との比較】↘減額

	売上高	営業利益	純利益	前年比(%)	EPS(元)	1株配(元)	株配・無償(株)
2016/12	31,934.54	6,833.30	7,423.68	26.5	0.818	0.6000	10:5(株)
2017/12	41,905.48	10,443.11	9,410.86	26.8	1.030	0.5000	
2018/12	49,837.13	12,334.44	11,352.13	20.6	1.240	0.6000	
2019/12	57,658.11	13,707.56	12,414.59	9.4	1.343	0.7000	
2020/12予	63,153.35	14,448.57	13,463.87	8.5	1.460	0.7094	【株式分割・併合等】
2021/12予	75,826.22	18,031.13	16,648.79	23.7	1.720	0.7888	
2018/6中間	20,875.76	4,704.82	4,147.40	26.0	0.449	—	
2019/6中間	23,923.27	5,127.79	4,216.76	1.7	0.444	—	

【登記】浙江省杭州市濱江区阡陌路555号　【TEL】86-571-88075998　【URL】www.hikvision.com
【役員】法定代表人：陳宗年(Chen Zongnian)　【上場】2010年5月　【決算期】12月　【従業員】40,403

電子・半導体

欧菲光集団

オーフィルム・グループ

欧菲光集団股份有限公司
OFILM Group Co.,Ltd.

【指数構成銘柄】 ― 【その他上場】 ―

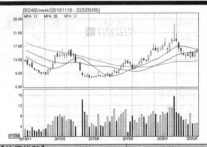

評価	株価	年間騰落率	最低売買価格
C	15.790 元	30.8 %	23,732 円

PER		予想配当回り	PBR
予想 32.0 倍 実績 83.5 倍		0.4 %	4.5 倍

スマホ用光電子部品大手 光学・オプトエレクトロニクス部品の製造大手。タッチパネル、カメラモジュール、指紋識別モジュールなどが主力でファーウェイ、OPPO、vivo、小米集団（01810）などが大口顧客。15年にはスマートカー部品事業に進出。ヒューマンマシンインターフェース（HMI）や先進運転支援システム（ADAS）、電子制御装置を手掛ける。

19年12月本決算：黒字転換 固定資産などに対する減損処理額が前年の18億4000万元から3億3700万元に縮小したことで黒字に転換した。主力事業は2割増収を確保したものの、全体の粗利益率は9.9％と前年から2.4ポイント低下した。部門別では、売り上げの約8割を占めるカメラモジュールとタッチパネルが8％増収となる半面、粗利益率の低下で26％減益。一方、指紋認証・3Dセンサーはディスプレー埋め込み型の新製品のシェア向上が寄与し、売上高2.2倍、粗利益2.6倍と好調。

最新動向 5Gスマホへの移行でハイエンド化が進み、マルチレンズやディスプレー埋め込み型指紋認証の採用加速が追い風になるとみる。カメラモジュール、指紋認証の技術開発を強化する。20年1～3月期決算は売上高が前年同期比8％減の97億6500万元、純損益が1億4100万元の黒字（前年同期は2億5700万元の赤字）。

【株価推移】

	高値		安値	
2016年	16.400	11/08	7.840	03/01
2017年	26.120	11/14	12.308	01/16
2018年	22.850	03/12	8.940	12/28
2019年	17.470	12/17	7.530	07/22
2020年	23.230	02/26	13.150	03/30

【株価情報】

取引単位(株)	100	A株価	―
時価総額(百万元)	42,115.8	A格差(倍)	―

【指標】(%)

		19/12	18/12
収益性	ROA	1.3	―
	ROE	5.4	―
	粗利益率	9.9	12.3
成長性	増収率	20.7	27.4
	増益率(営利)	―	―
	自己資本増加率	10.1	-5.7
安全性	BPS(元)	3.5	3.2
	負債比率	312.7	340.6
	流動比率	93.3	91.3
	株主資本比率	23.3	22.6

【財務】(百万元)

	19/12	18/12
流動資産	23,885.9	19,969.6
総資産	40,559.5	37,963.1
流動負債	25,592.1	21,877.9
総負債	29,581.7	29,261.3
株主資本	9,458.8	8,589.9

【CF】(百万元)

	19/12	18/12
営業CF	3,256.4	644.5
投資CF	-1,319.3	-6,642.8
財務CF	-824.3	5,741.6
FCF	1,937.1	-5,998.3
現金同等物	2,368.5	1,252.7

【株式】(19/12/31)(百万株)

総数	2,712.9	
流通	A株	98.3%
	―	
		98.3%
非流通		1.7%

【主要株主】(19/12/31)

	(%)
深セン市欧菲光投資控股有限公司	13.3
裕高(中国)有限公司	11.5
南昌市国金工業投資有限公司	6.0

【子会社・関連会社】(19/12/31)

	(%)
蘇州欧菲光科技有限公司	100.0
欧菲影像技術(広州)有限公司	100.0
O-FILM Japan株式会社	100.0

【売上・利益構成】(19/12)(%)

	売上構成比	前年比	利益構成比	前年比
カメラモジュール・タッチパネル	77.4	7.7	66.1	-25.6
指紋認証・3Dセンサー	21.2	124.0	32.0	158.2
スマートカー部材	0.9	9.3	1.7	-2.3

【業績】[中国会計基準](百万元) ※予想：ファクトセット 【前号予想との比較】↘ 減額

	売上高	営業利益	純利益	前年比(%)	EPS(元)	1株配(元)	株配・無償(株)
2016/12	26,746.42	677.81	718.83	50.2	0.280	0.1100	10:15(無)
2017/12	33,791.03	956.60	822.52	14.4	0.307	0.0460	
2018/12	43,042.81	-670.22	-519.01	―	-0.193	―	
2019/12	51,974.13	657.01	509.85	―	0.189	0.0210	
2020/12予	52,142.43	2,616.60	1,324.50	159.8	0.493	0.0566	【株式分割・併合等】
2021/12予	62,414.33	2,921.97	1,703.45	28.6	0.702	0.0781	
2018/6中間	18,256.25	917.80	743.62	19.9	0.277		
2019/6中間	23,588.35	177.71	21.00	-97.2	0.008		

【登記】深セン市光明新区公明街道松白公路華発路段欧菲光科技園 【TEL】86-755-27555331 【URL】www.ofilm.com

【役員】法定代表人：趙偉(Zhao Wei) 【上場】2010年8月 【決算期】12月 【従業員】36,434

深センA

杭州老板電器

ハンジョウ・ローバン・アプライアンシーズ

002508/week/(2018/11/16 - 2020/05/08)

評価	株価	年間騰落率	最低売買価格
B	32.590 元	24.3 %	48,983 円

PER		予想配当利回り	PBR
予想 18.4 倍 実績 19.4 倍		1.9 %	4.5 倍

大手厨房機器メーカー レンジフードのほか、ガスコンロや消毒器、オーブン、電子レンジ、食器洗い機など厨房機器の製造・販売を手掛ける。「老板」ブランドは中国で知名度が高く、主に華東地域で販売し、地方への販売も拡大している。特にレンジフードは品質が高く評価されている。レンジフード販売台数は2015－19年の5年連続で世界1位（ユーロモニター）。ガスコンロや消毒器も国内トップクラスのシェアを誇る。

19年12月本決算：増収増益 国内不動産の引き締め政策のあおりを受けて厨房機器市場は低迷したものの、主力製品がトップシェアを守り、8％増益を確保した。不動産大手との協力体制強化や販売プラットフォームの構築を進めたことが業績拡大につながった。製品別では主力のレンジフードとガスコンロが2～3％増収と前年をやや上回る水準。消毒機器は12％増収と好調だった。粗利益率は54.3％と前年から0.8ポイント改善。地域別では全体の4割を占める華東地域が6％増収。

最近の動向 新型コロナの影響を受けた20年1～3月期決算は売上高が前年同期比24％減の12億6600万元、純利益が23％減の2億4500万元にとどまった。会社側は向こう3年間の発展戦略として、主力製品の販売拡大に加え、電気圧力鍋や食洗器などにも注力していく方針。

【株価推移】

	高値		安値	
2016年	32.292	07/12	17.877	01/27
2017年	50.880	12/26	28.138	01/16
2018年	54.500	01/15	18.620	10/17
2019年	35.000	04/02	19.380	01/04
2020年	36.500	01/21	24.380	03/24

【株価情報】

取引単位（株）	100	A株株価	—
時価総額（百万元）	30,020.7	A株格差（倍）	—

【指標】(%)

		19/12	18/12
収益性	ROA	14.9	15.6
	ROE	23.2	24.4
	粗利益率	54.3	53.5
成長性	増収率	4.5	5.8
	増益率（営利）	10.0	0.7
	自己資本増加率	13.5	14.9
安全性	BPS（元）	7.2	6.4
	負債比率	53.6	55.0
	流動比率	254.5	246.9
	株主資本比率	64.4	63.9

【財務】(百万元)

	19/12	18/12
流動資産	9,051.8	7,980.2
総資産	10,651.9	9,455.4
流動負債	3,557.1	3,232.2
総負債	3,677.6	3,324.5
株主資本	6,864.4	6,045.4

【CF】(百万元)

	19/12	18/12
営業CF	1,555.2	1,509.0
投資CF	1,055.5	-1,183.5
財務CF	-759.2	-711.9
FCF	2,610.8	325.5
現金同等物	4,029.3	2,177.2

【株式】(19/12/31)(百万株)

総数		949.0
流通	A株	98.5 %
		98.5 %
非流通		1.5 %

【主要株主】(19/12/31) (%)

杭州老板実業集団有限公司	49.7
沈国英	1.3
中国建設銀行股フン有限公司 (00939)	1.2

【子会社・関連会社】(19/12/31) (%)

北京老板電器銷售有限公司	100.0
上海老板電器銷售有限公司	100.0
杭州名気電器有限公司	100.0

【売上・利益構成】(19/12)(%)

	売上構成比	前年比	利益構成比	前年比
厨房機器	97.8	5.1	97.5	6.4
その他	2.2	-16.4	2.5	-8.0

【業績】[中国会計基準](百万元) ※予想：ファクトセット

【前号予想との比較】↘ 減額

	売上高	営業利益	純利益	前年比(%)	EPS(元)	1株配(元)	株配・無償(株)
2016/12	5,794.90	1,334.04	1,206.83	45.3	1.280	0.5000	10:3(無)
2017/12	7,017.40	1,690.03	1,461.21	21.1	1.540	0.7500	
2018/12	7,424.89	1,701.56	1,473.58	0.8	1.550	0.8000	
2019/12	7,760.58	1,871.76	1,589.82	7.9	1.680	0.5000	
2020/12予	8,161.86	1,842.80	1,681.83	5.8	1.772	0.6321	【株式分割・併合等】
2021/12予	9,153.17	2,094.02	1,904.29	13.2	2.011	0.8406	
2018/6中間	3,496.66	774.90	660.34	10.5	0.700		
2019/6中間	3,527.41	801.76	670.49	1.5	0.710		

【登記】浙江省杭州市余杭区余杭経済開発区臨平大道592号 【TEL】86-571-86187810 【URL】www.robam.com
【役員】法定代表人：任建華(Ren Jianhua) 【上場】2010年11月 【決算期】12月 【従業員】4,512

深センA

サービス

万達電影
ワンダ・フィルム・ホールディング

万達電影股份有限公司
Wanda Film Holding Co.,Ltd.
【指数構成銘柄】— 【その他上場】—

[002739/week(2018/11/16 - 2020/05/08)]

評価	株価	年間騰落率	最低売買価格
E	17.170 元	-14.7 %	25,807 円

PER		予想配当利回り	PBR
予想 —	実績 —	0.0 %	2.6 倍

映画館運営会社大手 興行収入と観客動員数で中国最大規模の映画館チェーン。「万達院線」「万達電影城」のブランドで事業を展開する。豪州にも進出。チケット販売のほか、売店（映画グッズやフード・ドリンク）と広告を収入源とする。19年5月に株式交換を通じ、親会社の大連万達集団（ワンダ・グループ）などから映画制作・配給会社の万達影視伝媒を傘下に収め、制作・配給・興行の一体化体制を構築した。19年末時点で直営映画館は656館、うち国内は603館。

19年12月本決算：赤字転落 過去の事業買収に絡み59億元に上るのれんの減損引当金を計上したことが赤字転落の主因。これを除けば純損益は11億元の黒字となる。主力の映画興行は国内映画市場の減速が逆風となり、興行収入が3％増加したものの、3割減益と振るわなかった。広告収入は2桁の減収減益。新たに買収した映画制作・配給事業は前年にヒット映画の興行収入が高かった反動で、2桁の減収減益と落ち込んだ。

最近の動向 20年1～3月期決算は売上高が70％減の12億5500万元、純損失が6億元だった。新型コロナの影響で映画館が営業停止となったことが響いた。一方、20年は映画館50～70館の新設を計画。4月には第三者割当増資で最大43億5000万元を調達する計画を発表した。

【株価推移】

	高値		安値	
2016年	80.507	01/04	0.000	02/24
2017年	40.600	03/01	0.000	07/04
2018年	34.693	01/02	0.000	01/02
2019年	28.000	04/23	13.850	11/19
2020年	22.710	01/17	14.000	02/04

【株価情報】

取引単位(株)	100	A株株価	—
時価総額(百万元)	30,239.8	A株格差(倍)	—

【指標】(%)

		19/12	18/12
収益性	ROA	—	6.8
	ROE	—	11.2
	粗利益率	27.5	34.2
成長性	増収率	-5.2	23.1
	増益率(営利)	—	33.4
	自己資本増加率	-26.2	60.6
安全性	BPS(元)	6.7	10.6
	負債比率	89.3	64.5
	流動比率	93.8	103.7
	株主資本比率	52.2	60.2

【財務】(百万元)

	19/12	18/12
流動資産	9,323.5	8,376.1
総資産	26,488.1	31,137.4
流動負債	9,941.1	8,077.8
総負債	12,349.6	12,095.5
株主資本	13,832.1	18,740.0

【CF】(百万元)

	19/12	18/12
営業CF	1,858.8	2,150.4
投資CF	-1,544.3	-1,990.4
財務CF	-42.6	-1,384.8
FCF	314.6	160.0
現金同等物	2,445.0	2,169.3

【株式】(19/12/31)(百万株)

総数		2,078.4
流通	A株	84.7 %
	—	
		84.7 %
	非流通	15.3 %

【主要株主】(19/12/31) (%)

北京万達投資有限公司	45.5
杭州臻希投資管理有限公司	6.5
シン県融智資行管理諮詢中心(有限合夥)	2.2

【子会社・関連会社】(19/12/31) (%)

天津万達国際電影城有限公司	100.0
HG Holdco Pty Ltd.	100.0
万達影視伝媒有限公司	95.8

【売上・利益構成】(19/12)(%)

	売上構成比	前年比	利益構成比	前年比
映画興行	59.1	0.6	14.2	-35.6
広告	12.6	-22.1	27.1	-32.8
グッズ・飲食物販売	12.5	3.1	28.8	9.4

【業績】[中国会計基準](百万元) ※予想：ファクトセット

【前号予想との比較】 ↓ 大幅減額

	売上高	営業利益	純利益	前年比(%)	EPS(元)	1株配(元)	株配・無償(株)
2016/12	11,209.32	1,553.68	1,366.45	15.2	1.164	0.2000	
2017/12	13,229.38	1,872.28	1,515.68	10.9	0.861	0.2000	10:5(無)
2018/12	16,287.42	2,497.55	2,102.77	38.7	1.012	—	
2019/12	15,435.36	-4,515.66	-4,728.59	—	-2.275	—	
2020/12予	9,051.00	-131.62	-148.91	—	-0.155	—	【株式分割・併合等】
2021/12予	17,715.33	1,982.67	1,665.33	—	0.800	0.1400	
2018/6中間	8,516.17	1,594.08	1,375.29	55.0	0.781	—	
2019/6中間	7,564.44	624.18	524.27	-61.9	0.289	—	

深センA

【登記】北京市朝陽区建国路93号万達広場B座11層 【TEL】86-10-85587602 【URL】www.wandafilm.com

【役員】法定代表人：張霖(Zhang Lin) 【上場】2015年1月 【決算期】12月 【従業員】14,260

上海浦東発展銀行
シャンハイ・プードン・デベロプメント・バンク

上海浦東発展銀行股份有限公司
Shanghai Pudong Development Bank Co.,Ltd.
【指数構成銘柄】— 【その他上場】—

[600000/week(2018/11/16 - 2020/05/08)]

評価	株価	年間騰落率	最低売買価格
B	10.440 元	-9.3 %	15,691 円

PER		予想配当利回り	PBR
予想 **5.1** 倍　実績 **5.4** 倍		**5.4** %	**0.6** 倍

上海拠点の中堅商業銀行 1992年設立の株式制商業銀行で銀行銘柄の国内上場第1号。英誌「ザ・バンカー」の世界の銀行ランキングで17位（19年）。19年末時点で国内外に1602カ所の拠点を構える。子会社を通じて農村向け金融やファイナンスリース事業も展開する。12年にはハイテクベンチャー企業向け業務に特化した浦発硅谷銀行を米シリコンバレーバンクと合弁で設立した。筆頭株主は上海市政府系企業の上海国際集団。

19年12月本決算：増収増益 利息収入を伸ばす一方で利息支出が減り、利息純収入が15％増加。純金利マージンは0.15ポイント上昇した。手数料純収入は4％増。貴金属などの評価益が4.7倍に達したことも追い風となった。半面、貸出規模の拡大に伴う信用減損損失の増加が利益率を下押しした。不良債権比率は2.05％と0.13ポイント上昇。不良債権引当金カバー率は133.85％と最低基準の130％を小幅に上回る。Tier1比率と自己資本比率はそれぞれ0.74ポイント、0.19ポイント上昇。

最近の動向 20年1〜3月期決算は純利益が前年同期比5％増の173億6100万元。経常収益は11％増の554億2400万元で、うち利息純収入が2％増の320億9600万元。3月末時点の不良債権比率は1.99％と19年末比0.06ポイント低下した。不良債権引当金カバー率は146.51％。

【株価推移】

	高値		安値	
2016年	13.515	12/12	11.105	01/28
2017年	14.020	07/17	11.162	05/08
2018年	14.000	01/24	9.170	07/06
2019年	13.330	10/16	9.580	01/02
2020年	12.690	01/14	9.820	03/23

【株価情報】

取引単位(株)	100	A株株価	—
時価総額(百万元)	293,403.3	A株格差(倍)	—

【指標】(%)

		19/12	18/12
収益性	ROA	0.8	0.9
	ROE	10.6	11.9
	粗利益率	—	—
成長性	増収率	11.6	1.3
	増益率(営利)	6.9	-7.0
	自己資本増加率	17.5	10.9
安全性	BPS(元)	18.9	16.1
	負債比率	1,163.6	1,232.3
	流動比率	—	—
	株主資本比率	7.9	7.5

【財務】(百万元)

	19/12	18/12
流動資産	—	—
総資産	7,005,929.0	6,289,606.0
流動負債	—	—
総負債	6,444,878.0	5,811,226.0
株主資本	553,861.0	471,562.0

【CF】(百万元)

	19/12	18/12
営業CF	-68,628.0	-338,360.0
投資CF	-66,973.0	257,889.0
財務CF	151,767.0	117,903.0
FCF	-135,601.0	-80,471.0
現金同等物	205,084.0	187,644.0

【株式】(19/12/31)(百万株)

	総数	29,352.1	
流通	A株	95.7%	
		95.7%	
非流通		4.3%	

【主要株主】(19/12/31)

	(%)
上海国際集団有限公司	21.6
富徳生命人寿保険股フン有限公司	19.8
中国移動通信集団広東有限公司	18.2

【子会社・関連会社】(19/12/31)

	(%)
上海国際信託有限公司	97.3
浦銀金融租賃股フン有限公司	61.0
浦発硅谷銀行有限公司	50.0

【売上・利益構成】(19/12)(%)

	売上構成比	前年比	利益構成比	前年比
商業銀行・投資業務	100.0	11.6	100.0	6.9

【業績】[中国会計基準](百万元) ※予想：ファクトセット 【前号予想との比較】→ 前号並み

	経常収益	業務純益	純利益	前年比(%)	EPS(元)	1株配(元)	株配・無償(株)
2016/12	160,779.00	69,647.00	53,099.00	4.9	1.850	0.2000	10:3(無)
2017/12	168,619.00	70,275.00	54,258.00	2.2	1.840	0.1000	
2018/12	170,865.00	65,343.00	55,914.00	3.1	1.850	0.3500	
2019/12	190,688.00	69,864.00	58,911.00	5.4	1.950	0.6000	
2020/12予	198,410.55	143,873.84	61,360.44	4.2	2.065	0.5654	【株式分割・併合等】
2021/12予	210,549.73	153,781.92	65,074.43	6.1	2.166	0.5873	
2018/6中間	82,023.00	34,164.00	28,569.00	1.4	0.950		
2019/6中間	97,599.00	38,270.00	32,106.00	12.4	1.070		

【登記】上海市中山東一路12号 【TEL】86-21-63611226 【URL】www.spdb.com.cn
【役員】法定代表人：鄭楊(Zheng Yang) 【上場】1999年11月 【決算期】12月 【従業員】58,253

三一重工

サニー・ヘビー・インダストリー

機械

三一重工股份有限公司
Sany Heavy Industry Co.,Ltd.
【指数構成銘柄】— 【その他上場】—

[600031/week/(2018/11/16 - 2020/05/08)]

評価	株価	年間騰落率	最低売買価格
C	**20.390** 元	**72.1** %	**30,646** 円

PER		予想配当利回り	PBR
予想 **12.4** 倍 実績 **15.0** 倍		**2.3** %	**3.9** 倍

建設機械の中国最大手 コンクリートポンプ車では世界最大手。12年に当時コンクリートポンプの世界最大手だった独プツマイスターを買収し、"世界最強連合"を実現させた。ほかに起重機、掘削機、路面舗装設備では中国で最有力ブランドを展開。油圧プレス機でも国内トップシェアを握る。世界に200の営業支社と2000余りのサービスセンターを置き、インド、米国、ドイツ、ブラジルにR&Dや製造拠点を設けている。

19年12月本決算：大幅増益 インフラ建設や環境保護政策の強化、設備更新需要などを追い風に販売を伸ばした。全体の粗利益率は2.1ポイント改善。研究開発費は2.1倍に膨らんだが、販売費や財務コストを抑制し過去最高益を達成した。製品別の売上高は掘削機が44%増、コンクリートポンプ車が37%増、起重機が50%増と好調で、杭打機が3%増、路面舗装設備は1%増だった。地域別の売上高は中国が47%増、海外はインドネシアや米国を中心に販売を伸ばし4%増。

今後の計画 会社側は、20年の売上高目標を前年実績比12%増の850億元に設定。インフラ投資の加速や設備更新需要の増加、オートメーション化の推進が追い風になるとみる。20年1〜3月期は売上高が前年同期比19%減の172億6600万元、純利益が32%減の21億9400万元。

【株価推移】

	高値		安値	
2016年	7.000	11/15	4.550	02/01
2017年	9.280	12/28	6.090	01/03
2018年	10.020	01/08	7.460	10/19
2019年	17.350	12/31	7.770	01/04
2020年	20.830	05/08	14.390	02/04

【株価情報】

取引単位(株)	100	A株株価	
時価総額(百万円)	171,895.9	A株格差(倍)	

【指標】(%)

		19/12	18/12
収益性	ROA	12.4	8.3
	ROE	25.2	19.4
	粗利益率	32.7	30.6
成長性	増収率	35.5	45.6
	増益率(営利)	74.8	173.9
	自己資本増加率	41.1	23.5
安全性	BPS(元)	5.3	4.0
	負債比率	101.3	131.1
	流動比率	162.5	152.9
	株主資本比率	49.1	42.7

【財務】(百万元)

	19/12	18/12
流動資産	68,500.2	51,895.9
総資産	90,541.3	73,774.7
流動負債	42,148.6	33,935.4
総負債	45,014.6	41,272.6
株主資本	44,421.0	31,484.9

【CF】(百万元)

	19/12	18/12
営業CF	13,265.4	10,526.9
投資CF	-11,980.9	-10,765.1
財務CF	-1,150.7	826.9
FCF	1,284.5	-238.2
現金同等物	4,451.5	4,320.9

【株式】(19/12/31)(百万株)

総数		8,426.2
流通	A株	99.9%
	—	
		99.9%
	非流通	—

【主要株主】(19/12/31)

	(%)
三一集団有限公司	30.0
梁穏根	3.4
中国証券金融股フン有限公司	2.8

【子会社・関連会社】(19/12/31)

	(%)
三一重機投資有限公司	100.0
三一汽車製造有限公司	100.0
三一汽車起重機械有限公司	92.5

【売上・利益構成】(19/12)(%)

	売上構成比	前年比	利益構成比	前年比
建設機械	97.7	36.1	99.4	45.4
その他	2.3	17.2	0.6	-21.5

【業績】 [中国会計基準](百万元) ※予想：ファクトセット 　【前号予想との比較】 ↗ 増額

	売上高	営業利益	純利益	前年比(%)	EPS(元)	1株配(元)	株配・無償(株)
2016/12	23,280.07	1,246.95	203.46	4,001.1	0.027	0.0100	
2017/12	38,335.09	2,876.03	2,092.25	928.4	0.273	0.1800	
2018/12	55,821.50	7,878.44	6,116.29	192.3	0.791	0.2600	
2019/12	75,665.76	13,775.43	11,206.66	83.2	1.360	0.4200	
2020/12予	86,364.82	16,450.19	13,820.54	23.3	1.643	0.4658	【株式分割・併合等】
2021/12予	94,689.83	18,785.15	15,793.24	14.3	1.873	0.5251	
2018/6中間	28,123.82	4,341.96	3,388.56	192.1	0.441		
2019/6中間	43,386.44	8,575.01	6,748.01	99.1	0.834		

【登記】北京市昌平区北清路8号6棟5楼 【TEL】86-10-60738888 【URL】www.sanyhi.com

【役員】法定代表人：梁穏根(Liang Wengen) 【上場】2003年7月 【決算期】12月 【従業員】18,450

上海
A

鄭州宇通客車
ジャンジョウ・ユゥトンバス

鄭州宇通客車股份有限公司
Zhengzhou Yutong Bus Co.,Ltd.
【指数構成銘柄】 ― 【その他上場】 ―

自動車・二輪

評価	株価	年間騰落率	最低売買価格
C	13.220 元	-2.9 %	19,870 円

PER		予想配当利回り	PBR
予想 16.6 倍 実績 15.6 倍		5.7 %	1.7 倍

中国の大手バスメーカー 公共バスや観光バス、通学用バスなど各種バスの研究開発、製造、販売に従事。全長5メートルの小型バスから18メートル級の大型バスまで幅広く生産し、電気バスやハイブリッドバスも手掛ける。主力工場を河南省鄭州市に置き、19年末の年産能力は6万5000台。大型バスと中型バスに強みを持ち、19年の市場シェアは37%で業界トップ。ほかに不動産事業やバスの運行サービスも手掛ける。

19年12月本決算：減収減益 国内需要の縮小に伴う販売台数の減少や補助金削減が響いた。19年のバス販売台数は前年比4%減の5万8700台。補助金縮小で新エネルギー車の販売は11%減の2万2100台に落ち込んだ。全体の粗利益は8%減少し、粗利益率は24.3%と前年から1ポイント低下。研究開発費を5%減に抑制したが、販売費が11%増、管理費が8%増となり利益を圧迫した。

最近の動向 経営陣は新型コロナウイルスの感染拡大による国内外のバス需要縮小を警戒。20年の売上高計画は前年実績を2%下回る299億元に設定した。20年1-3月期決算は売上高が前年同期比42%減の28億800万元、純損益は3億1100万元の黒字から1億4300万元の赤字に転落。新型コロナの影響で同期のバス販売台数は51%減の5200台へと大きく落ち込んだ。

【株価推移】

	高値		安値	
2016年	23.980	07/29	17.510	02/01
2017年	27.260	11/13	18.680	05/05
2018年	25.780	01/04	10.450	10/30
2019年	16.670	04/24	11.420	01/24
2020年	16.560	01/20	11.770	03/23

【株価情報】

取引単位(株)	100	A株株価	―
時価総額(百万元)	27,135.0	A株格差(倍)	―

【指標】(%)

		19/12	18/12
収益性	ROA	5.3	6.3
	ROE	11.1	13.8
	粗利益率	24.3	25.3
成長性	増収率	-4.0	-4.4
	増益率(営利)	-18.2	-31.5
	自己資本増加率	5.4	7.4
安全性	BPS(元)	7.9	7.5
	負債比率	108.1	120.4
	流動比率	166.6	157.3
	株主資本比率	47.9	45.2

【財務】(百万元)

	19/12	18/12
流動資産	27,388.1	27,967.9
総資産	36,619.5	36,799.0
流動負債	16,437.0	17,775.3
総負債	18,953.7	20,042.9
株主資本	17,540.3	16,640.9

【CF】(百万元)

	19/12	18/12
営業CF	5,340.2	2,577.8
投資CF	-2,309.4	-152.8
財務CF	-1,444.2	-1,554.0
FCF	3,030.8	2,425.1
現金同等物	4,478.8	2,894.0

【株式】(19/12/31)(百万株)

総数		2,213.9
流通	A株	100.0%
		100.0%
非流通		0.0%

【主要株主】(19/12/31) (%)

鄭州宇通集団有限公司	41.1
中国証券金融フン有限公司	3.0
中国銀行股フン有限公司（03988)	2.9

【子会社・関連会社】(19/12/31) (%)

香港宇通国際有限公司	100.0
鄭州精益達汽車零部件有限公司	100.0
鄭州科林車用空調有限公司	70.0

【売上・利益構成】(19/12)(%)

	売上高構成比	前年比	利益構成比	前年比
バス製造	91.6	-5.1	93.5	-8.2
不動産	1.1	―	1.5	―
運行サービス	0.3	-27.9	0.0	-90.4

【業績】 ［中国会計基準］(百万元) ※予想：ファクトセット 【前号予想との比較】 ↓ 大幅減額

	売上高	営業利益	純利益	前年比(%)	EPS(元)	1株配(元)	株配・無償(株)
2016/12	35,850.44	4,408.70	4,043.75	14.4	1.830	1.0000	
2017/12	33,221.95	3,601.55	3,129.19	-22.6	1.410	0.5000	
2018/12	31,745.85	2,468.00	2,301.49	-26.5	1.010	0.5000	
2019/12	30,479.44	2,018.29	1,940.21	-15.7	0.850	1.0000	
2020/12予	28,362.00	2,005.42	1,763.70	-9.1	0.796	0.7499	**【株式分割・併合等】**
2021/12予	31,002.20	2,338.87	2,072.76	17.5	0.936	0.6767	
2018/6中間	12,016.90	726.76	616.50	-23.4	0.280		
2019/6中間	12,505.41	765.93	682.98	10.8	0.310		

上海A

【登記】河南省鄭州市管城区宇通路 【TEL】86-371-66718281 【URL】www.yutong.com
【役員】法定代表人：湯玉祥(Tang Yuxiang) 【上場】1997年5月 【決算期】12月 【従業員】18,082

医薬・バイオ

北京同仁堂

ベイジン・トンレンタン

北京同仁堂股份有限公司
Beijing Tong Ren Tang Co.,Ltd
【指数構成銘柄】― 【その他上場】―

評価	株価	年間騰落率	最低売買価格
C	25.560 元	-13.4 %	38,417 円

PER		予想配当利回り	PBR
予想 34.8 倍 実績 35.5 倍		1.0 %	3.8 倍

漢方の老舗ブランド 清朝康熙8年（1669年）の創業で、300年以上の歴史を誇る「同仁堂」ブランドで漢方製剤、健康食品などの製造と小売り事業を展開。漢方製剤は内科、外科、婦人科、小児科用など400超の品目に上り、心脳血管系医薬と滋養強壮剤に強みを持つ。主な製品は「安宮牛黄丸」「同仁牛黄清心丸」など。小売り事業は19年末時点で852店舗を構える。傘下に香港上場の北京同仁堂科技（01666）を抱える。

19年12月本決算：減収減益 子会社の北京同仁堂科技が生産ラインの移転に伴う減産で2桁の減収減益となったことが響いた。前年に権益譲渡や移転補償があった反動で投資収益が51%減、固定資産処分益が64%減となったことも減益幅を拡大させた一因。部門別では、製造事業が1割超の減収減益。主力の心脳血管系医薬と滋養強壮剤は生産量がそれぞれ28%減、33%減、販売量が13%減、26%減とそろって低迷した。粗利益率も3ポイント低下の48%に悪化。小売事業は小幅減益となったものの、粗利益率の改善で4%増益を確保した。

最新動向 新型コロナの予防や治療で漢方薬の効果が認められ、今後の政策支援や漢方薬の地位向上につながるとしている。20年1-3月期決算は売上高が23%減の30億3300万元、純利益が32%減の2億3900万元。

【株価推移】

	高値		安値	
2016年	43.880	01/04	26.280	02/29
2017年	36.100	06/26	29.500	01/16
2018年	43.780	05/28	26.020	12/20
2019年	34.080	04/10	25.470	12/12
2020年	30.250	02/06	23.990	03/24

【株価情報】

取引単位(株)	100	A株株価	―
時価総額(百万元)	35,054.8	A株格差(倍)	―

【指標】(%)

		19/12	18/12
収益性	ROA	4.7	5.5
	ROE	10.7	12.2
	粗利益率	46.8	46.7
成長性	増収率	-6.6	6.2
	増益率(営利)	-13.6	13.0
	自己資本増加率	-0.3	10.0
安全性	BPS(元)	6.7	6.8
	負債比率	67.8	64.2
	流動比率	329.3	330.6
	株主資本比率	44.1	45.2

【財務】(百万元)

	19/12	18/12
流動資産	16,112.5	16,014.5
総資産	20,921.8	20,477.6
流動負債	4,893.6	4,844.4
総負債	6,261.6	5,948.3
株主資本	9,235.1	9,261.0

【CF】(百万元)

	19/12	18/12
営業CF	2,273.7	1,928.4
投資CF	-317.4	-382.7
財務CF	-1,294.0	-650.5
FCF	1,956.4	1,545.7
現金同等物	7,557.1	6,854.2

【株式】(19/12/31)(百万株)

	総数		1,371.5
	A株		100.0%
流通			―
			100.0%
非流通			0.0%

【主要株主】(19/12/31) (%)

中国北京同仁堂（集団）有限責任公司	52.5
安邦人寿保険股フン有限公司	15.0
中国証券金融股フン有限公司	3.0

【子会社・関連会社】(19/12/31) (%)

北京同仁堂科技発展股フン有限公司	46.9
北京同仁堂国薬有限公司（03613）	71.7
北京同仁堂商業投資集団有限公司	52.0

【売上・利益構成】(19/12)(%)

	売上構成比	前年比	利益構成比	前年比
医薬品製造	50.0	-10.5	60.4	-16.4
医薬品販売	50.0	-0.5	39.6	3.6

【業績】[中国会計基準](百万元) ※予想：ファクトセット

【前号予想との比較】 ―

	売上高	営業利益	純利益	前年比(%)	EPS(元)	1株配(元)	株配・無償(株)
2016/12	12,090.74	1,887.77	933.17	6.6	0.680	0.2400	
2017/12	13,375.97	2,014.74	1,017.38	9.0	0.742	0.2500	
2018/12	14,208.64	2,277.07	1,134.28	11.5	0.827	0.2600	
2019/12	13,277.12	1,968.13	985.44	-13.1	0.719	0.7600	
2020/12予	13,581.50	2,036.00	1,010.50	2.5	0.735	0.2600	【株式分割・併合等】
2021/12予	14,610.00	2,207.00	1,101.00	9.0	0.800	0.2900	
2018/6中間	7,267.03	1,314.74	639.37	6.6	0.466		
2019/6中間	7,156.78	1,319.03	660.69	3.3	0.485		

【登記】北京市大興区中関村科技園区大興生物医薬産業基地天貴大街33号 【TEL】86-10-67179780 【URL】www.tongrentanggf.com
【役員】法定代表人：高振坤(Gao Zhenkun) 【上場】1997年6月 【決算期】12月 【従業員】18,398

上海 A

上海汽車集団
エスエーアイシー・モーター

上海汽車集団股份有限公司
SAIC Motor Corp.,Ltd.
【指数構成銘柄】— 【その他上場】—

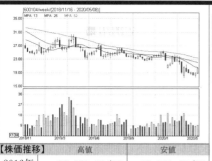

評価	株価	年間騰落率	最低売買価格
C	20.290 元	-21.8 %	30,496 円

PER		予想配当利回り	PBR
予想 10.5 倍	実績 9.3 倍	3.9 %	0.9 倍

中国最大の自動車メーカー 自社ブランドのほか、米ゼネラル・モーターズ（GM）や独フォルクスワーゲン（VW）と合弁事業を展開。傘下の上海VWと上海GMは乗用車販売台数で国内上位のシェアを誇る。19年の自動車販売台数は624万台。工場は国内のほか、インドネシアやインドにも置く。近年は新エネルギー車やスマート運転技術の研究開発に力を入れている。親会社は上海市政府傘下の上海汽車工業（集団）総公司。

19年12月本決算：減収減益 国内市場が低迷する中、販売台数の減少が響き、08年以来の減益となった。粗利益率は13.9%と前年から0.8ポイント低下。販管費や研究開発費の抑制に努めたが、合弁事業の利益貢献減少が業績を圧迫した。販売台数は前年比12%減。主力合弁会社の上海VWが200万台を確保したが、前年から3%減少。上海GMと上海GM五菱はともに19%の落ち込みとなった。一方、新エネルギー車は補助金が削減される中で30%増の19万台と健闘。輸出・海外販売は27%増の35万台で国内トップシェアを維持した。

最新動向 20年は販売目標600万台、売上高目標7800億元と前年実績より低く設定。新型コロナの影響を警戒する。20年1～3月期決算は売上高が前年同期比47%減の1059億4700万元、純利益が86%減の11億2100万元。

株価推移
	高値		安値	
2016年	26.550	11/29	17.600	01/27
2017年	34.230	11/22	23.570	01/03
2018年	37.660	03/13	24.110	12/10
2019年	30.300	04/17	22.490	11/22
2020年	25.390	01/13	17.460	03/23

株価情報
取引単位(株)	100	A株株価	—
時価総額(百万元)	237,057.4	A株格差(倍)	—

指標 (%)
		19/12	18/12
収益性	ROA	3.0	4.6
	ROE	10.3	15.4
	粗利益率	13.9	14.7
成長性	増収率	-6.5	3.6
	増益率(営利)	-24.8	-0.8
	自己資本増加率	6.5	4.0
安全性	BPS(元)	21.4	20.1
	負債比率	219.7	212.5
	流動比率	110.4	109.4
	株主資本比率	29.4	29.9

財務 (百万元)
	19/12	18/12
流動資産	511,157.6	453,375.8
総資産	849,333.3	782,769.9
流動負債	462,803.3	414,323.1
総負債	548,493.7	498,049.6
株主資本	249,702.0	234,368.6

CF (百万元)
	19/12	18/12
営業CF	46,271.9	8,975.7
投資CF	-39,264.4	9,844.9
財務CF	-3,093.7	-19,113.7
FCF	7,007.5	18,820.5
現金同等物	109,822.7	106,217.4

株式 (19/12/31) (百万株)
総数	11,683.5		
流通	A株	98.5%	—
			98.5%
非流通			1.5%

主要株主 (19/12/31) (%)
上海汽車工業（集団）総公司	71.2
躍進汽車集団公司	3.5
中国証券金融股フン有限公司	3.0

子会社・関連会社 (19/12/31) (%)
上汽大衆汽車有限公司	50.0
上汽通用汽車有限公司	50.0
上汽通用五菱汽車股フン有限公司	50.1

売上・利益構成 (19/12) (%)
	売上構成比	前年比	利益構成比	前年比
自動車	98.0	-6.9	89.1	-14.6
金融サービス	2.0	15.3	10.9	15.3

業績 [中国会計基準] (百万元) ※予想：ファクトセット
【前号予想との比較】 ↓ 大幅減額

	売上高	営業利益	純利益	前年比(%)	EPS(元)	1株配(元)	株配・無償(株)
2016/12	756,414.06	48,583.42	32,005.70	7.4	2.903	1.6500	
2017/12	870,639.43	54,109.99	34,410.34	7.5	2.959	1.8300	
2018/12	902,194.07	53,673.82	36,009.21	4.6	3.082	1.2600	
2019/12	843,324.37	40,345.10	25,603.38	-28.9	2.191	0.8800	
2020/12予	770,252.25	33,850.82	22,421.37	-12.4	1.930	0.7918	【株式分割・併合等】
2021/12予	847,771.40	42,667.22	28,546.71	27.3	2.442	1.0027	
2018/6中間	464,852.10	30,032.55	18,981.86	18.9	1.625	—	
2019/6中間	376,293.29	20,519.43	13,764.34	-27.5	1.178	—	

【登記】 中国（上海）自由貿易試験区松濤路563号1号楼509室 **【TEL】** 86-21-22011138 **【URL】** www.saicmotor.com
【役員】 法定代表人：陳虹(Chen Hong) **【上場】** 1997年11月 **【決算期】** 12月 **【従業員】** 13,958

上海A

中青旅控股

ホテル・観光

チャイナ・シーワイティーエス・ツアーズ

中青旅控股股份有限公司
China CYTS Tours Holding Co.,Ltd.
【指数構成銘柄】— 【その他上場】—

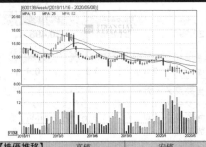

評価	株価	年間騰落率	最低売買価格
D	10.160 元	-22.9 %	15,270 円

	PER		予想配当利回り	PBR
	予想 32.4 倍 実績 12.9 倍		0.4 %	1.1 倍

中国の大手旅行会社 中国3大旅行会社の一角。「中青旅（CYTS）」ブランドで国内外の旅行手配サービスを展開する。江南水郷古鎮「烏鎮」など景勝地の運営や、会議・展示会の運営、ホテル事業にも従事。オンライン事業では旅行サイト「遨游網（AoYou.com）」を運営する。戦略投資としてIT・技術サービス企業に出資するほか、北京の本部ビル「中青旅大厦」の賃料も収益源。18年に実質支配者が中国共産主義青年団中央委員会から中国光大集団に交代。

19年12月本決算：増収減益 人件費の増加で販売費が2割、管理費と財務費がともに1割増加したことが重荷となったほか、「古北水鎮」運営企業からの持ち分法利益が36％減少したことが響き、営業利益は1％減。部門別では主力の旅行手配が2桁増収増益と好調。本土北部市場の開発に加え、クルーズ船の旅や欧州、中東アフリカ路線が健調で、収益拡大をけん引した。「一帯一路」国際協力サミットなど大型イベントの開催に携わった会議・展示会運営部門や、景勝地運営、ホテル運営はそろって1桁の増収増益を確保した。

最近の動向 20年1－3月決算期は売上高が前年同期比53％減の12億100万元、純損益は前年同期の6400万元の黒字から1億9800万元の赤字に転落した。

【株価推移】

	高値		安値	
2016年	25.260	10/27	18.210	02/29
2017年	22.830	03/22	18.680	05/11
2018年	24.480	04/09	12.320	10/30
2019年	17.970	03/22	10.860	08/15
2020年	13.110	01/09	9.240	02/04

【株価情報】

取引単位(株)	100	A株株価	—
時価総額(百万元)	7,325.1	A株格差(倍)	—

【指標】(%)

		19/12	18/12
収益性	ROA	3.5	4.1
	ROE	8.6	9.8
	粗利益率	24.1	25.3
成長性	増収率	14.6	11.3
	増益率(営利)	-1.2	8.0
	自己資本増加率	7.7	9.4
安全性	BPS(元)	9.1	8.5
	負債比率	113.6	105.2
	流動比率	113.4	110.3
	株主資本比率	40.1	41.9

【財務】(百万元)

	19/12	18/12
流動資産	7,056.8	6,538.4
総資産	16,436.7	14,593.8
流動負債	6,224.3	5,926.5
総負債	7,490.8	6,434.9
株主資本	6,592.2	6,119.6

【CF】(百万元)

	19/12	18/12
営業CF	596.2	719.1
投資CF	-1,379.8	-893.0
財務CF	379.0	253.4
FCF	-783.6	-173.9
現金同等物	849.3	1,248.5

【株式】(19/12/31)(百万株)

総数	723.8	
流通	A株	100.0 %
	—	
	—	
	100.0 %	
非流通		0.0 %

【主要株主】(19/12/31) (%)

中国青旅集団有限公司	17.2
陽光人寿保険股フン有限公司	5.0
全国社会保障基金理事会	4.8

【子会社・関連会社】(19/12/31) (%)

中青旅上海国際旅行社有限公司	100.0
中青旅（北京）商務旅遊有限公司	100.0
中青旅山水酒店集団股フン有限公司	51.0

【売上・利益構成】(19/12)(%)

	売上構成比	前年比	利益構成比	前年比
旅行手配	33.6	20.7	11.4	31.8
IT製品の販売・技術サービス	27.4	15.8	9.6	-5.8
会議・展示会運営	19.0	4.3	16.0	5.9

【業績】[中国会計基準](百万元) ※予想：ファクトセット **【前号予想との比較】** ↘ 大幅減額

	売上高	営業利益	純利益	前年比(%)	EPS(元)	1株配(元)	株配・無償(株)
2016/12	10,327.48	770.35	483.52	63.8	0.670	0.1000	
2017/12	11,019.55	1,145.34	571.71	18.2	0.790	0.1000	
2018/12	12,264.77	1,237.13	597.42	4.5	0.825	0.1400	
2019/12	14,053.57	1,222.82	568.16	-4.9	0.785	0.0400	
2020/12予	9,988.85	415.80	218.75	-61.5	0.314	0.0375	**【株式分割・併合等】**
2021/12予	14,426.42	1,199.38	604.13	176.2	0.864	0.1475	
2018/6中間	5,566.97	773.03	404.89	16.7	0.559		
2019/6中間	5,852.51	745.59	382.18	-5.6	0.528		

【登記】北京市東城区東直門南大街5号 **【TEL】**86-10-58158717 **【URL】**www.aoyou.com

ホテル・観光

上海A

【役員】法定代表人：康国明(Kang Guoming) **【上場】**1997年12月 **【決算期】**12月 **【従業員】**9,761

江蘇恒瑞医薬

ジャンスー・ハンルイ・メディスン

江蘇恒瑞医薬股份有限公司
Jiangsu Hengrui Medicine Co.,Ltd.
【指数構成銘柄】— 【その他上場】—

医薬・バイオ

評価	株価	年間騰落率	最低売買価格
C	97.050 元	51.1 %	145,866 円

PER		予想配当利回り	PBR
予想 65.1 倍　実績 80.9 倍		0.2 %	17.3 倍

中国の製薬大手 主力の抗がん剤のほか、手術用麻酔薬、特殊輸液、造影剤、心血管薬などの製造・販売を手掛ける。19年末時点で27品目が中国「国家必須医薬品リスト」入り。漢方の原薬や、医療機器の開発・製造も手掛ける。中国全土に販売網を持ち、海外では名古屋に子会社を置く。3400人超の研究開発員を抱え、連雲港、上海、成都、米国に研究・臨床試験拠点を置く。年間売上高の10%相当を研究開発に投じる。

19年12月本決算:増収増益 主力医薬品が成長し、業績が拡大した。利幅の大きい抗がん剤の売り上げが43%伸びたほか、造影剤の売り上げも39%増え、全体の粗利益率は前年から0.9ポイント上昇。販売費の伸びを増収率より低く抑えたほか、投資収益や金融資産評価益が増え、営業利益を押し上げた。19年は後発薬のデクスメデトミジン塩酸塩注射剤が米国とニュージーランドで、注射用ダプトマイシンが米国で承認。さらに原薬3品目の承認申請を米食品医薬品局（FDA）に提出。

今後の計画 会社側は20年も技術革新と国際化を経営戦略に掲げる。新薬開発に重点を置き、各国で臨床試験を行う。後発薬は欧米、日本、南米での販売に力を入れる。20年1−3月期決算は売上高が前年同期比11%増の55億2700万元、純利益は10%増の13億1500万元。

【株価推移】

	高値		安値	
2016年	25.642	12/08	0.000	04/12
2017年	49.242	11/07	23.975	01/12
2018年	69.408	06/07	41.575	12/21
2019年	96.470	11/20	41.483	01/04
2020年	99.680	04/10	77.180	03/19

【株価情報】

取引単位(株)	100	A株株価	—
時価総額(百万元)	427,265.4	A株格差(倍)	—

【指標】(%)

		19/12	18/12
収益性	ROA	19.3	18.2
	ROE	21.5	20.6
	粗利益率	87.6	86.6
成長性	増収率	33.7	25.9
	増益率(営利)	33.8	20.7
	自己資本増加率	25.6	28.4
安全性	BPS(元)	5.6	5.4
	負債比率	10.6	13.0
	流動比率	902.3	724.6
	株主資本比率	89.9	88.2

【財務】(百万元)

	19/12	18/12
流動資産	22,311.3	18,069.4
総資産	27,556.5	22,361.2
流動負債	2,472.6	2,493.6
総負債	2,618.9	2,563.5
株主資本	24,775.3	19,728.2

【CF】(百万元)

	19/12	18/12
営業CF	3,816.8	2,774.2
投資CF	-1,945.4	-2,855.5
財務CF	-718.5	-368.4
FCF	1,871.4	-81.3
現金同等物	5,030.9	3,865.7

【株式】(19/12/31)(百万株)

総数		4,422.8
流通	A株	99.6 %
	—	—
	—	—
		99.6 %
非流通		0.4 %

【主要株主】(19/12/31)

	(%)
江蘇恒瑞医薬集団有限公司	24.2
西蔵達遠企業管理有限公司	15.0
連雲港恒創医薬科技有限公司	4.9

【子会社・関連会社】(19/12/31)

	(%)
成都盛迪医薬有限公司	95.9
江蘇盛迪医薬有限公司	100.0
ハンルイ医薬株式会社	100.0

【売上・利益構成】(19/12)(%)

	売上構成比	前年比	利益構成比	前年比
医薬品製造・販売	97.3	28.9	98.5	28.4
その他	2.7	9.8	1.5	331.9

【業績】[中国会計基準](百万元) ※予想:ファクトセット

【前号予想との比較】 → 前号並み

	売上高	営業利益	純利益	前年比(%)	EPS(元)	1株配(元)	株配・無償(株)
2016/12	11,093.72	3,023.06	2,588.95	19.2	0.918	0.1350	10:2(株)
2017/12	13,835.63	3,807.82	3,216.65	24.2	0.870	0.1300	10:2(株)、10:1(無)
2018/12	17,417.90	4,596.65	4,065.61	26.4	0.920	0.2200	10:2(株)
2019/12	23,288.58	6,149.68	5,328.03	31.1	1.200	0.2300	10:2(株)
2020/12予	29,293.67	7,495.70	6,660.37	25.0	1.490	0.2380	【株式分割・併合等】
2021/12予	36,998.21	9,607.32	8,569.95	28.7	1.916	0.2904	
2018/6中間	7,760.75	2,311.98	1,909.77	21.4	0.429		
2019/6中間	10,026.30	2,878.01	2,412.46	26.3	0.543		

【登記】江蘇省連雲港市経済技術開発区黄河路38号 【TEL】86-518-81220983 【URL】www.hrs.com.cn
【役員】法定代表人：周雲曙(Zhou Yunshu)【上場】2000年10月 【決算期】12月 【従業員】24,431

万華化学集団

ワンフア・ケミカル・グループ

万華化学集団股份有限公司
Wanhua Chemical Group Co.,Ltd.
【指数構成銘柄】— 【その他上場】—

評価	株価	年間騰落率	最低売買価格
C	46.830 元	9.9 %	70,385 円

PER		予想配当利回り	PBR
予想 17.5 倍　実績 14.5 倍		2.3 %	3.5 倍

煙台市政府系の化学製品メーカー ポリウレタンのほか、プロピレン、アクリル酸などの石化製品、高吸水性高分子（SAP）などファインケミカルを製造・販売する。ポリウレタン原料のジフェニルメタンジイソシアネート（MDI）の世界的大手で、トルエンジイソシアネート（TDI）でも主要サプライヤー。山東省煙台市、浙江省寧波市、ハンガリーに化学工業団地を建設し、売上高の45％を海外で稼ぐ（19年通期）。

19年12月本決算：減収減益 主力製品のポリウレタンの市場価格が下がり、業績が悪化した。販売費など営業費用の増加も利益を下押しした。ポリウレタン販売量は前年比12％伸びたが売り上げは19％減少し、製品粗利益率も41.3％と9.2ポイント低下した。石化製品は売り上げが3％減となったが、製品粗利益は5％増加。ファインケミカル・新素材は売り上げが24％増えた半面、利幅が縮小したため製品粗利益は横ばい。

今後の見通し 20年1～3月期決算は売上高が前年同期比4％減の153億4300万元、純利益が51％減の13億7700万元。会社側は今後、C2オレフィン誘導体に力を入れる方針で、エチレン産業チェーンプロジェクト（生産能力100万トン）が20年下半期に完成する予定。オレフィンを原料とする高付加価値品の幅を広げる。

【株価推移】

	高値		安値	
2016年	18.467	12/26	10.008	02/29
2017年	43.680	10/10	17.958	01/03
2018年	54.950	07/18	26.800	10/30
2019年	57.190	12/31	27.000	01/04
2020年	57.760	01/03	37.600	03/23

【株価情報】

取引単位(株)	100	A株株価	—
時価総額(百万元)	66,674.5	A株格差(倍)	—

【指標】(%)

		19/12	18/12
収益性	ROA	10.5	17.9
	ROE	23.9	40.9
	粗利益率	28.0	35.5
成長性	増収率	-6.6	37.1
	増益率(営利)	-37.3	15.6
	自己資本増加率	11.3	39.5
安全性	BPS(元)	13.5	13.9
	負債比率	125.0	124.8
	流動比率	52.4	77.4
	株主資本比率	43.7	43.7

【財務】(百万元)

	19/12	18/12
流動資産	23,483.6	30,893.0
総資産	96,865.3	87,063.5
流動負債	44,799.6	39,894.8
総負債	52,934.1	47,481.1
株主資本	42,364.1	38,049.0

【CF】(百万元)

	19/12	18/12
営業CF	25,932.9	22,877.3
投資CF	-18,366.9	-10,570.3
財務CF	-9,233.0	-9,936.5
FCF	7,566.1	12,307.0
現金同等物	4,518.7	6,192.6

【株式】(19/12/31)(百万株)

総数	3,139.7		
流通	A株	45.3 %	
	—		
	—		
		45.3 %	
非流通		54.7 %	

【主要株主】(19/12/31)

	(%)
煙台国富投資控股集団有限公司	21.6
Prime Partner International Ltd.	10.7
煙台中誠投資股フン有限公司	10.5

【子会社・関連会社】(19/12/31)

	(%)
万華化学(寧波)有限公司	100.0
BorsodChem Zrt.	100.0
万華化学(日本)株式会社	100.0

【売上・利益構成】(19/12)(%)

	売上構成比	前年比	利益構成比	前年比
ポリウレタン製品	47.3	-18.6	69.3	-33.5
石化製品	29.9	-3.2	11.8	5.1
ファインケミカル・新素材	10.5	24.4	9.6	1.1

【業績】[中国会計基準](百万元) ※予想：ファクトセット 【前号予想との比較】—

	売上高	営業利益	純利益	前年比(%)	EPS(元)	1株配(元)	株割・無償(株)
2016/12	30,099.86	5,648.60	3,679.42	128.6	1.420	0.5000	10:2(株)
2017/12	53,123.17	16,959.30	11,134.79	202.6	4.090	1.5000	
2018/12	72,837.11	19,603.58	15,566.26	39.8	4.960	2.0000	
2019/12	68,050.67	12,296.96	10,129.99	-34.9	3.230	1.3000	
2020/12予	65,681.13	10,637.73	8,479.66	-16.3	2.671	1.0849	【株式分割・併合等】
2021/12予	86,580.61	16,557.69	13,224.87	56.0	4.166	1.7802	
2018/6中間	37,256.81	13,141.75	10,504.36	116.1	3.350	—	
2019/6中間	31,539.00	7,021.59	5,621.10	-46.5	1.790	—	

【登記】山東省煙台市経済技術開発区天山路17号 【TEL】86-535-3031588 【URL】www.whchem.com

【役員】法定代表人：廖増太(Liao Zengtai) 【上場】2001年1月 【決算期】12月 【従業員】15,392

上海A

福建龍浄環保

フージェン・ロンキン

建設・プラント

福建龍浄環保股份有限公司
Fujian Longking Co.,Ltd.
【指数構成銘柄】— 【その他上場】—

評価	株価	年間騰落率	最低売買価格
C	9.110 元	-19.8 %	13,692 円

PER		予想配当利回り	PBR
予想 10.8 倍	実績 11.4 倍	2.2 %	1.7 倍

煙道ガス浄化の大手 発電所や工場が排出する煙道ガスの処理を手掛ける。脱硫装置や脱硝装置、除塵装置、煙道ガス浄化設備の電源装置を製造・販売。総合的な環境対策ソリューションを提案し、主にBOT（建設・運営・譲渡）方式で請け負う。北京、上海、西安、武漢、アモイなど各地に研究開発拠点や生産拠点を置く。製品は国内のほか、中東やアジア、中南米など海外にも輸出。原材料運搬も手掛け、パイプコンベヤーベルト輸送システムをブリヂストンと共同開発した。

19年12月本決算：増収増益 16%増収の一方でコストが膨らみ6%増益にとどまったが、売上高・純利益ともに過去最高を更新。業界内の競争が激しくなる中、排煙処理事業は国内トップシェアを確保した。全体の粗利益は7%増、粗利益率は22.2%と前年から1.9ポイント低下。会計基準の変更で投資収益が2.8倍に増えたが、販管費や財務費がかさみ利益を圧迫した。同期の新規受注額は14%増の148億元、期末の受注残は195億元。

最近の動向 中国政府が環境保護政策を重視する中、会社側は引き続き環境ビジネスの需要は旺盛とみる。ただ、競争激化や外部環境の変化は利益の下押し要因として警戒。20年1～3月期決算は売上高が前年同期比7%減の15億900万元、純利益が35%減の6800万元だった。

【株価推移】

	高値		安値	
2016年	17.350	01/04	11.520	01/27
2017年	18.980	10/25	11.810	01/16
2018年	17.760	01/02	7.440	10/19
2019年	13.550	04/08	9.100	11/13
2020年	11.790	03/04	8.280	04/01

【株価情報】

取引単位(株)	100	A株株価	—
時価総額(百万元)	9,739.0	A株格差(倍)	—

【指標】(%)

		19/12	18/12
収益性	ROA	3.9	4.2
	ROE	14.9	15.9
	粗利益率	22.2	24.1
成長性	増収率	16.3	15.9
	増益率(営利)	5.9	8.4
	自己資本増加率	13.1	11.6
安全性	BPS(元)	5.3	—
	負債比率	276.8	272.6
	流動比率	119.9	118.4
	株主資本比率	26.5	26.8

【財務】(百万元)

	19/12	18/12
流動資産	17,011.7	15,353.9
総資産	21,583.0	18,853.9
流動負債	14,183.0	12,971.9
総負債	15,802.0	13,765.0
株主資本	5,709.4	5,049.3

【CF】(百万元)

	19/12	18/12
営業CF	16.5	414.0
投資CF	-579.8	-1,692.3
財務CF	440.8	1,818.7
FCF	-563.2	-1,278.4
現金同等物	2,224.7	2,343.5

【株式】(19/12/31)(百万株)

総数	1,069.1
流通 A株	100.0%
	—
流通	100.0%
非流通	0.0%

【主要株主】(19/12/31)(%)

龍浄実業集団有限公司	18.1
龍岩市国有資産投資経営有限公司	8.1
西蔵陽光泓瑞工貿有限公司	4.1

【子会社・関連会社】(19/12/31)(%)

福建龍浄設備安装有限公司	100.0
福建龍浄脱硫脱硝工程有限公司	100.0
Longking Engineering India Pte.Ltd.	100.0

【売上・利益構成】(19/12)(%)

	売上構成比	前年比	利益構成比	前年比
環境設備製造	98.3	16.7	97.2	7.3
その他	1.7	-1.3	2.8	9.6

【業績】[中国会計基準](百万元) ※予想：ファクトセット

【前号予想との比較】↘ 減額

	売上高	営業利益	純利益	前年比(%)	EPS(元)	1株配(元)	株配・無償(株)
2016/12	8,023.54	756.16	663.91	18.5	0.620	0.1900	
2017/12	8,112.69	874.11	724.33	9.1	0.680	0.2100	
2018/12	9,402.30	947.37	801.22	10.6	0.750	0.1700	
2019/12	10,935.03	1,003.36	851.03	6.2	0.800	0.2000	
2020/12予	12,157.13	1,072.82	905.22	6.4	0.845	0.2000	【株式分割・併合等】
2021/12予	13,205.36	1,195.43	1,008.21	11.4	0.945	0.2300	
2018/6中間	3,242.46	308.31	250.55	11.0	0.230	—	
2019/6中間	4,437.95	336.53	276.85	10.5	0.260	—	

【登記】福建省龍岩市新羅区工業中路19号 【TEL】86-597-2210288 【URL】www.longking.com.cn
【役員】法定代表人：何媚(He Mei) 【上場】2000年12月 【決算期】12月 【従業員】7,456

上海A

国電南瑞科技

ナリ・テクノロジー

国電南瑞科技股份有限公司
Nari Technology Co.,Ltd.
【指数構成銘柄】 ― 【その他上場】 ―

600406/week/2018/11/16 - 2020/05/08

評価	株価	年間騰落率	最低売買価格
C	20.000 元	8.1 %	30,060 円

PER		予想配当利回り	PBR
予想 17.6 倍 実績 21.3 倍		1.5 %	3.0 倍

国家電網傘下の送電技術会社 国家電網公司傘下で初の上場企業。中国の電力網と工業制御のIT化を手掛け、ハードとソフト、ソリューションを提供する。主力事業は送配電・変電設備の自動調節システムと、鉄道など鉱工業向けシステム制御。送電網と軌道交通の監視センターなどで利用される。ほかに送配電網の保守と障害復旧、送電・情報通信管理システム、発電・環境保護・水利施設のIT化も手掛ける。

19年12月本決算：増収増益 売上高を前年比14%伸ばしたものの、粗利益率はほぼ横ばい。会計ルールの変更に伴い減損損失が膨らんだが、これらの非経常損益を除いた純利益は15%増の41億4900万元となる。事業別では、送電網自動化・産業制御が10%増収、12%増益と堅調。送電・情報通信管理システムは売り上げが30%増えたが、利幅が2.5ポイント縮小した。送配電の保守・復旧設備は4%減益と苦戦した。

今後の計画 20年1～3月期決算は売上高が前年同期比3%増の38億7400万元、純利益が6%減の8500万元。20年の売上高目標は前年比10%増の357億元。国の新興産業育成政策を背景に、IGBT（絶縁ゲート・バイポーラ・トランジスタ）組立・試験生産ラインと3300ボルトIGBTチップモジュール製造の準備を進める。

【株価推移】

	高値		安値	
2016年	17.870	01/06	12.180	02/29
2017年	21.870	11/21	15.740	06/08
2018年	19.150	12/14	14.300	07/05
2019年	25.170	03/13	16.880	06/04
2020年	22.700	03/13	16.350	02/03

【株価情報】

取引単位(株)	100	A株株価	―
時価総額(百万元)	58,698.0	A株格差(倍)	―

【指標】 (%)

		19/12	18/12
収益性	ROA	7.6	8.0
	ROE	14.2	15.0
	粗利益率	28.8	28.7
成長性	増収率	13.6	19.0
	増益率(営利)	5.1	19.0
	自己資本増加率	9.9	43.4
安全性	BPS(元)	6.6	6.1
	負債比率	81.2	82.6
	流動比率	175.2	183.2
	株主資本比率	53.2	53.1

【財務】 (百万元)

	19/12	18/12
流動資産	42,605.4	41,296.4
総資産	57,424.9	52,339.9
流動負債	24,319.7	22,544.8
総負債	24,772.3	22,958.4
株主資本	30,523.1	27,784.3

【CF】 (百万元)

	19/12	18/12
営業CF	4,684.3	3,208.3
投資CF	-2,684.3	-6,843.6
財務CF	-1,970.3	2,543.8
FCF	2,000.0	-3,635.3
現金同等物	7,388.9	7,346.3

【株式】 (19/12/31) (百万株)

総数	4,622.1
流通 A株	63.5%
	―
	63.5%
非流通	36.5%

【主要株主】 (19/12/31) (%)

国家電網有限公司	57.2
中国証券金融股フン有限公司	3.0
沈国栄	2.5

【子会社・関連会社】 (19/12/31) (%)

国電南瑞南京控制系統有限公司	100.0
安徽南瑞継遠電網技術有限公司	100.0
安徽南瑞中天電力電子有限公司	100.0

【売上・利益構成】 (19/12) (%)

	売上構成比	前年比	利益構成比	前年比
送電網自動化・産業制御	57.2	10.4	57.1	11.9
送配電の保守・復旧設備	17.7	6.5	21.3	-4.3
送電・情報通信管理システム	15.4	30.4	13.6	18.8

【業績】 [中国会計基準] (百万元) ※予想：ファクトセット | **【前号予想との比較】** ➡ 前号並み

	売上高	営業利益	純利益	前年比(%)	EPS(元)	1株配(元)	株配・無償(株)
2016/12	28,248.38	3,439.36	3,161.15	143.3	0.780	0.3000	
2017/12	24,194.50	4,201.52	3,240.52	2.5	0.790	0.3600	
2018/12	28,540.37	4,998.13	4,162.08	28.4	0.930	0.3700	
2019/12	32,423.60	5,252.55	4,343.07	4.3	0.940	0.2900	
2020/12予	36,742.36	6,161.43	5,184.54	19.4	1.134	0.3045	
2021/12予	41,953.68	7,165.30	6,036.90	16.4	1.309	0.3486	
2018/6中間	10,557.29	1,669.14	1,352.31	50.8	0.310	―	
2019/6中間	10,934.16	1,460.63	1,201.32	-11.2	0.260	―	

【株式分割・併合等】

【登記】 南京市江寧経済技術開発区誠信大道19号2幢 **【TEL】** 86-25-81087102 **【URL】** www.naritech.cn

【役員】 法定代表人：冷俊(Leng Jun) **【上場】** 2003年10月 **【決算期】** 12月 **【従業員】** 8,211

貴州茅台酒

グイジョウ・マオタイ

貴州茅台酒股份有限公司
Kweichow Moutai Co.,Ltd.
【指数構成銘柄】— 【その他上場】—

食品・飲料

上海A

評価	株価	年間騰落率	最低売買価格
C	1314.610 元	48.6 %	1,975,859 円

PER		予想配当利回り	PBR
予想 34.8 倍	実績 40.1 倍	1.4 %	12.1 倍

中国の大手白酒メーカー 貴州省茅台地区を拠点とする蒸留酒メーカーで、白酒（パイチュウ）を代表する高級酒「茅台酒」を製造・販売。中価格帯の「茅台王子酒」、低価格帯の「茅台迎賓酒」なども手掛ける。「茅台酒」は高粱（コーリャン）を主な原料とし、ウイスキー、ブランデーと並ぶ世界3大蒸留酒のひとつ。中国では国賓の接遇に供される「国酒」として名高い。19年の「茅台酒」販売量は3万4600トンに上った。

19年12月本決算：増収増益 主力製品「茅台酒」の売上高と収益力が業界トップを維持していることに加え、その他製品も約2割増収を確保した。売上原価の伸びを抑え、粗利益率は前年を0.1ポイント上回る91.4%に改善。うち「茅台酒」は93.8%の高水準をキープした。その他製品も1.2ポイント上昇して72.2%。地域別売上比率は国内向け販売が97%、海外向けが3%だった。

最近の動向 「茅台酒」の原料酒の新たな生産施設（年産1120トン）が19年10月に稼働を開始。20年に増産効果が表れる見込み。会社側は新型コロナで生産計画や目標を下方修正しない方針を表明。20年の売上高目標を前年比10%増に設定し、約54億元の設備投資を計画。20年1〜3月期決算は売上高が前年同期比13%増の252億9800万元、純利益が17%増の130億9400万元。

【株価推移】

	高値		安値	
2016年	340.000	12/08	195.510	01/14
2017年	726.500	12/29	332.810	01/03
2018年	803.500	06/12	509.020	10/30
2019年	1241.610	11/19	582.020	01/04
2020年	1338.000	05/08	960.100	03/19

【株価情報】

取引単位(株)	100	A株株価
時価総額(百万元)	1,651,410.2	A株格差(倍)

【指標】(%)

		19/12	18/12
収益性	ROA	22.5	22.0
	ROE	30.3	31.2
	粗利益率	91.6	91.6
成長性	増収率	15.1	26.4
	増益率(営利)	15.0	31.9
	自己資本増加率	20.5	23.4
安全性	BPS(元)	108.3	89.8
	負債比率	30.3	37.6
	流動比率	387.0	324.9
	株主資本比率	74.3	70.6

【財務】(百万元)

	19/12	18/12
流動資産	159,024.5	137,861.8
総資産	183,042.4	159,846.7
流動負債	41,093.3	42,438.2
総負債	41,166.0	42,438.2
株主資本	136,010.4	112,838.6

【CF】(百万元)

	19/12	18/12
営業CF	45,210.6	41,385.2
投資CF	-3,165.7	-1,629.0
財務CF	-19,284.4	-16,441.1
FCF	42,044.9	39,756.3
現金同等物	121,003.8	98,243.3

【株式】(19/12/31)(百万株)

総数	1,256.2	
A株	100.0%	
流通	—	
	100.0%	
非流通	0.0%	

【主要株主】(19/12/31) (%)

中国貴州茅台酒廠（集団）有限責任公司	58.0
貴州省国有資本運営有限責任公司	4.0
貴州茅台酒廠集団技術開発公司	2.2

【子会社・関連会社】(19/12/31)

貴州茅台酒銷售有限公司	95.0
貴州茅台酒進出口有限責任公司	70.0
国酒茅台定制営銷（貴州）有限公司	70.0

【売上・利益構成】(19/12)(%)

	売上構成比	前年比	利益構成比	前年比
茅台酒	88.8	15.7	91.2	15.8
その他	11.2	18.1	8.8	20.1

【業績】［中国会計基準］(百万元) ※予想：ファクトセット

【前号予想との比較】 ↘ 減額

	売上高	営業利益	純利益	前年比(%)	EPS(元)	1株配(元)	株配・無償(株)
2016/12	40,155.08	24,265.63	16,718.36	7.8	13.310	6.7870	
2017/12	61,062.76	38,940.01	27,079.36	62.0	21.560	10.9990	
2018/12	77,199.38	51,342.99	35,203.63	30.0	28.020	14.5390	
2019/12	88,854.34	59,041.49	41,206.47	17.1	32.800	17.0250	
2020/12予	98,581.16	67,261.93	47,430.40	15.1	37.758	18.9822	【株式分割・併合等】
2021/12予	116,153.48	80,507.13	56,701.64	19.5	45.129	24.6158	
2018/6中間	35,251.47	22,879.90	15,764.19	40.1	12.550	—	
2019/6中間	41,172.68	28,398.00	19,951.03	26.6	15.880	—	

【登記】貴州省仁懐市茅台鎮 【TEL】86-851-22386002 【URL】www.moutaichina.com
【役員】法定代表者：高衛東(Gao Weidong) 【上場】2001年8月 【決算期】12月 【従業員】27,005

用友網絡科技

ヨンヨウ・ネットワーク・テクノロジー

IT・ソフトウエア

用友網絡科技股份有限公司
Yonyou Network Technology Co.,Ltd
【指数構成銘柄】 ―　【その他上場】 ―

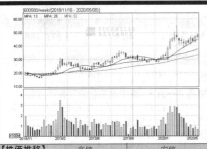

評価	株価	年間騰落率	最低売買価格
D	47.360 元	108.5 %	71,182 円

PER		予想配当利回り	PBR
予想 119.8 倍　実績 98.7 倍		0.4 %	16.5 倍

中国の企業向けソフトウエア開発大手 ERP（統合基幹業務パッケージ）やSCM（サプライチェーン・マネジメント）、CRM（顧客関係管理）など企業向けソフトウエアの開発・販売を主力事業とする。業界団体発表の中国インターネット企業ランキングで17位（19年）。近年はクラウドサービス事業の強化に注力している。19年12月末時点で、クラウドサービスの顧客企業は543万社に上る。企業向け決済、インターネット投融資情報などの金融関連サービスも提供している。

19年12月本決算：大幅増益 権益の売却や金融資産評価益の計上で一過性利益が前年の8000万元から5億600万元に増加したことが利益を押し上げたが、非経常項目を除いたコアベースでも純利益は27％増と堅調に伸びた。増収効果に加え、販売費、管理費をおおむね前年並みの水準に抑えたことが寄与した。部門別ではクラウドサービス（金融向けを除く）と企業向け決済はそれぞれ売り上げ2.3倍、4.2倍と急成長。一方、ソフトウエアは伸び悩み、7％減収にとどまった。全体の粗利益率は65.4％となり、前年から4.6ポイント低下した。

最近の動向 20年1－3月期決算は売上高が前年同期比13％減の10億8900万元、純損益は前年同期の8200万元の黒字から2億3800万元の赤字に転落した。

【株価推移】

	高値		安値	
2016年	18.654	01/04	9.331	03/01
2017年	15.685	09/14	0.000	08/17
2018年	25.262	03/09	11.754	01/17
2019年	36.330	09/05	16.308	01/02
2020年	54.850	03/04	28.590	01/02

【株価情報】

取引単位(株)	100	A株株価	―
時価総額(百万元)	117,453.4	A株格差(倍)	―

【指標】(%)

		19/12	18/12
収益性	ROA	6.7	4.0
	ROE	16.5	9.3
	粗利益率	65.4	70.0
成長性	増収率	10.5	21.4
	増益率(営利)	48.9	39.5
	自己資本増加率	9.2	12.3
安全性	BPS(元)	2.9	3.4
	負債比率	128.9	115.2
	流動比率	111.6	113.9
	株主資本比率	40.9	43.2

【財務】(百万元)

	19/12	18/12
流動資産	10,168.3	8,340.1
総資産	17,538.4	15,220.9
流動負債	9,112.4	7,324.2
総負債	9,244.2	7,568.9
株主資本	7,172.6	6,570.7

【CF】(百万元)

	19/12	18/12
営業CF	1,533.0	2,042.7
投資CF	-183.0	151.6
財務CF	-154.6	-766.6
FCF	1,350.1	2,194.3
現金同等物	6,038.4	4,849.9

【株式】(19/12/31)(百万株)

総数		2,503.9
流通	A株	99.6 %
	―	
		99.6 %
	非流通	0.4 %

【主要株主】(19/12/31)　(%)

北京用友科技有限公司	28.3
上海用友投諮詢有限公司	12.0
上海益倍管理諮詢有限公司	4.2

【子会社・関連会社】(19/12/31)　(%)

北京用友政務軟件股フン有限公司	77.5
用友金融信息技術有限公司	77.0
用友汽車信息科技（上海）股フン有限公司	76.9

【売上・利益構成】(19/12)(%)

	売上構成比	前年比	利益構成比	前年比
ソフトウエア・クラウドサービス	96.6	10.4	95.3	2.9
その他	3.4	12.6	4.7	13.5

【業績】 [中国会計基準] (百万元) ※予想：ファクトセット　【前号予想との比較】 ↘ 減額

	売上高	営業利益	純利益	前年比(%)	EPS(元)	1株配(元)	株配・無償(株)
2016/12	5,113.35	-51.53	197.39	-39.0	0.140	0.1300	
2017/12	6,343.66	676.21	389.08	97.1	0.210	0.1500	10:3(無)
2018/12	7,703.50	943.12	612.13	57.3	0.250	0.2500	10:3(無)
2019/12	8,509.66	1,404.62	1,182.99	93.3	0.480	0.2600	10:3(無)
2020/12予	10,010.74	1,077.29	1,012.66	-14.4	0.395	0.2077	【株式分割・併合等】
2021/12予	12,758.33	1,566.70	1,374.57	35.7	0.535	0.2702	
2018/6中間	3,005.70	294.04	123.66	―	0.070		
2019/6中間	3,313.01	594.43	482.38	290.1	―		

【登記】北京市海淀区北清路68号 【TEL】86-10-62436838 【URL】www.yonyou.com
【役員】法定代表人：王文京(Wang Wenjing) 【上場】2001年5月 【決算期】12月 【従業員】17,271

上海A

海爾智家

ハイアール・スマートホーム

海爾智家股份有限公司
Haier Smart Home Co.,Ltd.

【指数構成銘柄】 ― **【その他上場】** ―

評価	株価	年間騰落率	最低売買価格
C	**15.350** 元	**-6.9** %	**23,071** 円

PER		予想配当利回り	PBR
予想 **13.7** 倍　実績 **11.9** 倍		**2.2** %	**2.1** 倍

世界最大の白物家電メーカー 前身の青島電氷箱総廠を改組して1989年に設立。「海爾（ハイアール）」ブランドで各種白物家電を生産する。白物家電の世界シェアは19年まで11年連続で世界トップを維持し、冷蔵庫、洗濯機、ワインセラーも世界トップ（ユーロモニター調べ）。三洋電機の白物家電事業や米GEの家電事業などを買収して業容を拡大し、「GE Appliances」「Casarte」「Leader」「Fisher&Paykel」「アクア」「Candy」などのグローバルブランドも展開。傘下に香港上場の海爾電器（01169）などを抱える。

19年12月本決算：増収増益 需要縮小を背景に価格競争が激化し、業界全体の売り上げが伸び悩む中、各製品の販売シェアを拡大し安定成長につなげた。財政補助などその他の収益が38％増えたほか、投資収益も2.8倍に拡大し利益を押し上げた。事業別では、8％減収だったエアコンを除く5部門が増収増益。うち冷蔵庫は8％増収だが、高級デザインブランド「Casarte」は27％増収と好調だった。洗濯機は技術革新により多くの価格帯でマーケットシェアを拡大した。

最近の動向 20年1～3月期決算は、売上高が前年同期から11％減少の431億4100万元にとどまり、純利益が50％減少の10億7000万元に落ち込んだ。

【株価推移】

	高値		安値	
2016年	11.330	07/29	7.240	02/29
2017年	20.310	11/21	9.700	01/16
2018年	23.200	01/15	11.960	10/30
2019年	19.980	12/26	13.150	01/04
2020年	20.230	01/14	13.800	03/23

【株価情報】

取引単位(株)	100	A株株価	―
時価総額（百万元）	100,996.3	A株格差(倍)	―

【指標】(%)

		19/12	18/12
収益性	ROA	4.4	4.5
	ROE	17.1	18.8
	粗利益率	29.8	29.1
成長性	増収率	9.0	12.7
	増益率(営利)	25.2	14.5
	自己資本増加率	20.5	19.3
安全性	BPS(元)	7.3	6.2
	負債比率	255.7	282.5
	流動比率	105.2	115.8
	株主資本比率	25.5	23.6

【財務】(百万元)

	19/12	18/12
流動資産	100,547.1	95,419.0
総資産	187,454.2	168,091.6
流動負債	95,609.7	82,429.2
総負債	122,464.4	112,283.7
株主資本	47,888.3	39,742.7

【CF】(百万元)

	19/12	18/12
営業CF	15,082.6	19,142.8
投資CF	-10,961.6	-7,649.6
財務CF	-6,013.0	-10,502.0
FCF	4,121.0	11,493.2
現金同等物	34,962.9	36,560.9

【株式】(19/12/31 (百万株))

総数	6,579.6		
流通	A株	95.9%	
	その他	4.1%	―
		100.0%	
非流通		0.0%	―

【主要株主】(19/12/31)

	(%)
海爾電器国際股フン有限公司	19.1
海爾集団有限公司	16.3
中国証券金融股フン有限公司	2.8

【子会社・関連会社】(19/12/31)

	(%)
海爾電器集団有限公司（01169）	45.9
青島海爾空調器有限総公司	100.0
青島海爾電氷箱有限公司	100.0

【売上・利益構成】(19/12)(%)

	売上構成比	前年比	利益構成比	前年比
冷蔵庫	29.3	7.5	25.4	14.3
洗濯機	22.4	23.3	19.7	18.9
台所設備	14.8	18.3	32.8	21.4

【業績】[中国会計基準](百万元) ※予想:ファクトセット

【前号予想との比較】 ↘ 減額

	売上高	営業利益	純利益	前年比(%)	EPS(元)	1株配(元)	株分・無償(株)
2016/12	119,132.26	7,354.23	5,041.78	17.1	0.827	0.2480	
2017/12	163,428.83	10,076.03	6,907.63	37.0	1.133	0.3420	
2018/12	184,108.48	11,538.02	7,483.66	8.3	1.217	0.3510	
2019/12	200,761.98	14,449.44	8,206.25	9.7	1.286	0.3750	
2020/12予	195,157.84	10,608.06	7,340.22	-10.6	1.120	0.3441	【株式分割・併合等】
2021/12予	215,338.58	13,240.94	9,100.00	24.0	1.405	0.4292	
2018/6中間	90,488.12	6,665.59	4,787.94	8.4	0.785	―	
2019/6中間	99,789.17	7,110.52	5,150.87	7.6	0.808	―	

【登記】 山東省青島市ロウ山区海爾工業園内 **【TEL】** 86-532-88931670 **【URL】** www.haier.net

【役員】 法定代表人：梁海山(Liang Haishan) **【上場】** 1993年11月 **【決算期】** 12月 **【従業員】** 99,757

自動車・二輪

寧波均勝電子
ニンボー・ジョイソン・エレクトロニック

寧波均勝電子股份有限公司
Ningbo Joyson Electronic Corp.
【指数構成銘柄】—　【その他上場】—

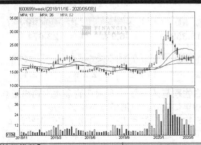

評価	株価	年間騰落率	最低売買価格
E	20.750 元	22.4 %	31,187 円

PER		予想配当利回り	PBR
予想 26.3 倍　実績 26.9 倍		0.3 %	2.0 倍

中国の大手自動車部品メーカー　浙江省寧波市に拠点を置く自動車部品メーカー。自動車安全システム、HMI（ヒューマン・マシン・インターフェース）と新エネルギー車電源管理（BMS）、自動車構成部品、IoV（つながる車）システムを4本柱とする。16年に独TechniSatから自動車モジュール化ITシステム開発や運転支援ナビなどの事業を買収。18年4月には民事再生手続き中だったタカタの事業買収を完了した。

19年12月本決算：増収減益　前年にタカタ買収などに絡み負ののれん代を計上した反動が減益の主因。非経常項目を除いた純利益は10%増。自動車業界の景気悪化が逆風となったものの、タカタとの事業統合が進む中、約1割増収を確保。販売費の抑制や、研究開発費、財務費が前年を下回ったことも寄与。一方、統合コストに加え、一部新製品が生産初期にあることが影響し、全体の粗利益率は16%と1ポイント低下した。通期の新規受注は安全システムが約442億元、電子システムが約270億元、構成部品が約23億元、IoVが約13億元。

最新の動向　20年2月、上海に生産拠点を持つ米テスラから安全システムやHMIなどの受注を獲得。20年1～3月期決算は売上高が前年同期比21%減の122億1700万元、純利益は79%減の5900万元だった。

【株価推移】

	高値		安値	
2016年	28.893	06/16	0.000	01/04
2017年	30.886	11/14	0.000	05/12
2018年	25.464	01/08	14.300	10/19
2019年	21.400	03/13	13.520	08/06
2020年	32.800	02/26	17.610	01/03

【株価情報】

取引単位（株）	100	A株株価	—
時価総額（百万元）	25,673.2	A株格差（倍）	—

【指標】（%）

		19/12	18/12
収益性	ROA	1.7	2.2
	ROE	7.5	10.6
	粗利益率	16.0	17.0
成長性	増収率	9.8	111.2
	増益率（営利）	79.9	-18.3
	自己資本増加率	1.1	-2.0
安全性	BPS（元）	10.2	13.1
	負債比率	316.6	330.7
	流動比率	117.3	128.2
	株主資本比率	22.1	21.0

【財務】（百万元）

	19/12	18/12
流動資産	25,787.7	29,197.1
総資産	56,924.8	59,320.2
流動負債	21,992.9	22,770.0
総負債	39,817.7	41,135.9
株主資本	12,578.2	12,438.1

【CF】（百万元）

	19/12	18/12
営業CF	3,919.5	2,974.2
投資CF	-3,696.4	-9,332.8
財務CF	-1,802.8	9,432.0
FCF	223.0	-6,358.6
現金同等物	5,807.9	7,308.3

【株式】（19/12/31）（百万株）

総数	1,237.3		
流通	A株	100.0%	
	—		
		100.0%	
非流通	0.0%		

【主要株主】（19/12/31）（%）

均勝集団有限公司	38.5
中信期貨有限公司	2.9
金鷹基金－浦発銀行－万向信託	2.9

【子会社・関連会社】（19/12/31）（%）

寧波均勝群英汽車系統股フン有限公司	95.8
Preh GmbH	100.0
Joyson Auto Safety Holding S.A	69.2

【売上・利益構成】（19/12）（%）

	売上構成比	前年比	利益構成比	前年比
自動車安全システム	77.1	9.8	73.1	6.8
自動車電子システム	12.3	18.8	14.2	-8.2
自動車構成部品	6.3	7.0	9.1	7.1

【業績】［中国会計基準］（百万元）※予想：ファクトセット　【前号予想との比較】↓ 大幅減額

	売上高	営業利益	純利益	前年比（%）	EPS（元）	1株配（元）	株配・無償（株）
2016/12	18,552.41	758.70	453.69	13.5	0.660	0.2000	
2017/12	26,605.60	1,047.56	395.87	-12.7	0.420	0.1000	
2018/12	56,180.93	855.60	1,317.99	232.9	1.020	—	10:4（無）
2019/12	61,698.90	1,538.94	940.06	-28.7	0.770	0.0700	
2020/12予	55,815.71	2,271.48	796.20	-15.3	0.790	0.0566	【株式分割・併合等】
2021/12予	63,995.82	3,115.25	1,308.50	64.3	1.169	0.1309	
2018/6中間	22,633.94	263.14	821.15	33.4	0.870		
2019/6中間	30,827.48	1,319.52	577.14	-37.4	0.590	—	

上海 A

【登記】浙江省寧波市高新区清逸路99号　【TEL】86-574-87907001　【URL】www.joyson.cn

上海隧道工程

シャンハイ・トンネル・エンジニアリング

上海隧道工程股份有限公司
Shanghai Tunnel Engineering Co.,Ltd.
【指数構成銘柄】― 【その他上場】―

建設・プラント

評価	株価	年間騰落率	最低売買価格
C	5.700 元	-10.5 %	8,567 円

PER		予想配当利回り	PBR
予想 8.0 倍 実績 8.4 倍		3.8 %	0.8 倍

上海市政府系の建設会社 上海を拠点とするトンネル建設の大手。鉄道や道路のトンネル掘削をBT方式やBOT方式で請け負う。前身企業の設立は1965年と古く、当初は中国の国防建設の機密任務を担った。道路高架橋や地下鉄、地下共同溝、天然ガス貯蔵施設の建設、設計も手掛け、PPP方式のプロジェクトを積極的に受注。地下鉄用トンネルでは国内だけでなく香港、シンガポール、インドなど海外でも受注実績がある。

19年12月本決算：増収増益 施工業務が堅調に伸び17%増収となった半面、売上原価や研究開発費が増加し、純利益は8%増にとどまった。粗利益は14%増、粗利益率は前年から0.3ポイント悪化した。財務費用が34%増加したことも重しとなった。地域別では売り上げの5割近くを上海市が占め、浙江省、江蘇省が続く。通期の新規受注額は5%増の618億6700万元。特にシンガポールやインドなど海外での受注が56%増と好調だった。

最新動向 会社側は20年通期の売上高目標を前年実績比5～10%増とする一方、新型コロナの影響を考慮し利益目標は前年並みに設定。海外事業の拡大のほか、デジタル化や新素材事業の推進、不動産事業の調整なども進める。20年1～3月期決算は売上高が前年同期比13%減の61億1700万元、純利益が39%減の2億6000万元。

【株価推移】

	高値		安値	
2016年	11.550	12/27	7.210	01/27
2017年	12.240	02/15	8.150	12/25
2018年	8.730	01/05	5.200	10/19
2019年	7.940	04/04	5.660	08/15
2020年	6.200	01/03	5.030	02/04

【株価情報】

取引単位(株)	100	A株株価	―
時価総額(百万元)	17,921.3	A株格差(倍)	―

【指標】(%)

		19/12	18/12
収益性	ROA	2.4	2.5
	ROE	9.7	9.7
	粗利益率	12.3	12.6
成長性	増収率	17.1	18.2
	増益率(営利)	10.0	9.0
	自己資本増加率	7.4	7.3
安全性	BPS(元)	7.0	―
	負債比率	305.6	276.2
	流動比率	107.8	107.8
	株主資本比率	24.3	26.2

【財務】(百万元)

	19/12	18/12
流動資産	48,917.9	43,764.3
総資産	90,416.8	77,970.1
流動負債	45,385.0	40,599.7
総負債	67,085.1	56,441.8
株主資本	21,954.5	20,438.5

【CF】(百万元)

	19/12	18/12
営業CF	4,877.4	1,538.6
投資CF	-6,359.8	-4,156.7
財務CF	3,423.1	3,151.2
FCF	-1,482.4	-2,618.1
現金同等物	14,853.1	12,910.6

【株式】(19/12/31)(百万株)

総数		3,144.1
A株 流通	100.0%	
	100.0%	
非流通	0.0%	

【主要株主】(19/12/31)

	(%)
上海城建(集団)公司	30.5
上海国盛(集団)有限公司	13.2
中国証券金融股フン有限公司	3.0

【子会社・関連会社】(19/12/31)

	(%)
上海隧道工程有限公司	100.0
上海隧峰房地産開発有限公司	100.0
上海市城市建設設計研究総院(集団)有限公司	100.0

【売上・利益構成】(19/12)(%)

	売上構成比	前年比	利益構成比	前年比
建設関連事業	99.4	16.9	97.7	14.5
その他	0.6	40.4	2.3	10.6

【業績】[中国会計基準](百万元) ※予想：ファクトセット

【前号予想との比較】 ↘ 減額

	売上高	営業利益	純利益	前年比(%)	EPS(元)	1株配(元)	株配・無償(株)
2016/12	28,828.47	1,977.90	1,652.99	11.6	0.530	0.1600	
2017/12	31,526.44	2,326.69	1,810.03	9.5	0.580	0.1800	
2018/12	37,266.24	2,536.98	1,978.76	9.3	0.630	0.1900	
2019/12	43,623.68	2,791.63	2,136.79	8.0	0.680	0.2100	
2020/12予	48,907.00	2,755.50	2,234.00	4.5	0.710	0.2150	【株式分割・併合等】
2021/12予	55,135.00	3,093.50	2,460.00	10.1	0.780	0.2350	
2018/6中間	14,080.14	1,095.53	838.37	9.8	0.270	―	
2019/6中間	16,308.41	1,139.92	878.73	4.8	0.280	―	

【登記】上海市徐匯区宛平南路1099号 【TEL】86-21-65419590 【URL】www.stec.net
【役員】法定代表人：張焔(Zhang Yan) 【上場】1994年1月 【決算期】12月 【従業員】11,060

上海A

電子・半導体

上海A

寧波杉杉
ニンボー・シャンシャン

寧波杉杉股份有限公司
Ningbo Shanshan Co.,Ltd.
【指数構成銘柄】— 【その他上場】—

評価	株価	年間騰落率	最低売買価格
D	11.100 元	-7.2 %	16,683 円

PER			予想配当利回り	PBR
予想 39.8 倍	実績 46.3 倍		0.7 %	1.1 倍

大手リチウム電池材料メーカー 「杉杉」ブランドのアパレル事業が主力だったが、リチウム電池事業が最大の収益源に成長。正極材・負極材、電解液を国内や韓国、日本などの電池メーカーに供給する。このほか、充電設備の設置・運営や、太陽電池の製造、太陽光発電所の運営にも従事。アパレル事業子会社の杉杉品牌運営（01749）は18年6月に香港上場。19年に新エネルギー自動車の設計・開発から撤退した。

19年12月本決算：8割減益 会計基準の改定で寧波銀行（002142）の株式売却益が投資収益として計上できなくなったことが大幅減益の一因。非経常項目を除いたコア純利益も47％減と低迷した。新エネ車向け補助金の縮小が逆風となり、主力のリチウム電池材料は小幅減収、1割減益と苦戦した。正極材の販売価格の急落が響き、同事業子会社が2割減収、5割減益となったことが痛手。電解液は販売規模が拡大したものの、赤字継続。一方、負極材は製品コストパフォーマンスの改善が奏功し販売量が大幅に伸びたことで、約4割の増収増益となり、業績をある程度下支えした。

今後の計画 20年は売上高と非経常項目を除いた純利益の各10％増を目指す。20年1-3月期決算は売上高が前年同期比40％減の10億2200万元、純損失が8400万元。

【株価推移】	高値		安値	
2016年	19.850	06/16	11.000	01/29
2017年	27.480	09/12	12.130	01/16
2018年	23.660	05/21	12.000	10/19
2019年	17.000	03/06	9.610	06/04
2020年	16.460	02/13	10.170	03/30

【株価情報】			
取引単位(株)	100	A株株価	—
時価総額(百万元)	12,462.7	A株格差(倍)	—

【指標】(%)		19/12	18/12
収益性	ROA	1.1	4.8
	ROE	2.3	10.4
	粗利益率	21.2	22.1
成長性	増収率	-2.0	7.0
	増益率(営利)	-75.8	24.4
	自己資本増加率	10.4	2.6
安全性	BPS(元)	10.5	9.5
	負債比率	96.4	102.0
	流動比率	114.8	115.9
	株主資本比率	47.3	45.7

【財務】(百万元)	19/12	18/12
流動資産	9,845.0	10,376.3
総資産	25,015.0	23,448.8
流動負債	8,579.4	8,956.2
総負債	11,395.4	10,926.6
株主資本	11,822.6	10,707.2

【CF】(百万元)	19/12	18/12
営業CF	886.4	540.4
投資CF	-1,032.7	-1,704.5
財務CF	78.9	2,175.1
FCF	-146.3	-1,164.1
現金同等物	2,044.7	2,110.5

【株式】(19/12/31)(百万株)		
総数	1,122.8	
A株	100.0%	流通
	—	
	100.0%	
非流通	0.0%	

【売上・利益構成】(19/12)(%)	売上構成比	前年比	利益構成比	前年比
リチウム電池材料	79.9	-3.1	66.6	-9.0
アパレル	9.2	0.6	18.5	-4.2
太陽電池・太陽光発電	7.9	-5.7	8.8	15.3

【主要株主】(19/12/31)	(%)
杉杉集団有限公司	32.7
杉杉控股有限公司	7.2
天安財産保険股フン有限公司	5.4

【子会社・関連会社】(19/12/31)	(%)
湖南杉杉能源科技股フン有限公司	68.6
寧波杉杉新材料科技有限公司	82.5
杉杉品牌運営股フン有限公司 (01749)	67.5

【業績】 [中国会計基準](百万元) ※予想:ファクトセット				【前号予想との比較】 ↓ 大幅減額		
	売上高	営業利益	純利益	前年比(%)	EPS(元)	1株配(元)	株配・無償(株)
2016/12	5,474.77	439.63	330.16	-52.2	0.400	0.0800	
2017/12	8,270.54	1,235.76	896.12	171.4	0.798	0.0600	
2018/12	8,853.42	1,536.80	1,115.28	24.5	0.993	0.0800	
2019/12	8,679.91	372.60	269.81	-75.8	0.240	0.1200	10:4.5(無)
2020/12予	8,672.13	502.33	314.33	16.5	0.279	0.0734	【株式分割・併合等】
2021/12予	10,151.13	637.54	419.00		0.372	0.0778	
2018/6中間	4,287.89	613.28	465.61	37.3	0.415	—	
2019/6中間	4,441.33	329.22	218.99	-53.0	0.195	—	

【登記】浙江省寧波市ギン州区首南街道日麗中路777号杉杉大厦801室 【TEL】86-574-88208337 【URL】www.ssgf.net
474 【役員】法定代表人：荘巍(Zhuang Wei) 【上場】1996年1月 【決算期】12月 【従業員】4,681

内蒙古伊利実業集団

インナーモンゴリア・イリ・インダストリアル・グループ

内蒙古伊利実業集団股份有限公司
Inner Mongolia Yili Industrial Group Co.,Ltd.
【指数構成銘柄】― 【その他上場】―

評価	株価	年間騰落率	最低売買価格
C	29.440 元	-2.3 %	44,248 円

	PER		予想配当利回り	PBR
予想	30.2 倍	実績 25.6 倍	2.3 %	6.9 倍

中国の大手乳業メーカー 乳製品と健康飲料が中核事業。液体ミルク、乳飲料、粉ミルク、ヨーグルト、冷凍飲料製品、チーズなどを製造する。生産能力は年間1185万トン（19年末時点）。製品は主に中国本土で販売する。19年の市場シェアは液体乳製品シェアが32％、幼児用粉ミルクが6％（ニールセン調べ、小売り額ベース）。海外では東南アジア市場に力を入れる。19年にニュージーランドの乳製品大手、ウエストランド・コーペラティブ・デイリーを買収した。

19年12月本決算：増収増益 主力製品の売り上げを伸ばし、増益を確保した。出資先の山東新巨豊科技包装の持ち分を売却した利益など投資収益の増加も純利益を押し上げた。液体ミルク・乳製品部門の売上高は前年比14％増、粗利益率は37.4％と0.5ポイント低下。製品別では、稼ぎ頭の液体ミルクが12％増収、粉ミルク・乳製品が25％増収、冷凍飲料製品が13％増収。19年販売量は液体ミルクが8％増の870万9400トン、粉ミルク・乳製品は32％増の14万3400トンだった。

今後の計画 20年通期の目標は売上高が970億元、税引き前利益は61億元（18年実績は81億9400万元）。20年1－3月期決算は売上高が前年同期比11％減の206億5300万元、純利益は50％減の11億4300万元。

【株価推移】

	高値		安値	
2016年	20.660	12/01	12.510	01/27
2017年	33.700	12/22	17.380	01/13
2018年	35.930	01/16	20.600	10/29
2019年	34.660	07/02	22.030	01/04
2020年	33.650	01/16	26.890	03/17

【株価情報】

取引単位(株)	100	A株株価	
時価総額(百万元)	173,170.2	A株格差(倍)	

【指標】(%)

		19/12	18/12
収益性	ROA	11.5	13.5
	ROE	26.5	23.1
	粗利益率	37.5	38.3
成長性	増収率	13.4	16.9
	増益率(営利)	7.7	8.1
	自己資本増加率	-6.4	11.2
安全性	BPS(元)	4.3	4.6
	負債比率	130.8	70.1
	流動比率	81.8	127.6
	株主資本比率	43.2	58.6

【財務】(百万元)

	19/12	18/12
流動資産	25,705.9	24,455.3
総資産	60,461.3	47,606.2
流動負債	31,432.3	19,170.8
総負債	34,187.1	19,569.0
株主資本	26,131.0	27,915.6

【CF】(百万元)

	19/12	18/12
営業CF	8,455.5	8,624.8
投資CF	-9,999.3	-5,374.0
財務CF	-1,016.5	-10,749.0
FCF	-1,543.9	3,250.8
現金同等物	11,066.7	13,564.9

【株式】(19/12/31)(百万株)

	総数	6,096.4
流通	A株	96.9%
		96.9%
非流通		3.1%

【主要株主】(19/12/31)

	(%)
呼和浩特投資有限責任公司	8.8
潘剛	4.7
中国証券金融股フン有限公司	3.0

【子会社・関連会社】(19/12/31)

	(%)
寧夏伊利乳業有限責任公司	100.0
Oceania Dairy Ltd.	100.0
Westland Dairy Co. Ltd.	100.0

【売上・利益構成】(19/12)(%)

	売上構成比	前年比	利益構成比	前年比
液体ミルク・乳製品	99.4	13.7	99.5	12.3
その他	0.6	95.5	0.5	104.5

【業績】 [中国会計基準](百万元) ※予想：ファクトセット

【前号予想との比較】 ↘ 減額

	売上高	営業利益	純利益	前年比(%)	EPS(元)	1株配(元)	株配・無償(株)
2016/12	60,609.22	5,524.13	5,661.81	22.2	0.930	0.6000	
2017/12	68,058.17	7,115.91	6,000.88	6.0	0.990	0.7000	
2018/12	79,553.28	7,690.83	6,439.75	7.3	1.060	0.7000	
2019/12	90,223.08	8,280.32	6,933.76	7.7	1.150	0.8100	
2020/12予	96,649.89	6,985.18	5,942.90	-14.3	0.976	0.6796	【株式分割・併合等】
2021/12予	109,274.77	9,303.24	8,027.57	35.1	1.313	0.8789	
2018/6中間	39,942.75	4,185.80	3,445.83	2.4	0.570		
2019/6中間	45,070.72	4,544.29	3,780.53	9.7	0.620		

【登記】 内蒙古自治区呼和浩特市金山開発区金山大街1号 **【TEL】** 86-471-3350092 **【URL】** www.yili.com
【役員】 法定代表人：潘剛(Pan Gang) **【上場】** 1996年3月 **【決算期】** 12月 **【従業員】** 59,052

電
力
・
ガ
ス
・
水
道

中国長江電力
チャイナ・ヤンズパワー

中国長江電力股份有限公司
China Yangtze Power Co.,Ltd.
【指数構成銘柄】— 【その他上場】—

評価	株価	年間騰落率	最低売買価格
B	17.090 元	3.5 %	25,686 円

PER		予想配当利回り	PBR
予想 17.2 倍　実績 17.5 倍		4.0 %	2.5 倍

世界最大の水力発電会社 世界最大の水力発電所である三峡ダムを建設・管理する中国長江三峡集団公司を発起人として02年に設立。長江にある三峡ダムと葛洲ダム、長江支流の金沙江にある渓洛渡ダム、向家ダムで水力発電所の管理・運営する。19年12月末時点の発電能力は4549万5000kWで全国の水力発電能力におけるシェアは12.8%。発電量シェアは16.2%に上る。ドイツやポルトガル、ブラジルなど海外でも事業展開。

19年12月本決算：減収減益 発電量の減少や販売価格の下落に加え、増値税の還付政策の終了に伴うその他収益の減少が響いた。渓洛渡と向家ダムの発電量は過去最高を更新したが、主力の三峡ダムは流量の減少で発電量が5%減と苦戦。全体の発電量が2%減の2104億6300万kWhに落ち込み、販売単価も1MWh当たり270.05元と2.5%下落した。全体の粗利益率は前年比で0.4ポイント悪化。税負担率は16.2%から19.0%に上昇した。

最近の動向 20年1～3月期決算は売上高が前年同期比3%減の83億8400万元、純利益が21%減の22億9100万元。発電量は2%減の352億9400万kWh。20年の発電量目標は前年並みの2100億kWh。20年4月、ペルーの配電会社ルスデルスルの株式84%を約36億米ドルで取得。親会社によるペルー水力発電事業との相乗効果を狙う。

【株価推移】
	高値		安値	
2016年	14.380	08/12	11.130	02/29
2017年	17.270	11/22	12.590	01/03
2018年	17.850	06/14	14.130	12/06
2019年	19.650	08/19	15.120	01/02
2020年	18.650	01/03	16.010	02/03

【株価情報】
取引単位(株)	100	A株株価	—
時価総額(百万元)	375,980.0	A株格差(倍)	—

【指標】(%)
		19/12	18/12
収益性	ROA	7.3	7.7
	ROE	14.4	15.9
	粗利益率	62.5	62.9
成長性	増収率	-2.6	2.1
	増益率(営利)	-1.7	1.2
	自己資本増加率	5.1	5.3
安全性	BPS(元)	6.8	6.5
	負債比率	98.0	107.5
	流動比率	19.7	16.7
	株主資本比率	50.4	48.1

【財務】(百万元)
	19/12	18/12
流動資産	11,035.1	9,484.9
総資産	296,482.9	295,497.0
流動負債	55,958.6	56,827.2
総負債	146,466.9	152,812.4
株主資本	149,510.2	142,203.4

【CF】(百万元)
	19/12	18/12
営業CF	36,464.4	39,736.7
投資CF	-6,631.5	-9,226.1
財務CF	-27,873.6	-30,473.3
FCF	29,833.0	30,510.6
現金同等物	7,317.9	5,334.5

【株式】(19/12/31)(百万株)
総数	22,000.0	
流通	A株	100.0%
		100.0%
非流通		0.0%

【主要株主】(19/12/31) (%)
中国長江三峡集団有限公司	61.9
中国平安人寿保険股フン有限公司	4.5
雲南省能源投資集団有限公司	4.0

【子会社・関連会社】(19/12/31) (%)
長電資本控股有限責任公司	100.0
三峡高科信息技術有限責任公司	90.0
三峡金沙江川雲水電開発有限公司	100.0

【売上・利益構成】(19/12)(%)
	売上構成比	前年比	利益構成比	前年比
水力発電	99.8	-2.6	99.8	-3.2
その他	0.2	5.5	0.2	5.6

【業績】［中国会計基準］(百万元) ※予想：ファクトセット　　【前号予想との比較】—
	売上高	営業利益	純利益	前年比(%)	EPS(元)	1株配(元)	株配・無償(株)
2016/12	48,939.39	22,297.17	20,781.18	14.0	0.945	0.7250	
2017/12	50,145.50	27,076.91	22,260.91	7.1	1.012	0.6800	
2018/12	51,213.97	27,392.07	22,610.94	1.6	1.028	0.6800	
2019/12	49,874.09	26,932.73	21,543.49	-4.7	0.979	0.6800	
2020/12予	51,779.81	28,502.10	21,892.69	1.6	0.996	0.6802	【株式分割・併合等】
2021/12予	54,656.71	29,798.15	23,181.11	5.9	1.049	0.7332	
2018/6中間	19,209.76	11,015.98	8,522.42	5.2	0.387		
2019/6中間	20,362.76	10,380.05	8,572.42	0.6	0.390		

【登記】北京市海淀区玉淵潭南路1号B座 【TEL】86-10-58688900 【URL】www.cypc.com.cn

【役員】法定代表人：雷鳴山(Lei Mingshan) 【上場】2003年11月 【決算期】12月 【従業員】4,129

上
海
A

春秋航空

スプリング・エアラインズ

春秋航空股份有限公司
Spring Airlines Co.,Ltd.

【指数構成銘柄】— 【その他上場】—

評価	株価	年間騰落率	最低売買価格
D	**35.130** 元	**-11.6** %	**52,800** 円

PER		予想配当利回り	PBR
予想 **450.4** 倍	実績 **17.5** 倍	**0.1** %	**2.1** 倍

上海拠点の格安航空会社 上海春秋国際旅行社と上海春秋包機旅行社が04年に設立した中国初の民間格安航空会社（LCC）。上海の虹橋空港と浦東空港が中核ハブ。海外ではタイ・バンコクと日本・大阪、韓国・済州を経由し、東南アジアから北東アジアに航路を広げる。19年末時点で210路線に就航（内訳は国内線128、国際線69、香港・マカオ・台湾線13）。エアバス「A320」93機を運航するほか、出資先の春秋航空日本がボーイング「737-800NG」6機を運用する。

19年12月本決算：増収増益 主力の旅客輸送が13％増収となり、全体の業績が拡大。貨物輸送と合わせた粗利益率は1.8ポイント上昇した。管理費を10％削減した上、デリバティブ金融資産などの投資収益の計上も営業利益を押し上げた。19年のRTK（有償トンキロ）は15％増の36億82万トンキロ、RPK（有償旅客キロ）は14％増の396億9122万人キロ。旅客数は15％増の2239万人、旅客ロードファクターは1.8ポイント高の90.8％。

今後の計画 20年1～3月期決算の純損益は2億2700万元の赤字（前年同期は4億7500万元の黒字）。売上高は前年同期比35％減の23億8400万元だった。20年の厳しい経営環境に対応し、短期的には国際線をバンコク、東京、済州、プノンペンの4路線にとどめる方針。

【株価推移】

	高値		安値	
2016年	61.000	01/04	35.870	12/28
2017年	41.840	11/24	30.010	05/09
2018年	40.740	06/15	29.510	08/20
2019年	47.700	07/03	30.210	01/09
2020年	44.790	01/10	28.880	03/19

【株価情報】

取引単位(株)	100	A株株価	—
時価総額(百万元)	32,195.3	A株格差(倍)	—

【指標】(%)

		19/12	18/12
収益性	ROA	6.3	5.7
	ROE	12.2	11.3
	粗利益率	11.4	9.7
成長性	増収率	12.9	19.5
	増益率(営利)	20.5	20.1
	自己資本増加率	12.9	57.4
安全性	BPS(元)	16.4	14.5
	負債比率	95.3	99.4
	流動比率	112.4	131.8
	株主資本比率	51.2	50.1

【財務】(百万元)

	19/12	18/12
流動資産	9,719.6	9,141.5
総資産	29,366.7	26,575.4
流動負債	8,649.6	6,936.3
総負債	14,325.4	13,250.7
株主資本	15,038.6	13,324.7

【CF】(百万元)

	19/12	18/12
営業CF	3,436.3	2,895.8
投資CF	-2,280.4	-5,513.1
財務CF	1,554.1	3,148.4
FCF	1,155.9	-2,617.3
現金同等物	7,514.7	4,789.5

【株式】(19/12/31) (百万株)

総数		916.7
流通	A株	100.0%
	—	—
		100.0%
非流通		0.0%

【主要株主】(19/12/31) (%)

上海春秋国際旅行社（集団）有限公司	55.0
上海春秋包機旅行社有限公司	3.7
上海春翔投資有限公司	2.6

【子会社・関連会社】(19/12/31) (%)

上海商旅通商務服務有限公司	100.0
春秋融資租賃（上海）有限公司	100.0
上海春秋飛行培訓有限公司	100.0

【売上・利益構成】(19/12)(%)

	売上構成比	前年比	利益構成比	前年比
旅客・貨物輸送	98.5	12.8	90.6	39.2
機上サービス	0.7	34.2	3.0	26.9
快速搭乗サービス	0.2	15.4	2.0	15.4

【業績】 [中国会計基準] (百万元) ※予想：ファクトセット

【前号予想との比較】 ↓ 大幅減額

	売上高	営業利益	純利益	前年比(%)	EPS(元)	1株配(元)	株式・無償(株)
2016/12	8,429.40	353.95	950.52	-28.4	1.190	0.1600	
2017/12	10,970.59	1,596.97	1,261.58	32.7	1.580	0.1870	
2018/12	13,114.04	1,918.37	1,502.84	19.1	1.670	0.2000	
2019/12	14,803.52	2,310.74	1,841.01	22.5	2.010	0.2000	
2020/12予	10,752.73	561.24	326.46	-82.3	0.078	0.0375	【株式分割・併合等】
2021/12予	17,595.53	3,069.00	2,240.85	586.4	2.430	0.2823	
2018/6中間	6,332.11	942.68	726.74	31.2	0.80	—	
2019/6中間	7,149.16	1,100.72	854.07	17.5	0.930	—	

【登記】上海市長寧区定西路1558号(乙)【TEL】86-21-22353088【URL】www.ch.com

【役員】法定代表人：王煜(Wang Yu)【上場】2015年1月 【決算期】12月 【従業員】8,484

富士康工業互聯網

フォックスコン・インダストリアル・インターネット

I T・ソフトウエア

富士康工業互聯網股份有限公司
Foxconn Industrial Internet Co.,Ltd.
【指数構成銘柄】― 【その他上場】―

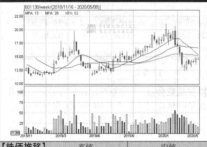

評価	株価	年間騰落率	最低売買価格
C	14.440 元	3.4 %	21,703 円

PER		予想配当利回り	PBR
予想 16.7 倍	実績 15.4 倍	0.9 %	3.2 倍

鴻海傘下の電子設備メーカー 電子設備の設計、研究開発、製造販売に従事。「スマート製造＋産業インターネット」戦略を掲げ、通信・ネットワーク設備およびソリューション、クラウドサービス設備、精密工具、産業用ロボットなどを手掛ける。アマゾン、アップルといった世界的なIT大手を主要顧客とし、クラウド事業では中国聯合通信やテンセントと提携。実質親会社はEMSの世界最大手・台湾の鴻海精密工業。

19年12月本決算：減収増益 厳しい外部環境のなかで売上高は前年をやや下回ったが、政策支援やコスト抑制で10％増益を確保した。売上全体の6割を占める通信・モバイルネットワーク設備部門は設備の生産・販売がおおむね前年から増えたが、5％前後の減収減益。クラウド部門は地域構成の改善とともに中国事業が拡大し6％増収、2％増益と堅調に伸びた。粗利益率は0.2ポイント低下。管理費を19％削減し、補助金などのその他収益が3倍超増えたことは業績の支えとなった。

最近の動向 中国政府が進める「新型インフラ」では5Gインフラ、ビッグデータセンター、AIなどへの投資が掲げられており、会社側も事業拡大の好機とみている。20年1―3月期決算は売上高が前年同期比0.1％減の800億5400万元、純利益は35％減の18億6800万元。

【株価推移】

	高値		安値	
2016年	—		—	
2017年	—		—	
2018年	26.360	06/13	11.110	10/19
2019年	19.700	04/18	11.220	01/04
2020年	21.000	01/22	12.420	03/24

【株価情報】

取引単位(株)	100	A株株価	—
時価総額(百万元)	26,552.5	A株格差(倍)	—

【指標】(%)

		19/12	18/12
収益性	ROA	9.0	8.4
	ROE	20.8	23.4
	粗利益率	8.4	8.6
成長性	増収率	-1.6	17.2
	増益率(営利)	5.1	0.6
	自己資本増加率	23.5	156.7
安全性	BPS(元)	4.5	3.7
	負債比率	130.2	177.4
	流動比率	168.7	148.4
	株主資本比率	43.4	36.0

【財務】(百万元)

	19/12	18/12
流動資産	195,690.1	189,927.3
総資産	205,612.9	200,603.3
流動負債	115,972.6	127,985.8
総負債	116,264.3	128,258.7
株主資本	89,280.7	72,294.6

【CF】(百万元)

	19/12	18/12
営業CF	6,439.3	22,005.6
投資CF	-2,817.6	-1,368.2
財務CF	2,719.9	24,884.7
FCF	3,621.7	20,637.4
現金同等物	66,571.6	60,133.3

【株式】(19/12/31) (百万株)

総数		19,854.8
流通	A株	9.3%
	—	
	—	
		9.3%
	非流通	90.7%

【主要株主】(19/12/31)

	(%)
China Galaxy Enterprise Ltd.	36.7
富泰華工業(深セン)有限公司	22.0
Ambit Microsystems(Cayman)Ltd.	9.6

【子会社・関連会社】(19/12/31)

	(%)
国基電子(上海)有限公司	100.0
Foxconn Assembly LLC	100.0
Foxconn Industrial Internet(Japan)Co.,Ltd.	100.0

【売上・利益構成】(19/12)(%)

	売上構成比	前年比	利益構成比	前年比
通信・ネットワーク設備	59.9	-5.6	80.2	-4.8
クラウドコンピューティング	39.9	6.3	19.2	2.3
テクノロジーサービス	0.2	20.4	0.6	19.3

【業績】[中国会計基準](百万元)※予想：ファクトセット

【前号予想との比較】 ―

	売上高	営業利益	純利益	前年比(%)	EPS(元)	1株配(元)	株配・無償(株)
2016/12	272,712.65	17,269.53	14,365.70	—	0.000	—	
2017/12	354,543.85	19,957.13	15,867.61	10.5	0.950	—	
2018/12	415,377.70	20,082.63	16,902.31	6.5	0.900	0.1290	
2019/12	408,967.58	21,106.57	18,606.18	10.1	0.940	0.2000	
2020/12予	421,612.72	19,159.93	17,097.46	-8.1	0.863	0.1349	【株式分割・併合等】
2021/12予	466,957.88	22,994.61	20,252.69	18.5	1.019	0.1714	
2018/6中間	158,994.23	6,602.64	5,444.10	2.2	0.300	—	
2019/6中間	170,508.35	5,902.58	5,477.33	0.6	0.280	—	

【登記】深セン市龍華区龍華街道東環二路二号富士康科技園C1棟二層 【TEL】86-755-33855777 【URL】www.fii-foxconn.com

【役員】法定代表人：李軍旗(Li Junqi) 【上場】2018年6月 【決算期】12月 【従業員】209,671

上海 A

建設・プラント

中国建築

チャイナ・ステート・コンストラクション・エンジニアリング

中国建築股份有限公司
China State Construction Engineering Corp.,Ltd.
【指数構成銘柄】— 【その他上場】—

[601668/week/2018/11/16 - 2020/05/08]

評価	株価	年間騰落率	最低売買価格
B	**5.190** 元	**-9.9** %	**7,801** 円

PER		予想配当利回り	PBR
予想 **4.8** 倍	実績 **5.4** 倍	**4.2** %	**0.8** 倍

世界最大の総合建設会社 建設請負会社として世界最大を誇る。19年版「フォーチュン・グローバル500」で21位。企画・設計から投資・開発、インフラ建設、建築工事まで都市建設の全工程に従事する。中国本土では高さ300m以上の超高層ビルや構造が複雑な建築物の大半を手掛ける。ほかに100カ国以上で事業展開し、中国本土外で売上高の7%を稼ぐ（19年）。親会社は中国国務院が直轄する国有企業、中国建築集団（CSCEC）。

19年12月本決算：増収増益 増益率は減速したが、少数株主持ち分を含む税引き後利益は632億500万元と前年を14%上回り、売上高も2割近く伸びた。19年の新規契約額は9%増の2兆8689億元。うち建設部門は中国本土が6%増の2兆3095億元と伸び悩んだが、海外が14%増の1768億元と2桁の伸び。不動産部門の契約額は28%増の3826億元で、うち子会社の中国海外発展（00688）が2669億元。販売面積は6%増の2173万平米だった。

最新動向 20年1～3月期決算は売上高が前年同期比11%減の2638億3100万元、純利益は15%減の75億7200万元と落ち込んだ。同期間の新規契約額は5%減の6200億元だった。部門別契約額は住宅・ビル建築が9%減の4500億元、インフラ建設が20%増の1100億元。不動産部門の成約額は11%減の620億元となった。

【株価推移】

	高値		安値	
2016年	7.993	11/30	3.314	01/28
2017年	7.829	07/24	5.814	01/16
2018年	7.750	01/24	4.910	10/19
2019年	6.730	04/17	4.940	11/18
2020年	6.200	01/06	4.930	02/03

【株価情報】

取引単位（株）	100	A株株価	—
時価総額（百万元）	214,106.2	A株格差（倍）	—

【指標】(%)

		19/12	18/12
収益性	ROA	2.1	2.1
	ROE	15.1	15.7
	粗利益率	11.1	11.9
成長性	増収率	18.4	13.8
	増益率（営利）	16.9	20.0
	自己資本増加率	13.6	13.6
安全性	BPS（元）	6.6	5.8
	負債比率	552.9	587.2
	流動比率	127.6	127.7
	株主資本比率	13.6	13.1

【財務】(百万元)

	19/12	18/12
流動資産	1,461,506.0	1,362,008.5
総資産	2,034,451.9	1,861,840.3
流動負債	1,145,727.7	1,066,568.5
総負債	1,532,616.6	1,432,576.0
株主資本	277,197.7	243,961.2

【CF】(百万元)

	19/12	18/12
営業CF	-34,220.1	10,311.3
投資CF	-19,812.8	-32,813.4
財務CF	26,307.9	64,870.3
FCF	-54,032.9	-22,502.1
現金同等物	271,727.8	298,810.2

【株式】(19/12/31)(百万株)

総数		41,975.6
流通	A株	98.0%
	—	—
		98.0%
非流通		2.0%

【主要株主】(19/12/31) (%)

中国建築集団有限公司	56.3
安邦人寿保険股フン有限公司	8.0
中国証券金融股フン有限公司	3.0

【子会社・関連会社】(19/12/31) (%)

中国海外発展有限公司（00688）	56.0
中国建築国際集団有限公司（03311）	64.7
上海物業集団有限公司（02669）	61.2

【売上・利益構成】(19/12)(%)

	売上構成比	前年比	利益構成比	前年比
住宅・ビル建築工事	60.2	20.1	27.1	6.0
インフラ建設・投資	22.4	15.0	19.6	16.5
不動産開発・投資	15.3	17.8	48.7	4.7

【業績】 [中国会計基準] (百万元) ※予想：ファクトセット

	売上高	営業利益	純利益	前年比(%)	EPS（元）	1株配（元）	株配・無償（株）
2016/12	959,765.49	51,385.45	29,870.10	14.6	0.960	0.2150	
2017/12	1,054,106.50	59,708.06	32,941.80	10.3	0.760	0.2150	10:4(無)
2018/12	1,199,324.53	71,665.30	38,241.32	16.1	0.870	0.1680	
2019/12	1,419,836.59	83,795.09	41,881.40	9.5	0.970	0.1850	
2020/12予	1,590,948.60	87,347.00	45,374.08	8.3	1.073	0.2200	
2021/12予	1,749,832.60	96,617.00	49,941.10	10.1	1.183	0.2400	
2018/6中間	588,926.77	36,081.94	19,137.68	6.1	0.420	—	
2019/6中間	685,419.32	41,712.22	20,308.45	6.1	0.450	—	

【前号予想との比較】 → 前号並み

【株式分割・併合等】

【登記】北京市海淀区三里河路15号 【TEL】86-10-86498888 【URL】www.cscec.com
【役員】法定代表人：周乃翔(Zhou Naixiang) 【上場】2009年7月 【決算期】12月 【従業員】335,038

上海A

卸売・小売業

中国旅遊集団中免

チャイナ・ツーリズム・グループ・デューティーフリー

中国旅遊集団中免股份有限公司
China Tourism Group Duty Free Corp.,Ltd.
【指数構成銘柄】 ― 【その他上場】 ―

[601888/week(2018/11/16 - 2020/05/08)]

評価	株価	年間騰落率	最低売買価格
D	92.680 元	26.2 %	139,298 円

PER		予想配当利回り	PBR
予想 70.5 倍 実績 39.1 倍		0.4 %	9.1 倍

大手旅行会社から免税店運営に特化 中央企業・中国旅遊集団の傘下。19年1月に旅行手配の中国国際旅行社総社を親会社に譲渡し、事業を免税店運営に特化。全国33省・直轄市・自治区（香港・マカオを含む）とカンボジアで業務展開しており、店舗数は200以上（19年末）。北京首都、上海浦東、上海虹橋の各国際空港で免税店を運営する「日上免税行」は傘下。海南省では大型観光商業施設「国際免税城」の開発を推進。

19年12月本決算：増収増益 中国国際旅行社総社の譲渡による9億元超の売却益を計上したことが利益を押し上げた。利幅の薄い旅行手配事業を分離した影響で全体の粗利益率は前年から8ポイント上昇し、非経常項目を除いたコア純利益は22％増加した。国内免税品市場の規模拡大などを背景に、主力の免税店事業は38％増収と好調。上海や広州などの空港免税店や海南省三亜市の免税ショッピングセンターの増収が目立った。

最新動向 19年11月、北京市の新空港「北京大興国際空港」の免税店が開業。海南省海口市の大型プロジェクト「国際免税城」は全体設計などを推進中。一方、20年1～3月期決算は新型コロナの感染拡大が響き、売上高が44％減の76億3600万元、純損益が前年同期の23億600万元の黒字から1億2000万元の赤字に転落した。

【株価推移】

	高値		安値	
2016年	30.000	01/04	20.500	02/29
2017年	46.250	11/13	21.450	01/12
2018年	76.030	07/18	42.620	01/03
2019年	98.270	10/08	53.310	01/24
2020年	95.180	01/10	66.500	03/30

【株価情報】

取引単位(株)	100	A株株価	―
時価総額(百万元)	180,955.4	A株格差(倍)	―

【指標】(%)

		19/12	18/12
収益性	ROA	15.1	11.5
	ROE	23.3	19.1
	粗利益率	49.4	41.5
成長性	増収率	2.0	66.2
	増益率(営利)	31.0	40.8
	自己資本増加率	22.5	15.7
安全性	BPS(元)	10.2	8.3
	負債比率	42.1	50.9
	流動比率	279.4	252.1
	株主資本比率	64.8	60.5

【財務】(百万元)

	19/12	18/12
流動資産	22,245.7	19,578.1
総資産	30,687.3	26,847.4
流動負債	7,961.5	7,765.7
総負債	8,376.9	8,263.1
株主資本	19,889.7	16,235.3

【CF】(百万元)

	19/12	18/12
営業CF	2,926.0	2,722.2
投資CF	-1,098.8	-1,906.0
財務CF	-1,646.0	-1,148.6
FCF	1,827.2	816.3
現金同等物	11,401.7	11,135.0

【株式】(19/12/31)(百万株)

総数		1,952.5
流通	A株	100.0%
		―
		100.0%
非流通		0.0%

【主要株主】(19/12/31)

	(%)
中国旅遊集団有限公司	53.3
中国証券金融股フン有限公司	3.0
海南省旅遊投資発展有限公司	1.9

【子会社・関連会社】(19/12/31)

	(%)
中国免税品（集団）有限責任公司	100.0
国旅投資発展有限公司	100.0
日上免税行（中国）有限公司	51.0

【売上・利益構成】(19/12)(%)

	売上構成	前年比	利益構成	前年比
免税商品の販売	96.3	37.9	98.2	29.9
非免税商品の販売	2.4	3.8	1.6	21.8
旅行手配サービス	1.3	-95.1	0.3	-94.4

【業績】 ［中国会計基準］(百万元) ※予想：ファクトセット 　　【前号予想との比較】 ↓ 大幅減額

	売上高	営業利益	純利益	前年比(%)	EPS(元)	1株配(元)	株配・無償(株)
2016/12	22,389.79	2,649.27	1,808.19	20.1	0.926	1.0000	
2017/12	28,282.29	3,853.48	2,530.76	40.0	1.296	0.5200	
2018/12	47,007.32	5,426.25	3,094.75	22.3	1.585	0.5500	
2019/12	47,966.50	7,108.62	4,628.99	49.6	2.371	0.7200	
2020/12予	38,591.83	3,546.14	2,578.46	-44.3	1.314	0.4006	【株式分割・併合等】
2021/12予	58,638.31	8,801.27	5,730.67	122.3	2.935	0.8301	
2018/6中間	21,084.72	3,054.47	1,919.12	47.6	0.983	―	
2019/6中間	24,344.28	4,951.63	3,279.23	70.9	1.680	―	

【登記】北京市東城区東直門外小街甲2号A座8層 【TEL】86-10-84479696 【URL】www.citsgroup.net

【役員】法定代表人：彭輝(Peng Hui) 【上場】2009年 【決算期】12月 【従業員】10,780

上海A

永輝超市

ヨンフイ・スーパーストアーズ

永輝超市股份有限公司
Yonghui Superstores Co.,Ltd.
【指数構成銘柄】— 【その他上場】—

評価	株価	年間騰落率	最低売買価格
C	**9.990** 元	**5.4** %	**15,015** 円

	PER		予想配当利回り	PBR
予想 **35.7** 倍	実績 **62.4** 倍		**1.7** %	**4.8** 倍

中国のスーパーマーケット大手 生鮮・加工食品や衣料品を扱うスーパーマーケットを運営する。19年末時点で福建省や重慶市など中国本土24省・市に「百佳永輝」チェーンを911店展開。ほかに小規模店「MINI」、生鮮コンビニ「永輝生活」、新型小売り「超級者種」も持つ。販促支援や物流、不動産開発・賃貸などサービス業も営む。テンセント（00700）とJDドット・コム（09618）がともに出資比率5%超の大株主。18年にコンビニ運営会社の成都紅旗連鎖（002697）に出資。

19年12月本決算：増収増益 小売り事業の利幅縮小で粗利益率が0.5ポイント低下した上、投資損失と資産減損損失が重荷となり、増益率は1桁台にとどまった。非経常損益を除いた増益率は18%。19年初に「雲創」「彩食鮮」の2業務を連結対象から外したが、増収率は前年並み。「百佳永輝」など大型店を19年に205店新設。小売り事業の商品別売上高は、生鮮加工品が17%増の371億2200万元、食品用品が22%増の414億4800万元。

今後の計画 20年経営計画で130店の開設を予定。オンライン販売収入100億元、アプリ登録ユーザー1000万人増加を目指す。20年1〜3月期決算は売上高が前年同期比32%増の292億5700万元、純利益は39%増の15億6800万元。新店開設とオンライン販売が増収に寄与した。

【株価推移】

	高値		安値	
2016年	5.290	12/08	3.725	01/28
2017年	11.180	12/20	4.860	01/16
2018年	12.320	01/25	6.680	10/31
2019年	10.650	06/21	7.090	12/09
2020年	11.200	04/28	7.050	02/03

【株価情報】

取引単位(株)	100	A株株価	—
時価総額(百万元)	94,587.8	A株格差(倍)	—

【指標】(%)

		19/12	18/12
収益性	ROA	3.0	3.7
	ROE	7.8	7.6
	粗利益率	21.6	22.1
成長性	増収率	20.4	20.4
	増益率(営利)	29.7	-34.9
	自己資本増加率	3.9	-3.2
安全性	BPS(元)	2.1	2.0
	負債比率	158.7	104.3
	流動比率	98.7	120.1
	株主資本比率	38.4	48.8

【財務】(百万元)

	19/12	18/12
流動資産	31,066.2	23,953.0
総資産	52,353.0	39,627.0
流動負債	31,487.0	19,950.5
総負債	31,898.6	20,194.7
株主資本	20,105.9	19,355.0

【CF】(百万元)

	19/12	18/12
営業CF	416.3	1,760.9
投資CF	-4,500.8	-3,668.8
財務CF	5,899.9	2,304.7
FCF	-4,084.5	-1,907.9
現金同等物	6,514.6	4,696.5

【株式】(19/12/31) (百万株)

総数		9,570.5
流通	A株	98.9%
	—	
	—	
		98.9%
非流通		1.1%

【主要株主】(19/12/31) (%)

牛奶有限公司	20.0
張軒松	14.7
張軒寧	7.8

【子会社・関連会社】(19/12/31) (%)

永輝日本株式会社	100.0
中百控股集団股フン有限公司	29.9
成都紅旗連鎖股フン有限公司 (002697)	21.0

【売上・利益構成】(19/12) (%)

	売上構成比	前年比	利益構成比	前年比
小売事業	92.6	19.9	69.2	12.9
サービス事業	7.4	26.8	30.8	28.2

【業績】[中国会計基準] (百万元) ※予想：ファクトセット 【前号予想との比較】↘ 減額

	売上高	営業利益	純利益	前年比(%)	EPS(元)	1株配(元)	株配・無償(株)
2016/12	49,231.65	1,446.73	1,242.01	105.2	0.140	0.1200	
2017/12	58,591.34	1,941.17	1,816.79	46.3	0.190	0.1500	
2018/12	70,516.60	1,264.46	1,480.35	-18.5	0.150	0.1100	
2019/12	84,876.96	1,640.00	1,563.73	5.6	0.160	0.1300	
2020/12予	104,241.27	3,216.00	2,684.05	71.6	0.280	0.1703	【株式分割・併合等】
2021/12予	123,004.66	4,160.38	3,440.84	28.2	0.360	0.2027	
2018/6中間	34,397.42	938.21	933.49	-11.5	0.090	—	
2019/6中間	41,176.09	1,483.19	1,369.37	46.7	0.140	—	

【登記】福建省福州市西二環中路436号 【TEL】86-591-83762200 【URL】www.yonghui.com.cn

【役員】法定代表人：張軒松(Zhang Xuansong) 【上場】2010年12月 【決算期】12月 【従業員】110,778

食品・飲料

仏山市海天調味食品

フォーシャン・ハイテン・フレイバリング・アンド・フード

仏山市海天調味食品股份有限公司
Foshan Haitian Flavouring and Food Co.,Ltd.
【指数構成銘柄】 ― 【その他上場】 ―

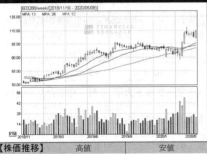

評価	株価	年間騰落率	最低売買価格
C	108.720 元	43.4 %	163,406 円

PER		予想配当利回り	PBR
予想 57.3 倍	実績 65.9 倍	0.9 %	21.2 倍

老舗調味料メーカー 1955年に設立された官民共同の醤油工場が前身で、醤油やオイスターソースに加え、豆板醤、黄豆醤、食酢、チキンコンソメ、化学調味料など300種類以上の製品を生産する。主力の「海天醤油」は生産量・販売量ともに23年連続で国内首位を誇る。主要製品の生産量は醤油が224万トン、オイスターソースが76万トン、ソース・調味料が27万トン（19年12月期）。製品は60を超える国・地域で販売される。

19年12月本決算：増収増益 事業規模の拡大で管理費が18％増加したほか、研究開発費も19％増えたが、販売費を3％圧縮して2割増益につなげた。スマート化の推進で設備稼働率や在庫回転率が改善し、主要3製品はいずれも増収増益と好調。製品別の販売量は醤油が16％増の217万トン、オイスターソースが24％増の75万トン、ソース・調味料が12％増の27万トンに上った。調達費の増加などで粗利益率は1.1ポイント悪化した。

今後の計画 会社側は20年の経営目標として、売上高を前年実績比15％増の227億8000万元、純利益を18％増の63億2000万元に設定。生産拠点の建設を進め、販売状況に応じて23年までに生産能力を100万トン超増強する計画。20年1―3月期決算は売上高が前年同期比7％増の58億8400万元、純利益が9％増の16億1300万元。

【株価推移】

	高値		安値	
2016年	27.783	01/04	19.575	02/29
2017年	45.467	11/10	23.242	01/13
2018年	69.142	06/08	38.783	02/09
2019年	97.150	11/08	52.658	01/03
2020年	113.233	04/07	76.817	03/19

【株式情報】

取引単位(株)	100	A株株価	―
時価総額(m元)	352,301.0	A株格差(倍)	―

【指標】(%)

		19/12	18/12
収益性	ROA	21.6	21.7
	ROE	32.3	31.5
	粗利益率	45.4	46.5
成長性	増収率	16.2	16.8
	増益率(営利)	21.7	24.5
	自己資本増加率	19.5	18.1
安全性	BPS(元)	6.1	5.1
	負債比率	49.2	45.1
	流動比率	254.1	258.3
	株主資本比率	67.0	68.9

【財務】(百万元)

	19/12	18/12
流動資産	20,269.4	15,807.8
総資産	24,753.9	20,143.8
流動負債	7,978.4	6,120.7
総負債	8,156.2	6,256.0
資本金	2,700.4	―
株主資本	16,582.0	13,875.1

【CF】(百万元)

	19/12	18/12
営業CF	6,567.6	5,996.2
投資CF	88.9	169.3
財務CF	-2,647.5	-2,313.1
現金同等物	13,434.8	9,425.8

【株式】(19/12/31)(百万株)

総数		2,700.4		
	A株	100.0 %		
流通		―		
		100.0 %		
非流通		0.0 %		

【主要株主】(19/12/31)

広東海天集団股フン有限公司	58.3
龐康	9.6
程雪	3.2

【子会社・関連会社】(19/12/31)

仏山市海天（高明）調味食品有限公司	100.0
仏山市海天（江蘇）調味食品有限公司	100.0
広東広中皇食品有限公司	100.0

【売上・利益構成】(19/12)(%)

	売上構成比	前年比	利益構成比	前年比
調味料	94.8	15.1	98.5	13.1
その他	5.2	42.3	1.5	73.0

【業績】[中国会計基準](百万元) ※予想：ファクトセット 【前号予想との比較】 ―

	売上高	営業利益	純利益	前年比(%)	EPS(元)	1株配(元)	株配・無償(株)
2016/12	12,458.56	3,401.60	2,843.13	13.3	1.050	0.6800	
2017/12	14,584.31	4,210.82	3,531.44	24.2	1.310	0.8500	
2018/12	17,034.48	5,241.01	4,364.81	23.6	1.620	0.9800	
2019/12	19,796.89	6,379.44	5,353.19	22.6	1.980	1.0800	10:2(無)
2020/12予	22,837.71	7,209.11	6,306.56	17.8	1.896	0.9253	【株式分割・併合等】
2021/12予	26,465.02	8,542.77	7,473.75	18.5	2.244	1.1763	
2018/6中間	8,720.05	2,658.85	2,248.02	0.830			
2019/6中間	10,159.96	3,256.52	2,750.17	22.3	1.020		

【登記】広東省仏山市文沙路16号 【TEL】86-757-82836083 【URL】www.haitian-food.com

【役員】法定代表人：龐康(Pang Kang) 【上場】2014年2月 【決算期】12月 【従業員】5,554

上海A

I T・ソフトウエア

阿里巴巴集団
アリババ・グループ

阿里巴巴集団控股有限公司
Alibaba Group Holding Ltd.
ニューヨーク証券取引所

評価	1ADR価格	年間騰落率	最近売買値格
—	**201.190** US$	**12.0** %	**21,393** 円

PER		予想配当利回り	PBR
予想 **28.5** 倍　実績 **41.9** 倍		**0.0** %	**7.5** 倍

中国のネット通販最大手 中国でネット通販事業を手掛ける。CtoCの「淘宝網（タオバオ）」、BtoCの「天猫（Tモール）」が中核で、BtoBの卸売サイトなどを運営。グループでスマホ決済の「支付宝（アリペイ）」も展開する。M&Aやスタートアップ企業への出資にも積極的で、SNSの「ウェイボー」に出資し、越境ネット通販の「考拉」を買収した。動画サイトの「優酷」、音楽配信の「阿里音楽」、ネット出前の「餓了麼」なども展開。クラウド事業ではアジア最大手クラス。

19年10－12月期決算：大幅増益 主力のネット通販がけん引役で、11月11日の「独身の日」には「天猫」の総取引額が26％増の2684億元に急拡大。19年12月のモバイル取引利用者数は18％増の8億2400万人に伸びた。クラウド部門は売上高が62％増え、四半期で初めて100億元の大台に乗せたが、営業損失が18億元と赤字が膨らんだ。デジタルメディア部門は動画サイト「優酷」の会員数の増加や事業効率化で営業赤字が大幅に縮小。

最近の動向 20年2月、医療業務向けITサービスの阿里健康（00241）に追加出資し、持ち株比率を74％に引き上げた。20年1－3月期は売上高が前年同期比22％増の1143億1400万元、純利益が88％減の31億6200万元。21年3月期の売上高目標は前期比27％増の6500億元。

【株価推移】

	高値		安値	
2016年	109.870	09/28	59.250	02/09
2017年	191.750	11/22	88.080	01/03
2018年	211.700	06/05	129.770	12/24
2019年	218.110	12/27	129.830	01/03
2020年	231.140	01/13	169.950	03/23

【株価情報】1ADR=8株

取引単位（ADR）	1	A株株価	
時価総額（mUS$）	539,737.0	A株格差（倍）	

【指標】(%)

		19/3	18/3
収益性	ROA	9.1	8.9
	ROE	17.8	17.5
	粗利益率	—	—
成長性	増収率	50.6	58.1
	増益率（営利）	-17.6	44.2
	自己資本増加率	34.6	31.2
安全性	BPS（元）	190.3	142.2
	負債比率	71.0	75.9
	流動比率	130.1	189.1
	株主資本比率	51.0	51.0

【財務】(百万元)

	19/3	18/3
流動資産	270,273.0	256,855.0
総資産	965,076.0	717,124.0
流動負債	207,669.0	135,810.0
総負債	349,674.0	277,685.0
株主資本	492,257.0	365,822.0

【CF】(百万元)

	19/3	18/3
営業CF	150,975.0	125,805.0
投資CF	-151,060.0	-83,764.0
財務CF	-7,392.0	20,359.0
FCF	-85.0	42,041.0
現金同等物	198,494.0	202,726.0

【株式】(19/03/31)(百万株)

総数	2,587.1
流通	—
非流通	—

【主要株主】(19/11/26) (%)

ソフトバンクグループ株式会社	25.2
馬雲	6.0
蔡崇信	1.9

【子会社・関連会社】(19/03/31) (%)

Taobao China Holding Ltd.	100.0
Alibaba Investment Ltd.	100.0
Zhejiang Alibaba Cloud Computing Ltd.	100.0

【売上・利益構成】(19/3)(%)

	売上構成比	前年比	利益構成比	前年比
電子商取引	85.8	51.1	100.0	6.4
クラウド	6.6	84.5	—	—
デジタルメディア・娯楽	6.4	23.1	—	—

【業績】[米国会計基準](百万元) ※予想：ファクトセット 【前号予想との比較】↑ 大幅増額

	売上高	営業利益	純利益	前年比(%)	EPS(元)	1株配(元)	株配・無償(株)
2016/3	101,143.00	29,102.00	71,460.00	195.9	29.070	—	
2017/3	158,273.00	48,055.00	43,675.00	-38.9	17.520	—	
2018/3	250,266.00	69,314.00	63,985.00	46.5	25.060	—	
2019/3	376,844.00	57,084.00	87,600.00	36.9	33.950	—	
2020/3予	503,512.30	91,429.68	142,207.20	62.3	6.248	—	
2021/3予	658,870.25	126,788.32	126,906.15	-10.8	7.547	—	
2019/9Q	119,017.00	20,364.00	72,540.00	262.1	3.490	—	
2019/12Q	161,456.00	39,560.00	52,309.00	58.3	2.480	—	

【株式分割・併合等】
分割1→8 (19/7)

【本社】浙江省杭州市濱江区網商路699号 【TEL】86-571-85022088 【URL】www.alibabagroup.com
【役員】会長：張勇(Daniel Yong Zhang) 【上場】2014年9月 【決算期】3月 【従業員】117,600

ADR

百度
バイドゥ

百度公司
Baidu, Inc.
NASDAQ

I・T・ソフトウエア

[bidu/week/(2018/11/30～2020/05/08)]

評価	1ADR価格	年間騰落率	最低売買価格
―	**99.770** US$	**-8.5** %	**10,609** 円

PER	予想配当利回り	PBR
予想 **16.1** 倍　実績 **124.2** 倍	**0.0** %	**1.5** 倍

中国最大の検索エンジン 2000年に李彦宏会長が設立。中国を中心にネット検索サービスを提供する。モバイル検索では19年12月の1日当たり利用者数は1億9500万人。人工知能（AI）の音声アシスタント「DuerOS」への質問・照会は50億回を超えた。動画サイトの「愛奇芸（iQIYI）」は18年にナスダックに上場。ネット旅行大手トリップ・ドット・コム（TCOM）にも出資する。AI技術を使うスマートスピーカー「小度」を開発し、自動運転技術の開発構想「アポロ計画」も主導。

19年10-12月期決算：大幅増益 クラウド事業や動画有料サービスの成長で売上高が伸びる中、売上原価や営業費用の抑制が奏功。特に検索などのコア事業は売上高が6％増、コストは8％減となり、利幅が広がった。有料サービス重視に軸足を移した愛奇芸は会員サービスが21％増収と好調だった半面、広告収入が15％減で、全体では7％増収。ただ、コストを前年並みに抑えたことで赤字は前年の33億元から25億元に縮小した。

最近の動向 20年4月、湖南省長沙市で一般利用者を対象にした自動運転タクシーの試験サービスを開始。20年1-3月期決算は売上高が7％減の225億4500万元、純損益が4100万元の黒字に転換。4-6月期の売上高は250億-273億元と前年同期比5％減から4％増を見込む。

【株価推移】

	高値		安値	
2016年	201.000	04/29	139.610	02/09
2017年	274.970	10/17	165.820	01/03
2018年	284.220	05/16	154.610	12/26
2019年	186.120	04/08	93.390	08/15
2020年	147.370	01/13	82.000	03/18

【株価情報】 1ADR=0.1株

取引単位（ADR）	1	A株株価	―
時価総額（mUS$）	34,387.3	A株格差（倍）	―

【指標】 (%)

		19/12	18/12
収益性	ROA	0.7	9.3
	ROE	1.3	16.9
	粗利益率		
成長性	増収率	5.0	20.6
	増益率（営利）	-59.4	-1.0
	自己資本増加率	0.4	41.2
安全性	BPS（元）	4,730.6	4,716.9
	負債比率	78.5	74.8
	流動比率	288.5	272.8
	株主資本比率	54.3	54.7

【財務】 (百万元)

	19/12	18/12
流動資産	165,562.0	155,094.0
総資産	301,316.0	297,566.0
流動負債	57,380.0	56,853.0
総負債	128,501.0	121,814.0
株主資本	163,599.0	162,897.0

【CF】 (百万元)

	19/12	18/12
営業CF	28,458.0	35,967.0
投資CF	-19,974.0	-34,460.0
財務CF	-3,873.0	15,082.0
FCF	8,484.0	1,507.0
現金同等物	34,439.0	29,827.0

【株式】 (19/12/31) (百万株)

総数	34.6
流通	―
	―
	―
非流通	―

【主要株主】 (20/03/13) (%)

Robin Yanhong Li	16.4

【子会社・関連会社】 (20/03/13) (%)

iQIYI, Inc.	56.2
Baidu (China) Co.,Ltd.	100.0
Baidu.com Times Technology (Beijing) Co.,Ltd.	100.0

【売上・利益構成】 (19/12) (%)

	売上構成比	前年比	利益構成比	前年比
検索・マーケティング	73.3	1.8	100.0	-35.9
動画サイト	26.7	16.0		

【業績】 ［米国会計基準］ (百万元) ※予想：ファクトセット

【前号予想との比較】 → 前号並み

	売上高	営業利益	純利益	前年比(%)	EPS（元）	1株配（元）	株配・無償（株）
2016/12	70,549.00	10,049.00	11,632.00	-65.4	319.470	―	
2017/12	84,809.00	15,691.00	18,301.00	57.3	527.510	―	
2018/12	102,277.00	15,530.00	27,573.00	50.7	786.360	―	
2019/12	107,413.00	6,307.00	2,057.00	-92.5	56.840	―	
2020/12予	111,134.72	6,678.62	11,600.25	463.9	437.121	―	【株式分割・併合等】
2021/12予	127,835.21	14,095.90	17,474.30	50.6	622.533	―	
2019/9Q	28,080.00	2,355.00	-6,373.00		-183.740	―	
2019/12Q	28,884.00	4,655.00	6,345.00	204.9	182.820	―	

【本社】 北京市海淀区上地十街10号 **【TEL】** 86-10-59928888 **【URL】** ir.baidu.com

ADR

【役員】 会長：李彦宏(Robin Yanhong Li) **【上場】** 2005年8月 **【決算期】** 12月 **【従業員】** 37,779

京東集団

ジェイディー・ドット・コム

京東集団股份有限公司
JD.com, Inc.

評価	1ADR価格	年間騰落率	最低売買価格
―	**46.780** US$	**-4.8** %	**4,974** 円

PER		予想配当利回り	PBR
予想 **41.8** 倍	実績 **39.6** 倍	**0.0** %	**6.0** 倍

中国のネット通販大手 中国でネット通販サイトを運営する。主力はBtoCの「京東（JD.com）」。自社で在庫を持つ直販型を中心にモール型も手掛け、売上高ではアリババ集団（09988）をしのぐ。19年末時点で全国700カ所に倉庫を持つ。テンセント（00700）や米ウォルマートが大株主で、グーグルとは資本・業務提携。食品スーパー「7Fresh」や無人コンビニ「京東便利店」を展開するなど実店舗事業を強化中。

19年10－12月期決算：黒字転換 長期投資案件の評価益が42億元（前年は41億元の評価損）に達したのが黒字転換の要因。その他損益が前年同期の39億5100万元のマイナスから36億4700万元のプラスに転じ、利益を押し上げた。本業も好調で、売上高が27％増に拡大。売上原価が27％増、販売費が29％増と膨らんだものの、フルフィルメント（調達・配送・決済など）費や研究開発費を抑え、営業損益でも黒字に転換した。

今後の計画 20年1－3月期決算は売上高が前年同期比21％増の1462億500万元、純利益が85％減の10億7300万元。前年に計上した投資評価などが剥落した。4－6月期の売上高は20－30％増の1800億～1950億元を見込む。6月18日に香港市場でセカンダリー上場。サプライチェーン関連技術の開発への投資を強化する。

【株価推移】

	高値		安値	
2016年	30.660	01/04	19.510	06/16
2017年	48.990	08/08	25.585	01/04
2018年	50.680	01/29	19.210	11/23
2019年	36.800	12/23	20.180	01/02
2020年	47.980	04/17	32.700	03/16

【株価情報】 1ADR=2株

取引単位（ADR）	1	A株株価	
時価総額（mUS$）	72,283.8	A株格差（倍）	

【指標】 (%)

		19/12	18/12
収益性	ROA	4.7	―
	ROE	14.9	―
	粗利益率	―	―
成長性	増収率	24.9	27.5
	増益率（営利）	―	―
	自己資本増加率	36.9	14.9
安全性	BPS（元）	27.5	20.2
	負債比率	194.4	221.4
	流動比率	99.3	86.8
	株主資本比率	31.5	28.6

【財務】（百万元）

	19/12	18/12
流動資産	139,094.6	104,855.8
総資産	259,723.7	209,164.9
流動負債	140,017.0	120,862.0
総負債	159,099.5	132,336.7
株主資本	81,856.0	59,771.0

【CF】（百万元）

	19/12	18/12
営業CF	24,781.2	20,881.4
投資CF	−25,349.4	−26,079.0
財務CF	2,572.5	11,219.9
FCF	−568.1	−5,197.6
現金同等物	39,912.3	37,502.1

【株式】 (19/12/31)（百万株）

総数	2,973.9
流通	
非流通	

【主要株主】 (20/02/29) (%)

騰訊控股有限公司（00700）	17.9
劉強東	15.1
WalMart Stores, Inc.	9.8

【子会社・関連会社】 (19/12/31) (%)

Beijing Jingdong Century Trade Co.,Ltd.	100.0
Jingdong Logistics Group Corp.	100.0
JD.com International Ltd.	100.0

【売上・利益構成】 (19/12) (%)

	売上構成比	前年比	利益構成比	前年比
京東商城	95.8	23.4	100.0	95.4
その他	4.2	63.2		

【業績】 ［米国会計基準］（百万元）※予想：ファクトセット

	売上高	営業利益	純利益	前年比(%)	EPS（元）	1株配（元）	株配・無償（株）
2016/12	258,289.95	-1,251.65	-3,806.79	―	-1.360	―	
2017/12	362,331.75	-835.48	-152.26	―	-0.050	―	
2018/12	462,019.76	-2,619.13	-2,491.63	―	-0.870	―	
2019/12	576,888.48	8,994.88	12,184.16	―	4.180	―	
2020/12予	682,335.25	8,687.34	11,814.34	-3.0	3.955	―	
2021/12予	813,978.25	17,000.55	19,108.34	61.7	6.364	―	
2019/9Q	134,842.79	4,973.21	612.25	-79.6	0.210	―	
2019/12Q	170,684.04	529.55	3,633.95	―	1.340	―	

【前号予想との比較】 → 前号並み

【株式分割・併合等】

【本社】 北京市亦荘経済技術開発区科創11街18号 **【TEL】** 86-10-89118888 **【URL】** www.jd.com
【役員】 会長：劉強東(Liu Qiangdong) **【上場】** 2014年5月 **【決算期】** 12月 **【従業員】** 227,730

ADR

網易
ネットイース

網易公司
NetEase.com, Inc.
NASDAQ

ntes/week/(2018/11/30 - 2020/05/08)

評価	1ADR価格	年間騰落率	最低売買価格
—	**359.770** US$	**36.1** %	**38,254** 円

	PER		予想配当利回り	PBR
	予想 **21.0** 倍	実績 **15.4** 倍	**1.1** %	**5.3** 倍

オンラインゲーム大手 オンラインゲームが主力で、アプリの課金ベースではテンセント（00700）に次ぐ世界2位（19年）。パソコン用クライアントゲームとスマホゲームを手掛け、アクションRPG「天下」や西遊記を題材にした「夢幻西遊」が代表作。米ブリザード・エンターテインメントやモージャンと提携。音楽配信「網易雲音楽」、ECサイト「網易厳選」なども展開する。オンライン教育「有道」は19年9月に米NY市場に上場。

19年10−12月期決算：大幅増益 子会社「有道」のNY上場に伴う持ち株の評価益急増が大幅増益の要因。投資収益は前年同期の16倍に当たる7億3100万元に急増し、利益を押し上げた。本業は主力のオンラインゲームが堅調で、有道も大幅増収。音楽配信や広告サービスなどのビジネスも収益を伸ばし、粗利益ベースでは主力3部門がそろって増益だった。ただ、販売費と研究開発費が膨らみ、営業費用は合わせて17％増。増収率を上回り、営業利益ベースでは3％減益となった。

最近の動向 19年末に大ヒットゲーム「夢幻西遊」の3Dバージョンをリリース。今後も国内外で人気ゲームの投入を継続していく。20年1−3月期決算は売上高が前年同期比18％増の170億6200万元、純利益が49％増の35億5100万元。6月11日に香港市場でセカンダリー上場。

【株価推移】

	高値		安値	
2016年	272.580	10/14	129.600	02/09
2017年	377.640	12/21	215.630	01/03
2018年	355.420	01/02	184.600	09/11
2019年	321.477	12/04	209.010	08/05
2020年	367.520	04/17	265.855	03/18

【株式情報】1ADR=25株

取引単位（ADR）	1	A株株価	—
時価総額（mUS$）	49,351.7	A株格差（倍）	—

【指標】(%)

		19/12	18/12
収益性	ROA	18.9	7.1
	ROE	34.6	13.6
	粗利益率	53.3	53.4
成長性	増収率	15.8	-5.4
	増益率（営利）	38.2	-17.9
	自己資本増加率	35.9	-1.1
安全性	BPS（元）	19.0	14.1
	負債比率	63.6	78.6
	流動比率	222.5	195.7
	株主資本比率	54.8	52.0

【財務】(百万元)

	19/12	18/12
流動資産	85,105.0	68,715.7
総資産	112,124.4	86,967.9
流動負債	38,243.0	35,109.0
総負債	39,082.9	35,556.3
株主資本	61,453.7	45,231.6

【CF】(百万元)

	19/12	18/12
営業CF	17,216.5	13,415.9
投資CF	-22,136.7	-13,569.5
財務CF	1,082.5	1,587.4
FCF	-4,920.3	-153.6
現金同等物	6,397.9	10,206.5

【株式】(19/12/31) (百万株)

総数		3,228.5
流通	—	
	—	
	—	
非流通	—	

【主要株主】(19/12/31) (%)

Shining Globe International Ltd.（丁磊）	45.1
Orbis Investment Management Ltd.	6.5

【子会社・関連会社】(20/04/17) (%)

NetEase (Hangzhou) Network Co.,Ltd	100.0
Youdao, Inc.	58.7
Hangzhou NetEase Cloud Music Technology Co.,Ltd.	62.5

【売上・利益構成】(19/12) (%)

	売上構成比	前年比	利益構成比	前年比
オンラインゲーム	78.4	15.5	93.3	15.2
オンライン教育	2.2	78.4	1.2	71.2
その他	19.4	12.3	5.5	11.5

【業績】[米国会計基準] (百万元) ※予想：ファクトセット 　【前号予想との比較】↗増額

	売上高	営業利益	純利益	前年比(%)	EPS（元）	1株配（US$）	株配・無償（株）
2016/12	38,178.84	12,628.86	11,604.52	72.3	3.540	0.1320	
2017/12	54,102.02	12,153.81	10,707.94	-7.7	3.250	0.1204	
2018/12	51,178.58	9,977.34	6,152.41	-42.5	1.900	0.0708	
2019/12	59,241.15	13,790.65	21,237.52	245.2	6.590	0.4136	
2020/12予	68,474.73	16,089.57	13,826.22	-34.9	4.855	0.1571	【株式分割・併合等】
2021/12予	77,087.09	18,604.38	15,961.93	15.4	5.498	0.1763	
2019/9Q	14,635.69	3,334.77	12,730.30	697.5	3.950	0.3036	
2019/12Q	15,734.80	2,976.44	3,053.73	79.9	0.950	0.0408	

【本社】 浙江省杭州市濱江区網商路599号 **【TEL】** 86-571-89853378 **【URL】** www.netease.com

【役員】 CEO：丁磊(William Lei Ding) **【上場】** 2000年 **【決算期】** 12月 **【従業員】** 20,797

携程網

トリップ・ドット・コム

携程旅行網
Trip.com Group Ltd.
NASDAQ

ＩＴ・ソフトウエア

評価	1ADR価格	年間騰落率	最低売買価格
―	**25.120** US$	**-38.2** %	**2,671** 円

	PER		予想配当利回り	PBR
予想 ―	実績	**14.4** 倍	**0.0** %	**1.1** 倍

中国最大のオンライン旅行会社 中国を中心にオンラインの旅行代理事業を展開。宿泊施設、航空券、鉄道チケットの予約をはじめ、パッケージツアーや企業向け出張手配サービスを手掛ける。筆頭株主は検索最大手の百度で、株式交換の形で百度（BIDU）傘下だったオンライン旅行大手「Qunar」を傘下に収めたが、Qunarは17年に上場を廃止した。M&Aに積極的で、インドの同業の「MakeMyTrip」にも出資。16年に航空券の価格比較と予約を手掛ける英スカイスキャナーを買収した。

19年10−12月期決算：黒字転換 売上高が10％増と順調に伸びる中、売上原価を7％増に抑制。商品開発費や販売費を圧縮し、営業損益ベースで5億8000万元の黒字に転換した（前年同期は1億8900万元の赤字）。有価証券の含み益を計上したことも利益を押し上げた。部門別の売上高は宿泊予約が12％増。宿泊先の多様化や知名度向上で国際事業が51％増と大きく伸びた。交通機関のチケット予約は2％増、パッケージツアーは11％増。

今後の見通し 新型コロナで打撃を受け、財務面で必要な措置を講じた。当面は低迷が避けられないが、コロナ後を見据えて事業の強化に取り組む方針。20年1−3月期決算は売上高が42％減の47億3500万元、純損失が53億5300万元。4−6月期は67−77％減収の見込み。

【株価推移】

	高値		安値	
2016年	49.620	10/25	35.500	02/11
2017年	60.650	07/27	40.400	01/03
2018年	51.910	06/15	25.000	11/13
2019年	46.500	04/12	26.320	01/02
2020年	38.950	01/17	20.100	03/18

【株価情報】1ADR=0.125株

取引単位(ADR)	1	A株株価	―
時価総額(mUS$)	14,897.9	A株格差(倍)	―

【指標】(%)

		19/12	18/12
収益性	ROA	3.5	0.6
	ROE	6.8	1.3
	粗利益率	79.2	79.2
成長性	増収率	14.8	15.2
	増益率(営利)	93.5	-11.5
	自己資本増加率	19.3	2.2
安全性	BPS(元)	1,343.1	1,203.5
	負債比率	90.2	112.0
	流動比率	98.2	115.4
	株主資本比率	51.7	46.7

【財務】(百万元)

	19/12	18/12
流動資産	67,955.0	79,394.0
総資産	200,169.0	185,830.0
流動負債	69,182.0	68,784.0
総負債	93,324.0	97,097.0
株主資本	103,442.0	86,715.0

【CF】(百万元)

	19/12	18/12
営業CF	7,333.0	7,115.0
投資CF	-2,413.0	-14,078.0
財務CF	-9,256.0	11,926.0
FCF	4,920.0	-6,963.0
現金同等物	21,747.0	25,774.0

【株式】(19/12/31)(百万株)

総数	77.0
流通	―
	―
	―
非流通	―

【主要株主】(20/02/29)

	(%)
Baidu, Inc.	11.7
Baillie Gifford & Co	7.7
MIH Internet SEA Pte.Ltd.	5.5

【子会社・関連会社】(19/12/31)

	(%)
Skyscanner Holdings Ltd.	97.0
Qunar Cayman Islands Ltd.	43.0
Ctrip.com (Hong Kong) Ltd.	100.0

【売上・利益構成】(19/12)(%)

	売上構成比	前年比	利益構成比	前年比
交通機関チケット	39.1	7.8	―	―
宿泊予約	37.8	16.7	―	―
パッケージツアー	12.7	20.2	―	―

【業績】[米国会計基準](百万元) ※予想：ファクトセット 【前号予想との比較】↓ 大幅減額

	売上高	営業利益	純利益	前年比(%)	EPS(元)	1株配(元)	株配・無償(株)
2016/12	19,788.09	-1,568.48	-1,430.70	―	-24.180	―	
2017/12	26,993.00	2,943.00	2,155.00	―	32.510	―	
2018/12	31,104.00	2,605.00	1,112.00	-48.4	16.250	―	
2019/12	35,716.00	5,040.00	7,011.00	530.5	98.780	―	
2020/12予	25,751.78	-689.40	-1,790.63	―	-5.132	―	【株式分割・併合等】
2021/12予	38,833.22	7,230.36	5,262.01	―	81.192	―	
2019/9Q	10,499.00	2,242.00	793.00	―	11.190	―	
2019/12Q	8,343.00	580.00	2,008.00	―	27.030	―	

【本社】上海市長寧区福泉路99号携程網絡技術大楼 【TEL】86-21-34064880 【URL】www.ctrip.com

【役員】会長：梁建章(Liang Jianzhang) 【上場】2003年12月 【決算期】12月 【従業員】44,300

ＡＤＲ

IT・ソフトウエア

微博
ウェイボー

新浪微博公司
Weibo Corp
NASDAQ

評価	1ADR価格	年間騰落率	最低売買価格
―	**36.490** US$	**2.4** %	**3,880** 円

PER		予想配当利回り	PBR
予想 **15.8** 倍 実績 **16.7** 倍		**0.0** %	**3.6** 倍

中国のミニブログ最大手 中国版ツイッターと呼ばれるミニブログ「微博」を運営する。09年に親会社の新浪（SINA）が始めたサービスが原型で、スマホの普及につれて利用者が急増した。13年に出資を始めたアリババ集団（BABA）が約30％の株式を保有する第2位株主。14年にナスダック市場に上場。19年12月の月間利用者数は5億1600万人、1日の平均利用者数は2億2200人。全体に占めるモバイル利用者の割合は94％。

19年10-12月期決算：減収減益 広告・販促収入が前年同期比3％減、動画配信やゲーム事業を含む付加価値部門収入が4％減と落ち込んだのが痛手。売上高が縮小する中、販売費を削減したものの、売上原価と営業費用が合わせて6％増。営業利益は18％減の1億5100万米ドルに縮小した。投資資産の評価益の変動で減損損失が前年同期の1300万米ドルから3800万米ドルに広がり、一段と利幅が縮んだ。一方、特別要因を除く非GAAPベースでは純利益が4％減の1億7600万米ドル。

最近の動向 20年1-3月期決算は売上高が前年同期比19％減の3億2300万米ドル、純利益が65％減の5200万米ドル。20年3月の月間利用者数（MAU）は5億5500万件と、前年同期から8500万件増加した。4-6月期の売上高は会社見通しで前年同期比7-12％減。

【株価推移】

	高値		安値	
2016年	55.930	10/10	12.090	02/12
2017年	123.000	11/21	41.040	01/03
2018年	142.120	02/15	53.110	11/30
2019年	74.680	02/25	34.264	08/05
2020年	52.330	01/13	29.500	03/18

【株価情報】 1ADR=1株

取引単位（ADR）	1	A株株価	―
時価総額（mUS$）	8,263.6	A株格差（倍）	―

【指標】(%)

		19/12	18/12
収益性	ROA	10.3	17.5
	ROE	21.7	32.8
	粗利益率		
成長性	増収率	2.8	49.4
	増益率（営利）	-1.9	49.5
	自己資本増加率	30.8	46.4
安全性	BPS（US$）	10.1	7.8
	負債比率	110.5	87.5
	流動比率	454.0	392.0
	株主資本比率	47.5	53.3

【財務】(百万US$)

	19/12	18/12
流動資産	3,636.2	2,469.1
総資産	4,804.2	3,274.7
流動負債	800.9	629.8
総負債	2,522.4	1,526.5
株主資本	2,283.3	1,745.5

【CF】(百万US$)

	19/12	18/12
営業CF	631.7	488.0
投資CF	-1,201.4	-254.0
財務CF	791.9	-1.4
FCF	-569.7	234.0
現金同等物	1,453.0	1,234.6

【株式】(19/12/31)(百万株)

総数	226.3
流通	―
	―
	―
非流通	―

【売上・利益構成】(19/12)(%)

	売上構成比	前年比	利益構成比	前年比
広告・マーケティング	86.6	2.1	―	―
付加価値サービス	13.4	7.9	―	―

【主要株主】(20/03/31)(%)

Sina Corp.	44.9
Alibaba Group Holding Ltd.	30.0

【子会社・関連会社】(19/12/31)(%)

Weibo Hong Kong Ltd.	100.0
Weibo Internet Technology (China) Co.,Ltd.	100.0
Beijing Weimeng Technology Co.,Ltd	100.0

【業績】[米国会計基準](百万US$)※予想：ファクトセット

【前号予想との比較】 ↘ 減額

	売上高	営業利益	純利益	前年比(%)	EPS(US$)	1株配(US$)	株配・無償(株)
2016/12	655.80	140.98	108.03	210.9	0.500	―	
2017/12	1,150.05	407.55	352.59	226.4	1.600	―	
2018/12	1,718.52	609.26	571.82	62.2	2.560	―	
2019/12	1,766.91	597.58	494.68	-13.5	2.190	―	
2020/12予	1,720.41	543.99	477.82	-3.4	2.304		
2021/12予	1,925.81	665.84	589.76	23.4	2.754		
2019/9Q	467.75	172.51	146.17	-11.6	0.650	【株式分割・併合等】	
2019/12Q	468.15	150.74	95.07	-42.9	0.420		

【本社】北京市朝陽区新源南路8号啓皓大厦 【TEL】86-10-58983095 【URL】www.weibo.com

【役員】会長：曹国偉（Charles Chao）【上場】2014年 【決算期】12月 【従業員】4,126

ADR

プラス189銘柄

※売上高、純利益は百万単位
※黒字転換、赤字継続、赤字転落の場合、前年比は「―」で表示
※決算期を変更した場合、前年比は「―」で表示
※指標は直近の本決算または中間決算のデータを基に算出
※実績PERとPBRは直近本決算のデータで算出
※株価は2020年5月8日の終値（一部例外を除く）

00010 恒隆集団

恒隆集団有限公司
Hang Lung Group Ltd.

不動産事業の持ち株会社 傘下の恒隆地産(00101)が主な収益源。1992年に中国本土市場に進出。主要開発物件は上海の「グランド・ゲートウェイ」と「プラザ66」。瀋陽、天津、無錫、済南、大連などでもショッピングモールやオフィスビルの賃貸事業を展開している。

株価	最低売買価格	年間騰落率	実績PER	PBR
16.620 HK$	**227,993** 円	**-23.6** %	**3.3** 倍	**0.3** 倍

【財務】(百万HK$)	2019/12	2018/12
流動資産	11,620.0	15,281.0
総資産	213,239.0	198,597.0
流動負債	12,863.0	10,377.0
総負債	54,912.0	47,861.0
資本金	4,065.0	4,065.0
株主資本	91,294.0	86,447.0

【指標】(%)	
ROA	3.2
ROE	7.5
粗利益率	—
増収率	-5.8
増益率(営利)	62.5
自己資本増加率	5.6
BPS(HK$)	67.0
負債比率	60.1
流動比率	90.3
株主資本比率	42.8

【CF】(百万HK$)	2019/12	2018/12
営業CF	5,698.0	6,104.0
投資CF	-8,766.0	-5,053.0
財務CF	-3,846.0	-2,465.0
現金同等物	1,727.0	8,702.0

【業績】(百万HK$)	売上高	営業利益	純利益	前年比(%)	EPS(HK$)	1株配(HK$)
2017/12	11,774.00	11,291.00	5,314.00	43.1	3.900	0.8000
2018/12	10,015.00	10,940.00	5,285.00	-0.5	3.880	0.8000
2019/12	9,435.00	17,779.00	6,816.00	29.0	5.010	1.0800
2018/06中間	5,457.00	6,177.00	3,037.00	26.8	2.230	0.1900
2019/06中間	4,505.00	6,011.00	3,709.00	22.1	2.720	0.1900

【株価情報】	
取引単位(株)	1,000
時価総額(mHK$)	22,630.1

【上場】1972年10月 【住所】香港中環徳輔道中4号渣打銀行大厦28楼 【URL】www.hanglunggroup.com

00031 チャイナ・エアロスペース

中国航天国際控股有限公司
China Aerospace International Holdings Ltd.

ハイテク部品製造が主力 中国の宇宙開発の一端を担う国有企業、中国航天科技集団が親会社。樹脂製品やプリント基板(PCB)、充電器などの製造が主力で、収益を航空宇宙関連や新事業に投資する。主な投資不動産は深センの商業ビル「航天科技広場」。

株価	最低売買価格	年間騰落率	実績PER	PBR
0.405 HK$	**11,112** 円	**-20.6** %	**3.7** 倍	**0.2** 倍

【財務】(百万HK$)	2019/12	2018/12
流動資産	3,049.1	2,800.5
総資産	14,705.3	14,319.3
流動負債	1,369.7	1,248.7
総負債	5,324.3	5,138.9
資本金	1,154.5	1,154.5
株主資本	7,245.8	7,084.3

【指標】(%)	
ROA	2.3
ROE	4.7
粗利益率	26.3
増収率	-6.5
増益率(営利)	—
自己資本増加率	2.3
BPS(HK$)	2.3
負債比率	73.5
流動比率	222.6
株主資本比率	49.3

【CF】(百万HK$)	2019/12	2018/12
営業CF	770.8	225.0
投資CF	-296.4	-378.7
財務CF	-147.2	76.4
現金同等物	1,271.6	958.6

【業績】(百万HK$)	売上高	営業利益	純利益	前年比(%)	EPS(HK$)	1株配(HK$)
2017/12	3,661.33	—	486.18	-38.9	0.158	0.0300
2018/12	3,690.80	—	404.12	-16.9	0.131	0.0100
2019/12	3,450.82	—	338.35	-16.3	0.110	0.0200
2018/06中間	1,764.70	—	164.23	-18.4	0.053	0.0000
2019/06中間	1,648.82	—	125.70	-23.5	0.041	0.0000

【株価情報】	
取引単位(株)	2,000
時価総額(mHK$)	1,249.4

【上場】1981年8月 【住所】香港九龍紅カン徳豊街18号海濱広場一座1103－1107A室 【URL】www.casil-group.com

00032 クロス・ハーバー

港通控股有限公司
The Cross-Harbour (Holdings) Ltd.

香港の教習所運営会社 香港で自動車教習所「香港駕駛学院」を運営する。インフラプロジェクトへの投資事業も手掛け、香港島と西九龍を結ぶ海底トンネルや黄大仙区と沙田区を結ぶ大老山トンネルを運営。自動料金収受システム(ETC)も提供する。

株価	最低売買価格	年間騰落率	実績PER	PBR
11.140 HK$	**152,819** 円	**2.6** %	**5.7** 倍	**0.6** 倍

【財務】(百万HK$)	2019/12	2018/12
流動資産	4,628.1	3,736.5
総資産	8,190.1	7,789.9
流動負債	566.9	736.0
総負債	687.3	741.0
資本金	1,629.5	1,629.5
株主資本	7,343.6	6,896.1

【指標】(%)	
ROA	8.9
ROE	9.9
粗利益率	—
増収率	8.6
増益率(営利)	—
自己資本増加率	6.5
BPS(HK$)	19.7
負債比率	9.4
流動比率	816.4
株主資本比率	89.7

【CF】(百万HK$)	2019/12	2018/12
営業CF	163.4	58.9
投資CF	489.2	-1,606.2
財務CF	-247.9	-180.8
現金同等物	1,694.7	1,290.0

【業績】(百万HK$)	売上高	営業利益	純利益	前年比(%)	EPS(HK$)	1株配(HK$)
2017/12	461.59	705.49	1,180.05	187.5	3.170	0.3800
2018/12	640.94	-161.11	447.39	-62.1	1.200	0.4000
2019/12	695.94	167.52	727.31	62.6	1.950	0.4200
2018/06中間	253.94	-468.13	-127.98	—	-0.340	0.1200
2019/06中間	333.77	180.38	455.36	—	1.220	0.1200

【株価情報】	
取引単位(株)	1,000
時価総額(mHK$)	4,151.8

【上場】1974年7月 【住所】香港湾仔港湾道26号華潤大厦25楼 【URL】www.crossharbour.com.hk

00034　九龍建業

九龍建業有限公司
Kowloon Development Co.,Ltd.

香港の不動産デベロッパー　香港、中国本土で不動産開発、不動産投資などを手掛け、香港、天津、広東省、遼寧省、江蘇省などに物件を所有。05年にポリテク・アセット（00208）を傘下に収め、マカオにも進出した。カザフスタンでは石油の探査・生産事業を展開。

株価	最低売買価格	年間騰落率	実績PER	PBR
9.040 HK$	**124,011** 円	**-14.4** %	**4.3** 倍	**0.4** 倍

【財務】(百万HK$)	2019/12	2018/12
流動資産	21,604.5	25,935.4
総資産	52,131.6	57,462.3
流動負債	6,784.4	14,158.5
総負債	20,810.2	27,636.9
資本金	8,636.5	8,636.5
株主資本	27,068.2	25,676.2

【指標】(%)	
ROA	4.7
ROE	9.1
粗利益率	
増収率	308.9
増益率(営利)	35.4
自己資本増加率	5.4
BPS(HK$)	23.0
負債比率	76.9
流動比率	318.4
株主資本比率	51.9

【CF】(百万HK$)	2019/12	2018/12
営業CF	5,415.4	1,525.9
投資CF	785.1	-1,162.8
財務CF	-3,993.1	-1,220.8
現金同等物	3,259.4	1,068.3

【業績】(百万HK$)

	売上高	営業利益	純利益	前年比(%)	EPS(HK$)	1株配(HK$)
2017/12	3,120.37	446.16	1,635.03	72.7	1.410	0.6500
2018/12	2,842.43	2,533.27	2,193.31	34.1	1.860	0.7200
2019/12	11,623.52	3,429.64	2,449.73	11.7	2.080	0.7800
2018/06中間	705.63	1,037.47	1,059.46	159.2	0.900	0.2200
2019/06中間	5,664.77	2,436.79	1,850.63	74.7	1.570	0.2400

【株価情報】	
取引単位(株)	1,000
時価総額(mHK$)	10,636.8

【上場】1995年7月【住所】香港九龍彌敦道750号始創中心23楼【URL】www.kdc.com.hk

00056　聯合地産

聯合地産（香港）有限公司
Allied Properties (HK) Ltd.

香港の金融サービス業者　聯合集団（00373）の子会社で、不動産開発・投資、ホテル運営、金融サービスなどを手掛ける。中国本土の不動産事業は関連会社の天安中国投資（00028）、金融サービスは新鴻基（00086）が担う。老人介護サービス事業も展開。

株価	最低売買価格	年間騰落率	実績PER	PBR
1.870 HK$	**51,305** 円	**10.0** %	**4.4** 倍	**0.3** 倍

【財務】(百万HK$)	2019/12	2018/12
流動資産	24,414.7	24,109.2
総資産	69,989.3	67,782.9
流動負債	9,450.9	10,676.7
総負債	20,299.7	19,902.1
資本金	4,250.6	4,250.6
株主資本	38,804.1	36,737.7

【指標】(%)	
ROA	4.1
ROE	7.4
粗利益率	—
増収率	3.3
増益率(営利)	—
自己資本増加率	5.6
BPS(HK$)	5.7
負債比率	52.3
流動比率	258.3
株主資本比率	55.4

【CF】(百万HK$)	2019/12	2018/12
営業CF	2,412.9	135.6
投資CF	305.6	-199.9
財務CF	-1,570.4	2,820.2
現金同等物	6,128.2	5,031.6

【業績】(百万HK$)

	売上高	営業利益	純利益	前年比(%)	EPS(HK$)	1株配(HK$)
2017/12	4,374.30	—	3,991.10	-8.3	0.586	0.0800
2018/12	4,585.20	—	2,343.40	-41.3	0.344	0.0800
2019/12	4,735.90	—	2,880.30	22.9	0.423	0.0800
2018/06中間	2,369.10	—	1,885.20	-20.1	0.277	0.0000
2019/06中間	2,506.20	—	1,513.00	-19.7	0.222	0.0000

【株価情報】	
取引単位(株)	2,000
時価総額(mHK$)	12,738.8

【上場】1981年【住所】香港湾仔告士打道138号聯合鹿島大厦22楼【URL】www.alliedproperties.com.hk

---

00059　天誉置業

天誉置業（控股）有限公司
Skyfame Realty (Holdings) Ltd.

不動産事業が主力　広東省を中心に、不動産開発・投資や内装サービスを手掛ける。広西チワン族自治区や江蘇省などでも不動産開発事業を展開。広州の高級ホテル「ザ・ウェスティン広州」を運営していたが、債務再編の一環として09年末に売却した。

株価	最低売買価格	年間騰落率	実績PER	PBR
1.000 HK$	**27,436** 円	**-18.0** %	**8.9** 倍	**2.3** 倍

【財務】(百万元)	2019/12	2018/12
流動資産	18,181.3	17,524.0
総資産	22,851.8	21,237.0
流動負債	14,186.0	13,795.3
総負債	19,101.7	17,933.4
資本金	24.7	24.7
株主資本	3,539.2	2,913.4

【指標】(%)	
ROA	3.5
ROE	22.4
粗利益率	28.8
増収率	6.4
増益率(営利)	-7.4
自己資本増加率	21.5
BPS(元)	0.4
負債比率	539.7
流動比率	128.2
株主資本比率	15.5

【CF】(百万元)	2019/12	2018/12
営業CF	-339.0	2,402.8
投資CF	-379.1	92.3
財務CF	-116.6	-3,052.7
現金同等物	1,572.6	2,410.1

【業績】(百万元)

	売上高	営業利益	純利益	前年比(%)	EPS(元)	1株配(HK$)
2017/12	4,080.51	—	550.46	492.4	0.070	0.0400
2018/12	6,191.76	1,762.63	751.32	36.5	0.095	0.0230
2019/12	6,591.04	1,631.66	792.26	5.4	0.102	0.0230
2018/06中間	4,072.63	—	424.37	6.0	0.054	0.0000
2019/06中間	3,729.27	—	326.47	-23.1	0.041	0.0000

【株価情報】	
取引単位(株)	2,000
時価総額(mHK$)	7,944.3

【上場】1993年11月【住所】香港湾仔告士打道151号安盛中心14楼1401室【URL】www.tianyudc.com

00071 ミラマー・ホテル

美麗華酒店企業有限公司
Miramar Hotel & Investment Co.,Ltd.

ヘンダーソン傘下のホテル経営会社 恒基兆業地産（00012）傘下。香港と深センでホテルを経営する。傘下に老舗ホテルの「ザ・ミラホンコン（旧ミラマー・ホテル）」など。香港と上海でサービスアパートも運営。レストラン経営、旅行代理業も手掛ける。

株価	最低売買価格	年間騰落率	実績PER	PBR
14.220 HK$	195,070 円	-12.7 %	7.7 倍	0.5 倍

【財務】(百万HK$)	2019/12	2018/12
流動資産	5,655.0	5,190.4
総資産	21,491.9	20,428.8
流動負債	892.2	790.3
総負債	1,446.4	1,257.5
資本金	2,227.0	2,227.0
株主資本	19,881.5	19,026.8

【指標】(%)	
ROA	6.0
ROE	6.5
粗利益率	38.0
増収率	-4.3
増益率(営利)	—
自己資本増加率	4.5
BPS(HK$)	28.8
負債比率	7.3
流動比率	633.8
株主資本比率	92.5

【CF】(百万HK$)	2019/12	2018/12
営業CF	626.7	580.3
投資CF	1,061.4	242.4
財務CF	-65.1	835.3
現金同等物	4,917.5	3,297.0

【業績】(百万HK$)	売上高	営業利益	純利益	前年比(%)	EPS(HK$)	1株配(HK$)
2017/12	3,186.20	—	1,519.25	19.0	2.520	0.5900
2018/12	3,199.08	—	1,624.15	6.9	2.360	0.6100
2019/12	3,061.70	—	1,288.23	-20.7	1.860	0.5800
2018/06中間	1,586.16	—	769.70	-10.1	1.110	0.2400
2019/06中間	1,600.21	—	855.92	9.7	1.250	0.2400

【株価情報】	
取引単位(株)	1,000
時価総額(mHK$)	8,843.0

【上場】1970年 【住所】香港九龍尖沙咀彌敦道132号美麗華大厦15楼 【URL】www.miramar-group.com

00085 中国電子華大科技

中国電子華大科技有限公司
China Electronics Huada Technology Co.,Ltd.

中国政府系のICチップ設計・開発事業者 親会社は政府系の中国電子信息産業集団（CEC）。ICチップの設計と応用システムの開発が中核。製品は身分証明、社会保障カード、携帯電話SIMカードなどに組み込まれる。資産再編でIT産業パーク事業を売却。

株価	最低売買価格	年間騰落率	実績PER	PBR
0.660 HK$	18,108 円	-5.7 %	8.6 倍	0.7 倍

【財務】(百万HK$)	2019/12	2018/12
流動資産	1,989.6	1,835.5
総資産	4,905.9	4,969.1
流動負債	2,804.0	3,003.4
総負債	2,849.1	3,027.9
資本金	—	20.3
株主資本	2,036.7	1,922.4

【指標】(%)	
ROA	3.2
ROE	7.6
粗利益率	31.6
増収率	0.5
増益率(営利)	23.5
自己資本増加率	5.9
BPS(HK$)	1.0
負債比率	139.9
流動比率	71.0
株主資本比率	41.5

【CF】(百万HK$)	2019/12	2018/12
営業CF	-871.1	-117.2
投資CF	1,499.9	142.1
財務CF	-483.7	29.4
現金同等物	777.1	375.5

【業績】(百万HK$)	売上高	営業利益	純利益	前年比(%)	EPS(HK$)	1株配(HK$)
2017/12	1,453.04	183.70	220.10	-79.3	0.108	0.0300
2018/12	1,687.00	109.43	113.32	-48.5	0.056	0.0200
2019/12	1,695.49	135.10	155.16	36.9	0.076	0.0230
2018/06中間	981.03	117.11	78.08	-45.4	0.039	0.0000
2019/06中間	908.57	107.45	72.23	-7.5	0.036	0.0000

【株価情報】	
取引単位(株)	2,000
時価総額(mHK$)	1,339.7

【上場】1997年7月 【住所】香港湾仔港湾道26号華潤大厦34楼3403室 【URL】www.cecht.com.cn

00089 大生地産

大生地産発展有限公司
Tai Sang Land Development Ltd.

香港の不動産投資会社 主に香港で不動産投資・賃貸を手掛けるほか、不動産関連サービスに従事。米サンフランシスコにも商業ビルを保有する。ホテルやレストランも運営。

株価	最低売買価格	年間騰落率	実績PER	PBR
4.400 HK$	60,359 円	-18.7 %	2.9 倍	0.2 倍

【財務】(百万HK$)	2019/12	2018/12
流動資産	259.3	217.0
総資産	10,839.2	10,098.6
流動負債	963.4	1,479.9
総負債	2,635.8	2,270.8
資本金	417.3	417.3
株主資本	7,970.9	7,602.6

【指標】(%)	
ROA	4.0
ROE	5.5
粗利益率	75.4
増収率	5.1
増益率(営利)	-10.5
自己資本増加率	4.8
BPS(HK$)	27.7
負債比率	33.1
流動比率	26.9
株主資本比率	73.5

【CF】(百万HK$)	2019/12	2018/12
営業CF	167.2	144.0
投資CF	-248.6	-395.9
財務CF	138.8	254.6
現金同等物	111.6	54.2

【業績】(百万HK$)	売上高	営業利益	純利益	前年比(%)	EPS(HK$)	1株配(HK$)
2017/12	283.63	468.48	502.06	34.4	1.750	0.1600
2018/12	352.36	604.51	492.80	-1.8	1.710	0.2200
2019/12	370.33	541.32	436.30	-11.5	1.520	0.2200
2018/06中間	166.17	493.20	442.45	309.1	1.540	0.1000
2019/06中間	184.60	242.10	188.05	-57.5	0.650	0.1000

【株価情報】	
取引単位(株)	1,000
時価総額(mHK$)	1,265.8

【上場】1973年2月 【住所】香港徳輔道中130-132号大生銀行大厦11楼 【URL】www.tsld.com

00099　王氏国際

王氏国際集団有限公司
Wong's International Holdings Ltd.

中国のEMS事業者 電子製品の受託製造サービス (EMS)が主力事業。深センや蘇州に工場を持ち、主にアジアや北米地域の顧客に製品を提供する。不動産開発や不動産投資など不動産事業にも従事し、新鴻基地産(00016)と提携関係を結んでいる。

株価	最低売買価格	年間騰落率	実績PER	PBR
2.100 HK$	28,808 円	-39.5 %	3.8 倍	0.2 倍

【財務】(百万HK$)	2019/12	2018/12
流動資産	2,705.2	2,943.5
総資産	8,183.2	8,267.7
流動負債	1,827.5	1,913.2
総負債	3,177.0	3,447.5
資本金	47.8	47.8
株主資本	5,006.2	4,820.2

【CF】(百万HK$)	2019/12	2018/12
営業CF	459.7	266.2
投資CF	-65.1	-382.0
財務CF	-282.3	117.2
現金同等物	543.3	447.7

【指標】(%)	
ROA	3.3
ROE	5.3
粗利益率	—
増収率	-5.8
増益率(営利)	-53.3
自己資本増加率	3.9
BPS(HK$)	10.5
負債比率	63.5
流動比率	148.0
株主資本比率	61.2

【業績】(百万HK$)	売上高	営業利益	純利益	前年比(%)	EPS(HK$)	1株配(HK$)
2017/12	3,817.54	315.61	479.91	2.5	1.000	0.0750
2018/12	4,013.55	524.82	1,421.75	196.3	2.970	0.0950
2019/12	3,781.16	245.16	266.33	-81.3	0.560	0.0650
2018/06中間	1,952.78	187.48	706.31	446.5	1.480	0.0400
2019/06中間	2,001.02	162.01	246.32	-65.1	0.510	0.0350

【株価情報】	
取引単位(株)	1,000
時価総額(mHK$)	1,004.8

【上場】1983年12月【住所】香港九龍観塘偉業街180号絲宝国際大厦17楼【URL】www.wih.com.hk

00105　凱聯国際酒店

凱聯国際酒店有限公司
Associated International Hotels Ltd.

香港の不動産投資会社 マレーシアでのゴルフリゾート運営を主力としていたが、11年3月に売却が完了。香港尖沙咀の商業施設「国際広場(iSQUARE)」の賃貸収入を主な収益源とする。

株価	最低売買価格	年間騰落率	実績PER	PBR
16.200 HK$	444,463 円	-28.6 %	39.5 倍	0.5 倍

【財務】(百万HK$)	2019/09	2018/09
流動資産	770.1	790.0
総資産	13,760.8	14,602.2
流動負債	449.0	470.7
総負債	733.1	746.7
資本金	360.0	360.0
株主資本	13,027.7	13,855.5

【CF】(百万HK$)	2019/09	2018/09
営業CF	211.3	239.8
投資CF	6.7	-1.8
財務CF	-3.2	-2.5
現金同等物	726.2	754.7

【指標】(%)	
ROA	—
ROE	—
粗利益率	84.9
増収率	-3.0
増益率(営利)	—
自己資本増加率	-6.0
BPS(HK$)	36.2
負債比率	5.6
流動比率	171.5
株主資本比率	94.7

【業績】(百万HK$)	売上高	営業利益	純利益	前年比(%)	EPS(HK$)	1株配(HK$)
2017/03	661.68	-65.93	-159.12	—	-0.440	1.2000
2018/03	632.54	246.61	159.32	—	0.440	1.1900
2019/03	610.59	233.75	148.49	-6.8	0.410	1.1500
2018/09中間	309.08	235.99	192.66	—	0.540	0.5800
2019/09中間	299.94	-327.78	-369.65	—	-1.030	0.5600

【株価情報】	
取引単位(株)	2,000
時価総額(mHK$)	5,832.0

【上場】1985年10月【住所】香港九龍尖沙咀彌敦道63号国際広場9楼【URL】aihl.etnet.com.hk

00133　招商局中国基金

招商局中国基金有限公司
China Merchants China Direct Investments Ltd.

政府系の総合投資法人 中国国内で銀行、証券、不動産、製造業、文化などの分野に投資するクローズドエンド型の投資法人。主に未上場の中国企業を投資対象としているが、香港に上場する中国系企業にも投資。国務院直属の招商局集団が実質筆頭株主。

株価	最低売買価格	年間騰落率	実績PER	PBR
9.100 HK$	249,668 円	-18.8 %	1.8 倍	2.1 倍

【財務】(百万US$)	2019/12	2018/12
流動資産	116.1	108.7
総資産	794.0	687.9
流動負債	28.5	28.0
総負債	145.0	112.8
資本金	139.3	139.3
株主資本	649.1	575.1

【CF】(百万US$)	2019/12	2018/12
営業CF	35.1	19.7
投資CF	—	—
財務CF	-18.3	-16.8
現金同等物	64.1	48.5

【指標】(%)	
ROA	12.8
ROE	15.7
粗利益率	—
増収率	-17.8
増益率(営利)	—
自己資本増加率	12.9
BPS(US$)	4.3
負債比率	22.3
流動比率	406.9
株主資本比率	81.7

【業績】(百万US$)	売上高	営業利益	純利益	前年比(%)	EPS(US$)	1株配(US$)
2017/12	15.21	—	117.90	—	0.774	0.0600
2018/12	18.89	—	-87.02	—	-0.571	0.1700
2019/12	15.53	—	101.81	—	0.668	0.0700
2018/06中間	10.99	—	-47.52	—	-0.312	0.0500
2019/06中間	3.59	—	111.40	—	0.731	0.0000

【株価情報】	
取引単位(株)	2,000
時価総額(mHK$)	1,386.2

【上場】1993年7月【住所】香港皇后大道東1号太古広場3期1609室【URL】www.cmcdi.com.hk

00157　自然美生物科技

自然美生物科技有限公司
Natural Beauty Bio-Technology Ltd.

台湾系化粧品メーカー　化粧品・美容関連サービスを主に中国本土と台湾で展開する。「自然美（Natural Beauty：NB）」ブランドで各種スキンケア製品、メイクアップ製品、健康食品などを販売するほか、直営スパを通じてエステなどの美容サービスを提供。

株価	最低売買価格	年間騰落率	実績PER	PBR
0.650 HK$	89,167 円	0.0 %	43.3 倍	2.2 倍

【財務】(百万HK$)	2019/12	2018/12
流動資産	366.0	347.8
総資産	799.8	679.0
流動負債	142.1	125.8
総負債	200.2	127.1
資本金	200.2	200.2
株主資本	599.5	551.9

【指標】(%)	
ROA	3.7
ROE	5.0
粗利益率	61.4
増収率	25.7
増益率（営利）	—
自己資本増加率	8.6
BPS(HK$)	0.3
負債比率	33.4
流動比率	257.5
株主資本比率	75.0

【CF】(百万HK$)	2019/12	2018/12
営業CF	—	76.7
投資CF	—	-67.7
財務CF	—	-96.1
現金同等物	—	181.0

【業績】(百万HK$)	売上高	営業利益	純利益	前年比(%)	EPS(HK$)	1株配(HK$)
2017/12	399.58	—	105.39	-29.0	0.053	0.0560
2018/12	369.53	—	26.26	-75.1	0.013	0.0150
2019/12	464.43	—	29.81	13.5	0.015	0.0000
2018/06中間	193.74	—	29.00	-24.4	0.015	0.0150
2019/06中間	204.89	—	9.76	-66.3	0.005	0.0000

【株価情報】	
取引単位(株)	10,000
時価総額(mHK$)	1,301.4

【上場】2002年3月 【住所】香港中環皇后大道中183号合和中心54楼 【URL】www.ir-cloud.com/hongkong/00157/irwebsite

00163　英皇集団

英皇集団（国際）有限公司
Emperor International Holdings Ltd.

不動産事業とホテル経営が主力　香港のコングロマリット、エンペラー・グループ傘下。香港・マカオ、中国、英国で不動産開発・賃貸、ホテル経営を手掛ける。子会社の英皇娯楽酒店(00296)を通じ、マカオのカジノ/ホテル「グランドエンペラーホテル」を運営。

株価	最低売買価格	年間騰落率	実績PER	PBR
1.360 HK$	37,313 円	-38.5 %	1.6 倍	0.2 倍

【財務】(百万HK$)	2019/09	2018/09
流動資産	10,615.6	9,549.6
総資産	63,095.3	65,456.7
流動負債	5,385.4	8,800.3
総負債	30,054.0	31,246.9
資本金	36.8	36.8
株主資本	30,509.6	30,906.8

【指標】(%)	
ROA	—
ROE	—
粗利益率	69.4
増収率	-19.4
増益率（営利）	—
自己資本増加率	-1.3
BPS(HK$)	8.3
負債比率	98.5
流動比率	197.1
株主資本比率	48.4

【CF】(百万HK$)	2019/09	2018/09
営業CF	-412.6	736.3
投資CF	-867.6	-1,002.6
財務CF	139.1	-142.6
現金同等物	2,493.4	2,949.9

【業績】(百万HK$)	売上高	営業利益	純利益	前年比(%)	EPS(HK$)	1株配(HK$)
2017/03	4,068.47	—	3,483.15	-245.7	0.950	0.1030
2018/03	3,148.89	—	3,371.52	-3.2	0.920	0.1080
2019/03	4,352.39	—	3,136.29	-7.0	0.850	0.1100
2018/09中間	1,536.45	3,087.60	2,504.92	56.9	0.680	0.0470
2019/09中間	1,238.03	-12.35	-519.31	—	-0.140	0.0350

【株価情報】	
取引単位(株)	2,000
時価総額(mHK$)	5,001.5

【上場】1972年11月 【住所】香港湾仔軒尼詩道288号英皇集団中心28楼 【URL】www.emperorInt.com

00171　シルバーグラント

銀建国際控股集団有限公司
Silver Grant International Holdings Group Ltd.

不動産事業と石油精製事業が主力　子会社を通じて不動産事業を手掛けるほか、石油精製事業を展開する。石油精製では主に請け負いサービスを提供する。09年末にはインフラ開発事業から撤退した。

株価	最低売買価格	年間騰落率	実績PER	PBR
1.040 HK$	28,533 円	-29.7 %	43.0 倍	0.4 倍

【財務】(百万HK$)	2019/12	2018/12
流動資産	4,264.4	2,979.6
総資産	10,368.0	11,345.0
流動負債	669.9	2,288.5
総負債	2,765.3	3,741.8
資本金	3,626.8	3,626.8
株主資本	6,660.6	6,748.8

【指標】(%)	
ROA	0.5
ROE	0.8
粗利益率	—
増収率	1.8
増益率（営利）	—
自己資本増加率	-1.3
BPS(HK$)	2.9
負債比率	41.5
流動比率	636.6
株主資本比率	64.2

【CF】(百万HK$)	2019/12	2018/12
営業CF	-245.3	53.4
投資CF	-182.1	125.0
財務CF	153.8	30.5
現金同等物	190.3	497.2

【業績】(百万HK$)	売上高	営業利益	純利益	前年比(%)	EPS(HK$)	1株配(HK$)
2017/12	905.74	—	260.20	—	0.113	0.0000
2018/12	105.62	—	-49.38	—	-0.021	0.0000
2019/12	107.57	—	55.81	—	0.024	0.0000
2018/06中間	57.82	—	143.17	26.6	0.062	0.0000
2019/06中間	55.60	—	46.32	-67.6	0.024	0.0000

【株価情報】	
取引単位(株)	2,000
時価総額(mHK$)	2,397.0

【上場】— 【住所】香港湾仔港湾道1号会展広場弁公大楼49楼4901室 【URL】www.irasia.com/listco/hk/silvergrant

00173 嘉華国際

嘉華国際集団有限公司
K. Wah International Holdings Ltd.

香港嘉華集団の不動産旗艦企業 香港と長江デルタ、珠江デルタで不動産開発や不動産投資、ホテル経営を手掛ける。香港の富豪、呂志和会長が率いる嘉華集団の傘下で、銀河娯楽(00027)と同系列。

株価	最低売買価格	年間騰落率	実績PER	PBR
3.530 HK$	48,425 円	-26.2 %	3.5 倍	0.3 倍

【財務】(百万HK$)	2019/12	2018/12
流動資産	36,177.4	38,951.7
総資産	74,559.0	69,893.8
流動負債	15,735.5	12,833.1
総負債	34,441.1	32,892.1
資本金	312.5	312.5
株主資本	38,886.0	35,640.5

【指標】(%)	
ROA	4.2
ROE	8.1
粗利益率	52.6
増収率	-1.0
増益率(営利)	—
自己資本増加率	9.1
BPS(HK$)	12.4
負債比率	88.6
流動比率	229.9
株主資本比率	52.2

【CF】(百万HK$)	2019/12	2018/12
営業CF	3,419.8	1,058.9
投資CF	-6,297.6	1,767.6
財務CF	887.8	-781.5
現金同等物	5,380.6	7,426.1

【業績】(百万HK$)	売上高	営業利益	純利益	前年比(%)	EPS(HK$)	1株配(HK$)
2017/12	11,293.89	—	3,906.18	22.8	1.282	0.1800
2018/12	10,759.79	—	4,046.39	3.6	1.295	0.2000
2019/12	10,651.93	—	3,149.74	-22.2	1.008	0.2000
2018/06中間	622.64	—	577.74	-73.3	0.189	0.0600
2019/06中間	5,123.73	—	1,525.58	164.1	0.488	0.0600

【株価情報】	
取引単位(株)	1,000
時価総額(mHK$)	11,031.9

【上場】1987年2月 【住所】香港北角渣華道191号嘉華国際中心29楼 【URL】www.kwih.com

00181 ビン港控股

ビン港控股有限公司
Fujian Holdings Ltd.

中国のホテル事業者 厦門鉄路開発公司と共同出資する福建省アモイの大型ホテル「厦門東南亜大酒店」が中核資産。香港で不動産投資も展開。05年に和声鋼琴の株式25%を取得し、ピアノ製造事業に参入。観光関連のリース事業も手掛ける。

株価	最低売買価格	年間騰落率	実績PER	PBR
0.200 HK$	54,872 円	6.4 %	24.1 倍	0.6 倍

【財務】(百万HK$)	2019/12	2018/12
流動資産	58.0	51.6
総資産	430.3	420.6
流動負債	14.2	12.1
総負債	19.1	16.2
資本金	898.8	898.8
株主資本	411.2	404.4

【指標】(%)	
ROA	2.2
ROE	2.3
粗利益率	—
増収率	7.3
増益率(営利)	—
自己資本増加率	1.7
BPS(HK$)	0.4
負債比率	4.7
流動比率	409.5
株主資本比率	95.6

【CF】(百万HK$)	2019/12	2018/12
営業CF	8.5	8.0
投資CF	-0.2	-1.3
財務CF	-1.2	—
現金同等物	56.0	49.5

【業績】(百万HK$)	売上高	営業利益	純利益	前年比(%)	EPS(HK$)	1株配(HK$)
2017/12	35.83	—	7.95	377.0	0.007	0.0000
2018/12	39.15	—	9.42	18.5	0.008	0.0000
2019/12	42.01	—	9.46	0.5	0.008	0.0000
2018/06中間	17.87	—	1.08	197.2	0.001	0.0000
2019/06中間	19.34	—	1.85	71.8	0.002	0.0000

【株価情報】	
取引単位(株)	20,000
時価総額(mHK$)	229.1

【上場】1973年2月 【住所】香港千諾道中200号信徳中心西座33楼3306至3308室 【URL】www.fujianholdings.com

---

00184 激成投資

激成投資(香港)有限公司
Keck Seng Investments (Hong Kong) Ltd.

香港のホテル経営会社 ベトナム、米国、中国、カナダ、日本でホテルを経営。主力はベトナムの高級ホテル「シェラトン・サイゴン・ホテル・アンド・タワーズ」など。マカオで不動産投資・開発も手掛ける。日本ではベストウエスタンホテルフィーノ大阪心斎橋を運営。

株価	最低売買価格	年間騰落率	実績PER	PBR
2.910 HK$	79,839 円	-44.0 %	181.9 倍	0.3 倍

【財務】(百万HK$)	2019/12	2018/12
流動資産	2,392.2	2,210.1
総資産	6,832.1	6,603.8
流動負債	2,266.5	590.6
総負債	2,454.4	2,183.6
資本金	498.3	498.3
株主資本	3,699.2	3,750.3

【指標】(%)	
ROA	0.1
ROE	0.1
粗利益率	—
増収率	-3.9
増益率(営利)	-5.0
自己資本増加率	-1.4
BPS(HK$)	10.9
負債比率	66.4
流動比率	105.5
株主資本比率	54.1

【CF】(百万HK$)	2019/12	2018/12
営業CF	428.9	463.9
投資CF	-1,079.3	-460.6
財務CF	11.5	-156.2
現金同等物	1,158.6	1,802.1

【業績】(百万HK$)	売上高	営業利益	純利益	前年比(%)	EPS(HK$)	1株配(HK$)
2017/12	1,949.50	390.00	131.01	-41.9	0.385	0.1500
2018/12	2,022.40	351.99	196.58	50.1	0.578	0.1600
2019/12	1,943.40	334.27	5.52	-97.2	0.016	0.0800
2018/06中間	986.46	163.45	91.34	276.1	0.268	0.0400
2019/06中間	916.12	151.05	73.26	-19.8	0.215	0.0350

【株価情報】	
取引単位(株)	2,000
時価総額(mHK$)	990.0

【上場】1973年2月 【住所】香港千諾道中168-200号信徳中心西翼2902室 【URL】www.keckseng.com.hk

495

プラス189銘柄

00186 敏捷控股

敏捷控股有限公司
Nimble Holdings Co.,Ltd.

電子機器の販売が主力「エマソン」ブランドの電子機器を販売する。オーディオ機器事業では経営不振となった日本のオーディオ機器メーカー3社を傘下に収め、「Nakamichi」「AKAI」「SANSUI」の3ブランドを保有。電子機器のOEMも手掛けていたが、撤退した。

株価	最低売買価格	年間騰落率	実績PER	PBR
0.460 HK$	189,308 円	-43.9 %	27.7 倍	4.7 倍

【財務】(百万HK$)	2019/09	2018/09
流動資産	516.0	484.0
総資産	698.0	755.0
流動負債	97.0	166.0
総負債	115.0	186.0
資本金	55.0	55.0
株主資本	539.0	485.0

【CF】(百万HK$)	2019/09	2018/09
営業CF	-13.0	-9.0
投資CF	226.0	12.0
財務CF	-1.0	-5.0
現金同等物	412.0	314.0

【指標】(%)	
ROA	—
ROE	—
粗利益率	25.4
増収率	136.0
増益率(営利)	—
自己資本増加率	11.1
BPS(HK$)	0.1
負債比率	21.3
流動比率	532.0
株主資本比率	77.2

【業績】(百万HK$)	売上高	営業利益	純利益	前年比(%)	EPS(HK$)	1株配(HK$)
2017/03	288.00	—	2,813.00	—	0.720	0.0000
2018/03	171.00	—	175.00	-93.8	0.032	0.0000
2019/03	123.00	—	91.00	-48.0	0.017	0.0000
2018/09中間	50.00	—	32.00	-33.3	0.006	0.0000
2019/09中間	118.00	—	-9.00	—	-0.002	0.0000

【株価情報】	
取引単位(株)	30,000
時価総額(mHK$)	2,526.4

【上場】1987年7月 【住所】香港新界セン湾海盛路3号TML広場32楼C01室 【URL】www.nimbleholding.com

00188 新華匯富金融

新華匯富金融控股有限公司
Sunwah Kingsway Capital Holdings Ltd.

キングスウェイ・グループ傘下の金融会社　香港と中国本土の顧客向けに、証券投資や仲介、投資銀行業務などの金融サービスを提供。04年に事業再編を実施し、香港の投資銀行から中華圏の金融サービス会社に転身した。

株価	最低売買価格	年間騰落率	実績PER	PBR
0.052 HK$	7,133 円	-18.8 %	—	0.4 倍

【財務】(百万HK$)	2019/12	2018/12
流動資産	1,082.1	1,275.9
総資産	1,678.0	1,883.0
流動負債	610.5	777.6
総負債	646.5	814.8
資本金	70.1	69.0
株主資本	1,031.5	1,068.0

【CF】(百万HK$)	2019/12	2018/12
営業CF	-54.2	-44.8
投資CF	-0.3	6.1
財務CF	14.2	2.2
現金同等物	169.5	194.1

【指標】(%)	
ROA	—
ROE	—
粗利益率	—
増収率	95.1
増益率(営利)	—
自己資本増加率	-3.4
BPS(HK$)	0.1
負債比率	62.7
流動比率	177.2
株主資本比率	61.5

【業績】(百万HK$)	売上高	営業利益	純利益	前年比(%)	EPS(HK$)	1株配(HK$)
2017/06	131.44	0.49	-1.93	—	0.000	0.0050
2018/06	189.78	21.37	20.40	—	0.003	0.0050
2019/06	133.65	-26.47	-32.82	—	-0.005	0.0050
2018/12中間	30.31	-39.01	-41.76	—	-0.006	0.0020
2019/12中間	59.13	-9.99	-13.25	—	-0.002	0.0020

【株価情報】	
取引単位(株)	10,000
時価総額(mHK$)	364.8

【上場】2000年9月 【住所】香港金鐘道89号力宝中心第一座7楼 【URL】www.sunwahkingsway.com

00191 麗新製衣

麗新製衣国際有限公司
Lai Sun Garment (International) Ltd.

香港のコングロマリット　香港のコングロマリット、麗新グループの持ち株会社。不動産開発・投資、ホテル経営、レストラン運営を手掛ける。子会社の麗新発展(00488)の下、豊徳麗控股(00571)、麗豊控股(01125)、寰亜伝媒(08075)を傘下に抱える。

株価	最低売買価格	年間騰落率	実績PER	PBR
8.320 HK$	114,134 円	-27.0 %	1.1 倍	0.2 倍

【財務】(百万HK$)	2020/01	2019/01
流動資産	12,465.5	15,412.1
総資産	82,486.2	84,095.0
流動負債	8,140.0	10,830.5
総負債	33,516.6	32,028.1
資本金	1,250.2	1,232.0
株主資本	21,847.7	22,964.1

【CF】(百万HK$)	2020/01	2019/01
営業CF	-500.3	-893.9
投資CF	-1,298.5	942.1
財務CF	1,023.3	130.0
現金同等物	2,990.5	4,340.5

【指標】(%)	
ROA	—
ROE	—
粗利益率	40.1
増収率	-26.3
増益率(営利)	—
自己資本増加率	-4.9
BPS(HK$)	56.5
負債比率	153.4
流動比率	153.1
株主資本比率	26.5

【業績】(百万HK$)	売上高	営業利益	純利益	前年比(%)	EPS(HK$)	1株配(HK$)
2017/07	1,808.08	2,037.09	1,456.67	113.2	3.824	0.0690
2018/07	1,804.04	3,184.06	2,567.36	76.2	6.686	0.0740
2019/07	6,609.85	4,846.20	2,797.49	9.0	7.249	0.0740
2019/01中間	3,815.85	4,519.43	2,914.64	332.0	7.568	0.0000
2020/01中間	2,811.14	-1,252.44	-753.09	—	-1.947	0.0000

【株価情報】	
取引単位(株)	1,000
時価総額(mHK$)	3,218.8

【上場】1987年12月 【住所】香港九龍長沙湾道680号麗新商業中心11楼 【URL】www.laisun.com

00193　冠中地産

冠中地産有限公司
Capital Estate Ltd.

マカオ地盤の不動産デベロッパー　不動産開発・投資、ホテル経営、有価証券投資を手掛ける。マカオで高級住宅を開発するほか、「澳門財神酒店(ホテル・フォーチュナ・マカオ)」に出資する。中国本土では広東省の「仏山財神酒店」に全額出資。

株価	最低売買価格	年間騰落率	実績PER	PBR
0.465 HK$	19,137 円	-58.5 %	0.6 倍	0.1 倍

【財務】(百万HK$)	2020/01	2019/01
流動資産	633.3	795.2
総資産	1,127.4	1,300.5
流動負債	146.3	335.5
総負債	177.0	374.6
資本金	1,518.5	1,518.5
株主資本	998.3	967.2

【CF】(百万HK$)	2020/01	2019/01
営業CF	11.0	-20.8
投資CF	0.1	7.3
財務CF	-153.5	26.2
現金同等物	209.9	293.4

【指標】(%)	
ROA	—
ROE	—
粗利益率	35.5
増収率	-72.4
増益率(営利)	—
自己資本増加率	3.2
BPS(HK$)	5.1
負債比率	17.7
流動比率	432.9
株主資本比率	88.6

【業績】(百万HK$)	売上高	営業利益	純利益	前年比(%)	EPS(HK$)	1株配(HK$)
2017/07	82.44	—	60.25	—	0.016	0.0000
2018/07	316.23	—	37.19	-38.3	0.191	0.0000
2019/07	432.21	—	149.96	303.2	0.772	0.0000
2019/01中間	301.00	—	81.16	17.7	0.418	0.0000
2020/01中間	83.17	—	-17.91	—	-0.092	0.0000

【株価情報】	
取引単位(株)	3,000
時価総額(mHK$)	90.4

【上場】1972年9月　【住所】香港湾仔駱克道33号美国万通大厦17楼　【URL】www.capitalestate.com.hk

00197　亨泰消費品

亨泰消費品集団有限公司
Heng Tai Consumables Group Ltd.

日用消費財と農作物の商社　食品などサイクルが短い日用消費財(FMCG)や農作物の輸入販売、低温物流事業を手掛ける。世界各国から調達した商品を中国の販売業者や飲食店に供給する。取扱商品は加工・冷凍食品、飲料、日用品・化粧品など。

株価	最低売買価格	年間騰落率	実績PER	PBR
0.116 HK$	7,956 円	-48.9 %	—	0.1 倍

【財務】(百万HK$)	2019/12	2018/12
流動資産	1,239.1	1,313.5
総資産	1,913.4	2,210.8
流動負債	123.4	137.4
総負債	136.9	147.3
資本金	187.3	187.3
株主資本	1,792.2	2,080.4

【CF】(百万HK$)	2019/12	2018/12
営業CF	-2.4	11.9
投資CF	-6.6	-112.1
財務CF	-0.6	-1.0
現金同等物	430.7	549.5

【指標】(%)	
ROA	—
ROE	—
粗利益率	7.7
増収率	-24.2
増益率(営利)	—
自己資本増加率	-13.8
BPS(HK$)	1.0
負債比率	7.6
流動比率	1,004.5
株主資本比率	93.7

【業績】(百万HK$)	売上高	営業利益	純利益	前年比(%)	EPS(HK$)	1株配(HK$)
2017/06	1,223.94	-451.73	-405.55	—	-0.300	0.0000
2018/06	981.49	-154.14	-153.48	—	-0.080	0.0000
2019/06	840.73	-287.01	-285.08	—	-0.150	0.0000
2018/12中間	455.02	-48.05	-47.09	—	-0.025	0.0000
2019/12中間	344.87	-46.46	-45.97	—	-0.025	0.0000

【株価情報】	
取引単位(株)	5,000
時価総額(mHK$)	217.2

【上場】2001年12月　【住所】香港上環干諾道西88号粤財大厦31楼　【URL】www.hengtai.com.hk

00230　五鉱地産

五鉱地産有限公司
Minmetals Land Ltd.

国務院系の不動産企業　国務院系の中国五鉱集団の傘下でグループの不動産事業を担う。環渤海、長江デルタ、珠江デルタ地域などで住宅物件を中心に不動産開発を手掛ける。子会社を通じて中国本土と香港でビル外装建材の設計・施工・販売も展開。

株価	最低売買価格	年間騰落率	実績PER	PBR
1.010 HK$	27,710 円	-30.4 %	3.6 倍	0.4 倍

【財務】(百万HK$)	2019/12	2018/12
流動資産	43,085.7	41,930.6
総資産	48,961.4	47,252.8
流動負債	22,971.1	18,269.5
総負債	32,694.6	32,442.3
資本金	334.7	334.7
株主資本	9,193.8	8,367.7

【CF】(百万HK$)	2019/12	2018/12
営業CF	-1,760.1	-1,657.4
投資CF	563.3	86.5
財務CF	1,439.2	-453.3
現金同等物	3,850.1	3,607.8

【指標】(%)	
ROA	1.9
ROE	10.3
粗利益率	23.7
増収率	3.0
増益率(営利)	—
自己資本増加率	9.9
BPS(HK$)	2.7
負債比率	355.6
流動比率	187.6
株主資本比率	18.8

【業績】(百万HK$)	売上高	営業利益	純利益	前年比(%)	EPS(HK$)	1株配(HK$)
2017/12	11,935.51	—	712.91	39.2	0.213	0.0600
2018/12	10,930.82	—	934.96	31.1	0.279	0.0800
2019/12	11,261.43	—	942.69	0.8	0.282	0.0800
2018/06中間	5,953.00	—	713.28	80.4	0.213	0.0000
2019/06中間	5,600.54	—	814.10	14.1	0.243	0.0000

【株価情報】	
取引単位(株)	2,000
時価総額(mHK$)	3,380.4

【上場】1991年12月　【住所】香港九龍尖沙咀漆咸道南79号中国五鉱大厦18楼　【URL】www.minmetalsland.com

00232 中国航空工業

中国航空工業国際控股（香港）有限公司
AVIC International Holding (HK) Ltd.

中国航空工業集団傘下の航空用エンジン会社 実質親会社は国有企業の中国航空工業集団（AVIC）。15年に親会社から取得した不動産業務を手掛けていたが、18年に売却。同年に親会社から航空用ピストンエンジン事業の権益を取得し、航空産業に参入。

株価	最低売買価格	年間騰落率	実績PER	PBR
0.101 HK$	2,771 円	-56.1 %	—	0.3 倍

【CF】(百万HK$)	2019/12	2018/12
営業CF	77.4	-23.8
投資CF	-272.0	1,180.1
財務CF	2.6	-566.2
現金同等物	990.4	1,191.6

【財務】(百万HK$)	2019/12	2018/12
流動資産	1,654.3	1,892.1
総資産	4,748.0	4,514.3
流動負債	527.4	540.7
総負債	1,174.3	895.1
資本金	930.3	930.3
株主資本	3,573.7	3,619.2

【指標】(%)	
ROA	—
ROE	—
粗利益率	25.8
増収率	8.7
増益率（営利）	—
自己資本増加率	-1.3
BPS(HK$)	0.4
負債比率	32.9
流動比率	313.7
株主資本比率	75.3

【業績】(百万HK$)	売上高	営業利益	純利益	前年比(%)	EPS(HK$)	1株配(HK$)
2017/12	—	—	-288.48	—	-0.052	0.0000
2018/12	1,341.22	—	398.97	—	0.045	0.0100
2019/12	1,458.00	—	-54.02	—	-0.006	0.0000
2018/06中間	607.87	—	-113.05	—	-0.013	0.0000
2019/06中間	764.47	—	37.90	—	0.004	0.0000

【株価情報】	
取引単位(株)	2,000
時価総額(mHK$)	939.6

【上場】1991年12月 【住所】香港金鐘道95号統一中心15楼B室 【URL】www.avic.com.hk

00237 安全貨倉

安全貨倉有限公司
Safety Godown Co.,Ltd.

香港の不動産投資会社 香港で倉庫の運営、不動産投資を手掛ける。不動産投資事業の主要物件は九龍地区の観塘にあるオフィスと商業施設の複合ビル「振万広場(Lu Plaza)」。倉庫事業では葵涌コンテナターミナルの近辺の「安全貨倉」を運営する。

株価	最低売買価格	年間騰落率	実績PER	PBR
10.820 HK$	296,858 円	-29.7 %	5.2 倍	0.3 倍

【CF】(百万HK$)	2019/09	2018/09
営業CF	14.4	108.8
投資CF	123.9	-200.6
財務CF	-135.0	-37.8
現金同等物	20.8	51.6

【財務】(百万HK$)	2019/09	2018/09
流動資産	1,113.0	1,178.1
総資産	4,932.5	4,934.5
流動負債	54.7	47.7
総負債	142.8	132.9
資本金	178.2	178.2
株主資本	4,789.7	4,801.6

【指標】(%)	
ROA	—
ROE	—
粗利益率	—
増収率	4.5
増益率（営利）	—
自己資本増加率	-0.2
BPS(HK$)	35.5
負債比率	3.0
流動比率	2,033.2
株主資本比率	97.1

【業績】(百万HK$)	売上高	営業利益	純利益	前年比(%)	EPS(HK$)	1株配(HK$)
2017/03	122.40	—	269.63	-68.1	2.000	1.3000
2018/03	123.52	—	471.21	74.8	3.490	0.5600
2019/03	142.28	—	279.04	-40.8	2.070	1.2800
2018/09中間	69.47	—	155.70	-25.5	1.150	0.2800
2019/09中間	72.56	—	-33.06	—	-0.240	0.0800

【株価情報】	
取引単位(株)	2,000
時価総額(mHK$)	1,460.7

【上場】1973年1月 【住所】香港九龍観塘栄業街2号振万広場18楼1801室 【URL】www.safetygodown.com

00242 信徳集団

信徳集団有限公司
Shun Tak Holdings Ltd.

マカオ・香港拠点のコングロマリット 「アジアのカジノ王」故スタンレー・ホー氏が創業。香港・マカオで不動産事業、運輸事業、ホテル・旅行事業などを手掛ける。香港－マカオ間の高速フェリーを運営。マカオでカジノを運営する澳門旅遊娯楽にも出資。

株価	最低売買価格	年間騰落率	実績PER	PBR
2.690 HK$	73,803 円	-21.6 %	2.4 倍	0.2 倍

【CF】(百万HK$)	2019/12	2018/12
営業CF	5,811.5	-1,913.4
投資CF	-1,468.2	3,460.7
財務CF	-3,214.5	2,421.7
現金同等物	10,182.8	9,058.6

【財務】(百万HK$)	2019/12	2018/12
流動資産	31,718.4	38,210.9
総資産	65,328.8	67,275.6
流動負債	15,841.9	12,780.9
総負債	24,868.2	27,626.3
資本金	9,858.3	9,858.3
株主資本	35,760.2	32,896.1

【指標】(%)	
ROA	5.3
ROE	9.7
粗利益率	—
増収率	122.2
増益率（営利）	71.9
自己資本増加率	8.7
BPS(HK$)	11.8
負債比率	69.5
流動比率	200.2
株主資本比率	54.7

【業績】(百万HK$)	売上高	営業利益	純利益	前年比(%)	EPS(HK$)	1株配(HK$)
2017/12	6,388.51	1,918.36	1,450.16	—	0.477	0.1200
2018/12	6,591.58	3,656.13	4,647.33	220.5	1.534	0.1600
2019/12	14,649.18	6,284.35	3,455.80	-25.6	1.143	0.1800
2018/06中間	1,995.99	558.38	306.93	-56.1	0.101	0.0000
2019/06中間	11,809.37	5,904.76	3,409.41	1,010.8	1.127	0.0000

【株価情報】	
取引単位(株)	2,000
時価総額(mHK$)	8,127.8

【上場】1973年1月 【住所】香港中環干諾道中200号信徳中心西座39頂楼 【URL】www.shuntakgroup.com

00245 中国民生金融

中国民生金融控股有限公司
China Minsheng Financial Holding Corp.,Ltd.

金融関連サービス業者 投資や資産管理事業を展開。もともとテレビ広告やテレビショッピング事業を手掛けていたが、12年末で広東電視台との契約満了を機に撤退。15年に証券会社や資産管理会社を買収し、金融関連サービス事業に進出した。

株価	最低売買価格	年間騰落率	実績PER	PBR
0.101 HK$	13,855 円	-24.6 %	—	0.6 倍

【財務】(百万HK$)	2019/12	2018/12
流動資産	2,674.9	4,905.3
総資産	5,737.0	6,027.1
流動負債	527.8	670.3
総負債	539.4	670.3
資本金	6,154.4	5,667.5
株主資本	5,442.0	5,604.9

【指標】(%)	
ROA	—
ROE	—
粗利益率	—
増収率	-43.9
増益率(営利)	—
自己資本増加率	-2.9
BPS(HK$)	0.2
負債比率	9.9
流動比率	506.8
株主資本比率	94.9

【CF】(百万HK$)	2019/12	2018/12
営業CF	-342.4	1,360.8
投資CF	-40.7	-32.6
財務CF	297.5	-241.9
現金同等物	2,117.2	2,216.3

【業績】(百万HK$)	売上高	営業利益	純利益	前年比(%)	EPS(HK$)	1株配(HK$)
2017/12	452.18	258.79	192.03	419.9	0.007	0.0000
2018/12	335.28	—	143.23	-25.4	0.005	0.0000
2019/12	188.18	—	-568.82	—	-0.019	0.0000
2018/06中間	307.52	215.39	176.36	53.3	0.006	0.0000
2019/06中間	11.50	-115.12	-103.14	—	-0.004	0.0000

【株価情報】	
取引単位(株)	10,000
時価総額(mHK$)	3,506.2

【上場】1972年8月 【住所】香港銅鑼湾新寧道8号中国太平大厦22楼 【URL】www.cm-fin.com

00247 尖沙咀置業

尖沙咀置業集団有限公司
Tsim Sha Tsui Properties Ltd.

シンガポール華人系の不動産会社 黄一族が経営権を掌握するシノ・グループ傘下。不動産開発・投資、ホテル経営、証券投資などを手掛ける。傘下の信和置業(00083)が主な収益源。

株価	最低売買価格	年間騰落率	実績PER	PBR
25.000 HK$	685,900 円	-3.9 %	12.3 倍	0.6 倍

【財務】(百万HK$)	2019/12	2018/12
流動資産	78,367.7	57,757.3
総資産	189,120.7	162,769.5
流動負債	31,863.2	10,400.7
総負債	41,982.5	20,802.6
資本金	14,039.9	13,028.6
株主資本	79,694.2	75,743.1

【指標】(%)	
ROA	1.6
ROE	3.7
粗利益率	58.9
増収率	-30.9
増益率(営利)	—
自己資本増加率	5.2
BPS(HK$)	42.3
負債比率	52.7
流動比率	246.0
株主資本比率	42.1

【CF】(百万HK$)	2019/12	2018/12
営業CF	5,496.1	-12.3
投資CF	10,340.2	-2,792.4
財務CF	-1,808.3	1,750.4
現金同等物	30,551.2	6,808.9

【業績】(百万HK$)	売上高	営業利益	純利益	前年比(%)	EPS(HK$)	1株配(HK$)
2017/06	18,386.48	—	3,848.28	6.2	2.230	0.5300
2018/06	10,780.57	—	7,328.01	90.4	4.140	0.9800
2019/06	8,060.21	—	3,714.77	-49.3	2.030	0.5500
2018/12中間	4,622.93	—	1,664.63	-69.2	0.910	0.1400
2019/12中間	3,194.21	—	1,491.89	-10.4	0.800	0.1400

【株価情報】	
取引単位(株)	2,000
時価総額(mHK$)	43,628.9

【上場】1972年7月 【住所】香港九龍尖沙咀梳士巴利道尖沙咀中心12字楼 【URL】www.sino.com

00281 川河集団

川河集団有限公司
Rivera (Holdings) Ltd.

上海を拠点とする投資会社 不動産開発・投資と証券投資が2本柱。不動産事業は上海とマカオで、証券投資事業は香港で手掛ける。上海市浦東張江に住宅物件やオフィスビルを保有。主な物件は上海大道置業の住宅物件「湯臣豪庭」など。

株価	最低売買価格	年間騰落率	実績PER	PBR
0.445 HK$	12,209 円	-27.1 %	10.4 倍	0.5 倍

【財務】(百万HK$)	2019/12	2018/12
流動資産	1,360.7	1,465.5
総資産	2,622.4	2,829.4
流動負債	11.4	141.5
総負債	34.6	164.8
資本金	442.2	442.2
株主資本	2,579.3	2,655.9

【指標】(%)	
ROA	4.3
ROE	4.3
粗利益率	80.9
増収率	-95.9
増益率(営利)	—
自己資本増加率	-2.9
BPS(HK$)	1.0
負債比率	1.3
流動比率	11,961.0
株主資本比率	98.4

【CF】(百万HK$)	2019/12	2018/12
営業CF	-226.5	-24.6
投資CF	110.5	246.3
財務CF	-104.3	-117.4
現金同等物	1,088.9	1,313.0

【業績】(百万HK$)	売上高	営業利益	純利益	前年比(%)	EPS(HK$)	1株配(HK$)
2017/12	2.27	—	281.14	-8.0	0.108	0.0450
2018/12	38.12	—	177.05	-37.0	0.068	0.0400
2019/12	1.56	—	111.75	-36.9	0.043	0.0400
2018/06中間	34.95	—	152.82	-43.0	0.059	0.0000
2019/06中間	0.45	—	86.64	-43.3	0.033	0.0000

【株価情報】	
取引単位(株)	2,000
時価総額(mHK$)	1,160.8

【上場】1973年1月 【住所】香港干諾道中111号永安中心15楼1501-2及1507-12室 【URL】www.rivera.com.hk

00289 永安国際

永安国際有限公司
Wing On Company International Ltd.

香港の老舗百貨店 「永安(Wing On)」ブランドで1907年に開業した香港の老舗百貨店を運営。ほかに香港、豪州、米国で商業物件を対象に不動産投資を手掛ける。

株価	最低売買価格	年間騰落率	実績PER	PBR
19.240 HK$	263,934 円	-28.6 %	7.4 倍	0.3 倍

【財務】(百万HK$)	2019/12	2018/12
流動資産	4,076.3	3,796.3
総資産	21,019.2	20,468.7
流動負債	593.4	490.5
総負債	1,438.3	1,355.6
資本金	29.3	29.4
株主資本	19,547.3	19,080.4

【指標】(%)	
ROA	3.6
ROE	3.9
粗利益率	—
増収率	-6.2
増益率(営利)	38.8
自己資本増加率	2.4
BPS(HK$)	66.8
負債比率	7.4
流動比率	687.0
株主資本比率	93.0

【CF】(百万HK$)	2019/12	2018/12
営業CF	384.8	146.8
投資CF	125.1	94.4
財務CF	-324.5	-331.9
現金同等物	2,993.7	2,827.5

【業績】(百万HK$)	売上高	営業利益	純利益	前年比(%)	EPS(HK$)	1株配(HK$)
2017/12	1,489.43	647.87	2,657.19	169.3	9.031	2.1600
2018/12	1,462.83	464.33	1,697.68	-36.1	5.777	0.7000
2019/12	1,371.49	644.63	765.66	-54.9	2.610	1.0300
2018/06中間	756.61	268.26	804.40	-34.8	2.737	0.2800
2019/06中間	704.37	360.62	575.77	-28.4	1.961	0.3800

【株価情報】	
取引単位(株)	1,000
時価総額(mHK$)	5,628.9

【上場】 【住所】香港徳輔道中211号永安中心7楼 【URL】 www.wingonet.com

00295 江山控股

江山控股有限公司
Kong Sun Holdings Ltd.

太陽光発電事業者 人工樹木の製造・販売のほか不動産投資・開発を手掛けていたが、14年に太陽光発電事業に参入し、主力事業をシフト。買収を通じて新疆ウイグル自治区、内モンゴル自治区、甘粛省、陝西省、浙江省、河北省などに太陽光発電所を保有。

株価	最低売買価格	年間騰落率	実績PER	PBR
0.062 HK$	21,263 円	-43.6 %	—	0.2 倍

【財務】(百万元)	2019/12	2018/12
流動資産	7,421.5	5,002.5
総資産	18,672.1	20,420.1
流動負債	4,409.6	2,870.2
総負債	13,178.8	13,816.3
資本金	6,486.6	6,486.6
株主資本	5,410.8	6,521.3

【指標】(%)	
ROA	—
ROE	—
粗利益率	52.8
増収率	10.6
増益率(営利)	—
自己資本増加率	-17.0
BPS(元)	0.4
負債比率	243.6
流動比率	168.3
株主資本比率	29.0

【CF】(百万元)	2019/12	2018/12
営業CF	627.1	775.7
投資CF	-10.5	-2,740.7
財務CF	-619.6	1,765.5
現金同等物	253.8	256.6

【業績】(百万元)	売上高	営業利益	純利益	前年比(%)	EPS(元)	1株配(HK$)
2017/12	1,278.70	—	119.02	117.6	0.008	0.0000
2018/12	1,881.00	—	15.42	-87.0	0.001	0.0000
2019/12	2,079.70	—	-698.63	—	-0.047	0.0000
2018/06中間	852.89	—	14.89	-76.7	0.001	0.0000
2019/06中間	1,156.69	—	-41.62	—	-0.003	0.0000

【株価情報】	
取引単位(株)	25,000
時価総額(mHK$)	927.8

【上場】 1970年11月 【住所】香港湾仔告士打道108号光大中心12楼1209-10室 【URL】 www. kongsun.com

00316 東方海外

東方海外（国際）有限公司
Orient Overseas (International) Ltd.

香港のコンテナ海運大手 香港を拠点に、「OOCL」ブランドで国際コンテナ輸送、物流サービス、ターミナル運営を手掛ける。香港行政長官だった董建華氏の一族が実質的支配者だったが、18年に中遠海運控股(01919)の子会社となった。

株価	最低売買価格	年間騰落率	実績PER	PBR
36.500 HK$	250,354 円	-29.5 %	2.2 倍	4.6 倍

【財務】(百万US$)	2019/12	2018/12
流動資産	4,445.8	3,247.2
総資産	11,201.9	10,053.9
流動負債	2,770.4	1,512.9
総負債	6,274.5	5,318.7
資本金	62.6	62.6
株主資本	4,927.4	4,735.1

【指標】(%)	
ROA	12.0
ROE	27.4
粗利益率	11.8
増収率	4.7
増益率(営利)	37.4
自己資本増加率	4.1
BPS(US$)	7.9
負債比率	127.3
流動比率	160.5
株主資本比率	44.0

【CF】(百万US$)	2019/12	2018/12
営業CF	659.6	452.7
投資CF	702.4	-451.2
財務CF	-726.2	-297.9
現金同等物	2,272.6	1,584.5

【業績】(百万US$)	売上高	営業利益	純利益	前年比(%)	EPS(US$)	1株配(US$)
2017/12	5,981.68	238.16	137.66	—	0.220	0.0210
2018/12	6,572.66	262.94	108.17	-21.4	0.173	0.0770
2019/12	6,878.74	361.28	1,348.79	1,147.0	2.155	1.9340
2018/06中間	3,115.06	50.54	-10.32	—	-0.016	0.0000
2019/06中間	3,300.53	198.28	138.98	—	0.222	0.0670

【株価情報】	
取引単位(株)	500
時価総額(mHK$)	22,841.5

【上場】 1992年7月 【住所】香港湾仔港湾道25号海港中心31楼 【URL】 www. ooilgroup.com

00340　潼関黄金

潼関黄金集団有限公司
Tongguan Gold Group Ltd.

陝西省の金鉱会社　中国で金の探査・開発・採掘を手掛ける。17年から18年にかけて陝西省の潼関県と洛南県の金鉱を保有する企業を相次いで買収し、同事業に参入した。また、カナダ上場の鉱山会社などに投資している。18年に中国茶の販売事業から撤退。

株価	最低売買価格	年間騰落率	実績PER	PBR
0.405 HK$	11,112 円	-15.6 %	—	0.8 倍

【財務】(百万HK$)	2019/12	2018/12	【指標】(%)	
流動資産	168.4	194.0	ROA	—
総資産	3,366.0	3,415.2	ROE	—
流動負債	598.5	613.5	粗利益率	11.7
総負債	1,530.9	1,493.3	増収率	80.6
資本金	339.2	339.2	増益率(営利)	—
株主資本	1,722.9	1,800.6	自己資本増加率	-4.3

【CF】(百万HK$)	2019/12	2018/12
営業CF	19.9	-0.5
投資CF	-105.6	-133.8
財務CF	55.2	46.9
現金同等物	90.3	109.6

						BPS(HK$)	0.5
						負債比率	88.9

【業績】(百万HK$)						
	売上高	営業利益	純利益	前年比(%)	EPS(HK$)	1株配(HK$)
2017/12	295.79	—	-74.07	—	-0.032	0.0000
2018/12	105.98	—	57.53	—	0.019	0.0000
2019/12	191.44	—	-21.07	—	-0.006	0.0000
2018/06中間	100.94	—	107.46	—	0.038	0.0000
2019/06中間	100.08	—	-6.48	—	-0.002	0.0000

		流動比率	28.1
		株主資本比率	51.2

【株価情報】
取引単位(株)　2,000
時価総額(mHK$)　1,373.9

【上場】1997年3月　【住所】香港金鐘夏愨道12号美国銀行中心13楼1306室　【URL】www.tongguangold.com

---

00353　能源国際投資

能源国際投資控股有限公司
Energy International Investments Holdings Ltd.

石油生産が主力　10年に買収を通じて参入した石油生産事業が中核。このほかに熱電供給事業を手掛けていたが17年に撤退。11年にはカーペット販売事業から撤退した。

株価	最低売買価格	年間騰落率	実績PER	PBR
0.064 HK$	17,559 円	-56.2 %	10.7 倍	0.4 倍

【財務】(百万HK$)	2019/12	2018/12	【指標】(%)	
流動資産	339.0	529.0	ROA	1.9
総資産	2,017.0	2,216.5	ROE	4.8
流動負債	583.7	758.0	粗利益率	98.2
総負債	984.0	1,287.3	増収率	12.8
資本金	544.5	544.5	増益率(営利)	—
株主資本	794.3	763.3	自己資本増加率	4.1

【CF】(百万HK$)	2019/12	2018/12
営業CF	—	-72.6
投資CF	—	-142.4
財務CF	—	483.8
現金同等物	—	276.5

						BPS(HK$)	0.1
						負債比率	123.9

【業績】(百万HK$)						
	売上高	営業利益	純利益	前年比(%)	EPS(HK$)	1株配(HK$)
2017/12	30.34	—	-187.12	—	-0.047	0.0000
2018/12	115.08	—	-76.48	—	-0.014	0.0000
2019/12	129.84	—	37.93	—	0.006	0.0000
2018/06中間	49.07	—	-14.71	—	-0.003	0.0000
2019/06中間	66.22	—	21.94	—	0.004	0.0000

		流動比率	58.1
		株主資本比率	39.4

【株価情報】
取引単位(株)　20,000
時価総額(mHK$)　348.5

【上場】2001年7月　【住所】香港湾仔港湾道1号会展広場弁公大楼4307-08室　【URL】energyintl.todayir.com/en/index.php

---

00354　中軟国際

中軟国際有限公司
Chinasoft International Ltd.

総合ソフトウエア・情報サービス会社　政府機関から製造、流通、金融など幅広い分野向けにコンサルティングとソリューションを提供。アウトソーシングや技術トレーニングも手掛ける。中国本土と香港のほか、米国や英国、アイルランド、日本などでも事業展開。

株価	最低売買価格	年間騰落率	実績PER	PBR
4.850 HK$	133,065 円	17.7 %	14.4 倍	1.9 倍

【財務】(百万元)	2019/12	2018/12	【指標】(%)	
流動資産	8,198.3	8,224.7	ROA	7.0
総資産	10,745.4	10,488.2	ROE	11.7
流動負債	3,149.8	3,725.7	粗利益率	29.8
総負債	4,211.5	4,456.7	増収率	13.8
資本金	116.3	113.0	増益率(営利)	—
株主資本	6,467.6	5,967.0	自己資本増加率	8.4

【CF】(百万元)	2019/12	2018/12
営業CF	754.5	161.2
投資CF	-224.2	-166.8
財務CF	-649.6	853.0
現金同等物	2,525.7	2,646.4

						BPS(元)	2.5
						負債比率	65.1

【業績】(百万元)						
	売上高	営業利益	純利益	前年比(%)	EPS(元)	1株配(HK$)
2017/12	9,243.68	—	565.57	27.9	0.236	0.0180
2018/12	10,585.01	—	715.80	26.6	0.295	0.0220
2019/12	12,041.90	—	754.89	5.5	0.307	0.0220
2018/06中間	4,813.85	—	358.76	46.2	0.149	0.0000
2019/06中間	5,538.25	—	362.70	1.1	0.146	0.0000

		流動比率	260.3
		株主資本比率	60.2

【株価情報】
取引単位(株)　2,000
時価総額(mHK$)　12,339.9

【上場】2003年6月　【住所】北京市海淀区科学院南路2号融科資訊中心C座北翼12層　【URL】www.chinasofti.com

00366 陸氏集団

陸氏集団（越南控股）有限公司
Luks Group (Vietnam Holdings) Co.,Ltd.

セメントの製造・販売業者 ベトナムでセメントの製造・販売を手掛ける。ほかに、不動産投資・不動産開発事業も展開し、「サイゴン貿易センター」などに投資している。香港ではホテル運営事業に参入した。

株価	最低売買価格	年間騰落率	実績PER	PBR
1.280 HK$	**35,118** 円	**-29.7** %	**5.3** 倍	**0.3** 倍

【財務】(百万HK$)	2019/12	2018/12	【指標】(%)	
流動資産	494.0	472.3	ROA	4.3
総資産	2,828.4	2,818.7	ROE	5.0
流動負債	157.8	216.1	粗利益率	34.2
総負債	405.9	448.1	増収率	-10.2
資本金	5.1	5.1	増益率（営利）	—
株主資本	2,450.8	2,399.0	自己資本増加率	2.2

【CF】(百万HK$)	2019/12	2018/12
営業CF	203.9	152.5
投資CF	-32.4	-52.3
財務CF	-84.5	-71.7
現金同等物	258.6	176.8

BPS(HK$)	4.9
負債比率	16.6
流動比率	313.0
株主資本比率	86.6

【業績】(百万HK$)	売上高	営業利益	純利益	前年比(%)	EPS(HK$)	1株配(HK$)
2017/12	665.07	—	94.42	-15.7	0.187	0.1100
2018/12	723.81	—	144.13	52.7	0.285	0.1000
2019/12	650.09	—	122.28	-15.2	0.242	0.0900
2018/06中間	366.20	—	36.58	-17.5	0.072	0.0400
2019/06中間	330.62	—	56.34	54.0	0.111	0.0600

【株価情報】	
取引単位(株)	2,000
時価総額(mHK$)	646.8

【上場】1987年1月 【住所】香港九龍土瓜湾上郷道39-41号昌華工廠大厦5字楼 【URL】www.luks.com.hk

00374 四洲集団

四洲集団有限公司
Four Seas Mercantile Holdings Ltd.

香港の食品メーカー大手 香港と本土で食品、飲料の製造・販売を手掛ける。粉ミルクや菓子類、即席めん、飲料、調味料、ハム、冷凍食品などを供給する。「四洲」ブランドの自社製品だけでなく、海外製品の代理販売も行う。日本料理店など外食事業も展開。

株価	最低売買価格	年間騰落率	実績PER	PBR
2.900 HK$	**79,564** 円	**-14.7** %	**37.2** 倍	**0.8** 倍

【財務】(百万HK$)	2019/09	2018/09	【指標】(%)	
流動資産	1,710.8	1,713.0	ROA	1.3
総資産	2,977.8	2,589.4	ROE	2.8
流動負債	1,141.5	1,106.7	粗利益率	29.9
総負債	1,574.5	1,122.6	増収率	1.1
資本金	38.4	38.4	増益率（営利）	—
株主資本	1,361.5	1,425.9	自己資本増加率	-4.5

【CF】(百万HK$)	2019/09	2018/09
営業CF	93.3	25.1
投資CF	-17.4	-49.4
財務CF	-80.1	-191.7
現金同等物	577.6	570.8

BPS(HK$)	3.5
負債比率	115.6
流動比率	149.9
株主資本比率	45.7

【業績】(百万HK$)	売上高	営業利益	純利益	前年比(%)	EPS(HK$)	1株配(HK$)
2017/03	2,948.29	—	50.27	9.7	0.131	0.3950
2018/03	3,002.44	—	347.70	591.6	0.905	0.3450
2019/03	3,028.99	—	30.16	-91.3	0.078	0.0950
2018/09中間	1,488.71	—	23.11	-93.0	0.060	0.0300
2019/09中間	1,505.61	—	18.89	-18.3	0.049	0.0300

【株価情報】	
取引単位(株)	2,000
時価総額(mHK$)	1,114.3

【上場】1993年8月 【住所】香港九龍九龍湾宏泰道23号Manhattan Place21楼 【URL】www.fourseasgroup.com.hk

00401 万嘉集団

万嘉集団控股有限公司
Wanjia Group Holdings Ltd.

福建省の医薬品販売会社 福建省で医薬品の卸売り、物流、小売りを手掛ける。卸売り・流通事業では病院や診療所に医薬品を提供。小売りは「恵好四海」ブランドで店舗網を展開する。17年に買収を通じて血液透析サービス事業に参入した。

株価	最低売買価格	年間騰落率	実績PER	PBR
0.172 HK$	**47,190** 円	**-64.9** %	**—**	**1.7** 倍

【財務】(百万HK$)	2019/09	2018/09	【指標】(%)	
流動資産	72.5	269.4	ROA	—
総資産	226.8	373.0	ROE	—
流動負債	116.9	241.2	粗利益率	23.7
総負債	128.8	241.2	増収率	7.9
資本金	9.3	6.5	増益率（営利）	—
株主資本	96.2	84.9	自己資本増加率	13.3

【CF】(百万HK$)	2019/09	2018/09
営業CF	19.3	-16.8
投資CF	-24.0	-45.7
財務CF	16.2	1.5
現金同等物	28.1	24.0

BPS(HK$)	0.1
負債比率	133.9
流動比率	62.0
株主資本比率	42.4

【業績】(百万HK$)	売上高	営業利益	純利益	前年比(%)	EPS(HK$)	1株配(HK$)
2017/03	985.91	-9.93	-25.79	—	-0.040	0.0000
2018/03	353.01	0.60	-55.59	—	-0.086	0.0000
2019/03	96.48	-43.39	-66.59	—	-0.094	0.0000
2018/09中間	47.65	-41.09	-48.86	—	-0.075	0.0000
2019/09中間	51.44	-3.55	-11.63	—	-0.013	0.0000

【株価情報】	
取引単位(株)	20,000
時価総額(mHK$)	160.6

【上場】2013年10月 【住所】香港英皇道101号19楼1902室 【URL】www.wanjia-gp.com

00408 葉氏化工

葉氏化工集団有限公司
Yip's Chemical Holdings Ltd.

化学品メーカー大手 溶剤、塗料、潤滑油の製造・販売が主力。塗料では「紫荊花漆」「洋紫荊」「大昌」などのブランド名で展開。製品は主に中国本土で販売している。

株価	最低売買価格	年間騰落率	実績PER	PBR
2.360 HK$	64,749 円	-7.8 %	4.9 倍	0.5 倍

【財務】(百万HK$)	2019/12	2018/12
流動資産	5,204.5	5,953.1
総資産	7,752.7	8,320.7
流動負債	2,958.8	3,555.7
総負債	4,190.5	4,886.3
資本金	56.4	56.4
株主資本	2,941.5	2,836.7

【指標】(%)	
ROA	3.5
ROE	9.3
粗利益率	14.1
増収率	-15.5
増益率(営利)	—
自己資本増加率	3.7
BPS(HK$)	5.2
負債比率	142.5
流動比率	175.9
株主資本比率	37.9

【CF】(百万HK$)	2019/12	2018/12
営業CF	618.4	741.2
投資CF	-38.2	-334.0
財務CF	-884.3	3.2
現金同等物	1,009.5	1,335.2

【業績】(百万HK$)	売上高	営業利益	純利益	前年比(%)	EPS(HK$)	1株配(HK$)
2017/12	10,280.00	—	170.56	0.7	0.302	0.1500
2018/12	12,388.28	—	184.81	8.4	0.328	0.1600
2019/12	10,464.83	—	272.91	47.7	0.484	0.2000
2018/06中間	6,149.53	—	87.26	62.7	0.155	0.0600
2019/06中間	4,937.75	—	88.39	1.3	0.157	0.0700

【株価情報】	
取引単位(株)	2,000
時価総額(mHK$)	1,330.8

【上場】1991年8月 【住所】香港湾仔告士打道77-79号富通大厦27楼 【URL】www.yipschemical.com

00426 万華媒体集団

万華媒体集団有限公司
One Media Group Ltd.

香港の雑誌出版社 世界華文媒体(00685)傘下。香港で大衆雑誌や各種情報誌を発行する。主力誌は1960年代創刊の「明報週刊」。ほかに、香港と本土で自動車情報誌「Top Gear」や時計専門誌の「明表」などを発行。

株価	最低売買価格	年間騰落率	実績PER	PBR
0.145 HK$	3,978 円	-74.1 %	—	1.4 倍

【財務】(百万HK$)	2019/09	2018/09
流動資産	30.9	42.4
総資産	62.0	75.4
流動負債	18.0	21.1
総負債	21.5	21.1
資本金	0.4	0.4
株主資本	40.6	54.2

【指標】(%)	
ROA	—
ROE	—
粗利益率	22.6
増収率	-15.4
増益率(営利)	—
自己資本増加率	-25.2
BPS(HK$)	0.1
負債比率	52.9
流動比率	171.4
株主資本比率	65.4

【CF】(百万HK$)	2019/09	2018/09
営業CF	-5.9	-11.0
投資CF	-0.3	-0.1
財務CF	-0.2	—
現金同等物	16.5	18.0

【業績】(百万HK$)	売上高	営業利益	純利益	前年比(%)	EPS(HK$)	1株配(HK$)
2017/03	104.09	-63.83	-62.02	—	-0.155	0.0400
2018/03	94.97	-12.92	-20.55	—	-0.051	0.0000
2019/03	98.60	-5.22	-12.11	—	-0.030	0.0000
2018/09中間	44.69	-6.54	-13.32	—	-0.033	0.0000
2019/09中間	37.79	-8.63	-8.81	—	-0.022	0.0000

【株価情報】	
取引単位(株)	2,000
時価総額(mHK$)	58.1

【上場】2005年10月 【住所】香港柴湾嘉業街18号明報工業中心A座16楼 【URL】www.corp.omghk.com

00430 東方網庫

東方網庫控股有限公司
Oriental Explorer Holdings Ltd.

香港の投資会社 香港で有価証券投資、不動産投資を取り扱う。投資物件は主に香港のオフィス、工業物件、住宅など。電子製品・部品製造を手掛けていたが、10年に撤退した。

株価	最低売買価格	年間騰落率	実績PER	PBR
0.080 HK$	2,195 円	-23.8 %	4.2 倍	0.2 倍

【財務】(百万HK$)	2019/12	2018/12
流動資産	763.1	810.7
総資産	1,755.1	1,773.4
流動負債	301.9	386.5
総負債	305.7	390.0
資本金	27.0	27.0
株主資本	1,449.3	1,383.4

【指標】(%)	
ROA	3.0
ROE	3.6
粗利益率	97.6
増収率	-161.7
増益率(営利)	—
自己資本増加率	4.8
BPS(HK$)	0.5
負債比率	21.1
流動比率	252.8
株主資本比率	82.6

【CF】(百万HK$)	2019/12	2018/12
営業CF	86.1	29.6
投資CF	0.3	0.2
財務CF	-87.7	19.5
現金同等物	201.0	202.3

【業績】(百万HK$)	売上高	営業利益	純利益	前年比(%)	EPS(HK$)	1株配(HK$)
2017/12	192.90	—	200.92	218.0	0.074	0.0000
2018/12	-79.15	—	-91.79	—	-0.034	0.0000
2019/12	48.85	—	52.50	—	0.019	0.0000
2018/06中間	-26.17	—	-31.76	—	-0.012	0.0000
2019/06中間	44.74	—	38.56	—	0.014	0.0000

【株価情報】	
取引単位(株)	2,000
時価総額(mHK$)	216.0

【上場】1993年3月 【住所】香港黄竹坑業興街11号南滙広場A座25楼22-28室 【URL】www.irasia.com/listco/hk/orientalexplorer

00445 中集天達

中集天達控股有限公司
CIMC-TianDa Holdings Co.,Ltd.

空港関連機器のサプライヤー 消防関連システムの開発製造から販売、設置、メンテナンス業務までの一貫サービスを提供してきたが、買収を通じて空港関連機器事業に参入。搭乗橋やリムジンバス、貨物のハンドリングシステムなどの開発・製造を手掛ける。

株価	最低売買価格	年間騰落率	実績PER	PBR
0.141 HK$	9,671 円	-52.2 %	8.8 倍	0.7 倍

【財務】(百万元)	2019/12	2018/12
流動資産	6,790.6	4,669.0
総資産	9,692.3	6,984.2
流動負債	5,442.5	3,606.7
総負債	6,173.9	3,977.5
資本金	136.5	123.5
株主資本	3,111.5	2,959.3

【CF】(百万元)	2019/12	2018/12
営業CF	354.9	37.0
投資CF	-483.2	-543.3
財務CF	315.2	728.5
現金同等物	768.4	557.5

【指標】(%)	
ROA	2.2
ROE	6.9
粗利益率	20.1
増収率	36.4
増益率(営利)	45.8
自己資本増加率	5.1
BPS(元)	0.2
負債比率	198.4
流動比率	124.8
株主資本比率	32.1

【業績】(百万元)	売上高	営業利益	純利益	前年比(%)	EPS(元)	1株配(HK$)
2017/12	1,662.69	145.44	86.12	398.2	0.013	0.0000
2018/12	4,367.63	259.89	177.71	106.4	0.015	0.0000
2019/12	5,957.66	379.04	215.74	21.4	0.015	0.0040
2018/06中間	991.10	80.67	58.45	—	0.006	0.0000
2019/06中間	1,582.79	134.80	88.00	50.6	0.006	0.0000

【株価情報】	
取引単位(株)	5,000
時価総額(mHK$)	2,247.6

【上場】2002年9月 【住所】香港湾仔軒尼詩道139号中国海外大厦16楼A-B室 【URL】www.chinafire.com.cn

00464 中国海外諾信

中国海外諾信国際控股有限公司
China Overseas Nuoxin International Holdings Ltd.

小型家電メーカー 小型家電の製造・販売を手掛ける。ODMやOEMのほか、自社ブランド「家利来」も展開。ヘアドライヤー、エアーブラシ、フェイシャルサウナ、電気マッサージ機など美容健康家電が主力で、アイスクラッシャーやジューサーなども生産。

株価	最低売買価格	年間騰落率	実績PER	PBR
0.800 HK$	43,898 円	-72.8 %	—	2.9 倍

【財務】(百万HK$)	2019/09	2018/09
流動資産	294.2	273.3
総資産	397.3	388.5
流動負債	255.9	199.7
総負債	272.0	214.1
資本金	0.4	0.4
株主資本	125.3	174.4

【CF】(百万HK$)	2019/09	2018/09
営業CF	-15.1	16.1
投資CF	-2.4	-10.8
財務CF	-14.3	17.6
現金同等物	49.9	80.3

【指標】(%)	
ROA	—
ROE	—
粗利益率	8.0
増収率	30.7
増益率(営利)	—
自己資本増加率	-28.1
BPS(HK$)	0.3
負債比率	217.0
流動比率	114.9
株主資本比率	31.5

【業績】(百万HK$)	売上高	営業利益	純利益	前年比(%)	EPS(HK$)	1株配(HK$)
2017/03	495.39	—	-22.22	—	-0.050	0.0000
2018/03	429.68	—	-38.94	—	-0.087	0.2130
2019/03	415.36	—	-54.34	—	-0.122	0.0000
2018/09中間	190.29	—	-22.92	—	-0.051	0.0000
2019/09中間	248.79	—	-11.38	—	-0.026	0.0000

【株価情報】	
取引単位(株)	4,000
時価総額(mHK$)	356.5

【上場】2005年6月 【住所】香港中環皇后大道中9号19楼1908単元810室 【URL】www.co-nuoxin.com

00465 富通科技

富通科技発展控股有限公司
Futong Technology Development Holdings Ltd.

IT製品の販売代理事業者 サーバーやストレージ製品などIT製品の販売代理事業を手掛ける。主要サプライヤーはIBM、オラクルなど。ほかにITソリューション、テクニカルサービス、クラウドコンピューティングの管理サービスなども提供する。

株価	最低売買価格	年間騰落率	実績PER	PBR
0.495 HK$	13,581 円	-41.1 %	45.2 倍	0.3 倍

【財務】(百万元)	2019/12	2018/12
流動資産	664.0	836.5
総資産	727.5	893.3
流動負債	182.0	345.5
総負債	182.0	345.5
資本金	27.4	27.4
株主資本	540.9	543.2

【CF】(百万元)	2019/12	2018/12
営業CF	29.3	495.8
投資CF	-15.3	124.3
財務CF	-28.9	-466.2
現金同等物	375.0	390.5

【指標】(%)	
ROA	0.4
ROE	0.5
粗利益率	13.9
増収率	-52.2
増益率(営利)	-74.7
自己資本増加率	-0.4
BPS(元)	1.7
負債比率	33.7
流動比率	364.7
株主資本比率	74.4

【業績】(百万元)	売上高	営業利益	純利益	前年比(%)	EPS(元)	1株配(HK$)
2017/12	3,662.93	15.98	-39.92	—	-0.130	0.0000
2018/12	1,777.11	37.10	19.43	—	0.060	0.0220
2019/12	848.77	9.38	2.87	-85.3	0.010	0.0000
2018/06中間	1,096.47	23.77	9.26	1,403.1	0.030	0.0000
2019/06中間	548.68	15.74	8.99	-2.9	0.029	0.0000

【株価情報】	
取引単位(株)	2,000
時価総額(mHK$)	154.1

【上場】2009年12月 【住所】北京市朝陽区朝外大街26号朝外門写字中心B座19楼B1901室及20楼B2001室 【URL】www.futong.com.hk

00469 凱普松国際電子

凱普松国際電子有限公司
Capxon International Electronic Co.,Ltd.

電解コンデンサー製造大手 1980年に台湾で創業。アルミ電解コンデンサー、アルミホイル(コンデンサーの主要材料)の製造を手掛ける。コンデンサーは「CapXon／豊賓」、アルミホイルは「CapXon／凱普松」ブランドで販売する。

	株価	最低売買価格	年間騰落率	実績PER	PBR
	0.330 HK$	18,108 円	-42.1 %	2.7 倍	0.4 倍

【財務】(百万元)	2019/12	2018/12
流動資産	1,040.0	920.7
総資産	1,626.4	1,461.7
流動負債	851.5	796.9
総負債	896.0	814.7
資本金	82.2	82.2
株主資本	729.8	646.2

【指標】(%)	
ROA	5.7
ROE	12.7
粗利益率	27.9
増収率	13.8
増益率(営利)	—
自己資本増加率	12.9
BPS(元)	0.9
負債比率	122.8
流動比率	122.1
株主資本比率	44.9

【CF】(百万元)	2019/12	2018/12
営業CF	87.2	146.5
投資CF	-97.7	-130.0
財務CF	-62.1	120.2
現金同等物	177.5	248.9

【業績】(百万元)	売上高	営業利益	純利益	前年比(%)	EPS(元)	1株配(HK$)
2017/12	1,069.10	—	-2.04	—	-0.002	0.0500
2018/12	1,202.33	—	64.76	—	0.077	0.0000
2019/12	1,367.86	—	92.73	43.2	0.110	0.0000
2018/06中間	566.76	—	19.11	—	0.023	0.0000
2019/06中間	596.95	—	32.62	70.7	0.039	0.0000

【株価情報】	
取引単位(株)	4,000
時価総額(mHK$)	278.7

【上場】2007年5月 【住所】香港湾仔軒尼詩道303号協成行湾仔中心13楼1303室 【URL】www.capxongroup.com

00471 CMMBビジョン

中国移動多媒体広播控股有限公司
CMMB Vision Holdings Ltd.

モバイル端末向けマルチメディア事業者 映像やマルチメディアコンテンツを移動体通信網を通じて配信する事業を中国で展開。衛星通信回線や携帯電話データ通信などを使った放送やデータ一斉配信に強みを持つ。プリント基板材料の販売も手掛ける。

	株価	最低売買価格	年間騰落率	実績PER	PBR
	0.425 HK$	23,321 円	-73.4 %	—	0.4 倍

【財務】(百万US$)	2019/12	2018/12
流動資産	9.3	13.0
総資産	316.1	345.7
流動負債	17.4	8.2
総負債	65.5	59.9
資本金	4.9	4.0
株主資本	227.6	259.4

【指標】(%)	
ROA	—
ROE	—
粗利益率	38.8
増収率	10.6
増益率(営利)	—
自己資本増加率	-12.3
BPS(US$)	1.2
負債比率	28.8
流動比率	53.3
株主資本比率	72.0

【CF】(百万US$)	2019/12	2018/12
営業CF	6.6	2.0
投資CF	0.0	-0.1
財務CF	-9.0	-0.6
現金同等物	0.3	2.4

【業績】(百万US$)	売上高	営業利益	純利益	前年比(%)	EPS(US$)	1株配(HK$)
2017/12	7.03	—	-6.62	—	-0.003	0.0000
2018/12	6.47	—	24.81	—	0.188	0.0000
2019/12	7.15	—	-28.40	—	-0.174	0.0000
2018/06中間	2.83	—	40.46	—	0.017	0.0000
2019/06中間	3.32	—	-7.03	—	-0.002	0.0000

【株価情報】	
取引単位(株)	4,000
時価総額(mHK$)	80.4

【上場】2005年10月 【住所】香港数碼港道100号数碼港3期F区12楼1211室 【URL】www.cmmbvision.com

00474 昊天発展

昊天発展集団有限公司
Hao Tian Development Group Ltd.

金融・貿易業者 個人向け融資や証券投資、倉庫・物流が主力事業。融資業務は傘下の昊天財務、証券投資は昊天管理(香港)を通じて展開。16年に建機レンタル会社とアパレル会社を買収。17年に昊天国際建設(01341)と福建諾奇(01353)を傘下に収めた。

	株価	最低売買価格	年間騰落率	実績PER	PBR
	0.197 HK$	16,215 円	-10.1 %	—	0.4 倍

【財務】(百万HK$)	2019/09	2018/09
流動資産	2,890.4	2,135.1
総資産	5,762.9	5,275.5
流動負債	1,200.6	1,101.7
総負債	2,995.1	2,598.7
資本金	60.9	49.0
株主資本	2,733.8	2,460.4

【指標】(%)	
ROA	—
ROE	—
粗利益率	58.0
増収率	-22.5
増益率(営利)	—
自己資本増加率	11.1
BPS(HK$)	0.4
負債比率	109.6
流動比率	240.7
株主資本比率	47.4

【CF】(百万HK$)	2019/09	2018/09
営業CF	-40.7	12.4
投資CF	242.2	-1,288.5
財務CF	-265.3	893.9
現金同等物	262.6	399.7

【業績】(百万HK$)	売上高	営業利益	純利益	前年比(%)	EPS(HK$)	1株配(HK$)
2017/03	206.31	—	-3,078.90	—	-0.639	0.0000
2018/03	330.02	—	-444.91	—	-0.091	0.0000
2019/03	319.51	—	-380.87	—	-0.077	0.0000
2018/09中間	168.27	—	-387.68	—	-0.079	0.0000
2019/09中間	130.39	—	-47.28	—	-0.009	0.0000

【株価情報】	
取引単位(株)	6,000
時価総額(mHK$)	1,200.1

【上場】2006年6月 【住所】香港湾仔港湾道30号新鴻基中心49楼4917-4932室 【URL】www.haotianhk.com

00508　鼎億集団投資

鼎億集団投資有限公司
Dingyi Group Investment Ltd.

香港の投資会社 証券・先物取引、融資提供、ファイナンス融資、不動産開発などを手掛ける。レストランの運営や酒類の貿易にも従事。このほか、コンゴ共和国のカリウム塩鉱を開発する豪上場企業Kore Potashに投資している。

	株価	最低売買価格	年間騰落率	実績PER	PBR
	0.185 HK$	12,689 円	-58.9 %	―	1.0 倍

【財務】(百万HK$)	2019/09	2018/09
流動資産	2,683.1	2,745.3
総資産	2,752.5	2,825.5
流動負債	639.8	222.1
総負債	1,415.9	1,429.5
資本金	73.5	70.8
株主資本	1,336.6	1,396.0

【指標】(%)	
ROA	―
ROE	―
粗利益率	96.5
増収率	-32.1
増益率(営利)	―
自己資本増加率	-4.3
BPS(HK$)	0.2
負債比率	105.9
流動比率	419.4
株主資本比率	48.6

【CF】(百万HK$)	2019/09	2018/09
営業CF	-117.8	-75.4
投資CF	0.0	34.6
財務CF	108.8	-11.3
現金同等物	19.8	45.7

【業績】(百万HK$)	売上高	営業利益	純利益	前年比(%)	EPS(HK$)	1株配(HK$)
2017/03	570.21	―	-440.82	―	-0.085	0.0000
2018/03	667.95	―	-221.63	―	-0.038	0.0000
2019/03	270.88	―	-212.51	―	-0.030	0.0000
2018/09中間	139.01	―	-93.35	―	-0.013	0.0000
2019/09中間	94.45	―	-201.87	―	-0.028	0.0000

【株価情報】	
取引単位(株)	5,000
時価総額(mHK$)	1,360.3

【上場】1988年10月 【住所】香港湾仔港湾道1号会展広場弁公大楼27楼2708室 【URL】www.dingyi.hk

00509　世紀陽光

世紀陽光集団控股有限公司
Century Sunshine Group Holdings Ltd.

農業用肥料メーカー 複合肥料や有機肥料など農業用肥料のほか、マグネシウム製品、冶金用融剤の製造・販売を手掛ける。農業用肥料は「緑滴」「楽呵呵」などのブランドで展開。江蘇省、山東省、江西省に生産拠点を置く。08年にメインボードに指定替え。

	株価	最低売買価格	年間騰落率	実績PER	PBR
	0.160 HK$	10,974 円	-23.8 %	1.9 倍	0.2 倍

【財務】(百万HK$)	2019/12	2018/12
流動資産	2,490.4	2,405.9
総資産	7,627.6	7,474.6
流動負債	2,364.8	2,293.9
総負債	3,357.7	3,517.9
資本金	101.4	101.4
株主資本	3,828.8	3,527.9

【指標】(%)	
ROA	5.0
ROE	9.9
粗利益率	24.6
増収率	-7.3
増益率(営利)	―
自己資本増加率	8.5
BPS(HK$)	0.8
負債比率	87.7
流動比率	105.3
株主資本比率	50.2

【CF】(百万HK$)	2019/12	2018/12
営業CF	518.9	778.4
投資CF	-250.5	-522.1
財務CF	-10.0	-281.5
現金同等物	785.2	568.7

【業績】(百万HK$)	売上高	営業利益	純利益	前年比(%)	EPS(HK$)	1株配(HK$)
2017/12	3,443.22	―	260.32	-13.9	0.057	0.0000
2018/12	4,655.12	―	474.23	82.2	0.104	0.0000
2019/12	4,314.42	―	380.37	-19.8	0.083	0.0000
2018/06中間	2,207.76	―	182.58	54.4	0.040	0.0000
2019/06中間	2,115.05	―	214.78	17.6	0.047	0.0000

【株価情報】	
取引単位(株)	5,000
時価総額(mHK$)	733.0

【上場】2004年2月 【住所】香港九龍尖沙咀広東道9号港威大厦第6座11楼1104室 【URL】www.centurysunshine.com.hk

00515　達進東方照明

達進東方照明控股有限公司
TC Orient Lighting Holdings Ltd.

プリント基板大手 プリント基板(PCB)の製造・販売を手掛ける。広東省中山市の工場で片面、両面、多層のPCBを生産する。発光ダイオード(LED)事業や電子ケーブルの販売といった事業も展開する。

	株価	最低売買価格	年間騰落率	実績PER	PBR
	0.062 HK$	1,701 円	-34.7 %	―	1.5 倍

【財務】(百万HK$)	2019/12	2018/12
流動資産	353.5	477.2
総資産	520.3	667.5
流動負債	448.1	516.4
総負債	462.8	530.9
資本金	271.8	226.5
株主資本	114.1	176.0

【指標】(%)	
ROA	―
ROE	―
粗利益率	0.7
増収率	-19.4
増益率(営利)	―
自己資本増加率	-35.1
BPS(HK$)	0.0
負債比率	405.4
流動比率	78.9
株主資本比率	21.9

【CF】(百万HK$)	2019/12	2018/12
営業CF	25.1	-59.4
投資CF	-5.1	18.8
財務CF	-21.1	17.2
現金同等物	22.4	21.2

【業績】(百万HK$)	売上高	営業利益	純利益	前年比(%)	EPS(HK$)	1株配(HK$)
2017/12	559.44	―	-98.46	―	-0.070	0.0000
2018/12	340.42	―	-133.77	―	-0.061	0.0000
2019/12	274.48	―	-102.90	―	-0.039	0.0000
2018/06中間	189.43	―	-51.39	―	-0.024	0.0000
2019/06中間	130.77	―	-41.66	―	-0.016	0.0000

【株価情報】	
取引単位(株)	2,000
時価総額(mHK$)	168.5

【上場】2006年6月 【住所】香港九龍九龍湾宏光道一号億京中心B座30楼E室 【URL】www.tatchun.com

00520 呷哺呷哺餐飲

呷哺呷哺餐飲管理（中国）控股有限公司
Xiabuxiabu Catering Management (China) Holdings Co.,Ltd.

中国の鍋料理店チェーン 中国の都市部で鍋料理店をチェーン展開する。カウンター席を中心に少人数の客をターゲットにサービスを展開。1998年に北京に第1号店を開業した後、段階的に天津や上海などに店舗網を広げた。17年には深セン市にも進出した。

株価	最低売買価格	年間騰落率	実績PER	PBR
7.680 HK$	52,677 円	-39.5 %	25.9 倍	3.5 倍

【財務】(百万元)	2019/12	2018/12
流動資産	2,006.6	2,038.8
総資産	5,625.9	3,253.3
流動負債	1,713.8	994.2
総負債	3,239.0	1,005.8
資本金	0.2	0.2
株主資本	2,375.4	2,241.4

【指標】(%)	
ROA	5.1
ROE	12.1
粗利益率	—
増収率	27.4
増益率（営利）	—
自己資本増加率	6.0
BPS（元）	2.2
負債比率	136.4
流動比率	117.1
株主資本比率	42.2

【CF】(百万元)	2019/12	2018/12
営業CF	1,021.8	493.0
投資CF	-905.6	-398.9
財務CF	-673.5	-212.8
現金同等物	785.2	1,340.7

【業績】(百万元)	売上高	営業利益	純利益	前年比(%)	EPS（元）	1株配（元）
2017/12	3,663.99	—	420.17	14.2	0.393	0.1570
2018/12	4,734.08	—	462.48	10.1	0.435	0.1740
2019/12	6,030.17	—	288.10	-37.7	0.270	0.1080
2018/06中間	2,129.61	—	209.36	11.2	0.195	0.0780
2019/06中間	2,712.52	—	164.04	-21.6	0.154	0.0620

【株価情報】	
取引単位（株）	500
時価総額(mHK$)	8,299.7

【上場】2014年12月【住所】香港仔軒尼詩道303号協成行湾仔中心12楼1201室【URL】www.xiabu.com

00530 高銀金融

高銀金融（集団）有限公司
Goldin Financial Holdings Ltd.

ワイン販売会社 ワインの販売・貯蔵、ブドウ園の経営、ワイン雑誌の発行が主力事業に成長した。香港で不動産投資・開発を手掛けるほか、売掛債権を買い取り、債権の回収を行うファクタリング事業も展開。クルーズ船の運航、ウナギ稚魚の販売からは撤退。

株価	最低売買価格	年間騰落率	実績PER	PBR
1.420 HK$	38,959 円	-39.8 %	1.6 倍	0.5 倍

【財務】(百万HK$)	2019/12	2018/12
流動資産	17,110.8	28,175.1
総資産	37,413.9	48,766.5
流動負債	11,894.0	21,352.6
総負債	18,605.6	29,961.6
資本金	699.1	699.1
株主資本	18,819.2	13,866.8

【指標】(%)	
ROA	—
ROE	—
粗利益率	66.2
増収率	8.2
増益率（営利）	—
自己資本増加率	35.7
BPS（HK$）	2.7
負債比率	98.9
流動比率	143.9
株主資本比率	50.3

【CF】(百万HK$)	2019/12	2018/12
営業CF	-1,085.2	-9,499.3
投資CF	-12.0	-50.0
財務CF	-598.0	9,332.7
現金同等物	2,549.9	61.1

【業績】(百万HK$)	売上高	営業利益	純利益	前年比(%)	EPS（HK$）	1株配（HK$）
2017/06	760.09	—	1,419.57	58.9	0.203	0.0000
2018/06	793.34	—	1,202.26	-15.3	0.172	0.0000
2019/06	604.03	—	6,255.03	420.3	0.895	0.0000
2018/12中間	321.44	—	742.44	-25.5	0.106	0.0000
2019/12中間	347.76	—	-478.23	—	-0.068	0.0000

【株価情報】	
取引単位（株）	2,000
時価総額(mHK$)	9,926.7

【上場】1992年10月【住所】香港九龍湾啓祥道17号高銀金融国際中心25楼【URL】www.goldinfinancial.com

00535 金地商置

金地商置集団有限公司
Gemdale Properties and Investment Corp.,Ltd.

中国の不動産デベロッパー 金地集団(600383)傘下。中国本土で不動産開発・投資を手掛け、産業パークやハイテクパークの開発に強みを持つ。旗艦プロジェクトに深センの「ビジョン深センビジネスパーク」や「中央大街」、北京の「金地中心」など。

株価	最低売買価格	年間騰落率	実績PER	PBR
1.220 HK$	33,472 円	23.2 %	4.7 倍	1.3 倍

【財務】(百万元)	2019/12	2018/12
流動資産	31,555.8	29,561.1
総資産	63,169.6	51,987.8
流動負債	35,940.6	33,722.1
総負債	45,272.2	38,117.4
資本金	1,441.3	1,439.2
株主資本	15,047.2	11,835.2

【指標】(%)	
ROA	6.0
ROE	25.3
粗利益率	53.0
増収率	65.4
増益率（営利）	—
自己資本増加率	27.1
BPS（元）	0.9
負債比率	300.9
流動比率	87.8
株主資本比率	23.8

【CF】(百万元)	2019/12	2018/12
営業CF	4,166.3	6,168.4
投資CF	-4,448.4	-3,338.5
財務CF	2,025.7	-4,979.7
現金同等物	4,974.6	3,214.2

【業績】(百万元)	売上高	営業利益	純利益	前年比(%)	EPS（元）	1株配（元）
2017/12	4,711.02	—	1,643.53	20.3	0.104	0.0250
2018/12	7,079.14	—	2,252.62	37.1	0.142	0.0280
2019/12	11,710.19	—	3,799.63	68.7	0.239	0.0720
2018/06中間	1,726.93	—	598.80	40.8	0.038	0.0000
2019/06中間	3,062.08	—	1,158.28	93.4	0.073	0.0000

【株価情報】	
取引単位（株）	2,000
時価総額(mHK$)	19,396.3

【上場】1989年10月【住所】香港中環皇后大道中28号中匯大厦19楼【URL】www.gemdalepi.com

00543 太平洋網絡

太平洋網絡有限公司
Pacific Online Ltd

中国のポータルサイト運営会社 パソコンサイト「太平洋電脳網(PConline)」、自動車サイト「太平洋汽車網(PCauto)」、児童教育サイト「太平洋親子網(PCbaby)」、家具・インテリアサイトの「太平洋家居網(PChouse)」などのポータルサイトを運営する。

株価	最低売買価格	年間騰落率	実績PER	PBR
1.330 HK$	18,245 円	-24.0 %	8.9 倍	1.5 倍

【財務】(百万元)	2019/12	2018/12
流動資産	1,072.5	1,060.8
総資産	1,417.8	1,410.9
流動負債	411.7	414.2
総負債	411.8	414.2
資本金	10.5	10.5
株主資本	1,002.4	994.7

【CF】(百万元)	2019/12	2018/12
営業CF	122.5	133.4
投資CF	49.2	-45.2
財務CF	-153.5	-126.1
現金同等物	425.9	408.2

【指標】(%)	
ROA	10.8
ROE	15.3
粗利益率	61.3
増収率	-3.1
増益率(営利)	18.5
自己資本増加率	0.8
BPS(元)	0.9
負債比率	41.1
流動比率	260.5
株主資本比率	70.7

【業績】(百万元)	売上高	営業利益	純利益	前年比(%)	EPS(元)	1株配(元)
2017/12	963.60	127.09	105.32	-30.3	0.093	0.1140
2018/12	1,022.70	153.16	132.75	26.0	0.118	0.1360
2019/12	990.82	181.42	153.12	15.4	0.136	0.1080
2018/06中間	459.33	58.44	53.51	-10.5	0.048	0.0000
2019/06中間	500.94	91.04	76.02	42.1	0.068	0.0000

【株価情報】	
取引単位(株)	1,000
時価総額(mHK$)	1,508.3

【上場】2007年12月 【住所】香港金鐘道89号力宝中心二期807室部分 【URL】corp.pconline.com.cn

00550 KK文化

KK文化控股有限公司
KK Culture Holdings Ltd

香港の広告会社 広告代理事業が主力。主な媒体である求人雑誌「才庫」に加え、中国東方航空(00670)など航空4社の機内雑誌、広東省深セン市と広州市間を運行する高速鉄道「和諧号」の独占的広告代理権を取得。香港で不動産投資も手掛ける。

株価	最低売買価格	年間騰落率	実績PER	PBR
0.790 HK$	21,674 円	-46.3 %	—	2.0 倍

【財務】(百万HK$)	2019/12	2018/12
流動資産	132.4	169.8
総資産	196.7	246.9
流動負債	21.0	61.3
総負債	23.4	75.0
資本金	89.3	89.3
株主資本	173.4	193.7

【CF】(百万HK$)	2019/12	2018/12
営業CF	-10.3	-4.2
投資CF	-2.8	30.3
財務CF	3.8	54.9
現金同等物	100.2	109.5

【指標】(%)	
ROA	—
ROE	—
粗利益率	73.7
増収率	-17.6
増益率(営利)	—
自己資本増加率	-10.5
BPS(HK$)	0.4
負債比率	13.5
流動比率	629.2
株主資本比率	88.1

【業績】(百万HK$)	売上高	営業利益	純利益	前年比(%)	EPS(HK$)	1株配(HK$)
2017/12	98.53	—	-57.83	—	-0.156	0.0000
2018/12	64.57	—	-55.95	—	-0.141	0.0000
2019/12	53.19	—	-33.78	—	-0.076	0.0000
2018/06中間	38.40	—	-35.83	—	-0.096	0.0000
2019/06中間	35.02	—	-18.10	—	-0.041	0.0000

【株価情報】	
取引単位(株)	2,000
時価総額(mHK$)	352.8

【上場】2007年7月 【住所】香港湾仔港湾道1号会展広場弁公大楼44楼 【URL】www.cinderellagroup.com.hk

00553 南京パンダ

南京熊猫電子股フン有限公司
Nanjing Panda Electronics Co.,Ltd

中国のEMS・スマートシティー業務会社 ロボットやITを使ったスマート製造と、スマートシティー、家電や自動車の電子機器受託製造サービス(EMS)が中核事業。スマートシティーでは交通システムと保安システム、建設、情報網機器の4分野に重点を置く。

株価	最低売買価格	年間騰落率	実績PER	PBR
5.720 HK$	156,934 円	87.5 %	90.6 倍	1.5 倍

【財務】(百万元)	2019/12	2018/12
流動資産	4,295.1	4,613.6
総資産	6,020.1	6,184.6
流動負債	2,285.5	2,458.0
総負債	2,331.6	2,492.7
資本金	913.8	913.8
株主資本	3,448.1	3,468.4

【CF】(百万元)	2019/12	2018/12
営業CF	-341.2	45.6
投資CF	-43.5	81.1
財務CF	-43.9	-22.3
現金同等物	863.1	1,292.1

【指標】(%)	
ROA	0.9
ROE	1.5
粗利益率	15.1
増収率	3.5
増益率(営利)	-34.0
自己資本増加率	-0.6
BPS(元)	3.8
負債比率	67.6
流動比率	187.9
株主資本比率	57.3

【業績】(百万元)	売上高	営業利益	純利益	前年比(%)	EPS(元)	1株配(元)
2017/12	4,191.93	175.82	107.38	-9.9	0.118	0.0700
2018/12	4,500.51	217.14	161.96	50.8	0.177	0.0800
2019/12	4,660.05	143.37	52.66	-67.5	0.058	0.0180
2018/06中間	1,993.63	87.87	51.02	13.7	0.056	0.0000
2019/06中間	2,129.35	88.38	42.39	-16.9	0.046	0.0000

【株価情報】	
取引単位(株)	2,000
時価総額(mHK$)	1,384.2

【上場】1996年5月 【住所】江蘇省南京市高新技術開発区05幢北側1-2層 【URL】www.panda.cn

00575　励晶太平洋

励晶太平洋集団有限公司
Regent Pacific Group Ltd.

香港の企業投資会社　主な投資分野はヘルスケアやライフサイエンス。バイオ医薬品に力を入れ、16年に買収した英プレソラ・ソリューションズ・ホールディングスが同年に早漏改善剤「Fortacin」を英国で発売した。ほかに金鉱会社や鉱業会社に出資している。

	株価	最低売買価格	年間騰落率	実績PER	PBR
	0.076 HK$	10,426 円	-68.5 %	—	2.2 倍

【財務】(百万US$)	2019/12	2018/12
流動資産	2.8	7.3
総資産	86.3	144.8
流動負債	8.0	4.5
総負債	23.8	18.2
資本金	18.4	18.4
株主資本	62.5	126.6

【指標】(%)	
ROA	—
ROE	—
粗利益率	—
増収率	-89.7
増益率(営利)	12.2
自己資本増加率	-50.6
BPS(US$)	0.0
負債比率	38.0
流動比率	35.7
株主資本比率	72.4

【CF】(百万US$)	2019/12	2018/12
営業CF	-9.0	-1.9
投資CF	-0.0	0.5
財務CF	8.7	—
現金同等物	0.2	1.0

【業績】(百万US$)	売上高	営業利益	純利益	前年比(%)	EPS(US$)	1株配(HK$)
2017/12	5.23	-29.28	-27.36	—	-0.015	0.0000
2018/12	6.12	-33.97	-31.09	—	-0.017	0.0000
2019/12	0.63	-38.11	-66.05	—	-0.036	0.0000
2018/06中間	4.78	-15.69	-14.29	—	-0.008	0.0000
2019/06中間	0.19	-17.97	-23.30	—	-0.013	0.0000

【株価情報】	
取引単位(株)	10,000
時価総額(mHK$)	139.6

【上場】1997年5月　【住所】香港皇后大道中5号衡怡大廈8楼　【URL】www.regentpac.com

00589　建中建設発展

建中建設発展有限公司
Jianzhong Construction Development Ltd.

福建省の建設会社　福建省福州に本社を置く建設会社。基礎工事が中核事業で、ボアドパイルや強度の大きいH型PCパイルなどの杭打ちのほか、地中のコンクリート擁壁の敷設といった作業を請け負う。型枠や支保工、足場の組み立て、電気工事も手掛ける。

	株価	最低売買価格	年間騰落率	実績PER	PBR
	1.870 HK$	51,305 円	—	4.5 倍	—

【財務】(百万元)	2019/12	2018/12
流動資産	1,116.4	768.0
総資産	1,562.0	1,245.0
流動負債	664.2	676.9
総負債	737.9	688.0
資本金	—	148.0
株主資本	824.1	557.0

【指標】(%)	
ROA	11.5
ROE	21.7
粗利益率	22.4
増収率	32.3
増益率(営利)	21.3
自己資本増加率	48.0
BPS(元)	—
負債比率	89.5
流動比率	168.1
株主資本比率	52.8

【CF】(百万元)	2019/12	2018/12
営業CF	80.4	67.8
投資CF	-78.1	-90.1
財務CF	6.8	114.0
現金同等物	103.0	93.8

【業績】(百万元)	売上高	営業利益	純利益	前年比(%)	EPS(元)	1株配(HK$)
2017/12	498.86	95.00	67.55	299.4	—	—
2018/12	1,192.75	186.10	140.49	108.0	0.300	0.0000
2019/12	1,578.22	225.69	179.24	27.6	0.380	0.0000
2018/06中間	—	—	—	—	—	—
2019/06中間	—	—	—	—	—	—

【株価情報】	
取引単位(株)	2,000
時価総額(mHK$)	1,168.8

【上場】2020年3月　【住所】福建省福州市馬尾区兆鏘路33号金灡大廈2002室　【URL】www.fjjzkj.com

00591　中国高精密自動化

中国高精密自動化集団有限公司
China High Precision Automation Group Ltd.

精密自動機器メーカー　「上潤」ブランドでディテクター(検出器)やインジケーター、計測器、アクチュエーターなど産業用精密自動機器の製造を手掛ける。製造拠点は福建省福州市。クオーツ時計用のムーブメントも扱う。

	株価	最低売買価格	年間騰落率	実績PER	PBR
	1.220 HK$	16,736 円	0.0 %	—	0.7 倍

【財務】(百万元)	2019/12	2018/12
流動資産	1,549.2	1,549.2
総資産	1,958.0	2,009.1
流動負債	61.8	64.7
総負債	82.0	83.3
資本金	91.4	91.4
株主資本	1,876.0	1,925.8

【指標】(%)	
ROA	—
ROE	—
粗利益率	0.3
増収率	-6.9
増益率(営利)	—
自己資本増加率	-2.6
BPS(元)	1.8
負債比率	4.4
流動比率	2,507.3
株主資本比率	95.8

【CF】(百万元)	2019/12	2018/12
営業CF	-3.6	-8.7
投資CF	4.5	4.4
財務CF	-0.9	—
現金同等物	1,438.8	1,434.9

【業績】(百万元)	売上高	営業利益	純利益	前年比(%)	EPS(元)	1株配(HK$)
2017/06	121.21	-90.78	-89.69	—	-0.086	0.0000
2018/06	106.84	-59.87	-59.26	—	-0.057	0.0000
2019/06	132.22	-48.00	-47.48	—	-0.046	0.0000
2018/12中間	70.92	-16.32	-16.32	—	-0.016	0.0000
2019/12中間	66.05	-19.56	-19.66	—	-0.019	0.0000

【株価情報】	
取引単位(株)	1,000
時価総額(mHK$)	1,265.8

【上場】2009年11月　【住所】香港湾仔分域街18号捷利中心703室　【URL】chpag.todayir.com/s/index.php

509

00596 浪潮国際

浪潮国際有限公司
Inspur International Ltd.

山東省政府系のIT大手 山東省政府が管轄する浪潮集団が筆頭株主。CPUやメモリーなどパソコン部品の輸入販売から、マイクロソフトの資本参加を機にIT関連サービスへ転身。幅広い業界に人事、会計、電子調達関連の経営管理システムを提供する。

株価	最低売買価格	年間騰落率	実績PER	PBR
2.370 HK$	65,023 円	-39.1 %	13.3 倍	1.3 倍

【財務】(百万HK$)	2019/12	2018/12
流動資産	1,951.2	1,816.1
総資産	4,057.8	3,681.7
流動負債	1,690.7	1,317.7
総負債	1,979.7	1,628.6
資本金	11.4	11.4
株主資本	2,025.9	2,053.9

【指標】(%)	
ROA	5.0
ROE	10.0
粗利益率	35.7
増収率	18.6
増益率(営利)	―
自己資本増加率	-1.4
BPS(HK$)	1.8
負債比率	97.7
流動比率	115.4
株主資本比率	49.9

【CF】(百万HK$)	2019/12	2018/12
営業CF	255.6	259.9
投資CF	-133.0	-47.1
財務CF	-167.1	-676.1
現金同等物	807.1	865.2

【業績】(百万HK$)	売上高	営業利益	純利益	前年比(%)	EPS(HK$)	1株配(HK$)
2017/12	1,965.15	―	139.20	132.4	0.132	0.0300
2018/12	2,442.62	―	324.03	132.8	0.291	0.0400
2019/12	2,897.69	―	203.06	-37.3	0.178	0.0000
2018/06中間	1,115.31	―	135.49		0.124	0.0000
2019/06中間	1,391.17	―	113.24	-16.4	0.099	0.0000

【株価情報】	
取引単位(株)	2,000
時価総額(mHK$)	2,699.

【上場】2004年4月 【住所】香港九龍九龍湾宏光道1号億京中心A座30楼B&C室 【URL】www.inspur.com

00608 達利国際

達利国際集団有限公司
High Fashion International Ltd.

香港の繊維・アパレル大手 繊維・アパレルの製造・販売を手掛ける。欧米の大手ブランドが主要顧客。シルク製品に強みを持ち、浙江省や広東省に製造拠点を置く。「舒尚佳綾」「axelledesoie」「Theme」などのブランドで展開している。

株価	最低売買価格	年間騰落率	実績PER	PBR
1.580 HK$	43,349 円	-9.2 %	6.6 倍	0.2 倍

【財務】(百万HK$)	2019/12	2018/12
流動資産	2,199.4	2,462.6
総資産	5,016.2	5,083.8
流動負債	1,685.7	1,637.4
総負債	2,536.6	2,589.5
資本金	30.6	30.6
株主資本	2,510.8	2,524.4

【指標】(%)	
ROA	1.4
ROE	2.9
粗利益率	19.9
増収率	-5.2
増益率(営利)	―
自己資本増加率	-0.5
BPS(HK$)	8.2
負債比率	101.0
流動比率	130.4
株主資本比率	50.

【CF】(百万HK$)	2019/12	2018/12
営業CF	243.5	204.4
投資CF	-447.4	51.1
財務CF	-85.0	-61.3
現金同等物	359.6	658.5

【業績】(百万HK$)	売上高	営業利益	純利益	前年比(%)	EPS(HK$)	1株配(HK$)
2017/12	2,732.97	―	41.98	-3.0	0.140	0.0600
2018/12	3,074.75	―	43.64	4.0	0.140	0.0600
2019/12	2,913.71	―	71.96	64.9	0.240	0.0600
2018/06中間	1,550.60	―	23.59	3.2	0.077	0.0300
2019/06中間	1,362.90	―	33.57	42.3	0.110	0.0300

【株価情報】	
取引単位(株)	2,000
時価総額(mHK$)	482.

【上場】1992年8月 【住所】香港新界葵涌葵福路93号中信電訊大厦22字楼 【URL】www.highfashion.com.hk

00618 北大資源

北大資源(控股)有限公司
Peking University Resources(Holdings) Co.,Ltd.

IT製品販売と不動産が二大事業 サーバー、記憶装置、ネットワーク製品、ノートパソコンなどのIT製品を販売する。13年には不動産事業にも進出し、中国本土の武漢市、天津市、成都市、東莞市などで住宅、商業施設の不動産開発や投資事業を手掛ける。

株価	最低売買価格	年間騰落率	実績PER	PBR
0.090 HK$	2,469 円	-62.5 %	―	4.1 倍

【財務】(百万元)	2019/12	2018/12
流動資産	37,386.4	41,513.2
総資産	38,541.4	42,661.2
流動負債	37,312.8	34,427.6
総負債	37,437.8	39,656.5
資本金	545.3	545.3
株主資本	140.8	2,668.5

【指標】(%)	
ROA	―
ROE	―
粗利益率	8.
増収率	-3.
増益率(営利)	―
自己資本増加率	-94.
BPS(元)	0.
負債比率	26,590.
流動比率	100.
株主資本比率	0.

【CF】(百万元)	2019/12	2018/12
営業CF	―	5,141.2
投資CF	―	-63.1
財務CF	―	-5,012.4
現金同等物	―	3,902.6

【業績】(百万元)	売上高	営業利益	純利益	前年比(%)	EPS(元)	1株配(HK$)
2017/12	16,246.61	―	333.45	―	0.056	0.0000
2018/12	24,911.87	―	716.31	114.8	0.112	0.0180
2019/12	24,131.59	―	-2,421.88	―	-0.378	0.0000
2018/06中間	6,893.06	―	205.86	198.6	0.032	0.0000
2019/06中間	8,587.14	―	19.08	-37.3	0.020	0.0000

【株価情報】	
取引単位(株)	2,000
時価総額(mHK$)	577.

【上場】1991年10月 【住所】香港新界セン湾海盛路9号有線電視大楼14楼1408室 【URL】www.pku-resources.com

00633 中国全通

中国全通（控股）有限公司
China All Access (Holdings) Ltd.

情報通信ソリューション事業者 衛星通信と無線通信を用いたシステムや無線受信設備の製造・開発が中核。公安機関や消防・警察向け情報通信システムに強み。新エネルギー事業では太陽光発電所の開発・運営や発電効率向上技術の開発などを展開。

	株価	最低売買価格	年間騰落率	実績PER	PBR
	0.143 HK$	3,923 円	-66.7 %	—	0.2 倍

【財務】(百万元)	2019/12	2018/12	【指標】(%)	
流動資産	4,672.3	4,353.2	ROA	—
総資産	5,678.1	5,908.0	ROE	—
流動負債	3,218.8	2,547.8	粗利益率	1.8
総負債	3,403.9	2,762.6	増収率	196.6
資本金	19.8	16.0	増益率(営利)	—
株主資本	2,274.2	3,145.3	自己資本増加率	-27.7

【CF】(百万元)	2019/12	2018/12
営業CF	—	381.2
投資CF	—	198.8
財務CF	—	-737.2
現金同等物	—	70.7

【業績】(百万元)	売上高	営業利益	純利益	前年比(%)	EPS(元)	1株配(HK$)
2017/12	2,516.50	296.77	228.78	0.0	0.117	0.0500
2018/12	1,702.67	-101.01	-678.11	—	-0.349	0.0000
2019/12	5,049.98	-530.28	-1,123.71	—	-0.527	0.0000
2018/06中間	723.00	96.37	25.13	-9.2	0.013	0.0000
2019/06中間	1,994.33	-242.00	-514.21	—	-0.260	0.0000

【指標】	
BPS(元)	1.0
負債比率	149.7
流動比率	145.2
株主資本比率	40.1
【株価情報】	
取引単位(株)	2,000
時価総額(mHK$)	330.6

【上場】2009年9月 【住所】香港九龍尖沙咀科学館道1号康宏広場南座15楼1506-08室 【URL】www.chinaallaccess.com

---

00650 IDG能源投資

IDG能源投資有限公司
IDG Energy Investment Ltd.

石油採掘事業者 広西チワン族自治区でホテル・レストラン事業を手掛けていたが、16年7月に同事業を売却。同時に錫林郭勒盟宏博鉱業開発を買収し、石油の探査、開発、生産事業に業態転換した。

	株価	最低売買価格	年間騰落率	実績PER	PBR
	0.740 HK$	20,303 円	-28.2 %	169.3 倍	1.4 倍

【財務】(百万HK$)	2019/09	2018/09	【指標】(%)	
流動資産	1,422.8	1,728.7	ROA	0.2
総資産	3,959.9	4,222.3	ROE	0.2
流動負債	306.5	512.0	粗利益率	—
総負債	443.5	670.4	増収率	-1.5
資本金	66.0	60.5	増益率(営利)	—
株主資本	3,516.4	3,551.9	自己資本増加率	-1.0

【CF】(百万HK$)	2019/09	2018/09
営業CF	38.0	29.2
投資CF	26.9	-576.0
財務CF	75.3	-55.0
現金同等物	1,331.7	1,191.1

【業績】(百万HK$)	売上高	営業利益	純利益	前年比(%)	EPS(HK$)	1株配(HK$)
2017/03	76.78	-433.63	-462.43	—	-0.330	0.0000
2018/03	123.40	23.03	14.49	—	0.004	0.0000
2019/03	168.03	154.02	27.38	88.9	0.004	0.0000
2018/09中間	87.34	76.79	74.84	—	0.012	0.0000
2019/09中間	86.08	-1.78	4.34	-94.2	0.001	0.0000

【指標】	
BPS(HK$)	0.5
負債比率	12.6
流動比率	464.1
株主資本比率	88.8
【株価情報】	
取引単位(株)	2,000
時価総額(mHK$)	4,881.0

【上場】1992年10月 【住所】香港皇后大道中99号中環中心55楼5507室 【URL】www.idgenergyinv.com

---

00666 新工投資

新工投資有限公司
SHK Hong Kong Industries Ltd.

香港の投資会社 上場・非上場企業への投資事業が主力。投資ポートフォリオには、香港、中国本土、米国、日本、マレーシア、台湾の企業が含まれる。09年に聯合集団(00373)の傘下に入った。

	株価	最低売買価格	年間騰落率	実績PER	PBR
	0.118 HK$	32,374 円	-34.4 %	33.7 倍	0.4 倍

【財務】(百万HK$)	2019/12	2018/12	【指標】(%)	
流動資産	679.0	851.6	ROA	1.3
総資産	1,117.8	1,122.5	ROE	1.3
流動負債	6.8	24.3	粗利益率	—
総負債	6.8	24.3	増収率	7.8
資本金	919.0	919.0	増益率(営利)	—
株主資本	1,111.0	1,090.6	自己資本増加率	1.9

【CF】(百万HK$)	2019/12	2018/12
営業CF	-170.1	66.6
投資CF	-130.8	61.8
財務CF	—	-205.6
現金同等物	86.1	387.1

【業績】(百万HK$)	売上高	営業利益	純利益	前年比(%)	EPS(HK$)	1株配(HK$)
2017/12	23.76	—	166.67	—	0.041	0.0500
2018/12	28.13	—	-43.57	—	-0.011	0.0000
2019/12	30.32	—	14.47	—	0.004	0.0000
2018/06中間	13.07	—	14.12	-85.8	0.003	0.0000
2019/06中間	15.20	—	-8.14	—	-0.002	0.0000

【指標】	
BPS(HK$)	0.3
負債比率	0.6
流動比率	10,030.8
株主資本比率	99.4
【株価情報】	
取引単位(株)	20,000
時価総額(mHK$)	485.2

【上場】1990年12月 【住所】香港湾仔告士打道138号聯合鹿島大厦18楼1801室 【URL】www.shki.com.hk

511

00673 中国衛生集団

中国衛生集団有限公司
China Health Group Ltd.

医療機器の販売と病院運営が主力 医療機器の販売と病院運営が主力。病院経営では河北省の承徳市精神病医院や安平博愛医院、湖南省の管岳陽市巴陵医院などの運営を手掛ける。

株価	最低売買価格	年間騰落率	実績PER	PBR
0.053 HK$	2,181 円	-35.4 %	—	1.8 倍

【財務】(百万HK$)	2019/09	2018/09
流動資産	149.2	160.2
総資産	208.7	198.5
流動負債	83.1	58.1
総負債	83.8	58.1
資本金	414.0	364.0
株主資本	123.0	140.5

【CF】(百万HK$)	2019/09	2018/09
営業CF	-3.5	-6.5
投資CF	0.2	-2.9
財務CF	-2.5	—
現金同等物	22.0	28.1

【指標】(%)	
ROA	—
ROE	—
粗利益率	39.5
増収率	245.4
増益率(営利)	—
自己資本増加率	-12.4
BPS(HK$)	0.0
負債比率	68.1
流動比率	179.6
株主資本比率	58.9

【業績】(百万HK$)	売上高	営業利益	純利益	前年比(%)	EPS(HK$)	1株配(HK$)
2017/03	14.99	—	-69.28	—	-0.019	0.0000
2018/03	24.25	—	-39.25	—	-0.010	0.0000
2019/03	32.18	—	-23.08	—	-0.006	0.0000
2018/09中間	6.04	—	-4.18	—	-0.001	0.0000
2019/09中間	20.87	—	-2.60	—	-0.001	0.0000

【株価情報】	
取引単位(株)	3,000
時価総額(mHK$)	219.4

【上場】1996年10月 【住所】香港中環徳輔道中141号中保集団大厦8楼801室 【URL】www.ch-groups.com

00682 超大現代農業

超大現代農業(控股)有限公司
Chaoda Modern Agriculture (Holdings) Ltd

中国のアグリビジネス事業者 野菜や果物の栽培と牧畜管理業を手掛ける民営企業。中国で販売するほか間接的に海外に輸出する。赤字削減に向けて事業規模を縮小し、18年6月末までに農地のリース契約をいったん解除した。

株価	最低売買価格	年間騰落率	実績PER	PBR
0.040 HK$	1,097 円	-54.0 %	—	0.5 倍

【財務】(百万元)	2019/12	2018/12
流動資産	151.0	181.9
総資産	301.5	330.3
流動負債	39.3	22.9
総負債	44.7	22.9
資本金	333.1	333.1
株主資本	255.6	305.6

【CF】(百万元)	2019/12	2018/12
営業CF	-55.0	-1.4
投資CF	3.4	-0.0
財務CF	-1.8	—
現金同等物	63.0	156.5

【指標】(%)	
ROA	—
ROE	—
粗利益率	34.1
増収率	-11.1
増益率(営利)	—
自己資本増加率	-16.3
BPS(元)	0.1
負債比率	17.5
流動比率	384.7
株主資本比率	84.8

【業績】(百万元)	売上高	営業利益	純利益	前年比(%)	EPS(元)	1株配(HK$)
2017/06	826.32	-3,244.01	-3,246.23	—	-0.990	0.0000
2018/06	213.39	-743.07	-719.04	—	-0.220	0.0000
2019/06	82.33	-52.68	-54.15	—	-0.020	0.0000
2018/12中間	42.71	-14.51	-15.89	—	-0.005	0.0000
2019/12中間	37.96	-12.76	-13.14	—	-0.004	0.0000

【株価情報】	
取引単位(株)	2,000
時価総額(mHK$)	131.8

【上場】2000年12月 【住所】香港湾仔港湾道26号華潤大厦27楼2705室 【URL】www.chaoda.com.hk

00720 意達利控股

意達利控股有限公司
Auto Italia Holdings Ltd

自動車販売を主力とする香港の商社 香港・マカオを中心に自動車の代理販売やメンテナンスなど関連サービスを展開する。取扱ブランドはフェラーリ、マセラティなどのイタリア車。ほかに証券投資や不動産投資、金融サービスなども手掛ける。

株価	最低売買価格	年間騰落率	実績PER	PBR
0.173 HK$	59,330 円	183.6 %	—	2.0 倍

【財務】(百万HK$)	2019/12	2018/12
流動資産	359.3	476.4
総資産	557.4	634.1
流動負債	82.1	153.1
総負債	100.5	156.1
資本金	104.4	104.4
株主資本	456.9	478.0

【CF】(百万HK$)	2019/12	2018/12
営業CF	90.1	-105.7
投資CF	-1.8	-5.0
財務CF	-105.6	-33.7
現金同等物	104.0	121.2

【指標】(%)	
ROA	—
ROE	—
粗利益率	31.9
増収率	-31.4
増益率(営利)	—
自己資本増加率	-4.4
BPS(HK$)	0.1
負債比率	22.0
流動比率	437.6
株主資本比率	82.0

【業績】(百万HK$)	売上高	営業利益	純利益	前年比(%)	EPS(HK$)	1株配(HK$)
2017/12	792.87	—	85.87	—	0.017	0.0000
2018/12	338.10	—	-7.40	—	-0.001	0.0000
2019/12	231.94	—	-24.11	—	-0.005	0.0000
2018/06中間	192.98	—	11.68	-67.0	0.002	0.0000
2019/06中間	139.71	—	11.24	-3.8	0.002	0.0000

【株価情報】	
取引単位(株)	25,000
時価総額(mHK$)	903.1

【上場】1991年7月 【住所】香港沙田小瀝源源順囲地下C室 【URL】www.autoitalia.com.hk

00771　自動系統集団

自動系統集団有限公司
Automated Systems Holdings Ltd.

香港のIT企業 パソコン・ソフトウエア販売のほか、システム開発、システムインテグレーション、保守、アウトソーシングを手掛ける。香港のほか、米国、中国本土、マカオ、台湾、東南アジアなどで事業を展開。顧客は通信・運輸企業、金融機関、官公庁など。

株価	最低売買価格	年間騰落率	実績PER	PBR
0.900 HK$	24,692 円	-11.8 %	7.8 倍	0.5 倍

【財務】(百万HK$)	2019/12	2018/12
流動資産	1,505.6	1,098.5
総資産	2,798.6	2,381.0
流動負債	1,264.3	834.3
総負債	1,345.8	1,168.2
資本金	82.7	80.5
株主資本	1,405.3	1,212.9

【指標】(%)	
ROA	3.3
ROE	6.6
粗利益率	—
増収率	20.7
増益率(営利)	—
自己資本増加率	15.9
BPS(HK$)	1.7
負債比率	95.8
流動比率	119.1
株主資本比率	50.2

【CF】(百万HK$)	2019/12	2018/12
営業CF	161.8	181.5
投資CF	-76.1	-135.5
財務CF	79.2	-40.2
現金同等物	456.1	292.2

【業績】(百万HK$)	売上高	営業利益	純利益	前年比(%)	EPS(HK$)	1株配(HK$)
2017/12	1,917.45	—	52.58	82.6	0.075	0.0100
2018/12	2,344.46	—	84.33	60.4	0.105	0.0000
2019/12	2,828.77	—	93.28	10.6	0.116	0.1030
2018/06中間	1,120.07	—	51.49	185.3	0.064	0.0000
2019/06中間	1,353.05	—	41.40	-19.6	0.051	0.0000

【株価情報】取引単位(株) 2,000 / 時価総額(mHK$) 744.6

【上場】1997年11月 【住所】香港新界沙田安心街11号華順広場15楼 【URL】www.asl.com.hk

00775　長江ライフサイエンス

長江生命科技集団有限公司
CK Life Sciences International (Holdings) Inc.

長江グループのバイオ子会社 「ヘルスケア」「アグリ」が事業の柱。ヘルスケア部門は健康補助製品を扱う豪リパ、米ビタクエスト、カナダのサンテナチュレルが傘下。アグリ部門は豪州・ニュージーランドの業界大手に成長したブドウ園事業などを手掛ける。

株価	最低売買価格	年間騰落率	実績PER	PBR
0.990 HK$	27,162 円	127.6 %	52.4 倍	2.3 倍

【財務】(百万HK$)	2019/12	2018/12
流動資産	3,046.2	3,257.1
総資産	10,714.6	10,438.5
流動負債	3,575.4	1,948.1
総負債	6,539.8	6,018.6
資本金	961.1	961.1
株主資本	4,177.5	4,263.9

【指標】(%)	
ROA	1.7
ROE	4.4
粗利益率	—
増収率	-5.1
増益率(営利)	—
自己資本増加率	-2.0
BPS(HK$)	0.4
負債比率	156.5
流動比率	85.2
株主資本比率	39.0

【CF】(百万HK$)	2019/12	2018/12
営業CF	379.1	230.7
投資CF	-253.9	-373.9
財務CF	-192.2	-97.8
現金同等物	696.5	773.4

【業績】(百万HK$)	売上高	営業利益	純利益	前年比(%)	EPS(HK$)	1株配(HK$)
2017/12	4,693.13	—	258.40	2.2	0.027	0.0100
2018/12	5,232.99	—	263.00	1.8	0.027	0.0100
2019/12	4,967.02	—	181.74	-30.9	0.019	0.0100
2018/06中間	2,541.14	—	170.93	0.4	0.018	0.0000
2019/06中間	2,596.51	—	171.25	0.2	0.018	0.0000

【株価情報】取引単位(株) 2,000 / 時価総額(mHK$) 9,515.0

【上場】2002年7月 【住所】香港大埔大埔工業村大富街2号 【URL】www.ck-lifesciences.com

00794　錦勝集団

錦勝集団(控股)有限公司
Come Sure Group (Holdings) Ltd.

包装資材メーカー 段ボール箱や段ボールシートを中心に紙製の包装資材の製造を手掛ける。深センのほか、江西や恵州、福建に生産拠点を置く。原紙は玖龍紙業(02689)や理文造紙(02314)から調達している。

株価	最低売買価格	年間騰落率	実績PER	PBR
0.510 HK$	13,992 円	-34.6 %	4.4 倍	0.3 倍

【財務】(百万HK$)	2019/09	2018/09
流動資産	639.0	773.7
総資産	1,245.5	1,299.8
流動負債	528.2	649.4
総負債	623.8	684.5
資本金	3.5	3.6
株主資本	631.0	620.3

【指標】(%)	
ROA	4.2
ROE	8.4
粗利益率	22.9
増収率	-18.2
増益率(営利)	-3.7
自己資本増加率	1.7
BPS(HK$)	1.8
負債比率	98.9
流動比率	121.0
株主資本比率	50.7

【CF】(百万HK$)	2019/09	2018/09
営業CF	24.3	-43.5
投資CF	5.1	24.5
財務CF	-83.7	-1.1
現金同等物	164.6	229.3

【業績】(百万HK$)	売上高	営業利益	純利益	前年比(%)	EPS(HK$)	1株配(HK$)
2017/03	845.55	41.98	18.38	-127.9	0.051	0.0000
2018/03	1,326.99	135.23	96.50	424.9	0.266	0.0700
2019/03	1,184.89	65.39	41.97	-56.5	0.116	0.0400
2018/09中間	652.66	48.01	26.43	-52.7	0.073	0.0000
2019/09中間	533.88	46.22	26.44	0.0	0.075	0.0000

【株価情報】取引単位(株) 2,000 / 時価総額(mHK$) 179.1

【上場】2009年2月 【住所】香港柴湾永泰道50号港利中心8楼8-10室 【URL】www.comesure.com

00797　第七大道

第七大道控股有限公司
7Road Holdings Ltd.

中国のオンラインゲーム会社　中国でオンラインゲームの開発・配信を手掛ける。ウェブゲームに強みを持ち、この分野では売上高ベースでトップ(17年)。18年6月時点で100を超える国・地域でゲームを配信する。ヒット作に「弾弾堂(DDTank)」「神曲」など。

株価	最低売買価格	年間騰落率	実績PER	PBR
2.770 HK$	75,998 円	0.0 %	—	6.4 倍

【財務】(百万元)	2019/06	2018/06
流動資産	687.4	519.9
総資産	1,333.9	943.2
流動負債	133.5	273.5
総負債	186.2	331.3
資本金	0.1	0.1
株主資本	1,147.7	611.9

【CF】(百万元)	2019/06	2018/06
営業CF	27.8	4.1
投資CF	-61.0	33.1
財務CF	-6.6	-87.6
現金同等物	246.8	83.3

【指標】(%)	
ROA	—
ROE	—
粗利益率	82.3
増収率	-55.7
増益率(営利)	—
自己資本増加率	87.6
BPS(元)	0.4
負債比率	16.2
流動比率	514.9
株主資本比率	86.0

【業績】(百万元)	売上高	営業利益	純利益	前年比(%)	EPS(元)	1株配(HK$)
2016/12	403.15	-2.08	-16.84	—	—	—
2017/12	445.30	293.56	257.18	—	0.141	0.0000
2018/12	332.38	21.28	-98.03	—	-0.046	0.0310
2018/06中間	233.67	121.59	104.54	-42.7	0.057	0.0310
2019/06中間	103.48	-31.17	-25.59	—	-0.010	0.0000

【株価情報】	
取引単位(株)	2,000
時価総額(mHK$)	7,386.7

【上場】2018年7月　【住所】深セン市南山区科技園南科苑路15号科興科学園A1-A2棟17-18楼　【URL】www.7road.com

00829　神冠控股

神冠控股(集団)有限公司
Shenguan Holdings (Group) Ltd.

コラーゲンケーシングの製造大手　ソーセージ用の食べられるコラーゲンケーシングの製造会長が国有工場を買収する形で創業した。食用コラーゲンや食品添加物の生産も手掛ける。広西チワン族自治区に工場を持ち、ケーシング50種類以上を生産。

株価	最低売買価格	年間騰落率	実績PER	PBR
0.320 HK$	8,780 円	-22.9 %	12.7 倍	0.4 倍

【財務】(百万元)	2019/12	2018/12
流動資産	1,470.8	1,490.7
総資産	3,083.5	3,117.7
流動負債	252.8	236.9
総負債	307.1	303.4
資本金	27.8	27.8
株主資本	2,772.4	2,801.6

【CF】(百万元)	2019/12	2018/12
営業CF	321.1	282.1
投資CF	-79.8	-209.4
財務CF	-100.7	-218.8
現金同等物	373.1	232.0

【指標】(%)	
ROA	2.4
ROE	2.7
粗利益率	23.3
増収率	11.0
増益率(営利)	—
自己資本増加率	-1.0
BPS(元)	0.9
負債比率	11.1
流動比率	581.8
株主資本比率	89.9

【業績】(百万元)	売上高	営業利益	純利益	前年比(%)	EPS(元)	1株配(HK$)
2017/12	1,007.99	—	68.79	-55.4	0.021	0.0360
2018/12	899.02	—	80.26	16.7	0.025	0.0360
2019/12	997.50	—	75.44	-6.0	0.023	0.0600
2018/06中間	376.19	—	37.25	12.2	0.011	0.0000
2019/06中間	386.76	—	31.39	-15.7	0.010	0.0000

【株価情報】	
取引単位(株)	2,000
時価総額(mHK$)	1,033.8

【上場】2009年10月　【住所】広西壮族自治区梧州市西江四路扶典上冲29号　【URL】www.shenguan.com.cn

00831　コンビニエンス・アジア

利亜零售有限公司
Convenience Retail Asia Ltd.

香港の大手コンビニチェーン　香港、マカオ、中国本土(広州、深セン、珠海)でコンビニエンスストア「OK便利店(サークルK)」をチェーン展開。ベーカリー・洋菓子店の「聖安娜」も経営する。リー&フンと同系列。11年にメインボードに指定替え。

株価	最低売買価格	年間騰落率	実績PER	PBR
3.570 HK$	97,947 円	-10.1 %	13.1 倍	3.8 倍

【財務】(百万HK$)	2019/12	2018/12
流動資産	1,087.4	930.1
総資産	2,647.5	1,808.4
流動負債	1,589.6	1,092.4
総負債	1,921.7	1,117.5
資本金	76.3	76.3
株主資本	725.8	690.8

【CF】(百万HK$)	2019/12	2018/12
営業CF	806.1	264.6
投資CF	-60.3	-62.5
財務CF	-610.5	-144.7
現金同等物	642.6	507.7

【指標】(%)	
ROA	7.8
ROE	28.6
粗利益率	35.8
増収率	5.9
増益率(営利)	—
自己資本増加率	5.1
BPS(HK$)	1.0
負債比率	264.8
流動比率	68.4
株主資本比率	27.4

【業績】(百万HK$)	売上高	営業利益	純利益	前年比(%)	EPS(HK$)	1株配(HK$)
2017/12	5,094.03	—	150.31	7.7	0.198	0.1800
2018/12	5,320.08	—	183.20	21.9	0.240	0.2200
2019/12	5,632.34	—	207.57	13.3	0.272	0.4600
2018/06中間	2,573.93	—	67.35	17.9	0.088	0.0500
2019/06中間	2,703.76	—	82.43	22.4	0.108	0.0600

【株価情報】	
取引単位(株)	2,000
時価総額(mHK$)	2,722.4

【上場】2001年1月　【住所】香港新界沙田小瀝源安平街2号利豊中心15楼　【URL】www.cr-asia.com

00848 茂業国際

茂業国際控股有限公司
Maoye International Holdings Ltd.

中国の百貨店チェーン 広東省、四川省、江蘇省、山東省、環渤海湾地区を中心に中・高所得層を対象とした百貨店やショッピングモールを運営。1997年に深センで「茂業百貨」1号店を開業。19年6月末時点で全国21都市に59店舗を展開する。

株価	最低売買価格	年間騰落率	実績PER	PBR
0.360 HK$	4,938 円	-41.0 %	9.1 倍	0.1 倍

【財務】(百万元)	2019/12	2018/12
流動資産	12,663.4	14,189.5
総資産	53,830.1	50,969.7
流動負債	23,847.2	20,625.7
総負債	37,675.0	35,674.8
資本金	460.2	460.2
株主資本	13,030.1	12,300.0

【指標】(%)	
ROA	0.3
ROE	1.4
粗利益率	
増収率	2.5
増益率(営利)	-10.1
自己資本増加率	5.9
BPS(元)	2.5
負債比率	289.1
流動比率	53.1
株主資本比率	24.2

【CF】(百万元)	2019/12	2018/12
営業CF	1,364.0	4,895.3
投資CF	-467.3	275.8
財務CF	-2,940.3	-3,191.7
現金同等物	1,232.6	3,304.9

【業績】(百万元)	売上高	営業利益	純利益	前年比(%)	EPS(元)	1株配(HK$)
2017/12	5,756.64	2,749.61	1,071.97	2,211.2	0.209	0.0390
2018/12	6,117.25	3,007.18	799.40	-25.4	0.156	0.0360
2019/12	6,267.39	2,701.99	186.26	-76.7	0.036	0.0200
2018/06中間	2,972.66	1,308.53	379.31	-29.2	0.074	0.0000
2019/06中間	3,124.10	1,361.67	286.54	-24.5	0.056	0.0000

【株価情報】	
取引単位(株)	1,000
時価総額(mHK$)	1,850.5

【上場】2008年5月 【住所】深セン市羅湖区深南東路4003号世界金融中心A座38楼 【URL】www.maoye.cn

---

00866 中国秦発集団

中国秦発集団有限公司
China Qinfa Group Ltd.

石炭専門商社 石炭の調達、輸送、販売が主力。中国国内のほか、豪州やベトナムで石炭を調達し、主に国内の電力会社やセメントメーカー向けに販売している。近年は海運事業も手掛け石炭輸送のサプライチェーンを構築。

株価	最低売買価格	年間騰落率	実績PER	PBR
0.155 HK$	4,253 円	-53.0 %	4.6 倍	-1.1 倍

【財務】(百万元)	2019/12	2018/12
流動資産	656.8	826.5
総資産	9,354.6	9,874.8
流動負債	5,296.8	5,473.5
総負債	8,789.4	9,391.9
資本金	211.2	211.2
株主資本	-342.4	-425.5

【指標】(%)	
ROA	0.9
ROE	—
粗利益率	14.5
増収率	-23.4
増益率(営利)	-85.8
自己資本増加率	-19.5
BPS(元)	-0.1
負債比率	—
流動比率	12.4
株主資本比率	-3.7

【CF】(百万元)	2019/12	2018/12
営業CF	516.5	568.3
投資CF	-139.2	-233.4
財務CF	-332.5	-298.8
現金同等物	159.7	115.7

【業績】(百万元)	売上高	営業利益	純利益	前年比(%)	EPS(元)	1株配(HK$)
2017/12	3,005.67	5,065.15	3,158.35		1.260	0.0000
2018/12	3,652.87	2,024.20	1,504.51	-52.4	0.601	0.0000
2019/12	2,799.52	287.07	81.42	-94.6	0.031	0.0000
2018/06中間	1,853.40	214.56	96.77	-36.1	0.038	0.0000
2019/06中間	1,328.67	142.89	45.47	-53.0	0.017	0.0000

【株価情報】	
取引単位(株)	2,000
時価総額(mHK$)	386.5

【上場】2009年7月 【住所】香港湾仔港湾道18号中環広場57楼5706室 【URL】www.qinfagroup.com

---

00935 龍翔集団

龍翔集団控股有限公司
Dragon Crown Group Holdings Ltd.

液体ケミカル貯蔵・輸送業者 液体ケミカルの貯蔵や輸送を専門に手掛ける。南京市の「南京化学工業園」では子会社を通じてふ頭、パイプライン、貯蔵タンクなどの設備を保有し、液体ケミカルの積み降ろし、積み込み、貯蔵、搬送といったサービスを提供する。

株価	最低売買価格	年間騰落率	実績PER	PBR
0.510 HK$	13,992 円	-27.1 %	16.0 倍	0.6 倍

【財務】(百万HK$)	2019/12	2018/12
流動資産	313.5	276.6
総資産	1,339.9	1,341.4
流動負債	85.6	52.5
総負債	263.9	237.5
資本金	122.1	122.1
株主資本	1,030.9	1,053.7

【指標】(%)	
ROA	2.9
ROE	3.8
粗利益率	49.3
増収率	-12.4
増益率(営利)	—
自己資本増加率	-2.2
BPS(HK$)	0.8
負債比率	25.6
流動比率	366.1
株主資本比率	76.9

【CF】(百万HK$)	2019/12	2018/12
営業CF	121.0	139.6
投資CF	-24.7	49.4
財務CF	-41.9	-120.9
現金同等物	243.2	194.9

【業績】(百万HK$)	売上高	営業利益	純利益	前年比(%)	EPS(HK$)	1株配(HK$)
2017/12	241.46	—	50.28	-28.8	0.041	0.0300
2018/12	262.49	—	66.93	33.1	0.055	0.0400
2019/12	229.85	—	38.79	-42.0	0.032	0.0250
2018/06中間	141.81	—	41.80	64.5	0.034	0.0200
2019/06中間	116.58	—	23.88	-42.9	0.020	0.0150

【株価情報】	
取引単位(株)	2,000
時価総額(mHK$)	622.5

【上場】2011年6月 【住所】香港港湾道1号会展広場弁公大楼18楼3室 【URL】www.dragoncrown.com

515

00951　超威動力

超威動力控股有限公司
Chaowei Power Holdings Ltd.

二次電池メーカー大手 電動自転車用の鉛蓄電池の製造・販売で中国大手。浙江省や山東省などに工場を置き、自社ブランド「超威」で製造する。電気自動車向けや風力・太陽光発電用のバッテリー製造も手掛ける。

株価	最低売買価格	年間騰落率	実績PER	PBR
2.190 HK$	30,042 円	-36.5 %	3.9 倍	0.5 倍

【財務】(百万元)	2019/12	2018/12
流動資産	10,301.9	10,616.4
総資産	17,408.3	17,703.4
流動負債	10,171.0	10,032.0
総負債	11,992.4	12,774.6
資本金	74.7	75.0
株主資本	4,535.2	4,002.7

【指標】(%)	
ROA	3.2
ROE	12.4
粗利益率	12.5
増収率	0.9
増益率(営利)	—
自己資本増加率	13.3
BPS(元)	4.1
負債比率	264.4
流動比率	101.3
株主資本比率	26.1

【CF】(百万元)	2019/12	2018/12
営業CF	651.5	2,992.5
投資CF	108.6	-1,247.3
財務CF	-1,779.9	-268.7
現金同等物	1,958.4	2,975.5

【業績】(百万元)	売上高	営業利益	純利益	前年比(%)	EPS(元)	1株配(HK$)
2017/12	24,654.01	—	454.82	-9.7	0.410	0.0620
2018/12	26,948.24	—	412.71	-9.3	0.370	0.0660
2019/12	27,181.73	—	561.34	36.0	0.510	0.0840
2018/06中間	13,370.87	—	102.40	-63.6	0.090	0.0000
2019/06中間	11,711.08	—	285.97	179.3	0.260	0.0000

【株価情報】	
取引単位(株)	1,000
時価総額(mHK$)	2,418.0

【上場】2010年7月 【住所】浙江省長興県画渓工業園区城南路18号 【URL】www.chaowei.com.hk

00953　邵氏兄弟控股

邵氏兄弟控股有限公司
Shaw Brothers Holdings Ltd.

香港の映画製作会社 映画の製作や投資、タレントのマネジメントなどを手掛ける。上場当初は自社ブランド「美克(MEIKE)」でシューズ、ウエアなどスポーツ用品を生産・販売していたが、15年に主力事業を映画事業に切り替えた。

株価	最低売買価格	年間騰落率	実績PER	PBR
0.153 HK$	4,198 円	-32.0 %	11.1 倍	0.5 倍

【財務】(百万元)	2019/12	2018/12
流動資産	595.0	456.9
総資産	597.0	459.7
流動負債	166.5	47.3
総負債	167.3	47.3
資本金	12.3	12.3
株主資本	436.1	419.0

【指標】(%)	
ROA	3.0
ROE	4.1
粗利益率	37.4
増収率	38.6
増益率(営利)	—
自己資本増加率	4.1
BPS(元)	0.3
負債比率	38.4
流動比率	357.4
株主資本比率	73.1

【CF】(百万元)	2019/12	2018/12
営業CF	157.3	-46.4
投資CF	32.1	-76.6
財務CF	4.1	5.6
現金同等物	328.8	135.4

【業績】(百万元)	売上高	営業利益	純利益	前年比(%)	EPS(元)	1株配(HK$)
2017/12	152.83	—	-7.23	—	-0.005	0.0000
2018/12	218.00	—	12.57	—	0.009	0.0000
2019/12	302.23	—	17.89	42.4	0.013	0.0000
2018/06中間	47.39	—	4.92	139.7	0.004	0.0000
2019/06中間	36.37	—	1.45	-70.5	0.001	0.0000

【株価情報】	
取引単位(株)	2,000
時価総額(mHK$)	217.2

【上場】2010年2月 【住所】香港湾銅鑼湾礼頓道77号礼頓中心19楼 【URL】www.shawbrotherspictures.com

00999　I.T リミテッド

I.T Ltd.
I.T Ltd.

アパレル販売チェーンを展開 香港を中心に、中国本土、マカオ、台湾、日本などでアパレルショップ「I.T」を展開。若年層向けのセレクトショップを中心に靴・アクセサリー店やストリートウエア店も運営する。自社ブランド製品は中国のOEMメーカーに生産を委託。

株価	最低売買価格	年間騰落率	実績PER	PBR
1.260 HK$	34,569 円	-66.2 %	3.4 倍	0.5 倍

【財務】(百万HK$)	2019/08	2018/08
流動資産	3,942.0	4,095.5
総資産	8,647.5	5,850.7
流動負債	2,763.2	1,720.4
総負債	5,594.4	2,551.3
資本金	119.6	119.6
株主資本	3,049.3	3,296.3

【指標】(%)	
ROA	—
ROE	—
粗利益率	62.1
増収率	-1.2
増益率(営利)	-40.0
自己資本増加率	-7.5
BPS(HK$)	2.6
負債比率	183.5
流動比率	142.7
株主資本比率	35.3

【CF】(百万HK$)	2019/08	2018/08
営業CF	854.0	124.3
投資CF	-777.2	-157.9
財務CF	-125.3	-372.3
現金同等物	1,708.3	1,857.9

【業績】(百万HK$)	売上高	営業利益	純利益	前年比(%)	EPS(HK$)	1株配(HK$)
2017/02	8,001.33	571.55	314.05	50.3	0.260	0.1300
2018/02	8,383.04	757.76	430.56	37.1	0.360	0.1780
2019/02	8,832.16	753.61	442.60	2.8	0.370	0.1800
2018/08中間	4,064.08	241.23	112.51	88.3	0.094	0.0000
2019/08中間	4,015.36	144.68	-71.96	—	-0.060	0.0000

【株価情報】	
取引単位(株)	2,000
時価総額(mHK$)	1,506.7

【上場】2005年3月 【住所】香港黄竹坑業興街11号南匯広場A座31楼 【URL】www.ithk.com

01037　雲智匯科技

雲智匯科技服務有限公司
Maxnerva Technology Services Ltd.

ITシステム統合事業者 ITシステムの統合が主力事業。ソリューション・サービスと関連機器を提供する。台湾の鴻海精密工業が主要顧客。携帯端末など電子製品の受託製造も手掛ける。

株価	最低売買価格	年間騰落率	実績PER	PBR
0.360 HK$	9,877 円	-43.8 %	18.6 倍	0.7 倍

【財務】(百万元)	2019/12	2018/12
流動資産	425.4	379.5
総資産	527.4	457.4
流動負債	155.9	108.2
総負債	184.2	127.8
資本金	64.5	65.1
株主資本	343.2	329.7

【指標】(%)	
ROA	2.2
ROE	3.4
粗利益率	17.9
増収率	32.1
増益率(営利)	27.8
自己資本増加率	4.1
BPS(元)	0.5
負債比率	53.7
流動比率	273.0
株主資本比率	65.1

【CF】(百万元)	2019/12	2018/12
営業CF	80.5	-23.8
投資CF	-20.4	25.5
財務CF	-17.2	-7.3
現金同等物	183.8	140.1

【業績】(百万元)	売上高	営業利益	純利益	前年比(%)	EPS(元)	1株配(HK$)
2017/12	335.38	55.82	49.22	-25.2	0.074	0.0000
2018/12	326.19	10.79	1.44	-97.1	0.002	0.0000
2019/12	431.00	13.80	11.58	703.8	0.018	0.0000
2018/06中間	105.14	-20.95	-20.04	—	-0.030	0.0000
2019/06中間	152.92	6.65	6.03	—	0.009	0.0000

【株価情報】	
取引単位(株)	2,000
時価総額(mHK$)	235.8

【上場】1994年4月 【住所】香港沙田安群街3号京瑞広場一期15楼L-N室 【URL】www.maxnerva.com

01080　勝利油気管道

勝利油気管道控股有限公司
Shengli Oil & Gas Pipe Holdings Ltd.

中国の鋼管メーカー大手 石油・天然ガスパイプライン用のSAWH(スパイラル溶接)鋼管とSAWL(長手溶接)鋼管の製造・販売を手掛ける。18年12月末の年産能力はSAWHが145万トン、SAWLが40万トンと国内最大規模。低利幅の貿易事業からは18年に撤退。

株価	最低売買価格	年間騰落率	実績PER	PBR
0.057 HK$	1,173 円	-51.3 %	—	0.2 倍

【財務】(百万元)	2019/12	2018/12
流動資産	1,113.8	1,015.4
総資産	2,411.6	2,652.2
流動負債	1,159.8	1,223.8
総負債	1,168.4	1,231.3
資本金	283.9	283.9
株主資本	1,180.2	1,324.5

【指標】(%)	
ROA	—
ROE	—
粗利益率	15.1
増収率	-5.5
増益率(営利)	—
自己資本増加率	-10.9
BPS(元)	0.4
負債比率	99.0
流動比率	96.0
株主資本比率	48.9

【CF】(百万元)	2019/12	2018/12
営業CF	85.1	216.2
投資CF	30.9	-53.0
財務CF	-122.7	-92.9
現金同等物	99.5	106.1

【業績】(百万元)	売上高	営業利益	純利益	前年比(%)	EPS(元)	1株配(元)
2017/12	2,155.75	—	-250.83	—	-0.077	0.0000
2018/12	913.39	—	-54.11	—	-0.017	0.0000
2019/12	862.97	—	-138.57	—	-0.042	0.0000
2018/06中間	392.97	—	-16.38	—	-0.005	0.0000
2019/06中間	430.44	—	-55.36	—	-0.017	0.0000

【株価情報】	
取引単位(株)	1,500
時価総額(mHK$)	186.6

【上場】2009年12月 【住所】山東省シ博市張店区中埠鎮 【URL】www.slogp.com

01108　洛陽ガラス

洛陽玻璃股フン有限公司
Luoyang Glass Co.,Ltd.

超薄型ガラス基板メーカー 15年に筆頭株主の洛玻集団と事業再編を実施し、建材や自動車に用いられるフロート板ガラス事業から撤退。洛玻集団からフラットパネルディスプレー(FPD)やタッチパネル向け超薄型フロートガラス基板の工場を取得した。

株価	最低売買価格	年間騰落率	実績PER	PBR
2.270 HK$	62,280 円	1.3 %	21.5 倍	1.0 倍

【財務】(百万元)	2019/12	2018/12
流動資産	1,819.7	1,465.4
総資産	5,241.0	4,504.2
流動負債	3,176.5	2,530.5
総負債	3,827.1	3,158.8
資本金	552.4	559.8
株主資本	1,299.2	1,245.2

【指標】(%)	
ROA	1.0
ROE	4.2
粗利益率	24.3
増収率	32.2
増益率(営利)	176.5
自己資本増加率	4.3
BPS(元)	2.4
負債比率	294.6
流動比率	57.3
株主資本比率	24.8

【CF】(百万元)	2019/12	2018/12
営業CF	22.5	-80.2
投資CF	-265.9	-313.5
財務CF	231.4	355.4
現金同等物	148.2	160.1

【業績】(百万元)	売上高	営業利益	純利益	前年比(%)	EPS(元)	1株配(元)
2017/12	1,502.15	90.99	87.67	661.3	0.158	0.0000
2018/12	1,402.75	25.46	15.65	-82.2	0.028	0.0000
2019/12	1,854.84	70.39	54.00	245.2	0.097	0.0000
2018/06中間	702.36	37.82	21.98	11.4	0.040	0.0000
2019/06中間	859.39	23.53	15.63	-28.9	0.028	0.0000

【株価情報】	
取引単位(株)	2,000
時価総額(mHK$)	567.5

【上場】1994年7月 【住所】河南省洛陽市西工区唐宮中路9号 【URL】www.zhglb.com

01200　美聯集団

不動産仲介の香港最大手　香港上場の不動産仲介業と最大手。香港を中心に中国本土、マカオに店舗を構え、住宅や工業・商業物件の販売代理事業を展開する。支店数はグループ全体で639店(19年6月末時点)。資産運用など金融サービスも提供。

株価	最低売買価格	年間騰落率	実績PER	PBR
0.960 HK$	26,339 円	-40.7 %	—	0.5 倍

【財務】(百万HK$)	2019/12	2018/12
流動資産	3,811.0	3,915.7
総資産	5,166.8	4,593.9
流動負債	3,594.6	3,133.8
総負債	3,842.2	3,137.8
資本金	71.8	71.8
株主資本	1,324.6	1,456.1

【CF】(百万HK$)	2019/12	2018/12
営業CF	647.6	-26.9
投資CF	-22.4	-23.8
財務CF	-411.1	-163.3
現金同等物	1,149.4	937.7

【指標】(%)	
ROA	—
ROE	—
粗利益率	—
増収率	-2.5
増益率(営利)	—
自己資本増加率	-9.0
BPS(HK$)	1.8
負債比率	290.1
流動比率	106.0
株主資本比率	25.6

【業績】(百万HK$)	売上高	営業利益	純利益	前年比(%)	EPS(HK$)	1株配(HK$)
2017/12	5,294.12	192.08	193.45	1,733.8	0.269	0.0500
2018/12	5,010.22	50.56	58.13	-69.9	0.081	0.0320
2019/12	4,883.50	-44.25	-68.92	—	-0.096	0.0000
2018/06中間	2,803.42	153.37	150.41	30.0	0.210	0.0320
2019/06中間	2,896.63	119.21	93.60	-37.8	0.130	0.0000

【株価情報】	
取引単位(株)	2,000
時価総額(mHK$)	689.3

【上場】1995年6月　【住所】香港中環徳輔道中19号環球大厦25楼2505-8室　【URL】www.midland.com.hk

01222　宏安集団

香港の不動産会社　香港で不動産開発・投資、食品・日用品市場の管理を手掛ける。市場の運営事業では、販売業者などからの賃料収入が収益の柱。ほかに、関連会社の位元堂薬業(00897)を通じて製薬事業も行う。

株価	最低売買価格	年間騰落率	実績PER	PBR
0.084 HK$	23,046 円	-4.6 %	3.7 倍	0.2 倍

【財務】(百万HK$)	2019/09	2018/09
流動資産	7,806.0	7,970.4
総資産	15,707.0	16,393.7
流動負債	4,197.0	4,912.9
総負債	7,436.3	7,917.3
資本金	174.0	189.3
株主資本	6,071.0	6,089.2

【CF】(百万HK$)	2019/09	2018/09
営業CF	82.6	-1,340.0
投資CF	-669.2	495.6
財務CF	-354.7	346.9
現金同等物	1,377.4	2,168.0

【指標】(%)	
ROA	5.3
ROE	13.6
粗利益率	45.4
増収率	-17.5
増益率(営利)	—
自己資本増加率	-0.3
BPS(HK$)	0.3
負債比率	122.5
流動比率	186.0
株主資本比率	38.7

【業績】(百万HK$)	売上高	営業利益	純利益	前年比(%)	EPS(HK$)	1株配(HK$)
2017/03	869.36	—	423.69	-5.7	0.022	0.0060
2018/03	2,621.00	—	1,223.44	188.8	0.065	0.0060
2019/03	4,009.08	—	419.78	-65.7	0.023	0.0090
2018/09中間	3,279.22	—	462.24	-32.8	0.025	0.0010
2019/09中間	2,704.42	—	412.69	-10.7	0.024	0.0010

【株価情報】	
取引単位(株)	20,000
時価総額(mHK$)	1,461.4

【上場】1995年2月　【住所】香港九龍九龍湾宏光道39号宏天広場32楼3202室　【URL】www.wangon.com

01235　専業旅運

香港の旅行代理店　1986年に創業した香港の旅行会社。海外ウェディングなどの商品に強みを持ち、航空券とホテルだけを組み合わせたパッケージなども提供。このほか、ネット通販や不動産投資も手掛ける。

株価	最低売買価格	年間騰落率	実績PER	PBR
0.182 HK$	12,483 円	-50.1 %	—	0.6 倍

【財務】(百万HK$)	2019/09	2018/09
流動資産	154.7	194.2
総資産	310.8	322.8
流動負債	157.5	151.9
総負債	166.7	152.1
資本金	5.1	5.1
株主資本	145.0	177.4

【CF】(百万HK$)	2019/09	2018/09
営業CF	-7.1	-15.4
投資CF	-5.3	40.4
財務CF	-24.5	-30.5
現金同等物	55.1	74.9

【指標】(%)	
ROA	—
ROE	—
粗利益率	60.1
増収率	4.6
増益率(営利)	—
自己資本増加率	-18.3
BPS(HK$)	0.3
負債比率	114.9
流動比率	98.2
株主資本比率	46.7

【業績】(百万HK$)	売上高	営業利益	純利益	前年比(%)	EPS(HK$)	1株配(HK$)
2017/03	344.17	2.21	-0.69	—	-0.001	0.0200
2018/03	325.33	1.38	1.40	—	0.003	0.0200
2019/03	304.13	-13.69	-11.40	—	-0.022	0.0200
2018/09中間	151.26	-9.64	-7.94	—	-0.015	0.0000
2019/09中間	158.19	-10.92	-12.19	—	-0.024	0.0000

【株価情報】	
取引単位(株)	5,000
時価総額(mHK$)	92.8

【上場】2011年9月　【住所】香港九龍茘枝角長順街15号D2 Place二期9楼A-C室　【URL】www.tegroup.com.hk

01251 華油能源

華油能源集団有限公司
SPT Energy Group Inc.

民営の油田開発サービス大手 油ガス田開発サービスを手掛ける企業で、掘削、坑井仕上げ、油層調査・管理などを担い、関連装置の製造販売事業も展開。国内ではタリム油田、長慶油田などでサービスを提供。中国石油天然気集団(CNPC)が主要顧客。

株価	最低売買価格	年間騰落率	実績PER	PBR
0.335 HK$	9,191 円	-55.9 %	2.9 倍	0.4 倍

【財務】(百万元)

	2019/12	2018/12
流動資産	2,473.7	1,938.9
総資産	3,131.5	2,460.0
流動負債	1,514.3	1,047.0
総負債	1,631.9	1,208.6
資本金	1.2	1.2
株主資本	1,397.5	1,158.0

【CF】(百万元)

	2019/12	2018/12
営業CF	302.0	57.2
投資CF	-124.1	-23.1
財務CF	52.0	169.6
現金同等物	588.4	353.6

【指標】(%)

ROA	6.4
ROE	14.2
粗利益率	
増収率	32.5
増益率(営利)	130.9
自己資本増加率	20.7
BPS(元)	0.8
負債比率	116.8
流動比率	163.4
株主資本比率	44.6

【業績】(百万元)

	売上高	営業利益	純利益	前年比(%)	EPS(元)	1株配(HK$)
2017/12	1,100.64	46.81	5.54	—	0.004	0.0000
2018/12	1,471.65	126.91	81.80	1,376.2	0.047	0.0000
2019/12	1,949.46	293.09	198.93	143.2	0.107	0.0000
2018/06中間	540.56	41.36	19.68	—	0.012	0.0000
2019/06中間	754.75	103.58	75.16	281.8	0.041	0.0000

【株価情報】

取引単位(株)	2,000
時価総額(mHK$)	621.0

【上場】2011年12月 【住所】北京市朝陽区紅軍営東路甲8号鴻懋商務大厦5層 【URL】www.sptenergygroup.com

01296 国電科技環保

国電科技環保集団股フン有限公司
Guodian Technology & Environment Group Corp.,Ltd.

中国の大手環境装置メーカー 環境保護技術、省エネ技術サービスと風力発電設備製造が事業の柱(太陽光設備からは撤退を決定)。脱硫装置や脱硝装置のEPC(設計・調達・建設)に強みを持ち、火力発電所向けの技術サプライヤーとしては国内最大手。

株価	最低売買価格	年間騰落率	実績PER	PBR
0.198 HK$	2,716 円	-42.6 %	—	0.3 倍

【財務】(百万元)

	2019/12	2018/12
流動資産	22,883.2	22,623.3
総資産	34,813.3	34,157.4
流動負債	20,277.2	21,156.4
総負債	27,251.6	26,414.2
資本金	6,063.8	6,063.8
株主資本	4,766.1	4,769.5

【CF】(百万元)

	2019/12	2018/12
営業CF	1,674.6	530.5
投資CF	-966.9	-318.8
財務CF	-1,000.5	-776.1
現金同等物	3,145.4	3,436.5

【指標】(%)

ROA	—
ROE	—
粗利益率	22.1
増収率	2.4
増益率(営利)	-13.4
自己資本増加率	-0.1
BPS(元)	0.8
負債比率	571.8
流動比率	112.9
株主資本比率	13.7

【業績】(百万元)

	売上高	営業利益	純利益	前年比(%)	EPS(元)	1株配(元)
2017/12	11,703.00	1,104.48	43.70	-86.4	0.007	0.0000
2018/12	11,411.78	458.97	114.09	161.1	0.019	0.0000
2019/12	11,691.04	397.55	-289.69	—	-0.048	0.0000
2018/06中間	4,626.87	133.05	-56.02	—	-0.009	0.0000
2019/06中間	4,090.31	111.40	-198.86	—	-0.033	0.0000

【株価情報】

取引単位(株)	1,000
時価総額(mHK$)	259.3

【上場】2011年12月 【住所】北京市海淀区西四環中路16号院1号楼11層1101室 【URL】www.01296.hk

01314 翠華控股

翠華控股有限公司
Tsui Wah Holdings Ltd.

香港の庶民派レストランチェーン 香港で発展した独自スタイルの喫茶店兼レストラン「茶餐廳」の最大手。1967年に旺角に出した店舗が1号店で、現在では「翠華餐廳」の店名でチェーン展開する。香港とマカオのほか、上海や武漢などにも出店している。

株価	最低売買価格	年間騰落率	実績PER	PBR
0.350 HK$	9,603 円	-55.7 %	102.9 倍	0.5 倍

【財務】(百万HK$)

	2019/09	2018/09
流動資産	539.1	560.8
総資産	2,067.5	1,455.3
流動負債	469.8	292.7
総負債	1,108.5	341.2
資本金	14.1	14.1
株主資本	956.0	1,112.5

【CF】(百万HK$)

	2019/09	2018/09
営業CF	72.0	62.4
投資CF	-22.7	-44.2
財務CF	-123.9	-72.1
現金同等物	335.9	440.1

【指標】(%)

ROA	—
ROE	—
粗利益率	—
増収率	-6.4
増益率(営利)	—
自己資本増加率	-14.1
BPS(HK$)	0.7
負債比率	116.0
流動比率	114.7
株主資本比率	46.2

【業績】(百万HK$)

	売上高	営業利益	純利益	前年比(%)	EPS(HK$)	1株配(HK$)
2017/03	1,845.41	—	90.48	26.2	0.064	0.0550
2018/03	1,839.75	—	80.21	-11.4	0.057	0.0500
2019/03	1,786.76	—	4.74	-94.1	0.003	0.0200
2018/09中間	895.77	—	14.14	-70.0	0.010	0.0100
2019/09中間	—	—	-44.50	—	-0.032	0.0000

【株価情報】

取引単位(株)	2,000
時価総額(mHK$)	493.9

【上場】2012年11月 【住所】香港新界涌梨木道88号達利中心16楼1606-1608室 【URL】www.tsuiwah.com

01328　金涌投資

金涌投資有限公司
Goldstream Investment Ltd.

コールセンター運営会社 コールセンターを運営し、各種ヘルプデスクなどのインバウンド業務、テレマーケティングなどアウトバウンド業務を請け負う。事業買収を通じて投資マネジメント事業にも参入した。

株価	最低売買価格	年間騰落率	実績PER	PBR
0.085 HK$	11,660 円	-29.2 %	—	1.2 倍

【財務】(百万HK$)	2019/12	2018/12	【指標】(%)	
流動資産	734.1	602.7	ROA	—
総資産	1,134.0	963.7	ROE	—
流動負債	325.0	62.0	粗利益率	—
総負債	341.1	128.4	増収率	16.0
資本金	113.5	113.5	増益率(営利)	—
株主資本	792.9	835.3	自己資本増加率	-5.1

【CF】(百万HK$)	2019/12	2018/12
営業CF	23.0	2.8
投資CF	-157.4	28.3
財務CF	159.2	50.0
現金同等物	484.4	460.4

【業績】(百万HK$)	売上高	営業利益	純利益	前年比(%)	EPS(HK$)	1株配(HK$)
2017/12	258.37	-18.61	-49.20	—	-0.005	0.0000
2018/12	270.92	-28.23	76.45	—	0.008	0.0000
2019/12	314.32	-48.18	-38.45	—	-0.003	0.0000
2018/06中間	134.77	-6.08	-12.78	—	-0.001	0.0000
2019/06中間	141.89	-20.26	-15.62	—	-0.001	0.0000

BPS(HK$)	0.1
負債比率	43.0
流動比率	225.9
株主資本比率	69.9
【株価情報】	
取引単位(株)	10,000
時価総額(mHK$)	964.5

【上場】2007年10月 【住所】香港中環交易広場一期2701室 【URL】www.goldstreaminvestment.com

01332　中国透雲

中国透雲科技集団有限公司
China Touyun Tech Group Ltd.

パッケージ製品のOEM事業者 主に時計ケース、宝石箱、眼鏡ケースなどのパッケージ製品の生産・販売を手掛ける。販売先は中国本土や香港、欧米など。パッケージにQRコードをつけるサービスも請け負う。このほか証券投資や電子商取引事業も手掛ける。

株価	最低売買価格	年間騰落率	実績PER	PBR
0.390 HK$	53,500 円	3.7 %	—	1.8 倍

【財務】(百万HK$)	2019/12	2018/12	【指標】(%)	
流動資産	364.8	434.7	ROA	—
総資産	886.4	1,043.7	ROE	—
流動負債	331.7	316.4	粗利益率	34.2
総負債	341.8	316.5	増収率	-5.6
資本金	98.0	98.0	増益率(営利)	—
株主資本	541.2	726.8	自己資本増加率	-25.5

【CF】(百万HK$)	2019/12	2018/12
営業CF	-204.9	-117.1
投資CF	155.8	-28.8
財務CF	-7.3	-108.2
現金同等物	40.5	97.5

【業績】(百万HK$)	売上高	営業利益	純利益	前年比(%)	EPS(HK$)	1株配(HK$)
2017/12	397.95	—	-245.23	—	-0.025	0.0000
2018/12	349.63	—	-253.88	—	-0.104	0.0000
2019/12	329.98	—	-200.51	—	-0.082	0.0000
2018/06中間	162.18	—	-82.84	—	-0.009	0.0000
2019/06中間	161.70	—	-70.96	—	-0.007	0.0000

BPS(HK$)	0.2
負債比率	63.2
流動比率	110.0
株主資本比率	61.1
【株価情報】	
取引単位(株)	10,000
時価総額(mHK$)	955.2

【上場】2012年7月 【住所】香港湾仔杜老誌道6号群策大厦12楼 【URL】chinatouyun.com.hk

01338　覇王国際

覇王国際(集団)控股有限公司
BaWang International (Group) Holdings Ltd.

中国のヘアケア製品大手 シャンプーやリンスなどのヘアケア商品のほか、スキンケア製品、歯磨き剤などを生産。漢方生薬を配合した薬用シャンプーでは高い市場シェアを誇る。主力ブランド「覇王」のほか、「麗濤」「追風」「本草堂」などを展開する。

株価	最低売買価格	年間騰落率	実績PER	PBR
0.076 HK$	2,085 円	-52.5 %	—	1.5 倍

【財務】(百万元)	2019/12	2018/12	【指標】(%)	
流動資産	161.4	168.2	ROA	—
総資産	290.2	283.2	ROE	—
流動負債	107.7	117.6	粗利益率	44.6
総負債	131.5	117.6	増収率	-12.2
資本金	277.9	277.9	増益率(営利)	—
株主資本	158.7	165.7	自己資本増加率	-4.2

【CF】(百万元)	2019/12	2018/12
営業CF	27.5	7.5
投資CF	21.0	0.4
財務CF	-10.7	13.3
現金同等物	102.2	65.5

【業績】(百万元)	売上高	営業利益	純利益	前年比(%)	EPS(元)	1株配(HK$)
2017/12	264.22	—	19.23	-56.0	0.006	0.0000
2018/12	293.92	-0.82	-1.20	—	0.000	0.0000
2019/12	258.16	-12.90	-6.10	—	-0.002	0.0000
2018/06中間	125.97	-11.41	-11.41	—	-0.004	0.0000
2019/06中間	113.23	-11.79	-18.58	—	-0.006	0.0000

BPS(元)	0.1
負債比率	82.9
流動比率	149.9
株主資本比率	54.7
【株価情報】	
取引単位(株)	2,000
時価総額(mHK$)	240.4

【上場】2009年7月 【住所】香港九龍尖沙咀柯士甸道122号麗斯中心16楼B室 【URL】www.bawang.com.cn

01343 偉源控股

偉源控股有限公司
Wei Yuan Holdings Ltd.

シンガポールの土木工事会社 事業会社は1991年にシンガポールで創業。電力ケーブルや通信ケーブル、下水管などの敷設が中核事業。敷設工事では開削工法と非開削工法を併用し、通信ケーブルの敷設では屋内での接続作業まで請け負う。

株価	最低売買価格	年間騰落率	実績PER	PBR
1.640 HK$	112,488 円	—	—	—

【CF】(百万SG$)	2019/12	2018/12
営業CF	-6.2	11.8
投資CF	-4.4	-5.3
財務CF	5.4	-5.6
現金同等物	-0.8	4.4

【財務】(百万SG$)	2019/12	2018/12
流動資産	59.8	35.2
総資産	81.7	58.4
流動負債	40.7	23.4
総負債	44.8	27.0
資本金	5.9	5.9
株主資本	35.2	29.7

【指標】(%)	
ROA	8.3
ROE	19.2
粗利益率	29.9
増収率	1.9
増益率（営利）	-17.7
自己資本増加率	18.8
BPS(SG$)	—
流動比率	127.2
株主資本比率	146.8
	43.1

【業績】(百万SG$)	売上高	営業利益	純利益	前年比(%)	EPS(SG$)	1株配(HK$)
2017/12	72.79	6.14	4.77	3.9	—	—
2018/12	64.73	12.02	8.99	88.4	—	0.0000
2019/12	65.99	9.90	6.77	-24.7	—	0.0000
2018/06中間	—	—	—	—	—	—
2019/06中間	—	—	—	—	—	—

【株価情報】	
取引単位(株)	5,000
時価総額(mHK$)	1,745.0

【上場】2020年3月 【住所】37 Kranji Link Singapore 【URL】www.weiyuanholdings.com

01345 中国先鋒医薬

中国先鋒医薬控股有限公司
China Pioneer Pharma Holdings Ltd.

医薬品の販売会社 中国で医薬品や医療機器の販売を手掛ける。販売戦略の策定、製品に関する医師への啓蒙活動、シンポジウムの開催など総合的なマーケティング活動を展開し、主に単独で中国に進出していない外国の製薬会社にサービスを提供。

株価	最低売買価格	年間騰落率	実績PER	PBR
1.140 HK$	15,639 円	50.0 %	11.6 倍	1.3 倍

【CF】(百万元)	2019/12	2018/12
営業CF	280.6	128.7
投資CF	-82.6	-198.6
財務CF	-78.5	-4.8
現金同等物	270.3	150.9

【財務】(百万元)	2019/12	2018/12
流動資産	1,234.1	1,083.2
総資産	1,550.6	1,437.8
流動負債	399.1	330.0
総負債	406.6	332.0
資本金	77.6	79.1
株主資本	1,141.5	1,104.6

【指標】(%)	
ROA	6.7
ROE	9.2
粗利益率	51.7
増収率	-19.0
増益率（営利）	—
自己資本増加率	3.3
BPS(元)	0.9
負債比率	35.6
流動比率	309.2
株主資本比率	73.6

【業績】(百万元)	売上高	営業利益	純利益	前年比(%)	EPS(元)	1株配(元)
2017/12	2,153.94	—	278.93	17.5	0.220	0.0640
2018/12	1,624.31	—	84.60	-69.7	0.070	0.0000
2019/12	1,315.98	—	104.63	23.7	0.090	0.0320
2018/06中間	951.62	—	120.68	-14.6	0.100	0.0000
2019/06中間	620.25	—	98.66	-18.3	0.080	0.0000

【株価情報】	
取引単位(株)	1,000
時価総額(mHK$)	1,436.6

【上場】2013年11月 【住所】上海市普陀区武威路88弄15号 【URL】www.pioneer-pharma.com

01370 奥威控股

奥威控股有限公司
Aowei Holdings ltd.

河北省の鉄鉱石生産者 河北省で鉄鉱石の生産と加工を手掛ける。主要供給先の河北省や山西省への良好なアクセスが強みで、孤墳鉱、旺兒溝鉱、栓馬椿鉱、支家荘鉱などの鉱山権益を保有。採掘した鉄鉱石の一部を鉄鉱石精鉱に加工し、鉄鋼会社に販売。

株価	最低売買価格	年間騰落率	実績PER	PBR
1.250 HK$	17,148 円	-24.7 %	—	1.6 倍

【CF】(百万元)	2019/12	2018/12
営業CF	394.2	-182.5
投資CF	-237.0	245.0
財務CF	238.3	-63.3
現金同等物	461.6	66.0

【財務】(百万元)	2019/12	2018/12
流動資産	1,023.2	623.3
総資産	2,334.3	2,221.8
流動負債	841.7	578.1
総負債	1,013.1	801.8
資本金	0.1	0.1
株主資本	1,321.3	1,420.0

【指標】(%)	
ROA	—
ROE	—
粗利益率	33.1
増収率	-4.6
増益率（営利）	—
自己資本増加率	-7.0
BPS(元)	0.8
負債比率	76.7
流動比率	121.6
株主資本比率	56.6

【業績】(百万元)	売上高	営業利益	純利益	前年比(%)	EPS(元)	1株配(元)
2017/12	869.12	-259.48	-357.01	—	-0.220	0.0000
2018/12	854.78	123.51	41.54	—	0.030	0.0000
2019/12	815.55	-77.24	-98.97	—	-0.060	0.0000
2018/06中間	412.21	82.43	49.91	312.0	0.031	0.0000
2019/06中間	430.62	117.96	73.96	48.2	0.045	0.0000

【株価情報】	
取引単位(株)	1,000
時価総額(mHK$)	2,044.2

【上場】2013年11月 【住所】河北省保定市ライ源県広平大街91号 【URL】www.aoweiholding.com

01376 ラッフルズ・インテリア

Raffles Interior Ltd.
Raffles Interior Ltd.

シンガポールの内装工事会社 シンガポールに本社を置く内装工事会社。ホテルやオフィス、レストランなどの商業施設の工事に強みを持ち、シンガポール市場では売上高ベースで3位にランクされる(18年)。内装工事のプロジェクト管理を一貫して請け負う。

株価	最低売買価格	年間騰落率	実績PER	PBR
0.720 HK$	79,016 円	—	—	—

【財務】(百万SG$)	2019/12	2018/12
流動資産	41.0	37.0
総資産	44.5	41.1
流動負債	31.5	32.6
総負債	32.1	33.3
資本金	1.5	1.5
株主資本	12.4	7.8

【指標】(%)	
ROA	10.4
ROE	37.4
粗利益率	20.7
増収率	-5.6
増益率(営利)	-22.8
自己資本増加率	59.7

【CF】(百万SG$)	2019/12	2018/12
営業CF	1.8	2.2
投資CF	-0.1	-0.0
財務CF	-1.9	-21.0
現金同等物	2.6	2.9

【業績】(百万SG$)	売上高	営業利益	純利益	前年比(%)	EPS(SG$)	1株配(HK$)
2017/12	71.78	9.16	7.93	—	—	—
2018/12	81.17	7.92	6.44	-18.7	—	—
2019/12	76.66	6.11	4.64	-28.0	—	—
2018/06中間	—	—	—	—	—	—
2019/06中間	—	—	—	—	—	—

BPS(SG$)	—
負債比率	258.4
流動比率	130.2
株主資本比率	27.9

【株価情報】	
取引単位(株)	8,000
時価総額(mHK$)	720.0

【上場】2020年5月 【住所】59 Sungei Kadut Loop Singapore 【URL】www.rafflesinterior.com

01399 スカッド・グループ

飛毛腿集団有限公司
SCUD Group Ltd.

充電式電池メーカー 携帯電話機、タブレット、電子機器用の充電式リチウム電池を製造・販売する。相手先ブランドで設計まで請け負うODMが中核。自社ブランド「飛毛腿(SCUD)」でも製造・販売する。

株価	最低売買価格	年間騰落率	実績PER	PBR
0.245 HK$	6,722 円	-33.8 %	4.6 倍	0.3 倍

【財務】(百万元)	2019/12	2018/12
流動資産	4,547.2	4,487.7
総資産	5,183.2	4,932.2
流動負債	4,096.9	3,892.0
総負債	4,108.7	3,906.7
資本金	107.6	107.6
株主資本	1,058.7	1,011.4

【指標】(%)	
ROA	1.0
ROE	5.0
粗利益率	7.2
増収率	6.2
増益率(営利)	—
自己資本増加率	4.7

【CF】(百万元)	2019/12	2018/12
営業CF	310.8	392.9
投資CF	-214.1	-370.7
財務CF	128.0	13.8
現金同等物	406.2	182.5

【業績】(百万元)	売上高	営業利益	純利益	前年比(%)	EPS(元)	1株配(HK$)
2017/12	5,801.57	—	21.13	—	0.019	0.0000
2018/12	6,962.08	—	93.27	341.5	0.086	0.0000
2019/12	7,395.20	—	52.54	-43.7	0.048	0.0000
2018/06中間	2,957.43	—	24.99	-57.3	0.023	0.0000
2019/06中間	3,319.15	—	15.23	-39.1	0.014	0.0000

BPS(元)	1.0
負債比率	388.1
流動比率	111.0
株主資本比率	20.4

【株価情報】	
取引単位(株)	2,000
時価総額(mHK$)	267.1

【上場】2006年12月 【住所】香港銅鑼湾礼頓道77号礼頓中心10楼1017室 【URL】www.scudcn.com

01420 川控股

川控股有限公司
Chuan Holdings Ltd.

シンガポールの建設会社 シンガポールで建設工事を請け負う。主力は土工事で、整地、建物の解体、岩石の破砕、掘削、基礎工事、埋め立て、護岸などを手掛ける。増改築や建物の建築といった一般工事も担う。主要顧客は不動産開発会社や政府機関など。

株価	最低売買価格	年間騰落率	実績PER	PBR
0.104 HK$	5,707 円	-44.1 %	19.0 倍	1.2 倍

【財務】(百万SG$)	2019/12	2018/12
流動資産	97.7	92.3
総資産	131.3	124.2
流動負債	30.0	25.8
総負債	38.0	31.5
資本金	1.8	1.8
株主資本	93.3	92.7

【指標】(%)	
ROA	0.8
ROE	1.1
粗利益率	7.7
増収率	-16.9
増益率(営利)	—
自己資本増加率	0.7

【CF】(百万SG$)	2019/12	2018/12
営業CF	17.1	9.2
投資CF	-1.5	-3.8
財務CF	-9.2	-3.6
現金同等物	42.8	36.7

【業績】(百万SG$)	売上高	営業利益	純利益	前年比(%)	EPS(SG$)	1株配(HK$)
2017/12	87.28	—	5.56	-28.0	0.005	0.0000
2018/12	93.48	—	3.06	-45.0	0.003	0.0000
2019/12	77.66	—	1.00	-67.3	0.001	0.0000
2018/06中間	51.13	—	2.22	18.1	0.002	0.0000
2019/06中間	32.97	—	1.23	-44.5	0.001	0.0000

BPS(SG$)	0.1
負債比率	40.7
流動比率	325.9
株主資本比率	71.1

【株価情報】	
取引単位(株)	4,000
時価総額(mHK$)	107.8

【上場】2016年6月 【住所】20 Senoko Drive, Singapore 【URL】www.chuanholdings.com

01431 原生態牧業

原生態牧業有限公司
YuanShengTai Dairy Farm Ltd.

中国東北部の酪農大手 黒龍江省と吉林省にある大規模牧場で酪農事業を手掛ける。原料生乳生産量で国内上位。主要顧客は中国蒙牛乳業(02319)、光明乳業(600597)、黒龍江飛鶴乳業など大手乳製品メーカー。

株価	最低売買価格	年間騰落率	実績PER	PBR
0.325 HK$	4,458 円	78.6 %	6.2 倍	0.4 倍

【財務】(百万元)	2019/12	2018/12
流動資産	1,435.5	1,354.1
総資産	4,961.1	4,790.4
流動負債	516.7	564.1
総負債	642.6	698.5
資本金	37.7	37.7
株主資本	4,318.5	4,091.9

【指標】(%)	
ROA	4.5
ROE	5.2
粗利益率	27.3
増収率	26.4
増益率(営利)	—
自己資本増加率	5.5
BPS(元)	0.9
負債比率	14.9
流動比率	277.8
株主資本比率	87.0

【CF】(百万元)	2019/12	2018/12
営業CF	292.8	287.6
投資CF	-224.4	244.4
財務CF	30.0	—
現金同等物	1,009.8	897.0

【業績】(百万元)	売上高	営業利益	純利益	前年比(%)	EPS(元)	1株配(元)
2017/12	1,014.13	—	-67.91	—	-0.015	0.0000
2018/12	1,099.55	—	-556.31	—	-0.119	0.0000
2019/12	1,389.51	—	223.08	—	0.048	0.0000
2018/06中間	536.50	—	-53.34	—	-0.011	0.0000
2019/06中間	657.32	—	33.84	—	0.007	0.0000

【株価情報】	
取引単位(株)	1,000
時価総額(mHK$)	1,524.4

【上場】2013年11月 【住所】香港北角電気道148号31楼 【URL】www.ystdfarm.com

01433 常達控股

常達控股有限公司
Cirtek Holdings Ltd.

衣料品のラベルメーカー 衣料品の品質表示タグや織ネーム、プリントネーム、ステッカーなどを製造する。衣料品のラベルやトリム製品のメーカーでは売上高で中国5位(18年)。品質表示タグと織ネームが主力製品。中国、バングラデシュ、ベトナムに生産拠点。

株価	最低売買価格	年間騰落率	実績PER	PBR
0.095 HK$	13,032 円	—	5.6 倍	—

【財務】(百万HK$)	2019/12	2018/12
流動資産	150.0	117.4
総資産	286.4	270.8
流動負債	108.6	113.5
総負債	142.4	154.1
資本金	—	—
株主資本	144.0	112.8

【指標】(%)	
ROA	8.8
ROE	17.6
粗利益率	49.5
増収率	-5.1
増益率(営利)	—
自己資本増加率	27.7
BPS(HK$)	—
負債比率	98.9
流動比率	138.2
株主資本比率	50.3

【CF】(百万HK$)	2019/12	2018/12
営業CF	59.6	56.1
投資CF	-10.1	-41.1
財務CF	-28.5	-26.0
現金同等物	43.8	23.0

【業績】(百万HK$)	売上高	営業利益	純利益	前年比(%)	EPS(HK$)	1株配(HK$)
2017/12	305.02	—	24.21	25.9	—	—
2018/12	371.88	—	31.94	31.9	0.021	0.0000
2019/12	352.94	—	25.33	-20.7	0.017	0.0000
2018/06中間	—	—	—	—	—	—
2019/06中間	—	—	—	—	—	—

【株価情報】	
取引単位(株)	10,000
時価総額(mHK$)	190.0

【上場】2020年3月 【住所】香港九龍荔枝角長裕街15号永明工業中心1楼 【URL】www.cirtek.com

01448 福寿園国際

福寿園国際集団有限公司
Fu Shou Yuan International Group Ltd.

中国の大手葬儀会社 高所得層を対象に葬儀の運営、埋葬、墓地管理など総合的にサービスを提供する。墓地2カ所と葬儀場を持つ上海での事業が中核で、安徽省合肥、河南省鄭州、重慶、山東省済南、遼寧省錦州などにも墓地や葬儀場を保有する。

株価	最低売買価格	年間騰落率	実績PER	PBR
7.040 HK$	96,575 円	10.9 %	24.8 倍	3.9 倍

【財務】(百万元)	2019/12	2018/12
流動資産	3,020.7	2,618.9
総資産	5,985.6	5,237.7
流動負債	866.4	715.6
総負債	1,400.4	1,186.8
資本金	137.7	134.9
株主資本	4,043.1	3,512.4

【指標】(%)	
ROA	9.7
ROE	14.3
粗利益率	—
増収率	12.1
増益率(営利)	20.3
自己資本増加率	15.1
BPS(元)	1.8
負債比率	34.6
流動比率	348.7
株主資本比率	67.5

【CF】(百万元)	2019/12	2018/12
営業CF	707.1	670.5
投資CF	-12.4	-1,021.5
財務CF	-181.2	-92.4
現金同等物	2,007.1	1,493.7

【業績】(百万元)	売上高	営業利益	純利益	前年比(%)	EPS(元)	1株配(HK$)
2017/12	1,477.21	641.17	417.35	23.1	0.196	0.0650
2018/12	1,651.30	722.89	488.36	17.0	0.222	0.0740
2019/12	1,850.57	869.30	578.58	18.5	0.259	0.0840
2018/06中間	789.22	371.04	262.09	14.6	0.120	0.0370
2019/06中間	911.72	460.78	296.91	13.3	0.133	0.0420

【株価情報】	
取引単位(株)	1,000
時価総額(mHK$)	15,880.9

【上場】2013年12月 【住所】上海市徐匯区漕溪北路88号聖愛大厦1306号 【URL】www.fsygroup.com

01451 万成集団

万成集団股フン有限公司
MS Group Holdings Ltd.

乳幼児用ボトルメーカー 乳幼児の水分補給に利用するプラスチック製のボトルを製造する。コップ付きボトルやストローボトルなど乳幼児用が中心で、スポーツ用ボトルの生産も手掛ける。OEMが中核で、自社ブランドの「Yo Yo Monkey」でも製品を製造する。

株価	最低売買価格	年間騰落率	実績PER	PBR
0.490 HK$	13,444 円	-40.2 %	7.8 倍	0.6 倍

【財務】(百万HK$)	2019/12	2018/12
流動資産	157.9	182.7
総資産	201.0	217.4
流動負債	33.6	65.1
総負債	37.9	65.2
資本金	20.0	20.0
株主資本	163.1	152.3

【CF】(百万HK$)	2019/12	2018/12
営業CF	27.5	-23.8
投資CF	-0.2	-9.8
財務CF	-28.3	80.3
現金同等物	82.3	83.3

【指標】(%)	
ROA	6.3
ROE	7.7
粗利益率	32.1
増収率	12.5
増益率(営利)	1,191.6
自己資本増加率	7.1
BPS(HK$)	0.8
負債比率	23.2
流動比率	469.2
株主資本比率	81.2

【業績】(百万HK$)	売上高	営業利益	純利益	前年比(%)	EPS(HK$)	1株配(HK$)
2017/12	225.75	24.21	17.50	-44.2	0.117	0.0000
2018/12	233.20	1.44	-3.12	—	-0.017	0.0000
2019/12	262.28	18.65	12.62	—	0.063	0.0000
2018/06中間	110.06	-4.84	-5.75	—	-0.036	0.0000
2019/06中間	120.48	5.69	3.70	—	0.019	0.0000

【株価情報】	
取引単位(株)	2,000
時価総額(mHK$)	98.0

【上場】2018年6月 【住所】香港九龍湾常悦道9号企業広場1座9楼907室 【URL】www.mainsuccess.cn

01456 国聯証券

国聯証券股フン有限公司
Guolian Securities Co.,Ltd.

無錫基盤の証券会社 江蘇省無錫市政府系の国聯集団の傘下。株や債券などの証券仲介業務、企業向けにエクイティー・ファイナンスを行う投資銀行業務、資産管理業務、自己売買を手掛ける。無錫市の証券会社では証券仲介の市場シェアで圧倒的な首位。

株価	最低売買価格	年間騰落率	実績PER	PBR
3.050 HK$	20,920 円	17.3 %	10.3 倍	0.7 倍

【財務】(百万元)	2019/12	2018/12
流動資産	27,329.7	19,887.6
総資産	28,419.4	21,283.8
流動負債	17,943.0	9,431.3
総負債	20,352.1	13,634.6
資本金	1,902.4	1,902.4
株主資本	8,067.3	7,649.2

【CF】(百万元)	2019/12	2018/12
営業CF	1,240.8	919.7
投資CF	55.6	-216.8
財務CF	-609.3	-490.2
現金同等物	3,962.6	3,269.6

【指標】(%)	
ROA	1.8
ROE	6.5
粗利益率	—
増収率	42.1
増益率(営利)	—
自己資本増加率	5.5
BPS(元)	4.2
負債比率	252.3
流動比率	152.3
株主資本比率	28.4

【業績】(百万元)	売上高	営業利益	純利益	前年比(%)	EPS(元)	1株配(元)
2017/12	1,787.15	—	361.49	-40.7	0.190	0.0000
2018/12	1,490.19	—	50.59	-86.0	0.030	0.0500
2019/12	2,117.84	—	521.34	930.6	0.270	0.0000
2018/06中間	844.02	—	133.50	-43.9	0.070	0.0000
2019/06中間	1,101.52	—	356.32	166.9	0.190	0.0000

【株価情報】	
取引単位(株)	500
時価総額(mHK$)	1,350.1

【上場】2015年7月 【住所】江蘇省無錫市金融一街8号9層 【URL】www.glsc.com.cn

01469 結好金融集団

結好金融集団有限公司
Get Nice Financial Group Ltd.

香港の証券会社 金融サービスの結好控股(00064)からスピンオフ。株式や先物、オプションの仲介、信用取引、株式の引受業務、企業金融の助言業務などを手掛ける。富裕層を主要対象に提供する高質のサービスに定評。上場後も結好控股が親会社。

株価	最低売買価格	年間騰落率	実績PER	PBR
0.660 HK$	36,216 円	-27.5 %	13.2 倍	0.4 倍

【財務】(百万HK$)	2019/09	2018/09
流動資産	5,188.1	4,767.2
総資産	5,312.1	4,894.4
流動負債	1,382.3	921.1
総負債	1,386.2	924.6
資本金	25.0	25.0
株主資本	3,925.7	3,969.8

【CF】(百万HK$)	2019/09	2018/09
営業CF	-280.9	468.4
投資CF	-0.1	-0.3
財務CF	84.1	-305.2
現金同等物	226.1	399.2

【指標】(%)	
ROA	2.2
ROE	3.0
粗利益率	—
増収率	-7.3
増益率(営利)	—
自己資本増加率	-1.1
BPS(HK$)	1.6
負債比率	35.3
流動比率	375.3
株主資本比率	73.9

【業績】(百万HK$)	売上高	営業利益	純利益	前年比(%)	EPS(HK$)	1株配(HK$)
2017/03	406.26	—	274.06	-20.4	0.110	0.0500
2018/03	440.13	—	276.94	1.0	0.110	0.0550
2019/03	401.59	—	132.98	-52.0	0.050	0.0700
2018/09中間	206.84	—	54.77	-63.3	0.022	0.0300
2019/09中間	191.70	—	58.96	7.7	0.024	0.0300

【株価情報】	
取引単位(株)	4,000
時価総額(mHK$)	1,650.0

【上場】2016年4月 【住所】香港皇后大道中183号新紀元広場中遠大厦10楼 【URL】www.getnicefg.com.hk

01476 恒投証券

恒泰証券股フン有限公司
Hengtai Securities Co.,Ltd

中国の中堅証券会社 証券売買の仲介、資産管理、自己売買、信用取引、投資銀行業務などを総合的に手掛ける。企業、金融機関、政府機関、個人にサービスを提供。内モンゴル自治区のほか、北京や上海、広東省、山東省、浙江省、江蘇省などに支店を置く。

	株価	最低売買価格	年間騰落率	実績PER	PBR
	2.800 HK$	38,410 円	2.2 %	10.2 倍	0.7 倍

【財務】(百万元)	2019/12	2018/12
流動資産	27,919.3	28,426.3
総資産	29,527.0	29,915.1
流動負債	17,228.8	17,735.3
総負債	18,948.6	19,970.3
資本金	2,604.6	2,604.6
株主資本	10,174.9	9,536.4

【指標】(%)	
ROA	2.5
ROE	7.3
粗利益率	
増収率	49.7
増益率(営利)	—
自己資本増加率	6.7
BPS(元)	3.9
負債比率	186.2
流動比率	162.1
株主資本比率	34.5

【CF】(百万元)	2019/12	2018/12
営業CF	2,308.8	7.3
投資CF	−53.8	−243.5
財務CF	−3,473.9	603.0
現金同等物	2,780.3	3,998.7

【業績】(百万元)	売上高	営業利益	純利益	前年比(%)	EPS(元)	1株配(元)
2017/12	4,121.12	1,014.59	706.20	55.3	0.230	0.1000
2018/12	2,085.35	−818.75	−673.40	—	−0.300	0.0000
2019/12	3,122.43	972.28	740.54	—	0.250	0.0000
2018/06中間	971.78	−361.23	−303.91	—	−0.140	0.0000
2019/06中間	1,663.57	806.24	590.24	—	0.210	0.0000

【株価情報】	
取引単位(株)	1,000
時価総額(mHK$)	1,262.4

【上場】2015年10月 【住所】北京市西城区金融大街17号中国人寿中心11楼 【URL】www.cnht.com.cn

01495 集一家居

集一家居国際控股有限公司
Jiyi Household International Holdings Ltd.

建材・家具の販売事業者 中国南東部で建材・家具を販売する。広東省、福建省、江西省などに店舗を構える。取扱品目は鉄鋼製品、パイプ、結合金具、電気ワイヤー、セメント、モルタル、ガラスなどの建材、セラミックス、フローリング、衛生陶器など。

	株価	最低売買価格	年間騰落率	実績PER	PBR
	0.680 HK$	18,656 円	-26.1 %	32.8 倍	0.9 倍

【財務】(百万元)	2019/12	2018/12
流動資産	784.0	661.8
総資産	929.9	744.0
流動負債	364.7	246.1
総負債	394.4	250.2
資本金	58.2	58.2
株主資本	535.6	493.7

【指標】(%)	
ROA	1.4
ROE	2.4
粗利益率	13.4
増収率	-4.3
増益率(営利)	—
自己資本増加率	8.5
BPS(元)	0.8
負債比率	73.6
流動比率	215.0
株主資本比率	57.6

【CF】(百万元)	2019/12	2018/12
営業CF	−10.9	−119.1
投資CF	−166.8	−7.1
財務CF	85.1	149.9
現金同等物	24.2	116.4

【業績】(百万元)	売上高	営業利益	純利益	前年比(%)	EPS(元)	1株配(元)
2017/12	415.97	20.59	8.98	−49.0	0.021	0.0000
2018/12	599.48	—	12.29	36.9	0.024	0.0000
2019/12	573.68	—	13.07	6.3	0.019	0.0000
2018/06中間	262.97	13.14	7.01	3.1	0.016	0.0000
2019/06中間	248.99	17.05	8.61	22.8	0.013	0.0000

【株価情報】	
取引単位(株)	2,000
時価総額(mHK$)	470.2

【上場】2015年11月 【住所】広東省梅州市梅県区憲梓中路2号 【URL】www.jiyihousehold.com

01523 プロバー・ベイ・テクノロジーズ

コウ湾科技有限公司
Plover Bay Technologies Ltd.

SD-WANルーターの開発事業者 企業ネットワークのソリューションである「SD-WAN」に対応する有線・無線ルーターの設計、開発、販売を手掛ける。香港に本部と開発拠点を置き、生産は主に台湾の受託製造会社に委託する。「Peplink」「Pepwave」のブランドを展開。

	株価	最低売買価格	年間騰落率	実績PER	PBR
	1.060 HK$	116,329 円	-10.2 %	11.7 倍	32.1 倍

【財務】(百万US$)	2019/12	2018/12
流動資産	44.6	41.9
総資産	50.1	45.3
流動負債	12.9	10.6
総負債	16.0	12.6
資本金	1.3	1.3
株主資本	34.1	32.7

【指標】(%)	
ROA	24.1
ROE	35.4
粗利益率	62.7
増収率	9.8
増益率(営利)	—
自己資本増加率	4.3
BPS(US$)	0.0
負債比率	46.8
流動比率	345.3
株主資本比率	68.1

【CF】(百万US$)	2019/12	2018/12
営業CF	15.9	19.5
投資CF	−0.8	5.8
財務CF	−13.0	−8.1
現金同等物	28.9	26.9

【業績】(百万US$)	売上高	営業利益	純利益	前年比(%)	EPS(US$)	1株配(HK$)
2017/12	37.13	—	8.75	67.1	0.009	0.0610
2018/12	41.81	—	10.62	21.3	0.010	0.0880
2019/12	45.91	—	12.09	13.8	0.012	0.1110
2018/06中間	19.73	—	4.74	14.7	0.005	0.0290
2019/06中間	22.03	—	5.76	21.4	0.006	0.0350

【株価情報】	
取引単位(株)	8,000
時価総額(mHK$)	1,109.6

【上場】2016年7月 【住所】香港九龍茘枝角瓊林街93号龍翔工業大厦5楼B室 【URL】www.ploverbay.com

01542 台州市水務集団

台州市水務集団股フン有限公司
Taizhou Water Group Co.,Ltd.

台州市の水供給事業者 浙江省の主要都市、台州市で水の供給事業を手掛ける。市内の貯水池から取水した原水に加え、傘下の水処理場で原水の不純物などを除去して飲料可能基準に合致する水準に処理した都市用水を水道会社に供給する。

株価	最低売買価格	年間騰落率	実績PER	PBR
3.990 HK$	54,735 円	—	5.9 倍	1.0 倍

【財務】(百万元)	2019/12	2018/12
流動資産	562.2	461.7
総資産	2,929.3	1,953.2
流動負債	466.7	291.0
総負債	2,027.1	1,307.8
資本金	200.0	150.0
株主資本	764.6	519.7

【指標】(%)	
ROA	3.2
ROE	12.1
粗利益率	39.7
増収率	-6.4
増益率(営利)	—
自己資本増加率	47.1
BPS(元)	3.8
負債比率	265.1
流動比率	120.5
株主資本比率	26.1

【CF】(百万元)	2019/12	2018/12
営業CF	188.0	194.1
投資CF	−722.3	−51.1
財務CF	484.2	−314.5
現金同等物	264.4	314.4

【業績】(百万元)	売上高	営業利益	純利益	前年比(%)	EPS(元)	1株配(元)
2017/12	462.90	—	180.00	118.3	0.950	—
2018/12	504.26	—	110.45	-38.6	0.740	0.0000
2019/12	472.15	—	92.54	-16.2	0.620	0.1600
2018/06中間	243.29	—	49.45	—	0.330	—
2019/06中間	225.79	—	46.34	-6.3	0.310	—

【株価情報】	
取引単位(株)	1,000
時価総額(mHK$)	199.5

【上場】2019年12月【住所】浙江省台州市黄岩区西城街道引泉路308号【URL】www.zjtzwater.com

01547 IBIグループ

IBI Group Holdings Ltd.
IBI Group Holdings Ltd.

修繕工事の専門会社 香港とマカオで建物の増改築の元請けを手掛ける。対象物件は民営企業のオフィス、娯楽施設、病院、飲食店、小売店、学校など。装飾業務も行う。

株価	最低売買価格	年間騰落率	実績PER	PBR
0.285 HK$	31,277 円	-28.8 %	11.0 倍	1.7 倍

【財務】(百万HK$)	2019/09	2018/09
流動資産	409.4	366.3
総資産	416.1	367.1
流動負債	274.9	232.2
総負債	279.2	232.2
資本金	8.0	8.0
株主資本	136.9	135.0

【指標】(%)	
ROA	7.4
ROE	22.5
粗利益率	9.7
増収率	-2.5
増益率(営利)	—
自己資本増加率	1.4
BPS(HK$)	0.2
負債比率	204.0
流動比率	148.9
株主資本比率	32.9

【CF】(百万HK$)	2019/09	2018/09
営業CF	22.0	-4.2
投資CF	-1.7	2.5
財務CF	-0.7	—
現金同等物	128.9	133.5

【業績】(百万HK$)	売上高	営業利益	純利益	前年比(%)	EPS(HK$)	1株配(HK$)
2017/03	615.38	—	10.80	-61.8	0.016	0.0100
2018/03	580.96	—	18.18	68.3	0.023	0.0350
2019/03	593.45	—	20.85	14.7	0.026	0.0250
2018/09中間	330.50	—	14.31	-11.9	0.018	0.0100
2019/09中間	322.19	—	15.37	7.4	0.019	0.0100

【株価情報】	
取引単位(株)	8,000
時価総額(mHK$)	228.0

【上場】2016年10月【住所】香港文咸西街18号盤谷銀行大厦3楼【URL】www.ibi.com.hk

01551 広州農村商業銀行

広州農村商業銀行股フン有限公司
Guangzhou Rural Commercial Bank Co.,Ltd.

広東省最大の農村商業銀行 広州市農村信用合作聯社の再編を通じ、09年に設立された。広東省内の営業網に強みを持つ。このほか農村部では村鎮銀行を展開する。全額出資子会社の珠江金融租賃を通じ、リース事業も手掛ける。

株価	最低売買価格	年間騰落率	実績PER	PBR
3.500 HK$	48,013 円	-26.3 %	4.2 倍	0.5 倍

【財務】(百万元)	2019/12	2018/12
流動資産	—	—
総資産	894,154.3	763,289.6
流動負債	—	—
総負債	820,445.0	707,708.5
資本金	9,808.3	9,808.3
株主資本	68,346.7	52,861.3

【指標】(%)	
ROA	0.8
ROE	11.0
粗利益率	—
増収率	14.5
増益率(営利)	13.6
自己資本増加率	29.3
BPS(元)	7.0
負債比率	1,200.4
流動比率	—
株主資本比率	7.6

【CF】(百万元)	2019/12	2018/12
営業CF	−3,987.5	−33,023.1
投資CF	−4,529.9	43,298.4
財務CF	17,892.2	−42,356.0
現金同等物	86,870.9	77,319.6

【業績】(百万元)	売上高	営業利益	純利益	前年比(%)	EPS(元)	1株配(元)
2017/12	13,478.66	7,526.62	5,708.72	13.6	0.630	0.2000
2018/12	20,666.67	8,713.39	6,526.34	14.3	0.670	0.2000
2019/12	23,657.28	9,895.12	7,520.35	15.2	0.770	0.2000
2018/06中間	8,175.24	4,333.37	3,321.64	26.7	0.340	0.0000
2019/06中間	10,800.11	4,965.37	3,591.55	8.1	0.370	0.0000

【株価情報】	
取引単位(株)	1,000
時価総額(mHK$)	6,371.2

【上場】2017年6月【住所】広東省広州市黄埔区映日路9号【URL】www.grcbank.com

01553 邁科管業

邁科管業控股有限公司
Maike Tube Industry Holdings Ltd.

中国の鋼管・継手メーカー 主に鋼管と鋼管用のニップル(ねじのついた継手)を生産する。鋼管用ニップルの輸出量で中国最大手(18年)。鋼管とニップルの主な用途はガスや水道管で、ガス会社や水道事業者が主要顧客。山東省済南とベトナムに工場。

	株価	最低売買価格	年間騰落率	実績PER	PBR
	1.300 HK$	**35,667 円**	—	**4.5 倍**	**0.9 倍**

【財務】(百万元)	2019/12	2018/12
流動資産	776.4	593.6
総資産	1,011.2	808.0
流動負債	353.1	427.9
総負債	353.9	429.5
資本金	0.3	86.3
株主資本	657.3	194.8

【指標】(%)	
ROA	7.6
ROE	11.8
粗利益率	23.2
増収率	-7.4
増益率(営利)	—
自己資本増加率	237.5
BPS(元)	1.5
負債比率	53.8
流動比率	219.9
株主資本比率	65.0

【CF】(百万元)	2019/12	2018/12
営業CF	13.1	111.2
投資CF	41.6	-102.0
財務CF	114.0	-16.5
現金同等物	215.1	46.5

【業績】(百万元)	売上高	営業利益	純利益	前年比(%)	EPS(元)	1株配(HK$)
2017/12	938.17	—	39.84	771.5	0.232	—
2018/12	1,214.84	—	52.15	30.9	0.303	0.0000
2019/12	1,125.28	—	77.34	48.3	0.265	0.0000
2018/06中間	—	—	—	—	—	—
2019/06中間	—	—	—	—	—	—

【株価情報】	
取引単位(株)	2,000
時価総額(mHK$)	563.9

【上場】2019年12月 【住所】山東省済南平陰県バイ瑰工業園区バイ徳街4号 【URL】www.mechpipingtech.com

---

01575 慕容控股

慕容控股有限公司
Morris Holdings Ltd.

中国の大手ソファーメーカー ソファーやソファーカバー、皮革製品、木製家具の製造・販売を手掛ける。海外向けは「Morris Holdings Limited」ブランド、国内向けは「Morris Zou」ブランドで販売。海外輸出に強みを持つ。香港と上海に旗艦店「MorriSofa」を置く。

	株価	最低売買価格	年間騰落率	実績PER	PBR
	0.074 HK$	**2,030 円**	**-77.2 %**	—	**0.4 倍**

【財務】(百万元)	2019/12	2018/12
流動資産	802.1	1,131.8
総資産	1,354.1	1,432.2
流動負債	958.8	1,053.0
総負債	1,148.0	1,064.8
資本金	6.9	6.9
株主資本	206.4	367.3

【指標】(%)	
ROA	—
ROE	—
粗利益率	12.0
増収率	-39.1
増益率(営利)	—
自己資本増加率	-43.8
BPS(元)	0.2
負債比率	556.3
流動比率	83.7
株主資本比率	15.2

【CF】(百万元)	2019/12	2018/12
営業CF	132.9	70.9
投資CF	-94.7	-154.2
財務CF	-83.6	175.4
現金同等物	71.1	123.9

【業績】(百万元)	売上高	営業利益	純利益	前年比(%)	EPS(元)	1株配(HK$)
2017/12	1,416.40	—	145.70	80.6	0.147	0.0980
2018/12	1,610.04	—	86.41	-40.7	0.086	0.0310
2019/12	980.30	—	-119.75	—	-0.120	0.0000
2018/06中間	751.60	—	73.45	29.8	0.073	0.0180
2019/06中間	499.60	—	-79.07	—	-0.079	0.0000

【株価情報】	
取引単位(株)	2,000
時価総額(mHK$)	74.0

【上場】2017年1月 【住所】浙江省海寧経済開発区由拳路500号 【URL】www.morrisholdings.com.hk

---

01589 中国物流資産

中国物流資産控股有限公司
China Logistics Property Holdings Co.,Ltd.

物流センターの開発会社 中国で物流センターの開発・運営を手掛ける。開発済み・開発中の物件の総床面積は209万平米で、国内3位。19年6月末時点で国内の16都市にロジスティクス・パークを展開している。遠洋集団(03377)が大株主に名を連ねる。

	株価	最低売買価格	年間騰落率	実績PER	PBR
	2.840 HK$	**38,959 円**	**-4.4 %**	**25.3 倍**	**0.8 倍**

【財務】(百万元)	2019/12	2018/12
流動資産	1,507.7	3,000.5
総資産	22,961.8	21,584.7
流動負債	2,612.7	2,648.4
総負債	11,222.6	10,170.8
資本金	1.3	1.3
株主資本	10,914.4	10,615.3

【指標】(%)	
ROA	1.4
ROE	3.0
粗利益率	76.7
増収率	22.4
増益率(営利)	-11.2
自己資本増加率	2.8
BPS(元)	3.4
負債比率	102.8
流動比率	57.7
株主資本比率	47.5

【CF】(百万元)	2019/12	2018/12
営業CF	618.1	301.7
投資CF	-1,516.4	-1,784.0
財務CF	50.4	1,640.1
現金同等物	1,166.3	2,000.4

【業績】(百万元)	売上高	営業利益	純利益	前年比(%)	EPS(元)	1株配(元)
2017/12	403.90	1,192.38	885.80	22.9	0.302	0.0000
2018/12	582.28	1,267.58	557.23	-37.1	0.178	0.0000
2019/12	712.51	1,126.03	331.09	-40.6	0.102	0.0000
2018/06中間	274.30	626.19	288.73	-32.6	0.096	0.0000
2019/06中間	351.34	504.95	191.83	-33.6	0.059	0.0000

【株価情報】	
取引単位(株)	1,000
時価総額(mHK$)	9,185.1

【上場】2016年7月 【住所】上海市閔行区申昆路1899号 【URL】www.cnlpholdings.com

01617　南方通信

南方通信控股有限公司
Nanfang Communication Holdings Ltd.

江蘇省の光ケーブルメーカー　江蘇省常州市を拠点に通信用の光ケーブルを製造する。ストランド型、セントラルチューブ型、ドロップ型に加え、特殊製品も生産する。主要顧客はチャイナ・モバイル(00941)やチャイナ・テレコム(00728)などの3大キャリア。

株価	最低売買価格	年間騰落率	実績PER	PBR
2.460 HK$	134,985 円	-42.0 %	74.8 倍	3.4 倍

【財務】(百万元)	2019/12	2018/12
流動資産	910.8	1,149.9
総資産	1,337.7	1,495.4
流動負債	497.7	626.3
総負債	523.4	645.0
資本金	1.0	1.0
株主資本	814.2	850.4

【指標】(%)	
ROA	2.5
ROE	4.2
粗利益率	24.2
増収率	-40.7
増益率(営利)	―
自己資本増加率	-4.3
BPS(元)	0.7
負債比率	64.3
流動比率	183.0
株主資本比率	60.9

【CF】(百万元)	2019/12	2018/12
営業CF	177.2	105.3
投資CF	-87.2	-113.0
財務CF	-174.7	69.0
現金同等物	318.7	403.3

【業績】(百万元)	売上高	営業利益	純利益	前年比(%)	EPS(元)	1株配(元)
2017/12	901.33	―	130.33	30.3	0.120	0.0750
2018/12	900.30	―	141.43	8.5	0.130	0.0630
2019/12	534.33	―	33.86	-76.1	0.030	0.0350
2018/06中間	421.89	―	67.11	52.4	0.060	0.0000
2019/06中間	372.84	―	52.13	-22.3	0.050	0.0000

【株価情報】	
取引単位(株)	4,000
時価総額(mHK$)	2,755.2

【上場】2016年12月　【住所】江蘇省常州市武進区洛陽鎮岑村路1号　【URL】www.jsnfgroup.com

01620　加達控股

加達控股有限公司
CTEH Inc.

カナダの航空券卸売会社　カナダで航空券の卸売りを手掛ける。航空会社から大量に航空券を仕入れ、旅行代理店に販売するのが中核事業で、契約する航空会社の航空券を発券する業務も担う。カナダの航空券卸では大手。

株価	最低売買価格	年間騰落率	実績PER	PBR
0.210 HK$	28,808 円	-9.9 %	23.3 倍	1.5 倍

【財務】(百万HK$)	2019/12	2018/12
流動資産	201.8	228.4
総資産	252.6	269.1
流動負債	79.4	107.5
総負債	85.4	108.2
資本金	0.1	0.1
株主資本	167.1	160.9

【指標】(%)	
ROA	4.3
ROE	6.4
粗利益率	71.6
増収率	-24.8
増益率(営利)	-9.6
自己資本増加率	3.9
BPS(HK$)	0.1
負債比率	51.1
流動比率	254.2
株主資本比率	66.2

【CF】(百万HK$)	2019/12	2018/12
営業CF	-35.5	0.4
投資CF	-21.4	24.4
財務CF	-7.6	53.1
現金同等物	71.6	138.3

【業績】(百万HK$)	売上高	営業利益	純利益	前年比(%)	EPS(HK$)	1株配(HK$)
2017/12	153.86	18.36	12.37	-64.7	0.014	0.0000
2018/12	149.18	17.98	11.10	-10.3	0.011	0.0050
2019/12	112.14	16.26	10.75	-3.1	0.009	0.0050
2018/06中間	75.26	5.10	3.13	-53.6	0.003	0.0000
2019/06中間	56.95	11.57	8.07	157.5	0.007	0.0000

【株価情報】	
取引単位(株)	10,000
時価総額(mHK$)	252.0

【上場】2018年6月　【住所】15 Kern Road Toronto,Ontario Canada M3B 1S9　【URL】www.toureast.com

01621　域高国際

城高国際控股有限公司
Vico International Holdings Ltd.

香港の石油製品販売会社　香港で石油製品の卸売事業を展開する。ディーゼル油の扱いが主力業務。ディーゼル車や建機、発動機向けに販売する。自社ブランドを含む潤滑油も販売。大手石油小売りが発行するガソリンスタンドカードの販売代理も手掛ける。

株価	最低売買価格	年間騰落率	実績PER	PBR
0.093 HK$	10,206 円	-44.6 %	5.2 倍	0.5 倍

【財務】(百万HK$)	2019/09	2018/09
流動資産	142.2	109.4
総資産	227.4	185.4
流動負債	51.5	21.7
総負債	53.8	21.9
資本金	10.0	10.0
株主資本	173.6	163.5

【指標】(%)	
ROA	11.3
ROE	14.8
粗利益率	5.0
増収率	9.0
増益率(営利)	―
自己資本増加率	6.2
BPS(HK$)	0.2
負債比率	31.0
流動比率	276.2
株主資本比率	76.4

【CF】(百万HK$)	2019/09	2018/09
営業CF	14.3	2.0
投資CF	-8.0	-56.4
財務CF	15.6	-1.9
現金同等物	77.0	37.8

【業績】(百万HK$)	売上高	営業利益	純利益	前年比(%)	EPS(HK$)	1株配(HK$)
2017/03	671.81	―	20.98	-5.6	0.031	0.0000
2018/03	828.14	―	6.82	-67.5	0.010	0.0000
2019/03	1,077.00	―	17.99	163.9	0.018	0.0100
2018/09中間	542.51	―	10.73	53.8	0.011	0.0000
2019/09中間	591.21	―	12.85	19.7	0.013	0.0000

【株価情報】	
取引単位(株)	8,000
時価総額(mHK$)	93.0

【上場】2018年2月　【住所】香港長沙湾長裕街10号億京広場2期11楼D室　【URL】www.vicointernational.hk

01630 建成控股

建成控股有限公司
Kin Shing Holdings Ltd.

型枠専門の建設会社 香港でコンクリート構造物の型枠の組み立てを手掛ける。木材や合板、金属などを利用してコンクリートを流し込む型枠を組み立てるのが主要業務で、コンクリートの注入や仕上げなどを一部で請け負う。主要顧客はゼネコンなどの建設会社。

株価	最低売買価格	年間騰落率	実績PER	PBR
0.067 HK$	5,515 円	-71.5 %	—	0.6 倍

【財務】(百万HK$)	2019/09	2018/09
流動資産	352.6	473.9
総資産	375.8	502.9
流動負債	197.6	306.1
総負債	199.9	308.3
資本金	15.0	15.0
株主資本	175.9	194.5

【指標】(%)	
ROA	0.5
ROE	1.2
粗利益率	5.6
増収率	-46.6
増益率(営利)	—
自己資本増加率	-9.5
BPS(HK$)	0.1
負債比率	113.6
流動比率	178.4
株主資本比率	46.8

【CF】(百万HK$)	2019/09	2018/09
営業CF	18.0	-52.1
投資CF	-1.3	-14.4
財務CF	-27.7	156.1
現金同等物	170.7	182.1

【業績】(百万HK$)	売上高	営業利益	純利益	前年比(%)	EPS(HK$)	1株配(HK$)
2017/03	770.16	—	67.57	46.4	0.054	0.0000
2018/03	576.86	—	27.28	-59.6	0.019	0.0000
2019/03	850.57	—	-19.32	—	-0.013	0.0000
2018/09中間	417.59	—	0.28	-99.0	0.000	0.0000
2019/09中間	222.97	—	1.02	270.5	0.001	0.0000

【株価情報】	
取引単位(株)	6,000
時価総額(mHK$)	100.5

【上場】2017年6月 【住所】香港九龍長沙湾長裕街10号億京広場二期9楼D室 【URL】www.kinshingholdings.com.hk

01638 佳兆業集団

佳兆業集団控股有限公司
Kaisa Group Holdings Ltd.

深セン地盤の不動産デベロッパー 深センを地盤とし、珠江デルタ地域で不動産開発事業を手掛ける。中高級の大型住宅や複合商業施設の開発が主力。不動産投資、不動産管理、ホテル運営なども手掛ける。映画館や百貨店の運営、水運事業なども展開。

株価	最低売買価格	年間騰落率	実績PER	PBR
2.990 HK$	41,017 円	-5.1 %	3.6 倍	0.7 倍

【財務】(百万元)	2019/12	2018/12
流動資産	190,587.4	163,113.0
総資産	270,902.4	229,028.0
流動負債	123,768.4	96,409.9
総負債	215,195.8	192,688.7
資本金	534.8	533.4
株主資本	25,716.3	21,640.1

【指標】(%)	
ROA	1.7
ROE	17.9
粗利益率	28.8
増収率	24.1
増益率(営利)	8.8
自己資本増加率	18.8
BPS(元)	4.2
負債比率	836.8
流動比率	154.0
株主資本比率	9.5

【CF】(百万元)	2019/12	2018/12
営業CF	-2,063.5	10,599.2
投資CF	-24,646.1	-22,174.5
財務CF	38,026.5	14,725.7
現金同等物	26,824.9	15,479.1

【業績】(百万元)	売上高	営業利益	純利益	前年比(%)	EPS(元)	1株配(HK$)
2017/12	32,779.35	6,386.91	3,284.89	—	0.602	0.1180
2018/12	38,704.97	9,751.49	2,750.21	-16.3	0.453	0.1200
2019/12	48,021.69	10,607.68	4,594.27	67.1	0.756	0.1300
2018/06中間	15,027.79	5,218.57	1,704.08	-9.9	0.281	0.0300
2019/06中間	20,106.00	5,709.07	2,837.22	66.5	0.467	0.0300

【株価情報】	
取引単位(株)	1,000
時価総額(mHK$)	18,199.7

【上場】2009年12月 【住所】深セン市羅湖区人民南路嘉里中心3306室 【URL】www.kaisagroup.com

01657 樺欣控股

樺欣控股有限公司
SG Group Holdings Ltd.

アパレル製品の仲介事業者 アパレル製品やアクセサリーなどの調達が主力。アパレルブランド向けに商品のデザイン・開発、素材の調達、アパレル製品の生産・物流管理を請け負う。女性向けと子供向けを手掛け、スカート、シャツ、ブラウス、コートなどを提供。

株価	最低売買価格	年間騰落率	実績PER	PBR
5.600 HK$	38,410 円	-20.0 %	9.8 倍	1.5 倍

【財務】(百万HK$)	2019/10	2018/10
流動資産	135.4	108.1
総資産	165.5	129.6
流動負債	42.0	35.4
総負債	43.9	35.4
資本金	0.3	0.3
株主資本	121.6	94.2

【指標】(%)	
ROA	15.4
ROE	21.0
粗利益率	24.6
増収率	48.0
増益率(営利)	—
自己資本増加率	29.1
BPS(HK$)	3.8
負債比率	36.1
流動比率	322.1
株主資本比率	73.5

【CF】(百万HK$)	2019/10	2018/10
営業CF	4.2	-5.2
投資CF	-3.0	-17.5
財務CF	-0.6	-0.3
現金同等物	44.4	39.1

【業績】(百万HK$)	売上高	営業利益	純利益	前年比(%)	EPS(HK$)	1株配(HK$)
2017/04	165.80	—	6.21	-64.5	0.250	0.0000
2018/04	192.52	—	23.55	279.4	0.740	0.0000
2019/04	204.38	—	18.32	-22.2	0.570	0.0000
2018/10中間	96.70	—	3.12	-74.2	0.100	0.0000
2019/10中間	143.08	—	12.77	309.5	0.400	0.0000

【株価情報】	
取引単位(株)	500
時価総額(mHK$)	179.2

【上場】2017年3月 【住所】香港新界葵涌華星街1-7号美華工業大厦9楼B室 【URL】www.jcfash.com

529

01671　天津天保能源

天津天保能源股フン有限公司
Tianjin Tianbao Energy Co.,Ltd.

天津港保税区の電力会社 天津港の保税区内で電力や蒸気、熱を生産。石炭を燃料とするコージェネレーション方式の発電所の発電能力は30MW。電力は国家電網公司の傘下にある天津市電力公司に売却し、蒸気や熱源、冷気を保税区内に供給。

株価	最低売買価格	年間騰落率	実績PER	PBR
0.740 HK$	20,303 円	-57.0 %	11.3 倍	0.4 倍

【財務】(百万元)	2019/12	2018/12
流動資産	178.4	181.4
総資産	540.3	551.2
流動負債	138.0	72.2
総負債	238.3	246.8
資本金	159.9	159.9
株主資本	302.0	304.4

【CF】(百万元)	2019/12	2018/12
営業CF	26.5	56.3
投資CF	-20.6	-19.7
財務CF	-13.5	-17.5
現金同等物	133.7	140.4

【指標】(%)	
ROA	1.9
ROE	3.4
粗利益率	9.2
増収率	-13.3
増益率(営利)	-54.5
自己資本増加率	-0.8
BPS(元)	2.0
負債比率	78.9
流動比率	129.3
株主資本比率	55.9

【業績】(百万元)	売上高	営業利益	純利益	前年比(%)	EPS(元)	1株配(元)
2017/12	452.47	50.31	30.27	-44.3	0.260	0.0000
2018/12	431.11	44.12	26.35	-13.0	0.180	0.0800
2019/12	373.63	20.09	10.33	-60.8	0.060	0.0300
2018/06中間	215.72	25.70	15.74	23.3	0.120	0.0000
2019/06中間	187.40	12.71	7.14	-54.6	0.040	0.0000

【株価情報】	
取引単位(株)	2,000
時価総額(mHK$)	32.8

【上場】2018年4月 【住所】天津市天津港保税区海濱八路35号 【URL】www.tjtbny.com

01672　歌礼製薬

歌礼製薬有限公司
Ascletis Pharma Inc.

抗ウイルス薬主体の製薬会社 海外の大手医薬品メーカーや創薬会社からライセンスの供与を受けた医薬品の製造・販売を手掛ける。C型肝炎ウイルス(HCV)、エイズウイルス(HIV)、B型肝炎ウイルス(HBV)を対象とする抗ウイルス薬に重点。

株価	最低売買価格	年間騰落率	実績PER	PBR
2.730 HK$	37,450 円	-56.6 %	―	0.9 倍

【財務】(百万元)	2019/12	2018/12
流動資産	3,192.6	3,363.3
総資産	3,426.4	3,527.6
流動負債	87.7	93.4
総負債	102.2	100.2
資本金	0.8	0.8
株主資本	3,324.2	3,427.4

【CF】(百万元)	2019/12	2018/12
営業CF	-74.3	-96.6
投資CF	602.3	-817.5
財務CF	-48.2	2,560.1
現金同等物	2,295.0	1,781.9

【指標】(%)	
ROA	―
ROE	―
粗利益率	71.7
増収率	4.3
増益率(営利)	―
自己資本増加率	-3.0
BPS(元)	3.0
負債比率	3.1
流動比率	3,642.3
株主資本比率	97.0

【業績】(百万元)	売上高	営業利益	純利益	前年比(%)	EPS(元)	1株配(元)
2017/12	53.20	―	-53.94	―	-0.090	0.0000
2018/12	166.33	―	-7.26	―	-0.008	0.0000
2019/12	173.44	―	-95.97	―	-0.091	0.0000
2018/06中間	115.13	―	34.13	―	0.041	0.0000
2019/06中間	75.40	―	-47.23	―	-0.045	0.0000

【株価情報】	
取引単位(株)	1,000
時価総額(mHK$)	3,020.3

【上場】2018年8月 【住所】浙江省杭州市濱江区江漢路1785号双城国際4幢18層 【URL】www.ascletis.com

01673　華章科技

華章科技控股有限公司
Huazhang Technology Holding Ltd.

FA機器の開発会社 ファクトリーオートメーション(FA)機器の開発、据え付け、試験稼働を手掛ける。製紙業界向けのFA機器に強みを持つ。製紙の生産過程で排出される製紙スラッジ(汚泥)を液体と固体に分離する装置も製造する。生産拠点は浙江省桐郷市。

株価	最低売買価格	年間騰落率	実績PER	PBR
3.080 HK$	84,503 円	-24.0 %	―	3.7 倍

【財務】(百万元)	2019/12	2018/12
流動資産	855.1	1,082.2
総資産	1,356.9	1,519.1
流動負債	703.5	694.4
総負債	739.5	813.1
資本金	6.2	6.1
株主資本	617.6	705.6

【CF】(百万元)	2019/12	2018/12
営業CF	-11.6	18.2
投資CF	-4.9	-3.8
財務CF	19.7	-6.1
現金同等物	27.4	80.9

【指標】(%)	
ROA	―
ROE	―
粗利益率	23.8
増収率	-44.6
増益率(営利)	2.0
自己資本増加率	-12.5
BPS(元)	0.8
負債比率	119.7
流動比率	121.6
株主資本比率	45.5

【業績】(百万元)	売上高	営業利益	純利益	前年比(%)	EPS(元)	1株配(HK$)
2017/06	416.01	38.87	30.64	8.1	0.051	0.0240
2018/06	612.12	65.82	48.29	57.6	0.072	0.0300
2019/06	763.97	-109.53	-128.27	―	-0.176	0.0000
2018/12中間	427.78	-28.97	-35.48	―	-0.049	0.0000
2019/12中間	237.13	-29.54	-36.37	―	-0.050	0.0000

【株価情報】	
取引単位(株)	2,000
時価総額(mHK$)	2,260.3

【上場】2013年5月 【住所】香港九龍慶地道75号南洋中心一座8階5A室 【URL】www.hzeg.com

01676 中国升海食品

中国升海食品控股有限公司
China Shenghai Food Holdings Co.,Ltd.

シーフード中心の食品会社 海産物の加工、販売を手掛ける。主力製品は乾物やひもの、シーフードのスナック、冷凍食品など。食品加工は外部に委託し、福建省アモイに置く自社工場でパッケージした上で、自社ブランドの「沃豊」を通じて製品を販売する。

株価	最低売買価格	年間騰落率	実績PER	PBR
0.071 HK$	3,896 円	-66.7 %	2.1 倍	0.2 倍

【財務】(百万元)	2019/12	2018/12
流動資産	432.2	427.2
総資産	508.8	503.1
流動負債	28.0	56.1
総負債	31.0	56.1
資本金	8.7	8.7
株主資本	477.8	447.0

【指標】(%)	
ROA	6.1
ROE	6.5
粗利益率	21.9
増収率	-29.2
増益率(営利)	—
自己資本増加率	6.9
BPS(元)	0.5
負債比率	6.5
株主資本比率	93.9

【CF】(百万元)	2019/12	2018/12
営業CF	5.6	19.0
投資CF	4.2	-69.8
財務CF	-1.5	—
現金同等物	242.6	234.3

【業績】(百万元)	売上高	営業利益	純利益	前年比(%)	EPS(元)	1株配(元)
2017/12	644.41	—	70.20	14.8	0.081	0.0000
2018/12	667.96	—	76.41	8.8	0.076	0.0000
2019/12	472.89	—	30.84	-59.6	0.031	0.0000
2018/06中間	324.46	54.53	40.00	-4.2	0.040	0.0000
2019/06中間	274.00	39.53	29.04	-27.4	0.029	0.0000

【株価情報】	
取引単位(株)	4,000
時価総額(mHK$)	71.0

【上場】2017年7月 【住所】福建省厦門市同安区湖裏工業園環東海域美渓道5号廠房五楼 【URL】www.xmwofan.com

---

01679 瑞斯康集団

瑞斯康集団控股有限公司
Risecomm Group Holdings Ltd.

電力線通信のシステムLSI大手 中国で電力線通信(PLC)に利用する機器類のシステムLSI(大規模集積回路)の開発や設計を手掛ける。システムLSI、モジュールに加え、PLCでスマート端末からデータ・シグナルを集めるコンセントレーターなどの機器も開発。

株価	最低売買価格	年間騰落率	実績PER	PBR
0.600 HK$	20,577 円	-22.1 %	—	2.6 倍

【財務】(百万元)	2019/12	2018/12
流動資産	326.5	577.2
総資産	618.5	1,058.9
流動負債	101.8	371.5
総負債	393.4	658.1
資本金	0.1	0.1
株主資本	225.1	400.8

【指標】(%)	
ROA	—
ROE	—
粗利益率	29.6
増収率	-54.1
増益率(営利)	—
自己資本増加率	-43.8
BPS(元)	0.2
負債比率	174.7
流動比率	320.7
株主資本比率	36.4

【CF】(百万元)	2019/12	2018/12
営業CF	21.1	63.9
投資CF	-161.1	-112.6
財務CF	19.7	126.5
現金同等物	145.1	267.0

【業績】(百万元)	売上高	営業利益	純利益	前年比(%)	EPS(元)	1株配(元)
2017/12	317.33	3.32	12.67	-78.1	0.017	0.0000
2018/12	475.79	-3.16	4.20	-66.8	0.005	0.0000
2019/12	218.58	-81.79	-236.81	—	-0.276	0.0000
2018/06中間	174.35	-14.88	-9.22	—	-0.011	0.0000
2019/06中間	89.62	-46.51	-40.80	—	-0.049	0.0000

【株価情報】	
取引単位(株)	2,500
時価総額(mHK$)	592.0

【上場】2017年6月 【住所】深セン市高新科技園区創維大廈C棟501室 【URL】www.risecomm.com.cn

---

01680 マカオ・レジェンド

澳門勵駿創建有限公司
Macau Legend Development Ltd.

カジノ運営サービス会社 マカオの半島部でカジノリゾートを運営する。1994年開業のランドマーク・マカオ(澳門置地広場)を保有し、カジノ場の「ファラオ・パレス」のほか、ホテルを運営。カジノ免許は持たず、澳門博彩控股(00880)にサービスを提供する形を取る。

株価	最低売買価格	年間騰落率	実績PER	PBR
0.940 HK$	12,895 円	-27.1 %	—	0.8 倍

【財務】(百万HK$)	2019/12	2018/12
流動資産	2,006.1	1,845.4
総資産	11,179.8	10,993.2
流動負債	1,922.6	1,320.5
総負債	3,715.5	3,301.2
資本金	622.2	626.8
株主資本	7,464.3	7,691.9

【指標】(%)	
ROA	—
ROE	—
粗利益率	—
増収率	26.5
増益率(営利)	—
自己資本増加率	-3.0
BPS(HK$)	1.2
負債比率	49.8
流動比率	104.3
株主資本比率	66.8

【CF】(百万HK$)	2019/12	2018/12
営業CF	287.8	241.6
投資CF	79.5	2,774.2
財務CF	-254.8	-1,829.2
現金同等物	1,564.2	1,445.9

【業績】(百万HK$)	売上高	営業利益	純利益	前年比(%)	EPS(HK$)	1株配(HK$)
2017/12	1,836.06	—	-507.34	—	-0.081	0.0000
2018/12	1,865.38	—	1,966.11	—	0.314	0.0800
2019/12	2,359.67	—	-190.25	—	-0.030	0.0000
2018/06中間	951.30	—	2,853.72	—	0.455	0.0000
2019/06中間	1,081.77	—	-107.50	—	-0.017	0.0000

【株価情報】	
取引単位(株)	1,000
時価総額(mHK$)	5,848.8

【上場】2013年7月 【住所】澳門友誼大馬路及孫逸仙大馬路澳門漁人碼頭皇宮大楼 【URL】www.macaulegend.com

531

01696　シスラム・メディカル

復鋭医療科技有限公司
Sisram Medical Ltd.

イスラエルの美容医療機器メーカー　上海復星医薬（02196）から分離上場。光熱などのエネルギーを利用する美容医療機器の設計、開発、製造を手掛ける。脱毛や肌の若返り治療、肌のたるみ治療、入れ墨の除去といった低侵襲性機器を提供する。

	株価	最低売買価格	年間騰落率	実績PER	PBR
	2.620 HK$	14,376 円	-44.8 %	7.2 倍	3.6 倍

【財務】(百万US$)	2019/12	2018/12
流動資産	204.4	175.4
総資産	393.5	350.1
流動負債	40.1	24.2
総負債	67.9	36.0
資本金	1.3	1.3
株主資本	325.6	314.1

【CF】(百万US$)	2019/12	2018/12
営業CF	21.0	16.2
投資CF	53.7	-4.1
財務CF	-9.4	-17.4
現金同等物	99.7	33.8

【指標】(%)	
ROA	5.3
ROE	6.4
粗利益率	55.3
増収率	12.7
増益率(営利)	—
自己資本増加率	3.7
BPS(US$)	0.7
負債比率	20.9
流動比率	510.2
株主資本比率	82.7

【業績】(百万US$)	売上高	営業利益	純利益	前年比(%)	EPS(US$)	1株配(HK$)
2017/12	136.89	—	11.05	37.2	0.039	0.0000
2018/12	153.92	—	21.83	97.6	0.049	0.1000
2019/12	173.52	—	20.79	-4.8	0.047	0.1100
2018/06中間	78.16	—	11.25	43.9	0.026	0.0000
2019/06中間	85.43	—	13.21	17.4	0.030	0.0000

【株価情報】	
取引単位(株)	400
時価総額(mHK$)	1,158.5

【上場】2017年9月　【住所】14 Halamish Street Caesarea Industrial Park　Caesarea 38900 Israel　【URL】www.sisram-medical.com

---

01697　山東省国際信託

山東省国際信託股フン有限公司
Shandong International Trust Co.,Ltd.

山東省政府系の信託会社　信託会社として総合的な金融・資産管理サービスを提供する。委託者が預けた信託財産の管理・運用が主要事業で、貸し付けやほかの資産への投資などを通じ、手数料収入を得る。自己資金を使った投資も手掛ける。

	株価	最低売買価格	年間騰落率	実績PER	PBR
	0.730 HK$	18,025 円	-35.4 %	4.8 倍	0.4 倍

【財務】(百万元)	2019/12	2018/12
流動資産	4,307.9	6,333.6
総資産	14,572.3	13,611.8
流動負債	2,065.0	2,273.1
総負債	4,761.9	4,071.1
資本金	4,658.9	2,588.3
株主資本	9,810.4	9,540.7

【CF】(百万元)	2019/12	2018/12
営業CF	556.4	949.9
投資CF	-128.2	-694.0
財務CF	-533.0	-382.1
現金同等物	964.4	1,081.3

【指標】(%)	
ROA	4.6
ROE	6.8
粗利益率	—
増収率	11.3
増益率(営利)	—
自己資本増加率	2.8
BPS(元)	2.1
負債比率	48.5
流動比率	208.6
株主資本比率	67.3

【業績】(百万元)	売上高	営業利益	純利益	前年比(%)	EPS(元)	1株配(元)
2017/12	1,647.90	—	894.81	7.4	0.440	0.1730
2018/12	1,694.51	—	872.25	-2.5	0.190	0.0810
2019/12	1,886.67	—	663.91	-23.9	0.140	0.0550
2018/06中間	951.03	—	426.39	-21.4	0.090	0.0000
2019/06中間	858.02	—	328.28	-23.0	0.070	0.0000

【株価情報】	
取引単位(株)	1,800
時価総額(mHK$)	850.3

【上場】2017年12月　【住所】山東省済南市歴下区解放路166号　【URL】www.sitic.com.cn

01700　華地国際

華地国際控股有限公司
Springland International Holdings Ltd.

長江デルタを中心に百貨店・スーパーを運営　長江デルタ地域を中心に、小売店をチェーン展開。百貨店、ショッピングモールとスーパーマーケットの運営を手掛け、「八佰伴（ヤオハン）」と「華地百貨」、「大統華」の3ブランドをが中核。18年末時点で90店を出店。

	株価	最低売買価格	年間騰落率	実績PER	PBR
	2.280 HK$	31,277 円	0.0 %	11.0 倍	0.9 倍

【財務】(百万元)	2019/06	2018/06
流動資産	1,600.4	1,214.7
総資産	12,984.7	12,477.7
流動負債	5,644.1	5,982.7
総負債	7,833.8	7,268.7
資本金	17.1	18.6
株主資本	4,993.3	5,044.9

【CF】(百万元)	2019/06	2018/06
営業CF	591.0	451.6
投資CF	-345.5	-152.9
財務CF	-226.7	-183.0
現金同等物	636.7	469.5

【指標】(%)	
ROA	4.1
ROE	10.7
粗利益率	—
増収率	0.8
増益率(営利)	—
自己資本増加率	-1.0
BPS(元)	2.5
負債比率	156.9
流動比率	28.4
株主資本比率	38.5

【業績】(百万元)	売上高	営業利益	純利益	前年比(%)	EPS(元)	1株配(HK$)
2016/12	4,192.72	—	325.06	-32.3	0.140	0.0800
2017/12	4,444.04	—	340.02	4.6	0.150	0.0800
2018/12	4,607.94	—	400.02	17.6	0.190	0.1000
2018/06中間	2,372.26	—	240.55	5.8	0.110	0.0300
2019/06中間	2,392.03	—	267.44	11.2	0.130	0.0400

【株価情報】	
取引単位(株)	1,000
時価総額(mHK$)	4,514.4

【上場】2010年10月　【住所】江蘇省無錫市県前東街1号無錫金陵大飯店26楼　【URL】www.springlandgroup.com.cn

01706 双運控股

双運控股有限公司
Shuang Yun Holdings Ltd.

シンガポールの土木工事会社 シンガポールで土木工事を担う。道路工事が中核事業で、新たな道路の建設や道幅の拡張工事、歩道の整備、道路の保守・修繕などを請け負う。関連サービスとして建設機械のリースも手掛ける。

株価	最低売買価格	年間騰落率	実績PER	PBR
0.082 HK$	5,624 円	-62.7 %	2.7 倍	1.5 倍

【CF】(百万SG$)	2019/12	2018/12
営業CF	-2.0	-5.9
投資CF	-0.8	-0.2
財務CF	2.6	-5.2
現金同等物	4.0	4.2

【財務】(百万SG$)	2019/12	2018/12
流動資産	104.5	79.6
総資産	137.6	111.9
流動負債	67.8	46.7
総負債	82.4	62.5
資本金	17.4	17.4
株主資本	55.1	49.3

【指標】(%)	
ROA	4.0
ROE	10.0
粗利益率	19.1
増収率	23.7
増益率(営利)	—
自己資本増加率	11.7
BPS(SG$)	0.1
負債比率	149.6
流動比率	154.0
株主資本比率	40.1

【業績】(百万SG$)	売上高	営業利益	純利益	前年比(%)	EPS(SG$)	1株配(SG$)
2017/12	65.64	—	2.62	-62.9	0.003	0.0000
2018/12	90.78	—	3.11	18.9	0.003	0.0000
2019/12	112.27	—	5.49	76.3	0.006	0.0000
2018/06中間	38.06	—	1.81	-19.3	0.002	0.0000
2019/06中間	45.43	—	2.77	53.2	0.003	0.0000

【株価情報】取引単位(株) 5,000　時価総額(mHK$) 82.0

【上場】2017年11月【住所】No. 4 Sungei Kadut Street 2 Sungei Kadut Industrial Estate Singapore【URL】www.shuangyunholdings.com

01708 南京サンプル・テック

南京三宝科技股フン有限公司
Nanjing Sample Technology Co.,Ltd.

映像監視システム開発会社 江蘇省南京市を拠点に、映像監視システムを開発する。警察や税関などの公共機関向けに交通監視システム、物流監視システムを提供。RFID(無線タグ)を利用した電子タグやコールドチェーン物流、医薬品物流も手掛ける。

株価	最低売買価格	年間騰落率	実績PER	PBR
2.310 HK$	15,844 円	-70.6 %	15.1 倍	0.9 倍

【CF】(百万元)	2019/12	2018/12
営業CF	209.8	-484.3
投資CF	109.6	-461.1
財務CF	-680.1	714.5
現金同等物	135.9	496.5

【財務】(百万元)	2019/12	2018/12
流動資産	2,983.8	3,656.9
総資産	4,491.3	4,811.7
流動負債	2,180.4	2,212.3
総負債	2,362.2	2,730.7
資本金	792.1	792.1
株主資本	2,045.4	2,005.7

【指標】(%)	
ROA	2.5
ROE	5.4
粗利益率	26.9
増収率	-18.9
増益率(営利)	-49.4
自己資本増加率	2.0
BPS(元)	2.6
負債比率	115.5
流動比率	136.8
株主資本比率	45.5

【業績】(百万元)	売上高	営業利益	純利益	前年比(%)	EPS(元)	1株配(元)
2017/12	1,716.86	257.13	222.10	16.3	0.280	0.2500
2018/12	1,834.49	229.44	195.99	-11.8	0.250	0.1000
2019/12	1,487.13	116.02	111.08	-43.3	0.140	0.0000
2018/06中間	860.89	117.90	99.30	20.2	0.125	0.0000
2019/06中間	816.95	107.55	93.77	-5.6	0.118	0.0000

【株価情報】取引単位(株) 500　時価総額(mHK$) 530.2

【上場】2004年6月【住所】江蘇省南京市棲霞区馬群科技園馬群大道10号【URL】www.sampletech.com.cn

01722 建鵬控股

建鵬控股有限公司
Kin Pang Holdings Ltd.

マカオの建設会社 マカオで建設や土木工事を手掛ける。建物の基礎工事、コンクリート作業、鉄骨の据え付け、外壁の塗装、電気・機械工事、道路工事、配管工事などを請け負う。ホテルやカジノ、公共インフラなどが対象で、補修などのサービスも提供する。

株価	最低売買価格	年間騰落率	実績PER	PBR
0.096 HK$	13,169 円	-75.7 %	7.0 倍	0.4 倍

【CF】(百万MOP$)	2019/12	2018/12
営業CF	-26.2	-7.0
投資CF	-6.2	-46.6
財務CF	-3.4	-1.1
現金同等物	30.1	65.8

【財務】(百万MOP$)	2019/12	2018/12
流動資産	312.8	241.9
総資産	366.6	266.6
流動負債	119.9	51.0
総負債	137.7	52.9
資本金	10.3	10.3
株主資本	228.9	213.7

【指標】(%)	
ROA	3.9
ROE	6.2
粗利益率	13.3
増収率	12.3
増益率(営利)	—
自己資本増加率	7.1
BPS(MOP$)	0.2
負債比率	60.1
流動比率	260.9
株主資本比率	62.4

【業績】(百万MOP$)	売上高	営業利益	純利益	前年比(%)	EPS(MOP$)	1株配(MOP$)
2017/12	245.43	—	6.06	-76.7	0.008	0.0000
2018/12	260.63	—	16.84	177.7	0.017	0.0000
2019/12	292.63	—	14.24	-15.4	0.014	0.0000
2018/06中間	153.31	—	11.95	10.1	0.012	0.0000
2019/06中間	59.39	—	2.99	-78.3	0.003	0.0000

【株価情報】取引単位(株) 10,000　時価総額(mHK$) 96.0

【上場】2017年12月【住所】澳門新口岸宋玉生広場249-263号中土大厦17棟L室【URL】www.kinpang.com.mo

01731　其利工業集団

其利工業集団有限公司
Prosperous Industrial (Holdings) Ltd.

中国のバッグメーカー バッグパックやデイパックなどを受託生産する。娯楽用のバッグメーカーで世界的な大手。製品の開発、デザイン、資材調達、プロトタイプの製造、生産・品質管理などを一貫して請け負う。広東省東莞、ベトナム、カンボジアなどに生産拠点。

株価	最低売買価格	年間騰落率	実績PER	PBR
0.237 HK$	13,005 円	-77.8 %		2.0 倍

【CF】(百万US$)

	2019/12	2018/12
営業CF	0.4	8.6
投資CF	-11.4	-13.9
財務CF	-9.4	-6.0
現金同等物	38.2	59.3

【財務】(百万US$)

	2019/12	2018/12
流動資産	135.7	143.2
総資産	188.6	190.1
流動負債	45.7	46.7
総負債	54.1	47.5
資本金	1.4	1.4
株主資本	134.4	142.6

【指標】(%)

ROA	—
ROE	—
粗利益率	21.2
増収率	0.6
増益率(営利)	—
自己資本増加率	-5.7
BPS(US$)	0.1
負債比率	40.3
流動比率	297.0
株主資本比率	71.3

【業績】(百万US$)

	売上高	営業利益	純利益	前年比(%)	EPS(US$)	1株配(HK$)
2017/12	258.50	—	21.08	13.4	0.025	0.0000
2018/12	221.85	—	7.37	-65.0	0.008	0.0500
2019/12	223.16	—	-0.57	—	-0.001	0.0000
2018/06中間	127.19	—	6.38	-63.1	0.008	0.0000
2019/06中間	123.41	—	4.07	-36.3	0.004	0.0000

【株価情報】

取引単位(株)	4,000
時価総額(mHK$)	265.4

【上場】2018年7月 【住所】香港新界葵涌貨櫃碼頭路71-75号鐘意恒勝中心1楼1-2室 【URL】www.pihl.hk

01737　亜洲実業集団

亜洲実業集団（控股）有限公司
A & S Group (Holdings) Ltd.

航空貨物のハンドリング事業者 香港国際空港近くの倉庫で航空貨物のグランドハンドリングを手掛ける。輸出入貨物の集荷、保管、梱包、ラベル貼り、書類の準備、仕分け、配送などを一貫して担う。キャセイパシフィック・カーゴターミナルの業務も請け負う。

株価	最低売買価格	年間騰落率	実績PER	PBR
0.103 HK$	14,130 円	-37.2 %	206.0 倍	0.6 倍

【CF】(百万HK$)

	2019/09	2018/09
営業CF	13.2	-10.0
投資CF	-4.1	-0.7
財務CF	-7.0	-11.2
現金同等物	91.7	120.5

【財務】(百万HK$)

	2019/09	2018/09
流動資産	222.8	246.3
総資産	337.7	257.5
流動負債	97.3	66.3
総負債	161.4	67.3
資本金	10.0	10.0
株主資本	176.3	190.2

【指標】(%)

ROA	—
ROE	—
粗利益率	9.5
増収率	-4.6
増益率(営利)	—
自己資本増加率	-7.3
BPS(HK$)	0.2
負債比率	91.5
流動比率	229.0
株主資本比率	52.2

【業績】(百万HK$)

	売上高	営業利益	純利益	前年比(%)	EPS(HK$)	1株配(HK$)
2017/03	430.09	43.17	34.21	79.0	0.046	0.0000
2018/03	474.69	18.17	12.14	-64.5	0.016	0.0000
2019/03	447.56	1.42	0.47	-96.1	0.001	0.0000
2018/09中間	224.44	1.11	0.55	-94.5	0.001	0.0000
2019/09中間	214.17	-6.48	-12.42	—	-0.012	0.0000

【株価情報】

取引単位(株)	10,000
時価総額(mHK$)	103.0

【上場】2018年3月 【住所】香港新界葵涌貨櫃碼頭路88号永得利広場2座14楼11室 【URL】www.asl.hk

01738　飛尚無煙煤資源

飛尚無煙煤資源有限公司
Feishang Anthracite Resorces Ltd.

貴州省の無煙炭採掘事業者 貴州省で無煙炭の採掘を手掛ける。米ナスダック上場の中国天然資源(CHNR)から分離し、香港には紹介形式で14年に上場。事業多角化に向け15年6月にデジタルテレビ放送事業を買収したが、同年末には売却した。

株価	最低売買価格	年間騰落率	実績PER	PBR
1.000 HK$	34,295 円	-11.5 %	—	-3.6 倍

【CF】(百万元)

	2019/12	2018/12
営業CF	451.3	739.3
投資CF	-219.7	-376.4
財務CF	-243.6	-386.6
現金同等物	42.6	54.5

【財務】(百万元)

	2019/12	2018/12
流動資産	492.4	451.5
総資産	3,623.1	3,469.0
流動負債	2,121.5	2,084.4
総負債	3,817.9	3,581.5
資本金	1.1	1.1
株主資本	-379.6	-276.1

【指標】(%)

ROA	—
ROE	—
粗利益率	27.6
増収率	-6.8
増益率(営利)	-93.2
自己資本増加率	37.5
BPS(元)	-0.3
負債比率	—
流動比率	23.2
株主資本比率	-10.5

【業績】(百万元)

	売上高	営業利益	純利益	前年比(%)	EPS(元)	1株配(元)
2017/12	1,022.95	398.66	182.54	—	0.130	0.0000
2018/12	1,234.15	459.43	200.63	9.9	0.150	0.0000
2019/12	1,149.73	31.13	-103.64	—	-0.070	0.0000
2018/06中間	422.96	141.12	44.52	20.9	0.030	0.0000
2019/06中間	597.71	99.87	6.94	-84.4	0.005	0.0000

【株価情報】

取引単位(株)	2,500
時価総額(mHK$)	1,380.6

【上場】2014年1月 【住所】香港上環干諾道中200号信徳中心2205室 【URL】www.fsanthracite.com

01743　浙江蒼南儀表

浙江蒼南儀表集団股フン有限公司
Zhejiang Cangnan Instrument Group Co.,Ltd.

プラス189銘柄

産業用ガスメーターの製造会社　中国で産業用・商業用のガス流量計を生産する。1977年の創業以来、40年超の実績を持つメーカーで、主にガス会社に製品を供給する。浙江省蒼南県に生産拠点を置く。

	株価	最低売買価格	年間騰落率	実績PER	PBR
	52.200 HK$	143,216 円	230.0 %	24.3 倍	3.5 倍

【財務】(百万元)	2019/12	2018/12
流動資産	1,271.0	1,030.3
総資産	1,391.2	1,150.7
流動負債	344.8	364.4
総負債	345.1	364.9
資本金	69.8	51.9
株主資本	1,030.9	772.2

【指標】(%)	
ROA	9.8
ROE	13.2
粗利益率	69.8
増収率	-23.2
増益率(営利)	-41.2
自己資本増加率	33.5
BPS(元)	14.8
負債比率	33.5
流動比率	368.6
株主資本比率	74.1

【CF】(百万元)	2019/12	2018/12
営業CF	236.7	168.5
投資CF	-42.7	-7.7
財務CF	139.0	-58.3
現金同等物	593.3	260.0

【業績】(百万元)	売上高	営業利益	純利益	前年比(%)	EPS(元)	1株配(元)
2017/12	669.81	286.22	239.35	103.7	4.610	0.0000
2018/12	630.32	258.51	220.19	-8.0	4.240	0.8000
2019/12	484.26	152.00	136.53	-38.0	1.960	0.6000
2018/06中間	249.88	82.61	70.69	7.6	1.360	0.0000
2019/06中間	199.80	73.25	63.37	-10.4	0.910	0.0000

【株価情報】	
取引単位(株)	200
時価総額(mHK$)	934.4

【上場】2019年1月　【住所】浙江省蒼南県霊溪鎮工業示範園区　【URL】www.zjcnyb.com

01745　驢跡科技

驢跡科技控股有限公司
Lvji Technology Holdings Inc.

オンライン観光案内の最大手　中国でオンラインの観光案内事業を手掛ける。中国をはじめ、日本、韓国、豪州、イタリアなどの観光地の情報をオンラインで提供する。トリップ・ドットコム(TCOM)や同程芸龍(00780)などのオンライン旅行会社にも情報を提供。

	株価	最低売買価格	年間騰落率	実績PER	PBR
	0.920 HK$	25,241 円	—	5.6 倍	0.0 倍

【財務】(百万元)	2019/12	2018/12
流動資産	158.4	241.7
総資産	726.6	455.3
流動負債	57.3	47.7
総負債	62.1	49.3
資本金	0.8	0.3
株主資本	664.7	406.0

【指標】(%)	
ROA	22.1
ROE	24.2
粗利益率	42.9
増収率	79.6
増益率(営利)	—
自己資本増加率	63.7
BPS(元)	60.4
負債比率	9.3
流動比率	276.3
株主資本比率	91.5

【CF】(百万元)	2019/12	2018/12
営業CF	198.2	90.4
投資CF	-376.0	-176.9
財務CF	164.3	169.2
現金同等物	77.3	91.4

【業績】(百万元)	売上高	営業利益	純利益	前年比(%)	EPS(元)	1株配(HK$)
2017/12	71.61	—	25.56	565.1	—	—
2018/12	301.69	—	99.78	290.4	0.090	0.0000
2019/12	541.81	—	160.78	61.1	0.150	0.0000
2018/06中間	63.68	—	15.41	—	—	—
2019/06中間	182.96	—	51.88	236.7	—	—

【株価情報】	
取引単位(株)	2,000
時価総額(mHK$)	1,297.5

【上場】2020年1月　【住所】広東省広州市天河区高唐路238号501室　【URL】www.lvji.cn

01761　宝宝樹集団

宝宝樹集団
BabyTree Group

子育て世代のネットコミュニティー運営会社　出産前の夫婦や子育て世代を対象にオンラインコミュニティーのプラットフォームを運営。利用者がアップする情報や医師などの専門家が作り上げるコンテンツに強み。18年にアリババ集団(09988)の出資を受けた。

	株価	最低売買価格	年間騰落率	実績PER	PBR
	1.000 HK$	6,859 円	-82.3 %	—	0.6 倍

【財務】(百万元)	2019/12	2018/12
流動資産	2,662.4	3,526.3
総資産	3,054.2	3,660.9
流動負債	123.6	205.2
総負債	136.0	205.3
資本金	1.2	1.2
株主資本	2,914.6	3,451.5

【指標】(%)	
ROA	—
ROE	—
粗利益率	62.4
増収率	-53.1
増益率(営利)	—
自己資本増加率	-15.6
BPS(元)	1.7
負債比率	4.7
流動比率	2,154.4
株主資本比率	95.4

【CF】(百万元)	2019/12	2018/12
営業CF	-687.0	-242.4
投資CF	-32.9	-172.7
財務CF	-112.2	2,392.1
現金同等物	1,422.9	2,229.9

【業績】(百万元)	売上高	営業利益	純利益	前年比(%)	EPS(元)	1株配(元)
2017/12	729.62	172.45	-911.14	—	-0.660	0.0000
2018/12	760.10	150.99	526.30	—	0.290	0.0000
2019/12	356.83	-467.69	-493.90	—	-0.290	0.0000
2018/06中間	407.52	112.71	-2,175.00	—	-1.640	0.0000
2019/06中間	240.66	-119.86	-119.86	—	-0.060	0.0000

【株価情報】	
取引単位(株)	500
時価総額(mHK$)	1,668.9

【上場】2018年11月　【住所】北京市朝陽区東三環北路26号博瑞大厦A座6層　【URL】ir.babytree.com

535

01762　ワンカ・オンライン

万加壹聯有限公司
Wanka Online Inc.

モバイルコンテンツの配信事業者　中国でモバイルコンテンツの配信サービスを展開する。モバイル広告やオンライン動画、ゲーム配信などを手掛ける企業とスマホ利用者を結びつけるのが主要事業。人工知能の利用を通じ、コンテンツを効率的に配信する。

株価	最低売買価格	年間騰落率	実績PER	PBR
0.600 HK$	8,231 円	-87.6 %	6.1 倍	0.7 倍

【財務】(百万元)	2019/12	2018/12
流動資産	1,369.4	1,057.4
総資産	1,589.1	1,312.9
流動負債	547.1	431.0
総負債	553.6	437.4
資本金	0.0	0.0
株主資本	1,035.5	875.5

【CF】(百万元)	2019/12	2018/12
営業CF	7.0	-135.4
投資CF	-1.4	20.2
財務CF	-48.0	399.6
現金同等物	261.4	303.4

【指標】(%)	
ROA	6.7
ROE	10.2
粗利益率	14.1
増収率	55.0
増益率(営利)	72.5
自己資本増加率	18.3
BPS(元)	0.8
負債比率	53.5
流動比率	250.3
株主資本比率	65.2

【業績】(百万元)	売上高	営業利益	純利益	前年比(%)	EPS(元)	1株配(元)
2017/12	485.64	12.87	-145.09	—	-0.250	0.0000
2018/12	1,546.32	101.88	-421.54	—	-0.540	0.0000
2019/12	2,396.19	175.78	105.73	—	0.090	0.0000
2018/06中間	669.79	22.57	-906.15	—	-1.270	0.0000
2019/06中間	1,197.60	94.33	75.18	—	0.060	0.0000

【株価情報】	
取引単位(株)	1,000
時価総額(mHK$)	763.9

【上場】2018年12月　【住所】北京市朝陽安立路60号潤楓徳尚苑6棟4楼　【URL】www.wankaonline.com

01769　思考楽教育

思考楽教育集団
Scholar Education Group

中国南部の学習塾運営会社　広東省と福建省で学習塾を運営。幼稚園から高校までの基礎教育過程の児童・生徒を対象に「楽学」「昇学」ブランドを展開し、19年6月時点で塾の数は61に上る。広東省の学習塾の運営会社として売上高ベースで4位(18年)。

株価	最低売買価格	年間騰落率	実績PER	PBR
14.240 HK$	195,344 円	—	68.2 倍	14.3 倍

【財務】(百万元)	2019/12	2018/12
流動資産	741.2	274.6
総資産	1,471.1	480.8
流動負債	534.9	326.3
総負債	917.7	365.6
資本金	3.8	0.3
株主資本	553.4	115.2

【CF】(百万元)	2019/12	2018/12
営業CF	300.4	114.0
投資CF	-374.8	-85.4
財務CF	278.7	-16.1
現金同等物	241.5	37.2

【指標】(%)	
ROA	6.4
ROE	17.1
粗利益率	42.7
増収率	44.3
増益率(営利)	53.8
自己資本増加率	380.3
BPS(元)	1.0
負債比率	165.8
流動比率	138.6
株主資本比率	37.6

【業績】(百万元)	売上高	営業利益	純利益	前年比(%)	EPS(元)	1株配(HK$)
2017/12	375.80	44.22	29.61	185.4	0.592	—
2018/12	493.12	85.75	72.21	143.9	0.171	0.0000
2019/12	711.42	131.89	94.79	31.3	0.191	0.1800
2018/06中間	236.02	41.90	36.70	—	0.089	0.0000
2019/06中間	295.48	51.16	33.47	-8.8	0.077	0.0600

【株価情報】	
取引単位(株)	1,000
時価総額(mHK$)	7,913.2

【上場】2019年6月　【住所】深セン市福田区上梅林中康路卓越城二期A棟2601室　【URL】www.skledu.com

01772　江西カン鋒リチウム

江西カン鋒リ業股フン有限公司
Jiangxi Ganfeng Lithium Co.,Ltd.

江西省拠点のリチウム製品メーカー　リチウム電池や液晶、樹脂、医薬品など広範な用途に使われるリチウム製品を製造。リチウム塩、フッ化リチウム、炭酸リチウム、ブチルリチウムといった化合物と金属リチウムの中間製品が主力。リチウム電池の生産も手掛ける。

株価	最低売買価格	年間騰落率	実績PER	PBR
28.550 HK$	78,330 円	130.2 %	93.1 倍	4.4 倍

【財務】(百万元)	2019/12	2018/12
流動資産	5,717.0	7,914.8
総資産	14,213.0	13,638.8
流動負債	3,258.9	3,832.2
総負債	5,802.8	5,543.5
資本金	1,292.6	1,315.1
株主資本	8,355.3	8,041.7

【CF】(百万元)	2019/12	2018/12
営業CF	669.3	685.2
投資CF	-2,822.7	-2,360.0
財務CF	240.8	2,720.7
現金同等物	1,328.1	3,218.6

【指標】(%)	
ROA	2.5
ROE	4.3
粗利益率	23.6
増収率	7.3
増益率(営利)	—
自己資本増加率	3.9
BPS(元)	6.5
負債比率	69.5
流動比率	175.4
株主資本比率	58.8

【業績】(百万元)	売上高	営業利益	純利益	前年比(%)	EPS(元)	1株配(元)
2017/12	4,171.20	—	2,095.55	87.6	1.890	0.0000
2018/12	4,889.88	—	1,336.60	-36.2	1.170	0.3000
2019/12	5,246.43	—	360.75	-73.0	0.280	0.3000
2018/06中間	2,239.32	—	730.22	-20.7	0.660	0.0000
2019/06中間	2,802.24	—	297.20	-59.3	0.230	0.0000

【株価情報】	
取引単位(株)	200
時価総額(mHK$)	5,715.3

【上場】2018年10月　【住所】江西省新余市経済開発区龍騰路　【URL】www.ganfenglithium.com

01786　中国鉄建高新装備

中国鉄建高新装備股フン有限公司
CRCC High-Tech Equipment Corp.,Ltd.

保線機械の中国最大手　中国鉄建(01186)から分離
上場。軌道交通や保線に利用する特殊機械を製造
する。レールのゆがみと枕木の沈下を補正するタン
パーと、枕木の下に砂利・砕石を敷き詰めた道床の横
抵抗力を強化するスタビライザーが主力。

株価	最低売買価格	年間騰落率	実績PER	PBR
1.190 HK$	8,162 円	-35.0 %	13.6 倍	0.3 倍

【財務】(百万元)	2019/12	2018/12
流動資産	5,536.6	5,543.7
総資産	7,397.2	7,468.2
流動負債	1,928.6	1,944.3
総負債	1,928.6	1,972.7
資本金	1,519.9	1,519.9
株主資本	5,468.5	5,495.4

【CF】(百万元)	2019/12	2018/12
営業CF	221.6	261.5
投資CF	-101.7	-21.0
財務CF	-76.5	-15.5
現金同等物	1,832.6	1,789.2

【指標】(%)	
ROA	1.7
ROE	2.2
粗利益率	27.6
増収率	-12.5
増益率(営利)	—
自己資本増加率	-0.5
BPS(元)	3.6
負債比率	35.3
流動比率	287.1
株主資本比率	73.9

【業績】(百万元)	売上高	営業利益	純利益	前年比(%)	EPS(元)	1株配(元)
2017/12	1,818.31	—	55.09	-88.2	0.040	0.0100
2018/12	2,410.71	—	156.36	183.8	0.100	0.0500
2019/12	2,109.18	—	122.16	-21.9	0.080	0.0400
2018/06中間	1,217.96	—	82.29	206.1	0.050	0.0000
2019/06中間	1,190.64	—	94.32	14.6	0.060	0.0000

【株価情報】	
取引単位(株)	500
時価総額(mHK$)	633.0

【上場】2015年12月 【住所】雲南省昆明市金馬鎮羊方旺384号 【URL】www.crcce.com.cn

01792　CMON

CMON Ltd.
CMON Ltd.

卓上ゲームメーカー　卓上ゲームのプラン、設計、
販売を手掛ける。北米と欧州が主要市場で、自社開
発のゲームに加え、第三者から許可を得たゲームも
販売。小型の模型を使ったミニチュアボードゲームに
定評があり、『ゾンビサイド』シリーズの人気が高い。

株価	最低売買価格	年間騰落率	実績PER	PBR
0.074 HK$	10,151 円	—	8.7 倍	6.2 倍

【財務】(百万US$)	2019/06	2018/06
流動資産	16.9	14.3
総資産	44.8	38.4
流動負債	18.1	13.9
総負債	23.2	18.3
資本金	0.0	0.0
株主資本	21.5	20.1

【CF】(百万US$)	2019/06	2018/06
営業CF	1.2	0.7
投資CF	-3.4	-3.3
財務CF	1.0	1.5
現金同等物	1.5	1.7

【指標】(%)	
ROA	—
ROE	—
粗利益率	45.8
増収率	34.2
増益率(営利)	—
自己資本増加率	7.1
BPS(US$)	0.0
負債比率	107.8
流動比率	93.3
株主資本比率	48.1

【業績】(百万US$)	売上高	営業利益	純利益	前年比(%)	EPS(US$)	1株配(US$)
2016/12	20.96	1.88	1.02	-44.2	0.001	0.0000
2017/12	29.82	4.38	3.50	243.5	0.002	0.0000
2018/12	28.21	2.56	2.07	-40.9	0.001	0.0000
2018/06中間	9.55	0.05	-0.08	—	0.000	0.0000
2019/06中間	12.82	-0.81	-1.15	—	-0.001	0.0000

【株価情報】	
取引単位(株)	10,000
時価総額(mHK$)	133.6

【上場】2016年12月 【住所】133 New Bridge Road,#20-09/10 Chinatown Point Singapore 【URL】cmon.com

01796　耀高控股

耀高控股有限公司
Yield Go Holdings Ltd.

香港の内装工事会社　香港で建物の内装工事を請
け負う。天井や窓ガラス、フローリング、据え付けの家
具、キッチンの収納といった内装の仕上げに加え、顧
客の要望に応じて木材製品などの素材の販売も手掛
ける。主に住宅や商業不動産の内装を請け負う。

株価	最低売買価格	年間騰落率	実績PER	PBR
0.385 HK$	10,563 円	-64.3 %	4.2 倍	1.0 倍

【財務】(百万HK$)	2019/09	2018/09
流動資産	350.9	—
総資産	355.2	—
流動負債	174.3	—
総負債	175.1	—
資本金	4.8	—
株主資本	180.1	—

【CF】(百万HK$)	2019/09	2018/09
営業CF	-4.0	-25.7
投資CF	-1.2	-0.0
財務CF	20.4	8.1
現金同等物	65.7	9.1

【指標】(%)	
ROA	2.1
ROE	4.2
粗利益率	5.9
増収率	-18.9
増益率(営利)	—
自己資本増加率	—
BPS(HK$)	0.4
負債比率	97.2
流動比率	201.3
株主資本比率	50.7

【業績】(百万HK$)	売上高	営業利益	純利益	前年比(%)	EPS(HK$)	1株配(HK$)
2017/03	346.39	—	27.14	128.8	—	—
2018/03	560.28	—	38.59	42.2	0.107	0.0000
2019/03	669.78	—	35.96	-6.8	0.092	0.0800
2018/09中間	281.07	—	12.58	—	0.035	0.0000
2019/09中間	228.06	—	3.74	-70.3	0.008	0.0000

【株価情報】	
取引単位(株)	2,000
時価総額(mHK$)	184.8

【上場】2018年12月 【住所】香港新界セン湾海盛路9号有線電視大楼39楼8単元 【URL】yield-go.com

01799　新特能源

新特能源股フン有限公司
Xinte Energy Co.,Ltd.

太陽光電池の素材メーカー　太陽光電池の主要部材である多結晶シリコンをはじめ、インバーター、ウェハー、モジュールなどを生産する。新疆ウイグル自治区のウルムチに多結晶シリコン工場を保有。太陽光発電設備の建設や据え付けも手掛ける。

株価	最低売買価格	年間騰落率	実績PER	PBR
4.430 HK$	24,308 円	-19.5 %	11.9 倍	0.5 倍

【財務】(百万元)	2019/12	2018/12
流動資産	16,364.7	16,441.3
総資産	41,705.1	35,699.7
流動負債	14,400.9	15,789.7
総負債	27,856.4	24,409.6
資本金	1,200.0	1,045.0
株主資本	11,423.4	10,021.2

【指標】(%)	
ROA	1.0
ROE	3.5
粗利益率	21.0
増収率	-27.6
増益率(営利)	-41.6
自己資本増加率	14.0
BPS(元)	9.5
負債比率	243.9
流動比率	113.6
株主資本比率	27.4

【CF】(百万元)	2019/12	2018/12
営業CF	-1,474.3	1,851.1
投資CF	-4,312.9	-3,291.8
財務CF	4,673.2	2,964.2
現金同等物	2,747.0	3,856.4

【業績】(百万元)	売上高	営業利益	純利益	前年比(%)	EPS(元)	1株配(元)
2017/12	11,420.95	1,492.02	1,070.67	33.6	1.020	0.2000
2018/12	12,053.74	1,546.32	1,107.80	3.5	1.060	0.1500
2019/12	8,722.11	903.12	402.64	-63.7	0.340	0.0600
2018/06中間	5,384.12	1,162.99	863.38	15.0	0.830	0.0000
2019/06中間	4,041.32	507.49	235.49	-72.7	0.210	0.0000

【株価情報】	
取引単位(株)	400
時価総額(mHK$)	1,388.7

【上場】2015年12月 【住所】新疆烏魯木斉高新技術産業開発区甘泉堡工業園面広東街2499号 【URL】www.xinteenergy.com

01801　信達生物製薬

信達生物製薬
Innovent Biologics, Inc.

抗体医薬品の創薬ベンチャー　がん治療薬や代謝疾患治療薬などの開発を目指す創薬ベンチャー。がん細胞に感染してがんを破壊する腫瘍溶解性ウイルスを利用した治療薬の開発やモノクローナル抗体新薬の共同開発で知られる兪徳超氏が創業。

株価	最低売買価格	年間騰落率	実績PER	PBR
38.150 HK$	261,671 円	52.3 %	—	10.1 倍

【財務】(百万元)	2019/12	2018/12
流動資産	5,455.4	4,686.3
総資産	7,230.5	6,112.6
流動負債	1,043.6	670.3
総負債	2,474.4	1,918.2
資本金	0.1	0.1
株主資本	4,756.1	4,194.4

【指標】(%)	
ROA	—
ROE	—
粗利益率	88.1
増収率	10,953.3
増益率(営利)	—
自己資本増加率	13.4
BPS(元)	3.8
負債比率	52.0
流動比率	522.8
株主資本比率	65.8

【CF】(百万元)	2019/12	2018/12
営業CF	-1,664.5	-1,011.8
投資CF	-2,569.2	855.2
財務CF	2,109.3	4,433.9
現金同等物	2,425.8	4,524.9

【業績】(百万元)	売上高	営業利益	純利益	前年比(%)	EPS(元)	1株配(元)
2017/12	18.54	—	-562.32	—	-5.960	0.0000
2018/12	9.48	—	-5,771.49	—	-17.240	0.0000
2019/12	1,047.53	—	-1,719.95	—	-1.460	0.0000
2018/06中間	4.44	—	43.89	—	0.300	0.0000
2019/06中間	345.52	—	-714.41	—	-0.620	0.0000

【株価情報】	
取引単位(株)	500
時価総額(mHK$)	48,166.8

【上場】2018年10月 【住所】江蘇省蘇州工業園区東平街168号 【URL】innoventbio.com

01802　文業集団

文業集団控股有限公司
Wenye Group Holdings Ltd.

建物の装飾工事会社　1989年に深センで創業した装飾工事会社が前身。集合住宅、商業施設、公共施設などの外装・内装工事を手掛ける。電気・機械工事、火災報知システムの据え付け、電子・通信システムの設置、カーテンウオールの据え付けなどが主力。

株価	最低売買価格	年間騰落率	実績PER	PBR
0.890 HK$	24,418 円	—	9.0 倍	0.0 倍

【財務】(百万元)	2019/12	2018/12
流動資産	1,647.0	1,317.0
総資産	1,823.0	1,469.1
流動負債	1,301.2	989.4
総負債	1,348.3	1,028.3
資本金	—	—
株主資本	474.8	441.3

【指標】(%)	
ROA	2.2
ROE	8.4
粗利益率	12.0
増収率	8.1
増益率(営利)	-24.0
自己資本増加率	7.6
BPS(元)	479.5
負債比率	284.0
流動比率	126.6
株主資本比率	26.0

【CF】(百万元)	2019/12	2018/12
営業CF	-85.8	19.5
投資CF	3.8	19.2
財務CF	41.5	-8.9
現金同等物	46.7	87.2

【業績】(百万元)	売上高	営業利益	純利益	前年比(%)	EPS(元)	1株配(HK$)
2017/12	1,266.78	83.97	56.03	20.3	58.800	—
2018/12	1,440.79	92.59	60.72	8.4	0.140	0.0000
2019/12	1,557.91	70.39	40.07	-34.0	0.090	0.0000
2018/06中間	603.72	33.77	21.49	—	22.000	—
2019/06中間	668.74	29.11	14.98	-30.3	15.300	—

【株価情報】	
取引単位(株)	2,000
時価総額(mHK$)	528.7

【上場】2020年1月 【住所】深セン市福田区福強路沙咀工業区105棟 【URL】www.szwyzs.com

01815 金猫銀猫集団

金猫銀猫集団有限公司
CSMall Group Ltd.

宝飾品の販売会社 中国白銀集団（00815）から分離上場した事業者で、中国で宝飾品の販売を手掛ける。自社運営のオンラインプラットフォーム「金猫銀猫」を通じたネット通販が主力で、実店舗でも商品を販売する。宝飾品のネット通販事業では中国大手。

株価	最低売買価格	年間騰落率	実績PER	PBR
0.510 HK$	6,996 円	-45.8 %	—	0.4 倍

【財務】(百万元)	2019/12	2018/12
流動資産	1,313.2	1,371.5
総資産	1,596.4	1,528.1
流動負債	160.3	308.1
総負債	163.8	308.1
資本金	0.8	0.7
株主資本	1,432.6	1,220.0

【指標】(%)	
ROA	—
ROE	—
粗利益率	17.6
増収率	-50.0
増益率（営利）	—
自己資本増加率	17.4
BPS(元)	1.2
負債比率	11.4
流動比率	819.4
株主資本比率	89.7

【CF】(百万元)	2019/12	2018/12
営業CF	125.1	-285.2
投資CF	-122.0	-147.6
財務CF	121.2	363.8
現金同等物	393.3	269.0

【業績】(百万元)	売上高	営業利益	純利益	前年比(%)	EPS(元)	1株配(元)
2017/12	3,519.58	—	101.31	101.5	0.120	0.0000
2018/12	2,497.85	—	142.68	40.8	0.140	0.0000
2019/12	1,248.99	—	-5.08	—	-0.005	0.0000
2018/06中間	1,343.49	—	67.38	47.7	0.070	0.0000
2019/06中間	709.77	—	41.02	-39.1	0.040	0.0000

【株価情報】	
取引単位(株)	1,000
時価総額(mHK$)	631.3

【上場】2018年3月【住所】深セン市羅湖区翠竹水貝一路水田二街3号2棟宝琳国金珠宝交易中心6層及5A室【URL】www.csmall.com

01877 上海君実生物医薬科技

上海君実生物医薬科技股フン有限公司
Shanghai Junshi Biosciences Co.,Ltd.

中国のバイオ医薬品メーカー 上海に本社を置くバイオ医薬品メーカー。新薬の発見、研究開発、臨床試験、生産を一貫して手掛ける。主に高分子医薬品を開発し、がん免疫療法のほか、自己免疫疾患と代謝疾患の治療といった分野に重点を置く。

株価	最低売買価格	年間騰落率	実績PER	PBR
38.850 HK$	106,589 円	29.1 %	—	10.2 倍

【財務】(百万元)	2019/12	2018/12
流動資産	1,911.1	2,910.2
総資産	4,422.4	4,257.3
流動負債	605.4	471.1
総負債	1,433.9	936.2
資本金	784.1	760.3
株主資本	2,988.5	3,322.2

【指標】(%)	
ROA	—
ROE	—
粗利益率	88.3
増収率	82,886.0
増益率（営利）	—
自己資本増加率	-10.0
BPS(元)	3.8
負債比率	48.0
流動比率	315.7
株主資本比率	67.6

【CF】(百万元)	2019/12	2018/12
営業CF	-1,187.0	-510.8
投資CF	-952.0	-421.0
財務CF	593.6	3,432.6
現金同等物	1,214.0	2,763.6

【業績】(百万元)	売上高	営業利益	純利益	前年比(%)	EPS(元)	1株配(元)
2017/12	1.15	—	-320.84	—	-0.550	0.0000
2018/12	0.93	—	-716.41	—	-1.190	0.0000
2019/12	775.09	—	-743.92	—	-0.950	0.0000
2018/06中間	—	—	-272.79	—	-0.460	0.0000
2019/06中間	309.31	—	-289.19	—	-0.370	0.0000

【株価情報】	
取引単位(株)	200
時価総額(mHK$)	7,099.7

【上場】2018年12月【住所】中国（上海）自由貿易試験区蔡倫路781号602室【URL】www.junshipharma.com

01902 銀城国際

銀城国際控股有限公司
Yincheng International Holding Co.,Ltd.

長江デルタの不動産開発会社 江蘇省南京に本社を置く不動産デベロッパー。長江デルタの主要都市で主にマンションなどの住宅不動産開発を手掛け、江蘇省の南京、無錫、蘇州、鎮江、安徽省の合肥や馬鞍山、浙江省杭州などで開発実績を持つ。

株価	最低売買価格	年間騰落率	実績PER	PBR
2.390 HK$	65,572 円	2.6 %	19.8 倍	1.4 倍

【財務】(百万元)	2019/12	2018/12
流動資産	30,451.1	23,516.1
総資産	34,522.6	25,539.6
流動負債	24,068.1	17,859.4
総負債	30,495.8	23,129.3
資本金	124.1	0.3
株主資本	2,508.8	1,568.6

【指標】(%)	
ROA	0.4
ROE	6.0
粗利益率	16.3
増収率	79.3
増益率（営利）	—
自己資本増加率	59.9
BPS(元)	1.7
負債比率	1,215.5
流動比率	126.5
株主資本比率	7.3

【CF】(百万元)	2019/12	2018/12
営業CF	3,496.0	-3,251.1
投資CF	-6,197.3	1,390.1
財務CF	4,006.3	2,278.8
現金同等物	2,894.3	1,589.2

【業績】(百万元)	売上高	営業利益	純利益	前年比(%)	EPS(元)	1株配(HK$)
2017/12	4,675.64	—	420.22	20.7	—	0.0000
2018/12	5,070.09	—	442.44	5.3	0.470	0.0000
2019/12	9,092.47	—	150.31	-66.0	0.110	0.0230
2018/06中間	108.64	—	262.02	—	—	0.0000
2019/06中間	3,739.04	—	6.76	-97.4	0.010	0.0000

【株価情報】	
取引単位(株)	2,000
時価総額(mHK$)	3,458.2

【上場】2019年3月【住所】江蘇省南京市江東北路289号銀城広場A座19-21層単位【URL】www.yincheng.hk

01905 海通恒信国際租賃

海通恒信国際租賃股フン有限公司
Haitong UniTrust International Leasing Co.,Ltd

海通証券傘下のリース会社 海通証券(06837)の
リース事業子会社。顧客が希望する機器や物件を代
わりに購入して貸し出すファイナンスリースが主力で、
助言業務などのサービス、企業の売掛金を買い取る
ファクタリング、オペレーティングリースも手掛ける。

株価	最低売買価格	年間騰落率	実績PER	PBR
1.490 HK$	**40,880** 円	—	**8.5** 倍	**0.8** 倍

【財務】(百万元)	2019/12	2018/12
流動資産	51,149.5	43,472.8
総資産	99,047.3	82,111.4
流動負債	46,183.7	35,083.0
総負債	83,757.5	69,191.5
資本金	8,235.3	7,000.0
株主資本	15,273.1	12,424.8

【指標】(%)	
ROA	1.3
ROE	8.6
粗利益率	
増収率	34.0
増益率(営利)	—
自己資本増加率	22.9
BPS(元)	1.9
負債比率	548.4
流動比率	110.8
株主資本比率	15.4

【CF】(百万元)	2019/12	2018/12
営業CF	−9,366.2	−12,084.5
投資CF	−1,025.5	−3,614.4
財務CF	11,760.5	17,398.2
現金同等物	5,053.1	3,662.8

【業績】(百万元)	売上高	営業利益	純利益	前年比(%)	EPS(元)	1株配(元)
2017/12	4,036.78	—	1,211.54	57.1	0.170	0.0000
2018/12	5,332.32	—	1,265.16	4.4	0.170	0.0000
2019/12	7,144.94	—	1,316.64	4.1	0.160	0.0940
2018/06中間	2,454.09	—	631.97	—	0.090	0.0000
2019/06中間	3,539.13	—	699.52	10.7	0.090	0.0500

【株価情報】	
取引単位(株)	2,000
時価総額(mHK$)	8,633.

【上場】2019年6月 【住所】上海市黄浦区南京路300号名人商業大厦10楼 【URL】www.utfinancing.com

01911 華興資本

華興資本控股有限公司
China Renaissance Holdings Ltd

新興企業中心の投資銀行 中国のニューエコノミー
企業を対象に投資銀行業務を手掛ける。新興企業に
投資家を紹介するサービスや金融助言業務の提供に
加え、私募発行や企業の合併・買収(M&A)の仲介、
香港または米国上場時の引受業務などを担う。

株価	最低売買価格	年間騰落率	実績PER	PBR
10.460 HK$	**14,349** 円	**-41.9** %	**19.5** 倍	**1.1** 倍

【財務】(百万元)	2019/12	2018/12
流動資産	6,789.7	5,495.7
総資産	9,510.4	7,315.8
流動負債	2,740.4	895.5
総負債	2,838.3	922.0
資本金	0.1	—
株主資本	5,159.1	4,938.8

【指標】(%)	
ROA	2.6
ROE	4.8
粗利益率	—
増収率	−6.8
増益率(営利)	26.
自己資本増加率	4.5
BPS(元)	9.3
負債比率	55.5
流動比率	247.3
株主資本比率	54.2

【CF】(百万元)	2019/12	2018/12
営業CF	−437.5	−1,599.2
投資CF	498.0	−2,641.8
財務CF	501.7	1,766.6
現金同等物	1,022.0	442.4

【業績】(百万元) 中間決算と17年本決算の通貨単位は米ドル	売上高	営業利益	純利益	前年比(%)	EPS(元)	1株配(元)
2017/12	139.41	−6.43	0.03	−99.9	0.000	0.0000
2018/12	1,398.83	266.61	−1,619.39	—	−5.150	0.0000
2019/12	1,304.05	336.09	246.78	—	0.490	0.1500
2018/06中間	108.46	22.50	−149.19	—	−0.620	0.0000
2019/06中間	92.59	20.72	26.11	—	0.050	0.0000

【株価情報】	
取引単位(株)	100
時価総額(mHK$)	5,662.

【上場】2018年9月 【住所】北京市朝陽区工人体育場北路甲2号盈科中心捌坊1号 【URL】www.huaxing.com

01915 泰和農村小額貸款

揚州市広陵区泰和農村小額貸款股フン有限公司
Yangzhou Guangling District Taihe Rural Micro-finance Co.,Ltd

揚州市の小規模金融事業者 江蘇省揚州市を拠点
に小規模金融(マイクロファイナンス)を手掛ける。同
市当局に認可された初の農村マイクロファイナンス会
社。中小企業や零細事業者、起業家向けの短期貸付
を主要業務業務とする。

株価	最低売買価格	年間騰落率	実績PER	PBR
2.500 HK$	**68,590** 円	**-1.6** %	**28.5** 倍	**1.7** 倍

【財務】(百万元)	2019/12	2018/12
流動資産	—	—
総資産	881.0	827.5
流動負債	—	—
総負債	19.6	16.1
資本金	600.0	600.0
株主資本	861.4	811.3

【指標】(%)	
ROA	5.
ROE	5.
粗利益率	—
増収率	—
増益率(営利)	—
自己資本増加率	6.
BPS(元)	1.
負債比率	2.
流動比率	—
株主資本比率	97.

【CF】(百万元)	2019/12	2018/12
営業CF	2.4	43.9
投資CF	−2.0	−2.1
財務CF	−0.9	−48.0
現金同等物	3.8	4.3

【業績】(百万元)	売上高	営業利益	純利益	前年比(%)	EPS(元)	1株配(元)
2017/12	—	—	45.83	13.2	0.080	0.0800
2018/12	—	—	68.76	50.0	0.110	0.0000
2019/12	—	—	50.12	−27.1	0.080	0.0250
2018/06中間	—	—	34.72	89.5	0.060	0.0000
2019/06中間	—	—	30.39	−12.5	0.050	0.0000

【株価情報】	
取引単位(株)	2,000
時価総額(mHK$)	375.

【上場】2017年5月 【住所】江蘇省揚州市広陵区李典鎮北洲路 【URL】www.gltaihe.com

01917 豆盟科技

豆盟科技有限公司
Doumob

中国のモバイル広告大手 中国のモバイル広告市場で技術サービスや広告代理サービスを手掛ける。広告の受け手がアクションを起こしやすいインタラクティブ広告のプラットフォームを運営。第三者のプラットフォームに広告を出稿する仲介サービスも展開。

株価	最低売買価格	年間騰落率	実績PER	PBR
0.143 RMB	21,494 円	-78.3 %	28.6 倍	1.1 倍

【財務】(百万元)	2019/12	2018/12
流動資産	261.0	287.6
総資産	328.1	312.6
流動負債	27.8	72.6
総負債	27.8	72.6
資本金	2.0	0.2
株主資本	299.1	238.8

【指標】(%)	
ROA	3.3
ROE	3.6
粗利益率	27.6
増収率	-46.3
増益率(営利)	—
自己資本増加率	25.3
BPS(元)	0.1
負債比率	9.3
流動比率	940.3
株主資本比率	91.2

【CF】(百万元)	2019/12	2018/12
営業CF	34.3	64.1
投資CF	-96.1	-23.0
財務CF	47.8	70.4
現金同等物	118.9	132.9

【業績】(百万元)	売上高	営業利益	純利益	前年比(%)	EPS(元)	1株配(元)
2017/12	222.93	—	34.76	47.8	0.017	0.0000
2018/12	352.61	—	43.22	24.3	0.021	0.0000
2019/12	189.45	—	10.92	-74.7	0.005	0.0000
2018/06中間	158.31	—	21.03	—	0.010	0.0000
2019/06中間	132.81	—	23.78	13.1	0.011	0.0000

【株価情報】
取引単位(株) 10,000
時価総額(百万元) 328.9

【上場】2019年3月 【住所】北京市朝陽区高井東億国際伝媒産業園二期C11号楼5楼 【URL】www.doumob.com

---

01920 恒新豊

恒新豊控股有限公司
Hands Form Holdings Ltd.

香港の左官工事会社 香港で建物の床や壁、天井などの仕上げ工事に加え、屋内外の大理石敷設やれんが・ブロック工事を手掛ける。左官工事やブロック工事など「ウェット・トレード」と呼ばれる分野では売上高ベースの香港での市場シェアは3.8%で5位(18年)。

株価	最低売買価格	年間騰落率	実績PER	PBR
0.130 HK$	17,833 円		8.0 倍	1.5 倍

【財務】(百万HK$)	2019/12	2018/12
流動資産	248.0	153.1
総資産	261.9	161.1
流動負債	40.2	84.9
総負債	40.5	85.1
資本金	26.0	0.6
株主資本	221.4	76.0

【指標】(%)	
ROA	13.7
ROE	16.2
粗利益率	12.6
増収率	29.3
増益率(営利)	—
自己資本増加率	191.4
BPS(HK$)	0.1
負債比率	18.3
流動比率	616.4
株主資本比率	84.5

【CF】(百万HK$)	2019/12	2018/12
営業CF	-95.7	-1.1
投資CF	9.4	-14.4
財務CF	93.0	20.5
現金同等物	24.7	18.1

【業績】(百万HK$)	売上高	営業利益	純利益	前年比(%)	EPS(HK$)	1株配(HK$)
2017/12	245.03	—	21.27	86.7	0.011	
2018/12	431.82	—	40.32	89.6	0.021	0.0000
2019/12	558.14	—	35.83	-11.1	0.016	0.0000
2018/06中間	201.78	—	20.81	—	0.011	0.0000
2019/06中間	280.20	—	16.31	-21.6	0.008	0.0000

【株価情報】
取引単位(株) 10,000
時価総額(mHK$) 338.0

【上場】2019年8月 【住所】香港九龍佐敦上海街28号恒邦商業中心2楼9室 【URL】www.handsform.com

---

01922 銀城生活服務

銀城生活服務有限公司
Yincheng Life Service Co.,Ltd.

江蘇省基盤の不動産管理会社 江蘇省を中心に長江デルタ地域で不動産管理を手掛ける。住宅物件、商業施設、オフィスビル、政府庁舎、学校、高速道路のサービスエリアなどを対象に、警備、清掃、景観整備、駐車場管理、保守といったサービスを提供する。

株価	最低売買価格	年間騰落率	実績PER	PBR
2.200 HK$	60,359 円	—	12.6 倍	4.8 倍

【財務】(百万元)	2019/12	2018/12
流動資産	637.1	318.0
総資産	694.7	387.2
流動負債	568.9	297.8
総負債	572.9	314.1
資本金	2.4	—
株主資本	122.2	72.3

【指標】(%)	
ROA	4.8
ROE	27.1
粗利益率	16.1
増収率	48.8
増益率(営利)	—
自己資本増加率	69.0
BPS(元)	0.5
負債比率	468.7
流動比率	112.0
株主資本比率	17.6

【CF】(百万元)	2019/12	2018/12
営業CF	105.8	35.7
投資CF	71.3	-104.5
財務CF	149.4	-12.4
現金同等物	447.8	121.4

【業績】(百万元)	売上高	営業利益	純利益	前年比(%)	EPS(元)	1株配(HK$)
2017/12	305.90	—	20.59	-12.7		
2018/12	467.67	—	27.33	32.7		0.0000
2019/12	695.77	—	33.12	21.2	0.160	0.0420
2018/06中間	—	—	—	—	—	—
2019/06中間	—	—	—	—	—	—

【株価情報】
取引単位(株) 2,000
時価総額(mHK$) 587.7

【上場】2019年11月 【住所】江蘇省南京市江東北路289号19楼 【URL】www.yinchenglife.hk

541

01935 嘉宏教育科技

嘉宏教育科技有限公司
JH Educational Technology Inc

中国の私立大学経営会社 浙江省と河南省で高等教育機関を経営する。浙江省杭州の専科大学(短期大学)である長征学院は省内の私立専科大学では最大規模。浙江省温州では私立高校も運営する。18年には河南省の信息商務学院を傘下に組み入れた。

株価	最低売買価格	年間騰落率	実績PER	PBR
1.720 HK$	47,190 円	—	12.7 倍	1.7 倍

【財務】(百万元)	2019/12	2018/12
流動資産	971.2	498.0
総資産	2,398.1	1,870.3
流動負債	398.5	502.8
総負債	416.0	517.2
資本金	110.4	0.1
株主資本	1,643.0	1,065.5

【指標】(%)	
ROA	7.3
ROE	10.7
粗利益率	53.2
増収率	60.7
増益率(営利)	—
自己資本増加率	54.2
BPS(元)	1.0
負債比率	25.3
流動比率	243.7
株主資本比率	68.5

【CF】(百万元)	2019/12	2018/12
営業CF	317.5	250.5
投資CF	−235.4	−207.4
財務CF	259.3	−51.3
現金同等物	524.5	172.9

【業績】(百万元)	売上高	営業利益	純利益	前年比(%)	EPS(元)	1株配(HK$)
2017/12	171.99	—	122.01	26.4	—	—
2018/12	301.82	—	156.05	27.9	0.130	0.0000
2019/12	485.12	—	175.77	12.6	0.124	0.1500
2018/06中間	98.45	—	57.27	—	0.048	0.0000
2019/06中間	254.83	—	98.57	72.1	0.080	0.0750

【株価情報】	
取引単位(株)	2,000
時価総額(mHK$)	2,753.4

【上場】2019年6月 【住所】浙江省楽清市柳市鎮柳翁路618号 【URL】www.jheduchina.com

01941 燁星集団

燁星集団控股有限公司
Ye Xing Group Holdings Ltd

中国の不動産管理会社 中国で不動産管理を手掛ける。住宅不動産をはじめ、ショッピングセンターやオフィスビルなどの商業不動産向けの管理サービスも提供する。不動産物件の警備、清掃、保守、修繕、駐車場の管理などが主なサービス。

株価	最低売買価格	年間騰落率	実績PER	PBR
1.350 HK$	37,039 円	—	13.1 倍	—

【財務】(百万元)	2019/12	2018/12
流動資産	236.3	252.6
総資産	247.4	260.3
流動負債	170.4	171.0
総負債	171.4	172.7
資本金	—	33.0
株主資本	76.1	87.6

【指標】(%)	
ROA	10.5
ROE	34.0
粗利益率	34.5
増収率	8.9
増益率(営利)	—
自己資本増加率	−13.2
BPS(元)	7,606.3
負債比率	225.3
流動比率	138.6
株主資本比率	30.7

【CF】(百万元)	2019/12	2018/12
営業CF	63.7	−0.9
投資CF	−86.2	−15.1
財務CF	−42.4	1.1
現金同等物	27.9	92.8

【業績】(百万元)	売上高	営業利益	純利益	前年比(%)	EPS(元)	1株配(HK$)
2017/12	191.56	—	35.89	104.4	0.151	—
2018/12	251.18	—	36.94	2.9	0.155	0.0000
2019/12	273.58	—	25.88	−29.9	0.094	0.0000
2018/06中間	—	—	—	—	—	—
2019/06中間	—	—	—	—	—	—

【株価情報】	
取引単位(株)	2,000
時価総額(mHK$)	540.0

【上場】2020年3月 【住所】北京大興区西紅門欣栄北大街45号院108号 【URL】www.hongkunwuye.com

01943 銀濤控股

銀濤控股有限公司
Silver Tide Holdings Ltd

香港の型枠専門事業者 土木・建設現場でコンクリートなどを流し込み、決められた形状に固める型枠の組み立てを香港で手掛ける。香港の型枠組立市場におけるシェアは6.5%(18年)。官民の事業を請け負い、売上比率は民間が94%、公共が6%。

株価	最低売買価格	年間騰落率	実績PER	PBR
0.192 HK$	13,169 円	—	4.9 倍	0.8 倍

【財務】(百万HK$)	2019/09	2018/09
流動資産	303.9	—
総資産	317.6	—
流動負債	68.8	—
総負債	70.1	—
資本金	10.0	—
株主資本	247.5	—

【指標】(%)	
ROA	1.9
ROE	2.4
粗利益率	7.9
増収率	21.0
増益率(営利)	—
自己資本増加率	—
BPS(HK$)	0.2
負債比率	28.3
流動比率	441.0
株主資本比率	77.9

【CF】(百万HK$)	2019/09	2018/09
営業CF	−17.4	−32.0
投資CF	−11.3	−0.7
財務CF	107.7	−13.3
現金同等物	115.2	17.8

【業績】(百万HK$)	売上高	営業利益	純利益	前年比(%)	EPS(HK$)	1株配(HK$)
2017/03	378.63	—	18.36	1.6	—	—
2018/03	361.87	—	37.22	102.7	0.050	0.0000
2019/03	399.88	—	29.33	−21.2	0.039	0.0000
2018/09中間	204.93	—	13.78	—	0.018	0.0000
2019/09中間	248.03	—	2.99	−78.3	0.006	0.0000

【株価情報】	
取引単位(株)	5,000
時価総額(mHK$)	192.1

【上場】2019年6月 【住所】香港九龍旺角塘尾道18号嘉禮大廈14楼A至B室 【URL】www.silvertide.hk

01950　深藍科技

深藍科技控股有限公司
Sunlight Technology Holdings Ltd.

合皮用の化学品メーカー　合成皮革の製造工程で用いる化学品を中国で生産し、「深藍科技」ブランドで販売する。合成皮革のコーティング剤と合成樹脂が主力。カラーペーストや色票といった着色剤をはじめ、添加剤などを生産する。浙江省杭州に生産拠点。

株価	最低売買価格	年間騰落率	実績PER	PBR
1.870 HK$	102,611 円	—	53.0 倍	1.3 倍

【財務】(百万元)	2019/12	2018/12
流動資産	126.4	95.1
総資産	205.7	175.8
流動負債	60.5	47.7
総負債	61.4	48.6
資本金	0.7	36.0
株主資本	144.3	127.2

【指標】(%)	
ROA	11.7
ROE	16.7
粗利益率	33.9
増収率	9.2
増益率(営利)	—
自己資本増加率	13.5
BPS(元)	1.4
負債比率	42.5
流動比率	208.7
株主資本比率	70.2

【CF】(百万元)	2019/12	2018/12
営業CF	7.2	24.9
投資CF	-6.1	-1.2
財務CF	3.2	-19.7
現金同等物	14.2	10.2

【業績】(百万元)	売上高	営業利益	純利益	前年比(%)	EPS(元)	1株配(HK$)
2017/12	157.64	—	34.95	37.6	0.047	—
2018/12	167.31	—	30.79	-11.9	0.041	0.0000
2019/12	182.68	—	24.12	-21.6	0.032	0.0000
2018/06中間	—	—	—	—	—	—
2019/06中間	—	—	—	—	—	—

【株価情報】	
取引単位(株)	4,000
時価総額(mHK$)	1,870.0

【上場】2020年3月　【住所】浙江省杭州市建徳市梅城鎮姜山路2号　【URL】www.slkj.cn

01966　中駿集団

中駿集団控股有限公司
China SCE Group Holdings Ltd.

上海拠点の不動産デベロッパー　黄朝陽会長が1987年に福建省アモイで創業した中駿集団が母体。不動産開発や賃貸、物件管理サービスを展開。営業基盤は本拠地の上海市、北京市、広東省深セン市など30都市強で、高層住宅や商業施設などを開発。

株価	最低売買価格	年間騰落率	実績PER	PBR
3.480 HK$	47,739 円	-3.9 %	3.7 倍	0.8 倍

【財務】(百万元)	2019/12	2018/12
流動資産	96,743.6	62,213.6
総資産	149,382.1	101,490.8
流動負債	85,048.7	54,226.4
総負債	119,095.9	79,351.4
資本金	361.5	353.1
株主資本	17,579.0	15,482.2

【指標】(%)	
ROA	2.3
ROE	20.0
粗利益率	27.6
増収率	20.2
増益率(営利)	—
自己資本増加率	13.5
BPS(元)	4.2
負債比率	677.5
流動比率	113.8
株主資本比率	11.8

【CF】(百万元)	2019/12	2018/12
営業CF	-7,088.3	4,281.6
投資CF	-6,453.4	-8,663.5
財務CF	17,132.3	11,590.2
現金同等物	19,150.8	15,515.3

【業績】(百万元)	売上高	営業利益	純利益	前年比(%)	EPS(元)	1株配(HK$)
2017/12	16,105.25	—	2,840.04	37.0	0.799	0.1900
2018/12	17,782.89	—	3,385.28	19.2	0.878	0.2100
2019/12	21,369.80	—	3,510.05	3.7	0.849	0.2400
2018/06中間	9,414.76	—	2,020.23	99.3	0.528	0.0700
2019/06中間	10,422.83	—	1,916.81	-5.1	0.465	0.1000

【株価情報】	
取引単位(株)	1,000
時価総額(mHK$)	14,553.8

【上場】2010年2月　【住所】上海市閔行区申長路1588弄26号中駿広場　【URL】www.sce-re.com

01999　敏華控股

敏華控股有限公司
Man Wah Holdings Ltd.

香港の家具メーカー　ソファーの製造・販売が主力事業。「芝華仕(Cheers)」「愛蒙(Enlanda)」など自社ブランドを展開する。香港、中国本土で直営店を運営するほか、欧米を中心とした海外の小売業者に製品を提供している。

株価	最低売買価格	年間騰落率	実績PER	PBR
4.510 HK$	24,747 円	15.4 %	12.7 倍	2.8 倍

【財務】(百万HK$)	2019/09	2018/09
流動資産	5,436.5	4,714.1
総資産	12,958.4	10,082.7
流動負債	5,177.6	3,659.6
総負債	6,268.9	4,017.1
資本金	1,529.3	1,533.3
株主資本	6,186.2	5,595.9

【指標】(%)	
ROA	10.9
ROE	22.8
粗利益率	35.0
増収率	1.9
増益率(営利)	—
自己資本増加率	10.5
BPS(HK$)	1.6
負債比率	101.3
流動比率	105.0
株主資本比率	47.7

【CF】(百万HK$)	2019/09	2018/09
営業CF	1,477.2	758.6
投資CF	-467.7	-1,159.0
財務CF	-732.3	440.4
現金同等物	1,562.3	1,250.9

【業績】(百万HK$)	売上高	営業利益	純利益	前年比(%)	EPS(HK$)	1株配(HK$)
2017/03	7,779.02	—	1,752.37	32.0	0.456	0.2800
2018/03	10,026.57	—	1,535.91	-12.4	0.402	0.2500
2019/03	11,257.79	—	1,363.80	-11.2	0.356	0.1200
2018/09中間	5,487.54	—	665.33	-16.1	0.174	0.0600
2019/09中間	5,592.67	—	705.86	6.1	0.185	0.0700

【株価情報】	
取引単位(株)	400
時価総額(mHK$)	17,243.1

【上場】2010年4月　【住所】香港新界火炭桂地街10-14号華麗工業中心1楼　【URL】www.manwahholdings.com

02017　滄海控股

滄海控股有限公司
Chanhigh Holdings Ltd.

浙江省の土木・建設会社　本拠を置く浙江省を中心に江蘇省、山東省、河北省、重慶市などで事業を展開する。道路建設や水道管の敷設といった土木工事に加え、植樹や土地造成、公園の建設など緑化を含む景観整備事業に強みを持つ。

株価	最低売買価格	年間騰落率	実績PER	PBR
0.315 HK$	8,642 円	-59.6 %	3.5 倍	0.2 倍

【財務】(百万元)	2019/12	2018/12
流動資産	1,908.4	1,756.9
総資産	2,045.7	1,865.8
流動負債	1,071.1	1,002.2
総負債	1,176.6	1,047.3
資本金	5.5	5.5
株主資本	861.9	811.4

【指標】(%)	
ROA	2.5
ROE	5.9
粗利益率	11.4
増収率	86.0
増益率(営利)	169.9
自己資本増加率	6.2
BPS(元)	1.4
負債比率	136.5
流動比率	178.2
株主資本比率	42.1

【CF】(百万元)	2019/12	2018/12
営業CF	−235.5	−272.5
投資CF	−67.9	−105.3
財務CF	193.1	278.3
現金同等物	161.9	272.2

【業績】(百万元)	売上高	営業利益	純利益	前年比(%)	EPS(元)	1株配(元)
2017/12	1,144.54	123.48	80.33	−25.6	0.139	0.0000
2018/12	733.43	38.31	17.05	−78.8	0.028	0.0000
2019/12	1,364.15	103.38	50.54	196.5	0.082	0.0000
2018/06中間	353.16	18.02	8.05	−85.1	0.013	0.0000
2019/06中間	521.09	31.81	10.59	31.5	0.017	0.0000

【株価情報】	
取引単位(株)	2,000
時価総額(mHK$)	194.8

【上場】2017年3月　【住所】浙江省寧波市ギン州区滄海路3388号滄海実業大厦17及18楼　【URL】chanhigh.com.hk

---

02019　徳信中国

徳信中国控股有限公司
Dexin China Holdings Co.,Ltd

浙江省地盤のデベロッパー　浙江省を拠点に不動産開発を手掛ける。マンションなどの集合住宅の開発に加え、商業施設や複合物件の開発・運営・管理といった事業も展開する。浙江省のほか江蘇省の徐州や南京、安徽省合肥などでも開発する。

株価	最低売買価格	年間騰落率	実績PER	PBR
2.920 HK$	40,057 円	-7.9 %	4.4 倍	1.6 倍

【財務】(百万元)	2019/12	2018/12
流動資産	59,196.0	44,779.9
総資産	67,287.0	49,609.4
流動負債	45,901.5	38,039.5
総負債	56,552.3	42,740.8
資本金	9.2	6.8
株主資本	5,013.5	2,473.5

【指標】(%)	
ROA	2.3
ROE	31.0
粗利益率	32.2
増収率	15.8
増益率(営利)	-16.0
自己資本増加率	102.7
BPS(元)	1.9
負債比率	1,128.0
流動比率	129.0
株主資本比率	7.5

【CF】(百万元)	2019/12	2018/12
営業CF	−169.1	−2,952.0
投資CF	−4,136.5	2,457.3
財務CF	6,379.0	4,030.8
現金同等物	9,564.3	7,486.9

【業績】(百万元)	売上高	営業利益	純利益	前年比(%)	EPS(元)	1株配(元)
2017/12	6,553.99	1,379.23	737.54	123.0	0.370	0.0000
2018/12	8,212.07	2,662.86	1,453.46	97.1	0.710	0.0000
2019/12	9,513.00	2,237.85	1,556.51	7.1	0.600	0.1800
2018/06中間	2,470.91	752.40	432.87	—	0.220	0.0000
2019/06中間	3,517.72	922.61	995.81	130.0	0.400	0.1000

【株価情報】	
取引単位(株)	1,000
時価総額(mHK$)	7,887.9

【上場】2019年2月　【住所】浙江省杭州市中山北路565号華能大厦3楼　【URL】www.dothinkgroup.com

---

02060　浦江国際

浦江国際集団有限公司
Pujiang International Group Ltd

中国の建材用ケーブルメーカー　建設用のケーブルやワイヤを生産する。橋りょう用のケーブルメーカーとしては中国最大手で、広東省の虎門二橋のケーブルとして採用された実績を持つ。浙江省嘉興、安徽省馬鞍山、江蘇省九江などに生産拠点を置く。

株価	最低売買価格	年間騰落率	実績PER	PBR
3.230 HK$	44,309 円	0.0 %	21.2 倍	1.6 倍

【財務】(百万元)	2019/12	2018/12
流動資産	3,357.9	2,376.9
総資産	3,725.3	2,521.7
流動負債	1,777.6	1,276.5
総負債	1,821.8	1,276.5
資本金	7.1	0.0
株主資本	1,623.1	1,000.2

【指標】(%)	
ROA	2.7
ROE	6.1
粗利益率	25.2
増収率	31.0
増益率(営利)	—
自己資本増加率	62.3
BPS(元)	2.0
負債比率	112.2
流動比率	188.9
株主資本比率	43.6

【CF】(百万元)	2019/12	2018/12
営業CF	−183.4	−137.3
投資CF	−175.5	−19.2
財務CF	601.1	204.4
現金同等物	307.6	61.4

【業績】(百万元)	売上高	営業利益	純利益	前年比(%)	EPS(元)	1株配(HK$)
2017/12	1,317.69	—	71.51	22.4	—	—
2018/12	1,383.34	—	115.85	62.0	0.193	0.0000
2019/12	1,812.42	—	99.74	−13.9	0.139	0.0000
2018/06中間	617.26	—	37.85	0.0	0.063	0.0000
2019/06中間	755.97	—	33.90	−10.4	0.054	0.0000

【株価情報】	
取引単位(株)	1,000
時価総額(mHK$)	2,619.7

【上場】2019年5月　【住所】上海市商城路518号16楼　【URL】www.pji-group.com

02098 卓爾智聯

卓爾智聯集団有限公司
Zall Smart Commerce Group Ltd.

卸売りモールの開発・運営会社 卸売りのショッピングモールの建設・運営が主力事業。卸売事業者やメーカーなどにスペースを提供することで収益を上げるビジネスモデル。湖北省武漢市で「漢口北国際商品交易センター」を運営している。

株価	最低売買価格	年間騰落率	実績PER	PBR
0.800 HK$	10,974 円	-72.7 %	92.4 倍	0.5 倍

【財務】(百万元)	2019/12	2018/12
流動資産	29,202.5	24,260.3
総資産	61,489.2	53,081.1
流動負債	31,607.5	23,654.6
総負債	41,866.8	33,472.3
資本金	32.7	32.4
株主資本	19,079.4	18,779.6

【指標】(%)	
ROA	0.2
ROE	0.5
粗利益率	1.7
増収率	29.9
増益率(営利)	-46.8
自己資本増加率	1.6
BPS(元)	1.6
負債比率	219.4
流動比率	92.4
株主資本比率	31.0

【CF】(百万元)	2019/12	2018/12
営業CF	113.2	-415.9
投資CF	-1,438.6	-878.3
財務CF	1,448.1	1,123.2
現金同等物	1,243.9	1,118.6

【業績】(百万元)	売上高	営業利益	純利益	前年比(%)	EPS(元)	1株配(HK$)
2017/12	22,249.18	3,284.30	2,379.08	16.1	0.212	0.0260
2018/12	56,116.07	3,040.60	1,371.30	-42.4	0.118	0.0000
2019/12	72,898.76	1,617.74	92.80	-93.2	0.008	0.0000
2018/06中間	18,494.61	1,890.21	1,236.12	15.0	0.106	0.0000
2019/06中間	34,722.96	1,276.72	340.53	-72.5	0.029	0.0000

【株価情報】	
取引単位(株)	1,000
時価総額(mHK$)	9,426.3

【上場】2011年7月 【住所】香港中環交易広場2座21楼2101室 【URL】www.zallcn.com

02103 新力控股集団

新力控股(集団)有限公司
Sinic Holdings (Group) Co.,Ltd.

中国の中堅デベロッパー 上海で10年に創業した不動産開発会社。主に住宅不動産と商業物件の開発を手掛け、江西省に限れば開発実績でトップクラス。江蘇省無錫や蘇州などの長江デルタ、広東省、湖北省、四川省などでも大規模に事業を展開する。

株価	最低売買価格	年間騰落率	実績PER	PBR
4.120 HK$	56,518 円	—	5.9 倍	1.8 倍

【財務】(百万元)	2019/12	2018/12
流動資産	77,863.5	67,887.4
総資産	96,223.6	77,607.7
流動負債	66,260.0	59,549.3
総負債	81,327.8	72,547.4
資本金	32.0	—
株主資本	8,167.0	4,243.6

【指標】(%)	
ROA	2.0
ROE	24.0
粗利益率	29.6
増収率	220.7
増益率(営利)	—
自己資本増加率	92.5
BPS(元)	2.3
負債比率	995.8
流動比率	117.5
株主資本比率	8.5

【CF】(百万元)	2019/12	2018/12
営業CF	-3,838.5	1,724.9
投資CF	-9,261.2	-1,320.2
財務CF	16,624.6	3,825.5
現金同等物	10,558.7	7,083.5

【業績】(百万元)	売上高	営業利益	純利益	前年比(%)	EPS(元)	1株配(元)
2017/12	5,241.09	—	95.02	52.2		
2018/12	8,415.65	—	413.54	335.2	0.140	0.0000
2019/12	26,984.94	—	1,957.76	373.4	0.640	0.1300
2018/06中間	—	—	—	—	—	—
2019/06中間	—	—	—	—	—	—

【株価情報】	
取引単位(株)	1,000
時価総額(mHK$)	14,709.2

【上場】2019年11月 【住所】上海市閔行区申長路988弄虹橋万科中心T6号楼7層 【URL】www.sinicdc.com

02138 香港医思医療

香港医思医療集団有限公司
Union Medical Healthcare Ltd.

香港の美容外科 香港を中心に「DR REBORN」のブランドで美容外科事業を手掛ける。顔のしわ取り、二重まぶたへの整形、脱毛、脂肪吸引、豊胸といった美容整形を引き受け、美容関連製品も販売。19年3月末時点で計51のサービスセンターとクリニックを展開。

株価	最低売買価格	年間騰落率	実績PER	PBR
4.200 HK$	57,616 円	-20.3 %	11.4 倍	3.9 倍

【財務】(百万HK$)	2019/09	2018/09
流動資産	952.9	1,544.7
総資産	2,493.5	2,162.2
流動負債	944.0	1,050.4
総負債	1,306.6	1,145.5
資本金	0.0	0.0
株主資本	1,049.4	996.3

【指標】(%)	
ROA	15.8
ROE	37.6
粗利益率	—
増収率	28.1
増益率(営利)	—
自己資本増加率	5.3
BPS(HK$)	1.1
負債比率	124.5
流動比率	100.9
株主資本比率	42.1

【CF】(百万HK$)	2019/09	2018/09
営業CF	249.5	160.7
投資CF	365.8	-117.1
財務CF	-572.6	-39.8
現金同等物	408.3	298.1

【業績】(百万HK$)	売上高	営業利益	純利益	前年比(%)	EPS(HK$)	1株配(HK$)
2017/03	964.93	—	200.70	35.0	0.210	0.2040
2018/03	1,307.64	—	279.22	39.1	0.285	0.2700
2019/03	1,836.80	—	361.11	29.3	0.367	0.3500
2018/09中間	873.05	—	194.24	54.8	0.197	0.1500
2019/09中間	1,118.48	—	197.51	1.7	0.201	0.1500

【株価情報】	
取引単位(株)	1,000
時価総額(mHK$)	4,137.7

【上場】2016年3月 【住所】香港旺角亜皆老街8号朗豪坊弁公大楼21楼7-9室 【URL】www.umhgp.com

02139　甘粛銀行

甘粛銀行股フン有限公司
Bank of Gansu Co.,Ltd.

甘粛省基盤の商業銀行 甘粛省省都・蘭州市を本拠とするとひ商業銀行。18年12月末時点の総資産は2786億元で、甘粛省基盤の銀行では蘭州銀行に次ぐ2位、預金額は3位。法人向け業務が中核で、経常収益に占める比率は70%(18年12月期)。

株価	最低売買価格	年間騰落率	実績PER	PBR
0.840 HK$	11,523 円	-62.7 %	15.2 倍	0.3 倍

【財務】(百万元)	2019/12	2018/12
流動資産	—	—
総資産	335,044.5	328,622.4
流動負債	—	—
総負債	310,355.5	303,374.8
資本金	10,069.8	10,069.8
株主資本	24,657.0	25,216.3

【CF】(百万元)	2019/12	2018/12
営業CF	6,549.5	-8,536.2
投資CF	-11,667.9	4,910.4
財務CF	-4,857.1	21,552.0
現金同等物	25,171.0	35,147.1

【指標】(%)	
ROA	0.2
ROE	2.1
粗利益率	—
増収率	-18.5
増益率(営利)	-87.7
自己資本増加率	-2.2
BPS(元)	2.4
負債比率	1,258.7
流動比率	—
株主資本比率	7.4

【業績】(百万元)	売上高	営業利益	純利益	前年比(%)	EPS(元)	1株配(元)
2017/12	8,052.55	4,477.28	3,358.46	75.2	0.446	0.0000
2018/12	8,872.24	4,638.77	3,435.28	2.3	0.345	0.1020
2019/12	7,233.32	564.84	509.11	-85.2	0.051	0.0000
2018/06中間	4,403.03	2,943.09	2,211.39	8.3	0.225	0.0000
2019/06中間	3,857.93	626.66	513.72	-76.8	0.051	0.0000

【株価情報】	
取引単位(株)	1,000
時価総額(mHK$)	2,136.8

【上場】2018年1月【住所】甘粛省蘭州市城関区東崗西路525号甘粛銀行大厦【URL】www.gsbankchina.com

02168　佳兆業美好集団

佳兆業美好集団有限公司
Kaisa Prosperity Holdings Ltd.

中国の不動産管理会社 深センに基盤を置く不動産デベロッパー、佳兆業集団(01638)から分離上場し、香港に上場。主に住宅不動産と商業不動産の管理を手掛ける。18年6月末時点で12省・直轄市・自治区の37都市でサービスを提供している。

株価	最低売買価格	年間騰落率	実績PER	PBR
29.700 HK$	101,856 円	188.9 %	23.2 倍	6.3 倍

【財務】(百万元)	2019/12	2018/12
流動資産	1,152.9	1,030.9
総資産	1,293.6	1,054.3
流動負債	578.8	523.0
総負債	604.7	548.1
資本金	1.2	1.2
株主資本	664.5	506.7

【CF】(百万元)	2019/12	2018/12
営業CF	274.1	450.5
投資CF	-76.3	307.1
財務CF	-154.0	-163.6
現金同等物	753.9	708.1

【指標】(%)	
ROA	12.7
ROE	24.7
粗利益率	30.0
増収率	40.9
増益率(営利)	87.1
自己資本増加率	31.1
BPS(元)	4.7
負債比率	91.0
流動比率	199.2
株主資本比率	51.4

【業績】(百万元)	売上高	営業利益	純利益	前年比(%)	EPS(元)	1株配(HK$)
2017/12	669.16	98.47	71.44	22.9	0.690	0.0000
2018/12	895.77	111.81	54.06	-24.3	0.500	0.1800
2019/12	1,261.91	209.15	163.90	203.2	1.170	0.5200
2018/06中間	412.32	65.44	23.30	-47.1	0.223	0.0000
2019/06中間	558.39	117.91	90.66	289.1	0.648	0.0000

【株価情報】	
取引単位(株)	250
時価総額(mHK$)	4,158.0

【上場】2018年12月【住所】深セン市福田区南園路66号佳兆業中心507【URL】www.jzywy.com

02183　三盛控股

三盛控股(集団)有限公司
Sansheng Holdings (Group) Co.,Ltd.

福建省拠点の不動産会社 香港と本土で百貨店を運営する利福国際(01212)の不動産子会社だったが、17年4月に利福国際が全保有株を売却し、傘下から外れた。北京、福州、済南、青島、成都などのほか、海外でも不動産プロジェクトを展開する。

株価	最低売買価格	年間騰落率	実績PER	PBR
7.250 HK$	198,911 円	-36.6 %	42.1 倍	2.8 倍

【財務】(百万元)	2019/12	2018/12
流動資産	21,289.6	17,011.5
総資産	23,476.6	19,110.8
流動負債	17,245.7	12,606.7
総負債	21,970.0	17,778.6
資本金	35.2	33.2
株主資本	1,164.7	1,263.1

【CF】(百万元)	2019/12	2018/12
営業CF	703.8	-1,847.3
投資CF	-29.3	-300.5
財務CF	-405.5	1,551.7
現金同等物	809.0	540.5

【指標】(%)	
ROA	0.3
ROE	5.9
粗利益率	36.7
増収率	-3.1
増益率(営利)	347.5
自己資本増加率	-7.8
BPS(元)	2.6
負債比率	1,886.2
流動比率	123.4
株主資本比率	5.0

【業績】(百万元)	売上高	営業利益	純利益	前年比(%)	EPS(元)	1株配(HK$)
2017/12	—	24.81	-0.02	—	0.000	0.0000
2018/12	2,111.93	73.52	-145.93	—	-0.331	0.0000
2019/12	2,046.28	329.01	69.25		0.157	0.0000
2018/06中間	680.85	1.03	-18.02	—	-0.043	0.0000
2019/06中間	12.95	-55.08	-41.13	—	-0.098	0.0000

【株価情報】	
取引単位(株)	2,000
時価総額(mHK$)	3,198.1

【上場】2013年9月【住所】香港九龍海港城城港威大厦第6座32楼3207室【URL】www.sansheng.hk

02218　アンドレ・ジュース

煙台北方安徳利果汁股フン有限公司
Yantai North Andre Juice Co.,Ltd.

中国の濃縮りんごジュース最大手「ANDRE(安徳利)」ブランドの濃縮りんご、洋梨ジュースのほか、食品・飲料や化粧品の添加物に使われるエッセンス、ジャム、ペーストなどを製造する。本拠の山東省煙台市のほか、陝西省、江蘇省、遼寧省に生産拠点。

株価	最低売買価格	年間騰落率	実績PER	PBR
4.990 HK$	34,226 円	-4.0 %	9.6 倍	0.9 倍

【財務】(百万元)	2019/12	2018/12
流動資産	1,251.4	1,082.0
総資産	2,039.7	1,921.5
流動負債	86.6	140.8
総負債	127.2	142.5
資本金	358.0	358.0
株主資本	1,912.5	1,779.0

【指標】(%)	
ROA	8.3
ROE	8.9
粗利益率	31.5
増収率	-21.5
増益率(営利)	21.7
自己資本増加率	7.5
BPS(元)	5.3
負債比率	6.7
流動比率	1,445.4
株主資本比率	93.8

【CF】(百万元)	2019/12	2018/12
営業CF	11.4	447.6
投資CF	-33.1	1.4
財務CF	-84.9	-155.1
現金同等物	274.1	378.7

【業績】(百万元)

	売上高	営業利益	純利益	前年比(%)	EPS(元)	1株配(元)
2017/12	901.04	86.33	86.43	-29.0	0.238	0.1000
2018/12	1,067.59	140.98	137.34	58.9	0.384	0.1000
2019/12	838.13	171.59	169.27	23.3	0.473	0.0000
2018/06中間	532.08	70.66	69.62	11.1	0.194	0.0000
2019/06中間	376.87	79.78	79.69	14.5	0.223	0.0000

【株価情報】	
取引単位(株)	500
時価総額(mHK$)	536.3

【上場】2003年4月【住所】山東省煙台市牟平経済開発区安徳利大街18号【URL】www.andre.com.cn

02231　景業名邦集団

景業名邦集団控股有限公司
JY Grandmark Holdings Ltd.

広東省中心の不動産開発会社　広東省広州に本社を置くデベロッパー。広東省と海南省で住宅不動産を開発する。住宅の買い替えやセカンドホーム、リゾートマンションなどを求める顧客が主要対象で、雲南省と湖南省でも不動産開発に着手した。

株価	最低売買価格	年間騰落率	実績PER	PBR
3.110 HK$	42,663 円	—	6.9 倍	1.9 倍

【財務】(百万元)	2019/12	2018/12
流動資産	8,273.5	5,636.7
総資産	9,213.1	6,614.2
流動負債	4,764.7	5,547.3
総負債	6,393.7	5,960.9
資本金	14.7	—
株主資本	2,719.0	549.3

【指標】(%)	
ROA	5.4
ROE	18.4
粗利益率	47.6
増収率	80.8
増益率(営利)	68.0
自己資本増加率	395.0
BPS(元)	1.7
負債比率	235.2
流動比率	173.6
株主資本比率	29.5

【CF】(百万元)	2019/12	2018/12
営業CF	-1,447.9	-209.8
投資CF	136.4	250.7
財務CF	2,037.9	-127.9
現金同等物	956.9	218.9

【業績】(百万元)

	売上高	営業利益	純利益	前年比(%)	EPS(元)	1株配(元)
2017/12	838.26	193.77	89.79	6.3	—	—
2018/12	1,328.89	542.68	386.49	330.4	0.320	0.0000
2019/12	2,402.81	911.67	501.52	29.8	0.410	0.0910
2018/06中間	124.95	-11.75	-18.11	—	—	—
2019/06中間	762.40	344.96	185.00	—	—	—

【株価情報】	
取引単位(株)	1,000
時価総額(mHK$)	5,119.6

【上場】2019年12月【住所】広東省広州市番禺区南村鎮観景路198号景業名邦大廈【URL】www.jygrandmark.com

---

02298　都市麗人

都市麗人(中国)控股有限公司
Cosmo Lady (China) Holdings Co.,Ltd.

中国の下着ブランド　下着や肌着、寝巻などのデザインから販売までを手掛ける。「都市・麗人」を中心に「都市・縵紛派」「自在時光」などのブランドを展開し、下着ブランドの中国市場シェアで上位。製造自体は国内のOEM事業者に委託する。

株価	最低売買価格	年間騰落率	実績PER	PBR
1.000 HK$	13,718 円	-56.3 %	—	0.9 倍

【財務】(百万元)	2019/12	2018/12
流動資産	2,513.7	4,295.0
総資産	4,340.0	5,416.2
流動負債	1,314.2	1,339.9
総負債	1,787.4	1,353.6
資本金	140.3	140.8
株主資本	2,536.6	4,047.5

【指標】(%)	
ROA	—
ROE	—
粗利益率	22.6
増収率	-19.9
増益率(営利)	—
自己資本増加率	-37.3
BPS(元)	1.1
負債比率	70.5
流動比率	191.3
株主資本比率	58.4

【CF】(百万元)	2019/12	2018/12
営業CF	-247.9	50.8
投資CF	-215.9	-237.0
財務CF	-193.3	235.3
現金同等物	854.2	1,496.2

【業績】(百万元)

	売上高	営業利益	純利益	前年比(%)	EPS(元)	1株配(HK$)
2017/12	4,542.48	419.57	317.00	31.0	0.155	0.0590
2018/12	5,096.45	483.98	378.23	19.3	0.172	0.1270
2019/12	4,081.89	-1,389.19	-1,297.81	—	-0.578	0.0000
2018/06中間	2,338.68	233.20	175.12	20.9	0.081	0.0270
2019/06中間	2,210.21	43.01	35.47	-79.7	0.016	0.0000

【株価情報】	
取引単位(株)	1,000
時価総額(mHK$)	2,249.5

【上場】2014年6月【住所】広東省東莞市鳳崗鎮鳳徳嶺村獅石屋山塘尾【URL】www.cosmo-lady.com.hk

547

02317　味丹国際

味丹国際（控股）有限公司
Vedan International (Holdings) Ltd.

食品添加物メーカー 発酵技術を使ったアミノ酸や食品添加物、キャッサバでんぷんを原料とする工業原料を製造。福建省アモイ、上海、ベトナムに生産拠点を置く。製品は中国本土、台湾、日本、ASEAN諸国、欧州の食品企業、製紙会社、繊維メーカーに販売。

株価	最低売買価格	年間騰落率	実績PER	PBR
0.750 HK$	41,154 円	-2.6 %	9.5 倍	4.0 倍

【財務】(百万US$)	2019/12	2018/12
流動資産	201.7	198.7
総資産	369.5	367.8
流動負債	58.8	60.3
総負債	81.7	81.1
資本金	15.2	15.2
株主資本	287.5	286.4

【指標】(%)	
ROA	4.2
ROE	5.4
粗利益率	18.6
増収率	0.3
増益率（営利）	-8.7
自己資本増加率	0.4
BPS (US$)	0.2
負債比率	28.4
流動比率	343.0
株主資本比率	77.8

【CF】(百万US$)	2019/12	2018/12
営業CF	23.7	25.2
投資CF	-10.1	-29.0
財務CF	-6.5	-10.5
現金同等物	41.1	34.2

【業績】(百万US$)	売上高	営業利益	純利益	前年比(%)	EPS(US$)	1株配(US$)
2017/12	322.81	23.05	19.06	-15.3	0.013	0.0080
2018/12	356.77	21.87	14.29	-25.1	0.009	0.0060
2019/12	357.86	19.96	15.56	8.9	0.010	0.0060
2018/06中間	167.80	10.95	9.06	-3.2	0.006	0.0030
2019/06中間	175.18	14.61	12.15	34.0	0.008	0.0040

【株価情報】	
取引単位(株)	4,000
時価総額(mHK$)	1,142.1

【上場】2003年6月 【住所】香港皇后大道東183号合和中心54楼【URL】www.vedaninternational.com

---

02320　合豊集団

合豊集団控股有限公司
Hop Fung Group Holdings Ltd.

段ボールメーカー 段ボール原紙、段ボール箱の製造・販売を手掛ける。原紙の製造から段ボール箱への印刷まで垂直統合型の事業モデルを展開。製品は主に香港や本土の輸出会社に提供する。

株価	最低売買価格	年間騰落率	実績PER	PBR
0.270 HK$	7,408 円	-34.2 %	—	0.1 倍

【財務】(百万HK$)	2019/12	2018/12
流動資産	561.5	673.8
総資産	1,997.3	2,089.4
流動負債	374.9	411.0
総負債	466.0	539.2
資本金	81.8	79.7
株主資本	1,531.3	1,550.2

【指標】(%)	
ROA	—
ROE	—
粗利益率	9.7
増収率	-16.1
増益率（営利）	—
自己資本増加率	-1.2
BPS (HK$)	1.9
負債比率	30.4
流動比率	149.8
株主資本比率	76.7

【CF】(百万HK$)	2019/12	2018/12
営業CF	205.9	20.5
投資CF	-121.9	-143.5
財務CF	-8.9	-8.7
現金同等物	292.3	219.4

【業績】(百万HK$)	売上高	営業利益	純利益	前年比(%)	EPS(HK$)	1株配(HK$)
2017/12	1,523.21	—	137.71	80.3	0.173	0.0800
2018/12	1,423.86	—	30.47	-77.9	0.038	0.0000
2019/12	1,194.08	—	-7.92	—	-0.010	0.0000
2018/06中間	638.92	—	20.21	-66.0	0.025	0.0000
2019/06中間	596.89	—	1.72	-91.5	0.002	0.0000

【株価情報】	
取引単位(株)	2,000
時価総額(mHK$)	220.8

【上場】2003年9月 【住所】香港新界セン湾沙咀道57号筌運工業中心第二期22楼E、F及H座【URL】www.hopfunggroup.com

---

02326　新源万恒

新源万恒控股有限公司
New Provenance Everlasting Holdings Ltd.

鉱物資源の販売会社 アイロンやトースターなど小型家電の製造・販売を手掛けていたが、鉱物資源の調達と販売が中核事業に成長した。14年に買収を通じて物流事業に参入。16年には家電製品事業から撤退し、新エネルギー事業に参入した。

株価	最低売買価格	年間騰落率	実績PER	PBR
0.011 HK$	1,509 円	-63.3 %	—	0.5 倍

【財務】(百万HK$)	2019/09	2018/09
流動資産	752.3	1,865.2
総資産	806.8	2,081.6
流動負債	321.6	1,534.9
総負債	321.6	1,535.0
資本金	4.2	4.2
株主資本	493.6	554.8

【指標】(%)	
ROA	—
ROE	—
粗利益率	2.0
増収率	-70.6
増益率（営利）	-145.1
自己資本増加率	-11.0
BPS (HK$)	0.0
負債比率	65.2
流動比率	233.9
株主資本比率	61.2

【CF】(百万HK$)	2019/09	2018/09
営業CF	393.4	-416.4
投資CF	-9.8	-6.4
財務CF	-407.9	373.2
現金同等物	62.9	149.1

【業績】(百万HK$)	売上高	営業利益	純利益	前年比(%)	EPS(HK$)	1株配(HK$)
2017/03	1,872.54	143.99	66.35	-62.7	0.003	0.0000
2018/03	2,392.88	309.59	233.64	252.1	0.011	0.0000
2019/03	1,296.04	-16.29	-70.35	—	-0.003	0.0000
2018/09中間	943.56	-13.33	-56.14	—	-0.003	0.0000
2019/09中間	277.60	6.01	-21.38	—	-0.000	0.0000

【株価情報】	
取引単位(株)	10,000
時価総額(mHK$)	231.9

【上場】2003年3月 【住所】香港湾仔港湾道6-8号瑞安中心32楼3201-09室【URL】www.npegroup.com.hk

02330　中国上城集団

中国上城集団有限公司
China Uptown Group Co.,Ltd.

中国の不動産開発会社 中国で展開する不動産開発と投資が主力事業。広東省で住宅物件、オフィス、商業物件の開発・投資を手掛ける。砂糖の貿易事業も展開。オートメーション部品や電子部品、携帯電話モジュールの販売事業を手掛けていたが撤退。

株価	最低売買価格	年間騰落率	実績PER	PBR
0.069 HK$	3,786 円	-40.0 %	1.6 倍	0.2 倍

【財務】(百万元)	2019/12	2018/12
流動資産	1,078.6	1,427.6
総資産	1,183.5	1,535.6
流動負債	453.9	886.3
総負債	494.9	942.1
資本金	161.6	161.6
株主資本	631.4	557.0

【指標】(%)	
ROA	6.3
ROE	11.7
粗利益率	22.4
増収率	791.8
増益率(営利)	—
自己資本増加率	13.4
BPS(元)	0.3
負債比率	78.4
流動比率	237.6
株主資本比率	53.4

【CF】(百万元)	2019/12	2018/12
営業CF	0.6	116.3
投資CF	14.4	-25.0
財務CF	-4.6	-65.1
現金同等物	63.5	52.4

【業績】(百万元)

	売上高	営業利益	純利益	前年比(%)	EPS(元)	1株配(元)
2017/12	615.90	—	44.70	869.3	0.029	0.0000
2018/12	90.25	—	-34.46	—	-0.022	0.0000
2019/12	804.90	—	74.18	—	0.041	0.0000
2018/06中間	23.18	—	-21.47	—	-0.014	0.0000
2019/06中間	567.30	—	62.05	—	0.034	0.0000

【株価情報】取引単位(株) 4,000／時価総額(mHK$) 125.9

【上場】2003年1月 【住所】香港九龍尖沙咀広東道30号新港中心第1座15楼1501室 【URL】www.chinauptown.com.hk

---

02340　昇捷控股

昇捷控股有限公司
Synergis Holdings Ltd.

香港の内装・不動産管理大手 06年に開始した香港でのオフィスビルや商業施設の装飾・改装が主力事業。集合住宅やオフィス、学校、病院に施設運営や保守・修理など不動産管理サービスも香港と中国本土で展開している。警備、環境保全、清掃にも従事。

株価	最低売買価格	年間騰落率	実績PER	PBR
0.375 HK$	20,577 円	-36.4 %	4.3 倍	1.2 倍

【財務】(百万HK$)	2019/12	2018/12
流動資産	802.1	812.1
総資産	836.4	838.9
流動負債	665.4	747.2
総負債	705.7	749.4
資本金	50.5	50.5
株主資本	130.7	89.5

【指標】(%)	
ROA	4.5
ROE	28.8
粗利益率	9.1
増収率	2.4
増益率(営利)	—
自己資本増加率	46.0
BPS(HK$)	0.3
負債比率	540.1
流動比率	120.5
株主資本比率	15.6

【CF】(百万HK$)	2019/12	2018/12
営業CF	25.5	-0.2
投資CF	-5.2	-12.0
財務CF	-6.5	3.6
現金同等物	116.9	103.1

【業績】(百万HK$)

	売上高	営業利益	純利益	前年比(%)	EPS(HK$)	1株配(HK$)
2017/12	2,083.30	—	-54.38	—	-0.138	0.0000
2018/12	1,532.99	—	-160.02	—	-0.377	0.0000
2019/12	1,569.28	—	37.58	—	0.088	0.0000
2018/06中間	740.33	—	0.35	—	0.001	0.0000
2019/06中間	736.96	—	20.48	5,751.4	0.048	0.0000

【株価情報】取引単位(株) 4,000／時価総額(mHK$) 159.3

【上場】2003年10月 【住所】香港九龍観塘大業街2号聯卓中心7楼 【URL】www.synergis.com.hk

02362　金川国際

金川集団国際資源有限公司
Jinchuan Group International Resources Co.,Ltd.

鉱物資源開発会社 国営資源大手。2010年、甘粛省政府系の支配下にある国有企業、金川集団に買収される形で非鉄金属事業に参入し、主力事業に成長した。金川集団はニッケル・コバルトの生産では世界大手。ザンビアやコンゴ民主共和国に鉱山権益を持つ。

株価	最低売買価格	年間騰落率	実績PER	PBR
0.500 HK$	6,859 円	-25.4 %	92.2 倍	7.3 倍

【財務】(百万US$)	2019/12	2018/12
流動資産	403.9	477.1
総資産	1,744.6	1,853.2
流動負債	242.3	418.4
総負債	754.4	874.4
資本金	16.2	16.2
株主資本	864.6	857.8

【指標】(%)	
ROA	0.5
ROE	1.0
粗利益率	7.1
増収率	-10.9
増益率(営利)	—
自己資本増加率	0.8
BPS(US$)	0.1
負債比率	87.3
流動比率	166.7
株主資本比率	49.6

【CF】(百万US$)	2019/12	2018/12
営業CF	87.9	112.8
投資CF	-49.1	-29.3
財務CF	-73.1	-79.4
現金同等物	44.3	78.9

【業績】(百万US$)

	売上高	営業利益	純利益	前年比(%)	EPS(US$)	1株配(HK$)
2017/12	549.19	—	41.62	398.7	0.009	0.0000
2018/12	1,399.97	—	66.93	60.8	0.007	0.0010
2019/12	1,246.90	—	8.75	-86.9	0.001	0.0010
2018/06中間	800.68	—	61.02	683.6	0.010	0.0000
2019/06中間	705.36	—	4.19	-93.1	0.001	0.0000

【株価情報】取引単位(株) 1,000／時価総額(mHK$) 6,304.9

【上場】2003年10月 【住所】香港金鐘道95号統一中心31楼3101室 【URL】www.jinchuan-intl.com

02368 鷹美国際

鷹美（国際）控股有限公司
Eagle Nice (International) Holdings Ltd.

スポーツウエアのOEM事業者 ナイキ、ノースフェース、プーマなど海外スポーツウエアブランドのOEM/ODMを手掛ける。製品は中国本土に加え、欧米や日本に出荷。広東省、江西省、インドネシアに生産機能を持つ。裕元工業(00551)が大株主。

株価	最低売買価格	年間騰落率	実績PER	PBR
2.230 HK$	61,182 円	-22.0 %	8.1 倍	0.9 倍

【財務】(百万HK$)	2019/09	2018/09
流動資産	1,277.9	1,201.3
総資産	2,460.6	2,067.7
流動負債	1,022.7	796.3
総負債	1,091.9	830.9
資本金	5.3	5.0
株主資本	1,346.7	1,236.8

【指標】(%)	
ROA	12.9
ROE	23.6
粗利益率	19.1
増収率	28.1
増益率(営利)	—
自己資本増加率	8.9
BPS(HK$)	2.5
負債比率	81.1
流動比率	124.9
株主資本比率	54.7

【CF】(百万HK$)	2019/09	2018/09
営業CF	204.8	-127.4
投資CF	-38.5	-155.2
財務CF	-75.5	273.9
現金同等物	250.6	198.7

【業績】(百万HK$)	売上高	営業利益	純利益	前年比(%)	EPS(HK$)	1株配(HK$)
2017/03	1,757.32	—	155.12	24.0	0.310	0.2100
2018/03	2,109.42	—	230.01	48.3	0.460	0.3000
2019/03	2,700.78	—	140.42	-39.0	0.277	0.2000
2018/09中間	1,476.60	—	101.12	-35.8	0.202	0.1400
2019/09中間	1,891.99	—	159.08	57.3	0.299	0.2000

【株価情報】	
取引単位(株)	2,000
時価総額(mHK$)	1,186.4

【上場】2003年8月 【住所】香港新界葵涌打磚坪街70号麗晶中心B座9楼0902-03及0905-06室 【URL】www.eaglenice.com.hk

02500 杭州啓明医療器械

杭州啓明医療器械股フン有限公司
Venus Medtech (Hangzhou) Inc.

人工心臓弁の開発事業者 大動脈弁狭窄症の治療法、経カテーテル的大動脈弁置換術(TAVR)で使用される心臓弁や関連製品の開発・生産を手掛ける。中国、イスラエル、米国に研究開発拠点を置き、浙江省杭州とイスラエルに生産施設を持つ。

株価	最低売買価格	年間騰落率	実績PER	PBR
57.300 HK$	393,021 円	0.0 %	—	7.6 倍

【財務】(百万元)	2019/12	2018/12
流動資産	2,904.5	290.6
総資産	3,668.8	1,034.4
流動負債	568.5	496.1
総負債	623.1	564.0
資本金	404.5	300.0
株主資本	3,037.0	461.6

【指標】(%)	
ROA	—
ROE	—
粗利益率	83.4
増収率	102.2
増益率(営利)	—
自己資本増加率	558.0
BPS(元)	7.5
負債比率	20.5
流動比率	510.9
株主資本比率	82.8

【CF】(百万元)	2019/12	2018/12
営業CF	-303.3	-151.5
投資CF	-31.0	-194.1
財務CF	2,577.4	453.2
現金同等物	2,413.3	164.9

【業績】(百万元)	売上高	営業利益	純利益	前年比(%)	EPS(元)	1株配(元)
2017/12	18.16	—	-156.53	—	-0.670	—
2018/12	115.35	—	-300.42	—	-1.030	0.0000
2019/12	233.27	—	-380.72	—	-1.220	0.0000
2018/06中間	—	—	—	—	—	—
2019/06中間	—	—	—	—	—	—

【株価情報】	
取引単位(株)	500
時価総額(mHK$)	10,469.6

【上場】2019年12月 【住所】浙江省杭州市濱江区江陵路88号2幢3楼311室 【URL】www.venusmedtech.com

02696 上海復宏漢霖生物技術

上海復宏漢霖生物技術股フン有限公司
Shanghai Henlius Biotech, Inc.

上海復星医薬傘下のバイオ医薬会社 上海復星医薬(02196)からスピンオフし、香港市場に上場。バイオ医薬品の研究開発を手掛ける。がん免疫療法に利用する医薬品など数十種類を開発している。上海、台北、米カリフォルニア州に研究開発拠点を置く。

株価	最低売買価格	年間騰落率	実績PER	PBR
45.150 HK$	61,937 円		6.1 倍

【財務】(百万元)	2019/12	2018/12
流動資産	2,660.7	1,087.0
総資産	5,899.8	3,094.8
流動負債	959.6	533.4
総負債	1,899.4	1,292.2
資本金	543.5	474.4
株主資本	4,000.4	1,802.5

【指標】(%)	
ROA	—
ROE	—
粗利益率	21.0
増収率	1,125.3
増益率(営利)	—
自己資本増加率	121.9
BPS(元)	7.4
負債比率	47.5
流動比率	277.3
株主資本比率	67.8

【CF】(百万元)	2019/12	2018/12
営業CF	-443.1	-52.2
投資CF	-1,132.9	-735.4
財務CF	2,947.9	1,679.1
現金同等物	2,301.1	959.0

【業績】(百万元)	売上高	営業利益	純利益	前年比(%)	EPS(元)	1株配(元)
2017/12	33.91	—	-270.56	—	-0.770	—
2018/12	7.42	—	-493.69	—	-1.160	0.0000
2019/12	90.93	—	-875.47	—	-1.760	0.0000
2018/06中間	—	—	-191.66	—	-0.460	0.0000
2019/06中間	17.04	—	-316.93	—	-0.700	0.0000

【株価情報】	
取引単位(株)	100
時価総額(mHK$)	7,378.8

【上場】2019年9月 【住所】上海市自由貿易試験区張衡路1999号7座303,304室 【URL】www.henlius.com

03301　融信中国

福建省基盤のデベロッパー　福建省を中心に住宅不動産の開発を手掛ける。上海市、浙江省杭州市、江蘇省南京市、同省蘇州市、広東省広州市、福建省福州市、同省アモイ市、河南省鄭州市、天津市で事業を展開。中・高級住宅物件の開発を得意とする。

株価	最低売買価格	年間騰落率	実績PER	PBR
7.760 HK$	53,226 円	-24.5 %	3.8 倍	0.8 倍

【財務】(百万元)	2019/12	2018/12
流動資産	191,490.0	180,468.6
総資産	214,208.0	203,443.9
流動負債	126,407.0	127,670.4
総負債	172,919.8	167,825.5
資本金	0.0	0.0
株主資本	16,405.9	12,754.8

【指標】(%)	
ROA	1.5
ROE	19.2
粗利益率	24.2
増収率	49.7
増益率(営利)	67.8
自己資本増加率	28.6
BPS(元)	9.6
負債比率	1,054.0
流動比率	151.5
株主資本比率	7.7

【CF】(百万元)	2019/12	2018/12
営業CF	5,969.9	17,815.4
投資CF	-10,315.7	-6,847.0
財務CF	-2,156.8	-7,592.5
現金同等物	15,344.8	21,848.6

【業績】(百万元)	売上高	営業利益	純利益	前年比(%)	EPS(元)	1株配(HK$)
2017/12	30,341.40	4,483.61	1,679.52	30.0	1.220	0.0000
2018/12	34,366.50	6,046.85	2,149.66	28.0	1.380	0.3650
2019/12	51,462.50	10,144.72	3,154.06	46.7	1.870	0.6000
2018/06中間	14,287.53	3,462.11	1,523.91	121.5	1.020	0.0000
2019/06中間	26,616.33	5,221.55	1,978.63	29.8	1.190	0.0000

【株価情報】取引単位(株) 500　時価総額(mHK$) 13,312.5

【上場】2016年1月　【住所】上海市青浦区諸光路1588弄虹橋世界中心L1B棟 8-10楼　【URL】www.rongxingroup.com

---

03315　金邦達宝嘉

決済セキュリティーソフトのサプライヤー　決済セキュリティー機能ソフトウエアの組み込みや、クレジットカードやデビットカード、社会保険カードなどを提供する。中国銀聯ブランド決済製品として最大級。

株価	最低売買価格	年間騰落率	実績PER	PBR
1.550 HK$	21,263 円	-29.6 %	6.6 倍	0.7 倍

【財務】(百万元)	2019/12	2018/12
流動資産	1,922.8	1,996.2
総資産	2,635.2	2,628.5
流動負債	597.5	622.0
総負債	630.8	648.4
資本金	1,192.4	1,192.4
株主資本	2,002.6	1,977.5

【指標】(%)	
ROA	6.7
ROE	8.8
粗利益率	28.2
増収率	0.3
増益率(営利)	—
自己資本増加率	1.3
BPS(元)	2.4
負債比率	31.5
流動比率	321.8
株主資本比率	76.0

【CF】(百万元)	2019/12	2018/12
営業CF	250.6	89.9
投資CF	-126.6	-200.0
財務CF	-160.5	-137.0
現金同等物	367.0	401.0

【業績】(百万元)	売上高	営業利益	純利益	前年比(%)	EPS(元)	1株配(HK$)
2017/12	1,400.84	—	164.48	-19.7	0.200	0.2000
2018/12	1,411.13	—	175.19	6.5	0.212	0.2000
2019/12	1,415.67	—	177.13	1.1	0.214	0.2000
2018/06中間	632.97	—	86.40	6.5	0.105	0.0400
2019/06中間	653.14	—	87.69	1.5	0.106	0.0400

【株価情報】取引単位(株) 1,000　時価総額(mHK$) 1,292.0

【上場】2013年12月　【住所】広東省珠海市香洲区前山福渓金邦達信息科技園　【URL】www.goldpac.com

06160　百済神州

がん治療薬の創薬ベンチャー　革新的ながん治療薬の開発を目指す創薬ベンチャーで、北京に本社を置く。がん治療に用いる分子標的薬やがん免疫薬の開発を手掛け、「Zanubrutinib」「Tislelizumab」「Pamiparib」などが臨床試験に入っている。

株価	最低売買価格	年間騰落率	実績PER	PBR
91.500 HK$	125,520 円	23.6 %	—	123.2 倍

【財務】(百万US$)	2019/12	2018/12
流動資産	1,172.7	1,943.8
総資産	1,612.3	2,249.7
流動負債	310.3	246.5
総負債	633.9	496.0
資本金	0.1	0.1
株主資本	962.2	1,739.2

【指標】(%)	
ROA	—
ROE	—
粗利益率	—
増収率	116.0
増益率(営利)	—
自己資本増加率	-44.7
BPS(US$)	0.7
負債比率	65.9
流動比率	377.9
株主資本比率	59.7

【CF】(百万US$)	2019/12	2018/12
営業CF	-750.3	-547.7
投資CF	554.2	-637.6
財務CF	85.7	1,690.5
現金同等物	620.8	740.7

【業績】(百万US$)	売上高	営業利益	純利益	前年比(%)	EPS(US$)	1株配(US$)
2017/12	238.39	-98.46	-93.11	—	-0.170	0.0000
2018/12	198.22	-705.77	-673.77	—	-0.930	0.0000
2019/12	428.21	-959.89	-948.63	—	-1.220	0.0000
2018/06中間	85.35	-273.36	-261.48	—	-0.380	0.0000
2019/06中間	321.18	-259.59	-253.21	—	-0.380	0.0000

【株価情報】取引単位(株) 100　時価総額(mHK$) 118,498.8

【上場】2018年8月　【住所】北京市昌平区中関村生命科学園科学園路30号　【URL】www.beigene.com

06185 康希諾生物

康希諾生物股フン公司
CanSino Biologics Inc.

ワクチンの開発会社 中国でワクチンの開発を手掛ける。19年3月時点で15種類のワクチンを開発中で、エボラウイルスを対象とするワクチンでは中国で初めて承認を受けた。天津に生産機能を持つ。香港証取が進めるバイオ企業の上場要件緩和の適用対象。

	株価	最低売買価格	年間騰落率	実績PER	PBR
	159.700 HK$	438,153 円	321.4 %	―	24.2 倍

【財務】(百万元)

	2019/12	2018/12
流動資産	794.2	221.0
総資産	1,784.5	795.9
流動負債	124.3	106.7
総負債	314.0	293.6
資本金	222.7	161.0
株主資本	1,470.5	502.3

【CF】(百万元)

	2019/12	2018/12
営業CF	−170.2	−123.6
投資CF	−797.8	117.6
財務CF	1,090.8	45.1
現金同等物	202.0	57.4

【指標】(%)

ROA	―
ROE	―
粗利益率	―
増収率	―
増益率(営利)	44.5
自己資本増加率	192.7
BPS(元)	6.6
負債比率	21.4
流動比率	639.0
株主資本比率	82.4

【業績】(百万元)

	売上高	営業利益	純利益	前年比(%)	EPS(元)	1株配(元)
2017/12	―	−63.80	−64.45	―	−0.450	―
2018/12	1.13	−138.58	−138.28	―	−0.900	0.0000
2019/12	―	−200.25	−156.77	―	−0.770	0.0000
2018/06中間	―	−51.56	−51.48	―	−0.340	0.0000
2019/06中間	―	−88.59	−69.68	―	−0.380	0.0000

【株価情報】

取引単位(株)	200
時価総額(mHK$)	21,187.5

【上場】2019年3月 【住所】天津市経済技術開発区西区南大街185号西区生物医薬園四層401-420 【URL】www.cansinotech.com

08067 東方大学城

東方大学城控股(香港)有限公司
Oriental University City Holdings (H.K.) Ltd.

大学町の不動産賃貸事業者 河北省廊坊市の大学町「東方大学城」に集積する大学や専門学校などを対象に、校舎や学生寮、商業施設の賃貸事業を手掛ける。北京中医薬大学東方学院、北京北大方正軟件技術学院、北京城市学院などと契約。

	株価	最低売買価格	年間騰落率	実績PER	PBR
	1.050 HK$	14,404 円	-53.7 %	5.6 倍	0.2 倍

【財務】(百万元)

	2019/12	2018/12
流動資産	47.0	63.3
総資産	1,572.5	1,335.6
流動負債	46.6	50.3
総負債	334.7	176.0
資本金	290.1	290.1
株主資本	1,227.7	1,149.9

【CF】(百万元)

	2019/12	2018/12
営業CF	29.2	32.9
投資CF	−32.8	−1.0
財務CF	29.5	−19.0
現金同等物	31.1	39.5

【指標】(%)

ROA	2.1
ROE	2.7
粗利益率	―
増収率	3.3
増益率(営利)	3.3
自己資本増加率	6.8
BPS(元)	6.8
負債比率	27.3
流動比率	100.8
株主資本比率	78.1

【業績】(百万元)

	売上高	営業利益	純利益	前年比(%)	EPS(元)	1株配(HK$)
2017/06	60.34	36.19	42.19	−20.3	0.230	0.0800
2018/06	67.31	222.19	163.22	286.8	0.910	0.1200
2019/06	76.45	46.62	31.14	−80.9	0.170	0.0500
2018/12中間	37.75	19.82	16.90	14.9	0.090	0.0500
2019/12中間	39.01	20.48	16.37	−3.1	0.090	0.0000

【株価情報】

取引単位(株)	1,000
時価総額(mHK$)	189.0

【上場】2015年1月 【住所】河北省廊坊経済技術開発区東方大学城張衡路100号第一層及第二層 【URL】www.oriental-university-city.com

08217 聯旺集団

聯旺集団控股有限公司
Luen Wong Group Holdings Ltd.

香港の土木工事会社 香港で土木工事、構造物の建設、土地造成を手掛ける。土木工事では道路や排水溝、歩道、給水管、電線、ガス管などを敷設。構造物では橋りょうのコンクリート構造の建設などを担う。中国交通建設(01800)から請け負った実績がある。

	株価	最低売買価格	年間騰落率	実績PER	PBR
	0.089 HK$	12,209 円	-78.6 %	―	1.9 倍

【財務】(百万HK$)

	2019/09	2018/09
流動資産	219.4	302.1
総資産	253.1	341.0
流動負債	191.2	219.9
総負債	195.7	226.3
資本金	12.5	12.5
株主資本	57.4	114.7

【CF】(百万HK$)

	2019/09	2018/09
営業CF	−19.4	−64.2
投資CF	−2.3	−6.4
財務CF	8.4	−0.1
現金同等物	8.0	28.5

【指標】(%)

ROA	―
ROE	―
粗利益率	―
増収率	−25.5
増益率(営利)	―
自己資本増加率	−49.9
BPS(HK$)	0.0
負債比率	340.7
流動比率	114.7
株主資本比率	22.7

【業績】(百万HK$)

	売上高	営業利益	純利益	前年比(%)	EPS(HK$)	1株配(HK$)
2017/03	735.33	38.43	30.55	264.1	0.025	0.0000
2018/03	708.60	−2.43	−2.89	―	−0.002	0.0000
2019/03	432.84	−6.55	−6.05	―	−0.005	0.0000
2018/09中間	248.57	13.44	11.19	−39.7	0.009	0.0000
2019/09中間	185.21	−30.85	−31.82	―	−0.026	0.0000

【株価情報】

取引単位(株)	10,000
時価総額(mHK$)	111.1

【上場】2016年4月 【住所】香港上環文咸東街16-20号至徳大厦7楼703A室 【URL】www.luenwong.hk

上海・深セン A 株銘柄

※売上高、純利益は百万単位
※黒字転換、赤字継続、赤字転落の場合、前年比は「―」で表示
※指標は直近の本決算または中間決算のデータを基に算出
※実績 PER と PBR は直近本決算のデータで算出
※株価は 2020 年 5 月 8 日の終値（一部例外を除く）

000001 平安銀行

平安銀行股フン有限公司
Ping An Bank Co.,Ltd.

中国平安保険の子会社銀行 中国平安保険(02318)子会社の中堅商業銀行。もともと深センに上場していた旧深セン発展銀行がベースで、12年に旧平安銀行と合併。同年に社名変更した。クレジットカード業務やオンラインバンキングに力を入れる。

株価	最低売買価格	年間騰落率	実績PER	PBR
13.950 RMB	20,968 円	10.7 %	9.1 倍	0.9 倍

【CF】(百万元)

	2019/12	2018/12
営業CF	−40,025.0	−57,323.0
投資CF	−102,056.0	61,382.0
財務CF	158,667.0	19,021.0
現金同等物	179,058.0	161,801.0

【財務】(百万元)

	2019/12	2018/12
流動資産	—	—
総資産	3,939,070.0	3,418,592.0
流動負債	—	—
総負債	3,626,087.0	3,178,550.0
資本金	19,406.0	17,170.0
株主資本	312,983.0	240,042.0

【指標】(%)

ROA	0.7
ROE	9.0
粗利益率	—
増収率	18.2
増益率(営利)	12.3
自己資本増加率	30.4
BPS(元)	16.1
負債比率	1,158.6
流動比率	—
株主資本比率	7.9

【業績】(百万元)

	売上高	営業利益	純利益	前年比(%)	EPS(元)	1株配(元)
2017/12	105,786.00	30,223.00	23,189.00	2.6	1.300	0.1360
2018/12	116,716.00	32,305.00	24,818.00	7.0	1.390	0.1450
2019/12	137,958.00	36,289.00	28,195.00	13.6	1.540	0.2180
2018/06中間	57,241.00	17,402.00	13,372.00	6.5	0.730	0.0000
2019/06中間	67,829.00	20,037.00	15,403.00	15.2	0.850	0.0000

【株価情報】

取引単位(株)	100
時価総額(百万元)	239,525.1

【上場】1991年4月 【住所】深セン市羅湖区深南東路5047号 【URL】www.bank.pingan.com

000088 深セン市塩田港

深セン市塩田港股フン有限公司
Shenzhen Yan Tian Port Holdings Co.,Ltd.

深セン塩田港の管理・運営会社 深セン市政府傘下の港湾会社。深セン市東部で長江和記実業(00001)系企業と共同運営する塩田港コンテナターミナルが主力。河北省の曹妃甸港などにも出資。ほかに有料道路・橋梁の運営、物流事業も手掛ける。

株価	最低売買価格	年間騰落率	実績PER	PBR
4.450 RMB	6,689 円	−20.0 %	23.4 倍	1.2 倍

【CF】(百万元)

	2019/12	2018/12
営業CF	259.5	100.7
投資CF	−228.7	−561.9
財務CF	−12.3	372.1
現金同等物	794.2	775.8

【財務】(百万元)

	2019/12	2018/12
流動資産	1,118.9	1,094.5
総資産	11,017.2	10,309.7
流動負債	702.9	487.7
総負債	2,836.8	2,565.6
資本金	1,942.2	1,942.2
株主資本	7,100.6	6,711.7

【指標】(%)

ROA	3.3
ROE	5.1
粗利益率	42.7
増収率	47.0
増益率(営利)	−18.3
自己資本増加率	5.8
BPS(元)	3.7
負債比率	40.0
流動比率	159.2
株主資本比率	64.4

【業績】(百万元)

	売上高	営業利益	純利益	前年比(%)	EPS(元)	1株配(元)
2017/12	343.78	470.00	404.36	14.9	0.210	0.0210
2018/12	403.51	534.28	448.53	10.9	0.230	0.0270
2019/12	593.36	436.63	359.43	−19.9	0.190	0.0150
2018/06中間	186.07	206.14	171.38	11.6	0.088	0.0000
2019/06中間	285.10	186.58	146.81	−14.3	0.076	0.0000

【株価情報】

取引単位(株)	100
時価総額(百万元)	8,642.8

【上場】1997年7月 【住所】深セン市塩田区塩田港海港大厦17-20層 【URL】www.yantian-port.com

---

000100 TCL科技集団

TCL科技集団股フン有限公司
TCL Technology Group Corp.

中国の家電・半導体ディスプレー大手 華顕光電技術(00334)を中心とする半導体ディスプレー部門とTCLエレクトロニクス(01070)を中心とする家電部門が中核事業。通力電子(01249)がAIスピーカーを製造するほか、ネット販売やオンライン教育も手掛ける。

株価	最低売買価格	年間騰落率	実績PER	PBR
4.740 RMB	7,125 円	35.0 %	23.9 倍	2.1 倍

【CF】(百万元)

	2019/12	2018/12
営業CF	11,490.1	10,486.6
投資CF	−31,731.7	−28,230.5
財務CF	11,950.8	20,039.8
現金同等物	17,637.7	25,702.4

【財務】(百万元)

	2019/12	2018/12
流動資産	48,155.5	80,307.8
総資産	164,844.9	192,763.9
流動負債	43,057.8	78,835.4
総負債	100,961.7	131,892.3
資本金	13,528.4	13,549.6
株主資本	30,111.9	30,494.4

【指標】(%)

ROA	1.6
ROE	8.7
粗利益率	11.6
増収率	−33.8
増益率(営利)	−2.8
自己資本増加率	−1.3
BPS(元)	2.2
負債比率	335.3
流動比率	111.8
株主資本比率	18.3

【業績】(百万元)

	売上高	営業利益	純利益	前年比(%)	EPS(元)	1株配(元)
2017/12	111,727.44	4,112.92	2,664.40	66.3	0.218	0.1000
2018/12	113,447.44	4,092.20	3,468.21	30.2	0.257	0.1000
2019/12	75,077.81	3,976.84	2,617.77	−24.5	0.199	0.1000
2018/06中間	52,581.85	1,883.21	1,585.94	53.4	0.117	0.0000
2019/06中間	43,860.56	2,992.72	2,092.35	31.9	0.157	0.0000

【株価情報】

取引単位(株)	100
時価総額(百万元)	62,929.9

【上場】2004年1月 【住所】広東省恵州市仲愷高新技術開発区十九号小区 【URL】www.tcl.com

000166 申万宏源集団

申万宏源集団股フン有限公司
Shenwan Hongyuan Group Co.,Ltd.

中国の証券準大手 申銀万国証券が深セン上場の宏源証券を吸収合併して誕生。証券売買の仲介、信用取引、投資銀行業務、資産管理などを総合的に手掛ける。19年12月末時点で全国に311の証券支店を展開し、預かり資産残高の国内シェアは7.2％。

株価	最低売買価格	年間騰落率	実績PER	PBR
4.480 RMB	6,734 円	-5.5 %	18.7 倍	1.4 倍

【財務】(百万元)

	2019/12	2018/12
流動資産	—	—
総資産	388,537.3	347,725.0
流動負債	—	—
総負債	303,705.9	276,529.1
資本金	25,039.9	22,535.9
株主資本	83,206.2	69,399.3

【CF】(百万元)

	2019/12	2018/12
営業CF	10,115.9	-13,882.2
投資CF	-7,600.8	-3,609.3
財務CF	7,564.5	25,797.1
現金同等物	107,590.4	97,308.3

【指標】(%)

ROA	1.5
ROE	6.9
粗利益率	—
増収率	61.0
増益率(営利)	33.7
自己資本増加率	19.9
BPS(元)	3.3
負債比率	365.0
流動比率	—
株主資本比率	21.4

【業績】(百万元)

	売上高	営業利益	純利益	前年比(%)	EPS(元)	1株配(元)
2017/12	13,367.78	5,943.03	4,599.68	-15.0	0.230	0.0500
2018/12	15,277.43	5,200.85	4,160.19	-9.6	0.190	0.0500
2019/12	24,593.41	6,951.06	5,735.41	37.9	0.240	0.0800
2018/06中間	6,075.09	2,627.33	2,065.57	0.8	0.090	0.0000
2019/06中間	10,484.46	4,014.60	3,201.52	55.0	0.140	0.0000

【株価情報】

取引単位(株)	100
時価総額(百万元)	100,954.2

【上場】2015年1月 【住所】新疆烏魯木斉市高新区北京南路358号大成国際大厦20楼2001室 【URL】www.swhygh.com

---

000538 雲南白薬集団

雲南白薬集団股フン有限公司
Yunnan Baiyao Group Co.,Ltd.

漢方薬の製造・販売会社 漢方薬やヘルスケア製品、パーソナルケア製品などの製造・販売が主力。前身企業の創業は1902年と古く、主に「白薬」ブランドを展開。民族系の歯磨き粉メーカーとしては国内トップシェアを誇る。

株価	最低売買価格	年間騰落率	実績PER	PBR
91.490 RMB	137,519 円	8.9 %	27.9 倍	3.1 倍

【財務】(百万元)

	2019/12	2018/12
流動資産	44,701.4	49,049.0
総資産	49,658.0	53,948.5
流動負債	9,614.6	12,940.7
総負債	11,558.1	13,942.7
資本金	1,277.4	1,041.4
株主資本	37,938.1	39,662.1

【CF】(百万元)

	2019/12	2018/12
営業CF	2,104.7	1,549.0
投資CF	13,966.3	-7,531.6
財務CF	-9,340.7	-1,068.1
現金同等物	12,344.2	5,607.1

【指標】(%)

ROA	8.4
ROE	11.0
粗利益率	28.6
増収率	9.8
増益率(営利)	28.1
自己資本増加率	-4.3
BPS(元)	29.7
負債比率	30.5
流動比率	464.9
株主資本比率	76.4

【業績】(百万元)

	売上高	営業利益	純利益	前年比(%)	EPS(元)	1株配(元)
2017/12	24,314.61	3,620.73	3,144.98	7.7	3.020	1.5000
2018/12	27,016.92	3,703.10	3,493.77	11.1	2.740	2.0000
2019/12	29,664.67	4,742.98	4,183.73	19.7	3.280	3.0000
2018/06中間	13,145.11	2,392.63	2,069.35	32.2	1.990	0.0000
2019/06中間	13,897.38	2,490.58	2,247.01	8.6	2.160	0.0000

【株価情報】

取引単位(株)	100
時価総額(百万元)	55,715.0

【上場】1993年12月 【住所】雲南省昆明市呈貢区雲南白薬街3686号 【URL】www.yunnanbaiyao.com.cn

---

000568 瀘州老窖

瀘州老窖股フン有限公司
Luzhou Laojiao Co.,Ltd.

四川省・瀘州拠点の老舗白酒メーカー 明清時代から続く36の醸造所を基礎に発展。濃香型白酒の醸造を手掛け、主力製品は「国窖1573」「特曲」「窖齢酒」「頭曲」「二曲」など。「瀘州老窖」は1915年のサンフランシスコ万博で金賞を受賞。

株価	最低売買価格	年間騰落率	実績PER	PBR
81.640 RMB	122,713 円	14.6 %	25.8 倍	6.2 倍

【財務】(百万元)

	2019/12	2018/12
流動資産	16,313.7	15,494.5
総資産	28,920.0	22,604.9
流動負債	6,787.1	5,415.5
総負債	9,365.2	5,480.7
資本金	1,464.8	1,464.8
株主資本	19,406.8	16,964.7

【CF】(百万元)

	2019/12	2018/12
営業CF	4,841.6	4,297.9
投資CF	-4,550.7	-1,465.4
財務CF	93.4	-1,916.7
現金同等物	9,752.3	9,366.0

【指標】(%)

ROA	16.1
ROE	23.9
粗利益率	80.6
増収率	21.2
増益率(営利)	30.8
自己資本増加率	14.4
BPS(元)	13.2
負債比率	48.3
流動比率	240.4
株主資本比率	67.1

【業績】(百万元)

	売上高	営業利益	純利益	前年比(%)	EPS(元)	1株配(元)
2017/12	10,394.87	3,428.26	2,557.95	30.7	1.798	1.2500
2018/12	13,055.47	4,676.98	3,485.64	36.3	2.380	1.5500
2019/12	15,816.93	6,119.30	4,641.99	33.2	3.170	1.5900
2018/06中間	6,420.33	2,718.48	1,966.98	34.1	1.343	0.0000
2019/06中間	8,013.04	3,665.15	2,749.78	39.8	1.877	0.0000

【株価情報】

取引単位(株)	100
時価総額(百万元)	119,242.2

【上場】1994年5月 【住所】四川省瀘州市国窖広場 【URL】www.lzlj.com

A株銘柄

000729　北京燕京ビール

北京燕京ビール股フン有限公司
Beijing Yanjing Brewery Co.,Ltd.

北京市のビール製造会社　北京市政府系の北京控股(00392)傘下のビールメーカー。「燕京」ブランドでビール製造を手掛ける。北京を拠点に中国全土で販売。露酒(蒸留酒)、ミネラルウオーター、ビール原料、酵母、飼料などの製造・販売も手掛ける。

	株価	最低売買価格	年間騰落率	実績PER	PBR
	6.140 RMB	**9,229** 円	**-17.7** %	**74.9** 倍	**1.3** 倍

【財務】(百万元)	2019/12	2018/12	【指標】(%)	
流動資産	7,179.9	6,310.3	ROA	1.3
総資産	18,161.5	17,688.7	ROE	1.8
流動負債	4,282.4	3,876.0	粗利益率	39.1
総負債	4,346.4	3,934.5	増収率	1.1
資本金	2,818.5	2,818.5	増益率(営利)	9.7
株主資本	13,126.5	12,975.5	自己資本増加率	1.2

【CF】(百万元)	2019/12	2018/12
営業CF	1,574.3	1,075.4
投資CF	-558.9	-507.7
財務CF	-184.6	-573.6
現金同等物	2,769.6	1,938.8

【業績】(百万元)	売上高	営業利益	純利益	前年比(%)	EPS(元)	1株配(元)
2017/12	11,195.58	365.75	161.35	-48.3	0.057	0.0200
2018/12	11,343.78	383.57	179.85	11.5	0.064	0.0220
2019/12	11,468.48	420.59	229.78	27.8	0.082	0.0220
2018/06中間	6,374.73	712.00	506.66	3.1	0.180	0.0000
2019/06中間	6,461.86	714.31	512.37	1.1	0.182	0.0000

BPS(元)	4.7
負債比率	33.1
流動比率	167.7
株主資本比率	72.3

【株価情報】
取引単位(株) 100
時価総額(百万元) 15,409.1

【上場】1997年7月　【住所】北京市順義区双河路9号　【URL】www.yanjing.com.cn

000876　新希望六和

新希望六和股フン有限公司
New Hope Liuhe Co.,Ltd.

飼料生産大手　民営農牧大手の新希望集団傘下。主力の畜産用飼料のほか、養鶏、食肉加工など川上から川下までの事業を一貫して手掛ける。肉加工品の「美好」や飼料の「六和」など多くのブランドを擁する。日本の丸紅と合弁事業を展開。

	株価	最低売買価格	年間騰落率	実績PER	PBR
	32.430 RMB	**48,746** 円	**122.7** %	**26.6** 倍	**5.3** 倍

【財務】(百万元)	2019/12	2018/12	【指標】(%)	
流動資産	17,178.6	13,590.6	ROA	7.9
総資産	64,217.7	47,943.8	ROE	19.3
流動負債	26,195.9	18,361.4	粗利益率	12.1
総負債	31,567.8	20,608.0	増収率	18.8
資本金	4,216.0	4,216.0	増益率(営利)	105.7
株主資本	26,061.7	21,575.1	自己資本増加率	20.8

【CF】(百万元)	2019/12	2018/12
営業CF	4,436.9	3,337.0
投資CF	-8,737.3	-2,391.6
財務CF	4,694.6	1,402.6
現金同等物	5,692.3	5,371.0

【業績】(百万元)	売上高	営業利益	純利益	前年比(%)	EPS(元)	1株配(元)
2017/12	62,566.85	3,327.96	2,280.00	-7.7	0.540	0.1500
2018/12	69,063.23	3,241.25	1,704.65	-25.2	0.400	0.0300
2019/12	82,050.54	6,668.71	5,042.00	195.8	1.220	0.1500
2018/06中間	31,642.78	1,615.79	846.05	-25.2	0.200	0.0000
2019/06中間	35,294.30	2,333.70	1,561.86	84.6	0.380	0.0000

BPS(元)	6.2
負債比率	121.1
流動比率	65.6
株主資本比率	40.6

【株価情報】
取引単位(株) 100
時価総額(百万元) 136,214.3

【上場】1998年3月　【住所】四川省綿陽市国家高新技術産業開発区　【URL】www.newhopeagri.com

000887　安徽中鼎密封件

安徽中鼎密封件股フン有限公司
Anhui Zhongding Sealing Parts Co.,Ltd.

ゴムパッキン製造会社　機械部品および自動車部品の製造・販売を手掛ける。主力製品はゴムパッキンや特殊ゴム製品などで、自動車向け、建機向け、船舶向けなど用途は広範囲。近年は国際化戦略を推進し、米国、ドイツなどに製造拠点を持つ。

	株価	最低売買価格	年間騰落率	実績PER	PBR
	7.800 RMB	**11,724** 円	**-23.4** %	**8.5** 倍	**1.1** 倍

【財務】(百万元)	2019/06	2018/06	【指標】(%)	
流動資産	9,060.2	8,213.5	ROA	5.3
総資産	17,289.9	15,801.7	ROE	10.5
流動負債	3,306.3	3,349.9	粗利益率	27.2
総負債	8,466.8	7,359.1	増収率	-8.5
資本金	1,220.8	1,234.4	増益率(営利)	-35.1
株主資本	8,669.3	8,264.8	自己資本増加率	4.9

【CF】(百万元)	2019/06	2018/06
営業CF	529.7	311.6
投資CF	-1,728.9	245.3
財務CF	1,053.9	-148.6
現金同等物	1,430.1	1,927.9

【業績】(百万元)	売上高	営業利益	純利益	前年比(%)	EPS(元)	1株配(元)
2016/12	8,384.37	1,052.68	901.05	26.2	0.760	0.1000
2017/12	11,770.48	1,355.85	1,127.45	25.1	0.930	0.3000
2018/12	12,367.84	1,280.83	1,116.44	-1.0	0.920	0.2000
2018/06中間	6,098.17	850.62	701.51	12.4	0.570	0.0000
2019/06中間	5,582.13	551.65	456.15	-35.0	0.370	0.0000

BPS(元)	7.1
負債比率	97.7
流動比率	274.0
株主資本比率	50.1

【株価情報】
取引単位(株) 100
時価総額(百万元) 9,522.4

【上場】1998年12月　【住所】安徽省宣城市宣南公路口　【URL】www.zhongdinggroup.com

000895　河南双匯投資発展

河南双匯投資発展股フン有限公司
Henan Shuanghui Investment & Development Co.,Ltd.

豚肉加工の国内最大手　香港に上場する豚肉加工世界最大手、万洲国際(00288)の国内部門。食肉加工を主力とし、飼料生産・畜産から包装・流通まで垂直統合型事業を展開。グループの販路やブランド力を生かし、生鮮肉や冷凍肉の販売にも強みを持つ。

株価	最低売買価格	年間騰落率	実績PER	PBR
42.830 RMB	64,378 円	64.5 %	26.1 倍	8.6 倍

【財務】(百万元)	2019/12	2018/12
流動資産	16,303.2	10,265.8
総資産	28,633.3	22,864.5
流動負債	11,283.6	8,928.9
総負債	11,518.0	9,159.3
資本金	3,319.3	3,299.6
株主資本	16,487.7	13,041.5

【指標】(%)	
ROA	19.0
ROE	33.0
粗利益率	18.8
増収率	23.4
増益率(営利)	8.8
自己資本増加率	26.4
BPS(元)	5.0
負債比率	69.9
流動比率	144.5
株主資本比率	57.6

【CF】(百万元)	2019/12	2018/12
営業CF	4,423.6	4,876.2
投資CF	-1,374.7	-2,210.2
財務CF	-2,384.8	-5,934.7
現金同等物	3,146.2	2,481.1

【業績】(百万元)	売上高	営業利益	純利益	前年比(%)	EPS(元)	1株配(元)
2017/12	50,574.85	5,547.10	4,319.30	-1.9	1.309	1.1000
2018/12	48,892.31	6,295.72	4,911.89	13.7	1.480	0.5500
2019/12	60,348.31	6,851.68	5,437.61	10.7	1.638	1.0000
2018/06中間	23,732.11	3,073.38	2,385.33	25.3	0.723	0.0000
2019/06中間	25,455.49	2,999.56	2,381.63	-0.2	0.722	0.0000

【株式情報】	
取引単位(株)	100
時価総額(百万元)	37,799.8

【上場】1998年12月【住所】河南省ルイ河市双匯路1号双匯大廈【URL】www.shuanghui.net

001979　招商局蛇口工業区控股

招商局蛇口工業区控股股フン有限公司
China Merchants Shekou Industrial Zone Holdings Co.,Ltd.

国務院系の総合デベロッパー　深センを拠点に中国全土で総合開発を手掛ける。工業パークや住宅、港湾、交通インフラなどの開発・運営をはじめ、水道・電力供給、金融サービス、観光事業への投資なども展開。筆頭株主は国務院直属の招商局集団。

株価	最低売買価格	年間騰落率	実績PER	PBR
16.660 RMB	25,042 円	-20.6 %	8.4 倍	1.4 倍

【財務】(百万元)	2019/12	2018/12
流動資産	477,249.1	354,435.9
総資産	617,688.1	423,221.4
流動負債	295,008.4	230,615.0
総負債	390,317.6	314,358.8
資本金	7,916.2	7,904.1
株主資本	94,845.5	75,908.7

【指標】(%)	
ROA	2.6
ROE	16.9
粗利益率	34.6
増収率	10.6
増益率(営利)	-1.1
自己資本増加率	24.9
BPS(元)	12.0
負債比率	411.5
流動比率	161.8
株主資本比率	15.4

【CF】(百万元)	2019/12	2018/12
営業CF	13,812.1	10,478.1
投資CF	-13,158.4	2,955.2
財務CF	16,248.3	850.9
現金同等物	74,202.7	57,328.5

【業績】(百万元)	売上高	営業利益	純利益	前年比(%)	EPS(元)	1株配(元)
2017/12	75,937.94	20,926.64	12,655.52	32.1	1.600	0.6200
2018/12	88,277.86	26,613.34	15,240.05	20.4	1.890	0.7900
2019/12	97,672.18	26,319.99	16,033.18	5.2	1.990	0.8300
2018/06中間	20,987.80	10,224.64	7,116.80	97.5	0.880	0.0000
2019/06中間	16,686.53	7,050.11	4,898.37	-31.2	0.600	0.0000

【株式情報】	
取引単位(株)	100
時価総額(百万元)	131,884.0

【上場】2015年12月【住所】深セン市南山区蛇口太子路1号新時代広場【URL】www.cmsk1979.com

002142　寧波銀行

寧波銀行股フン有限公司
Bank of Ningbo Co.,Ltd.

浙江省の中堅銀行　浙江省寧波に拠点を置く都市商業銀行。個人向け銀行業務、法人向け銀行業務、資産管理業務、投資銀行業務など各種銀行業務を手掛ける。長江デルタ地域を中心に、珠江デルタ地域、環渤海湾地域などに事業エリアを広げている。

株価	最低売買価格	年間騰落率	実績PER	PBR
26.230 RMB	39,426 円	20.3 %	10.9 倍	1.5 倍

【財務】(百万元)	2019/12	2018/12
流動資産	—	—
総資産	1,317,717.0	1,116,423.4
流動負債	—	—
総負債	1,216,980.9	1,035,193.5
資本金	5,628.3	5,208.6
株主資本	100,308.8	80,879.2

【指標】(%)	
ROA	1.0
ROE	13.7
粗利益率	—
増収率	21.3
増益率(営利)	32.4
自己資本増加率	24.0
BPS(元)	17.8
負債比率	1,213.2
流動比率	—
株主資本比率	7.6

【CF】(百万元)	2019/12	2018/12
営業CF	40,338.6	-50,979.1
投資CF	-24,306.7	-6,818.1
財務CF	356.3	38,991.8
現金同等物	42,051.8	25,573.2

【業績】(百万元)	売上高	営業利益	純利益	前年比(%)	EPS(元)	1株配(元)
2017/12	25,314.32	10,179.91	9,333.57	19.5	1.800	0.4000
2018/12	28,930.30	11,545.82	11,186.36	19.9	2.150	0.4000
2019/12	35,081.39	15,289.56	13,714.24	22.6	2.410	0.5000
2018/06中間	13,522.21	5,725.92	5,701.30	19.6	1.120	0.0000
2019/06中間	16,191.78	7,553.86	6,843.14	20.0	1.310	0.0000

【株価情報】	
取引単位(株)	100
時価総額(百万元)	125,917.1

【上場】2007年7月【住所】浙江省寧波市ギン州区寧東路345号【URL】www.nbcb.com.cn

002252　上海莱士血液製品

上海莱士血液製品股フン有限公司
Shanghai RAAS Blood Products Co.,Ltd.

上海拠点の血液製剤メーカー大手 血液製剤や血漿由来製剤の研究、開発、製造を手掛ける。全国に採血ステーションを置き、アルブミン製剤、免疫グロブリン製剤、静脈注射用免疫グロブリン製剤、血液凝固因子製剤などを製造する。

株価	最低売買価格	年間騰落率	実績PER	PBR
8.500 RMB	12,776 円	8.4 %	70.8 倍	3.7 倍

【財務】(百万元)	2019/12	2018/12
流動資産	4,531.0	3,912.4
総資産	11,853.1	11,387.3
流動負債	309.4	424.6
総負債	362.0	495.2
資本金	4,974.6	4,974.6
株主資本	11,478.7	10,877.6

【指標】(%)	
ROA	5.1
ROE	5.3
粗利益率	64.2
増収率	43.3
増益率(営利)	—
自己資本増加率	5.5
BPS(元)	2.3
負債比率	3.2
流動比率	1,464.4
株主資本比率	96.8

【CF】(百万元)	2019/12	2018/12
営業CF	872.7	262.5
投資CF	-152.3	677.8
財務CF	-150.4	-1,464.4
現金同等物	1,434.6	864.0

【業績】(百万元)	売上高	営業利益	純利益	前年比(%)	EPS(元)	1株配(元)
2017/12	1,927.75	1,007.48	835.83	-48.2	0.170	0.0170
2018/12	1,804.24	-1,751.51	-1,518.40	—	-0.310	0.0000
2019/12	2,584.98	735.94	607.89	—	0.120	0.0100
2018/06中間	960.76	-989.51	-847.13	—	-0.170	0.0000
2019/06中間	1,297.12	487.33	412.99	—	0.080	0.0000

【株価情報】	
取引単位(株)	100
時価総額(百万元)	42,284.3

【上場】2008年6月 【住所】上海市奉賢区望園路2009号 【URL】www.raas-corp.com

002273　浙江水晶光電科技

浙江水晶光電科技股フン有限公司
Zhejiang Crystal-optech Co.,Ltd.

民営の光学フィルムメーカー スマートフォン、デジタルカメラ、ビデオカメラなどに使われる赤外線カットフィルター(IRCF)や光学ローパスフィルター(OLPF)などの光学フィルムの製造・販売が主力事業。このほか、LED用サファイア基板なども手掛ける。

株価	最低売買価格	年間騰落率	実績PER	PBR
15.150 RMB	22,772 円	63.6 %	34.4 倍	3.8 倍

【財務】(百万元)	2019/12	2018/12
流動資産	2,750.7	2,697.4
総資産	6,391.4	5,675.3
流動負債	800.0	587.4
総負債	1,577.5	1,672.5
資本金	1,156.0	862.8
株主資本	4,598.4	3,880.0

【指標】(%)	
ROA	7.7
ROE	10.7
粗利益率	27.8
増収率	29.0
増益率(営利)	4.1
自己資本増加率	18.5
BPS(元)	4.0
負債比率	34.3
流動比率	343.8
株主資本比率	71.9

【CF】(百万元)	2019/12	2018/12
営業CF	577.1	448.7
投資CF	-634.7	-293.6
財務CF	-138.2	-49.4
現金同等物	1,016.1	1,218.9

【業績】(百万元)	売上高	営業利益	純利益	前年比(%)	EPS(元)	1株配(元)
2017/12	2,145.79	415.74	356.02	40.3	0.420	0.1000
2018/12	2,325.79	543.95	468.42	31.6	0.420	0.1000
2019/12	2,999.84	566.06	491.13	4.8	0.440	0.1000
2018/06中間	903.39	299.59	256.45	66.6	0.230	0.0000
2019/06中間	1,147.18	171.11	159.22	-37.9	0.140	0.0000

【株価情報】	
取引単位(株)	100
時価総額(百万元)	13,016.8

【上場】2008年9月 【住所】浙江省台州市椒江区星星電子産業園区A5号 【URL】www.crystal-optech.com

002292　奥飛娯楽

奥飛娯楽股フン有限公司
Alpha Group

アニメーション制作会社 テレビやネット媒体向けにアニメーション作品を制作・販売する。代表作に「喜羊羊与灰太狼(シーヤンヤンとホイタイラン)」「巴拉拉小魔仙」「超級飛侠」など。玩具やキャラクター商品、オンラインゲームの製造・販売も手掛ける。

株価	最低売買価格	年間騰落率	実績PER	PBR
6.520 RMB	9,800 円	-3.7 %	72.4 倍	2.2 倍

【財務】(百万元)	2019/12	2018/12
流動資産	2,195.0	2,535.8
総資産	6,244.1	6,686.8
流動負債	2,072.2	2,420.0
総負債	2,150.0	2,686.7
資本金	1,357.2	1,357.2
株主資本	4,030.9	3,919.5

【指標】(%)	
ROA	1.9
ROE	3.0
粗利益率	46.6
増収率	-4.0
増益率(営利)	—
自己資本増加率	2.8
BPS(元)	3.0
負債比率	53.3
流動比率	105.9
株主資本比率	64.6

【CF】(百万元)	2019/12	2018/12
営業CF	280.9	73.3
投資CF	-60.0	-16.0
財務CF	-414.2	1.4
現金同等物	545.0	735.9

【業績】(百万元)	売上高	営業利益	純利益	前年比(%)	EPS(元)	1株配(元)
2017/12	3,642.46	69.19	90.13	-81.9	0.070	0.0000
2018/12	2,839.79	-1,772.35	-1,630.19	—	-1.200	0.0000
2019/12	2,726.92	82.82	120.10	—	0.090	0.0000
2018/06中間	1,394.84	114.81	102.96	-23.8	0.080	0.0000
2019/06中間	1,359.67	114.43	110.82	7.6	0.080	0.0000

【株価情報】	
取引単位(株)	100
時価総額(百万元)	8,848.7

【上場】2009年9月 【住所】広東省汕頭市澄海区文冠路中段奥迪工業園 【URL】www.gdalpha.com

002304　江蘇洋河酒廠

江蘇洋河酒廠股フン有限公司
Jiangsu Yanghe Brewery Joint-Stock Co.,Ltd.

江蘇省の白酒メーカー　宴席用やギフト用の高級白酒（パイチュウ）を製造・販売する。主力の「洋河大曲」ブランドは「五粮液」「茅台酒」などと並ぶ中国八大銘酒の一角。白酒のパッケージは赤と金が定番だが、青いボトルを用いた「藍」シリーズもヒット。

株価	最低売買価格	年間騰落率	実績PER	PBR
99.820 RMB	150,039 円	-12.4 %	20.4 倍	4.1 倍

【財務】(百万元)	2019/12	2018/12
流動資産	37,806.3	35,874.8
総資産	53,455.0	49,563.8
流動負債	16,536.8	15,628.2
総負債	16,963.5	15,939.2
資本金	1,507.0	1,507.0
株主資本	36,508.8	33,644.5

【指標】(%)	
ROA	13.8
ROE	20.2
粗利益率	71.3
増収率	-4.3
増益率(営利)	-9.7
自己資本増加率	8.5
BPS(元)	24.2
負債比率	46.5
流動比率	228.6
株主資本比率	68.3

【CF】(百万元)	2019/12	2018/12
営業CF	6,797.9	9,056.7
投資CF	-1,293.2	-3,349.3
財務CF	-4,823.2	-3,841.4
現金同等物	4,300.1	3,615.3

【業績】(百万元)	売上高	営業利益	純利益	前年比(%)	EPS(元)	1株配(元)
2017/12	19,917.94	8,836.47	6,627.17	13.7	4.398	2.5500
2018/12	24,159.80	10,813.65	8,115.19	22.5	5.385	3.2000
2019/12	23,126.48	9,761.88	7,382.82	-9.0	4.899	3.0000
2018/06中間	14,542.58	6,682.81	5,004.99	28.1	3.321	0.0000
2019/06中間	15,998.58	7,427.60	5,581.71	11.5	3.704	0.0000

【株価情報】	
取引単位(株)	100
時価総額(百万元)	125,524.5

【上場】2009年11月 【住所】江蘇省宿遷市洋河中大街118号 【URL】www.chinayanghe.com

002310　北京東方園林環境

北京東方園林環境股フン有限公司
Beijing Orient Landscape & Environment Co.,Ltd.

北京の造園・緑化会社大手　環境や景観に配慮した造園・緑化事業が主力。主なプロジェクトに上海万博公園、北京五輪公園、北京通州運河文化広場、昆明蓮花池公園など。ほかに生態湿地公園の整備やリゾートホテル、政府庁舎の景観緑化などを手掛ける。

株価	最低売買価格	年間騰落率	実績PER	PBR
5.150 RMB	7,741 円	-12.6 %	257.5 倍	1.1 倍

【財務】(百万元)	2019/12	2018/12
流動資産	27,817.0	26,799.3
総資産	43,811.5	42,092.6
流動負債	26,102.9	27,140.3
総負債	31,122.3	29,184.0
資本金	2,685.5	2,685.5
株主資本	12,427.3	12,755.1

【指標】(%)	
ROA	0.1
ROE	0.4
粗利益率	29.5
増収率	-38.8
増益率(営利)	-96.1
自己資本増加率	-2.6
BPS(元)	4.6
負債比率	250.4
流動比率	106.6
株主資本比率	28.4

【CF】(百万元)	2019/12	2018/12
営業CF	-1,327.5	50.9
投資CF	-620.2	-3,588.6
財務CF	1,922.6	2,163.7
現金同等物	745.3	770.3

【業績】(百万元)	売上高	営業利益	純利益	前年比(%)	EPS(元)	1株配(元)
2017/12	15,226.10	2,616.92	2,177.92	68.1	0.810	0.0650
2018/12	13,293.16	1,854.94	1,595.92	-26.7	0.590	0.0940
2019/12	8,133.20	72.55	51.91	-96.7	0.020	0.0000
2018/06中間	6,463.12	778.96	664.29	42.0	0.250	0.0000
2019/06中間	2,190.94	-920.14	-894.01	—	-0.330	0.0000

【株価情報】	
取引単位(株)	100
時価総額(百万元)	13,573.4

【上場】2009年11月 【住所】北京市朝陽区酒仙橋北路甲10号院104号楼6層601号 【URL】www.orientscape.com

---

002439　啓明星辰信息技術集団

啓明星辰信息技術集団股フン有限公司
Venustech Group Inc.

民営のネットワークセキュリティー会社　主要業務はファイヤーウォール、不正侵入防御システム、総合脅威管理システムなどのセキュリティー製品の販売、サービス、ソリューションなど。主要顧客は政府機関や軍関連機関、銀行、通信会社など。

株価	最低売買価格	年間騰落率	実績PER	PBR
41.520 RMB	62,409 円	69.1 %	53.9 倍	8.5 倍

【財務】(百万元)	2019/12	2018/12
流動資産	5,130.3	2,971.2
総資産	6,896.2	4,900.2
流動負債	1,620.2	1,218.5
総負債	2,528.4	1,276.7
資本金	896.7	896.7
株主資本	4,363.3	3,590.6

【指標】(%)	
ROA	10.0
ROE	15.8
粗利益率	65.8
増収率	22.5
増益率(営利)	32.6
自己資本増加率	21.5
BPS(元)	4.9
負債比率	57.9
流動比率	316.6
株主資本比率	63.3

【CF】(百万元)	2019/12	2018/12
営業CF	496.7	310.2
投資CF	-350.8	-196.5
財務CF	871.1	-97.4
現金同等物	1,545.9	529.4

【業績】(百万元)	売上高	営業利益	純利益	前年比(%)	EPS(元)	1株配(元)
2017/12	2,278.53	357.59	451.89	70.4	0.510	0.0500
2018/12	2,521.81	558.59	568.95	25.9	0.630	0.0400
2019/12	3,089.50	740.66	688.28	21.0	0.770	0.0250
2018/06中間	740.42	1.59	23.30	0.026	0.000	0.0000
2019/06中間	882.09	-27.82	13.75	-41.0	0.015	0.0000

【株価情報】	
取引単位(株)	100
時価総額(百万元)	35,848.2

【上場】2010年6月 【住所】北京市海淀区東北旺西路8号中関村軟件園21号楼啓明星辰大厦一層 【URL】www.venustech.com.cn

002450 ＊ST康得新復合材料集団

康得新復合材料集団股フン有限公司
Kangde Xin Composite Material Group Co.,Ltd.

光学フィルムの世界的大手 ラミネートフィルムの生産で世界最大規模を誇る。印刷・包装用フィルムのほか、光学フィルム、赤外線カットフィルター、自動車・建築などの断熱フィルム、リチウムイオン電池用外装材、炭素繊維などの新素材の開発も手掛ける。

株価	最低売買価格	年間騰落率	実績PER	PBR
3.520 RMB	5,291 円	—	44.0 倍	0.7 倍

【財務】(百万元)	2019/06	2018/06
流動資産	21,691.6	27,005.3
総資産	32,633.1	36,679.6
流動負債	10,511.4	12,344.0
総負債	15,136.9	17,108.2
資本金	3,540.9	3,540.9
株主資本	17,480.7	19,551.9

【指標】(%)	
ROA	—
ROE	—
粗利益率	17.7
増収率	-88.4
増益率(営利)	—
自己資本増加率	-10.6
BPS(元)	4.9
負債比率	86.6
流動比率	206.4
株主資本比率	53.6

【CF】(百万元)	2019/06	2018/06
営業CF	-177.7	635.9
投資CF	0.2	441.0
財務CF	-12,733.3	-231.4
現金同等物	46.6	15,902.5

【業績】(百万元)	売上高	営業利益	純利益	前年比(%)	EPS(元)	1株配(元)
2016/12	9,232.75	2,267.12	1,962.91	36.4	0.600	0.0570
2017/12	11,789.07	2,892.95	2,474.38	26.1	0.700	0.0700
2018/12	9,150.29	393.07	280.70	-88.7	0.080	0.0000
2018/06中間	7,240.58	1,776.98	1,513.24	20.6	0.430	0.0000
2019/06中間	842.69	-650.00	-668.82	—	-0.190	0.0000

【株価情報】	
取引単位(株)	100
時価総額(百万元)	11,428.7

【上場】2010年7月 【住所】江蘇省張家港市環保新材料産業園晨港路北側、港華路西側 【URL】www.kangdexin.com

---

002475 立訊精密工業

立訊精密工業股フン有限公司
Luxshare Precision Industry Co.,Ltd.

接続ケーブル製造大手 接続ケーブル、コネクター、RFアンテナ、音響部品、無線充電部品、モーター、ブルートゥース部品などの製造販売を手掛ける。製品はコンシューマーエレクトロニクスやコンピューター・周辺機器、スマートフォン、自動車などに使われる。

株価	最低売買価格	年間騰落率	実績PER	PBR
47.250 RMB	71,021 円	163.4 %	53.7 倍	12.5 倍

【財務】(百万元)	2019/12	2018/12
流動資産	30,750.9	23,078.1
総資産	49,377.9	36,441.4
流動負債	24,859.7	17,178.6
総負債	27,628.2	19,766.6
資本金	5,349.0	4,114.6
株主資本	20,296.6	15,497.9

【指標】(%)	
ROA	9.5
ROE	23.2
粗利益率	19.9
増収率	74.4
増益率(営利)	74.4
自己資本増加率	31.0
BPS(元)	3.8
負債比率	136.1
流動比率	123.7
株主資本比率	41.1

【CF】(百万元)	2019/12	2018/12
営業CF	7,466.0	3,142.3
投資CF	-6,297.6	-4,928.3
財務CF	1,072.0	1,452.6
現金同等物	6,147.3	3,809.5

【業績】(百万元)	売上高	営業利益	純利益	前年比(%)	EPS(元)	1株配(元)
2017/12	22,826.10	2,052.38	1,690.57	46.2	0.410	0.0600
2018/12	35,849.96	3,293.78	2,722.63	61.0	0.510	0.0500
2019/12	62,516.32	5,744.69	4,713.82	73.1	0.880	0.1200
2018/06中間	12,025.73	923.74	825.83	21.1	0.260	0.0000
2019/06中間	21,440.74	1,888.49	1,501.54	81.8	0.360	0.0000

【株価情報】	
取引単位(株)	100
時価総額(百万元)	194,415.6

【上場】2010年9月 【住所】深セン市宝安区沙井街道ゴウ一西部三洋新工業区A棟2層 【URL】www.luxshare-ict.com

---

002506 協キン集成科技

協キン集成科技股フン有限公司
GCL System Integration Technology Co.,Ltd.

協キン集団の太陽電池メーカー 太陽電池製品の製造・販売を手掛ける。主要製品は太陽電池セル、太陽電池モジュール、太陽電池アレイなど。香港上場の保利協キン能源(03800)や協キン新能源(00451)がグループ企業。

株価	最低売買価格	年間騰落率	実績PER	PBR
2.610 RMB	3,923 円	-56.5 %	237.3 倍	3.0 倍

【財務】(百万元)	2019/12	2018/12
流動資産	8,081.5	12,124.5
総資産	16,042.1	18,823.8
流動負債	10,221.8	13,361.0
総負債	11,599.7	14,536.1
資本金	5,081.6	5,065.1
株主資本	4,390.9	4,248.6

【指標】(%)	
ROA	0.3
ROE	1.3
粗利益率	10.0
増収率	-22.4
増益率(営利)	57.8
自己資本増加率	3.4
BPS(元)	0.9
負債比率	264.2
流動比率	79.1
株主資本比率	27.4

【CF】(百万元)	2019/12	2018/12
営業CF	949.4	3,379.3
投資CF	-455.6	-1,597.9
財務CF	-1,174.0	-1,882.3
現金同等物	342.6	1,019.7

【業績】(百万元)	売上高	営業利益	純利益	前年比(%)	EPS(元)	1株配(元)
2017/12	14,447.08	-30.96	23.85	—	0.005	0.0000
2018/12	11,191.14	81.27	45.12	89.2	0.009	0.0000
2019/12	8,683.59	128.29	55.56	23.1	0.011	0.0000
2018/06中間	6,083.85	51.26	25.58	6.5	0.005	0.0000
2019/06中間	5,088.85	51.70	18.16	-29.0	0.004	0.0000

【株価情報】	
取引単位(株)	100
時価総額(百万元)	13,221.4

【上場】2010年11月 【住所】上海市奉賢区南橋鎮江海経済園区 【URL】www.gclsi.com

002558　巨人網絡集団

巨人網絡集団股フン有限公司
Giant Network Group Co.,Ltd.

大手オンラインゲーム会社　オンラインゲームの開発・運営・販売を主力とする有力ネット娯楽企業。ゲームおよびソーシャルネットワーク、ネット金融、ネット医療を3大事業と位置付ける。旗艦ゲームタイトルは「征途」シリーズなど。

株価	最低売買価格	年間騰落率	実績PER	PBR
17.160 RMB	25,793 円	-7.4 %	41.9 倍	4.3 倍

【CF】(百万元)

	2019/12	2018/12
営業CF	1,505.1	-13.5
投資CF	-752.6	-2,115.5
財務CF	-1,606.2	-487.1
現金同等物	4,091.1	4,941.8

【財務】(百万元)

	2019/12	2018/12
流動資産	5,118.0	6,727.1
総資産	9,940.2	10,682.0
流動負債	1,588.1	1,292.0
総負債	1,875.4	1,597.8
資本金	1,557.5	1,557.5
株主資本	8,010.1	9,045.0

【指標】(%)

ROA	8.2
ROE	10.2
粗利益率	83.1
増収率	-32.0
増益率(営利)	-29.0
自己資本増加率	-11.4
BPS(元)	4.0
負債比率	23.4
流動比率	322.3
株主資本比率	80.6

【業績】(百万元)

	売上高	営業利益	純利益	前年比(%)	EPS(元)	1株配(元)
2017/12	2,906.69	1,359.48	1,290.32	20.7	0.640	0.2000
2018/12	3,779.55	1,226.85	1,078.17	-16.4	0.530	0.1700
2019/12	2,571.43	871.19	820.04	-23.9	0.410	0.1300
2018/06中間	1,999.49	751.04	710.38	1.9	0.350	0.0000
2019/06中間	1,305.77	564.62	504.53	-29.0	0.250	0.0000

【株価情報】

取引単位(株)	100
時価総額(百万元)	34,738.4

【上場】2011年3月　【住所】重慶市南岸区江南大道8号万達広場一棟5層　【URL】www.ga-me.com

A株銘柄

002607　中公教育科技

中公教育科技股フン有限公司
Offcn Education Technology Co.,Ltd.

自動車販売から教育サービスに事業転換　前身は外車販売や自動車リースを手掛ける亜夏汽車。19年1月、同社資産・負債と北京中公教育科技の全権益を交換する手法で事業を入れ替え、教育サービス会社となった。

株価	最低売買価格	年間騰落率	実績PER	PBR
26.120 RMB	39,261 円	115.5 %	90.1 倍	47.0 倍

【CF】(百万元)

	2019/12	2018/12
営業CF	2,474.0	1,407.9
投資CF	-131.1	-2,360.2
財務CF	-267.3	1,411.9
現金同等物	2,724.3	648.7

【財務】(百万元)

	2019/12	2018/12
流動資産	4,836.3	3,070.0
総資産	9,960.7	7,202.1
流動負債	6,422.2	4,151.4
総負債	6,529.2	4,248.1
資本金	103.8	103.8
株主資本	3,431.5	2,954.0

【指標】(%)

ROA	18.1
ROE	52.6
粗利益率	58.5
増収率	47.1
増益率(営利)	56.0
自己資本増加率	16.2
BPS(元)	0.6
負債比率	190.3
流動比率	75.3
株主資本比率	34.5

【業績】(百万元)

	売上高	営業利益	純利益	前年比(%)	EPS(元)	1株配(元)
2017/12	4,031.26	630.90	524.84	696.7	0.100	0.0200
2018/12	6,236.99	1,340.03	1,152.89	119.7	0.220	0.2300
2019/12	9,176.13	2,090.67	1,804.55	56.5	0.290	0.2400
2018/06中間	2,769.02	47.24	37.73	-11.4	0.050	0.0000
2019/06中間	3,637.42	593.22	493.03	1,206.6	0.080	0.0000

【株価情報】

取引単位(株)	100
時価総額(百万元)	21,427.2

【上場】2011年8月　【住所】安徽省蕪湖市鳩江区七江北路亜夏汽車城　【URL】www.offcn.com

002625　光啓技術

光啓技術股フン有限公司
Kuang-Chi Technologies Co., Ltd.

浙江省の大手自動車部品メーカー　01年創業の自動車部品メーカーで、主にシート部品の製造・販売を手掛ける。シートのアジャスタ、スライド、リクライニング部品などを扱う。17年に事業買収を通じてスマート素材事業に参入した。

株価	最低売買価格	年間騰落率	実績PER	PBR
7.950 RMB	11,950 円	-14.9 %	265.0 倍	2.2 倍

【CF】(百万元)

	2019/06	2018/06
営業CF	-55.5	93.0
投資CF	3,800.6	205.3
財務CF	162.2	230.4
現金同等物	6,702.2	6,924.4

【財務】(百万元)

	2019/06	2018/06
流動資産	7,284.9	7,420.2
総資産	8,257.5	8,326.1
流動負債	253.8	484.7
総負債	615.8	776.3
資本金	2,154.6	2,154.6
株主資本	7,644.4	7,550.3

【指標】(%)

ROA	1.2
ROE	1.3
粗利益率	36.1
増収率	1.8
増益率(営利)	44.4
自己資本増加率	1.2
BPS(元)	3.5
負債比率	8.1
流動比率	2,869.9
株主資本比率	92.6

【業績】(百万元)

	売上高	営業利益	純利益	前年比(%)	EPS(元)	1株配(元)
2016/12	421.65	74.52	65.94	63.5	0.220	0.0000
2017/12	379.68	111.19	80.86	22.6	0.070	0.0110
2018/12	463.76	95.46	70.53	-12.8	0.030	0.0000
2018/06中間	194.88	38.89	26.92	-47.1	0.010	0.0000
2019/06中間	198.30	56.15	50.41	87.3	0.020	0.0000

【株価情報】

取引単位(株)	100
時価総額(百万元)	4,061.3

【上場】2011年11月　【住所】浙江省杭州市桐廬県富春江鎮機械工業区　【URL】www.kc-t.cn

002714 牧原食品

牧原食品股フン有限公司
Muyuan Foods Co.,Ltd.

河南省拠点の養豚業者 1992年に河南省で22頭の豚飼育から始め、養豚事業全般に業務を拡大。品種改良などに注力するほか、飼料加工の自社工場を保有するなど一貫体制で事業展開する。全国各地に子会社を設立し、集約型生産体制を整える。

株価	最低売買価格	年間騰落率	実績PER	PBR
123.300 RMB	**185,332** 円	**112.8** %	**43.7** 倍	**11.5** 倍

【財務】(百万元)	2019/12	2018/12
流動資産	19,592.3	9,780.7
総資産	52,886.6	29,841.9
流動負債	18,169.1	13,587.7
総負債	21,175.0	16,134.2
資本金	2,204.6	2,085.2
株主資本	23,107.7	12,289.3

【CF】(百万元)	2019/12	2018/12
営業CF	9,988.9	1,357.7
投資CF	-12,798.9	-5,781.0
財務CF	10,365.6	2,647.4
現金同等物	9,951.2	2,399.5

【指標】(%)	
ROA	11.6
ROE	26.5
粗利益率	36.0
増収率	51.0
増益率(営利)	1,105.2
自己資本増加率	88.0
BPS(元)	10.7
負債比率	91.6
流動比率	107.8
株主資本比率	43.7

【業績】(百万元)	売上高	営業利益	純利益	前年比(%)	EPS(元)	1株配(元)
2017/12	10,042.42	2,389.57	2,365.53	1.9	1.180	0.6900
2018/12	13,388.16	523.98	520.21	-78.0	0.170	0.0500
2019/12	20,221.33	6,314.83	6,114.36	1,075.4	2.820	0.5500
2018/06中間	5,512.96	-75.94	-78.66	—	-0.040	0.0000
2019/06中間	7,159.87	-166.35	-155.70	—	-0.070	0.0000

【株価情報】	
取引単位(株)	100
時価総額(百万元)	229,429.6

【上場】2014年1月 【住所】河南省南陽市内郷県灌漲鎮水田村 【URL】www.muyuanfoods.com

600004 広州白雲国際機場

広州白雲国際機場股フン有限公司
Guangzhou Baiyun International Airport Co.,Ltd.

広州の空港運営会社 中国中南部のハブ空港である広州白雲国際空港を運営。空港ターミナルビルの管理運営、旅客・貨物処理サービスなどの航空関連業務のほか、テナント、広告、駐車場、免税品販売など非航空関連業務を手掛ける。

株価	最低売買価格	年間騰落率	実績PER	PBR
14.180 RMB	**21,314** 円	**-10.8** %	**29.5** 倍	**1.7** 倍

【財務】(百万元)	2019/12	2018/12
流動資産	2,712.0	3,789.0
総資産	26,182.3	27,065.0
流動負債	7,498.4	9,772.0
総負債	9,003.6	11,322.7
資本金	2,069.3	2,069.3
株主資本	16,994.7	15,615.7

【CF】(百万元)	2019/12	2018/12
営業CF	3,012.7	3,119.3
投資CF	-1,058.6	-1,808.2
財務CF	-2,999.6	-1,857.6
現金同等物	1,217.5	2,261.7

【指標】(%)	
ROA	3.8
ROE	5.9
粗利益率	24.1
増収率	1.6
増益率(営利)	-13.9
自己資本増加率	8.8
BPS(元)	8.2
負債比率	53.0
流動比率	36.2
株主資本比率	64.9

【業績】(百万元)	売上高	営業利益	純利益	前年比(%)	EPS(元)	1株配(元)
2017/12	6,761.55	2,164.94	1,595.79	14.5	0.820	0.2400
2018/12	7,746.82	1,528.13	1,129.17	-29.2	0.550	0.1700
2019/12	7,869.94	1,315.66	999.86	-11.5	0.480	0.1450
2018/06中間	3,720.62	951.93	703.05	-10.0	0.340	0.0000
2019/06中間	3,859.60	584.17	428.15	-39.1	0.210	0.0000

【株価情報】	
取引単位(株)	100
時価総額(百万元)	29,343.0

【上場】2003年4月 【住所】広東省広州市白雲国際機場南工作区自編一号 【URL】www.baiyunport.com

600008 北京首創

北京首創股フン有限公司
Beijing Capital Co.,Ltd.

北京市政府系の水処理会社 主力事業は浄水施設や汚水処理施設の建設と運営。地方政府とBOT(建設、運営、譲渡)やTOT(譲渡、運営、譲渡)の契約を結び、投資と建設を担う一方で運営権を取得して処理料金を得るコンセッション方式で事業展開する。

株価	最低売買価格	年間騰落率	実績PER	PBR
3.410 RMB	**5,126** 円	**-3.7** %	**20.2** 倍	**0.9** 倍

【財務】(百万元)	2019/12	2018/12
流動資産	13,472.7	13,896.8
総資産	79,872.4	68,987.9
流動負債	18,166.5	17,226.9
総負債	51,657.9	45,205.6
資本金	5,685.4	5,685.4
株主資本	21,321.8	17,565.1

【CF】(百万元)	2019/12	2018/12
営業CF	3,333.4	3,295.0
投資CF	-11,314.5	-9,054.2
財務CF	5,588.1	7,871.7
現金同等物	3,573.3	5,957.6

【指標】(%)	
ROA	1.2
ROE	4.5
粗利益率	29.6
増収率	19.7
増益率(営利)	18.9
自己資本増加率	21.4
BPS(元)	3.8
負債比率	242.3
流動比率	74.2
株主資本比率	26.7

【業績】(百万元)	売上高	営業利益	純利益	前年比(%)	EPS(元)	1株配(元)
2017/12	9,285.02	1,009.33	612.01	0.2	0.127	0.0800
2018/12	12,455.36	1,334.51	719.41	17.5	0.145	0.0800
2019/12	14,907.21	1,587.18	958.39	33.2	0.169	0.0800
2018/06中間	4,579.48	421.70	209.62	-19.2	0.044	0.0000
2019/06中間	5,748.27	609.59	320.85	53.1	0.056	0.0000

【株価情報】	
取引単位(株)	100
時価総額(百万元)	16,438.3

【上場】2000年4月 【住所】北京市海淀区双楡樹知春路76号翠宮飯店写字楼15層 【URL】www.capitalwater.cn

600009 上海国際機場

上海国際機場股フン有限公司
Shanghai International Airport Co.,Ltd.

上海の空港運営会社 上海の空の玄関口である浦東国際空港を運営。空港ターミナルビルの管理運営、旅客・貨物処理サービスなどの航空関連業務のほか、テナント、広告、施設や設備のリースなど非航空関連業務を手掛ける。

	株価	最低売買価格	年間騰落率	実績PER	PBR
	69.000 RMB	103,714 円	0.0 %	26.4 倍	4.2 倍

【財務】(百万元)	2019/12	2018/12
流動資産	12,467.8	10,636.7
総資産	37,171.2	30,928.7
流動負債	4,714.9	2,286.7
総負債	4,721.5	2,294.2
資本金	1,927.0	1,927.0
株主資本	32,004.4	28,246.0

【指標】(%)	
ROA	13.5
ROE	15.7
粗利益率	51.2
増収率	17.5
増益率(営利)	18.5
自己資本増加率	13.3
BPS(元)	16.6
負債比率	14.8
流動比率	264.4
株主資本比率	86.1

【CF】(百万元)	2019/12	2018/12
営業CF	4,885.0	4,467.5
投資CF	-1,809.7	-3,202.5
財務CF	-1,481.1	-1,263.5
現金同等物	10,359.8	8,765.5

【業績】(百万元)	売上高	営業利益	純利益	前年比(%)	EPS(元)	1株配(元)
2017/12	8,062.38	4,841.62	3,683.41	31.3	1.910	0.5800
2018/12	9,313.12	5,634.44	4,231.43	14.9	2.200	0.6600
2019/12	10,944.67	6,674.59	5,030.21	18.9	2.610	0.7900
2018/06中間	4,504.44	2,685.41	2,021.55	19.2	1.050	0.0000
2019/06中間	5,455.11	3,569.57	2,699.51	33.5	1.400	0.0000

【株価情報】	
取引単位(株)	100
時価総額(百万元)	75,449.9

【上場】1998年2月 【住所】上海市浦東新区啓航路900号 【URL】www.shairport.com

600015 華夏銀行

華夏銀行股フン有限公司
Hua Xia Bank Co.,Ltd.

中国の中堅商業銀行 鉄鋼大手の首鋼総公司が全額出資で1992年に北京で設立した商業銀行。1995年に株式制商業銀行に改組、03年に上海市場に上場。特に中小企業向け融資に強みを持つ。17年に中国IT大手のテンセント(00700)と提携。

	株価	最低売買価格	年間騰落率	実績PER	PBR
	6.520 RMB	9,800 円	-13.4 %	4.8 倍	0.4 倍

【財務】(百万元)	2019/12	2018/12
流動資産	—	—
総資産	3,020,789.0	2,680,580.0
流動負債	—	—
総負債	2,751,452.0	2,461,865.0
資本金	15,387.0	15,387.0
株主資本	267,588.0	217,141.0

【指標】(%)	
ROA	0.7
ROE	8.2
粗利益率	—
増収率	17.3
増益率(営利)	3.0
自己資本増加率	23.2
BPS(元)	17.4
負債比率	1,028.2
流動比率	—
株主資本比率	8.9

【CF】(百万元)	2019/12	2018/12
営業CF	79,082.0	-100,935.0
投資CF	-61,644.0	13,670.0
財務CF	8,830.0	42,687.0
現金同等物	92,667.0	66,204.0

【業績】(百万元)	売上高	営業利益	純利益	前年比(%)	EPS(元)	1株配(元)
2017/12	66,384.00	26,117.00	19,819.00	0.7	1.480	0.1510
2018/12	72,227.00	26,688.00	20,854.00	5.2	1.560	0.1740
2019/12	84,734.00	27,497.00	21,905.00	5.0	1.370	0.2490
2018/06中間	32,876.00	13,166.00	10,035.00	2.0	0.720	0.0000
2019/06中間	39,797.00	13,444.00	10,543.00	5.1	0.630	0.0000

【株価情報】	
取引単位(株)	100
時価総額(百万元)	83,603.9

【上場】2003年9月 【住所】北京市東城区建国門内大街22号 【URL】www.hxb.com.cn

600018 上海国際港務

上海国際港務(集団)股フン有限公司
Shanghai International Port (Group) Co.,Ltd.

中国最大規模の港湾運営会社 03年に上海港務局の再編で設立。上海港でコンテナ、ばら積み貨物取り扱い、港湾物流、港湾サービスを手掛ける。貨物取扱量、コンテナ取扱量はともに世界トップレベル。曳航、牽引、貨物仕分け・検数などサービス事業も展開。

	株価	最低売買価格	年間騰落率	実績PER	PBR
	4.180 RMB	6,283 円	-41.5 %	10.7 倍	1.2 倍

【財務】(百万元)	2019/12	2018/12
流動資産	40,399.6	47,842.6
総資産	142,177.3	144,367.0
流動負債	19,339.3	31,676.4
総負債	51,388.4	62,016.7
資本金	23,173.7	23,173.7
株主資本	82,056.7	75,548.0

【指標】(%)	
ROA	6.4
ROE	11.0
粗利益率	30.7
増収率	-5.1
増益率(営利)	-16.8
自己資本増加率	8.6
BPS(元)	3.5
負債比率	62.6
流動比率	208.9
株主資本比率	57.7

【CF】(百万元)	2019/12	2018/12
営業CF	6,173.0	5,710.2
投資CF	-3,031.1	6,121.7
財務CF	-13,224.7	-4,263.0
現金同等物	17,900.4	27,935.2

【業績】(百万元)	売上高	営業利益	純利益	前年比(%)	EPS(元)	1株配(元)
2017/12	37,423.95	13,213.28	11,536.19	66.2	0.498	0.1720
2018/12	38,042.55	14,261.14	10,276.34	-10.9	0.443	0.1540
2019/12	36,101.63	11,869.08	9,062.28	-11.8	0.391	0.1450
2018/06中間	17,509.80	5,005.17	3,386.51	0.4	0.146	0.0000
2019/06中間	17,198.83	5,790.15	4,373.20	29.1	0.189	0.0000

【株価情報】	
取引単位(株)	100
時価総額(百万元)	96,866.0

【上場】2006年10月 【住所】中国(上海)自由貿易試験区同匯路1号綜合大楼A区4楼 【URL】www.portshanghai.com.cn

600019 宝山鋼鉄

宝山鋼鉄股フン有限公司
Baoshan Iron & Steel Co.,Ltd.

中国の大手鉄鋼メーカー 粗鋼生産量で中国最大規模の国有企業、中国宝武鋼鉄集団の中核企業。冷間圧延鋼板、熱間圧延鋼板、厚板、鋼管、ステンレス鋼、特殊鋼、ビレットなどを生産する。日本の新日鉄住金やJFEスチールと合弁事業を展開している。

株価	最低売買価格	年間騰落率	実績PER	PBR
4.880 RMB	**7,335** 円	**-27.6** %	**8.7** 倍	**0.6** 倍

【財務】(百万元)	2019/12	2018/12
流動資産	130,564.5	120,733.6
総資産	339,633.0	335,850.1
流動負債	132,586.8	133,676.9
総負債	148,417.1	146,273.9
資本金	22,274.5	22,267.9
株主資本	178,053.1	176,906.2

【CF】(百万元)	2019/12	2018/12
営業CF	29,504.1	45,567.8
投資CF	-22,229.0	-4,125.6
財務CF	-11,484.9	-45,197.5
現金同等物	11,965.8	16,217.8

【指標】(%)	
ROA	3.7
ROE	7.0
粗利益率	11.0
増収率	-4.4
増益率(営利)	-44.5
自己資本増加率	0.6
BPS(元)	8.0
負債比率	83.4
流動比率	98.5
株主資本比率	52.4

【業績】(百万元)	売上高	営業利益	純利益	前年比(%)	EPS(元)	1株配(元)
2017/12	289,497.79	24,924.17	19,170.34	111.2	0.860	0.4500
2018/12	305,506.54	27,949.87	21,448.77	11.9	0.960	0.5000
2019/12	292,057.46	15,514.60	12,423.23	-42.1	0.560	0.2800
2018/06中間	148,722.37	14,207.17	10,009.21	62.2	0.450	0.0000
2019/06中間	141,087.49	8,717.82	6,187.02	-38.2	0.280	0.0000

【株価情報】	
取引単位(株)	100
時価総額(百万元)	107,853.3

【上場】2000年12月 【住所】上海市宝山区富錦路885号宝鋼指揮中心 【URL】www.baosteel.com

600020 河南中原高速公路

河南中原高速公路股フン有限公司
Henan Zhongyuan Expressway Co.,Ltd.

河南省の高速道路会社 河南省の道路関連5社を統合する形で2000年に創業し、省内の有料道路建設・運営事業や資金調達を一手に担う。傘下の資産は鄭州ーラク河高速道路、京港澳高速鄭州ー駐馬店区間など。ほかに不動産、ガソリン販売などに従事する。

株価	最低売買価格	年間騰落率	実績PER	PBR
3.820 RMB	**5,742** 円	**-28.6** %	**6.7** 倍	**0.7** 倍

【財務】(百万元)	2019/12	2018/12
流動資産	5,558.4	5,895.2
総資産	48,812.9	50,147.8
流動負債	13,203.8	11,469.9
総負債	36,611.3	38,936.7
資本金	2,247.4	2,247.4
株主資本	12,116.9	11,117.2

【CF】(百万元)	2019/12	2018/12
営業CF	3,236.0	4,609.5
投資CF	-1,031.6	304.5
財務CF	-3,739.8	-4,315.4
現金同等物	1,091.6	2,626.9

【指標】(%)	
ROA	3.0
ROE	12.1
粗利益率	55.2
増収率	10.6
増益率(営利)	68.6
自己資本増加率	9.0
BPS(元)	5.4
負債比率	302.2
流動比率	42.1
株主資本比率	24.8

【業績】(百万元)	売上高	営業利益	純利益	前年比(%)	EPS(元)	1株配(元)
2017/12	6,238.93	1,473.48	1,147.83	53.4	0.391	0.1680
2018/12	5,776.04	1,133.21	798.80	-30.4	0.205	0.1090
2019/12	6,386.27	1,910.81	1,460.15	82.8	0.573	0.0580
2018/06中間	2,703.53	773.02	609.06	-21.6	0.183	0.0000
2019/06中間	3,269.35	1,105.69	858.77	41.0	0.338	0.0000

【株価情報】	
取引単位(株)	100
時価総額(百万元)	8,585.0

【上場】2003年8月 【住所】河南省鄭州市鄭東新区民生路1号1号楼第7層,第8層 【URL】www.zygs.com

600021 上海電力

上海電力股フン有限公司
Shanghai Electric Power Co.,Ltd.

国家電力投資集団傘下の電力会社 上海市や江蘇省、安徽省を中心に発電事業を展開する。発電容量の5割超は石炭火力だが、ガス発電も2割を占める。近年は低炭素化政策を背景に風力発電や太陽光発電など再生可能エネルギーも強化している。

株価	最低売買価格	年間騰落率	実績PER	PBR
7.390 RMB	**11,108** 円	**-8.7** %	**20.5** 倍	**1.0** 倍

【財務】(百万元)	2019/12	2018/12
流動資産	18,021.0	12,180.8
総資産	111,022.7	99,400.1
流動負債	45,249.8	38,411.5
総負債	80,953.9	72,811.4
資本金	2,617.2	2,617.2
株主資本	19,058.4	16,092.6

【CF】(百万元)	2019/12	2018/12
営業CF	5,930.1	6,546.7
投資CF	-8,543.5	-11,132.2
財務CF	4,642.0	4,538.2
現金同等物	6,379.4	4,201.4

【指標】(%)	
ROA	0.9
ROE	5.0
粗利益率	24.6
増収率	4.0
増益率(営利)	-36.6
自己資本増加率	18.4
BPS(元)	7.3
負債比率	424.8
流動比率	39.8
株主資本比率	17.2

【業績】(百万元)	売上高	営業利益	純利益	前年比(%)	EPS(元)	1株配(元)
2017/12	19,047.91	1,914.30	994.19	-8.9	0.413	0.2000
2018/12	22,778.67	3,923.49	2,752.30	176.8	1.110	0.3300
2019/12	23,690.04	2,488.43	962.38	-65.0	0.361	0.1300
2018/06中間	11,036.31	950.89	364.78	11.0	0.151	0.0000
2019/06中間	11,538.35	1,415.26	624.49	71.2	0.239	0.0000

【株価情報】	
取引単位(株)	100
時価総額(百万元)	15,812.7

【上場】2003年10月 【住所】上海市中山南路268号 【URL】www.shanghaipower.com

600023　浙江浙能電力

浙江浙能電力股フン有限公司
Zhejiang Zheneng Electric Power Co.,Ltd.

浙江省の電力会社 主力の発電事業のほかに副産物としての熱供給を手掛け、地元の浙江省を中心に事業を展開する。火力発電企業として同省で最大規模。原子力発電事業や水力などの再生可能エネルギー事業にも投資している。

	株価	最低売買価格	年間騰落率	実績PER	PBR
	3.500 RMB	5,261 円	-24.2 %	10.9 倍	0.7 倍

【財務】(百万元)	2019/12	2018/12
流動資産	26,695.8	23,470.2
総資産	110,969.8	109,696.3
流動負債	14,279.1	16,417.2
総負債	38,473.1	40,543.8
資本金	13,600.7	13,600.7
株主資本	64,167.1	61,195.5

【指標】(%)	
ROA	3.9
ROE	6.7
粗利益率	12.5
増収率	-4.0
増益率(営利)	12.0
自己資本増加率	4.9
BPS(元)	4.7
負債比率	60.0
流動比率	187.0
株主資本比率	57.8

【CF】(百万元)	2019/12	2018/12
営業CF	9,027.9	6,774.2
投資CF	933.6	-1,893.0
財務CF	-5,305.5	-5,901.4
現金同等物	16,449.6	11,787.9

【業績】(百万元)	売上高	営業利益	純利益	前年比(%)	EPS(元)	1株配(元)
2017/12	51,190.76	5,562.23	4,334.46	-30.3	0.320	0.1700
2018/12	56,633.64	5,183.78	4,035.71	-6.9	0.300	0.1800
2019/12	54,370.55	5,805.75	4,293.27	6.4	0.320	0.2000
2018/06中間	27,771.17	3,003.21	2,348.12	1.4	0.170	0.0000
2019/06中間	25,896.36	3,155.17	2,506.84	6.8	0.180	0.0000

【株価情報】	
取引単位(株)	100
時価総額(百万元)	47,602.4

【上場】2013年12月 【住所】浙江省杭州市天目山路152号浙能大厦2楼 【URL】www.zzepc.com.cn

A株銘柄

600030　中信証券

中信証券股フン有限公司
Citic Securities Co.,Ltd.

中国の証券最大手 国務院系の中国中信集団(CITIC)傘下。証券・先物仲介業務、株式や債券の引き受け、トレーディング、資産運用、投資銀行業務などの各種証券業務を手掛ける。19年のA株増資・IPOの引受額、債券引受額はいずれも業界首位。

	株価	最低売買価格	年間騰落率	実績PER	PBR
	23.820 RMB	35,804 円	17.5 %	23.6 倍	1.8 倍

【財務】(百万元)	2019/12	2018/12
流動資産	—	—
総資産	791,722.4	653,132.7
流動負債	—	—
総負債	626,272.6	496,301.2
資本金	12,116.9	12,116.9
株主資本	161,625.2	153,140.8

【指標】(%)	
ROA	1.5
ROE	7.6
粗利益率	—
増収率	15.9
増益率(営利)	41.3
自己資本増加率	5.5
BPS(元)	13.3
負債比率	387.5
流動比率	—
株主資本比率	20.4

【CF】(百万元)	2019/12	2018/12
営業CF	21,976.4	57,653.5
投資CF	16,247.5	-20,794.7
財務CF	-158.8	-21,751.3
現金同等物	177,822.9	139,996.3

【業績】(百万元)	売上高	営業利益	純利益	前年比(%)	EPS(元)	1株配(元)
2017/12	43,291.63	16,248.33	11,433.27	10.3	0.940	0.4000
2018/12	37,220.71	12,035.48	9,389.90	-17.9	0.770	0.3500
2019/12	43,139.70	17,010.79	12,228.61	30.2	1.010	0.5000
2018/06中間	19,992.55	7,364.09	5,565.15	13.0	0.460	0.0000
2019/06中間	21,791.18	8,929.95	6,445.62	15.8	0.530	0.0000

【株価情報】	
取引単位(株)	100
時価総額(百万元)	233,785.2

【上場】2003年1月 【住所】深セン市福田区中心三路8号卓越時代広場(二期)北座 【URL】www.cs.ecitic.com

---

600037　北京歌華有線電視網絡

北京歌華有線電視網絡股フン有限公司
Beijing Gehua CATV Network Co.,Ltd.

北京市のケーブルテレビ事業者 1999年に北京歌華文化発展集団、北京青年報総公司など文化・メディア5社が発起人となって発足。ケーブルTVネットワークの敷設や運営に従事し、テレビ番組のオンデマンドやオンライン情報サービスなども手掛ける。

	株価	最低売買価格	年間騰落率	実績PER	PBR
	8.900 RMB	13,378 円	-14.3 %	21.3 倍	0.9 倍

【財務】(百万元)	2019/12	2018/12
流動資産	9,678.4	9,701.9
総資産	16,284.1	15,933.2
流動負債	1,829.0	1,856.1
総負債	2,854.0	2,886.2
資本金	1,391.8	1,391.8
株主資本	13,430.2	13,047.0

【指標】(%)	
ROA	3.6
ROE	4.3
粗利益率	21.8
増収率	1.2
増益率(営利)	-15.6
自己資本増加率	2.9
BPS(元)	9.7
負債比率	21.3
流動比率	529.2
株主資本比率	82.5

【CF】(百万元)	2019/12	2018/12
営業CF	885.3	1,018.6
投資CF	-913.4	-721.8
財務CF	-251.0	-254.0
現金同等物	8,335.6	8,614.8

【業績】(百万元)	売上高	営業利益	純利益	前年比(%)	EPS(元)	1株配(元)
2017/12	2,698.18	766.98	761.31	5.0	0.547	0.1800
2018/12	2,725.25	701.74	694.22	-8.8	0.499	0.1800
2019/12	2,758.61	592.26	581.91	-16.2	0.418	0.6600
2018/06中間	1,192.10	366.12	365.82	-3.4	0.263	0.0000
2019/06中間	1,220.07	440.95	436.07	0.9	0.313	0.0000

【株価情報】	
取引単位(株)	100
時価総額(百万元)	12,386.8

【上場】2001年2月 【住所】北京市海淀区花園北路35号(東門) 【URL】www.bgctv.com.cn

600038 中航直昇機

中航直昇機股フン有限公司
Avicopter Plc

政府系のヘリコプターメーカー 国務院直属の中国航空工業集団公司(AVIC)が実質的な親会社。主にヘリコプターおよび部品の開発・設計・製造を手掛ける。主力製品は直8、直9、直11、AC311、AC312、AC313などのヘリと、Y-12シリーズの軽飛行機。

株価	最低売買価格	年間騰落率	実績PER	PBR
43.940 RMB	66,046 円	8.9 %	44.0 倍	3.2 倍

【財務】(百万元)	2019/12	2018/12
流動資産	23,181.3	20,736.8
総資産	26,331.3	24,035.1
流動負債	17,174.0	15,289.4
総負債	17,856.1	16,017.3
資本金	589.5	589.5
株主資本	8,174.9	7,717.8

【CF】(百万元)	2019/12	2018/12
営業CF	770.1	954.7
投資CF	-89.5	-103.0
財務CF	7.1	-143.5
現金同等物	3,609.1	2,921.8

【指標】(%)	
ROA	2.2
ROE	7.2
粗利益率	13.9
増収率	20.9
増益率(営利)	14.1
自己資本増加率	5.9
BPS(元)	13.9
負債比率	218.4
流動比率	135.0
株主資本比率	31.0

【業績】(百万元)	売上高	営業利益	純利益	前年比(%)	EPS(元)	1株配(元)
2017/12	12,048.11	547.56	455.38	3.7	0.773	0.2330
2018/12	13,065.51	590.95	510.33	12.1	0.866	0.2600
2019/12	15,795.17	674.02	588.22	15.3	0.998	0.3000
2018/06中間	5,359.38	204.83	178.01	16.0	0.302	0.0000
2019/06中間	6,900.42	271.73	241.20	35.5	0.409	0.0000

【株価情報】	
取引単位(株)	100
時価総額(百万元)	25,901.6

【上場】2000年12月 【住所】黒龍江省哈爾濱市高新技術開発区集中開発区34号楼 【URL】

600048 保利発展控股集団

保利発展控股集団股フン有限公司
Poly Developments and Holdings Group Co.,Ltd.

保利集団傘下の不動産大手 国務院直轄の中国保利集団傘下で、不動産開発・販売・管理事業に従事。主に珠江デルタと長江デルタ、首都圏(北京市、天津市、河北省)で事業展開。不動産金融や、養老施設・物件管理などコミュニティー消費サービスも手掛ける。

株価	最低売買価格	年間騰落率	実績PER	PBR
15.890 RMB	23,884 円	23.8 %	6.8 倍	1.2 倍

【財務】(百万元)	2019/12	2018/12
流動資産	936,922.0	766,481.5
総資産	1,033,208.7	846,493.9
流動負債	599,700.5	444,897.0
総負債	803,686.7	659,999.6
資本金	11,932.7	11,895.0
株主資本	156,021.9	121,922.5

【CF】(百万元)	2019/12	2018/12
営業CF	39,155.3	11,893.3
投資CF	-10,498.4	-13,459.2
財務CF	-2,834.7	46,497.8
現金同等物	138,974.3	113,075.6

【指標】(%)	
ROA	2.7
ROE	17.9
粗利益率	35.0
増収率	21.3
増益率(営利)	41.6
自己資本増加率	28.0
BPS(元)	13.1
負債比率	515.1
流動比率	156.2
株主資本比率	15.1

【業績】(百万元)	売上高	営業利益	純利益	前年比(%)	EPS(元)	1株配(元)
2017/12	146,658.59	25,544.67	15,633.56	25.9	1.320	0.4000
2018/12	194,555.49	35,592.64	18,903.72	20.9	1.590	0.5000
2019/12	235,981.04	50,402.28	27,959.02	47.9	2.350	0.8200
2018/06中間	59,535.73	12,566.76	6,505.44	15.1	0.550	0.0000
2019/06中間	71,140.82	17,079.84	9,955.21	53.0	0.840	0.0000

【株価情報】	
取引単位(株)	100
時価総額(百万元)	189,012.0

【上場】2006年7月 【住所】広東省広州市海珠区閻江中路688号保利国際広場30-33層 【URL】www.polycn.com

600050 中国聯合網絡通信

中国聯合網絡通信股フン有限公司
China United Network Communications Ltd.

中国の総合通信キャリア 携帯通信事業のほか固定電話、ブロードバンドなど固定通信事業を手掛ける。08年の業界再編で中国網通を吸収合併し、親会社から南部中心に21省の固定電話事業を買収。傘下のチャイナ・ユニコム(00762)が香港とNYに上場。

株価	最低売買価格	年間騰落率	実績PER	PBR
5.240 RMB	7,876 円	-12.2 %	32.5 倍	1.1 倍

【財務】(百万元)	2019/12	2018/12
流動資産	83,603.9	75,205.3
総資産	564,230.6	573,969.6
流動負債	206,812.7	222,678.7
総負債	240,734.7	257,918.5
資本金	31,033.7	31,027.8
株主資本	143,327.3	139,753.7

【CF】(百万元)	2019/12	2018/12
営業CF	96,208.2	94,829.7
投資CF	-58,877.3	-61,167.0
財務CF	-32,469.5	-36,549.8
現金同等物	34,949.8	30,062.9

【指標】(%)	
ROA	0.9
ROE	3.5
粗利益率	26.3
増収率	-0.1
増益率(営利)	12.8
自己資本増加率	2.6
BPS(元)	4.6
負債比率	168.0
流動比率	40.4
株主資本比率	25.4

【業績】(百万元)	売上高	営業利益	純利益	前年比(%)	EPS(元)	1株配(元)
2017/12	274,828.95	1,513.21	425.85	176.4	0.019	0.0200
2018/12	290,876.78	11,921.35	4,080.77	858.3	0.132	0.0530
2019/12	290,514.56	13,443.16	4,982.08	22.1	0.161	0.0600
2018/06中間	149,105.19	7,790.17	2,583.19	231.9	0.085	0.0000
2019/06中間	144,953.72	8,342.54	3,015.91	16.8	0.097	0.0000

【株価情報】	
取引単位(株)	100
時価総額(百万元)	111,070.2

【上場】2002年10月 【住所】北京市西城区金融大街21号4楼 【URL】www.chinaunicom-a.com

A株銘柄

600054　黄山旅游発展

黄山旅游発展股フン有限公司
Huangshan Tourism Development Co.,Ltd.

景勝地「黄山」の管理・運営会社 世界遺産（文化遺産、自然遺産）に登録される国内有数の景勝地、黄山の独占開発権を持つ。主な収入源は入場料（園林開発）、ロープウエー、ホテル、旅行サービス。04年にユネスコの「地質公園（ジオパーク）」にも選出。

株価	最低売買価格	年間騰落率	実績PER	PBR
8.200 RMB	**12,325** 円	**-13.7** %	**17.8** 倍	**1.4** 倍

【財務】(百万元)	2019/12	2018/12
流動資産	2,210.4	2,236.8
総資産	4,967.8	4,703.3
流動負債	343.0	406.1
総負債	444.6	475.4
資本金	729.4	747.3
株主資本	4,359.1	4,082.5

【指標】(%)	
ROA	6.8
ROE	7.8
粗利益率	56.0
増収率	-0.9
増益率（営利）	-37.9
自己資本増加率	6.8
BPS(元)	6.0
負債比率	10.2
流動比率	644.5
株主資本比率	87.7

【CF】(百万元)	2019/12	2018/12
営業CF	426.1	457.6
投資CF	-287.3	1,016.0
財務CF	-122.5	-347.8
現金同等物	1,801.4	1,785.0

【業績】(百万元)	売上高	営業利益	純利益	前年比(%)	EPS(元)	1株配(元)
2017/12	1,783.91	604.72	414.06	17.6	0.550	0.2400
2018/12	1,620.95	824.69	582.51	40.7	0.780	0.1320
2019/12	1,606.74	512.08	340.19	-41.6	0.460	0.1090
2018/06中間	682.27	307.53	218.86	17.0	0.293	0.0000
2019/06中間	728.44	240.54	168.10	-23.2	0.229	0.0000

【株価情報】	
取引単位(株)	100
時価総額(百万元)	4,209.1

【上場】1997年5月 【住所】安徽省黄山市屯溪区天都大道5号（天都国際飯店D座16-18楼）【URL】www.huangshan.com.cn

---

600056　中国医薬健康産業

中国医薬健康産業股フン有限公司
China Meheco Group Co.,Ltd.

総合医薬品メーカー 医薬品の研究開発、製造、販売、貿易、技術サービスなどを総合的に手掛ける。主要製品は抗生物質や心血管薬、糖尿病薬、抗ウイルス剤、抗感染薬、胃腸薬など。販売事業は主に各種医療機関向けのほか、小売チェーンを通じて展開。

株価	最低売買価格	年間騰落率	実績PER	PBR
14.540 RMB	**21,855** 円	**4.7** %	**15.8** 倍	**1.7** 倍

【財務】(百万元)	2019/12	2018/12
流動資産	22,513.8	20,751.6
総資産	29,832.7	25,344.1
流動負債	15,840.1	12,806.7
総負債	18,822.0	15,207.2
資本金	1,068.5	1,068.5
株主資本	8,994.9	8,451.7

【指標】(%)	
ROA	3.3
ROE	10.9
粗利益率	18.4
増収率	13.8
増益率（営利）	-26.3
自己資本増加率	6.4
BPS(元)	8.4
負債比率	209.3
流動比率	142.1
株主資本比率	30.2

【CF】(百万元)	2019/12	2018/12
営業CF	-53.8	0.3
投資CF	-3,106.3	-759.2
財務CF	1,977.5	561.7
現金同等物	1,818.1	2,995.3

【業績】(百万元)	売上高	営業利益	純利益	前年比(%)	EPS(元)	1株配(元)
2017/12	30,357.02	2,057.46	1,313.41	38.3	1.229	0.3650
2018/12	31,006.04	2,291.07	1,544.52	17.6	1.446	0.4340
2019/12	35,284.82	1,689.39	981.35	-36.5	0.918	0.2760
2018/06中間	14,529.29	1,258.55	839.57	26.4	0.786	0.0000
2019/06中間	16,860.21	1,123.81	688.49	-18.0	0.644	0.0000

【株価情報】	
取引単位(株)	100
時価総額(百万元)	14,716.5

【上場】1997年5月 【住所】北京市東城区光明中街18号【URL】www.meheco.com

600068　中国葛洲八集団

中国葛洲八集団フン有限公司
China Gezhouba Group Co.,Ltd.

大型インフラ建設業者 発電所や高速道路、鉄道、橋梁、空港、港湾など国家的な大型プロジェクトの建設を主力とする。海外99カ国に拠点を展開。汚水処理場などの建設・運営や、リサイクル・ごみ処理、不動産開発、セメント製造なども手掛ける。

株価	最低売買価格	年間騰落率	実績PER	PBR
6.580 RMB	**9,890** 円	**4.1** %	**6.4** 倍	**0.6** 倍

【財務】(百万元)	2019/12	2018/12
流動資産	134,039.2	129,777.3
総資産	234,463.4	218,209.3
流動負債	112,469.4	117,963.8
総負債	168,231.9	163,124.6
資本金	4,604.8	4,604.8
株主資本	52,534.1	42,804.0

【指標】(%)	
ROA	2.3
ROE	10.4
粗利益率	16.4
増収率	9.3
増益率（営利）	13.9
自己資本増加率	22.7
BPS(元)	11.4
負債比率	320.2
流動比率	119.2
株主資本比率	22.4

【CF】(百万元)	2019/12	2018/12
営業CF	6,070.4	1,277.8
投資CF	-5,280.9	-13,894.1
財務CF	2,036.2	12,948.5
現金同等物	21,620.7	18,838.7

【業績】(百万元)	売上高	営業利益	純利益	前年比(%)	EPS(元)	1株配(元)
2017/12	106,807.10	7,291.04	4,683.60	37.9	0.892	0.2680
2018/12	100,625.67	7,709.31	4,657.71	-0.6	0.887	0.1800
2019/12	109,945.70	8,777.84	5,441.78	16.8	1.034	0.1560
2018/06中間	46,111.40	3,396.35	1,952.97	12.6	0.362	0.0000
2019/06中間	49,799.32	3,847.08	2,124.16	8.8	0.387	0.0000

【株価情報】	
取引単位(株)	100
時価総額(百万元)	30,299.4

【上場】1997年5月 【住所】湖北省武漢市解放大道558号葛洲八大酒店【URL】www.cggc.cn

567

600073　上海梅林正広和

上海梅林正広和股フン有限公司
Shanghai Maling Aquarius Co.,Ltd.

上海市政府系の食品メーカー 主力製品は牛肉や羊肉で、豚肉事業では中国全土にコールド物流網を展開する。蜂蜜やキャンディーでも高い市場シェアを誇る。飲料事業ではサントリーと合弁会社を設立し、ウーロン茶や機能性飲料などを生産している。

株価	最低売買価格	年間騰落率	実績PER	PBR
9.470 RMB	14,234 円	-0.5 %	24.3 倍	2.2 倍

【財務】(百万元)	2019/12	2018/12
流動資産	8,199.6	7,758.2
総資産	13,729.2	12,531.6
流動負債	5,633.8	4,956.3
総負債	7,204.8	5,929.3
資本金	937.7	937.7
株主資本	4,018.6	4,189.3

【指標】(%)	
ROA	2.7
ROE	9.1
粗利益率	14.1
増収率	5.4
増益率(営利)	48.1
自己資本増加率	-4.1
BPS(元)	4.3
負債比率	179.3
流動比率	145.5
株主資本比率	29.3

【CF】(百万元)	2019/12	2018/12
営業CF	973.0	553.9
投資CF	−1,453.7	−870.6
財務CF	63.6	−12.6
現金同等物	2,939.1	3,352.3

【業績】(百万元)	売上高	営業利益	純利益	前年比(%)	EPS(元)	1株配(元)
2017/12	22,221.37	541.26	280.40	9.3	0.300	0.1200
2018/12	22,200.48	498.38	304.07	8.4	0.320	0.1000
2019/12	23,403.54	737.94	366.00	20.4	0.390	0.1200
2018/06中間	11,833.13	482.89	287.44	3.1	0.000	0.0000
2019/06中間	12,868.81	580.43	312.68	8.8	0.333	0.0000

【株価情報】	
取引単位(株)	100
時価総額(百万元)	8,880.3

【上場】1997年7月【住所】上海市浦東新区川橋路1501号【URL】www.shanghaimaling.com

600089　特変電工

特変電工股フン有限公司
TBEA Co.,Ltd.

中国最大の変圧器メーカー 新疆ウイグル自治区を拠点に変圧器、ケーブル、電線、電設資材などを製造。多結晶シリコンやインバーターを製造するほか、太陽光や風力発電施設の建設・運営も行う。このほか、石炭の採掘や販売も手掛ける。

株価	最低売買価格	年間騰落率	実績PER	PBR
7.610 RMB	11,439 円	5.7 %	16.2 倍	0.8 倍

【財務】(百万元)	2019/12	2018/12
流動資産	51,416.0	49,868.4
総資産	102,224.7	92,594.6
流動負債	34,853.8	37,517.9
総負債	59,197.0	53,611.9
資本金	3,714.3	3,714.5
株主資本	34,883.6	32,689.2

【指標】(%)	
ROA	2.0
ROE	5.8
粗利益率	20.7
増収率	-6.6
増益率(営利)	3.1
自己資本増加率	6.7
BPS(元)	9.4
負債比率	169.7
流動比率	147.5
株主資本比率	34.1

【CF】(百万元)	2019/12	2018/12
営業CF	4,041.0	2,580.7
投資CF	−9,992.1	−3,883.7
財務CF	5,560.9	4,803.9
現金同等物	16,889.5	17,324.9

【業績】(百万元)	売上高	営業利益	純利益	前年比(%)	EPS(元)	1株配(元)
2017/12	38,281.20	2,944.44	2,195.76	0.2	0.612	0.2100
2018/12	39,655.53	2,771.63	2,047.91	-6.7	0.491	0.1800
2019/12	37,029.65	2,856.48	2,018.42	−1.4	0.470	0.1650
2018/06中間	18,605.56	1,858.14	1,424.82	4.6	0.383	0.0000
2019/06中間	17,051.84	1,379.16	1,047.89	−26.5	0.282	0.0000

【株価情報】	
取引単位(株)	100
時価総額(百万元)	28,265.9

【上場】1997年6月【住所】新疆維吾爾自治区昌吉市北京南路189号【URL】www.tbea.com

600100　同方

同方股フン有限公司
Tsinghua Tongfang Co.,Ltd.

清華大学系のIT企業 豊富な学術資源と人的資源を強みに、主にITと省エネ・環境保全の2分野で事業を展開。インターネット事業のほか、ビッグデータ解析からシステム統合まで担うスマートシティー事業、さらには軍需・保安関連事業も展開する。

株価	最低売買価格	年間騰落率	実績PER	PBR
7.520 RMB	11,303 円	-25.0 %	74.9 倍	1.4 倍

【財務】(百万元)	2019/12	2018/12
流動資産	31,905.5	32,413.3
総資産	61,947.9	63,609.6
流動負債	26,821.1	29,664.3
総負債	41,347.6	43,716.2
資本金	2,963.9	2,963.9
株主資本	16,312.2	15,991.4

【指標】(%)	
ROA	0.5
ROE	1.8
粗利益率	21.5
増収率	-7.2
増益率(営利)	—
自己資本増加率	2.0
BPS(元)	5.5
負債比率	253.5
流動比率	119.0
株主資本比率	26.3

【CF】(百万元)	2019/12	2018/12
営業CF	2,043.9	−525.5
投資CF	2,960.4	−1,966.1
財務CF	−4,359.2	2,056.0
現金同等物	9,849.6	9,171.0

【業績】(百万元)	売上高	営業利益	純利益	前年比(%)	EPS(元)	1株配(元)
2017/12	25,989.39	665.56	103.64	-97.6	0.035	0.0150
2018/12	24,832.98	−3,460.02	−3,879.78	—	-1.309	0.0000
2019/12	23,040.44	810.81	297.70	—	0.100	0.0350
2018/06中間	10,510.95	−225.05	−334.99	—	-0.113	0.0000
2019/06中間	8,614.93	432.38	331.15	9.0	0.111	0.0000

【株価情報】	
取引単位(株)	100
時価総額(百万元)	22,288.5

【上場】1997年6月【住所】北京市海淀区王荘路1号清華同方科技大厦A座30層【URL】www.thtf.com.cn

600109　国金証券

国金証券股フン有限公司
Sinolink Securities Co.,Ltd.

成都拠点の中堅証券会社　証券売買の仲介、信用取引、投資銀行業務、資産管理、アドバイザリーサービスなどを手掛ける。地元の成都のほか、北京、上海、広州など大都市を中心に営業拠点を構える。香港でも事業を展開する。

株価	最低売買価格	年間騰落率	実績PER	PBR
10.200 RMB	15,332 円	10.9 %	23.8 倍	1.5 倍

【財務】(百万元)	2019/12	2018/12
流動資産	—	—
総資産	50,151.0	46,667.4
流動負債	—	—
総負債	29,362.6	27,106.5
資本金	3,024.4	3,024.4
株主資本	20,722.6	19,489.7

【指標】(%)	
ROA	2.6
ROE	6.3
粗利益率	—
増収率	15.5
増益率(営利)	30.7
自己資本増加率	6.3
BPS(元)	6.9
負債比率	141.7
流動比率	—
株主資本比率	41.3

【CF】(百万元)	2019/12	2018/12
営業CF	−1,874.2	2,597.5
投資CF	979.8	−1,792.5
財務CF	2,327.7	−584.8
現金同等物	16,204.6	14,761.5

【業績】(百万元)	売上高	営業利益	純利益	前年比(%)	EPS(元)	1株配(元)
2017/12	4,390.59	1,504.09	1,201.43	−7.5	0.397	0.0500
2018/12	3,766.12	1,264.21	1,010.49	−15.9	0.334	0.0400
2019/12	4,349.52	1,652.46	1,298.54	28.5	0.429	0.0500
2018/06中間	1,674.01	615.41	495.57	−10.0	0.164	0.0000
2019/06中間	1,913.48	812.16	621.14	25.3	0.205	0.0000

【株価情報】	
取引単位(株)	100
時価総額(百万元)	30,848.5

【上場】1997年8月　【住所】四川省成都市青羊区東城根上街95号　【URL】www.gjzq.com.cn

600111　中国北方稀土

中国北方稀土（集団）高科技股フン有限公司
China Northern Rare Earth (Group) High-Tech Co.,Ltd.

世界最大のレアアース生産会社　世界最大のレアアース埋蔵量を誇る白云鄂博稀土鉱床で軽希土を中心に採掘。レアアース原料のほか、レアアース機能性素材、レアアース応用製品など各種レアアース製品を生産する。

株価	最低売買価格	年間騰落率	実績PER	PBR
9.330 RMB	14,024 円	−4.1 %	55.0 倍	3.5 倍

【財務】(百万元)	2019/12	2018/12
流動資産	16,730.9	17,287.4
総資産	23,160.9	23,732.6
流動負債	5,698.9	6,134.5
総負債	10,270.2	11,270.5
資本金	3,633.1	3,633.1
株主資本	9,584.7	9,225.3

【指標】(%)	
ROA	2.7
ROE	6.4
粗利益率	11.4
増収率	29.6
増益率(営利)	0.0
自己資本増加率	3.9
BPS(元)	2.6
負債比率	107.2
流動比率	293.6
株主資本比率	41.4

【CF】(百万元)	2019/12	2018/12
営業CF	887.9	−699.0
投資CF	−55.8	−1,414.5
財務CF	−1,574.9	132.6
現金同等物	2,164.3	2,903.1

【業績】(百万元)	売上高	営業利益	純利益	前年比(%)	EPS(元)	1株配(元)
2017/12	10,203.98	819.56	401.34	341.8	0.111	0.0350
2018/12	13,954.72	832.55	583.79	45.5	0.161	0.0500
2019/12	18,091.80	832.16	616.30	5.6	0.170	0.0000
2018/06中間	5,693.75	400.54	217.74	94.5	0.060	0.0000
2019/06中間	8,519.22	361.77	266.03	22.2	0.073	0.0000

【株価情報】	
取引単位(株)	100
時価総額(百万元)	33,896.5

【上場】1997年9月　【住所】内蒙古自治区包頭稀土高新技術産業開発区黄河大街83号　【URL】www.reht.com

600118　中国東方紅衛星

中国東方紅衛星股フン有限公司
China Spacesat Co.,Ltd.

中国航天科技グループ傘下の衛星メーカー　地球観測、海洋・環境モニタリング、宇宙探査、科学実験など、多様な用途の小型衛星・マイクロ衛星の開発に従事。地上アプリケーションシステムの構築や航空宇宙関連部品の生産も手掛ける。

株価	最低売買価格	年間騰落率	実績PER	PBR
34.550 RMB	51,932 円	64.1 %	123.4 倍	7.1 倍

【財務】(百万元)	2019/12	2018/12
流動資産	8,900.1	7,903.4
総資産	11,630.4	10,431.8
流動負債	4,098.8	3,626.5
総負債	4,287.4	3,797.1
資本金	1,182.5	1,182.5
株主資本	5,727.4	5,472.3

【指標】(%)	
ROA	2.9
ROE	5.9
粗利益率	14.5
増収率	−14.8
増益率(営利)	−22.0
自己資本増加率	4.7
BPS(元)	4.8
負債比率	74.9
流動比率	217.1
株主資本比率	49.2

【CF】(百万元)	2019/12	2018/12
営業CF	−605.8	867.7
投資CF	−289.0	−173.2
財務CF	863.0	−245.1
現金同等物	3,017.4	3,049.2

【業績】(百万元)	売上高	営業利益	純利益	前年比(%)	EPS(元)	1株配(元)
2017/12	7,385.04	557.90	409.60	3.0	0.350	0.1100
2018/12	7,583.02	530.23	417.64	2.0	0.350	0.1100
2019/12	6,463.26	413.69	335.62	−19.6	0.280	0.1000
2018/06中間	3,211.03	225.63	180.24	2.2	0.150	0.0000
2019/06中間	3,139.05	189.36	189.36	5.1	0.160	0.0000

【株価情報】	
取引単位(株)	100
時価総額(百万元)	40,855.0

【上場】1997年9月　【住所】北京市海淀区中関村南大街31号神舟科技大厦12層　【URL】www.spacesat.com.cn

600125　中鉄鉄龍集装箱物流

中鉄鉄龍集装箱物流股フン有限公司
China Railway Tielong Container Logistics Co.,Ltd.

大連市を拠点とする貨物運輸会社　中国国家鉄路集団の傘下で、鉄道貨物輸送・臨港物流事業、鉄道特殊コンテナ輸送、鉄道旅客輸送、不動産事業、鋼材の委託加工貿易業務などを手掛ける。近年は新型コンテナ事業への投資を加速している。

株価	最低売買価格	年間騰落率	実績PER	PBR
5.430 RMB	8,162 円	-24.6 %	15.6 倍	1.2 倍

【CF】(百万元)	2019/12	2018/12
営業CF	741.8	847.0
投資CF	-223.8	-667.2
財務CF	-383.0	284.8
現金同等物	1,254.8	1,119.7

【財務】(百万元)	2019/12	2018/12
流動資産	5,083.4	5,007.5
総資産	9,891.7	9,582.3
流動負債	3,162.6	2,648.2
総負債	3,897.8	3,890.8
資本金	1,305.5	1,305.5
株主資本	5,971.5	5,668.0

【指標】(%)	
ROA	4.6
ROE	7.6
粗利益率	6.1
増収率	4.7
増益率(営利)	-9.4
自己資本増加率	5.3
BPS(元)	4.6
負債比率	65.3
流動比率	160.7
株主資本比率	60.4

【業績】(百万元)	売上高	営業利益	純利益	前年比(%)	EPS(元)	1株配(元)
2017/12	11,683.52	444.29	330.80	36.9	0.253	0.0800
2018/12	15,638.44	690.70	507.92	53.5	0.389	0.1200
2019/12	16,368.45	626.08	454.68	-10.5	0.348	0.1100
2018/06中間	7,671.78	365.49	277.64	51.1	0.213	0.0000
2019/06中間	7,770.83	364.01	265.71	-4.3	0.204	0.0000

【株価情報】	
取引単位(株)	100
時価総額(百万元)	7,089.0

【上場】1998年5月　【住所】遼寧省大連市高新園区火炬路32号創業大廈A座2716号　【URL】www.chinacrt.com

---

600161　北京天壇生物製品

北京天壇生物製品股フン有限公司
Beijing Tiantan Biological Products Corp.,Ltd.

北京のバイオ製薬会社　1919年創設の政府防疫処が前身。ワクチン、血液製剤、診断用品の研究開発に従事する。国内初の天然痘ワクチン(天壇株)にちなみ、「天壇」ブランドで事業を展開。主な製品はB型肝炎、日本脳炎、ポリオなどのワクチンを手掛ける。

株価	最低売買価格	年間騰落率	実績PER	PBR
35.120 RMB	52,789 円	76.0 %	60.6 倍	9.3 倍

【CF】(百万元)	2019/12	2018/12
営業CF	642.5	677.9
投資CF	-565.8	-317.6
財務CF	86.9	-1,031.5
現金同等物	1,411.8	1,248.8

【財務】(百万元)	2019/12	2018/12
流動資産	4,046.4	3,432.9
総資産	6,314.4	5,067.0
流動負債	651.9	482.4
総負債	1,137.1	720.2
資本金	1,045.4	871.1
株主資本	3,938.9	3,371.3

【指標】(%)	
ROA	9.7
ROE	15.5
粗利益率	49.9
増収率	12.0
増益率(営利)	20.6
自己資本増加率	16.8
BPS(元)	3.8
負債比率	28.9
流動比率	620.7
株主資本比率	62.4

【業績】(百万元)	売上高	営業利益	純利益	前年比(%)	EPS(元)	1株配(元)
2017/12	2,483.22	1,539.70	1,173.17	356.7	1.350	0.2000
2018/12	2,931.06	868.36	509.48	-56.6	0.490	0.0500
2019/12	3,281.86	1,047.44	611.09	19.9	0.580	0.0600
2018/06中間	1,220.29	415.67	240.27	-72.7	0.280	0.0000
2019/06中間	1,560.34	514.85	293.65	22.2	0.280	0.0000

【株価情報】	
取引単位(株)	100
時価総額(百万元)	36,713.3

【上場】1998年6月　【住所】北京市北京経済技術開発区西環南路18号A座126室　【URL】www.TiantanBio.com

---

600176　中国巨石

中国巨石股フン有限公司
China Jushi Co.,Ltd.

中国建材傘下のガラス繊維メーカー　建設資材大手である中国建材(03323)の傘下で、ガラス繊維を製造する。生産拠点を中国の浙江省、江西省、四川省のほか、エジプトと米国にも持つ。欧米や日本などに子会社を置くなど、海外市場の開拓にも積極的。

株価	最低売買価格	年間騰落率	実績PER	PBR
8.690 RMB	13,062 円	-12.3 %	14.3 倍	1.9 倍

【CF】(百万元)	2019/12	2018/12
営業CF	2,768.6	3,862.0
投資CF	-4,778.2	-5,517.1
財務CF	2,029.5	1,163.0
現金同等物	1,445.5	1,488.1

【財務】(百万元)	2019/12	2018/12
流動資産	9,150.3	7,276.4
総資産	33,604.2	30,370.5
流動負債	11,666.0	12,335.9
総負債	17,523.7	15,790.1
資本金	3,502.3	3,502.3
株主資本	15,646.6	14,238.2

【指標】(%)	
ROA	6.3
ROE	13.6
粗利益率	35.5
増収率	4.6
増益率(営利)	-11.0
自己資本増加率	9.9
BPS(元)	4.5
負債比率	112.0
流動比率	78.4
株主資本比率	46.6

【業績】(百万元)	売上高	営業利益	純利益	前年比(%)	EPS(元)	1株配(元)
2017/12	8,651.55	2,493.31	2,149.85	41.3	0.614	0.2500
2018/12	10,032.42	2,836.85	2,373.98	10.4	0.678	0.2250
2019/12	10,493.29	2,523.52	2,128.87	-10.3	0.608	0.1930
2018/06中間	5,017.87	1,517.75	1,267.07	25.9	0.362	0.0000
2019/06中間	5,062.38	1,266.35	1,053.79	-16.8	0.301	0.0000

【株価情報】	
取引単位(株)	100
時価総額(百万元)	30,435.1

【上場】1999年4月　【住所】浙江省桐郷市梧桐街道文華南路669号　【URL】www.jushi.com

A株銘柄

600183　広東生益科技

中国最大の銅張積層板メーカー　パソコン、携帯電話機、自動車用電子部品などに使われるプリント配線板用銅張積層板(CCL)やプリプレグ(PP)などの製造・販売を手掛ける。華為技術、中興通訊(00763)が主要顧客で、広東省や陝西省などに生産拠点を置く。

株価	最低売買価格	年間騰落率	実績PER	PBR
32.350 RMB	48,625 円	161.1 %	49.0 倍	8.3 倍

【財務】(百万元)	2019/12	2018/12
流動資産	8,711.9	7,651.6
総資産	15,534.9	12,885.9
流動負債	5,256.7	3,777.5
総負債	6,181.3	6,044.4
資本金	2,276.2	2,117.5
株主資本	8,833.9	6,402.5

【指標】(%)	
ROA	9.3
ROE	16.4
粗利益率	26.6
増収率	10.5
増益率(営利)	46.9
自己資本増加率	38.0
BPS(元)	3.9
負債比率	70.0
流動比率	165.7
株主資本比率	56.9

【CF】(百万元)	2019/12	2018/12
営業CF	1,692.4	1,337.2
投資CF	-1,566.4	-1,197.9
財務CF	-173.1	-1,250.2
現金同等物	1,050.1	1,100.9

【業績】(百万元)	売上高	営業利益	純利益	前年比(%)	EPS(元)	1株配(元)
2017/12	10,749.90	1,306.04	1,074.66	43.6	0.510	0.4500
2018/12	11,981.08	1,228.73	1,000.47	-6.9	0.470	0.3500
2019/12	13,241.09	1,804.90	1,448.77	44.8	0.660	0.4000
2018/06中間	5,808.91	649.84	532.84	-1.3	0.250	0.0000
2019/06中間	5,972.96	777.15	628.85	18.0	0.300	0.0000

【株価情報】	
取引単位(株)	100
時価総額(百万元)	70,426.7

【上場】1998年10月 【住所】広東省東莞市松山湖高新技術産業開発区工業西路5号 【URL】www.syst.com.cn

---

600208　新湖中宝

浙江省の大手不動産開発業者　上海市を中心とした長江デルタを中心に不動産開発・販売を手掛ける。遼寧省や天津など渤海湾沿岸でも事業を展開。このほか、証券会社や銀行などの金融機関や金鉱などの資源開発事業に投資する。

株価	最低売買価格	年間騰落率	実績PER	PBR
3.120 RMB	4,690 円	-7.1 %	12.5 倍	0.8 倍

【財務】(百万元)	2019/12	2018/12
流動資産	93,844.7	92,853.1
総資産	144,032.0	139,597.7
流動負債	55,006.6	44,371.4
総負債	108,868.5	105,484.6
資本金	8,599.3	8,599.3
株主資本	34,434.9	33,345.8

【指標】(%)	
ROA	1.5
ROE	6.3
粗利益率	35.5
増収率	-14.0
増益率(営利)	-20.1
自己資本増加率	3.3
BPS(元)	4.0
負債比率	316.2
流動比率	170.6
株主資本比率	23.9

【CF】(百万元)	2019/12	2018/12
営業CF	2,267.5	-3,778.7
投資CF	2,022.3	-4,068.6
財務CF	-6,337.5	6,097.3
現金同等物	12,525.6	14,583.3

【業績】(百万元)	売上高	営業利益	純利益	前年比(%)	EPS(元)	1株配(元)
2017/12	17,499.92	3,815.30	3,321.87	-43.1	0.390	0.0570
2018/12	17,227.12	3,548.71	2,506.20	-24.6	0.290	0.0590
2019/12	14,810.30	2,835.70	2,153.41	-14.1	0.250	0.0100
2018/06中間	5,591.32	1,735.30	1,457.29	206.9	0.169	0.0000
2019/06中間	7,275.02	2,124.52	1,720.71	18.1	0.201	0.0000

【株価情報】	
取引単位(株)	100
時価総額(百万元)	26,826.3

【上場】1999年6月 【住所】浙江省嘉興市中山路禾興路口 【URL】www.600208.net

600271　航天信息

中国航天科工集団傘下のIT企業　税務関連システムの開発、ネットワークとソフトウエアのシステム統合、金融支払システムの開発を中心に政府や各業界で幅広く情報化事業を手掛ける。国の情報化・電子政府化プロジェクトの一端を担う。

株価	最低売買価格	年間騰落率	実績PER	PBR
17.420 RMB	26,184 円	-25.6 %	22.8 倍	2.7 倍

【財務】(百万元)	2019/12	2018/12
流動資産	17,377.9	16,144.4
総資産	23,128.8	21,463.1
流動負債	6,285.1	5,525.2
総負債	8,723.4	7,851.4
資本金	1,862.6	1,862.5
株主資本	11,921.4	11,115.2

【指標】(%)	
ROA	6.2
ROE	12.0
粗利益率	15.9
増収率	21.3
増益率(営利)	-14.0
自己資本増加率	7.3
BPS(元)	6.4
負債比率	73.2
流動比率	276.5
株主資本比率	51.5

【CF】(百万元)	2019/12	2018/12
営業CF	1,499.3	1,990.0
投資CF	-1,045.4	-929.3
財務CF	-881.1	-1,481.6
現金同等物	9,194.3	9,612.9

【業績】(百万元)	売上高	営業利益	純利益	前年比(%)	EPS(元)	1株配(元)
2017/12	29,754.49	3,043.85	1,556.57	1.3	0.840	0.4200
2018/12	27,940.08	3,399.50	1,618.00	3.9	0.873	0.4400
2019/12	33,904.08	2,922.96	1,425.00	-11.9	0.765	0.2300
2018/06中間	15,577.13	1,041.58	377.85	-35.0	0.200	0.0000
2019/06中間	11,913.88	1,324.46	681.06	80.2	0.370	0.0000

【株価情報】	
取引単位(株)	100
時価総額(百万元)	32,275.7

【上場】2003年7月 【住所】北京市海淀区杏石口路甲18号 【URL】www.aisino.com

600315　上海家化聯合

上海家化聯合股フン有限公司
Shanghai Jahwa United Co.,Ltd.

上海の老舗化粧品メーカー 1898年に創業した香港の老舗化粧品メーカー「広生行」が前身。1903年に上海に進出し、中国最初の化粧品メーカーとされる。「佰草集」「六神」「美加浄」「高夫」など複数ブランドを展開。パーソナルケア製品に強みを持つ。

	株価	最低売買価格	年間騰落率	実績PER	PBR
	36.020 RMB	54,142 円	24.0 %	43.4 倍	3.9 倍

【財務】(百万元)	2019/12	2018/12
流動資産	5,877.5	4,777.4
総資産	11,147.5	10,160.1
流動負債	2,865.0	2,691.4
総負債	4,861.7	4,347.0
資本金	671.2	671.2
株主資本	6,285.8	5,813.1

【指標】(%)	
ROA	5.0
ROE	8.9
粗利益率	61.9
増収率	6.4
増益率(営利)	8.3
自己資本増加率	8.1
BPS(元)	9.4
負債比率	77.3
流動比率	205.1
株主資本比率	56.4

【CF】(百万元)	2019/12	2018/12
営業CF	748.8	894.7
投資CF	-120.8	-841.8
財務CF	-185.9	-220.3
現金同等物	1,499.0	1,060.5

【業績】(百万元)	売上高	営業利益	純利益	前年比(%)	EPS(元)	1株配(元)
2017/12	6,488.25	482.30	389.80	93.9	0.580	0.1800
2018/12	7,137.95	646.31	540.38	38.6	0.810	0.2500
2019/12	7,596.10	700.22	557.09	3.1	0.830	0.2500
2018/06中間	3,665.19	365.93	316.82	40.9	0.470	0.0000
2019/06中間	3,922.66	531.95	443.94	40.1	0.660	0.0000

【株価情報】	
取引単位(株)	100
時価総額(百万元)	24,178.4

【上場】2001年3月【住所】上海市保定路527号【URL】www.jahwa.com.cn

600335　国機汽車

国機汽車股フン有限公司
Sinomach Automobile Co.,Ltd.

中国の大手自動車販売・サービス会社 国務院直轄の中国機械工業集団の上場子会社。自動車の輸出入、販売、アフターサービスなどを手掛ける。主力事業の外車輸入販売ではクライスラー、VW、GM、フォード、ジャガーランドローバーなどを取り扱う。

	株価	最低売買価格	年間騰落率	実績PER	PBR
	4.950 RMB	7,440 円	-32.6 %	13.4 倍	0.7 倍

【財務】(百万元)	2019/12	2018/12
流動資産	29,351.8	29,615.4
総資産	37,893.1	37,576.3
流動負債	24,417.5	24,669.6
総負債	27,629.1	27,685.0
資本金	1,456.9	1,029.7
株主資本	10,130.8	9,796.3

【指標】(%)	
ROA	1.4
ROE	5.3
粗利益率	7.6
増収率	-6.7
増益率(営利)	-41.6
自己資本増加率	3.4
BPS(元)	7.0
負債比率	272.7
流動比率	120.2
株主資本比率	26.7

【CF】(百万元)	2019/12	2018/12
営業CF	4,389.2	3,051.2
投資CF	-691.2	-695.0
財務CF	-3,529.0	-2,068.5
現金同等物	5,506.5	5,329.2

【業績】(百万元)	売上高	営業利益	純利益	前年比(%)	EPS(元)	1株配(元)
2017/12	50,240.14	909.02	670.46	10.0	0.651	0.1000
2018/12	55,924.96	1,129.54	832.54	24.2	0.572	0.1500
2019/12	52,162.14	659.56	537.60	-35.4	0.369	0.0600
2018/06中間	24,029.09	616.19	441.23	-12.3	0.300	0.0000
2019/06中間	26,698.19	555.55	408.56	-7.4	0.280	0.0000

【株価情報】	
取引単位(株)	100
時価総額(百万元)	5,097.2

【上場】2001年3月【住所】天津市濱海高新区華苑産業区榕苑路2号2-1605【URL】www.sinomach-auto.com

---

600340　華夏幸福基業

華夏幸福基業股フン有限公司
China Fortune Land Development Co.,Ltd.

産業パークの大手開発業者 環渤海湾地区や長江デルタ地域を中心に産業パークやハイテクパークの開発・運営を手掛ける。パーク内の道路やインフラの整備、住宅、ホテル、病院、公園など付属施設の一体開発に強みを持つ。

	株価	最低売買価格	年間騰落率	実績PER	PBR
	23.500 RMB	35,323 円	-20.9 %	5.0 倍	1.4 倍

【財務】(百万元)	2019/12	2018/12
流動資産	418,844.5	367,960.4
総資産	457,811.9	409,711.8
流動負債	265,332.2	242,594.8
総負債	384,125.7	354,995.9
資本金	3,013.3	3,003.3
株主資本	50,036.3	43,776.5

【指標】(%)	
ROA	3.2
ROE	29.2
粗利益率	43.7
増収率	25.6
増益率(営利)	26.2
自己資本増加率	14.3
BPS(元)	16.6
負債比率	767.7
流動比率	157.9
株主資本比率	10.9

【CF】(百万元)	2019/12	2018/12
営業CF	-31,819.1	-7,427.8
投資CF	1,348.9	-5,016.6
財務CF	25,918.7	-6,490.3
現金同等物	41,144.2	45,605.1

【業績】(百万元)	売上高	営業利益	純利益	前年比(%)	EPS(元)	1株配(元)
2017/12	59,635.42	12,956.15	8,839.57	36.2	2.850	0.9000
2018/12	83,798.59	17,871.11	11,745.79	32.9	3.790	1.2000
2019/12	105,209.54	22,546.32	14,611.78	24.4	4.750	1.5000
2018/06中間	34,974.33	9,497.23	6,926.57	29.1	2.250	0.0000
2019/06中間	38,730.11	12,089.15	8,480.83	22.4	2.750	0.0000

【株価情報】	
取引単位(株)	100
時価総額(百万元)	69,441.3

【上場】2003年12月【住所】河北省固安県京開路西側三号路北側一号【URL】www.cfldcn.com

600348　陽泉煤業

陽泉煤業(集団)股フン有限公司
Yang Quan Coal Industry (Group) Co.,Ltd.

山西省の石炭会社 山西省を拠点に石炭の採掘・販売と発電・熱供給を手掛ける。このほか、設備リース、自動車販売・修理、道路貨物輸送、炭層ガス(CBM)開発、都市ガス、都市公共交通機関などの事業も展開する。

	株価	最低売買価格	年間騰落率	実績PER	PBR
	4.440 RMB	6,674 円	-23.2 %	6.3 倍	0.5 倍

【財務】(百万元)	2019/12	2018/12
流動資産	14,260.6	15,038.7
総資産	49,065.1	46,127.8
流動負債	19,859.7	22,745.4
総負債	24,902.1	24,212.7
資本金	2,405.0	2,405.0
株主資本	22,539.4	21,166.1

【指標】(%)	
ROA	3.5
ROE	7.5
粗利益率	18.1
増収率	-0.1
増益率(営利)	-18.9
自己資本増加率	6.5
BPS(元)	9.4
負債比率	110.5
流動比率	71.8
株主資本比率	45.9

【CF】(百万元)	2019/12	2018/12
営業CF	3,505.1	3,763.9
投資CF	-2,910.5	-3,266.1
財務CF	-782.5	1,324.1
現金同等物	5,449.6	5,640.2

【業績】(百万元)	売上高	営業利益	純利益	前年比(%)	EPS(元)	1株配(元)
2017/12	28,146.40	2,761.47	1,636.15	281.3	0.680	0.2050
2018/12	32,683.71	2,862.82	1,971.27	20.5	0.820	0.2800
2019/12	32,657.95	2,322.14	1,700.82	-13.7	0.710	0.2800
2018/06中間	16,817.29	1,232.79	885.69	3.9	0.370	0.0000
2019/06中間	15,525.79	1,509.40	1,063.33	20.1	0.440	0.0000

【株価情報】	
取引単位(株)	100
時価総額(百万元)	10,678.2

【上場】2003年8月 【住所】山西省陽泉市北大街5号 【URL】www.yqmy.cc

600352　浙江龍盛集団

浙江龍盛集団股フン有限公司
Zhejiang Longsheng Group Co.,Ltd.

中国の民営化学品メーカー 染料などの繊維業向け化学品やm-フェニレンジアミンやレゾルシノールを主とする中間体の製造で世界的大手。不動産開発や自動車部品製造などを手掛ける。不動産事業では上海や浙江省で物件開発を手掛ける。

	株価	最低売買価格	年間騰落率	実績PER	PBR
	12.390 RMB	18,623 円	-34.9 %	7.8 倍	1.6 倍

【財務】(百万元)	2019/12	2018/12
流動資産	34,763.4	36,101.5
総資産	51,583.9	52,216.3
流動負債	10,825.9	14,579.9
総負債	24,764.3	30,260.1
資本金	3,253.3	3,253.3
株主資本	24,536.7	19,969.9

【指標】(%)	
ROA	9.7
ROE	20.5
粗利益率	42.7
増収率	12.0
増益率(営利)	20.2
自己資本増加率	22.9
BPS(元)	7.5
負債比率	100.9
流動比率	321.3
株主資本比率	47.6

【CF】(百万元)	2019/12	2018/12
営業CF	6,589.5	1,076.3
投資CF	1,269.1	-1,694.2
財務CF	-7,873.1	65.8
現金同等物	3,664.2	3,695.5

【業績】(百万元)	売上高	営業利益	純利益	前年比(%)	EPS(元)	1株配(元)
2017/12	15,100.90	3,406.18	2,473.80	21.9	0.760	0.2500
2018/12	19,075.78	5,088.43	4,111.37	66.2	1.260	0.2500
2019/12	21,365.00	6,116.07	5,022.95	22.2	1.580	0.2500
2018/06中間	9,167.77	2,401.22	1,858.23	83.4	0.571	0.0000
2019/06中間	9,649.00	3,337.23	2,531.55	36.2	0.794	0.0000

【株価情報】	
取引単位(株)	100
時価総額(百万元)	40,308.8

【上場】2003年8月 【住所】浙江省杭州湾上虞経済技術開発区東一区至遠路二号 【URL】www.longsheng.com

---

600372　中航航空電子系統

中航航空電子系統股フン有限公司
China Avionics Systems Co.,Ltd.

中国航空工業集団傘下の航空電子機器メーカー 中国航空工業集団(AVIC)が実質支配株主で、同社上場子会社のアビチャイナ(02357)が筆頭株主。主力製品は航空宇宙、艦船、兵器など各分野のシステム、電子製品など。

	株価	最低売買価格	年間騰落率	実績PER	PBR
	14.020 RMB	21,073 円	-4.3 %	44.4 倍	3.2 倍

【財務】(百万元)	2019/12	2018/12
流動資産	16,987.8	15,867.7
総資産	22,696.7	21,651.2
流動負債	11,361.2	10,951.6
総負債	14,474.4	13,737.7
資本金	1,759.5	1,759.2
株主資本	7,840.4	7,561.6

【指標】(%)	
ROA	2.4
ROE	7.1
粗利益率	30.9
増収率	9.3
増益率(営利)	28.1
自己資本増加率	3.7
BPS(元)	4.5
負債比率	184.6
流動比率	149.5
株主資本比率	34.5

【CF】(百万元)	2019/12	2018/12
営業CF	735.6	34.9
投資CF	-642.4	-982.6
財務CF	774.9	-781.6
現金同等物	3,344.2	2,476.9

【業績】(百万元)	売上高	営業利益	純利益	前年比(%)	EPS(元)	1株配(元)
2017/12	7,023.12	603.54	542.44	17.8	0.308	0.0600
2018/12	7,643.43	474.18	479.33	-11.6	0.274	0.0500
2019/12	8,352.19	607.22	556.02	16.0	0.316	0.0600
2018/06中間	2,972.85	119.05	148.35	1.8	0.084	0.0000
2019/06中間	3,430.93	169.74	169.74	14.4	0.097	0.0000

【株価情報】	
取引単位(株)	100
時価総額(百万元)	24,668.5

【上場】2001年7月 【住所】北京経済技術開発区経海二路29院8号楼 【URL】www.aviconics.com.cn

A株銘柄

600380　健康元薬業集団

健康元薬業集団股フン有限公司
Joincare Pharmaceutical Group Industry Co.,Ltd.

医薬品・健康食品メーカー 女性向け漢方飲料「太太口服液」で健康飲料業界のトップに躍り出た後、1995年から医薬品業界に参入した。三十余りの子会社を抱え、処方薬を含む医薬品（中間体や製剤）、検査薬、健康飲料など500種余りを手掛ける。

株価	最低売買価格	年間騰落率	実績PER	PBR
12.910 RMB	19,405 円	49.4 %	28.0 倍	2.4 倍

【財務】(百万元)	2019/12	2018/12
流動資産	16,584.7	16,575.0
総資産	25,437.6	24,985.8
流動負債	7,372.7	7,636.0
総負債	8,053.6	8,688.7
資本金	1,938.0	1,938.0
株主資本	10,356.0	9,643.5

【指標】(%)	
ROA	3.5
ROE	8.6
粗利益率	64.4
増収率	6.9
増益率(営利)	37.2
自己資本増加率	7.4
BPS(元)	5.3
負債比率	77.8
流動比率	224.9
株主資本比率	40.7

【CF】(百万元)	2019/12	2018/12
営業CF	2,312.4	1,825.5
投資CF	1,310.5	-2,909.7
財務CF	-2,060.0	1,404.7
現金同等物	10,940.3	9,360.2

【業績】(百万元)	売上高	営業利益	純利益	前年比(%)	EPS(元)	1株配(元)
2017/12	10,779.26	5,872.67	2,133.04	372.5	1.364	0.1800
2018/12	11,203.96	1,594.23	699.41	-67.2	0.429	0.1600
2019/12	11,980.15	2,187.14	894.35	27.9	0.462	0.1600
2018/06中間	5,747.60	955.60	425.74	30.2	0.273	0.0000
2019/06中間	6,284.71	1,213.30	546.33	28.3	0.282	0.0000

【株価情報】	
取引単位(株)	100
時価総額(百万円)	25,020.0

【上場】2001年6月 【住所】深セン市南山区高新区北区朗山路17号健康元薬業集団大厦 【URL】www.joincare.com

---

600383　金地集団

金地(集団)股フン有限公司
Gemdale Corp.

中国の不動産開発大手 住宅物件を中心に商業物件の開発や不動産管理、不動産賃貸事業などを手掛ける。不動産物件は「格林」「褐石」「名仕」などの各ブランドで全国展開。12年には商業物件の開発を手掛ける星辰地産（現金地置業:00535）を買収した。

株価	最低売買価格	年間騰落率	実績PER	PBR
13.260 RMB	19,931 円	14.6 %	6.0 倍	1.1 倍

【財務】(百万元)	2019/12	2018/12
流動資産	270,823.2	227,637.4
総資産	334,816.0	278,355.0
流動負債	188,330.2	140,612.9
総負債	252,446.5	211,877.5
資本金	4,514.6	4,514.6
株主資本	54,094.1	46,450.5

【指標】(%)	
ROA	3.0
ROE	18.6
粗利益率	40.8
増収率	25.1
増益率(営利)	29.9
自己資本増加率	16.5
BPS(元)	12.0
負債比率	466.7
流動比率	143.8
株主資本比率	16.2

【CF】(百万元)	2019/12	2018/12
営業CF	7,899.3	-1,828.4
投資CF	-9,640.7	-5,211.1
財務CF	5,113.6	21,330.1
現金同等物	45,097.6	41,685.8

【業績】(百万元)	売上高	営業利益	純利益	前年比(%)	EPS(元)	1株配(元)
2017/12	37,662.18	11,656.03	6,842.68	8.6	1.520	0.5300
2018/12	50,699.36	15,178.28	8,098.42	18.4	1.790	0.6000
2019/12	63,419.93	19,715.78	10,075.24	24.4	2.230	0.6700
2018/06中間	15,111.04	3,515.72	2,394.80	107.8	0.530	0.0000
2019/06中間	22,482.57	6,408.43	3,631.68	51.6	0.800	0.0000

【株価情報】	
取引単位(株)	100
時価総額(百万円)	59,863.4

【上場】2001年4月 【住所】深セン市福田区福強路金地商業大楼 【URL】www.gemdale.com

600398　海瀾之家

海瀾之家股フン有限公司
HLA Corp.,Ltd.

江蘇省の大手アパレルメーカー スーツや制服などアパレル製品の製造・販売を手掛け、メンズブランドの「海瀾之家（HLA）」、女性ブランドの「愛居兎（EICHITOO）」のほか、「百衣百順（BETTSALE）」「聖凱諾（SANCANAL）」などの自社ブランドを展開。

株価	最低売買価格	年間騰落率	実績PER	PBR
6.170 RMB	9,274 円	-32.9 %	8.6 倍	2.0 倍

【財務】(百万元)	2019/12	2018/12
流動資産	20,919.8	21,767.5
総資産	28,915.7	29,591.4
流動負債	12,029.1	12,885.5
総負債	15,054.4	16,496.5
資本金	1,095.4	1,168.1
株主資本	13,601.7	12,958.0

【指標】(%)	
ROA	11.1
ROE	23.6
粗利益率	39.5
増収率	15.1
増益率(営利)	-8.3
自己資本増加率	5.0
BPS(元)	3.1
負債比率	110.7
流動比率	173.9
株主資本比率	47.0

【CF】(百万元)	2019/12	2018/12
営業CF	3,462.3	2,419.4
投資CF	-271.0	-822.3
財務CF	-3,203.4	661.3
現金同等物	8,148.9	8,156.8

【業績】(百万元)	売上高	営業利益	純利益	前年比(%)	EPS(元)	1株配(元)
2017/12	18,200.09	4,360.46	3,328.87	6.6	0.740	0.4800
2018/12	19,089.73	4,555.18	3,454.77	3.8	0.770	0.3800
2019/12	21,969.69	4,179.22	3,210.52	-7.1	0.720	0.2800
2018/06中間	10,013.64	2,735.04	2,066.01	10.2	0.460	0.0000
2019/06中間	10,721.25	2,804.04	2,125.24	2.9	0.480	0.0000

【株価情報】	
取引単位(株)	100
時価総額(百万円)	27,271.4

【上場】2000年12月 【住所】江蘇省江陰市新橋鎮 【URL】www.hla.com

600409　唐山三友化工

唐山三友化工股フン有限公司
Tangshan Sanyou Chemical Industries Co.,Ltd.

河北省の化学品メーカー　河北省を拠点に化学製品の製造・販売を手掛ける。主な製品は、ソーダ灰、苛性ソーダ、ビスコース短繊維、有機シリコン化合物などで、繊維、ガラス、非鉄金属精錬、合成洗剤、化学建材などに使用される。

株価	最低売買価格	年間騰落率	実績PER	PBR
4.570 RMB	6,869 円	-26.3 %	13.8 倍	0.8 倍

【財務】(百万元)
	2019/12	2018/12
流動資産	7,317.0	7,785.2
総資産	24,804.1	25,337.5
流動負債	9,854.7	8,938.5
総負債	12,762.6	13,558.1
資本金	2,064.3	2,064.3
株主資本	11,260.9	11,049.2

【指標】(%)
ROA	2.8
ROE	6.1
粗利益率	20.1
増収率	1.7
増益率(営利)	-59.0
自己資本増加率	1.9
BPS(元)	5.5
負債比率	113.3
流動比率	74.2
株主資本比率	45.4

【CF】(百万元)
	2019/12	2018/12
営業CF	979.6	1,804.4
投資CF	-248.2	-374.8
財務CF	-790.7	-980.8
現金同等物	2,403.0	2,459.5

【業績】(百万元)
	売上高	営業利益	純利益	前年比(%)	EPS(元)	1株配(元)
2017/12	20,195.71	2,606.33	1,889.08	147.6	0.965	0.2750
2018/12	20,173.74	2,234.04	1,586.08	-16.0	0.768	0.2310
2019/12	20,515.14	915.35	682.92	-56.9	0.331	0.1660
2018/06中間	9,987.89	1,534.56	1,178.75	22.5	0.571	0.0000
2019/06中間	10,478.43	558.98	390.41	-66.9	0.189	0.0000

【株価情報】
取引単位(株)	100
時価総額(百万元)	9,310.6

【上場】2003年6月　【住所】河北省唐山市南堡開発区　【URL】www.sanyou-chem.com.cn

600418　安徽江淮汽車集団

安徽江淮汽車集団股フン有限公司
Anhui Jianghuai Automobile Group Corp.,Ltd.

安徽省拠点の自動車メーカー　安徽省を拠点に自動車や自動車部品の製造・販売を手掛ける。MPVやSUVなどの乗用車のほか、トラックなどの商用車、エンジンなどを生産。特に小型トラックに強みを持つ。製品は南米、欧州、アフリカなどにも輸出。

株価	最低売買価格	年間騰落率	実績PER	PBR
5.070 RMB	7,621 円	-7.0 %	84.5 倍	0.7 倍

【財務】(百万元)
	2019/12	2018/12
流動資産	21,808.0	24,838.1
総資産	43,854.5	47,491.5
流動負債	25,446.1	27,219.7
総負債	30,150.2	33,766.6
資本金	1,893.3	1,893.3
株主資本	12,952.3	12,856.4

【指標】(%)
ROA	0.2
ROE	0.8
粗利益率	10.7
増収率	-5.6
増益率(営利)	—
自己資本増加率	0.7
BPS(元)	6.8
負債比率	232.8
流動比率	85.7
株主資本比率	29.5

【CF】(百万元)
	2019/12	2018/12
営業CF	226.4	-3,453.8
投資CF	1,686.1	-3,746.2
財務CF	-1,837.5	3,892.9
現金同等物	6,223.8	6,181.9

【業績】(百万元)
	売上高	営業利益	純利益	前年比(%)	EPS(元)	1株配(元)
2017/12	49,202.83	199.33	431.89	-62.8	0.230	0.0700
2018/12	50,160.64	-1,519.47	-786.14	—	-0.420	0.0000
2019/12	47,362.15	231.00	106.02	—	0.060	0.0170
2018/06中間	23,745.45	50.19	163.46	-52.6	0.090	0.0000
2019/06中間	27,033.72	293.15	125.11	-23.5	0.070	0.0000

【株価情報】
取引単位(株)	100
時価総額(百万元)	9,599.1

【上場】2001年8月　【住所】安徽省合肥市東流路176号　【URL】www.jac.com.cn

600436　ショウ州片仔廣薬業

ショウ州片仔廣薬業股フン有限公司
Zhangzhou Pientzehuang Pharmaceutical Co.,Ltd.

漢方薬の老舗メーカー　中国の老舗漢方薬メーカー。漢方薬のほか健康食品、化粧品、パーソナルケア、オーラルケア製品の製造・販売を手掛ける。主力製品は社名にもなっている肝臓機能障害治療薬の「片仔廣（へんしこう）」。

株価	最低売買価格	年間騰落率	実績PER	PBR
145.030 RMB	217,995 円	33.7 %	63.6 倍	13.2 倍

【財務】(百万元)
	2019/12	2018/12
流動資産	7,352.3	5,230.1
総資産	8,810.8	6,657.8
流動負債	1,747.0	1,289.7
総負債	1,841.0	1,350.1
資本金	603.3	603.3
株主資本	6,631.4	5,016.5

【指標】(%)
ROA	15.6
ROE	20.7
粗利益率	44.2
増収率	20.1
増益率(営利)	24.1
自己資本増加率	32.2
BPS(元)	11.0
負債比率	27.8
流動比率	420.9
株主資本比率	75.3

【CF】(百万元)
	2019/12	2018/12
営業CF	-879.4	612.3
投資CF	67.8	65.1
財務CF	404.9	-116.1
現金同等物	1,769.7	2,171.5

【業績】(百万元)
	売上高	営業利益	純利益	前年比(%)	EPS(元)	1株配(元)
2017/12	3,713.95	947.39	807.02	50.5	1.340	0.4300
2018/12	4,766.16	1,320.03	1,142.93	41.6	1.890	0.6000
2019/12	5,722.27	1,638.15	1,374.38	20.3	2.280	0.8200
2018/06中間	2,403.87	726.94	617.53	42.6	1.020	0.0000
2019/06中間	2,894.33	895.34	746.55	20.9	1.240	0.0000

【株価情報】
取引単位(株)	100
時価総額(百万元)	87,499.1

【上場】2003年6月　【住所】福建省ショウ州市キョウ城区上街1号　【URL】www.zzpzh.com

600528 中鉄高新工業

中鉄高新工業股フン有限公司
China Railway Hi-tech Industry Corp.,Ltd.

転てつ機の世界最大手 鉄道建設を中心に大型土木工事を手掛けていたが、17年の資産再編で主力事業を列車の進行方向を変えるポイント(転てつ機)の製造事業に転換。転てつ機と橋梁鋼構造では世界最大を誇り、シールド掘進機で中国最大。

株価	最低売買価格	年間騰落率	実績PER	PBR
9.880 RMB	14,851 円	-5.7 %	13.5 倍	1.2 倍

【財務】(百万元)	2019/12	2018/12
流動資産	28,052.1	24,731.0
総資産	38,883.8	33,887.5
流動負債	19,071.2	17,211.8
総負債	19,989.9	17,839.3
資本金	2,221.6	2,221.6
株主資本	18,593.4	15,725.4

【指標】(%)	
ROA	4.2
ROE	8.7
粗利益率	20.3
増収率	15.0
増益率(営利)	6.9
自己資本増加率	18.2
BPS(元)	8.4
負債比率	107.5
流動比率	147.1
株主資本比率	47.8

【CF】(百万元)	2019/12	2018/12
営業CF	1,424.3	832.3
投資CF	-1,015.8	-1,028.6
財務CF	956.0	-1,761.7
現金同等物	6,048.0	4,682.3

【業績】(百万元)	売上高	営業利益	純利益	前年比(%)	EPS(元)	1株配(元)
2017/12	15,885.59	1,539.48	1,339.39	14.1	0.630	0.1900
2018/12	17,897.86	1,743.92	1,480.78	10.6	0.670	0.1150
2019/12	20,575.13	1,864.13	1,626.56	9.8	0.730	0.1260
2018/06中間	8,007.44	836.61	710.58	9.9	0.320	0.0000
2019/06中間	9,477.38	995.59	860.83	21.1	0.390	0.0000

【株価情報】 取引単位(株) 100 時価総額(百万元) 18,157.0

【上場】2001年5月 【住所】北京市豊台区汽車博物館東路1号院3号楼43層4301 【URL】 www.crhic.cn

---

600535 天士力医薬集団

天士力医薬集団股フン有限公司
Tasly Pharmaceutical Group Co.,Ltd.

天津拠点の大手医薬品メーカー 漢方薬を中核とするほか、バイオ医薬や化学医薬の製造・販売を手掛ける。天津市や陝西省、遼寧省などを主な営業地盤とする。狭心症や心筋梗塞などの冠状動脈性心疾患に効く「复方丹参滴丸」が主力製品。

株価	最低売買価格	年間騰落率	実績PER	PBR
14.910 RMB	22,411 円	-27.2 %	22.6 倍	2.0 倍

【財務】(百万元)	2019/12	2018/12
流動資産	16,541.7	17,818.7
総資産	24,012.4	25,171.8
流動負債	8,657.1	8,515.6
総負債	12,150.0	13,963.6
資本金	1,512.7	1,512.7
株主資本	11,130.3	10,533.7

【指標】(%)	
ROA	4.2
ROE	9.0
粗利益率	31.3
増収率	5.6
増益率(営利)	-31.2
自己資本増加率	5.7
BPS(元)	7.4
負債比率	109.2
流動比率	191.1
株主資本比率	46.4

【CF】(百万元)	2019/12	2018/12
営業CF	1,680.2	1,493.8
投資CF	-493.0	-641.8
財務CF	-2,389.5	827.9
現金同等物	1,492.4	2,690.9

【業績】(百万元)	売上高	営業利益	純利益	前年比(%)	EPS(元)	1株配(元)
2017/12	16,094.15	1,744.50	1,376.54	17.0	0.910	0.4000
2018/12	17,989.54	1,944.79	1,545.17	12.2	1.020	0.3000
2019/12	18,998.31	1,338.21	1,001.43	-35.2	0.660	0.3300
2018/06中間	8,475.95	1,148.08	925.00	22.3	0.612	0.0000
2019/06中間	9,416.95	1,101.69	898.50	-2.9	0.596	0.0000

【株価情報】 取引単位(株) 100 時価総額(百万元) 22,553.9

【上場】2002年8月 【住所】天津市北辰区普済河東道2号(天士力現代中薬城) 【URL】 www.tasly.com

600545 卓郎智能技術

卓郎智能技術股フン有限公司
Saurer Intelligent Technology Co.Ltd.

紡績機械メーカー大手 主に新疆ウイグル自治区でインフラ建設・不動産開発などを手掛けていたが、17年の資産再編で紡織機械の製造・販売事業に業態転換。「卓郎(Saurer)」「賜来福(Schlafhorst)」などのブランドでグローバル展開している。

株価	最低売買価格	年間騰落率	実績PER	PBR
4.970 RMB	7,470 円	-31.9 %	11.6 倍	2.0 倍

【財務】(百万元)	2019/06	2018/06
流動資産	8,636.5	6,662.7
総資産	12,617.7	10,154.0
流動負債	5,055.9	4,816.5
総負債	6,586.0	7,609.3
資本金	1,895.4	1,895.4
株主資本	4,744.0	2,544.3

【指標】(%)	
ROA	4.4
ROE	11.7
粗利益率	30.7
増収率	-17.5
増益率(営利)	-21.9
自己資本増加率	86.5
BPS(元)	2.5
負債比率	138.8
流動比率	170.8
株主資本比率	37.6

【CF】(百万元)	2019/06	2018/06
営業CF	-1,104.2	-1,889.4
投資CF	1,223.2	4,429.1
財務CF	-1,811.1	-3,988.9
現金同等物	1,139.4	575.9

【業績】(百万元)	売上高	営業利益	純利益	前年比(%)	EPS(元)	1株配(元)
2016/12	6,352.75	580.08	474.92	1,422.6	0.389	0.0000
2017/12	8,713.41	1,023.48	658.33	38.6	0.456	0.2830
2018/12	9,220.76	1,100.27	810.29	23.1	0.428	0.1290
2018/06中間	4,627.09	550.92	363.07	30.3	0.192	0.0000
2019/06中間	3,815.66	430.47	277.94	-23.4	0.147	0.0000

【株価情報】 取引単位(株) 100 時価総額(百万元) 3,358.7

【上場】2003年12月 【住所】新疆烏魯木斉経済技術開発区維泰南路1号維泰大厦1505室 【URL】 www.saurer.com

600498　烽火通信科技

烽火通信科技股フン有限公司
Fiberhome Telecommunication Technologies Co.,Ltd.

光通信網のソリューションプロバイダー　通信システム設備や光ファイバー、ケーブル、デジタルネットワーク機器などを製造。光伝送技術を基盤とするネットワーク構築を請け負う。鉄道のシステム統合業務や政府機関向けのネットワークサービスも行う。

株価	最低売買価格	年間騰落率	実績PER	PBR
34.890 RMB	52,443 円	31.2 %	41.5 倍	3.6 倍

【財務】(百万元)	2019/12	2018/12
流動資産	23,669.9	23,473.9
総資産	31,491.1	29,215.0
流動負債	16,620.2	17,494.4
総負債	19,435.3	18,475.4
資本金	1,171.0	1,168.7
株主資本	11,470.3	10,009.6

【指標】(%)	
ROA	3.1
ROE	8.5
粗利益率	21.8
増収率	1.8
増益率(営利)	15.6
自己資本増加率	14.6
BPS(元)	9.8
負債比率	169.4
流動比率	142.4
株主資本比率	36.4

【CF】(百万元)	2019/12	2018/12
営業CF	353.7	351.1
投資CF	-1,174.9	-1,319.9
財務CF	1,369.1	-443.1
現金同等物	4,282.5	3,711.0

【業績】(百万元)	売上高	営業利益	純利益	前年比(%)	EPS(元)	1株配(元)
2017/12	21,056.23	965.23	824.96	8.5	0.780	0.3400
2018/12	24,235.24	966.10	843.86	2.3	0.760	0.3400
2019/12	24,661.98	1,116.44	978.78	16.0	0.840	0.3400
2018/06中間	11,193.62	517.61	467.12	3.9	0.420	0.0000
2019/06中間	11,985.16	451.48	427.73	-8.4	0.370	0.0000

【株式情報】	
取引単位(株)	100
時価総額(百万元)	38,621.1

【上場】2001年8月 【住所】湖北省武漢市洪山区郵科院路88号 【URL】www.fiberhome.com

A株銘柄

600522　江蘇中天科技

江蘇中天科技股フン有限公司
Jiangsu Zhongtian Technology Co.,Ltd.

江蘇省の通信ケーブルメーカー　主力製品は光ファイバー、光ケーブルなど光通信ネットワーク設備と、電線・電力網設備。ほかに分散型太陽光発電の部材や海底ケーブルの製造・販売も手掛ける。海外では「ZTT」のブランドで販売。

株価	最低売買価格	年間騰落率	実績PER	PBR
11.480 RMB	17,256 円	28.0 %	17.6 倍	1.7 倍

【財務】(百万元)	2019/12	2018/12
流動資産	27,602.9	20,121.5
総資産	40,193.9	32,006.3
流動負債	12,932.8	11,374.3
総負債	18,704.3	12,527.0
資本金	3,066.1	3,066.1
株主資本	21,245.7	19,273.9

【指標】(%)	
ROA	4.9
ROE	9.3
粗利益率	12.8
増収率	14.3
増益率(営利)	-6.6
自己資本増加率	10.2
BPS(元)	6.9
負債比率	88.0
流動比率	213.4
株主資本比率	52.9

【CF】(百万元)	2019/12	2018/12
営業CF	2,895.3	2,381.3
投資CF	-1,946.5	-3,436.2
財務CF	1,998.7	1,258.2
現金同等物	9,034.2	6,052.6

【業績】(百万元)	売上高	営業利益	純利益	前年比(%)	EPS(元)	1株配(元)
2017/12	27,080.18	2,082.90	1,783.06	12.3	0.589	0.1000
2018/12	33,923.56	2,490.33	2,121.56	19.0	0.692	0.1000
2019/12	38,771.00	2,325.10	1,969.31	-7.2	0.652	0.1000
2018/06中間	15,698.55	1,263.02	1,062.69	11.8	0.347	0.0000
2019/06中間	18,577.25	1,292.37	1,085.60	2.2	0.359	0.0000

【株式情報】	
取引単位(株)	100
時価総額(百万元)	35,198.5

【上場】2002年10月 【住所】江蘇省如東県河口鎮中天村 【URL】www.chinaztt.com

600526　浙江菲達環保科技

浙江菲達環保科技股フン有限公司
Zhejiang Feida Environmental Science & Technology Co.,Ltd.

浙江省の環境設備メーカー　火力発電所や精錬所、化学工場など高環境負荷事業者向け電気式集じん装置に強みを持つ。特に出力600MW以上の大型発電所向けの集じん装置は「菲達」ブランドで知られ、ごみ処理装置・固体廃棄物処理装置も手掛ける。

株価	最低売買価格	年間騰落率	実績PER	PBR
5.140 RMB	7,726 円	3.0 %	30.2 倍	1.4 倍

【財務】(百万元)	2019/12	2018/12
流動資産	5,163.2	5,917.8
総資産	7,145.0	8,093.4
流動負債	4,670.0	5,499.0
総負債	5,072.6	6,110.1
資本金	547.4	547.4
株主資本	2,007.3	1,918.9

【指標】(%)	
ROA	1.3
ROE	4.5
粗利益率	16.7
増収率	-3.0
増益率(営利)	—
自己資本増加率	4.6
BPS(元)	3.7
負債比率	252.7
流動比率	110.6
株主資本比率	28.1

【CF】(百万元)	2019/12	2018/12
営業CF	554.6	-30.8
投資CF	436.6	-90.0
財務CF	-1,027.9	264.4
現金同等物	677.9	713.4

【業績】(百万元)	売上高	営業利益	純利益	前年比(%)	EPS(元)	1株配(元)
2017/12	3,805.12	-181.24	-166.74	—	-0.300	0.0000
2018/12	3,520.95	-410.51	-421.67	—	-0.770	0.0000
2019/12	3,416.03	94.86	90.65	—	0.170	0.0000
2018/06中間	1,873.30	24.41	12.44	-65.3	0.020	0.0000
2019/06中間	1,438.18	24.83	24.50	96.9	0.040	0.0000

【株式情報】	
取引単位(株)	100
時価総額(百万元)	2,813.7

【上場】2002年7月 【住所】浙江省諸曁市望雲路88号 【URL】www.feida.biz

600552　凱盛科技

特殊ガラスのメーカー　特殊ガラスや機能ガラスの開発・製造を行う。主な製品は透明導電膜(ITO膜)ガラス基板やTFT液晶ディスプレー(LCD)用ガラス、ジルコニアなどの新素材で、電子製品向けに提供する。安徽省に製造拠点を持つ。

	株価	最低売買価格	年間騰落率	実績PER	PBR
	5.520 RMB	8,297 円	15.7 %	43.7 倍	1.7 倍

【CF】(百万元)	2019/12	2018/12
営業CF	71.3	11.1
投資CF	−364.4	−209.0
財務CF	318.3	99.3
現金同等物	241.2	218.3

【財務】(百万元)	2019/12	2018/12
流動資産	4,402.5	3,812.1
総資産	6,915.7	6,020.7
流動負債	3,203.3	3,096.0
総負債	4,196.4	3,432.1
資本金	763.9	763.9
株主資本	2,490.2	2,402.5

【指標】(%)	
ROA	1.4
ROE	3.9
粗利益率	14.5
増収率	48.2
増益率(営利)	150.8
自己資本増加率	3.7
BPS(元)	3.3
負債比率	168.5
流動比率	137.4
株主資本比率	36.0

【業績】(百万元)	売上高	営業利益	純利益	前年比(%)	EPS(元)	1株配(元)
2017/12	3,547.05	17.40	77.41	2.4	0.101	0.0000
2018/12	3,048.21	59.07	43.08	−44.4	0.056	0.0000
2019/12	4,518.31	148.12	96.51	124.0	0.126	0.1000
2018/06中間	1,309.37	1.63	47.48	35.0	0.062	0.0000
2019/06中間	1,786.05	72.78	51.50	8.5	0.067	0.0000

【株価情報】	
取引単位(株)	100
時価総額(百万元)	4,216.6

【上場】2002年11月　【住所】安徽省蚌埠市黄山大道8009号　【URL】www.triumphltd.cn

600570　恒生電子

金融機関向けITソリューションプロバイダー　金融機関向けソフトウエアと業務用端末が主力製品。証券会社用業務システムに強みを持ち、中国の店頭株式市場である「新三板」の運営会社の基幹システムを受注した実績を持つ。

	株価	最低売買価格	年間騰落率	実績PER	PBR
	103.390 RMB	155,406 円	74.9 %	58.7 倍	18.5 倍

【CF】(百万元)	2019/12	2018/12
営業CF	1,070.8	937.1
投資CF	−244.0	−393.7
財務CF	−75.0	−486.8
現金同等物	1,317.9	562.2

【財務】(百万元)	2019/12	2018/12
流動資産	4,542.5	2,936.4
総資産	8,359.5	6,216.3
流動負債	3,175.9	2,718.0
総負債	3,466.1	2,801.9
資本金	803.1	617.8
株主資本	4,479.0	3,181.5

【指標】(%)	
ROA	16.9
ROE	31.6
粗利益率	96.8
増収率	18.7
増益率(営利)	118.0
自己資本増加率	40.8
BPS(元)	5.6
負債比率	77.4
流動比率	143.0
株主資本比率	53.6

【業績】(百万元)	売上高	営業利益	純利益	前年比(%)	EPS(元)	1株配(元)
2017/12	2,666.12	463.44	471.22	2,476.2	0.760	0.2900
2018/12	3,262.88	701.06	645.37	37.0	0.800	0.3200
2019/12	3,871.84	1,528.25	1,415.85	119.4	1.760	0.5300
2018/06中間	1,361.00	344.27	300.35	31.4	0.370	0.0000
2019/06中間	1,523.96	734.39	678.34	125.9	0.840	0.0000

【株価情報】	
取引単位(株)	100
時価総額(百万元)	83,037.3

【上場】2003年12月　【住所】浙江省杭州市濱江区江南大道3588号恒生大厦11層　【URL】www.hundsun.com

600587　山東新華医療器械

山東省政府系の医療機器メーカー　1943年に中国人民解放軍の後方勤務部門が創設した医療機器企業が前身。殺菌装置や放射線診断装置、X線診断装置、整形外科用機器や手術用機器、透析設備など各種医療機器を製造する。

	株価	最低売買価格	年間騰落率	実績PER	PBR
	16.030 RMB	24,095 円	−4.8 %	7.6 倍	1.6 倍

【CF】(百万元)	2019/12	2018/12
営業CF	630.9	653.2
投資CF	129.3	−685.0
財務CF	−787.4	−280.0
現金同等物	952.2	977.5

【財務】(百万元)	2019/12	2018/12
流動資産	5,702.0	6,665.5
総資産	11,607.9	12,379.8
流動負債	6,200.8	7,654.2
総負債	6,915.1	8,218.2
資本金	406.4	406.4
株主資本	4,179.3	3,305.2

【指標】(%)	
ROA	7.4
ROE	20.6
粗利益率	21.2
増収率	−14.8
増益率(営利)	350.8
自己資本増加率	26.4
BPS(元)	10.3
負債比率	165.5
流動比率	92.0
株主資本比率	36.0

【業績】(百万元)	売上高	営業利益	純利益	前年比(%)	EPS(元)	1株配(元)
2017/12	9,983.25	267.73	65.53	89.2	0.160	0.0500
2018/12	10,283.64	249.03	22.78	−65.2	0.060	0.0450
2019/12	8,766.76	1,122.61	861.32	3,680.4	2.120	0.1000
2018/06中間	4,641.37	162.96	56.97	−32.2	0.140	0.0000
2019/06中間	4,171.93	760.63	693.29	1,116.9	1.710	0.0000

【株価情報】	
取引単位(株)	100
時価総額(百万元)	6,467.6

【上場】2002年9月　【住所】山東省シ博高新技術産業開発区新華医療科技園　【URL】www.shinva.net

600597　光明乳業

光明乳業股フン有限公司
Bright Dairy & Food Co.,Ltd.

中国の大手乳製品メーカー　華東地区を中心に乳製品の製造・販売を手掛ける。上海をはじめ華東地区で高い市場シェアを持ち、乳製品企業としては全国最大規模を誇る。主力製品は牛乳（フレッシュミルク）、常温保存牛乳、ヨーグルト、粉ミルクなど。

株価	最低売買価格	年間騰落率	実績PER	PBR
12.700 RMB	19,089 円	27.8 %	31.0 倍	2.7 倍

【CF】(百万元)	2019/12	2018/12
営業CF	2,409.7	1,453.6
投資CF	-1,828.6	-1,734.6
財務CF	-2,170.0	771.7
現金同等物	2,480.0	4,067.7

【財務】(百万元)	2019/12	2018/12
流動資産	7,205.5	8,582.0
総資産	17,637.1	17,933.8
流動負債	8,230.8	9,780.4
総負債	10,220.2	11,148.9
資本金	1,224.5	1,224.5
株主資本	5,717.9	5,336.9

【指標】(%)	
ROA	2.8
ROE	8.7
粗利益率	31.3
増収率	7.5
増益率(営利)	29.2
自己資本増加率	7.1
BPS(元)	4.7
負債比率	178.7
流動比率	87.5
株主資本比率	32.4

【業績】(百万元) 売上高	営業利益	純利益	前年比(%)	EPS(元)	1株配(元)
2017/12	22,022.55	1,103.84	619.86	10.1	0.500	0.1600
2018/12	20,985.56	878.50	341.76	-44.9	0.280	0.1000
2019/12	22,563.24	1,135.17	498.41	45.8	0.410	0.1300
2018/06中間	10,743.53	621.37	339.97	-7.2	0.280	0.0000
2019/06中間	11,090.45	748.29	367.39	8.1	0.300	0.0000

【株式情報】	
取引単位(株)	100
時価総額(百万元)	15,548.6

【上場】2002年8月【住所】上海市呉中路578号【URL】www.brightdairy.com

600611　大衆交通

大衆交通(集団)股フン有限公司
Dazhong Transportation (Group) Co.,Ltd.

上海のタクシー運営大手　上海市と長江デルタでタクシーやレンタカー、観光バスなどを運営。浦東空港と松江輸出加工区を拠点に国際物流・倉庫業に従事。ホテルやレストラン、会議・展示会などの旅行サービスも展開する。

株価	最低売買価格	年間騰落率	実績PER	PBR
3.610 RMB	5,426 円	-20.0 %	8.6 倍	0.9 倍

【CF】(百万元)	2019/12	2018/12
営業CF	-252.3	449.4
投資CF	80.7	-98.0
財務CF	22.9	135.1
現金同等物	2,174.1	2,316.0

【財務】(百万元)	2019/12	2018/12
流動資産	9,993.0	7,307.2
総資産	16,706.2	15,510.9
流動負債	4,972.8	5,026.0
総負債	6,766.1	6,342.0
資本金	2,364.1	2,364.1
株主資本	9,421.4	8,634.9

【指標】(%)	
ROA	5.9
ROE	10.4
粗利益率	38.3
増収率	6.9
増益率(営利)	15.2
自己資本増加率	9.1
BPS(元)	4.0
負債比率	71.8
流動比率	201.0
株主資本比率	56.4

【業績】(百万元) 売上高	営業利益	純利益	前年比(%)	EPS(元)	1株配(元)
2017/12	2,558.62	1,218.22	872.60	56.1	0.370	0.1200
2018/12	3,556.99	1,251.71	881.55	1.0	0.370	0.1200
2019/12	3,802.49	1,441.96	981.23	11.3	0.420	0.1250
2018/06中間	1,541.94	414.21	279.36	2.1	0.118	0.0000
2019/06中間	1,612.57	758.45	545.21	95.2	0.231	0.0000

【株式情報】	
取引単位(株)	100
時価総額(百万元)	5,643.6

【上場】1992年8月【住所】上海市中山西路1515号大衆大厦12楼【URL】www.96822.com

600623　上海華誼集団

上海華誼集団股フン有限公司
Shanghai Huayi Group Corp.,Ltd.

上海市政府系の化学品メーカー　前身はタイヤメーカーの双銭集団。15年に資産再編を実施し、川上の基礎化学品から塗料原料などの中間体、タイヤなど最終製品までの製造と関連サービスを手掛ける化学品会社に業態転換した。

株価	最低売買価格	年間騰落率	実績PER	PBR
5.240 RMB	7,876 円	-35.1 %	17.5 倍	0.6 倍

【CF】(百万元)	2019/12	2018/12
営業CF	1,146.2	2,953.4
投資CF	-1,735.7	-2,246.8
財務CF	-171.9	20.6
現金同等物	10,727.7	11,437.1

【財務】(百万元)	2019/12	2018/12
流動資産	23,870.5	23,291.7
総資産	48,710.2	46,076.9
流動負債	21,560.1	22,525.9
総負債	27,901.8	25,839.8
資本金	2,105.3	2,117.4
株主資本	18,353.7	18,065.7

【指標】(%)	
ROA	1.3
ROE	3.4
粗利益率	9.2
増収率	-15.0
増益率(営利)	-58.3
自己資本増加率	1.6
BPS(元)	8.7
負債比率	152.0
流動比率	110.7
株主資本比率	37.7

【業績】(百万元) 売上高	営業利益	純利益	前年比(%)	EPS(元)	1株配(元)
2017/12	43,747.09	723.37	567.84	36.2	0.270	0.1000
2018/12	44,517.74	2,231.49	1,807.10	218.2	0.850	0.2600
2019/12	37,831.15	931.16	624.98	-65.4	0.300	0.1000
2018/06中間	23,227.71	1,249.82	1,003.34	212.2	0.470	0.0000
2019/06中間	20,988.17	708.63	505.70	-49.6	0.240	0.0000

【株式情報】	
取引単位(株)	100
時価総額(百万元)	9,757.9

【上場】1992年12月【住所】上海市常徳路809号【URL】www.doublecoinholdings.com

600628 上海新世界

上海新世界股フン有限公司
Shanghai New World Co.,Ltd.

上海拠点の小売業者 前身企業は1915年開業の新世界遊楽場。上海を中心に「新世界」ブランドで百貨店事業を手掛ける。主力は多くの観光客が訪れる歩行者街・南京路に位置する新世界城。医薬品の製造・販売やホテルの運営・管理も手掛ける。

株価	最低売買価格	年間騰落率	実績PER	PBR
11.860 RMB	17,827 円	69.4 %	197.7 倍	1.8 倍

【財務】(百万元)

	2019/12	2018/12
流動資産	2,532.8	2,548.0
総資産	6,570.5	5,793.3
流動負債	2,132.3	1,132.2
総負債	2,255.2	1,351.0
資本金	646.9	646.9
株主資本	4,311.9	4,438.9

【指標】(%)

ROA	0.6
ROE	0.8
粗利益率	30.3
増収率	-40.4
増益率(営利)	-99.7
自己資本増加率	-2.9
BPS(元)	6.7
負債比率	52.3
流動比率	118.8
株主資本比率	65.6

【CF】(百万元)

	2019/12	2018/12
営業CF	62.8	330.2
投資CF	-517.2	3.2
財務CF	655.1	-242.5
現金同等物	1,565.0	1,364.3

【業績】(百万元)

	売上高	営業利益	純利益	前年比(%)	EPS(元)	1株配(元)
2017/12	3,022.49	498.34	448.30	77.4	0.690	0.2100
2018/12	2,776.13	332.17	272.86	-39.1	0.420	0.1300
2019/12	1,653.19	1.04	36.63	-86.6	0.060	0.0300
2018/06中間	1,336.87	207.90	195.73	-46.0	0.300	0.0000
2019/06中間	991.69	55.94	74.30	-62.0	0.110	0.0000

【株価情報】

取引単位(株)	100
時価総額(百万元)	6,307.1

【上場】1993年1月【住所】上海市南京西路2-88号【URL】www.newworld-china.com

600637 東方明珠新媒体

東方明珠新媒体股フン有限公司
Oriental Pearl Group Co.,Ltd.

SMG傘下のメディア企業 中国の大手メディア・文化産業グループである上海文化広播影視集団(SMG)傘下で、IPTV、家庭用ゲーム、OTT、モバイルテレビなどの制作、サービス提供を手掛ける。上海の観光名所となっている東方明珠塔などを保有。

株価	最低売買価格	年間騰落率	実績PER	PBR
9.190 RMB	13,813 円	-11.0 %	15.4 倍	1.1 倍

【財務】(百万元)

	2019/12	2018/12
流動資産	25,486.7	23,123.3
総資産	45,158.2	37,959.5
流動負債	9,627.2	7,192.2
総負債	10,649.4	7,404.9
資本金	3,414.5	3,433.6
株主資本	29,189.8	28,252.9

【指標】(%)

ROA	4.5
ROE	7.0
粗利益率	23.6
増収率	-9.5
増益率(営利)	-4.4
自己資本増加率	3.3
BPS(元)	8.5
負債比率	36.5
流動比率	264.7
株主資本比率	64.6

【CF】(百万元)

	2019/12	2018/12
営業CF	2,788.8	2,565.3
投資CF	240.0	-930.9
財務CF	-2,905.8	-1,154.0
現金同等物	8,205.1	8,073.7

【業績】(百万元)

	売上高	営業利益	純利益	前年比(%)	EPS(元)	1株配(元)
2017/12	16,261.16	3,008.85	2,236.91	-23.8	0.655	0.3500
2018/12	13,633.68	2,751.21	2,015.42	-9.9	0.590	0.2700
2019/12	12,344.60	2,630.01	2,043.06	1.4	0.598	0.2700
2018/06中間	6,027.51	1,666.76	1,240.10	1.3	0.363	0.0000
2019/06中間	5,705.56	1,356.32	1,071.19	-13.6	0.314	0.0000

【株価情報】

取引単位(株)	100
時価総額(百万元)	31,379.3

【上場】1993年3月【住所】上海市徐匯区宜山路757号【URL】www.opg.cn

600639 上海金橋出口加工区

上海金橋出口加工区開発股フン有限公司
Shanghai Jinqiao Export Processing Zone Development Co.,Ltd.

上海市政府系の不動産開発会社 上海自由貿易試験区を拠点に不動産事業を手掛ける。15年3月に同試験区に組み込まれた金橋経済技術開発区に工場やオフィス、住宅、商業施設、文化施設などの賃貸物件を保有する。

株価	最低売買価格	年間騰落率	実績PER	PBR
14.310 RMB	21,509 円	1.2 %	14.8 倍	1.6 倍

【財務】(百万元)

	2019/12	2018/12
流動資産	7,859.6	5,291.0
総資産	24,605.0	20,346.9
流動負債	7,024.9	6,651.5
総負債	14,450.9	11,276.0
資本金	1,122.4	1,122.4
株主資本	9,925.5	8,838.1

【指標】(%)

ROA	4.4
ROE	10.9
粗利益率	52.8
増収率	21.4
増益率(営利)	11.5
自己資本増加率	12.3
BPS(元)	8.8
負債比率	145.6
流動比率	111.9
株主資本比率	40.3

【CF】(百万元)

	2019/12	2018/12
営業CF	-1,367.3	-475.2
投資CF	103.3	-107.0
財務CF	1,634.9	556.1
現金同等物	1,159.9	789.0

【業績】(百万元)

	売上高	営業利益	純利益	前年比(%)	EPS(元)	1株配(元)
2017/12	1,673.83	976.16	737.46	19.6	0.657	0.2600
2018/12	2,761.46	1,288.40	977.11	32.5	0.871	0.3000
2019/12	3,352.38	1,436.73	1,084.93	11.0	0.967	0.3100
2018/06中間	878.64	530.69	400.06	7.1	0.356	0.0000
2019/06中間	1,427.34	587.85	444.54	11.1	0.396	0.0000

【株価情報】

取引単位(株)	100
時価総額(百万元)	12,166.9

【上場】1993年3月【住所】中国(上海)自由貿易試験区新金橋路28号【URL】www.shpdjq.com

600642 申能

申能股フン有限公司
Shenergy Co.,Ltd.

上海の電力会社 華東地区を中心に発電、石油・天然ガス開発などエネルギー関連事業への投資・運営を手掛ける。上海市場への上場は1993年で国内電力業界の上場第1号。発電事業では石炭火力を中心にガス発電、風力発電、原子力発電などを手掛ける。

	株価	最低売買価格	年間騰落率	実績PER	PBR
	5.260 RMB	7,906 円	-11.8 %	10.9 倍	0.9 倍

【財務】(百万元)	2019/12	2018/12
流動資産	16,259.8	14,137.5
総資産	67,944.1	59,662.3
流動負債	16,550.7	12,786.3
総負債	30,079.5	25,382.3
資本金	4,912.0	4,552.0
株主資本	29,603.6	25,953.2

【指標】(%)	
ROA	3.4
ROE	7.7
粗利益率	8.4
増収率	7.2
増益率(営利)	19.5
自己資本増加率	14.1
BPS(元)	6.0
負債比率	101.6
流動比率	98.2
株主資本比率	43.6

【CF】(百万元)	2019/12	2018/12
営業CF	5,050.5	2,768.0
投資CF	-5,302.5	-4,176.9
財務CF	3,020.1	2,091.6
現金同等物	10,151.6	7,383.2

【業績】(百万元)	売上高	営業利益	純利益	前年比(%)	EPS(元)	1株配(元)
2017/12	32,404.02	2,765.41	1,737.64	-29.4	0.382	0.2000
2018/12	36,221.26	2,719.26	1,825.93	5.1	0.401	0.2000
2019/12	38,841.30	3,248.52	2,286.50	25.2	0.483	0.2200
2018/06中間	17,992.58	1,267.39	913.17	-5.7	0.201	0.0000
2019/06中間	19,581.53	1,694.53	1,296.31	42.0	0.285	0.0000

【株価情報】 取引単位(株) 100 時価総額(百万元) 23,943.7

【上場】1993年4月 【住所】上海市虹井路159号5楼 【URL】www.shenergy.net.cn

600648 上海外高橋集団

上海外高橋集団股フン有限公司
Shanghai Wai Gaoqiao Free Trade Zone Group Co.,Ltd

上海自由貿易試験区の保税区事業者 上海自由貿易試験区を構成する外高橋保税区(面積10平方キロ)や外高橋保税物流園区(1平方キロ)などを開発・運営する。区内の企業に工場やオフィス、倉庫などを販売・賃貸し、物流サービスを提供する。

	株価	最低売買価格	年間騰落率	実績PER	PBR
	14.320 RMB	21,524 円	-29.5 %	18.6 倍	1.5 倍

【財務】(百万元)	2019/12	2018/12
流動資産	17,820.2	15,681.5
総資産	34,807.9	32,103.0
流動負債	17,606.9	15,707.8
総負債	23,940.6	20,835.4
資本金	1,135.3	1,135.3
株主資本	10,548.9	10,761.7

【指標】(%)	
ROA	2.5
ROE	8.3
粗利益率	29.4
増収率	15.5
増益率(営利)	9.9
自己資本増加率	-2.0
BPS(元)	9.3
負債比率	226.9
流動比率	101.2
株主資本比率	30.3

【CF】(百万元)	2019/12	2018/12
営業CF	-2,254.2	715.3
投資CF	-152.9	176.6
財務CF	2,617.6	-1,302.4
現金同等物	1,661.3	1,447.7

【業績】(百万元)	売上高	営業利益	純利益	前年比(%)	EPS(元)	1株配(元)
2017/12	9,012.43	1,090.74	758.80	5.0	0.670	0.2000
2018/12	7,796.59	1,208.22	818.07	7.8	0.720	0.2200
2019/12	9,005.16	1,327.62	875.22	7.0	0.770	0.2400
2018/06中間	3,993.12	742.31	532.55	93.4	0.470	0.0000
2019/06中間	4,975.58	950.52	690.17	29.6	0.610	0.0000

【株価情報】 取引単位(株) 100 時価総額(百万元) 13,386.2

【上場】1993年5月 【住所】上海市浦東新区外高橋保税区楊高北路889号 【URL】www.china-ftz.com

600650 上海錦江国際実業投資

上海錦江国際実業投資股フン有限公司
Shanghai Jin Jiang International Industrial Investment Co.,Ltd.

上海のタクシー・物流事業者 タクシーやカーリース、観光バスなどの事業を上海市で展開。約1万台を運用する。同市の自動車販売・修理センター「錦江汽車服務中心」でGMやフォルクスワーゲン、トヨタ、日産などを取り扱う。

	株価	最低売買価格	年間騰落率	実績PER	PBR
	8.820 RMB	13,257 円	-18.9 %	18.2 倍	1.4 倍

【財務】(百万元)	2019/12	2018/12
流動資産	1,683.6	1,463.4
総資産	4,893.4	4,510.8
流動負債	665.8	659.6
総負債	976.8	964.1
資本金	551.6	551.6
株主資本	3,506.1	3,242.9

【指標】(%)	
ROA	5.5
ROE	7.6
粗利益率	16.4
増収率	4.4
増益率(営利)	5.6
自己資本増加率	8.1
BPS(元)	6.4
負債比率	27.9
流動比率	252.9
株主資本比率	71.6

【CF】(百万元)	2019/12	2018/12
営業CF	229.6	115.6
投資CF	131.4	106.3
財務CF	-44.0	-180.5
現金同等物	1,080.8	763.9

【業績】(百万元)	売上高	営業利益	純利益	前年比(%)	EPS(元)	1株配(元)
2017/12	2,368.75	324.41	247.46	4.4	0.449	0.2500
2018/12	2,435.41	337.82	267.09	7.9	0.484	0.2500
2019/12	2,541.81	356.73	267.80	0.3	0.485	0.2500
2018/06中間	1,138.63	201.85	162.04	25.2	0.294	0.0000
2019/06中間	1,193.94	208.41	162.20	0.1	0.294	0.0000

【株価情報】 取引単位(株) 100 時価総額(百万元) 3,444.7

【上場】1993年6月 【住所】中国(上海)自由貿易試験区浦東大道1号 【URL】www.jjtz.com

600655　上海豫園旅游商城

上海豫園旅游商城（集団）股フン有限公司
Shanghai Yuyuan Tourist Mart (group) Co.,Ltd.

上海豫園商城の運営会社　観光名所として知られる上海市黄浦区「豫園商城」の開発・運営会社。工芸品や食品、医薬品を販売する。最大の販売品目は金や宝飾品で、招金鉱業（01818）にも出資している。ほかに貿易事業や不動産業、金融投資業も展開。

株価	最低売買価格	年間騰落率	実績PER	PBR
7.630 RMB	11,469 円	-13.4 %	9.2 倍	0.9 倍

【財務】(百万元)	2019/12	2018/12
流動資産	64,314.2	58,069.7
総資産	99,453.2	85,426.9
流動負債	44,186.6	36,241.0
総負債	62,979.6	53,221.9
資本金	3,883.8	3,881.1
株主資本	31,377.8	28,730.4

【指標】(%)	
ROA	3.2
ROE	10.2
粗利益率	26.8
増収率	26.5
増益率（営利）	15.7
自己資本増加率	9.2
BPS（元）	8.1
負債比率	200.7
流動比率	145.6
株主資本比率	31.6

【CF】(百万元)	2019/12	2018/12
営業CF	3,534.5	7,615.7
投資CF	-3,581.7	-2,439.0
財務CF	-974.0	2,869.1
現金同等物	15,579.1	16,755.4

【業績】(百万元)	売上高	営業利益	純利益	前年比(%)	EPS(元)	1株配(元)
2017/12	31,508.06	4,297.51	2,885.86	502.7	0.833	0.1500
2018/12	33,930.51	4,645.08	3,032.73	5.1	0.858	0.2700
2019/12	42,912.23	5,374.33	3,208.21	5.8	0.827	0.2900
2018/06中間	14,599.31	1,327.25	934.47	184.6	0.270	0.0000
2019/06中間	19,652.98	1,871.98	1,021.45	9.3	0.263	0.0000

【株価情報】	
取引単位(株)	100
時価総額(百万元)	10,966.8

【上場】1992年9月　【住所】上海市文昌路19号　【URL】www.yuyuantm.com.cn

600660　福耀ガラス

福耀玻璃工業集団股フン有限公司
FuYao Glass Industry Group Co.,Ltd.

自動車用ガラスの中国最大手　主に自動車用ガラスを国内外の大手自動車メーカー向けにOEM供給するほか、フロートガラスの生産などを手掛ける。自動車用ガラスでは世界最大規模を誇り、国内では福建省や吉林省、海外では米中独などに製造拠点を置く。

株価	最低売買価格	年間騰落率	実績PER	PBR
20.660 RMB	31,054 円	-11.3 %	17.8 倍	2.4 倍

【財務】(百万元)	2019/12	2018/12
流動資産	17,774.4	15,581.1
総資産	38,826.3	34,490.4
流動負債	14,785.9	12,357.1
総負債	17,457.2	14,300.6
資本金	2,508.6	2,508.6
株主資本	21,370.4	20,190.9

【指標】(%)	
ROA	7.5
ROE	13.6
粗利益率	37.5
増収率	4.3
増益率（営利）	-31.3
自己資本増加率	5.8
BPS（元）	8.5
負債比率	81.7
流動比率	120.2
株主資本比率	55.0

【CF】(百万元)	2019/12	2018/12
営業CF	5,126.9	5,807.9
投資CF	-3,125.3	-3,327.8
財務CF	-115.5	-3,080.0
現金同等物	8,352.7	6,357.7

【業績】(百万元)	売上高	営業利益	純利益	前年比(%)	EPS(元)	1株配(元)
2017/12	18,713.04	3,669.93	3,148.75	0.1	1.260	0.7500
2018/12	20,224.99	4,973.22	4,120.49	30.9	1.640	1.1500
2019/12	21,103.88	3,415.94	2,898.43	-29.7	1.160	0.7500
2018/06中間	10,085.18	2,169.27	1,868.62	34.8	0.740	0.4000
2019/06中間	10,287.36	1,686.86	1,505.57	-19.4	0.600	0.0000

【株価情報】	
取引単位(株)	100
時価総額(百万元)	41,381.7

【上場】1993年6月　【住所】福建省福清市融僑経済技術開発区福耀工業村　【URL】www.fuyaogroup.com

600662　上海強生控股

上海強生控股股フン有限公司
Shanghai Qiangsheng Holding Co.,Ltd.

上海市政府傘下のタクシー会社　1919年創業の上海祥生汽車が前身で、「強生」ブランドでタクシーを運営する。カーリースや車両補修、観光、不動産開発も手掛ける。筆頭株主は上海市政府傘下の上海久事（集団）有限公司。

株価	最低売買価格	年間騰落率	実績PER	PBR
3.780 RMB	5,682 円	0.0 %	42.7 倍	1.2 倍

【財務】(百万元)	2019/12	2018/12
流動資産	2,871.2	1,625.6
総資産	7,024.0	6,136.6
流動負債	3,280.0	2,248.1
総負債	3,468.9	2,516.3
資本金	1,053.4	1,053.4
株主資本	3,220.3	3,266.7

【指標】(%)	
ROA	1.3
ROE	2.9
粗利益率	11.9
増収率	-6.4
増益率（営利）	40.6
自己資本増加率	-1.4
BPS（元）	3.1
負債比率	107.7
流動比率	87.5
株主資本比率	45.8

【CF】(百万元)	2019/12	2018/12
営業CF	582.8	613.2
投資CF	-657.8	-827.2
財務CF	783.1	-150.0
現金同等物	1,245.3	537.2

【業績】(百万元)	売上高	営業利益	純利益	前年比(%)	EPS(元)	1株配(元)
2017/12	4,077.56	162.71	100.94	-45.2	0.096	0.0600
2018/12	4,097.13	106.93	71.08	-29.6	0.068	0.0400
2019/12	3,836.12	150.31	93.26	31.2	0.089	0.0400
2018/06中間	1,940.97	53.26	34.34	13.1	0.032	0.0000
2019/06中間	1,889.32	186.37	110.93	227.0	0.105	0.0000

【株価情報】	
取引単位(株)	100
時価総額(百万元)	3,981.7

【上場】1993年6月　【住所】上海市浦東新区浦建路145号　【URL】www.62580000.com.cn

600663 上海陸家嘴金融貿易区

上海陸家嘴金融貿易区開発股フン有限公司
Shanghai Lujiazui Finance & Trade Zone Development Co.,Ltd.

不動産開発の国策会社 国家プロジェクトとして1990年に設置された上海陸家嘴金融貿易区(面積28万平方キロ)の開発を手掛ける。不動産開発や分譲住宅の販売、オフィスや商業施設の賃貸、不動産管理事業に従事する。

	株価	最低売買価格	年間騰落率	実績PER	PBR
	11.370 RMB	17,090 円	-19.3 %	12.5 倍	2.5 倍

【CF】(百万元)	2019/12	2018/12
営業CF	517.4	4,317.4
投資CF	-8,433.2	984.9
財務CF	7,893.4	-5,324.5
現金同等物	4,417.8	4,443.7

【財務】(百万元)	2019/12	2018/12
流動資産	37,605.0	35,862.0
総資産	91,440.2	78,112.6
流動負債	41,235.4	34,197.0
総負債	62,383.4	55,322.4
資本金	4,034.2	3,361.8
株主資本	18,119.2	16,094.9

【指標】(%)	
ROA	4.0
ROE	20.3
粗利益率	59.4
増収率	16.9
増益率(営利)	15.4
自己資本増加率	12.6
BPS(元)	4.5
負債比率	344.3
流動比率	91.2
株主資本比率	19.8

【業績】(百万元)	売上高	営業利益	純利益	前年比(%)	EPS(元)	1株配(元)
2017/12	9,324.59	4,859.64	3,129.92	18.2	0.931	0.4660
2018/12	12,638.77	5,434.68	3,350.25	7.0	0.831	0.4990
2019/12	14,772.94	6,270.67	3,677.36	9.8	0.912	0.4560
2018/06中間	6,610.95	3,218.58	1,838.65	59.4	0.547	0.0000
2019/06中間	8,188.54	3,376.08	2,047.08	11.3	0.507	0.0000

【株価情報】	
取引単位(株)	100
時価総額(百万元)	33,353.5

【上場】1993年6月 【住所】中国(上海)自由貿易試験区浦東大道981号 【URL】www.1jz.com.cn

600703 三安光電

三安光電股フン有限公司
Sanan Optoelectronics Co.,Ltd.

アモイ拠点の大手LED用チップメーカー LED用のウエハーやチップの製造・販売事業を展開。福建省のアモイや泉州、安徽省の蕪湖や淮南など各地に生産拠点を置き、超高輝度LED用エピタキシャルウエハーなどを生産する。

	株価	最低売買価格	年間騰落率	実績PER	PBR
	24.050 RMB	36,150 円	106.1 %	75.2 倍	4.5 倍

【CF】(百万元)	2019/12	2018/12
営業CF	2,789.3	3,339.5
投資CF	-1,571.3	-4,926.4
財務CF	-3,726.7	993.0
現金同等物	1,602.4	4,107.0

【財務】(百万元)	2019/12	2018/12
流動資産	10,263.1	13,135.5
総資産	29,680.6	30,789.3
流動負債	4,603.5	5,420.4
総負債	7,935.3	9,540.4
資本金	4,078.4	4,078.4
株主資本	21,745.3	21,248.9

【指標】(%)	
ROA	4.4
ROE	6.0
粗利益率	29.4
増収率	-10.8
増益率(営利)	-50.9
自己資本増加率	2.3
BPS(元)	5.3
負債比率	36.5
流動比率	222.9
株主資本比率	73.3

【業績】(百万元)	売上高	営業利益	純利益	前年比(%)	EPS(元)	1株配(元)
2017/12	8,393.73	3,857.09	3,164.21	46.0	0.780	0.2500
2018/12	8,364.37	3,240.76	2,830.16	-10.6	0.690	0.2000
2019/12	7,460.01	1,591.52	1,298.47	-54.1	0.320	0.1000
2018/06中間	4,173.20	2,052.18	1,852.92	22.3	0.450	0.0000
2019/06中間	3,387.64	1,022.57	883.07	-52.3	0.220	0.0000

【株価情報】	
取引単位(株)	100
時価総額(百万元)	98,086.1

【上場】1996年5月 【住所】湖北省荊州市荊州開発区東方大道131号 【URL】www.sanan-e.com

600718 東軟集団

東軟集団股フン有限公司
Neusoft Corp.

中国のソフト開発大手 通信、エネルギー、金融、政府機関、製造業向けなど各種コンピューター・ソフトウエア製品の開発を手掛ける。ソフトウエア開発のアウトソーシングサービスを請け負うほか、医療システムソリューションも提供する。01年に日本法人を設立。

	株価	最低売買価格	年間騰落率	実績PER	PBR
	11.380 RMB	17,105 円	-7.3 %	379.3 倍	1.6 倍

【CF】(百万元)	2019/12	2018/12
営業CF	415.7	328.6
投資CF	-684.9	-73.8
財務CF	653.0	271.6
現金同等物	3,176.6	2,785.5

【財務】(百万元)	2019/12	2018/12
流動資産	7,372.1	6,559.6
総資産	14,532.3	13,579.9
流動負債	4,422.6	4,095.1
総負債	5,687.1	4,562.7
資本金	1,242.4	1,242.7
株主資本	8,742.8	8,843.2

【指標】(%)	
ROA	0.3
ROE	0.4
粗利益率	26.2
増収率	16.7
増益率(営利)	—
自己資本増加率	-1.1
BPS(元)	7.0
負債比率	65.0
流動比率	166.7
株主資本比率	60.2

【業績】(百万元)	売上高	営業利益	純利益	前年比(%)	EPS(元)	1株配(元)
2017/12	7,131.11	946.13	1,058.49	-42.8	0.860	0.0900
2018/12	7,170.52	-60.09	110.12	-89.6	0.090	0.0000
2019/12	8,365.78	-114.79	37.18	-66.2	0.030	0.0000
2018/06中間	2,782.02	18.88	113.97	-6.5	0.090	0.0000
2019/06中間	2,925.72	-54.90	25.78	-77.4	0.020	0.0000

【株価情報】	
取引単位(株)	100
時価総額(百万元)	14,138.2

【上場】1996年6月 【住所】遼寧省瀋陽市渾南新区新秀街2号 【URL】www.neusoft.com

583

600729 重慶百貨大楼

重慶百貨大楼股フン有限公司
Chongqing Department Store Co.,Ltd.

重慶拠点の小売りチェーン大手 前身は1950年創業の重慶市最初の国有百貨店。「重百」「新世紀百貨」「商社電器」「商社汽貿」のブランドで事業を展開。重慶市をはじめ、四川省、貴州省などで百貨店、スーパー、家電量販店、自動車販売店などを運営する。

株価	最低売買価格	年間騰落率	実績PER	PBR
26.650 RMB	40,058 円	-15.2 %	11.0 倍	1.7 倍

【財務】(百万元)	2019/12	2018/12
流動資産	9,260.9	7,856.7
総資産	15,147.8	14,115.6
流動負債	8,386.6	8,091.9
総負債	8,689.7	8,394.6
資本金	406.5	406.5
株主資本	6,291.8	5,563.2

【CF】(百万元)	2019/12	2018/12
営業CF	875.6	1,002.5
投資CF	-235.9	-643.6
財務CF	-439.7	-435.2
現金同等物	2,653.5	2,453.6

【指標】(%)	
ROA	6.5
ROE	15.7
粗利益率	18.1
増収率	1.3
増益率(営利)	16.4
自己資本増加率	13.1
BPS(元)	15.5
負債比率	138.1
流動比率	110.4
株主資本比率	41.5

【業績】(百万元)	売上高	営業利益	純利益	前年比(%)	EPS(元)	1株配(元)
2017/12	32,915.37	807.65	605.43	44.6	1.490	0.6000
2018/12	34,083.89	1,025.64	831.14	37.3	2.040	0.6500
2019/12	34,535.61	1,194.05	985.31	18.5	2.420	0.7300
2018/06中間	18,052.36	833.69	695.77	49.0	1.710	0.0000
2019/06中間	18,195.42	800.41	675.00	-3.0	1.660	0.0000

【株価情報】
取引単位(株) 100
時価総額(百万元) 10,831.3

【上場】1996年7月 【住所】重慶市渝中区民権路28号(英利国際金融中心)第30層、31層、32層 【URL】www.e-cbest.com

---

600741 華域汽車系統

華域汽車系統股フン有限公司
Huayu Automotive Systems Co.,Ltd.

上海汽車系の大手自動車部品メーカー 上海汽車集団(600104)傘下の自動車部品メーカー。金属製シャーシ成形や金型、電子部品、熱加工部品、アクセサリーなど自動車やオートバイ、トラクター向け部品の設計・製造を手掛ける。

株価	最低売買価格	年間騰落率	実績PER	PBR
22.280 RMB	33,489 円	4.4 %	10.9 倍	1.4 倍

【財務】(百万元)	2019/12	2018/12
流動資産	83,516.6	80,901.2
総資産	139,127.4	133,686.9
流動負債	69,868.6	68,078.3
総負債	80,425.9	79,059.1
資本金	3,152.7	3,152.7
株主資本	49,423.0	45,364.5

【CF】(百万元)	2019/12	2018/12
営業CF	9,656.3	9,376.1
投資CF	-1,638.0	-6,818.5
財務CF	-5,635.6	-5,019.3
現金同等物	32,159.9	29,782.6

【指標】(%)	
ROA	4.6
ROE	13.1
粗利益率	14.5
増収率	-8.4
増益率(営利)	-16.5
自己資本増加率	8.9
BPS(元)	15.7
負債比率	162.7
流動比率	119.5
株主資本比率	35.5

【業績】(百万元)	売上高	営業利益	純利益	前年比(%)	EPS(元)	1株配(元)
2017/12	140,487.25	10,305.08	6,553.92	7.9	2.079	1.0500
2018/12	157,170.24	10,965.84	8,027.18	22.5	2.546	1.0500
2019/12	144,023.63	9,156.70	6,463.16	-19.5	2.050	0.8500
2018/06中間	81,626.64	6,484.59	4,773.85	47.7	1.514	0.0000
2019/06中間	70,563.20	4,698.54	3,364.16	-29.5	1.067	0.0000

【株価情報】
取引単位(株) 100
時価総額(百万元) 70,242.7

【上場】1996年8月 【住所】中国上海市威海路489号 【URL】www.hasco-group.com

600754 上海錦江国際酒店

上海錦江国際酒店股フン有限公司
Shanghai Jin Jiang International Hotels Co.,Ltd.

上海のホテル・外食大手 高級ホテルの運営を手掛けていたが、上海錦江国際酒店集団(02006)との資産交換を通じて「錦江之星」などエコノミーホテルの運営が中核事業となった。外食事業ではケンタッキー・フライドチキンや吉野家に出資する。

株価	最低売買価格	年間騰落率	実績PER	PBR
28.160 RMB	42,327 円	12.6 %	24.7 倍	2.0 倍

【財務】(百万元)	2019/12	2018/12
流動資産	8,496.0	9,835.2
総資産	38,874.3	40,132.5
流動負債	7,613.7	8,041.6
総負債	24,518.2	26,334.5
資本金	957.9	957.9
株主資本	13,255.1	12,621.6

【CF】(百万元)	2019/12	2018/12
営業CF	2,637.9	3,515.2
投資CF	-885.9	-605.2
財務CF	-3,195.4	-5,443.7
現金同等物	5,911.8	7,353.1

【指標】(%)	
ROA	2.8
ROE	8.2
粗利益率	89.9
増収率	2.7
増益率(営利)	13.8
自己資本増加率	5.0
BPS(元)	13.8
負債比率	185.0
流動比率	111.6
株主資本比率	34.1

【業績】(百万元)	売上高	営業利益	純利益	前年比(%)	EPS(元)	1株配(元)
2017/12	13,582.58	1,275.62	881.76	26.9	0.921	0.5600
2018/12	14,697.42	1,550.11	1,082.46	22.8	1.130	0.6000
2019/12	15,099.02	1,763.38	1,092.50	0.9	1.141	0.6000
2018/06中間	6,939.35	715.52	503.41	22.1	0.526	0.0000
2019/06中間	7,142.86	883.52	567.73	12.8	0.593	0.0000

【株価情報】
取引単位(株) 100
時価総額(百万元) 18,262.3

【上場】1996年10月 【住所】中国(上海)自由貿易試験区楊高南路889号東錦江大酒店商住楼四層(B区域) 【URL】www.jinjianghotels.sh.cn

600756 浪潮軟件

浪潮軟件股フン有限公司
Inspur Software Co.,Ltd.

山東省政府系のソフトウエア企業「Inspur」ブランドで知られ、中国の地方政府向け電子政府システムや、たばこ専業会社のIT化に強みを持つ。世界120の国・地域でIT製品とサービスの提供実績を持つ。山東省政府が管轄するIT企業、浪潮集団が支配株主。

株価	最低売買価格	年間騰落率	実績PER	PBR
18.620 RMB	27,988 円	-14.0 %	206.9 倍	2.5 倍

【財務】(百万元)	2019/12	2018/12
流動資産	2,203.4	1,841.9
総資産	3,553.3	3,150.3
流動負債	1,107.4	679.2
総負債	1,116.3	712.5
資本金	324.1	324.1
株主資本	2,437.0	2,437.4

【指標】(%)	
ROA	0.8
ROE	1.1
粗利益率	43.8
増収率	20.0
増益率(営利)	-90.0
自己資本増加率	0.0
BPS(元)	7.5
負債比率	45.8
流動比率	199.0
株主資本比率	68.6

【CF】(百万元)	2019/12	2018/12
営業CF	84.9	155.2
投資CF	115.3	-86.0
財務CF	-39.7	-37.3
現金同等物	480.5	320.1

【業績】(百万元)	売上高	営業利益	純利益	前年比(%)	EPS(元)	1株配(元)
2017/12	1,302.15	126.66	123.69	7.1	0.380	0.1150
2018/12	1,212.53	314.50	313.99	153.9	0.970	0.1150
2019/12	1,455.59	31.32	27.58	-91.2	0.090	0.0300
2018/06中間	391.51	25.94	28.54	100.6	0.090	0.0000
2019/06中間	493.87	-30.05	-33.59	—	-0.100	0.0000

【株価情報】	
取引単位(株)	100
時価総額(百万元)	6,034.7

【上場】1996年9月 【住所】山東省泰安市虎山路中段 【URL】www.inspur.com

600783 魯信創業投資集団

魯信創業投資集団股フン有限公司
Luxin Venture Capital Group Co.,Ltd.

山東省最大のベンチャー投資会社　山東省を拠点にベンチャーキャピタル事業を展開する。主に山東省が強みとする先進製造、現代農業、海洋経済の関連事業に投資。国家戦略新興産業への投資も行う。研磨剤や研削工具は「泰山」「MT」ブランドで製造する。

株価	最低売買価格	年間騰落率	実績PER	PBR
14.130 RMB	21,239 円	-25.6 %	47.1 倍	2.9 倍

【財務】(百万元)	2019/12	2018/12
流動資産	1,572.2	1,149.6
総資産	5,724.7	5,735.2
流動負債	273.1	1,077.7
総負債	1,995.4	1,996.6
資本金	744.4	744.4
株主資本	3,644.1	3,623.3

【指標】(%)	
ROA	3.9
ROE	6.1
粗利益率	28.5
増収率	7.5
増益率(営利)	7.3
自己資本増加率	0.6
BPS(元)	4.9
負債比率	54.8
流動比率	575.7
株主資本比率	63.7

【CF】(百万元)	2019/12	2018/12
営業CF	-141.4	-131.6
投資CF	534.4	0.4
財務CF	-192.7	-111.9
現金同等物	513.4	307.6

【業績】(百万元)	売上高	営業利益	純利益	前年比(%)	EPS(元)	1株配(元)
2017/12	215.76	104.50	43.15	-88.4	0.060	0.0500
2018/12	206.88	305.75	186.92	333.2	0.250	0.1000
2019/12	222.47	328.13	224.09	19.9	0.300	0.1500
2018/06中間	98.19	300.73	237.73	26.2	0.320	0.0000
2019/06中間	111.78	51.62	51.87	-78.2	0.070	0.0000

【株価情報】	
取引単位(株)	100
時価総額(百万元)	10,517.8

【上場】1996年12月 【住所】山東省シ博市高新技術産業開発区裕民路129号 【URL】www.600783.cn

600797 浙大網新科技

浙大網新科技股フン有限公司
Insigma Technology Co.,Ltd.

浙江大学系のITサービス会社　主力事業はスマートシティー関連設備・システム運用と企業のIT業務アウトソーシング受託。スマートシティー事業では杭州市政府に「電子政府クラウドシステム」などを納入した実績を持つ。

株価	最低売買価格	年間騰落率	実績PER	PBR
8.790 RMB	13,212 円	-5.7 %	175.8 倍	2.2 倍

【財務】(百万元)	2019/12	2018/12
流動資産	3,088.0	3,077.3
総資産	6,347.2	6,734.3
流動負債	1,834.0	1,944.4
総負債	1,894.9	2,022.6
資本金	1,046.6	1,055.2
株主資本	4,211.1	4,493.7

【指標】(%)	
ROA	0.9
ROE	1.3
粗利益率	29.2
増収率	5.7
増益率(営利)	-48.5
自己資本増加率	-6.3
BPS(元)	4.0
負債比率	45.0
流動比率	168.4
株主資本比率	66.3

【CF】(百万元)	2019/12	2018/12
営業CF	354.4	429.9
投資CF	92.1	-257.7
財務CF	-254.4	-164.3
現金同等物	936.1	743.3

【業績】(百万元)	売上高	営業利益	純利益	前年比(%)	EPS(元)	1株配(元)
2017/12	3,253.21	389.03	303.23	23.7	0.320	0.0500
2018/12	3,557.62	256.54	176.60	-41.8	0.170	0.0300
2019/12	3,760.82	132.19	54.15	-69.3	0.050	0.0300
2018/06中間	1,516.95	129.42	92.80	-45.0	0.090	0.0000
2019/06中間	1,119.99	123.94	108.15	16.5	0.100	0.0000

【株価情報】	
取引単位(株)	100
時価総額(百万元)	8,924.1

【上場】1997年4月 【住所】浙江省杭州市西湖区西園一路18号浙大網新軟件園A楼1501室 【URL】www.insigma.com.cn

600804　鵬博士電信伝媒集団

鵬博士電信伝媒集団股フン有限公司
Dr.peng Telecom & Media Group Co.,Ltd.

ネット接続・ITサービス事業者　高速データ通信技術を基盤にインターネット、ブロードバンド通信、データセンター、ネットセキュリティーなどの高付加価値サービスを政府機関や企業に提供する。都市の光通信網やスマートシティー関連業務が強み。

株価	最低売買価格	年間騰落率	実績PER	PBR
7.400 RMB	11,123 円	-12.0 %	27.4 倍	1.5 倍

【財務】(百万元)	2019/06	2018/06
流動資産	4,196.6	5,118.6
総資産	23,185.0	23,421.1
流動負債	9,975.8	10,275.6
総負債	16,161.7	15,945.1
資本金	1,432.5	1,432.5
株主資本	6,954.3	7,400.4

【指標】(%)	
ROA	0.5
ROE	1.5
粗利益率	45.3
増収率	-12.7
増益率(営利)	-96.7
自己資本増加率	-6.0
BPS(元)	4.9
負債比率	232.4
流動比率	42.1
株主資本比率	30.0

【CF】(百万元)	2019/06	2018/06
営業CF	399.2	939.4
投資CF	-675.3	-2,196.8
財務CF	448.0	846.5
現金同等物	1,850.2	2,914.3

【業績】(百万元)	売上高	営業利益	純利益	前年比(%)	EPS(元)	1株配(元)
2016/12	8,849.71	862.75	766.61	7.0	0.550	0.1650
2017/12	8,169.70	836.08	742.11	-3.2	0.530	0.1650
2018/12	6,859.68	392.74	380.66	-48.7	0.270	0.0000
2018/06中間	3,522.12	257.00	250.29	-35.9	0.170	0.0000
2019/06中間	3,074.20	8.55	52.70	-78.9	0.030	0.0000

【株価情報】取引単位(株) 100 / 時価総額(百万元) 10,599.5

【上場】1994年1月 【住所】四川省成都市高新区西芯大道4号創新創業服務中心D136 【URL】www.drpeng.com.cn

---

600827　上海百聯集団

上海百聯集団股フン有限公司
Shanghai Bailian Group Co.,Ltd.

上海の老舗小売グループ　百聯集団の中核を担うチェーン店部門の旗艦企業。スーパーマーケット、百貨店、ホームセンターを中心に総合小売事業を展開する。傘下に「上海友誼商店」や「友誼百貨」、聯華超市(00980)、「好美家」などを擁する。

株価	最低売買価格	年間騰落率	実績PER	PBR
7.670 RMB	11,529 円	-24.4 %	14.2 倍	0.8 倍

【財務】(百万元)	2019/12	2018/12
流動資産	20,606.3	19,572.0
総資産	55,692.8	45,437.4
流動負債	23,425.4	22,656.6
総負債	33,765.2	25,588.3
資本金	1,784.2	1,784.2
株主資本	18,298.4	16,314.0

【指標】(%)	
ROA	1.7
ROE	5.2
粗利益率	20.9
増収率	4.2
増益率(営利)	3.2
自己資本増加率	12.2
BPS(元)	10.3
負債比率	184.5
流動比率	88.0
株主資本比率	32.9

【CF】(百万元)	2019/12	2018/12
営業CF	2,624.0	1,799.0
投資CF	1,464.5	-1,847.1
財務CF	-1,532.1	876.8
現金同等物	11,349.7	8,794.4

【業績】(百万元)	売上高	営業利益	純利益	前年比(%)	EPS(元)	1株配(元)
2017/12	47,181.12	1,576.90	847.05	-5.9	0.470	0.1800
2018/12	48,426.71	1,435.77	872.10	3.0	0.490	0.1800
2019/12	50,458.77	1,481.01	958.19	9.9	0.540	0.1000
2018/06中間	24,836.12	1,119.32	590.83	-6.6	0.330	0.0000
2019/06中間	26,098.52	1,273.28	609.11	3.1	0.340	0.0000

【株価情報】取引単位(株) 100 / 時価総額(百万元) 12,306.1

【上場】1994年2月 【住所】上海市浦東新区張楊路501号11楼1101室 【URL】www.bailian.sh.cn

---

600845　上海宝信ソフト

上海宝信軟件股フン有限公司
Shanghai Baosight Software Co.,Ltd.

宝山鋼鉄傘下の産業システム開発会社　宝山鋼鉄(600019)の産業システム事業子会社。コンピューターや自動化、インターネット通信システムのソフトウエアとハードウエアの設計・実装が主力事業。プラント建設の設計や鉄道運行システムの保守も手掛ける。

株価	最低売買価格	年間騰落率	実績PER	PBR
53.730 RMB	80,762 円	133.5 %	69.1 倍	8.7 倍

【財務】(百万元)	2019/12	2018/12
流動資産	7,183.6	8,015.3
総資産	10,267.7	10,661.5
流動負債	2,862.9	3,465.1
総負債	2,998.6	3,558.9
資本金	1,140.4	877.3
株主資本	7,064.6	6,896.8

【指標】(%)	
ROA	8.6
ROE	12.4
粗利益率	30.0
増収率	17.7
増益率(営利)	81.9
自己資本増加率	2.4
BPS(元)	6.2
負債比率	42.4
流動比率	250.9
株主資本比率	68.8

【CF】(百万元)	2019/12	2018/12
営業CF	887.0	927.8
投資CF	-970.3	-567.4
財務CF	-701.1	-137.9
現金同等物	3,121.5	3,904.4

【業績】(百万元)	売上高	営業利益	純利益	前年比(%)	EPS(元)	1株配(元)
2017/12	4,775.78	507.08	425.28	26.7	0.543	0.1700
2018/12	5,819.46	551.92	440.05	3.5	0.409	0.3820
2019/12	6,849.04	1,003.77	879.34	99.8	0.778	0.4000
2018/06中間	2,412.76	342.16	295.50	44.5	0.372	0.0000
2019/06中間	2,699.01	480.95	405.66	37.3	0.356	0.0000

【株価情報】取引単位(株) 100 / 時価総額(百万元) 34,431.8

【上場】1994年3月 【住所】中国(上海)自由貿易試験区郭守敬路515号 【URL】www.baosight.com

600859 王府井集団

王府井集団股フン有限公司
Wangfujing Group Co.,Ltd.

北京の百貨店チェーン 1955年創業で、北京市を地盤に「王府井百貨」ブランドのデパートを展開する。成都、広州、武漢、洛陽など30都市で大型デパートを展開。中国を代表する老舗百貨店であり、周恩来、鄧小平など歴代指導者が視察に訪れている。

株価	最低売買価格	年間騰落率	実績PER	PBR
14.370 RMB	21,600 円	-17.1 %	11.6 倍	1.0 倍

【財務】(百万元)	2019/12	2018/12
流動資産	11,080.0	8,817.1
総資産	24,106.3	21,704.9
流動負債	8,473.9	8,756.7
総負債	12,040.2	10,225.7
資本金	776.3	776.3
株主資本	11,397.5	10,801.0

【指標】(%)	
ROA	4.0
ROE	8.4
粗利益率	20.6
増収率	0.3
増益率(営利)	-6.2
自己資本増加率	5.5
BPS(元)	14.7
負債比率	105.6
流動比率	130.8
株主資本比率	47.3

【CF】(百万元)	2019/12	2018/12
営業CF	1,343.5	1,522.0
投資CF	-1,438.2	-1,179.9
財務CF	1,370.0	568.0
現金同等物	8,226.2	6,950.0

【業績】(百万元)	売上高	営業利益	純利益	前年比(%)	EPS(元)	1株配(元)
2017/12	26,090.83	1,251.91	719.64	-6.2	0.927	0.3600
2018/12	26,711.16	1,628.87	1,201.43	66.9	1.548	0.4700
2019/12	26,788.84	1,528.05	961.34	-20.0	1.238	0.3800
2018/06中間	13,198.50	1,013.73	755.99	145.4	0.974	0.0000
2019/06中間	13,421.53	969.66	699.48	-7.5	0.901	0.0000

【株価情報】 取引単位(株) 100 時価総額(百万元) 5,663.6

【上場】1994年5月 【住所】北京市王府井大街255号 【URL】www.wfj.com.cn

600886 国投電力控股

国投電力控股股フン有限公司
SDIC Power Holdings Co.,Ltd.

国家開発投資集団傘下の発電会社 1989年に設立された中国石化湖北興化が前身で、資産再編を経て国務院直属の国家開発投資集団の傘下に入った。水力、火力発電のほか、風力や太陽光などクリーンエネルギー事業を手掛ける。

株価	最低売買価格	年間騰落率	実績PER	PBR
7.610 RMB	11,439 円	-1.0 %	11.4 倍	1.3 倍

【財務】(百万元)	2019/12	2018/12
流動資産	24,933.7	17,377.5
総資産	224,721.5	220,708.2
流動負債	34,219.9	35,168.6
総負債	150,327.3	150,525.1
資本金	6,786.0	6,786.0
株主資本	40,382.5	37,691.6

【指標】(%)	
ROA	2.1
ROE	11.8
粗利益率	39.1
増収率	3.5
増益率(営利)	5.7
自己資本増加率	7.1
BPS(元)	6.0
負債比率	372.3
流動比率	72.9
株主資本比率	18.0

【CF】(百万元)	2019/12	2018/12
営業CF	20,354.2	19,218.8
投資CF	-8,730.3	-13,702.4
財務CF	-10,708.4	-3,025.3
現金同等物	8,447.8	7,470.0

【業績】(百万元)	売上高	営業利益	純利益	前年比(%)	EPS(元)	1株配(元)
2017/12	31,643.07	7,554.62	3,232.30	-17.5	0.476	0.1670
2018/12	41,011.37	9,683.90	4,364.10	35.0	0.626	0.2250
2019/12	42,433.46	10,237.05	4,755.46	9.0	0.671	0.2450
2018/06中間	17,786.48	3,703.05	1,570.51	21.7	0.231	0.0000
2019/06中間	19,609.48	4,815.18	2,276.03	44.9	0.320	0.0000

【株価情報】 取引単位(株) 100 時価総額(百万元) 51,641.6

【上場】1996年1月 【住所】北京市西城区西直門南小街147号楼11層1108 【URL】www.sdicpower.com

---

600998 九州通医薬集団

九州通医薬集団股フン有限公司
Jointown Pharmaceutical Group Co.,Ltd.

中国の医薬品・医療機器販売大手 医薬の卸売りが主力事業。全国に物流拠点となる子会社を置くほか、中小94都市に配送センターを持つ。小売りチェーンも運営し、医療機器や消耗品、マッサージチェアなどの家庭用健康機器、食品、化粧品の販売を手掛ける。

株価	最低売買価格	年間騰落率	実績PER	PBR
18.600 RMB	27,958 円	22.6 %	19.8 倍	1.9 倍

【財務】(百万元)	2019/12	2018/12
流動資産	58,902.7	57,056.7
総資産	71,147.6	66,674.3
流動負債	45,947.8	44,266.3
総負債	49,180.1	46,292.3
資本金	1,877.7	1,877.7
株主資本	18,754.2	18,467.1

【指標】(%)	
ROA	2.4
ROE	9.2
粗利益率	8.7
増収率	14.2
増益率(営利)	25.8
自己資本増加率	1.6
BPS(元)	10.0
負債比率	262.2
流動比率	128.2
株主資本比率	26.4

【CF】(百万元)	2019/12	2018/12
営業CF	2,767.9	1,222.0
投資CF	-1,240.4	-1,518.3
財務CF	-2,842.0	2,250.8
現金同等物	6,200.0	7,513.8

【業績】(百万元)	売上高	営業利益	純利益	前年比(%)	EPS(元)	1株配(元)
2017/12	73,942.89	1,941.68	1,445.51	64.9	0.870	0.1000
2018/12	87,136.36	1,829.95	1,340.58	-7.3	0.730	0.1000
2019/12	99,497.08	2,301.42	1,726.55	28.8	0.940	0.0000
2018/06中間	42,449.00	720.24	536.74	-32.3	0.290	0.0000
2019/06中間	48,429.05	976.81	743.18	38.5	0.400	0.0000

【株価情報】 取引単位(株) 100 時価総額(百万元) 31,126.3

【上場】2010年11月 【住所】湖北省武漢市漢陽区龍陽大道特8号 【URL】www.jztey.com

601006　大秦鉄路

大秦鉄路股フン有限公司
Daqin Railway Co.,Ltd.

中国最大の石炭輸送会社 太原鉄路局傘下の鉄道輸送会社として04年に設立。山西省の鉄道貨物輸送業務を担い、石炭の主要産地である山西省大同と中国最大の石炭積み出し港である河北省秦皇島を結ぶ鉄道路線「大秦線」をはじめ主要9路線を運営。

株価	最低売買価格	年間騰落率	実績PER	PBR
6.950 RMB	10,447 円	-14.8 %	7.6 倍	0.9 倍

【財務】(百万元)	2019/12	2018/12
流動資産	29,034.4	30,587.7
総資産	148,043.8	145,949.5
流動負債	14,170.5	18,308.0
総負債	25,820.7	31,485.4
資本金	14,866.8	14,866.8
株主資本	113,881.0	106,495.2

【CF】(百万元)	2019/12	2018/12
営業CF	15,022.5	17,887.8
投資CF	-7,958.5	-3,276.7
財務CF	-10,193.2	-7,919.0
現金同等物	15,346.4	18,475.5

【指標】(%)	
ROA	9.2
ROE	12.0
粗利益率	22.8
増収率	2.0
増益率(営利)	-6.3
自己資本増加率	6.9
BPS(元)	7.7
負債比率	22.7
流動比率	204.9
株主資本比率	76.9

【業績】(百万元)	売上高	営業利益	純利益	前年比(%)	EPS(元)	1株配(元)
2017/12	57,839.04	18,288.38	13,344.94	86.2	0.900	0.4700
2018/12	78,344.65	21,310.83	14,544.16	9.0	0.980	0.4800
2019/12	79,916.95	19,974.69	13,669.29	-6.0	0.920	0.4800
2018/06中間	38,039.17	11,651.79	8,352.95	9.6	0.560	0.0000
2019/06中間	40,266.93	11,710.82	8,040.59	-3.7	0.540	0.0000

【株価情報】取引単位(株) 100　時価総額(百万元) 103,324.2

【上場】2006年8月【住所】山西省大同市站北大街14号【URL】www.daqintielu.com

601016　中節能風力発電

中節能風力発電股フン有限公司
CECEP Wind-power Corp.

風力発電会社 中央企業の中国節能環保集団の傘下で、新疆ウイグル自治区、甘粛省、内モンゴル自治区、河北省、吉林省、黒龍江省、浙江省、四川省、陝西省などに風力発電設備を保有。海外にも進出し、豪州で風力発電プラントを運営している。

株価	最低売買価格	年間騰落率	実績PER	PBR
2.250 RMB	3,382 円	-16.7 %	16.0 倍	1.3 倍

【財務】(百万元)	2019/12	2018/12
流動資産	4,357.4	4,242.1
総資産	23,509.7	21,484.3
流動負債	3,067.8	2,530.3
総負債	15,423.8	13,786.9
資本金	4,155.6	4,155.6
株主資本	7,353.4	6,966.1

【CF】(百万元)	2019/12	2018/12
営業CF	1,574.0	1,505.4
投資CF	-2,403.7	-1,814.2
財務CF	397.2	658.0
現金同等物	1,400.5	1,826.0

【指標】(%)	
ROA	2.5
ROE	7.9
粗利益率	52.4
増収率	4.7
増益率(営利)	8.3
自己資本増加率	5.6
BPS(元)	1.8
負債比率	209.7
流動比率	142.0
株主資本比率	31.3

【業績】(百万元)	売上高	営業利益	純利益	前年比(%)	EPS(元)	1株配(元)
2017/12	1,871.45	512.18	399.03	111.6	0.096	0.0440
2018/12	2,376.07	684.45	515.19	29.1	0.124	0.0460
2019/12	2,487.37	741.40	584.11	13.4	0.141	0.0510
2018/06中間	1,213.20	446.36	337.86	47.1	0.081	0.0000
2019/06中間	1,226.73	400.92	309.29	-8.5	0.074	0.0000

【株価情報】取引単位(株) 100　時価総額(百万元) 9,350.0

【上場】2014年9月【住所】北京市海淀区西直門北大街42号節能大厦A座12層【URL】www.cecwpc.cn

601098　中南出版伝媒集団

中南出版伝媒集団股フン有限公司
China South Publishing & Media Group Co.,Ltd.

湖南省政府傘下の出版・メディア会社 書籍、教科書、教材の印刷、出版、販売を手掛ける。定期刊行物や一般印刷物の印刷請け負いや印刷資材販売、長沙市地下鉄の広告業務、オンライン教育も手掛ける。10年に日本の角川グループと合弁会社を設立。

株価	最低売買価格	年間騰落率	実績PER	PBR
10.660 RMB	16,023 円	-14.3 %	15.0 倍	1.4 倍

【財務】(百万元)	2019/12	2018/12
流動資産	18,443.8	17,475.7
総資産	21,805.9	20,260.1
流動負債	7,041.8	5,907.4
総負債	7,354.0	6,085.8
資本金	1,796.0	1,796.0
株主資本	13,669.5	13,475.7

【CF】(百万元)	2019/12	2018/12
営業CF	3,086.0	1,268.6
投資CF	-250.9	-622.3
財務CF	-1,141.7	-1,130.8
現金同等物	13,335.6	11,642.2

【指標】(%)	
ROA	5.9
ROE	9.3
粗利益率	40.0
増収率	7.2
増益率(営利)	2.4
自己資本増加率	1.4
BPS(元)	7.6
負債比率	53.8
流動比率	261.9
株主資本比率	62.7

【業績】(百万元)	売上高	営業利益	純利益	前年比(%)	EPS(元)	1株配(元)
2017/12	10,360.10	1,672.51	1,513.19	-16.2	0.840	0.6000
2018/12	9,575.58	1,419.35	1,237.88	-18.2	0.690	0.6100
2019/12	10,260.86	1,453.60	1,275.69	3.1	0.710	0.6200
2018/06中間	4,161.06	703.00	635.86	-28.0	0.350	0.0000
2019/06中間	4,364.95	733.82	665.90	5.2	0.370	0.0000

【株価情報】取引単位(株) 100　時価総額(百万元) 19,145.4

【上場】2010年10月【住所】湖南省長沙市開福区営盤東路38号【URL】www.zncmjt.com

601100 江蘇恒立液圧

江蘇恒立液圧股フン有限公司
Jiangsu Hengli Hydraulic Co.,Ltd.

中国の油圧シリンダーメーカー大手 江蘇省を拠点に掘削機用油圧シリンダー、大型特殊油圧シリンダーの設計、製造を手掛ける。日立建機や米キャタピラーなどに製品を供給。ドイツのWACOを傘下に収めるほか、現地法人を通じて海外市場を開拓している。

株価	最低売買価格	年間騰落率	実績PER	PBR
73.840 RMB	**110,989** 円	**163.3** %	**50.2** 倍	**11.7** 倍

【財務】(百万元)	2019/12	2018/12
流動資産	5,491.8	4,442.9
総資産	8,426.9	7,271.3
流動負債	2,169.9	1,981.5
総負債	2,812.7	2,696.3
資本金	882.0	882.0
株主資本	5,583.8	4,546.8

【指標】(%)	
ROA	15.4
ROE	23.2
粗利益率	37.8
増収率	28.6
増益率(営利)	54.7
自己資本増加率	22.8
BPS(元)	6.3
負債比率	50.4
流動比率	253.1
株主資本比率	66.3

【CF】(百万元)	2019/12	2018/12
営業CF	1,660.3	798.8
投資CF	−452.5	−281.1
財務CF	−453.8	−151.6
現金同等物	2,239.0	1,449.2

【業績】(百万元)

	売上高	営業利益	純利益	前年比(%)	EPS(元)	1株配(元)
2017/12	2,795.21	438.73	381.94	442.9	0.430	0.2200
2018/12	4,210.98	960.86	836.64	119.1	0.950	0.3000
2019/12	5,414.02	1,486.51	1,296.20	54.9	1.470	0.6000
2018/06中間	2,163.97	526.24	463.46	186.6	0.530	0.0000
2019/06中間	2,792.54	777.29	670.83	44.7	0.760	0.0000

【株価情報】	
取引単位(株)	100
時価総額(百万元)	65,126.9

【上場】2011年10月 【住所】江蘇省常州市武進高新技術産業開発区龍潜路99号 【URL】www.henglihydraulic.com

A株銘柄

601117 中国化学工程

中国化学工程股フン有限公司
China National Chemical Engineering Co.,Ltd.

中国政府系のプラントエンジニアリング会社 親会社は中国の中央企業である中国化学工程集団。化学工業プラントの設計から施工、保守までのエンジニアリング業務を手掛ける。海外では中東、東南アジア、中央アジア、アフリカなどで事業を展開する。

株価	最低売買価格	年間騰落率	実績PER	PBR
6.020 RMB	**9,049** 円	**2.4** %	**9.7** 倍	**0.9** 倍

【財務】(百万元)	2019/12	2018/12
流動資産	87,788.2	76,329.2
総資産	115,865.4	97,022.7
流動負債	70,053.5	55,030.7
総負債	78,273.6	62,004.2
資本金	4,933.0	4,933.0
株主資本	35,142.3	32,841.7

【指標】(%)	
ROA	2.6
ROE	8.7
粗利益率	11.2
増収率	27.9
増益率(営利)	40.8
自己資本増加率	7.0
BPS(元)	7.1
負債比率	222.7
流動比率	125.3
株主資本比率	30.3

【CF】(百万元)	2019/12	2018/12
営業CF	4,723.7	4,909.2
投資CF	−1,510.5	−1,707.4
財務CF	473.7	688.8
現金同等物	30,360.4	26,561.4

【業績】(百万元)

	売上高	営業利益	純利益	前年比(%)	EPS(元)	1株配(元)
2017/12	58,571.43	2,314.80	1,557.24	−12.0	0.320	0.0950
2018/12	81,445.48	2,756.46	1,931.77	24.1	0.390	0.1180
2019/12	104,128.60	3,882.13	3,061.41	58.5	0.620	0.1870
2018/06中間	34,008.18	1,571.47	1,084.50	27.9	0.220	0.0000
2019/06中間	38,517.16	2,035.72	1,602.38	47.8	0.320	0.0000

【株価情報】	
取引単位(株)	100
時価総額(百万元)	29,696.7

【上場】2010年1月 【住所】北京市東城区東直門内大街2号中国化学大厦 【URL】www.cncec.com.cn

601139 深セン市燃気集団

深セン市燃気集団股フン有限公司
Shenzhen Gas Corp.,Ltd.

深セン市政府傘下の都市ガス事業者 広東省や広西チワン族自治区、江西省など各都市で都市ガス事業を展開する。液化天然ガスの輸入と卸売りや、深セン市でのプロパンガスの供給事業も手掛ける。筆頭株主は深セン市政府国有資産監督管理委員会。

株価	最低売買価格	年間騰落率	実績PER	PBR
7.510 RMB	**11,288** 円	**35.3** %	**20.3** 倍	**2.0** 倍

【財務】(百万元)	2019/12	2018/12
流動資産	5,096.3	4,587.8
総資産	23,215.8	19,712.4
流動負債	8,522.6	6,092.3
総負債	11,650.0	10,035.6
資本金	2,876.8	2,877.1
株主資本	11,020.0	9,197.0

【指標】(%)	
ROA	4.6
ROE	9.6
粗利益率	21.5
増収率	10.1
増益率(営利)	4.3
自己資本増加率	19.8
BPS(元)	3.8
負債比率	105.7
流動比率	59.8
株主資本比率	47.5

【CF】(百万元)	2019/12	2018/12
営業CF	2,445.4	1,854.7
投資CF	−2,249.3	−720.3
財務CF	−160.6	−666.4
現金同等物	2,968.1	2,931.6

【業績】(百万元)

	売上高	営業利益	純利益	前年比(%)	EPS(元)	1株配(元)
2017/12	11,058.78	1,150.84	886.88	14.9	0.310	0.1500
2018/12	12,741.39	1,273.84	1,030.93	16.2	0.360	0.1500
2019/12	14,025.27	1,328.65	1,057.83	2.6	0.370	0.1800
2018/06中間	6,170.37	841.63	638.40	11.6	0.220	0.0000
2019/06中間	6,583.26	718.62	594.64	−6.9	0.210	0.0000

【株価情報】	
取引単位(株)	100
時価総額(百万元)	21,438.6

【上場】2009年12月 【住所】深セン市福田区梅オウ一路268号 【URL】www.szgas.com.cn

601158 重慶水務集団

重慶水務集団股フン有限公司
Chongqing Water Group Co.,Ltd.

重慶の水道事業者 01年に重慶市政府が複数の水道資産を統合して設立した重慶市水務控股(集団)が前身。拠点の重慶市で水道水の供給や下水処理を手掛ける。このほか、水道管の敷設やメーターの取り付け、インフラ工事や不動産開発などの事業も展開。

株価	最低売買価格	年間騰落率	実績PER	PBR
5.320 RMB	7,996 円	-6.0 %	15.2 倍	1.7 倍

【財務】(百万元)	2019/12	2018/12
流動資産	4,474.6	5,733.9
総資産	21,712.8	19,965.9
流動負債	4,026.0	3,226.4
総負債	6,541.7	5,801.5
資本金	4,800.0	4,800.0
株主資本	15,147.1	14,142.0

【指標】(%)	
ROA	7.7
ROE	11.0
粗利益率	42.0
増収率	9.0
増益率(営利)	17.1
自己資本増加率	7.1
BPS(元)	3.2
負債比率	43.2
流動比率	111.1
株主資本比率	69.8

【CF】(百万元)	2019/12	2018/12
営業CF	2,241.9	2,366.2
投資CF	-2,279.2	-1,923.7
財務CF	-1,120.5	-3,110.2
現金同等物	2,204.3	3,362.1

【業績】(百万元)	売上高	営業利益	純利益	前年比(%)	EPS(元)	1株配(元)
2017/12	4,481.85	2,212.07	2,063.85	93.2	0.430	0.3000
2018/12	5,171.04	1,476.94	1,421.52	-31.1	0.300	0.2800
2019/12	5,638.55	1,730.06	1,665.11	17.1	0.350	0.2570
2018/06中間	2,286.79	809.85	796.27	-22.1	0.170	0.0000
2019/06中間	2,557.94	874.00	843.01	5.9	0.180	0.0000

【株価情報】	
取引単位(株)	100
時価総額(百万元)	25,536.0

【上場】2010年3月 【住所】重慶市渝中区龍家湾1号 【URL】www.cncqsw.com

601162 天風証券

天風証券股フン有限公司
Tianfeng Securities Co.,Ltd.

武漢市本社の総合証券会社 2000年創業。証券仲介や資産管理、投資銀行など各種業務に従事。北京・上海・深センをはじめ全国の主要都市に支社を配置し、各省・直轄市・自治区に営業拠点を展開する。傘下に天風国際証券や天風創信投資など。

株価	最低売買価格	年間騰落率	実績PER	PBR
6.070 RMB	9,124 円	-12.2 %	102.9 倍	2.6 倍

【財務】(百万元)	2019/12	2018/12
流動資産	—	0.0
総資産	59,920.3	53,566.1
流動負債	—	0.0
総負債	42,413.1	35,075.6
資本金	5,180.0	5,180.0
株主資本	12,123.2	12,321.7

【指標】(%)	
ROA	0.5
ROE	2.5
粗利益率	—
増収率	17.4
増益率(営利)	2.6
自己資本増加率	-1.6
BPS(元)	2.3
負債比率	349.9
流動比率	—
株主資本比率	20.2

【CF】(百万元)	2019/12	2018/12
営業CF	-2,945.2	1,150.1
投資CF	-566.6	-2,145.2
財務CF	5,219.1	1,656.9
現金同等物	10,740.4	9,031.9

【業績】(百万元)	売上高	営業利益	純利益	前年比(%)	EPS(元)	1株配(元)
2017/12	2,986.16	744.86	410.13	97.4	0.088	0.0000
2018/12	3,277.40	388.33	302.85	-26.2	0.064	0.0070
2019/12	3,846.10	398.46	307.77	1.6	0.059	0.0060
2018/06中間	1,348.55	243.04	231.99	-7.7	0.050	0.0000
2019/06中間	1,814.48	211.66	168.19	-27.5	0.032	0.0000

【株価情報】	
取引単位(株)	100
時価総額(百万元)	3,144.3

【上場】2018年10月 【住所】湖北省武漢市東湖新技術開発区関東園路2号高科大厦四楼 【URL】www.tfzq.com

601166 興業銀行

興業銀行股フン有限公司
China Industrial Bank Co.,Ltd.

福建省拠点の中堅商業銀行 1988年に福建省福州市に設立された株式制商業銀行で、07年に上海市場に上場。本拠の福建に加え、北京、上海、広東、浙江、江蘇などで事業を展開。投資銀行業務も手掛ける。筆頭株主は福建省財政庁。

株価	最低売買価格	年間騰落率	実績PER	PBR
16.370 RMB	24,606 円	-12.1 %	5.3 倍	0.6 倍

【財務】(百万元)	2019/12	2018/12
流動資産	—	—
総資産	7,145,681.0	6,711,657.0
流動負債	—	—
総負債	6,596,029.0	6,239,073.0
資本金	20,774.0	20,774.0
株主資本	541,360.0	465,953.0

【指標】(%)	
ROA	0.9
ROE	12.2
粗利益率	—
増収率	14.5
増益率(営利)	9.4
自己資本増加率	16.2
BPS(元)	26.1
負債比率	1,218.4
流動比率	—
株主資本比率	7.6

【CF】(百万元)	2019/12	2018/12
営業CF	-588,009.0	-356,099.0
投資CF	602,337.0	422,390.0
財務CF	166,667.0	10,436.0
現金同等物	731,730.0	549,177.0

【業績】(百万元)	売上高	営業利益	純利益	前年比(%)	EPS(元)	1株配(元)
2017/12	139,975.00	64,813.00	57,200.00	6.2	2.740	0.6500
2018/12	158,287.00	67,914.00	60,620.00	6.0	2.850	0.6900
2019/12	181,308.00	74,266.00	65,868.00	8.7	3.100	0.7620
2018/06中間	73,385.00	38,101.00	33,657.00	6.5	1.550	0.0000
2019/06中間	89,907.00	39,833.00	35,879.00	6.6	1.660	0.0000

【株価情報】	
取引単位(株)	100
時価総額(百万元)	311,886.8

【上場】2007年2月 【住所】福建省福州市湖東路154号 【URL】www.cib.com.cn

601168 西部鉱業

西部鉱業股フン有限公司
Western Mining Co.,Ltd.

青海省政府系の鉱物資源会社 銅や鉛、亜鉛、鉄などの採掘、精製、販売を手掛ける。青海省、内モンゴル自治区、四川省などに鉱山を保有。うち青海省の錫鉄鉱山は中国最大規模の鉛亜鉛鉱山で、チベット玉龍銅鉱山は単体の銅鉱山として中国最大。

株価	最低売買価格	年間騰落率	実績PER	PBR
5,520 RMB	8,297 円	-4.8 %	13.1 倍	1.3 倍

【財務】(百万元)	2019/12	2018/12
流動資産	16,683.8	14,057.8
総資産	44,517.5	39,808.3
流動負債	18,063.8	18,787.3
総負債	30,107.7	28,163.4
資本金	2,383.0	2,383.0
株主資本	10,033.5	8,976.3

【指標】(%)	
ROA	2.3
ROE	10.0
粗利益率	12.2
増収率	6.2
増益率(営利)	—
自己資本増加率	11.8
BPS(元)	4.2
負債比率	300.1
流動比率	92.4
株主資本比率	22.5

【CF】(百万元)	2019/12	2018/12
営業CF	3,875.0	625.8
投資CF	-3,422.9	-4,936.3
財務CF	1,061.1	3,889.9
現金同等物	4,796.1	3,281.9

【業績】(百万元)	売上高	営業利益	純利益	前年比(%)	EPS(元)	1株配(元)
2017/12	28,191.12	857.49	473.38	374.3	0.200	0.1000
2018/12	28,770.44	-2,006.06	-2,058.73	—	-0.860	0.0000
2019/12	30,566.84	1,404.31	1,007.13	—	0.420	0.1000
2018/06中間	14,369.43	993.96	575.22	121.2	0.240	0.0000
2019/06中間	15,011.17	918.53	587.64	2.2	0.250	0.0000

【株価情報】	
取引単位(株)	100
時価総額(百万元)	13,154.2

【上場】2007年7月 【住所】青海省西寧市城西区五四大街52号 【URL】www.westmining.com

601169 北京銀行

北京銀行股フン有限公司
Bank of Beijing Co.,Ltd.

北京拠点の地方銀行 1994年に北京で設立された地方銀行。北京のほか、天津、上海、西安、深センなどに支店を置き、海外では香港とアムステルダムに代表処を構える。傘下に消費者金融の北銀消費金融、生保の中荷人寿保険などを抱える。

株価	最低売買価格	年間騰落率	実績PER	PBR
4,980 RMB	7,485 円	-19.3 %	5.1 倍	0.5 倍

【財務】(百万元)	2019/12	2018/12
流動資産	—	—
総資産	2,737,040.0	2,572,865.0
流動負債	—	—
総負債	2,528,077.0	2,378,731.0
資本金	21,143.0	21,143.0
株主資本	207,129.0	192,450.0

【指標】(%)	
ROA	0.8
ROE	10.4
粗利益率	—
増収率	13.8
増益率(営利)	7.5
自己資本増加率	7.6
BPS(元)	9.8
負債比率	1,220.5
流動比率	—
株主資本比率	7.6

【CF】(百万元)	2019/12	2018/12
営業CF	20,196.0	37,167.0
投資CF	398.0	-12,017.0
財務CF	-29,664.0	-18,203.0
現金同等物	186,941.0	195,813.0

【業績】(百万元)	売上高	営業利益	純利益	前年比(%)	EPS(元)	1株配(元)
2017/12	50,353.00	22,865.00	18,733.00	5.2	0.990	0.2670
2018/12	55,488.00	23,588.00	20,002.00	6.8	0.910	0.2860
2019/12	63,129.00	25,351.00	21,441.00	7.2	0.980	0.3050
2018/06中間	27,366.00	14,248.00	11,854.00	7.0	0.540	0.0000
2019/06中間	32,742.00	15,984.00	12,869.00	8.6	0.580	0.0000

【株価情報】	
取引単位(株)	100
時価総額(百万元)	90,875.1

【上場】2007年9月 【住所】北京市西城区金融大街甲17号首層 【URL】www.bankofbeijing.com.cn

---

601179 中国西電電気

中国西電電気股フン有限公司
China XD Electric Co.,Ltd.

電力設備メーカー 国務院直属の中国西電集団傘下で、送電機器や配電機器、制御機器などの研究開発や製造、販売を手掛ける。主力製品は高圧開閉器や変圧器、コンデンサー、リアクターなど。中国国内のほか世界40カ国・地域以上に製品を輸出する。

株価	最低売買価格	年間騰落率	実績PER	PBR
6,170 RMB	9,274 円	65.0 %	77.1 倍	1.6 倍

【財務】(百万元)	2019/12	2018/12
流動資産	27,099.2	25,538.3
総資産	35,367.6	34,542.3
流動負債	12,928.6	12,220.1
総負債	14,564.4	13,864.9
資本金	5,125.9	5,125.9
株主資本	19,825.1	19,637.5

【指標】(%)	
ROA	1.2
ROE	2.1
粗利益率	22.7
増収率	11.3
増益率(営利)	-25.6
自己資本増加率	1.0
BPS(元)	3.9
負債比率	73.5
流動比率	209.6
株主資本比率	56.1

【CF】(百万元)	2019/12	2018/12
営業CF	-1,508.3	-655.3
投資CF	-2,230.4	519.5
財務CF	116.8	-179.0
現金同等物	3,036.6	6,654.9

【業績】(百万元)	売上高	営業利益	純利益	前年比(%)	EPS(元)	1株配(元)
2017/12	14,391.40	1,048.54	898.63	-20.3	0.175	0.0530
2018/12	13,907.58	597.60	569.20	-36.7	0.110	0.0340
2019/12	15,475.72	444.90	413.24	-27.4	0.080	0.0500
2018/06中間	5,826.00	344.57	254.43	-57.2	0.050	0.0000
2019/06中間	6,695.56	230.83	195.18	-23.3	0.038	0.0000

【株価情報】	
取引単位(株)	100
時価総額(百万元)	31,626.7

【上場】2010年1月 【住所】陝西省西安市高新区唐興路7号A座 【URL】www.xdect.com.cn

601211 国泰君安証券

国泰君安証券股フン有限公司
Guotai Junan Securities Co.,Ltd.

上海市政府系の証券大手 国泰証券と君安証券の合併で1999年に誕生した総合証券会社。小口の証券仲介業務に強みを持ち、営業収益、純利益でいずれも業界2位、総資産で業界3位(19年通期)。香港事業は傘下の国泰君安国際(01788)を通じて展開する。

株価	最低売買価格	年間騰落率	実績PER	PBR
16.680 RMB	25,072 円	-1.6 %	18.5 倍	1.1 倍

【財務】(百万元)	2019/12	2018/12
流動資産	—	—
総資産	559,314.3	436,729.1
流動負債	—	—
総負債	413,220.5	303,055.7
資本金	8,907.9	8,713.9
株主資本	137,501.5	123,450.1

【指標】(%)	
ROA	1.5
ROE	6.3
粗利益率	—
増収率	31.8
増益率(営利)	23.4
自己資本増加率	11.4
BPS(元)	15.4
負債比率	300.5
流動比率	—
株主資本比率	24.6

【CF】(百万元)	2019/12	2018/12
営業CF	36,396.1	73,571.6
投資CF	-23,125.6	-25,226.9
財務CF	11,985.0	-41,651.9
現金同等物	131,964.9	106,020.6

【業績】(百万元)	売上高	営業利益	純利益	前年比(%)	EPS(元)	1株配(元)
2017/12	23,804.13	13,459.19	9,881.55	0.4	1.110	0.4000
2018/12	22,718.82	9,288.24	6,708.12	-32.1	0.700	0.2750
2019/12	29,949.31	11,459.36	8,637.04	28.8	0.900	0.3900
2018/06中間	11,460.53	5,437.85	4,009.00	-15.7	0.430	0.0000
2019/06中間	14,094.97	6,889.12	5,020.12	25.2	0.540	0.0000

【株価情報】	
取引単位(株)	100
時価総額(百万元)	125,368.9

【上場】2015年6月 【住所】中国(上海)自由貿易試験区商城路618号 【URL】www.gtja.com

601229 上海銀行

上海銀行股フン有限公司
Bank of Shanghai Co.,Ltd.

上海拠点の都市商業銀行 上海を拠点に法人向け銀行業務、個人向け銀行業務、トレジャリー業務など各種銀行業務を手掛ける。総資産は英バンカー誌の世界銀行ランキングで68位(19年)。中小企業向け融資に強みを持つ。

株価	最低売買価格	年間騰落率	実績PER	PBR
8.130 RMB	12,220 円	-10.6 %	6.0 倍	0.7 倍

【財務】(百万元)	2019/12	2018/12
流動資産	—	—
総資産	2,237,081.9	2,027,772.4
流動負債	—	—
総負債	2,059,855.3	1,866,003.8
資本金	14,206.5	10,928.1
株主資本	176,708.6	161,276.5

【指標】(%)	
ROA	0.9
ROE	11.5
粗利益率	—
増収率	13.5
増益率(営利)	16.5
自己資本増加率	9.6
BPS(元)	12.4
負債比率	1,165.7
流動比率	—
株主資本比率	7.9

【CF】(百万元)	2019/12	2018/12
営業CF	-7,932.4	-21,733.0
投資CF	-19,536.0	12,905.7
財務CF	-10,774.6	8,641.4
現金同等物	47,309.0	85,401.8

【業績】(百万元)	売上高	営業利益	純利益	前年比(%)	EPS(元)	1株配(元)
2017/12	33,125.00	15,985.72	15,328.50	7.1	1.400	0.5000
2018/12	43,887.82	19,084.32	18,034.04	17.7	1.200	0.4500
2019/12	49,800.29	22,230.41	20,297.59	12.6	1.360	0.4000
2018/06中間	19,749.82	9,929.88	9,371.75	20.2	0.660	0.0000
2019/06中間	25,150.59	12,004.76	10,713.57	14.3	0.750	0.0000

【株価情報】	
取引単位(株)	100
時価総額(百万元)	42,240.0

【上場】2016年11月 【住所】中国(上海)自由貿易試験区銀城中路168号 【URL】www.bosc.cn

601298 青島港国際

青島港国際股フン有限公司
Qingdao Port International Co.,Ltd.

青島港の運営会社 世界最大級の港湾である青島港で、青島前湾、黄島油、董家口、大港の4港区を管理。荷役や倉庫業務を中心に物流サービスなども提供する。ターミナルを運営し、コンテナ、鉱石、石炭、石油、穀物、鉄鋼、自動車などを取り扱う。

株価	最低売買価格	年間騰落率	実績PER	PBR
5.740 RMB	8,628 円	-25.7 %	9.7 倍	1.2 倍

【財務】(百万元)	2019/12	2018/12
流動資産	19,885.7	18,366.2
総資産	52,785.3	48,765.8
流動負債	10,966.3	13,061.3
総負債	19,187.9	19,346.3
資本金	6,491.1	6,036.7
株主資本	30,357.4	26,979.7

【指標】(%)	
ROA	7.2
ROE	12.5
粗利益率	32.8
増収率	3.6
増益率(営利)	8.2
自己資本増加率	12.5
BPS(元)	4.7
負債比率	63.2
流動比率	181.3
株主資本比率	57.5

【CF】(百万元)	2019/12	2018/12
営業CF	2,966.0	2,291.0
投資CF	-1,976.1	-939.6
財務CF	-1,022.0	-3,754.1
現金同等物	3,998.2	4,014.3

【業績】(百万元)	売上高	営業利益	純利益	前年比(%)	EPS(元)	1株配(元)
2017/12	10,146.23	3,960.92	3,042.96	39.2	0.550	0.0000
2018/12	11,741.48	4,724.01	3,593.49	18.1	0.600	0.3800
2019/12	12,164.08	5,113.24	3,790.14	5.5	0.590	0.2000
2018/06中間	5,738.87	2,592.48	1,907.92	23.1	0.320	0.0000
2019/06中間	5,999.78	2,681.07	2,008.02	5.3	0.310	0.0000

【株価情報】	
取引単位(株)	100
時価総額(百万元)	2,608.1

【上場】2019年1月 【住所】山東省青島市黄島区経八路12号 【URL】www.qingdao-port.com

601311 駱駝集団

駱駝集団股フン有限公司
Camel Group Co.,Ltd.

湖北省襄陽市拠点の蓄電池メーカー 「駱駝」ブランドで鉛蓄電池やリチウムイオン電池の製造・販売を手掛ける。製品は自動車、ゴルフカート、フォークリフト、オートバイ、船舶、電気自転車向けなど多岐にわたり、鉛リサイクル事業も展開する。

株価	最低売買価格	年間騰落率	実績PER	PBR
9.010 RMB	13,543 円	-21.7 %	13.1 倍	1.2 倍

【財務】(百万元)	2019/12	2018/12
流動資産	5,415.3	5,222.1
総資産	11,437.3	10,735.7
流動負債	3,029.4	2,856.4
総負債	4,513.1	4,497.4
資本金	863.8	848.4
株主資本	6,525.2	5,866.7

【指標】(%)	
ROA	5.2
ROE	9.1
粗利益率	17.8
増収率	-2.3
増益率(営利)	7.4
自己資本増加率	11.2
BPS(元)	7.6
負債比率	69.2
流動比率	178.8
株主資本比率	57.1

【CF】(百万元)	2019/12	2018/12
営業CF	811.4	544.7
投資CF	-542.0	-439.5
財務CF	-95.6	-236.0
現金同等物	725.5	536.9

【業績】(百万元)	売上高	営業利益	純利益	前年比(%)	EPS(元)	1株配(元)
2017/12	7,617.98	603.18	483.02	-6.3	0.570	0.0570
2018/12	9,238.53	605.41	548.58	13.6	0.650	0.1500
2019/12	9,023.39	650.00	595.19	8.5	0.690	0.2100
2018/06中間	4,230.33	373.12	287.60	34.2	0.340	0.0000
2019/06中間	4,330.44	370.12	306.81	6.7	0.360	0.0000

【株価情報】取引単位(株) 100 / 時価総額(百万元) 7,783.1

【上場】2011年6月 【住所】湖北省谷城県経済開発区谷水路16号 【URL】www.chinacamel.com

601360 三六零安全科技

三六零安全科技股フン有限公司
360 Security Technology Inc.

セキュリティーソフト大手 昇降機の製造・販売を手掛けていたが、18年の資産再編でNY上場のインターネットセキュリティ大手「奇虎360」の資産を買収。「360」ブランドで事業を展開し、インターネット広告やインターネット付加価値サービスなども手掛ける。

株価	最低売買価格	年間騰落率	実績PER	PBR
18.600 RMB	27,958 円	-10.5 %	21.1 倍	4.4 倍

【財務】(百万元)	2019/12	2018/12
流動資産	22,931.3	18,299.8
総資産	33,751.6	29,348.3
流動負債	4,863.8	4,882.8
総負債	5,069.4	5,068.8
資本金	6,764.1	6,764.1
株主資本	28,700.3	23,982.3

【指標】(%)	
ROA	17.7
ROE	20.8
粗利益率	65.4
増収率	-2.2
増益率(営利)	72.2
自己資本増加率	19.7
BPS(元)	4.2
負債比率	17.7
流動比率	471.5
株主資本比率	85.0

【CF】(百万元)	2019/12	2018/12
営業CF	2,759.9	3,747.8
投資CF	-4,119.9	-4,042.5
財務CF	-752.7	-246.7
現金同等物	628.9	2,733.8

【業績】(百万元)	売上高	営業利益	純利益	前年比(%)	EPS(元)	1株配(元)
2017/12	12,238.11	4,049.57	3,371.98	80.1	0.530	0.0030
2018/12	13,129.26	4,174.11	3,534.84	4.8	0.530	0.0530
2019/12	12,841.10	7,189.02	5,980.44	69.2	0.880	0.0530
2018/06中間	6,025.11	1,849.26	1,537.01	8.9	0.230	0.0000
2019/06中間	5,924.50	4,933.52	4,052.50	163.7	0.600	0.0000

【株価情報】取引単位(株) 100 / 時価総額(百万元) 7,387.6

【上場】2012年1月 【住所】天津華苑産業区海泰西路18号北2-501工業孵化-1 【URL】www.360.cn

601375 中原証券

中原証券股フン有限公司
Central China Securities Co.,Ltd.

河南省基盤の証券会社 河南省に本店を置く唯一の証券会社で、省内での事業に圧倒的な強みを持つ。証券や先物取引の仲介、信用取引、自己勘定取引、投資銀行業務などが主力事業。香港では登記上の問題で「中州証券」の名称で事業を行う。

株価	最低売買価格	年間騰落率	実績PER	PBR
4.820 RMB	7,245 円	-5.3 %	241.0 倍	1.9 倍

【財務】(百万元)	2019/12	2018/12
流動資産	—	—
総資産	43,569.9	42,155.3
流動負債	—	—
総負債	33,072.1	30,880.2
資本金	3,869.1	3,869.1
株主資本	9,671.2	9,950.9

【指標】(%)	
ROA	0.1
ROE	0.6
粗利益率	—
増収率	43.8
増益率(営利)	40.7
自己資本増加率	-2.8
BPS(元)	2.5
負債比率	342.0
流動比率	—
株主資本比率	22.2

【CF】(百万元)	2019/12	2018/12
営業CF	3,488.3	1,591.5
投資CF	-86.5	-1,014.8
財務CF	-1,196.1	-1,959.4
現金同等物	11,805.5	9,602.1

【業績】(百万元)	売上高	営業利益	純利益	前年比(%)	EPS(元)	1株配(元)
2017/12	2,147.62	673.32	441.98	-38.5	0.110	0.1080
2018/12	1,649.66	80.37	65.79	-85.1	0.020	0.0100
2019/12	2,372.53	113.74	58.22	-11.5	0.020	0.0200
2018/06中間	865.25	197.42	145.73	9.3	0.040	0.0100
2019/06中間	1,287.15	353.10	239.93	64.6	0.060	0.0200

【株価情報】取引単位(株) 100 / 時価総額(百万元) 8,689.2

【上場】2017年1月 【住所】河南省鄭州市鄭東新区商務外環路10号 【URL】www.ccnew.com

601377 興業証券

興業証券股フン有限公司
Industrial Securities Co.,Ltd.

福建省地盤の中堅証券会社 福建省を地盤に資産管理業務や投資銀行業務、自己売買業務など証券業務を手掛ける。前身は1991年に設立された興業銀行(601166)の証券業務部門。傘下企業に香港上場の興証国際(06058)など。

	株価	最低売買価格	年間騰落率	実績PER	PBR
	6.100 RMB	**9,169** 円	**-1.8** %	**23.5** 倍	**1.2** 倍

【財務】(百万元)	2019/12	2018/12
流動資産	—	—
総資産	170,575.0	155,137.8
流動負債	—	—
総負債	133,531.3	119,830.0
資本金	6,696.7	6,696.7
株主資本	34,432.3	32,505.4

【指標】(%)	
ROA	1.0
ROE	5.1
粗利益率	—
増収率	119.2
増益率(営利)	299.4
自己資本増加率	5.9
BPS(元)	5.1
負債比率	387.8
流動比率	—
株主資本比率	20.2

【CF】(百万元)	2019/12	2018/12
営業CF	18,343.7	17,607.0
投資CF	4,369.7	-1,278.9
財務CF	-2,064.2	-10,836.2
現金同等物	52,909.3	32,286.0

【業績】(百万元)	売上高	営業利益	純利益	前年比(%)	EPS(元)	1株配(元)
2017/12	8,820.39	3,150.09	2,284.90	11.7	0.340	0.1500
2018/12	6,499.37	666.09	135.35	-94.1	0.020	0.0500
2019/12	14,249.54	2,660.64	1,762.54	1,202.2	0.260	0.0800
2018/06中間	3,309.42	1,254.42	686.58	-47.6	0.100	0.0000
2019/06中間	7,040.65	2,048.00	1,333.35	94.2	0.200	0.0000

【株価情報】	
取引単位(株)	100
時価総額(百万元)	40,849.7

【上場】2010年10月 【住所】福建省福州市湖東路268号 【URL】www.xyzq.com.cn

601567 寧波三星医療電気

寧波三星医療電気股フン有限公司
Ningbo Sanxing Medical Electric Co.,Ltd.

スマート配電機器と医療サービスが主力事業 スマート配電網に使われる電力メーターや変圧器、配電盤などの開発・製造・保守サービスが主力事業。15年に寧波明洲医院を買収し、医療サービス事業に参入。病院建設と運営、ファイナンスリースも手掛ける。

	株価	最低売買価格	年間騰落率	実績PER	PBR
	7.710 RMB	**11,589** 円	**20.7** %	**10.3** 倍	**1.3** 倍

【財務】(百万元)	2019/12	2018/12
流動資産	6,635.9	6,520.9
総資産	13,611.1	14,318.4
流動負債	4,551.5	4,631.7
総負債	5,527.3	6,816.9
資本金	1,386.6	1,418.0
株主資本	8,041.2	7,457.0

【指標】(%)	
ROA	7.6
ROE	12.9
粗利益率	29.1
増収率	14.8
増益率(営利)	94.9
自己資本増加率	7.8
BPS(元)	5.8
負債比率	68.7
流動比率	145.8
株主資本比率	59.1

【CF】(百万元)	2019/12	2018/12
営業CF	924.6	445.0
投資CF	1,293.3	-891.4
財務CF	-2,167.0	872.2
現金同等物	1,701.5	1,657.4

【業績】(百万元)	売上高	営業利益	純利益	前年比(%)	EPS(元)	1株配(元)
2017/12	5,368.40	1,085.63	890.59	12.1	0.630	0.3000
2018/12	5,870.47	640.66	508.08	-43.0	0.360	0.3000
2019/12	6,739.13	1,248.41	1,036.05	103.9	0.750	0.2100
2018/06中間	2,586.17	267.94	209.89	-9.4	0.150	0.0000
2019/06中間	3,070.17	655.24	563.35	168.4	0.400	0.0000

【株価情報】	
取引単位(株)	100
時価総額(百万元)	10,690.5

【上場】2011年6月 【住所】浙江省寧波市ギン州工業園区(寧波市ギン州区姜山鎮) 【URL】www.sanxing.com

---

601615 明陽智慧能源集団

明陽智慧能源集団股フン公司
MingYang Smart Energy Group Ltd.

広東省本社の風力設備大手 風力発電の設備部品製造、トータルソリューションやバリューチェーン管理を手掛ける。最先端の技術力が強み。国内大手電力会社と取引関係にあるほか、製品はブルガリア、インド、ルーマニア、パキスタン、南アなどにも販売する。

	株価	最低売買価格	年間騰落率	実績PER	PBR
	11.600 RMB	**17,436** 円	**5.1** %	**21.9** 倍	**2.4** 倍

【財務】(百万元)	2019/12	2018/12
流動資産	22,579.5	11,662.8
総資産	34,695.6	22,331.8
流動負債	18,162.5	10,099.3
総負債	27,603.6	17,443.6
資本金	1,379.7	1,103.8
株主資本	6,720.6	4,451.9

【指標】(%)	
ROA	2.1
ROE	10.6
粗利益率	22.7
増収率	52.0
増益率(営利)	94.2
自己資本増加率	51.0
BPS(元)	4.9
負債比率	410.7
流動比率	124.3
株主資本比率	19.4

【CF】(百万元)	2019/12	2018/12
営業CF	5,755.3	276.3
投資CF	-2,142.7	-1,172.1
財務CF	3,932.8	1,074.7
現金同等物	10,255.9	2,708.3

【業績】(百万元)	売上高	営業利益	純利益	前年比(%)	EPS(元)	1株配(元)
2017/12	5,298.20	360.24	356.04	12.9	0.320	0.0000
2018/12	6,902.15	380.42	425.97	19.6	0.390	0.0580
2019/12	10,493.16	738.82	712.56	67.3	0.530	0.0780
2018/06中間	2,542.89	93.43	145.59	—	0.130	0.0000
2019/06中間	4,015.17	315.22	333.84	129.3	0.250	0.0000

【株価情報】	
取引単位(株)	100
時価総額(百万元)	3,200.4

【上場】2019年1月 【住所】広東省中山市火炬開発区火炬路22号 【URL】www.mywind.com.cn

601669 中国電力建設

中国電力建設股フン有限公司
Power Construction Corporation of China, Ltd.

中国電力建設集団傘下のインフラ建設会社 国内外で治水、電力、道路、鉄道などのインフラ建設工事の請負事業を展開。国内ではBOT（建設・運営・譲渡）、BT（建設・譲渡）方式、海外ではEPC（設計・調達・建設）方式によるプロジェクト受注に力を入れる。

株価	最低売買価格	年間騰落率	実績PER	PBR
3.660 RMB	5,501 円	-27.7 %	8.0 倍	0.5 倍

【財務】(百万元)	2019/12	2018/12
流動資産	370,768.6	340,343.2
総資産	813,227.6	713,253.1
流動負債	352,788.4	353,104.5
総負債	619,756.6	570,382.0
資本金	15,299.0	15,299.0
株主資本	107,540.1	86,126.4

【CF】(百万元)	2019/12	2018/12
営業CF	9,220.8	19,183.4
投資CF	-72,243.6	-56,031.2
財務CF	41,705.6	62,495.7
現金同等物	64,069.1	84,598.0

【指標】(%)	
ROA	0.9
ROE	6.7
粗利益率	14.3
増収率	18.0
増益率(営利)	8.3
自己資本増加率	24.9
BPS(元)	7.0
負債比率	576.3
流動比率	105.1
株主資本比率	13.2

【業績】(百万元)	売上高	営業利益	純利益	前年比(%)	EPS(元)	1株配(元)
2017/12	266,957.78	10,855.28	7,414.33	9.5	0.482	0.0930
2018/12	295,280.35	12,600.52	7,695.14	3.8	0.484	0.0980
2019/12	348,477.75	13,643.87	7,239.37	-5.9	0.457	0.0400
2018/06中間	126,888.32	6,237.42	4,057.30	9.2	0.265	0.0000
2019/06中間	147,652.42	6,746.46	3,959.18	-2.4	0.259	0.0000

【株価情報】	
取引単位(株)	100
時価総額(百万元)	40,788.5

【上場】2011年10月 【住所】北京市海淀区車公荘西路22号 【URL】www.powerchina.cn

601777 力帆実業

力帆実業(集団)股フン有限公司
Lifan Industry (Group) Co.,Ltd.

民営の自動車・二輪車メーカー 乗用車、オートバイ、発動機と関連部品の製造・販売を手掛ける。国内のほか、輸出先は乗用車が60カ国・地域、オートバイが160カ国・地域に及ぶ。海外ではエチオピアやイラクなどに乗用車の生産拠点を置く。

株価	最低売買価格	年間騰落率	実績PER	PBR
3.430 RMB	5,156 円	-44.4 %	—	1.6 倍

【財務】(百万元)	2019/12	2018/12
流動資産	6,664.0	13,428.9
総資産	19,407.0	27,904.9
流動負債	14,891.9	18,779.6
総負債	16,573.4	20,353.4
資本金	1,306.8	1,306.8
株主資本	2,744.3	7,451.8

【CF】(百万元)	2019/12	2018/12
営業CF	-1,130.8	57.0
投資CF	1,161.7	1,535.5
財務CF	-529.3	-2,757.5
現金同等物	292.2	788.5

【指標】(%)	
ROA	—
ROE	—
粗利益率	—
増収率	-32.4
増益率(営利)	—
自己資本増加率	-63.2
BPS(元)	2.1
負債比率	603.9
流動比率	44.7
株主資本比率	14.1

【業績】(百万元)	売上高	営業利益	純利益	前年比(%)	EPS(元)	1株配(元)
2017/12	12,600.44	172.50	170.54	106.5	0.140	0.0000
2018/12	11,013.01	208.18	252.97	48.3	0.190	0.0000
2019/12	7,449.77	-5,320.38	-4,682.08	—	-3.580	0.0000
2018/06中間	5,978.98	120.34	124.60	3.0	0.100	0.0000
2019/06中間	5,178.41	-1,041.01	-946.92	—	-0.720	0.0000

【株価情報】	
取引単位(株)	100
時価総額(百万元)	4,335.9

【上場】2010年11月 【住所】重慶市北部新区金山大道黄樺北路2号 【URL】www.lifan.com

601801 安徽新華伝媒

安徽新華伝媒股フン有限公司
Anhui Xinhua Media Co.,Ltd.

安徽省政府傘下の出版大手 1952年設立の安徽新華書店が前身。安徽省や江蘇省、上海市、北京市などを営業基盤とする。書店チェーンの運営や教材の発行、図書の出版、音楽・映像作品の販売のほか、マルチメディア・広告事業なども手掛ける。

株価	最低売買価格	年間騰落率	実績PER	PBR
4.960 RMB	7,455 円	-20.9 %	17.7 倍	1.0 倍

【財務】(百万元)	2019/12	2018/12
流動資産	10,478.1	9,886.9
総資産	14,075.3	13,170.9
流動負債	3,282.1	2,769.4
総負債	3,435.0	2,899.8
資本金	1,989.2	1,989.2
株主資本	10,346.1	10,020.1

【CF】(百万元)	2019/12	2018/12
営業CF	1,143.0	588.9
投資CF	-4,588.4	1,472.5
財務CF	-348.7	-502.9
現金同等物	2,156.5	5,950.6

【指標】(%)	
ROA	4.0
ROE	5.4
粗利益率	20.6
増収率	-10.2
増益率(営利)	-46.6
自己資本増加率	3.3
BPS(元)	5.2
負債比率	33.2
流動比率	319.2
株主資本比率	73.5

【業績】(百万元)	売上高	営業利益	純利益	前年比(%)	EPS(元)	1株配(元)
2017/12	8,709.51	1,179.49	1,116.68	5.5	0.560	0.1700
2018/12	9,831.96	1,163.23	1,086.86	-2.7	0.550	0.1750
2019/12	8,832.68	621.58	557.03	-48.7	0.280	0.1600
2018/06中間	4,376.95	893.68	873.51	5.3	0.440	0.0000
2019/06中間	4,435.31	447.23	433.06	-50.4	0.220	0.0000

【株価情報】	
取引単位(株)	100
時価総額(百万元)	9,866.5

【上場】2010年1月 【住所】安徽省合肥市包河区北京路8号 【URL】www.wxm.com

601828 紅星美凱龍家居

紅星美凱龍家居集団股フン有限公司
Red Star Macalline Group Corp.,Ltd.

中国の家具モール運営会社 DIYショップや家具店を集めたショッピングモール「紅星美凱龍（Red Star Macalline）」の運営を手掛ける。テナントから徴収する賃貸料や運営費、不動産所有者から集める運営委託料などが主な収入源。

	株価	最低売買価格	年間騰落率	実績PER	PBR
	9.580 RMB	**14,400** 円	**-17.8** %	**7.6** 倍	**0.7** 倍

【財務】(百万元)	2019/12	2018/12
流動資産	13,954.4	15,718.6
総資産	122,294.4	110,860.7
流動負債	27,767.9	25,313.8
総負債	73,309.6	65,564.9
資本金	3,550.0	3,550.0
株主資本	45,714.6	41,714.1

【CF】(百万元)	2019/12	2018/12
営業CF	4,094.0	5,857.9
投資CF	-4,082.8	-10,994.4
財務CF	-849.7	2,475.3
現金同等物	6,776.1	7,614.5

【指標】(%)	
ROA	3.7
ROE	9.8
粗利益率	65.2
増収率	15.7
増益率(営利)	1.1
自己資本増加率	9.6
BPS(元)	12.9
負債比率	160.4
流動比率	50.3
株主資本比率	37.4

【業績】(百万元)	売上高	営業利益	純利益	前年比(%)	EPS(元)	1株配(元)
2017/12	10,959.51	5,916.43	4,077.90	20.0	1.130	0.3200
2018/12	14,239.79	6,130.80	4,477.41	9.8	1.200	0.2700
2019/12	16,469.24	6,197.15	4,479.68	0.1	1.260	0.2530
2018/06中間	6,373.88	3,767.25	3,038.61	48.6	0.780	0.0000
2019/06中間	7,757.11	3,563.25	2,705.54	-11.0	0.760	0.0000

【株価情報】	
取引単位(株)	100
時価総額(百万元)	3,791.7

【上場】2018年1月 【住所】上海市浦東新区臨御路518号6楼F801室 【URL】www.chinaredstar.com

601929 吉視伝媒

吉視伝媒股フン有限公司
Jishi Media Co.,Ltd.

吉林省のケーブルテレビ事業者 吉林省政府が管轄するテレビ局の傘下でケーブルテレビ事業を運営する。省内全域に張り巡らした光ファイバー網を通じて、国営テレビ局の中国中央電視台の番組やローカル番組、映画やスポーツ中継などを有料で放送。

	株価	最低売買価格	年間騰落率	実績PER	PBR
	2.060 RMB	**3,096** 円	**-13.8** %	**63.8** 倍	**0.9** 倍

【財務】(百万元)	2019/12	2018/12
流動資産	2,819.6	2,469.9
総資産	14,166.6	13,388.0
流動負債	3,166.7	3,561.4
総負債	7,144.2	6,177.8
資本金	3,111.1	3,110.9
株主資本	6,961.8	7,156.2

【CF】(百万元)	2019/12	2018/12
営業CF	606.0	719.5
投資CF	-1,225.0	-1,745.9
財務CF	849.8	964.1
現金同等物	856.5	625.7

【指標】(%)	
ROA	0.7
ROE	1.4
粗利益率	39.1
増収率	-4.2
増益率(営利)	-68.5
自己資本増加率	-2.7
BPS(元)	2.2
負債比率	102.6
流動比率	89.0
株主資本比率	49.1

【業績】(百万元)	売上高	営業利益	純利益	前年比(%)	EPS(元)	1株配(元)
2017/12	2,047.18	368.85	375.42	0.7	0.121	0.0250
2018/12	2,012.03	281.70	304.47	-18.9	0.098	0.0070
2019/12	1,927.66	88.69	100.38	-67.0	0.032	0.0040
2018/06中間	959.07	132.23	132.35	-17.0	0.045	0.0000
2019/06中間	942.74	101.32	98.98	-25.2	0.032	0.0000

【株価情報】	
取引単位(株)	100
時価総額(百万元)	6,408.8

【上場】2012年2月 【住所】吉林省長春市浄月開発区博碩路(仁徳集団402室) 【URL】www.jishimedia.com

601989 中国船舶重工

中国船舶重工股フン有限公司
China Shipbuilding Industry Co.,Ltd.

中国の大手造船会社 船舶用エンジンほか船舶装備市場で主導的な地位を占める。低中速ディーゼルエンジン、甲板・機関室用機械、油汚染処理機械の製造ほか、タンカー、コンテナ船、バルク船など各種船舶の設計・建造を手掛ける。

	株価	最低売買価格	年間騰落率	実績PER	PBR
	4.200 RMB	**6,313** 円	**-18.8** %	**210.0** 倍	**1.1** 倍

【財務】(百万元)	2019/12	2018/12
流動資産	124,324.8	132,500.8
総資産	182,651.5	188,126.8
流動負債	74,833.8	70,404.1
総負債	96,308.9	103,701.8
資本金	22,802.0	22,879.8
株主資本	85,699.7	84,654.4

【CF】(百万元)	2019/12	2018/12
営業CF	963.6	736.2
投資CF	-8,504.6	1,999.7
財務CF	3,624.0	-4,372.8
現金同等物	31,152.9	35,431.4

【指標】(%)	
ROA	0.3
ROE	0.6
粗利益率	9.6
増収率	-15.0
増益率(営利)	—
自己資本増加率	1.2
BPS(元)	3.8
負債比率	112.4
流動比率	166.1
株主資本比率	46.9

【業績】(百万元)	売上高	営業利益	純利益	前年比(%)	EPS(元)	1株配(元)
2017/12	38,774.28	530.67	837.64	20.0	0.050	0.0110
2018/12	44,783.36	-42.18	658.39	-21.4	0.030	0.0090
2019/12	38,056.15	619.68	501.16	-23.9	0.020	0.0000
2018/06中間	19,614.95	821.94	955.52	52.2	0.044	0.0000
2019/06中間	16,886.00	1,257.00	1,148.93	20.2	0.050	0.0000

【株価情報】	
取引単位(株)	100
時価総額(百万元)	77,119.0

【上場】2009年12月 【住所】北京市海淀区昆明湖南路72号 【URL】www.csicl.com.cn

603000　人民網

中国共産党系ネットメディア　中国共産党の機関紙「人民日報」のインターネット版「人民網」を運営。海外への情報発信にも力を入れており、英語、日本語、フランス語、スペイン語など多言語でニュースを配信。売り上げのほぼ半分を広告費で稼ぐ。

株価	最低売買価格	年間騰落率	実績PER	PBR
23.270 RMB	34,977 円	22.4 %	77.6 倍	8.1 倍

【財務】(百万元)	2019/12	2018/12
流動資産	3,519.0	2,969.9
総資産	4,681.3	4,130.1
流動負債	1,110.5	863.6
総負債	1,127.8	888.6
資本金	1,105.7	1,105.7
株主資本	3,193.0	2,990.8

【指標】(%)	
ROA	7.2
ROE	10.5
粗利益率	50.8
増収率	26.9
増益率(営利)	77.3
自己資本増加率	6.8
BPS(元)	2.9
負債比率	35.3
流動比率	316.9
株主資本比率	68.2

【CF】(百万元)	2019/12	2018/12
営業CF	568.4	312.2
投資CF	-427.8	-79.2
財務CF	-136.3	4.5
現金同等物	770.2	764.7

【業績】(百万元)	売上高	営業利益	純利益	前年比(%)	EPS(元)	1株配(元)
2017/12	1,400.24	114.78	89.41	-15.7	0.080	0.0450
2018/12	1,693.71	271.58	213.89	139.2	0.190	0.1300
2019/12	2,150.12	481.49	336.83	57.5	0.300	0.1310
2018/06中間	603.09	-8.45	-23.24	—	-0.020	0.0000
2019/06中間	785.73	70.95	43.03	—	0.040	0.0000

【株価情報】	
取引単位(株)	100
時価総額(百万元)	25,729.4

【上場】2012年4月【住所】北京市西城区新街口外大街28号B座234号【URL】www.people.cn

603355　莱克電気

掃除機・空気清浄機メーカー　高速小型モーター技術を生かした掃除機や空気清浄機、浄水機を得意とする家電メーカー。自社ブランド「LEXY(莱克)」のほか、ODM業務も行う。「bewinch(碧雲泉)」ブランドで家庭用浄水器も製造。

株価	最低売買価格	年間騰落率	実績PER	PBR
22.790 RMB	34,256 円	1.0 %	18.2 倍	2.9 倍

【財務】(百万元)	2019/12	2018/12
流動資産	4,013.1	3,251.7
総資産	5,376.8	4,473.7
流動負債	1,965.9	1,681.1
総負債	2,177.8	1,691.9
資本金	401.0	401.0
株主資本	3,199.0	2,781.8

【指標】(%)	
ROA	9.3
ROE	15.7
粗利益率	26.8
増収率	-2.7
増益率(営利)	25.0
自己資本増加率	15.0
BPS(元)	8.0
負債比率	68.1
流動比率	204.1
株主資本比率	59.5

【CF】(百万元)	2019/12	2018/12
営業CF	1,208.0	668.7
投資CF	-601.8	-194.9
財務CF	101.0	-1,183.1
現金同等物	1,951.1	1,228.7

【業績】(百万元)	売上高	営業利益	純利益	前年比(%)	EPS(元)	1株配(元)
2017/12	5,709.59	407.09	365.53	-27.1	0.910	0.1900
2018/12	5,863.82	452.11	423.04	15.7	1.050	2.2200
2019/12	5,703.22	564.93	502.27	18.7	1.250	0.2600
2018/06中間	2,821.96	232.83	204.38	-9.3	0.510	2.0000
2019/06中間	2,794.66	235.84	235.61	15.4	0.590	0.0000

【株価情報】	
取引単位(株)	100
時価総額(百万元)	9,138.8

【上場】2015年5月【住所】江蘇省蘇州新区向陽路1号【URL】www.lexy.cn

603501　上海韋爾半導体

上海拠点の半導体デバイスメーカー　保護デバイス、パワーデバイス、パワーマネジメントデバイスなどの製造・販売が主力事業。携帯電話、コンピューター、テレビ、自動車、医療などのアプリケーションに応用される。

株価	最低売買価格	年間騰落率	実績PER	PBR
208.970 RMB	314,103 円	309.4 %	275.0 倍	22.8 倍

【財務】(百万元)	2019/12	2018/12
流動資産	10,880.7	8,825.2
総資産	17,476.2	15,589.4
流動負債	7,605.5	4,542.1
総負債	9,520.8	7,715.6
資本金	863.7	455.8
株主資本	7,926.4	3,983.9

【指標】(%)	
ROA	2.7
ROE	5.9
粗利益率	27.4
増収率	40.5
増益率(営利)	250.1
自己資本増加率	99.0
BPS(元)	9.2
負債比率	120.1
流動比率	143.1
株主資本比率	45.4

【CF】(百万元)	2019/12	2018/12
営業CF	805.3	790.0
投資CF	-1,727.8	-1,630.3
財務CF	1,120.1	489.0
現金同等物	3,116.2	2,920.8

【業績】(百万元)	売上高	営業利益	純利益	前年比(%)	EPS(元)	1株配(元)
2017/12	2,405.92	132.13	137.16	-3.2	0.340	0.0450
2018/12	9,701.90	224.27	144.99	5.7	0.290	0.1800
2019/12	13,631.67	785.11	465.63	221.1	0.760	0.0700
2018/06中間	1,895.43	180.70	155.79	164.9	0.340	0.0000
2019/06中間	1,549.51	-7.07	25.28	-83.8	0.060	0.0000

【株価情報】	
取引単位(株)	100
時価総額(百万元)	29,367.7

【上場】2017年5月【住所】中国(上海)自由貿易試験区龍東大道3000号1幢C楼7層【URL】www.willsemi.com

603766 隆キン通用動力

隆キン通用動力股フン有限公司
Loncin Motor Co.,Ltd.

中国の大手オートバイメーカー 重慶を拠点にオートバイや発動機、発電機などの製造・販売を手掛ける。オートバイは「LONCIN(隆キン)」や「Jinlong(勁隆)」ブランドで展開。道路用のほか農業用製品の開発に強みを持つ。

株価	最低売買価格	年間騰落率	実績PER	PBR
3.580 RMB	5,381 円	-21.8 %	11.9 倍	1.1 倍

【財務】(百万元)	2019/12	2018/12
流動資産	6,835.6	5,556.8
総資産	13,131.2	11,982.6
流動負債	5,164.5	4,583.4
総負債	5,602.0	4,926.9
資本金	2,053.5	2,053.5
株主資本	6,928.8	6,398.0

【指標】(%)	
ROA	4.7
ROE	9.0
粗利益率	19.3
増収率	-4.9
増益率(営利)	-34.3
自己資本増加率	8.3
BPS(元)	3.4
負債比率	80.9
流動比率	132.4
株主資本比率	52.8

【CF】(百万元)	2019/12	2018/12
営業CF	1,106.3	1,386.9
投資CF	-1,240.6	-138.6
財務CF	613.5	-858.4
現金同等物	1,707.0	1,307.2

【業績】(百万元)

	売上高	営業利益	純利益	前年比(%)	EPS(元)	1株配(元)
2017/12	10,572.10	1,236.08	964.55	11.4	0.460	0.3300
2018/12	11,203.79	1,150.00	919.28	-4.7	0.440	0.0700
2019/12	10,650.41	755.95	622.85	-32.2	0.300	0.1000
2018/06中間	5,133.18	533.34	417.39	-16.7	0.198	0.0700
2019/06中間	4,861.13	465.16	380.81	-8.8	0.185	0.0000

【株価情報】	
取引単位(株)	100
時価総額(百万元)	7,351.7

【上場】2012年8月 【住所】重慶市九龍坡区九龍園区華龍大道99号 【URL】www.loncinindustries.com

---

603883 老百姓大薬房連鎖

老百姓大薬房連鎖股フン有限公司
LBX Pharmacy Chain Joint Stock Co.

中国の医薬品販売業者 湖南省を中心に陝西省、浙江省、天津市などで「老百姓」ブランドのドラッグストアチェーンを展開し、処方せん薬や非処方せん薬を販売。オンラインストアでの販売も手掛ける。中国伝統医薬品の卸売り、製造事業も手掛ける。

株価	最低売買価格	年間騰落率	実績PER	PBR
79.370 RMB	119,301 円	31.1 %	44.6 倍	6.5 倍

【財務】(百万元)	2019/12	2018/12
流動資産	5,075.8	4,311.0
総資産	9,924.3	8,484.8
流動負債	5,347.9	4,945.9
総負債	6,049.6	5,115.4
資本金	286.7	284.9
株主資本	3,487.2	3,046.2

【指標】(%)	
ROA	5.1
ROE	14.6
粗利益率	33.6
増収率	23.1
増益率(営利)	21.7
自己資本増加率	14.5
BPS(元)	12.2
負債比率	173.5
流動比率	94.9
株主資本比率	35.1

【CF】(百万元)	2019/12	2018/12
営業CF	1,032.5	913.0
投資CF	-837.6	-1,413.2
財務CF	-95.8	218.1
現金同等物	855.3	756.1

【業績】(百万元)

	売上高	営業利益	純利益	前年比(%)	EPS(元)	1株配(元)
2017/12	7,501.43	488.32	370.80	24.9	1.380	1.0000
2018/12	9,471.09	628.86	435.04	17.3	1.530	0.5000
2019/12	11,663.18	765.07	508.71	16.9	1.780	0.4200
2018/06中間	4,437.25	329.44	221.26	15.7	0.780	0.0000
2019/06中間	5,533.52	405.03	270.12	22.1	0.950	0.0000

【株価情報】	
取引単位(株)	100
時価総額(百万元)	21,191.8

【上場】2015年4月 【住所】湖南省長沙市開福区青竹湖路808号 【URL】www.lbxdrugs.com

603885 上海吉祥航空

上海吉祥航空股フン有限公司
Juneyao Airlines Co.,Ltd.

上海拠点の民間航空会社 上海の虹橋空港と浦東国際空港をベース空港に中国で航空事業を展開し、香港・マカオを含む170以上の路線を運航。東京、大阪、バンコク、プーケットなどの国際線も運航する。格安航空会社(LCC)の九元航空が子会社。

株価	最低売買価格	年間騰落率	実績PER	PBR
9.520 RMB	14,310 円	-24.2 %	17.6 倍	1.5 倍

【財務】(百万元)	2019/12	2018/12
流動資産	4,646.2	5,317.9
総資産	33,138.2	21,455.0
流動負債	9,824.7	8,594.8
総負債	20,194.4	11,854.7
資本金	1,966.1	1,797.0
株主資本	12,899.0	9,429.0

【指標】(%)	
ROA	3.0
ROE	7.7
粗利益率	14.0
増収率	16.6
増益率(営利)	-16.5
自己資本増加率	36.8
BPS(元)	6.6
負債比率	156.6
流動比率	47.3
株主資本比率	38.9

【CF】(百万元)	2019/12	2018/12
営業CF	2,736.7	1,948.9
投資CF	-9,534.3	-4,529.6
財務CF	6,693.4	2,059.2
現金同等物	1,307.3	1,391.4

【業績】(百万元)

	売上高	営業利益	純利益	前年比(%)	EPS(元)	1株配(元)
2017/12	12,411.69	1,656.89	1,325.63	6.1	0.740	0.2280
2018/12	14,366.17	1,541.31	1,232.93	-7.0	0.690	0.0000
2019/12	16,749.41	1,286.73	994.47	-19.3	0.540	0.1000
2018/06中間	6,930.40	800.10	618.28	-1.1	0.340	0.0000
2019/06中間	8,061.36	691.37	578.72	-6.4	0.320	0.0000

【株価情報】	
取引単位(株)	100
時価総額(百万元)	17,107.6

【上場】2015年5月 【住所】中国(上海)自由貿易試験区康橋東路8号 【URL】www.juneyaoair.com

A株銘柄

上海・深セン B 株銘柄

※売上高、純利益は百万単位
※黒字転換、赤字継続、赤字転落の場合、前年比は「―」で表示
※指標は直近の本決算または中間決算のデータを基に算出
※実績 PER と PBR は直近本決算のデータで算出
※株価は 2020 年 5 月 8 日の終値（一部例外を除く）

200011 深セン市物業発展

深セン市物業発展（集団）股フン有限公司
ShenZhen Properties & Resources Development (Group) Ltd.

深セン政府傘下の不動産デベロッパー 中核事業は不動産開発で、広東省の深セン市と東莞市、江蘇省の徐州市と揚州市で物件を開発。このほか、不動産管理、不動産賃貸や倉庫業、レストラン経営などの事業を展開。タクシー事業は18年に売却した。

株価	最低売買価格	年間騰落率	実績PER	PBR
5.330 HK$	7,312 円	-6.7 %	3.6 倍	1.0 倍

【財務】(百万元)	2019/12	2018/12
流動資産	9,458.4	5,603.4
総資産	10,772.5	7,023.4
流動負債	5,200.7	3,076.2
総負債	7,505.9	3,141.8
資本金	596.0	596.0
株主資本	3,147.9	3,872.4

【CF】(百万元)	2019/12	2018/12
営業CF	939.8	1,231.7
投資CF	-1,031.3	-45.2
財務CF	-504.1	-194.8
現金同等物	3,285.3	3,881.0

【指標】(%)	
ROA	7.6
ROE	26.0
粗利益率	63.8
増収率	17.3
増益率(営利)	9.1
自己資本増加率	-18.7
BPS(元)	5.3
負債比率	238.4
流動比率	181.9
株主資本比率	29.2

【業績】(百万元)	売上高	営業利益	純利益	前年比(%)	EPS(元)	1株配(元)
2017/12	2,904.69	832.71	622.96	75.6	1.045	0.3000
2018/12	3,376.67	903.71	698.05	12.1	1.171	0.3000
2019/12	3,961.67	985.91	817.81	17.2	1.372	0.3600
2018/06中間	825.01	108.34	82.97	-77.2	0.139	0.0000
2019/06中間	755.39	127.41	103.75	25.0	0.174	0.0000

【株価情報】	
取引単位(株)	100
時価総額(mHK$)	360.3

【上場】1992年【住所】深セン市人民南路国貿大厦39層、42層【URL】www.szwuye.com.cn

200012 中国南玻集団

中国南玻集団股フン有限公司
CSG Holding Co.,Ltd.

建築用ガラスの中国最大手 ガラス事業、太陽光事業、ディスプレー部品事業が3本柱。建築用ガラスの中国最大手で、省エネガラスに強みを持つ。太陽電池・太陽光パネルも手掛ける。広東省や江蘇省などに工場、日本や韓国、東南アジアに海外拠点を置く。

株価	最低売買価格	年間騰落率	実績PER	PBR
2.210 HK$	3,032 円	-7.9 %	11.9 倍	0.7 倍

【財務】(百万元)	2019/12	2018/12
流動資産	4,733.4	4,928.1
総資産	18,201.2	19,114.2
流動負債	6,383.8	6,195.2
総負債	8,335.4	9,664.8
資本金	3,106.9	2,863.3
株主資本	9,495.6	9,103.2

【CF】(百万元)	2019/12	2018/12
営業CF	2,379.0	2,130.4
投資CF	-733.1	-778.8
財務CF	-2,040.2	-1,588.5
現金同等物	1,831.8	2,225.1

【指標】(%)	
ROA	2.9
ROE	5.6
粗利益率	26.1
増収率	-1.3
増益率(営利)	24.7
自己資本増加率	4.3
BPS(元)	3.1
負債比率	87.8
流動比率	74.1
株主資本比率	52.2

【業績】(百万元)	売上高	営業利益	純利益	前年比(%)	EPS(元)	1株配(元)
2017/12	10,879.40	980.70	825.39	3.5	0.300	0.0500
2018/12	10,609.96	532.28	452.97	-45.1	0.150	0.0500
2019/12	10,472.03	663.72	536.43	18.4	0.170	0.0700
2018/06中間	5,471.17	418.74	352.84	-10.2	0.120	0.0000
2019/06中間	4,888.24	465.83	377.34	6.9	0.120	0.0000

【株価情報】	
取引単位(株)	100
時価総額(mHK$)	2,451.7

【上場】1992年【住所】深セン市蛇口工業六路一号南玻大厦【URL】www.csgholding.com

200016 コンカ

康佳集団股フン有限公司
Konka Group Co.,Ltd.

華僑城集団傘下の家電メーカー 主力製品はカラーテレビでネット企業との提携やAIなどを活用したマルチメディア事業を展開。このほか、サプライチェーン管理業務、白物家電・携帯端末の製造、水処理事業や資源回収などの環境保護業務も手掛ける。

株価	最低売買価格	年間騰落率	実績PER	PBR
2.760 HK$	3,786 円	7.4 %	28.6 倍	0.8 倍

【財務】(百万元)	2019/12	2018/12
流動資産	25,422.8	21,843.3
総資産	42,587.0	32,985.1
流動負債	22,145.8	22,675.8
総負債	32,660.3	23,533.7
資本金	2,407.9	2,407.9
株主資本	8,068.5	8,104.7

【CF】(百万元)	2019/12	2018/12
営業CF	-1,543.9	-3,229.8
投資CF	-3,862.6	-2,251.9
財務CF	6,465.0	5,796.9
現金同等物	4,493.7	3,434.1

【指標】(%)	
ROA	0.5
ROE	2.6
粗利益率	5.4
増収率	19.5
増益率(営利)	125.9
自己資本増加率	-0.4
BPS(元)	3.4
負債比率	404.8
流動比率	114.8
株主資本比率	18.9

【業績】(百万元)	売上高	営業利益	純利益	前年比(%)	EPS(元)	1株配(元)
2017/12	31,227.76	6,592.16	5,057.03	5,185.7	2.100	0.1620
2018/12	46,126.80	134.24	411.29	-91.9	0.171	0.1000
2019/12	55,119.13	303.27	212.03	-48.4	0.088	0.0500
2018/06中間	17,625.42	370.02	341.79	1,007.2	0.142	0.0000
2019/06中間	26,036.44	470.22	352.77	3.2	0.147	0.0000

【株価情報】	
取引単位(株)	100
時価総額(mHK$)	2,239.3

【上場】1992年【住所】深セン市南山区科技南十二路28号康佳研発大厦15-24層【URL】www.konka.com

200017 　*ST深セン中華自転車

深セン中華自行車（集団）股フン有限公司
Shenzhen China Bicycle Co.,(Holdings)l.td.

深セン拠点の自転車メーカー「阿米尼（EMMELLE）」ブランドなど中高級自転車や部品の製造・販売を手掛ける。「中国製造2025」の下で製品のグレードアップやオンライン販売などを推進。電動自転車向けリチウム電池材料の生産も手掛ける。

	株価	最低売買価格	年間騰落率	実績PER	PBR
	0.950 HK$	1,303 円	-48.9 %	—	73.1 倍

【財務】(百万元)	2019/12	2018/12
流動資産	56.3	66.8
総資産	62.7	73.2
流動負債	51.3	56.3
総負債	51.3	56.3
資本金	551.3	551.3
株主資本	7.1	14.3

【指標】(%)	
ROA	—
ROE	—
粗利益率	9.7
増収率	-36.6
増益率(営利)	—
自己資本増加率	-50.2
BPS(元)	0.0
負債比率	720.5
流動比率	109.9
株主資本比率	11.3

【CF】(百万元)	2019/12	2018/12
営業CF	-13.8	-9.5
投資CF	-0.9	-0.0
財務CF	4.3	6.8
現金同等物	6.1	16.5

【業績】(百万元)	売上高	営業利益	純利益	前年比(%)	EPS(元)	1株配(元)
2017/12	137.49	1.81	1.53	-41.2	0.003	0.0000
2018/12	119.91	-2.30	-1.59	—	-0.003	0.0000
2019/12	76.02	-8.00	-7.19	—	-0.013	0.0000
2018/06中間	67.74	0.68	0.55	—	0.001	0.0000
2019/06中間	38.27	-1.24	-0.80	—	-0.001	0.0000

【株価情報】	
取引単位(株)	100
時価総額(mHK$)	235.9

【上場】1992年 【住所】深セン市布心路3008号 【URL】www.cbc.com.cn

200019 　深セン市深糧控股

深セン市深糧控股股フン有限公司
Shenzhen Cereals Holdings Co.,Ltd.

調味料・飲料メーカー　前身は1975年創業の宝安県罐頭廠。オイスターソースなどの調味料のほか、天然植物から抽出した業務用粉末やエキス、茶飲料、健康飲料の生産・販売に従事。近年は茶園経営など川上事業にも進出し、茶葉加工を手掛ける。

	株価	最低売買価格	年間騰落率	実績PER	PBR
	3.700 HK$	5,076 円	-1.9 %	10.7 倍	1.0 倍

【財務】(百万元)	2019/12	2018/12
流動資産	4,064.6	4,291.2
総資産	6,775.1	6,469.0
流動負債	1,182.0	1,485.4
総負債	2,151.6	2,131.4
資本金	1,152.5	1,152.5
株主資本	4,420.8	4,172.5

【指標】(%)	
ROA	5.4
ROE	8.2
粗利益率	10.0
増収率	2.8
増益率(営利)	27.1
自己資本増加率	5.9
BPS(元)	3.8
負債比率	48.7
流動比率	343.9
株主資本比率	65.3

【CF】(百万元)	2019/12	2018/12
営業CF	190.1	299.1
投資CF	-791.6	-474.2
財務CF	124.5	259.8
現金同等物	155.0	631.6

【業績】(百万元)	売上高	営業利益	純利益	前年比(%)	EPS(元)	1株配(元)
2017/12	10,793.69	358.00	359.17	271.7	0.312	0.0000
2018/12	10,758.78	341.22	308.33	-14.2	0.268	0.1000
2019/12	11,059.98	433.57	363.50	17.9	0.315	0.2000
2018/06中間	4,434.69	219.16	202.78	—	0.176	0.0000
2019/06中間	4,782.17	235.35	203.17	0.2	0.176	0.0000

【株価情報】	
取引単位(株)	100
時価総額(mHK$)	191.5

【上場】1991年 【住所】深セン市南山区粤海街道学府路科技園南区軟件産業基地4棟B座8層 【URL】www.slkg1949.com

200020 　深セン中恒華発

深セン中恒華発股フン有限公司
Shenzhen Zhongheng Hwafa Co.,Ltd.

深センの電子部品メーカー　液晶ディスプレーやプラスチック部品、発泡スチロール（EPS）などの製造・販売を手掛ける。主に華中地区と香港で販売。1990年代初期にはカラーテレビで業界トップを争う存在だったが、05年に家電事業から撤退した。

	株価	最低売買価格	年間騰落率	実績PER	PBR
	2.990 HK$	4,102 円	-37.2 %	141.4 倍	2.6 倍

【財務】(百万元)	2019/12	2018/12
流動資産	316.7	320.3
総資産	614.2	617.1
流動負債	209.3	293.1
総負債	284.7	293.1
資本金	283.2	283.2
株主資本	329.4	324.0

【指標】(%)	
ROA	0.9
ROE	1.7
粗利益率	12.1
増収率	13.3
増益率(営利)	95.3
自己資本増加率	1.7
BPS(元)	1.2
負債比率	86.4
流動比率	151.3
株主資本比率	53.6

【CF】(百万元)	2019/12	2018/12
営業CF	74.5	-21.9
投資CF	-2.9	-13.8
財務CF	-63.0	-18.0
現金同等物	36.6	28.0

【業績】(百万元)	売上高	営業利益	純利益	前年比(%)	EPS(元)	1株配(元)
2017/12	858.04	5.32	0.97	-82.2	0.003	0.0000
2018/12	637.05	4.05	3.30	238.3	0.012	0.0000
2019/12	721.56	7.90	5.46	65.7	0.019	0.0000
2018/06中間	340.99	2.54	2.79	30.1	0.010	0.0000
2019/06中間	339.17	2.58	2.58	-7.6	0.009	0.0000

【株価情報】	
取引単位(株)	100
時価総額(mHK$)	305.0

【上場】1992年 【住所】深セン市福田区華発北路411幢 【URL】www.hwafa.com.cn

200025 深セン市特力

深セン市特力（集団）股フン有限公司
Shenzhen Tellus Holding Co.,Ltd.

深センの宝飾品・自動車販売業者 ベンツ、トヨタといった海外有名メーカーの自動車販売と宝飾品の販売が主力事業。トヨタ自動車とは1983年から合弁事業を展開。ほかに自動車の点検修理や車検用機械製造、不動産賃貸などの業務を手掛ける。

	株価	最低売買価格	年間騰落率	実績PER	PBR
	4.400 HK$	6,036 円	-19.6 %	7.9 倍	1.5 倍

【財務】(百万元)	2019/12	2018/12
流動資産	684.3	709.0
総資産	1,645.8	1,658.3
流動負債	300.3	517.9
総負債	306.6	559.0
資本金	431.1	297.3
株主資本	1,271.0	1,050.2

【指標】(%)	
ROA	13.3
ROE	17.3
粗利益率	24.5
増収率	37.9
増益率(営利)	228.7
自己資本増加率	21.0
BPS(元)	2.9
負債比率	24.1
流動比率	227.9
株主資本比率	77.2

【CF】(百万元)	2019/12	2018/12
営業CF	78.9	-6.6
投資CF	351.9	21.7
財務CF	-173.0	-14.1
現金同等物	400.7	142.8

【業績】(百万元)	売上高	営業利益	純利益	前年比(%)	EPS(元)	1株配(元)
2017/12	347.24	68.24	66.86	145.9	0.225	0.0000
2018/12	414.24	92.29	86.92	30.0	0.202	0.0000
2019/12	571.07	303.34	219.67	152.7	0.510	0.0420
2018/06中間	197.96	28.52	26.92	9.4	0.091	0.0000
2019/06中間	278.27	51.74	44.78	66.3	0.104	0.0000

【株価情報】	
取引単位(株)	100
時価総額(mHK$)	168.4

【上場】1993年 【住所】深セン市羅湖区水貝二路特力大厦三楼 【URL】www.tellus.cn

200026 飛亜達精密科技

飛亜達精密科技股フン有限公司
Fiyta Precision Technology Co.,Ltd.

中国の大手腕時計メーカー 海外ブランド腕時計の代理販売のほか、自社ブランド腕時計「飛亜達」の製造・販売を手掛ける。「飛亜達」ブランドは中国の有人宇宙飛行計画にも採用。「飛亜達大厦」「飛亜達科技大厦」などオフィスビルの管理も手掛ける。

	株価	最低売買価格	年間騰落率	実績PER	PBR
	5.570 HK$	7,641 円	1.5 %	10.3 倍	0.9 倍

【財務】(百万元)	2019/12	2018/12
流動資産	2,660.5	2,458.0
総資産	3,760.9	3,599.7
流動負債	1,097.8	1,021.4
総負債	1,106.4	1,029.6
資本金	443.0	438.7
株主資本	2,654.5	2,570.1

【指標】(%)	
ROA	5.7
ROE	8.1
粗利益率	40.1
増収率	8.9
増益率(営利)	18.4
自己資本増加率	3.3
BPS(元)	6.0
負債比率	41.7
流動比率	242.4
株主資本比率	70.6

【CF】(百万元)	2019/12	2018/12
営業CF	444.8	331.6
投資CF	-166.1	-146.8
財務CF	-126.8	-207.8
現金同等物	315.1	162.6

【業績】(百万元)	売上高	営業利益	純利益	前年比(%)	EPS(元)	1株配(元)
2017/12	3,345.81	188.48	140.22	26.7	0.320	0.2000
2018/12	3,400.45	230.40	183.84	31.1	0.419	0.2010
2019/12	3,704.21	272.88	215.91	17.4	0.494	0.2000
2018/06中間	1,695.89	145.93	112.37	29.6	0.256	0.0000
2019/06中間	1,785.04	164.34	123.50	9.9	0.279	0.0000

【株価情報】	
取引単位(株)	100
時価総額(mHK$)	454.8

【上場】1993年 【住所】深セン市南山区高新南一道飛亜達科技大厦 【URL】www.fiytagroup.com

200028 国薬集団一致薬業

国薬集団一致薬業股フン有限公司
China National Accord Medicines Co.,Ltd.

医薬品小売り・卸売り大手 中国政府系の中国医薬集団傘下。深セン拠点の医薬品メーカーだったが、親会社との資産再編で17年1月に業態転換。傘下の医薬品小売チェーン「国大薬房」は全国1位の店舗数を誇る。医薬品の卸売事業も展開する。

	株価	最低売買価格	年間騰落率	実績PER	PBR
	20.660 HK$	28,341 円	-23.9 %	6.4 倍	0.7 倍

【財務】(百万元)	2019/12	2018/12
流動資産	26,895.6	24,495.6
総資産	34,030.5	28,930.3
流動負債	16,963.9	14,757.9
総負債	18,455.3	15,024.5
資本金	428.1	428.1
株主資本	12,911.6	11,618.4

【指標】(%)	
ROA	3.7
ROE	9.8
粗利益率	11.1
増収率	20.7
増益率(営利)	9.8
自己資本増加率	11.1
BPS(元)	30.2
負債比率	142.9
流動比率	158.5
株主資本比率	37.9

【CF】(百万元)	2019/12	2018/12
営業CF	2,000.4	1,322.6
投資CF	-240.4	-222.5
財務CF	-969.2	2,858.8
現金同等物	8,422.7	7,632.1

【業績】(百万元)	売上高	営業利益	純利益	前年比(%)	EPS(元)	1株配(元)
2017/12	41,263.39	1,463.89	1,057.79	-10.9	2.470	0.3000
2018/12	43,122.39	1,670.98	1,210.74	14.5	2.830	0.4000
2019/12	52,045.76	1,835.55	1,271.29	5.0	2.970	0.6000
2018/06中間	20,778.43	850.00	641.73	15.4	1.500	0.0000
2019/06中間	25,228.15	958.39	650.83	1.4	1.520	0.0000

【株価情報】	
取引単位(株)	100
時価総額(mHK$)	1,133.9

【上場】1993年 【住所】深セン市福田区八卦四路15号一致薬業大厦 【URL】www.szaccord.com.cn

200029 深セン経済特区房地産

深セン経済特区房地産（集団）股フン有限公司
Shenzhen Special Economic Zone Real Estate (Group) Co.,Ltd.

深セン市政府系のデベロッパー 主力事業は不動産開発開発や不動産投資で、建築施工も手掛ける。商品流通事業も手掛けていたが07年に撤退。広東省の売り上げが全体の大半を占める。16年10月、資産再編を巡って中国恒大集団（03333）と合意。

株価	最低売買価格	年間騰落率	実績PER	PBR
5.490 HK$	7,531 円	0.0 %	9.2 倍	1.5 倍

【CF】(百万元)	2019/12	2018/12
営業CF	603.6	1,062.6
投資CF	-84.3	-885.7
財務CF	-160.6	-235.5
現金同等物	1,507.2	1,148.5

【財務】(百万元)	2019/12	2018/12
流動資産	4,166.7	3,823.1
総資産	4,909.7	4,665.9
流動負債	1,372.3	1,458.6
総負債	1,384.7	1,465.2
資本金	1,011.7	1,011.7
株主資本	3,666.9	3,332.3

【指標】(%)	
ROA	11.3
ROE	15.1
粗利益率	62.4
増収率	17.2
増益率（営利）	7.2
自己資本増加率	10.0
BPS（元）	3.6
負債比率	37.8
流動比率	303.6
株主資本比率	74.7

【業績】(百万元)	売上高	営業利益	純利益	前年比(%)	EPS(元)	1株配(元)
2017/12	1,345.91	243.78	184.99	-40.6	0.183	0.0000
2018/12	2,175.19	681.90	503.50	172.2	0.498	0.2000
2019/12	2,548.74	730.86	552.45	9.7	0.546	0.1650
2018/06中間	1,317.54	440.32	329.07	139.8	0.325	0.0000
2019/06中間	1,251.34	445.51	333.16	1.2	0.329	0.0000

【株価情報】	
取引単位（株）	100
時価総額(mHK$)	658.8

【上場】1994年 【住所】深セン市羅湖区人民南路深房広場45-48層 【URL】www.sfjt.com.cn

200030 富奥汽車零部件

富奥汽車零部件股フン有限公司
FAWER Automotive Parts Limited Company

吉林省拠点の自動車部品メーカー 深センを拠点に不動産管理や印刷包装などを手掛けていたが、裏口上場を通じて主力事業を自動車部品の製造に転換。長春市などを拠点に自動車のシャーシやブレーキ、駆動システム、ステアリングシステムなどを製造する。

株価	最低売買価格	年間騰落率	実績PER	PBR
3.010 HK$	4,129 円	-17.8 %	5.5 倍	0.8 倍

【CF】(百万元)	2019/12	2018/12
営業CF	366.2	342.1
投資CF	-143.4	-142.5
財務CF	-437.2	-93.9
現金同等物	1,373.7	1,589.8

【財務】(百万元)	2019/12	2018/12
流動資産	6,800.5	5,920.4
総資産	12,920.6	11,682.1
流動負債	4,541.0	3,759.4
総負債	5,466.9	4,554.2
資本金	1,810.6	1,810.6
株主資本	6,660.3	6,380.1

【指標】(%)	
ROA	6.9
ROE	13.4
粗利益率	14.0
増収率	28.2
増益率（営利）	9.0
自己資本増加率	4.4
BPS（元）	3.7
負債比率	82.1
流動比率	149.8
株主資本比率	51.5

【業績】(百万元)	売上高	営業利益	純利益	前年比(%)	EPS(元)	1株配(元)
2017/12	7,193.26	922.17	831.55	22.9	0.460	0.2000
2018/12	7,852.54	861.97	881.64	6.0	0.490	0.1500
2019/12	10,063.81	939.30	891.00	1.1	0.500	0.1700
2018/06中間	3,819.36	511.12	481.41	6.2	0.266	0.0000
2019/06中間	4,583.50	447.02	423.76	-12.0	0.234	0.0000

【株価情報】	
取引単位（株）	100
時価総額(mHK$)	143.9

【上場】1993年 【住所】吉林省長春汽車経済技術開発区東風南街777号 【URL】www.fawer.com.cn

200037 深セン南山熱電

深セン南山熱電股フン有限公司
Shenzhen Nanshan Power Co.,Ltd.

深センの電力会社 主力の電力事業のほか、熱供給、発電所建設の請負・技術サービスを手掛ける。熱効率の高いコンバインドサイクル発電に強み。環境関連分野では、余熱を利用した汚泥処理を手掛け、汚泥の減量化と無害化、資源の総合的利用を推進。

株価	最低売買価格	年間騰落率	実績PER	PBR
3.820 HK$	5,240 円	-13.0 %	87.2 倍	1.1 倍

【CF】(百万元)	2019/12	2018/12
営業CF	202.9	236.6
投資CF	-157.8	-152.5
財務CF	-188.8	419.0
現金同等物	771.5	915.0

【財務】(百万元)	2019/12	2018/12
流動資産	1,623.6	1,666.9
総資産	3,219.3	3,307.1
流動負債	1,021.6	1,142.1
総負債	1,156.8	1,270.3
資本金	602.8	602.8
株主資本	2,002.8	1,977.9

【指標】(%)	
ROA	0.8
ROE	1.2
粗利益率	13.1
増収率	-35.1
増益率（営利）	—
自己資本増加率	1.3
BPS（元）	3.3
負債比率	57.8
流動比率	158.9
株主資本比率	62.2

【業績】(百万元)	売上高	営業利益	純利益	前年比(%)	EPS(元)	1株配(元)
2017/12	2,045.77	9.08	15.90	-98.8	0.030	0.0000
2018/12	1,884.94	-9.67	19.25	21.1	0.030	0.0000
2019/12	1,222.58	23.44	24.90	29.3	0.040	0.0200
2018/06中間	1,079.76	37.78	30.01	—	0.050	0.0000
2019/06中間	408.13	-31.97	-25.28	—	-0.040	0.0000

【株価情報】	
取引単位（株）	100
時価総額(mHK$)	1,007.9

【上場】1994年 【住所】深セン市南山区月亮湾大道2097号 【URL】www.nsrd.com.cn

200045　深セン市紡織

深セン市紡織（集団）股フン有限公司
Shenzhen Textile (Holdings) Co.,Ltd.

深セン拠点の偏光フィルターメーカー 繊維・アパレル製品の生産・販売に従事していたが、資産再編を通じて液晶ディスプレー用偏光フィルター事業に業態転換。このほか深セン最大の電子製品街に位置する深紡大厦など不動産の管理・賃貸も手掛ける。

株価	最低売買価格	年間騰落率	実績PER	PBR
2.930 HK$	4,019 円	-31.2 %	66.8 倍	0.6 倍

【財務】(百万元)	2019/12	2018/12
流動資産	2,226.7	2,994.5
総資産	4,531.4	4,619.2
流動負債	485.6	1,021.7
総負債	676.8	1,159.7
資本金	509.3	511.3
株主資本	2,727.8	2,373.3

【CF】(百万元)	2019/12	2018/12
営業CF	383.1	-460.5
投資CF	-944.2	170.2
財務CF	-304.0	263.1
現金同等物	268.6	1,133.6

【指標】(%)	
ROA	0.4
ROE	0.7
粗利益率	8.6
増収率	69.6
増益率（営利）	—
自己資本増加率	14.9
BPS(元)	5.4
負債比率	24.8
流動比率	458.6
株主資本比率	60.2

【業績】(百万元)	売上高	営業利益	純利益	前年比(%)	EPS(元)	1株配(元)
2017/12	1,475.55	86.17	52.78	—	0.100	0.0000
2018/12	1,272.36	-54.47	-22.98	—	-0.040	0.0000
2019/12	2,158.19	4.95	19.68	—	0.040	0.0000
2018/06中間	474.26	9.94	9.65	-33.3	0.019	0.0000
2019/06中間	1,008.86	-0.20	7.83	-18.8	0.015	0.0000

【株価情報】	
取引単位(株)	100
時価総額(mHK$)	144.8

【上場】1994年【住所】深セン市福田区華強北路3号深紡大厦六楼【URL】www.chinasthc.com

200054　重慶建設汽車系統

重慶建設汽車系統股フン有限公司
Chongqing Jianshe Vehicle System Co.,Ltd.

カーエアコン圧縮機メーカー カーエアコンやオートバイ用のコンプレッサー（圧縮機）を製造・販売する。製品は重慶長安汽車(200625)などの完成車メーカーに供給。二輪車製造も手掛けていたが、15年末に親会社との事業資産再編により撤退した。

株価	最低売買価格	年間騰落率	実績PER	PBR
3.630 HK$	4,980 円	-44.8 %	—	2.5 倍

【財務】(百万元)	2019/12	2018/12
流動資産	572.6	854.9
総資産	1,190.1	1,461.8
流動負債	1,018.0	1,168.5
総負債	1,018.0	1,168.5
資本金	119.4	119.4
株主資本	172.2	293.3

【CF】(百万元)	2019/12	2018/12
営業CF	13.4	162.8
投資CF	-8.7	-53.9
財務CF	-67.9	-162.6
現金同等物	9.4	72.6

【指標】(%)	
ROA	
ROE	
粗利益率	10.4
増収率	-18.6
増益率（営利）	—
自己資本増加率	-41.3
BPS(元)	1.4
負債比率	591.3
流動比率	56.2
株主資本比率	14.5

【業績】(百万元)	売上高	営業利益	純利益	前年比(%)	EPS(元)	1株配(元)
2017/12	1,009.53	16.00	14.38	17.2	0.120	0.0000
2018/12	971.80	12.01	10.54	-26.7	0.088	0.0000
2019/12	791.49	-121.17	-121.13	—	-1.015	0.0000
2018/06中間	511.70	66.66	66.08	478.7	0.554	0.0000
2019/06中間	418.61	-36.91	-36.88	—	-0.309	0.0000

【株価情報】	
取引単位(株)	100
時価総額(mHK$)	108.9

【上場】1995年【住所】重慶市巴南区花溪工業園区建設大道1号【URL】www.jianshe.com.cn

200055　方大集団

方大集団股フン有限公司
China Fangda Group Co.,Ltd.

建材メーカー大手 カーテンウオール素材に加え、地下鉄ホームドア、太陽光発電、不動産が事業の4本柱。カーテンウオールは太陽光発電や省エネ機能を備える製品を自社開発。ホームドアでは世界最大のサプライヤーの地位を確立している。

株価	最低売買価格	年間騰落率	実績PER	PBR
3.090 HK$	4,239 円	-13.5 %	9.1 倍	0.7 倍

【財務】(百万元)	2019/12	2018/12
流動資産	4,703.1	4,338.8
総資産	11,370.0	10,658.9
流動負債	4,509.8	3,210.4
総負債	6,138.8	5,463.7
資本金	1,123.4	1,155.5
株主資本	5,182.8	5,195.2

【CF】(百万元)	2019/12	2018/12
営業CF	-5.3	387.1
投資CF	-454.7	207.7
財務CF	228.3	-571.6
現金同等物	725.3	956.2

【指標】(%)	
ROA	3.1
ROE	6.7
粗利益率	27.8
増収率	-1.4
増益率（営利）	-85.9
自己資本増加率	-0.2
BPS(元)	4.6
負債比率	118.4
流動比率	104.3
株主資本比率	45.6

【業績】(百万元)	売上高	営業利益	純利益	前年比(%)	EPS(元)	1株配(元)
2017/12	2,947.47	1,424.53	1,144.40	64.0	0.970	0.1500
2018/12	3,048.68	2,969.97	2,246.17	96.3	1.910	0.2000
2019/12	3,005.75	418.14	347.77	-84.5	0.310	0.0500
2018/06中間	1,442.05	286.63	230.13	6.9	0.190	0.0000
2019/06中間	1,425.89	148.09	128.58	-44.1	0.110	0.0000

【株価情報】	
取引単位(株)	100
時価総額(mHK$)	1,370.9

【上場】1995年【住所】深セン市南山区高新技術産業園南区科技南十二路方大科技大厦【URL】www.fangda.com

200056 深セン市皇庭国際企業

深セン市皇庭国際企業股フン有限公司
Shenzhen Wongtee International Enterprise Co.,Ltd.

深セン拠点の不動産管理会社 不動産管理事業が主力だったが、近年は少額ローンなど金融サービス業にも参入。不動産管理ではショッピングモールの「皇庭広場」の賃料収入と物件管理料が主な収入源。オフィスビルやアパート運営も手掛ける。

株価	最低売買価格	年間騰落率	実績PER	PBR
1.510 HK$	**2,071** 円	**-41.5** %	**34.5** 倍	**0.3** 倍

【CF】(百万元)	2019/12	2018/12
営業CF	301.0	193.5
投資CF	304.3	443.6
財務CF	-655.4	-1,148.0
現金同等物	70.8	120.8

【財務】(百万元)	2019/12	2018/12
流動資産	1,728.9	2,827.6
総資産	12,457.0	13,254.8
流動負債	2,105.5	2,183.9
総負債	6,902.0	7,448.2
資本金	1,175.3	1,175.3
株主資本	5,449.1	5,360.7

【指標】(%)	
ROA	0.4
ROE	0.9
粗利益率	70.1
増収率	0.0
増益率(営利)	-14.7
自己資本増加率	1.6
BPS(元)	4.6
負債比率	126.7
流動比率	82.1
株主資本比率	43.7

【業績】(百万元)	売上高	営業利益	純利益	前年比(%)	EPS(元)	1株配(元)
2017/12	807.97	221.97	120.15	7.7	0.100	0.0400
2018/12	949.11	137.31	90.65	-24.6	0.080	0.0100
2019/12	948.96	117.13	50.60	-44.2	0.040	0.0000
2018/06中間	458.09	130.97	84.84	-13.3	0.070	0.0000
2019/06中間	485.33	144.49	90.11	6.2	0.080	0.0000

【株価情報】	
取引単位(株)	100
時価総額(mHK$)	367.0

【上場】1996年 【住所】深セン市福田区福華路350号崗厦皇庭大厦28A01単元 【URL】www.wongtee000056.com

---

200058 深セン賽格

深セン賽格股フン有限公司
Shenzhen SEG Co.,Ltd.

電子製品の販売・物流業者 深センや上海などでパソコン、周辺機器、電子部品などを取り扱う「賽格電子市場」をチェーン展開。これと関連して近年は深センを中心にスマートハードウエア開発の交流プラットフォームやインキュベーション施設なども運営する。

株価	最低売買価格	年間騰落率	実績PER	PBR
2.220 HK$	**3,045** 円	**-20.1** %	**31.9** 倍	**1.4** 倍

【CF】(百万元)	2019/12	2018/12
営業CF	430.5	167.7
投資CF	-728.0	10.7
財務CF	-621.7	587.6
現金同等物	794.6	1,713.8

【財務】(百万元)	2019/12	2018/12
流動資産	4,215.0	5,068.6
総資産	6,190.6	7,128.0
流動負債	2,078.1	2,965.3
総負債	3,680.0	4,678.2
資本金	1,235.7	1,235.7
株主資本	1,899.4	1,867.9

【指標】(%)	
ROA	1.3
ROE	4.1
粗利益率	34.0
増収率	-7.4
増益率(営利)	-14.2
自己資本増加率	1.7
BPS(元)	1.5
負債比率	193.7
流動比率	202.8
株主資本比率	30.7

【業績】(百万元)	売上高	営業利益	純利益	前年比(%)	EPS(元)	1株配(元)
2017/12	2,030.45	421.70	219.55	-10.8	0.178	0.0550
2018/12	1,612.27	228.75	27.85	-87.3	0.023	0.0350
2019/12	1,493.23	196.37	78.45	181.6	0.064	0.0300
2018/06中間	889.42	201.66	97.67	95.3	0.079	0.0000
2019/06中間	765.49	156.29	83.29	-14.7	0.067	0.0000

【株価情報】	
取引単位(株)	100
時価総額(mHK$)	547.1

【上場】1996年 【住所】深セン市福田区華強北路群星広場A座31楼 【URL】www.segcl.com.cn

200152 山東航空

山東航空股フン有限公司
Shandong Airlines Co.,Ltd.

山東省拠点の地方航空大手 済南、青島と全国の主要都市を結ぶ路線が主力で、国内線を中心に約200路線を運航する。国内80都市に就航するほか、韓国、日本、タイ、カンボジア、インドなどへの国際線も運航。04年から中国国際航空(00753)が2位株主。

株価	最低売買価格	年間騰落率	実績PER	PBR
6.170 HK$	**8,464** 円	**-35.0** %	**6.3** 倍	**0.5** 倍

【CF】(百万元)	2019/12	2018/12
営業CF	2,629.8	2,450.0
投資CF	-1,897.3	-4,119.4
財務CF	-980.3	1,917.0
現金同等物	598.9	840.9

【財務】(百万元)	2019/12	2018/12
流動資産	1,799.4	2,088.2
総資産	17,392.9	16,564.0
流動負債	6,292.5	5,528.6
総負債	12,219.4	12,092.7
資本金	400.0	400.0
株主資本	5,173.5	4,471.3

【指標】(%)	
ROA	2.1
ROE	7.0
粗利益率	9.4
増収率	1.2
増益率(営利)	-11.5
自己資本増加率	15.7
BPS(元)	12.9
負債比率	236.2
流動比率	28.6
株主資本比率	29.7

【業績】(百万元)	売上高	営業利益	純利益	前年比(%)	EPS(元)	1株配(元)
2017/12	16,484.71	618.18	490.35	-8.0	1.230	0.2500
2018/12	18,765.95	427.09	347.38	-29.2	0.870	0.2000
2019/12	18,990.42	377.83	361.01	3.9	0.900	0.0000
2018/06中間	8,729.28	238.33	203.73	126.1	0.510	0.0000
2019/06中間	8,989.97	-65.06	-27.36	—	-0.070	0.0000

【株価情報】	
取引単位(株)	100
時価総額(mHK$)	863.8

【上場】2000年 【住所】山東済南遥墻国際機場 【URL】www.sda.cn

200160　東ホウ科技集団

東ホウ科技集団股フン有限公司
Dongfeng Sci-Tech Group Co.,Ltd.

河北省の不動産会社 09年に買収した不動産販売が主力事業に成長。事業の多角化を進めており、農業や貿易事業を展開するほか、16年に電子製品・ソフト開発会社や航空製品開発会社を設立した。自動車やドローン向けの燃料電池開発にも従事している。

株価	最低売買価格	年間騰落率	実績PER	PBR
0.620 HK$	851 円	-56.9 %	—	1.6 倍

【財務】(百万元)	2019/12	2018/12
流動資産	305.5	295.4
総資産	683.1	624.4
流動負債	223.5	143.4
総負債	398.7	245.1
資本金	706.3	706.3
株主資本	269.6	351.6

【CF】(百万元)	2019/12	2018/12
営業CF	45.3	34.6
投資CF	-57.3	-149.3
財務CF	4.2	79.9
現金同等物	25.7	33.5

【指標】(%)	
ROA	—
ROE	—
粗利益率	17.0
増収率	-64.3
増益率(営利)	—
自己資本増加率	-23.3
BPS(元)	0.4
負債比率	147.9
流動比率	136.7
株主資本比率	39.5

【業績】(百万元)	売上高	営業利益	純利益	前年比(%)	EPS(元)	1株配(元)
2017/12	250.07	17.74	4.10	9.1	0.010	0.0000
2018/12	123.51	7.91	7.38	80.0	0.010	0.0000
2019/12	44.12	-81.80	-72.53	—	-0.100	0.0000
2018/06中間	79.82	-5.26	-5.21	—	-0.007	0.0000
2019/06中間	33.37	-24.78	-24.42	—	-0.035	0.0000

【株価情報】	
取引単位(株)	100
時価総額(mHK$)	286.1

【上場】2000年 【住所】河北省承徳市承徳県下板城鎮 【URL】

200168　*ST広東舜喆

広東舜喆(集団)股フン有限公司
Guangdong Jadiete Holdings Group Co.,Ltd.

宝飾品販売会社 不動産開発を手掛けていたが、15年に宝飾品事業に業態転換。金、銀、プラチナ、翡翠など宝飾品のデザインや販売を手掛ける。加盟店でのオフライン販売と通販サイトを通じたオンライン販売を組み合わせたO2O体制を推進している。

株価	最低売買価格	年間騰落率	実績PER	PBR
1.050 HK$	1,440 円	-10.3 %	152.1 倍	1.0 倍

【財務】(百万元)	2019/12	2018/12
流動資産	363.1	391.3
総資産	514.7	544.9
流動負債	167.4	174.5
総負債	167.4	174.5
資本金	318.6	318.6
株主資本	345.1	339.1

【CF】(百万元)	2019/12	2018/12
営業CF	5.6	-85.8
投資CF	-5.9	93.8
財務CF	0.0	-9.3
現金同等物	1.3	1.6

【指標】(%)	
ROA	0.4
ROE	0.6
粗利益率	24.9
増収率	-80.3
増益率(営利)	—
自己資本増加率	1.8
BPS(元)	1.1
負債比率	48.5
流動比率	217.0
株主資本比率	67.1

【業績】(百万元)	売上高	営業利益	純利益	前年比(%)	EPS(元)	1株配(HK$)
2017/12	563.99	-8.26	-14.35	—	-0.045	0.0000
2018/12	96.72	-13.50	-13.39	—	-0.042	0.0000
2019/12	19.07	-13.05	2.00	—	0.006	0.0000
2018/06中間	94.05	-4.15	-5.00	—	-0.016	0.0000
2019/06中間	0.90	-4.15	-4.26	—	-0.014	0.0000

【株価情報】	
取引単位(株)	100
時価総額(mHK$)	162.3

【上場】2000年 【住所】広東省普寧市軍埠鎮美新工業園 【URL】www.200168.com

200413　東旭光電科技

東旭光電科技股フン有限公司
Dongxu Optoelectronic Technology Co.,Ltd.

LCD用ガラス基板メーカー ブラウン管用の真空ガラスを手掛けていたが、11年に東旭集団の傘下に入り、薄型ディスプレー用ガラス基板事業に参入。ガラス基板の生産能力は中国でトップレベル。17年には上海申龍客車を買収し、新エネ車事業にも参入した。

株価	最低売買価格	年間騰落率	実績PER	PBR
1.320 HK$	1,811 円	-64.6 %	—	0.2 倍

【財務】(百万元)	2019/12	2018/12
流動資産	43,933.3	45,440.6
総資産	69,628.3	72,576.1
流動負債	31,853.6	27,197.0
総負債	37,636.1	39,152.8
資本金	5,730.3	5,730.3
株主資本	31,020.1	32,521.1

【CF】(百万元)	2019/12	2018/12
営業CF	-4,103.3	388.3
投資CF	-1,093.2	-6,644.4
財務CF	-1,718.9	-3,947.3
現金同等物	8,001.6	14,916.6

【指標】(%)	
ROA	—
ROE	—
粗利益率	16.2
増収率	-40.8
増益率(営利)	—
自己資本増加率	-4.6
BPS(元)	5.4
負債比率	121.3
流動比率	137.9
株主資本比率	44.6

【業績】(百万元)	売上高	営業利益	純利益	前年比(%)	EPS(元)	1株配(元)
2017/12	17,276.97	2,255.97	1,730.18	32.7	0.320	0.0700
2018/12	28,211.70	2,727.66	2,163.61	25.1	0.380	0.0700
2019/12	16,693.05	-764.81	-1,141.68	—	-0.200	0.0000
2018/06中間	11,129.85	1,173.01	858.30	34.6	0.150	0.0000
2019/06中間	8,475.09	1,062.40	844.18	-1.6	0.150	0.0000

【株価情報】	
取引単位(株)	100
時価総額(mHK$)	330.0

【上場】1996年 【住所】河北省石家荘市高新技術産業開発区黄河大道9号 【URL】www.dongxuguangdian.com.cn

B株銘柄

200429　広東省高速道路

広東省高速公路発展股フン有限公司
Guangdong Provincial Expressway Development Co.,Ltd.

広東省の高速道路運営会社　高速道路や大型橋梁の開発・運営が主力事業。ロードサービス、自動車メンテナンスなども手掛ける。広仏高速（広州－仏山）、仏開高速（仏山－開平）、京珠高速広州－珠海区間を運営する。

株価	最低売買価格	年間騰落率	実績PER	PBR
5.080 HK$	6,969 円	-26.8 %	7.7 倍	1.1 倍

【財務】(百万元)	2019/12	2018/12
流動資産	2,980.9	2,234.1
総資産	17,674.5	16,295.9
流動負債	1,827.6	3,022.9
総負債	7,423.9	6,249.6
資本金	2,090.8	2,090.8
株主資本	9,343.8	9,586.7

【指標】(%)	
ROA	7.1
ROE	12.8
粗利益率	55.6
増収率	-5.0
増益率（営利）	-14.3
自己資本増加率	2.5
BPS（元）	4.7
負債比率	75.6
流動比率	163.1
株主資本比率	55.6

【CF】(百万元)	2019/12	2018/12
営業CF	1,988.6	1,916.0
投資CF	-382.9	-202.8
財務CF	-910.8	-1,950.7
現金同等物	2,816.7	2,123.3

【業績】(百万元)	売上高	営業利益	純利益	前年比(%)	EPS(元)	1株配(元)
2017/12	3,089.06	1,836.89	1,509.92	50.8	0.720	0.5060
2018/12	3,218.69	2,102.52	1,677.03	11.1	0.800	0.5620
2019/12	3,057.94	1,801.24	1,258.63	-24.9	0.600	0.4220
2018/06中間	1,535.86	1,111.18	779.00	-12.8	0.370	0.0000
2019/06中間	1,483.67	1,036.78	736.49	-5.5	0.350	0.0000

【株価情報】	
取引単位(株)	100
時価総額(mHK$)	1,771.1

【上場】1996年【住所】広東省広州市白雲路85号【URL】www.gpedcl.com

200468　南京普天通信

南京普天通信股フン有限公司
Nanjing Putian Telecommunications Co.,Ltd.

通信機器・設備メーカー　1997年に中国の旧郵電部南京通信設備廠などを母体に発足した通信設備メーカー。光通信網や無線通信網の接続機器、ケーブル収納パッチパネルなどが主力製品。中央企業の中国普天信息産業集団が実質親会社。

株価	最低売買価格	年間騰落率	実績PER	PBR
1.850 HK$	2,538 円	-42.4 %	—	2.3 倍

【財務】(百万元)	2019/12	2018/12
流動資産	1,305.3	1,772.5
総資産	1,652.0	2,120.7
流動負債	1,333.1	1,625.5
総負債	1,351.9	1,632.7
資本金	215.0	215.0
株主資本	169.5	355.3

【指標】(%)	
ROA	—
ROE	—
粗利益率	18.7
増収率	-32.9
増益率（営利）	—
自己資本増加率	-52.3
BPS（元）	0.8
負債比率	797.4
流動比率	97.9
株主資本比率	10.3

【CF】(百万元)	2019/12	2018/12
営業CF	22.7	-155.4
投資CF	-12.5	23.3
財務CF	-2.8	22.8
現金同等物	208.8	201.4

【業績】(百万元)	売上高	営業利益	純利益	前年比(%)	EPS(元)	1株配(元)
2017/12	2,254.40	31.83	8.98	-239.6	0.040	0.0000
2018/12	1,995.63	26.29	5.86	-34.8	0.030	0.0000
2019/12	1,338.28	-159.19	-169.09	—	-0.790	0.0000
2018/06中間	966.85	-3.52	-10.42	—	-0.050	0.0000
2019/06中間	757.20	-52.90	-57.53	—	-0.268	0.0000

【株価情報】	
取引単位(株)	100
時価総額(mHK$)	185.0

【上場】1997年【住所】江蘇省南京市江寧経済技術開発区秦淮路58号【URL】www.postel.com.cn

200488　チェンミン・ペーパー

山東晨鳴紙業集団股フン有限公司
Shandong Chenming Paper Holdings Ltd.

山東省拠点の製紙大手　中国を代表する大手製紙会社。山東省のほか、広東省、湖北省、江西省、吉林省などに生産拠点を置く。製紙事業のほか建材生産や電力・熱供給事業も手掛ける。主力の製紙事業ではアート紙、コート紙、新聞用紙などを生産。

株価	最低売買価格	年間騰落率	実績PER	PBR
2.970 HK$	4,074 円	-18.9 %	8.2 倍	0.3 倍

【財務】(百万元)	2019/12	2018/12
流動資産	44,952.4	47,967.5
総資産	97,958.9	105,318.7
流動負債	52,698.8	61,414.7
総負債	71,619.1	79,447.0
資本金	2,904.6	2,904.6
株主資本	25,169.7	25,048.7

【指標】(%)	
ROA	1.7
ROE	6.6
粗利益率	28.4
増収率	5.3
増益率（営利）	-45.5
自己資本増加率	0.5
BPS（元）	8.7
負債比率	284.5
流動比率	85.3
株主資本比率	25.7

【CF】(百万元)	2019/12	2018/12
営業CF	12,232.7	14,099.7
投資CF	-2,025.6	-1,779.0
財務CF	-9,487.4	-12,853.2
現金同等物	2,890.3	2,381.6

【業績】(百万元)	売上高	営業利益	純利益	前年比(%)	EPS(元)	1株配(元)
2017/12	29,472.45	4,418.47	3,769.33	88.6	1.130	0.6000
2018/12	28,875.76	2,906.10	2,509.83	-33.4	0.510	0.2400
2019/12	30,395.43	1,583.67	1,656.57	-34.0	0.330	0.1500
2018/06中間	15,551.33	2,026.14	1,784.63	2.2	0.360	0.0000
2019/06中間	13,348.65	430.06	509.80	-71.4	0.013	0.0000

【株価情報】	
取引単位(株)	100
時価総額(mHK$)	2,097.8

【上場】1997年【住所】山東省寿光市聖城街595号【URL】www.chenmingpaper.com

200505 海南京糧控股

海南京糧控股股フン有限公司
Hainan Jingliang Holdings Co.,Ltd.

北京市政府系の油脂・食品メーカー 主力事業は植物油加工と食品製造。北京市と天津市、河北省を地盤に大豆油や菜種を供給し、「小王子」「董小姐」ブランドのスナックとパンを販売する。中国政府と協力して耕作地を改良する土地修復事業も手掛ける。

株価	最低売買価格	年間騰落率	実績PER	PBR
2.960 HK$	4,061 円	-19.1 %	14.2 倍	0.8 倍

【財務】(百万元)	2019/12	2018/12
流動資産	3,018.7	2,745.4
総資産	5,231.3	4,917.1
流動負債	2,110.1	1,913.3
総負債	2,240.2	2,078.1
資本金	685.8	685.8
株主資本	2,406.0	2,272.5

【指標】(%)	
ROA	2.5
ROE	5.5
粗利益率	8.4
増収率	0.4
増益率(営利)	-0.8
自己資本増加率	5.9
BPS(元)	3.5
負債比率	93.1
流動比率	143.1
株主資本比率	46.0

【CF】(百万元)	2019/12	2018/12
営業CF	297.4	850.2
投資CF	-432.3	-117.0
財務CF	-177.5	-898.5
現金同等物	555.1	867.9

【業績】(百万元)	売上高	営業利益	純利益	前年比(%)	EPS(元)	1株配(元)
2017/12	7,917.64	277.97	129.60	-34.3	0.200	0.0000
2018/12	7,409.12	252.56	167.96	29.6	0.240	0.0000
2019/12	7,440.29	250.64	133.34	-20.6	0.190	0.0000
2018/06中間	3,639.63	109.37	59.92	0.4	0.090	0.0000
2019/06中間	3,283.28	86.47	51.51	-14.0	0.080	0.0000

【株価情報】	
取引単位(株)	100
時価総額(mHK$)	192.3

【上場】1995年 【住所】海南省海口市濱海大道珠江広場帝豪大厦29層 【URL】

200512 サンクン実業

廈門燦坤実業股フン有限公司
Tsann Kuen (China) Enterprise Co.,Ltd.

台湾系の小型家電メーカー 「EUPA(ユーパ)」ブランドの小型家電を製造。主力製品はホットプレートやアイロン、コーヒーメーカー、ジューサー、オーブン、トースターなど。製品のほとんどを輸出する。傘下企業を通じてIoT、AIなどの研究開発も進める。

株価	最低売買価格	年間騰落率	実績PER	PBR
2.840 HK$	3,896 円	-16.5 %	4.6 倍	0.7 倍

【財務】(百万元)	2019/12	2018/12
流動資産	1,685.2	1,560.4
総資産	1,956.4	1,843.1
流動負債	739.9	798.2
総負債	789.2	826.1
資本金	185.4	185.4
株主資本	748.7	649.3

【指標】(%)	
ROA	5.4
ROE	14.1
粗利益率	16.8
増収率	11.8
増益率(営利)	2,359.5
自己資本増加率	15.3
BPS(元)	4.0
負債比率	105.4
流動比率	227.8
株主資本比率	38.3

【CF】(百万元)	2019/12	2018/12
営業CF	143.6	106.1
投資CF	57.6	-173.3
財務CF	-6.4	-49.6
現金同等物	639.6	448.5

【業績】(百万元)	売上高	営業利益	純利益	前年比(%)	EPS(元)	1株配(元)
2017/12	1,872.75	106.42	65.76	36.3	0.350	0.0800
2018/12	1,790.06	7.60	11.83	-82.0	0.060	0.0400
2019/12	2,001.94	186.94	105.23	789.4	0.570	0.1000
2018/06中間	691.51	-43.56	-28.34	—	-0.150	0.0000
2019/06中間	929.45	90.36	47.29	—	0.260	0.0000

【株価情報】	
取引単位(株)	100
時価総額(mHK$)	526.5

【上場】1993年 【住所】福建省廈門市湖里工業区興隆路88号 【URL】www.eupa.com

200521 長虹美菱

長虹美菱股フン有限公司
Changhong Meiling Co.,Ltd.

中国の白物家電メーカー 「MELiNG美菱」ブランドの冷蔵庫・フリーザーとエアコンが主力の総合家電メーカー。洗濯機、調理家電も製造する。国内のほかインドネシア、パキスタンにも工場を持ち、バイオ医療などの新たな産業分野も開拓している。

株価	最低売買価格	年間騰落率	実績PER	PBR
1.720 HK$	2,359 円	-32.5 %	29.1 倍	0.4 倍

【財務】(百万元)	2019/12	2018/12
流動資産	10,407.5	12,171.6
総資産	14,202.2	15,561.8
流動負債	8,319.9	9,963.8
総負債	9,090.3	10,426.3
資本金	1,044.6	1,044.6
株主資本	5,004.9	5,015.7

【指標】(%)	
ROA	0.4
ROE	1.1
粗利益率	18.7
増収率	-5.4
増益率(営利)	39.9
自己資本増加率	-0.2
BPS(元)	4.8
負債比率	181.6
流動比率	125.1
株主資本比率	35.2

【CF】(百万元)	2019/12	2018/12
営業CF	1,285.0	-220.6
投資CF	877.0	-954.9
財務CF	-1,269.7	567.0
現金同等物	5,385.8	4,484.6

【業績】(百万元)	売上高	営業利益	純利益	前年比(%)	EPS(元)	1株配(元)
2017/12	16,797.44	51.17	32.47	-85.3	0.031	0.0600
2018/12	17,490.18	49.12	38.66	19.0	0.037	0.0600
2019/12	16,553.25	68.71	56.44	46.0	0.054	0.0500
2018/06中間	9,271.51	59.12	50.68	-45.0	0.049	0.0000
2019/06中間	9,133.16	63.80	54.33	7.2	0.052	0.0000

【株価情報】	
取引単位(株)	100
時価総額(mHK$)	278.0

【上場】1996年 【住所】安徽省合肥市経済技術開発区蓮花路2163号 【URL】www.meiling.com

200530　氷山冷熱科技

氷山冷熱科技股フン有限公司
Bingshan Refrigeration & Heat Transfer Technologies Co.,Ltd.

業務用冷凍設備の中国大手 遼寧省大連市を拠点に業務用冷凍設備、食品用冷凍・冷蔵庫、業務用エアコン、冷却設備部品などの製造・販売を手掛ける。パナソニックと合弁事業を展開。関連会社を通じて無人店舗用プラットフォームをオンライン提供している。

株価	最低売買価格	年間騰落率	実績PER	PBR
1.720 HK$	2,359 円	-34.4 %	14.8 倍	0.4 倍

【財務】(百万元)	2019/12	2018/12
流動資産	2,217.6	2,297.2
総資産	5,525.5	5,568.3
流動負債	1,745.6	1,616.8
総負債	2,071.4	2,109.9
資本金	843.2	855.4
株主資本	3,379.6	3,377.6

【指標】(%)	
ROA	1.6
ROE	2.6
粗利益率	17.2
増収率	-6.8
増益率(営利)	-44.9
自己資本増加率	0.1
BPS(元)	4.0
負債比率	61.3
流動比率	127.0
株主資本比率	61.2

【CF】(百万元)	2019/12	2018/12
営業CF	12.7	-119.7
投資CF	0.1	62.7
財務CF	-15.9	0.5
現金同等物	301.5	304.7

【業績】(百万元)	売上高	営業利益	純利益	前年比(%)	EPS(元)	1株配(元)
2017/12	2,079.72	216.33	200.76	10.2	0.230	0.0500
2018/12	1,966.07	116.72	110.50	-45.0	0.130	0.0500
2019/12	1,831.85	64.30	89.11	-19.4	0.106	0.0300
2018/06中間	1,029.08	59.94	59.02	-39.9	0.069	0.0000
2019/06中間	1,075.73	118.19	108.37	83.6	0.127	0.0000

【株価情報】	
取引単位(株)	100
時価総額(mHK$)	415.4

【上場】1998年【住所】遼寧省大連経済技術開発区遼河東路106号【URL】www.bingshan.com

200539　広東電力発展

広東電力発展股フン有限公司
Guangdong Electric Power Development Co.,Ltd.

広東省の電力大手 広東省を拠点に発電所の建設・運営、送変電設備の建設を手掛ける。04年の風力発電所への出資を皮切りにクリーンエネルギー分野にも積極的に参入し、広東省の風力発電所や雲南省の水力発電所に出資。LNG発電も手掛ける。

株価	最低売買価格	年間騰落率	実績PER	PBR
2.180 HK$	2,991 円	-15.8 %	9.0 倍	0.4 倍

【財務】(百万元)	2019/12	2018/12
流動資産	11,309.0	12,161.6
総資産	75,472.0	73,329.7
流動負債	19,685.2	19,336.6
総負債	41,282.3	41,811.8
資本金	5,250.3	5,250.3
株主資本	26,178.2	24,227.3

【指標】(%)	
ROA	1.5
ROE	4.4
粗利益率	16.6
増収率	7.1
増益率(営利)	112.9
自己資本増加率	8.1
BPS(元)	5.0
負債比率	157.7
流動比率	57.4
株主資本比率	34.7

【CF】(百万元)	2019/12	2018/12
営業CF	8,272.7	5,999.9
投資CF	-4,786.0	-3,309.9
財務CF	-3,977.5	-2,116.3
現金同等物	5,079.6	5,570.4

【業績】(百万元)	売上高	営業利益	純利益	前年比(%)	EPS(元)	1株配(元)
2017/12	26,643.79	1,554.64	743.18	-20.6	0.140	0.0800
2018/12	27,408.51	1,194.90	474.46	-36.2	0.090	0.0600
2019/12	29,360.16	2,544.01	1,146.77	141.7	0.220	0.1200
2018/06中間	13,894.99	989.89	448.83	248.6	0.086	0.0000
2019/06中間	12,874.18	1,180.63	581.57	29.6	0.111	0.0000

【株価情報】	
取引単位(株)	100
時価総額(mHK$)	1,740.5

【上場】1995年【住所】広東省広州市天河東路2号粤電広場南塔33-36楼【URL】www.ged.com.cn

200541　仏山電器照明

仏山電器照明股フン有限公司
Foshan Electrical And Lighting Co.,Ltd.

広東省政府系の照明器具メーカー 照明器具と電気器具の製造・販売を手掛ける。室内外の照明器具のほか、景観ライトアップや自動車用にも供給。「仏山照明」「FSL」「汾江」の自社3ブランドを展開するほか、海外大手メーカーの受託製造も手掛ける。

株価	最低売買価格	年間騰落率	実績PER	PBR
2.430 HK$	3,333 円	-31.0 %	10.3 倍	0.7 倍

【財務】(百万元)	2019/12	2018/12
流動資産	3,568.2	3,505.5
総資産	6,175.3	5,588.2
流動負債	1,130.6	1,194.2
総負債	1,267.8	1,246.9
資本金	1,399.3	1,399.3
株主資本	4,819.3	4,319.3

【指標】(%)	
ROA	4.9
ROE	6.2
粗利益率	23.3
増収率	-12.2
増益率(営利)	-21.4
自己資本増加率	13.0
BPS(元)	3.5
負債比率	26.0
流動比率	315.6
株主資本比率	79.0

【CF】(百万元)	2019/12	2018/12
営業CF	508.1	618.0
投資CF	-37.7	23.1
財務CF	-215.9	-418.5
現金同等物	1,049.8	795.3

【業績】(百万元)	売上高	営業利益	純利益	前年比(%)	EPS(元)	1株配(元)
2017/12	3,800.19	877.71	740.31	-31.0	0.529	0.3290
2018/12	3,801.96	451.09	377.62	-49.0	0.270	0.1560
2019/12	3,337.58	354.56	301.18	-20.2	0.215	0.1850
2018/06中間	2,064.78	277.74	229.28	0.3	0.164	0.0000
2019/06中間	1,687.19	193.20	167.28	-27.0	0.120	0.0000

【株価情報】	
取引単位(株)	100
時価総額(mHK$)	760.9

【上場】1995年【住所】広東省仏山市禅城区汾江北路64号【URL】www.chinafsl.com

200550 江鈴汽車

中堅自動車メーカー 完成車や部品の製造・販売を手掛ける。自社ブランド「JMC」シリーズの軽トラックや米フォードの商用車「トランジット(全順)」シリーズなどが主力車種。エンジン生産も手掛ける。フォードが約30%を出資するなど、国内外の自動車大手が出資。

	株価	最低売買価格	年間騰落率	実績PER	PBR
	5.120 HK$	7,024 円	-43.9 %	27.5 倍	0.4 倍

【財務】(百万元)	2019/12	2018/12		【指標】(%)	
流動資産	15,074.4	14,824.7		ROA	0.6
総資産	24,298.5	23,396.5		ROE	1.4
流動負債	13,424.3	12,669.0		粗利益率	15.9
総負債	13,802.0	13,012.0		増収率	3.3
資本金	863.2	863.2		増益率(営利)	—
株主資本	10,496.6	10,384.5		自己資本増加率	1.1

【CF】(百万元)	2019/12	2018/12
営業CF	2,736.9	-101.6
投資CF	-1,365.1	-1,138.9
財務CF	-50.7	-2,280.3
現金同等物	8,937.9	7,616.9

	BPS(元)	12.2
	負債比率	131.5
	流動比率	112.3
	株主資本比率	43.2

【業績】(百万元)	売上高	営業利益	純利益	前年比(%)	EPS(元)	1株配(元)
2017/12	31,345.75	128.58	690.94	-47.6	0.800	2.6370
2018/12	28,249.34	-198.27	91.83	-86.7	0.110	0.0400
2019/12	29,173.64	-110.59	147.81	61.0	0.170	0.0700
2018/06中間	14,287.50	191.23	318.95	-42.3	0.370	0.0000
2019/06中間	13,721.95	-143.20	58.86	-81.5	0.070	0.0000

	【株価情報】	
	取引単位(株)	100
	時価総額(mHK$)	1,761.3

【上場】1995年 【住所】江西省南昌市迎賓北大道509号 【URL】www.jmc.com.cn

200553 安道麦

農薬メーカー大手 前身の湖北省沙市農薬廠は1958年創業。殺虫剤、除草剤、化学肥料の製造が主力事業だったが、17年にイスラエルの農薬大手、アダマ・アグリカルチュラル・ソリューションズを買収。アダマが連結対象に加わり、主な収益源となった。

	株価	最低売買価格	年間騰落率	実績PER	PBR
	4.260 HK$	5,844 円	-32.2 %	34.4 倍	0.5 倍

【財務】(百万元)	2019/12	2018/12		【指標】(%)	
流動資産	25,142.2	25,235.5		ROA	0.6
総資産	45,288.9	44,135.1		ROE	1.2
流動負債	11,945.0	12,134.8		粗利益率	32.2
総負債	22,917.3	21,390.2		増収率	2.6
資本金	2,446.6	2,446.6		増益率(営利)	-84.0
株主資本	22,371.7	22,744.9		自己資本増加率	-1.6

【CF】(百万元)	2019/12	2018/12
営業CF	843.5	2,299.2
投資CF	-2,678.5	-924.8
財務CF	-212.0	-3,175.7
現金同等物	4,319.9	6,346.2

	BPS(元)	9.1
	負債比率	102.4
	流動比率	210.5
	株主資本比率	49.4

【業績】(百万元)	売上高	営業利益	純利益	前年比(%)	EPS(元)	1株配(元)
2017/12	23,819.57	1,678.57	1,545.88	318.9	0.660	0.0630
2018/12	26,867.31	3,319.36	2,447.88	58.3	1.001	0.0970
2019/12	27,563.24	529.70	277.04	-88.7	0.113	0.0120
2018/06中間	13,639.07	3,108.67	2,389.17	81.4	0.977	0.0000
2019/06中間	13,616.03	734.38	588.64	-75.4	0.241	0.0000

	【株価情報】	
	取引単位(株)	100
	時価総額(mHK$)	711.6

【上場】1997年 【住所】湖北省荊州市北京東路93号 【URL】www.adama.com

200570 常柴

常州市政府系のディーゼルエンジンメーカー 中国ではエンジン製造の草分けの1社で、支配株主は常州市政府系の常州投資集団。主に中型・小型ディーゼルエンジンをトラクターやコンバインなどの農機、軽トラック、発電機など向けに供給する。

	株価	最低売買価格	年間騰落率	実績PER	PBR
	1.840 HK$	2,524 円	-30.8 %	42.0 倍	0.5 倍

【財務】(百万元)	2019/12	2018/12		【指標】(%)	
流動資産	2,176.0	2,288.1		ROA	0.7
総資産	3,485.0	3,542.0		ROE	1.2
流動負債	1,240.2	1,369.2		粗利益率	16.2
総負債	1,356.1	1,479.1		増収率	-4.3
資本金	561.4	561.4		増益率(営利)	-64.9
株主資本	2,109.2	2,043.3		自己資本増加率	3.2

【CF】(百万元)	2019/12	2018/12
営業CF	-20.5	273.8
投資CF	-78.2	106.2
財務CF	-44.5	-18.2
現金同等物	544.6	687.1

	BPS(元)	3.8
	負債比率	64.3
	流動比率	175.5
	株主資本比率	60.5

【業績】(百万元)	売上高	営業利益	純利益	前年比(%)	EPS(元)	1株配(元)
2017/12	2,423.06	33.70	46.43	-25.8	0.080	0.0300
2018/12	2,132.90	75.25	62.02	33.6	0.110	0.0250
2019/12	2,040.13	26.43	24.94	-59.8	0.040	0.0000
2018/06中間	1,186.76	22.69	18.64	-53.0	0.033	0.0000
2019/06中間	1,115.83	15.76	19.06	2.2	0.034	0.0000

	【株価情報】	
	取引単位(株)	100
	時価総額(mHK$)	276.0

【上場】1996年 【住所】江蘇常州市懐徳中路123号 【URL】www.changchai.com.cn

200581 ウェイフ・ハイテク

無錫威孚高科技集団股フン有限公司
Weifu High-technlolgy Group Co.,Ltd

燃料噴射装置メーカー大手 自動車、トラクター、汽船、工業機械などに使用されるディーゼルエンジン用燃料噴射装置などの製造・販売を手掛ける。独ロバート・ボッシュと合弁事業を展開。子会社の南京威孚金寧はディーゼル燃料噴射装置を製造する。

株価	最低売買価格	年間騰落率	実績PER	PBR
13.500 HK$	18,519 円	-10.1 %	5.5 倍	0.8 倍

【財務】(百万元)	2019/12	2018/12
流動資産	13,298.2	11,934.1
総資産	23,958.3	20,892.0
流動負債	5,992.5	3,872.3
総負債	6,473.7	4,440.1
資本金	1,009.0	1,009.0
株主資本	16,990.4	15,913.8

【CF】(百万元)	2019/12	2018/12
営業CF	1,048.7	874.4
投資CF	-1,215.5	-206.4
財務CF	-1,422.4	-1,214.8
現金同等物	820.5	2,404.7

【指標】(%)	
ROA	9.5
ROE	13.3
粗利益率	24.1
増収率	0.7
増益率(営利)	-6.0
自己資本増加率	6.8
BPS(元)	16.8
負債比率	38.1
流動比率	221.9
株主資本比率	70.9

【業績】(百万元)	売上高	営業利益	純利益	前年比(%)	EPS(元)	1株配(元)
2017/12	9,017.28	2,824.22	2,571.34	53.8	2.550	1.2000
2018/12	8,721.68	2,610.90	2,396.08	-6.8	2.370	1.2000
2019/12	8,784.36	2,454.26	2,268.03	-5.3	2.250	1.1000
2018/06中間	4,960.80	1,679.32	1,545.24	16.5	1.530	0.0000
2019/06中間	4,403.44	1,331.57	1,256.66	-18.7	1.250	0.0000

【株価情報】	
取引単位(株)	100
時価総額(mHK$)	2,327.1

【上場】1995年【住所】江蘇省無錫市新呉区華山路5号【URL】www.weifu.com.cn

B株銘柄

200596 安徽古井貢酒

安徽古井貢酒股フン有限公司
Anhui Gujing Distillery Co.,Ltd.

白酒(パイチュウ)醸造大手 主に白酒の製造・販売を手掛ける。主力製品の「古井貢酒」は中国8大銘酒に数えられる逸品。魏の曹操が漢の献帝に献上したと伝えられ、1800年以上の歴史を誇る。16年に同業の武漢天龍黄鶴楼酒業を買収するなど業容を拡大。

株価	最低売買価格	年間騰落率	実績PER	PBR
67.900 HK$	93,145 円	5.3 %	14.9 倍	3.8 倍

【財務】(百万元)	2019/12	2018/12
流動資産	10,526.5	9,029.2
総資産	13,871.3	12,509.9
流動負債	4,247.5	4,235.9
総負債	4,439.1	4,480.2
資本金	503.6	503.6
株主資本	8,944.1	7,602.0

【CF】(百万元)	2019/12	2018/12
営業CF	192.4	1,440.9
投資CF	2,672.1	-1,125.8
財務CF	-755.4	-503.6
現金同等物	2,944.8	835.6

【指標】(%)	
ROA	15.1
ROE	23.5
粗利益率	76.7
増収率	19.9
増益率(営利)	20.3
自己資本増加率	17.7
BPS(元)	17.8
負債比率	49.6
流動比率	247.8
株主資本比率	64.5

【業績】(百万元)	売上高	営業利益	純利益	前年比(%)	EPS(元)	1株配(元)
2017/12	6,968.33	1,594.45	1,148.74	38.5	2.280	1.0000
2018/12	8,686.14	2,346.80	1,695.23	47.6	3.370	1.5000
2019/12	10,416.96	2,823.45	2,097.53	23.7	4.170	1.5000
2018/06中間	4,783.08	1,225.91	892.42	62.6	1.770	0.0000
2019/06中間	5,988.11	1,684.68	1,248.32	39.9	2.480	0.0000

【株価情報】	
取引単位(株)	100
時価総額(mHK$)	8,148.0

【上場】1996年【住所】安徽省亳州市古井鎮【URL】www.gujing.com

200613 海南大東海旅游中心

海南大東海旅游中心股フン有限公司
Hainan Dadonghai Tourism Centre (Holdings) Co.,Ltd.

海南島のリゾートサービス事業者 中国屈指の海浜リゾートとされる海南島三亜市でホテルとレストランを運営する。中核施設は4つ星ホテル「南中国大酒店」。1997年の上場以降、筆頭株主が頻繁に交代。10年に羅牛山(000735)が筆頭株主となった。

株価	最低売買価格	年間騰落率	実績PER	PBR
2.590 HK$	3,553 円	-31.5 %	1125.6 倍	12.0 倍

【財務】(百万元)	2019/12	2018/12
流動資産	11.1	18.3
総資産	87.5	88.2
流動負債	7.5	8.9
総負債	9.0	10.4
資本金	364.1	364.1
株主資本	78.5	77.8

【CF】(百万元)	2019/12	2018/12
営業CF	4.7	6.8
投資CF	-12.7	-1.1
財務CF	0.0	0.0
現金同等物	7.4	15.4

【指標】(%)	
ROA	0.9
ROE	1.0
粗利益率	57.3
増収率	-12.1
増益率(営利)	—
自己資本増加率	0.9
BPS(元)	0.2
負債比率	11.5
流動比率	147.6
株主資本比率	89.7

【業績】(百万元)	売上高	営業利益	純利益	前年比(%)	EPS(元)	1株配(元)
2017/12	27.91	1.59	2.86	—	0.008	0.0000
2018/12	29.52	0.82	0.65	-77.2	0.002	0.0000
2019/12	25.94	-0.79	0.76	15.9	0.002	0.0000
2018/06中間	16.17	1.28	1.28	-25.4	0.004	0.0000
2019/06中間	14.24	0.60	0.76	-41.0	0.002	0.0000

【株価情報】	
取引単位(株)	100
時価総額(mHK$)	227.9

【上場】1996年【住所】海南省三亜市大東海【URL】

200625　重慶長安汽車

重慶長安汽車股フン有限公司
Chongqing Changan Automobile Co.,Ltd.

長安汽車傘下の自動車メーカー 中国4大自動車メーカーである中国長安汽車集団の傘下。セダン、SUV、ミニバン、バス、トラック、電気自動車などを生産し、「逸動」「CS」「欧尚」など自社ブランドのほか、米フォードやマツダ、仏PSAと合弁事業を展開する。

	株価	最低売買価格	年間騰落率	実績PER	PBR
	4.010 HK$	**5,501** 円	**6.9** %	—	**0.4** 倍

【財務】(百万元)	2019/12	2018/12	【指標】(%)	
流動資産	49,606.7	43,213.3	ROA	—
総資産	97,617.1	93,488.9	ROE	—
流動負債	45,880.8	43,160.0	粗利益率	14.7
総負債	53,683.0	47,335.9	増収率	6.5
資本金	4,802.6	4,802.6	増益率(営利)	—
株主資本	44,028.3	46,245.0	自己資本増加率	-4.8

【CF】(百万元)	2019/12	2018/12
営業CF	3,881.7	-3,887.5
投資CF	-3,794.6	-6,568.7
財務CF	-400.6	-1,352.7
現金同等物	9,360.5	9,648.2

| | | | | | | | BPS(元) | 9.2 |
| | | | | | | | 負債比率 | 121.9 |

【業績】(百万元)	売上高	営業利益	純利益	前年比(%)	EPS(元)	1株配(元)		
2017/12	80,012.21	7,151.63	7,137.24	-30.6	1.490	0.4460	流動比率	108.1
2018/12	66,298.27	-201.44	680.73	-90.5	0.140	0.0180	株主資本比率	45.1
2019/12	70,595.25	-2,107.11	-2,646.72	—	-0.550	0.0000	【株価情報】	
2018/06中間	35,642.83	1,655.80	1,609.61	-65.2	0.340	0.0000	取引単位(株)	100
2019/06中間	29,875.78	-2,133.69	-2,240.04	—	-0.470	0.0000	時価総額(mHK$)	3,617.0

【上場】1996年【住所】重慶市江北区建新東路260号【URL】www.changan.com.cn

200706　瓦房店ベアリング

瓦房店軸承股フン有限公司
Wafangdian Bearing Co.,Ltd.

中国のベアリング最大手 ベアリング製品の製造・販売を手掛けるほか、機械設備、自動車部品の製造・販売、ベアリングの保守サービスも手掛ける。親会社は大連市政府傘下の瓦房店軸承集団。ベアリング世界大手のスウェーデンSKFが2位株主。

	株価	最低売買価格	年間騰落率	実績PER	PBR
	2.090 HK$	**2,867** 円	**-34.3** %	—	**0.7** 倍

【財務】(百万元)	2019/12	2018/12	【指標】(%)	
流動資産	2,121.7	2,358.6	ROA	—
総資産	2,961.5	3,298.2	ROE	—
流動負債	1,672.6	1,855.6	粗利益率	18.6
総負債	1,735.0	1,918.1	増収率	-14.4
資本金	402.6	402.6	増益率(営利)	—
株主資本	1,226.4	1,380.0	自己資本増加率	-11.1

【CF】(百万元)	2019/12	2018/12
営業CF	157.9	228.6
投資CF	3.9	-4.1
財務CF	-213.2	-93.9
現金同等物	137.3	188.4

| | | | | | | | BPS(元) | 3.0 |
| | | | | | | | 負債比率 | 141.5 |

【業績】(百万元)	売上高	営業利益	純利益	前年比(%)	EPS(元)	1株配(元)		
2017/12	2,190.41	-8.29	10.18	-67.0	0.030	0.0400	流動比率	126.9
2018/12	2,168.40	-2.78	10.63	4.4	0.030	0.0400	株主資本比率	41.4
2019/12	1,855.49	-112.58	-123.20	—	-0.310	0.0800	【株価情報】	
2018/06中間	1,074.87	0.07	3.31	25.8	0.008	0.0000	取引単位(株)	100
2019/06中間	957.54	8.99	7.77	134.5	0.019	0.0000	時価総額(mHK$)	331.5

【上場】1997年【住所】遼寧省瓦房店市北共済街一段1号【URL】www.zwz-200706.com

200725　京東方科技集団

京東方科技集団股フン有限公司
BOE Technology Group Co.,Ltd.

液晶パネルメーカー国内最大手 薄膜トランジスター液晶(TFT-LCD)パネルやアクティブマトリクス有機EL(AMOLED)パネルなど液晶パネルの製造・販売が主力事業。テレビやディスプレーなどの製造サービスやIoTソリューション、スマート医療なども手掛ける。

	株価	最低売買価格	年間騰落率	実績PER	PBR
	2.780 HK$	**3,814** 円	**5.7** %	**50.7** 倍	**1.0** 倍

【財務】(百万元)	2019/12	2018/12	【指標】(%)	
流動資産	104,448.6	99,692.3	ROA	0.6
総資産	340,412.2	304,028.5	ROE	2.0
流動負債	78,378.3	62,228.1	粗利益率	15.2
総負債	199,354.5	183,671.2	増収率	19.5
資本金	34,798.4	34,798.4	増益率(営利)	-90.1
株主資本	95,058.1	85,856.7	自己資本増加率	10.7

【CF】(百万元)	2019/12	2018/12
営業CF	26,083.1	25,684.0
投資CF	-47,416.1	-47,063.5
財務CF	27,778.6	15,566.6
現金同等物	50,270.3	43,350.7

| | | | | | | | BPS(元) | 2.7 |
| | | | | | | | 負債比率 | 209.7 |

【業績】(百万元)	売上高	営業利益	純利益	前年比(%)	EPS(元)	1株配(元)		
2017/12	93,800.48	9,673.73	7,567.68	302.0	0.220	0.0500	流動比率	133.3
2018/12	97,108.87	4,008.17	3,435.13	-54.6	0.100	0.0300	株主資本比率	27.9
2019/12	116,059.59	398.67	1,918.64	-44.1	0.050	0.0200	【株価情報】	
2018/06中間	43,473.91	3,399.67	2,975.21	-30.9	0.085	0.0000	取引単位(株)	100
2019/06中間	55,039.21	1,717.36	1,668.45	-43.9	0.048	0.0000	時価総額(mHK$)	2,602.4

【上場】1997年【住所】北京市朝陽区酒仙橋路10号【URL】www.boe.com

200726 魯泰紡織

魯泰紡織股フン有限公司
Lu Thai Textile Co.,Ltd.

先染織物大手 タイ企業との合弁会社として発足。綿花栽培から紡糸、捺染、製織、縫製まで一貫して手掛ける。国際的な分業体制を確立し、カンボジアとミャンマー、ベトナムに生産拠点、イタリアにデザインオフィス、米国に市場サービス拠点を置く。

株価	最低売買価格	年間騰落率	実績PER	PBR
5.030 HK$	6,900 円	-44.1 %	4.1 倍	0.6 倍

【財務】(百万元)

	2019/12	2018/12
流動資産	4,230.5	3,487.1
総資産	11,885.4	10,537.8
流動負債	3,186.2	2,374.9
総負債	3,586.1	2,811.9
資本金	858.1	922.6
株主資本	7,697.1	7,146.5

【指標】(%)

ROA	8.0
ROE	12.4
粗利益率	29.6
増収率	-1.1
増益率(営利)	16.7
自己資本増加率	7.7
BPS(元)	9.0
負債比率	46.6
流動比率	132.8
株主資本比率	64.8

【CF】(百万元)

	2019/12	2018/12
営業CF	1,086.1	1,430.3
投資CF	-788.1	-886.6
財務CF	49.2	-686.9
現金同等物	878.6	535.1

【業績】(百万元)

	売上高	営業利益	純利益	前年比(%)	EPS(元)	1株配(元)
2017/12	6,409.22	1,001.35	841.15	4.0	0.910	0.5000
2018/12	6,879.06	969.45	811.53	-3.5	0.900	0.5000
2019/12	6,801.38	1,131.61	952.39	17.4	1.110	0.1000
2018/06中間	3,280.41	452.43	377.36	-4.5	0.410	0.0000
2019/06中間	3,185.45	494.65	411.45	9.0	0.480	0.0000

【株価情報】

取引単位(株)	100
時価総額(mHK$)	893.9

【上場】1997年 【住所】山東省シ博市高新技術開発区銘波路11号 【URL】www.lttc.com.cn

200761 本鋼板材

本鋼板材股フン有限公司
Bengang Steel Plates Co.,Ltd.

遼寧省の鋼板生産大手 遼寧省政府系の鋼板メーカー。GMや広州汽車集団(02238)、上海汽車集団(600104)などに自動車用鋼板を供給。このほか、家電、石油加工、コンテナ、船舶向けの鋼板などを製造。約60品目、7500以上の規格の製品を手掛ける。

株価	最低売買価格	年間騰落率	実績PER	PBR
1.630 HK$	2,236 円	-24.5 %	10.4 倍	0.3 倍

【財務】(百万元)

	2019/12	2018/12
流動資産	30,558.2	33,281.3
総資産	60,731.4	59,632.5
流動負債	35,143.0	32,586.3
総負債	40,718.6	39,973.1
資本金	3,875.4	3,875.4
株主資本	19,487.7	19,126.3

【指標】(%)

ROA	0.9
ROE	2.9
粗利益率	6.7
増収率	5.1
増益率(営利)	-45.4
自己資本増加率	1.9
BPS(元)	5.0
負債比率	208.9
流動比率	87.0
株主資本比率	32.1

【CF】(百万元)

	2019/12	2018/12
営業CF	6,977.8	3,619.9
投資CF	-4,544.9	-77.5
財務CF	-819.5	-4,150.5
現金同等物	13,441.4	11,752.5

【業績】(百万元)

	売上高	営業利益	純利益	前年比(%)	EPS(元)	1株配(元)
2017/12	40,507.86	1,967.22	1,600.11	104.8	0.510	0.0500
2018/12	50,181.87	1,201.98	1,036.49	-35.2	0.272	0.0500
2019/12	52,741.35	655.72	555.65	-46.4	0.143	0.0000
2018/06中間	23,441.25	768.85	756.95	44.6	0.200	0.0000
2019/06中間	24,102.60	528.66	453.21	-40.1	0.120	0.0000

【株価情報】

取引単位(株)	100
時価総額(mHK$)	652.0

【上場】1997年 【住所】遼寧省本渓市平山区人民路16号 【URL】

200771 杭州スチームタービン

杭州汽輪機股フン有限公司
Hangzhou Steam Turbine Co.,Ltd.

工業用タービン国内最大手 前身は1958年設立の杭州汽輪機廠。石油・電力業界向けなど各種工業用タービンの設計、生産・販売を手掛ける。顧客向けに工事プランの作成、工事の請け負い、製品の運営と保守、遠隔モニタリングなどのサービスも提供する。

株価	最低売買価格	年間騰落率	実績PER	PBR
7.670 HK$	10,522 円	2.7 %	15.2 倍	0.9 倍

【財務】(百万元)

	2019/12	2018/12
流動資産	7,919.3	7,698.7
総資産	12,600.1	11,569.2
流動負債	4,387.4	4,358.2
総負債	5,541.1	5,144.6
資本金	754.0	754.0
株主資本	6,607.5	6,007.5

【指標】(%)

ROA	2.7
ROE	5.2
粗利益率	30.8
増収率	-7.8
増益率(営利)	11.4
自己資本増加率	10.0
BPS(元)	8.8
負債比率	83.9
流動比率	180.5
株主資本比率	52.4

【CF】(百万元)

	2019/12	2018/12
営業CF	432.3	644.4
投資CF	329.6	-540.4
財務CF	-377.8	13.8
現金同等物	1,645.9	1,262.2

【業績】(百万元)

	売上高	営業利益	純利益	前年比(%)	EPS(元)	1株配(元)
2017/12	3,447.14	126.22	68.75	115.2	0.090	0.0500
2018/12	4,642.81	465.10	345.82	403.0	0.460	0.2000
2019/12	4,279.85	518.12	345.14	-0.2	0.460	0.2000
2018/06中間	2,284.13	190.75	128.51	192.1	0.170	0.0000
2019/06中間	1,920.18	225.92	160.33	24.8	0.210	0.0000

【株価情報】

取引単位(株)	100
時価総額(mHK$)	2,103.0

【上場】1998年 【住所】浙江省杭州市石橋路357号 【URL】www.htc.cn

200869 張裕ワイン

煙台張裕葡萄醸酒股フン有限公司
Yantai Changyu Pioneer Wine Co.,Ltd.

中国のワイン最大手 120年以上の歴史を誇る老舗ワインメーカー。「張裕」「解百納」「愛斐堡」などのブランドで知られ、ブランデーも生産。山東省や新疆ウイグル自治区などにワイナリーを持ち、フランス、チリ、スペイン、豪州など主要ワイン生産国でも事業を展開。

株価	最低売買価格	年間騰落率	実績PER	PBR
14.720 HK$	20,193 円	-9.4 %	8.1 倍	1.0 倍

【財務】(百万元)	2019/12	2018/12
流動資産	5,380.3	5,016.6
総資産	13,647.9	13,117.7
流動負債	2,656.2	2,730.3
総負債	3,069.1	3,227.2
資本金	685.5	685.5
株主資本	10,308.9	9,606.1

【指標】(%)	
ROA	8.3
ROE	11.0
粗利益率	62.5
増収率	-2.2
増益率(営利)	8.4
自己資本増加率	7.3
BPS(元)	15.0
負債比率	29.8
流動比率	202.6
株主資本比率	75.5

【CF】(百万元)	2019/12	2018/12
営業CF	837.8	976.0
投資CF	-208.2	-507.8
財務CF	-471.5	-432.3
現金同等物	1,365.8	1,206.9

【業績】(百万元)	売上高	営業利益	純利益	前年比(%)	EPS(元)	1株配(元)
2017/12	4,932.55	1,356.33	1,031.70	5.0	1.510	0.5000
2018/12	5,142.25	1,404.79	1,042.63	1.1	1.520	0.6000
2019/12	5,031.01	1,523.22	1,129.74	8.4	1.650	0.7000
2018/06中間	2,828.23	847.37	635.84	-5.1	0.930	0.0000
2019/06中間	2,558.28	809.05	603.40	-5.1	0.880	0.0000

【株価情報】	
取引単位(株)	100
時価総額(mHK$)	3,415.1

【上場】1997年【住所】山東省煙台市大馬路56号【URL】www.changyu.com.cn

200986 仏山華新包装

仏山華新包装股フン有限公司
Foshan Huaxin Packaging Co.,Ltd.

高級白板紙大手メーカー 「紅塔」ブランドのコートボール紙で知られる高級白板紙メーカー。たばこのパッケージを中心に、牛乳やジュースなどの飲料、医薬品、化粧品など幅広い用途に供給する。製紙用ラテックスの製造やカラー印刷サービスも手掛ける。

株価	最低売買価格	年間騰落率	実績PER	PBR
2.130 HK$	2,922 円	-18.4 %	27.8 倍	0.5 倍

【財務】(百万元)	2019/12	2018/12
流動資産	2,621.1	2,694.5
総資産	5,591.6	5,794.7
流動負債	2,026.2	2,137.3
総負債	2,056.7	2,271.2
資本金	505.4	505.4
株主資本	2,006.7	1,970.9

【指標】(%)	
ROA	0.6
ROE	1.8
粗利益率	10.1
増収率	6.7
増益率(営利)	—
自己資本増加率	1.8
BPS(元)	4.0
負債比率	102.5
流動比率	129.4
株主資本比率	35.9

【CF】(百万元)	2019/12	2018/12
営業CF	91.3	393.5
投資CF	8.1	-314.0
財務CF	-114.4	-210.1
現金同等物	112.1	128.0

【業績】(百万元)	売上高	営業利益	純利益	前年比(%)	EPS(元)	1株配(元)
2017/12	3,583.16	62.24	18.64	-69.6	0.040	0.0180
2018/12	3,683.01	-80.28	-2.82	—	-0.010	0.0000
2019/12	3,930.63	28.23	35.71	—	0.070	0.0150
2018/06中間	1,747.16	-30.67	-15.30	—	-0.030	0.0000
2019/06中間	1,733.13	1.00	10.49	—	0.021	0.0000

【株価情報】	
取引単位(株)	100
時価総額(mHK$)	366.2

【上場】2000年【住所】広東省仏山市禅城区南荘鎮禅城経済開発区羅格園科洋路3号之7二楼【URL】www.fshxp.com

200992 山東省中魯遠洋漁業

山東省中魯遠洋漁業股フン有限公司
Shandong Zhonglu Oceanic Fisheries Co.,Ltd.

山東省政府系の遠洋漁業大手 マグロなどの中・高級魚を中心とした遠洋漁業を行うほか、遠洋冷蔵船のリース、水産加工品の貿易事業を手掛ける。香港聯泰や豊群水産などが大口顧客で、日本や台湾、韓国、ガーナなどが主な輸出先。

株価	最低売買価格	年間騰落率	実績PER	PBR
2.580 HK$	3,539 円	-25.2 %	7.6 倍	0.8 倍

【財務】(百万元)	2019/12	2018/12
流動資産	685.5	638.2
総資産	1,288.5	1,213.3
流動負債	226.2	259.1
総負債	243.4	269.4
資本金	266.1	266.1
株主資本	887.2	803.5

【指標】(%)	
ROA	6.4
ROE	9.3
粗利益率	16.0
増収率	10.3
増益率(営利)	-0.1
自己資本増加率	10.4
BPS(元)	3.3
負債比率	27.4
流動比率	303.0
株主資本比率	68.9

【CF】(百万元)	2019/12	2018/12
営業CF	110.3	69.6
投資CF	-75.6	-38.6
財務CF	-32.0	-3.1
現金同等物	184.6	182.8

【業績】(百万元)	売上高	営業利益	純利益	前年比(%)	EPS(元)	1株配(元)
2017/12	924.12	94.98	91.52	74.0	0.340	0.0000
2018/12	1,023.35	101.86	90.28	-1.3	0.340	0.0000
2019/12	1,128.95	101.72	82.31	-8.8	0.310	0.0000
2018/06中間	440.32	23.48	22.60	-29.4	0.080	0.0000
2019/06中間	515.47	32.20	28.42	25.7	0.110	0.0000

【株価情報】	
取引単位(株)	100
時価総額(mHK$)	356.0

【上場】2000年【住所】山東省青島市ロウ山区苗嶺路29号【URL】www.zofco.cn

201872　招商局港口集団

招商局港口集団股フン有限公司
China Merchants Port Group Co.,Ltd.

深センの港湾サービス大手　貨物の荷役・倉庫業務のほか、港湾付帯業務、保税物流業務を手掛ける。18年の資産再編で招商局港口控股(00144)を傘下に収めた。国内では広東省深センや福建省アモイ、海外ではスリランカ、トーゴなどで埠頭を運営する。

株価	最低売買価格	年間騰落率	実績PER	PBR
7.150 HK$	9,808 円	-24.7 %	4.1 倍	0.4 倍

【財務】(百万元)	2019/12	2018/12
流動資産	15,034.8	10,534.5
総資産	156,696.9	128,018.1
流動負債	21,968.2	9,910.4
総負債	61,706.7	47,601.2
資本金	1,922.4	1,793.4
株主資本	35,972.8	30,760.5

【指標】(%)	
ROA	1.8
ROE	8.1
粗利益率	36.9
増収率	24.9
増益率(営利)	181.2
自己資本増加率	16.9
BPS(元)	18.7
負債比率	171.5
流動比率	68.4
株主資本比率	23.0

【CF】(百万元)	2019/12	2018/12
営業CF	5,501.9	4,288.6
投資CF	-1,937.0	-15,148.6
財務CF	-1,233.7	8,875.2
現金同等物	7,714.2	5,373.3

【業績】(百万元)	売上高	営業利益	純利益	前年比(%)	EPS(元)	1株配(元)
2017/12	7,544.64	6,040.10	2,365.22	344.3	1.320	1.3190
2018/12	9,703.40	3,672.26	1,090.42	-53.9	0.610	0.1140
2019/12	12,123.83	10,324.81	2,898.19	165.8	1.594	0.4600
2018/06中間	4,672.34	1,809.12	620.04	124.6	0.350	0.0000
2019/06中間	5,834.35	8,068.84	2,299.18	270.8	1.282	0.0000

【株価情報】	
取引単位(株)	100
時価総額(mHK$)	1,285.1

【上場】1993年【住所】深セン市南山区招商街道工業三路一号招商局港口大厦23-25楼【URL】www.szcwh.com

B株銘柄

900901　雲賽智聯

雲賽智聯股フン有限公司
INESA Intelligent Tech Inc.

スマートシティー事業に業態転換　上海B株の上場第1号。電子部品や通信設備の製造・販売を手掛けていたが15年の資産再編でスマートシティー事業会社を買収。ビッグデータを活用したサービスやクラウドサービス、ソリューションサービスなどを提供する。

株価	最低売買価格	年間騰落率	実績PER	PBR
0.545 US$	5,795 円	-7.0 %	21.8 倍	0.2 倍

【財務】(百万元)	2019/12	2018/12
流動資産	5,325.7	4,487.3
総資産	6,127.0	5,538.2
流動負債	1,806.6	1,336.8
総負債	1,825.4	1,385.1
資本金	1,367.7	1,367.7
株主資本	4,119.9	3,999.1

【指標】(%)	
ROA	3.9
ROE	5.9
粗利益率	18.9
増収率	9.5
増益率(営利)	-4.9
自己資本増加率	3.0
BPS(元)	3.0
負債比率	44.3
流動比率	294.8
株主資本比率	67.2

【CF】(百万元)	2019/12	2018/12
営業CF	303.8	193.1
投資CF	-288.3	1,108.9
財務CF	-90.7	-101.2
現金同等物	2,560.6	2,635.7

【業績】(百万元)	売上高	営業利益	純利益	前年比(%)	EPS(元)	1株配(元)
2017/12	4,222.44	332.81	277.67	16.8	0.207	0.0610
2018/12	4,465.56	319.49	272.24	-2.0	0.199	0.0600
2019/12	4,889.12	303.81	241.79	-11.2	0.177	0.0540
2018/06中間	2,042.57	158.09	143.89	10.3	0.105	0.0000
2019/06中間	2,165.79	150.97	121.76	-15.4	0.089	0.0000

【株価情報】	
取引単位(株)	100
時価総額(mUS$)	159.9

【上場】1992年【住所】上海市浦東新区張江高科技園区張衡路200号1号楼2楼【URL】www.inesa-it.com

900902　上海市北高新

上海市北高新股フン有限公司
Shanghai Shibei Hi-Tech Co.,Ltd.

上海のハイテク産業団地開発・運営会社　上海市静安区のハイテク産業パーク「上海市北高信技術服務業園区」や江蘇省南通市の「市北高新(南通)科技城」を開発・運営する。新興企業向けの施設販売・賃貸のほか、創業支援や融資、住宅販売も手掛ける。

株価	最低売買価格	年間騰落率	実績PER	PBR
0.353 US$	3,753 円	-26.3 %	22.7 倍	0.1 倍

【財務】(百万元)	2019/12	2018/12
流動資産	11,174.4	10,776.2
総資産	18,212.9	16,330.7
流動負債	4,616.9	2,521.4
総負債	10,663.4	8,998.3
資本金	1,873.3	1,873.3
株主資本	6,275.8	6,107.8

【指標】(%)	
ROA	1.2
ROE	3.4
粗利益率	51.1
増収率	114.7
増益率(営利)	-2.8
自己資本増加率	2.8
BPS(元)	3.4
負債比率	169.9
流動比率	242.0
株主資本比率	34.5

【CF】(百万元)	2019/12	2018/12
営業CF	-292.2	-3,992.0
投資CF	-20.1	66.4
財務CF	701.8	3,511.0
現金同等物	2,139.4	1,749.8

【業績】(百万元)	売上高	営業利益	純利益	前年比(%)	EPS(元)	1株配(元)
2017/12	2,191.40	445.14	231.48	50.8	0.120	0.0120
2018/12	507.86	388.22	237.63	2.7	0.130	0.0250
2019/12	1,090.38	377.40	210.99	-11.2	0.110	0.0120
2018/06中間	278.91	79.86	50.03	-27.2	0.027	0.0000
2019/06中間	206.09	41.54	5.58	-88.9	0.003	0.0000

【株価情報】	
取引単位(株)	100
時価総額(mUS$)	164.5

【上場】1992年【住所】上海市静安区共和新路3088弄2号1008室【URL】www.shibeiht.com

900903　大衆交通

大衆交通（集団）股フン有限公司
Dazhong Transportation (Group) Co.,Ltd.

上海のタクシー運営大手 上海市と長江デルタでタクシーやレンタカー、観光バスなどを運営。浦東国際空港と松江輸出加工区を拠点に国際物流・倉庫業にも従事する。ホテルやレストラン、会議・展示会などのサービスも展開。住宅や商業施設の開発も手掛ける。

株価	最低売買価格	年間騰落率	実績PER	PBR
0.337 US$	**3,583** 円	**-33.9** %	**5.7** 倍	**0.1** 倍

【財務】(百万元)	2019/12	2018/12
流動資産	9,993.0	7,307.2
総資産	16,706.2	15,510.9
流動負債	4,972.8	5,026.0
総負債	6,766.1	6,342.0
資本金	2,364.1	2,364.1
株主資本	9,421.4	8,634.9

【指標】(%)	
ROA	5.9
ROE	10.4
粗利益率	38.3
増収率	6.9
増益率（営利）	15.2
自己資本増加率	9.1
BPS（元）	4.0
負債比率	71.8
流動比率	201.0
株主資本比率	56.4

【CF】(百万元)	2019/12	2018/12
営業CF	-252.3	449.4
投資CF	80.7	-98.0
財務CF	22.9	135.1
現金同等物	2,174.1	2,316.0

【業績】(百万元)	売上高	営業利益	純利益	前年比(%)	EPS（元）	1株配（元）
2017/12	2,558.62	1,218.22	872.60	56.1	0.370	0.1200
2018/12	3,556.99	1,251.71	881.55	1.0	0.370	0.1200
2019/12	3,802.49	1,441.96	981.23	11.3	0.420	0.1250
2018/06中間	1,541.94	414.21	279.36	2.1	0.118	0.0000
2019/06中間	1,612.57	758.45	545.21	95.2	0.231	0.0000

【株価情報】	
取引単位(株)	100
時価総額(mUS$)	269.9

【上場】1992年【住所】上海市中山西路1515号大衆大厦12楼【URL】www.96822.com

900904　上海神奇製薬

上海神奇製薬投資管理股フン有限公司
Shanghai Shenqi Pharmaceutical Investment Management Co.,Ltd.

貴州省拠点の医薬品メーカー 貴州省のブランド「神奇」で知られる医薬開発・製造会社。子会社を通じて販売業務も手掛ける。処方薬のほか、薬局店頭で販売する一般用医薬(OTC)を製造。OTC薬はかぜ薬や小児用薬など数十種類に及ぶ。

株価	最低売買価格	年間騰落率	実績PER	PBR
0.633 US$	**6,731** 円	**-30.6** %	**28.0** 倍	**0.1** 倍

【財務】(百万元)	2019/12	2018/12
流動資産	1,879.0	1,738.7
総資産	3,556.1	3,126.5
流動負債	583.5	487.2
総負債	894.6	527.7
資本金	534.1	534.1
株主資本	2,616.9	2,539.9

【指標】(%)	
ROA	2.4
ROE	3.2
粗利益率	63.2
増収率	4.0
増益率（営利）	-16.0
自己資本増加率	3.0
BPS（元）	4.9
負債比率	34.2
流動比率	322.0
株主資本比率	73.6

【CF】(百万元)	2019/12	2018/12
営業CF	128.3	148.5
投資CF	-74.4	-119.1
財務CF	336.3	-107.9
現金同等物	596.1	205.8

【業績】(百万元)	売上高	営業利益	純利益	前年比(%)	EPS（元）	1株配（元）
2017/12	1,735.72	138.70	129.60	-28.8	0.240	0.0300
2018/12	1,852.91	129.00	106.09	-18.1	0.200	0.0000
2019/12	1,927.59	108.36	83.98	-20.8	0.160	0.0000
2018/06中間	857.02	67.06	58.57	14.4	0.110	0.0000
2019/06中間	911.01	69.11	57.15	-2.4	0.110	0.0000

【株価情報】	
取引単位(株)	100
時価総額(mUS$)	34.7

【上場】1992年【住所】上海市浦東新区上川路995号【URL】www.gzsq.com

900905　老鳳祥

老鳳祥股フン有限公司
Lao Feng Xiang Co.,Ltd.

上海の老舗宝飾品・筆記具メーカー 宝飾品の製造・販売が主力事業。1848年創業の老舗ブランド「老鳳祥」で知られる。ほかに工芸美術品を「工美」ブランドで、創業から手掛ける筆記具を「中華」ブランドで展開。米国、カナダ、豪州など海外にも進出している。

株価	最低売買価格	年間騰落率	実績PER	PBR
2.854 US$	**30,347** 円	**-14.5** %	**7.5** 倍	**0.2** 倍

【財務】(百万元)	2019/12	2018/12
流動資産	16,405.1	14,616.8
総資産	17,181.0	15,486.2
流動負債	7,700.1	6,989.6
総負債	8,840.0	8,101.6
資本金	523.1	523.1
株主資本	7,020.0	6,191.4

【指標】(%)	
ROA	8.2
ROE	20.1
粗利益率	8.5
増収率	13.3
増益率（営利）	16.8
自己資本増加率	13.4
BPS（元）	13.4
負債比率	125.9
流動比率	213.1
株主資本比率	40.9

【CF】(百万元)	2019/12	2018/12
営業CF	-1,254.0	-370.6
投資CF	-336.4	-9.8
財務CF	1,162.5	766.6
現金同等物	4,310.2	4,739.6

【業績】(百万元)	売上高	営業利益	純利益	前年比(%)	EPS（元）	1株配（元）
2017/12	39,809.98	1,919.62	1,136.20	7.4	2.172	1.0500
2018/12	43,784.47	2,108.56	1,204.54	6.0	2.303	1.1000
2019/12	49,628.66	2,462.27	1,408.01	16.9	2.692	1.1500
2018/06中間	25,249.15	1,115.93	649.89	11.6	1.242	0.0000
2019/06中間	28,105.03	1,294.88	739.12	13.7	1.413	0.0000

【株価情報】	
取引単位(株)	100
時価総額(mUS$)	588.0

【上場】1992年【住所】上海市黄浦区南京西路190号四層、五層【URL】www.chinafirstpencil.com

616

900906　*ST上海中毅達

上海中毅達股フン有限公司
Shanghai Zhongyida Co.,Ltd.

貴州省拠点の公共工事・造園会社　前身は紡績機械メーカーの中国紡績機械。14年に大申集団が大株主となり造園事業や苗木の栽培事業を注入。16年に福建上河建築工程の権益51%を取得し、主力事業を公共工事に転換した。18年7月に*ST銘柄に転落。

株価	最低売買価格	年間騰落率
0.179 US$	**1,903** 円	**0.0** %

実績PER	PBR
52.1 倍	**4.4** 倍

【財務】(百万元)	2019/12	2018/12
流動資産	286.8	17.0
総資産	1,250.5	17.0
流動負債	675.1	346.1
総負債	1,206.1	499.1
資本金	1,071.3	1,071.3
株主資本	44.4	-482.1

【CF】(百万元)	2019/12	2018/12
営業CF	64.4	-7.4
投資CF	-329.8	5.3
財務CF	326.6	1.3
現金同等物	61.5	0.0

【指標】(%)	
ROA	2.1
ROE	58.6
粗利益率	23.0
増収率	—
増益率(営利)	—
自己資本増加率	—
BPS(元)	0.0
負債比率	2,717.9
流動比率	42.5
株主資本比率	3.5

【業績】(百万元)	売上高	営業利益	純利益	前年比(%)	EPS(元)	1株配(元)
2017/12	30.52	-1,082.84	-1,128.56	—	-1.054	0.0000
2018/12	0.00	-398.52	-503.60	—	-0.470	0.0000
2019/12	199.39	57.74	25.99	—	0.024	0.0000
2018/06中間	0.00	-18.71	-18.84	—	-0.018	0.0000
2019/06中間	0.00	-6.38	-18.46	—	-0.017	0.0000

【株価情報】	
取引単位(株)	100
時価総額(mUS$)	64.5

【上場】1992年【住所】上海市徐匯區淮海中路1010号嘉華中心3704室【URL】www.600610.com.cn

900907　*ST鵬起科技発展

鵬起科技発展股フン有限公司
Pengqi Technology Development Co.,Ltd.

軍需と環境保護が主軸の多角化企業　前身はゴム製品の上海膠帯総廠。現在の主力事業は軍需と環境保護。軍需部門は航空機・船舶用チタン合金の精密鋳造と通信システムを提供。環境保護は亜鉛やインジウムなど非鉄金属のリサイクルを手掛ける。

株価	最低売買価格	年間騰落率
0.077 US$	**819** 円	**-78.0** %

実績PER	PBR
—	**0.3** 倍

【財務】(百万元)	2019/12	2018/12
流動資産	2,821.8	3,355.7
総資産	4,814.6	5,768.8
流動負債	3,174.7	3,170.1
総負債	4,226.0	4,320.0
資本金	1,752.8	1,752.8
株主資本	455.3	1,309.4

【CF】(百万元)	2019/12	2018/12
営業CF	29.7	-97.0
投資CF	-68.6	-339.6
財務CF	22.7	-470.1
現金同等物	18.1	34.3

【指標】(%)	
ROA	—
ROE	—
粗利益率	4.0
増収率	-23.0
増益率(営利)	—
自己資本増加率	-65.2
BPS(元)	0.3
負債比率	928.2
流動比率	88.9
株主資本比率	9.5

【業績】(百万元)	売上高	営業利益	純利益	前年比(%)	EPS(元)	1株配(元)
2017/12	2,003.67	490.33	387.17	322.2	0.220	0.0000
2018/12	2,147.27	-2,676.22	-3,590.36	—	-2.050	0.0000
2019/12	1,652.57	-863.91	-872.07	—	-0.500	0.0000
2018/06中間	1,058.67	185.40	156.91	-23.7	0.090	0.0000
2019/06中間	814.49	-58.02	-65.12	—	-0.037	0.0000

【株価情報】	
取引単位(株)	100
時価総額(mUS$)	18.6

【上場】1992年【住所】上海市浦東新区王橋路1036、1037号【URL】www.600614.com

900908　上海クロールアルカリ

上海リョクケン化工股フン有限公司
Shanghai Chlor-Alkali Chemical Co.,Ltd.

基礎化学品メーカー大手　ポリ塩化ビニル(PVC)、苛性ソーダ、塩素系化学製品など工業用基礎化学品の製造・販売が主力事業。化学工業プラント区のパイプラインを通じ、原料調達から顧客への供給までを網羅する一貫体制に強みを持つ。

株価	最低売買価格	年間騰落率
0.465 US$	**4,944** 円	**-32.1** %

実績PER	PBR
4.7 倍	**0.1** 倍

【財務】(百万元)	2019/12	2018/12
流動資産	2,776.9	1,946.2
総資産	5,734.0	5,060.5
流動負債	946.6	1,021.2
総負債	1,079.5	1,150.0
資本金	1,156.0	1,156.4
株主資本	4,654.4	3,915.2

【CF】(百万元)	2019/12	2018/12
営業CF	867.7	889.7
投資CF	25.4	208.3
財務CF	-228.7	-330.0
現金同等物	1,902.4	1,236.8

【指標】(%)	
ROA	14.1
ROE	17.4
粗利益率	17.5
増収率	-9.9
増益率(営利)	-24.9
自己資本増加率	18.9
BPS(元)	4.0
負債比率	23.2
流動比率	293.4
株主資本比率	81.2

【業績】(百万元)	売上高	営業利益	純利益	前年比(%)	EPS(元)	1株配(元)
2017/12	7,226.75	1,003.84	992.60	—	0.858	0.0350
2018/12	7,170.64	1,137.79	1,053.07	6.1	0.911	0.1200
2019/12	6,463.77	854.45	810.93	-23.0	0.701	0.1000
2018/06中間	3,360.32	458.65	369.96	47.7	0.320	0.0000
2019/06中間	2,798.07	472.88	458.59	24.0	0.397	0.0000

【株価情報】	
取引単位(株)	100
時価総額(mUS$)	189.1

【上場】1992年【住所】上海市化学工業区神工路200号【URL】www.scacc.com

B株銘柄

900909　上海華誼集団

上海華誼集団股フン有限公司
Shanghai Huayi Group Corp.,Ltd.

上海市政府系の化学品メーカー　前身はタイヤメーカーの双銭集団。15年の資産再編で化学品事業を買収。川上の基礎化学品から塗装原料などの中間体、タイヤなど最終製品までの製造と関連サービスを手掛ける化学品メーカーに業態転換した。

株価	最低売買価格	年間騰落率	実績PER	PBR
0.442 US$	4,700 円	-48.9 %	10.4 倍	0.1 倍

【CF】(百万元)	2019/12	2018/12
営業CF	1,146.2	2,953.4
投資CF	-1,735.7	-2,246.8
財務CF	-171.9	20.6
現金同等物	10,727.7	11,437.1

【財務】(百万元)	2019/12	2018/12
流動資産	23,870.5	23,291.7
総資産	48,710.2	46,076.9
流動負債	21,560.1	22,525.9
総負債	27,901.8	25,839.8
資本金	2,105.3	2,117.4
株主資本	18,353.7	18,065.7

【指標】(%)	
ROA	1.3
ROE	3.4
粗利益率	9.2
増収率	-15.0
増益率(営利)	-58.3
自己資本増加率	1.6
BPS(元)	8.7
負債比率	152.0
流動比率	110.7
株主資本比率	37.7
【株価情報】	
取引単位(株)	100
時価総額(mUS$)	107.5

【業績】(百万元)	売上高	営業利益	純利益	前年比(%)	EPS(元)	1株配(元)
2017/12	43,747.09	723.37	567.84	36.2	0.270	0.1000
2018/12	44,517.74	2,231.49	1,807.10	218.2	0.850	0.2600
2019/12	37,831.15	931.16	624.98	-65.4	0.300	0.1000
2018/06中間	23,227.71	1,249.82	1,003.34	212.2	0.470	0.0000
2019/06中間	20,988.17	708.63	505.70	-49.6	0.240	0.0000

【上場】1992年【住所】上海市常徳路809号【URL】www.doublecoinholdings.com

900910　上海海立

上海海立（集団）股フン有限公司
Shanghai Highly (Group) Co.,Ltd.

中国のエアコン用圧縮機大手　エアコン、冷蔵庫、自動車用の圧縮機(コンプレッサー)を製造・販売する。上海と南昌、綿陽、インドに工場を持つ。日立グループと合弁事業を展開し、家庭用冷蔵庫向け圧縮機を製造。中野冷機とも合弁事業を展開する。

株価	最低売買価格	年間騰落率	実績PER	PBR
0.568 US$	6,040 円	-32.9 %	12.2 倍	0.1 倍

【CF】(百万元)	2019/12	2018/12
営業CF	701.4	1,305.4
投資CF	-676.6	-689.4
財務CF	-514.5	-350.1
現金同等物	1,094.4	1,590.8

【財務】(百万元)	2019/12	2018/12
流動資産	8,601.2	9,014.7
総資産	13,938.3	14,335.3
流動負債	7,544.6	8,445.4
総負債	8,456.3	9,001.4
資本金	883.3	866.3
株主資本	4,509.7	4,364.5

【指標】(%)	
ROA	2.0
ROE	6.3
粗利益率	14.4
増収率	3.7
増益率(営利)	-14.8
自己資本増加率	3.3
BPS(元)	5.1
負債比率	187.5
流動比率	114.0
株主資本比率	32.4
【株価情報】	
取引単位(株)	100
時価総額(mUS$)	161.4

【業績】(百万元)	売上高	営業利益	純利益	前年比(%)	EPS(元)	1株配(元)
2017/12	10,446.78	383.94	281.23	59.6	0.320	0.1200
2018/12	11,708.31	435.09	310.89	10.5	0.360	0.1500
2019/12	12,140.21	370.49	285.34	-8.2	0.330	0.1800
2018/06中間	6,983.30	245.31	168.18	47.1	0.190	0.0000
2019/06中間	6,824.85	245.68	169.49	0.8	0.200	0.0000

【上場】1993年【住所】中国(上海)自由貿易試験区寧橋路888号【URL】www.highly.cc

900911　上海金橋出口加工区

上海金橋出口加工区開発股フン有限公司
Shanghai Jinqiao Export Processing Zone Dev. Co.,Ltd.

上海市政府系の不動産開発会社　上海自由貿易試験区を拠点に不動産事業を手掛ける。同試験区内の金橋経済技術開発区に工場やオフィス、商業施設などの賃貸物件を保有。三井不動産と共同で20年に「ららぽーと上海金橋(仮称)」を開業する予定。

株価	最低売買価格	年間騰落率	実績PER	PBR
0.929 US$	9,878 円	-21.8 %	6.8 倍	0.1 倍

【CF】(百万元)	2019/12	2018/12
営業CF	-1,367.3	-475.2
投資CF	103.3	-107.0
財務CF	1,634.9	556.1
現金同等物	1,159.9	789.0

【財務】(百万元)	2019/12	2018/12
流動資産	7,859.6	5,291.0
総資産	24,605.0	20,346.9
流動負債	7,024.9	6,651.5
総負債	14,450.9	11,276.0
資本金	1,122.4	1,122.4
株主資本	9,925.5	8,838.1

【指標】(%)	
ROA	4.4
ROE	10.9
粗利益率	52.8
増収率	21.4
増益率(営利)	11.5
自己資本増加率	12.3
BPS(元)	8.8
負債比率	145.6
流動比率	111.9
株主資本比率	40.3
【株価情報】	
取引単位(株)	100
時価総額(mUS$)	252.9

【業績】(百万元)	売上高	営業利益	純利益	前年比(%)	EPS(元)	1株配(元)
2017/12	1,673.83	976.16	737.46	19.6	0.657	0.2600
2018/12	2,761.46	1,288.40	977.11	32.5	0.871	0.3000
2019/12	3,352.38	1,436.73	1,084.93	11.0	0.967	0.3100
2018/06中間	878.64	530.69	400.06	7.9	0.356	0.0000
2019/06中間	1,427.34	587.85	444.54	11.1	0.396	0.0000

【上場】1993年【住所】中国(上海)自由貿易試験区新金橋路28号【URL】www.shpdjq.com

900912 上海外高橋集団

上海外高橋集団股フン有限公司
Shanghai Wai Gaoqiao Free Trade Zone Group Co.,Ltd

上海自由貿易試験区の保税区事業者 上海自由貿易試験区を構成する外高橋保税区(面積10平方キロ)や外高橋保税物流園区(1平方キロ)などを開発・運営する。区内の企業に工場やオフィス、倉庫などの賃貸・物流サービスを提供する。

	株価	最低売買価格	年間騰落率	実績PER	PBR
	0.903 US$	9,602 円	-35.5 %	8.3 倍	0.1 倍

【財務】(百万元)	2019/12	2018/12
流動資産	17,820.2	15,681.5
総資産	34,807.9	32,103.0
流動負債	17,606.9	15,707.8
総負債	23,940.6	20,835.4
資本金	1,135.3	1,135.3
株主資本	10,548.9	10,761.7

【指標】(%)	
ROA	2.5
ROE	8.3
粗利益率	29.4
増収率	15.5
増益率(営利)	9.9
自己資本増加率	-2.0
BPS(元)	9.3
負債比率	226.9
流動比率	101.2
株主資本比率	30.3

【CF】(百万元)	2019/12	2018/12
営業CF	-2,254.2	715.3
投資CF	-152.9	176.6
財務CF	2,617.6	-1,302.4
現金同等物	1,661.3	1,447.7

【業績】(百万元)	売上高	営業利益	純利益	前年比(%)	EPS(元)	1株配(元)
2017/12	9,012.43	1,090.74	758.80	5.0	0.670	0.2000
2018/12	7,796.59	1,208.22	818.01	7.8	0.720	0.2200
2019/12	9,005.16	1,327.62	875.22	7.0	0.770	0.2400
2018/06中間	3,993.12	742.31	532.55	93.4	0.470	0.0000
2019/06中間	4,975.58	950.52	690.17	29.6	0.610	0.0000

【株価情報】	
取引単位(株)	100
時価総額(mUS$)	181.1

【上場】1993年 【住所】上海市浦東新区外高橋保税区楊高北路889号 【URL】www.china-ftz.com

B 株銘柄

900913 山西省国新能源

山西省国新能源股フン有限公司
Shanxi Guoxin Energy Corp.,Ltd.

山西省政府系のガス供給会社 合成繊維の製造や衣料品流通、不動産事業を手掛けていたが、13年に山西省で天然ガスパイプラインの建設や管理、天然ガスの販売事業を買収して業態転換。19年の天然ガスと炭層メタン(CBM)販売量は45億200万立方米。

	株価	最低売買価格	年間騰落率	実績PER	PBR
	0.292 US$	3,105 円	-45.5 %	68.8 倍	0.1 倍

【財務】(百万元)	2019/12	2018/12
流動資産	5,665.0	6,051.2
総資産	29,510.5	28,841.2
流動負債	12,556.6	13,024.9
総負債	25,185.3	24,400.4
資本金	1,084.7	1,084.7
株主資本	3,786.9	3,775.8

【指標】(%)	
ROA	0.1
ROE	0.9
粗利益率	18.4
増収率	-2.1
増益率(営利)	-66.4
自己資本増加率	0.3
BPS(元)	3.5
負債比率	665.1
流動比率	45.1
株主資本比率	12.8

【CF】(百万元)	2019/12	2018/12
営業CF	761.2	792.5
投資CF	-1,449.9	-1,792.7
財務CF	-28.5	1,740.6
現金同等物	2,296.9	3,014.1

【業績】(百万元)	売上高	営業利益	純利益	前年比(%)	EPS(元)	1株配(元)
2017/12	9,651.16	28.82	16.59	-95.4	0.015	0.0000
2018/12	11,139.07	188.91	45.74	175.8	0.040	0.0200
2019/12	10,901.26	63.41	34.67	-24.2	0.030	0.0000
2018/06中間	5,027.99	58.50	12.49	-87.6	0.012	0.0000
2019/06中間	5,877.03	22.99	10.73	-14.1	0.010	0.0000

【株価情報】	
取引単位(株)	100
時価総額(mUS$)	32.1

【上場】1993年 【住所】山西省太原市高新技術産業開発区中心街6号 【URL】www.600617.com.cn

900914 上海錦江国際実業投資

上海錦江国際実業投資股フン有限公司
Shanghai JinJiang International Industrial Investment Co.,Ltd.

上海のタクシー・物流事業者 上海市でタクシーやカーリース、観光バスなどの事業を手掛ける。自動車販売・修理センター「錦江汽車服務中心」を展開するほか、低温物流事業も手掛け、上海浦東国際空港の貨物ターミナル会社にも出資する。

	株価	最低売買価格	年間騰落率	実績PER	PBR
	0.695 US$	7,390 円	-30.5 %	10.1 倍	0.1 倍

【財務】(百万元)	2019/12	2018/12
流動資産	1,683.6	1,463.4
総資産	4,893.4	4,510.8
流動負債	665.8	659.6
総負債	976.8	964.1
資本金	551.6	551.6
株主資本	3,506.1	3,242.9

【指標】(%)	
ROA	5.5
ROE	7.6
粗利益率	16.4
増収率	4.4
増益率(営利)	5.6
自己資本増加率	8.1
BPS(元)	6.4
負債比率	27.9
流動比率	252.9
株主資本比率	71.6

【CF】(百万元)	2019/12	2018/12
営業CF	229.6	115.6
投資CF	131.4	106.3
財務CF	-44.0	-180.5
現金同等物	1,080.8	763.9

【業績】(百万元)	売上高	営業利益	純利益	前年比(%)	EPS(元)	1株配(元)
2017/12	2,368.75	324.41	247.46	4.4	0.449	0.2500
2018/12	2,435.41	337.82	267.09	7.9	0.484	0.2500
2019/12	2,541.81	356.73	267.67	0.3	0.485	0.2500
2018/06中間	1,138.45	201.85	162.04	25.2	0.294	0.0000
2019/06中間	1,193.21	208.41	162.02	0.0	0.294	0.0000

【株価情報】	
取引単位(株)	100
時価総額(mUS$)	111.9

【上場】1993年 【住所】中国(上海)自由貿易試験区浦東大道1号 【URL】www.jjtz.com

900915 中路

中路股フン有限公司
Zhonglu Co.,Ltd.

老舗自転車メーカー 普通自転車や電動自転車、車いすを製造・販売する。OEMが主力だが、「永久」ブランドの自社製品も販売する。自転車レンタルは自社展開に加え、地方政府から公共サービスとして受託。ボウリング場の建設・運営と設備製造も手掛ける。

株価	最低売買価格	年間騰落率	実績PER	PBR
0.464 US$	4,934 円	-46.0 %	—	0.3 倍

【財務】(百万元)	2019/12	2018/12	【指標】(%)	
流動資産	104.7	287.4	ROA	—
総資産	917.0	1,031.8	ROE	—
流動負債	231.1	245.1	粗利益率	13.0
総負債	332.9	389.1	増収率	10.6
資本金	321.4	321.4	増益率(営利)	—
株主資本	568.5	634.9	自己資本増加率	-10.5

【CF】(百万元)	2019/12	2018/12
営業CF	9.4	10.0
投資CF	-84.9	-12.1
財務CF	-42.1	55.2
現金同等物	55.2	172.6

【業績】(百万元)	売上高	営業利益	純利益	前年比(%)	EPS(元)	1株配(元)
2017/12	604.44	27.94	31.28	-65.4	0.100	0.0000
2018/12	528.80	6.49	5.07	-83.8	0.020	0.0500
2019/12	584.72	-70.26	-63.03	—	-0.200	0.0000
2018/06中間	242.17	10.22	11.29	-63.2	0.040	0.0000
2019/06中間	296.62	-33.22	-28.95	—	-0.090	0.0000

【指標】	
BPS(元)	1.8
負債比率	58.6
流動比率	45.3
株主資本比率	62.0

【株式情報】	
取引単位(株)	100
時価総額(mUS$)	38.7

【上場】1993年 【住所】上海市浦東新区南六公路818号 【URL】www.600818.cn

900916 上海鳳凰企業

上海鳳凰企業（集団）股フン有限公司
Shanghai Phoenix Enterprise (Group) Co.,Ltd.

老舗自転車メーカー 「鳳凰」ブランドで自転車の製造・販売を手掛ける。普通自転車のほか、電動アシスト自転車、スクーター、ベビーカーなども生産。不動産開発や都市の緑化、インフラ建設なども手掛ける。中国シェア自転車大手とも提携。

株価	最低売買価格	年間騰落率	実績PER	PBR
0.339 US$	3,605 円	-36.0 %	35.8 倍	0.1 倍

【財務】(百万元)	2019/12	2018/12	【指標】(%)	
流動資産	707.5	602.2	ROA	1.5
総資産	1,837.9	1,768.3	ROE	2.0
流動負債	331.4	312.2	粗利益率	17.6
総負債	379.0	360.7	増収率	28.0
資本金	402.2	402.2	増益率(営利)	—
株主資本	1,374.6	1,338.8	自己資本増加率	2.7

【CF】(百万元)	2019/12	2018/12
営業CF	21.9	-25.8
投資CF	36.2	-111.5
財務CF	-9.4	-39.0
現金同等物	209.4	160.2

【業績】(百万元)	売上高	営業利益	純利益	前年比(%)	EPS(元)	1株配(元)
2017/12	1,428.08	122.77	76.82	45.3	0.191	0.0000
2018/12	761.52	-1.93	20.18	-73.7	0.050	0.0000
2019/12	974.89	52.05	26.92	33.4	0.067	0.0000
2018/06中間	353.33	28.84	19.11	-55.4	0.048	0.0000
2019/06中間	395.84	27.45	18.42	-3.7	0.046	0.0000

【指標】	
BPS(元)	3.4
負債比率	27.6
流動比率	213.5
株主資本比率	74.8

【株式情報】	
取引単位(株)	100
時価総額(mUS$)	58.2

【上場】1993年 【住所】上海市金山工業区開楽大街158号6号楼 【URL】www.phoenix.com.cn

900917 上海海欣

上海海欣集団股フン有限公司
Shanghai Haixin Group Co.,Ltd.

繊維・医薬品メーカー ポリエステルやアクリルなどの化学繊維、プラッシュ生地の生産・販売に従事していたが、2000年に医薬品事業にも進出。原薬や各種製剤、健康食品、漢方薬、医療機器の製造や流通事業を手掛ける。長江証券(000783)に約4%出資。

株価	最低売買価格	年間騰落率	実績PER	PBR
0.325 US$	3,456 円	-27.9 %	26.7 倍	0.1 倍

【財務】(百万元)	2019/12	2018/12	【指標】(%)	
流動資産	890.3	892.3	ROA	2.0
総資産	5,158.5	4,509.4	ROE	2.7
流動負債	479.9	443.1	粗利益率	41.2
総負債	1,110.0	884.2	増収率	1.2
資本金	1,207.1	1,207.1	増益率(営利)	-22.1
株主資本	3,848.7	3,420.7	自己資本増加率	12.5

【CF】(百万元)	2019/12	2018/12
営業CF	-26.0	55.5
投資CF	60.7	-224.1
財務CF	9.4	0.8
現金同等物	380.3	334.7

【業績】(百万元)	売上高	営業利益	純利益	前年比(%)	EPS(元)	1株配(元)
2017/12	1,000.44	122.90	105.30	17.0	0.087	0.0300
2018/12	1,098.68	182.54	135.25	28.4	0.112	0.0350
2019/12	1,111.74	142.15	103.94	-23.1	0.086	0.0300
2018/06中間	489.02	82.12	78.99	28.7	0.065	0.0000
2019/06中間	503.05	94.54	69.74	-11.7	0.058	0.0000

【指標】	
BPS(元)	3.2
負債比率	28.8
流動比率	185.5
株主資本比率	74.6

【株式情報】	
取引単位(株)	100
時価総額(mUS$)	152.4

【上場】1993年 【住所】上海市松江区洞ケイ鎮長興路688号 【URL】www.haixin.com

B株銘柄

900918　上海耀皮ガラス

上海耀皮玻璃集団股フン有限公司
SYP Glass Group Co.,Ltd.

フロートガラス製造大手　主な製品はフロートガラス、Low-E複層ガラス、ソーラーパネル、中空ガラスなど。英ピルキントンからライセンスを取得したほか、米板ガラス大手PPGの技術も導入。製品は上海環球金融中心（上海ヒルズ）や東京スカイツリーなどに採用。

株価	最低売買価格	年間騰落率	実績PER	PBR
0.411 US$	4,370 円	-18.6 %	13.2 倍	0.1 倍

【財務】(百万元)	2019/12	2018/12	【指標】(%)	
流動資産	2,869.5	3,032.2	ROA	2.9
総資産	7,106.1	7,294.0	ROE	6.3
流動負債	2,436.4	2,829.3	粗利益率	21.6
総負債	3,086.1	3,597.1	増収率	16.9
資本金	934.9	934.9	増益率(営利)	113.0
株主資本	3,288.2	3,083.5	自己資本増加率	6.6

【CF】(百万元)	2019/12	2018/12
営業CF	598.3	376.9
投資CF	-196.1	-154.1
財務CF	-307.3	-60.7
現金同等物	458.7	362.0

【業績】(百万元)	売上高	営業利益	純利益	前年比(%)	EPS(元)	1株配(元)
2017/12	3,273.43	53.57	47.95	-78.8	0.050	0.0160
2018/12	3,857.41	111.34	90.68	89.1	0.100	0.0300
2019/12	4,511.02	237.19	208.50	129.9	0.220	0.0670
2018/06中間	1,785.61	88.87	60.97	255.0	0.065	0.0000
2019/06中間	2,137.11	93.77	82.62	35.5	0.088	0.0000

BPS(元)	3.5
負債比率	93.9
流動比率	117.8
株主資本比率	46.3

【株価情報】	
取引単位(株)	100
時価総額(mUS$)	77.1

B 株銘柄

【上場】1993年【住所】中国(上海)自由貿易試験区張東路1388号4-5幢【URL】www.sypglass.com

900919　上海緑庭投資

上海緑庭投資控股集団股フン有限公司
Shanghai Greencourt Investment Group Co.,Ltd.

不動産投資・資産運用会社　食品加工事業を手掛けていたが15年に業態転換。不動産分野の投資管理と資産運用を手掛ける。投資管理は、多様な方法で既存物件に投資し、改装や専門サービス提供により価値を高めて投資収益を得るビジネスモデル。

株価	最低売買価格	年間騰落率	実績PER	PBR
0.335 US$	3,562 円	-19.1 %	47.4 倍	0.3 倍

【財務】(百万元)	2019/12	2018/12	【指標】(%)	
流動資産	416.2	383.0	ROA	4.5
総資産	858.2	935.1	ROE	5.4
流動負債	129.9	210.2	粗利益率	72.6
総負債	148.9	274.9	増収率	-13.7
資本金	711.1	711.1	増益率(営利)	-57.8
株主資本	705.0	655.2	自己資本増加率	7.6

【CF】(百万元)	2019/12	2018/12
営業CF	-8.2	-2.6
投資CF	172.9	77.4
財務CF	-128.1	-147.0
現金同等物	130.4	93.3

【業績】(百万元)	売上高	営業利益	純利益	前年比(%)	EPS(元)	1株配(元)
2017/12	50.07	33.53	47.64	-10.2	0.070	0.0000
2018/12	47.99	67.51	65.02	36.5	0.090	0.0000
2019/12	41.43	28.52	38.40	-40.9	0.050	0.0000
2018/06中間	21.00	-5.33	-5.52	—	-0.010	0.0000
2019/06中間	24.90	59.99	54.78	—	0.080	0.0000

BPS(元)	1.0
負債比率	21.1
流動比率	320.3
株主資本比率	82.1

【株価情報】	
取引単位(株)	100
時価総額(mUS$)	115.5

【上場】1993年【住所】上海市松江区新松江路1800弄3号5層東区【URL】www.greencourtinvestment.com

---

900920　上海柴油機

上海柴油機股フン有限公司
Shanghai Diesel Engine Co.,Ltd.

上海市政府系のディーゼルエンジン大手　1947年創業の上海柴油機廠を前身とするディーゼルエンジンの老舗メーカー。商用車や建設機械、船舶、発電機など向けに生産する。三菱重工業と発動機やターボチャージャー製造の合弁事業を展開する。

株価	最低売買価格	年間騰落率	実績PER	PBR
0.365 US$	3,881 円	-35.9 %	19.1 倍	0.1 倍

【財務】(百万元)	2019/12	2018/12	【指標】(%)	
流動資産	5,475.1	5,046.6	ROA	1.6
総資産	7,451.6	7,021.6	ROE	3.1
流動負債	3,521.4	3,163.9	粗利益率	16.7
総負債	3,654.0	3,299.9	増収率	-2.1
資本金	866.7	866.7	増益率(営利)	-4.8
株主資本	3,798.8	3,721.9	自己資本増加率	2.1

【CF】(百万元)	2019/12	2018/12
営業CF	618.9	464.8
投資CF	-105.2	8.4
財務CF	-40.7	-37.8
現金同等物	2,977.9	2,498.3

【業績】(百万元)	売上高	営業利益	純利益	前年比(%)	EPS(元)	1株配(元)
2017/12	3,667.28	104.57	122.29	25.0	0.140	0.0430
2018/12	4,120.70	111.71	133.46	9.1	0.154	0.0470
2019/12	4,033.04	106.37	116.87	-12.4	0.135	0.0410
2018/06中間	2,206.76	79.01	81.71	25.1	0.094	0.0000
2019/06中間	1,926.86	61.69	69.53	-14.9	0.080	0.0000

BPS(元)	4.4
負債比率	96.2
流動比率	155.5
株主資本比率	51.0

【株価情報】	
取引単位(株)	100
時価総額(mUS$)	125.9

【上場】1993年【住所】上海市楊浦区軍工路2636号【URL】www.sdec.com.cn

900921　丹化化工科技

丹化化工科技股フン有限公司
Danhua Chemical Technology Co.,Ltd.

地方政府系の化学品メーカー　食肉加工事業を手掛けていたが、07年の資産再編で化学品事業に業態転換。事業は主に子会社の通遼金煤化工を通じて行う。グリコール、シュウ酸などが主要製品。江蘇省丹陽市政府傘下の江蘇丹化集団が筆頭株主。

株価	最低売買価格	年間騰落率	実績PER	PBR
0.201 US$	**2,137** 円	**-37.6** %	—	**0.1** 倍

【財務】(百万元)	2019/12	2018/12
流動資産	446.7	486.9
総資産	3,154.9	3,392.1
流動負債	697.3	593.5
総負債	734.8	634.9
資本金	1,016.5	1,016.5
株主資本	1,854.9	2,124.4

【指標】(%)	
ROA	—
ROE	—
粗利益率	1.0
増収率	-14.2
増益率(営利)	—
自己資本増加率	-12.7
BPS(元)	1.8
負債比率	39.6
流動比率	64.1
株主資本比率	58.8

【CF】(百万元)	2019/12	2018/12
営業CF	7.2	370.2
投資CF	-99.0	-201.8
財務CF	-47.9	-212.2
現金同等物	79.5	219.2

【業績】(百万元)	売上高	営業利益	純利益	前年比(%)	EPS(元)	1株配(元)
2017/12	1,331.32	377.22	266.08	—	0.262	0.0000
2018/12	1,433.24	25.06	2.06	-99.2	0.002	0.0000
2019/12	1,229.60	-373.88	-269.43	—	-0.265	0.0000
2018/06中間	610.44	-52.63	-37.65	—	-0.037	0.0000
2019/06中間	517.28	-142.86	-111.42	—	-0.110	0.0000

【株価情報】	
取引単位(株)	100
時価総額(mUS$)	39.0

【上場】1994年 【住所】江蘇省丹陽市南三環路888号高新技術創新園C1楼 【URL】www.600844.com

900922　上海三毛企業

上海三毛企業（集団）股フン有限公司
Shanghai Sanmao Enterprise (Group) Co.,Ltd.

アパレル中心の貿易会社　貿易事業のほか、警備事業や工業団地の賃貸などを手掛ける。貿易部門では主にアパレルや自動車部品、生地・繊維を扱う。主要相手国は欧米や日本、ロシア、豪州。警備事業は政府機関や学校、金融機関、企業などを顧客とする。

株価	最低売買価格	年間騰落率	実績PER	PBR
0.460 US$	**4,891** 円	**-45.0** %	**81.3** 倍	**0.2** 倍

【財務】(百万元)	2019/12	2018/12
流動資産	471.2	442.2
総資産	723.8	735.2
流動負債	204.4	218.8
総負債	249.0	264.8
資本金	201.0	201.0
株主資本	464.8	460.0

【指標】(%)	
ROA	1.1
ROE	1.8
粗利益率	6.9
増収率	-0.6
増益率(営利)	12.4
自己資本増加率	1.0
BPS(元)	2.3
負債比率	53.6
流動比率	230.5
株主資本比率	64.2

【CF】(百万元)	2019/12	2018/12
営業CF	-25.4	7.0
投資CF	22.1	17.0
財務CF	-4.7	-3.0
現金同等物	255.8	260.9

【業績】(百万元)	売上高	営業利益	純利益	前年比(%)	EPS(元)	1株配(元)
2017/12	1,277.46	30.43	20.70	-77.6	0.100	0.0150
2018/12	1,378.10	13.54	10.75	-48.1	0.050	0.0170
2019/12	1,369.54	15.22	8.20	-23.7	0.040	0.0130
2018/06中間	649.73	2.02	1.61	-95.3	0.008	0.0000
2019/06中間	611.56	14.36	10.60	557.4	0.053	0.0000

【株価情報】	
取引単位(株)	100
時価総額(mUS$)	22.4

【上場】1993年 【住所】中国(上海)自由貿易試験区浦東大道1476号、1482号1401-1415室 【URL】www.600689.com

---

900923　上海百聯集団

上海百聯集団股フン有限公司
Shanghai Bailian Group Co.,Ltd.

上海市政府系の小売グループ　華東地区を中心にスーパー、百貨店、コンビニなどを運営する。大手スーパーの聯華超市(00980)に出資するほか、第一百貨商店、永安百貨、第一八佰伴などの百貨店、百聯南方などのショッピングセンターなどを抱える。

株価	最低売買価格	年間騰落率	実績PER	PBR
0.684 US$	**7,273** 円	**-32.3** %	**9.0** 倍	**0.1** 倍

【財務】(百万元)	2019/12	2018/12
流動資産	20,606.3	19,572.0
総資産	55,692.8	45,437.4
流動負債	23,425.4	22,656.6
総負債	33,765.2	25,588.3
資本金	1,784.2	1,784.2
株主資本	18,298.4	16,314.0

【指標】(%)	
ROA	1.7
ROE	5.2
粗利益率	20.9
増収率	4.2
増益率(営利)	3.2
自己資本増加率	12.2
BPS(元)	10.3
負債比率	184.5
流動比率	88.0
株主資本比率	32.9

【CF】(百万元)	2019/12	2018/12
営業CF	2,624.0	1,799.0
投資CF	1,464.5	-1,847.1
財務CF	-1,532.1	876.8
現金同等物	11,349.7	8,794.4

【業績】(百万元)	売上高	営業利益	純利益	前年比(%)	EPS(元)	1株配(元)
2017/12	47,181.12	1,576.90	847.05	-5.9	0.470	0.1800
2018/12	48,426.71	1,435.77	872.10	3.0	0.490	0.1800
2019/12	50,458.77	1,481.01	958.19	9.9	0.540	0.1000
2018/06中間	24,836.12	1,119.32	590.83	-6.6	0.330	0.0000
2019/06中間	26,098.52	1,273.28	609.11	3.1	0.340	0.0000

【株価情報】	
取引単位(株)	100
時価総額(mUS$)	122.9

【上場】1994年 【住所】上海市浦東新区張楊路501号11楼1101室 【URL】www.bailian.sh.cn

900924　上工申貝

上工申貝（集団）股フン有限公司
Shang Gong Group Co.,Ltd.

中国のミシン製造大手 工業用・家庭用ミシンをOEMと自主ブランドで生産する。13年にPFAFF、KSL、16年にストールとドイツの同業を相次いで買収し、「DA」「PFAFF」「KSL」「beisler」などのブランドを取得。中国では「胡蝶」「上工」ブランドを展開する。

株価	最低売買価格	年間騰落率	実績PER	PBR
0.367 US$	3,902 円	-43.1 %	16.6 倍	0.1 倍

【CF】(百万元)	2019/12	2018/12
営業CF	40.8	79.6
投資CF	-164.3	-352.6
財務CF	219.6	113.5
現金同等物	655.7	558.2

【財務】(百万元)	2019/12	2018/12
流動資産	2,824.7	2,519.2
総資産	4,474.3	4,144.1
流動負債	1,260.6	982.3
総負債	1,879.7	1,632.2
資本金	548.6	548.6
株主資本	2,310.9	2,212.9

【指標】(%)	
ROA	1.9
ROE	3.7
粗利益率	24.8
増収率	0.3
増益率(営利)	-49.7
自己資本増加率	4.4
BPS(元)	4.2
負債比率	81.3
流動比率	224.1
株主資本比率	51.6

【業績】(百万元)	売上高	営業利益	純利益	前年比(%)	EPS(元)	1株配(元)
2017/12	3,064.97	290.16	197.49	36.9	0.360	0.0000
2018/12	3,200.53	200.43	140.83	-28.7	0.257	0.0000
2019/12	3,210.46	100.76	85.69	-39.2	0.156	0.0000
2018/06中間	1,494.79	142.82	100.16	-20.5	0.183	0.0000
2019/06中間	1,621.98	94.74	70.65	-29.5	0.129	0.0000

【株価情報】	
取引単位(株)	100
時価総額(mUS$)	89.5

【上場】1994年【住所】中国(上海)自由貿易試験区世紀大道1500号東方大厦12楼A-D室【URL】www.sgsbgroup.com

---

900925　上海機電

上海機電股フン有限公司
Shanghai Mechanical and Electrical Industry Co.,Ltd.

中国の大手昇降機メーカー 三菱電機と合弁で昇降機(エレベーター・エスカレーター)事業を展開。昇降機の製造・販売で中国最大規模を誇る。ほかに冷凍・空調設備、溶接機材、油圧機なども製造し、ナブテスコやキヤリアなどと提携している。

株価	最低売買価格	年間騰落率	実績PER	PBR
1.108 US$	11,781 円	-37.9 %	7.4 倍	0.1 倍

【CF】(百万元)	2019/12	2018/12
営業CF	173.0	188.5
投資CF	873.2	1,246.2
財務CF	-1,105.3	-1,415.8
現金同等物	7,496.1	7,550.9

【財務】(百万元)	2019/12	2018/12
流動資産	28,706.7	28,450.4
総資産	34,187.6	33,661.6
流動負債	20,122.0	20,156.0
総負債	20,517.3	20,532.0
資本金	1,022.7	1,022.7
株主資本	11,375.3	10,804.1

【指標】(%)	
ROA	3.2
ROE	9.5
粗利益率	16.5
増収率	4.2
増益率(営利)	-20.2
自己資本増加率	5.3
BPS(元)	11.1
負債比率	180.4
流動比率	142.7
株主資本比率	33.3

【業績】(百万元)	売上高	営業利益	純利益	前年比(%)	EPS(元)	1株配(元)
2017/12	19,471.15	2,625.84	1,390.33	-4.1	1.360	0.4800
2018/12	21,233.74	2,352.97	1,268.49	-8.8	1.240	0.4400
2019/12	22,116.25	1,877.94	1,079.53	-14.9	1.060	0.3700
2018/06中間	10,308.43	1,229.90	653.58	3.6	0.640	0.0000
2019/06中間	10,736.58	1,020.78	610.63	-6.6	0.600	0.0000

【株価情報】	
取引単位(株)	100
時価総額(mUS$)	239.6

【上場】1994年【住所】上海市浦東新区北張家濱路128号【URL】www.chinasec.cn

900926　上海宝信ソフト

上海宝信軟件股フン有限公司
Shanghai Baosight Software Co.,Ltd.

宝山鋼鉄傘下の産業システム開発会社 コンピューターや自動化、通信システムのソフトウエアとハードウエアの設計・実装が主力事業。プラント建設の工程設計や建設の請け負い、鉄道運行システムの保守、クラウドサービス、データセンター運営も手掛ける。

株価	最低売買価格	年間騰落率	実績PER	PBR
2.296 US$	24,413 円	39.5 %	20.9 倍	0.4 倍

【CF】(百万元)	2019/12	2018/12
営業CF	887.0	927.8
投資CF	-970.3	-567.4
財務CF	-701.1	-137.9
現金同等物	3,121.5	3,904.4

【財務】(百万元)	2019/12	2018/12
流動資産	7,183.6	8,015.3
総資産	10,267.7	10,661.5
流動負債	2,862.9	3,465.1
総負債	2,998.6	3,558.9
資本金	1,140.4	877.3
株主資本	7,064.6	6,896.8

【指標】(%)	
ROA	8.6
ROE	12.4
粗利益率	30.0
増収率	17.7
増益率(営利)	81.9
自己資本増加率	2.4
BPS(元)	6.2
負債比率	42.4
流動比率	250.9
株主資本比率	68.8

【業績】(百万元)	売上高	営業利益	純利益	前年比(%)	EPS(元)	1株配(元)
2017/12	4,775.78	507.08	425.28	26.7	0.543	0.1700
2018/12	5,819.46	551.92	440.05	3.5	0.409	0.3820
2019/12	6,849.04	1,003.77	879.34	99.8	0.778	0.4000
2018/06中間	2,412.76	342.16	295.50	44.5	0.287	0.0000
2019/06中間	2,699.01	480.95	405.66	37.3	0.356	0.0000

【株価情報】	
取引単位(株)	100
時価総額(mUS$)	682.9

【上場】1994年【住所】中国(上海)自由貿易試験区郭守敬路515号【URL】www.baosight.com

623

B 株銘柄

900927 上海物資貿易

上海物資貿易股フン有限公司
Shanghai Material Trading Co.,Ltd.

上海市政府傘下の商社 筆頭株主は上海市政府系の百聯集団。高級外車販売や工業素材の販売、非鉄金属取引所の運営などを手掛ける。外車販売部門ではフォルクスワーゲン、ビュイック、キャデラックなどを取り扱い、中古車取引事業も展開。

株価	最低売買価格	年間騰落率	実績PER	PBR
0.351 US$	3,732 円	-49.5 %	20.7 倍	0.3 倍

【財務】(百万元)	2019/12	2018/12
流動資産	937.7	1,048.9
総資産	1,600.5	1,710.7
流動負債	767.0	949.5
総負債	865.9	1,048.7
資本金	496.0	496.0
株主資本	671.1	603.5

【指標】(%)	
ROA	3.8
ROE	9.2
粗利益率	5.4
増収率	18.0
増益率（営利）	41.9
自己資本増加率	11.2
BPS（元）	1.4
負債比率	129.0
流動比率	122.3
株主資本比率	41.9

【CF】(百万元)	2019/12	2018/12
営業CF	211.0	-157.7
投資CF	13.6	7.9
財務CF	-108.9	-75.8
現金同等物	305.6	189.9

【業績】(百万元)	売上高	営業利益	純利益	前年比(%)	EPS(元)	1株配(元)
2017/12	6,103.45	57.94	32.48	120.7	0.070	0.0000
2018/12	6,184.86	63.70	44.08	35.7	0.090	0.0000
2019/12	7,297.19	90.38	61.42	39.3	0.120	0.0000
2018/06中間	3,390.49	42.85	30.86	149.3	0.062	0.0000
2019/06中間	3,600.13	43.81	30.89	0.1	0.062	0.0000

【株価情報】
取引単位(株) 100
時価総額(mUS$) 35.0

【上場】1994年【住所】上海市黄浦区南蘇州路325号7楼【URL】www.sh600822.com

900928 上海臨港控股

上海臨港控股股フン有限公司
Shanghai Linggang Holdings Corp.,Ltd.

上海の産業団地開発会社 上海市で産業パークとビジネスパークの開発・運営を手掛ける。前身は自動制御システム会社で15年に業態転換。上海市の漕河涇地区や洋山保税港区などに土地を保有し、入居企業に施設を販売・賃貸するビジネスモデル。

株価	最低売買価格	年間騰落率	実績PER	PBR
1.148 US$	12,207 円	-24.3 %	11.4 倍	0.2 倍

【財務】(百万元)	2019/12	2018/12
流動資産	23,890.2	16,801.0
総資産	37,780.5	28,313.4
流動負債	10,917.9	10,434.7
総負債	21,494.6	16,648.2
資本金	2,102.1	1,119.9
株主資本	13,623.6	9,948.1

【指標】(%)	
ROA	3.6
ROE	9.9
粗利益率	70.2
増収率	-17.7
増益率（営利）	-4.1
自己資本増加率	36.9
BPS（元）	6.5
負債比率	157.8
流動比率	218.8
株主資本比率	36.1

【CF】(百万元)	2019/12	2018/12
営業CF	-4,810.0	-1,172.6
投資CF	-1,173.8	326.2
財務CF	8,728.4	1,242.9
現金同等物	6,015.2	3,270.5

【業績】(百万元)	売上高	営業利益	純利益	前年比(%)	EPS(元)	1株配(元)
2017/12	2,072.32	556.37	409.77	1.6	0.370	0.1200
2018/12	4,799.38	1,863.06	1,223.07	198.5	0.650	0.1200
2019/12	3,949.77	1,785.96	1,346.80	10.1	0.710	0.2400
2018/06中間	2,693.60	1,050.24	714.78	275.0	0.382	0.0000
2019/06中間	2,658.51	1,104.63	766.27	7.2	0.410	0.0000

【株価情報】
取引単位(株) 100
時価総額(mUS$) 123.0

【上場】1994年【住所】上海市松江区シン磚公路668号3層【URL】www.lingangholding.com

900929 上海錦江国際旅游

上海錦江国際旅游股フン有限公司
Shanghai Jinjiang International Travel Co.,Ltd.

上海市政府系の大手旅行会社 主力業務である海外旅行のほか、国内旅行、インバウンド観光、展覧会などの手配も手掛ける。インバウンドでは日本からの団体客受け入れも多い。「有趣」「楽趣」などのブランドで旅行商品を販売する。

株価	最低売買価格	年間騰落率	実績PER	PBR
1.209 US$	12,855 円	-30.6 %	17.8 倍	0.2 倍

【財務】(百万元)	2019/12	2018/12
流動資産	430.2	716.3
総資産	1,308.2	1,448.5
流動負債	346.3	489.3
総負債	432.6	584.4
資本金	132.6	132.6
株主資本	871.3	861.5

【指標】(%)	
ROA	4.9
ROE	7.3
粗利益率	10.2
増収率	-8.1
増益率（営利）	-51.0
自己資本増加率	1.1
BPS（元）	6.6
負債比率	49.6
流動比率	124.2
株主資本比率	66.6

【CF】(百万元)	2019/12	2018/12
営業CF	-80.2	-72.7
投資CF	36.4	211.2
財務CF	-31.8	-31.0
現金同等物	245.2	320.5

【業績】(百万元)	売上高	営業利益	純利益	前年比(%)	EPS(元)	1株配(元)
2017/12	1,710.19	74.63	61.23	0.1	0.462	0.2340
2018/12	1,519.63	144.92	63.47	3.7	0.479	0.2400
2019/12	1,396.06	71.06	63.84	0.6	0.482	0.2420
2018/06中間	702.20	68.60	51.28	9.9	0.387	0.0000
2019/06中間	639.18	55.06	51.47	0.4	0.388	0.0000

【株価情報】
取引単位(株) 100
時価総額(mUS$) 79.8

【上場】1994年【住所】上海市延安東路100号聯誼大厦27楼【URL】www.jjtravel.com

B 株銘柄

900932 上海陸家嘴金融貿易区

上海陸家嘴金融貿易区開発股フン有限公司
Shanghai Lujiazui Finance & Trade Zone Dev. Co.,Ltd.

不動産開発の国策会社 1990年に設置された上海陸家嘴金融貿易区の開発を手掛ける。不動産開発や分譲住宅の販売、オフィスや商業施設の賃貸、不動産管理事業に従事。16年に金融サービス会社を買収し、証券、信託、保険の3事業を傘下に収めた。

株価	最低売買価格	年間騰落率	実績PER	PBR
0.845 US$	8,985 円	-30.6 %	6.6 倍	0.2 倍

【財務】(百万元)	2019/12	2018/12
流動資産	37,605.0	35,862.0
総資産	91,440.2	78,112.6
流動負債	41,235.4	34,197.0
総負債	62,383.4	55,322.4
資本金	4,034.2	3,361.8
株主資本	18,119.2	16,094.9

【CF】(百万元)	2019/12	2018/12
営業CF	517.4	4,317.4
投資CF	-8,433.2	984.9
財務CF	7,893.4	-5,324.5
現金同等物	4,417.8	4,443.7

【指標】(%)	
ROA	4.0
ROE	20.3
粗利益率	59.4
増収率	16.9
増益率（営利）	15.4
自己資本増加率	12.6
BPS（元）	4.5
負債比率	344.3
流動比率	91.2
株主資本比率	19.8

【業績】(百万元)	売上高	営業利益	純利益	前年比(%)	EPS(元)	1株配(元)
2017/12	9,324.59	4,859.64	3,129.92	18.2	0.931	0.4660
2018/12	12,638.77	5,434.68	3,350.25	7.0	0.831	0.4990
2019/12	14,772.94	6,270.67	3,677.36	9.8	0.912	0.4560
2018/06中間	6,610.95	3,218.58	1,838.65	59.4	0.547	0.0000
2019/06中間	8,188.54	3,376.24	2,047.08	11.3	0.507	0.0000

【株価情報】	
取引単位（株）	100
時価総額(mUS$)	930.1

【上場】1994年【住所】中国(上海)自由貿易試験区浦東大道981号【URL】www.ljz.com.cn

900933 華新セメント

華新水泥股フン有限公司
Huaxin Cement Co.,Ltd.

湖北省のセメント大手 セメント、クリンカー、コンクリートのほか、骨材、建材製品の製造・販売を手掛ける。三峡ダム建設の主要サプライヤーに指定されるなど豊富な実績を持つ。08年にスイスのセメント大手、ホルシム社（現ラファルジュホルシム）が資本参加。

株価	最低売買価格	年間騰落率	実績PER	PBR
1.754 US$	18,650 円	-7.3 %	4.1 倍	0.2 倍

【財務】(百万元)	2019/12	2018/12
流動資産	10,148.5	10,550.5
総資産	36,645.4	33,161.5
流動負債	9,024.7	10,151.8
総負債	13,277.7	14,842.1
資本金	2,096.6	1,497.6
株主資本	21,309.0	16,673.0

【CF】(百万元)	2019/12	2018/12
営業CF	9,679.2	7,899.6
投資CF	-4,486.7	-1,828.9
財務CF	-5,506.9	-4,383.9
現金同等物	4,918.3	5,236.2

【指標】(%)	
ROA	17.3
ROE	29.8
粗利益率	40.8
増収率	14.5
増益率（営利）	21.9
自己資本増加率	27.8
BPS（元）	10.2
負債比率	62.3
流動比率	112.5
株主資本比率	58.1

【業績】(百万元)	売上高	営業利益	純利益	前年比(%)	EPS(元)	1株配(元)
2017/12	20,889.29	2,579.50	2,077.64	359.7	1.390	0.2800
2018/12	27,466.04	7,170.20	5,181.45	149.4	2.470	1.1500
2019/12	31,439.22	8,743.97	6,342.30	22.4	3.030	1.2100
2018/06中間	11,883.07	2,802.88	2,067.92	184.1	0.990	0.0000
2019/06中間	14,387.17	4,306.11	3,162.52	52.9	1.510	0.0000

【株価情報】	
取引単位（株）	100
時価総額(mUS$)	1,288.7

【上場】1994年【住所】湖北省黄石市大棋大道東600号【URL】www.huaxincem.com

900934 上海錦江国際酒店

上海錦江国際酒店股フン有限公司
Shanghai Jin Jiang International Hotels Co., Ltd.

上海のホテル・外食大手 高級ホテルの運営を手掛けていたが、上海錦江国際酒店集団(02006)との資産交換を通じて「錦江之星」などエコノミーホテルの運営が中核事業となった。外食事業ではケンタッキー・フライドチキンや吉野家に出資する。

株価	最低売買価格	年間騰落率	実績PER	PBR
1.446 US$	15,375 円	-31.6 %	9.0 倍	0.1 倍

【財務】(百万元)	2019/12	2018/12
流動資産	8,496.0	9,835.2
総資産	38,874.3	40,132.5
流動負債	7,613.7	8,041.6
総負債	24,518.2	26,334.5
資本金	957.9	957.9
株主資本	13,255.1	12,621.6

【CF】(百万元)	2019/12	2018/12
営業CF	2,637.9	3,515.2
投資CF	-885.9	-605.2
財務CF	-3,195.4	-5,443.7
現金同等物	5,911.8	7,353.1

【指標】(%)	
ROA	2.8
ROE	8.2
粗利益率	89.9
増収率	2.7
増益率（営利）	13.8
自己資本増加率	5.0
BPS（元）	13.8
負債比率	185.0
流動比率	111.6
株主資本比率	34.1

【業績】(百万元)	売上高	営業利益	純利益	前年比(%)	EPS(元)	1株配(元)
2017/12	13,582.58	1,275.62	881.76	26.9	0.921	0.5600
2018/12	14,697.42	1,550.11	1,082.46	22.8	1.130	0.6000
2019/12	15,099.12	1,763.38	1,092.50	0.9	1.141	0.6000
2018/06中間	6,939.35	715.52	503.41	22.1	0.526	0.0000
2019/06中間	7,142.86	883.52	567.73	12.8	0.593	0.0000

【株価情報】	
取引単位（株）	100
時価総額(mUS$)	225.6

【上場】1994年【住所】中国(上海)自由貿易試験区楊高南路889号東錦江大酒店商住楼四層(B区域)【URL】www.jinjianghotels.sh.cn

900936 オルドス資源

内蒙古鄂爾多斯資源股フン有限公司
Inner Mongolia Eerduosi Resourses Co.,Ltd.

中国の金属加工メーカー大手「オルドス」ブランドでカシミヤ製品の製造・販売を手掛けるほか、石炭採掘、セメント、電力、金属加工などの事業を展開。日本のJFEスチールや三井物産とも事業提携。カシミヤ製品の生産、販売規模は世界最大を誇る。

株価	最低売買価格	年間騰落率	実績PER	PBR
0.796 US$	8,464 円	-4.7 %	5.4 倍	0.1 倍

【財務】(百万元)	2019/12	2018/12
流動資産	16,582.4	19,415.9
総資産	49,131.1	51,113.7
流動負債	23,832.1	29,162.5
総負債	31,871.2	35,163.6
資本金	1,427.9	1,032.0
株主資本	12,837.9	9,553.3

【CF】(百万元)	2019/12	2018/12
営業CF	3,561.1	7,126.0
投資CF	905.1	-463.8
財務CF	-3,417.9	-3,598.7
現金同等物	6,551.3	5,493.5

【指標】(%)	
ROA	2.7
ROE	10.4
粗利益率	29.2
増収率	-7.4
増益率(営利)	-4.8
自己資本増加率	34.4
BPS(元)	9.0
負債比率	248.3
流動比率	69.6
株主資本比率	26.1

【業績】(百万元)	売上高	営業利益	純利益	前年比(%)	EPS(元)	1株配(元)
2017/12	22,126.93	1,493.46	520.97	96.1	0.500	0.1000
2018/12	24,623.04	2,087.93	952.75	82.9	0.920	0.1500
2019/12	22,789.92	1,987.15	1,340.87	40.7	1.040	0.4000
2018/06中間	10,448.96	786.13	278.84	65.2	0.270	0.0000
2019/06中間	9,889.21	862.42	549.41	97.0	0.480	0.0000

【株価情報】	
取引単位(株)	100
時価総額(mUS$)	334.3

【上場】1995年 【住所】内蒙古鄂爾多斯市東勝区罕台軽紡街1号 【URL】www.chinaerdos.com

900937 華電能源

華電能源股フン有限公司
Huadian Energy Co.,Ltd.

黒龍江省の電力大手 黒龍江省での電力事業のほか、熱供給、電気メーターの販売を手掛ける。発電所買収などを通じ、積極的に事業規模を拡大。黒龍江省が売り上げの大半を占める。19年通期の発電量は270億kWhに上る。

株価	最低売買価格	年間騰落率	実績PER	PBR
0.144 US$	1,531 円	-28.7 %	25.5 倍	0.2 倍

【財務】(百万元)	2019/12	2018/12
流動資産	4,079.9	4,206.2
総資産	23,685.6	25,133.1
流動負債	15,523.6	14,670.7
総負債	21,748.4	23,284.5
資本金	1,966.7	1,966.7
株主資本	1,663.7	1,573.2

【CF】(百万元)	2019/12	2018/12
営業CF	1,637.9	2,519.8
投資CF	-386.8	-1,104.7
財務CF	-1,566.0	-1,263.7
現金同等物	1,435.7	1,750.7

【指標】(%)	
ROA	0.3
ROE	4.5
粗利益率	5.8
増収率	10.4
増益率(営利)	—
自己資本増加率	5.8
BPS(元)	0.8
負債比率	1,307.2
流動比率	26.3
株主資本比率	7.0

【業績】(百万元)	売上高	営業利益	純利益	前年比(%)	EPS(元)	1株配(元)
2017/12	9,081.44	-1,262.28	-1,103.89	—	-0.560	0.0000
2018/12	9,806.53	-887.96	-761.89	—	-0.390	0.0000
2019/12	10,828.01	118.67	75.56	—	0.040	0.0000
2018/06中間	5,125.07	-22.92	-45.94	—	-0.020	0.0000
2019/06中間	5,218.35	41.22	12.54	—	0.006	0.0000

【株価情報】	
取引単位(株)	100
時価総額(mUS$)	62.2

【上場】1996年 【住所】黒龍江省哈爾濱市香坊区高新技術開発区19号楼B座 【URL】www.hdenergy.com

900938 海航科技

海航科技股フン有限公司
HNA Technology Co.,Ltd.

IT機器の販売業者 コンテナ船の運航を手掛けていたが、海運市場の不振を受けて15年から事業多角化を推進。16年に米IT機器販売大手、イングラム・マイクロを買収。主力事業をIT製品の販売・技術ソリューション、EC向けソリューションサービスなどに転換した。

株価	最低売買価格	年間騰落率	実績PER	PBR
0.270 US$	2,871 円	-21.7 %	10.6 倍	0.1 倍

【財務】(百万元)	2019/12	2018/12
流動資産	95,439.2	96,951.3
総資産	127,716.5	128,940.4
流動負債	87,652.6	89,165.5
総負債	108,835.3	111,038.1
資本金	2,899.3	2,899.3
株主資本	13,871.4	13,340.4

【CF】(百万元)	2019/12	2018/12
営業CF	3,803.9	3,066.2
投資CF	2,097.8	-854.1
財務CF	-6,293.9	-270.3
現金同等物	5,504.3	5,810.8

【指標】(%)	
ROA	0.4
ROE	3.8
粗利益率	7.3
増収率	-2.8
増益率(営利)	101.6
自己資本増加率	4.0
BPS(元)	4.8
負債比率	784.6
流動比率	108.9
株主資本比率	10.9

【業績】(百万元)	売上高	営業利益	純利益	前年比(%)	EPS(元)	1株配(元)
2017/12	315,460.01	706.23	820.57	155.2	0.280	0.0000
2018/12	336,472.00	743.09	60.24	-92.7	0.020	0.0000
2019/12	327,153.20	1,498.30	521.92	766.4	0.180	0.0000
2018/06中間	150,154.26	-3.82	-0.83	—	0.000	0.0000
2019/06中間	156,992.76	536.64	139.21	—	0.048	0.0000

【株価情報】	
取引単位(株)	100
時価総額(mUS$)	88.1

【上場】1996年 【住所】天津自貿試験区(空港経済区)中心大道華盈大厦803 【URL】www.hna-tic.com

900939　上海匯麗建材

上海匯麗建材股フン有限公司
Shanghai Huili Building Materials Co.,Ltd.

上海拠点の木製建材取引会社　化学建材を製造・販売していたが、08年に主力製品をシフト。10年に採算が悪化した木製建材事業の停止を決め、工場を賃貸した。床板の取引事業を12年から再開したものの、小規模にとどまり、工場の賃料が主な収入源。

株価	最低売買価格	年間騰落率	実績PER	PBR
0.495 US$	5,263 円	-36.5 %	84.2 倍	1.1 倍

【財務】(百万元)	2019/12	2018/12
流動資産	67.4	59.6
総資産	105.9	99.0
流動負債	21.0	21.7
総負債	22.2	22.9
資本金	181.5	181.5
株主資本	80.3	72.7

【指標】(%)	
ROA	7.1
ROE	9.4
粗利益率	87.9
増収率	-8.0
増益率(営利)	296.9
自己資本増加率	10.4
BPS(元)	0.4
負債比率	27.7
流動比率	321.6
株主資本比率	75.8

【CF】(百万元)	2019/12	2018/12
営業CF	6.7	8.5
投資CF	-16.9	0.4
財務CF	0.0	0.0
現金同等物	26.9	37.0

【業績】(百万元)	売上高	営業利益	純利益	前年比(%)	EPS(元)	1株配(元)
2017/12	12.25	4.30	4.35	-58.0	0.024	0.0000
2018/12	13.17	2.37	1.36	-68.7	0.008	0.0000
2019/12	12.12	9.39	7.56	455.3	0.042	0.0000
2018/06中間	6.88	0.86	0.88	-64.0	0.005	0.0000
2019/06中間	5.49	3.09	2.52	186.4	0.014	0.0000

【株価情報】	
取引単位(株)	100
時価総額(mUS$)	43.6

【上場】1996年　【住所】上海市浦東新区周浦鎮横橋路406号1幢213室　【URL】www.huili.com

900940　上海大名城企業

上海大名城企業股フン有限公司
Greattown Holdings Ltd.

不動産デベロッパー　合成繊維メーカーだったが11年に業態転換。本拠の福建省に加え、北京市、上海市、深セン市など大都市や周辺地域で住宅・商業物件の開発を手掛ける。近年は投資ファンドを立ち上げるなど、収益の多角化を推進している。

株価	最低売買価格	年間騰落率	実績PER	PBR
0.349 US$	3,711 円	-27.4 %	8.2 倍	0.1 倍

【財務】(百万元)	2019/12	2018/12
流動資産	36,335.6	42,539.8
総資産	41,952.6	47,842.6
流動負債	21,928.4	24,336.6
総負債	27,678.7	34,589.7
資本金	2,475.3	2,475.3
株主資本	12,921.0	12,154.6

【指標】(%)	
ROA	1.8
ROE	5.8
粗利益率	27.1
増収率	-2.5
増益率(営利)	15.3
自己資本増加率	6.3
BPS(元)	5.2
負債比率	214.2
流動比率	165.7
株主資本比率	30.8

【CF】(百万元)	2019/12	2018/12
営業CF	10,300.4	6,329.9
投資CF	1,635.9	2,059.6
財務CF	-10,310.0	-8,219.9
現金同等物	3,322.3	1,695.7

【業績】(百万元)	売上高	営業利益	純利益	前年比(%)	EPS(元)	1株配(元)
2017/12	10,244.47	1,976.52	1,411.98	68.0	0.570	0.0600
2018/12	13,383.02	1,148.62	550.67	-61.0	0.223	0.0200
2019/12	13,043.17	1,324.34	743.56	35.0	0.300	0.0300
2018/06中間	4,744.95	444.71	265.32	-17.3	0.107	0.0000
2019/06中間	4,397.04	663.71	275.34	3.8	0.111	0.0000

【株価情報】	
取引単位(株)	100
時価総額(mUS$)	69.4

【上場】1996年　【住所】上海市閔行区紅松東路1116号1幢5楼A区　【URL】www.greattown.cn

900941　東方通信

東方通信股フン有限公司
Eastern Communications Co.,Ltd.

浙江省拠点の通信設備大手　電子製品の受託製造サービス(EMS)のほか、ATM、POS端末など金融・流通向け製品の製造を手掛ける。企業ネットワーク(VNP)・情報セキュリティー、無人化設備、情報・通信技術サービスが事業の3本柱。

株価	最低売買価格	年間騰落率	実績PER	PBR
0.490 US$	5,210 円	-11.7 %	33.0 倍	0.2 倍

【財務】(百万元)	2019/12	2018/12
流動資産	3,107.5	2,957.1
総資産	3,947.4	3,803.0
流動負債	768.3	682.2
総負債	772.6	686.5
資本金	1,256.0	1,256.0
株主資本	3,131.7	3,073.9

【指標】(%)	
ROA	3.3
ROE	4.2
粗利益率	14.9
増収率	11.6
増益率(営利)	7.5
自己資本増加率	1.9
BPS(元)	2.5
負債比率	24.7
流動比率	404.5
株主資本比率	79.3

【CF】(百万元)	2019/12	2018/12
営業CF	39.1	-34.0
投資CF	82.6	120.9
財務CF	-76.6	-77.5
現金同等物	303.7	258.9

【業績】(百万元)	売上高	営業利益	純利益	前年比(%)	EPS(元)	1株配(元)
2017/12	2,437.29	121.99	118.21	29.0	0.094	0.0600
2018/12	2,404.82	131.68	127.40	7.8	0.101	0.0600
2019/12	2,683.20	141.56	131.68	3.4	0.105	0.0400
2018/06中間	1,057.68	66.96	56.30	0.4	0.045	0.0000
2019/06中間	1,178.29	58.84	50.58	-10.2	0.040	0.0000

【株価情報】	
取引単位(株)	100
時価総額(mUS$)	147.0

【上場】1996年　【住所】浙江省杭州市濱江区東信大道66号　【URL】www.eastcom.com

B株銘柄

900942　黄山旅游発展

黄山旅游発展股フン有限公司
Huangshan Tourism Development Co.,Ltd.

景勝地「黄山」の管理・運営会社　世界遺産（文化遺産、自然遺産）に登録される国内有数の景勝地、黄山の独占開発権を持つ。主な収入源は入場料（園林開発）、ロープウエー、ホテル、旅行サービス。黄山は独特の地形と神秘的な景観で知られる。

株価	最低売買価格	年間騰落率	実績PER	PBR
0.699 US$	7,432 円	-39.5 %	10.8 倍	0.1 倍

【財務】(百万元)	2019/12	2018/12
流動資産	2,210.4	2,236.8
総資産	4,967.8	4,703.3
流動負債	343.0	406.1
総負債	444.6	475.4
資本金	729.4	747.3
株主資本	4,359.1	4,082.5

【指標】(%)	
ROA	6.8
ROE	7.8
粗利益率	56.0
増収率	-0.9
増益率（営利)	-37.9
自己資本増加率	6.8
BPS（元)	6.0
負債比率	10.2
流動比率	644.5
株主資本比率	87.7

【CF】(百万元)	2019/12	2018/12
営業CF	426.1	457.6
投資CF	-287.3	1,016.0
財務CF	-122.5	-347.8
現金同等物	1,801.4	1,785.0

【業績】(百万元)	売上高	営業利益	純利益	前年比(%)	EPS（元)	1株配（元)
2017/12	1,783.91	604.72	414.06	17.6	0.550	0.2400
2018/12	1,620.95	824.69	582.51	40.7	0.780	0.1320
2019/12	1,606.74	512.08	340.19	-41.6	0.460	0.1090
2018/06中間	682.27	307.53	218.86	17.0	0.293	0.0000
2019/06中間	728.44	240.54	168.10	-23.2	0.229	0.0000

【株価情報】取引単位（株）100　時価総額（mUS$）151.0

【上場】1996年【住所】安徽省黄山市屯溪区天都大道5号（天都国際飯店D座16-18楼）【URL】www.huangshan.com.cn

900943　上海開開実業

上海開開実業股フン有限公司
Shanghai Kai Kai Industry Co.,Ltd.

アパレル・医薬品メーカー　アパレル事業と医薬品事業が収益の2本柱。アパレル事業は「開開」ブランドでシャツや背広、セーターを中心に製造・販売を手掛ける。01年に参入した医薬品事業は「雷允上」ブランドで医薬品の小売りチェーンを展開する。

株価	最低売買価格	年間騰落率	実績PER	PBR
0.459 US$	4,881 円	-37.0 %	36.1 倍	0.2 倍

【財務】(百万元)	2019/12	2018/12
流動資産	541.9	418.0
総資産	1,040.6	1,017.3
流動負債	295.2	288.0
総負債	520.5	516.2
資本金	243.0	243.0
株主資本	514.9	495.4

【指標】(%)	
ROA	2.1
ROE	4.3
粗利益率	22.3
増収率	-0.8
増益率（営利)	-28.2
自己資本増加率	3.9
BPS（元)	2.1
負債比率	101.1
流動比率	183.6
株主資本比率	49.5

【CF】(百万元)	2019/12	2018/12
営業CF	20.7	32.1
投資CF	67.6	-20.9
財務CF	-19.5	-12.3
現金同等物	230.6	161.8

【業績】(百万元)	売上高	営業利益	純利益	前年比(%)	EPS（元)	1株配（元)
2017/12	962.10	49.73	38.73	81.9	0.160	0.0500
2018/12	877.57	46.56	35.23	-9.0	0.140	0.0450
2019/12	870.40	33.44	21.98	-37.6	0.090	0.0280
2018/06中間	444.31	31.66	21.38	31.1	0.090	0.0000
2019/06中間	441.39	19.25	11.46	-46.4	0.050	0.0000

【株価情報】取引単位（株）100　時価総額（mUS$）36.7

【上場】1997年【住所】上海市静安区海防路421号3号楼1-3楼【URL】www.chinesekk.com

900945　海南航空控股

海南航空控股股フン有限公司
Hainan Airlines Holding Co.,Ltd.

海南省拠点の航空会社　1993年に海南省航空公司を軸に設立され、海南省美蘭国際空港を拠点とする。18年まで8年連続で英スカイトラックスの5つ星航空会社に選出。傘下に中国新華航空、山西航空、烏魯木斉航空、天津航空などを抱える。

株価	最低売買価格	年間騰落率	実績PER	PBR
0.243 US$	2,584 円	-32.1 %	214.9 倍	0.1 倍

【財務】(百万元)	2019/12	2018/12
流動資産	50,232.3	55,101.2
総資産	196,534.9	204,735.2
流動負債	120,246.2	125,663.4
総負債	134,427.8	135,984.9
資本金	16,806.1	16,806.1
株主資本	52,174.4	53,529.7

【指標】(%)	
ROA	0.3
ROE	1.0
粗利益率	7.4
増収率	6.8
増益率（営利)	—
自己資本増加率	-2.5
BPS（元)	3.1
負債比率	257.7
流動比率	41.8
株主資本比率	26.5

【CF】(百万元)	2019/12	2018/12
営業CF	13,732.7	9,224.6
投資CF	-30,172.6	-11,386.3
財務CF	-6,086.7	-1,276.2
現金同等物	5,931.1	28,456.5

【業績】(百万元)	売上高	営業利益	純利益	前年比(%)	EPS（元)	1株配（元)
2017/12	59,903.95	4,296.35	3,322.95	5.9	0.182	0.0180
2018/12	67,763.93	-5,111.72	-3,591.43	—	-0.230	0.0000
2019/12	72,389.41	828.82	543.19	—	0.008	0.0000
2018/06中間	32,941.42	682.51	548.48	-52.2	0.033	0.0000
2019/06中間	35,035.23	699.53	503.45	-8.2	0.030	0.0000

【株価情報】取引単位（株）100　時価総額（mUS$）89.8

【上場】1997年【住所】海南省海口市国興大道7号海航大厦【URL】www.hnair.com

900946 ST湖南天雁機械

湖南天雁機械股フン有限公司
Hunan Tyen Machinery Co.,Ltd.

中国長安汽車集団傘下のエンジン部品メーカー
前身は二輪車・部品メーカーの済南軽騎バイク。筆頭株主である中国長安汽車集団との資産交換により、12年にエンジン部品の製造・販売事業に業態転換。ターボチャージャーやバルブが主力製品。

株価	最低売買価格	年間騰落率	実績PER	PBR
0.146 US$	1,552 円	-36.3 %	86.1 倍	0.2 倍

【財務】(百万元)	2019/12	2018/12
流動資産	929.2	879.8
総資産	1,231.4	1,159.2
流動負債	409.6	588.4
総負債	468.4	670.8
資本金	1,064.4	971.8
株主資本	762.9	488.3

【指標】(%)	
ROA	1.0
ROE	1.5
粗利益率	21.1
増収率	7.3
増益率(営利)	—
自己資本増加率	56.2
BPS(元)	0.7
負債比率	61.4
流動比率	226.8
株主資本比率	62.0

【CF】(百万元)	2019/12	2018/12
営業CF	8.6	-12.0
投資CF	43.8	-13.4
財務CF	-16.7	2.0
現金同等物	331.9	296.2

【業績】(百万元)	売上高	営業利益	純利益	前年比(%)	EPS(元)	1株配(元)
2017/12	582.61	-88.26	-84.04	—	-0.087	0.0000
2018/12	469.17	-93.89	-88.94	—	-0.092	0.0000
2019/12	503.30	12.21	11.75	—	0.012	0.0000
2018/06中間	283.46	-3.10	-3.36	—	-0.004	0.0000
2019/06中間	254.36	3.82	3.80	—	0.004	0.0000

【株価情報】	
取引単位(株)	100
時価総額(mUS$)	33.6

【上場】1997年 【住所】湖南省衡陽市石鼓区合江套路195号 【URL】www.tyen.com.cn

900947 上海振華重工

上海振華重工（集団）股フン有限公司
Shanghai Zhenhua Heavy Industries Co.,Ltd

港湾クレーン世界最大手 コンテナクレーン、ガントリークレーンなど各種港湾クレーンの製造を手掛ける。上海市や江蘇省南通市などに製造拠点を持ち、港湾クレーン業界では1998年から世界市場のシェアトップを誇る。港湾の自動化事業なども請け負う。

株価	最低売買価格	年間騰落率	実績PER	PBR
0.249 US$	2,648 円	-32.3 %	17.6 倍	0.1 倍

【財務】(百万元)	2019/12	2018/12
流動資産	35,569.6	34,707.1
総資産	74,410.8	70,598.4
流動負債	44,275.3	34,591.5
総負債	55,839.7	52,985.9
資本金	5,268.4	5,268.4
株主資本	15,543.4	15,185.9

【指標】(%)	
ROA	0.7
ROE	3.3
粗利益率	16.3
増収率	12.8
増益率(営利)	0.5
自己資本増加率	2.4
BPS(元)	3.0
負債比率	359.3
流動比率	80.3
株主資本比率	20.9

【CF】(百万元)	2019/12	2018/12
営業CF	1,290.2	553.9
投資CF	-1,547.2	-2,779.5
財務CF	141.9	-408.5
現金同等物	3,068.0	3,149.0

【業績】(百万元)	売上高	営業利益	純利益	前年比(%)	EPS(元)	1株配(元)
2017/12	21,858.81	484.54	300.20	41.3	0.057	0.0500
2018/12	21,812.39	601.78	443.01	47.6	0.080	0.0500
2019/12	24,595.59	604.61	514.93	16.2	0.100	0.0500
2018/06中間	10,071.60	195.71	162.12	40.4	0.031	0.0000
2019/06中間	10,186.79	222.45	222.42	37.2	0.042	0.0000

【株価情報】	
取引単位(株)	100
時価総額(mUS$)	484.6

【上場】1997年 【住所】上海市浦東南路3470号 【URL】www.zpmc.com

900948 イータイ・コール

内蒙古伊泰煤炭股フン有限公司
Inner Mongolia Yitai Coal Co.,Ltd.

内モンゴル最大級の総合石炭会社 オルドス高原を拠点に石炭を採掘。主に火力発電所や建材・化学メーカーが燃料に使う一般炭を供給する。石炭専用鉄道や石炭液化プラントを保有。12年7月、香港市場にH株を上場し、BH重複上場銘柄となった。

株価	最低売買価格	年間騰落率	実績PER	PBR
0.612 US$	6,507 円	-46.6 %	3.7 倍	0.1 倍

【財務】(百万元)	2019/12	2018/12
流動資産	22,749.9	23,573.1
総資産	94,418.5	94,551.4
流動負債	15,918.5	18,961.3
総負債	49,590.5	51,999.0
資本金	3,254.0	3,254.0
株主資本	34,927.0	33,207.5

【指標】(%)	
ROA	4.0
ROE	10.8
粗利益率	30.2
増収率	4.5
増益率(営利)	-3.9
自己資本増加率	5.2
BPS(元)	10.7
負債比率	142.0
流動比率	142.9
株主資本比率	37.0

【CF】(百万元)	2019/12	2018/12
営業CF	6,480.9	9,733.7
投資CF	-2,289.0	-7,273.4
財務CF	-5,231.9	800.7
現金同等物	15,954.0	16,994.2

【業績】(百万元)	売上高	営業利益	純利益	前年比(%)	EPS(元)	1株配(元)
2017/12	37,008.67	7,152.51	4,925.37	148.0	1.510	0.4550
2018/12	39,184.62	6,381.47	4,136.20	-16.0	1.270	0.5000
2019/12	40,929.04	6,130.09	3,789.31	-8.4	1.165	0.3500
2018/06中間	18,193.96	3,376.42	2,304.57	-1.0	0.710	0.0000
2019/06中間	20,075.33	3,005.38	1,916.05	-16.9	0.590	0.0000

【株価情報】	
取引単位(株)	100
時価総額(mUS$)	812.7

【上場】1997年 【住所】内蒙古鄂爾多斯市東勝区天驕北路 【URL】www.yitaicoal.com

900951　*ST大化集団大連化工

大化集団大連化工股フン有限公司
Dahua Group Dalian Chemical Industry Co.,Ltd.

大連の化学品メーカー　主力製品は基礎化学品のソーダ灰(炭酸ナトリウム)と農業・工業用に使われる塩化アンモニウム。ソーダ灰、塩化アンモニウムとも年産60万トンの生産能力を持つ。遼寧省を中心とする東北地方で事業展開するほか、輸出も手掛ける。

	株価	最低売買価格	年間騰落率	実績PER	PBR
	0.150 US$	1,595 円	-66.5 %	—	—

【財務】(百万元)	2019/12	2018/12	【指標】(%)	
流動資産	63.6	169.9	ROA	—
総資産	592.2	742.6	ROE	129.0
流動負債	741.0	612.4	粗利益率	3.6
総負債	775.8	689.4	増収率	-65.0
資本金	275.0	275.0	増益率(営利)	—
株主資本	-183.5	53.1	自己資本増加率	—

【CF】(百万元)	2019/12	2018/12
営業CF	-151.5	-56.3
投資CF	0.0	-0.4
財務CF	148.2	32.6
現金同等物	0.0	3.3

【業績】(百万元)	売上高	営業利益	純利益	前年比(%)	EPS(元)	1株配(元)	
2017/12	904.60	31.40	28.81	—	0.100	0.0000	BPS(元) —
2018/12	317.97	-138.11	-138.64	—	-0.500	0.0000	負債比率 —
2019/12	111.36	-237.28	-236.69	—	-0.860	0.0000	流動比率 8.6
2018/06中間	294.01	-47.97	-47.98	—	-0.170	0.0000	株主資本比率 —
2019/06中間	35.40	-65.04	-65.41	—	-0.240	0.0000	【株価情報】

取引単位(株) 100
時価総額(mUS$) 15.0

【上場】1997年【住所】遼寧省大連市普湾新区松木島化工園区【URL】www.dahuagf.com

900952　錦州港

錦州港股フン有限公司
Jinzhou Port Co.,Ltd.

遼寧省錦州港の運営事業者　渤海湾に臨む遼寧省錦州港で荷役、倉庫、船舶代理などに従事。主な取扱品目は原油や石油製品、石炭、糧食、鉱石、鋼材、糖類など。タンカー用、ばら積み貨物用、コンテナ用など計26カ所のバースを保有する。

	株価	最低売買価格	年間騰落率	実績PER	PBR
	0.238 US$	2,531 円	-34.3 %	21.0 倍	0.1 倍

【財務】(百万元)	2019/12	2018/12	【指標】(%)	
流動資産	1,476.4	1,082.7	ROA	1.0
総資産	17,352.9	16,492.1	ROE	2.6
流動負債	6,574.5	6,679.9	粗利益率	12.7
総負債	10,910.3	10,158.1	増収率	18.8
資本金	2,002.3	2,002.3	増益率(営利)	-39.7
株主資本	6,331.0	6,226.5	自己資本増加率	1.7

【CF】(百万元)	2019/12	2018/12
営業CF	682.2	536.3
投資CF	-194.6	-1,013.2
財務CF	-447.6	313.3
現金同等物	400.6	360.5

【業績】(百万元)	売上高	営業利益	純利益	前年比(%)	EPS(元)	1株配(元)	
2017/12	4,531.50	193.90	143.10	157.8	0.070	0.0220	BPS(元) 3.2
2018/12	5,921.65	363.65	241.88	69.0	0.120	0.0200	負債比率 172.3
2019/12	7,032.62	219.19	167.64	-30.7	0.080	0.0200	流動比率 22.5
2018/06中間	2,745.65	127.84	91.18	8.0	0.046	0.0000	株主資本比率 36.5
2019/06中間	3,479.69	133.74	101.53	11.3	0.051	0.0000	【株価情報】

取引単位(株) 100
時価総額(mUS$) 53.0

【上場】1998年【住所】遼寧省錦州経済技術開発区錦港大街1段1号【URL】www.jinzhouport.com

900953　恒天凱馬

恒天凱馬股フン有限公司
KAMA Co.,Ltd.

トラック・ディーゼルエンジン大手　中・小型トラック、ディーゼルエンジン、鉱山機械、小型発動機などの生産・販売を手掛ける。08年に中国の中央企業(中央政府管轄の国有企業)だった中国恒天集団が筆頭株主となり、社名変更した。

	株価	最低売買価格	年間騰落率	実績PER	PBR
	0.348 US$	3,700 円	-36.2 %	51.2 倍	0.3 倍

【財務】(百万元)	2019/12	2018/12	【指標】(%)	
流動資産	2,850.8	2,770.2	ROA	0.6
総資産	5,077.5	4,863.2	ROE	4.0
流動負債	3,449.9	3,236.4	粗利益率	8.6
総負債	3,997.4	3,800.4	増収率	-5.5
資本金	640.0	640.0	増益率(営利)	—
株主資本	769.6	753.2	自己資本増加率	2.2

【CF】(百万元)	2019/12	2018/12
営業CF	128.7	89.5
投資CF	-153.2	-312.9
財務CF	-32.1	-19.3
現金同等物	163.3	219.9

【業績】(百万元)	売上高	営業利益	純利益	前年比(%)	EPS(元)	1株配(元)	
2017/12	4,888.68	-46.46	28.09	362.6	0.044	0.0000	BPS(元) 1.2
2018/12	3,672.70	-206.04	-117.66	—	-0.184	0.0000	負債比率 519.4
2019/12	3,470.54	84.80	30.79	—	0.048	0.0000	流動比率 82.6
2018/06中間	2,254.74	-12.99	-24.42	—	-0.038	0.0000	株主資本比率 15.2
2019/06中間	1,896.09	0.69	-9.86	—	-0.015	0.0000	【株価情報】

取引単位(株) 100
時価総額(mUS$) 83.5

【上場】1998年【住所】上海市浦東新区商城路660号【URL】www.kama.com.cn

B株銘柄

900955　*ST海航創新

海航創新股フン有限公司
HNA Innovation Co.,Ltd.

リゾート開発・運営会社 浙江省平湖市でゴルフ場、ホテルなどが一体となった会員制「九龍山リゾート」を開発・運営する。16年に本社を上海市から海南省三亜市に移転。海南航空控股(900945)を傘下に持つ海航集団が実質筆頭株主。

株価	最低売買価格	年間騰落率	実績PER	PBR
0.125 US$	1,329 円	-59.6 %	—	0.2 倍

【財務】(百万元)	2019/12	2018/12
流動資産	1,156.4	1,369.3
総資産	2,146.8	2,382.8
流動負債	914.1	862.3
総負債	1,098.7	1,000.6
資本金	1,303.5	1,303.5
株主資本	1,048.7	1,382.9

【CF】(百万元)	2019/12	2018/12
営業CF	-27.6	-114.7
投資CF	2.3	250.4
財務CF	-221.5	-387.9
現金同等物	1.1	247.8

【指標】(%)	
ROA	—
ROE	—
粗利益率	5.8
増収率	15.6
増益率(営利)	—
自己資本増加率	-24.2
BPS(元)	0.8
負債比率	104.8
流動比率	126.5
株主資本比率	48.9

【業績】(百万元)	売上高	営業利益	純利益	前年比(%)	EPS(元)	1株配(元)
2017/12	30.83	126.64	56.68	—	0.040	0.0000
2018/12	13.10	-90.95	-191.78	—	-0.150	0.0000
2019/12	15.14	-295.64	-308.48	—	-0.240	0.0000
2018/06中間	2.07	27.32	27.10	—	0.020	0.0000
2019/06中間	2.95	-26.33	-25.51	—	-0.020	0.0000

【株価情報】	
取引単位(株)	100
時価総額(mUS$)	41.3

【上場】1999年 【住所】海南省三亜市天涯区三亜湾路228号三亜湾皇冠假日度假酒店内 【URL】www.ninedragon.com.cn

---

900956　黄石東貝電器

黄石東貝電器股フン有限公司
Huangshi Dongbei Electrical Appliance Co.,Ltd.

圧縮機製造大手 「東貝」ブランドで圧縮機(コンプレッサー)を製造する。国内外の冷蔵庫・フリーザー製造事業者に供給。ほかに自動車や圧縮機の鋳造部品も製造する。製品は世界各国に輸出しており、海爾集団や海信集団、独シーメンスなどが主要取引先。

株価	最低売買価格	年間騰落率	実績PER	PBR
1.140 US$	12,122 円	-5.2 %	13.9 倍	0.2 倍

【財務】(百万元)	2019/12	2018/12
流動資産	3,571.3	3,301.9
総資産	5,056.7	4,861.2
流動負債	3,060.8	2,906.4
総負債	3,397.0	3,311.0
資本金	235.0	235.0
株主資本	1,332.7	1,256.9

【CF】(百万元)	2019/12	2018/12
営業CF	405.4	215.8
投資CF	-25.6	-60.3
財務CF	-489.0	-81.0
現金同等物	507.3	619.0

【指標】(%)	
ROA	2.7
ROE	10.3
粗利益率	15.7
増収率	8.1
増益率(営利)	36.0
自己資本増加率	6.0
BPS(元)	5.7
負債比率	254.9
流動比率	116.7
株主資本比率	26.4

【業績】(百万元)	売上高	営業利益	純利益	前年比(%)	EPS(元)	1株配(元)
2017/12	3,789.31	94.15	83.40	0.4	0.355	0.0000
2018/12	4,273.60	142.29	110.10	32.0	0.469	0.1000
2019/12	4,617.83	193.49	136.86	24.3	0.582	0.0000
2018/06中間	2,214.35	47.95	48.24	15.8	0.210	0.0000
2019/06中間	2,467.52	79.36	62.42	29.5	0.270	0.0000

【株価情報】	
取引単位(株)	100
時価総額(mUS$)	131.1

【上場】1999年 【住所】湖北省黄石市経済技術開発区金山大道東6号 【URL】www.donper.com

900957　上海凌雲実業

上海凌雲実業発展フン有限公司
Shanghai Lingyun Industries DevelopmentCo.,Ltd.

甘粛省の新エネルギー発電事業者 カーテンウオールやアルミ形材を生産していたが、再編を経て中核事業を太陽光発電に転換。甘粛省白銀市靖遠県に建設した太陽光発電所(出力100MW)が15年に営業運転を開始し、電力卸売りが主な収益源となった。

株価	最低売買価格	年間騰落率	実績PER	PBR
0.375 US$	3,987 円	-40.4 %	36.6 倍	0.3 倍

【財務】(百万元)	2019/12	2018/12
流動資産	231.8	203.0
総資産	1,017.7	1,007.0
流動負債	118.0	96.6
総負債	540.8	555.5
資本金	349.0	349.0
株主資本	476.1	450.8

【CF】(百万元)	2019/12	2018/12
営業CF	44.7	40.0
投資CF	-0.8	8.3
財務CF	-42.9	-68.9
現金同等物	35.6	34.6

【指標】(%)	
ROA	2.5
ROE	5.3
粗利益率	46.8
増収率	-1.0
増益率(営利)	-2.9
自己資本増加率	5.6
BPS(元)	1.4
負債比率	113.6
流動比率	196.5
株主資本比率	46.8

【業績】(百万元)	売上高	営業利益	純利益	前年比(%)	EPS(元)	1株配(元)
2017/12	98.11	30.04	30.03	931.0	0.086	0.0000
2018/12	106.11	27.28	27.70	-7.8	0.079	0.0000
2019/12	105.02	26.49	25.30	-8.7	0.073	0.0000
2018/06中間	64.71	19.33	18.24	63.0	0.052	0.0000
2019/06中間	51.59	11.11	11.04	-39.5	0.032	0.0000

【株価情報】	
取引単位(株)	100
時価総額(mUS$)	69.0

【上場】2000年 【住所】上海市浦東新区源深路1088号12楼1201室 【URL】www.elingyun.com

[対象銘柄] 企業データの採用 411 銘柄のうち、香港上場 362 銘柄と本土 A 株 40 銘柄
[株価] 2020 年 5 月 8 日の終値

【スクリーニング】総合評価

コード	企業名	評価合計	収益性	成長性	安定性	株価	配当
00799	IGG	20	5	1	5	4	5
00867	康哲薬業	20	4	3	5	4	4
01138	中遠海運能源運輸	20	2	5	3	5	5
01997	九龍倉置業地産	20	2	5	5	3	5
02799	中国華融資産管理	20	2	5	5	3	5
06178	光大証券	20	2	5	5	4	4
00004	ワーフ	19	2	5	4	4	4
00819	天能動力国際	19	4	2	3	5	5
00902	華能国際電力	19	2	5	3	4	5
00914	安徽コンチセメント	19	4	2	5	4	4
00934	シノペック冠徳	19	3	2	5	4	5
01234	中国利郎	19	4	1	5	4	5
01313	華潤セメント	19	4	2	4	4	5
02588	中銀航空租賃	19	3	2	5	4	5
03333	中国恒大集団	19	3	5	2	4	5
00285	BYD エレクトロニック	18	2	5	4	4	3
00189	東岳集団	18	3	1	4	5	5
00257	中国光大国際	18	3	2	3	5	5
00303	ブイテック	18	5	2	3	3	5
00586	中国海螺創業	18	4	2	5	4	3
00811	新華文軒	18	3	2	4	5	4
00956	新天緑色能源	18	3	2	5	3	5
00991	大唐国際発電	18	2	5	2	4	5
01288	中国農業銀行	18	3	2	3	5	5
01359	中国信達資産管理	18	2	2	4	5	5
01888	キングボード・ラミネート	18	3	3	4	4	4
01988	中国民生銀行	18	3	2	3	5	5
02007	碧桂園	18	4	2	2	5	5
02328	中国人民財産保険	18	3	1	5	4	5
03918	ナガコープ	18	4	1	5	3	5
03988	中国銀行	18	3	2	3	5	5
06099	招商証券	18	2	2	5	4	5
00002	中電控股	17	2	5	3	3	4
00081	中国海外宏洋	17	3	2	2	5	5
00135	昆侖能源	17	3	2	3	4	5
00144	招商局港口控股	17	3	1	4	4	5
00151	中国旺旺	17	4	2	4	3	4
00165	中国光大控股	17	2	2	5	4	4
00288	万洲国際	17	3	2	4	4	4
00486	UC ルサール	17	3	3	3	5	3
00489	東風汽車集団	17	3	1	3	5	5
00631	三一重装国際	17	3	3	3	4	4
00777	ネットドラゴン	17	3	3	4	4	3
00816	華電福新能源	17	2	2	3	5	5
00836	華潤電力控股	17	2	3	3	4	5

【スクリーニング】割安株

スクリーニングの条件：予想 PER が 6 倍以下、PBR が 1 倍以下、ROE が 8％以上。

コード	企業名	予想 PER（倍）	PBR（倍）	ROE（％）
02777	広州富力地産	2.78	0.39	12.50
00588	北京北辰実業	3.13	0.27	8.43
00998	中信銀行	3.41	0.33	9.28
01829	中国機械設備工程	3.50	0.42	12.22
01800	中国交通建設	3.59	0.32	8.73
00081	中国海外宏洋	3.61	0.75	17.04
06818	中国光大銀行	3.70	0.39	9.70
01798	大唐新能源	3.71	0.35	8.46
00486	UC ルサール	3.79	0.78	14.23
01171	エン州煤業	3.80	0.49	17.35
01293	広匯宝信汽車	3.91	0.32	8.20
01988	中国民生銀行	4.00	0.43	10.37
00564	鄭州煤鉱機械	4.02	0.38	8.50
00489	東風汽車集団	4.04	0.33	10.06
00956	新天緑色能源	4.04	0.51	11.97
03383	雅居楽集団	4.13	0.71	16.89
03988	中国銀行	4.17	0.42	10.12
00390	中国中鉄	4.21	0.46	10.70
03328	交通銀行	4.24	0.41	9.74
00392	北京控股	4.32	0.45	10.70
03996	中国能源建設	4.33	0.37	8.73
00267	中国中信	4.37	0.38	9.11
01186	中国鉄建	4.59	0.48	9.62
00257	中国光大国際	4.63	0.77	14.32
01288	中国農業銀行	4.65	0.52	10.89
00811	新華文軒	4.67	0.64	12.37
00189	東岳集団	4.74	0.83	18.57
601668	中国建築	4.84	0.79	15.11
00123	越秀地産	4.94	0.50	8.55
01333	中国忠旺	4.99	0.24	8.76
00363	上海実業	5.02	0.35	8.32
01606	国銀金融租賃	5.03	0.48	11.45
00579	京能清潔能源	5.04	0.47	9.22
600000	上海浦東発展銀行	5.06	0.55	10.64
00836	華潤電力控股	5.06	0.59	9.04
00939	中国建設銀行	5.07	0.63	12.04
03311	中国建築国際	5.14	0.74	12.84
01398	中国工商銀行	5.19	0.62	11.67
01813	合景泰富集団	5.23	0.94	27.39
00598	シノトランス	5.41	0.41	9.86
01339	中国人民保険	5.42	0.56	12.07
00371	北控水務集団	5.48	0.96	16.12
03900	緑城中国	5.48	0.58	8.97
03948	イータイ・コール	5.51	0.44	10.85
01658	中国郵政貯蓄銀行	5.52	0.65	11.20

【スクリーニング】成長性

スクリーニングの条件：予想増益率 10%以上、予想増収率 10%以上、予想配当性向 40%以下

コード	企業名	予想増益率（%）	予想増収率（%）	予想配当性向（%）
01138	中遠海運能源運輸	1,171.15	43.63	25.54
002074	国軒高科	850.40	20.44	14.88
00285	BYD エレクトロニック	194.45	49.03	14.92
01818	招金鉱業	108.65	15.11	27.12
002008	大族激光科技産業集団	95.29	20.71	24.71
02342	京信通信	94.96	21.91	33.06
00124	粤海置地	88.41	51.52	0.00
00004	ワーフ	75.51	30.03	29.51
02208	新疆金風科技	69.49	33.58	27.55
09988	アリババ集団	63.24	34.48	0.00
002241	歌爾	54.75	36.68	21.12
01530	三生製薬	45.55	13.82	0.00
01211	BYD	41.52	11.99	11.02
02269	薬明生物技術	41.42	37.04	0.00
02359	無錫薬明康徳新薬開発	37.21	25.65	14.88
00777	ネットドラゴン	33.72	16.60	21.51
01888	キングボード・ラミネート	32.38	30.35	39.47
01478	Q テクノロジー	30.38	34.26	16.12
00861	デジタル・チャイナ	30.20	14.53	39.13
002230	科大訊飛	28.50	25.05	20.27
600276	江蘇恒瑞医薬	25.01	25.79	15.97
01157	中聯重科	23.93	16.53	32.03
01177	中国生物製薬	23.54	13.69	27.65
600031	三一重工	23.32	14.14	28.35
03933	聯邦製薬	22.95	11.07	10.11
00081	中国海外宏洋	22.78	44.23	25.82
00700	テンセント	20.24	22.69	11.38
02357	アビチャイナ	19.92	10.72	13.78
600406	国電南瑞科技	19.38	13.32	26.85
01066	ウェイガオ・グループ	18.93	13.28	27.89
01093	石薬集団	18.46	18.45	30.83
01918	融創中国	17.89	35.51	22.33
02382	舜宇光学科技	17.20	16.75	21.63
00772	閲文集団	16.64	11.65	0.00
00895	東江環保	15.82	16.23	31.15
02007	碧桂園	15.78	16.58	30.75
00570	中国中薬	15.26	17.91	32.69
02202	万科企業	15.02	18.52	29.87
03311	中国建築国際	14.60	12.30	30.43
01618	中国冶金科工	13.89	14.60	22.22
02777	広州富力地産	13.27	24.03	39.95
03900	緑城中国	12.54	12.49	23.98
00874	広州白雲山医薬	12.23	12.37	30.00
00811	新華文軒	11.10	10.88	17.48
00763	中興通訊	10.71	14.27	21.75

【スクリーニング】安定性

スクリーニングの条件：株主資本比率 60％以上、負債比率 50％以下、流動比率 200％以上

コード	企業名	株主資本比率（％）	負債比率（％）	流動比率（％）
00769	チャイナ・レアアース	95.00	5.03	1,939.21
03818	中国動向	90.58	10.31	591.51
600276	江蘇恒瑞医薬	89.91	10.57	902.33
000423	東阿阿膠	85.59	16.35	520.57
00867	康哲薬業	84.80	17.47	229.52
01836	九興控股	84.67	18.15	395.77
00215	ハチソンテレコム・ホンコン	82.64	21.01	317.72
00014	希慎興業	80.02	20.70	393.55
00696	トラベルスカイ・テクノロジー	79.41	23.50	336.51
01234	中国利郎	79.03	26.54	377.51
02313	申洲国際集団	79.02	26.47	366.97
01970	IMAX チャイナ	78.91	26.73	352.95
01357	美図	78.81	24.20	456.88
00799	IGG	78.61	27.21	377.55
00716	シンガマス・コンテナ	78.08	21.05	267.76
00083	信和置業	78.04	27.55	246.61
01833	平安健康医療科技	77.94	28.08	318.10
03700	映客互娯	77.66	28.86	299.38
01475	日清食品	77.46	25.67	348.59
00914	安徽コンチセメント	76.74	26.71	354.51
00460	四環医薬	76.42	27.37	278.89
03918	ナガコープ	76.20	31.24	260.58
02698	魏橋紡織	75.39	32.58	231.29
600519	貴州茅台酒	74.31	30.27	386.98
00772	閲文集団	73.89	35.26	206.14
00308	チャイナトラベル・ホンコン	73.77	27.62	237.56
002027	分衆伝媒信息技術	73.73	33.97	313.57
03983	中海石油化学	73.69	30.07	299.33
02269	薬明生物技術	72.63	36.81	336.86
01888	キングボード・ラミネート	72.48	37.72	276.49
00777	ネットドラゴン	72.15	42.81	214.86
00560	珠江船務企業	72.02	29.42	251.38
00590	六福集団	71.72	39.05	327.61
00268	金蝶国際ソフト	71.10	37.99	212.27
01122	慶鈴汽車	70.59	37.55	320.86
00016	新鴻基地産	70.55	40.10	302.31
00012	恒基兆業地産	70.48	40.47	217.61
01093	石薬集団	70.15	36.83	219.62
000858	宜賓五糧液	69.82	40.79	321.72
03690	美団点評	69.78	43.38	224.46
01113	長江実業集団	67.76	42.65	382.88
00538	味千中国	67.56	45.62	254.81
603288	仏山市海天調味食品	66.99	49.19	254.05
03898	株洲中車時代電気	66.42	49.24	285.39
01530	三生製薬	64.99	46.23	285.17

ETF 主要銘柄一覧

ETF とは「Exchange Traded Fund」の略語で、各種の株価指数に連動することを目的として運用される投資信託のことを言います。通常の株式と同様、証券取引所に上場しており、証券会社を通じた売買が可能です。ETF投資のメリットは、個別株への投資ではできないような分散投資によるリスク低減効果が期待できること。また、一般的な投資信託と比べて信託報酬が割安なことも魅力です。

E
T
F
銘
柄
一
覧

02800　トラッカー・ファンド・オブ・ホンコン

連動指数：Hang Seng Index

運用会社：State Street Global Advisors Asia Ltd.

売買単位(口)：500　　　　　　上場：1999/11/12

発行口数(百万口)：3,372.99

純資産(百万HK$)：82,284.10　投資口価格(HK$)：24.40

52週高値(HK$)：29.70(19/07/04)

52週安値(HK$)：21.35(20/03/19)

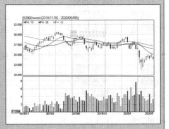

02801　iシェアーズ・コアMSCIチャイナETF

連動指数：MSCI China Index

運用会社：BlackRock Asset Management North Asia Ltd.

売買単位(口)：200　　　　　　上場：2001/11/28

発行口数(百万口)：157.20

純資産(百万HK$)：4,037.93　投資口価格(HK$)：25.60

52週高値(HK$)：28.75(20/01/14)

52週安値(HK$)：21.10(20/03/19)

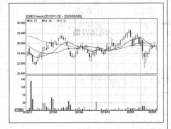

02802　iシェアーズMSCIエマージングアジアETF

連動指数：MSCI Emerging Asia Index

運用会社：BlackRock Asset Management North Asia Ltd.

売買単位(口)：200　　　　　　上場：2009/04/23

発行口数(百万口)：3.80

純資産(百万HK$)：183.07　投資口価格(HK$)：47.85

52週高値(HK$)：56.95(20/01/20)

52週安値(HK$)：39.25(20/03/19)

02805　バンガードFTSEアジアETF

連動指数：FTSE Asia Pacific ex Japan, Australia and NZ Index

運用会社：Vanguard Investments Hong Kong Ltd.

売買単位(口)：100　　　　　　上場：2013/05/15

発行口数(百万口)：18.80

純資産(百万HK$)：396.02　投資口価格(HK$)：21.05

52週高値(HK$)：25.20(20/01/14)

52週安値(HK$)：17.58(20/03/19)

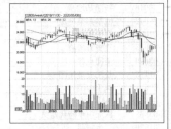

※投資口価格、純資産はすべて 20 年 5 月 8 日時点

02823　iシェアーズFTSE A50チャイナETF

連動指数：FTSE China A50 Index
運用会社：BlackRock Asset Management North Asia Ltd.
売買単位（口）：100　　　　　上場：2004/11/18
発行口数（百万口）：1,316.00
純資産（百万元）：17,028.31　投資口価格（HK$）：14.12
52週高値（HK$）：15.90（20/01/14）
52週安値（HK$）：12.24（20/03/19）

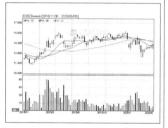

02827　滬深300チャイナ・トラッカー

連動指数：CSI 300 Index
運用会社：BOCI-Prudential Asset Management Ltd.
売買単位（口）：200　　　　　上場：2007/07/17
発行口数（百万口）：40.40
純資産（百万HK$）：1,425.84　　投資口価格（HK$）：35.25
52週高値（HK$）：38.75（20/01/14）
52週安値（HK$）：30.85（20/03/23）

02828　ハンセン中国企業指数ETF

連動指数：Hang Seng China Enterprises Index
運用会社：Hang Seng Investment Management Ltd.
売買単位（口）：200　　　　　上場：2003/12/10
発行口数（百万口）：211.16
純資産（百万HK$）：21,084.69　投資口価格（HK$）：99.85
52週高値（HK$）：116.40（20/01/20）
52週安値（HK$）：83.70（20/03/19）

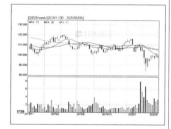

02833　ハンセン指数ETF

連動指数：Hang Seng Index
運用会社：Hang Seng Investment Management Ltd.
売買単位（口）：100　　　　　上場：2004/09/21
発行口数（百万口）：1,853.97
純資産（百万HK$）：45,666.16　投資口価格（HK$）：24.60
52週高値（HK$）：30.15（19/07/18）
52週安値（HK$）：21.65（20/03/19）

02836　iシェアーズ・インディアETF

連動指数：BSE SENSEX Index
運用会社：BlackRock Asset Management North Asia Ltd.
売買単位（口）：200　　　　　上場：2006/11/02
発行口数（百万口）：29.00
純資産（百万US$）：71.68　　投資口価格（HK$）：19.38
52週高値（HK$）：27.00（19/07/03）
52週安値（HK$）：15.56（20/03/24）

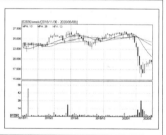

ＥＴＦ銘柄一覧

02838 ハンセンFTSE チャイナ50ETF

連動指数：FTSE China 50 Index
運用会社：Hang Seng Investment Management Ltd.
売買単位(口)：100　　　　上場：2005/06/08
発行口数(百万口)：0.76
純資産(百万HK$)：131.28　　投資口価格(HK$)：172.60
52週高値(HK$)：201.20(20/01/15)
52週安値(HK$)：145.20(20/03/19)

02846 iシェアーズコアCSI 300ETF

連動指数：CSI 300 Index
運用会社：BlackRock Asset Management North Asia Ltd.
売買単位(口)：100　　　　上場：2009/11/18
発行口数(百万口)：8.00
純資産(百万元)：205.35　　投資口価格(HK$)：27.85
52週高値(HK$)：30.95(20/01/14)
52週安値(HK$)：24.75(20/03/19)

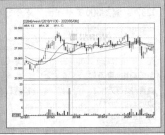

02848 TR韓国ETF

連動指数：MSCI Total Return Net Korea Index
運用会社：DWS Investment S.A.
売買単位(口)：10　　　　上場：2009/07/08
発行口数(百万口)：0.10
純資産(百万US$)：5.88　　投資口価格(HK$)：462.20
52週高値(HK$)：582.50(20/01/20)
52週安値(HK$)：347.80(20/03/19)

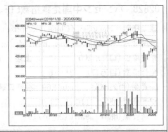

03007 TR FTSE 50ETF

連動指数：FTSE China 50 Index
運用会社：DWS Investment S.A.
売買単位(口)：10　　　　上場：2009/07/08
発行口数(百万口)：0.07
純資産(百万US$)：2.45　　投資口価格(HK$)：277.80
52週高値(HK$)：321.20(20/01/13)
52週安値(HK$)：236.00(20/03/19)

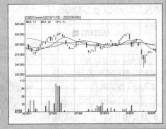

03015 XTRN 50インドETF

連動指数：Nifty 50 Index
運用会社：DWS Investment S.A.
売買単位(口)：5　　　　上場：2009/07/08
発行口数(百万口)：0.02
純資産(百万US$)：2.76　　投資口価格(HK$)：928.50
52週高値(HK$)：1339.00(19/06/06)
52週安値(HK$)：768.00(20/03/24)

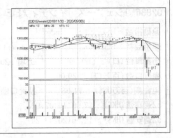

ETF銘柄一覧

03019　XTRワールドETF

連動指数：MSCI Total Return Net World Index
運用会社：DWS Investment S.A.
売買単位(口)：125　　　　上場：2010/02/24
発行口数(百万口)：2.44
純資産(百万US$)：14.45　　投資口価格(HK$)：46.15
52週高値(HK$)：55.10(20/02/17)
52週安値(HK$)：35.80(20/03/23)

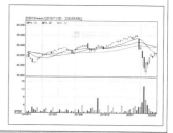

03020　XTR USA ETF

連動指数：MSCI Total Return Net USA Index
運用会社：DWS Investment S.A.
売買単位(口)：15　　　　上場：2009/07/08
発行口数(百万口)：0.18
純資産(百万US$)：14.74　　投資口価格(HK$)：624.00
52週高値(HK$)：724.50(20/02/20)
52週安値(HK$)：469.20(20/03/23)

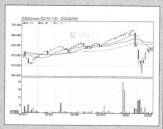

03027　XTRロシアETF

連動指数：MSCI Russia Capped Index
運用会社：DWS Investment S.A.
売買単位(口)：125　　　　上場：2010/02/24
発行口数(百万口)：3.43
純資産(百万US$)：7.79　　投資口価格(HK$)：17.52
52週高値(HK$)：29.25(20/01/20)
52週安値(HK$)：14.96(20/03/23)

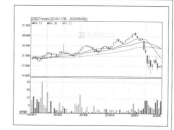

03036　TR台湾ETF

連動指数：MSCI Total Return Net Taiwan Index
運用会社：DWS Investment S.A.
売買単位(口)：25　　　　上場：2009/06/30
発行口数(百万口)：0.17
純資産(百万US$)：5.27　　投資口価格(HK$)：244.00
52週高値(HK$)：276.60(20/01/14)
52週安値(HK$)：195.00(20/03/19)

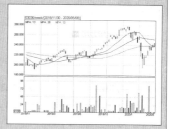

03043　TRパシフィックETF

連動指数：MSCI Pacific ex Japan TRN Index
運用会社：DWS Investment S.A.
売買単位(口)：100　　　　上場：2010/02/24
発行口数(百万口)：0.27
純資産(百万US$)：1.37　　投資口価格(HK$)：39.70
52週高値(HK$)：52.25(20/01/20)
52週安値(HK$)：31.20(20/03/23)

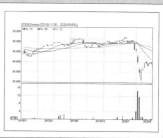

ＥＴＦ銘柄一覧

03048　TRブラジルETF

連動指数：MSCI Total Return Net Brazil Index

運用会社：DWS Investment S.A.

売買単位(口)：50　　　　　　　上場：2010/02/24

発行口数(百万口)：1.09

純資産(百万US$)：2.94　　　投資口価格(HK$)：21.60

52週高値(HK$)：45.30(20/01/03)

52週安値(HK$)：21.45(20/05/08)

03049　XTR CSI300 ETF

連動指数：CSI 300 Index

運用会社：DWS Investment S.A.

売買単位(口)：300　　　　　　上場：2010/03/25

発行口数(百万口)：23.48

純資産(百万US$)：24.24　　　投資口価格(HK$)：8.07

52週高値(HK$)：8.95(20/01/14)

52週安値(HK$)：7.25(20/03/19)

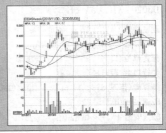

03082　TRマレーシアETF

連動指数：MSCI Malaysia TRN Index

運用会社：DWS Investment S.A.

売買単位(口)：30　　　　　　　上場：2012/01/12

発行口数(百万口)：0.10

純資産(百万US$)：0.93　　　投資口価格(HK$)：75.70

52週高値(HK$)：95.70(19/07/02)

52週安値(HK$)：62.80(20/03/19)

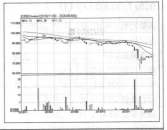

03087　XTR FTSEベトナムETF

連動指数：FTSE Vietnam Index

運用会社：DWS Investment S.A.

売買単位(口)：10　　　　　　　上場：2009/07/08

発行口数(百万口)：1.24

純資産(百万US$)：31.48　　　投資口価格(HK$)：203.00

52週高値(HK$)：263.60(19/05/08)

52週安値(HK$)：155.10(20/03/24)

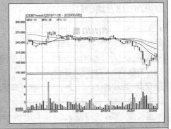

03092　TRタイETF

連動指数：MSCI Thailand TRN Index

運用会社：DWS Investment S.A.

売買単位(口)：25　　　　　　　上場：2012/01/12

発行口数(百万口)：0.11

純資産(百万US$)：2.17　　　投資口価格(HK$)：155.50

52週高値(HK$)：228.00(19/07/04)

52週安値(HK$)：115.00(20/03/26)

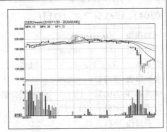

03099 XTRインドネシアETF

連動指数：MSCI Indonesia TRN Index

運用会社：DWS Investment S.A.

売買単位(口)：25　　　上場：2012/01/12

発行口数(百万口)：0.15

純資産(百万US$)：1.60　　投資口価格(HK$)：81.00

52週高値(HK$)：130.60(20/01/24)

52週安値(HK$)：62.00(20/03/23)

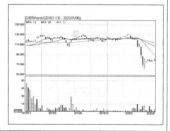

03110 Globl Xハンセン高配当利回りETF

連動指数：Hang Seng High Dividend Yield Index

運用会社：Mirae Asset Global Investments (Hong Kong) Ltd.

売買単位(口)：100　　　上場：2013/06/17

発行口数(百万口)：5.00

純資産(百万HK$)：119.86　　投資口価格(HK$)：23.80

52週高値(HK$)：30.20(19/07/11)

52週安値(HK$)：21.10(20/03/19)

03127 Globl X CSI 300 ETF

連動指数：CSI 300 Index

運用会社：Mirae Asset Global Investments (Hong Kong) Ltd.

売買単位(口)：100　　　上場：2014/09/26

発行口数(百万口)：7.00

純資産(百万RMB)：96.75　　投資口価格(HK$)：15.02

52週高値(HK$)：16.42(20/01/20)

52週安値(HK$)：13.26(20/03/23)

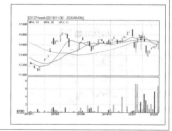

株式相場

主要株価指数の過去 10 年間の推移（終値ベース）。期間：2010 年 1 月 － 2020 年 5 月 8 日
グローバル時代を迎え各指数の連動性が高まってきています。

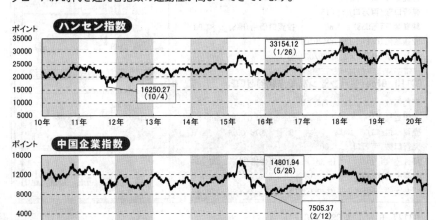

ポイント
ハンセン指数

33154.12
(1/26)

16250.27
(10/4)

ポイント
中国企業指数

14801.94
(5/26)

7505.37
(2/12)

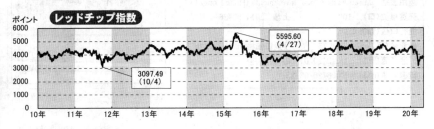

ポイント
レッドチップ指数

5595.60
(4/27)

3097.49
(10/4)

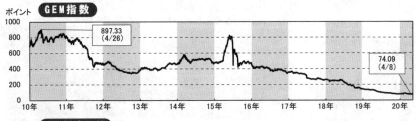

ポイント
GEM指数

897.33
(4/26)

74.09
(4/8)

ポイント
上海総合指数

5166.35
(6/12)

1950.01
(6/27)

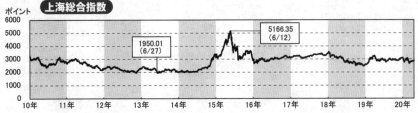

主要指数の推移

■ 株式相場

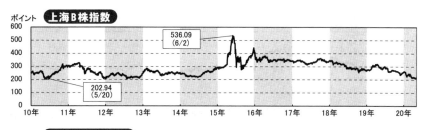

ポイント 上海B株指数

536.09
(6/2)

202.94
(5/20)

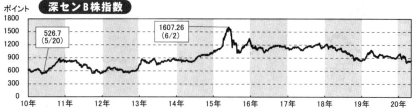

ポイント 深センB株指数

526.7
(5/20)

1607.26
(6/2)

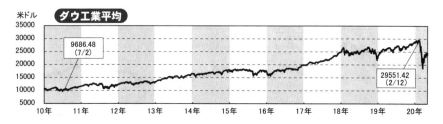

米ドル ダウ工業平均

9686.48
(7/2)

29551.42
(2/12)

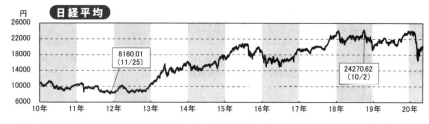

円 日経平均

8160.01
(11/25)

24270.62
(10/2)

商品相場

主要商品先物相場の過去10年間の推移（終値ベース）。期間：2010年1月－2020年5月8日
海外の商品相場も個別銘柄の値動きに大きな影響を与えます。

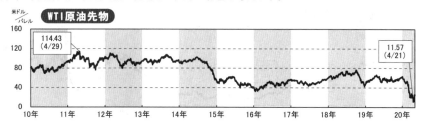

米ドル/バレル WTI原油先物

114.43
(4/29)

11.57
(4/21)

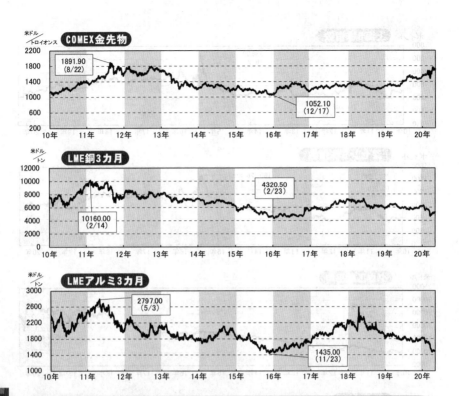

COMEX金先物

米ドル／トロイオンス

1891.90
(8/22)

1052.10
(12/17)

LME銅3カ月

米ドル／トン

10160.00
(2/14)

4320.50
(2/23)

LMEアルミ3カ月

米ドル／トン

2797.00
(5/3)

1435.00
(11/23)

為替相場

主要為替指数の過去10年間の推移（終値ベース）。期間：2010年1月－2020年5月8日
投資損益を管理する上で外国為替の動きにも注意が必要です。

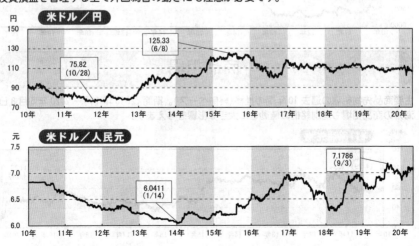

米ドル／円

円

75.82
(10/28)

125.33
(6/8)

米ドル／人民元

元

6.0411
(1/14)

7.1786
(9/3)

■ ランキングについて （ランキングはあくまでも各社の数値を単純比較した参考数値です）

［対象銘柄］ 企業データの採用 411 銘柄のうち、ADR などを除いた 402 銘柄
［株価］ 2020 年 5 月 8 日の株価を採用
［平均］ 対象 405 銘柄の平均を表示
［円換算レート］ 1 香港ドル＝ 13.72 円、1 人民元＝ 15.03 円、1 米ドル＝ 106.33 円（2020 年 5 月 8 日現在）

【ランキング】時価総額

時価総額＝株価×上場株式数
上場株式の規模を表す

No.	コード	企業名	業種	時価総額（百万HK$）
1	09988	アリババ集団	ＩＴ・ソフトウエア	4,136,204
2	00700	テンセント	ＩＴ・ソフトウエア	3,994,904
3	600519	貴州茅台酒	食品・飲料	1,816,551
4	00939	中国建設銀行	金融・証券・保険	1,480,971
5	00941	チャイナ・モバイル	通信	1,210,101
6	01299	AIA グループ	金融・証券・保険	841,990
7	00005	HSBC	金融・証券・保険	816,254
8	09618	JD ドット・コム	ＩＴ・ソフトウエア	727,712
9	03690	美団点評	ＩＴ・ソフトウエア	650,264
10	000858	宜賓五糧液	食品・飲料	596,655
11	02318	中国平安保険	金融・証券・保険	585,380
12	600276	江蘇恒瑞医薬	医薬・バイオ	469,992
13	01398	中国工商銀行	金融・証券・保険	443,518
14	09999	ネットイース	ＩＴ・ソフトウエア	434,504
15	000333	美的集団	家電	422,891
16	600900	中国長江電力	電力・ガス・水道	413,578
17	00883	CNOOC	石油・石炭	389,772
18	603288	仏山市海天調味食品	食品・飲料	387,531
19	000651	珠海格力電器	家電	374,261
20	600000	上海浦東発展銀行	金融・証券・保険	322,744
21	00388	香港証券取引所	金融・証券・保険	306,220
22	00016	新鴻基地産	不動産	296,733
23	01876	バドワイザー APAC	食品・飲料	295,990
24	002415	杭州海康威視数字技術	電子・半導体	283,354
25	00688	中国海外発展	不動産	282,670
26	01810	小米集団	通信用機器	270,003
27	00066	香港鉄路	運輸・倉庫	262,944
28	600104	上海汽車集団	自動車・二輪	260,763
29	00011	ハンセン銀行	金融・証券・保険	258,481
30	02388	中銀香港	金融・証券・保険	254,275
31	01928	サンズ・チャイナ	サービス	251,548
32	03988	中国銀行	金融・証券・保険	243,341
33	00241	阿里健康	ＩＴ・ソフトウエア	236,021
34	601668	中国建築	建設・プラント	235,517
35	00003	ホンコン・チャイナガス	電力・ガス・水道	233,227
36	00027	銀河娯楽	サービス	232,726
37	00267	中国中信	コングロマリット	227,486
38	01109	華潤置地	不動産	221,059
39	002352	順豊控股	運輸・倉庫	219,462
40	00001	長江和記実業	コングロマリット	219,034

	株主資本利益率　＝純利益÷株主資本×100
	直近の業績に基づいて算出
	企業の収益性をはかる指標

平均
11.9%

No.	コード	企業名	業種	ROE（%）
①	01128	ウィン・マカオ	サービス	254.52
2	01212	利福国際	卸売・小売業	49.22
③	01928	サンズ・チャイナ	サービス	45.73
4	00799	IGG	IT・ソフトウエア	43.99
5	00303	ブイテック	家電	41.53
6	09999	ネットイース	IT・ソフトウエア	34.56
7	603288	仏山市海天調味食品	食品・飲料	32.28
8	02382	舜宇光学科技	その他製造	31.80
9	01918	融創中国	不動産	31.33
10	09988	アリババ集団	IT・ソフトウエア	31.12
11	600519	貴州茅台酒	食品・飲料	30.30
⑫	03918	ナガコープ	サービス	29.15
13	002415	杭州海康威視数字技術	電子・半導体	27.65
14	01813	合景泰富集団	不動産	27.39
⑮	00384	中国ガス	電力・ガス・水道	27.27
16	02020	安踏体育用品	繊維・アパレル	26.61
17	600887	内蒙古伊利実業集団	食品・飲料	26.53
18	02007	碧桂園	不動産	26.03
19	00819	天能動力国際	電子・半導体	25.24
20	600031	三一重工	機械	25.23
21	01169	海爾電器	家電	25.16
22	00914	安徽コンチセメント	建材・ガラス・セメント	24.51
23	01349	上海復旦張江バイオ	医薬・バイオ	24.41
24	600309	万華化学集団	化学	23.91
25	000333	美的集団	家電	23.81
26	000858	宜賓五糧液	食品・飲料	23.42
27	00151	中国旺旺	食品・飲料	23.28
28	601888	中国国旅	卸売・小売業	23.27
29	002508	杭州老板電器	家電	23.16
30	01234	中国利郎	繊維・アパレル	22.52
31	00992	レノボグループ	電子・半導体	22.44
32	000651	珠海格力電器	家電	22.42
㉝	02318	中国平安保険	金融・証券・保険	22.19
34	06862	海底撈国際	サービス	22.07
35	00586	中国海螺創業	建設・プラント	21.96
㊱	02688	新奥能源	電力・ガス・水道	21.92
37	01044	恒安国際集団	製紙・パルプ	21.86
㊳	00855	中国水務集団	電力・ガス・水道	21.73
㊴	00700	テンセント	IT・ソフトウエア	21.56
40	600276	江蘇恒瑞医薬	医薬・バイオ	21.51
41	00388	香港証券取引所	金融・証券・保険	21.26
42	02331	李寧	繊維・アパレル	21.05
43	601138	富士康工業互聯網	IT・ソフトウエア	20.84
44	00867	康哲薬業	医薬・バイオ	20.70
45	02202	万科企業	不動産	20.67

総資産利益率＝純利益÷総資産× 100
直近の業績に基づいて算出
企業の総合的な収益性をはかる指標

平均
4.7%

No.	コード	企 業 名	業 種	ROA（%）
1	00799	IGG	ＩＴ・ソフトウエア	34.58
2	600519	貴州茅台酒	食品・飲料	22.51
3	03918	ナガコープ	サービス	22.21
4	603288	仏山市海天調味食品	食品・飲料	21.63
5	600276	江蘇恒瑞医薬	医薬・バイオ	19.33
6	09999	ネットイース	ＩＴ・ソフトウエア	18.94
7	00914	安徽コンチセメント	建材・ガラス・セメント	18.81
8	01234	中国利郎	繊維・アパレル	17.80
9	00867	康哲薬業	医薬・バイオ	17.55
10	00303	ブイテック	家電	16.96
11	01928	サンズ・チャイナ	サービス	16.80
12	00586	中国海螺創業	建設・プラント	16.59
13	002415	杭州海康威視数字技術	電子・半導体	16.47
14	000858	宜賓五糧液	食品・飲料	16.36
15	09988	アリババ集団	ＩＴ・ソフトウエア	16.18
16	02313	申洲国際集団	繊維・アパレル	16.00
17	601888	中国国旅	卸売・小売業	15.08
18	002508	杭州老板電器	家電	14.93
19	01169	海爾電器	家電	14.68
20	01349	上海復旦張江バイオ	医薬・バイオ	14.53
21	01093	石薬集団	医薬・バイオ	14.11
22	01313	華潤セメント	建材・ガラス・セメント	14.09
23	01114	ブリリアンス・チャイナ	自動車・二輪	13.67
24	00027	銀河娯楽	サービス	13.63
25	01970	IMAX チャイナ	サービス	13.07
26	02382	舜宇光学科技	その他製造	13.00
27	02020	安踏体育用品	繊維・アパレル	12.97
28	600031	三一重工	機械	12.38
29	02331	李寧	繊維・アパレル	11.95
30	00737	深セン投控湾区発展	道路・港湾・空港	11.67
31	600887	内蒙古伊利実業集団	食品・飲料	11.47
32	06862	海底撈国際	サービス	11.37
33	03339	中国龍工	機械	11.24
34	00151	中国旺旺	食品・飲料	11.00
35	00696	トラベルスカイ・テクノロジー	ＩＴ・ソフトウエア	10.75
36	000999	華潤三九医薬	医薬・バイオ	10.51
37	600309	万華化学集団	化学	10.46
38	00777	ネットドラゴン	ＩＴ・ソフトウエア	10.41
39	01317	中国楓葉教育	サービス	10.07
40	01128	ウィン・マカオ	サービス	10.06
41	002027	分衆伝媒信息技術	メディア	10.04
42	00189	東岳集団	化学	9.80
43	00700	テンセント	ＩＴ・ソフトウエア	9.78
44	01888	キングボード・ラミネート	電子・半導体	9.31
45	601138	富士康工業互聯網	ＩＴ・ソフトウエア	9.05

ランキング

■
高
Ｒ
Ｏ
Ａ

株価収益率＝株価÷EPS（1 株当たり純利益）
2020 年度（または 2021 年度）予想 EPS に基づいて算出
利益に対する株価水準をはかる指標

平均
21. 5 倍

No.	コード	企 業 名	業 種	PER（倍）
1	02777	広州富力地産	不動産	2. 78
2	00588	北京北辰実業	不動産	3. 13
3	01618	中国冶金科工	建設・プラント	3. 26
4	00317	中船防務	輸送用機器	3. 32
5	00998	中信銀行	金融・証券・保険	3. 41
6	00142	第一太平	食品・飲料	3. 45
7	01829	中国機械設備工程	建設・プラント	3. 50
8	01138	中遠海運能源運輸	運輸・倉庫	3. 58
9	01800	中国交通建設	建設・プラント	3. 59
10	00081	中国海外宏洋	不動産	3. 61
11	06818	中国光大銀行	金融・証券・保険	3. 70
12	02799	中国華融資産管理	金融・証券・保険	3. 71
13	01798	大唐新能源	電力・ガス・水道	3. 71
14	00486	UC ルサール	鉄鋼・非鉄金属	3. 79
15	01171	エン州煤業	石油・石炭	3. 80
16	01359	中国信達資産管理	金融・証券・保険	3. 81
17	01988	中国民生銀行	金融・証券・保険	4. 00
18	00564	鄭州煤鉱機械	機械	4. 02
19	00489	東風汽車集団	自動車・二輪	4. 04
20	00956	新天緑色能源	電力・ガス・水道	4. 04
21	03383	雅居楽集団	不動産	4. 13
22	03988	中国銀行	金融・証券・保険	4. 17
23	00390	中国中鉄	建設・プラント	4. 21
24	03328	交通銀行	金融・証券・保険	4. 24
25	00392	北京控股	コングロマリット	4. 32
26	03996	中国能源建設	建設・プラント	4. 33
27	02007	碧桂園	不動産	4. 35
28	01812	チェンミン・ペーパー	製紙・パルプ	4. 37
29	00267	中国中信	コングロマリット	4. 37
30	00819	天能動力国際	電子・半導体	4. 40
31	00816	華電福新能源	電力・ガス・水道	4. 45
32	01918	融創中国	不動産	4. 49
33	01186	中国鉄建	建設・プラント	4. 59
34	00257	中国光大国際	コングロマリット	4. 63
35	01288	中国農業銀行	金融・証券・保険	4. 65
36	00811	新華文軒	メディア	4. 67
37	00189	東岳集団	化学	4. 74
38	02009	北京金隅	建材・ガラス・セメント	4. 82
39	601668	中国建築	建設・プラント	4. 84
40	03377	遠洋集団	不動産	4. 89
41	00123	越秀地産	不動産	4. 94
42	01333	中国忠旺	鉄鋼・非鉄金属	4. 99
43	00363	上海実業	コングロマリット	5. 02
44	01606	国銀金融租賃	金融・証券・保険	5. 03
45	00579	京能清潔能源	電力・ガス・水道	5. 04

※予想純利益 10 億 HK ドル以上に限ってランキング

	株価純資産倍率 ＝株価÷ＢＰＳ（１株当たり純資産）	平均
	直近の業績に基づいて算出 企業資産に対する株価水準をはかる指標	1.8倍

No.	コード	企 業 名	業 種	PBR（倍）
1	02698	魏橋紡織	繊維・アパレル	0.10
2	01043	コスライト・テクノロジー	電子・半導体	0.11
3	03833	新彊新キン鉱業	鉄鋼・非鉄金属	0.15
4	00882	天津発展	コングロマリット	0.15
5	02868	首創置業	不動産	0.15
6	00019	太古Ａ	コングロマリット	0.17
7	03800	保利協キン能源	電子・半導体	0.20
8	00330	エスプリ	繊維・アパレル	0.20
9	01133	ハルビン電気	機械	0.22
10	03368	パークソン	卸売・小売業	0.22
11	02345	上海集優機械	機械	0.22
12	00041	グレート・イーグル	ホテル・観光	0.23
13	02722	重慶機電	機械	0.23
14	01333	中国忠旺	鉄鋼・非鉄金属	0.24
15	00272	瑞安房地産	不動産	0.25
16	01618	中国冶金科工	建設・プラント	0.25
17	01898	中国中煤能源	石油・石炭	0.25
18	00814	北京京客隆	卸売・小売業	0.25
19	02799	中国華融資産管理	金融・証券・保険	0.25
20	00716	シンガマス・コンテナ	輸送用機器	0.26
21	03382	天津港発展	道路・港湾・空港	0.27
22	00588	北京北辰実業	不動産	0.27
23	03377	遠洋集団	不動産	0.27
24	00769	チャイナ・レアアース	鉄鋼・非鉄金属	0.28
25	00045	香港上海ホテルズ	ホテル・観光	0.29
26	00440	大新金融集団	金融・証券・保険	0.29
27	00816	華電福新能源	電力・ガス・水道	0.30
28	00142	第一太平	食品・飲料	0.30
29	01053	重慶鋼鉄	鉄鋼・非鉄金属	0.30
30	03396	聯想控股	コングロマリット	0.30
31	00119	保利置業	不動産	0.30
32	02009	北京金隅	建材・ガラス・セメント	0.30
33	00751	スカイワース	家電	0.31
34	00004	ワーフ	コングロマリット	0.31
35	03378	厦門国際港務	道路・港湾・空港	0.31
36	00683	ケリー・プロパティーズ	不動産	0.31
37	01359	中国信達資産管理	金融・証券・保険	0.32
38	01812	チェンミン・ペーパー	製紙・パルプ	0.32
39	01800	中国交通建設	建設・プラント	0.32
40	01293	広匯宝信汽車	卸売・小売業	0.32
41	02888	スタンダード・チャータード	金融・証券・保険	0.32
42	00998	中信銀行	金融・証券・保険	0.33
43	03818	中国動向	繊維・アパレル	0.33
44	00750	中国水発興業能源	建設・プラント	0.33
45	01205	中信資源控股	鉄鋼・非鉄金属	0.33

ランキング

■ 低PBR

配当利回り＝1株当たり年間配当÷株価×100
2020年度（または2021年度）予想に基づいて算出
高配当・株価割安の目安

平均
3.6%

No.	コード	企業名	業種	配当利回り(%)
1	02777	広州富力地産	不動産	14.35
2	01171	エン州煤業	石油・石炭	11.63
3	00991	大唐国際発電	電力・ガス・水道	11.42
4	03383	雅居楽集団	不動産	11.29
5	00956	新天緑色能源	電力・ガス・水道	9.51
6	01829	中国機械設備工程	建設・プラント	9.20
7	02386	シノペック煉化工程	建設・プラント	9.11
8	00303	ブイテック	家電	9.09
9	00272	瑞安房地産	不動産	8.89
10	01071	華電国際電力	電力・ガス・水道	8.84
11	01813	合景泰富集団	不動産	8.41
12	03333	中国恒大集団	不動産	8.39
13	01088	中国神華能源	石油・石炭	8.21
14	03377	遠洋集団	不動産	8.08
15	00902	華能国際電力	電力・ガス・水道	8.00
16	01359	中国信達資産管理	金融・証券・保険	7.99
17	00123	越秀地産	不動産	7.93
18	06818	中国光大銀行	金融・証券・保険	7.78
19	00836	華潤電力控股	電力・ガス・水道	7.77
20	02799	中国華融資産管理	金融・証券・保険	7.67
21	03339	中国龍工	機械	7.55
22	03988	中国銀行	金融・証券・保険	7.41
23	01883	中信国際電訊	通信	7.40
24	02380	中国電力国際	電力・ガス・水道	7.38
25	01988	中国民生銀行	金融・証券・保険	7.37
26	01199	中遠海運港口	運輸・倉庫	7.25
27	03328	交通銀行	金融・証券・保険	7.24
28	00604	深セン控股	不動産	7.24
29	00152	深セン国際	運輸・倉庫	7.20
30	00142	第一太平	食品・飲料	7.16
31	00363	上海実業	コングロマリット	7.14
32	01606	国銀金融租賃	金融・証券・保険	7.13
33	01138	中遠海運能源運輸	運輸・倉庫	7.13
34	02007	碧桂園	不動産	7.07
35	00934	シノペック冠徳	石油・石炭	6.98
36	00998	中信銀行	金融・証券・保険	6.96
37	00371	北控水務集団	電力・ガス・水道	6.92
38	01618	中国冶金科工	建設・プラント	6.82
39	02009	北京金隅	建材・ガラス・セメント	6.82
40	00189	東岳集団	化学	6.78
41	01333	中国忠旺	鉄鋼・非鉄金属	6.55
42	00081	中国海外宏洋	不動産	6.50
43	01288	中国農業銀行	金融・証券・保険	6.46
44	00576	浙江高速道路	道路・港湾・空港	6.43
45	00257	中国光大国際	コングロマリット	6.40

※予想純利益10億HKドル以上に限ってランキング

2020年度予想（または2021年度）純利益が、前号掲載の予想から上振れた銘柄。実際の業績が市場予想を上回るペースで推移していることを表す。

No.	コード	企業名	業種	変化率（％）
1	00272	瑞安房地産	不動産	141.0
2	00981	SMIC	電子・半導体	119.6
3	01138	中遠海運能源運輸	運輸・倉庫	115.0
4	00285	BYD エレクトロニック	通信用機器	85.9
5	01133	ハルビン電気	機械	43.3
6	00855	中国水務集団	電力・ガス・水道	38.8
7	01478	Q テクノロジー	電子・半導体	30.4
8	06099	招商証券	金融・証券・保険	24.2
9	03958	東方証券	金融・証券・保険	23.2
10	03323	中国建材	建材・ガラス・セメント	19.2
11	00410	SOHO 中国	不動産	18.7
12	00819	天能動力国際	電子・半導体	16.4
13	01313	華潤セメント	建材・ガラス・セメント	16.4
14	03933	聯邦製薬	医薬・バイオ	16.3
15	02611	国泰君安証券	金融・証券・保険	15.3
16	06886	華泰証券	金融・証券・保険	13.3
17	01776	広発証券	金融・証券・保険	12.9
18	02689	玖龍紙業	製紙・パルプ	12.1
19	01211	BYD	自動車・二輪	11.2
20	00123	越秀地産	不動産	10.4
21	002241	歌爾	電子・半導体	10.3
22	00390	中国中鉄	建設・プラント	9.8
23	00777	ネットドラゴン	IT・ソフトウエア	9.0
24	600031	三一重工	機械	8.6
25	06881	中国銀河証券	金融・証券・保険	8.4
26	01513	麗珠医薬集団	医薬・バイオ	7.7
27	00322	康師傅控股	食品・飲料	7.6
28	00914	安徽コンチセメント	建材・ガラス・セメント	7.4
29	01336	新華人寿保険	金融・証券・保険	7.0
30	06869	長飛光繊	その他製造	6.7
31	01157	中聯重科	機械	6.5
32	06808	高キン零售	卸売・小売業	6.5
33	00288	万洲国際	食品・飲料	6.4
34	00772	閲文集団	IT・ソフトウエア	5.8
35	01071	華電国際電力	電力・ガス・水道	5.3
36	00763	中興通訊	通信用機器	5.1
37	02128	中国聯塑	化学	4.6
38	02727	上海電気集団	機械	4.3
39	06806	申万宏源集団	金融・証券・保険	4.2
40	02588	中銀航空租賃	金融・証券・保険	4.0
41	01044	恒安国際集団	製紙・パルプ	3.9
42	02628	中国人寿保険	金融・証券・保険	3.7
43	06818	中国光大銀行	金融・証券・保険	3.4
44	06030	中信証券	金融・証券・保険	3.2
45	03900	緑城中国	不動産	3.0

2020年度予想（または2021年度）予想純利益が、前号掲載の予想から下振れた銘柄。実際の業績が市場予想を下回るペースで推移していることを表す。

No.	コード	企 業 名	業 種	変化率（%）
1	000423	東阿阿膠	医薬・バイオ	-97.5
2	00880	澳門博彩控股	サービス	-90.7
3	00107	四川高速道路	道路・港湾・空港	-87.3
4	601021	春秋航空	運輸・倉庫	-86.1
5	01928	サンズ・チャイナ	サービス	-83.2
6	00883	CNOOC	石油・石炭	-80.2
7	02006	上海錦江資本	ホテル・観光	-76.6
8	00386	シノペック	石油・石炭	-76.2
9	00525	広深鉄路	運輸・倉庫	-74.6
10	03690	美団点評	ＩＴ・ソフトウエア	-73.9
11	01033	シノペック石油工程技術服務	石油・石炭	-73.5
12	02343	太平洋航運	運輸・倉庫	-73.0
13	00538	味千中国	サービス	-71.6
14	600138	中青旅控股	ホテル・観光	-67.8
15	01913	プラダ	繊維・アパレル	-66.6
16	02600	中国アルミ	鉄鋼・非鉄金属	-66.6
17	01052	越秀交通基建	道路・港湾・空港	-66.2
18	00019	太古A	コングロマリット	-64.1
19	00027	銀河娯楽	サービス	-63.9
20	03337	安東油田服務	石油・石炭	-63.4
21	02888	スタンダード・チャータード	金融・証券・保険	-62.9
22	00709	ジョルダーノ	繊維・アパレル	-62.8
23	00694	北京首都国際機場	道路・港湾・空港	-60.4
24	00005	HSBC	金融・証券・保険	-59.8
25	01333	中国忠旺	鉄鋼・非鉄金属	-59.2
26	00780	同程芸龍	ＩＴ・ソフトウエア	-58.5
27	00995	安徽高速道路	道路・港湾・空港	-57.3
28	06862	海底撈国際	サービス	-55.5
29	00551	裕元工業	繊維・アパレル	-54.6
30	00347	アンガン・スチール	鉄鋼・非鉄金属	-54.3
31	00699	神州租車	サービス	-52.2
32	601888	中国国旅	卸売・小売業	-51.5
33	002024	蘇寧易購集団	卸売・小売業	-51.5
34	01836	九興控股	繊維・アパレル	-51.4
35	00460	四環医薬	医薬・バイオ	-50.3
36	01053	重慶鋼鉄	鉄鋼・非鉄金属	-49.7
37	00696	トラベルスカイ・テクノロジー	ＩＴ・ソフトウエア	-49.0
38	00737	深セン投控湾区発展	道路・港湾・空港	-47.9
39	00698	通達集団	電子・半導体	-47.9
40	01970	IMAXチャイナ	サービス	-47.2
41	01876	バドワイザーAPAC	食品・飲料	-46.5
42	03377	遠洋集団	不動産	-45.1
43	01212	利福国際	卸売・小売業	-45.0
44	002074	国軒高科	電子・半導体	-45.0
45	600884	寧波杉杉	電子・半導体	-44.5

【ランキング】増益率

増益率＝（当期最終利益÷前期最終利益－1）×100
2020年度（または2021年度）予想に基づいて算出
企業利益の成長性をはかる指標

No.	コード	企業名	業種	増益率（％）
1	01138	中遠海運能源運輸	運輸・倉庫	1,171.15
2	00902	華能国際電力	電力・ガス・水道	554.41
3	02799	中国華融資産管理	金融・証券・保険	475.41
4	06178	光大証券	金融・証券・保険	358.23
5	00317	中船防務	輸送用機器	274.40
6	00285	BYD エレクトロニック	通信用機器	194.45
7	002456	欧菲光集団	電子・半導体	159.78
8	00002	中電控股	電力・ガス・水道	150.16
9	00991	大唐国際発電	電力・ガス・水道	149.06
10	01997	九龍倉置業地産	不動産	114.65
11	01818	招金鉱業	鉄鋼・非鉄金属	108.65
12	002008	大族激光科技産業集団	機械	95.29
13	00522	ASM パシフィック	電子・半導体	92.56
14	03333	中国恒大集団	不動産	91.13
15	00004	ワーフ	コングロマリット	75.51
16	601933	永輝超市	卸売・小売業	71.64
17	02208	新疆金風科技	機械	69.49
18	00291	華潤ビール	食品・飲料	66.90
19	09988	アリババ集団	ＩＴ・ソフトウエア	63.24
20	02380	中国電力国際	電力・ガス・水道	61.32
21	002241	歌爾	電子・半導体	54.75
22	00023	東亜銀行	金融・証券・保険	47.52
23	00486	UC ルサール	鉄鋼・非鉄金属	45.72
24	01530	三生製薬	医薬・バイオ	45.55
25	01211	BYD	自動車・二輪	41.52
26	02269	薬明生物技術	医薬・バイオ	41.42
27	00788	中国鉄塔	通信	39.33
28	02359	無錫薬明康徳新薬開発	医薬・バイオ	37.21
29	00777	ネットドラゴン	ＩＴ・ソフトウエア	33.72
30	01888	キングボード・ラミネート	電子・半導体	32.38
31	00836	華潤電力控股	電力・ガス・水道	32.05
32	002230	科大訊飛	ＩＴ・ソフトウエア	28.50
33	00867	康哲薬業	医薬・バイオ	26.10
34	00631	三一重装国際	機械	25.25
35	00968	信義光能	建材・ガラス・セメント	25.21
36	600276	江蘇恒瑞医薬	医薬・バイオ	25.01
37	01071	華電国際電力	電力・ガス・水道	24.59
38	01157	中聯重科	機械	23.93
39	01177	中国生物製薬	医薬・バイオ	23.54
40	600031	三一重工	機械	23.32
41	00081	中国海外宏洋	不動産	22.78
42	00323	馬鞍山鋼鉄	鉄鋼・非鉄金属	21.05
43	00700	テンセント	ＩＴ・ソフトウエア	20.24
44	03958	東方証券	金融・証券・保険	20.14
45	02357	アビチャイナ	輸送用機器	19.92

※予想純利益 10 億 HK ドル以上に限ってランキング

■
増益率

流動比率＝流動資産÷流動負債×100
短期的な支払い能力を示す
財務の安定性をはかる指標

平均
160.1%

No.	コード	企　業　名	業　種	流動比率（％）
1	00769	チャイナ・レアアース	鉄鋼・非鉄金属	1,939.21
2	600276	江蘇恒瑞医薬	医薬・バイオ	902.33
3	03818	中国動向	繊維・アパレル	591.51
4	000423	東阿阿膠	医薬・バイオ	520.57
5	01164	中広核鉱業	卸売・小売業	463.66
6	01357	美図	ＩＴ・ソフトウエア	456.88
7	01666	北京同仁堂科技	医薬・バイオ	448.63
8	00511	TVB	メディア	415.15
9	01836	九興控股	繊維・アパレル	395.77
10	00014	希慎興業	不動産	393.55
11	600519	貴州茅台酒	食品・飲料	386.98
12	01113	長江実業集団	不動産	382.88
13	00799	IGG	ＩＴ・ソフトウエア	377.55
14	01234	中国利郎	繊維・アパレル	377.51
15	02313	申洲国際集団	繊維・アパレル	366.97
16	00914	安徽コンチセメント	建材・ガラス・セメント	354.51
17	01970	IMAX チャイナ	サービス	352.95
18	03888	キングソフト	ＩＴ・ソフトウエア	351.26
19	01475	日清食品	食品・飲料	348.59
20	02269	薬明生物技術	医薬・バイオ	336.86

負債比率＝総負債÷株主資本×100
株主資本に対する負債の割合
財務の安定性をはかる指標

平均
252.1%

No.	コード	企　業　名	業　種	負債比率（％）
1	00769	チャイナ・レアアース	鉄鋼・非鉄金属	5.03
2	00737	深セン投控湾区発展	道路・港湾・空港	7.73
3	00006	電能実業	電力・ガス・水道	9.45
4	03818	中国動向	繊維・アパレル	10.31
5	600276	江蘇恒瑞医薬	医薬・バイオ	10.57
6	000423	東阿阿膠	医薬・バイオ	16.35
7	00867	康哲薬業	医薬・バイオ	17.47
8	01836	九興控股	繊維・アパレル	18.15
9	00014	希慎興業	不動産	20.70
10	00215	ハチソンテレコム・ホンコン	通信	21.01
11	00716	シンガマス・コンテナ	輸送用機器	21.05
12	00696	トラベルスカイ・テクノロジー	ＩＴ・ソフトウエア	23.50
13	01357	美図	ＩＴ・ソフトウエア	24.20
14	01475	日清食品	食品・飲料	25.67
15	02313	申洲国際集団	繊維・アパレル	26.47
16	01234	中国利郎	繊維・アパレル	26.54
17	00525	広深鉄路	運輸・倉庫	26.58
18	00914	安徽コンチセメント	建材・ガラス・セメント	26.71
19	01970	IMAX チャイナ	サービス	26.73
20	00799	IGG	ＩＴ・ソフトウエア	27.21

ランキング

■ 流動比率／低負債比率

株主資本比率＝株主資本÷総資産×100
財務の安定性をはかる指標

平均
41.5%

No.	コード	企業名	業種	株主資本比率（％）
1	00769	チャイナ・レアアース	鉄鋼・非鉄金属	95.00
2	00737	深セン投控湾区発展	道路・港湾・空港	92.40
3	00006	電能実業	電力・ガス・水道	91.37
4	03818	中国動向	繊維・アパレル	90.58
5	600276	江蘇恒瑞医薬	医薬・バイオ	89.91
6	000423	東阿阿膠	医薬・バイオ	85.59
7	00867	康哲薬業	医薬・バイオ	84.80
8	01836	九興控股	繊維・アパレル	84.67
9	00215	ハチソンテレコム・ホンコン	通信	82.64
10	00014	希慎興業	不動産	80.02
11	00696	トラベルスカイ・テクノロジー	ＩＴ・ソフトウエア	79.41
12	00525	広深鉄路	運輸・倉庫	79.08
13	01234	中国利郎	繊維・アパレル	79.03
14	02313	申洲国際集団	繊維・アパレル	79.02
15	01970	IMAX チャイナ	サービス	78.91
16	01357	美図	ＩＴ・ソフトウエア	78.81
17	00799	IGG	ＩＴ・ソフトウエア	78.61
18	00716	シンガマス・コンテナ	輸送用機器	78.08
19	00083	信和置業	不動産	78.04
20	01833	平安健康医療科技	ＩＴ・ソフトウエア	77.94

【ランキング】A株格差

A株格差＝A株株価÷H株株価
H株株価に対するA株の株価水準をはかる指標

平均
1.9倍

No.	コード	企業名	業種	格差（倍）
1	00317	中船防務	輸送用機器	3.22
2	06881	中国銀河証券	金融・証券・保険	2.83
3	01339	中国人民保険	金融・証券・保険	2.79
4	06806	申万宏源集団	金融・証券・保険	2.65
5	03958	東方証券	金融・証券・保険	2.62
6	06178	光大証券	金融・証券・保険	2.57
7	01072	東方電気	機械	2.50
8	06099	招商証券	金融・証券・保険	2.39
9	02883	中海油田服務	石油・石炭	2.31
10	00811	新華文軒	メディア	2.25
11	02727	上海電気集団	機械	2.25
12	00991	大唐国際発電	電力・ガス・水道	2.23
13	01618	中国冶金科工	建設・プラント	2.22
14	00338	シノペック上海石化	化学	2.14
15	06837	海通証券	金融・証券・保険	2.12
16	01898	中国中煤能源	石油・石炭	2.10
17	00598	シノトランス	運輸・倉庫	2.07
18	00564	鄭州煤鉱機械	機械	2.01
19	00763	中興通訊	通信用機器	1.97
20	02628	中国人寿保険	金融・証券・保険	1.97

※予想純利益 10 億 HK ドル以上に限ってランキング

【ランキング】年間上昇率　 2020年5月8日までの1年間の株価上昇率

No.	コード	企業名	業種	年間騰落率（％）
1	01833	平安健康医療科技	ＩＴ・ソフトウエア	174.43
2	002241	歌爾	電子・半導体	133.52
3	00981	ＳＭＩＣ	電子・半導体	111.94
4	600588	用友網絡科技	ＩＴ・ソフトウエア	108.54
5	02128	中国聯塑	化学	104.81
6	03690	美団点評	ＩＴ・ソフトウエア	93.75
7	02331	李寧	繊維・アパレル	87.14
8	02342	京信通信	通信用機器	85.47
9	06808	高キン零售	卸売・小売業	83.86
10	002074	国軒高科	電子・半導体	80.39
11	02359	無錫薬明康徳新薬開発	医薬・バイオ	75.86
12	600031	三一重工	機械	72.07
13	01066	ウェイガオ・グループ	その他製造	68.91
14	01177	中国生物製薬	医薬・バイオ	60.54
15	02269	薬明生物技術	医薬・バイオ	55.81
16	03933	聯邦製薬	医薬・バイオ	55.33
17	01513	麗珠医薬集団	医薬・バイオ	55.23
18	03888	キングソフト	ＩＴ・ソフトウエア	53.93
19	600276	江蘇恒瑞医薬	医薬・バイオ	51.10
20	01157	中聯重科	機械	49.08

【ランキング】年間下落率　 2020年5月8日までの1年間の株価下落率

No.	コード	企業名	業種	年間騰落率（％）
1	01043	コスライト・テクノロジー	電子・半導体	-66.82
2	00716	シンガマス・コンテナ	輸送用機器	-66.41
3	01293	広匯宝信汽車	卸売・小売業	-64.31
4	00699	神州租車	サービス	-64.25
5	02280	慧聡集団	ＩＴ・ソフトウエア	-63.28
6	01205	中信資源控股	鉄鋼・非鉄金属	-61.76
7	01316	ネクスティア	自動車・二輪	-61.72
8	00709	ジョルダーノ	繊維・アパレル	-60.75
9	00460	四環医薬	医薬・バイオ	-59.16
10	01333	中国忠旺	鉄鋼・非鉄金属	-58.42
11	03983	中海石油化学	化学	-57.41
12	00321	テキスウインカ	繊維・アパレル	-57.38
13	03396	聯想控股	コングロマリット	-57.32
14	00330	エスプリ	繊維・アパレル	-56.13
15	01068	中国雨潤食品集団	食品・飲料	-56.00
16	03320	華潤医薬集団	医薬・バイオ	-55.90
17	01208	五鉱資源	鉄鋼・非鉄金属	-55.31
18	03337	安East油田服務	石油・石炭	-54.46
19	03800	保利協キン能源	電子・半導体	-52.35
20	00142	第一太平	食品・飲料	-51.26

ランキング

■年間上昇率／年間下落率

【ランキング】高額銘柄

最低売買価格＝株価×取引単位×日本円換算レート
取引に多額の資金を必要とする銘柄

No.	コード	企業名	業種	売買価格（円）
1	600519	貴州茅台酒	食品・飲料	1,975,859
2	00168	青島ビール	食品・飲料	1,393,952
3	01193	華潤ガス	電力・ガス・水道	1,157,968
4	00291	華潤ビール	食品・飲料	1,103,088
5	02020	安踏体育用品	繊維・アパレル	931,588
6	02269	薬明生物技術	医薬・バイオ	856,128
7	01109	華潤置地	不動産	850,640
8	00027	銀河娯楽	サービス	736,764
9	00016	新鴻基地産	不動産	702,464
10	01066	ウェイガオ・グループ	その他製造	673,926
11	00700	テンセント	ＩＴ・ソフトウエア	573,770
12	00874	広州白雲山医薬	医薬・バイオ	568,008
13	00002	中電控股	電力・ガス・水道	548,800
14	02318	中国平安保険	金融・証券・保険	539,196
15	00425	敏実集団	自動車・二輪	535,629
16	06862	海底撈国際	サービス	467,852
17	01918	融創中国	不動産	463,050
18	01997	九龍倉置業地産	不動産	460,992
19	01044	恒安国際集団	製紙・パルプ	445,557
20	00669	創科実業	機械	445,214

【ランキング】低額銘柄

最低売買価格＝株価×取引単位×日本円換算レート
小額で購入可能な銘柄
※最低取引価格は各証券会社によって異なります

No.	コード	企業名	業種	売買価格（円）
1	00330	エスプリ	繊維・アパレル	933
2	03368	パークソン	卸売・小売業	2,641
3	03800	保利協キン能源	電子・半導体	3,334
4	03833	新疆新キン鉱業	鉄鋼・非鉄金属	4,253
5	01293	広匯宝信汽車	卸売・小売業	6,586
6	03948	イータイ・コール	石油・石炭	7,121
7	01205	中信資源控股	鉄鋼・非鉄金属	7,134
8	002027	分衆伝媒信息技術	メディア	7,515
9	01068	中国雨潤食品集団	食品・飲料	7,546
10	00750	中国水発興業能源	建設・プラント	7,683
11	601668	中国建築	建設・プラント	7,801
12	01798	大唐新能源	電力・ガス・水道	7,958
13	00564	鄭州煤鉱機械	機械	8,177
14	00769	チャイナ・レアアース	鉄鋼・非鉄金属	8,506
15	600820	上海隧道工程	建設・プラント	8,567
16	02858	易キン集団	ＩＴ・ソフトウエア	8,712
17	03369	秦皇島港	道路・港湾・空港	8,781
18	03818	中国動向	繊維・アパレル	8,781
19	02280	慧聡集団	ＩＴ・ソフトウエア	8,918
20	01333	中国忠旺	鉄鋼・非鉄金属	9,220

ランキング

■

高額銘柄／低額銘柄

【ランキング】現金同等物

中間期末または期末の現金と現金同等物
手元のキャッシュの豊富さを示す指標

No.	コード	企業名	業種	現金同等物（百万HK$）
1	01288	中国農業銀行	金融・証券・保険	1,454,581
2	01398	中国工商銀行	金融・証券・保険	1,450,413
3	03988	中国銀行	金融・証券・保険	1,345,892
4	00939	中国建設銀行	金融・証券・保険	1,052,340
5	03968	招商銀行	金融・証券・保険	589,675
6	00267	中国中信	コングロマリット	463,038
7	00998	中信銀行	金融・証券・保険	342,449
8	02388	中銀香港	金融・証券・保険	331,652
9	02318	中国平安保険	金融・証券・保険	303,466
10	00005	HSBC	金融・証券・保険	293,742
11	01658	中国郵政儲蓄銀行	金融・証券・保険	280,348
12	601668	中国建築	建設・プラント	271,728
13	02007	碧桂園	不動産	248,985
14	09988	アリババ集団	ＩＴ・ソフトウエア	248,272
15	600000	上海浦東発展銀行	金融・証券・保険	205,084
16	00941	チャイナ・モバイル	通信	175,933
17	03328	交通銀行	金融・証券・保険	167,735
18	02202	万科企業	不動産	159,739
19	02799	中国華融資産管理	金融・証券・保険	159,234
20	03333	中国恒大集団	不動産	150,056

【ランキング】粗利益率

粗利益率＝粗利益÷売上高×100
収益性や採算性を計る指標

平均
31.7%

No.	コード	企業名	業種	粗利益率（％）
1	00006	電能実業	電力・ガス・水道	100.00
2	600519	貴州茅台酒	食品・飲料	91.64
3	600276	江蘇恒瑞医薬	医薬・バイオ	87.49
4	00014	希慎興業	不動産	86.56
5	01530	三生製薬	医薬・バイオ	82.60
6	00973	ロクシタン	化学	81.15
7	01177	中国生物製薬	医薬・バイオ	79.67
8	02186	緑葉製薬	医薬・バイオ	76.74
9	00867	康哲薬業	医薬・バイオ	74.85
10	000858	宜賓五糧液	食品・飲料	74.46
11	01093	石薬集団	医薬・バイオ	71.98
12	00799	IGG	ＩＴ・ソフトウエア	69.32
13	000999	華潤三九医薬	医薬・バイオ	67.15
14	00777	ネットドラゴン	ＩＴ・ソフトウエア	66.55
15	01112	健合国際	食品・飲料	66.16
16	600588	用友網絡科技	ＩＴ・ソフトウエア	65.42
17	01513	麗珠医薬集団	医薬・バイオ	63.86
18	01066	ウェイガオ・グループ	その他製造	62.77
19	600900	中国長江電力	電力・ガス・水道	62.51
20	00570	中国中薬	医薬・バイオ	59.88

※予想純利益10億HKドル以上に限ってランキング

ランキング

■現金同等物／粗利益率

香港全上場企業一覧

香港全上場企業の直近決算（中間または本決算、2020年5月時点）が一目瞭然！
売上高、純利益と前年比、EPSを完全網羅。

※売上高、純利益は百万単位
※黒字転換、赤字継続、赤字転落の場合、前年比は「—」で表示
※決算通貨を変更した場合、前年比は「—」で表示

コード	企業名	年期		通貨単位	売上高(百万)	前年比(%)	純利益(百万)	前年比(%)	EPS
00001	長江和記実業	19/12		HKD	299,021.00	7.9	39,830.00	2.1	10.330
00002	中電控股	19/12		HKD	85,689.00	-6.3	4,657.00	-65.6	1.840
00003	ホンコン・チャイナガス	19/12		HKD	40,628.10	4.0	6,965.70	-25.2	0.412
00004	ワーフ	19/12		HKD	16,874.00	-19.9	3,386.00	-48.9	1.110
00005	HSBC	19/12		USD	71,024.00	11.7	6,059.00	-52.3	0.300
00006	電能実業	19/12		HKD	1,348.00	-13.3	7,131.00	-6.6	3.340
00007	香港金融投資	19/12		HKD	538.01	-42.9	677.71	323.6	0.169
00008	PCCW	19/12		HKD	37,521.00	-3.4	681.00	-24.1	0.088
00009	金奥国際	19/12		HKD	39.92	-50.0	-288.95	—	-0.081
00010	恒隆集団	19/12		HKD	9,435.00	-5.8	6,816.00	29.0	5.010
00011	ハンセン銀行	19/12		HKD	63,341.00	14.3	24,840.00	2.6	12.770
00012	恒基兆業地産	19/12		HKD	24,184.00	10.0	16,994.00	-45.5	3.510
00014	希慎興業	19/12		HKD	3,988.00	2.5	4,845.00	-19.7	4.630
00015	盈信控股	19/09	中間	HKD	692.69	-58.5	-13.71	—	-0.008
00016	新鴻基地産	19/12	中間	HKD	38,711.00	4.3	15,419.00	-24.7	5.320
00017	新世界発展	19/12	中間	HKD	32,464.40	-34.1	1,017.30	-91.0	0.100
00018	東方報業集団	19/09	中間	HKD	436.18	-5.3	36.51	12.2	0.015
00019	太古A	19/12		HKD	85,652.00	1.2	9,007.00	-61.9	6.000
00020	ウィーロック	19/12		HKD	48,519.00	0.1	9,173.00	-46.8	4.480
00021	大中華地産	19/12		HKD	28.27	-67.6	-3.55	—	-0.001
00022	茂盛控股	19/09	中間	HKD	32.60	-4.7	-22.25	—	-0.011
00023	東亜銀行	19/12		HKD	19,684.00	15.3	3,260.00	-49.9	0.890
00024	宝威控股	19/06	中間	HKD	932.80	-8.0	-181.88	—	-0.036
00025	其士国際	19/09	中間	HKD	3,118.79	-9.8	414.90	113.8	1.370
00026	中華汽車	19/09	中間	HKD	42.57	-3.3	184.51	-55.5	4.070
00027	銀河娯楽	19/12		HKD	51,901.99	-6.0	13,041.55	-3.4	3.011
00028	天安中国投資	19/12		HKD	2,221.90	-32.5	1,345.94	7.6	0.890
00029	達力集団	19/12	中間	HKD	48.78	-8.5	7.38	-83.4	0.031
00030	万隆控股集団	19/09	中間	HKD	710.50	115.3	23.14	24.5	0.004
00031	チャイナ・エアロスペース	19/12		HKD	3,450.82	-6.5	338.35	-16.3	0.110
00032	クロス・ハーバー	19/12		HKD	695.94	8.6	727.31	62.6	1.950
00033	中国雲銅	19/12		HKD	137.80	105.9	-322.79	—	-0.345
00034	九龍建業	19/12		HKD	11,623.52	308.9	2,449.73	11.7	2.080
00035	遠東発展	19/09	中間	HKD	5,121.14	75.0	714.79	16.0	0.304
00036	遠東控股国際	19/12		HKD	39.73	1,124.1	-132.31	—	-0.122
00037	遠東酒店	19/09	中間	HKD	25.23	-3.9	-12.42	—	-0.020
00038	ファースト・トラクター	19/12		CNY	5,830.18	2.6	61.48	—	0.062
00039	中国北大荒産業集団	19/12		HKD	779.31	-38.5	-291.07	—	-0.049
00040	ゴールド・ピーク	19/09	中間	HKD	3,217.93	-7.3	174.68	680.2	0.223
00041	グレート・イーグル	19/12		HKD	9,236.83	-9.1	-337.79	—	-0.480
00042	東北電気発展	19/12		CNY	102.25	216.5	-40.17	—	-0.046
00043	CPポカパン	19/12		USD	6,960.84	3.7	345.80	22.8	0.014
00045	香港上海ホテルズ	19/12		HKD	5,874.00	-5.5	494.00	-59.4	0.300
00046	科聯系統集団	19/12		HKD	285.89	-2.0	55.89	-17.8	0.226
00047	合興集団	19/12		CNY	2,102.81	5.0	104.11	0.6	0.011
00048	中国汽車内飾	19/12		CNY	260.90	34.1	-30.18	—	-0.076

CNY＝人民元、HKD＝香港ドル、USD＝米ドル、GBP＝英ポンド、EUR＝ユーロ、CAD＝カナダドル、JPY＝日本円、SGD＝シンガポールドル、MYR＝マレーシアリンギ、MOP＝マカオパタカ、TWD＝台湾ドル、AUD＝豪ドル、THB＝タイバーツ

コード	企業名	年期	通貨単位	売上高(百万)	前年比(%)	純利益(百万)	前年比(%)	EPS
00050	ホンコン・フェリー	19/12	HKD	298.85	-72.5	136.42	-60.4	0.380
00051	ハーバー・センター	19/12	HKD	1,395.00	-11.9	117.00	-85.9	0.170
00052	大快活集団	19/09 中間	HKD	1,538.97	4.5	57.26	-43.1	0.443
00053	国浩集団	19/12 中間	USD	1,173.31	14.4	138.13	955.6	0.420
00055	中星集団	19/12	HKD	560.59	-5.3	-30.78	—	-0.121
00056	聯合地産	19/12	HKD	4,735.90	3.3	2,880.30	22.9	0.423
00057	震雄集団	19/09 中間	HKD	781.36	-12.0	34.10	70.1	0.054
00058	新威国際	19/12	HKD	356.95	-13.9	-284.00	—	-0.395
00059	天誉置業	19/12	CNY	6,591.04	6.4	792.26	5.4	0.102
00060	香港食品	19/09 中間	HKD	76.83	7.5	-2.16	—	-0.008
00061	緑領控股	19/12	HKD	944.26	-6.0	-149.98	—	-0.017
00062	載通国際控股	19/12	HKD	8,112.20	1.3	605.31	-15.9	1.380
00063	中国晞谷集団	19/12	HKD	13.46	-18.6	-0.01	—	0.000
00064	結好控股	19/09 中間	HKD	275.06	-2.0	92.78	-15.7	0.010
00065	弘海高新資源	19/12	HKD	178.30	-8.1	-10.63	—	-0.007
00066	香港鉄路	19/12	HKD	54,504.00	1.1	11,932.00	-25.5	1.940
00067	中国旭光高新材料	19/12	CNY	—	—	-196.61	—	-1.400
00068	利興発展	19/12	HKD	20.16	50.9	-481.66	—	-3.282
00069	シャングリラ・アジア	19/12	USD	2,431.22	-3.4	152.49	-21.0	0.043
00070	金粤控股	19/12 中間	HKD	35.18	-50.2	-3.31	—	-0.005
00071	ミラマー・ホテル	19/12	HKD	3,061.70	-4.3	1,288.23	-20.7	1.860
00072	現代伝播	19/12	CNY	446.07	-0.6	0.36	—	0.001
00073	アジアン・シトラス	19/12 中間	CNY	116.92	1,149.9	-2.83	—	-0.002
00075	Y.T. リアルティー	19/12	HKD	53.03	4.8	83.79	1.8	0.105
00076	誼礫控股	19/12	USD	93.66	-18.5	-9.33	—	-0.002
00077	進智公共交通	19/09 中間	HKD	195.07	0.3	-9.42	—	-0.035
00078	富豪酒店	19/12	HKD	2,226.20	-14.8	454.60	-17.0	0.380
00079	世紀建業	19/12	HKD	31.02	17.7	-21.23	—	-0.066
00080	中国新経済投資	19/12	HKD	5.45	-42.1	-34.07	—	-0.030
00081	中国海外宏洋	19/12	CNY	28,590.88	32.8	3,329.68	63.0	0.973
00082	第一視頻	19/12	HKD	2,444.83	-27.7	-185.19	—	-0.044
00083	信和置業	19/12 中間	HKD	3,168.55	-31.1	2,780.79	-11.2	0.400
00084	宝光実業	19/09 中間	HKD	593.69	-21.0	-67.63	—	-0.065
00085	中国電子華大科技	19/12	HKD	1,695.49	0.5	155.16	36.9	0.076
00086	新鴻基	19/12	HKD	4,125.10	1.4	2,085.20	76.1	1.044
00087	太古 B	19/12	HKD	85,652.00	1.2	9,007.00	-61.9	1.200
00088	大昌集団	19/09 中間	HKD	23.90	-93.4	70.40	-43.8	0.114
00089	大生地産	19/12	HKD	370.33	5.1	436.30	-11.5	1.520
00090	普星潔能	19/12	CNY	292.21	3.8	54.85	20.3	0.120
00091	金禧国際控股	19/12	HKD	7.59	-16.7	-396.79	—	-0.720
00092	冠軍科技	19/12 中間	HKD	260.62	154.1	5.47	—	0.010
00093	添利工業	19/09 中間	HKD	8.46	-55.4	-21.89	—	-0.011
00094	グリーンハート	19/12	HKD	374.44	-12.3	-143.81	—	-0.078
00095	緑景中国地産	19/12	CNY	6,902.45	52.9	1,749.88	41.4	0.351
00096	友成控股	19/12	CNY	1,301.62	2.1	35.11	-61.5	0.001
00097	恒基兆業発展	19/12	HKD	1,707.00	14.1	62.00	-36.1	0.020
00098	興発アルミ	19/12	CNY	11,280.85	13.7	606.11	22.4	1.450
00099	王氏国際	19/12	HKD	3,781.16	-5.8	266.33	-81.3	0.560
00100	クリアー・メディア	19/12	CNY	1,445.86	-19.8	-86.85	—	-0.161
00101	恒隆地産	19/12	HKD	8,852.00	-5.9	6,172.00	-23.6	1.370
00102	凱升控股	19/12	HKD	532.82	15.0	82.00	977.4	0.051
00103	首長宝佳	19/12	HKD	2,141.38	0.9	108.34	—	0.056
00104	冠亜商業	19/09 中間	HKD	482.21	17.2	21.30	-21.4	0.029
00105	凱聯国際酒店	19/09 中間	HKD	299.94	-3.0	-369.65	—	-1.030
00106	朗詩緑色地産	19/12	CNY	8,558.74	15.1	1,171.94	5.3	0.252
00107	四川高速道路	19/12	CNY	7,806.74	14.5	1,086.13	27.8	0.355

コード	企業名	年期		通貨単位	売上高(百万)	前年比(%)	純利益(百万)	前年比(%)	EPS
00108	国鋭地産	19/12		HKD	373.33	3.3	98.60	929.3	0.031
00109	天成国際	19/12	中間	HKD	44.66	4.8	23.47	-36.6	0.003
00110	中国長遠	19/12		HKD	108.46	-49.8	-23.32	—	-0.025
00111	信達国際	19/12		HKD	260.38	5.8	51.56	-6.6	0.080
00112	勒泰集団	19/12		HKD	1,106.29	21.6	136.71	-80.7	0.184
00113	ディクソン・コンセプト	20/3		HKD	2,937.71	-26.7	645.82	57.0	1.629
00114	興利集団	19/09	中間	HKD	590.96	12.3	-6.11	—	-0.010
00115	グランド・フィールド	19/12		HKD	3.54	-94.8	-101.22	—	-0.041
00116	周生生	19/12		HKD	17,736.23	-5.7	643.53	-36.4	0.950
00117	天利控股集団	19/12		CNY	446.24	-57.3	-125.98	—	-0.169
00118	大同機械企業	19/12		HKD	2,344.92	-12.6	15.76	-78.7	0.018
00119	保利置業	19/12		HKD	39,943.98	71.9	3,832.95	71.0	1.047
00120	四海国際	19/12		HKD	119.60	-94.4	-170.30	—	-0.025
00122	クロコダイル	20/01	中間	HKD	91.96	-25.8	-176.68	—	-0.187
00123	越秀地産	19/12		CNY	38,339.11	45.0	3,483.35	27.7	0.241
00124	粤海置地	19/12		HKD	1,836.68	487.9	341.06	52.1	0.199
00125	新興光学	19/09	中間	HKD	491.72	-24.4	-8.59	—	-0.030
00126	佳寧娜	19/09	中間	HKD	572.96	-3.0	48.60	-37.8	0.039
00127	華人置業	19/12		HKD	538.99	-36.1	790.17	-22.2	0.414
00128	安寧控股	19/12		HKD	131.84	-7.2	46.20	—	0.028
00129	アジア・スタンダード	19/09	中間	HKD	1,260.29	22.2	635.15	-30.1	0.480
00130	慕詩国際	19/09	中間	HKD	103.43	-15.3	-37.60	—	-0.130
00131	卓能集団	19/12	中間	HKD	304.23	934.5	33.57	-52.7	0.060
00132	中国興業	19/12		HKD	161.11	102.5	68.61	61.9	0.040
00133	招商局中国基金	19/12		USD	15.53	-17.8	101.81	—	0.668
00135	昆能集源	19/12		CNY	113,313.00	7.4	5,551.00	19.8	0.667
00136	恒騰網絡	19/12		CNY	337.30	-32.5	90.07	-27.7	0.001
00137	金輝集団	19/12		HKD	492.65	-17.0	-3.45	—	-0.007
00138	中建富通	19/12		HKD	1,097.00	19.4	-141.00	—	-0.160
00139	中達集団控股	19/12		HKD	947.74	443.3	208.39	—	0.014
00141	天禧海嘉控股	19/12		HKD	24.04	-1.3	-5.17	—	-0.015
00142	第一太平	19/12		USD	8,054.70	4.0	-253.90	—	-0.059
00143	国安国際	19/12		HKD	207.79	89.4	-45.42	—	-0.006
00144	招商局港口控股	19/12		HKD	8,898.00	-12.4	8,362.00	15.4	2.478
00145	香港建屋貸款	19/12		HKD	41.27	-18.3	-109.33	—	-0.043
00146	太平地氈	19/12	中間	HKD	547.72	125.9	-8.46	—	-0.040
00147	国際商業結算	19/09	中間	HKD	280.55	-64.9	-41.46	—	-0.002
00148	キングボード・ホールディングス	19/12		HKD	41,160.85	-10.5	3,094.42	-49.1	2.850
00149	中国農産品交易	19/12		HKD	994.60	115.1	8.51	3.9	0.001
00150	ハイプビースト	19/09	中間	HKD	401.34	56.6	27.52	64.5	0.014
00151	中国旺旺	19/09	中間	CNY	9,304.07	0.6	1,614.91	18.4	0.130
00152	深セン国際	19/12		HKD	16,820.33	45.2	5,020.59	19.2	2.340
00153	中国賽特	19/12		CNY	1,310.90	-12.7	108.24	-22.1	0.040
00154	北京控股環境集団	19/12		HKD	1,384.11	9.0	222.23	-16.1	0.148
00155	中国源暢	18/3		HKD	—	—	-18.19	—	-0.012
00156	力宝華潤	19/09	中間	HKD	493.58	-61.1	-109.08	—	-0.012
00157	自然美生物科技	19/12		HKD	464.43	25.7	29.81	13.5	0.015
00158	万邦投資	20/03	中間	HKD	105.78	-6.7	-1,126.23	—	-45.050
00159	布莱克万鉱業	19/12	中間	HKD	—	—	-13.51	—	-0.002
00160	漢国置業	19/09	中間	HKD	374.72	-68.3	224.38	-61.0	0.310
00162	世紀金花	19/09	中間	CNY	340.49	-34.6	-289.73	—	-0.125
00163	英皇集団	19/09	中間	HKD	1,238.03	-19.4	-519.31	—	-0.140
00164	中国宝力科技	19/09	中間	HKD	21.00	-41.4	-70.43	—	-0.002
00165	中国光大控股	19/12		HKD	611.78	8.6	2,237.17	-27.9	1.327
00166	新時代能源	19/12		HKD	236.65	-20.6	-2,290.09	—	-0.262
00167	万威国際	19/12		HKD	270.40	-37.6	-63.40	—	-0.024

コード	企業名	年期	通貨単位	売上高 (百万)	前年比 (%)	純利益 (百万)	前年比 (%)	EPS
00168	青島ビール	19/12	CNY	27,983.76	5.3	1,852.10	30.2	1.371
00169	万達酒店発展	19/12	HKD	812.95	0.1	-150.39	—	-0.032
00171	シルバーグラント	19/12	HKD	107.57	1.8	55.81	—	0.024
00172	金榜集団	19/3	HKD	281.35	7.0	-208.21	—	—
00173	嘉華国際	19/12	HKD	10,651.93	-1.0	3,149.74	-22.2	1.008
00174	盛洋投資	19/12	HKD	115.50	-39.2	-94.71	—	-0.210
00175	吉利汽車	19/12	CNY	97,401.25	-8.6	8,189.64	-34.8	0.900
00176	先機企業集団	19/12	HKD	184.81	-22.2	-94.29	—	-0.046
00177	江蘇高速道路	19/12	CNY	10,078.18	1.1	4,199.70	-4.0	0.834
00178	ササ・インターナショナル	19/09 中間	HKD	3,494.13	-15.7	-36.53	—	-0.012
00179	ジョンソン・エレクトリック	20/3	USD	3,070.49	-6.4	-493.66	—	-0.558
00180	開達集団	19/12	HKD	444.15	-33.1	-14.36	—	-0.015
00181	ビン港控股	19/12	HKD	42.01	7.3	9.46	0.5	0.008
00182	協合新能源	19/12	CNY	1,835.92	29.8	604.29	20.3	0.072
00183	宏輝集団	19/12 中間	HKD	18.78	43.3	-43.79	—	-0.008
00184	激成投資	19/12	HKD	1,943.40	-3.9	5.52	-97.2	0.016
00185	正商実業	19/12	CNY	8,887.19	1,377.6	1,151.57	3,742.3	0.149
00186	敏捷控股	19/09 中間	HKD	118.00	136.0	-9.00	—	-0.002
00187	北京京城機電	19/12	CNY	1,195.85	6.6	-130.04	—	-0.310
00188	新華匯富金融	19/12 中間	HKD	59.13	95.1	-13.25	—	-0.002
00189	東岳集団	19/12	CNY	12,958.69	-8.9	1,462.97	-31.3	0.700
00190	香港建設	19/12	HKD	1,036.90	-18.4	278.70	-62.0	0.528
00191	麗新製衣	20/01 中間	HKD	2,811.14	-26.3	-753.09	—	-1.947
00193	冠中地産	20/01 中間	HKD	83.17	-72.4	-17.91	—	-0.092
00194	廖創興企業	19/12	HKD	1,276.51	-30.5	429.98	-57.6	1.140
00195	緑科科技国際	19/12	HKD	443.66	2.7	-61.59	—	-0.009
00196	宏華集団	19/12	CNY	4,425.69	5.2	107.47	30.6	0.020
00197	亨泰消費品	19/12 中間	HKD	344.87	-24.2	-45.97	—	-0.025
00198	星美控股	18/12	HKD	1,671.90	-55.9	-4,368.70	—	-1.606
00199	徳祥地産集団	19/09 中間	HKD	73.90	-13.1	-520.56	—	-0.540
00200	メルコ・インターナショナル	19/12	HKD	44,987.77	10.5	689.77	32.0	0.460
00201	華大酒店	19/12	HKD	427.59	-26.2	31.83	-87.8	0.004
00202	潤中国際	19/09 中間	HKD	69.88	—	-267.62	—	-0.037
00204	中国投資開発	19/09 中間	HKD	0.30	0.0	-29.28	—	0.000
00205	SEEC メディア	19/12	HKD	87.22	-51.7	-95.29	—	-0.300
00206	華商国際	19/12	USD	70.25	19.4	9.70	—	0.004
00207	大悦城地産	19/12	CNY	10,337.77	27.2	1,635.91	-22.2	0.107
00208	ポリテク・アセット	19/12	HKD	906.88	-43.1	707.33	-56.3	0.159
00209	瀛晟科学	19/12	HKD	649.49	2.0	-42.42	—	-0.012
00210	ダフネ	19/12	HKD	2,126.36	-48.5	-1,070.13	—	-0.649
00211	大凌集団	19/09 中間	HKD	31.77	-23.2	-29.61	—	-0.006
00212	南洋集団	19/09 中間	HKD	228.90	87.7	60.28	-82.0	1.750
00213	楽声電子	19/09 中間	HKD	382.74	-19.3	63.23	-11.5	0.062
00214	アジア・オリエント	19/09 中間	HKD	1,381.79	21.2	422.47	-17.1	0.500
00215	ハチソンテレコム・ホンコン	19/12	HKD	5,582.00	-29.4	429.00	6.2	0.089
00216	建業実業	19/09 中間	HKD	374.72	-68.3	136.79	-63.5	0.250
00217	中国誠通発展集団	19/12	HKD	1,110.60	8.8	47.54	-58.1	0.008
00218	申万宏源香港	19/12	HKD	675.58	30.0	136.66	42.0	0.094
00219	順豪物業	19/12	HKD	617.31	-21.6	17.31	-97.1	0.034
00220	統一企業中国	19/12	CNY	22,019.74	1.1	1,366.21	32.7	0.316
00221	易易壹金融	19/09 中間	HKD	62.11	-9.2	30.76	-60.2	0.055
00222	ビン信集団	19/12	HKD	141.22	-86.3	571.49	-1.1	0.957
00223	易生活控股	19/09 中間	HKD	41.87	-20.2	-23.03	—	-0.008
00224	建生国際	19/09 中間	HKD	148.83	1.9	83.13	-70.3	0.072
00225	博富臨置業	20/03 中間	HKD	72.30	3.0	-45.68	—	-0.410
00226	力宝	19/09 中間	HKD	528.96	-59.5	88.75	—	0.180

コード	企業名	年期	通貨単位	売上高 (百万)	前年比 (%)	純利益 (百万)	前年比 (%)	EPS
00227	第一上海投資	19/12	HKD	533.53	12.6	10.62	-68.2	0.008
00228	中国能源開発控股	19/12	HKD	158.06	-66.9	-72.35	—	-0.008
00229	利民実業	19/12	HKD	1,155.58	-10.1	38.97	-25.9	0.079
00230	五鉱地産	19/12	HKD	11,261.43	3.0	942.69	0.8	0.282
00231	平安証券集団	19/12	HKD	41.24	-49.3	-709.19	—	-0.137
00232	中国航空工業	19/12	HKD	1,458.00	8.7	-54.02	—	-0.006
00234	新世紀集団	19/09 中間	HKD	79.86	-5.6	12.02	-10.6	0.002
00235	中策集団	19/12	HKD	779.96	-47.2	-322.95	—	-0.019
00236	香港生力ビール	19/12	HKD	580.05	-0.8	11.58	—	0.030
00237	安全貨倉	19/09 中間	HKD	72.56	4.5	-33.06	—	-0.240
00238	長興国際	19/06 中間	CNY	103.00	-28.8	-40.15	—	-0.042
00239	白花油国際	19/12	HKD	147.76	4.8	36.05	-3.3	0.116
00240	利基控股	19/12	HKD	7,568.46	20.0	296.42	-28.1	0.239
00241	阿里健康	20/3	CNY	9,596.48	88.3	-6.59	—	-0.001
00242	信徳集団	19/12	HKD	14,649.18	122.2	3,455.80	-25.6	1.143
00243	QPL インターナショナル	19/10 中間	HKD	134.50	-16.3	-23.91	—	-0.011
00244	シンシア	20/2	HKD	263.31	-15.6	-147.36	—	-0.170
00245	中国民生金融	19/12	HKD	188.18	-43.9	-568.82	—	-0.019
00247	尖沙咀置業	19/12 中間	HKD	3,194.21	-30.9	1,491.89	-10.4	0.800
00248	香港通訊国際	19/09 中間	HKD	111.27	-28.9	-4.40	—	-0.004
00250	中国数碼信息	19/12	HKD	963.57	-4.8	22.21	-94.1	0.001
00251	爪哇控股	19/12	HKD	816.43	4.8	173.12	43.0	0.261
00252	華信地産財務	19/09 中間	HKD	186.40	-33.7	-25.72	—	-0.114
00253	順豪控股	19/12	HKD	617.31	-21.6	3.53	-98.9	0.015
00254	国家聯合資源	19/12	HKD	96.54	76.5	64.66	—	—
00255	ルン・キー	19/12	HKD	2,277.88	-11.7	149.34	-12.4	0.236
00256	冠城鐘表珠宝	19/12	HKD	2,716.27	-7.5	5.41	-78.0	0.010
00257	中国光大国際	19/12	HKD	37,557.64	37.9	5,203.29	20.5	0.847
00258	トムソン・グループ	19/12	HKD	915.76	35.0	172.51	-57.7	0.086
00259	億都	19/09 中間	HKD	450.96	-11.7	63.13	-27.4	0.063
00260	幸福控股	19/12	HKD	62.42	-55.4	-440.76	—	-0.074
00261	大湾区投資控股	19/12	HKD	283.00	-34.2	-168.00	—	-0.001
00262	迪臣発展	19/09 中間	HKD	224.11	14.1	5.20	-58.5	0.005
00263	高富集団	19/12	HKD	55.95	—	-541.44	—	-3.860
00264	中聯発展控股	19/12	HKD	61.20	-4.2	-18.33	—	-0.048
00265	東勝旅遊	19/12	HKD	476.00	91.7	-34.10	—	-0.004
00266	天徳地産	19/09 中間	HKD	305.67	-3.1	-186.85	—	-0.390
00267	中国中信	19/12	HKD	566,497.00	6.2	53,903.00	7.3	1.850
00268	金蝶国際ソフト	19/12	CNY	3,325.59	18.4	372.58	-9.6	0.115
00269	中国資源交通	19/09 中間	HKD	348.40	-14.7	-546.21	—	-0.070
00270	粤海投資	19/12	HKD	16,691.21	24.9	5,044.37	0.6	0.772
00271	亜証地産	19/12	HKD	55.94	-4.3	58.01	-48.5	0.047
00272	瑞安房地産	19/12	CNY	10,392.00	-58.2	1,932.00	1.4	0.240
00273	茂宸集団	19/12	HKD	1,651.97	-52.9	-1,149.86	—	-0.026
00274	中富資源	19/12	HKD	44.56	64.7	-98.43	—	-0.110
00275	凱華集団	18/09 中間	HKD	82.21	-9.0	-686.84	—	-0.067
00276	蒙古能源	19/09 中間	HKD	800.15	122.0	-487.07	—	-0.259
00277	太興置業	19/09 中間	HKD	39.61	0.8	-263.10	—	-0.884
00278	華夏置業	19/09 中間	HKD	7.29	-9.7	-8.00	—	-0.070
00279	民衆金融科技	19/09 中間	HKD	71.99	—	-1,592.31	—	-0.960
00280	景福集団	19/09 中間	HKD	321.97	21.8	2.37	—	0.003
00281	川河集団	19/12	HKD	1.56	-95.9	111.75	-36.9	0.043
00282	ネクスト・デジタル	19/09 中間	HKD	556.29	-15.9	-312.39	—	-0.118
00285	BYD エレクトロニック	19/12	CNY	53,028.38	29.2	1,597.65	-27.0	0.710
00286	愛帝宮母嬰健康	19/12	HKD	610.61	62.0	11.24	420.2	0.004
00287	永発置業	19/09 中間	HKD	12.96	-7.8	-28.66	—	-0.716

香港全上場企業一覧

コード	企業名	年期	通貨単位	売上高(百万)	前年比(%)	純利益(百万)	前年比(%)	EPS
00288	万洲国際	19/12	USD	24,103.00	6.6	1,465.00	55.4	0.100
00289	永安国際	19/12	HKD	1,371.49	-6.2	765.66	-54.9	2.610
00290	中国富強金融	19/09 中間	HKD	71.82	73.9	-26.92	—	-0.003
00291	華潤ビール	19/12	CNY	33,190.00	4.2	1,312.00	34.3	0.400
00292	泛海酒店集団	19/09 中間	HKD	642.86	18.5	253.52	97.7	0.126
00293	キャセイ・パシフィック	19/12	HKD	106,973.00	-3.7	1,691.00	-27.9	0.430
00294	長江製衣	19/09 中間	HKD	290.97	-8.4	-18.90	—	-0.090
00295	江山控股	19/12	CNY	2,079.70	10.6	-698.63	—	-0.047
00296	英皇娯楽酒店	19/09 中間	HKD	677.93	1.9	177.20	37.4	0.140
00297	中化化肥	19/12	CNY	22,950.94	-0.2	615.77	33.7	0.088
00298	荘士中国投資	19/09 中間	HKD	81.27	-35.9	21.32	-77.4	0.009
00299	宝新置地	19/12	HKD	9,767.51	421.2	385.85	274.1	0.089
00301	三和精化集	19/12	CNY	814.02	5.8	23.94	-1.6	0.071
00302	中手遊科技集団	19/12	CNY	3,036.30	90.2	248.35	-20.2	0.132
00303	ブイテック	20/3	USD	2,165.50	0.2	190.70	11.3	0.757
00305	五菱汽車	19/12	CNY	14,237.31	-5.8	-124.03	—	-0.061
00306	冠忠巴士	19/09 中間	HKD	1,324.09	4.6	-6.79	—	-0.015
00307	優派能源発展	18/3	HKD	190.63	95.6	-4,462.83	—	-1.029
00308	チャイナトラベル・ホンコン	19/12	HKD	4,477.00	-0.9	386.88	-43.7	0.071
00309	新華通訊頻媒	19/09 中間	HKD	183.79	1.5	2.57	—	0.002
00310	嘉進投資国際	19/12	HKD	3.31	-29.5	-78.50	—	-0.065
00311	聯泰控股	19/12	USD	969.79	14.0	25.17	8.0	0.024
00312	歳宝百貨	19/12	CNY	794.58	-18.2	136.81	24.5	0.050
00313	リッチリー・フィールド	19/09 中間	HKD	158.47	73.0	-61.49	—	-0.003
00315	スマートーン	19/12 中間	HKD	4,256.61	-17.9	265.47	-20.1	0.237
00316	東方海外	19/12	USD	6,878.74	4.7	1,348.79	1,147.0	2.155
00317	中船防務	19/12	CNY	21,829.00	13.6	548.32	—	0.388
00318	黄河実業	19/10 中間	HKD	17.23	-16.2	2.65	-70.0	0.014
00320	金宝通集団	19/09 中間	HKD	1,601.36	4.5	16.69	-33.0	0.020
00321	テキスウインカ	19/09 中間	HKD	4,197.33	-3.4	211.57	8.3	0.153
00322	康師傅控股	19/12	CNY	61,978.16	2.1	3,330.98	35.2	0.593
00323	馬鞍山鋼鉄	19/12	CNY	78,262.85	-4.5	1,128.15	-81.0	0.147
00326	中国星集団	19/12	HKD	7.05	101.9	-335.23	—	-0.122
00327	パックス・グローバル	19/12	HKD	4,925.73	11.6	623.87	19.4	0.567
00328	愛高集団	19/09 中間	HKD	462.11	-44.7	-216.79	—	-0.300
00329	東建国際	19/12	HKD	101.52	-18.5	-96.90	—	-0.091
00330	エスプリ	19/12 中間	HKD	5,763.00	-14.8	-331.00	—	-0.180
00331	豊盛服務集団	19/12 中間	HKD	2,420.34	-4.4	144.02	3.7	0.320
00332	元亨ガス	19/09 中間	CNY	3,877.46	1.6	24.12	50.8	0.004
00333	トップフォーム	19/12 中間	HKD	644.62	6.3	-14.54	—	-0.068
00334	華顕光電技術	19/12	CNY	5,455.79	3.3	52.45	-35.9	0.025
00335	美建集団	19/09 中間	HKD	78.12	-27.8	43.06	-34.5	0.016
00336	華宝国際	19/12	CNY	4,241.04	38.7	1,112.00	9.2	0.358
00337	緑地香港	19/12	CNY	17,662.14	14.4	2,473.82	42.5	0.890
00338	シノペック上海石化	19/12	CNY	100,269.67	-6.9	2,215.73	-58.5	0.205
00339	核心経済投資	19/12	HKD	0.20	8.3	-11.18	—	-0.069
00340	潼関黄金	19/12	HKD	191.44	80.6	-21.07	—	-0.006
00341	カフェ・ド・コラル	19/09 中間	HKD	4,263.79	1.6	149.74	-34.5	0.258
00342	新海能源	19/12	HKD	27,791.91	-7.4	642.18	-15.4	0.440
00343	文化伝信	19/09 中間	HKD	36.18	334.1	-12.97	—	-0.009
00345	維他ゲイ国際	19/09 中間	HKD	4,684.49	5.3	533.21	3.0	0.502
00346	延長石油国際	19/12	HKD	8,197.42	38.2	-443.74	—	-0.037
00347	アンガン・スチール	19/12	CNY	105,587.00	0.4	1,787.00	-77.5	0.190
00348	中国智能健康	19/12	HKD	309.97	-31.4	-124.35	—	-0.015
00351	亜洲能源物流	19/12	HKD	61.07	20.5	-3.06	—	-0.006
00352	富陽	19/12	CNY	14.37	-44.9	-12.43	—	-0.051

コード	企業名	年期	通貨単位	売上高 (百万)	前年比 (%)	純利益 (百万)	前年比 (%)	EPS
00353	能源国際投資	19/12	HKD	129.84	12.8	37.93	—	0.006
00354	中軟国際	19/12	CNY	12,041.90	13.8	754.89	5.5	0.307
00355	世紀城市国際	19/12	HKD	2,908.20	-50.8	174.90	0.1	0.039
00356	鼎立資本	19/12	HKD	2.17	-52.6	-25.81	—	-0.011
00357	海南美蘭国際空港	19/12	CNY	1,576.37	-7.5	575.41	-7.5	1.220
00358	江西銅業	19/12	CNY	239,585.49	11.7	2,437.99	1.0	0.700
00359	海昇果汁	19/12	CNY	1,231.57	-29.7	-64.59	—	-0.050
00360	新焦点汽車技術	19/12	CNY	1,750.63	23.9	-191.11	—	-0.028
00361	シノ・ゴルフ	19/12	HKD	272.45	-4.7	-23.12	—	-0.004
00362	信陽毛尖集団	19/12 中間	HKD	149.65	-23.3	-46.77	—	-0.035
00363	上海実業	19/12	HKD	32,345.47	6.4	3,349.53	0.5	3.081
00364	区塊鏈集団	18/06 中間	HKD	176.11	31.4	-67.75	—	-0.057
00365	芯成科技	19/12	HKD	201.16	181.6	-13.57	—	-0.009
00366	陸氏集団	19/12	HKD	650.09	-10.2	122.28	-15.2	0.242
00367	荘士機構国際	19/09 中間	HKD	285.98	-10.1	31.98	-93.7	0.019
00369	永泰地産	19/12	HKD	829.50	-6.2	238.90	-81.8	0.180
00370	国華集団	19/12	HKD	362.33	66.2	-106.07	—	-0.021
00371	北控水務集団	19/12	HKD	28,192.46	14.6	4,925.72	10.2	0.498
00372	保徳国際発展	19/09 中間	HKD	577.78	-53.2	-695.44	—	-0.345
00373	聯合集団	19/12	HKD	5,278.70	3.9	2,530.70	49.0	14.400
00374	四洲集団	19/09 中間	HKD	1,505.61	1.1	18.89	-18.3	0.049
00375	YGM貿易	19/09 中間	HKD	140.92	-16.8	-55.35	—	-0.334
00376	雲鋒金融	19/12	HKD	8,279.77	735.5	255.62	—	0.080
00377	華君国際集団	19/12	CNY	3,699.61	39.6	-644.71	—	-10.590
00378	五龍動力	19/09 中間	HKD	32.22	-69.8	-65.23	—	-0.010
00379	中国恒嘉融資租賃	19/12	HKD	71.16	-21.4	-34.13	—	-0.003
00380	冠力国際	19/12	HKD	531.37	-1.3	6.79	-73.9	0.005
00381	僑雄国際	19/12	HKD	199.95	-6.8	-301.94	—	-0.031
00382	中匯集団	20/02 中間	CNY	418.26	18.9	147.14	58.2	0.145
00383	中国医療網絡	19/12	HKD	1,841.35	67.3	2.18	—	0.000
00384	中国ガス	19/09 中間	HKD	27,925.50	-3.3	4,909.63	16.2	0.941
00385	建聯集団	19/12	HKD	5,219.56	-13.7	130.98	-33.1	0.220
00386	シノペック	19/12	CNY	2,900,488.00	2.6	57,465.00	-6.7	0.475
00387	力豊	19/12	HKD	690.90	-15.2	-43.41	—	-0.189
00388	香港証券取引所	19/12	HKD	16,311.00	2.8	9,391.00	0.8	7.490
00389	中国通天酒業	19/12	CNY	333.15	-6.1	-0.81	—	0.000
00390	中国中鉄	19/12	CNY	850,843.00	14.9	23,678.00	37.7	0.950
00391	美亜娯楽資訊	19/09 中間	HKD	57.48	0.8	-35.06	—	-0.006
00392	北京控股	19/12	HKD	67,783.00	0.0	8,054.78	6.3	6.380
00393	旭日企業	19/12	HKD	1,212.29	-4.6	110.38	2.7	0.072
00395	中国智能集団	19/12	CNY	25.80	48.6	-37.93	—	-0.007
00396	興利香港	19/12	HKD	300.14	14.3	-105.48	—	-0.131
00397	権威金融	19/12	HKD	84.17	102.3	-71.65	—	-0.026
00398	東方表行集団	19/09 中間	HKD	1,167.80	-1.1	61.72	-3.6	0.108
00399	領航医薬生物科技	19/09 中間	HKD	11.13	10.7	-110.48	—	-0.076
00400	科通芯城	19/12	CNY	5,854.25	5.8	110.07	-62.5	0.077
00401	万嘉集団	19/09 中間	HKD	51.44	7.9	-11.63	—	-0.013
00402	天下図控股	19/12	HKD	15.33	-89.5	-70.78	—	-0.009
00403	星光集団	19/09 中間	HKD	695.41	-17.1	16.27	—	0.031
00405	越秀REIT	19/12	CNY	2,058.11	1.3	940.41	-2.7	0.280
00406	有利集団	19/09 中間	HKD	3,237.21	31.5	7.02	-36.7	0.016
00408	葉氏化工	19/12	HKD	10,464.83	-15.5	272.91	47.7	0.484
00410	SOHO中国	19/12	CNY	1,847.09	7.3	1,331.19	-30.8	0.260
00411	南順香港	19/12 中間	HKD	2,860.59	0.1	187.33	-7.0	0.790
00412	中国山東高速金融	19/12	HKD	894.15	109.3	-2,095.52	—	-0.086
00413	南華集団控股	19/12	HKD	4,410.44	4.3	594.04	324.3	0.046

コード	企業名	年期		通貨単位	売上高 (百万)	前年比 (%)	純利益 (百万)	前年比 (%)	EPS
00416	錦州銀行	19/12		CNY	23,245.48	9.2	-1,125.32	—	-0.140
00417	謝瑞麟珠宝	19/09	中間	HKD	1,652.15	-13.5	1.57	-93.5	0.006
00418	方正	19/12		HKD	1,058.42	0.0	-238.79	—	-0.199
00419	華誼騰訊娯楽	19/12		HKD	99.33	-9.0	-28.77	—	-0.002
00420	福田実業	19/12		HKD	6,605.66	-12.1	141.09	-12.3	0.116
00422	VMEPホールディングス	19/12		USD	99.50	8.7	-17.59	—	-0.020
00423	香港経済日報集団	19/09	中間	HKD	602.60	-6.7	11.04	-73.9	0.026
00425	敏実集団	19/12		CNY	13,198.19	5.1	1,690.30	1.8	1.472
00426	万華媒体集団	19/09	中間	HKD	37.79	-15.4	-8.81	—	-0.022
00428	中国天弓控股	19/12		HKD	8.99	-16.9	-35.36	—	-0.200
00430	東方網庫	19/12		HKD	48.85	—	52.05	—	0.019
00431	大中華金融	19/12		HKD	151.01	-1.0	-206.40	—	-0.030
00432	PCPD	19/12		HKD	1,015.00	238.3	-295.00	—	-0.186
00433	北方鉱業	19/12		HKD	846.59	-11.2	-268.48	—	-0.013
00434	博雅互動	19/12		CNY	323.82	-28.6	33.76	-83.2	0.051
00435	サンライトREIT	19/12	中間	HKD	437.10	2.9	30.74	-96.4	0.020
00436	新宇環保	19/12		HKD	595.71	20.6	40.63	-45.4	0.013
00438	彩虹集団新能源	19/12		CNY	2,245.11	-3.7	93.14	14.6	0.042
00439	光啓科学	19/12		HKD	60.82	-61.6	-294.44	—	-0.048
00440	大新金融集団	19/12		HKD	5,925.50	-3.6	1,707.81	-10.8	5.280
00442	海福徳集団	19/09	中間	HKD	98.00	28.7	-37.77	—	-0.220
00444	シンシア・ウオッチ	19/09	中間	HKD	155.23	-31.3	-59.48	—	-0.010
00445	中集天達	19/12		CNY	5,957.66	36.4	215.74	21.4	0.015
00449	志高控股	19/12		CNY	3,396.59	-53.9	-1,408.11	—	-0.167
00450	鴻興印刷集団	19/12		HKD	3,083.90	-5.9	75.75	—	0.084
00451	協キン新能源	19/12		CNY	6,051.99	7.4	294.69	-37.3	0.015
00455	天大薬業	19/09	中間	HKD	262.25	-1.4	2.61	4.2	0.001
00456	新城市建設発展	19/12		HKD	48.49	-47.2	-1.08	—	0.000
00458	聯亜集団	19/12		HKD	3,001.25	16.4	-38.83	—	-0.140
00459	美聯工商舗	19/12		HKD	442.13	-29.7	-19.50	—	-0.011
00460	四環医薬	19/12		CNY	2,886.98	-1.0	-2,753.33	—	-0.291
00462	天然乳品	15/11	中間	HKD	4.75	-76.2	-38.27	—	-0.014
00464	中国海外諾信	19/09	中間	HKD	248.79	30.7	-11.38	—	-0.026
00465	富通科技	19/12		CNY	848.77	-52.2	2.87	-85.3	0.010
00467	聯合能源	19/12		HKD	7,103.64	34.6	1,905.96	16.4	0.073
00468	紛美包装	19/12		CNY	2,706.86	8.6	337.32	-6.3	0.250
00469	凱普松国際電子	19/12		CNY	1,367.86	13.8	92.73	43.2	0.110
00471	CMMBビジョン	19/12		USD	7.15	10.6	-28.40	—	-0.174
00472	新絲路文旅	19/12		HKD	211.19	-7.3	-188.73	—	-0.049
00474	昊天発展	19/09	中間	HKD	130.39	-22.5	-47.28	—	-0.009
00475	中発展控股	19/09	中間	HKD	66.36	86.3	-14.71	—	-0.044
00476	中国動力	19/09	中間	HKD	2.68	743.8	-37.41	—	-0.010
00479	華建控股	19/12	中間	HKD	30.99	-53.9	-13.35	—	-0.003
00480	華記国際	19/09	中間	HKD	1,903.10	-17.5	939.20	-7.9	0.632
00482	聖馬丁国際	19/12		HKD	1,070.53	-16.2	-315.46	—	-0.096
00483	バウハウス	19/09	中間	HKD	410.80	-19.4	-95.20	—	-0.259
00484	雲遊控股	19/12		CNY	123.99	-4.2	-275.99	—	-1.900
00485	中国華星集団	19/09	中間	HKD	41.72	690.1	-7.94	—	-0.002
00486	UCルサール	19/12		USD	9,711.00	-5.5	960.00	-43.5	0.063
00487	サクセス・ユニバース	19/12		HKD	1,147.37	2.4	74.19	36.2	0.015
00488	麗新発展	20/01	中間	HKD	2,751.59	-26.8	-1,109.17	—	-1.829
00489	東風汽車集団	19/12		CNY	101,087.00	-3.3	12,858.00	-0.9	1.492
00491	英皇文化産業	19/09	中間	HKD	96.06	30.6	-94.81	—	-0.030
00493	国美零售	19/12		CNY	59,482.83	-7.6	-2,589.83	—	-0.129
00495	百利大	19/12	中間	HKD	4.34	0.0	-44.08	—	-0.031
00496	カーセン国際	19/12		CNY	3,413.19	-5.4	444.96	-1.1	0.298

コード	企業名	年期		通貨単位	売上高(百万)	前年比(%)	純利益(百万)	前年比(%)	EPS
00497	資本策略地産	19/09	中間	HKD	2,722.21	11.3	1,473.51	319.0	0.150
00498	保華集団	19/09	中間	HKD	256.29	-18.7	-205.35	—	-0.037
00499	青島控股	19/12		HKD	45.82	-18.1	12.93	35.6	0.026
00500	先豊服務	19/12		HKD	725.92	-16.2	-354.79	—	-0.151
00503	朗生医薬	19/12		USD	54.26	-4.6	18.35	11,368.1	0.045
00505	歓悦互娯	19/12		CNY	4,253.08	-14.9	59.26	115.3	0.070
00506	中国食品	19/12		CNY	17,172.03	9.7	417.79	30.2	0.149
00508	鼎億集団投資	19/09	中間	HKD	94.45	-32.1	-201.87	—	-0.028
00509	世紀陽光	19/12		HKD	4,314.42	-7.3	380.37	-19.8	0.083
00510	時富金融服務	19/12		HKD	107.49	-12.9	-114.05	—	-0.023
00511	TVB	19/12		HKD	3,648.76	-18.5	-294.93	—	-0.670
00512	遠大医薬健康	19/12		HKD	6,590.64	10.6	1,150.95	61.5	0.351
00513	恒和珠宝	19/12	中間	HKD	286.21	16.9	6.79	171.7	0.001
00515	達進東方照明	19/12		HKD	274.48	-19.4	-102.90	—	-0.039
00517	中遠海運国際	19/12		HKD	3,265.75	-65.7	330.61	15.5	0.216
00518	タンテックス	19/09	中間	HKD	394.83	-20.5	-30.49	—	-0.066
00519	実力建業	19/12	中間	HKD	223.61	15,736.6	-104.63	—	-0.042
00520	呷哺呷哺餐飲	19/12		CNY	6,030.17	27.4	288.10	-37.7	0.270
00521	CWT インターナショナル	19/12		HKD	40,747.51	-16.8	-597.56	—	-0.052
00522	ASM パシフィック	19/12		HKD	15,883.04	-18.8	619.25	-72.1	1.520
00524	長城一帯一路	19/12		HKD	79.21	16.6	-219.03	—	-0.209
00525	広深鉄路	19/12		CNY	21,178.35	6.8	748.44	-4.5	0.110
00526	中国汽車新零售	19/09	中間	CNY	1,766.01	-9.4	102.39	0.1	0.013
00527	中国瑞風	19/12		CNY	361.68	0.1	-103.88	—	-0.058
00528	キングダム	19/12		CNY	1,499.56	20.4	151.47	48.5	0.250
00529	新龍国際	19/12		HKD	6,415.93	0.6	78.78	-72.2	0.283
00530	高銀金融	19/12	中間	HKD	347.76	8.2	-478.23	—	-0.068
00531	順誠控股	19/12		USD	457.24	-4.5	-48.61	—	-0.016
00532	WKK インターナショナル	19/12		HKD	5,258.30	-0.7	64.38	-21.6	0.088
00533	ゴールドリオン	19/12		HKD	1,591.93	-5.3	306.03	-18.7	0.312
00535	金地商置	19/12		CNY	11,710.19	65.4	3,799.63	68.7	0.239
00536	貿易通	19/12		HKD	337.18	24.0	82.20	-8.4	0.103
00538	味千中国	19/12		CNY	2,565.10	7.9	156.44	-71.6	0.140
00539	冠華国際控股	19/09	中間	HKD	2,571.60	-5.6	204.58	49.3	0.272
00540	迅捷環球	19/12		HKD	1,117.04	30.1	26.65	19.9	0.044
00542	富元国際集団	19/12		HKD	34.47	90.6	-202.38	—	-0.029
00543	太平洋網絡	19/12		CNY	990.82	-3.1	153.12	15.4	0.136
00544	大同集団	19/12		HKD	289.62	-6.3	-67.14	—	-0.028
00546	阜豊集団	19/12		CNY	16,170.85	17.5	1,137.22	-38.4	0.448
00547	数字王国	19/12		HKD	625.45	4.1	-400.81	—	-0.013
00548	深セン高速道路	19/12		CNY	6,185.83	6.5	2,499.49	-27.3	1.146
00550	KK 文化	19/12		HKD	53.19	-17.6	-33.78	—	-0.076
00551	裕元工業	19/12		USD	10,105.39	4.2	300.55	-2.1	0.186
00552	中国通信服務	19/12		CNY	117,413.09	10.6	3,049.23	5.1	0.440
00553	南京パンダ	19/12		CNY	4,660.05	3.5	52.66	-67.5	0.058
00554	漢思能源	19/12		HKD	314.85	122.4	1,108.62	—	0.297
00555	御泰中彩	18/06	中間	HKD	111.60	-53.8	-140.49	—	-0.011
00556	泛亜環保	19/12		CNY	79.80	-50.8	-58.62	—	-0.070
00557	中国天元医療	19/12		HKD	71.39	18.2	-76.84	—	-0.193
00558	力勁科技集団	19/09	中間	HKD	1,455.20	-24.5	15.89	-84.6	0.013
00559	徳泰新能源	19/12	中間	HKD	28.11	-10.2	-2.22	—	0.000
00560	珠江船務企業	19/12		HKD	2,147.88	-10.7	214.08	-5.3	0.191
00563	上海実業城市開発	19/12		HKD	8,583.91	23.0	600.29	4.7	0.125
00564	鄭州煤鉱機械	19/12		CNY	25,721.42	-1.1	1,040.25	25.0	0.600
00565	錦芸集団	19/12	中間	HKD	88.94	-2.7	9.35	-60.1	0.004
00567	大昌マイクロライン	19/09	中間	HKD	1,185.55	241.1	-65.55	—	-0.114

コード	企業名	年期	通貨単位	売上高 (百万)	前年比 (%)	純利益 (百万)	前年比 (%)	EPS
00568	山東墨龍石油機械	19/12	CNY	4,388.90	-1.4	-196.31	—	-0.246
00570	中国中薬	19/12	CNY	14,320.95	27.2	1,588.11	10.4	0.315
00571	豊徳麗控股	20/01 中間	HKD	1,107.38	-12.1	-526.57	—	-0.353
00572	未来世界金融	19/12	HKD	80.92	104.0	-53.99	—	-0.004
00573	稲香控股	19/12	HKD	3,905.71	-5.6	124.97	7.4	0.123
00574	百信国際	19/12	CNY	845.45	3.0	-109.48	—	-0.076
00575	励晶太平洋	19/12	USD	0.63	-89.7	-66.05	—	-0.036
00576	浙江高速道路	19/12	CNY	11,955.27	6.8	3,711.12	5.6	0.855
00577	南岸集団	19/09 中間	HKD	5,145.80	16.0	-506.70	—	-0.500
00578	融信資源	19/12	HKD	504.54	-47.5	-99.92	—	-0.096
00579	京能清潔能源	19/12	CNY	16,388.64	0.9	2,090.77	4.8	0.254
00580	賽晶電力電子	19/12	CNY	1,395.64	8.1	195.64	6.7	0.122
00581	中国東方集団控股	19/12	CNY	43,014.22	5.5	3,210.31	-32.9	0.860
00582	藍鼎国際発展	19/12	HKD	815.53	-61.1	-2,132.86	—	-0.727
00583	長城環亜控股	19/12	HKD	168.35	16.2	486.95	-16.5	0.311
00585	意馬国際	19/12	HKD	-51.04	—	-159.50	—	-0.230
00586	中国海螺創業	19/12	CNY	5,120.28	77.2	6,995.83	17.6	3.880
00587	華瀚健康産業	15/12 中間	HKD	1,115.35	-0.8	392.82	31.4	0.053
00588	北京北辰実業	19/12	CNY	20,122.31	12.7	1,788.71	27.5	0.531
00589	建中建設発展	19/12	CNY	1,578.22	32.3	179.24	27.6	0.380
00590	六福集団	19/09 中間	HKD	6,305.28	-19.8	496.30	-25.4	0.850
00591	中国高精密自動化	19/12 中間	CNY	66.05	-6.9	-19.66	—	-0.019
00592	堡獅龍国際	19/12 中間	HKD	699.41	-20.1	-93.69	—	-0.057
00593	夢東方集団	19/12	HKD	120.00	-24.9	-199.81	—	-0.700
00595	AV コンセプト	19/09 中間	HKD	725.72	-25.8	52.29	-13.8	0.058
00596	浪潮国際	19/12	HKD	2,897.69	18.6	203.06	-37.3	0.178
00598	シノトランス	19/12	CNY	77,650.09	0.4	2,803.50	3.7	0.380
00599	Eボン	19/09 中間	HKD	261.94	1.4	10.36	-25.9	0.017
00600	中国基建投資	19/12	HKD	56.94	1.3	-28.91	—	-0.007
00601	稀ビ科技集団	19/12	HKD	1,515.29	-1.5	209.73	-26.6	0.032
00602	佳華百貨	19/12	CNY	645.33	-9.2	-52.34	—	-0.051
00603	中油燃気	19/12	HKD	10,260.65	9.0	330.98	17.4	0.066
00604	深セン控股	19/12	HKD	14,919.47	-10.4	4,062.80	19.0	0.475
00605	中国金融投資	19/12	HKD	765.33	-7.0	182.45	-32.5	0.044
00607	豊盛控股	19/12	CNY	11,163.10	8.5	-2,874.19	—	-0.146
00608	達利国際	19/12	HKD	2,913.71	-5.2	71.96	64.9	0.240
00609	天徳化工	19/12	CNY	1,381.14	17.1	21.51	—	0.025
00610	恵記集団	19/12	HKD	7,904.11	17.3	1,264.48	4.4	1.590
00611	中国核能科技	19/12	HKD	2,892.58	28.2	96.82	6.4	0.074
00612	中国鼎益豊	19/12	HKD	1.32	-96.4	-250.77	—	-0.203
00613	梧桐国際	19/12	HKD	5.82	-91.2	22.31	-79.6	0.002
00616	高山企業	20/3	HKD	80.68	29.7	-206.19	—	-0.707
00617	パリバーグ	19/12	HKD	2,899.50	-50.8	282.60	-12.0	0.183
00618	北大資源	19/12	CNY	24,131.59	-3.1	-2,421.88	—	-0.378
00619	南華金融控股	19/12	HKD	204.12	41.8	-77.57	—	-0.257
00620	大唐西市絲路投資	19/12	HKD	235.42	73.1	10.29	—	0.017
00621	壇金鉱業	19/09 中間	HKD	—	—	-13.41	—	-0.001
00622	威華達控股	19/12	HKD	282.33	—	-360.03	—	-0.062
00623	中視金橋	19/12	CNY	1,496.81	-7.4	26.40	-67.9	0.054
00625	リーフ REIT	19/12	HKD	—	—	-1.07	—	-0.001
00626	大衆金融控股	19/12	HKD	1,605.39	-1.7	466.34	-8.6	0.425
00627	福晟国際	19/12	CNY	1,596.18	27.1	136.88	-73.3	0.012
00628	国美金融科技	19/12	CNY	69.89	1.3	-31.97	—	-0.012
00629	悦達国際	19/12	CNY	50.69	12.5	30.18	—	0.026
00630	雋泰控股	19/12	HKD	67.71	-39.7	-34.55	—	-0.019
00631	三一重装国際	19/12	CNY	5,656.06	28.1	919.71	53.2	0.300

コード	企業名	年期	通貨 単位	売上高 (百万)	前年比 (%)	純利益 (百万)	前年比 (%)	EPS
00632	中港石油	19/12	HKD	175.47	137.0	-268.84	—	-0.707
00633	中国全通	19/12	CNY	5,049.98	196.6	-1,123.71	—	-0.527
00635	彩星集団	19/12	HKD	622.57	-15.1	416.72	-20.0	0.202
00636	ケリー・ロジスティクス	19/12	HKD	41,139.10	7.9	3,788.32	55.3	2.210
00637	利記控股	19/09 中間	HKD	1,032.29	-19.9	-55.51	—	-0.067
00638	建溢集団	19/09 中間	HKD	1,892.15	-10.3	78.38	43.0	0.179
00639	首鋼福山資源	19/12	HKD	3,869.31	5.0	1,140.41	3.6	0.215
00640	星謙発展	20/03 中間	HKD	306.83	-16.3	18.55	18.8	0.032
00641	中国恒天立信国際	19/12	HKD	2,663.26	-23.3	168.84	19.7	0.154
00643	キャリー・ウェルズ	19/12	HKD	331.72	1.0	-14.83	—	-0.018
00645	安域亜洲	19/09 中間	USD	57.20	-54.0	-0.09	—	0.000
00646	中国環保科技	19/12	HKD	33.79	-31.7	-260.88	—	-0.072
00648	中国華仁医療	17/12	HKD	193.87	-0.2	-133.72	—	—
00650	IDG能源投資	19/09 中間	HKD	86.08	-1.5	4.34	-94.2	0.001
00651	中海重工	19/12	HKD	112.90	—	-761.86	—	-2.230
00653	卓悦控股	19/12	HKD	1,458.83	-18.7	-129.65	—	-0.038
00655	香港華人	19/09 中間	HKD	36.39	-4.4	269.30	—	0.135
00656	復星国際	19/12	CNY	142,982.13	30.8	14,800.91	10.4	1.730
00657	環科国際	19/09 中間	HKD	36.58	-12.8	-9.58	—	-0.005
00658	中国高速伝動	19/12	CNY	9,722.90	18.5	438.19	110.3	0.268
00659	新創建集団	19/12 中間	HKD	13,215.50	-6.9	1,513.80	-33.4	0.390
00660	亻俊生物科技	19/12	HKD	579.23	20.5	-2.74	—	0.000
00661	中国大冶有色金属	19/12	CNY	32,805.69	6.7	146.66	—	0.008
00662	亜洲金融	19/12	HKD	1,702.01	14.8	408.97	59.8	0.422
00663	金山能源	19/12	HKD	18.07	-23.3	-88.40	—	-0.013
00665	海通国際証券	19/12	HKD	8,205.17	29.1	1,550.86	51.6	0.269
00666	新工投資	19/12	HKD	30.32	7.8	14.47	—	0.004
00667	中国東方教育	19/12	CNY	3,905.31	19.6	847.82	66.2	0.426
00668	東銀国際	19/12	HKD	33.20	7.2	-79.69	—	-0.063
00669	創科実業	19/12	USD	7,666.72	9.2	614.90	11.3	0.337
00670	中国東方航空	19/12	CNY	120,986.00	5.0	3,192.00	18.3	0.210
00672	衆安集団	19/12	CNY	6,204.68	20.0	637.14	122.1	0.110
00673	中国衛生集団	19/09 中間	HKD	20.87	245.4	-2.60	—	-0.001
00674	中国唐商	19/09 中間	HKD	41.70	39.2	-24.08	—	-0.022
00675	堅宝国際	19/12	HKD	341.43	-19.4	16.66	1,259.9	0.062
00676	創信国際	19/12	USD	4.60	-88.2	-21.97	—	-0.030
00677	金源米業国際	19/09 中間	HKD	835.02	21.6	24.77	—	0.015
00678	雲頂香港	19/12	USD	1,560.92	-2.4	-151.46	—	-0.018
00679	アジア・テレネット	19/12	HKD	357.70	4.4	614.06	626.6	1.440
00680	南海控股	19/12	HKD	9,321.21	-44.5	-561.42	—	-0.008
00681	中民控股	19/09 中間	CNY	1,044.89	48.3	85.15	2.0	0.010
00682	超大現代農業	19/12 中間	CNY	37.96	-11.1	-13.14	—	-0.004
00683	ケリー・プロパティーズ	19/12	HKD	18,025.42	-15.9	6,897.45	-8.0	4.740
00684	亜倫国際	19/09 中間	HKD	568.69	-11.7	1.15	-96.8	0.003
00685	世界華文媒体	19/09 中間	USD	144.53	-13.8	5.45	-9.8	0.003
00686	熊猫緑色能源	19/12	CNY	2,168.00	7.2	-3,379.00	—	-0.241
00687	泰昇集団	19/12	HKD	2,721.28	-8.4	-766.66	—	-0.228
00688	中国海外発展	19/12	CNY	163,650.95	13.6	41,618.31	10.3	3.800
00689	長盈集団	14/12	HKD	85.69	-4.6	-381.14	—	-0.080
00690	聯康生物科技	19/12	HKD	209.45	54.9	2.46	—	0.000
00691	山水セメント	19/12	CNY	21,478.83	20.2	2,973.10	35.3	0.680
00693	陳唱国際	19/12	HKD	14,533.35	-7.6	212.93	-64.6	0.110
00694	北京首都国際機場	19/12	CNY	10,810.48	-4.0	2,419.37	-15.8	0.550
00695	東呉セメント	19/12	CNY	571.15	10.7	66.67	-26.2	0.121
00696	トラベルスカイ・テクノロジー	19/12	CNY	8,121.67	8.7	2,542.86	9.4	0.870
00697	首程控股	19/12	HKD	396.09	124.4	443.00	25.5	0.083

コード	企業名	年期		通貨単位	売上高(百万)	前年比(%)	純利益(百万)	前年比(%)	EPS
00698	通達集団	19/12		HKD	9,185.87	3.2	401.52	-26.0	0.062
00699	神州租車	19/12		CNY	7,690.66	19.4	30.78	-89.4	0.015
00700	テンセント	19/12		CNY	377,289.00	20.7	93,310.00	18.5	9.856
00701	北海集団	19/12		HKD	807.92	-2.9	234.79	—	0.123
00702	中国油気	19/12		HKD	476.61	11.4	-230.95	—	-0.069
00703	佳景集団	19/12		HKD	1,142.31	0.8	-376.84	—	-0.543
00704	和嘉控股	19/12		HKD	1,605.36	8.6	9.76	-92.4	0.004
00706	美麗中国控股	19/12		HKD	72.96	50.7	-113.77	—	-0.012
00707	亜洲電視控股	19/12		CNY	156.89	-5.5	-557.55	—	-0.076
00708	恒大健康産業	19/12		CNY	5,635.56	79.9	-4,426.31	—	-0.512
00709	ジョルダーノ	19/12		HKD	4,852.00	-11.9	230.00	-52.1	0.146
00710	京東方精電	19/12		HKD	3,573.98	12.5	25.02	46.0	0.034
00711	亜洲聯合基建	19/09	中間	HKD	3,857.43	20.5	76.68	-9.3	0.042
00712	コムテック・ソーラー	19/12		CNY	93.04	-46.1	-122.06	—	-0.216
00713	ワールド・ハウスウエア	19/12		HKD	809.81	-12.6	-96.28	—	-0.126
00715	中泛控股	19/12		HKD	113.03	-18.5	-58.04	—	-0.004
00716	シンガマス・コンテナ	19/12		USD	712.21	-60.6	-110.23	—	-0.046
00717	英皇証券	20/03	中間	HKD	494.45	-16.3	-268.07	—	-0.040
00718	太和控股	19/12		HKD	25.93	-99.4	-246.44	—	-0.047
00719	山東新華製薬	19/12		CNY	5,606.02	6.9	299.97	17.5	0.480
00720	意達利控股	19/12		HKD	231.94	-31.4	-24.11	—	-0.005
00721	中国金融国際	19/12	中間	HKD	19.20	-32.9	-96.26	—	-0.009
00722	聯合医務	19/12	中間	HKD	306.81	17.2	45.55	—	0.060
00723	信保環球	19/09	中間	HKD	207.83	-27.8	13.64	1.5	0.002
00724	瑞キン国際	19/12		HKD	332.74	-25.4	-60.28	—	-0.072
00725	恒都集団	19/12		HKD	301.36	-15.3	-13.20	—	-0.066
00726	築友智造科技	19/12		HKD	695.90	31.2	110.75	303.8	0.010
00727	皇冠環球集団	19/09	中間	HKD	2.60	8.8	2.31	-8.3	0.001
00728	チャイナ・テレコム	19/12		CNY	375,734.00	-0.4	20,517.00	-3.3	0.250
00729	五龍電動車	19/09	中間	HKD	487.12	182.4	-277.62	—	-0.198
00730	首長四方	19/12		HKD	77.70	-19.6	-7.92	—	-0.002
00731	森信紙業	19/09	中間	HKD	3,002.07	-3.5	45.59	-3.3	0.039
00732	信利国際	19/12		HKD	22,532.50	14.0	562.46	658.1	0.171
00733	ホープフルエント	19/12		HKD	6,076.20	24.6	484.32	48.1	0.723
00736	中国置業投資	19/09	中間	HKD	27.48	-0.2	-28.01	—	-0.005
00737	深セン投控控湾区発展	19/12		CNY	—	—	612.03	101.3	0.199
00738	莱爾斯丹	20/2		CNY	736.39	-19.0	-30.52	—	-0.043
00743	アジア・セメント	19/12		CNY	12,608.72	11.3	3,147.34	30.0	2.009
00745	中国国家文化産業	19/09	中間	HKD	32.60	-10.4	-6.74	—	-0.001
00746	理文化工	19/12		HKD	3,476.57	-10.3	700.77	-19.7	0.849
00747	瀋陽公用発展	19/12		CNY	26.56	-66.8	-89.05	—	-0.061
00750	中国水発興業能源	19/12		CNY	3,306.52	-25.1	-995.23	—	-1.004
00751	スカイワース	19/12		CNY	37,277.00	23.5	747.00	77.9	0.246
00752	ピコ・ファーイースト	19/10		HKD	5,016.71	3.8	256.83	-5.4	0.208
00753	中国国際航空	19/12		CNY	136,180.69	-0.4	6,420.29	-12.7	0.467
00754	合生創展集団	19/12		HKD	18,600.58	39.9	9,486.00	64.2	4.260
00755	上海証大	19/12		HKD	1,348.59	-81.2	-1,058.03	—	-0.071
00756	森美集団	19/12	中間	CNY	49.48	106.5	329.04	—	0.245
00757	陽光能源	19/12		CNY	4,425.55	10.0	-355.49	—	-0.111
00758	新華聯資本	19/12		HKD	337.84	82.9	-88.81	—	-0.074
00759	CEC国際	19/10	中間	HKD	903.84	-1.1	5.07	254.3	0.008
00760	新天地産	19/12		CNY	277.65	-0.4	-99.84	—	-0.010
00762	チャイナ・ユニコム	19/12		CNY	290,515.00	-0.1	11,330.00	11.1	0.370
00763	中興通訊	19/12		CNY	90,736.58	6.1	5,147.88	—	1.220
00764	永恒策略投資	19/12		HKD	198.80	5.7	-209.15	—	-0.055
00765	威発国際	19/12		HKD	141.94	-2.3	-55.04	—	-0.168

コード	企業名	年期	通貨単位	売上高(百万)	前年比(%)	純利益(百万)	前年比(%)	EPS
00766	中盈集団	19/09 中間	HKD	16.73	11.5	-0.81	—	-0.001
00767	亜太絲路投資	19/12	HKD	145.85	-19.0	-825.68	—	-0.213
00768	開明投資	19/09 中間	HKD	3.20	-35.4	-30.93	—	-0.024
00769	チャイナ・レアアース	19/12	HKD	1,018.54	12.9	38.89	—	0.017
00770	上海発展投資	19/12	USD	0.01	-60.0	-0.56	—	-0.052
00771	自動系統集団	19/12	HKD	2,828.77	20.7	93.28	10.6	0.116
00772	閣文集団	19/12	CNY	8,347.77	65.7	1,095.95	20.4	1.100
00775	長江ライフサイエンス	19/12	HKD	4,967.02	-5.1	181.74	-30.9	0.019
00776	帝国集団環球控股	19/12	HKD	233.57	-7.4	-77.94	—	-0.270
00777	ネットドラゴン	19/12	CNY	5,793.08	15.0	807.21	48.0	1.527
00778	フォーチュンREIT	19/12	HKD	1,959.70	1.0	1,476.80	-75.3	0.763
00780	同程芸龍	19/12	CNY	7,392.93	40.7	688.10	29.8	0.330
00784	凌鋭控股	19/09 中間	HKD	188.91	86.2	0.63	—	0.001
00787	グローバル・ブランズ	19/09 中間	USD	640.84	-5.2	-89.69	—	-0.064
00788	中国鉄塔	19/12	CNY	76,428.00	6.4	5,222.00	97.1	0.030
00789	アティニ	19/09 中間	HKD	146.57	24.8	8.70	-36.5	0.002
00794	錦勝集団	19/09 中間	HKD	533.88	-18.2	26.44	0.0	0.075
00797	第七大道	19/06 中間	CNY	103.48	-55.7	-25.59	—	-0.010
00798	中電光谷聯合	19/12	CNY	3,376.87	12.5	569.27	5.1	0.074
00799	IGG	19/12	USD	667.65	-10.8	164.79	-12.9	0.132
00800	A8新媒体	19/12	CNY	108.44	-26.9	-51.09	—	-0.019
00801	ゴールデン・メディテック	19/09 中間	HKD	157.25	-4.1	-16.25	—	-0.006
00802	中国銭包支付	19/12	HKD	93.90	3.5	-74.64	—	-0.027
00803	昌興国際	19/09 中間	HKD	1,225.85	-6.7	-93.42	—	-0.071
00804	鼎石資本	19/12	HKD	25.92	37.5	7.23	—	0.002
00806	バリュー・パートナーズ	19/12	HKD	1,603.92	-2.3	513.41	123.8	0.277
00807	上海実業環境	19/12	CNY	5,959.52	12.2	600.25	11.1	0.230
00808	プロスペリティREIT	19/12	HKD	462.31	3.5	333.11	-51.6	0.220
00809	グローバルバイオケム	19/12	HKD	4,561.39	-19.4	-1,067.82	—	-0.155
00810	中国互聯網投資	19/12	HKD	2.36	-38.2	-49.96	—	-0.067
00811	新華文軒	19/12	CNY	8,842.46	8.0	1,139.05	22.2	0.920
00812	西証国際証券	19/12	HKD	232.53	90.3	-344.60	—	-0.100
00813	世茂集団	19/12	CNY	111,516.98	30.4	10,897.60	23.3	3.311
00814	北京京客隆	19/12	CNY	11,658.22	0.1	52.94	-16.4	0.130
00815	中国白銀集団	19/12	CNY	3,927.10	4.7	-116.20	—	-0.071
00816	華電福新能源	19/12	CNY	19,775.91	7.9	2,415.72	6.5	0.225
00817	中国金茂	19/12	CNY	43,355.94	11.9	6,452.21	23.8	0.554
00818	高陽科技	19/12	HKD	5,575.98	19.6	569.11	104.6	0.205
00819	天能動力国際	19/12	CNY	40,613.56	16.9	1,681.83	41.5	1.490
00820	HSBCチャイナ・ドラゴン・ファンド	19/09 中間	HKD	-42.78	—	-55.63	—	—
00821	VCホールディングス	19/12	HKD	49.21	-2.5	-93.37	—	-0.076
00822	嘉瑞国際	19/12	HKD	1,554.36	-16.1	88.71	-21.9	0.099
00823	Link REIT	20/3	HKD	10,718.00	6.8	-17,303.00	—	-8.170
00825	新世界百貨	19/12 中間	HKD	1,360.75	-24.8	142.46	58.8	0.080
00826	天工国際	19/12	CNY	5,369.87	6.9	395.15	52.7	0.156
00827	玖源化工	19/12	CNY	1,964.48	-36.7	-731.56	—	-0.160
00828	王朝酒業集団	19/12	HKD	302.33	-12.4	-72.94	—	-0.058
00829	神冠控股	19/12	CNY	997.50	11.0	75.44	-6.0	0.023
00830	中国建築興業	19/12	HKD	4,619.41	8.9	175.56	-4.0	0.081
00831	コンビニエンス・アジア	19/12	HKD	5,632.34	5.9	207.57	13.3	0.272
00832	建業地産	19/12	CNY	30,766.70	108.1	2,015.06	74.6	0.738
00833	華訊	19/12	HKD	1,260.85	-1.9	-262.04	—	-0.277
00834	中国康大食品	19/12	CNY	1,410.54	0.5	4.37	-22.6	0.010
00836	華潤電力控股	19/12	HKD	67,757.63	-11.9	6,590.35	66.8	1.370
00837	譚木匠	19/12	CNY	336.54	7.8	122.48	7.0	0.493
00838	億和精密工業	19/12	HKD	3,747.06	2.2	51.78	-37.4	0.030

コード	企業名	年期	通貨単位	売上高(百万)	前年比(%)	純利益(百万)	前年比(%)	EPS
00839	中国教育集団	20/02 中間	CNY	1,315.22	41.8	497.63	66.1	0.246
00840	天業節水	19/12	CNY	624.29	16.4	-47.95	—	-0.092
00841	アジアキャッサバ	19/09 中間	HKD	644.21	-19.2	-8.77	—	-0.015
00842	理士国際技術	19/12	CNY	8,362.72	-12.4	132.59	24.6	0.100
00844	広泰国際	19/12	CNY	410.22	18.2	-6.75	—	-0.010
00845	恒盛地産	19/12	CNY	5,806.66	-42.5	-957.07	—	-0.120
00846	明発集団	19/12	CNY	12,660.90	8.8	952.11	11.3	0.156
00848	茂業国際	19/12	CNY	6,267.39	2.5	186.26	-76.7	0.036
00850	久康国際	19/09 中間	HKD	13.99	-83.0	-39.98	—	-0.005
00851	盛源控股	19/12	HKD	8.84	-74.1	-77.33	—	-0.020
00852	海峡石油化工	19/12	HKD	17,356.25	-23.9	125.04	1,578.0	0.059
00853	微創医療科学	19/12	USD	793.49	18.5	46.28	93.5	0.029
00854	威雅利電子	20/3	HKD	3,175.26	-13.9	-72.55	—	-0.852
00855	中国水務集団	19/09 中間	HKD	4,354.71	5.1	881.08	36.4	0.548
00856	偉仕佳傑	19/12	HKD	66,209.92	6.0	809.95	9.3	0.570
00857	ペトロチャイナ	19/12	CNY	2,516,810.00	6.0	45,682.00	-13.9	0.250
00858	精優薬業	19/09 中間	HKD	40.70	-9.7	25.04	-5.2	0.011
00859	中昌国際控股	19/12	HKD	44.98	37.2	-94.79	—	-0.084
00860	力世紀	20/03 中間	HKD	256.91	-8.6	-203.37	—	-0.028
00861	デジタル・チャイナ	19/12	HKD	17,727.43	16.2	301.84	101.8	0.183
00862	ビジョンバリューズ	19/12 中間	HKD	33.80	45.1	-20.87	—	-0.005
00863	BC 科技集団	19/12	CNY	164.69	13.6	-243.58	—	-0.920
00864	永利地産	19/12	HKD	33.21	2.7	-90.08	—	-0.233
00865	建徳国際控股	19/12	CNY	184.08	15.1	33.14	202.6	0.006
00866	中国秦発集団	19/12	CNY	2,799.52	-23.4	81.42	-94.6	0.031
00867	康哲薬業	19/12	CNY	6,073.62	11.8	1,960.71	6.0	0.791
00868	信義ガラス	19/12	HKD	16,258.49	1.5	4,477.79	5.7	1.118
00869	彩星玩具	19/12	HKD	358.74	-24.3	-37.28	—	-0.032
00871	中国疏浚環保	19/12	CNY	442.37	-28.5	-517.59	—	-0.292
00872	啓迪国際	19/12	HKD	781.80	71.0	-299.53	—	-0.155
00874	広州白雲山医薬	19/12	CNY	64,951.78	53.8	3,188.89	-7.3	1.961
00875	中国金控投資	19/12	HKD	311.42	76.7	-59.58	—	-0.730
00876	佳兆業健康集団	19/12	HKD	251.62	4.0	-354.67	—	-0.070
00877	オーネット	19/12	HKD	2,580.96	2.6	117.39	-55.2	0.150
00878	金朝陽集団	19/12	HKD	733.87	-25.1	217.78	-67.6	0.770
00880	澳門博彩控股	19/12	HKD	33,875.00	-1.6	3,207.30	12.5	0.566
00881	中升集団	19/12	CNY	124,042.52	15.1	4,501.67	23.8	1.980
00882	天津発展	19/12	HKD	4,549.06	-15.6	461.44	-2.2	0.430
00883	CNOOC	19/12	CNY	233,199.00	2.4	61,045.00	15.9	1.370
00884	旭輝控股	19/12	CNY	54,766.18	29.3	6,436.88	19.0	0.820
00885	仁天科技	19/12	HKD	175.51	-84.5	-1,541.66	—	-0.140
00886	銀基集団	19/09 中間	HKD	1,168.32	33.1	45.50	—	0.020
00887	英皇鐘表珠宝	19/12	HKD	4,110.12	-13.0	90.03	-65.9	0.013
00888	貝森金融	19/12	HKD	506.27	22.3	20.77	27.7	0.018
00889	連達科技	19/12	HKD	284.23	-9.1	17.64	-63.2	0.055
00891	利邦	19/12	HKD	1,962.23	13.9	50.35	—	0.014
00893	中国バナジウム	19/12	CNY	614.67	-10.2	69.20	—	0.031
00894	万裕科技	19/12	HKD	1,292.16	-5.1	31.58	-26.6	0.066
00895	東江環保	19/12	CNY	3,458.59	5.3	423.93	3.9	0.480
00896	興勝創建	19/09 中間	HKD	383.84	-65.4	141.40	-55.0	0.130
00897	位元堂薬業	19/09 中間	HKD	281.64	-18.0	32.21	-20.2	0.026
00898	万事昌国際	19/12	HKD	312.93	461.0	530.99	-27.5	0.127
00899	亜洲資源	19/09 中間	HKD	168.62	—	-69.31	—	-0.009
00900	イオン・クレジット	20/2	HKD	1,225.17	-1.6	370.08	-15.4	0.884
00901	鷹力投資	19/12	HKD	—	—	-43.67	—	-0.024
00902	華能国際電力	19/12	CNY	174,009.40	2.6	766.35	4.3	0.010

コード	企業名	年期		通貨単位	売上高(百万)	前年比(%)	純利益(百万)	前年比(%)	EPS
00904	中国緑色食品	19/10	中間	CNY	353.78	3.9	-165.60	—	-0.453
00905	環球大通投資	19/12		HKD	6.03	74.2	-91.30	—	-0.130
00906	中糧包装	19/12		CNY	7,287.27	10.6	302.09	18.4	0.260
00907	高雅光学	19/09	中間	HKD	45.49	-61.4	-20.58	—	-0.051
00908	珠海控股投資	19/12		CNY	11,812.28	27.7	81.07	-54.2	0.057
00910	中国三迪	19/12		CNY	1,941.57	431.9	482.17	—	0.097
00911	前海健康	19/12		HKD	587.81	653.1	26.72	426.8	0.016
00912	信佳国際集団	19/09	中間	HKD	879.77	1.9	27.45	-13.0	0.097
00913	合一投資	19/12		HKD	-101.63	—	-70.64	—	-0.380
00914	安徽コンセメント	19/12		CNY	157,030.33	22.3	33,629.80	12.6	6.350
00915	道和環球	19/12		USD	65.69	-38.9	-15.48	—	-0.010
00916	龍源電力	19/12		CNY	27,540.63	4.4	4,324.79	10.2	0.538
00918	国能集団国際資産	20/3		HKD	210.18	118.0	9.38	—	0.012
00919	現代美容控股	19/09	中間	HKD	289.22	1.3	5.32	—	0.006
00921	海信家電集団	19/12		CNY	37,453.04	4.0	1,793.67	30.2	1.320
00922	安賢園中国	19/09	中間	HKD	98.32	0.4	6.73	-26.7	0.009
00923	総合環保集団	19/09	中間	HKD	61.99	-32.3	-32.77	—	-0.007
00924	坤集団	19/12	中間	SGD	26.17	14.3	2.90	152.7	0.004
00925	北京建設	19/12		HKD	692.66	44.1	-504.19	—	-0.072
00926	碧生源	19/12		CNY	812.16	114.6	162.35	—	0.102
00927	富士高実業	19/09	中間	HKD	806.33	8.4	33.88	-9.0	0.080
00928	蓮和医療	19/09	中間	HKD	6.81	-84.5	-12.45	—	-0.002
00929	国際精密集団	19/12		HKD	812.18	-13.9	40.35	-52.7	0.038
00931	中国天然気	19/09	中間	HKD	1,024.67	-44.4	-65.21	—	-0.012
00932	順騰国際	19/09	中間	HKD	244.73	54.5	-30.53	—	-0.014
00933	光匯石油	19/6		HKD	3,421.00	-89.6	-2,554.00	—	—
00934	シノペック冠徳	19/12		HKD	1,447.38	-12.6	1,285.11	1.8	0.517
00935	龍翔集団	19/12		HKD	229.85	-12.4	38.79	-42.0	0.032
00936	鵬程亜洲	19/12		HKD	124.47	15.0	-32.17	—	-0.030
00938	民生国際	19/09	中間	HKD	23.59	-12.4	-93.16	—	-0.049
00939	中国建設銀行	19/12		CNY	678,001.00	7.0	266,733.00	4.7	1.050
00941	チャイナ・モバイル	19/12		CNY	745,917.00	1.2	106,641.00	-9.5	5.210
00943	Eフォース	19/12		HKD	198.78	-23.5	-70.49	—	-0.007
00945	マニュライフ	19/12		CAD	79,570.00	104.2	5,602.00	16.7	2.770
00947	摩比発展	19/12		CNY	1,214.93	-3.4	23.61	41.5	0.029
00948	阿爾法企業	19/09	中間	HKD	89.96	-47.3	-88.01	—	-0.289
00950	リーズ・ファーマシー	19/12		HKD	1,218.91	7.1	125.55	-70.0	0.212
00951	超威動力	19/12		CNY	27,181.73	0.9	561.34	36.0	0.510
00952	中国通海国際金融	19/12		HKD	779.43	15.9	5.35	-94.7	0.001
00953	邵氏兄弟控股	19/12		CNY	302.23	38.6	17.89	42.4	0.013
00954	常茂バイオケミカル	19/12		CNY	494.58	-22.2	58.30	15.4	0.110
00956	新天緑色能源	19/12		CNY	11,943.23	19.7	1,414.79	11.5	0.362
00959	世紀娯楽国際	19/09	中間	HKD	28.50	-54.2	-14.66	—	-0.012
00960	龍湖集団	19/12		CNY	151,026.43	30.4	18,336.58	12.9	3.130
00963	華熙生物科技	17/06	中間	CNY	390.47	-6.7	81.04	-25.3	0.223
00966	中国太平保険	19/12		HKD	244,527.75	14.4	9,008.52	30.9	2.457
00967	桑徳国際	19/06	中間	CNY	2,431.30	-6.6	463.69	8.6	0.308
00968	信義光能	19/12		HKD	9,096.10	18.6	2,416.46	29.7	0.303
00969	華聯国際	19/12		HKD	135.53	0.8	-91.88	—	-0.042
00970	スパークルロール	19/09	中間	HKD	1,748.36	-0.7	38.73	316.0	0.008
00973	ロクシタン	19/09	中間	EUR	727.16	22.1	24.99	266.8	0.017
00974	中国順客隆	19/12		CNY	945.22	-4.2	-20.63	—	-0.070
00975	モンゴリアン・マイニング	19/12		USD	626.60	6.1	96.53	16.6	0.094
00976	斉合環保	19/12		HKD	15,363.40	-26.5	-128.70	—	-0.080
00978	招商局置地	19/12		CNY	19,453.30	62.7	1,794.47	47.6	0.366
00979	グリーンエナジー	19/12	中間	HKD	74.60	108.3	-11.83	—	-0.011

コード	企業名	年期		通貨単位	売上高(百万)	前年比(%)	純利益(百万)	前年比(%)	EPS
00980	聯華超市	19/12		CNY	25,859.20	1.9	-378.30	—	-0.340
00981	SMIC	19/12		USD	3,115.67	-7.3	234.68	75.1	0.040
00982	華金国際資本	19/12		HKD	527.07	4.4	4.27	-87.5	0.000
00983	瑞安建業	19/12		HKD	5,545.00	-9.5	7.00	—	0.020
00984	イオン・ストアーズ	19/12		HKD	9,493.77	-1.9	-188.73	—	-0.726
00985	中誉集団	19/09	中間	USD	111.15	587.4	-52.07	—	-0.001
00986	中国環保能源	19/09	中間	HKD	63.25	9.9	-6.35	—	-0.011
00987	中国再生能源	19/12		HKD	181.22	21.2	57.38	-7.8	0.023
00988	絲路物流控股	19/12		HKD	5,522.72	-52.1	-382.99	—	-0.070
00989	広沢国際発展	19/09	中間	CNY	65.11	-54.3	-439.50	—	-0.083
00990	栄暉国際	19/12		HKD	11,280.62	160.5	145.75	135.5	0.014
00991	大唐国際発電	19/12		CNY	95,453.06	2.2	985.66	-20.0	0.021
00992	レノボ グループ	20/3		USD	50,716.35	-0.6	665.09	11.5	0.056
00993	華融国際金融	19/12		HKD	1,667.19	-26.6	-1,545.89	—	-0.431
00994	中天宏信	19/12		HKD	248.84	-59.3	-26.08	—	-0.043
00995	安徽高速道路	19/12		CNY	4,640.43	19.7	1,089.86	-2.3	0.657
00996	嘉年華国際	19/12		HKD	-475.70	—	-2,941.98	—	-0.120
00997	普匯中金国際	19/09	中間	HKD	357.15	-57.4	-52.17	—	-0.036
00998	中信銀行	19/12		CNY	187,881.00	13.3	48,015.00	7.9	0.950
00999	I.T リミテッド	20/2		HKD	7,719.38	-12.6	-747.25	—	-0.625
01000	北京メディア	19/12		CNY	219.93	-36.2	-196.54	—	-0.990
01001	滬港聯合	19/09	中間	HKD	1,219.09	-17.9	2.47	-69.7	0.004
01002	威鋮国際集団	20/01	中間	CNY	243.99	-33.0	-8.21	—	-0.004
01003	歓喜伝媒	19/12		HKD	814.43	366.4	105.10	—	0.030
01004	中国智慧能源	19/12		HKD	1,122.96	32.1	-122.18	—	-0.013
01005	マトリックス	19/12		HKD	1,316.10	-2.8	143.00	6.0	0.190
01006	長寿花食品	19/12		CNY	3,003.47	-12.4	320.54	-7.6	0.559
01007	龍輝国際	19/12		CNY	418.57	-33.0	-127.51	—	-0.020
01008	貴聯控股	19/12		HKD	1,495.83	9.4	175.89	3.8	0.110
01009	国際娯楽	19/12	中間	HKD	239.26	-34.1	-35.62	—	-0.026
01010	太睿国際	19/12		HKD	74.34	22.5	-21.07	—	-0.063
01011	中国泰凌医薬	19/12		CNY	365.97	-36.0	-587.59	—	-0.333
01013	偉俊集団	19/09	中間	HKD	81.80	-25.6	-12.64	—	-0.001
01019	康宏環球	17/06	中間	HKD	488.02	0.7	-140.53	—	-0.009
01020	賽伯楽国際	19/12		CNY	326.95	37.5	-98.40	—	-0.025
01022	飛魚科技	19/12		CNY	112.85	35.6	-80.34	—	-0.050
01023	時代集団控股	19/12	中間	HKD	1,148.92	-10.5	45.98	-60.0	0.048
01025	嘉芸控股	19/09	中間	HKD	92.65	-39.8	-15.02	—	-0.029
01026	環球実業科技	19/12		HKD	303.60	11.7	-116.63	—	-0.030
01027	中国集成	19/12		CNY	558.60	7.2	-16.25	—	-0.004
01028	千百度	19/12		CNY	1,935.54	-18.6	-311.48	—	-0.151
01029	IRC	19/12		USD	177.16	16.9	-38.67	—	-0.006
01030	新城発展	19/12		CNY	86,851.18	58.5	7,812.27	15.5	1.320
01031	金利豊金融	19/09	中間	HKD	1,373.86	-12.6	477.60	-19.3	0.028
01033	シノペック石油工程技術服務	19/12		CNY	69,870.15	19.6	986.87	310.9	0.052
01034	富匯建築	19/12		HKD	553.36	74.8	7.18	-41.3	0.005
01036	万科海外投資	19/12		HKD	251.48	147.1	133.36	-80.3	0.340
01037	雲智匯科技	19/12		CNY	431.00	32.1	11.58	703.8	0.018
01038	長江インフラ	19/12		HKD	6,733.00	-5.8	10,506.00	0.6	4.170
01039	キン網易商	19/12		CNY	204.11	300.4	-78.30	—	-0.043
01041	林達控股	19/12		HKD	98.13	-42.1	-294.28	—	-0.167
01043	コスライト・テクノロジー	19/12		CNY	1,649.79	-48.4	-33.13	—	—
01044	恒安国際集団	19/12		CNY	22,492.85	9.6	3,907.72	2.8	3.285
01045	APT サテライト	19/12		HKD	1,062.57	-14.2	362.33	-28.5	0.389
01046	賓宇娯楽文化	19/12	中間	HKD	224.25	693.2	43.90	—	0.048
01047	毅興行	19/12	中間	HKD	906.58	-11.5	0.59	-68.7	0.002

香港全上場企業一覧

コード	企業名	年期	通貨単位	売上高(百万)	前年比(%)	純利益(百万)	前年比(%)	EPS
01049	時富投資	19/12	HKD	1,387.77	-2.3	-99.39	—	-0.120
01050	嘉利国際控股	19/09 中間	HKD	1,424.75	9.6	114.42	29.9	0.057
01051	国際資源集団	19/12	USD	27.11	-20.9	43.57	-9.6	0.002
01052	越秀交通基建	19/12	CNY	3,023.22	6.2	1,137.59	7.9	0.680
01053	重慶鋼鉄	19/12	CNY	23,477.60	3.7	925.72	-48.2	0.100
01055	中国南方航空	19/12	CNY	154,322.00	7.4	2,640.00	-8.8	0.220
01057	浙江世宝	19/12	CNY	982.37	-13.3	-176.71	—	-0.224
01058	粤海制革	19/12	HKD	178.02	-25.3	-38.99	—	-0.073
01059	看通集団	19/12 中間	HKD	77.44	7.0	6.13	59.4	0.030
01060	アリババ・ピクチャーズ	20/3	CNY	2,874.69	-5.2	-1,150.57	—	-0.044
01061	億勝生物科技	19/12	HKD	1,279.48	8.8	302.50	30.9	0.523
01062	国開国際投資	19/12	HKD	—	—	176.05	26.1	0.061
01063	新確科技	19/12	HKD	202.55	-9.5	-42.77	—	-0.003
01064	中華国際	19/12	HKD	41.73	-18.7	-18.51	—	-0.030
01065	天津創業環保	19/12	CNY	2,851.45	16.5	507.11	1.2	0.360
01066	ウェイガオ・グループ	19/12	CNY	10,364.08	17.7	1,844.88	25.3	0.410
01068	中国雨潤食品集団	19/12	HKD	15,224.98	20.3	-3,940.48	—	-2.162
01069	中国宝沙発展	19/12	CNY	54.25	5.6	-340.48	—	-0.031
01070	TCL エレクトロニクス	19/12	HKD	46,991.14	3.1	2,279.43	119.0	1.001
01071	華電国際電力	19/12	CNY	91,752.98	5.0	3,385.32	134.2	0.288
01072	東方電気	19/12	CNY	32,840.32	7.0	1,277.67	13.2	0.410
01073	大禹金融	19/12	HKD	46.79	—	842.33	—	0.839
01075	キャップインフォ	19/12	CNY	1,331.36	17.7	127.65	105.3	0.044
01076	博華太平洋	19/12	HKD	539.27	-83.4	-3,904.27	—	-0.027
01079	松景科技	19/12 中間	USD	77.39	23.3	-12.22	—	-0.009
01080	勝利油気管道	19/12	CNY	862.97	-5.5	-138.57	—	-0.042
01082	香港教育国際	19/12 中間	HKD	46.49	-18.5	-35.32	—	-0.060
01083	タウンガス	19/12	HKD	12,924.37	9.6	1,308.43	6.9	0.461
01084	緑新親水膠体海洋科技	19/12	HKD	992.94	-0.4	93.31	-0.3	0.146
01085	亨キン科技	19/12	CNY	1,428.56	-10.0	113.47	-4.1	0.292
01086	好孩子国際	19/12	HKD	8,777.14	1.7	202.19	23.5	0.120
01087	威訊控股	19/12	CNY	488.68	17.8	-21.10	—	-0.015
01088	中国神華能源	19/12	CNY	241,871.00	-8.4	41,707.00	-5.5	2.097
01089	楽遊科技	19/12	USD	214.24	-5.9	-8.38	—	-0.003
01090	大明国際	19/12	CNY	35,508.73	10.5	177.54	62.0	0.140
01091	中信ダーモン	19/12	HKD	5,802.46	-13.9	-202.34	—	-0.059
01093	石薬集団	19/12	CNY	22,103.19	24.8	3,714.11	20.6	0.597
01094	中国公共採購	19/12	HKD	73.32	7.4	-12.52	—	-0.066
01096	中能国際	19/12	CNY	72.86	-29.6	-269.76	—	-0.150
01097	アイケープル	19/12	HKD	1,160.84	-0.2	-396.97	—	-0.059
01098	ロードキング・インフラ	19/12	HKD	21,494.80	-3.9	3,028.01	1.3	4.040
01099	国薬控股	19/12	CNY	425,272.73	23.4	6,252.54	7.1	2.110
01100	メインランド・ヘッドウェア	19/12	HKD	1,146.83	29.4	58.21	-6.9	0.144
01101	中国華栄能源	19/12	CNY	47.75	-2.5	137.32	—	0.010
01102	環能国際	19/12	HKD	56.88	-93.6	-25.09	—	-0.056
01103	上海大生農業金融	19/12	CNY	1,443.79	-28.2	-771.49	—	-0.081
01104	亜太資源	19/12 中間	HKD	313.15	321.7	46.94	—	0.039
01105	星島新聞集団	19/12	HKD	1,261.78	-11.9	-22.68	—	-0.026
01106	銘課控股	19/06 中間	HKD	465.58	-16.7	-83.08	—	-0.006
01107	当代置業	19/12	CNY	14,551.68	55.8	730.67	39.2	0.262
01108	洛陽ガラス	19/12	CNY	1,854.84	32.2	54.00	245.2	0.097
01109	華潤置地	19/12	CNY	147,735.95	21.9	28,672.28	18.3	4.120
01110	金活医薬集団	19/12	CNY	977.93	-9.4	43.43	5.9	0.070
01111	創興銀行	19/12	HKD	4,022.21	9.1	1,900.64	8.0	1.800
01112	健合国際	19/12	CNY	10,925.22	7.8	1,005.05	19.2	1.570
01113	長江実業集団	19/12	HKD	82,382.00	63.6	29,134.00	-27.4	7.890

コード	企業名	年期		通貨単位	売上高 (百万)	前年比 (%)	純利益 (百万)	前年比 (%)	EPS
01114	ブリリアンス・チャイナ	19/12		CNY	3,861.95	-11.8	6,762.71	16.2	1.340
01115	西蔵水資源	19/12		CNY	721.46	-18.1	-745.12	—	-0.298
01116	美亜控股	19/12		CNY	580.46	36.2	3.32	—	0.002
01117	中国現代牧業	19/12		CNY	5,514.21	11.2	341.27	—	0.055
01118	高力集団	19/12		HKD	2,803.74	-9.2	-6.23	—	-0.011
01119	創夢天地科技	19/12		CNY	2,792.97	18.1	352.23	43.0	0.290
01120	雅視光学集団	19/12		HKD	1,040.96	-13.0	-136.29	—	-0.353
01121	宝峰時尚	19/12		CNY	169.92	3.2	-314.44	—	-0.220
01122	慶鈴汽車	19/12		CNY	4,723.29	-10.1	345.31	-23.9	0.140
01123	中港照相器材	19/09	中間	HKD	476.19	-0.6	-1.99	—	-0.002
01124	沿海緑色家園	19/09	中間	HKD	21.78	-86.5	-133.57	—	-0.032
01125	麗豊控股	20/01	中間	HKD	599.90	5.0	-442.39	—	-1.351
01126	徳林国際	19/12		HKD	3,973.46	14.6	477.47	43.6	0.705
01127	獅子山集団	19/12		HKD	1,606.91	-3.5	138.80	-18.1	0.180
01128	ウィン・マカオ	19/12		HKD	36,161.69	-8.7	5,056.66	-19.0	0.980
01129	中国水業集団	19/12		HKD	1,189.20	18.0	115.62	1,639.6	0.072
01130	中国環境資源	19/12	中間	HKD	39.36	-36.4	-23.33	—	-0.012
01131	鴻宝資源	19/09	中間	HKD	1,504.55	20.6	8.58	-94.7	0.001
01132	橙天嘉禾	19/12		HKD	1,060.84	0.9	-35.09	—	-0.013
01133	ハルビン電気	19/12		CNY	22,901.46	-12.9	106.17	48.9	0.060
01134	恒発光学	19/12		HKD	413.40	-1.8	8.38	-72.5	0.019
01137	香港電視	19/12		HKD	1,101.01	60.5	-289.91	—	-0.350
01138	中遠海運能源運輸	19/12		CNY	13,721.14	13.4	413.86	454.2	0.103
01139	華多利集団	19/12		HKD	0.42	-97.8	-16.77	—	-0.020
01140	東英金融	19/09	中間	HKD	106.13	-21.5	266.06	—	0.092
01141	民銀資本	19/12		HKD	978.68	23.7	356.86	45.5	0.008
01142	シベリア鉱業	19/09	中間	HKD	465.47	502.9	-770.12	—	-0.637
01143	環亜国際実業	19/12		HKD	629.95	-7.6	-171.74	—	-0.029
01145	勇利投資	19/12		USD	14.71	20.6	0.18	-85.6	0.000
01146	中国服飾	19/12		CNY	818.75	-8.9	19.93	-66.9	0.006
01147	伊登ソフト	19/12		CNY	791.39	29.4	24.55	-9.5	—
01148	新晨中国動力	19/12		CNY	2,076.17	-31.9	6.85	-36.1	0.005
01150	米蘭站	19/12		HKD	231.62	-12.4	-23.49	—	-0.115
01151	依利安達	19/12		USD	616.51	2.3	30.38	25.0	0.163
01152	正乾金融控股	19/12		HKD	299.53	117.6	-18.70	—	-0.019
01155	星辰通信	17/06	中間	CNY	792.75	0.6	65.81	19.6	0.085
01157	中聯重科	19/12		CNY	43,307.00	50.9	4,381.00	115.7	0.583
01158	浙江開元酒店管理	19/12		CNY	1,927.98	7.2	202.41	8.4	0.760
01159	星光文化娯楽	19/12		HKD	327.07	345.1	98.18	—	0.134
01160	優創金融	19/09	中間	HKD	-0.01	—	-4.90	—	-0.028
01161	奥思集団	20/03	中間	HKD	365.94	-4.0	44.00	-20.1	0.065
01162	瑩嵐集団	19/09	中間	HKD	55.18	6.8	7.84	-19.4	0.013
01164	中広核鉱業	19/12		HKD	2,076.69	27.7	160.01	31.1	0.024
01165	順風国際清潔能源	19/12		CNY	1,731.11	5.4	-1,901.73	—	-0.382
01166	星凱控股	19/12	中間	HKD	146.58	-12.9	-51.49	—	-0.022
01168	シノリンク	19/12		HKD	448.91	-15.0	-316.58	—	-0.089
01169	海爾電器	19/12		CNY	75,879.97	-0.6	7,350.81	91.2	2.630
01170	信星鞋業集団	19/09	中間	HKD	541.18	-16.0	-32.38	—	-0.047
01171	エン州煤業	19/12		CNY	67,804.61	0.5	9,388.61	9.4	1.910
01172	融太集団	19/09	中間	HKD	230.99	100.4	30.75	671.6	0.009
01173	威高国際	19/09	中間	HKD	601.84	-30.8	-112.27	—	-0.045
01175	鮮馳達控股	19/09	中間	CNY	1,333.16	2,133.3	-17.05	—	-0.010
01176	珠光控股	19/12		HKD	4,074.81	50.7	747.23	15,741.1	0.097
01177	中国生物製薬	19/12		CNY	24,234.03	16.0	2,706.79	-70.1	0.216
01178	匯銀控股集団	19/12	中間	HKD	8.22	-61.4	-11.23	—	-0.038
01180	匯彩控股	19/12		HKD	1,181.75	1.5	0.93	-98.4	0.001

コード	企業名	年期	通貨単位	売上高 (百万)	前年比 (%)	純利益 (百万)	前年比 (%)	EPS
01181	唐宮中国	19/12	CNY	1,495.09	0.2	91.28	-20.7	0.085
01182	勝龍国際	19/09 中間	HKD	44.28	1.5	-6.91	—	-0.003
01183	澳能建設	19/12	MOP	498.95	-16.5	56.33	2.4	0.047
01184	時捷集団	19/12	HKD	18,402.90	-27.2	236.44	-24.5	0.378
01185	中国航天万源国際	19/12	HKD	38.31	-35.2	-1,045.31	—	-0.239
01186	中国鉄建	19/12	CNY	830,452.16	13.7	20,197.38	12.6	1.400
01188	正道集団	19/12	HKD	16.34	-73.3	-644.02	—	-0.032
01189	大湾区聚変力量	19/12	HKD	215.38	-18.1	-95.44	—	-0.120
01190	航標控股	18/06 中間	CNY	260.15	23.0	-158.42	—	-0.120
01191	中国中石控股	19/12	HKD	103.94	4.4	-402.51	—	-0.096
01192	泰山石化集団	19/12	HKD	254.72	292.6	1,647.29	—	0.335
01193	華潤ガス	19/12	HKD	55,835.11	9.1	5,043.48	13.3	2.320
01194	湾区黄金	19/12	HKD	1,040.04	27.8	-631.33	—	-0.108
01195	キングウェル	19/12 中間	CNY	20.19	85.5	-2.04	—	-0.001
01196	偉禄集団	19/12	HKD	828.90	2.2	-415.53	—	-0.289
01198	皇朝家私	19/12	HKD	852.08	2.2	62.98	19.6	0.027
01199	中遠海運港口	19/12	USD	1,027.66	2.7	308.02	-5.1	0.098
01200	美聯集団	19/12	HKD	4,883.50	-2.5	-68.92	—	-0.096
01201	天臣控股	19/12	HKD	903.64	149.5	-83.72	—	-0.070
01202	成都普天ケーブル	19/12	CNY	449.26	-26.9	-50.14	—	-0.130
01203	広南集団	19/12	HKD	2,369.72	-16.7	54.21	-54.2	0.060
01205	中信資源控股	19/12	HKD	3,425.51	-22.6	600.29	-33.7	0.076
01206	同方泰徳	19/12	CNY	1,752.78	-13.9	112.87	-56.8	0.144
01207	上置集団	19/12	CNY	651.34	-58.0	-2,256.63	—	-0.110
01208	五鉱資源	19/12	USD	3,032.30	-17.4	-230.40	—	-0.029
01210	克莉絲汀	19/12	CNY	551.94	-16.9	-224.30	—	-0.222
01211	BYD	19/12	CNY	121,778.12	0.0	1,614.45	-41.9	0.500
01212	利福国際	19/12	HKD	3,542.03	-18.7	1,890.68	11.9	1.260
01213	万保剛集団	19/09 中間	HKD	233.98	-10.6	-3.98	—	-0.020
01215	開源控股	19/12	HKD	244.69	-18.6	-30.62	—	-0.002
01216	中原銀行	19/12	CNY	19,021.85	13.3	3,163.85	31.0	0.130
01217	中国創新投資	19/12	HKD	31.97	—	23.87	134.7	0.002
01218	永義国際	20/3	HKD	63.63	-92.3	-297.76	—	-3.260
01219	天アク国際	19/12	CNY	991.84	-35.9	-137.49	—	—
01220	志道国際	19/09 中間	HKD	156.29	305.0	-4.00	—	-0.002
01221	信和酒店	19/12 中間	HKD	108.95	-31.5	6.46	-93.3	0.006
01222	宏安集団	19/09 中間	HKD	2,704.42	-17.5	412.69	-10.7	0.024
01223	シンフォニー	19/12	HKD	388.94	1.9	71.71	-39.3	0.024
01224	中渝置地控股	19/12	HKD	564.64	-13.3	414.02	142.0	0.107
01225	隆成金融	19/12	HKD	247.59	0.5	-86.17	—	-0.037
01226	中国投融資	19/09 中間	HKD	0.60	1,518.9	-52.91	—	-0.023
01227	国盛投資基金	19/12	HKD	—	—	-25.04	—	-0.032
01229	南南資源実業	19/09 中間	HKD	63.67	296.0	32.97	-4.6	0.043
01230	雅士利国際	19/12	CNY	3,411.96	13.3	112.37	115.0	0.024
01231	新鉱資源	19/12	CNY	1,920.80	514.9	-69.68	—	-0.017
01232	金輪天地	19/12	CNY	1,605.45	11.0	252.56	-26.2	0.140
01233	時代中国控股	19/12	CNY	42,433.38	23.4	5,212.62	18.5	2.730
01234	中国利郎	19/12	CNY	3,658.47	15.5	812.18	8.1	0.678
01235	専業旅運	19/09 中間	HKD	158.19	4.6	-12.19	—	-0.024
01237	中科生物	19/12	CNY	694.05	9.4	-64.47	—	-0.104
01238	宝龍地産	19/12	CNY	26,041.63	32.9	4,041.12	42.4	1.004
01239	チームウェイ・インターナショナル	19/12	CNY	381.49	-2.1	-38.23	—	-0.032
01240	青建国際	19/12	HKD	7,873.38	4.9	238.84	6.0	0.145
01241	双樺控股	19/12	CNY	28.62	-48.1	-31.38	—	-0.048
01243	宏安地産	19/09 中間	HKD	2,223.94	-18.5	579.33	5.3	0.038
01245	ニラク	19/09 中間	JPY	14,391.00	-0.3	496.00	-43.5	0.410

コード	企業名	年期		通貨単位	売上高(百万)	前年比(%)	純利益(百万)	前年比(%)	EPS
01246	保集健康控股	19/09	中間	HKD	65.15	-52.6	-59.87	—	-0.007
01247	米格国際	19/12		CNY	166.03	-22.6	-258.29	—	-0.260
01249	通力電子	19/12		HKD	8,146.64	11.6	268.75	20.4	1.030
01250	北控清潔能源	19/12		HKD	6,335.62	-9.2	682.86	-46.2	0.010
01251	華油能源	19/12		CNY	1,949.46	32.5	198.93	143.2	0.107
01252	中国天瑞ｾﾒﾝﾄ	19/12		CNY	12,087.53	20.1	1,819.42	50.0	0.620
01253	中国緑地博大緑沢	19/12		CNY	949.09	6.7	71.38	20.5	0.020
01255	港大零售	19/12		HKD	341.77	-4.5	-60.93	—	-0.280
01257	中国光大緑色環保	19/12		HKD	9,279.56	32.5	1,621.48	22.4	0.785
01258	中国有色鉱業	19/12		USD	2,008.72	-2.2	134.87	-7.8	0.039
01259	未来発展控股	19/12		CNY	830.17	34.0	-48.40	—	-0.030
01260	皓天財経集団	19/09	中間	HKD	298.03	-14.6	97.49	7.3	0.082
01262	蝋筆小新食品	19/12		CNY	466.57	-7.2	-170.11	—	-0.130
01263	柏能集団	19/12		HKD	7,556.48	-17.2	10.27	-96.2	0.030
01265	天津津燃	19/12		CNY	1,501.28	-1.2	4.38	-89.0	0.002
01266	西王特鋼	19/12		CNY	11,170.04	-6.3	19.79	-97.9	0.009
01268	中国美東汽車	19/12		CNY	16,210.02	46.5	550.81	51.8	0.477
01269	中国首控集団	19/12		CNY	1,436.04	-20.7	-2,187.83	—	-0.440
01270	朗廷酒店 SS	19/12		HKD	483.88	-21.4	-2,634.71	—	-1.240
01271	佳明集団	20/3		HKD	902.60	47.1	33.83	-77.3	0.048
01272	大唐環境産業	19/12		CNY	6,414.62	-25.3	218.94	-71.4	0.070
01273	香港信貸	19/09	中間	HKD	82.59	3.4	31.95	31.0	0.077
01275	ﾆｭｰｾﾝﾁｭﾘｰ REIT	19/12		CNY	254.88	-7.6	-37.50	—	-0.039
01277	力量鉱業能源	19/12		CNY	2,736.11	12.0	833.30	3.3	0.099
01278	中国新城鎮発展	19/12		CNY	414.94	-30.8	95.41	13.7	0.010
01280	奇点国際	19/12		CNY	470.73	-48.9	-108.84	—	-0.858
01281	隆基泰和智慧能源	19/12		CNY	147.46	-79.2	-264.52	—	-0.178
01282	宝新金融	19/12		HKD	10,887.82	634.1	684.29	2.0	0.026
01283	高陞集団	19/09	中間	HKD	261.29	74.3	42.27	73.4	0.070
01285	嘉士利集団	19/12		CNY	1,593.07	9.9	109.58	26.7	0.264
01286	鷹普精密工業	19/12		HKD	3,640.17	-2.9	538.86	31.6	0.318
01288	中国農業銀行	19/12		CNY	629,350.00	4.4	212,098.00	4.6	0.590
01289	無錫盛力達科技	19/12		CNY	134.76	-23.8	8.08	-83.2	0.060
01290	中国匯融金融	19/12		CNY	344.13	4.2	50.43	-17.3	0.046
01292	重慶長安民生物流	19/12		CNY	4,341.59	-15.1	-55.97	—	-0.350
01293	広匯宝信汽車	19/12		CNY	36,463.88	-0.9	629.20	13.1	0.220
01296	国電科技環保	19/12		CNY	11,691.04	2.4	-289.69	—	-0.048
01297	ｼﾉｿﾌﾄ・ﾃｸﾉﾛｼﾞｰ	19/12		CNY	750.34	-5.4	283.34	19.9	0.232
01298	雲能国際	19/12		HKD	311.47	-50.9	-19.79	—	-0.072
01299	AIA ｸﾞﾙｰﾌﾟ	19/12		USD	47,242.00	30.2	6,648.00	110.2	0.550
01300	俊知集団	19/12		CNY	3,542.11	2.1	358.97	3.9	0.200
01301	徳基科技	19/12		CNY	446.43	36.0	-35.08	—	-0.056
01302	先健科技	19/12		CNY	668.88	20.2	129.20	6.7	0.031
01303	匯力資源	19/12		CNY	93.57	185.0	-16.01	—	-0.010
01305	偉志控股	19/12		HKD	2,214.97	-1.5	37.15	-17.6	0.170
01308	海豊国際	19/12		USD	1,553.72	7.2	219.98	11.4	0.083
01310	香港寛頻	20/02	中間	HKD	4,457.28	100.9	132.24	-33.7	0.101
01312	同方康泰産業	19/12		HKD	1,482.35	-29.2	36.10	11.1	0.007
01313	華潤ｾﾒﾝﾄ	19/12		HKD	38,955.56	0.4	8,617.50	8.1	1.234
01314	翠華控股	19/09	中間	HKD	838.17	-6.2	-44.50	—	-0.032
01315	允升国際	19/09	中間	HKD	1,091.22	81.2	-5.07	—	-0.001
01316	ﾈｸｽﾃｨｱ	19/12		USD	3,575.66	-8.6	232.45	-38.8	0.090
01317	中国楓葉教育	20/02	中間	CNY	791.81	6.4	261.67	-7.9	0.088
01318	格菱控股	19/12		CNY	—	—	75.01	—	0.060
01319	矗華押業	20/2		HKD	223.96	-0.4	107.38	6.5	0.055
01321	中国新城市商業発展	19/12		CNY	1,955.85	1.6	26.27	—	0.013

コード	企業名	年期		通貨 単位	売上高 (百万)	前年比 (%)	純利益 (百万)	前年比 (%)	EPS
01322	CWグループ	17/12		HKD	2,337.32	-5.1	249.32	6.3	0.347
01323	華盛国際	19/09	中間	HKD	60.59	1.3	13.49	—	0.005
01326	伝通娯楽	19/12	中間	HKD	306.63	-22.4	-19.59	—	-0.008
01327	励時集団	19/12		CNY	91.49	-14.5	-127.05	—	-0.368
01328	金涌投資	19/12		HKD	314.32	16.0	-38.85	—	-0.003
01329	首創鉅大	19/12		CNY	1,864.67	52.3	-223.54	—	-0.090
01330	緑色動力環保	19/12		CNY	1,752.45	53.7	416.09	13.8	0.360
01332	中国透雲	19/12		HKD	329.98	-5.6	-200.51	—	-0.082
01333	中国忠旺	19/12		CNY	23,583.70	-7.9	3,022.01	-28.0	0.430
01335	順泰控股	19/12		HKD	376.21	-17.1	-47.87	—	-0.020
01336	新華人寿保険	19/12		CNY	172,103.00	13.3	14,559.00	83.8	4.670
01337	レイザー	19/12		USD	820.80	15.2	-84.18	—	-0.010
01338	覇王国際	19/12		CNY	258.16	-12.2	-6.10	—	-0.002
01339	中国人民保険	19/12		CNY	551,212.00	10.6	22,135.00	71.4	0.500
01340	恵生国際	19/12		CNY	5.66	-98.5	-191.52	—	-0.217
01341	昊天国際建設	19/09	中間	HKD	73.60	-7.2	-7.05	—	-0.002
01342	硅谷天堂黄金集団	19/06	中間	USD	131.44	38.8	-18.49	—	-0.080
01343	偉源控股	19/12		SGD	65.99	1.9	6.77	-24.7	—
01345	中国先鋒医薬	19/12		CNY	1,315.98	-19.0	104.63	23.7	0.090
01346	利福控股	19/12		CNY	121.98	5.3	4.84	-25.1	0.010
01347	華虹半導体	19/12		USD	932.57	0.2	162.24	-11.4	0.126
01348	滉達富	19/09	中間	HKD	268.45	-41.5	-11.92	—	-0.008
01349	上海復旦張江バイオ	19/12		CNY	1,029.30	38.7	227.36	102.8	0.250
01353	福建諾奇	19/12		CNY	0.01	-99.6	-30.01	—	-0.050
01355	枌濤国際	19/12		HKD	45.59	0.1	-14.97	—	-0.033
01357	美図	19/12		CNY	977.87	3.2	-396.52	—	-0.090
01358	普華和順	19/12		CNY	362.18	16.5	81.98	-95.1	0.052
01359	中国信達資産管理	19/12		CNY	96,146.89	-2.0	13,052.95	8.4	0.310
01360	諾発集団	19/12	中間	HKD	426.59	51.2	101.26	—	0.069
01361	361度	19/12		CNY	5,631.87	8.6	432.40	42.4	0.209
01362	新龍移動	19/12		HKD	439.77	-6.9	-5.00	—	-0.018
01363	中滔環保	18/12		HKD	1,404.63	-33.1	-462.27	—	-0.070
01365	中国潤東汽車	19/12		CNY	7,635.94	-39.9	-5,843.78	—	-6.170
01366	江南集団	19/12		CNY	14,524.22	7.4	383.22	110.1	0.087
01367	広州基金国際	19/12		HKD	64.33	-53.3	-111.39	—	-0.232
01368	特歩国際	19/12		CNY	8,182.72	28.2	727.65	10.8	0.307
01369	五洲国際	17/12		CNY	3,545.67	-6.4	-518.49	—	-0.104
01370	奥威控股	19/12		HKD	815.55	-4.6	-98.97	—	-0.060
01371	華彩控股	19/12		HKD	155.38	-15.5	-498.43	—	-0.501
01372	比速科技	19/12		HKD	459.11	-38.2	-905.42	—	-4.527
01373	国際家居零售	19/10	中間	HKD	1,161.70	7.2	48.14	-1.4	0.067
01375	中原証券	19/12		CNY	3,475.77	21.6	58.22	-11.5	0.020
01376	ラッフルズ・インテリア	19/12		SGD	76.66	-5.6	4.64	-28.0	—
01378	中国宏橋	19/12		CNY	84,179.29	-6.7	6,095.34	12.7	0.709
01379	温嶺浙工量刃具交易中心	18/12		CNY	46.99	8.1	36.96	-17.7	0.620
01380	中国金石鉱業	19/12		CNY	65.69	-3.0	-68.51	—	-0.024
01381	粤豊環保電力	19/12		HKD	3,952.22	18.8	892.62	18.3	0.366
01382	互太紡織	19/09	中間	HKD	3,025.46	-11.1	412.01	-17.9	0.280
01383	太陽城集団	19/12		CNY	611.83	-22.8	-1,484.27	—	-0.223
01385	上海復旦微電子	19/12		CNY	1,454.77	3.2	-161.94	—	-0.233
01386	国投集団	19/09	中間	HKD	30.41	-60.5	-45.56	—	-0.064
01387	中国地利	19/12		CNY	1,421.02	25.9	557.29	—	0.099
01388	安莉芳	19/12		HKD	2,266.87	-7.5	80.32	-46.9	0.190
01389	美捷匯	19/09	中間	HKD	68.34	-25.0	-11.74	—	-0.004
01393	恒鼎実業	19/12		CNY	1,194.56	11.4	-253.74	—	-0.124
01395	強泰環保	19/12		HKD	77.47	-2.0	0.97	—	0.001

コード	企業名	年期	通貨 単位	売上高 (百万)	前年比 (%)	純利益 (百万)	前年比 (%)	EPS
01396	毅徳国際	19/12	CNY	1,583.31	-44.3	-271.22	—	-0.068
01397	碧瑤緑色集団	19/12	HKD	1,397.46	-2.2	-11.03	—	-0.027
01398	中国工商銀行	19/12	CNY	776,002.00	7.0	312,224.00	4.9	0.860
01399	スカット・グループ	19/12	CNY	7,395.20	6.2	52.54	-43.7	0.048
01400	満地科技	19/12	CNY	517.67	106.5	-221.61	—	-0.012
01401	スプロコム・インテリジェンス	19/12	CNY	3,117.65	5.9	39.00	-14.1	0.050
01410	安領国際	19/09 中間	HKD	193.02	19.6	10.45	36.6	0.010
01412	雋思集団	19/12	HKD	1,193.64	2.6	84.29	65.3	0.211
01415	高偉電子	19/12	USD	542.61	1.3	29.28	110.6	0.035
01416	CTRホールディングス	20/2	SGD	65.60	1.9	7.40	13.6	0.007
01417	浦江中国	19/12	CNY	481.53	22.8	17.80	-29.9	0.040
01418	盛諾集団	19/12	HKD	2,997.32	-29.7	-216.51	—	-0.124
01419	盈健医療	19/12 中間	HKD	254.81	0.7	3.14	-71.1	0.008
01420	川控股	19/12	SGD	77.66	-16.9	1.00	-67.3	0.001
01421	キンボー・ストライク	19/12 中間	CNY	19.79	-67.5	-3.18	—	-0.002
01425	捷隆控股	19/12	HKD	701.29	15.3	52.40	41.0	0.055
01426	スプリング REIT	19/12	CNY	546.59	-2.2	223.06	643.8	0.174
01427	中国天保集団発展	19/12	CNY	2,660.04	66.1	317.71	193.6	2.200
01428	耀才証券	19/09 中間	HKD	393.76	-16.5	211.51	-12.2	0.125
01430	蘇創ガス	19/12	CNY	1,329.88	20.6	70.15	-28.9	0.080
01431	原生態牧業	19/12	CNY	1,389.51	26.4	223.08	—	0.048
01432	中国聖牧有機ダイ業	19/12	CNY	2,539.57	17.3	27.74	—	0.004
01433	常達控股	19/12	HKD	352.94	-5.1	25.33	-20.7	0.017
01439	移動互聯中国	19/12	CNY	443.64	-35.8	-326.60	—	-0.237
01442	インフィニティ L&T	19/12	MYR	209.43	4.1	19.48	-13.5	0.013
01443	富臨集団	19/09 中間	HKD	1,083.79	-15.1	-63.76	—	-0.049
01446	鴻福堂集団	19/12	HKD	775.79	-1.0	10.01	6.8	0.015
01447	新福港建設	19/12	HKD	5,461.87	-11.9	-28.83	—	-0.072
01448	福寿園国際	19/12	CNY	1,850.57	12.1	578.58	18.5	0.259
01450	世紀睿科	19/12	CNY	191.03	-36.0	-84.33	—	-0.082
01451	万成集団	19/12	HKD	262.28	12.5	12.62	—	0.063
01452	迪諾斯環保科技	19/12	CNY	61.54	13.1	-40.06	—	-0.080
01456	国聯証券	19/12	CNY	2,117.84	42.1	521.34	930.6	0.270
01458	周黒鴨国際	19/12	CNY	3,186.04	-0.8	407.45	-24.6	0.180
01459	巨匠建設	19/12	CNY	7,055.15	2.3	133.71	-21.8	0.250
01460	揚科集団	19/09 中間	HKD	331.23	36.7	21.08	-74.0	0.004
01461	魯証期貨	19/12	CNY	321.87	-23.9	29.75	-74.7	0.030
01462	金誠控股	18/09 中間	HKD	278.12	-38.1	30.05	-27.0	0.008
01463	シーリンク・スクエアード	19/12	MYR	71.53	6.6	13.05	10.8	0.022
01466	銭唐控股	19/09 中間	HKD	63.61	-28.4	-27.59	—	-0.016
01468	京基金融国際	19/09 中間	HKD	66.80	9.8	-15.20	—	-0.003
01469	結好金融集団	19/09 中間	HKD	191.70	-7.3	58.96	7.7	0.024
01470	富一国際	19/10 中間	HKD	61.25	-50.8	-12.38	—	-0.016
01472	生興控股	19/3	HKD	434.72	54.0	41.04	17.2	0.055
01475	日清食品	19/12	HKD	3,087.78	3.0	250.96	22.2	0.234
01476	恒投証券	19/12	CNY	3,122.43	49.7	740.54	—	0.250
01478	Q テクノロジー	19/12	CNY	13,169.68	61.9	542.37	3,666.7	0.476
01480	恩達集団	19/12	HKD	650.41	-15.1	55.90	-4.3	0.233
01483	誉宴集団	19/12	HKD	461.91	12.4	-71.00	—	-0.120
01486	思城控股	19/12	HKD	685.09	2.0	-11.72	—	-0.041
01488	百福控股	19/12	CNY	998.25	112.3	-121.63	—	-0.078
01492	中国中地乳業	19/12	CNY	1,499.38	5.2	104.34	65.1	0.048
01495	集一家居	19/12	CNY	573.68	-4.3	13.07	6.3	0.019
01496	亜積邦租賃	19/09 中間	HKD	67.14	-3.8	-6.13	—	-0.007
01498	培力控股	19/12	HKD	695.88	-6.7	-227.26	—	-0.872
01499	欧科雲鏈	19/09 中間	HKD	288.27	169.8	-25.01	—	-0.005

コード	企業名	年期	通貨単位	売上高(百万)	前年比(%)	純利益(百万)	前年比(%)	EPS
01500	現恒建築	19/09 中間	HKD	188.59	24.1	2.53	33.0	0.003
01501	上海康徳莱医療器械	19/12	CNY	286.46	41.1	99.61	70.4	0.790
01503	招商局商業REIT	19/12	CNY	28.76	-92.6	28.52	-97.4	0.030
01508	中国再保険	19/12	CNY	142,634.19	18.9	6,049.35	62.2	0.140
01509	和美医療	18/12	CNY	1,008.90	9.2	-198.76	—	-0.269
01513	麗珠医薬集団	19/12	CNY	9,384.70	5.9	1,302.88	20.4	1.390
01515	華潤医療	19/12	CNY	2,115.32	2.7	390.87	-9.3	0.310
01518	新世紀医療	19/12	CNY	729.37	18.4	-26.56	—	-0.050
01520	香港華信金融投資	19/12	HKD	158.71	-22.2	-76.68	—	-0.045
01521	方達控股	19/12	USD	100.42	20.8	18.42	63.9	0.010
01522	京投軌道交通科技	19/12	HKD	1,193.94	163.4	96.87	104.4	0.046
01523	プロパベーベイ・テクノロジーズ	19/12	USD	45.91	9.8	12.09	13.8	0.012
01525	上海建橋教育	19/12	CNY	501.44	18.1	125.42	15.5	0.420
01526	瑞慈医療服務	19/12	CNY	1,726.21	25.6	-69.16	—	-0.040
01527	浙江天潔環境科技	19/12	CNY	726.65	-15.4	34.29	9.8	0.250
01528	紅星美凱龍家居	19/12	CNY	16,469.24	15.7	4,479.68	0.1	1.260
01529	健単物流中国	19/12	CNY	209.75	-0.7	9.32	-58.1	0.012
01530	三生製薬	19/12	CNY	5,318.09	16.0	973.72	-23.8	0.380
01532	中国派対文化	19/12	CNY	316.06	-13.6	-72.21	—	-0.080
01533	蘭州荘園牧場	19/12	CNY	813.55	23.7	51.32	-19.2	0.270
01536	煜栄集団	19/09 中間	HKD	116.67	46.4	16.07	96.9	0.042
01538	中奥到家	19/12	CNY	1,519.48	48.5	108.57	13.0	0.133
01539	匯能集団	19/09 中間	HKD	116.42	-31.9	32.93	-56.6	0.060
01540	レトフィールド・プリンティング	19/12	AUD	76.07	-4.2	6.00	-19.4	0.012
01542	台州市水務集団	19/12	CNY	472.15	-6.4	92.54	-16.2	0.620
01543	中盈盛達融資担保	19/12	CNY	306.00	11.3	133.16	6.4	0.090
01545	デザイン・キャピタル	19/12	SGD	115.31	5.1	6.08	7.4	0.003
01546	徳莱建業	19/09 中間	HKD	345.95	7.5	17.99	13.6	0.023
01547	IBIグループ	19/09 中間	HKD	322.19	-2.5	15.37	7.4	0.019
01548	金斯瑞生物科技	19/12	USD	273.35	18.3	-96.91	—	-0.052
01549	永豊集団	19/12	HKD	336.70	-0.1	1.60	—	0.001
01551	広州農村商業銀行	19/12	CNY	23,657.28	14.5	7,520.35	15.2	0.770
01552	BHCCホールディング	19/12	SGD	122.56	11.3	0.06	-98.3	0.000
01553	邁科管業	19/12	CNY	1,125.28	-7.4	77.34	48.3	0.265
01555	MIEホールディングス	19/12	CNY	756.09	-4.3	-627.61	—	—
01556	建業建栄	19/12	HKD	1,303.64	4.9	57.57	-0.1	0.038
01557	剣虹集団	19/09 中間	HKD	128.56	37.4	-9.92	—	-0.025
01558	東陽光長江薬業	19/12	CNY	6,224.02	147.9	1,918.71	103.6	4.270
01559	均安控股	19/09 中間	HKD	243.03	17.3	4.82	-15.0	0.004
01560	星星地産	19/12	HKD	119.98	-82.1	5.72	-97.0	0.009
01561	聯洋智能	19/12	HKD	730.70	71.4	-23.31	—	-0.038
01563	国際友聯融資租賃	19/12	CNY	260.88	-27.1	-84.69	—	-0.061
01565	成実外教育	19/12	CNY	1,493.03	27.8	397.14	11.4	0.130
01566	華夏文化科技	19/09 中間	HKD	236.13	-44.5	24.85	-55.1	0.030
01568	承達集団	19/12	HKD	6,096.16	13.1	412.97	8.3	0.191
01569	民生教育集団	19/12	CNY	1,005.44	61.3	341.61	2.6	0.085
01570	偉業控股	19/12	CNY	763.06	-57.1	-30.89	—	-0.158
01571	信邦控股	19/12	CNY	2,130.75	3.9	205.45	-48.0	0.200
01572	中国芸術金融	19/12	CNY	163.97	-36.2	107.53	-21.7	0.065
01573	南方能源	19/06 中間	CNY	281.98	-9.2	95.21	-13.8	0.130
01575	慕容控股	19/12	CNY	980.30	-39.1	-140.44	—	-0.141
01576	斉魯高速公路	19/12	CNY	1,183.34	28.4	516.42	26.4	0.260
01577	泉州匯キン小額貸款	19/12	CNY	—	—	64.42	-26.8	0.090
01578	天津銀行	19/12	CNY	17,053.72	40.5	4,547.97	8.8	0.750
01579	頤海国際	19/12	CNY	4,282.49	59.7	718.63	38.8	0.741
01580	大森控股集団	19/12	CNY	318.54	-26.9	-75.58	—	-0.081

コード	企業名	年期		通貨 単位	売上高 (百万)	前年比 (%)	純利益 (百万)	前年比 (%)	EPS
01581	進昇集団	19/09	中間	HKD	124.45	13.3	1.23	—	0.001
01582	華営建築集団	19/12		HKD	4,833.85	0.4	58.52	-7.7	0.150
01583	親親食品集団	19/12		CNY	690.85	-9.3	81.19	147.8	0.125
01585	雅迪集団	19/12		CNY	11,968.24	20.7	516.41	19.8	0.175
01586	中国力鴻検験	19/12		CNY	396.46	69.6	24.17	72.4	0.060
01587	欣融国際	19/12		CNY	579.89	10.3	30.00	6.6	0.040
01588	暢捷通信息技術	19/12		CNY	463.40	8.0	92.42	-13.5	0.432
01589	中国物流資産	19/12		CNY	712.51	22.4	331.09	-40.6	0.102
01591	ジン和集団	19/09	中間	HKD	66.80	-36.5	-6.60	—	-0.002
01592	基石控股	19/12		HKD	324.26	8.4	2.09	-89.8	0.002
01593	辰林教育集団	19/12		CNY	251.09	16.8	83.57	0.4	0.120
01596	河北翼辰実業	19/12		CNY	1,138.68	2.4	193.82	18.9	0.220
01598	中国21世紀教育	19/12		CNY	234.24	16.0	82.59	19.0	0.068
01599	北京城建設計発展	19/12		CNY	8,414.04	17.1	658.09	17.0	0.490
01600	中国天倫ガス	19/12		CNY	6,548.62	28.1	789.18	38.7	0.800
01601	中関村科技租賃	19/12		CNY	515.34	24.8	138.26	16.2	0.140
01606	国銀金融租賃	19/12		CNY	18,343.24	18.0	2,938.13	17.2	0.230
01608	偉能集団国際	19/12		HKD	2,794.04	15.4	283.55	32.9	0.111
01609	創建集団	19/09	中間	HKD	271.07	51.6	-10.42	—	-0.011
01610	中糧肉食	19/12		CNY	11,078.67	54.5	1,573.73	—	0.403
01611	火幣科技	20/03	中間	HKD	117.46	-29.5	-30.21	—	-0.099
01612	永勝医療	19/12		HKD	502.20	2.9	11.53	-62.8	0.018
01613	協同通信集団	19/09	中間	HKD	32.63	-11.3	-23.98	—	-0.006
01615	奥邦建築集団	19/12		MOP	351.54	33.9	20.23	-18.1	0.034
01616	星宏伝媒	19/12		CNY	284.18	-19.3	30.18	—	0.022
01617	南方通信	19/12		CNY	534.33	-40.7	33.86	-76.1	0.030
01618	中国冶金科工	19/12		CNY	338,637.61	17.0	6,599.71	3.6	0.270
01620	加達控股	19/12		HKD	112.14	-24.8	10.75	-3.1	0.009
01621	城高国際	19/09	中間	HKD	591.21	9.0	12.85	19.7	0.013
01622	力高地産	19/12		CNY	8,602.32	27.7	1,034.93	4.5	0.291
01623	海隆控股	19/12		CNY	3,649.91	13.3	176.82	18.9	0.104
01626	嘉耀控股	19/12		CNY	581.26	2.5	4.22	-67.5	0.010
01627	安保工程	19/09	中間	HKD	644.37	-51.7	79.56	-0.4	0.040
01628	禹洲地産	19/12		CNY	23,240.71	-4.4	3,605.78	2.9	0.710
01629	冠均国際控股	19/12		CNY	530.71	144.0	7.74	—	0.016
01630	建成控股	19/09	中間	HKD	222.97	-46.6	1.02	270.5	0.001
01631	REFホールディングス	19/12		HKD	190.49	-1.0	33.54	-8.7	0.131
01632	民商創科	19/09	中間	HKD	425.35	346.7	-5.26	—	-0.006
01633	上諭集団	19/09	中間	HKD	146.86	27.1	1.10	—	0.002
01635	上海大衆公用事業	19/12		CNY	5,609.65	10.8	526.47	10.0	0.180
01636	中国金属資源利用	19/12		CNY	24,012.65	16.3	75.01	272.7	0.030
01637	順興集団	19/09	中間	HKD	307.52	97.8	16.30	190.5	0.041
01638	佳兆業集団	19/12		CNY	48,021.69	24.1	4,594.27	67.1	0.756
01639	安捷利実業	19/12		HKD	1,463.63	19.6	117.71	69.8	0.077
01640	瑞誠中国伝媒	19/12		CNY	845.82	8.0	36.28	-21.4	0.120
01645	海納智能装備	19/12		CNY	377.99	12.1	26.42	-31.6	—
01647	雄岸科技	19/09	中間	SGD	19.95	-11.4	-0.38	—	0.000
01649	内蒙古能源建設	18/12		CNY	13,302.11	95.7	4.25	-99.2	0.002
01650	ヒュギエィア・グループ	19/06	中間	SGD	37.60	4.2	0.64	-79.8	651,000
01651	津上精密機床中国	19/09	中間	CNY	1,075.85	-34.5	100.74	-54.1	0.260
01652	福森薬業	19/12		CNY	407.39	-11.8	53.43	-47.6	0.070
01653	MOSハウス・グループ	19/09	中間	HKD	76.48	-21.2	2.35	-77.4	0.001
01655	オークラ・ホールディングス	19/12	中間	JPY	4,032.00	-3.4	224.00	12.0	0.448
01656	億仕登控股	19/12		SGD	290.99	-3.6	7.05	-35.6	0.017
01657	樺欣控股	19/10	中間	HKD	143.08	48.0	12.77	309.5	0.400
01658	中国郵政儲蓄銀行	19/12		CNY	277,116.00	6.1	60,933.00	16.5	0.720

コード	企業名	年期		通貨単位	売上高(百万)	前年比(%)	純利益(百万)	前年比(%)	EPS
01659	海天能源	18/06	中間	CNY	67.30	-20.8	0.09	-99.2	0.000
01660	兆邦基地産	19/09	中間	HKD	141.40	82.3	24.27	89.6	0.020
01661	智美体育	19/12		CNY	158.97	-65.1	-455.12	—	-0.290
01662	義合控股	19/09	中間	HKD	413.85	33.1	29.05	-9.5	0.060
01663	漢港控股	19/09	中間	CNY	229.90	-31.3	29.54	128.5	0.012
01665	ﾍﾟﾝﾀﾏｽﾀｰ・ｲﾝﾀｰﾅｼｮﾅﾙ	19/12		MYR	487.09	16.8	131.38	31.4	0.082
01666	北京同仁堂科技	19/12		CNY	4,476.45	-11.5	417.65	-38.4	0.330
01667	進階発展	19/09	中間	HKD	144.58	-52.8	0.59	-93.5	0.001
01668	華南城	19/09	中間	HKD	5,827.16	11.8	628.17	-25.9	0.078
01669	環球信貸	19/12		HKD	121.74	-2.0	62.50	-8.6	0.156
01671	天津天保能源	19/12		CNY	373.63	-13.3	10.33	-60.8	0.060
01672	歌礼製薬	19/12		CNY	173.44	4.3	-95.97	—	-0.091
01673	華章科技	19/12	中間	CNY	237.13	-44.6	-36.37	—	-0.050
01675	亜信科技	19/12		CNY	5,721.42	9.8	408.82	100.3	0.560
01676	中国升海食品	19/12		CNY	472.89	-29.2	30.84	-59.6	0.031
01678	中創環球	19/12		CNY	115.22	-24.4	-339.11	—	-0.160
01679	瑞斯康集団	19/12		CNY	218.58	-54.1	-236.81	—	-0.276
01680	ﾏｶｵ・ﾚｼﾞｪﾝﾄ	19/12		HKD	2,359.67	26.5	-190.25	—	-0.030
01681	康臣薬業	19/12		CNY	1,728.26	-6.3	79.82	-82.8	0.094
01682	杭品生活科技	19/09	中間	HKD	59.73	-46.2	-5.74	—	-0.009
01683	曠逸国際	19/12		HKD	93.95	-37.7	8.21	—	0.016
01685	博耳電力	19/12		CNY	737.13	17.3	3.48	—	0.005
01686	ｻﾝｲｰﾋﾞｼﾞｮﾝ	19/12	中間	HKD	818.62	12.4	409.74	-0.4	0.101
01689	華禧控股	19/12		HKD	313.47	19.6	81.44	44.7	0.117
01690	立基工程	19/12		HKD	153.48	-50.3	-31.71	—	-0.024
01691	JS環球生活	19/12		USD	3,016.09	12.5	42.13	20.8	0.038
01692	登輝控股	19/12		HKD	510.20	36.6	60.81	59.9	0.191
01693	璋利国際	19/9		MYR	353.74	-30.5	-53.06	—	-0.030
01695	椰豊集団	19/12		MYR	68.33	-14.6	-1.84	—	-0.002
01696	ｼｽﾗﾑ・ﾒﾃﾞｨｶﾙ	19/12		USD	173.52	12.7	20.79	-4.8	0.047
01697	山東省国際信託	19/12		CNY	1,886.67	11.3	663.91	-23.9	0.140
01698	博士蛙国際	18/06	中間	CNY	96.93	110.8	9.14	34.4	0.004
01699	中国普甜食品	19/12		CNY	632.27	22.2	58.00	—	0.031
01701	途屹控股	19/12		CNY	233.80	14.0	25.61	266.2	0.029
01702	東光化工	19/12		CNY	2,121.59	-7.2	161.55	62.1	0.260
01703	ﾊﾟﾚｽ・ﾊﾞﾝｹｯﾄ	19/09	中間	HKD	332.19	-0.3	-42.47	—	-0.043
01705	賓仕国際	19/09	中間	HKD	260.76	-1.1	3.53	-68.2	0.009
01706	双運控股	19/12		SGD	112.27	23.7	5.49	76.3	0.004
01707	ｼﾞｵﾃｯｸ	19/12		HKD	355.31	38.0	-12.50	—	-0.008
01708	南京ｻﾝﾌﾟﾙ・ﾃｯｸ	19/12		CNY	1,487.13	-18.9	107.02	-45.4	0.140
01709	徳林控股	19/09	中間	HKD	132.75	0.4	-47.47	—	-0.042
01710	致豊工業電子	19/12		HKD	808.60	-8.7	22.36	-47.2	0.022
01711	欧化国際	19/09	中間	HKD	113.80	5.4	-10.32	—	-0.013
01712	ﾄﾞﾗｺﾞﾝ・ﾏｲﾆﾝｸﾞ	19/12		AUD	53.07	40.2	6.31	—	0.046
01713	四川能投発展	19/12		CNY	2,472.73	21.7	176.25	4.2	0.160
01715	米技国際	19/12		CNY	246.30	-12.6	18.76	-16.3	0.013
01716	毛記葵涌	19/09	中間	HKD	48.54	0.9	8.78	-1.1	0.033
01717	澳優乳業	19/12		CNY	6,736.15	25.0	878.39	38.3	0.549
01718	宏基集団	19/09	中間	HKD	113.35	43.6	-18.91	—	-0.020
01719	中国通商集団	19/12		CNY	352.02	34.1	34.53	-51.5	0.020
01720	普天通信集団	19/12		CNY	768.32	-2.1	66.75	-21.5	0.061
01721	FSMﾎｰﾙﾃﾞｨﾝｸﾞｽ	19/12		SGD	9.61	-51.6	0.06	-97.1	0.000
01722	建鵬控股	19/12		MOP	292.63	12.3	14.24	-15.4	0.014
01723	港亜控股	19/09	中間	HKD	104.43	2.3	15.54	256.1	0.039
01725	恒達科技	19/12		CNY	546.33	-0.1	25.46	23.6	0.085
01726	HKEﾎｰﾙﾃﾞｨﾝｸﾞｽ	19/12	中間	SGD	4.63	-17.2	0.69	-50.5	0.001

コード	企業名	年期	通貨 単位	売上高 (百万)	前年比 (%)	純利益 (百万)	前年比 (%)	EPS
01727	河北建設集団	19/12	CNY	41,077.03	-14.2	770.42	-33.2	0.430
01728	中国正通汽車服務	19/12	CNY	35,137.79	-6.2	663.86	-45.8	0.271
01729	匯聚科技	19/09 中間	HKD	801.88	-4.0	77.36	-12.5	0.042
01730	LHN	20/03 中間	SGD	51.62	-3.7	3.18	12.8	0.008
01731	其利工業集団	19/12	USD	223.16	0.6	-0.57	—	-0.001
01732	象興国際	19/12	CNY	176.61	-44.2	11.57	-57.1	0.012
01733	易大宗	19/12	HKD	30,051.79	-8.4	312.40	-64.5	0.103
01735	中環控股	20/3	HKD	180.45	-9.4	-12.69	—	-0.048
01736	中国育児網絡	19/12	CNY	94.29	-14.1	-1.38	—	-0.001
01737	亜洲実業集団	19/09 中間	HKD	214.17	-4.6	-12.42	—	-0.012
01738	飛尚無煙煤資源	19/12	CNY	1,149.73	-6.8	-103.64	—	-0.070
01739	斉屹科技	19/12	CNY	770.91	19.4	61.93	-91.8	0.050
01740	新石文化投資	19/12	CNY	212.64	38.0	24.83	-61.5	0.033
01741	日贏控股	20/03 中間	CNY	157.93	-3.0	21.39	—	0.027
01742	HPC ホールディングス	19/10	SGD	215.50	-5.7	14.86	8.4	0.009
01743	浙江蒼南儀表	19/12	CNY	484.26	-23.2	136.53	-38.0	1.960
01745	驢跡科技	19/12	CNY	541.81	79.6	160.78	61.1	0.150
01746	万順集団	19/12	HKD	114.49	-30.0	1.01	-92.0	0.001
01747	ホーム・コントロール	19/12	USD	179.97	3.5	2.74	-24.9	0.007
01748	信源企業	19/12	USD	49.75	16.5	6.00	-9.2	0.015
01749	杉杉品牌運営	19/12	CNY	1,036.44	1.1	-16.31	—	-0.120
01750	全達電器集団	19/12	HKD	211.74	13.7	11.46	12.8	0.006
01751	景聯集団	19/12	HKD	100.94	-31.5	-24.66	—	-0.037
01752	トップ・エデュケーション	19/12 中間	AUD	14.53	18.5	1.94	7.0	0.001
01753	ドゥイバ	19/12	CNY	1,651.64	45.3	-199.80	—	-0.219
01755	新城悦服務	19/12	CNY	2,024.03	72.5	282.01	85.3	0.340
01756	華立大学集団	20/02 中間	CNY	393.71	15.9	138.12	22.6	0.130
01757	俊裕地基	19/09 中間	HKD	100.88	-61.2	-10.06	—	-0.008
01758	博駿教育	20/02 中間	CNY	197.95	17.6	7.78	-17.6	0.010
01759	中油潔能	19/12	CNY	1,278.90	4.8	22.05	-41.4	0.100
01760	英恒科技	19/12	CNY	2,309.30	14.5	118.71	-26.8	0.115
01761	宝宝樹集団	19/12	CNY	356.83	-53.1	-493.90	—	-0.290
01762	ワンカ・オンライン	19/12	CNY	2,396.19	55.0	105.73	—	0.090
01763	中国同輻	19/12	CNY	3,988.90	22.7	329.03	2.2	1.030
01765	希望教育	20/02 中間	CNY	870.63	46.4	333.60	37.1	0.050
01766	中国中車	19/12	CNY	229,010.83	4.5	11,794.93	4.3	0.410
01767	TS ワンダーズ	19/12	SGD	61.06	4.2	2.91	36.1	0.003
01769	思考楽教育	19/12	CNY	711.42	44.3	94.79	31.3	0.191
01771	新豊泰集団	19/12	CNY	9,314.73	4.1	119.90	-43.7	0.200
01772	江西カン鋒リチウム	19/12	CNY	5,246.43	7.3	360.75	-73.0	0.280
01773	天立教育国際	19/12	CNY	917.36	43.2	264.95	36.1	0.129
01775	精英匯集団	20/01 中間	HKD	194.48	-10.6	19.80	-27.3	0.040
01776	広発証券	19/12	CNY	30,076.89	31.8	7,538.92	75.3	0.990
01777	花様年	19/12	CNY	19,081.58	36.4	873.64	20.0	0.152
01778	彩生活服務	19/12	CNY	3,845.00	6.4	498.57	2.8	0.365
01780	B&D ストラテジック	19/09 中間	HKD	203.47	26.5	23.36	84.2	0.039
01781	新昌創展	19/06 中間	HKD	167.52	4.8	14.70	-11.1	0.027
01782	飛思達科技	19/12	CNY	93.15	-19.1	12.81	-54.1	0.025
01783	金嗍控股	19/09 中間	HKD	135.21	-45.3	-2.28	—	-0.003
01785	成都高速道路	19/12	CNY	1,255.93	-31.4	438.79	5.6	0.268
01786	中国鉄建高新装備	19/12	CNY	2,109.18	-12.5	122.16	-21.9	0.080
01787	山東黄金鉱業	19/12	CNY	62,613.14	11.3	1,290.50	33.8	0.420
01788	国泰君安国際	19/12	HKD	4,250.17	40.3	902.62	6.4	0.117
01789	愛康医療	19/12	CNY	926.71	54.3	266.99	84.2	0.260
01790	達力環保	19/12	HKD	515.40	4.6	107.70	53.9	0.110
01792	CMON	19/06 中間	USD	12.82	34.2	-1.15	—	-0.001

コード	企業名	年期		通貨単位	売上高(百万)	前年比(%)	純利益(百万)	前年比(%)	EPS
01793	偉工控股	19/09	中間	HKD	627.71	10.7	21.39	58.4	0.027
01796	耀高控股	19/09	中間	HKD	228.06	-18.9	3.74	-70.3	0.008
01797	新東方在線科技	19/11	中間	CNY	567.64	18.8	-71.28	—	-0.080
01798	大唐新能源	19/12		CNY	8,324.78	0.1	936.44	-22.6	0.113
01799	新特能源	19/12		CNY	8,722.11	-27.6	402.64	-63.7	0.340
01800	中国交通建設	19/12		CNY	552,542.00	13.1	20,094.00	1.4	1.160
01801	信達生物製薬	19/12		CNY	1,047.53	10,953.3	-1,719.95	—	-1.460
01802	文業集団	19/12		CNY	1,557.91	8.1	40.07	-34.0	0.090
01803	北京体育文化	19/12		HKD	175.93	13.2	-63.42	—	-0.049
01806	匯付天下	19/12		CNY	3,683.51	13.5	249.00	41.4	0.200
01808	企展控股	19/12		CNY	101.63	-31.8	-81.86	—	-0.155
01809	浦林成山	19/12		CNY	5,588.99	7.4	479.72	0.2	0.760
01810	小米集団	19/12		CNY	205,838.68	17.7	10,044.16	-25.9	0.423
01811	中国広核新能源	19/12		USD	1,276.28	-6.1	111.21	26.1	0.026
01812	チェンミン・ペーパー	19/12		CNY	30,395.43	5.3	1,656.57	-34.0	0.330
01813	合景泰富集団	19/12		CNY	24,956.26	233.8	9,805.81	143.0	3.090
01815	金猫銀猫集団	19/12		CNY	1,248.99	-50.0	-5.08	—	-0.005
01816	中国広核電力	19/12		CNY	60,875.18	19.8	9,465.70	8.8	0.201
01817	嘉尚集団	19/12		CNY	3,721.38	-1.7	209.55	-44.9	0.241
01818	招金鉱業	19/12		CNY	6,329.93	-11.8	479.27	1.1	0.150
01820	国際済豊包装	19/12		CNY	2,073.86	2.7	76.18	-15.6	0.250
01821	ESR ケイマン	19/12		USD	357.37	40.6	245.18	20.8	0.090
01822	弘達金融	19/12		HKD	654.32	-40.4	-691.61	—	-0.102
01823	華イク高速	19/12		HKD	456.99	123.5	50.42	-34.2	0.122
01825	美臻集団	19/09	中間	HKD	315.16	-11.9	1.15	-63.1	0.001
01826	旭通控股	19/12		HKD	1,293.29	99.4	20.57	-35.8	0.017
01827	卓珈控股	19/09	中間	HKD	90.48	22.6	11.54	0.7	0.029
01829	中国機械設備工程	19/12		CNY	28,295.93	-2.0	2,181.17	2.3	0.530
01830	必痩站	19/09	中間	HKD	708.05	19.9	242.88	51.8	0.218
01831	十方控股	19/12		CNY	122.37	122.4	-139.17	—	-0.203
01832	海天地悦旅集団	19/12		USD	98.70	-1.5	10.10	-13.6	0.031
01833	平安健康医療科技	19/12		CNY	5,065.43	51.8	-733.86	—	-0.730
01835	上海瑞威資産管理	19/12		CNY	125.23	-20.4	9.45	-79.3	0.062
01836	九興控股	19/12		USD	1,544.83	-2.8	95.93	46.6	0.121
01837	五谷磨房食品	19/12		CNY	1,784.09	-1.9	126.33	20.0	0.060
01838	チャイナ・プロパティーズ	19/12		CNY	589.30	513.3	-282.99	—	-0.160
01839	中集車両	19/12		CNY	23,220.21	-3.9	1,210.64	5.9	0.750
01841	優越集団	19/09	中間	HKD	80.37	-8.9	19.18	-16.0	0.048
01842	植華集団投資	19/12		HKD	304.79	-55.0	-29.50	—	-0.032
01843	快餐帝国	19/09	中間	SGD	12.01	28.4	1.96	505.6	0.003
01845	維港環保科技	19/12		CNY	537.51	12.0	66.98	34.5	0.050
01846	徳視佳国際眼科	19/12		EUR	48.97	14.0	-0.39	—	-0.002
01847	雲南建投緑色高性能混凝土	19/12		CNY	3,608.08	7.5	203.69	24.4	0.610
01848	中国飛機租賃	19/12		HKD	3,523.20	5.4	896.01	10.8	1.323
01849	創世記集団	19/12	中間	SGD	13.81	-1.5	2.08	21.9	0.003
01850	海キン集団	19/10	中間	HKD	83.87	-40.6	4.02	-63.7	0.005
01851	中国銀杏教育	19/12		CNY	165.66	5.8	32.08	28.8	0.060
01853	吉林省春城熱力	19/12		CNY	1,561.42	8.4	133.97	30.5	0.350
01854	展程控股	19/09	中間	HKD	84.37	-6.1	-1.23	—	-0.001
01856	アーネスト・ボレル	19/12		HKD	141.52	-17.6	-79.05	—	-0.228
01857	中国光大水務	19/12		HKD	5,550.77	16.4	833.48	23.2	0.301
01858	春立医療	19/12		CNY	855.33	71.8	236.76	124.1	1.710
01859	煜盛文化集団	19/12		CNY	475.57	68.1	147.87	71.4	0.130
01860	匯量科技	19/12		USD	500.26	15.1	22.07	1.0	0.015
01861	保宝龍科技	19/12		HKD	561.54	-8.1	37.41	-10.3	0.160
01862	景瑞控股	19/12		CNY	13,285.13	17.9	903.59	-12.4	0.650

コード	企業名	年期	通貨単位	売上高 (百万)	前年比 (%)	純利益 (百万)	前年比 (%)	EPS
01863	中国龍天集団	19/12	CNY	660.48	23.1	40.45	30.0	0.047
01865	管道工程	19/09 中間	SGD	12.89	-8.9	0.34	500.0	0.000
01866	心連心化肥	19/12	CNY	8,928.26	-2.9	316.50	-49.4	0.270
01868	楽嘉思控股	19/09 中間	HKD	176.92	59.6	10.24	23.6	0.009
01868	ネオ・ネオン	19/12	CNY	841.35	21.3	-22.90	—	-0.011
01869	利宝閣集団	19/12	HKD	352.86	-2.1	-59.34	—	-0.073
01870	益美国際	19/12	HKD	479.47	2.9	40.96	-48.9	0.100
01871	向中国際	19/12	CNY	93.45	20.3	19.08	-10.3	0.060
01872	冠ソウ控股	19/12	SGD	186.97	1.1	3.01	-59.5	0.004
01873	維亜生物科技	19/12	CNY	323.06	53.8	265.87	193.6	0.190
01875	東曜薬業	19/12	CNY	45.31	15.5	-299.30	—	-0.890
01876	バドワイザー・APAC	19/12	USD	6,546.00	-2.9	898.00	-6.3	0.075
01877	上海君実生物医薬科技	19/12	CNY	775.09	82,886.0	-743.92	—	-0.950
01878	サウスゴビ・リソーシズ	19/12	USD	129.71	25.0	4.20	—	0.020
01881	リーガルREIT	19/12	HKD	975.63	-4.5	-2,102.26	—	-0.645
01882	海天国際	19/12	CNY	9,809.72	-9.6	1,750.52	-8.7	1.100
01883	中信国際電訊	19/12	HKD	9,013.98	-4.8	1,002.23	5.4	0.275
01884	イープリント	19/09 中間	HKD	205.16	0.2	5.96	-48.0	0.011
01885	中国優材	19/12	CNY	211.66	-14.5	70.09	0.6	0.072
01886	匯源果汁	17/06 中間	CNY	2,801.67	4.3	55.92	78.3	0.021
01888	キングボード・ラミネート	19/12	HKD	18,383.95	-11.0	2,402.25	-26.1	0.780
01889	三愛健康産業	19/06 中間	CNY	26.69	-46.7	394.01	—	0.128
01890	中国科培教育	19/12	CNY	714.22	24.1	456.27	33.4	0.230
01891	興合控股	19/12	MYR	990.60	10.8	6.67	-72.9	0.007
01894	恒益控股	19/09 中間	HKD	96.26	-1.8	9.94	-29.6	0.013
01895	キン苑物業服務	19/12	CNY	533.95	35.8	81.32	6.9	0.218
01896	猫眼娯楽	19/12	CNY	4,267.51	13.7	463.46	—	0.420
01897	美亨実業	19/09 中間	HKD	153.92	-11.2	20.57	464.5	0.050
01898	中国中煤能源	19/12	CNY	129,293.73	24.2	6,197.17	40.6	0.470
01899	興達国際	19/12	CNY	7,582.68	0.3	288.75	9.5	0.191
01900	中国智能交通	19/12	CNY	1,033.19	11.8	-44.24	—	-0.030
01901	飛揚国際	19/12	CNY	685.88	39.2	16.38	-30.3	0.037
01902	銀城国際	19/12	CNY	9,092.47	79.3	150.31	-66.0	0.110
01903	JBBビルダーズ	19/12 中間	MYR	91.31	-46.5	4.23	-41.9	0.009
01905	海通恒信国際租賃	19/12	CNY	7,144.94	34.0	1,316.64	4.1	0.160
01906	博尼国際	19/12	CNY	284.45	-14.8	-12.20	—	-0.011
01907	中国旭陽集団	19/12	CNY	18,842.04	-8.5	1,363.17	-34.7	0.340
01908	建発国際投資	19/12	CNY	17,995.15	45.5	1,717.99	20.9	1.990
01909	火岩控股	19/12	CNY	303.98	89.2	208.79	132.3	0.653
01910	サムソナイト	19/12	USD	3,638.80	-4.2	132.50	-44.0	0.093
01911	華興資本	19/12	CNY	1,304.05	-6.8	246.78	—	0.490
01912	康特隆科技	19/12	USD	101.46	50.8	2.51	-3.8	0.028
01913	プラダ	19/12	EUR	3,225.59	2.7	255.79	24.5	0.100
01915	泰和農村小額貸款	19/12	CNY	—	—	50.12	-27.1	0.080
01916	江西銀行	19/12	CNY	12,952.82	14.1	2,050.59	-25.0	0.340
01917	豆盟科技	19/12	CNY	189.45	-46.3	10.92	-74.7	0.005
01918	融創中国	19/12	CNY	169,316.01	35.7	26,027.51	57.1	5.990
01919	中遠海運控股	19/12	CNY	150,540.59	25.1	6,690.11	443.9	0.550
01920	恒新豊	19/12	HKD	558.14	29.3	35.83	-11.1	0.016
01921	達力普	19/12	CNY	2,825.97	-8.7	333.73	10.8	0.270
01922	銀城生活服務	19/12	CNY	695.77	48.8	33.12	21.2	0.160
01925	曠世控股	19/12	CNY	501.13	12.7	27.82	-63.9	0.093
01928	サンズ・チャイナ	19/12	USD	8,808.00	1.7	2,033.00	8.4	0.251
01929	周大福珠宝	19/09 中間	HKD	29,533.20	-0.6	1,532.60	-20.8	0.153
01930	勲龍汽車軽量化応用	19/12	CNY	230.23	6.0	23.71	-24.4	0.041
01931	華検医療	19/12	CNY	2,332.74	464.0	275.00	165.9	0.243

コード	企業名	年期	通貨単位	売上高(百万)	前年比(%)	純利益(百万)	前年比(%)	EPS
01932	中漆集団	19/12	HKD	713.33	15.6	-28.04	—	-0.028
01933	元力控股	19/09 中間	CNY	91.33	177.3	1.81	—	0.004
01935	嘉宏教育科技	19/12	CNY	485.12	60.7	175.77	12.6	0.124
01936	リクミックス・グローバル	19/12	MYR	126.05	-2.0	13.72	-13.8	—
01937	佳辰控股集団	19/12	CNY	270.86	8.9	19.10	-22.4	0.026
01938	珠江鋼管	19/12	CNY	1,193.96	-29.0	-138.89	—	-0.140
01939	東京中央オークション	19/09 中間	HKD	69.17	9.9	6.10	—	0.012
01941	燁星集団	19/12	CNY	273.58	8.9	25.88	-29.9	0.094
01942	MOG ホールディングス	19/09 中間	MYR	74.49	22.1	6.17	-29.8	—
01943	銀濤控股	19/09 中間	HKD	248.03	21.0	2.99	-78.3	0.006
01949	プレート・ネラ	19/12	THB	538.11	-30.3	-37.28	—	-0.108
01950	深藍科技	19/12	CNY	182.68	9.2	24.12	-21.6	0.032
01951	錦欣生殖医療	19/12	CNY	1,648.50	78.8	409.62	145.9	0.190
01953	リンバコ・グループ	19/10	MYR	262.47	67.3	12.22	-29.8	0.013
01955	香港荘臣	19/09 中間	HKD	853.40	23.4	15.44	16.2	—
01957	MBV インターナショナル	18/12	MYR	164.14	5.1	20.42	-2.0	—
01958	北京汽車	19/12	CNY	174,632.72	15.0	4,082.70	-7.8	0.500
01959	世紀聯合	19/12	CNY	2,072.17	6.8	33.07	-4.0	0.083
01960	TBK& サンズ	19/12 中間	MYR	108.84	6.2	14.65	20.6	0.017
01961	九尊数字互娯集団	19/12	CNY	219.19	53.3	37.24	-21.9	0.095
01962	訓修実業	19/12	HKD	777.41	6.2	90.33	-18.6	0.150
01963	重慶銀行	19/12	CNY	11,791.04	10.9	4,207.49	11.6	1.250
01966	中駿集団	19/12	CNY	21,369.80	20.2	3,510.05	3.7	0.849
01967	信懇智能	19/12	CNY	284.59	20.5	27.71	-32.1	0.139
01968	興紡控股	19/12	HKD	506.26	-21.0	5.27	-92.8	0.008
01969	中国春来教育	20/02 中間	CNY	350.86	25.2	65.66	14.2	0.057
01970	IMAX チャイナ	19/12	USD	124.29	5.8	42.89	0.3	0.120
01972	太古地産	19/12	HKD	14,222.00	-3.4	13,423.00	-53.2	2.290
01975	新興印刷	19/12 中間	HKD	178.19	16.7	28.02	47.1	0.058
01977	安楽工程集団	19/12	HKD	4,481.91	-24.9	245.00	-22.3	0.200
01978	叙福楼集団	19/12	HKD	1,005.78	0.2	-11.23	—	-0.014
01979	天宝集団	19/12	HKD	3,636.29	13.5	176.75	219.0	0.177
01980	天鴿互動	19/12	CNY	539.33	-28.3	93.83	-57.0	0.075
01982	南旋控股	19/09 中間	HKD	3,026.75	5.0	270.94	14.8	0.119
01983	瀘州銀行	19/12	CNY	2,806.63	45.1	633.91	-3.7	0.280
01985	美高域集団	19/09 中間	HKD	650.99	10.5	12.59	22.0	0.040
01986	彩客化学	19/12	CNY	1,818.35	20.0	517.93	132.4	0.500
01987	ベンスーン・マシナリー	19/12	SGD	34.05	0.2	3.23	5.1	0.004
01988	中国民生銀行	19/12	CNY	177,745.00	15.3	53,819.00	6.9	1.220
01989	松齢護老集団	19/09 中間	HKD	106.63	15.2	8.97	2.0	0.010
01990	興華港口	19/12	CNY	397.10	-1.7	78.59	55.1	0.097
01991	大洋集団	19/12	HKD	520.96	38.1	-86.42	—	-0.099
01992	復星旅遊	19/12	CNY	17,337.17	6.6	608.72	97.4	0.490
01993	雅仕維伝媒集団	19/12	HKD	1,878.36	-2.6	-126.41	—	-0.297
01995	永昇生活服務集団	19/12	CNY	1,877.82	74.5	223.85	122.7	0.146
01996	弘陽地産	19/12	CNY	15,169.51	64.2	1,467.56	3.9	0.440
01997	九龍倉置業地産	19/12	HKD	16,043.00	-2.7	3,928.00	-78.2	1.290
01998	飛克国際	19/12	CNY	—	—	-2.51	—	-0.003
01999	敏華控股	20/3	HKD	12,144.30	7.9	1,638.07	20.1	0.429
02000	SIM テクノロジー	19/12	HKD	1,281.51	-44.6	-76.94	—	-0.031
02001	中国新高教集団	19/12	CNY	1,089.22	94.0	386.45	59.3	0.260
02002	中国陽光紙業	19/12	CNY	6,311.20	-4.2	350.00	5.1	0.430
02003	維信金科	19/12	CNY	3,864.36	41.2	64.79	—	0.130
02005	石四薬集団	19/12	HKD	4,635.68	10.9	1,136.10	24.6	0.376
02006	上海錦江資本	19/12	CNY	20,971.74	1.7	675.96	-11.3	0.121
02007	碧桂園	19/12	CNY	485,908.00	28.2	39,550.00	14.2	1.850

コード	企業名	年期	通貨 単位	売上高 (百万)	前年比 (%)	純利益 (百万)	前年比 (%)	EPS
02008	フェニックス・メディア	19/12	HKD	3,688.23	-9.2	122.67	-49.7	0.025
02009	北京金隅	19/12	CNY	91,829.31	10.5	3,693.58	13.3	0.350
02010	瑞年国際	17/12	CNY	357.66	-59.7	-86.67	—	-0.054
02011	中国恒泰集団	19/12	HKD	205.80	4.2	-44.18	—	-0.095
02012	陽光油砂	19/12	CAD	41.72	12.7	-80.64	—	-0.640
02013	微盟集団	19/12	CNY	1,436.79	66.1	311.98	—	0.150
02014	浩沢浄水	19/12	CNY	1,716.60	4.4	-562.00	—	-0.268
02016	浙商銀行	19/12	CNY	46,447.11	19.0	12,924.76	12.5	0.640
02017	滄海控股	19/12	CNY	1,356.09	84.9	41.26	142.1	0.067
02018	瑞声科技	19/12	CNY	17,883.76	-1.4	2,222.38	-41.5	1.840
02019	徳信中国	19/12	CNY	9,513.00	15.8	1,556.51	7.1	0.600
02020	安踏体育用品	19/12	CNY	33,927.85	40.8	5,344.15	30.3	1.987
02022	遊莱互動集団	19/12	USD	17.92	-25.8	-5.76	—	-0.003
02023	中国緑島科技	19/12	CNY	412.58	1.9	23.75	2.2	0.050
02025	瑞豊動力集団	19/12	CNY	355.05	-41.9	30.12	-70.6	0.040
02028	映美控股	19/12	CNY	297.06	-9.9	-36.06	—	-0.059
02030	カビーン・ファッション	19/12	CNY	1,274.97	0.1	157.64	-25.6	0.236
02031	澳至尊国際	19/09 中間	HKD	124.01	-10.7	8.92	-27.1	0.012
02033	時計宝	19/12 中間	HKD	1,058.94	-11.2	99.75	-17.2	0.048
02038	富智康集団	19/12	USD	14,378.66	-3.3	-12.29	—	-0.002
02039	中国国際コンテナ	19/12	CNY	85,815.34	-8.2	1,542.23	-54.4	0.370
02048	易居中国企業	19/12	CNY	9,094.68	52.9	860.87	-9.4	0.605
02051	51クレジットカード	19/12	CNY	2,045.39	-27.3	-1,128.88	—	-1.130
02060	浦江国際	19/12	CNY	1,812.42	31.0	99.74	-13.9	0.139
02066	盛京銀行	19/12	CNY	21,007.27	32.2	5,443.22	6.1	0.900
02068	中国アルミ国際工程	19/12	CNY	31,059.79	-7.7	34.85	-88.6	0.020
02078	栄陽実業	19/12	HKD	1,717.43	4.6	-495.59	—	-0.413
02080	奥克斯国際	19/09 中間	HKD	173.76	16.2	18.43	613.0	0.049
02083	大自然家居	19/12	CNY	3,426.79	17.4	162.12	3.4	0.118
02086	海航科技投資	19/12	HKD	165.73	20.4	-8.26	—	-0.026
02088	西王置業	19/12	CNY	111.70	165.4	-52.00	—	-0.037
02098	卓爾智聯	19/12	CNY	72,898.76	29.9	92.80	-93.2	0.008
02099	中国黄金国際	19/12	USD	657.46	15.2	-32.84	—	-0.083
02100	百奥家庭互動	19/12	CNY	680.60	139.2	151.63	35.3	0.057
02103	新力控股集団	19/12	CNY	26,984.94	220.7	1,957.76	373.4	0.640
02108	K2 F&B	19/12	SGD	42.00	-6.6	5.16	29.0	0.007
02111	超盈国際	19/12	HKD	3,637.76	13.2	300.72	6.1	0.289
02112	優庫資源	19/12	USD	1,055.16	-27.1	-26.32	—	-0.018
02113	世紀集団国際	19/09 中間	HKD	136.04	77.0	0.25	—	0.000
.02116	江蘇創新環保新材料	19/12	CNY	175.75	-0.8	26.95	17.3	0.056
02118	天山発展	19/12	CNY	4,990.51	8.1	-105.78	—	-0.105
02119	捷栄国際	19/12	HKD	785.00	-5.5	75.48	-0.4	0.099
02120	温州康寧医院	19/12	CNY	860.69	15.4	57.29	-28.9	0.780
02121	一化控股	17/12	CNY	2,228.80	-0.9	128.59	4.8	0.160
02122	凱知楽国際	19/12	CNY	1,710.04	3.6	-82.21	—	-0.103
02123	金盾控股	13/06 中間	CNY	439.97	-9.0	4.63	-86.0	0.005
02128	中国聯塑	19/12	CNY	26,344.52	11.0	3,024.70	21.4	0.980
02133	信盛鉱業	19/12	CNY	109.48	-43.9	-70.79	—	-0.020
02136	利福中国	19/12	CNY	1,204.06	1.7	-83.52	—	-0.057
02138	香港医思医療	19/09 中間	HKD	1,118.48	28.1	197.51	1.7	0.201
02139	甘粛銀行	19/12	CNY	7,233.32	-18.5	509.11	-85.2	0.051
02163	長沙遠大住宅工業	19/12	CNY	3,369.42	48.5	676.92	45.2	1.760
02166	芯智控股	19/12	HKD	4,762.82	-3.5	55.10	-31.5	0.110
02168	佳兆業美好集団	19/12	CNY	1,261.91	40.9	163.90	203.2	1.170
02178	百勤油田服務	19/12	HKD	478.25	84.7	-87.03	—	-0.050
02180	万宝盛華	19/12	CNY	3,041.51	22.1	110.15	12.2	0.620

コード	企業名	年期		通貨単位	売上高(百万)	前年比(%)	純利益(百万)	前年比(%)	EPS
02181	邁博薬業	19/12		CNY	—	—	-202.53	—	-0.050
02182	天長集団	19/12		HKD	1,251.07	30.3	127.20	67.9	0.205
02183	三盛控股	19/12		CNY	2,046.28	-3.1	69.25	—	0.157
02186	緑葉製薬	19/12		CNY	6,357.60	22.9	1,468.56	12.7	0.458
02188	泰坦能源技術	19/12		CNY	301.21	11.5	-47.60	—	-0.052
02189	嘉濤香港	19/09	中間	HKD	95.82	11.3	20.84	23.4	0.023
02193	万景控股	19/09	中間	HKD	110.49	13.4	2.99	213.7	0.007
02196	上海復星医薬	19/12		CNY	28,389.28	14.9	3,321.62	22.7	1.300
02198	三江精細化工	19/12		CNY	9,190.89	-4.1	550.47	38.0	0.466
02199	レジーナ・ミラクル	19/09	中間	HKD	3,128.70	2.1	141.42	5.8	0.116
02202	万科企業	19/12		CNY	367,893.88	23.8	38,872.09	15.1	3.470
02203	脳洞科技	19/12		HKD	346.67	-10.8	-49.94	—	-0.062
02208	新疆金風科技	19/12		CNY	37,878.21	32.5	2,209.85	-31.3	0.510
02211	大健康国際	19/12	中間	CNY	1,066.80	-22.1	-170.43	—	-0.044
02212	高鵬鉱業	19/12		CNY	6.14	-84.2	-18.82	—	-0.005
02213	益華控股	19/12		CNY	613.18	-20.7	-583.10	—	-0.581
02218	アンドレ・ジュース	19/12		CNY	838.13	-21.5	169.27	23.3	0.473
02221	創業集団	19/09	中間	HKD	502.55	-1.7	-5.48	—	-0.010
02222	雷士国際	19/12		CNY	2,222.61	31.9	3,674.98	—	0.869
02223	カサブランカ	19/12		HKD	378.85	12.2	18.50	136.0	0.072
02225	今海国際	19/12		SGD	51.90	9.4	-0.69	—	-0.001
02226	老恒和醸造	19/12		CNY	915.17	4.7	195.29	-3.2	0.337
02227	守益控股	19/12		SGD	19.90	4.5	-7.56	—	-0.009
02228	中国節能海東青	19/12		CNY	0.03	230.0	-22.94	—	-0.010
02230	羚邦集団	19/09	中間	HKD	164.92	-46.2	23.86	-73.3	0.013
02231	景業名邦集団	19/12		CNY	2,402.81	80.8	501.52	29.8	0.410
02232	晶苑国際	19/12		USD	2,427.72	-2.7	151.90	1.8	0.053
02233	西部セメント	19/12		CNY	7,247.39	22.6	1,801.28	55.4	0.331
02236	恵生工程	19/12		CNY	4,367.27	34.1	50.61	-10.1	0.012
02238	広州汽車集団	19/12		CNY	59,704.32	-17.5	6,616.27	-39.3	0.650
02239	国微控股	19/12		USD	38.10	-7.8	10.60	704.4	0.033
02255	海昌海洋公園	19/12		CNY	2,801.98	56.5	25.08	-36.6	0.006
02258	華滋国際海洋工程	19/12		CNY	2,049.92	-11.2	101.16	-23.0	0.123
02262	梁志天設計	19/12		HKD	504.69	0.2	38.65	-31.9	0.034
02263	富石金融	19/3		HKD	65.28	15.1	37.78	14.4	—
02266	黎氏企業	19/12		MOP	262.87	51.3	6.39	175.5	0.016
02268	優源国際	18/12		CNY	4,059.84	53.9	661.04	-31.3	0.532
02269	薬明生物技術	19/12		CNY	3,983.69	57.2	1,013.81	60.8	0.820
02277	華融投資	19/12		HKD	511.19	-43.9	-990.20	—	-1.243
02278	海藍控股	19/12		CNY	354.69	-74.9	-18.90	—	-0.060
02280	慧聡集団	19/12		CNY	14,832.83	40.2	-376.49	—	-0.336
02281	瀘州市興瀘水務	19/12		CNY	2,067.13	69.7	190.59	23.7	0.220
02282	MGMチャイナ	19/12		HKD	22,765.04	18.6	1,931.21	80.7	0.508
02283	東江集団	19/12		HKD	2,310.84	0.5	301.80	-13.8	0.360
02286	辰興発展	19/12		CNY	1,307.08	22.8	106.03	-15.1	0.180
02288	宏基資本	19/09	中間	HKD	41.82	-19.1	-26.82	—	-0.056
02289	創美薬業	19/12		CNY	3,492.78	-11.2	40.15	-11.6	0.372
02292	晋安実業	19/12		HKD	43.96	6.7	-185.90	—	-0.258
02293	百本医護	19/12	中間	HKD	37.53	6.3	16.89	10.3	0.042
02296	華記環球集団	19/12		MOP	467.41	16.8	51.47	6.3	0.033
02298	都市麗人	19/12		CNY	4,081.89	-19.9	-1,297.81	—	-0.578
02299	百宏実業	19/12		CNY	9,396.87	9.2	853.22	10.2	0.400
02300	澳科控股	19/12		HKD	2,407.53	-3.8	313.32	17.6	0.337
02302	中核国際	19/12		HKD	3,169.84	59.1	-219.32	—	-0.448
02303	恒興黄金	19/12		CNY	845.40	1.9	214.54	-17.8	0.230
02307	錦興国際	19/12		HKD	4,350.66	-6.5	60.09	-17.5	0.069

コード	企業名	年期		通貨単位	売上高(百万)	前年比(%)	純利益(百万)	前年比(%)	EPS
02308	EVOC	19/12		CNY	1,688.15	18.6	263.15	67.7	0.213
02309	バーミガム	19/12	中間	HKD	133.99	15.1	-64.84	—	-0.004
02310	申基国際	19/12		HKD	92.23	-2.5	-30.44	—	-0.043
02312	中国金融租賃	19/12		HKD	0.00	-94.4	-65.68	—	-0.041
02313	申洲国際集団	19/12		CNY	22,665.27	8.2	5,095.21	12.2	3.390
02314	理文造紙	19/12		HKD	27,144.21	-15.7	3,235.61	-33.7	0.740
02317	味丹国際	19/12		USD	357.86	0.3	15.56	8.9	0.010
02318	中国平安保険	19/12		CNY	1,273,091.00	17.6	149,407.00	39.1	8.410
02319	中国蒙牛乳業	19/12		CNY	79,029.86	14.6	4,105.44	34.9	1.049
02320	合豊集団	19/12		HKD	1,194.08	-16.1	-7.92	—	-0.010
02322	香港潮商集団	19/09	中間	HKD	104.37	191.0	-11.60	—	-0.003
02323	港橋金融	19/12		HKD	208.94	-46.3	-658.62	—	-0.298
02324	首都創投	20/03	中間	HKD	-49.36	—	-60.94	—	-0.022
02326	新源万恒	19/09	中間	HKD	277.60	-70.6	-21.38	—	-0.001
02327	美瑞健康国際	19/12		HKD	234.78	1.8	-20.17	—	-0.005
02328	中国人民財産保険	19/12		CNY	433,175.00	11.4	24,282.00	56.8	1.092
02329	国瑞置業	19/12		CNY	8,093.18	22.4	859.76	-14.8	0.193
02330	中国上城集団	19/12		CNY	804.90	791.8	74.18	—	0.041
02331	李寧	19/12		CNY	13,869.63	32.0	1,499.14	109.6	0.619
02333	長城汽車	19/12		CNY	96,210.69	-3.0	4,496.88	-13.6	0.490
02336	海亮国際	19/12		HKD	476.04	-51.3	-10.83	—	-0.006
02337	衆誠能源	19/12		CNY	403.25	15.8	35.64	-17.1	0.150
02338	ウェイチャイ・パワー	19/12		CNY	174,360.89	9.5	9,104.96	5.2	1.150
02339	京西重工国際	19/12		HKD	2,654.59	-22.3	4.89	-96.0	0.009
02340	昇捷控股	19/12		HKD	1,569.28	2.4	37.58	—	0.088
02341	中怡国際	19/12		CNY	2,422.81	10.2	229.95	6.8	0.297
02342	京信通信	19/12		HKD	5,779.92	2.1	151.75	—	0.062
02343	太平洋航運	19/12		USD	1,585.90	-0.4	25.12	-65.2	0.006
02345	上海集優機械	19/12		CNY	8,394.71	-7.0	127.37	-54.6	0.075
02346	星宇控股	19/12		CNY	411.45	5.6	52.55	3.1	0.116
02348	東瑞製薬	19/12		CNY	950.01	0.1	255.84	-16.0	0.162
02349	中国城市基礎設施	19/12		HKD	101.11	-65.6	-175.94	—	-0.057
02355	宝業集団	19/12		CNY	24,799.41	6.8	856.69	-2.0	1.520
02356	大新銀行	19/12		HKD	5,388.11	-6.0	2,240.03	-9.7	1.590
02357	アビチャイナ	19/12		CNY	42,119.13	17.8	1,376.86	7.1	0.220
02358	久融控股	19/12		HKD	608.70	12.0	26.24	-51.6	0.005
02359	無錫薬明康徳新薬開発	19/12		CNY	12,872.21	33.9	1,854.55	-18.0	1.140
02360	優品360	19/09	中間	HKD	609.86	14.7	13.46	-6.0	0.013
02362	金川国際	19/12		USD	1,246.90	-10.9	8.75	-86.9	0.001
02363	通達宏泰	19/12		HKD	532.94	5.0	-68.12	—	-0.360
02366	星美文化旅遊	19/12		HKD	46.09	-29.4	-215.78	—	-0.164
02368	鷹美国際	19/09	中間	HKD	1,891.99	28.1	159.08	57.3	0.299
02369	酷派集団	19/12		HKD	1,858.25	45.5	112.32	—	0.022
02371	中国創聯教育金融	19/12		CNY	164.94	8.5	-20.20	—	-0.004
02377	中国博奇環保	19/12		CNY	1,836.50	5.2	182.54	-53.7	0.180
02378	プルーデンシャル	19/12		USD	93,736.00	161.5	783.00	-80.5	0.303
02379	中天国際	19/12		CNY	67.87	48.5	64.43	—	0.157
02380	中国電力国際	19/12		CNY	27,763.29	19.8	1,284.38	16.9	0.130
02381	蜆殻電業	19/12		HKD	277.97	4.5	45.37	31.0	—
02382	舜宇光学科技	19/12		CNY	37,848.70	46.0	3,991.30	60.2	3.648
02383	トム・グループ	19/12		HKD	916.12	-3.0	-197.28	—	-0.050
02386	シノペック煉化工程	19/12		CNY	52,261.05	11.1	2,183.46	30.0	0.490
02388	中銀香港	19/12		HKD	79,736.00	17.7	32,184.00	0.4	3.044
02389	北控医療健康	19/12		HKD	200.76	12.2	-422.39	—	-0.070
02393	巨星医療	19/12		CNY	4,903.27	10.3	202.67	-19.5	0.085
02398	友佳国際	19/12		CNY	910.70	-16.5	12.16	—	0.030

コード	企業名	年期	通貨 単位	売上高 (百万)	前年比 (%)	純利益 (百万)	前年比 (%)	EPS
02399	中国虎都	19/12	CNY	358.99	-38.2	-310.92	—	-0.162
02400	XD	19/12	CNY	2,838.10	50.4	346.56	21.6	0.980
02448	恒宇集団	19/12	MOP	451.90	11.4	61.96	0.6	0.080
02488	深セン市元征科技	19/12	CNY	941.71	-10.2	-136.93	—	-0.314
02500	杭州啓明医療器械	19/12	CNY	233.27	102.2	-380.72	—	-1.220
02528	尚晋国際	19/12	HKD	1,513.82	12.6	37.17	-64.2	0.120
02552	華領医薬	19/12	CNY	—		-425.27	—	-0.450
02558	晋商銀行	19/12	CNY	5,088.94	7.1	1,483.63	13.2	0.280
02588	中銀航空租賃	19/12	USD	1,975.95	14.5	702.26	13.2	1.010
02600	中国アルミ	19/12	CNY	190,074.16	5.5	851.00	20.3	0.037
02601	中国太平洋保険	19/12	CNY	382,682.00	8.4	27,741.00	54.0	3.060
02606	四川藍光嘉宝服務	19/12	CNY	2,100.22	43.4	429.52	48.4	3.100
02607	上海医薬集団	19/12	CNY	186,565.80	17.3	4,080.99	5.2	1.440
02608	陽光100	19/12	CNY	8,288.65	9.4	1,804.81	—	0.700
02611	国泰君安証券	19/12	CNY	39,049.65	25.0	8,637.04	28.8	0.900
02616	基石薬業	19/12	CNY	—	—	-2,308.44	—	-2.390
02623	愛徳新能源	19/12	CNY	323.34	48.9	-71.30	—	-0.014
02628	中国人寿保険	19/12	CNY	729,474.00	16.3	58,287.00	411.5	2.050
02633	雅各臣科研製薬	19/09 中間	HKD	871.69	6.8	127.22	30.4	0.063
02638	港灯電力投資 SS	19/12	HKD	10,739.00	-7.5	2,327.00	-23.7	0.263
02660	禅遊科技	19/12	CNY	662.10	19.3	160.52	47.5	0.167
02662	承興国際控股	18/12 中間	HKD	2,131.33	48.7	145.48	220.0	0.140
02663	応力控股	19/09 中間	HKD	391.22	124.4	26.10	97.4	0.044
02666	通用環球医療	19/12	CNY	6,815.59	58.6	1,488.74	10.1	0.870
02668	百徳国際	19/12	HKD	1,466.33	35.7	54.51	—	0.019
02669	中海物業	19/12	HKD	5,465.52	30.8	537.84	33.4	0.164
02678	天虹紡織集団	19/12	CNY	22,002.94	14.9	883.73	-24.0	0.970
02680	創陞控股	20/2	HKD	96.68	13.5	1.61	-86.9	0.004
02682	潤利海事集団	19/09 中間	HKD	100.23	9.5	8.81	-5.8	0.009
02683	華新手袋国際	19/09 中間	HKD	444.89	23.7	25.56	67.6	0.063
02686	亜美能源	19/12	CNY	1,161.25	18.7	707.37	71.3	0.210
02688	新奥能源	19/12	CNY	70,183.00	15.6	5,670.00	101.2	5.050
02689	玖龍紙業	19/12 中間	CNY	28,835.75	-5.0	2,278.68	0.5	0.490
02696	上海復宏漢霖生物技術	19/12	CNY	90.93	1,125.3	-875.47	—	-1.760
02698	魏橋紡織	19/12	CNY	15,167.56	-7.8	218.34	-66.1	0.180
02699	新明中国	19/12	CNY	163.35	-73.9	-116.98	—	-0.062
02700	格林国際	19/12	HKD	78.66	-4.2	-147.99	—	-0.110
02708	艾伯科技	19/09 中間	HKD	245.41	39.8	0.73	-96.8	0.002
02718	上海東正汽車金融	19/12	CNY	799.82	-2.0	389.40	-13.9	0.190
02722	重慶機電	19/12	CNY	5,516.81	4.4	184.84	-58.4	0.050
02727	上海電気集団	19/12	CNY	127,508.96	26.0	3,719.80	24.8	0.250
02728	金泰能源	19/12	HKD	3,003.38	62.4	-599.25	—	-0.182
02738	華津国際	19/12	CNY	2,162.61	-25.7	18.38	186.7	0.031
02768	佳源国際	19/12	CNY	16,070.17	18.0	2,050.66	-8.2	0.520
02772	中梁控股	19/12	CNY	56,639.60	87.5	3,833.70	98.5	1.170
02777	広州富力地産	19/12	CNY	90,813.97	18.2	9,672.05	15.5	3.000
02778	チャンピオン REIT	19/12	HKD	3,080.67	3.9	-570.32	—	-0.100
02779	中国新華教育	19/12	CNY	437.73	13.4	270.67	5.7	0.168
02788	精熙国際	19/12	USD	60.92	-12.6	5.04	-34.7	0.006
02789	遠大中国	19/12	CNY	4,041.25	-12.4	89.82	13.5	0.015
02798	久泰邦達能源	19/12	CNY	812.15	12.9	218.02	23.7	0.136
02799	中国華融資産管理	19/12	CNY	112,656.51	5.0	1,424.43	-9.6	0.040
02858	易キン集団	19/12	CNY	5,799.98	4.8	30.94	—	0.010
02863	高豊集団	20/03 中間	HKD	178.24	25.3	5.63	-24.6	0.010
02866	中遠海運発展	19/12	CNY	14,155.86	-12.8	1,744.73	26.0	0.100
02868	首創置業	19/12	CNY	20,786.26	-10.6	2,122.57	10.4	0.430

コード	企業名	年期		通貨単位	売上高(百万)	前年比(%)	純利益(百万)	前年比(%)	EPS
02869	緑城服務	19/12		CNY	8,581.93	27.9	477.41	-1.2	0.170
02877	中国神威薬業	19/12		CNY	2,706.00	5.3	503.15	-0.5	0.640
02878	ソロモン・システック	19/12		USD	108.32	10.4	-27.27	—	-0.011
02880	大連港	19/12		CNY	6,645.91	-1.6	718.23	37.2	0.060
02882	香港資源	19/12	中間	HKD	517.16	-33.8	-37.97	—	-0.030
02883	中海油田服務	19/12		CNY	31,135.15	41.9	2,502.24	3,434.1	0.524
02885	彼岸控股	19/12		HKD	275.35	5.1	30.31	163.4	0.076
02886	濱海投資	19/12		HKD	3,557.53	7.5	81.11	-22.0	0.069
02888	スタンダード・チャータード	19/12		USD	15,417.00	4.2	2,303.00	118.5	0.570
02892	万城控股	19/12		CNY	354.28	-37.6	17.95	-46.2	0.024
02898	龍潤茶	19/09	中間	HKD	26.89	-52.5	-35.18	—	-0.024
02899	紫金鉱業集団	19/12		CNY	136,097.98	28.4	4,283.96	4.6	0.180
03300	中国ガラス	19/12		CNY	2,369.23	-9.5	82.57	-11.7	0.049
03301	融信中国	19/12		CNY	51,462.50	49.7	3,154.06	46.7	1.870
03302	光控精技	19/12		SGD	67.62	-44.9	-1.63	—	-0.002
03303	巨濤海洋石油服務	19/12		CNY	1,760.62	18.5	4.42	-83.4	0.003
03306	江南布衣	19/12	中間	CNY	2,135.47	5.3	429.89	12.9	0.840
03308	ゴールデン・イーグル	19/12		CNY	6,149.45	-6.4	1,185.48	32.0	0.706
03309	希瑪眼科医療	19/12		HKD	576.21	34.2	41.44	-2.7	0.040
03311	中国建築国際	19/12		HKD	61,669.68	10.9	5,413.21	20.3	1.072
03313	雅高控股	19/12		CNY	273.72	-48.9	-90.16	—	-0.031
03315	金邦達宝嘉	19/12		CNY	1,415.67	0.3	177.13	1.1	0.214
03316	濱江服務集団	19/12		CNY	701.88	37.8	114.68	63.4	0.440
03318	中国波頓	19/12		CNY	1,641.34	43.2	119.43	-6.3	0.130
03319	雅居楽雅生活服務	19/12		CNY	5,127.29	51.8	1,230.76	53.6	0.920
03320	華潤医薬集団	19/12		HKD	204,453.87	7.8	3,286.42	-17.4	0.520
03321	偉鴻集団	19/12		MOP	359.77	10.1	37.93	19.1	0.082
03322	永嘉集団	19/12		HKD	5,069.73	22.5	64.21	52.0	0.050
03323	中国建材	19/12		CNY	253,403.38	15.7	10,974.17	38.4	1.301
03326	保発集団国際	19/12		HKD	787.21	50.8	171.02	209.4	0.127
03328	交通銀行	19/12		CNY	232,443.00	9.2	77,281.00	5.0	1.000
03329	交銀国際控股	19/12		HKD	1,570.24	5.8	500.57	22.8	0.180
03330	霊宝黄金	19/12		CNY	5,874.36	55.3	-233.50	—	-0.270
03331	維達国際	19/12		HKD	16,074.29	8.0	1,138.32	75.3	0.953
03332	南京中生聯合	19/12		CNY	322.61	-28.8	-194.66	—	-0.206
03333	中国恒大集団	19/12		CNY	477,561.00	2.4	17,280.00	-53.8	1.315
03335	DBA テレコム・アジア	18/12		CNY	—		-7.91	—	-0.008
03336	巨騰国際控股	19/12		HKD	8,916.01	-1.7	145.91	5.2	0.159
03337	安東油田服務	19/12		CNY	3,589.50	22.3	268.58	20.8	0.089
03339	中国龍工	19/12		CNY	11,743.82	-1.0	1,643.41	43.7	0.380
03344	共享集団	19/06	中間	HKD	331.57	41.9	-128.12	—	-0.021
03348	中国鵬飛集団	19/12		CNY	1,465.46	44.2	78.94	8.9	0.202
03358	栄威国際	19/12		USD	934.63	8.0	44.72	3.8	0.042
03360	遠東宏信	19/12		CNY	26,856.46	5.8	4,337.60	10.4	1.140
03363	正業国際	19/12		CNY	2,367.15	-16.9	82.18	-24.8	0.160
03366	華僑城アジア	19/12		CNY	2,071.90	30.7	266.96	-66.6	0.040
03368	パークソン	19/12		CNY	4,568.50	4.5	-222.75	—	-0.085
03369	秦皇島港	19/12		CNY	6,722.73	-2.2	931.25	14.9	0.170
03377	遠洋集団	19/12		CNY	50,926.49	22.9	2,656.28	-25.7	0.349
03378	厦門国際港務	19/12		CNY	13,933.11	7.9	279.68	14.3	0.103
03380	龍光集団	19/12		CNY	57,480.42	30.2	11,269.04	36.0	2.022
03382	天津港発展	19/12		HKD	15,077.40	-5.0	388.49	0.2	0.063
03383	雅居楽集団	19/12		CNY	60,239.10	7.3	7,511.79	5.4	1.935
03389	亨得利	19/12		CNY	2,417.18	-10.0	-332.52	—	-0.071
03390	満貫集団	19/12		HKD	700.76	1.1	54.52	-46.0	—
03393	威勝控股	19/12		CNY	3,655.65	9.4	280.57	3.6	0.280

コード	企業名	年期	通貨単位	売上高 (百万)	前年比 (%)	純利益 (百万)	前年比 (%)	EPS
03395	バースタ・リソーシズ	19/12	CAD	14.26	-11.0	-50.47	—	-0.170
03396	聯想控股	19/12	CNY	389,218.26	8.4	3,606.90	-17.3	1.540
03398	華鼎集団	19/12	HKD	1,899.01	-16.5	-54.69	—	-0.026
03399	広東粤運交通	19/12	CNY	6,657.21	1.9	304.97	1.6	0.380
03600	モダン・デンタル	19/12	HKD	2,399.55	3.6	161.56	89.2	0.165
03601	360魯大師控股	19/12	CNY	404.50	26.3	104.70	45.6	0.487
03603	信基沙渓集団	19/12	CNY	303.08	7.7	102.91	-45.6	0.080
03606	福耀ガラス	19/12	CNY	21,103.88	4.3	2,897.87	-29.7	1.160
03608	永盛新材料	19/12	CNY	306.54	48.5	113.90	41.0	0.164
03613	北京同仁堂国薬	19/12	HKD	1,432.63	-5.4	556.12	-4.2	0.660
03616	恒達集団	19/12	CNY	1,974.06	4.8	293.04	30.5	0.240
03618	重慶農村商業銀行	19/12	CNY	26,642.33	1.9	9,759.89	7.7	0.950
03623	中国金融発展	19/12	CNY	69.04	23.1	-430.06	—	-0.820
03626	ハンサン・インターナショナル	19/12 中間	HKD	40.11	-5.5	1.78	-41.1	0.010
03628	仁恒実業	19/12	HKD	71.51	-29.2	0.70	-92.4	0.001
03633	中裕ガス	19/12	HKD	8,143.77	6.8	430.12	-30.7	0.169
03636	保利文化集団	19/12	CNY	3,845.67	3.6	49.72	-79.5	0.200
03638	華邦金融	19/09 中間	HKD	377.50	-3.7	-10.43	—	-0.002
03639	億達中国	19/12	CNY	6,077.40	-17.4	450.16	-46.0	0.170
03662	奥園健康生活集団	19/12	CNY	900.80	45.6	162.48	107.9	0.238
03663	協衆国際	19/12	CNY	1,973.48	113.6	-285.63	—	-0.360
03666	国際天食集団	19/12	CNY	1,228.86	-17.9	-164.47	—	-0.075
03668	ヤンコール・オーストラリア	19/12	AUD	4,460.00	-8.0	719.00	-15.6	0.545
03669	中国永達汽車服務	19/12	CNY	62,707.38	13.4	1,472.98	17.5	0.800
03678	弘業期貨	19/12	CNY	—	—	21.27	-73.6	0.023
03680	索信達	19/12	CNY	257.92	39.0	4.12	-82.2	0.014
03681	中国抗体製薬	19/12	CNY	—	—	-276.28	—	-0.330
03683	栄豊聯合	19/09 中間	USD	7.10	-13.8	-1.94	—	-0.002
03686	祈福生活服務	19/12	CNY	396.55	16.1	95.81	31.8	0.094
03688	莱蒙国際	19/12	HKD	719.25	16.1	-582.94	—	-0.380
03689	広東康華医療	19/12	CNY	1,955.53	19.3	74.26	-55.8	0.222
03690	美団点評	19/12	CNY	97,528.53	49.5	2,238.77	—	0.390
03692	翰森製薬	19/12	CNY	8,682.75	12.4	2,556.74	34.3	0.470
03698	徽商銀行	19/12	CNY	31,159.32	15.6	9,818.78	12.3	0.780
03699	光大永年	19/12	CNY	71.27	15.4	37.28	2.0	0.080
03700	映客互娯	19/12	CNY	3,268.57	-15.3	54.93	-95.0	0.030
03708	日成控股	19/12 中間	HKD	202.16	-15.7	-2.19	—	0.000
03709	贏家時尚	19/12	CNY	4,148.42	64.6	405.61	48.7	0.693
03718	北控城市資源集団	19/12	HKD	2,711.23	45.6	281.33	-34.6	0.104
03728	正利控股	19/09 中間	HKD	419.44	-23.4	11.41	-18.8	0.011
03737	中智薬業	19/12	CNY	1,342.18	17.5	114.69	34.8	0.140
03738	ヴォハイル・グループ	19/12	USD	18.78	23.4	-6.19	—	-0.015
03759	康龍化成北京新薬技術	19/12	CNY	3,757.16	29.2	547.19	62.8	0.828
03768	昆明テン池水務	19/12	CNY	1,833.54	28.2	368.41	5.7	0.360
03773	NNKグループ	19/12	CNY	49.83	-17.3	0.67	—	0.002
03778	中国織材	19/12	CNY	1,796.39	-2.2	-1.41	—	-0.001
03788	中国罕王	19/12	CNY	2,251.88	-20.4	296.57	-25.2	0.162
03789	御佳控股	19/09 中間	HKD	328.78	32.1	17.17	19.2	0.014
03798	家郷互動科技	19/12	CNY	564.99	28.5	206.79	1.3	0.202
03799	達利食品	19/12	CNY	21,375.25	2.5	3,840.57	3.3	0.280
03800	保利協キン能源	19/12	CNY	19,249.62	-6.4	-197.21	—	-0.011
03808	中国重汽	19/12	CNY	62,226.71	-0.8	3,333.79	-23.3	1.210
03813	宝勝国際	19/12	CNY	27,189.77	19.9	833.28	53.5	0.159
03816	KFM金徳	19/09 中間	HKD	528.37	1.3	31.52	-0.2	0.053
03818	中国動向	19/09 中間	CNY	899.32	16.5	188.11	-60.9	0.032
03822	三和建築	19/09 中間	HKD	285.55	17.5	4.01	—	0.002

香港全上場企業一覧

コード	企業名	年期	通貨単位	売上高 (百万)	前年比 (%)	純利益 (百万)	前年比 (%)	EPS
03828	明輝国際	19/12	HKD	2,043.10	-0.5	97.94	-2.3	0.135
03830	童園国際	19/10 中間	HKD	217.52	7.1	15.29	38.7	0.015
03833	新疆新キン鉱業	19/12	CNY	1,657.51	-5.3	27.42	—	0.012
03836	中国和諧新能源汽車	19/12	CNY	12,621.82	18.6	513.31	-24.9	0.340
03838	中国澱粉	19/12	CNY	6,750.40	33.1	96.85	-58.1	0.016
03839	正大企業	19/12	USD	105.04	12.5	15.80	-25.3	0.062
03848	富道集団	19/12	CNY	196.62	136.8	36.27	53.4	0.239
03860	尚捷集団	19/09 中間	HKD	302.66	52.7	18.74	66.8	0.037
03866	青島銀行	19/12	CNY	9,622.11	30.6	2,284.82	12.9	0.390
03868	信義能源	19/12	HKD	1,593.09	32.7	890.99	20.3	0.150
03869	弘和仁愛医療	19/12	CNY	410.88	7.1	150.90	—	1.092
03877	中国船舶香港航運租賃	19/12	HKD	2,294.40	9.0	883.09	28.0	0.163
03878	ピコン	19/09 中間	HKD	175.88	2.0	12.33	-0.1	0.031
03882	天彩控股	19/12	HKD	549.12	-44.5	-82.31	—	-0.088
03883	中国奥園集団	19/12	CNY	50,531.15	63.0	4,200.78	74.4	1.565
03886	タウン・ヘルス	19/12	HKD	1,128.93	0.6	-8.41	—	-0.001
03888	キングソフト	19/12	CNY	8,218.26	39.1	-1,546.39	—	-1.130
03889	グローバル・スイートナー	19/12	HKD	1,956.82	-0.2	-162.57	—	-0.106
03893	易緯集団	19/12 中間	HKD	38.79	-45.0	-7.63	—	-0.003
03898	株洲中車時代電気	19/12	CNY	16,304.21	4.1	2,659.16	1.8	2.260
03899	中集安瑞科	19/12	CNY	13,743.02	5.3	911.01	16.0	0.464
03900	緑城中国	19/12	CNY	61,592.94	2.1	2,480.23	147.2	0.550
03903	瀚華金控	19/12	CNY	1,246.78	-17.5	241.81	-16.4	0.050
03908	中国国際金融	19/12	CNY	22,782.51	22.9	4,238.72	21.4	0.990
03918	ナガコープ	19/12	USD	1,755.47	19.1	521.28	33.5	0.120
03919	金力集団	19/12	HKD	314.20	-2.9	7.38	19.1	0.031
03928	S&Tホールディングス	20/03 中間	SGD	32.26	-34.4	1.93	-8.3	0.004
03933	聯邦製薬	19/12	CNY	8,392.60	11.7	641.76	-6.0	0.391
03938	LFG投資	19/09 中間	HKD	51.65	-22.2	5.54	-84.5	0.017
03939	万国国際鉱業	19/12	CNY	311.16	-3.0	55.54	-23.0	0.077
03948	イータイ・コール	19/12	CNY	40,929.04	4.5	3,789.31	-8.4	1.160
03958	東方証券	19/12	CNY	24,350.52	55.1	2,435.08	97.8	0.350
03963	中国融衆金融	19/09 中間	HKD	17.06	-34.5	-0.13	—	0.000
03966	中国宝豊国際	19/12	CNY	885.41	-3.6	296.87	-32.8	0.447
03968	招商銀行	19/12	CNY	268,065.00	8.5	92,867.00	15.3	3.620
03969	中国鉄路通信信号	19/12	CNY	41,646.29	4.1	3,815.88	12.0	0.380
03978	卓越教育集団	19/12	CNY	1,831.67	24.3	135.55	146.9	0.173
03983	中海石油化学	19/12	CNY	10,858.44	-3.6	703.22	-49.0	0.150
03988	中国銀行	19/12	CNY	550,010.00	9.2	187,405.00	4.1	0.610
03989	首創環境	19/12	CNY	5,938.10	27.8	302.75	65.7	0.021
03990	美的置業	19/12	CNY	41,138.57	36.6	4,305.16	34.1	3.610
03991	長虹佳華	19/12	HKD	29,999.67	35.8	289.17	7.0	0.113
03992	創毅控股	19/09 中間	HKD	377.36	7.0	17.08	92.8	0.034
03993	洛陽モリブデン	19/12	CNY	68,676.57	164.5	1,857.01	-59.9	0.090
03996	中国能源建設	19/12	CNY	247,290.99	10.4	5,078.52	11.1	0.170
03997	電訊首科	19/09 中間	HKD	24.43	-32.1	3.26	-22.1	0.025
03998	波司登国際	19/09 中間	CNY	4,436.28	28.8	342.66	36.4	0.032
03999	大成食品	19/12	CNY	8,035.21	11.7	133.68	917.8	0.132
06030	中信証券	19/12	CNY	57,080.36	11.8	12,228.61	30.2	1.010
06033	電訊数碼	19/09 中間	HKD	592.78	-4.2	48.11	-25.1	0.120
06036	光麗科技	19/12	HKD	1,936.84	-47.9	-16.99	—	-0.017
06038	信越控股	19/12	HKD	299.76	-18.0	26.37	-28.6	0.026
06049	保利物業発展	19/12	CNY	5,966.84	41.1	490.51	49.3	1.210
06055	中煙国際香港	19/12	HKD	8,976.95	27.6	318.93	22.9	0.530
06058	興証国際	19/12	HKD	1,261.56	24.8	-461.86	—	-0.116
06060	衆安在線財産保険	19/12	CNY	15,123.96	57.4	-454.10	—	-0.310

コード	企業名	年期	通貨単位	売上高(百万)	前年比(%)	純利益(百万)	前年比(%)	EPS
06063	智中国際	19/09 中間	HKD	126.22	50.3	18.09	26.2	0.012
06066	中信建投証券	19/12	CNY	19,407.39	17.7	5,501.69	78.2	0.670
06068	睿見教育国際	20/02 中間	CNY	932.11	11.6	266.52	38.1	0.127
06069	盛業資本	19/12	CNY	606.66	29.0	280.34	34.5	0.320
06080	栄智控股	19/09 中間	HKD	169.17	-10.6	-7.54	—	-0.008
06083	環宇物流	19/12	HKD	197.15	27.0	22.52	102.7	0.046
06088	鴻騰六零八八精密科技	19/12	USD	4,372.38	9.2	235.41	0.6	0.036
06090	センチュリオン	19/12	SGD	133.35	11.1	99.95	26.0	0.119
06093	和泓服務	19/12	CNY	248.28	10.6	13.79	-18.3	0.040
6098	碧桂園服務	19/12	CNY	9,644.95	106.3	1,670.66	81.0	0.627
6099	招商証券	19/12	CNY	25,659.10	42.0	7,282.38	64.6	0.970
6100	有才天下信息技術	19/12	CNY	1,513.47	23.5	120.35	1,455.6	0.234
6108	新鋭医薬	19/12	HKD	118.63	-68.1	-44.11	—	-0.026
6110	滔博国際	20/2	CNY	33,690.20	3.5	2,303.40	4.7	0.409
6111	大発地産	19/12	CNY	7,398.25	24.4	515.82	8.2	0.620
6113	UTS マーケティング	19/12	MYR	79.47	-4.4	13.36	-11.7	0.033
6116	上海拉夏貝爾服飾	19/12	CNY	7,666.23	-24.7	-2,139.09	—	-3.910
6117	日照港裕廊	19/12	CNY	542.78	2.0	141.13	-5.4	0.098
6118	奥星生命科技	19/12	CNY	1,049.02	28.5	8.09	7,461.7	0.020
6119	天源集団	19/12	CNY	124.72	51.4	14.45	147.1	0.024
6122	吉林九台農村商業銀行	19/12	CNY	5,311.44	5.4	1,042.15	6.0	0.249
6123	円通速逓国際	19/12	HKD	3,897.90	-12.7	26.10	-74.9	0.063
6128	泛亜環境国際	19/12	HKD	313.94	59.1	-57.08	—	-0.129
6133	維太創科	19/12	CNY	815.94	-10.5	-34.57	—	-0.041
6136	康達国際環保	19/12	CNY	2,815.20	-6.8	376.87	24.2	0.185
6138	ハルビン銀行	19/12	CNY	15,124.40	5.6	3,558.45	-35.9	0.320
6139	金茂酒店 SS	19/12	CNY	2,473.67	-3.6	246.36	-1.6	0.120
6158	正栄地産	19/12	CNY	32,557.66	23.1	2,506.41	18.2	0.590
6160	百済神州	19/12	USD	428.21	116.0	-948.63	—	-1.220
6161	泰加保険	19/12	HKD	442.47	15.1	-198.52	—	-0.381
6162	中国天瑞汽車内飾件	19/12	CNY	297.91	12.9	44.82	60.0	0.023
6163	グミラン・インターナショナル	19/10	USD	63.16	10.6	3.70	—	0.015
6166	中国宏泰	19/12	CNY	2,670.01	-33.2	830.42	-25.2	0.500
6168	中国優通	19/12	CNY	99.04	-51.1	-166.52	—	-0.077
6169	中国宇華教育	20/02 中間	CNY	1,260.41	57.4	17.23	-94.8	0.010
6178	光大証券	19/12	CNY	15,352.40	13.9	567.95	449.7	0.123
6182	乙徳投資	19/09 中間	HKD	72.79	-47.0	-8.97	—	-0.011
6183	中国緑宝集団	19/12	CNY	1,169.54	16.1	123.23	-14.2	0.101
6185	康希諾生物	19/12	CNY	—	—	-156.77	—	-0.770
6186	中国飛鶴	19/12	CNY	13,721.51	32.0	3,934.58	75.5	0.480
6188	北京迪信通商貿	19/12	CNY	15,350.95	2.6	257.44	-21.9	0.390
6189	広東愛得威建設	19/12	CNY	1,542.81	-15.7	70.30	-46.2	0.307
6190	九江銀行	19/12	CNY	9,549.03	21.4	1,837.21	4.5	0.760
6193	泰林科建	19/12	CNY	541.07	19.1	24.95	-20.3	0.080
6196	鄭州銀行	19/12	CNY	13,440.21	20.7	3,285.12	7.4	0.470
6198	青島港国際	19/12	CNY	12,164.08	3.6	3,790.14	5.5	0.590
6199	貴州銀行	19/12	CNY	10,705.53	22.1	3,563.64	23.9	0.290
6288	ファーストリテイリング	20/02 中間	JPY	1,208,512.00	-4.7	100,459.00	-11.9	984.210
6805	金茂源環保	19/12	CNY	640.04	33.4	55.15	15.0	0.060
6806	申万宏源集団	19/12	CNY	33,251.54	37.9	5,735.41	37.9	0.237
6808	高キン零售	19/12	CNY	95,357.00	-4.0	2,834.00	14.4	0.300
6811	太興集団	19/12	HKD	3,252.25	4.0	76.86	-74.8	0.087
6812	永順控股	19/09 中間	HKD	282.77	6.8	10.43	7.9	0.017
6813	大喜屋集団	19/3	HKD	839.02	17.6	92.21	156.9	—
6816	瑞港建設	19/12	HKD	515.08	33.9	12.09	-60.3	0.015
6818	中国光大銀行	19/12	CNY	132,939.00	20.4	37,354.00	11.0	0.680

コード	企業名	年期	通貨単位	売上高(百万)	前年比(%)	純利益(百万)	前年比(%)	EPS
6819	中智全球	19/12 中間	USD	36.08	102.4	-5.25	—	-0.012
6820	友誼時光	19/12	CNY	1,689.05	15.3	415.53	23.4	0.210
6822	科勁国際	19/12	HKD	1,540.41	-1.7	124.95	5.9	0.178
6823	香港電訊 SS	19/12	HKD	33,103.00	-5.9	5,217.00	8.1	0.689
6826	上海昊海生物科技	19/12	CNY	1,595.50	3.2	370.78	-10.6	2.270
6828	北京燃気藍天	19/12	HKD	2,676.13	24.6	-10.87	—	-0.001
6829	龍昇集団	19/09 中間	HKD	237.19	13.1	-5.63	—	-0.005
6830	華衆車載	19/12	CNY	2,173.55	9.8	84.09	-39.4	0.048
6833	興科蓉医薬	19/12	CNY	1,176.41	23.4	22.90	—	0.014
6836	天韻国際	19/12	CNY	1,062.77	13.0	169.09	14.6	0.172
6837	海通証券	19/12	CNY	51,552.11	33.3	9,523.25	82.7	0.830
6838	盈利時	19/12	HKD	1,210.33	7.2	138.40	-10.2	0.277
6839	雲南水務	19/12	CNY	6,538.02	4.5	398.15	0.1	0.334
6855	亜盛医薬集団	19/12	CNY	14.51	113.2	-1,480.71	—	-12.690
6858	本間ゴルフ	19/09 中間	JPY	10,590.97	-7.9	-51.25	—	-0.080
6860	指尖悦動	19/12	CNY	1,051.14	-3.2	38.71	-75.1	0.020
6862	海底捞国際	19/12	CNY	26,555.79	56.5	2,344.71	42.4	0.440
6865	福莱特ガラス	19/12	CNY	4,806.80	56.9	717.24	76.1	0.370
6866	佐力科創小額貸款	19/12	CNY	—	—	131.59	-3.9	0.110
6868	天福	19/12	CNY	1,796.83	9.9	273.14	1.7	0.240
6869	長飛光繊	19/12	CNY	7,769.18	-31.6	801.23	-46.2	1.060
6877	CLSA プレミアム	19/12	HKD	16.07	-96.6	-179.99	—	-0.089
6878	鼎豊集団	19/12	CNY	2,251.84	166.6	335.50	31.2	0.053
6880	騰邦控股	19/12	HKD	450.78	-17.3	-262.47	—	-0.750
6881	中国銀河証券	19/12	CNY	23,493.49	44.7	5,228.43	81.1	0.520
6882	東瀛遊控股	19/12	HKD	1,728.33	-2.7	14.00	-59.8	0.028
6885	河南金馬能源	19/12	CNY	7,571.95	1.6	587.20	-29.5	1.100
6886	華泰証券	19/12	CNY	32,436.78	32.4	9,001.64	78.9	1.040
6888	英達公路再生科技	19/12	HKD	487.32	-6.7	4.15	—	0.004
6889	ダイナムジャパン	20/3	JPY	141,919.00	-3.0	12,748.00	1.2	16.600
6890	康利国際	19/12	CNY	1,495.63	-3.4	24.70	-51.5	0.040
6893	衍生集団	19/09 中間	HKD	90.95	-3.9	8.05	144.8	0.007
6896	金ツウ子控股	19/12	CNY	797.13	14.8	167.61	64.0	0.227
6898	中国アルミ缶	19/12	HKD	205.96	-25.5	39.18	-50.7	0.042
6899	聯衆国際	19/12	CNY	272.61	-30.0	-419.21	—	-0.387
6908	宏光照明	19/12	CNY	243.26	19.4	17.28	-27.7	0.043
6918	奇士達控股	19/12	CNY	325.80	16.9	35.45	8.2	0.082
6919	人瑞人才科技	19/12	CNY	2,287.60	41.6	-779.83	—	-12.420
6928	TOMO ホールディングス	19/12	SGD	16.49	-7.5	2.24	-47.2	0.005
6966	中国万桐園	19/12	CNY	63.38	46.1	23.55	-16.6	0.024
8001	東方匯財証券	19/12	HKD	34.75	16.7	4.17	—	0.010
8003	グレートワールド	19/09 中間	HKD	254.36	391.5	-7.59	—	-0.003
8005	裕興科技	19/12	HKD	325.31	-18.8	41.48	—	0.020
8006	中国華泰瑞銀	19/12	HKD	107.37	13.6	-2.67	—	-0.007
8007	環球戦略集団	20/03 中間	HKD	17.85	-92.0	-26.01	—	-0.020
8009	華夏能源	19/09 中間	HKD	155.75	-40.5	-1.07	—	-0.018
8011	百田石油	19/12	HKD	—	—	-34.75	—	-0.012
8013	ECI テクノロジー	20/02 中間	HKD	60.61	22.4	2.13	-40.6	0.001
8017	捷利交易宝金融科技	19/09 中間	HKD	21.87	-10.3	5.80	—	0.012
8018	匯財金融投資	19/12	HKD	73.84	5.3	-20.84	—	-0.017
8019	皓文控股	19/12	CNY	63.07	-15.5	-25.05	—	-0.012
8020	宏海控股集団	19/09 中間	HKD	30.95	-42.0	-4.65	—	-0.002
8021	匯隆控股	19/10 中間	HKD	73.29	-12.7	-9.69	—	-0.001
8022	永耀集団	19/12	HKD	3.44	-22.3	-92.28	—	-0.051
8023	コウ文記集団	19/09 中間	HKD	47.08	-11.7	0.86	-85.9	0.001
8025	亜洲資産	19/12	HKD	18.00	-30.2	-56.27	—	-0.320

コード	企業名	年期	通貨単位	売上高 (百万)	前年比 (%)	純利益 (百万)	前年比 (%)	EPS
8026	朗華国際集団	19/09 中間	HKD	51.19	15.2	-7.40	—	-0.005
8027	吉輝控股	19/12	SGD	8.50	-18.8	-1.59	—	-0.001
8028	タイムレス・ソフト	19/09 中間	ソフト	68.63	111.5	-4.44	—	-0.002
8029	太陽国際集団	19/09 中間	HKD	49.46	-26.7	-23.87	—	-0.011
8030	匯聯金融服務	19/12	CNY	104.39	-52.6	-673.71	—	-0.389
8031	易通訊集団	19/12	HKD	132.33	-6.6	7.59	92.4	0.027
8032	ビバチャイナ	19/12	HKD	625.00	-44.9	834.37	983.8	0.074
8033	愛達利網絡	19/12	HKD	531.29	27.5	-5.26	—	-0.009
8035	駿高控股	19/12	HKD	412.32	12.4	-18.07	—	-0.030
8036	電子交易集団	19/12	HKD	44.29	-16.9	1.01	15.0	0.001
8037	中国生物科技服務	19/12	HKD	59.21	-15.8	-98.85	—	-0.103
8039	中国卓銀	19/09 中間	HKD	14.82	-51.5	-1.84	—	-0.004
8040	DCB 控股	19/09 中間	HKD	130.28	-7.8	2.96	-55.1	0.009
8041	薈萃国際	19/12 中間	HKD	41.11	-33.6	-4.57	—	-0.001
8042	高奥士国際	19/12	HKD	80.87	22.0	1.75	—	0.002
8043	アットリンクス	19/12	EUR	31.59	-11.8	-1.68	—	-0.004
8045	江蘇南大ソフト	19/12	CNY	387.38	-19.3	-103.08	—	-0.031
8047	中国海洋集団発展	19/09 中間	HKD	337.98	-38.3	10.59	7.7	0.003
8048	御徳国際	19/12	HKD	98.49	1.3	-14.68	—	-0.008
8049	輝南長龍バイオ	19/12	CNY	645.89	-0.3	145.48	-9.8	0.260
8050	量子思維	19/09 中間	HKD	6.03	-21.5	-14.85	—	-0.011
8051	訊智海国際	19/12	HKD	332.88	11.3	2.49	—	0.106
8052	陸慶娯楽集団	19/12	HKD	225.40	9.0	-30.63	—	-0.017
8053	比優集団	19/09 中間	CNY	698.01	22.4	89.30	18.0	0.025
8055	中国網絡信息科技	19/12	HKD	63.12	9.1	-104.22	—	-0.028
8056	ライフ・コンセプツ	19/09 中間	HKD	263.55	-4.4	-32.89	—	-0.040
8057	マディソン・ホールディングス	19/09 中間	HKD	126.78	-19.0	-296.78	—	-0.057
8059	朝威控股	19/12	HKD	93.34	-30.2	-44.41	—	-0.044
8060	国聯通信	19/09 中間	HKD	34.62	-45.5	-4.98	—	-0.002
8062	俊盟国際	19/09 中間	HKD	63.37	-4.4	7.93	-59.8	0.017
8063	環球大通集団	19/12	HKD	71.13	26.0	-54.59	—	-0.013
8065	高萌科技	19/09 中間	HKD	106.59	1.5	6.03	-31.2	0.015
8066	フェニトロン	19/12	HKD	67.61	34.7	-42.13	—	-0.080
8067	東方大学城	19/12 中間	CNY	39.01	3.3	16.37	-3.1	0.090
8069	縦横遊控股	19/09 中間	HKD	128.21	-21.3	-10.96	—	-0.027
8070	僑洋国際	19/12	HKD	164.21	-2.8	-1.94	—	-0.010
8071	中彩網通控股	19/12	HKD	71.10	42.3	-5.68	—	-0.001
8072	羅馬集団	19/09 中間	HKD	39.76	32.6	0.35	—	0.003
8073	中国興業新材料	19/12	CNY	148.03	14.5	18.22	-7.9	0.035
8075	賽亜伝媒	20/01 中間	HKD	156.03	-46.6	-41.85	—	-0.020
8076	シンリー・ソフト	19/12	CNY	129.68	13.7	25.00	12.6	0.021
8078	中国創意数碼	19/12 中間	HKD	41.14	22.1	-143.78	—	-0.530
8079	易還財務投資	19/09 中間	HKD	51.02	-52.2	-4.26	—	-0.019
8080	北亜策略	19/09 中間	HKD	1,779.85	25.1	64.89	-6.8	0.238
8081	恒泰裕集団	19/12	HKD	641.26	36.0	-127.58	—	-0.024
8082	太陽娯楽集団	19/12	HKD	126.25	-18.9	-49.12	—	-0.040
8083	中国有賛	19/12	CNY	1,170.69	99.7	-591.87	—	-0.040
8085	香港生命科学	19/09 中間	HKD	85.42	555.3	-15.43	—	-0.003
8086	新維国際控股	19/12 中間	HKD	78.20	-21.8	-20.04	—	-0.007
8087	中国三三伝媒	19/12	CNY	79.57	15.9	-78.78	—	-0.014
8088	匯友生命科学	19/12	HKD	11.74	-39.1	-141.46	—	-0.260
8089	華人策略控股	19/12	HKD	4.14	-83.4	-178.04	—	-0.725
8090	中国融保金融	19/12	CNY	5.59	-48.2	-134.97	—	—
8091	奥伝思維	19/09 中間	HKD	32.59	17.2	-0.85	—	-0.001
8092	ITE ホールディングス	19/09 中間	HKD	21.94	121.9	0.34	—	0.000
8093	万星控股	19/12 中間	HKD	274.15	44.8	25.33	—	0.060

コード	企業名	年期	通貨単位	売上高(百万)	前年比(%)	純利益(百万)	前年比(%)	EPS
8095	北京北大青鳥	19/12	CNY	155.23	-1.4	1,402.39	853.8	1.017
8096	賞之味	19/09 中間	HKD	46.06	-12.7	-6.40	—	-0.013
8098	昌利控股	19/09 中間	HKD	24.55	3.8	12.91	-15.1	0.006
8100	智易控股	19/12	HKD	369.84	177.6	-67.20	—	-0.151
8101	壹家壹品	19/09 中間	HKD	81.23	12.4	-28.69	—	-0.010
8103	hmvod 視頻	19/09 中間	HKD	20.75	-28.1	4.21	—	0.030
8105	キングスレー・エドゥグループ	19/12 中間	MYR	14.11	36.2	-4.87	—	-0.006
8106	浙江升華蘭徳	19/12	CNY	291.49	34.3	4.61	-45.0	0.009
8107	威誠国際	19/12	HKD	84.69	-24.3	3.14	-74.9	0.003
8108	福沢集団	19/06 中間	HKD	46.63	-2.7	-13.00	—	-0.014
8109	麒麟集団	19/12 中間	HKD	27.66	-37.5	-26.98	—	-0.122
8111	中国科技産業集団	19/09 中間	CNY	52.66	97.1	-9.61	—	-0.005
8112	基石金融	19/12	HKD	92.04	-10.7	-18.11	—	-0.016
8113	揚宇科技	19/12	HKD	1,801.13	-2.9	14.65	250.7	0.023
8115	上海青浦消防器材	19/12	CNY	78.02	12.0	-10.50	—	-0.056
8116	中国幸福投資	19/12	HKD	62.84	-74.8	-129.13	—	-0.043
8117	中国基礎能源	19/12	HKD	91.65	-36.3	-31.26	—	-0.031
8118	濠亮環球	19/10 中間	HKD	94.48	21.1	11.08	15.0	0.022
8119	即時科研	19/09 中間	HKD	9.49	51.5	2.72	—	0.010
8120	国農金融投資	19/12	HKD	112.14	52.7	-104.21	—	-0.681
8121	超凡網絡	19/09 中間	HKD	80.71	-17.5	-13.69	—	-0.008
8123	華億金控集団	19/12	HKD	326.16	-4.5	-127.67	—	-0.017
8125	仁徳資源	19/09 中間	HKD	14.15	13.2	-12.86	—	-0.030
8126	GA ホールディングス	19/12	HKD	2,235.33	0.5	26.88	22.2	0.056
8128	中国地熱能	19/12	HKD	345.54	-12.9	-441.04	—	-0.106
8130	大地国際集団	19/09 中間	HKD	436.94	796.1	10.04	—	0.003
8131	abc マルチアクティブ	19/11	HKD	17.36	14.5	-4.97	—	-0.017
8132	中油港燃能源	18/09 中間	HKD	48.00	-77.4	-28.29	—	-0.004
8133	鋳能控股	19/12	HKD	55.12	-18.3	-10.49	—	-0.004
8135	正美豊業	19/12	CNY	102.19	-41.9	-31.31	—	-0.040
8136	英馬斯集団	19/09 中間	HKD	42.08	8.2	8.81	72.6	0.009
8137	洪橋集団	19/12	HKD	341.27	43.0	415.61	-57.4	0.043
8139	浙江長安仁恒科技	19/12	CNY	100.29	12.4	-0.90	—	-0.020
8140	人和科技	19/12 中間	HKD	34.77	30.6	4.27	84.4	0.005
8142	徳利機械	20/01 中間	HKD	351.00	31.6	27.69	49.6	0.028
8143	金威医療	19/09 中間	HKD	100.78	-41.5	-0.91	—	0.000
8146	怡園酒業	19/12	CNY	72.71	0.2	0.03	-99.5	0.000
8147	ミレニアム・パシフィック	19/12	HKD	301.21	289.0	-1.08	—	-0.001
8148	奥栢中国	19/12	HKD	40.07	-25.7	-61.47	—	-0.048
8149	浩徳控股	19/09 中間	HKD	30.69	-19.0	2.95	-77.2	0.004
8150	無縫緑色中国	19/12	HKD	145.11	19.9	-9.85	—	—
8151	宝申控股	19/12	CNY	89.10	-3.5	-1.35	—	-0.003
8152	明梁控股	19/12	HKD	141.19	23.9	-1.33	—	-0.002
8153	法諾集団	19/09 中間	HKD	10.25	8.8	—	—	-0.005
8155	南華資産	19/12	HKD	19.02	1,596.9	-18.89	—	-0.002
8156	国薬科技	19/12 中間	HKD	87.38	606.1	-17.24	—	-0.004
8158	中国再生医学	19/12	HKD	47.97	-34.2	-404.64	—	-0.460
8159	輝煌科技	19/12	HKD	347.97	-10.5	12.26	-49.9	0.019
8160	金匯教育集団	19/09 中間	HKD	17.08	-1.3	-1.43	—	-0.003
8161	医匯集団	19/09 中間	HKD	77.38	24.3	-3.13	—	-0.003
8162	港銀控股	19/12	HKD	216.61	-80.0	-34.00	—	-0.061
8163	領matched金融集団	19/12	HKD	482.71	-13.8	-84.11	—	-0.350
8165	華普智通系統	19/12	CNY	0.09	-97.8	-16.45	—	-0.007
8166	中国農業生態	19/12	HKD	31.84	-38.1	-99.41	—	-0.124
8167	中国新電信	19/12	HKD	817.14	-67.7	-94.55	—	-0.010
8168	宝積資本控股	20/03 中間	HKD	10.21	132.6	1.87	—	0.002

コード	企業名	年期		通貨単位	売上高(百万)	前年比(%)	純利益(百万)	前年比(%)	EPS
8169	環康集団	19/10		HKD	96.48	-5.7	-0.57	—	-0.001
8170	中国全民国際	20/01	中間	HKD	80.08	567.1	4.50	—	0.011
8171	中国趨勢	19/12		HKD	152.45	75.1	-3.98	—	0.000
8172	拉近網娯	19/12		HKD	31.87	-26.1	-87.59	—	-0.021
8173	万亜企業	19/09	中間	HKD	15.45	-10.8	-43.11	—	-0.013
8175	中国数碼文化	19/12		HKD	181.35	-37.5	-400.49	—	-0.204
8176	超人智能	19/12		HKD	88.16	38.3	-168.43	—	-0.333
8178	匯賢REIT	19/06	中間	CNY	1,598.00	0.3	426.00	-15.5	0.076
8179	新煮意控股	19/12		HKD	230.69	24.8	-53.42	—	-0.170
8181	時時服務	19/09	中間	HKD	239.54	14.6	8.86	-41.8	0.009
8186	同仁資源	19/12		HKD	30.63	7.9	-20.82	—	-0.176
8187	積木集団	19/12		HKD	110.17	-49.8	-33.35	—	-0.070
8188	駿傑集団	19/12		HKD	80.79	-42.5	-28.22	—	-0.058
8189	天津泰達バイオ	19/12		CNY	358.75	1.9	-84.62	—	-0.045
8190	康佰控股	19/12	中間	HKD	19.15	-1.7	-1.28	—	0.000
8191	鴻偉亜洲	19/12		HKD	396.68	-2.5	25.29	—	0.030
8192	環球通証	19/12		HKD	169.08	-4.7	-78.16	—	-0.075
8193	亜太金融投資	19/09	中間	HKD	25.52	2.5	-42.06	—	-0.072
8195	楽亜国際	19/09	中間	HKD	43.57	18.0	-1.19	—	-0.001
8196	建禹集団	19/12		CNY	121.60	-31.9	-24.16	—	-0.080
8198	楽透互娯	19/12		HKD	64.56	969.9	-33.62	—	-0.011
8200	修身堂	19/09	中間	HKD	629.16	-52.5	-27.29	—	-0.038
8201	宝聯控股	19/12	中間	HKD	179.51	15.6	-2.86	—	-0.005
8202	匯創控股	19/12	中間	HKD	47.69	165.0	26.09	—	0.023
8203	凱順控股	19/12		HKD	138.37	-7.2	-208.55	—	-0.380
8205	上海交大慧谷信息産業	19/12		CNY	74.50	22.3	5.09	-9.9	0.011
8206	神冠機器人教育	19/09	中間	HKD	73.92	-13.8	-5.87	—	-0.003
8207	中新控股科技	19/12		CNY	1,784.43	-29.9	-3,486.47	—	-0.151
8208	WMCHグローバル	19/12		SGD	12.96	25.2	-0.83	—	-0.002
8210	DLCアジア	19/09	中間	HKD	27.79	-20.5	-0.19	—	0.000
8211	浙江永安融通	19/12		CNY	134.54	-11.1	-49.17	—	-0.046
8212	誉満国際	19/12	中間	HKD	1.65	-91.3	-61.70	—	-0.040
8213	栄暉控股	19/09	中間	HKD	91.57	-32.7	-8.17	—	-0.002
8215	第一信用	19/12		HKD	88.88	-4.2	-132.89	—	-0.037
8216	豊城控股	19/12		HKD	183.90	65.3	6.87	-57.3	0.023
8217	聯旺集団	19/09	中間	HKD	185.21	-25.5	-31.82	—	-0.026
8218	毅高国際	19/09	中間	HKD	27.33	-1.5	-14.35	—	-0.014
8219	恒偉集団	19/12		HKD	198.05	8.5	-14.55	—	-0.015
8220	比高集団	19/09	中間	HKD	15.47	-23.7	-12.14	—	-0.014
8221	PFグループ	19/09	中間	HKD	19.27	-39.2	-0.39	—	0.000
8222	壹照明集団	19/09	中間	HKD	35.97	-13.5	-1.04	—	-0.002
8223	紫元元	19/12		CNY	68.13	12.8	16.87	-0.4	0.042
8225	中国医療集団	19/12		CNY	63.22	6.1	27.79	20.0	0.028
8226	樹熊金融集団	19/12		HKD	38.96	-6.5	9.05	-22.2	0.003
8227	西安海天天線科技	19/12		CNY	39.16	-11.9	-24.24	—	-0.016
8228	国芸娯楽	19/12		HKD	184.67	20.0	-455.00	—	-0.094
8229	フューチャー・データ	19/12		HKD	646.47	6.8	4.37	-24.1	0.011
8230	中国宇天	18/06	中間	CNY	209.04	-24.8	12.91	-21.6	0.020
8231	節能元件	19/12		USD	18.00	-22.9	-1.43	—	-0.001
8232	クラシファイド・グループ	19/12		HKD	107.47	-10.2	-17.23	—	-0.039
8235	賽迪顧問	19/12		CNY	240.82	43.9	59.37	106.0	0.085
8236	宝徳科技集団	19/12		CNY	3,915.02	13.0	113.24	264.4	0.466
8237	華星控股	19/12		HKD	37.73	-37.5	-55.63	—	-0.016
8238	恵陶集団	19/12		HKD	20.61	39.4	-38.90	—	-0.090
8239	首都金融控股	19/12		HKD	62.55	-27.0	-36.85	—	-0.028
8241	英記茶荘集団	19/09	中間	HKD	16.00	-6.0	-6.25	—	-0.017

コード	企業名	年期		通貨単位	売上高(百万)	前年比(%)	純利益(百万)	前年比(%)	EPS
8242	新威斯頓	19/12		HKD	62.34	-18.3	-18.68	―	-0.013
8245	安悦国際	19/09	中間	HKD	169.00	1.3	-8.99	―	-0.002
8246	中華ガス	19/12		CNY	344.77	7.3	44.22	-46.7	0.013
8247	中生北控生物科技	19/06	中間	CNY	203.89	40.0	7.21	1,295.2	0.050
8249	浙江瑞遠智控科技	19/12		CNY	66.56	7.9	-6.84	―	-0.014
8250	絲路能源服務	19/12	中間	HKD	173.81	1.4	-36.06	―	-0.005
8255	神州数字	19/12		CNY	25.43	-22.9	-49.65	―	-0.103
8256	金利通	19/11	中間	HKD	10.79	-77.0	4.41	242.5	0.004
8257	靖洋集団	19/12		TWD	1,908.21	70.1	179.03	222.0	0.179
8258	西北実業	19/12		CNY	39.13	3.9	10.25	-9.5	0.008
8259	ホン・コープ	19/12		SGD	68.19	-27.8	-4.68	―	0.000
8260	銀合控股	19/09	中間	HKD	35.44	-28.7	10.19	-42.5	0.007
8262	宏強控股	19/12	中間	HKD	155.31	-42.8	4.46	-3.8	0.006
8265	中国之信集団	19/06	中間	HKD	117.66	66.0	-1.53	―	-0.001
8266	卓信国際	19/09	中間	HKD	277.42	4.1	-11.53	―	-0.028
8267	藍港互動	19/12		CNY	226.03	-50.6	-108.65	―	-0.310
8268	迪臣建設	19/09	中間	HKD	306.96	-14.0	-1.15	―	-0.001
8269	富誉控股	19/09	中間	HKD	43.71	-4.0	-2.93	―	-0.004
8270	中国煤層気	19/12		CNY	168.23	0.1	-63.51	―	-0.048
8271	環球数碼創意	19/12		HKD	96.77	-10.1	9.72	―	0.006
8272	華人飲食集団	19/12		HKD	18.13	-21.7	-10.89	―	-0.137
8275	永勤集団	19/09	中間	HKD	48.15	-41.5	-2.24	―	-0.004
8277	駿東控股	19/09	中間	HKD	98.42	-27.7	-15.86	―	-0.072
8279	AGテック	19/12		HKD	175.08	3.9	-123.88	―	-0.011
8280	中国数字視頻	19/12		CNY	303.21	-11.1	-173.34	―	-0.280
8281	中国金典集団	19/12		CNY	307.37	11.1	9.59	486.8	0.010
8282	智傲控股	19/12		HKD	80.18	-24.0	-1.86	―	-0.010
8283	正力控股	19/12		SGD	22.60	28.7	-1.24	―	-0.001
8285	森浩集団	19/12		CNY	146.11	3.6	-16.80	―	-0.030
8286	山西長城微光器材	19/12		CNY	39.33	49.1	-1.21	―	-0.004
8287	ジオンコム	19/12		HKD	573.14	-0.1	-26.38	―	-0.040
8290	アーセイ・バックアップ・ソフト	19/12		HKD	59.09	-6.2	0.11	-98.6	0.000
8291	万成金属包装	19/12		CNY	59.06	-48.8	-28.90	―	-0.072
8292	盛良物流	19/12		MYR	64.35	-13.4	-4.53	―	-0.006
8293	星亜控股	20/01	中間	SGD	11.65	-4.5	-1.65	―	-0.001
8295	中植資本国際	19/09	中間	HKD	8.69	28,876.7	-19.09	―	-0.005
8296	中国生命集団	19/12		CNY	66.61	6.3	-3.51	―	-0.005
8297	マイハート・ボディブラ	19/09	中間	HKD	32.94	0.3	-6.17	―	-0.013
8299	大唐潼金	19/09	中間	HKD	70.75	-28.1	-4.75	―	-0.003
8300	皇璽餐飲	19/09	中間	HKD	44.05	-12.8	-10.49	―	-0.004
8301	深セン明華科技	19/12		CNY	47.31	-36.6	-17.03	―	-0.021
8305	棠記控股	19/12		HKD	220.26	-12.5	2.26	-82.5	0.003
8307	メディックスキン	19/09	中間	HKD	25.86	3.5	-0.65	―	-0.001
8308	古兜控股	19/12		CNY	238.22	-4.2	24.61	58.1	0.025
8309	万佑環球	19/12		HKD	240.99	37.6	4.78	338.8	0.008
8310	大豊港和順科技	19/12		HKD	1,517.07	-63.6	-946.60	―	-0.735
8311	円美光電	19/12		HKD	166.61	-34.4	-34.08	―	-0.023
8313	傑地集団	19/12		SGD	14.92	26.6	4.62	327.6	0.002
8315	長城匯理	19/09	中間	HKD	6.51	-72.7	-25.42	―	-0.020
8316	柏栄集団	19/09	中間	HKD	36.33	-0.9	-2.75	―	-0.003
8317	財華社集団	19/09	中間	HKD	15.27	94.5	-10.90	―	-0.016
8319	思博系統	19/09	中間	HKD	219.33	15.8	4.89	7.2	0.006
8320	沛然環保顧問	19/09	中間	HKD	20.65	22.9	1.36	―	0.001
8321	泰錦控股	19/10	中間	HKD	124.93	79.8	0.11	-86.9	0.000
8325	中国支付通	19/09	中間	HKD	132.98	-53.4	-43.93	―	-0.027
8326	同景新能源	19/09	中間	HKD	19.36	-95.7	-15.68	―	-0.019

コード	企業名	年期		通貨単位	売上高(百万)	前年比(%)	純利益(百万)	前年比(%)	EPS
8328	信義汽車ガラス	19/12		HKD	202.88	19.0	25.02	-57.7	0.039
8329	深セン・ネプチューンズ	19/12		CNY	1,080.87	24.7	59.72	24.2	0.036
8331	恒勤集団	19/12		CNY	58.10	13.5	7.41	—	0.011
8333	阿仕特朗金融	19/12		HKD	45.43	-9.1	12.03	-46.5	0.015
8337	直通電訊	19/12		HKD	244.82	-4.5	-59.08	—	-0.017
8340	城高金融集団	19/12		HKD	11.15	-44.9	-6.69	—	-0.011
8341	艾碩控股	19/09	中間	HKD	102.97	90.8	-5.51	—	-0.028
8346	創新電子	19/12	中間	HKD	52.52	10.7	-4.67	—	-0.008
8347	F8 企業	19/09	中間	HKD	206.72	63.7	7.74	69.6	0.010
8348	天津濱海泰達物流	19/12		CNY	2,716.80	3.9	9.45	268.0	0.030
8349	美固科技	19/12		CNY	80.27	7.6	3.47	136.3	0.009
8350	駿溢環球金融	19/12		HKD	18.92	-62.7	-16.54	—	-0.021
8351	俊文宝石	19/12		HKD	294.47	-23.4	-126.11	—	-0.035
8353	安科系統	19/11	中間	SGD	8.08	12.8	-0.18	—	-0.001
8355	超智能控股	19/09	中間	HKD	85.59	4.2	1.13	-84.9	0.001
8356	中国新華電視	19/09	中間	HKD	110.71	-22.0	-47.51	—	-0.012
8357	リパブリック・ヘルスケア	19/12		SGD	13.46	29.2	0.64	—	0.001
8360	利駿集団	19/12		HKD	142.73	-12.1	-56.43	—	-0.095
8362	運興泰集団	19/12		HKD	134.74	-1.1	-7.60	—	-0.005
8363	SDM グループ	19/12		HKD	128.72	68.3	-98.81	—	-0.279
8365	建泉国際	20/03	中間	HKD	29.00	93.6	-9.90	—	-0.019
8366	浙江聯合投資	19/10	中間	HKD	66.03	-5.3	-16.63	—	-0.011
8367	倩碧控股	19/09	中間	HKD	59.13	-19.2	-23.08	—	-0.029
8368	中国創意	19/12		CNY	48.12	213.2	1.62	—	0.001
8370	智昇集団	19/12		CNY	48.61	-35.1	-16.47	—	-0.022
8371	譽高美集団	19/09	中間	HKD	201.03	46.2	22.29	118.2	0.059
8372	君百延集団	19/09	中間	HKD	32.00	14.3	4.58	-15.0	0.006
8373	インディゴ・スター	19/12		SGD	20.41	-52.0	0.15	-93.9	0.000
8375	弘浩国際	19/12		HKD	82.19	-18.1	1.55	-69.9	0.002
8377	申酉控股	19/12		HKD	58.75	-8.9	-19.22	—	-0.024
8379	匯安智能科技	19/09	中間	HKD	25.43	-0.1	-3.04	—	-0.004
8383	東駿控股	20/02	中間	MYR	115.73	23.2	3.49	129.6	0.004
8385	万里印刷	19/12		HKD	461.56	6.7	18.20	-25.2	0.023
8391	精雅商業財経印刷	19/09	中間	HKD	36.57	-13.7	-4.22	—	-0.010
8392	舍図控股	19/09	中間	HKD	28.14	2.4	-3.50	—	-0.004
8395	斉家控股	19/09	中間	HKD	46.70	9.3	4.69	220.3	0.003
8400	亜州先鋒娯楽	19/12		HKD	81.97	-25.2	-3.05	—	-0.003
8401	源想集団	19/09	中間	HKD	11.96	-8.5	-0.87	—	-0.004
8402	GT スチール・コンストラクション	19/12		SGD	50.85	1.5	5.33	-18.6	0.011
8403	天平道合	19/12		CNY	228.26	82.9	-1.25	—	-0.001
8405	恒智控股	19/12		HKD	168.68	24.5	28.24	28.9	0.071
8406	合宝豊年	19/12		CNY	223.83	16.0	18.88	-11.2	0.024
8411	KW ネルソン	19/12		HKD	104.88	-15.7	27.19	-5.4	0.027
8412	高門集団	19/11	中間	HKD	29.96	-24.1	-10.91	—	-0.014
8413	亜洲雑貨	19/09	中間	HKD	98.61	5.6	-0.30	—	0.000
8416	HM インターナショナル	19/12		HKD	130.51	-0.2	2.61	-63.5	0.007
8417	大地教育	19/09	中間	HKD	9.68	-16.5	0.85	-27.9	0.001
8418	傲迪瑪汽車	19/12		SGD	16.63	-7.5	-2.16	—	-0.003
8419	AV 策画推広	19/12		HKD	203.82	-14.5	24.52	13.3	0.061
8420	ネクシオン・テクノロジーズ	19/12		USD	5.82	-32.2	-2.11	—	-0.003
8422	WT 集団	19/12		HKD	34.29	-9.1	0.10	-97.2	0.000
8423	チウ発展	19/09	中間	HKD	199.37	39.7	9.22	31.2	0.012
8425	興銘控股	19/09	中間	HKD	30.20	42.0	3.65	0.6	0.009
8426	雅居投資	19/12		HKD	413.96	11.5	7.19	-40.8	0.009
8427	瑞強集団	19/11	中間	MYR	13.65	-8.6	-1.44	—	-0.002
8428	国茂控股	19/09	中間	HKD	30.01	-39.1	-8.37	—	-0.007

コード	企業名	年期		通貨単位	売上高(百万)	前年比(%)	純利益(百万)	前年比(%)	EPS
8429	氷雪集団	19/12		HKD	81.65	-10.7	-1.53	—	-0.003
8430	春能控股	19/12		SGD	28.75	-2.2	-0.98	—	-0.002
8431	浩柏国際	19/09	中間	HKD	73.05	14.7	-3.60	—	-0.003
8432	バー・パシフィック	19/09	中間	HKD	81.38	7.0	6.01	34.6	0.007
8436	徳宝集団	19/12		HKD	266.42	2.9	33.05	2.5	0.083
8437	徳斯控股	19/12		SGD	7.23	3.4	0.16	-91.5	0.000
8439	新百利融資	19/09	中間	HKD	34.67	-23.6	-1.27	—	-0.009
8441	国際永勝集団	20/3		HKD	481.57	63.1	47.09	165.3	0.068
8445	怡康泰工程	19/09	中間	HKD	109.03	-50.2	-1.53	—	-0.008
8446	ITPホールディングス	19/11	中間	HKD	33.47	-35.9	-5.69	—	-0.007
8447	MSコンセプト	19/09	中間	HKD	121.61	-8.8	1.02	—	0.001
8448	環球印館	19/09	中間	HKD	73.86	-3.1	0.55	—	0.001
8450	鉅京控股	20/03	中間	HKD	28.00	24.7	-0.96	—	-0.001
8451	日光控股	20/03	中間	SGD	8.65	14.5	0.36	348.1	0.001
8452	富銀融資租賃	19/12		CNY	152.63	-1.9	36.06	-10.3	0.100
8455	礼建徳集団	19/09	中間	HKD	68.10	-6.0	-0.96	—	-0.001
8456	民信国際	19/09	中間	HKD	97.59	-10.3	-11.89	—	-0.030
8460	基地錦標集団	19/12		HKD	102.79	-19.4	-7.86	—	-0.008
8462	橋英控股	19/12		SGD	36.75	5.6	-1.22	—	-0.002
8465	高科橋光導科技	19/12		HKD	370.76	-27.3	35.76	-55.0	0.138
8471	新達控股	19/12		CNY	76.12	-23.1	-5.15	—	-0.006
8472	立高控股	19/12		HKD	579.86	9.4	-16.12	—	-0.040
8473	弥明生活百貨	19/09	中間	HKD	69.40	0.4	6.45	-39.2	0.006
8475	千盛集団	20/02	中間	SGD	9.20	26.8	-1.55	—	-0.004
8476	大洋環球	20/3		HKD	323.67	-1.1	18.70	-25.1	0.067
8479	金泰豊国際	19/12		CNY	2,141.53	12.2	39.87	37.6	0.074
8480	飛霓控股	19/12		MYR	125.94	71.0	-50.83	—	-0.095
8481	盛龍錦秀	19/12		CNY	347.27	-0.6	19.24	40.1	0.039
8482	万励達国際	19/09	中間	HKD	93.21	10.1	-8.74	—	-0.010
8483	名仕快相集団	19/12		HKD	59.31	8.4	-4.95	—	-0.006
8485	竣球控股	19/12		HKD	132.19	6.8	23.14	29.7	0.023
8487	ISPグローバル	19/12	中間	SGD	3.93	-5.4	0.06	-9.4	0.000
8490	駿碼科技集団	19/12		HKD	213.01	15.5	-0.68	—	-0.001
8491	クール・リンク	19/12		SGD	23.83	-6.2	-0.87	—	-0.001
8493	龍皇集団	19/12		HKD	402.32	-3.1	-35.47	—	-0.025
8495	1957 & Co.	19/12		HKD	345.74	-0.8	-14.19	—	-0.040
8496	シンガポール・フード	19/6		SGD	16.32	70.1	1.45	68.5	—
8500	天泓文創国際	19/12		CNY	150.10	-28.2	-42.29	—	-0.310
8501	荘皇集団	19/09	中間	HKD	347.39	57.4	4.59	-41.0	0.023
8502	遠航港口発展	19/12		CNY	146.23	55.0	41.43	133.2	0.052
8506	中国福紡	19/12		CNY	114.42	-14.6	16.61	-19.6	0.017
8507	愛世紀集団	19/09	中間	HKD	78.85	0.9	-5.14	—	-0.013
8509	威揚酒業国際	19/09	中間	HKD	136.12	0.1	5.97	-51.8	0.015
8510	トップ・スタンダード	19/09	中間	HKD	60.94	3.0	-20.49	—	-0.026
8511	ジーチャン・テクノロジー	20/3		HKD	54.89	4.8	3.14	-57.1	0.010
8512	凱富善集団	19/12		HKD	307.55	42.8	24.66	416.6	0.022
8513	IAGホールディングス	19/12		SGD	15.21	-7.8	-1.66	—	-0.004
8516	広駿集団	19/09	中間	HKD	45.98	-7.1	-0.21	—	0.000
8519	佳民集団	19/12		HKD	219.07	-4.9	-31.96	—	-0.037
8521	智紡国際	19/12		HKD	191.18	10.2	34.99	44.1	0.073
8532	宝発控股	19/09	中間	HKD	154.73	44.5	3.28	—	0.004
8535	ケイ徳控股	19/09	中間	HKD	111.46	-39.2	5.43	-63.4	0.005
8536	TLナチュラル・ガス	19/12		CNY	73.76	-13.6	-2.73	—	-0.006
8537	創輝珠宝	19/09	中間	HKD	66.47	-20.7	0.26	-74.5	0.000
8540	勝利証券	19/12		HKD	62.23	-7.4	9.42	29.8	0.047
8545	佰悦集団	19/09	中間	HKD	108.89	33.1	2.16	-56.9	0.002

コード	企業名	年期	通貨単位	売上高 (百万)	前年比 (%)	純利益 (百万)	前年比 (%)	EPS
8547	パシフィック・レジェント	19/12	HKD	307.72	10.6	-7.80	—	-0.008
8601	宝燵控股	19/12	HKD	100.72	13.9	16.50	—	0.021
8603	亮晴控股	19/09 中間	HKD	53.89	22.1	-4.30	—	-0.005
8606	倢冠控股	19/12	HKD	215.64	11.4	2.18	—	0.003
8607	納尼亜香港	19/12	CNY	329.56	-0.8	31.24	-20.5	0.041
8609	永続農業発展	19/09 中間	SGD	22.81	51.4	2.18	—	0.005
8611	マインドテル・テクノロジー	19/11	MYR	19.43	-59.2	1.31	-83.3	0.003
8612	維亮控股	19/12	HKD	45.90	4.8	2.14	-73.4	0.004
8613	東方支付集団	19/09 中間	HKD	42.26	-27.1	0.07	—	0.000
8616	新威工程集団	19/09 中間	HKD	102.45	24.9	14.07	89.1	0.019
8617	永聯豊集団	19/12	HKD	67.51	45.9	6.96	-28.5	0.022
8619	WACホールディングス	19/09 中間	HKD	30.56	-5.8	-2.58	—	-0.003
8620	亜洲速運物流	19/09 中間	HKD	160.17	-7.8	3.38	—	0.009
8621	メトロポリス・キャピタル	19/12	CNY	37.38	-22.1	-49.98	—	-0.061
8622	華康生物医学	19/12	CNY	25.47	-11.2	-0.28	—	-0.001
8627	旅橙文化	19/12	CNY	61.00	14.3	8.88	40.8	0.014
8631	申港控股	19/09 中間	HKD	204.02	-17.7	4.35	-33.5	0.011
8635	連成科技集団	19/09 中間	HKD	21.07	5.2	1.59	-22.2	0.004
8645	ノトール・テクノロジーズ	19/12 中間	MYR	19.58	-9.9	-0.90	—	-0.002
8646	中国宏光	19/12	CNY	200.18	31.4	26.66	-16.1	0.120
8668	瀛海集団	19/12	HKD	180.24	8.8	-1.07	—	-0.001
9618	JDドット・コム	19/12	CNY	576,888.48	24.9	12,184.16	—	4.180
9900	徳益控股	19/09 中間	HKD	514.07	56.3	15.75	-8.2	0.042
9909	宝龍商業管理	19/12	CNY	1,620.46	35.0	178.61	34.0	0.440
9911	赤子城科技	19/12	CNY	389.69	40.8	68.42	14.5	0.082
9916	興業物聯服務集団	19/12	CNY	184.12	40.5	35.17	2.8	0.120
9918	麗年国際	19/12	HKD	980.84	-22.0	33.39	-56.6	0.022
9919	艾徳韋宣集団	19/12	CNY	661.77	-3.3	29.97	-19.3	0.050
9922	九毛九国際	19/12	CNY	2,687.29	42.0	164.41	136.1	0.160
9923	イーカー	19/12	CNY	2,258.02	127.4	84.66	—	1.840
9926	康方生物科技	19/12	CNY	70.88	2,408.1	-335.39	—	—
9928	時代隣里	19/12	CNY	1,081.34	55.4	96.31	51.6	0.130
9929	澳達控股	19/12	MOP	203.09	9.6	20.27	-51.1	0.014
9933	GHWインターナショナル	19/12	CNY	1,966.06	-8.7	29.11	-60.8	0.039
9936	稀美資源	19/12	CNY	600.64	16.7	69.65	-9.6	0.310
9938	華和控股	19/3	HKD	232.96	7.7	33.21	22.2	—
9939	開拓薬業	19/12	CNY	—	—	-232.58	—	-9.720
9966	康寧傑瑞生物製薬	19/12	CNY	—	—	-832.74	—	-1.550
9968	匯景控股	19/12	CNY	3,605.61	61.1	615.39	52.6	0.100
9969	諾誠健華医薬	19/12	CNY	1.25	-22.9	-2,141.39	—	-9.320
9978	方円房地産服務	19/12	CNY	256.28	12.0	22.17	-26.4	0.055
9983	建業新生活	19/12	CNY	1,754.40	152.8	233.95	1,101.6	6.120
9988	アリババ集団	20/3	CNY	509,711.00	35.3	149,263.00	70.4	7.100
9996	沛嘉医療	19/12	CNY	18.70	—	-531.98	—	-45.280
9998	光栄建築	19/12 中間	SGD	101.28	171.0	3.37	108.4	0.004
9999	ネットイース	19/12	CNY	59,241.15	15.8	21,237.52	245.2	6.590
80737	深セン投控湾区発展	19/12	CNY	—	—	612.03	101.3	0.199
87001	匯賢REIT	19/12	CNY	3,169.00	-1.0	452.00	-16.8	0.083

中国株 Q&A

Q1 中国の概要について教えてください。

■ 国名	中華人民共和国 People's Republic of China
■ 面積	960 万 km² （日本の約 26 倍）
■ 人口	14 億 5 万人 （2019 年 12 月現在、日本の約 11 倍）
■ 首都	北京
■ 人種 / 言語	漢民族 （総人口の 92%） / 漢語 （中国語）
■ 宗教	仏教・イスラム教・キリスト教など
■ 政体 / 国体	人民代表大会制度 / 人民民主専政制度
■ 国家主席 / 首相	習近平　Xi Jinping / 李克強　Li Keqiang
■ 議会	全国人民代表大会
■ 名目GDP総額	99 兆 865 億元 （2019 年）
■ 経済成長率	6.1% （2019 年）
■ 調査失業率	5.2% （2019 年末）
■ 通貨	人民元 （1 人民元＝ 15.0 円 （2020/5/8 現在）

※ 中国国家統計局、外務省ホームページなど

Q2 中国で予定されているイベントを教えてください。

2021 年	ユニバーサル・スタジオ北京開業
2021 年	中国共産党創立 100 周年
2022 年 2 月	北京冬季五輪
2022 年 9 月	杭州アジア競技大会
2022 年秋	中国共産党第 20 回全国代表大会
2022 年以降	宇宙ステーション完成予定
2030 年？	有人月面着陸
2049 年	中国建国 100 周年

Q3 中国株式市場の概要を教えてください。

　　　　中国の株式市場は香港と本土（上海、深セン）に大きく分けることができます。香港市場はさらにメインボードと GEM 市場、上海と深センはそれぞれ A 株市場と B 株市場に分けられます。

　現在、海外の個人投資家が投資できるのは、上海と深センの B 株市場および香港市場（メインボード、GEM）に上場の全銘柄となっています。また、「滬港通（上海・香港ストックコネクト）」「深港通（深セン・香港ストックコネクト）」を通じて A 株の一部に投資できるようになりました。

　決算通貨は市場によって異なりますが、香港市場では香港ドルのほか、人民元決済の銘柄も出てきました。人民元決済の銘柄は 5 桁の証券コードが 8 から始まります。

　取引単位については、中国 A 株と B 株は一律 100 株ですが、香港上場企業は銘柄によって単位が異なります。また、値幅制限に関しては、中国本土株が前日の終値から上下10％に制限される一方、香港銘柄は原則として同制限がありません。

市　　場		銘柄数	総時価総額概算	決済通貨	取引単位	呼び値	値幅制限
香港	メインボード	(*1) 2100	476.30 兆円	香港ドル 人民元	銘柄により 異なる	株価水準 による	原則なし
	GEM	(*2) 378	1.33 兆円				
上海	A株	1511	506.24 兆円	人民元	100 株	0.01 元	前日終値 ± 10％ (*3)
	B株	50	1.01 兆円	米ドル		0.001 米ドル	
深セン	A株	2225	379.75 兆円	人民元		0.01 元	
	B株	46	0.71 兆円	香港ドル		0.01 香港ドル	

*1…H 株 261 銘柄、レッドチップ 173 銘柄　　　　　　　　　　　　　　　　2020 年 5 月 8 日現在

*2…H 株 21 銘柄、レッドチップ 4 銘柄　　　　　　1 香港ドル＝ 13.72 円、1 人民元＝ 15.03 円で算出

*3…ST と *ST 銘柄は± 5％、創業板・科創板銘柄は± 20％

Q4 中国株式市場の取引時間を教えてください。

　　　　取引時間は下表のようになります。中国と日本の間には時差が1時間あるので、取引時間については注意が必要です。香港市場では2011年3月から、中国本土市場と足並みをそろえるため前場の取引開始時間を30分前倒しして日本時間午前10時半としたほか、これまで2時間あった昼休みを1時間半に短縮しました。12年3月からは、さらに昼休みを1時間に減らし、取引時間を5時間から5時間半に延長しました。

　なお、香港市場では二段階に分けてクロージング・オークション・セッションが導入され、取引時間が日本時間午後5時10分まで延長されました。16年7月25日開始の第一段階では、ハンセン総合大型株指数とハンセン総合中型株指数の構成銘柄、AH重複上場銘柄、ETF銘柄を対象として取引時間が延長され、17年7月24日開始の第二段階ではハンセン総合小型株指数にも拡大されました。その後、19年10月8日にはすべての銘柄に対象が拡大しています。

取引時間（日本時間）	香港	上海	深セン
プレオープニング・セッション	10：00～10：30	10：15～10：25	
前場	10：30～13：00	10：30～12：30	
後場	14：00～17：00	14：00～15：57	
クロージング・オークション・セッション	17：00～17：10	15：57～16：00	

Q5 2020年の香港、中国の休場日を教えてください。

香港		中国	
1/1	正月	1/1	正月
1/27－28	旧正月	1/24－31	旧正月
4/10	キリスト受難節	4/6	清明節
4/13	イースターマンデー	5/1－5	メーデー
4/30	仏誕節	6/25－26	端午節
5/1	メーデー	10/1－8	国慶節
6/25	端午節		
7/1	香港特別行政区設立記念日		
10/1	国慶節		
10/2	中秋節の翌日		
10/26	重陽節		
12/25	クリスマス		

中国株Q&A

Q6 香港市場と本土市場の違いを教えてください。

　　　香港市場と本土市場（上海、深セン）の大きな特徴としては、香港市場が「米国の金利や株式相場の影響を受けやすい」のに対し、本土市場は「中国政府の政策が反映されやすい」点が挙げられます。

　香港ドルは米ドルとのペッグ制（香港ドルと米ドルとの為替レートを一定に保つ制度）を採用しています。そのため、米国経済の影響を受けやすく、米国の金融政策や米連邦準備理事会（FRB）議長の発言が、香港市場に影響を与えることもあるのです。香港市場のもう一つの特徴として、株価のボラティリティ（振れ幅）が大きいことがしばしば指摘されています。これは、香港株には値幅制限がないこと、また、海外投資家にも市場が自由に開かれているため、世界の株式市場の影響を受けやすいことなどが理由として挙げられます。

　これに対し本土市場は、世界の株式相場の影響を相対的に受けにくい独自マーケットと言われています。国内要因、特に中国政府の政策を反映しやすい市場ですので、一般報道程度の情報収集は最低でも必要です。

Point!

● 香港市場：米国市場の影響を受けやすい。
　　　　　　　ボラティリティが大きい。
● 本土市場：中国政府の政策が反映されやすい。

Q7 香港市場のメインボードとGEMの違いを教えてください。

　　　香港のメインボード上場企業数は2020年5月8日時点で2100社、時価総額は34兆7160億香港ドル（約476兆3000億円）に上ります。

　GEM市場はもともと「Growth Enterprise Market」の略で、香港証券取引所が1999年11月に併設した新興企業向け市場でした。現在では中小型株を対象としており、株主数や売上高などの公開基準がメインボードより緩くなっています。

　投資家への認知度を高め、企業発展を図る目的で、GEM市場からメインボードへ指定替えをする企業も増えています。中国初の民間ガス供給会社である新奥能源（02688）、天業節水（00840）、北京京客隆（00814）、アンドレジュース（02218）などは、GEM市場からメインボードへ指定替えした企業です。

Point!

● 香港市場は、メインボードとGEM市場に分けられる。
● GEM市場は中小型株市場。
● 最近では、GEMからメインボードに指定替えする企業が増えている。

Q8 香港市場のＨ株、レッドチップとは何ですか。

　香港市場（メインボード、GEM を含む）に上場する株式を大別すると、Ｈ株、レッドチップ、その他に大別されます。

■ Ｈ株：登記地が中国の本土企業が香港で発行する株式

　Ｈ株（H Shares）を発行するのは中国で登記された純然たる中国企業で、本土で事業を展開しながら香港市場に上場しているものを指します。Ｈ株の「Ｈ」は「Hong Kong」の頭文字を採ったもの。道路、電力、鉄鋼など重厚長大型の国有企業が多く、Ｈ株は香港市場で海外の資金を調達する手段となっています。これら企業には中国本土の法律が適用されます。

　Ｈ株企業の中には、本土のＡ株市場にも上場している企業がありますが、Ａ株とＨ株は、同一権利、同一額面の株式です。

■ レッドチップ：一般に中国政府系資本が 30％以上で、香港またはバミューダ、ケイマン諸島などのタックスヘイブンで登記されている銘柄

　レッドチップ（Red-Chip stocks）は、中国本土に主な事業資産を有している海外登記企業で、香港に上場しているものを指します。レッドチップは一般に中国政府系資本が 30％以上を占め、通常はケイマン諸島やバミューダ諸島、英領バージン諸島（BVI）などで登記されています。法律と会計制度は登記地のものが適用されます。

　「レッドチップ」という名称は、収益性、安定性、成長性に優れた優良株を意味する「ブルーチップ」を中国共産党のカラーにもじって呼んだことからきています。1980 年代から中国資本による香港企業の買収が相次いだことから生まれた分類ですが、90 年代以降は通信、テクノロジー関連の有力企業を中心に上場数が急増しました。

■ Ｈ株、レッドチップのいずれにも属さないもの

　香港上場銘柄には、Ｈ株、レッドチップのいずれにも属さないものも多数存在します。これらは香港の地場企業または海外の香港上場企業などです。

	メインボード	GEM
上場企業数	2100	378
－Ｈ株銘柄数	261	21
－レッドチップ銘柄数	173	4

（2020 年 5 月 8 日現在）

Point!

● 香港市場に上場する株式は、Ｈ株、レッドチップ、その他に大別することができる。
　Ｈ株企業........ 香港に上場している中国企業。
　レッドチップ.... 主に中国政府系資本が 30％以上。香港またはバミューダ、ケイマン諸島などのタックスヘイブンで登記されている香港上場企業。

Q9　上海・深セン市場のＡ株とＢ株の違いを教えてください。

　　　中国本土には上海と深センに証券取引所があります。1990年8月に深セン証券取引所が、同年11月には上海証券取引所が設立されました。

　両市場には、Ａ株市場、Ｂ株市場と呼ばれる取引形態の異なる2種類の株式市場が存在しており、それぞれ特徴があります。中国企業の発行するＡ株、Ｂ株は、同一権利、同一額面の株式で、株主の権利という点では差がありません。例えば、深センに上場している張裕ワイン（Ａ株コード：000869、Ｂ株コード：200869）はＡ株とＢ株の両方を発行していますが、株主の権利は同じです。

　上海と深センのＡ株市場は、株式は人民元で取引されます。以前は、中国本土の投資家のみが投資できる市場でしたが、2002年11月に、適格海外機関投資家（ＱＦＩＩ）制度の導入で、外資のＡ株取引が部分的に解禁されました。また14年11月には、個人が滬港通を通じて上海のＡ株の一部に投資できるようになり、16年12月には深センＡ株も部分的に解禁されました。

　Ｂ株は、上海市場では米ドル、深セン市場では香港ドルで取引されています。Ｂ株市場はもともと、「人民元を自由化しない条件下で、外資を導入したい」と考える中国政府の策として創設された市場です。市場を全面開放するのではなく、部分的に取引を行なえるようにすることで、海外マネーの流入を図ったのです。現在の上場企業数は上海と深セン合わせて96社。その8割が同時にＡ株も発行しています。

　ただし、Ｂ株市場の上場企業数はＡ株市場で上場する企業の2％程度にとどまっていますから、Ｂ株はＡ株に比べて規模の小さい市場です。中国国内の個人投資家にＢ株取引が開放された2001年2月には、大量の資金がＢ株市場に流れ込み、多くの銘柄が暴騰しました。

Point!

● Ａ株市場…中国国内の投資家と特定の条件を満たした外国機関投資家が取引でき、一部の銘柄については外国の投資家も取引できる。
● Ｂ株市場…中国国内の投資家と外国の投資家が取引できる。
● Ａ株とＢ株は、中国企業が発行する同一権利、同一額面の株式。

Q10　中国企業の発行する市場に流通しない株式にはどんなものがありますか。

　中国企業が発行している非流通株は、大きく「国家株」「法人株」に分けることができます。なお、「国有株」という場合は、「国家株」と国有の「法人株」を合わせたものを指します。ただし、2005年からスタートした非流通株改革により、徐々にこうした非流通株の解消が進んでいます。

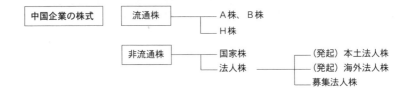

中国株Q&A

政府機関が出資した国有資産を株式に換算したものを指します。名義上の所有権は国務院にありますが、実際には国有資産監督管理委員会、集団公司など、さまざまな機関・企業が政府から代理権を受けて所有しています。

■ 法人株

企業法人が取得した株式を指します。法人株は発行形式の区分によって、発起法人株（本土法人株、海外法人株）と募集法人株に、所有制の区分によって、国有法人株と非国有法人株に分けることができます。

■ 募集法人株

株式会社を募集設立した際、発起人以外の一般法人が取得した株式を指します。

■ 本土法人株

中国本土の法人が取得した株式を指します。

■ 海外法人株

香港・マカオ・台湾を含む海外の法人が取得した株式を指します。

Q11 滬港通・深港通とは何ですか。

「滬港通」（Shanghai-Hong Kong Stock Connect）とは、香港市場を通じて上海A株の売買が可能となる「滬股通」と、上海市場を通じて香港株の売買が可能となる「港股通」を合わせた言葉で、上海・香港間で互いの上場株式に対する直接投資を認める制度です。2014年11月に制度がスタートし、投資対象や投資金額などに制限が設けられていますが、「滬港通」の導入で上海・香港間の双方向の直接投資が実現しました。日本を含む海外投資家はこの制度を通じて上海A株の銘柄に投資することが可能になり、逆に中国人投資家はこの制度を通じて香港株に投資することが可能になりました。

また、深セン・香港間の「深港通」（Shenzhen-Hong Kong Stock Connect）も16年8月に導入が発表され、同年12月にスタートしました。こちらも同じように、香港市場を通じて深センA株の売買が可能となる「深股通」と、深セン市場を通じて香港株の売買が可能となる「港股通」を合わせたものです。「滬港通」の制度と同じように投資対象や投資金額に制限はありますが、この制度の導入により日本を含む投資家も深センA株の銘柄に投資することが可能になりました。

指数構成銘柄の入れ替えに合わせ、毎年6月と12月、対象銘柄の入れ替えが行われます。対象銘柄から外れると、新規買い付けをすることができず、売り付けしかできなくなるため注意が必要です。また、対象のA株銘柄が特別処理銘柄(STもしくは*ST銘柄)に転落した場合にも投資対象銘柄から外れ、新規の買い付けができなくなります。

取引時間や取引制度は、基本的にそれぞれの証券取引所のルールに準じて決められていますが、どちらかの市場が休場の日やその前後で取引できない日があるため注意が必要です。

滬港通と深港通の比較（20 年 6 月時点）

	滬港通		深港通
	滬股通 （香港→上海）	港股通 （上海・深セン→香港）	深股通 （香港→深セン）
投資限度額	520 億元／日	840 億元／日　※3	520 億元／日
投資対象銘柄	・上海 180 指数銘柄 ・上海 380 指数銘柄 ・AH 重複上場の上海 A 株銘柄　※1	・ハンセン総合大型株指数銘柄 ・ハンセン総合中型株指数銘柄 ・ハンセン総合小型株指数銘柄　※4 ・AH 重複上場の H 株銘柄	・深セン成分指数銘柄　※2 ・深セン中小創新指数銘柄　※2 ・AH 重複上場の深セン A 株銘柄　※1
銘柄数	579 銘柄	318 銘柄　　476 銘柄	799 銘柄
銘柄入れ替え	毎年 6 月と 12 月	毎年 3 月と 9 月	毎年 6 月と 12 月
投資家制限	なし	本土の機関投資家・証券口座残高 50 万元以上の個人投資家	創業板上場銘柄は機関投資家のみ

資料：上海証券取引所、深セン証券取引所

※1　特別処理銘柄（ST または *ST）を除く
※2　時価総額 60 億元以上
※3　上海と深センそれぞれ 420 億元ずつ
※4　時価総額 50 億 HK ドル以上、REIT を除く

Q12　中国株式市場のＳＴ制度、＊ＳＴ制度とは何ですか。

　「ST 制度（特別処理銘柄　Special　Treatment）」とは、中国本土市場に上場する銘柄のうち、投資リスクの高いものを指します。具体的には、直近 1 会計年度で債務超過に陥った場合などがこれにあてはまり、前日の終値からの値幅が上下 5％に制限されます（通常は同 10％）。「＊ST 制度」とは、ST よりもさらに上場廃止の危険性が高い銘柄を指します。直近 2 会計年度で連続して赤字を計上した場合などに適用され、＊ST 指定後も赤字が継続した場合などには、上場一時停止となります。

　一方、上海・深セン両取引所は 2012 年 6 月下旬、株式市場の健全な発展を目的に上場廃止基準の強化を発表しました。具体的には◇上場一時停止後の直近会計年度で継続して純資産がマイナスとなった場合◇上場一時停止後の直近会計年度で売上高が 1000 万元を下回った場合◇A 株のみ発行する上場企業で 120 営業日累計の売買高が 500 万株を下回った場合（B 株のみ発行する上場企業は同 100 万株、A・B 株を両方発行する上場企業は同時に規定に該当した場合）◇20 営業日連続で終値が 1 株当たりの額面を下回った場合（A・B 株を両方発行する上場企業は同時に規定に該当した場合）──など計 6 項目が追加されました。

　上場廃止基準に該当した場合、証券取引所は 15 営業日以内に上場の廃止を決定します。上場廃止決定後は、30 営業日の上場廃止整理期間が与えられ、整理ポストで売買が行われた後に正式に上場廃止となります。

　2020 年 5 月 8 日現在、上海 B 株全 50 銘柄のうち、ST は 1 銘柄、*ST は 4 銘柄。深セン B 株は全 46 銘柄のうち ST がなし、*ST が 2 銘柄となっています。

Point!

● ST、＊ST 銘柄：上場廃止の可能性もあり、投資リスクは一般の銘柄に比べると高い。
● 前日終値からの値幅が上下 5％に制限される。
● 株式市場の健全化を目的に上場廃止基準を強化している。

Q13　ＡＨ価格差とは何ですか。

　　　　香港ドル建てのＨ株を発行する企業の多くは、中国本土の人民元建てＡ株市場にも株式を重複上場しています。Ａ株とＨ株は、中国企業が発行する同一権利、同一額面の株式で、株主の権利という点では同じです。しかし、両株価にはかい離があります。このＡ株とＨ株の株価のかい離を「ＡＨ価格差」と呼びます。

　　国際マーケットの香港市場に上場するＨ株は、PERやPBRに照らし、株価も国際基準で決定され比較的適正な水準に落ち着くのに対し、Ａ株は国内の投機的な買いもあって株価が割高になる傾向があります。

　　2006年4月末には適格国内機関投資家（ＱＤＩＩ）制度が解禁されました。これは、一定の条件を満たした中国国内の機関投資家に海外の証券投資を認める制度で、中国本土の投資家は海外の証券に投資できるようになりました。また、本土の個人投資家による香港株投資が一部解禁されたことで、今後はＡ株とＨ株の格差が縮小するとみられています。

Q14　ＡＢ価格差とは何ですか。

　　　　Ｂ株を発行する企業の多くは、中国本土の人民元建てＡ株市場にも株式を重複上場しています。しかし、両株価には一定の開きがあります。このＡ株とＢ株の株価のかい離を「ＡＢ価格差」と呼びます。

　　かつてはＡ株の株価より、Ｂ株の方が割安となっていた時期もありました。海外投資家が中国企業の情報公開（ディスクロージャー）などに対する不信感や警戒感から、購入可能なＢ株の購入を控えていたことに対し、Ａ株は国内の投機的な買いもあって割高に価格が決まるという特性を持っていたためです。

　　しかし、現在では中国国内の個人投資家にもＢ株の取引が開放されています。新たに取引が可能となった2001年2月には、Ａ株の株価に対して割安なＢ株を購入しようと大量の資金がＢ株市場に流れ込み、多くの銘柄が暴騰しました。

Q15　ＱＦＩＩについて教えてください。

　　　　適格海外機関投資家（QFII、Qualified Foreign Institutional Investors）制度は、中国証券監督管理委員会（CSRC）が認めた海外機関投資家に対し、条件付きでＡ株の取り扱いや売買を可能にする制度です。政府は大量の資本移動で為替レートが不安定になることを恐れ、外資によるＡ株投資を全面禁止していましたが、2002年11月の新規定でこれを部分開放しました。

　　これまでは、Ａ株市場の優良銘柄を購入する道が閉ざされていましたが、同制度によって、海外ファンドのＡ株購入が可能になりました。購入金額や売却時期に規制はありますが、これはＡ株の事実上の対外開放です。Ａ株の中には、香港市場に上場していない優良銘柄が数多く存在しますから、その意義は非常に大きいと言えるでしょう。

　　また、2006年9月にはＱＦＩＩの国内証券投資に関する新規定が施行され、資格条件が大幅に緩和されました。さらには2009年10月、1機関投資家当たりの投資枠を8億米ドルか

ら10億米ドルに引き上げるなど、規制緩和が進められています。投資枠も制度開始当初の100億米ドルから、2013年7月に1500億米ドル、2019年1月に3000億米ドルと段階的に引き上げられ、2019年9月には投資枠の完全撤廃が発表されました。

なお、2020年5月末時点でQFII資格を取得している海外の金融機関は計321社となっています。

また、11年8月には、中国の李克強・副首相（当時）が、香港の本土系証券会社を通じて人民元建て中国株投資を認める「RQFII」制度（RMB Qualified Foreign Institutional Investors）を導入する方針を表明。11年12月に複数の証券会社が認可を取得しました。

QFIIを取得している主な機関投資家	
UBS	ゴールドマン・サックス
日興アセットマネジメント	ABNアムロ
ドイツ銀行	ハンセン銀行
HSBC銀行（香港上海銀行）	第一生命保険
野村証券	住友信託銀行

Point!

適格海外機関投資家（QFII）制度
● 申請資格は大手機関投資家のみ。個人の申請は不可。
● 買い付け後少なくとも3カ月は、投資資金の持ち出しが禁止される。

Q16　QDIIについて教えてください。

適格国内機関投資家（QDII、Qualified Domestic Institutional Investors）制度とは、一定の条件を満たした国内の機関投資家に海外の証券投資を認める制度です。この制度の導入により、中国本土の投資家が海外の証券にも投資できるようになりました。

中国人民銀行（中央銀行）は2006年4月に条件を満たす国内の商業銀行や保険会社などの金融機関に対し、一定限度内で保有外貨の海外運用を認めるとの通達を発表し、QDII制度の解禁を宣言しました。人民銀行はQDII制度解禁の目的について、「外国為替市場の発展と国際収支バランスの改善を促すため」と説明しています。同制度導入の背景には、過剰流動性の解消や外貨準備の急激な拡大を抑制したい当局の意向が反映されていると考えられています。

複数の商業銀行、保険会社、証券会社や投信信託会社がQDII資格を保有しており、個人投資家向けに香港株を組み入れたファンドを販売しています。また、銀行系QDIIファンドについては香港のほか、英国、シンガポール、日本、米国などの株式への投資も認可されています。

Point!

適格国内機関投資家（QDII）制度
● 中国の機関投資家に外国株（香港株など）の売買を認める。
● 個人投資家にはQDII制度を通じた外国株ファンドが人気。
➡ 効果…中国投資家から見て「割安感」のある香港H株に本土マネーが集中。

中国株Q&A

Q17 中国証券市場の沿革と規制緩和について教えてください。

中国証券市場の沿革を簡単にまとめると以下のようになります。

2001年2月の国内投資家によるB株売買解禁、2014年11月の上海・香港の株式相互取引制度の導入など、少しずつ規制が緩和されていることが分かります。

1990年 8月	深セン証券取引所設立	
1990年11月	上海証券取引所設立	
1992年 2月	上海、深セン両取引所にB株上場	
1993年 7月	香港取引所にH株上場	
1999年 1月	「証券法」施行	
2001年 2月	国内投資家によるB株売買を解禁	
2002年11月	適格海外機関投資家（QFII）制度の導入で、外資のA株売買を部分解禁	
2003年 5月	野村証券とUBSがQFII資格を取得	
2004年 3月	中国社会保障基金の海外資本市場投資を解禁	
2004年 5月	深セン証券取引所に中小企業ボード設立	
2005年 6月	上場企業による自社株買いを解禁	
2005年 9月	非流通株改革がスタート	
2006年 4月	適格国内機関投資家（QDII）制度を解禁	
2007年 5月	銀行のQDII規制緩和、外国株投資を解禁	
2007年 5月	QFIIの投資限度額引き上げ、100億米ドルから300億米ドルへ	
2007年 6月	保険会社のQDII業務を正式解禁	
2007年 7月	証券会社のQDII業務を正式解禁	
2007年 8月	本土の個人投資家による海外株直接投資、試験的解禁を発表	
2009年10月	深セン証券取引所で中国版ナスダック「創業ボード」の取引開始	
2010年 3月	上海、深セン両取引所で信用取引を解禁	
2010年 4月	中国金融先物取引所で株価指数先物取引開始	
2012年 4月	QFIIの投資限度額引き上げ、300億米ドルから800億米ドルへ	
2013年 7月	QFIIの投資限度額引き上げ、800億米ドルから1500億米ドルへ	
2014年11月	上海・香港の相互取引開始、外国個人投資家の上海A株売買が可能に	
2016年12月	深セン・香港の相互取引開始、外国個人投資家の深センA株売買が可能に	
2018年 6月	中国預託証券（CDR）の発行ルールを公表、発行申請の受け付けを開始	
2019年 1月	QFIIの投資限度額引き上げ、1500億米ドルから3000億米ドルへ	
2019年 6月	上海証券取引所がハイテク新興企業向け市場「科創板」を開設	
2019年 9月	QFIIとRQFIIの投資限度額の上限撤廃	
202?年	A、B株を統合、A株を完全開放	

Q18 中国市場の代表的な指数を教えてください。

＜香港＞

■ **香港ハンセン指数（Hang Seng Index）**

香港市場を代表する株価指数。1964年にハンセン銀行（00011）が開発、1969年より HSI サービシズ社（現ハンセン・インデックシズ社）が公表。1964年7月31日時点の構成銘柄の時価総額合計を100とする。同様に算出された業種別指数（ハンセン金融指数、ハンセン公益指数、ハンセン不動産指数、ハンセン商工業指数など）もある。指数構成銘柄の選定基準は「香港企業であること」とされていたため、構成銘柄はレッドチップを含む香港企業に限定されていた。しかし2006年6月、香港市場におけるH株の影響力拡大を受けて選定基準の見直しが行われた結果、H株銘柄にも採用への道が開かれ、その年の9月にはH株銘柄から中国建設銀行（00939）が初めて構成銘柄入りを果たした。2007年11月の構成銘柄の入れ替えでは、本土系銘柄のウエートが初めて50％を上回った。2020年6月現在、構成銘柄50銘柄中9銘柄をH株が占めている。

■ **中国企業指数（Hang Seng China Enterprises Index：旧H株指数）**

香港市場に上場する中国企業の中から選ばれた銘柄で構成される指数。もともと香港H株の中から選ばれていたが、2018年の銘柄入れ替えでレッドチップ銘柄、民営企業銘柄（Pチップ）からテンセント（00700）、チャイナ・モバイル（00941）など10銘柄が新規に採用され、H株に限らず香港市場に上場する中国企業全体の値動きを示す指数へと位置付けが変更された。2000年1月3日を基準値(2000)として算出。2020年6月現在、50銘柄で構成されている。

■ **香港レッドチップ指数（HS China-Affiliated Corp. Index）**

香港レッドチップの中から選ばれた銘柄で構成される指数。2000年1月3日を基準値（2000）としている。2020年6月現在、25銘柄で構成されている。

■ **香港 GEM 指数（S&P/HKEx GEM）**

香港証券取引所と米格付機関スタンダード＆プアーズ（S&P）が共同開発した指数。GEM銘柄の主力株で構成され、2003年3月に指数として公開された。毎年3月、6月、9月、12月の第3金曜日に銘柄入れ替えを実施。2020年6月現在、51銘柄で構成されている。

＜上海＞

■ **上海総合指数（Shanghai SE Composite Index）**

上海市場に上場している全銘柄の時価総額を加重平均して算出される。1990年12月19日を基準値100とした指数。

■ **上海 180 指数（SSE180）**

2002年7月1日から採用された指数。上海市場に上場している代表的なA株180銘柄で構成されており、毎年6月と12月に構成銘柄の見直しが実施されている。基準値は、それまで採用されていた「上海30指数」の2002年6月28日の終値。

■ **上海 380 指数（SSE380）**

上海市場に上場しているA株380銘柄で構成されており、毎年6月と12月に構成銘柄の見直しが実施されている。2003年12月31日を基準値1000とした指数。

■ **上海A株指数（SSEAI）**

上海市場に上場しているA株全銘柄の時価総額を加重平均して算出される。1990年12月19日を基準値100とした指数。

■ 上海Ｂ株指数（SSEBI）
上海市場に上場しているＢ株全銘柄の時価総額を加重平均して算出される。
1992年2月21日を基準値100とした指数。

＜深セン＞
■ 深セン総合指数（Shenzhen Composite Index）
深センに上場する全銘柄を対象に算出される。1991年4月3日を100とした指数。
■ 深セン成分指数（Shenzhen Stock Exchange Component Index）
深セン市場に上場しているＡ株のうち、500銘柄で構成される。
1994年7月20日を基準値1000とした指数。
■ 深センＡ株指数（SZSEAI）
深セン市場に上場しているＡ株全銘柄の時価総額を加重平均して算出される。
1991年4月3日を基準値100とした指数。
■ 深センＢ株指数（SZSEBI）
深セン市場に上場しているＢ株全銘柄の時価総額を加重平均して算出される。
1992年2月28日を基準値100とした指数。
■ 深セン100指数（SZSE100）
深セン証券信息有限公司が、2003年より採用した指数。深セン市場に上場している
Ａ株100銘柄で構成されている。2002年12月31日を1000とした指数。

＜上海・深セン＞
■ 滬深300指数（CSI300）
上海・深セン両証券取引所が共同で作成。2004年12月31日を基準値1000とした
指数。中国本土市場の全体の値動きを反映する。

Q19　中国企業の決算発表の時期やその内容について教えてください。

　　　　　中国本土のＡ株市場、Ｂ株市場に上場している企業の本決算は12月末締めです。
このため、4カ月以内の公告が義務付けられている本決算は4月末までに、2カ月以内の
公告が義務付けられている中間決算は8月末までに発表されることになります。中国では、
四半期決算の発表が義務付けられています。

		決算期	発表時期	会計基準
香港	メインボード	決算期にばらつき	通期：年度末から3カ月以内 中間：期末から2カ月以内	香港、国際、 中国など
	GEM		通期：年度末から3カ月以内 四半期：期末から45日以内	
中国	Ａ株	本決算：12月末締め 通期決算のほかに、 四半期決算が義務	通期：年度末から4カ月以内 中間：期末から2カ月以内	中国
	Ｂ株		四半期：期末から1カ月以内	

※各市場の上場規則などから抜粋

中国株Q&A

また、四半期決算で赤字計上する場合や、業績が前年同期と大きな開きがある場合には、事前に見通しを発表することになっており、この公告から企業の業績をおおむね事前に知ることができます。決算は通常、中国会計基準で行なわれます。B株上場企業は、中国会計基準のほか、国際会計基準との差異の公表も義務付けられています。

中国本土の上場企業が決算で発表する財務諸表は、◇貸借対照表（B/S）◇損益計算書（P/L）◇キャッシュフロー計算書（C/F）◇株主資本等変動計算書◇営業報告書◇利益処分案──があります。ただし、日本の会計基準とは若干異なる部分もあります。

一方、香港市場に上場する企業は、12月、3月、6月など、決算期にばらつきがあります。傾向としては、12月末締めの企業が最も多くなっています。本決算はこれまで決算期末から4カ月以内の決算発表が義務付けられていましたが、2010年12月期以降、これが3カ月以内に短縮されました（アニュアルレポートはこれまで通り4カ月以内）。また、中間決算についても3カ月以内から2カ月以内に短縮されています。会計基準はこれまでの香港会計基準、国際会計基準に加え、2010年から中国会計基準も認められるようになりました。

GEM市場は、上場に関する規則が緩くなっている分、情報開示に関する規制が厳しくなっています。GEM市場に上場する企業は、中国本土市場と同じように、四半期決算の発表が義務付けられており、本決算は3カ月以内に、四半期決算は45日以内に発表されます。

企業の決算内容は、各証券取引所のサイトで閲覧することができます。また、自社のホームページで公開している企業も多くなっています。

各証券市場のURL

中国	上海証券取引所	http://www.sse.com.cn
	深セン証券取引所	http://www.szse.cn
香港	香港証券取引所	http://www.hkex.com.hk
	香港証券取引所GEM専用サイト	http://www.hkgem.com

Q20 中国株に投資するリスクを教えてください。

世界貿易機関（WTO）加盟や世界最大の外貨準備高などを背景に、国際政治・経済における中国のプレゼンスは高まってきています。こうしたなか、政治的リスクは少なくなっているとの見方が増えてきましたが、中国株に投資するに当たり、やはり注意すべき点はいくつか存在します。

まず、中央政府の一声で取引ルールや産業政策が大きく変わる可能性です。例えば、業界再編や価格規制、ライセンス付与に関する政策などの変更で、業界の勢力図が一変するということも起こり得るわけです。筆頭株主が国有企業の場合、上場子会社の資金を吸い上げていたり、コーポレート・ガバナンスの問題が生じたりもします。

また、中国企業の情報開示や会計基準に関する問題も指摘されています。これについてはWTO加盟後に各企業が会計基準を国際化しているほか、前述の「＊ST制度」を設けるなど、改善に向けた取り組みが本格化していますが、虚偽報告や不正会計で経営者が逮捕されるケースも見られるなど、まだまだリスクが存在します。日本人にとっては日本語の情報が限られるという点もハンディとなるかもしれません。このほか、外国株として日本の法令に基づく投資家保護措置が適用されない点にも要注意でしょう。また、通常の中国株取引は香港ドルなどの外貨で行うため、為替変動リスクにも気を配りたいところです。

Q21 配当金について教えてください。

　　中国のA株とB株企業の決算日はすべて12月31日ですが、権利・配当のスケジュールが銘柄ごとに違っているため、日本株のように決算日には権利・配当の割当は確定しません。権利・配当の内容、配当スケジュールは決算発表後の株主総会で最終的に決定されますので、決算日以降でも権利付最終日までに購入した場合は配当金を受け取ることができます。

　　香港企業の場合は通常、決算発表と同時に配当スケジュールも発表します。

　　また、決算発表を香港ドル以外の通貨、例えば人民元で行なっている企業は、配当金もその通貨で支払われます。配当金は、配当種別（期末、中間、四半期）、配当金通貨、決算期、権利付最終日、権利落ち日、権利確定日、配当支払日、配当受領日にご注意ください。

＜権利確定から配当金受領までの例＞

	権利付最終日	権利落ち日	配当支払日	配当受領日
期末配当（例）	4/28	4/29	6/21	6/24
中間配当（例）	4/7	4/8	4/27	4/29
四半期配当（例）	3/16	3/17	5/5	5/7

※　権利確定日から配当支払日までの期間は、上場企業によって異なります。
※　配当受領日は取引証券会社によって異なります。

Q22 中国株の売却益（キャピタルゲイン）や配当にかかる税金について教えてください。

株式取引で得た譲渡益には日本の税法が適用され、国内株式と同様に課税対象となります。
配当金についても日本株同様に課税対象となります。
詳しい内容については最寄りの税務署にお尋ねください。

Q23 有償増資があった場合、どのように対応すればよいですか。

　　保有銘柄に有償増資があった場合、日本国内居住者は日本の金融商品取引法により、これに応じることはできません。このため、原則として権利期日前までに証券会社が払込権利を売却し、その代金を受け取ることになりますが、払込権利の売却に約定が付く確率は低く、期間内に売却できないこともあります。

Q24 中国株の情報は、どうすれば入手できますか。

　　中国株に関する情報は限られていますが、中国株の取り扱いがある証券会社のウェブサイトなどで、日々のニュースなどをこまめにチェックするとよいでしょう。

　　また、DZHフィナンシャルリサーチが提供する中国株投資情報サイト「二季報WEB」（http://www.nikihou.jp）でも個別銘柄のレポートや上場各社の企業データなどの情報が得られます。

Q25 実際、中国株を買うにはどうすればいいのでしょうか。

　　　　　以下、簡単に取引開始までの流れをまとめてみました。取引開始までのステップは5つとなります。

STEP1	証券会社に資料請求	・・・インターネットや電話で資料請求
▼		
STEP2	証券会社を決める	・・・証券会社によってサービスが違うので、 　　　自分にあったところを選ぶ
▼		
STEP3	申し込み	・・・記入漏れがないように
▼		
STEP4	口座開設	・・・口座開設の通知を受け取れば完了
▼		
STEP5	投資資金を入金	・・・入金確認次第、取引開始
▼		
取引開始！		

■ STEP1 ■　証券会社に資料請求

　日本にいながら中国株を購入する場合、中国株を取り次いでいる証券会社に口座を開くことが必要となります。今では証券会社の店頭に出向かなくとも、インターネットで各社のホームページにアクセスすれば、簡単に資料を取り寄せたり売買したりすることができます。

■ STEP2 ■　証券会社を決める

　各証券会社は、手数料率やサービス体系が異なります。また、証券会社によって取り扱い銘柄も違ってきます。

　あなたの買いたい銘柄を取り扱っているか、取引に関する手数料はどうなっているかなど、じっくりと内容を見比べた上で、自分にあった証券会社を選択しましょう。

■ STEP3 ■　申し込み

　証券会社が決まったら、口座開設の申し込みをします。必要書類に不備があると、その分、口座開設が遅れてしまいます。記入漏れがないか、きちんとチェックした上で、必要書類を送付するようにしましょう。

■ STEP4 ■　口座開設

　申し込みが終了すると、口座開設の通知が送付されてきます。これで、口座開設は完了です。

■ STEP5 ■　投資資金を入金

　各社指定の口座に入金し、入金が完了され次第、取引が可能になります。投資資金の入金額は、証券会社によって規定が異なりますのでご注意ください。

中国株二季報　2020年夏秋号

2020 年 7 月 28 日発行

企画・編集：株式会社ＤＺＨフィナンシャルリサーチ
発行者：野田和宏

© 2020 DZH Financial Research, Inc.

発行所／　株式会社ＤＺＨフィナンシャルリサーチ
　　　　　〒 104-0044　東京都中央区明石町 8-1 聖路加タワー 32F
　　　　　電話 03-6853-5905　　FAX 03-6853-5910

発売元／　株式会社星雲社（共同出版社・流通責任出版社）
　　　　　〒 112-0005　東京都文京区水道 1-3-30
　　　　　電話 03-3868-3275　　FAX 03-3868-6588

ISBN978-4-434-27578-4